D1619388

Kulartz/Marx/Portz/Prieß (Hrsg.)

Kommentar zur VOL/A

Kulartz/Marx/Portz/Prieß (Hrsg.)

Kommentar zur VOL/A

Bearbeitet von:

Heinz-Peter Dicks
Vorsitzender Richter des Vergabesenats am OLG Düsseldorf

Dr. Kerstin Dittmann
3. Vergabekammer des Bundes beim Bundeskartellamt

Dr. Friedrich Ludwig Hausmann
Rechtsanwalt in Berlin

Claudia Korthals
1. Vergabekammer des Bundes beim Bundeskartellamt

Dr. Hans-Peter Kulartz, marg. rer. publ.
Rechtsanwalt in Düsseldorf
Lehrbeauftragter an der Fachhochschule Koblenz

Dr. Alexander Kus
Rechtsanwalt in Mönchengladbach

Dr. Friedhelm Marx
Leiter der Unterabteilung Wettbewerbs- und Preispolitik im Bundesministerium für Wirtschaft und Arbeit

Norbert Portz
Beigeordneter des Deutschen Städte- und Gemeindebundes

Dr. Hans-Joachim Prieß, LLM.
Rechtsanwalt in Berlin

Prof. Dr. Hermann Pünder, LLM.
Bucerius Law School, Hamburg

Stephan Rechten
Rechtsanwalt in Berlin
vormals Referatsleiter Öffentliches Auftragswesen beim BDI

Maria Vavra
Vorsitzende Richterin am Vergabesenat des OLG München

Dr. Frank Verfürth
Rechtsanwalt in Mönchengladbach

Reinhard Wilke
Richter am OVG Schleswig-Holstein sowie am Vergabesenat des OLG Schleswig

Bibliografische Information der Deutschen Nationalbibliothek
Die Deutsche Bibliothek verzichnet diese Publikation
in der Deutschen Nationalbibliografie;
detaillierte bibliografische Daten sind im Internet
über http://dnb.ddb.de abrufbar.

ISBN 978-3-8041-5180-2

www.wolterskluwer.de
www.werner-verlag.de

Alle Rechte vorbehalten.
Werner Verlag – eine Marke von Wolters Kluwer Deutschland GmbH.
© 2007 by Wolters Kluwer Deutschland GmbH, Luxemburger Straße 449,
50939 Köln.

Das Werk einschließlich aller seiner Teile ist urheberrechtlich geschützt. Jede Verwertung außerhalb der engen Grenzen des Urheberrechtsgesetzes ist ohne Zustimmung des Verlages unzulässig und strafbar. Das gilt insbesondere für Vervielfältigungen, Übersetzungen, Mikroverfilmungen und die Einspeicherung und Verarbeitung in elektronischen Systemen.

Umschlagkonzeption: futurweiss kommunikationen, Wiesbaden
Satz: Satz-Offizin Hümmer GmbH, Waldbüttelbrunn
Druck: Legoprint S.p.A., Lavis (TN), Italien

∞ Gedruckt auf säurefreiem, alterungsbeständigem und chlorfreiem Papier.

Vorwort

Mit der am 1. November 2006 in Kraft getretenen Vergaberechtsreform ist auch die VOL/A in wesentlichen Teilen neu gefasst worden. Grundlage dieser Neufassung war insbesondere die EU-Richtlinie über die Koordinierung der Verfahren zur Vergabe öffentlicher Bau-, Liefer- und Dienstleistungsaufträge (Richtlinie 2004/18/EG) der EU-Kommission vom 31. März 2004. Des Weiteren sind die Regelungen des ÖPP-Beschleunigungsgesetzes vom 1. September 2005 in die neue VOL/A übernommen worden.

Die Änderungen der VOL/A betreffen alle vier Abschnitte, also sowohl die nationalen als auch die europaweiten Auftragsvergaben. Neuerungen ergeben sich aus der Zulassung innovativer Kommunikationsmittel sowie aus neuen Anforderungen an die elektronische Vergabe. Daneben ist mit dem Wettbewerblichen Dialog ein gänzlich neues Vergabeverfahren in die VOL/A eingeführt worden. Beim Verhandlungsverfahren ist nicht nur eine Klarstellung bei der Berechnung der Auftragswerte erfolgt; vielmehr sind auch zwei zusätzliche Ausnahmetatbestände neu aufgenommen worden.

Eine wesentliche Neuerung betrifft darüber hinaus die erstmalig erfolgte und ausführliche Regelung über Rahmenvereinbarungen in § 3 a Nr. 4 VOL/A. Weitere Änderungen in der VOL/A betreffen die Aufnahme zwingender Ausschlussgründe für Teilnehmer am Wettbewerb sowie die Zulassung so genannter Generalübernehmervergaben (Kapazitäten Dritter).

Von Bedeutung sind schließlich die zwingend durch den Auftraggeber vorzunehmende Angabe der konkreten Gewichtung der Wertungskriterien in den Vergabeunterlagen sowie die Vorgabe, dass Nebenangebote nur gewertet werden dürfen, wenn sie die vom Auftraggeber genannten Mindestanforderungen erfüllen. Weitere Neuerungen in der VOL/A betreffen die Bekanntmachungsmuster, die Bewerbungs- und Angebotsfristen sowie auch erweiterte Mindestangaben im Vergabevermerk.

Neben den Rechtsänderungen hat sich aber insbesondere in der Rechtsprechung erhebliches getan. Es sind zahlreiche Leitentscheidungen des europäischen Gerichtshofes, der nationalen Vergabesenate, des Bundeskartellamts sowie auch der übrigen Vergabekammern ergangen, die den Rechtsinhalt der VOL/A neu und näher konkretisieren. Zusätzlich ist mit Blick auf zahlreiche Veröffentlichungen in der Literatur zudem kaum ein anderes Rechtsgebiet in derart starkem Maße einem ständigen Wandel unterworfen wie das Vergaberecht.

Vor diesem Hintergrund ist die zusammenfassende Kommentierung der für Liefer- und Dienstleistungen geltenden VOL/A sowohl für Auftraggeber als auch für Auftragnehmer und für alle mit dem Vergaberecht befassten Stellen von großer Bedeutung. Die Herausgabe eines anwenderfreundlichen und handlungsorientierten Kommentars ist das Anliegen und das Ziel des vorliegenden Werkes.

Die Herausgeber danken allen Kommentatoren für ihr außerordentliches Engagement und die sehr gute Zusammenarbeit. Der Dank gilt auch dem Verlag, insbeson-

Vorwort

dere Frau Renate Votteler, für die sehr gute Betreuung bei der Entstehung des Kommentars.

April 2007   Die Herausgeber

Inhaltsverzeichnis

Vorwort V

Abkürzungsverzeichnis XI

Literaturverzeichnis XVII

VOL/A XXV

Abschnitt 1 Basisparagraphen 1

Einleitung 3
§ 1   Leistungen 11
§ 2   Grundsätze der Vergabe 40
§ 3   Arten der Vergabe 65
§ 4   Erkundung des Bewerberkreises 92
§ 5   Vergabe nach Losen 101
§ 6   Mitwirkung von Sachverständigen 113
§ 7   Teilnehmer am Wettbewerb 127
§ 8   Leistungsbeschreibung 213
§ 9   Vergabeunterlagen, Vertragsbedingungen 257
§ 10 Unteraufträge 275
§ 11 Ausführungsfristen 285
§ 12 Vertragsstrafen 295
§ 13 Verjährung der Mängelansprüche 300
§ 14 Sicherheitsleistungen 306
§ 15 Preise 317
§ 16 Grundsätze der Ausschreibung und der Informationsübermittlung 328
§ 17 Bekanntmachung, Aufforderung zur Angebotsabgabe 354
§ 18 Form und Frist der Angebote 382
§ 19 Zuschlags- und Bindefrist 397
§ 20 Kosten 405
§ 21 Inhalt der Angebote 421
§ 22 Öffnung der Angebote bei Ausschreibungen; Vertraulichkeit ... 464
§ 23 Prüfung der Angebote 487
§ 24 Verhandlungen mit Bietern bei Ausschreibungen 496
§ 25 Wertung der Angebote 507
§ 26 Aufhebung der Ausschreibung 587
§ 27 Nicht berücksichtigte Angebote 629
§ 28 Zuschlag 644
§ 29 Vertragsurkunde 659
§ 30 Vergabevermerk 661

Abschnitt 2 Bestimmungen nach der Richtlinie 2004/18/EG des Europäischen Parlaments und des Rates vom 31. März 2004 über die Verfahren zur Vergabe öffentlicher Bauaufträge, Lieferaufträge und Dienstleistungsaufträge 673

§ 1 a	Verpflichtung zur Anwendung der a-Paragraphen	675
§ 3 a	Arten der Vergabe, Rahmenvereinbarungen	697
§ 7 a	Teilnehmer am Wettbewerb	757
§ 8 a	Technische Anforderungen	811
§ 9 a	Vergabeunterlagen	819
§ 16 a	Anforderungen an Teilnahmeanträge	832
§ 17 a	Bekanntmachung, Aufforderung zur Angebotsabgabe, Beschafferprofil, Vorinformation	838
§ 18 a	Formen und Fristen	864
§ 25 a	Zuschlagskriterien, staatliche Beihilfe	882
§ 26 a	Mitteilung über den Verzicht auf die Vergabe	901
§ 27 a	Nicht berücksichtigte Bewerbungen und Angebote	909
§ 28 a	Bekanntmachung über die Auftragserteilung	936
§ 30 a	(Melde- und Berichtspflichten)	943
§ 31 a	Wettbewerbe	947
§ 32 a	Nachprüfungsbehörden	954

Abschnitt 3 Bestimmungen nach der EG-Sektorenrichtlinie 975

§ 1 b	Verpflichtung zur Anwendung der b-Paragraphen	977
§ 2 b	Schutz der Vertraulichkeit	986
§ 3 b	Arten der Vergabe	990
§ 5 b	Rahmenvereinbarung	999
§ 7 b	Teilnehmer am Wettbewerb	1000
§ 8 b	Technische Anforderungen	1053
§ 9 b	Vergabeunterlagen	1055
§ 16 b	Anforderungen an Teilnahmeanträge	1063
§ 17 b	Bekanntmachung, Aufruf zum Wettbewerb, Beschafferprofil ...	1066
§ 18 b	Angebotsfrist, Bewerbungsfrist	1080
§ 25 b	Wertung der Angebote	1089
§ 27 b	Mitteilungspflichten	1095
§ 28 b	Bekanntmachung der Auftragserteilung	1102
§ 31 b	Wettbewerbe	1109
§ 32 b	Nachprüfungsbehörden	1111

Abschnitt 4 Vergabebestimmungen nach der EG-Sektorenrichtlinie (VOL/A-SKR) 1113

§ 1 SKR	Geltungsbereich	1115
§ 2 SKR	Diskriminierungsverbot, Schutz der Vertraulichkeit	1117

§ 3 SKR	Arten der Vergabe	1119
§ 4 SKR	Rahmenvereinbarung	1127
§ 5 SKR	Teilnehmer am Wettbewerb	1132
§ 6 SKR	Technische Anforderungen	1143
§ 7 SKR	Vergabeunterlagen	1145
§ 8 SKR	Informationsübermittlung, Vertraulichkeit der Teilnahmeanträge und Angebote	1150
§ 9 SKR	Bekanntmachung, Aufruf zum Wettbewerb, Beschafferprofil	1155
§ 10 SKR	Angebotsfrist, Bewerbungsfrist	1159
§ 11 SKR	Wertung der Angebote	1162
§ 12 SKR	Mitteilungspflichten	1168
§ 13 SKR	Bekanntmachung der Auftragserteilung	1169
§ 14 SKR	Aufbewahrungs- und Berichtspflichten	1173
§ 15 SKR	Wettbewerbe	1178
§ 16 SKR	Nachprüfungsbehörden	1180
Stichwortverzeichnis		1181

Abkürzungsverzeichnis

a a. O.	am angegebenen Orte
a. A.	anderer Auffassung
ABl.	Amtsblatt der Europäischen Gemeinschaften
Abschn.	Abschnitt
AcP	Archiv für die civilistische Praxis
AG	Amtsgericht
Ag.	Antragsgegner
Anm.	Anmerkung(en)
AöR	Archiv des öffentlichen Rechts
Art.	Artikel
Ast.	Antragsteller
Aufl.	Auflage
BAnz.	Bundesanzeiger
BauR	Baurecht
BayVBl.	Bayerische Verwaltungsblätter
BB	Betriebsberater
Bd.	Band
BDI	Bundesverband der deutschen Industrie
bearb.	bearbeitet
BFH	Bundesfinanzhof
BGB	Bürgerliches Gesetzbuch
BGBl.	Bundesgesetzblatt
BGH	Bundesgerichtshof
BGHZ	Entscheidungen des Bundesgerichtshofs in Zivilsachen
BHO	Bundeshaushaltsordnung
BKartA	Bundeskartellamt
BKR	Baukoordinierungsrichtlinie
BMWi	Bundesministerium für Wirtschaft und Technologie
BRat	Bundesrat
BR-Drucks.	Bundesrats-Drucksache
BRH	Bundesrechnungshof
BT	Bundestag
BT-Drucks.	Bundestags-Drucksache
BVerwG	Bundesverwaltungsgericht
BVerwGE	Entscheidungen des Bundesverwaltungsgerichts
BVerfG	Bundesverfassungsgericht
BVerfGE	Entscheidungen des Bundesverfassungsgerichts
cic	culpa in contrahendo
CMLR	Common Market Law Review

Abkürzungsverzeichnis

DB	Der Betrieb
ders.	derselbe
Diss	Dissertation
DKR	Dienstleistungsrichtlinie
DÖV	Die öffentliche Verwaltung
DStZ	Deutsche Steuer-Zeitung
DVA	Deutscher Verdingungsausschuss für Bauleistungen
DVAL	Deutscher Verdingungsausschuss für Leistungen
DVBl.	Deutsches Verwaltungsblatt
DZWiR	Deutsche Zeitschrift für Wirtschaftsrecht
ECU	European Currency Unit
EFTA	European Free Trading Association
EG	Europäische Gemeinschaft(en)
EGV	Vertrag über die Europäische Gemeinschaft
ELR	European Law Review
endg.	endgültig
EU	Europäische Union
EUV	Vertrag über die Europäische Union
EuGH	Europäischer Gerichtshof
EuR	Europarecht
EuZW	Europäische Zeitschrift für Wirtschaftsrecht
EWGV	Vertrag zur Gründung der Europäischen Wirtschaftsgemeinschaft
EWR	Europäischer Wirtschaftsraum
EWS	Europäisches Wirtschafts- und Steuerrecht
f.	folgende
ff.	fortfolgende
Fn.	Fußnote
FS	Festschrift
GATT	General Agreement of Tarifs and Trade
gem.	gemäß
GemHVO	Gemeindehaushaltsverordnung
GewArch	Gewerbearchiv
GG	Grundgesetz
ggf.	gegebenenfalls
GPA	Government Procurement Agreement
GSOBG	Gemeinsamer Senat der obersten Bundesgerichte
GVBl	Gesetz- und Verordnungsblatt
GVG	Gerichtsverfassungsgesetz
GWB	Gesetz gegen Wettbewerbsbeschränkungen

HGrG	Haushaltsgrundsätzegesetz
Hs.	Halbsatz
Hrsg.	Herausgeber
hrsg.	herausgegeben
IBR	Immobilien- & Baurecht
i. d. F.	in der Fassung
i. S. d.	im Sinne des (der)
i. S. v.	im Sinne von
i. V. m.	in Verbindung mit
JA	Juristische Arbeitsblätter
Jhrg.	Jahrgang
JuS	Juristische Schulung
JZ	Juristenzeitung
Kap.	Kapitel
KG	Kammergericht (Berlin)
KMU	Kleine und mittlere Unternehmen
KOM	Europäische Kommission
LG	Landgericht
lit.	littera(e) (= Buchstabe(n))
LKR	Lieferkoordinierungsrichtlinie
LRH	Landesrechnungshof
MDR	Monatsschrift für Deutsches Recht
MinBl	Ministerialblatt
MwSt	Mehrwertsteuer
m. w. N.	mit weiteren Nachweisen
NJW	Neue Juristische Wochenschrift
NJW-RR	Neue Juristische Wochenschrift – Rechtsprechungsreport
NpV	Nachprüfungsverordnung
Nr.	Nummer
Nrn.	Nummern
NVwZ	Neue Zeitschrift für Verwaltungsrecht
NWVBl	Nordrhein-westfälische Verwaltungsblätter
NZBau	Neue Zeitschrift für Baurecht und Vergaberecht

Abkürzungsverzeichnis

o. g.	oben genannte(n)
OECD	Organisation für wirtschaftliche Zusammenarbeit und Entwicklung
OLG	Oberlandesgericht
OVG	Oberverwaltungsgericht
PPLR	Public Procurement Law Review
PrMBl.	Preußisches Ministerialblatt
Rn.	Randnummer
RIW (/AWD)	Recht der Internationalen Wirtschaft (/Außenwirtschaftsdienst)
RL ('en)	Richtlinie(n)
RML	Rechtsmittelrichtlinie 89/665/EWG
RMLS	Rechtsmittelrichtlinie betreffend die Sektoren, 92/13/EWG
Rs.	Rechtssache
S.	Seite
s.	siehe
Slg.	Amtliche Sammlung der Entscheidungen des EuGH
SKR	Sektorenrichtlinie
UNCITRAL	Kommission der Vereinten Nationen für internationales Handelsrecht
UNO	Vereinte Nationen
UWG	Gesetz gegen den unlauteren Wettbewerb
VergabeR	Zeitschrift Vergaberecht
VerwArch	Verwaltungsarchiv
VgRÄG	Vergaberechtsänderungsgesetz
VgV	Vergabeverordnung
VK	Vergabekammer
VO	Verordnung
VOB/A	Verdingungsordnung für Bauleistungen/Teil A
VOF	Verdingungsordnung für freiberufliche Leistungen
VOL/A	Verdingungsordnung für Leistungen/Teil A
Vorbem.	Vorbemerkung
VÜA	Vergabeüberwachungsausschuss
VVDStRL	Veröffentlichungen der Vereinigung der Deutschen Staatsrechtslehrer
VwGO	Verwaltungsgerichtsordnung
VwVfG	Verwaltungsverfahrensgesetz

WiB	Wirtschaftsrechtliche Beratung (Jahrgänge 1994 bis 1997), fortgeführt als Neue Zeitschrift für Gesellschaftsrecht (NZG) ab Jahrgang 1998
WRP	Wettbewerb in Recht und Praxis
WTO	World Trade Organization
WuW	Wirtschaft und Wettbewerb
WuW/E	Wirtschaft und Wettbewerb/Entscheidungssammlung zum Kartellrecht
ZBB	Zeitschrift für Bankrecht und Bankwirtschaft
ZEuP	Zeitschrift für Europäisches Privatrecht
ZfBR	Zeitschrift für deutsches und internationales Baurecht
ZHR	Zeitschrift für das gesamte Handelsrecht und Wirtschaftsrecht
Ziff.	Ziffer
ZIP	Zeitschrift für Wirtschaftsrecht
ZPO	Zivilprozessordnung
ZVgR	Zeitschrift für deutsches und internationales Vergaberecht (Jahrgänge 1997 bis 2000)
ZVB	Zeitschrift für Vergaberecht und Beschaffungspraxis (österr. Zeitschrift)

Literaturverzeichnis

Anspach/Walitscheck, Die Bundeswehr als Auftraggeber, 1984.
Altenmüller, Vergabe öffentlicher Aufträge durch Kommunen, TVBl 1982, 241.
Antweiler, Öffentliche Unternehmen als Bieter im Vergabeverfahren, VergabeR 2001, 259.
ders., Einsatz elektronischer Mittel bei der Vergabe öffentlicher Aufträge, CR 2001, 717.
Arlt, Die Umsetzung der Vergabekoordinierungsrichtlinien in Deutschland, VergabeR 2007, 280.
Arrowsmith, The Law of Public and Utilities Procurement, 2. Auflage 2005.
Aschoff, Präsentationen und Vorführungen vom Leistungen in Vergabeverfahren, NZBau 2006, 144.
Aumont/Kaelble, Die Vergabe von Dienstleistungen von allgemeinem wirtschaftlichen Interesse an Private. NZBau 2006, 280.
Ax/Schneider/Bischoff, Vergaberecht 2006, Kommentar zu den Regierungsentwürfen vom 18. und 29. 3. 2006.
Bayer/Franke/Opitz, EU-Vergaberecht, 2001.
Bechthold, GWB, 4. Auflage 2006.
Beckmann, Die Verfolgung ökologischer Zwecke bei der Vergabe öffentlicher Aufträge, NZBau 2004, 600.
Beck'scher VOB/A-Kommentar, Teil A, 2001.
Benedikt, Sekundärzwecke im Vergabeverfahren, 2000.
Berger, Die Anwendung der Verdingungsordnung bei der Beschaffung von Unternehmensberatungsleistungen, NVwZ 2001, 730.
Bischoff, Die VOL/A 2006, NZBau 2007, 13.
v. Boehmer, Europäisches Vergaberecht 1996, S. 26.
Boesen, Vergaberecht, Kommentar zum 4. Teil des GWB, 2000.
ders., Die rechtliche Zulässigkeit der Einschaltung von Versicherungsmaklern in das Verfahren zur Vergabe von Versicherungsleistungen, VersR 2000, 1063.
Boesen/Upleger, Das Gebot der Selbstausführung und das Recht zur Unterbeauftragung, NVwZ 2004, 919.
Braun, Europarechtlicher Vergaberechtsschutz unterhalb der Schwellenwerte, VergabeR 2007.
ders., Die Bestimmung des wirtschaftlichsten Bieters nach den Zuschlagskriterien der Richtlinie 2004/18/EG, NZBau 2006, 544.
Broß, Vergaberechtlicher Rechtsschutz unterhalb der Schwellenwerte, Neunte Badenweiler Gespräche des Forum Vergabe 2003 S. 31 ff.
ders., Unterhalb der Schwellenwerte haben Bieter schon jetzt Primärrechtsschutz!, IBR 2003, 650.
Burgi, Warum die kommunale Zusammenarbeit kein vergaberechtspflichtiger Beschaffungsvorgang ist, NZBau 2005, 208.
ders., Die Vergabe von Dienstleistungskonzessionen: Verfahren, Vergabekriterien, Rechtsschutz, NZBau 2005, 610.

ders., Die Vergabe von Dienstleistungskonzessionen bei Infrastrukturaufgaben: Verfahren und Vergabekriterien, Vortrag auf dem 6. Düsseldorfer Vergaberechtstag vom 23. 6. 2005, Tagungsband, S. 11 ff.
ders., Die Ausschreibungsverwaltung DVBl. 2003, 949 f.
ders., Verwaltungssponsoring und Kartellvergaberecht, NZBau 2004, 594 ff.
ders., Verwaltungsvertrag im Vergaberecht, NZBau 2002, 57 f.
ders., Vergabefremde Zwecke und Verfassungsrecht, NZBau 2001, 64.
Busch, Ausschreibungspflichtigkeit von Erschließungsverträgen – die »Teatro alla Bicocca«-Entscheidung des EuGH, VergabeR 2003, 622.
Byok, Die Vollstreckung von Entscheidungen der Vergabekammern, NJW 2003, 2642 ff.
Byok/Jaeger, Kommentar zum Vergaberecht, 2. Auflage 2005.
Dammert, Vergabefreie In-house-Geschäfte, Möglichkeiten und Grenzen, BauRB 2005, 151.
Dammert/Fett/Irmler/Knebelkamp/Matuschak, Praxishandbuch für die Vergabe von Bau- und Planungsleistungen nach VOB/A und VOF, 5. Aktualisierung 2006.
Daub/Eberstein, Kommentar zur VOL/A, 5. Auflage, 2000.
dies., Kommentar zur VOL/B, 5. Auflage 2003.
Diercks, Beschaffung von Spezialbedarf, VergabeR 2003, 518.
Dietlein, Anteils- und Grundstücksveräußerung als Herausforderung für das Vergaberecht, NZBau 2004, 472.
Dreher, Das In-House-Geschäft. Offene und neue Rechtsfragen der Anwendbarkeit der In-House-Grundsätze, NZBau 2004, 14.
ders., Versicherungsdienstleistungen und Vergaberecht, VersR 2000, 666.
ders., Vergaberechtschutz unterhalb der Schwellenwerte, NZBau 2002, 419.
ders., Die Berücksichtigung mittelständischer Interessen bei der Vergabe öffentlicher Aufträge, NZBau, 2005, 427.
ders., Präsentatationen und Vorführungen von Leistungen im Vergabeverfahren, NZBau 2006, 144.
Dreher/Opitz, Die Vergabe von Bank- und Finanzdienstleistungen, WM 2002, 413.
Düsterdieck, Vergaberechtsschutz unterhalb der EG-Schwellenwerte – Contra, VergabeNavigator Sonderausgabe 2006, 10.
Ebisch/Gottschalk, Preise und Preisprüfungen bei öffentlichen Aufträgen, 7. Auflage 2001.
Emmerich, Kartellrecht, 10. Auflage 2006.
Endler, Privatisierung und Vergaberecht, NZBau 2002, 125.
Erdl, Der neue Vergaberechtsschutz, Baurechtliche Schriften Band 49, 2002.
ders., Unklare Leistungsbeschreibung des Öffentlichen Auftraggebers im Vergabe- und Nachprüfungsverfahren, BauR 2004, 166.
Esch, Ausschreibung rettungsdienstlicher Leistungen, VergabeR 2007, 286.
Eschenbruch/Hunger, Selbstverwaltungskörperschaften als öffentliche Auftraggeber, NZBau 2003, 471 ff.
Faber, Öffentliche Aufträge an kommunal beherrschte Untenehmen, In-house-Geschäfte oder Vergaberecht im Wettbewerb, DVBl. 2001, 248.
Fietz, Die Auftragsvergabe an Generalübernehmer – Ein Tabu?, NZBau 2003, 426.
Fischer/Noch, Entscheidungssammlung Europäisches Vergaberecht, 1999.

Flömer/Tomerius, Interkommunale Zusammenarbeit und Vergaberechtsvorbehalt?, NZBau 2004, 660.
Franke/Kemper/Zanner/Grünhagen, VOB-Kommentar, 2. Auflage 2005.
Frenz, Handbuch Europarecht Bd. 3 Beihilfe und Vergaberecht.
ders., Unterschwellenvergaben, VergabeR 2007, S. 1.
ders, Ausschreibungspflicht einer Übertragung von Gesellschaftsanteilen? DÖV 2002, 186.
ders., Die Ausschreibungspflicht kommunaler Kooperationen auf dem Prüfstand des Europarechts, VergabeR 2006, 831.
Gabriel, Einflussnahme von Unternehmen auf öffentliche Auftragsvergaben, VergabeR 2006, 173.
Gnittke/Michels, Aufhebung der Aufhebung einer Ausschreibung durch die Vergabekammer?, VergabeR 2002, 571.
Goodarzi, Ausschreibungspflichtigkeit des Erwerbs von Emissionszertifikaten durch Stadtwerke und andere öffentliche Anlagenbetreiber, NVwZ 2004, 949.
Graef, Rahmenvereinbarungen bei der Vergabe öffentlicher Aufträge de lege lata und de lege ferenda, NZBau 2005, 561.
Gröning, Primärer Rechtsschutz außerhalb des Vierten Teils des GWB auf dem Verwaltungsrechtsweg, ZWeR 2005, 276.
ders., Der Begriff der Dienstleistungskonzesssion, Rechtsschutz und Rechtsweg, VergabeR 2002, 24 f.
Grabitz/Hilf, Das Recht der Europäischen Union.
Gruneberg, Vergaberechtliche Relevanz von Vertragsänderungen und -verlängerungen in der Abfallwirtschaft, VergabeR 2005, 171 f.
Haak/Degen, Rahmenvereinbarungen nach dem neuen Vergaberecht, VergabeR 2005, 164.
Hailbronner, Die Vergabe öffentlicher Aufträge nach europäischem Gemeinschaftsrecht, WiVerw 1994, 173 ff.
ders., Die Anwendbarkeit des öffentlichen Vergaberechts auf die Vergabe von Finanzdienstleistungen durch öffentlich-rechtliche Kreditinstitute, WM 2002, 1674.
ders., Die Erreichung vergaberechtlicher Zielsetzungen in der Beschaffungspraxis, NZBau 2006, 16.
Hailbronner/Kau, Die Erreichung vergaberechtlicher Zielsetzungen in der Beschaffungspraxis, NZBau 2006,16.
Hattig/Ruhland, Die Rechtsfigur der Dienstleistungskonzession, NZBau 2005, 626.
Hausmann/Wendenburg, Vergabeausschluss von Generalübernehmern rechtswidrig?, NZBau 2004, 315.
Heiermann, Der wettbewerbliche Dialog, ZfBR 2005, 766.
Heiermann/Riedl/Rusam, Handkommentar zur VOB, 10. Auflage 2003.
Heiermann/Zeiss/Kulack/Blaufuss, Vergaberecht, Saarbrücken 2005.
Hertwig, Praxis der öffentlichen Auftragsvergabe, 3. Auflage 2005.
Höfler, Rechtsfragen der Vergabe von Versicherungsdienstleistungen, NVersZ 2001, 197
Horm,Vergaberechtliche Rahmenbedingungen bei Verkehrsinfrastrukturprojekten im Fernstraßenbau, ZfBR 2004, 665.
Immenga/Mestmäcker, GWB, 3. Aufl. 2001.

Literaturverzeichnis

Ingenstau/Korbion, VOB – Teile A und B, Kommentar, 16. Auflage 2007.
Irmer, Eröffnung des Verwaltungsrechtsweges bei Vergaben außerhalb des Anwendungsbereiches von § 100 GWB oder Aufgabe der Zweiteilung und Neuordnung des Vergaberechts; VergabeR 2006, 159 ff.
Jaeger, Die Rechtsprechung der OLG-Vergabesenate im Jahre 2000, NZBau 2001, 289 ff.
ders., Public Private Partnership und Vergaberecht, NZBau 2001, 6.
Jasper, Die Auslegung der In-house-Kriterien, VergabeR 2003, 613.
Jestaedt/Kemper/Marx/Prieß, Das Recht der Auftragsvergabe, 1999.
Juris, Praxis-Kommentar – Vergaberecht 2005.
Kaelble, Der Wettbewerbliche Dialog, in: Müller-Wrede, ÖPP-Beschleunigungsgesetz, 2006.
Kapellmann/Messerschmidt, VOB Teile A und B, 2. Auflage 2007.
Kapellmann/Vygen, Jahrbuch Baurecht 1999.
Kasper, Interkommunale Kooperation und Vergaberecht, VergabeR 2006, 839.
Kaufhold/Mayerhofer/Reichel, Die VOF im Vergaberecht.
Klenk, Probleme bei der Vergabe von Versicherungsdienstleistungen, 2002.
Kling, Die Zulässigkeit vergabefremder Regelungen, 2000.
Knauff, Im wettbewerblichen Dialog zur Public Private Partnership?, NZBau 2005, 249.
ders., Neues europäisches Vergabeverfahrensrecht: Der wettbewerbliche Dialog, VergabeR 2004, 287.
ders., Neues europäisches Vergaberecht: Rahmenvereinbarungen, VergabeR 2006, 24.
Koenig/Hentschel, Beihilfenempfänger als Bieter im Vergabeverfahren, NZBau 2006, 289.
Koenig/Kühling, Verfahrensvielfalt und Wahl des richtigen Vergabeverfahrens – Fallstricke bei der Ausschreibung von Infrastrukturaufträgen, NZBau 2003, 126.
Korbion, Vergaberechtsänderungsgesetz, 1999.
Korthals, Sind öffentliche Rundfunkanstalten öffentliche Auftraggeber im Sinne des Vergaberechts? NZBau 2006, 215.
Krämer, Zum Bieterrechtsschutz unterhalb der Schwellen, VergabeNavigator 3/2006, 5.
ders., Gleichbehandlung im Verhandlungsverfahren nach der VOL/A, NZBau 2005, 138.
Krohn, »Aus« für In-house-Vergaben an gemischtwirtschaftliche Unternehmen, NZBau 2005, 92.
Kulartz, Vergaberecht und Verkehr – Rechtsrahmen für Ausschreibungspflichten, NZBau 2001, 173.
Kulartz/Kus/Portz, GWB-Vergaberecht, 2006.
Kulartz/Niebuhr, Sachlicher Anwendungsbereich und wesentliche Grundsätze des materiellen GWB-Vergaberechts – OLG Brandenburg, »Flughafen Berlin-Schönefeld« und Folgen, NZBau 2000, 6.
Kulartz/Schilder, Rückforderungen von Zuwendungen wegen Vergaberechtsverstößen, NZBau 2005, 552.
Kulartz/Steding, IT-Leistungen – Fehlerfreie Ausschreibungen und rechtssichere Vertragsinhalte, 2002.

Kummermehr, Angebotsbearbeitung und Kalkulation des Bieters bei unklarer Leistungsbeschreibung, BauR 2004, 161.
Kus, Auswirkungen der EuGH-Entscheidung »Alcatel Austria AG« auf das deutsche Vergaberecht, NJW 2000, 544.
ders., Die richtige Verfahrensart bei PPP-Modellen, insbesondere Verhandlungsverfahren und wettbewerblicher Dialog, VergabeR 2006, 851.
Kuß, Vergabe- und Vertragsordnung für Bauleistungen (VOB), 4. Auflage 2003.
Lamm/Ley, VOL-Handbuch unter Berücksichtigung der Europäischen Vergaberichtlinien, 2. Auflage 2006.
Landsberg, Die vergaberechtliche Judikatur zu Ausschreibungen von Nahverkehrsleistungen, VergabeR 2005, 410 f.
Leinemann/Maibaum, Die neue europäische einheitliche Vergabekoordinierungsrichtlinie, VergabeR 2004, 275.
Machwirth, Rahmenvereinbarungen nach der neuen VOL/A, VergabeR 2007, 385.
Maier, Die prozessualen Grundsätze des Nachprüfungsverfahrens, NZBau 2004, 667.
Marx, Anmerkung zu VG Leipzig VergabeR 2005, 758 ff.
ders., in: Festschrift für Bechthold, Vergaberecht – Was ist das? S. 305 ff.
ders., Verlängerung bestehender Verträge und Vergaberecht, NZBau 2002, 311.
Meyer/Uekermann, Sammlung Vergaberecht, Vorschriften für alle öffentlichen Aufträge, Loseblattsammlung.
Michaelis/Rhösa, Preisbildung bei öffentlichen Aufträgen, einschließlich Beschaffungswesen, Kommentar, 85. Aktualisierung, März 2005.
Moritz/Dreier, Rechtshandbuch zum E-Commerce, 2. Auflage 2005.
Motzke/Pietzcker/Prieß, Beck'scher VOB/A-Kommentar, 2001.
Noelle, Finanzdienstleistungen und Vergaberecht, VergabeRecht 1998, 26 ff.
Rainer Müller, Die Preisgestaltung bei öffentlichen Aufträgen, 3. Auflage.
ders., Langfristige Vertragsverhältnisse der Kommunen mit kommunalen Tochtergesellschaften am Beispiel von Strombezugsverträgen, NZBau 2001, 416.
ders., Interkommunale Zusammenarbeit und Vergaberecht, VergabeR 2005, 436.
Müller-Wrede, Verdingungsordnung für Leistungen VOL/A, 2. Auflage 2007.
ders., Verdingungsordnung für freiberufliche Leistungen (VOF), 2. Auflage 2003.
ders., Sponsoring und Vergaberecht, in: Festschrift für Thode, 2005, S. 431 f.
ders., Örtliche Präsenz, Ortsnähe und Ortsansässigkeit als Wertungskriterien – eine Verletzung des Diskriminierungsverbots?, VergabeR 2005, 32.
ders., Die Behandlung von Mischkalkulationen unter besonderer Berücksichtigung der Darlegungs- und Beweislast, NZBau 2006, 73.
ders., Grundsätze der Losvergabe unter dem Einfluss mittelständischer Interessen, NZBau 2004, 643.
ders., ÖPP-Beschleunigungsgesetz, 2006.
Müller-Wrede/Lux, Die Behandlung von Projektanten im Vergabeverfahren, ZfBR 2006, 327.
Müller-Wrede/Schade, Anspruch ausgeschlossener Bieter auf Aufhebung, VergabeR 2005, 460.
Niebuhr/Kulartz/Kus/Portz, Kommentar zum Vergaberecht, 2000.
Noch, Ausschreibungspflicht bei Verlängerung von Altverträgen nach de-facto-Vergabe, NZBau 2002, 86.

XXI

ders., Vergaberecht kompakt, 3. Auflage 2005.
ders., Zur Vergabe von Versicherungsleistungen, VergabeNavigator 2/2006, 25.
Opitz, Ermessen, Beurteilungsspielraum und Vertragsfreiheit bei der Zuschlagserteilung nach § 97 Abs. 5 GWB, BauR 2000, 1564.
ders., Der Wirtschaftlichkeitsbegriff des Kartellvergaberechts, NZBau 2001, 12.
ders., Wie funktioniert der wettbewerbliche Dialog?, VergabeR 2006, 451.
Otting, Privatisierung und Vergaberecht, VergabeR 2002, 11 f.
Palandt, BGB, 65. Auflage 2006.
Pauly, Ist der Ausschluss des Generalübernehmers vom Vergabeverfahren noch zu halten? VergabeR 2005, 312.
Piduch, Bundeshaushaltsrecht, Loseblatt.
Pietzcker, Der Staatsauftrag als Instrument des Verwaltungshandelns, Tübingen 1978.
ders., Defizite beim Vergaberechtsschutz unterhalb der Schwellenwerte?, NJW 2005, 2881 ff.
ders., Sind Schienennahverkehrsleistungen auszuschreiben? NZBau 2003, 661.
Portz, Chancengleichheit im Vergabeverfahren – wann ist sie im VOF-Verfahren durch vorbefasste Planer (Projektanten) verletzt?, Festschrift für Ulrich Werner zum 65. Geburtstag, 2005, 381.
Potthast, Überörtliche Betätigung der Kommunen im Bereich der Abfallentsorgung, NZBau 2000, 181.
Prieß, Handbuch des europäischen Vergaberechts 3. Auflage 2005.
ders., Ausschreibungspflicht für Verkehrsverträge im Schienenpersonennahverkehr, NZBau 2002, 539 f.
ders., Sind kommunale Wohnungsunternehmen Auftraggeber im Sinne des EG-Vergaberechts?, BauR 1999, 1354.
ders., Ausschreibungspflichten kommunaler Versorgungsunternehmen, DB 1998, 405 f.
ders., Die Leistungsbeschreibung – Kernstück des Vergabeverfahrens, NZBau 2004, 20 u. 87.
ders., Abschnittsende – (k)ein Abschied vom 3. Abschnitt von VOB/A und VOL/A, NZBau 2006, 685.
Prieß/Berrisch, WTO Handbuch, 2003.
Prieß/Gabriel, Abschnittsende – (k)ein Abschied vom 3. Abschnitt von VOB/A und VOL/A, NZBau, 2006, 685.
Prieß/Hausmann/Kulartz, Beck'sches Formularbuch zum Vergaberecht, 2004.
Prieß/Pitschas, Die Vereinbarkeit vergabefremder Zwecke mit dem deutschen und europäischen Vergaberecht – dargestellt am Beispiel der Scientology-Erklärung, ZVgR 1999, 144.
Prütting/Wengen/Weinreich, BGB.
Pünder, Die Vergabe öffentlicher Aufträge unter den Vorgaben des europäischen Beihilferechts, NZBau 2003, 530.
ders., Zu den Vorgaben des grundgesetzlichen Gleichheitssatzes für die Vergabe öffentlicher Aufträge, VerwArch 2004, 38.
Pünder/Franzius, Auftragsvergabe im wettbewerblichen Dialog, ZfBR 2006, 20.
Quack, Ist § 9 VOB/A wirklich rigoros bieterschützend oder vielleicht doch nicht so sehr?, BauR 2005, 1080.

Rechten, Die Novelle des EU-Vergaberechts, NZBau 2004, 366.
Reidt/Stickler/Glahs, Vergaberecht, 2. Auflage 2003.
Rogmans, Öffentliches Auftragswesen, 2. Auflage Berlin 1993.
Roquette, Vollständigkeitsklauseln: Abwälzung des Risikos unvollständiger oder unrichtiger Leistungsbeschreibungen auf den Auftragnehmer, NZBau 2001, 57.
Roth, Änderung der Zusammensetzung von Bietergemeinschaften und Austausch von Nachunternehmern im laufenden Vergabeverfahren, NZBau 2005, 316.
Ruthig, Verwaltungsrechtsschutz bei der staatlichen Auftragsvergabe?, NZBau 2005, 497 ff.
Schaller, Verdingungsordnung für Leistungen (VOL), 3. Auflage 2004.
Scharen, Aufhebung der Ausschreibung und Vergaberechtsschutz, Nz. B.au 2003, 585.
Scharf/Schütte, Fehlende Angebotsunterlagen im Bau- und Dienstleistungsbereich, VergabeR 2005, 448–460.
Schröder, In-House-Vergabe zwischen Beteiligungsunternehmen der öffentlichen Hand?, NZBau 2005, 129.
ders., Die vergaberechtliche Stellung des Kommunalunternehmens als Anstalt des öffentlichen Rechts, NZBau 2003, 596.
ders., Die vergaberechtliche Problematik der interkommunalen Zusammenarbeit am Beispiel der Bildung von Zweckverbänden – Zugleich ein Beitrag zur Auslegung des öffentlichen Auftrages i. S. des § 99 GWB, NWvZ 2005, 25.
ders., Ausschreibungen bei der Grundsicherung für Arbeitssuchende (SGB II), VergabeR 2007, 418.
Schulze/Zuleeg, Europarecht: Handbuch für die Europäische Rechtspraxis, 2006.
Seidel, Zur Wandlung des Begriffsinhaltes »öffentlicher Auftraggeber« im EG-Vergaberecht, in Festschrift für Heiermann, S. 293 ff.
ders., Zur Implementierung von Sekundärzielen im europäischen Vergaberecht, ZVgR 2000, 195.
Staudinger/Wittmann, BGB.
Sterner, Rechtsschutz gegen Autragssperren, NZBau 2001, 423.
Stockmann, Die Integration von Vergaberecht und Kartellrecht, ZWeR 2003, 37.
Stoye, Generalübernehmervergabe – Nötig ist ein Paradigmenwechsel bei den Vergaberechtlern, NZBau 2004, 648.
Ullrich, Dienstleistungskonzessionen und europäisches Vergaberecht, ZVgR 2000, 85 f.
Theobald/Kafka, Vergabe von Verkehrsverträgen im Rahmen des SPNV, NZBau 2002, 603 f.
Tomerius/Kiser, Verwaltungsgerichtlicher Rechtsschutz bei nationalen Auftragsvergaben – auf dem Weg zur unterschwelligen Rechtswegspaltung? VergabeR 2005, 551 ff.
Trautner/Förster, Jüngst viel Dynamik: Vergabe von Versicherungs(dienst)leistungen, VergabeR 2001, 190.
Völling/Kehrberg, Vergabe- und Vertragsordnung für Bauleistungen, 2004.
Voppel/Osenbrück/Bubert, VOF: Verdingungsordnung für freiberufliche Leistungen, 2001.
Wagner/Steinkemper, Bedingungen für die Berücksichtigung von Nebenangeboten und Änderungsvorschlägen, NZBau 2004, 253.

Wallerath, Öffentliche Bedarfsdeckung und Verfassungsrecht, 1988.
Weber, Zulässigkeit und Grenzen von Leistungsbeschreibungen nach europäischem Vergaberecht, NZBau 2002, 194.
Weber/Schäfer/Hausmann, Public Private Partnership, 2005.
Weinbrenner/Jochem/Neusüß, Der Architektenwettbewerb, 2. Auflage.
Weyand, Praxiskommentar Vergaberecht, 2004.
ders., IBR-Online-Kommentar zum Vergaberecht, Stand April 2006.
Wilke, Vergaberechtliche Aspekte städtebaulicher Verträge, ZfBR 2004, 141.
ders., Erschließungsverträge und Vergaberecht, ZfBR 2002, 231.
Willenbruch, Die Praxis des Verhandlungsverfahrens nach §§ 3 a Nr. 1 VOB/A und VOL/A, Nz. B.au 2003, 422.
Wittig, Zuschussverträge im Bereich des Bus- und Eisenbahnverkehrs, NZBau 2006, 473.
Wustmann, Nachrangige Dienstleistungen im Sinne des Anhangs IIB der Koordinierungsrichtlinie und nationales Vergaberechtsregime nach der VOL/A, VergabeR 2006, 720.
Ziekow, In-House-Geschäfte – werden die Spielräume enger?, VergabeR 2006, 608.
ders., Vergabefremde Zwecke und Europarecht, NZBau 2001, 72.
Ziekow/Siegel, Das Vergabeverfahren als Verwaltungsverfahren, ZfBR 2004, 30.
Zirbes, SPNV-Verträge und Vergaberecht: Hoflieferantentum oder Wettbewerb?, VergabeR 2004, 133 f.

Deutscher Verdingungsausschuss
für Leistungen (DVAL)

Verdingungsordnung für Leistungen (VOL)

Teil A
Allgemeine Bestimmungen
für die Vergabe von Leistungen
(VOL/A)

Ausgabe 2006

Inhaltsübersicht

Seite

Abschnitt 1		Basisparagraphen	
§ 1		Leistungen	XXXI
§ 2		Grundsätze der Vergabe	XXXI
§ 3		Arten der Vergabe	XXXII
§ 4		Erkundung des Bewerberkreises	XXXIV
§ 5		Vergabe nach Losen	XXXIV
§ 6		Mitwirkung von Sachverständigen	XXXIV
§ 7		Teilnehmer am Wettbewerb	XXXV
§ 8		Leistungsbeschreibung	XXXVI
§ 9		Vergabeunterlagen, Vertragsbedingungen	XXXVII
§ 10		Unteraufträge	XXXVIII
§ 11		Ausführungsfristen	XXXIX
§ 12		Vertragsstrafen	XXXIX
§ 13		Verjährung der Mängelansprüche	XXXIX
§ 14		Sicherheitsleistungen	XXXIX
§ 15		Preise	XXXIX
§ 16		Grundsätze der Ausschreibung und der Informationsübermittlung	XL
§ 17		Bekanntmachung, Aufforderung zur Angebotsabgabe	XL
§ 18		Form und Frist der Angebote	XLIII
§ 19		Zuschlags- und Bindefrist	XLIV
§ 20		Kosten	XLIV
§ 21		Inhalt der Angebote	XLIV
§ 22		Öffnung der Angebote bei Ausschreibungen; Vertraulichkeit	XLV
§ 23		Prüfung der Angebote	XLVII
§ 24		Verhandlungen mit Bietern bei Ausschreibungen	XLVII
§ 25		Wertung der Angebote	XLVII
§ 26		Aufhebung der Ausschreibung	XLIX
§ 27		Nicht berücksichtigte Angebote	XLIX
§ 28		Zuschlag	L
§ 29		Vertragsurkunde	LI
§ 30		Vergabevermerk	LI
Abschnitt 2		Bestimmungen nach der Richtlinie 2004/18/EG des Europäischen Parlaments und des Rates vom 31. März 2004 über die Verfahren zur Vergabe öffentlicher Bauaufträge, Lieferaufträge und Dienstleistungsaufträge	
§ 1		Leistungen	LII
§ 1 a		Verpflichtung zur Anwendung der a-Paragraphen	LII
§ 2		Grundsätze der Vergabe	LIII
§ 3		Arten der Vergabe	LIII
§ 3 a		Arten der Vergabe, Rahmenvereinbarungen	LV
§ 4		Erkundung des Bewerberkreises	LIX
§ 5		Vergabe nach Losen	LX
§ 6		Mitwirkung von Sachverständigen	LX
§ 7		Teilnehmer am Wettbewerb	LX

XXVII

Inhaltsübersicht

§ 7 a	Teilnehmer am Wettbewerb	LXI
§ 8	Leistungsbeschreibung	LXVI
§ 8 a	Technische Anforderungen	LXVII
§ 9	Vergabeunterlagen, Vertragsbedingungen	LXIX
§ 9 a	Vergabeunterlagen	LXX
§ 10	Unteraufträge	LXXI
§ 11	Ausführungsfristen	LXXI
§ 12	Vertragsstrafen	LXXI
§ 13	Verjährung der Mängelansprüche	LXXII
§ 14	Sicherheitsleistungen	LXXII
§ 15	Preise	LXXII
§ 16	Grundsätze der Ausschreibung und der Informationsübermittlung	LXXII
§ 16 a	Anforderungen an Teilnahmeanträge	LXXIII
§ 17	Bekanntmachung, Aufforderung zur Angebotsabgabe	LXXIII
§ 17 a	Bekanntmachung, Aufforderung zur Angebotsabgabe, Beschafferprofil, Vorinformation	LXXVI
§ 18	Form und Frist der Angebote	LXXVIII
§ 18 a	Formen und Fristen	LXXIX
§ 19	Zuschlags- und Bindefrist	LXXX
§ 20	Kosten	LXXX
§ 21	Inhalt der Angebote	LXXXI
§ 22	Öffnung der Angebote bei Ausschreibungen; Vertraulichkeit	LXXXII
§ 23	Prüfung der Angebote	LXXXIII
§ 24	Verhandlungen mit Bietern bei Ausschreibungen	LXXXIV
§ 25	Wertung der Angebote	LXXXIV
§ 25 a	Zuschlagskriterien, staatliche Beihilfe	LXXXV
§ 26	Aufhebung der Ausschreibung	LXXXVI
§ 26 a	Mitteilung über den Verzicht auf die Vergabe	LXXXVI
§ 27	Nicht berücksichtigte Angebote	LXXXVII
§ 27 a	Nicht berücksichtigte Bewerbungen und Angebote	LXXXVIII
§ 28	Zuschlag	LXXXVIII
§ 28 a	Bekanntmachung über die Auftragserteilung	LXXXVIII
§ 29	Vertragsurkunde	LXXXIX
§ 30	Vergabevermerk	LXXXIX
§ 30 a	Melde- und Berichtspflichten	LXXXIX
§ 31 a	Wettbewerbe	XC
§ 32 a	Nachprüfungsbehörden	XCI
Anhang I	Teil A	XCII
	Teil B	XCV
Anhang II	Anforderungen an die Geräte, die für den elektronischen Empfang der Anträge auf Teilnahme und der Angebote verwendet werden	
Anhang TS	Technische Spezifikationen	XCV
Abschnitt 3	**Bestimmungen nach der EG-Sektorenrichtlinie**	
§ 1	Leistungen	XCVIII
§ 1 b	Verpflichtung zur Anwendung der b-Paragraphen	XCVIII
§ 2	Grundsätze der Vergabe	XCIX
§ 2 b	Schutz der Vertraulichkeit	XCIX

Inhaltsübersicht

§ 3	Arten der Vergabe	XCIX
§ 3 b	Arten der Vergabe	CI
§ 4	Erkundung des Bewerberkreises	CIII
§ 5	Vergabe nach Losen	CIII
§ 5 b	Rahmenvereinbarung	CIV
§ 6	Mitwirkung von Sachverständigen	CIV
§ 7	Teilnehmer am Wettbewerb	CIV
§ 7 b	Teilnehmer am Wettbewerb	CV
§ 8	Leistungsbeschreibung	CX
§ 8 b	Technische Anforderungen	CXI
§ 9	Vergabeunterlagen, Vertragsbedingungen	CXIII
§ 9 b	Vergabeunterlagen	CXII
§ 10	Unteraufträge	CXV
§ 11	Ausführungsfristen	CXV
§ 12	Vertragsstrafen	CXVI
§ 13	Verjährung der Mängelansprüche	CXVI
§ 14	Sicherheitsleistungen	CXVI
§ 15	Preise	CXVI
§ 16	Grundsätze der Ausschreibung und der Informationsübermittlung	CXVII
§ 16 b	Anforderungen an Teilnahmeanträge	CXVII
§ 17	Bekanntmachung, Aufforderung zur Angebotsabgabe	CXVIII
§ 17 b	Bekanntmachung, Aufruf zum Wettbewerb, Beschafferprofil	CXXI
§ 18	Form und Frist der Angebote	CXXIV
§ 18 b	Angebotsfrist, Bewerbungsfrist	CXXIV
§ 19	Zuschlags- und Bindefrist	CXXVI
§ 20	Kosten	CXXVI
§ 21	Inhalt der Angebote	CXXVI
§ 22	Öffnung der Angebote bei Ausschreibungen; Vertraulichkeit	CXXVII
§ 23	Prüfung der Angebote	CXXVIII
§ 24	Verhandlungen mit Bietern bei Ausschreibungen	CXXIX
§ 25	Wertung der Angebote	CXXIX
§ 25 b	Wertung der Angebote	CXXX
§ 26	Aufhebung der Ausschreibung	CXXXI
§ 27	Nicht berücksichtigte Angebote	CXXXII
§ 27 b	Mitteilungspflichten	CXXXIII
§ 28	Zuschlag	CXXXIII
§ 28 b	Bekanntmachung der Auftragserteilung	CXXXIV
§ 29	Vertragsurkunde	CXXXIV
§ 30	Vergabevermerk	CXXXV
§ 30 b	Aufbewahrungs- und Berichtspflichten	CXXXV
§ 31 b	Wettbewerbe	CXXXVI
§ 32 b	Nachprüfungsbehörden	CXXXVII
Anhang I	Teil A	CXXXVIII
Anhang II	Anforderungen an die Geräte, die für den elektronischen Empfang der Anträge auf Teilnahme und der Angebote verwendet werden	CXLI
Anhang TS	Technische Spezifikationen	CXLII

Abschnitt 4	Vergabebestimmungen nach der EG-Sektorenrichtlinie (VOL/A SKR)	
§ 1 SKR	Geltungsbereich	CXLIV
§ 2 SKR	Diskriminierungsverbot, Schutz der Vertraulichkeit	CXLIV
§ 3 SKR	Arten der Vergabe	CXLIV
§ 4 SKR	Rahmenvereinbarung	CXLVI
§ 5 SKR	Teilnehmer am Wettbewerb	CXLVII
§ 6 SKR	Technische Anforderungen	CLII
§ 7 SKR	Vergabeunterlagen	CLIV
§ 8 SKR	Informationsübermittlung, Vertraulichkeit der Teilnahmeanträge und Angebote	CLIV
§ 9 SKR	Bekanntmachung, Aufruf zum Wettbewerb, Beschafferprofil	CLV
§ 10 SKR	Angebotsfrist, Bewerbungsfrist	CLVIII
§ 11 SKR	Wertung der Angebote	CLX
§ 12 SKR	Mitteilungspflichten	CLXI
§ 13 SKR	Bekanntmachung der Auftragserteilung	CLXI
§ 14 SKR	Aufbewahrungs- und Berichtspflichten	CLXII
§ 15 SKR	Wettbewerbe	CLXIII
§ 16 SKR	Vergabekammer	CLXIV
Anhang I	Teil A	CLXV
Anhang II	Anforderungen an die Geräte, die für den elektronischen Empfang der Anträge auf Teilnahme und der Angebote verwendet werden	CLXVIII
Anhang TS	Technische Spezifikationen	CLXIX
Anhang III	Verordnung (EWG, Euratom) Nr. 1182/71 des Rates vom 3. Juni 1971 zur Festlegung der Regeln für die Fristen, Daten und Termine	CLXXI
Erläuterungen zur VOL/A		
I.	Vorbemerkung	CLXXV
II.	Allgemeine Erläuterungen	CLXXV
III.	Erläuterungen zu den einzelnen Abschnitten	CLXXVI

VOL Teil A
Allgemeine Bestimmungen
für die Vergabe von Leistungen
(VOL/A)

Abschnitt 1: Basisparagraphen

§ 1
Leistungen

Leistungen im Sinne der VOL sind alle Lieferungen und Leistungen, ausgenommen

- Leistungen, die unter die Vergabe- und Vertragsordnung für Bauleistungen – VOB – fallen (VOB/A § 1),

- Leistungen, die im Rahmen einer freiberuflichen Tätigkeit[1] erbracht oder im Wettbewerb mit freiberuflich Tätigen angeboten werden, soweit deren Auftragswerte die in der Vergabeverordnung festgelegten Schwellenwerte nicht erreichen; die Bestimmungen der Haushaltsordnungen bleiben unberührt,

- Leistungen ab der in der Vergabeverordnung festgelegten Schwellenwerte, die im Rahmen einer freiberuflichen Tätigkeit erbracht oder im Wettbewerb mit freiberuflich Tätigen angeboten werden und deren Gegenstand eine Aufgabe ist, deren Lösung nicht vorab eindeutig und erschöpfend beschrieben werden kann; diese Leistungen fallen unter die Verdingungsordnung für freiberufliche Leistungen – VOF –.

§ 2
Grundsätze der Vergabe

1. (1) Leistungen sind in der Regel im Wettbewerb zu vergeben.

   (2) Wettbewerbsbeschränkende und unlautere Verhaltensweisen sind zu bekämpfen.

2. Bei der Vergabe von Leistungen darf kein Unternehmen diskriminiert werden.

---

[1] vgl. § 18 Abs. 1 Nr. 1 EStG:
(1) Einkünfte aus selbständiger Arbeit sind:
1. Einkünfte aus freiberuflicher Tätigkeit. Zu der freiberuflichen Tätigkeit gehören die selbständig ausgeübte wissenschaftliche, künstlerische, schriftstellerische, unterrichtende oder erzieherische Tätigkeit, die selbständige Berufstätigkeit der Ärzte, Zahnärzte, Tierärzte, Rechtsanwälte, Notare, Patentanwälte, Vermessungsingenieure, Ingenieure, Architekten, Handelschemiker, Wirtschaftsprüfer, Steuerberater, beratenden Volks- und Betriebswirte, vereidigten Buchprüfer (vereidigten Bücherrevisoren), Steuerbevollmächtigten, Heilpraktiker, Dentisten, Krankengymnasten, Journalisten, Bildberichterstatter, Dolmetscher, Übersetzer, Lotsen und ähnlicher Berufe. Ein Angehöriger eines freien Berufs im Sinne der Sätze 1 und 2 ist auch dann freiberuflich tätig, wenn er sich der Mithilfe fachlich vorgebildeter Arbeitskräfte bedient; Voraussetzung ist, dass er auf Grund eigener Fachkenntnisse leitend und eigenverantwortlich tätig wird. Eine Vertretung im Fall vorübergehender Verhinderung steht der Annahme einer leitenden und eigenverantwortlichen Tätigkeit nicht entgegen; ...

3. Leistungen sind unter ausschließlicher Verantwortung der Vergabestellen an fachkundige, leistungsfähige und zuverlässige Bewerber zu angemessenen Preisen zu vergeben.

4. Für die Berücksichtigung von Bewerbern, bei denen Umstände besonderer Art vorliegen, sind die jeweils hierüber erlassenen Rechts- und Verwaltungsvorschriften des Bundes und der Länder maßgebend.

§ 3
Arten der Vergabe

1. (1) Bei Öffentlicher Ausschreibung werden Leistungen im vorgeschriebenen Verfahren nach öffentlicher Aufforderung einer unbeschränkten Zahl von Unternehmen zur Einreichung von Angeboten vergeben.

    (2) Bei Beschränkter Ausschreibung werden Leistungen im vorgeschriebenen Verfahren nach Aufforderung einer beschränkten Zahl von Unternehmen zur Einreichung von Angeboten vergeben.

    (3) Bei Freihändiger Vergabe werden Leistungen ohne ein förmliches Verfahren vergeben.

    (4) Soweit es zweckmäßig ist, soll der Beschränkten Ausschreibung und der Freihändigen Vergabe eine öffentliche Aufforderung vorangehen, sich um Teilnahme zu bewerben (Beschränkte Ausschreibung mit Öffentlichem Teilnahmewettbewerb bzw. Freihändige Vergabe mit Öffentlichem Teilnahmewettbewerb).

2. Öffentliche Ausschreibung muss stattfinden, soweit nicht die Natur des Geschäfts oder besondere Umstände eine Ausnahme rechtfertigen.

3. Beschränkte Ausschreibung soll nur stattfinden,

    a) wenn die Leistung nach ihrer Eigenart nur von einem beschränkten Kreis von Unternehmen in geeigneter Weise ausgeführt werden kann, besonders wenn außergewöhnliche Fachkunde oder Leistungsfähigkeit oder Zuverlässigkeit erforderlich ist,

    b) wenn die Öffentliche Ausschreibung für den Auftraggeber oder die Bewerber einen Aufwand verursachen würde, der zu dem erreichbaren Vorteil oder dem Wert der Leistung im Missverhältnis stehen würde,

    c) wenn eine Öffentliche Ausschreibung kein wirtschaftliches Ergebnis gehabt hat,

    d) wenn eine Öffentliche Ausschreibung aus anderen Gründen (z. B. Dringlichkeit, Geheimhaltung) unzweckmäßig ist.

4. Freihändige Vergabe soll nur stattfinden,

    a) wenn für die Leistung aus besonderen Gründen (z. B. besondere Erfahrungen, Zuverlässigkeit oder Einrichtungen, bestimmte Ausführungsarten) nur *ein* Unternehmen in Betracht kommt,

b) wenn im Anschluss an Entwicklungsleistungen Aufträge in angemessenem Umfang und für angemessene Zeit an Unternehmen, die an der Entwicklung beteiligt waren, vergeben werden müssen, es sei denn, dass dadurch die Wettbewerbsbedingungen verschlechtert werden,

c) wenn für die Leistungen gewerbliche Schutzrechte zugunsten eines bestimmten Unternehmens bestehen, es sei denn, der Auftraggeber oder andere Unternehmen sind zur Nutzung dieser Rechte befugt,

d) wenn bei geringfügigen Nachbestellungen im Anschluss an einen bestehenden Vertrag kein höherer Preis als für die ursprüngliche Leistung gefordert wird und von einer Ausschreibung kein wirtschaftlicheres Ergebnis zu erwarten ist. Die Nachbestellungen sollen insgesamt 20 vom Hundert des Wertes der ursprünglichen Leistung nicht überschreiten,

e) wenn Ersatzteile oder Zubehörstücke zu Maschinen, Geräten usw. vom Lieferanten der ursprünglichen Leistung beschafft werden sollen und diese Stücke in brauchbarer Ausführung von anderen Unternehmen nicht oder nicht unter wirtschaftlichen Bedingungen bezogen werden können,

f) wenn die Leistung besonders dringlich ist,

g) wenn es aus Gründen der Geheimhaltung erforderlich ist,

h) wenn die Leistung nach Art und Umfang vor der Vergabe nicht so eindeutig und erschöpfend beschrieben werden kann, dass hinreichend vergleichbare Angebote erwartet werden können,

i) wenn es sich um Leistungen handelt, die besondere schöpferische Fähigkeiten verlangen,

k) wenn die Leistungen von Bewerbern angeboten werden, die zugelassenen, mit Preisabreden oder gemeinsamen Vertriebseinrichtungen verbundenen Kartellen angehören und keine kartellfremden Bewerber vorhanden sind,

l) wenn es sich um Börsenwaren handelt,

m) wenn es sich um eine vorteilhafte Gelegenheit handelt,

n) wenn nach Aufhebung einer Öffentlichen oder Beschränkten Ausschreibung eine erneute Ausschreibung kein wirtschaftliches Ergebnis verspricht,

o) wenn die Vergabe von Leistungen an Justizvollzugsanstalten, Einrichtungen der Jugendhilfe, Aus- und Fortbildungsstätten oder ähnliche Einrichtungen beabsichtigt ist,

p) wenn sie durch Ausführungsbestimmungen von einem Bundesminister – ggf. Landesminister – bis zu einem bestimmten Höchstwert zugelassen ist.

5. Es ist aktenkundig zu machen, weshalb von einer Öffentlichen oder Beschränkten Ausschreibung abgesehen worden ist.

§ 4
Erkundung des Bewerberkreises

1. Vor einer Beschränkten Ausschreibung und vor einer Freihändigen Vergabe hat der Auftraggeber den in Betracht kommenden Bewerberkreis zu erkunden, sofern er keine ausreichende Marktübersicht hat.

2. (1) Hierzu kann er öffentlich auffordern, sich um Teilnahme zu bewerben (Teilnahmewettbewerb im Sinne von § 3 Nr. 1 Abs. 4).

    (2) Bei Auftragswerten über 5.000 Euro kann er sich ferner von der Auftragsberatungsstelle des Bundeslandes, in dem der Auftraggeber seinen Sitz hat, unter Beachtung von § 7 Nr. 1 geeignete Bewerber benennen lassen. Dabei ist der Auftragsberatungsstelle die zu vergebende Leistung hinreichend zu beschreiben. Der Auftraggeber kann der Auftragsberatungsstelle vorgeben, wie viele Unternehmen er benannt haben will; er kann ferner auf besondere Erfordernisse hinweisen, die von den Unternehmen zu erfüllen sind. Die Auftragsberatungsstelle soll in ihrer Mitteilung angeben, ob sie in der Lage ist, noch weitere Bewerber zu benennen.

    In der Regel hat der Auftraggeber die ihm benannten Unternehmen zur Angebotsabgabe aufzufordern.

3. Weitergehende Vereinbarungen, welche die Zusammenarbeit zwischen öffentlichen Auftraggebern, dem Bundesminister für Wirtschaft und Technologie und den Bundesländern bei der Vergabe öffentlicher Aufträge regeln, werden davon nicht berührt.

§ 5
Vergabe nach Losen

1. Der Auftraggeber hat in jedem Falle, in dem dies nach Art und Umfang der Leistung zweckmäßig ist, diese – z. B. nach Menge, Art – in Lose zu zerlegen, damit sich auch kleine und mittlere Unternehmen um Lose bewerben können. Die einzelnen Lose müssen so bemessen sein, dass eine unwirtschaftliche Zersplitterung vermieden wird.

2. Etwaige Vorbehalte wegen der Teilung in Lose, Umfang der Lose und mögliche Vergabe der Lose an verschiedene Bieter sind bereits in der Bekanntmachung (§ 17 Nr. 1 und 2) und bei der Aufforderung zur Angebotsabgabe (§ 17 Nr. 3) zu machen.

§ 6
Mitwirkung von Sachverständigen

1. Hält der Auftraggeber die Mitwirkung von Sachverständigen zur Klärung rein fachlicher Fragen für zweckmäßig, so sollen die Sachverständigen in der Regel von den Berufsvertretungen vorgeschlagen werden.

2. Sachverständige sollen in geeigneten Fällen auf Antrag der Berufsvertretungen gehört werden, wenn dem Auftraggeber dadurch keine Kosten entstehen und eine unzumutbare Verzögerung der Vergabe nicht eintritt.

3. Die Sachverständigen dürfen weder unmittelbar noch mittelbar an der betreffenden Vergabe beteiligt sein und beteiligt werden. Soweit die Klärung fachlicher Fragen die Erörterung von Preisen erfordert, hat sich die Beteiligung auf die Beurteilung im Sinne von § 23 Nr. 2 zu beschränken.

§ 7
Teilnehmer am Wettbewerb

1. (1) Inländische und ausländische Bewerber sind gleichzubehandeln. Der Wettbewerb darf insbesondere nicht auf Bewerber, die in bestimmten Bezirken ansässig sind, beschränkt werden. (2) Arbeitsgemeinschaften und andere gemeinschaftliche Bewerber sind Einzelbewerbern gleichzusetzen.

2. (1) Bei Öffentlicher Ausschreibung sind die Unterlagen an alle Bewerber abzugeben, die sich gewerbsmäßig mit der Ausführung von Leistungen der ausgeschriebenen Art befassen.

   (2) Bei Beschränkter Ausschreibung sollen mehrere – im allgemeinen mindestens drei – Bewerber zur Angebotsabgabe aufgefordert werden.

   (3) Bei Freihändiger Vergabe sollen möglichst Angebote im Wettbewerb eingeholt werden.

   (4) Bei Beschränkter Ausschreibung und Freihändiger Vergabe soll unter den Bewerbern möglichst gewechselt werden.

3. Bei Beschränkter Ausschreibung und Freihändiger Vergabe sind regelmäßig auch kleine und mittlere Unternehmen in angemessenem Umfang zur Angebotsabgabe aufzufordern.

4. Von den Bewerbern können zum Nachweis ihrer Fachkunde, Leistungsfähigkeit und Zuverlässigkeit entsprechende Angaben gefordert werden, soweit es durch den Gegenstand des Auftrags gerechtfertigt ist; dabei muss der Auftraggeber die berechtigten Interessen des Unternehmens am Schutz seiner Betriebsgeheimnisse berücksichtigen.

5. Von der Teilnahme am Wettbewerb können Bewerber ausgeschlossen werden,

   a) über deren Vermögen das Insolvenzverfahren oder ein vergleichbares gesetzliches Verfahren eröffnet oder die Eröffnung beantragt oder dieser Antrag mangels Masse abgelehnt worden ist,

   b) die sich in Liquidation befinden,

   c) die nachweislich eine schwere Verfehlung begangen haben, die ihre Zuverlässigkeit als Bewerber in Frage stellt,

   d) die ihre Verpflichtung zur Zahlung von Steuern und Abgaben sowie der Beiträge zur gesetzlichen Sozialversicherung nicht ordnungsgemäß erfüllt haben,

   e) die im Vergabeverfahren vorsätzlich unzutreffende Erklärungen in Bezug auf ihre Fachkunde, Leistungsfähigkeit und Zuverlässigkeit abgegeben haben.

6. Justizvollzugsanstalten, Einrichtungen der Jugendhilfe, Aus- und Fortbildungsstätten oder ähnliche Einrichtungen sind zum Wettbewerb mit gewerblichen Unternehmen nicht zuzulassen.

§ 8
Leistungsbeschreibung

1. (1) Die Leistung ist eindeutig und so erschöpfend zu beschreiben, dass alle Bewerber die Beschreibung im gleichen Sinne verstehen müssen und die Angebote miteinander verglichen werden können.

   (2) Um eine einwandfreie Preisermittlung zu ermöglichen, sind alle sie beeinflussenden Umstände festzustellen und in den Verdingungsunterlagen anzugeben.

   (3) Dem Auftragnehmer soll kein ungewöhnliches Wagnis aufgebürdet werden für Umstände und Ereignisse, auf die er keinen Einfluss hat und deren Einwirkung auf die Preise und Fristen er nicht im Voraus schätzen kann.

2. (1) Soweit die Leistung oder Teile derselben durch verkehrsübliche Bezeichnungen nach Art, Beschaffenheit und Umfang nicht hinreichend beschreibbar sind, können sie

   a) sowohl durch eine Darstellung ihres Zweckes, ihrer Funktion sowie der an sie gestellten sonstigen Anforderungen

   b) als auch in ihren wesentlichen Merkmalen und konstruktiven Einzelheiten,

   gegebenenfalls durch Verbindung der Beschreibungsarten, beschrieben werden.

   (2) Erforderlichenfalls ist die Leistung auch zeichnerisch oder durch Probestücke darzustellen oder anders zu erklären, z. B. durch Hinweise auf ähnliche Leistungen.

3. (1) An die Beschaffenheit der Leistung sind ungewöhnliche Anforderungen nur so weit zu stellen, wie es unbedingt notwendig ist.

   (2) Bei der Beschreibung der Leistung sind die verkehrsüblichen Bezeichnungen anzuwenden; auf einschlägige Normen kann Bezug genommen werden.

   (3) Bestimmte Erzeugnisse oder Verfahren sowie bestimmte Ursprungsorte und Bezugsquellen dürfen nur dann ausdrücklich vorgeschrieben werden, wenn dies durch die Art der zu vergebenden Leistung gerechtfertigt ist.

   (4) Die Beschreibung technischer Merkmale darf nicht die Wirkung haben, dass bestimmte Unternehmen oder Erzeugnisse bevorzugt oder ausgeschlossen werden, es sei denn, dass eine solche Beschreibung durch die zu vergebende Leistung gerechtfertigt ist.

   (5) Bezeichnungen für bestimmte Erzeugnisse oder Verfahren (z. B. Markennamen) dürfen ausnahmsweise, jedoch nur mit dem Zusatz »oder gleichwertiger Art«, verwendet werden, wenn eine Beschreibung durch hinreichend genaue, allgemeinverständliche Bezeichnungen nicht möglich ist.

4. Wenn für die Beurteilung der Güte von Stoffen, Teilen oder Erzeugnissen die Herkunft oder die Angabe des Herstellers unentbehrlich ist, sind die entsprechenden Angaben von den Bewerbern zu fordern, soweit nötig auch Proben und Muster. Die Angaben sind vertraulich zu behandeln.

§ 9
Vergabeunterlagen, Vertragsbedingungen

1. Die Vergabeunterlagen bestehen aus dem Anschreiben (Aufforderung zur Angebotsabgabe) und den Verdingungsunterlagen.

2. In den Verdingungsunterlagen ist vorzuschreiben, dass die Allgemeinen Vertragsbedingungen für die Ausführung von Leistungen (VOL/B) Bestandteil des Vertrages werden. Das gilt auch für etwaige Zusätzliche, Ergänzende sowie Besondere Vertragsbedingungen und, soweit erforderlich, für etwaige Technische Vertragsbedingungen.

3. (1) Die Allgemeinen Vertragsbedingungen bleiben grundsätzlich unverändert. Sie können von Auftraggebern, die ständig Leistungen vergeben, für die bei ihnen allgemein gegebenen Verhältnisse durch Zusätzliche Vertragsbedingungen ergänzt werden. Diese dürfen den Allgemeinen Vertragsbedingungen nicht widersprechen.

   (2) Für die Erfordernisse einer Gruppe gleich gelagerter Einzelfälle können die Allgemeinen Vertragsbedingungen und etwaige Zusätzliche Vertragsbedingungen durch Ergänzende Vertragsbedingungen ergänzt werden. Die Erfordernisse des Einzelfalles sind durch Besondere Vertragsbedingungen zu berücksichtigen. In den Ergänzenden und Besonderen Vertragsbedingungen sollen sich Abweichungen von den Allgemeinen Vertragsbedingungen auf die Fälle beschränken, für die in den Allgemeinen Vertragsbedingungen besondere Vereinbarungen ausdrücklich vorgesehen sind; sie sollen nicht weiter gehen als es die Eigenart der Leistung und ihre Ausführung erfordern.

4. In den Zusätzlichen, Ergänzenden und Besonderen Vertragsbedingungen sollen, soweit erforderlich, insbesondere folgende Punkte geregelt werden:

   a) Unterlagen (VOL/A § 22 Nr. 6 Abs. 3, VOL/B § 3, § 4 Nr. 2),

   b) Umfang der Leistungen, u. U. Hundertsatz der Mehr- oder Minderleistungen (VOL/B §§ 1 und 2),

   c) Benutzung von Lager- und Arbeitsplätzen, Zufahrtswegen, Anschlussgleisen, Wasser- und Energieanschlüssen,

   d) Weitervergabe an Unterauftragnehmer (VOL/B § 4 Nr. 4),

   e) Ausführungsfristen (VOL/A § 11, VOL/B § 5 Nr. 2),

   f) Anlieferungs- oder Annahmestelle, falls notwendig auch Ort, Gebäude, Raum,

   g) Kosten der Versendung zur Anlieferungs- oder Annahmestelle,

   h) Art der Verpackung, Rückgabe der Packstoffe,

i) Übergang der Gefahr (VOL/B § 13 Nr. 1),

k) Haftung (VOL/B §§ 7 bis 10, 13 und 14),

l) Gefahrtragung bei höherer Gewalt (VOL/B § 5 Nr. 2),

m) Vertragsstrafen (VOL/A § 12, VOL/B § 11),

n) Prüfung der Beschaffenheit der Leistungen – Güteprüfung – (VOL/A § 8 Nr. 4, VOL/B § 12),

o) Abnahme (VOL/B § 13 Nr. 2),

p) Abrechnung (VOL/B §§ 15, 16 Nr. 2 und 3),

q) Leistungen nach Stundenverrechnungssätzen (VOL/B § 16),

r) Zahlung (VOL/B § 17),

s) Sicherheitsleistung (VOL/A § 14, VOL/B § 18),

t) Gerichtsstand (VOL/B § 19 Nr. 2),

u) Änderung der Vertragspreise (VOL/A § 15),

v) Besondere Vereinbarungen über die Mängelansprüche.

5. Sollen Streitigkeiten aus dem Vertrag unter Ausschluss des ordentlichen Rechtsweges im schiedsrichterlichen Verfahren ausgetragen werden, so ist es in besonderer, nur das Schiedsverfahren betreffender Urkunde zu vereinbaren, soweit nicht § 1031 Abs. 2 der Zivilprozessordnung auch eine andere Form der Vereinbarung zulässt.

§ 10
Unteraufträge

1. In den Verdingungsunterlagen ist festzulegen, dass der Auftragnehmer

   a) bei der Übertragung von Teilen der Leistung (Unterauftrag) nach wettbewerblichen Gesichtspunkten verfährt,

   b) dem Unterauftragnehmer auf Verlangen den Auftraggeber benennt,

   c) dem Unterauftragnehmer insgesamt keine ungünstigeren Bedingungen – insbesondere hinsichtlich der Zahlungsweise und Sicherheitsleistungen – stellt, als zwischen ihm und dem Auftraggeber vereinbart sind.

2. (1) In den Verdingungsunterlagen ist festzulegen, dass der Auftragnehmer bei der Einholung von Angeboten für Unteraufträge regelmäßig kleine und mittlere Unternehmen angemessen beteiligt.

   (2) Bei Großaufträgen ist in den Verdingungsunterlagen weiter festzulegen, dass sich der Auftragnehmer bemüht, Unteraufträge an kleine und mittlere Unternehmen in dem Umfang zu erteilen, wie er es mit der vertragsgemäßen Ausführung der Leistung vereinbaren kann.

§ 11
Ausführungsfristen

1. Die Ausführungsfristen sind ausreichend zu bemessen. Außergewöhnlich kurze Fristen sind nur bei besonderer Dringlichkeit vorzusehen.
2. Wenn es ein erhebliches Interesse des Auftraggebers erfordert, sind Einzelfristen für in sich abgeschlossene Teile der Leistung zu bestimmen.
3. Ist für die Einhaltung von Ausführungsfristen die Übergabe von Zeichnungen oder anderen Unterlagen wichtig, so soll hierfür ebenfalls eine Frist festgelegt werden.

§ 12
Vertragsstrafen

Vertragsstrafen sollen nur für die Überschreitung von Ausführungsfristen ausbedungen werden und auch nur dann, wenn die Überschreitung erhebliche Nachteile verursachen kann. Die Strafe ist in angemessenen Grenzen zu halten.

§ 13
Verjährung der Mängelansprüche

1. Für die Verjährung der Mängelansprüche sollen die gesetzlichen Fristen ausbedungen werden.
2. Andere Regelungen für die Verjährung sollen vorgesehen werden, wenn dies wegen der Eigenart der Leistung erforderlich ist. In solchen Fällen sind alle Umstände gegeneinander abzuwägen; hierbei können die in dem Wirtschaftszweig üblichen Regelungen in Betracht gezogen werden.

§ 14
Sicherheitsleistungen

1. Sicherheitsleistungen sind nur zu fordern, wenn sie ausnahmsweise für die sach- und fristgemäße Durchführung der verlangten Leistung notwendig erscheinen.
2. Die Sicherheit soll nicht höher bemessen und ihre Rückgabe nicht für einen späteren Zeitpunkt vorgesehen werden als nötig ist, um den Auftraggeber vor Schaden zu bewahren. Sie soll 5 vom Hundert der Auftragssumme nicht überschreiten.
3. Soweit nach diesen Grundsätzen eine teilweise Rückgabe von Sicherheiten möglich ist, hat dies unverzüglich zu geschehen.

§ 15
Preise

1. (1) Leistungen sollen zu festen Preisen vergeben werden.

(2) Bei der Vergabe sind die Vorschriften über die Preise bei öffentlichen Aufträgen zu beachten.[2]

---

[2] Verordnung PR Nr. 30/53 über die Preise bei öffentlichen Aufträgen vom 21. November 1953 (BAnz. Nr. 244 vom 18. Dezember 1953), zuletzt geändert durch Verordnung PR Nr. 1/86 vom 15. April 1986

2. Sind bei längerfristigen Verträgen wesentliche Änderungen der Preisermittlungsgrundlagen zu erwarten, deren Eintritt oder Ausmaß ungewiss ist, so kann eine angemessene Änderung der Vergütung in den Verdingungsunterlagen vorgesehen werden.[3] Die Einzelheiten der Preisänderungen sind festzulegen.

§ 16
Grundsätze der Ausschreibung und der Informationsübermittlung

1. Der Auftraggeber soll erst dann ausschreiben, wenn alle Verdingungsunterlagen fertiggestellt sind und die Leistung aus der Sicht des Auftraggebers innerhalb der angegebenen Frist ausgeführt werden kann.
2. Ausschreibungen für vergabefremde Zwecke (z. B. Ertragsberechnungen, Vergleichsanschläge, Markterkundung) sind unzulässig.
3. Nummer 1 und 2 gelten für die Freihändige Vergabe entsprechend.
4. Die Auftraggeber geben in der Bekanntmachung oder den Vergabeunterlagen an, ob Informationen per Post, Telefax, direkt, elektronisch oder durch eine Kombination dieser Kommunikationsmittel übermittelt werden.
5. Das für die elektronische Übermittlung gewählte Netz muss allgemein verfügbar sein und darf den Zugang der Bewerber und Bieter zu den Vergabeverfahren nicht beschränken. Die dafür zu verwendenden Programme und ihre technischen Merkmale müssen

   – nicht diskriminierend,

   – allgemein zugänglich und

   – kompatibel mit allgemein verbreiteten Erzeugnissen der Informations- und Kommunikationstechnologie

   sein.
6. Die Auftraggeber haben dafür Sorge zu tragen, dass den interessierten Unternehmen die Informationen über die Spezifikationen der Geräte, die für die elektronische Übermittlung der Anträge auf Teilnahme und der Angebote erforderlich sind, einschließlich Verschlüsselung zugänglich sind. Außerdem muss gewährleistet sein, dass die in Anhang II genannten Anforderungen erfüllt sind.

§ 17
Bekanntmachung, Aufforderung zur Angebotsabgabe

1. (1) Öffentliche Ausschreibungen sind durch Tageszeitungen, amtliche Veröffentlichungsblätter, Fachzeitschriften oder Internetportale bekannt zu machen.

   (2) Diese Bekanntmachung soll mindestens folgende Angaben enthalten:

(BGBl. I S. 435 und BAnz. S. 5046) und Verordnung PR Nr. 1/89 vom 13. Juni 1989 (BGBl. I S. 1094 und BAnz. S. 3042).

3 Grundsätze zur Anwendung von Preisvorbehalten bei öffentlichen Aufträgen: Gemeinsames Ministerialblatt, herausgegeben vom Bundesminister des Innern, 1972 Nr. 22 Seite 384 f.; 1974 Nr. 5 75.

a) Bezeichnung (Anschrift) der zur Angebotsabgabe auffordernden Stelle, der den Zuschlag erteilenden Stelle sowie der Stelle, bei der die Angebote einzureichen sind,

b) Art der Vergabe (§ 3),

c) Art und Umfang der Leistung sowie den Ort der Leistung (z. B. Empfangs- oder Montagestelle),

d) etwaige Vorbehalte wegen der Teilung in Lose, Umfang der Lose und mögliche Vergabe der Lose an verschiedene Bieter,

e) etwaige Bestimmungen über die Ausführungsfrist,

f) Bezeichnung (Anschrift) der Stelle, die die Verdingungsunterlagen und das Anschreiben (Nummer 3) abgibt, sowie des Tages, bis zu dem sie bei ihr spätestens angefordert werden können,

g) Bezeichnung (Anschrift) der Stelle, bei der die Verdingungsunterlagen und das Anschreiben eingesehen werden können,

h) die Höhe etwaiger Vervielfältigungskosten und die Zahlungsweise (§ 20),

i) Ablauf der Angebotsfrist (§ 18),

k) die Höhe etwa geforderter Sicherheitsleistungen (§ 14),

l) die wesentlichen Zahlungsbedingungen oder Angabe der Unterlagen, in denen sie enthalten sind,

m) die mit dem Angebot vorzulegenden Unterlagen (§ 7 Nr. 4), die ggf. vom Auftraggeber für die Beurteilung der Eignung des Bewerbers (§ 2) verlangt werden,

n) Zuschlags- und Bindefrist (§ 19),

o) den besonderen Hinweis, dass der Bewerber mit der Abgabe seines Angebots auch den Bestimmungen über nicht berücksichtigte Angebote (§ 27) unterliegt.

2. (1) Bei Beschränkter Ausschreibung und Freihändiger Vergabe mit Öffentlichem Teilnahmewettbewerb sind die Unternehmen durch Bekanntmachung in Tageszeitungen, amtlichen Veröffentlichungsblättern, Fachzeitschriften oder Internetportalen aufzufordern, sich um Teilnahme zu bewerben.

(2) Diese Bekanntmachung soll mindestens folgende Angaben enthalten:

a) Bezeichnung (Anschrift) der zur Angebotsabgabe auffordernden Stelle und der den Zuschlag erteilenden Stelle,

b) Art der Vergabe (§ 3),

c) Art und Umfang der Leistung sowie den Ort der Leistung (z. B. Empfangs- oder Montagestelle),

d) etwaige Vorbehalte wegen der Teilung in Lose, Umfang der Lose und mögliche Vergabe der Lose an verschiedene Bieter,

e) etwaige Bestimmungen über die Ausführungsfrist,

f) Tag, bis zu dem der Teilnahmeantrag bei der unter Buchstabe g) näher bezeichneten Stelle eingegangen sein muss,

g) Bezeichnung (Anschrift) der Stelle, bei der der Teilnahmeantrag zu stellen ist,

h) Tag, an dem die Aufforderung zur Angebotsabgabe spätestens abgesandt wird,

i) die mit dem Teilnahmeantrag vorzulegenden Unterlagen (§ 7 Nr. 4), die ggf. vom Auftraggeber für die Beurteilung der Eignung des Bewerbers (§ 2) verlangt werden,

k) den besonderen Hinweis, dass der Bewerber mit der Abgabe seines Angebots auch den Bestimmungen über nicht berücksichtigte Angebote (§ 27) unterliegt.

3. (1) Bei Öffentlicher und Beschränkter Ausschreibung sind die Verdingungsunterlagen den Bewerbern mit einem Anschreiben (Aufforderung zur Angebotsabgabe) zu übergeben, das alle Angaben enthält, die außer den Verdingungsunterlagen für den Entschluss zur Abgabe eines Angebots notwendig sind. Dies gilt auch für Beschränkte Ausschreibungen nach Öffentlichem Teilnahmewettbewerb.

(2) Das Anschreiben soll insbesondere folgende Angaben enthalten:

a) Bezeichnung (Anschrift) der zur Angebotsabgabe auffordernden Stelle und der den Zuschlag erteilenden Stelle,

b) Art der Vergabe (§ 3),

c) Art und Umfang der Leistung sowie den Ort der Leistung (z. B. Empfangs- oder Montagestelle),

d) etwaige Vorbehalte wegen der Teilung in Lose, Umfang der Lose und mögliche Vergabe der Lose an verschiedene Bieter,

e) etwaige Bestimmungen über die Ausführungsfrist,

f) Bezeichnung (Anschrift) der Stelle, bei der die Verdingungsunterlagen eingesehen werden können, die nicht abgegeben werden,

g) genaue Aufschrift und Form der Angebote (§ 18 Nr. 2),

h) ob und unter welchen Bedingungen die Entschädigung für die Verdingungsunterlagen erstattet wird (§ 20),

i) Ablauf der Angebotsfrist (§ 18),

k) die mit dem Angebot vorzulegenden Unterlagen (§ 7 Nr. 4), die ggf. vom Auftraggeber für die Beurteilung der Eignung des Bieters (§ 2) verlangt werden,

l) die Höhe etwa geforderter Sicherheitsleistungen (§ 14),

m) sonstige Erfordernisse, die die Bewerber bei der Bearbeitung ihrer Angebote beachten müssen (§ 18 Nr. 3, § 9 Nr. 1, § 21),

n) Zuschlags- und Bindefrist (§ 19).

o) Nebenangebote (Absatz 5),

p) den besonderen Hinweis, dass der Bewerber mit der Abgabe seines Angebots auch den Bestimmungen über nicht berücksichtigte Angebote (§ 27) unterliegt.

(3) Bei Freihändiger Vergabe sind Absatz 1 und 2 – soweit zweckmäßig – anzuwenden. Dies gilt auch für Freihändige Vergabe nach Öffentlichem Teilnahmewettbewerb.

(4) Auftraggeber, die ständig Leistungen vergeben, sollen die Erfordernisse, die die Bewerber bei der Bearbeitung ihrer Angebote beachten müssen, in Bewerbungsbedingungen zusammenfassen und dem Anschreiben beifügen (§§ 18, 19, 21).

(5) Wenn der Auftraggeber Nebenangebote wünscht, ausdrücklich zulassen oder ausschließen will, so ist dies anzugeben; ebenso ist anzugeben, wenn Nebenangebote ohne gleichzeitige Abgabe eines Hauptangebotes ausnahmsweise ausgeschlossen werden. Soweit der Bieter eine Leistung anbietet, die in den Verdingungsunterlagen nicht vorgesehen ist, sind von ihm im Angebot entsprechende Angaben über Ausführung und Beschaffenheit dieser Leistung zu verlangen.

(6) Die Aufforderung zur Angebotsabgabe ist bei Beschränkter Ausschreibung sowie bei Freihändiger Vergabe nach Öffentlichem Teilnahmewettbewerb an alle ausgewählten Bewerber am gleichen Tag abzusenden.

4. Jeder Bewerber soll die Leistungsbeschreibung sowie die anderen Teile der Verdingungsunterlagen, die mit dem Angebot dem Auftraggeber einzureichen sind, doppelt und alle anderen für seine Preisermittlung wesentlichen Unterlagen einfach erhalten. Wenn von den Unterlagen (z. B. Muster, Proben) – außer der Leistungsbeschreibung – keine Vervielfältigungen abgegeben werden können, sind sie in ausreichender Weise zur Einsicht auszulegen.

5. Die Namen der Bewerber, die Teilnahmeanträge gestellt haben, die Verdingungsunterlagen erhalten oder eingesehen haben, sind vertraulich zu behandeln.

6. (1) Erbitten Bewerber zusätzliche sachdienliche Auskünfte über die Verdingungsunterlagen und das Anschreiben, so sind die Auskünfte unverzüglich zu erteilen.

(2) Werden einem Bewerber wichtige Aufklärungen über die geforderte Leistung oder die Grundlagen seiner Preisermittlung gegeben, so sind sie auch den anderen Bewerbern gleichzeitig mitzuteilen.

§ 18
Form und Frist der Angebote

1. (1) Für die Bearbeitung und Abgabe der Angebote sind ausreichende Fristen vorzusehen. Dabei ist insbesondere der zusätzliche Aufwand für die Beschaffung von Unterlagen für die Angebotsbearbeitung, Erprobungen oder Besichtigungen zu berücksichtigen.

(2) Bei Freihändiger Vergabe kann von der Festlegung einer Angebotsfrist abgesehen werden. Dies gilt auch für Freihändige Vergabe nach Öffentlichem Teilnahmewettbewerb.

2. (1) Bei Ausschreibungen ist in der Aufforderung zur Angebotsabgabe vorzuschreiben, dass schriftliche Angebote als solche zu kennzeichnen und ebenso wie etwaige Änderungen und Berichtigungen in einem verschlossenen Umschlag zuzustellen sind. Bei elektronischen Angeboten ist sicherzustellen, dass der Inhalt der Angebote erst mit Ablauf der für ihre Einreichung festgelegten Frist zugänglich wird.

   (2) Bei Freihändiger Vergabe kann Absatz 1 entsprechend angewendet werden.

3. Bis zum Ablauf der Angebotsfrist können Angebote in den in Nummer 2 genannten Formen zurückgezogen werden.

§ 19
Zuschlags- und Bindefrist

1. Die Zuschlagsfrist beginnt mit dem Ablauf der Angebotsfrist (§ 18).

2. Die Zuschlagsfrist ist so kurz wie möglich und nicht länger zu bemessen, als der Auftraggeber für eine zügige Prüfung und Wertung der Angebote benötigt. Das Ende der Zuschlagsfrist soll durch Angabe des Kalendertages bezeichnet werden.

3. Es ist vorzusehen, dass der Bieter bis zum Ablauf der Zuschlagsfrist an sein Angebot gebunden ist (Bindefrist).

4. Die Nummern 1 bis 3 gelten bei Freihändiger Vergabe entsprechend.

§ 20
Kosten

1. (1) Bei Öffentlicher Ausschreibung dürfen für die Verdingungsunterlagen die Vervielfältigungskosten gefordert werden. In der Bekanntmachung (§ 17) ist anzugeben, wie hoch sie sind. Sie werden nicht erstattet.

   (2) Bei Beschränkter Ausschreibung und Freihändiger Vergabe sind die Unterlagen unentgeltlich abzugeben. Eine Entschädigung (Absatz 1 Satz 1) darf nur ausnahmsweise gefordert werden, wenn die Selbstkosten der Vervielfältigung unverhältnismäßig hoch sind.

2. (1) Für die Bearbeitung des Angebots werden keine Kosten erstattet. Verlangt jedoch der Auftraggeber, dass der Bieter Entwürfe, Pläne, Zeichnungen, Berechnungen oder andere Unterlagen ausarbeitet, insbesondere in den Fällen des § 8 Nr. 2 Abs. 1 Buchstabe a), so ist einheitlich für alle Bieter in der Ausschreibung eine angemessene Kostenerstattung festzusetzen. Ist eine Kostenerstattung festgesetzt, so steht sie jedem Bieter zu, der ein der Ausschreibung entsprechendes Angebot mit den geforderten Unterlagen rechtzeitig eingereicht hat.

   (2) Absatz 1 gilt für Freihändige Vergabe entsprechend.

§ 21
Inhalt der Angebote

1. (1) Die Angebote müssen die Preise sowie die geforderten Angaben und Erklärungen enthalten. Soweit Erläuterungen zur Beurteilung des Angebots erforderlich erscheinen, kann der Bieter sie auf besonderer Anlage seinem Angebot beifügen.

(2) Die Auftraggeber haben die Integrität der Daten und die Vertraulichkeit der übermittelten Angebote auf geeignete Weise zu gewährleisten. Per Post oder direkt übermittelte Angebote sind in einem verschlossenen Umschlag einzureichen, als solche zu kennzeichnen und bis zum Ablauf der für die Einreichung vorgesehenen Frist unter Verschluss zu halten. Bei elektronisch übermittelten Angeboten ist dies durch entsprechende organisatorische und technische Lösungen nach den Anforderungen des Auftraggebers und durch Verschlüsselung sicherzustellen. Die Verschlüsselung muss bis zum Ablauf der Frist zur Einreichung der Angebote aufrecht erhalten bleiben. Die Angebote müssen unterschrieben sein, elektronisch übermittelte Angebote sind mit einer fortgeschrittenen elektronischen Signatur nach dem Signaturgesetz[4] und den Anforderungen des Auftraggebers oder mit einer qualifizierten elektronischen Signatur nach dem Signaturgesetz zu versehen.

(3) Änderungen des Bieters an seinen Eintragungen im Angebot müssen zweifelsfrei sein.

(4) Änderungen und Ergänzungen an den Verdingungsunterlagen sind unzulässig.

(5) Muster und Proben des Bieters müssen als zum Angebot gehörig gekennzeichnet sein.

2. Etwaige Nebenangebote müssen auf besonderer Anlage gemacht und als solche deutlich gekennzeichnet werden.

3. (1) Der Bieter hat auf Verlangen im Angebot anzugeben, ob für den Gegenstand des Angebots gewerbliche Schutzrechte bestehen oder von dem Bieter oder anderen beantragt sind. (2) Der Bieter hat stets anzugeben, wenn er erwägt, Angaben aus seinem Angebot für die Anmeldung eines gewerblichen Schutzrechtes zu verwerten.

4. Arbeitsgemeinschaften und andere gemeinschaftliche Bieter haben in den Angeboten jeweils die Mitglieder zu benennen sowie eines ihrer Mitglieder als bevollmächtigten Vertreter für den Abschluss und die Durchführung des Vertrages zu bezeichnen. Fehlt eine dieser Bezeichnungen im Angebot, so ist sie vor der Zuschlagserteilung beizubringen.

5. Der Bieter kann schon im Angebot die Rückgabe von Entwürfen, Ausarbeitungen, Mustern und Proben verlangen, falls das Angebot nicht berücksichtigt wird (§ 27 Nr. 7).

§ 22
Öffnung der Angebote bei Ausschreibungen; Vertraulichkeit

1. Schriftliche Angebote sind auf dem ungeöffneten Umschlag mit Eingangsvermerk zu versehen und bis zum Zeitpunkt der Öffnung unter Verschluss zu halten. Den Eingangsvermerk soll ein an der Vergabe nicht Beteiligter anbringen. Elektronische Angebote sind entsprechend zu kennzeichnen und unter Verschluss zu halten.

---

4 Gesetz zur digitalen Signatur (Signaturgesetz – SigG).

2. (1) Die Verhandlung zur Öffnung der Angebote soll unverzüglich nach Ablauf der Angebotsfrist stattfinden.

   (2) In der Verhandlung zur Öffnung der Angebote muss neben dem Verhandlungsleiter ein weiterer Vertreter des Auftraggebers anwesend sein.

   (3) Bieter sind nicht zuzulassen.

3. Der Verhandlungsleiter stellt fest, ob die Angebote

   a) ordnungsgemäß verschlossen und äußerlich gekennzeichnet bzw. verschlüsselt,

   b) bis zum Ablauf der Angebotsfrist bei der für den Eingang als zuständig bezeichneten Stelle

   eingegangen sind. Die Angebote werden geöffnet und in allen wesentlichen Teilen einschließlich der Anlagen gekennzeichnet.

4. (1) Über die Verhandlung zur Öffnung der Angebote ist eine Niederschrift zu fertigen. In die Niederschrift sind folgende Angaben aufzunehmen:

   a) Name und Wohnort der Bieter und die Endbeträge der Angebote, ferner andere den Preis betreffende Angaben,

   b) ob und von wem Nebenangebote eingereicht worden sind.

   (2) Angebote, die nicht den Voraussetzungen der Nummer 3 Satz 1 entsprechen, müssen in der Niederschrift oder, soweit sie nach Schluss der Eröffnungsverhandlung eingegangen sind, in einem Nachtrag zur Niederschrift besonders aufgeführt werden; die Eingangszeit und etwa bekannte Gründe, aus denen die Voraussetzungen der Nummer 3 Satz 1 nicht erfüllt sind, sind zu vermerken.

   (3) Die Niederschrift ist von dem Verhandlungsleiter und dem weiteren Vertreter des Auftraggebers zu unterschreiben.

5. Die Niederschrift darf weder den Bietern noch der Öffentlichkeit zugänglich gemacht werden.

6. (1) Die Angebote und ihre Anlagen sind sorgfältig zu verwahren und vertraulich zu behandeln. Von den nicht ordnungsgemäß oder verspätet eingegangenen Angeboten sind auch der Umschlag und andere Beweismittel aufzubewahren.

   (2) Im Falle des § 21 Nr. 3 Abs. 2 ist sicherzustellen, dass die Kenntnis des Angebots auf die mit der Sache Befassten beschränkt bleibt.

   (3) Der Auftraggeber darf Angebotsunterlagen und die in den Angeboten enthaltenen eigenen Vorschläge eines Bieters nur für die Prüfung und Wertung der Angebote (§§ 23 und 25) verwenden. Eine darüber hinausgehende Verwendung bedarf der vorherigen schriftlichen Vereinbarung, in der auch die Entschädigung zu regeln ist.

   (4) Die Absätze 1 bis 3 gelten bei Freihändiger Vergabe entsprechend.

§ 23
Prüfung der Angebote

1. Nicht geprüft zu werden brauchen Angebote,

    a) die nicht ordnungsgemäß oder verspätet eingegangen sind, es sei denn, dass der nicht ordnungsgemäße oder verspätete Eingang durch Umstände verursacht worden ist, die nicht vom Bieter zu vertreten sind,

    b) die nicht unterschrieben oder mit der erforderlichen elektronischen Signatur und Verschlüsselung versehen sind (§ 21 Nr. 1 Abs. 2 Satz 5),

    c) bei denen Änderungen des Bieters an seinen Eintragungen nicht zweifelsfrei sind (§ 21 Nr. 1 Abs. 3),

    d) bei denen Änderungen oder Ergänzungen an den Verdingungsunterlagen vorgenommen worden sind (§ 21 Nr. 1 Abs. 4).

2. Die übrigen Angebote sind einzeln auf Vollständigkeit sowie auf rechnerische und fachliche Richtigkeit zu prüfen; ferner sind die für die Beurteilung der Wirtschaftlichkeit der einzelnen Angebote maßgebenden Gesichtspunkte festzuhalten. Gegebenenfalls sind Sachverständige (§ 6) hinzuzuziehen.

3. Das Ergebnis der Prüfung ist aktenkundig zu machen.

§ 24
Verhandlungen mit Bietern bei Ausschreibungen

1. (1) Nach Öffnung der Angebote bis zur Zuschlagserteilung darf mit den Bietern über ihre Angebote nur verhandelt werden, um Zweifel über die Angebote oder die Bieter zu beheben. (2) Verweigert ein Bieter die geforderten Aufklärungen und Angaben, so kann sein Angebot unberücksichtigt bleiben.

2. (1) Andere Verhandlungen, besonders über Änderungen der Angebote oder Preise, sind unstatthaft.

    (2) Ausnahmsweise darf bei einem Nebenangebot (§ 17 Nr. 3 Abs. 5) oder bei einem Angebot aufgrund funktionaler Leistungsbeschreibung (§ 8 Nr. 2 Abs. 1 Buchstabe a)) mit dem Bieter, dessen Angebot als das wirtschaftlichste gewertet wurde (§ 25 Nr. 3), im Rahmen der geforderten Leistung über notwendige technische Änderungen geringen Umfangs verhandelt werden. Hierbei kann auch der Preis entsprechend angepasst werden. Mit weiteren Bietern darf nicht verhandelt werden.

3. Grund und Ergebnis der Verhandlungen sind vertraulich zu behandeln und schriftlich niederzulegen.

§ 25
Wertung der Angebote

1. (1) Ausgeschlossen werden:

a) Angebote, für deren Wertung wesentliche Preisangaben fehlen (§ 21 Nr. 1 Abs. 1 Satz 1),

b) Angebote, die nicht unterschrieben sind (§ 21 Nr. 1 Abs. 2 Satz 5),

c) Angebote, in denen Änderungen des Bieters an seinen Eintragungen nicht zweifelsfrei sind (§ 21 Nr. 1 Abs. 3),

d) Angebote, bei denen Änderungen oder Ergänzungen an den Verdingungsunterlagen vorgenommen worden sind (§ 21 Nr. 1 Abs. 4),

e) Angebote, die verspätet eingegangen sind, es sei denn, dass der verspätete Eingang durch Umstände verursacht worden ist, die nicht vom Bieter zu vertreten sind,

f) Angebote von Bietern, die in Bezug auf die Vergabe eine unzulässige, wettbewerbsbeschränkende Abrede getroffen haben,

g) Nebenangebote, soweit der Auftraggeber diese nach § 17 Nr. 3 Abs. 5 ausgeschlossen hat.

(2) Außerdem können ausgeschlossen werden:

a) Angebote, die nicht die geforderten Angaben und Erklärungen enthalten (§ 21 Nr. 1 Abs. 1 Satz 1),

b) Angebote von Bietern, die von der Teilnahme am Wettbewerb ausgeschlossen werden können (§ 7 Nr. 5),

c) Nebenangebote, die nicht auf besonderer Anlage gemacht worden oder als solche nicht deutlich gekennzeichnet sind (§ 21 Nr. 2).

2. (1) Bei der Auswahl der Angebote, die für den Zuschlag in Betracht kommen, sind nur Bieter zu berücksichtigen, die für die Erfüllung der vertraglichen Verpflichtungen die erforderliche Fachkunde, Leistungsfähigkeit und Zuverlässigkeit besitzen.

(2) Erscheinen Angebote im Verhältnis zu der zu erbringenden Leistung ungewöhnlich niedrig, so überprüft der Auftraggeber vor der Vergabe des Auftrages die Einzelposten dieser Angebote. Zu diesem Zweck verlangt er in Textform vom Bieter die erforderlichen Belege. Der Auftraggeber berücksichtigt bei der Vergabe das Ergebnis dieser Überprüfung.

(3) Auf Angebote, deren Preise in offenbarem Missverhältnis zur Leistung stehen, darf der Zuschlag nicht erteilt werden.

3. Der Zuschlag ist auf das unter Berücksichtigung aller Umstände wirtschaftlichste Angebot zu erteilen. Der niedrigste Angebotspreis allein ist nicht entscheidend.

4. Nebenangebote, die der Auftraggeber bei der Ausschreibung gewünscht oder ausdrücklich zugelassen hat, sind ebenso zu werten wie die Hauptangebote. Sonstige Nebenangebote können berücksichtigt werden.

5. Die Gründe für die Zuschlagserteilung sind in den Akten zu vermerken.

§ 26
Aufhebung der Ausschreibung

1. Die Ausschreibung kann aufgehoben werden, wenn
   a) kein Angebot eingegangen ist, das den Ausschreibungsbedingungen entspricht,
   b) sich die Grundlagen der Ausschreibung wesentlich geändert haben,
   c) sie kein wirtschaftliches Ergebnis gehabt hat,
   d) andere schwerwiegende Gründe bestehen.
2. Die Ausschreibung kann unter der Voraussetzung, dass Angebote in Losen vorgesehen oder Nebenangebote nicht ausgeschlossen sind, teilweise aufgehoben werden, wenn
   a) das wirtschaftlichste Angebot den ausgeschriebenen Bedarf nicht voll deckt,
   b) schwerwiegende Gründe der Vergabe der gesamten Leistung an einen Bieter entgegenstehen.
3. Die Gründe für die Aufhebung der Ausschreibung sind in den Akten zu vermerken.
4. Die Bieter sind von der Aufhebung der Ausschreibung unter Bekanntgabe der Gründe (Nummer 1 Buchstabe a) bis d), Nummer 2 Buchstabe a) und b)) unverzüglich zu benachrichtigen.
5. Eine neue Ausschreibung oder eine Freihändige Vergabe ist nur zulässig, wenn die vorhergehende Ausschreibung über denselben Gegenstand ganz oder teilweise aufgehoben ist.

§ 27
Nicht berücksichtigte Angebote

1. Ein Angebot gilt als nicht berücksichtigt, wenn bis zum Ablauf der Zuschlagsfrist kein Auftrag erteilt wurde. Die Vergabestelle teilt jedem erfolglosen Bieter nach Zuschlagserteilung auf dessen schriftlichen Antrag hin unverzüglich die Ablehnung seines Angebots schriftlich mit. Dem Antrag ist ein adressierter Freiumschlag beizufügen. Der Antrag kann bereits bei Abgabe des Angebotes gestellt werden. Weiterhin muss in den Verdingungsunterlagen bereits darauf hingewiesen werden, dass das Angebot nicht berücksichtigt worden ist, wenn bis zum Ablauf der Zuschlagsfrist kein Auftrag erteilt wurde.
2. In der Mitteilung gemäß Nummer 1 Satz 2 sind zusätzlich bekannt zu geben:
   a) Die Gründe für die Ablehnung (z. B. preisliche, technische, funktionsbedingte, gestalterische, ästhetische) seines Angebots. Bei der Mitteilung ist darauf zu achten, dass die Auskunft mit Rücksicht auf die Verpflichtung der Vergabestelle, die Angebote vertraulich zu behandeln (§ 22 Nr. 6 Abs. 1 Satz 1), keine Angaben aus Angeboten anderer Bieter enthält.
   b) Die Anzahl der eingegangenen Angebote.

c) Der niedrigste und höchste Angebotsendpreis der nach § 23 geprüften Angebote.

3. Die zusätzliche Bekanntgabe nach Nummer 2 entfällt, wenn

   a) der Zuschlagspreis unter 5.000 Euro liegt oder

   b) weniger als 8 Angebote eingegangen sind oder

   c) der Aufforderung zur Angebotsabgabe eine funktionale Leistungsbeschreibung (§ 8 Nr. 2 Abs. 1 Buchstabe a)) zugrunde gelegen hat oder

   d) das Angebot nach § 25 Nr. 1 ausgeschlossen worden ist oder nach § 25 Nr. 2 Abs. 1 nicht berücksichtigt werden konnte.

4. Ist aufgrund der Aufforderung zur Angebotsabgabe Vergabe in Losen vorgesehen, so sind zusätzlich in der Bekanntgabe nach Nummer 2 Buchstabe c) Preise zu Losangeboten dann mitzuteilen, wenn eine Vergleichbarkeit der Losangebote (z. B. gleiche Losgröße und Anzahl der Lose) gegeben ist.

5. Sind Nebenangebote eingegangen, so sind diese bei den Angaben gemäß Nummer 2 außer Betracht zu lassen; im Rahmen der Bekanntgabe nach Nummer 2 ist jedoch anzugeben, dass Nebenangebote eingegangen sind.

6. Die Mitteilungen nach Nummer 1 und 2 sind abschließend.

7. Entwürfe, Ausarbeitungen, Muster und Proben zu nicht berücksichtigten Angeboten sind zurückzugeben, wenn dies im Angebot oder innerhalb von 24 Werktagen nach Ablehnung des Angebots verlangt wird.

8. Nicht berücksichtige Angebote und Ausarbeitungen der Bieter dürfen nur mit ihrer Zustimmung für eine neue Vergabe oder für andere Zwecke benutzt werden.

§ 28
Zuschlag

1. (1) Der Zuschlag (§ 25 Nr. 3) auf ein Angebot soll schriftlich und so rechtzeitig erteilt werden, dass ihn der Bieter noch vor Ablauf der Zuschlagsfrist erhält. Wird ausnahmsweise der Zuschlag nicht schriftlich erteilt, so ist er umgehend schriftlich zu bestätigen.

   (2) Dies gilt nicht für die Fälle, in denen durch Ausführungsbestimmungen auf die Schriftform verzichtet worden ist.

2. (1) Wird auf ein Angebot rechtzeitig und ohne Abänderungen der Zuschlag erteilt, so ist damit nach allgemeinen Rechtsgrundsätzen der Vertrag abgeschlossen, auch wenn spätere urkundliche Festlegung vorgesehen ist.

   (2) Verzögert sich der Zuschlag, so kann die Zuschlagsfrist nur im Einvernehmen mit den in Frage kommenden Bietern verlängert werden.

§ 29
Vertragsurkunde

Eine besondere Urkunde kann über den Vertrag dann gefertigt werden, wenn die Vertragspartner dies für notwendig halten.

§ 30
Vergabevermerk

1. Über die Vergabe ist ein Vermerk zu fertigen, der die einzelnen Stufen des Verfahrens, die Maßnahmen, die Feststellung sowie die Begründung der einzelnen Entscheidungen enthält.
2. Wird auf die Vorlage zusätzlich zum Angebot verlangter Unterlagen und Nachweise verzichtet, ist dies im Vergabevermerk zu begründen.

Abschnitt 2: Bestimmungen nach der Richtlinie 2004/18/EG des Europäischen Parlaments und des Rates vom 31. März 2004 über die Verfahren zur Vergabe öffentlicher Bauaufträge, Lieferaufträge und Dienstleistungsaufträge[5]

§ 1
Leistungen

Leistungen im Sinne der VOL sind alle Lieferungen und Leistungen, ausgenommen

- Leistungen, die unter die Vergabe- und Vertragsordnung für Bauleistungen – VOB – fallen (VOB/A § 1),

- Leistungen, die im Rahmen einer freiberuflichen Tätigkeit[6] erbracht oder im Wettbewerb mit freiberuflich Tätigen angeboten werden, soweit deren Auftragswerte die in der Vergabeverordnung festgelegten Schwellenwerte nicht erreichen; die Bestimmungen der Haushaltsordnungen bleiben unberührt,

- Leistungen ab der in der Vergabeverordnung festgelegten Schwellenwerte, die im Rahmen einer freiberuflichen Tätigkeit erbracht oder im Wettbewerb mit freiberuflich Tätigen angeboten werden und deren Gegenstand eine Aufgabe ist, deren Lösung nicht vorab eindeutig und erschöpfend beschrieben werden kann; diese Leistungen fallen unter die Verdingungsordnung für freiberufliche Leistungen – VOF.

§ 1 a
Verpflichtung zur Anwendung der a-Paragraphen

1. (1) Bei der Vergabe von Liefer- und Dienstleistungsaufträgen gelten die Bestimmungen der a-Paragraphen zusätzlich zu den Basisparagraphen.

(2) Aufträge, deren Gegenstand Lieferungen und Dienstleistungen sind, werden nach den Regelungen über diejenigen Aufträge vergeben, deren Wert überwiegt.

(3) Soweit keine ausdrückliche Unterscheidung zwischen Liefer- und Dienstleistungsaufträgen erfolgt, gelten die Regelungen sowohl für Liefer- als auch für Dienstleistungsaufträge.

---

5 ABl. EU Nr. L 134 S. 114 i. d. F. der Berichtigung vom 26. 11. 2004 (ABl. EU Nr. L 351 S. 44, der Richtlinie 2005/51/EG der Kommission vom 07. September 2005 (ABl. EU Nr. L 257 S. 127 und der Verordnung (EG) Nr. 2083/2005 der Kommission vom 19. Dezember 2005 (ABl. EU Nr. L 333 S. 28).
6 vgl. § 18 Abs. 1 Nr. 1 EStG: (1) Einkünfte aus selbständiger Arbeit sind:
  1. Einkünfte aus freiberuflicher Tätigkeit. Zu der freiberuflichen Tätigkeit gehören die selbständig ausgeübte wissenschaftliche, künstlerische, schriftstellerische, unterrichtende oder erzieherische Tätigkeit, die selbständige Berufstätigkeit der Ärzte, Zahnärzte, Tierärzte, Rechtsanwälte, Notare, Patentanwälte, Vermessungsingenieure, Ingenieure, Architekten, Handelschemiker, Wirtschaftsprüfer, Steuerberater, beratenden Volks- und Betriebswirte, vereidigten Buchprüfer (vereidigten Bücherrevisoren), Steuerbevollmächtigten, Heilpraktiker, Dentisten, Krankengymnasten, Journalisten, Bildberichterstatter, Dolmetscher, Übersetzer, Lotsen und ähnlichen Berufe. Ein Angehöriger eines freien Berufs im Sinne der Sätze 1 und 2 ist auch dann freiberuflich tätig, wenn er sich der Mithilfe fachlich vorgebildeter Arbeitskräfte bedient; Voraussetzung ist, dass er auf Grund eigener Fachkenntnisse leitend und eigenverantwortlich tätig wird. Eine Vertretung im Fall vorübergehender Verhinderung steht der Annahme einer leitenden und eigenverantwortlichen Tätigkeit nicht entgegen;.

2. (1) Aufträge, deren Gegenstand Dienstleistungen nach Anhang I A sind, werden nach den Bestimmungen dieses Abschnittes vergeben.

(2) Aufträge, deren Gegenstand Dienstleistungen nach Anhang I B sind, werden nach den Bestimmungen der Basisparagraphen dieses Abschnittes und der §§ 8 a und 28 a vergeben.

(3) Aufträge, deren Gegenstand Dienstleistungen des Anhangs I A und des Anhangs I B sind, werden nach den Regelungen für diejenigen Dienstleistungen vergeben, deren Wert überwiegt.

§ 2
Grundsätze der Vergabe

1. (1) Leistungen sind in der Regel im Wettbewerb zu vergeben.

   (2) Wettbewerbsbeschränkende und unlautere Verhaltensweisen sind zu bekämpfen.

2. Bei der Vergabe von Leistungen darf kein Unternehmen diskriminiert werden.

3. Leistungen sind unter ausschließlicher Verantwortung der Vergabestellen an fachkundige, leistungsfähige und zuverlässige Bewerber zu angemessenen Preisen zu vergeben.

4. Für die Berücksichtigung von Bewerbern, bei denen Umstände besonderer Art vorliegen, sind die jeweils hierüber erlassenen Rechts- und Verwaltungsvorschriften des Bundes und der Länder maßgebend.

§ 3
Arten der Vergabe

1. (1) Bei Öffentlicher Ausschreibung werden Leistungen im vorgeschriebenen Verfahren nach öffentlicher Aufforderung einer unbeschränkten Zahl von Unternehmen zur Einreichung von Angeboten vergeben.

   (2) Bei Beschränkter Ausschreibung werden Leistungen im vorgeschriebenen Verfahren nach Aufforderung einer beschränkten Zahl von Unternehmen zur Einreichung von Angeboten vergeben.

   (3) Bei Freihändiger Vergabe werden Leistungen ohne ein förmliches Verfahren vergeben.

   (4) Soweit es zweckmäßig ist, soll der Beschränkten Ausschreibung und der Freihändigen Vergabe eine öffentliche Aufforderung vorangehen, sich um Teilnahme zu bewerben (Beschränkte Ausschreibung mit Öffentlichem Teilnahmewettbewerb bzw. Freihändige Vergabe mit Öffentlichem Teilnahmewettbewerb).

2. Öffentliche Ausschreibung muss stattfinden, soweit nicht die Natur des Geschäfts oder besondere Umstände eine Ausnahme rechtfertigen.

3. Beschränkte Ausschreibung soll nur stattfinden,

   a) wenn die Leistung nach ihrer Eigenart nur von einem beschränkten Kreis von

Unternehmen in geeigneter Weise ausgeführt werden kann, besonders wenn außergewöhnliche Fachkunde oder Leistungsfähigkeit oder Zuverlässigkeit erforderlich ist,

b) wenn die Öffentliche Ausschreibung für den Auftraggeber oder die Bewerber einen Aufwand verursachen würde, der zu dem erreichbaren Vorteil oder dem Wert der Leistung im Missverhältnis stehen würde,

c) wenn eine Öffentliche Ausschreibung kein wirtschaftliches Ergebnis gehabt hat,

d) wenn eine Öffentliche Ausschreibung aus anderen Gründen (z. B. Dringlichkeit, Geheimhaltung) unzweckmäßig ist.

4. Freihändige Vergabe soll nur stattfinden,

a) wenn für die Leistung aus besonderen Gründen (z. B. besondere Erfahrungen, Zuverlässigkeit oder Einrichtungen, bestimmte Ausführungsarten) nur ein Unternehmen in Betracht kommt,

b) wenn im Anschluss an Entwicklungsleistungen Aufträge in angemessenem Umfang und für angemessene Zeit an Unternehmen, die an der Entwicklung beteiligt waren, vergeben werden müssen, es sei denn, dass dadurch die Wettbewerbsbedingungen verschlechtert werden,

c) wenn für die Leistungen gewerbliche Schutzrechte zugunsten eines bestimmten Unternehmens bestehen, es sei denn, der Auftraggeber oder andere Unternehmen sind zur Nutzung dieser Rechte befugt,

d) wenn bei geringfügigen Nachbestellungen im Anschluss an einen bestehenden Vertrag kein höherer Preis als für die ursprüngliche Leistung gefordert wird und von einer Ausschreibung kein wirtschaftlicheres Ergebnis zu erwarten ist. Die Nachbestellungen sollen insgesamt 20 vom Hundert des Wertes der ursprünglichen Leistung nicht überschreiten,

e) wenn Ersatzteile oder Zubehörstücke zu Maschinen, Geräten usw. vom Lieferanten der ursprünglichen Leistung beschafft werden sollen und diese Stücke in brauchbarer Ausführung von anderen Unternehmen nicht oder nicht unter wirtschaftlichen Bedingungen bezogen werden können,

f) wenn die Leistung besonders dringlich ist,

g) wenn es aus Gründen der Geheimhaltung erforderlich ist,

h) wenn die Leistung nach Art und Umfang vor der Vergabe nicht so eindeutig und erschöpfend beschrieben werden kann, dass hinreichend vergleichbare Angebote erwartet werden können,

i) wenn es sich um Leistungen handelt, die besondere schöpferische Fähigkeiten verlangen,

k) wenn die Leistungen von Bewerbern angeboten werden, die zugelassenen, mit

Preisabreden oder gemeinsamen Vertriebseinrichtungen verbundenen Kartellen angehören und keine kartellfremden Bewerber vorhanden sind,

l) wenn es sich um Börsenwaren handelt,

m) wenn es sich um eine vorteilhafte Gelegenheit handelt,

n) wenn nach Aufhebung einer Öffentlichen oder Beschränkten Ausschreibung eine erneute Ausschreibung kein wirtschaftliches Ergebnis verspricht,

o) wenn die Vergabe von Leistungen an Justizvollzugsanstalten, Einrichtungen der Jugendhilfe, Aus- und Fortbildungsstätten oder ähnliche Einrichtungen beabsichtigt ist,

p) wenn sie durch Ausführungsbestimmungen von einem Bundesminister – ggf. Landesminister – bis zu einem bestimmten Höchstwert zugelassen ist.

5. Es ist aktenkundig zu machen, weshalb von einer Öffentlichen oder Beschränkten Ausschreibung abgesehen worden ist.

§ 3 a
Arten der Vergabe, Rahmenvereinbarungen

1. (1) Aufträge im Sinne des § 1 a werden grundsätzlich im Wege des Offenen Verfahrens, das der Öffentlichen Ausschreibung gemäß § 3 Nr. 2 entspricht, in begründeten Fällen im Wege des Nichtoffenen Verfahrens, das der Beschränkten Ausschreibung mit Öffentlichem Teilnahmewettbewerb gemäß § 3 Nr. 1 Abs. 4 und Nr. 3 entspricht, vergeben. Unter den in Nr. 1 Abs. 5 und Nr. 2 genannten Voraussetzungen können sie auch im Verhandlungsverfahren mit oder ohne vorheriger Öffentlicher Vergabebekanntmachung vergeben werden; dabei wendet sich der Auftraggeber an Unternehmen seiner Wahl und verhandelt mit mehreren oder einem einzigen dieser Unternehmen über die Auftragsvergabe. Unter den in § 6 a der Verordnung über die Vergabe öffentlicher Aufträge (Vergabeverordnung – VgV –) genannten Voraussetzungen können Aufträge auch im Wettbewerblichen Dialog vergeben werden.

(2) Vergeben die Auftraggeber einen Auftrag im Nichtoffenen Verfahren, im Verhandlungsverfahren mit vorheriger Bekanntmachung oder im Wettbewerblichen Dialog, so können sie eine Höchstzahl von Unternehmen bestimmen, die zur Angebotsabgabe oder zur Teilnahme am Dialog aufgefordert werden. Diese Zahl ist in der Bekanntmachung nach Absatz 3 anzugeben. Sie darf im Nichtoffenen Verfahren nicht unter fünf, im Verhandlungsverfahren mit vorheriger Bekanntmachung und im Wettbewerblichen Dialog nicht unter drei liegen.

(3) Die Auftraggeber können vorsehen, dass das Verhandlungsverfahren oder der Wettbewerbliche Dialog in verschiedenen aufeinander folgenden Phasen abgewickelt werden, um so die Zahl der Angebote, über die verhandelt wird, oder die zu erörternden Lösungen anhand der vorgegebenen Zuschlagskriterien zu verringern. Wenn die Auftraggeber dies vorsehen, geben sie dies in der Bekanntmachung oder in den Vergabeunterlagen an. In der Schlussphase des Verfahrens müssen so viele Angebote vorliegen, dass ein echter Wettbewerb gewährleistet ist.

(4) Auftraggeber, die einen Auftrag im Sinne des § 1 a vergeben wollen, erklären ihre Absicht durch eine Bekanntmachung gemäß § 17 a im Supplement zum Amtsblatt der Europäischen Gemeinschaften. Die Bekanntmachung enthält entweder die Aufforderung zur Abgabe von Angeboten (Offenes Verfahren) oder die Aufforderung, Teilnahmeanträge zu stellen (Nichtoffenes Verfahren, Verhandlungsverfahren mit Teilnahmewettbewerb, Wettbewerblicher Dialog).

(5) Die Auftraggeber können Aufträge im Verhandlungsverfahren vergeben, vorausgesetzt, dass sie eine Vergabebekanntmachung veröffentlicht haben:

a) wenn in einem Offenen oder einem Nichtoffenen Verfahren oder einem Wettbewerblichen Dialog nur Angebote im Sinne der §§ 23 Nr. 1 oder 25 Nr. 1 abgegeben worden sind, sofern die ursprünglichen Bedingungen des Auftrags nicht grundlegend geändert werden.

Die Auftraggeber können in diesen Fällen von einer Vergabebekanntmachung absehen, wenn sie in das Verhandlungsverfahren alle Unternehmen einbeziehen, welche die Voraussetzungen des § 25 Nr. 2 Abs. 1 erfüllen und in dem Offenen oder Nichtoffenen Verfahren oder Wettbewerblichen Dialog Angebote abgegeben haben, die nicht bereits aus formalen Gründen (§ 23 Nr. 1) nicht geprüft zu werden brauchen.

Bei einer erneuten Bekanntmachung gem. § 17 a können sich auch Unternehmen beteiligen, die sich bei einer ersten Bekanntmachung nach Nummer 1 Abs. 3 nicht beteiligt hatten,

b) in Ausnahmefällen, wenn es sich um Liefer- oder Dienstleistungsaufträge handelt, die ihrer Natur nach oder wegen der damit verbundenen Risiken eine vorherige Festlegung eines Gesamtpreises nicht zulassen,

c) wenn die zu erbringenden Dienstleistungsaufträge, insbesondere geistig-schöpferische Dienstleistungen und Dienstleistungen der Kategorie 6 des Anhangs I A, dergestalt sind, dass vertragliche Spezifikationen nicht hinreichend genau festgelegt werden können, um den Auftrag durch die Wahl des besten Angebots in Übereinstimmung mit den Vorschriften über Offene und Nichtoffene Verfahren vergeben zu können.

2. Die Auftraggeber können in folgenden Fällen Aufträge im Verhandlungsverfahren ohne vorherige Öffentliche Vergabebekanntmachung vergeben:

a) wenn in einem Offenen oder einem Nichtoffenen Verfahren keine oder keine wirtschaftlichen Angebote abgegeben worden sind, sofern die ursprünglichen Bedingungen des Auftrags nicht grundlegend geändert werden; der Kommission der Europäischen Gemeinschaften ist auf ihren Wunsch ein Bericht vorzulegen.

b) wenn es sich um die Lieferung von Waren handelt, die nur zum Zwecke von Forschungen, Versuchen, Untersuchungen, Entwicklungen oder Verbesserungen hergestellt werden, wobei unter diese Bestimmung nicht eine Serienfertigung zum Nachweis der Marktfähigkeit des Produktes oder zur Deckung der Forschungs- und Entwicklungskosten fällt;

c) wenn der Auftrag wegen seiner technischen oder künstlerischen Besonderheiten oder aufgrund des Schutzes eines Ausschließlichkeitsrechts (z. B. Patent-, Urheberrecht) nur von einem bestimmten Unternehmen durchgeführt werden kann;

d) soweit dies unbedingt erforderlich ist, wenn aus dringlichen zwingenden Gründen, die der Auftraggeber nicht voraussehen konnte, die Fristen gemäß § 18 a nicht eingehalten werden können. Die Umstände, die die zwingende Dringlichkeit begründen, dürfen auf keinen Fall dem Verhalten des Auftraggebers zuzuschreiben sein;

e) bei zusätzlichen Lieferungen des ursprünglichen Auftragnehmers, die entweder zur teilweisen Erneuerung von gelieferten Waren oder Einrichtungen zur laufenden Benutzung oder zur Erweiterung von Lieferungen oder bestehenden Einrichtungen bestimmt sind, wenn ein Wechsel des Unternehmens dazu führen würde, dass der Auftraggeber Waren mit unterschiedlichen technischen Merkmalen kaufen müsste und dies eine technische Unvereinbarkeit oder unverhältnismäßige technische Schwierigkeiten bei Gebrauch, Betrieb oder Wartung mit sich bringen würde. Die Laufzeit dieser Aufträge sowie die der Daueraufträge darf in der Regel drei Jahre nicht überschreiten;

f) für zusätzliche Dienstleistungen, die weder in dem der Vergabe zugrunde liegenden Entwurf noch im zuerst geschlossenen Vertrag vorgesehen sind, die aber wegen eines unvorhergesehenen Ereignisses zur Ausführung der darin beschriebenen Dienstleistungen erforderlich sind, sofern der Auftrag an das Unternehmen vergeben wird, das diese Dienstleistung erbringt, wenn sich die zusätzlichen Dienstleistungen in technischer und wirtschaftlicher Hinsicht nicht ohne wesentlichen Nachteil für den Auftraggeber vom Hauptauftrag trennen lassen oder wenn diese Dienstleistungen zwar von der Ausführung des ursprünglichen Auftrags getrennt werden können, aber für dessen Vollendung unbedingt erforderlich sind.

Der Gesamtwert der Aufträge für die zusätzlichen Dienstleistungen darf jedoch 50 vom Hundert des Wertes des Hauptauftrags nicht überschreiten;

g) bei neuen Dienstleistungen, die in der Wiederholung gleichartiger Leistungen bestehen, die durch den gleichen Auftraggeber an das Unternehmen vergeben werden, das den ersten Auftrag erhalten hat, sofern sie einem Grundentwurf entsprechen und dieser Entwurf Gegenstand des ersten Auftrags war, der entweder im Offenen oder Nichtoffenen Verfahren vergeben wurde. Die Möglichkeit der Anwendung des Verhandlungsverfahrens muss bereits in der Ausschreibung des ersten Vorhabens angegeben werden; der für die nachfolgenden Dienstleistungen in Aussicht genommene Gesamtauftragswert wird vom Auftraggeber bei der Berechnung des Auftragswertes berücksichtigt. Das Verhandlungsverfahren darf jedoch nur innerhalb von drei Jahren nach Abschluss des ersten Auftrags angewandt werden;

h) wenn im Anschluss an einen Wettbewerb im Sinne des § 31 a Nr. 1 Abs. 1 der Auftrag nach den Bedingungen dieses Wettbewerbs an den Gewinner oder an einen der Preisträger vergeben werden muss. Im letzteren Fall müssen alle Preisträger des Wettbewerbs zur Teilnahme an den Verhandlungen aufgefordert werden;

i) bei auf einer Warenbörse notierten und gekauften Ware;

j) wenn Waren zu besonders günstigen Bedingungen bei Lieferanten, die ihre Geschäftstätigkeit endgültig einstellen, oder bei Insolvenzverwaltern oder Liquidatoren im Rahmen eines Insolvenz-, Vergleichs- oder Ausgleichsverfahrens oder eines in den Vorschriften eines anderen Mitgliedstaates vorgesehenen gleichartigen Verfahrens erworben werden.

3. Es ist aktenkundig zu machen, weshalb von einem Offenen oder Nichtoffenen Verfahren abgewichen worden ist (vgl. §§ 30, 30 a).

4. (1) Rahmenvereinbarungen sind öffentliche Aufträge, die die Auftraggeber an ein oder mehrere Unternehmen vergeben können, um die Bedingungen für Einzelaufträge, die während eines bestimmten Zeitraumes vergeben werden sollen, festzulegen, insbesondere über den in Aussicht genommenen Preis. Das in Aussicht genommene Auftragsvolumen ist so genau wie möglich zu ermitteln und zu beschreiben, braucht aber nicht abschließend festgelegt zu werden. Die Auftraggeber dürfen für dieselbe Leistung nicht mehrere Rahmenvereinbarungen vergeben.

(2) Die Auftraggeber dürfen Rahmenvereinbarungen nicht missbräuchlich oder in einer Weise anwenden, die den Wettbewerb behindert, einschränkt oder verfälscht.

(3) Für den Abschluss einer Rahmenvereinbarung befolgen die Auftraggeber die Verfahrensvorschriften dieses Abschnittes in allen Phasen bis zur Zuschlagserteilung der Einzelaufträge, die auf diese Rahmenvereinbarung gestützt sind. Solche Einzelaufträge sind nur zwischen den von Anbeginn an der Rahmenvereinbarung beteiligten Auftraggebern und Unternehmen zulässig. Bei der Vergabe der auf einer Rahmenvereinbarung beruhenden Einzelaufträge dürfen keine grundlegenden Änderungen an den Bedingungen dieser Rahmenvereinbarung vorgenommen werden.

(4) Wird eine Rahmenvereinbarung mit einem Unternehmen geschlossen, so werden die auf dieser Rahmenvereinbarung beruhenden Einzelaufträge entsprechend den Bedingungen der Rahmenvereinbarung vergeben. Vor der Vergabe der Einzelaufträge kann die Vergabestelle das an der Rahmenvereinbarung beteiligte Unternehmen in Textform konsultieren und dabei auffordern, sein Angebot erforderlichenfalls zu vervollständigen.

(5) Wird eine Rahmenvereinbarung mit mehreren Unternehmen geschlossen, so müssen mindestens drei Unternehmen beteiligt sein, sofern eine ausreichend große Zahl von Unternehmen die Eignungskriterien und eine ausreichend große Zahl von zulässigen Angeboten die Zuschlagskriterien erfüllt.

(6) Die Vergabe von Einzelaufträgen, die auf einer mit mehreren Unternehmen geschlossenen Rahmenvereinbarung beruhen, erfolgt

a) sofern alle Bedingungen festgelegt sind, nach den Bedingungen der Rahmenvereinbarung ohne erneuten Aufruf zum Wettbewerb oder

b) sofern nicht alle Bedingungen in der Rahmenvereinbarung festgelegt sind, nach erneutem Aufruf der Parteien zum Wettbewerb zu denselben Bedingungen, die erforderlichenfalls zu präzisieren sind, oder nach anderen, in den Verdingungsunterlagen der Rahmenvereinbarung genannten Bedingungen.

(7) Im Fall von Absatz 6 Buchstabe b) ist folgendes Verfahren einzuhalten:

a) Vor Vergabe jedes Einzelauftrags konsultieren die Vergabestellen in Textform die Unternehmen, ob sie in der Lage sind, den Einzelauftrag auszuführen.

b) Die Vergabestellen setzen eine angemessene Frist für die Abgabe der Angebote für jeden Einzelauftrag; dabei berücksichtigen sie insbesondere die Komplexität des Auftragsgegenstands und die für die Übermittlung der Angebote erforderliche Zeit.

c) Die Vergabestellen geben an, in welcher Form die Angebote einzureichen sind, der Inhalt der Angebote ist bis zum Ablauf der Angebotsfrist geheim zu halten.

d) Die Vergabestellen vergeben die einzelnen Aufträge an das Unternehmen, das auf der Grundlage der in den Verdingungsunterlagen der Rahmenvereinbarung aufgestellten Zuschlagskriterien das wirtschaftlichste Angebot vorgelegt hat.

(8) Die Laufzeit einer Rahmenvereinbarung darf vier Jahre nicht überschreiten, es sei denn der Auftragsgegenstand oder andere besondere Umstände rechtfertigen eine Ausnahme.

§ 4
Erkundung des Bewerberkreises

1. Vor einer Beschränkten Ausschreibung und vor einer Freihändigen Vergabe hat der Auftraggeber den in Betracht kommenden Bewerberkreis zu erkunden, sofern er keine ausreichende Marktübersicht hat.

2. (1) Hierzu kann er öffentlich auffordern, sich um Teilnahme zu bewerben (Teilnahmewettbewerb im Sinne von § 3 Nr. 1 Abs. 4).

(2) Bei Auftragswerten über 5.000 Euro kann er sich ferner von der Auftragsberatungsstelle des Bundeslandes, in dem der Auftraggeber seinen Sitz hat, unter Beachtung von § 7 Nr. 1 geeignete Bewerber benennen lassen. Dabei ist der Auftragsberatungsstelle die zu vergebende Leistung hinreichend zu beschreiben. Der Auftraggeber kann der Auftragsberatungsstelle vorgeben, wie viele Unternehmen er benannt haben will; er kann ferner auf besondere Erfordernisse hinweisen, die von den Unternehmen zu erfüllen sind.

Die Auftragsberatungsstelle soll in ihrer Mitteilung angeben, ob sie in der Lage ist, noch weitere Bewerber zu benennen. In der Regel hat der Auftraggeber die ihm benannten Unternehmen zur Angebotsabgabe aufzufordern.

3. Weitergehende Vereinbarungen, welche die Zusammenarbeit zwischen Auftraggebern, dem Bundesministerium für Wirtschaft und Technologie und den Bundesländern bei der Vergabe von Aufträgen regeln, werden davon nicht berührt.

§ 5
Vergabe nach Losen

1. Der Auftraggeber hat in jedem Falle, in dem dies nach Art und Umfang der Leistung zweckmäßig ist, diese – z. B. nach Menge, Art – in Lose zu zerlegen, damit sich auch kleine und mittlere Unternehmen um Lose bewerben können. Die einzelnen Lose müssen so bemessen sein, dass eine unwirtschaftliche Zersplitterung vermieden wird.

2. Etwaige Vorbehalte wegen der Teilung in Lose, Umfang der Lose und mögliche Vergabe der Lose an verschiedene Bieter sind bereits in der Bekanntmachung (§ 17 Nr. 1 und 2) und bei der Aufforderung zur Angebotsabgabe (§ 17 Nr. 3) zu machen.

§ 6
Mitwirkung von Sachverständigen

1. Hält der Auftraggeber die Mitwirkung von Sachverständigen zur Klärung rein fachlicher Fragen für zweckmäßig, so sollen die Sachverständigen in der Regel von den Berufsvertretungen vorgeschlagen werden.

2. Sachverständige sollen in geeigneten Fällen auf Antrag der Berufsvertretungen gehört werden, wenn dem Auftraggeber dadurch keine Kosten entstehen und eine unzumutbare Verzögerung der Vergabe nicht eintritt.

3. Die Sachverständigen dürfen weder unmittelbar noch mittelbar an der betreffenden Vergabe beteiligt sein und beteiligt werden. Soweit die Klärung fachlicher Fragen die Erörterung von Preisen erfordert, hat sich die Beteiligung auf die Beurteilung im Sinne von § 23 Nr. 2 zu beschränken.

§ 7
Teilnehmer am Wettbewerb

1. (1) Inländische und ausländische Bewerber sind gleich zu behandeln. Der Wettbewerb darf insbesondere nicht auf Bewerber, die in bestimmten Bezirken ansässig sind, beschränkt werden.

(2) Arbeitsgemeinschaften und andere gemeinschaftliche Bewerber sind Einzelbewerbern gleichzusetzen.

2. (1) Bei Öffentlicher Ausschreibung sind die Unterlagen an alle Bewerber abzugeben, die sich gewerbsmäßig mit der Ausführung von Leistungen der ausgeschriebenen Art befassen.

(2) Bei Beschränkter Ausschreibung sollen mehrere – im allgemeinen mindestens drei – Bewerber zur Angebotsabgabe aufgefordert werden.

(3) Bei Freihändiger Vergabe sollen möglichst Angebote im Wettbewerb eingeholt werden.

(4) Bei Beschränkter Ausschreibung und Freihändiger Vergabe soll unter den Bewerbern möglichst gewechselt werden.

3. Bei Beschränkter Ausschreibung und Freihändiger Vergabe sind regelmäßig auch kleine und mittlere Unternehmen in angemessenem Umfang zur Angebotsabgabe aufzufordern.

4. Von den Bewerbern können zum Nachweis ihrer Fachkunde, Leistungsfähigkeit und Zuverlässigkeit entsprechende Angaben gefordert werden, soweit es durch den Gegenstand des Auftrags gerechtfertigt ist; dabei muss der Auftraggeber die berechtigten Interessen des Unternehmens am Schutz seiner Betriebsgeheimnisse berücksichtigen.

5. Von der Teilnahme am Wettbewerb können Bewerber ausgeschlossen werden,

   a) über deren Vermögen das Insolvenzverfahren oder ein vergleichbares gesetzliches Verfahren eröffnet oder die Eröffnung beantragt oder dieser Antrag mangels Masse abgelehnt worden ist,

   b) die sich in Liquidation befinden,

   c) die nachweislich eine schwere Verfehlung begangen haben, die ihre Zuverlässigkeit als Bewerber in Frage stellt,

   d) die ihre Verpflichtung zur Zahlung von Steuern und Abgaben sowie der Beiträge zur gesetzlichen Sozialversicherung nicht ordnungsgemäß erfüllt haben,

   e) die im Vergabeverfahren vorsätzlich unzutreffende Erklärungen in bezug auf ihre Fachkunde, Leistungsfähigkeit und Zuverlässigkeit abgegeben haben.

6. Justizvollzugsanstalten, Einrichtungen der Jugendhilfe, Aus- und Fortbildungsstätten oder ähnliche Einrichtungen sind zum Wettbewerb mit gewerblichen Unternehmen nicht zuzulassen.

§ 7 a
Teilnehmer am Wettbewerb

1. Bewerber oder Bieter, die gemäß den Rechtsvorschriften des Staates, in dem sie ansässig sind (Herkunftsland), zur Erbringung der betreffenden Leistung berechtigt sind, dürfen nicht allein deshalb zurückgewiesen werden, weil sie gemäß den einschlägigen deutschen Rechtsvorschriften entweder eine natürliche oder juristische Person sein müssten.

2. (1) Ein Unternehmen ist von der Teilnahme an einem Vergabeverfahren wegen Unzuverlässigkeit auszuschließen, wenn der Auftraggeber Kenntnis davon hat, dass eine Person, deren Verhalten dem Unternehmen zuzurechnen ist, rechtskräftig verurteilt ist wegen:

a) § 129 des Strafgesetzbuches (Bildung krimineller Vereinigungen), § 129 a des Strafgesetzbuches (Bildung terroristischer Vereinigungen), § 129 b des Strafgesetzbuches (kriminelle und terroristische Vereinigungen im Ausland),

b) § 261 des Strafgesetzbuches (Geldwäsche, Verschleierung unrechtmäßig erlangter Vermögenswerte),

c) § 263 des Strafgesetzbuches (Betrug), soweit sich die Straftat gegen den Haushalt der Europäischen Gemeinschaften oder gegen Haushalte richtet, die von den Europäischen Gemeinschaften oder in deren Auftrag verwaltet werden,

d) § 264 des Strafgesetzbuches (Subventionsbetrug), soweit sich die Straftat gegen den Haushalt der Europäischen Gemeinschaften oder gegen Haushalte richtet, die von den Europäischen Gemeinschaften oder in deren Auftrag verwaltet werden,

e) § 334 des Strafgesetzbuches (Bestechung), auch in Verbindung mit Artikel 2 des EU-Bestechungsgesetzes, Artikel 2 § 1 des Gesetzes zur Bekämpfung internationaler Bestechung, Artikel 7 Abs. 2 Nr. 10 des Vierten Strafrechtsänderungsgesetzes und § 2 des Gesetzes über das Ruhen der Verfolgungsverjährung und die Gleichstellung der Richter und Bediensteten des Internationalen Strafgerichtshofes,

f) Artikel 2 § 2 des Gesetzes zur Bekämpfung internationaler Bestechung (Bestechung ausländischer Abgeordneter im Zusammenhang mit internationalem Geschäftsverkehr) oder

g) § 370 Abgabenordnung, auch in Verbindung mit § 12 des Gesetzes zur Durchführung der gemeinsamen Marktorganisationen und der Direktzahlungen (MOG), soweit sich die Straftat gegen den Haushalt der Europäischen Gemeinschaften oder gegen Haushalte richtet, die von den Europäischen Gemeinschaften oder in deren Auftrag verwaltet werden.

Einem Verstoß gegen diese Vorschriften gleichgesetzt sind Verstöße gegen entsprechende Strafnormen anderer Staaten. Ein Verhalten einer rechtskräftig verurteilten Person ist einem Unternehmen zuzurechnen, wenn sie für dieses Unternehmen bei der Führung der Geschäfte selbst verantwortlich gehandelt hat oder ein Aufsichts- oder Organisationsverschulden gemäß § 130 des Gesetzes über Ordnungswidrigkeiten (OWiG) einer Person im Hinblick auf das Verhalten einer anderen für das Unternehmen handelnden, rechtskräftig verurteilten Person vorliegt.

(2) Als Nachweis, dass die Kenntnis gemäß Absatz 1 unrichtig ist und die in Absatz 1 genannten Fälle nicht vorliegen, akzeptieren die Auftraggeber einen Auszug aus dem Bundeszentralregister oder eine gleichwertige Urkunde einer zuständigen Gerichts- oder Verwaltungsbehörde des Herkunftslands. Wenn eine Urkunde oder Bescheinigung vom Herkunftsland nicht ausgestellt oder nicht vollständig alle vorgesehenen Fälle erwähnt, kann dies durch eine eidesstattliche Erklärung oder eine förmliche Erklärung vor einer zuständigen Gerichts- oder Verwaltungsbehörde, einem Notar oder einer dafür qualifizierten Berufsorganisation des Herkunftslands ersetzt werden.

(3) Von einem Ausschluss nach Absatz 1 kann nur abgesehen werden, wenn zwingende Gründe des Allgemeininteresses vorliegen und andere Unternehmen die Leistung nicht angemessen erbringen können oder wenn aufgrund besonderer Umstände des Einzelfalls der Verstoß die Zuverlässigkeit des Unternehmens nicht in Frage stellt.

3. (1) In finanzieller und wirtschaftlicher Hinsicht kann von dem Unternehmen zum Nachweis seiner Leistungsfähigkeit in der Regel Folgendes verlangt werden:

   a) bei Lieferaufträgen Vorlage entsprechender Bankauskünfte,

   b) bei Dienstleistungsaufträgen entweder entsprechende Bankerklärungen oder den Nachweis entsprechender Berufshaftpflichtversicherungsdeckung,

   c) Vorlage von Bilanzen oder Bilanzauszügen des Unternehmens, falls deren Veröffentlichung nach dem Gesellschaftsrecht des Staates, in dem das Unternehmen ansässig ist, vorgeschrieben ist,

   d) Erklärung über den Gesamtumsatz des Unternehmens sowie den Umsatz bezüglich der besonderen Leistungsart, die Gegenstand der Vergabe ist, jeweils bezogen auf die letzten drei Geschäftsjahre.

(2) In fachlicher und technischer Hinsicht kann das Unternehmen je nach Art, Menge und Verwendungszweck der zu erbringenden Leistung seine Leistungsfähigkeit folgendermaßen nachweisen:

   a) durch eine Liste der wesentlichen in den letzten drei Jahren erbrachten Leistungen mit Angabe des Rechnungswertes, der Leistungszeit sowie der öffentlichen oder privaten Auftraggeber:

   – bei Leistungen an öffentliche Auftraggeber durch eine von der zuständigen Behörde ausgestellte oder beglaubigte Bescheinigung,

   – bei Leistungen an private Auftraggeber durch eine von diesen ausgestellte Bescheinigung; ist eine derartige Bescheinigung nicht erhältlich, so ist eine einfache Erklärung des Unternehmens zulässig,

   b) durch die Beschreibung der technischen Ausrüstung, der Maßnahmen des Unternehmens zur Gewährleistung der Qualität sowie der Untersuchungs- und Forschungsmöglichkeiten des Unternehmens,

   c) durch Angaben über die technische Leitung oder die technischen Stellen, unabhängig davon, ob sie dem Unternehmen angeschlossen sind oder nicht, und zwar insbesondere über diejenigen, die mit der Qualitätskontrolle beauftragt sind,

   d) bei Lieferaufträgen durch Muster, Beschreibungen und/oder Fotografien der zu erbringenden Leistung, deren Echtheit auf Verlangen des Auftraggebers nachgewiesen werden muss,

   e) bei Lieferaufträgen durch Bescheinigungen der zuständigen amtlichen Qualitätskontrollinstitute oder -dienststellen, mit denen bestätigt wird, dass die durch entsprechende Bezugnahmen genau gekennzeichneten Leistungen bestimmten Spezifikationen oder Normen entsprechen,

f) sind die zu erbringenden Leistungen komplexer Art oder sollen sie ausnahmsweise einem besonderen Zweck dienen, durch eine Kontrolle, die von den Behörden des Auftraggebers oder in deren Namen von einer anderen damit einverstandenen zuständigen amtlichen Stelle aus dem Land durchgeführt wird, in dem das Unternehmen ansässig ist; diese Kontrolle betrifft die Produktionskapazitäten und erforderlichenfalls die Untersuchungs- und Forschungsmöglichkeiten des Unternehmens sowie die von diesem zur Gewährleistung der Qualität getroffenen Vorkehrungen,

g) durch Studiennachweise und Bescheinigungen über die berufliche Befähigung, insbesondere der für die Leistungen verantwortlichen Personen.

(3) Der Auftraggeber gibt bereits in der Bekanntmachung (§§ 17 und 17 a) an, welche Nachweise vorzulegen sind. Kann ein Unternehmen aus einem stichhaltigen Grund die vom Auftraggeber geforderten Nachweise nicht beibringen, so kann es seine Leistungsfähigkeit durch Vorlage anderer, vom Auftraggeber für geeignet erachteter Belege nachweisen.

(4) Der Auftraggeber kann von dem Bewerber oder Bieter entsprechende Bescheinigungen der zuständigen Stellen oder Erklärungen darüber verlangen, dass die in § 7 Nr. 5 genannten Ausschlussgründe auf ihn nicht zutreffen. Als ausreichender Nachweis für das Nichtvorliegen der in § 7 Nr. 5 genannten Tatbestände sind zu akzeptieren:

– bei den Buchstaben a) und b) ein Auszug aus dem Strafregister, eine Erklärung der Stelle, die das Insolvenzregister führt, oder – in Ermangelung solcher – eine gleichwertige Bescheinigung einer Gerichts- oder Verwaltungsbehörde des Ursprungs- oder Herkunftslandes des Unternehmens, aus der hervorgeht, dass sich das Unternehmen nicht in einer solchen Lage befindet,

– bei dem Buchstaben d) eine von der zuständigen Behörde des betreffenden Mitgliedstaates ausgestellte Bescheinigung.

Wird eine solche Bescheinigung in dem betreffenden Land nicht ausgestellt oder werden darin nicht alle in § 7 Nr. 5 a) bis c) vorgesehenen Fälle erwähnt, so kann sie durch eine eidesstattliche Erklärung ersetzt werden, die das betreffende Unternehmen vor einer Gerichts- oder Verwaltungsbehörde, einem Notar oder jeder anderen befugten Behörde des betreffenden Staates abgibt.

In den Staaten, in denen es einen derartigen Eid nicht gibt, kann dieser durch eine feierliche Erklärung ersetzt werden. Die zuständige Behörde oder der Notar stellen eine Bescheinigung über die Echtheit der eidesstattlichen oder der feierlichen Erklärung aus.

(5) Unternehmen können aufgefordert werden, den Nachweis darüber zu erbringen, dass sie im Berufs- oder Handelsregister nach Maßgabe der Rechtsvorschrif-

ten des Landes der Gemeinschaft oder des Vertragsstaates des EWR-Abkommens eingetragen sind, in dem sie ansässig sind.[7]

(6) Ein Unternehmen kann sich, auch als Mitglied einer Bietergemeinschaft, zum Nachweis der Leistungsfähigkeit und Fachkunde der Fähigkeiten anderer Unternehmen bedienen, ungeachtet des rechtlichen Charakters der zwischen ihm und diesen Unternehmen bestehenden Verbindungen. Er muss in diesem Fall dem Auftraggeber nachweisen, dass ihm die erforderlichen Mittel bei der Erfüllung des Auftrags zur Verfügung stehen, indem er beispielsweise eine entsprechende Verpflichtungserklärung dieser Unternehmen vorlegt.

(7) Nur für den Fall der Auftragserteilung kann der Auftraggeber verlangen, dass eine Bietergemeinschaft eine bestimmte Rechtsform annehmen muss, sofern dies für die ordnungsgemäße Durchführung des Auftrages notwendig ist.

4. Ist ein Teilnahmewettbewerb durchgeführt worden, so wählt der Auftraggeber anhand der gemäß Nummer 2 Abs. 2 und Nr. 3 geforderten, mit dem Teilnahmeantrag vorgelegten Unterlagen unter den Bewerbern, die den Anforderungen an Fachkunde, Leistungsfähigkeit und Zuverlässigkeit entsprechen, diejenigen aus, die er gleichzeitig und unter Beifügen der Verdingungsunterlagen in Textform auffordert, in einem Nichtoffenen Verfahren oder einem Verhandlungsverfahren ein Angebot einzureichen oder in einem Wettbewerblichen Dialog den Dialog zu eröffnen.

5. (1) Verlangt der Auftraggeber zum Nachweis dafür, dass das Unternehmen bestimmte Qualitätsanforderungen erfüllt, die Vorlage von Bescheinigungen von unabhängigen Qualitätsstellen, so nehmen diese auf Qualitätsnachweisverfahren auf der Grundlage der einschlägigen Normen und auf Bescheinigungen Bezug, die durch Stellen zertifiziert sind, die den europäischen Zertifizierungsnormen entsprechen. Gleichwertige Bescheinigungen von Stellen aus anderen Mitgliedstaaten sind anzuerkennen. Die Auftraggeber erkennen auch andere gleichwertige Nachweise für Qualitätssicherungsmaßnahmen an.

---

[7] Diese Berufs- oder Handelsregister sind: für die Bundesrepublik Deutschland das »Handelsregister«, die »Handwerksrolle« und das »Vereinsregister«; für Belgien das »Registre du commerce« oder das »Handelsregister« und die »Ordres professionnels« oder »Beroepsorden«; für Dänemark das »Aktieselskabs-Registret«, das »Forenings-Registret« oder das »Handelsregistret« oder das »Erhvervs-og Selskabsstyrelsen«; für Frankreich das »Registre du commerce« und das »Répertoire des métiers«; für Italien das »Registro della Camera di Commercio, Industria, Agricoltura e Artigianato« oder das »Registro delle Commissioni provinciali per l'artigianato« oder der »Consiglio nazionale degli ordini professionali«; für Luxemburg das »Registre aux firmes« und die »Rôle de la Chambre des métiers«; für die Niederlande das »Handelsregister«; für Portugal das »Registo Nacional das Pessoas Colectivas«. Im Vereinigten Königreich und in Irland kann der Unternehmer zur Vorlage einer Bescheinigung des »Registrar of Companies« oder des »Registrar of Friendly Societies« aufgefordert werden, aus der hervorgeht, dass die Lieferfirma »incorporated« oder »registered« ist, oder, wenn dies nicht der Fall ist, zur Vorlage einer Bescheinigung, wonach der betreffende Unternehmer eidesstattlich erklärt hat, dass er den betreffenden Beruf in dem Lande, in dem er ansässig ist, an einem bestimmten Ort und unter einem bestimmten Firmennamen ausübt; für Österreich das »Firmenbuch«, das »Gewerberegister«, die »Mitgliederverzeichnisse der Landeskammern«, für Finnland das »Kaupparekisteri« – »Handelsregistret«, für Island die »Firmaskrá«, die »Hlutafelagaskrá«, für Liechtenstein das »Gewerberegister«, für Norwegen das »Foretaksregisteret«, für Schweden das »Aktiebolagsregistret«, das »Handelsregistret« und das »Föreningsregistret«.

(2) Verlangen bei der Vergabe von Dienstleistungsaufträgen die Auftraggeber als Nachweis der technischen Leistungsfähigkeit, dass die Unternehmen bestimmte Normen für das Umweltmanagement erfüllen, die Vorlage von Bescheinigungen unabhängiger Stellen, so nehmen sie auf das Gemeinschaftssystem für das Umweltmanagement und die Umweltbetriebsprüfung (EMAS) oder auf Normen für das Umweltmanagement Bezug, die auf den einschlägigen europäischen oder internationalen Normen beruhen und von entsprechenden Stellen zertifiziert sind, die dem europäischen Gemeinschaftsrecht oder europäischen oder internationalen Zertifizierungsnormen entsprechen. Gleichwertige Bescheinigungen von Stellen in anderen Mitgliedstaaten sind anzuerkennen. Die Auftraggeber erkennen auch andere Nachweise für gleichwertige Umweltmanagementmaßnahmen an, die von den Unternehmen vorgelegt werden.

Der Auftraggeber kann Unternehmen auffordern, die vorgelegten Bescheinigungen zu vervollständigen oder zu erläutern.

§ 8
Leistungsbeschreibung

1. (1) Die Leistung ist eindeutig und so erschöpfend zu beschreiben, dass alle Bewerber die Beschreibung im gleichen Sinne verstehen müssen und die Angebote miteinander verglichen werden können.

(2) Um eine einwandfreie Preisermittlung zu ermöglichen, sind alle sie beeinflussenden Umstände festzustellen und in den Verdingungsunterlagen anzugeben.

(3) Dem Auftragnehmer soll kein ungewöhnliches Wagnis aufgebürdet werden für Umstände und Ereignisse, auf die er keinen Einfluss hat und deren Einwirkung auf die Preise und Fristen er nicht im voraus schätzen kann.

2. (1) Soweit die Leistung oder Teile derselben durch verkehrsübliche Bezeichnungen nach Art, Beschaffenheit und Umfang nicht hinreichend beschreibbar sind, können sie

a) sowohl durch eine Darstellung ihres Zweckes, ihrer Funktion sowie der an sie gestellten sonstigen Anforderungen

b) als auch in ihren wesentlichen Merkmalen und konstruktiven Einzelheiten,

gegebenenfalls durch Verbindung der Beschreibungsarten, beschrieben werden.

(2) Erforderlichenfalls ist die Leistung auch zeichnerisch oder durch Probestücke darzustellen oder anders zu erklären, z. B. durch Hinweise auf ähnliche Leistungen.

3. (1) An die Beschaffenheit der Leistung sind ungewöhnliche Anforderungen nur so weit zu stellen, wie es unbedingt notwendig ist.

(2) Bei der Beschreibung der Leistung sind die verkehrsüblichen Bezeichnungen anzuwenden; auf einschlägige Normen kann Bezug genommen werden.

(3) Bestimmte Erzeugnisse oder Verfahren sowie bestimmte Ursprungsorte und Bezugsquellen dürfen nur dann ausdrücklich vorgeschrieben werden, wenn dies durch die Art der zu vergebenden Leistung gerechtfertigt ist.

(4) Die Beschreibung technischer Merkmale darf nicht die Wirkung haben, dass bestimmte Unternehmen oder Erzeugnisse bevorzugt oder ausgeschlossen werden, es sei denn, dass eine solche Beschreibung durch die zu vergebende Leistung gerechtfertigt ist.

(5) Bezeichnungen für bestimmte Erzeugnisse oder Verfahren (z. B. Markennamen) dürfen ausnahmsweise, jedoch nur mit dem Zusatz »oder gleichwertiger Art«, verwendet werden, wenn eine Beschreibung durch hinreichend genaue, allgemeinverständliche Bezeichnungen nicht möglich ist.

4. Wenn für die Beurteilung der Güte von Stoffen, Teilen oder Erzeugnissen die Herkunft oder die Angabe des Herstellers unentbehrlich ist, sind die entsprechenden Angaben von den Bewerbern zu fordern, soweit nötig auch Proben und Muster. Die Angaben sind vertraulich zu behandeln.

§ 8a
Technische Anforderungen

1. Die technischen Anforderungen sind zu formulieren:

    1. entweder unter Bezugnahme auf die im Anhang TS definierten technischen Spezifikationen in der Rangfolge:

        a) nationale Normen, mit denen europäische Normen umgesetzt werden,

        b) europäische technische Zulassungen,

        c) gemeinsame technische Spezifikationen,

        d) internationale Normen und andere technische Bezugssysteme, die von den europäischen Normungsgremien erarbeitet wurden oder,

        e) falls solche Normen und Spezifikationen fehlen, nationale Normen, nationale technische Zulassungen oder nationale technische Spezifikationen für die Planung, Berechnung und Ausführung von Bauwerken und den Einsatz von Produkten.

        Jede Bezugnahme ist mit dem Zusatz »oder gleichwertig« zu versehen;

    2. oder in Form von Leistungs- oder Funktionsanforderungen, die genau so zu fassen sind, dass sie den Bewerbern oder Bietern ein klares Bild vom Auftragsgegenstand vermitteln und dem Auftraggeber die Erteilung des Zuschlags ermöglichen;

    3. oder als Kombination von Ziffer 1 und 2, d. h.

        a) in Form von Leistungsanforderungen unter Bezugnahme auf die Spezifikationen gemäß Ziffer 1 als Mittel zur Vermutung der Konformität mit diesen Leistungs- und Funktionsanforderungen;

b) oder mit Bezugnahme auf die Spezifikationen gemäß Ziffer 1 hinsichtlich bestimmter Merkmale und mit Bezugnahme auf die Leistungs- und Funktionsanforderungen gemäß Ziffer 2 hinsichtlich anderer Merkmale.

2. (1) Verweist der Auftraggeber in der Leistungs- oder Aufgabenbeschreibung auf die in Nummer 1 Ziffer 1 Buchstabe a) genannten technischen Anforderungen, so darf er ein Angebot nicht mit der Begründung ablehnen, die angebotenen Waren und Dienstleistungen entsprächen nicht den von ihnen herangezogenen Spezifikationen, wenn das Unternehmen in seinem Angebot dem Auftraggeber mit geeigneten Mitteln nachweist, dass die von ihm vorgeschlagenen Lösungen den Anforderungen der technischen Spezifikation, auf die Bezug genommen wurde, gleichermaßen entsprechen. Als geeignete Mittel gelten insbesondere eine technische Beschreibung des Herstellers oder ein Prüfbericht einer anerkannten Stelle.

(2) Legt der Auftraggeber die technischen Anforderungen in Form von Leistungs- oder Funktionsanforderungen fest, so darf er ein Angebot, das einer nationalen Norm, mit der eine europäische Norm umgesetzt wird oder einer europäischen technischen Zulassung, einer gemeinsamen technischen Spezifikation, einer internationalen Norm oder einem technischen Bezugssystem, das von den europäischen Normungsgremien erarbeitet wurde, entspricht, nicht zurückweisen, wenn diese Spezifikationen die von ihm geforderten Leistungs- oder Funktionsanforderungen betreffen. Der Bieter muss in seinem Angebot mit geeigneten Mitteln nachweisen, dass die der Norm entsprechende jeweilige Ware oder Dienstleistung den Leistungs- oder Funktionsanforderungen des Auftraggebers entspricht. Als geeignete Mittel gelten insbesondere eine technische Beschreibung des Herstellers oder ein Prüfbericht einer anerkannten Stelle.

3. Schreibt der Auftraggeber Umwelteigenschaften in Form von Leistungs- oder Funktionsanforderungen vor, so kann er die Spezifikationen verwenden, die in europäischen, multinationalen oder anderen Umweltzeichen definiert sind, wenn

a) sie sich zur Definition der Merkmale des Auftragsgegenstandes eignen,

b) die Anforderungen des Umweltzeichens auf der Grundlage von wissenschaftlich abgesicherten Informationen ausgearbeitet werden,

c) die Umweltzeichen im Rahmen eines Verfahrens erlassen werden, an dem interessierte Kreise wie staatliche Stellen, Verbraucher, Hersteller, Händler und Umweltorganisationen teilnehmen können und

d) das Umweltzeichen für alle Betroffenen zugänglich und verfügbar ist.

Der Auftraggeber kann in den Vergabeunterlagen angeben, dass bei Waren oder Dienstleistungen, die mit einem Umweltzeichen ausgestattet sind, vermutet wird, dass sie den in der Leistungs- oder Aufgabenbeschreibung festgelegten technischen Anforderungen genügen. Der Auftraggeber muss jedes andere geeignete Beweismittel, wie technische Unterlagen des Herstellers oder Prüfberichte anerkannter Stellen, akzeptieren.

4. Anerkannte Stellen sind die Prüf- und Eichlaboratorien im Sinne des Eichgesetzes sowie die Inspektions- und Zertifizierungsstellen, die mit den anwendbaren europäischen Normen übereinstimmen. Der Auftraggeber erkennt Bescheinigungen von in anderen Mitgliedstaaten ansässigen anerkannten Stellen an.

5. Soweit es nicht durch den Auftragsgegenstand gerechtfertigt ist, darf in den technischen Spezifikationen nicht auf eine bestimmte Produktion oder Herkunft oder ein besonderes Verfahren oder auf Marken, Patente, Typen, einen bestimmten Ursprung oder eine bestimmte Produktion verwiesen werden, wenn dadurch bestimmte Unternehmen oder bestimmte Produkte begünstigt oder ausgeschlossen werden. Solche Verweise sind jedoch ausnahmsweise zulässig, wenn der Auftragsgegenstand nicht hinreichend genau und allgemein verständlich beschrieben werden kann; solche Verweise sind mit dem Zusatz »oder gleichwertig« zu versehen.

§ 9
Vergabeunterlagen, Vertragsbedingungen

1. Die Vergabeunterlagen bestehen aus dem Anschreiben (Aufforderung zur Angebotsabgabe) und den Verdingungsunterlagen.

2. In den Verdingungsunterlagen ist vorzuschreiben, dass die Allgemeinen Vertragsbedingungen für die Ausführung von Leistungen (VOL/B) Bestandteil des Vertrages werden. Das gilt auch für etwaige Zusätzliche, Ergänzende sowie Besondere Vertragsbedingungen und, soweit erforderlich, für etwaige Technische Vertragsbedingungen.

3. (1) Die Allgemeinen Vertragsbedingungen bleiben grundsätzlich unverändert. Sie können von Auftraggebern, die ständig Leistungen vergeben, für die bei ihnen allgemein gegebenen Verhältnisse durch Zusätzliche Vertragsbedingungen ergänzt werden. Diese dürfen den Allgemeinen Vertragsbedingungen nicht widersprechen.

(2) Für die Erfordernisse einer Gruppe gleich gelagerter Einzelfälle können die Allgemeinen Vertragsbedingungen und etwaige Zusätzliche Vertragsbedingungen durch Ergänzende Vertragsbedingungen ergänzt werden. Die Erfordernisse des Einzelfalles sind durch Besondere Vertragsbedingungen zu berücksichtigen. In den Ergänzenden und Besonderen Vertragsbedingungen sollen sich Abweichungen von den Allgemeinen Vertragsbedingungen auf die Fälle beschränken, für die in den Allgemeinen Vertragsbedingungen besondere Vereinbarungen ausdrücklich vorgesehen sind; sie sollen nicht weiter gehen, als es die Eigenart der Leistung und ihre Ausführung erfordern.

4. In den Zusätzlichen, Ergänzenden und Besonderen Vertragsbedingungen sollen, soweit erforderlich, insbesondere folgende Punkte geregelt werden:

   a) Unterlagen (VOL/A § 22 Nr. 6 Abs. 3, VOL/B § 3, § 4 Nr. 2),

   b) Umfang der Leistungen, u. U. Hundertsatz der Mehr- oder Minderleistungen (VOL/B §§ 1 und 2),

   c) Benutzung von Lager- und Arbeitsplätzen, Zufahrtswegen, Anschlussgleisen, Wasser- und Energieanschlüssen,

d) Weitervergabe an Unterauftragnehmer (VOL/B § 4 Nr. 4),

e) Ausführungsfristen (VOL/A § 11, VOL/B § 5 Nr. 2),

f) Anlieferungs- oder Annahmestelle, falls notwendig auch Ort, Gebäude, Raum,

g) Kosten der Versendung zur Anlieferungs- oder Annahmestelle,

h) Art der Verpackung, Rückgabe der Packstoffe,

i) Übergang der Gefahr (VOL/B § 13 Nr. 1),

k) Haftung (VOL/B §§ 7 bis 10, 13 und 14),

l) Gefahrtragung bei höherer Gewalt (VOL/B § 5 Nr. 2),

m) Vertragsstrafen (VOL/A § 12, VOL/B § 11),

n) Prüfung der Beschaffenheit der Leistungen – Güteprüfung – (VOL/A § 8 Nr. 4, VOL/B § 12),

o) Abnahme (VOL/B § 13 Nr. 2),

p) Abrechnung (VOL/B §§ 15, 16 Nr. 2 und 3),

q) Leistungen nach Stundenverrechnungssätzen (VOL/B § 16),

r) Zahlung (VOL/B § 17),

s) Sicherheitsleistung (VOL/A § 14, VOL/B § 18),

t) Gerichtsstand (VOL/B § 19 Nr. 2),

u) Änderung der Vertragspreise (VOL/A § 15),

v) Besondere Vereinbarungen über die Mängelansprüche.

5. Sollen Streitigkeiten aus dem Vertrag unter Ausschluss des ordentlichen Rechtsweges im schiedsrichterlichen Verfahren ausgetragen werden, so ist es in besonderer, nur das Schiedsverfahren betreffender Urkunde zu vereinbaren, soweit nicht § 1031 Abs. 2 der Zivilprozessordnung auch eine andere Form der Vereinbarung zulässt.

9 a
Vergabeunterlagen

1. Die Aufforderung zur Angebotsabgabe enthält mindestens Folgendes:

    a) Hinweis auf die veröffentlichte Bekanntmachung,

    b) beim Wettbewerblichen Dialog den Termin und den Ort des Beginns der Dialogphase,

    c) alle vorgesehenen Zuschlagskriterien, einschließlich deren Gewichtung oder, soweit nach § 25 a Nr. 1 Abs. 1 zulässig, der absteigenden Reihenfolge der ihnen zuerkannten Bedeutung,

    d) ob beabsichtigt ist, ein Verhandlungsverfahren oder einen Wettbewerblichen

Dialog in verschiedenen Phasen abzuwickeln, um die Zahl der Angebote zu verringern.

Die Angaben der Buchstaben c und d können statt dessen auch in der Vergabebekanntmachung oder den Verdingungsunterlagen erfolgen.

2. Sofern Nebenangebote zugelassen sind, enthalten die Verdingungsunterlagen auch die Mindestanforderungen für Nebenangebote.

§ 10
Unteraufträge

1. In den Verdingungsunterlagen ist festzulegen, dass der Auftragnehmer

    a) bei der Übertragung von Teilen der Leistung (Unterauftrag) nach wettbewerblichen Gesichtspunkten verfährt,

    b) dem Unterauftragnehmer auf Verlangen den Auftraggeber benennt,

    c) dem Unterauftragnehmer insgesamt keine ungünstigeren Bedingungen – insbesondere hinsichtlich der Zahlungsweise und Sicherheitsleistungen – stellt, als zwischen ihm und dem Auftraggeber vereinbart sind.

2. (1) In den Verdingungsunterlagen ist festzulegen, dass der Auftragnehmer bei der Einholung von Angeboten für Unteraufträge regelmäßig kleine und mittlere Unternehmen angemessen beteiligt.

    (2) Bei Großaufträgen ist in den Verdingungsunterlagen weiter festzulegen, dass sich der Auftragnehmer bemüht, Unteraufträge an kleine und mittlere Unternehmen in dem Umfang zu erteilen, wie er es mit der vertragsgemäßen Ausführung der Leistung vereinbaren kann.

§ 11
Ausführungsfristen

1. Die Ausführungsfristen sind ausreichend zu bemessen. Außergewöhnlich kurze Fristen sind nur bei besonderer Dringlichkeit vorzusehen.

2. Wenn es ein erhebliches Interesse des Auftraggebers erfordert, sind Einzelfristen für in sich abgeschlossene Teile der Leistung zu bestimmen.

3. Ist für die Einhaltung von Ausführungsfristen die Übergabe von Zeichnungen oder anderen Unterlagen wichtig, so soll hierfür ebenfalls eine Frist festgelegt werden.

§ 12
Vertragsstrafen

Vertragsstrafen sollen nur für die Überschreitung von Ausführungsfristen ausbedungen werden und auch nur dann, wenn die Überschreitung erhebliche Nachteile verursachen kann. Die Strafe ist in angemessenen Grenzen zu halten.

§ 13
Verjährung der Mängelansprüche

1. Für die Verjährung der Mängelansprüche sollen die gesetzlichen Fristen ausbedungen werden.

2. Andere Regelungen für die Verjährung sollen vorgesehen werden, wenn dies wegen der Eigenart der Leistung erforderlich ist. In solchen Fällen sind alle Umstände gegeneinander abzuwägen; hierbei können die in dem Wirtschaftszweig üblichen Regelungen in Betracht gezogen werden.

§ 14
Sicherheitsleistungen

1. Sicherheitsleistungen sind nur zu fordern, wenn sie ausnahmsweise für die sach- und fristgemäße Durchführung der verlangten Leistung notwendig erscheinen.

2. Die Sicherheit soll nicht höher bemessen und ihre Rückgabe nicht für einen späteren Zeitpunkt vorgesehen werden als nötig ist, um den Auftraggeber vor Schaden zu bewahren. Sie soll 5 vom Hundert der Auftragssumme nicht überschreiten.

3. Soweit nach diesen Grundsätzen eine teilweise Rückgabe von Sicherheiten möglich ist, hat dies unverzüglich zu geschehen.

§ 15
Preise

1. (1) Leistungen sollen zu festen Preisen vergeben werden.

(2) Bei der Vergabe sind die Vorschriften über die Preise bei öffentlichen Aufträgen zu beachten.[8]

2. Sind bei längerfristigen Verträgen wesentliche Änderungen der Preisermittlungsgrundlagen zu erwarten, deren Eintritt oder Ausmaß ungewiss ist, so kann eine angemessene Änderung der Vergütung in den Verdingungsunterlagen vorgesehen werden.[9] Die Einzelheiten der Preisänderungen sind festzulegen.

§ 16
Grundsätze der Ausschreibung und der Informationsübermittlung

1. Der Auftraggeber soll erst dann ausschreiben, wenn alle Verdingungsunterlagen fertig gestellt sind und die Leistung aus der Sicht des Auftraggebers innerhalb der angegebenen Frist ausgeführt werden kann.

2. Ausschreibungen für vergabefremde Zwecke (z. B. Ertragsberechnungen, Vergleichsanschläge, Markterkundung) sind unzulässig.

---

[8] Verordnung PR Nr. 30/53 über die Preise bei öffentlichen Aufträgen vom 21. November 1953 (BAnz. Nr. 244 vom 18. Dezember 1953), zuletzt geändert durch Verordnung PR Nr. 1/86 vom 15. April 1986 (BGBl. I S. 435 und BAnz. S. 5046) und Verordnung PR Nr. 1/89 vom 13. Juni 1989 (BGBl. I S. 1094 und BAnz. S. 3042).

[9] Grundsätze zur Anwendung von Preisvorbehalten bei öffentlichen Aufträgen: Gemeinsames Ministerialblatt, herausgegeben vom Bundesminister des Innern, 1972 Nr. 22 Seite 384 f.; 1974 Nr. 5, Seite 75.

3. Die Nummern 1 und 2 gelten für die Freihändige Vergabe entsprechend.

4. Die Auftraggeber geben in der Bekanntmachung oder den Vergabeunterlagen an, ob Informationen per Post, Telefax, direkt, elektronisch oder durch eine Kombination dieser Kommunikationsmittel übermittelt werden.

5. Das für die elektronische Übermittlung gewählte Netz muss allgemein verfügbar sein und darf den Zugang der Bewerber und Bieter zu den Vergabeverfahren nicht beschränken. Die dafür zu verwendenden Programme und ihre technischen Merkmale müssen

    – nicht diskriminierend,

    – allgemein zugänglich und

    – kompatibel mit allgemein verbreiteten Erzeugnissen der Informations- und Kommunikationstechnologie

    sein.

6. Die Auftraggeber haben dafür Sorge zu tragen, dass den interessierten Unternehmen die Informationen über die Spezifikationen der Geräte, die für die elektronische Übermittlung der Anträge auf Teilnahme und der Angebote erforderlich sind, einschließlich Verschlüsselung zugänglich sind. Außerdem muss gewährleistet sein, dass die in Anhang II genannten Anforderungen erfüllt sind.

§ 16 a
Anforderungen an Teilnahmeanträge

1. Die Auftraggeber haben die Integrität der Daten und die Vertraulichkeit der übermittelten Teilnahmeanträge auf geeignete Weise zu gewährleisten. Per Post oder direkt übermittelte Teilnahmeanträge sind in einem verschlossenen Umschlag einzureichen, als solche zu kennzeichnen und bis zum Ablauf der für ihre Einreichung vorgesehenen Frist unter Verschluss zu halten. Bei elektronisch übermittelten Teilnahmeanträgen ist dies durch entsprechende organisatorische und technische Lösungen nach den Anforderungen des Auftraggebers und durch Verschlüsselung sicherzustellen. Die Verschlüsselung muss bis zum Ablauf der für ihre Einreichung vorgesehenen Frist aufrecht erhalten bleiben.

2. Teilnahmeanträge können auch per Telefax oder telefonisch gestellt werden. Werden Anträge auf Teilnahme telefonisch oder per Telefax gestellt, sind diese vom Bewerber bis zum Ablauf der Frist für die Abgabe der Teilnahmeanträge durch Übermittlung per Post, direkt oder elektronisch zu bestätigen.

§ 17
Bekanntmachung, Aufforderung zur Angebotsabgabe

1. (1) Öffentliche Ausschreibungen sind durch Tageszeitungen, amtliche Veröffentlichungsblätter, Fachzeitschriften oder Internetportale bekannt zu machen.

    (2) Diese Bekanntmachung soll mindestens folgende Angaben enthalten:

    a) Bezeichnung (Anschrift) der zur Angebotsabgabe auffordernden Stelle, der den

Zuschlag erteilenden Stelle sowie der Stelle, bei der die Angebote einzureichen sind,

b) Art der Vergabe (§ 3),

c) Art und Umfang der Leistung sowie den Ort der Leistung (z. B. Empfangs- oder Montagestelle),

d) etwaige Vorbehalte wegen der Teilung in Lose, Umfang der Lose und mögliche Vergabe der Lose an verschiedene Bieter,

e) etwaige Bestimmungen über die Ausführungsfrist,

f) Bezeichnung (Anschrift) der Stelle, die die Verdingungsunterlagen und das Anschreiben (Nummer 3) abgibt, sowie des Tages, bis zu dem sie bei ihr spätestens angefordert werden können,

g) Bezeichnung (Anschrift) der Stelle, bei der die Verdingungsunterlagen und das Anschreiben eingesehen werden können,

h) die Höhe etwaiger Vervielfältigungskosten und die Zahlungsweise (§ 20),

i) Ablauf der Angebotsfrist (§ 18),

k) die Höhe etwa geforderter Sicherheitsleistungen (§ 14),

l) die wesentlichen Zahlungsbedingungen oder Angabe der Unterlagen, in denen sie enthalten sind,

m) die mit dem Angebot vorzulegenden Unterlagen (§ 7 Nr. 4), die ggf. vom Auftraggeber für die Beurteilung der Eignung des Bewerbers (§ 2) verlangt werden,

n) Zuschlags- und Bindefrist (§ 19),

o) den besonderen Hinweis, dass der Bewerber mit der Abgabe seines Angebots auch den Bestimmungen über nicht berücksichtigte Angebote (§ 27) unterliegt.

2. (1) Bei Beschränkter Ausschreibung und Freihändiger Vergabe mit Öffentlichem Teilnahmewettbewerb sind die Unternehmen durch Bekanntmachung in Tageszeitungen, amtlichen Veröffentlichungsblättern, Fachzeitschriften oder Internetportalen aufzufordern, sich um Teilnahme zu bewerben.

(2) Diese Bekanntmachung soll mindestens folgende Angaben enthalten:

a) Bezeichnung (Anschrift) der zur Angebotsabgabe auffordernden Stelle und der den Zuschlag erteilenden Stelle,

b) Art der Vergabe (§ 3),

c) Art und Umfang der Leistung sowie den Ort der Leistung (z. B. Empfangs- oder Montagestelle),

d) etwaige Vorbehalte wegen der Teilung in Lose, Umfang der Lose und mögliche Vergabe der Lose an verschiedene Bieter,

e) etwaige Bestimmungen über die Ausführungsfrist,

f) Tag, bis zu dem der Teilnahmeantrag bei der unter Buchstabe g) näher bezeichneten Stelle eingegangen sein muss,

g) Bezeichnung (Anschrift) der Stelle, bei der der Teilnahmeantrag zu stellen ist,

h) Tag, an dem die Aufforderung zur Angebotsabgabe spätestens abgesandt wird,

i) die mit dem Teilnahmeantrag vorzulegenden Unterlagen (§ 7 Nr. 4), die ggf. vom Auftraggeber für die Beurteilung der Eignung des Bewerbers (§ 2) verlangt werden,

k) den besonderen Hinweis, dass der Bewerber mit der Abgabe seines Angebots auch den Bestimmungen über nicht berücksichtigte Angebote (§ 27) unterliegt.

3. (1) Bei Öffentlicher und Beschränkter Ausschreibung sind die Verdingungsunterlagen den Bewerbern mit einem Anschreiben (Aufforderung zur Angebotsabgabe) zu übergeben, das alle Angaben enthält, die außer den Verdingungsunterlagen für den Entschluss zur Abgabe eines Angebots notwendig sind. Dies gilt auch für Beschränkte Ausschreibungen nach Öffentlichem Teilnahmewettbewerb.

(2) Das Anschreiben soll insbesondere folgende Angaben enthalten:

a) Bezeichnung (Anschrift) der zur Angebotsabgabe auffordernden Stelle und der den Zuschlag erteilenden Stelle,

b) Art der Vergabe (§ 3),

c) Art und Umfang der Leistung sowie den Ort der Leistung (z. B. Empfangs- oder Montagestelle),

d) etwaige Vorbehalte wegen der Teilung in Lose, Umfang der Lose und mögliche Vergabe der Lose an verschiedene Bieter,

e) etwaige Bestimmungen über die Ausführungsfrist,

f) Bezeichnung (Anschrift) der Stelle, bei der die Verdingungsunterlagen eingesehen werden können, die nicht abgegeben werden,

g) genaue Aufschrift und Form der Angebote (§ 18 Nr. 2),

h) ob und unter welchen Bedingungen die Entschädigung für die Verdingungsunterlagen erstattet wird (§ 20),

i) Ablauf der Angebotsfrist (§ 18),

k) Sprache, in der Angebote abgefasst sein müssen,

l) die mit dem Angebot vorzulegenden Unterlagen (§ 7 Nr. 4), die ggf. vom Auftraggeber für die Beurteilung der Eignung des Bieters (§ 2) verlangt werden,

m) die Höhe etwa geforderter Sicherheitsleistungen (§ 14),

n) sonstige Erfordernisse, die die Bewerber bei der Bearbeitung ihrer Angebote beachten müssen (§ 18 Nr. 3, § 9 Nr. 1, § 21),

o) Zuschlags- und Bindefrist (§ 19),

p) Nebenangebote (Absatz 5),

q) den besonderen Hinweis, dass der Bewerber mit der Abgabe seines Angebots auch den Bestimmungen über nicht berücksichtigte Angebote (§ 27) unterliegt.

(3) Bei Freihändiger Vergabe sind Absatz 1 und 2 – soweit zweckmäßig – anzuwenden. Dies gilt auch für Freihändige Vergabe nach Öffentlichem Teilnahmewettbewerb.

(4) Auftraggeber, die ständig Leistungen vergeben, sollen die Erfordernisse, die die Bewerber bei der Bearbeitung ihrer Angebote beachten müssen, in Bewerbungsbedingungen zusammenfassen und dem Anschreiben beifügen (§§ 18, 19, 21).

(5) Wenn der Auftraggeber Nebenangebote wünscht, ausdrücklich zulassen oder ausschließen will, so ist dies anzugeben; ebenso ist anzugeben, wenn Nebenangebote ohne gleichzeitige Abgabe eines Hauptangebotes ausnahmsweise ausgeschlossen werden.

Soweit der Bieter eine Leistung anbietet, die in den Verdingungsunterlagen nicht vorgesehen ist, sind von ihm im Angebot entsprechende Angaben über Ausführung und Beschaffenheit dieser Leistung zu verlangen.

(6) Die Aufforderung zur Angebotsabgabe ist bei Beschränkter Ausschreibung sowie bei Freihändiger Vergabe nach Öffentlichem Teilnahmewettbewerb an alle ausgewählten Bewerber am gleichen Tag abzusenden.

4. Jeder Bewerber soll die Leistungsbeschreibung sowie die anderen Teile der Verdingungsunterlagen, die mit dem Angebot dem Auftraggeber einzureichen sind, doppelt und alle anderen für seine Preisermittlung wesentlichen Unterlagen einfach erhalten. Wenn von den Unterlagen (z. B. Muster, Proben) – außer der Leistungsbeschreibung – keine Vervielfältigungen abgegeben werden können, sind sie in ausreichender Weise zur Einsicht auszulegen.

5. Die Namen der Bewerber, die Teilnahmeanträge gestellt haben, die Verdingungsunterlagen erhalten oder eingesehen haben, sind vertraulich zu behandeln.

6. (1) Erbitten Bewerber zusätzliche sachdienliche Auskünfte über die Verdingungsunterlagen und das Anschreiben, so sind die Auskünfte unverzüglich zu erteilen.

(2) Werden einem Bewerber wichtige Aufklärungen über die geforderte Leistung oder die Grundlagen seiner Preisermittlung gegeben, so sind sie auch den anderen Bewerbern gleichzeitig mitzuteilen.

§ 17 a
Bekanntmachung, Aufforderung zur
Angebotsabgabe, Beschafferprofil, Vorinformation

1. (1) Die Bekanntmachung im Sinne des § 3 a Nr. 1 Abs. 4 wird nach dem in Anhang II der Verordnung (EG) Nr. 1564/2005[10] enthaltenen Muster erstellt.

---

[10] ABl. EU Nr. L 257 S. 1.

(2) Die Bekanntmachung ist auf elektronischem[11] oder auf anderem Wege unverzüglich dem Amt für amtliche Veröffentlichungen der Europäischen Gemeinschaften[12] zu übermitteln. Soweit keine elektronische Übermittlung der Bekanntmachung erfolgt, darf der Inhalt der Bekanntmachung rund 650 Worte nicht überschreiten. In Fällen besonderer Dringlichkeit muss die Bekanntmachung mittels Telefax oder auf elektronischem Weg übermittelt werden. Der Auftraggeber muss den Tag der Absendung nachweisen können.

(3) Elektronisch erstellte und übersandte Bekanntmachungen werden spätestens fünf Tage nach ihrer Absendung an das Amt für amtliche Veröffentlichungen der Europäischen Gemeinschaften veröffentlicht. Nicht elektronisch erstellte und übersandte Bekanntmachungen werden spätestens zwölf Tage nach der Absendung veröffentlicht. Die Bekanntmachungen werden unentgeltlich ungekürzt im Supplement zum Amtsblatt der Europäischen Gemeinschaften in der jeweiligen Originalsprache und eine Zusammenfassung der wichtigsten Bestandteile davon in den anderen Amtssprachen der Gemeinschaft veröffentlicht; hierbei ist nur der Wortlaut in der Originalsprache verbindlich.

(4) Die Bekanntmachung darf in der Bundesrepublik Deutschland nicht vor dem Tag der Absendung an das Amt für amtliche Veröffentlichungen der Europäischen Gemeinschaften veröffentlicht werden. Diese Veröffentlichung darf nur die dem Amt für amtliche Veröffentlichungen der Europäischen Gemeinschaften übermittelten oder in einem Beschafferprofil nach Nummer 2 veröffentlichten Angaben enthalten. Auf das Datum der Absendung der europaweiten Bekanntmachung an das Amt für amtliche Veröffentlichungen der Europäischen Gemeinschaften ist in der nationalen Bekanntmachung hinzuweisen.

2. Die Auftraggeber können im Internet ein Beschafferprofil einrichten. Es enthält Angaben über geplante und laufende Vergabeverfahren, über vergebene Aufträge sowie alle sonstigen für die Auftragsvergabe relevanten Informationen wie zum Beispiel Kontaktstelle, Telefon- und Telefaxnummer, Anschrift, E-Mail-Adresse des Auftraggebers.

3. (1) Die Auftraggeber veröffentlichen sobald wie möglich nach Beginn des jeweiligen Haushaltsjahres nicht verbindliche Bekanntmachungen, die Angaben enthalten über alle für die nächsten zwölf Monate beabsichtigten Aufträge, deren nach der Vergabeverordnung geschätzter Wert jeweils mindestens 750.000 EURO beträgt. Die Lieferaufträge sind nach Warenbereichen unter Bezugnahme auf die Verordnung über das gemeinsame Vokabular für öffentliche Aufträge – CPV (Verord-

---

11 Das Muster und die Modalitäten für die elektronische Übermittlung der Bekanntmachungen sind unter der Internetadresse »http://simap.eu.int« abrufbar.
12 Amt für amtliche Veröffentlichungen der Europäischen Gemeinschaften, 2,
rue Mercier,
L-2985 Luxemburg
Telefon: 00 35 2/29 29–1,
Telefax: 00 35 2/292 942 670
http://ted.eur-op.eu.int.

nung (EG) Nr. 2195/2002[13] in der Fassung der Verordnung (EG) Nr. 2151/2003[14]) aufzuschlüsseln, die Dienstleistungsaufträge nach den im Anhang I A genannten Kategorien.

(2) Die Vorinformation wird sobald als möglich nach Beginn des Kalenderjahres an das Amt für amtliche Veröffentlichungen der Europäischen Gemeinschaften gesandt oder im Beschafferprofil veröffentlicht. Veröffentlicht der Auftraggeber eine Vorinformation im Beschafferprofil, meldet er dies dem Amt für amtliche Veröffentlichungen der Europäischen Gemeinschaften zuvor auf elektronischem Wege nach dem im Anhang VIII der Verordnung (EG) Nr. 1564/2005 enthaltenen Muster. Die Bekanntmachung ist nur dann zwingend vorgeschrieben, wenn die Auftraggeber die Möglichkeit wahrnehmen, die Frist für den Eingang der Angebote gemäß § 18 a Nr. 1 Abs. 2 zu verkürzen.

(3) Die Bekanntmachung über die Vorinformation ist nach dem im Anhang I der Verordnung (EG) Nr. 1564/2005 enthaltenen Muster zu erstellen und an das Amt für amtliche Veröffentlichungen der Europäischen Gemeinschaften zu übermitteln.

4. Die Auftraggeber können Bekanntmachungen über öffentliche Liefer- oder Dienstleistungsaufträge an das Amt für amtliche Veröffentlichungen der Europäischen Gemeinschaften übermitteln, die nicht der Bekanntmachungspflicht nach den Vorschriften dieses Abschnittes unterliegen.

§ 18
Form und Frist der Angebote

1. (1) Für die Bearbeitung und Abgabe der Angebote sind ausreichende Fristen vorzusehen. Dabei ist insbesondere der zusätzliche Aufwand für die Beschaffung von Unterlagen für die Angebotsbearbeitung, Erprobungen oder Besichtigungen zu berücksichtigen.

(2) Bei Freihändiger Vergabe kann von der Festlegung einer Angebotsfrist abgesehen werden. Dies gilt auch für Freihändige Vergabe nach Öffentlichem Teilnahmewettbewerb.

2. (1) Bei Ausschreibungen ist in der Aufforderung zur Angebotsabgabe vorzuschreiben, dass schriftliche Angebote als solche zu kennzeichnen und ebenso wie etwaige Änderungen und

Berichtigungen in einem verschlossenen Umschlag zuzustellen sind. Bei elektronischen Angeboten ist sicherzustellen, dass der Inhalt der Angebote erst mit Ablauf der für ihre Einreichung festgelegten Frist zugänglich wird.

(2) Bei Freihändiger Vergabe kann Absatz 1 entsprechend angewendet werden.

3. Bis zum Ablauf der Angebotsfrist können Angebote in den in Nr. 2 genannten Formen zurückgezogen werden.

---

[13] ABl. EG Nr. L 340 S. 1.
[14] ABl. EG Nr. L 329 S. 1.

§ 18 a
Formen und Fristen

1. (1) Beim Offenen Verfahren beträgt die Angebotsfrist mindestens 52 Tage[15], gerechnet vom Tage der Absendung der Bekanntmachung an.

   (2) Die Frist für den Eingang der Angebote kann durch eine kürzere Frist ersetzt werden, wenn die nachstehenden Voraussetzungen erfüllt sind:

   a) Der öffentliche Auftraggeber muss eine Vorinformation gemäß § 17 a Nr. 3 nach dem vorgeschriebenen Muster (Anhang I der Verordnung (EG) Nr. 1564/2005) mindestens 52 Tage, höchstens aber 12 Monate vor dem Zeitpunkt der Absendung der Bekanntmachung des Auftrags im Offenen Verfahren nach § 17 a Nr. 1 im Amtsblatt der Europäischen Gemeinschaften oder in seinem Beschafferprofil nach § 17 a Nr. 2 veröffentlicht haben. Diese Vorinformation oder das Beschafferprofil muss mindestens ebenso viele Informationen wie das Muster einer Bekanntmachung für das Offene Verfahren (Anhang II der Verordnung (EG) Nr. 1564/2005) enthalten, soweit diese Informationen zum Zeitpunkt der Veröffentlichung der Bekanntmachung für die Vorinformation vorlagen.

   b) Die verkürzte Frist muss für die Interessenten ausreichen, um ordnungsgemäße Angebote einreichen zu können. Sie sollte in der Regel nicht weniger als 36 Tage vom Zeitpunkt der Absendung der Bekanntmachung des Auftrags an betragen; sie muss auf jeden Fall mindestens 22 Tage betragen.

   (3) Können die Angebote nur nach einer Ortsbesichtigung oder Einsichtnahme in nicht übersandte Verdingungsunterlagen erstellt werden, oder konnten die Fristen nach Absatz 5 und 6 nicht eingehalten werden, so sind die Angebotsfristen entsprechend zu verlängern.

   (4) Bei elektronisch erstellten und übermittelten Bekanntmachungen können die Fristen nach Nr. 1 Abs. 1 und 2 um 7 Tage verkürzt werden. Macht der Auftraggeber die Verdingungsunterlagen und alle zusätzliche Unterlagen elektronisch frei, direkt und vollständig verfügbar, kann er die Frist für den Eingang der Angebote nach Nummer 1 Absatz 1 um weitere 5 Tage verkürzen.

   (5) Macht der Auftraggeber die Verdingungsunterlagen und alle zusätzlichen Unterlagen nicht auf elektronischem Weg frei, direkt und vollständig verfügbar und sind die Verdingungsunterlagen und die zusätzlichen Unterlagen rechtzeitig angefordert worden, so muss der Auftraggeber die genannten Unterlagen innerhalb von 6 Tagen nach Eingang des Antrags an die Unternehmen absenden.

   (6) Der Auftraggeber muss rechtzeitig angeforderte zusätzliche Auskünfte über die Verdingungsunterlagen und das Anschreiben spätestens 6 Tage vor Ablauf der Angebotsfrist erteilen.

---

15 Die Berechnung der Fristen erfolgt nach der Verordnung (EWG/-Euratom) Nr. 1182/71 des Rates vom 3. Juni 1971 zur Festlegung der Regeln für die Fristen, Daten und Termine, ABl. EG Nr. L 124 vom 8. Juni 1971, S. 1 (vgl. Anhang II). So gelten z. B. als Tage alle Tage einschl. Feiertage, Sonntage und Sonnabende.

2. (1) Beim Nichtoffenen Verfahren, Wettbewerblichen Dialog und im Verhandlungsverfahren in den Fällen des § 3 a Nr. 1 Abs. 5 beträgt die vom Auftraggeber festzusetzende Frist für den Antrag auf Teilnahme mindestens 37 Tage ab dem Tag der Absendung der Bekanntmachung. In Fällen besonderer Dringlichkeit (beschleunigtes Verfahren) beim Nichtoffenen Verfahren und Verhandlungsverfahren in den Fällen des § 3 a Nr. 1 Abs. 5 beträgt diese Frist mindestens 15 Tage oder mindestens 10 Tage bei elektronischer Übermittlung, jeweils gerechnet vom Tag der Absendung der Bekanntmachung an.

(2) Die vom Auftraggeber festzusetzende Angebotsfrist beim Nichtoffenen Verfahren beträgt mindestens 40 Tage, gerechnet vom Tag der Absendung der Aufforderung zur Angebotsabgabe an. In Fällen besonderer Dringlichkeit beträgt die Frist mindestens 10 Tage, gerechnet vom Tage der Absendung der Aufforderung zur Angebotsabgabe. Hat der Auftraggeber eine Vorinformation veröffentlicht, kann er die Frist für den Eingang der Angebote im Allgemeinen auf 36 Tage ab dem Tag der Absendung der Aufforderung zur Angebotsabgabe, jedoch keinesfalls weniger als 22 Tage festsetzen. Nummer 1 Abs. 2 Buchstabe a) gilt entsprechend.

(3) Bei elektronisch erstellten und übermittelten Bekanntmachungen kann die Frist für den Eingang der Teilnahmeanträge gemäß Absatz 1 Satz 1 um 7 Tage verkürzt werden. Macht der Auftraggeber die Verdingungsunterlagen und alle zusätzliche Unterlagen elektronisch frei, direkt und vollständig verfügbar, kann er die Frist gemäß Absatz 2 Satz 1 um weitere 5 Tage verkürzen.

(4) Können die Angebote nur nach einer Ortsbesichtigung oder Einsichtnahme in nicht übersandte Verdingungsunterlagen erstellt werden oder konnten die Fristen nach Absatz 5 nicht eingehalten werden, so sind die Angebotsfristen entsprechend zu verlängern.

(5) Der Auftraggeber muss rechtzeitig angeforderte zusätzliche Auskünfte über die Verdingungsunterlagen und das Anschreiben spätestens 6 Tage, beim Nichtoffenen Verfahren oder beschleunigten Verhandlungsverfahren spätestens 4 Tage vor Ablauf der Angebotsfrist erteilen.

§ 19
Zuschlags- und Bindefrist

1. Die Zuschlagsfrist beginnt mit dem Ablauf der Angebotsfrist (§ 18).
2. Die Zuschlagsfrist ist so kurz wie möglich und nicht länger zu bemessen, als der Auftraggeber für eine zügige Prüfung und Wertung der Angebote benötigt. Das Ende der Zuschlagsfrist soll durch Angabe des Kalendertages bezeichnet werden.
3. Es ist vorzusehen, dass der Bieter bis zum Ablauf der Zuschlagsfrist an sein Angebot gebunden ist (Bindefrist).
4. Die Nummern 1 bis 3 gelten bei Freihändiger Vergabe entsprechend.

§ 20
Kosten

1. (1) Bei Öffentlicher Ausschreibung dürfen für die Verdingungsunterlagen die Vervielfältigungskosten gefordert werden. In der Bekanntmachung (§ 17) ist anzugeben, wie hoch sie sind. Sie werden nicht erstattet.

   (2) Bei Beschränkter Ausschreibung und Freihändiger Vergabe sind die Unterlagen unentgeltlich abzugeben. Eine Entschädigung (Absatz 1 Satz 1) darf nur ausnahmsweise gefordert werden, wenn die Selbstkosten der Vervielfältigung unverhältnismäßig hoch sind.

2. (1) Für die Bearbeitung des Angebots werden keine Kosten erstattet. Verlangt jedoch der Auftraggeber, dass der Bieter Entwürfe, Pläne, Zeichnungen, Berechnungen oder andere Unterlagen ausarbeitet, insbesondere in den Fällen des § 8 Nr. 2 Abs. 1 Buchstabe a), so ist einheitlich für alle Bieter in der Ausschreibung eine angemessene Kostenerstattung festzusetzen. Ist eine Kostenerstattung festgesetzt, so steht sie jedem Bieter zu, der ein der Ausschreibung entsprechendes Angebot mit den geforderten Unterlagen rechtzeitig eingereicht hat. (2) Absatz 1 gilt für Freihändige Vergabe entsprechend.

§ 21
Inhalt der Angebote

1. (1) Die Angebote müssen die Preise sowie die geforderten Angaben und Erklärungen enthalten. Soweit Erläuterungen zur Beurteilung des Angebots erforderlich erscheinen, kann der Bieter sie auf besonderer Anlage seinem Angebot beifügen.

   (2) Die Auftraggeber haben die Integrität der Daten und die Vertraulichkeit der übermittelten Angebote auf geeignete Weise zu gewährleisten. Per Post oder direkt übermittelte Angebote sind in einem verschlossenen Umschlag einzureichen, als solche zu kennzeichnen und bis zum Ablauf der für die Einreichung vorgesehenen Frist unter Verschluss zu halten. Bei elektronisch übermittelten Angeboten ist dies durch entsprechende organisatorische und technische Lösungen nach den Anforderungen des Auftraggebers und durch Verschlüsselung sicherzustellen. Die Verschlüsselung muss bis zum Ablauf der Frist zur Einreichung der Angebote aufrecht erhalten bleiben. Die Angebote müssen unterschrieben sein, elektronisch übermittelte Angebote sind mit einer fortgeschrittenen elektronischen Signatur nach dem Signaturgesetz[16] und den Anforderungen des Auftraggebers oder mit einer qualifizierten elektronischen Signatur nach dem Signaturgesetz zu versehen.

   (3) Änderungen des Bieters an seinen Eintragungen im Angebot müssen zweifelsfrei sein.

   (4) Änderungen und Ergänzungen an den Verdingungsunterlagen sind unzulässig.

   (5) Muster und Proben des Bieters müssen als zum Angebot gehörig gekennzeichnet sein.

---

16 Gesetz zur digitalen Signatur (Signaturgesetz – SigG).

2. Etwaige Nebenangebote müssen auf besonderer Anlage gemacht und als solche deutlich gekennzeichnet werden.

3. (1) Der Bieter hat auf Verlangen im Angebot anzugeben, ob für den Gegenstand des Angebots gewerbliche Schutzrechte bestehen oder von dem Bieter oder anderen beantragt sind. (2) Der Bieter hat stets anzugeben, wenn er erwägt, Angaben aus seinem Angebot für die Anmeldung eines gewerblichen Schutzrechtes zu verwerten.

4. Arbeitsgemeinschaften und andere gemeinschaftliche Bieter haben in den Angeboten jeweils die Mitglieder zu benennen sowie eines ihrer Mitglieder als bevollmächtigten Vertreter für den Abschluss und die Durchführung des Vertrages zu bezeichnen. Fehlt eine dieser Bezeichnungen im Angebot, so ist sie vor der Zuschlagserteilung beizubringen.

5. Der Bieter kann schon im Angebot die Rückgabe von Entwürfen, Ausarbeitungen, Mustern und Proben verlangen, falls das Angebot nicht berücksichtigt wird (§ 27 Nr. 7).

§ 22
Öffnung der Angebote bei Ausschreibungen; Vertraulichkeit

1. Schriftliche Angebote sind auf dem ungeöffneten Umschlag mit Eingangsvermerk zu versehen und bis zum Zeitpunkt der Öffnung unter Verschluss zu halten. Den Eingangsvermerk soll ein an der Vergabe nicht Beteiligter anbringen. Elektronische Angebote sind entsprechend zu kennzeichnen und unter Verschluss zu halten.

2. (1) Die Verhandlung zur Öffnung der Angebote soll unverzüglich nach Ablauf der Angebotsfrist stattfinden.

   (2) In der Verhandlung zur Öffnung der Angebote muss neben dem Verhandlungsleiter ein weiterer Vertreter des Auftraggebers anwesend sein.

   (3) Bieter sind nicht zuzulassen.

3. Der Verhandlungsleiter stellt fest, ob die Angebote

   a) ordnungsgemäß verschlossen und äußerlich gekennzeichnet bzw. verschlüsselt,

   b) bis zum Ablauf der Angebotsfrist bei der für den Eingang als zuständig bezeichneten Stelle eingegangen sind. Die Angebote werden geöffnet und in allen wesentlichen Teilen einschließlich der Anlagen gekennzeichnet.

4. (1) Über die Verhandlung zur Öffnung der Angebote ist eine Niederschrift zu fertigen. In die Niederschrift sind folgende Angaben aufzunehmen:

   a) Name und Wohnort der Bieter und die Endbeträge der Angebote, ferner andere den Preis betreffende Angaben,

   b) ob und von wem Nebenangebote eingereicht worden sind.

   (2) Angebote, die nicht den Voraussetzungen der Nummer 3 Satz 1 entsprechen, müssen in der Niederschrift oder, soweit sie nach Schluss der Eröffnungsverhand-

lung eingegangen sind, in einem Nachtrag zur Niederschrift besonders aufgeführt werden; die Eingangszeit und etwa bekannte Gründe, aus denen die Voraussetzungen der Nummer 3 Satz 1 nicht erfüllt sind, sind zu vermerken.

(3) Die Niederschrift ist von dem Verhandlungsleiter und dem weiteren Vertreter des Auftraggebers zu unterschreiben.

5. Die Niederschrift darf weder den Bietern noch der Öffentlichkeit zugänglich gemacht werden.

6. (1) Die Angebote und ihre Anlagen sind sorgfältig zu verwahren und vertraulich zu behandeln. Von den nicht ordnungsgemäß oder verspätet eingegangenen Angeboten sind auch der Umschlag und andere Beweismittel aufzubewahren.

(2) Im Falle des § 21 Nr. 3 Abs. 2 ist sicherzustellen, dass die Kenntnis des Angebots auf die mit der Sache Befassten beschränkt bleibt.

(3) Der Auftraggeber darf Angebotsunterlagen und die in den Angeboten enthaltenen eigenen Vorschläge eines Bieters nur für die Prüfung und Wertung der Angebote (§§ 23 und 25) verwenden. Eine darüber hinausgehende Verwendung bedarf der vorherigen schriftlichen Vereinbarung, in der auch die Entschädigung zu regeln ist.

(4) Die Absätze 1 bis 3 gelten bei Freihändiger Vergabe entsprechend.

§ 23
Prüfung der Angebote

1. Nicht geprüft zu werden brauchen Angebote,

   a) die nicht ordnungsgemäß oder verspätet eingegangen sind, es sei denn, dass der nicht ordnungsgemäße oder verspätete Eingang durch Umstände verursacht worden ist, die nicht vom Bieter zu vertreten sind,

   b) die nicht unterschrieben oder nicht mit der erforderlichen elektronischen Signatur und Verschlüsselung versehen sind (§ 21 Nr. 1 Abs. 2 Satz 5),

   c) bei denen Änderungen des Bieters an seinen Eintragungen nicht zweifelsfrei sind (§ 21 Nr. 1 Abs. 3),

   d) bei denen Änderungen oder Ergänzungen an den Verdingungsunterlagen vorgenommen worden sind (§ 21 Nr. 1 Abs. 4).

2. Die übrigen Angebote sind einzeln auf Vollständigkeit sowie auf rechnerische und fachliche Richtigkeit zu prüfen; ferner sind die für die Beurteilung der Wirtschaftlichkeit der einzelnen Angebote maßgebenden Gesichtspunkte festzuhalten. Gegebenenfalls sind Sachverständige (§ 6) hinzuzuziehen.

3. Das Ergebnis der Prüfung ist aktenkundig zu machen.

§ 24
Verhandlungen mit Bietern bei Ausschreibungen

1. (1) Nach Öffnung der Angebote bis zur Zuschlagserteilung darf mit den Bietern über ihre Angebote nur verhandelt werden, um Zweifel über die Angebote oder die Bieter zu beheben. (2) Verweigert ein Bieter die geforderten Aufklärungen und Angaben, so kann sein Angebot unberücksichtigt bleiben.

2. (1) Andere Verhandlungen, besonders über Änderungen der Angebote oder Preise, sind unstatthaft.

   (2) Ausnahmsweise darf bei einem Nebenangebot (§ 17 Nr. 3 Abs. 5) oder bei einem Angebot aufgrund funktionaler Leistungsbeschreibung (§ 8 Nr. 2 Abs. 1 Buchstabe a)) mit dem Bieter, dessen Angebot als das wirtschaftlichste gewertet wurde (§ 25 Nr. 3), im Rahmen der geforderten Leistung über notwendige technische Änderungen geringen Umfangs verhandelt werden. Hierbei kann auch der Preis entsprechend angepasst werden. Mit weiteren Bietern darf nicht verhandelt werden.

3. Grund und Ergebnis der Verhandlungen sind vertraulich zu behandeln und schriftlich niederzulegen.

§ 25
Wertung der Angebote

1. (1) Ausgeschlossen werden:

   a) Angebote, für deren Wertung wesentliche Preisangaben fehlen (§ 21 Nr. 1 Abs. 1 Satz 1),

   b) Angebote, die nicht unterschrieben sind (§ 21 Nr. 1 Abs. 2 Satz 5),

   c) Angebote, in denen Änderungen des Bieters an seinen Eintragungen nicht zweifelsfrei sind (§ 21 Nr. 1 Abs. 3),

   d) Angebote, bei denen Änderungen oder Ergänzungen an den Verdingungsunterlagen vorgenommen worden sind (§ 21 Nr. 1 Abs. 4),

   e) Angebote, die verspätet eingegangen sind, es sei denn, dass der verspätete Eingang durch Umstände verursacht worden ist, die nicht vom Bieter zu vertreten sind,

   f) Angebote von Bietern, die in Bezug auf die Vergabe eine unzulässige, wettbewerbsbeschränkende Abrede getroffen haben,

   g) Nebenangebote, soweit der Auftraggeber diese nach § 17 Nr. 3 Abs. 5 ausgeschlossen hat.

   (2) Außerdem können ausgeschlossen werden:

   a) Angebote, die nicht die geforderten Angaben und Erklärungen enthalten (§ 21 Nr. 1 Abs. 1 Satz 1),

b) Angebote von Bietern, die von der Teilnahme am Wettbewerb ausgeschlossen werden können (§ 7 Nr. 5),

c) Nebenangebote, die nicht auf besonderer Anlage gemacht worden oder als solche nicht deutlich gekennzeichnet sind (§ 21 Nr. 2).

2. (1) Bei der Auswahl der Angebote, die für den Zuschlag in Betracht kommen, sind nur Bieter zu berücksichtigen, die für die Erfüllung der vertraglichen Verpflichtungen die erforderliche Fachkunde, Leistungsfähigkeit und Zuverlässigkeit besitzen.

(2) Erscheinen Angebote im Verhältnis zu der zu erbringenden Leistung ungewöhnlich niedrig, so überprüft der Auftraggeber vor der Vergabe des Auftrags die Einzelposten dieser Angebote. Zu diesem Zweck verlangt er in Textform vom Bieter die erforderlichen Belege. Der Auftraggeber berücksichtigt bei der Vergabe das Ergebnis dieser Überprüfung.

(3) Auf Angebote, deren Preise in offenbarem Missverhältnis zur Leistung stehen, darf der Zuschlag nicht erteilt werden.

3. Der Zuschlag ist auf das unter Berücksichtigung aller Umstände wirtschaftlichste Angebot zu erteilen. Der niedrigste Angebotspreis allein ist nicht entscheidend.

4. Nebenangebote, die der Auftraggeber bei der Ausschreibung gewünscht oder ausdrücklich zugelassen hat, sind ebenso zu werten wie die Hauptangebote. Sonstige Nebenangebote können berücksichtigt werden.

5. Die Gründe für die Zuschlagserteilung sind in den Akten zu vermerken.

§ 25 a
Zuschlagskriterien, staatliche Beihilfe

1. (1) Der Auftraggeber berücksichtigt bei der Entscheidung über den Zuschlag verschiedene durch den Auftragsgegenstand gerechtfertigte Kriterien, beispielsweise Qualität, Preis, technischer Wert, Ästhetik, Zweckmäßigkeit, Umwelteigenschaften, Betriebskosten, Rentabilität, Kundendienst und technische Hilfe, Lieferzeitpunkt und Lieferungs- oder Ausführungsfrist. Er hat die Kriterien zu gewichten. Die Gewichtung kann mit einer angemessenen Marge erfolgen. Kann nach Ansicht des Auftraggebers die Gewichtung aus nachvollziehbaren Gründen nicht angegeben werden, so legt der Auftraggeber die Kriterien in absteigender Reihenfolge ihrer Bedeutung fest.

(2) Bei der Wertung der Angebote darf der Auftraggeber nur die Kriterien berücksichtigen, die in der Bekanntmachung oder den Vergabeunterlagen genannt sind.

2. Angebote, die aufgrund einer staatlichen Beihilfe ungewöhnlich niedrig sind, können allein aus diesem Grund nur dann zurückgewiesen werden, wenn das Unternehmen nach Aufforderung innerhalb einer vom Auftraggeber festzulegenden ausreichenden Frist nicht nachweisen kann, dass die betreffende Beihilfe rechtmäßig gewährt wurde. Auftraggeber, die unter diesen Umständen ein Angebot zurückweisen, müssen die Kommission der Europäischen Gemeinschaften darüber unterrichten.

3. Der Auftraggeber berücksichtigt nur Nebenangebote, die die von ihm verlangten Mindestanforderungen erfüllen.

§ 26
Aufhebung der Ausschreibung

1. Die Ausschreibung kann aufgehoben werden, wenn

   a) kein Angebot eingegangen ist, das den Ausschreibungsbedingungen entspricht,

   b) sich die Grundlagen der Ausschreibung wesentlich geändert haben,

   c) sie kein wirtschaftliches Ergebnis gehabt hat,

   d) andere schwerwiegende Gründe bestehen.

2. Die Ausschreibung kann unter der Voraussetzung, dass Angebote in Losen vorgesehen oder Nebenangebote nicht ausgeschlossen sind, teilweise aufgehoben werden, wenn

   a) das wirtschaftlichste Angebot den ausgeschriebenen Bedarf nicht voll deckt,

   b) schwerwiegende Gründe der Vergabe der gesamten Leistung an einen Bieter entgegenstehen.

3. Die Gründe für die Aufhebung der Ausschreibung sind in den Akten zu vermerken.

4. Die Bieter sind von der Aufhebung der Ausschreibung unter Bekanntgabe der Gründe (Nummer 1 Buchstabe a) bis d), Nummer 2 Buchstabe a) und b)) unverzüglich zu benachrichtigen.

5. Eine neue Ausschreibung oder eine Freihändige Vergabe ist nur zulässig, wenn die vorhergehende Ausschreibung über denselben Gegenstand ganz oder teilweise aufgehoben ist.

§ 26 a
Mitteilung über den Verzicht auf die Vergabe

Die Entscheidung, auf die Vergabe eines dem EG-weiten Wettbewerb unterstellten Auftrages zu verzichten, teilt der Auftraggeber dem Amt für amtliche Veröffentlichungen der Europäischen Gemeinschaften[17] mit.

Den Bewerbern oder Bietern teilt der Auftraggeber unverzüglich die Gründe für seine Entscheidung mit, auf die Vergabe eines im Amtsblatt der Europäischen Gemeinschaften bekannt gemachten Auftrages zu verzichten oder das Verfahren erneut einzuleiten. Auf Antrag teilt er ihnen dies auch in Textform mit.

---

17 Amt für amtliche Veröffentlichungen der Europäischen Gemeinschaften, 2,
   rue Mercier,
   L-2985 Luxemburg
   Telefon: 00 35 2/29 29–1,
   Telefax: 00 35 2/292 942 670
   http://ted.eur-op.eu.int
   E-Mail: mp-ojs@opoce.cec.eu.int.

§ 27
Nicht berücksichtigte Angebote

1. Ein Angebot gilt als nicht berücksichtigt, wenn bis zum Ablauf der Zuschlagsfrist kein Auftrag erteilt wurde.

   Die Vergabestelle teilt jedem erfolglosen Bieter nach Zuschlagserteilung auf dessen schriftlichen Antrag hin unverzüglich die Ablehnung seines Angebots schriftlich mit.

   Dem Antrag ist ein adressierter Freiumschlag beizufügen. Der Antrag kann bereits bei der Abgabe des Angebotes gestellt werden.

   Weiterhin muss in den Verdingungsunterlagen bereits darauf hingewiesen werden, dass das Angebot nicht berücksichtigt worden ist, wenn bis zum Ablauf der Zuschlagsfrist kein Auftrag erteilt wurde.

2. In der Mitteilung gemäß Nummer 1 Satz 2 sind zusätzlich bekannt zu geben:

   a) Die Gründe für die Ablehnung (z. B. preisliche, technische, funktionsbedingte, gestalterische, ästhetische) seines Angebots. Bei der Mitteilung ist darauf zu achten, dass die Auskunft mit Rücksicht auf die Verpflichtung der Vergabestelle, die Angebote vertraulich zu behandeln (§ 22 Nr. 6 Abs. 1 Satz 1), keine Angaben aus Angeboten anderer Bieter enthält.

   b) Die Anzahl der eingegangenen Angebote.

   c) Der niedrigste und höchste Angebotsendpreis der nach § 23 geprüften Angebote.

3. Die zusätzliche Bekanntgabe nach Nummer 2 entfällt, wenn

   a) der Zuschlagspreis unter 5.000 Euro liegt oder

   b) weniger als 8 Angebote eingegangen sind oder

   c) der Aufforderung zur Angebotsabgabe eine funktionale Leistungsbeschreibung (§ 8 Nr. 2 Abs. 2 Buchstabe a)) zugrunde gelegen hat oder

   d) das Angebot nach § 25 Nr. 1 ausgeschlossen worden ist oder nach § 25 Nr. 2 Abs. 1 nicht berücksichtigt werden konnte.

4. Ist aufgrund der Aufforderung zur Angebotsabgabe Vergabe in Losen vorgesehen, so sind zusätzlich in der Bekanntgabe nach Nummer 2 Buchstabe c) Preise zu Losangeboten dann mitzuteilen, wenn eine Vergleichbarkeit der Losangebote (z. B. gleiche Losgröße und Anzahl der Lose) gegeben ist.

5. Sind Nebenangebote eingegangen, so sind diese bei den Angaben gemäß Nummer 2 außer Betracht zu lassen; im Rahmen der Bekanntgabe nach Nummer 2 ist jedoch anzugeben, dass Nebenangebote eingegangen sind.

6. Die Mitteilungen nach Nummer 1 und 2 sind abschließend.

7. Entwürfe, Ausarbeitungen, Muster und Proben zu nicht berücksichtigten Angeboten sind zurückzugeben, wenn dies im Angebot oder innerhalb von 24 Werktagen nach Ablehnung des Angebots verlangt wird.

8. Nicht berücksichtigte Angebote und Ausarbeitungen der Bieter dürfen nur mit ihrer Zustimmung für eine neue Vergabe oder für andere Zwecke benutzt werden.

§ 27 a
Nicht berücksichtigte Bewerbungen und Angebote

1. Der Auftraggeber teilt unverzüglich, spätestens innerhalb von 15 Tagen, nach Eingang eines entsprechenden Antrags den nicht berücksichtigten Bewerbern oder Bietern die Gründe für die Ablehnung ihrer Bewerbung oder ihres Angebotes und den Bietern, die ein ordnungsgemäßes Angebot eingereicht haben, auch die Merkmale und Vorteile des erfolgreichen Angebots und den Namen des erfolgreichen Bieters mit.

2. Der Auftraggeber kann in Nummer 1 genannte Informationen zurückhalten, wenn die Weitergabe den Gesetzesvollzug vereiteln würde oder sonst nicht im öffentlichen Interesse läge, oder die berechtigten Geschäftsinteressen von Unternehmen oder den fairen Wettbewerb beeinträchtigen würde.

§ 28
Zuschlag

1. (1) Der Zuschlag (§ 25 Nr. 3) auf ein Angebot soll schriftlich und so rechtzeitig erteilt werden, dass ihn der Bieter noch vor Ablauf der Zuschlagsfrist erhält. Wird ausnahmsweise der Zuschlag nicht schriftlich erteilt, so ist er umgehend schriftlich zu bestätigen.

   (2) Dies gilt nicht für die Fälle, in denen durch Ausführungsbestimmungen auf die Schriftform verzichtet worden ist.

2. (1) Wird auf ein Angebot rechtzeitig und ohne Abänderungen der Zuschlag erteilt, so ist damit nach allgemeinen Rechtsgrundsätzen der Vertrag abgeschlossen, auch wenn eine spätere urkundliche Festlegung vorgesehen ist.

   (2) Verzögert sich der Zuschlag, so kann die Zuschlagsfrist nur im Einvernehmen mit den in Frage kommenden Bietern verlängert werden.

§ 28 a
Bekanntmachung über die Auftragserteilung

1. (1) Die Auftraggeber machen über jeden vergebenen Auftrag Mitteilung nach dem im Anhang III der Verordnung (EG) Nr. 1564/2005 enthaltenen Muster innerhalb von 48 Tagen nach Vergabe des Auftrags an das Amt für amtliche Veröffentlichungen der Europäischen Gemeinschaften.[18]

---

[18] Amt für amtliche Veröffentlichungen der Europäischen Gemeinschaften, 2, rue Mercier,
L-2985 Luxemburg
Telefon: 00 35 2/29 29–1,

(2) Bei der Mitteilung von vergebenen Aufträgen über Dienstleistungen nach Anhang I B geben die Auftraggeber an, ob sie mit der Veröffentlichung einverstanden sind.

(3) Bei Rahmenvereinbarungen umfasst die Bekanntmachung den Abschluss der Rahmenvereinbarung, aber nicht die Einzelaufträge, die aufgrund der Rahmenvereinbarung vergeben wurden.

2. Die Auftraggeber brauchen bestimmte Angaben über die Auftragsvergabe jedoch nicht mitzuteilen, wenn dies dem öffentlichen Interesse zuwiderläuft, die legitimen geschäftlichen Interessen einzelner öffentlicher oder privater Unternehmen berührt oder den fairen Wettbewerb zwischen den Unternehmen beeinträchtigen würde.

1. Amt für amtliche Veröffentlichungen der Europäischen Gemeinschaften, 2, rue Mercier, L-2985 Luxemburg

§ 29
Vertragsurkunde

Eine besondere Urkunde kann über den Vertrag dann gefertigt werden, wenn die Vertragspartner dies für notwendig halten.

§ 30
Vergabevermerk

1. Über die Vergabe ist ein Vermerk zu fertigen, der die einzelnen Stufen des Verfahrens, die Maßnahmen, die Feststellung sowie die Begründung der einzelnen Entscheidungen enthält.

2. Wird auf die Vorlage zusätzlich zum Angebot verlangter Unterlagen und Nachweise verzichtet, ist dies im Vergabevermerk zu begründen.

§ 30 a
Melde- und Berichtspflichten

1. Auf Verlangen der Kommission der Europäischen Gemeinschaften sind aus dem Vergabevermerk mindestens folgende Angaben zu übermitteln:

   a) Name und Anschrift des Auftraggebers,

   b) Art und Umfang der Leistung,

   c) Wert des Auftrages,

   d) Name der berücksichtigten Bewerber oder Bieter und Gründe für ihre Auswahl,

   e) Name der ausgeschlossenen Bewerber oder Bieter und die Gründe für die Ablehnung,

Telefax: 00 35 2/292 942 670
http://ted.eur-op.eu.int
E-Mail: mp-ojs@opoce.cec.eu.int.

f) Name des erfolgreichen Bieters und die Gründe für die Auswahl seines Angebotes sowie – falls bekannt – den Anteil, den der erfolgreiche Bieter an Dritte weiterzugeben beabsichtigt,

g) bei Verhandlungsverfahren Gründe für die Wahl dieses Verfahrens (§ 3 a Nr. 1 Abs. 4 und Nr. 2),

h) beim Wettbewerblichen Dialog Gründe für die Wahl dieses Verfahrens (§ 6 a Abs. 1 VgV),

i) Gründe, aus denen auf die Vergabe eines Auftrages verzichtet wurde (§ 26). Werden Vergabeverfahren elektronisch durchgeführt, ist für eine entsprechende Dokumentation des Verfahrensablaufes zu sorgen.

2. Die Auftraggeber übermitteln an die zuständige Stelle eine jährliche statistische Aufstellung über die vergebenen Aufträge. Die Aufstellung nach Satz 1 enthält mindestens Angaben über die Anzahl und den Wert der vergebenen Aufträge ab den Schwellenwerten, aufgeschlüsselt nach den in § 3 a vorgesehenen Verfahren, Warenbereichen entsprechend der Nomenklatur CPV, Dienstleistungskategorien entsprechend der Nomenklatur in den Anhängen I A und I B und Nationalität des Unternehmens, das den Zuschlag erhalten hat, bei Verhandlungsverfahren aufgeschlüsselt nach § 3 a, mit Angaben über Anzahl und Wert der Aufträge, die in die einzelnen EG-Mitgliedstaaten und in Drittländer vergeben wurden. Die statistischen Aufstellungen für oberste und obere Bundesbehörden und vergleichbare Bundeseinrichtungen enthalten auch den geschätzten Gesamtwert der Aufträge unterhalb der Schwellenwerte sowie nach Anzahl und Gesamtwert der Aufträge, die aufgrund von Ausnahmeregelungen zum Beschaffungsübereinkommen vergeben wurden. Sie enthalten keine Angaben über Dienstleistungen der Kategorie 8 des Anhangs I A und über Fernmeldedienstleistungen der Kategorie 5, deren CPC-Referenznummern 7524, 7525 und 7526 lauten, sowie über Dienstleistungen des Anhangs I B, sofern der geschätzte Wert ohne Umsatzsteuer unter 200.000 Euro liegt.

§ 31 a
Wettbewerbe

1. (1) Wettbewerbe sind Auslobungsverfahren, die zu einem Dienstleistungsauftrag führen sollen.

(2) Für Wettbewerbe über freiberufliche Leistungen insbesondere auf dem Gebiet der Raumplanung, Stadtplanung, der Architektur und des Bauwesens gelten die Bestimmungen der Verdingungsordnung für freiberufliche Leistungen (VOF).

2. (1) Die auf die Durchführung des Wettbewerbs anwendbaren Regeln sind den an der Teilnahme am Wettbewerb Interessierten mitzuteilen.

(2) Die Zulassung zur Teilnahme an einem Wettbewerb darf nicht beschränkt werden:

– auf das Gebiet eines Mitgliedstaates oder einen Teil davon,

– auf natürliche oder juristische Personen

(3) Bei Wettbewerben mit beschränkter Teilnehmerzahl haben die Auftraggeber eindeutige und nicht diskriminierende Auswahlkriterien festzulegen. Die Zahl der Bewerber muss ausreichen, um einen echten Wettbewerb zu gewährleisten.

(4) Das Preisgericht darf nur aus Preisrichtern bestehen, die von den Teilnehmern des Wettbewerbs unabhängig sind. Wird von den Wettbewerbsteilnehmern eine bestimmte berufliche Qualifikation verlangt, muss mindestens ein Drittel der Preisrichter über dieselbe oder eine gleichwertige Qualifikation verfügen.

(5) Das Preisgericht ist in seinen Entscheidungen und Stellungnahmen unabhängig. Es trifft diese aufgrund von Wettbewerbsarbeiten, die anonym vorgelegt werden, und nur aufgrund von Kriterien, die in der Bekanntmachung nach Nummer 3 genannt sind.

(6) Das Preisgericht hat einen von den Preisrichtern zu unterzeichnenden Bericht zu erstellen über die Rangfolge der von ihm ausgewählten Projekte und über die einzelnen Wettbewerbsarbeiten.

3. (1) Auftraggeber, die einen Wettbewerb durchführen wollen, teilen ihre Absicht durch Bekanntmachung nach dem im Anhang XII der Verordnung (EG) Nr. 1564/2005 enthaltenen Muster mit. Die Bekanntmachung ist dem Amt für amtliche Veröffentlichungen der Europäischen Gemeinschaften[19] unverzüglich mitzuteilen.

(2) § 17 a Nr. 1 gilt entsprechend.

(3) Auftraggeber, die einen Wettbewerb durchgeführt haben, geben spätestens 48 Tage nach Durchführung eine Bekanntmachung nach dem im Anhang XIII der Verordnung (EG) Nr. 1564/2005 enthaltenen Muster an das Amt für amtliche Veröffentlichungen der Europäischen Gemeinschaften. § 27 a gilt entsprechend.

§ 32 a
Nachprüfungsbehörden

In der Vergabebekanntmachung und den Vergabeunterlagen ist die Stelle anzugeben, an die sich der Bewerber oder Bieter zur Nachprüfung behaupteter Verstöße gegen Vergabebestimmungen wenden kann.

---

[19] Amt für amtliche Veröffentlichungen der Europäischen Gemeinschaften, 2, rue Mercier,
L-2985 Luxemburg
Telefon: 00 35 2/29 29–1,
Telefax: 00 35 2/292 942 670
http://ted.eur-op.eu.int
E-Mail: mp-ojs@opoce.cec.eu.int

Anhang I
Teil A[20]

Kategorie	Bezeichnung	CPC-Referenznummern[2]	CPV-Referenznummern
1	Instandhaltung und Reparatur	6112, 6122, 633, 886	Von 50100000 bis 50982000 (außer 50310000 bis 50324200 und 50116510-9, 50190000-3, 50229000-6, 50243000-0)
2	Landverkehr[22], einschließlich Geldtransport und Kurierdienste, ohne Postverkehr	712 (außer 71235) 7512, 87304	Von 60112000-6 bis 60129300-1 (außer 60121000 bis 60121600, 60122200-1, 60122230-0), und von 64120000-3 bis 64121200-2
3	Fracht- und Personenbeförderung im Flugverkehr, ohne Postverkehr	73 (außer 7321)	Von 62100000-3 bis 62300000-5 (außer 62121000-6, 62221000-7)
4	Postbeförderung im Landverkehr[23] sowie Luftpostbeförderung	71235, 7321	60122200-1, 60122230-0, 62121000-6, 62221000-7
5	Fernmeldewesen	752	Von 64200000-8 bis 64228200-2, 72318000-7, und von 72530000-9 bis 72532000-3
6	Finanzielle Dienstleistungen: a) Versicherungsdienstleistungen b) Bankdienstleistungen und Wertpapiergeschäfte[24]	ex 81, 812, 814	Von 66100000-1 bis 66430000-3 und von 67110000-1 bis 67262000-1 (4)

---

20 Bei unterschiedlichen Auslegungen zwischen CPV und CPC gilt die CPC-Nomenklatur.
21 CPC-Nomenklatur (vorläufige Fassung), die zur Festlegung des Anwendungsbereichs der Richtlinie 92/50/EWG verwendet wird.
22 Ohne Eisenbahnverkehr der Kategorie 18.
23 Ohne Eisenbahnverkehr der Kategorie 18.
24 Ohne Finanzdienstleistungen im Zusammenhang mit Ausgabe, Verkauf, Ankauf oder Übertragung von Wertpapieren oder anderen Finanzinstrumenten und mit Zentralbankdiensten.
Ausgenommen sind ferner Dienstleistungen zum Erwerb oder zur Anmietung – ganz gleich, nach welchen Finanzmodalitäten – von Grundstücken, bestehenden Gebäuden oder anderem unbeweglichen Eigentum oder betreffend Rechte daran; Finanzdienstleistungen, die bei dem Vertrag über den Erwerb oder die Anmietung mit ihm gleichlaufend, ihm vorangehend oder im Anschluss an ihn, gleich in welcher Form erbracht werden, fallen jedoch darunter.

Kategorie	Bezeichnung	CPC-Referenz-nummern[2]	CPV-Referenznummern
7	Datenverarbeitung und verbundene Tätigkeiten	84	Von 50300000-8 bis 50324200-4, von 72100000-6 bis 72591000-4 (außer 72318000-7 und von 72530000-9 bis 72532000-3)
8	Forschung und Entwicklung[25]	85	Von 73000000-2 bis 73300000-5 (außer 73200000-4, 73210000-7, 7322000-0)
9	Buchführung, -haltung und -prüfung	862	Von 74121000-3 bis 74121250-0
10	Markt- und Meinungsforschung	864	Von 74130000-9 bis 74133000-0, und 74423100-1, 74423110-4
11	Unternehmensberatung[26] und verbundene Tätigkeiten	865, 866	Von 73200000-4 bis 73220000-0, von 74140000-2 bis 74150000-5 (außer 74142200-8), und 74420000-9, 74421000-6, 74423000-0, 74423200-2, 74423210-5, 74871000-5, 93620000-0
12	Architektur, technische Beratung und Planung, integrierte technische Leistungen, Stadt- und Landschaftsplanung, zugehörige wissenschaftliche und technische Beratung, technische Versuche und Analysen	867	Von 74200000-1 bis 74276400-8, und von 74310000-5 bis 74323100-0, und 74874000-6
13	Werbung	871	Von 74400000-3 bis 74422000-3 (außer 74420000-9 und 74421000-6)
14	Gebäudereinigung und Hausverwaltung	874, 82201 bis 82206	Von 70300000-4 bis 70340000-6, und von 74710000-9 bis 74760000-4
15	Verlegen und Drucken gegen Vergütung oder auf vertraglicher Grundlage	88442	Von 78000000-7 bis 78400000-1

25 Ohne Aufträge über Forschungs- und Entwicklungsdienstleistungen anderer Art als diejenigen, deren Ergebnisse ausschließlich Eigentum des Auftraggebers für seinen Gebrauch bei der Ausübung seiner eigenen Tätigkeit sind, sofern die Dienstleistung vollständig durch den Auftraggeber vergütet wird.
26 Ohne Schiedsgerichts- und Schlichtungsleistungen.

Kategorie	Bezeichnung	CPC-Referenz-nummern[2]	CPV-Referenznummern
16	Abfall- und Abwasserbeseitigung, sanitäre und ähnliche Dienstleistungen	94	Von 90100000-8 bis 90320000-6, und 50190000-3, 50229000-6, 50243000-0
17	Gaststätten und Beherbergungsgewerbe	64	Von 55000000-0 bis 55524000-9, und von 93400000-2 bis 93411000-2
18	Eisenbahnen	711	60111000-9, und von 60121000-2 bis 60121600-8
19	Schifffahrt	72	Von 61000000-5 bis 61530000-9, und von 63370000-3 bis 63372000-7
20	Neben- und Hilfstätigkeiten des Verkehrs	74	62400000-6, 62440000-8, 62441000-5, 62450000-1, von 63000000-9 bis 63600000-5 (außer 63370000-3, 63371000-0, 63372000-7), und 74322000-2, 93610000-7
21	Rechtsberatung	861	Von 74110000-3 bis 74114000-1
22	Arbeits- und Arbeitskräftevermittlung[27]	872	Von 74500000-4 bis 74540000-6 (außer 74511000-4), und von 95000000-2 bis 95140000-5
23	Auskunfts- und Schutzdienste, ohne Geldtransport	873 (außer 87304)	Von 74600000-5 bis 74620000-1
24	Unterrichtswesen und Berufsausbildung	92	Von 80100000-5 bis 80430000-7
25	Gesundheits-, Veterinär- und Sozialwesen	93	74511000-4, und von 85000000-9 bis 85323000-9 (außer 85321000-5 und 85322000-2)
26	Erholung, Kultur und Sport[28]	96	Von 74875000-3 bis 74875200-5, und von 92000000-1 bis 92622000-7 (außer 92230000-2)
27	Sonstige Dienstleistungen[64, 65]		

27 Mit Ausnahme von Arbeitsverträgen.
28 Mit Ausnahme von Aufträgen über Erwerb, Entwicklung, Produktion oder Koproduktion von Programmen durch Sendeunternehmen und Verträgen über Sendezeit.

Anhang II
Anforderungen an die Geräte, die für den elektronischen Empfang der Anträge auf Teilnahme und der Angebote verwendet werden

Die Geräte müssen gewährleisten, dass

a) für die Angebote eine elektronische Signatur verwendet werden kann,

b) Tag und Uhrzeit des Eingangs der Teilnahmeanträge oder Angebote genau bestimmbar sind,

c) ein Zugang zu den Daten nicht vor Ablauf des hierfür festgesetzten Termins erfolgt,

d) bei einem Verstoß gegen das Zugangsverbot der Verstoß sicher festgestellt werden kann,

e) ausschließlich die hierfür bestimmten Personen den Zeitpunkt der Öffnung der Daten festlegen oder ändern können,

f) der Zugang zu den übermittelten Daten nur möglich ist, wenn die hierfür bestimmten Personen gleichzeitig und erst nach dem festgesetzten Zeitpunkt tätig werden, und

g) die übermittelten Daten ausschließlich den zur Kenntnisnahme bestimmten Personen zugänglich bleiben.

Anhang TS
Technische Spezifikationen

Begriffsbestimmungen

1. »Technische Spezifikationen« sind sämtliche, insbesondere in den Verdingungsunterlagen enthaltenen, technischen Anforderungen an ein Material, ein Erzeugnis oder eine Lieferung, mit deren Hilfe das Material, das Erzeugnis oder die Lieferung so bezeichnet werden können, dass sie ihren durch den Auftraggeber festgelegten Verwendungszweck erfüllen. Zu diesen technischen Anforderungen gehören Qualitätsstufen, Umweltleistungsstufen, die Konzeption für alle Verwendungsarten (»Design for all«) einschließlich des Zugangs für Menschen mit Behinderungen, sowie Konformitätsbewertung, Vorgaben für Gebrauchstauglichkeit, Verwendung, Sicherheit und Abmessungen, einschließlich Vorschriften über Verkaufsbezeichnung, Terminologie, Bildzeichen, Prüfungen und Prüfverfahren, Verpackung, Kennzeichnung und Beschriftung sowie Produktionsprozesse und -methoden sowie über Konformitätsbewertungsverfahren. Außerdem gehören dazu auch die Vorschriften für die Planung und Berechnung von Bauwerken; die Bedingungen für die Prüfung, Inspektion und Abnahme von Bauwerken, die Konstruktionsmethoden oder -verfahren und alle anderen technischen Anforderungen, die der Auftraggeber bezüglich fertiger Bauwerke oder der dazu notwendigen Materialien oder Teile durch allgemeine oder spezielle Vorschriften anzugeben in der Lage ist.

2. »Norm« ist eine technische Spezifikation, die von einer anerkannten Normenorganisation zur wiederholten oder ständigen Anwendung angenommen wurde, deren Einhaltung grundsätzlich nicht zwingend vorgeschrieben ist.

3. »Internationale Norm« ist eine Norm, die von einem internationalen Normungsgremium angenommen wird und der Öffentlichkeit zugänglich ist.

4. »Europäische Norm« ist eine Norm, die von einem europäischen Normungsgremium angenommen wird und der Öffentlichkeit zugänglich ist.

5. »Nationale Norm« ist eine Norm, die von einem nationalen Normungsgremium angenommen wird und der Öffentlichkeit zugänglich ist.

6. »Europäische technische Zulassung« ist eine positive technische Beurteilung der Brauchbarkeit des Produktes hinsichtlich der Erfüllung der wesentlichen Anforderung an bauliche Anlagen; sie erfolgt aufgrund der spezifischen Merkmale des Produkts und der festgelegten Anwendungs- und Verwertungsbedingungen. Die europäische technische Zulassung wird von einem zu diesem Zweck vom Mitgliedstaat zugelassenen Gremium ausgestellt.

7. »Gemeinsame technische Spezifikationen« sind technische Spezifikationen, die nach einem von den Mitgliedstaaten anerkannten Verfahren erarbeitet und im Amtsblatt der Europäischen Gemeinschaften veröffentlicht wurden.

8. »Technische Bezugsgröße« ist jeder Bezugsrahmen, der keine offizielle Norm ist und von den europäischen Normungsgremien nach an die Bedürfnisse des Marktes angepassten Verfahren erarbeitet wurde.

Abschnitt 3: Bestimmungen nach der EG-Sektorenrichtlinie[29]

§ 1
Leistungen

Leistungen im Sinne der VOL sind alle Lieferungen und Leistungen, ausgenommen

- Leistungen, die unter die Vergabe- und Vertragsordnung für Bauleistungen – VOB – fallen (VOB/A § 1),

- Leistungen, die im Rahmen einer freiberuflichen Tätigkeit[30] erbracht oder im Wettbewerb mit freiberuflich Tätigen von Gewerbebetrieben angeboten werden, soweit deren Auftragswerte die in der Vergabeverordnung festgelegten Schwellenwerte nicht erreichen.

§ 1 b
Verpflichtung zur Anwendung der b-Paragraphen

1. (1) Bei der Vergabe von Liefer- und Dienstleistungsaufträgen gelten die Bestimmungen der b-Paragraphen zusätzlich zu den Basisparagraphen. Soweit die Bestimmungen der b-Paragraphen nicht entgegenstehen, bleiben die Basisparagraphen dieses Abschnittes unberührt.

    (2) Aufträge, deren Gegenstand Lieferungen und Dienstleistungen sind, werden nach den Regelungen über diejenigen Aufträge vergeben, deren Wert überwiegt.

    (3) Soweit keine ausdrückliche Unterscheidung zwischen Liefer- und Dienstleistungsaufträgen erfolgt, gelten die Regelungen sowohl für Liefer- als auch Dienstleistungsaufträge.

2. (1) Aufträge, deren Gegenstand Dienstleistungen nach Anhang I A sind, werden nach den Bestimmungen dieses Abschnittes vergeben.

---

29 Richtlinie 2004/17/EG des Europäischen Parlaments und des Rates vom 31. März 2004 zur Koordinierung der Zuschlagserteilung durch Auftraggeber im Bereich der Wasser-, Energie- und Verkehrsversorgung sowie der Postdienste, (ABl. EU Nr. L 134 S. 1) i. d. F. der Richlinie 2005/51/EG der Kommission vom 07. September 2005 (ABl. EU Nr. L 257 S. 127) und der Verordnung (EG) Nr. 2083/2005 der Kommission vom 19. Dezember 2005 (ABl. EU Nr. L 333 S. 28).
30 vgl. § 18 Abs. 1 Nr. 1 EstG:
(1) Einkünfte aus selbständiger Arbeit sind:
1. Einkünfte aus freiberuflicher Tätigkeit. Zu der freiberuflichen Tätigkeit gehören die selbständig ausgeübte wissenschaftliche, künstlerische, schriftstellerische, unterrichtende oder erzieherische Tätigkeit, die selbständige Berufstätigkeit der Ärzte, Zahnärzte, Tierärzte, Rechtsanwälte, Notare, Patentanwälte, Vermessungsingenieure, Ingenieure, Architekten, Handelschemiker, Wirtschaftsprüfer, Steuerberater, beratenden Volks- und Betriebswirte, vereidigten Buchprüfer (vereidigten Bücherrevisoren), Steuerbevollmächtigten, Heilpraktiker, Dentisten, Krankengymnasten, Journalisten, Bildberichterstatter, Dolmetscher, Übersetzer, Lotsen und ähnlicher Berufe. Ein Angehöriger eines freien Berufs im Sinne der Sätze 1 und 2 ist auch dann freiberuflich tätig, wenn er sich der Mithilfe fachlich vorgebildeter Arbeitskräfte bedient; Voraussetzung ist, dass er aufgrund eigener Fachkenntnisse leitend und eigenverantwortlich tätig wird. Eine Vertretung im Fall vorübergehender Verhinderung steht der Annahme einer leitenden und eigenverantwortlichen Tätigkeit nicht entgegen;

(2) Aufträge, deren Gegenstand Dienstleistungen nach Anhang I B sind, werden nach den Bestimmungen der Basisparagraphen dieses Abschnittes und der §§ 8 b und 28 b vergeben.

(3) Aufträge, deren Gegenstand Dienstleistungen des Anhangs I A und des Anhangs I B sind, werden nach den Regelungen für diejenigen Dienstleistungen vergeben, deren Wert überwiegt.

§ 2
Grundsätze der Vergabe

1. (1) Leistungen sind in der Regel im Wettbewerb zu vergeben.

   (2) Wettbewerbsbeschränkende und unlautere Verhaltensweisen sind zu bekämpfen.

2. Bei der Vergabe von Leistungen darf kein Unternehmen diskriminiert werden.

3. Leistungen sind unter ausschließlicher Verantwortung der Vergabestellen an fachkundige, leistungsfähige und zuverlässige Bewerber zu angemessenen Preisen zu vergeben.

4. Für die Berücksichtigung von Bewerbern, bei denen Umstände besonderer Art vorliegen, sind die jeweils hierüber erlassenen Rechts- und Verwaltungsvorschriften des Bundes und der Länder maßgebend.

§ 2 b
Schutz der Vertraulichkeit

1. Die Übermittlung technischer Spezifikationen für interessierte Unternehmen, die Prüfung und die Auswahl von Unternehmen und die Auftragsvergabe können die Auftraggeber mit Auflagen zum Schutz der Vertraulichkeit verbinden.

2. Das Recht der Unternehmen, von einem Auftraggeber in Übereinstimmung mit innerstaatlichen Rechtsvorschriften die Vertraulichkeit der von ihnen zur Verfügung gestellten Informationen zu verlangen, wird nicht eingeschränkt.

§ 3
Arten der Vergabe

1. (1) Bei Öffentlicher Ausschreibung werden Leistungen im vorgeschriebenen Verfahren nach öffentlicher Aufforderung einer unbeschränkten Zahl von Unternehmen zur Einreichung von Angeboten vergeben.

   (2) Bei Beschränkter Ausschreibung werden Leistungen im vorgeschriebenen Verfahren nach Aufforderung einer beschränkten Zahl von Unternehmen zur Einreichung von Angeboten vergeben.

   (3) Bei Freihändiger Vergabe werden Leistungen ohne ein förmliches Verfahren vergeben.

   (4) Soweit es zweckmäßig ist, soll der Beschränkten Ausschreibung und der Freihändigen Vergabe eine öffentliche Aufforderung vorangehen, sich um Teilnahme

zu bewerben (Beschränkte Ausschreibung mit Öffentlichem Teilnahmewettbewerb bzw. Freihändige Vergabe mit Öffentlichem Teilnahmewettbewerb).

2. Öffentliche Ausschreibung muss stattfinden, soweit nicht die Natur des Geschäfts oder besondere Umstände eine Ausnahme rechtfertigen.

3. Beschränkte Ausschreibung soll nur stattfinden,

   a) wenn die Leistung nach ihrer Eigenart nur von einem beschränkten Kreis von Unternehmen in geeigneter Weise ausgeführt werden kann, besonders wenn außergewöhnliche Fachkunde oder Leistungsfähigkeit oder Zuverlässigkeit erforderlich ist,

   b) wenn die Öffentliche Ausschreibung für den Auftraggeber oder die Bewerber einen Aufwand verursachen würde, der zu dem erreichbaren Vorteil oder dem Wert der Leistung im Missverhältnis stehen würde,

   c) wenn eine Öffentliche Ausschreibung kein wirtschaftliches Ergebnis gehabt hat,

   d) wenn eine Öffentliche Ausschreibung aus anderen Gründen (z. B. Dringlichkeit, Geheimhaltung) unzweckmäßig ist.

4. Freihändige Vergabe soll nur stattfinden,

   a) wenn für die Leistung aus besonderen Gründen (z. B. besondere Erfahrungen, Zuverlässigkeit oder Einrichtungen, bestimmte Ausführungsarten) nur ein Unternehmen in Betracht kommt,

   b) wenn im Anschluss an Entwicklungsleistungen Aufträge in angemessenem Umfang und für angemessene Zeit an Unternehmen, die an der Entwicklung beteiligt waren, vergeben werden müssen, es sei denn, dass dadurch die Wettbewerbsbedingungen verschlechtert werden,

   c) wenn für die Leistungen gewerbliche Schutzrechte zugunsten eines bestimmten Unternehmens bestehen, es sei denn, der Auftraggeber oder andere Unternehmen sind zur Nutzung dieser Rechte befugt,

   d) wenn bei geringfügigen Nachbestellungen im Anschluss an einen bestehenden Vertrag kein höherer Preis als für die ursprüngliche Leistung gefordert wird und von einer Ausschreibung kein wirtschaftlicheres Ergebnis zu erwarten ist. Die Nachbestellungen sollen insgesamt 20 vom Hundert des Wertes der ursprünglichen Leistung nicht überschreiten,

   e) wenn Ersatzteile oder Zubehörstücke zu Maschinen, Geräten usw. vom Lieferanten der ursprünglichen Leistung beschafft werden sollen und diese Stücke in brauchbarer Ausführung von anderen Unternehmen nicht oder nicht unter wirtschaftlichen Bedingungen bezogen werden können,

   f) wenn die Leistung besonders dringlich ist,

   g) wenn es aus Gründen der Geheimhaltung erforderlich ist,

h) wenn die Leistung nach Art und Umfang vor der Vergabe nicht so eindeutig und erschöpfend beschrieben werden kann, dass hinreichend vergleichbare Angebote erwartet werden können,

i) wenn es sich um Leistungen handelt, die besondere schöpferische Fähigkeiten verlangen,

k) wenn die Leistungen von Bewerbern angeboten werden, die zugelassenen, mit Preisabreden oder gemeinsamen Vertriebseinrichtungen verbundenen Kartellen angehören und keine kartellfremden Bewerber vorhanden sind,

l) wenn es sich um Börsenwaren handelt,

m) wenn es sich um eine vorteilhafte Gelegenheit handelt,

n) wenn nach Aufhebung einer Öffentlichen oder Beschränkten Ausschreibung eine erneute Ausschreibung kein wirtschaftliches Ergebnis verspricht,

o) wenn die Vergabe von Leistungen an Justizvollzugsanstalten, Einrichtungen der Jugendhilfe, Aus- und Fortbildungsstätten oder ähnliche Einrichtungen beabsichtigt ist,

p) wenn sie durch Ausführungsbestimmungen von einem Bundesminister – ggf. Landesminister – bis zu einem bestimmten Höchstwert zugelassen ist.

5. Es ist aktenkundig zu machen, weshalb von einer Öffentlichen oder Beschränkten Ausschreibung abgesehen worden ist.

§ 3 b
Arten der Vergabe

1. Aufträge im Sinne von § 1 b werden in folgenden Verfahren vergeben:

   a) im Offenen Verfahren, das der Öffentlichen Ausschreibung (§ 3 Nr. 1 Abs. 1) entspricht,

   b) im Nichtoffenen Verfahren, das der Beschränkten Ausschreibung nach Öffentlichem Teilnahmewettbewerb (§ 3 Nr. 1 Abs. 3) oder einem anderen Aufruf zum Wettbewerb (§ 17 b Nr. 1 Abs. 1) entspricht,

   c) im Verhandlungsverfahren, das an die Stelle der Freihändigen Vergabe (§ 3 Nr. 1 Abs. 3) tritt.

   Beim Verhandlungsverfahren wendet sich der Auftraggeber an ausgewählte Unternehmen und verhandelt mit einem oder mehreren dieser Unternehmen über den Auftragsinhalt, gegebenenfalls nach Aufruf zum Wettbewerb (§ 17 b Nr. 1).

2. Die Auftraggeber können in folgenden Fällen ein Verfahren ohne vorherigen Aufruf zum Wettbewerb durchführen,

   a) wenn im Rahmen eines Verfahrens mit vorherigem Aufruf zum Wettbewerb keine oder keine geeigneten Angebote oder keine Bewerbungen abgegeben worden sind, sofern die ursprünglichen Bedingungen des Auftrages nicht grundlegend geändert werden;

b) wenn ein Auftrag nur zum Zweck von Forschungen, Versuchen, Untersuchungen oder Entwicklungen und nicht mit dem Ziel der Gewinnerzielung oder der Deckung der Forschungs- und Entwicklungskosten beim Auftragnehmer vergeben wird und die Vergabe des Auftrags einem Aufruf zum Wettbewerb für Folgeaufträge, die insbesondere diese Ziele verfolgen, nicht vorgreift;

c) wenn der Auftrag wegen seiner technischen oder künstlerischen Besonderheiten oder aufgrund des Schutzes von Ausschließlichkeitsrechten nur von einem bestimmten Unternehmen durchgeführt werden kann;

d) soweit zwingend erforderlich und wenn bei äußerster Dringlichkeit im Zusammenhang mit Ereignissen, die der Auftraggeber nicht voraussehen konnte, es nicht möglich ist, die in den Offenen Verfahren, Nichtoffenen Verfahren oder Verhandlungsverfahren vorgesehenen Fristen für die Bekanntmachung einzuhalten;

e) bei Aufträgen, die aufgrund einer Rahmenvereinbarung vergeben werden sollen, sofern die in § 5 b Nr. 2 Abs. 2 genannte Bedingung erfüllt ist;

f) im Falle von Lieferaufträgen bei zusätzlichen, vom ursprünglichen Unternehmen durchzuführende Leistungen, die entweder zur teilweisen Erneuerung von gängigen Waren oder Einrichtungen oder zur Erweiterung von Lieferungen oder bestehenden Einrichtungen bestimmt sind, wenn ein Wechsel des Unternehmens dazu führen würde, dass der Auftraggeber Material unterschiedlicher technischer Merkmale kaufen müsste und dies eine technische Unvereinbarkeit oder unverhältnismäßige technische Schwierigkeiten bei Gebrauch und Wartung mit sich bringen würde;

g) bei zusätzlichen Dienstleistungen, die weder in dem der Vergabe zugrunde liegenden Entwurf noch im zuerst vergebenen Auftrag vorgesehen sind, die aber wegen eines unvorhergesehenen Ereignisses zur Ausführung dieses Auftrages erforderlich sind, sofern der Auftrag an das Unternehmen vergeben wird, das den ersten Auftrag ausführt,

- wenn sich diese zusätzlichen Dienstleistungen in technischer oder wirtschaftlicher Hinsicht nicht ohne wesentlichen Nachteil für den Auftraggeber vom Hauptauftrag trennen lassen,

- oder wenn diese zusätzlichen Dienstleistungen zwar von der Ausführung des ersten Auftrags getrennt werden können, aber für dessen weitere Ausführungsstufen unbedingt erforderlich sind;

h) wenn es sich um Waren handelt, die an Rohstoffbörsen notiert und gekauft werden;

i) bei Gelegenheitskäufen, wenn Waren aufgrund einer besonders günstigen Gelegenheit, die sich für einen sehr kurzen Zeitraum ergeben hat, zu einem Preis gekauft werden können, der erheblich unter den normalerweise marktüblichen Preisen liegt;

k) bei dem zu besonders günstigen Bedingungen erfolgenden Kauf von Waren entweder bei einem Unternehmen, das seine gewerbliche Tätigkeit endgültig einstellt, oder bei den Verwaltern im Rahmen eines Konkurses, eines Vergleichsverfahrens oder eines in den einzelstaatlichen Rechtsvorschriften vorgesehenen gleichartigen Verfahrens;

l) wenn der betreffende Dienstleistungsauftrag im Anschluss an einen durchgeführten Wettbewerb gemäß den einschlägigen Bestimmungen an den Gewinner oder einen der Gewinner vergeben werden muss. Im letzteren Fall sind alle Gewinner des Wettbewerbs zur Teilnahme an Verhandlungen einzuladen.

§ 4
Erkundung des Bewerberkreises

1. Vor einer Beschränkten Ausschreibung und vor einer Freihändigen Vergabe hat der Auftraggeber den in Betracht kommenden Bewerberkreis zu erkunden, sofern er keine ausreichende Marktübersicht hat.

2. (1) Hierzu kann er öffentlich auffordern, sich um Teilnahme zu bewerben (Teilnahmewettbewerb im Sinne von § 3 Nr. 1 Abs. 4).

   (2) Bei Auftragswerten über 5.000 EURO kann er sich ferner von der Auftragsberatungsstelle des Bundeslandes, in dem der Auftraggeber seinen Sitz hat, unter Beachtung von § 7 Nr. 1 geeignete Bewerber benennen lassen. Dabei ist der Auftragsberatungsstelle die zu vergebende Leistung hinreichend zu beschreiben. Der Auftraggeber kann der Auftragsberatungsstelle vorgeben, wie viele Unternehmen er benannt haben will; er kann ferner auf besondere Erfordernisse hinweisen, die von den Unternehmen zu erfüllen sind. Die Auftragsberatungsstelle soll in ihrer Mitteilung angeben, ob sie in der Lage ist, noch weitere Bewerber zu benennen.

   In der Regel hat der Auftraggeber die ihm benannten Unternehmen zur Angebotsabgabe aufzufordern.

3. Weitergehende Vereinbarungen, welche die Zusammenarbeit zwischen Auftraggebern, dem Bundesministerium für Wirtschaft und Technologie und den Bundesländern bei der Vergabe öffentlicher Aufträge regeln, werden davon nicht berührt.

§ 5
Vergabe nach Losen

1. Der Auftraggeber hat in jedem Falle, in dem dies nach Art und Umfang der Leistung zweckmäßig ist, diese – z. B. nach Menge, Art – in Lose zu zerlegen, damit sich auch kleine und mittlere Unternehmen um Lose bewerben können. Die einzelnen Lose müssen so bemessen sein, dass eine unwirtschaftliche Zersplitterung vermieden wird.

2. Etwaige Vorbehalte wegen der Teilung in Lose, Umfang der Lose und mögliche Vergabe der Lose an verschiedene Bieter sind bereits in der Bekanntmachung (§ 17 Nr. 1 und 2) und bei der Aufforderung zur Angebotsabgabe (§ 17 Nr. 3) zu machen.

§ 5 b
Rahmenvereinbarung

1. Eine Rahmenvereinbarung ist eine Vereinbarung mit einem oder mehreren Unternehmen, in der die Bedingungen für Einzelaufträge festgelegt werden, die im Laufe eines bestimmten Zeitraums vergeben werden sollen, insbesondere über den in Aussicht genommenen Preis und ggf. die in Aussicht genommene Menge.

2. (1) Rahmenvereinbarungen können als Auftrag im Sinne dieser Vergabebestimmungen angesehen werden und aufgrund eines Verfahrens nach § 3 b Nr. 1 abgeschlossen werden.

    (2) Ist eine Rahmenvereinbarung in einem Verfahren nach § 3 b Nr. 1 abgeschlossen worden, so kann ein Einzelauftrag aufgrund dieser Rahmenvereinbarung nach § 3 b Nr. 2 Buchstabe e) ohne vorherigen Aufruf zum Wettbewerb vergeben werden.

    (3) Ist eine Rahmenvereinbarung nicht in einem Verfahren nach § 3 b Nr. 1 abgeschlossen worden, so muss der Vergabe des Einzelauftrages ein Aufruf zum Wettbewerb vorausgehen.

3. Rahmenvereinbarungen dürfen nicht dazu missbraucht werden, den Wettbewerb zu verhindern, einzuschränken oder zu verfälschen.

§ 6
Mitwirkung von Sachverständigen

1. Hält der Auftraggeber die Mitwirkung von Sachverständigen zur Klärung rein fachlicher Fragen für zweckmäßig, so sollen die Sachverständigen in der Regel von den Berufsvertretungen vorgeschlagen werden.

2. Sachverständige sollen in geeigneten Fällen auf Antrag der Berufsvertretungen gehört werden, wenn dem Auftraggeber dadurch keine Kosten entstehen und eine unzumutbare Verzögerung der Vergabe nicht eintritt.

3. Die Sachverständigen dürfen weder unmittelbar noch mittelbar an der betreffenden Vergabe beteiligt sein und beteiligt werden. Soweit die Klärung fachlicher Fragen die Erörterung von Preisen erfordert, hat sich die Beteiligung auf die Beurteilung im Sinne von § 23 Nr. 2 zu beschränken.

§ 7
Teilnehmer am Wettbewerb

1. (1) Inländische und ausländische Bewerber sind gleich zu behandeln. Der Wettbewerb darf insbesondere nicht auf Bewerber, die in bestimmten Bezirken ansässig sind, beschränkt werden. (2) Arbeitsgemeinschaften und andere gemeinschaftliche Bewerber sind Einzelbewerbern gleichzusetzen.

2. (1) Bei Öffentlicher Ausschreibung sind die Unterlagen an alle Bewerber abzugeben, die sich gewerbsmäßig mit der Ausführung von Leistungen der ausgeschriebenen Art befassen.

(2) Bei Beschränkter Ausschreibung sollen mehrere – im allgemeinen mindestens drei – Bewerber zur Angebotsabgabe aufgefordert werden.

(3) Bei Freihändiger Vergabe sollen möglichst Angebote im Wettbewerb eingeholt werden.

(4) Bei Beschränkter Ausschreibung und Freihändiger Vergabe soll unter den Bewerbern möglichst gewechselt werden.

3. Bei Beschränkter Ausschreibung und Freihändiger Vergabe sind regelmäßig auch kleine und mittlere Unternehmen in angemessenem Umfang zur Angebotsabgabe aufzufordern.

4. Von den Bewerbern können zum Nachweis ihrer Fachkunde, Leistungsfähigkeit und Zuverlässigkeit entsprechende Angaben gefordert werden, soweit es durch den Gegenstand des Auftrags gerechtfertigt ist; dabei muss der Auftraggeber die berechtigten Interessen des Unternehmens am Schutz seiner Betriebsgeheimnisse berücksichtigen.

5. Von der Teilnahme am Wettbewerb können Bewerber ausgeschlossen werden,

   a) über deren Vermögen das Insolvenzverfahren oder ein vergleichbares gesetzliches Verfahren eröffnet oder die Eröffnung beantragt oder dieser Antrag mangels Masse abgelehnt worden ist,

   b) die sich in Liquidation befinden,

   c) die nachweislich eine schwere Verfehlung begangen haben, die ihre Zuverlässigkeit als Bewerber in Frage stellt,

   d) die ihre Verpflichtung zur Zahlung von Steuern und Abgaben sowie der Beiträge zur gesetzlichen Sozialversicherung nicht ordnungsgemäß erfüllt haben,

   e) die im Vergabeverfahren vorsätzlich unzutreffende Erklärungen in Bezug auf ihre Fachkunde, Leistungsfähigkeit und Zuverlässigkeit abgegeben haben.

6. Justizvollzugsanstalten, Einrichtungen der Jugendhilfe, Aus- und Fortbildungsstätten oder ähnliche Einrichtungen sind zum Wettbewerb mit gewerblichen Unternehmen nicht zuzulassen.

§ 7 b
Teilnehmer am Wettbewerb

1. (1) Auftraggeber, die Bewerber für die Teilnahme an einem Nichtoffenen Verfahren oder an einem Verhandlungsverfahren auswählen, richten sich dabei nach objektiven Regeln und Kriterien. Diese Regeln und Kriterien legen sie fest und stellen sie Unternehmen, die ihr Interesse bekundet haben, zur Verfügung.

(2) Kriterien im Sinne des Abs. 1 sind insbesondere Fachkunde, Leistungsfähigkeit und Zuverlässigkeit. Zu deren Nachweis können entsprechende Angaben gefordert werden, soweit es durch den Gegenstand des Auftrags gerechtfertigt ist; dabei muss der Auftraggeber die berechtigten Interessen des Unternehmens am Schutz seiner Betriebsgeheimnisse berücksichtigen.

(3) Ein Unternehmen ist von der Teilnahme an einem Vergabeverfahren wegen Unzuverlässigkeit auszuschließen, wenn der Auftraggeber Kenntnis davon hat, dass eine Person, deren Verhalten dem Unternehmen zuzurechnen ist, rechtskräftig verurteilt ist wegen:

a) § 129 des Strafgesetzbuches (Bildung krimineller Vereinigungen), § 129 a des Strafgesetzbuches (Bildung terroristischer Vereinigungen), § 129 b des Strafgesetzbuches (kriminelle und terroristische Vereinigungen im Ausland),

b) § 261 des Strafgesetzbuches (Geldwäsche, Verschleierung unrechtmäßig erlangter Vermögenswerte),

c) § 263 des Strafgesetzbuches (Betrug), soweit sich die Straftat gegen den Haushalt der Europäischen Gemeinschaften oder gegen Haushalte richtet, die von den Europäischen Gemeinschaften oder in deren Auftrag verwaltet werden,

d) § 264 des Strafgesetzbuches (Subventionsbetrug), soweit sich die Straftat gegen den Haushalt der Europäischen Gemeinschaften oder gegen Haushalte richtet, die von den Europäischen Gemeinschaften oder in deren Auftrag verwaltet werden,

e) § 334 des Strafgesetzbuches (Bestechung), auch in Verbindung mit Artikel 2 § 1 des EU-Bestechungsgesetzes, Artikel 2 § 1 des Gesetzes zur Bekämpfung internationaler Bestechung, Artikel 7 Abs. 2 Nr. 10 des Vierten Strafrechtsänderungsgesetzes und § 2 des Gesetzes über das Ruhen der Verfolgungsverjährung und die Gleichstellung der Richter und Bediensteten des Internationalen Strafgerichtshofes,

f) Artikel 2 § 2 des Gesetzes zur Bekämpfung internationaler Bestechung (Bestechung ausländischer Abgeordneter im Zusammenhang mit internationalem Geschäftsverkehr),

g) § 370 Abgabenordnung, auch in Verbindung mit § 12 des Gesetzes zur Durchführung der gemeinsamen Marktorganisationen und der Direktzahlungen (MOG), sich die Straftat gegen den Haushalt der Europäischen Gemeinschaften oder gegen Haushalte richtet, die von den Europäischen Gemeinschaften oder in deren Auftrag verwaltet werden.

Einem Verstoß gegen diese Vorschriften gleichgesetzt sind Verstöße gegen entsprechende Strafnormen anderer Staaten. Ein Verhalten einer rechtskräftig verurteilten Person ist einem Unternehmen zuzurechnen, wenn sie für dieses Unternehmen für die Führung der Geschäfte selbst verantwortlich gehandelt hat oder ein Aufsichts- oder Organisationsverschulden gemäß § 130 des Gesetzes über Ordnungswidrigkeiten (OWiG) einer Person im Hinblick auf das Verhalten einer anderen für das Unternehmen handelnden, rechtskräftig verurteilten Person vorliegt.

(4) Als Nachweis, dass die Kenntnis nach Absatz 3 unrichtig ist und die in Absatz 3 genannten Fälle nicht vorliegen, akzeptieren die Auftraggeber einen Auszug aus einem Bundeszentralregister oder eine gleichwertige Urkunde einer zuständigen Gerichts- oder Verwaltungsbehörde des Herkunftslands. Wenn eine Urkunde

oder Bescheinigung vom Herkunftsland nicht ausgestellt oder nicht vollständig alle vorgesehenen Fälle erwähnt, kann dies durch eine eidesstattliche Erklärung oder eine förmliche Erklärung vor einer zuständigen Gerichts- oder Verwaltungsbehörde, einem Notar oder einer dafür qualifizierten Berufsorganisation des Herkunftslands ersetzt werden.

(5) Von einem Ausschluss nach Absatz 3 kann nur abgesehen werden, wenn zwingende Gründe des Allgemeininteresses vorliegen und andere Unternehmen die Leistung nicht angemessen erbringen können oder wenn aufgrund besonderer Umstände des Einzelfalls der Verstoß die Zuverlässigkeit des Unternehmens nicht in Frage stellt.

(6) In finanzieller und wirtschaftlicher Hinsicht kann der Auftraggeber vom Unternehmen zum Nachweis der Leistungsfähigkeit in der Regel Folgendes verlangen:

a) Vorlage entsprechender Bankauskünfte,

b) Vorlage von Bilanzen oder Bilanzauszügen des Unternehmens,

c) Erklärung über den Gesamtumsatz des Unternehmens sowie den Umsatz bezüglich der besonderen Leistungsart, die Gegenstand der Vergabe ist, jeweils bezogen auf die letzten drei Geschäftsjahre.

Kann ein Unternehmen aus stichhaltigen Gründen die vom Auftraggeber geforderten Nachweise nicht erbringen, so können andere, vom Auftraggeber für geeignet erachtete Belege verlangt werden.

(7) In technischer Hinsicht kann der Auftraggeber vom Unternehmen je nach Art, Menge und Verwendungszweck der zu erbringenden Leistung zum Nachweis der Leistungsfähigkeit in der Regel Folgendes verlangen:

a) eine Liste der wesentlichen in den letzten drei Jahren erbrachten Leistungen mit Angabe des Rechnungswertes, der Leistungszeit sowie der öffentlichen oder privaten Auftraggeber:

- bei Leistungen an öffentliche Auftraggeber durch eine von der zuständigen Behörde ausgestellte oder beglaubigte Bescheinigung,

- bei Leistungen an private Auftraggeber durch eine von diesen ausgestellte Bescheinigung; ist eine derartige Bescheinigung nicht erhältlich, so ist eine einfache Erklärung des Unternehmens zulässig,

b) die Beschreibung der technischen Ausrüstung, der Maßnahmen des Unternehmens zur Gewährleistung der Qualität sowie die Untersuchungs- und Forschungsmöglichkeiten des Unternehmens,

c) Angaben über die technische Leitung oder die technischen Stellen, unabhängig davon, ob sie dem Unternehmen angeschlossen sind oder nicht, und zwar insbesondere über diejenigen, die mit der Qualitätskontrolle beauftragt sind,

d) bei Lieferaufträgen Muster, Beschreibungen und/oder Fotografien der zu erbringenden Leistung, deren Echtheit auf Verlangen des Auftraggebers nachgewiesen werden muss,

e) bei Lieferaufträgen Bescheinigungen der zuständigen amtlichen Qualitätskontrollinstitute oder -dienststellen, mit denen bestätigt wird, dass die durch entsprechende Bezugnahmen genau gekennzeichneten Leistungen bestimmten Spezifikationen oder Normen entsprechen,

f) sind die zu erbringenden Leistungen komplexer Art oder sollen sie ausnahmsweise einem besonderen Zweck dienen, eine Prüfung, die von dem Auftraggeber oder in dessen Namen von einer anderen damit einverstandenen Stelle durchgeführt wird; diese Prüfung betrifft die Produktionskapazitäten und erforderlichenfalls die Untersuchungs- und Forschungsmöglichkeiten des Unternehmens sowie die von diesem zur Gewährleistung der Qualität getroffenen Vorkehrungen.

2. Kriterien nach Nummer 1 können auch Ausschließungsgründe nach § 7 Nr. 5 sein.

3. Ein Kriterium kann auch die objektive Notwendigkeit sein, die Zahl der Bewerber soweit zu verringern, dass ein angemessenes Verhältnis zwischen den besonderen Merkmalen des Vergabeverfahrens und dem zur Durchführung notwendigen Aufwand sichergestellt ist. Es sind jedoch so viele Bewerber zu berücksichtigen, dass ein Wettbewerb gewährleistet ist.

4. Bietergemeinschaften sind Einzelbietern gleichzusetzen, wenn sie die Arbeiten im eigenen Betrieb oder in den Betrieben der Mitglieder ausführen. Von solchen Gemeinschaften kann nicht verlangt werden, dass sie zwecks Einreichung eines Angebots oder für das Verhandlungsverfahren eine bestimmte Rechtsform annehmen; von der den Zuschlag erhaltenden Gemeinschaft kann dies jedoch verlangt werden, sofern es für die ordnungsgemäße Durchführung des Auftrags notwendig ist.

5. Ein Unternehmen kann sich, auch als Mitglied einer Bietergemeinschaft, zum Nachweis der Leistungsfähigkeit und Fachkunde der Fähigkeiten anderer Unternehmen bedienen, ungeachtet des rechtlichen Charakters der zwischen ihm und diesen Unternehmen bestehenden Verbindungen. Er muss in diesem Fall dem Auftraggeber nachweisen, dass ihm die erforderlichen Mittel bei der Erfüllung des Auftrags zur Verfügung stehen, indem er beispielsweise eine entsprechende Verpflichtungserklärung dieser Unternehmen vorlegt.

6. (1) Auftraggeber können ein System zur Prüfung von Unternehmen (Präqualifikationsverfahren) einrichten und anwenden. Sie sorgen dann dafür, dass sich Unternehmen jederzeit einer Prüfung unterziehen können.

(2) Das System kann mehrere Qualifikationsstufen umfassen. Es wird auf der Grundlage der vom Auftraggeber aufgestellten objektiven Regeln und Kriterien gehandhabt. Der Auftraggeber kann dabei auf geeignete europäische Normen über die Qualifizierung von Unternehmen Bezug nehmen. Diese Kriterien und Regeln können erforderlichenfalls auf den neuesten Stand gebracht werden.

(3) Auf Verlangen werden diese Qualifizierungsregeln und -kriterien sowie deren Fortschreibung Unternehmen, die ihr Interesse bekundet haben, übermittelt. Bezieht sich der Auftraggeber auf das Qualifizierungssystem einer anderen Einrichtung, so teilt er deren Namen mit.

7. In ihrer Entscheidung über die Qualifikation sowie bei der Überarbeitung der Prüfungskriterien und -regeln dürfen die Auftraggeber nicht
   - bestimmten Unternehmen administrative, technische oder finanzielle Verpflichtungen auferlegen, die sie anderen Unternehmen nicht auferlegt hätten,
   - Prüfungen und Nachweise verlangen, die sich mit bereits vorliegenden objektiven Nachweisen überschneiden.

8. Die Auftraggeber unterrichten die Antragsteller innerhalb von 6 Monaten über die Entscheidung zu deren Qualifikation. Kann diese Entscheidung nicht innerhalb von vier Monaten nach Eingang des Prüfungsantrags getroffen werden, hat der Auftraggeber dem Antragsteller spätestens zwei Monate nach Eingang des Antrags die Gründe für eine längere Bearbeitungszeit mitzuteilen und anzugeben, wann über die Annahme oder die Ablehnung seines Antrags entschieden wird.

9. Negative Entscheidungen über die Qualifikation werden den Antragstellern unverzüglich, spätestens jedoch innerhalb von 15 Tagen nach der Entscheidung unter Angabe der Gründe mitgeteilt. Die Gründe müssen sich auf die in Nummer 6 erwähnten Prüfungskriterien beziehen.

10. Die als qualifiziert anerkannten Unternehmen sind in ein Verzeichnis aufzunehmen. Dabei ist eine Untergliederung nach Produktgruppen und Leistungsarten möglich.

11. Die Auftraggeber können einem Unternehmen die Qualifikation nur aus Gründen aberkennen, die auf den in Nummer 6 erwähnten Kriterien beruhen. Die beabsichtigte Aberkennung muss dem betroffenen Unternehmen mindestens 15 Tage vor dem für die Aberkennung vorgesehenen Termin in Textform unter Angabe der Gründe mitgeteilt werden.

12. (1) Das Prüfsystem ist nach dem im Anhang VII der Verordnung (EG) Nr. 1564/2005[31] enthaltenen Muster im Amtsblatt der Europäischen Gemeinschaften[32] bekanntzumachen. (2) Wenn das System mehr als drei Jahre gilt, ist die Bekanntmachung jährlich zu veröffentlichen. Bei kürzerer Dauer genügt eine Bekanntmachung zu Beginn des Verfahrens.

13. (1) Verlangt der Auftraggeber zum Nachweis dafür, dass die Unternehmen bestimmte Qualitätssicherungsnormen erfüllt, die Vorlage von Bescheinigungen von unabhängigen Stellen, so nehmen diese auf Qualitätssicherungsverfahren Be-

---

[31] ABl. EU Nr. L 257 S. 1
[32] Amt für amtliche Veröffentlichungen der Europäischen Gemeinschaften, 2, rue Mercier, L-2985 Luxemburg, Telefon: 00 35 2-29 29-1, Telefax: 00 35 2-292 942 570, http://ted.eur-op.eu.int, E-Mail: mp-ojs@opoce.cec.eu.int

zug, die den einschlägigen europäischen Normen genügen und von entsprechenden Stellen gemäß den europäischen Zertifizierungsnormen zertifiziert sind.

(2) Gleichwertige Bescheinigungen von Stellen aus anderen EG-Mitgliedstaaten sind anzuerkennen. Die Auftraggeber erkennen auch andere gleichwertige Nachweise für Qualitätssicherungsmaßnahmen an.

(3) Verlangen bei der Vergabe von Dienstleistungsaufträgen die Auftraggeber als Nachweis der technischen Leistungsfähigkeit, dass die Unternehmen bestimmte Normen für das Umweltmanagement erfüllen, die Vorlage von Bescheinigungen unabhängiger Stellen, so nehmen sie auf das Gemeinschaftssystem für das Umweltmanagement und die Umweltbetriebsprüfung (EMAS) oder auf Normen für das Umweltmanagement Bezug, die auf den einschlägigen europäischen oder internationalen Normen beruhen und von entsprechenden Stellen zertifiziert sind, die dem europäischen Gemeinschaftsrecht oder europäischen oder internationalen Zertifizierungsnormen entsprechen. Gleichwertige Bescheinigungen von Stellen in anderen Mitgliedstaaten sind anzuerkennen. Die Auftraggeber erkennen auch andere Nachweise für gleichwertige Umweltmanagementmaßnahmen an, die von den Unternehmen vorgelegt werden.

§ 8
Leistungsbeschreibung

1. (1) Die Leistung ist eindeutig und so erschöpfend zu beschreiben, dass alle Bewerber die Beschreibung im gleichen Sinne verstehen müssen und die Angebote miteinander verglichen werden können.

   (2) Um eine einwandfreie Preisermittlung zu ermöglichen, sind alle sie beeinflussenden Umstände festzustellen und in den Verdingungsunterlagen anzugeben.

   (3) Dem Auftragnehmer soll kein ungewöhnliches Wagnis aufgebürdet werden für Umstände und Ereignisse, auf die er keinen Einfluss hat und deren Einwirkung auf die Preise und Fristen er nicht im Voraus schätzen kann.

2. (1) Soweit die Leistung oder Teile derselben durch verkehrsübliche Bezeichnungen nach Art, Beschaffenheit und Umgang nicht hinreichend beschreibbar sind, können sie

   a) sowohl durch eine Darstellung ihres Zweckes, ihrer Funktion sowie der an sie gestellten sonstigen Anforderungen

   b) als auch in ihren wesentlichen Merkmalen und konstruktiven Einzelheiten

   gegebenenfalls durch Verbindung der Beschreibungsarten, beschrieben werden.

   (2) Erforderlichenfalls ist die Leistung auch zeichnerisch oder durch Probestücke darzustellen oder anders zu erklären, z. B. durch Hinweise auf ähnliche Leistungen.

3. (1) An die Beschaffenheit der Leistung sind ungewöhnliche Anforderungen nur soweit zu stellen, wie es unbedingt notwendig ist.

(2) Bei der Beschreibung der Leistung sind die verkehrsüblichen Bezeichnungen anzuwenden; auf einschlägige Normen kann Bezug genommen werden.

(3) Bestimmte Erzeugnisse oder Verfahren sowie bestimmte Ursprungsorte und Bezugsquellen dürfen nur dann ausdrücklich vorgeschrieben werden, wenn dies durch die Art der zu vergebenden Leistung gerechtfertigt ist.

(4) Die Beschreibung technischer Merkmale darf nicht die Wirkung haben, dass bestimmte Unternehmen oder Erzeugnisse bevorzugt oder ausgeschlossen werden, es sei denn, dass eine solche Beschreibung durch die zu vergebende Leistung gerechtfertigt ist.

(5) Bezeichnungen für bestimmte Erzeugnisse oder Verfahren (z. B. Markennamen) dürfen ausnahmsweise, jedoch nur mit dem Zusatz »oder gleichwertiger Art«, verwendet werden, wenn eine Beschreibung durch hinreichend genaue, allgemeinverständliche Bezeichnungen nicht möglich ist.

4. Wenn für die Beurteilung der Güte von Stoffen, Teilen oder Erzeugnissen die Herkunft oder die Angabe des Herstellers unentbehrlich ist, sind die entsprechenden Angaben von den Bewerbern zu fordern, soweit nötig auch Proben und Muster. Die Angaben sind vertraulich zu behandeln.

§ 8 b
Technische Anforderungen

1. Die technischen Anforderungen sind zu formulieren:

   1. entweder unter Bezugnahme auf die im Anhang TS definierten technischen Spezifikationen in der Rangfolge:

      a) in nationale Normen, mit denen europäische Normen umgesetzt werden,

      b) europäische technische Zulassungen,

      c) gemeinsame technische Spezifikationen,

      d) internationale Normen und andere technische Bezugssysteme, die von den europäischen Normungsgremien erarbeitet wurden oder,

      e) falls solche Normen und Spezifikationen fehlen, nationale Normen, nationale technische Zulassungen oder nationale technische Spezifikationen für die Planung, Berechnung und Ausführung von Bauwerken und den Einsatz von Produkten.

      Jede Bezugnahme ist mit dem Zusatz »oder gleichwertig« zu versehen.

   2. oder in Form von Leistungs- oder Funktionsanforderungen, die so genau zu fassen sind, dass sie den Unternehmen ein klares Bild vom Auftragsgegenstand vermitteln und dem Auftraggeber die Erteilung des Zuschlags ermöglichen;

   3. oder als Kombination von Ziffer 1 und 2, d. h.

      a) in Form von Leistungsanforderungen unter Bezugnahme auf die Spezifikationen gemäß Ziffer 1 als Mittel zur Vermutung der Konformität mit diesen Leistungs- und Funktionsanforderungen;

b) oder mit Bezugnahme auf die Spezifikationen gemäß Ziffer 1 hinsichtlich bestimmter Merkmale und mit Bezugnahme auf die Leistungs- und Funktionsanforderungen gemäß Ziffer 2 hinsichtlich anderer Merkmale.

2. (1) Verweist der Auftraggeber in der Leistungs- oder Aufgabenbeschreibung auf die in Nummer 1 Ziffer 1 Buchstabe a genannten technischen Anforderungen, so darf er ein Angebot nicht mit der Begründung ablehnen, die angebotenen Waren und Dienstleistungen entsprächen nicht den Spezifikationen, sofern das Unternehmen in seinem Angebot dem Auftraggeber mit geeigneten Mitteln nachweist, dass die von ihm vorgeschlagenen Lösungen den Anforderungen der technischen Spezifikation, auf die Bezug genommen wurde, entsprechen. Als geeignete Mittel gelten insbesondere eine technische Beschreibung des Herstellers oder ein Prüfbericht einer anerkannten Stelle.

(2) Legt der Auftraggeber die technischen Anforderungen in Form von Leistungs- oder Funktionsanforderungen fest, so darf er ein Angebot, das einer nationalen Norm, mit der eine europäische Norm umgesetzt wird, oder einer europäischen technischen Zulassung, einer gemeinsamen technischen Spezifikation, einer internationalen Norm oder einem technischen Bezugssystem, das von den europäischen Normungsgremien erarbeitet wurde, entspricht, nicht zurückweisen, wenn diese Spezifikationen die von ihnen geforderten Leistungs- oder Funktionsanforderungen betreffen. Das Unternehmen muss in seinem Angebot mit geeigneten Mitteln nachweisen, dass die der Norm entsprechende jeweilige Ware oder Dienstleistung den Leistungs- oder Funktionsanforderungen des Auftraggebers entspricht. Als geeignete Mittel gelten eine technische Beschreibung des Herstellers oder ein Prüfbericht einer anerkannten Stelle.

3. Schreibt der Auftraggeber Umwelteigenschaften in Form von Leistungs- oder Funktionsanforderungen vor, so können sie die Spezifikationen verwenden, die in europäischen, multinationalen oder anderen Umweltzeichen definiert sind, wenn

a) sie sich zur Definition der Merkmale der Waren oder Dienstleistungen eignen, die Gegenstand des Auftrags sind,

b) die Anforderungen des Umweltzeichens auf der Grundlage von wissenschaftlich abgesicherten Informationen ausgearbeitet werden,

c) die Umweltzeichen im Rahmen eines Verfahrens erlassen werden, an dem interessierte Kreise wie staatliche Stellen, Verbraucher, Hersteller, Händler und Umweltorganisationen teilnehmen können und

d) das Umweltzeichen für alle Betroffenen zugänglich und verfügbar ist.

Der Auftraggeber kann in den Vergabeunterlagen angeben, dass bei Waren oder Dienstleistungen, die mit einem Umweltzeichen ausgestattet sind, vermutet wird, dass sie den in der Leistungs- oder Aufgabenbeschreibung festgelegten technischen

Anforderungen genügen. Der Auftraggeber muss jedes andere geeignete Beweismittel, wie technische Unterlagen des Herstellers oder Prüfberichte anerkannter Stellen, akzeptieren.

4. Anerkannte Stellen sind die Prüf- und Eichlaboratorien im Sinne des Eichgesetzes sowie die Inspektions- und Zertifizierungsstellen, die mit den anwendbaren europäischen Normen übereinstimmen. Die Auftraggeber erkennen Bescheinigungen von in anderen Mitgliedstaaten ansässigen anerkannten Stellen an.

5. Soweit es nicht durch den Auftragsgegenstand gerechtfertigt ist, darf in den technischen Spezifikationen nicht auf eine bestimmte Produktion oder Herkunft oder ein besonderes Verfahren oder auf Marken, Patente, Typen, einen bestimmten Ursprung oder eine bestimmte Produktion verweisen, wenn dadurch bestimmte Unternehmen oder bestimmte Produkte begünstigt oder ausgeschlossen werden. Solche Verweise sind jedoch ausnahmsweise zulässig, wenn der Auftragsgegenstand nicht hinreichend genau und allgemein verständlich beschrieben werden kann; solche Verweise sind mit dem Zusatz »oder gleichwertig« zu versehen.

§ 9
Vergabeunterlagen, Vertragsbedingungen

1. Die Vergabeunterlagen bestehen aus dem Anschreiben (Aufforderung zur Angebotsabgabe) und den Verdingungsunterlagen.

2. In den Verdingungsunterlagen ist vorzuschreiben, dass die Allgemeinen Vertragsbedingungen für die Ausführung von Leistungen (VOL/B) Bestandteil des Vertrages werden. Das gilt auch für etwaige Zusätzliche, Ergänzende sowie Besondere Vertragsbedingungen und, soweit erforderlich, für etwaige Technische Vertragsbedingungen.

3. (1) Die Allgemeinen Vertragsbedingungen bleiben grundsätzlich unverändert. Sie können von Auftraggebern, die ständig Leistungen vergeben, für die bei ihnen allgemein gegebenen Verhältnisse durch Zusätzliche Vertragsbedingungen ergänzt werden. Diese dürfen den Allgemeinen Vertragsbedingungen nicht widersprechen.

(2) Für die Erfordernisse einer Gruppe gleich gelagerter Einzelfälle können die Allgemeinen Vertragsbedingungen und etwaige Zusätzliche Vertragsbedingungen durch Ergänzende Vertragsbedingungen ergänzt werden. Die Erfordernisse des Einzelfalles sind durch Besondere Vertragsbedingungen zu berücksichtigen. In den Ergänzenden und Besonderen Vertragsbedingungen sollen sich Abweichungen von den Allgemeinen Vertragsbedingungen auf die Fälle beschränken, für die in den Allgemeinen Vertragsbedingungen besondere Vereinbarungen ausdrücklich vorgesehen sind; sie sollen nicht weiter gehen, als es die Eigenart der Leistung und ihre Ausführung erfordern.

4. In den Zusätzlichen, Ergänzenden und Besonderen Vertragsbedingungen sollen, soweit erforderlich, insbesondere folgende Punkte geregelt werden:

a) Unterlagen (VOL/A § 22 Nr. 6 Abs. 3, VOL/B § 3, § 4 Nr. 2),

b) Umfang der Leistungen, u. U. Hundertsatz der Mehr- oder Minderleistung (VOL/B §§ 1 und 2),

c) Benutzung von Lager- und Arbeitsplätzen, Zufahrtswegen, Anschlussgleisen, Wasser- und Energieanschlüssen,

d) Weitervergabe an Unterauftragnehmer (VOL/B § 4 Nr. 4),

e) Ausführungsfristen (VOL/A § 11, VOL/B § 5 Nr. 2),

f) Anlieferungs- oder Annahmestelle, falls notwendig auch Ort, Gebäude, Raum,

g) Kosten der Versendung zur Anlieferungs- oder Annahmestelle,

h) Art der Verpackung, Rückgabe der Packstoffe,

i) Übergang der Gefahr (VOL/B § 13 Nr. 1),

k) Haftung (VOL/B §§ 7 bis 10, 13 und 14),

l) Gefahrtragung bei höherer Gewalt (VOL/B § 5 Nr. 2),

m) Vertragsstrafen (VOL/A § 12, VOL/B § 11),

n) Prüfung der Beschaffenheit der Leistungen – Güteprüfung – (VOL/A § 8 Nr. 4, VOL/B § 12),

o) Abnahme (VOL/B § 13, Nr. 2),

p) Abrechnung (VOL/B §§ 15, 16 Nr. 2 und 3),

q) Leistungen nach Stundenverrechnungssätzen (VOL/B § 16),

r) Zahlung (VOL/B § 17),

s) Sicherheitsleistung (VOL/A § 14, VOL/B § 18),

t) Gerichtsstand (VOL/B § 19 Nr. 2),

u) Änderung der Vertragspreise (VOL/A § 15),

v) Besondere Vereinbarungen über die Mängelansprüche.

5. Sollen Streitigkeiten aus dem Vertrag unter Ausschluss des ordentlichen Rechtsweges im schiedsrichterlichen Verfahren ausgetragen werden, so ist es in besonderer, nur das Schiedsverfahren betreffender Urkunde zu vereinbaren, soweit nicht § 1031 Abs. 2 der Zivilprozessordnung auch eine andere Form der Vereinbarung zulässt.

§ 9 b
Vergabeunterlagen

1. Bei Aufträgen im Sinne von § 1 b muss das Anschreiben außer den Angaben nach § 17 Nr. 3 Abs. 2 Folgendes enthalten:

    a) Anschrift der Stelle, bei der zusätzliche Unterlagen angefordert werden können,

    b) Tag, bis zu dem zusätzliche Unterlagen angefordert werden können,

c) gegebenenfalls Betrag und Zahlungsbedingungen für zusätzliche Unterlagen,

d) Angabe, dass die Angebote in deutscher Sprache abzufassen sind,

e) Hinweis auf die Veröffentlichung der Bekanntmachung,

f) sofern nicht in der Bekanntmachung angegeben (§ 17 b Nr. 1), die maßgebenden Wertungskriterien im Sinne von § 25 b Nr. 1 Abs. 1 wie etwa Lieferzeit, Ausführungsdauer, Betriebskosten, Rentabilität, Qualität, Ästhetik und Zweckmäßigkeit, Umwelteigenschaften, technischer Wert, Kundendienst und technische Hilfe, Verpflichtungen hinsichtlich der Ersatzteile, Versorgungssicherheit, Preis; dabei ist die Gewichtung der Kriterien anzugeben oder soweit nach § 25 b Nr. 1 Abs. 1 zulässig, die absteigende Reihenfolge ihrer Bedeutung.

2. Wenn der Auftraggeber Nebenangebote nicht oder nur in Verbindung mit einem Hauptangebot zulassen will, so ist dies anzugeben. Lässt der Auftraggeber Nebenangebote zu, sind auch die Mindestanforderungen anzugeben, die Nebenangebote erfüllen müssen und auf welche Weise sie einzureichen sind.

3. Der Auftraggeber kann die Bieter auffordern, in ihrem Angebot die Leistungen anzugeben, die sie an Nachunternehmer zu vergeben beabsichtigen.

§ 10
Unteraufträge

1. In den Verdingungsunterlagen ist festzulegen, dass der Auftragnehmer

a) bei der Übertragung von Teilen der Leistung (Unterauftrag) nach wettbewerblichen Gesichtspunkten verfährt,

b) dem Unterauftragnehmer auf Verlangen den Auftraggeber benennt,

c) dem Unterauftragnehmer insgesamt keine ungünstigeren Bedingungen – insbesondere hinsichtlich der Zahlungsweise und Sicherheitsleistungen – stellt, als zwischen ihm und dem Auftraggeber vereinbart sind.

2. (1) In den Verdingungsunterlagen ist festzulegen, dass der Auftragnehmer bei der Einholung von Angeboten für Unteraufträge regelmäßig kleine und mittlere Unternehmen angemessen beteiligt.

(2) Bei Großaufträgen ist in den Verdingungsunterlagen weiter festzulegen, dass sich der Auftragnehmer bemüht, Unteraufträge an kleine und mittlere Unternehmen in dem Umfang zu erteilen, wie er es mit der vertragsgemäßen Ausführung der Leistung vereinbaren kann.

§ 11
Ausführungsfristen

1. Die Ausführungsfristen sind ausreichend zu bemessen. Außergewöhnlich kurze Fristen sind nur bei besonderer Dringlichkeit vorzusehen.

2. Wenn es ein erhebliches Interesse des Auftraggebers erfordert, sind Einzelfristen für in sich abgeschlossene Teile der Leistung zu bestimmen.

3. Ist für die Einhaltung von Ausführungsfristen die Übergabe von Zeichnungen oder anderen Unterlagen wichtig, so soll hierfür ebenfalls eine Frist festgelegt werden.

§ 12
Vertragsstrafen

Vertragsstrafen sollen nur für die Überschreitung von Ausführungsfristen ausbedungen werden und auch nur dann, wenn die Überschreitung erhebliche Nachteile verursachen kann. Die Strafe ist in angemessenen Grenzen zu halten.

§ 13
Verjährung der Mängelansprüche

1. Für die Verjährung der Mängelansprüche sollen die gesetzlichen Fristen ausbedungen werden.
2. Andere Regelungen für die Verjährung sollen vorgesehen werden, wenn dies wegen der Eigenart der Leistung erforderlich ist. In solchen Fällen sind alle Umstände gegeneinander abzuwägen; hierbei können die in dem Wirtschaftszweig üblichen Regelungen in Betracht gezogen werden.

§ 14
Sicherheitsleistungen

1. Sicherheitsleistungen sind nur zu fordern, wenn sie ausnahmsweise für die sach- und fristgemäße Durchführung der verlangten Leistung notwendig erscheinen.
2. Die Sicherheit soll nicht höher bemessen und ihre Rückgabe nicht für einen späteren Zeitpunkt vorgesehen werden, als nötig ist, um den Auftraggeber vor Schaden zu bewahren. Sie soll 5 vom Hundert der Auftragssumme nicht überschreiten.
3. Soweit nach diesen Grundsätzen eine teilweise Rückgabe von Sicherheiten möglich ist, hat dies unverzüglich zu geschehen.

§ 15
Preise

1. (1) Leistungen sollen zu festen Preisen vergeben werden.

   (2) Bei der Vergabe sind die Vorschriften über die Preise bei öffentlichen Aufträgen zu beachten.[33]
2. Sind bei längerfristigen Verträgen wesentliche Änderungen der Preisermittlungsgrundlagen zu erwarten, deren Eintritt oder Ausmaß ungewiss ist, so kann eine angemessene Änderung der Vergütung in den Verdingungsunterlagen vorgesehen werden[34]. Die Einzelheiten der Preisänderungen sind festzulegen.

---

[33] Verordnung PR Nr. 30/53 über die Preise bei öffentlichen Aufträgen vom 21. November 1953 (BAnz. Nr. 244 vom 18. Dezember 1953), zuletzt geändert durch Verordnung PR Nr. 1/86 vom 15. April 1986 (BGBl. I S. 435 und BAnz. S. 5046) und Verordnung PR Nr. 1/89 vom 13. Juni 1989 (BGBl. I S. 1094 und BAnz. S. 3042)

[34] Grundsätze zur Anwendung von Preisvorbehalten bei öffentlichen Aufträgen: Gemeinsames Ministerialblatt, herausgegeben vom Bundesminister des Innern, 1972 Nr. 22 Seite 384 f.; 1974 Nr. 5 Seite 75

§ 16
Grundsätze der Ausschreibung und der Informationsübermittlung

1. Der Auftraggeber soll erst dann ausschreiben, wenn alle Verdingungsunterlagen fertig gestellt sind und die Leistung aus der Sicht des Auftraggebers innerhalb der angegebenen Frist ausgeführt werden kann.

2. Ausschreibungen für vergabefremde Zwecke (z. B. Ertragsberechnungen, Vergleichsanschläge, Markterkundung) sind unzulässig.

3. Nummer 1 und 2 gelten für die Freihändige Vergabe entsprechend.

4. Die Auftraggeber geben in der Bekanntmachung oder den Vergabeunterlagen an, ob Informationen per Post, Telefax, direkt oder elektronisch oder durch eine Kombination dieser Kommunikationsmittel übermittelt werden.

5. Das für die elektronische Übermittlung gewählte Netz muss allgemein verfügbar sein und darf den Zugang der Bewerber und Bieter zu den Vergabeverfahren nicht beschränken. Die dafür zu verwendenden Programme und ihre technischen Merkmale müssen

    – nicht diskriminierend,

    – allgemein zugänglich und

    – kompatibel mit allgemein verbreiteten Erzeugnissen der Informations- und Kommunikationstechnologie

    sein.

6. Die Auftraggeber haben dafür Sorge zu tragen, dass den interessierten Unternehmen die Informationen über die Spezifikationen der Geräte, die für die elektronische Übermittlung der Anträge auf Teilnahme und der Angebote erforderlich sind, einschließlich Verschlüsselung zugänglich sind. Außerdem muss gewährleistet sein, dass die in Anhang II genannten Anforderungen erfüllt sind.

§ 16 b
Anforderungen an Teilnahmeanträge

1. Die Auftraggeber haben die Integrität der Daten und die Vertraulichkeit der übermittelten Teilnahmeanträge auf geeignete Weise zu gewährleisten. Per Post oder direkt übermittelte Teilnahmeanträge sind in einem verschlossenen Umschlag einzureichen, als solche zu kennzeichnen und bis zum Ablauf der für ihre Einreichung vorgesehenen Frist unter Verschluss zu halten. Bei elektronisch übermittelten Teilnahmeanträgen ist dies durch entsprechende organisatorische und technische Lösungen nach den Anforderungen des Auftraggebers und durch Verschlüsselung sicherzustellen. Die Verschlüsselung muss bis zum Ablauf der für ihre Einreichung vorgesehenen Frist aufrechterhalten bleiben.

2. Teilnahmeanträge können auch per Telefax oder telefonisch gestellt werden. Werden Anträge auf Teilnahme telefonisch oder per Telefax gestellt, sind diese vom Be-

werber bis zum Ablauf der Frist für die Abgabe der Teilnahmeanträge durch Übermittlung per Post, direkt oder elektronisch zu bestätigen.

§ 17
Bekanntmachung, Aufforderung zur Angebotsabgabe

1. (1) Öffentliche Ausschreibungen sind durch Tageszeitungen, amtliche Veröffentlichungsblätter, Fachzeitschriften oder Internetportale bekannt zu machen.

   (2) Diese Bekanntmachung soll mindestens folgende Angaben enthalten:

   a) Bezeichnung (Anschrift) der zur Angebotsabgabe auffordernden Stelle, der den Zuschlag erteilenden Stelle sowie der Stelle, bei der die Angebote einzureichen sind,

   b) Art der Vergabe (§ 3),

   c) Art und Umfang der Leistung sowie den Ort der Leistung (z. B. Empfangs- oder Montagestelle),

   d) etwaige Vorbehalte wegen der Teilung in Lose, Umfang der Lose und mögliche Vergabe der Lose an verschiedene Bieter,

   e) etwaige Bestimmungen über die Ausführungsfrist,

   f) Bezeichnung (Anschrift) der Stelle, die die Verdingungsunterlagen und das Anschreiben (Nummer 3) abgibt, sowie des Tages, bis zu dem sie bei ihr spätestens angefordert werden können,

   g) Bezeichnung (Anschrift) der Stelle, bei der die Verdingungsunterlagen und das Anschreiben eingesehen werden können,

   h) die Höhe etwaiger Vervielfältigungskosten und die Zahlungsweise (§ 20),

   i) Ablauf der Angebotsfrist (§ 18),

   k) die Höhe etwa geforderter Sicherheitsleistungen (§ 14),

   l) die wesentlichen Zahlungsbedingungen oder Angabe der Unterlagen, in denen sie enthalten sind,

   m) die mit dem Angebot vorzulegenden Unterlagen (§ 7 Nr. 4), die ggf. vom Auftraggeber für die Beurteilung der Eignung des Bewerbers (§ 2) verlangt werden,

   n) Zuschlags- und Bindefrist (§ 19),

   o) den besonderen Hinweis, dass der Bewerber mit der Abgabe seines Angebots auch den Bestimmungen über nicht berücksichtigte Angebote (§ 27) unterliegt.

2. (1) Bei Beschränkter Ausschreibung und Freihändiger Vergabe mit Öffentlichem Teilnahmewettbewerb sind die Unternehmen durch Bekanntmachung in Tageszeitungen, amtlichen Veröffentlichungsblättern, Fachzeitschriften oder Internetportalen aufzufordern, sich um Teilnahme zu bewerben.

   (2) Diese Bekanntmachung soll mindestens folgende Angaben enthalten:

a) Bezeichnung (Anschrift) der zur Angebotsabgabe auffordernden Stelle und der den Zuschlag erteilenden Stelle,

b) Art der Vergabe (§ 3),

c) Art und Umfang der Leistung sowie den Ort der Leistung (z. B. Empfangs- oder Montagestelle),

d) etwaige Vorbehalte wegen der Teilung in Lose, Umfang der Lose und mögliche Vergabe der Lose an verschiedene Bieter,

e) etwaige Bestimmungen über die Ausführungsfrist,

f) Tag, bis zu dem der Teilnahmeantrag bei der unter Buchstabe g) näher bezeichneten Stelle eingegangen sein muss,

g) Bezeichnung (Anschrift) der Stelle, bei der der Teilnahmeantrag zu stellen ist,

h) Tag, an dem die Aufforderung zur Angebotsabgabe spätestens abgesandt wird,

i) die mit dem Teilnahmeantrag vorzulegenden Unterlagen (§ 7 Nr. 4), die ggf. vom Auftraggeber für die Beurteilung der Eignung des Bewerbers (§ 2) verlangt werden,

k) den besonderen Hinweis, dass der Bewerber mit der Abgabe seines Angebots auch den Bestimmungen über nicht berücksichtigte Angebote (§ 27) unterliegt.

3. (1) Bei Öffentlicher und Beschränkter Ausschreibung sind die Verdingungsunterlagen den Bewerbern mit einem Anschreiben (Aufforderung zur Angebotsabgabe) zu übergeben, das alle Angaben enthält, die außer den Verdingungsunterlagen für den Entschluss zur Abgabe eines Angebots notwendig sind. Dies gilt auch für Beschränkte Ausschreibungen nach Öffentlichem Teilnahmewettbewerb.

(2) Das Anschreiben soll insbesondere folgende Angaben enthalten:

a) Bezeichnung (Anschrift) der zur Angebotsabgabe auffordernden Stelle und der den Zuschlag erteilenden Stelle,

b) Art der Vergabe (§ 3),

c) Art und Umfang der Leistung sowie den Ort der Leistung (z. B. Empfangs- oder Montagestelle),

d) etwaige Vorbehalte wegen der Teilung in Lose, Umfang der Lose und mögliche Vergabe der Lose an verschiedene Bieter,

e) etwaige Bestimmungen über die Ausführungsfrist,

f) Bezeichnung (Anschrift) der Stelle, bei der die Verdingungsunterlagen eingesehen werden können, die nicht abgegeben werden,

g) genaue Aufschrift und Form der Angebote (§ 18 Nr. 2),

h) ob und unter welchen Bedingungen die Entschädigung für die Verdingungsunterlagen erstattet wird (§ 20),

i) Ablauf der Angebotsfrist (§ 18),

k) Sprache, in der die Angebote abgefasst sein müssen,

l) die mit dem Angebot vorzulegenden Unterlagen (§ 7 Nr. 4), die ggf. vom Auftraggeber für die Beurteilung der Eignung des Bieters (§ 2) verlangt werden,

m) die Höhe etwa geforderter Sicherheitsleistungen (§ 14),

n) sonstige Erfordernisse, die die Bewerber bei der Bearbeitung ihrer Angebote beachten müssen (§ 18 Nr. 3, § 9 Nr. 1, § 21),

o) Zuschlags- und Bindefrist (§ 19),

p) Nebenangebote (Absatz 5),

q) den besonderen Hinweis, dass der Bewerber mit der Abgabe seines Angebots auch den Bestimmungen über nicht berücksichtigte Angebote (§ 27) unterliegt.

(3) Bei Freihändiger Vergabe sind Absatz 1 und 2 – soweit zweckmäßig – anzuwenden. Dies gilt auch für Freihändige Vergabe nach Öffentlichem Teilnahmewettbewerb.

(4) Auftraggeber, die ständig Leistungen vergeben, sollen die Erfordernisse, die die Bewerber bei der Bearbeitung ihrer Angebote beachten müssen, in Bewerbungsbedingungen zusammenfassen und dem Anschreiben beifügen (§§ 18, 19, 21).

(5) Wenn der Auftraggeber Nebenangebote wünscht, ausdrücklich zulassen oder ausschließen will, so ist dies anzugeben; ebenso ist anzugeben, wenn Nebenangebote ohne gleichzeitige Abgabe eines Hauptangebotes ausnahmsweise ausgeschlossen werden. Soweit der Bieter eine Leistung anbietet, die in den Verdingungsunterlagen nicht vorgesehen ist, sind von ihm im Angebot entsprechende Angaben über Ausführung und Beschaffenheit dieser Leistung zu verlangen.

(6) Die Aufforderung zur Angebotsabgabe ist bei Beschränkter Ausschreibung sowie bei Freihändiger Vergabe nach Öffentlichem Teilnahmewettbewerb an alle ausgewählten Bewerber am gleichen Tag abzusenden.

4. Jeder Bewerber soll die Leistungsbeschreibung sowie die anderen Teile der Verdingungsunterlagen, die mit dem Angebot dem Auftraggeber einzureichen sind, doppelt und alle anderen für seine Preisermittlung wesentlichen Unterlagen einfach erhalten. Wenn von den Unterlagen (z. B. Muster, Proben) – außer der Leistungsbeschreibung – keine Vervielfältigungen abgegeben werden können, sind sie in ausreichender Weise zur Einsicht auszulegen.

5. Die Namen der Bewerber, die Teilnahmeanträge gestellt haben, die Verdingungsunterlagen erhalten oder eingesehen haben, sind vertraulich zu behandeln.

6. (1) Erbitten Bewerber zusätzliche sachdienliche Auskünfte über die Verdingungsunterlagen und das Anschreiben, so sind die Auskünfte unverzüglich zu erteilen.

(2) Werden einem Bewerber wichtige Aufklärungen über die geforderte Leistung oder die Grundlagen seiner Preisermittlung gegeben, so sind sie auch den anderen Bewerbern gleichzeitig mitzuteilen.

§ 17 b
Bekanntmachung, Aufruf zum Wettbewerb, Beschafferprofil

1. (1) Die Auftraggeber veröffentlichen mindestens einmal jährlich in regelmäßigen unverbindlichen Bekanntmachungen über die für die nächsten zwölf Monate beabsichtigten Aufträge, deren nach der Vergabeverordnung geschätzter Wert jeweils mindestens 750.000 EURO beträgt. Die Lieferaufträge sind nach Warenbereichen unter Bezugnahme auf die Positionen der Verordnung über das gemeinsame Vokabular für öffentliche Aufträge – CPV (Verordnung (EG) Nr. 2195/2002[35] in der Fassung der Verordnung (EG) Nr. 2151/2003[36]) aufzuschlüsseln, die Dienstleistungsaufträge nach den im Anhang I A genannten Kategorien. Die Bekanntmachung ist nur dann zwingend vorgeschrieben, sofern der Auftraggeber die Frist für den Eingang der Angebote gemäß § 18 b Nr. 1 Abs. 2 Buchstabe b) verkürzen will.

   (2) Die Bekanntmachungen sind nach dem im Anhang V der Verordnung (EG) Nr. 1564/2005 enthaltenen Muster zu erstellen und dem Amt für amtliche Veröffentlichungen der Europäischen Gemeinschaften zu übermitteln.

   (3) Veröffentlichen Auftraggeber eine regelmäßige unverbindliche Bekanntmachung in ihrem Beschafferprofil, so melden sie dies dem Amt für amtliche Veröffentlichungen der Europäischen Gemeinschaften auf elektronischem Wege nach dem im Anhang VIII der Verordnung (EG) Nr. 1564/2005 enthaltenen Muster.

2. (1) Ein Aufruf zum Wettbewerb kann erfolgen,

   a) durch Veröffentlichung einer Bekanntmachung nach Anhang V der Verordnung (EG) Nr. 1564/2005 oder

   b) durch Veröffentlichung einer regelmäßigen unverbindlichen Bekanntmachung nach Nummer 1 oder

   c) durch Veröffentlichung einer Bekanntmachung über das Bestehen eines Prüfsystems nach § 7 b Nr. 5 (Anhang VII der Verordnung [EG] Nr. 1564/2005).

   (2) Die Kosten der Veröffentlichung der Bekanntmachungen im Amtsblatt der Europäischen Gemeinschaften werden von den Gemeinschaften getragen.

3. Erfolgt der Aufruf zum Wettbewerb durch Veröffentlichung einer regelmäßigen unverbindlichen Bekanntmachung, so

   a) muss in der Bekanntmachung der Inhalt des zu vergebenden Auftrags nach Art und Umfang genannt sein,

   b) muss die Bekanntmachung den Hinweis enthalten, dass dieser Auftrag im

---

[35] ABl. EG Nr. L 340 S. 1
[36] ABl. EG Nr. L 329 S. 1

Nichtoffenen Verfahren oder Verhandlungsverfahren ohne spätere Veröffentlichung eines Aufrufs zur Angebotsabgabe vergeben wird, sowie die Aufforderung an die interessierten Unternehmen, ihr Interesse schriftlich mitzuteilen,

c) müssen die Auftraggeber später alle Bewerber auf der Grundlage von genaueren Angaben über den Auftrag auffordern, ihr Interesse zu bestätigen, bevor mit der Auswahl der Bieter oder der Teilnehmer an einer Verhandlung begonnen wird. Die Angaben müssen mindestens Folgendes umfassen:

aa) Art und Menge, einschließlich etwaiger Optionen auf zusätzliche Aufträge und möglichenfalls veranschlagte Frist für die Inanspruchnahme dieser Optionen; bei wiederkehrenden Aufträgen Art und Menge und möglichenfalls veranschlagte Frist für die Veröffentlichung der Bekanntmachungen späterer Ausschreibungen für die Lieferungen und Dienstleistungen, die Gegenstand des Auftrages sein sollen;

bb) Art des Verfahrens: nicht offenes Verfahren oder Verhandlungsverfahren;

cc) gegebenenfalls Zeitpunkt des Beginns oder Abschlusses der Leistungen;

dd) Anschrift und letzter Tag für die Vorlage des Antrags auf Aufforderung zur Ange botsabgabe sowie die Sprache oder Sprachen, in denen die Angebote abzugeben sind;

ee) die Anschrift der Stelle, die den Zuschlag erteilt und die Auskünfte gibt, die für den Erhalt der Spezifikationen und anderer Dokumente notwendig sind;

ff) alle wirtschaftlichen und technischen Anforderungen, finanziellen Garantien und Angaben, die von den Lieferanten oder Dienstleistungserbringern verlangt werden;

gg) Höhe der für die Vergabeunterlagen zu entrichtenden Beträge und Zahlungsbedingungen;

hh) Art des Auftrages, der Gegenstand des Vergabeverfahrens ist (Kauf, Leasing, Miete oder Mietkauf oder mehrere Arten von Aufträgen);

ii) Zuschlagskriterien sowie deren Gewichtung oder ggf. die nach ihrer Bedeutung abgestufte Reihenfolge,

d) dürfen zwischen deren Veröffentlichung und dem Zeitpunkt der Zusendung der Aufforderung an die Bewerber gemäß Buchstabe c) höchstens zwölf Monate vergangen sein. Im Übrigen gilt § 18 b Nr. 2.

4. Erfolgt ein Aufruf zum Wettbewerb durch Veröffentlichung einer Bekanntmachung über das Bestehen eines Prüfsystems, so werden die Bieter in einem Nichtoffenen Verfahren oder die Teilnehmer an einem Verhandlungsverfahren unter den Bewerbern ausgewählt, die sich im Rahmen eines solchen Systems qualifiziert haben.

5. (1) Die Bekanntmachung ist auf elektronischem[37] oder auf anderem Wege unverzüglich dem Amt für amtliche Veröffentlichungen der Europäischen Gemeinschaften zu übermitteln. Der Auftraggeber muss den Tag der Absendung nachweisen können.

(2) Elektronisch erstellte und übersandte Bekanntmachungen werden spätestens fünf Tage nach ihrer Absendung an das Amt für amtliche Veröffentlichungen der Europäischen Gemeinschaften veröffentlicht. Nicht elektronisch erstellte und übersandte Bekanntmachungen werden spätestens zwölf Tage nach der Absendung veröffentlicht. Die Bekanntmachungen werden unentgeltlich ungekürzt im Supplement zum Amtsblatt der Europäischen Gemeinschaften in der jeweiligen Originalsprache und eine Zusammenfassung der wichtigsten Bestandteile davon in den anderen Amtssprachen der Gemeinschaft veröffentlicht; hierbei ist nur der Wortlaut in der Originalsprache verbindlich.

(3) Die europaweit vorgesehene Bekanntmachung darf in der Bundesrepublik Deutschland nicht vor dem in der Veröffentlichung zu nennenden Tag der Absendung an das Amt für amtliche Veröffentlichungen der Europäischen Gemeinschaften veröffentlicht werden. Diese Veröffentlichung darf nur die dem Amt für amtliche Veröffentlichungen der Europäischen Gemeinschaften übermittelten oder in einem Beschafferprofil nach Absatz 4 veröffentlichten Angaben enthalten. Sie müssen zusätzlich auf das Datum der Absendung der europaweiten Bekanntmachung an das Amt für amtliche Veröffentlichungen hinweisen.

(4) Die Auftraggeber können im Internet ein Beschafferprofil einrichten. Es enthält Angaben über geplante und laufende Vergabeverfahren, über vergebene Aufträge sowie alle sonstigen für die Auftragsvergabe relevanten Informationen wie zum Beispiel Kontaktstelle, Telefon- und Telefaxnummer, Anschrift, E-Mail-Adresse des Auftraggebers.

6. Sind im Offenen Verfahren die Vergabeunterlagen und zusätzlichen Unterlagen rechtzeitig angefordert worden, sind sie den Bewerbern in der Regel innerhalb von sechs Tagen nach Eingang des Antrags zuzusenden.

7. Rechtzeitig beantragte Auskünfte über die Vergabeunterlagen sind spätestens sechs Tage vor Ablauf der Angebotsfrist zu erteilen.

8. Die Vergabeunterlagen sind beim Nichtoffenen Verfahren und beim Verhandlungsverfahren mit vorherigem Aufruf zum Wettbewerb an alle ausgewählten Bewerber am selben Tag abzusenden.

9. Die Vergabeunterlagen sind den Bewerbern in kürzestmöglicher Frist und in geeigneter Weise zu übermitteln.

---

[37] Das Muster und die Modalitäten für die elektronische Übermittlung der Bekanntmachungen sind unter der Internetadresse http://simap.eu.int abrufbar.

§ 18
Form und Frist der Angebote

1. (1) Für die Bearbeitung und Abgabe der Angebote sind ausreichende Fristen vorzusehen. Dabei ist insbesondere der zusätzliche Aufwand für die Beschaffung von Unterlagen für die Angebotsbearbeitung, Erprobungen oder Besichtigungen zu berücksichtigen.

   (2) Bei Freihändiger Vergabe kann von der Festlegung einer Angebotsfrist abgesehen werden. Dies gilt auch für Freihändige Vergabe nach Öffentlichem Teilnahmewettbewerb.

2. (1) Bei Ausschreibungen ist in der Aufforderung zur Angebotsabgabe vorzuschreiben, dass schriftliche Angebote als solche zu kennzeichnen und ebenso wie etwaige Änderungen und Berichtigungen in einem verschlossenen Umschlag zuzustellen sind. Bei elektronischen Angeboten ist sicherzustellen, dass der Inhalt der Angebote erst mit Ablauf der für ihre Einreichung festgelegten Frist zugänglich wird.

   (2) Bei Freihändiger Vergabe kann Absatz 1 entsprechend angewendet werden.

3. Bis zum Ablauf der Angebotsfrist können Angebote in den in Nr. 2 genannten Formen zurückgezogen werden.

§ 18 b
Angebotsfrist, Bewerbungsfrist

1. (1) Beim Offenen Verfahren beträgt die Frist für den Eingang der Angebote (Angebotsfrist) mindestens 52 Tage[38], gerechnet vom Tag der Absendung der Bekanntmachung an.

   (2) Die Frist für den Eingang der Angebote kann durch eine kürzere Frist ersetzt werden, wenn die nachstehenden Voraussetzungen erfüllt sind:

   a) Der öffentliche Auftraggeber muss eine regelmäßige unverbindliche Bekanntmachung gemäß § 17 b Nr. 1 nach dem vorgeschriebenen Muster (Anhang IV der Verordnung [EG] Nr. 1564/2005) oder ein Beschafferprofil nach § 17 b Nr. 5 Abs. 4 mindestens 52 Tage, höchstens aber 12 Monate, vor dem Zeitpunkt der Absendung der Bekanntmachung des Auftrages im Offenen Verfahren nach § 17 b Nr. 2 Buchstabe a) an das Amtsblatt der Europäischen Gemeinschaften abgesandt haben. Diese regelmäßige unverbindliche Bekanntmachung muss mindestens ebenso viele Informationen wie das Muster einer Bekanntmachung für das Offene Verfahren (Anhang A/SKR) enthalten, soweit diese Informationen zum Zeitpunkt der Veröffentlichung der Bekanntmachung der regelmäßigen unverbindlichen Bekanntmachung vorlagen.

   b) Die verkürzte Frist muss für die Interessenten ausreichen, um ordnungsgemäße Angebote einreichen zu können. Sie sollte in der Regel nicht weniger als 36 Tage

---

[38] Die Berechnung der Fristen erfolgt nach der Verordnung (EWG/Euratom) Nr. 1182/71 des Rates vom 03. Juni 1971 zur Festlegung der Regeln für die Fristen, Daten und Termine, ABl. Nr. 124 vom 08. Juni 1971, S. 1 (vgl. Anhang II). So gelten z. B. als Tage alle Tage einschließlich Feiertage, Sonntage und Sonnabende.

vom Zeitpunkt der Absendung der Bekanntmachung des Auftrages an betragen; sie muss auf jeden Fall mindestens 22 Tage betragen.

2. Bei Nichtoffenen Verfahren und Verhandlungsverfahren mit vorherigem Aufruf zum Wettbewerb gilt:

    a) Die Frist für den Eingang von Teilnahmeanträgen (Bewerbungsfrist) aufgrund der Bekanntmachung nach § 17 b Nr. 2 Abs. 1 Buchstabe a) oder der Aufforderung nach § 17 b Nr. 3 Buchstabe c) beträgt grundsätzlich mindestens 37 Tage vom Tag der Absendung an. Sie darf auf keinen Fall kürzer sein als 22 Tage, wenn die Bekanntmachung nicht auf elektronischem Wege oder per Telefax zur Veröffentlichung übermittelt wurde, bzw. nicht kürzer als 15 Tage, wenn sie auf solchem Wege übermittelt wurde.

    b) Die Angebotsfrist kann zwischen dem Auftraggeber und den ausgewählten Bewerbern einvernehmlich festgelegt werden, vorausgesetzt, dass allen Bewerbern dieselbe Frist für die Erstellung und Einreichung von Angeboten eingeräumt wird.

    c) Falls eine einvernehmliche Festlegung der Angebotsfrist nicht möglich ist, setzt der Auftraggeber im Regelfall eine Frist von mindestens 24 Tagen fest. Sie darf jedoch keinesfalls kürzer als zehn Tage sein, gerechnet vom Tag der Absendung der Aufforderung zur Angebotsabgabe. Bei der Festlegung der Frist werden insbesondere die in Nr. 3 genannten Faktoren berücksichtigt.

3. Können die Angebote nur nach Prüfung von umfangreichen Unterlagen, z. B. ausführlichen technischen Spezifikationen, oder nur nach einer Ortsbesichtigung oder Einsichtnahme in ergänzende Unterlagen zu den Vergabeunterlagen erstellt werden oder konnten die Fristen nach § 17 b Nr. 6 und 7 nicht eingehalten werden, so muss dies beim Festsetzen angemessener Angebotsfristen berücksichtigt werden.

4. (1) Bei elektronisch erstellten und übermittelten Bekanntmachungen können die Fristen für den Eingang der Anträge auf Teilnahme im Nichtoffenen Verfahren und Verhandlungsverfahren und die Fristen für den Eingang der Angebote im Offenen Verfahren um 7 Tage verkürzt werden. Macht der Auftraggeber die Verdingungsunterlagen und alle zusätzlichen Unterlagen ab dem Tag der Veröffentlichung der Bekanntmachung frei, direkt und vollständig elektronisch verfügbar, kann er die Frist für den Eingang der Angebote um weitere 5 Tage verkürzen, es sei denn, es handelt sich um eine nach Nummer 2 Buchstabe b) im gegenseitigen Einvernehmen festgelegte Frist. In der Bekanntmachung ist die Internet-Adresse anzugeben, unter der diese Unterlagen abrufbar sind.

(2) Wurde im offenen Verfahren die Bekanntmachung per Telefax oder elektronisch übermittelt, darf die Kumulierung der Verkürzung der Fristen nicht zu einer Frist für den Eingang der Angebote führen, die gerechnet ab dem Tag der Absendung der Bekanntmachung weniger als 15 Tage beträgt. Wurde die Bekanntmachung nicht per Telefax oder elektronisch übermittelt, darf diese Kumulierung nicht zu einer Frist für den Eingang der Angebote führen, die weniger als 22 Tage beträgt.

(3) Im nicht offenen Verfahren und Verhandlungsverfahren darf die Kumulierung der Verkürzung der Fristen nicht zu einer Frist für den Eingang der Angebote führen, die weniger als 10 Tage beträgt, es sei denn es handelt sich um eine im gegenseitigen Einvernehmen festgelegte Frist.

(4) Eine Kumulierung der Verkürzung der Fristen für den Eingang der Teilnahmeanträge darf bei einer elektronisch übermittelten Bekanntmachung nicht zu einer Frist führen, die weniger als 15 Tage ab dem Tag der Absendung der Bekanntmachung führt.

§ 19
Zuschlags- und Bindefrist

1. Die Zuschlagsfrist beginnt mit dem Ablauf der Angebotsfrist (§ 18).

2. Die Zuschlagsfrist ist so kurz wie möglich und nicht länger zu bemessen, als der Auftraggeber für eine zügige Prüfung und Wertung der Angebote benötigt. Das Ende der Zuschlagsfrist soll durch Angabe des Kalendertages bezeichnet werden.

3. Es ist vorzusehen, dass der Bieter bis zum Ablauf der Zuschlagsfrist an sein Angebot gebunden ist (Bindefrist).

4. Die Nummern 1 bis 3 gelten bei Freihändiger Vergabe entsprechend.

§ 20
Kosten

1. (1) Bei Öffentlicher Ausschreibung dürfen für die Verdingungsunterlagen die Vervielfältigungskosten gefordert werden. In der Bekanntmachung (§ 17) ist anzugeben, wie hoch sie sind. Sie werden nicht erstattet.

   (2) Bei Beschränkter Ausschreibung und Freihändiger Vergabe sind die Unterlagen unentgeltlich abzugeben. Eine Entschädigung (Absatz 1 Satz 1) darf nur ausnahmsweise gefordert werden, wenn die Selbstkosten der Vervielfältigung unverhältnismäßig hoch sind.

2. (1) Für die Bearbeitung des Angebotes werden keine Kosten erstattet. Verlangt jedoch der Auftraggeber, dass der Bieter Entwürfe, Pläne, Zeichnungen, Berechnungen oder andere Unterlagen ausarbeitet, insbesondere in den Fällen des § 8 Nr. 2 Abs. 1 Buchstabe a), so ist einheitlich für alle Bieter in der Ausschreibung eine angemessene Kostenerstattung festzusetzen. Ist eine Kostenerstattung festgesetzt, so steht sie jedem Bieter zu, der ein der Ausschreibung entsprechendes Angebot mit den geforderten Unterlagen rechtzeitig eingereicht hat. (2) Absatz 1 gilt für Freihändige Vergabe entsprechend.

§ 21
Inhalt der Angebote

1. (1) Die Angebote müssen die Preise sowie die geforderten Angaben und Erklärungen enthalten. Soweit Erläuterungen zur Beurteilung des Angebots erforderlich erscheinen, kann der Bieter sie auf besonderer Anlage seinem Angebot beifügen.

(2) Die Auftraggeber haben die Integrität und die Vertraulichkeit der Angebote auf geeignete Weise zu gewährleisten. Per Post übermittelte Angebote sind in einem verschlossenen Umschlag einzureichen, als solche zu kennzeichnen und bis zum Ablauf der für die Einreichung vorgesehenen Frist unter Verschluss zu halten. Bei elektronisch übermittelten Angeboten ist dies durch entsprechende technische Lösungen nach den Anforderungen des Auftraggebers und durch Verschlüsselung sicherzustellen. Angebote müssen unterschrieben sein, elektronisch übermittelte Angebote sind mit einer fortgeschrittenen elektronischen Signatur nach dem Signaturgesetz[39] und den Anforderungen des Auftraggebers oder einer qualifizierten elektronischen Signatur nach dem Signaturgesetz zu versehen.

(3) Änderungen des Bieters an seinen Eintragungen im Angebot müssen zweifelsfrei sein.

(4) Änderungen und Ergänzungen an den Verdingungsunterlagen sind unzulässig.

(5) Muster und Proben des Bieters müssen als zum Angebot gehörig gekennzeichnet sein.

2. Etwaige Nebenangebote müssen auf besonderer Anlage gemacht und als solche deutlich gekennzeichnet werden.

3. (1) Der Bieter hat auf Verlangen im Angebot anzugeben, ob für den Gegenstand des Angebots gewerbliche Schutzrechte bestehen oder von dem Bieter oder anderen beantragt sind. (2) Der Bieter hat stets anzugeben, wenn er erwägt, Angaben aus seinem Angebot für die Anmeldung eines gewerblichen Schutzrechtes zu verwerten.

4. Arbeitsgemeinschaften und andere gemeinschaftliche Bieter haben in den Angeboten jeweils die Mitglieder zu benennen sowie eines ihrer Mitglieder als bevollmächtigten Vertreter für den Abschluss und die Durchführung des Vertrages zu bezeichnen. Fehlt eine dieser Bezeichnungen im Angebot, so ist sie vor der Zuschlagserteilung beizubringen.

5. Der Bieter kann schon im Angebot die Rückgabe von Entwürfen, Ausarbeitungen, Mustern und Proben verlangen, falls das Angebot nicht berücksichtigt wird (§ 27 Nr. 7).

§ 22
Öffnung der Angebote bei Ausschreibungen; Vertraulichkeit

1. Schriftliche Angebote sind auf dem ungeöffneten Umschlag mit Eingangsvermerk zu versehen und bis zum Zeitpunkt der Öffnung unter Verschluss zu halten. Den Eingangsvermerk soll ein an der Vergabe nicht Beteiligter anbringen. Elektronische Angebote sind entsprechend zu kennzeichnen und unter Verschluss zu halten.

2. (1) Die Verhandlung zur Öffnung der Angebote soll unverzüglich nach Ablauf der Angebotsfrist stattfinden.

---

[39] Gesetz zur digitalen Signatur (Signaturgesetz – SigG).

(2) In der Verhandlung zur Öffnung der Angebote muss neben dem Verhandlungsleiter ein weiterer Vertreter des Auftraggebers anwesend sein.

(3) Bieter sind nicht zuzulassen.

3. Der Verhandlungsleiter stellt fest, ob die Angebote

 a) ordnungsgemäß verschlossen und äußerlich gekennzeichnet bzw. verschlüsselt,

 b) bis zum Ablauf der Angebotsfrist bei der für den Eingang als zuständig bezeichneten Stelle eingegangen sind. Die Angebote werden geöffnet und in allen wesentlichen Teilen einschließlich der Anlagen gekennzeichnet.

4. (1) Über die Verhandlung zur Öffnung der Angebote ist eine Niederschrift zu fertigen. In die Niederschrift sind folgende Angaben aufzunehmen:

 a) Name und Wohnort der Bieter und die Endbeträge der Angebote, ferner andere den Preis betreffende Angaben,

 b) ob und von wem Nebenangebote eingereicht worden sind.

(2) Angebote, die nicht den Voraussetzungen der Nummer 3 Satz 1 entsprechen, müssen in der Niederschrift oder, soweit sie nach Schluss der Eröffnungsverhandlung eingegangen sind, in einem Nachtrag zur Niederschrift besonders aufgeführt werden; die Eingangszeit und etwa bekannte Gründe, aus denen die Voraussetzungen der Nummer 3 Satz 1 nicht erfüllt sind, sind zu vermerken.

(3) Die Niederschrift ist von dem Verhandlungsleiter und dem weiteren Vertreter des Auftraggebers zu unterschreiben.

5. Die Niederschrift darf weder den Bietern noch der Öffentlichkeit zugänglich gemacht werden.

6. (1) Die Angebote und ihre Anlagen sind sorgfältig zu verwahren und vertraulich zu behandeln. Von den nicht ordnungsgemäß oder verspätet eingegangenen Angeboten sind auch der Umschlag und andere Beweismittel aufzubewahren.

(2) Im Falle des § 21 Nr. 3 Abs. 2 ist sicherzustellen, dass die Kenntnis des Angebots auf die mit der Sache Befassten beschränkt bleibt.

(3) Der Auftraggeber darf Angebotsunterlagen und die in den Angeboten enthaltenen eigenen Vorschläge eines Bieters nur für die Prüfung und Wertung der Angebote (§§ 23 und 25) verwenden. Eine darüber hinausgehende Verwendung bedarf der vorherigen schriftlichen Vereinbarung, in der auch die Entschädigung zu regeln ist.

(4) Die Absätze 1 bis 3 gelten bei Freihändiger Vergabe entsprechend.

§ 23
Prüfung der Angebote

1. Nicht geprüft zu werden brauchen Angebote,

 a) die nicht ordnungsgemäß oder verspätet eingegangen sind, es sei denn, dass der nicht ordnungsgemäße oder verspätete Eingang durch Umstände verursacht worden ist, die nicht vom Bieter zu vertreten sind,

b) die nicht unterschrieben oder nicht mit der erforderlichen elektronischen Signatur und Verschlüsselung versehen sind (§ 21 Nr. 1 Abs. 2 Satz 5),

c) bei denen Änderungen des Bieters an seinen Eintragungen nicht zweifelsfrei sind (§ 21 Nr. 1 Abs. 3),

d) bei denen Änderungen oder Ergänzungen an den Verdingungsunterlagen vorgenommen worden sind (§ 21 Nr. 1 Abs. 4).

2. Die übrigen Angebote sind einzeln auf Vollständigkeit sowie auf rechnerische und fachliche Richtigkeit zu prüfen; ferner sind die für die Beurteilung der Wirtschaftlichkeit der einzelnen Angebote maßgebenden Gesichtspunkte festzuhalten. Gegebenenfalls sind Sachverständige (§ 6) hinzuzuziehen.

3. Das Ergebnis der Prüfung ist aktenkundig zu machen.

§ 24
Verhandlungen mit Bietern bei Ausschreibungen

1. (1) Nach Öffnung der Angebote bis zur Zuschlagserteilung darf mit den Bietern über ihre Angebote nur verhandelt werden, um Zweifel über die Angebote oder die Bieter zu beheben. (2) Verweigert ein Bieter die geforderten Aufklärungen und Angaben, so kann sein Angebot unberücksichtigt bleiben.

2. (1) Andere Verhandlungen, besonders über Änderungen der Angebote oder Preise, sind unstatthaft.

(2) Ausnahmsweise darf bei einem Nebenangebot (§ 17 Nr. 3 Abs. 5) oder bei einem Angebot aufgrund funktionaler Leistungsbeschreibung (§ 8 Nr. 2 Abs. 1 Buchstabe a)) mit dem Bieter, dessen Angebot als das wirtschaftlichste gewertet wurde (§ 25 Nr. 3), im Rahmen der geforderten Leistung über notwendige technische Änderungen geringen Umfangs verhandelt werden. Hierbei kann auch der Preis entsprechend angepasst werden. Mit weiteren Bietern darf nicht verhandelt werden.

3. Grund und Ergebnis der Verhandlungen sind vertraulich zu behandeln und schriftlich niederzulegen.

§ 25
Wertung der Angebote

1. (1) Ausgeschlossen werden:

a) Angebote, für deren Wertung wesentliche Preisangaben fehlen (§ 21 Nr. 1 Abs. 1 Satz 1),

b) Angebote, die nicht unterschrieben sind (§ 21 Nr. 1 Abs. 2 Satz 5),

c) Angebote, in denen Änderungen des Bieters an seinen Eintragungen nicht zweifelsfrei sind (§ 21 Nr. 1 Abs. 3),

d) Angebote, bei denen Änderungen oder Ergänzungen an den Verdingungsunterlagen vorgenommen worden sind (§ 21 Nr. 1 Abs. 4),

e) Angebote, die verspätet eingegangen sind, es sei denn, dass der verspätete Eingang durch Umstände verursacht worden ist, die nicht vom Bieter zu vertreten sind,

f) Angebote von Bietern, die in Bezug auf die Vergabe eine unzulässige, wettbewerbsbeschränkende Abrede getroffen haben,

g) Nebenangebote, soweit der Auftraggeber diese nach § 17 Nr. 3 Abs. 5 ausgeschlossen hat.

(2) Außerdem können ausgeschlossen werden:

a) Angebote, die nicht die geforderten Angaben und Erklärungen enthalten (§ 21 Nr. 1 Abs. 1 Satz 1),

b) Angebote von Bietern, die von der Teilnahme am Wettbewerb ausgeschlossen werden können (§ 7 Nr. 5),

c) Nebenangebote, die nicht auf besonderer Anlage gemacht worden oder als solche nicht deutlich gekennzeichnet sind (§ 21 Nr. 2).

2. (1) Bei der Auswahl der Angebote, die für den Zuschlag in Betracht kommen, sind nur Bieter zu berücksichtigen, die für die Erfüllung der vertraglichen Verpflichtungen die erforderliche Fachkunde, Leistungsfähigkeit und Zuverlässigkeit besitzen.

(2) Erscheinen Angebote im Verhältnis zu der zu erbringenden Leistung ungewöhnlich niedrig, so überprüft der Auftraggeber vor der Vergabe des Auftrags die Einzelposten dieser Angebote. Zu diesem Zweck verlangt er in Textform vom Bieter die erforderlichen Belege. Der Auftraggeber berücksichtigt bei der Vergabe das Ergebnis der Überprüfung.

(3) Auf Angebote, deren Preise in offenbarem Missverhältnis zur Leistung stehen, darf der Zuschlag nicht erteilt werden.

3. Der Zuschlag ist auf das unter Berücksichtigung aller Umstände wirtschaftlichste Angebot zu erteilen. Der niedrigste Angebotspreis allein ist nicht entscheidend.

4. Nebenangebote, die der Auftraggeber bei der Ausschreibung gewünscht oder ausdrücklich zugelassen hat, sind ebenso zu werten wie die Hauptangebote. Sonstige Nebenangebote können berücksichtigt werden.

5. Die Gründe für die Zuschlagserteilung sind in den Akten zu vermerken.

§ 25 b
Wertung der Angebote

1. (1) Der Auftrag ist auf das wirtschaftlich günstigste Angebot unter Berücksichtigung der auftragsbezogenen Kriterien wie etwa Lieferfrist, Ausführungsdauer, Betriebskosten, Rentabilität, Qualität, Ästhetik und Zweckmäßigkeit, Umwelteigenschaften, technischer Wert, Kundendienst und technische Hilfe, Verpflichtungen

hinsichtlich der Ersatzteile, Versorgungssicherheit, Preis zu erteilen. Der Auftraggeber hat die Kriterien zu gewichten. Die Gewichtung kann mit einer angemessenen Marge erfolgen. Kann nach Ansicht des Auftraggebers die Gewichtung aus nachvollziehbaren Gründen nicht angegeben werden, so legt er die Kriterien in absteigender Reihenfolge ihrer Bedeutung fest.

(2) Bei der Wertung der Angebote dürfen nur Kriterien berücksichtigt werden, die in der Bekanntmachung oder in den Vergabeunterlagen genannt sind.

2. (1) Erscheinen im Falle eines bestimmten Auftrags Angebote im Verhältnis zur Leistung als ungewöhnlich niedrig, so muss der Auftraggeber vor deren Ablehnung schriftlich Aufklärung über die Einzelposten der Angebote verlangen, wo er dies für angezeigt hält; die anschließende Prüfung erfolgt unter Berücksichtigung der eingegangenen Begründungen. Er kann eine zumutbare Frist für die Antwort festlegen.

(2) Der Auftraggeber kann Begründungen berücksichtigen, die objektiv gerechtfertigt sind durch die Wirtschaftlichkeit der Herstellungsmethode, die gewählten technischen Lösungen, außergewöhnlich günstige Bedingungen für den Bieter bei der Durchführung des Auftrags oder die Originalität der vom Bieter vorgeschlagenen Erzeugnisse.

(3) Angebote, die aufgrund einer staatlichen Beihilfe ungewöhnlich niedrig sind, dürfen von den Auftraggebern nur zurückgewiesen werden, wenn diese den Bieter darauf hingewiesen haben und dieser innerhalb einer vom Auftraggeber festzulegenden angemessenen Frist nicht den Nachweis liefern konnte, dass die Beihilfe der Kommission der Europäischen Gemeinschaften gemeldet oder von ihr genehmigt wurde. Auftraggeber, die unter diesen Umständen ein Angebot zurückweisen, müssen die Kommission der Europäischen Gemeinschaften darüber unterrichten.

3. Ein Angebot nach § 8 b Nr. 2 Abs. 1 oder 2 ist wie ein Hauptangebot zu werten.

4. (1) Nebenangebote sind zu werten, es sei denn, der Auftraggeber hat sie in der Bekanntmachung oder in den Vergabeunterlagen nicht zugelassen.

(2) Der Zuschlag darf nur auf solche Angebote erteilt werden, die den verlangten Mindestanforderungen entsprechen.

§ 26
Aufhebung der Ausschreibung

1. Die Ausschreibung kann aufgehoben werden, wenn

    a) kein Angebot eingegangen ist, das den Ausschreibungsbedingungen entspricht,

    b) sich die Grundlagen der Ausschreibung wesentlich geändert haben,

    c) sie kein wirtschaftliches Ergebnis gehabt hat,

    d) andere schwerwiegende Gründe bestehen.

2. Die Ausschreibung kann unter der Voraussetzung, dass Angebote in Losen vorgesehen oder Nebenangebote nicht ausgeschlossen sind, teilweise aufgehoben werden, wenn

   a) das wirtschaftlichste Angebot den ausgeschriebenen Bedarf nicht voll deckt,

   b) schwerwiegende Gründe der Vergabe der gesamten Leistung an einen Bieter entgegenstehen.

3. Die Gründe für die Aufhebung der Ausschreibung sind in den Akten zu vermerken.

4. Die Bieter sind von der Aufhebung der Ausschreibung unter Bekanntgabe der Gründe (Nummer 1 Buchstabe a) bis d), Nummer 2 Buchstabe a) und b)) unverzüglich zu benachrichtigen.

5. Eine neue Ausschreibung oder eine Freihändige Vergabe ist nur zulässig, wenn die vorhergehende Ausschreibung über denselben Gegenstand ganz oder teilweise aufgehoben ist.

§ 27
Nicht berücksichtigte Angebote

1. Ein Angebot gilt als nicht berücksichtigt, wenn bis zum Ablauf der Zuschlagsfrist kein Auftrag erteilt wurde. Die Vergabestelle teilt jedem erfolglosen Bieter nach Zuschlagserteilung auf dessen schriftlichen Antrag hin unverzüglich die Ablehnung seines Angebots schriftlich mit. Dem Antrag ist ein adressierter Freiumschlag beizufügen. Der Antrag kann bereits bei der Abgabe des Angebotes gestellt werden. Weiterhin muss in den Verdingungsunterlagen bereits darauf hingewiesen werden, dass das Angebot nicht berücksichtigt worden ist, wenn bis zum Ablauf der Zuschlagsfrist kein Auftrag erteilt wurde.

2. In der Mitteilung gemäß Nummer 1 Satz 2 sind zusätzlich bekannt zugeben:

   a) Die Gründe für die Ablehnung (z. B. preisliche, technische, funktionsbedingte, gestalterische, ästhetische) seines Angebots. Bei der Mitteilung ist darauf zu achten, dass die Auskunft mit Rücksicht auf die Verpflichtung der Vergabestelle, die Angebote vertraulich zu behandeln (§ 22 Nr. 6 Abs. 1 Satz 1), keine Angaben aus Angeboten anderer Bieter enthält.

   b) Die Anzahl der eingegangenen Angebote.

   c) Der niedrigste und höchste Angebotsendpreis der nach § 23 geprüften Angebote.

3. Die zusätzliche Bekanntgabe nach Nummer 2 entfällt, wenn

   a) der Zuschlagspreis unter 5.000 EURO liegt oder

   b) weniger als 8 Angebote eingegangen sind oder

   c) der Aufforderung zur Angebotsabgabe eine funktionale Leistungsbeschreibung (§ 8 Nr. 2 Abs. 1 Buchstabe a)) zugrunde gelegen hat oder

d) das Angebot nach § 25 Nr. 1 ausgeschlossen worden ist oder nach § 25 Nr. 2 Abs. 1 nicht berücksichtigt werden konnte.

4. Ist aufgrund der Aufforderung zur Angebotsabgabe Vergabe in Losen vorgesehen, so sind zusätzlich in der Bekanntgabe nach Nummer 2 Buchstabe c) Preise zu Losangeboten dann mitzuteilen, wenn eine Vergleichbarkeit der Losangebote (z. B. gleiche Losgröße und Anzahl der Lose) gegeben ist.

5. Sind Nebenangebote eingegangen, so sind diese bei den Angaben gemäß Nummer 2 außer Betracht zu lassen; im Rahmen der Bekanntgabe nach Nummer 2 ist jedoch anzugeben, dass Nebenangebote eingegangen sind.

6. Die Mitteilungen nach Nummer 1 und 2 sind abschließend.

7. Entwürfe, Ausarbeitungen, Muster und Proben zu nicht berücksichtigten Angeboten sind zurückzugeben, wenn dies im Angebot oder innerhalb von 24 Werktagen nach Ablehnung des Angebots verlangt wird.

Nicht berücksichtigte Angebote und Ausarbeitungen der Bieter dürfen nur mit ihrer Zustimmung für eine neue Vergabe oder für andere Zwecke benutzt werden.

§ 27 b
Mitteilungspflichten

1. Die Auftraggeber teilen den Bewerbern und Bietern unverzüglich, spätestens innerhalb von 15 Tagen nach Eingang der Anfrage und auf Antrag auch in Textform, Folgendes mit:

   – Entscheidung einschließlich der Gründe, auf die Vergabe eines Auftrages zu verzichten oder das Verfahren erneut einzuleiten,

   – den ausgeschlossenen Bewerbern oder Bietern die Gründe für die Ablehnung ihrer Bewerbung oder ihres Angebotes,

   – den Bietern, die ein ordnungsgemäßes Angebot eingereicht haben, die Merkmale und Vorteile des erfolgreichen Angebotes und den Namen des erfolgreichen Bieters.

2. Der Auftraggeber kann in Nummer 1 genannte Informationen zurückhalten, wenn die Weitergabe den Gesetzesvollzug vereiteln würde oder sonst nicht im öffentlichen Interesse läge, oder die berechtigten Geschäftsinteressen von Unternehmen oder den fairen Wettbewerb beeinträchtigen würde.

§ 28
Zuschlag

1. (1) Der Zuschlag (§ 25 Nr. 3) auf ein Angebot soll schriftlich und so rechtzeitig erteilt werden, dass ihn der Bieter noch vor Ablauf der Zuschlagsfrist erhält. Wird ausnahmsweise der Zuschlag nicht schriftlich erteilt, so ist er umgehend schriftlich zu bestätigen.

(2) Dies gilt nicht für die Fälle, in denen durch Ausführungsbestimmungen auf die Schriftform verzichtet worden ist.

2. (1) Wird auf ein Angebot rechtzeitig und ohne Abänderungen der Zuschlag erteilt, so ist damit nach allgemeinen Rechtsgrundsätzen der Vertrag abgeschlossen, auch wenn spätere urkundliche Festlegung vorgesehen ist.

(2) Verzögert sich der Zuschlag, so kann die Zuschlagsfrist nur im Einvernehmen mit den in Frage kommenden Bietern verlängert werden.

§ 28 b
Bekanntmachung der Auftragserteilung

1. Der Kommission der Europäischen Gemeinschaften sind für jeden vergebenen Auftrag binnen zwei Monaten nach der Vergabe dieses Auftrags die Ergebnisse des Vergabeverfahrens durch eine gemäß Anhang VI der Verordnung (EG) Nr. 1564/2005 abgefasste Bekanntmachung mitzuteilen, dies gilt nicht für die Vergabe von Einzelaufträgen innerhalb einer Rahmenvereinbarung.

2. Die Angaben in Anhang VI der Verordnung (EG) Nr. 1564/2005 werden im Amtsblatt der Europäischen Gemeinschaften veröffentlicht. Dabei berücksichtigt die Kommission der Europäischen Gemeinschaften alle in geschäftlicher Hinsicht sensiblen Angaben, wenn der Auftraggeber dies bei der Übermittlung der Angaben über die Anzahl der eingegangen Angebote, die Identität der Unternehmen und die Preise geltend macht.

3. (1) Auftraggeber, die Dienstleistungsaufträge der Kategorie 8 des Anhangs I A vergeben, auf die § 3 b Nr. 2 Buchstabe b) anwendbar ist, können bezüglich Anhang VI der Verordnung (EG) Nr. 1564/2005 die zu liefernden Angaben auf die Angabe »Forschungs- und Entwicklungsdienstleistungen« beschränken. Ist auf die Vergabe von Dienstleistungsaufträgen der Kategorie 8 des Anhangs I A § 3 b Nr. 2 Buchstabe b) nicht anwendbar, können die Auftraggeber die Angaben über Art und Umfang der Dienstleistungen aus Gründen der Vertraulichkeit beschränken. Die veröffentlichten Angaben sind ebenso detailliert zu fassen wie die Angaben in ihrer Bekanntmachung eines Aufrufs zum Wettbewerb nach § 17 b Nr. 1 Abs. 1 im Falle eines Prüfsystems, zumindest ebenso detailliert wie in § 7 b Nr. 9.

(2) Bei der Vergabe von Dienstleistungsaufträgen des Anhangs I B geben die Auftraggeber an, ob sie mit der Veröffentlichung einverstanden sind.

4. Die Angaben in Anhang VI der Verordnung (EG) Nr. 1564/2005, die als nicht für die Veröffentlichung bestimmt gekennzeichnet sind, werden nur in vereinfachter Form zu statistischen Zwecken veröffentlicht.

§ 29
Vertragsurkunde

Eine besondere Urkunde kann über den Vertrag dann gefertigt werden, wenn die Vertragspartner dies für notwendig halten.

§ 30
Vergabevermerk

1. Über die Vergabe ist ein Vermerk zu fertigen, der die einzelnen Stufen des Verfahrens, die Maßnahmen, die Feststellung sowie die Begründung der einzelnen Entscheidungen enthält.

2. Wird auf die Vorlage zusätzlich zum Angebot verlangter Unterlagen und Nachweise verzichtet, ist dies im Vergabevermerk zu begründen.

§ 30 b
Aufbewahrungs- und Berichtspflichten

1. (1) Sachdienliche Unterlagen über jede Auftragsvergabe sind aufzubewahren, die es zu einem späteren Zeitpunkt ermöglichen, die Entscheidungen zu begründen über:

   a) die Prüfung und Auswahl der Unternehmen und die Auftragsvergabe,

   b) den Rückgriff auf Verfahren ohne vorherigen Aufruf zum Wettbewerb gemäß § 3 b Nr. 2,

   c) die Inanspruchnahme vorgesehener Abweichungsmöglichkeiten von der Anwendungsverpflichtung.

   Die Auftraggeber treffen geeignete Maßnahmen, um den Ablauf der mit elektronischen Mitteln durchgeführten Vergabeverfahren zu dokumentieren.

   (2) Die Unterlagen müssen mindestens vier Jahre lang ab der Auftragsvergabe aufbewahrt werden, damit der Auftraggeber der Kommission der Europäischen Gemeinschaften in dieser Zeit auf Anfrage die erforderlichen Auskünfte erteilen kann.

2. Die Auftraggeber übermitteln der Bundesregierung jährlich eine statistische Aufstellung über den Gesamtwert der vergebenen Aufträge, die unterhalb der Schwellenwerte liegen und die jedoch ohne eine Schwellenwertvorgabe diesen Regelungen unterliegen würden.

3. Auftraggeber, die eine Tätigkeit im Bereich der Trinkwasser- oder Elektrizitätsversorgung oder im Verkehrsbereich – ausgenommen Eisenbahnfern- und -regionalverkehr – ausüben, teilen der Bundesregierung entsprechend deren Vorgaben jährlich den Gesamtwert der Aufträge mit, die im Vorjahr vergeben worden sind.

   Diese Meldepflicht gilt nicht, wenn der Auftraggeber im Berichtszeitraum keinen Auftrag ab den in der Vergabeverordnung festgelegten Schwellenwerten zu vergeben hatte.

4. Die Auftraggeber übermitteln die Angaben nach Nummer 2 und 3 spätestens bis 31. August jeden Jahres für das Vorjahr an das Bundesministerium für Wirtschaft und Technologie.

§ 31 b
Wettbewerbe

1. Wettbewerbe sind die Auslobungsverfahren, die zu einem Dienstleistungsauftrag führen sollen.

2. (1) Die auf die Durchführung des Wettbewerbs anwendbaren Regeln sind den an der Teilnahme am Wettbewerb Interessierten mitzuteilen.

   (2) Die Zulassung zur Teilnahme an einem Wettbewerb darf nicht beschränkt werden
   - auf das Gebiet eines Mitgliedstaates oder einen Teil davon,
   - auf natürliche oder juristische Personen.

   (3) Bei Wettbewerben mit beschränkter Teilnehmerzahl haben die Auftraggeber eindeutige und nicht diskriminierende Auswahlkriterien festzulegen. Die Zahl der Bewerber, die zur Teilnahme aufgefordert werden, muss ausreichen, um einen echten Wettbewerb zu gewährleisten.

   (4) Das Preisgericht darf nur aus Preisrichtern bestehen, die von den Teilnehmern des Wettbewerbs unabhängig sind. Wird von den Wettbewerbsteilnehmern eine bestimmte berufliche Qualifikation verlangt, muss mindestens ein Drittel der Preisrichter über dieselbe oder eine gleichwertige Qualifikation verfügen.

   (5) Das Preisgericht ist in seinen Entscheidungen und Stellungnahmen unabhängig. Es trifft diese aufgrund von Wettbewerbsarbeiten, die anonym vorgelegt werden, und nur aufgrund von Kriterien, die in der Bekanntmachung nach Nummer 3 genannt sind.

   (6) Das Preisgericht hat einen von den Preisrichtern zu unterzeichnenden Bericht zu erstellen über die Rangfolge der von ihm ausgewählten Projekte und über die einzelnen Wettbewerbsarbeiten.

3. (1) Auftraggeber, die einen Wettbewerb durchführen wollen, teilen ihre Absicht durch Bekanntmachung nach dem im Anhang XII der Verordnung (EG) Nr. 1564/2005 enthaltenen Muster mit. Die Bekanntmachung ist dem Amt für amtliche Veröffentlichungen der Europäischen Gemeinschaften[40] unverzüglich mitzuteilen.

   (2) § 17 b Nr. 4 gilt entsprechend.

   (3) Auftraggeber, die einen Wettbewerb durchgeführt haben, geben spätestens 2 Monate nach Durchführung eine Bekanntmachung nach dem im Anhang XIII

---

[40] Amt für amtliche Veröffentlichungen der Europäischen Gemeinschaften, 2, rue Mercier,
L-2985 Luxemburg
Telefon: 00 35 2–29 29–1
Telefax: 00 35 2–292 942 670
http://ted.eur-op.eu.int
E-Mail: mp-ojs@opoce.cec.eu.int

der Verordnung (EG) Nr. 1564/2005 enthaltenen Muster an das Amt für amtliche Veröffentlichungen der Europäischen Gemeinschaften. § 28 b gilt entsprechend.

§ 32 b
Nachprüfungsbehörden

In der Bekanntmachung und den Vergabeunterlagen ist die Stelle anzugeben, an die sich der Bewerber oder Bieter zur Nachprüfung behaupteter Verstöße gegen die Vergabebestimmungen wenden kann.

Anhang I
Teil A[41]

Kategorie	Bezeichnung	CPC-Referenz-nummern[42]	CPV-Referenznummern
1	Instandhaltung und Reparatur	6112, 6122, 633, 886	Von 50100000 bis 50982000 (außer 50310000 bis 50324200 und 50116510-9, 50190000-3, 50229000-6, 50243000-0)
2	Landverkehr[43], einschließlich Geldtransport und Kurierdienste, ohne Postverkehr	712 (außer 71235) 7512, 87304	Von 60112000-6 bis 60129300-1 (außer 60121000 bis 60121600, 60122200-1, 60122230-0), und von 64120000-3 bis 64121200-2
3	Fracht- und Personenbeförderung im Flugverkehr, ohne Postverkehr	73 (außer 7321)	Von 62100000-3 bis 62300000-5 (außer 62121000-6, 62221000-7)
4	Postbeförderung im Landverkehr[44] sowie Luftpostbeförderung	71235, 7321	60122200-1, 60122230-0, 62121000-6, 62221000-7
5	Fernmeldewesen	752	Von 64200000-8 bis 64228200-2, 72318000-7, und von 72530000-9 bis 72532000-3
6	Finanzielle Dienstleistungen: a) Versicherungsdienstleistungen b) Bankdienstleistungen und Wertpapiergeschäfte[45]	ex 81, 812, 814	Von 66100000-1 bis 66430000-3 und von 67110000-1 bis 67262000-1 (4)

---

41 Bei unterschiedlichen Auslegungen zwischen CPV und CPC gilt die CPC-Nomenklatur.
42 CPC-Nomenklatur (vorläufige Fassung), die zur Festlegung des Anwendungsbereichs der Richtlinie 92/50/EWG verwendet wird.
43 Ohne Eisenbahnverkehr der Kategorie 18.
44 Ohne Eisenbahnverkehr der Kategorie 18.
45 Ohne Finanzdienstleistungen im Zusammenhang mit Ausgabe, Verkauf, Ankauf oder Übertragung von Wertpapieren oder anderen Finanzinstrumenten und mit Zentralbankdiensten.
Ausgenommen sind ferner Dienstleistungen zum Erwerb oder zur Anmietung – ganz gleich, nach welchen Finanzmodalitäten – von Grundstücken, bestehenden Gebäuden oder anderem unbeweglichen Eigentum oder betreffend Rechte daran; Finanzdienstleistungen, die bei dem Vertrag über den Erwerb oder die Anmietung mit ihm gleichlaufend, ihm vorangehend oder im Anschluss an ihn, gleich in welcher Form erbracht werden, fallen jedoch darunter.

Kategorie	Bezeichnung	CPC-Referenz-nummern[42]	CPV-Referenznummern
7	Datenverarbeitung und verbundene Tätigkeiten	84	Von 50300000-8 bis 50324200-4, von 72100000-6 bis 72591000-4 (außer 72318000-7 und von 72530000-9 bis 72532000-3)
8	Forschung und Entwicklung[46]	85	Von 73000000-2 bis 73300000-5 (außer 73200000-4, 73210000-7, 7322000-0)
9	Buchführung, -haltung und -prüfung	862	Von 74121000-3 bis 74121250-0
10	Markt- und Meinungsforschung	864	Von 74130000-9 bis 74133000-0, und 74423100-1, 74423110-4
11	Unternehmensberatung[47] und verbundene Tätigkeiten	865, 866	Von 73200000-4 bis 73220000-0, von 74140000-2 bis 74150000-5 (außer 74142200-8), und 74420000-9, 74421000-6, 74423000-0, 74423200-2, 74423210-5, 74871000-5, 93620000-0
12	Architektur, technische Beratung und Planung, integrierte technische Leistungen, Stadt- und Landschaftsplanung, zugehörige wissenschaftliche und technische Beratung, technische Versuche und Analysen	867	Von 74200000-1 bis 74276400-8, und von 74310000-5 bis 74323100-0, und 74874000-6
13	Werbung	871	Von 74400000-3 bis 74422000-3 (außer 74420000-9 und 74421000-6)
14	Gebäudereinigung und Hausverwaltung	874, 82201 bis 82206	Von 70300000-4 bis 70340000-6, und von 74710000-9 bis 74760000-4
15	Verlegen und Drucken gegen Vergütung oder auf vertraglicher Grundlage	88442	Von 78000000-7 bis 78400000-1

---

46 Ohne Aufträge über Forschungs- und Entwicklungsdienstleistungen anderer Art als diejenigen, deren Ergebnisse ausschließlich Eigentum des Auftraggebers für seinen Gebrauch bei der Ausübung seiner eigenen Tätigkeit sind, sofern die Dienstleistung vollständig durch den Auftraggeber vergütet wird.
47 Ohne Schiedsgerichts- und Schlichtungsleistungen.

Kategorie	Bezeichnung	CPC-Referenz-nummern[42]	CPV-Referenznummern
16	Abfall- und Abwasserbeseitigung, sanitäre und ähnliche Dienstleistungen	94	Von 90100000-8 bis 90320000-6, und 50190000-3, 50229000-6, 50243000-0
17	Gaststätten und Beherbergungsgewerbe	64	Von 55000000-0 bis 55524000-9, und von 93400000-2 bis 93411000-2
18	Eisenbahnen	711	60111000-9, und von 60121000-2 bis 60121600-8
19	Schifffahrt	72	Von 61000000-5 bis 61530000-9, und von 63370000-3 bis 63372000-7
20	Neben- und Hilfstätigkeiten des Verkehrs	74	62400000-6, 62440000-8, 62441000-5, 62450000-1, von 63000000-9 bis 63600000-5 (außer 63370000-3, 63371000-0, 63372000-7), und 74322000-2, 93610000-7
21	Rechtsberatung	861	Von 74110000-3 bis 74114000-1
22	Arbeits- und Arbeitskräftevermittlung[48]	872	Von 74500000-4 bis 74540000-6 (außer 74511000-4), und von 95000000-2 bis 95140000-5
23	Auskunfts- und Schutzdienste, ohne Geldtransport	873 (außer 87304)	Von 74600000-5 bis 74620000-1
24	Unterrichtswesen und Berufsausbildung	92	Von 80100000-5 bis 80430000-7
25	Gesundheits-, Veterinär- und Sozialwesen	93	74511000-4, und von 85000000-9 bis 85323000-9 (außer 85321000-5 und 85322000-2)
26	Erholung, Kultur und Sport[49]	96	Von 74875000-3 bis 74875200-5, und von 92000000-1 bis 92622000-7 (außer 92230000-2)
27	Sonstige Dienstleistungen[64, 65]		

[48] Mit Ausnahme von Arbeitsverträgen.
[49] Mit Ausnahme von Aufträgen über Erwerb, Entwicklung, Produktion oder Koproduktion von Programmen durch Sendeunternehmen und Verträgen über Sendezeit.

Anhang II
Anforderungen an die Geräte, die für den elektronischen Empfang der Anträge auf Teilnahme und der Angebote verwendet werden

Die Geräte müssen gewährleisten, dass

a) für die Angebote eine elektronische Signatur verwendet werden kann,

b) Tag und Uhrzeit des Eingangs der Teilnahmeanträge oder Angebote genau bestimmbar sind,

c) ein Zugang zu den Daten nicht vor Ablauf des hierfür festgesetzten Termins erfolgt,

d) bei einem Verstoß gegen das Zugangsverbot der Verstoß sicher festgestellt werden kann,

e) ausschließlich die hierfür bestimmten Personen den Zeitpunkt der Öffnung der Daten festlegen oder ändern können,

f) der Zugang zu den übermittelten Daten nur möglich ist, wenn die hierfür bestimmten Personen gleichzeitig und erst nach dem festgesetzten Zeitpunkt tätig werden, und

g) die übermittelten Daten ausschließlich den zur Kenntnisnahme bestimmten Personen zugänglich bleiben.

Anhang TS
Technische Spezifikationen

Begriffsbestimmungen

1. »Technische Spezifikationen« sind sämtliche, insbesondere in den Verdingungsunterlagen enthaltenen, technischen Anforderungen an ein Material, ein Erzeugnis oder eine Lieferung, mit deren Hilfe das Material, das Erzeugnis oder die Lieferung so bezeichnet werden können, dass sie ihren durch den Auftraggeber festgelegten Verwendungszweck erfüllen. Zu diesen technischen Anforderungen gehören Qualitätsstufen, Umweltleistungsstufen, die Konzeption für alle Verwendungsarten (»Design for all«) einschließlich des Zugangs für Menschen mit Behinderungen, sowie Konformitätsbewertung, Vorgaben für Gebrauchstauglichkeit, Verwendung, Sicherheit und Abmessungen, einschließlich Vorschriften über Verkaufsbezeichnung, Terminologie, Bildzeichen, Prüfungen und Prüfverfahren, Verpackung, Kennzeichnung und Beschriftung sowie Produktionsprozesse und -methoden sowie über Konformitätsbewertungsverfahren. Außerdem gehören dazu auch die Vorschriften für die Planung und Berechnung von Bauwerken; die Bedingungen für die Prüfung, Inspektion und Abnahme von Bauwerken, die Konstruktionsmethoden oder -verfahren und alle anderen technischen Anforderungen, die der Auftraggeber bezüglich fertiger Bauwerke oder der dazu notwendigen Materialien oder Teile durch allgemeine oder spezielle Vorschriften anzugeben in der Lage ist.

2. »Norm« ist eine technische Spezifikation, die von einer anerkannten Normenorganisation zur wiederholten oder ständigen Anwendung angenommen wurde, deren Einhaltung grundsätzlich nicht zwingend vorgeschrieben ist.

3. »Internationale Norm« ist eine Norm, die von einem internationalen Normungsgremium angenommen wird und der Öffentlichkeit zugänglich ist.

4. »Europäische Norm« ist eine Norm, die von einem europäischen Normungsgremium angenommen wird und der Öffentlichkeit zugänglich ist.

5. »Nationale Norm« ist eine Norm, die von einem nationalen Normungsgremium angenommen wird und der Öffentlichkeit zugänglich ist.

6. »Europäische technische Zulassung« ist eine positive technische Beurteilung der Brauchbarkeit des Produktes hinsichtlich der Erfüllung der wesentlichen Anforderung an bauliche Anlagen; sie erfolgt aufgrund der spezifischen Merkmale des Produkts und der festgelegten Anwendungs- und Verwertungsbedingungen. Die europäische technische Zulassung wird von einem zu diesem Zweck vom Mitgliedstaat zugelassenen Gremium ausgestellt.

7. »Gemeinsame technische Spezifikationen« sind technische Spezifikationen, die nach einem von den Mitgliedstaaten anerkannten Verfahren erarbeitet und im Amtsblatt der Europäischen Gemeinschaften veröffentlicht wurden.

8. »Technische Bezugsgröße« ist jeder Bezugsrahmen, der keine offizielle Norm ist und von den europäischen Normungsgremien nach an die Bedürfnisse des Marktes angepassten Verfahren erarbeitet wurde.

Abschnitt 4: Vergabebestimmungen nach der EG-Sektorenrichtlinie[50] (VOL/A-SKR)

§ 1 SKR
Geltungsbereich

(1) Bei der Vergabe von Liefer- und Dienstleistungsaufträgen gelten die nachfolgenden Bestimmungen.

(2) Aufträge, deren Gegenstand Dienstleistungen nach Anhang I A sind, werden nach den Bestimmungen dieses Abschnitts vergeben.

(3) Aufträge, deren Gegenstand Dienstleistungen nach Anhang I B sind, werden nach den Bestimmungen der §§ 6 SKR und 12 SKR vergeben.

(4) Aufträge, deren Gegenstand Dienstleistungen des Anhangs I A und des Anhangs I B sind, werden nach den Regelungen für diejenigen Dienstleistungen vergeben, deren Wert überwiegt.

§ 2 SKR
Diskriminierungsverbot, Schutz der Vertraulichkeit

1. Bei der Vergabe von Aufträgen darf kein Unternehmen diskriminiert werden.
2. Die Übermittlung technischer Spezifikationen für interessierte Unternehmen, die Prüfung und die Auswahl von Unternehmen und die Auftragsvergabe können die Auftraggeber mit Auflagen zum Schutz der Vertraulichkeit verbinden.
3. Das Recht der Unternehmen, von einem Auftraggeber in Übereinstimmung mit innerstaatlichen Rechtsvorschriften die Vertraulichkeit der von ihnen zur Verfügung gestellten Informationen zu verlangen, wird nicht eingeschränkt.

§ 3 SKR
Arten der Vergabe

1. Die Auftraggeber können jedes der in Nummer 2 bezeichneten Verfahren wählen, vorausgesetzt, dass – vorbehaltlich Nummer 3 – ein Aufruf zum Wettbewerb gemäß § 9 SKR Nr. 1 Abs. 1 durchgeführt wird.

2. Aufträge im Sinne von § 1 SKR werden in folgenden Verfahren vergeben:

    a) Offenes Verfahren

    Im Offenen Verfahren werden Aufträge nach öffentlicher Aufforderung einer unbeschränkten Zahl von Unternehmen zur Einreichung von Angeboten vergeben.

---

[50] Richtlinie 2004/17/EG des Europäischen Parlaments und des Rates vom 31. März 2004 zur Koordinierung der Zuschlagserteilung durch Auftraggeber im Bereich der Wasser-, Energie- und Verkehrsversorgung sowie der Postdienste (ABl. EU Nr. L 134 S. 1) i. d. F. der Richlinie 2005/51/EG der Kommission vom 07. September 2005 (ABl. EU Nr. L 257 S. 127) und der Verordnung (EG) Nr. 2083/2005 der Kommission vom 19. Dezember 2005 (ABl. EU Nr. L 333 S. 28)

b) Nichtoffenes Verfahren

Im Nichtoffenen Verfahren werden Aufträge nach Aufforderung einer beschränkten Zahl von Unternehmen zur Einreichung von Angeboten nach einem Aufruf zum Wettbewerb vergeben.

c) Verhandlungsverfahren

Beim Verhandlungsverfahren wendet sich der Auftraggeber an ausgewählte Unternehmen und verhandelt mit einem oder mehreren dieser Unternehmen über den Auftragsinhalt, gegebenenfalls nach Aufruf zum Wettbewerb.

3. Die Auftraggeber können in folgenden Fällen ein Verfahren ohne vorherigen Aufruf zum Wettbewerb durchführen:

a) Wenn im Rahmen eines Verfahrens mit vorherigem Aufruf zum Wettbewerb keine oder keine geeigneten Angebote oder Bewerbungen abgegeben worden sind, sofern die ursprünglichen Bedingungen des Auftrags nicht grundlegend geändert werden;

b) wenn ein Auftrag nur zum Zweck von Forschungen, Versuchen, Untersuchungen oder Entwicklungen und nicht mit dem Ziel der Gewinnerzielung oder der Deckung der Forschungs- und Entwicklungskosten beim Auftragnehmer vergeben wird und die Vergabe des Auftrages einem Aufruf zum Wettbewerb für Folgeaufträge, die insbesondere diese Ziele verfolgen, nicht vorgreift;

c) wenn der Auftrag wegen seiner technischen oder künstlerischen Besonderheiten oder aufgrund des Schutzes von Ausschließlichkeitsrechten nur von einem bestimmten Unternehmen durchgeführt werden kann;

d) soweit zwingend erforderlich und wenn bei äußerster Dringlichkeit im Zusammenhang mit Ereignissen, die der Auftraggeber nicht voraussehen konnte, es nicht möglich ist, die in den Offenen Verfahren, Nichtoffenen Verfahren oder Verhandlungsverfahren vorgesehenen Fristen für die Bekanntmachung einzuhalten;

e) bei Aufträgen, die aufgrund einer Rahmenvereinbarung vergeben werden sollen, sofern die in § 4 SKR Nr. 2 Abs. 2 genannte Bedingung erfüllt ist;

f) im Falle von Lieferaufträgen bei zusätzlichen, vom ursprünglichen Unternehmen durchzuführenden Leistungen, die entweder zur teilweisen Erneuerung von gängigen Waren oder Einrichtungen oder zur Erweiterung von Lieferungen oder bestehenden Einrichtungen bestimmt sind, wenn ein Wechsel des Unternehmens dazu führen würde, dass der Auftraggeber Material unterschiedlicher technischer Merkmale kaufen müsste und dies eine technische Unvereinbarkeit oder unverhältnismäßige technische Schwierigkeiten bei Gebrauch und Wartung mit sich bringen würde;

g) bei zusätzlichen Dienstleistungen, die weder in dem der Vergabe zugrunde liegenden Entwurf noch im zuerst vergebenen Auftrag vorgesehen sind, die aber wegen eines unvorhergesehenen Ereignisses zur Ausführung dieses Auftrags erforderlich sind, sofern der Auftrag an das Unternehmen vergeben wird, das den ersten Auftrag ausführt,

- wenn sich diese zusätzlichen Dienstleistungen in technischer oder wirtschaftlicher Hinsicht nicht ohne wesentlichen Nachteil für den Auftraggeber vom Hauptauftrag trennen lassen,
- oder wenn diese zusätzlichen Dienstleistungen zwar von der Ausführung des ersten Auftrags getrennt werden können, aber für dessen weitere Ausführungsstufen unbedingt erforderlich sind;

h) wenn es sich um Waren handelt, die an Rohstoffbörsen notiert und gekauft werden;

i) bei Gelegenheitskäufen, wenn Waren aufgrund einer besonders günstigen Gelegenheit, die sich für einen sehr kurzen Zeitraum ergeben hat, zu einem Preis gekauft werden können, der erheblich unter den normalerweise marktüblichen Preisen liegt;

k) bei dem zu besonders günstigen Bedingungen erfolgenden Kauf von Waren entweder bei einem Unternehmen, das seine gewerbliche Tätigkeit endgültig einstellt, oder bei den Verwaltern im Rahmen eines Konkurses, eines Vergleichsverfahrens oder eines in den einzelstaatlichen Rechtsvorschriften vorgesehenen gleichartigen Verfahrens;

l) wenn der betreffende Dienstleistungsauftrag im Anschluss an einen durchgeführten Wettbewerb gemäß den einschlägigen Bestimmungen an den Gewinner oder einen der Gewinner vergeben werden muss. Im letzteren Fall sind alle Gewinner des Wettbewerbs zur Teilnahme an Verhandlungen einzuladen.

§ 4 SKR
Rahmenvereinbarung

1. Eine Rahmenvereinbarung ist eine Vereinbarung mit einem oder mehreren Unternehmen, in der die Bedingungen für Einzelaufträge festgelegt werden, die im Laufe eines bestimmten Zeitraums vergeben werden sollen, insbesondere über den in Aussicht genommenen Preis und ggf. die in Aussicht genommene Menge.

2. (1) Rahmenvereinbarungen können als Auftrag im Sinne dieser Vergabebestimmungen angesehen werden und aufgrund eines Verfahrens nach § 3 SKR Nr. 2 abgeschlossen werden.

   (2) Ist eine Rahmenvereinbarung in einem Verfahren nach § 3 SKR Nr. 2 abgeschlossen worden, so kann ein Einzelauftrag aufgrund dieser Rahmenvereinbarung nach § 3 SKR Nr. 3 Buchstabe e) ohne vorherigen Aufruf zum Wettbewerb vergeben werden.

   (3) Ist eine Rahmenvereinbarung nicht in einem Verfahren nach § 3 SKR Nr. 2 abgeschlossen worden, so muss der Vergabe des Einzelauftrages ein Aufruf zum Wettbewerb vorausgehen.

3. Rahmenvereinbarungen dürfen nicht dazu missbraucht werden, den Wettbewerb zu verhindern, einzuschränken oder zu verfälschen.

§ 5 SKR
Teilnehmer am Wettbewerb

1. (1) Auftraggeber, die Bewerber für die Teilnahme an einem Nichtoffenen Verfahren oder an einem Verhandlungsverfahren auswählen, richten sich dabei nach objektiven Regeln und Kriterien. Diese Regeln und Kriterien legen sie fest und stellen sie Unternehmen, die ihr Interesse bekundet haben, zur Verfügung.

(2) Kriterien im Sinne des Abs. 1 sind insbesondere Fachkunde, Leistungsfähigkeit und Zuverlässigkeit. Zu deren Nachweis können entsprechende Angaben gefordert werden, soweit es durch den Gegenstand des Auftrags gerechtfertigt ist; dabei muss der Auftraggeber die berechtigten Interessen des Unternehmens am Schutz seiner Betriebsgeheimnisse berücksichtigen.

(3) Ein Unternehmen ist von der Teilnahme an einem Vergabeverfahren wegen Unzuverlässigkeit auszuschließen, wenn der Auftraggeber Kenntnis davon hat, dass eine Person, deren Verhalten dem Unternehmen zuzurechnen ist, rechtskräftig verurteilt ist wegen:

a) § 129 des Strafgesetzbuches (Bildung krimineller Vereinigungen), § 129 a des Strafgesetzbuches (Bildung terroristischer Vereinigungen), § 129 b des Strafgesetzbuches (kriminelle und terroristische Vereinigungen im Ausland),

b) § 261 des Strafgesetzbuches (Geldwäsche, Verschleierung unrechtmäßig erlangter Vermögenswerte),

c) § 263 des Strafgesetzbuches (Betrug), soweit sich die Straftat gegen den Haushalt der Europäischen Gemeinschaften oder gegen Haushalte richtet, die von den Europäischen Gemeinschaften oder in deren Auftrag verwaltet werden,

d) § 264 des Strafgesetzbuches (Subventionsbetrug), soweit sich die Straftat gegen den Haushalt der Europäischen Gemeinschaften oder gegen Haushalte richtet, die von den Europäischen Gemeinschaften oder in deren Auftrag verwaltet werden,

e) § 334 des Strafgesetzbuches (Bestechung), auch in Verbindung mit Artikel 2 § 1 des EU-Bestechungsgesetzes, Artikel 2 § 1 des Gesetzes zur Bekämpfung internationaler Bestechung, Artikel 7 Abs. 2 Nr. 10 des Vierten Strafrechtsänderungsgesetzes und § 2 des Gesetzes über das Ruhen der Verfolgungsverjährung und die Gleichstellung der Richter und Bediensteten des Internationalen Strafgerichtshofes,

f) Artikel 2 § 2 des Gesetzes zur Bekämpfung internationaler Bestechung (Bestechung ausländischer Abgeordneter im Zusammenhang mit internationalem Geschäftsverkehr) oder

g) § 370 Abgabenordnung, auch in Verbindung mit § 12 des Gesetzes zur Durchführung der gemeinsamen Marktorganisationen und der Direktzahlungen

(MOG), soweit sich die Straftat gegen den Haushalt der Europäischen Gemeinschaften oder gegen Haushalte richtet, die von den Europäischen Gemeinschaften oder in deren Auftrag verwaltet werden.

Einem Verstoß gegen diese Vorschriften gleichgesetzt sind Verstöße gegen entsprechende Strafnormen anderer Staaten. Ein Verhalten einer rechtskräftig verurteilten Person ist einem Unternehmen zuzurechnen, wenn sie für dieses Unternehmen bei der Führung der Geschäfte selbst verantwortlich gehandelt hat oder ein Aufsichts- oder Organisationsverschulden gemäß § 130 des Gesetzes über Ordnungswidrigkeiten (OWiG) einer Person im Hinblick auf das Verhalten einer anderen für das Unternehmen handelnden, rechtskräftig verurteilten Person vorliegt.

(4) Als Nachweis, dass die Kenntnis nach Absatz 3 unrichtig ist und die in Absatz 3 genannten Fälle nicht vorliegen, akzeptieren die Auftraggeber einen Auszug aus einem Bundeszentral-register oder eine gleichwertige Urkunde einer zuständigen Gerichts- oder Verwaltungsbehörde des Herkunftslands. Wenn eine Urkunde oder Bescheinigung vom Herkunftsland nicht ausgestellt wurde oder nicht vollständig alle vorgesehenen Fälle erwähnt, kann dies durch eine eidesstattliche Erklärung oder eine förmliche Erklärung vor einer zuständigen Gerichts- oder Verwaltungsbehörde, einem Notar oder einer dafür qualifizierten Berufsorganisation des Herkunftslands ersetzt werden.

(5) Von einem Ausschluss nach Absatz 3 kann nur abgesehen werden, wenn zwingende Gründe des Allgemeininteresses vorliegen und andere Unternehmen die Leistung nicht angemessen erbringen können oder wenn aufgrund besonderer Umstände des Einzelfalls der Verstoß die Zuverlässigkeit des Unternehmens nicht in Frage stellt.

(6) In finanzieller und wirtschaftlicher Hinsicht kann der Auftraggeber vom Unternehmen zum Nachweis der Leistungsfähigkeit in der Regel Folgendes verlangen:

a) Vorlage entsprechender Bankauskünfte,

b) Vorlage von Bilanzen oder Bilanzauszügen des Unternehmens,

c) Erklärung über den Gesamtumsatz des Unternehmens sowie den Umsatz bezüglich der besonderen Leistungsart, die Gegenstand der Vergabe ist, jeweils bezogen auf die letzten drei Geschäftsjahre.

Kann ein Unternehmen aus stichhaltigen Gründen die vom Auftraggeber geforderten Nachweise nicht erbringen, so können andere, vom Auftraggeber für geeignet erachtete Belege verlangt werden.

(7) In technischer Hinsicht kann der Auftraggeber vom Unternehmen je nach Art, Menge und Verwendungszweck der zu erbringenden Leistung zum Nachweis der Leistungsfähigkeit in der Regel Folgendes verlangen:

a) eine Liste der wesentlichen in den letzten drei Jahren erbrachten Leistungen mit Angabe des Rechnungswertes, der Leistungszeit sowie der öffentlichen oder privaten Auftraggeber:

- bei Leistungen an öffentliche Auftraggeber durch eine von der zuständigen Behörde ausgestellte oder beglaubigte Bescheinigung,
- bei Leistungen an private Auftraggeber durch eine von diesen ausgestellte Bescheinigung; ist eine derartige Bescheinigung nicht erhältlich, so ist eine einfache Erklärung des Unternehmens zulässig,

b) die Beschreibung der technischen Ausrüstung, der Maßnahmen des Unternehmens zur Gewährleistung der Qualität sowie die Untersuchungs- und Forschungsmöglichkeiten des Unternehmens,

c) Angaben über die technische Leitung oder die technischen Stellen, unabhängig davon, ob sie dem Unternehmen angeschlossen sind oder nicht, und zwar insbesondere über diejenigen, die mit der Qualitätskontrolle beauftragt sind,

d) bei Lieferaufträgen Muster, Beschreibungen und/oder Fotografien der zu erbringenden Leistung, deren Echtheit auf Verlangen des Auftraggebers nachgewiesen werden muss,

e) bei Lieferaufträgen Bescheinigungen der zuständigen amtlichen Qualitätskontrollinstitute oder Dienststellen, mit denen bestätigt wird, dass die durch entsprechende Bezugnahmen genau gekennzeichneten Leistungen bestimmten Spezifikationen oder Normen entsprechen,

f) sind die zu erbringenden Leistungen komplexer Art oder sollen sie ausnahmsweise einem besonderen Zweck dienen, eine Prüfung, die von dem Auftraggeber oder in dessen Namen von einer anderen damit einverstandenen Stelle durchgeführt wird; diese Prüfung betrifft die Produktionskapazitäten und erforderlichenfalls die Untersuchungs- und Forschungsmöglichkeiten des Unternehmens sowie die von diesem zur Gewährleistung der Qualität getroffenen Vorkehrungen.

2. Kriterien nach Nummer 1 können auch folgende Ausschließungsgründe sein:

a) Eröffnung oder beantragte Eröffnung des Insolvenzverfahrens oder eines vergleichbaren gesetzlich geregelten Verfahrens über das Vermögen des Unternehmens, oder Ablehnung dieses Antrages mangels Masse,

b) eingeleitete Liquidation des Unternehmens,

c) nachweislich begangene schwere Verfehlung des Unternehmens, die seine Zuverlässigkeit als Bewerber in Frage stellt,

d) nicht ordnungsgemäße Erfüllung der Verpflichtung zur Zahlung von Steuern und Abgaben sowie der Beiträge zur gesetzlichen Sozialversicherung,

e) vorsätzliche Abgabe von unzutreffenden Erklärungen in Bezug auf Fachkunde, Leistungsfähigkeit und Zuverlässigkeit im Vergabeverfahren.

3. Ein Kriterium kann auch die objektive Notwendigkeit sein, die Zahl der Bewerber so weit zu verringern, dass ein angemessenes Verhältnis zwischen den besonderen Merkmalen des Vergabeverfahrens und dem zur Durchführung notwendigen Auf-

wand sichergestellt ist. Es sind jedoch so viele Bewerber zu berücksichtigen, dass ein Wettbewerb gewährleistet ist.

4. Bietergemeinschaften sind Einzelbietern gleichzusetzen, wenn sie die Arbeiten im eigenen Betrieb oder in den Betrieben der Mitglieder ausführen. Von solchen Gemeinschaften kann nicht verlangt werden, dass sie zwecks Einreichung eines Angebots oder für das Verhandlungsverfahren eine bestimmte Rechtsform annehmen; von der den Zuschlag erhaltenden Gemeinschaft kann dies jedoch verlangt werden, sofern es für die ordnungsgemäße Durchführung des Auftrags notwendig ist.

5. Ein Unternehmen kann sich, auch als Mitglied einer Bietergemeinschaft, zum Nachweis der Leistungsfähigkeit und Fachkunde der Fähigkeiten anderer Unternehmen bedienen, ungeachtet des rechtlichen Charakters der zwischen ihm und diesen Unternehmen bestehenden Verbindungen. Er muss in diesem Fall dem Auftraggeber nachweisen, dass ihm die erforderlichen Mittel bei der Erfüllung des Auftrags zur Verfügung stehen, indem er beispielsweise die entsprechenden Verpflichtungserklärungen dieser Unternehmen vorlegt.

6. (1) Auftraggeber können ein System zur Prüfung von Unternehmen (Präqualifikationsverfahren) einrichten und anwenden. Sie sorgen dafür, dass sich Unternehmen jederzeit einer Prüfung unterziehen können.

   (2) Das System kann mehrere Qualifikationsstufen umfassen. Es wird auf der Grundlage der vom Auftraggeber aufgestellten objektiven Regeln und Kriterien gehandhabt. Der Auftraggeber kann dabei auf geeignete europäische Normen über die Qualifizierung von Unternehmen Bezug nehmen. Diese Kriterien und Regeln können erforderlichenfalls auf den neuesten Stand gebracht werden.

   (3) Auf Verlangen werden diese Qualifizierungsregeln und -kriterien sowie deren Fortschreibung Unternehmen, die ihr Interesse bekundet haben, übermittelt. Bezieht sich der Auftraggeber auf das Qualifizierungssystem einer anderen Einrichtung, so teilt er deren Namen mit.

7. In ihrer Entscheidung über die Qualifikation sowie bei der Überarbeitung der Prüfungskriterien und -regeln dürfen die Auftraggeber nicht

   – bestimmten Unternehmen administrative, technische oder finanzielle Verpflichtungen auferlegen, die sie anderen Unternehmen nicht auferlegt hätten,

   – Prüfungen und Nachweise verlangen, die sich mit bereits vorliegenden objektiven Nachweisen überschneiden.

8. Die Auftraggeber unterrichten die Antragsteller innerhalb von 6 Monaten über die Entscheidung zu deren Qualifikation. Kann diese Entscheidung nicht innerhalb von sechs Monaten nach Eingang des Prüfungsantrags getroffen werden, hat der Auftraggeber dem Antragsteller spätestens zwei Monate nach Eingang des Antrags die Gründe für eine längere Bearbeitungszeit mitzuteilen und anzugeben, wann über die Annahme oder die Ablehnung seines Antrags entschieden wird.

9. Negative Entscheidungen über die Qualifikation werden den Antragstellern unverzüglich, spätestens jedoch innerhalb von 15 Tagen nach Entscheidung unter An-

gabe der Gründe mitgeteilt. Die Gründe müssen sich auf die in Nummer 6 erwähnten Prüfungskriterien beziehen.

10. Die als qualifiziert anerkannten Unternehmen sind in ein Verzeichnis aufzunehmen. Dabei ist eine Untergliederung nach Produktgruppen und Leistungsarten möglich.

11. Die Auftraggeber können einem Unternehmen die Qualifikation nur aus Gründen aberkennen, die auf den in Nummer 6 erwähnten Kriterien beruhen. Die beabsichtigte Aberkennung muss dem betroffenen Unternehmen mindestens 15 Tage vor dem für die Aberkennung vorgesehenen Termin in Textform unter Angabe der Gründe mitgeteilt werden.

12. (1) Das Prüfsystem ist nach dem im Anhang VII der Verordnung (EG) Nr. 1564/2005 enthaltenen Muster im Amtsblatt der Europäischen Gemeinschaften[51] bekannt zu machen.

    (2) Wenn das System mehr als drei Jahre gilt, ist die Bekanntmachung jährlich zu veröffentlichen. Bei kürzerer Dauer genügt eine Bekanntmachung zu Beginn des Verfahrens.

13. (1) Verlangt der Auftraggeber zum Nachweis dafür, dass die Unternehmen bestimmte Qualitätssicherungsnormen erfüllen, die Vorlage von Bescheinigungen von unabhängigen Stellen, so nehmen diese auf Qualitätssicherungsverfahren Bezug, die den einschlägigen europäischen Normen genügen und von entsprechenden Stellen gemäß den europäischen Zertifizierungsnormen zertifiziert sind.

    (2) Gleichwertige Bescheinigungen von Stellen aus anderen EG-Mitgliedstaaten oder Vertragsstaaten des EWR-Abkommens sind anzuerkennen. Die Auftraggeber erkennen auch andere gleichwertige Nachweise für Qualitätssicherungsmaßnahmen an.

    (3) Verlangen bei der Vergabe von Dienstleistungsaufträgen die Auftraggeber als Nachweis der technischen Leistungsfähigkeit, dass die Unternehmen bestimmte Normen für das Umweltmanagement erfüllen, die Vorlage von Bescheinigungen unabhängiger Stellen, so nehmen sie auf das Gemeinschaftssystem für das Umweltmanagement und die Umweltbetriebsprüfung (EMAS) oder auf Normen für das Umweltmanagement Bezug, die auf den einschlägigen europäischen oder internationalen Normen beruhen und von entsprechenden Stellen zertifiziert sind, die dem europäischen Gemeinschaftsrecht oder europäischen oder internationalen Zertifizierungsnormen entsprechen. Gleichwertige Bescheinigungen von Stellen in anderen Mitgliedstaaten sind anzuerkennen. Die Auftraggeber erkennen auch

---

51 Amt für amtliche Veröffentlichungen der Europäischen Gemeinschaften, 2, rue Mercier,
L-2985 Luxemburg
Telefon: 00 35 2–29 29–1
Telefax: 00 35 2–292 942 670
http://ted.eur-op.eu.int
E-Mail: mp-ojs@opoce.cec.eu.int

andere Nachweise für gleichwertige Umweltmanagementmaßnahmen an, die von den Unternehmen vorgelegt werden.

§ 6 SKR
Technische Anforderungen

1. Die technischen Anforderungen sind zu formulieren:

   1. entweder unter Bezugnahme auf die im Anhang TS definierten technischen Spezifikationen in der Rangfolge:

      a) nationale Normen, mit denen europäische Normen umgesetzt werden,

      b) europäische technische Zulassungen,

      c) gemeinsame technische Spezifikationen,

      d) internationale Normen und andere technische Bezugssysteme, die von den europäischen Normungsgremien erarbeitet wurden oder,

      e) falls solche Normen und Spezifikationen fehlen, nationale Normen, nationale technische Zulassungen oder nationale technische Spezifikationen für die Planung, Berechnung und Ausführung von Bauwerken und den Einsatz von Produkten.

      Jede Bezugnahme ist mit dem Zusatz »oder gleichwertig« zu versehen.

   2. oder in Form von Leistungs- oder Funktionsanforderungen, die so genau zu fassen sind, dass sie den Unternehmen ein klares Bild vom Auftragsgegenstand vermitteln und dem Auftraggeber die Erteilung des Zuschlags ermöglichen;

   3. oder als Kombination von Ziffer 1 und 2, d. h.

      a) in Form von Leistungsanforderungen unter Bezugnahme auf die Spezifikationen gemäß Ziffer 1 als Mittel zur Vermutung der Konformität mit diesen Leistungs- und Funktionsanforderungen;

      b) oder mit Bezugnahme auf die Spezifikationen gemäß Ziffer 1 hinsichtlich bestimmter Merkmale und mit Bezugnahme auf die Leistungs- und Funktionsanforderungen gemäß Ziffer 2 hinsichtlich anderer Merkmale.

2. (1) Verweist der Auftraggeber in der Leistungs- oder Aufgabenbeschreibung auf die in Nummer 1 Ziffer 1 Buchstabe a) genannten technischen Anforderungen, so darf er ein Angebot nicht mit der Begründung ablehnen, die angebotenen Waren und Dienstleistungen entsprächen nicht den Spezifikationen, sofern das Unternehmen in seinem Angebot dem Auftraggeber mit geeigneten Mitteln nachweist, dass die von ihm vorgeschlagenen Lösungen den Anforderungen der technischen Spezifikation, auf die Bezug genommen wurde, entsprechen. Als geeignete Mittel gelten insbesondere eine technische Beschreibung des Herstellers oder ein Prüfbericht einer anerkannten Stelle.

(2) Legt der Auftraggeber die technischen Anforderungen in Form von Leistungs- oder Funktionsanforderungen fest, so darf er ein Angebot, das einer nationalen

Norm, mit der eine europäische Norm umgesetzt wird, oder einer europäischen technischen Zulassung, einer gemeinsamen technischen Spezifikation, einer internationalen Norm oder einem technischen Bezugssystem, das von den europäischen Normungsgremien erarbeitet wurde, entspricht, nicht zurückweisen, wenn diese Spezifikationen die von ihnen geforderten Leistungs- oder Funktionsanforderungen betreffen. Das Unternehmen muss in seinem Angebot mit geeigneten Mitteln nachweisen, dass die der Norm entsprechende jeweilige Ware oder Dienstleistung den Leistungs- oder Funktionsanforderungen des Auftraggebers entspricht. Als geeignete Mittel gelten eine technische Beschreibung des Herstellers oder ein Prüfbericht einer anerkannten Stelle.

(3) Schreibt der Auftraggeber Umwelteigenschaften in Form von Leistungs- oder Funktionsanforderungen vor, so können sie die Spezifikationen verwenden, die in europäischen, multinationalen oder anderen Umweltzeichen definiert sind, wenn

a) sie sich zur Definition der Merkmale der Waren oder Dienstleistungen eignen, die Gegenstand des Auftrags sind,

b) die Anforderungen des Umweltzeichens auf der Grundlage von wissenschaftlich abgesicherten Informationen ausgearbeitet werden,

c) die Umweltzeichen im Rahmen eines Verfahrens erlassen werden, an dem interessierte Kreise wie staatliche Stellen, Verbraucher, Hersteller, Händler und Umweltorganisationen teilnehmen können und

d) das Umweltzeichen für alle Betroffenen zugänglich und verfügbar ist.

Der Auftraggeber kann in den Vergabeunterlagen angeben, dass bei Waren oder Dienstleistungen, die mit einem Umweltzeichen ausgestattet sind, vermutet wird, dass sie den in der Leistungs- oder Aufgabenbeschreibung festgelegten technischen Anforderungen genügen. Der Auftraggeber muss jedes andere geeignete Beweismittel, wie technische Unterlagen des Herstellers oder Prüfberichte anerkannter Stellen, akzeptieren.

(4) Anerkannte Stellen sind die Prüf- und Eichlaboratorien im Sinne des Eichgesetzes sowie die Inspektions- und Zertifizierungsstellen, die mit den anwendbaren europäischen Normen übereinstimmen. Die Auftraggeber erkennen Bescheinigungen von in anderen Mitgliedstaaten ansässigen anerkannten Stellen an.

(5) Soweit es nicht durch den Auftragsgegenstand gerechtfertigt ist, darf in den technischen Spezifikationen nicht auf eine bestimmte Produktion oder Herkunft oder ein besonderes Verfahren oder auf Marken, Patente, Typen, einen bestimmten Ursprung oder eine bestimmte Produktion verwiesen werden, wenn dadurch bestimmte Unternehmen oder bestimmte Produkte begünstigt oder ausgeschlossen werden. Solche Verweise sind jedoch ausnahmsweise zulässig, wenn der Auftragsgegenstand nicht hinreichend genau und allgemein verständlich beschrieben werden kann; solche Verweise sind mit dem Zusatz »oder gleichwertig« zu versehen.

§ 7 SKR
Vergabeunterlagen

1. Die Vergabeunterlagen bestehen aus dem Anschreiben (Aufforderung zur Angebotsabgabe) und den Verdingungsunterlagen.

2. (1) Für die Versendung der Verdingungsunterlagen (§ 9 SKR Nr. 8) ist ein Anschreiben (Aufforderung zur Angebotsabgabe) zu verfassen, das alle Angaben enthält, die außer den Verdingungsunterlagen für den Entschluss zur Abgabe eines Angebots notwendig sind.

   (2) In dem Anschreiben sind insbesondere anzugeben:

   a) Anschrift der Stelle, bei der zusätzliche Unterlagen angefordert werden können,

   b) Tag, bis zu dem zusätzliche Unterlagen angefordert werden können,

   c) gegebenenfalls Betrag und Zahlungsbedingungen für zusätzliche Unterlagen,

   d) Anschrift der Stelle, bei der die Angebote einzureichen sind,

   e) Angabe, dass die Angebote in deutscher Sprache abzufassen sind,

   f) Tag, bis zu dem die Angebote eingehen müssen,

   g) Hinweis auf die Veröffentlichung der Bekanntmachung,

   h) Angabe der Unterlagen, die gegebenenfalls dem Angebot beizufügen sind,

   i) sofern nicht in der Bekanntmachung angegeben (§ 9 SKR Nr. 1), die maßgebenden Wertungskriterien im Sinne von § 11 SKR Nr. 1, wie etwa Lieferzeit, Ausführungsdauer, Betriebskosten, Rentabilität, Qualität, Ästhetik und Zweckmäßigkeit, Umwelteigenschaften, technischer Wert, Kundendienst und technische Hilfe, Verpflichtungen hinsichtlich der Ersatzteile, Versorgungssicherheit, Preis; dabei ist die Gewichtung der Kriterien anzugeben oder soweit nach § 11 SKR Nr. 1 Abs. 1 zulässig die absteigende Reihenfolge ihrer Bedeutung.

   (3) Wenn der Auftraggeber Nebenangebote nicht oder nur in Verbindung mit einem Hauptangebot zulassen will, so ist dies anzugeben. Lässt der Auftraggeber Nebenangebote zu, sind auch die Mindestanforderungen anzugeben, die Nebenangebote erfüllen müssen und auf welche Weise sie einzureichen sind.

3. Der Auftraggeber kann die Bieter auffordern, in ihrem Angebot die Leistungen anzugeben, die sie an Nachunternehmer zu vergeben beabsichtigen.

§ 8 SKR
Informationsübermittlung, Vertraulichkeit der Teilnahmeanträge und Angebote

1. Die Auftraggeber geben in der Bekanntmachung oder den Verdingungsunterlagen an, ob Informationen per Post, Telefax, direkt, elektronisch oder durch eine Kombination der Kommunikationsmittel übermittelt werden.

2. Das für die elektronische Übermittlung gewählte Netz muss allgemein verfügbar sein und darf den Zugang der Bewerber und Bieter zu den Vergabeverfahren nicht beschränken. Die dafür zu verwendenden Programme und ihre technischen Merkmale müssen

   – nicht diskriminierend,

   – allgemein zugänglich und

   – kompatibel mit allgemein verbreiteten Erzeugnissen der Informations- und Kommunikationstechnologie

   sein.

3. Die Auftraggeber haben die Integrität der Daten und die Vertraulichkeit der übermittelten Anträge auf Teilnahme am Vergabeverfahren und der Angebote auf geeignete Weise zu gewährleisten. Per Post oder direkt übermittelte Teilnahmeanträge und Angebote sind in einem verschlossenen Umschlag einzureichen, als solche zu kennzeichnen und bis zum Ablauf der für ihre Einreichung vorgesehenen Frist unter Verschluss zu halten. Bei elektronisch übermittelten Angeboten ist dies durch entsprechende organisatorische und technische Lösungen nach den Anforderungen des Auftraggebers und durch Verschlüsselung sicherzustellen. Die Verschlüsselung muss bis zum Ablauf der für ihre Einreichung vorgesehenen Frist aufrechterhalten bleiben.

4. (1) Angebote müssen unterschrieben sein, elektronisch übermittelte Angebote sind mit einer fortgeschrittenen elektronischen Signatur nach dem Signaturgesetz und den Anforderungen des Auftraggebers oder einer qualifizierten elektronischen Signatur nach dem Signaturgesetz zu versehen.

   (2) Teilnahmeanträge können auch per Telefax oder telefonisch gestellt werden. Werden Anträge auf Teilnahme telefonisch oder per Telefax gestellt, sind diese vom Bewerber bis zum Ablauf der Frist für die Abgabe der Teilnahmeanträge durch Übermittlung per Post, direkt oder elektronisch zu bestätigen.

5. Die Auftraggeber haben dafür Sorge zu tragen, dass den interessierten Unternehmen die Informationen über die Spezifikationen der Geräte, die für die elektronische Übermittlung der Anträge auf Teilnahme und der Angebote erforderlich sind, einschließlich Verschlüsselung zugänglich sind. Außerdem muss gewährleistet werden, dass die in Anhang II genannten Anforderungen erfüllt sind.

§ 9 SKR
Bekanntmachung, Aufruf zum Wettbewerb, Beschafferprofil

1. (1) Die Auftraggeber veröffentlichen mindestens einmal jährlich in regelmäßigen unverbindlichen Bekanntmachungen über die für die nächsten zwölf Monate beabsichtigten Aufträge, deren nach der Vergabeverordnung geschätzter Wert jeweils mindestens 750.000 EURO beträgt. Die Lieferaufträge sind nach Warenbereichen unter Bezugnahme auf die Verordnung über das gemeinsame Vokabular für öffent-

liche Aufträge – CPV (Verordnung [EG] Nr. 2195/2002[52] i. d. F. der Verordnung [EG] Nr. 2151/2003[53]) aufzuschlüsseln, die Dienstleistungsaufträge nach den im Anhang I A genannten Kategorien. Die Bekanntmachung ist nur dann zwingend vorgeschrieben, sofern der Auftraggeber die Frist für den Eingang der Angebote gemäß § 10 SKR Nr. 1 Abs. 2 Buchstabe b) verkürzen will.

(2) Die Bekanntmachungen sind nach dem in Anhang V der Verordnung (EG) Nr. 1564/2005 enthaltenen Muster zu erstellen und dem Amt für amtliche Veröffentlichungen der Europäischen Gemeinschaften zu übermitteln.[54]

(3) Veröffentlichen Auftraggeber eine regelmäßige unverbindliche Bekanntmachung in ihrem Beschafferprofil, so melden sie dies dem Amt für amtliche Veröffentlichungen der Europäischen Gemeinschaften auf elektronischem Wege nach dem im Anhang VIII der Verordnung (EG) Nr. 1564/2005 veröffentlichten Muster.

2. (1) Ein Aufruf zum Wettbewerb kann erfolgen,

   a) durch Veröffentlichung einer Bekanntmachung nach Anhang V der Verordnung (EG) Nr. 1564/2005 oder

   b) durch Veröffentlichung einer regelmäßigen unverbindlichen Bekanntmachung nach Nummer 1 oder

   c) durch Veröffentlichung einer Bekanntmachung über das Bestehen eines Prüfsystems nach § 5 SKR Nr. 5.

   (2) Die Kosten der Veröffentlichung der Bekanntmachungen im Amtsblatt der Europäischen Gemeinschaften werden von den Gemeinschaften getragen.

3. Erfolgt der Aufruf zum Wettbewerb durch Veröffentlichung einer regelmäßigen unverbindlichen Bekanntmachung, so

   a) muss in der Bekanntmachung der Inhalt des zu vergebenden Auftrags nach Art und Umfang genannt sein,

   b) muss die Bekanntmachung den Hinweis enthalten, dass dieser Auftrag im Nichtoffenen Verfahren oder Verhandlungsverfahren ohne spätere Veröffentlichung eines Aufrufs zur Angebotsabgabe vergeben wird, sowie die Aufforderung an die interessierten Unternehmen, ihr Interesse schriftlich mitzuteilen,

   c) müssen die Auftraggeber später alle Bewerber auf der Grundlage von genaueren

---

52 ABl. EG Nr. L 340 S. 1
53 ABl. EG Nr. L 329 S. 1
54 Amt für amtliche Veröffentlichungen der Europäischen Gemeinschaften, 2,
   rue Mercier,
   L-2985 Luxemburg
   Telefon: 00 35 2–29 29–1
   Telefax: 00 35 2–292 942 670
   http://ted.eur-op.eu.int
   E-Mail: mp-ojs@opoce.cec.eu.int
   Das Muster und die Modalitäten für die elektronische Übermittlung der Bekanntmachungen sind unter der Internetadresse http://simap.eu.int abrufbar.

Angaben über den Auftrag auffordern, ihr Interesse zu bestätigen, bevor mit der Auswahl der Bieter oder der Teilnehmer an einer Verhandlung begonnen wird. Die Angaben müssen mindestens Folgendes umfassen:

aa) Art und Menge, einschließlich etwaiger Optionen auf zusätzliche Aufträge und möglichenfalls veranschlagte Frist für die Inanspruchnahme dieser Optionen; bei wiederkehrenden Aufträgen Art und Menge und möglichenfalls veranschlagte Frist für die Veröffentlichung der Bekanntmachungen späterer Ausschreibungen für die Lieferungen und Dienstleistungen, die Gegenstand des Auftrages sein sollen;

bb) Art des Verfahrens: nicht offenes Verfahren oder Verhandlungsverfahren;

cc) cc) Zeitpunkt des Beginns oder Abschlusses der Leistungen;

dd) Anschrift und letzter Tag für die Vorlage des Antrags auf Aufforderung zur Angebotsabgabe sowie die Sprache oder Sprachen, in denen die Angebote abzugeben sind;

ee) die Anschrift der Stelle, die den Zuschlag erteilt und die Auskünfte gibt, die für den Erhalt der Spezifikationen und anderer Dokumente notwendig sind;

ff) alle wirtschaftlichen und technischen Anforderungen, finanziellen Garantien und Angaben, die von den Lieferanten oder Dienstleistungserbringern verlangt werden;

gg) Höhe der für die Vergabeunterlagen zu entrichtenden Beträge und Zahlungsbedingungen;

hh) Art des Auftrages, der Gegenstand des Vergabeverfahrens ist (Kauf, Leasing, Miete oder Mietkauf oder mehrere dieser Arten von Aufträgen);

ii) Zuschlagskriterien sowie deren Gewichtung oder absteigende Reihenfolge, soweit nach § 11 SKR Nr. 1 Abs. 1 zulässig,

d) dürfen zwischen deren Veröffentlichung und dem Zeitpunkt der Zusendung der Aufforderung an die Bewerber gemäß Buchstabe c) höchstens zwölf Monate vergangen sein. Im Übrigen gilt § 10 SKR Nr. 2.

4. Erfolgt ein Aufruf zum Wettbewerb durch Veröffentlichung einer Bekanntmachung über das Bestehen eines Prüfsystems, so werden die Bieter in einem Nichtoffenen Verfahren oder die Teilnehmer an einem Verhandlungsverfahren unter den Bewerbern ausgewählt, die sich im Rahmen eines solchen Systems qualifiziert haben.

5. (1) Die Bekanntmachung ist auf elektronischem oder auf anderem Wege unverzüglich dem Amt für amtliche Veröffentlichungen der Europäischen Gemeinschaften zu übermitteln. Der Auftraggeber muss den Tag der Absendung nachweisen können.

(2) Elektronisch erstellte und übersandte Bekanntmachungen werden spätestens fünf Tage nach ihrer Absendung an das Amt für amtliche Veröffentlichungen der

Europäischen Gemeinschaften veröffentlicht. Nicht elektronisch erstellte und übersandte Bekanntmachungen werden spätestens zwölf Tage nach der Absendung veröffentlicht. Die Bekanntmachungen werden unentgeltlich ungekürzt im Supplement zum Amtsblatt der Europäischen Gemeinschaften in der jeweiligen Originalsprache und eine Zusammenfassung der wichtigsten Bestandteile davon in den anderen Amtssprachen der Gemeinschaft veröffentlicht; hierbei ist nur der Wortlaut in der Originalsprache verbindlich.

(3) Die europaweit vorgesehene Bekanntmachung darf in der Bundesrepublik Deutschland nicht vor dem in der Veröffentlichung zu nennenden Tag der Absendung an das Amt für amtliche Veröffentlichungen veröffentlicht werden. Diese Veröffentlichung darf nur die dem Amt für amtliche Veröffentlichungen der Europäischen Gemeinschaften übermittelten oder in einem Beschafferprofil nach Absatz 4 veröffentlichten Angaben enthalten. Sie müssen zusätzlich auf das Datum der Absendung der europaweiten Bekanntmachung an das Amt für amtliche Veröffentlichungen der Europäischen Gemeinschaften hinweisen.

(4) Die Auftraggeber können im Internet ein Beschafferprofil einrichten. Es enthält Angaben über geplante und laufende Vergabeverfahren, über vergebene Aufträge sowie alle sonstigen für die Auftragsvergabe relevanten Informationen wie zum Beispiel Kontaktstelle, Telefon-und Telefaxnummer, Anschrift, E-Mail-Adresse des Auftraggebers.

6. Sind im Offenen Verfahren die Vergabeunterlagen und zusätzlichen Unterlagen rechtzeitig angefordert worden, sind sie den Bewerbern in der Regel innerhalb von sechs Tagen nach Eingang des Antrags zuzusenden.

7. Rechtzeitig beantragte Auskünfte über die Vergabeunterlagen sind spätestens sechs Tage vor Ablauf der Angebotsfrist zu erteilen.

8. Die Vergabeunterlagen sind beim Nichtoffenen Verfahren und beim Verhandlungsverfahren mit vorherigem Aufruf zum Wettbewerb an alle ausgewählten Bewerber am selben Tag abzusenden.

9. Die Vergabeunterlagen sind den Bewerbern in kürzestmöglicher Frist und in geeigneter Weise zu übermitteln.

§ 10 SKR
Angebotsfrist, Bewerbungsfrist

1. (1) Beim Offenen Verfahren beträgt die Frist für den Eingang der Angebote (Angebotsfrist) mindestens 52 Tage[55], gerechnet vom Tag der Absendung der Bekanntmachung an.

(2) Die Frist für den Eingang der Angebote kann durch eine kürzere Frist ersetzt werden, wenn die nachstehenden Voraussetzungen erfüllt sind:

---

[55] Die Berechnung der Fristen erfolgt nach der Verordnung (EWG/Euratom) Nr. 1182/71 des Rates vom 3. Juni 1971 zur Festlegung der Regeln für die Fristen, Daten und Termine, ABl. Nr. 124 vom 8. Juni 1971, S. 1 (vgl. Anhang II). So gelten z. B. als Tage alle Tage einschließlich Feiertage, Sonntage und Sonnabende.

Der Auftraggeber muss eine regelmäßige unverbindliche Bekanntmachung gemäß § 8 SKR Nr. 1 nach dem vorgeschriebenen Muster des Anhangs IV der Verordnung (EG) Nr. 1564/2005 oder ein Beschafferprofil nach § 9 SKR Nr. 4 Abs. 4 mindestens 52 Tage höchstens aber 12 Monate vor dem Zeitpunkt der Absendung der Bekanntmachung des Auftrages im Offenen Verfahren nach § 9 SKR Nr. 1 Buchstabe a) an das Amtsblatt der Europäischen Gemeinschaften abgesandt haben. Diese regelmäßige unverbindliche Bekanntmachung muss mindestens ebenso viele Informationen wie das Muster einer Bekanntmachung für das Offene Verfahren (Anhang V der Verordnung [EG] Nr. 1564/2005) enthalten, soweit diese Informationen zum Zeitpunkt der Absendung der Bekanntmachung für die regelmäßige unverbindliche Bekanntmachung vorlagen. Die verkürzte Frist muss für die Interessenten ausreichen, um ordnungsgemäße Angebote einreichen zu können. Sie sollte generell mindestens 36 Tage vom Zeitpunkt der Absendung der Bekanntmachung des Auftrages an betragen; sie muss auf jeden Fall mindestens 22 Tage betragen.

2. Bei Nichtoffenen Verfahren und Verhandlungsverfahren mit vorherigem Aufruf zum Wettbewerb gilt:

   a) Die Frist für den Eingang von Teilnahmeanträgen (Bewerbungsfrist) aufgrund der Bekanntmachung nach § 9 SKR Nr. 2 Abs. 1 Buchstabe a) oder der Aufforderung nach § 9 SKR Nr. 3 Buchstabe c) beträgt grundsätzlich mindestens 37 Tage vom Tag der Absendung an. Sie darf auf keinen Fall kürzer sein als 22 Tage, wenn die Bekanntmachung nicht auf elektronischem Wege oder per Telefax zur Veröffentlichung übermittelt wurde, bzw. nicht kürzer als 15 Tage, wenn sie auf solchem Wege übermittelt wurde.

   b) Die Angebotsfrist kann zwischen dem Auftraggeber und den ausgewählten Bewerbern einvernehmlich festgelegt werden, vorausgesetzt, dass allen Bewerbern dieselbe Frist für die Erstellung und Einreichung von Angeboten eingeräumt wird.

   c) Falls eine einvernehmliche Festlegung der Angebotsfrist nicht möglich ist, setzt der Auftraggeber im Regelfall eine Frist von mindestens 24 Tagen fest. Sie darf jedoch keinesfalls kürzer als zehn Tage sein, gerechnet vom Tag der Absendung der Aufforderung zur Angebotsabgabe. Bei der Festlegung der Frist werden insbesondere die in Nr. 3 genannten Faktoren berücksichtigt.

3. Können die Angebote nur nach Prüfung von umfangreichen Unterlagen, z. B. ausführlichen technischen Spezifikationen oder nur nach einer Ortsbesichtigung oder Einsichtnahme in ergänzende Unterlagen zu den Vergabeunterlagen erstellt werden oder konnten die Fristen nach § 9 SKR Nr. 5 und 6 nicht eingehalten werden, so muss dies beim Festsetzen angemessener Angebotsfristen berücksichtigt werden.

4. (1) Bei elektronisch erstellten und übermittelten Bekanntmachungen können die Fristen für den Eingang der Anträge auf Teilnahme im Nichtoffenen Verfahren und Verhandlungsverfahren und die Fristen für den Eingang der Angebote im Offenen Verfahren um 7 Tage verkürzt werden. Macht der Auftraggeber die Verdin-

gungsunterlagen und alle zusätzlichen Unterlagen ab dem Tag der Veröffentlichung der Bekanntmachung frei, direkt und vollständig elektronisch verfügbar, kann er die Frist für den Eingang der Angebote um weitere 5 Tage verkürzen, es sei denn, es handelt sich um eine nach Nummer 2 Buchstabe b) im gegenseitigen Einvernehmen festgelegte Frist. In der Bekanntmachung ist die Internet-Adresse anzugeben, unter der diese Unterlagen abrufbar sind.

(2) Wurde im Offenen Verfahren die Bekanntmachung per Telefax oder elektronisch übermittelt, darf die Kumulierung der Verkürzung der Fristen nicht zu einer Frist für den Eingang der Angebote führen, die gerechnet ab dem Tag der Absendung der Bekanntmachung weniger als 15 Tage beträgt. Wurde die Bekanntmachung nicht per Telefax oder elektronisch übermittelt, darf diese Kumulierung nicht zu einer Frist für den Eingang der Angebote führen, die weniger als 22 Tage beträgt.

(3) Im Nicht offenen Verfahren und Verhandlungsverfahren darf die Kumulierung der Verkürzung der Fristen nicht zu einer Frist für den Eingang der Angebote führen, die weniger als 10 Tage beträgt, es sei denn, es handelt sich um eine im gegenseitigen Einvernehmen festgelegte Frist.

(4) Eine Kumulierung der Verkürzung der Fristen für den Eingang der Teilnahmeanträge darf bei einer elektronisch übermittelten Bekanntmachung nicht zu einer Frist führen, die weniger als 15 Tage ab dem Tag der Absendung der Bekanntmachung führt.

§ 11 SKR
Wertung der Angebote

1. (1) Der Auftrag ist auf das wirtschaftlich günstigste Angebot unter Berücksichtigung der auftragsbezogenen Kriterien, wie etwa: Lieferfrist, Ausführungsdauer, Betriebskosten, Rentabilität, Qualität, Ästhetik und Zweckmäßigkeit, technischer Wert, Umwelteigenschaften, Kundendienst und technische Hilfe, Verpflichtungen hinsichtlich der Ersatzteile, Versorgungssicherheit, Preis zu erteilen. Der Auftraggeber hat die Kriterien zu gewichten. Die Gewichtung kann mit einer angemessenen Marge erfolgen. Kann nach Ansicht des Auftraggebers die Gewichtung aus nachvollziehbaren Gründen nicht angegeben werden, so legt er die Kriterien in absteigender Reihenfolge ihrer Bedeutung fest.

   (2) Bei der Wertung der Angebote dürfen nur Kriterien berücksichtigt werden, die in der Bekanntmachung oder in den Vergabeunterlagen genannt sind.

2. (1) Erscheinen im Falle eines bestimmten Auftrags Angebote im Verhältnis zur Leistung als ungewöhnlich niedrig, so muss der Auftraggeber vor deren Ablehnung schriftlich Aufklärung über die Einzelposten der Angebote verlangen, wo er dies für angezeigt hält; die anschließende Prüfung erfolgt unter Berücksichtigung der eingegangenen Begründungen. Er kann eine zumutbare Frist für die Antwort festlegen.

   (2) Der Auftraggeber kann Begründungen berücksichtigen, die objektiv gerechtfertigt sind durch die Wirtschaftlichkeit der Herstellungsmethode, die gewählten

technischen Lösungen, außergewöhnlich günstige Bedingungen für den Bieter bei der Durchführung des Auftrags oder die Originalität der vom Bieter vorgeschlagenen Erzeugnisse.

(3) Angebote, die aufgrund einer staatlichen Beihilfe ungewöhnlich niedrig sind, dürfen von den Auftraggebern nur zurückgewiesen werden, wenn diese den Bieter darauf hingewiesen haben und dieser innerhalb einer vom Auftraggeber festzulegenden angemessenen Frist nicht den Nachweis liefern konnte, dass die Beihilfe der Kommission der Europäischen Gemeinschaften gemeldet oder von ihr genehmigt wurde. Auftraggeber, die unter diesen Umständen ein Angebot zurückweisen, müssen die Kommission der Europäischen Gemeinschaften darüber unterrichten.

3. Ein Angebot nach § 6 SKR Nr. 2 Abs. 1 oder 2 ist wie ein Hauptangebot zu werten.

4. Nebenangebote sind zu werten, es sei denn, der Auftraggeber hat sie in der Bekanntmachung oder in den Vergabeunterlagen nicht zugelassen. Der Zuschlag darf nur auf solche Angebote erteilt werden, die den verlangten Mindestanforderungen entsprechen.

§ 12 SKR
Mitteilungspflichten

1. Auftraggeber teilen den Bewerbern und Bietern unverzüglich, spätestens innerhalb von 15 Tagen ab Eingang der Anfrage und auf Antrag auch in Textform Folgendes mit:

   - Entscheidung einschließlich der Gründe, auf die Vergabe eines Auftrages zu verzichten oder das Verfahren erneut einzuleiten,
   - den ausgeschlossenen Bewerbern oder Bietern die Gründe für die Ablehnung ihrer Bewerbung oder ihres Angebotes,
   - den Bietern, die ein ordnungsgemäßes Angebot eingereicht haben, die Merkmale und relativen Vorteile des erfolgreichen Angebotes und den Namen des erfolgreichen Bieters.

2. Der Auftraggeber kann in Nummer 1 genannte Informationen zurückhalten, wenn die Weitergabe den Gesetzesvollzug vereiteln würde oder sonst nicht im öffentlichen Interesse läge oder die berechtigten Geschäftsinteressen von Unternehmen oder den fairen Wettbewerb beeinträchtigen würde.

§ 13 SKR
Bekanntmachung der Auftragserteilung

1. Der Kommission der Europäischen Gemeinschaften sind für jeden vergebenen Auftrag binnen zwei Monaten nach der Vergabe dieses Auftrags die Ergebnisse des Vergabeverfahrens durch eine gemäß Anhang VI der Verordnung (EG) Nr. 1564/2005 abgefasste Bekanntmachung mitzuteilen; dies gilt nicht für die Vergabe von Einzelaufträgen innerhalb einer Rahmenvereinbarung.

2. Die Angaben in Anhang VI der Verordnung (EG) Nr. 1564/2005 werden im Amtsblatt der Europäischen Gemeinschaften veröffentlicht. Dabei berücksichtigt die

Kommission der Europäischen Gemeinschaften alle in geschäftlicher Hinsicht sensiblen Angaben, wenn der Auftraggeber dies bei der Übermittlung der Angaben über die Anzahl der eingegangenen Angebote, die Identität der Unternehmen und die Preise geltend macht.

3. (1) Auftraggeber, die Dienstleistungsaufträge der Kategorie 8 des Anhangs I A vergeben, auf die § 3 SKR Nr. 3 Buchstabe b) anwendbar ist, können bezüglich Anhang VI der Verordnung (EG) Nr. 1564/2005 die zu liefernden Angaben auf die Angabe »Forschungs- und Entwicklungsdienstleistungen« beschränken. Ist auf die Vergabe von Dienstleistungsaufträgen der Kategorie 8 des Anhangs I A § 3 SKR Nr. 3 Buchstabe b) nicht anwendbar, können die Auftraggeber die Angaben über Art und Umfang der Dienstleistungen aus Gründen der Vertraulichkeit beschränken.

Die veröffentlichten Angaben sind ebenso detailliert zu fassen wie die Angaben in der Bekanntmachung eines Aufrufs zum Wettbewerb nach § 9 SKR Nr. 1 Abs. 1, im Falle eines Prüfsystems, zumindest ebenso detailliert wie in § 5 SKR Nr. 10.

(2) Bei der Vergabe von Dienstleistungsaufträgen des Anhangs I B geben die Auftraggeber in ihrer Bekanntmachung an, ob sie mit der Veröffentlichung einverstanden sind.

4. Die Angaben in Anhang VI der Verordnung (EG) Nr. 1564/2005, die als nicht für die Veröffentlichung bestimmt gekennzeichnet sind, werden nicht oder nur in vereinfachter Form zu statistischen Zwecken veröffentlicht.

§ 14 SKR
Aufbewahrungs- und Berichtspflichten

1. (1) Sachdienliche Unterlagen über jede Auftragsvergabe sind aufzubewahren, die es zu einem späteren Zeitpunkt ermöglichen, die Entscheidungen zu begründen über:

   a) die Prüfung und Auswahl der Unternehmen und die Auftragsvergabe,

   b) den Rückgriff auf Verfahren ohne vorherigen Aufruf zum Wettbewerb gemäß § 3 SKR Nr. 3,

   c) die Inanspruchnahme vorgesehener Abweichungsmöglichkeiten von der Anwendungsverpflichtung.

   Die Auftraggeber treffen geeignete Maßnahmen, um den Ablauf der mit elektronischen Mitteln durchgeführten Vergabeverfahren zu dokumentieren.

   (2) Die Unterlagen müssen mindestens vier Jahre lang ab der Auftragsvergabe aufbewahrt werden, damit der Auftraggeber der Kommission der Europäischen Gemeinschaften in dieser Zeit auf Anfrage die erforderlichen Auskünfte erteilen kann.

2. Auftraggeber übermitteln der Bundesregierung jährlich eine statistische Aufstellung über den Gesamtwert der vergebenen Aufträge, die unterhalb der Schwellenwerte liegen und die jedoch ohne eine Schwellenwertbegrenzung diesen Regelungen unterliegen würden.

3. Auftraggeber, die eine Tätigkeit im Bereich der Trinkwasser- oder Elektrizitätsversorgung oder im Verkehrsbereich – ausgenommen Eisenbahnfern- und -regionalverkehr – ausüben, teilen der Bundesregierung entsprechend deren Vorgaben jährlich den Gesamtwert der Aufträge mit, die im Vorjahr vergeben worden sind.

Diese Meldepflicht gilt nicht, wenn der Auftraggeber im Berichtszeitraum keinen Auftrag ab den in der Vergabeverordnung festgelegten Schwellenwerten zu vergeben hatte.

4. Die Auftraggeber übermitteln die Angaben nach Nummer 2 und 3 spätestens bis 31. August jeden Jahres für das Vorjahr an das Bundesministerium für Wirtschaft und Technologie.

§ 15 SKR
Wettbewerbe

1. (1) Wettbewerbe sind die Auslobungsverfahren, die zu einem Dienstleistungsauftrag führen sollen.

2. (1) Die auf die Durchführung des Wettbewerbs anwendbaren Regeln sind den an der Teilnahme am Wettbewerb Interessierten mitzuteilen.

(2) Die Zulassung zur Teilnahme an einem Wettbewerb darf nicht beschränkt werden

– auf das Gebiet eines Mitgliedstaates oder einen Teil davon,

– auf natürliche oder juristische Personen.

(3) Bei Wettbewerben mit beschränkter Teilnehmerzahl haben die Auftraggeber eindeutige und nicht diskriminierende Auswahlkriterien festzulegen. Die Zahl der Bewerber, die zur Teilnahme aufgefordert werden, muss ausreichen, um einen echten Wettbewerb zu gewährleisten.

(4) Das Preisgericht darf nur aus Preisrichtern bestehen, die von den Teilnehmern des Wettbewerbs unabhängig sind. Wird von den Wettbewerbsteilnehmern eine bestimmte berufliche Qualifikation verlangt, muss mindestens ein Drittel der Preisrichter über dieselbe oder eine gleichwertige Qualifikation verfügen.

(5) Das Preisgericht ist in seinen Entscheidungen und Stellungnahmen unabhängig. Es trifft diese aufgrund von Wettbewerbsarbeiten, die anonym vorgelegt werden und nur aufgrund von Kriterien, die in der Bekanntmachung nach Nummer 3 genannt sind.

(6) Das Preisgericht hat einen von den Preisrichtern zu unterzeichnenden Bericht zu erstellen, über die Rangfolge der von ihm ausgewählten Projekte und über die einzelnen Wettbewerbsarbeiten.

3. (1) Auftraggeber, die einen Wettbewerb durchführen wollen, teilen ihre Absicht durch Bekanntmachung nach dem im Anhang XII der Verordnung (EG) Nr. 1564/2005 enthaltenen Muster mit. Die Bekanntmachung ist dem Amt für amt-

liche Veröffentlichungen der Europäischen Gemeinschaften[56] unverzüglich mitzuteilen.

(2) § 9 SKR Nr. 4 gilt entsprechend.

(3) Auftraggeber, die einen Wettbewerb durchgeführt haben, geben spätestens 2 Monate nach Durchführung eine Bekanntmachung nach dem im Anhang XIII der Verordnung (EG) Nr. 1564/2005 enthaltenen Muster an das Amt für amtliche Veröffentlichungen der Europäischen Gemeinschaften. § 13 SKR gilt entsprechend.

§ 16 SKR
Vergabekammer

In der Bekanntmachung und den Vergabeunterlagen ist die Vergabekammer mit Anschrift anzugeben, an die sich der Bewerber oder Bieter zur Nachprüfung behaupteter Verstöße gegen die Vergabebestimmungen wenden kann.

---

[56] Amt für amtliche Veröffentlichungen der Europäischen Gemeinschaften, 2, rue Mercier,
L-2985 Luxemburg
Telefon: 00 35 2–29 29–1
Telefax: 00 35 2–292 942 670
http://ted.eur-op.eu.int
E-Mail: mp-ojs@opoce.cec.eu.int

Anhang I
Teil A[57]

Kategorie	Bezeichnung	CPC-Referenz-nummern[58]	CPV-Referenznummern
1	Instandhaltung und Reparatur	6112, 6122, 633, 886	Von 50100000 bis 50982000 (außer 50310000 bis 50324200 und 50116510-9, 50190000-3, 50229000-6, 50243000-0)
2	Landverkehr[59], einschließlich Geldtransport und Kurierdienste, ohne Postverkehr	712 (außer 71235) 7512, 87304	Von 60112000-6 bis 60129300-1 (außer 60121000 bis 60121600, 60122200-1, 60122230-0), und von 64120000-3 bis 64121200-2
3	Fracht- und Personenbeförderung im Flugverkehr, ohne Postverkehr	73 (außer 7321)	Von 62100000-3 bis 62300000-5 (außer 62121000-6, 62221000-7)
4	Postbeförderung im Landverkehr[60] sowie Luftpostbeförderung	71235, 7321	60122200-1, 60122230-0, 62121000-6, 62221000-7
5	Fernmeldewesen	752	Von 64200000-8 bis 64228200-2, 72318000-7, und von 72530000-9 bis 72532000-3
6	Finanzielle Dienstleistungen: a) Versicherungsdienstleistungen b) Bankdienstleistungen und Wertpapiergeschäfte[61]	ex 81, 812, 814	Von 66100000-1 bis 66430000-3 und von 67110000-1 bis 67262000-1 (4)

---

57 Bei unterschiedlichen Auslegungen zwischen CPV und CPC gilt die CPC-Nomenklatur.
58 CPC-Nomenklatur (vorläufige Fassung), die zur Festlegung des Anwendungsbereichs der Richtlinie 92/50/EWG verwendet wird.
59 Ohne Eisenbahnverkehr der Kategorie 18.
60 Ohne Eisenbahnverkehr der Kategorie 18.
61 Ohne Finanzdienstleistungen im Zusammenhang mit Ausgabe, Verkauf, Ankauf oder Übertragung von Wertpapieren oder anderen Finanzinstrumenten und mit Zentralbankdiensten.
Ausgenommen sind ferner Dienstleistungen zum Erwerb oder zur Anmietung – ganz gleich, nach welchen Finanzmodalitäten – von Grundstücken, bestehenden Gebäuden oder anderem unbeweglichen Eigentum oder betreffend Rechte daran; Finanzdienstleistungen, die bei dem Vertrag über den Erwerb oder die Anmietung mit ihm gleichlaufend, ihm vorangehend oder im Anschluss an ihn, gleich in welcher Form erbracht werden, fallen jedoch darunter.

Kategorie	Bezeichnung	CPC-Referenz-nummern[58]	CPV-Referenznummern
7	Datenverarbeitung und verbundene Tätigkeiten	84	Von 50300000-8 bis 50324200-4, von 72100000-6 bis 72591000-4 (außer 72318000-7 und von 72530000-9 bis 72532000-3)
8	Forschung und Entwicklung[62]	85	Von 73000000-2 bis 73300000-5 (außer 73200000-4, 73210000-7, 7322000-0)
9	Buchführung, -haltung und -prüfung	862	Von 74121000-3 bis 74121250-0
10	Markt- und Meinungsforschung	864	Von 74130000-9 bis 74133000-0, und 74423100-1, 74423110-4
11	Unternehmensberatung[63] und verbundene Tätigkeiten	865, 866	Von 73200000-4 bis 73220000-0, von 74140000-2 bis 74150000-5 (außer 74142200-8), und 74420000-9, 74421000-6, 74423000-0, 74423200-2, 74423210-5, 74871000-5, 93620000-0
12	Architektur, technische Beratung und Planung, integrierte technische Leistungen, Stadt- und Landschaftsplanung, zugehörige wissenschaftliche und technische Beratung, technische Versuche und Analysen	867	Von 74200000-1 bis 74276400-8, und von 74310000-5 bis 74323100-0, und 74874000-6
13	Werbung	871	Von 74400000-3 bis 74422000-3 (außer 74420000-9 und 74421000-6)
14	Gebäudereinigung und Hausverwaltung	874, 82201 bis 82206	Von 70300000-4 bis 70340000-6, und von 74710000-9 bis 74760000-4
15	Verlegen und Drucken gegen Vergütung oder auf vertraglicher Grundlage	88442	Von 78000000-7 bis 78400000-1

---

62 Ohne Aufträge über Forschungs- und Entwicklungsdienstleistungen anderer Art als diejenigen, deren Ergebnisse ausschließlich Eigentum des Auftraggebers für seinen Gebrauch bei der Ausübung seiner eigenen Tätigkeit sind, sofern die Dienstleistung vollständig durch den Auftraggeber vergütet wird.
63 Ohne Schiedsgerichts- und Schlichtungsleistungen.

VOL/A

Kategorie	Bezeichnung	CPC-Referenznummern[58]	CPV-Referenznummern
16	Abfall- und Abwasserbeseitigung, sanitäre und ähnliche Dienstleistungen	94	Von 90100000-8 bis 90320000-6, und 50190000-3, 50229000-6, 50243000-0
17	Gaststätten und Beherbergungsgewerbe	64	Von 55000000-0 bis 55524000-9, und von 93400000-2 bis 93411000-2
18	Eisenbahnen	711	60111000-9, und von 60121000-2 bis 60121600-8
19	Schifffahrt	72	Von 61000000-5 bis 61530000-9, und von 63370000-3 bis 63372000-7
20	Neben- und Hilfstätigkeiten des Verkehrs	74	62400000-6, 62440000-8, 62441000-5, 62450000-1, von 63000000-9 bis 63600000-5 (außer 63370000-3, 63371000-0, 63372000-7), und 74322000-2, 93610000-7
21	Rechtsberatung	861	Von 74110000-3 bis 74114000-1
22	Arbeits- und Arbeitskräftevermittlung[64]	872	Von 74500000-4 bis 74540000-6 (außer 74511000-4), und von 95000000-2 bis 95140000-5
23	Auskunfts- und Schutzdienste, ohne Geldtransport	873 (außer 87304)	Von 74600000-5 bis 74620000-1
24	Unterrichtswesen und Berufsausbildung	92	Von 80100000-5 bis 80430000-7
25	Gesundheits-, Veterinär- und Sozialwesen	93	74511000-4, und von 85000000-9 bis 85323000-9 (außer 85321000-5 und 85322000-2)
26	Erholung, Kultur und Sport[65]	96	Von 74875000-3 bis 74875200-5, und von 92000000-1 bis 92622000-7 (außer 92230000-2)
27	Sonstige Dienstleistungen[64, 65]		

64 Mit Ausnahme von Arbeitsverträgen.
65 Mit Ausnahme von Aufträgen über Erwerb, Entwicklung, Produktion oder Koproduktion von Programmen durch Sendeunternehmen und Verträgen über Sendezeit.

Anhang II
Anforderungen an die Geräte, die für den elektronischen Empfang der Anträge auf Teilnahme und der Angebote verwendet werden

Die Geräte müssen gewährleisten, dass

a) für die Angebote eine elektronische Signatur verwendet werden kann,

b) Tag und Uhrzeit des Eingangs der Teilnahmeanträge oder Angebote genau bestimmbar sind,

c) ein Zugang zu den Daten nicht vor Ablauf des hierfür festgesetzten Termins erfolgt,

d) bei einem Verstoß gegen das Zugangsverbot der Verstoß sicher festgestellt werden kann,

e) ausschließlich die hierfür bestimmten Personen den Zeitpunkt der Öffnung der Daten festlegen oder ändern können,

f) der Zugang zu den übermittelten Daten nur möglich ist, wenn die hierfür bestimmten Personen gleichzeitig und erst nach dem festgesetzten Zeitpunkt tätig werden, und

g) die übermittelten Daten ausschließlich den zur Kenntnisnahme bestimmten Personen zugänglich bleiben.

Anhang TS
Technische Spezifikationen

Begriffsbestimmungen

1. »Technische Spezifikationen« sind sämtliche, insbesondere in den Verdingungsunterlagen enthaltenen, technischen Anforderungen an ein Material, ein Erzeugnis oder eine Lieferung, mit deren Hilfe das Material, das Erzeugnis oder die Lieferung so bezeichnet werden können, dass sie ihren durch den Auftraggeber festgelegten Verwendungszweck erfüllen. Zu diesen technischen Anforderungen gehören Qualitätsstufen, Umweltleistungsstufen, die Konzeption für alle Verwendungsarten (»Design for all«) einschließlich des Zugangs für Menschen mit Behinderungen, sowie Konformitätsbewertung, Vorgaben für Gebrauchstauglichkeit, Verwendung, Sicherheit und Abmessungen, einschließlich Vorschriften über Verkaufsbezeichnung, Terminologie, Bildzeichen, Prüfungen und Prüfverfahren, Verpackung, Kennzeichnung und Beschriftung sowie Produktionsprozesse und -methoden sowie über Konformitätsbewertungs- verfahren. Außerdem gehören dazu auch die Vorschriften für die Planung und Berechnung von Bauwerken; die Bedingungen für die Prüfung, Inspektion und Abnahme von Bauwerken, die Konstruktionsmethoden oder -verfahren und alle anderen technischen Anforderungen, die der Auftraggeber bezüglich fertiger Bauwerke oder der dazu notwendigen Materialien oder Teile durch allgemeine oder spezielle Vorschriften anzugeben in der Lage ist.

2. »Norm« ist eine technische Spezifikation, die von einer anerkannten Normenorganisation zur wiederholten oder ständigen Anwendung angenommen wurde, deren Einhaltung grundsätzlich nicht zwingend vorgeschrieben ist.

3. »Internationale Norm« ist eine Norm, die von einem internationalen Normungsgremium angenommen wird und der Öffentlichkeit zugänglich ist.

4. »Europäische Norm« ist eine Norm, die von einem europäischen Normungsgremium angenommen wird und der Öffentlichkeit zugänglich ist.

5. »Nationale Norm« ist eine Norm, die von einem nationalen Normungsgremium angenommen wird und der Öffentlichkeit zugänglich ist.

6. »Europäische technische Zulassung« ist eine positive technische Beurteilung der Brauchbarkeit des Produktes hinsichtlich der Erfüllung der wesentlichen Anforderung an bauliche Anlagen; sie erfolgt aufgrund der spezifischen Merkmale des Produkts und der festgelegten Anwendungs- und Verwertungsbedingungen. Die europäische technische Zulassung wird von einem zu diesem Zweck vom Mitgliedstaat zugelassenen Gremium ausgestellt.

7. »Gemeinsame technische Spezifikation« ist eine technische Spezifikation, die nach einem von den Mitgliedstaaten anerkannten Verfahren erarbeitet und im Amtsblatt der Europäischen Gemeinschaften veröffentlicht wurde.

8. »Technische Bezugsgröße« ist jeder Bezugsrahmen, der keine offizielle Norm ist und von den europäischen Normungsgremien nach an die Bedürfnisse des Marktes angepassten Verfahren erarbeitet wurde.

Anhang III
Verordnung (EWG, Euratom) Nr. 1182/71 des Rates vom 3. Juni 1971 zur Festlegung der Regeln für die Fristen, Daten und Termine

DER RAT DER EUROPÄISCHEN GEMEINSCHAFTEN –

gestützt auf den Vertrag zur Gründung der Europäischen Wirtschaftsgemeinschaft, insbesondere auf Artikel 235,

gestützt auf den Vertrag zur Gründung der Europäischen Atomgemeinschaft, insbesondere auf Artikel 203,

auf Vorschlag der Kommission, nach Stellungnahme des Europäischen Parlaments[66], in Erwägung

nachstehender Gründe:

Zahlreiche Rechtsakte des Rates und der Kommission setzen Fristen, Daten oder Termine fest und verwenden die Begriffe des Arbeitstags oder des Feiertags. Für diesen Bereich sind einheitliche allgemeine Regeln festzulegen.

In Ausnahmefällen kann es notwendig sein, dass bestimmte Rechtsakte des Rates oder der Kommission von diesen allgemeinen Regeln abweichen.

Für die Verwirklichung der Ziele der Gemeinschaften müssen die einheitliche Anwendung des Gemeinschaftsrechts gewährleistet und infolgedessen die allgemeinen Regeln für die Fristen, Daten und Termine festgelegt werden.

In den Verträgen sind keine Befugnisse zur Festlegung solcher Regeln vorgesehen

– HAT FOLGENDE VERORDNUNG ERLASSEN:

Artikel 1

Diese Verordnung gilt, soweit nichts anderes bestimmt ist, für die Rechtsakte, die der Rat und die Kommission aufgrund des Vertrages zur Gründung der Europäischen Wirtschaftsgemeinschaft oder des Vertrages zur Gründung der Europäischen Atomgemeinschaft erlassen haben bzw. erlassen werden.

KAPITEL I
Fristen

Artikel 2

(1) Für die Anwendung dieser Verordnung sind die Feiertage zu berücksichtigen, die als solche in dem Mitgliedstaat oder in dem Organ der Gemeinschaften vorgesehen sind, bei dem eine Handlung vorgenommen werden soll.

---

[66] ABl. EG Nr. C 51 vom 29. 4. 1970, S. 25.

Zu diesem Zweck übermittelt jeder Mitgliedstaat der Kommission die Liste der Tage, die nach seinen Rechtsvorschriften als Feiertage vorgesehen sind. Die Kommission veröffentlicht im Amtsblatt der Europäischen Gemeinschaften die von den Mitgliedstaaten übermittelten Listen, die durch Angabe der in den Organen der Gemeinschaften als Feiertage vorgesehenen Tage ergänzt worden sind.

(2) Für die Anwendung dieser Verordnung sind als Arbeitstage alle Tage außer Feiertagen, Sonntagen und Sonnabenden zu berücksichtigen.

Artikel 3

(1) Ist für den Anfang einer nach Stunden bemessenen Frist der Zeitpunkt maßgebend, in welchem ein Ereignis eintritt oder eine Handlung vorgenommen wird, so wird bei der Berechnung dieser Frist die Stunde nicht mitgerechnet, in die das Ereignis oder die Handlung fällt.

Ist für den Anfang einer nach Tagen, Wochen, Monaten oder Jahren bemessenen Frist der Zeitpunkt maßgebend, in welchem ein Ereignis eintritt oder eine Handlung vorgenommen wird, so wird bei der Berechnung dieser Frist der Tag nicht mitgerechnet, in den das Ereignis oder die Handlung fällt.

(2) Vorbehaltlich der Absätze 1 und 4 gilt Folgendes:

a) Eine nach Stunden bemessene Frist beginnt am Anfang der ersten Stunde und endet mit Ablauf der letzten Stunde der Frist.

b) Eine nach Tagen bemessene Frist beginnt am Anfang der ersten Stunde des ersten Tages und endet mit Ablauf der letzten Stunde des letzten Tages der Frist.

c) Eine nach Wochen, Monaten oder Jahren bemessene Frist beginnt am Anfang der ersten Stunde des ersten Tages der Frist und endet mit Ablauf der letzten Stunde des Tages der letzten Woche, des letzten Monats oder des letzten Jahres, der dieselbe Bezeichnung oder dieselbe Zahl wie der Tag des Fristbeginns trägt. Fehlt bei einer nach Monaten oder Jahren bemessenen Frist im letzten Monat der für ihren Ablauf maßgebende Tag, so endet die Frist mit Ablauf der letzten Stunde des letzten Tages dieses Monats.

d) Umfasst eine Frist Monatsbruchteile, so wird bei der Berechnung der Monatsbruchteile ein Monat von dreißig Tagen zugrunde gelegt.

(3) Die Fristen umfassen die Feiertage, die Sonntage und die Sonnabende, soweit diese nicht ausdrücklich ausgenommen oder die Fristen nach Arbeitstagen bemessen sind.

(4) Fällt der letzte Tag einer nicht nach Stunden bemessenen Frist auf einen Feiertag, einen Sonntag oder einen Sonnabend, so endet die Frist mit Ablauf der letzten Stunde des folgenden Arbeitstags.

Diese Bestimmung gilt nicht für Fristen, die von einem bestimmten Datum oder einem bestimmten Ereignis an rückwirkend berechnet werden.

(5) Jede Frist von zwei oder mehr Tagen umfasst mindestens zwei Arbeitstage.

KAPITEL II
Daten und Termine

Artikel 4

(1) Artikel 3, mit Ausnahme der Absätze 4 und 5, gilt vorbehaltlich der Bestimmungen dieses Artikels für die Fristen des Inkrafttretens, des Wirksamwerdens, des Anwendungsbeginns, des Ablaufs der Geltungsdauer, des Ablaufs der Wirksamkeit und des Ablaufs der Anwendbarkeit der Rechtsakte des Rates oder der Kommission oder einzelner Bestimmungen dieser Rechtsakte.

(2) Rechtsakte des Rates oder der Kommission oder einzelne Bestimmungen dieser Rechtsakte, für deren Inkrafttreten, deren Wirksamwerden oder deren Anwendungsbeginn ein bestimmtes Datum festgesetzt worden ist, treten mit Beginn der ersten Stunde des diesem Datum entsprechenden Tages in Kraft bzw. werden dann wirksam oder angewandt.

Unterabsatz 1 gilt auch dann, wenn die vorgenannten Rechtsakte oder Bestimmungen binnen einer bestimmten Anzahl von Tagen nach dem Eintritt eines Ereignisses oder der Vornahme einer Handlung in Kraft treten, wirksam werden oder angewandt werden sollen.

(3) Rechtsakte des Rates oder der Kommission oder einzelne Bestimmungen dieser Rechtsakte, deren Geltungsdauer, Wirksamkeit oder Anwendbarkeit zu einem bestimmten Zeitpunkt enden, treten mit Ablauf der letzten Stunde des diesem Zeitpunkt entsprechenden Tages außer Kraft bzw. werden dann unwirksam oder nicht mehr angewandt.

Unterabsatz 1 gilt auch dann, wenn die vorgenannten Rechtsakte oder Bestimmungen binnen einer bestimmten Anzahl von Tagen nach dem Eintritt eines Ereignisses oder der Vornahme einer Handlung außer Kraft treten, unwirksam werden oder nicht mehr angewandt werden sollen.

Artikel 5

(1) Artikel 3, mit Ausnahme der Absätze 4 und 5, gilt vorbehaltlich der Bestimmungen dieses Artikels, wenn eine Handlung in Durchführung eines Rechtsaktes des Rates oder der Kommission zu einem bestimmten Zeitpunkt vorgenommen werden kann oder muss.

(2) Kann oder muss eine Handlung in Durchführung eines Rechtsaktes des Rates oder der Kommission an einem bestimmten Datum vorgenommen werden, so kann oder muss dies zwischen dem Beginn der ersten Stunde und dem Ablauf der letzten Stunde des diesem Datum entsprechen den Tages geschehen.

Unterabsatz 1 gilt auch dann, wenn eine Handlung in Durchführung eines Rechtsaktes des Rates oder der Kommission binnen einer bestimmten Anzahl von Tagen nach dem Eintritt eines Ereignisses oder der Vornahme einer anderen Handlung vorgenommen werden kann oder muss.

Artikel 6

Diese Verordnung tritt am 01. Juli 1971 in Kraft.

Diese Verordnung ist in allen ihren Teilen verbindlich und gilt unmittelbar in jedem Mitgliedstaat. Geschehen zu Luxemburg am 03. Juni 1971.

Im Namen des Rates
Der Präsident
R. PLEVEN

I. Vorbemerkung

Erläuterungen zur VOL/A

Die VOL/A gestaltet sowohl das auch im Haushaltsrecht verankerte Prinzip der Wirtschaftlichkeit als auch den EG-Grundsatz der Nichtdiskriminierung und Transparenz für alle anwendungspflichtigen Auftraggeber näher aus. Wettbewerb ist die beste Voraussetzung für eine wirtschaftliche Auftragsvergabe. Die VOL/A sichert zugleich den Leistungswettbewerb.

II. Allgemeine Erläuterungen

Die VOL/A in der vorliegenden Fassung berücksichtigt die Richtlinie 2004/18/ EG des Europäischen Parlaments und des Rates vom 31. März 2004 über die Verfahren zur Vergabe öffentlicher Bauaufträge, Lieferaufträge und Dienstleistungsaufträge, die Richtlinie und die Verordnung (EG) Nr. 1564/2005 der Kommission zur Einführung von Standardformularen für die Veröffentlichung von Vergabebekanntmachungen im Rahmen von Verfahren zur Vergabe öffentlicher Aufträge gemäß der Richtlinie 2004/17/EG und der Richtlinie 2004/18/EG des Europäischen Parlaments und des Rates; sie trägt damit auch den Verpflichtungen nach dem Beschaffungsübereinkommen der Welthandelsorganisation WTO Rechnung. Der **Teil A** enthält vier Abschnitte. Dabei gelten

- **Abschnitt 1:** (Basisparagraphen) für die Vergabe von Leistungen unterhalb der Schwellenwerte der EG-Lieferkoordinierungsrichtlinie sowie der EG-Dienstleistungsrichtlinie und der EG-Sektorenrichtlinie durch Auftraggeber, die durch haushaltsrechtliche Vorschriften zur Anwendung der VOL/A verpflichtet sind;

- **Abschnitt 2:** Bestimmungen nach der **2004/18/EG des Europäischen Parlaments und des Rates vom 31. März 2004 über die Verfahren zur Vergabe öffentlicher Bauaufträge, Lieferaufträge und Dienstleistungsaufträge** für die Vergabe von Liefer- und Dienstleistungsaufträgen, die den Schwellenwert der Richtlinie erreichen oder übersteigen. Die Bestimmungen der a-Paragraphen finden keine Anwendung, wenn die Aufträge die Tätigkeiten in den Bereichen der Trinkwasser-, Energie- oder Verkehrsversorgung betreffen;

- **Abschnitt 3:** Bestimmungen nach der EG-Sektorenrichtlinie für die Vergabe von Liefer- und Dienstleistungsaufträgen durch Auftraggeber, die zur Anwendung der Regelungen nach der EG-Sektorenrichtlinie (VOL/A-SKR) verpflichtet sind und daneben Haushaltsrecht anwenden.

- **Abschnitt 4:** (Vergabebestimmungen nach der EG-Sektorenrichtlinie) für die Vergabe von Liefer- und Dienstleistungsaufträgen, die den Schwellenwert der EG-Sektorenrichtlinie erreichen oder übersteigen und die die Tätigkeiten in den Bereichen der Trinkwasser-, Energie- oder Verkehrsversorgung betreffen.

Die **Vorschriften der Abschnitte 3 und 4** finden keine Anwendung auf solche Tätigkeiten der Auftraggeber, die nicht die Sektoren Trinkwasser, Energie und Verkehr betreffen oder die zwar deren Bestandteil sind, aber auf Märkten ohne Zugangsbeschränkungen unmittelbar dem Wettbewerb unterliegen.

Die laut den §§ 17 a, 27 a, 17 b, 28 b, 8 SKR, 9 SKR und 13 SKR erfolgenden Bekanntmachungen im Amtsblatt der EG werden auch in die **TED-Datenbank** aufgenommen.

Das Wort »**soll**« bedeutet für die Auftraggeber generell die Verpflichtung zur Einhaltung der Bestimmung, es sei denn, dass zwingende Gründe ein Abweichen rechtfertigen.

Der **Zuschlag** ist auf das wirtschaftlichste Angebot zu erteilen. Bei der Wertung sind alle auftragsbezogenen Umstände (z. B. Preis, technische, funktionsbedingte, gestalterische, ästhetische Gesichtspunkte; Kundendienst; Folgekosten) zu berücksichtigen.

Im Interesse der **Wettbewerbsförderung kleiner und mittlerer Unternehmen** wenden die Auftraggeber der Abschnitte 1 bis 3 die Grundsätze der Aufteilung der Leistung in Lose, des Wechsels der Bieter und der Aufforderung kleiner und mittlerer Unternehmen bei beschränkten Ausschreibungen an.

III. Erläuterungen zu den einzelnen Abschnitten

1. Abschnitt – Basisparagraphen

§ 1	Die VOL/A ist nach dem Wortlaut des § 1 für alle Lieferungen und Leistungen anzuwenden, die nicht Bauleistungen oder freiberufliche Leistungen sind (z. B. aufgrund von Kauf-, Werk-, Werklieferungs-, Miet- und Leasingverträgen).
§ 1 erster Spiegelstrich	Bauleistungen sind Arbeiten jeder Art, durch die eine bauliche Anlage hergestellt, instand gehalten, geändert oder beseitigt wird. Darunter fallen auch alle zur Herstellung, Instandhaltung oder Änderung einer baulichen Anlage zu montierenden Bauteile, insbesondere die Lieferung und Montage maschineller und elektrotechnischer Einrichtungen. Einrichtungen, die jedoch von der baulichen Anlage ohne Beeinträchtigung der Vollständigkeit oder Benutzbarkeit abgetrennt werden können und einem selbständigen Nutzungszweck dienen, fallen unter die VOL/A.
§ 1 zweiter Spiegelstrich	Weiterhin sind alle »Leistungen, die im Rahmen einer freiberuflichen Tätigkeit erbracht« werden, den Basisparagraphen entzogen. Welche Leistungen hierunter fallen, ergibt sich aus dem Katalog des § 18 Abs. 1 Nr. 1 EStG. Die Aufzählung ist nicht abschließend.
Wird eine freiberufliche Leistung gleichzeitig im Wettbewerb von einem Gewerbebetrieb angeboten, findet die VOL auch auf die entsprechende Leistung des Gewerbebetriebes keine Anwendung. Liegt zwischen freiberuflich Tätigen und Gewerbebetrieben ein Wettbewerbsverhältnis nicht vor, d. h., wird eine der Natur nach freiberufliche Leistung ausschließlich durch Gewerbebetriebe erbracht, ist die VOL hingegen uneingeschränkt anwendbar.

Die Frage, ob ein Wettbewerbsverhältnis zwischen freiberuflich Tätigen und Gewerbebetrieben besteht, ist vom jeweiligen Auftraggeber im Einzelfall und im Voraus aufgrund der vorhandenen Marktübersicht zu beurteilen. Wird die Leistung nur von Gewerbebetrieben erbracht und ist daher mit einem Parallelangebot der freiberuflich Tätigen nicht zu rechnen, ist die Leistung nach dem Verfahren der VOL zu vergeben.

Stellt sich im Laufe des VOL-Verfahrens wider Erwarten heraus, dass auch freiberuflich Tätige die Leistung erbringen und sich u. U. sogar um den Auftrag bewerben, so ist entscheidend, dass diese Leistung in der Vergangenheit nicht von freiberuflich Tätigen, sondern nur von Gewerbebetrieben erbracht wurde. Es kommt daher nicht auf die potentielle Fähigkeit der freiberuflich Tätigen an, derartige Leistungen zu erbringen, sondern auf die Erfahrung des Auftraggebers, dass diese Leistungen in der Vergangenheit auch tatsächlich von freiberuflich Tätigen erbracht worden sind.

§ 1 zweiter Spiegelstrich lässt insbesondere §§ 7 und 55 BHO (bzw. die entsprechenden landes- und kommunalrechtlichen Bestimmungen) unberührt. Einheitliche Grundsätze für die Vergabe der Gesamtheit freiberuflicher Leistungen sind nicht vorhanden. Es ist daher nach den Rechtsgrundsätzen des § 55 BHO (bzw. den entsprechenden landes- oder kommunalrechtlichen Bestimmungen) zu verfahren. Nach § 55 Abs. 1 BHO muss dem Abschluss von Verträgen über Lieferungen und Leistungen eine Öffentliche Ausschreibung vorausgehen, sofern nicht die Natur des Geschäfts oder besondere Umstände eine Ausnahme rechtfertigen.

Mit Rücksicht auf den Ausnahmecharakter bedarf es grundsätzlich für das Vorliegen der Ausnahmesituation des § 55 BHO der Prüfung im Einzelfall. Es kann jedoch davon ausgegangen werden, dass der Ausnahmetatbestand bei freiberuflichen Leistungen in der Regel erfüllt ist. Sie können daher grundsätzlich freihändig vergeben werden.

Die Aufträge sind, soweit Leistungen an freiberuflich Tätige vergeben werden, an solche Freiberufler zu vergeben, deren Fachkunde, Leistungsfähigkeit und Zuverlässigkeit feststeht, die über ausreichende Erfahrungen verfügen und die Gewähr für eine wirtschaftliche Planung und Ausführung bieten. Die Aufträge sollen möglichst gestreut werden.

§ 1 dritter Spiegelstrich

Oberhalb des EG-Schwellenwertes der EG-Richtlinie sind freiberufliche Leistungen nach der Verdingungsordnung für freiberufliche Leistungen (VOF) zu Spiegelstrich vergeben, sofern deren Gegenstand eine Aufgabe ist, deren Lösung nicht vorab eindeutig und erschöpfend beschrieben werden kann.

§ 2 Nr. 2

Angemessene Preise sind solche, die dem Grundsatz der Wirtschaftlichkeit entsprechen (vgl. Erläuterungen zu § 25 Nr. 3).

§ 3 Nr. 1 Abs. 3

Unter dem Begriff »förmliches Verfahren« sind die Ausschreibungsverfahren (öffentlich bzw. beschränkt) zu verstehen. Diese unterscheiden sich von der Freihändigen Vergabe durch ihre Bindungen an weitergehende Formvorschriften (z. B. Preisverhandlungsverbot des § 24 VOL/A).

	Alle Vorschriften des ersten Abschnittes der VOL/A gelten unmittelbar auch für die Freihändige Vergabe; Abweichungen von der unmittelbaren Anwendbarkeit sind entweder im Text (§ 20 Nr. 1 Abs. 1) oder in der Überschrift einzelner Vorschriften (§ 24) kenntlich gemacht. Soweit einige Bestimmungen oder Teile von ihnen auf die Freihändige Vergabe nur entsprechend anwendbar sein sollen, ist dies ausdrücklich im Wortlaut der Bestimmungen angeführt (§ 20 Nr. 2 Abs. 2).
§ 3 Nr. 2	Die Ausgestaltung der Bestimmung als Mussvorschrift beruht auf § 30 Haushaltsgrundsätzegesetz bzw. § 55 BHO.
§ 3 Nr. 3	Die unter den Buchstaben a bis d aufgeführten Tatbestände sind grundsätzlich abschließend.
§ 3 Nr. 3 Buchstabe c	Zum Begriff »wirtschaftlich« vgl. Erläuterungen zu § 25 Nr. 3.
§ 3 Nr. 4	Die unter den Buchstaben a bis p aufgeführten Tatbestände sind grundsätzlich abschließend.
§ 3 Nr. 4 Buchstabe d, e	Zum Begriff »wirtschaftlich« vgl. Erläuterungen zu § 25 Nr. 3.
§ 3 Nr. 4 Buchstabe f	Die Voraussetzungen für eine Inanspruchnahme dieses Tatbestandes sind enger als in § 3 Nr. 3 Buchstabe d: Nur in Fällen besonderer Dringlichkeit kann auf die Freihändige Vergabe zurückgegriffen werden.
§ 3 Nr. 4 Buchstabe g	Im Gegensatz zu § 3 Nr. 3 Buchstabe d muss die Geheimhaltung erforderlich sein; auch eine Beschränkte Ausschreibung kann im Einzelfall bereits den Geheimhaltungsgesichtspunkten Rechnung tragen.
§ 3 Nr. 4 Buchstabe h	Die Worte »vor der Vergabe« bedeuten, dass die Leistung zu Beginn des Vergabeverfahrens nicht eindeutig beschrieben werden kann. Im Falle einer Ausschreibung wäre es schwierig, Angebote, die auf ungenaue Leistungsbeschreibungen eingehen, genügend zu vergleichen. Dieses entspricht inhaltlich § 3 Nr. 4 Buchstabe b VOB/A.
§ 3 Nr. 4 Buchstabe k	Bei der Prüfung, ob kartellfremde Bewerber vorhanden sind, ist nicht nur der inländische Markt zu berücksichtigen.
§ 3 Nr. 4 Buchstabe m	Der Begriff »vorteilhafte Gelegenheit« ist eng auszulegen. Die Wahrnehmung einer vorteilhaften Gelegenheit muss zu einer wirtschaftlicheren Beschaffung führen, als diese bei Anwendung der Öffentlichen oder Beschränkten Ausschreibung der Fall wäre.
§ 3 Nr. 4 Buchstabe n	Zum Begriff »wirtschaftlich« vgl. Erläuterungen zu § 25 Nr. 3.
§ 4 Nr. 2 Abs. 2	Vor der Benennung nimmt die Auftragsberatungsstelle, soweit der Auftraggeber dies nicht ausgeschlossen hat, mit den Unternehmen Kontakt zum Zwecke der Feststellung der Angebotsbereitschaft auf.
§ 4 Nr. 3	Eine solche Vereinbarung besteht zzt. zwischen den Bundesministerien der Verteidigung, für Wirtschaft und Technologie und den Ländern über die Zusammenarbeit bei der Vergabe von Aufträgen für den Bedarf der Bundeswehr, abgedruckt im BAnz. Nr. 25 vom 6. Februar 1998, S. 1401 f.
§ 7 Nr. 4	Die Forderung nach Vorlage von Angaben unterliegt dem Grundsatz der Verhältnismäßigkeit. Insbesondere sollen keine unangemessenen Nachweise von Bewerbern verlangt werden, deren Fachkunde, Leistungsfähigkeit und Zuverlässigkeit bekannt sind.

§ 7 Nr. 6	Die genannten Einrichtungen verfolgen primär andere als erwerbswirtschaftliche Ziele. Aufgrund ihrer vielfach günstigeren Angebote ist damit zu rechnen, dass diese Einrichtungen im Falle einer wettbewerblichen Vergabe private Unternehmen verdrängen. Unter den Begriff »ähnliche Einrichtungen« können folglich auch nur solche Institutionen gefasst werden, die eine vergleichbare sozialpolitische Zielsetzung verfolgen und bei denen mit einer Verdrängung privater Unternehmen gerechnet werden muss. Diese Voraussetzungen sind in der Regel bei Regiebetrieben nicht gegeben; sie sind daher dem Wettbewerb zu unterstellen.
§ 8 Nr. 1 Abs. 1	Die Verpflichtung, die Leistung eindeutig und erschöpfend zu beschreiben, liegt im Interesse von Auftragnehmer und Auftraggeber. Die Bestimmung soll sicherstellen, dass die Bewerber die Beschreibung im gleichen Sinne verstehen; die Auftraggeber sollen auf der Grundlage einer eindeutigen Leistungsbeschreibung in den Stand versetzt werden, die Angebote besser vergleichen zu können.
§ 8 Nr. 2 Abs. 1	Einfache marktgängige, vor allem standardisierte Waren können durch verkehrsübliche Bezeichnungen nach Art, Beschaffenheit und Umfang beschrieben werden. Als weitere gleichrangige Formen der Leistungsbeschreibung stehen sowohl die »funktionale« (Buchstabe a) als auch die »konstruktive« (Buchstabe b) Leistungsbeschreibung zur Verfügung. Dabei ist eine Kombination der Beschreibungsarten möglich. Konstruktive Leistungsbeschreibungen können z. B. funktionale Elemente enthalten und umgekehrt. Die sog. funktionale Leistungsbeschreibung erlaubt es den Bewerbern, zur Bedarfsdeckung geeignete Leistungen in ihrer Vielfalt unter Einschluss technischer Neuerungen anzubieten. Bei der sog. konstruktiven Leistungsbeschreibung ist der durch die Leistungsbeschreibung vorgegebene Rahmen eingeengt, ohne dass dadurch der Wettbewerb ausgeschlossen wird. Die sog. konstruktive Leistungsbeschreibung erleichtert allerdings wegen der genaueren Leistungsbeschreibung den Vergleich der Angebote.
§ 8 Nr. 3 Abs. 1	Die Vorschrift liegt sowohl im Interesse des Unternehmens als auch im Interesse des Auftraggebers. Unter Beachtung des Grundsatzes der Wirtschaftlichkeit sind an die gewünschte Leistung nur solche Anforderungen zu stellen, die zur Aufgabenerfüllung unbedingt notwendig sind. In diesem Rahmen sind z. B. auch Gesichtspunkte des Umweltschutzes zu berücksichtigen.
§ 8 Nr. 3 Abs. 2	Unter dem Begriff »einschlägige Normen« sind der Spezifizierung des Auftrags dienende Normen zu verstehen, z. B. DIN-Normen sowie einschlägige Sicherheitsvorschriften.
§ 11	Der Begriff »Ausführungsfristen« umfasst auch Lieferfristen.
§ 14	Die Vergabestelle ist verpflichtet, jeweils zu prüfen, ob Sicherheitsleistungen erforderlich sind, um die verlangte Leistung sach- und fristgemäß (einschließlich Gewährleistungsansprüche) durchzuführen. Bei dieser Prüfung ist ein strenger Maßstab anzulegen. Sicherheitsleistungen dürfen nicht schematisch gefordert werden und sollen auf bestimmte Vergaben beschränkt werden, bei denen nach der Art der Leistung (z. B. VOB-ähnliche Leistung) Mängel erfahrungsgemäß auftreten können.

	Auf Sicherheitsleistungen kann z. B. auch dann verzichtet werden, wenn der Auftragnehmer hinreichend dafür bekannt ist, dass er genügend Gewähr für die vertragsgemäße Leistung und die Beseitigung etwa auftretender Mängel bietet. § 14 betrifft nicht die Sicherung von Voraus- und Abschlagszahlungen; für deren Sicherung gelten die einschlägigen Haushaltsvorschriften.
§ 17	Die Auftraggeber können im Amtsblatt der Europäischen Gemeinschaften (Adresse siehe § 17 a) Hinweise auf die Vergabe von Liefer- oder Dienstleistungsaufträgen veröffentlichen, die unterhalb der Schwellenwerte nach § 1 a liegen.
§ 17 Nr. 1 Abs. 2 Buchstabe d	Landesregelungen über die Teilung und Vergabe in Losen bleiben unberührt.
§ 17 Nr. 2 Abs. 2 Buchstabe d	Vgl. Erläuterungen zu § 17 Nr. 1 Abs. 2 Buchstabe d.
§ 17 Nr. 3 Abs. 5	Der Begriff »Nebenangebot« umfasst jede Abweichung vom geforderten Angebot. Auch Änderungsvorschläge sind als Nebenangebote zu betrachten.
Satz 1	Der 1. Halbsatz des § 17 Nr. 3 Abs. 5 hält den Auftraggeber an, im Anschreiben Klarheit über die Zulassung von Nebenangeboten zu schaffen. Er soll sich darüber äußern, ob er solche wünscht, ausdrücklich zulassen oder ausschließen will. Die Zulassung von Nebenangeboten erlaubt es den Bietern, zur Bedarfsdeckung geeignete Angebote in ihrer Vielfalt, auch unter Einfluss technischer Neuerungen, anzubieten. Da Nebenangebote wettbewerbspolitisch grundsätzlich erwünscht sind, ist ihr Ausschluss ohne Abgabe eines Hauptangebots im 2. Halbsatz zum Ausnahmetatbestand erhoben worden.
§ 19 Nr. 2	Eine Frist für den Zuschlag, wie sie die VOB/A in § 19 Nr. 2 (30 Kalendertage) vorsieht, kann in der VOL/A wegen der Mannigfaltigkeit der Beschaffungsobjekte nicht angegeben werden.
§ 20 Nr. 1	Unter dem Begriff »Selbstkosten der Vervielfältigung« sind z. B. auch die Selbstkosten für Muster und Proben zu verstehen.
§ 21 Nr. 1 Abs. 1	Erläuterungen sind kommentierende Angaben zum geforderten Angebot. Will der Bieter Änderungen oder Ergänzungen vorschlagen, so muss er als solche gekennzeichnete Nebenangebote (§ 21 Nr. 2) einsenden, es sei denn, dass Nebenangebote ausnahmsweise ausgeschlossen sind (§ 17 Nr. 3 Abs. 5).
§ 22 Nr. 2	Der Begriff »Verhandlung« soll in Anlehnung an § 22 VOB/A lediglich ausdrücken, dass bei der Öffnung der Angebote auf der Auftraggeberseite formalisiert zu verfahren ist. Die VOL/A lässt im Gegensatz zur VOB/A Bieter zum Eröffnungstermin nicht zu.
§ 22 Nr. 3 Satz 2	Bei Angeboten, die aus mehreren Teilen bestehen, bei Anlagen sowie Mustern und Proben, die nicht immer mit dem Angebot selbst aufbewahrt werden können, muss die Zugehörigkeit erkennbar gemacht werden. Durch die Kennzeichnungspflicht sollen Fälschungen verhindert bzw. erschwert werden.
§ 23 Nr. 2 Satz 1	Die Überprüfung auf fachliche Richtigkeit enthält auch die Überprüfung technischer Gesichtspunkte.

§ 24	Mit der erweiterten Zulässigkeit der Abgabe von Nebenangeboten und der Aufnahme des Begriffs der funktionalen Leistungsbeschreibung in die VOL/A kann es vorkommen, dass ein Angebot zwar der Leistungsbeschreibung in qualitativer und quantitativer Hinsicht (Angebot im Rahmen der geforderten Leistung) entspricht, aber in Einzelheiten dem Beschaffungszweck nicht optimal genügt. Deshalb wird bei einem solchen Angebot, das als das wirtschaftlichste gewertet wurde (§ 25 Nr. 3), zugelassen, noch über notwendige technische Änderungen geringen Umfangs zu verhandeln. Diese Änderungen können sich im Einzelfall auf den Preis auswirken. Bei einem Angebot aufgrund funktionaler Leistungsbeschreibung in Verbindung mit konstruktiven Elementen darf nur über die funktional beschriebenen Leistungsteile verhandelt werden.
§ 25 Nr. 2 Abs. 3	Ein offenbares Missverhältnis zwischen Preis und Leistung ist nur dann anzunehmen, wenn der Preis von den Erfahrungswerten wettbewerblicher Preisbildung so grob abweicht, dass dies sofort ins Auge fällt. Die Vergabestelle wird in ihre Abwägung, ob ein offenbares Missverhältnis vorliegt, alle Erkenntnisse zur Beurteilung des Preis-/Leistungsverhältnisses im Einzelfall einbeziehen.
§ 25 Nr. 3	Das wirtschaftlichste Angebot ist unter Beachtung des Grundsatzes der Wirtschaftlichkeit zu ermitteln. Das wirtschaftlichste Angebot ist dasjenige Angebot, bei dem das günstigste Verhältnis zwischen der gewünschten Leistung (vgl. Erläuterungen zu § 8 Nr. 3 Abs. 1) und dem angebotenen Preis erzielt wird. Maßgebend für die Leistung sind alle auftragsbezogenen Umstände (z. B. Preis, technische, funktionsbedingte, gestalterische, ästhetische Gesichtspunkte; Kundendienst; Folgekosten); sie sind bei der Wertung der Angebote zu berücksichtigen. Nichtauftragsbezogene Gesichtspunkte dürfen als Kriterien bei der Wertung der Angebote nicht herangezogen werden.
§ 25 Nr. 4 Satz 2	Hierunter sind Nebenangebote zu verstehen, die vom Auftraggeber weder gewünscht noch ausdrücklich zugelassen noch ausgeschlossen worden sind (§ 17 Nr. 3 Abs. 5), die also vom Bieter aus eigener Initiative vorgelegt wurden.
§ 26 Nr. 1 Satz 1	Hierunter ist auch der Fall zu verstehen, dass selbst das Mindestangebot zu hoch befunden wurde.
§ 27 Nr. 1 Satz 1	Die Mitteilungen an nicht berücksichtigte Bieter sollen möglichst knapp gehalten werden. Sie können stichwortartig, z. B. mittels Formblatt, erfolgen. In der Mitteilung über die Ablehnungsgründe kann auf weitere Wirtschaftlichkeitskriterien (vgl. Erläuterungen zu § 25 Nr. 3) Bezug genommen werden.
§ 27 Nr. 2	Angebote über den Abschluss sog. Rahmenverträge unterliegen nicht den Bestimmungen des § 27 Nr. 2.
§ 27 Nr. 4	Wurden Angebote abgegeben, die aus mehreren Positionen bestehen (z. B. Artikel oder Ersatzteile unterschiedlicher Art), und werden die Positionen getrennt vergeben, so entfällt die Bekanntgabe nach Nummer 2. Gleiches gilt für Angebote, die keine Endpreise enthalten.
§ 27 Nr. 7	Die Kosten der Rückgabe trägt der Bieter.

2. Abschnitt – Vergabe von Aufträgen nach der Richtlinie 2004/18/EG des europäischen Parlaments und des Rates vom 31. März 2004 über die Verfahren zur Vergabe öffentlicher Bauaufträge, Lieferaufträge und Dienstleistungsaufträge – zusätzliche Erläuterungen –

§ 1 a	§ 1 a wurde um die Bestimmungen bereinigt, die nunmehr Gegenstand der Vergabeverordnung sind.
§ 3 a Nr. 4 Abs. 3	»Die Zuschlagserteilung der Einzelaufträge« kann durch Einzelvertrag oder Abruf erfolgen.
Anhang I A Anhang I B	Die Anhänge I A und I B enthalten Bezugnahmen auf die nur in englischer Sprache vorliegende CPC-Nomenklatur der Vereinigten Nationen. Es ist vorgesehen, diese Nomenklatur durch eine Nomenklatur der Europäischen Union (CPA) zu ersetzen. Bis dahin kann die englische CPC als Interpretationshilfe herangezogen werden.

3. Abschnitt – Vergabe von Aufträgen in den Sektorenbereichen durch Auftraggeber, die zur Anwendung der Regelungen nach der EG-Sektorenrichtlinie verpflichtet sind und daneben die Basisparagraphen anwenden – zusätzliche Erläuterungen –

§ 1 b	§ 1 b wurde um die Bestimmungen bereinigt, die nunmehr Gegenstand der Vergabeverordnung sind. § 3 b ist zusätzlich zu § 3 anzuwenden (vgl. § 1 b Abs. 2 Satz 1); es bleibt deshalb
|3 b	beim Vorrang der Öffentlichen Ausschreibung.
§ 18 b Nr. 2 a i. V. m. § 17 b Nr. 4 Abs. 3	Die Verweisung auf die einzuhaltende Mindestfrist bezieht sich grundsätzlich auf beide in § 17 b Nr. 4 Abs. 3 aufgeführten Fristen. Da die dort für Ausnahmefälle genannte kürzere Frist von 5 Tagen nur als »Bemühensfrist« ausgestaltet ist, wird zur Vermeidung von Unsicherheiten empfohlen, nach Möglichkeit stets die längere Frist von 12 Tagen für die Berechnung der Mindestfrist des § 18 b Nr. 2 a zugrunde zu legen.
§ 25 b Nr. 2 Abs. 3	Unter einer Beihilfe im Sinne des EG-Vertrages sind staatliche oder aus staatlichen Mitteln gewährte Vergünstigungen für bestimmte Unternehmen oder Produktionszweige gleich welcher Art zu verstehen. Das können sowohl positive Leistungen, wie z. B. Zulagen oder Zuschüsse, als auch sonstige Arten von Vorteilen, wie Steuerbefreiungen, Bürgschaftsübernahmen oder die unentgeltliche oder besonders preiswerte Überlassung von Gütern, Grundstücken oder Rechten oder eine Bevorzugung bei öffentlichen Aufträgen u. a., sein.
§ 30 b Nr. 1 Abs. 1 d	Die Inanspruchnahme vorgesehener Abweichungsmöglichkeiten von der Anwendungsverpflichtung bezieht sich insbesondere auf die in Artikel 3 der Sektorenrichtlinie (93/38/EWG) vorgesehenen Möglichkeiten. (Die Mitgliedstaaten können bei der Kommission der Europäischen Gemeinschaften beantragen, dass die Nutzung geographisch abgegrenzter Gebiete zum Zwecke der Suche oder Förderung von Erdöl, Gas, Kohle oder anderen Festbrennstoffen unter bestimmten Bedingungen nicht als Tätigkeit im Sinne der Richtlinie gilt.)

Anhang I A Anhang I B	Die Anhänge I A und I B enthalten Bezugnahmen auf die nur in englischer Sprache vorliegende CPC-Nomenklatur der Vereinten Nationen. Es ist vorgesehen, diese Nomenklatur durch eine Nomenklatur der Europäischen Union (CPA) zu ersetzen. Bis dahin kann die englische CPC als Interpretationshilfe herangezogen werden.

4. Abschnitt – Vergabe von Aufträgen nach der EG-Sektorenrichtlinie

§ 1 SKR	§ 1 SKR wurde um die Bestimmungen bereinigt, die nunmehr Gegenstand der Vergabeverordnung sind.
§ 3 SKR	Die Auftraggeber können zwischen dem Offenen Verfahren, dem Nichtoffenen Verfahren und dem Verhandlungsverfahren wählen; sie müssen sich allerdings nach getroffener Wahl an die einzelnen Bestimmungen für das jeweilige Verfahren halten.
§ 10 SKR Nr. 2 a i. V. m. § 9 SKR Nr. 4 Abs. 3	Die Verweisung auf die einzuhaltende Mindestfrist bezieht sich grundsätzlich auf beide in § 9 SKR Nr. 4 Abs. 3 aufgeführten Fristen. Da die dort für Ausnahmefälle genannte kürzere Frist von 5 Tagen nur als »Bemühensfrist« ausgestaltet ist, wird zur Vermeidung von Unsicherheiten empfohlen, nach Möglichkeit stets die längere Frist von 12 Tagen für die Berechnung der Mindestfrist des § 10 SKR Nr. 2 a zugrunde zu legen.
§ 11 SKR Nr. 2 Abs. 3	Unter einer Beihilfe im Sinne des EG-Vertrages sind staatliche oder aus staatlichen Mitteln gewährte Vergünstigungen für bestimmte Unternehmen oder Produktionszweige gleich welcher Art zu verstehen. Das können sowohl positive Leistungen, wie z. B. Zulagen oder Zuschüsse, als auch sonstige Arten von Vorteilen, wie Steuerbefreiungen, Bürgschaftsübernahmen oder die unentgeltliche oder besonders preiswerte Überlassung von Gütern, Grundstücken oder Rechten oder eine Bevorzugung bei öffentlichen Aufträgen u. a. sein.
§ 14 SKR Nr. 1 Abs. 1 d	Die Inanspruchnahme vorgesehener Abweichungsmöglichkeiten von der Anwendungsverpflichtung bezieht sich insbesondere auf die in Artikel 3 der Sektorenrichtlinie (93/38/EWG) vorgesehenen Möglichkeiten. (Die Mitgliedstaaten können bei der Kommission der Europäischen Gemeinschaften beantragen, dass die Nutzung geographisch abgegrenzter Gebiete zum Zwecke der Suche oder Förderung von Erdöl, Gas, Kohle oder anderen Festbrennstoffen unter bestimmten Bedingungen nicht als Tätigkeit im Sinne der Richtlinie gilt.)
Anhang I A Anhang I B	Die Anhänge I A und I B enthalten Bezugnahmen auf die nur in englischer Sprache vorliegende CPC-Nomenklatur der Vereinten Nationen. Es ist vorgesehen, diese Nomenklatur durch eine Nomenklatur der Europäischen Union (CPA) zu ersetzen. Bis dahin kann die englische CPC als Interpretationshilfe herangezogen werden.

Abschnitt 1
Basisparagraphen

Einleitung

Inhaltsübersicht   Rn.

A. Systematische Einordnung der VOL/A 1
B. Geschichte und Rechtsqualität der VOL/A 5
C. Struktur und Anwendungsbereich der VOL/A 11
D. Der Regelungsgehalt der VOL/A 13
E. VOL/A Ausgabe 2006 14

A. Systematische Einordnung der VOL/A

Die VOL/A ist Teil der Verdingungsordnung für Leistungen (VOL) und damit neben **1** den haushaltsrechtlichen Grundnormen der §§ 30 Haushaltsgrundsätzegesetz (HGrG) und 55 Bundes- bzw. Landeshaushaltsordnung (BHO/LHO), dem Vierten Teil des Gesetzes gegen Wettbewerbsbeschränkungen (GWB) und der Vergabeverordnung (VgV) einer der Grundbausteine des deutschen Vergaberechts. Die Verdingungsordnung für Leistungen – VOL – ist neben der Vergabe- und Vertragsordnung für Bauleistungen – VOB – und der Verdingungsordnung für freiberufliche Leistungen – VOF – eines der drei untergesetzlichen Hauptregelwerke mit Verhaltenspflichten für staatliche Einkäufer. Das Vergaberecht umfasst die Gesamtheit der Normen, die ein Träger öffentlicher Verwaltung oder eine im vorstaatlichen Bereich angesiedelte öffentliche Einrichtung bei der Beschaffung von sachlichen Mitteln und Leistungen, die sie zur Erfüllung ihrer Aufgaben benötigen, zu beachten haben.[1]

Zum Fundament der VOL/A gehört auf nationaler Ebene das Grundgesetz (GG), ins- **2** besondere der sich aus Art. 3 Abs. 1 GG ergebende Gleichbehandlungsgrundsatz und der aus dem Rechtsstaatsprinzip (Art. 20 Abs. 3 GG) und den Grundrechten folgende Grundsatz der Verhältnismäßigkeit. Auf supranationaler Ebene sind Basis der VOL/A das EG-Primärrecht mit den Grundfreiheiten des EG-Vertrags und die Vergaberichtlinien der Gemeinschaft. Denn der Beschaffungsmarkt ist Bestandteil des gemeinsamen europäischen Binnenmarktes. Die Mitgliedstaaten und ihre Untergliederungen müssen deshalb bei der Beschaffung von Waren und Dienstleistungen das EG-Primärrecht und die Vergaberichtlinien beachten. Auf internationaler Ebene gibt es für das Vergaberecht einen weiteren (völkerrechtlichen) Rahmen mit dem Regelwerk der WTO, dem Government Procurement Agreement (GPA) und weiteren Handelsverträgen der Europäischen Gemeinschaft.[2]

Auf dieser Grundlage besteht in Deutschland seit dem Inkrafttreten des Vergabe- **3** rechtsänderungsgesetzes (VgRÄG) am 1. 1. 1999 ein horizontal zweigeteiltes Recht, das selbstverständlich an verschiedenen Stellen und in vielfältiger Weise sachlich auf-

---

1 *BVerfG* Beschl. v. 13. 6. 2006, 1 BvR 1160/03, NJW 2006, 3701, Rn. 2; *Marx* in: Festschrift für Bechthold, Vergaberecht – Was ist das? S. 305 ff.; *Rudolf* in: Byok/Jaeger, Kommentar zum Vergaberecht, 2. Aufl. 2005 Einführung Rn. 1.
2 Dazu *Prieß* Handbuch des europäischen Vergaberechts, 3. Aufl., S. 31 ff. und *ders.*, Das Übereinkommen über das öffentliche Beschaffungswesen, in: Prieß/Berrisch, WTO Handbuch, 2003, S. 621.

einander bezogen und ineinander verflochten ist: Für Vergaben, die nach der Prognose des Auftraggebers bestimmte sich aus den Richtlinien der Europäischen Gemeinschaft ergebenden Auftragswerte nicht überschreiten, gilt das Haushaltsrecht der jeweils einkaufenden Körperschaft des öffentlichen Rechts; es verpflichtet die Körperschaft beim Einkauf von Waren und Dienstleistungen die sog. Basisparagraphen der VOL anzuwenden. Für Vergaben über den gemeinschaftsrechtlich vorgegebenen Schwellenwerten gilt der Vierte Teil des GWB.[3] Das sind die §§ 97 ff. GWB und sämtliche Vorschriften, auf die in diesen verwiesen wird. Das sind die VgV und die Verdingungsordnungen bzw. Vergabe- und Vertragsordnungen VOB, VOF und VOL, so dass beide Teile des Vergaberechtes auf der untersten Ebene der Vergabe- und Vertragsordnungen wieder formal zusammengeführt sind.

4 Zusätzlich zu diesen beiden Regelungskomplexen bestehen in verschiedenen Bundesländern Landesvergabegesetze oder Vergaberegeln in Mittelstandsförder- und sonstigen Spezialgesetzen.

B. Geschichte und Rechtsqualität der VOL/A

5 Die VOL/A hat eine lange Geschichte, die bis auf die Überlegungen für ein »Reichsverdingungsgesetz«, das in den 1920er Jahren angestrebt wurde, aber nicht zustande kam, zurückgeht. Nachdem feststand, dass es ein solches Reichsverdingungsgesetz über die Vorgehensweise bei staatlichen Einkäufen nicht geben werde, ersuchte der Reichstag die Reichsregierung, zwecks Schaffung einer Ersatzregelung einen Sachverständigenausschuss einzuberufen. Der daraufhin eingesetzte Reichsverdingungsausschuss, bestehend aus Vertretern der betroffenen Ressorts sowie Arbeitgeber- und Arbeitnehmerorganisationen, schuf mit der 1926 erstmals vorgelegten Verdingungsordnung für Bauleistungen (VOB) und der im Jahr 1936 folgenden Verdingungsordnung für Leistungen ohne Bauleistungen (VOL) reichseinheitliche Grundsätze für die Vergabe von öffentlichen Aufträgen. Diese reichseinheitlichen Grundsätze und Regeln hatten – so die seither tradierte Vorstellung – budgetrechtlichen Charakter und galten nur im Staatsinnenverhältnis unter den staatlichen Akteuren. Das Vergabeverfahren hatte keine rechtlichen Wirkungen im Außenverhältnis. Im Außenverhältnis wurde das Ganze als Zivilrechtsbeziehung zwischen einkaufender staatlicher Einheit und den Bewerbern, Bietern und Vertragspartnern verstanden, wobei zunächst durchaus auch die Vorstellung bestand, dass der öffentliche Auftraggeber im vorvertraglichen Bereich keiner anderen rechtlichen Bindung unterlag als jeder private Einkäufer. Die an öffentlichen Aufträgen interessierten Unternehmen konnten aus den Verdingungsordnungen keine einklagbaren subjektiven Rechte herleiten und konnten keinen primären Rechtsschutz erhalten. An dem fehlenden Gesetzescharakter der Verdingungsordnungen und damit auch der Rechtsqualität der VOL/A änderte auch die Reform des deutschen Haushaltsrechts in den 60er Jahren nichts. Es blieb bei der Qualität der Vorschriften als interne Weisung mit dem Ziel der Sicherung der Prärogative des Haushaltsgesetzgebers gegenüber der jeweiligen Exekutive. Die öffent-

---

3 Vergaberechtsänderungsgesetz v. 26. 8. 1998, BGBl I S. 2512.

lichen Auftraggeber wurden aus Gründen einer sparsamen und wirtschaftlichen Mittelverwendung regelmäßig verpflichtet, die Verdingungsordnungen anzuwenden. Darauf berufen konnte sich das einzelne interessierte Unternehmen aber nicht; der deutsche Gesetzgeber wollte zur Sicherung der Effektivität des öffentlichen Einkaufs subjektive Rechte nicht entstehen lassen.[4] Das Haushaltsrecht wurde als nur objektives und bloßes Innenrecht angesehen.[5]

Mit der Europäisierung des Vergaberechtes, die als wichtigen Eckpfeiler des Programms zur Vertiefung des EU-Binnenmarktes zu Beginn der 90er Jahre die EU-Vergaberichtlinien hervorbrachte, wurde die bisher ganz auf die haushaltsrechtliche Wirtschaftlichkeit und Sparsamkeit einerseits und auf ziviles Vertragsrecht andererseits fokussierte Vergaberechtstheorie um eine völlig neue Dimension ergänzt. Es wurden »materielle« Richtlinien zur Koordinierung der Verfahren über die Vergabe öffentlicher Liefer-, Bau- und Dienstleistungsaufträge sowie zwei Rechtsmittelrichtlinien – eine für die klassischen Auftraggeber[6] und eine für die Sektorenauftraggeber[7] – erlassen. Die Rechtmittelrichtlinien sollten dafür sorgen, dass die Mitgliedstaaten entsprechenden Rechtsschutz gegen die Verletzung der materiellen Richtlinien gewähren. Die Vergaberegeln insgesamt sollten nun nicht mehr nur dem effektiven Einkauf dienen, sondern auch dafür sorgen, dass die gegeneinander abgeschotteten öffentlichen Beschaffungsmärkte geöffnet und den europäischen Marktfreiheiten ungehinderte Entfaltung gegeben wird.[8] Für Deutschland – für die deutsche Wirtschaft ebenso wie für Politik und Verwaltung – schien dies etwas so dramatisch anderes zu sein, dass man sich kollektiv fast ein Jahrzehnt lang bemühte, die neue Dimension nicht zur Kenntnis zu nehmen.

Das Zweite Gesetz zur Änderung des Haushaltsgrundsätzegesetzes (HGrG)[9] vom 26. 11. 1993 ergänzte das HGrG um die §§ 57 a, 57 b und 57 c. Mit ihm und zwei auf ihm basierenden Rechtsverordnungen, der Vergabeverordnung (VgV) und der Nachprüfungsverordnung (NpV),[10] sollten die marktöffnenden materiellen Richtlinien und die beiden Rechtsmittelrichtlinien in das deutsche Recht umgesetzt werden. Das als »haushaltsrechtliche Lösung« bekannt gewordene Regelwerk führte ein einheitliches Nachprüfungsregime für alle öffentlichen Auftraggeber und für alle Vergaben ein, die die EG-Schwellenwerte erreichen oder überschreiten. Mit der haushaltsrechtlichen Lösung wurde ausdrücklich das Ziel angestrebt, »individuelle, einklagbare Rechtsansprüche der Bieter nicht entstehen zu lassen«. An dem gewachsenen deutschen Vergaberecht mit seinem nur objektiv-rechtlichen Charakter sollte sich nichts ändern.[11]

---
4 *BVerfG* Beschl. v. 13. 6. 2006, NJW 2006, 3701, Rn. 4 ff.
5 *BGH* Urt. v. 21. 11. 1991, NJW 1992, 827; *Mestmäcker* in: Immenga/Mestmäcker, GWB, 3. Aufl. 2001, Einleitung, Rn. 22; *Hailbronner* in: Grabitz/Hilf, Das Recht der Europäischen Union, Stand 30. EL 2006, B 1. Einleitung, Rn. 16. *Rudolf* a. a. O. Einführung Rn. 76.
6 Richtlinie 89/665/EWG des Rates v. 21. 12. 1989, ABl. Nr. L 395 v. 30. 12. 1989, S. 33.
7 Richtlinie 92/13/EWG des Rates v. 25. 2. 1992, ABl. Nr. L 76 v. 23. 3. 1992, S. 14.
8 *Hailbronner* Die Vergabe öffentlicher Aufträge nach europäischem Gemeinschaftsrecht, WiVerw 1994, 173 ff.
9 BGBl. I 1993 S. 1928.
10 BGBl. I 1994 S. 321.
11 Vgl. Begründung zum Gesetzentwurf der Bundesregierung BT-Drs. 12/4636 S. 12.

8 Nachdem der EuGH die deutsche Umsetzung der Vergabe- und der Rechtsmittelrichtlinien als nicht gemeinschaftsrechtskonform verworfen hatte[12] und aufgrund außenpolitischen Drucks der USA, die befürchteten, dass amerikanische Unternehmen in Deutschland diskriminiert werden könnten, entschloss sich der deutsche Gesetzgeber, das deutsche Vergaberecht grundlegend zu überarbeiten. In der Tat waren nämlich die Prinzipien, die das europäische Recht zum Funktionieren des Binnenmarktes auf dem public-procurement-Sektor voraussetzte, signifikant andere als die bisherigen haushaltsrechtlichen Bindungen sie mit sich brachten.[13] Um den wettbewerbsrechtlichen Charakter des Vergaberechts zu unterstreichen, wurde das Vergaberecht mit dem Vergaberechtsänderungsgesetz (VRÄG)[14] im 4. Abschnitt des GWB verankert, das am 1. 1. 1999 in Kraft getreten ist. Das GWB-Vergaberecht (§§ 97 ff.) regelt außer der Definition des Auftraggebers in § 98, einer Umschreibung der verschiedenen Aufträge in § 99 und den Ausnahmen im § 100 die wichtigsten Grundsätze, nach denen sich jedes Vergabeverfahren auszurichten hat: Wettbewerb, Transparenz, Gleichbehandlung und die Pflicht zur Auswahl des wirtschaftlichsten Angebots (§ 97 GWB). Außerdem räumt es den Unternehmen gegen den Auftraggeber einen Anspruch auf Einhaltung der Vergabeverfahrensbestimmungen ein (§ 97 Abs. 7 GWB). Die Unternehmen haben so die Möglichkeit, Beeinträchtigungen ihrer Rechte in einem Nachprüfungsverfahren gemäß §§ 102 ff. GWB geltend zu machen. Zur Ausgestaltung der näheren Bestimmungen über das Vergabeverfahren ermächtigt § 97 Abs. 6 GWB die Bundesregierung mit Zustimmung des Bundesrates zum Erlass einer Rechtsverordnung. Die auf dieser Grundlage erlassene VgV enthält selbst auch einige besondere Verfahrensvorschriften, verweist aber im Wesentlichen auf die Abschnitte 2 bis 4 der Verdingungsordnungen. Aufgrund der statischen Verweisung in den §§ 4–7 VgV teilen die Verdingungsordnungen seither den Charakter der VgV als Rechtsverordnung, so dass auch die Abschnitte 2 bis 4 der VOL/A seither Rechtsnormqualität haben. Die VgV ist das Scharnier zu den traditionellen deutschen Vergaberegeln und den Abschnitten 2 bis 4 der VOL/A mit den aus den Richtlinien stammenden Sondervorschriften. Erst durch den Verweis der VgV auf die Verdingungsordnungen erhalten die Abschnitte 2 bis 4 der VOL/A nach der herrschenden Meinung die für den Rechtsschutz unabdingbare Außenrechtsverbindlichkeit. Dieses dreistufige Konstrukt – GWB, VgV, Verdingungsordnungen – wird als vergaberechtliche Kaskade bezeichnet.

9 Außerhalb des Anwendungsbereichs der §§ 97 ff. GWB und der VgV verpflichten – ausgehend vom Primat des sparsamen und wirtschaftlichen Mitteleinsatzes[15] – nach wie vor die Haushaltsordnungen von Bund und Ländern (BHO/LHO) sowie die Gemeindehaushaltsverordnungen (GemHVO) öffentliche Auftraggeber vor dem Abschluss von Verträgen zur Beschaffung von Leistungen zur öffentlichen Ausschreibung, es sei denn, die Natur des Geschäfts oder besondere Umstände rechtfertigen

---

12 *EuGH* Rs. C-433/93, »Kommission/Deutschland«, Slg. 1995, I-2303.
13 *Pietzcker* in: Grabitz/Hilf, Das Recht der Europäischen Union, Stand 30, EL 2006, B 19, Rn. 2–4; *Kühnen* in: Kapellmann/Messerschmidt, VOB Teile A und B, 2. Aufl. 2006, Einleitung, Rn. 6; *EuGH* »Kommission/Deutschland«, Slg. 1995, I-2303, Rs. C-433/93, Rn. 19, NVwZ 1996, 367.
14 BGBl I, 1998, S. 2512.
15 §§ 6 HGrG, 7 BHO.

eine Ausnahme.[16] Zu diesem Zweck ist beim Abschluss von Verträgen nach einheitlichen Richtlinien zu verfahren.[17] Übereinstimmend schreibt das Gesetz über die Grundsätze des Haushaltsrechts des Bundes und der Länder die öffentliche Ausschreibung mit identischen Voraussetzungen vor.[18] Richtlinien in diesem Sinne sind auch die Verdingungsordnungen.[19]

Die Behörden des Bundes verpflichtet die Vorläufige Verwaltungsvorschrift (VorlVV) **10** zu § 55 BHO zur Anwendung der VOL/A einschließlich des 1. Abschnitts. Auf Landesebene ist das Bild nicht einheitlich. Während in manchen Bundesländern, wie etwa Baden-Württemberg, Brandenburg, Hessen, Mecklenburg-Vorpommern, Niedersachsen, Rheinland-Pfalz, Thüringen, Schleswig-Holstein, die VOL/A verbindlich gilt,[20] ist in anderen Bundesländern die Beachtung der VOL/A den Landesbehörden und Kommunen nur empfohlen. In der Praxis wenden die Vergabestellen vielfach auch in den Bundesländern die VOL/A an, in denen sie nicht verbindlich gilt.

C. Struktur und Anwendungsbereich der VOL/A

Die VOL besteht aus zwei Teilen: Teil A regelt das bei der Vergabe von Liefer- und **11** Dienstleistungsaufträgen einzuhaltende Verfahren, wobei für Aufträge über freiberufliche Leistungen Sondervorschriften gelten. Teil B enthält allgemeine Vertragsbestimmungen für die Ausführung der Aufträge. Der vergaberechtliche Teil A ist in vier Abschnitte gegliedert.

Abschnitt 1 enthält die »Basisparagraphen«, die von den öffentlichen Auftraggebern **13** bei jeder Vergabe eines Lieferauftrags oder eines Dienstleistungsauftrags unterhalb der EG-Schwellenwerte angewendet werden müssen, die durch ihre eigenen Budgetregeln auf Einkaufsvorschriften verpflichtet sind. Abschnitt 2 setzt – soweit es nicht um freiberufliche Leistungen geht – die Vergabekoordinierungsrichtlinie (VKR)[21] in so genannten a-Paragraphen um. Dieser zweite Abschnitt der VOL/A gilt nur für Vergaben oberhalb der EG-Schwellenwerte (vgl. §§ 1, 4 Abs. 1 VgV). Die Abschnitte 3 (mit den so genannten b-Paragraphen) und 4 der VOL/A dienen der Umsetzung der EG-Sektorenrichtlinie,[22] wobei der dritte Abschnitt eine von der Richtlinie nicht geforderte, wohl europarechtswidrige deutsche Besonderheit bil-

---

16 Vgl. §§ 30 HGrG, 55 Abs. 1 BHO/LHOen; für die Gemeinden § 25 a Abs. 1 GemHVO Brbg.; § 32 Abs. 1 GemHVO (LSA); § 31 Abs. 1 ThürGemHVO; § 32 Abs. 1 GemHVO Nds; § 29 S. 1 MVGemHVO; § 22 Abs. 1 RPFGemHVO; § 31 Abs. 1 NRW GemHVO; § 31 SäKomHVO.
17 Vgl. § 55 Abs. 2 BHO/LHOen.
18 *Broß* Vergaberechtlicher Rechtsschutz unterhalb der Schwellenwerte, in: ZWeR 2003, 270, 271.
19 *OVG Koblenz* Beschl. v. 25. 5. 2005, 7 B 10356/05, IBR 2005, 386.
20 Der Anwendungsbefehl resultiert dabei teilweise aus Verwaltungsvorschriften der zuständigen Landesministerien (so etwa Baden-Württemberg, Brandenburg, Hessen, Thüringen), teilweise unmittelbar aus den Vergabegesetzen der Länder (§ 1 LVergabeG Nds.; § 1 Abs. 1 Sächs.VergabeG; § 14 Abs. 3 MFG-SH); auch die Gemeindehaushaltsverordnungen enthalten teilweise entsprechende Regelungen (§ 25 a Abs. 3 GemHVO Brbg.; § 29 S. 2 MVGemHVO).
21 Richtlinie 2004/18/EG des Europäischen Parlaments und des Rates v. 31. 3. 2004 über die Koordinierung der Verfahren zur Vergabe öffentlicher Bauaufträge, Lieferaufträge und Dienstleistungsaufträge, EU-ABl. v. 30. 4. 2004, L 134/114.
22 Richtlinie 2004/17/EG des Europäischen Parlaments und des Rates v. 31. 3. 2004 zur Koordinierung der

Einleitung

det.[23] An seine b-Paragraphen sind ausschließlich die im engeren Sinne staatlichen öffentlichen Auftraggeber gemäß § 98 Nr. 1 bis 3 GWB bei Vergaben in den Sektoren Trinkwasser und Verkehr, ausgenommen Luftverkehr, gebunden (vgl. § 7 Abs. 1 i. V. m. § 8 Nr. 1 und Nr. 4 b) und c) VgV). Hingegen gilt Abschnitt 4 der VOL/A mit seinen »SKR-Paragraphen« für alle übrigen Vergaben von Liefer- und Dienstleistungsaufträgen im Sektorenbereich (Trinkwasser-, Elektrizitäts-, Gas- und Wärmeversorgung sowie Verkehr, vgl. § 7 Abs. 2 i. V. m. § 8 Nr. 2, 3 und Nr. 4 a) VgV).

D. Der Regelungsgehalt der VOL/A

14 Die Verdingungsordnungen enthalten den ganz überwiegenden Teil des materiellen Vergaberechts. Der Aufbau der VOL/A ist am Ablauf eines Vergabeverfahrens orientiert. Ausgehend von den Definitionen der zu beschaffenden Leistungen und den Grundsätzen der Auftragsvergabe (§§ 1–2 VOL/A) werden zunächst die Verfahrensarten beschrieben (§§ 3, 3 a VOL/A). Es folgen die Regelungen über das bei der Einholung von Angeboten einzuhaltende Verfahren (§§ 4–20), insbesondere über den Kreis der Wettbewerbsteilnehmer (§§ 7, 7 a) und über die Leistungsbeschreibung (§§ 8, 8 a) sowie über den Inhalt der Vergabeunterlagen (§§ 9, 9 a) und der Bekanntmachung (§§ 17, 17 a). Danach werden der notwendige Inhalt der Angebote (§ 21) und die Angebotsöffnung (§ 22) beschrieben. Dem folgen Vorschriften zur Prüfung und Wertung der Angebote und die Zuschlagserteilung (§§ 23–25, 28, 28 a). Für den Fall, dass ein Zuschlag nicht erteilt wird, enthält die VOL/A Vorschriften für die Aufhebung der Ausschreibung (§§ 26, 26 a). Weiterhin sind der fortlaufend zu fertigende Vergabevermerk (§ 30), die Melde- und Berichtspflichten an die EU-Kommission (§ 30 a) sowie die Wettbewerbe (§ 31 a) geregelt. Die VOB/A ist dem vergleichbar strukturiert, die VOF ist deutlich straffer gefasst.

E. VOL/A Ausgabe 2006

15 Die VOL/A Ausgabe 2006 ist am 6. 4. 2006 bekannt gegeben worden.[24] Sie dient der Umsetzung der mit der Vergabekoordinierungsrichtlinie 2004/18/EG[25] vorgenommenen Novellierung der EU-Vergaberegeln und löst die VOL/A 2002 ab. Dabei wurden die in der Richtlinie optional angebotenen Verfahren »elektronische Auktion« und »dynamisches Beschaffungssystem« noch nicht in das deutsche Recht übernommen. Der DVAL war der Auffassung, dass es weiterer Diskussion bedürfe, bevor diese Verfahren auch in Deutschland angewendet werden könnten. Der neu gefasste Ab-

---

Zuschlagserteilung durch Auftraggeber im Bereich der Wasser-, Energie- und Verkehrsversorgung sowie der Postdienste, EU-ABl. v. 30. 4. 2004, L 134/1.
23 Zur Frage, ob Sektorenauftraggeber gem. § 98 Nr. 4 GWB, die zugleich öffentlicher Auftraggeber nach § 98 Nr. 2 GWB sind, nach geltendem Recht den 3. oder 4. Abschnitt der VOL/A und VOB/A anzuwenden haben *Prieß/Gabriel* Abschnittsende – (k)ein Abschied vom 3. Abschnitt von VOB/A und VOL/A, NZBau 2006, 685.
24 Vgl. Bekanntmachung der Neufassung der VOL/A, Ausgabe 2006, vom 6. 4. 2006.
25 [Fn. 21 entsprechend].

schnitt 1 der VOL/A war sofort anzuwenden. Die Pflicht zur Anwendung der Abschnitte 2 bis 4 erforderte eine entsprechende Änderung der VgV, die seit dem 1. 11. 2006 in Kraft ist.

Die VOL/A Ausgabe 2006 enthält gegenüber ihrer Vorgängerin folgende wesentlichen Änderungen: Als neue Verfahrensart ist in § 3 a Nr. 1 Abs. 1 Satz 3 VOL/A mittels Verweisung auf § 6 a VgV der wettbewerbliche Dialog aufgenommen. Dieser § 6 a VgV war durch das ÖPP-Beschleunigungsgesetzes in die VgV aufgenommen worden. Weitere Änderung in § 3 a VOL/A sind die Aufnahme der Möglichkeit des sukzessiven Abschichtens der Wettbewerbsteilnehmer im Verhandlungsverfahren und im wettbewerblichen Dialog (Nr. 1 Abs. 3) und die – ausdrückliche – Zulassung des Abschlusses von Rahmenvereinbarungen durch klassische Auftraggeber (Nr. 4). Deren Zulässigkeit war von der Rechtsprechung allerdings seit langem anerkannt.[26] In § 7 a Nr. 2 und § 7 b Nr. 1 Abs. 3 VOL/A ist als neuer (jedoch nicht zwingender) Ausschlussgrund die rechtskräftige Verurteilung einer dem bietenden Unternehmen zurechenbaren Person eingefügt worden. Das Unternehmen hat die Möglichkeit, die Kenntnis des Auftraggebers durch einen Auszug aus dem Bundeszentralregister oder durch eine vergleichbare Urkunde zu widerlegen. Der Ausschluss muss nicht zwingend erfolgen, jedoch darf nur in absoluten Ausnahmefällen von einem Ausschluss abgesehen werden. § 7 a Nr. 5 Abs. 1 und § 7 b Nr. 13 Abs. 1, Satz 2 VOL/A ermöglichen die Abfrage von Nachweisen eines Qualitätsmanagements. Die Prüfung bestimmter Qualitätsanforderungen ist durch Bezugnahme auf Zertifizierungen durchzuführen, die europäischen Normen entsprechen. Dadurch ist auf DIN ISO 9000 ff. Bezug genommen. § 7 a Nr. 5 Abs. 2 und § 7 b Nr. 13 Abs. 3 VOL/A ermöglichen die Abfrage der Erfüllung von Umweltmanagementstandards als Teil der technischen Leistungsfähigkeit. § 8 a und § 8 b VOL/A enthalten eine Neuregelung technischer Spezifikationen. Nach der Änderung der § 9 a und § 9 b VOL/A müssen künftig alle vorgesehenen Zuschlagskriterien und ihre Gewichtung zwingend bereits in der Bekanntmachung, der Aufforderung zur Angebotsabgabe oder in den Verdingungsunterlagen (Leistungsbeschreibung) benannt werden. Die Gewichtung der Zuschlagskriterien kann nach § 25 a Nr. 1 Abs. 1 S. 3 und § 25 b Nr. 1 Abs. 1 VOL/A mit einer angemessenen Marge erfolgen. Unter der Voraussetzung der §§ 25 a Nr. 1 Abs. 1 Satz 4, 25 b Nr. 1 Abs. 1 Satz 4 VOL/A darf der Auftraggeber, wenn er eine Gewichtung aus nachvollziehbaren Gründen nicht angeben kann, die Zuschlagskriterien in der absteigenden Reihenfolge ihrer Bedeutung festlegen. § 25 a VOL/A enthält Bestimmungen zu Zuschlagskriterien und Angeboten bei staatlichen Beihilfen. Zuschlagskriterien müssen danach durch den Auftragsgegenstand gerechtfertigt sein. Gem. § 17 a Nr. 2 und § 17 b Nr. 4 Abs. 4 VOL/A ist Auftraggebern nunmehr die Möglichkeit eingeräumt, im Internet ein Beschafferprofil einzurichten. Ein Beschafferprofil hat den Zweck, potentiellen Bietern genaue Informationen zu den Beschaffungspraktiken und -absichten eines Auftraggebers bekannt zu geben. Die Möglichkeit des Einsatzes elektronischer Mittel zur Informationsübermittlung ist in der VOL/A nun an mehreren Stellen eröffnet, z. B. bezogen auf die Informationsüber-

---

26 *EuGH* Rs. C-79/94, »Kommission/Griechenland«, Slg. 1995, I-1071, 1080, 1087, BeckRS 2004, 77793; *KG Berlin* Beschl. v. 15. 4. 2004, 2 Verg 22/03, VergabeR 2004, 762, 766 f.; *OLG Düsseldorf* Beschl. v. 26. 7. 2002, Verg 28/02, VergabeR 2003, 87, 88 f.

mittlung in § 16 Nr. 4–6, in §§ 16 a, 16 b VOL/A für Teilnahmeanträge und in § 21 Nr. 1 Abs. 2 VOL/A in Bezug auf Angebote. Die Übertragungswege zur Übermittlung der Informationen müssen diskriminierungsfrei gestaltet sein. Zudem muss die Integrität und Vertraulichkeit der übermittelten Daten sichergestellt sein. Die §§ 18 a, 18 b VOL/A sehen auch die Möglichkeit vor, Fristen zu verkürzen, wenn elektronische Übermittlungswege genutzt werden können. Bei einer Nutzung der Möglichkeiten der elektronischen Verfahrengestaltung müssen Auftraggeber nach §§ 30 a, 30 b VOL/A gewährleisten, dass der Ablauf des Vergabefahrens entsprechend dokumentiert wird.

§ 1
Leistungen

Leistungen im Sinne der VOL sind alle Lieferungen und Leistungen, ausgenommen

- Leistungen, die unter die Vergabe- und Vertragsordnung für Bauleistungen – VOB – fallen (VOB/A § 1),
- Leistungen, die im Rahmen einer freiberuflichen Tätigkeit[1] erbracht oder im Wettbewerb mit freiberuflich Tätigen angeboten werden, soweit deren Auftragswerte die in der Vergabeverordnung festgelegten Schwellenwerte nicht erreichen; die Bestimmungen der Haushaltsordnungen bleiben unberührt,
- Leistungen ab der in der Vergabeverordnung festgelegten Schwellenwerte, die im Rahmen einer freiberuflichen Tätigkeit erbracht oder im Wettbewerb mit freiberuflich Tätigen angeboten werden und deren Gegenstand eine Aufgabe ist, deren Lösung nicht vorab eindeutig und erschöpfend beschrieben werden kann; diese Leistungen fallen unter die Verdingungsordnung für freiberufliche Leistungen – VOF –.

Erläuterungen

§ 1	Die VOL/A ist nach dem Wortlaut des § 1 für alle Lieferungen und Leistungen anzuwenden, die nicht Bauleistungen oder freiberufliche Leistungen sind (z. B. aufgrund von Kauf-, Werk-, Werklieferungs-, Miet- und Leasingverträgen).
§ 1 erster Spiegelstrich	Bauleistungen sind Arbeiten jeder Art, durch die eine bauliche Anlage hergestellt, instand gehalten, geändert oder beseitigt wird. Darunter fallen auch alle zur Herstellung, Instandhaltung oder Änderung einer baulichen Anlage zu montierenden Bauteile, insbesondere die Lieferung und Montage maschineller und elektrotechnischer Einrichtungen. Einrichtungen, die jedoch von der baulichen Anlage ohne Beeinträchtigung der Vollständigkeit oder Benutzbarkeit abgetrennt werden können und einem selbständigen Nutzungszweck dienen, fallen unter die VOL/A.
§ 1 zweiter Spiegelstrich	Weiterhin sind alle »Leistungen, die im Rahmen einer freiberuflichen Tätigkeit erbracht« werden, den Basisparagraphen entzogen. Welche Leistungen hierunter fallen, ergibt sich aus dem Katalog des § 18 Abs. 1 Nr. 1 EStG. Die Aufzählung ist nicht abschließend.

---

1 Vgl. § 18 Abs. 1 Nr. 1 EStG:
(1) Einkünfte aus selbständiger Arbeit sind:
1. Einkünfte aus freiberuflicher Tätigkeit. Zu der freiberuflichen Tätigkeit gehören die selbständig ausgeübte wissenschaftliche, künstlerische, schriftstellerische, unterrichtende oder erzieherische Tätigkeit, die selbständige Berufstätigkeit der Ärzte, Zahnärzte, Tierärzte, Rechtsanwälte, Notare, Patentanwälte, Vermessungsingenieure, Ingenieure, Architekten, Handelschemiker, Wirtschaftsprüfer, Steuerberater, beratenden Volks- und Betriebswirte, vereidigten Buchprüfer (vereidigten Bücherrevisoren), Steuerbevollmächtigten, Heilpraktiker, Dentisten, Krankengymnasten, Journalisten, Bildberichterstatter, Dolmetscher, Übersetzer, Lotsen und ähnlicher Berufe. Ein Angehöriger eines freien Berufs im Sinne der Sätze 1 und 2 ist auch dann freiberuflich tätig, wenn er sich der Mithilfe fachlich vorgebildeter Arbeitskräfte bedient; Voraussetzung ist, dass er auf Grund eigener Fachkenntnisse leitend und eigenverantwortlich tätig wird. Eine Vertretung im Fall vorübergehender Verhinderung steht der Annahme einer leitenden und eigenverantwortlichen Tätigkeit nicht entgegen; ...

§ 1 Leistungen

Wird eine freiberufliche Leistung gleichzeitig im Wettbewerb von einem Gewerbebetrieb angeboten, findet die VOL auch auf die entsprechende Leistung des Gewerbebetriebes keine Anwendung. Liegt zwischen freiberuflich Tätigen und Gewerbebetrieben ein Wettbewerbsverhältnis nicht vor, d. h., wird eine der Natur nach freiberufliche Leistung ausschließlich durch Gewerbebetriebe erbracht, ist die VOL hingegen uneingeschränkt anwendbar.

Die Frage, ob ein Wettbewerbsverhältnis zwischen freiberuflich Tätigen und Gewerbebetrieben besteht, ist vom jeweiligen Auftraggeber im Einzelfall und im Voraus aufgrund der vorhandenen Marktübersicht zu beurteilen. Wird die Leistung nur von Gewerbebetrieben erbracht und ist daher mit einem Parallelangebot der freiberuflich Tätigen nicht zu rechnen, ist die Leistung nach dem Verfahren der VOL zu vergeben.

Stellt sich im Laufe des VOL-Verfahrens wider Erwarten heraus, dass auch freiberuflich Tätige die Leistung erbringen und sich u. U. sogar um den Auftrag bewerben, so ist entscheidend, dass diese Leistung in der Vergangenheit nicht von freiberuflich Tätigen, sondern nur von Gewerbebetrieben erbracht wurde. Es kommt daher nicht auf die potentielle Fähigkeit der freiberuflich Tätigen an, derartige Leistungen zu erbringen, sondern auf die Erfahrung des Auftraggebers, dass diese Leistungen in der Vergangenheit auch tatsächlich von freiberuflich Tätigen erbracht worden sind.

§ 1 zweiter Spiegelstrich lässt insbesondere §§ 7 und 55 BHO (bzw. die entsprechenden landes- und kommunalrechtlichen Bestimmungen) unberührt. Einheitliche Grundsätze für die Vergabe der Gesamtheit freiberuflicher Leistungen sind nicht vorhanden. Es ist daher nach den Rechtsgrundsätzen des § 55 BHO (bzw. den entsprechenden landes- oder kommunalrechtlichen Bestimmungen) zu verfahren. Nach § 55 Abs. 1 BHO muss dem Abschluss von Verträgen über Lieferungen und Leistungen eine Öffentliche Ausschreibung vorausgehen, sofern nicht die Natur des Geschäfts oder besondere Umstände eine Ausnahme rechtfertigen.

Mit Rücksicht auf den Ausnahmecharakter bedarf es grundsätzlich für das Vorliegen der Ausnahmesituation des § 55 BHO der Prüfung im Einzelfall. Es kann jedoch davon ausgegangen werden, dass der Ausnahmetatbestand bei freiberuflichen Leistungen in der Regel erfüllt ist. Sie können daher grundsätzlich freihändig vergeben werden.

Die Aufträge sind, soweit Leistungen an freiberuflich Tätige vergeben werden, an solche Freiberufler zu vergeben, deren Fachkunde, Leistungsfähigkeit und Zuverlässigkeit feststeht, die über ausreichende Erfahrungen verfügen und die Gewähr für eine wirtschaftliche Planung und Ausführung bieten. Die Aufträge sollen möglichst gestreut werden.

§ 1 dritter Spiegelstrich

Oberhalb des EG-Schwellenwertes der EG-Richtlinie sind freiberufliche Leistungen nach der Verdingungsordnung für freiberufliche Leistungen (VOF) zu vergeben, sofern deren Gegenstand eine Aufgabe ist, deren Lösung nicht vorab eindeutig und erschöpfend beschrieben werden kann.

Inhaltsübersicht

	Rn.
A. Allgemeines	1
I. Funktion der Vorschrift	1
II. Rechtscharakter der Regeln des Abschnitts	4
1. Die herrschende Meinung	5

		2. Zwei-Stufen-Theorie	8
		3. Freiheiten des EGV und der Unterschwellenbereich	10
	III.	Praktische Konsequenzen	14
B.	Anmerkungen im Detail		15
	I.	Subjektives Anwendungsfeld: Die Vertragspartner	16
		1. Die Öffentlichen Auftraggeber	16
		a) Bund, Länder, Kommunen	17
		b) Sonstige Körperschaften, Anstalten, Stiftungen	21
		c) Private	26
		2. Die Vertragspartner der öffentlichen Auftraggeber	27
	II.	Objektives Anwendungsfeld des Abschnitts 1	28
		1. Grundlage: Der Vertrag	28
		2. Lieferungen und Leistungen	33
		a) Leistungen	33
		b) Lieferungen	34
		3. Ausgenommene Leistungen	38
		a) Bauleistungen	39
		b) Freiberufliche Leistungen	51
		aa) Unterschwellige Aufträge	54
		bb) Eindeutig und erschöpfend beschreibbare Leistung	60
		4. Gemischte Aufträge	65

A. Allgemeines

I. Funktion der Vorschrift

Gemeinhin wird davon ausgegangen, dass die Vergabe- und Vertrags- bzw. Verdingungsordnungen[2] mit der **Definition der »Leistungen«** ihren **Anwendungsbereich** beschreiben. So steht es dann auch im ersten Satz der offiziellen Erläuterungen. In gleichem Sinne legt § 1 VOB/A fest: »Bauleistungen sind Arbeiten jeder Art, durch die eine bauliche Anlage hergestellt, instand gehalten, geändert oder beseitigt wird.« Im Folgenden beschäftigt sich die VOB/A in der Tat nur noch mit diesen Bauleistungen. § 1 VOL/A dagegen erklärt zweierlei: Erstens wird gesagt, Leistungen seien alle Liefer- und (Dienst-) Leistungen[3] und meint damit eigentlich alles, was am Markt angeboten wird und Gegenstand eines Einkaufsvorganges sein kann. Im zweiten Schritt werden dann von diesem allumfassenden Begriff des Einkaufbaren eine Reihe von Ausnahmen gemacht, so dass letztlich der Eindruck entsteht, dass § 1 vorrangig eine Ausnahmeregel zum im Prinzip allumfassenden Anwendungsbereich der VOL/A darstellt. Ausdrücklich ausgenommen werden die Bauleistungen, für die es die Spezialvorschrift VOB gibt, und freiberufliche Leistungen, für die die speziellere VOF heranzuziehen ist. Die modernere, erst Anfang der neunziger Jahre des vergangenen Jahrhunderts entstandene VOF macht es voraussichtlich mit ihrem § 1 am besten: Sie sagt mit ihrem § 1 gleich, was gemeint ist, dass die VOF Anwendung finde auf

1

---

[2] Die VOB nennt sich seit einiger Zeit »Vergabe- und Vertragsordnung«, VOL und VOF haben ihre Namen beibehalten.
[3] *Müller-Wrede/Noch* in: Müller-Wrede, VOL, 2. Auflage 2007, § 1 Rn. 15.

§ 1 Leistungen

die Vergabe von Leistungen, die im Rahmen einer freiberuflichen Tätigkeit erbracht oder im Wettbewerb mit freiberuflich Tätigen angeboten werden.[4]

2   Mit diesen »Definitionen« und Hinweisen auf den objektiven Anwendungsbereich ist jedoch die **normative Beschreibung des Anwendungsfeldes** der Regeln der Vergabe- und Vertrags- bzw. Verdingungsordnungen allenfalls in sehr eingeschränktem Maße und **nur im negativen Sinne** verbunden: **Was in der Eingangsvorschrift nicht erfasst oder ausdrücklich ausgeschlossen ist, wird von den folgenden Vorschriften auch nicht geregelt. Was aber wirklich geregelt wird und wer die Regeln anwenden soll, wird in der VOL/A nicht gesagt.** Der dritte Anstrich des § 1 VOL/A passt dem äußeren Anschein nach nicht (ganz) in diese Systematik. Er scheint den positiven Anwendungsbefehl auszusprechen, dass bestimmte freiberufliche Leistungen nach der VOF zu vergeben sind, während andere nach den Verfahren der VOL/A vergeben werden müssten. In der Tat gehört aber – sofern es sich hier nicht nur um einen Hinweis, sondern um konstitutives Recht handeln sollte – diese positive Formulierung nicht hier her. Denn die VOL/A kann aus eigenem Recht allenfalls negativ bestimmen, dass sie bestimmte Dinge nicht erfassen wolle.

3   **Den positiven Anwendungsbefehl,** der einer gesetzlichen Regel immanent ist, kann die VOL/A nicht ausdrücken, da sie für sich genommen ein rechtliches nullum ist. Er muss in anderen Rechtsquellen gesucht werden. Für den Bereich der Aufträge, die die Auftragswerte der EU-Schwellen erreichen oder übersteigen, und nicht zugleich unter eine der Ausnahmen des § 100 Abs. 2 des Gesetzes gegen Wettbewerbsbeschränkungen (GWB) fallen, ergeben sich die Anwendungsbefehle aus § 97 Abs. 1 und 6 des GWB i. V. m. §§ 4 bis 12 der Vergabeverordnung (VgV). Für den **Unterschwellenbereich,** um den es hier im § 1 des Abschnitt 1 alleine geht, ergibt sich die **Anwendungspflicht aus dem Haushaltsrecht,** das für die verschiedenen staatlichen und öffentlichen Institutionen höchst unterschiedlich sein kann, oder – sofern ein Privater Auftraggeber ist – aus subventionsrechtlicher bzw. vertraglicher Bindung. Soweit der Bund und die Länder als Auftraggeber auftreten, folgt die Pflicht aus den §§ 55 BHO/LHO[5] i. V. m. den entsprechenden Anwendungserlassen.[6]

II. Rechtscharakter der Regeln des Abschnitts

4   Über Zweck und Rechtscharakter des Vergaberechtes gibt es bis heute keine fest gefügten Vorstellungen.[7] Allgemein geht man von der **Theorie vom fiskalischen Hilfsgeschäft** aus. Danach haben die für das **Innenverhältnis** unter den Akteuren des Staa-

---

[4] Dass weder VOL/A noch VOB/A sich bisher zu solch einfachen Sätzen durchringen konnten, lässt sich eigentlich nicht vernünftig erklären. Wenn überhaupt, ist die missverständliche Formulierung des § 1 nur mit einem überspannten Belehrungsbedürfnis im Verdingungsausschuss und der Euphorie darüber, selbst Gesetzgeber spielen zu dürfen, einigermaßen rational begründbar.

[5] Absolut h. M. zuletzt bestätigt durch *BVerfG* v. 13. 6. 06 – 1 BvR 1160/03 VergR 2006, S. 871 ff. = NZBau 2006, 791 ff.; im Einzelnen dazu *Rudolf* in: Byok/Jäger, Kommentar zum Vergaberecht, 2. Auflage Einführung Rn. 73 ff.

[6] Für § 55 BHO ist dies die VorlVV zu § 55 BHO mit ihren Ziffern 2 und 3; vergl. dazu *Nebel* in Piduch, BHO, § 55 Rn. 1 lit d)

[7] Ausführlich dazu *Marx* in: Festschrift für Bechthold, Vergaberecht – Was ist das?, S. 305 ff.

tes geltenden Regeln über die staatliche Beschaffung **budgetrechtlichen**, die Rechtsbeziehungen im **Außenverhältnis** zwischen der beschaffenden staatlichen Einheit und den Bewerbern, Bietern und Vertragspartnern **zivilrechtlichen** Charakter.

1. Die herrschende Meinung

Die »fiskalische Hilfsgeschäftstätigkeit« unterlag zunächst außer der haushaltsrechtlichen keiner sonstigen allgemein öffentlich-rechtlichen Bindung. Einziger zusätzlich zu den zivilrechtlichen Gesichtspunkten zu beachtender Aspekt war die sich aus dem Demokratieprinzip ergebende, strenge Verpflichtung, die Regeln über die Verfügbarkeit von und den Umgang mit den von der jeweiligen Vertretungskörperschaft der Exekutive bewilligten Haushaltsmittel zu beachten. Ebenso wie vom jeweiligen Haushaltsgesetzgeber vorgegeben wird, wie viel Geld wofür in einem Haushaltsjahr bereit steht, wird vorgegeben wie das Geld auszugeben ist. Es finden sich daher in den **Haushaltsvorschriften** von Bund, Ländern und Gemeinden Regeln für die Vergabe von Subventionen (§§ 44 BHO, LHO) und Regeln über die Ausgaben im Zusammenhang mit dem Erwerb der notwendigen Sachmittel und Leistungen durch Verträge (§§ 30 HGrG und 55 BHO, LHO). Ähnliches gilt für die Haushaltsvorschriften anderer selbständiger, öffentlich-rechtlicher Einrichtungen und Anstalten, die zumeist an die Haushaltsregeln der Gebietskörperschaften anknüpfen und sie zumindest teilweise übernehmen. Da das Haushaltsrecht aber eben nur eine Regel für die Rechtfertigung gegenüber dem Haushaltsgesetzgeber ist, die Exekutive nur ihm und niemandem sonst für den Umgang mit Steuern oder Mitteln aus Gebühren und Zwangsabgaben verantwortlich ist, ist das haushaltsrechtliche Vergaberecht nur eine interne Bindung ohne direkte rechtliche Wirkung auf Dritte. Denn wenn der jeweilige Haushaltsgesetzgeber einer staatlichen Einheit allein verantwortlich ist, hat er – selbstverständlich im Rahmen des Grundgesetzes und der allgemeinen Gesetze – auch selbst zu entscheiden, ob ihm dieses oder jenes Verfahren als das wirtschaftlichste Verfahren erscheint. Gerichtsurteile gibt es in diesem Zusammenhang allenfalls in Verfassungsstreitigkeiten.

Mit dem Siegeszug der Feststellung, dass es **keine staatliche Tätigkeit ohne Bindung an das Grundgesetz und die Grundrechte** gibt, musste allerdings die Freistellung des fiskalischen Hilfsgeschäftes von außenwirksamen öffentlich-rechtlichen Bindungen eingeschränkt werden: Auch das fiskalische Hilfsgeschäft ist selbstverständlich so abzuschließen, dass Verstöße gegen den Gleichheitssatz ausgeschlossen und auch die übrigen Grundrechte nicht verletzt werden. Die Rechtsbeziehungen zwischen Auftraggeber und Unternehmen muss so gestaltet bzw. interpretiert werden, dass die rechtmäßige Vergabe eines öffentlichen Auftrags nicht mit einem Verstoß gegen Artikel 3 Grundgesetz oder ein einschlägiges anderes Grundrecht verbunden ist. Das ändert jedoch nichts an der prinzipiellen Gestaltung der Außenbeziehung. **Rechtsprechung und h. M.**[8] halten **am zivilrechtlichen Bild der Außenbeziehung** fest. Noch heute sehen sie im Bereich der Aufträge, die nicht vom GWB erfasst sind, die Grund-

---

8 *BVerfG* a. a. O.; *OLG Saarbrücken* NZBau, 2003, 462; *OVG Berlin/Brandenburg* VergabeR 2006, 765 ff.; *VG Leipzig* VergabeR 2005, 758; weitere Nachweise bei *Pietzcker* Defizite beim Rechtsschutz unterhalb der Schwellenwerte? NJW 2005, 2881 ff.

rechte gewahrt, wenn überall, wo dies mit verhältnismäßigen Mitteln möglich ist und die »Natur des Auftrags«[9] dies erlaubt, Wettbewerb organisiert wird, wenn die interessierten Unternehmen sich beteiligen können und der Zuschlag nach objektiven Kriterien vergeben wird, also keine Willkür herrscht. Das wird als gegeben angesehen, wenn die Vorschriften von VOB und VOL eingehalten werden.

7 Die grundgesetzlichen Pflichten führen nach der h. M.[10] **nicht zu einem öffentlich-rechtlichen Rechtsverhältnis im Außenverhältnis** zwischen Auftraggeber und seinen potentiellen Vertragspartnern,[11] Bietern und Bewerbern, sondern werden zivilrechtlich vermittelt. Denn faktisch macht eine staatliche Einheit bei ihren Einkäufen nichts anderes als eine vergleichbare juristische Person des privaten Rechtes. Sie betreibt Marktforschung, lässt sich beraten, holt Angebote ein, schließt Verträge und achtet auf die Vertragserfüllung. Wenn Fehler bei der Vertragsanbahnung gemacht werden, entstehen Schadensersatzpflichten zugunsten der Unternehmen ebenso wie dies umgekehrt zumeist zugunsten des öffentlichen Auftraggebers der Fall ist, wenn Fehler bei der Vertragsausführung begangen werden. Die Einhaltung der öffentlich-rechtlichen Pflichten ist zivilrechtliche Obliegenheit des öffentlichen Auftraggebers im Verlaufe der Vertragsanbahnung: Die Unternehmen dürfen darauf vertrauen, dass der Staat die haushaltsrechtlichen Vergaberegeln einhält. Wenn er das nicht tut, liegt eine Obliegenheitsverletzung im Zusammenhang mit einer Vertragsanbahnung vor, die zu (vor)vertraglichen Schadensersatzansprüchen führt. Diese zivilrechtlich vermittelte Brücke zwischen öffentlich-rechtlichem Innenverhältnis und zivilrechtlichem Außenverhältnis hat auch zur Folge, dass Rechtsschutz vor Zivilgerichten stattfindet und nicht vor Verwaltungsgerichten.[12]

2. Zwei-Stufen-Theorie

8 In jüngster Zeit haben einige Verwaltungsgerichtsurteile, auch von Obergerichten[13] für Irritationen gesorgt, indem sie die intern wirkenden öffentlich-rechtlichen Bindungen auf das Außenverhältnis haben durchschlagen lassen und – zum Zwecke der Begründung einer Zuständigkeit für einen Rechtsschutz von Bewerbern und Bietern vor den Verwaltungsgerichten – nicht nur von einem zivilrechtlichen Rechtsverhältnis, sondern ein überlagerndes öffentlich-rechtliches Rechtsverhältnis **zwischen dem öffentlichen Auftraggeber und seinen potentiellen Vertragspartnern** annehmen. Nach dieser Vorstellung muss man davon ausgehen, dass der öffentliche Auftraggeber durch die grundgesetzlichen Bindungen und die vergaberechtlichen Regelungen in einem **öffentlich-rechtlichen Rechtsverhältnis** zu den potentiellen Vertragspartnern steht. Bei Einkäufen durch eine staatliche Einheit werde zunächst – in

---

9 S. dazu §§ 55 BHO/LHO.
10 *Gröning* Primärer Vergaberechtsschutz außerhalb des Vierten Teils des GWB auf dem Verwaltungsrechtsweg?, ZWeR 2005, 276; *Pietzcker* a. a. O. 2881.
11 *VG Leipzig* VergabeR 2005, 758 ff. mit zustimmender Anmerkung von *Marx*.
12 Dass eine solche zivilistische Betrachtung der Einkaufstätigkeit des Staates nicht selbstverständlich ist, zeigt ein Blick in einige unserer Nachbarländer.
13 *VG Koblenz* NZBau 2005, 412; *OVG Rheinland-Pfalz* VergabeR 2005, 478; *OVG Bautzen* VergabeR 2006, 348; *VG Neustadt* VergabeR 2006, 78; *OVG Münster* VergabeR 2006, 86; a. A. *OVG Berlin-Brandenburg* VergabeR 2006.

einer ersten »Stufe« – ein öffentlich-rechtliches Vergabeverfahren eröffnet und abgeschlossen. Erst in einer zweiten Stufe werde nach Abschluss dieses Verfahrens dann ein zivilrechtlicher Vertrag abgeschlossen. Auf der Basis dieser Vorstellung hat das OVG Rheinland-Pfalz als erstes Obergericht den Verwaltungsrechtsweg bejaht,[14] weil nach Art. 19 Abs. 4 GG jeder Betroffene die Einhaltung der auf der ersten Stufe bestehenden öffentlich-rechtlichen Bindungen vor den Verwaltungsgerichten verlangen können müsse.

Dass dies nicht haltbar ist, ist vielfach überzeugend dargelegt.[15] Die Theorie leidet hauptsächlich darunter, dass sie die tatsächlichen Vorgänge um die Vergabetätigkeit des Staates falsch abbildet.[16] Denn es gibt in der Realität keine Zweiteilung des Einkaufsvorganges. Das »Vergabeverfahren« ist nichts als die Vorbereitung einer Entscheidung, Willensbildung innerhalb einer Organisation mit dem Ziel eines Vertragsabschlusses. Es fehlt jeder äußerlich greifbare Ansatzpunkt für ein öffentlich-rechtliches Rechtsverhältnis. Hätte der Gesetzgeber dennoch eine öffentlich-rechtliche Rechtsbeziehung unter den Bietern und dem öffentlichen Auftraggeber gewollt, hätte er dies erkennen lassen müssen. Er hätte die Vorabinformation des § 13 VgV am Ende eines jeden Vergabeverfahrens im Oberschwellenbereich als Verwaltungsakt ausgestaltet. Dass dies nicht geschehen ist, zeigt, dass er es auch nicht wollte. Die Information ist ein »Realakt« ohne besonderen Rechtscharakter. **9**

3. Freiheiten des EGV und der Unterschwellenbereich

Geht man, wie dies in letzter Zeit vereinzelt geschehen ist,[17] entgegen der auch vom Bundesverfassungsgericht seiner Entscheidung[18] zugrunde gelegten Vorstellung davon aus, dass auch im Unterschwellenbereich die **Qualifikation der Vergaberegeln als verwaltungsinterne Weisung** jedenfalls dann **nicht mehr ausreicht, wenn Binnenmarktrelevanz des einzelnen Auftrags zu erwarten** ist, gerät die traditionelle Vergaberechtsdogmatik erheblich in Schwierigkeiten. Das hätte nicht nur akademische, sondern möglicherweise auch erhebliche praktischen Konsequenzen für den gesamten Unterschwellenbereich. Dem könnte eine gesetzliche Lösung sicher vorbeugen. Doch ist auf absehbare Zeit nicht zu erwarten, dass der deutsche Gesetzgeber die entsprechende Weitsicht aufbringt. **10**

Die Kommission der EU hat in einer »**Mitteilung** der Kommission zu Auslegungsfragen in Bezug auf das Gemeinschaftsrecht, das für die Vergabe öffentlicher Aufträge **11**

---

14 *OVG Rheinland-Pfalz* VergabeR 2005, 478; im Ergebnis ebenso bereits *Broß* Vergaberechtlicher Rechtsschutz unterhalb der Schwellenwerte, Neunte Badenweiler Gespräche des Forum Vergabe 2003 S. 31 ff.
15 *Groening* a. a. O.; *Ruthig* Verwaltungsrechtsschutz bei der staatlichen Auftragsvergabe?, NZBau 2005, 497 ff.; *Tomerius/Kiser* Verwaltungsgerichtlicher Rechtsschutz bei nationalen Auftragsvergaben – auf dem Weg zur unterschwelligen Rechtswegspaltung? VergabeR 2005, 551 ff.; *Irmer* Eröffnung des Verwaltungsrechtsweges bei Vergaben außerhalb des Anwendungsbereiches von § 100 GWB oder Aufgabe der Zweiteilung und Neuordnung des Vergaberechts; VergabeR 2006, 159 ff.
16 *Marx* in: Festschrift für Bechthold, Vergaberecht – Was ist das?, S. 314 f.
17 *Frenz* Unterschwellenvergaben, VergabeR 2007, 1; *Braun* Europarechtlicher Vergaberechtsschutz unterhalb der Schwellenwerte; im Ergebnis vermittelnd *Marx* in: Festschrift für Bechthold, Vergaberecht – Was ist das?, S. 324 ff.
18 *BVerfG* a. a. O.

§ 1 Leistungen

gilt, die nicht oder nur teilweise unter die Vergaberichtlinien fallen«[19] umschrieben, welche Regeln angewandt werden müssen, um den EG-vertraglichen Grundfreiheiten Genüge zu tun: Nach ihrer Auffassung verlangt der EG-Vertrag, dass für Aufträge unterhalb der Auftragsschwellen (mehr als 90% aller Aufträge in Deutschland) und für Dienstleistungsaufträge im Bereich der sog. nachrangigen des Anhangs IIB der Richtlinie 2004/18/EG folgende Anforderungen gelten:

- Grundsätzliche Pflicht zur Bekanntmachung der konkreten beabsichtigten Auftragsvergabe zwar ex-ante. Direktvergaben sollen nur in entsprechender Anwendung der Ausnahmebestimmungen der Richtlinien (Art. 31 RL 2004/18 und Art. 40 Abs. 3 RL 2004/17/EG) zulässig sein;
- Die Bekanntmachung ist auf »angemessene Weise« vorzunehmen, im Amtblatt der EU, in nationalen Amtsblättern, in Zeitschriften oder im Internet je nach der zu erwartenden »Binnenmarktwirksamkeit« des beabsichtigten Auftrags;
- Die Bekanntmachung muss eine nicht diskriminierender Leistungsbeschreibung beinhalten, so dass gleicher Zugang für Bieter aus allen Mitgliedstaaten möglich ist;
- Es müssen angemessene Fristen für die Angebotsabgabe gewährt werden;
- Nach einer Vorauswahl sollten mindestens drei Unternehmen zur Abgabe von Angeboten aufgefordert werden;
- Diskriminierungsfreie Vergabe muss gewährleistet sein, insbesondere müssen Prüfungszeugnisse, Diplome und sonstige Befähigungsnachweise gegenseitig anerkannt werden;
- Effektiver Rechtsschutz muss auf einem in allen Mitgliedstaaten in etwa gleichen Niveau gewährleistet werden.

12 Für die Praxis erscheint in diesem Zusammenhang wichtig, dass die Kommission ohne es in dem Text zu erwähnen bei Aufträgen, unterhalb von 40 000 Euro in aller Regel nicht aktiv werden will und dass dann, wenn der 1. Abschnitt der VOL/A strikt eingehalten wird, den Anforderungen vielfach ausreichend Rechnung getragen sein dürfte. Die Flexibilität in der Anwendung der Regeln wird jedoch verloren gehen, wenn in jedem einzelnen – vielleicht gerade einem kritischen Fall – nicht eingekauft werden kann, sondern erst einmal präzise um die Einhaltung der Regeln gerungen werden muss. Eine große Erschwernis für die Praxis dürfte in jedem Fall eintreten, wenn im Oberschwellenbereich die Vergabe der sog. IB-Dienstleistungen nicht mehr nur der Ex-Post-Transparenz, sondern tatsächlich der von der EU-Kommission geforderten Ex-Ante-Transparenz unterworfen werden müsste.

13 Die Bundesrepublik Deutschland hat – unterstützt von einer Reihe anderer Mitgliedstaaten und dem Europäischen Parlament – unter Hinweis darauf, dass es sich nicht zum eine unverbindliche Mitteilung, sondern um eine verkappte Regelung handele, gegen die Mitteilung geklagt und will dabei auch durchsetzen, dass unterhalb der Auftragsschwellen die bisherige Freiheit und Flexibilität fortbesteht, die auch das Bundesverfassungsgericht[20] erst jüngst als verfassungskonform und vernünftig begründbar angesehen hat.

---

19 Amtsblatt der europäischen Union C/02 v. 1. 8. 2006.
20 *BVerfG* Entscheidung v. 16.6.06 VergabeR 2006, 871 ff.

III. Praktische Konsequenzen

Hält man (zunächst und aus praktischen Gründen) an der h. M. fest, ist die staatliche Einkaufsaktivität rechtlich betrachtet janusköpfig.[21] Im Außenverhältnis sieht sie nicht anders aus als die Einkaufstätigkeit jeder Privatperson. Aus der Innensicht der staatlichen Organisation ist sie eingeschränkt durch ein Bündel aus budgetrechtlichen Vorschriften und dem Gleichheitsgrundsatz. Dabei werden diese für sich genommen eindeutig öffentlich-rechtlichen Fesseln von außen als solche nicht erkennbar und unterliegen daher keiner selbständigen verwaltungsgerichtlichen Kontrolle.[22] Aus der Außensicht muss das richtig interpretierte Privatrecht dafür sorgen, dass der Auftraggeber den öffentlich-rechtlichen Bindungen Rechnung trägt. So werden **Flexibilität und Beweglichkeit staatlicher Institutionen** in den Vordergrund gestellt und erhalten **Effizienz und Wirtschaftlichkeit staatlichen Einkaufs** Vorrang vor dem gerechten Umgang mit den Unternehmen, die sich an der Versorgung des Staates und Herstellung und Pflege der Infrastruktur geschäftlich beteiligen könnten. Erstes Ziel der Veranstaltung wird so der wirtschaftliche Umgang mit den dem Staat anvertrauten (Steuer-)Mitteln. Das heißt nicht, dass Transparenz, Wettbewerb und Gleichbehandlung nicht stattfinden und – einem der weitestverbreiteten Vorurteile zufolge – im Dunkeln geschummelt wird. Es heißt lediglich, dass Wettbewerb, Transparenz und Nichtdiskriminierung nicht Ziel und Zweck der Auftragsvergabe sind, sondern Mittel. Wettbewerb und Transparenz haben rein instrumentellen Charakter. Sie dienen einzig und allein der Suche nach dem besten Angebot. Wenn auf dieses dann der Zuschlag erteilt wird, wird auch nicht diskriminiert. Weil der Hauptzweck der Regeln in der Absicherung der Prärogative des Haushaltssouveräns liegt und – auch deshalb[23] – ein stringenter primärer Rechtsschutz im Unterschwellenbereich fehlt, kommt es im rein haushaltsrechtlichen Teil der VOL/A weniger auf feste und präzise Einhaltung der Vorschriften an. Wenn der Haushaltssouverän davon überzeugt ist, dass wirtschaftlich eingekauft wurde, ist der Zweck der Vorschriften erreicht.

B. Anmerkungen im Detail

Den Anwendungsbefehl für den 1. Abschnitt sprechen die §§ 55 BHO/LHO aus. Sie umschreiben damit auch prinzipiell den **Anwendungsbereich**: Es muss um einen gegenseitigen entgeltlichen **Vertrag** gehen, der zwischen einem dem Haushaltsrecht unterworfenen **öffentlichen Auftraggeber** und einem **Leistenden** abgeschlossen wird.

---

21 *Wallerath* Öffentliche Bedarfsdeckung und Verfassungsrecht, Baden-Baden 1988 S. 309 spricht von einer »Doppelrolle«.
22 Siehe dazu zuletzt ausführlich *Irmer*, Eröffnung des Verwaltungsrechtswegs bei Vergaben außerhalb des Anwendungsbereichs von § 100 GWB oder Aufgabe der Zweiteilung und Neuordnung des Vergaberechts, VergabeR 2006, 159 ff m. w. N.
23 Vgl. *Marx* in: Festschrift für Bechthold, Vergaberecht – Was ist das?, S. 310/311.

§ 1 Leistungen

I. Subjektives Anwendungsfeld: Die Vertragspartner

1. Die Öffentlichen Auftraggeber

16 Im haushaltrechtlichen Teil des Vergaberechtes, um den im 1. Abschnitt der VOL/A geht, ergibt sich der subjektive Anwendungsbereich der Vorschriften aus dem Haushaltsrecht: Wer – aus welchem Rechtsgrund auch immer – Haushaltsrecht anzuwenden verpflichtet ist, ist öffentlicher Auftraggeber.

a) Bund, Länder, Kommunen

17 Für den Bund und die Länder ergibt sich diese Pflicht aus § 30 HGrG und den §§ 55 BHO/LHO sowie den VorlVV zu diesen Vorschriften. Bund und Länder führen VOL und VOB jeweils für ihre »Vergabestellen«[24] durch **Anwendungserlasse** der Regierung ein.

18 Die Pflicht zur Anwendung der VOL/A ergibt sich für die **Kommunen** aus dem im Détail von Bundesland zu Bundesland unterschiedlichen Gemeindehaushaltsrecht – und zwar in der Regel auf dieselbe Weise, wie die auch bei Bund und Land geschehen ist: Die Gemeindehaushaltsverordnungen schreiben ähnlich der Regel des § 55 BHO vor, dass dem Abschluss von Verträgen prinzipiell eine Ausschreibung vorauszugehen hat.[25] Das konkrete Vorgehen wird dann per Erlass in einheitlichen Richtlinien der Innenminister geregelt. Prinzipiell wird jedoch in jedem Bundesland vor dem Abschluss von Beschaffungsverträgen ein Vergabeverfahren verpflichtend vorgegeben. Generell und flächendeckend eingeführt ist indessen nur die VOB. Die VOL ist lediglich in den Kommunen Ostdeutschlands, in Niedersachsen, Rheinland-Pfalz und Schleswig-Holstein verpflichtend zur Anwendung vorgeschrieben. Nordrhein-Westfalen hat seinen Kommunen die Anwendung der VOL nicht vorgeschrieben, sondern nur empfohlen. Baden-Württemberg, Bayern, Hessen und das Saarland haben keine Regelungen, die die landesweite Anwendung der VOL betreffen. In diesen Ländern muss von Kommune zu Kommune geprüft werden, ob und unter welchen Bedingungen die VOL gilt.

19 Wenn die VOL in einer und für eine Kommune gilt, ist davon selbstverständlich auch die Auftragsvergabe der zu der Kommune gehörenden **Eigenbetriebe und Sondervermögen** erfasst. Eigenbetriebe und Sondervermögen sind unselbständige Einheiten und rechtliche Bestandteile der Kommunen.

20 Für selbständige, **privatrechtlich verfasste Töchter der Kommunen** wie z. B. die Stadtwerke GmbH oder AG gelten die Vergabevorschriften im Unterschwellenbereich grundsätzlich nicht; was natürlich nicht ausschließt, dass die kommunalen Mütter den Unternehmen die Anwendung der Vergabevorschriften vorschreiben oder gar bereits im Gründungsakt auferlegen.

---

24 Als »Vergabestelle« wird gemeinhin die rechtlich unselbständige Behörde eines Auftraggebers bezeichnet, die Aufträge zumeist weitgehend selbständig vergeben kann, weil sie über Haushaltsmittel verfügen darf. Auftraggeber und Vergabestellen sollte auch im Unterschwellenbereich weder als Synonyme verwendet noch miteinander verwechselt werden.
25 S. z. B. § 31 Gemeindehaushaltsverordnung NRW.

b) Sonstige Körperschaften, Anstalten, Stiftungen

Da auch für alle sonstigen rechtlich selbständigen Einrichtungen, Körperschaften, Anstalten und Stiftungen des öffentlichen Rechtes prinzipiell das Gebot gilt, mit den ihnen zur Verfügung gestellten, immer ja öffentlichen Mitteln wirtschaftlich und sparsam umzugehen, und die Pflicht besteht, die Grundrechte zu beachten, gilt für sie alle Haushaltsrecht. Inwieweit allerdings die jeweils institutionenspezifische Regelung auch die Pflicht zur Anwendung der VOL umfasst, lässt sich nicht generell sagen. Es kommt jeweils darauf an, ob die in der Regel **im Gründungsakt zu findenden Vorschriften über den Umgang mit den der Einrichtung zur Verfügung stehenden öffentlichen Mitteln** Vergaberegeln enthalten oder nicht. 21

Internationale Organisationen verfügen im Allgemeinen über eigene Vorschriften, die ihre Beschaffungen steuern. Das gilt für die Europäische Kommission ebenso wie für den Europäischen Entwicklungsfonds, übernationale Rüstungsagenturen und die verschiedenen zivilen und militärischen Einrichtungen der NATO, soweit sie eigenen Bedarf decken. 22

Für Beschaffungsverfahren der in der Bundesrepublik Deutschland **stationierten ausländischen Truppen** gilt Artikel IX des NATO-Truppenstatuts ergänzt durch Art. 47 des Zusatzabkommens.[26] Dort wird unterschieden zwischen 23

- der Beschaffung unmittelbar durch die Behörden der ausländischen Truppen und
- der Beschaffung durch deutsche Behörden auf Antrag der ausländischen Truppen.

Bei der unmittelbaren Beschaffung ist nach den üblichen eigenen Einkaufsverfahren der ausländischen Truppen zu beschaffen (Art. 47 Abs. 4 a) des Zusatzabkommens). Allerdings müssen die ausländischen Truppen dabei die für die öffentliche Auftragsvergabe in der Bundesrepublik Deutschland geltenden Grundsätze insbesondere über den Wettbewerb, die bevorzugten Bewerber und die Preise beachten. Für die mittelbare Beschaffung durch deutsche Behörden bestimmt Art. 47 Abs. 5 des Zusatzabkommens, dass »die Verträge über Lieferungen und Leistungen zwischen den deutschen Behörden und dem Auftragnehmer« abgeschlossen werden und »die deutschen Rechts- und Verwaltungsvorschriften... anzuwenden sind«. In der Praxis hat sich die unmittelbare Beschaffung durch die Truppen und ihre Behörden selbst durchgesetzt. 24

Soweit Anlagen der Infrastruktur von allen NATO-Mitgliedstaaten gemeinsam finanziert werden, obliegt es dem Gaststaat die Beschaffung unter Anwendung der nationalen Vorschriften durchzuführen. Dafür gelten also GWB, VOL und VOB – allerdings mit gewissen Besonderheiten.[27] 25

c) Private

Privatrechtlich verfasste juristische Personen und natürliche Personen des privaten Rechtes sind grundsätzlich nicht an Einkaufsregeln gebunden. Es muss daher ein be- 26

---

26 BGBl. 1961 II S. 1183 in der Fassung der Ergänzung v. 29. 11. 66 (BGBl. 1966 I, S. 653).
27 Vgl. die »Richtlinien zur Vergabe von Aufträgen für Bauvorhaben der gemeinsam finanzierten NATO-Infrastruktur – RINATO –« bekannt gegeben mit Schreiben B I 2 – B 1900 – 110 des Bundesministeriums für Raumordnung, Bauwesen und Städtebau v. 3. 2. 1998 an die OFDn.

sonderer Ausnahmefall einer selbständigen Verpflichtung des Privaten auf öffentliche Einkaufsregeln vorliegen. Das gilt auch dann, wenn eine juristische Person des privaten Rechts von einer oder mehreren staatlichen Körperschaften beherrscht wird. Eine solche besondere Verpflichtung kann sich insbesondere dadurch ergeben, dass die Privatperson Zuwendungen entweder für die Durchführung eines bestimmten Projektes oder institutionell für ihre Gesamttätigkeit erhält. In diesen Subventionsfällen ist die Pflicht zur Anwendung von VOL und VOB dadurch legitimiert, dass öffentliche verwendet werden, die eher zufällig nicht von einer Behörde, sondern eben von der verpflichteten privaten Institution ausgegeben werden. Die Rechtspflicht zu Anwendung von VOL und VOB fließt im Einzelfall aus dem Zuwendungsbescheid oder Zuwendungsvertrag.

2. Die Vertragspartner der öffentlichen Auftraggeber

27 Auf die juristischen, kaufmännischen oder sonstigen Eigenschaften des Vertragspartners des öffentlichen Auftraggebers kommt es prinzipiell nicht an. Es ist gleichgültig, ob es sich um eine natürliche Person oder eine Rechtspersönlichkeit handelt, es kommt nicht auf die Kaufmannseigenschaft eines Verkäufers an und es ist unwichtig, ob der Vertragspartner privatrechtlich oder öffentlich-rechtlich verfasst ist. Abweichend vom Anwendungsbereich des kartellrechtlichen Vergaberechtes der Abschnitte 2 bis 4 ist es auch nicht erforderlich, dass es sich bei dem Vertragspartner um ein »Unternehmen« handelt. **Wesentlich** ist **nur**, dass es sich um **eine vom Auftraggeber verschiedene Person** handelt, mit der der Auftraggeber Verträge abschließen kann.

II. Objektives Anwendungsfeld des Abschnitts 1

1. Grundlage: Der Vertrag

28 Betroffen von der haushaltsrechtlichen Pflicht zur Ausschreibung oder anderer vergaberechtlicher Instrumente ist nach §§ 55 BHO/LHO nur der Abschluss von **Verträgen** über Lieferungen und Leistungen. Damit sind in der Tat zivilrechtliche Verträge mit **Bindungswirkung** für die Vertragsparteien gemeint. Das ist bei den einem Vertragsschluss vorausgehenden Unternehmenskontakten zur Markterkundung noch nicht der Fall. Unter das haushaltsrechtliche Ausschreibungsgebot fallen auch Aktivitäten nicht, die im Rahmen der Kooperation unter staatlichen Institutionen ablaufen.

29 Da der Haushalt im Wesentlichen die Ermächtigung der jeweiligen Exekutive durch den Haushaltsgesetzgeber zur Ausgabe von Geld darstellt, muss es sich um einen **entgeltlichen** Vertrag handeln. **Schenkung, Leihe und Sponsoring** sind **keine** entgeltlichen Leistungen. Nicht von der VOL/A erfasst werden also Geschenke, die ein Privater an den Staat leistet, und Leistungen im Rahmen eines Sponsoring,[28] die naturgemäß die Ausgabenseite des Budgets nicht betreffen. Im Gegensatz zur Rechtssituation im Oberschwellenbereich, wo es nach zutreffender allgemeiner Meinung nicht auf die rechtliche Qualifizierung eines Auftrages als privatrechtlich oder öffentlich-rechtlich

---

28 *Burgi* Verwaltungssponsoring und Kartellvergaberecht, NZBau 2004, 594 ff., 599.

ankommt,[29] dürfte im Abschnitt 1 und im Haushaltsrecht nur um zivilrechtliche Beschaffungsverträge gehen.

Nicht durch erfasst sind **Verkäufe.** Denn es ist keine Leistung für einen den öffentlichen Auftraggeber, wenn er gegen Zahlung eines Entgelts einen Wertgegenstand hergibt.[30] Dies gilt indessen nur, wenn es um einen reinen Verkauf geht und nicht zusätzlich mit dem Erwerb des Wertgegenstandes eine über die Zahlung hinausgehende Leistungspflicht verbunden ist.[31] Bei einer Entsorgung durch den öffentlichen Auftraggeber liegt Leistung allerdings dann vor, wenn die Entsorgung und nicht der Übergang des Eigentums an dem (Wert-)Gegenstand im Vordergrund steht.[32] Keine Schenkung und kein Verkauf, sondern der »Einkauf« einer Dienstleistung liegt in jedem Falle vor, wenn der Auftraggeber nicht nur Gegenstände hergibt, sondern eine Entsorgungsgebühr an den Übernehmer zahlt.[33] Wird indessen für den Gegenstand durch den Entsorger ein Entgelt gezahlt, ist es aus der Sicht des Auftraggebers ein Verkauf. Nicht als Leistung im vergaberechtlichen Sinne ist auch die **Gründung einer Gesellschaft** anzusehen.[34] Auch hier geht es nicht um einen Erwerbsvorgang. Allerdings ist auch hier zu beachten, dass die Verbindung der Gründung einer Gesellschaft mit der Vergabe von Dienstleistungsaufträgen an diese Gesellschaft durchaus aus dem Gesamtgeschäft einen öffentlichen Auftrag machen kann. Die **reine Zahlung** aufgrund von Vertrag, Verwaltungsakt, Gesetz oder Satzung gehört ebenfalls nicht zu den Leistungen des Vergaberechtes, die ein öffentlicher Auftraggeber entgegennimmt. Darunter fallen insbesondere auch Beiträge und Gebühren für Leistungen von Kommunen, Versorgungsunternehmen, Zweckverbänden und anderen öffentlichen Einrichtungen. Das Geld, das in diesen Zusammenhängen den Besitzer wechselt, ist nicht ein Gegenstand, der auf dem Markt erworben wird.

Vergaberecht behandelt nur den Fall, dass ein öffentlicher Auftraggeber bei einem Unternehmen am Markt einkauft, er also eine Leistung des Unternehmens gegen Zahlung aus dem öffentlichen Budget erwirbt und nicht umgekehrt. Das aber ist bei Aufnahme von Geld im Rahmen einer **Finanzierung oder beim Kauf von Geld in Form von Münzen** als Kunstgegenständen oder zu musealen Zwecken natürlich wiederum der Fall. Dabei geht es um die Annahme einer Leistung im vergaberechtlichen Sinne.

Nicht erfasst sind dementsprechend auch Leistungen aufgrund des **Bundesleistungsgesetzes.**[35] Auf solche Leistungen findet die VOL/A ebenfalls keine Anwendung. Diese Leistungen werden gerade nicht gekauft, sondern unter Einsatz der staatlichen Gewalt aquiriert.[36] Sie müssen aufgrund eines Leistungsbescheids erbracht werden.

---

29 *OLG Düsseldorf* VergabeR 2004, 621: »Der Begriff des Vertrages in § 99 Abs. 1 GWB ist richtlinienkonform dahin auszulegen, dass er auch öffentlich-rechtliche Verträge umfasst.«
30 A. A. *OLG Celle* zu einem Fall der Altpapierentsorgung WuW/E Verg. 967 (2004).
31 *BayObLG* – Verg 1/03 – v. 27. 2. 2003 VergR 2003, 329 ff; *Dietlein* Anteils- und Grundstücksveräußerung als Herausforderung für das Vergaberecht, NZBau 2004, 472.
32 *BGH* »Altpapierverwertung« II VergabeR 2005, 328 ff.; *OLG Düsseldorf* VergabeR 2005, 90 ff.
33 *OLG Celle* v. 1. 7. 2004 13 Verg. 8/04.
34 *Frenz* Ausschreibungspflicht einer Übertragung von Gesellschaftsanteilen? DÖV 2002, 186.
35 I. d. F. v. 27.9.161 (BGBl. I 1770).
36 Zum Unterschied siehe *Marx* in: Festschrift für Bechthold, Vergaberecht – Was ist das?, S. 306 f.; *Wallerath* a. a. O. S. 63 ff.

§ 1 Leistungen

2. Lieferungen und Leistungen

a) Leistungen

33 Leistungen, auf die die VOL/A prinzipiell anzuwenden ist, sind nach der Eingangsformulierung des § 1 zunächst einmal alle Lieferungen und sonstigen Leistungen – im Text fälschlich unkonditioniert auch als »Leistung« bezeichnet – die auf Märkten angeboten werden und erworben werden können. **Leistung ist der umfassende Begriff** für jeglichen Gegenstand eines Erwerbsvorganges durch einen öffentlichen Auftraggeber, wobei es auf die Form des Vertrages nicht ankommt, sofern es nur um einen Erwerb im Handels- und Wirtschaftsverkehr geht. Der Begriff entspricht in Inhalt und Funktion der Leistung im Rahmen des Dienstleistungsauftrags des Artikels 1 Abs. 2 lit. d) der Vergabekoordinierungsrichtlinie[37] und des § 99 Abs. 4 GWB, wonach als Dienstleistungsaufträge die Verträge über Leistungen gelten, die keine Bauleistungen und keine Lieferungen zum Gegenstand haben. Mit dem Leistungsbegriff wird ein Auffangtatbestand kreiert für alles, was nicht speziell Gegenstand eines Bauauftrags, nicht speziell Gegenstand einer »Lieferung« und nicht Gegenstand von ausdrücklich ausgenommenen Dienstleistungsaufträgen ist.

b) Lieferungen

34 **Lieferaufträge** sind Verträge über die **Beschaffung von Waren**. Das ergibt sich aus dem allgemeinen Sprachgebrauch und der Sprache des Geschäftsverkehrs: »Lieferfrist« ist der Zeitraum, in dem aufgrund eines Vertrages Waren zu verschaffen sind. »Liefergarantie« ist die Gewährleistung bei der Erfüllung eines Kaufvertrages. Die allgemeinen »Lieferbedingungen« sind die Regeln, unter denen ein Unternehmen Kaufverträge eingeht und erfüllt. Erstmals im deutschen Recht definiert wurden öffentliche Lieferaufträge in **§ 99 Abs. 2 GWB** als Verträge als Verträge zu Beschaffung von Waren, die auch Nebenleistungen wie z.B. verlegen, anbringen, aufstellen oder zusammenbauen beinhalten. Liegt der Schwerpunkt bei solch gemischten Verträgen allerdings nicht eindeutig bei der Lieferung der Waren. Der Lieferauftrag kann danach insbesondere ein Kauf oder ein Ratenkauf oder ein Leasingvertrag sein, aber auch Miet- oder Pachtverträge mit oder ohne Kaufoption sind in § 99 Abs. 2 ausdrücklich erwähnt. Daraus ergibt sich, dass es auf die zivilrechtliche Vertragsart nicht ankommt, solange der Auftraggeber die **tatsächliche Verfügungsgewalt über bewegliche Sachen**[38] erlangt. Wie der Hinweis auf Leasing und Miete oder Pachtverträge zeigt, ist der Eigentumserwerb nicht erforderlich.[39] Obwohl die Regel des § 99 Abs. 2 GWB nicht unmittelbar auch für Unterschwellenaufträge Geltung beansprucht, kann sie als Umschreibung dessen, was mit »Lieferung« gemeint ist, selbstverständlich herangezogen werden.

35 Zu den **beweglichen Sachen** sind in diesem Zusammenhang sind außer den üblichen Handelswaren Büromöbel und Einrichtungsgegenstände, Computerhardware und Computersoftware, Maschinen, Kraftfahrzeuge, auch Baumaterialien, Brennstoffe,

---

[37] Richtlinie 2004/18 EWG Amtsblatt der EU v. 30. 4. 2004 Nr. L 134/114.
[38] *Eschenbruch* in: Kulartz/Kus/Portz, GWB-Vergaberecht, § 99 Rn. 145.
[39] *Otting* in: Bechthold, GWB, 4. Auflage § 99 Rn. 17.

Leistungen § 1

Kohle, Erdöl, Benzin, auch Gas, elektrische Energie und Wärme sowie Wasser zu rechnen. Auf die Frage, ob es sich um ein Zwischen- Vor oder Endprodukt handelt, kommt es ebensowenig an, wie auf den Aggregatzustand der Sachen.[40]

Immobilien[41] und Rechte an Immobilien **sind keine Waren**, obwohl auch sie gekauft, geleast und gemietet und gepachtet werden können. Immobilien sind definitionsgemäß ortsgebunden und daher immer individuell. Es geht, wenn denn eine Immobilie erworben werden soll, nicht um irgendeine, sondern immer nur um die eine. Für den Erwerb individuell bestimmter Immobilie sehen die Vergaberegeln keine adäquaten Mechanismen vor. Eine spezielle Immobilie kann immer nur einer anbieten, der Eigentümer. Deshalb ist denn auch das europäische Vergaberecht auf den Immobilienerwerb nicht anwendbar.[42] 36

Nach § 98 Abs. 2 Satz 2 GWB dürfen Lieferaufträge auch **Nebenleistungen** wie Auslieferung, Installation, Inbetriebnahme oder Instandhaltung enthalten. Eine Nebenleistung liegt nicht mehr vor, wenn sie im Geschäftsverkehr üblicherweise gesondert in Auftrag gegeben wird und das Schwergewicht nicht mehr eindeutig auf der Warenbeschaffung liegt.[43] 37

3. Ausgenommene Leistungen

Nicht anwendbar ist die VOL/A auf **Bau-Leistungen** und auf den größten Teil der freiberuflichen Leistungen. § 1 klammert sie ausdrücklich aus. 38

a) Bauleistungen

»Ausgenommen« von der VOL/A sind nach dem ersten Spiegelstrich Leistungen, die unter die Vergabe- und Vertragsordnung für Bauleistungen – VOB – fallen (VOB/A § 1). Das heißt, die gesamte VOL/A – nicht etwa nur der Abschnitt 1 – ist unanwendbar, wenn eine Bauleistung nach § 1 VOB/A vorliegt. **Bauleistungen nach § 1 VOB/A** sind Arbeiten jeder Art, durch die eine bauliche Anlage hergestellt, instand gehalten, geändert oder beseitigt wird. Die offizielle Erläuterung zum ersten Spiegelstrich fügt dem wenig Substantielles hinzu, wenn sie sagt, darunter fielen »alle zur Herstellung, Instandhaltung oder Änderung einer baulichen Anlage zu montierenden Bauteile, insbesondere die Lieferung und Montage maschineller und elektrotechnischer Einrichtungen.« 39

Bedauerlicherweise verwendet das deutsche **Vergaberecht** zur Umschreibung des Bauauftrags an verschiedenen, aber aufeinander bezogenen Stellen **auf den ersten** 40

---

40 *Eschenbruch* a. a. O. § 99 Rn. 147.
41 *Marx* in: Motzke/Pietzcker/Priess, VOB/A, § 99 Rn. 25; *Stickler* in: Reidt/Stickler/Glahs, Vergaberecht, § 99 Rn. 177.
42 Diese Ausnahme ist mit § 100 Abs. 2 lit. h) GWB in deutsches Recht umgesetzt. Danach sind die Vorschriften des 4. Teils des GWB nicht anwendbar auf »Aufträge über Erwerb oder Mietverhältnisse über oder Rechte an Grundstücken oder vorhandenen Gebäuden oder anderem unbeweglichen Vermögen ungeachtet ihrer Finanzierung«.
43 *Marx* in: Motzke/Pietzcker/Priess, VOB/A, § 99 Rn. 26; *Kulartz* in: Müller-Werde, VOF, 3. Auflage 2007, § 1 Rn. 4; *Eschenbruch* in Kulartz/Kus/Portz, GWB-Vergaberecht, § 99 Rn. 148.

§ 1 Leistungen

Blick und äußerlich unterschiedliche Begriffe für den Bauauftrag. Neben der Umschreibung in § 1 der VOB/A gibt es in § 99 Abs. 3 GWB die auf den Definitionen der Richtlinien[44] basierende Bestimmung, dass Bauaufträge Verträge sind über die Ausführung oder die gleichzeitige Planung und Ausführung

- entweder eines Bauvorhabens oder
- eines Bauwerks, das Ergebnis von Tief- oder Hochbauarbeiten ist und eine wirtschaftliche oder technische Funktion erfüllen soll, oder
- einer Bauleistung durch Dritte gemäß den vom Auftraggeber genannten Erfordernissen.

41 Da es für den Rechtscharakter der Abschnitte 2 bis 4 auf GWB und VgV ankommt und es nicht vernünftig ist, allein für den Abschnitts 1 einen anderen, abweichenden Anwendungsbereich festzulegen, erscheint es nötig, die **»Bauleistung«** des § 1 VOB/A so zu interpretieren, dass sie mit der Leistung übereinstimmt, die in § 99 Abs. 3 GWB gemeint ist: Jede Art von Leistung oder Arbeit, die auf eine bauliche Anlage bezogen ist.[45] Nach Rusam[46] ist genau dies auch die Intention des DVA[47] gewesen, als er im Jahre 1990 den § 1 neu gefasst hat.

42 Im Zentrum stehen des Bauauftrags stehen jedenfalls »**Arbeiten**«, die auf eine bauliche Anlage bezogen sind. **Zur Vereinfachung des Umgangs** mit dem komplexen Begriff des Bauauftrags bietet die Richtlinie 2004/18/EG in ihrem Anhang I ein Hilfsmittel, das in vielen Fällen weiterhilft. Dort sind die Arbeiten, Leistungen und Tätigkeiten systematisch aufgelistet, die zu einem Bauauftrag führen, wenn sie Gegenstand eines Auftrages oder Voraussetzung zur Erfüllung des Auftrags sind. Ein Auftrag, der eine solche baubezogene Arbeit zum Gegenstand hat, ist mit hoher Wahrscheinlichkeit Bauauftrag. Der Anhang I der Richtlinie lautet:

Abschnitt F			Baugewerbe		
Abteilung	Gruppe	Klasse	Beschreibung	Anmerkungen	CPV Referenznr.
45			Baugewerbe	*Diese Abteilung umfasst:* Neubau, Renovierung und gewöhnliche Instandsetzung	45000000
	45.1		Vorbereitende Baustellenarbeiten		45100000

---

44 Art. 1 Abs. 2 lit. b) Satz 1 und Art. 1 Abs. 2 lit. b) Satz 2 der Richtlinien 2004/17/EG und 2004/18/EG.
45 *BayObLG* NZBau 2003, 340; *Eschenbruch* in: Kulartz/Kus/Portz, Kommentar zum GWB Vergaberecht, § 99 Rn. 155; *Hailbronner* in: Byok/Jaeger, Kommentar zum Vergaberecht, 2. Auflage § 99 Rn. 475.
46 *Rusam* in: Heiermann/Riedl/Rusam, VOB, 10. Auflage.
47 Deutscher Verdingungsausschuss für Bauleistungen, der heute Deutscher Vertrags- und Vergabeausschuss für Bauleistungen heißt, nach wie vor aber dasselbe Namenskürzel verwendet.

Leistungen § 1

Abschnitt F			Baugewerbe		
Abteilung	Gruppe	Klasse	Beschreibung	Anmerkungen	CPV Referenznr.
		45.11	Abbruch von Gebäuden, Erdbewegungsarbeiten	*Diese Klasse umfasst:* Abbruch von Gebäuden und anderen Bauwerken, Aufräumen von Baustellen Erdbewegungen: Ausschachtung, Erdauffüllung, Einebnung und Planierung von Baugelände, Grabenaushub, Felsabbau, Sprengen usw. Erschließung von Lagerstätten: Auffahren von Grubenbauen, Abräumen des Deckgebirges und andere Aus- und Vorrichtungsarbeiten *Diese Klasse umfasst ferner:* Baustellenentwässerung, Entwässerung von land- und forstwirtschaftlichen Flächen	45110000
		45.12	Test- und Suchbohrung	*Diese Klasse umfasst:* Test-, Such- und Kernbohrung für bauliche, geophysikalische, geologische oder ähnliche Zwecke *Diese Klausel umfasst nicht:* Erdöl- und Erdgasbohrungen zu Förderzwecken auf Vertragsbasis (siehe 11.20), Brunnenbau (siehe 45.25), Schachtbau (siehe 45.25), Exploration von Erdöl- und Erdgasfeldern, geophysikalische, geologische und seismische Messungen (siehe 74.20)	45120000
			Eisenbahnoberbau	strecken, von Rollbahnen, von Sportplätzen, Stadien, Schwimmbädern, Tennis- und Golfplätzen (ohne Gebäude), Markierung von Fahrbahnen und Parkplätzen *Diese Klasse umfasst nicht:* Vorbereitende Erdbewegungen (siehe 45.11)	
		45.24	Wasserbau	*Diese Klasse umfasst:* Bau von Wasserstraßen, Häfen (einschließlich Jachthäfen), Flussbauten, Schleusen usw., Talsperren und Deichen, Nassbaggerei, Unterwasserarbeiten	45240000

§ 1 Leistungen

Abschnitt F				Baugewerbe		
Abteilung	Gruppe	Klasse	Beschreibung	Anmerkungen		CPV Referenznr.
		45.25	Spezialbau und sonstiger Tiefbau	*Diese Klasse umfasst:* Spezielle Tätigkeiten im Hoch- und Tiefbau, die besondere Fachkenntnisse bzw. Ausrüstungen erfordern: Herstellen von Fundamenten einschließlich Pfahlgründung, Brunnen- und Schachtbau, Montage von fremdbezogenen Stahlelementen, Eisenbiegerei, Mauer- und Pflasterarbeiten, Auf- und Abbau von Gerüsten und beweglichen Arbeitsbühnen einschließlich deren Vermietung, Schornstein-, Feuerungs- und Industrieofenbau *Diese Klasse umfasst nicht:* Vermietung von Gerüsten ohne Auf- und Abbau (siehe 71. 32)		45250000
	45.3		Bauinstallation			45300000
		45.31	Elektroinstallation	*Diese Klasse umfasst:* Installation von: Elektrischen Leitungen und Armaturen, Kommunikationssystemen, Elektroheizungen, Rundfunk- und Fernsehantennen (für Wohngebäude), Feuermeldeanlagen, Einbruchsicherungen, Aufzügen und Rolltreppen, Blitzableitern usw. in Gebäuden und anderen Bauwerken		45310000
		45.32	Dämmung gegen Kälte, Wärme, Schall und Erschütterung	*Diese Klasse umfasst:* Dämmung gegen Kälte, Wärme, Schall und Erschütterung in Gebäuden und anderen Bauwerken *Diese Klasse umfasst nicht:* Abdichtung gegen Wasser und Feuchtigkeit (siehe 45.22)		45320000

Leistungen § 1

Abschnitt F			Baugewerbe		
Abteilung	Gruppe	Klasse	Beschreibung	Anmerkungen	CPV Referenznr.
		45.33	Klempnerei, Gas-, Wasser-, Heizungs- und Lüftungsinstallation	Diese *Klasse umfasst:* Installation oder Einbau von: Gas-, Wasser- und Sanitärinstallation sowie Ausführung von Klempnerarbeiten, Heizungs-, Lüftungs-, Kühl- und Klimaanlagen, Lüftungskanälen, Sprinklieranlagen in Gebäuden und anderen Bauwerken *Diese Klasse umfasst nicht:* Installation von Elektroheizungen (siehe 45.31)	45330000
		45.34	Sonstige Bauinstallation	Diese *Klasse umfasst:* Installation von Beleuchtungs- und Signalanlagen für Straßen, Eisenbahnen, Flughäfen und Häfen, Installation von Ausrüstungen und Befestigungselementen a. n. g. in Gebäuden und anderen Bauwerken	45340000
	45.4		Sonstiges Baugewerbe		45400000
		45.41	Stuckateurgewerbe, Gipserei und Verputzerei	*Diese Klasse umfasst:* Stuck-, Gips- und Verputzarbeiten innen und außen einschließlich damit verbundener Lattenschalung in und an Gebäuden und anderen Bauwerken	45410000
		45.42	Bautischlerei	*Diese Klasse umfasst:* Einbau von fremdbezogenen Türen, Toren, Fenstern, Rahmen und Zargen, Einbauküchen, Treppen, Ladeneinrichtungen u. Ä. aus Holz oder anderem Material, Einbau von Decken, Wandvertäfelungen, beweglichen Trennwänden u. ä. Innenausbauarbeiten *Diese Klasse umfasst nicht:* Verlegen von Parkett- und anderen Holzböden (siehe 45.43)	45420000

§ 1 Leistungen

Abschnitt F			Baugewerbe		
Abteilung	Gruppe	Klasse	Beschreibung	Anmerkungen	CPV Referenznr.
		45.43	Fußboden-, Fliesen- und Plattenlegerei, Raumausstattung	*Diese Klasse umfasst:* Tapetenkleberei, Verlegen von: Wand- und Bodenfliesen oder -platten aus Keramik, Beton oder Stein, Parkett- und anderen Holzböden, Teppich- und Linoleumböden sowie Bodenbelägen aus Gummi oder synthetischem Material, Terrazzo-, Marmor-, Granit- oder Schieferböden sowie Wandverkleidungen aus diesen Materialien	45430000
		45.44	Maler- und Glasergewerbe	*Diese Klasse umfasst:* Innen- und Außenanstrich von Gebäuden, Anstrich von Hoch- und Tiefbauten, Ausführung von Glasarbeiten einschließlich Einbau von Glasverkleidungen, Spiegeln usw. *Diese Klasse umfasst nicht:* Fenstereinbau (siehe 45.42)	45440000
		45.45	Baugewerbe a. n. g.	*Diese Klasse umfasst:* Einbau von Swimmingpools, Fassadenreinigung, sonstige Baufertigstellung und Ausbauarbeiten a. n. g. *Diese Klasse umfasst nicht:* Innenreinigung von Gebäuden und anderen Bauwerken (siehe 74.70)	45450000
	45.5		Vermietung von Baumaschinen und -geräten mit Bedienungspersonal		45500000
		45.50	Vemietung von Baumaschinen und -geräten mit Bedienungspersonal	*Diese Klasse umfasst:* Vermietung von Baumaschinen und -geräten ohne Bedienungspersonal (siehe 71.32)	

43 Die **Arbeit**, die zur Erfüllung des Auftrags erforderlich ist, muss sich auf eine **bauliche Anlage** beziehen. Mit diesem Begriff hat man einen sehr weit ausgreifenden Begriff gewählt, um alle »Baumaßnahmen«, »Bauwerke« und »Bauvorhaben« zu erfassen. »Bauliche Anlage« und der Begriff des »Bauvorhabens« in § 99 Abs. 3 GWB können dabei gleichwertig als Oberbegriffe zu Baumaßnahme und Bauwerk verstanden werden, wobei die Baumaßnahme auch die Errichtung eines Bauwerks mit umfasst.[48] Die Bauliche Anlage oder Bauvorhaben ist danach das dauerhafte Ergebnis zielbezogener Tief- oder Hochbauarbeiten, das eine wirtschaftliche oder technische Funktion erfüllen soll. Wie sich aus der Beschreibung der möglichen Zwecke der Arbeiten bereits ergibt, geht es beim Bau nicht etwa nur um die Errichtung einer neuen baulichen Anlage. Bauleistung sind auch Arbeiten an einer bestehenden Anlage: Instandhaltung, Erneuerung, Änderung und letztlich Beseitigung.

44 Bauliche Anlagen können auf der **Erdoberfläche** errichtet werden, können sich aber auch **unter der Erde** befinden, es können ebenso Gebäude sein wie Straßen, Brücken, Tunnel, Leitungen, auch reine grundstücksbezogene Arbeiten wie sie z. B. mit der Beseitigung von Altmunition auf einem Truppenübungsplatz anfallen[49] oder wie das Verlegen eines Baches. Erdarbeiten, des Pflanzen von Bäumen, Sträuchern Hecken, das Anlegen von Grünflächen und Parkanlagen als Herstellung der Außenanlagen im Funktionszusammenhang mit der Herstellung eines Gebäudes ist Bauauftrag. In diesem Zusammenhang kann dann auch die spätere Pflege der Grünanlage Bauauftrag und nicht Dienstleistungsauftrag sein. Dagegen ist die reine Abnahme von Baggermaterial, um es ordnungsgemäß zu deponieren, Dienstleistungsauftrag.[50]

45 **Nicht von Interesse** ist die zivilrechtliche Einordnung des Bauvertrages als Werkvertrag[51] oder eine andere Art zivilrechtlicher Determination. Keine Vorgabe für das Vergaberecht ist der zivilrechtliche Begriff des Bauwerkes des BGB. Auch wenn es so ist, dass der erfolgsbezogene Werkvertrag in der Realität am häufigsten vorkommen wird, ist nicht ausgeschlossen, dass auch Dienstleistungsverträge und sogar Kaufverträge Bauaufträge im Sinne des Vergaberechtes sein können.[52] Wesentlich ist lediglich, dass die Durchführung des Vertrages Planung und Ausführung eines Gesamtbauwerkes zum Ziel hat. Es kommt daher auch nicht darauf an, ob ein zu erstellender oder zu liefernder Gegenstand **wesentlicher Bestandteil** des Gebäudes wird. Wenn es zur Herbeiführung seiner Funktionsfähigkeit erforderlich ist, ist auch die Lieferung und Montage von Zubehörteilen gemäß §§ 90 ff. BGB Auftrag zur Herstellung einer baulichen Anlage und daher Bauauftrag.[53] Einbaumaßnahmen, mit denen eine feste Verbindung zwischen den Ausstattungsgegenständen und dem Gebäude hergestellt wird, sind für die Qualifizierung des Auftrags als Bauauftrags nicht erforderlich.

46 Alle Vertragstypen, die eine Arbeit zum Gegenstand haben, die einen unmittelbaren **Funktionszusammenhang** mit Errichtung, Instandhaltung, Änderung und Beseitigung eines Baues stehen, können Bauauftrag sein. Das ist nicht der Fall, wenn die Planung eine bauliche Anlage erst geplant wird und diese **Planung isoliert** vergeben wird.[54]

---

48 *Rusam* in: Heiermann/Riedl/Rusam, VOB, 10 Auflage § 1 a Rn. 7.
49 *Rusam* a.a.O.: § 1 Rn. 12; *Eschenbruch* a.a.O. § 99 Rn. 159.
50 *OLG Düsseldorf* VergabeR 2002, 282.
51 *OLG Dresden* VergabeR 2005, 258; *Eschenbruch* a.a.O. § 99 Rn. 157; *Otting* in: Bechthold, GWB, 3. Auflage § 99 Rn. 19; a. A. *Hailbronner* a.a.O. § 99 Rn. 476.
52 *OLG Dresden* a.a.O.; *OLG Düsseldorf* NZBau 2001, 106; *Eschenbruch* a.a.O. § 99 Rn. 157.
53 *VÜA des Bundes* (Regalsystem für Bibliothek), ZVgR 1997, 90 und ZVgR 1998, 353; *OLG Jena* VergabeR 2003, 98 m. Anm. v. *Noch*.
54 *Hailbronner* a.a.O. § 99 Rn. 477.

§ 1 Leistungen

47 Die **Abgrenzungslinie der reinen Lieferleistung** zur Bauleistung verläuft **noch immer teilweise im Ungewissen**. Zur Bauleistung gehören alle Bauteile, die für die Funktion des Gebäudes nach der Verkehrsanschauung oder nach dem Verständnis der Baubeteiligten[55] erforderlich sind. Die offizielle Erläuterung zu § 1 nennt dazu insbesondere die Lieferung und Montage maschineller und elektrotechnischer Einrichtungen. Liegt ein engerer Funktionszusammenhangs mit Herstellung, Instandhaltung und Beseitigung einer baulichen Anlage vor, ist im Zweifel von einem Bauauftrag auszugehen. Das ist nicht der Fall, wenn Einrichtungsgegenstände als Massenware beschafft werden, ohne dass für sie spezielle bauliche Vorkehrungen getroffen werden müssen, oder wenn die Einrichtungen erst in größerem zeitlichen Abstand zur Fertigstellung des Gebäudes beschafft werden.[56]

48 Ein Bauauftrag liegt auch vor, wenn nicht der Vertragspartner des öffentlichen Auftraggebers für den öffentlichen Auftraggeber als Bauherren baut, sondern wenn **ein Dritter gemäß den vom öffentlichen Auftraggeber** z. B. **als zukünftigen Mieter genannten Erfordernissen die bauliche Anlage errichtet**. Allerdings müssen die Erfordernisse tatsächlich im Zusammenhang mit einem öffentlichen »Auftrag an den Zweiten« vermittelt werden. Verspricht beispielsweise ein privater Grundstückseigentümer einer Stadt, einen neu zu errichtenden Gebäudekomplex so auszurichten, dass ein Teil des Gebäudes als in Zukunft Stadttheater genutzt werden kann, und mietet die Stadt dieses Gebäude, um das Theater dort zu betreiben, ist die Vertragskonstruktion zwischen Stadt und Grundstückseigentümer als Bauvertrag im vergaberechtlichen Sinne anzusehen. Die Ausnahme des § 100 Abs. 2 lit. h), nach Kauf und Miete von Grundstücken vom Kartellvergaberecht nicht erfasst werden, greift in diesem Fall nicht.[57] Durch die Sondervariante des Bauauftrags »Errichtung eines Bauwerkes gemäß den Anforderungen des öffentlichen Auftraggebers« wird jedoch nicht etwa die Auftraggebereigenschaft auf den Privaten Grundstückseigentümer übertragen. Er ist selbstverständlich nicht an Vergaberecht gebunden, wenn er nicht aus anderen Gründen öffentlicher Auftraggeber ist.[58] Hauptanwendungsfälle sind Mietkaufverträge über zu bauende Gebäude, Bauträgerverträge, Leasinggestaltungen im Rahmen von Public Private Partnership-Verträgen.[59]

49 Von der **Rechtsprechung wurde ein Bauauftrag** angenommen in folgenden Fällen: Abteufen eines Rohrbrunnens,[60] Anlegen einer Gleisanlage,[61] Ausschachtung einer Baugrube,[62] Pflasterung und Befestigung eines Hofes,[63] Errichten eines Drahtzaunes um ein Grundstück,[64] Errichtung Ampelanlage an einer Straße,[65] Wartung einer Am-

---

55 *Eschenbruch* a. a. O. § 99 Rn. 163 unter Berufung auf *OLG Dresden* v. 2. 11. 04, VergabeR 2005, 258.
56 *Hailbronner* a. a. O. § 99 Rn. 479; *Eschenbruch* a. a. O. § 99 Rn. 167.
57 Zu diesem Zusammenhang richtig Eschenbruch a. a. O. § 99 Rn. 172.
58 *Hailbronner* a. a. O. § 99 Rn. 486.
59 Ausführlich *Otting* Bau und Finanzierung öffentlicher Infrastruktur durch private Investoren, NZBau 2004, 469.
60 *BGH* BauR 1971, 259.
61 *BGH* BauR 1972, 172.
62 *BGH* BauR 1977, 203.
63 *BGH* BauR 1992, 502 und 1993, 217; *OLG Schleswig* BauR 1991, 217.
64 *LG Weiden* NJW RR 1997, 1108.
65 *BayObLG* NZBau 2000, 594; dagegen ist der *EuGH* NZBau 2001, 275 in seiner Entscheidung »Elektrifi-

pelanlage an einer Straße,[66] Installation der Gebäudetechnik und einer Klimaanlage,[67] Installation neuer Medizintechnik bei Klinikumbau,[68] Errichtung eines Wintergartens auf dem Flachdach eines Wohnhauses,[69] Erneuerung eines Dachbelages,[70] Austausch sämtlicher Fensterscheiben durch Isolierglasscheiben,[71] Erneuerung eines Teppichbodens in einem Hochhaus,[72] Verlegen und Verkleben eines Teppichbodens,[73] Malerarbeiten bei Komplettrenovierung eines Hauses,[74] nachträglicher Einbau einer Einbauküche, die auf den Grundriss abzustellen und einzupassen war,[75] Einbau einer sonderangefertigten Schrankwand,[76] Anbringen einer mit dem Gebäude fest verbundenen Leuchtreklame.[77]

Dagegen ist die Beschaffung von Rechnern und Druckern für einen Büroneubau keine Bauleistung[78] ebensowenig wie der Einkauf marktüblicher Beleuchtung ohne individuelle Anfertigung für ein Gebäude.[79]

50

b) Freiberufliche Leistungen

Unanwendbar ist die VOL/A auch auf den größten Teil der **freiberuflichen Leistungen**. Sie werden durch die Regelung des zweiten und des dritten Spiegelstriches in § 1 ausgenommen. Dabei betrifft der zweite Spiegelstrich Aufträge über freiberufliche Leistungen, **deren Auftragswert die EU-Schwellenwerte nicht erreicht** oder gar überschreitet. Für sie gilt die VOL/A generell und endgültig gar nicht. Für die freiberuflichen Leistungen des Unterschwellenbereiches gelten, wie die etwas unbeholfene Formulierung[80] am Ende des zweiten Spiegelstrichs besagt und wie die offiziellen Erläuterungen näher ausführen, nur die allgemeinen haushaltsrechtlichen Regeln.

51

Für den **Einkauf freiberuflicher Leistungen, deren Auftragswert den Schwellenwert erreicht oder übersteigt**, gilt nach § 97 Abs. 6 GWB i. V. m. § 5 VgV die spezielle VOF. Das gilt allerdings nicht für Dienstleistungen, deren Gegenstand eine Aufgabe ist, deren Lösung vorab eindeutig und erschöpfend beschrieben werden kann. Werden im Oberschwellenbereich solche »beschreibbaren« freiberuflichen Dienstleistungen

52

---

zierungsarbeiten« im Hinblick auf die von der deutschen Situation abweichenden Besonderheiten des französischen Straßenrechtes in einem ähnlichen Fall von einer Lieferleistung ausgegangen.
66 *BayObLG* a. a. O.
67 *BayObLG* NZBau 2003, 340.
68 *OLG Jena* VergabeR 2003, 98.
69 *OLG Hamm* BauR 1992, 413.
70 *BGH* NJW 1984, 168.
71 *LG Düsseldorf* BauR 1990, 732.
72 *OLG Köln* BauR 1986, 441.
73 *BGH* BauR 1991, 515.
74 *OLG Düsseldorf* BauR 1992, 679.
75 *BGH* BauR 1990, 351; *OLG Jena* am 22. 8. 2002 6 Verg. 5/01.
76 *OLG Köln* BauR 1991, 759.
77 *OLG Hamm* BauR 1995, 240.
78 *VK Südbayern* v. 22. 9. 2003 41–08/03.
79 *Eschenbruch* a. a. O. § 99 Rn. 164 f.
80 »Die Bestimmungen der Haushaltsordnungen bleiben unberührt« – Wie sollte eine Verwaltungsrichtlinie, die ihre Existenz den Haushaltsordnungen verdankt, diese »berühren« können?

vergeben, gelten die Vorschriften der VOL/A – allerdings nicht nur die Basisvorschriften des ersten Abschnittes, sondern die Regeln des zweiten Abschnitts.

53 Für die genaue Umschreibung des Anwendungsfelds des ersten Abschnitts ist daher zu klären, was unter einer freiberuflichen Leistung zu verstehen und ist. Für den Anwendungsbereich des zweiten Abschnitts kommt es außerdem auf die Umschreibung der freiberuflichen Leistung an, deren Leistungsgegenstand vorab eindeutig und erschöpfend beschrieben werden kann.

aa) Unterschwellige Aufträge

54 Von der VOL/A ausgenommene freiberufliche Leistungen sind Leistungen, die im Rahmen einer freiberuflichen Tätigkeit erbracht werden, und solche, die im Wettbewerb mit Freiberuflern angeboten werden.

55 Die **freiberuflichen Tätigkeiten**[81] ergeben sich aus der als Fußnote zu § 1 abgedruckten Enumeration im § 18 Abs. 1 Nr. 1 EStG, die allerdings eine Öffnung auf weitere »ähnliche« Berufe enthält. Von »ähnlichen Berufen« ist nach der Rechtsprechung des Bundesfinanzhofes[82] auszugehen, wenn die zu beurteilende Tätigkeit in ihrer Gesamtheit dem Bild eines Katalogberufes mit allen seinen Merkmalen vergleichbar ist. Nach Auffassung des Bundesverfassungsgerichts ist ein ähnlicher Beruf jedenfalls dann anzunehmen, wenn eine Berufsgruppe nach ihrer Struktur und Funktion so viele Parallelen zu einer als freier Beruf anerkannte Gruppe aufweist, dass es willkürlich wäre, sie nicht gleich zu behandeln.[83] Deshalb ist auch die Tätigkeit eines Unternehmensberaters als eine freiberufliche akzeptiert worden, wenn sie eine breitgefächerte Beratungstätigkeit auf der Basis eines in einem Hochschulstudium erworbenen Wissens ist, sich auf beratende Funktionen beschränkt und nicht bloß eine geringfügige Nebentätigkeit darstellt.[84] Außerdem ist nach dem EStG ein Angehöriger eines freien Berufes auch dann freiberuflich tätig, wenn er sich der Mithilfe fachlich vorgebildeter Arbeitskräfte bedient und sie aufgrund eigener Fachkenntnisse verantwortlich anleitet. Der gemeinsame Nenner aller dieser im § 18 Abs. 1 Nr. 1 EStG angesprochenen Tätigkeiten ist eine **selbständige, eigenverantwortliche und fachlich unabhängige Arbeit, die auf eigener Fachkenntnis, eigener Erfahrung und einer schöpferischen Begabung beruht sowie in aller Regel eine wissenschaftliche oder künstlerische Ausbildung durch Hoch – oder Fachhochschulstudium voraussetzt.**[85]

56 Normalerweise wird davon ausgegangen werden dürfen, dass eine **freiberufliche Tätigkeit** vorliegt, **wenn sie von einem Angehörigen eines Katalogberufes** oder eines ähnlichen Berufes angeboten und **erbracht** werden. Ausnahmsweise kann dies anders sein, wenn der Berufsangehörige zugleich eine gewerbliche Tätigkeit ausübt oder es sich um Nebenleistungen handelt, die nicht mehr vom eigentlichen Berufsbild erfasst

---

81 Zur Geschichte des freien Berufes *Kulartz* in: Müller-Wrede, VOF, 3. Auflage 2007, § 1 Rn. 8, 9.
82 BFHE 144, 413.
83 BVerfGE 46, 224.
84 *OLG Celle* BB 1996, 2219.
85 *Kaufhold* in: Kaufhold/Mayerhofer/Reichl, Die VOF im Vergaberecht, § 1 Rn. 4; *Kulartz* in Müller-Wrede, VOF, 3. Auflage 2007, § 1 Rn. 9.

werden, wie z. B. Verkauf von Hilfsmitteln durch Ärzte und Tierärzte u. Ä.[86] Bietet ein Gewerbebetrieb eine Leistung an, die in das Leistungsbild eines freiberuflich Tätigen fällt, ist dies selbstverständlich keine Leistung, die im Rahmen einer freiberuflichen Tätigkeit erbracht wird. Muss der öffentliche Auftraggeber also davon ausgehen, dass eine im Prinzip und der Natur nach freiberufliche Leistung im konkreten Fall nur von Gewerbebetreibenden angeboten werden wird, liegt die Ausnahme des zweiten Spiegelstriches nicht vor und ist die VOL/A voll anwendbar.

Freiberufliche Leistungen im Sinne des Vergaberechtes – des § 5 VgV, der VOF und des § 1 VOL/A – sind auch Leistungen, die nicht von Freiberuflern selbst, aber **im Wettbewerb mit freiberuflich Tätigen** erbracht werden. Jedenfalls werden sie vergaberechtlich so behandelt wie freiberufliche Leistungen. Die Frage, ob im Einzelfall damit zu rechnen ist, dass freiberuflich Tätige und Gewerbebetriebe die Leistung im Wettbewerb miteinander oder jeweils ausschließlich anbieten, hat der Auftraggeber im Voraus aufgrund der vorhandenen Marktübersicht zu beurteilen.[87] Stellt sich nachträglich heraus, dass die auf seinen Erfahrungen aus der Vergangenheit beruhende Prognose über die zu erwartende Beteiligung von Freiberuflern oder Gewerbetreibenden an einem Vergabeverfahren falsch war, braucht das nach VOL/A oder den haushaltsrechtlichen Basisbestimmungen oder der VOF eingeleitete Verfahren nicht aufgehoben oder korrigiert zu werden. Wenn der Auftraggeber seine Entscheidung auf der Grundlage einer ernsthaften Prognose[88] getroffen hat, ist sie die rechtmäßige und bestandsfähige Grundlage für das eingeleitete Verfahren.[89] **57**

Wie bei der Vergabe dieser Leistungen, auf die VOL/A nicht anzuwenden ist, **vorgegangen werden soll**, ergibt sich mangels sonstiger einheitlicher haushaltsrechtlicher Richtlinien nicht ohne weiteres aus bestimmbaren Regeln. Die offiziellen Erläuterungen zum zweiten Spiegelstrich des § 1 geben jedoch in den Absätzen 5 bis 7 einige Hinweise. Danach kommt für die Vergabe von freiberuflichen Leistungen wegen der besonderen Natur dieser Leistungen in aller Regel eine Ausschreibung im technischen Sinne nicht in Frage. Freiberufliche Leistungen sind danach **grundsätzlich freihändig zu vergeben**. Eine freiberuflichen Leistung ist nämlich im Normalfall die geistig-schöpferische Lösung einer Aufgabe, die der Auftraggeber selbst nicht zu lösen im Stande ist. Bei der Vergabe dieser Leistung steht daher im Vordergrund die Auswahl des Auftragnehmers, der über die üblichen drei Qualifikationsmerkmale Leistungsfähigkeit, Fachkunde und Zuverlässigkeit hinaus über besondere Erfahrungen verfügt und die besondere Fähigkeit zu einer wirtschaftlichen Planung mitbringt. Diese besondere persönliche Qualifikation sowie die Tatsache, der Auftraggeber besonderes Vertrauen in die Person des Beauftragten entwickeln muss,[90] erfordert ein vom Üblichen abweichendes Vergabeverfahren. **58**

---

86 Erlass des BMF v. 14. 5. 1997, Bundessteuerblatt 1997 I S. 566.
87 Amtliche Erläuterung zu § 1 zweiter Spiegelstrich.
88 Der Fall ist vergleichbar der Fehlprognose des Schwellenwerts. Auch dort braucht nicht vom haushaltsrechtlichen in das wettbewerbsrechtliche Verfahren gewechselt zu werden, wenn sich nach Verfahrensbeginn die Prognose als falsch herausstellt.
89 *Kulartz* in Müller-Wrede, VOF, 3. Auflage 2007, § 1 Rn. 14.
90 *Marx* in Müller-Wrede, VOF 3. Auflage 2007, § 4 Rn. 7.

59 Diese Regelung spiegelt in ein wenig übersteigerter Form ideologische Vorstellungen vom freien Beruf wieder. Man glaubt, per se im öffentlichen Auftrag zu arbeiten und keinesfalls einem Zwang zum schnöden Preiswettbewerb ausgesetzt werden zu dürfen. Wirtschaftlichkeitswettbewerb könne immer nur Qualitätswettbewerb sein. Doch selbst wenn man diese Prämisse noch akzeptiert, weil die bestehenden Honorarordnungen in der Regel ohnehin Preiswettbewerb ausschließen, und selbst wenn man akzeptiert, dass die geistig-schöpferische Leistung den Formalismus der Ausschreibungsverfahren nicht verträgt, enthält der **Verfahrenshinweis der offiziellen Erläuterungen** noch immer ein über diese Legitimation hinausschießendes Element: Die freihändige Vergabe ist ohne vorgeschalteten Teilnahmewettbewerb intransparent und enthält für sich allein kein Wettbewerbselement. Wenn es denn nicht nur um ganz kleine Aufträge geht, bei denen die Verwaltungskosten Wettbewerb im Einzelfall vernünftigerweise nur in sehr rudimentärer Form zulassen, muss daher **zusätzlich zu der Pflicht zur Streuung der Aufträge**, wie sie die offiziellen Erläuterungen am Ende des 7. Absatzes zum zweiten Spiegelstrich aussprechen, eine **Pflicht zu einem transparenten Teilnahmewettbewerb vor freihändiger Vergabe** angenommen werden. Transparenz und Wettbewerb sind keine Besonderheiten des VOL-Verfahrens, sondern Wesenselemente eines jeden Verfahrens der öffentlichen Beschaffung.[91] Ganz sicher und in jedem Fall muss die öffentliche Hand dann ein wettbewerbliches und transparentes Vergabeverfahren auch bei der Vergabe von freiberuflichen Leistungen durchführen, wenn sie marktbeherrschender Nachfrager ist, wie dies leicht bei der Planung von Tiefbauarbeiten sein kann.

bb) Eindeutig und erschöpfend beschreibbare Leistung

60 Auf den Einkauf unterschwelliger freiberuflicher Leistungen ist der Abschnitt 1 der VOL/A generell nicht anwendbar. Alle freiberuflichen Leistungen sind ganz von der VOL/A ausgenommen. **Oberhalb der Schwellenwerte** der Richtlinie 2004/18/EG sind – so sagt es der dritte Spiegelstrich des § 1 VOL/A – freiberufliche Leistungen nach der Verdingungsordnung für freiberufliche Leistungen (VOF) zu vergeben, sofern deren Gegenstand eine Aufgabe ist, deren Lösung nicht vorab eindeutig und erschöpfend beschrieben werden kann. Anders ausgedrückt: **Leistungen, die im Vorhinein eindeutig und erschöpfend beschrieben werden können**, sind auch dann **nach dem 2. Abschnitt der VOL/A** zu vergeben, wenn es sich dabei um Leistungen handelt, die im Rahmen einer freiberuflichen Tätigkeit erbracht werden.

61 Hintergrund dieser komplizierten Regelung ist die Tatsache, dass die freiberufliche Tätigkeit **im europäischen Recht** nicht die gleiche Wertschätzung wie in Deutschland erfahren hat. Es gibt in den Richtlinien zur Koordinierung der Rechtsvorschriften über die Vergabe öffentlicher Aufträge keine dem § 1 zweiter Spiegelstrich entsprechende Ausnahme von den formellen Verfahrensvorschriften. Ein Einfallstor für die Aufrechterhaltung der traditionellen Sonderbehandlung der freiberuflichen Dienstleistungen bei der öffentlichen Auftragsvergabe bot nur der Art. 11 Abs. 2 Buchstabe c) der Richtlinie 92/50/EWG über die Verfahren zur Vergabe öffentlicher Dienst-

---

[91] So auch schon *Müller* in: Daub/Eberstein, Kommentar zur VOL/A, 5. Auflage § 1 Rn. 17.

leistungsaufträge vom 18. 6. 1998,[92] der heute wortgleich in Art. XX der Richtlinie 2004/18/EG[93] zu finden ist. Dort wird bestimmt, dass bei der Vergabe von Dienstleistungsaufträgen ein Verhandlungsverfahren mit vorheriger Vergabebekanntmachung zulässig, wenn die zu erbringende Leistung, insbesondere geistig-schöpferische Dienstleistungen ... dergestalt sind, dass vertragliche Spezifikationen nicht hinreichend genau festgelegt werden können, um den Auftrag durch die Wahl des besten Angebots in Übereinstimmung mit den Vorschriften über offene oder nichtoffene Verfahren vergeben zu können.

Da die freiberufliche Leistung prinzipiell eine geistig-schöpferische Leistung zur Lösung einer Aufgabe darstellt,[94] die der Auftraggeber selbst nicht zu lösen in der Lage ist, und daher prinzipiell nicht *ex ante* genau beschrieben werden kann, ist die vorab **eindeutig und erschöpfend beschreibbare freiberufliche Leistung** eher die **Ausnahme**.[95] Eindeutig und erschöpfend im Vorhinein beschreibbar ist die freiberufliche Leistung nicht schon dann, wenn der Inhalt des Auftrages genau fixiert werden kann. So ist die vertragliche Festlegung eines Buchprüfers auf die Durchführung einer Abschlussprüfung genau bestimmt. Die Leistung des Abschlussprüfers mit allen Facetten der Aufstellung der Bilanz und den vielfach eingehenden Bewertungen wirklich im Vorhinein erschöpfend beschreibbar. Wäre das so, bräuchte man voraussichtlich keine Abschlussprüfer. Bestimmbarkeit des Auftrags darf nicht mit Beschreibbarkeit der Leistung verwechselt werden.[96] **62**

Die Frage, ob im Einzelfall eine im Voraus nicht eindeutig und erschöpfend beschreibbare Leistung vorliegt und deshalb die VOF anzuwenden ist oder ob die einzukaufende freiberufliche Leistung hinreichend genau beschrieben werden kann und daher nach der VOL/A zu vergeben ist, lässt sich, obwohl es sicher typische Leistungen gibt und daher auch Typenbewertungen möglich sind, **letztlich nur unter Berücksichtigung aller Umstände des Einzelfalles** klären. Als Faustformel kann festgehalten werden, dass nach der VOL/A zu vergeben ist, wenn die Beschreibung der Leistung für eine Ausschreibung möglich ist und keine Verhandlungs- und Gesprächserfordernisse zwischen Auftraggeber und Bewerber bestehen. Ein Auftrag ist nach der VOF zu vergeben, wenn die nachgefragte Leistung gerade darin besteht, dass die Lösung einer Aufgabe noch gesucht wird, das Resultat gerade noch nicht feststeht und die Realisierung einen breiten Beurteilungsspielraum beinhaltet. In der Tat dürfte die wirklich beschreibbare freiberufliche Leistung, die im Ausschreibungsverfahren vergeben werden kann, in aller Regel eine Leistung sein, die eher am Rand des jeweiligen Berufsbildes liegt.[97] **63**

---

92 Amtsblatt der EU Nr. L 209 v. 24. Juli 1992, S. 1 geändert durch die Richtlinie 97/92/EG Amtsblatt der EU Nr. L 328 v. 28. November 1997, S. 1.
93 Amtsblatt der EU Nr. L 134/126 v. 30. April 2004.
94 *Müller-Wrede* in: Müller-Wrede, VOF, § 2 Rn. 41 und 45; *Kaufhold* in: Kaufhold/Mayerhofer/Reichl, Die VOF im Vergaberecht, § 2 Rn. 32.
95 Dazu aus freiberuflicher Sicht *Greis*, VergabeR 1998, 13; *Jochem*, Deutsches Architektenblatt 1998, 50; *Sangenstedt*, Deutsches Ingenieurblatt 1997, 63.
96 Richtig Müller-Wrede, VOF, § 2 Rn. 41.
97 A. A. *Müller* in: Daub/Eberstein, VOL/A, 5. Auflage § 1 Rn. 22; *Quack*, BauR 1997, 40 ff.

§ 1 Leistungen

64 Im Spektrum des Ingenieur- und Architektenleistungen werden dazu **beispielsweise** gehören: Planung des Schallschutzes nach genauen Vorgaben, Wärmebedarfsberechnungen nach Schema, Entnahme von Wasser-, Abwasser-, Boden- und Schlammproben für die Umweltanalytik, Routine-, Labor- und Analytikleistungen, Aufmass von Leitungen, Reinzeichnung von Entwurfs- und Ausführungsplänen, Überwachung von Kanalinspektions- und Kanalreinigungsarbeiten, Aufspüren von Lecks in Netzen, sonstige technische Prüfungen und Inspektionen. Auch die reine Bauüberwachung kann – jedenfalls bei einfachen Baumaßnahmen – eine im Voraus genau und erschöpfend beschreibbare Leistung sein.

4. Gemischte Aufträge

65 Öffentliche Aufträge sind nicht ihrer Natur nach von vorneherein aufgeteilt in Lieferungen, Dienstleistungsaufträge und Bauaufträge. Vielfach wird die Realität von gemischten Verträgen beherrscht sein. Alltägliche Praxis ist es z. B. Planungs- und Bauleistungen miteinander zu verbinden oder EDV-Aufträge sowohl für Hard- und Software samt Pflege und Schulung zu vergeben. Bauaufträge sind selbst eine eigentümliche Mischung aus Dienstleistungen und Lieferungen. Um die richtigen Verfahren nach VOL, VOB oder VOF oder nur den Haushaltsregeln für den jeweils beabsichtigten Auftrag zu finden, ist es erforderlich eine korrekte Einordnung des geplanten Auftrags vorzunehmen, sofern es nicht nur um die in einer Dienstleistung bestehende »Nebenleistungen« geht, die beim Lieferauftrag vernachlässigbar ist.[98]

66 Im Oberschwellenbereich gibt es jetzt dazu zwei Regeln, die der deutsche Gesetzgeber aus Art. 1 Abs. 2 b) sowie Abs. 2 und 3 der Richtlinie 2004/18/EG in § 99 Abs. 6 GWB und zum Teil auch die VOL/A in § 1 a Abs. 2 übernommen hat. Danach gilt ein öffentlicher Auftrag, der sowohl den **Einkauf von Waren als auch die Beschaffung von Dienstleistungen** zum Gegenstand hat, als Dienstleistungsauftrag, wenn der Wert der Dienstleistungen den Wert der Waren übersteigt. Die richtige Verfahrensordnung bei eine Mischung aus Warenlieferungen und Dienstleistungen bestimmt sich also nach einer Prognose über den jeweiligen Wert der unterschiedlichen Leistungen.

67 Für die Abgrenzung zwischen **Dienstleistungs- und Bauaufträgen** ist ein anderer Maßstab heranzuziehen. Es kommt nicht allein auf den in Geld ausgedrückten Wert der jeweiligen Leistungen an. Für diesen Abgrenzungsfall bestimmt der Gesetzgeber, dass ein Auftrag, der neben Dienstleistungen auch Bauleistungen umfasst, nur dann als Dienstleistungsauftrag gilt, wenn diese Bauleistungen im Verhältnis zum Hauptgegenstand Nebenarbeiten sind. Wenn in die Errichtung eines Bauwerkes die Hauptleistung eines Vertrages ist oder wenigstens auch eine Hauptleistung ist, ist der gesamte Vertrag Bauauftrag. Nur wenn die Bauleistungen lediglich von untergeordneter Bedeutung sind und daher keinen Hauptvertragsgegenstand darstellen, kann in diesen Fällen von einem Dienstleistungsauftrag ausgegangen werden. Beispielsweise wird dies nicht bei einem Auftrag gegeben sein, der den Bau und den Betrieb eine Flughafens betrifft, auch dann nicht, wenn der addierte Wert der in dem Betriebsauftrag liegende Dienstleistungsauftrag wertmäßig die anfänglichen Baukosten weit übersteigt.

---

98 S. oben Rn. 37.

Diese Regeln wird man vernünftigerweise – obwohl sie nicht direkt für den Unter- **68** schwellenbereich gelten – auch auf das Haushaltsrecht übertragen.

Werden mit einem **gemischten Auftrag** Dienstleistungen gemeinsam vergeben, für **69** deren einen Teil die VOF und für deren anderen Teil die VOL/A anzuwenden wäre, ist die Wahl der Verfahrensordnung danach zu treffen, auf welcher Dienstleistung der **Schwerpunkt** des Auftrags liegt.

§ 2
Grundsätze der Vergabe

1. (1) Leistungen sind in der Regel im Wettbewerb zu vergeben.

   (2) Wettbewerbsbeschränkende und unlautere Verhaltensweisen sind zu bekämpfen.

2. Bei der Vergabe von Leistungen darf kein Unternehmen diskriminiert werden.

3. Leistungen sind unter ausschließlicher Verantwortung der Vergabestellen an fachkundige, leistungsfähige und zuverlässige Bewerber zu angemessenen Preisen zu vergeben.

4. Für die Berücksichtigung von Bewerbern, bei denen Umstände besonderer Art vorliegen, sind die jeweils hierüber erlassenen Rechts- und Verwaltungsvorschriften des Bundes und der Länder maßgebend.

Erläuterungen:

Angemessene Preise sind solche, die dem Grundsatz der Wirtschaftlichkeit entsprechen (vgl. Erläuterungen zu § 25 Nr. 3).

Inhaltsübersicht

	Rn.
A. Allgemeines	1
I. Entstehungsgeschichte	1
II. Unterschiede zur VOB/A	2
III. Verhältnis zum GWB	3
IV. Europarecht	5
1. Primäres Europarecht	5
2. Sekundäres Europarecht	6
B. Inhalt	13
I. Wettbewerbsgrundsatz, § 2 Nr. 1 Abs. 1	13
1. Grundsätzliches	13
2. Wettbewerb	14
3. Geheimwettbewerb	20
4. Bekämpfung wettbewerbsbeschränkender und unlauterer Verhaltensweisen	23
a) Allgemeines	23
b) Wettbewerbsbeschränkende Verhaltensweisen	24
c) Unlautere Verhaltensweisen	26
II. Diskriminierungsverbot	30
1. Grundsatz	30
2. Inhalt	31
III. Transparenzgebot	36
1. Inhalt	36
2. Pflichten	37
IV. Ausschließliche Verantwortung der Vergabestellen	42

V.	Vergabe an fachkundige, leistungsfähige und zuverlässige Bewerber	44
	1. Allgemeines	44
	2. Fachkunde	45
	3. Leistungsfähigkeit	46
	4. Zuverlässigkeit	47
	5. Prüfung der Eignung	48
VI.	Angemessene Preise	49
	1. Inhalt	49
	2. Unangemessen niedrige Preise	50
	3. Unangemessen hohe Preise	51
VII.	Bewerber mit Umständen besonderer Art	52
VIII.	Rechtsschutz	55
	1. Primärer Rechtsschutz	55
	2. Sekundärer Rechtsschutz	56

A. Allgemeines

I. Entstehungsgeschichte

Bis auf das Diskriminierungsverbot des § 2 Nr. 2 enthielt bereits die Ausgabe 1984 sämtliche jetzt noch enthaltenen Regelungen. Zur Hilfestellung für die mit der Vergabe betrauten Personen wurde als Erläuterung ein klarstellender Hinweis formuliert, was unter angemessenen Preisen zu verstehen ist, und zugleich auf die Erläuterungen zu § 25 Nr. 3 verwiesen. Zudem wurde als weiterer Hinweis unmittelbar in den Text des § 2 Nr. 3 aufgenommen, dass die Leistungen unter ausschließlicher Verantwortung der Vergabestellen an die Bewerber zu vergeben seien. **1**

In die Ausgabe der VOL/A 1997 wurde in § 2 Nr. 2 das Diskriminierungsverbot aufgenommen. Die Ausgaben 2000 und 2006 entsprechen im Wortlaut der Ausgabe 1997.

II. Unterschiede zur VOB/A

§ 2 Nr. 1 Abs. 1 entspricht inhaltlich dem § 2 Nr. 1 Satz 2 VOB/A, wenn auch keine wörtliche Übereinstimmung vorliegt. § 2 Nr. 1 Abs. 2 weist den gleichen Inhalt wie § 2 Nr. 1 Satz 3 VOB/A auf, wenngleich auch hier wiederum keine wörtliche Übereinstimmung gegeben ist. Das Diskriminierungsverbot des § 2 Nr. 2 entspricht dem § 2 Nr. 2 VOB/A, wobei § 2 Nr. 2 naturgemäß auf die Vergabe von Leistungen und § 2 Nr. 2 VOB/A auf die Vergabe von Bauleistungen abstellt und § 2 Nr. 2 von Unternehmen, § 2 Nr. 2 VOB/A demgegenüber von Unternehmern spricht. § 2 Nr. 3 formuliert zusätzlich zu dem ansonsten gleichlautenden § 2 Nr. 1 Satz 1 VOB/A die ausschließliche Verantwortung der Vergabestellen für die Vergabe. § 2 Nr. 4 findet keine Entsprechung in der VOB/A. **2**

§ 2 Grundsätze der Vergabe

III. Verhältnis zum GWB

3 § 97 GWB enthält in **Gesetzesform** die tragenden Grundsätze und Grundregeln für das Vergaberecht. In § 97 Abs. 1 GWB ist wie in § 2 Nr. 1 Abs. 1 und Abs. 2 der Wettbewerbsgrundsatz enthalten. Die Formulierung des § 97 Abs. 1 GWB ist wegen des Charakters als Grundsatznorm sehr knapp gehalten: »öffentliche Auftraggeber beschaffen Waren ... im Wettbewerb ...«. Dennoch ergibt sich eine Differenz zu § 2 Nr. 1 Abs. 1, da die hier enthaltene Einschränkung »in der Regel« fehlt. Als Gesetzesnorm hat die Vorschrift des § 97 GWB Vorrang vor der Verdingungsordnung, der VOL/A, so dass für den Geltungsbereich des GWB, also für die Aufträge oberhalb der Schwellenwerte, vgl. § 100 Abs. 1 GWB, auch für den Bereich der VOL/A der Wettbewerbsgrundsatz unbeschränkt gilt. Ausnahmen ergeben sich nur für die in § 100 Abs. 2 GWB enumerativ aufgezählten Aufträge. Es fällt auf, dass § 2 im Gegensatz zu § 97 Abs. 1 GWB den Transparenzgrundsatz nicht enthält. Auch hier gilt, dass der Transparenzgrundsatz trotz der Nichtnennung im Bereich der VOL/A Gültigkeit besitzt.

4 Das **Diskriminierungsverbot** ist sowohl in § 2 Nr. 2 als auch in § 97 Abs. 2 GWB geregelt. Die in § 97 Abs. 2 2. Halbsatz GWB formulierte Ausnahme, eine Ungleichbehandlung sei erlaubt, wenn eine Benachteiligung aufgrund des GWB ausdrücklich geboten oder gestattet sei, zielt auf § 97 Abs. 4 2. Halbsatz GWB ab. Danach dürfen andere oder weitergehende Anforderungen an Bieter als Fachkunde, Leistungsfähigkeit und Zuverlässigkeit nur gestellt werden, wenn dies in Bundes- oder Landesgesetzen vorgesehen ist. Die Ausnahme muss durch **Gesetz** erlaubt sein, Ausnahmeregelungen in Rechtsverordnungen, Verwaltungsvorschriften oder Richtlinien genügen demnach für Aufträge oberhalb der Schwellenwerte nicht. Ähnlich formuliert § 2 Nr. 4, dass für die Berücksichtigung von Bewerbern, bei denen Umstände besonderer Art vorliegen, die jeweils hierüber erlassenen Rechts- und Verwaltungsvorschriften des Bundes und der Länder maßgebend sind. Für den Bereich der Aufträge **oberhalb der Schwellenwerte** gilt diese Ausnahmeregelung wegen des Vorrangs des GWB aber nur dann, wenn es sich um Rechtsvorschriften in Form von Gesetzen handelt, Verwaltungsvorschriften genügen nicht. Es ist zu beachten, dass die erwähnten Bundes- und Landesvergabegesetze allerdings ihrerseits am Gleichheitsgrundsatz des Art. 3 GG und an den Regelungen im europäischen Recht zu messen sind. Der Anwendungsbereich für Ausnahmen vom Diskriminierungsverbot ist damit eng begrenzt, zumal sich der EuGH wiederholt gegen die Anwendung von vergabefremden Kriterien ausgesprochen hat.[1]

IV. Europarecht

1. Primäres Europarecht

5 Das primäre Europarecht ist unmittelbar anwendbar für alle öffentlichen Aufträge ober- und unterhalb der Schwellenwerte. Der Wettbewerbsgrundsatz ist im EG-Ver-

---

[1] *EuGH* vom 19. 6. 2003 – Rs. C-315/01; *EuGH* vom 4. 12. 2003 – Rs. C-448/01; s. aber andererseits *EuGH* vom 20. 9. 1988 – Rs. C-31/87.

Grundsätze der Vergabe § 2

trag an verschiedenen Stellen enthalten. Art. 87 Abs. 1 EG-Vertrag verbietet staatliche Beihilfen, die den Wettbewerb verfälschen können. Art. 28 EG-Vertrag garantiert die Freiheit des Warenverkehrs. So ist es nicht zulässig, wenn die Verwendung bestimmter nationaler Produkte vorgeschrieben wird oder verlangt wird, dass möglichst weitgehend Verbrauchsgüter nationaler Herkunft zu verwenden sind. In Art. 43 ist zudem die Niederlassungsfreiheit ausgesprochen, welche die unternehmerische Tätigkeit der Unternehmen in den Vertragsstaaten sichert.

Art. 12 EG-Vertrag enthält ein allgemeines Diskriminierungsverbot aus Gründen der Staatsangehörigkeit. Verboten ist nicht nur die offene Diskriminierung, sondern auch die versteckte, bei welcher zwar neutrale Anknüpfungspunkte vorgegeben sind, diese aber unterschiedliche Auswirkungen für verschiedene Staatsangehörige haben. Ein weiteres Diskriminierungsverbot enthält Art. 49 EG-Vertrag, der sich mit der Freiheit des Dienstleistungsverkehrs beschäftigt.

2. Sekundäres Europarecht

Das sekundäre Europarecht ist anwendbar nur **oberhalb der Schwellenwerte**. Es soll im Bereich des öffentlichen Auftragswesens europaweit einen echten Wettbewerb sicherstellen und die Grundfreiheiten verwirklichen. Einschlägig ist hier die Vergabekoordinierungsrichtlinie 2004/18/EG vom 31. 3. 2004. Die Richtlinie gilt nicht unmittelbar, sondern muss in das nationale Recht so umgesetzt werden, dass sie verbindlich gilt nicht für den Einzelnen, sondern auch für staatliche Organe. Die Umsetzung hat in Gesetzen und Rechtsverordnungen zu erfolgen; verwaltungsinterne Regelungen genügen nicht.[2] Die Richtlinie entfaltet nur dann unmittelbare Wirkung im Verhältnis des begünstigten Bürgers zum Staat, wenn sie nicht oder nicht ordnungsgemäß in das nationale Recht umgesetzt wird und die Richtlinie inhaltlich unbedingt und hinreichend genau gefasst ist.[3] Der EuGH hat gerade im Hinblick auf die Vergaberichtlinien festgestellt, dass diejenigen Vorschriften in den Richtlinien, welche die Vergabeverfahren, die Durchführung des Wettbewerbs, die gemeinsamen technischen und Bekanntmachungsvorschriften, die Teilnahme sowie die Eignungs- und Zuschlagskriterien betreffen, inhaltlich unbedingt und so genau gefasst sind, dass sich der Einzelne gegenüber dem Staat darauf berufen kann. Die Umsetzung der Vergabekoordinierungsrichtlinie (2004/18/EG) und der Sektorenrichtlinie (2004/17/EG) ist bisher nur teilweise durch das ÖPP-Beschleunigungsgesetz sowie ab 1. 11. 2006 durch die Neufassung von VgV, VOB/A und VOL/A erfolgt. Soweit die Umsetzung nicht vollständig erfolgt ist, gilt die Richtlinie 2004/18/EG unmittelbar; ebenso die Richtlinie 2004/17/EG, wobei letzteres umstritten ist.[4] In jedem Fall aber besteht eine Verpflichtung zu einer richtlinienkonformen Auslegung der nationalen Vorschriften.[5]

Die Richtlinie 2004/18/EG erwähnt den Wettbewerbsgrundsatz im Erwägungsgrund Nr. 2, der die Ausarbeitung der Koordinierungsbestimmungen für öffentliche Aufträge, die einen bestimmten Wert überschreiten, mit der Garantie der Öffnung des öffent-

6

7

---

2 *EuGH* vom 2. 5. 1996 – Rs. C-311/95.
3 *EuGH* vom 28. 10. 1999 – Rs. C-81/98.
4 *Eschenbruch* in: Kulartz/Kus/Portz, GWB-Vergaberecht § 98 Rn. 13.
5 *EuGH* a. a. O. und vom 2. 5. 2005 – Rs. C-15/04.

§ 2 Grundsätze der Vergabe

lichen Beschaffungswesens für den Wettbewerb begründet. Zudem sollen nach Erwägungsgrund Nr. 4 die Mitgliedstaaten dafür sorgen, dass die Teilnahme einer Einrichtung des öffentlichen Rechts als Bieter in einem Verfahren zur Vergabe öffentlicher Aufträge keine Wettbewerbsverzerrungen gegenüber privatrechtlichen Bietern verursacht. Damit ein wirksamer Wettbewerb entsteht, ist es nach Erwägungsgrund Nr. 36 erforderlich, dass die Bekanntmachungen der öffentlichen Auftraggeber der Mitgliedstaaten genmeinschaftsweit veröffentlicht werden. Die Wirtschaftsteilnehmer sollen hinreichend über den Auftragsgegenstand und die Auftragsbedingungen informiert werden. Die Zuschlagserteilung soll nach Erwägungsgrund Nr. 46 auf der Grundlage objektiver Kriterien erfolgen, die sicherstellen, dass die Angebote unter wirksamen Wettbewerbsbedingungen bewertet werden. Dementsprechend sind nur zwei Zuschlagskriterien zuzulassen: das des »niedrigsten Preises« und das des »wirtschaftlich günstigsten Angebots«.

Nach Art. 41 Abs. 3 RL 2004/18/EG kann die Unterrichtung der Bieter über die Zuschlagserteilung oder die Aufhebung einer Ausschreibung dann unterbleiben, wenn durch eine solche Offenlegung der lautere Wettbewerb zwischen den Bietern beeinträchtigt würde.

8 Das Diskriminierungsverbot wird im Erwägungsgrund Nr. 2 ausdrücklich genannt. Erwägungsgrund Nr. 39 sieht vor, dass zur Prüfung der Eignung der Bieter bei allen Vergabearten nicht diskriminierende Kriterien festzulegen sind, anhand deren die öffentlichen Auftraggeber die Bewerber auswählen können. Nach Erwägungsgrund Nr. 46 soll die Zuschlagserteilung auf der Grundlage objektiver Kriterien erfolgen, die die Einhaltung der Grundsätze der Transparenz, der Nichtdiskriminierung und der Gleichbehandlung gewährleisten und sicherstellen, dass die Angebote unter Wettbewerbsbedingungen bewertet werden.

Als **Ausnahmen vom Gleichbehandlungsgrundsatz** ist im Erwägungsgrund Nr. 28 ausdrücklich vorgesehen, dass Mitgliedsstaaten das Recht, an Verfahren zur Vergabe öffentlicher Aufträge teilzunehmen, geschützten Werkstätten, oder die Ausführung eines Auftrags geschützten Beschäftigungsprogrammen vorbehalten können. Damit soll die Eingliederung oder Wiedereingliederung von Menschen mit Behinderungen in den Arbeitsmarkt unterstützt werden, auch wenn diese Werkstätten möglicherweise nicht in der Lage sind, unter normalen Wettbewerbsbedingungen Aufträge zu erhalten.

Außerdem sieht Erwägungsgrund Nr. 33 vor, dass Bedingungen für die Ausführung eines Auftrags mit der Richtlinie vereinbar sind, sofern sie nicht unmittelbar oder mittelbar zu einer Diskriminierung führen und in der Bekanntmachung oder in den Verdingungsunterlagen angegeben sind. Diese Bedingungen können insbesondere dem Ziel dienen, die berufliche Ausbildung auf den Baustellen sowie die Beschäftigung von Personen zu fördern, deren Eingliederung besondere Schwierigkeiten bereitet, die Arbeitslosigkeit zu bekämpfen oder die Umwelt zu schützen. In diesem Zusammenhang werden ausdrücklich Verpflichtungen aufgezählt, **Langzeitarbeitslose** einzustellen oder **Ausbildungsmaßnahmen** für **Arbeitnehmer** oder **Jugendliche** durchzuführen, die Bestimmungen der grundlegenden Übereinkommen der IAO ein-

Grundsätze der Vergabe § 2

zuhalten oder ein Kontingent von behinderten Personen einzustellen, das über dem nach nationalem Recht vorgeschriebenen Kontingent liegt.

Nach Art. 2 RL 2004/18/EG behandeln die öffentlichen Auftraggeber alle Wirtschaft- **9** teilnehmer gleich und nichtdiskriminierend und gehen in transparenter Weise vor. Sie dürfen nach Art. 4 Abs. 1 RL 2004/18/EG Bewerber oder Bieter nicht allein deshalb zurückweisen, weil sie nach den Rechtsvorschriften des Mitgliedstaates, in dem der Auftrag vergeben wird, eine natürliche oder eine juristische Person sein müssten. Allerdings können juristische Personen bei öffentlichen Dienstleistungs- oder öffentlichen Lieferaufträgen, die zusätzliche Dienstleistungen umfassen, verpflichtet werden, die Namen und die berufliche Qualifikation der Personen anzugeben, die für die Erbringung der betreffenden Leistung verantwortlich sein sollen. Für Angebote von **Gruppen von Wirtschaftsteilnehmern** können nach Art. 4 Abs. 2 RL/ 2004/18/EG die öffentlichen Auftraggeber nicht eine bestimmte Rechtsform verlangen, allerdings kann von der ausgewählten Gruppe von Wirtschaftsteilnehmern verlangt werden, dass sie eine bestimmte Rechtsform annehmen, wenn ihr der Zuschlag erteilt worden ist, sofern dies für die ordnungsgemäße Durchführung des Auftrags erforderlich ist.

Die für Mitteilungen gewählten Kommunikationsmittel müssen allgemein verfügbar sein; sie dürfen nicht dazu führen, dass der Zugang der Wirtschaftsteilnehmer zum Vergabeverfahren beschränkt wird, Art 42 Abs. 2 RL/2004/18/EG. Deshalb dürfen auch die für die elektronische Übermittlung zu verwendenden Mittel und ihre technischen Merkmale keinen diskriminierenden Charakter haben; sie müssen allgemein zugänglich sein sowie mit den allgemein verbreiteten Erzeugnissen der Informations- und Kommunikationstechnologie kompatibel sein (Abs. 4).

Nach Art. 19 RL/2004/18/EG können die Mitgliedsstaaten im Rahmen von Program- **10** men für **geschützte Beschäftigungsverhältnisse** vorsehen, dass nur geschützte Werkstätten an den Verfahren zur Vergabe öffentlicher Aufträge teilnehmen oder solche Aufträge ausführen dürfen, sofern die Mehrheit der Arbeitnehmer Behinderte sind, die aufgrund der Art oder der Schwere ihrer Behinderung keine Berufstätigkeit unter normalen Bedingungen ausüben können. Auch ist es nach Art. 26 RL/2004/18/EG möglich, für die Ausführung des Auftrags zusätzliche Bedingungen vorzuschreiben, sofern diese mit dem Gemeinschaftsrecht vereinbar sind und in der Bekanntmachung oder in den Verdingungsunterlagen angegeben werden. Solche können insbesondere **soziale** und **umweltbezogene Aspekte** betreffen.

Zur Frage der Zuverlässigkeit der Bieter enthält Erwägungsgrund Nr. 43 die Auffor- **11** derung, Vorkehrungen zu treffen, um der Vergabe öffentlicher Aufträge an Wirtschaftsteilnehmer, die sich an einer kriminellen Vereinigung beteiligt oder der Bestechung oder des Betrugs zu Lasten der Europäischen Gemeinschaften oder der Geldwäsche schuldig gemacht haben, vorzubeugen. Diese Wirtschaftsteilnehmer sollten ausgeschlossen werden, wenn es eine nach einzelstaatlichem Recht ergangene endgültige und rechtskräftige gerichtliche Entscheidung zu derartigen Straftaten gibt. Auch ein Verstoß gegen das Umweltrecht, gegen Rechtsvorschriften über unrechtmäßige Absprachen bei öffentlichen Aufträgen oder gegen die nationalen Bestimmungen zur Umsetzung der Richtlinien zur Gleichbehandlung von Arbeitnehmern, der mit

§ 2 Grundsätze der Vergabe

einem rechtskräftigen Urteil oder einem Beschluss gleicher Wirkung geahndet wurde, kommt danach als Delikt in Betracht, das die berufliche Zuverlässigkeit des Wirtschaftsteilnehmers in Frage stellt, oder als schwere Verfehlung.

12 Zur Prüfung der Eignung der Teilnehmer enthält Art. 44 Abs. 1 RL 2004/18/EG die grundlegende Aussage, dass die **Eignungsprüfung** nach den in den Art. 47–52 genannten Kriterien der wirtschaftlichen und finanziellen Leistungsfähigkeit sowie der beruflichen und technischen Fachkunde und gegebenenfalls nach den in Absatz 3 genannten nichtdiskriminierenden Vorschriften und Kriterien zu erfolgen hat. Die öffentlichen Auftraggeber können Mindestanforderungen an die Leistungsfähigkeit stellen; diese Mindestanforderungen müssen aber in der Bekanntmachung angegeben werden (Abs. 2). Art. 45 Abs. 1 RL 2004/18/EG sieht vor, dass Bewerber oder Bieter auszuschließen sind, wenn sie wegen Beteiligung an einer kriminellen Organisation, Bestechung, Betrug oder Geldwäsche rechtskräftig verurteilt worden sind, wobei die Mitgliedstaaten im Einklang mit ihren nationalen Rechtsvorschriften und unter Beachtung des Gemeinschaftsrechts die Bedingungen für die Anwendung dieses Absatzes festlegen. Ausnahmen können nur aus zwingenden Gründen des Allgemeininteresses zugelassen werden. Nach Art. 45 Abs. 2 RL 2004/18/EG können Teilnehmer ausgeschlossen werden wegen Insolvenz, Eröffnung des Insolvenzverfahrens, Verurteilung durch rechtskräftiges Urteil wegen eines Delikts, das ihre berufliche Zuverlässigkeit in Frage stellt, Feststellung einer schweren Verfehlung im Rahmen ihrer beruflichen Tätigkeit, Nichterfüllung ihrer Verpflichtung zur Zahlung der Sozialbeiträge oder Steuern und Abgaben sowie falsche Erklärungen oder in erheblichem Maße Abgabe von falschen oder gar keinen Erklärungen bei der Erteilung von Auskünften, die im Vergabeverfahren verlangt werden. Art. 46 bis Art. 48 RL/2004/18/EG regeln, welche Nachweise der öffentliche Auftraggeber zum Nachweis der Befähigung zur Berufsausübung, der wirtschaftlichen und finanziellen Leistungsfähigkeit sowie der technischen und beruflichen Leistungsfähigkeit verlangen kann.

B. Inhalt

I. Wettbewerbsgrundsatz, § 2 Nr. 1 Abs. 1

1. Grundsätzliches

13 Der Wettbewerbsgrundsatz ist der **zentrale Grundsatz im Vergabeverfahren**. Er sichert allen Bietern den **freien Zugang** zu den Beschaffungsmärkten der öffentlichen Hand. Die öffentlichen Auftraggeber haben die Leistungen grundsätzlich mittels eines Wettbewerbs mehrerer miteinander konkurrierender Bieter zu vergeben. Es soll in einem korrekten Verfahren möglichst vielen Bietern die Möglichkeit eröffnet werden, unabhängig voneinander ihre Angebote abzugeben. Allen Bietern sind dieselben Wettbewerbsbedingungen zu eröffnen, jeder hat Anspruch auf gleiche Informationen, dieselben Vergabeunterlagen und gleiche Bedingungen für die Abgabe der Angebote wie die anderen Bieter, also Anspruch auf dieselben Startchancen. Dem öffentlichen Auftraggeber ermöglicht der Wettbewerbsgrundsatz, die Aufträge möglichst kostengünstig zu vergeben. Das Wettbewerbsprinzip sichert aber auch den **Geheimwettbewerb**.

2. Wettbewerb

Aus dem Wettbewerbsprinzip folgt der **Vorrang des Offenen Verfahrens**, der in § 101 Abs. 6 Satz 1 GWB auch niedergelegt ist. Bei dieser Vergabeart ist der Wettbewerb am meisten gesichert; die Vergabeunterlagen sind an alle Bewerber abzugeben, die sich gewerbsmäßig mit der Ausführung von Leistungen der ausgeschriebenen Art befassen, § 7 Nr. 2 Abs. 1. Eine Beschränkte Ausschreibung ist aber u. a. dann zulässig, wenn eine Öffentliche Ausschreibung aus Gründen der Geheimhaltung unzweckmäßig ist, § 3 Nr. 3 d, z. B. bei der Gefahr des Verrats militärischer Geheimnisse.[6] Bei der Beschränkten Ausschreibung folgt aus dem Wettbewerbsprinzip, dass mehrere Bieter – im Allgemeinen drei – zur Abgabe eines Angebotes aufgefordert werden sollen, § 3 Nr. 1 Abs. 2. Im wettbewerblichen Dialog sind ebenfalls Verhandlungen mit mehreren Bietern zu führen. Bleibt nach Durchführung des Ausschreibungsverfahrens nur ein einziger Bieter übrig, der die Anforderungen erfüllt, ist der Auftraggeber nicht gezwungen, diesem den Zuschlag zu erteilen. Denn bei dieser Konstellation ist ein Wettbewerb nicht mehr gegeben, der Auftraggeber müsste sonst auch einem hochpreisigen und unwirtschaftlichen Angebot den Zuschlag erteilen.[7]

14

Aus dem Wettbewerbsgrundsatz folgt weiter, dass sogenannte **de-facto-Vergaben**, also Vergaben ohne die an sich erforderliche Ausschreibung **nicht zulässig** sind. Sie stellen den stärksten Verstoß gegen das Wettbewerbsprinzip dar. Ein im Wege der de-facto-Vergabe abgeschlossener Vertrag ist aber nicht nach § 134 BGB nichtig. Zwar hat der öffentliche Auftraggeber nach § 97 Abs. 1 GWB in Verbindung mit § 100 Abs. 1 und § 101 Abs. 1 GWB Aufträge oberhalb bestimmter Schwellenwerte europaweit auszuschreiben. Dies ist eine gesetzlich vorgeschriebene Pflicht. Nicht jeder Verstoß gegen eine gesetzliche Pflicht führt aber dazu, dass das dennoch abgeschlossene Rechtsgeschäft nach § 134 BGB nichtig ist. Es ist in Rechtsprechung und Lehre demzufolge auch umstritten, ob § 134 BGB bei Verstößen gegen die Ausschreibungspflicht anwendbar ist.[8] Nach der allgemeinen Zivilrechtsdogmatik spricht für eine Nichtigkeitsfolge, wenn sich das gesetzliche Verbot an beide Vertragspartner wendet; richtet sich das Verbot nur an eine Seite, ist das dennoch abgeschlossene Rechtsgeschäft in der Regel gültig.[9] Da die Pflicht zur Ausschreibung einseitig den Auftraggeber trifft, spricht dies dafür, keine Nichtigkeit anzunehmen, da es an einem entsprechenden gesetzlichen Verbot fehlt.

15

Die Nichtigkeit ergibt sich aber daraus, dass der öffentliche Auftraggeber auch bei faktischen Vergaben an die **Vorabinformationspflicht** gemäß § 13 VgV gebunden ist. Kommt er dieser Pflicht nicht nach, ist der abgeschlossene Vertrag nach § 13 Satz 6 VgV nichtig.[10] Dies gilt jedenfalls dann, wenn der öffentliche Auftraggeber in einem wettbewerblichen Verfahren mit mehreren Bietern verhandelt und mehrere Angebote

16

---

6 Beispiel aus dem Bereich der VOB/A: *OLG Düsseldorf* vom 20. 12. 2004 – Verg 101/04.
7 Vgl. hierzu *OLG München* vom 2. 6. 2006 – Verg 12/06: Ausschluss des verbliebenen Angebots wegen eines unangemessen hohen Preises.
8 Ablehnend *OLG Celle* vom 25. 8. 2005 – 13 Verg 8/05 sowie *OLG Düsseldorf* vom 3. 12. 2003 – Verg 37/05 mit dem Argument, die Missachtung der Vergaberegeln löse kein Zuschlagsverbot aus; offengelassen: *KG* vom 11. 11. 2004 – 2 Verg 16/04.
9 *Palandt/Heinrichs* BGB 65. Aufl. § 134 Rn. 9.
10 *BGH* vom 1. 2. 2005 – X ZR 27/04.

§ 2 Grundsätze der Vergabe

zur Kenntnis genommen hat.[11] Hat der Auftraggeber nur mit einem Interessenten verhandelt, ist eine Vorabinformation an ein drittes Unternehmen dennoch erforderlich, wenn das übergangene Unternehmen gegenüber der Vergabestelle Interesse an dem Auftrag bekundet oder sich beworben hat.[12] Denn in diesem Fall weiß der Auftraggeber, dass noch weitere Interessenten vorhanden sind, die er bei einer ordnungsgemäßen Durchführung des Wettbewerbs an den Vertragsverhandlungen beteiligen und über den Ausgang informieren müsste. Doch muss eine Vorabinformationspflicht und eine Nichtigkeit nach § 13 Satz 6 VgV auch für den Fall bejaht werden, dass die Vergabestelle lediglich mit einem Bieter verhandelt, ohne dass weitere Interessenten an sie herangetreten sind.[13] Es ist zwar richtig, dass dann ein nach § 13 VgV vorausgesetztes Auswahlverfahren nicht stattgefunden hat, doch würde ohne die erweiternde Auslegung ein besonders schwerwiegender Vergabeverstoß folgenlos bleiben. Für die übergangenen Unternehmen würde der Schutz dann davon abhängen, ob sie zufällig von einer beabsichtigten Auftragsvergabe der öffentlichen Hand erfahren. In der geplanten EG-Rechtsmittelkoordinierungsrichtlinie sind daher für diesen Fall auch Unwirksamkeitsfolgen vorgesehen. Um die Folgen der Vertragsnichtigkeit abzumildern, sieht die geplante Richtlinie dann aber vor, dass bei Nichtrüge eine Heilung des unwirksamen Vertrages eintritt. Dann sind die Bieter nur noch in den Fällen sittenwidrigen Handelns über § 138 Abs. 1 BGB geschützt, also dann, wenn der Auftraggeber und sein ausgewählter Vertragspartner in kollusivem Zusammenwirken zum Nachteil der anderen Bieter gehandelt haben, § 826 BGB.

17 Der **Ausschluss des Wettbewerbs auf Jahre hinaus** stellt gleichfalls einen Verstoß gegen das Wettbewerbsprinzip dar. So hat der EuGH[14] entschieden, dass eine Vergabe von Seeverkehrsdienstleistungen von Personen über einen Zeitraum von 20 Jahren hinweg an einen einzigen Betreiber gegen europäisches Vergaberecht verstößt. Wird ein Rahmenvertrag über eine Teilprivatisierung der Abwasserbeseitigung durch Vergabe eines Abwasserbeseitigungsvertrages mit einer Laufzeit von 25 und mehr Jahren mit einem Unternehmen abgeschlossen, verstößt dies gegen den Wettbewerbsgrundsatz.[15] Ein so langer Zeitraum schließt es aus, dass andere Konkurrenten zum Zuge kommen. Der Wettbewerb ist auf Jahre ausgeschlossen.

18 Ein weiterer Verstoß kann die Beteiligung eines sogenannten Projektanten als Bieter sein. **Projektant** ist jeder, der die Vergabestelle bei der Vorbereitung des Ausschreibungsverfahrens beraten oder sonst unterstützt hat. Naturgemäß verfügt er dann bei einer Beteiligung an der anschließenden Ausschreibung über einen Informationsvorsprung vor den anderen Bietern. Der EuGH hat die Beteiligung von Projektanten als Bieter an der von ihnen mit vorbereiteten Ausschreibung grundsätzlich als Gefährdung eines ordnungsgemäßen Wettbewerbs angesehen. Begründet hat der EuGH seine Ansicht mit der Erwägung, der bietende Projektant sei aufgrund des Informationsvorsprungs bei der Abgabe des eigenen Angebots begünstigt, zudem könne er

---

11 *BGH* a. a. O.; *OLG Düsseldorf* vom 16. 4. 2003 – Verg 67/02.
12 *OLG Jena* vom 14. 10. 2003 – 6 Verg 5/03; *OLG München* vom 7. 6. 2005 – Verg 4/05.
13 a. A. *OLG Düsseldorf* vom 3. 12. 2003 – Verg 37/03; *OLG Jena* vom 28. 1. 22004 – 6 Verg 11/03; *VK Schleswig-Holstein* vom 2. 2. 2005 – VK – SH 1/05.
14 *EuGH* vom 9. 3. 2006 – Rs. C-323/03.
15 *VK Arnsberg* vom 21. 2. 2006 – VK 29/05.

auch bei der Vorbereitung des Ausschreibungsverfahren die Bedingungen für die Erteilung des öffentlichen Auftrages in einem für ihn günstigen Sinne beeinflussen.[16] Doch hat der EuGH anschließend ausgeführt, eine nationale Regelung, welche einen generellen Ausschluss eines solchen vorbefassten Bieters vorsehe, sei unverhältnismäßig und gemeinschaftsrechtswidrig; es müsse in jedem Einzelfall eine Prüfung stattfinden, ob durch die Vorbefassung des Bieters der Wettbewerb verfälscht worden sei. So sieht § 4 Abs. 5 VgV auch vor, dass der Auftraggeber sicherzustellen hat, dass der Wettbewerb durch die Teilnahme eines Bieters oder Bewerbers nicht verfälscht wird, der den Auftraggeber vor Einleitung eines Vergabeverfahrens beraten oder sonst unterstützt hat. Ein vorbefasster Bieter kann demnach nur noch dann mit seinem Angebot ausgeschlossen werden, wenn durch seine Teilnahme der Wettbewerb verfälscht worden ist.

19 Aus dem Wettbewerbsgrundsatz folgt ferner, dass die geforderten Leistungen möglichst genau, eindeutig und vollständig beschrieben werden müssen, damit alle Bieter die Anforderungen der Leistungsbeschreibung gleichermaßen verstehen können. Die Leistungsbeschreibung hat **produktneutral** zu erfolgen, vgl. § 8 Nr. 3 Abs. 4, damit möglichst viele Bieter ihre Produkte anbieten können und im vergleichenden Wettbewerb festgestellt werden kann, welches Produkt den Vorzug verdient. Der Bieterkreis darf nicht von vornherein unnötig eingeschränkt werden. Es ist nicht zulässig, die Leistungsbeschreibung so auszugestalten, dass nur ein oder nur wenige Bieter für eine Angebotserstellung in Frage kommen. Dies gilt nicht nur für die direkte wettbewerbsbeschränkende Produktnennung, sondern auch für nur mittelbar sich auswirkende Anforderungen wie z. B. die Forderung von Prüfzeugnissen, die mit dem Auftrag nicht zusammenhängen,[17] von denen der Auftraggeber aber weiß, dass nur ein Bieter über sie verfügt.

3. Geheimwettbewerb

20 Die zweite Komponente des Wettbewerbsgrundsatzes ist die Sicherung des Geheimwettbewerbs. Nur wenn die Angebote der sich an der Ausschreibung beteiligenden Bieter für die anderen Teilnehmer geheim bleiben, ist ein echter Wettbewerb gesichert, da nur dann unbeeinflusst von anderen Angeboten die eigene Kalkulation angeboten wird. Der **Geheimwettbewerb** dient damit dem Ausschluss wettbewerbsbeschränkender Absprachen und zugleich dem Schutz des Bieters vor einer Weitergabe der von ihm mit seinem Angebot übermittelten Geschäftsgeheimnisse. Begrenzt wird das Geheimhaltungsgebot durch das mittelbar gleichfalls in § 2 Nr. 1 enthaltene Transparenzgebot und das Grundrecht auf Gewährung des rechtlichen Gehörs, welches nach Art. 103 Abs. 1 GG für das Stadium des Nachprüfungsverfahrens gilt.

21 Ein Unternehmen, welches sich an einer Ausschreibung beteiligt, hat Anspruch darauf, dass der Auftraggeber die an ihn übermittelten Geschäftsgeheimnisse, die im Angebot enthalten sind, gegenüber anderen Bietern nicht offenbart. Sonst könnten die Mitkonkurrenten ihre Angebote möglicherweise danach ausrichten und nicht von

---

16 *EuGH* vom 3. 3. 2005 – C-21/703 und 34/03.
17 *BayObLG* vom 15. 9. 2004 – Verg 26/03.

ihnen gefundene Lösungen kopieren. Deshalb sind die Angebote und ihre Anlagen ebenso vertraulich zu behandeln, § 22 Nr. 6 Abs. 1 Satz 1, wie Grund und Ergebnis von Nachverhandlungen, § 24 Nr. 3. Der Schutz setzt sich bis ins Nachprüfungsverfahren fort: Das aus Art. 103 Abs. 1 GG folgende Recht auf Akteneinsicht nach § 111 GWB ist dann nicht gegeben, wenn dies aus Gründen des Geheimschutzes oder zur Wahrung von Fabrikations-, Betriebs- oder Geschäftsgeheimnissen geboten ist, § 111 Abs. 2 GWB. Damit der Geheimnisschutz gewahrt bleibt, hat jeder Beteiligte das Recht, auf die Geheimnisse hinzuweisen und diese kenntlich zu machen.

22 Ein schwerer Verstoß gegen den Geheimwettbewerb ist die Teilnahme an einer Ausschreibung in Kenntnis des Angebotes eines anderen oder anderer Bieter. Das Angebot beruht dann nicht auf einer eigenen seriösen Kalkulation, sondern auf mehr oder weniger ausgeprägten taktischen Überlegungen; es besteht zudem die Gefahr von Preisabsprachen. Aus diesem Grund verbietet der Grundsatz des Geheimwettbewerbs regelmäßig die **gleichzeitige Beteiligung einer Bietergemeinschaft** und eines **einzelnen Bieters** an demselben Ausschreibungsverfahren. Gibt ein Bieter bei vollständiger oder auch nur teilweiser Kenntnis des Angebots der Bietergemeinschaft ein Einzelangebot ab, ist sein Angebot zwingend auszuschließen.[18] Wenn die Bietergemeinschaft das Angebot des Einzelbieters kannte, ist auch ihr Angebot zwingend auszuschließen.[19] Etwas anderes gilt nur dann, wenn die Angebote keine sich überlappenden Tätigkeitsfelder aufweisen.[20] Die Beweislast liegt beim Bieter, dass ausnahmsweise Umstände vorliegen, die hier einem Angebotsausschluss entgegenstehen können.[21] Die Vergabestelle ist zu Aufklärungsmaßnahmen zwar berechtigt, aber nicht verpflichtet.[22]

4. Bekämpfung wettbewerbsbeschränkender und unlauterer Verhaltensweisen

a) Allgemeines

23 Die frühere Formulierung, dass »ungesunde Begleiterscheinungen« bekämpft werden sollen, ist zugunsten der heutigen präziseren Formulierung aufgegeben worden. Unter der früheren Generalklausel wurden »alle Auswüchse des Wettbewerbs, gezielte Unterbietungen, unlautere Konkurrenzmittel, Gegeneinanderausspielen der verschiedenen Bewerber, Angebote zu Schleuderpreisen«[23] verstanden. Durch die geänderte Formulierung hat sich inhaltlich nichts geändert. Die Vorschrift richtet sich sowohl gegen entsprechende Verhaltensweisen des öffentlichen Auftraggebers als auch des Bieters bzw. Bewerbers.

---

18 *OLG Düsseldorf* vom 16. 9. 2003 – Verg 52/03.
19 *OLG Düsseldorf* a. a. O.; *OLG Naumburg* vom 30. 7. 2004 – 1 Verg 10/04.
20 *OLG München* vom 13. 6. 2006 – Verg 6/06 aus dem Bereich der VOF: Rechtsberatung (Einzelbieter) und technische und wirtschaftliche Beratung (Bewerbergemeinschaft).
21 *OLG Düsseldorf* vom 14. 9. 2004 – W(Kart) 25/04.
22 *OLG Düsseldorf* a. a. O.
23 Vgl. *Müller* in Daub/Eberstein VOL/A 5. Aufl. § 2 Rn. 12.

b) Wettbewerbsbeschränkende Verhaltensweisen

Unter wettbewerbsbeschränkenden Verhaltensweisen werden sämtliche Verhaltensweisen verstanden, die einem ordnungsgemäß ablaufenden Wettbewerb entgegenstehen und mit dem vergaberechtlichen Wettbewerbsgebot unvereinbar sind.[24] Auf Bieterseite fallen hierunter alle nach § 1 und § 14 GWB unzulässigen wettbewerbsbeschränkenden Absprachen, der Ausschreibungsbetrug, § 298 StGB, sowie die missbräuchliche Ausnutzung einer marktbeherrschenden Stellung, § 19 GWB. Stellt die Bildung einer Bietergemeinschaft eine wettbewerbsbeschränkende Abrede im Sinne des § 1 GWB dar und ist sie geeignet, die Marktverhältnisse durch Beschränkung des Wettbewerbs erheblich einzuschränken, ist sie unzulässig.[25] Der Ausschluss des Angebotes einer Bietergemeinschaft aus diesem Grund ist aber nur dann möglich, wenn ein gesicherter Nachweis einer unzulässigen wettbewerbsbeschränkenden Abrede vorliegt; selbst erhebliche Verdachtsmomente reichen nicht aus.[26] Gegen das Wettbewerbsprinzip verstößt es auch, wenn ein Bieter, der den Zuschlag erhält, dazu verpflichtet wird, an einen externen Dritten eine Courtagezahlung vorzunehmen, zu der er an sich rechtlich nicht verpflichtet ist.[27]

24

Auf Seiten des öffentlichen Auftraggebers ist hier vor allem die sogenannte **de-facto-Vergabe** zu nennen, also die Vergabe eines Auftrages ohne vorherige Ausschreibung, obwohl dies geboten gewesen wäre, weil keine der in § 100 Abs. 2 GWB aufgezählten Ausnahmen vorliegt. Wettbewerbsbeschränkend kann auch die Wahl des falschen Vergabeverfahrens sein, wenn dadurch der Kreis der Bieter oder Bewerber eingeschränkt wird.

25

c) Unlautere Verhaltensweisen

Durch diese generalklauselartige Formulierung soll letztlich der gesamte nicht dem Wettbewerb entsprechende Bereich von Verhaltensmustern abgedeckt werden. Aus dem Tatbestandsmerkmal »unlauter« ergibt sich zugleich, dass das Verhalten vorwerfbar sein muss. Auf Seiten der Bieter werden hierzu gerechnet Verstöße gegen § 1 UWG oder auch sonstige Verhaltensweisen, die einem korrekten Geschäftsverkehr nicht entsprechen, wie z. B. das Angebot von nicht kostendeckenden Unterpreisen, um andere Unternehmen vom Markt zu verdrängen.[28] **Unterkostenangebote** sind aber nur dann auszuschließen, wenn sie ausschließlich in der Absicht abgegeben worden sind, andere Unternehmen vom Markt zu verdrängen. Demgegenüber ist es wettbewerblich unbedenklich, ein besonders niedriges Angebot abzugeben, um sonst brachliegende Kapazitäten auszulasten oder als Newcomer auf einem Markt erst Fuß zu fassen.[29] Die verbotene Abwerbung von Arbeitnehmern eines Konkurrenten[30] fällt ebenso darunter wie das nach § 12 UWG verbotene Schmieren des Auftraggebers.

26

---

24 *OLG Düsseldorf* vom 14. 9. 2004 – W(Kart) 25/04.
25 *OLG Frankfurt/M.* vom 27. 6. 2003 – 11 Verg 2/03.
26 *OLG Frankfurt/M.* a. a. O.
27 *OLG Celle* vom 1. 3. 2001 – 13 Verg 1/01.
28 *OLG Düsseldorf* vom 19. 12. 2000 – Verg 28/00; *OLG Koblenz* vom 26. 10. 2005 – 1 Verg 4/05.
29 *OLG Düsseldorf* vom 12. 10. 2005 – Verg 37/05.
30 *VK Sachsen* vom 8. 7. 2004 – 1/SVK/44–04.

§ 2 Grundsätze der Vergabe

Ein Ausschlussgrund ist aber nicht schon dann gegeben, wenn der Bieter im Vorfeld ergebnislose Gespräche über eine Zusammenarbeit mit einem Unternehmen führt, welches später als Konkurrent oder Nachunternehmer eines Konkurrenten auftritt[31] oder die Übernahme von Mitarbeitern anbietet.[32]

27 Auf Seiten der öffentlichen Auftraggeber fällt unter diese Alternative vor allem das **kollusive Zusammenwirken** mit einem einzigen Unternehmen bei einer de-facto-Vergabe. Wenn der Auftraggeber und das bevorzugte Unternehmen zum Nachteil der anderen Unternehmen zusammengearbeitet haben mit der gezielten Absicht, andere Unternehmen von der Abgabe von Angeboten auszuschließen, kein Ausschreibungsverfahren durchzuführen und dem bevorzugten Unternehmen den Auftrag zu erteilen, stellt eine solche Verhaltensweise eine vorsätzliche sittenwidrige Schädigung aller anderen betroffenen Unternehmen dar, § 826 BGB; der mit dem bevorzugten Bieter abgeschlossene Vertrag ist nichtig, § 138 Abs. 1 BGB.[33]

28 Weiter fallen hierunter **Scheinausschreibungen**, aber auch **Scheinaufhebungen** seitens des öffentlichen Auftraggebers. Nimmt der öffentliche Auftraggeber eine Ausschreibung nur zu dem Zweck vor, um den Markt zu erkunden oder eine Wirtschaftlichkeitsberechnung anzustellen, will er also in Wirklichkeit gar keinen Auftrag vergeben, ist dies nicht nur ein Verstoß gegen das Transparenzgebot,[34] sondern auch eine unlautere Verhaltensweise, weil er die Bieter über die Ernsthaftigkeit der Ausschreibung täuscht und sie dadurch zur Abgabe von Angeboten verleitet, die nicht zu einem Vertragsschluss führen können. Von einer Scheinaufhebung spricht man, wenn der Auftraggeber eigentlich an seiner Vergabeabsicht festhält, er aber dennoch die Ausschreibung aufhebt, um anschließend dem ihm genehmen Bieter den Auftrag zu erteilen; in solchen Fällen ist das Vergabeverfahren an der Stelle fortzusetzen, an welchem es durch die Scheinaufhebung unterbrochen worden ist;[35] in diesen Fällen hält der Auftraggeber ja an seiner Vergabeabsicht fest.

29 Auch wenn sich öffentliche Unternehmen an Ausschreibungen beteiligen können, kann beim Verstoß einer Gemeinde gegen § 107 GO NRW – unzulässige räumliche Ausweitung kommunaler Wirtschaftstätigkeit – die den Wettbewerb verfälschende Unlauterkeit darin bestehen, dass eine Gemeinde sich an einem Vergabeverfahren beteiligt, das ihr nach den kommunalwirtschaftsrechtlichen Einschränkungen verschlossen ist, und sie darin von einem öffentlichen Auftraggeber noch gefördert wird, indem sie den Zuschlag erhält.[36] Nach der Rechtsprechung des OLG Düsseldorf[37] haben § 107 Abs. 1 und 3 GO NRW eine wettbewerbsregelnde Funktion. Danach darf sich eine Gemeinde zur Erfüllung ihrer Aufgaben nur wirtschaftlich betätigen, wenn ein allgemein öffentlicher Zweck die Betätigung erfordert und diese in

---

31 *OLG Koblenz* vom 26. 10. 2005 – 1 Verg 4/05.
32 *OLG Hamburg* vom 25. 2. 2002 – 1 Verg 1/01.
33 *OLG Düsseldorf* vom 3. 12. 2003 – Verg 3703.
34 *OLG Celle* vom 8. 11. 2001. – 13 Verg 9/01.
35 *OLG München* vom 12. 7. 2005 – Verg 8/05.
36 *OLG Düsseldorf* vom 29. 3. 2006 – VII Verg 77/05: in dieser Entscheidung wird allerdings eine Erstreckung des § 107 Abs. 2 GO NRW auf bloße Mitgliedschaft von Kommunen in einem Versicherungsverein auf Gegenseitigkeit abgelehnt.
37 *OLG Düsseldorf* vom 12. 1. 2000 – Verg 3/99.

einem angemessenen Verhältnis zu der Leistungsfähigkeit der Gemeinde steht. Diese und ähnliche Vorschriften in anderen Gemeindeordnungen dienen auch dem Schutz privater Dritter vor einer wirtschaftlichen Betätigung der Gemeinden.[38]

II. Diskriminierungsverbot

1. Grundsatz

Das Diskriminierungsverbot bedeutet, dass kein Unternehmen gegenüber Mitkonkurrenten diskriminiert werden darf. Das Verbot enthält gleichzeitig das Gebot, alle Bieter gleich zu behandeln (Gleichbehandlungsgrundsatz), und zwar in allen Phasen des Vergabeverfahrens. Es sichert die **Chancengleichheit** der Bieter. Ohne sachlichen Grund darf es keine Benachteiligung oder Bevorzugung eines Bieters geben. Jeder Bieter hat Anspruch auf dieselbe Behandlung und dieselben Informationen, welche die anderen Bieter auch erfahren haben. 30

2. Inhalt

Da jegliche Diskriminierung verboten ist, gilt der Grundsatz während des gesamten Vergabeverfahrens, also von der Vorbereitung der Angebote bis zur Wertung durch den Auftraggeber. Ausländische Bieter dürfen nicht benachteiligt werden.[39] Diese Benachteiligung kann sich nicht nur direkt aus den Vergabeunterlagen ergeben, sondern auch nur mittelbar. So darf eine Frist nicht so kurz bemessen sein, dass ein ausländischer Bieter keine Zeit zur Übersetzung hat,[40] es darf nicht eine gewisse, nicht zu überschreitende Entfernung zum Leistungsort verlangt werden[41] und nicht die Einstellung bestimmter Personengruppen, die für den ausländischen Bieter nicht möglich ist.[42] 31

Die Bieter haben Anspruch auf **dieselben Informationen**. Es darf nicht einem Bieter eine Zusatzinformation geliefert werden, welche die anderen Bieter nicht kennen oder nicht erhalten.[43] So sieht § 17 Nr. 6 Abs. 2 vor, dass dann, wenn einem Bewerber wichtige Aufklärungen über die geforderte Leistung oder die Grundlagen seiner Preisermittlung gegeben worden sind, dies auch den anderen Bewerbern gleichzeitig mitzuteilen ist. Es ist auch nicht gestattet, lediglich einem Bieter die Möglichkeit zu geben, sein Angebot nachzubessern, dies gilt auch für den Fall, dass Nachverhandlungen nach § 24 geführt worden sind. Denn alle Bieter müssen sich darauf verlassen können, dass wie für sie auch für alle anderen Bieter der Grundsatz gilt, dass mit Abgabe des Angebotes der Bieter an sein Angebot gebunden ist und dieses nicht mehr verändert werden darf.[44] Hat der Auftraggeber eine Zuschlagsentscheidung getroffen und diese den Bietern mitgeteilt, darf er anschließend nicht mit einem Bieter in weitere Verhand- 32

---

38 *OLG Düsseldorf* vom 29. 3. 2006 – VII Verg 77/05 und vom 17. 6. 2002 – Verg 18/02.
39 *EuGH* vom 18. 10. 2001 – Rs. C-19/00.
40 *VK Sachsen* vom 22. 2. 2000 – 1/SVK/4–00.
41 *EuGH* vom 27. 10. 2005 – Rs. C-234/03.
42 *EuGH* vom 20. 9. 1988 – Rs. C-31/87.
43 *BGH* vom 26. 10. 1999 – X ZR 30/98.
44 *OLG Düsseldorf* vom 25. 7. 2002 – Verg 33/02.

lungen eintreten.[45] Weiter liegt ein Verstoß vor, wenn die Vergabestelle einen Bieter nach Verstreichen der für einen Teilnahmeantrag gesetzten Frist noch zum Wettbewerb zulässt, seinen verspätet eingegangenen Antrag berücksichtigt oder separate Fristen für die Benennung von Subunternehmern setzt.[46]

33 Weiter folgt aus dem Gleichbehandlungsgrundsatz, dass der öffentliche Auftraggeber bei Angeboten, welche die geforderten **Preise oder Erklärungen nicht vollständig** enthalten, **keinerlei Ermessensspielraum** hat, sondern diese Angebote zwingend auszuschließen sind. Denn nur dann ist die Gleichbehandlung aller Bieter gewährleistet, wenn der Auftraggeber, der sich durch die Ausschreibung dem Gleichbehandlungsgebot unterworfen hat, in jeder sich aus den Verdingungsunterlagen ergebenden Hinsicht vergleichbare Angebote wertet.[47] Der Bieter muss daher im Rahmen des Zumutbaren angeben und erklären, was ausweislich der Vergabeunterlagen gefordert und somit als Umstand ausgewiesen ist, der für die Vergabeentscheidung relevant sein soll. Da § 25 Nr. 1 Abs. 2 a im Gegensatz zur VOB/A nur einen fakultativen Ausschlussgrund enthält, ist für den Bereich der VOL/A bisher noch – wie die frühere Rechtsprechung zur VOB/A – die Prüfung erfolgt, ob die fehlenden Angaben oder Unterlagen Wettbewerbsrelevanz haben.[48] In dieser Form wird sich die Rechtsprechung kaum aufrechterhalten lassen, nachdem der BGH im Bereich der VOB/A das fehlende Ermessen bei der Frage, ob ein Angebot wegen Unvollständigkeit auszuschließen ist, gerade im Hinblick auf den in § 97 Abs. 2 GWB gesetzlich geregelten Gleichbehandlungsgrundsatz ständig betont;[49] er hat diese Frage allerdings in seiner Entscheidung vom 26. 9. 2006 offen gelassen.[50] Allerdings versucht die Rechtsprechung auch im Bereich der VOB/A, die strikte Anwendung dieser Regeln zu mildern und einen Ausschluss zu verneinen, wenn für die fehlende Angabe oder Erklärung eine Wettbewerbsrelevanz offensichtlich ausgeschlossen ist.[51] Es ist auch zu bedenken, dass bei einer strikten Anwendung dieses Grundsatzes gerade bei umfangreichen Leistungsverzeichnissen, deren Ausfüllung kaum ohne minimale Fehler oder Lücken abläuft, kaum ein Angebot zur Wertung übrig bleiben würde. Es bestünde dann die Gefahr, dass die Vergabestelle nur bei einigen Bietern oder gezielt bei einem missliebigen Bieter im Leistungsverzeichnis nach Minimalfehlern sucht und das Angebot von der Wertung ausschließt, während sie bei anderen Bietern nicht so genau hinschaut, um jedenfalls eine Aufhebung des Ausschreibungsverfahrens zu vermeiden.[52]

34 Das Gebot, die Bieter gleich zu behandeln, verpflichtet den öffentlichen Auftraggeber, solche Angebote, die vergaberechtlich an **demselben Mangel** leiden, vergaberechtlich gleich zu behandeln. Bei Verdacht auf in den Angeboten enthaltene Mischkalkulationen darf der Auftraggeber nicht nur bei einem Bieter die Preisbildung überprüfen,

---

45 *BayObLG* vom 5. 11. 2002 – Verg 22/02.
46 *KG* vom 22. 8. 2001 – KartVerg 3/01.
47 *BGH* in ständiger Rechtsprechung seit *BGH* vom 18. 2. 2003 – X ZB 43/02.
48 *OLG Saarbrücken* vom 28. 4. 2004 – 1 Verg 1/04; *OLG Dresden* vom 31. 3. 2004 – WVerg 2/04; *OLG Celle* vom 24. 2. 2004 – 13 Verg 3/03: Zwingender Ausschluss nur bei Kennzeichnung als Mindestanforderung.
49 S. Fn. 41.
50 *BGH* vom 26. 9. 2006 – X ZB 14/06.
51 *BayObLG* vom 27. 7. 2004 – Verg 14/04.
52 Vgl. zu einer ähnlichen Frage im Rahmen der Mischkalkulation *OLG München* vom 24. 5. 2006 – Verg 12/06.

sondern er hat alle entsprechenden Angebote zu untersuchen. Es verstößt auch gegen den Gleichbehandlungsgrundsatz, wenn das Angebot eines Bieters einem Ausschluss unterliegt, zugleich aber gebilligt wird, dass die Vergabestelle die ausgeschriebene Leistung auf das Angebot eines Mitbieters vergibt, das im selben oder in einem gleichwertigen Punkt, dessetwegen das Angebot des Antragstellers auszuschließen ist, Mängel aufweist.[53] Die gegenteilige Ansicht der VK Leipzig,[54] es gebe keinen Anspruch auf »Gleichheit im Unrecht« ist vom BGH wegen der anderen Zielrichtung des Nachprüfungsantrags des benachteiligten Bieters ausdrücklich abgelehnt worden. Ebenso ist der BGH im Hinblick auf die ständige Rechtsprechung des EuGH zum effektiven Rechtsschutz der Ansicht des OLG Jena und des OLG Naumburg[55] nicht gefolgt, mit dem Ausschluss eines Angebotes ende die Beteiligung des Bieters am Ausschreibungsverfahren mit der Folge, dass er keinen Anspruch mehr auf Gleichbehandlung habe, ist abzulehnen. Zum einen stünde es wieder im Belieben der Vergabestelle, bei mehreren mängelbehafteten Angeboten nur die Angebote der missliebigen Bieter auszuschließen, zum anderen endet das vorvertragliche Verhältnis nicht abrupt mit dem erklärten Ausschluss, sondern erst mit dem Abschluss des Nachprüfungsverfahrens, welches den Ausschluss billigt. Auch wenn Leitsatz 4 der genannten BGH-Entscheidung dafür zu sprechen scheint, hat der BGH eine klare Stellungnahme zur Auffassung des OLG Frankfurt[56] vermieden. Dieses hatte nicht auf die Gleichartigkeit eines Mangels abgestellt, sondern das Gleichbehandlungsgebot als verletzt angesehen, wenn das Angebot eines anderen Bieters an irgendeinem Mangel leidet, der auch zum Ausschluss führen müsste. Dieser Ansicht ist aber zu folgen. Vergleichsmaßstab ist die **Ordnungsgemäßheit der Angebote** und nicht die Art des Mangels. Leidet demnach das Angebot eines anderen Bieters oder sämtliche Angebote anderer Bieter an Mängeln, die zwingend zum Ausschluss führen, oder an Mängeln, die bei pflichtgemäßer Ermessensausübung zum Ausschluss führen müssen, sind diese Angebote auszuschließen.

Es verstößt weiter gegen den Gleichbehandlungsgrundsatz, wenn eine Scheinaufhebung durchgeführt wird, um anschließend dem genehmen Bieter den Auftrag freihändig zu erteilen.[56a] Weiter verstößt eine Doppelausschreibung über dieselbe Leistung gegen diesen Grundsatz, wenn das eingeleitete Vergabeverfahren nicht abgeschlossen ist.[57] Auch die Beteiligung von Projektanten am Ausschreibungsverfahren, die wegen ihrer Vorkenntnis über einen Wissensvorsprung verfügen, kann einen Verstoß gegen das Gleichbehandlungsgebot darstellen, wenn eine Wettbewerbsverzerrung eintritt (vgl. hierzu § 2 Rn. 18).

35

---

53 *OLG Düsseldorf* 14. 10. 2005 – Verg 40/05 mit Nachweisen auf seine ständige Rechtsprechung).
54 *VK Leipzig* vom 11. 11. 2005 – 1-SVK/130/05).
55 *OLG Jena* vom 20. 6. 2005 – 9 Verg 3/05; *OLG Naumburg* vom 26. 10. 2005 – 1 Verg 12/05.
56 *OLG Frankfurt/M.* vom 23. 12. 2005 – 11 Verg 13/05.
56a *OLG München* vom 12. 7. 2005 – Verg 8/05.
57 *OLG Naumburg* vom 13. 10. 2006 – 1 Verg 11/06.

§ 2 Grundsätze der Vergabe

III. Transparenzgebot

1. Inhalt

36 Das Transparenzgebot ist ebenfalls ein tragender Grundsatz für das Vergabeverfahren. Auch wenn er in § 2 nicht ausdrücklich genant ist, gilt er über § 97 Abs. 1 GWB unmittelbar auch für den Bereich der VOL/A. Die Nichterwähnung in § 2 ist möglicherweise darauf zurückzuführen, dass das Transparenzgebot aus dem Wettbewerbsprinzip hergeleitet werden kann, und es zudem die Beachtung des Gleichbehandlungsgrundsatzes gewährleisten soll; es ist jedenfalls mittelbar in § 2 Nr. 1 und Nr. 2 enthalten. In § 97 Abs. 1 GWB heißt es nur lapidar. »Öffentliche Auftraggeber beschaffen Waren... im Wege **transparenter** Vergabeverfahren.« Das Transparenzgebot sichert eine möglichst umfassende Information der Bieter und eine durchschaubare und nachvollziehbare Durchführung der Vergabeverfahren. Gleichzeitig ermöglicht es dem Bieter auch die Kontrolle, ob das Vergabeverfahren ordnungsgemäß abgelaufen ist. Auf der anderen Seite kann es im Gegensatz zum Geheimwettbewerb stehen. Das Transparenzgebot richtet sich allein an den Auftraggeber.

2. Pflichten

37 Der Auftraggeber ist verpflichtet, die **Transparenz des Vergabeverfahrens** von Beginn bis zum Ende einzuhalten. Dies bedeutet, dass die Bekanntmachungsvorschriften bei der Ausschreibung einzuhalten sind, damit alle Bieter gleichmäßig über die Vorhaben informiert werden und kein Bieter einen nicht gerechtfertigten Informationsvorsprung vor den konkurrierenden Mitbietern hat.[58] Desweiteren müssen die Vergabeunterlagen transparent gestaltet sein. Die Leistung ist **eindeutig** und **so erschöpfend** zu **beschreiben**, dass alle Bewerber die Beschreibung im gleichen Sinn verstehen müssen und die Angebote miteinander verglichen werden können, § 8 Nr. 1 Abs. 1 Satz 1. Die Eignungskriterien sind ebenfalls klar und verständlich anzugeben. Ein Verstoß gegen das Transparenzgebot kann sich auch ergeben, wenn derartig viele Wahlpositionen ausgeschrieben werden, dass die Bestimmtheit und Eindeutigkeit des Leistungsverzeichnisses nicht mehr gewahrt ist.[59] Dadurch wird der öffentliche Auftraggeber möglicherweise in die Lage versetzt, durch eine Entscheidung für oder gegen eine Wahlposition die Vergabeentscheidung aus vergabefremden Gesichtspunkten zu beeinflussen.[60]

38 Nimmt der öffentliche Auftraggeber eine Ausschreibung nur zu dem Zweck vor, um den Markt zu erkunden oder eine Wirtschaftlichkeitsberechnung anzustellen, will er also in Wirklichkeit gar keinen Auftrag vergeben, ist dies ein Verstoß gegen das Transparenzgebot.[61] Dies gilt gerade im Hinblick auf **Parallelausschreibungen**, wenn also die zu erbringende Leistung gleichzeitig sowohl insgesamt als auch nach Fachlosen getrennt ausgeschrieben wird. Diese sind zwar grundsätzlich zulässig, dürfen aber nicht in der Weise gestaltet werden, dass eine Vergleichbarkeit der Angebote und

---

58 *OLG Celle* vom 16. 1. 2002 – 13 Verg 1/02.
59 *OLG Düsseldorf* vom 24. 3. 2004 – Verg 7/04.
60 Vgl. hierzu *OLG München* vom 27. 1. 2006 – Verg 1/06.
61 *OLG Celle* vom 8. 11. 2001. – 13 Verg 9/01; *OLG Naumburg* vom 16. 9. 2002 – 1 Verg 2/02.

eine Transparenz der Bewertungskriterien praktisch entfällt und die gesamte Ausschreibung nicht der Beschaffung einer bestimmten Leistung dient, sondern lediglich der Markterkundung und Wirtschaftlichkeitsberechnung.[62] Verlangt ein öffentlicher Auftraggeber im Verhandlungsverfahren von den Bietern umfangreiche Auskünfte über ihre Bereitschaft zur Übernahme zusätzlicher Aufgaben ohne dass erkennbar ist, welche Bedeutung diese Auskünfte für das Vergabeverfahren haben, verstößt er gegen das Transparenzgebot.[63]

Die Auftraggeber haben nach § 25 a in der Vergabebekanntmachung oder in den Verdingungsunterlagen anzugeben, welche **Zuschlagskriterien** sie verwenden und wie sie diese gewichten wollen. Eine Vergabe aufgrund von anderen Kriterien, die nicht in den Ausschreibungsunterlagen offen gelegt worden sind, verstößt gegen das Transparenzgebot;[64] die Bieter, die sich auf die Angaben verlassen und ihre Angebote dementsprechend ausgerichtet haben, werden in ihrem Vertrauen auf die Gültigkeit der Angaben getäuscht. Das Gleiche gilt, wenn die Kriterien anders gewichtet werden als bekanntgemacht. Wird den Bewerbern also z. B. mitgeteilt, alle erfüllten Bedingungen würden mit dem Faktor 1 gewichtet, ist es nicht zulässig, für einzelne Positionen höhere Punktzahlen als 1 zu vergeben.[65] Diese Grundsätze gelten auch für ausgeschriebene Wahlpositionen; auch hier muss sich der Bieter auf die mitgeteilten Wertungskriterien verlassen können.[66] **39**

Der Verlauf des Vergabeverfahrens muss für die Bieter durchschaubar und nachvollziehbar sein. Deshalb sind die einzelnen Schritte im Ausschreibungsverfahren (z. B. Wahl der Vergabeart) und im Vergabeverfahren (z. B. Nachverhandlungen mit einzelnen Bietern) sowie die Art und Weise der Entscheidungsfindung zu dokumentieren, § 30 **Vergabevermerk**. Nur bei einer ausreichenden Dokumentation ist es dem einzelnen Bieter, aber auch den Nachprüfungsinstanzen möglich, zu überprüfen, ob die getroffene Vergabeentscheidung rechtmäßig zustande gekommen ist. Anhand der Dokumentation kann der Bieter Mängel im Vergabeverfahren erkennen und die Erfolgsaussicht für ein von ihm beabsichtigtes Nachprüfungsverfahren einschätzen. Aus diesem Grund ist auch grundsätzlich Akteneinsicht in den Vergabevermerk zu gewähren, § 111 GWB, notfalls sind enthaltene Geschäftsgeheimnisse zu schwärzen. Der Vergabevermerk ist laufend fortzuschreiben, es genügt nicht, ihn erst nach Abschluss des Vergabeverfahrens zu erstellen[67] oder ihn gar durch Schriftsätze oder mündlichen Vortrag im Nachprüfungsverfahren nachzuholen. Dokumentationspflichtig sind auch die Gründe für die Wahl des Vergabeverfahrens und die Aufteilung in Lose.[68] Ist kein Vergabevermerk erstellt, besteht die Vermutung, dass die nicht dokumentierten Abläufe nicht stattgefunden haben.[69] **40**

---

62 OLG Celle a. a. O.; ähnlich *KG* vom 22. 8. 2001 – KartVerg 3/01.
63 OLG *Naumburg* vom 16. 9. 2002 – 1 Verg 2/02.
64 *EuGH* vom 18. 10. 2001 – Rs. C-19/00.
65 OLG *München* vom 28. 4. 2006 – Verg 6/06.
66 OLG *Düsseldorf* vom 24. 3. 2004 – Verg 7/04.
67 OLG *Düsseldorf* vom 17. 3. 2004 – Verg 1/04; *VK Lüneburg* vom 12. 7. 2004 – 203-VgK-28/04.
68 OLG *Düsseldorf* a. a. O.
69 Vgl. hierzu *VK Arnsberg* vom 19. 11. 2002 – VK 1–25/2002.

41 Hat sich der Auftraggeber dazu entschlossen, einem bestimmten Bieter den Zuschlag zu erteilen, verlangt das Transparenzgebot eine Unterrichtung derjenigen Bieter, die nicht zum Zuge kommen sollen. Nach § 13 VgV hat diese Information nicht nur den Namen desjenigen Bieters zu umfassen, der den Zuschlag erhalten soll, sondern auch den Grund zu benennen, der gegen eine Zuschlagserteilung an den unterlegenen Bieter spricht. Auch diese Informationspflicht soll dem zu kurz gekommenen Bieter ermöglichen, die Rechtmäßigkeit der Vergabeentscheidung zu überprüfen und die Chancen eines Nachprüfungsverfahrens einzuschätzen.[70] Letztlich wird dadurch der **effektive Rechtsschutz** gewährleistet.

IV. Ausschließliche Verantwortung der Vergabestellen

42 Aus dem Wettbewerbsprinzip und dem Transparenzgebot kann weiter abgeleitet werden, dass nur die Vergabestelle selbst die Entscheidung über die Auftragsvergabe treffen darf.[71] Denn wenn andere Personen die Entscheidung übernehmen, bleibt es für die Bieter im Dunkeln, wer die Entscheidung fällt und damit auch die Verantwortung übernimmt, und auf welche Art und Weise die Entscheidungsfindung zustande gekommen ist. Die Bieter gehen von einer Entscheidung ihres zukünftigen Vertragspartners aus, während in Wirklichkeit eine ihnen unbekannte – und möglicherweise nicht neutrale und objektive – Instanz die Entscheidung trifft.

43 Der öffentliche Auftrageber darf sich zur Vorbereitung seiner Vergabeentscheidung der Hilfe von Sachverständigen bedienen, § 6. Die **Einschaltung von Planungs- oder Projektsteuerungsbüros** ist in der Praxis auch üblich, da vor allem kleinere Gemeinden ohne den erforderlichen Mitarbeiterstab bei der Erstellung der Vergabeunterlagen und der Auswertung der Angebote überfordert sein können. Diese Sachverständigen dürfen aber nur zur Unterstützung des öffentlichen Auftragebers eingesetzt werden; sie können also den dem Vergabeverfahren zugrunde liegenden Sachverhalt kaufmännisch, technisch oder wirtschaftlich aufbereiten und dem öffentlichen Auftraggeber auch einen begründeten Vergabevorschlag unterbreiten. Die Kernkompetenz der Wertungsentscheidung hat aber beim öffentlichen Auftraggeber zu verbleiben. Hat das Planungsbüro einen Vergabevorschlag unterbreitet, muss der Auftraggeber in einer von außen erkennbaren Weise seine Entscheidung zu diesem Vergabevorschlag treffen. Es genügt, wenn er durch den angebrachten Vermerk »einverstanden« oder »jawohl« seine Entscheidung verlautbart. Ist der öffentliche Auftraggeber überhaupt nicht mit der Wertung befasst, sondern hat er diese vollständig einem Planungsbüro oder einer nicht zuständigen Stelle überlassen, ist die Wertung der Angebote nicht ordnungsgemäß erfolgt; die Wertung ist durch den öffentlichen Auftraggeber nachzuholen.[72] Der öffentliche Auftraggeber darf auch die Fertigung des Vergabevermerks nicht völlig dem eingeschalteten Planungsbüro überlassen. Denn der Vergabevermerk dient der Dokumentation, wie die Entscheidungsfindung beim öffentlichen Auftraggeber stattgefunden hat.

---

70 *BGH* vom 22. 2. 2005 – KZR 36/03.
71 *OLG München* vom 15. 7. 2005 – Verg 14/05; *OLG Bremen* vom 2. 9. 2004 – Verg 2/03.
72 *OLG München* a. a. O.

V. Vergabe an fachkundige, leistungsfähige und zuverlässige Bewerber

1. Allgemeines

Die Forderung, dass ein Auftrag nur an fachkundige, leistungsfähige und zuverlässige **44**
Bewerber vergeben werden soll, besagt, dass nur geeignete Bewerber einen Auftrag erhalten sollen. Die Eignung bedeutet die Fähigkeit eines Unternehmens, den ausgeschriebenen Auftrag durchführen zu können. Die **Eignung** setzt sich aus den drei Merkmalen **Fachkunde, Leistungsfähigkeit** und **Zuverlässigkeit** zusammen. Geprüft wird die Eignung für die Durchführung des konkret ausgeschriebenen Auftrags. Wird die Eignung grundsätzlich festgestellt, ist es nicht mehr zulässig, ein sogenanntes »Mehr an Eignung« auf einer weiteren Wertungsstufe zu berücksichtigen.[73] Bei juristischen Personen wird die Eignung der für sie handelnden Personen überprüft; innerhalb eines Konzerns kann sich die Muttergesellschaft auf die Leistungsfähigkeit der Tochterunternehmen berufen.[74] Beruft sich das Tochterunternehmen auf die Leistungsfähigkeit der Mutter oder bestehen gar keine konzernrechtlichen Beziehungen zwischen den beiden Unternehmen, muss das bietende Unternehmen nachweisen, dass es tatsächlich über die persönlichen und sachlichen Mittel des anderen Unternehmens verfügen kann;[75] unverbindliche Absichtserklärungen des benannten Unternehmens reichen nicht aus.

2. Fachkunde

Die Fachkunde ist bei einem Unternehmen dann gegeben, wenn es über die für die **45**
Vorbereitung und Ausführung der jeweiligen Leistungen notwendigen technischen Kenntnisse, Erfahrungen und Fertigkeiten verfügt. Ist ein Bieter trotz Forderung der Vergabestelle nicht in der Handwerksrolle eingetragen und kann deshalb die ausgeschriebene Handwerksleistung nicht erbringen, ist er wegen fehlender Eignung auszuschließen[76]

3. Leistungsfähigkeit

Ein Unternehmen ist leistungsfähig, wenn es über das für die fachgerechte und frist- **46**
gerechte Ausführung notwendige Personal und Gerät verfügt und deshalb die Erfüllung seiner Verbindlichkeiten zu erwarten ist. Das Unternehmen muss demnach **technisch, personell und wirtschaftlich** so ausgestattet sein, dass es die Gewähr für eine fach- und fristgerechte Ausführung der Leistung bietet. Der Bieter muss aber nicht alles an Personal und Gerät vorhalten; es reicht, wenn er sich die personellen und sachlichen Mittel bis zur Auftragsdurchführung beschaffen kann und zum Zeitpunkt der Lieferung in der Lage ist, die angebotenen Produkte zur Verfügung zu stellen.[77] Hat er aber erklärt, er sei in der Lage, den Auftrag im eigenen Betrieb auszuführen, kann er

---

73 *BGH* vom 8. 9. 1998 – X ZR 109/96.
74 *VK Sachsen* vom 19. 1. 2004 – 1/SVK/158/03.
75 vgl. hierzu BayObLG vom 9. 3. 2004 – Verg 20/03.
76 *BayObLG* vom 24. 1. 2003 – Verg 30/02.
77 *BayObLG* vom 5. 11. 2002 – Verg 22/02; *OLG Hamburg* vom 25. 2. 2002 – 1 Verg 1/01.

sich nicht mehr auf die Einschaltung von Subunternehmern berufen.[78] Bieter, über deren Vermögen das Insolvenzverfahren eröffnet ist oder die sich in Liquidation befinden, sind wirtschaftlich regelmäßig nicht in der Lage, den Auftrag auszuführen. Sie können unter diesen Umständen von der Teilnahme am Wettbewerb nach § 7 Nr. 5 a und b ausgeschlossen werden; bei dem Angebot einer Bietergemeinschaft genügt wegen der gesamtschuldnerischen Haftung die Insolvenz eines Mitglieds. Zweifel bestehen auch dann, wenn Bieter ihrer Verpflichtung zur Zahlung von Abgaben, Steuern oder Sozialversicherungsbeiträgen nicht nachgekommen sind, § 7 Nr. 5 d, weil auch dieses Verhalten durch fehlende finanzielle Mittel verursacht worden sein kann.

4. Zuverlässigkeit

47 Zuverlässig ist ein Unternehmen, wenn es seinen gesetzlichen Verpflichtungen nachgekommen ist und aufgrund der Erfüllung früherer Aufträge eine einwandfreie Ausführung des ausgeschriebenen Auftrags einschließlich der Mängelhaftung erwarten lässt. Steht der Geschäftsführer eines Bieters aufgrund strafgerichtlicher Verurteilung zu einer Freiheitsstrafe wegen Taten im Rahmen der beruflichen Tätigkeit unter Bewährung, ist dies ein Umstand, der geeignet ist, die Zuverlässigkeit des Bieters in Frage zu stellen.[79] Eine rechtskräftige Verurteilung ist aber nicht Voraussetzung, ausreichend ist ein eindeutiger und zweifelsfreier Beweis, den allerdings der Auftraggeber zu führen hat.[80] Zahlreiche Rechenfehler[81] können ebenso Anhaltspunkte für eine Unzuverlässigkeit darstellen wie die mangelhafte Ausführung früherer Aufträge oder die Nichtabführung von Steuern und Sozialversicherungsbeiträgen sowie die Beschäftigung von Schwarzarbeitern.

5. Prüfung der Eignung

48 Zur Prüfung der Eignung stellt der Auftraggeber in der Bekanntmachung oder in den Vergabeunterlagen die von ihm verlangten Eignungskriterien und Nachweise für die Erfüllung der Kriterien dar. Er kann hierbei **Mindestanforderungen** formulieren, die zwingend vom Bieter erfüllt werden müssen, oder sich mit Unterlagen begnügen, die ihm einen Überblick über die Eignung des Bieters verschaffen sollen. Üblich für die Eignungsprüfung ist die Forderung nach Referenzlisten und nach Belegen über vergleichbare Leistungen. Hier ergibt sich ein **Spannungsverhältnis** zu den sogenannten **Newcomern**, die sich erstmals für einen bestimmten Auftrag bewerben. Zwar ist gerade bei schwierigeren und umfangreichen Leistungen dem öffentlichen Auftraggeber ein Interesse an einer Erfahrung des Bieters auf dem jeweiligen Gebiet nicht abzusprechen,[82] doch sollte durch die Forderung nach einer bestimmten Erfahrung der Wettbewerb für neu in den Markt einsteigende Unternehmen nicht völlig versperrt werden.

---

78 *OLG Karlsruhe* vom 25. 6. 2001 – 9 U 203/00.
79 *OLG München* vom 21. 4. 2006 – Verg 8/06.
80 *OLG Saarbrücken* vom 29. 12. 2003 – 1 Verg 4/03.
81 *VK Sachsen* vom 24. 7. 2002 – 1/SVK – 63/02.
82 *BayObLG* vom 9. 3. 2004 – Verg 20/03; *VK Brandenburg* vom 30. 5. 2005 – VK 21/05.

VI. Angemessene Preise

1. Inhalt

Der Preis ist die Gegenleistung des Auftraggebers für die Leistung des Unternehmers. **49**
Dieser soll angemessen sein, also nicht im Missverhältnis zur Leistung stehen, und zwar weder nach oben noch nach unten. Bei einem unangemessen niedrigen Preis besteht für den Auftraggeber die Gefahr, dass die Leistung nicht ordnungsgemäß ausgeführt wird. Bei einem zu hohen Preis wird der Grundsatz der möglichst sparsamen Haushaltsführung verletzt. Grundsätzlich soll, entsprechend § 97 Abs. 5 GWB, der Zuschlag auf das wirtschaftlichste Angebot erteilt werden. Zur Ermittlung ist es in der Praxis üblich, von den Bietern die Preisformblätter EFB 1 a, 1 b, 1 c und 2 ausfüllen zu lassen, um mit deren Hilfe einen Einblick in die Kalkulation zu gewinnen.

2. Unangemessen niedrige Preise

Nach § 25 Nr. 2 Abs. 3 darf der Zuschlag nicht auf ein Angebot erteilt werden, dessen **50**
Preis in einem **offenbaren Missverhältnis zur Leistung** steht. Fehlt ein marktüblicher Preis als Bezugsgröße, bietet sich ein Vergleich mit den Angeboten der anderen Bieter an. Ein Missverhältnis wird regelmäßig dann angenommen, wenn sich ein prozentualer Abstand zum Angebot des nächstplazierten Bieters von 10% der Gesamtauftragssumme ergibt. Doch steht der Vergabestelle ein Beurteilungsspielraum zu, da das Angebot auch des nächstplazierten Bieters nicht immer als Vergleichsmaßstab geeignet ist, z. B. bei eigener unseriöser Preisbildung. Stellt der Auftraggeber einen unangemessen niedrigen Preis fest, muss er dem Bieter Gelegenheit geben, den Preis zu erklären und die Angemessenheit nachzuweisen.[83] Kann der Bieter einen akzeptablen Grund für den Niedrigpreis angeben und darlegen, dass er trotz des Niedrigpreises die Leistung vertragsgerecht erbringen kann, darf sein Angebot nicht allein aus diesem Grund ausgeschlossen werden.[84] Ein Ausschluss ist nur dann gerechtfertigt, wenn der Bieter ein Spekulationsangebot abgegeben hat, er den Preis also deshalb so niedrig angesetzt hat, weil er hofft, die Leistung nicht erbringen zu müssen. Dann bestehen Zweifel an seiner Zuverlässigkeit.[85]

3. Unangemessen hohe Preise

Fälle unangemessener hoher Preise werden in der Praxis selten sein, da der Bieter ja **51**
den Zuschlag erhalten will. Doch kann aus **taktischen Erwägungen** die Angabe eines unangemessen hohen Preises erfolgen. So kann ein taktischer Grund für ein hohes Angebot z. B. sein, andere kleinere Bieter auszuschließen, die zwar Teilmengen günstiger anbieten können, aber nicht in der Lage sind, den gesamten Großauftrag zu übernehmen.[86] Zur Feststellung eines unangemessenen hohen Angebots können die Maßstäbe angelegt werden, die zur Ermittlung eines unangemessen niedrigen Preises herangezo-

---

83 *EuGH* vom 27. 11. 2001 – Rs. C-285/99.
84 *BayObLG* vom 18. 9. 2003 – Verg 12/03.
85 *BayObLG* a. a. O.
86 *OLG München* vom 2. 6. 2006 – Verg 12/06.

gen werden, also die üblichen Marktpreise, der Abstand zu den Preisen in anderen Angeboten und auch die Ergebnisse vergleichbarer Ausschreibungen.[87]

VII. Bewerber mit Umständen besonderer Art

52 Bewerber, bei denen Umstände besonderer Art vorliegen, sind solche, die aufgrund bestimmter Bundes- und Landesgesetze eine bevorzugte Behandlung im Vergabeverfahren erfahren dürfen. Zwar spricht § 2 Nr. 4 von »erlassenen Rechts- und Verwaltungsvorschriften«, doch ergibt sich aus § 97 Abs. 4 GWB, dass für Aufträge oberhalb der Schwellenwerte nur Bundes- oder Landesgesetze in Frage kommen. Da deshalb die Mittelstandsrichtlinien des Bundes keine Ausnahme mehr darstellen können, ist auf die Gesetze zur Förderung des Mittelstandes der Länder zurückzugreifen.[88] Der Mittelstandsschutz ist durch § 97 Abs. 3 GWB grundsätzlich gebilligt.

53 Soweit die Vorschriften der Bevorzugtenrichtlinien[89] in Gesetzesvorschriften umgesetzt worden sind, können auch diese, soweit sie dem Gleichbehandlungsgebot entsprechen, zu einer bevorzugten Berücksichtigung führen. Grundlage ist die Überlegung, dass die bevorzugte Behandlung die ansonsten bestehende Benachteiligung, vor allem in sozialer Hinsicht, ausgleichen soll. Dies ist auch europarechtlich in Ordnung. Denn nach Art. 19 RL/2004/18/EG können die Mitgliedstaaten im Rahmen von Programmen für geschützte Beschäftigungsverhältnisse vorsehen, dass nur geschützte Werkstätten an den Verfahren zur Vergabe öffentlicher Aufträge teilnehmen oder solche Aufträge ausführen dürfen, sofern die Mehrheit der Arbeitnehmer Behinderte sind, die aufgrund der Art oder der Schwere ihrer Behinderung keine Berufstätigkeit unter normalen Bedingungen ausüben können.

54 Auch ist es nach Art. 26 RL/2004/18/EG möglich, für die Ausführung des Auftrags zusätzliche Bedingungen, auch für soziale und umweltbezogene Aspekte vorzusehen, sofern diese mit dem Gemeinschaftsrecht vereinbar sind und in der Bekanntmachung oder in den Verdingungsunterlagen angegeben werden.

VIII. Rechtsschutz

1. Primärer Rechtsschutz

55 Nach § 97 Abs. 7 GWB haben die Unternehmen Anspruch darauf, dass der Auftraggeber die Bestimmungen über das Vergabeverfahren einhält. Eine Verletzung der in § 97 Abs. 1 bis Abs. 5 GWB niedergelegten Grundsätze und grundlegenden Regeln

---

87 *OLG München* a. a. O.
88 Baden-Württemberg Gesetz vom 19. 12. 2000; Bayern vom 12. 7. 1986, Neuentwurf liegt vor; Hamburg vom 4. 12. 2002; Hessen vom 23. 9. 1974; Mecklenburg-Vorpommern vom 14. 12. 1993; Niedersachsen vom 28. 5. 1993; Nordrhein-Westfalen vom 8. 7. 2003; Rheinland-Pfalz vom 3. 2. 1978; Saarland vom 12. 6. 2002; Sachsen-Anhalt vom 27. 6. 2002; Thüringen vom 17. 9. 1991.
89 Richtlinien für die Berücksichtigung bevorzugter Bewerber bei der Vergabe öffentlicher Aufträge (Vertriebene, Sowjetzonenflüchtlinge, Verfolgte, Werkstätten für Behinderte und Blindenwerkstätten) vom 11. 8. 1975.

greift demnach in subjektive Rechte der Unternehmen ein. Dies gilt ebenfalls für die in § 2 Nr. 1–3 aufgeführten Grundsätze (das Wettbewerbsprinzip, das Diskriminierungsverbot, das Transparenzgebot, das Eignungsprinzip sowie die Erteilung des Zuschlags auf das wirtschaftlichste Angebot), soweit diese den Regelungen in § 97 Abs. 1–5 GWB entsprechen. Soweit § 2 Nr. 3 darüber hinaus die Forderung enthält, dass die Leistungen unter ausschließlicher Verantwortung der Vergabestellen zu angemessenen Preisen vergeben werden sollen, ist die Forderung nach der ausschließlichen Verantwortung der Vergabestelle als bieterschützend einzustufen, da sachfremde Einflüsse auf die Entscheidung der Vergabestelle ausgeschaltet werden sollen. Inwieweit dies auch für das Postulat gilt, dass eine Leistung nur zu angemessenen Preisen vergeben werden soll, ist umstritten.[90] Grundsätzlich wird man aber auch insoweit den Bieterschutz annehmen können, wenn auch in erster Linie der öffentliche Auftraggeber geschützt werden soll. Er soll bei Niedrigpreisen vor einer unzulänglichen Leistung geschützt werden und bei unangemessen hohen Preisen vor einer Ausnutzung einer Marktstellung. Doch gilt dies ähnlich für die beteiligten Bieter: sie sollen vor einer Verdrängung aus dem Markt bei Niedrigpreisen und bei Hochpreisen gleichfalls vor der Ausnutzung einer marktbeherrschenden Stellung geschützt werden.

2. Sekundärer Rechtsschutz

Alle Verletzungen bieterschützender Vorschriften führen nicht nur dazu, dass der Bieter dies mit Erfolg in einem Nachprüfungsverfahren geltend machen kann, ihm also Primärrechtschutz gewährt wird, sondern auch dazu, dass er Schadensersatz verlangen kann (Sekundärrechtschutz). Der Primärrechtschutz garantiert den effektiven Rechtsschutz, denn nur mithilfe der Nachprüfung ist es für den Bieter möglich, den Zuschlag an einen Mitbieter zu verhindern und selbst den Zuschlag zu erhalten.

Anspruchsgrundlage für einen möglichen Schadensersatzanspruch sind in erster Linie die §§ 280 Abs. 1 Satz 1, 241 Abs. 2, 311 Abs. 2 Nr. 1 BGB (die sogenannte c. i. c.-Pflichtverletzung bei Vertragsverhandlungen): durch die Einleitung eines Vergabeverfahrens wird zwischen dem Auftraggeber und dem einzelnen Bieter ein vorvertragliches Vertrauensverhältnis geschaffen. Der Bieter darf darauf vertrauen, dass das Vergabeverfahren nach den einschlägigen Regeln des Vergaberechts abgewickelt wird und der mit der Erstellung des Angebots und der Teilnahme am Verfahren verbundene Aufwand nicht von vornherein nutzlos ist, sondern regelmäßig mit der Erteilung des Zuschlags an einen der Teilnehmer endet. Die Pflichtverletzung des Auftraggebers besteht in der Verletzung bieterschützender Vorschriften.

Dem Bieter kann nur dann **kausal** ein Schaden entstanden sein, wenn sein Angebot den Ausschreibungsunterlagen entspricht. Ist das Angebot eines Bieters zwingend von der Wertung auszuschließen, kann ihm durch Vergabeverstöße kein Nachteil entstanden sein. Ein Schadensersatzanspruch steht darüber hinaus nur demjenigen Bieter zu, der bei ordnungsgemäßer Wertung mit seinem Angebot preislich und/oder wertungsmäßig an erster Stelle liegt, weil er nur dann mit hoher Wahrscheinlichkeit den Auftrag bekommen hätte. Liegt er dagegen mit seinem Angebot an aussichtsloser

---

90 *BayObLG* vom 3. 7. 2002 – Verg 13/02.

§ 2 Grundsätze der Vergabe

Stelle oder im Mittelfeld, hätte er – auch bei korrekter Verhaltensweise des Auftraggebers – keine Chance auf den Erhalt des Zuschlags. Den Bieter trifft die **Beweislast** dafür, dass er mit hoher Wahrscheinlichkeit den Auftrag erhalten hätte. Unabhängig vom möglichen Erfolg seines Angebots kann der Bieter aber dann Schadensersatz fordern, wenn die gesamte Ausschreibung fehlerhaft war und er sich bei Kenntnis hiervon nicht an der Ausschreibung beteiligt hätte. Weitere Voraussetzung für einen Schadensersatzanspruch aus c. i. c. ist Verschulden, dem Schädiger muss Vorsatz oder Fahrlässigkeit vorzuwerfen sein.

59 Als weitere Anspruchsgrundlage, aber nur bei Vergaben oberhalb der Schwellenwerte, steht § **126 GWB** zur Verfügung. Nach dieser Vorschrift kann ein Unternehmen Schadensersatz für die Kosten der Vorbereitung des Angebots oder der Teilnahme an einem Vergabeverfahren, also den Ersatz fruchtloser Aufwendungen – das negative Interesse – verlangen, wenn der Auftraggeber gegen eine bieterschützende Vorschrift verstoßen hat und der Bieter ohne diesen Verstoß bei der Wertung der Angebote eine echte Chance auf den Zuschlag gehabt hätte. Verschulden des Auftraggebers ist nicht erforderlich; es genügt rechtswidriges Verhalten.

60 Eine weitere Anspruchsgrundlage wiederum nur **oberhalb der Schwellenwerte** stellt § **823 Abs. 2 BGB i. V. m. der verletzten Vergaberechtsvorschrift** dar. Das Schutzgesetz im Rahmen des § 823 Abs. 2 BGB ist die verletzte bieterschützende Vorschrift; die VOL/A erhält nur durch die Verweisung in § 6 VgV Rechtsnormqualität. Dem Auftraggeber muss, wie bei allen deliktischen Ansprüchen, ein Verschulden zur Last fallen.

61 Schließlich bleibt noch ein Schadensersatzanspruch aus § **826 BGB**, wenn zu Lasten des Bieters dem Auftraggeber eine vorsätzliche sittenwidrige Schädigung vorzuwerfen ist. Dies ist z. B. dann der Fall, wenn der Auftraggeber in kollusivem Zusammenwirken mit einem Unternehmen diesem ohne an sich erforderliche Ausschreibung einen Auftrag erteilt zum Nachteil eines anderen Unternehmens, welches gleichfalls an einer Auftragserteilung interessiert gewesen wäre. Auch dieser Anspruch ist sowohl für Aufträge oberhalb als auch unterhalb der Schwellenwerte gegeben.

62 Die Höhe des Schadensersatzanspruches richtet sich nach § **249 BGB**. Nach dieser Vorschrift ist grundsätzlich der Zustand herzustellen, der ohne das schädigende Ereignis bestehen würde. Der Bieter hat zwei Möglichkeiten der Schadensberechnung: er kann verlangen, so gestellt zu werden, als hätte er sich überhaupt nicht an der Ausschreibung beteiligt, sog. **negatives Interesse**. Er erhält dann Ersatz für alle diejenigen Aufwendungen, die er im Vertrauen auf die Durchführung des Vergabeverfahrens getätigt hat, wie z. B. Ersatz für die Kosten der Angebotsbearbeitung, für die Besichtigung des Leistungsortes oder für die Anforderung der Verdingungsunterlagen. Oder er verlangt, so gestellt zu werden, als hätte er den Zuschlag erhalten, sog. **positives Interesse**. Diesen weitergehenden Anspruch hat ein Bieter aber nur dann, wenn der Auftrag tatsächlich vergeben worden ist – er also nicht aus Geldmangel unterbleibt – und der Zuschlag auf sein Angebot hätte erteilt werden müssen. Der Anspruch auf das positive Interesse umfasst den entgangenen kalkulatorisch ermittelten Gewinn sowie die allgemeinen Geschäftsunkosten, mit denen die Kosten für die Erstellung der Angebote abgedeckt sind.

§ 3
Arten der Vergabe

1. (1) Bei Öffentlicher Ausschreibung werden Leistungen im vorgeschriebenen Verfahren nach öffentlicher Aufforderung einer unbeschränkten Zahl von Unternehmen zur Einreichung von Angeboten vergeben.
(2) Bei Beschränkter Ausschreibung werden Leistungen im vorgeschriebenen Verfahren nach Aufforderung einer beschränkten Zahl von Unternehmen zur Einreichung von Angeboten vergeben.
(3) Bei Freihändiger Vergabe werden Leistungen ohne ein förmliches Verfahren vergeben.
(4) Soweit es zweckmäßig ist, soll der Beschränkten Ausschreibung und der Freihändigen Vergabe eine öffentliche Aufforderung vorangehen, sich um Teilnahme zu bewerben (Beschränkte Ausschreibung mit Öffentlichem Teilnahmewettbewerb bzw. Freihändige Vergabe mit Öffentlichem Teilnahmewettbewerb).

2. Öffentliche Ausschreibung muss stattfinden, soweit nicht die Natur des Geschäfts oder besondere Umstände eine Ausnahme rechtfertigen.

3. Beschränkte Ausschreibung soll nur stattfinden,
    a) wenn die Leistung nach ihrer Eigenart nur von einem beschränkten Kreis von Unternehmen in geeigneter Weise ausgeführt werden kann, besonders wenn außergewöhnliche Fachkunde oder Leistungsfähigkeit oder Zuverlässigkeit erforderlich ist,
    b) wenn die Öffentliche Ausschreibung für den Auftraggeber oder die Bewerber einen Aufwand verursachen würde, der zu dem erreichbaren Vorteil oder dem Wert der Leistung im Missverhältnis stehen würde,
    c) wenn eine Öffentliche Ausschreibung kein wirtschaftliches Ergebnis gehabt hat,
    d) wenn eine Öffentliche Ausschreibung aus anderen Gründen (z. B. Dringlichkeit, Geheimhaltung) unzweckmäßig ist.

4. Freihändige Vergabe soll nur stattfinden,
    a) wenn für die Leistung aus besonderen Gründen (z. B. besondere Erfahrungen, Zuverlässigkeit oder Einrichtungen, bestimmte Ausführungsarten) nur ein Unternehmen in Betracht kommt,
    b) wenn im Anschluss an Entwicklungsleistungen Aufträge in angemessenem Umfang und für angemessene Zeit an Unternehmen, die an der Entwicklung beteiligt waren, vergeben werden müssen, es sei denn, dass dadurch die Wettbewerbsbedingungen verschlechtert werden,
    c) wenn für die Leistungen gewerbliche Schutzrechte zugunsten eines bestimmten Unternehmens bestehen, es sei denn, der Auftraggeber oder andere Unternehmen sind zur Nutzung dieser Rechte befugt,
    d) wenn bei geringfügigen Nachbestellungen im Anschluss an einen bestehenden Vertrag kein höherer Preis als für die ursprüngliche Leistung gefordert wird und von einer Ausschreibung kein wirtschaftliches Ergebnis zu er-

warten ist. Die Nachbestellungen sollen insgesamt 20 vom Hundert des Wertes der ursprünglichen Leistung nicht überschreiten,
e) wenn Ersatzteile oder Zubehörstücke zu Maschinen, Geräten usw. vom Lieferanten der ursprünglichen Leistung beschafft werden sollen und diese Stücke in brauchbarer Ausführung von anderen Unternehmen nicht oder nicht unter wirtschaftlichen Bedingungen bezogen werden können,
f) wenn die Leistung besonders dringlich ist,
g) wenn es aus Gründen der Geheimhaltung erforderlich ist,
h) wenn die Leistung nach Art und Umfang vor der Vergabe nicht so eindeutig und erschöpfend beschrieben werden kann, dass hinreichend vergleichbare Angebote erwartet werden können,
i) wenn es sich um Leistungen handelt, die besondere schöpferische Fähigkeiten verlangen,
k) wenn die Leistungen von Bewerbern angeboten werden, die zugelassenen, mit Preisabreden oder gemeinsamen Vertriebseinrichtungen verbundenen Kartellen angehören und keine kartellfremden Bewerber vorhanden sind,
l) wenn es sich um Börsenwaren handelt,
m) wenn es sich um eine vorteilhafte Gelegenheit handelt,
n) wenn nach Aufhebung einer Öffentlichen oder Beschränkten Ausschreibung eine erneute Ausschreibung kein wirtschaftliches Ergebnis verspricht,
o) wenn die Vergabe von Leistungen an Justizvollzugsanstalten, Einrichtungen der Jugendhilfe, Aus- und Fortbildungsstätten oder ähnliche Einrichtungen beabsichtigt ist,
p) wenn sie durch Ausführungsbestimmungen von einem Bundesminister – ggf. Landesminister – bis zu einem bestimmten Höchstwert zugelassen ist.

5. Es ist aktenkundig zu machen, weshalb von einer Öffentlichen oder Beschränkten Ausschreibung abgesehen worden ist.

Inhaltsübersicht Rn.

A. Vorbemerkung	1
I. Allgemeines	1
II. Gemeinschaftsrechtliche Vorgaben	4
B. Anwendbarkeit	5
C. Verfahrensarten im Anwendungsbereich des 1. Abschnitts der VOL/A (§ 3 Nr. 1)	8
I. Öffentliche Ausschreibung (§ 3 Nr. 1 Abs. 1)	12
II. Beschränkte Ausschreibung (§ 3 Nr. 1 Abs. 2)	15
III. Freihändige Vergabe (§ 3 Nr. 1 Abs. 3)	19
IV. Teilnahmewettbewerb (§ 3 Nr. 1 Abs. 4)	21
D. Vorrang der Öffentlichen Ausschreibung (§ 3 Nr. 2)	27
I. Regelverfahrensart	27
II. Entbehrlichkeit einer Öffentlichen Ausschreibung	28
III. Bieterschützender Charakter	30
E. Zulässigkeit der Beschränkten Ausschreibung (§ 3 Nr. 3)	31
I. Allgemeines	31
II. Außergewöhnliche Anforderungen an die Eignung (§ 3 Nr. 3 lit. a)	35

III.	Unverhältnismäßiger Aufwand bei Öffentlicher Ausschreibung (§ 3 Nr. 3 lit. b)	37
IV.	Unwirtschaftliches Ergebnis einer Öffentlichen Ausschreibung (§ 3 Nr. 3 lit. c)	41
V.	Unzweckmäßigkeit aus anderen Gründen (§ 3 Nr. 3 lit. d)	42
F.	Zulässigkeit der Freihändigen Vergabe (§ 3 Nr. 4)	50
I.	Nur ein bestimmtes Unternehmen kommt in Betracht (§ 3 Nr. 4 a)	51
II.	Anschlussaufträge nach Entwicklungsleistungen (§ 3 Nr. 4 b)	54
III.	Gewerbliche Schutzrechte (§ 3 Nr. 4 c)	58
IV.	Geringfügige Nachbestellungen (§ 3 Nr. 4 d)	60
V.	Bestellung von Ersatzteilen oder Zubehörstücken (§ 3 Nr. 4 e)	61
VI.	Besondere Dringlichkeit (§ 3 Nr. 4 f)	62
VII.	Gründe der Geheimhaltung (§ 3 Nr. 4 g)	65
VIII.	Nicht eindeutig beschreibbare Leistung (§ 3 Nr. 4 h)	66
IX.	Besondere schöpferische Fähigkeiten (§ 3 Nr. 4 i)	70
X.	Zugelassene Kartelle (§ 3 Nr. 4 k)	72
XI.	Börsenwaren (§ 3 Nr. 4 l)	74
XII.	Vorteilhafte Gelegenheit (§ 3 Nr. 4 m)	75
XIII.	Erneute Ausschreibung nicht erfolgversprechend (§ 3 Nr. 4 n)	76
XIV.	Vergabe an besondere Einrichtungen (§ 3 Nr. 4 o)	78
XV.	Zulassung bis zum bestimmten Höchstwert (§ 3 Nr. 4 p)	81
G.	Dokumentation (§ 3 Nr. 5)	84

A. Vorbemerkung

I. Allgemeines

Für die Vergabe öffentlicher Aufträge im Anwendungsbereich des 1. Abschnitts der VOL/A stehen grundsätzlich drei verschiedene Vergabearten zur Verfügung: die **Öffentliche Ausschreibung**, die **Beschränkte Ausschreibung** und die **Freihändige Vergabe** (§ 3 Nr. 1). Diese Verfahrensarten entsprechen weitgehend den in §§ 3 a, 3 b und 3 SKR für die Vergabe öffentlicher Aufträge oberhalb der europäischen Schwellenwerte vorgesehenen Verfahrensarten (Offenes Verfahren, Nichtoffenes Verfahren und Verhandlungsverfahren).[1] Die Durchführung eines Wettbewerblichen Dialogs ist allerdings nur für den 2. Abschnitt der VOL/A vorgesehen (§ 3 a Nr. 1 Abs. 1).[2] **1**

Vergleichbare Bestimmungen über die Vergabeverfahren finden sich auch in den §§ 3, 3 a, 3 b VOB/A und in § 101 GWB. Die Regelungen des § 101 GWB sind ebenso wie die der §§ 3 a, 3 b VOL/A und §§ 3 a, 3 b VOB/A auf die Vergabe öffentlicher Aufträge oberhalb der gemeinschaftsweiten Schwellenwerte (§ 2 VgV) beschränkt. Die Kommentierung dieser Vorschriften kann unter Berücksichtigung der jeweiligen Besonderheiten und Abweichungen allerdings ergänzend herangezogen werden. **2**

Für den **Bereich der VOB/A** besteht mit § 3 VOB/A eine vergleichbare Regelung über die Verfahrensarten, die für die Vergabe öffentlicher Aufträge unterhalb der ge- **3**

---

1 Vgl. § 3 a Rn. 1.
2 Vgl. § 3 a Rn. 31.

meinschaftsweiten Schwellenwerte zur Verfügung stehen. Diese Regelung weicht jedoch in mehrfacher Hinsicht von § 3 VOL/A ab. Das gilt insbesondere hinsichtlich der Voraussetzungen für die Zulässigkeit einer freihändigen Vergabe. Nach § 3 Nr. 4 VOB/A ist eine solche bei der Vergabe von Bauleistungen bereits dann zulässig, wenn eine Ausschreibung unzweckmäßig ist. Dagegen ist im Anwendungsbereich des 1. Abschnitts der VOL/A die Erfüllung eines des in § 3 Nr. 4 genannten Ausnahmetatbestandes erforderlich.[3] Zudem soll nach § 3 Nr. 1 Abs. 4 VOL/A ein Teilnahmewettbewerb lediglich dann durchgeführt werden, soweit das zweckmäßig ist.[4] Dagegen ist ein Teilnahmewettbewerb nach § 3 Nr. 3 Abs. 2 VOB/A nur unter den dort genannten Voraussetzungen entbehrlich. Im **Anwendungsbereich der VOF** können freiberufliche Leistungen stets im Wege eines Verhandlungsverfahrens vergeben werden (§ 5 VOF), wobei die Anwendungsvoraussetzungen des Verhandlungsverfahrens jeweils erfüllt sein müssen. Insoweit ist eine § 3 vergleichbare Regelung jedoch in der VOF entbehrlich.

II. Gemeinschaftsrechtliche Vorgaben

4 Für die Auslegung und Anwendung von § 3 sind die gemeinschaftsrechtlichen Vorgaben der Vergaberichtlinien grundsätzlich nicht zu beachten. Nach der Rechtsprechung des EuGH und der Auffassung der Europäischen Kommission sind jedoch auch unterhalb der Schwellenwerte bestimmte, sich aus dem **EG-Vertrag** ergebenden Grundsätze zu beachten.[5] Hierzu gehören insbesondere die Grundfreiheiten der Art. 28 (Warenverkehrsfreiheit), Art. 43 (Niederlassungsfreiheit) und Art. 49 (Dienstleistungsfreiheit) EG-Vertrag. Fraglich ist allerdings, ob sich hieraus konkrete vergaberechtliche Pflichten ergeben, die auch bei der Vergabe öffentlicher Aufträge im Anwendungsbereich des 1. Abschnitts der VOL/A zu beachten sind. Der EuGH geht davon aus, dass nach den Vorgaben des EG-Primärrechts grundsätzlich eine Pflicht zur Durchführung eines transparenten, nichtdiskriminierenden und die Gleichbehandlung/Chancengleichheit der interessierten Unternehmen gewährleistenden Vergabeverfahrens besteht.[6] Danach sind insbesondere das gemeinschaftsrechtliche Verbot der Diskriminierung aus Gründen der Staatsangehörigkeit sowie der **Transparenzgrundsatz** zu beachten,[7] durch welches ein angemessener Grad von Öffentlichkeit sichergestellt werden soll.[8] Dieses Erfordernis ist erfüllt, wenn die in anderen Mitglied-

---

3 Vgl. hierzu Rn. 50 ff.
4 Vgl. hierzu Rn. 21 ff.
5 *EuGH* Urt. v. 18. 11. 1999, Rs. C-275/98, »Unitron Scandinavia«, NVwZ 2000, 181, Rn. 31–32; Urt. v. 7. 12. 2000, Rs. C-324/98, »Telaustria«, NZBau 2001, 148, Rn. 60–62; weitergehend die Mitteilung der Europäischen Kommission v. 24. 7. 2006 zu Auslegungsfragen in Bezug auf das Gemeinschaftsrecht, das für die Vergabe öffentlicher Aufträge gilt, die nicht oder nur teilweise unter die Vergaberichtlinien fallen, ABl. EG v. 1. 8. 2006, Nr. C 179/02; vgl. auch die Schlussanträge der Generalanwältin *Kokott* v. 1. 3. 2005, Rs. C-458/03 »Parking Brixen«, IBR 2005, 1159, Rn. 46.
6 *EuGH* Urt. v. 18. 11. 1999, Rs. C-275/98, »Unitron Scandinavia«, NVwZ 2000, 181, Rn. 31–32; Urt. v. 7. 12. 2000, Rs. C-324/98, »Telaustria«, NZBau 2001, 148, Rn. 60–62.
7 *EuGH* Urt. v. 7. 12. 2000, Rs. C-324/98 »Telaustria«, Rz. 60, EuZW 2001, 90 (94); Urt. v. 21. 7. 2005, Rs. C-231/03 »Coname«, Rn. 16, NZBau 2005, 592 (593); Mitteilung der Kommission, ABl. EG v. 1. 8. 2006, Nr. C 179/02, S. 2 f.
8 *EuGH* Urt. v. 13. 10. 2005, Rs. C-458/03, »Parking Brixen«, NVwZ 2005, 1047, Rn. 46.

staaten niedergelassenen Unternehmen vor der Vergabe Zugang zu angemessenen Informationen über die betreffende Leistung haben und ihr Interesse an dem Auftrag bekunden können.[9] Insoweit enthält der 1. Abschnitt der VOL/A mit § 17 (Bekanntmachung, Aufforderung zur Angebotsabgabe) eine den gemeinschaftsrechtlichen Anforderungen grundsätzlich genügende Regelung. Die Europäische Kommission vertritt darüber hinaus die Auffassung, dass aus Grundsätzen des EG-Vertrages konkrete vergaberechtliche Pflichten abgeleitet werden können. Aus diesen sollen sich bestimmte Anforderungen an die Gestaltung des Vergabeverfahrens ergeben, die auch unterhalb der EG-Schwellenwerte zu berücksichtigen seien.[10] Vorausgesetzt wird lediglich, dass die Auftragsvergabe trotz Unterschreitens der Schwellenwerte »gemeinschaftsweite Bedeutung« habe.

B. Anwendbarkeit

Zur Beachtung des § 3 verpflichtet sind diejenigen **öffentlichen Auftraggeber**, die bei 5
der Vergabe öffentlicher Aufträge den 1. Abschnitt der VOL/A anwenden müssen. Das betrifft vor allem die **haushaltsrechtlich gebundenen öffentlichen Auftraggeber** im Sinne von § 98 Nr. 1 GWB, wenn sie Leistungen im Sinne von § 1 unterhalb der in § 2 VgV festgelegten Schwellenwerte vergeben. Nach § 55 Abs. 1 BHO bzw. den entsprechenden Vorschriften der Landeshaushaltsordnungen[11] und Gemeindehaushaltsordnungen[12] muss vor dem Abschluss von Verträgen über Lieferungen und Leistungen eine Öffentliche Ausschreibung erfolgen, »sofern nicht die Natur des Geschäfts oder besondere Umstände eine Ausnahme rechtfertigen«. Diese Bestimmung wird durch Verwaltungsvorschriften des Bundes[13] bzw. Verwaltungsvorschriften bzw. Vergabegesetze der Länder[14] näher ausgeführt. Allerdings enthalten die Verwaltungsvorschriften zum Teil eigene Schwellenwerte, bis zu deren Erreichen weniger strenge Anforderungen an das Vergabeverfahren gestellt werden als nach § 3.

Bei Erreichen der gemeinschaftsweiten Schwellenwerte (Art. 7 VKR, Art. 16 SKR) 6
wird die Regelung des § 3 weitgehend durch die spezielleren Regeln der §§ 3 a, 3 b und 3 SKR verdrängt (vgl. §§ 4, 7 VgV). § 3 kann jedoch ergänzend herangezogen werden, sofern die §§ 3 a und 3 b keine abschließende Regelung getroffen haben.[15] Im Anwendungsbereich des 4. Abschnitts der VOL/A ist § 3 auch nicht ergänzend anzuwenden. Im Anwendungsbereich des 2. und des 3. Abschnitts der VOL/A ist § 3 un-

---

9 *EuGH* Urt. v. 21. 7. 2005, Rs. C-231/03, Coname, Rn. 28; Urt. v. 13. 10. 2005, Rs. C-458/03, Parking Brixen, Rn. 50; Urt. v. 20. 10. 2005, Rs. C-264/03, »Kommission gegen Frankreich«, Slg. 2005, I-8831, Rn. 33; Urt. v. 6. 4. 2006, Rs. C-410/04, »ANAV«, NVwZ 2006, 555, Rn. 20.
10 Mitteilung der Kommission, ABl. EG v. 1. 8. 2006, Nr. C 179/02.
11 Siehe etwa § 55 Abs. 1 Hessische Landeshaushaltsordnung (LHO); § 55 Abs. 1 Landeshaushaltsordnung Nordrhein Westfalen (LHO); § 55 Abs. 1 Landeshaushaltsordnung Berlin (LHO).
12 Siehe nur § 25 a Abs. 1 GemHVO Brbg., § 32 Abs. 1 GemHVO (LSA); § 31 Abs. 1 ThürGemHVO; § 32 Abs. 1 GemHVO Nds.
13 Allgemeine Verwaltungsvorschriften zur Bundeshaushaltsordnung (ab 16. 5. 2001), vgl. Textabdruck in: *Piduch*, Bundeshaushaltsrecht, Stand 10. Erg.Lfg. Dez. 2006, § 55.
14 Vgl. Einl. zur VOL/A, dort Fn. 18.
15 Vgl. *Müller-Wrede/Noch* in: Müller-Wrede, VOL/A, 1. Aufl. 2001, § 3 Rn. 39; *Jasper* in: Motzke/Pietzcker/Prieß VOB/A, 1. Aufl. 2001, § 3 Rn. 3.

mittelbar anzuwenden, wenn der Auftragsgegenstand eine Dienstleistung im Sinne des Anhanges I B zur VOL/A ist. Für solche Vergaben ergibt sich die Anwendbarkeit des § 3 aus § 1 a Nr. 2 Abs. 2 bzw. § 1 b Nr. 2 Abs. 2.

7 **Privatrechtlich organisierte Auftraggeber** im Sinne von § 98 Nr. 2 GWB sind – vorbehaltlich besonderer Regelungen – grundsätzlich nicht zur Beachtung haushaltsrechtlicher Bestimmungen verpflichtet und müssen unterhalb der Schwellenwerte daher auch nicht den 1. Abschnitt der VOL/A beachten. Oberhalb der Schwellenwerte müssen private Auftraggeber im Sinne von § 98 Nr. 2 GWB grundsätzlich den 2. Abschnitt der VOL/A beachten. Danach greift wiederum der Vorrang des § 3 a, soweit keine Dienstleistungen im Sinne des Anhanges I B zur VOL/A vergeben werden. Abgesehen hiervon ist § 3 daher nur anwendbar, wenn sich die privaten Auftraggeber (vertraglich) zu dessen Beachtung verpflichtet haben.[16] Sektorenauftraggeber im Sinne von § 98 Nr. 4 GWB sind nicht an den 1. Abschnitt der VOL/A gebunden und gemäß § 3 SKR in Bezug auf die Wahl der Verfahrensart weitgehend frei.[17]

C. Verfahrensarten im Anwendungsbereich des 1. Abschnitts der VOL/A (§ 3 Nr. 1)

8 § 3 Nr. 1 normiert die für die Vergabe öffentlicher Aufträge im Anwendungsbereich des 1. Abschnitts der VOL/A zur Verfügung stehenden Verfahrensarten. Diese sind:

- **Öffentliche Ausschreibung** (§ 3 Nr. 1 Abs. 1);
- **Beschränkte Ausschreibung** (§ 3 Nr. 1 Abs. 2) und die
- **Freihändige Vergabe** (§ 3 Nr. 1 Abs. 3).

9 Diese Einteilung der Verfahrensarten entspricht weitgehend der oberhalb der Schwellenwerte vorgenommenen Unterscheidung zwischen Offenem Verfahren, Nichtoffenem Verfahren und Verhandlungsverfahren.[18] Die zwischenzeitlich beabsichtigte Harmonisierung[19] der unterschiedlichen Bezeichnungen der Verfahrensarten in den Abschnitten 1 und 2 bis 4 der Verdingungsordnungen ist nicht erfolgt. Im Anwendungsbereich des 2. Abschnitts der VOL/A steht staatlichen Auftraggebern als vierte Verfahrensart der Wettbewerbliche Dialog zur Verfügung (§ 3 a Nr. 1 Abs. 1 Satz 3 VOL/A, § 6 a VgV).[20] Unterhalb der Schwellenwerte wurde auf eine Einführung des Wettbewerblichen Dialogs verzichtet.

10 Die in § 3 genannten Vergabearten unterscheiden sich untereinander vor allem hinsichtlich des Maßes der vom Auftraggeber einzuhaltenden Förmlichkeiten und der Größe des Kreises der an dem Vergabeverfahren zu beteiligenden Unternehmen.

---

16 Vgl. *Jasper* in: Motzke/Pietzcker/Prieß VOB/A, 1. Aufl. 2001, § 3 Rn. 3 f.
17 Vgl. § 3 SKR Rn. 6 f.
18 Vgl. § 3 a Rn. 1.
19 Vgl. die »Aufzeichnung über Eckpunkte für eine Reform des Vergaberechts« des Bundesministeriums für Wirtschaft und Arbeit v. 18. 8. 2004 (IB3 – 26 05 00/25), unter Ziff. 6.
20 Vgl. § 3 a Rn. 31 ff.

Für öffentliche Auftraggeber besteht bei der Wahl der Verfahrensart ein Beurtei- 11
lungsspielraum, der durch die Nachprüfungsinstanzen nur eingeschränkt überprüfbar ist.[21] Die Nachprüfungsinstanzen sind lediglich befugt, die Einhaltung der rechtlichen Grenzen dieses Beurteilungsspielraums zu überprüfen. Die Vergabekammern und Gerichte können insbesondere feststellen, ob die Vergabestelle von einem zutreffend und vollständig ermittelten Sachverhalt ausgegangen ist, den ihr eingeräumten Beurteilungsspielraum zutreffend interpretiert hat und die Einschätzung auf sachgemäßen Erwägungen beruht. Dagegen dürfen die Nachprüfungsinstanzen ihre eigene Wertung grundsätzlich nicht an die Stelle der Bewertungen der Vergabestelle setzen.[22]

I. Öffentliche Ausschreibung (§ 3 Nr. 1 Abs. 1)

Die Öffentliche Ausschreibung ist das strengste der in § 3 geregelten Vergabeverfah- 12
ren und zugleich das **Regelverfahren** des 1. Abschnitts der VOL/A (§ 3 Nr. 2). Diese Verfahrensart gewährleistet nach Auffassung des DVAL grundsätzlich am besten, dass öffentliche Aufträge an fachkundige, leistungsfähige und zuverlässige Bieter vergeben werden, welche die wirtschaftlichsten Angebote abgegeben haben.[23] Denn das Wettbewerbsprinzip und die vergaberechtlichen Grundsätze der Gleichbehandlung und Transparenz kommen im Rahmen einer Öffentlichen Ausschreibung in der Regel weitaus stärker zum Tragen, als bei einer Beschränkten Ausschreibung oder einer Freihändigen Vergabe.[24] Die **Formstrenge** kann jedoch für einen bestimmten Beschaffungsvorgang ebenso unzweckmäßig sein wie die Verpflichtung zur Aufforderung einer unbeschränkten Anzahl von Bietern zur Angebotsabgabe. Aus diesem Grund besteht für die Auftraggeber die Möglichkeit, unter den Voraussetzungen der Nr. 3 und 4 von einer Öffentlichen Ausschreibung abzusehen.

Zu den charakteristischen **wesentlichen Verfahrensvorschriften** für die Durchfüh- 13
rung einer Öffentlichen Ausschreibung gehören insbesondere § 17 Nr. 1 (Bekanntmachung), § 22 (Öffnung der Angebote und Schutz der Vertraulichkeit), § 24 (Verhandlungsverbot) und § 25 (Angebotswertung).

Der **Verfahrensablauf** einer Öffentlichen Ausschreibung kann im Einzelfall geringfü- 14
gig variieren, beruht aber im Wesentlichen auf folgenden **Verfahrensschritten**: Die zu vergebenden Leistungen müssen zunächst öffentlich bekannt gemacht werden.[25] Die **Bekanntmachung** kann gemäß § 17 Nr. 1 in Tageszeitungen, amtlichen Veröffentlichungsblättern oder Fachzeitschriften erfolgen. Sie soll grundsätzlich alle Gesichtspunkte enthalten, die für potentielle Bieter von Bedeutung sind (vgl. § 17 Nr. 2). Alle

---

21 2. *VK Bund* Beschl. v. 1. 9. 2005, VK 2–99/05, Umdruck nach Veris, S. 6, für den Fall einer Freihändigen Vergabe.
22 2. *VK Bund*, Beschl. v. 1. 9. 2005, VK 2–99/05, Umdruck nach Veris, S. 6,; zu den Grenzen der Überprüfbarkeit von Wertungsentscheidungen *OLG Düsseldorf* Beschl. v. 8. 6. 2004, Verg 11/04, Umdruck nach Veris, S 13; Beschl. v. 24. 2. 2005, Verg 88/04, Umdruck nach Veris, S. 6 f.; Beschl. v. 2. 3. 2005, Verg 70/04, Umdruck nach Veris, S. 7; Beschl. v. 23. 3. 2005, Verg 68/04, Umdruck nach Veris, S. 12.
23 *Müller* in: Daub/Eberstein, VOL/A, 5. Aufl. 2000, § 3 Rn. 5.
24 *Jasper* in: Motzke/Pietzcker/Prieß, § 3 VOB/A, 1. Aufl. 2001, Rn. 6 f. und Rn. 35.
25 Vgl. § 17 Rn. 7 ff.

Unternehmen, die sich gewerbsmäßig mit der Ausführung von Leistungen der ausgeschriebenen Art befassen und an dem Auftrag interessiert sind, können die **Vergabeunterlagen** (§ 9) anfordern. Sie erhalten daraufhin ein Anschreiben mit einer Darstellung des Vergabeverfahrens und die Verdingungsunterlagen, bestehend aus der Leistungsbeschreibung und den Vertragsbedingungen (§§ 7 Nr. 2 Abs. 1; 9). Nach dem Ablauf einer – ausreichend zu bemessenden – **Angebotsfrist** (§ 18 Nr. 1 Abs. 1) werden die fristgerecht eingereichten Angebote sodann einer **formalen Prüfung** unterzogen (§§ 23 Nr. 1, 2; 25). Bei dieser wird die Vollständigkeit der Angebote sowie deren formale, rechtliche und fachliche Richtigkeit geprüft. Anschließend findet gemäß § 25 Nr. 2 Abs. 1 die **Eignungsprüfung** statt, bei der anhand der vorab bekannt gemachten Eignungsnachweise die Fachkunde, Leistungsfähigkeit und Zuverlässigkeit der Bieter für die Ausführung des Auftrages festgestellt wird. Danach werden die Angebote auf der Grundlage einer zuvor festgelegten Wertungsmatrix **inhaltlich gewertet** (§ 25 Nr. 3). Das wirtschaftlichste Angebot erhält schließlich den **Zuschlag** (§§ 25 Nr. 3, 28). Für die Öffentliche Ausschreibung ist charakteristisch, dass mit den Bietern grundsätzlich nicht verhandelt werden darf (§ 24 Nr. 1 Abs. 1 und Nr. 2). Nur ausnahmsweise sind Aufklärungsverhandlungen bzw. Verhandlungen über Nebenangebote zulässig. D. h. bei einer Öffentlichen Ausschreibung muss das Angebot grundsätzlich mit dem abgegebenen Inhalt angenommen werden. Das stellt besondere Anforderungen an die Eindeutigkeit des Beschaffungswillens und -ziels und an deren Dokumentation in den Vergabeunterlagen, insbesondere die Leistungsbeschreibung und die Vertragsbedingungen. Sämtliche Verfahrensschritte sind in einem **Vergabevermerk** zu dokumentieren (§ 30).

II. Beschränkte Ausschreibung (§ 3 Nr. 1 Abs. 2)

15 Bei Beschränkter Ausschreibung werden Leistungen im vorgeschriebenen Verfahren nach öffentlicher Aufforderung einer beschränkten Zahl von Unternehmen zur Einreichung von Angeboten vergeben. Auch bei der Beschränkten Ausschreibung muss daher wie bei der Öffentlichen Ausschreibung ein förmliches Verfahren nach den Vorschriften der VOL/A eingehalten werden. Insbesondere gelten sowohl bei der Öffentlichen als auch bei der Beschränkten Ausschreibung die Grundsätze der eindeutigen und erschöpfenden Leistungsbeschreibung, der Geheimhaltung der Angebote, des Nachverhandlungsverbots[26] und der transparenten Eignungs- und Beurteilungskriterien.

16 Im Gegensatz zur Öffentlichen Ausschreibung hat nicht jedes interessierte Unternehmen das Recht, ein Angebot abzugeben. Der öffentliche Auftraggeber fordert vielmehr von ihm für geeignet gehaltene Unternehmen in der Regel schriftlich auf, ein Angebot abzugeben. Bei der Entscheidung, welche und wie viele Unternehmen er zur Angebotsabgabe auffordert, hat der Auftraggeber § 7 zu beachten.

17 Insbesondere sollen mehrere – im Allgemeinen mindestens drei – Bewerber zur Angebotsabgabe aufgefordert werden (§ 7 Nr. 2 Abs. 2) und unter den Bewerbern mög-

---

[26] *Kulartz* in: Kulartz/Kus/Portz, § 101 Rn. 7.

lichst gewechselt werden (§ 7 Nr. 2 Abs. 4). Außerdem sind regelmäßig auch kleine und mittlere Unternehmen in angemessenem Umfang zur Angebotsabgabe aufzufordern (§ 7 Nr. 3).

Im Unterschied zu den Regelungen für das Nichtoffene Verfahren bei europaweiten Ausschreibungen (siehe § 3 a Nr. 1 Abs. 1 und Abs. 2) ist die Durchführung eines vorgeschalteten öffentlichen Teilnahmewettbewerbs für die Beschränkte Ausschreibung nicht zwingend vorgeschrieben. Eine Verpflichtung zur Erkundung des in Betracht kommenden Bewerberkreises im Wege eines vorgeschalteten Teilnahmewettbewerbs besteht für den öffentlichen Auftraggeber jedoch dann, wenn er keine ausreichende Marktübersicht hat (§ 5 Nr. 1 i. V. m. Nr. 2 Abs. 1). 18

III. Freihändige Vergabe (§ 3 Nr. 1 Abs. 3)

Die freihändige Vergabe unterscheidet sich von der Öffentlichen und Beschränkten Ausschreibung dadurch, dass für sie kein förmliches Verfahren vorgesehen ist. Dies bedeutet allerdings nicht, dass die freihändige Vergabe völlig nach freiem Ermessen durchgeführt werden könnte. Auch für die freihändigen Vergaben gelten die zentralen vergaberechtlichen Grundsätze des Wettbewerbes, der Transparenz und der Gleichbehandlung.[27] Wesentliches Merkmal der freihändigen Vergabe ist, dass im Gegensatz zur Öffentlichen und Beschränken Ausschreibung jede Art von Verhandlungen mit den Bietern zulässig ist, also auch – unter Beachtung der vorstehend erwähnten vergaberechtlichen Grundsätze – Preisverhandlungen.[28] 19

Entsprechend den Erläuterungen des Deutschen Verdingungsausschusses für Leistungen (DVAL) sollen alle Vorschriften der VOL/A (Basisparagrafen) unmittelbar auch für die freihändige Vergabe gelten, soweit Abweichungen nicht in der Überschrift einzelner Vorschriften oder im Text kenntlich gemacht sind. Die freihändige Vergabe ist also nicht mit dem Einkauf der privaten Wirtschaft vergleichbar, die bei ihrer Bedarfsdeckung an keinerlei Vorschriften gebunden ist. 20

IV. Teilnahmewettbewerb (§ 3 Nr. 1 Abs. 4)

Nach dieser Vorschrift soll der Beschränkten Ausschreibung und der Freihändigen Vergabe – soweit dies zweckmäßig ist – eine öffentliche Aufforderung vorangehen, sich um die Teilnahme zu bewerben. Ein solcher vorgeschalteter öffentlicher Teilnahmewettbewerb bildet zusammen mit der Beschränkten Ausschreibung bzw. Freihändigen Vergabe ein einheitliches Verfahren.[29] Ein Teilnahmewettbewerb lediglich zum Zwecke der Markterkundung ohne die Absicht zur Auftragsvergabe ist nicht zulässig.[30] Zur Durchführung ist der öffentliche Auftraggeber verpflichtet, wenn er nur 21

---

27 Vgl. auch *Stickler* in: Kapellmann/Messerschmidt, Kommentar zur VOB, 2. Auflage, § 3 Rn. 26.
28 Vgl. auch *Fett* in: Müller-Wrede (Hrsg.), Kommentar zur VOL/A, 1. Auflage, § 3 Rn. 27.
29 *Kulartz* in: Kulartz/Kus/Portz, § 101 Rn. 8.
30 VK Brandenburg 17. 9. 2002, VK 50/02.

eine ungenügende Übersicht über die auf dem auftragsrelevanten Markt tätigen geeigneten Unternehmen hat (§ 7 Nr. 1 und Nr. 2 Abs. 1).

22 Der **vorgeschaltete Teilnahmewettbewerb** dient dazu, die Eignungsvoraussetzungen der Fachkunde, Leistungsfähigkeit und Zuverlässigkeit vor der eigentlichen Angebotsabgabe bei den Bewerbern zu ermitteln und entsprechende Nachweise, die durch den Gegenstand des Auftrags gerechtfertigt seien müssen (§ 7 Nr. 4), von ihnen zu verlangen. Nur solche Bewerber, die alle vom Auftraggeber aufgestellten und bekannt gemachten Eignungskriterien erfüllen und die geforderten Nachweise erbracht haben, kommen für die Auftragsvergabe, die in der zweiten Stufe des Vergabeverfahren erfolgt, in Betracht.[31] Angebote von Bietern, die nicht am Teilnahmewettbewerb teilgenommen haben und die nicht zur Angebotsabgabe aufgefordert worden sind, sind zwingend vom Vergabeverfahren auszuschließen.[32]

23 Der öffentliche Auftraggeber ist nicht verpflichtet, vor Eingang der Bewerbungen festzulegen, wie viele der geeigneten Bewerber er zur Angebotsabgabe einladen will. Er ist vielmehr befugt abzuwarten, wie viele Interessenten sich bewerben und dann eine angemessene Zahl aufzufordernder Bewerber zu bestimmen.[33] Zu Recht weist das BayObLG in seinem Beschl. v. 20. 4. 2005 daraufhin, dass der Auftraggeber – vor dem Hintergrund, dass ein Teilnahmewettbewerb auch dazu dient, ihm einen Überblick über die Marktverhältnisse zu verschaffen – nach dem Eingang der Bewerbungen wesentlich besser beurteilen kann, wie viele Unternehmen ein Interesse am Auftrag haben und für die Auftragsdurchführung geeignet sind.

24 Der öffentliche Auftraggeber hat jedoch die Regeln in § 7 Nr. 2 und 3 zu beachten, d. h. es sind regelmäßig mindestens drei Bewerber zur Angebotsabgabe aufzufordern, soweit eine ausreichende Zahl geeigneter Bewerber zur Verfügung steht. Allerdings kann der im gesamten Vergaberecht geltende Wettbewerbsgrundsatz (§ 97 Abs. 1 GWB) es auch erfordern, dass Angebote von einer größeren Zahl von Unternehmen einzuholen sind. Das wird von der Struktur des relevanten Marktes abhängen. Existiert eine große Zahl leistungsfähiger Anbieter, so wird die Einholung von nur drei Angeboten regelmäßig nicht ausreichen, um einen leistungsfähigen Wettbewerb zu schaffen. Außerdem sind auch kleine und mittlere Unternehmen in angemessenem Umfang zur Angebotsabgabe aufzufordern (§ 7 Nr. 3). Bei der Vergabe von Aufträgen über den Schwellenwerten gilt § 3 a Nr. 1 Abs. 2.

25 Die Verdingungsordnung legt nicht fest, nach welchen Kriterien der Auftraggeber die Bewerber auswählt, wenn mehrere geeignete Bewerber in Betracht kommen. Die Bewerber haben keinen subjektiven Anspruch auf Beteiligung an einem dem Teilnahmewettbewerb folgenden Nichtoffenen Verfahren. Selbst bei nachgewiesener grundsätzlicher Eignung kann ein Bewerber keinen Anspruch zur Angebotsabgabe geltend machen.[34]

---

31 *Kulartz* in: Kulartz/Kus/Portz, § 101 Rn. 11; *OLG Düsseldorf* Beschl. v. 25. 8. 2004, AZ. VII Verg 53/04; *VK Bund* Beschl. v. 19. 10. 2004, VK 3–191/04.
32 *Kulartz* in: Kulartz/Kus/Portz, § 101 Rn. 14.
33 *BayObLG* Beschl. v. 20. 4. 2005, Verg 26/04 mit einer Auseinandersetzung mit abweichenden Stimmen in der Literatur; *Kulartz* in Kulartz/Kus/Portz, § 101 Rn. 12.
34 *OLG Naumburg* Beschl. v. 28. 8. 2000, 1 Verg 5/00; *OLG Celle* Beschl. v. 14. 3. 2000, 13 Verg 2/00; *VK Südbayern* Beschl. v. 23. 11. 2004, 45–06/04.

Dem Auftraggeber steht somit ein Auswahlermessen zu, das er – auch im Hinblick auf die Zahl der aufzufordernden Bewerber – diskriminierungsfrei ausüben muss und dessen Ausübung er zu dokumentieren hat.[35]

Sein Auswahlermessen kann der Auftraggeber z. B. in der Form ausüben, dass er bestimmten bekannt gemachten Eignungsmerkmalen ein besonderes Gewicht beimisst und etwa unter besonderer Berücksichtigung der praktischen Erfahrung der Bewerber und der Zahl und Qualifikation des für die Auftragserteilung vorgesehenen Personals entscheidet. Der Grundsatz, wonach der Auftraggeber ein »mehr an Eignung« eines Bieters nicht berücksichtigen darf, gilt nur für die Phase der abschließenden Angebots- oder Zuschlagswertung. Dagegen ist in der Phase der Eignungsprüfung eine Abstufung zulässig. Die vorherige Bekanntgabe der Auswahlkriterien bzw. einer Bewertungsmatrix wird nicht ausdrücklich gefordert. Sie hat aber in jedem Fall zu erfolgen, wenn der Auftraggeber bereits vor der Vergabebekanntmachung solche Kriterien festgelegt hat.[36] Jedenfalls für EU-weite Ausschreibungen gilt außerdem die Pflicht, objektive und auftragsbezogene Kriterien zur Teilnehmerauswahl im **Vorhinein** festzulegen und in der Bekanntmachung zu veröffentlichen. Diese Pflicht folgt aus der richtlinienkonformen Auslegung der relevanten Vorschriften.[37] **26**

D. Vorrang der Öffentlichen Ausschreibung (§ 3 Nr. 2)

I. Regelverfahrensart

§ 3 Nr. 2 regelt das Verhältnis der Öffentlichen Ausschreibung zu der Beschränkten Ausschreibung und der Freihändigen Vergabe. Die Öffentliche Ausschreibung hat danach gegenüber den anderen Verfahrensarten Vorrang. Für die Vergabe öffentlicher Aufträge im Anwendungsbereich des 1. Abschnitts der VOL/A ist die Öffentliche Ausschreibung die **Regelverfahrensart**. Der Vorrang der strengsten Verfahrensart entspricht den Bestimmungen des Haushaltsrechts (vgl. § 30 HGrG, § 55 Abs. 1 BHO/LHOen) und soll die bestmögliche Verwendung öffentlicher Mittel gewährleisten.[38] Zudem soll durch den Vorrang der Öffentlichen Ausschreibung verhindert werden, dass die öffentlichen Auftraggeber bei der Vergabe neuer Aufträge aus Gründen der Bequemlichkeit stets auf »Hoflieferanten« zurückgreifen oder aus anderen Gründen bestimmte Unternehmen bevorzugen. Als Begründung für den Vorrang der Öffentlichen Ausschreibung wird darüber hinaus die Marktmacht öffentlicher Auftraggeber angeführt, die es ihnen häufig ermöglicht, in Verhandlungen, die in der Öffentlichen Ausschreibung unzulässig sind, erheblichen Druck auf die Bieter auszuüben.[39] **27**

---

35 Illustrativ *BayOblG* Beschl. v. 20. 4. 2005, Verg 26/04; *VK Südbayern* Beschl. v. 23. 11. 2004, 45–06/04.
36 *OLG Düsseldorf* Beschl. v. 29. 10. 2003, Verg 43/03 für das VOF-Verfahren; *EuGH* Urt. v. 12. 12. 2002, Rs. C 470/99 – Universale-Bau AG.
37 Bedeutsam sind hier die Erwägungsgründe 39 und 40 der Vergabekoordinierungsrichtlinie, hierzu ausführlich *VK Bund* 14. 6. 2007, Verg VK 1–50/07.
38 Vgl. *Müller* in: Daub/Eberstein, VOL/A, 5. Aufl. 2000, § 3 Rn. 13.
39 *Jasper* in: Motzke/Pietzcker/Prieß, VOB/A, 1. Aufl. 2001, § 3 Rn. 2.

II. Entbehrlichkeit einer Öffentlichen Ausschreibung

28 Eine Öffentliche Ausschreibung ist nach § 3 Nr. 2 nicht erforderlich, wenn »die **Natur des Geschäfts** oder **besondere Umstände** eine Ausnahme rechtfertigen«. Diese in § 3 Nr. 2 enthaltene Ausnahmeregelung nimmt nicht ausdrücklich auf die in § 3 Nr. 3 und Nr. 4 geregelte Zulässigkeit der Beschränkten Ausschreibung und der Freihändigen Vergabe Bezug. Daraus ergibt sich jedoch kein eigenständiger Anwendungsbereich der in § 3 Nr. 2 enthaltenen Ausnahmeregelung. Denn eine Öffentliche Ausschreibung kann stets als »unzweckmäßig« im Sinne von § 3 Nr. 3 oder § 3 Nr. 4 angesehen werden, wenn die Natur des Geschäfts oder besondere Umstände das Absehen von einer Öffentlichen Ausschreibung rechtfertigen. Einen weitergehenden Anwendungsbereich sollte der Ausnahmeregelung des § 3 Nr. 2 VOL/A auch angesichts des Fehlens zusätzlicher Tatbestandsmerkmale nicht zugeschrieben werden.[40]

29 Beim Vorliegen eines der in § 3 Nr. 3 und Nr. 4 genannten Ausnahmetatbestände kann ein öffentlicher Auftraggeber sich dennoch dafür entscheiden, eine Öffentliche Ausschreibung durchzuführen. Dies wird ihm weder durch die Ausnahmeregelungen noch durch § 3 Nr. 2 verwehrt.[41] Wenn sich ein öffentlicher Auftraggeber durch entsprechende Angaben in der Bekanntmachung oder den Verdingungsunterlagen zur freiwilligen Durchführung einer Öffentlichen Ausschreibung verpflichtet hat, ist er an diese Entscheidung grundsätzlich gebunden (insoweit gilt das »Alles oder Nichts«-Prinzip) und muss daher sämtliche Vorschriften der Öffentlichen Ausschreibung beachten.[42] Die **Wahl einer strengeren Verfahrensart** ist grundsätzlich unbedenklich, weil hierdurch den maßgeblichen Grundsätzen des Vergaberechts in größerem Maße entsprochen wird. Sie kann gleichwohl **im Einzelfall unzulässig** sein, wenn dadurch eine sachgerechte Befriedigung des Beschaffungsbedarfs nicht erreicht werden kann, zusätzliche Vergabefehler wahrscheinlich werden[43] oder der Auftraggeber den Bietern bereits ein bestimmtes Verfahren bekannt gegeben hat. Eine Öffentliche Ausschreibung ist auch dann unzulässig, wenn diese bei den Bietern Vertrauenstatbestände schaffen würde, obwohl von vornherein keine realistischen Erfolgsaussichten auf die Zuschlagserteilung bestehen, insbesondere weil ohnehin nur ein Unternehmen für den Zuschlag in Betracht kommt. Das gilt grundsätzlich auch dann, wenn bereits ein Ausschreibungsverfahren stattgefunden hat, in welchem keine bzw. keine wirtschaftlichen Angebote abgegeben wurden.[44]

---

40 Vgl. *1. VK Bund* Beschl. v. 20. 7. 2004, VK 1–75/04, Umdruck nach Veris, S. 7.
41 *Fett* in: Müller-Wrede, VOL/A, 1. Aufl. 2001, § 3 Rn. 39; vgl. für den Anwendungsbereich der VOB/A *Jasper* in: Motzke/Pietzcker/Prieß, VOB/A, 1. Aufl. 2001, § 3 Rn. 33; *Stickler* in: Kapellmann/Messerschmidt, VOB/A, § 3 Rn. 32.
42 Vgl. *VÜA Bayern* Beschl. v. 20. 10. 1999, VÜA 8/99; *Stickler* in: Kapellmann/Messerschmidt, VOB/A, 2. Aufl. 2007, § 3 Rn. 32.
43 Z. B. wegen des Vorliegens eines ungewöhnlichen Wagnisses bei der Durchführung einer öffentlichen Ausschreibung, wenn das Vorhaben besonders komplex ist.
44 *Fett* in: Müller-Wrede, VOL/A, 1. Aufl. 2001, § 3 Rn. 39.

III. Bieterschützender Charakter

Hinsichtlich des bieterschützenden Charakters der Regelung des § 3 Nr. 2 VOL/A ist **30** zu differenzieren. Grundsätzlich hat § 3 Nr. 2 VOL/A keinen bieterschützenden Charakter. Denn die Regelungen der VOL/A haben grundsätzlich nur bei Erreichen der EG-Schwellenwerte bieterschützende Wirkung im Rahmen des Vergabenachprüfungsverfahrens nach dem GWB. Das ergibt sich daraus, dass nur oberhalb der Schwellenwerte (vgl. § 100 Abs. 1 GWB) die Bieter einen durchsetzbaren Anspruch auf Einhaltung der Vergabevorschriften haben (§ 97 Abs. 7 GWB, §§ 4, 7 VgV).[45] Oberhalb der Schwellenwerte kann sich daher ein Bieter auf den Vorrang des Offenen Verfahrens (das der Öffentlichen Ausschreibung entspricht) berufen, weil die Hierarchie der Verfahrensarten ein möglichst hohes Maß an Objektivität und einen möglichst breiten Wettbewerb gewährleisten soll.[46] Dieser bieterschützende Charakter ergibt sich bei Erreichen der Schwellenwerte allerdings nicht unmittelbar aus § 3 Nr. 2, sondern beruht auf §§ 3 a und 3 b. Etwas anderes gilt jedoch dann, wenn trotz Überschreitens der Schwellenwerte § 3 unmittelbar anwendbar ist. Das ist insbesondere bei der Vergabe von Dienstleistungen im Sinne des Anhangs I B zur VOL/A der Fall (vgl. § 1 a Nr. 2 Abs. 2 und § 1 b Nr. 2 Abs. 2 VOL/A).

E. Zulässigkeit der Beschränkten Ausschreibung (§ 3 Nr. 3)

I. Allgemeines

Diese Vorschrift hat gegenüber der VOL/A-alt keine Änderung erfahren. Die Be- **31** schränkte Ausschreibung sieht vor, dass – im Gegensatz zur Öffentlichen Ausschreibung – nur ein begrenzter Teilnehmerkreis zur Angebotsabgabe aufgefordert wird. Somit ist nicht jedes interessierte Unternehmen berechtigt, ein Angebot abzugeben. Zur Erkundung, wer für die Teilnahme an der beschränkten Ausschreibung in Frage kommt bzw. hieran ein Interesse hat, kann der Beschränkten Ausschreibung ein öffentlicher Teilnahmewettbewerb vorangestellt werden (§ 3 Nr. 1 Abs. 4).

Bei der Beschränkten Ausschreibung ist der Wettbewerb im Vergleich zur Öffent- **32** lichen Ausschreibung stark eingeschränkt. Sie ist daher nur unter eng umgrenzten Bedingungen, die in § 3 Nr. 3 lit. a)–d) grundsätzlich abschließend[47] genannt sind, zulässig. Die Beweislast für das Vorliegen von Ausnahmetatbeständen liegt beim öffentlichen Auftraggeber.[48] Die Gründe, die im konkreten Einzelfall die Abweichung vom Grundsatz der Öffentlichen Ausschreibung rechtfertigen, sind daher sehr sorgfältig im Vergabevermerk zu dokumentieren (§ 3 Nr. 5 VOL/A), so dass eine spätere Nachprüfung der Richtigkeit der getroffenen Entscheidung möglich ist.[49] Dabei darf

---

45 *1. VK Bund* Beschl. v. 20. 7. 2004, VK 1–75/04, Umdruck nach Veris, S. 6; *2. VK Bund* Beschl. v. 19. 7. 2004, VK 2–79/04, Umdruck nach Veris, S. 6; *3. VK Bund* Beschl. v. 20. 7. 2004, VK 3–77/04, Umdruck nach Veris, S. 6.
46 *VK Brandenburg* Beschl. v. 23. 11. 2004, VK 58/04, Umdruck nach Veris, S. 9.
47 Erläuterungen zu VOL/A (Anh. III), § 3 Nr. 3.
48 *OLG Naumburg* 10. 11. 2003, 1 Verg 14/03.
49 *Schaller* ZKF 2005, 8, 10.

es sich der öffentliche Auftraggeber nicht leicht machen.[50] Pauschale Begründungen und bloß subjektive Einschätzungen, ohne Untermauerung durch objektiv nachprüfbare Fakten, reichen regelmäßig nicht aus.

33 Auch bei Vorliegen eines der Ausnahmetatbestände des § 3 Nr. 3 kann der öffentliche Auftraggeber grundsätzlich dennoch eine Öffentliche Ausschreibung wählen. Dies ergibt sich aus der Formulierung der Vorschrift, wonach eine Beschränkte Ausschreibung nur stattfinden »soll«.[51] Ein subjektives Recht eines Bieters auf die Wahl einer Beschränkten statt einer Öffentlichen Ausschreibung dürfte zu verneinen sein.

34 Hat der öffentliche Auftraggeber das Vorliegen der Voraussetzungen für eine Beschränkte Ausschreibung zu Unrecht angenommen, so ist das Vergabeverfahren von Anfang an mit einem schwerwiegenden und nicht heilbaren Mangel behaftet, der die Aufhebung des gesamten Vergabeverfahrens rechtfertigt.

II. Außergewöhnliche Anforderungen an die Eignung (§ 3 Nr. 3 lit. a)

35 Nach § 3 Nr. 3 lit. a ist eine Beschränkte Ausschreibung zulässig, wenn die Leistung nach ihrer Eigenart nur von einem beschränkten Kreis von Unternehmen in geeigneter Weise ausgeführt werden kann, besonders, wenn außergewöhnliche Anforderungen an Fachkunde, Leistungsfähigkeit oder Zuverlässigkeit der Bewerber gestellt werden. Das kann z. B. der Fall sein, wenn die geforderte Leistung ein spezialisiertes Fachwissen erfordert, dass im Rahmen eines normalen Ausbildungsgangs nicht erworben werden kann oder wenn nur wenige Spezialfirmen über die erforderlichen Fachkenntnisse, die Erfahrung, die erforderliche technische und personelle Ausstattung oder den erforderlichen Grad der Spezialisierung verfügen. Auch wenn die ausgeschriebene Leistung neu und ungewöhnlich ist, können die Voraussetzungen des § 3 Nr. 3 lit. a vorliegen. Die rein subjektive Einschätzung des Auftraggebers ist dabei allerdings nicht maßgebend.[52] Die Voraussetzungen können z. B. bei komplizierten Ingenieursleistungen gegeben sein. Dagegen werden sie beim Abtransport von Müll in der Regel nicht vorliegen.[53]

36 Die Voraussetzungen für eine Beschränkte Ausschreibung nach § 3 Nr. 3 lit. a hat das OLG Naumburg für den Bereich der Beratung von Existenzgründern verneint.[54] Die Tatsache, dass es sich hierbei um einen Ausschnitt aus dem großen Bereich der kaufmännischen Beratung handele, bedeute nicht, dass hierfür ein Fachwissen erforderlich sei, welches gegenüber dem für die allgemeine kaufmännische Beratung nötigen Fachwissen ein seltenes Spezialwissen erfordere, das nur von wenigen Unternehmen bewältigt werden könne. Der Hinweis der Vergabestelle, es müsse ein hohes Niveau der Qualifizierung gesichert werden, stelle eine Selbstverständlichkeit dar. Insofern könne die Vergabestelle konkrete Eignungskriterien festlegen. Auch die Betreuung

---

50 *Noch* S. 233.
51 *OLG Düsseldorf* Beschl. v. 27. 10. 2004, AZ Verg 52/04.
52 Ausführlich *OLG Naumburg* Beschl. v. 10. 11. 2003, 1 Verg 14/03.
53 *Noch* S. 235.
54 *OLG Naumburg* Beschl. v. 10. 11. 2003, 1 Verg 14/03.

von durchschnittlich 55 Existenzgründern gleichzeitig, stelle keine außergewöhnlichen Anforderungen an die Leistungsfähigkeit der Unternehmen. Die Einteilung der ausgeschriebenen Dienstleistung in Einzellose führe auch zu einer Verringerung des Leistungsvolumens pro Unternehmer, so dass ein größerer Kreis von Anbietern für die Ausführung von Teilaufträgen in Frage komme. Schließlich stelle auch das Eignungskriterium der Zuverlässigkeit keine erhöhten Anforderungen. Die von der Vergabestelle geforderten Nachweise über die Zuverlässigkeit und Vertrauenswürdigkeit könnten auch im Offenen Verfahren durch Bürgschaften, Zeugnisse, Behördenbescheinigungen oder Ähnliches erbracht werden.

III. Unverhältnismäßiger Aufwand bei Öffentlicher Ausschreibung (§ 3 Nr. 3 lit. b)

Eine Beschränkte Ausschreibung ist auch zulässig, wenn die Öffentliche Ausschreibung für den Auftraggeber oder die Bewerber einen Aufwand verursachen würde, der zu dem erreichbaren Vorteil oder dem Wert der Leistung im Missverhältnis steht. Vom öffentlichen Auftraggeber wird somit verlangt, dass er eine Vergleichsrechnung anstellt, bei der die zusätzlichen (Schätz-)Kosten, die die Durchführung eines öffentlichen Vergabeverfahren bei der Vergabestelle und den Bietern verursacht, dem durch das öffentliche Verfahren erreichbaren Vorteil oder dem Wert der Leistung gegenübergestellt werden.

37

Dabei ist in drei Schritten vorzugehen, die je für sich auch dokumentiert werden müssen:

38

a) Der Auftraggeber muss im Rahmen des § 3 Nr. 3 lit. b VOL/A eine Prognose anstellen, welchen konkreten Aufwand eine Öffentliche Ausschreibung sowohl bei ihm als auch bei der noch unbekannten Anzahl potenzieller Bieter voraussichtlich verursachen würde.

Dabei hat er den konkreten Kalkulationsaufwand eines durchschnittlichen Bieters für die Erstellung und Übersendung der Angebote und dessen sonstige Kosten (Einholung von Auskünften bei Zulieferern etc.) zu schätzen. Zu den Kosten, die bei der Vergabestelle entstehen, gehören z. B. durch das Vergabeverfahren verursachte Personalkosten, der Aufwand für die Prüfung und Wertung der voraussichtlich eingehenden Angebote und die voraussichtliche Anzahl der benötigten, zu übersendenden Verdingungsunterlagen.[55] Bei der Ermittlung der Kosten des Verfahrens kann der Auftraggeber auch auf Erfahrungswerte parallel gelagerte Ausschreibungen bzw. auf eigene, durch Fakten untermauerte Schätzungen zurückgreifen.

b) Von den Kosten des Öffentlichen Verfahrens sind die Kosten abzuziehen, die sowieso – also auch bei einer Beschränkten Ausschreibung (unter Umständen mit vorgeschaltetem Teilnehmerwettbewerb) – entstehen.[56] Auch die im Offenen Verfahren

---

[55] *Fett* in: Müller-Wrede (Hrsg.), Kommentar zur VOL/A, 1. Auflage, § 3 Rn. 56, im Einzelnen auch *VK Sachsen* Beschl. v. 20. 8. 2004, 1/SVK/067–04.
[56] Z. n. B. *VK Sachsen* Beschl. v. 20. 8. 2004, 1/SVK/067–04.

im Gegensatz zu anderen Verfahrensarten bestehende Möglichkeit zur Refinanzierung der Vervielfältigungskosten für die Verdingungsunterlagen bei den Bietern (§ 20 Nr. 1 Abs. 1 VOL/A) ist zu berücksichtigen.

c) Der so ermittelte zusätzliche Kostenaufwand bei der Durchführung einer Öffentlichen Ausschreibung gegenüber einer Beschränken Ausschreibung ist unerheblich, wenn kein Missverhältnis zum erreichbaren Vorteil oder zum Leistungswert besteht.

39 Der erreichbare Vorteil einer Öffentlichen Ausschreibung besteht in der im Verhältnis zur Beschränkung des Wettbewerbs auf wenige Bieter wirtschaftlicheren Beschaffung. Neben niedrigeren Angebotssummen ist bei funktionalen Ausschreibungen oder bei der Zulassung von Nebenangeboten auch eine größere Bandbreite von technischen Lösungen zu erwarten.[57] In einem von der VK Sachsen entschiedenen Fall,[58] in dem es um Reinigungsleistungen ging, lag der Aufwand für eine Offenes Verfahren um 7500 Euro höher als für die beschränkte Ausschreibung. Dies entsprach etwa 1% der geschätzten Auftragssumme. Somit wäre der zusätzliche Aufwand für eine Öffentliche Ausschreibung/ein Offenes Verfahren bei einem realistischerweise zu erwartenden um 7500 Euro niedrigerem Angebot im Offenen Verfahren/bei Öffentlicher Ausschreibung bereits ausgeglichen worden. Nach den Ausführungen der VK Sachsen liegen die Voraussetzungen für die Zulässigkeit einer Beschränkten Ausschreibung selbst dann nicht vor, wenn – im konkreten von der VK Sachsen entschiedenen Fall – ein um 7500 Euro niedrigeres Angebot nicht erwartet werden kann. Erst ein Missverhältnis zwischen erreichbarem Vorteil und zusätzlichem Aufwand, also ein Aufwand, der den erreichbaren Vorteil um ein Vielfaches überschreitet, rechtfertige es, vom Grundsatz des Vorrangs des Offenen Verfahrens bzw. der Öffentlichen Ausschreibung abzuweichen. Dies ist wohl aber nicht zwingend. Ein Missverhältnis kann im Einzelfall auch dann bestehen, wenn der bei Durchführung eines Offenen Verfahrens bzw. einer Öffentlichen Ausschreibung erreichbare Vorteil den zusätzlichen Aufwand nicht ausgleicht, also insgesamt Einsparungen für die öffentliche Hand nicht realisiert werden können. Um kein Einfallstor für Haus- und Hoflieferantentum zu schaffen, dürften in einem solchen Fall an die Sorgfalt der Prognoseberechnungen und die Dokumentationspflicht besonders strenge Anforderungen zu stellen sein.

40 Die Beschränkte Ausschreibung ist auch dann zulässig, wenn ein Missverhältnis zum Wert der ausgeschriebenen Leistung besteht. Ein Missverhältnis dürfte jedenfalls dann vorliegen, wenn die Kosten einer Öffentlichen Ausschreibung annähernd den Wert der zu beschaffenden Leistung erreichen.[59] Kein Missverhältnis liegt jedenfalls vor, wenn der zusätzliche Aufwand des Offenen Verfahrens weniger als 5% der geschätzten Auftragssumme ausmacht.[60] *Noch*[61] will die Wirtschaftlichkeitsgrenze bei 10% ziehen. Auch hier wird es jedoch wieder entscheidend auf die Umstände des Einzelfalles ankommen. Dabei dürfte auch der absolute Auftragswert eine Rolle spielen,

---

57 *Fett* in: Müller-Wrede (Hrsg.), Kommentar zur VOL/A, 1. Auflage, § 3 Rn. 58.
58 *VK Sachsen* Beschl. v. 20. 8. 2004, 1/SVK/067–04.
59 *Fett* in: Müller-Wrede (Hrsg.), Kommentar zur VOL/A, 1. Auflage, § 3 Rn. 59.
60 *VK Sachsen* Beschl. v. 20. 8. 2004, 1/SVK/067–04.
61 *Noch* S. 236 unter Berufung auf *VK Magdeburg* Beschl. v. 13. 2. 2003, VK 01/03 MD – »Standortmarketing«, der allerdings eine anders gelagerte rechtliche Problematik betraf.

d. h. je kleiner dieser ist, desto eher dürfte ein Missverhältnis zwischen Aufwand und Auftragswert zu bejahen sein.[62]

IV. Unwirtschaftliches Ergebnis einer Öffentlichen Ausschreibung (§ 3 Nr. 3 lit. c)

Eine Beschränkte Ausschreibung kann stattfinden, wenn eine öffentliche Ausschreibung kein wirtschaftliches Ergebnis gehabt hat. Dieser Tatbestand deckt sich mit dem Aufhebungsgrund nach § 26 Nr. 1 lit. c, auf dessen Kommentierung hier verwiesen wird. Voraussetzung für die Inanspruchnahme dieses Tatbestandes ist daher die formale Aufhebung einer vorangegangenen Öffentlichen Ausschreibung (§ 26 Nr. 5).[63] 41

V. Unzweckmäßigkeit aus anderen Gründen (§ 3 Nr. 3 lit. d)

Eine Beschränkte Ausschreibung kann auch stattfinden, wenn eine Öffentliche Ausschreibung aus anderen als in den § 3 Nr. 3 lit. a, b und c genannten Gründen unzweckmäßig ist. Beispielhaft werden Geheimhaltung und Dringlichkeit genannt. 42

Im Fall der Geheimhaltungsbedürftigkeit (z. B. bei sicherheitssensiblem Bedarf von Militär, Polizei, Justizvollzugsanstalten und Flughäfen) des auszuschreibenden Leistungsgegenstandes wird regelmäßig eine Freihändige Vergabe stattfinden. Auf die Kommentierung des § 3 Nr. 4 lit. g wird daher verwiesen. 43

Auch die Dringlichkeit eines Beschaffungsbedarfs kann die Unzweckmäßigkeit einer Öffentlichen Ausschreibung begründen und eine Beschränkte Ausschreibung oder sogar die Freihändige Vergabe (§ 3 Nr. 4 lit. f) rechtfertigen. An das Maß der Dringlichkeit werden für die Beschränkte Ausschreibung jedoch geringere Anforderungen zu stellen sein als für die Freihändige Vergabe.[64] 44

Dringlichkeit erfordert die im Zeitpunkt der Entscheidung der Vergabestelle nach objektiven Gesichtspunkten festzustellende Eilbedürftigkeit des Beschaffungsvorhabens. Als Element eines Ausnahmetatbestands ist der Begriff der Dringlichkeit eng auszulegen. Die den Begriff ausfüllenden Umstände sind vom öffentlichen Auftraggeber darzulegen und notfalls nachzuweisen. Ferner sind die eine Dringlichkeit begründenden Umstände grundsätzlich in eine Abwägung der für eine beschleunigte Vergabe streitenden Belange des Auftraggebers gegen das Interesse potentieller Bieter an der Durchführung eines regelmäßigen Vergabeverfahrens abzuwägen. Dabei hat sich das Interesse des Auftraggebers den Belangen der Bewerber oder Bieter in der Regel unterzuordnen, wenn die zur Begründung der Dringlichkeit angeführten besonderen Umstände dem Auftraggeber selbst zuzuschreiben sind oder am Entstehen der Dring- 45

---

62 Vgl. hierzu die Ausführungen zur entsprechenden VOB-Regelung bei *VK Sachsen* Beschl. v. 20. 8. 2004, 1/SVK/067–04.
63 *Noch* S. 237.
64 *Dippel* in: Vergaberecht, Juris Praxiskommentar, § 3 VOB/A Fn. 17.

lichkeit eigene Versäumnisse des Auftraggebers mitgewirkt haben.[65] Der Grund für diese Einschränkung ist, dass es andernfalls der öffentliche Auftraggeber in der Hand hat, die Voraussetzungen der Dringlichkeit zu schaffen und sich dadurch den Anforderungen eines regelmäßigen Vergabeverfahrens zu entziehen. Andererseits kann es auf ein Verschulden des öffentlichen Auftraggebers jedoch dann nicht ankommen, wenn schützenswerte Rechtsgüter Dritter betroffen sind, wie das z. B. bei einem Interesse von Schülern an einem fristgerechten Ausbildungsbeginn der Fall sein kann. Eine pauschale Nichtberücksichtigung dieser Drittinteressen, wenn deren Beeinträchtigung schuldhaft durch Versäumnisse des öffentlichen Auftraggebers verursacht worden ist, erscheint mir jedenfalls sehr fraglich. Es sollte hier noch einmal in die Güterabwägung eingetreten werden.

46 Konkret muss zur Feststellung einer die Beschränkte Ausschreibung rechtfertigende Dringlichkeit eines Beschaffungsvorhabens zunächst das Bestehen einer ausreichend ernstzunehmenden Gefahrenlage festgestellt werden sowie die Bedrohung von hochwertigen immateriellen und materiellen Rechtsgütern infolge dieser Gefahrenlage. Der Grad der Wahrscheinlichkeit, dass die Gefahrenlage sich realisiert, kann umso geringer sein, je größer der zu erwartende Schaden bzw. je hochwertiger das gefährdete Rechtsgut ist. Der Beschaffungsgegenstand muss außerdem geeignet sein, der Gefahrenlage entgegenzuwirken.

47 Diese Voraussetzungen hat das OLG Düsseldorf in einem Fall bejaht, in dem es um die Vergabe eines Auftrags zur Lieferung eines Einsatzleitsystems zur Unterstützung der polizeilichen Einsatzleitung des Bundesgrenzschutzes als Bestandteil der im Zusammenhang mit den Anschlägen vom 11. September 2001 in Kraft getretenen Maßnahmen des Anti-Terror-Pakets der Bundesregierung ging.[66]

48 In einem anderen Fall hat das OLG Düsseldorf diese Voraussetzungen verneint.[67] Im zu entscheidenden Fall beabsichtigte die Vergabestelle die Beschaffung von Beratungsleistungen im Zusammenhang mit der Veräußerung ihrer Anteile an einem privatrechtlichen Unternehmen. Die Eilbedürftigkeit ergab sich nach Auffassung der Vergabestelle aus politisch vorgegebenen internen Zeitplänen. Das OLG hat festgestellt, dass sich solche Zeitpläne dem Vergaberechtsregime unterzuordnen haben und nicht umgekehrt. Zudem seien auch keine erheblichen Nachteile ersichtlich, die durch die geringfügige Verzögerung bei Durchführung eines regelmäßigen Vergabeverfahrens verursacht würden. Unabhängig davon überwiege das Interesse der Vergabestelle an einer beschleunigten Vergabe nicht die Interessen potentieller Bewerber an der Einhaltung eines regelmäßigen Vergabeverfahrens, da die Vergabestelle durch eigene Versäumnisse dazu beigetragen hat, dass die Beschaffung dringlich geworden war. Der Bedarf an Beratungsleistungen sei schon zu einem früheren Zeitpunkt erkennbar gewesen, so dass eine regelmäßige Ausschreibung rechtzeitig hätte eingeleitet

---

65 *OLG Düsseldorf* Beschl. v. 1. 8. 2005, 41/05 in Zusammenhang mit § 14 Abs. 1 VOF und unter Hinweis auf *OLG Düsseldorf* Beschl. v. 17. 7. 2002, Verg 30/02 und *EuGH* Urt. v. 14. 9. 2004, Rs. C-385/03 – Kommission/Republik Italien.
66 *OLG Düsseldorf* Beschl. v. 17. 7. 2002, Verg 30/02 in Zusammenhang mit § 18 a Nr. 2 Abs. 1 Satz 1 VOL/A a. F.
67 *OLG Düsseldorf* Beschl. v. 1. 8. 2005, Verg 41/05 zu § 14 Abs. 1 VOF.

werden können. Der Zeitdruck, unter dem die Vergabestelle stand, war somit vermeidbar gewesen.

Geheimhaltung und Dringlichkeit sind nur Beispielsfälle des als Auffangtatbestand konzipierten § 3 Nr. 3 lit. d. Insofern ist § 3 Nr. 3 nicht abschließend. **49**

F. Zulässigkeit der Freihändigen Vergabe (§ 3 Nr. 4)

Die vergaberechtlichen Vorschriften über die Vergabeart schreiben ebenso wie die Vorschriften des staatlichen Haushaltsrechtes für den Abschluss von Verträgen über Lieferungen und Leistungen grundsätzlich die öffentliche Ausschreibung vor (»Soll«). Nur besondere Umstände rechtfertigen eine freihändige Vergabe. Diese besonderen Umstände sind als **abschließende Ausnahmetatbestände** in § 3 Nr. 4 VOL/A aufgeführt.[68] **50**

I. Nur ein bestimmtes Unternehmen kommt in Betracht (§ 3 Nr. 4 a)

Der Auftraggeber kann freihändig vergeben, wenn die zu vergebende Lieferung oder Dienstleistung nur von einem bestimmten Lieferanten oder Dienstleistungserbringer ausgeführt werden kann. Der Anwendungsbereich der Vorschrift beschränkt sich mithin auf die Fälle, in denen eine öffentliche oder beschränkte Ausschreibung irreführend wäre, da der Auftrag nur von einem einzigen Unternehmen ausgeführt werden kann. Es bedarf des Nachweises, dass allein dieses eine Unternehmen für die Ausführung des Auftrages in Betracht kommt.[69] **51**

Eine **monopolartige Kompetenz** eines Unternehmens kann sich aus einer einzigartigen besonderen Befähigung oder technischen Ausstattung ergeben.[70] Dennoch ist auszuschreiben, wenn zwar zum Zeitpunkt einer Markterkundung nur ein Dienstleister den Auftrag erfüllen kann, bis zur Ausschreibung bzw. zum Zuschlagstermin andere sich aber diese Fähigkeiten oder Ausstattungen aneignen bzw. erwerben können. **52**

Es dürfte nur selten zuverlässig festzustellen sein, dass der vorliegende Ausnahmetatbestand vorliegt, ist es doch gerade auch ein Aspekt des mit der Ausschreibung verfolgten Zieles, neue Bewerber auf den Markt zu bringen. Fehlt hier die eindeutige Marktübersicht des Auftraggebers, so hat er aus Wettbewerbsgründen jedenfalls zu überlegen, ob er nicht zumindest einen öffentlichen Teilnahmewettbewerb vorschaltet. **53**

---

68 Vgl. auch *Fett* in: Müller-Wrede (Hrsg.), Kommentar zur VOL/A, 1. Auflage, § 3 Rn. 83.
69 Vgl. *EuGH* Urt. v. 3. 5. 1994 in der Rechtssache C-328/92, Slg. 1994, I-1569; vgl. auch *Fett* in: Müller-Wrede (Hrsg.), Kommentar zur VOL/A, 1. Auflage, § 3 Rn. 88; *VK Schleswig-Holstein* Beschl. v. 18. 12. 2002, VK-SH 16/02.
70 Vgl. auch *Müller-Wrede* (Hrsg.) Kommentar zur VOF, 2. Auflage, § 5 Rn. 61.

Kulartz

II. Anschlussaufträge nach Entwicklungsleistungen (§ 3 Nr. 4 b)

54 Ein weiterer Fall, in dem die freihändige Vergabe zugelassen ist, liegt vor, wenn im Anschluss an Entwicklungsleistungen Aufträge an Unternehmen, die an der Entwicklung beteiligt waren, »vergeben werden müssen«. **Entwicklungsleistungen sind Leistungen, durch die Unternehmen** aufgrund planmäßiger, **auf naturwissenschaftlich-technische Neuerungen gerichteter Tätigkeit** Erzeugnisse oder Technologien schaffen oder verbessern.[71]

55 Bei der Entwicklung spezieller Güter für die öffentliche Hand ist aufgrund entgegenstehender Marktbedingungen eine Trennung von Entwicklungs- und Lieferaufträgen, die dem Auftraggeber die freie Verwertung des Entwicklungsergebnisses verschaffen würden, nicht immer möglich. Vielfach wird ein Unternehmen Entwicklungsleistungen für die öffentliche Hand nur dann übernehmen, wenn sein Kalkulations- und Investitionsrisiko durch den Auftraggeber schon in der Phase der Entwicklung abgemildert wird. Dies geschieht häufig durch eine Fertigungszusage.[72] Dabei wird der Entwicklungsauftrag mit einem späteren Lieferauftrag kombiniert. Die in Frage kommende(n) Firma/Firmen ist/sind nicht bereit, ohne Fertigungszusage der öffentlichen Bedarfsträger sich mit Entwicklungsarbeiten zu beschäftigen.

56 Der Auftraggeber muss allerdings die Fertigungszusage zeitlich und mengenmäßig möglichst knapp bemessen und darf weder einen angemessenen Umfang noch eine angemessene Zeit dabei überschreiten.

57 Die Vergabeart der freihändigen Vergabe steht allerdings nicht zur Verfügung, wenn mit ihrer Anwendung die Wettbewerbsbedingungen verschlechtert werden. Dies kann der Fall sein, wenn ein anderes Entwicklungsunternehmen parallel dasselbe oder ein gleich geeignetes oder annähernd gleich geeignetes Produkt entwickelt hat. In diesem Fall würde eine weitere Bevorzugung eines Entwicklungsunternehmens, dem man eine Fertigungszusage erteilt hat, den nunmehr tatsächlich beginnenden Wettbewerb verhindern und gegebenenfalls schlechtere Beschaffungsbedingungen erbringen.[73] Gegebenenfalls sind auch Parallelentwicklungen – unter Umständen nur für Teilbereiche – in Erwägung zu ziehen, um beispielsweise mehrere Lösungen der Entwicklungsaufgabe zur wahlweisen Auswertung zu erhalten, um damit für die Fertigung selbst nicht auf einen Bieter angewiesen zu sein oder um zu erreichen, dass die Entwickler sich eher bereit finden, Benutzungs- und Nachbarbaurechte einzuräumen.

III. Gewerbliche Schutzrechte (§ 3 Nr. 4 c)

58 Die Vorschrift die § 3 Nr. 4 c ist letztlich nur ein Spezialfall von § 3 Nr. 4 a insoweit, als ebenfalls aus einem besonderen Grunde **nur ein bestimmter Unternehmer** in Betracht kommt. Hier sind dies gewerbliche Schutzrechte zu Gunsten eines Unternehmens.[74]

---

71 Vgl. *Müller* in: Daub/Eberstein, 5. Auflage, § 3 Rn. 30.
72 Vgl. auch *Fett* in: Müller/Wrede (Hrsg.), Kommentar zur VOL/A, 1. Auflage, § 3 Rn. 96.
73 Vgl. auch *Fett* in: Müller/Wrede (Hrsg.), Kommentar zur VOL/A, 1. Auflage, § 3 Rn. 99.
74 Vgl. auch *Boesen* Kommentar zum Vergaberecht, § 101 GWB Rn. 98; *Külpmann* in: Kapellmann/Messerschmidt, Kommentar zur VOB, § 3 Rn. 49.

Werden Leistungen angefordert, auf denen gewerbliche Schutzrechte ruhen, so können sie nur vom Schutzrechtsinhaber erstellt und vom ihm bezogen werden, es sei denn, dass Dritte zur Nutzung dieser Rechte befugt sind. Zu den gewerblichen Schutzrechten, die dem begünstigen Unternehmen eine monopolartige Stellung einräumen, gehören eingetragene Marken, Vertriebslizenzen, Patente nach dem Patentgesetz, Urheberrechte nach dem Urheberrechtsgesetz und sonstige gewerblichen Schutzrechte, z. B. nach dem Geschmacksmuster und Gebrauchsmustergesetz. **59**

IV. Geringfügige Nachbestellungen (§ 3 Nr. 4 d)

Ziel einer Ausschreibung ist in erster Linie die wirtschaftliche Beschaffung. Es ist im Vergaberecht deshalb seit jeher anerkannt, dass **kleine Zusatzleistungen** jedenfalls dann nicht erneut ausgeschrieben werden müssen, wenn sie nur geringfügig sind, es bei den wirtschaftlichen Bedingungen der ursprünglichen Ausschreibung bleiben kann und sie bei der Vergabe der größeren Leistung unter Berücksichtigung der Sorgfaltspflichten des Auftraggebers noch nicht erkennbar oder hinreichend bestimmbar waren.[75] Die Vorschrift beschränkt die Nachbestellungen selbst auf höchstens 20% des Wertes der ursprünglichen Leistung. Geprüft werden muss ferner immer, ob nicht eine **Ausschreibung ein wirtschaftlicheres Ergebnis** – insbesondere zu einem deutlich späteren Zeitpunkt – bringen würde. Die bloße Behauptung, eine Ausschreibung ergebe kein wirtschaftlicheres Ergebnis, genügt als Begründung für eine freihändige Vergabe nicht, sofern sie nicht konkret untermauert werden kann. Häufig kann man die Wirtschaftlichkeit nur aufgrund eines erneuten Wettbewerbes feststellen, da sich dessen Voraussetzungen gegenüber dem Wettbewerb für den zu vergebenden Auftrag geändert haben können, ohne dass der Auftraggeber das beurteilen kann.[76] Bei Zweifeln empfiehlt sich deshalb eine Markterkundung. **60**

V. Bestellung von Ersatzteilen oder Zubehörstücken (§ 3 Nr. 4 e)

Bei Ersatzteilen oder Zubehörstücken für bestimmte Lieferungen gilt oftmals, dass diese **nur vom ursprünglichen Lieferanten hergestellt** werden bzw. hergestellt werden können. Die Vergabe an einen anderen Unternehmer wird deshalb einen wirtschaftlichen oder technischen Nachteil mit sich bringen. Es ist deshalb erlaubt, die Bestellung dieser Ersatzteile oder Zubehörstücke im Wege einer freihändigen Vergabe durchzuführen, weil anderenfalls bei Vergabe an einen anderen Unternehmer entweder wirtschaftliche oder technische Nachteile für den Auftraggeber entstehen würden. **61**

---

75 Vgl. auch *Müller-Wrede* in: Ingenstau/Korbion, Kommentar zur VOB, 10. Auflage, § 3 VOB/A Rn. 41.
76 Vgl. auch *Rusam* in: Heiermann/Riedl/Rusam, Kommentar zur VOB, 10. Auflage, § 3 Rn. 47.

VI. Besondere Dringlichkeit (§ 3 Nr. 4 f)

62 Ausschreibungsverfahren, und zwar sowohl das Öffentliche wie das Beschränkte sind in ihrem Ablauf von bestimmten Fristen (insbesondere Angebotsfristen) abhängig. Die freihändige Vergabe ist nicht an solche Vorgaben gebunden, so dass sie in Fällen besonderer Dringlichkeit ausnahmsweise die richtige Vergabeart sein kann. Aber auch bei einer Terminenge ist sehr sorgfältig zu prüfen, ob die **Dringlichkeit objektiv** so groß ist, dass eine Ausschreibung nicht möglich ist. Wenn hier von besonderer Dringlichkeit der Leistung die Rede ist, so wird der Ausnahmecharakter, unter dem hier die freihändige Vergabe steht, besonders deutlich.[77]

63 **Selbst verschuldete Dringlichkeit** des Auftraggebers rechtfertigt es nicht, später den Wettbewerb für Bieter einzuschränken.[78] Dies gilt auch für die Abrufbarkeit von Fördermitteln. Umstände, die die gesteigerte Dringlichkeit der Leistungsbeschaffung erfordern, dürfen nicht auf einem Verhalten des Auftraggebers bzw. einem Verhalten aus der Sphäre des Auftraggebers beruhen.[79] Außerdem sind die jeweiligen Fristen für die unterschiedlichen Verfahren immer miteinander zu vergleichen, um festzustellen, ob überhaupt durch eine freihändige Vergabe ein Zeitgewinn zu erzielen ist.[80]

64 In aller Regel – jedenfalls dann, wenn dies wirtschaftlich vertretbar ist – sollten freihändige Vergaben nur kürzere Zeiträume überbrücken, um eine anschließende öffentliche oder beschränkte Ausschreibung aus Wettbewerbsgründen zu ermöglichen.[81]

VII. Gründe der Geheimhaltung (§ 3 Nr. 4 g)

65 Wenn Gründe der Geheimhaltung vorliegen, ist der 4. Teil des GWB, der die Vergabe öffentlicher Aufträge oberhalb der Schwellenwerte regelt, ohnehin nicht anwendbar. Nach § 100 Abs. 2 lit. d) GWB gilt der 4. Teil des GWB über die Vergabe öffentlicher Aufträge nicht für Aufträge, die in Übereinstimmung mit den Rechts- und Verwaltungsvorschriften in der Bundesrepublik Deutschland für geheim erklärt werden und deren Ausführung nach diesen Vorschriften besondere Sicherheitsmaßnahmen erfordern oder wenn der Schutz wesentlicher Interessen des Staates es gebietet. Entsprechend ist also ein Geheimhaltungsgrad zu fordern, der zumindest überwiegend geheim zu haltende Fakten zum Ausdruck bringt.[82] Dabei kann entweder auf entsprechende Vorschriften der Verschlusssachenanweisung (VSA) oder von Sicherheitsüberprüfungsgesetzen Bezug genommen werden. Entsprechende Geheimhaltungsvorschriften sind insbesondere im Militärischen- und Justizbereich sowie bei der Polizei anzutreffen.[83] Ist ein entsprechender **Geheimhaltungsgrad** verfügt, dann ist die Ge-

---

77 Vgl. auch *Rusam* in: Heiermann/Ried/Rusam, Kommentar zur VOB, 10. Auflage, § 3 VOB/A Rn. 43; *Jasper* in: Beck'scher Kommentar zur VOB/A, § 3 Rn. 73.
78 Vgl. auch *VK Düsseldorf* Beschl. v. 30. 9. 2002, VK-26/2002-L.
79 Vgl. auch *Fett* in: Müller-Wrede, Kommentar zur VOL/A, § 3 Rn. 121.
80 Vgl. *2. VK Bund* Beschl. v. 31. 5. 2002, VK 2–20/02.
81 Vgl. auch *OLG Celle* Beschl. v. 29. 8. 2003, 13 Verg 15/03.
82 Vgl. auch *VK Brandenburg* Beschl. v. 22. 3. 2004, VK 6/04.
83 Vgl. auch *Fett* in: Müller/Wrede, Kommentar zur VOL/A, § 3 Rn. 126.

heimhaltung auch erforderlich im Sinne dieser Vorschrift. Eine zusätzliche Zweckmäßigkeitsprüfung ist dann nicht mehr erforderlich.[84]

VIII. Nicht eindeutig beschreibbare Leistung (§ 3 Nr. 4 h)

Eine freihändige Vergabe kommt ferner in Betracht, wenn die zu beschaffende Leistung nach Art und Umfang vor der Vergabe nicht so eindeutig und erschöpfend beschrieben werden kann, dass hinreichend vergleichbare Angebote erwartet werden können. **66**

Grundsätzlich hat der Auftraggeber gemäß § 8 Nr. 1 Abs. 1 VOL/A die Leistung eindeutig und so erschöpfend zu beschreiben, dass alle Bewerber die Beschreibung im gleichen Sinne verstehen müssen und die Angebote miteinander verglichen werden können. Der Auftraggeber gibt nicht nur vor, welche Aufgabe gestellt wird, sondern er legt auch die vom ihm gewünschte Lösung in den wesentlichen Punkten fest.[85] Aufgrund dessen können alle Bewerber (grundsätzlich ohne Rücksprache mit der Vergabestelle) ihre Preise kalkulieren und für die gewünschte Leistung Angebote einreichen, die problemlos miteinander vergleichbar sind. Der Auftraggeber erteilt sodann – ebenfalls grundsätzlich ohne weitere Verhandlung oder Rücksprache – den Zuschlag auf das günstigste Angebot. Steht die Lösung der Aufgabe dagegen nicht fest, ist die Leistung vorab nicht mehr hinreichend erschöpfend beschreibbar. Es **versagen sämtliche Beschreibungsvarianten** des § 8, so dass lediglich eine freihändige Vergabe in Betracht kommt. Diese Unmöglichkeit der Beschreibbarkeit der Leistung muss vor der Vergabe bestehen.[86] **67**

In der Praxis kommt der Tatbestand des § 3 Nr. 4 h weniger bei Lieferleistungen als bei »hochkomplexen« **Dienstleistungen** etwa im **IT-Bereich** vor.[87] **68**

Die Voraussetzungen für eine freihändige Vergabe nach dieser Vorschrift liegen auch vor, wenn der Auftraggeber sich vom bisherigen Vertragspartner aus besonderen Gründen (Insolvenzverfahren etc.) lösen muss.[88] **69**

IX. Besondere schöpferische Fähigkeiten (§ 3 Nr. 4 i)

Eine freihändige Vergabe kann auch für Leistungen gewählt werden, die besondere schöpferische Fähigkeiten verlangen. **70**

Diese Fallkonstellation ist vergleichbar mit der in h). Steht die Lösung der Aufgabe nicht fest, benötigt der Auftraggeber vielmehr gerade das **gestalterische-schöpferi- 71**

---

[84] Anderer Ansicht aber offensichtlich *Müller* in: Daub/Eberstein, Kommentar zur VOL/A, 5. Auflage, § 3 Rn. 38.
[85] Vgl. auch *OLG München* VergabeR 2006, 914 (920).
[86] Vgl. auch *Fett* in: Müller-Wrede, Kommentar zur VOL/A, § 3 Rn. 132.
[87] Vgl. auch *OLG Düsseldorf* Beschl. v. 13. 11. 2000, Verg 18/00.
[88] Vgl. auch *Jasper* in: Beck'scher Kommentar zur VOB/A, § 3 Rn. 68; *Fett* in: Müller-Wrede, Kommentar zur VOL/A, § 3 Rn. 133.

sche **Potential des Auftragnehmers** zur Ausarbeitung der optimalen Lösung, ist die Leistung ebenfalls vorab nicht mehr hinreichend beschreibbar. Hinreichend präzise Vorgaben für eine Leistungsbeschreibung könnte der Auftraggeber nur dann machen, wenn er dem Ergebnis möglicher geistig-schöpferischer Gestaltung vorgreift und selbst die Lösung vorgibt, mithin aber gerade eine eigenständige kreative Lösung, die gefunden werden soll, nicht möglich macht.[89] Wäre der Auftraggeber hierzu in der Lage, hätte er keinen Bedarf an der Leistung.

X. Zugelassene Kartelle (§ 3 Nr. 4 k)

72 Ein Fall der freihändigen Vergabe liegt auch dann vor, wenn Leistungen von Mitgliedern **zugelassener Kartelle** angeboten werden, die mit Preisabreden oder gemeinsamen Vertriebseinrichtungen verbunden sind und keine kartellfremden Bewerber – im In- oder Ausland – vorhanden sind, welche die nachgefragte Leistung anbieten können.

73 Es liegt auf der Hand, dass bei dieser Sachlage die Bedarfsdeckung nur beim Kartell möglich ist, Wettbewerb also ausscheidet. Im Grunde ist der Tatbestand des k) nur ein spezieller Fall des Buchstaben a) (»nur ein Unternehmen«).

XI. Börsenwaren (§ 3 Nr. 4 l)

74 Börsenwaren sind Güter, die in großen Mengen und definierten Qualitäten an so genannten Warenbörsen gehandelt werden. Der Preis wird an der Börse definiert, dabei spielen nicht nur Angebot und Nachfrage, sondern ebenso Spekulationen eine Rolle. Börsenwaren sind hauptsächlich Welthandelsgüter. Die Möglichkeit der freihändigen Vergabe beim **Kauf von Börsenwaren** spielt in der Praxis so gut wie keine Rolle, da die öffentliche Hand grundsätzlich nicht als Käufer an der Warenbörse auftreten darf. Im Übrigen ist bei derartigen Waren eine nahezu vollständige Markttransparenz garantiert, womit den vergaberechtlichen Grundsätzen des Wettbewerbes und der Transparenz sowie auch der Gleichbehandlung Rechnung getragen wird.

XII. Vorteilhafte Gelegenheit (§ 3 Nr. 4 m)

75 Eine »Vorteilhafte Gelegenheit« im Sinne dieser Vorschrift liegt nur dann vor, wenn es sich um **eine einmalige oder nur sehr kurzfristig sich bietende Beschaffungsmöglichkeit handelt,** die zudem noch Verkaufspreise unterhalb der üblichen Einkommenspreise für den Auftraggeber verspricht.[90] Es reicht mithin nicht aus, das etwa

---

[89] Vgl. auch *Matuschak* in: Dammert/Fett/Irmler/Knebelkamp/Mattuschak/Vavra, Praxishandbuch für die Vergabe von Bau- und Planungsleistungen nach VOB/A und VOF, Abschnitt C I Rn. 18 ff.; *Müller-Wrede* Kommentar zur VOF, 2. Auflage, § 2 Rn. 69 ff.
[90] *OLG Düsseldorf* Beschl. v. 8. 5. 2002, Verg 5/02; vgl. auch *Fett* in: Müller-Wrede, Kommentar zur VOL/A, § 3 Rn. 157.

ein Angebot äußerst günstig ist oder es unterhalb des üblichen Preisniveaus liegt, wenn es an der **Einmaligkeit der Beschaffungsmöglichkeit** fehlt. Eine solche Einmaligkeit kann beispielsweise in der Insolvenz eines Lieferanten liegen.

XIII. Erneute Ausschreibung nicht erfolgversprechend (§ 3 Nr. 4 n)

Wenn eine öffentliche oder eine beschränkte Ausschreibung aufgehoben wurde und eine erneute Ausschreibung ein wirtschaftliches Ergebnis verspricht, darf der Auftrag freihändig vergeben werden. Erste Voraussetzung ist mithin, dass die vorangegangene Ausschreibung nach § 26 VOL/A förmlich aufgehoben wurde. Ein formloser Übergang von einer Ausschreibung in eine freihändige Vergabe ist nicht zulässig.[91]

76

Wenn die **Aufhebungsvoraussetzungen** vorliegen, ist die freihändige Vergabe nur unter der weiteren Voraussetzung zulässig, dass eine **neue Ausschreibung kein wirtschaftliches Ergebnis verspricht**. Dies ist dann nicht der Fall, wenn der Auftraggeber die Gründe dafür, dass die Ausschreibung aufzuheben war, selbst beseitigen kann. Liegen die Gründe in der Sphäre des Auftraggebers und sind diese behebbar, so darf § 3 Nr. 4 n) nicht zur Anwendung kommen.[92] Ebenso kommt eine freihändige Vergabe nicht in Betracht, wenn lediglich prognostiziert wird, dass die bisherigen Bieter ihre Angebote verbessern, denn es kommt nach dem eindeutigen Wortlaut der Vorschrift (»... kein wirtschaftliches – und nicht: kein wirtschaftlicheres – Ergebnis verspricht«) darauf nicht an.[93]

77

XIV. Vergabe an besondere Einrichtungen (§ 3 Nr. 4 o)

Gemäß § 3 Nr. 4 o) kann der öffentliche Auftraggeber Leistungen auch dann freihändig vergeben, wenn die Vergabe der Leistungen an Justizvollzugsanstalten, Einrichtungen der Jugendhilfe, Aus- und Fortbildungsstätten oder ähnliche Einrichtungen beabsichtigt ist. Nach dem Wortlaut der Vorschrift genügt es, dass die Vergabe der Leistungen an die vorgenannten Einrichtungen durch die Vergabestelle »beabsichtigt« ist. Es müssen von dem Auftraggeber keine weiteren besonderen Umstände dargelegt und bewiesen sein, die die freihändige Vergabe an diese öffentlichen Einrichtungen rechtfertigen.[94]

78

Der besondere Umstand, der die freihändige Vergabe gemäß § 3 Nr. 4 o) rechtfertigt, ist der Ausschluss der öffentlichen Einrichtungen von der wettbewerblichen Vergabe durch § 7 Nr. 6 VOL/A. Die Möglichkeit der freihändigen Vergabe stellt hier einen **Ausgleich** dafür her, dass den **Einrichtungen nach 7 Nr. 6 VOL/A** eine Teilnahme am **Wettbewerb nicht möglich ist**. Insoweit handelt es sich um eine Privilegierung der dort genannten Einrichtungen.[95]

79

---

91 Vgl. auch *Jasper* in: Beck'scher Kommentar zur VOB/A, § 3 Rn. 74.
92 Vgl. auch *Fett* in: Müller-Wrede, Kommentar zur VOL/A, § 3 Rn. 163.
93 Vgl. insoweit *OLG Düsseldorf* Beschl. v. 25. 3. 2002, Verg 5/02.
94 Vgl. auch *1. VK Bund* Beschl. v. 20. 7. 2004, VK 1–78/04.
95 Vgl. *OLG Düsseldorf* Beschl. v. 23. 12. 2003, Verg 58/03.

80 Der Vergabestelle steht hinsichtlich der Entscheidung zur Durchführung des Verfahrens der freihändigen Vergabe gemäß § 3 Nr. 4 o) ein Entschließungsermessen zu.[96] Denn außer dass der Kreis der beteiligten Bieter auf die dort genannten Unternehmen beschränkt sein muss, stellt die Vorschrift nur noch auf das subjektive Element der Absicht der Vergabestelle ab und setzt damit den Ermessensspielraum des Auftraggebers voraus.[97]

XV. Zulassung bis zum bestimmten Höchstwert (§ 3 Nr. 4 p)

81 § 3 Nr. 4 p) stellt einen Sonderfall der freihändigen Vergabe bei so genannten **Bagatellbeschaffungen** dar.[98] Diese Sonderregelung erlaubt freihändige Vergaben, wenn sie durch Ausführungsbestimmungen von einem Bundes- oder auch Landesminister bis zu einem bestimmten Höchstwert zugelassen sind.

82 Die 4 Gründe (Verpflichtung zur schriftlichen Begründung § 3 Nr. 5), die zur Wahl der beschränkten Ausschreibung oder der freihändigen Vergabe geführt haben, müssen aktenkundig gemacht werden. Die Vorschrift muss dahin verstanden werden, dass keineswegs nur und in erster Linie eine Negativbegründung gefordert ist (weshalb etwa von einer öffentlichen oder beschränkten Ausschreibung abgesehen worden ist); es muss vielmehr auch klar gesagt werden, aus welchen Gründen im Einzelfall beschränkt ausgeschrieben oder freihändig vergeben worden ist. Diese Vorschrift stellt eine spezielle Ausgestaltung der ohnehin den Auftraggeber gemäß § 30 Nr. 1 treffenden Verpflichtung dar, über die einzelnen Stufen des Verfahrens und u. a. die Begründung der einzelnen Entscheidungen zeitnah einen Aktenvermerk zu fertigen.[99]

83 Die Einkaufsdienststelle muss bei der Prüfung, welche Vergabeart zu wählen ist, nicht allein die negativ dagegen, sondern auch die positiv für die einzelne Vergabeart sprechenden Gründe ermitteln, um sicher zu gehen, dass bei Abwägung des Pro und Contra das Schwergewicht der Motive für die gewählte Vergabeart spricht.

G. Dokumentation (§ 3 Nr. 5)

84 Öffentliche Auftraggeber sind nach § 3 Nr. 5 verpflichtet, die **Gründe für ein Abweichen** von dem Vorrang der Öffentlichen und der Beschränkten Ausschreibung zu **dokumentieren**. § 3 Nr. 5 ist allerdings nur eine spezielle Ausgestaltung der allgemeinen und für das gesamte Vergabeverfahren geltenden Dokumentationspflicht nach § 30 Nr. 1. Diese verlangt, dass über die einzelnen Verfahrensstufen und die Begründung der in dem Vergabeverfahren getroffenen Entscheidungen ein Aktenvermerk gefertigt wird.[100]

---

96 Vgl. *OLG Düsseldorf* Beschl. v. 27. 10. 2004, Verg 52/04.
97 Vgl. auch *2. VK Bund* Beschl. v. 1. 9. 2005, VK 2–99/05.
98 Vgl. auch *Fett* in: Müller-Wrede, Kommentar zur VOL/A, § 3 Rn. 171.
99 Vgl. insoweit grundlegend *Brandenburgisches OLG* NZBau 2000, 44 f.
100 Vgl. zur Frage des Rechtsschutzes unterhalb der Schwellenwerte § 30 Rn. 15 ff.

Die Dokumentationspflicht dient vor allem der sorgfältigen und nachvollziehbaren **85** Durchführung des Vergabeverfahrens. Der Auftraggeber soll dazu angehalten werden, seine Entscheidungsgründe auf ihre Stichhaltigkeit zu überprüfen und Kontrollüberlegungen anzustellen, inwieweit ein Abweichen vom Vorrang der Öffentlichen Ausschreibung im konkreten Fall tatsächlich wegen des Vorliegens eines Ausnahmegrundes berechtigt ist.[101] Der Auftraggeber ist deshalb verpflichtet, die Zulässigkeit des gewählten Verfahrens zu dokumentieren und gegebenenfalls den konkreten Ausnahmegrund anhand individueller Angaben zu benennen. Nicht ausreichend ist insoweit, wenn die Vergabestelle ausschließlich diejenigen Gesichtspunkte aktenkundig macht, die allgemein für die Durchführung einer Öffentlichen bzw. Beschränkten Ausschreibung sprechen. Es muss vielmehr erkennbar sein, welche Gründe gerade in dem konkreten Einzelfall für das gewählte Verfahren gesprochen haben.[102] Es ist zudem jedenfalls aus rechtsstaatlichen und innerdienstlichen Gründen sinnvoll, wenn die schriftliche Begründung bereits vor dem Eintritt in das Vergabeverfahren vorgelegen hat.[103]

---

101 *Fett* in: Müller-Wrede, VOL/A, 1. Aufl. 2001, § 3 Rn. 178.
102 *Müller* in: Daub/Eberstein, 5. Aufl. 2000, VOL/A, § 3 Rn. 48.
103 *Schaller* in: Schaller, VOL/A, 3. Aufl. 2004, § 3 Rn. 15.

§ 4
Erkundung des Bewerberkreises

1. Vor einer Beschränkten Ausschreibung und vor einer Freihändigen Vergabe hat der Auftraggeber den in Betracht kommenden Bewerberkreis zu erkunden, sofern er keine ausreichende Marktübersicht hat.

2. (1) Hierzu kann er öffentlich auffordern, sich um Teilnahme zu bewerben (Teilnahmewettbewerb im Sinne von § 3 Nr. 1 Abs. 4).

    (2) Bei Auftragswerten über 5.000,00 € kann er sich ferner von der Auftragsberatungsstelle des Bundeslandes, in dem der Auftraggeber seinen Sitz hat, unter Beachtung von § 7 Nr. 1 geeignete Bewerber benennen lassen. Dabei ist der Auftragsberatungsstelle die zu vergebende Leistung hinreichend zu beschreiben. Der Auftraggeber kann der Auftragsberatungsstelle vorgeben, wie viele Unternehmen er benannt haben will; er kann ferner auf besondere Erfordernisse hinweisen, die von den Unternehmen zu erfüllen sind.

    Die Auftragsberatungsstelle soll in ihrer Mitteilung angeben, ob Sie in der Lage ist, noch weitere Bewerber zu benennen. In der Regel hat der Auftraggeber die ihm benannten Unternehmen zur Angebotsabgabe aufzufordern.

3. Weitergehende Vereinbarungen, welche die Zusammenarbeit zwischen Auftraggebern, dem Bundesministerium für Wirtschaft und Technologie und den Bundesländern bei der Vergabe von Aufträgen regeln, werden davon nicht berührt.

Inhaltsübersicht   Rn.

A. Allgemeines 1
   I. Sicherung des Wettbewerbs 2
   II. Einfluss des EG-Primärrechts (EG-Vertrag) 5
   III. Aufbau der Vorschrift 7
B. Pflicht zur Markterkundung (§ 4 Nr. 1 VOL/A) 8
C. Wege der Markterkundung (§ 4 Nr. 2 VOL/A) 12
   I. Direkter Weg: Befragen des Marktes selbst 13
   II. Indirekter Weg: Befragen der Marktkenner 14
D. Vereinbarungen nach § 4 Nr. 3 VOL/A 18
E. Rechtsschutz und Dokumentation 19

A. Allgemeines

1 Wenn die Vergabestelle Jedermann zur Angebotsabgabe zulassen will, wählt sie die Öffentliche Ausschreibung bzw. das Offene Vergabeverfahren, vgl. § 3 Nr. 1 Abs. 1 VOL/A bzw. § 101 Abs. 2 GWB. Der Wettbewerb um die Auftragsvergabe ist dann uneingeschränkt, da jeder Zugang zum Vergabeverfahren hat. Will die Vergabestelle hingegen die Teilnehmerzahl an der Auftragsvergabe von vornherein klein halten, so schränkt sie zwangsläufig automatisch den Wettbewerb ein. Da die öffentliche Hand jedoch einerseits aus Gründen der sparsamen Haushaltsführung und andererseits aus Art. 3 GG bei ihrer Beschaffung von Leistungen **im Grundsatz** zum **weitest möglichen Wettbewerb** verpflichtet ist, Leistungen als **in der Regel** diskriminierungsfrei im Wettbewerb zu vergeben, vgl. § 2 Nr. 1 Abs. 1, Nr. 2 VOL/A, § 97 Abs. 1 GWB, sind Auftragsvergaben mit von vornherein beschränktem Teilnehmerkreis nur **im Ausnahmefall** unter besonderen gesetzlichen Voraussetzungen zulässig.

I. Sicherung des Wettbewerbs

Dies geschieht auf zweierlei Wegen. Die Vergabestelle kann zum einen dem Auftragsvergabeverfahren einen gesonderten Wettbewerb um dessen Teilnahme vorausschalten, sog. Teilnahmewettbewerb. Zum anderen kann sie eine Markterkundung vorschalten. Bei der **europaweiten Vergabe** ist dieser **Teilnahmewettbewerb die Regel**, und findet sowohl beim Nichtoffenen wie auch beim Verhandlungsverfahren statt, ebenso beim Wettbewerblichen Dialog. Kennzeichnend ist, dass sich der öffentliche Auftraggeber über eine europaweite Bekanntmachung an den Markt wendet, und ihm über die bekannt gegebenen Eignungskriterien und ggf. ihre Gewichtung mitteilt, unter welchen Voraussetzungen eine Chance auf Erhalt eines der Plätze zur Teilnahme am Vergabeverfahren besteht. Nur ganz ausnahmsweise ist in abschließend geregelten, gesetzlichen Fällen ein Verhandlungsverfahren auch ohne einen solchen Teilnahmewettbewerb möglich, vgl. § 3 a Nr. 2 VOL/A, wobei allerdings auch dann Angebote möglichst im Wettbewerb eingeholt werden sollen, § 7 Nr. 2 Abs. 3 VOL/A.

Bei **nationaler Auftragsvergabe** ist ein solcher Teilnahmewettbewerb **nicht zwingend**, sondern soll – nicht muss – nur bei **Zweckmäßigkeit** durchgeführt werden, § 3 Nr. 1 Abs. 4 VOL/A. Die Vergabestelle muss also zunächst »lediglich« darauf achten, dass bei einer solchen Auftragsvergabe an einen beschränkten Teilnehmerkreis die Eingangsvoraussetzungen für entweder eine **Beschränkte Ausschreibung** oder eine **Freihändige Vergabe** vorliegen. **Des Weiteren** muss sie allerdings gemäß **§ 4 Nr. 1 VOL/A** eine ausreichende **Markterkundung** durchgeführt haben, wenn sie selbst über keine ausreichende Marktübersicht verfügt. Die Auftragsvergabe an einen von vornherein beschränkten Teilnehmerkreis ist also entweder an die zwingende Durchführung eines vorgeschalteten Teilnahmewettbewerbs geknüpft, oder aber zumindest an eine vorherige **Erkundung des Bewerberkreises** (sog. Markterkundung), sofern eine entsprechende Marktübersicht fehlt.

Die 1984 in die VOL/A eingefügte Vorschrift des § 4 sichert damit nicht nur den Grundsatz der sparsamen Haushaltsführung und dementsprechend die Zuschlagserteilung auf das wirtschaftlichste Angebot im Sinne des § 97 Abs. 5 GWB bzw. § 2 Nr. 3, § 25 Nr. 3 Satz 1 VOL/A,[1] sondern dient auch dem **Wettbewerbsgedanken**.[2]

---

1 Vgl. insoweit *von Baum* in: Müller-Wrede, VOL/A, § 4 Rn. 5.
2 *VK Berlin* vom 12. 9. 2002, VK – B 1 – 28/02, S. 12.

II. Einfluss des EG-Primärrechts (EG-Vertrag)

5 **EG-sekundärrechtliche** Vorgaben aus der **Vergabekoordinierungsrichtlinie 2004/18/EG (VKR)** existieren nicht. Allerdings ist in letzter Zeit aus den **EG-primärrechtlichen Grundsätzen** des Wettbewerbs, der Nichtdiskriminierung, und der Transparenz[3] in den Bereichen, in denen eine Auftragsvergabe entweder unterhalb der EG-Schwellenwerte, also national, oder außerhalb der EG-Vergaberichtlinien, z. B. bei **Dienstleistungskonzessionen**, stattfindet, konkret vorgegeben worden, **wie** ein **Mindestwettbewerb** auszusehen hat. So muss auch bei **Dienstleistungskonzessionen** ein **angemessener Grad an Öffentlichkeit** auf dem jeweils relevanten Markt der potentiellen Auftragnehmer hergestellt werden, und kann davon nur in Ausnahmefällen abgesehen werden, die sich allerdings dadurch kennzeichnen, dass sie erst durch eine **hinreichende Marktkundung** des in Betracht kommenden, potentiellen Bieterkreises überhaupt **bestimmt** werden können. Die jüngste **Auslegungsmitteilung der Europäischen Kommission** hat anhand der **EuGH-Rechtsprechung** zur Vergabe von Dienstleistungskonzessionen einerseits[4] und Auftragsvergaben unterhalb der EG-Schwellenwerte andererseits[5] die Auffassung vertreten, dass auch für die Beschaffungsbereiche **außerhalb** der EG-Vergaberichtlinien[6] beachtliche Geschäftsmöglichkeiten im Europäischen Binnenmarkt bestehen, vor allem für KMU (kleine und mittelständige Unternehmen) und Firmenneugründungen.[7] Auch könnten die öffentlichen Verwaltungen mit offenen, wettbewerbsorientierten Vergabeverfahren eine größere Zahl potentieller Bieter ansprechen und damit interessante Angebote erzielen. Angesichts der Haushaltsprobleme vieler Mitgliedstaaten käme dem effizienten Einsatz öffentlicher Gelder eine ganz besondere Bedeutung hinzu. Ferner gelte es im Blick zu behalten, dass sich transparente Vergabeverfahren zur Abwehr von Korruption und Günstlingswirtschaft bewährt hätten.[8] Solche Aufträge würden jedoch nach wie vor vielfach direkt an lokale Anbieter ohne jede Ausschreibung vergeben werden. Der Europäische Gerichtshof habe im Rahmen seiner Rechtsprechung aber klargestellt, dass die Binnenmarktregeln des EG-Vertrags auch für Aufträge gelten, die nicht unter die Vergaberichtlinien fallen.[9] Auf Bitten der Mitglied-

---

[3] Art. 12, 41 und 49 EG-Vertrag.

[4] *EuGH* v. 7. 12. 2000, C-325/89, NZBau 2001, 148 – »Telaustria«; v. 30. 5. 2002, C-358/00, NZBau 2003, 50 – »Verlagsvertrag«, v. 21. 7. 2005, C-231/03, VergabeR 2005, S. 609 – »Coname«; v. 13. 10. 2005, C-458/03, VergabeR 2005, 737 – »Parking Brixen«; v. 6. 4. 2006, C-410/04, NZBau 2006, 323 = VergabeR 2006, 488 – »ANAV«; zu Dienstleistungskonzession vergleiche weiter *Jennert* NZBau 2005, 131 ff.; *Lotze* VergabeR 2005, 278 ff.

[5] *EuGH* v. 3. 12. 2001, C-59/00 – »Bent Mousten Vestergaard«; v. 20. 10. 2005, C-264/03, VergabeR 2006, Rn. 32, 33 – »Baubetreuungsauftrag«; v. 27. 10. 2005, C-234/03, NZBau 2006, 189 = VergabeR 2006, 63 – »Contse/Insalud«.

[6] Aufträge unterhalb der Schwellenwerte für die Anwendung der Vergaberichtlinien (nationale Auftragsvergaben), Aufträge über Dienstleistungen gem. Anhang II Teil B der Richtlinie 2004/18/EG und Anhang XVII Teil B der Richtlinie 2004/17/EG, die die Schwellenwerte dieser Richtlinie überschreiten, sowie für Dienstleistungskonzessionen, s. o.

[7] Mitteilung der Europäischen Kommission v. 23. 6. 2006 zu Auslegungsfragen in Bezug auf das Gemeinschaftsrecht, das für die Vergabe öffentlicher Aufträge gilt, die nicht oder nur teilweise unter die Vergaberichtlinien fallen.

[8] Kommission a. a. O.

[9] Kommission a. a. O.; s. o. Fn. 4 und 5.

staaten und ihrer Interessensvertreter hat die Kommission in der vorgenannten Mitteilung ihr **Verständnis** der Rechtsprechung des EuGH niedergelegt. Sie hat festgehalten, dass die aus dem EG-Vertrag abgeleiteten Anforderungen nur für die Vergabe von Aufträgen gelten, die in hinreichendem Zusammenhang mit dem **Funktionieren des Binnenmarkts** stehen. Die Entscheidung, inwieweit ein Auftrag möglicherweise für Wirtschaftsteilnehmer eines anderen Mitgliedstaates von Interesse sein könnte, obliegt dabei den einzelnen Auftraggebern. Dieser muss die **Umstände des Einzelfalls prüfen,** wobei Sachverhalte wie der Auftragsgegenstand, der geschätzte Auftragswert, die Besonderheiten des betreffenden Sektors (Größe und Struktur des Marktes, wirtschaftliche Geflogenheiten usw.) sowie die **geographische Lage des Orts der Leistungserbringung** (»Grenzlandaufträge«) zu berücksichtigen sind, um letztlich entscheiden zu können, ob eine Binnenmarktrelevanz mit der Pflicht zur Anwendung der EG-primärrechtlichen Grundsätze besteht, oder der Auftrag nur eine sehr geringfügige wirtschaftliche Bedeutung habe, so dass er für Wirtschaftsteilnehmer in anderen Mitgliedstaaten nicht von Interesse ist.[10] Letzteres bedingt also eine **vernünftige Markterkundung** vor der Entscheidung, in welchem Verfahren der Auftrag vergeben werden soll. Nach den EG-primärrechtlichen Grundsätzen muss ein **angemessener Grad von Öffentlichkeit** hergestellt werden, so dass auch aus anderen Mitgliedstaaten potentiell interessierte Unternehmen ihr Interesse am Erhalt des Auftrages bekunden können.[11] Je interessanter der Auftrag für potentielle Bieter aus anderen Mitgliedstaaten sei, desto weiter sollte er bekannt gemacht werden. Angemessene und gängige **Veröffentlichungsmedien** sind dabei die europäischen und nationalen Amtsblätter, Ausschreibungsblätter, regionale oder überregionale Zeitungen und Fachpublikationen, lokale Medien sowie das Internet, beispielsweise die Web-Site des Auftraggebers oder speziell für Vergabebekanntmachungen geschaffene Portale.[12]

Das **nationale Vergaberecht** wird also bei hinreichender Binnenmarktrelevanz, d. h. insbesondere bei Leistungsorten im Grenzlandbereich, durch die EG-primärrechtlichen Grundsätze des transparenten Wettbewerbs dahingehend beeinflusst, dass nationale Vergabevorschriften wie § 4 VOL/A sich daran messen lassen müssen und entsprechend **EG-primärrechtsfreundlich** auszulegen sind. Bei rein nationalem Bieterpotential gilt dies nicht. Allerdings stellen auch insoweit die Vorgaben für die Markterkundung aus **EG-Primärvergaberecht** eine gute Orientierungsmarke für die Bestimmung **der Markterkundungspflichten** der Vergabestelle nach § 4 VOL/A dar. **6**

III. Aufbau der Vorschrift

Die Vorschrift ist so aufgebaut, dass Nr. 1 den Grundsatz der Markterkundungspflicht regelt, und Nr. 2 die Wege, wie dies beispielsweise zu erreichen ist. In Nr. 3 wird klargestellt, dass **weiter**gehende Vereinbarungen von öffentlichen Auftraggebern zur Zusammenarbeit bei der Vergabe von Aufträgen unberührt bleiben. **7**

---

10 *Kommission* a. a. O., Ziff. 1.3, mit Verweis auf EuGH »Coname«.
11 *Kommission* a. a. O. mit Verweis auf EuGH »Coname«.
12 *Kommission* a. a. O., Ziff. 2.1.2.

B. Pflicht zur Markterkundung (§ 4 Nr. 1 VOL/A)

8 § 4 Nr. 1 verpflichtet den öffentlichen Auftraggeber zur Erkundung der potentiellen Interessenten für eine Auftragsvergabe im konkret für die anstehende Beschaffung relevanten Markt, sofern eine entsprechende Marktübersicht nicht bereits vorhanden ist. Das gilt allerdings nur dann, wenn von vornherein eine beschränkte Teilnehmeranzahl beabsichtigt ist, und zwar in den Fällen der Beschränkten Ausschreibung und der Freihändigen Vergabe. Nach dem Sinn und Zweck der Markterkundung, siehe oben Ziff. 1, genügt die Vergabestelle der Pflicht bereits uneingeschränkt bei Durchführung eines Teilnahmewettbewerbs im Sinne des § 4 Nr. 2 Abs. 1 VOL/A. Beim Teilnahmewettbewerb wendet sich der öffentliche Auftraggeber über die Bekanntmachung an den gesamten, potentiellen Bewerbermarkt. Er trifft die Auswahl anhand zuvor bekannt gegebener und ggf. auch gewichteter **Eignungskriterien,** und nicht etwa aus einem Pool ihm **bekannter,** vgl. § 4 Nr. 1, zweiter Halbsatz VOL/A, oder ihm **benannter,** vgl. § 4 Nr. 2 Abs. 2 VOL/A, Unternehmen. Bereits die Durchführung eines **förmlichen Teilnahmewettbewerbsverfahrens** enthebt die Vergabestelle also von vornherein einer näheren Nachweispflicht über die näheren Hintergründe der Zusammensetzung des Teilnehmerkreises. Denn will die Vergabestelle die Wettbewerber aus einem ihm bekannten **Pool** auswählen, so muss sie nachweisen, dass dieser auch der **derzeit** relevante Marktteilnehmerkreis darstellt, niederzulegen in einem Vergabevermerk gemäß § 30 Nr. 1 VOL/A. Denn die Vergabestelle **muss** normalerweise eine gesonderte Markterkundung vornehmen (»hat«), es sei denn, sie verfügt bereits über eine ausreichende Marktübersicht (»sofern«), § 4 Nr. 1 VOL/A. Dabei muss die Vergabestelle etwaige Marktänderungen genau im Blick haben. Es reicht nicht aus, im Vergabekammerverfahren geltend zu machen, der Markt beispielsweise der Textilversorgung sei der Vergabestelle durch zuvor abgeschlossene Verträge bereits bekannt.[13] Selbst dort, wo gleichartige Leistungen mehrmals vergeben werden, können sich nämlich aufgrund des Tempos der wirtschaftlichen Entwicklung **neue Marktlagen** ergeben, die eine regelmäßige Erkundung erforderlich machen. Dies muss umso mehr dann gelten, wenn eine bisher nicht bekannte Größenordnung des Auftrags in Frage steht, so dass auch der Kreis der potentiell interessierten Unternehmen am Auftrag ein anderer sein bzw. anders zusammengesetzt sein kann. Wenn die Textilreinigung für Krankenhäuser zur Auftragsvergabe ansteht, kann die Größe des Auftrages dazu führen, dass entgegen den bisherigen Gepflogenheiten die Textilversorgung nicht mehr nur durch ein Unternehmen mittlerer Größe bewältigt werden kann, so dass sich der Anbietermarkt mehr oder weniger oder auch grundlegend ändern kann.[14]

9 Diese Schwierigkeiten der Darlegung einer ausreichenden Marktübersicht durch die Vergabestelle dann, wenn sie aus einem eigenen Pool ihr bekannter Marktteilnehmer schöpfen möchte, bestehen bei Durchführung eines förmlichen Teilnahmewettbewerbs zwanglos nicht. Oftmals kann es daher für die Vergabestelle der **effizientere Weg** sein, einen Teilnahmewettbewerb durchzuführen, statt ggf. aufwändig, jedenfalls

---

13 Vgl. *VK Berlin* v. 12. 9. 2002, VK-B 1 – 28/02, S. 12 ff.
14 Vgl. *VK Berlin*, a. a. O.

aber risikoreich das Vorhandensein einer eigenen Marktübersicht begründen zu müssen.

Will die Vergabestelle nicht aus einem eigenen Pool von bekannten Anbietern schöpfen, und will sie auch keinen Teilnahmewettbewerb durchführen, so muss sie eine **hinreichende Markterkundung** durchführen. Hierzu kann sie sich bei Auftragswerten über 5.000,00 € der Auftragsberatungsstelle des jeweiligen Bundeslandes bedienen, § 4 Nr. 2 Abs. 2 VOL/A, oder alternativer, gleichwertiger Informationsquellen, siehe unten. 10

Immer muss die Vergabestelle aber die **Absicht der Auftragsvergabe** verfolgen. Es ist unzulässig und stellt bei Durchführung eines förmlichen Vergabeverfahrens eine Ausschreibung für vergabefremde Zwecke im Sinne des § 16 Nr. 2 VOL/A dar, wenn eine Auftragsvergabe gar nicht beabsichtigt ist.[15] Markterkundungen ohne Vergabeabsicht können zu Schadensersatzansprüchen führen, wenn sie über die Durchführung eines förmlichen Vergabeverfahrens einen gewissen Bieteraufwand produzieren.[16] 11

C. Wege der Markterkundung (§ 4 Nr. 2 VOL/A)

§ 4 Nr. 2 VOL/A beschreibt zwei grundsätzlich verschiedene Wege der Markterkundung. Nach Abs. 1 kann die Vergabestelle den Markt selbst über die Durchführung eines Teilnahmewettbewerbs befragen, nach Abs. 2 befragt die Vergabestelle die Auftragsberatungsstelle als »Marktkenner«. 12

I. Direkter Weg: Befragen des Marktes selbst

Eine Markterkundung ist nach § 4 Nr. 2 Abs. 1 VOL/A ausdrücklich in Form eines Teilnahmewettbewerbes nach § 3 Nr. 1 Abs. 4 VOL/A erlaubt. Der Vorteil dieser Vorgehensweise ist derjenige, dass die Vergabestelle auf direktem Wege den Markt selbst nach seinen potentiell Interessierten für die konkrete Auftragsvergabe befragt. Dieser Weg erspart eine ggf. risikoreiche Begründung einer eigenen Marktübersicht, wenn die Vergabestelle die Auswahl aus einem eigens bekannten Pool den Vorzug geben möchte, s. o. Ziff. 2. 13

II. Indirekter Weg: Befragen der Marktkenner

Bei Auftragswerten über 5.000,00 € kann – nicht muss – sich die Vergabestelle von der **Auftragsberatungsstelle** des eigenen Bundeslandes geeignete Bewerber benennen lassen, wobei die Grundsätze des § 7 Nr. 1 VOL/A Beachtung finden müssen, also inländische und ausländische Bewerber gleichbehandelt werden müssen und der Wett- 14

---

15 Vgl. nur *OLG Celle* NZBau 2002, 400 ff.; *VK Thüringen* Az. 216 – 4903.20 – 001/01 – SHL – S, jeweils für die Markterkundung bei Bauleistungen.
16 Vgl. *OLG Celle* a. a. O., *VK Thüringen* a. a. O.; *Planker* in: Kapellmann/Messerschmidt, § 16 VOB/A; Rn. 20; *Hartwig* in: Beck'scher VOB/A-Kommentar, § 16 VOB/A Rn. 20.

§ 4 Erkundung des Bewerberkreises

bewerb nicht auf regionale Bewerber beschränkt sein darf. Damit die Auftragsberatungsstelle vernünftig beraten kann, hat die Vergabestelle die Leistung zunächst hinreichend zu beschreiben, kann der Auftragsberatungsstelle allerdings auch vorgeben, wie viele Unternehmen sie benannt haben will, und kann auch auf besondere Erfordernisse hinweisen, die für die konkrete Auftragsvergabe von den Unternehmen zu erfüllen sind. Die Auftragsberatungsstelle wiederum soll in ihrer Mitteilung trotz der Vorgaben der Vergabestelle angeben, ob sie in der Lage ist, weitere Bewerber außer der von der Vergabestelle gewünschten Anzahl benennen zu können.

15 Wenn die Vergabestelle so vorgeht, hat sie in der Regel die ihr benannten Unternehmen auch zur Angebotsabgabe aufzufordern. Nach dem Wettbewerbsgedanken kann sie davon nur in positiver Hinsicht abweichen, also den Kreis der benannten Unternehmen bei ihrer Auswahl nicht etwa beschränken, sondern allenfalls um weitere, ihr bekannte, aber von der Auftragsberatungsstelle nicht genannte Unternehmen **erweitern**.[17]

Ein Verzeichnis der Auftragsberatungsstelle ist im Internet unter www.abst.de abrufbar.

16 Die Auftragsberatungsstellen gehören zu den Selbstverwaltungseinrichtungen der Wirtschaft. Sie sind überwiegend gemeinschaftliche Dienstleistungseinrichtungen der deutschen Industrie- und Handelskammern und Handwerkskammern für Unternehmen. Ihr Ziel und Ihre Aufgabe ist es, Firmen den Zugang zu nationalen und internationalen öffentlichen Märkten zu erleichtern. Gleichzeitig sind die Auftragsberatungsstellen der »offizielle« Ansprechpartner aller Beschaffungsstellen des Bundes, der Länder und Kommunen für Fragen zum öffentlichen Auftragswesen. In öffentlich-rechtlichen Verordnungen wie der VOL/A und in einer Vielzahl von Regelungen und Richtlinien des Bundes und der Länder ist die Rolle der Auftragsberatungsstellen definiert. Als Vermittler zwischen Öffentlichen Auftraggebern und der Wirtschaft realisieren die Auftragsberatungsstellen im Wesentlichen folgende Aufgaben:

- Beratung und Information über das Öffentliche Auftragswesen
- Registrierung von Unternehmen aus Industrie, Handwerk, Handel und Dienstleistung für eine mögliche Beteiligung an Ausschreibungen der öffentlichen Hand
- Benennung geeigneter Bewerber als Serviceleistung für Auftraggeber, die im Rahmen von Markterkundungen vor nicht-öffentlichen Ausschreibungen qualifizierte Firmen suchen
- Unterstützung von Unternehmen bei der Akquisition öffentlicher Aufträge; dazu gehören z. B. die Information über veröffentlichte Ausschreibungen, die Durchführung von Recherchediensten in Ausschreibungs-Datenbanken, die Unterstützung bei der Angebotserstellung, Tipps zum Marketing-Strategien usw.
- Durchführung von Schulungen und Seminaren auf dem Gebiet des öffentlichen Auftragswesens für Auftraggeber und Auftragnehmer

17 Die Ständige Konferenz der Auftragsberatungsstellen (StKA) ist ein freiwilliger Zusammenschluss der deutschen Auftragsberatungsstellen. Sie ermöglicht eine enge,

---

[17] So auch *von Baum* in: Müller-Wrede, VOL/A, § 4 Rn. 19.

bundeslandübergreifende Zusammenarbeit. Im Rahmen der Ständigen Konferenz stimmen die Auftragsberatungsstellen ihre Aktivitäten ab und agieren mit einer Stimme, wenn es um politische Fragen zum Vergabewesen geht. Auf ihrer Web-Site abst.de sind die maßgebenden Anschriften zu finden; für Nordrhein-Westfalen ist es z. B. die Vereinigung der Industrie- und Handelskammern in Nordrhein-Westfalen, Goldsteinstraße 31, 40211 Düsseldorf, Tel. 02 11/36 70–214, Telefax: 36 70–221.

D. Vereinbarungen nach § 4 Nr. 3 VOL/A

Bei den nach § 4 Nr. 3 unberührt bleibenden Vereinbarungen über die Zusammenarbeit von Auftraggebern mit dem Bundesministerium für Wirtschaft und Technologie und den Bundesländern bei der Vergabe von Aufträgen handelt es sich beispielsweise um eine Ressourcevereinbarung zum Bedarf der Bundeswehr.[18]   **18**

E. Rechtsschutz und Dokumentation

Für **europaweite Auftragsvergaben** hat der BGH in seiner Entscheidung vom 1. 2.   **19**
2005[19] festgehalten, dass das subjektive Bieterrecht des § 97 Abs. 7 GWB einen **Anspruch** auf Einleitung und Durchführung eines nach Maßgabe des § 97 Abs. 1 GWB geregelten Vergabeverfahrens begründet. Die Verpflichtung des öffentlichen Auftraggebers zur Auftragsvergabe in einem transparenten Wettbewerbsverfahren hat nicht allein Ordnungsfunktion, da ein solches Verfahren gleichsam »Existenzgrundlage« für Bieter ist, im Rahmen dessen auch umfassender Rechtsschutz vor den Nachprüfungsinstanzen nach § 102 ff. GWB besteht.[20] Die Entscheidung ist zu einem Fall ergangen, in dem die Vergabestelle eine Auftragsvergabe ohne geregeltes, förmliches Vergabeverfahren (sog. de-facto-Vergabe) vorgenommen hatte. Aus der Entscheidung folgt, dass **auch der Markterkundung** eine entscheidende Rolle im Auftragswesen der öffentlichen Hand zukommt, da sie bei Auftragsvergaben ohne zwingend vorgeschalteten Teilnahmewettbewerb die entscheidende Weichenstellung für die Chancen der Unternehmen bei der Auftragsvergabe darstellt. Die BGH-Entscheidung fußt zwar nur auf dem GWB-Vergaberecht, welches über § 97 Abs. 7 GWB den Bietern in europaweiten Vergabeverfahren ausdrücklich einen **Anspruch** gegen den öffentlichen Auftraggeber auf Einhaltung der Bestimmungen über das Vergabeverfahren zuerkannt hat. Eine solche Norm fehlt im nationalen Vergaberechtsregime.

Soweit **nationale Auftragsvergaben** jedoch in einem hinreichenden Zusammenhang mit dem **Funktionieren des Binnenmarkts** stehen, weil beispielsweise der Auftrag in einer Grenzregion zu EU-Nachbarländern[21] durchgeführt wird, gelten allerdings die oben bereits dargestellten Grundsätze des EG-Vertrags zur transparenten und gleichbehandelnden Auftragsvergabe im Wettbewerb mit der Pflicht zur Herstellung eines

---

18 Bundesanzeiger Nr. 25 v. 6. 2. 1998, S. 1401 ff.
19 *BGH* VergabeR 2005, 328 ff. – »Altpapierverwertung II«.
20 *BGH* a. a. O., S. 335/336; s. auch *OLG Celle* v. 14. 9. 2006, 13 Verg 2/06 sowie 13 Verg 3/06.
21 Z. B. in Aachen.

§ 4 Erkundung des Bewerberkreises

angemessenen Grades von Öffentlichkeit,[22] und daraus folgend auch einer entsprechenden **vernünftigen Markterkundung**. Ist der Binnenmarkt jedoch nicht tangiert, weil die Auftragsvergabe relativ unbedeutend und auch nicht in der Grenzregion[23] stattfindet, können sich potentielle Auftragsinteressenten allenfalls auf das Willkürverbot nach Art. 3 GG berufen. Das bedeutet, dass die Vergabestellen bei der Erkundung des Bewerberkreises nicht willkürlich vorgehen dürfen. Dies kann bei Vergabeverfahren unterhalb der Schwellenwerte nach zunehmender und zutreffender Auffassung heute vor den **Verwaltungsgerichten** oder Zivilgerichten überprüft werden.[24] Werden also über eine unzureichende Markterkundung potentielle Anbieter ausgeschlossen, besteht für Bieter die Möglichkeit, die Entscheidung nicht nur bei europaweiten Vergaben,[25] sondern auch bei nationalen Vergaben gerichtlich überprüfen zu lassen.

20 Wenn die Vergabestelle einen Teilnahmewettbewerb nach § 4 Nr. 2 Abs. 1 VOL/A vorgeschaltet hat, muss sie die aus dem Wettbewerb erfolgreich hervorgehenden Bewerber auch bei der Auftragsvergabe beteiligen. Sie kann die Teilnehmerzahl nicht entgegen der Bekanntmachung nachträglich beschränken oder erweitern. Denn die Bieter haben ein Recht darauf, sich im Wettbewerb nur mit Unternehmen messen zu müssen, welche zuvor die Kriterien des Teilnahmewettbewerbers durch Vorlage der geforderten Nachweise erfüllt haben und als geeignet ausgewählt worden sind.[26]

21 Nach § 30 VOL/A sind die einzelnen Stufen des Vergabeverfahrens in einem **Vergabevermerk** niederzulegen. Das gilt auch für die Vorbereitung der Vergabe, und so auch für die **Marktübersicht**. Der Vergabevermerk muss so detailliert sein, dass die Beweggründe der Vergabestelle für die getroffene Entscheidung daraus nachvollziehbar hervorgeht. Wird die Dokumentationspflicht nicht oder nicht ordnungsgemäß erfüllt, kann bei europaweiten Vergaben darauf allein mit Erfolg ein Vergabenachprüfungsantrag gestützt werden, was bis zur vollständigen Aufhebung der angegriffenen Ausschreibung führen kann.[27]

---

22 S. hierzu auch die Schlussanträge Stix-Hackl v. 14. 9. 2006 in der Rs. C-507/03 – »Komm./Irland«, Ziff. 77, NZBau 2006, Heft 10, VII.
23 Z. B. in Kassel.
24 *OVG Rheinland-Pfalz* VergabeR 2005, 478 ff. – »Lenkwaffen«; sehr überzeugend *OVG Nordrhein-Westfalen* in der Entscheidung v. 11. 8. 2006, 15 E 880/06; des Weiteren in NVwZ-RR 2006, 223; v. 4. 5. 2006, 15 B 692/06; v. 4. 5. 2006, 15 E 453/06; *OVG Sachsen* VergabeR 2006, 348; a. A. *OVG Niedersachsen* v. 14. 7. 2006, 7 OB 105/06 (nicht rechtskräftig), NZBau 2006, 669; *OVG Berlin* v. 28. 7. 2006, 1 L 59/06, NZBau 2006, 667 = VergabeR 2006, 765. Für entsprechende Kontrollmöglichkeiten nach dem EG-Primärrecht vgl. *EuGH* VergabeR 2006, 54 – »Baubetreuungsauftrag«; *EuGH* C-59/00 – »Vestergaard«; *EuGH* C-234/03, NZBau 2006, 189 = VergabeR 2006, 63 – »Contse/Insalud«; weiterführend *Kus* in: Kulartz/Kus/Portz, § 102, Rn. 9 ff. m. w. N.; *Losch* VergabeR 2006, 298 ff. Offen gelassen vom *BVerfG*, welches lediglich der Notwendigkeit einer positivrechtl. Regelung von Primärrechtsschutz für Auftragsvergaben unterhalb der Schwellenwerte eine Absage erteilt hat, die **bestehende** Rechtslage und Rechtsprechung hierzu aber gebilligt hat, BVerfG v. 13. 6. 2006, 1 BvR 1160/03.
25 *BGH* a. a. O. mit Verweis auf *EuGH* VergabeR 2005, 44 ff. – »Stadt Halle«.
26 *VK Lüneburg* v. 5. 11. 2004, 203 – VgK-48/2004, IBR 2005, 114.
27 *OLG Düsseldorf* NZBau 2004, 461, 462; *OLG Brandenburg* NZBau 2000, 39, 44 – »Flughafen Berlin-Schönefeld«; *OLG Bremen* VergabeR 2005, 537, 542 – »Klinikum links der Weser«; *OLG Naumburg* VergabeR 2004, 634, 640 = NZBau 2004, 403 – »Krankenhaus-Catering«; *BayObLG* NZBau 2002, 584 – »Stiftungskrankenhaus«.

§ 5
Vergabe nach Losen

1. Der Auftraggeber hat in jedem Falle, in dem dies nach Art und Umfang der Leistung zweckmäßig ist, diese – z. B. nach Menge, Art – in Lose zu zerlegen, damit sich auch kleine und mittlere Unternehmen um Lose bewerben können. Die einzelnen Lose müssen so bemessen sein, dass eine unwirtschaftliche Zersplitterung vermieden wird.

2. Etwaige Vorbehalte wegen der Teilung in Lose, Umfang der Lose und mögliche Vergabe der Lose an verschiedene Bieter sind bereits in der Bekanntmachung (§ 17 Nr. 1 und 2) und bei der Aufforderung zur Angebotsabgabe (§ 17 Nr. 3) zu machen.

Inhaltsübersicht Rn.

A. Allgemeines	1
I. Politische Hintergründe	1
II. Neutrale EU-Vergaberichtlinien	2
III. Losvergabe als Spezialfall der Mittelstandsförderung	3
IV. Wettbewerb und Chancengleichheit als Maßstab	5
B. Losweise Vergabe (§ 5 Nr. 1 VOL/A)	7
I. Mittelstandsbegriff	8
II. Grundsatz: Aufgeteilte Aufträge	9
III. Ausnahme: Unzweckmäßigkeit der Aufteilung	10
1. Unverhältnismäßige Kostennachteile	11
2. Starke Verzögerung des Vorhabens	12
3. Technische Gründe	13
IV. Ausgleich durch Unteraufträge	14
V. Losvergabepflicht bei Nachfragebündelung	15
VI. Keine Loslimitierung	16
C. Grenze der Losaufteilung: Unwirtschaftliche Zersplitterung (§ 5 Nr. 1 Satz 2 VOL/A)	17
D. Bekanntmachung der Losvergabe (§ 5 Nr. 2 VOL/A)	19
E. Rechtsschutz und Dokumentation	20

A. Allgemeines

I. Politische Hintergründe

Die Vorschrift des § 5 VOL/A mit der grundsätzlichen Pflicht des öffentlichen Auftraggebers zur Losvergabe resultiert aus den Grundsätzen der Nr. 3 der **Mittelstandsrichtlinien der Bundesregierung** zur Förderung kleinerer und mittlerer Unternehmen aus dem Jahr 1976 in der Neufassung 1993.[1] Diese politische Zielsetzung wird nach wie vor betont. Durch die Regelung des § 97 Abs. 3 GWB, nach der mittelstän- 1

---

1 Mittelstandsrichtlinie der Bundesregierung v. 1. 6. 1976 in der Neufassung v. 15. 11. 1993, BAnz Nr. 227 v. 3. 12. 1993; vgl. *Müller* in: Daub/Eberstein, VOL/A-Kommentar, 5. Auflage, § 5 Rn. 5; *Roth* in: Müller-Wrede, VOL/A-Kommentar, § 5 Rn. 1.

dische Interessen vornehmlich durch Teilung der Aufträge in Fach- und Teillose angemessen zu berücksichtigen sind, erhielt der Grundsatz der Mittelstandsfreundlichkeit im Vergaberecht Gesetzesrang.[2] Das BVerfG hat die Förderung des Mittelstandes als wirtschaftspolitisches Ziel im Hinblick auf den Gleichheitsgrundsatz des Art. 3 Abs. 1 GG längst legitimiert.[3] In der Koalitionsvereinbarung von CDU und FDP in **Nordrhein-Westfalen** vom 20. 6. 2005 wird hervorgehoben, dass »öffentliche Aufträge mittelstandsfreundlich in Teil- und Fachlose aufzuteilen sind«, und dass die Koalitionspartner die »mittelständischen Unternehmen ermutigen, sich im Rahmen von Bietergemeinschaften verstärkt an öffentlichen Ausschreibungen zu beteiligen«.[4] Auf Bundesebene hat die **Große Koalition** in ihrem Programm festgehalten, dass im Rahmen der Vereinfachung und Modernisierung des Vergaberechts »auf die mittelstandsgerechte Ausgestaltung wie z. B. die Aufteilung in Lose besonders geachtet« werde.[5] Europaweit hat die **EU-Kommission** in ihrer Mitteilung vom 11. 11. 2005[6] zur Umsetzung des Lissabon-Programms der europäischen Gemeinschaft eine zeitgemäße »KMU-Politik für Wachstum und Beschäftigung« gefordert. Die meisten Länder haben ein Gesetz zur Mittelstandsförderung erlassen.[7]

II. Neutrale EU-Vergaberichtlinien

2 Dem wird in der neuen **Vergabekoordinierungsrichtlinie (VKR) 2004/18/EG**[8] durch eine **neutrale Stellung** zu solchen mitgliedstaatlichen, nationalen Vergaberegeln Rechnung getragen, die eine Förderung mittelständischer Interessen vorsehen.[9] Demgemäß sind Vorschriften wie § 5 VOL/A oder § 97 Abs. 3 GWB auch **nicht europarechtswidrig**. Im Hinblick auf das Diskriminierungsverbot des Art. 3 Abs. 2 der Dienstleistungsrichtlinie 92/50 EWG hat dies bereits das OLG Düsseldorf bestätigt.[10] Und die VKR ist für mittelstandsschützende Aspekte sogar offener als die Dienstleistungsrichtlinie, weshalb die Aussagen der Entscheidung erst recht gelten.[11] **Wenn** aber nach einer nationalen Vorschrift wie in § 5 VOL/A vorgegeben eine Auftragsteilung grundsätzlich **Pflicht** ist, gibt die 9. Begründungserwägung der VKR zwingend (»muss«) vor, dass sich diese an **qualitativen und wirtschaftlichen Kriterien** zu orientieren hat. Nach dem Grundsatz der **richtlinienkonformen Auslegung**[12] ist also nur eine solche Losteilung »**zweckmäßig**« im Sinne des § 5 Nr. 1 Satz 1 VOL/A,

---

2 Zu Einzelheiten vgl. *Kus* in: Kulartz/Kus/Portz, Kommentar zum GWB-Vergaberecht § 97 Rn. 47.
3 BVerfG v. 17. 7. 1961, 1 BvL 44/55, NJW 1961, 2011, 2015.
4 www.cdu-nrw.de/media/koalitionsvereinbarung.pdf, S. 5 ff.
5 Erklärung v. 11. 11. 2005, Zeile 889 ff.
6 KOM (2005) 551 Endg.
7 S. hierzu im Einzelnen *Kus* a. a. O., Rn. 55; sowie ausführlich *Willems* Die Förderung des Mittelstandes, 2003, 22 ff., 30 ff.; *Antweiler* Sonderheft VergabeR 2006 zu den Speyerer Vergaberechtstagen 2005, 637, 639.
8 V. 31. 3. 2004, in Kraft getreten am 1. 4. 2004.
9 Ziff. 9 der Begründungserwägung der VKR besagt ausdrücklich, dass die Richtlinie nicht bezweckt, eine gemeinsame oder eine getrennte Vergabe vorzuschreiben. Ziff. 32 der Begründungserwägung enthält den Vorschlag, Bestimmungen über Unteraufträge vorzusehen, um den Zugang von kleinen und mittleren Unternehmen zu öffentlichen Aufträgen zu fördern. *Antweiler* a. a. O., 642.
10 *OLG Düsseldorf* vom 8. 9. 2004, Verg 38/04, NZBau 2004, 688 = VergabeR 2005, 107.
11 S. hierzu *Kus* in: Kulartz/Kus/Portz, § 97 Rn. 48.
12 S. hierzu *Kus* a. a. O., Rn. 50 m. w. N.

die qualitativen und/oder wirtschaftlichen Kriterien gerecht wird. Satz 2 der Vorschrift genügt dem mit dem Begriff der »unwirtschaftlichen Zersplitterung« bereits.

III. Losvergabe als Spezialfall der Mittelstandsförderung

Bei europaweiten Vergaben geht die Gesetzesvorschrift des § 97 Abs. 3 GWB der Regelung des § 5 VOL/A vor. Allerdings ergeben sich hieraus keine Besonderheiten, da die **Losvergabe** nach § 5 VOL/A letztlich nur einen, wenn auch den wichtigsten **Spezialfall** der Förderung mittelständischer Interessen nach § 97 Abs. 3 GWB enthält, daher die Vorschrift nur näher **konkretisiert**. Während § 5 VOL/A also die Losvergabe als Instrument der Mittelstandsförderung beinhaltet, kann der öffentliche Auftraggeber nach § 97 Abs. 3 GWB auch zu anderen Instrumenten greifen, gleichwohl auch nach § 97 Abs. 3 GWB dies »vornehmlich« eben durch die Losteilung geschehen soll. **Andere mittelstandsfördernde Instrumente** können beispielsweise der **Verzicht auf Nachfragebündelung** oder die Verpflichtung des Auftragnehmers sein, **Unteraufträge zu erteilen**.[13] Für mittelständische Unternehmen bildet die Nachfragebündelung, etwa in Form der Gründung einer sog. zentralen Beschaffungsstelle, nämlich die Gefahr einer erheblichen Reduzierung von potentiellen möglichen Vergabeverfahren.[14]

3

Die Losvergabe ist jedoch nach wie vor das wichtigste Instrument zur Mittelstandsförderung. Durch die Zerlegung von Aufträgen in kleinere Teilaufträge (Lose) erhalten per se auch kleinere Unternehmen die Chance, mit Großunternehmen um die Vergabe öffentlicher Aufträge konkurrieren zu können.[15]

4

IV. Wettbewerb und Chancengleichheit als Maßstab

Auf der Ebene der **europaweiten** Auftragsvergabe bedeutet das durch § 97 Abs. 3 GWB geschaffene Ziel der Teilnahme möglichst vieler mittelständischer Unternehmen mit gleichen Chancen an einem Vergabeverfahren eine **Effektuierung** der beiden vergaberechtlichen Zielsetzungen »Wettbewerb« (§ 97 Abs. 1 GWB) und »Gleichbehandlung« (§ 97 Abs. 2 GWB).[16] Auf der Ebene der **nationalen** Auftragsvergabe kann man dies auf die Vorschriften des § 5 VOL/A i. V. m. § 2 Nr. 1 VOL/A (Wettbewerb) und § 2 Nr. 2 VOL/A (Nichtdiskriminierung bzw. Gleichbehandlung) gleichermaßen herunterbrechen. Es dürften also die gleichen Überlegungen gelten wie beim Zusammenspiel des § 97 Abs. 3 GWB i. V. m. § 97 Abs. 1 und Abs. 2 GWB.[17] Das bedeutet auch für die nationale Auftragsvergabe, dass eine **Loslimitierung** – ein Bieter kann nur eine bestimmte Höchstzahl von Losen, aber nicht alle Lose eines Gesamtprojektes

5

---

13 S. hierzu im Einzelnen *Burgi* Mittelstandsfreundliche Vergabe: Möglichkeiten und Grenzen, NZBau 2006, 606 (Teil 1) sowie Heft 11 (Teil 2); ferner veröffentlicht im Tagungsband zum 7. Düsseldorfer Vergaberechtstag 2006, S. 1 ff.
14 S. hierzu unten unter Ziff. 2.2 Näheres.
15 *Burgi* a. a. O., S. 5.
16 *Burgi* a. a. O., S. 7.; Antweiler, a. a. O., 638.
17 S. hierzu *Burgi* a. a. O., S. 6 ff.

erhalten – als vergaberechtswidrig einzustufen ist, weil sie das freie Zugangsrecht zu **allen** Losen eines in Lose geteilten Gesamtprojektes gleichheitswidrig behindert.[18] Eine Loslimitierung fördert aber nicht lediglich den Mittelstand, zu dessen Gunsten Lose praktisch »freigehalten« werden, sondern **bevorzugt** den Mittelstand bei der Chance um den Erhalt von Aufträgen, indem es nichtmittelständische Unternehmen ausgrenzt. Die Rechtsfolge des § 5 VOL/A erschöpft sich aber ebenso wie nach § 97 Abs. 3 GWB bereits in der Auftrags**teilung**, und sieht gerade keine Auftrags**erteilung** an mittelständische Unternehmen vor.[19] **Sinn und Zweck** der Vorschriften ist – und kann – also nur eine mittelstands**gerechte** Auftragsvergabe durch die mit der Losteilung einhergehende Wettbewerbsverbreiterung sein, nicht jedoch eine mittelstands**bevorzugende** Auftragsvergabe durch Ausgrenzung potentieller (Groß-)Bieter vom Wettbewerb. Letzteres geschieht aber bei der Loslimitierung. Klarstellend wurde auch für die **Ebene der Zuschlagskriterien** hervorgehoben, dass eine besondere Berücksichtigung mittelständischer Interessen bei der Zuschlagserteilung dem Wettbewerbsprinzip des § 97 Abs. 1 GWB widersprechen würde;[20] dies wäre eine mittelstands**bevorzugende** Auftragsvergabe und nicht mehr mittelstands**gerecht**. Allenfalls zulässig sind noch Zuschlagskriterien wie Service- und Wartungsbereitschaft, die faktisch einen mittelstandsfreundlichen Effekt herbeiführen, sofern sie auftragsbezogen notwendig sind, und nicht etwa mit dem Argument der Mittelstandsfreundlichkeit oder gar Ortsansässigkeit begründet werden.[21]

6 Die bloße Losteilung ist also mittelstandsgerecht und damit vergaberechtskonform, die – faktische – Los**zuteilung** durch Ausgrenzung bestimmter potentieller Bieter wie bei der Loslimitierung aber mittelstandsbevorzugend und von den Vorschriften nicht mehr gedeckt (§ 5 i. V. m. § 2 Nr. 1 und Nr. 2 VOL/A für die nationale Auftragsvergabe und § 97 Abs. 3 i. V. m. Abs. 1 und Abs. 2 GWB für die europaweite Vergabe).

B. Losweise Vergabe (§ 5 Nr. 1 VOL/A)

7 Nach § 5 Nr. 1 VOL/A hat der Auftraggeber in jedem Falle, in dem dies nach Art und Umfang der Leistung **zweckmäßig** ist, diese – z. B. nach Menge, Art – in Lose zu zerlegen, damit sich auch kleine und mittlere Unternehmen um Lose bewerben können. Die einzelnen Lose müssen dabei so bemessen sein, dass eine unwirtschaftliche Zersplitterung vermieden wird.

---

18 *Kus* a. a. O., § 97 Abs. 3 Rn. 61; *Burgi* a. a. O., S. 21; a. A. *OLG Düsseldorf* NZBau 2000, 440, wobei allerdings nur der durchaus nachvollziehbare Zweck für den Auftraggeber betrachtet wurde, der Konzentration der Vergabe eines in Lose geteilten Auftrages auf einen oder weniger Bieter und damit einer wirtschaftlichen Abhängigkeit entgegenwirken zu wollen. Ebenso im Ergebnis *Müller-Wrede* NZBau 2004, 647.
19 *Kus* a. a. O., § 97 Abs. 3 GWB Rn. 60.
20 *BGH* NJW 2000, 137, 140; *VK Bund* v. 8. 1. 2004, VK 1–117/03; *VK Düsseldorf* v. 22. 10. 2003 VK-29/2003-L; *Dreher* in: Immenga/Mestmäcker, § 97 Rn. 76; *Hailbronner* in: Byok/Jaeger, § 97 Rn. 225; *Bechtold* GWB-Kommentar, § 97 Rn. 15; *Antweiler* a. a. O., 638.
21 Vgl. *Burgi* a. a. O., S. 24.

I. Mittelstandsbegriff

Da die Losteilung der Mittelstandsförderung dienen soll, ist vom öffentlichen Auftraggeber der Bestand an Mittelständlern für die in Rede stehende Auftragsvergabe jeweils konkret zu bestimmen. Auf europäischer Ebene sind nach der »Empfehlung der EU-Kommission vom 6. 5. 2003 betreffend die Definition der Kleinstunternehmen sowie der kleinen und mittleren Unternehmen« (KMU) in Europa[22] Anhaltspunkte aufgestellt worden, wonach Unternehmen mit bis zu 200 Beschäftigten und bis zu einem Jahresumsatz von 50 Mio. € einbezogen sein sollen. Entscheidend ist aber nicht ein absoluter Mittelstandsbegriff. Vielmehr ist dieser **relativ** bezogen auf den jeweils **relevanten Markt** zu bestimmen, in dem die Beschaffung vorgenommen werden soll.[23] Die Struktur des jeweiligen Beschaffungsmarktes, um den es geht, ist also im Einzelfall entscheidend, weshalb die Vergabestelle die Zahl der Marktteilnehmer, ihre Größe hinsichtlich Umsatz, Beschäftigten, Finanzkraft etc. und weiterer Merkmale bestimmen und berücksichtigen muss.[24]

8

II. Grundsatz: Aufgeteilte Aufträge

Vor Inkrafttreten des § 97 Abs. 3 GWB mit dem Vergaberechtsänderungsgesetz hatte der **BGH** zu § 5 VOL/A noch die Ansicht vertreten, die Vergabe nach Losen sei der begründungspflichtige Ausnahmefall, und die zusammengefasste Vergabe die Regel.[25] Danach sei der Auftrag nur dann aufzuteilen, wenn festgestellt werden könne, dass dies die Bewerbung kleiner und mittlerer Unternehmen ermögliche. Indes bestimmt § 97 Abs. 3 GWB den grundsätzlichen **Vorrang** der Losvergabe, so dass sich das vom BGH angenommene Regel-Ausnahme-Prinzip auch für die Vorschrift des § 5 VOL/A umgekehrt hat.[26] Der Auftraggeber hat also die **Pflicht** zur grundsätzlichen Auftragsteilung, und kann davon nur im Ausnahmefall absehen, wenn nach § 5 VOL/A nämlich die Auftragsteilung **unzweckmäßig** ist, was sich nach der VKR an qualitativen bzw. wirtschaftlichen Kriterien ausrichten muss, s. oben, Rn. 2.

9

---

22 ABl. EU Nr. L 124/36; vgl. hierzu *Dreher* NZBau 2005, 427, 428.
23 *BGH* VergabeR 2004, 193 – »Komm. Einkaufsgemeinschaft« (Kartellrecht); *OLG Düsseldorf* NZBau 2004, 688, 690; *Dreher* in: Immenga/Mestmäcker, § 97 Rn. 78; *Müller-Wrede* NZBau 2004, 643 ff.; *VK Magdeburg* vom 6. 6. 2002 – 33-32571/07 VK 05/02 MD; *Baumeister/Kirch* NZBau 2001, 653, 655; *Migalk* Sonderheft VergabeR 2006, 651 zu einem Forschungsprojekt, inwieweit in untersuchten deutschen Gebieten mittelständische Interessen bei der Vergabe tatsächlich berücksichtigt wurden; a. A. *Antweiler* a. a. O., 641, der abstrakte Umsatz- und Mitarbeiterzahlen zur erleichterten Einordnung der Unternehmen bevorzugt.
24 *Dreher* a. a. O.
25 *BGH* v. 17. 2. 1999, NJW 2000, 137 = BauR 1999, 736, 740 – »Krankenhauswäsche«.
26 *VK Bund* v. 29. 9. 2005, VK 3–121/05; *VK Hessen* v. 12. 9. 2001, 69 d VK-30/2001; *VK Baden-Württemberg* v. 18. 7. 2003, 1 VK 30/03; *VK Leipzig* v. 27. 6. 2003, 1/SVK/063–03; *VK Arnsberg* v. 31. 1. 2001, VK 2–01/2001; *OLG Düsseldorf* v. 8. 9. 2004, NZBau 2004, 688 = VergabeR 2005, 107; *Müller-Wrede* NZBau 2004, 643, 644; *Kus* a. a. O., § 97 Abs. 3 Rn. 66.

III. Ausnahme: Unzweckmäßigkeit der Aufteilung

10 Besteht also die grundsätzliche **Pflicht** des öffentlichen Auftraggebers zur Losteilung, stellt sich nicht die Frage, wann es **zweckmäßig** ist, die Leistung in Lose zu legen, sondern umgekehrt die Frage, wann es **unzweckmäßig** ist, von einer Losteilung abzusehen, und die Leistung zusammengefasst an einen Auftragnehmer oder Auftragnehmerkonsortium zu vergeben. Dieser **Ausnahmefall** muss (in einem Vergabevermerk) begründet werden, anhand von qualitativen und/oder wirtschaftlichen Kriterien. Nach der Entscheidung des **OLG Düsseldorf** hat der Auftraggeber eine **Interessenabwägung** vorzunehmen, um die ggf. vorhandenen **überwiegenden Gründe** für eine einheitliche Auftragsvergabe darzustellen.[27] Was »überwiegende Gründe« bzw. in diesem Sinne auch »**vertretbare Gründe**«[28] sind, die für eine zusammengefasste Vergabe sprechen, ist stets anhand der **konkreten Umstände des einzelnen Projektes** zu bestimmen. Dabei steht dem öffentlichen Auftraggeber ein **Beurteilungsspielraum** zu.[29] Einen (abschließenden) Katalog zulässiger Gründe, mithin einen Orientierungsmaßstab, nennt § 5 VOL/A im Gegensatz zu § 4 Nr. 3 VOB/A (»technische und wirtschaftliche Gründe«) nicht, sondern stellt nur auf »Zweckmäßigkeit« ab. Nach der Begründungserwägung Ziff. 9 VKR müssen dies **qualitative und wirtschaftliche Kriterien** sein.

1. Unverhältnismäßige Kostennachteile

11 Nach der Leitentscheidung des OLG Düsseldorf zu § 5 Nr. 1 VOL/A kann die Losteilung unterbleiben, wenn sie **unverhältnismäßige Kostennachteile** bringen oder zu einer **starken Verzögerung des Vorhabens** führen würde.[30] Die Kostennachteile muss der Auftraggeber konkret prüfen und durchrechnen, und zwar zum Zeitpunkt der Entscheidung über die Aufteilung in Lose. Nachholen kann er dies aus Gründen der Transparenz später nicht mehr.[31] Die vereinzelt noch als zulässig angesehenen Argumente der Vermeidung einer Mehrzahl von Gewährleistungsgegnern oder einer Mehrzahl kostenaufwendigerer Vergabeverfahren rechtfertigen eine zusammengefasste Vergabe indes nicht.[32] Denn die Vermeidung von Schnittstellen zwischen Gewerken zur Vermeidung von Gewährleistungsproblemen; die Vermeidung von Mehraufwand durch mehrere Vergabeverfahren oder aber auch die Vermeidung von Koordinationsaufgaben auf Seiten des Auftraggebers bei der Auftragsvergabe nur an einen einzigen Auftragnehmer, sowie schließlich ein reibungsloser Bauablauf, sind alles **allgemeine** Gründe, die auf jedes Vorhaben zutreffen. Bereits in den Stahlschutzplanken-Fällen wurde durch die Vergabeüberwachungsausschüsse aber herausgearbeitet,

---

27 *OLG Düsseldorf* v. 8. 9. 2004, VII-Verg 38/04, NZBau 2004, 688, 689 – »Gebäudemanagement«.
28 So *OLG Schleswig* OLGR Schleswig 2000, 470 ff.; *Kulartz/Steding* IT-Leistungen, S. 28; die Auffassung, die das Vorliegen »vertretbarer Gründe« als nicht ausreichend ansieht, vgl. *Müller-Wrede* NZBau 2004, 645, ist nicht zielführend, da die Begriffe »überwiegend« wie auch »vertretbar« höchst unbestimmt sind, und letztendlich die konkrete Argumentation im Einzelfall überzeugend sein muss.
29 *OLG Düsseldorf* a. a. O.; *BGH* NJW 2000, 137, 140; *VK Bund* v. 29. 7. 2004, VK 2–85/04; *Antweiler* a. a. O., 647.
30 *OLG Düsseldorf* a. a. O.; *Hailbronner* in: Byok/Jaeger, § 97 Rn. 158.
31 *OLG Düsseldorf* a. a. O.; auch VergabeR 2004, 511 und 513.
32 *OLG Düsseldorf* NZBau 2004, 688 ff.

dass die Begründung für die zusammengefasste Auftragserteilung sich aus jedem konkreten Vorhaben **spezifisch** ergeben muss.[33] Folglich sind Gründe wie die unverhältnismäßigen Kostennachteile oder die starke Verzögerung des Vorhabens **speziell aus dem Projekt heraus** zu begründen.

2. Starke Verzögerung des Vorhabens

Nachdem mittlerweile durch das **Thüringer OLG** entschieden ist, dass das Risiko des durch Nachprüfungsverfahren zwangsläufig auftretenden **Zeitverlustes** bei der Auftragsvergabe den öffentlichen Auftraggeber trifft,[34] kann dies im Rahmen des Kriteriums »starke Verzögerung des Vorhabens« mit eingerechnet werden. Eine zusammengefasste Vergabe ist daher umso eher begründet, je größer die Anzahl der Lose bei einer Aufteilung und mithin die Zahl und Gefahr von Nachprüfungsverfahren wäre. Eine Losaufteilung wird also regelmäßig dann nicht mehr in Frage kommen, wenn die Verzögerung sogar dazu führen würde, dass das Projekt gänzlich ad acta gelegt werden müsste, weil ein zwingender Fertigstellungstermin nicht mehr eingehalten werden und/oder das bereitgestellte Budget nicht mehr zur Verfügung stünde. Das setzt allerdings andererseits voraus, dass der öffentliche Auftraggeber in die Vergabephase nicht vorwerfbar spät eingetreten ist.

12

3. Technische Gründe

Technische Gründe können ebenfalls für eine zusammengefasste Vergabe herangezogen werden, z. B. bei dem gleichzeitigen Einkauf von Hard- und Software, wenn nicht lediglich Standardsoftware und -hardware benötigt wird, sondern speziell auf das Vorhaben zugeschnittene Softwareprogramme, mit einem auf die Softwarebewältigung speziell zugeschnittenem Hardware-Paket. Auch **funktionale Gesichtspunkte** sind entscheidend, wenn beispielsweise Anbieter von hochspezialisierter Labortechnologie selbige nicht nur liefern, sondern auch, etwa im Rahmen von PPP-Vorhaben, in deren Betriebsphase dergestalt einsteigen sollen, dass sie für die ständige Aufrechterhaltung bestimmter Leistungsparameter sorgen sollen. Solche Leistungsvorgaben machen häufig nur dann Sinn, wenn Planung, Lieferung und Verantwortung für die Betriebsphase in eine Hand, d. h. an einen Auftragnehmer, gelegt werden. Die Notwendigkeiten des Projektes sind hier stets entscheidend; nie muss der öffentliche Auftraggeber seine konkreten Beschaffungswünsche zurückschrauben, und Beschaffungsvarianten wählen, die **allein** eine Losaufteilung zulassen.[35]

13

---

33 *VÜA Bayern* in: Fischer/Noch, Entscheidungssammlung Europäisches Vergaberecht, VII 1.8; *VÜA Thüringen* 1 VÜA 2/96, in: Fischer/Noch, IV 16.3; *VÜA Thüringen* in: Fischer/Noch, IV 16.5; *VÜA Thüringen* IBR 1997, 314; *VÜA SH*, in: Fischer/Noch, IV 15.1; *LG Hannover* WuW 1997, 737.
34 *Thüringer OLG* v. 22. 3. 2005, 8 U 318/04, NZBau 2005, 341 ff. – »Talsperren Leibis-Lichte«.
35 *OLG Koblenz* VergabeR 2002, 617, 627: »Der öffentliche AG entscheidet, **was** er haben will und **wie** er es haben will«. Das Vergaberecht ist mithin nicht primär dazu da, mittelständischen Interessen zu genügen, sondern die Beschaffungswünsche des öffentlichen Auftraggebers möglichst zu realisieren; vgl. auch *OLG Düsseldorf* v. 14. 4. 2005, VII Verg 93/04, NZBau 2005, 532; 533: »Die Entscheidung, welcher Gegenstand oder welche Leistung mit welcher Beschaffung und mit welchen Eigenschaften im Vergabeweg beschafft werden soll, obliegt dem (öffentlichen) Auftraggeber. Die an eine Auftragsvergabe interessierten Unternehmen sind im Rahmen eines Vergabenachprüfungsverfahrens nicht dazu berufen, dem Auftragge-

IV. Ausgleich durch Unteraufträge

14 Wenn die zusammengefasste Vergabe aller Lose an einen Unternehmer gerechtfertigt ist, kann der öffentliche Auftraggeber »ausgleichend« vorgeben, dass der Auftragnehmer gemäß § 10 Nr. 1 VOL/A bei der Erteilung von **Unteraufträgen** nach wettbewerblichen Gesichtspunkten verfährt, und dabei **gemäß § 10 Nr. 2 VOL/A** auch dafür sorgt, dass kleine und mittlere Unternehmen am Wettbewerb der Unterauftragsvergabe beteiligt werden.[36] Europarechtlich ist diese Vorgehensweise durch Art. 25 VKR und insbesondere Ziff. 32 der Erwägungsgründe legitimiert.[37] Der Auftragnehmer unterliegt dabei aber nicht dem strengen Vergaberechtsregime eines öffentlichen Auftraggebers, sondern muss nur für Wettbewerb unter Beteiligung von kleinen und mittleren Unternehmen sorgen.

V. Losvergabepflicht bei Nachfragebündelung

15 In den Fällen der sog. **Nachfragebündelung** besteht regelmäßig eine **besondere Pflicht** des öffentlichen Auftraggebers zur Losvergabe, da von der Ausgangssituation her eine Nachfragebündelung per se die Anzahl der potentiellen Wettbewerbsverfahren und damit die Chancen mittelständischer Unternehmer auf Auftragserhalt erheblich reduziert.[38] Die Nachfragebündelung erfolgt beispielsweise durch die Gründung von **zentralen Beschaffungsstellen** in Form von Zweckverbänden oder öffentlich-rechtlichen Vereinbarungen nach dem jeweiligen Gesetz über die kommunale Zusammenarbeit. So werden beispielsweise **Datenverarbeitungszentralen** von Kommunen gegründet, und mit der Aufgabe versehen, IT-Beschaffungen für ihre Mitglieder gesammelt durchzuführen.[38a] Auch können sich ad hoc öffentliche Auftraggeber zu einer Einkaufsgemeinschaft zusammenfinden, um beispielsweise Feuerwehrlöschzüge im großen Stil und verbilligt einzukaufen. Kartellrechtlich[39] ist dies unter besonderen Voraussetzungen zulässig, und auch kartellvergaberechtlich wird allgemein von der Statthaftigkeit ausgegangen,[40] was auch europarechtlich zumindest legitimiert ist.[41] Zusammengefasste Einkaufsmaßnahmen reduzieren aber die potentielle Anzahl von Wettbewerbsverfahren, weisen also einen inhärenten mittelstandsfeindlichen Aspekt auf.[42] Geht mit einer solchen zentralen Beschaffungsstruktur ein **Verzicht**

---

ber eine von seinen Vorstellungen abweichende Beschaffung von Waren oder Leistungen, d. h. von solchen mit anderen Beschaffungsmerkmalen und Eigenschaften oder anderer Art und Individualität, vorzuschreiben oder gar aufzudrängen«. So auch *Antweiler* a. a. O., 643; *Opitz* VergabeR 2004, 422.

36 S. *Burgi* a. a. O., S. 16 ff.
37 Begründungserwägung Ziff. 32 lautet:»Um den Zugang von kleinen und mittleren Unternehmen zu öffentlichen Aufträgen zu fördern, sollten Bestimmungen über Unteraufträge vorgesehen werden.«
38 *Burgi* a. a. O., S. 12 ff.
38a *OLG Celle* v. 14. 9. 2006, Verg 2/06 und Verg 3/06.
39 BGHZ 101, 72 – »Krankentransporte«; *BGH* VergabeR 2004, 193 – »Kommunale Einkaufsgemeinschaft (Feuerlöschzüge)«; *Kämper/Heßhaus* NZBau 2003, 307 ff.
40 Vgl. nur *Eschenbruch* in: Kulartz/Kus/Portz, § 98 Rn. 64 ff.
41 Art. 1 Abs. 10 VKR mit Ziff. 15 und 16 der Begründungserwägung, wonach zentrale Beschaffungsverfahren zur Verbesserung des Wettbewerbs und zur Rationalisierung des öffentlichen Beschaffungswesens beitragen.
42 S. *Burgi* a. a. O.

auf die Losvergabe einher, so potenziert sich der mittelstandsgefährdende Effekt. Das dürfte dazu führen, dass sich die Anforderungen an die Begründung für eine zusammengefasste Vergabe deutlich erhöhen.[43] Zentrale Beschaffungsstellen dürfen also nur in ganz seltenen Ausnahmefällen von einer Losvergabe absehen.

VI. Keine Loslimitierung

Wenn andererseits der Auftrag in Lose aufgeteilt worden ist, besteht für den öffentlichen Auftraggeber **nicht** etwa die Pflicht, **nur losweise** zu beauftragen. Aus der Zerlegung der Leistung in Teillose und der damit verbundenen Reduzierung des Aufwands für einen potentiellen Bieter folgt nur die Möglichkeit der Teilnahme an Ausschreibungen für Unternehmen, die die Gesamtleistung nicht unbedingt anbieten können. Daraus folgt aber nicht, dass der Zuschlag – ungeachtet der Wirtschaftlichkeit eines Angebotes – zwingend auf die losweise abgegebenen Angebote erfolgen muss. Vielmehr ist unter allen Umständen das wirtschaftlich günstigste Angebot zuschlagsfähig, so dass auch ein Bieter mehrere oder alle Lose erhalten kann, wobei dem durch die Ausschreibung geschützten öffentlichen Interesse an einer im Hinblick auf die anfallenden Kosten optimalen Deckung eines Bedarfs der öffentlichen Hand Rechnung getragen wird.[44] Eine vorab festgelegte Loslimitierung ist wettbewerbswidrig, s. Rn. 5.

16

C. Grenze der Losaufteilung: Unwirtschaftliche Zersplitterung (§ 5 Nr. 1 Satz 2 VOL/A)

Nach § 5 Nr. 1 Satz 2 VOL/A müssen die einzelnen Lose so bemessen sein, dass eine unwirtschaftliche Zersplitterung vermieden wird. Die Vorschrift geht also davon aus, dass die Grundentscheidung für eine Losvergabe bereits getroffen ist, und gibt demgemäß vor, welche Größenordnung Lose im einzelnen Fall noch haben dürfen.[45] Andererseits kann nach der Rechtsprechung bereits die generelle Entscheidung für eine Losteilung eine unwirtschaftliche Zersplitterung bedeuten; dafür sind jeweils die Umstände des Einzelfalles maßgebend.[46]

17

Der Vorschrift kommt also genau genommen keine besondere Bedeutung zu; sie enthält letztendlich nur, aber immerhin die bedeutsame Aussage, dass wirtschaftliche Gesichtspunkt auf Seiten des öffentlichen Auftraggebers mittelständischen Interessen nicht weichen müssen.

18

---

43 *Burgi* a. a. O.
44 *VK Darmstadt* v. 27. 2. 2003, 69 d VK-70/2002; *BGH* BauR 1999, 736 ff.
45 *VK Mecklenburg-Vorpommern* v. 16. 12. 2002, 1 VK 17/02.
46 *OLG Düsseldorf* v. 8. 9. 2004, NZBau 2004, 688; *VK Bund* v. 8. 1. 2004, VK 1–117/2003; v. 29. 7. 2004, VK 2–85/04; v. 29. 9. 2005, VK 3–121/05; *VK Darmstadt* v. 12. 9. 2001, 69 d VK-30/2001.

D. Bekanntmachung der Losvergabe (§ 5 Nr. 2 VOL/A)

19 Zur Transparenz bestimmt § 5 Nr. 2 VOL/A, dass etwaige Vorbehalte wegen der Teilung in Lose, wegen des Umfangs der Lose und generell wegen einer möglichen Vergabe der Lose an verschiedene Bieter bereits in der Bekanntmachung nach § 17 Nr. 1 und 2 VOL/A **und** der Aufforderung zur Angebotsabgabe nach § 17 Nr. 3 VOL/A vorzunehmen sind. Sinn und Zweck der Vorschrift ist, dass Bieter bereits frühzeitig erkennen sollen, ob eine Bewerbung für einzelne Lose möglich ist, damit sie sich entscheiden können, ob es sich für sie lohnt, sich an der Ausschreibung zu beteiligen. Weiterhin ist die Angabe, ob eine Vergabe in Losen oder eine Gesamtvergabe erfolgen soll, auch für die Bemessung der Angebotspreise von ausschlaggebender Bedeutung.[47] Sieht der Auftraggeber in der Bekanntmachung keine Losbildung vor, kann er davon später nicht mehr zurück. Zum einen würden die Angebotsfristen unzulässigerweise verkürzt, zum anderen wären diejenigen Bieter benachteiligt, die aufgrund der Bekanntmachung den Bewerbungsaufwand auf sich genommen und bei der Angebotserstellung schließlich davon ausgegangen sind, das gesamte Ausschreibungsvolumen erhalten zu könnten.[48] Außerdem wären gerade mittelständische Unternehmen erheblich benachteiligt, wenn sie sich aufgrund des Absehens einer Losvergabe in der Bekanntmachung erst gar nicht um den Auftrag beworben haben, im Nachhinein die Losaufteilung aber solche Losgrößen bietet, die ohne weiteres für den Mittelständler in Betracht gekommen wären. Schließlich besteht für den öffentlichen Auftraggeber auch die Gefahr von Nachprüfungsverfahren, wenn Mittelständler die fehlende Losteilung eines Großauftrages aufgrund der Angabe in der Bekanntmachung angreifen.[49] Freilich setzt dies eine entsprechende Rüge nach § 107 GWB entweder bis zum Ablauf der Bewerbungsfrist oder aber der Angebotsfrist voraus.

E. Rechtsschutz und Dokumentation

20 Schon § 97 Abs. 3 GWB stellt keinen bloß allgemein gehaltenen Programmsatz dar, sondern ein **konkretes Gebot** der Berücksichtigung mittelständischer Interessen vornehmlich durch Losteilung. Damit korrespondieren subjektive Bieterrechte auf Beachtung der Losvergabe.[50] Das gilt entsprechend auch für § 5 VOL/A.[51]

21 Allerdings steht das Recht auf Nachprüfung und damit die **Antragsbefugnis** nach § 107 Abs. 2 Satz 1 GWB nur denjenigen Unternehmen zu, die im Schutzbereich der Norm stehen. Das sind nach der ausdrücklichen Zielrichtung in § 5 Nr. 1 Satz 1 VOL/A nur **kleine und mittlere Unternehmen**. Die Vergabekammer prüft, ob das

---

47 *VK Magdeburg* v. 30. 12. 1999, 33–32571/07 VK 44/99 MD.
48 *Roth* in: Müller-Wrede, VOL/A-Kommentar, § 5 Rn. 23.
49 So der Fall des *OLG Düsseldorf*, NZBau 2004, 688 – »Gebäudereinigung«.
50 *VK Bund* v. 1. 2. 2001, VK 1–1/01, VergabeR 2001, 143, 144; *VK Darmstadt* v. 27. 2. 2003, 69 d VK 70/2002; *VK Magdeburg* v. 6. 6. 2002, 33–32571/07 VK 05/02 MD; *Bechtold* § 97 Rn. 15; *Hailbronner* in: Byok/Jaeger, § 97 Rn. 155; *Kullack* in: Heiermann u. a., § 97 Rn. 35; *Zdzieblo* VergabeR 2002, 76.
51 *OLG Düsseldorf* NZBau 2004, 688 – »Gebäudemanagement«.

konkrete Ausschreibungsverfahren diesen Unternehmen im relevanten Beschaffungsmarkt generell die Möglichkeit eröffnet, sich zu beteiligen.[52]

Demgegenüber besteht **kein Anspruch** auf eine **zusammengefasste** Vergabe, etwa 22
von Großunternehmen, und zwar selbst dann, wenn der öffentliche Auftraggeber zwar zunächst vertretbare Gründe dafür erwogen, sich letztendlich jedoch für eine Losvergabe entschieden hat.[53]

Nach diesseitiger Auffassung haben mittelständische Unternehmen allerdings keinen 23
Anspruch auf **Loslimitierung,** da letztere eine Behinderung von Wettbewerb darstellt, s. o.

Das Recht auf Überprüfung umfasst auch die **Art und Weise der Losteilung,** mithin 24
beispielsweise die Frage, ob die Lose noch zu groß gewählt worden sind. In diesem Zusammenhang kommt es darauf an, ob die Größe und mithin auch die Anzahl der gewählten Lose einer unwirtschaftlichen Zersplitterung im Sinne des § 5 Nr. 1 Satz 2 VOL/A vorbeugen sollte.[54]

Einer Beteiligung am Vergabeverfahren bedarf es zur Geltendmachung des Verstoßes gegen das Gebot der Losteilung nach § 5 VOL/A nicht, wenn gerade durch 25
die gewählte Gesamtvergabe eine Beteiligung verhindert worden ist.[55] Damit der Nachprüfungsantrag nicht unzulässig ist, muss aber eine **Rüge** ausgesprochen werden, § 107 GWB. Bei Vergabeverfahren mit **vorgeschaltetem Teilnahmebewerb** heißt das, dass die Rüge gemäß § 107 Abs. 3 Satz 2 GWB innerhalb der Bewerbungsfrist erfolgen muss.[56] Der Nachprüfungsantrag selbst braucht allerdings nicht innerhalb der Bewerbungsfrist gestellt zu werden, es reicht aus, wenn dieser noch bis zur Zuschlagserteilung eingereicht wird.[57] Da gemäß § 5 Nr. 2 VOL/A die Informationen zur Losaufteilung bereits in die Bekanntmachung aufgenommen werden müssen, wird es regelmäßig keine Situation geben, in der Rügen erst aufgrund von Angaben in den Ausschreibungsunterlagen erfolgen, mithin gemäß § 107 Abs. 3 Satz 1 GWB nur bei positiver Kenntnis bis zur Angebotsabgabefrist vorgebracht werden müssen. Beim Offenen Verfahren hat die Rüge bis spätestens zur Angebotsabgabe zu erfolgen.

Für die **Fälle der Losteilung** ist ausdrücklich entschieden worden, dass sämtliche 26
Überlegungen des öffentlichen Auftraggebers in einem **Vergabevermerk zu dokumentieren** sind.[58] Der Vergabevermerk muss **zeitnah** und **so detailliert** sein, dass er für jeden, mit dem Vergabeverfahren nicht betrauten Dritten, insbesondere die Nach-

---

52 Vgl. auch *Müller-Wrede* NZBau 2004, 647 ff.
53 *VK Bund* VergabeR 2005, 143, 145.
54 *OLG Düsseldorf* a. a. O.; *VK Darmstadt* a. a. O.; *VK Bund* v. 22. 3. 1999, VK 1–5/99; *VK Bund* v. 8. 1. 2004, VK 1–117/03; *VK Baden-Württemberg* v. 16. 11. 2001, 1 VK 39/01; *VK Mecklenburg-Vorpommern* v. 16. 12. 2002, 1 VK 17/02; *VK Arnsberg* v. 31. 1. 2001, VK 2–01/2001.
55 *OLG Düsseldorf* NZBau 2004, 688 = VergabeR 2005, 143, 145; *EuGH* v. 12. 2. 2004, C-230/02, VergabeR 2004, 315 – »Air Großmann«.
56 *OLG Brandenburg* v. 18. 12. 2003, Verg W 8/03, VergabeR 2004, 773 – »Abschiebungshafteinrichtung«.
57 *OLG Düsseldorf* a. a. O.
58 *OLG Düsseldorf* v. 17. 3. 2004, VII-Verg 1/04, NZBau 2004, 461, 462.

prüfungsinstanzen, **nachvollziehbar** ist.[59] Geheilt werden kann dieser Mangel nicht, d. h. eine nachträgliche Dokumentation der Überlegungen, beispielsweise gar erst aufgrund des eingeleiteten Vergabeverfahrens, ist wegen Manipulationsmöglichkeiten nicht möglich.[60] Die Dokumentationsmängel führen dazu, dass das Vergabeverfahren ab dem Zeitpunkt, in dem die Dokumentation unzureichend ist, zu wiederholen ist.[61] Da die Überlegungen zur Losaufteilung ganz am Anfang stehen, führt dies regelmäßig zur **vollständigen Aufhebung** der Ausschreibung.[62]

---

59 *OLG Düsseldorf* a. a. O.; ebenso in der Entscheidung v. 13. 9. 2001, Verg 4/01; v. 14. 8. 2003, Verg 46/03, VergabeR 2004, 232 – »Monitore«; *BayObLG* v. 1. 10. 2001, Verg 6/01, VergabeR 2002, 63, 96 = NZBau 2002, 584 – »Stiftungskrankenhaus«; v. 12. 9. 2000, Verg 4/00, VergabeR 2001, 65, 68; *OLG Brandenburg* v. 3. 8. 1999, 6 Verg 1/99, NZBau 2000, 39, 44 – »Flughafen Berlin-Schönefeld«; *OLG Bremen* v. 14. 4. 2005, Verg 1/2005, VergabeR 2005, 537, 541 – »Klinikum links der Weser«; *OLG Naumburg* v. 17. 2. 2004, 1 Verg 15/03, VergabeR 2004, 634, 640 = NZBau 2004, 403 – »Krankenhaus-Catering«; *OLG Celle* v. 3. 3. 2005, 13 Verg 21/04, IBR 2005, 276.
60 *OLG Düsseldorf* NZBau 2004, 461, 462.
61 *OLG Düsseldorf* a. a. O., *OLG Brandenburg* a. a. O.
62 *OLG Düsseldorf* a. a. O.

§ 6
Mitwirkung von Sachverständigen

1. Hält der Auftraggeber die Mitwirkung von Sachverständigen zur Klärung rein fachlicher Fragen für zweckmäßig, so sollen die Sachverständigen in der Regel von den Berufsvertretungen vorgeschlagen werden.

2. Sachverständige sollen in geeigneten Fällen auf Antrag der Berufsvertretungen gehört werden, wenn dem Auftraggeber dadurch keine Kosten entstehen und eine unzumutbare Verzögerung der Vergabe nicht eintritt.

3. Die Sachverständigen dürfen weder unmittelbar noch mittelbar an der betreffenden Vergabe beteiligt sein und beteiligt werden. Soweit die Klärung fachlicher Fragen die Erörterung von Preisen erfordert, hat sich die Beteiligung auf die Beurteilung im Sinne von § 23 Nr. 2 zu beschränken.

Inhaltsübersicht Rn.

A. Allgemeines 1
B. Mitwirkung von Sachverständigen (§ 6 Nr. 1 und Nr. 3 Satz 2 VOL/A) 6
    I. Sachverständigenbegriff 7
    II. Zweckmäßigkeit einer bloßen Mitwirkung 8
    III. Begrenzter Einsatzbereich des Sachverständigen 12
    IV. Vorschlagsrecht der Berufsvertretungen 18
C. Initiativrecht der Berufsvertretungen (§ 6 Nr. 2 VOL/A) 19
D. Projektantenproblematik (§ 6 Nr. 3 Abs. 1 VOL/A) 23
    I. Rechtslage vor Inkrafttreten des § 4 Nr. 5 VgV 23
    II. Projektantenproblematik nach § 4 Nr. 5 VgV 30
E. Rechtsschutz und Dokumentation 31

A. Allgemeines

Vergabestellen benötigen bei der Vorbereitung und Durchführung von Vergabeverfahren häufig externen Sachverstand. Die Vorschrift des § 6 VOL/A zeigt dabei die Möglichkeiten und Grenzen auf. Nach dem Wortlaut der Vorschrift bezieht sich dies zwar nur auf die Einschaltung von Sachverständigen. Damit sind zum einen aber nicht lediglich öffentlich bestellte und vereidigte Sachverständige gemeint, oder nur solche, die über eine besondere behördliche Zulassung oder eine besondere Qualifikation verfügen bzw. eine Prüfung absolviert haben,[1] sondern generell Personen, die aufgrund ihrer Aus- und Weiterbildung sowie ihres Wissens und ihrer Erfahrung **hinreichende Fachkunde** besitzen. Sie müssen nur in der Lage sein, sich für bestimmte Fachbereiche **objektiv** und **unabhängig gutachterlich** zu äußern.[2]   1

Zum anderen wird der **Begriff des Sachverständigen** aber auch **funktional** verstanden, so dass auch **Berater**, wie Projektsteuerer, Architekten oder Versicherungsmak-   2

---
1 *Müller-Wrede* VOL/A-Kommentar, § 6, Rn. 4.
2 *OLG Düsseldorf* vom 19. 1. 2005, VII-Verg 58/04; *OVG Lüneburg* GewArch 1977, 377; *Müller-Wrede* a. a. O.

ler, die je nach Einzelfall die Vergabestelle über den in § 6 VOL/A beschriebenen Aufgabenbereich für Sachverständige **hinaus umfassend** beraten, in analoger Anwendung von der Vorschrift des § 6 Nr. 3 Abs. 1 VOL/A **dann** erfasst werden, **wenn** es um die sog. **Projektantenproblematik** geht. Die Projektantenproblematik bedeutet die Doppelfunktion einer Person oder eines Unternehmens im Rahmen ein und desselben Vergabeverfahrens sowohl auf Seiten der Vergabestelle bei der Vorbereitung des Vergabeverfahrens als auch auf Seiten derjenigen, die sich um den konkreten Auftrag bewerben.[3] Zunächst nur auf die Fälle der Beratung durch **Versicherungsmakler** angewandt, die zugleich aufgrund courtagemäßiger Honorierung o. Ä. ein eigenes wirtschaftliches Interesse an einer konkret bieterbezogenen Beratung haben konnten,[4] führten die Leitentscheidungen des **OLG Düsseldorf, Thüringer OLG und der Vergabekammer des Bundes** schließlich zu dem **funktionalen Verständnis** des Sachverständigen im Sinne des § 6 Nr. 3 Abs. 1 VOL/A,[5] mit der Folge der Erfassung aller nur denkbaren Berater auf Seiten der Vergabestelle mit ihrer Doppelfunktion im Sinne der o. g. Projektantenproblematik. Die Vorschrift des **§ 6 Nr. 3 VOL/A,** die das Verbot der Doppelbeteiligung von Sachverständigen regelt, wurde als **Ausprägung des Wettbewerbs- und des Gleichbehandlungsgrundsatzes** im Sinne des § 97 Abs. 1 und 2 GWB verstanden. Diese Rechtsprechung zum funktionalen Begriffsverständnis des Sachverständigen einerseits sowie die Entscheidung des EuGH »Fabricom SA«[6] andererseits führte schließlich zur Neuregelung der Projektantenproblematik in § 4 Abs. 5 VgV mit Inkrafttreten des ÖPP-Beschleunigungsgesetzes am 8. 9. 2005. Damit dürfte der extrem weite, funktionale Sachverständigenbegriff zukünftig aufgegeben werden. Denn er diente letztlich nur zur Erfassung der Projektantenproblematik, wobei schon die daraus abgeleitete Rechtsfolge, der zwingende Ausschluss des »Sachverständigen« als Bieter im Vergabeverfahren, zweifelhaft war.[7] Soweit jedenfalls die Projektantenproblematik **bislang** mit dem weiten Sachverständigenbegriff über eine analoge Anwendung des § 6 Nr. 3 Abs. 1 VOL/A gelöst wurde, fehlt es nunmehr aufgrund der Neuschaffung des § 4 Abs. 5 VgV weitestgehend, Ausnahme s. Rn. 29, an einer Lücke, die mit einer Analogie über § 6 Nr. 3 Abs. 1 VOL/A geschlossen werden müsste.

3 **Europarechtlich** war bereits in der 10. Begründungserwägung der Richtlinie 97/532 EWG und in der im Wortlaut im Wesentlichen gleichen 13. Begründungserwägung der Richtlinie 98/4/EG vorgegeben, dass »Auftraggeber einen Rat einholen bzw. entge-

---

[3] Vgl. nur *Kulartz/Niebuhr* NZBau 2000, 6, 11 ff.
[4] Vgl. z. B. *OLG Rostock* v. 29. 9. 1999, 17 W (Verg) 1/99, NZBau 2000, 479; *OLG Düsseldorf* v. 18. 10. 2000, Verg 3/00, NZBau 2001, 155 = VergabeR 2001, 45; *OLG Schleswig* v. 16. 4. 2002, 6 Verg 1/2002, VergabeR 2002, 649; *OLG Celle* v. 18. 12. 2002, 13 Verg 22/03, VergabeR 2004, 397; *OLG Naumburg* v. 26. 2. 2004, 1 Verg 17/03, VergabeR 2004, 387; *OLG Koblenz* v. 18. 9. 2003, 1 Verg 4/03, VergabeR 2003, 709, im Fall der Einschaltung eines Umwelt- und Managementservice als Sachverständigen; s. zur Einschaltung von Versicherungsmaklern in das Vergabeverfahren *Müller-Wrede* a. a. O., § 6 Rn. 18 ff.
[5] *VK Bund* v. 6. 6. 2005, VK 2 – 33/05 zur analogen Anwendung des § 6 Nr. 3 VOL/A, unter Verweis auf die zuvor ergangenen Leitentscheidungen des *OLG Düsseldorf* v. 16. 10. 2003, Verg 57/03 zu einem VOB/A-Fall, der Entscheidung des *Thüringer OLG* v. 8. 4. 2003, 6 Verg 9/03, VergabeR 2003, S. 577 ff., zu einem VOF-Fall, sowie schließlich der *EuGH*-Entscheidung v. 3. 3. 2005, C-34/03, VergabeR 2005, 319 »Fabricom SA«.
[6] S. Fn. 5.
[7] Vgl. nur die Kritik an den Leitentscheidungen des *OLG Düsseldorf* und des *Thüringer OLG* von *Horn*, NZBau 2005, 28 ff.

gennehmen können, der bei der Erstellung der Spezifikationen für einen bestimmten Auftrag verwendet werden kann, vorausgesetzt, dass dieser Rat nicht den Wettbewerb ausschaltet«. U. a. diese Begründungserwägungen führten zur Entscheidung des EuGH »**Fabricom SA**«,[8] mit der Regelung der Projektantenproblematik in der Art und Weise, dass nationale Rechtsregelungen den Vergaberichtlinien dann entgegenstehen, wenn eine Person, die mit Forschungs-, Erprobungs-, Planungs- oder Entwicklungsarbeiten für Bauleistungen, Lieferungen oder Dienstleistungen betraut ist, nicht zur Einreichung eines Antrags auf Teilnahme an einem öffentlichen Bau-, Liefer- oder Dienstleistungsauftrag oder eines Angebots für einen solchen Auftrag zugelassen wird, **ohne** dass ihr die Möglichkeit zuvor gegeben wird, zu beweisen, dass nach den Umständen des Einzelfalls die von ihr erworbenen Erfahrungen den Wettbewerb nicht haben verfälschen können. Die Bau-, Liefer- und Dienstleistungsrichtlinie ersetzende **Vergabekoordinierungsrichtlinie 2004/18/EG (VKR)** hat in ihrer **8. Begründungserwägung** den Leitgedanken der o. g., alten Begründungserwägungen weitergeführt, so dass die Fabricom SA-Entscheidung auch auf die heutige Rechtslage übertragbar ist.[9]

Für den Bereich der Vergaben von Bauleistungen und freiberuflichen Leistungen enthalten die Vorschriften des § 7 VOB/A und § 6 VOF eine Parallelvorschrift zu § 6 VOL/A. Beide Vorschriften enthalten im Gegensatz zu § 6 VOL/A zwar zusätzlich Beispiele der Sachverständigentätigkeit. Die Aufzählung ist aber als nicht abschließend zu verstehen.[10] Das wichtige Beteiligungsverbot von Sachverständigen am Vergabeverfahren, mithin die Projektantenproblematik, gilt allerdings in allen drei Vorschriften gleichermaßen. **4**

§ 6 Nr. 1 VOL/A regelt i. V. m. § 6 Nr. 3 Satz 2 VOL/A die grundsätzliche Möglichkeit der Einschaltung von Sachverständigen durch die Vergabestelle und deren Aufgabenbereich, mit einem Vorschlagsrecht der Berufsvertretungen. § 6 Nr. 2 VOL/A gibt den Berufsvertretungen sogar ein über das Vorschlagsrecht hinausgehendes **Initiativrecht** für die Einschaltung von Sachverständigen. § 6 Nr. 3 Satz 1 VOL/A regelt schließlich das Beteiligungsverbot von Sachverständigen, und in analoger Anwendung generell von Beratern als Bewerber oder Bieter im gleichen Vergabeverfahren. **5**

B. Mitwirkung von Sachverständigen (§ 6 Nr. 1 und Nr. 3 Satz 2 VOL/A)

Wenn der Auftraggeber die Mitwirkung von Sachverständigen zur Klärung rein fachlicher Fragen für zweckmäßig hält, so sollen diese in der Regel von den Berufsvertretungen vorgeschlagen werden. In § 6 Nr. 3 Satz 2 VOL/A ist ein Sonderfall der Klä- **6**

---

8 *EuGH* Urt. v. 3. 3. 2005, C-21/03 und C-34/03; VergabeR 2005, 319 = NZBau 2005, 351 – »Fabricom SA«.
9 Die 8. Begründungserwägung VKR lautet: »Bevor ein Verfahren zur Vergabe eines öffentlichen Auftrags eingeleitet wird, können die öffentlichen Auftraggeber unter Rückgriff auf einen »technischen Dialog« eine Stellungnahme einholen bzw. entgegennehmen, die bei der Erstellung der Verdingungsunterlagen verwendet werden kann, **vorausgesetzt**, dass diese Stellungnahme den Wettbewerb nicht ausschaltet.«
10 *Müller-Wrede* a. a. O., Rn. 2; *Ingenstau/Korbion* VOB/A-Kommentar, § 1 Rn. 10; *Kulartz* in: Müller-Wrede, VOF-Kommentar, § 6 Rn. 1.

Kus 115

rung fachlicher Fragen, nämlich die Erörterung von Preisen geregelt. Der Sachverständige hat sich dann auf die Beurteilung im Sinne des § 23 Nr. 2 VOL/A zu beschränken.

I. Sachverständigenbegriff

7 Zum **Begriff des Sachverständigen** vgl. die Ausführungen unter A. Die Ausdehnung des Sachverständigenbegriffs generell auf Berater der Vergabestelle dürfte durch die Neuregelung des § 4 Abs. 5 VgV sein Ende gefunden haben. Sachverständige sind diejenigen Personen, die eine hinreichende Fachkunde besitzen, d. h. in der Lage sind, sich für bestimmte Fachbereiche **objektiv** und **unabhängig gutachterlich** zu äußern.[11] Eine besondere behördliche Zulassung ist nicht erforderlich. Deshalb müssen die herangezogenen Sachverständigen nicht zwingend öffentlich bestellt und vereidigt sein.

II. Zweckmäßigkeit einer bloßen Mitwirkung

8 Der Auftraggeber kann Sachverständige heranziehen, wenn er dies für **zweckmäßig** hält. Das Wort »zweckmäßig« bestätigt, dass dem öffentlichen Auftraggeber in dieser Frage ein **Beurteilungsspielraum** zusteht.[12] Die Entscheidung der Vergabestelle ist damit nur eingeschränkt überprüfbar, nämlich dahingehend, ob die Vergabestelle den gesetzlichen Rahmen, in dem sie sich frei bewegen kann, also die Vorschrift des § 6 Nr. 1 VOL/A, verkannt hat oder ob sie von einem unrichtigen Sachverhalt ausgegangen ist, allgemein gültige Wertmaßstäbe nicht beachtet oder schlichtweg **sachfremde Erwägungen** bei der Frage der Hinzuziehung von Sachverständigen angestellt hat.[13] Der Beurteilungsspielraum wäre beispielsweise überschritten, wenn die Vergabestelle einen Sachverständigen lediglich zur Überprüfung der Angebotsunterlagen auf ihre **Vollständigkeit** heranzieht.[14] Dann hätte die Vergabestelle den Rahmen, in dem sie sich nach § 6 Nr. 1 VOL/A bewegen kann, schon grundsätzlich verkannt. Denn Sachverständige sind nur **im Ausnahmefall** hinzuziehen, weil **im Grundsatz** die Vergabestelle natürlich selbst über genügend Fachkenntnisse, jedenfalls aber über Grundkenntnisse der Durchführung eines Vergabeverfahrens und auch der Wertung von Angeboten verfügen muss.[15] Die Vollständigkeit der von den Bietern abgegebenen Angebotsunterlagen kann eine Vergabestelle aber regelmäßig selbst überprüfen, so dass die Hinzuziehung von Sachverständigen nicht erforderlich und demgemäß auch nicht zweckmäßig ist.[16] Vielmehr muss die fachliche Frage, die es im

---

11 *OLG Düsseldorf* v. 19. 1. 2005, VII-Verg 58/04; *OVG Lüneburg* GewArch 1977, 377; *Müller-Wrede* VOL/A-Kommentar, § 6 Rn. 4.
12 *OLG Düsseldorf* v. 19. 1. 2005, VII-Verg 58/04.
13 *OLG Stuttgart* v. 11. 7. 2000, 2 Verg 5/00; allgemein zu Kontrollmöglichkeiten bei Beurteilungsspielräumen BVerfGE 88, 40, 56 – »private Grundschule«; BVerfGE 94, 307 – »Prüfungskommission«; BVerwGE 99, 74, 77 – »Gesamtnote«; BVerfGE 21, 127 – »dienstliche Beurteilung«.
14 *VK Bund* v. 17. 7. 2000, VK 1–13/00.
15 *OLG Stuttgart* v. 11. 7. 2000, 2 Verg 5/00; *OLG Düsseldorf* v. 19. 1. 2005, VII-Verg 58/04; *VK Bund* v. 17. 7. 2000, VK 1–13/00; *VK Südbayern* v. 21. 7. 2005, 30 – 06/05; *VK Sachsen* v. 1. 3. 2004, 1/SVK/005–04.
16 *VK Bund* a. a. O.

Rahmen des Vergabeverfahrens durch die Vergabestelle zu lösen gilt, **objektiv mit eigenen Mitteln** der Vergabestelle nicht lösbar sein,[17] wobei zur Einschätzung dieser Sachlage der Vergabestelle freilich der genannte Beurteilungsspielraum zusteht.

Die Vergabestelle darf die Sachverständigen nur zur **Mitwirkung** heranziehen. Der Sachverständige darf also nicht die Aufgabe haben, **anstelle** der Vergabestelle eine Entscheidung zu treffen, beispielsweise über die Wertung der Angebote. Er darf bei der Klärung der fachlichen Fragen vielmehr nur gutachterlich von der Vergabestelle angehört werden; die letztendliche Entscheidung muss die Vergabestelle selbst treffen.[18] 9

Zusammengefasst verfügt die Vergabestelle in der Regel also über genügend eigene Fachkunde zur Klärung aller fachlichen Fragen, die sich im Rahmen des Vergabeverfahrens stellen, und kann nur dann einen Sachverständigen **zur bloßen Unterstützung** gutachterlich anhören, wenn sie im Rahmen des ihr zustehenden Beurteilungsspielraums zu der Entscheidung gelangt ist, die fachlichen Fragen objektiv mit eigenen Mitteln nicht lösen zu können. Entscheiden muss die fachliche Frage die Vergabestelle aber nach Anhörung des Gutachters immer selbst. 10

Die Überlegungen zur Hinzuziehung eines Sachverständigen sind in einem Vergabevermerk nach § 30 Nr. 1 VOL/A zu dokumentieren. 11

III. Begrenzter Einsatzbereich des Sachverständigen

Der Einsatz von Sachverständigen ist nur zur **Klärung rein fachlicher Fragen** erlaubt. Diese sind in der Regel **technischer und wirtschaftlicher Art**.[19] **Preisliche Fragen** sind nur im Rahmen des § 23 Nr. 2 VOL/A zu beurteilen, § 6 Nr. 3 Satz 2 VOL/A. 12

Der Sachverständige kann also immer dann hinzugezogen werden, wenn die Vergabestelle nicht über den Fachverstand der notwendigerweise zu klärenden **technischen**, **wirtschaftlichen** oder **preislichen** Fragen verfügt. So kann sie z. B. bei der Wertung von Nebenangeboten einen **Bodengutachter** hinzuziehen, wenn es darum geht, ob die Nebenangebote die ausgeschriebenen Mindestanforderungen, die an Nebenangebote gestellt sind, erfüllen bzw. mit dem ausgeschriebenen Leistungsgegenstand gleichwertig sind. Das kann beispielsweise dann relevant sein, wenn ein Boden ausgetauscht werden soll, und in einer LV-Position dafür ein besonderer Boden bzw. Bodenklasse benannt und gleichzeitig dessen Mindestanforderungen wie Wasserdurchlässigkeit und Frostschutzeignung mit entsprechenden Kennwerten angegeben werden. Wählt der Bieter einen anderen als den ausgeschriebenen Boden, kann dessen Gleichwertigkeit bzw. Erfüllung der ausgeschriebenen Mindestanforderungen ggf. nur ein heranzuziehender Bodengutachter beurteilen. Eine gleiche Konstellation kann sich bei der Beurteilung von **Softwarelösungen** ergeben, die etwa im Hinblick auf die Bewältigung von Aufgaben der öffentlichen Hand im Bereich der Sozialhilfe 13

---

[17] *Müller-Wrede* VOL-Kommentar, Rn. 5.
[18] *VK Südbayern* vom 21. 7. 2005, 30–06/05; *VK Sachsen* v. 1. 3. 2004, 1/SVK/005–04; *OLG Naumburg* VergabeR 2004, 387.
[19] *Müller-Wrede* a. a. O., Rn. 6.

(Erwachsenenhilfe, Jugendhilfe etc.) benötigt, und im Rahmen einer sog. Teststellung von den Vergabestellen überprüft werden müssen.[20] Die Vergabestelle muss im Rahmen einer verifizierenden Teststellung beispielsweise die Kompatibilität der zu beschaffenden Soft- oder auch Hardware zu einem bestehenden System überprüfen können, oder aber die Frage der Benutzbarkeit von Kopiersystemen sowohl an Windows- als auch an Linux-/Unix- und Apple-Mackintosh Arbeitsplätzen.[21] Gerade bei IT-Beschaffungen dürfte aufgrund der äußersten Kurzlebigkeit der Technologie das Fachwissen der Vergabestelle häufig nicht (mehr) ausreichend sein, so dass die Hinzuziehung von Sachverständigen regelmäßig zweckmäßig sein dürfte.

14 Wegen des der Vergabestelle zustehenden Beurteilungsspielraums bei der Frage, ob sie selbst noch über ausreichende Fachkunde verfügt, dürfte eine **Überprüfung der Hinzuziehungsentscheidung** oder auch der Entscheidung, einen Sachverständigen gerade nicht hinzuziehen zu müssen, nur dann überhaupt eine gewisse Aussicht auf Erfolg haben, wenn die Vergabestelle absolut gar keine Sachkunde besitzt. Verfügen Mitarbeiter von ihr aber zumindest über Grundkenntnisse, geht es also in einem etwaigen Nachprüfungsverfahren nur darum, ob diese Grundkenntnisse ausreichend waren oder ein Sachverständige zweckmäßigerweise hätte ergänzend hinzugezogen werden müssen, dürfte der Nachweis einer Fehlbeurteilung aber regelmäßig nur in krassen Fällen zu führen sein.[22]

15 Der Sachverständige kann dabei in allen Phasen des Vergabeverfahrens tätig werden, d. h. schon bei der Vorbereitung der Vergabe, aber auch und insbesondere bei der Ausarbeitung der Verdingungsunterlagen oder der fachlichen Prüfung der Angebote. **Regelmäßig** werden Fachplaner hinzugezogen, wenn es um eine hochspezialisierte Materie und Technik wie beispielsweise bei der Neuerrichtung eines Munitionszerlegebetriebes geht, und dabei im Hinblick auf das Ziel der Vergabestelle, die derzeit weltweit modernste Technik einkaufen zu können, eine entsprechende Leistungsbeschreibung aufgestellt werden muss, und zwar nicht detailliert, sondern lediglich mit funktionalen Vorgaben, um die unterschiedlichsten Techniken der wenigen Anbieter auf dem Weltmarkt auch ansprechen zu können. Gleiches dürfte für die Beschaffung hochspezieller Labortechnik zur Ausstattung von Forschungszentren oder spezialisierten Klinikbetrieben gelten.

16 **Preisliche Fragen** dürfen vom Sachverständigen nur im Rahmen des § 23 Nr. 2 VOL/A erörtert werden. § 23 Nr. 2 VOL/A regelt die Prüfung der (übrigen) Angebote auf Vollständigkeit sowie auf rechnerische und fachliche Richtigkeit, ferner das Festhalten der maßgebenden Gesichtspunkte für die Beurteilung der Wirtschaftlichkeit der einzelnen Angebote. Da die Prüfung der Vollständigkeit sowie der rechnerischen Richtigkeit der Angebote regelmäßig eine Standardübung darstellen dürfte, daher insoweit ein Sachverständiger nicht hinzuzuziehen ist,[23] meint die Bezugnahme in

---

20 Zu den Besonderheiten der verifizierenden und der wertenden Teststellung bei der IT-Beschaffung vgl. *Dreher/Aschoff* NZBau 2006, 144 ff.
21 Vgl. *VK Leipzig* v. 5. 6. 2003, 1/SVK/044–03.
22 Anschaulich die Entscheidung des *OLG Düsseldorf* v. 19. 1. 2005, VII-Verg 58/04, in der es darum ging, ob die Mitarbeiter der Vergabestelle ausreichende Sachkenntnis zur Beurteilung des technischen Werts der beiden konkurrierenden Massenentsäuerungsverfahren hatten.
23 S. *VK Bund* v. 17. 7. 2000, VK 1–13/00.

§ 6 Nr. 3 Satz 2 VOL/A auf § 23 Nr. 2 VOL/A die Beurteilung der Preise im Hinblick auf die **Wirtschaftlichkeit** der Angebote.[24] Der Verweis auf die Beurteilung im Sinne auf § 23 Nr. 2 VOL/A bedeutet zugleich das **Verbot** einer Beurteilung der preislichen Fragen durch den Sachverständigen **im Rahmen der Wertungsentscheidung** nach § 25 Nr. 3 VOL/A. Der Sachverständige darf also nur für die Frage hinzugezogen werden, ob in preislicher Hinsicht das **jeweilige** Bieterangebot für sich gesehen noch wirtschaftlich ist, und welche Gesichtspunkt dabei maßgebend sind. Er darf aber keine Aussage darüber treffen, welches der verschiedenen Bieterangebote in preislicher Hinsicht das wirtschaftlichste **im Sinne der Wertung** nach § 25 Nr. 3 Satz 1 VOL/A ist; diese **vergleichende** Beurteilung und Wertung der Bieterangebote bleibt allein der Vergabestelle vorbehalten. Der Sachverständige darf in preislicher und wirtschaftlicher Hinsicht die Bieterangebote einzeln betrachten, sie jedoch nicht vergleichend für die Entscheidung der Zuschlagsfrage betrachten.

Rechtliche Fragen, insbesondere Verfahrensfragen wie etwa die Festlegung der Vergabeart oder die Anzahl der zu einem Teilnahmewettbewerb aufzufordernden Bewerber, sind keine fachlichen Fragen im Sinne des § 6 Nr. 1 VOL/A. Die Vergabestelle kann freilich insoweit externen, rechtsanwaltlichen Rat einholen, dürfte dabei sinnvollerweise aber auf die Auswahl von auf das Vergaberecht spezialisierten Anwälten beschränkt sein, da insoweit nicht spezialisierte Anwälte regelmäßig eher weniger Fachwissen als die Vergabestellen selbst, jedenfalls nicht die erforderlichen Kenntnisse des Vergaberechts aufweisen dürften, die insbesondere auch die zahlreichen Entscheidungen der nationalen Nachprüfungsinstanzen und des Europäischen Gerichtshofes umfassen. Sachverständige, die über **keine** juristische Ausbildung verfügen, dürfen schon wegen der Vorgaben des **Rechtsberatungsgesetzes** keinen Rechtsrat erteilen. 17

IV. Vorschlagsrecht der Berufsvertretungen

Wenn sich der öffentliche Auftraggeber für eine Hinzuziehung von Sachverständigen entscheidet, so soll er sie nur im Ausnahmefall selbst auswählen, grundsätzlich aber die Berufsvertretungen befragen.[25] Dieses Prinzip, das insbesondere auch der **Neutralität** der eingeschalten Sachverständigen dient, wird häufig von den Vergabestellen missachtet. Weder wird die Notwendigkeit der externen Klärung von Fachfragen näher begründet (und in einem Vergabevermerk transparent dokumentiert), noch wird selbst dann, wenn die Hinzuziehungsentscheidung getroffen wird, die Berufsvertretung um die Benennung von geeigneten Sachverständigen gebeten. Die Missachtung verletzt aber **Bieterrechte nach § 97 Abs. 7 GWB** und kann zur **Neudurchführung des Vergabeverfahrens** führen.[26] 18

---

24 So auch *Müller-Wrede* a. a. O., § 6 Rn. 7.
25 VK *Düsseldorf* v. 4. 8. 2000, VK-14/2000-L.
26 VK *Düsseldorf* v. 4. 8. 2000, VK-14/2000-L: Eine Städtische Klinik wollte ein Kernspintomografiegerät beschaffen. Die Betriebsleitung legte vorab fest, dass die Angebote durch ein Team auszuwerten seien, welches aus dem Leiter der Radiologie, dem Leiter der Medizintechnik, dem stellvertretenden Leiter des Wirtschafts- und Verwaltungsdienstes (Hauptabteilung) sowie einem Vertreter des Bereiches Einkauf bestehen solle. Diese präferierten letztlich das Angebot der Antragstellerin des Nachprüfungsverfahrens. Der von

Kus

C. Initiativrecht der Berufsvertretungen (§ 6 Nr. 2 VOL/A)

19 In § 6 Nr. 1 VOL/A geht die Initiative für die Einschaltung von externem Sachverstand von der Vergabestelle aus. § 6 Nr. 2 VOL/A regelt den umgekehrten Fall, nämlich die Möglichkeit der Berufsvertretungen, der Vergabestelle die Anhörung von Sachverständigen vorzuschlagen, wenn dadurch das Vergabeverfahren nicht unzumutbar verzögert wird und der Vergabestelle auch keine Kosten entstehen.

20 In der Praxis wird die Vorschrift dann zum Tragen kommen, wenn die Vergabestelle selbst nicht der Auffassung ist, externen Sachverstand zu benötigen, im Verfahren eingebundene Bieter dies aber anders sehen.[27] Die Bieter haben dann die Möglichkeit, dass sog. **Initiativrecht** der Berufsvertretungen nach dieser Vorschrift des § 6 Nr. 2 VOL/A auszulösen, indem sie den Berufsvertretungen den Fall schildern und diese dazu bewegen, ihr Initiativrecht gegenüber der Vergabestelle wahrzunehmen. Dies bietet sich immer dann an, wenn grundsätzliche Differenzen zwischen einem oder sogar mehreren anbietenden Unternehmen und der Vergabestelle bestehen, weil die Vergabestelle etwa neueste technische Entwicklungen erkennbar nicht zutreffend würdigt, und daher für das Vergabeverfahren auch nicht entsprechend berücksichtigt. Weiter ist denkbar, dass die Vergabestelle sich ein zu hohes Maß an eigener Fachkunde zutraut, was die im Fachgebiet erfahrenen Bieter erkennen, und dem sie über die Aktivierung des Initiativrechtes der Berufsvertretungen zur Förderung des Vergabeverfahrens begegnen wollen. In der Praxis ist eine solches Vorgehensweise häufig anzutreffen; die Berufsvertretungen werden in der Regel erst auf Hinweis und Bitten ihrer Mitgliedsunternehmen tätig, die sich im Rahmen eines Vergabeverfahrens um einen konkreten Auftrag bewerben, und (vermeintliche) Probleme auf Seiten der Vergabestelle sehen, weshalb die Einschaltung eines neutralen Sachverständigen befürwortet wird.[28]

21 Die Vergabestelle kann auf das wahrgenommene Initiativrecht hin die Einschaltung eines Sachverständigen nicht so ohne weiteres zurückweisen. Denn es handelt sich um eine **Sollvorschrift,** was bedeutet, dass schon zwingende Gründe vorliegen müs-

---

der Betriebsleitung später befragte Leiter der Kinderkardiologie sprach sich hingegen für das Gerät der Beigeladenen aus. Entsprechend fiel die Zuschlagsentscheidung aus, was die Antragstellerin im Nachprüfungsverfahren u. a. mit dem Argument angriff, der von Anfang an für die Wertung zuständige Radiologe habe sich für das Gerät der Antragstellerin, der Kardiologe hingegen für das Gerät der Beigeladenen ausgesprochen, das er offenbar kenne. Die Vergabekammer hat die Zuschlagsentscheidung wegen zahlreicher Vergabeverstöße aufgehoben, u. a. wegen eines Verstoßes gegen § 6 Nr. 1 VOL/A: Die Vergabestelle hätte den Leiter der Kinderkardiologie allenfalls unter den Voraussetzungen des § 6 Nr. 1 VOL/A als Sachverständigen hinzuziehen können. Es wurde aber weder die Notwendigkeit einer solchen externen Klärung von Fachfragen erörtert, noch wurde die Berufsvertretung um einen Vorschlag eines Sachverständigen gebeten bzw. seien Umstände dokumentiert oder überhaupt erkennbar, warum von der Regel abgewichen wurde, grundsätzlich die Berufsvertretungen zu befragen. Auf Basis der Vorschrift des § 6 Nr. 1 VOL/A wäre es aber möglich gewesen, **ohne** Bezug zu den konkreten Angeboten bei konkreter Nutzung der Systeme der Antragstellerin und der Beigeladenen in **neutraler Form** deren Erfahrungen abzufragen und dabei auch bestimmte Punkte wie z. B. Erfahrungen mit neuesten Entwicklungen und Serviceverhalten der Herstellerfirmen **in neutraler Form** und ohne Bezug zu den vorliegenden Angeboten anzusprechen. Die Vergabekammer Düsseldorf hob also zu Recht den Sinn und Zweck des § 6 Nr. 1 VOL/A hervor, **für Neutralität** zu sorgen.

27 Vgl. auch *Müller-Wrede* VOL/A-Kommentar, § 6 Rn. 10.
28 S. auch *Müller-Wrede* a. a. O., Rn. 12.

sen, dem Antrag der Berufsvertretungen nicht folgen zu wollen.[29] Das **Prinzip** bei der Einschaltung des Sachverständigen aufgrund des Initiativrechtes der Berufsvertretungen ist also dasjenige, das **im Grundsatz** die Vergabestelle den Sachverständigen einschalten soll, und **nur ausnahmsweise** davon absehen kann. Den Ausnahmefall hat die Vergabestelle dann aber ausreichend zu begründen, und dies in einem **Vergabevermerk niederzulegen.**

Damit dann nicht die Gefahr besteht, dass das Initiativrecht der Berufsvertretungen **22** mit der einfachen Begründung unterlaufen wird, die Einschaltung eines Sachverständigen verzögere das Verfahren und lasse zwangsläufig auch entsprechende Kosten auf Seiten der Vergabestelle entstehen, ist die Vergabestelle bei der Zurückweisung des Initiativrechtes auch gezwungen, von sich aus konkret darzulegen, worin einerseits der Kostenaufwand konkret liegen soll, und in welchem Maße sich die Vergabe **unzumutbar**, wie es die Vorschrift erfordert, verzögert. Eine einfache Verzögerung reicht nicht aus, sie muss vielmehr **von erheblicher Art und Weise** sein. Maßgebend sind die **Umstände des Einzelfalles**. Eine bloße Zeitverzögerung, sei es auch um einige Monate, ist für sich gesehen nicht als unzumutbar einzustufen. Erst wenn damit materielle und nicht lediglich zeitliche Nachteile für die Vergabestelle verbunden sind, gelangt man in den Beurteilungsbereich der Unzumutbarkeit. Unzumutbar ist die Einschaltung selbstverständlich dann, wenn damit der Verlust der bereitgestellten Haushaltsmittel einhergehen würde, oder aber aussichtsreiche Bieter nicht bereit wären, die Angebotsbindefrist zu verlängern.

D. Projektantenproblematik (§ 6 Nr. 3 Abs. 1 VOL/A)

I. Rechtslage vor Inkrafttreten des § 4 Nr. 5 VgV

Nach § 6 Abs. 3 Satz 1 VOL/A dürfen die Sachverständigen weder unmittelbar noch **23** mittelbar an der betreffenden Vergabe beteiligt sein und beteiligt werden. Die Vorschrift regelt also ein **Verbot** der (unmittelbaren oder mittelbaren) Beteiligung des nach § 6 Nr. 1 oder Nr. 2 VOL/A von der Vergabestelle zuvor eingeschalteten Sachverständigen am dann konkret durchgeführten Vergabeverfahren selbst. Dieses Verbot ist unmittelbar einsichtig; es soll die **Objektivität** des Sachverständigen im Vergabeverfahren **sicherstellen.**[30] Entsprechend trifft den Sachverständigen eine Aufklärungspflicht gegenüber der Vergabestelle dann, wenn bereits aus seiner Sicht eine Interessenkollision droht, weil seine unmittelbare oder mittelbare Beteiligung am konkreten Vergabeverfahren in Frage steht.

Unmittelbar ist der Sachverständige beteiligt, wenn er Inhaber eines Unternehmens **24** ist, das sich am Wettbewerb um den vergebenden Auftrag beteiligt, oder jedenfalls eine leitende Funktion im Betrieb des Bieters inne hat, z. B. als Vorstandsmitglied (AG), Geschäftsführer (GmbH), geschäftsführender Gesellschafter (OHG, KG).[31]

---

29 *Müller-Wrede* a. a. O., Rn. 9.
30 *Müller-Wrede* a. a. O., Rn. 13.
31 *Daub/Eberstein* Kommentar zur VOL/A, 5. Auflage, § 6 Rn. 18.

Aber auch Prokuristen und Handlungsbevollmächtigte, die tatsächlich die Geschäfte des Unternehmens führen und in verantwortungsvoller Position Entscheidungen (mit-) tragen, sind darunter zu fassen.[32]

25 **Mittelbar** beteiligt ist jeder Sachverständige, der zwar nicht als Inhaber oder in leitender Funktion im Betrieb des Bieters tätig ist, der aber doch mittelbar – bewusst oder unbewusst – dazu neigen kann, die mit der Vergabe zusammenhängenden Fragen nicht objektiv zu betrachten.[33] Das ist z. B. bei einem Sachverständigen der Fall, der gleichzeitig Mitarbeiter im Betrieb des bietenden Unternehmens ist.

26 **Allgemein** wird durch diese Vorschrift die sog. **Projektantenproblematik** ausgedrückt und geregelt, allerdings nur bezogen auf die Person des Sachverständigen. **Projektant** ist immer derjenige, der die Doppelfunktion einer Person oder eines Unternehmens im Rahmen ein und desselben Vergabeverfahrens sowohl auf Seiten der Vergabestelle bei der Vorbereitung des Vergabeverfahrens als auch auf Seiten derjenigen, die sich um den konkreten Auftrag bewerben, innehaben.[34] Die Vergaberechtsprechung hatte zunächst nur die Fälle des **Versicherungsmaklers** zu beurteilen, der auf Seiten der Vergabestelle expresis verbis als Sachverständiger im Sinne des § 6 Nr. 1 VOL/A hinzugezogen werden sollte.[35] Diese mögliche Doppelfunktion und damit einhergehende Interessenkollision ist bei Vergabeverfahren allerdings **nicht auf die Person des Sachverständigen beschränkt.** So haben im **Bauleistungsbereich** häufig Architekten, die der öffentliche Auftraggeber mit der Planung und Herbeiführung deren Genehmigung (Leistungsphasen 1–4 des § 15 HOAI bei Objektplanung, also Grundlagenermittlung, Vorplanung, Entwurfsplanung sowie Genehmigungsplanung) eingeschaltet hat, ein erhebliches Interesse daran, bei der Vergabe der Ausführungsleistungen auf Seiten eines Bieterkonsortiums die weitergehende Ausführungsplanung (Leistungsphase 5 des § 15 HOAI) zu erstellen, und so weiter wirtschaftlich am Projekt zu partizipieren, gerade aufgrund ihres Wissens und ihrer Erfahrungen bei der vorangegangenen Planung der Ausführungsleistungen auf Seiten des Auftraggebers. Die Planer werden insoweit regelmäßig nicht zur Bewältigung des insoweit beschränkten Aufgabenbereiches des § 7 Nr. 1 VOB/A (z. B. Vorbereitung der Verdingungsunterlagen) eingesetzt, sondern übernehmen die komplette Planungsphase des Projektes, wenn sie beispielsweise bei der Objektplanung mit den Leistungsphasen 1–4 HOAI beauftragt werden. Zum Teil existiert auch schon eine Vorplanung, so dass der Architekt hierauf aufbauend die Planung mit der Entwurfsplanung und deren Genehmigung (Leistungsphasen 3 und 4 des § 15 HOAI) zu Ende führt. Solche Fälle hat die nationale Vergaberechtssprechung über eine **analoge** Anwendung der Vorschrift aus den Verdingungsordnungen gelöst, die ebenso wie § 6 Nr. 3 Satz 1 VOL/A vom Grundsatz her die Projektantenproblematik ansprechen. So hat das **Thüringer**

---

32 *Daub/Eberstein* a. a. O.
33 *Daub/Eberstein* a. a. O.
34 Vgl. nur *Kulartz/Niebuhr* NZBau 2000, 6, 11 ff.
35 Vgl. z. B. *OLG Rostock* v. 29. 9. 1999, 17 W (Verg) 1/99, NZBau 2000, 479; *OLG Düsseldorf* v. 18. 10. 2000, Verg 3/00, NZBau 2001, 155 = VergabeR 2001, 45; *OLG Schleswig* v. 16. 4. 2002, 6 Verg 1/2002, VergabeR 2002, 649; *OLG Celle* v. 18. 12. 2002, 13 Verg 22/03, VergabeR 2004, 397; *OLG Naumburg* v. 26. 2. 2004, 1 Verg 17/03, VergabeR 2004, 387; *OLG Koblenz* v. 18. 9. 2003, 1 Verg 4/03, VergabeR 2003, 709, im Fall der Einschaltung eines Umwelt- und Managementservice als Sachverständigen; s. zur Einschaltung von Versicherungsmaklern in das Vergabeverfahren *Müller-Wrede* a. a. O., § 6 Rn. 18 ff.

OLG[36] einen Architekten, der im Vorfeld einer später im VOF-Verfahren ausgeschriebenen Altbausanierung mit umfangreichen Architektenleistungen beauftragt war und dabei den Gebäudebefund aufgenommen und ihn in einem Zwischenbericht betreffend den Stand der Vorplanung zukunftsgerichtet dahingehend verarbeitet hat, dass er die einzelnen Instandsetzungsmaßnahmen festgehalten, sie gewerksmäßig zugeordnet und kostenmäßig veranschlagt hat, als Sachverständigen im Sinne des § 6 Abs. 2 VOF bei der Beschreibung der Aufgabenstellung eingeordnet. Das **OLG Düsseldorf**[37] hatte den Fall zu behandeln, in dem eine Ingenieurgesellschaft das Leistungsverzeichnis und auch einen Kostenvoranschlag für eine Baumaßnahme erstellt hatte, deren Geschäftsführer aber zugleich Geschäftsführer eines der Mitglieder der späteren Bietergemeinschaft war. Ebenso wie im Fall des Thüringer OLG wurden die Bieterangebote zwingend ausgeschlossen. Denn derjenige, so das OLG Düsseldorf, der den öffentlichen Auftraggeber bei der Vorbereitung oder Durchführung des Vergabeverfahrens sachverständig unterstützt (oder unterstützen soll), ist als Bieter oder Bewerber um den betreffenden Auftrag ausgeschlossen. Der Angebotsausschluss ist zwingend und folgt, sofern nicht die Verdingungsordnungen eine § 7 Nr. 1 zweiter Halbsatz VOB/A entsprechende Regelung enthalten, sogar, so das OLG Düsseldorf, aus dem das gesamte Vergaberecht prägenden **Wettbewerbsgrundsatz des § 97 Abs. 1 GWB**. Das OLG Düsseldorf ging also so weit, dass es die Projektantenproblematik nicht lediglich in (analoger) Anwendung des § 7 Nr. 1 VOB/A löste, sondern den Wettbewerbsgrundsatz des § 97 Abs. 1 GWB hierfür als ausreichende Rechtsgrundlage ansah. Dem ist die Literatur mit beachtlichen Argumenten entgegengetreten. Die Vorschriften wie § 7 Nr. 1 VOB/A, § 6 Nr. 3 VOL/A bzw. § 6 VOF seien als analogiefähige Vorschrift gar nicht geeignet, da sie nur ein Mitwirkungsverbot, aber kein Bewerbungsverbot regeln, und außerdem nicht die von den Vergabesenaten ausgesprochene Rechtsfolge des zwingenden Bieterausschlusses beinhalten, des Weiteren sich gegen die Vergabestelle richten, so dass allenfalls das Nichtmitwirken der **dortigen** Person bestimmt werden könne.[38]

Die Heranziehung der Sachverständigenvorschriften der VOB/A, VOF und VOL/A zur Lösung der Projektantenproblematik war also kritisch zu betrachten. Nachdem der **EuGH** in seiner Entscheidung »Fabricom«[39] – zu Recht – nicht so ohne weiteres einen zwingenden Ausschlussgrund befürwortete, sondern dem Betroffenen zunächst das **Recht der Anhörung** durch die Vergabestelle sowie die Beweismöglichkeit der fehlenden Wettbewerbsbeeinträchtigung zusprach, reagierte der deutsche Gesetzgeber mit dem Erlass einer konkret die Projektantenproblematik regelnden Norm in der Vergabeverordnung. Im Rahmen des ÖPP-Beschleunigungsgesetzes wurde die Vorschrift des **§ 4 Abs. 5 VgV** installiert.[40] Diese Vorschrift regelt: 27

»*Hat ein Bieter oder Bewerber vor Einleitung des Vergabeverfahrens den Auftraggeber beraten oder sonst unterstützt, so hat der Auftraggeber sicherzustellen, dass der Wettbewerb durch die Teilnahme des Bieters oder Bewerbers nicht verfälscht wird.*«

---

36 Entscheidung v. 8. 4. 2003, VergabeR 2003, 577 ff. – »Stadttheater Hildburghausen«.
37 Entscheidung v. 16. 3. 2003, VergabeR 2004, 236 ff. – »Ingenieurgesellschaft G.«
38 S. im Einzelnen *Horn* NZBau 2005, 28 ff.
39 *EuGH* v. 3. 3. 2005, C – 21/03, VergabeR 2005, 319.
40 In Kraft getreten am 8. 9. 2005.

Kus

28 Seitdem dürften die Fälle der Projektantenproblematik nicht mehr über die Sachverständigenvorschrift in den Verdingungsordnungen zu lösen sein. Der **Anwendungsbereich** des § 6 Nr. 3 Satz 1 VOL/A wird damit auf die Beteiligungsfrage von **reinen Sachverständigen** zurückgeführt, die der Auftraggeber entweder selbst nach § 6 Nr. 1 oder aber auf Initiative der Berufsvertretung nach § 6 Nr. 3 VOL/A eingesetzt hat. Die **Rechtsfolge** beschreibt § 6 Nr. 3 Satz 1 VOL/A damit, dass der Sachverständige »an der betreffenden Vergabe« nicht beteiligt sein oder beteiligt werden darf. Das bedeutet der Sache nach seinen zwingenden Ausschluss von konkreten Vergabeverfahren.

29 Eine **Ausnahme** zugunsten der bisherigen **Analogie** muss aber noch für diejenigen Fälle gelten, in denen diejenigen, die die Vergabestelle beraten oder sonst unterstützt haben, **nicht personenidentisch** mit dem Bewerber/Bieter im Vergabeverfahren sind. Gemeint sind Konstellationen, in denen ähnlich wie im Fall des OLG Düsseldorf eine Tochtergesellschaft die Vergabestelle beraten hat und die Muttergesellschaft sich um den Auftrag später bewirbt, bei beiden Gesellschaften aber identische Personen und somit Wissensträger in leitenden Funktionen tätig sind. Demgemäß ist richtigerweise bereits eine **Erweiterung des § 4 Abs. 5 VgV** mit dem Inhalt vorgeschlagen worden,[41] dass auch Bieter oder Bewerber betroffen sind, die zwar nicht »personenidentisch« den Auftraggeber beraten haben, sich aber im Vergabeverfahren einer Person bedienen, die zuvor den Auftraggeber beraten oder unterstützt hat. Solange eine solche erweiternde Regelung fehlt, ist die Lücke durch die Analogie nach den Entscheidungen des Thüringer OLG und des OLG Düsseldorf weiterhin zu befürworten.

II. Projektantenproblematik nach § 4 Nr. 5 VgV

30 Die Projektantenproblematik löst die neue Vorschrift des § 4 Abs. 5 VgV dahingehend, dass von der Rechtsfolge her der Auftraggeber nicht sogleich wie vom OLG Düsseldorf oder vom Thüringer OLG befürwortet zum zwingenden Angebotsausschluss schreiten kann, sondern er vielmehr »lediglich« sicherzustellen hat, dass der Wettbewerb durch die Teilnahme des Bieters oder Bewerbers nicht verfälscht wird. Das ist eine grundsätzlich **positive Herangehungsweise** an die Lösung der Projektantenproblematik, und zwar im Sinne der EuGH-Entscheidung »Fabricom SA«. Denn der Auftraggeber kann zunächst versuchen, eine gerechte Wettbewerbssituation unterhalb der Bieter oder Bewerber herzustellen, **bevor** er zu der letzten Möglichkeit greifen muss, den Bieter oder Bewerber nicht zuzulassen, weil eine Wettbewerbsverfälschung nicht ausgeräumt werden kann. Dies kann er mit folgenden Verfahrensschritten erreichen, die sich aus der EuGH-Entscheidung ergeben, und für den Gesetzgeber Grundlage der Fassung des § 4 Abs. 5 VgV gewesen war:

---

[41] Vorschlag der Kompetenzgruppe »Vergaberecht« der Projektarbeitsgruppe »Öffentlich Private Partnerschaft« der Fraktionen von CDU/CSU und SPD für die »Zweite Stufe der Vergaberechtsreform« v. 18. 9. 2006.

- Zunächst hat die Vergabestelle den Tatbestand festzustellen, ob der Bieter oder Bewerber vor Einleitung des Vergabeverfahrens den Auftraggeber in irgendeiner Art und Weise beraten oder sonst unterstützt hat.
- Wenn dies der Fall ist, so kann der Auftraggeber den Bieter oder Bewerber im Vergabeverfahren halten, solange er dafür sorgt, dass der Wettbewerb nicht verfälscht wird. Hierfür muss er nach Möglichkeiten der Ausgleichung von etwaigen Wettbewerbsvorteilen des Bieters oder Bewerbers suchen.
- Die Wettbewerbsvorteile können **zeitlicher** und **inhaltlicher** Art sein. Zur genauen Eruierung ist nach der maßgebenden EuGH-Entscheidung der Bieter/Bewerber von der Vergabestelle **anzuhören**.
- Zeitliche Vorteile können relativ leicht ausgeglichen werden: Wenn beispielsweise ein Unternehmen die Vergabestelle bei der Erstellung der Ausschreibungsunterlagen für die Beschaffung von Software (Lizenzen), Pflege und deren Wartung beraten hat, und im Vergabeverfahren als Bieter auftreten möchte, so hat es aufgrund seiner Vorbefassung zwangsläufig allein einen zeitlichen Vorsprung gegenüber den anderen Bietern. Dieser kann dadurch beseitigt werden, indem den anderen Bietern der Zeitnachteil dadurch ausgeglichen wird, dass ihnen die Ausschreibungsunterlagen mit einem genau festzulegenden, zeitlichen Vorlauf vor dem Projektanten zur Verfügung gestellt werden.
- Wettbewerbsvorteile **inhaltlicher Art** wie insbesondere der **Wissensvorsprung** des Projektanten sind häufig schwierig zu behandeln. Der Wissensvorsprung kann beispielsweise dadurch ausgeglichen werden, dass den anderen Bietern, einhergehend mit dem entsprechenden zeitlichen Vorsprung, die gleichen Informationen und Unterlagen zur Verfügung gestellt werden, wie sie der Projektant im Rahmen seiner Beratungs- oder Unterstützungsleistung des Auftraggebers im Vorfeld vor der Ausschreibung zur Verfügung hatte.
- Etwaige **finanzielle Wettbewerbsvorteile**, die dadurch entstehen können, dass der Projektant für seine Unterstützungsleistung honoriert worden ist, und deshalb ggf. als Bieter kostengünstiger auftreten kann, könnten durch einen finanziellen Wertungsaufschlag auf das Angebot des Projektanten begegnet werden. D. h., dass nur für die Wertung der Bieterangebote ein gewisser finanzieller Aufschlag auf das Angebot des Projektanten erfolgt.
- Wenn auf diese Art und Weise zeitliche oder inhaltliche Wettbewerbsvorteile ausgeglichen werden können, so dass eine gerechte Wettbewerbssituation zwischen dem bietenden Projektanten und den anderen Bietern hergestellt werden kann, kann der Auftraggeber positiv gesehen den Projektanten im Wettbewerb halten.
- Lässt sich die Gefahr einer Wettbewerbsverfälschung aber nicht gänzlich ausräumen, so muss der Projektant vom Vergabeverfahren ausgeschlossen werden.

E. Rechtsschutz und Dokumentation

Die Befassung mit den Einschaltungsvorschriften von Sachverständigen in § 6 Nr. 1 und § 6 Nr. 2 VOL/A zeigen, dass es um die sachgerechte und auch neutrale Klärung von fachlichen Fragen in einem Vergabeverfahren geht. Demgemäß können Bieterinteressen beeinträchtigt sein, wenn die Vergabestelle beispielsweise in nicht vertretba- **31** rer Art und Weise eigenen Sachverstand für gegeben hält, oder aber ohne Hinzuziehung der Berufsvertretungen Sachverständige auswählt, was sich insbesondere dann zu Lasten von Bietern auswirken kann, wenn der von der Vergabestelle ausgewählte Sachverständige ihr besonders nahe steht und daher ggf. die notwendige Objektivität bei der Beurteilung der technischen oder wirtschaftlichen Seite aus den Bieterangeboten gefährdet erscheint. Die Vorschrift des § 6 Nr. 1 VOL/A hat daher wegen der Pflicht der Vergabestelle, Neutralität zu wahren, und deshalb ggf. einen Sachverständigen einzuschalten, auch **bieterschützenden Charakter**.[42]

32   § 6 Nr. 2 VOL/A hat **bieterschützenden Charakter**, weil die Beteiligung objektiver Sachverständiger auch im Interesse der Bieter liegt. Sieht die Vergabestelle also ohne Grund von der Anhörung eines Sachverständigen auf Initiative der Berufsvertretung ab, so stellt dies eine Verletzung subjektiver Bieterrechte dar.[43] Eine eigene **Antragsbefugnis** der **Berufsvertretungen** ist hingegen zu **verneinen**, da sie nicht Inhaber von Bieterrechten im Sinne des § 97 Abs. 7 GWB sein können. Diese Rechte stehen nur (bietenden) Unternehmen zu, und auch nur sie können ein Interesse **am Auftrag** im Sinne des § 107 Abs. 2 GWB mit der Folge einer Antragsbefugnis für ein Nachprüfungsverfahren haben. Nur dann, wenn die Berufsvertretungen bereits über den Weg der Beiladung in das Nachprüfungsverfahren einbezogen waren, können sie im Nachprüfungsverfahren diejenigen Rechte wahrnehmen, die Beigeladenen in dem Verfahren zustehen. Darüber hinaus ist ein eigenes Antragsrecht von Verbänden aus vorgenannten Gründen aber zu verneinen.[44]

33   § 6 Nr. 3 Satz 1 VOL/A hat eindeutig **bieterschützenden Charakter** zugunsten derjenigen Bieter bzw. Bewerber, die sich neben dem Sachverständigen an der betreffenden Vergabe beteiligen. Deren Interessen sind zu schützen, weil der Sachverständige grundsätzlich über (erhebliche) Informationsvorsprünge verfügen kann, und daher der Wettbewerb bei seiner Beteiligung grundsätzlich verfälscht werden würde.[45]

34   Solange und soweit also aufgrund des bieterschützenden Charakters Bieterrechte tangiert werden können, ist die Vergabestelle folglich auch verpflichtet, ihre im Rahmen des § 6 VOL/A zu treffenden Entscheidungen in einem **Vergabevermerk** zu dokumentieren. Denn eine solche Dokumentation dient nicht nur der Transparenz des Vergabeverfahrens, sondern insbesondere auch der hinreichenden Kontrollmöglichkeit des Verhaltens der Vergabestelle durch die Nachprüfungsinstanzen. Denn das in § 97 Abs. 7 GWB normierte Recht eines jeden Bieters auf Einhaltung der Vergabebestimmungen umfasst auch den Anspruch auf eine ordnungsgemäße Dokumentation.[46]

---

42 So im Ergebnis *VK Düsseldorf* v. 4. 8. 2000, VK-14/2000-L, wenn die Verpflichtung der Vergabestelle zur Wiederholung des Wertungsverfahrens u. a. mit einem Verstoß der Vergabestelle gegen § 6 Nr. 1 VOL/A begründet wird. A. A. *Müller-Wrede* § 6 Rn. 39.
43 So auch *Müller-Wrede* a. a. O., § 6 Rn. 40.
44 A. A. *Müller-Wrede* § 6 Rn. 38.
45 *Müller-Wrede* § 6 Rn. 41.
46 Grundlegend *OLG Düsseldorf* vom 17. 3. 2004, VII - Verg 1/04, NZBau 2004, 461, 462; ebenso vom 13. 9. 2001, Verg 4/01; vom 14. 8. 2003, Verg 46/03 – »Monitore«, VergabeR 2004, 232; *BayObLG* vom 1. 10. 2001, Verg 6/01 – »Stiftungskrankenhaus«, VergabeR 2002, 63, 69 = NZBau 2002, 584; vom 12. 9. 2000, Verg 4/00, VergabeR 2001, 65, 68; *OLG Brandenburg* vom 3. 8. 1999, 6 Verg 1/99, NZBau 2000, 39, 44 – »Flughafen Berlin-Schönefeld«.

§ 7
Teilnehmer am Wettbewerb

1. (1) Inländische und ausländische Bewerber sind gleich zu behandeln. Der Wettbewerb darf insbesondere nicht auf Bewerber, die in bestimmten Bezirken ansässig sind, beschränkt werden.

   (2) Arbeitsgemeinschaften und andere gemeinschaftliche Bewerber sind Einzelbewerbern gleichzusetzen.

2. (1) Bei Öffentlicher Ausschreibung sind die Unterlagen an alle Bewerber abzugeben, die sich gewerbsmäßig mit der Ausführung von Leistungen der ausgeschriebenen Art befassen.

   (2) Bei Beschränkter Ausschreibung sollen mehrere – im Allgemeinen mindestens drei – Bewerber zur Angebotsabgabe aufgefordert werden.

   (3) Bei Freihändiger Vergabe sollen möglichst Angebote im Wettbewerb eingeholt werden.

   (4) Bei Beschränkter Ausschreibung und Freihändiger Vergabe soll unter den Bewerbern möglichst gewechselt werden.

3. Bei Beschränkter Ausschreibung und Freihändiger Vergabe sind regelmäßig auch kleine und mittlere Unternehmen in angemessenem Umfang zur Angebotsabgabe aufzufordern.

4. Von den Bewerbern können zum Nachweis ihrer Fachkunde, Leistungsfähigkeit und Zuverlässigkeit entsprechende Angaben gefordert werden, soweit es durch den Gegenstand des Auftrags gerechtfertigt ist; dabei muss der Auftraggeber die berechtigten Interessen des Unternehmens am Schutz seiner Betriebsgeheimnisse berücksichtigen.

5. Von der Teilnahme am Wettbewerb können Bewerber ausgeschlossen werden,

   a) über deren Vermögen das Insolvenzverfahren oder ein vergleichbares gesetzliches Verfahren eröffnet oder die Eröffnung beantragt oder dieser Antrag mangels Masse abgelehnt worden ist,

   b) die sich in Liquidation befinden,

   c) die nachweislich eine schwere Verfehlung begangen haben, die ihre Zuverlässigkeit als Bewerber in Frage stellt,

   d) die ihre Verpflichtung zur Zahlung von Steuern und Abgaben sowie der Beiträge zur gesetzlichen Sozialversicherung nicht ordnungsgemäß erfüllt haben,

   e) die im Vergabeverfahren vorsätzlich unzutreffende Erklärungen in Bezug auf ihre Fachkunde, Leistungsfähigkeit und Zuverlässigkeit abgegeben haben.

§ 7 Teilnehmer am Wettbewerb

6. Justizvollzugsanstalten, Einrichtungen der Jugendhilfe, Aus- und Fortbildungsstätten oder ähnliche Einrichtungen sind zum Wettbewerb mit gewerblichen Unternehmen nicht zuzulassen.

Inhaltsübersicht Rn.

A. Einleitung	1
I. Allgemeines	1
II. Entstehungsgeschichte	5
III. Vergleich mit den anderen Vergabeordnungen	6
1. VOB/A	7
2. VOF	13
IV. Ergänzung des § 7 VOL/A durch §§ 7a und 7b VOL/A	16
B. Das Gleichbehandlungsgebot (§ 7 Nr. 1)	19
I. Allgemeines und Herleitung	19
1. Gemeinschaftsrecht	23
2. Nationales Recht	27
II. Die Bevorzugung von Bewerbern aufgrund »vergabefremder Kriterien«	30
1. Rechtliche Zulässigkeit »vergabefremder Kriterien«	33
2. »Bevorzugungsregelungen« im Einzelnen	39
a) Mittelstandsförderung	39
b) Regionalförderung	40
c) Frauenförderung	41
d) Lehrlingsausbildung	42
e) Tariftreueerklärungen	43
f) Erklärung über die Nichtzugehörigkeit zur Scientology-Organisation	48
g) Umweltschutz	49
III. In- und ausländische Bewerber und allgemeiner Gleichbehandlungsgrundsatz (§ 7 Nr. 1 Abs. 1 Satz 1)	50
1. Personaler Geltungsbereich	51
2. Inhaltliche Reichweite des Gleichbehandlungsgrundsatzes	55
3. Fallgruppen des Gleichbehandlungsgrundsatzes in Bezug auf ausländische Bewerber	58
4. Fallgruppen des allgemeinen Gleichbehandlungsgrundsatzes	60
5. »Projektantenproblematik«	61
IV. Verbot der Beschränkung des Wettbewerbs auf bezirksansässige Bewerber (§ 7 Nr. 1 Abs. 1 Satz 2)	68
1. Allgemeines	68
2. Reichweite des Verbots des Regionalprotektionismus	70
a) Verbot der Beschränkung des Bewerberkreises auf regionale Bewerber	71
b) Gestaltung der Leistungsbeschreibung	72
c) Eignungsprüfung und Wirtschaftlichkeitsprüfung	75
V. Gleichstellung von »Arbeitsgemeinschaften«, »anderen gemeinschaftlichen Bewerbern« und Einzelbewerbern (§ 7 Nr. 1 Abs. 2)	80
1. Regelungsgehalt und Schutzzweck	80
2. Definition und Arten von »Arbeitsgemeinschaften« und »anderen gemeinschaftlichen Bewerbern«	82
3. Wettbewerbsrechtliche Grenzen von »Bietergemeinschaften«	89
4. Bestandswechsel bei Bietergemeinschaften	93

    5. Vergaberechtliche Maßgaben für die Beteiligung von »Bietergemeinschaften« 102
C. **Die Teilnahme am Wettbewerb (§ 7 Nr. 2)** 104
   I. Öffentliche Ausschreibung (§ 7 Nr. 2 Abs. 1) 105
     1. »Gewerbsmäßige Befassung mit der Ausführung von Leistungen der ausgeschriebenen Art« (Generalübernehmer/ Generalunternehmer) 106
       a) Verbot von Eigenleistungserfordernissen und Eigenleistungsquoten durch § 4 Abs. 4 VgV und § 7 a Nr. 3 Abs. 6 VOL/A oberhalb der Schwellenwerte 108
       b) Zulassung von Generalübernehmern und Generalunternehmern im Unterschwellenbereich 116
     2. In der öffentlichen Ausschreibung abzugebende Unterlagen i. S. v. § 7 Nr. 2 Abs. 1 125
   II. Beschränkte Ausschreibung (§ 7 Nr. 2 Abs. 2) 126
     1. Durchführung eines öffentlichen Teilnahmewettbewerbs 127
     2. Anzahl der zur Angebotsabgabe aufzufordernden Bewerber 130
     3. Auswahl der zur Angebotsabgabe aufzufordernden Bewerber 133
   III. Freihändige Vergabe (§ 7 Nr. 2 Abs. 3) 137
     1. Durchführung eines öffentlichen Teilnahmewettbewerbs 139
     2. Anzahl der zur Angebotsabgabe aufzufordernden Unternehmen 140
   IV. Wechsel unter den Bewerbern (§ 7 Nr. 2 Abs. 4) 144
D. **Aufforderung kleinerer und mittlerer Unternehmen zur Angebotsabgabe (§ 7 Nr. 3)** 147
E. **Nachweis der Eignung (§ 7 Nr. 4)** 152
   I. Allgemeines 152
   II. Zeitpunkt der Eignungsprüfung 156
   III. Eignungskriterien nach § 7 Nr. 4 158
     1. Leistungsfähigkeit 159
     2. Fachkunde 163
     3. Zuverlässigkeit 166
   IV. Eignungsnachweise 172
     1. Allgemeines 172
     2. Beurteilungsspielraum des Auftraggebers 174
     3. Zulässige Eignungsnachweise 179
       a) Art der Nachweise 179
       b) Nachweise für das Vorliegen der Leistungsfähigkeit, Fachkunde und Zuverlässigkeit 180
       c) Vorgabe von Mindestanforderungen 186
       d) Rechtsfolgen fehlender Eignungsnachweise 192
       e) Nachunternehmer und Bewerber-/Bietergemeinschaften 196
   V. Beurteilungsspielraum bei der Bewertung der Eignung 202
   VI. Bindung an die Bewertung der Eignung/nachträglicher Ausschluss 208
   VII. Bekanntmachung der Eignungsnachweise 211
   VIII. Angemessenheit der Eignungsnachweise und Schutz der Betriebsgeheimnisse der Bewerber (§ 7 Nr. 4, 2. und 3. Hs.) 214
F. **Ausschluss von der Teilnahme am Wettbewerb (§ 7 Nr. 5)** 217
   I. Regelungsgehalt 217
   II. Die einzelnen Ausschlussgründe 219
     1. Insolvenz und vergleichbares Verfahren (§ 7 Nr. 5 lit. a)) 220

2. Liquidation (§ 7 Nr. 5 lit. b)) 224
3. Schwere Verfehlungen (§ 7 Nr. 5 lit. c)) 225
   a) »Schwere Verfehlung« 226
   b) Nachweislichkeit der schweren Verfehlung 231
   c) »Infragestellung« der Zuverlässigkeit 237
   d) Pflicht zur Dokumentation 239
4. Säumigkeit bei der Zahlung (§ 7 Nr. 5 lit. d)) 240
5. Bewusst falsche Erklärungen (§ 7 Nr. 5 lit. e)) 242
III. Rechtsfolge bei Vorliegen eines Ausschlussgrundes 248
G. Nichtzulassung bestimmter Einrichtungen zum Wettbewerb mit gewerblichen Unternehmen, § 7 Nr. 6 VOL/A 253
  I. Betroffene Einrichtungen 257
    1. Justizvollzugsanstalten, Einrichtungen der Jugendhilfe, Aus- und Fortbildungsstätten 263
    2. Ähnliche Einrichtungen 265
  II. Rechtsfolgen 267
H. Bieterschützender Charakter der Norm 270

A. Einleitung

I. Allgemeines

1 § 7 ist eine grundlegende Vorschrift von zentraler Bedeutung für das gesamte Vergabeverfahren. Wie bereits die amtliche Überschrift »Teilnehmer am Wettbewerb« klarstellt, regelt § 7, welche Bewerber als Bieter in Betracht kommen, welche Grundsätze der Auftraggeber bei der Behandlung der Teilnehmer zu beachten hat und welche Anforderungen die Teilnehmer erfüllen müssen.

2 Grundlegend für das ganze Vergabeverfahren ist der in § 7 Nr. 1 geregelte Grundsatz, dass die Vergabe öffentlicher Aufträge im diskriminierungsfreien, auf der Gleichbehandlung der Bieter bzw. Bewerber beruhenden Wettbewerb zu erfolgen hat. Durch das Verbot willkürlicher Ungleichbehandlung dient die Vorschrift den Teilnehmern am Vergabeverfahren und zugleich – durch die Zielsetzung der Gewährleistung einer effizienten und wirtschaftlichen Vergabe – auch den öffentlichen Auftraggebern.

3 Die Bestimmungen in § 7 Nr. 2 bis 6 regeln den Zugang zu den in § 3 genannten Vergabeverfahren und konkretisieren damit die Grundsätze des § 7 Nr. 1. Abhängig von der jeweiligen Verfahrensart ist festgelegt, welche und wie viele Unternehmen in das Vergabeverfahren einbezogen werden sollen (§ 7 Nr. 2, Nr. 3). Des Weiteren wird geregelt, welche Eignungsnachweise von den Bewerbern verlangt werden können (§ 7 Nr. 4). Darüber hinaus sind Regelungen über den Ausschluss von Bewerbern bzw. deren Nichtberücksichtigung enthalten. Bewerber können ausgeschlossen werden, wenn sie den Tatbestand eines in § 7 Nr. 5 aufgelisteten Ausschlussgrundes erfüllen. § 7 Nr. 6 bestimmt, welche Stellen und Einrichtungen grundsätzlich von der Vergabe ausgeschlossen sind.

Damit ist § 7 neben der grundlegenden Regelung des § 7 Nr. 1 weniger eine systematische Regelung, sondern behandelt vielmehr eine Reihe von Einzelaspekten, zum Teil unter Wiederholung von anderweitig in der VOL/A festgelegten Grundsätzen. **4**

II. Entstehungsgeschichte

In der ursprünglichen Fassung der VOL/A von 1936 waren die maßgeblichen Regelungen über die Teilnehmer am Wettbewerb in § 9 geregelt. Durch die VOL/A-Novellierung von 1984 wurden die alten Bestimmungen modifiziert und sind seitdem in § 7 abgefasst. Neben der Angleichung an die Parallelvorschrift § 8 VOB/A nahm die Neufassung von 1984 erstmals die Regelungen der Mittelstandsrichtlinien und der EG-Lieferkoordinierungsrichtlinie auf. 1993 wurde § 7 dahingehend geändert, dass das bis dahin als Soll-Vorschrift gefasste Verbot des Regionalprotektionismus (§ 7 Nr. 1 Abs. 1 Satz 2) in eine Muss-Vorschrift geändert wurde. Im Jahr 2000 folgte eine weitere Änderung der VOL/A, um die neue Rechtslage seit dem Inkrafttreten der Insolvenzordnung nach Abschaffung der Vergleichsordnung und Konkursordnung zu berücksichtigen.[1] Mit der 3. Verordnung zur Änderung der Vergabeverordnung wurde die VOL/A, Ausgabe vom 6. 4. 2006 in Kraft gesetzt. Diese dient der Umsetzung der EG-Richtlinien 2004/18/EG und 2004/17/EG. § 7 VOL/A blieb in der VOL/A, Ausgabe 6. 4. 2006 indes unverändert. **5**

III. Vergleich mit den anderen Vergabeordnungen

Parallelvorschriften zu § 7 enthalten auch VOB/A und VOF. Während in der VOB/A entsprechende Regelungen weitgehend in § 8 VOB/A enthalten sind, finden sich im Bereich der VOF ähnliche Bestimmungen auf mehrere Paragraphen verteilt. Inhaltlich sind die Vorschriften der drei Verdingungsordnungen trotz vieler Gemeinsamkeiten jedoch nicht deckungsgleich. **6**

1. VOB/A

§ 8 VOB/A hat zwar die gleiche Überschrift wie § 7 (»Teilnehmer am Wettbewerb«), unterscheidet sich jedoch bereits dahingehend von § 7, dass in den einzelnen Nummern differenziert wird zwischen Bewerbern (Teilnehmer, die noch kein Angebot abgegeben haben) und Bietern (Teilnehmer, die bereits ein Angebot abgegeben haben).[2] In den einzelnen Nummern des § 7 werden dagegen nur die Bewerber und nicht die Bieter genannt. **7**

Das Gleichheitsgebot in § 7 Nr. 1 findet sich in § 8 Nr. 1 VOB/A allerdings mit der Maßgabe, dass in der VOB/A weder ein explizites Diskriminierungsverbot aufgrund der Nationalität, noch eine Regelung bezüglich der Gleichsetzung von Arbeitsge- **8**

---

[1] Ausführlich zur Entstehungsgeschichte: *Zdzieblo* in: Daub/Eberstein, VOL/A, § 7 Rn. 1 ff.
[2] Zur begrifflichen Differenzierung siehe *Glahs* in: Kapellmann/Messerschmidt, VOB/A § 8 Rn. 1; *Prieß/Hausmann* in: Motzke/Pietzcker/Prieß, VOB/A, § 8 Rn. 2.

§ 7 Teilnehmer am Wettbewerb

meinschaften und anderen gemeinschaftlichen Bietern enthalten ist. Diese Gruppen sind jedoch auch ohne ausdrückliche Nennung bereits von der generellen Formulierung in § 8 Nr. 1 Satz 1 VOB/A erfasst: »Alle Bewerber oder Bieter sind gleich zu behandeln.«

9 § 7 Nr. 2 entspricht § 8 Nr. 2 VOB/A mit der Maßgabe, dass nur in der VOB/A sowohl eine Mindest- als auch Höchstzahl von Bewerbern bei der Beschränkten Ausschreibung vorgegeben wird, während in der VOL/A nur eine Mindestzahl festgelegt ist (Absatz 2).

Die in § 7 Nr. 3 enthaltene Regelung über die Aufforderung kleiner und mittlerer Unternehmen zur Angebotsabgabe fehlt in § 8 VOB/A gänzlich.

10 Eine Entsprechung des § 7 Nr. 4 findet sich in § 8 Nr. 3 VOB/A, allerdings ist die Vorschrift in der VOB/A ausführlicher; insbesondere sind dort auch mögliche Anforderungen an den Leistungsnachweis aufgeführt. Derart konkrete Anforderungen sind in § 7 Nr. 4 nicht enthalten.

11 § 7 Nr. 5 ist weitgehend deckungsgleich mit § 8 Nr. 5 VOB/A, jedoch fehlen die in § 8 Nr. 5 Abs. 2 und 3 VOB/A enthaltenen Regelungen über die Vorlage von Bescheinigungen und Nachweisen.

12 Ferner ist § 7 Nr. 6 enger gefasst als § 8 Nr. 6 VOB/A, in dem zusätzlich auch »Betriebe der öffentlichen Hand und Verwaltung« vom Wettbewerb ausgeschlossen sind.

2. VOF

13 § 7 VOF unterscheidet sich bereits durch die anderslautende Überschrift »Teilnehmer am Vergabeverfahren« (statt »Teilnehmer am Wettbewerb« in § 8 VOB/A und § 7) und umfasst auch vom Regelungsgehalt her nur Teile des umfassenden § 7 VOL/A.

14 In § 4 Abs. 2 VOF ist das vergaberechtliche Gleichbehandlungsgebot der Bewerber normiert; anders als in § 7 Nr. 1 werden jedoch gleich zu behandelnde konkrete Gruppen von Bewerbern nicht genannt. Weitere Vorschriften, die dem Inhalt des § 7 zumindest teilweise entsprechen, sind §§ 10, 11, 12 und 13 VOF.

15 Insgesamt beschränken sich die Vorschriften jedoch auf das im Rahmen der VOF als Regelverfahren ausgewiesene Verhandlungsverfahren, so dass sich beispielsweise zu § 7 Nr. 2 und Nr. 3 – die andere Verfahrensarten betreffen – keine Entsprechung in der VOF findet.

IV. Ergänzung des § 7 VOL/A durch §§ 7 a und 7 b VOL/A

16 § 7 ist als Regelung des 1. Abschnitts der VOL/A »nationalen Ursprungs« und berücksichtigt die Vorgaben des europäischen Rechts, insbesondere die Vergaberichtlinien 2004/18/EG und 2004/17/EG sowie die Vorgaben des EG-Vertrages, nicht ausdrücklich. Bei Vergaben oberhalb der VgV-Schwellenwerte wird § 7 durch die Regelungen

der Abschnitte 2 und 4 der VOL/A ergänzt und teilweise verdrängt (vgl. insbesondere den 4. Abschnitt der VOL/A).

Oberhalb der Schwellenwerte besteht die Pflicht zur Auslegung vergaberechtlicher Normen wie § 7 im Lichte der EG-Vergaberichtlinien. Aber auch unterhalb der Schwellenwerte sind öffentliche Auftraggeber bei der Vergabe öffentlicher Aufträge nicht völlig frei von Vorgaben des Gemeinschaftsrechts. Vielmehr sind auch unterhalb der Schwellenwerte die Grundregeln des EG-Vertrags, insbesondere das Verbot der Diskriminierung ausländischer Unternehmen und der allgemeine Gleichbehandlungsgrundsatz zu beachten.[3] 17

Der Umstand, dass § 7 sowohl auf Vergaben unterhalb der Schwellenwerte als grundsätzlich auch auf Vergaben oberhalb der Schwellenwerte anwendbar ist und § 7 bei »Oberschwellenvergaben« im Lichte der EG-Vergaberichtlinien auszulegen ist, kann zur unterschiedlichen Auslegung und Anwendung der Norm und damit zur Ungleichbehandlung faktisch vergleichbar Sachverhalte führen. Hierfür mag aufgrund des Nichterreichens der Schwellenwerte teilweise ein sachlicher Grund im Sinne von Art. 3 GG gegeben sein. Im Hinblick auf die Einheit der Rechtsordnung ist jedoch eine einheitliche Auslegung und Anwendung von § 7 VOL/A wünschenswert. 18

B. Das Gleichbehandlungsgebot (§ 7 Nr. 1)

I. Allgemeines und Herleitung

Das Gleichbehandlungsgebot gehört zu den »elementaren Grundprinzipien« des öffentlichen Vergaberechts.[4] § 7 Nr. 1 soll die Gleichbehandlung zwischen bestimmten Gruppen von Bewerbern im Rahmen eines Vergabeverfahrens sicherstellen, insbesondere zwischen inländischen und ausländischen Bietern (Abs. 1 Satz 1), zwischen ortsansässigen und nicht ortsansässigen Bewerbern (Abs. 1 Satz 2) sowie zwischen Bewerbergemeinschaften und Einzelbewerbern (Abs. 2). § 7 Nr. 1 ist jedoch im Lichte von § 97 Abs. 2 GWB und Art. 3 GG auszulegen. Daher gilt über die explizit genannten »Vergleichsgruppen« hinaus ein allgemeiner Grundsatz zur Gleichbehandlung aller Bewerber. 19

Der personelle Geltungsbereich des Gleichbehandlungsgebots des § 7 Nr. 1 Abs. 1 umfasst nach dem Wortlaut der Norm nur »Bewerber« sowie die »Teilnehmer am Wettbewerb«. Nach strenger vergaberechtlicher Terminologie sind »Bewerber« die Teilnehmer des Teilnahmewettbewerbs und »Bieter« die Unternehmen, die bereits ein Angebot abgegeben haben bzw. sich zumindest bereits im Angebotswettbewerb befinden. § 7 Nr. 1 ist im Lichte von § 97 Abs. 2 GWB und Art. 3 GG jedoch extensiv auszulegen und erfasst daher neben Bewerbern auch »Bieter«. 20

---

3 Mitteilung der EG-Kommission zu Auslegungsfragen in Bezug auf das Gemeinschaftsrecht, das für die Vergabe öffentlicher Aufträge gilt, die nicht oder nur teilweise unter die Vergaberichtlinien fallen, S. 4 ff.
4 Vgl. BT-Drucksache 13/9340, S. 14, Begründung zu 106 Abs. 2 GWB i. d. F. des Vergaberechtsänderungsgesetzes = § 97 Abs. 2 GWB; *Kus* in: Kulartz/Kus/Portz, GWB, § 7 Rn. 25; *Hailbronner* in: Byok/Jaeger, GWB, § 97 Rn. 203.

§ 7 Teilnehmer am Wettbewerb

21 Nach einer restriktiven streng am Wortlaut orientierten Auslegung sind nur jene Bewerber/Bieter erfasst, die sich an dem konkreten Vergabeverfahren tatsächlich (durch Abgabe eines Teilnahmeantrages oder eines Angebotes) beteiligen.[5] Unter Würdigung der EuGH-Entscheidung »Stadt Halle«[6] muss der Begriff »Teilnehmer« jedoch extensiv ausgelegt werden, so dass auch potentielle Bewerber bzw. Bieter vom Gleichbehandlungsgrundsatz erfasst werden. Der EuGH betont in ständiger Rechtsprechung, dass die Verpflichtung zur Durchführung eines auf Gleichbehandlung beruhenden Wettbewerbs um einen Auftrag bereits dann bestehe, sobald ein potentieller Bietermarkt existiert und dass es insbesondere für die Geltung des Transparenz- und Gleichbehandlungsgebotes nicht darauf ankomme, ob ein Bieter sein Interesse am Auftrag ausdrücklich geäußert hat.[7] Das gilt auch für Vergaben unterhalb der Schwellenwerte, denn auch hier gilt das unmittelbar dem EG-Vertrag entspringende umfassende Diskriminierungsverbot sowie der allgemeine Gleichbehandlungsgrundsatz. Darüber hinaus gebietet auch die Auslegung im Lichte von § 97 Abs. 2 GWB und Art. 3 GG eine möglichst extensive Auslegung von § 7 Nr. 1 Abs. 1.

22 Hergeleitet wird das Gleichbehandlungsgebot sowohl aus gemeinschaftsrechtlichen, als auch aus nationalen Vorschriften:

1. Gemeinschaftsrecht

23 Im EG-Vertrag gibt es zwar kaum Vorschriften, die sich ausdrücklich mit dem Vergaberecht befassen, allerdings stellen die Grundfreiheiten eine »Einbruchsstelle« in das Vergaberecht dar.[8] In Artikel 12 EG-Vertrag findet sich ein allgemeines Diskriminierungsverbot, wonach grundsätzlich jede Diskriminierung aus Gründen der Staatsangehörigkeit verboten ist. Neben dem in Art. 12 EG niedergelegten Diskriminierungsverbot aufgrund der Staatsangehörigkeit begründet das EG-Primärrecht im Bereich öffentlicher Aufträge auch ein allgemeines Gleichbehandlungsgebot.[9] Dieses ist als allgemeiner gemeinschaftsrechtlicher Rechtsgrundsatz zu beachten.

24 Oberhalb der Schwellenwerte ist die Pflicht zur Gleichbehandlung der Teilnehmer am Wettbewerb ferner auch zentrales Element der EG-Vergaberichtlinien.[10] So heißt es in der zweiten Begründungserwägung zur Vergabekoordinierungsrichtlinie 2004/18/EG, dass die Vergabe von Aufträgen in den Mitgliedsstaaten auf Rechnung des Staates, der Gebietskörperschaften und anderer Einrichtungen des öffentlichen

---

5 Zu § 97 Abs. 2 GWB: *OLG Thüringen* Beschl. v. 20. 6. 2005 – Verg 3/05, VergabeR 2005, 492, 497 = NZBau 2005, 476/480.
6 *EuGH* Urt. v. 11. 1. 2005 – Rs. C-26/03 (Stadt Halle).
7 Zuletzt *EuGH* Urt. v. 21. 7. 2005 – Rs. C-231/03 – Coname, Slg. 2005, I-7287, VergabeR 2005, 609, 611.
8 *Hailbronner* in: Byok/Jaeger, GWB, § 97 Rn. 204. Ausnahmsweise findet sich in Art. 183 Nr. 4 EG das Gebot der Nichtdiskriminierung bei Aufträgen der Gemeinschaft.
9 *Prieß* Handbuch des Europäischen Vergaberechts, 3. Aufl. 2005, S. 10, vgl. auch die Mitteilung der EG-Kommission zu Auslegungsfragen in Bezug auf die primärrechtlichen Vorgaben für die Vergabe öffentlicher Aufträge unterhalb der Schwellenwerte (2006/C 179/02), Amtsbl. d. EU v. 1. 8. 2006, C 179/2, S. 3 ff, wonach die Grundsätze der »Nichtdiskriminierung und Gleichbehandlung« zu beachten sind.
10 Vgl. *EuGH* Urt. v. 18. 10. 2001 – Rs. C-19/00 – SIAC Construction, Slg. 2001, I-7725, Rn. 33; *EuGH* Urt. v. 25. 4. 1996 – Rs. C-87/94 – Kommission/Belgien, Slg. 1996, I-2043, Rn. 54; *EuGH* Urt. v. 22. 6. 1993 – Rs. C-243/89 – Kommission/Dänemark: Storebaelt, Slg. 1993, I-3353, Rn. 33; *Hailbronner* in: Byok/Jaeger, GWB, § 97 Rn. 204.

Rechts an die Einhaltung der im EG-Vertrag niedergelegten Grundsätze gebunden ist, insbesondere die Grundsätze der Gleichbehandlung und der Nichtdiskriminierung. Ausdrücklich gebietet auch Art. 2 der Richtlinie, dass »*die öffentlichen Auftraggeber alle Wirtschaftteilnehmer gleich und nichtdiskriminierend behandeln*«. Daneben findet sich das Diskriminierungsverbot auch in den Vorschriften über den freien Warenverkehr (Art. 28 EG-Vertrag) und über die Dienstleistungsfreiheit (Art. 49 EG-Vertrag). Diese sind nach Rechtsprechung des EuGH eine besondere Ausprägung des Gleichbehandlungsgrundsatzes.[11]

25 Einen Verstoß gegen das Diskriminierungsverbot aus Art. 12 EG-Vertrag stellen beispielsweise Vorschriften dar, nach denen ausländische Bewerber höhere Sicherheiten oder besondere Voraussetzungen für ihre Zuverlässigkeit nachzuweisen haben.[12] Ebenso sind Vorschriften unzulässig, durch welche Bewerber zur Verwendung inländischer Produkte verpflichtet werden.[13] Unzulässig sind auch mittelbare Diskriminierungen, d. h. Vorschriften, die ausländische Bewerber faktisch benachteiligen, ohne unmittelbar zwischen inländischen und ausländischen Bietern zu unterscheiden. Demnach sind beispielsweise Vorschriften unzulässig, wonach Materialien oder Waren nationalen Normen entsprechen müssen, da in diesen Fällen die Lieferung weitgehend inländischen Herstellern vorbehalten bliebe. Nach der Rechtsprechung des EuGH müssen in diesen Fällen auch ausländische Normen »gleichwertiger Art« genügen.[14] Auch regionale Beschränkungen verstoßen gegen das Gemeinschaftsrecht. Eine Verletzung von Art. 12 EG-Vertrag liegt daher bei einer Regelung vor, wonach ein Teil der Arbeiten von in der Region ansässigen Subunternehmern ausgeführt werden muss.[15]

26 Diese vom EuGH entwickelten Vorgaben sind bei der Auslegung und Anwendung von § 7 Nr. 1 Abs. 1 heranzuziehen. Dies gilt zunächst oberhalb der Schwellenwerte, wo auf den Grundsatz der Nichtdiskriminierung und Gleichbehandlung an mehreren Stellen der Vergabekoordinierungsrichtlinie ausdrücklich Bezug genommen wird.[16] Das Gebot der Nichtdiskriminierung und Gleichbehandlung findet dabei auch bei rein innerstaatlichen Sachverhalten Anwendung.[17] Es handelt sich insofern um ein »Allgemeines Gleichbehandlungsgebot«. Ferner ergibt sich das Gebot der Nichtdiskriminierung und Gleichbehandlung auch aus dem Primärrecht, vom EuGH hergeleitet aus den allgemeinen Rechtsgrundsätzen des Europäischen Gemeinschaftsrechts.[18]

---

11 *EuGH* Urt. v. 5. 12. 1989 – Rs. C-3/88 – Kommission/Italien, Slg. 1989, 4035, Rn. 8.
12 Vgl. *Hailbronner* in: Grabitz/Hilf, EU, Bd. IV, Öffentliches Auftragswesen, B.2 – Marktfreiheiten und Vergaberichtlinien, Rn. 15; weitere Beispiele aus der Rechtsprechung bei *Hailbronner* in: Byok/Jaeger, GWB, § 97 Rn. 205 f.
13 Vgl. *EuGH* Urt. v. 10. 2. 1982 – Rs. 76/81 – Transporoute, Slg. 1982, 417; *EuGH* Urt. v. 22. 6. 1993 – Rs. C-243/89 – Kommission/Dänemark: Storebaelt, Slg. 1993, I-3353, Rn. 45.
14 *EuGH* Urt. v. 22. 9. 1988 – Rs. 45/87 – Kommission/Irland, Slg. 1988, 4929; *Hailbronner* in: Grabitz/Hilf, EU, Bd. IV, Öffentliches Auftragswesen, B.2 – Marktfreiheiten und Vergaberichtlinien, Rn. 17.
15 Vgl. *EuGH* Urt. v. 3. 6. 1992 – Rs. C-360/89 – Kommission/Italien, Slg. 1992, I-3401, Rn. 10.
16 Siehe etwa Erwägungsgründe Nr. 2, 12, 14 der RL 2004/18/EG.
17 Vgl. etwa *EuGH* Urt. v. 25. 4. 1996 – Rs. C-87/94 – Wallonische Busse, Slg. 1996, I-2043, Rn. 33; hierin wird festgestellt, dass die Regelungen der Vergaberichtlinien und damit auch das ihnen zugrundeliegende allgemeine Diskriminierungsverbot unabhängig von der Staatsangehörigkeit oder dem Ort der Niederlassung der Bieter eingehalten werden müssen.
18 Vgl. *EuGH* Urt. v. 25. 10. 1978 – Rs. 125/77 – Koninklijke Scholte Honig, Slg. 1978, 1991 ff., Rn. 25/27; Urt. v. 8. 10. 1980 – Rs. 810/79 – Überschär, Slg. 1980, 2747, Rn. 16.

Dieses primärrechtliche Gleichbehandlungs- und Nichtdiskriminierungsgebot gilt auch unterhalb der EG-Schwellenwerte und ist daher von allen öffentlichen Auftraggebern unabhängig vom Erreichen der Schwellenwerte zu beachten. Dies wird bestätigt durch die aktuelle Mitteilung der Kommission,[19] die auf die prinzipielle Geltung der primärrechtlichen Grundsätze (insbesondere des Grundsatzes der »Gleichbehandlung und Nichtdiskriminierung«) im Unterschwellenbereich hinweist und davon lediglich dann absehen will, wenn im Einzelfall ein Auftrag wegen besonderer Umstände, insbesondere aufgrund seiner geringfügigen wirtschaftlichen Bedeutung, für Wirtschaftsteilnehmer aus anderen Mitgliedstaaten definitiv nicht von Interesse ist. Einen Auftragswert, ab dem dies der Fall ist, hat die Kommission aber bisher nicht genannt. Es wird sich jedoch um Aufträge handeln, die weit unter den EG-Schwellenwerten liegen.

2. Nationales Recht

27 Im nationalen Recht ist das Gleichbehandlungsgebot auf verschiedenen Ebenen »angesiedelt«. Verfassungsrechtlich folgt es aus dem allgemeinen Gleichheitssatz des Art. 3 Abs. 1 GG. Auf einfachgesetzlicher Ebene ist der Gleichheitsgrundsatz seit dem Vergaberechtsänderungsgesetz vom 1. 1. 1999 in § 97 Abs. 2 GWB normiert.[20] In den Vergabeordnungen findet sich dieser Grundsatz an verschiedenen Stellen: für die VOL/A in § 2 Nr. 2 und § 7 Nr. 1, für die VOB/A in § 2 Nr. 2 und § 8 Nr. 1, für die VOF in § 4 Abs. 2.

28 Das Gleichbehandlungsgebot gebietet zunächst, gleiche Sachverhalte gleich zu behandeln. Verboten ist es daher z. B., einem Bewerber Informationen vorzuenthalten, die andere Bewerber bereits erhalten haben.[21] Auf der anderen Seite müssen ungleiche Sachverhalte ungleich behandelt werden, soweit nicht sachliche Gründe ein anderes Verhalten rechtfertigen. Unzulässig kann es daher sein, wenn ein Bieter nicht von der Ausschreibung ausgeschlossen wird, obwohl er im Vorfeld oder während der Ausschreibung unter Mithilfe der Vergabestelle nicht einholbare Informationsvorsprünge erlangt hatte, die im späteren Vergabeverfahren verwertbar waren.[22] Derartige Informationsvorsprünge können dem betreffenden Bieter einen unberechtigten Vorteil gegenüber anderen Bewerbern ermöglichen.

29 Konkret bedeutet das Gleichbehandlungsgebot, dass unsachliche Differenzierungen verboten sind (Willkürverbot). Eine auf sachfremden Erwägungen beruhende ungerechtfertigte Differenzierung liegt vor, wenn sich ein vernünftiger, aus der Natur der Sache folgender oder sonst sachlicher Grund für eine unterschiedliche Behandlung im Hinblick auf den Sinn und Zweck der Bestimmung nicht finden lässt.[23] Dies-

---

19 Mitteilung der EG-Kommission zu Auslegungsfragen in Bezug auf die primärrechtlichen Vorgaben für die Vergabe öffentlicher Aufträge unterhalb der Schwellenwerte (2006/C 179/02), Amtsbl. d. EU v. 1. 8. 2006, C 179/2, S. 3 ff., wonach die Grundsätze der »Nichtdiskriminierung und Gleichbehandlung« zu beachten sind.
20 Vgl. BT-Drucks. 13/9340, S. 14.
21 *VÜA Bund* Beschl. v. 25. 10. 1995, 1 VÜ 4/95 – Schleusenneubau, WuW 1996, 146, 151 f.
22 *VÜA Bund* Beschl. v. 24. 5. 1996, 1 VÜ 2/96 – Kanalbrücken, WuW 1997, 265 ff.
23 *Glahs* in: Kapellmann/Messerschmidt, VOB, A § 8 Rn. 4.

bezüglich hat die Vergabestelle zwar einen Beurteilungsspielraum. Dieser ist aber durch die Vergabenachprüfungsinstanzen überprüfbar.

II. Die Bevorzugung von Bewerbern aufgrund »vergabefremder Kriterien«

Bei der Vergabe öffentlicher Aufträge kommt es vielfach zu Abweichungen vom Gleichbehandlungsgebot, wenn im Rahmen des Vergabeverfahrens bestimmte Bewerberkreise aufgrund »vergabefremder Kriterien« bevorzugt werden. Die Privilegierung von Bewerbergruppen wird damit begründet, dass das Gleichheitsgebot zwar regelmäßig dem vergaberechtlichen Ziel der Wirtschaftlichkeit entspreche, jedoch die sozial- und wirtschaftspolitische Verantwortung des Staates im öffentlichen Beschaffungswesen außer Acht lasse.[24] 30

Eine solche Privilegierung kann von öffentlichen Auftraggebern konkret für einzelne Vergabeverfahren vorgesehen werden. Es bestehen darüber hinaus aber auch zahlreiche »Bevorzugtenrichtlinien« sowie Gesetze und Verordnungen, die die Privilegierung einzelner Gruppen festgelegt, welche aus wirtschafts- oder sozialpolitischen Erwägungen als besonders förderungswürdig gelten. 31

Die Bevorzugung bestimmter Bewerber kann auf verschiedenen Ebenen des Vergabeverfahrens erfolgen. Teilweise wird der Bewerberkreis von vornherein eingeschränkt[25] oder es werden Eignungs- oder Zuschlagskriterien festgelegt, die bestimmte Bewerberkreise direkt oder indirekt bevorzugen. Ebenso kommt es vor, dass festgelegt ist, bevorzugte Bewerberkreise bei der Aufforderung zur Angebotsabgabe angemessen zu beteiligen und die Angebote dieser Bewerber zu bevorzugen, wenn sie ebenso annehmbar sind wie andere Angebote.[26] Denkbar ist eine Bevorzugung bestimmter Bewerbergruppen auch auf der Ebene der Leistungsbeschreibung, indem die Leistung quasi auf die Bewerbergruppen »zugeschnitten« wird. 32

1. Rechtliche Zulässigkeit »vergabefremder Kriterien«

Der Maßstab für die rechtliche Zulässigkeit vergabefremder Kriterien ist oberhalb der Schwellenwerte zunächst das Gemeinschaftsrecht. Zu beachten sind neben den Vergaberichtlinien auch das im Primärrecht enthaltene Verbot der unmittelbaren und mittelbaren Diskriminierung aufgrund der Staatsangehörigkeit sowie der allgemeine gemeinschaftsrechtliche Gleichbehandlungsgrundsatz. Erst in zweiter Linie ist das deutsche Recht relevant. 33

---

24 *Prieß/Hausmann* in: Motzke/Pietzcker/Prieß, VOB/A, § 8 Rn. 10.
25 Vgl. z. B. Nr. 1 Abs. 1 des Gemeinsamen Runderlasses der hessischen Landesregierung vom 21. 1. 1997, betr. die Berücksichtigung der beruflichen Erstausbildung bei Bewerbern und Bietern bei Beschaffung mit Haushaltsmitteln des Landes.
26 Vgl. z. B. § 6 der brandenburgischen Verordnung über die bevorzugte Berücksichtigung von Unternehmen bei der Vergabe öffentlicher Aufträge zur Förderung von Frauen im Erwerbsleben (Frauenförderungsverordnung – FrauFöV) vom 25. 4. 1996, Gesetz- und Verordnungsblatt für das Land Brandenburg Teil II – Nr. 22 vom 17. 5. 1996, S. 354 f. geändert durch Verordnung vom 18. Februar 2002, Gesetz- und Verordnungsblatt für das Land Brandenburg Teil II – Nr. 2 vom 7. 3. 2002, S. 139.

34 Die Zulässigkeit vergabefremder Kriterien bei der Vergabe öffentlicher Aufträge ist im Einzelnen ungeklärt. Auftraggeber, die vergabefremde Kriterien berücksichtigen, laufen zu einem gewissen Grad stets Gefahr, dass diese Kriterien mit dem Gemeinschaftsrecht oder dem maßgeblichen nationalen Recht nicht vereinbar sind. Einzelheiten sind oftmals umstritten oder ungeklärt.

35 Insbesondere auf der **Ebene des Gemeinschaftsrechts** ist die Zulässigkeit vergabefremder Kriterien noch nicht abschließend geklärt.[27] Grundsätzlich ging der EuGH zunächst von der Unzulässigkeit vergabefremder Kriterien aus.[28] Das bedeutet insbesondere, dass hinsichtlich der materiellen Eignung der Bewerber für die Durchführung des zu vergebenden Auftrages nur solche Eignungskriterien verwendet werden dürfen, »*die sich auf die wirtschaftliche, finanzielle und technische Leistungsfähigkeit der Betroffenen beziehen*«.[29]

36 Der EuGH ließ daraufhin jedoch – trotz vehementer Kritik[30] – die Berücksichtigung vergabefremder Kriterien unter bestimmten Voraussetzungen zu. So stellte er erstmals in der sog. »Beentjes«-Entscheidung fest, dass vergabefremde Kriterien, die nicht im Leistungsgegenstand einbezogen sind, berücksichtigt werden dürfen.[31] Der Entscheidung lag der Fall zugrunde, dass als Vergabebedingung vorgesehen war, dass »*das beschäftigte Personal zu mindestens 70% aus Langzeitarbeitslosen zusammengesetzt sein muss, die von der örtlichen Arbeitsbeschaffungsstelle vermittelt wurden*«. Der EuGH sah dies als zusätzliches, mit dem Nachweis der fachlichen Eignung nicht zusammenhängendes Kriterium an, das – vorbehaltlich der Beachtung der übrigen Vorschriften des Primärrechts – den Vergaberichtlinien nicht widerspricht. Damit akzeptierte der EuGH das allgemeinpolitische Ziel der Beschäftigungsförderung grundsätzlich als zulässiges vergabefremdes Kriterium, stellte es jedoch unter den Vorbehalt des EG-Primärrechts, also insbesondere des Verbotes der Diskriminierung aufgrund der Staatsangehörigkeit.

37 Diese Rechtsprechung bestätigte der EuGH in seinem Urteil »Calais«.[32] Unter ausdrücklicher Bezugnahme auf die »Beentjes«-Entscheidung stellt der Gerichtshof hier fest, dass ein öffentlicher Auftraggeber nicht daran gehindert ist, dem Kampf gegen die Arbeitslosigkeit dienende Zuschlagskriterien zu verwenden. Wie auch in »Beentjes« knüpfte der EuGH die Zulässigkeit des an sich vergabefremden Zuschlagskriteriums aber an die Einhaltung der wesentlichen Grundsätze des Gemeinschaftsrechts wie Diskriminierungsverbot, Grundfreiheiten sowie Publizitätsvorschriften des europäischen Vergaberechts. In seiner »Concordia Bus Finland«-Entscheidung ließ der EuGH Sekundärzwecke auch im Rahmen der Wirtschaftlichkeitsbewertung zu.[33]

---

27 Vgl. hierzu die Zusammenfassung bei *Losch* EuR 2005, 231 ff.
28 *EuGH* Urt. v. 28. 3. 1985 – Rs. 274/83 – Kommission gegen Italien, Slg. 1985, 1077, 1091.
29 *EuGH* Urt. v. 20. 9. 1988 – Rs. C-31/87 – Beentjes/Niederlande, Slg. 1988, 4635; NVwZ 1990, 353 ff.
30 Vgl. mit weiteren Nachweisen *Schima* NZBau 2002, 1 ff; Grünbuch der Kommission »Das öffentliche Auftragswesen« in der europäischen Union: Überlegungen für die Zukunft, 1996, S. 50 Nr. 5.43.
31 *EuGH* Urt. v. 20. 9. 1988 – Rs. C-31/87 – Beentjes/Niederlande, Slg. 1988, 4635; NVwZ 1990, 353 ff.
32 *EuGH* Urt. v. 26. 9. 2000 – Rs. C-225/98 – Kommission/Frankreich (»Calais«), Slg. 2000, I-7445, NZBau 2000, 584 ff.
33 *EuGH* Urt. v. 17. 9. 2002 – Rs. C-513/99 – Concordia Bus Finland, Slg. 2002, I-7213; sowie nachfolgend *EuGH* Urt. v. 4. 12. 2003 – Rs. C-448/01 – Wienstrom, Slg. 2003, I-14727, ZfBR, 185 (187).

In dem zugrunde liegenden Fall wurden im Rahmen der Angebotswertung Umweltschutzaspekte berücksichtigt. Der EuGH fordert jedoch explizit, dass diese Aspekte mit dem Leistungsgegenstand zusammenhängen, die Publizitätsvorschriften eingehalten werden und die wesentlichen Grundsätze des Gemeinschaftsrechts beachtet werden. Dieser Rechtsprechung folgend sind Umwelteigenschaften bezogen auf die konkret ausgeschriebenen Produkte bzw. Leistungen in den neuen EG-Vergaberichtlinien ausdrücklich als zulässiges Zuschlagskriterium genannt.[34] Der EuGH hat seine Rechtsprechung über zusätzliche, Sekundärzwecke verfolgende Kriterien bisher nicht explizit aufgegeben, so dass von deren Fortgeltung auszugehen ist.

Im **nationalen Recht** ist der Maßstab für die Zulässigkeit vergabefremder Kriterien zunächst das allgemeine Diskriminierungsverbot aus Art. 3 Abs. 1 GG, auf einfachgesetzlicher Ebene die Regelungen in § 97 Abs. 1, 2, 4, 1. Halbsatz GWB sowie in der VOL/A § 2 Nr. 2 und § 7 Nr. 1. Der Inhalt der Vorschriften entspricht den Regelungen des Gemeinschaftsrechts, wonach für die Eignung nur die Maßstäbe der Fachkunde, Leistungsfähigkeit und Zuverlässigkeit berücksichtigt werden dürfen.[35] Gemäß § 97 Abs. 4, 2. Hs. GWB können jedoch »vergabefremde« Kriterien ausnahmsweise zulässig sein, wenn sie durch Bundes- oder Landesgesetz vorgesehen sind.[36] Dabei müssen jedoch die Grenzen des höherrangigen Rechts beachtet werden. Art. 3 GG verbietet eine Ungleichbehandlung außerhalb von zulässigen Differenzierungsmerkmalen, die durch einen sachlichen Grund gerechtfertigt und darüber hinaus auch verhältnismäßig sein müssen.

38

2. »Bevorzugungsregelungen« im Einzelnen

a) Mittelstandsförderung

Die Mittelstandsförderung findet sich außer in § 7 Nr. 3 auch in § 97 Abs. 3 GWB sowie in zahlreichen Mittelstandsförderungsgesetzen und Richtlinien der Länder. Dabei ist – wie in § 7 Nr. 3 – in der Regel festgelegt, dass kleine und mittlere Unternehmen angemessen zu beteiligen sind. Die Regelungen zur Förderungen von kleineren und mittleren Unternehmen stellen damit in der Regel keine Sonderanforderungen an die Bewerber dar, vielmehr handelt es sich um Regelungen, die insbesondere sicherstellen sollen, dass durch die Größe der jeweiligen Aufträge bzw. die Aufteilung in Lose sichergestellt wird, dass auch kleine und mittlere Unternehmen sich um den jeweiligen Auftrag bewerben können. Problematisch erscheinen allerdings landesrechtliche Regelungen, die zu einem faktischen Generalunternehmerverbot bzw. Generalübernehmerverbot führen, das mit dem seit dem 1. September 2005 im Rahmen des sog. ÖPP-Beschleunigungsgesetzes eingeführten (höherrangigen) § 4 Abs. 4 VgV nicht mehr vereinbar ist. Denn durch die Beschränkung etwa auf losweise Vergaben werden bestimmte Arten von Unternehmen tatsächlich ausgeschlossen. Zudem erscheint fraglich, ob die Entscheidungsfreiheit der Auftraggeber im Hinblick auf Zuschnitt und Zusammenfassung von Aufträgen (z. B. in Form von öffentlich privaten

39

---

34 Art. 53 RL 2004/18/EG, Art. 55 RL 2004/17/EG.
35 Vgl. *VÜA Bund* Beschl. v. 16. 10. 1998 – 2 VÜ 32/98 – ÜBS Cottbus, WuW/E Verg 192, 194 ff.
36 Zum Ausnahmecharakter von § 97 Abs. 4, 2. Hs. vgl.: *Hailbronner* in: Byok/Jaeger, GWB, § 97 Rn. 249.

Partnerschaften, ÖPP) vor dem Hintergrund des Wirtschaftlichkeitsgebots bei der Beschaffung derartig weitgehend beschnitten werden kann.

b) Regionalförderung

40 Die Präferenzrichtlinien für die Bevorzugung von Unternehmen aus bestimmten strukturschwachen Regionen wurden überwiegend abgeschafft, weil die Europäische Kommission Bedenken hiergegen im Hinblick auf das gemeinschaftsrechtliche Diskriminierungsverbot aufgrund der Staatsangehörigkeit geäußert hatte. Entsprechende Regelungen dürften daher sowohl oberhalb als auch unterhalb der Schwellenwerte unzulässig sein.

c) Frauenförderung

41 Bevorzugungsregelungen zugunsten von Bewerbern mit einem höheren Frauenanteil unterliegen hinsichtlich ihrer Zulässigkeit rechtlichen Bedenken. Das gilt insbesondere, wenn die Regelung dahin ausgestaltet ist, dass bei gleichwertigen Angeboten der Zuschlag an das Unternehmen mit der höheren Frauenquote erteilt wird. Denn nach der Rechtsprechung des EuGH in der Rs. »Concordia Bus Finland« muss ein Zuschlagskriterium einen Zusammenhang mit dem Leistungsgegenstand stehen.[37] Ebenso ist aus Sicht des nationalen Rechts fragwürdig, ob in diesen Fällen ein zulässiges sachliches Differenzierungskriterium im Sinne von Art. 3 GG gegeben ist.

d) Lehrlingsausbildung

42 Oberhalb der Schwellenwerte ist eine Bevorzugung von Lehrlingsausbildungsbetrieben Bedenken ausgesetzt. Die Kommission hat diesbezüglich schon mehrfach wegen des Verstoßes gegen das Diskriminierungsverbot aufgrund der Staatsangehörigkeit interveniert, da Bewerber aus anderen Mitgliedsstaaten die Anforderung aufgrund unterschiedlicher Ausbildungssysteme oftmals nicht erfüllen können.[38] Unterhalb der Schwellenwerte bestehen dieselben rechtlichen Bedenken, da das gemeinschaftsrechtliche Diskriminierungsverbot aufgrund der Staatsangehörigkeit auch hier gilt. Darüber hinaus ist ebenfalls äußerst fragwürdig, ob in der Lehrlingsausbildungstätigkeit des Bewerbers ein zulässiges sachliches Differenzierungskriterium im Sinne von Art. 3 GG zu sehen ist.

e) Tariftreueerklärungen

43 Die Zulässigkeit von Tariftreueerklärungen gehört zu den umstrittensten Fragestellungen des deutschen Vergaberechts. In der Vergangenheit haben zahlreiche Bundesländer von Bewerbern im Vergabeverfahren sog. »Tariftreueerklärungen« verlangt.

---

37 *EuGH* Urt. v. 17. 9. 2002 – Rs. C-513/99 – Concordia Bus Finland, Slg. 2002, I-7213; *EuGH* Urt. v. 4. 12. 2003 – Rs. C-448/01 – Wienstrom, Slg. 2003, I-14527, ZfBR, 185 (187).
38 Vgl. *Prieß/Hausmann* in: Motzke/Pietzcker/Prieß, VOB/A, § 8 Rn. 33.

Darin sollten die Bewerber – oftmals im Bereich von Bauleistungen – zusichern, während der Ausführung der Leistungen die regional geltenden Tarife zu zahlen.

Ein jahrelang währender Rechtsstreit entbrannte um das **Berliner Vergabegesetz**, wonach die Berliner Vergabestellen Aufträge unter anderem für Bauleistungen mit der Auflage vergeben, dass die Unternehmen ihre Auftragnehmer bei der Ausführung dieser Leistungen nach dem jeweils in Berlin geltenden Entgelttarifen entlohnen. Ähnliche Tariftreueregelungen gibt es auch in anderen Bundesländern. Das Bundeskartellamt hatte dem Land Berlin schon vor Inkrafttreten des Berliner Vergabegesetzes im Bereich des Straßenbaus untersagt, Tariftreueerklärung zu fordern. Es hatte angenommen, das Land Berlin sei als Nachfrager von Straßenbauleistungen marktbeherrschend[39] und behindere die tarifvertraglich nicht gebundenen Anbieter vor allem aus dem Berliner Umland in unbilliger Weise. Die gegen diesen Beschluss gerichtete Beschwerde des Landes Berlin hat das **Kammergericht** zurückgewiesen.[40] Während des Rechtsbeschwerdeverfahrens vor dem Bundesgerichtshof ist das Berliner Vergabegesetz in Kraft getreten. Der Bundesgerichtshof hatte in seinem Beschluss deutlich gemacht, dass die Untersagungsverfügung an sich zu Recht ergangen sei. Gleichwohl konnte die Rechtsbeschwerde des Landes wegen des Inkrafttretens des Berliner Vergabegesetzes nicht zurückgewiesen werden.[41] **44**

Der Kartellsenat des **Bundesgerichtshofs** hielt das Berliner Vergabegesetz für verfassungswidrig. Er meinte dem Landesgesetzgeber fehle für das Tarifrecht eine gesetzgeberische Zuständigkeit. Aber auch wenn eine Zuständigkeit des Landes bestünde, hätte das Berliner Vergabegesetz gegen Bundesrecht verstoßen, und zwar zum einen gegen die Bestimmung des Tarifvertragsgesetzes über die Allgemeinverbindlicherklärung von Tarifverträgen und zum anderen gegen das Gesetz gegen Wettbewerbsbeschränkungen. Schließlich würde die Regelung insoweit durchgreifenden Bedenken begegnen, als der Zugang zu dem Markt für Straßenbauarbeiten vom Land Berlin als marktbeherrschendem Nachfrager davon abhängig gemacht werde, dass sich der Bieter den Regelungen eines Tarifvertrags unterwirft; damit wird nach Ansicht des Kartellsenats in die im Grundgesetz geschützte negative Koalitionsfreiheit eingegriffen. Der BGH legte das Gesetz daher dem BVerfG zur Überprüfung dessen Gültigkeit vor. **45**

Das BVerfG[42] entschied nunmehr, dass das Verlangen nach Abgabe einer Tariftreueerklärung bei der Vergabe öffentlicher Bauaufträge verfassungsgemäß ist. Nach Auffassung des Bundesverfassungsgerichts verstößt die Tariftreueregelung nicht gegen das Grundrecht der Koalitionsfreiheit aus Art. 9 Abs. 3 GG, da die Verpflichtung zur Einhaltung von Tarifregeln nicht das Recht der beteiligten Unternehmen einschränke, der tarifvertragsschließenden Koalition fernzubleiben. Die Regelung führt nach Auffas- **46**

---

39 Nach den Urteilen *EuGH* Urt. v. 16. 3. 2004 – verb. Rs. C-264/01, C-306/01, C-354/01 und C-355/01 – AOK-Bundesverband u. a. (»Festbeträge«), Slg. 2004, I-2493 sowie *EuGH* Urt. v. 11. 7. 2006 – Rs. C-205/03 P – FENIN/Kommission – (bei Redaktionsschluss noch nicht in amtl. Slg.) dürfte allerdings für die Zukunft zweifelhaft sein, ob Gebietskörperschaften noch als Unternehmen gelten, für die das europäische und nationale Kartellrecht Anwendung findet.
40 *KG* Beschl. v. 20. 5. 1998, Kart 24/97, NJWE-WettbR 1998, 284.
41 *BGH* Vorlagebeschl. v. 18. 1. 2000 – KVR 23/98, NZA 2000, 327.
42 *BVerfG* Beschl. v. 11. 7. 2006 – 1 BvL 4/00.

sung des Bundesverfassungsgerichts auch nicht zu einer staatlichen Normsetzung in einem Bereich, in dem den tarifautonom gesetzten Absprachen der Sozialpartner ein Vorrang zukommt. Die örtlichen tarifvertraglichen Entgeltabreden werden nicht Kraft staatlicher Geltungsanordnung Inhalt der Arbeitsverträge der bei der Auftragsausführung eingesetzten Mitarbeiter, sondern nach individualvertraglicher Umsetzung der Tariftreueverpflichtung durch den Arbeitgeber. Die Tariftreueregelung verletzt auch nicht Art. 12 Abs. 1 GG (Berufsfreiheit). Die Einflussnahme auf die Verträge mit Auftragnehmern werde dadurch gemindert, dass die Verpflichtung zur Zahlung der Tariflöhne nicht unmittelbar aus einer gesetzlichen Anordnung folgt, sondern erst in Folge der eigenen Entscheidung, im Interesse der Erlangung eines öffentlichen Auftrags eine Verpflichtungserklärung abzugeben. Auch seien die Auswirkungen der Tariftreuepflicht auf den einzelnen Auftrag beschränkt. Das Bundesverfassungsgericht hält die Bekämpfung der Arbeitslosigkeit in Verbindung mit der Gewährleistung der finanziellen Stabilität des Systems der sozialen Sicherung für ein wichtiges Ziel, bei dessen Verwirklichung dem Gesetzgeber gerade unter den schwierigen arbeitsmarktpolitischen Bedingungen ein relativ großer Entscheidungsspielraum zugestanden werden müsse.

47 Trotz dieses Bekenntnisses des BVerfG zu Tariftreueklauseln ist zweifelhaft, ob eine durch Gesetz festgeschriebene regionale Tariftreueregelung europarechtlichen Bestand hat. Das hat das Bundesverfassungsgericht in seiner Entscheidung trotz angedeuteter Bedenken[43] nicht geprüft. Die EU-Kommission hat erkennen lassen, dass die Einhaltung von Tariftreuevorgaben gegen EU-Recht, insbesondere gegen das Recht der Niederlassungs- und Dienstleistungsfreiheit (Art. 43 und 49 EG-Vertrag), verstoßen kann.[44] Eine Klärung kann ein **Vorlagebeschluss des OLG Celle** herbeiführen. Das OLG Celle hat mit Beschl. v. 03. August 2006[45] ein Verfahren ausgesetzt und dem EuGH zur Auslegung des EG-Vertrages folgende Frage zur Vorabentscheidung vorgelegt: »*Stellt es eine nicht gerechtfertigte Beschränkung der Dienstleistungsfreiheit nach dem EG-Vertrag dar, wenn einem öffentlichen Auftraggeber durch ein Gesetz aufgegeben wird, Aufträge für Bauleistungen nur an solche Unternehmer zu vergeben, die sich bei der Angebotsabgabe schriftlich verpflichten, ihren Arbeitnehmern bei der Ausführung dieser Leistungen mindestens das am Ort der Ausführung tarifvertraglich vorgesehene Entgelt zu bezahlen?*« Das OLG Celle hat erkennen lassen, dass es die Tariftreuepflicht mit der Dienstleistungsfreiheit gemäß Art. 49 EG-Vertrag nicht für vereinbar hält. Die Tariftreueverpflichtung könnte eine Behinderung des Marktzugangs für Unternehmen aus anderen Mitgliedstaaten darstellen. Zwar könne eine Einschränkung der Grundfreiheiten ausnahmsweise gerechtfertigt sein. Hierfür sei aber Voraussetzung, dass sie auf zwingenden Gründen des Allgemeinwohls beruht. Die Tariftreuepflicht bezwecke eine Abschottung der deutschen Bauunternehmen vor der Konkurrenz aus anderen Mitgliedstaaten. Ein solcher Zweck insbesondere könne nicht als zwingendes Erfordernis des Allgemeininteresses eine Beschränkung der Dienstleistungsfreiheit rechtfertigen.

---

43 *BVerfG* Beschl. v. 11. 7. 2006 – 1 BvL 4/00 Rn. 51 und 53.
44 Vgl. Schreiben der EU-Kommission v. 14. 12. 2004 an die Bundesregierung, zitiert nach Umdruck 16/1147 des Schleswig-Holsteinischen Landtags.
45 *OLG Celle* Beschl. v. 3. 8. 2006 – 13 U 72/06, IBR 2006, 513.

f) Erklärung über die Nichtzugehörigkeit zur Scientology-Organisation

Auftraggeber verlangen teilweise Erklärungen von Bewerbern, dass sie nicht der Scientology-Organisation angehören. Das wird mangels Bezug zur Leistung überwiegend als unzulässig angesehen.[46] Etwas anderes gilt, sofern eine tatsächliche Beeinflussungsgefahr gilt, insbesondere bei Schulungs- und Beratungsleistungen.

48

g) Umweltschutz

Hinsichtlich der Berücksichtigung von Umweltschutzaspekten ist zwischen den verschiedenen möglichen Ebenen der Berücksichtigung zu unterscheiden. So steht es dem Auftraggeber selbstverständlich zu, bestimmte umweltschützenden Technologien bzw. Gegenstände mit bestimmten umweltschonenden Eigenschaften zu beschaffen. Da in Art. 23 Abs. 3 und 4 der RL 2004/18/EG Umweltauswirkungen ausdrücklich als technische Spezifikationen zugelassen sind, dürfen auch diese zur Bestimmung des Auftragsgegenstandes herangezogen werden. In Einzelfällen können daher auch Herstellungsmethoden als technische Spezifikationen herangezogen werden. Bei entsprechender Auslegung von Art. 23 Abs. 3 und 4 der RL 2004/18/EG kann sich die Herstellungsmethode auf den Gegenstand des Auftrages auswirken,[47] worauf die Kommission z. B. im Hinblick auf sog. grünen oder Ökostrom hingewiesen hat.[48] Ein Überblick über die Möglichkeit der Berücksichtigung von Umweltbelangen gibt insbesondere die »Interpretierende Mitteilung der Kommission über das auf das Öffentliche Auftragswesen anwendbare Gemeinschaftsrecht und die Möglichkeiten der Berücksichtigung von Umweltbelangen bei der Vergabe öffentlicher Aufträge« v. 4. 7. 2001, KOM (2001), 274. Ferner sind Umwelteigenschaften in Art. 53 RL 2004/18/EG, Art. 55 RL 2004/17/EG ausdrücklich als zulässiges Zuschlagskriterium genannt. In Fortführung der »Concordia Bus Finland«-Entscheidung des EuGH[49] gilt dies selbst dann, wenn Umwelteigenschaften nicht ausdrücklich Bestandteil der Leistungsbeschreibung sind.

49

III. In- und ausländische Bewerber und allgemeiner Gleichbehandlungsgrundsatz (§ 7 Nr. 1 Abs. 1 Satz 1)

Inhalt des § 7 Nr. 1 Abs. 1 Satz 1 ist es in erster Linie, bei der Vergabe öffentlicher Aufträge ausländische Bewerber den inländischen Bewerbern gleichzustellen. Darüber hinaus dürfen aber auch inländische Bewerber nicht diskriminiert werden.

50

---

46 Vgl. *Glahs* in: Kapellmann/Messerschmidt, VOB/A § 8 Rn. 17.
47 *Steinberg* NZBau 2005, 85/86.
48 Interpretierende Mitteilung der Kommission über das auf das Öffentliche Auftragswesen anwendbare Gemeinschaftsrecht und die Möglichkeiten der Berücksichtigung von Umweltbelangen bei der Vergabe öffentlicher Aufträge v. 4. 7. 2001, KOM (2001), 274,9.
49 *EuGH* Urt. v. 17. 9. 2002 – Rs. C-513/99 – Concordia Bus Finland, Slg. 2002, I-7213; *EuGH* Urt. v. 4. 12. 2003 – Rs. C-448/01 – Wienstrom, Slg. 2003, I-14527, ZfBR, 185 (187).

§ 7 Teilnehmer am Wettbewerb

1. Personaler Geltungsbereich

51 Das **Diskriminierungsverbot gegenüber ausländischen Bietern** ist das Ergebnis eines historischen Anpassungsprozesses.[50] Während ursprünglich in § 10 Nr. 4 Satz 2 VOL/A i. d. F. von 1936 der Grundsatz der Vorrangigkeit von Inlandserzeugnissen galt, wurde später die Berücksichtigung ausländischer Bewerber davon abhängig gemacht, ob in dem betreffendem Ausland deutsche Bewerber gleichbehandelt werden.[51] Heute gilt entsprechend des Grundsatzes der Liberalisierung des internationalen Leistungsaustausches, dass ausländische Bieter unabhängig von Gegenseitigkeitserfordernissen rechtlich gleichbehandelt werden sollen.

52 Diese Gleichbehandlung ist gegenüber vielen Staaten aufgrund der Diskriminierungsverbote des EG-Vertrages (insbesondere Art. 12, Art. 28, Art. 49) sowie zahlreicher Assoziierungsabkommen[52] erforderlich. Das deutsche Vergaberecht gebietet mit § 7 Nr. 1 Abs. 1 Satz 1 VOL/A ebenso wie mit dem höherrangigen § 97 Abs. 2 GWB eine Gleichbehandlung aller Bieter unabhängig von ihrer Staatsangehörigkeit bzw. ihrem Sitz und geht damit über das gemeinschaftsrechtliche bzw. völkerrechtliche Diskriminierungsverbot hinaus, welches sich nur auf die EU-Staaten bzw. die assoziierten Staaten bezieht.

53 Eine Ausnahme zum Gleichbehandlungsgebot stellt jedoch die sog. Drittlandsklausel in § 12 Satz 1 VgV dar, wonach Auftraggeber Angebote ausschließen können, wenn bei Lieferaufträgen der Warenanteil zu mehr als 50 Prozent des Gesamtwertes aus Ländern stammt, die nicht Vertragsparteien des Abkommens über den Europäischen Wirtschaftsraum sind und mit denen auch keine sonstigen Vereinbarungen über gegenseitigen Marktzugang bestehen.

54 Darüber hinaus gewährleistet das Gleichbehandlungsgebot des § 7 Nr. 1 Abs. 1 jedoch auch, dass **inländische Bewerber auch im Verhältnis untereinander** gleich behandelt werden.[53] Auch wenn sich dies nicht zwingend aus dem Wortlaut ergibt, gebietet eine verfassungskonforme Auslegung nach Art. 3 Abs. 1 GG, dass auch deutsche Unternehmen untereinander gleichbehandelt werden müssen. Diese Auslegung wird gestützt durch den Wortlaut des § 97 Abs. 2, 1. Halbsatz GWB, der eine allgemeine Gleichbehandlung gebietet: »*Teilnehmer an einem Vergabeverfahren sind gleich zu behandeln*«.

2. Inhaltliche Reichweite des Gleichbehandlungsgrundsatzes

55 Wie bereits dargelegt, gebietet das Gleichbehandlungsgebot des § 7 Nr. 1 Abs. 1 nicht nur die Gleichbehandlung ausländischer Bewerber mit inländischen Bewerbern, sondern – angesichts der gebotenen Auslegung im Lichte von Art. 3 GG und § 97 Abs. 2 GWB – auch die Gleichbehandlung aller Bewerber unabhängig von ihrer Staatsangehörigkeit oder ihrem Sitz. Es handelt sich daher um ein **allgemeines Gleichbehandlungsgebot**.

---

50 Ausführlich dazu *Zdzieblo* in: Daub/Eberstein, VOL/A, § 7 Rn. 21 ff.
51 Rundschreiben des Bundesministers der Finanzen vom 20. 5. 1954.
52 Vgl. *Zdzieblo* in: Daub/Eberstein, VOL/A, § 7 Rn. 24.
53 *Müller-Wrede* in: Müller-Wrede, VOL/A, § 7 Rn. 9.

Der Gleichbehandlungsgrundsatz verbietet jegliche – **direkte sowie indirekte** – Form **56** von Ungleichbehandlung, für die es keinen sachlichen Grund gibt. Gleiche Sachverhalte sind gleich und ungleiche Sachverhalte sind verschieden zu behandeln.

Der Gleichbehandlungsgrundsatz gilt für **alle Verfahrensarten** und **alle Verfahrens-** **57** **stadien**. Geltung beansprucht der Grundsatz insbesondere auch für das – im Gegensatz zum Offenen und Nichtoffenen Verfahren weitaus flexiblere – nur wenigen formalen Anforderungen unterliegende Verhandlungsverfahren.[54] Insbesondere für das **Verhandlungsverfahren** hat die Rechtsprechung im Hinblick auf das Gleichbehandlungsgebot insbesondere folgende Grundsätze entwickelt.[55]

- Im Verhandlungsverfahren ist der Auftraggeber verpflichtet, allen Bietern die **gleichen Informationen** zukommen zu lassen und ihnen die Chance zu geben, innerhalb **gleicher Fristen** und zu **gleichen Anforderungen** Angebote abzugeben.[56]
- Der Auftraggeber ist verpflichtet, den Bietern den vorgesehenen **Verfahrensablauf** – soweit bekannt – mitzuteilen, davon nicht überraschend abzuweichen und die Entscheidung über die Auslese der Bieter nach den bekannt gemachten Kriterien zu treffen.[57]
- Die **sukzessive Beschränkung auf immer weniger Verhandlungspartner** mit dem Ergebnis, dass am Ende nur noch ein Bieter verbleibt, ist für sich noch keine Diskriminierung, sondern entspricht dem Wesen und dem üblichen Ablauf des Verhandlungsverfahrens.[58]
- Die **letztverbindlichen Angebote der Bieter sind zeitgleich** einzuholen.[59]
- Der Gleichbehandlungsgrundsatz wird verletzt, wenn einem Bieter **nach dem für die Angebotsabgabe festgesetzten Termin** die Möglichkeit gegeben wird, sein **Angebot (preislich) abzuändern**, und dieses geänderte Angebot der Wertung zugrunde gelegt wird; das gilt insbesondere für letztverbindliche Angebote.[60] Nach Ablauf der Frist für letztverbindliche Angebote darf nicht mehr verhandelt werden.[61]
- Ändert der Auftraggeber im Laufe des Verhandlungsverfahrens zuvor als nicht disponibel bezeichnete **kalkulationserhebliche Teile der Verdingungsunterlagen**, ist dem Grunde nach die Rückversetzung des Verfahrens in den Stand vor Abgabe der ersten Angebote geboten.[62]

---

54 *BayObLG* Beschl. v. 5. 11. 2002 – Verg 22/02; *OLG Frankfurt/M.* Beschl. v. 10. 4. 2001 – 11 Verg 1/01; *OLG Düsseldorf* Beschl. v. 7. 1. 2002 – 36/01; *OLG Düsseldorf* Beschl. v. 18. 6. 2003 – Verg 15/03; *VK Sachsen* Beschl. v. 13. 5. 2002 – 1/SVK/029–02; *VK Bayern* Beschl. v. 23. 6. 2003 – 320.VK-3194–17/03; *VK Münster* Beschl. v. 9. 4. 2003 – VK 05/03; *VK Baden Württemberg* Beschl. v. 12. 1. 2004 – 1 VK 74/03.
55 Weitergehend hierzu: *Kus* in: Kulartz/Kus/Portz, GWB, § 97 Rn. 41.
56 *OLG Celle* Beschl. v. 16. 1. 2002 – 13 Verg 1/2.
57 *OLG Frankfurt/M.* Beschl. v. 10. 4. 2001 – 11 Verg 1/01; *VK Baden Württemberg* Beschl. v. 12. 1. 2004 – 1 VK 74/03.
58 *OLG Frankfurt/M.* Beschl. v. 10. 4. 2001 – 11 Verg 1/01.
59 *KG* Beschl. v. 31. 5. 2000 – KartVerg 1/00; *VK Südbayern* Beschl. v. 8. 2. 2002 – 41–11/01.
60 *VK Bayern* Beschl. v. 23. 6. 2003 – 320.VK-3194–17/03; *VK Bund* Beschl. v. 26. 9. 2001 – VK 2–30/01; *OLG Düsseldorf* Beschl. v. 25. 7. 2002 – VK 33/02; *OLG Düsseldorf* Beschl. v. 7. 1. 2002 – 36/01.
61 *VK Sachsen* Beschl. v. 13. 5. 2002 – 1/SVK/029–02.
62 *VK Schleswig Holstein* Beschl. v. 17. 8. 2004 – VK-SH 20/04.

Hausmann

3. Fallgruppen des Gleichbehandlungsgrundsatzes in Bezug auf ausländische Bewerber

58 Grundsätzlich gilt, dass jede unmittelbare oder mittelbare Diskriminierung ausländischer Bewerber ohne zwingenden sachlichen Grund verboten ist. Eine solche Diskriminierung kann z. B. vorliegen, wenn ausländische Bewerber höhere Sicherheiten zu stellen haben, in nationale Berufsregister eingetragen sein müssen oder lediglich nationale Berufsqualifikationen/Eignungsnachweise anerkannt werden oder aber die Verfahrensfristen so kurz bemessen sind, dass ausländischen Bietern die Teilnahme deutlich erschwert wird.

59 In Bezug auf das Verbot der Benachteiligung ausländischer Bewerber/Bieter hat die Rechtsprechung insbesondere folgende Grundsätze entwickelt:

- Der **Wettbewerb darf nicht auf inländische Bieter und/oder Nachunternehmer beschränkt werden**.[63] Das gilt auch für die Vorgabe, dass der Auftragnehmer sich überwiegend in der Hand des Staates der Auftragsvergabe befinden muss.[64] Insbesondere die ausschließliche Berücksichtigung örtlicher Unternehmen ist unzulässig.[65]
- Es dürfen ohne zwingenden Grund keine **Anforderungen an die Angebote** gestellt werden, die nur von inländischen Bietern bzw. von ausländischen Bietern nur unter erheblichen Schwierigkeiten erfüllt werden können.[66]
- Die Leistungsbeschreibung muss grundsätzlich auf **gemeinschaftsrechtliche technische Spezifikationen** Bezug nehmen. Bestimmungen, die verlangen, dass die ausgeschriebenen Leistungen nationale Normen erfüllen müssen, sind unzulässig. In diesem Fall ist zwingend der **Zusatz »oder gleichwertiger Art«** zu verwenden.[67] Dasselbe gilt auch für sämtliche im Teilnahmewettbewerb geforderte **Nachweise**.
- Auftragnehmer dürfen ferner nicht verpflichtet werden, möglichst **inländische Verbrauchsgüter, Baustoffe oder Ausrüstungen** zu verwenden.[68]
- Ein Bewerber darf nicht bevorzugt werden, weil er im Vergleich zu anderen Bewerbern einen höheren **Anteil an inländischen Arbeitnehmern** beschäftigt.[69]
- Umstritten ist, ob die Forderung an Bewerber, Tariftreueerklärungen abzugeben, gegen das Verbot der Diskriminierung ausländischer Bewerber verstößt. Eine Klärung kann der **Vorlagebeschluss des OLG Celle**[70] herbeiführen, das dem **EuGH** die Frage nach der Vereinbarkeit der Forderung von Tariftreuerklärungen mit den Diskriminierungsverboten des EG-Vertrages, insbesondere der Grundfreiheiten, vorlegte.

---

63 *EuGH* Urt. v. 20. 3. 1990 – Rs. C-21/88, Slg. 1990, I-889; *EuGH* Urt. v. 3. 6. 1992 – Rs. C-360/89, Slg. 1992, I-3401.
64 *EuGH* Urt. v. 5. 12. 1989 – Rs. C-3/88, Slg. 1989, 4035.
65 OLG *Düsseldorf* Beschl. v. 26. 7. 2002 – Verg 28/02, Umdruck nach Veris, S. 8.
66 *EuGH* Urt. v. 20. 9. 1988 – Rs. C-31/87 – Beentjes/Niederlande, Slg. 1988, 4635; NVwZ 1990, 353 ff.
67 *EuGH* Urt. v. 22. 9. 1988 – Rs. 45/87 – Kommission/Irland, Slg. 1988, 4929.
68 *EuGH* Urt. v. 22. 6. 1993 – Rs. C-243/89 – Kommission/Dänemark: Storebaelt, Slg. 1993, I-3353, Rn. 45; *EuGH* Urt. v. 10. 2. 1982 – Rs. 76/81 – Transporoute, Slg. 1982, 417.
69 *EuGH* Urt. v. 22. 6. 1993 – Rs. C-243/89 – Kommission/Dänemark: Storebaelt, Slg. 1993, I-3353.
70 OLG *Celle* Beschl. v. 3. 8. 2006 – 13 U 72/06.

4. Fallgruppen des allgemeinen Gleichbehandlungsgrundsatzes

Die Reichweite des allgemeinen Gleichbehandlungsgrundsatzes kann angesichts der Vielzahl der im Hinblick auf das Gleichbehandlungsgebot relevanten Aspekte eines Vergabeverfahrens nicht abschließend definiert und dargelegt werden. Es haben sich jedoch in den letzten Jahren in der Rechtsprechung verschiedenen Fallgruppen herausgebildet, die nachfolgend – ohne Anspruch auf Vollständigkeit – dargelegt werden: 60

- Der Grundsatz der Gleichbehandlung macht es unabdingbar, dass die **Auswahlkriterien** für die Auswahl der Teilnehmer sowie die **Zuschlagskriterien** vorab, also bereits **in der Vergabebekanntmachung bekannt gemacht** werden, damit sich die interessierten Unternehmen hierauf einstellen können.[71] Ferner müssen auch alle bekannt gemachten Auswahl- und Zuschlagskriterien bei der Beurteilung der Teilnahmeanträge und Angebote berücksichtigt werden.[72] Lässt ein Auftraggeber ein bekannt gemachtes Kriterium außer Acht, verletzt er sowohl den Gleichbehandlungs- als auch den Transparenzgrundsatz.[73]
- Auftraggeber sind verpflichtet, allen Bietern innerhalb **gleicher Fristen** und zu **gleichen Anforderungen** Angebote abzugeben.[74] Der vergaberechtliche Gleichbehandlungsgrundsatz gebietet, jede Fristversäumnis unabhängig von ihrer Dauer gleich zu behandeln.[75] Letzte Angebote sind zeitgleich einzuholen.[76]
- Eine weitere, für die Praxis bedeutsame Ausprägung des Gleichbehandlungsgrundsatzes ist die Pflicht, allen Bietern grundsätzlich **dieselben Informationen** zukommen zu lassen.[77] Auftraggeber sind insbesondere verpflichtet, wettbewerbsrelevante Fragen und Antworten stets allen Bewerbern/Bietern mitzuteilen.[78] Ebenso ist es zum Beispiel unzulässig, wenn der Auftraggeber zunächst als Termin der Angebotsabgabe einen vor dem Eröffnungstermin liegenden Tag benennt, dann aber die Angebotsfrist bis zum Eröffnungstermin verlängert, ohne sämtliche Bieter entsprechend zu informieren.[79] Der Gleichbehandlungsgrundsatz wird ferner verletzt, wenn der Auftraggeber lediglich einem Bieter auf Nachfrage mitteilt, welche Mindeststandards die Produkte erfüllen müssen, die in der Ausschreibung nur mit Oberbegriffen genannt sind. Denn mit einem solchen Verhalten bringt sich der Auftraggeber gegenüber den weiteren Bietern durch Zeitablauf in eine unlösbare Zwangslage, da er zur Gewährleistung der Gleichbehandlung kalkulationsrelevante Informationen nicht allen zugänglich macht und die eingehenden Angebote nicht mehr vergleichbar sind.[80] Verfügt ein Bieter über **Insiderkenntnisse**, die die

---

[71] *EuGH* Urt. v. 12. 12. 2002 – Rs. C-470/99 – Universale Bau u. a., Slg. 2002, I-11617; *VK Südbayern* Beschl. v. 9. 4. 2003 – 11–03/03.
[72] *OLG Düsseldorf* Beschl. v. 25. 11. 2002 – Verg 56/02; *OLG Düsseldorf* Beschl. v. 24. 6. 2002 – Verg 26/02; *VK Düsseldorf* Beschl. v. 22. 7. 2002 – VK-19/2002.
[73] *VK Nordbayern* Beschl. v. 23. 5. 2006 – 21.VK-3194–16/06; Beschl. v. 9. 1. 2006 – 21.VK-3194–42/05.
[74] *OLG Celle* Beschl. v. 16. 1. 2002 – 13 Verg 1/02; *VK Sachsen* Beschl. v. 13. 5. 2002 – 1/SVK/029–02.
[75] *OLG Düsseldorf* Beschl. v. 7. 1. 2002 – Verg 36/01; *VK Halle* Beschl. v. 9. 1. 2003 – VK Hal 27/02.
[76] *KG* Beschl. v. 31. 5. 2000 – KartVerg V/00; *VK Südbayern* Beschl. v. 8. 2. 2002 – 41–11/01.
[77] *VK Südbayern* Beschl. v. 9. 8. 2002 – 28–07/02; *VK Sachsen* Beschl. v. 25. 2. 2000 – 1/SVK/7–00.
[78] *VK Bund* Beschl. v. 11. 9. 2002 – VK 2–42/02.
[79] *OLG Dresden* Beschl. v. 14. 4. 2000 – WVerg 0001/00 zum vergleichbaren § 8 Nr. 1 VOB/A.
[80] *1. VK Halle* Beschl. v. 14. 8. 2003 – VK Hal 13/03.

eines vom Auftraggeber zugezogenen Sachverständigen sogar noch übertreffen, ist sein Angebot wegen Verstoßes gegen den Gleichbehandlungsgrundsatz auszuschließen.[81]
- Auch bei der **Erstellung der Vergabeunterlagen** ist das Gleichbehandlungsgebot grundsätzlich zu beachten. Wenn vom Auftraggeber Zertifikate gefordert werden, dann muss er sie von allen Bewerbern anfordern und nicht nur von einem.[82] Ferner dürfen nach § 8 Nr. 3 bestimmte Erzeugnisse oder Verfahren sowie bestimmte Ursprungsorte und Bezugsquellen nur dann ausdrücklich vorgeschrieben werden, wenn dies durch die Art der auszuschreibenden Leistung gerechtfertigt ist. Das ist z. B. anerkannt für die Beschaffung von »Ökostrom«.[83] Fraglich kann dies z. B. aber für die Beschränkung einer IT- Beschaffung auf »Open-Source« Software sein. Die Bevorzugung des Systems eines bestimmten Herstellers ohne rechtfertigenden Grund verletzt den Gleichbehandlungsgrundsatz.[84] Auch Gütezeichen dürfen nicht ohne zwingenden Grund ohne den Zusatz »oder gleichwertiger Art« verwendet werden.[85]
- Das Gleichbehandlungsgebot führt aber nicht zu der Pflicht öffentlicher Auftraggeber, **bestehende Wettbewerbsvor- und -nachteile potentieller Bieter** durch die Gestaltung der Vergabeunterlagen auszugleichen.[86] So ist der Gleichbehandlungsgrundsatz nicht verletzt, nur weil ein Auftraggeber auf »ererbte« Wettbewerbsnachteile wie z. B. die Personalkostenstruktur eines ehemaligen Staatsunternehmens keine Rücksicht nimmt, sondern die Ausschreibung innerhalb der vom Vergaberecht gezogenen Grenzen nach seine Vorstellungen gestaltet.[87] Ferner gibt es kein Verbot, Auswahlkriterien zu benennen, die nur von einer kleinen Zahl von Bietern erfüllt werden können.[88]
- Der Grundsatz der Gleichbehandlung hat auch zur Folge, dass es Auftraggebern verwehrt ist, auf die Erfüllung von **zuvor festgelegten Mindestbedingungen** zu verzichten. Das gilt sowohl für Mindestbedingungen die der Prüfung der Eignung dienen[89] (z. B. Vorlage von Referenzen, Angabe von Umsätzen) als auch für »materielle Mindestbedingungen«[90] für die zu vergebenden Leistungen (z. B. zwingende Ausführungsfristen, Mindeststandards und Mindestqualitäten). Das Aufstellen von Mindestanforderungen bewirkt eine Selbstbindung des Auftraggebers. Teilnahmeanträge bzw. Angebote, die zuvor festgelegte Mindestbedingungen nicht erfüllen, sind von der weiteren Teilnahme am Vergabeverfahren auszuschließen. Bieter, die die Mindestbedingung erfüllt haben, haben aufgrund des Gleichbehandlungsgrund-

---

81 *VK Bund* Beschl. v. 5. 6. 2003 – VK 2–42/03.
82 *VK Sachsen* Beschl. v. 29. 2. 2000 – 1/SVK/8–00.
83 Vgl. z. B. die Interpretierende Mitteilung der Kommission über das auf das Öffentliche Auftragswesen anwendbare Gemeinschaftsrecht und die Möglichkeiten der Berücksichtigung von Umweltbelangen bei der Vergabe öffentlicher Aufträge v. 4. 7. 2001, KOM (2001), 274,9.
84 *VK Bund* Beschl. v. 8. 8. 2003 – VK 2–52/03.
85 *VK Köln* Beschl. v. 3. 7. 2002 – VK VOL 4/2002.
86 *BayObLG* Beschl. v. 5. 11. 2002 – Verg 22/02.
87 *OLG Koblenz* Beschl. v. 5. 9. 2002 – 1 Verg.2/02.
88 *EuGH* Urt. v. 17. 9. 2002 – Rs. C-513/99 – Concordia Bus Finland, Slg. 2002, I-7213.
89 *OLG Düsseldorf* Beschl. v. 13. 11. 2000 – Verg 18/00; *OLG Düsseldorf* Beschl. v. 18. 7. 2001 -16/01, *VK Bund* Beschl. v. 10. 5. 2001 – VK 1–11/01; *BayObLG* Beschl. v. 20. 12. 1999.
90 *VK Bund* Beschl. v. 25. 5. 2004 – VK 1–51/04; *VK Bund* Beschl. v. 11. 3. 2004 – VK 1–151/03; *VK Bund* Beschl. v. 10. 12. 2002 – VK 1–93/02.

satzes einen – im Rahmen eines Nachprüfungsverfahrens durchsetzbaren – Anspruch auf Einhaltung der Mindestbedingungen. Sie können daher den Ausschluss der Bewerber/Bieter »erzwingen«, die die Mindestbedingungen nicht erfüllt haben.[91] Das gilt insbesondere auch im Verhandlungsverfahren, weil ansonsten der Auftraggeber den ausgeschriebenen Auftragsgegenstand den Angeboten einzelner Bieter nach Belieben anpassen könnte und damit ein transparentes und diskriminierungsfreies Vergabeverfahren nicht mehr gewährleistet wäre.[92] Teilweise wird angenommen, Auftraggeber könnten sich **Ermessen hinsichtlich des Ausschlusses von Angeboten/Teilnahmeanträgen** durch die Formulierung in der Bekanntmachung bzw. den Vergabeunterlagen *»kann ausgeschlossen werden«* einräumen.[93] Dasselbe gilt für die Formulierung, **nachgereichte Eignungsnachweise** *»können unberücksichtigt bleiben«*.[94] Das ist angesichts der strengen formalen Rechtsprechung des Bundesgerichtshofes zum Angebotsausschluss bei fehlenden Angaben und Erklärungen[95] zumindest für den Bereich der leistungsbezogenen »materiellen Mindestbedingungen« abzulehnen.[96] Aber auch für den Bereich der »Mindestbedingungen im Teilnahmewettbewerb« ist im Hinblick auf den Gleichbehandlungsgrundsatz höchst zweifelhaft, ob sich Auftraggeber hinsichtlich des Ausschlusses von Teilnahmeanträgen, die die Mindestbedingungen nicht einhalten, bzw. der Berücksichtigung nachgereichter Eignungsnachweise tatsächlich Ermessen einräumen können.[97] Jedenfalls darf es nicht zu einer sachlich nicht gerechtfertigten Ungleichbehandlung der Teilnahmeanträge kommen.

- Im – dem Nachverhandlungsverbot unterliegenden – Offenen und Nichtoffenen Verfahren gebietet es der Gleichbehandlungsgrundsatz ferner, **Angebote, die der Leistungsbeschreibung nicht entsprechen,** aber gleichwohl nicht schon auf den vorhergehenden Wertungsstufen auszuschließen waren, auf der vierten Wertungsstufe auszuschließen.[98]
- Aufgrund des Gleichbehandlungsgrundsatzes ist der öffentliche Auftraggeber auch bei **Nichtvorliegen geforderter Angaben und Erklärungen** im Sinne von § 25 Nr. 1 Abs. 2 lit. a) gezwungen, das betreffende Angebot aus der Wertung zu nehmen und hat kein Recht zu einer wie auch immer gearteten großzügigen Handhabe. Das dem Auftraggeber nach dem Wortlaut des § 25 Nr. 1 Abs. 2 lit. a) eingeräumte Ermessen im Hinblick auf den Ausschluss reduziert sich auf Null. Um dem Gleichbehandlungsrundsatz gerecht zu werden, ist es erforderlich, dass alle Angebote auch tatsächlich vergleichbar sind. Diese Vergleichbarkeit wird nur dann hergestellt, wenn die sich aus den Verdingungsunterlagen ergebenden Anforderungen von allen Bietern zumindest in formaler Hinsicht erfüllt werden. Daher ist den spezifischen

---

91 *OLG Düsseldorf* Beschl. v. 18. 7. 2001 – 16/01; *OLG Düsseldorf* Beschl. v. 13. 11. 2000 – Verg 18/00; *VK Bund* Beschl. v. 10. 12. 2002 – VK 1–93/02.
92 *VK Bund* Beschl. v. 25. 5. 2004 – VK 1–51/04.
93 *VK Bund* Beschl. v. 26. 4. 2005 – VK 2 27/05.
94 *VK Sachsen* Beschl. v. 28. 12. 2005 – 1/SVK/147–05.
95 *BGH* Beschl. v. 18. 2. 2003 – X ZB 43/02.
96 So auch *VK Köln* Beschl. v. 3. 2. 2005 – VK VOB 47/2000.
97 So auch *VK Schleswig-Holstein* Beschl. v. 9. 7. 2005 – VK SH 18/05 unter Hinweis auf die Rechtsprechung des BGH zu fehlenden Angaben und Erklärungen.
98 *VK Bund* Beschl. v. 11. 11. 2003 – VK 1–103/03; *VK Bund* Beschl. v. 5. 4. 2004 – VK 3–38/04; *VK Mittelfranken* Beschl. v. 4. 11. 2004 – 320.VK-3194–41/04.

Anforderungen der Verdingungsunterlagen zwingend Folge zu leisten. Die vom BGH entwickelte Rechtsprechung zur VOB/A ist daher wohl auch auf die VOL/A anzuwenden.[99] Ein **Nachreichen** von Angaben und Erklärungen ist regelmäßig unzulässig. Ein Angebot kann z. B. nicht nachträglich mit einer Auflistung bzw. Aufklärung der Nachunternehmerleistungen nachgebessert und damit wertbar gemacht werden, da das dem Gleichbehandlungsgrundsatz widersprechen würde.[100]

- Da nach dem Gleichbehandlungsgrundsatz alle Unternehmen, die ein Interesse am Auftrag haben nach objektiven, nachvollziehbaren, am Auftrag orientierten Kriterien gleich zu behandeln sind, stellt es einen gravierenden Verstoß gegen den Gleichbehandlungsgrundsatz dar, wenn Auftraggeber Umstände berücksichtigen, die sich außerhalb gesicherter Erkenntnisse bewegen oder gegen einen Bieter lediglich auf Grund von **Vermutungen oder der Befürchtung des »bösen Scheins«** verfahrensausschließende Maßnahmen treffen.[101]
- Auftraggeber sind zur Gleichbehandlung aller Bieter im Rahmen von **Aufklärungsverhandlungen** verpflichtet.[102] Ein Aufklärungsgespräch zum Inhalt der Ausschreibung mit nur einem Bieter stellt keinen Verstoß gegen den Gleichbehandlungsgrundsatz dar, wenn alle übrigen Bieter die Ausschreibung im Sinne des Auftraggebers verstanden haben.[103] Gibt es ernste Zweifel an der Zulässigkeit des Angebots eines Bieters, so befindet sich dieser Bieter in einer Situation, die sich von derjenigen der anderen Bieter unterscheidet. Unterlässt es der Auftraggeber in einem solchen Fall, eine Untersuchung durchzuführen, so behandelte er diesen Bieter genau wie die anderen Bieter, obwohl dies objektiv nicht gerechtfertigt ist und verstößt damit gegen den Gleichbehandlungsgrundsatz.[104]
- Ebenso sind Auftraggeber auch im Rahmen von **Nachverhandlungen** zur Gleichbehandlung aller Bieter verpflichtet. Weichen z. B. zwei Angebote von den Vorgaben des Leistungsverzeichnisses ab und schließt der Auftraggeber nur ein Angebot aus, während er mit dem anderen Bieter Nachverhandlungen führt, verstößt er gegen den Gleichbehandlungsgrundsatz.[105] Unzulässig ist es ferner, wenn der Auftraggeber mit nur einem Bieter Nachverhandlungen über den Preis führt, dies anderen noch im Rennen befindlichen Bietern jedoch verwehrt.[106]
- Ferner ist der Gleichbehandlungsgrundsatz besonders schwer verletzt, wenn einem Bieter nach dem für die **finale Angebotsabgabe** festgesetzten Termin die Möglichkeit gegeben wird, sein Angebot preislich oder in sonstiger Art und Weise abzuändern, und dieses geänderte Angebot der Wertung zugrundegelegt wird.[107] Das gilt auch für die **letztverbindlichen Angebote** im Verhandlungsverfahren.[108] Ebenso

---

99 *VK Düsseldorf* Beschl. v. 20. 4. 2005 – VK-03/2005L.
100 *VK Südbayern* Beschl. v. 12. 3. 2003 – 04–02/03; *VK Südbayern* Beschl. v. 14. 2. 2003 – 02–01/03; *VK Nordbayern* Beschl. v. 8. 6. 2002 – 320.VK-3194–17/02.
101 *VK Bund* Beschl. v. 29. 7. 2004 – VK 2–85/04, *VK Darmstadt* Beschl. v. 21. 6. 2000 – 69 d-VK 19/2000.
102 *VK Bund* Beschl. v. 20. 6. 2002 – VK 2–28/02.
103 *VK Brandenburg* Beschl. v. 18. 10. 2005 – 2 VK 62/05.
104 *EuGH* Urt. v. 17. 3. 2005 – Rs. T-160/03 – AFCon Management Consultants u. a., Slg. 2005, II-981.
105 *OLG Frankfurt/M.* Beschl. v. 6. 2. 2003 – 11 Verg 3/02.
106 *VK Halle* Beschl. v. 30. 1. 2004 – VK Hal 34/03: *VK Saarland* Beschl. v. 27. 5. 2005 – 3 VK 02/2005.
107 *VK Mittelfranken* Beschl. v. 23. 6. 2003 – 320.VK-3194–17/03.
108 *OLG Dresden* Beschl. v. 31. 3. 2004 – WVerg 0002/04; *VK Sachsen* Beschl. v. 13. 5. 2002 – 1/SVK/029/02, *VK Nordbayern* Beschl. v. 23. 6. 2003 – VK 320.VK-3194–17/03.

stellt es einen Verstoß gegen den auch im Verhandlungsverfahren zu beachtenden Gleichbehandlungsgrundsatz dar, wenn nach dem Termin für die Angebotsabgabe eingereichte pauschale Preisnachlässe in die Wertung einbezogen werden.[109]

- Sind **Nebenangebote** nicht so eindeutig und erschöpfend beschrieben, dass der Auftraggeber sich ein klares Bild über die angebotene Ausführung der Leistung machen kann, verstößt die Berücksichtigung eines solchen unbestimmten Nebenangebots gegen den Gleichbehandlungsgrundsatz.[110] Ein Verstoß gegen den Gleichbehandlungsgrundsatz liegt ferner vor, wenn ein Nebenangebot bei der Wertung nicht berücksichtigt wird, ohne eine hinreichende Auseinandersetzung mit dem Angebot in der Vergabeakte zu dokumentieren.[111]
- Auch **bedingte Preisnachlässe** sind am Gleichbehandlungsgrundsatz zu messen. Auftraggeber müssen prüfen, ob die Bedingungen für Preisnachlässe vom Auftraggeber eingehalten werden können. Unzulässig ist eine Wertung von Nebenangeboten, wenn die Erfüllung der gestellten Bedingung vom Bieter selbst mit abhängt und er es somit in der Hand hätte zu entscheiden, ob er die Bedingung eintreten lässt. Das würde den Wettbewerbs- und Gleichbehandlungsgrundsatz verletzen.[112]
- Auch aus der **Gleichartigkeit von Mängeln einzelner Angebote** können sich Ansprüche auf Gleichbehandlung ergeben. Das Gleichbehandlungsgebot verpflichtet öffentliche Auftraggeber, solche Angebote, die vergaberechtlich an einem gleichartigen Mangel leiden, vergaberechtlich gleich zu behandeln, d. h. aus dem übereinstimmend vorliegenden Mangel jener Angebote vergaberechtlich die gleichen Konsequenzen zu ziehen.[113] Der Gleichheitsgrundsatz ist verletzt, wenn mehrere Angebote wegen gleichartiger Mängel auszuschließen sind, aber tatsächlich nur ein Angebot ausgeschlossen wird.[114] Ebenso ist es unzulässig, den Zuschlag auf ein Angebot zu erteilen, das in demselben oder in einem gleichartigen Punkt von den ausgeschriebenen Leistungen abweicht, deretwegen zuvor ein konkurrierendes Angebot wegen unzulässiger Änderung der Verdingungsunterlagen ausgeschlossen wurde. In diesem Fall ist auch das für den Zuschlag vorgesehene Angebot aus der Wertung zu nehmen.[115] Leiden Angebote verschiedener Bieter an **ungleichen Mängeln**, kann sich eine Antragstellerin grundsätzlich nicht auf den Gleichbehandlungsgrundsatz berufen.[116] Nicht abschließend geklärt ist, ob sich ein Bieter, der zulässigerweise ausgeschlossen wurde, im Hinblick auf gleichartige Mängel bei im Wettbewerb verbliebenen Angeboten in Vergabenachprüfungsverfahren auf die Gleichartigkeit des Mangels berufen kann. Dies wird teils bejaht[117] und teils verneint.[118] Ungeklärt ist ferner, inwieweit ein solcher Verstoß gegen das Gleichbe-

---

109 Zu § 8 Nr. 1 VOB/A: *VK Südbayern* Beschl. v. 30. 8. 1999 – 13–08/99.
110 *VK Baden-Württemberg* Beschl. v. 15. 5. 2003 – 1 VK 20/03.
111 *VK Lüneburg* Beschl. v. 31. 5. 2002 – 203-VgK – 09/2002.
112 *VK Nordbayern* Beschl. v. 25. 4. 2001 – 320.VK-3194–05/01.
113 *OLG Frankfurt/M.* Beschl. v. 21. 4. 2005 – 11 Verg 01/05; *OLG Düsseldorf* Beschl. v. 30. 7. 2003 – Verg 20/03.
114 *OLG Düsseldorf* Beschl. v. 30. 6. 2004 – VII-Verg 22/04; *VK Berlin* Beschl. v. 2. 5. 2006 – B 2–10/06.
115 *OLG Düsseldorf* Beschl. v. 15. 12. 2004 – VII-Verg 22/04; *OLG Frankfurt/M.* Beschl. v. 21. 4. 2005 – 11 Verg 01/05.
116 *OLG Düsseldorf* Beschl. v. 30. 7. 2003 – Verg 20/03.
117 *OLG Düsseldorf* Beschl. v. 30. 6. 2004 – VII-Verg 22/04.
118 *Thüringer OLG* Beschl. v. 20. 6. 2005 – 9 Verg 03/05.

handlungsgebot einen Anspruch auf Ausschluss von Angeboten mit gleichartigen Mängeln oder einen Anspruch auf »Wiederberücksichtigung« des ausgeschlossenen Angebotes im Wettbewerb zur Folge haben kann. Ebenso ist ungeklärt, wann »gleichartige« Mängel vorliegen.

5. »Projektantenproblematik«

61 Praktische Bedeutung erlangten im Hinblick auf den Gleichbehandlungsgrundsatz in den letzten Jahren die sog. **Projektantenfälle.**[119] In diesen Fällen war ein Teilnehmer vor Durchführung eines Vergabeverfahrens bereits in beratender Tätigkeit für die Vergabestelle mit dem Ausschreibungsgegenstand befasst (Projektant). Ein solcher Projektant, der in die Vorbereitungen eines Vergabeverfahrens einbezogen war, ist regelmäßig insoweit im Vorteil, als er die Anforderungen an die ausgeschriebene Leistung besser beurteilen kann und sein Vertragsangebot daher leichter an die Bedürfnisse des Auftraggebers anzupassen vermag als andere – vorher unbeteiligte – Bieter. Die Projektantenproblematik besteht auch, wenn lediglich verbundene Unternehmen eines Bieters als Projektanten tätig waren.[120]

62 Einen Spezialfall des Ausschlusses von Projektanten vom Vergabeverfahren regelt § 6 VOL/A. Danach dürfen »*Sachverständige [...] weder unmittelbar noch mittelbar an der betreffenden Vergabe beteiligt sein*«. »Sachverständige« im Sinne des § 6 Nr. 3 sind gemäß § 6 Nr. 1 und Nr. 2 VOL/A spezielle Berater, die in der Regel von den Berufsvertretungen vorgeschlagen werden.[121] Für § 6 VOL/A bleibt daher nur ein sehr begrenzter Anwendungsbereich. »Normale« Projektanten, also Unternehmen, die nicht zur Begutachtung einer speziellen Fragestellung von den Berufsvertretungen vorgeschlagen werden, unterfallen dem Ausschlustatbestand des § 6 VOL/A nicht.

63 Von der Befangenheitsvorschrift des § 16 VgV wird der Sachverhalt einer Projektantenbeteiligung nach Auffassung der Rechtsprechung ebenfalls nicht erfasst, da diese Vorschrift lediglich die Beratung eines öffentlichen Auftraggebers »in einem« Vergabeverfahren, aber gerade nicht im Vorfeld eines Vergabeverfahrens regelt.[122] Jedoch kann die Zulassung eines Projektanten als Bieter im nachfolgenden Vergabeverfahren einen Verstoß gegen den Gleichbehandlungsgrundsatz bedeuten und den Ausschluss des Projektanten erfordern.

64 Der zum 8. 9. 2005 neu eingeführte[123] **§ 4 Abs. 5 VgV** regelt im Hinblick auf Projektanten: »*Hat ein Bieter oder Bewerber vor Einleitung des Vergabeverfahrens den Auf-*

---

119 Umfassend dazu: *Kus* in: Kulartz/Kus/Portz, GWB, § 97 Rn. 38; *Müller-Wrede/Lux* ZfBR 2006, 327–329.
120 *OLG Düsseldorf* Beschl. v. 25. 10. 2005 – Verg 67/05.
121 Für eine entsprechend enge Auslegung des Begriffs des Sachverständigen: *Reuber* VergabeR 2005, 271, 274.
122 *OLG Thüringen* Beschl. v. 8. 4. 2003 – 6 Verg 9/02, NZBau 2003, 624; *OLG Koblenz* Beschl. v. 5. 9. 2002 – 1 Verg 2/02, VergabeR 2002, 617, 621 f. Anderer Ansicht – wonach auch die Mitwirkung an Vorbereitungsmaßnahmen vom Anwendungsbereich des § 16 VgV erfasst wird – sind z. B. *BayObLG* Beschl. v. 28. 5. 2003 – Verg 7/03, VergabeR 2003, 563, 564; *OLG Düsseldorf* Beschl. v. 11. 3. 2002 – Verg 43/01, VergabeR 2002, 404, 409.
123 ÖPP-Beschleunigungsgesetz vom 1. 7. 2005, BGBl. vom 7. 9. 2005, (BR-Dr 544/05); vgl. dazu *Knauff* NZBau 2005, 443, 444.

traggeber beraten oder sonst unterstützt, so hat der Auftraggeber sicherzustellen, dass der Wettbewerb durch die Teilnahme des Bieters oder Bewerbers nicht verfälscht wird.« Die Vorschrift befasst sich ausdrücklich nur mit Bietern oder Bewerbern. Sie dürfte allerdings ebenso für Projektanten gelten, die nach dieser »Vorbefassung« auf Auftraggeberseite später als Berater oder an der Angebotserstellung beteiligte Nachunternehmer auf Bieterseite tätig werden.

§ 4 Abs. 5 VgV soll verhindern, dass einzelne Bieter durch ihre Mitwirkung an den Vorarbeiten für eine Ausschreibung einen wettbewerbsverzerrenden Informationsvorsprung erhalten. § 4 Abs. 5 VgV ist im Lichte der Rechtsprechung des EuGH in seinem Urt. v. 3. 3. 2005 in der Rechtssache Fabricom[124] auszulegen. Dort hat der EuGH klargestellt, dass ein grundsätzliches Beteiligungsverbot für Projektanten EG-vergaberechtswidrig wäre. Den Projektanten muss die Beweisführung offen stehen, dass die von ihnen erworbene Erfahrung den Vergabewettbewerb im konkreten Fall nicht verfälscht. Hintergrund dieser Entscheidung ist, *»dass die öffentlichen Auftraggeber gemäß den Richtlinien befugt sind, Rat einzuholen, der bei der Vorbereitung einer Ausschreibung verwendet werden kann, vorausgesetzt, dass dadurch der Wettbewerb nicht beeinträchtigt wird«*.[125]

65

Auf der Grundlage von § 4 Abs. 5 VgV ist für die Frage, wann ein Verstoß gegen den Wettbewerbs- und Gleichbehandlungsgrundsatz vorliegt, entscheidend, ob der Wettbewerbsvorteil des Projektanten durch die Vergabestelle ausgeglichen werden kann. Das entspricht auch den einschlägigen Entscheidungen der Vergabenachprüfungsinstanzen, wonach die Schwere der potentiellen Wettbewerbsverzerrung für die vergaberechtliche Beurteilung der Projektantenproblematik ausschlaggebend ist.[126] Ein Ausschluss kann daher allenfalls eine einzelfallabhängige *ultima ratio* darstellen.[127]

66

Daraus ergeben sich im Einzelnen die folgenden Maßgaben:

67

- Bei einer unmittelbaren Mitwirkung des Projektanten an den Vorarbeiten für die Ausschreibung, insbesondere bei der **Erstellung der Vergabeunterlagen**, liegt grundsätzlich ein wettbewerbsverzerrender Informationsvorsprung vor, an dessen Kompensation erhöhte Anforderungen gestellt werden; unter Umständen kann eine Kompensation in diesen Fällen nicht gelingen.[128] Denn das vergaberechtliche Diskriminierungsverbot erfordert grundsätzlich nicht nur eine organisatorische,

---

124 *EuGH* Urt. v. 3. 3. 2005, verb. Rs. C-21/03 und C-34/03 – Fabricom, Slg. 2005, I-1559. Im gleichen Sinne auch *VK Lüneburg*, Beschl. v. 21. 1. 2003 – 203-VgK-30/2002; *VK Baden-Württemberg*, Beschl. v. 29. 11. 2002 – 1 VK 62/02.
125 Schlussanträge des GA *Léger* v. 11. 11. 2004, verb. Rs. C-21/03 und 34/03 – Fabricom, Rn. 30, Slg. 2005, I-1559.
126 Vgl. *VK Lüneburg* Beschl. v. 17. 10. 2003 – 203-VgK-23/2003; *VK Lüneburg* Beschl. v. 14. 1. 2002 – 203-VgK-22/02001; *VK Lüneburg* Beschl. v. 21. 1. 2003 – 203-VgK-30/2002; *VK Stuttgart* Beschl. v. 29. 11. 2002 – 1 VK 62/02; Beschl. v. 3. 7. 2002 – 1 VK 20/02; *VK Baden-Württemberg* Beschl. v. 3. 6. 2002 – VK 20/02; *VK Bund* Beschl. v. 11. 9. 2002 – VK 2-42/02.
127 So ausdrücklich auch die Begründung zum ÖPP-Beschleunigungsgesetz in BT-Drs. 15/5668, S. 20 f.; die deutsche Rechtsprechung zu dieser Frage war bislang uneinheitlich, vgl. statt vieler *OLG Düsseldorf* Beschl. v. 16. 10. 2003 – VII Verg 57/03, VergabeR 2004, 236 und *OLG Jena* Beschl. v. 8. 4. 2003 – 6 Verg 9/02, NZBau 2003, 624.
128 Vgl. *OLG Düsseldorf* Beschl. v. 16. 10. 2003 – VII Verg 57/03 – VergabeR 2004, 236, 237; *OLG Jena* Beschl. v. 8. 4. 2003 – 6 Verg 9/02, NZBau 2003, 624, 625; *Dreher* in: Immenga/Mestmäcker, GWB,

sondern auch eine personelle Trennung zwischen denjenigen, die die Leistungsbeschreibung formulieren und denjenigen, die die Angebote entsprechend dieser Leistungsbeschreibung erstellen.[129]
- Das Vorliegen eines wettbewerbsverzerrenden Informationsvorsprungs kann hingegen regelmäßig ausgeglichen werden, wenn der Projektant lediglich an den **Planungs- und Entwurfsarbeiten oder informellen Markterforschungsanfragen** beteiligt war.[130] Ein durch einen vorangegangenen Auftrag möglicherweise entstandener Wissensvorsprung eines Bieters kann dadurch ausgeglichen werden, dass der Auftraggeber die gewonnenen Erkenntnisse in den Vergabeunterlagen allen Bietern zugänglich macht und diese so abfasst, dass alle Bieter im Wettbewerb um den Auftrag gleiche Chancen haben. Die vom Projektanten im Vorfeld der Vergabe erstellten Entwürfe, Grobstudien und sonstige Dokumente müssen in die Vergabeunterlagen aufgenommen und dadurch jedem Bieter für die eigene Kalkulation zur Verfügung gestellt werden. Die Zeit für die Kalkulation darf darüber hinaus nicht so knapp bemessen sein, dass nur der vorinformierte Projektant ohne Termindruck ein Angebot erstellen kann. Die Verdingungsunterlagen müssen eindeutig und unmissverständlich abgefasst sein, und es darf zu keiner Bevorzugung bei der Beurteilung des Angebots des Projektanten kommen. Um einen Ausschluss annehmen zu können, muss die Chancengleichheit der Bewerber dermaßen gefährdet sein, dass ein objektives Verfahren nicht mehr garantiert werden kann.[131]
- Im Fall der Beteiligung eines Projektanten am Vergabeverfahren ist der Auftraggeber verpflichtet, »*besonders sorgfältig und umfassend das Vergabeverfahren auf Abweichungen, Auffälligkeiten und Unregelmäßigkeiten hin zu überprüfen*«.[132] Der Auftraggeber muss das vom Projektanten erstellte Angebot schließlich daraufhin untersuchen, ob sich daraus ggf. **Anhaltspunkte für ungerechtfertigte Kalkulationsvorteile** ergeben. Im Hinblick auf einen etwaigen Nachprüfungsantrag durch andere beteiligte Bieter sollte diese Prüfung in den Vergabevermerk aufgenommen werden.
- Ein Unternehmen, das als Projektant in die Vorbereitung eines Vergabeverfahrens eingebunden ist, aber ebenfalls die spätere Teilnahme als Bieter an dem Verfahren beabsichtigt, sollte darauf achten, nicht unmittelbar in die Erstellung der Leistungsbeschreibung und sonstiger Vergabeunterlagen einbezogen zu werden. Dasselbe gilt, wenn sich lediglich ein verbundenes Unternehmen oder eine Zweigniederlassung an einem späteren Vergabeverfahren beteiligen wollen. Zudem ist es empfehlenswert, so genannte »**Chinese Walls**« zu errichten. Welche Maßnahmen im Einzelfall erforderlich sind, ist von den jeweiligen Umständen abhängig. So können

---

§ 97 Rn. 50; GA *Mischo* in seinen Schlussanträgen in der Rs. C-513/99 – Concordia Bus Finland, Slg. 2002, 7213, 7248, Rn. 159 ff, Slg. 2002, I-7213.
129 *VK Bund* Beschl. v. 11. 9. 2002 – VK 2–42/02.
130 *VK Bund* Beschl. v. 10. 7. 2002 – VK 2–34/02 betont, dass es gerade bei umfangreichen und finanziell bedeutsamen Projekten dem Auftraggeber möglich sein müsse, eine intensive Markterkundigung durchzuführen. Eventuell entstandene Informationsvorsprünge können durch Übersendung des Fragen- und Antwortkatalogs zur Leistungsbeschreibung an alle Bieter ausgeglichen werden (Möglichkeit, eigene Fragen zu stellen und Fragen der Konkurrenz mitzubekommen).
131 *VK Baden-Württemberg* Beschl. v. 28. 10. 2003 – 1 VK 60/03; *VK Südbayern* Beschl. v. 21. 4. 2004 – 24–04/04.
132 *VÜA Niedersachen* Beschl. v. 23. 12. 1997 – 34.2–35.66, ZVgR 1998, 409 – Wesertunnel.

etwa ganze Unternehmensbereiche personell, technisch und räumlich voneinander getrennt werden. Es sollten alle technischen und organisatorischen Maßnahmen getroffen werden, die dazu geeignet sind, Informationsflüsse wirksam und nachweisbar zu unterbinden.

IV. Verbot der Beschränkung des Wettbewerbs auf bezirksansässige Bewerber (§ 7 Nr. 1 Abs. 1 Satz 2)

1. Allgemeines

Das Verbot der Beschränkung des Wettbewerbs auf bezirksansässige Bewerber stellt eine besondere Ausprägung des Gleichbehandlungsgrundsatzes dar. § 7 Nr. 1 Abs. 1 Satz 2 verbietet regionalen Protektionismus und entspricht auf lokaler Ebene damit § 7 Nr. 1 Abs. 1 Satz 1, der explizit die Benachteiligung ausländischer Bewerber untersagt. Ziel ist es, das Defizit an Wettbewerb zu überwinden, das aufgrund der Bevorzugung von Unternehmen vor Ort besteht. Beide Normen unterbinden Regionalprotektionismus. Oberhalb der Schwellenwerte ergibt sich das Verbot des Regionalprotektionismus bereits aus § 7 Nr. 1 Abs. 1 Satz 1 sowie aus Art. 12 EG-Vertrag. 68

Öffentliche Auftraggeber haben teilweise ein besonderes Interesse an der Beauftragung regionaler Bewerber, beispielsweise zur Förderung lokaler Arbeitsplätze,[133] wegen der Aussicht auf zusätzliche Steuereinnahmen[134] oder aus sonstigen kommunalpolitischen Gründen. § 7 Nr. 1 Abs. 1 Satz 2 schreibt jedoch fest, dass die Bezirksansässigkeit keinen Grund zur bevorzugten Behandlung darstellen darf. 69

2. Reichweite des Verbots des Regionalprotektionismus

Das Privilegierungsverbot des § 7 Nr. 1 Abs. 1 Satz 2 gilt grundsätzlich umfassend. Das heißt, dass ohne zwingende sachliche Rechtfertigung regional ansässige Unternehmen nicht bevorzugt werden dürfen. Das gilt im Grundsatz für alle Ebenen der möglichen Bevorzugung: Leistungsbeschreibung, Eignungskriterien und Zuschlagskriterien. 70

a) Verbot der Beschränkung des Bewerberkreises auf regionale Bewerber

In erster Linie ist es unzulässig, den Bewerberkreis von vorneherein auf regional ansässige Bewerber zu beschränken.[135] 71

b) Gestaltung der Leistungsbeschreibung

Auch darf die Leistungsbeschreibung nicht dazu missbraucht werden, ohne sachlich gerechtfertigten Grund regional ansässige Unternehmen unmittelbar oder mittelbar 72

---

133 *Altenmüller* DVBl. 1982, S. 241 (242); *Zdzieblo* in: Daub/Eberstein VOL/A, § 7 Rn. 30 f. m. w. N.
134 *OLG Bayern* Beschl. v. 20. 12. 1999 – Verg 8/99, NZBau 2000, 259, 261.
135 *VK Brandenburg* Beschl. v. 21. 7. 2004 – VK 35/04.

zu bevorzugen. Es ist daher z. B. unzulässig, die Lieferung regionaler Produkte ohne den Zusatz »oder gleichwertiger Art« auszuschreiben.

73 Etwas anderes gilt für den Fall, dass ein **sachlicher Grund** für die Beschaffung einer regional verorteten Leistung besteht. So liegt der Fall z. B. im Entsorgungssektor. Wird beispielsweise isoliert die Verwertung von Abfall ausgeschrieben (also ohne den gleichzeitigen Transport zur Verwertungsanlage), kann es angesichts der erforderlichen Transportwege zulässig sein, den **Leistungsort** der Verwertungsleistungen regional einzugrenzen. In diesem Fall liegt keine unzulässige Anforderung an den Bewerber, sondern eine sachlich gerechtfertigte Anforderung an die Leistung vor. Nicht ortsansässige Bewerber sind danach nicht prinzipiell ausgeschlossen, sondern können die Anforderungen gegebenenfalls auf andere Art erfüllen, z. B. durch den Bau oder Kauf einer Verwertungsanlage oder die Einschaltung eines Partners oder Subunternehmers.

74 Ebenso kann es ausnahmsweise sachlich gerechtfertigt sein, im Rahmen der Leistungsbeschreibung **»örtliche Präsenz«** des Auftragnehmers zu fordern.[136] Beispielsweise kann eine Anlage tägliche Wartung oder eine sofortige Versorgung in Notfällen erfordern. Das Erfordernis einer »örtlichen Präsenz« bzw. schnellen Erreichbarkeit schließt aber nicht zwangsläufig ortsfremde Bewerber aus. Denn auch ein lokal nicht ansässiger Bewerber kann für den Fall der Auftragserteilung zum Beispiel die Einrichtung eines entsprechenden lokalen Bereitschaftsdienstes anbieten, sei es durch den Aufbau eines eigenen Dienstes oder aber durch Einschaltung regionaler Subunternehmer.[137] Es wäre indes unzulässig zu fordern, dass die »örtliche Präsenz« schon zum Zeitpunkt der Teilnahme am Vergabeverfahren bestehen muss. Insbesondere eine Festlegung, dass z. B. die bei einer Auftragsausführung erforderliche Abstimmung zwischen Auftragnehmer und Auftraggeber nur mit einem ortsansässigen Bieter schnell und umfassend genug erfolgen kann, darf nicht getroffen werden. Erst recht ist es nicht gerechtfertigt, Kilometergrenzen für die Ansässigkeit potentieller Bewerber zu benennen.[138] Es kann aber gefordert werden, die Realisierung der »örtlichen Präsenz« für die Zukunft in geeigneter Weise, etwa durch Vorlage eines Vorvertrags über die Anmietung oder den Erwerb einer lokalen Immobilie, nachzuweisen.

c) Eignungsprüfung und Wirtschaftlichkeitsprüfung

75 Ferner darf die regionale Ansässigkeit eines Bewerbers/Bieters grundsätzlich auch weder im Rahmen der Eignungsprüfung noch im Rahmen der Wirtschaftlichkeitsprüfung Berücksichtigung finden, insbesondere nicht durch ein eigens hierauf ausgerichtetes Kriterium wie z. B. »Ortsnähe«.[139] Vor allem Wertungskriterien, die einschränkend auf eine **bereits bestehende regionale Präsenz** abstellen, wirken diskriminierend und sind mit den Grundsätzen des Vergaberechts nicht vereinbar.[140] Bisher

---

136 *Müller-Wrede* VergabeR 1/2005, 32, 38.
137 *VK Rheinland-Pfalz* Beschl. v. 15. 2. 2000 – VK 7/00.
138 *VK Sachsen* Beschl. v. 19. 11. 2001 – 1/SVK/119–01.
139 *VK Münster* Beschl. v. 21. 8. 2003 – VK 18/03; *VK Brandenburg* Beschl. v. 21. 7. 2004 – VK 35/04; *VK Sachsen* Beschl. v. 2. 7. 2003 – 1/SVK/061; *VK Baden-Württemberg* Beschl. v. 18. 7. 2003 – 1 VK 30/03.
140 *VK Rheinland-Pfalz* Beschl. v. 15. 2. 2000 – VK 7/00.

noch nicht regional ansässigen Bewerbern muss die Chance gegeben werden, darzulegen, dass sie im Fall der Zuschlagserteilung »örtliche Präsenz« gewährleisten.

Im Rahmen der **Eignungsprüfung** darf die Ortsansässigkeit eines Bieters keine Berücksichtigung finden, da es sich hierbei um ein Merkmal handelt, das weder für Fachkunde noch für Leistungsfähigkeit oder Zuverlässigkeit eine Rolle spielen kann. Einen Bieter als ungeeignet oder weniger geeignet auszuschließen, nur weil er nicht ortsansässig ist, ist daher generell unzulässig.[141] **76**

Bei der **Wirtschaftlichkeitsprüfung** darf die Ortsansässigkeit des Bieters nur ausnahmsweise und nur bei Vorliegen eines sachlichen Grundes berücksichtigt werden. So kann im Entsorgungssektor bei der Ausschreibung von Entsorgungsleistungen das Kriterium »**Transportentfernung** zur Müllverbrennungsanlage« sachlich gerechtfertigt sein. Denn die Transportentfernung kann zum einen aufgrund der damit verbundenen Transportkosten von erheblicher wirtschaftlicher Bedeutung sein, zum anderen haben längere Transportwege auch negative Auswirkungen auf die Umwelt, was zumindest nach Ansicht des OLG Schleswig-Holstein bei der Zuschlagsentscheidung ebenfalls unter dem Kriterium »Transportentfernung zur Müllverbrennungsanlage« Berücksichtigung finden darf.[142] **77**

Denkbar ist die zulässige Berücksichtigung ferner, wenn sich aus einer mit der Ortsnähe begründeten Flexibilität wirtschaftliche Vorteile für den Auftraggeber ergeben können.[143] Hierfür müssen aber begründete Anhaltspunkte vorliegen, die von den vergaberechtlichen Nachprüfungsinstanzen voll überprüfbar sind. Etwa bei der Beschaffung von Schulbüchern lehnt die Rechtsprechung die Annahme, aus der Ortsnähe ergäben sich wirtschaftliche Vorteile, ausdrücklich ab.[144] Ebenso können pauschale wirtschaftliche Überlegungen wie **mögliche Einsparungen bei Folgearbeiten** aufgrund der Ortsnähe nicht ohne Weiteres berücksichtigt werden. Hierfür bedarf es vielmehr zum einen begründeter Anhaltspunkte für Einsparungen bei z. B. Betriebs- und Folgekosten[145] und zum anderen müssen Betriebs- und Folgekosten auch ausdrücklich als Zuschlagskriterium zuvor benannt worden sein. **78**

Schlägt sich die Ortsnähe hingegen lediglich mittelbar in **Kalkulationsvorteilen** nieder und können regionale Unternehmen daher einen günstigeren Preis oder z. B. kürzere Reaktionszeiten anbieten, ist dies eine zulässige Folge des Wettbewerbs. Solche Vorteile müssen nicht künstlich nivelliert werden.[146] **79**

---

141 *VK Baden-Württemberg* Beschl. v. 18. 7. 2003 – 1 VK 30/03.
142 *OLG Schleswig-Holstein* Beschl. v. 24. 9. 2004 – 6 Verg 3/04.
143 *VK Baden-Württemberg* Beschl. v. 18. 7. 2003 – 1 VK 30/03.
144 *VK Baden-Württemberg* Beschl. v. 18. 7. 2003 – 1 VK 30/03; *VK Brandenburg* Beschl. v. 21. 7. 2004 – VK 35/04; *VK Münster* Beschl. v. 21. 8. 2003 – VK 18/03.
145 *VK Baden-Württemberg* Beschl. v. 30. 8. 2002 – 1 VK 41/02.
146 *VK Bund* Beschl. v. 18. 11. 2004 – VK 2–169/04.

V. Gleichstellung von »Arbeitsgemeinschaften«, »anderen gemeinschaftlichen Bewerbern« und Einzelbewerbern (§ 7 Nr. 1 Abs. 2)

1. Regelungsgehalt und Schutzzweck

80 Nach § 7 Nr. 1 Abs. 2 sind Arbeitsgemeinschaften und andere gemeinschaftliche Bewerber Einzelbewerbern gleichzusetzen. Die Vorschrift ist ebenfalls Ausfluss des allgemeinen Gleichbehandlungsgrundsatzes und soll insbesondere kleineren und mittleren Unternehmen eine ernsthafte Chance geben, sich durch partnerschaftlichen Zusammenschluss mit anderen auch um größere Aufträge zu bewerben. Aber auch für Auftraggeber kann die Erweiterung des Kreises der Wettbewerbsteilnehmer auf gemeinschaftliche Bewerber von Vorteil sein,[147] da eine größere Anzahl von Bewerbern regelmäßig die Chancen auf ein für den Auftraggeber optimales Angebot vergrößert und so »Spezialisten« zusammengeführt werden können.

81 § 7 Nr. 1 Abs. 2 VOL/A bestimmt vor allem, dass die Rechtsform eines Bieters grundsätzlich kein Kriterium für die Zulassung bzw. für den Ausschluss seines Angebotes sein darf. Ein Angebot darf insbesondere nicht deshalb ausgeschlossen werden, weil es von einer Bietergemeinschaft und nicht von einem einzelnen Unternehmen stammt.[148] Bietergemeinschaften sind zulässig und müssen Einzelbewerbern in jeglicher Hinsicht gleichgestellt werden, sofern nicht ein sachlicher Grund für eine Ungleichbehandlung vorliegt.

2. Definition und Arten von »Arbeitsgemeinschaften« und »anderen gemeinschaftlichen Bewerbern«

82 Die Bildung von Bewerbergemeinschaften bzw. Bietergemeinschaften ist eine typische Kooperationsform von Unternehmen und führt regelmäßig zu einer Erweiterung des Wettbewerbs durch Hinzutreten von Bewerbern, die als Alleinbewerber nicht an der Ausschreibung teilgenommen hätten.[149]

83 Hinsichtlich der Begrifflichkeiten hat sich im Vergaberecht noch keine einheitliche **Terminologie** herausgebildet. Während in § 25 Nr. 6 VOB/A von »Bietergemeinschaften« die Rede ist, kennt § 7 VOL/A lediglich »Arbeitsgemeinschaften« und »andere gemeinschaftliche Bewerber«. In der Praxis hat sich indes auch im VOL/A-Bereich die Bezeichnung »**Bewerbergemeinschaft**« bzw. »**Bietergemeinschaft**« durchgesetzt. Eine »Bewerbergemeinschaft« bezeichnet die gemeinschaftliche Teilnahme mehrerer Unternehmen im Rahmen eines vorgeschalteten Teilnahmewettbewerbes, in dem es nur »Bewerber«, jedoch noch keine Angebote und daher auch noch keine »Bieter« gibt. Gemeinschaftliche Bewerber, die hingegen ein gemeinsames Angebot abgeben, werden als »Bietergemeinschaft« bezeichnet.

84 In der Regel wird vom Auftraggeber eine gesamtschuldnerische Haftung aller Bietergemeinschaftsmitglieder gefordert, weshalb diese Form der Bietergemeinschaft die in der

---

147 Zdzieblo in: Daub/Eberstein, VOL/A, § 7 Rn. 33.
148 *OLG Naumburg* Beschl. v. 21. 12. 2000 – 1 Verg 10/00.
149 Vgl. *Immenga* in: Immenga/Mestmäcker, GWB, § 1 Rn. 370.

Praxis häufigste Form der gemeinschaftlichen Teilnahme an Vergabeverfahren ist. Gibt ein Auftraggeber keine gesamtschuldnerische Haftung vor, ist es grundsätzlich auch denkbar, dass die einzelnen Bietergemeinschaftsmitglieder dem Auftraggeber gegenüber lediglich für jeweils einen Teil der Leistung haften. Zusätzliche Differenzierungen danach, zu welchem Zeitpunkt die Bietergemeinschaftsmitglieder vertragliche Abreden über die gemeinsame Bewerbung bzw. die gemeinsame Ausführung des ausgeschriebenen Auftrages treffen, werden in der Praxis in der Regel nicht vorgenommen.

In der älteren Literatur zu § 7 VOL/A wurden als »**Arbeitsgemeinschaften**« Zusammenschlüsse von mindestens zwei Unternehmen auf vertraglicher Grundlage (meist zu einer Gesellschaft des bürgerlichen Rechts) zur Übernahme und Durchführung größerer Aufträge, die über die Leistungsfähigkeit eines Einzelbetriebes hinausgehen, angesehen.[150] Unter den »**anderen gemeinschaftlichen Bewerbern**« wurden im Umkehrschluss hierzu alle Gemeinschaften verstanden, die zwar ein gemeinsames Angebot abgeben, sich jedoch erst mit Erhalt des Zuschlags vertraglich »zusammenschließen«.[151] Ob diese Differenzierung sinnvoll ist, kann angesichts mangelnder praktischer Relevanz der Differenzierung dahingestellt bleiben. 85

Auftraggeber können die Annahme einer **bestimmten Rechtsform der Bietergemeinschaft** nur für den Fall der Auftragsvergabe und nur, sofern dies für die ordnungsgemäße Durchführung des Auftrags notwendig ist, verlangen. Für den Bereich der Bauleistungen ergibt sich das aus dem mit dem ÖPP-Beschleunigungsgesetz vom 8. 9. 2005 neu eingeführten § 6 Abs. 2 Nr. 1 VgV, für den Bereich der VOL/A aus § 7 a Nr. 2 Abs. 6 und § 7 b Nr. 4. Diese gelten zwar unmittelbar nur oberhalb der Schwellenwerte. Es ist aber kein sachlicher Differenzierungsgrund ersichtlich, weshalb es bei Vergaben im Unterschwellenbereich zulässig sein sollte, die Bildung einer bestimmten Rechtsform schon vor Zuschlagserteilung vorzugeben, ohne dass dafür zumindest ein sachlicher Grund besteht. Für die Praxis dürfte deshalb auch unterhalb der Schwellenwerte gelten, dass der Auftraggeber nur bei Vorliegen besonderer Umstände eine bestimmte Rechtsform für Bietergemeinschaften vorgeben sollte. 86

Eine Bietergemeinschaft bzw. sonstige gemeinschaftliche Bewerbung liegt nur dann vor, wenn dies auch nach außen zu Tage tritt, die Gemeinschaft also in der Bewerbung auch offen gelegt wird. Bleibt ein etwaiger Partner ganz im Hintergrund und taucht weder als Bewerber im Teilnahmeantrag noch als Bieter im Angebot auf, liegt auch dann keine »echte Bietergemeinschaft« vor, wenn der Bewerber/Bieter und der im Hintergrund agierende Partner alle Festlegungen im Hinblick auf die Bewerbung bzw. das Angebot gemeinsam treffen und nach ihrer Vereinbarung auch gemeinsam das wirtschaftliche Risiko tragen. Mangels Außenwirkung hat diese schuldrechtliche Vereinbarung gegenüber dem Auftraggeber keine rechtlichen Konsequenzen. 87

Keine »echte Bietergemeinschaft« liegt ferner vor, wenn sich mehrere Unternehmen zur gemeinsamen Teilnahme an einem Vergabeverfahren zusammenschließen, aber nur ein Unternehmen als Bewerber bzw. Bieter auftritt und die anderen lediglich als Subunternehmer eingebunden werden. 88

---

150 *Zdzieblo* in: Daub/Eberstein, VOL/A, § 7 Rn. 34.
151 *Müller-Wrede* in: Müller-Wrede, VOL/A, § 7 Rn. 13.

3. Wettbewerbsrechtliche Grenzen von »Bietergemeinschaften«

89 Die Bildung von Zusammenschlüssen von Bewerbern unterliegt jedoch wettbewerbsrechtlichen Grenzen. Zusammenschlüsse dürfen nicht zu einer Wettbewerbsbeschränkung im Sinne von § 1 GWB führen. Wann eine Bewerber- bzw. Bietergemeinschaft aus wettbewerbsrechtlichen Gründen unzulässig ist, ist unter der Berücksichtigung der Umstände des Einzelfalls zu beurteilen.[152] Eine Wettbewerbsbeschränkung kann von Bewerber- bzw. Bietergemeinschaften nur ausgehen, wenn sich aktuelle oder potentielle Konkurrenten verbinden. Kann keines der an der Bewerber- bzw. Bietergemeinschaft beteiligten Unternehmen den Auftrag oder die Leistung allein erbringen, scheidet eine Wettbewerbsbeschränkung aus, da in diesem Falle der Zusammenschluss der Unternehmen zu zusätzlichem Wettbewerb führt.[153]

90 Der BGH hat in einem Grundsatzurteil für Bietergemeinschaften festgestellt, dass ein Verstoß gegen § 1 nicht vorliegt, wenn eine selbständige Teilnahme der Bietergemeinschaftsmitglieder an der Ausschreibung wirtschaftlich nicht zweckmäßig und kaufmännisch nicht vernünftig wäre. Das gilt auch für Beteiligungen von Großunternehmen, deren Kapazitäten, technische Einrichtungen und fachliche Kenntnisse objektiv ausreichen würden, den Auftrag selbständig auszuführen.[154] Die Teilnahme am Wettbewerb muss also nicht zwingend unmöglich sein. Vielmehr kommt es auf die Zweckmäßigkeit der selbständigen Bewerbung an.[155]

91 Eine Bietergemeinschaft ist daher in der Regel in folgenden Fällen zulässig:

- bei Zusammenschlüssen von Unternehmen aus unterschiedlichen Wirtschaftszweigen, die hinsichtlich der ausgeschriebenen Leistungen nicht miteinander in Wettbewerb stehen.[156]
- wenn die Bietergemeinschaftsmitglieder nicht über die erforderliche Kapazität zur Ausführung des Auftrags verfügen.[157] Das gilt auch, wenn sie zwar grundsätzlich über ausreichend Ressourcen verfügen, die Kapazitäten aber gerade im Zeitpunkt der Erbringung der ausgeschriebenen Leistungen nicht hinreichend sind.[158] Es steht jedem Unternehmer ferner frei, allein auf Grundlage seiner vorhandenen Kapazitäten zu entscheiden. Eine »unternehmerische Pflicht« zu einer Kapazitätsausweitung, die den Zusammenschluss zu einer Bietergemeinschaft überflüssig machen würde, besteht nicht.[159]
- wenn zwar ausreichend Kapazitäten vorliegen, eine selbständige Ausführung der Leistung aber nicht zweckmäßig wäre;[160] (das gilt z. B., wenn erst der Zusammen-

---

152 *Zdzieblo* in: Daub/Eberstein, VOL/A, § 7 Rn. 36.
153 *Zimmer* in: Immenga/Mestmäcker, GWB, § 1 Rn. 368 m. w. N.
154 Ständige Rechtsprechung seit *BGH* Urt. v. 13. 12. 1983 WuW/E BGH 2050 »Bauvorhaben Schramberg«.
155 So auch: *OLG Koblenz* Beschl. v. 29. 12. 2004 – 1 Verg 6/04.
156 *VK Lüneburg* Beschl. v. 2. 2. 2000 – 203–VgK–01/2000.
157 *VK Lüneburg* Beschl. v. 2. 2. 2000 – 203–VgK–01/2000.
158 *Zimmer* in: Immenga/Mestmäcker, GWB, § 1 Rn. 369.
159 *OLG Koblenz* Beschl. v. 29. 12. 2004 – 1 Verg 6/04.
160 *BGH* Urt. v. 13. 12. 1983, WuW/E BGH 2050 »Bauvorhaben Schramberg«; *VK Lüneburg* Beschl. v. 2. 2. 2000 – 203 – VgK–01/2000.

schluss zu einer Bietergemeinschaft es ermöglicht ein Angebot abzugeben, dass hinsichtlich des Preises auch konkurrenzfähig ist¹⁶¹).

Liegen die vorgenannten Voraussetzungen nicht vor, dürfte die Bietergemeinschaft in der Regel gegen § 1 GWB verstoßen und damit ein gesetzliches Verbot verletzen. Es kommen in diesem Fall zum einen Maßnahmen des Bundeskartellamtes in Betracht (Untersagungsverfügung, Bußgelder), zum anderen ist auch die vertragliche Abrede der Bietergemeinschaftsmitglieder untereinander wegen eines Verstoßes gegen ein Verbotsgesetz nichtig. Öffentliche Auftraggeber können eine unzulässige Bietergemeinschaft nach § 25 Nr. 1 Abs. 1 lit. f) wegen wettbewerbsbeschränkender Abrede ausschließen. Allerdings bedarf es für die Wettbewerbsbeschränkung konkreter Anhaltspunkte, z. B. einer auffällig niedrigen Anzahl an Angeboten oder erhöhter Angebotspreise; allein der Umstand, dass sich zwei an sich konkurrenzfähige Unternehmen als Bietergemeinschaft bewerben, genügt indes nicht.¹⁶² Erweist sich die unternehmerische Entscheidung gegen eine Alleinbewerbung als nachvollziehbar, so ist hingegen von der Zulässigkeit der Bietergemeinschaft auszugehen. Vergabestellen, Vergabekammern oder Vergabesenate dürfen die Überlegungen eines Unternehmers nicht durch eigene »unternehmerische« Bewertungen ersetzen.¹⁶³ **92**

4. Bestandswechsel bei Bietergemeinschaften

In der Praxis stellt sich häufig die Frage, inwieweit Bestandswechsel bei Bietergemeinschaften zulässig ist. Das betrifft sowohl die **nachträgliche Bildung** von Bietergemeinschaften als auch die **Änderung der Zusammensetzung** von Bietergemeinschaften. **93**

Nach Ansicht des EuGH steht das europäische Vergaberecht einer nationalen Regelung nicht entgegen, *»die es untersagt, die Zusammensetzung einer Bietergemeinschaft, die in einem Verfahren zur Vergabe eines öffentlichen Bauauftrags oder zur Erteilung einer öffentlichen Baukonzession teilnimmt, nach Abgabe der Angebote zu ändern«*.¹⁶⁴ Nach der deutschen Rechtslage ist für die Frage der Zulässigkeit etwaiger Bestandswechsel auf den genauen Zeitpunkt des Bestandswechsels abzustellen. **94**

Im **offenen Verfahren** bilden danach die Angebotsabgabe und der Ablauf der Angebotsfrist die zeitliche Grenze für Zulässigkeit der Änderungen einer Bietergemeinschaft. Hat ein Bieter sein Angebot abgegeben und kann dieses angesichts des Ablaufs der Angebotsfrist auch nicht mehr zurückziehen oder abändern, soll die Bildung einer nachträglichen Bietergemeinschaft oder der Wechsel der Zusammensetzung einer Bietergemeinschaft unzulässig sein. Denn das **Verbot der Änderung von Angeboten** (§ 24 Nr. 2) erstrecke sich auch auf die **Identität des Bieters** und die Zusammensetzung von Bietergemeinschaften.¹⁶⁵ Vor Ablauf der Angebotsfrist dürfte es Bietern in- **95**

---
161 *Zimmer* in: Immenga/Mestmäcker, GWB, § 1 Rn. 369.
162 *VK Nordbayern* Beschl. v. 28. 7. 2003 – 320.VK–3194–26/03.
163 *OLG Koblenz* Beschl. v. 29. 12. 2004 – 1 Verg 6/04; *OLG Naumburg* Beschl. v. 21. 12. 2000 – 1 Verg 10/00.
164 *EuGH* Urt. v. 23. 1. 2003, Rs. C-57/01 – Makedoniko Metro u. Michaniki AE, Slg. 2003, I-1091, NZBau 2003, 219, EuZW 2003, 188 (192).
165 *OLG Düsseldorf* Beschl. v. 26. 1. 2005 – VII-Verg 45/04; *OLG Düsseldorf* Beschl. v. 24. 5. 2005 – VII-Verg 28/05.

des freistehen, ihre ggf. schon abgegebenen Angebote zurückzuziehen und sich erneut gemeinschaftlich mit einem anderen Unternehmen zu bewerben.

96 Problematischer ist die Situation in **Nichtoffenen oder Verhandlungsverfahren**, denen ein Teilnahmewettbewerb vorgeschaltet ist. Auch hier gilt nach der o. g. Rechtsprechung wohl grundsätzlich, dass nach Angebotsabgabe Bestandswechsel unzulässig sind. Darüber hinaus tendiert die Rechtsprechung dazu, Bestandswechsel bei Bietergemeinschaften nach Abschluss des Teilnahmewettbewerbes nicht mehr zuzulassen, auch wenn noch keine Angebote abgegeben wurden.[166] Zum einen wird das formal damit begründet, dass nur die Unternehmen bzw. Bietergemeinschaften ein Angebot abgeben dürfen, die sich zuvor präqualifiziert haben und zur Angebotsabgabe aufgefordert wurden.[167] Das gilt wohl auch, wenn sich zwei Bewerber nachträglich zusammenschließen wollen, die sich beide einzeln präqualifiziert haben,[168] da der Wettbewerb in diesem Fall durch die Verringerung der Bieterzahl beeinträchtig wird.[169] Zum anderen müsste der Auftraggeber bei nachträglichem Bestandswechsel erneut in die Eignungsprüfung eintreten, was aus Gleichbehandlungsgesichtspunkten unzulässig sein soll.

97 Die Identität einer Bietergemeinschaft bleibt jedoch unangetastet, wenn ein Mitglied einer Bietergemeinschaft, z. B. eine GmbH auf eine Aktiengesellschaft verschmolzen worden ist, da dann gemäß § 20 Abs. 1 UmwG die Aktiengesellschaft an die Stelle der früheren GmbH tritt und damit die Bietergemeinschaft rechtlich identitätswahrend fortbesteht.[170]

98 Nicht erhalten bleibt die Identität hingegen nach dem Ausscheiden zweier Gesellschafter einer Bietergesellschaft in Form einer GbR, wenn der verbliebene Gesellschafter die Aktiva und Passiva übernimmt und damit Gesamtrechtsnachfolger der Bietergemeinschaft wird. Denn vergaberechtlich führt die Beendigung der Bietergemeinschaft und die »Übernahme« des Angebots durch den übrig bleibenden Gesellschafter zu einem Wechsel in der Person des Bieters.[171]

99 Die Rechtsprechung hat bisher keine Ausnahmen von dieser rigiden Entscheidungspraxis zugelassen, auch nicht für den Fall, dass ein Mitglied einer Bietergemeinschaft während eines Vergabeverfahrens **insolvent** wird und der Wettbewerb bei Ausschluss der Bietergemeinschaft deutlich verengt würde. Es ist jedoch wünschenswert, dass für diesen Fall zumindest dann Ausnahmen zugelassen werden, wenn etwaige Bestandswechsel den Wettbewerb nicht verfälschen, z. B. wenn die Bietergemeinschaft auch ohne ihr insolvent gewordenes Mitglied grundsätzlich in der Lage ist, die ausgeschriebenen Leistungen auszuführen. Gerade bei länger laufenden, umfangreichen und aufwändigeren Vergabeverfahren mit einer geringen Zahl von teilnehmenden Bietern

---

166 *VK Köln* Beschl. v. 30. 9. 2003 – VK VOB 27/2003; *VK Thüringen* Beschl. v. 13. 2. 2003 – 216 – 4002.20–003/03-EF–S; *VK Brandenburg* Beschl. v. 18. 7. 2001 – 1 VK 55/01, *VK Sachsen* Beschl. v. 6. 3. 2000 – 1/SVK/11–00; *VÜA Bund* Beschl. v. 12. 8. 1997 – 1 VÜ 12/97.
167 *VK Köln* Beschl. v. 30. 9. 2003 – VK VOB 27/2003.
168 *VK Köln* Beschl. v. 30. 9. 2003 – VK VOB 27/2003.
169 *Roth* NZBau 2005, 316; *VK Köln* Beschl. v. 30. 9. 2003 – VK VOB 27/2003.
170 *OLG Schleswig-Holstein* Beschl. v. 13. 4. 2006 – 1(6) Verg 10/05.
171 *OLG Düsseldorf* Beschl. v. 24. 5. 2005 – VII-Verg 28/05.

bzw. Bietergemeinschaften ist andernfalls der Schaden für den Wettbewerb bei Ausschluss einer Bietergemeinschaft gerade bei »unverschuldet« notwendig gewordenem »Bestandswechsel« ungleich höher.

Rechtsfolge eines unzulässigen Bestandswechsels bei Bietergemeinschaften ist der 100 Ausschluss des Angebotes. Als Ausschlussgründe kommen hierbei in Betracht: § 25 Nr. 1 Abs. 1 lit. d) (sofern Bestandswechsel in den Verdingungsunterlagen ausdrücklich untersagt waren), § 25 Nr. 1 Abs. 1 lit. e) (sofern der Bestandswechsel nach Ablauf der Angebotsfrist stattfindet und das neue Angebot daher verspätet ist) oder § 25 Nr. 1 Abs. 1 lit. f) (insbesondere in Fällen, in denen der Bestandswechsel zwischen Abschluss des Teilnahmewettbewerbes und Angebotsabgabe stattfindet).[172]

Nach dem Zuschlag ist der Wechsel von Bietergemeinschaftsmitgliedern/Konsorti- 101 alpartnern zumeist eine vertragsrechtliche Frage. In der Regel enthalten die ausgeschriebenen Verträge Klauseln über die Zulässigkeit von Bestandswechseln beim Auftragnehmer. Auch eine **Vertragsübernahme** durch einen anderen Auftragnehmer oder Gesellschafter der Projektgesellschaft, ggf. nach **§ 415 BGB**, erscheint nicht generell unzulässig.[173] Allerdings hat die Rechtsprechung neuerdings die gezielte Weitergabe eines Auftrags unmittelbar nach dem Zuschlag für vergaberechtlich unzulässig gehalten und für diesen Fall eine Neuausschreibung gefordert.[174] Begründet wurde das damit, dass die Vertragsübernahme vom öffentlichen Auftraggeber mitgestaltet wurde und daher als neuer Beschaffungsvorgang anzusehen sei. Eine Ausnahme wird jedoch auch nach dieser Rechtsprechung gemacht, wenn ein Vertrag an ein konzernverbundenes Unternehmen übergeleitet wird.

5. Vergaberechtliche Maßgaben für die Beteiligung von »Bietergemeinschaften«

- Grundsätzlich unzulässig ist es, sowohl als Mitglied einer Bietergemeinschaft als 102 auch als Einzelbewerber an einem Vergabeverfahren teilzunehmen (sog. **Mehrfachbeteiligung**), da hierin in der Regel ein Wettbewerbsverstoß liegt.[175] Denn in diesem Fall ist regelmäßig davon auszugehen, dass die Angebote in jeweiliger Kenntnis des Angebotsinhaltes eines konkurrierenden Angebotes abgegeben und damit der **Geheimwettbewerbs** verletzt wurde.[176] In diesem Fall sind die Angebote nach § 25 Nr. 1 Abs. 1 lit. f) vom Verfahren auszuschließen.

---

172 *VK Brandenburg* Beschl. v. 18. 7. 2001 – 1 VK 55/01.
173 *OLG Frankfurt/M.* Beschl. v. 5. 8. 2003 – 11 Verg 2/02; *VK Bund* Beschl. v. 7. 4. 1999 – VK A-19/99, zum Ganzen vgl. *Rittwage* VergabeR 2006, 327.
174 *VK Bund* Beschl. v. 29. 6. 2005 – VK 3 52/05.
175 *OLG Düsseldorf* Beschl. v. 16. 9. 2003 – Verg 52/03, VergabeR 2003, 690; *OLG Naumburg* Beschl. v. 30. 7. 2004 – 1 Verg 10/04; *VK Nordbayern* Beschl. v. 24. 4. 2006 – 21.VK-3194-06/06; *VK Arnsberg* Beschl. v. 2. 2. 2006 – VK 30/05; *VK Brandenburg* Beschl. v. 19. 1. 2006 – 2 VK 76/05; *VK Berlin* Beschl. v. 8. 11. 2005 – B 1-49/05; *VK Schleswig-Holstein* Beschl. v. 26. 10. 2004 – VK-SH 26/04.
176 Vgl. zur Verletzung des Geheimwettbewerbs *OLG Jena* Beschl. v. 19. 4. 2004 – 6 Verg 3/04; *OLG Naumburg* Beschl. v. 30. 7. 2004 – 1 Verg 10/04; *OLG Düsseldorf* Beschl. v. 16. 9. 2003 – Verg 52/03; *VK Schleswig-Holstein* Beschl. v. 26. 10. 2004 – VK-SH 26/04; *VK Sachsen* Beschl. v. 1. 3. 2004 – 1/SVK/005-04; *VK Bund* Beschl. v. 19. 8. 2003 – VK 1-69/03, *VK Nordbayern* Beschl. v. 5. 6. 2003 – 320.VK-3194-16/03.

§ 7 Teilnehmer am Wettbewerb

- Eine Wettbewerbsverzerrung liegt jedoch auch trotz Mehrfachbeteiligung nicht vor, wenn eine **Verletzung des Geheimwettbewerbs im Einzelfall ausnahmsweise ausgeschlossen** werden kann. Dies nahm das OLG Düsseldorf[177] für einen Fall an, in dem ein Bieter als Einzelunternehmen ein Angebot für Los 2 und darüber hinaus als Mitglied einer Bietergemeinschaft ein weiteres Angebot für die Lose 1 und 2 abgegeben hatte (wobei es in diesem Rahmen ebenfalls für Los 2 zuständig war), während die übrigen Mitglieder der Bietergemeinschaft keine Angebote für Los 2 abgegeben haben. In diesem Fall hat nach Ansicht des Gerichts keine echte Konkurrenzsituation vorgelegen.
- Eine der Mehrfachbeteiligung nahe stehende Wettbewerbsbeschränkung kann auch vorliegen, wenn ein Einzelbieter mit einem Mitglied einer konkurrierenden Bietergemeinschaft **verflochten** ist. Eine Vermutung für eine wettbewerbsbeschränkende Abrede besteht allerdings nicht, wenn ein Einzelbieter mit einem anderen Unternehmen, welches Mitglied einer Bietergemeinschaft ist, über eine gemeinsame Holdinggesellschaft verbunden ist, und die **Verbindung der »Schwesterunternehmen« bei Angebotsabgabe noch nicht rechtswirksam war.**[178]
- Das Angebot eines Bieters ist nicht bereits deshalb in (analoger) Anwendung des § 25 Nr. 1 Abs. 1 lit. f) VOL/A auszuschließen, weil er **im Vorfeld der Angebotsabgabe ergebnislose Gespräche über eine Zusammenarbeit** (in Form einer Bietergemeinschaft oder im Verhältnis Hauptunternehmer – Nachunternehmer) mit einem Unternehmen geführt hatte, das sich dann unmittelbar als Konkurrent oder mittelbar als Nachunternehmer eines Konkurrenten am Wettbewerb beteiligt.[179]
- Für die **Eignungsprüfung einer Bewerbergemeinschaft** ist zu beachten, dass zwar jedes Mitglied »zuverlässig« sein muss. Hinsichtlich der Fachkunde und Leistungsfähigkeit kommt es hingegen auf die der Bewerbergemeinschaft insgesamt zur Verfügung stehende Kapazität an.[180] Im Hinblick auf die für die Bewerber- bzw. Bietergemeinschaft typische Arbeits- und Aufgabenteilung sollten Auftraggeber deshalb – soweit möglich und sachlich oder rechtlich nicht erforderlich – nicht alle Eignungsnachweise von allen Mitgliedern einer Bewerber- bzw. Bietergemeinschaft verlangen. Die Bewerber- bzw. Bietergemeinschaft ist insoweit vielmehr als Einheit zu betrachten. Die in den Vergabeunterlagen verlangten Nachweise sind ausnahmsweise nur dann von allen Mitgliedern einer Bewerber- oder Bietergemeinschaft vorzulegen, wenn der Auftraggeber gerade das ausdrücklich und unmissverständlich in den Vergabeunterlagen verlangt. Von dieser Möglichkeit sollte der Auftraggeber jedoch nur im angemessenen Umfang Gebrauch machen, um den Aufwand für die Bewerber nicht unnötig in die Höhe zu treiben und zu vermeiden, Bewerber wegen des Fehlens eines (unter Umständen nicht besonders wichtigen) Nachweises ausschließen zu müssen.
- **Entfällt die technische Leistungsfähigkeit** der Bietergemeinschaft nachträglich, weil ein Mitglied der Bietergemeinschaft nicht mehr über die personellen und sachlichen Mittel verfügt, die nach dem Angebot des Antragstellers insbesondere

---

177 *OLG Düsseldorf* Beschl. v. 28. 5. 2003 – Verg 8/03.
178 *OLG Dresden* Beschl. v. 28. 3. 2006 – WVerg 0004/06.
179 *OLG Koblenz* Beschl. v. 26. 10. 2005 – Verg 4/05.
180 Vgl. *OLG Düsseldorf* Beschl. v. 15. 12. 2004, Verg 48/04, »Gerätekapazität«, VergabeR 2005, 207.

für die Durchführung der Leistung eingesetzt werden sollten, kommt es darauf an, ob ein anderes Mitglied der Bietergemeinschaft den Umstand kompensieren kann.[181]

- Unabhängig von der im Gesellschaftsvertrag geregelten **Vertretungsbefugnis** ist für die **Verbindlichkeit eines Angebots** grundsätzlich die Unterschrift aller einzelnen Unternehmen erforderlich. Das Fehlen einer einzelnen Unterschrift ist ein zwingender Ausschlussgrund nach § 25 Nr. 1 Abs. 1 lit. b) VOL/A. Allerdings können die Unternehmen im Gesellschaftsvertrag festlegen, dass einem Mitglied die Alleinvertretungsbefugnis zukommt, wodurch allein dessen Unterschrift ausreicht.[182] Hiervon wird in der Praxis häufig Gebrauch gemacht. Ein Angebot ist jedoch gemäß §§ 25 Nr. 1 Abs. 1 lit. b), 21 Nr. 1 Abs. 2 Satz 1 VOL/A wegen fehlender erforderlicher Unterschriften von der Wertung auszuschließen, wenn es weder von allen Mitgliedern einer Bietergemeinschaft noch von einem Bevollmächtigten unterschrieben ist.[183]
- In Bezug auf das **Nachprüfungsverfahren** hat die Gleichstellung der Bietergemeinschaft mit Einzelbietern zur notwendigen Konsequenz, dass die gemeinschaftlichen Bewerber als Verbund antragsbefugt sein müssen. In diesem Sinne ist § 107 Abs. 2 GWB, wonach jedes Unternehmen, das ein Interesse am Auftrag hat und eine Verletzung in seinen Rechten nach § 97 Abs. 7 GWB durch Nichtbeachtung von Vergabevorschriften geltend macht, antragsbefugt ist, so auszulegen, dass auch Unternehmenszusammenschlüsse erfasst werden. Daneben ist es nicht erforderlich, dass die beteiligten Unternehmen noch separat zusätzlich im Nachprüfungsverfahren als weitere antragstellende Unternehmen auftreten.[184]
- Auf der anderen Seite fehlt die **Aktivlegitimation** bei einen Nachprüfungsantrag, sofern dieser nur von einem Bieter gestellt wird, obwohl das Angebot von einer Bietergemeinschaft abgegeben worden ist. Denn im Nachprüfungsverfahren ist nach dem Wortlaut von § 107 Abs. 2 Satz 1 GWB nur das Unternehmen antragsbefugt, das ein Interesse am Auftrag hat. Bewirbt sich (auch in der Form eines Teilnahmeantrags zu einem Nichtoffenen Verfahren oder einer Beschränkten Ausschreibung) eine Bietergemeinschaft um eine Auftragsvergabe, ist deshalb nur die Bietergemeinschaft dasjenige Unternehmen, das ein Interesse am Auftrag hat und im Sinne von § 107 Abs. 2 GWB befugt ist, einen Nachprüfungsantrag zu stellen.[185]

Diese strenge Rechtsprechung wird aber von einigen Nachprüfungsinstanzen durchbrochen. So kommt nach Ansicht des OLG Düsseldorf auch im vergaberechtlichen Nachprüfungsverfahren das Institut der gewillkürten Prozessstandschaft in Betracht, wonach der Antragsteller befugt ist, eine Verletzung fremder Bewerber- oder Bieterrechte im eigenen Namen geltend zu machen, sofern er dazu vom Berechtigten ermächtigt worden ist und ein eigenes schutzwürdiges Interesse an der Durchführung

---

181 *OLG Düsseldorf* Beschl. v. 15. 12. 2004, Verg 48/04.
182 *VÜA Bayern* Beschl. v. 27. 2. 1996, VÜA 8/95 (WuW 1997, S. 552, 556 f = WuW/E VergAL 92, 96 f.); *VÜA Sachsen-Anhalt* Beschl. v. 27. 2. 1996, 1 VÜ 1/96 (WuW 1997 S. 360, 366 f = WuW/E VergAL 62, 68 f.).
183 *VK Lüneburg* Beschl. v. 17. 10. 2003 – 203 – VgK-20/2003; *VK Detmold* Beschl. v. 4. 12. 2000 – VK.21-27/00.
184 *VK Rheinland-Pfalz* Beschl. v. 15. 2. 2000 – VK 2/99.
185 *OLG Düsseldorf* Beschl. v. 30. 3. 2005 – VII-Verg 101/04; *Saarländisches OLG* Beschl. v. 13. 11. 2002 – 5 Verg 1/02; 3. *VK Bund* Beschl. v. 4. 10. 2004, VK 3–152/04.

des Nachprüfungsverfahrens im eigenen Namen hat.[186] Ferner sind nach Ansicht des OLG Hamburg Mitglieder einer Bietergemeinschaft antragsbefugt, wenn es ihnen darum geht, dass der Bietergemeinschaft insgesamt der Auftrag erteilt wird, sich aber ein Mitglied der Bietergemeinschaft allein aus übergeordneten Gründen, die nicht im Vergabeverfahren oder bei den anderen Mitgliedern der Bietergemeinschaft zu suchen sind, gehindert sieht, sich am Nachprüfungsverfahren zu beteiligen, und es deutlich macht, dass es sich weiterhin als Mitglied der Bietergemeinschaft betrachtet und an der Auftragserteilung interessiert ist.[187]

103 Nach einer neueren Entscheidung der VK Bayern ist aber zumindest eine nicht ausdrücklich im Namen der Bietergemeinschaft erhobene **Rüge eines einzelnen Mitgliedes** einer Bietergemeinschaft dieser zuzurechnen, wenn das Mitglied zuvor von der Bietergemeinschaft ermächtigt wurde, die Bietergemeinschaft dem Auftraggeber gegenüber zu vertreten.[188]

C. Die Teilnahme am Wettbewerb (§ 7 Nr. 2)

104 Die Frage, welche Unternehmen sich in welchen Stadien eines Vergabeverfahrens beteiligen können und unter welchen Modalitäten die Teilnahme erfolgt, richtet sich grundsätzlich nach der Art des Vergabeverfahrens. Die Regelung in § 7 Nr. 2 differenziert im Sinne des § 3 VOL/A zwischen Öffentlicher Ausschreibung, Beschränkter Ausschreibung und Freihändiger Vergabe. Oberhalb der Schwellenwerte im Anwendungsbereich der Abschnitte 2 und 3 der VOL/A entspricht der Öffentlichen Ausschreibung das Offene Verfahren, der Beschränkten Ausschreibung das Nichtoffene Verfahren sowie der freihändigen Vergabe das Verhandlungsverfahren (§ 3 a Nr. 1, 1. Halbsatz und § 3 b Nr. 1, lit. a)).

I. Öffentliche Ausschreibung (§ 7 Nr. 2 Abs. 1)

105 Bei der Öffentlichen Ausschreibung wird eine unbeschränkte Anzahl von Unternehmen öffentlich zur Abgabe von Angeboten aufgefordert (§ 3 Nr. 1 Abs. 1 VOL/A). Kennzeichnend für dieses Verfahren ist dessen schematisch vorgegebener Ablauf und dessen besondere Formstrenge. Die Öffentliche Ausschreibung ist nach § 3 Nr. 2 das Regelverfahren, »*soweit nicht die Natur des Geschäfts oder besondere Umstände eine Ausnahme rechtfertigen*«.

---

186 *OLG Düsseldorf* Beschl. v. 30. 3. 2005 – VII-Verg 101/04.
187 *OLG Hamburg* Beschl. v. 10. 10. 2003 – 1 Verg 2/03.
188 *VK Nordbayern* Beschl. v. 12. 10. 2006 – 21 VK-3194-25/06; ähnlich: *VK Sachsen* Beschl. v. 1. 6. 2006 – 1/SVK/045-06, a. A. *VK Baden-Württemberg* Beschl. v. 13. 10. 2005 – 1 VK 59/05.

1. »Gewerbsmäßige Befassung mit der Ausführung von Leistungen der ausgeschriebenen Art« (Generalübernehmer/Generalunternehmer)

Bei Öffentlicher Ausschreibung sind die Vergabeunterlagen nach § 7 Nr. 2 Abs. 1 an alle Bewerber abzugeben, die sich »*gewerbsmäßig mit der Ausführung von Leistungen der ausgeschriebenen Art befassen*«. »Gewerbsmäßig« bedeutet in diesem Zusammenhang, dass sich der Bewerber selbständig und nachhaltig am allgemeinen wirtschaftlichen Verkehr mit der Absicht beteiligt, einen Gewinn zu erzielen.[189] Als nicht selbständig und mithin nicht »*gewerbsmäßig mit der Ausführung von Leistungen der ausgeschriebenen Art befasst*« wurden bislang solche Bewerber angesehen, welche Leistungen der ausgeschriebenen Art nicht im eigenen Betrieb ausführen, sondern den Auftrag zu 100% an Dritte vermitteln wollen (**Generalübernehmer**).[190] Traditionell ging die deutsche Rechtsprechung und Literatur in der Vergangenheit deshalb einhellig davon aus, dass § 7 Nr. 2 bzw. der wortgleiche § 8 Nr. 2 VOB/A den Generalübernehmer, der keine Eigenleistung ausführt, sondern die ausgeschriebenen Leistungen vollständig an dritte Unternehmer weitergibt und sich selbst auf die Organisation und Auftragsakquisition beschränkt,[191] vom Vergabeverfahren auszuschließen ist.[192]

106

Mit derselben Argumentation wurde auch der Zugang von **Generalunternehmern** zum Vergabeverfahren beschränkt: Im Gegensatz zum Generalübernehmer führt der Generalunternehmer wesentliche Leistungen im eigenen Betrieb aus und vergibt nur einen geringen Teil an Nachunternehmer.[193] Die Rechtsprechung ging davon aus, dass der Generalunternehmer einen wesentlichen Teil der Leistung – in der Regel ein Drittel – selbst erbringen müsse, um dem in § 7 Nr. 2 Abs. 1 VOL/A verankerten Eigenleistungserfordernis gerecht zu werden.[194]

107

a) Verbot von Eigenleistungserfordernissen und Eigenleistungsquoten durch § 4 Abs. 4 VgV und § 7 a Nr. 3 Abs. 6 VOL/A oberhalb der Schwellenwerte

Diese **Eigenleistungserfordernisse** und **Eigenleistungsquoten** sind nunmehr zumindest oberhalb der Schwellenwerte durch die Einführung des § 4 Abs. 4 VgV im Wege des Gesetzes zur Beschleunigung der Umsetzung von Öffentlich-Privaten Partnerschaften und zur Verbesserung gesetzlicher Rahmenbedingungen für Öffentlich-Private Partnerschaften vom 1. 9. 2005[195] sowie den zum 1. 11. 2006 neu in die VOL/A eingeführten § 7 a Nr. 3 Abs. 6 im Wesentlichen gegenstandslos geworden.

108

---

189 *Prieß/Hausmann* in: Motzke/Pietzcker/Prieß, VOB/A, § 8 Rn. 46; ebenso: *Schranner* in: Ingenstau/Korbion VOB/A § 8 Rn. 31; *Kuß* VOB/A, § 8, Rn. 2; *Landmann/Rohmer* in: GewO, Band I, § 1 Rn. 3.
190 *Zdzieblo* in: Daub/Eberstein, VOL/A, § 7 Rn. 40; *Schaller* in: VOL § 7 Rn. 23; *Müller-Wrede* in: Müller-Wrede, VOL/A, § 7 Rn. 17; *Prieß/Hausmann* in: Motzke/Pietzcker/Prieß, VOB/A, § 8 Rn. 48.
191 *OLG Düsseldorf* Beschl. v. 5. 7. 2000, Verg 5/99; *Prieß/Decker* VergabeR 2004, 159, 160; *Hausmann/Wendenburg* NZBau 2004, 315.
192 Vgl. *OLG Frankfurt/M.* Beschl. v. 16. 5. 2000, NZBau 2001, 101 (104); zu § 8 VOB/A: *OLG Düsseldorf* Beschl. v. 5. 7. 2000, Verg 5/99, NZBau 2001, 106; *Schranner* in: Ingenstau/Korbion, VOB/A § 8 Rn. 16; *Zdzieblo* in: Daub/Eberstein, VOL/A, § 7 Rn. 40; differenzierend (»Einzelfallprüfung«): *Fietz* NZBau 2003, 426, 427.
193 *OLG Düsseldorf* Beschl. v. 5. 7. 2000, Verg 5/99.
194 Vgl. z. B. *OLG Saarbrücken* Beschl. v. 21. 4. 2004, 1 Verg 1/04; *OLG Bremen* Beschl. v. 20. 7. 2000, Verg 1/2000; *OLG Frankfurt/M.* Beschl. v. 16. 5. 2000, 11 Verg 1/99.
195 BGBl. 2005, Teil I Nr. 56, I S. 2676.

109 § 4 Abs. 4 VgV »beschränkt« den Regelungsgehalt des § 7 Nr. 2 VOL/A oberhalb der Schwellenwerte dahingehend, *»dass der Auftragnehmer sich bei der Erfüllung der Leistung der Fähigkeiten anderer Unternehmen bedienen kann«.* § 7 a Nr. 3 Abs. 6 setzt diese Vorgabe nunmehr in die VOL/A um. **Für Einzelheiten kann daher für Vergaben oberhalb der Schwellenwerte auf die Ausführungen zu § 7 a Nr. 3 Abs. 6 verwiesen werden.** Eine Eigenleistung des Auftragnehmers ist danach oberhalb der Schwellenwerte nicht mehr Voraussetzung für die Zulassung zum Vergabeverfahren.[196] Generalübernehmern wie -unternehmern darf nicht mehr unter Verweis auf fehlende Eigenleistungen der Zugang zum Vergabeverfahren versperrt werden.

110 Mit Einführung des § 4 Abs. 4 VgV und § 7 a Nr. 3 Abs. 6 VOL/A reagiert der Gesetzgeber auf die **Rechtsprechung des Europäischen Gerichtshofes**[197] zur Generalübernehmervergabe, die einen Kurswechsel im deutschen Vergaberecht unausweichlich machte.[198] Einzige Voraussetzung für die Zulassung von Generalübernehmern zum Vergabeverfahren ist nunmehr, dass der Generalübernehmer/Generalunternehmer den **Nachweis** erbringt, während der Auftragsausführung über die Kapazitäten seiner Nachunternehmer zu verfügen sowie darüber hinaus nachweist, dass diese Kapazitäten auch tatsächlich seine **Eignung für die Ausführung** des Auftrags begründen, die Nachunternehmer also geeignet sind.[199]

111 Die Mehrheit der deutschen Vergabespruchkörper passte sich der Rechtsprechung des EuGH bereits vor Inkrafttreten von **§ 4 Abs. 4 VgV** am 8. 9. 2005 an und sah aufgrund der Vorgaben des EuGH oberhalb der Schwellenwerte einen generellen Ausschluss von Generalübernehmern als gemeinschaftswidrig an.[200]

112 Im Einklang mit der Rechtsprechung des EuGH, § 4 Abs. 4 VgV und § 7 a Nr. 3 Abs. 6 VOL/A kommt ein Ausschluss von Generalübernehmern oder Generalunternehmern jedoch in Betracht, wenn der Generalübernehmer oder Generalunternehmer nicht innerhalb der Bewerbungsfrist nachweist, dass er während des Auftragszeitraums tatsächlich über sämtliche Mittel der Unternehmen verfügt, auf deren Eignung er sich im Hinblick auf den Auftrag beruft.[201]

113 Bislang nicht abschließend geklärt ist die Frage, in **welcher Verbindung** der Generalübernehmer (bzw. der Generalunternehmer, der nicht alle wesentlichen Leistungen

---

196 Vgl. Begründung zum ÖPP-Beschleunigungsgesetz, BT Ds. 15/5668, S. 11.
197 Zunächst: *EuGH* Urt. v. 14. 4. 1994, Rs. C-389/92 – Ballast Nedam I, Slg. 1994, I-1289 und *EuGH* Urt. v. 18. 12. 1997, Rs. C-5/97 – Ballast Nedam II, NZBau 2000, 149. Sodann: *EuGH* Urt. v. 2. 12. 1999, Rs. C-176/98 – Holst Italia, Slg. 1999 I-8607, Rn. 29; *EuGH* Urt. v. 18. 3. 2004, Rs. C-314/01 – Siemens und ARGE Telekom, VergabeR 2004, 472–473.
198 Vgl. dazu ausführlich die Kommentierung zu § 7 a Nr. 3 Abs. 6.
199 Vgl. zu der ersten Voraussetzung nunmehr auch Art. 47 Abs. 2 und Art. 48 Abs. 3 (für Einzelbieter) sowie Art. 47 Abs. 3 und Art. 48 Abs. 4 (für Bietergemeinschaften) der RL 2004/18/EG.
200 Vgl. zu § 8 Nr. 2 VOB/A: z. B. *KG Berlin* Beschl. v. 22. 8. 2001, KartVerg 3/01 in VergR 2001, 392, 398 f.; *OLG Düsseldorf* Beschl. v. 5. 7. 2000, Verg 5/99, NZBau 2001, 106; *VK Hessen* Beschl. v. 5. 10. 2004, 69 d VK – 56/2004; *VK Saarbrücken* Beschl. v. 21. 4. 2004, 1 Verg 1/04; NZBau 12/2004, S. 690, VergabeR 6/2004, S. 731; *VK Berlin* Beschl. v. 30. 12. 2004, VK-B 2–67/04; *VK Rheinland-Pfalz* Beschl. v. 14. 6. 2006, VK 13/06; *VK Schleswig-Holstein* Beschl. v. 31. 1. 2006, VK-SH 33/05; a. A. aber zu § 8 Nr. 2 Abs. 1 VOB/A: 2. *VK Bund* Beschl. v. 10. 7. 2002, VK 2–24/02.; *VK Mittelfranken* Beschl. v. 18. 1. 2005, 320 VK-3194–54/04; *VK Brandenburg* Beschl. v. 30. 6. 2005, 1 VK 29/05.
201 *OLG Düsseldorf* Beschl. v. 5. 7. 2000, Verg 5/99.

selbst erbringt) zu seinen Nachunternehmern stehen muss, damit er sich auf deren Eignung berufen kann.[202] Voraussetzung ist jedenfalls, dass Generalübernehmer (bzw. Generalunternehmer, die nicht alle wesentlichen Leistungen selbst erbringen) im Hinblick auf die Eignungsprüfung nachweisen, dass sie während des Auftragszeitraumes tatsächlich über die benötigten Ressourcen der Unternehmen verfügen können, auf deren Eignung sie sich berufen wollen. Als Nachweis dafür, dass der Generalübernehmer bzw. Generalunternehmer vorbehaltlos auf die Ressourcen des kooperierenden Unternehmens zugreifen kann, ist eine Erklärung des Nachunternehmers/verbundenen Unternehmens ausreichend, er stehe für die Auftragserledigung zur Verfügung (**Verfügungsnachweis**), vgl. auch § 7 a Nr. 3 Abs. 6.[203] Zudem ist die Vorlage von aussagekräftigen Unterlagen zur Eignung des Nachunternehmers erforderlich.[204]

Die **Eignungsprüfung hinsichtlich des Generalübernehmers** hat sich auf die Feststellung zu beschränken, ob der Generalübernehmer wirtschaftlich und finanziell leistungsfähig sowie zuverlässig ist und zu den erforderlichen Koordinierungsleistungen sowie gegebenenfalls sonst noch zu erbringenden Leistungen geeignet ist.[205] Generalunternehmer müssen neben ihrer wirtschaftlichen und finanziellen Leistungsfähigkeit und ihrer Zuverlässigkeit ferner für alle auf sie entfallenden Leistungsbereiche die erforderliche Fachkunde und technische Leistungsfähigkeit nachweisen.[206]   **114**

Neben dem Verfügungsnachweis muss ein Generalübernehmer bzw. Generalunternehmer, der sich auf die Eignung dritter Unternehmen berufen will, grundsätzlich die Eignung der Nachunternehmer oder verbundenen Unternehmen nachweisen.[207]   **115**

b) Zulassung von Generalübernehmern und Generalunternehmern im Unterschwellenbereich

§ 4 Abs. 4 VgV, § 7 a Nr. 3 Abs. 6 sowie die Rechtsprechung des EuGH erfassen unmittelbar nur Vergaben oberhalb der Schwellenwerte. Nicht abschließend geklärt ist damit die Frage, ob auch unterhalb der Schwellenwerte die Auftragsvergabe an Generalübernehmer bzw. Generalunternehmer, die nicht alle wesentlichen Leistungen selbst erbringen, zulässig ist.[208]   **116**

---

202 Vgl. dazu ausführlicher die Kommentierung zu § 7 a Nr. 3 Abs. 6.
203 Von der Rechtsprechung noch nicht abschließend geklärt ist die Frage, in welcher Weise der Generalübernehmer bzw. -unternehmer seine Verfügungsbefugnis über die Mittel seiner Nachunternehmen nachweisen muss. Vgl. dazu ausführlicher die Kommentierung zu § 7 a Nr. 3 Abs. 6.
204 *OLG Saarbrücken* Beschl. v. 21. 4. 2004 – 1 Verg 1/4, NZBau 2004, 690, 691 f.; *OLG Schleswig* Urt. v. 5. 2. 2004 – 6 U 23/03, NZBau 2004, 405, 406; *OLG Frankfurt/M*. Beschl. v. 27. 6. 2003 – 11 Verg 4/03, IBR 2003, 569.
205 *Boesen/Upleger* NVwZ 2004, 919, 923.
206 Zu dieser »abgeleiteten Leistungsfähigkeit« vgl. die Kommentierung zu § 7 a Nr. 3 Abs. 6.
207 Die Vergabekammern fordern grundsätzlich die strikte Einhaltung dieses Erfordernisses, vgl. z. B. *OLG Saarbrücken* Beschl. v. 21. 4. 2004 – 1 Verg 1/4, NZBau 2004, 690, 691 f. Dies gilt jedoch unter dem Vorbehalt, dass die Vergabestelle in den Vergabeunterlagen die Benennung der Nachunternehmer eindeutig und zweifelsfrei verlangt (vgl. *VK Bund* Beschl. v. 24. 3. 2005, VK 1–14/05) und nicht pauschal die »Eignungsnachweise gemäß § 7 Nr. 2 VOL/A« fordert (*VK Rheinland-Pfalz* Beschl. v. 14. 6. 2006, VK 13/06). Vom Bieter kann insofern die Kenntnis der einschlägigen Rechtsprechung nicht ohne weiteres verlangt werden. Vgl. zu dieser Thematik die ausführliche Kommentierung zu § 7 a Nr. 3 Abs. 6.
208 Vgl. hierzu *Stoye* NZBau 2004, 648 (650).

117 Die Rechtsprechung hat sich mit dieser Problematik bislang noch nicht auseinandergesetzt, was angesichts des fehlenden vergaberechtlichen Primärrechtsschutzes unterhalb der Schwellenwerte der VgV nicht überrascht.

118 In der Literatur wird teilweise davon ausgegangen, dass unterhalb der Schwellenwerte die Vergabe an Generalübernehmer nach wie vor unzulässig sei.[209] Dem stehe die Rechtsprechung des EuGH zum Generalübernehmerverbot[210] nicht entgegen, weil der EuGH sein Urteil nicht auf die Grundfreiheiten des EG-Vertrags, sondern auf die Vergaberichtlinien gestützt habe, die unterhalb der Schwellenwerte aber nicht gelten.[211]

119 Es sprechen jedoch nicht von der Hand zu weisende Gründe dafür, Generalübernehmer bzw. Generalunternehmer, die nicht alle wesentlichen Leistungen selbst erbringen, auch im Unterschwellenbereich zuzulassen.

120 Zunächst ergibt sich schon aus dem **Wortlaut** des § 7 Nr. 2 Abs. 1 nicht ohne weiteres ein genereller Ausschluss von Generalübernehmern.[212] Zudem sind Auftraggeber aus den EG-Mitgliedstaaten auch unterhalb der Schwellenwerte »*bei der Vergabe öffentlicher Aufträge, die in den Geltungsbereich des EG-Vertrags fallen, an die Vorschriften und Grundsätze dieses Vertrags gebunden*«.[213] Zu diesen **europarechtlichen Grundsätzen** gehören unter anderem »*der freie Warenverkehr (Art. 28), [...] die Dienstleistungsfreiheit (Art. 49), Nichtdiskriminierung und Gleichbehandlung, Transparenz, Verhältnismäßigkeit und gegenseitige Anerkennung*«.[214] Zwar hat der EuGH die Unzulässigkeit eines Generalübernehmerverbotes in seinen Entscheidungen[215] nicht direkt auf die Grundfreiheiten und das Gleichbehandlungsgebot des EG-Primärrechts, sondern auf die Bestimmungen der Vergaberichtlinien gestützt. Das bedeutet jedoch nicht, dass Generalübernehmerverbote nicht auch gegen europäisches Primärrecht (insbesondere die Grundfreiheiten und das Gleichbehandlungsgebot) verstoßen. Zu dieser Frage hat der EuGH aufgrund der Einschlägigkeit der (den Schutz der Grundfreiheiten gewährleistenden[216]) Vergaberichtlinien lediglich nicht mehr Stellung genommen.

---

209 *Glahs* in: Kapellmann/Messerschmidt, VOB, A § 8 Rn. 24 a. E.
210 *EuGH* Urt. v. 18. 3. 2004, Rs. C-314/01 – Siemens, ARGE Telekom, Slg. 2004, I-2549, NZBau 2004, 340 ff.
211 *Glahs* in: Kapellmann/Messerschmidt, VOB, A § 8 Rn. 24 a. E.
212 So auch *Fietz* NZBau 2003, 426, 427 für die Parallelvorschrift in der VOB (§ 8 Nr. 2 Abs. 1 VOB/A). Das gilt jedenfalls dann, wenn die Verdingungsunterlagen so formuliert sind, dass Finanzierungsleistungen wesentlicher Bestandteil der Ausschreibung sind und die Möglichkeit der Vergabe an Generalübernehmer nicht ausdrücklich ausgeschlossen ist.
213 So auch die Mitteilung der Kommission zu Auslegungsfragen in Bezug auf das Gemeinschaftsrecht, das für die Vergabe öffentlicher Aufträge gilt, die nicht oder nur teilweise unter die Vergaberichtlinien fallen (2006/C 179/02), Amtsbl. d. EU v. 1. 8. 2006, C 179/2, Punkt 1.1.
214 Mitteilung der Kommission zu Auslegungsfragen in Bezug auf das Gemeinschaftsrecht, das für die Vergabe öffentlicher Aufträge gilt, die nicht oder nur teilweise unter die Vergaberichtlinien fallen (2006/C 179/02), Amtsbl. d. EU v. 1. 8. 2006, C 179/2, Punkt 1.1.
215 *EuGH* Urt. v. 14.4.1994, Rs. C-389/92 – Ballast Nedam I, Slg. 1994, I-1289; *EuGH* Urt. v. 18. 12. 1997, Rs. C-5/97 – Ballast Nedam II, Slg. 1997, 7549, NZBau 2000, 149; *EuGH* Urt. v. 2. 12. 1999, Rs. C-176/98 – Holst Italia, Slg. 1999, I-8607, Rn. 29; *EuGH*, Urt. v. 18. 3. 2004, Rs. C-314/01 – Siemens und ARGE Telekom, NZBau 2004, 340, VergabeR 2004, 472–473.
216 Der Entscheidung *EuGH* Urt. v. 2. 12. 1999, Rs. C-176/98 – Holst Italia, Slg. 1999 I-8607, NZBau 2000, 149, 150 (Rn. 23) beruht insbesondere auf einer Auslegung der Richtlinie 92/50/EWG (Dienstleistungen), während in der Entscheidung *EuGH* Urt. v. 14. 4. 1994, Rs. C-389/92 – Ballast Nedam I, Slg. 1994, I-1289 die Richtlinie 71/304/EWG und 71/305/EWG (für Bauaufträge) herangezogen wurden.

Nach der Rechtsprechung des EuGH sollen die Vergaberichtlinien vor allem Behinde- **121** rungen des freien Dienstleistungsverkehrs bei der Vergabe öffentlicher Aufträge gerade verhindern.[217] Im Bereich der Lieferleistungen dienen die Vergaberichtlinien darüber hinaus auch dem Schutz der Warenverkehrsfreiheit. Ein Generalunternehmerverbot für Vergaben unterhalb der Schwellenwerte stellt faktisch zunächst eine **Beschränkung des freien Dienstleistungs- oder Warenverkehrs** dar.[218] Denn Generalübernehmern aus anderen Mitgliedsstaaten ist der Zugang zum deutschen Beschaffungsmarkt unterhalb der Schwellenwerte versperrt. Dass diese Beschränkungen der Warenverkehrs- und Dienstleistungsfreiheit europarechtlich gerechtfertigt ist, ist indes zweifelhaft.

Sofern in diesem als Rechtfertigung das **Bedürfnis einer effektiven Eignungsprü- 122 fung** vorgetragen würde, ist nicht ersichtlich, warum im Unterschwellenbereich – anders als für Aufträge oberhalb der Schwellenwerte – die Eignung der Generalübernehmer nicht anhand von Verpflichtungserklärungen der Nachunternehmer sowie der Prüfung deren Eignung erfolgen kann.[219] Zwar ist es ein berechtigtes Interesse öffentlicher Auftraggeber, zu wissen, mit wem sie bei der Durchführung von Aufträgen »zu tun haben«. Es wird insoweit teilweise auf das Interesse der Auftraggeber hingewiesen, den eigentlichen Leistungsausführenden zu kennen.[220] Jedoch kann diesem Bedürfnis bereits durch die Pflicht zur Nennung der Nachunternehmer sowie die Pflicht zur Vorlage von Verfügungsnachweisen und den Nachweis der Eignung der Nachunternehmer Rechnung getragen werden. Auch sind die vom Generalübernehmer eingesetzten Nachunternehmen bei entsprechender Ausgestaltung des Vertrages nicht beliebig austauschbar, so dass dem Auftraggeber die auf der Seite seines Vertragspartners eingesetzten Unternehmen in jedem Falle hinreichend bekannt sind.[221] Im Ergebnis dürfte ein generelles Generalübernehmerverbot zur Erreichung des Ziels einer effektiven Eignungskontrolle daher unverhältnismäßig sein und somit gegen das auch unterhalb der Schwellenwerte geltende (gemeinschafts- wie verfassungsrechtliche) **Übermaßverbot** verstoßen. Das Bedürfnis einer effektiven Eignungsprüfung kann daher die Verstöße gegen die Warenverkehrs- und Dienstleistungsfreiheit nicht rechtfertigen.

Auch mit dem wirtschaftspolitisch berechtigten Interesse an einer **Mittelstandsförde- 123 rung** dürfte sich ein generelles Generalübernehmerverbot nicht rechtfertigen lassen. Bei großen Auftragswerten kann für kleine und mittelständische Unternehmen

---

217 *EuGH* Urt. v. 2. 12. 1999, Rs. C-176/98 – Holst Italia, Slg. 1999 I-8607, NZBau 2000, 149, 150 (Rn. 23) unter Hinweis auf die Begründungserwägungen der Richtlinie sowie *EuGH* Urt. v. 14. 4. 1994, Rs. C-389/92 – Ballast Nedam Groep I, Slg. 1994, I-1289 Rn. 6.
218 Ein Generalübernehmerverbot dürfte insoweit mit Hinblick auf die Warenverkehrsfreiheit geeignet sein, den innergemeinschaftlichen Handel unmittelbar oder mittelbar, tatsächlich oder potentiell zu behindern, vgl. EuGH, Rs. 8/74 – Dassonville, Slg. 1974, 837 ff. und im Hinblick auf die Dienstleistungsfreiheit, die Tätigkeit von Dienstleistenden zu unterbinden oder zu behindern, vgl. *EuGH* Rs. C-76/90 – Säger, Slg. 1991, I- 4221.
219 Im Ergebnis zustimmend auch *Stoye*, NZBau 2004, 648, 650 für den Bereich der VOB/A, der sich auf das Diskriminierungsverbots des § 2 Nr. 2 VOB/A und den allgemeinen europarechtlichen Gleichheitssatzes bezieht.
220 Vgl. dazu *Prieß/Decker* VergabeR 2004, 159, 163.
221 So für die Zulässigkeit der Ausführung durch konzern- bzw. unternehmensgruppenzugehörige Nachunternehmen bereits *Prieß/Decker* VergabeR 2004, 159, 163.

(KMU) u. U. erst die Zulassung von Generalübernehmern (die dann Nachunternehmern beauftragen) die Möglichkeit der »Beteiligung« an dem Projekt eröffnen (ohne das erheblich höhere Eigenkapitalrisiko einer Konsortialbeteiligung[222]). Ihr besonderer Schutz kann gewährleistet werden, indem der Auftraggeber dem Auftragnehmer untersagt, Nachunternehmern ungünstigere Vertragsbedingungen aufzuerlegen, als zwischen ihm und dem Auftraggeber vereinbart sind (so auch ausdrücklich § 10 Nr. 1 lit. c)). Ferner kann der Auftraggeber dem Auftragnehmer »aufgeben«, bei der Ausführung der Leistungen in angemessenem Umfang KMU zu berücksichtigen (so auch § 10 Nr. 2 Abs. 2). Daher kann auch das Interesse an einer Mittelstandsförderung ein generelles Nachunternehmerverbot nicht rechtfertigen.

124 Ein Generalübernehmerverbot unterhalb der Schwellenwerte ist (neben dem Verstoß gegen die Grundfreiheiten des EG-Vertrages) ferner auch nicht ohne weiteres mit dem Grundsatz der Gleichbehandlung zu vereinbaren.[223] Das Generalübernehmerverbot stellt eine Ungleichbehandlung von Bewerbern/Interessenten dar, nämlich Generalübernehmern einerseits und Bewerbern, die den Auftrag in Eigenleistung ausführen wollen andererseits. Ein sachlicher Grund für deren Ungleichbehandlung ist jedoch nicht ersichtlich. Insbesondere dem Wortlaut und der systematischen Verortung von § 7 Nr. 2 Abs. 1 sind keine Schutzzweckerwägungen zu entnehmen, die ein Generalübernehmerverbot unterhalb der Schwellenwerte rechtfertigen würden. Im Hinblick auf die bereits oben näher erläuterten möglichen Schutzzwecke (Gewährleistung einer effektiven Eignungsprüfung, Mittelstandsförderung) dürften diese in hinreichendem Maße auch ohne ein generelles Generalübernehmerverbot erreicht werden können. Ein generelles Generalübernehmerverbot dürfte somit auch unterhalb der Schwellenwerte als unverhältnismäßig anzusehen sein, so dass ein Rechtfertigung der Ungleichbehandlung nicht gegeben ist.

2. In der öffentlichen Ausschreibung abzugebende Unterlagen i. S. v. § 7 Nr. 2 Abs. 1

125 Unterlagen gemäß § 7 Nr. 2 Abs. 1 sind die Vergabeunterlagen im Sinne des **§ 9 Nr. 1**, also das Anschreiben (Aufforderung zur Angebotsabgabe) und die Verdingungsunterlagen etc. Um zu gewährleisten, dass jeder Bieter ein den Anforderungen entsprechendes Angebot abgeben kann, müssen in einer öffentlichen Ausschreibung die Unterlagen **vollständig** ausgehändigt werden.[224] Auch müssen die Unterlagen beim Auftraggeber in ausreichender Anzahl vorhanden sein. Der Auftragnehmer kann jedoch entschädigungslos an den Vervielfältigungskosten für die Verdingungsunterlagen gemäß § 20 Nr. 1 Abs. 1 beteiligt werden.[225] Die Aushändigungspflicht entfällt nur beim **zweifelsfreien** Vorliegen von Ausschlussgründen nach § 7 Nr. 5 oder Nr. 6. Hän-

---

[222] Vgl. *Hausmann/Wendenburg* NZBau 2004, 315, 316.
[223] Für den Bereich der VOB unter Hinweis auf das Diskriminierungsverbot des § 2 Nr. 2 VOB/A sowie den allgemeinen europarechtlichen Gleichheitssatz im Ergebnis auch: *Stoye* NZBau 2004, 648, 650. Nach Auffassung von *Fietz* NZBau 2003, 426, 427, verstößt der generelle Ausschluss von Generalübernehmern unterhalb der Schwellenwerte im Bereich der VOB gegen das Diskriminierungsverbot des § 8 Nr. 1 S. 1 VOB/A.
[224] *Zdzieblo* in: Daub/Eberstein, VOL/A, § 7 Rn. 42.
[225] *Müller-Wrede* in: Müller-Wrede, VOL/A, § 7 Rn. 19.

digt der Auftraggeber unter Berufung auf § 7 Nr. 5 oder 6 die angeforderten Unterlagen nicht aus, muss er das dokumentieren und den betroffenen Unternehmen mitteilen.

II. Beschränkte Ausschreibung (§ 7 Nr. 2 Abs. 2)

Bei der Beschränkten Ausschreibung werden Leistungen gemäß § 3 Nr. 1 Abs. 2 nach Aufforderung einer beschränkten Zahl von Unternehmen zur Einreichung von Angeboten vergeben. Der wesentliche Unterschied zum Offenen Verfahren liegt darin, dass (in der Regel) der Angebotsphase ein Teilnahmewettbewerb vorausgeht, in dem der Auftraggeber unter den Bewerbern die geeigneten Bewerber auswählt und nur diese zur Angebotsabgabe auffordert (Beschränkte Ausschreibung mit öffentlichem Teilnahmewettbewerb gemäß § 3 Nr. 1 Abs. 4). Die Beschränkte Ausschreibung soll nur in den Ausnahmefällen des § 3 Nr. 3 stattfinden. Im Oberschwellenbereich entspricht der beschränkten Ausschreibung mit öffentlichem Teilnahmewettbewerb das Nichtoffene Verfahren (§ 3 a Nr. 1 Abs. 1 Satz 1 VOL/A). **126**

1. Durchführung eines öffentlichen Teilnahmewettbewerbs

Der Beschränkten Ausschreibung soll – soweit es zweckmäßig ist – eine öffentliche Aufforderung zur Bewerbung um die Teilnahme am Wettbewerb vorangehen (**Beschränkte Ausschreibung mit Öffentlichem Teilnahmewettbewerb, § 3 Nr. 1 Abs. 4**). Die Beschränkte Ausschreibung mit Öffentlichem Teilnahmewettbewerb ist daher der Regelfall. **127**

Nur im Ausnahmefall, wenn eine sachliche Rechtfertigung vorliegt, dürfen Unternehmen im Rahmen der **Beschränkten Ausschreibung ohne öffentlichen Teilnahmewettbewerb** zur Angebotsabgabe aufgefordert werden. Das wird jedoch in der Praxis nur gerechtfertigt sein, wenn insgesamt nachweislich nur eine begrenzte Anzahl von Unternehmen in Betracht kommen (vgl. auch § 3 Nr. 3 lit. a)) oder ohne Verschulden des Auftraggebers Zeit für einen vorgeschalteten Teilnahmewettbewerb nicht ausreicht. **128**

Kein Verstoß gegen § 3 Nr. 1 Abs. 4 und § 7 Nr. 2 Abs. 3 liegt vor, wenn der Auftraggeber aufgrund vorangegangener Vergabeverfahren **umfassende Marktkenntnisse** hat und deshalb ohne vorherige öffentlichen Teilnahmewettbewerb Unternehmen zur Angebotsabgabe auffordert. Das ist aber nur zulässig, wenn ein Auftraggeber den Markt für die ausgeschriebenen Leistungen nachweislich umfassend kennt, etwa weil er die gleichen Leistungen bereits kurz zuvor ausgeschrieben hat. Zu berücksichtigen ist dabei jedoch die Dynamik der Märkte, insbesondere dass auch immer wieder Newcomer auf den Markt kommen (z. B. im IT-Sektor) die sich der Marktkenntnis des Auftraggebers möglicherweise entziehen. Beruht die vermeintliche umfassende Marktkenntnis eines Auftraggebers lediglich auf Vergaben, die längere Zeit zurück liegen oder werden nicht die gleichen, sondern andere Leistungen bzw. ein anderer Leistungsumfang ausgeschrieben, kann er sich nicht ohne weiteres **129** auf seine Marktkenntnis berufen, um von einem Öffentlichen Teilnahmewettbewerb abzusehen.

2. Anzahl der zur Angebotsabgabe aufzufordernden Bewerber

130 Bei beschränkter Ausschreibung sollen mehrere – im Allgemeinen mindestens drei – Bewerber zur Angebotsabgabe aufgefordert werden (§ 7 Nr. 2 Abs. 2 VOL/A).

Während die Parallelvorschrift des § 8 Nr. 2 VOB/A vorsieht, dass drei bis acht geeignete Bewerber zur Abgabe eines Angebots aufgefordert werden sollen, nennt § 7 Nr. 2 Abs. 2 nur eine **Mindestanzahl von drei Bewerbern**. Obwohl im DVAL[226]-Hauptausschuss im Rahmen der Entwürfe zur Novellierung von 1984 zeitweise eine Obergrenze von acht Bewerbern diskutiert wurde, konnte sich der Ausschuss nicht auf eine konkrete Zahl einigen und ließ die Höchstzahl an Bewerbern schließlich offen.[227] Daher bleibt umstritten, ob eine Höchstgrenze an Bewerbern bei der Beschränkten Ausschreibung existiert. Teilweise wird eine Orientierung an der in § 8 Nr. 2 VOB/A genannten Höchstzahl von acht Bewerbern empfohlen oder die zu empfehlende Spanne auf eine Zahl von fünf bis fünfzehn ausgeweitet.[228] Dies kann allerdings offen bleiben, da § 7 Nr. 2 Abs. 2 nur eine »Sollvorschrift« ist und etwaige Vorgaben hinsichtlich der Höchstzahl der aufzufordernden Bieter ohnehin nicht zwingend wären. Die konkrete Anzahl der aufgeforderten Bewerber liegt letztendlich grundsätzlich im Ermessen des Auftraggebers.

131 Auch die »Mindestanzahl« von drei Bewerbern ist – zumindest im Unterschwellenbereich – nicht zwingend, was bereits durch die Formulierungen »sollen« und »im Allgemeinen« deutlich wird. Die Anzahl von drei Bewerbern ist daher als Orientierungshilfe zu verstehen. Sollten sich für eine ausgeschriebene Leistung nur zwei Bewerber finden, so bedeutet das nicht, dass keine Beschränkte Ausschreibung mehr in Betracht kommt und ohne Weiteres zur Freihändigen Vergabe übergegangen werden darf bzw. muss.[229] Entscheidend für die Bestimmung der Zahl der Teilnehmer sind die allgemeinen Grundsätze des Vergabeverfahrens im Sinne der §§ 2 und 7 Nr. 1 VOL/A, d. h. insbesondere die Sicherstellung eines wirksamen Wettbewerbs und das Diskriminierungsverbot. Als Grundsatz gilt, dass die Gründe für eine Beschränkung des Kreises der Teilnehmer umso zwingender sein müssen, je kleiner der Kreis der aufgeforderten Teilnehmer ist.[230]

132 Oberhalb der Schwellenwerte sind die Vorgaben des EG-Vergaberechts zu beachten. Nach Art. 44 Abs. 3 UAbs. 2 der RL 2004/18/EG beträgt die Anzahl zur Angebotsabgabe aufzufordernder Bewerber **mindestens fünf**.

---

226 DVAL = Verdingungsausschuss für Leistungen, der seit den 1920er Jahren in Deutschland etabliert ist und die jeweiligen Fassungen der VOL/A festlegt.
227 *Zdzieblo* in: Daub/Eberstein, VOL/A, § 7 Rn. 3.
228 *Schaller* VOL/A, § 7 Rn. 32.
229 *Müller-Wrede* in: Müller-Wrede, VOL/A, § 7 Rn. 20; für den Bereich der Oberschwellenvergabe ferner Art. 44 Abs. 3 UAbs. 3.
230 *Prieß/Hausmann* in: Motzke/Pietzcker/Prieß, VOL/A, § 8 Rn. 59.

3. Auswahl der zur Angebotsabgabe aufzufordernden Bewerber

Der Auftraggeber ist gehalten, bei der Auswahl der Teilnehmer einer beschränkten **133** Ausschreibung nach objektiven, nicht diskriminierenden und auftragsbezogenen Kriterien vorzugehen und willkürliche Ungleichbehandlungen zu unterlassen.[231] Sachgerechte Kriterien in diesem Sinne sind gemäß § 2 Nr. 3 und § 7 Nr. 4 Leistungsfähigkeit, Fachkunde und Zuverlässigkeit.[232] Diese Kriterien können durch Unterkriterien konkretisiert und mit verschiedenen Gewichtungen versehen werden. Anhand dieser »Matrix« ist dann eine Rangliste zu erstellen, anhand derer die aufzufordernden Bewerber ausgewählt werden. Welche Eignungsnachweise gefordert werden dürfen, ist im Bereich der Unterschwellenvergaben in § 7 Nr. 4 geregelt. Für den Bereich oberhalb der Schwellenwerte gilt § 7 a bzw. § 7 b oder § 5 SKR.

Die vergaberechtlichen Grundsätze der Gleichbehandlung und Transparenz gebieten **134** es, den Bewerbern vorab (z. B. in der Bekanntmachung oder den Unterlagen zum Teilnahmewettbewerb) die Kriterien für die Beschränkung des Teilnehmerkreises mitzuteilen. Für Vergabeverfahren oberhalb der Schwellenwerte ergibt sich das unmittelbar aus Art. 44 Abs. 3 Satz 2 RL 2004/18/EG. Die Auswahl der Bewerber, die zur Angebotsabgabe aufgefordert werden, hat der Auftraggeber nach pflichtgemäßem Ermessen, anhand sachlicher Erwägungen und in nachvollziehbarer Weise sowie unter Beachtung des Gleichbehandlungsgrundsatzes zu treffen. Das gilt sowohl für die Entscheidung welche als auch wie viele Unternehmen zur Angebotsabgabe aufgefordert werden. Die Gründe für die getroffene Auswahl sind sorgfältig und nachvollziehbar zu dokumentieren. Sind den vorgenannten Anforderungen entsprechende Gründe nicht ersichtlich, und auch nicht im Rahmen eines Vergabevermerks dokumentiert, hat der Auftraggeber sein Auswahlermessen nicht ordnungsgemäß ausgeübt.[233]

Der öffentliche Auftraggeber ist nicht verpflichtet, in der beschränkten Ausschrei- **135** bung bereits vor Eingang der Bewerbungen festzulegen, wie viele Bewerber er zur Angebotsabgabe auffordern will, und dies in der Vergabebekanntmachung – sei es als Zahl oder Marge – mitzuteilen. Hat er eine solche Festlegung jedoch bereits getroffen, gebieten es die Grundsätze der Transparenz und Gleichbehandlung, die Anzahl oder Marge vorab bekannt zu geben. Ist eine Anzahl bzw. Marge bekannt gegeben, ist der Auftraggeber hieran gebunden.

Der Grundsatz der Gleichbehandlung gebietet darüber hinaus, sämtliche Bewerber **136** gleichzeitig zur Abgabe eines Angebots aufzufordern, um einen zeitlich einheitlichen Vergleichsmaßstab sicherzustellen.[234]

III. Freihändige Vergabe (§ 7 Nr. 2 Abs. 3)

Bei der Freihändigen Vergabe vergibt der Auftraggeber Leistungen ohne ein förm- **137** liches Verfahren. Die Freihändige Vergabe darf nur ausnahmsweise bei Vorliegen

---

231 *OLG Schleswig-Holstein* Beschl. v. 4. 5. 2001 – 6 Verg 2/2001.
232 Vgl. auch §§ 7 Nr. 4, 2 Nr. 3 VOB/A und § 97 Abs. 4 GWB.
233 Zum Ganzen: *BayObLG* Beschl. v. 20. 4. 2005 – Verg 26/04, VergabeR 2005, 532 m. Anm. *Horn*.
234 *Müller-Wrede* in: Müller-Wrede, VOL/A, § 7 Rn. 22.

der abschließend in § 3 Nr. 4 VOL/A aufgelisteten Tatbestände gewählt werden. Im Oberschwellenbereich ist die Freihändige Vergabe mit dem Verhandlungsverfahren vergleichbar.

138 Auch bei der Freihändigen Vergabe sollen die Angebote möglichst im Wettbewerb eingeholt werden (§ 7 Nr. 2 Abs. 3). Die Vorschrift stellt damit klar, dass trotz der Rechtsnatur der Freihändigen Vergabe als nichtförmliches Verfahren ein Mindestmaß an Wettbewerb gewährleistet sein muss.[235] Sie ist damit Ausfluss des auch in der Freihändigen Vergabe geltenden Wettbewerbsprinzips (vgl. § 2 Nr. 1). Ferner ist gemäß § 2 Nr. 2 auch das Gleichbehandlungsgebot zu beachten.

1. Durchführung eines öffentlichen Teilnahmewettbewerbs

139 Wie der Beschränkten Ausschreibung soll der Freihändigen Vergabe – soweit es zweckmäßig ist – eine öffentliche Aufforderung zur Bewerbung um die Teilnahme am Wettbewerb vorangehen (**Freihändige Vergabe mit Öffentlichem Teilnahmewettbewerb**, § 3 Nr. 1 Abs. 4 VOL/A). Die Freihändige Vergabe mit Öffentlichem Teilnahmewettbewerb ist daher der Regelfall. Die Ausführungen zur Beschränkten Ausschreibung hinsichtlich des Teilnahmewettbewerbes gelten entsprechend. Das heißt, dass nur im Ausnahmefall, wenn eine sachliche Rechtfertigung vorliegt, Unternehmen im Rahmen der **Freihändigen Vergabe ohne öffentliche Bekanntmachung** zur Angebotsabgabe aufgefordert werden dürfen. Das ist in der Praxis nur gerechtfertigt, wenn insgesamt nachweislich nur eine begrenzte Anzahl von Unternehmen in Betracht kommen (vgl. auch § 3 Nr. 3 lit. a)), ohne Verschulden des Auftraggebers nicht ausreichend Zeit für einen vorgeschalteten Teilnahmewettbewerb besteht oder aus anderen Gründen der Aufwand eines Teilnahmewettbewerbs zum möglichen Ergebnis außer Verhältnis steht. Die Notwendigkeit der Durchführung eines Teilnahmewettbewerbs hängt maßgeblich auch von dem Rechtfertigungsgrund für die Freihändige Vergabe nach § 3 VOL/A ab.

2. Anzahl der zur Angebotsabgabe aufzufordernden Unternehmen

140 § 7 enthält keine explizite Vorgabe, wie viele Unternehmen zur Angebotsabgabe aufzufordern sind. Vielmehr heißt es nur, dass die Angebote »im Wettbewerb« eingeholt werden sollen. **Oberhalb der Schwellenwerte** gilt nach Art. 44 Abs. 3 UAbs. 2 RL 2004/18/EG, dass in Verhandlungsverfahren **mindestens drei Unternehmen** zur Angebotsabgabe aufzufordern sind bzw. – sofern nicht drei geeignete Bewerbungen vorliegen – so viele Unternehmen wie möglich. In Anlehnung an diese Regelung oberhalb der Schwellenwerte sowie § 7 Nr. 2 Abs. 2 sollten daher – sofern möglich – auch unterhalb der Schwellenwerte mindestens drei Angebote eingeholt werden.

141 Der öffentliche Auftraggeber ist nicht verpflichtet, in der beschränkten Ausschreibung bereits vor Eingang der Bewerbungen festzulegen, wie viele Bewerber er zur Angebotsabgabe auffordern will, und dies in der Vergabebekanntmachung – sei es als

---

[235] *Rusam* in: Heiermann/Riedl/Rusam, VOB/A, § 8 Rn. 28; *Zdzieblo* in: Daub/Eberstein, VOL/A, § 7 Rn. 45; *Müller-Wrede* in: Müller-Wrede, VOL/A, § 7 Rn. 22.

Zahl oder Marge – mitzuteilen. Hat er eine solche Festlegung jedoch bereits getroffen, gebieten es die Grundsätze der Transparenz und Gleichbehandlungen, die Anzahl oder Marge vorab bekannt zu geben. Ist eine Anzahl bzw. Marge bekannt gegeben, ist der Auftraggeber hieran gebunden.

Der Grundsatz der Gleichbehandlung gebietet darüber hinaus, sämtliche Bewerber **142** gleichzeitig zur Abgabe eines Angebots aufzufordern, um einen zeitlichen einheitlich Vergleichsmaßstab sicherzustellen.[236]

Unabhängig davon, ob zunächst ein öffentlicher Teilnahmewettbewerb stattfindet **143** oder nicht, sind grundsätzlich **mehrere Unternehmen** an der Freihändigen Vergabe zu beteiligen. Die Einholung mehrerer Angebote ist nur dann entbehrlich, wenn die Beteiligung mehrerer Unternehmen im Einzelfall nicht möglich oder nicht zweckmäßig ist. Das ist vor allem dann der Fall, **wenn aus besonderen, objektiven Gründen nur ein Unternehmen für die Ausführung der Leistungen in Betracht kommt** (vgl. hierzu § 3 Nr. 4 lit. a) VOL/A). Ebenso ist die Verhandlung mit nur einem Bieter gerechtfertigt, wenn eine Freihändige Vergabe zulässigerweise wegen der Dringlichkeit der Leistung gewählt (vgl. § 3 Nr. 4 lit. f)) wird und die Verhandlungen exklusiv mit dem Bieter geführt werden, der in dem vorangegangenen, aufgehobenen öffentlichen Ausschreibung das wirtschaftlichste Angebot abgegeben hatte.[237]

IV. Wechsel unter den Bewerbern (§ 7 Nr. 2 Abs. 4)

Bei der Beschränkten Ausschreibung und der Freihändigen Vergabe soll gemäß **144** § 7 Nr. 2 Abs. 4 unter den Bewerbern möglichst gewechselt werden. Die Vorschrift bezieht sich nur auf die Verfahren der Beschränkten Ausschreibung und der Freihändigen Vergabe, da bei der Öffentlichen Ausschreibung der Kreis der Bewerber nicht vom Auftraggeber beschränkt werden darf. Demgegenüber können Auftraggeber bei der Beschränkten Ausschreibung und der Freihändigen Vergabe im Rahmen der dargestellten Grenzen auswählen, welche Bewerber zu einer Angebotsabgabe aufgefordert werden.

Sinn und Zweck des Wechsels der Bewerber ist die Herstellung von Chancengleich- **145** heit unter den Bewerbern, indem nicht stets dieselben Unternehmen die Chance erhalten, ein Angebot abzugeben (so genanntes »Hoflieferantentum«[238]), sondern auch neue Bewerber eine Chance bekommen, den Auftrag zu erhalten. Das entspricht dem »Gebot des vernünftigen Wettbewerbs«,[239] wonach jedem Bewerber möglichst die gleiche Chance zukommen soll und die Bevorzugung einzelner Unternehmer durch zu häufige Beauftragung im Verhältnis zu anderen vermieden werden soll. Ein auf § 7 Nr. 2 Abs. 4 beruhender »Wechsel« unter den Bewerbern, die sich im Teilnahmewettbewerb als geeignet erwiesen haben, darf jedoch nur unter grundsätzlich gleich geeigneten Bewerbern erfolgen. Es wäre ein Verstoß gegen das Gebot der Gleichbehandlung, einen wesentlich »geeigneteren« Bewerber (der z. B. mehr und

---

236 *Müller-Wrede* in: Müller-Wrede, VOL/A, § 7 Rn. 22.
237 *1. VK Bund* Beschl. v. 29. 9. 2004 – VK 1–162/04.
238 *Zdzieblo* in: Daub/Eberstein, VOL/A, § 7 Rn. 49.
239 *Schranner* in: Ingenstau/Korbion, VOB, A § 8 Rn. 52.

bessere Referenzen vorgelegt hat als andere Bewerber) nur deshalb nicht zur Angebotsabgabe aufzufordern, weil zwischen den Bewerbern zur Vermeidung eines »Hoflieferantentums« gewechselt werden soll.

146 Teilweise wird in der Literatur die Behandlung sogenannter Bewerberlisten diskutiert. Es wurde früher vertreten, dass ein ordnungsgemäßer Wechsel des Bewerberkreises eine regelmäßige Dokumentation und Überwachung der Vergaben in Listen- oder Karteiform voraussetzt.[240] Wie viel Dokumentation angesichts der modernen Speichermedien erforderlich ist, muss am Einzelfall beurteilt werden. Grundsätzlich müssen sich solche Dokumentationen aber auf den sachlich gebotenen Inhalt beschränken. Unzulässig wäre beispielsweise die Führung einer »Anwesenheitsliste« mit dem Ziel, solche Bewerber auszuschließen, die sich in der Vergangenheit trotz Aufforderung nicht mit einem Angebot beteiligt haben.[241]

D. Aufforderung kleinerer und mittlerer Unternehmen zur Angebotsabgabe (§ 7 Nr. 3)

147 Auftraggeber sind auf Grund von § 7 Nr. 3 verpflichtet, bei Beschränkter Ausschreibung und Freihändiger Vergabe, kleine und mittlere Unternehmen »in angemessenem Umfang« zur Angebotsabgabe aufzufordern.

148 Wirtschaftspolitisches Ziel dieser Bestimmung ist die Berücksichtigung kleiner und mittlerer Unternehmen (KMU) bei der Auftragsvergabe. Dieses Ziel verfolgt die VOL/A auch an anderen Stellen, zum Beispiel in § 7 Nr. 1 Abs. 2 und § 10 Nr. 2 Abs. 1. Die Bundesregierung fördert dieses Ziel durch Mittelstands- und die Bevorzugtenrichtlinien. Darüber hinaus haben auch nahezu alle Bundesländer Gesetze und Richtlinien zur Förderung des Mittelstands. Auch im Gemeinschaftsrecht findet die Förderung von KMU Berücksichtigung, zum Beispiel im Grünbuch der Europäischen Kommission vom 26. November 1996.[242]

149 Bei der Bestimmung von »kleinen und mittleren Unternehmen« im Sinne des § 7 Nr. 3 VOL/A kann auf die zur Vereinheitlichung der innerhalb der EG gebrauchten KMU-Definitionen herausgegebenen Empfehlung der Kommission vom 6. 5. 2003[243] zurückgegriffen werden. Danach sind:

- Kleinstunternehmen sowie KMU solche Unternehmen, die weniger als 250 Personen beschäftigen und die entweder einen Jahresumsatz von höchstens EUR 50 Mio. erzielen oder deren Jahresbilanzsumme sich auf höchstens EUR 43 Mio. beläuft;
- innerhalb der Kategorie der KMU kleine Unternehmen solche Unternehmen, die weniger als 50 Personen beschäftigen und deren Jahresumsatz bzw. Jahresbilanz EUR 10 Mio. nicht übersteigt;

---

240 *Daub/Meierrose* VOL, 2. Auflage, 1976, Ez. 4 i zu A § 9.
241 *Schranner* in: Ingenstau/Korbion, VOB, A § 8 Rn. 53.
242 *Zdzieblo* in: Daub/Eberstein, VOL/A, § 7 Rn. 52.
243 Empfehlung der Kommission betreffend die Definition der Kleinstunternehmen sowie der kleinen und mittleren Unternehmen v. 6. 5. 2003, 2003/361/EG, ABl. EG L 124/36 v. 20. 5. 2003.

- innerhalb der Kategorie der KMU Kleinstunternehmen solche Unternehmen, die weniger als 10 Personen beschäftigen und deren Jahresumsatz bzw. Jahresbilanz EUR 2 Mio. nicht übersteigt.

Allerdings sind die Kriterien nur als Auslegungshilfe zu bewerten, entscheidend ist die umfassende Beurteilung des Einzelfalls.[244] Insbesondere bei nur geringen Auftragswerten wäre es unangemessen, auf die Beschäftigtenzahl von 250 Personen bzw. einen Jahresumsatz von maximal EUR 50 Mio. oder eine Jahresbilanzsumme von höchstens EUR 43 Mio. abzustellen. Vielmehr muss der Auftraggeber bei kleinen Aufträgen insbesondere auch kleine und Kleinstunternehmen berücksichtigen. **150**

Die Verpflichtung des Auftraggebers aus 7 Nr. 3, kleine und mittlere Unternehmen angemessen zu berücksichtigen, steht jedoch unter dem Vorbehalt, dass die KMU, die sich um die Teilnahme am Vergabeverfahren beworben haben, in gleichem Maße geeignet sind wie die übrigen zur Angebotsabgabe aufgeforderten Bewerber. Es wäre eine unzulässige Diskriminierung, weniger geeignete KMU Bewerbern vorzuziehen, die aufgrund der vorgelegten Eignungsnachweise einen höheren Eignungsgrad aufweisen. **151**

E. Nachweis der Eignung (§ 7 Nr. 4)

I. Allgemeines

§ 7 Nr. 4 regelt die Anforderungen an den Nachweis der Eignung durch die Bieter und Bewerber im Vergabeverfahren. Die Eignungsprüfung ist eine eigenständige Prüfung und von der materiellen Prüfung des Angebots abzugrenzen (vgl. auch die in § 25 vorgegebenen Wertungsstufen). Das entspricht der Systematik des europäischen Vergaberechts,[245] wonach die Prüfung der Eignung der Bewerber für die Ausführung der zu vergebenden Leistungen einerseits und die Wertung der Angebote andererseits zu trennen sind.[246] Diese klare Trennung der Prüfungsschritte gewährleistet nach Auffassung des BGH, dass die Vergabeentscheidung klar und überprüfbar bleibt.[247] **152**

In § 7 Nr. 4 ist die Frage geregelt, welche Nachweise öffentliche Auftraggeber zur Prüfung der Eignung der Bewerber für die Ausführung des Auftrags fordern können. Die Norm stellt sicher, dass die Entscheidung über die Eignung eines Bewerbers nur auf Kriterien gestützt wird, die mit der Fachkunde, Leistungsfähigkeit und Zuverlässigkeit des Auftragnehmers in Zusammenhang stehen und durch den Auftragsgegenstand sachlich gerechtfertigt sind. Ebenso wird gewährleistet, dass die Prüfung der Eignung anhand von den vom Bewerber vorzulegenden Angaben und Nachweisen erfolgt und nicht willkürlich. Darüber hinaus schützt § 7 Nr. 4 ausdrücklich die berechtigten Interessen der Bewerber am Schutz ihrer Betriebsgeheimnisse. **153**

---

244 *Müller-Wrede,* in: Müller-Wrede, VOL/A, § 7 Rn. 27.
245 Vgl. Richtlinie 2004/18/EG vom 31. 3. 2004 über die Koordinierung der Verfahren zur Vergabe öffentlicher Bauaufträge, Lieferaufträge und Dienstleistungsaufträge (Art. 44 Abs. 1).
246 Vgl. *EuGH* Urt. v. 19. 6. 2003 – Rs. C-315/01 – GAT, Rn. 59, Slg. 2003, I-6351.
247 *BGH* Urt. v. 8. 9. 1998 – X ZR 109/96 – WuW/E Verg 148, 150.

154 § 7 Nr. 4 stellt mehr als eine nur an öffentliche Auftraggeber gerichtete Ordnungsvorschrift dar. Die Benennung der Eignungsnachweise schützt die Bieter davor, dass nachträglich höhere Anforderungen gestellt werden. Ferner wird sichergestellt, dass ein Wettbewerber nicht durch nachträgliche Zulassung eines auf ihn zugeschnittenen Nachweises besser gestellt wird. Die Vorschrift unterliegt aufgrund ihrer auf alle Bewerber/Bieter gerichteten Schutzwirkung nicht der Disposition einzelner Bewerber/Bieter oder des Auftraggebers.[248]

155 **Oberhalb der Schwellenwerte** sind hinsichtlich der Eignungsprüfung und der Eignungsnachweise §§ 7 a, 7 b und § 5 SKR zu beachten, die detaillierte Regelungen und Vorgaben zu Eignungsnachweisen und -prüfung enthalten.

II. Zeitpunkt der Eignungsprüfung

156 Der Zeitpunkt der Eignungsprüfung und damit auch der Zeitpunkt bzw. das Verfahrensstadium, in dem die Eignungsnachweise gefordert werden, ist je nach Vergabeverfahren unterschiedlich. Da bei der Öffentlichen Ausschreibung/Offenen Verfahren keine Vorauswahl der Bewerber stattfindet, werden die Eignungsnachweise in der Bekanntmachung bzw. in den Vergabeunterlagen gefordert. Die Bieter haben daher die geforderten Eignungsnachweise mit ihrem Angebot vorzulegen. Die Eignung wird nach Abgabe der Angebote im Rahmen der zweiten Stufe der Angebotswertung geprüft. Auf der der Eignungsprüfung vorangehenden ersten Wertungsstufe (formale Prüfung sowie Prüfung auf Vorliegen von Ausschlussgründen) können jedoch bereits Bieter ausgeschlossen werden, bei denen gemäß § 25 Nr. 1 Abs. 2 VOL/A Ausschlussgründe im Zusammenhang mit der Eignung (z. B. der Tatbestand des § 7 Nr. 5 oder die Unvollständigkeit der Eignungsnachweise (§ 25 Nr. 1 Abs. 2 lit. a) VOL/A) erfüllt sind.[249] In diesem Fall würde die Eignung nicht weiter geprüft.

157 Demgegenüber wird bei der Beschränkten Ausschreibung/dem Nichtoffenen Verfahren und bei der Freihändigen Vergabe/dem Verhandlungsverfahren die Eignung regelmäßig vor Aufforderung zur Angebotsabgabe im Rahmen eines Teilnahmewettbewerbs geprüft.[250] Die Eignungsnachweise werden in der Bekanntmachung oder den Unterlagen zum Teilnahmewettbewerb gefordert. Nur im Ausnahmefall können die Beschränkte Ausschreibung und die Freihändige Vergabe auch ohne öffentlichen Teilnahmewettbewerb durchgeführt werden (vgl. § 3 Nr. 1 Abs. 4), was jedoch nicht von der Prüfung der Eignung der Bewerber entbindet.

III. Eignungskriterien nach § 7 Nr. 4

158 Merkmale der Eignung sind gemäß § 7 Nr. 4 die Leistungsfähigkeit, die Fachkunde und die Zuverlässigkeit des Bewerbers. Die Eignungsprüfung ist anhand dieser Krite-

---
248 *VK Düsseldorf* Beschl. v. 24. 1. 2001 – VK-31/2000-B – für den Bereich der VOB/A; *OLG Düsseldorf* Beschl. v. 18. 7. 2001 – Verg 16/01.
249 *VK Leipzig* Beschl. v. 25. 6. 2003 – 1/SVK/051–03.
250 *Glahs* in: Kapellmann/Messerschmidt, VOB/A, § 8 Rn. 3.

rien vorzunehmen. Auftraggeber können Unterkriterien bilden, die mit den Kriterien Leistungsfähigkeit, Fachkunde und Zuverlässigkeit zusammenhängen. Die Heranziehung zusätzlicher Kriterien zur Beurteilung der Eignung ist grundsätzlich unzulässig. Sie ist weder in § 2 Nr. 3 und § 7 Nr. 4 noch in § 97 Abs. 2 GWB vorgesehen. Zur Zulässigkeit von sogenannten »vergabefremden Kriterien« vergleiche die Ausführungen zu § 7 Nr. 1. Oberhalb der Schwellenwerte sind im Hinblick auf die Eignungskriterien Art. 45 ff. der RL 2004/18/EG und Art. 54 der RL 2007/17/EG sowie die Rechtsprechung des EuGH zu beachten, wonach die in den EG-Richtlinien vorgegebenen Eignungskriterien abschließend sind.[251]

1. Leistungsfähigkeit

Ein Unternehmen ist leistungsfähig, wenn sein Betrieb in technischer, kaufmännischer, personeller und finanzieller Hinsicht so ausgestattet ist, dass er eine fach- und fristgerechte Ausführung der zu erbringenden Bau- und der sonstigen Leistungen garantieren kann.[252] Grundsätzlich ist zu unterscheiden zwischen wirtschaftlicher/finanzieller Leistungsfähigkeit auf der einen und technischer Leistungsfähigkeit auf der anderen Seite: **159**

In **wirtschaftlicher und finanzieller Hinsicht** ist die Leistungsfähigkeit eines Unternehmens gegeben, wenn die Kapitalausstattung der Größe des Unternehmens und der zu erbringenden Leistung angemessen ist, der Betrieb den üblichen Anforderungen des Handelsrechts genügt und die Umsatzzahlen erkennen lassen, dass das Unternehmen in der Lage ist, die ausgeschriebene Leistung zu erbringen. Der Nachweis kann durch Bankauszüge, Bilanzen oder Bilanzauszüge sowie Umsatzerklärungen geführt werden.[253] Der Bestätigungsvermerk eines Wirtschaftsprüfers ist aufgrund der handelsrechtlichen Vorschriften[254] eine ausreichend gesicherte Information, die von einem Auftraggeber für die eigene Einschätzung der finanziellen Leistungsfähigkeit des Bieters zugrunde gelegt werden kann.[255] **160**

Die **technische Leistungsfähigkeit** umfasst die technische Ausstattung, also das Vorhandensein der für die Durchführung des konkreten Auftrags erforderlichen Maschinen, Werkzeuge, etc. Als Nachweis der entsprechenden technischen Leistungsfähigkeit kann der Auftraggeber z. B. Auftragsbescheinigungen, Ausrüstungsbeschreibungen, Angaben zur technischen Leitung und Qualitätskontrolle oder Muster und Beschreibungen der zu erbringenden Leistung fordern.[256] Umstritten ist die Frage, zu welchem Zeitpunkt die Ausrüstung vorliegen muss. Teilweise wird gefordert, dass der Bewerber bereits zum Zeitpunkt der Angebotsabgabe die jeweilige Ausrüstung besitzen müsse.[257] Andere lassen es ausreichen, wenn der Bewerber in der **161**

---

251 *EuGH* Urt. v. 20. 9. 1988 – Rs. C-31/87 – Beentjes/Niederlande, Slg. 1988, 4635; NVwZ 1990, 353 ff.; ferner auch *Prieß* Handbuch des Europäischen Vergaberechts, S. 256.
252 *OLG Karlsruhe* Urt. v. 25. 6. 2001 – 9 U 203/00, NZBau 2002, 109, 110; *Prieß/Hausmann* in: Motzke/Pietzcker/Prieß, VOB/A, § 2 Rn. 31 ff. und § 8 Rn. 70.
253 *VK Bund* Beschl. v. 9. 1. 2001 – VK 2–40/00; *Hailbronner* in Byok/Jaeger, GWB, § 97 Rn. 242.
254 Bei dem Bestätigungsvermerk einer Wirtschaftsprüfungsgesellschaft handelt es sich um die Zusammenfassung der Prüfung des Jahresabschlusses einer Kapitalgesellschaft, vgl. § 323 HGB.
255 *VK Bund* Beschl. v. 10. 2. 2004 – VK 2–150/03.
256 Vgl. *Jestaedt* in: Jestaedt/Kemper/Marx/Prieß, Das Recht der Auftragsvergabe, S. 111.
257 So *OLG Düsseldorf* Beschl. v. 25. 2. 2004 – VII – Verg 77/03.

Lage wäre, die entsprechende Ausrüstung bei Bedarf kurzfristig zu erwerben und somit zum Zeitpunkt der Ausführung des Auftrags über die entsprechende Ausrüstung verfügt.[258] Auch die personelle Leistungsfähigkeit gehört zur technischen Leistungsfähigkeit. Sie bedeutet, dass der Bewerber über eine ausreichende Anzahl fachlich geeigneter gewerblicher und kaufmännischer Mitarbeiter verfügt.[259] Ferner gehört zur technischen Leistungsfähigkeit das gesamte Know-how und die Erfahrung des Unternehmens, das insbesondere durch Referenzen nachgewiesen werden kann.

162 Die Anforderungen an die Leistungsfähigkeit dürfen nicht dazu führen, dass die meisten Bieter von vornherein ausscheiden: Der Wettbewerbsgrundsatz nach § 2 Nr. 2 gebietet, den Kreis der Bieter nicht durch überzogen hohe Anforderungen an deren Leistungsfähigkeit über Gebühr einzuschränken.[260] Beispielsweise ist der Nachweis eines bestimmten Jahresumsatzes zur Abfrage der Leistungsfähigkeit nur zulässig, solange die benannten Umsätze sachlich gerechtfertigt sind und nicht zu einer willkürlichen Diskriminierung einzelner Bieter führen.[261]

2. Fachkunde

163 Unter dem Begriff der Fachkunde werden die technischen Kenntnisse eines Bewerbers zusammengefasst, die für die Vorbereitung und Ausführung der betreffenden Leistung erforderlich sind.[262] Dies ist anhand objektiver Kriterien zu beurteilen:[263] Die Fachkunde beurteilt sich nach der **Ausbildung und Erfahrung** des Bewerbers.[264] Konkret kann dazu die Eintragung in der Handwerksrolle herangezogen werden,[265] was bei grenzüberschreitenden Sachverhalten jedoch nicht zu einer gemeinschaftsrechtswidrigen Diskriminierung führen darf. Bei schwierigen Leistungen ist in der Regel zu fordern, dass der Bieter bereits nach Art und Umfang vergleichbare Leistungen ausgeführt hat.[266]

164 Der geforderte Maßstab der Fachkunde hängt von der Komplexität und dem Schwierigkeitsgrad der zu vergebenden Leistung ab. Im Falle größerer Unternehmen muss sich die Fachkundeprüfung auf das ausführende Personal wie auch auf das Führungspersonal, unter dessen Leitung die betreffende Leistung erbracht werden soll, beziehen, sowie auch auf das Personal ggf. vorgesehener Nachunternehmer.

165 Das Abstellen auf bisherige Erfahrungen kann zu einer Privilegierung von erfahrenen Teilnehmern gegenüber sogenannten »Newcomern« führen.[267] Das ist jedoch nicht *per se* unzulässig, sondern oftmals, insbesondere aufgrund der Spezialität oder Kom-

---

258 So *VK Südbayern* Beschl. v. 5. 3. 2001 – 02–02/01.
259 *Stickler* in: Reidt/Stickler/Glahs, GWB, § 97 Rn. 16.
260 *VK Bund* Beschl. v. 21. 9. 2001 – VK 1–33/01.
261 *VK Bund* Beschl. v. 16. 12. 2004 – VK 2–205/04.
262 *Prieß* in: Motzke/Pietzcker/Prieß, VOB/A, § 2 Rn. 29 ff. und *Prieß/Hausmann* in: Motzke/Pietzcker/Prieß, VOB/A, § 8 Rn. 70.
263 *Jestaedt* in: Jestaedt/Kemper/Marx/Prieß, Das Recht der Auftragsvergabe, S. 110.
264 *Prieß* in: Motzke/Pietzcker/Prieß, VOB/A, § 2 Rn. 29 ff. und *Prieß/Hausmann* § 8 Rn. 70.
265 *BayOLG* Beschl. v. 24. 1. 2003 – 30/02.
266 *Kulartz* in: Daub/Eberstein, VOL/A, § 25 Rn. 33.
267 *OLG Düsseldorf* Beschl. v. 18. 7. 2001 – Verg 16/01, VergabeR 2001, S. 419.

plexität der ausgeschriebenen Leistungen, gerechtfertigt.[268] Sofern spezielle Kenntnisse erforderlich sind, die Newcomer oder nicht hochgradig spezialisierte Unternehmen (nahezu) nicht erfüllen können, kann der öffentliche Auftraggeber im Einzelfall verpflichtet sein, dafür Sorge zu tragen, diese Unternehmen beim Erwerb der erforderlichen Fachkunde zu unterstützen. Das hat die VK Bund für im VOB-Bereich angesiedelte hochspezielle Tondichtungsarbeiten unter Wasser mehrfach angenommen. Bewerber mussten nachweisen, dass sie in der Lage sind, mit einem speziellen Tonverlegegerät umzugehen. Hierin sah die Kammer zwar die Gefahr einer »Marktabschottung« zugunsten der Unternehmen, die bereits in diesem Bereich tätig gewesen sind. Sie entschied jedoch, dass »*der Widerspruch zwischen Öffnung des Marktes und den Sicherheitsbedenken bei hinsichtlich der Tondichtungsarbeiten unerfahrenen Unternehmen durch die Ermöglichung des Erwerbs der Fachkunde zu lösen ist*« und ließ es ausreichen, dass der Auftraggeber Unternehmen auf Probestrecken an die Tondichtungsarbeiten heranführt und sie auf dem Weg bis zu der entsprechenden Fachkundeprüfung begleitet.[269]

3. Zuverlässigkeit

Ein Unternehmen ist zuverlässig, wenn es seinen gesetzlichen Verpflichtungen bislang **166** nachgekommen ist und eine sorgfältige und einwandfreie Ausführung der ausgeschriebenen Leistungen entsprechend den rechtlichen und technischen Normen (einschließlich Gewährleistung) erwarten lässt.[270]

§ 7 Nr. 5 VOL/A benennt im Hinblick auf die Zuverlässigkeit der Bewerber typische **167** Ausschlussgründe:

– **Betriebliche Ausschlussgründe**: Unternehmen »über deren Vermögen das Insolvenzverfahren oder ein vergleichbares gesetzlich geregeltes Verfahren[271] eröffnet oder die Eröffnung beantragt worden ist oder deren Antrag mangels Masse abgelehnt wurde« oder »deren Unternehmen sich in Liquidation befinden«, können von der Teilnahme am Wettbewerb ausgeschlossen werden.
– **Persönliche Ausschlussgründe** liegen vor bei: schweren Verfehlungen, mangelnder Zahlung von Steuern, Abgaben und Sozialversicherungsbeiträgen, vorsätzlich falschen Eignungserklärungen oder Angaben, insbesondere hinsichtlich der Anmeldung zur Berufsgenossenschaft.

Weitere die Zuverlässigkeit betreffende und teilweise zwingende Ausschlussgründe **168** sind in §§ 7 a, 7 b und 5 SKR genannt: Bewerber/Bieter bzw. diesen zuzurechnende Personen, die rechtskräftig wegen Beteiligung an einer kriminellen Organisation, Bestechung, Betrug oder Geldwäsche verurteilt wurden, sind in der Regel wegen Unzuverlässigkeit auszuschließen. Trifft ein Bewerber z. B. nach Korruptionsvorwürfen ge-

---

268 2. *VK Bund* Beschl. v. 11. 1. 2005 – VK 2–220/04.
269 Vgl. auch *VK Bund* Beschl. v. 11. 1. 2005 – VK 2–220/04; Beschl. v. 8. 10. 2003 – VK 2–78/03; Beschl. v. 11. 11. 2002 – 82/02, Beschl. v. 19. 1. 2001 – VK 2–42/00.
270 Vgl. *OLG Düsseldorf* Beschl. v. 10. 5. 2000 – Verg 5/00, NZBau 2000, 540; *Prieß* in: Motzke/Pietzcker/ Prieß, VOB/A, § 2 Rn. 34 ff. und *Prieß/Hausmann* in: Motzke/Pietzcker/Prieß, VOB/A, § 8 Rn. 70.
271 Unter »vergleichbaren gesetzlich geregelten Verfahren« sind hauptsächlich die in § 262 AktG und § 60 GmbHG angeführten Auflösungsgründe zu verstehen.

gen den ehemaligen Vorstandsvorsitzenden und leitende Angestellte eines von ihm übernommenen Unternehmens die geeigneten Maßnahmen zur »Selbstreinigung«, ist er insbesondere um Aufklärung der Vorgänge bemüht und zieht die erforderlichen personellen und organisatorischen Konsequenzen, bestehen an seiner Zuverlässigkeit hingegen keine begründeten Zweifel[272] (vgl. hierzu die weitergehende Kommentierung zu § 7 Nr. 5 sowie zu § 7 a Nr. 2 Abs. 1–3).

169 Es kommen darüber hinaus weitere Gründe für die Unzuverlässigkeit eines Bewerbers in Betracht, beispielsweise wenn ein Unternehmen Arbeitnehmer illegal beschäftigt bzw. beschäftigt hat, ein Unternehmen Personen mit der Ausführung von Dienst- oder Werkleistungen beauftragt, welche ein Handwerk darstellen, ohne dass diese Personen in die Handwerksrolle eingetragen sind[273] oder ein Unternehmen sich unerlaubter oder unsachlicher Mittel bedient oder bedient hat, um den Auftrag zu erhalten.

170 Die Zuverlässigkeit ist ferner auch regelmäßig ausgeschlossen, wenn der Bieter bereits früher vertragswidriges Verhalten, z. B. in Form von Lieferverzug oder Schlechtleistung zeigte.[274] Dabei sind alle in Betracht kommenden Umstände wie Ausmaß, Intensität und Umfang der früheren Vertragsverletzung im Wege einer umfassenden Würdigung zu berücksichtigen.[275] Richtschnur für die Zuverlässigkeit eines Bieters ist stets die Frage, inwieweit die zur Beurteilung stehenden Gesichtspunkte geeignet sind, eine ordnungsgemäße und vertragsgerechte Erbringung der ausgeschriebenen und vom Antragsteller angebotenen Leistungen in Frage zu stellen. Dabei sind insbesondere Erfüllungsstörungen aus einer früheren Geschäftsbeziehung erheblich, sofern ihnen für den zu vergebenden Auftrag (noch) Gewicht zukommt.

171 Soweit gesicherte Erkenntnisse über Tatsachen vorliegen, die die Zuverlässigkeit eines Bewerbers in Frage stellen, sind diese zu berücksichtigen (ggf. nach vorheriger weiterer Aufklärung des Sachverhalts, z. B. durch Nachfragen beim Bewerber). In die Zuverlässigkeitsprüfung sind auch Kenntnisse des Auftraggebers einzubeziehen, die sich nicht unmittelbar aus den mit dem Teilnahmeantrag eingereichten Unterlagen ergeben (z. B. positive, nachweisbare Kenntnis von den vorstehend genannten Unzuverlässigkeitsgründen).

IV. Eignungsnachweise

1. Allgemeines

172 Gemäß § 7 Nr. 4 können von den Bewerbern zum Nachweis ihrer Fachkunde, Leistungsfähigkeit und Zuverlässigkeit entsprechende Angaben gefordert werden, soweit es durch den Gegenstand des Auftrages gerechtfertigt ist und die berechtigten Interessen der Bewerber am Schutz ihrer Geheimnisse nicht verletzt werden.

---

272 *OLG Düsseldorf* Beschl. v. 9. 4. 2003 – Verg 43/02.
273 Vgl. § 149 GewO; *Hertwig* Praxis der öffentlichen Auftragsvergabe, Rn. 366.
274 *Hailbronner* in: Byok/Jaeger, GWB, § 97 Rn. 243.
275 Vgl. *OLG Düsseldorf* Beschl. v. 28. 8. 2001 – Verg 27/01.

Diese, den Auftraggebern vergleichsweise weite Spielräume eröffnende Vorschrift **173**
wird für Vergaben oberhalb der Schwellenwerte durch §§ 7 a, 7 b und § 5 SKR ergänzt
die konkreten Regelungen hinsichtlich der zu fordernden Angaben und Nachweise
und deren Aufzählung möglicher Eignungsnachweise teilweise abschließend sind
(z. B. § 7 a Nr. 3 Abs. 2 für Nachweise über die fachliche und technische Leistungsfähigkeit). Die nachfolgenden Ausführungen gelten daher nur für Unterschwellenvergaben bzw. wenn §§ 7 a, 7 b und § 5 SKR keine abweichenden Regelungen enthalten.

2. Beurteilungsspielraum des Auftraggebers

Der Auftraggeber hat im Einzelfall zu entscheiden, welche Angaben und Eignungs- **174**
nachweise für das konkrete Vorhaben erforderlich sind. Maßstab ist, welche Eignungsnachweise die Auswahl des Bewerbers/Bieters gewährleisten, die am besten
für die Auftragserfüllung geeignet sind. Hinsichtlich der Frage, ob Angaben und
Nachweise durch den Auftragsgegenstand gerechtfertigt sind, kommt den Auftraggebern ein Beurteilungsspielraum zu.[276] Dieser Beurteilungsspielraum ist von den Nachprüfungsinstanzen nur eingeschränkt überprüfbar. Diese dürfen insbesondere keine
eigene Zweckmäßigkeitsprüfung vornehmen.[277] Somit bleibt die Nachprüfung beschränkt auf die Kontrolle von Beurteilungsfehlern, wie z. B. die Zugrundelegung
eines unzutreffenden Sachverhaltes, sachfremde Erwägungen oder Willkür.[278] Entscheidend ist, ob aus verständiger Sicht des Auftraggebers ein berechtigtes Interesse
an den aufgestellten Forderungen an Angaben und Eignungsnachweise besteht, so
dass diese sachlich gerechtfertigt und verhältnismäßig erscheinen und den Bieterwettbewerb nicht unnötig einschränken.[279] Die Forderung von Eignungsnachweisen darf
jedoch nicht einzelne Bieter ohne sachlichen Grund diskriminieren, da dies gegen den
Gleichbehandlungsgrundsatz gemäß § 7 Nr. 1 VOL/A verstieße.[280]

Die Kontrolle der Inanspruchnahme des Beurteilungsspielraums bezieht sich in erster **175**
Linie auf die Frage, ob schwere und offenkundige Fehler vorliegen. Das ist in der Regel nicht der Fall, wenn die Verfahrensweise des Auftraggebers nicht von vornherein
unvernünftig erscheint.[281] Innerhalb des ihm zustehenden Beurteilungsspielraums
hält sich ein Auftraggeber beispielsweise, wenn er für einen Müllentsorgungsauftrag
für 400.000 Einwohner lediglich den Nachweis verlangt, dass Bewerber Erfahrung
mit Müllentsorgungsaufträgen für 100.000 Einwohner haben. Denn es ist kein Grund
ersichtlich, einem Unternehmen mit Erfahrung in der Müllentsorgung von 100.000
Einwohnern die Eignung für die Erfüllung eines Entsorgungsauftrages für 400.000
Einwohner abzusprechen.[282]

Auftraggeber können ferner bestimmen, welche Qualität von Nachweisen sie im kon- **176**
kreten Vergabeverfahren genügen lassen wollen. Sie sind in der Entscheidung frei, ob

---
276 *VK Bund* Beschl. v. 3. 11. 1999 – VK 1–27/99; Beschl. v. 28. 4. 2005 – VK 1–35/05.
277 *VÜA Bayern* Beschl. v. 6.3. 1998, VÜA 13/97, ZVgR 1998, S. 496.
278 *Ax* Praxishinweis zum Beschluss des VÜA Bayern v. 6. 3. 1998, ZVgR 1998, S. 498.
279 *VK Münster* Beschl. v. 23. 10. 2003 – VK 19/03.
280 *VK Düsseldorf* Beschl. v. 19. 2. 2001 – VK 2/2001B.
281 *OLG Jena* Beschl. v. 22. 12. 1999 – 6 Verg 3/99.
282 *VK Karlsruhe* Beschl. v. 29. 4. 2005 – 1 VK 14/05.

sie offizielle Bescheinigungen verlangen oder inoffizielle genügen lassen. Unklarheiten und Widersprüchlichkeiten in den Anforderungen bezüglich der Eignungsnachweise gehen jedoch zu ihren Lasten.[283]

177 Eine Einschränkung des Beurteilungsspielraums ergibt sich aus § 7 Nr. 4, 2. und 3. Hs. Hiernach dürfen Eignungsnachweise nur gefordert werden, soweit es durch den Auftragsgegenstand gerechtfertigt ist und nicht das berechtigte Interesse der Bewerber am Schutz ihrer Betriebsgeheimnisse verletzt (vgl. hierzu die Kommentierung zu § 7 Nr. 4, 2. und 3. Hs.).

178 Im Rahmen seines Beurteilungsspielraums darf der Auftraggeber sogar auf exakte Vorgaben hinsichtlich der zum Nachweis von Eignungsmerkmalen vorzulegenden Unterlagen oder abzugebenden Erklärungen verzichten. Das setzt allerdings voraus, dass die erlaubten Mittel für den Eignungsnachweis in der Vergabebekanntmachung nach ihrer Art und Zielrichtung bestimmbar angegeben sind und darüber hinaus unmissverständlich klar gestellt ist, dass mit den einzureichenden Unterlagen oder Angaben bestimmte Eignungsmerkmale nachzuweisen sind.[284]

3. Zulässige Eignungsnachweise

a) Art der Nachweise

179 Als Nachweise im Sinne von § 7 Nr. 4 kommen grundsätzlich sowohl Fremd- als auch Eigenbelege in Betracht. Ist es den Bewerbern freigestellt, Eigenbelege (z. B. über die Erfahrung aufgrund von Referenzprojekten) vorzulegen, sind – sofern keine näheren Vorgaben gemacht werden – insbesondere selbst hergestellte Urkunden und Eigenerklärungen zugelassen. Eigenerklärungen müssen jedoch die Voraussetzungen eines »Nachweises« erfüllen, d. h. richtig, vollständig und aus sich heraus verständlich sein.[285]

b) Nachweise für das Vorliegen der Leistungsfähigkeit, Fachkunde und Zuverlässigkeit

180 Für die Vergabe oberhalb der Schwellenwerte sind die **vorrangigen Regelungen in §§ 7a, 7b und § 5 SKR zu beachten**. In § 7a Nr. 3 Abs. 2 sind insbesondere abschließend die zulässigen Nachweise für das Vorliegen der fachlichen und technischen Leistungsfähigkeit aufgelistet.

181 Darüber hinaus gilt:

Ein Unternehmen ist leistungsfähig, wenn sein Betrieb in technischer, kaufmännischer, personeller und finanzieller Hinsicht so ausgestattet ist, dass er eine fach- und fristgerechte Ausführung der zu erbringenden Leistungen gewährleisten kann.[286]

---

283 *OLG Düsseldorf* Beschl. v. 9. 6. 2004 – VII – Verg 11/04.
284 *OLG Düsseldorf* Beschl. v. 1. 2. 2006 – Verg 83/05.
285 *OLG Düsseldorf* Beschl. v. 22. 6. 2005 – VII Verg 22/05.
286 *OLG Karlsruhe* Urt. v. 25. 6. 2001 – 9 U 203/00, NZBau 2002, 109.

Für die Beurteilung der **personellen und technischen Leistungsfähigkeit** sind in der Praxis häufig folgende Angaben, Erklärungen und Nachweise erheblich:
– Angaben zur Anzahl der beschäftigten Mitarbeiter.
– Angaben zur Qualifikation des Führungspersonals.
– Informationen zu den notwendigen technischen Einrichtungen und Betriebsabteilungen sowie allgemein zum Unternehmen.
– Referenzen über vergleichbare Aufträge (ggf. mit Angabe von Zeitraum der Referenz, Auftragsvolumen bzw. andere Spezifika).
– Bei Lieferaufträgen: Muster/Beschreibungen/Photographien des Liefergegenstandes und/oder Bescheinigungen von amtlichen Qualitätskontrollinstituten (vgl. § 7 a Nr. 2 Abs. 2 lit. d und e).

In **wirtschaftlicher und finanzieller Hinsicht** ist die **Leistungsfähigkeit** des Bewerbers gegeben, wenn die Kapitalausstattung der Größe des Unternehmens und der zu erbringenden Leistung angemessen ist, der Betrieb den üblichen Anforderungen des Handelsrechts genügt und die Umsatzzahlen erkennen lassen, dass das Unternehmen in der Lage ist, die ausgeschriebene Leistung zu erbringen. Von Bedeutung sind daher in der Praxis vor allem folgende Angaben, Erklärungen und Nachweise: **182**

– einfache oder qualifizierte, d. h. ausdrücklich für den zu vergebenden Auftrag ausgestellte Bankauskünfte;
– die Angabe der Gesamtumsätze (z. B. der letzten drei Jahre) und/oder jeweils der Umsätze aus Leistungen, die mit der zu vergebenden Gesamtleistung oder Teilen dieser Leistung vergleichbar sind;
– Bilanzen/Bilanzauszüge, (testierte) Jahresabschlüsse (z. B. der letzten drei Geschäftsjahre);
– die Angabe, ob eine Berufshaftpflichtversicherung besteht und wenn ja, in welcher Höhe.

Der Begriff **Fachkunde** fasst die technischen Kenntnisse des Bewerbers bzw. der wesentlichen für die Ausführung der ausgeschriebenen Leistungen vorgesehenen Personen zusammen, die für die Vorbereitung und Ausführung der betreffenden Leistung erforderlich sind. Im Falle größerer Unternehmen muss sich die Fachkundeprüfung sowohl auf das ausführende Personal als auch auf das Führungspersonal, unter dessen Leitung die betreffende Leistung erbracht werden soll, beziehen, sowie auch auf das Personal ggf. vorgesehener Nachunternehmen. Dazu werden in der Regel Angaben (Nachweise, Zertifikate und persönlichen Referenzen) zur Qualifikation und Berufserfahrung des für die Leitung und Aufsicht vorgesehenen Führungspersonals sowie der wesentlichen für die Ausführung der ausgeschriebenen Leistungen vorgesehenen Personen eingeholt. **183**

Die **Zuverlässigkeit** eines Unternehmens ist gegeben, wenn es seinen gesetzlichen Verpflichtungen bislang nachgekommen ist und eine sorgfältige und einwandfreie Ausführung der ausgeschriebenen Leistungen entsprechend den rechtlichen und technischen Normen (einschließlich Gewährleistung) erwarten lässt.[287] Zur Aufklärung **184**

---

[287] *OLG Düsseldorf* Beschl. v. 10. 5. 2000 – Verg 5/00, NZBau 2000, 540.

über die Zuverlässigkeit eines Bewerbers können sich Auftraggeber im Rahmen des Verhältnismäßigkeitsgrundsatzes alle erforderlichen Erklärungen und Bescheinigungen vorlegen lassen. In der Praxis haben sich insbesondere Eigenerklärungen über das Nichtvorliegen von Unzuverlässigkeitsgründen durchgesetzt. Diese beziehen sich dann in der Regel in erster Linie auf das Nichtvorliegen der Ausschlusstatbestände, etwa die der §§ 7 Nr. 5, 7 a Nr. 2 Abs. 1, 7 b Nr. 1 Abs. 3 und § 5 SKR Nr. 1 Abs. 3. Ferner können Auftraggeber aktuelle Gewerbezentralregisterauszüge anfordern[288] und, sofern erforderlich, auch Führungszeugnisse (z. B. polizeiliche Führungszeugnisse des/der Geschäftsführer/s[289]) oder andere der Überprüfung der Zulässigkeit dienende amtliche Bescheinigungen. Teilweise wird auch die Vorlage von Bescheinigungen von Krankenkassen, Rentenkassen und dem Finanzamt[290] gefordert, was jedoch für die Bewerber zu einem sehr hohen Aufwand führen kann.

185 Darüber hinaus werden in der Praxis im Rahmen des Teilnahmewettbewerbs oftmals auch beglaubigte Handelsregisterauszüge, Unternehmensdarstellungen sowie eine Darstellung der bestehenden gesellschaftsrechtlichen Verbindungen und Beteiligungsverhältnisse gefordert, die ebenfalls Auskunft über die zuvor genannten Eignungskriterien geben können.

c) Vorgabe von Mindestanforderungen

186 Auftraggeber können jedoch nicht nur bestimmte Nachweise für die Eignung fordern, sondern auch Mindestanforderungen für eine Zulassung zum Vergabeverfahren aufstellen, denen die Bewerber und Bieter genügen müssen. Das betrifft in erster Linie den Bereich der Leistungsfähigkeit und Fachkunde (so auch Art. 44 Abs. 2 der RL 2004/18/EG). Auf den EG-Bekanntmachungsformularen ist die Vorgabe solcher Mindestanforderungen ausdrücklich vorgesehen.

187 Mindestanforderungen in diesem Sinne sind inhaltliche Anforderungen an die Eignung. So können zum Beispiel – je nach Umfang und Bedeutung des zu vergebenden Auftrags – bestimmte Mindestumsätze vorgesehen sein, eine bestimmte von der Mitarbeiterzahl abgeleitete Unternehmensgröße oder bestimmte Referenzen bzw. besondere fachliche Qualifikationen, wie z. B. eine Zertifizierung als Entsorgungsfachbetrieb im Rahmen der Vergabe eines Auftrages für Entsorgungsdienstleistungen.[291] § 7 Nr. 4 sowie Art. 44 Abs. 2 RL 2004/18/EG knüpfen die Festlegung von Mindestanforderungen jedoch an die Voraussetzung, dass sie mit dem Auftragsgegenstand zusammenhängen und diesem angemessen sind.

188 Aufgrund der Grundsätze des Wettbewerbs, der Transparenz und der Gleichbehandlung müssen die Mindestbedingungen zuvor **bekannt gemacht** werden (so auch ausdrücklich Art. 44 Abs. 2 RL 2004/18/EG), so dass jedes Unternehmen Gelegenheit erhält, den Nachweis anzutreten, dass es die Mindestbedingungen erfüllt oder aber von der Teilnahme am Vergabeverfahren Abstand nimmt.

---

[288] *VK Südbayern* Beschl. v. 10. 11. 2003 – 49–10/03.
[289] *OLG Dresden* Beschl. v. 17. 10. 2006 – WVerg 15/06.
[290] *OLG Düsseldorf* Beschl. v. 24. 6. 2002 – Verg 26/02.
[291] *VK Lüneburg* Beschl. v. 14. 5. 2004 – 203-VgK-13/2004.

189 Der Auftraggebern bei der Eignungsprüfung grundsätzlich zustehende Beurteilungs- und **Ermessensspielraum** wird durch die Festlegung von Mindestanforderungen eingeengt. Die Auftraggeber sind an die selbst aufgestellten Mindestanforderungen gebunden und dürfen nicht nachträglich von ihnen abweichen, da dies einen Verstoß gegen das Gleichbehandlungsgebot darstellen würde. Das bedeutet insbesondere, dass bei keinem Bewerber auf die Erfüllung der Mindestanforderungen grundsätzlich verzichtet werden kann.[292] Den Mindestanforderungen genügende Bewerber haben einen Anspruch darauf, dass Bewerber, die die Mindestbedingungen nicht erfüllen bzw. die erforderlichen Nachweise nicht vorgelegt haben, ausgeschlossen werden.[293] Insoweit ist es für Auftraggeber unzulässig, auf den Nachweis der Mindestanforderungen zu verzichten, z. B. bei dem Auftraggeber bereits aus anderem Kontext bekannten Unternehmen. Auch ein Nachreichen von Eignungsnachweisen ist unzulässig.[294] Erfüllt ein Bewerber die Mindestanforderungen nicht, ist er zwingend auszuschließen.[295]

190 Ein Absehen von Mindestanforderungen ist nur in Fällen denkbar, in denen kein Bewerber diese erfüllt bzw. den Nachweis für deren Vorliegen angetreten hat. Das gilt jedoch nur, wenn ausgeschlossen ist, dass andere, am Auftrag interessierte Unternehmen von einer Bewerbung abgesehen haben, weil sie die (z. B. in der Bekanntmachung mitgeteilten) Mindestanforderungen nicht erfüllen können. Diese Unternehmen würden diskriminiert, wenn bei den teilnehmenden Bewerbern plötzlich auf die Erfüllung der Mindestanforderungen verzichtet würde.

191 Im Rahmen eines Nachprüfungsverfahrens wirkt sich die Nichterfüllung von Mindestanforderungen ferner auch auf die Antragsbefugnis des Bewerbers aus: Zwar kann er seinen Ausschluss wegen Nichterfüllens einer Mindestanforderung angreifen. Ein Bewerber, der die Mindestbedingungen zur Angebotsabgabe aber unstreitig nicht erfüllt und daher von vornherein keine Chance auf Erteilung des Zuschlages hat, ist mangels drohendem Schadens gem. § 107 Abs. 2 Satz 2 GWB jedoch nicht mehr antragsbefugt.[296]

d) Rechtsfolgen fehlender Eignungsnachweise

192 Die Frage nach den Rechtsfolgen fehlender Eignungsnachweise ist für Auftraggeber und Bewerber/Bieter gleichermaßen relevant. Denn in den meisten Fällen müssen Teilnahmeanträge und Angebote zwingend von der Wertung ausgeschlossen werden, sofern geforderte Eignungsnachweise fehlen.

---

292 *OLG Düsseldorf* Beschl. v. 13. 11. 2000 – Verg 18/00; *OLG Düsseldorf* Beschl. v. 18. 7. 2001 – 16/01, *VK Bund* Beschl. v. 10. 5. 2001 – VK 1–11/01; *VK Leipzig* Beschl. v. 6. 5. 2002 – 1/SVK/034–02; *VK Lüneburg* Beschl. v. 14. 5. 2004 – 203-VgK-13/2004; Beschl. v. 5. 1. 2004 – 203-VgK-37/2003.
293 *OLG Düsseldorf* Beschl. v. 18. 7. 2001 – 16/01; *OLG Düsseldorf* Beschl. v. 13. 11. 2000 – Verg 18/00; *VK Bund* Beschl. v. 10. 5. 2001 – VK 1–11/01; Beschl. v. 10. 12. 2002 – VK 1–93/02.
294 *VK Bund* Beschl. v. 14. 7. 2003 – VK 2–54/03.
295 *OLG Düsseldorf* Beschl. v. 13. 11. 2000 – Verg 18/00; Beschl. v. 18. 7. 2001 – 16/01, *VK Bund* Beschl. v. 10. 5. 2001 – VK 1–11/01; *BayObLG* Beschl. v. 20. 12. 1999; *VK Leipzig* Beschl. v. 6. 5. 2002 – 1/SVK/034–02; *VK Lüneburg* Beschl. v. 14. 5. 2004 – VgK-13/2004; Beschl. v. 5. 1. 2004 – VgK-37/2003.
296 *OLG Düsseldorf* Beschl. v. 13. 11. 2000 – Verg 18/00.

193 In der Praxis hat sich gezeigt, dass auch Teilnahmeanträge/Angebote erfahrener Unternehmen zuweilen unvollständig und damit zwingend auszuschließen sind. Das kann insbesondere dann vorkommen, wenn eine Vielzahl von Eignungsnachweisen (teilweise auch von allen Nachunternehmern) gefordert wird. Aus diesem Grund sollten **Auftraggeber** nur solche Eignungsnachweise zwingend fordern, die zur Prüfung der Eignung tatsächlich erforderlich sind. Andernfalls besteht die Gefahr, einen unter Umständen geeigneten Bewerber, der ein attraktives Angebot unterbreiten könnte, schon wegen fehlender Eignungsnachweise ausschließen zu müssen. Ebenso riskant ist es, fehlende Nachweise nachreichen zu lassen oder einen Bewerber trotz fehlender Nachweise zu berücksichtigen. Das kann das ganze Verfahren belasten und von den Vergabenachprüfungsinstanzen als unzulässig untersagt werden (z. B. wenn später dann genau diesem Bewerber der Zuschlag erteilt werden soll). **Bieter** sollten auf die Ausschlussproblematik reagieren, indem sie besondere Sorgfalt darauf verwenden, alle geforderten Eignungsnachweise vorzulegen.

194 Für den Bereich des **Offenen Verfahrens** ist es nunmehr ständige Rechtsprechung, dass im Angebot fehlende (Eignungs-)Nachweise zwingend zum Ausschluss des Angebotes von der Wertung führen, wenn die Nachweise zuvor zwingend gefordert wurden. Diese Rechtsprechung basiert auf der Entscheidung des BGH vom 18. 2. 2003 aus dem Bereich der VOB/A[297] und wurde von der Rechtsprechung auf den Bereich der VOL/A ausgedehnt.[298] Der Ausschluss resultiert aus §§ 21 Abs. 1 Satz 1, 25 Nr. 1 Abs. 2 lit. a (fehlende Erklärungen und Angaben). Das OLG Düsseldorf hingegen stützt den zwingenden Ausschluss im Fall fehlender Eignungsnachweise hingegen auf § 25 Nr. 2 Abs. 1 (fehlende Eignung).[299] Ein Ausschluss scheidet nur dann aus, wenn die Unterlagen nicht zwingend, sondern optional gefordert wurden oder aber der Bekanntmachung bzw. den Vergabeunterlagen nicht eindeutig zu entnehmen ist, ob ein Eignungsnachweis zwingend vorzulegen war.[300] Das OLG Düsseldorf tendiert allerdings dazu, alle als »Teilnahme**bedingungen**« geforderten Eignungsnachweise (was gemäß den Vorgaben des EU-Bekanntmachungsformulars grundsätzlich alle geforderten Nachweise sind) als zwingend vorzulegende Nachweise anzusehen,[301] deren Fehlen einen Ausschluss des Angebotes zur Folge hat. Teilweise wird angenommen, Auftraggeber könnten sich Ermessen hinsichtlich des Ausschlusses unvollständiger Angebote/Teilnahmeanträge einräumen, etwa durch die Formulierung in der Bekanntmachung bzw. den Vergabeunterlagen »*kann ausgeschlossen werden*«.[302] Dasselbe gilt für die Formulierung, nachgereichte Eignungsnachweise »*können unberücksichtigt bleiben*«.[303] Das ist angesichts der strengen formalistischen Rechtsprechung des Bundesgerichtshofes zum Angebotsausschluss bei fehlenden Angaben und Erklärungen jedoch höchst zweifelhaft.[304]

---

297 *BGH* Beschl. v. 18. 2. 2003 – X ZB 43/02.
298 *OLG Dresden* Beschl. v. 17. 10. 2006 – WVerg 15/06; *OLG Schleswig* Beschl. v. 22. 6. 2006 – 1 Verg 5/06; *OLG Düsseldorf* Beschl. v. 9. 6. 2004 – VII Verg 11/04.
299 *OLG Düsseldorf* Beschl. v. 1. 2. 2006 – VII Verg 83/05.
300 *OLG Düsseldorf* Beschl. v. 27. 7. 2005 – VII Verg 108/04.
301 *OLG Düsseldorf* Beschl. v. 1. 2. 2006 – VII Verg 83/05.
302 *VK Bund* Beschl. v. 26. 4. 2005 – VK 2 27/05.
303 *VK Sachsen* Beschl. v. 28. 12. 2005 – 1/SVK/147–05.
304 So auch *VK Schleswig-Holstein* Beschl. v. 9. 7. 2005 – VK SH 18/05 unter Hinweis auf die Rechtsprechung des BGH zu fehlenden Angaben und Erklärungen.

Nach der Rechtsprechung des OLG Dresden führen gemäß § 7 Nr. 4 VOL/A zulässigerweise geforderte, aber mit dem Angebot nicht abgegebene Nachweise zur **Zuverlässigkeit** eines Bieters stets dazu, dass dieses Angebot von der Wertung zwingend auszuschließen ist, ohne dass es darauf ankommt, ob der Auftraggeber sich insoweit ein Ausschlussermessen vorbehalten oder sich, gleich in welchem Stadium der Wertung, auf diesen Ausschlussgrund berufen hat.[305]

Nicht abschließend geklärt ist die Frage nach den **Rechtsfolgen fehlender Eignungsnachweise in einem vorgeschalteten Teilnahmewettbewerb.** Da hier nur »Teilnahmeanträge« und noch keine »Angebote« vorliegen, kommt § 25 als Grundlage für einen Ausschluss nicht ohne Weiteres in Betracht. Nach der aktuellen obergerichtlichen Rechtsprechung führt das Fehlen zwingend geforderter Nachweise dennoch zu einem zwingenden Ausschluss, solange zumindest ein Bewerber den betreffenden Eignungsnachweis beigebracht hat.[306] Dem »scharfen Schwert« des zwingenden Ausschlusses können Auftraggeber nur entgehen, indem sie die zwingend geforderten Eignungsnachweise auf das nötige Maß beschränken oder bestimmte Eignungsnachweise nur optional fordern, oder aber sich im Bekanntmachungstext bzw. in den Vergabeunterlagen Ermessen hinsichtlich der Rechtsfolgen fehlender Eignungsnachweise einräumen (sofern es sich nicht explizit um Mindestanforderungen handelt). Dies dürfte im Rahmen des Teilnahmewettbewerbs zulässig sein. Zumindest ist noch keine Rechtsprechung ersichtlich, die das ausdrücklich untersagt. 195

e) Nachunternehmer und Bewerber-/Bietergemeinschaften

Für die **Eignungsprüfung einer Bewerbergemeinschaft** ist zu beachten, dass jedes Mitglied »zuverlässig« sein muss. Hinsichtlich der Fachkunde und Leistungsfähigkeit kommt es hingegen auf die der Bewerbergemeinschaft insgesamt zur Verfügung stehende Kapazität an.[307] Im Hinblick auf die für die Bewerber- bzw. Bietergemeinschaft typische Arbeits- und Aufgabenteilung dürfen Auftraggeber deshalb nur im Ausnahmefall alle Eignungsnachweise von allen Mitgliedern einer Bewerber- bzw. Bietergemeinschaft verlangen. Die Bewerber- bzw. Bietergemeinschaft ist vielmehr als Einheit zu betrachten. Die in der Bekanntmachung oder in den Vergabeunterlagen verlangten Nachweise sind ausnahmsweise nur dann von allen Mitgliedern einer Bewerber- oder Bietergemeinschaft vorzulegen, wenn ein Auftraggeber gerade das ausdrücklich und unmissverständlich verlangt. Von dieser Möglichkeit sollten Auftraggeber jedoch nur im angemessenen Umfang Gebrauch machen, um den Aufwand für die Bewerber nicht unnötig in die Höhe zu treiben und um zu vermeiden, Bewerber wegen des Fehlens eines (unter Umständen nicht besonders wichtigen) Nachweises ausschließen zu müssen. 196

Ferner ist auch zu beachten, dass Bewerber sich – zumindest oberhalb der Schwellenwerte – gemäß § 7 a Nr. 3 Abs. 6 zum Nachweis der Leistungsfähigkeit und Fachkunde der Fähigkeiten anderer Unternehmen bedienen dürfen. Das bedeutet, dass 197

---

305 *OLG Dresden* Beschl. v. 17. 10. 2006 – WVerg 15/06.
306 *OLG Düsseldorf* Beschl. v. 13. 11. 2000 – Verg 18/00; Beschl. v. 18. 7. 2001 -16/01, *VK Bund* Beschl. v. 10. 5. 2001 – VK 1–11/01; *BayObLG* Beschl. v. 20. 12. 1999.
307 Vgl. *OLG Düsseldorf* Beschl. v. 15. 12. 2004, Verg 48/04, »Gerätekapazität« in VergabeR 2005, 207.

ein Bewerber, der selbst gänzlich oder in einzelnen Bereichen »ungeeignet« ist, sich auf die Eignung von **Nachunternehmern und verbundenen Unternehmen** berufen kann. In diesem Falle ist es ausreichend, wenn der Nachunternehmer oder das verbundene Unternehmen für den Teilbereich seine Eignung nachweisen kann und darüber hinaus auch eine Verpflichtungserklärung vorlegt (vgl. hierzu die Kommentierung zu § 7 Nr. 2 Abs. 1).

198 Zusätzlich zu der soeben erörterten Konstellation, dass ein (partiell) nicht geeigneter Bieter sich auf die Eignung Dritter beruft, stellt sich die grundsätzliche Frage, **in welchem Umfang sich Auftraggeber Nachunternehmer und Nachunternehmerleistungen benennen lassen und von Nachunternehmern Eignungsnachweise verlangen sollten.** Teilweise tendieren Auftraggeber dazu, sich alle vorgesehenen Nachunternehmer schon frühzeitig benennen zu lassen oder aber, unabhängig davon, ob ein Bewerber auch ohne Rückgriff auf den Nachunternehmer seine Eignung darlegen kann, von allen Nachunternehmern alle Nachweise zu fordern. Dieses Vorgehen stellt Bewerber, insbesondere in langwierigen komplexen Vergabeverfahren mit vorgeschaltetem Teilnahmewettbewerb vor Schwierigkeiten, denn sie können mangels Leistungsbeschreibung unter Umständen noch gar nicht genau wissen, für welche Leistungen welcher Nachunternehmer eingesetzt werden soll, und führt nicht selten zu einer Vielzahl von unvollständigen Teilnahmeanträgen.

199 Auftraggeber sollten daher Eignungsnachweise von Nachunternehmern nach folgenden Maßgaben abfordern:

– Die in der Ausschreibung verlangten Eignungsnachweise sind auch von Nachunternehmern zu fordern, sofern sich ein Bewerber hinsichtlich seiner Eignung für die Ausführung der ausgeschriebenen Leistungen (zumindest teilweise) auf die Fähigkeiten eines Nachunternehmers berufen will, weil er selbst zur Ausführung der Leistungen/Leistungsteile nicht geeignet ist.

– Die in der Ausschreibung verlangten Eignungsnachweise sollten ferner auch von den Nachunternehmern gefordert werden, an die wesentliche Teile (qualitative und/oder quantitativ) der Leistung übertragen werden sollen.

– Sollen Leistungen nur in geringem Umfang auf Nachunternehmer übertragen werden, sollten ggf. nicht alle Eignungsnachweise komplett auch von den Nachunternehmern gefordert werden.[308]

– Es sollte in der Bekanntmachung oder den Vergabeunterlagen so klar wie möglich benannt sein, welche Eignungsnachweise von welchen Nachunternehmern vorzulegen sind.

200 Noch nicht abschließend geklärt ist die Frage, ob einmal **benannte Nachunternehmer während des Vergabeverfahrens ausgetauscht** werden können. Während das OLG Bremen noch annahm, das Nachunternehmerverzeichnis sei nur eine Absichtserklärung und kein Bestandteil des Angebotes, und ein Austausch der Nachunternehmer während der Zuschlagsfrist sei daher zulässig,[309] entschied das **OLG Düsseldorf**, dass ein Bieter in einem **Offenen Verfahren** mit Ablauf der Angebotsfrist an die ein-

---

308 In diesem Sinne *VK Rheinland-Pfalz* Beschl. v. 14. 6. 2006 – VK 13/06.
309 *OLG Bremen* Beschl. v. 20. 7. 2000 – Verg 1/2000.

mal benannten Nachunternehmer gebunden sei und weder einen anderen noch einen zusätzlichen Nachunternehmer anbieten oder die Leistung im eigenen Betrieb ausführen dürfe.[310] Da das OLG Düsseldorf die Unzulässigkeit des Nachunternehmerwechsels in erster Linie mit dem Nachverhandlungsverbot begründete, dürfte diese Rechtsprechung auch auf Nichtoffene Verfahren übertragbar sein, in denen der Einsatz eines bestimmten Nachunternehmers bereits Gegenstand des Angebotes geworden ist. Inwieweit die Rechtsprechung des OLG Düsseldorf aber auf den Zeitpunkt vor Angebotsabgabe sowie auf Verhandlungsverfahren übertragbar ist, bleibt abzuwarten. Dennoch laufen sowohl Auftraggeber als auch Bieter, die einen Nachunternehmerwechsel vornehmen, Gefahr, dass die Rechtsprechung des OLG Düsseldorf auf diese Bereiche ausgedehnt wird.

Beachtung in diesem Kontext verdient eine Entscheidung des **OLG München**, das beschloss, dass die Benennung von Nachunternehmern grundsätzlich nicht ausschließt, dass der Auftragnehmer nach Erhalt des Auftrages die Leistung selbst erbringt.[311] Dem stehe (nach Ansicht des OLG München) die o. g. Entscheidung des OLG Düsseldorf nicht entgegen. Denn Grundlage des dort entschiedenen Falles sei es gewesen, dass der Bieter, wie er bei Angebotsabgabe angegeben hatte, die angebotene Leistung selbst nicht erbringen konnte. Aus diesem Grunde hatte er in seinem Angebot die Nachunternehmer benannt. Lediglich für diesen Fall der bestehenden Leistungsunfähigkeit des Bieters habe das OLG Düsseldorf festgestellt, dass der Bieter weder einen zusätzlichen Nachunternehmer für die Arbeiten benennen noch einen anderen Nachunternehmer vorschlagen kann oder nach Angebotsabgabe die Leistungen selbst anbietet.

V. Beurteilungsspielraum bei der Bewertung der Eignung

Bei der Bewertung der Eignungsnachweise steht Auftraggebern grundsätzlich ein durch die vergaberechtlichen Grundsätze des Wettbewerbs, der Gleichbehandlung und der Transparenz begrenzter Beurteilungsspielraum zu. Die Beurteilung der Eignung ist von den Nachprüfungsinstanzen auf die Einhaltung dieser Grundsätze sowie auf Beurteilungsfehler wie die Zugrundelegung eines unzutreffenden Sachverhaltes, sachfremde Erwägungen und Willkür[312] beschränkt. Darüber hinaus ist eine Überprüfung dahingehend möglich, ob der Beurteilungsspielraum auf Null reduziert ist, weil nur eine einzige rechtmäßige Beurteilung möglich ist.[313]

Der Beurteilungsspielraum öffentlicher Auftraggeber wird jedoch durch die Festlegung von **Mindestanforderungen** eingeengt. Auftraggeber sind an die selbst aufgestellten Mindestanforderungen gebunden und dürfen nicht nachträglich von diesen abweichen, da das einen Verstoß gegen das Gleichbehandlungsgebot darstellen würde.

---

310 *OLG Düsseldorf* Beschl. v. 5. 5. 2004, VergabeR 5/2004, 650 ff. (651).
311 Vgl. *OLG München* v. 12. 9. 2005 – Verg 20/05, VergabeR 2006, 112, 116; *BayObLG* Beschl. v. 25. 9. 2003 – Verg 15/03.
312 So z. B. *Saarländisches OLG* Beschl. v. 8. 7. 2003 – 5 Verg 5/02; *OLG Jena* Beschl. v. 22. 12. 1999 – 6 Verg 3/99.
313 *OLG Düsseldorf* Beschl. v. 10. 5. 2000 – Verg 5/00.

Das bedeutet insbesondere, dass grundsätzlich bei keinem Bewerber auf die Erfüllung der Mindestanforderungen verzichtet werden kann.[314] Den Mindestanforderungen genügende Bewerber haben einen Anspruch darauf, dass Bewerber, die die Mindestbedingungen nicht erfüllen bzw. die erforderlichen Nachweise nicht vorgelegt haben, ausgeschlossen werden.[315] Erfüllt ein Bewerber die Mindestanforderungen nicht, ist er zwingend auszuschließen.[316] Ebenso unzulässig ist es, auf den Nachweis der Mindestanforderungen zu verzichten, z. B. bei dem Auftraggeber bereits aus anderem Kontext bekannten Unternehmen. Auch ein Nachreichen von Eignungsnachweisen ist unzulässig.[317]

204 Ein Absehen von Mindestanforderungen ist nur in Fällen denkbar, in denen kein Bewerber diese erfüllt bzw. den Nachweis für deren Vorliegen angetreten hat. Das gilt jedoch nur, wenn ausgeschlossen werden kann, dass andere am Auftrag interessierte Unternehmen von einer Bewerbung abgesehen haben, weil sie die (z. B. in der Bekanntmachung mitgeteilten) Mindestanforderungen nicht erfüllen können. Diese Unternehmen würden diskriminiert, wenn bei den teilnehmenden Bewerbern plötzlich auf die Erfüllung der Mindestanforderungen verzichtet würde.

205 Ebenso bestehen teilweise Einschränkungen des Beurteilungsspielraums bei **Unvollständigkeit von Teilnahmeanträgen und Angeboten**. Zwingend geforderte Angaben sind nicht verzichtbar und erfordern den Ausschluss des betreffenden Teilnahmeantrags/Angebotes (vgl. die obige Kommentierung zu den Rechtsfolgen unvollständiger Teilnahmeanträge).

206 Ferner ist es Auftraggebern verwehrt, bei der Bewertung der Eignung Umstände zu berücksichtigen, die nicht auf gesicherten Erkenntnissen beruhen.[318] Verwertbar sind dagegen Informationen aus seriösen Quellen, die eine gewisse Erhärtung des Verdachts begründen. Insoweit hat der öffentliche Auftraggeber einen Beurteilungsspielraum. Beispielsweise ist es vergaberechtlich nicht zu beanstanden, wenn der Auftraggeber den Bieter wegen fehlender Zuverlässigkeit aus dem Vergabeverfahren ausschließt, weil er über Informationen verfügte, denen zufolge der Bewerber mit einer gewissen Wahrscheinlichkeit in der Vergangenheit gegen die Verpflichtung zu tarifgerechter Bezahlung und zur Einhaltung der gesetzlichen Fahr- und Ruhezeiten ihrer Fahrer bei der Ausführung der Erbringung von Leistungen des öffentlichen Personennahverkehrs im Stadtverkehr des Auftraggebers verstoßen hatte.[319] Sofern nicht

---

314 *OLG Düsseldorf* Beschl. v. 13. 11. 2000 – Verg 18/00; Beschl. v. 18. 7. 2001 – 16/01, *VK Bund* Beschl. v. 10. 5. 2001 – VK 1–11/01; *BayObLG* Beschl. v. 20. 12. 1999; *VK Leipzig* Beschl. v. 6. 5. 2002 – 1/SVK/034–02; *VK Lüneburg* Beschl. v. 14. 5. 2004 – VgK-13/2004; *VK Lüneburg* Beschl. v. 5. 1. 2004 – VgK-37/2003.
315 *OLG Düsseldorf* Beschl. v. 18. 7. 2001 – 16/01; Beschl. v. 13. 11. 2000 – Verg 18/00; *VK Bund* Beschl. v. 10. 12. 2002 – VK 1–93/02.
316 *OLG Düsseldorf*, Beschl. v. 13. 11. 2000 – Verg 18/00; Beschl. v. 18. 7. 2001 – 16/01, *VK Bund* Beschl. v. 10. 5. 2001 – VK 1–11/01; *BayObLG* Beschl. v. 20. 12. 1999; *VK Leipzig* Beschl. v. 6. 5. 2002 – 1/SVK/034–02; *VK Lüneburg* Beschl. v. 14. 5. 2004 – 203 – VgK-13/2004; Beschl. v. 5. 1. 2004 – 203 – VgK-37/2003.
317 *VK Bund* Beschl. v. 14. 7. 2003 – VK 2–54/03.
318 *BGH* Urt. v. 26. 10. 1999 – X ZR 30/98, NJW 2000, S. 661 f.
319 *VK Karlsruhe* Besch. v. 14. 1. 2005 – 1 VK 87/04.

jeglicher Zweifel an der Unzuverlässigkeit eines Bewerbers ausgeschlossen werden kann, ist Bewerbern jedoch rechtliches Gehör zu gewähren.[320]

Die Zuverlässigkeit kann grundsätzlich nur mit Ja oder Nein beantwortet werden. Für die übrigen Eignungskriterien bietet sich eine Bewertung anhand einer Punkteskala an, die die unterschiedlichen Eignungsgrade reflektiert. **207**

VI. Bindung an die Bewertung der Eignung/nachträglicher Ausschluss

Bei gleichbleibender Sachlage ist der Auftraggeber grundsätzlich an seine einmal getroffene Beurteilung der Eignung gebunden.[321] Eine Ausnahme gilt, wenn er die Eignung in Verkennung eines zwingenden Ausschlussgrundes rechtsfehlerhaft bejaht hat. Denn ein rechtlich schützenswertes Vertrauen des betreffenden Bieters, sein Angebot werde nicht von der Wertung ausgeschlossen werden, kann nicht entstehen, wenn der öffentliche Auftraggeber von Gesetzes wegen zum Angebotsausschluss verpflichtet ist. In diesem Fall ist der Auftraggeber daher nicht gehindert, auch noch in einem späten Stadium der Angebotswertung auf den zwingenden Ausschlussgrund zurückzugreifen.[322] Das gilt zum Beispiel für die Nichterfüllung von Mindestanforderungen oder das Fehlen zwingend geforderter Eignungsnachweise.[323] **208**

Steht dem Auftraggeber bei der Entscheidung über den Ausschluss des Angebots demgegenüber ein Beurteilungsspielraum zu und hat er in Ausübung dieses Spielraums die Zuverlässigkeit, fachliche Eignung oder Leistungsfähigkeit des Bieters bejaht, ist er daran grundsätzlich gebunden.[324] **209**

Bei Veränderung der Sachlage hingegen kann der Auftraggeber eine Neubewertung der Eignung vornehmen. Hierbei trifft ihn dann aber die Pflicht einer eingehenden Sachverhaltsprüfung, einer konkreten Dokumentation der veränderten Sachlage sowie der Anhörung des betroffenen Bieters.[325] Das gilt z. B., wenn ein Bewerber oder ein Mitglied einer Bewerbergemeinschaft während des Vergabeverfahrens insolvent wird.[326] Dasselbe gilt, wenn der Auftraggeber unverschuldet erst nach Abschluss der Eignungsprüfung von einem Umstand erfährt, der die Zuverlässigkeit eines Bewerbers in Frage stellt. Wenn der Auftraggeber von einem solchen Sachverhalt erst nachträglich also nach Abschluss des Teilnahmewettbewerbs erfährt, ist er sogar verpflichtet, die Zuverlässigkeitsprüfung nochmals aufzugreifen. Das ergibt sich aus § 25 Nr. 1 Abs. 2 Buchst. b, der die Verweisung auf § 7 Nr. 5 nicht etwa mit der Einschrän- **210**

---

320 *VK Leipzig* Beschl. v. 7. 4. 2004 – 1/SVK/023–04.
321 *KG Berlin* Beschl. v. 18. 7. 2002 – 2 KartVerg 04/02.
322 *OLG Düsseldorf* Beschl. v. 14. 7. 2003 – Verg 11/03; Beschl. v. 28. 5. 2003 – Verg 16/03; Beschl. v. 5. 5. 2003 – VII-Verg 20/03.
323 Vgl. z. B. *OLG Düsseldorf* Beschl. v. 14. 7. 2003 – Verg 11/03 für den Fall fehlender Referenzen.
324 *OLG Frankfurt/M.* Beschl. v. 20. 7. 2004, VergabeR 2004, 642 ff.; *OLG Düsseldorf* Beschl. v. 14. 7. 2003 – Verg 11/03; Beschl. v. 4. 12. 2002 – Verg 45/01; *OLG Jena* Beschl. v. 13. 10. 1999 – 6 Verg 1/99, NZBau 2001, 39, 40; *OLG Frankfurt/M.* Beschl. v. 20. 12. 2000 – 11 Verg 1/00, VergabeR 2001, 243; vgl. auch *BGH* Beschl. v. 18. 2. 2003 – X ZB 43/02, NZBau 2003, 293, VergabeR 2003, 313; *KG* Beschl. v. 18. 7. 2002 – 2 KartVerg 04/02.
325 Vgl. *OLG Frankfurt/M.* VergabeR 2004, 648; *OLG Düsseldorf* Beschl. v. 15. 12. 2004 – VII-Verg 48/04.
326 *OLG Düsseldorf* Beschl. v. 15. 12. 2004 – VII-Verg 48/04.

kung verknüpft, dass der Ausschluss der Angebote aufgrund von Bedenken gegen die Zuverlässigkeit der Bieter in der Situation unmittelbar vor der Wertung der Angebote nur noch zulässig ist, wenn eine Offene Ausschreibung stattgefunden haben sollte. Erfährt ein Auftraggeber z. B. bei Beschränkter Ausschreibung erst nach dem Abschluss des Teilnahmewettbewerbs von schweren Verfehlungen eines inzwischen bereits zugelassenen Bewerbers, so dass er sein Ermessen gar nicht hat ausüben können, würde es dem Zweck von § 7 Nr. 5 in unerträglicher Weise widersprechen, wenn er an seine Zulassungsentscheidung in dem Sinne gebunden wäre, dass er die Zuverlässigkeitsprüfung in der Phase unmittelbar vor der Wertung der Angebote nicht mehr nachholen könnte.[327]

VII. Bekanntmachung der Eignungsnachweise

211 Bei der Öffentlichen Ausschreibung sollen die mit dem Angebot vorzulegenden Eignungsnachweise gemäß § 17 Nr. 1 Abs. 2 lit. m) bereits in der Bekanntmachung nach § 17 Nr. 1 Abs. 1 VOL/A (Tageszeitungen, amtliche Veröffentlichungsblätter, Fachzeitschriften oder Internetportale) enthalten sein. Bei Beschränkter Ausschreibung und Freihändiger Vergabe mit Öffentlichen Teilnahmewettbewerb (vgl. § 3 Nr. 1 Abs. 4 VOL/A) entspricht dem die Bekanntmachung der Aufforderung, sich um Teilnahme zu bewerben (vgl. § 17 Nr. 2 Abs. 1 VOL/A). Die für den Teilnahmewettbewerb beizubringenden Eignungsnachweise sollen auch hier bereits in der Bekanntmachung enthalten sein (§ 17 Nr. 2 Abs. 2 lit. i)). Hierbei handelt es sich um eine »Sollvorschrift«. Die geforderten Eignungsnachweise müssen daher nicht zwingend bereits alle in der Bekanntmachung genannt sein, sondern können auch noch nachträglich – bis Ablauf der Bewerbungsfrist – ergänzt werden.

212 Während § 17 VOL/A als »Sollvorschrift« die Nennung der geforderten Eignungsnachweise in der Bekanntmachung nicht zwingend verlangt, muss der Auftraggeber gemäß § 7 a Nr. 3 Abs. 3 VOL/A bei EU-weiten Ausschreibungen die Eignungsnachweise in der Vergabebekanntmachung nennen. Eine spätere Erweiterung der verlangten Nachweise in den Unterlagen zum Teilnahmewettbewerb ist unzulässig.

213 Gemäß Art. 44 Abs. 3 Satz 2 RL 2004/18 EG sind bei Bekanntmachungen, die in den Anwendungsbereich der Richtlinie fallen, auch die »objektiven und nichtsdiskriminierenden Kriterien« (also die Eignungskriterien) anzugeben, nach denen die Bewerber für die weitere Teilnahme am Verfahren ausgewählt werden.

VIII. Angemessenheit der Eignungsnachweise und Schutz der Betriebsgeheimnisse der Bewerber (§ 7 Nr. 4, 2. und 3. Hs.)

214 § 7 Nr. 4, 2. und 3. Hs. schränkt den Beurteilungsspielraum des Auftraggebers hinsichtlich der Wahl der geforderten Eignungsnachweise ein. Durch die Einschränkung

---

327 *OLG Düsseldorf* Beschl. v. 18. 7. 2001 – Verg 16/01.

des Auskunftsverlangen soll der Bewerber vor einer umfassenden Offenbarung vertraulicher Informationen geschützt werden.

Die Auskunft darf nur gefordert werden, soweit es durch den Gegenstand des Auftrags gerechtfertigt ist (§ 7 Nr. 4, 2. Hs.). Dies erfordert zum einen den unmittelbaren Zusammenhang der geforderten Angaben mit der zu erbringenden Leistung, weshalb die Abfrage vergabefremder Aspekte, wie z. B. die Frage nach der Einhaltung nicht mit dem zu vergebenden Auftrag in Zusammenhang stehender gesetzlicher Bestimmungen oder politisch motivierte Anfragen unzulässig sind. Zum anderen muss auch bei vergaberelevanten Aspekten der Verhältnismäßigkeitsgrundsatz gewahrt werden; der Auftraggeber darf keine Nachweise anfordern, die in unangemessener Weise berechtigte Interessen der Bewerber beeinträchtigen. **215**

Zusätzlich müssen die berechtigten Interessen des Unternehmens am Schutz der Betriebsgeheimnisse berücksichtigt werden (§ 7 Nr. 4, 3. Hs.). Durch diese zwingende, bieterschützende Vorschrift soll vermieden werden, dass der Bewerber für die Teilnahme am Vergabeverfahren zur Preisgabe von Geschäfts-, Fabrikations- oder sonstigen Betriebsgeheimnissen gezwungen wird. Verweigert der Bieter die Erteilung einer solchen Auskunft, so darf er aus diesem Grunde nicht von der Teilnahme am Wettbewerb ausgeschlossen werden. **216**

F. Ausschluss von der Teilnahme am Wettbewerb (§ 7 Nr. 5)

I. Regelungsgehalt

§ 7 Nr. 5 enthält eine Auflistung von Tatbeständen, deren Vorliegen regelmäßig die mangelnde Eignung von Bewerbern/Bietern indiziert. Dem öffentlichen Auftraggeber wird durch § 7 Nr. 5 ein fakultativer Ausschlussgrund zur Verfügung stellt. Die Vorschrift entspricht weitestgehend Art. 45 Abs. 2 lit. d) RL 2004/18/EG und ist daher – zumindest oberhalb der Schwellenwerte – im Lichte der EG-Vergaberichtlinien auszulegen. **217**

Oberhalb der Schwellenwerte wird § 7 Nr. 5 durch § 7a Nr. 2 und § 7b Nr. 1 Abs. 3 ergänzt, die einen zwingenden Ausschluss normieren, sofern eine rechtskräftige Verurteilung des Bewerbers/Bieters bzw. einer diesem zuzurechnenden Person wegen einer Katalogstraftat vorliegt. Die zwingenden Ausschlussgründe der §§ 7a Nr. 2, 7b Nr. 1 Abs. 3 und der fakultative Ausschlussgrund des § 7 Nr. 5 sind selbständig nebeneinander anwendbar. Sind jedoch die Voraussetzungen für den zwingenden Ausschluss wegen einer rechtskräftigen strafrechtlichen Verurteilung erfüllt, kann ein Auftraggeber sich nicht mehr auf den fakultativen Ausschluss des § 7 Nr. 5 lit. c) wegen nachweislich schwerer Verfehlung berufen, sondern ist zum Ausschluss verpflichtet. Liegen hingegen die Voraussetzungen von §§ 7a Nr. 2, 7b Nr. 1 Abs. 3 nicht vor (z. B. noch keine rechtskräftige Verurteilung), hat der Auftraggeber zu prüfen, ob die Voraussetzungen von § 7 Nr. 5 gleichwohl gegeben sind. **218**

II. Die einzelnen Ausschlussgründe

219 Die Ausschlussgründe des § 7 Nr. 5 beziehen sich sowohl auf betriebliche (lit. a), b)) als auch persönliche (lit. c), d), e)) Tatsachen.

1. Insolvenz und vergleichbares Verfahren (§ 7 Nr. 5 lit. a))

220 Nach § 7 Nr. 5 lit. a) kann ein Bewerber/Bieter ausgeschlossen werden, über dessen Vermögen das Insolvenzverfahren oder ein vergleichbares gesetzliches Verfahren eröffnet oder die Eröffnung beantragt oder dieser Antrag mangels Masse abgelehnt worden ist. Hintergrund dieser Regelung ist, dass die Leistungsfähigkeit des Bewerbers/Bieters aufgrund der wirtschaftlichen Situation des Betriebs unsicher erscheint und die Durchführung des Auftrags damit gefährdet ist.

221 Maßgeblicher Zeitpunkt für das Vorliegen des Ausschlusstatbestandes ist bei der Öffentlichen Ausschreibung zunächst die Abgabe der Angebotsunterlagen an die Bewerber. Bei der Beschränkten Ausschreibung und Freihändigen Vergabe ist auf den Zeitpunkt des öffentlichen Teilnahmewettbewerbs abzustellen.[328] Wird ein Unternehmen erst in der Angebotsphase insolvent, gilt der gleichlautende § 25 Nr. 1 Abs. 2 b i. V. m. § 7 Nr. 5, der einen fakultativen Ausschluss im Rahmen der Angebotswertung ermöglicht.

222 Der Ausschlusstatbestand ist auch dann erfüllt, wenn ein Mitglied einer Bietergemeinschaft insolvent wird.[329] Aufgrund der gesamtschuldnerischen Haftung der Mitglieder einer Bietergemeinschaft muss jedes Mitglied die finanzielle/wirtschaftliche Leistungsfähigkeit aufweisen. Auf die Mehrheitsverhältnisse innerhalb der Bietergemeinschaft kommt es in diesem Zusammenhang nicht an.[330] Auch etwaige Absprachen zwischen den Bietern wirken nicht im Außenverhältnis zum Auftraggeber.[331]

223 Während die Insolvenz eines Einzelbieters nur einen fakultativen Ausschlussgrund nach § 7 Nr. 5 lit. c) begründet, führt die Insolvenz eines Bietergemeinschaftsmitglieds in der Regel zu einem Ausschluss wegen unzulässiger Änderung der Zusammensetzung der Bietergemeinschaft während des Vergabeverfahrens (vgl. hierzu die Kommentierung zu § 7 Nr. 1 Abs. 2). Denn regelmäßig sind Bietergemeinschaften Gesellschaften bürgerlichen Rechts, die sich nach § 728 Abs. 2 S. 1 BGB auflösen, wenn über das Vermögen eines Gesellschafters das Insolvenzverfahren eröffnet wird.[332]

2. Liquidation (§ 7 Nr. 5 lit. b))

224 Nach § 7 Nr. 5 lit. b) können ebenfalls Bewerber ausgeschlossen werden, die sich in Liquidation befinden. Die Leistungsfähigkeit ist selbst dann in Frage stellt, wenn trotz des Liquidationsstadiums noch genügend finanzielle Mittel zur Verfügung stehen.[333]

---

328 *Müller-Wrede* in: Müller-Wrede, VOL/A, § 7 Rn. 41.
329 *VK Nordbayern* Beschl. v. 18. 9. 2003 – 320-VK-3194–31/03.
330 *VK Nordbayern* Beschl. v. 18. 9. 2003 – 320-VK-3194–31/03.
331 *VK Nordbayern* Beschl. v. 18. 9. 2003 – 320-VK-3194–31/03.
332 So auch zutreffend *VK Nordbayern* Beschl. v. 18. 9. 2003 – 320-VK-3194–31/03.
333 *Schranner* in: Ingenstau/Korbion, VOB, A § 8 Rn. 73.

Für den maßgeblichen Zeitpunkt sowie die Behandlung von Bietergemeinschaften gelten die Ausführungen zu § 7 Nr. 5 lit. a) entsprechend.

3. Schwere Verfehlungen (§ 7 Nr. 5 lit. c))

§ 7 Nr. 5 lit. c) beinhaltet einen fakultativen Ausschlusstatbestand für Bewerber/Bieter, die nachweislich eine schwere Verfehlung begangen haben, welche ihre Zuverlässigkeit in Frage stellt. Die Vorschrift ist von Ihrem Tatbestand her weiter als die Ausschlusstatbestände der §§ 7 a und 7 b wegen rechtskräftiger Verurteilung, enthalten jedoch anders als §§ 7 a und 7 b das tatbestandliche Korrektiv, dass die Zuverlässigkeit durch die schwere Verfehlung »in Frage« gestellt sein muss. Ebenso eröffnet § 7 Nr. 5 lit. c) im Gegensatz zu §§ 7 a und 7 b auf Rechtsfolgenseite Ermessen. **225**

a) »Schwere Verfehlung«

Beim Begriff »schwere Verfehlung« handelt es sich um einen unbestimmten Rechtsbegriff, bei dessen Auslegung der Vergabestelle ein Beurteilungsspielraum zukommt.[334] Unter »schweren Verfehlungen« sind nicht nur strafrechtliche Verurteilungen zu verstehen. Dies zeigt ein Vergleich mit der Parallelregelung in § 11 VOF, worin ausdrücklich rechtskräftige Urteile erwähnt sind, die die berufliche Zuverlässigkeit in Frage stellen.[335] **226**

Als »schwere Verfehlung« werden erhebliche Rechtsverstöße verstanden, die geeignet sind, die Zuverlässigkeit eines Bewerbers grundlegend in Frage zu stellen. Dies können sowohl **strafrechtliche Delikte**,[336] aber auch Verstöße gegen Vorschriften des BGB (§§ 823, 826, 123, 134, 138 BGB),[337] des GWB (z. B. unzulässige Preisabsprachen)[338] oder des UWG[339] sein. Daneben bilden **Korruptionsfälle** eine besonders praxisrelevante Fallgruppe der schweren Verfehlungen[340] sowie sonstiges besonders vorwerfbares Verhalten, wie z. B. die **bewusste Nichterfüllung einer vertraglichen Verpflichtung**.[341] **227**

Sachliche Meinungsverschiedenheiten reichen dagegen nicht aus, etwa ein Streit über die Gewährleistungs- oder Abrechnungsfragen.[342] Der Ausschluss vom Vergabeverfahren darf keine Sanktion für Probleme in der Vertragsabwicklung eines anderen öffentlichen Auftrags sein. Insbesondere normale Beanstandungen stellen keine schwere Verfehlung i. S. des § 7 Nr. 5 lit. c) dar, insbesondere wenn Dienst- oder **228**

---

334 *VK Düsseldorf* Beschl. v. 31. 10. 2005 – VK–30/2005-B.
335 *VK Leipzig* Beschl. v. 25. 6. 2003 – 1/SVK/051–03.
336 Bestechung und Vorteilsgewährung, schwerwiegende Straftaten im Geschäftsverkehr wie Diebstahl, Unterschlagung, Erpressung, Betrug, Untreue, Urkundenfälschung, etc.; vgl. dazu VK Leipzig, Beschl. v. 25. 6. 2003 – 1/SVK/051–03; *Rusam* in: Heiermann/Riedl/Rusam, VOB, A § 8 Rn. 53.
337 *VK Leipzig* Beschl. v. 25. 6. 2003 – 1/SVK/051–03; *Schranner* in: Ingenstau/Korbion, VOB/A § 8 Rn. 74.
338 *Zdzieblo* in: Daub/Eberstein, VOL/A, § 7 Rn. 64.
339 Zu § 8 VOB/A: *VK Düsseldorf* Beschl. v. 13. 9. 2005 – VK 08/2005-B; *Zdzieblo*, in: Daub/Eberstein, VOL/A, § 7 Rn. 64.
340 Vgl. *LG Frankfurt/M.* Urt. v. 26. 11. 2003, NZBau 2004, 630, 631.
341 *VK Düsseldorf* Beschl. v. 31. 10. 2005 – VK–30/2005-B.
342 *VK Sachsen* Beschl. v. 3. 11. 2005 – 1/SVK/125–05; Beschl. v. 25. 6. 2003 – 1/SVK/051–03.

§ 7 Teilnehmer am Wettbewerb

Lieferleistungen grundsätzlich als vertragsgemäß abgenommen wurden.[343] Eine **schuldhafte Verletzung vertraglicher Beziehungen** kann nur dann einen zulässigen Ausschlussgrund darstellen, wenn die Vertragsverletzung aufgrund einseitigen Verschuldens des Auftragnehmers eingetreten ist und der Auftragnehmer durch sein Verhalten das erneute Eingehen einer Vertragsbeziehung für den Auftraggeber unzumutbar gemacht hat.[344]

229 »Schwer« ist eine Verfehlung nur dann, wenn sie **schuldhaft** begangen wurde und **erhebliche Auswirkungen** hat.[345] Erhebliche Auswirkungen können etwa dann angenommen werden, wenn besonders schützenswerte Rechtsgüter verletzt wurden, ein erheblicher Schaden entstanden ist oder zu entstehen droht. Denkbar ist das u. a. bei Beamtenbestechung, Vorteilsgewährung, Diebstahl, Unterschlagung, Erpressung, Betrug, Untreue und Urkundenfälschung, unzulässige Preisabsprachen, unlauterem Wettbewerb, Missbrauch markbeherrschender Stellung, Marken- und Schutzrechtsverletzungen, aber auch bei Straftaten gegen Leib und Leben.

230 Wie sich aus dem § 7 Nr. 5 lit. c) zugrundeliegenden Art. 45 Abs. 2 lit. d) RL 2004/18/EG entnehmen lässt, betrifft § 7 Nr. 5 lit. c) in erster Linie **Verfehlungen, die im Rahmen der beruflichen Tätigkeit begangen wurden**.[346] Abzustellen ist dabei auf natürliche Personen. Ist der Bewerber/Bieter eine juristische Person, kommt es für die Beurteilung auf die für das Unternehmen verantwortlich handelnden Personen an.[347] Verfehlungen natürlicher Personen sind einem Unternehmen in der Regel dann zuzurechnen, wenn die Verfehlung im Rahmen der beruflichen Tätigkeit begangen wurde.[348] Hinsichtlich des zurechenbaren Personenkreises kann – zumindest oberhalb der Schwellenwerte – auch auf die Rechtsprechung und Kommentierung von § 7 a Nr. 2 und § 7 b Nr. 1 Abs. 3 zurückgegriffen werden. Steht der Geschäftsführer eines Bieters aufgrund strafgerichtlicher Verurteilung zu einer Freiheitsstrafe wegen Taten im Rahmen der beruflichen Tätigkeit unter Bewährung, ist dies z. B. ein Umstand, der geeignet ist, die Zuverlässigkeit des Bieters in Frage zu stellen.[349] Die Verfehlung kann sich im Einzelfall aber auch aus nichtberuflichen Verfehlungen ableiten: Ob sich zum Beispiel der Vorwurf der Steuerhinterziehung eines Vorstandsvorsitzenden allein auf seine Einkommensteuer oder auch auf die Gewerbsteuer richtet, ist nach § 7 Nr. 5 lit. c) VOL/A unerheblich, da dort generell die Verletzung der staatsbürgerlichen Pflicht zur Zahlung von Steuern als Indiz für Unzuverlässigkeit definiert wird.[350]

---

343 *VK Sachsen* Beschl. v. 3. 11. 2005 – 1/SVK/125–05; Beschl. v. 25. 6. 2003 – 1/SVK/051–03.
344 *VK Düsseldorf* Beschl. v. 31. 10. 2005 – VK–30/2005-B.
345 *VK Düsseldorf* Beschl. v. 31. 10. 2005 – VK–30/2005-B; *VK Sachsen* Beschl. v. 3. 11. 2005 – 1/SVK/125–05; *VK Leipzig* Beschl. v. 25. 6. 2003 – 1/SVK/051–03.
346 *VK Lüneburg* Beschl. v. 4. 12. 2000 – 203-VgK-15/2000; Zdzieblo in Daub/Eberstein, VOL/A, § 7 Rn. 64.
347 *OLG Düsseldorf* Beschl. v. 28. 7. 2005 – VII-Verg 42/05; *Saarländisches OLG* Beschl. v. 29. 12. 2003 – Verg 4/03.
348 *VK Bund* Beschl. v. 11. 10. 2002 – VK 1–75/02.
349 *OLG München* Beschl. v. 21. 4. 2006 – Verg 08/06.
350 *VK Düsseldorf* Beschl. v. 18. 7. 2002 – VK-16/2002-L.

b) Nachweislichkeit der schweren Verfehlung

Nach § 7 Nr. 5 lit. c) begründen nur nachweislich begangene schwere Verfehlungen einen Ausschlussgrund. An die »Nachweislichkeit« einer schweren Verfehlung sind hohe Anforderungen zu stellen.[351] Die Darlegungs- und Beweispflicht liegt beim Auftraggeber.[352] Bestehen begründete Zweifel, liegt keine Nachweislichkeit im Sinne von § 7 Nr. 5 lit. c) vor. **231**

Bei der Prüfung eines Ausschlusstatbestandes des § 7 Nr. 5 lit. c) darf der Auftraggeber nach der Rechtsprechung des BGH nur solche Umstände berücksichtigen, die sich im Rahmen **gesicherter Erkenntnisse** bewegen.[353] Informationen müssen sich aus seriösen Quellen ergeben, so dass der Verdacht eine gewisse Erhärtung erfährt.[354] Unspezifizierte Vorwürfe, vage Vermutungen und Verdachtsmomente genügen nicht.[355] Damit reicht es also gerade nicht aus, wenn die Zuverlässigkeit aufgrund begangener Verfehlungen lediglich »in Frage gestellt wird« und eine solche Infragestellung auf einem sehr niedrigen Level einsetzt.[356] Ebenso wenig genügt die pauschale Behauptung, ein Bieter habe sich angeblich vertrauliche Informationen beschafft.[357] Vielmehr müssen die schwere Verfehlungen belegenden Indiztatsachen einiges Gewicht haben. Sie müssen der kritischen Prüfung durch ein mit der Sache befasstes Gericht standhalten und die Zuverlässigkeit des Bieters nachvollziehbar in Frage stellen. **232**

Voraussetzung für einen Ausschluss ist, dass konkrete (z. B. durch schriftlich fixierte Zeugenaussagen, sonstige Aufzeichnungen, Belege oder Schriftstücke nachweisbare) objektivierte Anhaltspunkte für schwere Verfehlungen bestehen.[358] Nach allgemeiner Ansicht ist eine **rechtskräftige Verurteilung hierfür jedoch nicht erforderlich**.[359] Auch die Anklageerhebung und die Eröffnung des Hauptverfahrens brauchen nicht abgewartet zu werden. Würde man in Fällen, in denen die zum Ausschluss führenden Verfehlungen ein strafrechtlich relevantes Verhalten zum Gegenstand haben, verlangen, dass eine Anklageerhebung oder gar eine rechtskräftige Verurteilung erfolgt ist, würde das in der Praxis zu schwer erträglichen Ergebnissen führen. Zwischen dem Bekanntwerden strafbarer Handlungen, der Anklageerhebung und deren rechtskräftiger Aburteilung liegen – gerade bei Straftaten mit wirtschaftlichem Bezug – oft Jahre. Dem öffentlichen Auftraggeber kann bei dringenden Verdachtsmomenten, zumal, wenn sich die vorgeworfenen Taten gegen ihn selbst oder ihm nahestehende Unter- **233**

---

351 *VK Leipzig* Beschl. v. 25. 6. 2003 – 1/SVK/051–03.
352 *VK Sachsen* Beschl. v. 3. 11. 2005 – 1/SVK/125–05; *VK Lüneburg* Beschl. v. 4. 12. 2000 – 203 – VgK-15/2000; *Schranner* in: Ingenstau/Korbion, VOB/A, § 8 Rn. 84; *Müller-Wrede* in: Müller-Wrede, VOL/A, § 7 Rn. 50.
353 *BGH* Urt. v. 26. 10. 1999 – X ZR 30/98.
354 *BGH* Urt. v. 26. 10. 1999 – X ZR 30/98; *Saarländisches OLG* Beschl. v. 29. 12. 2003 – 1 Verg 4/03; *VK Düsseldorf* Beschl. v. 29. 6. 2004 – VK-10/2005-L.
355 *BGH* Urt. v. 26. 10. 1999 – X ZR 30/98; *Saarländisches OLG* Beschl. v. 29. 12. 2003 – Verg 4/03; *VK Düsseldorf* Beschl. v. 31. 10. 2005 – VK–30/2005-B; *VK Baden-Württemberg* Beschl. v. 14. 1. 2005 – 1 VK 87/04.
356 *VK Nordbayern* Beschl. v. 14. 3. 2006 – 21.VK-3194-07/06.
357 *VK Bund* Beschl. v. 28. 9. 2004 – VK 3–107/04.
358 *Saarländisches OLG* Beschl. v. 29. 12. 2003 – 1 Verg 4/03; *VK Düsseldorf* Beschl. v. 31. 10. 2005 – VK–30/2005-B; *VK Lüneburg* Beschl. v. 4. 12. 2000 – 203-VgK-15/2000.
359 *OLG Saarbrücken* Beschl. v. 29. 12. 2003 – 1 Verg 4/03.

nehmen richten, nicht zugemutet werden, mit dem betreffenden Bewerber/Bieter dessen ungeachtet weiter ohne Einschränkungen in Geschäftsverkehr zu treten, denn dies setzt gegenseitiges Vertrauen voraus.[360]

234 Die **Verfehlung muss nach objektiven Kriterien beweisbar sein.**[361] § 7 Nr. 5 lit. c) ist nach in der Rechtsprechung teilweise vertretener Auffassung auf Fälle schnell feststellbarer, objektiv nachweisbarer Eignungsdefizite beschränkt.[362] Nach dieser Ansicht kommt der Ausschluss eines Bewerbers/Bieters nach dieser Vorschrift nur in Betracht, wenn bereits nach Aktenlage ein konkreter, ohne weiteres greifbarer Verdacht besteht. Sind die vom Auftraggeber zum Nachweis der Unzuverlässigkeit unterbreiteten Indiztatsachen so schwach und zweifelhaft, dass sie nur durch umfangreiche Beweiserhebungen erhärtet und konkretisiert werden könnten, soll ein Ausschluss nach § 7 Nr. 5 lit. c) nicht gerechtfertigt sein. Dennoch soll es nicht unbedingt notwendig sein, dass der Nachweis der Unzuverlässigkeit, soweit er auch auf Angaben von Zeugen gründet, ausnahmslos durch unmittelbare Vernehmung der Zeugen im Vergabenachprüfungsverfahren zu führen ist. Es sollen im Wege des Urkundenbeweises auch polizeiliche Vernehmungsprotokolle verwertet werden können, aus denen sich der Inhalt von Zeugenaussagen in anderen Verfahren ergibt. Eine Vernehmung kann allerdings geboten sein, wenn der vom Auftraggeber zu führende Nachweis mit einer einzigen belastenden Zeugenaussage »steht oder fällt« und es entscheidend auf die persönliche Glaubwürdigkeit gerade dieses Zeugen ankommt.[363]

235 Soweit die Grundlage des Ausschlusses nach § 7 Nr. 5 lit. c) nicht eine rechtskräftige Entscheidung ist, ist dem Bewerber/Bieter, der ausgeschlossen werden soll, **rechtliches Gehör** zu gewähren, in dem ihm unter Nennung der maßgeblichen Tatsachen Gelegenheit zur Stellungnahme gegeben wird.

236 Ein Bewerber/Bieter kann einem Ausschluss, der auf hinreichend klarer Beweislage, aber vor einer rechtskräftigen Verurteilung durch ein Gericht ergangen ist, nicht die **Unschuldsvermutung nach Art. 6 Abs. 2 EMRK** entgegenhalten.[364] Denn die Unschuldsvermutung besagt nicht, dass einem Tatverdächtigen bis zur rechtskräftigen Verurteilung als Folge der Straftaten, deren er verdächtig ist, überhaupt keine Nachteile entstehen dürfen. Die Unschuldsvermutung hindert dementsprechend auch nicht geschäftliche Nachteile als Folge eines durch den dringenden Verdacht strafbarer Handlungen provozierten Vertrauensverlustes.[365] Demgegenüber ist es einem öffentlichen Auftraggeber aber dennoch nicht verwehrt, die Unschuldsvermutung als sachlichen Grund in seine Ermessensentscheidung mit einzubeziehen.[366]

---

360 Vgl. hierzu die ausführliche Begründung des *Saarländischen OLG* Beschl. v. 29. 12. 2003 – 1 Verg 4/03.
361 *OLG Düsseldorf* Beschl. v. 28. 7. 2005 – VII-Verg 42/05.
362 *Saarländisches OLG* Beschl. v. 29. 12. 2003 – 1 Verg 4/03; Beschl. v. 8. 7. 2003 – 5 Verg 5/02.
363 *Saarländisches OLG* Beschl. v. 29. 12. 2003 – Verg 4/03.
364 *Saarländisches OLG* Beschl. v. 29. 12. 2003 – Verg 4/03.
365 *Saarländisches OLG* Beschl. v. 29. 12. 2003 – Verg 4/03.
366 *VK Lüneburg* Beschl. v. 18. 10. 2005 – VgK-47/2005.

c) »Infragestellung« der Zuverlässigkeit

Nach § 7 Nr. 5 lit. c) muss die nachweislich begangene schwere Verfehlung die Zuverlässigkeit des Bewerbers/Bieters in Frage stellen. Ein Auftraggeber kann daher nicht pauschal vom Begehen einer Verfehlung auf die Unzuverlässigkeit schließen. Es müssen vielmehr nachvollziehbare sachliche Gründe dafür vorliegen, dass aufgrund des beanstandeten Verhaltens in der Vergangenheit auch für den zu vergebenden Auftrag schwere Zweifel an der Zuverlässigkeit des Bewerbers bestehen. Der Auftraggeber hat dies entsprechend zu prüfen und dem Bewerber/Bieter rechtliches Gehör zu gewähren.[367] **237**

Der Bewerber/Bieter muss insbesondere die Möglichkeit erhalten, darzulegen, ob er durch organisatorische Maßnahmen (z. B. Trennung von verantwortlichen Mitarbeitern etc.) nunmehr Zustände wieder hergestellt hat, die seine Zuverlässigkeit belegen (»**Selbstreinigung**«).[368] Der Auftraggeber ist im Rahmen der Ermittlung des Sachverhalts einer angenommenen schweren Verfehlung bzw. anschließender Selbstreinigung innerhalb des ihm zumutbaren Rahmens verpflichtet, die zugrundeliegenden Tatsachen aufzuklären und zu berücksichtigen und die Besonderheiten des Einzelfalls in seine Entscheidung mit einzubeziehen.[369] Trifft ein Bewerber/Bieter z. B. nach Korruptionsvorwürfen gegen den ehemaligen Vorstandsvorsitzenden und leitende Angestellte eines von ihm unternommenen Unternehmens die geeigneten Maßnahmen zur Selbstreinigung, ist er insbesondere um Aufklärung der Vorgänge bemüht und zieht er die erforderlichen personellen und organisatorischen Konsequenzen, bestehen an seiner Zuverlässigkeit keine begründeten Zweifel.[370] Das OLG Düsseldorf erkannte es in diesem Zusammenhang als ausreichend an, dass der Bewerber/Bieter zur Aufklärung eine Sonderprüfung durch externe Wirtschaftsprüfer veranlasst hat, die die verantwortlich Handelnden identifizierten. Diese wurden unverzüglich von ihren Funktionen und Befugnissen im Unternehmen entbunden und sodann fristlos gekündigt. Darüber hinaus wurden mit Mitarbeitern, gegen die ein »gewisser Verdacht der Mitwisserschaft« bestand, Aufhebungsverträge geschlossen. Ferner wurden Umstrukturierungsmaßnahmen vorgenommen, binnen derer Entscheidungsstrukturen reformiert und Handlungsvollmachten und Prokura neu vergeben wurden.[371] Hingegen ist eine rein formale Firmenneugründung nicht ausreichend, wenn die internen Beteiligungs- und Weisungsrechte der Person, die die schwere Verfehlung begangen hat, fortbestehen.[372] **238**

---

367 So auch *VK Düsseldorf* Beschl. v. 31. 10. 2005 – VK-30/2005-B.
368 *OLG Düsseldorf* Beschl. v. 9. 4. 2003 – Verg 66/02; *VK Düsseldorf* Beschl. v. 13. 3. 2006 – VK-08/2006-L; *VK Leipzig* Beschl. v. 25. 6. 2003 – 1/SVK/051, *VK Bund* Beschl. v. 11. 10. 2002 – VK 1–75/02; *VK Hessen* Beschl. v. 9. 2. 2004 – 69 d-VK-79/2003 und 80/2003.
369 *VK Düsseldorf* Beschl. v. 13. 3. 2006 – VK-08/2006-L.
370 *OLG Düsseldorf* Beschl. v. 9. 4. 2003 – Verg 66/02.
371 *OLG Düsseldorf* Beschl. v. 9. 4. 2003 – Verg 66/02.
372 *OLG Düsseldorf* Beschl. v. 18. 7. 2001 – Verg 16/01.

d) Pflicht zur Dokumentation

239 Darüber hinaus ist es erforderlich, die Gründe, die zum Ausschluss wegen nachweislich begangener schwerer Verfehlungen führen im Einzelnen zu dokumentieren und die Gründe im Vergabevermerk darzustellen.[373]

4. Säumigkeit bei der Zahlung (§ 7 Nr. 5 lit. d))

240 Nach § 7 Nr. 5 lit. d) kann ein Bewerber/Bieter ausgeschlossen werden, wenn er seine Verpflichtung zur Zahlung von Steuern und Abgaben sowie der Beiträge zur gesetzlichen Sozialversicherung nicht ordnungsgemäß erfüllt hat. Ein Verschulden des Bewerbers an der Säumigkeit ist dem Wortlaut nach nicht erforderlich. Es wird jedoch sowohl ein Verschulden und/oder eine gewisse Schwere an Säumigkeit – sei es den Umfang der schuldig gebliebenen Zahlungen oder aber deren Häufigkeit betreffend – vorliegen müssen, um die Unzuverlässigkeit des Bewerbers/Bieters zu begründen. Ist z. B. lediglich ohne Verschulden einmalig und in geringem Umfang eine Steuer o. a. nicht bezahlt worden, begründet das nur im Ausnahmefall und wenn zusätzliche Gründe hinzukommen die Unzuverlässigkeit. Andernfalls dürfte ein Ausschluss unverhältnismäßig sein.

241 Auftraggeber können sich zur Überprüfung ob der Tatbestand des § 7 Nr. 5 lit. d) vorliegt eine Eigenerklärung der Bewerber/Bieter vorlegen lassen oder aber auch Bestätigungen des Finanzamtes bzw. der Sozialversicherungsträger (vgl. hierzu die Kommentierung zu § 7 Nr. 4).

5. Bewusst falsche Erklärungen (§ 7 Nr. 5 lit. e))

242 Gemäß § 7 Nr. 5 lit. c) können Bewerber/Bieter ausgeschlossen werden, die im Vergabeverfahren vorsätzlich unzutreffende Erklärungen in Bezug auf ihre Fachkunde, Leistungsfähigkeit und Zuverlässigkeit abgegeben haben. Hiermit sollen solche Bewerber/Bieter ausgeschlossen werden können, die aufgrund ihres Verhaltens gegenüber dem Auftraggeber nicht vertrauenswürdig erscheinen.[374]

243 Der Wortlaut von § 7 Nr. 5 lit. e) («im Vergabeverfahren») spricht eher dafür, dass nur Falschangaben bzw. unvollständige Angaben im laufenden Vergabeverfahren einen Ausschluss begründen können, nicht hingegen Falschangaben bzw. unvollständige Angaben aus vorangegangenen Vergabeverfahren des Auftraggebers oder anderer Auftraggeber. Denn dies käme einer – unter Umständen längerfristigen – Auftragssperre gleich. § 7 Nr. 5 lit. e) enthält jedoch keine Anhaltspunkte dafür, Ermächtigungsgrundlage für eine Auftragssperre zu sein und ist daher in diesem Punkt eher eng auszulegen. Darüber hinaus ist bislang auch keine Entscheidung ersichtlich, die den Tatbestand des § 7 Nr. 5 lit. e) in Fällen als erfüllt ansah, in denen lediglich in einem vorangegangenen Vergabeverfahren des Auftraggebers oder eines anderen Auftraggebers bewusst falsche Erklärungen gemacht wurden.

---

[373] *OLG Frankfurt/M.* Beschl. v. 20. 7. 2004 – 11 Verg 6/04; *VK Düsseldorf* Beschl. v. 31. 10. 2005 – VK – 30/2005-B.
[374] *VK Nordbayern* Beschl. v. 21. 5. 2003 – 320.VK-3194–14/03 und – 15/03.

Neben der **aktiven Abgabe unzutreffender Erklärungen** wird das Vertrauen öffentlicher Auftraggeber in gleicher Weise erschüttert, wenn der Bewerber die **Abgabe von Erklärungen unterlässt**.[375] Das ergibt sich auch aus Art. 45 Abs. 2 lit. g) RL 2004/18/EG. Das Gleiche gilt auch, wenn er falsche bzw. unvollständige Angaben aufrechterhalten bzw. nicht korrigiert hat.[376] In all diesen Fällen verhindert der Bewerber, dass sich der Auftraggeber ein zutreffendes und vollständiges Bild von der Eignung des Bewerbers/Bieters macht. **244**

Ein **Verschulden** im Sinne eines vorsätzlichen Handelns ist im Gegensatz zu § 7 Nr. 5 lit. d) für die Abgabe falscher Erklärungen explizit erforderlich, da es hier gerade um die subjektive Komponente der Vertrauensbindung zwischen Auftraggeber und Bewerber geht. **245**

Maßgeblich für die Frage, welche Angaben relevant sind, sind in erster Linie die Vorgaben des Auftraggebers in den Vergabeunterlagen. Fehlt es beispielsweise an jeglichen konkreten Vorgaben über Mindestumsätze und deren Zusammensetzung, etwa ob Brutto- oder Nettoumsätze gemeint und ob auch Konzernumsätze einzubeziehen sind, so kann dem Erklärenden nicht vorgeworfen werden, mit der Angabe eines Umsatzes vorsätzliche Falschangaben nach § 7 Nr. 4 VOL/A gemacht zu haben.[377] Wegen der entscheidenden Bedeutung der Eignungskriterien für die Auftragserteilung besteht jedoch eine Aufklärungspflicht der Bewerber/Bieter auch hinsichtlich solcher Umstände, nach denen der Auftraggeber zwar nicht gefragt, die aber für die Beurteilung offensichtlich bedeutsam sind, weil sie den Vertragszweck vereiteln oder gefährden könnten.[378] Das gilt z. B. wenn ein Bewerber/Bieter während des Vergabeverfahrens aufgrund eines Gesellschafterwechsels die Verfügungsbefugnis über die für die Ausführung der ausgeschriebenen Leistungen erforderlichen personellen und/oder technischen Mittel verliert, etwa aufgrund des Verlusts an Personal und Know-how.[379] **246**

Bei dem Ausschluss nach § 7 Nr. 5 lit. e) handelt es sich um eine Ermessensentscheidung der Vergabestelle.[380] Dem Auftraggeber ist es überlassen zu entscheiden, ob sein Vertrauensverhältnis durch vorsätzlich unzutreffende oder unvollständige Erklärungen eines Bewerbers/Bieters so nachhaltig gestört ist, dass eine vertragliche Bindung nicht mehr zumutbar ist und somit eine Teilnahme dieses Unternehmens am Wettbewerb von vornherein nutzlos wäre.[381] **247**

---

375 *VK Hessen* Beschl. v. 28. 6. 2005 – 69 d VK–07/2005.
376 Zu § 8 Nr. 5 VOB/A: *VK Darmstadt* Beschl. v. 28. 6. 2005 – 69 d VK 07/2005.
377 *OLG Hamburg* Beschl. v. 2. 2. 2004 – 1 Verg 7/03.
378 *VK Hessen* Beschl. v. 28. 6. 2005 – 69 d VK–07/2005; *Schranner* in: Ingenstau/Korbion, VOB/A, § 8 Rn. 92.
379 *VK Hessen* Beschl. v. 28. 6. 2005 – 69 d VK–07/2005.
380 *VK Bund* Beschl. v. 20. 7. 2005 – VK 2–72/05.
381 *VK Nordbayern* Beschl. v. 21. 5. 2003 – 320.VK-3194–14/03 und – 15/03.

III. Rechtsfolge bei Vorliegen eines Ausschlussgrundes

248 Als sog. »Kann-Vorschrift« ist § 7 Nr. 5 ein fakultativer Ausschlussgrund. Daher entscheidet der Auftraggeber in jedem einzelnen Fall nach **pflichtgemäßem Ermessen** selbst, ob er von der Möglichkeit des Ausschlusses auch tatsächlich Gebrauch machen will.[382] Entscheidend dürfte bei der Abwägung sein, ob die Eignung des Bewerbers trotz Vorliegen eines Ausschlusstatbestands noch angenommen werden kann.[383]

249 Die vergaberechtlichen Nachprüfungsinstanzen können angesichts des dem Auftraggeber zustehenden Ermessens § 7 Nr. 5 nur überprüfen, ob die Antragsgegnerin ihren Ermessensspielraum eingehalten hat.[384] Eine Verletzung des Ermessensspielraums liegt nur dann vor, wenn die vom Auftraggeber getroffenen Sachverhaltsermittlungen und -feststellungen oder die Anwendung vergaberechtlicher Rechtsbegriffe auf willkürlichen und sachwidrigen Erwägungen beruhen oder aber das Ermessen auf Null reduziert war und der Auftraggeber das verkannt hat.[385]

250 Die praktische Folge des Ausschlusses hängt von der Art des Vergabeverfahrens und vom Verfahrensstadium ab: Findet der Ausschluss vor der Angebotsphase statt, erhalten ausgeschlossene Bewerber/Bieter bei der Öffentlichen Ausschreibung keine Vergabeunterlagen, bei der Beschränkten Ausschreibung und der Freihändigen Vergabe werden ausgeschlossene Bewerber nicht zur Angebotsabgabe aufgefordert. Hat die Angebotsphase bereits begonnen, werden die eingereichten Angebote nach §§ 25 Nr. 1 Abs. 2 lit. b) i. V. m. § 7 Nr. 5 von der Wertung ausgeschlossen.

251 Ein Ausschluss kommt im Übrigen auch in Betracht, wenn ein Auftraggeber im Unklaren über das Vorhandensein eines Ausschlussgrundes nach § 7 Nr. 5 bleibt, weil ein Bewerber/Bieter seiner Mitwirkungspflicht durch Abgabe von verlangten Erklärungen nicht oder nur unzureichend nachgekommen ist.[386]

252 Ob über den Ausschluss vom laufenden Verfahren auch eine sog. »**verfahrensübergreifende Auftragssperre**« möglich ist, die den betreffenden Bewerber/Bieter auch von künftigen, weiteren Verfahren ausschließt, ist umstritten.[387] § 7 Nr. 5 enthält zumindest seinem Wortlaut nach keine Anhaltspunkte für eine Auftragssperre. Es ist auch zu bedenken, dass eine längerfristige Auftragssperre gravierende Folgen für das betroffene Unternehmen haben kann, so dass ein Ausschluss über längere Zeit ohnehin nur bei besonders schwerwiegenden Verstößen gerechtfertigt sein dürfte. Im Umkehrschluss hierzu ist es von der Rechtsprechung anerkannt, das eine Wiederzulassung des Unternehmens zumindest dann ermessensfehlerfrei ist, wenn es zum Beispiel bestimmte Vorsorgemaßnahmen im organisatorischen und personellen Bereich getroffen hat und damit die Gefahr einer erneuten Verfehlung gleicher Art ausgeräumt

---

[382] *VK Bund* Beschl. v. 17. 8. 2005 – VK 2–81/05.
[383] *VK Nordbayern* Beschl. v. 14. 3. 2006 – 21.VK-3194–07/06; *Rusam* in: Heiermann/Riedl/Rusam, VOB/A § 8 Rn. 49.
[384] *VK Düsseldorf* Beschl. v. 16. 2. 2006 – VK-02/2006-L.
[385] *VK Bund* Beschl. v. 20. 7. 2005 – VK 2–72/05; *VK Lüneburg* Beschl. v. 18. 10. 2005 – VgK-47/2005.
[386] Zu § 8 Nr. 5 VOL/A: *OLG München* Beschl. v. 27. 1. 2005 – Verg 02/05.
[387] Ausführlich dazu: *Zdzieblo* in: Daub/Eberstein, VOL/A, § 7 Rn. 70 ff.; s. auch: Vergabe-News 1996, S. 2 f.; 1997, S. 25 ff. und 33 ff.

hat.³⁸⁸ Das gilt insbesondere für die sogenannte »Selbstreinigung« nach schweren Verfehlungen (vgl. hierzu die Kommentierung zu § 7 Nr. 5 lit. c). Dennoch wird eine Auftragssperre von der Rechtsprechung teilweise als zulässig angesehen. So hat das **LG Frankfurt a. M.** eine zweijährige Auftragssperre, angeordnet von der Deutschen Bahn AG, für zulässig erachtet.³⁸⁹ Das LG Frankfurt a. M. entschied, dass für Auftragssperren außerhalb eines konkreten Vergabeverfahrens der **ordentliche Rechtsweg** zu den Zivilgerichten gegeben ist. Als Ermächtigungsgrundlage für die Auftragssperre sah es § 7 Nr. 5 lit. c) VOL/A und § 8 Nr. 5 Abs. 1 lit. c) VOB/A an und hielt die Verhängung einer Auftragssperre von zwei Jahren auch nicht für unverhältnismäßig, da im zu entscheidenden Fall mehrere schwere Verfehlungen über einen längeren Zeitraum begangen wurden.

G. Nichtzulassung bestimmter Einrichtungen zum Wettbewerb mit gewerblichen Unternehmen, § 7 Nr. 6 VOL/A

Gemäß § 7 Nr. 6 VOL/A sind Justizvollzugsanstalten, Einrichtungen der Jugendhilfe, **253** Aus- und Fortbildungsstätten oder ähnliche Einrichtungen nicht zum Wettbewerb mit gewerblichen Unternehmen zuzulassen.

Wie bei den übrigen Regelungen des § 7 VOL/A besteht der **Regelungszweck** des § 7 **254** Nr. 6 VOL/A in der Gewährleistung der Chancengleichheit der Teilnehmer eines Vergabeverfahrens.³⁹⁰ Bei den hier genannten Einrichtungen, die vorrangig andere als erwerbswirtschaftliche Zwecke verfolgen, besteht die Gefahr, dass sie über gewisse Vorteile (insbesondere finanzieller Natur) verfügen, so dass ein chancengleicher Wettbewerb mit den anderen Unternehmen nicht möglich ist. Um die Verdrängung privater erwerbswirtschaftlich betriebener Unternehmen zu verhindern, dürfen solche Einrichtungen nicht an einem Vergabeverfahren teilnehmen.³⁹¹

§ 7 Nr. 6 VOL/A ist **grundrechtskonform**; diese die Berufsausübung der öffent- **255** lichen Hand betreffende Regelung, erlassen aufgrund eines Gesetzes (§ 97 Abs. 6 GWB i. V. m. § 7 Nr. 6 VOL/A), ist durch die vernünftigen Belange des Allgemeinwohls, Verfälschungen des Wettbewerbs zu verhindern, gerechtfertigt.³⁹²

Hierüber hinaus bestehen gegen § 7 Nr. 6 VOL/A auch **keine gemeinschaftsrechtlichen Bedenken**. Die Richtlinie 2004/18/EG trifft keine Festlegungen hinsichtlich der generellen Zulassung oder Nichtzulassung von öffentlichen Unternehmen zum Wettbewerb um öffentliche Aufträge, so dass es dem nationalen Gesetzgeber nicht ver-

---

388 *OLG Düsseldorf* Beschl. v. 9. 4. 2003 – Verg 66/02; *VK Düsseldorf* Beschl. v. 13. 3. 2006 – VK-08/2006-L; *VK Leipzig* Beschl. v. 25. 6. 2003 – 1/SVK/051, *VK Bund* Beschl. v. 11. 10. 2002 – VK 1–75/02; *VK Hessen* Beschl. v. 9. 2. 2004 – 69 d-VK-79/2003 und 80/2003.
389 *LG Frankfurt/M.* Urt. v. 26. 11. 2003 – 2–06 O 345/03, NZBau 2004, 631.
390 *Müller-Wrede* in: Müller-Wrede § 7 Rn. 58; *Zdzieblo* in: Daub/Eberstein, VOL/A, § 7 Rn. 20, 72.
391 S. Erläuterungen des Deutschen Verdingungsausschusses für Leistungen (DVAL) zu § 7 Nr. 6 VOL/A; *OLG Stuttgart* Beschl. v. 12. 5. 2000, 2 Verg 1/00; *OLG Düsseldorf* Beschl. v. 14. 7. 2004, VII-Verg 33/04; Beschl. v. 17. 11. 2004, VII-Verg 46/04; *1. VK Bund* Beschl. v. 13. 5. 2004, VK 1–42/04; *Schmidt-Wottrich/ Harms* VergabeR 2004, 691, 693 m. w. N.
392 *OLG Düsseldorf* Beschl. v. 17. 11. 2004, VII-Verg 46/04.

wehrt ist, diesbezüglich eigene Regelungen zu treffen.³⁹³ Der EuGH hatte sich bisher lediglich mit der Frage zu befassen, ob auch solche Bieter zum Vergabeverfahren zugelassen werden dürfen, die rechtmäßig öffentliche Zuwendungen erhalten. Dies hat der EuGH ausdrücklich bejaht, auch wenn solche Bieter ihre Leistungen zu Preisen anbieten können, die erheblich unter denen ihrer nicht subventionierten Mitbewerber liegen, und somit Wettbewerbsvorteile genießen.³⁹⁴

256 § 7 Nr. 6 VOL/A blieb gegenüber der **bisherigen Rechtslage** unverändert. Die Regelungen im **2. und 3. Abschnitt der VOL/A** sind identisch.

I. Betroffene Einrichtungen

257 Seinem Wortlaut nach umfasst § 7 Nr. 6 VOL/A Justizvollzugsanstalten, Einrichtungen der Jugendhilfe, Aus- und Fortbildungsstätten oder ähnliche Einrichtungen. 2004/ 2005 wurden zahlreiche Einzelfälle entschieden, in denen diese unbestimmten Rechtsbegriffe näher definiert worden sind. Seither sind nur noch vereinzelte, durchweg die bisherige Rechtsprechungspraxis bestätigende Entscheidungen ergangen, so dass sich mittlerweile zwei Tatbestandsvoraussetzungen herausgebildet haben: Das Zulassungsverbot des § 7 Nr. 6 VOL/A gilt für jede (rechtlich unselbständige) Einrichtung der **öffentlichen Hand, die »zudem«** auf dem Gebiet der Jugendhilfe oder der Aus- und Fortbildung tätig ist oder als »ähnliche Einrichtung« einem vergleichbaren **sozialpolitischen Zweck** dient.³⁹⁵ In der bisherigen Entscheidungspraxis wurde wesentlich auf die erste der o. g. Voraussetzungen abgestellt, also darauf, dass die betreffende Einrichtung in unmittelbarer oder mittelbarer öffentlicher (also staatlicher oder kommunaler) Trägerschaft steht.³⁹⁶ Privatrechtlich organisierte Unternehmen oder Vereine sind also zum Wettbewerb zuzulassen³⁹⁷ und zwar auch dann, wenn sie (wie z. B. gemeinnützige Kapitalgesellschaften) wegen ihrer Steuerbefreiung Wettbewerbsvorteile genießen.³⁹⁸

258 Wie bereits der Wortlaut des § 7 Nr. 6 VOL/A zeigt, ist bei den hier genannten Einrichtungen generell davon auszugehen, dass sie aufgrund ihrer finanziellen Vorteile die Wettbewerbschancen der Konkurrenten beeinträchtigen können. Es braucht also nicht im Einzelfall geprüft zu werden, ob die betreffende Einrichtung in einer konkreten Ausschreibung Vorteile genießt, die ihr einen Wettbewerbsvorsprung vor den anderen Teil-

---

393 Vgl. zur identischen bisherigen Rechtslage 3. *VK Bund* Beschl. v. 18. 5. 2004, VK 3–50/04.
394 *EuGH* Urt. v. 7. 12. 2000 »ARGE Gewässerschutz« Slg. 2000, 11037, 11076 ff. Vgl. hierzu *Fischer* VergabeR 2004, 1, 10 ff; *Schmidt-Wottrich/Harms* VergabeR 2004, 691, 692 f., 699 f.
395 *OLG Düsseldorf* Beschl. v. 14. 7. 2004, VII-Verg 33/04 m. w. N.; Beschl. v. 17. 11. 2004, VII-Verg 46/04; a. A. *Nielandt* VergabeR 2004, 457, 458.
396 *OLG Düsseldorf* Beschl. v. 24. 5. 2006, VII-Verg 16/06 m. w. N.; Beschl. v. 22. 6. 2006, VII-Verg 2/06; *1. VK Bund* Beschl. v. 13. 10. 2005, VK 1–125/05; Beschl. v. 23. 5. 2006, VK 1–28/06 m. w. N.; *2. VK Bund* Beschl. v. 6. 10. 2003, VK 2–94/03; *Schmidt-Wottrich/Harms* VergabeR 2004, 691, 697.
397 *OLG Düsseldorf* Beschl. v. 29. 3. 2006, VII-Verg 77/05 m. w. N.; Beschl. v. 22. 6. 2006, VII-Verg 2/06; *1. VK Bund* Beschl. v. 13. 10. 2005, VK 1–125/05; *2. VK Bund* Beschl. v. 11. 11. 2004, VK 2–196/04.
398 *OLG Düsseldorf* Beschl. v. 14. 7. 2004, VII-Verg 33/04; *OLG Koblenz* Beschl. v. 29. 12. 2004 VergabeR 2005, 527; *OLG Düsseldorf* Beschl. v. 8. 2. 2005, VII-Verg 100/04; *1. VK Bund* Beschl. v. 13. 5. 2004, VK 1–42/04; *2. VK Bund* Beschl. v. 19. 5. 2004, VK 2–52/04; Beschl. v. 17. 8. 2005, VK 2–81/05; *Schmidt-Wottrich/Harms* VergabeR 2004, 691, 694 m. w. N.

nehmern bzw. Bietern verschaffen, maßgeblich ist allein eine **abstrakte Betrachtungsweise**.[399] Aus diesem Grund können festgestellte Kalkulationsvorteile einer Institution oder deren Fehlen nur indizielle Bedeutung für die Abgrenzung haben; das Gleiche gilt für steuerliche Vorteile, sonstige unmittelbar oder mittelbar gewährte Finanzmittel der öffentlichen Hand, für eine etwaige Gewährträgerhaftung der öffentlichen Hand bei der Vergabe von Krediten oder ein ggf. fehlendes Insolvenzrisiko.[400]

Allein der Zufluss (rechtmäßig gewährter) **öffentlicher Zuschüsse oder sonstiger Zuwendungen** (z. B. Beihilfen) steht der Wettbewerbsteilnahme eines Unternehmens jedoch nicht entgegen, auch wenn es hierdurch erhebliche Kalkulationsvorteile gegenüber seinen nicht subventionierten Mitbewerbern hat.[401] 259

Um § 7 Nr. 6 VOL/A nicht zu unterlaufen, sind **Bietergemeinschaften** bereits dann nicht zum Wettbewerb zuzulassen, wenn an ihnen zumindest eine Einrichtung i. S. d. Vorschrift beteiligt ist.[402] 260

Regiebetriebe der öffentlichen Hand fallen nach den – zur Auslegung heranzuziehenden –[403] Erläuterungen zu § 7 Nr. 6 VOL/A »in der Regel« nicht unter diese Vorschrift und sind daher grundsätzlich zum Wettbewerb mit gewerblichen Unternehmen zuzulassen.[404] Das Gleiche gilt für **Eigenbetriebe** der Kommunen, also ausgegliederte Sondervermögen ohne eigene Rechtspersönlichkeit.[405] 261

Bei der Subsumtion ist darauf zu achten, dass Ausnahmevorschriften vom Wettbewerb wie § 7 Nr. 6 VOL/A **eng auszulegen** sind; sie sind grundsätzlich einer Analogie nicht zugänglich.[406] 262

1. Justizvollzugsanstalten, Einrichtungen der Jugendhilfe, Aus- und Fortbildungsstätten

Neben **Justizvollzugsanstalten** gilt § 7 Nr. 6 VOL/A auch für »**Einrichtungen der Jugendhilfe**«. Die Jugendhilfe umfasst Leistungen und andere Aufgaben zugunsten junger Menschen und Familien, u. a. die Angebote der Jugendarbeit und Jugendsozialarbeit, §§ 2, 11, 13 SGB VIII.[407] 263

---

399 *OLG Düsseldorf* Beschl. v. 17. 11. 2004, VII-Verg 46/04; *1. VK Bund* Beschl. v. 17. 3. 2004, VK 1–7/04; Beschl. v. 30. 3. 2004, VK 1–05/04; Beschl. v. 13. 5. 2004, VK 1–42/04; *2. VK Bund* Beschl. v. 19. 5. 2004, VK 2–52/04; *3. VK Bund* Beschl. v. 7. 7. 2004, VK 3–68/04; a. A. *Hoffmann* VergabeR 2004, 462, 464; *Hübner/Schliesky*, VergabeR 2004, 380, 381; *Schmidt-Wottrich/Harms* VergabeR 2004, 691, 697.
400 *OLG Düsseldorf* Beschl. v. 17. 11. 2004, VII-Verg 46/04 m. w. N.
401 *OLG Düsseldorf* Beschl. v. 24. 5. 2006, VII-Verg 16/06; vgl. *EuGH* Urt. v. 7. 12. 2000 »ARGE Gewässerschutz« Slg. 2000, 11037, 11076 ff.; *Schmidt-Wottrich/Harms* VergabeR 2004, 691, 692 f., 699 f.
402 *OLG Koblenz* Beschl. v. 29. 12. 2004 VergabeR 2005, 527; *1. VK Bund* Beschl. v. 17. 3. 2004, VK 1–7/04.
403 *OLG Düsseldorf* Beschl. v. 17. 11. 2004, VII-Verg 46/04.
404 *OLG Düsseldorf* Beschl. v. 17. 11. 2004, VII-Verg 46/04; vgl auch *3. VK Bund* Beschl. v. 7. 7. 2004, VK 3–68/04.
405 *OLG Düsseldorf* Beschl. v. 17. 11. 2004, VII-Verg 46/04 m. w. N.
406 *OLG Düsseldorf* Beschl. v. 17. 11. 2004, VII-Verg 46/04 m. w. N.; Beschl. v. 22. 6. 2006, VII-Verg 2/06; *1. VK Bund* Beschl. v. 13. 5. 2004, VK 1–42/04; Beschl. v. 13. 10. 2005, VK 1–125/05; *2. VK Bund* Beschl. v. 28. 2. 2006, VK 2–81/05; a. A. *Zdzieblo* in: Daub/Eberstein § 7 Rn. 73, der § 7 Nr. 6 VOL/A analog auf wissenschaftliche Einrichtungen anwenden will.
407 Vgl. *OLG Düsseldorf* Beschl. v. 23. 12. 2003, VII-Verg 58/03.

264 Unter den Begriff »**Aus- und Fortbildungsstätten**« lassen sich z. B. Universitäten,[408] Bildungsinstitute aller Art, Volkshochschulen und Ausbildungszentren von Industrieunternehmen, der Industrie- und Handelskammer, von Handwerkskammern, Verbänden etc. subsumieren. Entscheidend für die Frage, ob eine Einrichtung zum Wettbewerb mit gewerblichen Unternehmen zuzulassen ist oder nicht, ist auch hier, ob es in **öffentlicher** (also staatlicher oder kommunaler) **Trägerschaft** steht. Eine Volkshochschule, die von einer Kommune getragen wird, darf also z. B. nicht am Wettbewerb teilnehmen.[409] Demgegenüber werden private Bildungseinrichtungen gemeinnütziger Kapitalgesellschaften nicht von § 7 Nr. 6 VOL/A erfasst.[410] Weitere Einzelfallentscheidungen in diesem Sinne betrafen ein (im Ergebnis nicht unter § 7 Nr. 6 VOL/A fallendes) Berufsbildungszentrum einer Handwerkskammer, die zwar eine Körperschaft des öffentlichen Rechts, aber eine Organisation der Selbstverwaltung der privaten Wirtschaft ist, die sich aus den Beiträgen ihrer Mitglieder finanziert,[411] oder das Berufsbildungszentrum einer Kreishandwerkerschaft, vgl. §§ 86 ff. HandwO,[412] oder Wohlfahrtseinrichtungen der privatwirtschaftlich organisierten Verbände der Caritas oder des Diakonischen Werks.[413]

2. Ähnliche Einrichtungen

265 Nach den – zur Auslegung heranzuziehenden – Erläuterungen zur VOL/A können »**ähnliche Einrichtungen**« nur solche sein, die eine vergleichbare sozialpolitische Zielsetzung verfolgen wie die anderen ausdrücklich genannten Institutionen, und bei denen mit einer Verdrängung gewerblicher Unternehmen gerechnet werden muss. Ein solcher sozialpolitischer Zweck wurde u. a. bejaht bei der beruflichen Rehabilitation von Blinden und Sehbehinderten durch ein Berufsbildungswerk eines kommunalen Verbandes, vgl. § 35 SGB IX,[414] oder bei der Vermittlung von Ausbildungs- oder Arbeitssuchenden nach § 37 SGB III[415] oder bei der Durchführung von Trainingsmaßnahmen für Arbeitslose nach § 48 SGB III.[416]

266 Allein das Verfolgen eines sozialpolitischen Zwecks führt allerdings noch nicht dazu, dass eine Institution vom Wettbewerb mit gewerblichen Unternehmen auszuschließen ist. Zusätzlich muss sich die betreffende Einrichtung – wie auch die anderen in § 7 Nr. 6 VOL/A genannten Institutionen (s. Rn. 257) – in **öffentlicher Trägerschaft** befinden.[417] In den o. g. Beispielen darf also das Berufsbildungswerk eines kommuna-

---

408 *OLG Stuttgart* Beschl. v. 12. 5. 2000, 2 Verg 1/00.
409 *1. VK Bund* Beschl. v. 17. 3. 2004, VK 1–7/04; *3. VK Bund* Beschl. v. 18. 5. 2004, VK 3–50/04.
410 *OLG Düsseldorf* Beschl. v. 17. 11. 2004, VII-Verg 46/04 m. w. N.; Beschl. v. 8. 2. 2005, VII-Verg 100/04; *1. VK Bund* Beschl. v. 13. 5. 2004, VK 1–42/04.
411 *OLG Düsseldorf* Beschl. v. 4. 3. 2004, VII-Verg 8/04; Beschl. v. 17. 11. 2004, VII-Verg 46/04.
412 *OLG Düsseldorf* Beschl. v. 24. 5. 2006, VII-Verg 16/06; *1. VK Bund* Beschl. v. 23. 5. 2006, VK 1–28/06; *2. VK Bund* Beschl. v. 28. 2. 2006, VK 2–154/04; *3. VK Bund* Beschl. v. 18. 5. 2004, VK 3–50/04.
413 *OLG Düsseldorf* Beschl. v. 17. 11. 2004, VII-Verg 46/04.
414 *OLG Düsseldorf* Beschl. v. 17. 11. 2004, VII-Verg 46/04; *3. VK Bund* Beschl. v. 7. 7. 2004, VK 3–68/04.
415 *1. VK Bund* Beschl. v. 30. 3. 2004, VK 1–05/04; *2. VK Bund* Beschl. v. 17. 8. 2005, VK 2–81/05.
416 *1. VK Bund* Beschl. v. 7. 4. 2004, VK 1–15/04.
417 Vgl *OLG Düsseldorf* Beschl. v. 14. 7. 2004, VII-Verg 33/04; Beschl. v. 17. 11. 2004, VII-Verg 46/04; *1. VK Bund* Beschl. v. 30. 3. 2004, VK 1–5/04; Beschl. v. 7. 4. 2004, VK 1–15/04; Beschl. v. 13. 10. 2005, VK

len Verbandes nicht mit gewerblichen Unternehmen konkurrieren;[418] demgegenüber ist eine gemeinnützige Kapitalgesellschaft, die Trainingsmaßnahmen für Arbeitslose durchführt,[419] oder ein als privatrechtlicher Verein organisierter Träger der freien Wohlfahrtspflege[420] zum Wettbewerb zuzulassen.

II. Rechtsfolgen

Wie bereits dem Wortlaut des § 7 Nr. 6 VOL/A zu entnehmen ist, sind die betreffenden Einrichtungen **zwingend** aus dem Vergabeverfahren **auszuschließen**.[421] **267**

§ 7 Nr. 6 VOL/A, der die Chancengleichheit der Teilnehmer schützen soll, kommt **drittschützende Wirkung** zu. Ein Unternehmen kann sich also in einem Nachprüfungsverfahren darauf berufen, dass eine Einrichtung i. S. d. § 7 Nr. 6 VOL/A nicht zum Vergabeverfahren zugelassen werden darf.[422] **268**

Dass die in § 7 Nr. 6 VOL/A genannten Einrichtungen nicht zum Wettbewerb zuzulassen sind, heißt jedoch nicht, dass diese überhaupt nicht an Vergabeverfahren teilnehmen dürfen. Gemäß § 7 Nr. 6 VOL/A ist es solchen Einrichtungen wegen ihrer wettbewerblichen Vorteile lediglich verboten, mit gewerblichen Unternehmen um die Auftragsvergabe zu konkurrieren. Gemäß § 3 Nr. 4 lit. o) **VOL/A** können solchen Institutionen jedoch im Wettbewerb untereinander in einer Freihändigen Vergabe öffentliche Aufträge erteilt werden.[423] **269**

H. Bieterschützender Charakter der Norm

§ 7 ist eine »Bestimmung über das Vergabeverfahren« im Sinne von § 97 Abs. 7 GWB, auf deren Einhaltung Bewerber/Bieter und sonstige interessierte Unternehmen einen Anspruch haben und deren Verletzung im Rahmen eines Nachprüfungsantrages geltend gemacht werden kann. Das gilt insbesondere für die Gleichbehandlungsgebote des § 7 Nr. 1, die Wettbewerbsgebote des § 7 Nr. 2, die Eignungsnachweise nach § 7 Nr. 4 und die Ausschlusstatbestände des § 7 Nr. 5. Soweit dem Auftraggeber jedoch Beurteilungsspielräume sowie Ermessen zustehen, geht der Anspruch der Bewerber/Bieter nur auf die rechtsfehlerfreie Ausübung des Beurteilungsspielraums bzw. Ermessens. Das gilt insbesondere für § 7 Nr. 4 und § 7 Nr. 5. Dasselbe gilt für »Soll-Vorschriften«, wie die des § 7 Nr. 2. Nur wenn keine nachvollziehbaren sachlichen **270**

1–125/05; Beschl. v. 23. 5. 2006, VK 1–28/06; 2. *VK Bund* Beschl. v. 17. 8. 2005, VK 2–81/05; *Zdzieblo* in: Daub/Eberstein § 7 Rn. 72, 74.
418 *OLG Düsseldorf* Beschl. v. 17. 11. 2004, VII-Verg 46/04; 3. *VK Bund* Beschl. v. 7. 7. 2004, VK 3–68/04.
419 *1. VK Bund* Beschl. v. 7. 4. 2004, VK 1–15/04.
420 *Hoffmann* VergabeR 2004, 462, 463; vgl *Schmidt-Wottrich/Harms* VergabeR 2004, 691, 694 m. w. N.
421 *OLG Düsseldorf* Beschl. v. 17. 11. 2004, VII-Verg 46/04 m. w. N.; *Zdzieblo* in: Daub/Eberstein § 7 Rn. 72.
422 *OLG Düsseldorf* Beschl. v. 23. 12. 2003, VII-Verg 58/03; *1. VK Bund* Beschl. v. 17. 3. 2004, VK 1–7/04; *Zdzieblo* in: Daub/Eberstein § 7 Rn. 20.
423 Vgl. auch *OLG Düsseldorf* Beschl. v. 23. 12. 2003, VII-Verg 58/03; Beschl. v. 27. 10. 2004, VII-Verg 52/04; *Müller-Wrede* in: Müller-Wrede § 7 Rn. 58.

Gründe für eine Abweichung von den »Soll-Vorgaben« vorliegen, wird ein Nachprüfungsantrag Aussicht auf Erfolg haben.

271 Grundsätzlich bieterschützend ist auch § 7 Nr. 3, der die angemessene Beteiligung kleiner und mittelständischer Unternehmen festlegt. Auch hier besteht jedoch ein Beurteilungsspielraum zugunsten des Auftraggebers. Nur wenn er ohne nachvollziehbaren sachlichen Grund keine Bewerbungen kleiner und mittelständischer Unternehmen berücksichtigt, hat ein Nachprüfungsantrag Aussicht auf Erfolg. Ein sachlicher Grund dürfte indes jedoch immer vorliegen, wenn andere Bewerber einen höheren Grad an Eignung aufweisen als kleine und mittelständische Bewerber.

§ 8
Leistungsbeschreibung

1. (1) Die Leistung ist eindeutig und so erschöpfend zu beschreiben, dass alle Bewerber die Beschreibung im gleichen Sinne verstehen müssen und die Angebote miteinander verglichen werden können.
(2) Um eine einwandfreie Preisermittlung zu ermöglichen, sind alle sie beeinflussenden Umstände festzustellen und in den Verdingungsunterlagen anzugeben.
(3) Dem Auftragnehmer soll kein ungewöhnliches Wagnis aufgebürdet werden für Umstände und Ereignisse, auf die er keinen Einfluss hat und deren Einwirkung auf die Preise und Fristen er nicht im Voraus schätzen kann.

2. (1) Soweit die Leistung oder Teile derselben durch verkehrsübliche Bezeichnungen nach Art, Beschaffenheit und Umfang nicht hinreichend beschreibbar sind, können sie
   a) sowohl durch eine Darstellung ihres Zweckes, ihrer Funktion sowie der an sie gestellten sonstigen Anforderungen
   b) als auch in ihren wesentlichen Merkmalen und konstruktiven Einzelheiten, gegebenenfalls durch Verbindung der Beschreibungsarten, beschrieben werden.
(2) Erforderlichenfalls ist die Leistung auch zeichnerisch oder durch Probestücke darzustellen oder anders zu erklären, z. B. durch Hinweise auf ähnliche Leistungen.

3. (1) An die Beschaffenheit der Leistung sind ungewöhnliche Anforderungen nur so weit zu stellen, wie es unbedingt notwendig ist.
(2) Bei der Beschreibung der Leistung sind die verkehrsüblichen Bezeichnungen anzuwenden; auf einschlägige Normen kann Bezug genommen werden.
(3) Bestimmte Erzeugnisse oder Verfahren sowie bestimmte Ursprungsorte und Bezugsquellen dürfen nur dann ausdrücklich vorgeschrieben werden, wenn dies durch die Art der zu vergebenden Leistung gerechtfertigt ist.
(4) Die Beschreibung technischer Merkmale darf nicht die Wirkung haben, dass bestimmte Unternehmen oder Erzeugnisse bevorzugt oder ausgeschlossen werden, es sei denn, dass eine solche Beschreibung durch die zu vergebende Leistung gerechtfertigt ist.
(5) Bezeichnungen für bestimmte Erzeugnisse oder Verfahren (z. B. Markennamen) dürfen ausnahmsweise, jedoch nur mit dem Zusatz »oder gleichwertiger Art«, verwendet werden, wenn eine Beschreibung durch hinreichend genaue, allgemeinverständliche Bezeichnungen nicht möglich ist.

4. Wenn für die Beurteilung der Güte von Stoffen, Teilen oder Erzeugnissen die Herkunft oder die Angabe des Herstellers unentbehrlich ist, sind die entsprechenden Angaben von den Bewerbern zu fordern, soweit nötig auch Proben und Muster. Die Angaben sind vertraulich zu behandeln.

§ 8 Leistungsbeschreibung

Inhaltsübersicht

	Rn.
A. Allgemeines	1
I. Bedeutung und Zweck der Regelung	1
II. Vergleich mit VOB/A und VOF	6
III. Entstehungsgeschichte der Vorschrift	8
B. § 8 Nr. 1 – Allgemeine Standards der Leistungsbeschreibung	9
I. Gebot der eindeutigen und erschöpfenden Leistungsbestimmung, § 8 Nr. 1 Abs. 1	9
1. Inhalt und Bedeutung des Gebots	9
2. Zielvorgabe: Eindeutige und erschöpfende Leistungsbeschreibung	12
3. Auslegung der Leistungsbeschreibung	28
4. Änderungen, Ergänzungen und Streichungen durch Bieter	33
5. Reaktionsmöglichkeiten der Bieter bei unklarer Leistungsbeschreibung	34
6. Das Offenhalten des »Ob« und »Wie« der Leistungserbringung	43
a) Bedarfs- oder Eventualpositionen	44
b) Wahl- oder Alternativpositionen	55
II. Gebot der Nennung der eine einwandfreie Preisermittlung beeinflussenden Umstände, § 8 Nr. 1 Abs. 2	60
1. Inhalt des Gebots	61
2. Grenzen des Gebots	65
3. Pflichten auf Seiten der Bieter	69
4. Möglichkeit einer Korrektur im laufenden Verfahren	70
III. Verbot der Überwälzung eines ungewöhnlichen Wagnisses, § 8 Nr. 1 Abs. 3	73
1. Ungewöhnliches Wagnis	75
2. Im Voraus nicht einschätzbare Einwirkung auf die Preise	84
3. Für den Auftragnehmer nicht beeinflussbare Umstände und Ereignisse	89
4. Schwerwiegende Folgen des Wagnisses für den Auftragnehmer	93
5. Reaktionsmöglichkeiten der Bieter bei ungewöhnlichen Wagnissen	98
C. § 8 Nr. 2 – Arten der Leistungsbeschreibung	100
I. Leistungsbeschreibung durch verkehrsübliche Bezeichnung, § 8 Nr. 2 Abs. 1, 1. Hs.	102
II. Funktionale Leistungsbeschreibung, § 8 Nr. 2 Abs. 1, 2. Hs. a)	103
III. Konstruktive Leistungsbeschreibung, § 8 Nr. 2 Abs. 1, 2. Hs. b)	114
IV. Verhältnis der Arten der Leistungsbeschreibung untereinander und Folgen der Wahl einer bestimmten Art der Leistungsbeschreibung	117
V. Darstellung der Leistung in Zeichnungen und Probestücken oder durch Referenzobjekte, § 8 Nr. 2 Abs. 2	120
D. § 8 Nrn. 3 und 4 – Besondere Anforderungen an die Leistungsbeschreibung	123
I. Keine ungewöhnlichen Anforderungen an die Leistung, § 8 Nr. 3 Abs. 1	124
II. Gebot der Anwendung verkehrsüblicher Bezeichnungen bei der Beschreibung der Leistung und Möglichkeit der Bezugnahme auf einschlägige Normen, § 8 Nr. 3 Abs. 2	125
III. Vorschreiben bestimmter Erzeugnisse, Verfahren, Ursprungsorte und Bezugsquellen, § 8 Nr. 3 Abs. 3	128
IV. Beschreibung technischer Merkmale, § 8 Nr. 3 Abs. 4	136
V. Verwendung von Bezeichnungen für bestimmte Erzeugnisse oder Verfahren, § 8 Nr. 3 Abs. 5	141
VI. Folgen eines Verstoßes gegen § 8 Nr. 3 Abs. 3 bis 5	143

VII. Angabe des Herstellers oder der Herkunft von Stoffen, Teilen oder Erzeugnissen, § 8 Nr. 4 144

A. Allgemeines

I. Bedeutung und Zweck der Regelung

§ 8 trifft Regelungen hinsichtlich der Anforderungen, die eine ordnungsgemäße Leistungsbeschreibung zu erfüllen hat. Die Leistungsbeschreibung ist »von fundamentaler Bedeutung«.[1] für das gesamte Beschaffungsverfahren.[2] Im Rahmen der Ausschreibung legt sie den sachlichen Gehalt der Angebote und den Inhalt des abzuschließenden Vertrages fest. Sie gibt die Kriterien vor, an die der Auftraggeber bei der Wertung der Angebote gebunden ist. Daneben ist die Leistungsbeschreibung auch für die Durchführung des mit dem erfolgreichen Bieter abgeschlossenen Vertrages das entscheidende Dokument, da sie dessen Inhalt maßgeblich bestimmt.[3] Auftraggeber, die Fehler im Vergabeverfahren vermeiden wollen, wie Bieter, die eine auf den Bedarf der Auftraggeber passende Leistung anbieten wollen, müssen demnach bei der Erstellung der Leistungsbeschreibung größte Sorgfalt walten lassen. Gerichtliche Überprüfungen von Inhalt und Umfang des Vertrages sowie der zu entrichtenden Vergütung sind häufig Folgen mangelhafter Leistungsbeschreibungen. Zusammenfassend ist festzuhalten, dass die Leistungsbeschreibung Voraussetzung ist für:[4] 1

- die zuverlässige Ausarbeitung der Angebote und ihre Vergleichbarkeit,
- die zutreffende Wertung der Angebote,
- die richtige Vergabeentscheidung,
- die reibungslose und technisch einwandfreie Ausführung der Leistung sowie
- die vertragsgemäße und regelgerechte Abrechnung.

Die Leistungsbeschreibung ist somit das Kernstück des erfolgreichen Vergabeverfahrens.[5] 2

An die Einhaltung der in § 8 aufgestellten Grundsätze der Leistungsbeschreibung sind im Lichte der in § 97 GWB niedergelegten zentralen vergaberechtlichen Grundsätze – **Wettbewerb, Transparenz** und **Gleichbehandlung** – hohe Anforderungen zu stellen. Ist die Leistungsbezeichnung zu unbestimmt, so liegt nicht nur ein Verstoß gegen das Transparenzgebot, sondern auch gegen das Gleichbehandlungsgebot vor.[6] Besonderes 3

---

1 *VK Lüneburg* Beschl. v. 7. 9. 2005, VgK-38/2005; *VK Lüneburg* Beschl. v. 12. 4. 2002, 203-VgK-05/2002.
2 Vgl. im Folgenden *Prieß* NZBau 2004, 20 (21 ff.).
3 *Noch* in: Müller-Wrede, VOL/A-Kommentar, 2001, § 8 Rn. 4.
4 *Prieß* NZBau 2004, 20 (23); *Hertwig* in: Motzke/Pietzcker/Prieß, VOB/A-Kommentar, 2001, § 9 Rn. 3; *Kuß* VOB/A und VOB/B-Kommentar, 2003, § 9 Rn. 1.
5 *VK Lüneburg* Beschl. v. 7. 9. 2005, VgK-38/2005; *Schabbeck* VergabeR Sonderheft 4a 2006, 679 (680) unter Verweis auf *Prieß* NZBau 2004, 20 (21); vgl. *Hausmann/Mestwerdt* in: Prieß/Hausmann/Kulartz, Formularbuch Vergaberecht, 2004, A. II. 12. Anm. 16; *Franke/Grünhagen* in: Franke/Kemper/Zanner/Grünhagen, VOB-Kommentar, 2. Aufl. 2005, § 9 Rn. 1: »Herzstück«.
6 *OLG Düsseldorf* Beschl. v. 5. 10. 2000, Verg 14/00; *Prieß* NZBau 2004, 20 (22).

§ 8 Leistungsbeschreibung

Augenmerk hat der Auftraggeber dabei ferner auf die Einhaltung des Neutralitätsgrundsatzes (vgl. § 8 Nr. 3 Abs. 3 bis 5) zu legen.

4 Der Grundsatz der Chancengleichheit aller Bieter gilt bis zur Erteilung des Zuschlags durch den Auftraggeber. Demzufolge sind über eventuelle Änderungen der Leistungsbeschreibung ausnahmslos alle beteiligten oder interessierten Unternehmen unverzüglich zu informieren.[7] Eine Änderung der Leistungsbeschreibung ist nur zulässig, wenn sie vor Ablauf der Angebotsfrist erfolgt und alle Bewerber darüber informiert werden, Gleichbehandlung also gegeben ist.[8]

5 Eine nicht ordnungsgemäße Leistungsbeschreibung kann deshalb Ansprüche auf Schadensersatz unter dem Gesichtspunkt der *culpa in contrahendo* (§ 311 Abs. 2 und 3 i. V. m. § 241 Abs. 2 BGB) begründen.[9]

II. Vergleich mit VOB/A und VOF

6 § 9 VOB/A trifft weitgehend der VOL/A entsprechende Regelungen. So entspricht § 8 Nr. 2 Abs. 1 VOL/A, der zwischen konventioneller und funktionaler bzw. konstruktiver Leistungsbezeichnung differenziert, dem § 9 VOB/A mit seiner Unterscheidung zwischen der Leistungsbeschreibung mit Leistungsverzeichnis und der Leistungsbeschreibung mit Leistungsprogramm. In beiden Bereichen ist von der Leistungsbeschreibung mit Leistungsverzeichnis als Regel und von dem Leistungsverzeichnis mit Leistungsprogramm als Ausnahme auszugehen.[10]

7 § 8 VOF kennt keine Leistungsbeschreibung im herkömmlichen Sinne, sondern eine »Aufgabenbeschreibung«. Das liegt daran, dass die VOF für die Vergabe freiberuflicher Leistungen gilt, die gerade nicht eindeutig und erschöpfend beschreibbar sind. Allerdings zielt auch § 8 VOF darauf, dass alle Bewerber um einen Auftrag die geforderte Leistung im gleichen Sinne verstehen können,[11] die Aufgabenbeschreibung deshalb möglichst weitgehend für den Bewerberkreis Klarheit über die erwartete Leistung schaffen soll und möglichst alle die Aufgabenstellung beeinflussende Kriterien genannt werden sollen.[12]

---

7 *BGH* Urt. v. 24. 4. 1997, VII ZR 106/95 (zu § 9 VOB/A); vgl. *OLG Saarbrücken* Beschl. v. 9. 11. 2005, 1 Verg 4/05; *VK Düsseldorf* Beschl. v. 4. 8. 2000, VK-14/2000-L; *Noch* in: Müller-Wrede, VOL/A-Kommentar, 2001, § 8 Rn. 21.
8 *VK Bund* Beschl. v. 19. 12. 2002, VK 1–95/02 (zu § 9 VOB/A).
9 Vgl. *OLG Naumburg* Beschl. v. 15. 12. 2005, 1 U 5/05 (zu § 9 VOB/A); *Kratzenberg* in: Ingenstau/Korbion, VOB/A und VOB/B-Kommentar, 15. Aufl. 2004, § 9 Rn. 11, 13, 38, 41 ff.
10 *Prieß* NZBau 2004, 20 (23); *Noch* in: Müller-Wrede, VOL/A-Kommentar, 2001, § 8 Rn. 56; *Kratzenberg* in: Ingenstau/Korbion, VOB/A und VOB/B-Kommentar, 15. Aufl. 2004, § 9 Rn. 1.
11 Vgl. *VK Stuttgart* Beschl. v. 3. 6. 2002, 1 VK 20/02; *Noch* in: Müller-Wrede, VOL/A-Kommentar, 2001, § 8 Rn. 3.
12 *VK Düsseldorf* Beschl. v. 29. 7. 2005, VK-06/2005-F.

III. Entstehungsgeschichte der Vorschrift

Die VOL/A 1936 traf in § 10 Regelungen über den »Gegenstand der Vergabe«.[13] Die seit Mitte der siebziger Jahre stattfindenden Beratungen über die Neufassung der Leistungsbeschreibung betrafen insbesondere Fragen der konstruktiven und funktionalen Leistungsbeschreibung, das Verbot der Übertragung eines ungewöhnlichen Wagnisses auf den Auftragnehmer, Herkunftsbezeichnung und -angabe, Normen und Sicherungsvorschriften sowie die Berücksichtigung von Umweltschutzanforderungen. § 9 VOB/A diente teilweise als Modell, wurde aber bis auf einige Ausnahmen nicht wörtlich übernommen.[14] Seit der VOL/A-Novellierung von 1984 ist die Leistungsbeschreibung in § 8 geregelt.

8

B. § 8 Nr. 1 – Allgemeine Standards der Leistungsbeschreibung

I. Gebot der eindeutigen und erschöpfenden Leistungsbestimmung, § 8 Nr. 1 Abs. 1

1. Inhalt und Bedeutung des Gebots

Gemäß dem in § 8 Nr. 1 Abs. 1 niedergelegten Bestimmtheitsgrundsatz ist die Leistung eindeutig und so zu beschreiben, dass alle Bewerber die Beschreibung im gleichen Sinne verstehen müssen und die Angebote miteinander verglichen werden können. § 8 Nr. 1 Abs. 1 fordert somit für die Beschreibung der auszuschreibenden Leistung zweierlei: Zum einen sollen die Bieter unter der ausgeschriebenen Leistung das Gleiche verstehen. Die Leistung soll dadurch für alle Bieter gleichermaßen kalkulierbar werden. Zum anderen muss die Leistungsbeschreibung dem Auftraggeber erlauben, die eingehenden Angebote miteinander zu vergleichen. Eine fehlerhafte oder unvollständige, unklare oder unkalkulierbare Leistungsbeschreibung begründet vom Beginn des Vergabeverfahrens an einen erheblichen Mangel[15] und erlaubt eine gerichtliche Beanstandung.

9

Dabei fällt die Beantwortung der Frage, ob die betreffende Leistungsbeschreibung den Anforderungen des § 8 genügt, in den **Verantwortungsbereich des Auftraggebers** als Initiator des Vergabeverfahrens.[16] Bereits die Entscheidung, ein Angebot im Vergabeverfahren zu unterbreiten, erfordert den Einsatz unternehmerischer Ressourcen.[17] Interessenten müssen sich ein sachgerechtes Bild von dem Auftrag machen können und eine Grundlage für die Entscheidung, ob sie sich an dem Verfahren beteiligen wollen, zur Hand haben.[18] Damit die Bieter ihre Entscheidungen in Kenntnis aller

10

---

13 Ausführlich *Zdzieblo* in: Daub/Eberstein, VOL/A-Kommentar, 5. Aufl. 2000, § 8 Rn. 1 ff.
14 S. dazu oben Rn. 6 f.
15 *VK Lüneburg* Beschl. v. 7. 9. 2005, VgK-38/2005, m. Anm. *Noch*, IBR 2005, 1266 (nur online), bestätigt in *OLG Celle* Beschl. v. 15. 12. 2005, 13 Verg 14/05; *VK Halle* Beschl. v. 17. 3. 2003, VK Hal 31/02; *VK Lüneburg* Beschl. v. 12. 4. 2002, 203-VgK-05/02.
16 *Noch* in: Müller-Wrede, VOL/A-Kommentar, 2001, § 8 Rn. 6.
17 Vgl. *Noch* in: Müller-Wrede, VOL/A-Kommentar, 2001, § 8 Rn. 19.
18 *Hausmann/Mestwerdt* in: Prieß/Hausmann/Kulartz, Formularbuch Vergaberecht, 2004, A. II. 4. Anm. 6.

preisrelevanten Umstände treffen können, muss die Beschreibung der vom Auftragnehmer anzubietenden und nach Vertragsschluss zu erbringenden Leistungen eine umfassende kalkulatorische Sicherheit bieten.[19] Daraus folgt, dass Mängel in der Vorbereitung oder in der Planung auf Seiten des Auftraggebers nicht über das Leistungsverzeichnis in die Risikosphäre der Bieter verlagert werden dürfen.[20] Der Auftraggeber ist in jedem Falle gehalten, den Sachverhalt umfassend zu klären, bevor er eine Ausschreibung durchführt.[21] Das Risiko der Unvollständigkeit darf der Auftraggeber auch nicht durch Vertragsklauseln (so genannte Bestätigungs- oder Vorkenntnisklauseln) auf die Bieter überwälzen.[22]

11 Sollen alle Bieter gleichermaßen die Möglichkeit einer sichereren und einwandfreien Preisermittlung haben und soll der Auftraggeber die Angebote vergleichen können, so müssen seine Vorstellungen von der gewünschten Leistung in Bezug auf technische Merkmale oder Funktionen, Menge und Qualität für die Bieter so deutlich sein, dass Gegenstand, Art und Umfang der Leistung zweifelsfrei in der Leistungsbeschreibung dargelegt werden.[23] Um diese Anforderungen an die Leistungsbeschreibung erfüllen zu können, kann auf Seiten des Auftraggebers die **Einschaltung eines fachkundigen Dritten** geboten sein,[24] wenn er nicht selbst über das erforderliche *Know-how* verfügt. Der herangezogene Dritte darf aber weder unmittelbar noch mittelbar an der Vergabe beteiligt sein; es dürfen auch keine Umstände vorliegen, aufgrund derer der Dritte dazu neigen könnte, die mit der Vergabe zusammenhängenden Fragen nicht frei von subjektiven Interessen zu betrachten.[25] Soweit der Auftraggeber im Rahmen der Erstellung der Leistungsbeschreibung einen Dritten beauftragt, muss er unter Umständen für dessen Fehler nach § 278 BGB einstehen.[26]

2. Zielvorgabe: Eindeutige und erschöpfende Leistungsbeschreibung

12 Die Leistungsbeschreibung ist dann nicht »**eindeutig**« im Sinne des § 8 Nr. 1 Abs. 1, wenn unterschiedliche Auslegungsmöglichkeiten in Betracht kommen, die den Bieter im Unklaren lassen, welche Leistung von ihm in welcher Form und unter welchen Bedingungen angeboten werden soll. Die zu erbringende Leistung muss vielmehr so konkret dargestellt sein, dass alle Bewerber die Leistungsbeschreibung im gleichen Sinne verstehen müssen und die Angebote miteinander verglichen werden können. »**Erschöpfend**« bedeutet, dass keine Restbereiche verbleiben dürfen, die seitens des

---

19 *Kulartz* NZBau 2001, 173 (180).
20 *VK Düsseldorf* Beschl. v. 4. 8. 2000, VK-14/00-L.
21 *VK Magdeburg* Beschl. v. 22. 2. 2001, 33–32571/07 VK 15/00 MD.
22 *Kapellmann/Langen* in: Kapellmann/Messerschmidt, VOB/A und VOB/B-Kommentar, 2003, § 9 Rn. 11; vgl. auch *Roquette* NZBau 2001, 57 (57 ff.).
23 *VK Bund* Beschl. v. 7. 4. 2004, VK 1–15/04.
24 *OLG Celle* Beschl. v. 18. 12. 2003, 13 Verg 22/03; *VK Lüneburg* Beschl v. 27. 9. 2000, 203-VgK-10/2000; *Hausmann/Mestwerdt* in: Prieß/Hausmann/Kulartz, Formularbuch Vergaberecht, 2004, A. II. 12. Anm. 16; *Franke/Grünhagen* in: Franke/Kemper/Zanner/Grünhagen, VOB-Kommentar, 2. Aufl. 2005, § 9 Rn. 13.
25 *OLG Celle* Beschl. v. 18. 12. 2003, 13 Verg 22/03.
26 Vgl. *BGH* Urt. v. 8. 9. 1998, X ZR 99/96; *Noch* in: Müller-Wrede, VOL/A-Kommentar, 2001, § 8 Rn. 7; vgl. *Kratzenberg* in: Ingenstau/Korbion, VOB/A und VOB/B-Kommentar, 15. Aufl. 2004, § 9 Rn. 8.

Auftraggebers nicht schon klar umrissen sind;[27] dabei kann sich der erschöpfende Charakter bereits aus der Eindeutigkeit der Leistungsbeschreibung ergeben.[28]

Eine Leistungsbeschreibung ist dann eindeutig und vollständig, wenn sie Art und Umfang der geforderten Leistung mit allen dafür maßgebenden Bedingungen zur Ermittlung des Leistungsumfangs zweifelsfrei erkennen lässt, keine Widersprüche in sich, zu den Plänen oder zu anderen vertraglichen Regelungen enthält und alle für die Leistung spezifischen Bedingungen und Anforderungen darstellt.[29] Die Einhaltung dieser Kriterien ist Voraussetzung einer exakten Preisermittlung sowie der Vergleichbarkeit der Angebote;[30] es besteht ein **Zusammenhang** zwischen dem Gebot der eindeutigen und erschöpfenden Leistungsbeschreibung und dem Gebot der Nennung aller kalkulationsrelevanten Umstände in den Verdingungsunterlagen (§ 8 Nr. 1 Abs. 2).[31] Schließlich ist darauf hinzuweisen, dass sich die Anwendungsbereiche des § 8 Nr. 1 Abs. 1 und des § 8 Nr. 1 Abs. 3 überschneiden, so dass zu allgemein gehaltene oder lückenhafte Leistungsbeschreibungen dem Auftragnehmer auch ein unkalkulierbares Preisrisiko aufbürden können.[32] **13**

Der Ersteller der Leistungsbeschreibung muss sich **verkehrsüblicher, in Fachkreisen allgemein verständlicher Formulierungen** bedienen. Angaben in der Leistungsbeschreibung, die nur von einzelnen Bietern richtig verstanden werden können, sind unzulässig.[33] Das gilt auch für die Verwendung nur regional verbreiteter sprachlicher Besonderheiten.[34] **14**

Die im Einzelfall an den Konkretisierungsgrad der Leistungsbeschreibung zu stellenden Anforderungen richten sich nach dem Gegenstand des Vergabeverfahrens.[35] Wenn er nicht klar aus der Leistungsbeschreibung hervorgeht, liegt ein Verstoß gegen das Bestimmtheitsgebot vor. So ist die erforderliche Bestimmtheit dann nicht gegeben, wenn nicht klar ersichtlich wird, mit welchen Auftraggebern ausgeschriebene Verträge im Einzelnen abzuschließen sind und ob einheitliche oder getrennte Angebote abzugeben sind.[36] Je komplexer die Beschaffung sich im Einzelfall darstellt, desto detailreicher muss die Beschreibung der an die Leistung gestellten Anforderungen ausfallen, hier gilt: »**je detaillierter, desto besser**«:[37] **15**

---

27 *OLG Saarbrücken* Beschl. v. 29. 9. 2004, 1 Verg 6/04; *VK Lüneburg* Beschl. v. 7. 9. 2005, VgK-38/2005, m. Anm. *Noch*, IBR 2005, 1266 (nur online), bestätigt in *OLG Celle* Beschl. v. 15. 12. 2005, 13 Verg 14/05.
28 *Kapellmann/Langen*, in: Kapellmann/Messerschmidt, VOB/A und VOB/B-Kommentar, 2003, § 9 Rn. 11.
29 *VK Lüneburg* Beschl. v. 10. 3. 2005, VgK-04/2005, bestätigt in *OLG Celle* Beschl. v. 12. 5. 2005, 13 Verg 6/05.
30 *Prieß* NZBau 2004, 20 (22).
31 *OLG Koblenz* Beschl. v. 26. 10. 2005, Verg 04/05; vgl. *OLG Düsseldorf* Beschl. v. 5. 12. 2001, Verg 32/01.
32 *OLG Celle* Beschl. v. 12. 5. 2005, 13 Verg 6/05.
33 *Franke/Grünhagen* in: Franke/Kemper/Zanner/Grünhagen, VOB-Kommentar, 2. Aufl. 2005, § 9 Rn. 15.
34 Vgl. *OLG Düsseldorf* Beschl. v. 8. 2. 2005, VII-Verg 100/04; *OLG Dresden* Urt. v. 27. 3. 2003, 19 U 1971/02 (zu § 9 VOB/A), m. Anm. *Gentner* IBR 2003, 1055.
35 Für den Bereich der Auftragsvergabe von Reinigungsleistungen s. *Münch* LKV 2005, 435 (435 ff.).
36 Vgl. *Noch* in: Müller-Wrede, VOL/A-Kommentar, 2001, § 8 Rn. 15.
37 *OLG Koblenz* Beschl. v. 5. 9. 2002, 1 Verg 2/02; vgl. auch *Kuß* VOB/A und VOB/B-Kommentar, 2003, § 9 Rn. 2.

§ 8 Leistungsbeschreibung

16 • So reicht es nicht aus, wenn die Leistungsbeschreibung für eine Beschaffung von Computersoftware die gewünschten Anwendungen und Funktionen lediglich stichwortartig ohne Lastenheft auflistet; geboten ist vielmehr auch die Darlegung der Anforderungen an den Benutzerkomfort, an Schnittstellen, Links etc.[38]

17 • Ein Verstoß gegen das Gebot der eindeutigen Leistungsschreibung liegt auch dann vor, wenn der Auftraggeber für eine Position ein – ausnahmsweise zulässiges[39] – nicht mehr am Markt erhältliches Leitfabrikat vorgibt, mit dem sich das aus den Verdingungsunterlagen hervorgehende Leistungsziel faktisch nicht (mehr) erreichen lässt.[40]

18 Darüber hinaus müssen sich die Bieter unter Zugrundelegung der Leistungsbeschreibung ein umfassendes Bild von **Umfang und Reichweite** der zu erbringenden Leistung machen können:

19 • Ein Verstoß gegen § 8 Nr. 1 Abs. 1 liegt vor, wenn eine Leistungsbeschreibung für Sprachvorbereitungskurse hinsichtlich der Teilnehmerzahlen sowie der Vertragsdauer unklar und unbestimmt ist.[41]

20 • In einer Leistungsbeschreibung für Abfallentsorgungsleistungen sind gegebenenfalls Prognosen über die Entwicklung der Abfallmengen anzugeben.[42]

21 • Sieht die Leistungsbeschreibung eine Verlängerungsoption zugunsten des Auftraggebers vor, ist darauf zu achten, dass diese hinsichtlich Laufzeit und Anzahl der Verlängerungen eindeutig begrenzt ist.[43]

22 • Kann die Neuvergabe eines Dienstleistungsauftrages ggf. einen Betriebsübergang gemäß § 613a BGB bewirken, wäre der neue Auftragnehmer grds. verpflichtet, alle beim Vorgänger beschäftigten Mitarbeiter mit den vollständigen Resultaten und Pflichten zu übernehmen.[44] Für diesen Fall sollte die Leistungsbeschreibung Angaben enthalten, wie viel Personal zu welchen Konditionen bisher beschäftigt wird, da die Bieter diese Angaben für ihre eigene Kalkulation benötigen. Zudem sollte die Leistungsbeschreibung eine vertragliche Verpflichtung des Auftragnehmers enthalten, diese Angebote zur Vorbereitung einer Neuvergabe zur Verfügung zu stellen.

23 Im Einzelfall kann es allerdings zulässig sein, den Bietern einen **Gestaltungsspielraum** einzuräumen:

24 • Ist Gegenstand des Vergabeverfahrens die Entwicklung eines Lehrgangskonzepts, das Jugendliche aus einer bestimmten Zielgruppe auf die Berufswahlentscheidung vorbereiten soll, so können genaue Angaben hinsichtlich der räumlichen und tech-

---

[38] Zu einem Extremfall *VK Lüneburg* Beschl. v. 12. 4. 2002, 203-VgK-05/02; zu den Besonderheiten bei der Vergabe von Aufträgen im EDV-Bereich siehe unten Rn. 128 ff.
[39] S. dazu unten Rn. 141 f.
[40] *VK Lüneburg* Beschl. v. 30. 10. 2003, 203-VgK-21/2003 (zu § 9 VOB/A).
[41] *OLG Düsseldorf* Beschl. v. 5. 12. 2001, Verg 32/01.
[42] *VK Schleswig-Holstein* Beschl. v. 18. 12. 2000, VK-SH 13/00.
[43] *VK Lüneburg* Beschl. v. 26. 4. 2004, 203-VgK-10/2004.
[44] So *BAG* Urt. v. 2. 3. 2006, 8 AZR 147/05.

nischen Ausstattung sowie der zu erwartenden Kosten entbehrlich sein. Die ausgeschriebene Leistung beinhaltet gerade die Erstellung eines eigenen Konzepts. Dabei muss die Leistungsbeschreibung allerdings einen gewissen Rahmen vorgeben, um die Vergleichbarkeit der Angebote zu gewährleisten.[45]

Eine Verletzung des Bestimmtheitsgebots scheidet allerdings dann aus, wenn die offenen Fragen lediglich die **unternehmerische Innensphäre** der Bieter berühren. Für Faktoren, die nach dem üblichen geschäftlichen Gang in den **Verantwortungsbereich des künftigen Auftragnehmers** fallen, muss der Auftraggeber nicht einstehen: 25

- So muss die Leistungsbeschreibung für Personenbeförderungsleistungen nicht angeben, ob sich die von den Bietern zu Grunde zu legenden Preise auf Last- oder Leerfahrten (d. h. Fahrten ohne die Anwesenheit von Fahrgästen) beziehen, sondern kann sich darauf beschränken, Anzahl und Verlauf der Fahrtstrecken zu nennen.[46] 26

Zwar werden verbleibende Ungenauigkeiten als Ergebnis unzureichender Vorarbeit des Auftraggebers angesehen.[47] Jedoch wird allein durch die **Auslegungsfähigkeit** des Inhalts der Leistungsbeschreibung noch kein Verstoß gegen § 8 Nr. 1 Abs. 1 begründet. Sonst bestünde die Gefahr, dass Bieter durch geschickte Argumentation gleichsam Fehler in die Leistungsbeschreibung hineininterpretieren könnten, um daraus Vorteile zu ziehen.[48] 27

3. Auslegung der Leistungsbeschreibung

Die Auslegung der Leistungsbeschreibung ist vorrangig gegenüber ihrer Aufhebung[49] und sie ist von entscheidender Bedeutung für das Vergabeverfahren.[50] Maßgebend ist unter Zugrundelegung der allgemeinen Auslegungsregeln der §§ 133, 157 BGB der **objektive Empfängerhorizont**, also die Sicht der potenziellen Bieter.[51] Besonderheiten aus dem Bereich einzelner Empfänger bleiben unberücksichtigt, weil nur so eine gleiche und faire Wettbewerbssituation für alle Bieter gewährleistet ist.[52] Ebenso muss das subjektive Verständnis des Auftraggebers von den Bestimmungen der Leistungsbeschreibung außer Betracht bleiben.[53] 28

---

45 Vgl. *VK Bund* Beschl. v. 29. 5. 2001, VK 1–13/01 (aus anderen Gründen abgeändert in *OLG Düsseldorf* Beschl. v. 5. 10. 2001, Verg 28/01).
46 *OLG Naumburg* Beschl. v. 15. 7. 2003, 6 Verg 7/03.
47 *Prieß* NZBau 2004, 20 (23); vgl. oben unter Rn. 9 f.
48 *OLG Brandenburg* Beschl. v. 14. 9. 2004, Verg W 5/04.
49 *Prieß* NZBau 2004, 20 (23).
50 Vgl. *Hertwig* Praxis der öffentlichen Auftragsvergabe, 3. Aufl. 2005, S. 87.
51 *KG* Beschl. v. 14. 2. 2006, 21 U 5/03 (zu § 9 VOB/A), m. Anm. *Barth* IBR 2006, 189; *VK Schleswig-Holstein* Beschl. v. 14. 9. 2005, VK-SH 21/05, bestätigt in *OLG Schleswig-Holstein* Beschl. v. 1. 12. 2005, 6 Verg 9/05; vgl. *Markus* BauR Sonderheft 1a/2004, 180 (182).
52 *OLG Koblenz* Beschl. v. 26. 10. 2005, 1 Verg 04/05; *OLG Düsseldorf* Beschl. v. 23. 3. 2005, Verg 02/05; *OLG Saarbrücken* Beschl. v. 13. 11. 2002, 5 Verg 1/02, NZBau 2003, 625 (626); vgl. *Hertwig* Praxis der öffentlichen Auftragsvergabe, 3. Aufl. 2005, S. 87.
53 *Kuß* VOB/A und VOB/B-Kommentar, 2003, § 9 Rn. 14.

§ 8 Leistungsbeschreibung

29 Anfangspunkt für die Auslegung ist der **Wortlaut** der Leistungsbeschreibung; er darf weder erweiternd noch einengend ausgelegt werden.[54] Weiter ist auf die **Gesamtumstände**[55] des ausgeschriebenen Vorhabens, wie den technischen und qualitativen Zuschnitt, besondere Ansprüche und die Zweckbestimmung abzustellen; zu berücksichtigen sind die konkreten Verhältnisse der Leistung.[56] So müssen Abweichungen vom Marktüblichen im Wortlaut der Leistungsbeschreibung nicht ausdrücklich ausgewiesen werden, sofern sich diese Abweichungen aus dem Gesamtzusammenhang ergeben.[57]

30 Die »eindeutige und erschöpfende« Beschreibung der ausgeschriebenen Leistungen erfordert ein technisches, **fachspezifisches Vokabular**, das sich an Fachleute wendet. Selbstverständliche fachliche Zusammenhänge, die für jeden Bieter offensichtlich sind oder von ihm ohne weiteres erkannt werden können, brauchen aus diesem Grunde nicht eigens dargestellt und erläutert werden.[58] Dabei können die der Auslegung zu Grunde zu legenden Bedeutungen auch von dem allgemeinen Wortlaut abweichen. Das ist dann der Fall, wenn die verwendete Formulierung nach dem Empfängerhorizont der betreffenden Fachleute in einem spezifisch technischen Sinne verstanden wird oder in Anwendung einer verkehrsüblichen technischen Regel gebraucht wird.[59] Eine verständigen und sachkundigen Bietern zumutbare Auslegung der Leistungsbeschreibung ist dann möglich, wenn die gebotene Klarheit sich aus einer Gesamtschau des betreffenden Angebotsvordrucks mit dem Textteil der Leistungsbeschreibung ergibt.[60] Zusammenfassend ist somit auszugehen von dem **Empfängerhorizont eines verständigen und sachkundigen Bieters**, der mit Beschaffungsleistungen der vorliegenden Art **vertraut ist**.[61]

31 Lässt die Leistungsbeschreibung unter Berücksichtigung dieses Auslegungsmaßstabs Spielraum für unterschiedliche Auslegungen, so ist sie **mehrdeutig**[62] und verstößt gegen § 8 Nr. 1 Abs. 1.[63] Die Aufhebung der Ausschreibung ist die Folge, wenn nicht die Zurückversetzung des Verfahrens ausreicht. Die Aufhebung ist ferner geboten, wenn der Auftraggeber aufgrund von **widersprüchlichen Angaben** in der Leistungsbe-

---

54 Vgl. *OLG Düsseldorf* Beschl. v. 5. 12. 2001, Verg 32/01; *Kapellmann/Langen* in: Kapellmann/Messerschmidt, VOB/A und VOB/B-Kommentar, 2003, § 9 Rn. 8; vgl. *Kuß* VOB/A und VOB/B-Kommentar, 2003, § 9 Rn. 19.
55 *VK Münster* Beschl. v. 5. 4. 2006, VK 05/06; vgl. *Hertwig* Praxis der öffentlichen Auftragsvergabe, 3. Aufl. 2005, S. 88.
56 *BGH* Urt. v. 18.4. 2002, VII ZR 38/01, NZBau 2002, 500 (501, zur VOB/A), m. Anm. *Asam*, IBR 2002, 535.
57 *Prieß* NZBau 2004, 20 (24).
58 *OLG Schleswig-Holstein* Beschl. v. 13. 4. 2006, 1(6) Verg 10/05; *VK Schleswig-Holstein* Beschl. v. 14. 9. 2005, VK-SH 21/05. s. auch *Hausmann/Mestwerdt* in: Prieß/Hausmann/Kulartz, Formularbuch Vergaberecht, 2004, A. II. 12. Anm. 16; *Franke/Grünhagen* in: Franke/Kemper/Zanner/Grünhagen, VOB-Kommentar, 2. Aufl. 2005, § 9 Rn. 14.
59 Vgl. *Hertwig* Praxis der öffentlichen Auftragsvergabe, 3. Aufl. 2005, S. 87; *Kuß* VOB/A und VOB/B-Kommentar, 2003, § 9 Rn. 3.
60 *OLG Düsseldorf* Beschl. v. 8. 2. 2005, VII-Verg 100/04.
61 Vgl. *BGH* Urt. v. 3. 6. 2004, ZR 30/03; *OLG Saarbrücken* Beschl. v. 29. 9. 2004, 1 Verg 6/04 (»professioneller Sorgfaltsmaßstab«); *OLG Düsseldorf* Beschl. v. 8. 2. 2004, Verg 100/04; *VK Münster* Beschl. v. 5. 4. 2006, VK 05/06; *VK Bund* Beschl. v. 16. 8. 2005, VK 3–34/05, bestätigt in *OLG Düsseldorf* Beschl. v. 8. 2. 2006, VII-Verg 61/05.
62 Vgl. *OLG Koblenz* Beschl. v. 26. 10. 2005, Verg 4/05.
63 *OLG Düsseldorf* Beschl. v. 28. 1. 2004, Verg 35/03.

schreibung schon gar nicht in der Lage ist, überhaupt ein zuschlagfähiges Hauptangebot zu ermitteln, das die vorgegebenen Anforderungen erfüllt.[64]

Nur in **Ausnahmefällen** kann eine unzureichende Leistungsbeschreibung für das Vergabeverfahren unschädlich sein. Das ist dann der Fall, wenn alle Bieter aufgrund ihrer Fachkunde die Verdingungsunterlagen **einheitlich und richtig ausgelegt** haben[65] und hinzukommt, dass sich der Fehler im Leistungsverzeichnis nur auf ein **untergeordnetes technisches Detail** bezieht.[66] Unter diesen Umständen sind die Chancengleichheit der Bieter sowie die Vergleichbarkeit der Angebote gewährleistet, so dass die Aufhebung der Ausschreibung nicht erforderlich ist.[67] **32**

4. Änderungen, Ergänzungen und Streichungen durch Bieter

Änderungen, Ergänzungen oder Streichungen durch die Bieter sind grundsätzlich[68] unzulässig (vgl. § 21 Nr. 1 Abs. 3) und angesichts der scharfen Rechtsfolge des § 25 Nr. 1 Abs. 1 – zwingender Ausschluss des Angebots von der Wertung der Angebote aus formalen Gründen – **riskant**. Bereits geringfügige, unbedeutende Abweichungen von der Leistungsbeschreibung führen zwingend zum Angebotsausschluss.[69] Im Falle der gerichtlichen Überprüfung des Vergabeverfahrens genügt dem Auftraggeber schließlich der Nachweis, dass tatsächlich eine Änderung oder Streichung in den Verdingungsunterlagen vorliegt, um den Ausschluss des betreffenden Bieters zu rechtfertigen. **33**

5. Reaktionsmöglichkeiten der Bieter bei unklarer Leistungsbeschreibung

In Anbetracht dieses Risikos hat der Bieter, der sich einer unklaren Leistungsbeschreibung gegenüber sieht, unterschiedliche Reaktionsmöglichkeiten. Grundvoraussetzung ist, dass sich die Unklarheit der Leistungsbezeichnung nicht durch eine nach den oben angeführten Grundsätzen vorzunehmende Auslegung ausräumen lässt. Zwar sind die Bieter verpflichtet, die Verdingungsunterlagen zu überprüfen. Jedoch müssen sie es sich nicht entgegenhalten lassen, das Leistungsverzeichnis nicht auf missverständliche Formulierungen durchforstet zu haben.[70] **Intensive Auslegungsbemühungen**, wie sie im Streitfall einem Gericht obliegen, sind von den Bietern regelmäßig **nicht zu erwarten**.[71] Dafür spricht auch der Wortlaut der Parallelvorschrift des § 9 Nr. 1 VOB/A, demzufolge die Leistungsbeschreibung die Bieter in die Lage versetzen muss, ihre Preise »sicher und ohne umfangreiche Vorarbeiten« zu berechnen. **34**

---

64 Vgl. *VK Lüneburg* Beschl. v. 29. 1. 2004, 203-VgK-40/2003 (zur VOB/A).
65 *OLG Koblenz* Beschl. v. 26. 10. 2005, Verg 04/05; *OLG Naumburg* Beschl. v. 16. 9. 2002, Verg 2/02; *VK Düsseldorf* Beschl. v. 22. 7. 2002, VK-19/2002-L.
66 *BayObLG* Beschl. v. 17. 2. 2005, Verg 27/04.
67 *VK Münster* Beschl. v. 5. 4. 2006, VK 05/06.
68 Zu den Ausnahmen vgl. Rn. 34 ff.
69 *OLG Düsseldorf* Beschl. v. 29. 11. 2000, Verg 21/00, m. Anm. *Schulze-Hagen* IBR 2001, 75; *VK Bund* Beschl. v. 11. 11. 2003, VK 1–103/03.
70 *Prieß* NZBau 2004, 20 (23 f.); vgl. auch *Hertwig* in: Motzke/Pietzcker/Prieß, VOB/A-Kommentar, 2001, § 9 Rn. 18.
71 *OLG Koblenz* Beschl. v. 26. 10. 2005, Verg 4/05; *OLG Saarbrücken* Beschl. v. 29. 9. 2004, 1 Verg 6/04; vgl. *Kuß* VOB/A und VOB/B-Kommentar, 2003, § 9 Rn. 5a.

Führt die Auslegung zu keinem befriedigenden Ergebnis, so kann der Bieter auf unterschiedliche Weise reagieren:

35 Eine in der Praxis häufig anzutreffende, in der Regel jedoch unzulässige Reaktionsweise auf eine unklare Leistungsbeschreibung ist die **Abgabe des Angebots unter einem Vorbehalt**. Zwar ist es unbedenklich, wenn der Bieter lediglich die Motive für sein Handeln angibt.[72] Unzulässig ist es aber, Vorbehalte abzugeben, die auf eine **Inhaltsänderung** des abzuschließenden Vertrages hinausliefen, vgl. § 21 Nr. 1 Abs. 3. Ein solches Angebot ist gemäß § 25 Nr. 1 Abs. 1d) von der Wertung auszuschließen.

36 Die beste Reaktionsmöglichkeit für den Bieter besteht darin, die betreffenden Unklarheiten durch eine entsprechende **Anfrage** (vgl. § 17 Nr. 6 Abs. 1) beim Auftraggeber zu klären. Bei Zweifeln über den wirklichen Willen des Auftraggebers ist eine solche Anfrage dem Bieter auch ohne weiteres zumutbar.[73] Erhält der Bieter auch durch eine solche Anfrage beim Auftraggeber keine Klarheit, sollte er vorsichtshalber rügen. Sonst riskiert er, dass er mit seinem Einwand gegen die Leistungsbeschreibung präkludiert ist. Eine Rüge, der der Auftraggeber abhilft, versetzt alle Bieter wieder in die gleiche wettbewerbliche Situation, da der Auftraggeber gemäß § 17 Nr. 6 Abs. 2 verpflichtet ist, auch den anderen Bietern die Antwort mitzuteilen.[74]

37 Hilft der Auftraggeber der Unklarheit, Widersprüchlichkeit oder Missverständlichkeit der Leistungsbeschreibung nicht ab, hat der Bieter die **Möglichkeit**, bei der Erstellung seines Angebots **eine seinem vernünftigen Verständnis entsprechende Bedeutung zu Grunde legen**.[75] Im Einzelfall kann sogar eine Auslegung zulässig sein, die auf eine Änderung von Anforderungen der Leistungsbeschreibung hinausläuft.[76] Er darf dabei jedoch nicht einfach die für ihn günstigste Auslegung wählen, sondern muss von der **Interessenlage des Auftraggebers** ausgehen.[77] In einem solchen Fall ist auf der Grundlage einer **wertenden Betrachtung** zu entscheiden, ob der Bieter eine unzulässige Änderung vorgenommen oder die betreffende Passage vertretbar interpretiert hat.[78] Auch eine Streichung oder sogar eine Ersetzung der widersprüchlichen Passage durch den Bieter kann in solchen Fällen ausnahmsweise zulässig sein.[79]

38 Es darf – sofern er sich vorher vergeblich um Aufklärung bemüht hat – nicht zu Lasten des Bieters gehen, wenn er seinem Angebot eine vertretbare Auslegung der Leistungsbezeichnung zu Grunde legt und den Auftraggeber darauf hinweist, wie er die Verdingungsunterlagen in diesem Punkte verstanden hat. In solchen Fällen empfiehlt

---

72 *Erdl* BauR Sonderheft 1a/2004, 166 (176).
73 *VK Schleswig-Holstein* Beschl. v. 14. 9. 2005, VK SH 21/05; vgl. *Hertwig* in: Motzke/Pietzcker/Prieß, VOB/A-Kommentar, 2001, § 9 Rn. 9; *Franke/Grünhagen* in: Franke/Kemper/Zanner/Grünhagen, VOB-Kommentar, 2. Aufl. 2005, § 9 Rn. 5, 224.
74 Vgl. *Erdl* BauR Sonderheft 1a/2004, 166 (168); *Kummermehr* BauR Sonderheft 1a/2004, 161 (164): »Werden die gestellten Fragen allen Mitbewerbern beantwortet, macht man die Konkurrenz schlau.«
75 Vgl. *Prieß* NZBau 2004, 20 (24); *Kapellmann/Langen* in: Kapellmann/Messerschmidt, VOB/A und VOB/B-Kommentar, 2003, § 9 Rn. 3.
76 *Prieß* NZBau 2004, 20 (24).
77 Vgl. *OLG Schleswig-Holstein* Beschl. v. 13. 4. 2006, 1(6) Verg 10/05.
78 *KG* Beschl. v. 22. 8. 2001, KartVerg 03/01 mit Anm. *Prieß* VergabeR 2001, 400.
79 *KG* Beschl. v. 22. 8. 2001, KartVerg 03/01.

es sich für den Bieter, in seiner Nachfrage klar herauszustellen, dass ihm, sollte der Auftraggeber nicht in den betreffenden Punkten für Aufklärung sorgen, **keine andere Möglichkeit** bleibe, als seinem Angebot eine vertretbare Auslegung zu Grunde zu legen. Auf diese Weise setzt er den Auftraggeber unter **Zugzwang**: Wenn er nicht in ausreichender Weise für Aufklärung sorgt, muss er eine vertretbare Auslegung dieses Bieters akzeptieren. Sollte der Auftraggeber jedoch das Angebot dieses Bieters, das der Leistungsbeschreibung in diesem Punkt eine eigene Auslegung zu Grunde gelegt hat, berücksichtigen, riskiert er Nachprüfungsanträge anderer Bieter, die gegen die Wertungsentscheidung vorgehen und bei Akteneinsicht diesen Sachverhalt bemerken und aufgreifen. Hier besteht die Gefahr, dass die Angebote nicht im Sinne des § 8 Nr. 1 Abs. 1 »miteinander verglichen werden können«. Der **Vorteil** dieser Vorgehensweise besteht für den Bieter also darin, das mit einer unklaren Leistungsbeschreibung verbundene **Risiko auf den Auftraggeber zu verlagern**: Hat dieser auf die Rüge ausweichend oder mit pauschalem Verweis auf die Ordnungsgemäßheit der Leistungsbeschreibung geantwortet und der Bieter seinem Angebot sodann eine vertretbare Auslegung zu Grunde gelegt, so hat ein Ausschluss des betreffenden Angebots keinen Bestand, wenn die Leistungsbeschreibung tatsächlich unbestimmt und damit mangelhaft ist. Bei einer Überprüfung obliegt es dem Bieter dann lediglich, die objektive Mehrdeutigkeit oder Widersprüchlichkeit der Leistungsbeschreibung darzulegen.[80] Dem Auftraggeber bliebe nur noch die Möglichkeit, die Unvertretbarkeit der vom Bieter gewählten Auslegung zur Überzeugung des Gerichts aufzuzeigen. Um für diesen Fall vorbereitet zu sein, sollte der Bieter schon im Anschreiben zum Angebot die Beweggründe für die zu Grunde gelegte Auslegung ausführlich und detailliert darlegen.[81]

Eine Berechtigung für den Bieter, Passagen der Leistungsbeschreibung zu streichen, kann sich auch aus den Vorschriften über die **Allgemeinen Geschäftsbedingungen** (§§ 305 ff. BGB) ergeben.[82] Bei den Verdingungsunterlagen handelt es sich um Allgemeine Geschäftsbedingungen, so dass die in ihnen niedergelegten und vom Bewerber bzw. Bieter geforderten Erklärungen einer Überprüfung am Maßstab der entsprechenden Vorschriften des BGB unterliegen.[83] Dabei werden die vergaberechtlichen Regelungen bei der Auslegung der in den §§ 305 ff. BGB enthaltenen unbestimmten Rechtsbegriffe herangezogen. **39**

- So wurde die Forderung einer Nachunternehmererklärung mit Angebotsabgabe nicht als überraschende Klausel im Sinne des § 305c Abs. 1 BGB angesehen, da § 10 Nr. 5 Abs. 3 VOB/A dem Auftraggeber ausdrücklich gestattet, vom Bieter eine Nachunternehmererklärung mit Abgabe des Angebots zu verlangen und alle **40**

---

80 *Prieß* NZBau 2004, 20 (24).
81 Vgl. *Kummermehr* BauR Sonderheft 1a/2004, 161 (164).
82 *KG* Beschl. v. 22. 8. 2001, KartVerg 03/01; *Prieß* in Motzke/Pietzcker/Prieß, VOB/A-Kommentar, 2001, § 21 Rn. 40.
83 Vom *OLG Frankfurt/M.* – Beschl. v. 8. 2. 2005, 11 Verg 24/04 – wurde ein in der Leistungsbeschreibung enthaltenes einseitiges Leistungsbestimmungsrecht für zu unbestimmt im Sinne des § 307 Abs. 1 Satz 2 BGB und daher gemäß § 307 Abs. 1 Satz 1 BGB für unwirksam befunden. Vgl. auch *Markus*, BauR Sonderheft 1a/2004, 180 (189 f.).

Bieter folglich mit der Festlegung eines solchen Vorlageerfordernisses in den Bewerbungsbedingungen rechnen mussten.[84]

41 Vor diesem Hintergrund erklärt sich die verbreitete Praxis bei Bietern, die – ohne nach erfolgter Rüge eine Streichung vorzunehmen – ihre Angebote im Vertrauen darauf abzugeben, dass die betreffende Passage in der Leistungsbeschreibung nach Maßgabe der §§ 305 ff. BGB unwirksam ist und die hoffen, auf diese Weise Verhandlungsspielraum für etwaige Nachforderungen nach Vertragsschluss zu gewinnen. Jedoch ist dieses Vorgehen nicht ohne **Risiko**: Denn ein Auftraggeber kann dem entgegenhalten, der Bieter habe die Unklarheit der Leistungsbeschreibung **kennen oder kennen müssen** und infolgedessen **rügen müssen**.[85]

42 Aus diesem Grunde dürften auch Versuche einer **Spekulation** mit der unklaren Passage der Leistungsbeschreibung nur selten Erfolg haben. § 2 Nr. 3 VOL/B stellt nur dann eine tragfähige Grundlage für einen Mehrvergütungsanspruch dar, wenn die vertragliche Leistungspflicht nach Abschluss des Vertrages erweitert wurde und nicht, wenn der Auftragnehmer ohnehin – wenngleich auch erst nach Auslegung der Leistungsbeschreibung bestimmbar – zu der Leistung verpflichtet war.[86] Mögliche Ansprüche aus *culpa in contrahendo* (§ 311 Abs. 2 und 3 i. V. m. § 241 Abs. 2 BGB) scheitern regelmäßig am Tatbestandsmerkmal des schutzwürdigen Vertrauens, da ein Kennenmüssen des Verstoßes gegen § 8 ausreicht, um dessen Vorliegen zu verneinen.[87] Ein – theoretisch denkbarer – Anspruch aus § 280 BGB i. V. m. § 8 und § 97 Abs. 7 GWB mag zwar dem Grunde nach mitunter gegeben sein, allerdings wird gerade bei Kenntnis oder Kennenmüssen gemäß § 254 BGB ein Mitverschulden vorliegen, das den Anspruch gegebenenfalls bis auf Null reduziert.[88]

6. Das Offenhalten des »Ob« und »Wie« der Leistungserbringung

43 Den hohen Anforderungen an die Leistungsbeschreibung wird grundsätzlich durch eine detaillierte Beschreibung der einzelnen Positionen der Leistung Rechnung getragen. Von diesen verbindlich und ohne jeden Vorbehalt nachgefragten so genannten Grund- oder Normalpositionen unterscheiden sich Fälle, in denen der Auftraggeber sich zu einzelnen Positionen die Entscheidung über das »Ob« und »Wie« der Leistungserbringung vorbehält.

a) Bedarfs- oder Eventualpositionen

44 Mit Bedarfs- oder Eventualpositionen werden Leistungen ausgeschrieben, bei denen zum Zeitpunkt der Erstellung der Leistungsbeschreibung noch nicht feststeht, ob und gegebenenfalls in welchem Umfang diese Positionen tatsächlich zur Ausführung

---

84 *OLG Koblenz* Beschlüsse v. 7. 7. 2004, 1 Verg 1/04 und 1 Verg 2/04 (zur VOB/A), m. Anm. *Weyand* IBR 2004, 537.
85 Vgl. *Erdl* BauR Sonderheft 1a/2004, 166 (174 f.).
86 *BGH* Urt. v. 9. 4. 1992, VII ZR 129/91, BauR 1992, 759 (zu § 2 Nr. 5 VOB/B).
87 *Erdl* BauR Sonderheft 1a/2004, 166 (168).
88 *Erdl* BauR Sonderheft 1a/2004, 166 (173); *Franke/Grünhagen* in: Franke/Kemper/Zanner/Grünhagen, VOB-Kommentar, 2. Aufl. 2005, § 9 Rn. 6, 225, 241.

kommen.⁸⁹ Derlei Positionen enthalten nur eine im **Bedarfsfall** erforderliche Leistung, über deren Ausführung erst nach Auftragserteilung entschieden wird.⁹⁰

- Eine Bedarfsposition liegt beispielsweise dann vor, wenn eine Leistungsbeschreibung zur Beschaffung von Monitoren zusätzlich zu den in jedem Fall zu liefernden Monitoren die mögliche Abfrage weiterer Monitore vorsieht.⁹¹ 45

- Um eine Bedarfsposition handelt es sich auch dann, wenn bei einer Ausschreibung von Abwasserbeseitigungsleistungen der Auftraggeber sich das Recht vorbehält, den Vertrag einmalig um die Dauer von fünf Jahren über die Vertragslaufzeit von 25 Jahren hinaus zu verlängern.⁹² 46

- Auch bei in der Leistungsbeschreibung vorgesehenen »Optionen« für die Durchführung von Ausbildungsmaßnahmen für Ausbildungsjahrgänge, die dem in Form einer Grundposition ausgeschriebenen nachfolgen, handelt es sich um Bedarfspositionen.⁹³ 47

Die Verwendung von Bedarfs- oder Eventualpositionen erweckt angesichts der von § 8 Nr. 1 geforderten Bestimmtheit der Leistungsbeschreibung **Bedenken**. Eine Leistungsbeschreibung, die Bedarfs- oder Eventualpositionen enthält, lässt sowohl den genauen Leistungsgegenstand als auch den genauen Leistungsumfang mindestens teilweise offen. Solche Positionen begründen damit eine gewisse Unsicherheit, die sich auf Seiten der Bieter in einer **erschwerten Kalkulierbarkeit** der Preise, auf Seiten des Auftraggebers in einer **eingeschränkten Vergleichbarkeit** der Angebote niederschlägt.⁹⁴ Durch diese Kalkulationsrisiken und Spekulationsmöglichkeiten droht zum einen eine Beeinträchtigung der Transparenz des Wettbewerbs. Zum anderen erhöht sich die Gefahr von Angebotsmanipulationen. 48

Vor diesem Hintergrund wird vereinzelt eingewandt, dass Bedarfspositionen in der VOL/A gerade nicht vorgesehen sind und für eine analoge Anwendung des § 9 Nr. 1 Satz 2 VOB/A, nach dem Eventualpositionen ausnahmsweise in die Leistungsbeschreibung aufgenommen werden können, mangels Regelungslücke kein Raum bestehe. Die VOL/A gelte nur für abschließend planbare Beschaffungen, so dass Eventualpositionen nur dazu dienen könnten, Planungs- und Vorbereitungsmängel des Auftraggebers auszugleichen und die daraus resultierenden Unwägbarkeiten unzulässigerweise in die Risikosphäre der Bieter zu verlagern.⁹⁵ Diese restriktive Position hat sich indes zurecht nicht durchgesetzt, da dem Auftraggeber in den Fällen, in denen er einen Teil des dem Vergabeverfahren zu Grunde liegenden Bedarfs noch nicht absehen kann, eine vollständige Bedarfsdeckung schlechterdings unmöglich wäre. Hinzu kommt, dass § 8 dieselben Ziele verfolgt wie sein Pendant in der 49

---

89 *VG Neustadt* Beschl. v. 6. 4. 2006, 4 L 544/06 (zur VOB/A); *VK Magdeburg* Beschl. v. 22. 2. 2001, 33–32571/07 VK 15/00 MD; *Franke/Grünhagen* in: Franke/Kemper/Zanner/Grünhagen, VOB-Kommentar, 2. Aufl. 2005, § 9 Rn. 30.
90 *VK Stuttgart* Beschl. v. 20. 3. 2002, 1 VK 4/02.
91 *OLG Düsseldorf* Beschl. v. 28. 1. 2004, Verg 35/03.
92 *VK Arnsberg* Beschl. v. 21. 2. 2006, VK 29/05.
93 *VK Bund* Beschl. v. 7. 9. 2005, VK-3/112/05.
94 *Prieß* NZBau 2004, 20 (26).
95 Vgl. *VK Düsseldorf* Beschl. v. 4. 8. 2000, Verg 14/2000.

VOB/A:[96] § 9 Nr. 1 Satz 2 VOB/A sieht vor, dass Eventualpositionen ausnahmsweise in die Leistungsbeschreibung aufgenommen werden dürfen.

50 Demnach ist die Aufnahme von Eventualpositionen in die Leistungsbeschreibung zwar grundsätzlich **zulässig**. Doch keinesfalls dürfen Eventualpositionen in die Leistungsbeschreibung aufgenommen werden, um Mängel einer unzureichenden Aufklärung der tatsächlichen Verhältnisse, etwa in Folge eines Planungsmangels des Auftraggebers, auszugleichen.[97] Voraussetzung für die Zulässigkeit der Aufnahme von Eventualpositionen in die Leistungsbeschreibung ist es vielmehr, dass sich die Unberechenbarkeit der Positionen trotz **größtmöglicher Aufklärung** nicht ausräumen lässt;[98] es müssen also objektive Gründe für die Aufnahme gegeben sein,[99] die die Aufnahme sachlich rechtfertigen, so dass sie **zwingend notwendig** erscheint.[100] Der Auftraggeber darf Eventualpositionen nur dann ins Leistungsverzeichnis aufnehmen, wenn die Ausführung dieser Positionen bei Erstellung der Ausschreibungsunterlagen noch gar nicht feststeht und die Positionen dann nur im Falle des (noch nicht absehbaren) Bedarfs zusätzlich abgefragt werden.[101]

51 Voraussetzung der Zulässigkeit von Eventualpositionen ist ferner, dass der Auftraggeber eine **ernsthafte Durchführungsabsicht** hat.[102] Dabei darf der Auftraggeber die Eventualposition nicht zur bloßen Markterkundung in die Leistungsbeschreibung aufnehmen. Damit ist unvereinbar, dass in der Rechtsprechung zum Teil das Vorliegen einer ernsthaften Durchführungsabsicht schon dann bejaht wird, wenn die Beauftragung letztlich nur davon abhängt, zu welchen Preisen die Leistung von den Bietern angeboten wird.[103]

52 Die Gründe für die Aufnahme der Bedarfspositionen sind als Bestandteil des Vergabevermerks aktenkundig zu machen[104] und im Leistungsverzeichnis als solche zu kennzeichnen. Behandelt der Auftraggeber Angebotspositionen als Bedarfspositionen, obwohl diese im Leistungsverzeichnis nicht entsprechend gekennzeichnet sind, verstößt das gegen § 8.[105] Aus der Leistungsbeschreibung muss eindeutig hervorgehen, ob die jeweilige Position als Grund- oder als Eventualposition einzuordnen ist, wofür es nicht genügt, wenn die betreffende Position nur unter Berücksichtigung des Gesamtzusammenhangs im Rahmen einer Auslegung nach dem oben genannten Maßstab[106]

---

96 *OLG Saarbrücken* Beschl. v. 22. 10. 1999, 5 Verg 2/99; vgl. *VK Lüneburg* Beschl. v. 12. 11. 2001, 203-VgK-19/01; *Prieß* NZBau 2004, 20 (25 f.).
97 Vgl. *VK Lüneburg* Beschl. v. 3. 2. 2004, 203-VgK-41/2003.
98 Vgl. *VG Neustadt* Beschl. v. 6. 4. 2006, 4 L 544/06 (zur VOB/A); vgl. *VK Bremen* Beschl. v. 10. 9. 2004, VK 3/04 (zur VOB/A), m. Anm. *van Dyk* IBR 2005, 110; *Franke/Grünhagen* in: Franke/Kemper/Zanner/Grünhagen, VOB-Kommentar, 2. Aufl. 2005, § 9 Rn. 30, 33 ff.
99 *Kapellmann/Langen* in: Kapellmann/Messerschmidt, VOB/A und VOB/B-Kommentar, 2003, § 9 Rn. 15.
100 *Kratzenberg* in: Ingenstau/Korbion, VOB/A und VOB/B-Kommentar, 15. Aufl. 2004, § 9 Rn. 17.
101 *VK Lüneburg* Beschl. v. 3. 2. 2004, 203-VgK-41/2003.
102 *OLG Saarbrücken* Beschl. v. 22. 10. 1999, 5 Verg 2/99.
103 So aber *VK Bund* Beschl. v. 15. 7. 2003, VK 1–53/03 (der Beschluss wurde in *OLG Düsseldorf* Beschl. v. 28. 1. 2004, Verg 35/03 aus anderen Gründen aufgehoben).
104 *VK Bremen* Beschl. v. 10. 9. 2004, VK 3/04 (zur VOB/A), m. Anm. *van Dyk* IBR 2005, 110.
105 Vgl. *VK Lüneburg* Beschl. v. 10. 3. 2003, 203-VgK-01/2003 (zu § 9 VOB/A).
106 S. dazu oben Rn. 28 ff.

entsprechend qualifiziert werden kann.[107] In Leistungsverzeichnissen werden Bedarfs- oder Eventualpositionen deshalb üblicherweise mit dem Zusatz »nur auf Anordnung« gekennzeichnet.

Für die Zulässigkeit der Aufnahme von Eventualpositionen in die Leistungsbeschreibung ist weiter Voraussetzung, dass sich ihr Anteil in einem »**bestimmten Ausmaß**«[108] bewegen und im Vergleich zu den ausgeschriebenen Grundpositionen nur »**von untergeordneter Bedeutung**«[109] sein muss. Uneinigkeit besteht allerdings hinsichtlich der Höhe des im Einzelfall zulässigen Anteils der Bedarfs- und Eventualpositionen an der Gesamtausschreibung. Nach verbreiteter Ansicht wird von einem zulässigen **Maximalanteil in Höhe von 10%** des geschätzten Auftragsvolumens ausgegangen.[110] Allerdings darf die 10%-Grenze nicht als ein absolutes Kriterium angesehen werden. Im Wege einer **wertenden Betrachtung** unter Berücksichtigung der konkreten Umstände des Einzelfalls muss es für die Zulässigkeit der Eventualpositionen darauf ankommen, ob diese einen derart großen Anteil am Gesamtauftrag ausmachen, dass den Bietern eine hinlänglich verlässliche Preiskalkulation unmöglich oder unzumutbar wird.[111] Ein über 10% des Auftragswertes liegender Anteil an Eventualpositionen kann nur dann ausnahmsweise zulässig sein, wenn besondere, zwingende Ausnahmegründe vorliegen (für die der Auftraggeber die Beweislast trägt), es um eindeutig und erschöpfend beschriebene Leistungen geht, bei denen das mit den betreffenden Positionen verbundene Kalkulationsrisiko besonders gering ist und deshalb die resultierenden Unwägbarkeiten und Kalkulationsrisiken den Bietern zumutbar sind.[112] Auch in diesen Fällen sind die Gründe für die Aufnahme und das Ausmaß der Eventualpositionen zu dokumentieren.[113] Fallen die als Eventualposition ausgeschriebenen Teile des Auftrags stark ins Gewicht, fehlt es an einer eindeutig und erschöpfend beschriebenen Leistung.[114] In keinem Fall ist die Ausschreibung von Eventualpositionen in einer Größenordnung von über 15% des Auftragswertes zu rechtfertigen.[115] Die erforderliche Wertungsentscheidung hat der Auftraggeber selbst zu treffen, er darf sie nicht einem Sachverständigen überlassen.[116]

Die **Wertung** von zulässigen Eventualpositionen ist aus Gründen der Transparenz und der Wettbewerbsgerechtigkeit geboten. Ohne ihre Berücksichtigung bei der Angebotswertung könnte der Auftraggeber gezwungen sein, einem Angebot den Zu-

---

107 *VK Magdeburg* Beschl. v. 22. 2. 2001, 33-32571/07 VK 15/00 MD.
108 *VK Lüneburg* Beschl. v. 3. 2. 2004, 203-VgK-41/2003.
109 *VK Magdeburg* Beschl. v. 22. 2. 2001, 33-32571/07 VK 15/00 MD; *Prieß* NZBau 2004, 20 (26).
110 *VK Stuttgart* Beschl. v. 20. 3. 2002, 1 VK 4/02 (zur VOB/A); Vergabehandbuch des Bundes, Ziff. 4.2; *Hertwig* in: Motzke/Pietzcker/Prieß, VOB/A-Kommentar, 2001, § 9 Rn. 20; a. A. *Kapellmann/Langen* in: Kapellmann/Messerschmidt, VOB/A und VOB/B-Kommentar, 2003, § 9 Rn. 18; offen gelassen von *VK Bund* Beschl. v. 14. 7. 2005, VK 1-50/05.
111 *Prieß*, NZBau 2004, 20 (27). Für den Fall der Ausschreibung so genannter Mengenkorridore – die den Eventualpositionen im Hinblick auf die Bedenken im Lichte von § 8 Nr. 1 Abs. 1 vergleichbar sind – wird eine Bagatellgrenze von maximal 5% des Auftragswerts vertreten, *VK Lüneburg* Beschl. v. 24. 7. 2000, 203-VgK-8/00.
112 *Prieß* NZBau 2004, 20 (27).
113 *VK Bremen* Beschl. v. 10. 9. 2004, VK 3/04 (zur VOB/A), m. Anm. *van Dyk* IBR 2005, 110.
114 *OLG Saarbrücken* Beschl. v. 22. 10. 1999, 5 Verg 2/99.
115 *VK Bund* Beschl. v. 14. 7. 2005, VK 1-50/05, im Anschluss an *Prieß* NZBau 2004, 20 (27).
116 *OLG München* Beschl. v. 15. 7. 2005, Verg 14/05 (zur VOB/A), m. Anm. *Frankenstein*, IBR 2005, 508.

schlag zu geben, das sich nur unter Außerachtlassung der Eventualposition als das wirtschaftlichste darstellt. Bieter, die ein realistisches, sorgfältig kalkuliertes Angebot unter Berücksichtigung der Eventualpositionen abgeben, wären benachteiligt.[117] Die vereinzelte Auffassung, dass eine Wertung von Bedarfspositionen nur dann in Betracht kommt, wenn sich nach Erstellung des Leistungsverzeichnisses neue Erkenntnisse für die Realisierung dieser Leistungen ergeben,[118] hat sich zurecht nicht durchgesetzt.

b) Wahl- oder Alternativpositionen

55 Von Bedarfs- oder Eventualpositionen zu unterscheiden sind Wahl- oder Alternativpositionen. Bei diesen Positionen behält sich der Auftraggeber vor, die Grundpositionen durch die Alternativpositionen **zu ersetzen**.[119] Im Unterschied zu den Eventualpositionen stehen bei den Alternativpositionen die tatsächlichen Voraussetzungen ihrer Ausführung bei Erstellung der Leistungsbeschreibung bereits fest, so dass die Entscheidung über ihre Ausführung bereits getroffen werden könnte.[120] Der Auftraggeber ist sich allerdings noch nicht im Klaren darüber, ob die betreffende Leistung gemäß der Grundposition oder in anderer Weise ausgeführt werden soll.[121] Im Zeitpunkt des Zuschlages entscheidet der Auftraggeber dann definitiv, ob und gegebenenfalls welche Grund- bzw. Alternativpositionen zur Ausführung kommen sollen.

56 Ähnlich wie Bedarfs- oder Eventualpositionen beeinträchtigen Alternativpositionen die Bestimmtheit der Leistungsbestimmung und damit die Transparenz des Vergabeverfahrens.[122] Demnach sind auch für ihre Zulässigkeit strenge Anforderungen einzuhalten. Von der Ausschreibung von Wahl- oder Alternativpositionen soll nur in **sachlich gerechtfertigten, nachprüfbaren Ausnahmefällen** Gebrauch gemacht werden.[123] Keinesfalls darf durch diese Form der Ausschreibung eine mangelhafte Planung kaschiert werden.[124]

57 • So fehlt es an der erforderlichen Bestimmtheit der Leistungsbeschreibung, wenn der Auftraggeber eine große Anzahl von Leistungsvarianten in Form von Alterna-

---

117 *VG Neustadt* Beschl. v. 6. 4. 2006, 4 L 544/06 (zur VOB/A); VK Nordbayern, Beschl. v. 4. 10. 2005, 320.VK-3194–30/05 (zur VOB/A), m. Anm. *Schalk*, IBR 2005, 623; *VK Schleswig-Holstein*, Beschl. v. 12. 7. 2005, VK-SH 14/05 (zur VOB/A); *VK Schleswig-Holstein* Beschl. v. 3. 11. 2004, VK-SH 28/04 (zur VOB/A); *VOB-Stelle Niedersachsen* Beschl. v. 5. 7. 2004, Fall 1402 (zur VOB/A), m. Anm. *Wittchen*, IBR 2005, 344.
118 Vgl. *VK Magdeburg* Beschl. v. 22. 2. 2001, VK 15/00.
119 *OLG München* Beschl. v. 27. 1. 2006, Verg 1/06; *Noch* in: Müller-Wrede, VOL/A-Kommentar, 2001, § 8 Rn. 24.
120 *OLG Saarbrücken* Beschl. 22. 10. 1999, 5 Verg 2/99; *VK Bund* Beschl. v. 19. 7. 1999, VK 2 – 14/99; *VK Bund* Beschl. v. 4. 5. 2001, VK 2 – 12/01; *Noch*, in: Müller-Wrede, VOL/A-Kommentar, 2001, § 8 Rn. 25.
121 *OLG Saarbrücken* Beschl. v. 22. 10. 1999, 5 Verg 2/99; *VK Hessen* Beschl. v. 28. 7. 2004, 69d-VK-49/2004. *Franke/Grünhagen* in: Franke/Kemper/Zanner/Grünhagen, VOB-Kommentar, 2. Aufl. 2005, § 9 Rn. 31, 170.
122 Vgl. *OLG Düsseldorf* Beschl. v. 24. 3. 2004, Verg 7/04, m. Anm. *Scholz*, IBR 2004, 271 (zu. § 9 VOB/A); *OLG München* Beschl v. 27. 1. 2006, Verg 01/06.
123 *OLG Düsseldorf* a. a. O.; *VK Hessen* Beschl. v. 28. 7. 2004, 69d-VK-49/2004.
124 *VK Bund* Beschl. v. 19. 7. 1999, VK 2–14/99 (zu § 9 VOB/A), m. Anm. *Trautner* IBR 2000, 4; *Kratzenberg* in: Ingenstau/Korbion, VOB/A und VOB/B-Kommentar, 15. Aufl. 2004, § 9 Rn. 17.

tivpositionen ausschreibt und sich auf diese Weise einen Überblick über die Leistungsfähigkeit und mögliche Konzepte der Bieter verschaffen will.[125] Auf diese Weise wird die Planungslast auf die Bieter übergewälzt, was § 8 zuwiderläuft.[126] Alternativpositionen sind im Leistungsverzeichnis deutlich als solche zu **kennzeichnen**.[127] Darüber hinaus muss der Auftraggeber zur Gewährleistung eines transparenten Vergabeverfahrens vorab die **Kriterien** bekannt geben, die **für die Inanspruchnahme der ausgeschriebenen Alternativpositionen** maßgebend sein sollen[128] und denen hierbei besonderes Gewicht zukommt.[129]   **58**

Was das zulässig Ausmaß von Wahl- oder Alternativpositionen in Leistungsbeschreibungen angeht, so soll die zulässige **Grenze der Aufnahme** von Wahl- oder Alternativpositionen im Verhältnis zu den Grundpositionen bei 10% des Gesamtauftrages liegen.[130] Doch richtigerweise bestehen für Alternativpositionen keine prozentualen Begrenzungen. Treten sie jedoch so gehäuft auf und erlangen ein solches Gewicht in der Wertung, dass sie die Hauptposition mengenmäßig verdrängen, so wird ihre Abfrage unzulässig.[131] Die Bedenken hinsichtlich der Bestimmtheit der Leistungsbeschreibung wiegen im Fall von Eventualpositionen schwerer, da bei diesen die tatsächlichen Voraussetzungen ihrer Ausführung noch gar nicht feststehen, was die Kalkulation der Bieter zusätzlich erschwert. Bei Wahlpositionen liegt eine andere Situation vor, so dass an ihre Zulässigkeit großzügigere Anforderungen gestellt werden können.   **59**

II. Gebot der Nennung der eine einwandfreie Preisermittlung beeinflussenden Umstände, § 8 Nr. 1 Abs. 2

Die Leistungsbeschreibung muss es den Bietern ermöglichen, ihre Preise sicher und ohne umfangreiche Vorarbeiten zu kalkulieren. Dazu müssen die Bieter die für die Auftragsdurchführung wesentlichen Begleitumstände kennen oder zumindest realistisch abschätzen können.[132] Vor diesem Hintergrund erklärt sich die Pflicht gemäß § 8 Nr. 1 Abs. 2, alle eine einwandfreie Preisermittlung beeinflussenden Umstände festzustellen und in den Verdingungsunterlagen anzugeben.   **60**

---

125 *VK Hessen* Beschl. v. 28. 7. 2004, 69d-VK-49/2004, m. Anm. *Franke*, IBR 2005, 1087.
126 Vgl. *VK Bund* Beschl. v. 19. 7. 1999, VK 2–14/99; vgl. *Hausmann/Mestwerdt* in: Prieß/Hausmann/Kulartz, Formularbuch Vergaberecht, 2004, A. II. 12. Anm. 23; vgl. auch oben, Gliederungspunkt § 8 B. I. 1.
127 *VK Hannover* Beschl. v. 10. 2. 2003, 26045-VgK 21/2002 (zu § 9 VOB/A).
128 *OLG Düsseldorf* Beschl. v. 24. 3. 2004, Verg 7/04 (zu § 9 VOB/A); *Hertwig* Praxis der öffentlichen Auftragsvergabe, 3. Aufl. 2005, S. 80.
129 *VK Hessen* Beschl. v. 28. 7. 2004, 69d-VK-49/2004, m. Anm. *Franke*, IBR 2005, 1087.
130 *VK Lüneburg* Beschl. v. 3. 2. 2004, 203-VgK-41/2003.
131 *VK Hannover* Beschl. v. 10. 2. 2003, 26045-VgK 21/2002 (zu § 9 VOB/A); *VK Bund* Beschl. v. 19. 7. 1999, VK 2–14/99 (zu § 9 VOB/A), m. Anm. *Trautner*, IBR 2000, 4.
132 *OLG Naumburg* Beschl. v. 2. 8. 2000, 6 Verg 4 und 5/00; *Prieß* NZBau 2004, 87 (90); *Noch* in: Müller-Wrede, VOL/A-Kommentar, 2001, § 8 Rn. 30; *Franke/Grünhagen* in: Franke/Kemper/Zanner/Grünhagen, VOB-Kommentar, 2. Aufl. 2005, § 9 Rn. 70.

§ 8 Leistungsbeschreibung

1. Inhalt des Gebots

61 Maßgeblich für die Frage, welche Umstände im konkreten Fall dieser Pflicht unterliegen, ist ihre **Relevanz für die Preiskalkulation**. Dabei kann es sich um tatsächliche Gegebenheiten oder besondere Umstände handeln, die die Art und Ausführung der Leistung beeinflussen. Auf welche Umstände sich der Anspruch der Bieter auf Kenntniserlangung bezieht, bemisst sich nach den **Erfordernissen des jeweiligen Einzelfalls**.[133] Den Preis beeinflussende Umstände sind beispielsweise die Qualität, die Gesamtmenge, die Lieferorte und -modalitäten, eventuelle zeitliche oder räumliche Beschränkungen der Liefermöglichkeiten, die Art der einzusetzenden Transportmittel etc.[134] Zu beachten ist dabei, dass § 8 Nr. 1 Abs. 2 gerade keine Unterscheidung zwischen wesentlichen und unwesentlichen Umständen trifft.[135] Daher ist für den Begriff des »Umstands« eine **weite Auslegung** geboten.[136] Der Forderung an den Auftraggeber, »alle« die Preisermittlung beeinflussenden Umstände festzustellen, ist zu entnehmen, dass er umfangreiche Prüfungen gegebenenfalls durch Sachverständige vorzunehmen hat, um den Bietern auch tatsächlich alle Umstände mitteilen zu können, die sich auf die Preisermittlung auswirken können.[137] Wie der Auftraggeber die kalkulationsrelevanten Umstände ermittelt, ist ihm freigestellt.[138] Das ist von umso größerer praktischer Bedeutung, da mitunter aus der Sicht des Auftraggebers marginal erscheinende Umstände für die Bieter gewichtige Auswirkungen auf die Preisermittlung haben können.

62 • Ein Verstoß gegen § 8 Nr. 1 Abs. 2 liegt regelmäßig dann vor, wenn für einen durchschnittlichen Bieter nicht ausreichend deutlich wird, aus welchen Kostenbestandteilen sich der im Preisblatt anzugebende Angebotspreis zusammensetzen soll.[139]

63 • Ein Verstoß gegen § 8 Nr. 1 Abs. 2 kann auch dann vorliegen, wenn die Leistungsbeschreibung bei einer Vergabe von Ausbildungskursen keinerlei konkrete Angaben über die Zahl der Kursteilnehmer enthält. Zwar ist das Interesse des Auftraggebers an einer an die aktuelle Bedarfslage anpassbaren Regelung grundsätzlich anzuerkennen; allerdings liegt dann eine gemäß § 8 Nr. 1 Abs. 2 unzulässige Übertragung des Kalkulationsrisikos auf die Bieter vor, wenn es sich um Größenordnungen handelt, die zusätzliches Personal erforderlich machen würden.[140]

64 Unterbleibt die Offenlegung eines für die Preisermittlung wesentlichen Umstandes in den Verdingungsunterlagen, so liegt eine Verletzung subjektiver Bieterrechte unter

---

133 Vgl. *Noch* in: Müller-Wrede, VOL/A-Kommentar, 2001, § 8 Rn. 31; *Zdzieblo* in: Daub/Eberstein, VOL/A-Kommentar, 5. Aufl. 2000, § 8 Rn. 34.
134 Vgl. *Hausmann/Mestwerdt* in: Prieß/Hausmann/Kulartz, Formularbuch Vergaberecht, 2004, A. II. 12. Anm. 16 und 19.
135 *Zdzieblo* in: Daub/Eberstein, VOL/A-Kommentar, 5. Aufl. 2000, § 8 Rn. 35.
136 *VK Hamburg* Beschl. v. 25. 7. 2002, VgK FB 1/02, bestätigt durch *OLG Hamburg* Beschl. v. 4. 11. 2002, 1 Verg 3/02.
137 *VK Bund* Beschl. v. 24. 6. 2003, VK 2–46/03.
138 *Kapellmann/Langen* in: Kapellmann/Messerschmidt, VOB/A und VOB/B-Kommentar, 2003, § 9 Rn. 31.
139 *VK Bund* Beschl. v. 24. 9. 2004, VK 3–161/04.
140 *VK Bund* Beschl. v. 25. 4. 2002, VK 1–11/02, VK 1–13/02 und VK 1–15/02.

dem Gesichtspunkt der **Chancengleichheit** (§ 97 Abs. 7 i. V. m. § 97 Abs. 2 GWB) vor.

2. Grenzen des Gebots

Die Pflicht des Auftraggebers, alle kalkulationsrelevanten Parameter zu ermitteln und zusammenzustellen und damit den genauen Leistungsgegenstand und -umfang vor Erstellung der Leistungsbeschreibung umfassend aufzuklären, reicht allerdings nicht so weit, zusätzlich zu den ihm vorliegenden Erkenntnissen aufwändig neue Daten zu erheben, um den Bietern die Grundlagen zur Kalkulation zu optimieren.[141] Darüber hinaus findet diese Pflicht ihre Grenzen im Mach- und Zumutbaren und damit im **Grundsatz der Verhältnismäßigkeit.** So sind Einschränkungen zuzulassen, wenn und soweit dem Auftraggeber die Erstellung einer in allen Punkten eindeutigen Leistungsbeschreibung nur mit unverhältnismäßigem Kostenaufwand möglich wäre.[142] Er darf jedoch den Einwand der Unzumutbarkeit nicht dazu missbrauchen, die ihn treffende Pflicht der Ermittlung der kalkulatorischen Ausgangsgrößen auf die Bieter überzuwälzen. Die Beschaffung notwendiger Informationen über preisbeeinflussende Umstände darf allenfalls dann den Bietern überlassen werden, wenn sie sich diese Informationen mit verhältnismäßig geringem – jedenfalls geringerem Aufwand als der Auftraggeber – besorgen können und die Vergleichbarkeit der Angebote nicht gefährdet ist.[143] 65

- So muss etwa im Bereich der Schadensversicherungen kommunaler Gebäude der Auftraggeber die Werte der zu versichernden Objekte als wesentliche Kalkulationsfaktoren in den Verdingungsunterlagen angeben. Es reicht hierbei nicht aus, wenn die Bieter diese Werte aus in den Objektlisten mitgeteilten Einzelheiten nach standardisierten Verfahren abschätzen könnten.[144] 66

Unterbleibt eine vollständige Ermittlung der preisrelevanten Umstände, obwohl sie tatsächlich möglich wäre, so obliegt es dem Auftraggeber, den konkreten **Nachweis der Unzumutbarkeit** des mit der vollständigen Aufklärung verbundenen Aufwands zu erbringen. Die dabei anzustellenden Erwägungen müssen dem Umstand Rechnung tragen, dass sich aus der unvollständigen Aufklärung für den Auftragnehmer Kalkulationsrisiken ergeben. Nur wenn die Kosten für eine vollständige Aufklärung auch unter Berücksichtigung dieser Risiken unverhältnismäßig hoch erscheinen, gelingt der Nachweis; der pauschale Verweis auf höhere Planungs- und Vorbereitungskosten reicht regelmäßig nicht aus.[145] 67

Auch scheidet eine Offenlegungspflicht nicht schon deshalb aus, weil der Auftraggeber im Hinblick auf den betreffenden Umstand eine Geheimhaltungspflicht geltend 68

---

141 Vgl. *VK Arnsberg* Beschl. v. 9. 9. 2004, VK 2–16/2004.
142 *VK Lüneburg* Beschl. v. 7. 9. 2005, VgK-38/2005, m. Anm. *Noch* IBR 2005, 1266 (nur online), bestätigt in *OLG Celle* Beschl. v. 15. 12. 2005, 13 Verg 14/05; *Prieß* NZBau 2004, 87 (90 f.).
143 *OLG Celle* Beschl. v. 15. 12. 2005, 13 Verg 14/05, m. Anm. *Noch* IBR 2006, 45.
144 *VK Lüneburg* Beschl. v. 7. 9. 2005, VgK-38/2005, bestätigt von *OLG Celle* Beschl. v. 15. 12. 2005, 13 Verg 14/05.
145 *OLG Celle* Beschl. v. 15. 12. 2005, 13 Verg 14/05 unter Verweis auf *Prieß* NZBau 2004, 87 (91).

macht; sofern ein Umstand von zentraler Bedeutung für die Preisermittlung ist, ist er anzugeben[146] – ggf. nach Abgabe einer Vertraulichkeitserklärung.

3. Pflichten auf Seiten der Bieter

69 Der Pflicht des Auftraggebers, die Leistungsbeschreibung unter dem Gesichtspunkt einer einwandfreien Preisermittlung zu gestalten, entspricht auf Seiten der Bieter eine **Pflicht zur vollständigen Ausschöpfung der Leistungsbeschreibung**.[147] Ist das Leistungsverzeichnis erkennbar lückenhaft, darf der Bieter das nicht hinnehmen, sondern muss Zweifelsfragen vor Abgabe seines Angebots mit dem Auftraggeber klären.[148] Diese Pflicht findet ihre Grenze dort, wo die vom Bieter zu unternehmenden Anstrengungen einen unverhältnismäßigen Aufwand erfordern würden.

4. Möglichkeit einer Korrektur im laufenden Verfahren

70 Grundsätzlich ist festzuhalten, dass eine kalkulationserhebliche Unklarheit nicht zwingend die Aufhebung der Ausschreibung zur Folge hat. Ein Anspruch auf **Aufhebung und Wiederholung** des gesamten Vergabeverfahrens kommt als *ultima ratio* vielmehr nur dann in Betracht, wenn das bisherige Verfahren mit derart **gravierenden Mängeln** behaftet ist, dass diese im Rahmen einer chancengleichen und wettbewerbsgerechten Eignungs- und Angebotsprüfung nicht mehr heilbar sind. Das kann dann der Fall sein, wenn aufgrund unklarer Preisermittlungsgrundlagen von vornherein kein sachgerechtes Angebot abgegeben werden kann.[149]

71 In anderen Fällen genügt eine Klarstellung in einem einzigen Punkt, um eine einwandfreie Preisermittlung zu ermöglichen. Dann reicht es aus, das Vergabeverfahren in ein früheres Stadium vor Angebotsabgabe zurückzuversetzen, in dem eine Klarstellung dieses Punktes noch möglich ist und so den Bietern Gelegenheit zu geben, ihre Angebote anzupassen.

72 • Das ist etwa dann der Fall, wenn die Unklarheit lediglich die Frage betrifft, ob der Auftragnehmer – oder ein von ihm eingeschalteter Subunternehmer – im Zuge der Leistungserbringung auch Arbeitnehmer einsetzen darf, die nicht bei ihm, sondern bei einem Personaldienstleister festangestellt sind (so genannte Leiharbeitnehmer).[150]

III. Verbot der Überwälzung eines ungewöhnlichen Wagnisses, § 8 Nr. 1 Abs. 3

73 Wie die in den § 8 Nr. 1 Abs. 1 und 2 normierten Grundsätze, so soll auch das in § 8 Nr. 1 Abs. 3 geregelte Verbot, dem Auftragnehmer ein ungewöhnliches Wagnis für Umstände und Ereignisse aufzubürden, auf die er keinen Einfluss hat und deren Ein-

---

146 *VK Arnsberg* Beschl. v. 21. 2. 2006, VK 29/05.
147 Vgl. *Hertwig* in: Motzke/Pietzcker/Prieß, VOB/A-Kommentar, 2001, § 9 Rn. 29.
148 Vgl. oben unter Rn. 34 ff.
149 Vgl. *OLG Schleswig-Holstein* Beschl. v. 30. 6. 2005, 6 Verg 5/05.
150 *OLG Koblenz* Beschl. v. 26. 10. 2005, Verg 4/05.

wirkung auf die Preise und Fristen er nicht im Voraus schätzen kann, dem **Schutz der Bieter** dienen. Dem Wortlaut nach handelt es sich bei § 8 Nr. 1 Abs. 3 um eine Soll-Vorschrift. Im Lichte der allgemeinen Prinzipien des Vergaberechts – Wettbewerbsprinzip, Gleichheitsgebot, Transparenz – ist die Vorschrift jedoch als Verbotsvorschrift anzusehen.[151]

§ 8 Nr. 1 Abs. 3 soll verhindern, dass öffentliche Nachfrager aufgrund ihrer Marktmacht den häufig auf öffentliche Aufträge angewiesenen Bietern die Vertragsbedingungen diktieren und auf diese Weise Wagnisse aufbürden können, die normale vertragliche unternehmerische Risiken übersteigen.[152] Im Verhältnis zu mittelständischen Unternehmen erlegt das in § 97 Abs. 3 GWB normierte Gebot der Mittelstandsfreundlichkeit den Auftraggebern besondere Rücksichtspflichten auf.[153] Angesichts des Ungleichgewichts zwischen den Vertragsparteien ist es Aufgabe dieser Vorschrift, die **Lauterkeit des Rechtsverkehrs** zu wahren.[154] Vor diesem Hintergrund normiert § 8 Nr. 1 Abs. 3 für das **gesamte Vergabeverfahren** wesentliche inhaltliche Grenzen.[155] Im Lichte des Gebots des Schutzes der Auftragnehmer ist die Vorschrift bei der Inhaltskontrolle der Vertragsbedingungen deshalb nicht eng, sondern tendenziell eher **weit auszulegen**.[156] Mittelbar dient die Vorschrift auch den Interessen des Auftraggebers, indem sie ihn vor unangemessenen Preisforderungen infolge überhöhter Risikozuschläge schützt.[157]

74

1. Ungewöhnliches Wagnis

Damit das Verbot des § 8 Nr. 1 Abs. 3 greift, muss ein »ungewöhnliches Wagnis« gegeben sein. Die Frage, ob ein vertraglich aufgebürdetes Wagnis ungewöhnlich und damit unzulässig ist, ist im **Einzelfall** unter Berücksichtigung von **Art und Umfang der nachgefragten Leistung** sowie unter Beachtung des Gesichtspunkts der **Branchenüblichkeit** zu klären.[158] Die Vorschrift bezieht sich also auf Fälle, in denen die Verteilung der vertraglichen Risiken anders geregelt werden soll, als es nach dem allgemeinen Vertragsrecht der Fall wäre.[159] Hingegen fallen sog. Bagatellrisiken,[160] die sich aus

75

---

151 Vgl. *OLG Saarbrücken* Beschl. v. 29. 9. 2004, 1 Verg 6/04; *Noch* in: Müller-Wrede, VOL/A-Kommentar, 2001, § 8 Rn. 35.
152 *OLG Saarbrücken* Beschl. v. 29. 9. 2004, 1 Verg 6/04; *VK Bund* Beschl. v. 26. 3. 2003, VK 2–06/03; *Noch* in: Müller-Wrede, VOL/A-Kommentar, 2001, § 8 Rn. 36.
153 Vgl. *Noch* in: Müller-Wrede, VOL/A-Kommentar, 2001, § 8 Rn. 37.
154 *OLG Saarbrücken* Beschl. v. 29. 9. 2004, 1 Verg 6/04; *Kratzenberg* in: Ingenstau/Korbion, VOB/A und VOB/B-Kommentar, 15. Aufl. 2004, § 9 Rn. 28; a. A. *Kapellmann/Langen* in: Kapellmann/Messerschmidt, VOB/A und VOB/B-Kommentar, 2003, § 9 Rn. 21.
155 Vgl. *Kratzenberg* in: Ingenstau/Korbion, VOB/A und VOB/B-Kommentar, 15. Aufl. 2004, § 9 Rn. 28.
156 *OLG Düsseldorf* Beschl. v. 9. 6. 2004, VII-Verg 18/04; *OLG Düsseldorf* Beschl. v. 5. 12. 2001, Verg 28/01; *VK Hamburg* Beschl. v. 25. 7. 2002, VgK FB 1/02, bestätigt durch *OLG Hamburg* Beschl. v. 4. 11. 2002, 1 Verg 3/02; *Noch* in: Müller-Wrede, VOL/A-Kommentar, 2001, § 8 Rn. 33; *Prieß* NZBau 2004, 87 (88).
157 *Schaller* VOL/A und VOL/B-Kommentar, 3. Aufl. 2004, § 8 Rn. 11.
158 *OLG Saarbrücken* Beschl. v. 29. 9. 2004, 1 Verg 6/04; *VK Bund* Beschl. v. 6. 5. 2005, VK 3–28/05, m. Anm. *van Dyk* IBR 2005, 1237 (nur online); *VK Bund* Beschl. v. 26. 3. 2003, VK 2–06/03; *Noch* in: Müller-Wrede, VOL/A-Kommentar, 2001, § 8 Rn. 45; *Zdzieblo* in: Daub/Eberstein, VOL/A-Kommentar, 5. Aufl. 2000, § 8 Rn. 40.
159 *VK Bund* Beschl. v. 6. 5. 2005, VK 3–28/05, m. Anm. *van Dyk* IBR 2005, 1237 (nur online).
160 *Noch* in: Müller-Wrede, VOL/A-Kommentar, 2001, § 8 Rn. 36.

§ 8 Leistungsbeschreibung

der Teilnahme an der Ausschreibung selbst ergeben, oder bestimmte Umstände, die zwar vom Auftragnehmer nicht beherrschbar sind, aber keine grundlegenden Auswirkungen auf das vertragliche Gleichgewicht haben, nicht unter das Verbot des § 8 Nr. 1 Abs. 3. Die Bieter sollen durch § 8 Nr. 1 Abs. 3 vielmehr davor geschützt werden, nicht einseitig vom Auftraggeber Risiken auferlegt zu bekommen, mit denen sie bei der Abwicklung des Vertrages üblicherweise nicht rechnen müssen.[161] Die vertraglich aufgebürdeten Wagnisse müssen vom Auftragnehmer grundsätzlich aufgrund seines technischen, organisatorischen oder wirtschaftlichen Könnens noch beherrschbar sein oder von Faktoren abhängen, die weder der Disposition des Auftragnehmers, noch des Auftraggebers unterliegen.[162] Untersagt wird also, dem Auftragnehmer ungewöhnliche Wagnisse rechtlicher oder tatsächlicher Art außerhalb seines Verantwortungsbereiches aufzuerlegen.[163] Sollten einzelne Anforderungen der Leistungsbeschreibung sogar tatsächlich **objektiv nicht erfüllbar** sein, so sind derartige Anforderungen für die Bieter **unzumutbar** und die Folge ist, dass Angebote, die diesen Anforderungen nicht entsprechen, nicht ausgeschlossen werden dürfen.[164] Vielmehr muss der Auftraggeber in diesem Fall die Ausschreibung aufheben und die Leistungsbeschreibung insoweit ändern, wie es erforderlich ist, um die unerfüllbaren Anforderungen zu beseitigen.

76 § 8 Abs. 1 Nr. 3 schließt jedoch nicht aus, dass die Beteiligten den **Rahmen des Zulässigen** voll ausschöpfen.[165] Jedem Vertrag wohnen gewisse Risiken inne, die der Auftragnehmer bei der Ausführung der Leistung zu tragen hat. Hier finden die allgemeinen zivilrechtlichen Gefahrtragungsregeln Anwendung. Risiken, die der Unternehmer nach der in dem jeweiligen Vertragstyp üblichen Wagnisverteilung grundsätzlich zu tragen hat – die z. B. mit der Beschaffung oder Finanzierung von Materialien oder technischen Schwierigkeiten bei der Ausführung der Leistung zusammenhängen[166] – sind gerade keine ungewöhnlichen Wagnisse.

77 • So fällt es in den Risikobereich des Auftragnehmers, wenn bei unverändert bleibendem Leistungsgegenstand die Lieferkosten aufgrund veränderter gesetzlicher oder wirtschaftlicher Rahmenbedingungen steigen, so dass er die Vertragsleistung mit einem erhöhten Kostenaufwand erbringen muss.[167]

78 Die Ungewöhnlichkeit der Leistung kann sowohl im rechtlichen Bereich, in der Art der Vertragsgestaltung, als auch im tatsächlichen Bereich, beispielsweise in den technischen Anforderungen an die Leistung, liegen.

79 • So liegt ein Verstoß gegen § 8 Nr. 1 Abs. 3 vor, wenn es aufgrund einer unzureichenden Offenlegung der Vertragsunterlagen den Bietern nicht möglich ist, zu ersehen,

---

161 *VK Münster* Beschl. v. 24. 9. 2004, VK 24/04.
162 *Prieß* NZBau 2004, 87 (89).
163 *Hertwig* in: Motzke/Pietzcker/Prieß, VOB/A-Kommentar, 2001, § 9 Rn. 27; *Franke/Grünhagen* in: Franke/Kemper/Zanner/Grünhagen, VOB-Kommentar, 2. Aufl. 2005, § 9 Rn. 61.
164 *BGH* Beschl. v. 18. 2. 2003, X ZB 43/02; *BGH* Urt. v. 1. 8. 2006, X ZR 115/04.
165 *Prieß* NZBau 2004, 87 (88).
166 *OLG Saarbrücken* Beschl. v. 29. 9. 2004, 1 Verg 6/04; *Prieß* NZBau 2004, 87 (88 f.).
167 *OLG Düsseldorf* Beschl. v. 9. 7. 2003, Verg 26/03.

auf welchem technischen Niveau die ausgeschriebenen Leistungen durchzuführen sind.[168]

- Ein Auftraggeber bürdet den Bietern auch dann ein ungewöhnliches Wagnis auf, wenn er sie verpflichtet, ihr Personal bis zum Ablauf der Bindefrist zugunsten des Auftraggebers vorzuhalten, so dass sich die Bieter nicht gleichzeitig um andere Aufträge bewerben können.[169]   80

Allerdings können auch unkalkulierbare und infolgedessen riskante Leistungen ausgeschrieben werden. Es gibt keinen Rechtsgrundsatz, demzufolge **riskante Leistungen** von keinem Bieter übernommen werden dürfen.[170] In solchen Fällen wird darauf zu achten sein, dass der Auftraggeber ausdrücklich auf die entsprechenden Risiken hinweist, so dass der Auftragnehmer sich entscheiden kann, ob er sie hinnehmen möchte.   81

- Doch hilft ein ausdrücklicher Hinweis nicht, wenn Vorerkundungsergebnisse einseitig und unrichtig dargestellt wurden, den Bietern mithin relevante Informationen entgegen dem Transparenzgebot vorenthalten wurden.[171]   82

Eine derart offene, zulässige Überbürdung entsprechender Risiken führt nicht zu einem Schadensersatzanspruch wegen *culpa in contrahendo* (§ 311 Abs. 2 und 3 i. V. m. § 241 Abs. 2 BGB), da es bereits an der Schutzwürdigkeit eines etwaigen Vertrauens des Auftragnehmers mangelt.[172] Allerdings wird in solchen Fällen besonderes Augenmerk auf die vom Auftraggeber geschuldete Gegenleistung zu legen sein, wobei zu fragen ist, ob sie einen adäquaten Ausgleich einschließlich »Wagniszuschlag«[173] für das erhöhte Risiko darstellt.   83

2. Im Voraus nicht einschätzbare Einwirkung auf die Preise

Der potentielle Auftragnehmer muss die Einwirkung des ihm aufzubürdenden Wagnisses auf Preise und Fristen im Voraus schätzen können. Es darf ihm also nicht unmöglich sein, im Voraus einzuschätzen, ob und gegebenenfalls in welchem Umfang sich ein vertraglich vorgesehenes Risiko realisieren wird. Das ist dann der Fall, wenn der Auftragnehmer im konkreten Fall den **Grad des Risikos** und die **Wahrscheinlichkeit seiner Verwirklichung** nicht selbst einzuschätzen und die damit verbundenen voraussichtlichen **Auswirkungen auf den Preis** nicht in angemessener Weise abzusehen vermag.[174] Unter Berücksichtigung des Schutzzwecks des § 8 Nr. 1 Abs. 3 kann es nicht ausreichen, wenn der Auftragnehmer lediglich das theore-   84

---

168 So *OLG Celle* Beschl. v. 15. 7. 2004, 13 Verg 11/04 zu Wartungs- und Instandhaltungsarbeiten.
169 *VK Bund* Beschl. v. 19. 7. 2002, VK 1–37/02.
170 *KG* Beschl. v. 14. 2. 2006, 21 U 5/03 (zu § 9 VOB/A), m. Anm. *Barth* IBR 2006, 189; *OLG Koblenz* Beschl. v. 17. 4. 2002, 1 U 829/99 (zu § 9 VOB/A), m. Anm. *Schulze-Hagen* IBR 2003, 181; *Prieß* NZBau 2004, 87 (88).
171 *OLG Naumburg* Urt. v. 15. 12. 2005, 1 U 5/05 (zu § 9 VOB/A).
172 Vgl. *KG* Beschl. v. 14. 2. 2006, 21 U 5/03 (zu § 9 VOB/A), m. Anm. *Barth* IBR 2006, 189.
173 *Hertwig* in: Motzke/Pietzcker/Prieß, VOB/A-Kommentar, 2001, § 9 Rn. 27; vgl. *Hausmann/Mestwerdt* in: Prieß/Hausmann/Kulartz, Formularbuch Vergaberecht, 2004, A. II. 12. Anm. 19.
174 *OLG Düsseldorf* Beschl. v. 9. 6. 2004, VII-Verg 18/04; *VK Bund* Beschl. v. 6. 5. 2005, VK 3–28/05; *VK Bund* Beschl. v. 23. 9. 2004, VK 1–126/04; *VK Hamburg* Beschl. v. 25. 7. 2002, VgK FB 1/02, bestätigt durch *OLG Hamburg* Beschl. v. 4. 11. 2002, 1 Verg 3/02; vgl. *Prieß* NZBau 2004, 87 (88).

tisch und im schlimmsten Falle drohende Risiko ermitteln und die sich daraus ergebenden preislichen Auswirkungen kalkulieren kann.[175] Wie bei der Auslegung der Leistungsbeschreibung[176] ist auf den **Maßstab eines branchenkundigen und erfahrenen Auftragnehmers** abzustellen: Könnte ein solcher die Einwirkung der Umstände und Ereignisse, von denen die betreffende Leistung abhängt, auf die Preise und Fristen im Voraus abschätzen, so ist eine Regelung, mit der von der zivilrechtlich vorgesehenen Risikoverteilung abgewichen wird, rechtlich nicht zu beanstanden.[177]

85 • Ein Verstoß gegen § 8 Nr. 1 Abs. 3 wird regelmäßig dann vorliegen, wenn seitens der Bieter Schätzungen erforderlich sind, für die eine gesicherte Grundlage nicht vorhanden ist.[178] Das ist zum Beispiel der Fall, wenn der Auftraggeber eine Fortbildungsmaßnahme an verschiedenen Orten ausschreibt, den Bietern aber keine Möglichkeit gibt, die Teilnehmerzahlen abzuschätzen.[179]

86 • Ein Verstoß gegen § 8 Nr. 1 Abs. 3 liegt auch dann vor, wenn sich der Auftragnehmer verpflichten muss, zusätzlich zum vereinbarten Vertragsvolumen auf Anfrage bis zu 20% mehr Leistung zu den selben Konditionen zu erbringen, demgegenüber aber keine Abnahmeverpflichtung des Auftraggebers besteht. Bei der Erstellung des Angebots bleibt dem Bieter lediglich die Möglichkeit des Durchspielens einer Vielzahl unterstellter Abläufe und Varianten unter Einschluss des ungünstigsten Falls; eine hinreichende Vorhersehbarkeit der Wahrscheinlichkeit, mit der sich das Risiko realisieren wird, ergibt sich hieraus jedoch gerade nicht.[180]

87 Insbesondere in Fällen der Ausschreibung von **Bedarfs- oder Eventualpositionen** kann die Vorhersehbarkeit von Grad und Wahrscheinlichkeit der Realisierung des damit verbundenen Risikos erschwert sein.

88 • Das ist auch dann der Fall, wenn unklar bleibt, ob und für welchen Zeitraum eine Verlängerungsoption während der Laufzeit des Vertrages in Anspruch genommen wird, der Auftragnehmer sich die zu einer Klärung erforderlichen Kenntnisse nicht selbst verschaffen kann und er daher nicht im Stande ist, verlässliche Vorstellungen zur Preisentwicklung zu entwickeln. Wenn in solchen Fällen der Auftraggeber von den Bietern feste Preisangebote verlangt, kommt ein Verstoß gegen § 8 Nr. 1 Abs. 3 in Betracht. Ist demgegenüber eine Verlängerungsoption hinreichend bestimmt – hinsichtlich Laufzeit und Umfang eindeutig begrenzt – so wird dem Auftragnehmer kein ungewöhnliches Wagnis im Sinne des § 8 Nr. 1 Abs. 3 aufgebürdet, wenn er in der Lage ist, die entsprechenden Risiken zu kalkulieren.[181]

---

175 So aber *VK Bund* Beschl. v. 29. 5. 2001, VK 1–13/01 (abgeändert in *OLG Düsseldorf* Beschl. v. 5. 10. 2001, Verg 28/01). Vgl. auch *VK Bund* Beschl. v. 23. 9. 2004, VK 1–126/04; *VK Bund* Beschl. v. 19. 3. 2002, VK 2–6/02; *Roth* NZBau 2006, 84 (87).
176 Vgl. dazu oben Rn. 28 ff.
177 *VK Potsdam* Beschl. v. 8. 12. 2005, 2 VK 72/05; *VK Bund* Beschl. v. 6. 5. 2005, VK 3–28/05.
178 Vgl. *OLG Saarbrücken* Beschl. v. 22. 10. 1999, 5 Verg 2/99.
179 *OLG Düsseldorf* Beschl. v. 23. 3. 2005, VII-Verg 77/04; *VK Bund* Beschl. v. 13. 7. 2005, VK 2–69/05.
180 *VK Bund* Beschl. v. 23. 9. 2004, VK 1–126/04.
181 *VK Lüneburg* Beschl. v. 26. 4. 2004, 203-VgK-10/2004.

3. Für den Auftragnehmer nicht beeinflussbare Umstände und Ereignisse

Damit eine Auftragsbedingung dem Verbot des § 8 Nr. 1 Abs. 3 unterfällt, ist weiter 89
Voraussetzung, dass das Wagnis auf Umständen und Ereignissen beruht, auf die der Auftragnehmer **keinen Einfluss** hat. Das können zum einen Vorkommnisse sein, die hinsichtlich ihres Eintritts ungewiss sind, zum anderen solche, die dem Einfluss des Auftragnehmers entzogen sind und die er nicht abwenden kann.

- Hierzu können beispielsweise in den Verdingungsunterlagen vorgeschriebene Bei- 90 stellungen oder Leistungen von Unterauftragnehmern zählen, wenn auf Seiten des Auftragnehmers keine Kontroll- oder Weisungsbefugnisse bestehen.[182]

- Das kann zudem der Fall sein, wenn die Bieter nicht ermessen können, ob die für 91 eine berufsbildende Maßnahme angebotenen Mittel tatsächlich gebraucht und eingesetzt werden, also auf die Entscheidung über ihre Inanspruchnahme keinen Einfluss nehmen können. Das gilt selbst dann, wenn sich im Einzelfall eine hinreichende Kalkulationsgrundlage aus Erfahrungen ergeben mag, die ein Bieter aus früheren Leistungsdurchführungen gewonnen hat.[183]

Ein ungewöhnliches Wagnis außerhalb der Einflusssphäre des Auftragnehmers kann 92
auch ein **Finanzierungsvorbehalt** des Auftraggebers darstellen. Ein solcher liegt in Form einer jeden Regelung vor, die ein außerordentliches Kündigungsrecht des Auftraggebers für den Fall vorsieht, dass ihm die zur Vergütung der Leistung erforderlichen finanziellen Ressourcen künftig nicht mehr zur Verfügung stehen.[184] Hauptfall ist ein außerordentliches Kündigungsrecht des Auftraggebers aus Haushaltsgründen. Dagegen bestehen durchgreifende rechtliche Bedenken: Es kann dem Auftragnehmer regelmäßig nicht zugemutet werden kann, das **Haushaltsrisiko** des Auftraggebers zu tragen.[185] Die Verschlechterung der wirtschaftlichen Verhältnisse einer Partei ist – nach den allgemeinen zivilrechtlichen Grundsätzen – allein deren Angelegenheit und berechtigt sie nicht, eine Überwälzung des wirtschaftlichen Risikos auf den Geschäftspartner vorzunehmen. Nur unter den unten genannten Voraussetzungen[186] kann ein derartiges Kündigungsrecht im Einzelfall zulässig sein.

4. Schwerwiegende Folgen des Wagnisses für den Auftragnehmer

Damit das Verbot des § 8 Nr. 1 Abs. 3 greift, muss das Wagnis im konkreten Fall zu- 93
dem wirtschaftlich schwerwiegende Folgen für den Auftragnehmer haben. Solche Folgen sind deshalb nicht anzunehmen, wenn der Auftraggeber eine **Kompensation** für das vom Auftragnehmer übernommene Risiko vorsieht. In diesem Falle verringert sich das wirtschaftliche Risiko auf ein erträgliches und rechtlich noch hinnehmbares Maß, so dass der Auftragnehmer vor wirtschaftlich schwerwiegenden Folgen bewahrt wird. So greift das Verbot des § 8 Nr. 1 Abs. 3 beispielsweise dann nicht, wenn das Ri-

---

[182] Besonders eklatant: *OLG Celle* Beschl. v. 2. 9. 2004, 13 Verg 11/04, m. Anm. *Wirner* IBR 2004, 589.
[183] Vgl. *OLG Düsseldorf* Beschl. v. 23. 3. 2005, VII-Verg 77/04.
[184] Vgl. *Kapellmann/Langen* in: Kapellmann/Messerschmidt, VOB/A und VOB/B-Kommentar, 2003, § 9 Rn. 22.
[185] *VK Lüneburg* Beschl. v. 10. 3. 2006, VgK-6/2006, m. Anm. *Noch* IBR 2006, 350.
[186] S. dazu sogleich unten Rn. 93 ff.

§ 8 Leistungsbeschreibung

siko durch eine besonders hohe und das Wagnis abdeckende **Vergütung** ausgeglichen wird oder der **Ausgleich auf andere Weise** sichergestellt ist.[187] Möglich ist auch, dass der Vertrag für den Fall der Realisierung des dem Auftragnehmer zugeordneten Risikos eine **Anpassung** vorsieht.[188] Auch eine Abdeckung des übernommenen Risikos durch **Versicherungsleistungen** kommt in Betracht.[189]

94 • So ist auch eine Regelung in der Leistungsbeschreibung, die eine Abweichung von der zivilrechtlich vorgesehenen Risikoverlagerung in Höhe von 10% des Gesamtauftragswertes zur Folge hat, nicht ohne weiteres unzulässig. Es kommt vielmehr darauf an, ob das Risiko hinreichend bestimmt und quantitativ eingrenzbar ist, so dass es in der Kalkulation berücksichtigt werden kann und – darüber hinaus – Möglichkeiten bestehen, die möglichen nachteiligen wirtschaftlichen Folgen abzumildern.[190]

95 • Im Unterschied dazu ist eine Verpflichtung, derzufolge der Auftragnehmer zusätzlich zum vereinbarten Vertragsvolumen auf Anfrage bis zu 20% mehr Leistung zu den gleichen Konditionen zu erbringen hat, ohne dass eine Abnahmeverpflichtung des Auftraggebers besteht, nicht unerheblich und überträgt ein ungewöhnliches Wagnis für Umstände und Ereignisse, auf die der Auftragnehmer keine Einfluss hat und deren Einwirkung er nicht im Voraus schätzen kann.[191] Das gilt erst recht bei einer Überwälzung von 30% des Verwendungsrisikos.[192]

96 Eine Besonderheit besteht bei **längerfristigen Verträgen mit großem Auftragsvolumen** wie beispielsweise Verkehrsverträgen im Schienenpersonennahverkehr. Hier wird der Auftraggeber häufig daran interessiert sein, ein besonderes Kündigungsrecht aus Haushaltsgründen vorzusehen. Wie dargelegt,[193] begegnet eine solche Regelung jedoch Bedenken aufgrund der Abweichung von der üblichen Risikostruktur und der Unmöglichkeit der Einflussnahme durch den Auftragnehmer. Diesem spezifischen Risiko kann kaum mit Preisaufschlägen begegnet werden, da ein seriöser Bieter aus Sicherheitsgründen mit einer Kündigung nach relativ kurzer Vertragslaufzeit kalkulieren müsste, was seinen Angebotspreis drastisch erhöhen würde. Ein Kündigungsrecht aus Haushaltsgründen kann demnach nur im Einzelfall und nur unter strengen Voraussetzungen zulässig sein. Insbesondere wird regelmäßig eine Regelung hinsichtlich der Erstattung der auf Seiten des Auftragnehmers angefallenen Investitions- und/oder Remanenzkosten als Ausgleich für das entsprechende vorzeitige Kündigungsrecht erforderlich sein. Außerdem ist der Bieter über die ungesicherte Finanzierung aufzuklären. Ein entsprechender deutlicher Hinweis auf die nicht eindeutig gesicherte Finnanzierung muss bereits in der Vergabebekanntmachung und der Aufforderung zur Angebotsabgabe (§ 17) erfolgen. Voraussetzung ist weiter, dass

---

187 *OLG Düsseldorf* Beschl. v. 5. 10. 2001, Verg 28/01; *VK Bund* Beschl. v. 24. 3. 2004, VK 3-36/04; vgl. *VK Bund* Beschl. v. 26. 3. 2003, VK 2-06/03.
188 *OLG Celle* Beschl. v. 12. 5. 2005, 13 Verg 6/05.
189 *Kratzenberg* in: Ingenstau/Korbion, VOB/A und VOB/B-Kommentar, 15. Aufl. 2004, § 9 Rn. 32.
190 *VK Bund* Beschl. v. 7. 4. 2004, VK 1-15/04; *VK Bund* Beschl. v. 24. 3. 2004, VK 3-36/04.
191 *VK Bund* Beschl. v. 26. 10. 2004, VK 1-120/04 und VK 1-117/04; *VK Bund* Beschl. v. 29. 9. 2004, VK 1-162/04; *VK Bund* Beschl. v. 23. 9. 2004, VK 1-135/04.
192 *OLG Düsseldorf* Beschl. v. 9. 6. 2004, VII-Verg 18/04.
193 S. dazu oben Rn. 89 ff.

die endgültige Mittelbereitstellung aufgrund der konkreten Gegebenheiten höchstwahrscheinlich sein muss und die Ausschreibung selbst dringlich sein muss, so dass auf die endgültige Sicherung der Finanzierung nicht mehr gewartet werden kann.[194]

Die Frage nach den Schranken der zulässigen Risikoverlagerung auf den Auftragnehmer stellt sich auch im Rahmen **Öffentlich Privater Partnerschaften**.[195] Hier findet sich kein normierter Vertragstypus, der als Vergleichsmaßstab dienen könnte. Die Zulässigkeit des entsprechenden Vorhabens ist somit nach den Umständen des Einzelfalls zu beurteilen.[196] Üblicherweise sollten bei Öffentlich Privaten Partnerschaften die vertraglichen Risiken jeweils von der Seite getragen werden, die das betreffende Risiko am besten steuern kann. Unter Berücksichtigung des Gebots der Kompensation ungewöhnlicher Risiken ist zu bewerten, ob es sich für den Auftraggeber nicht als wirtschaftlicher herausstellt, wenn er das betreffende Risiko selbst trägt, anstatt es unter gleichzeitiger Sicherstellung eines Ausgleichs auf den Bieter zu übertragen. Weiterhin wird unter Berücksichtigung der Dauer der vertraglichen Beziehungen ein besonderes Augenmerk auf vertragliche Anpassungsmechanismen zu legen sein. 97

5. Reaktionsmöglichkeiten der Bieter bei ungewöhnlichen Wagnissen

Gelangt ein Bieter zu der Auffassung, dass dem künftigen Auftragnehmer ein ungewöhnliches Wagnis aufgebürdet würde, so kommen die oben für die Unbestimmtheit der Leistungsbeschreibung aufgezeigten Reaktionsmöglichkeiten[197] grundsätzlich auch hier in Betracht. Allerdings ist die **Grenzziehung** zwischen gewöhnlichen und ungewöhnlichen Wagnissen nach Maßgabe der Umstände des Einzelfalls oft schwierig. Daher empfiehlt es sich hier besonders, die betreffenden Punkte zur Kenntnis des Auftraggebers zu bringen und nicht auf eine vergabe- bzw. zivilrechtliche Unbeachtlichkeit zu spekulieren.[198] 98

Zur Rügepflicht des Bieters ist festzuhalten, dass an die Erkennbarkeit ungewöhnlicher Wagnisse im rechtlichen Bereich regelmäßig geringere Anforderung zu stellen sind, als im tatsächlichen Bereich, weil von dem Bieter nicht verlangt werden kann, bereits bei Erstellung seines Angebots Rechtsrat einzuholen.[199] 99

C. § 8 Nr. 2 – Arten der Leistungsbeschreibung

Bei der Erstellung der Leistungsunterlagen kommen unterschiedliche Arten der Leistungsbeschreibung in Betracht. 100

Im Regelfall wird sich der Auftraggeber für eine Leistungsbeschreibung mit verkehrsüblichen Bezeichnungen (§ 8 Nr. 2 Abs. 1, 1. Hs.), eine so genannte konventionelle 101

---

194 *Portz* in: Ingenstau/Korbion, VOB/A und VOB/B-Kommentar, 15. Aufl. 2004, § 16 Rn. 16 und 21.
195 Hierzu *Roth* NZBau 2006, 84 (87 ff.).
196 S. dazu oben Rn. 75 ff.
197 S. oben Rn. 34 ff.
198 *Roth* NZBau 2006, 84 (90).
199 Vgl. *Hertwig* in: Motzke/Pietzcker/Prieß, VOB/A-Kommentar, 2001, § 9 Rn. 27.

§ 8 Leistungsbeschreibung

Leistungsbeschreibung, entscheiden. Doch kann er die Leistung auch anhand des zu erfüllenden Zwecks, ihrer Funktion sowie der an sie gestellten sonstigen Anforderungen beschreiben (§ 8 Nr. 2 Abs. 1, 2. Hs. a), sog. Funktionalausschreibung oder funktionale Leistungsbeschreibung. Sodann kann er die Leistung nach wesentlichen Merkmalen und konstruktiven Einzelheiten beschreiben (konstruktive Leistungsbeschreibung, § 8 Nr. 2 Abs. 1, 2. Hs. b). Möglich sind aber auch Mischformen zwischen diesen Arten der Leistungsbeschreibungen durch »Verbindung der Beschreibungsarten« gemäß § 8 Nr. 2 Abs. 1, 2. Hs. b) a. E.[200]

I. Leistungsbeschreibung durch verkehrsübliche Bezeichnung, § 8 Nr. 2 Abs. 1, 1. Hs.

102 Lässt sich der Leistungsgegenstand mit verkehrsüblichen Bezeichnungen beschreiben, so greift der Regelfall: Der Auftraggeber hat eine konventionelle Leistungsbeschreibung zu verwenden. Das wird vor allem dann der Fall sein, wenn es sich um **handelsübliche, marktgängige, gegebenenfalls standardisierte Leistungsgegenstände** handelt. Der Auftraggeber wird ist dabei gehalten, neben der Angabe von Maß, Zahl und Gewicht der nachgefragten Leistung, bei der Beschreibung die in der jeweiligen Branche üblichen Fachausdrücke zu verwenden.[201] Deshalb ist das allgemeine sprachliche Verständnis der betreffenden Aussagen unerheblich, wenn die verwendete Formulierung im jeweiligen Adressatenkreis verkehrsüblich ist oder von den jeweiligen Fachleuten in einem spezifischen technischen Sinne verstanden wird (§§ 133, 157 BGB).[202]

II. Funktionale Leistungsbeschreibung, § 8 Nr. 2 Abs. 1, 2. Hs. a)

103 Soweit die Leistung – oder Teile derselben – auf konventionelle Weise nicht hinreichend beschreibbar ist, kann der Auftraggeber eine funktionale Leistungsbeschreibung wählen. Dabei gibt er durch die Umschreibung der **Funktion**, des **Zweckes** und weiterer **Rahmenanforderungen** ein **Ziel** vor, lässt aber den **Weg** dahin weitgehend offen.[203] Das soll den Bietern ermöglichen, bei der Ermittlung der technisch, wirtschaftlich und gestalterisch besten sowie funktionsgerechtesten Lösung mitzuwirken.[204] Dabei kann es durchaus das Ziel sein, dass die Bieter die vorgegebenen Mindestkriterien übererfüllen und damit zu einer Qualitätssteigerung beitragen, die eine abgestufte Wertung der Funktionalität der jeweiligen technischen Lösungen ermöglicht.[205] Die funktionale Leistungsbeschreibung kommt damit dem Anliegen der VOL nach einem möglichst großen technischen und kaufmännischen **Wettbewerb**

---

200 S. zu den Unterschieden zur VOB/A und VOF oben Rn. 6 f.
201 *Zdzieblo* in: Daub/Eberstein, VOL/A-Kommentar, 5. Aufl. 2000, § 8 Rn. 45.
202 Vgl. *Kapellmann/Langen* in: Kapellmann/Messerschmidt, VOB/A und VOB/B-Kommentar, 2003, § 9 Rn. 44; zu den Auslegungsgrundsätzen oben Rn. 28 ff.
203 Vgl. *OLG Düsseldorf* Beschl. v. 2. 8. 2002, Verg 25/02; *Noch* in: Müller-Wrede, VOL/A-Kommentar, 2001, § 8 Rn. 48; *Schaller* VOL/A und VOL/B-Kommentar, 3. Aufl. 2004, § 8 Rn. 16.
204 *VK Bund* Beschl. v. 13. 4. 2004, VK 1–35/04; *VK Bund* Beschl. v. 14. 1. 2003, VK 1–97/02.
205 Vgl. *OLG Naumburg* Beschl. v. 2. 4. 2001, 1 Verg 4/01.

um den Weg zum funktional beschriebenen Ziel entgegen,[206] ohne jedoch davon abzurücken, dass auch sie dem Gebot einer eindeutigen und erschöpfenden Leistungsbeschreibung genügen muss.[207]

Funktionalausschreibungen kommen vor allem in Fällen in Betracht, in denen mehrere technische Lösungen denkbar sind. Sie stellen eine Möglichkeit der **Entlastung des Auftraggebers** von der sonst bestehenden Pflicht dar, selbst technische Lösungen zu entwickeln[208] Der Auftraggeber macht sich den Sachverstand und die technische **Kreativität der Bieter** nutzbar.[209] Gerade mit Blick auf Leistungen aus Feldern, die einem ständigen technischen Wandel unterliegen, ist es dem Auftraggeber häufig kaum möglich, die für die Erstellung eines passgenauen Angebots erforderlichen Detailkenntnisse aufzubringen. In Anbetracht mangelnder Marktkenntnisse und/oder mangelnden technischen *Know-hows* stellt die Funktionalausschreibung hier eine Möglichkeit dar, traditionelle Beschaffungsvorgänge modernen Entwicklungen anzupassen.[210] 104

- So kommt eine Funktionalausschreibung insbesondere bei Leistungen und Lieferungen im EDV-Bereich oder bei Forschungs- und Entwicklungsleistungen in Betracht, bei denen einstweilen lediglich Klarheit hinsichtlich des Zieles besteht, ohne dass konstruktive Details bekannt wären. 105

- Das gilt auch für zukunftsbezogene Projekte mit Pionierfunktion, wobei auch auf quantitative Vorgaben verzichtet werden kann, wenn die Bieter sonst in ihrer Suche nach gänzlich neuen Lösungsansätzen beschränkt würden.[211] 106

Funktionale Leistungsbeschreibungen sind nicht nur dort zulässig, wo die Leistung im Herbeiführen eines bestimmten Erfolgs besteht, sondern auch im Dienstleistungsbereich. 107

- So kann im Unterrichtsbereich den Bietern durch die Funktionalität die Leistungsbeschreibung ein kreativer Spielraum eingeräumt werden, wobei die Vergleichbarkeit der Angebote dadurch gewährleistet wird, dass sich die Bieter bewährter Leistungsmittel bedienen können.[212] 108

- Auch für Ausschreibungen im Bereich der Abfallbeseitigung kommen angesichts der weitreichenden Möglichkeiten, den Bietern Spielräume im Hinblick auf Gestaltung und Ausführung der Leistung zu belassen, Funktionalausschreibungen in Frage.[213] 109

Da bei der Funktionalausschreibung von den Bietern Planungsleistungen verlangt werden, stellt sich die Frage, inwiefern die allgemeine Vergabe des § 8 Nr. 1 Abs. 1, 110

---

206 *Schaller* VOL/A und VOL/B-Kommentar, 3. Aufl. 2004, § 8 Rn. 15.
207 VK Bund Beschl. v. 7. 4. 2004, VK 1–15/04.
208 *Noch* in: Müller-Wrede, VOL/A-Kommentar, 2001, § 8 Rn. 51.
209 *OLG Naumburg* Beschl. v. 16. 9. 2002, 1 Verg 2/02; *VK Stuttgart* Beschl. v. 17. 3. 2004, 1 VK 12/04; *Hausmann/Mestwerdt* in: Prieß/Hausmann/Kulartz, Formularbuch Vergaberecht, 2004, A. II. 12. Anm. 17.
210 VK Karlsruhe Beschl. v. 16. 8. 2005, 1 VK 48/05.
211 VK Bund Beschl. v. 4. 9. 2002, VK 2–58/02.
212 *OLG Düsseldorf* Beschl. v. 30. 11. 2005, Verg 65/05 und Beschl. v. 23. 11. 2005, Verg 66/05.
213 Vgl. *VK Darmstadt* Beschl. v. 2. 1. 2003, 69d VK-54/2002, VK 55–2002 und VK 57/2002.

§ 8 Leistungsbeschreibung

die Leistung eindeutig und erschöpfend zu beschreiben, überhaupt passt.[214] Doch dürfen die Möglichkeiten, die § 8 Nr. 2 Abs. 1 eröffnet, nicht dazu dienen, die Erfordernisse des Gebots der eindeutigen und erschöpfenden Leistungsbeschreibung (§ 8 Nr. 1 Abs. 1) zu umgehen. So sind die Vorgaben des § 8 Nr. 1 Abs. 1 im Falle der Funktionalausschreibung dahingehend zu verstehen, dass das Leistungsverzeichnis hinsichtlich des zu erreichenden Erfolges bzw. der gewünschten Dienstleistung eindeutig und erschöpfend sein muss. Dabei hängt der Umfang der Darstellung (1.) der Funktion der zu vergebenden Leistung und (2.) der an sie gestellten Anforderungen entscheidend davon ab, welche Leistungen ausgeschrieben werden.[215] Der Auftraggeber muss wie bei der konventionellen Leistungsbeschreibung den Bietern alle für eine sachgerechte Kalkulation erforderlichen Angaben und Daten an die Hand geben. Auch die funktionale Leistungsbeschreibung muss den Beschaffungsbedarf des Auftraggebers **mit größtmöglicher Bestimmtheit** zum Ausdruck bringen.[216] Die Kriterien für die spätere Angebotsbewertung müssen feststehen und das Leistungsziel, die Rahmenbedingungen sowie die wesentlichen Einzelheiten der Leistung müssen in der Weise bekannt sein, dass mit Veränderungen nicht mehr zu rechen ist.[217] Außerdem müssen die in Leistungsbeschreibung niedergelegten **Wertungskriterien** eine sachgerechte Bewertung der unterschiedlichen angebotenen Lösungen und die Nachvollziehbarkeit der Wertungsentscheidung ermöglichen.[218] Diese Festlegung des Anforderungsprofils ist auch bei der Funktionalausschreibung Voraussetzung für eine spätere Vergleichbarkeit der abgegebenen Angebote.

111 Eine funktionale Leistungsbeschreibung ist deshalb nicht zulässig, wenn die Ausschreibung auf eine standardisierte, handelsübliche Leistung zielt, aber der Auftraggeber – etwa infolge fehlender Expertise – zur Durchführung einer konventionellen Ausschreibung notwendige Aufklärungen unterlässt.[219] Der Auftraggeber ist verpflichtet, auch unter Berücksichtigung bestehender Sachzwänge die Verdingungsunterlagen so bestimmt wie möglich zu gestalten. Er darf nicht von jeder eigenen Planungstätigkeit absehen, indem er diese, etwa um Kosten, Zeit und Personal einzusparen, gänzlich den Bietern überträgt. Mitunter kann es sogar geboten sein, Aufgaben der Projektaufklärung durch entsprechende Studien-, Konstruktions- oder Definitionsverträge zur Vergabereife zu führen.[220] Bei der Funktionalausschreibung müssen das Leistungsprogramm, die Planungsunterlagen und die Beschreibungen dem Bieter einen gewissen **Gestaltungsfreiraum** belassen. Ansonsten ist die funktionale Ausschreibung unzulässig.[221]

---

214 Vgl. *Hertwig* Praxis der öffentlichen Auftragsvergabe, 3. Aufl. 2005, S. 181 (zu der vergleichbaren Leistungsbeschreibung mit Leistungsprogramm im Rahmen des § 9 VOB/A).
215 *VK Bund* Beschl. v. 1. 4. 2004, VK 1–11/04.
216 *OLG Naumburg* Beschl. v. 16. 9. 2002, 1 Verg 2/02; *Hausmann/Mestwerdt* in: Prieß/Hausmann/Kulartz, Formularbuch Vergaberecht, 2004, A. II. 12. Anm. 17; *Ax/Schneider/Häfner* Die Wertung von Angeboten durch den öffentlichen Auftraggeber, 2005, S. 172 f.
217 *OLG Naumburg* Beschl. v. 16. 9. 2002, 1 Verg 2/02; *OLG Düsseldorf* Beschl. v. 14. 2. 2001, Verg 14/00 als Hauptsachebeschluss zu *OLG Düsseldorf* Beschl. v. 5. 10. 2000, Verg 14/00; *VK Stuttgart* Beschl. v. 17. 3. 2004, 1 VK 12/04.
218 *VK Darmstadt* Beschl. v. 2. 1. 2003, 69d VK-54/2002, VK 55–2002 und VK 57/2002.
219 Vgl. *VK Lüneburg* Beschl. v. 11. 8. 2005, VgK-33/2005 (zu § 9 VOB/A).
220 *Zdzieblo* in: Daub/Eberstein, VOL/A-Kommentar, 5. Aufl. 2000, § 8 Rn. 47.
221 *OLG Brandenburg* Beschl. v. 19. 9. 2003, Verg W 4/03 (zur VOB/A).

Die Ausübung des dem Auftraggeber nach dem Wortlaut des § 8 Nr. 2 Abs. 1, 2. Hs. a) **112** zustehenden **Ermessens** im Hinblick auf die Wahl der Art der Leistungsbeschreibung hat diesen Grundsätzen Rechnung zu tragen. Ist nach den dargelegten Grundsätzen die Funktionalausschreibung unzulässig, so kann darin eine Verletzung subjektiver Bieterrechte im Sinne des § 97 Abs. 7 GWB liegen. Das wird jedoch nur in den Fällen in Betracht kommen, in denen in der Wahl der Form der Funktionalausschreibung ein Ermessensfehlgebrauch zu sehen ist.[222] Gegebenfalls wird zu überlegen sein, ob lediglich begrenzte Bereiche des Beschaffungsvorhabens im Wege der funktionalen Leistungsbeschreibung ausgeschrieben werden, also eine Mischform (§ 8 Nr. 2 Abs. 1, 2. Hs. b a. E.) zu wählen ist.

Probleme können sich im Rahmen eines Vergabeverfahrens unter Zugrundelegung **113** einer funktionalen Leistungsbeschreibung im Hinblick auf das Verbot des § 8 Nr. 1 Abs. 3 ergeben, dem Auftragnehmer ein ungewöhnliches Wagnis aufzuerlegen. Dabei ist zunächst zuzugeben, dass den Bietern mit der Übertragung von Planung und Konzeptionierung der Leistung eine üblicherweise dem Auftraggeber obliegende Teilaufgabe auferlegt wird und dass **gewisse Unklarheiten** der Funktionalausschreibung »**wesenseigen**« sind.[223] Deshalb kann sich ein Auftragnehmer nicht darauf berufen, er habe die mit einer Funktionalausschreibung typischerweise verbundene Risikoverlagerung nicht erkennen können oder nicht zu erkennen brauchen.[224] Vielmehr bedarf es besonderer Anhaltspunkte dafür, dass der Auftraggeber die betreffenden Unklarheiten nicht beseitigen kann, damit die Aufhebung der Ausschreibung verlangt werden kann.[225]

III. Konstruktive Leistungsbeschreibung, § 8 Nr. 2 Abs. 1, 2. Hs. b)

Im Unterschied zur Funktionalausschreibung umfasst die konstruktive Leistungsbe- **114** schreibung nicht nur Angaben zum **Ziel** der Ausschreibung, sondern auch zum **einzuschlagenden Weg**.[226] Dabei wird gemäß der Definition des § 8 Nr. 2 Abs. 1, 2. Hs. b) die Leistung nach ihren wesentlichen Merkmalen und konstruktiven Einzelheiten beschrieben.

Diese Form der Leistungsbeschreibung kommt nur dann in Betracht, wenn der Auf- **115** traggeber hinsichtlich der Art und Weise der Umsetzung der ausgeschriebenen Leistung genaue Angaben über die technischen Merkmale einer Leistung (Abmessungen, zu verwendende Materialien etc.[227]) machen kann und die Bedarfsvorstellungen des Auftraggebers bis in die Einzelheiten festliegen.[228] Das wird etwa dann der Fall sein,

---

222 Vgl. *Noch* in: Müller-Wrede, VOL/A-Kommentar, 2001, § 8 Rn. 111.
223 *VK Bund* Beschl. v. 30. 3. 2004, VK 1–05/04, bestätigt in *OLG Düsseldorf* Beschl. v. 9. 6. 2004, VII-Verg 18/04; *VK Bund* Beschl. v. 30. 3. 2004, VK 1 3/04; *VK Bund* Beschl. v. 26. 7. 2000, VK 2–16/00.
224 *BGH* Urt. v. 27. 6. 1996, VII ZR 59/95, m. Anm. *Schulze-Hagen*, IBR 1996, 487, 488, 489 (zu § 9 VOB/A).
225 *OLG Brandenburg* Beschl. v. 28. 11. 2002, Verg W 8/02 (zur VOB/A).
226 Vgl. *Noch* in: Müller-Wrede, VOL/A-Kommentar, 2001, § 8 Rn. 54; *Hausmann/Mestwerdt* in: Prieß/Hausmann/Kulartz, Formularbuch Vergaberecht, 2004, A. II. 12. Anm. 17.
227 *Schaller* VOL/A und VOL/B-Kommentar, 3. Aufl. 2004, § 8 Rn. 17.
228 *Hausmann/Mestwerdt* in: Prieß/Hausmann/Kulartz, Formularbuch Vergaberecht, 2004, A. II. 12. Anm. 17.

wenn er im Rahmen von Erprobungen oder vorherigen Beschaffungen **Erfahrungen** sammeln konnte,[229] die im aktuellen Vergabeverfahren Verwendung finden können.

116 Im Vergleich zur funktionalen Ausschreibung ist die konstruktive Leistungsbeschreibung, auch »technische Lieferbedingung« oder »technische Richtlinie« genannt,[230] vorzuziehen, weil einerseits der vorgegebene Rahmen abgesteckt wird, ohne dass dabei der Innovationswettbewerb ausgeschlossen würde, andererseits aber durch die genaue Beschreibung der Leistung der Vergleich der Angebote erleichtert wird.[231] Im Wege einer **Verbindung der Beschreibungsarten** können konstruktive Leistungsbeschreibungen funktionale Elemente enthalten und umgekehrt. Das wird unter anderem in Frage kommen, wenn der Auftraggeber vorhandene oder handelsübliche Systeme bzw. Geräte an ihren spezifischen Bedarf anpassen lässt.[232]

IV. Verhältnis der Arten der Leistungsbeschreibung untereinander und Folgen der Wahl einer bestimmten Art der Leistungsbeschreibung

117 § 8 Nr. 2 Abs. 1 stellt die Wahl der Funktionalausschreibung unter den Vorbehalt, dass eine Leistung oder ihre Teile durch verkehrsübliche Bezeichnungen nicht hinreichend beschrieben werden können. Deshalb muss in den Fällen die konventionelle Leistungsbeschreibung gewählt werden, in denen eine hinreichend genaue Beschreibung unter Verwendung verkehrsüblicher Bezeichnungen ohne weiteres möglich ist und das Ermessen des Auftraggebers auf Null reduziert ist. Maßstab für die Beurteilung der Auswahlentscheidung ist die Anforderung, das Vergabeverfahren so transparent und fair wie möglich zu gestalten.[233]

118 § 8 Nr. 2 Abs. 1 schreibt also eine **Rangfolge der Beschreibungsarten** vor, nach der in erster Linie die konventionelle Leistungsbeschreibung und erst in zweiter Linie die funktionale bzw. die konstruktive Leistungsbeschreibung zu wählen ist.[234] Nur wo die konventionelle Leistungsbeschreibung nicht ausreicht, um den Anforderungen des § 8 Nr. 1 Abs. 1 zu genügen, eröffnet sich dem Auftraggeber ein Ermessensspielraum, innerhalb dessen die funktionale und konstruktive Leistungsbeschreibung vergaberechtlich zulässig sind. Ist nach diesen Grundsätzen die Option der Funktionalausschreibung zulässig, so mag infolge einer dahingehenden Wahl der Auftraggeber zunächst gewisse personelle und sachliche Einsparungen verzeichnen können. Übers gesamte Vergabeverfahren betrachtet werden diese Einsparungen jedoch durch eine intensivere Arbeit bei der Wertung der Angebote aufgewogen. Zur Gewährleistung der Vergleichbarkeit der eingereichten Angebote, die unter Umständen technisch stark differierende Lösungswege zur Erreichung des vorgegebenen Zwecks vorsehen,

---

229 *Noch* in: Müller-Wrede, VOL/A-Kommentar, 2001, § 8 Rn. 55; *Zdzieblo* in: Daub/Eberstein, VOL/A-Kommentar, 5. Aufl. 2000, § 8 Rn. 50.
230 *Schaller* VOL/A und VOL/B-Kommentar, 3. Aufl. 2004, § 8 Rn. 17.
231 *Zdzieblo* in: Daub/Eberstein, VOL/A-Kommentar, 5. Aufl. 2000 § 8 Rn. 49.
232 *Zdzieblo* in: Daub/Eberstein, VOL/A-Kommentar, 5. Aufl. 2000 § 8 Rn. 52.
233 Vgl. *Hausmann/Mestwerdt* in: Prieß/Hausmann/Kulartz, Formularbuch Vergaberecht, 2004, A. II. 12. Anm. 17.
234 *Zdzieblo* in: Daub/Eberstein, VOL/A-Kommentar, 5. Aufl. 2000 § 8 Rn. 44.

muss gegebenenfalls in erhöhtem Maße Personal eingesetzt werden. Im Dienste der Wirtschaftlichkeit muss der Auftraggeber schließlich auch die angebotenen Leistungen in ihrer Vielfalt hinsichtlich ihrer technischen und wirtschaftlichen sowie gestalterischen Merkmale gegeneinander abwägen und mit den dafür geforderten Preisen vergleichen.[235]

Bei Funktionalausschreibungen sind die Angebote der Bieter wegen der teilweisen Übertragung der konzeptionellen Arbeit auf die Bieter regelmäßig in geringerem Maße miteinander vergleichbar.[236] Vor diesem Hintergrund ist besonders auf die Gewährleistung der Transparenz und der Willkürfreiheit des betreffenden Vergabeverfahrens zu achten. Der Auftraggeber trägt bei einer Funktionalausschreibung ein höheres Risiko hinsichtlich der Eindeutigkeit und Vollständigkeit der Leistungsbeschreibung. Er muss bei einer eventuellen Überprüfung des Vergabeverfahrens darlegen, dass er die wesentlichen Funktionselemente zutreffend und so weit wie möglich erschöpfend beschrieben hat. Durch die Aufbürdung von Planungsleistungen im Rahmen der funktionalen Leistungsbeschreibung haben die Bieter dagegen erhebliche Kosten aufzuwenden. **119**

V. Darstellung der Leistung in Zeichnungen und Probestücken oder durch Referenzobjekte, § 8 Nr. 2 Abs. 2

Gemäß § 8 Nr. 2 Abs. 2 hat der Auftraggeber erforderlichenfalls die Leistung auch zeichnerisch oder durch Probestücke darzustellen. Diese Vorschrift eröffnet dem Auftraggeber die Möglichkeit einer **visualisierenden Darstellung** der Leistung, die die nach § 8 Nr. 2 Abs. 1 gewählte Form der Leistungsbeschreibung ergänzt. Dabei kann der Auftraggeber auch auf »ähnliche Leistungen« hinweisen. **120**

Wie sich aus der Formulierung »erforderlichenfalls« ergibt, ist in diesem Zusammenhang das Ermessen des Auftraggebers unter Umständen dahingehend reduziert, dass er zu der Verwendung einer entsprechenden Darstellung verpflichtet ist. Das ist dann der Fall, wenn diese Art der Beschreibung im Vergleich zur konventionellen oder funktionellen bzw. konstruktiven Leistungsbeschreibung sachdienlicher ist. Keinesfalls entbindet die Möglichkeit des § 8 Nr. 2 Abs. 2 den Auftraggeber jedoch von einer im Sinne des § 8 Nr. 1 eindeutigen und erschöpfenden schriftlichen Leistungsbeschreibung.[237] **121**

Denkbar ist schließlich, dass sich die aus dem Inhalt der Leistungsbeschreibung und die aus dem Hilfsmittel abzuleitenden Anforderungen widersprechen.[238] In der Rechtssprechung ist dazu entschieden worden, dass die Verdingungsunterlagen in diesem Fall als »sinnvolles Ganzes« auszulegen sind, wobei keinem der Bestandteile der **122**

---

235 *VK Stuttgart* Beschl. v. 17. 3. 2004, 1 VK 12/04; *VK Magdeburg* Beschl. v. 1. 3. 2001, VK-OFD LSA-02/01, bestätigt in *OLG Naumburg* Beschl. v. 2. 4. 2001, 1 Verg 4/01.
236 *OLG Naumburg* Beschl. v. 16. 9. 2002, 1 Verg 2/02.
237 *Kapellmann/Langen* in: Kapellmann/Messerschmidt, VOB/A und VOB/B-Kommentar, 2003, § 9 Rn. 64.
238 *Hertwig* Praxis der öffentlichen Auftragsvergabe, 3. Aufl. 2005, S. 79.

Leistungsbeschreibung ein natürlicher Vorrang zukomme.[239] Allerdings ergibt sich aus der erläuternden Funktion des zur Darstellung gewählten Hilfsmittels im Kollisionsfall wohl doch eine Nachrangigkeit gegenüber dem Text der Leistungsbeschreibung. Die optische Veranschaulichung der Leistung dient – im Verhältnis zur schriftlichen Umschreibung – als ein **Hilfsinstrument**.

D. § 8 Nrn. 3 und 4 – Besondere Anforderungen an die Leistungsbeschreibung

123 Die in § 8 Nrn. 3 und 4 niedergelegten besonderen Anforderungen an die Leistungsbeschreibung sind Ausdruck der vergaberechtlichen Grundsätze des Wettbewerbs und der Transparenz. Dabei kann die Erstellung der Leistungsbeschreibung für den Auftraggeber mitunter eine **Gratwanderung**: Zwar muss die ausgeschriebene Leistung einerseits so eindeutig und erschöpfend beschrieben werden, dass alle Bewerber die Leistungsbeschreibung im gleichen Sinne verstehen können; doch darf die Beschreibung andererseits nicht darauf hinauslaufen, dass beispielsweise durch die Verwendung technischer Spezifikationen und die Vorgabe von Fabrikaten von vornherein ein bestimmtes Produkt oder ein bestimmter Anbieter bevorzugt wird (**Grundsatz der Produktneutralität** der Ausschreibung).[240]

I. Keine ungewöhnlichen Anforderungen an die Leistung, § 8 Nr. 3 Abs. 1

124 Gemäß § 8 Nr. 3 Abs. 1 sind an die Beschaffenheit der Leistung ungewöhnliche Anforderungen nur so weit zu stellen, wie es unbedingt notwendig ist. Diese Bestimmung ist zwingender Natur und dient sowohl den Interessen des Auftragnehmers wie denen des Auftraggebers: Ungewöhnliche Anforderungen erhöhen für den Unternehmer das Risiko bei der Vertragsdurchführung und schlagen sich in höheren Preisen nieder, welche der Auftraggeber zu zahlen hat.[241] Ungewöhnliche Anforderungen sind deshalb nur in dem **unbedingt notwendigen Umfang** zu stellen. Diese Voraussetzung liegt nur dann vor, wenn die ungewöhnliche Anforderung im konkreten Fall nach Maßgabe von Art und Zielsetzung[242] der ausgeschriebenen Leistung und des zugrundeliegenden Beschaffungsbedarfs geboten erscheint. § 8 Nr. 3 Abs. 1 schreibt damit ein allgemeines Verhältnismäßigkeitsprinzip bei der Erstellung von Leistungsbeschreibungen fest.[243]

---

239 *BGH* Urt. v. 11.3 1999, VII ZR 179/98, NJW 1999, 2432 ff. (zu § 9 VOB/A).
240 *Prieß* NZBau 2004, 87 (91).
241 *Schaller* VOL/A und VOL/B-Kommentar, 3. Aufl. 2004, § 8 Rn. 27; *Zdzieblo* in: Daub/Eberstein, VOL/A-Kommentar, 5. Aufl. 2000, § 8 Rn. 57.
242 *VK Bund* Beschl. v. 29. 5. 2001, VK 1–13/01 (aus anderen Gründen abgeändert in *OLG Düsseldorf* Beschl. v. 5. 10. 2001, Verg 28/01).
243 *Noch* in: Müller-Wrede, VOL/A-Kommentar, 2001, § 8 Rn. 71.

II. Gebot der Anwendung verkehrsüblicher Bezeichnungen bei der Beschreibung der Leistung und Möglichkeit der Bezugnahme auf einschlägige Normen, § 8 Nr. 3 Abs. 2

§ 8 Nr. 3 Abs. 2 verpflichtet den Auftraggeber, bei der Beschreibung der Leistung verkehrsübliche Bezeichnungen anzuwenden, wobei auf einschlägige Normen Bezug genommen werden kann. Die zwingend gebotene Verwendung verkehrsüblicher Bezeichnungen konkretisiert das Gebot aus § 8 Nr. 1 Abs. 1, die Leistung eindeutig und erschöpfend zu beschreiben. Dabei sind unter »verkehrsüblichen Bezeichnungen« die **Fachausdrücke** zu verstehen, die in den jeweiligen Wirtschaftskreisen, an die sich die Ausschreibung richtet, allgemein gebräuchlich sind und deshalb bei fachkundigen Bietern aufgrund ihrer Ausbildung und Erfahrung als bekannt vorausgesetzt werden können.[244] Seltene und neue, im Adressatenkreis deshalb (noch) nicht allgemein bekannte Ausdrücke sind entweder zu erklären oder zu vermeiden, um Missverständnissen vorzubeugen.[245]

125

Die Bezugnahme auf Normen (z. B. DIN-Normen[246] und Sicherheitsvorschriften) steht nach dem Wortlaut der Vorschrift im Ermessen des Auftraggebers. Diese Normen können **produktgerichtet** sein, sich also auf Eigenschaften der zu erbringenden Leistung beziehen, oder **bietergerichtet** sein, also die Qualifikationen der jeweiligen Bieter betreffen.[247] Diese Normen müssen allgemein anerkannt sein.

126

Bei der Verwendung von Normen und Zertifizierungen gilt der allgemeine **Verhältnismäßigkeitsgrundsatz:** Sie sollten nur insoweit verlangt werden, als sie zur Herstellung einer passgenauen Leistungsbeschreibung geeignet, erforderlich und notwendig sind. Allerdings ist die Auferlegung bestimmter Normen insbesondere unter dem Gesichtspunkt der Chancengleichheit der Bieter nicht unproblematisch.[248] Insbesondere ist darauf zu achten, dass die zu Grunde gelegten Normen Bieter aus anderen Mitgliedsstaaten der Europäischen Union nicht benachteiligen. Der Europäische Gerichtshof hat die Bindung eines Bieters an Produkte, die nationale Normen erfüllen, als einen Verstoß gegen die Gemeinschaftsvorschriften über die Warenverkehrsfreiheit (Art. 28 EG-Vertrag) angesehen.[249] Der Auftraggeber dürfe lediglich fordern, dass zu verwertende Stoffe bestimmten Normen entsprechen oder von »gleichwertiger Art« sind. Wird demnach auf Normen oder Zertifizierungen Bezug genommen, die nur auf nationaler Ebene gebräuchlich und daher naturgemäß Produkten aus dem EU-Ausland nicht zu Eigen sind, so ist der Leistungsbeschreibung an der betreffenden Stelle **zwingend** der **Zusatz »oder gleichwertig«** einzufügen. Er legt fest, dass auch Produkte oder Dienstleistungen mit gleichwertigen Eigenschaften zuschlagsfä-

127

---

244 *Zdzieblo* in: Daub/Eberstein, VOL/A-Kommentar, 5. Aufl. 2000, § 8 Rn. 63; vgl. *Noch* in: Müller-Wrede, VOL/A-Kommentar, 2001, § 8 Rn. 75.
245 *Kuß*, VOB/A und VOB/B-Kommentar, 2003, § 9 Rn. 86.
246 Die Bundesrepublik Deutschland hat sich in dem mit dem DIN Deutschen Institut für Normung e. V. geschlossenen Vertrag vom 5. 6. 1975 – unbeschadet ihrer internationalen Verpflichtungen – zur Benutzung der DIN-Normen verpflichtet, vgl. http://www.din.de.
247 *Noch* in: Müller-Wrede, VOL/A-Kommentar, 2001, § 8 Rn. 82.
248 Vgl. zum Folgenden *Weber* NZBau 2002, 194 (195 ff.).
249 *EuGH* Urt. v. 22. 9. 1988, Rs. 45/87 – »Kommission/Irland« (zu der Vergabe öffentlicher Bauaufträge).

hig sind.²⁵⁰ Nur so ist sichergestellt, dass die in Bezug genommenen Normen als diskriminierungsfreie Richtwerte verstanden werden können.²⁵¹ Soweit wie möglich sind die auf europäischer Ebene eingeführte Normen, die durch den Zusatz »-EN« gekennzeichnet sind, zu verwenden.²⁵² Auch die Bezugnahme auf Fachnormen (z. B. Normen der Deutsche Bahn AG, der Deutsche Telekom AG oder des Bundesverteidigungsministeriums) kann unter den genannten Voraussetzungen zulässig sein. Hingegen würde die Verwendung interner Normen bestimmter Hersteller (sog. Werksnormen) zwangsläufig zu einer Bevorzugung bestimmter Bieter führen und ist wegen des darin liegenden Verstoßes gegen das Diskriminierungsverbot unzulässig.²⁵³

III. Vorschreiben bestimmter Erzeugnisse, Verfahren, Ursprungsorte und Bezugsquellen, § 8 Nr. 3 Abs. 3

128 Bestimmte Erzeugnisse oder Verfahren sowie bestimmte Ursprungsorte und Bezugsquellen dürfen gemäß § 8 Nr. 3 Abs. 3 in der Beschreibung der Leistung nur dann vorgeschrieben werden, wenn das durch die Art der zu vergebenden Leistung gerechtfertigt ist. Mit dieser zwingenden Regelung ist festgeschrieben, dass eine **den Wettbewerb begrenzende Festlegung** des Auftraggebers nur in **Ausnahmefällen** erfolgen darf, eben wenn dies durch die Art der Leistung selbst gerechtfertigt ist, weil es, wie § 4 VOL/B normiert, Sache der Bieter ist, aufgrund ihrer Sach- und Fachkunde die für die Ausführung der Leistung notwendigen Erzeugnisse auszusuchen.²⁵⁴

129 Sinn und Zweck dieser Vorschrift ist es, eine Beschränkung des Wettbewerbs durch Festlegungen im Vorfeld zu verhindern, weil damit der Zugang zum Vergabeverfahren und die Chancengleichheit der Bieter im Vergabeverfahren von vornherein empfindlich beeinträchtigt wäre. § 8 Nr. 3 zielt darauf ab, den Marktzugang für alle Bieter offen zu halten und vor Beschränkungen des Wettbewerbs durch zu enge, auf bestimmte Produkte oder Bieter zugeschnittene Leistungsbeschreibungen zu schützen.²⁵⁵ Dabei sind mit »bestimmten Erzeugnissen« solche Produkte oder Teile gemeint, die genau beschriebene technische Merkmale aufweisen und bei der Ausführung der Leistung verwendet werden sollen. »Bestimmte Verfahren« umfassen technische Methoden, die bei der Herstellung der Leistung Anwendung finden sollen, während mit »bestimmten Ursprungsorten« genau bezeichnete Orte gemeint sind, an denen be-

---

250 Bzgl. RAL-Gütezeichen: *OLG Koblenz* Beschl. v. 15. 3. 2001, 1 Verg 1/01; *VK Thüringen* Beschl. v. 7. 2. 2006, 360–4002.20–063/05-EF-S; *VK Saarbrücken* Beschl. v. 19. 1. 2004, 3 VK 5/2003; *VK Köln* Beschl. v. 3. 7. 2002, VK VOL 4/2002.
251 Vgl. *Noch* in: Müller-Wrede, VOL/A-Kommentar, 2001, § 8 Rn. 79.
252 Vgl. Art. 23 der Richtlinie 2004/18/EG des Europäischen Parlaments und des Rates vom 31. 3. 2004 über die Koordinierung der Verfahren zur Vergabe öffentlicher Bauaufträge, Lieferaufträge und Dienstleistungsaufträge.
253 *Noch* in: Müller-Wrede, VOL/A-Kommentar, 2001, § 8 Rn. 80; *Zdzieblo* in: Daub/Eberstein, VOL/A-Kommentar, 5. Aufl. 2000, § 8 Rn. 64; *Hausmann/Mestwerdt* in: Prieß/Hausmann/Kulartz, Formularbuch Vergaberecht, 2004, A. II. 12. Anm. 18.
254 *VK Bund* Beschl. v. 9. 8. 2006, VK 2–77/06; *VK Lüneburg* Beschl. v. 12. 5. 2005, VgK-15/2005.
255 *VK Leipzig* Beschl. v. 7. 2. 2003, 1/SVK/007–03.

stimmte Erzeugnisse hergestellt werden. »Bestimmte Bezugsquellen« schließlich stehen für die namentliche Nennung eines bestimmten Herstellers oder Händlers.[256]

Der Auftraggeber darf jedoch in Bezug auf die **Rahmenbedingungen** der Leistungserbringung Festlegungen zu bestimmten Erzeugnissen oder Bezugsquellen (Lieferanten) treffen, da diese für alle Bieter gleichermaßen gelten. Eine Beeinträchtigung des Wettbewerbs ist hier nicht zu befürchten. So ist das Verbot des § 8 Nr. 3 Abs. 3 nicht betroffen, wenn der Auftraggeber dem Auftragnehmer für die Durchführung eines Dienstleistungsauftrags eine bestimmte, von ihm bereits beschaffte Ausrüstung zur Verfügung stellt.[257] **130**

Gerade bei komplexen Leistungsgegenständen sind Festlegungen im Sinne des § 8 Nr. 3 Abs. 3 der wettbewerblichen Technikoffenheit des Vergabeverfahrens grundsätzlich abträglich und können einer wirtschaftlichen Bedarfsdeckung zuwiderlaufen. So dürfen Angaben in Leistungsbeschreibungen nicht so detailliert, spezifisch und unflexibel sein, dass den Auftragnehmern bei der Organisation und Durchführung der Leistungserbringung jeglicher **Gestaltungsspielraum** entzogen wird.[258] Ausschlaggebend für die Frage, ob entsprechende Angaben zu vermeiden sind, sind ausschließlich die Eigenart und die Beschaffenheit der zu vergebenden Leistung,[259] d. h. deren technische Anforderungen. Sie sind aus dem Beschaffungsbedarf abzuleiten. Der Auftraggeber hat allerdings hinsichtlich der Einschätzung, ob ausnahmsweise entsprechende Spezifizierungen gerechtfertigt sind, ein **Beurteilungsermessen**.[260] Ein legitimes, sachliches Interesse des Auftraggebers, ein bestimmtes Produkt zu verwenden oder eine bestimmte Art der Ausführung zu erhalten, soll nicht durch § 8 Nr. 3 Abs. 3 eingeschränkt werden. Nach sachlichen Kriterien, die sich aus der Art der zu vergebenden Leistung ergeben, kann der Auftraggeber differenzieren, wobei die Art und Weise der Ausübung seines Ermessens nur darauf kontrolliert werden darf, ob seine Entscheidung sachlich vertretbar ist.[261] Allerdings verpflichtet der Wettbewerbsgrundsatz den Auftraggeber, sich vor Festlegung der Ausschreibungsbedingungen einen möglichst breiten Überblick über die in Betracht kommenden technischen Lösungen (»Verfahren« i. S. d. § 8 Nr. 3 Abs. 3) zu verschaffen und einzelne Lösungswege nicht von vornherein auszublenden. Da der Auftraggeber seinen hierbei eingeräumten Beurteilungsspielraum auszuschöpfen hat, hat er zu prüfen und positiv festzustellen, warum eine durch die technischen Vorgaben des Leistungsverzeichnisses (auch nur inzident) ausgeschlossene Lösungsvariante zur Verwirklichung des Beschaffungszwecks nicht geeignet erscheint.[262] Die zur Wahrnehmung und Ausschöpfung des in § 8 Nr. 3 Abs. 3 eröffneten Beurteilungsspielraums erforderlichen Willensbildungs- und Entscheidungsprozesse sind in den Vergabeakten zu dokumentieren. **131**

---

256 *Zdzieblo*, in: Daub/Eberstein, VOL/A-Kommentar, 5. Aufl. 2000, § 8 Rn. 67; *Kratzenberg*, in: Ingenstau/Korbion, VOB/A und VOB/B-Kommentar, 15. Aufl. 2004, § 9 Rn. 81.
257 *OLG Celle* Beschl. v. 2. 9. 2004, 13 Verg 11/04.
258 *Prieß*, NZBau 2004, 87 (92).
259 *VK Bund* Beschl. v. 8. 8. 2003, VK 2–52/03.
260 *Noch*, in: Müller-Wrede, VOL/A-Kommentar, 2001, § 8 Rn. 86.
261 *OLG Düsseldorf* Beschl. v. 14. 4. 2005, VII-Verg 93/04.
262 *OLG Jena* Beschl. v. 26. 6. 2006, 9 Verg 2/06.

132 Ein legitimes Interesse des Auftraggebers an der Vorgabe eines bestimmten Fabrikats kann sich insbesondere aus technischen Zwängen oder gestalterischen Gründen ergeben oder der Zweckmäßigkeit einer einheitlichen Wartung dienen.[263] Auch die besondere Aufgabenstellung des Auftraggebers kann ins Gewicht fallen. Weiter ist dem Umstand Rechnung zu tragen, dass in die (auch) kaufmännische Entscheidung des Auftraggebers, welche Leistung mit welchen Merkmalen beschafft werden soll, regelmäßig eine Vielzahl von Gesichtspunkten einfließt, die sich etwa daraus ergeben können, dass sich die auf dem Markt angebotenen Leistungen trotz grundsätzlicher Gleichartigkeit regelmäßig in einer Reihe von Eigenschaften voneinander unterscheiden.[264] Bei der Ausübung seines Beurteilungsermessens muss sich der Auftraggeber somit auf Faktoren beschränken, die mit den technischen Anforderungen der Leistung zusammenhängen. Anderweitige subjektive Vorstellungen oder Überlegungen aus der Sphäre des Auftraggebers hingegen müssen außer Betracht bleiben. Allerdings reicht das Ermessen des Auftraggebers nicht so weit, dass er von vornherein bestimmte Lösungswege völlig ausblenden darf. Vielmehr ist er verpflichtet, sich einen möglichst breiten Überblick über die in Betracht kommenden technischen Lösungen zu verschaffen, wobei er zu prüfen und positiv festzustellen hat, warum eine durch die technischen Vorgaben des Leistungsverzeichnisses (auch nur inzident) ausgeschlossene Lösungsvariante zur Verwirklichung des Beschaffungszwecks nicht geeignet erscheint.[265] Vor dem Hintergrund der Gefahren für den Wettbewerb und die Transparenz des Vergabeverfahrens ist der Auftraggeber verpflichtet, bei der Aufstellung spezifischer Voraussetzungen hinsichtlich von Erzeugnissen, Verfahren, Ursprungsorten und Herstellern restriktiv vorzugehen.[266] So berechtigt nicht jedes Kompatibilitätsproblem den öffentlichen Auftraggeber ohne weiteres, vom vergaberechtlichen Grundsatz der produktneutralen Ausschreibung abzuweichen, da die Ausnahmeregelung des § 8 Nr. 3 Abs. 3 VOL/A sonst zur Regel würde.[267]

133 Ist die Vorgabe eines bestimmten **Leitfabrikats** unter den oben genannten Voraussetzungen ausnahmsweise zulässig, kann es unter Umständen sogar ein Gebot der wettbewerblichen Transparenz darstellen, dieses Fabrikat ausdrücklich vorzuschreiben. Bei der zulässigen Vorgabe eines Leitfabrikats erstreckt sich die Verbindlichkeit der Leistungsbeschreibung auch auf die nicht ausdrücklich in der Leistungsbeschreibung genannten Eigenschaften des betreffenden Fabrikats im Hinblick auf Gebrauchstauglichkeit, Sicherheit und Gesundheit. Ein etwaiges Zurückbleiben des angebotenen Produktes hinsichtlich einer Anforderung kann in solchen Fällen nicht durch eine Höherwertigkeit bei anderen Anforderungen ausgeglichen werden.[268]

---

263 *OLG Saarbrücken* Beschl. v. 29. 10. 2003, 1 Verg 2/03; *OLG Frankfurt/M.* Beschl. v. 28. 10. 2003, 11 Verg 9/03; *VK Lüneburg* Beschl. v. 12. 5. 2005, VgK-15–2005; *VK Lüneburg* Beschl. v. 29. 1. 2004, 203-VgK-40/2003.
264 *OLG Düsseldorf* Beschl. v. 14. 4. 2005, VII-Verg 93/04; *OLG Düsseldorf* Beschl. v. 14. 3. 2001, Verg 32/00.
265 *OLG Jena* Beschl. v. 26. 6. 2006, 9 Verg 2/06 (zu § 9 VOB/A).
266 *Noch* in: Müller-Wrede, VOL/A-Kommentar, 2001, § 8 Rn. 93; vgl. *Hausmann/Mestwerdt* in: Prieß/Hausmann/Kulartz, Formularbuch Vergaberecht, 2004, A. II. 12. Anm. 18.
267 *VK Lüneburg* Beschl. v. 12. 5. 2005, VgK-14/2005.
268 Vgl. *VK Münster* Beschl. v. 15. 1. 2003, VK 22/02 (zu § 9 VOB/A).

Gerade im **EDV-Bereich**[269] entstehen häufig Probleme im Hinblick auf die Kompatibilität mit dem auf Seiten des Auftraggebers vorhandenen System. Dabei ist jedoch festzuhalten, dass nicht jegliches nicht völlig auszuschließende Inkompatibilitätsrisiko den Auftraggeber dazu berechtigt, vom vergaberechtlichen Grundsatz der produktneutralen Ausschreibung abzuweichen. Das würde dazu führen, dass die Ausnahmeregelung des § 8 Nr. 3 Abs. 3 für den gesamten EDV- und IuK-Bereich zur Regel würde.[270] Vielmehr kann es nur in besonderen Fällen zulässig sein, Mikroprozessoren einer bestimmten Marke bzw. entsprechende komplette Hardware zu beschaffen, um die Kompatibilität mit bereits vorhandenen Systemen zu gewährleisten, wobei die Notwendigkeit im Einzelfall begründet werden muss. Vergaberechtlich zulässig sind hingegen Forderungen an allgemeine Ausstattungsmerkmale, wie beispielsweise die Größe des Arbeitsspeichers und der Festplatte usw.[271] Im Rahmen der Beschaffung von so genannter **Open-Source-Software** – d. h. Software, bei der aufgrund einer Offenlegung des Quellcodes eine Anpassung des Programms an andere Programme möglich ist – hat das Erfordernis der Offenlegung nicht dieselbe Wirkung wie die Nennung einzelner Hersteller und stellt daher keinen Verstoß gegen § 8 Nr. 3 Abs. 3 dar.[272]

134

Insgesamt obliegt es dem Auftraggeber, die Notwendigkeit der herstellerbezogenen Leistungsbeschreibung darzulegen. Gelingt ihm ein solcher Nachweis nicht, liegt ein Verstoß gegen § 8 Nr. 3 Abs. 3 vor.

135

IV. Beschreibung technischer Merkmale, § 8 Nr. 3 Abs. 4

§ 8 Nr. 3 Abs. 4 stellt die Zulässigkeit technischer Merkmale in der Leistungsbeschreibung unter den Vorbehalt, dass sie nicht die Wirkung hat, bestimmte Unternehmen oder Erzeugnisse zu bevorzugen oder auszuschließen, es sei denn, eine solche Beschreibung ist durch die Art der zu vergebenden Leistung gerechtfertigt. Spezifikationen im Sinne dieser Vorschrift sind technische Anforderungen an die Leistung, ein Material, ein Erzeugnis oder eine Lieferung, mit deren Hilfe die Leistung, ein Material, das Erzeugnis oder die Lieferung so bezeichnet werden können, dass sie ihren durch den Auftraggeber festegelegten Verwendungszweck erfüllen.[273] Derlei Spezifikationen sind grundsätzlich **produktbezogen**.

136

§ 8 Nr. 3 Abs. 4 bezweckt, eine **Verengung** oder sogar **Ausschaltung des Wettbewerbs** durch eine **einseitige Orientierung** des Auftraggebers auf bestimmte Unternehmen oder Erzeugnisse zu verhindern und den Grundsatz der **Chancengleichheit** der Bewerber zu wahren.[274] Dabei richtet sich diese Vorschrift – anders als § 8 Nr. 3

137

---

269 Zur EDV-Beschaffung ausführlich *Kulartz/Steding* IT-Leistungen: Fehlerfreie Ausschreibungen und rechtssichere Vertragsinhalte, 2002.
270 VK Lüneburg Beschl. v. 12. 5. 2005, VgK-15/2005.
271 Vgl. das Merkblatt »Diskriminierungsfreie Leistungsbeschreibungen bei IT-Ausschreibungen«, abrufbar auf der Homepage des Bundesministeriums für Wirtschaft und Technologie unter www.bmwi.de.
272 *Demmel/Herten-Koch* NZBau 2004, 187 (188).
273 *Prieß* NZBau 2004, 87 (91); vgl. *OLG München* Beschl. v. 11. 8. 2005, Verg 12/05 (zur VOB/A).
274 VK Südbayern Beschl. v. 19. 10. 2004, 120.3–3194.1–60-08/04.

§ 8 Leistungsbeschreibung

Abs. 3, der eine direkte Bevorzugung bestimmter Erzeugnisse, Verfahren, Bezugsquellen oder Ursprungsorte verbietet – gegen die **indirekte Bevorzugung** von Bietern im Vergabeverfahren.[275] So ist eine Beschränkung des Wettbewerbs zu Gunsten bestimmter Unternehmer auch dadurch möglich, dass die technischen Merkmale der ausgeschriebenen Leistung derart beschrieben werden, dass nur ein bestimmter Kreis von Bietern oder Erzeugnissen für den Zuschlag in Betracht kommt.[276]

138 Eine Behinderung des Wettbewerbs liegt nicht erst dann vor, wenn Merkmale des geforderten Produkts durch einen Produkt- oder Markennamen bezeichnet werden, sondern unter Umständen bereits dann, wenn das Leistungsverzeichnis nach Form, Stofflichkeit, Aussehen und technischen Merkmalen zu präzise definiert ist, so dass dem Bieter keinerlei Ausweichmöglichkeit mehr bleibt.[277] Keinesfalls darf den Bietern also durch ein Übermaß qualitativer und/oder quantitativer Vorgaben technischer Spezifikationen eine Art **Zwangsjacke** angelegt werden.[278] Entscheidend ist, ob die Leistungsbeschreibung bei objektiver Betrachtung geeignet ist, bestimmte Unternehmen oder Erzeugnisse zu bevorzugen.[279]

139 Die Ausnahmeregelung, nach der eine Beschreibung technischer Merkmale in der dargelegten Weise zulässig sein kann, wenn sie durch die Art der zu vergebenden Leistung **gerechtfertigt** ist, erfasst – vergleichbar der entsprechenden Regelung in § 8 Nr. 3 Abs. 3[280] – Fälle, in denen die betreffende Leistung aus objektiven, in der Sache selbst liegenden Gründen nicht anders als durch eine Art der Beschreibung definiert werden kann, nach der nahezu zwangsläufig nur bestimmte Anbieter oder Erzeugnisse für die Angebotsabgabe in Betracht kommen. Dieser Umstand wird letztlich auf einen ganz spezifischen, durch andere Bieter oder Produkte nicht zu deckenden Bedarf, der sich aus der besonderen Aufgabenstellung des Bedarfsträgers ergibt, zurückzuführen sein.[281] Im Ergebnis handelt es sich um eine gewisse Alleinstellung des Produkts oder Bieters.

140 Auch bei § 8 Nr. 3 Abs. 4 gilt, dass es dem Auftraggeber obliegt, die Notwendigkeit einer Nennung bestimmter technischer Merkmale substantiiert darzulegen und nachvollziehbar zu begründen.[282]

---

275 *VK Rheinland-Pfalz* Beschl. v. 30. 9. 2005, VK 36/05.
276 *Zdzieblo* in: Daub/Eberstein, VOL/A-Kommentar, 5. Aufl. 2000, § 8 Rn. 70; *Hausmann/Mestwerdt* in: Prieß/Hausmann/Kulartz, Formularbuch Vergaberecht, 2004, A. II. 12. Anm. 18.
277 *VK Leipzig* Beschl. v. 7. 2. 2003, 1/SVK/007–03.
278 Vgl. *Prieß* NZBau 2004, 87 (92).
279 *VK Leipzig* Beschl. v. 7. 2. 2003, 1/SVK/007–03.
280 Vgl. dazu die dortigen Ausführungen, Rn. 128 ff.
281 *VK Südbayern* Beschl. v. 19. 10. 2004, 120.3-3194.1-60-08/04; *Zdzieblo*, in: Daub/Eberstein, VOL/A-Kommentar, 5. Aufl. 2000, § 8 Rn. 71.
282 *VK Bund* Beschl. v. 23. 1. 2006, VK 2–168/05.

V. Verwendung von Bezeichnungen für bestimmte Erzeugnisse oder Verfahren, § 8 Nr. 3 Abs. 5

Gemäß § 8 Nr. 3 Abs. 5 dürfen Bezeichnungen für bestimmte Erzeugnisse oder Verfahren – z. B. Markennamen – ausnahmsweise verwendet werden, wenn eine Beschreibung durch hinreichend genaue, allgemeinverständliche Bezeichnungen nicht möglich ist. Jedoch ist die betreffende Bezeichnung dann in jedem Falle mit dem Zusatz »oder gleichwertiger Art« zu versehen. Zur Verhinderung von Wettbewerbsbeschränkungen sieht die Regelung eine **doppelte Einschränkung** für die Verwendung von Bezeichnungen für bestimmte Erzeugnisse und Verfahren vor:[283] Zum einen muss die Nennung bestimmter Marken- oder Produktnamen zulässig sein, zum anderen bedarf es in diesen Fällen der Bezeichnung mit dem Zusatz »oder gleichwertiger Art«. Neben den als Beispiel angeführten Markennamen zählen dazu auch Warenzeichen, Patente oder Typen. Ausdrücklich produkt- und materialbezogene Ausschreibungen sind damit vergaberechtswidrig. **141**

Wie im Rahmen von § 8 Nr. 3 Abs. 3 steht dem Auftraggeber bei der Frage, ob eine Beschreibung durch hinreichend genaue, allgemeinverständliche Bezeichnungen nicht möglich ist, ein **Beurteilungsermessen** zu. Doch ist die Ausnahmeregelung des § 8 Nr. 3 Abs. 5 im Interesse von Transparenz und Wettbewerb eng auszulegen und restriktiv anzuwenden.[284] Wird ein Markenname in zulässiger Weise verwendet, unterbleibt jedoch der Zusatz »oder gleichwertiger Art«, so ist das Leistungsverzeichnis in jedem Fall fehlerhaft. Der zwingende Charakter des § 8 Nr. 3 Abs. 5 gestattet keine Ausnahmen.[285] **142**

VI. Folgen eines Verstoßes gegen § 8 Nr. 3 Abs. 3 bis 5

Eine nach den Maßstäben des § 8 Nr. 3 Abs. 3 bis 5 unzulässige bieter- oder produktspezifische Leistungsbeschreibung stellt eine Beschränkung des gesetzlich vorgeschriebenen ergebnisoffenen Leistungswettbewerbs dar und damit zugleich einen Verstoß gegen den in § 97 Abs. 1 GWB und § 2 Nr. 1 Abs. 1 normierten Wettbewerbsgrundsatz. Daneben liegt in den Fällen der – nicht durch sachliche Anforderungen gerechtfertigten – hersteller- oder markenbezogenen Ausschreibung auch eine Verletzung des Gleichbehandlungsgrundsatzes aus § 97 Abs. 2 GWB vor. Auch kann eine nach dieser Vorschrift und nach § 2 Nr. 2 verbotene Diskriminierung einzelner Bieter gegeben sein, wenn die entgegen der Vorgaben des § 8 Nr. 3 Abs. 3 bis 5 in die Ausschreibung aufgenommenen Regelungen die wettbewerbliche Position dieser Bieter beeinträchtigen, indem bestimmten Bietern Vorteile verschafft werden.[286] Der Verstoß führt deshalb zur Aufhebung der Ausschreibung. **143**

---

283 *Zdzieblo* in: Daub/Eberstein, VOL/A-Kommentar, 5. Aufl. 2000, § 8 Rn. 73.
284 *BayObLG* Beschl. v. 15. 9. 2004, Verg 26/03 (zur VOB/A).
285 *VK Leipzig* Beschl. v. 7. 2. 2003, 1/SVK/007–03.
286 *Prieß* NZBau 2004, 87 (92).

VII. Angabe des Herstellers oder der Herkunft von Stoffen, Teilen oder Erzeugnissen, § 8 Nr. 4

144 § 8 Nr. 4 sieht vor, dass der Auftraggeber Angaben über die Herkunft von Stoffen, Teilen oder Erzeugnissen oder die Angabe des Herstellers von den Bewerbern zu fordern hat, wenn diese Angaben zur Beurteilung der Güte unentbehrlich sind. Diese Aufklärungspflicht des Auftraggebers wird ergänzt durch die Möglichkeit, soweit nötig auch Proben und Muster zu verlangen. Daneben trifft den Auftraggeber die Pflicht, die entsprechenden Angaben vertraulich zu behandeln.

145 Ist das Kriterium der Unentbehrlichkeit erfüllt, so hat der Auftraggeber keinen Ermessensspielraum, er muss die Angaben fordern.[287] Damit werden für die Fälle, in denen nach den Vorgaben der § 8 Nr. 3 Abs. 3 bis 5 die Angabe der Herkunft oder des Herstellers unentbehrlich ist, ergänzende Regelungen getroffen. Die Vorschrift ermöglicht einem Auftraggeber, sich von der Eignung und Güte der Stoffe, Teile oder Erzeugnisse ein umfassendes Bild zu machen. Doch kann er dann später nicht geltend machen, diese Stoffe etc. seien für den betreffenden Verwendungszweck ungeeignet.

146 Die Pflicht zur vertraulichen Behandlung der entsprechenden Angaben ist aus vertragsrechtlicher Sicht als eine Pflicht im Sinne des § 241 Abs. 2 BGB einzustufen. Im Falle der Verletzung dieser Pflicht durch den Auftraggeber kann der betroffene Bieter nach den zivilrechtlichen Grundsätzen Schadensersatz fordern.

---

[287] *VK Bund* Beschl. v. 15. 9. 1999, VK 1–19/99.

§ 9
Vergabeunterlagen, Vertragsbedingungen

1. Die Vergabeunterlagen bestehen aus dem Anschreiben (Aufforderung zur Angebotsabgabe) und den Verdingungsunterlagen.

2. In den Verdingungsunterlagen ist vorzuschreiben, dass die Allgemeinen Vertragsbedingungen für die Ausführung von Leistungen (VOL/B) Bestandteil des Vertrages werden. Das gilt auch für etwaige Zusätzliche, Ergänzende sowie Besondere Vertragsbedingungen und, soweit erforderlich, für etwaige Technische Vertragsbedingungen.

3. (1) Die Allgemeinen Vertragsbedingungen bleiben grundsätzlich unverändert. Sie können von Auftraggebern, die ständig Leistungen vergeben, für die bei Ihnen allgemein gegebenen Verhältnisse durch Zusätzliche Vertragsbedingungen ergänzt werden. Diese dürfen den Allgemeinen Vertragsbedingungen nicht widersprechen.
(2) Für die Erfordernisse einer Gruppe gleichgelagerter Einzelfälle können die Allgemeinen Vertragsbedingungen und etwaige Zusätzliche Vertragsbedingungen durch Ergänzende Vertragsbedingungen ergänzt werden. Die Erfordernisse des Einzelfalles sind durch Besondere Vertragsbedingungen zu berücksichtigen. In den Ergänzenden und Besonderen Vertragsbedingungen sollen sich Abweichungen von den Allgemeinen Vertragsbedingungen auf die Fälle beschränken, für die in den Allgemeinen Vertragsbedingungen Besondere Vereinbarungen ausdrücklich vorgesehen sind; sie sollen nicht weiter gehen, als es die Eigenart der Leistung und ihre Ausführung erfordern.

4. In den Zusätzlichen, Ergänzenden und Besonderen Vertragsbedingungen sollen, soweit erforderlich, insbesondere folgende Punkte geregelt werden:
   a) Unterlagen (VOL/A § 22 Nr. 6 Abs. 3, VOL/B §§ 3, 4 Nr. 2),
   b) Umfang der Leistungen, u. U. Hundertsatz der Mehr- oder Minderleistungen (VOL/B §§ 1 und 2),
   c) Benutzung von Lager- und Arbeitsplätzen, Zufahrtswegen, Anschlussgleisen, Wasser- und Energieanschlüssen,
   d) Weitergabe an Unterauftragnehmer (VOL/B § 4 Nr. 4),
   e) Ausführungsfristen (VOL/A § 11, VOL/B § 5 Nr. 2),
   f) Anlieferungs- oder Annahmestelle, falls notwendig auch Ort, Gebäude, Raum,
   g) Kosten der Versendung zur Anlieferungs- oder Annahmestelle,
   h) Art der Verpackung, Rückgabe der Packstoffe,
   i) Übergang der Gefahr (VOL/B § 13 Nr. 1),
   j) Haftung (VOL/B §§ 7–10, 13 und 14),
   k) Gefahrtragung bei höherer Gewalt (VOL/B § 5 Nr. 2),
   l) Vertragsstrafen (VOL/A § 12, VOL/B § 11),
   m) Prüfung der Beschaffenheit der Leistungen – Güteprüfung – (VOL/A § 8 Nr. 4, VOL/B § 12),
   n) Abnahme (VOL/B § 13 Nr. 2),

§ 9 Vergabeunterlagen, Vertragsbedingungen

      o) Abrechnung (VOL/B §§ 15, 16 Nr. 2 und 3),
      p) Leistungen nach Stundenverrechnungssätzen (VOL/B § 16),
      q) Zahlung (VOL/B § 17),
      r) Sicherheitsleistung (VOL/A § 14, VOL/B § 18),
      s) Gerichtsstand (VOL/B, § 19 Nr. 2),
      t) Änderung der Vertragspreise (VOL/A § 15),
      u) Besondere Vereinbarungen über die Mängelansprüche

5. Sollen Streitigkeiten aus dem Vertrag unter Ausschluss des ordentlichen Rechtsweges im schiedsrichterlichen Verfahren ausgetragen werden, so ist es in besonderer, nur das Schiedsverfahren betreffender Urkunde zu vereinbaren, soweit nicht § 1031 Abs. 2 der Zivilprozessordnung auch eine andere Form der Vereinbarung zulässt.

Inhaltsübersicht Rn.

A.	Allgemeines	1
B.	Vergleichbare Regelungen VOB/A und VOF	4
	I. VOB/A	4
	II. VOF	5
C.	Vergabeunterlagen (Nr. 1)	6
	I. Aufforderung zur Angebotsabgabe	9
	II. Verdingungsunterlagen	12
D.	Die in den Verdingungsunterlagen anzugebenden Vertragsbedingungen (Nr. 2)	16
E.	Die Vertragsbedingungen im Einzelnen (Nr. 3)	20
	I. Allgemeine Vertragsbedingungen für die Ausführung von Leistungen (VOL/B)	20
	II. Zusätzliche Vertragsbedingungen	21
	III. Ergänzende Vertragsbedingungen	24
	IV. Besondere Vertragsbedingungen	28
	V. Technische Vertragsbedingungen	30
F.	Vertragsbedingungen als Allgemeine Geschäftsbedingungen	33
G.	Zusätzliche Regelungen in den Zusätzlichen, Ergänzenden und Besonderen Vertragsbedingungen (§ 9 Nr. 4)	43
	I. Allgemeines	43
	II. AGB-Problematik	44
	III. Selbstbindung	47
	IV. Weitervergabe an Unterauftragnehmer	48
	V. Rechtsschutz	49
H.	Zulässigkeit eines Schiedsgerichts	50
	I. Vor- und Nachteile	54
	II. Wirksame Schiedsvereinbarung	56
	III. Das Schiedsverfahren	59

A. Allgemeines

1   § 9 enthält Regelungen zu den notwendigen Unterlagen, die den Bietern zur Verfügung zu stellen sind, damit diese darauf basierend ihr Angebot erstellen und abgeben

können. § 9 bezieht sich dabei im Wesentlichen auf die rechtlichen Bedingungen, die der Auftraggeber festzulegen hat und die dem später zu schließenden Vertrag zu Grunde liegen werden.

Die größte Änderung hat die jetzige Fassung des § 9 mit der Novellierung der VOL/A 1984 erfahren, womit die bisherigen Regelungen zu »rechtliche Unterlagen für die Ausschreibung« abgelöst worden sind. Ziel und Zweck war damals eine einheitliche Systematik der bei der Vergabe öffentlicher Aufträge anwendbaren Vertragsbedingungen herzustellen.[1] Nach einigen wenigen redaktionellen Überarbeitungen besteht die Vorschrift seit der Fassung von 1993 in unveränderter Form, auch in der VOL/A Ausgabe 2006 hat sich der bisherige Wortlaut nicht geändert. **2**

Aus dem EG-Recht ergeben sich keine rechtlichen Vorgaben. **3**

B. Vergleichbare Regelungen VOB/A und VOF

I. VOB/A

§ 10 VOB/A enthält eine Parallelvorschrift, die jedoch auf Grund bautypischer Besonderheiten Abweichungen enthält. So wird z. B. in § 10 Nr. 1 Abs. 2 VOB/A auf die allgemeinen Technischen Vertragsbedingungen für Bauleistungen (VOB/C) Bezug genommen, die es in vergleichbarer Art für die VOL nicht gibt. **4**

II. VOF

Eine dem § 9 entsprechende Regelung enthält die VOF nicht. Die VOF enthält damit keine Vorgaben, welche rechtlichen Bedingungen dem mit Auftragserteilung zu schließenden Vertrag zu Grunde liegen sollen. **5**

C. Vergabeunterlagen (Nr. 1)

Nach § 9 Nr. 1 bestehen die Vergabeunterlagen aus dem Anschreiben und den Verdingungsunterlagen. Die Vergabeunterlagen haben maßgebliche Bedeutung für das Vergabeverfahren, denn hiermit richtet sich der öffentliche Auftraggeber an die potenziellen Bieter und legt zugleich fest, zu welchen Vertragsbedingungen welche Leistung von den Bietern angeboten werden soll. Durch die Vergabeunterlagen wird somit zugleich sichergestellt, dass alle Bieter ein in jeder Hinsicht vergleichbares Angebot abgeben und der öffentliche Auftraggeber so in die Lage versetzt wird, den Auftrag nach Durchführung der Wertung an den wirtschaftlichsten Bieter zu vergeben. **6**

Auch für die Bewerber selbst haben die Vergabeunterlagen maßgebliche Bedeutung, denn nach deren Durchsicht und Prüfung können sich die Bewerber entscheiden, **7**

---

1 Hierzu im Einzelnen *Zdzieblo* in: Daub/Eberstein, § 9 Rn. 1 ff.

§ 9 Vergabeunterlagen, Vertragsbedingungen

ob sie mit den so vorgegebenen Leistungs- und Vertragsbedingungen einverstanden sind und ob sie an dem Vergabeverfahren unter diesen Bedingungen teilnehmen wollen.

8 Erst mit der VOL/A Ausgabe 1993 ist der Begriff »Vergabeunterlagen« in die VOL/A aufgenommen worden; zuvor war lediglich der Ausdruck »Verdingungsunterlagen« gebraucht worden. Außer in der Überschrift des § 9 und in dessen Nr. 1 gebraucht die VOL/A die Bezeichnung »Vergabeunterlagen« allerdings an keiner weiteren Stelle.

I. Aufforderung zur Angebotsabgabe

9 Das Anschreiben wird in § 9 Nr. 1 wie bei einer Legaldefinition durch den nachfolgenden Klammerzusatz als »Aufforderung zur Angebotsabgabe« definiert. Damit ist das Anschreiben mehr als ein einfaches Begleitschreiben, mit dem den Bewerbern die Verdingungsunterlagen übermittelt werden.

10 Wie sich der Formulierung »Aufforderung zur Angebotsabgabe« bereits entnehmen lässt, enthält das Anschreiben zunächst die förmliche Aufforderung an den Empfänger, ein Angebot für den konkreten Beschaffungsvorgang abzugeben. Darüber hinaus enthält das Anschreiben noch weitere wichtige Bedingungen, die die Bewerber und Bieter bei der Bearbeitung ihrer Angebote zu beachten haben. Der nähere Inhalt des Anschreibens ist in § 17 Nr. 3 geregelt. Danach soll das Anschreiben alle Angaben enthalten, die außer den Verdingungsunterlagen für die Entschlussfassung des Bieters, sich an der Ausschreibung weiter zu beteiligen und ein Angebot abzugeben, notwendig sind.[2]

11 Mit der VOL/A Ausgabe 2006 ist es erforderlich geworden, die Zuschlagskriterien und deren Gewichtung bzw. mindestens die Reihenfolge ihrer Bedeutung, anzugeben. Sind diese in der Bekanntmachung nicht veröffentlicht worden, so sind sie spätestens mit dem Versand der Verdingungsunterlagen anzugeben. Hier bietet sich die Angabe innerhalb des Anschreibens an.

II. Verdingungsunterlagen

12 Die VOL/A erwähnt den Begriff »Verdingungsunterlagen« an zahlreichen Stellen, so in § 8 Nr. 1 Abs. 2, § 9 Nr. 1 und 2, § 10 Nr. 1 und 2 Abs. 1 und 2, § 15 Nr. 1 Satz 1, § 16 Nr. 1, § 17 Nr. 1 Abs. 2 f und h, Nr. 3 Abs. 1, Nr. 3 Abs. 5 Satz 2, Nr. 4, Nr. 5, Nr. 6 Abs. 1, § 20 Nr. 1 Abs. 1, § 21 Nr. 1 Abs. 4, § 25 Nr. 1 Abs. 1 d und § 27 Nr. 1 Satz 5.[3] Dies unterstreicht die Besondere Bedeutung, die den Verdingungsunterlagen zukommt.

---

[2] Vgl. hierzu im Einzelnen die Kommentierung zu § 17 Nr. 3.
[3] Vgl. hierzu im Einzelnen die Kommentierung der Vorschriften in diesem Kommentar.

Neben dem Anschreiben sind die »Verdingungsunterlagen« weiterer Bestandteil der Vergabeunterlagen. In § 9 Nr. 2 ist im Näheren dargelegt, welche **rechtlichen Bedingungen** den Verdingungsunterlagen beizufügen sind. Damit sind die vom Auftraggeber festzulegenden rechtlichen Bedingungen Teil der Verdingungsunterlagen. An keiner Stelle wird jedoch ausdrücklich definiert, was im Einzelnen noch zu den Verdingungsunterlagen gehört. 13

Neben den in § 9 im Weiteren aufgeführten Vertragsbedingungen gehören aber nach allgemeiner Auffassung auch die Leistungsbeschreibung nach § 8 zu den Verdingungsunterlagen.[4] Dies ergibt sich aus § 8 Nr. 1 Abs. 2 wonach alle eine einwandfreie Preisermittlung beeinflussenden Umstände »in den Verdingungsunterlagen« anzugeben sind. 14

Die §§ 10 bis 15 VOL/A enthalten weitere Regelungen, die bei der Ausarbeitung der Verdingungsunterlagen vom öffentlichen Auftraggeber zu beachten sind. 15

D. Die in den Verdingungsunterlagen anzugebenden Vertragsbedingungen (Nr. 2)

§ 9 Nr. 2 schreibt vor, dass die Allgemeinen Vertragsbedingungen für die Ausführung von Leistungen (VOL/B) **zwingend Bestandteil des Vertrages** zwischen dem öffentlichen Auftraggeber und dem ausgesuchten Bieter werden müssen und dass dies in den Verdingungsunterlagen vorzuschreiben ist. Der öffentliche Auftraggeber hat also **kein Wahlrecht**, ob er die Allgemeinen Vertragsbedingungen für die Ausführung von Leistungen oder andere Bedingungen verwenden möchte. 16

Fakultativ sind Zusätzliche, Ergänzende, Besondere oder Technische Vertragsbedingungen ebenfalls in den Verdingungsunterlagen vorzuschreiben. Fakultativ deshalb, weil der öffentliche Auftraggeber in seiner Entscheidung grundsätzlich frei ist, ob er Zusätzliche, Ergänzende, Besondere oder Technische Vertragsbedingungen überhaupt verwenden möchte. Will er sie jedoch verwenden, so hat er zwingend in den Verdingungsunterlagen vorzuschreiben, dass diese Vertragsbestandteil werden. 17

Die VOL/A unterscheidet zwischen Allgemeinen Vertragsbedingungen, die zwingend Bestandteil des Vertrages werden, Zusätzlichen Vertragsbedingungen, die die Allgemeinen Vertragsbedingungen ergänzen können, Ergänzenden Vertragsbedingungen, welche die Allgemeinen und etwaige Zusätzliche Vertragsbedingungen ergänzen können, Besondere Vertragsbedingungen, die Inhalt des Vertrages werden müssen, wenn die Erfordernisse des Einzelfalles dies notwendig machen und schließlich Technische Vertragsbedingungen, die neben der Leistungsbeschreibung Technische Einzelheiten der Leistung festlegen. 18

Entsprechend dem Spezialitätsgrundsatz, dass speziellere Regelungen den allgemeinen Regelungen regelmäßig vorgehen, legt § 1 Nr. 2 der VOL/B die **Geltungsrangfolge** zwischen den einzelnen **Vertragsbedingungen** fest. Diese Reihenfolge ist 19

---

4 *Von Baum* in: Müller-Wrede, VOL/A § 9 Rn. 11; *Zdzieblo* in: Daub/Eberstein, VOL/A § 9 Rn. 32.

§ 9 Vergabeunterlagen, Vertragsbedingungen

umgekehrt zu der in § 9 Nr. 2 genannten. So gelten nach § 1 Nr. 2 VOL/B bei Widersprüchen im Vertrag nacheinander die Leistungsbeschreibung, Besondere Vertragsbedingungen, etwaige Ergänzende Vertragsbedingungen, etwaige Zusätzliche Vertragsbedingungen, etwaige allgemeine Technische Vertragsbedingungen und schließlich die Allgemeinen Vertragsbedingungen für die Ausführung von Leistungen. Die in § 9 Nr. 2 genannten Vertragsbedingungen sind Bestimmungen, die Inhalt und Umfang der Rechte und Pflichten der Vertragspartner im Einzelnen regeln. Wie sich gerade bei den Technischen Vertragsbedingungen zeigt, können dabei auch Technische Regelungen Inhalt des Regelwerks zwischen den Vertragspartnern sein. § 9 Nr. 2 enthält jedoch eine abschließende Aufzählung der zulässigen Arten der Vertragsbedingungen. Neben den dort benannten Allgemeinen, Zusätzlichen, Ergänzenden, Besonderen und Technischen Vertragsbedingungen ist die Einbeziehung weiterer Vertragsbedingungen in den Vertrag nicht zulässig. Die dort aufgeführten Bedingungen decken jedoch das notwendige Regelwerk für jeden Einzelnen zu vergebenden Auftrag umfassend ab.

E. Die Vertragsbedingungen im Einzelnen (Nr. 3)

I. Allgemeine Vertragsbedingungen für die Ausführung von Leistungen (VOL/B)

20 Die **Allgemeinen Vertragsbedingungen für die Ausführung von Leistungen** (VOL/B), die nach Nr. 2 zwingend als Bestandteil des Vertrages vorzuschreiben sind, sollen nach Nr. 3 Abs. 1 grundsätzlich unverändert bleiben. Diese Anweisung hat den Grund darin, dass die VOL/B nach allgemeiner Auffassung als ein ausgewogenes Bedingungswerk angesehen werden kann,[5] das eine sichere Grundlage für die Ausführung öffentlicher Aufträge bildet, auf die sich die Vertragsparteien in jahrzehntelanger Praxis bei der Angebotsabgabe und bei der Vertragsabwicklung einstellen konnten und eingestellt haben.

II. Zusätzliche Vertragsbedingungen

21 Nach § 9 Nr. 3 Abs. 1 Satz 2 ist der Auftraggeber, wenn er ständig Leistungen vergibt, berechtigt, für die bei ihm **allgemein gegebenen Verhältnisse** Zusätzliche Vertragsbedingungen aufzustellen, welche die Allgemeinen Vertragsbedingungen für die Ausführung von Leistungen (VOL/B) ergänzen. § 9 Nr. 3 Abs. 1 Satz 3 stellt in diesem Zusammenhang klar, dass diese Zusätzlichen Vertragsbedingungen den Allgemeinen Vertragsbedingungen nicht widersprechen dürfen.

22 Die Bestimmung, dass die Allgemeinen Vertragsbedingungen durch Zusätzliche Vertragsbedingungen ergänzt werden können, ist eine **Kann-Vorschrift**, was bedeutet, dass der Auftraggeber nicht gezwungen ist, eine Ergänzung durch Zusätzliche Ver-

---

[5] Zdzieblo in: Daub/Eberstein, § 9 VOL/A Rn. 43; von *Baum* in: Müller-Wrede, § 9 VOL/A Rn. 15.

tragsbedingungen vorzunehmen. Im Rahmen der Ausübung seines pflichtgemäßen Ermessens ist der Auftraggeber auch berechtigt, es bei den Allgemeinen Vertragsbedingungen zu belassen.

Nur Auftraggeber, die **ständig Leistungen vergeben**, dürfen für die bei ihnen allgemein gegebenen Verhältnisse Zusätzliche Vertragsbedingungen schaffen. Davon haben die meisten großen Auftraggeber des Bundes oder der Länder für ihre jeweiligen Zuständigkeitsbereiche zwischenzeitlich Gebrauch gemacht. Bei derartigen Auftraggebern besteht auch eine Notwendigkeit, die Allgemeinen Vertragsbedingungen für die Ausführung von Leistungen auf Grund der auftraggebertypischen Besonderheiten sachbezogen zu ergänzen. 23

III. Ergänzende Vertragsbedingungen

§ 9 Nr. 3 Abs. 2 definiert Ergänzende Vertragsbedingungen als solche, die für eine **Gruppe gleichgelagerter Einzelfälle** die Allgemeinen Vertragsbedingungen für die Ausführung von Leistungen und etwaige Zusätzliche Vertragsbedingungen ergänzen können. Damit sind nicht die allgemein gegebenen Verhältnisse des Auftraggebers, sondern eingeschränkt nur die Erfordernisse einer Gruppe gleichgelagerter Einzelfälle Anknüpfungspunkt für das Erstellen Ergänzender Vertragsbedingungen. Solche Gruppen gleichgelagerter Einzelfälle treten typischerweise bei immer wiederkehrenden Beschaffungsnotwendigkeiten einzelner Teilbereiche des öffentlichen Auftraggebers auf, wie beispielsweise dem Erwerb von EDV oder z. B. Leistungen im Krankenhausbereich. 24

Anders als bei den Zusätzlichen Vertragsbedingungen gilt hier nicht das Verbot, den Allgemeinen Vertragsbedingungen zu widersprechen. In den Ergänzenden Vertragsbedingungen sollen sich nach § 9 Nr. 3 Abs. 2 Satz 3 die Abweichungen von den Allgemeinen Vertragsbedingungen jedoch auf die Fälle beschränken, für die in den Allgemeinen Vertragsbedingungen Besondere Vereinbarungen ausdrücklich vorgesehen sind. Die VOL/B lässt solche abweichenden Vereinbarungen an zahlreichen Stellen zu (z. B. §§ 3 Nr. 2, 5 Nr. 2 Abs. 2, 13 Nr. 1, 16 Nr. 2). Zu erkennen sind diese immer an der Formulierung »sofern/soweit/falls nichts Anderes vereinbart ist«. Darüber hinaus lässt die VOL/B auch ergänzende oder ausfüllende Vereinbarungen zu (z. B. §§ 4 Nr. 2, 11 Nr. 1, 12 Nr. 2, 13 Nr. 2 Abs. 1). 25

§ 9 Nr. 3 Abs. 2 Satz 3 2. HS bestimmt darüber hinaus, dass diese Abweichungen von der VOL/B nicht weiter gehen sollen, als es die **Eigenart der Leistungen und ihre Ausführung** erfordern. Der öffentliche Auftraggeber muss also für die Ausgestaltung Ergänzender Vertragsbedingungen zunächst prüfen, welche besonderen Eigenarten die Leistung sowie ihre Ausführung aufweisen und ob hierfür von den Allgemeinen und Zusätzlichen Vertragsbedingungen abweichende Regelungen **erforderlich** sind. Aus diesen Eigenarten sind dann sachbezogen und am Verhältnismäßigkeitsgrundsatz orientierte[6] Regelungen aufzustellen. 26

---

6 *Von Braun* in: Müller-Wrede, § 9 VOL/A Rn. 21.

§ 9 Vergabeunterlagen, Vertragsbedingungen

27 Ergänzende Vertragsbedingungen »**sollen**« nicht weiter gehen, als es die Eigenart der Leistung und ihre Ausführung erfordern und »**sollen**« Abweichungen von den Allgemeinen Vertragsbedingungen auf die genannten Fälle beschränken. Dies bedeutet, dass im Einzelfall bei Vorhandensein entsprechend wichtiger Gründe auch in anderen Bereichen Abweichungen von den Allgemeinen Vertragsbedingungen in Ergänzenden Vertragsbedingungen zulässig sind und dass im Einzelfall auch weitergehende Regelungen Platz greifen können.[7]

IV. Besondere Vertragsbedingungen

28 Besondere Vertragsbedingungen sind nach § 9 Nr. 3 Abs. 2 Satz 2 diejenigen, durch welche die **Erfordernisse des Einzelfalles** zu berücksichtigen sind. Ist es für einen konkreten Beschaffungsvorgang also erforderlich, die Besonderheiten dieses Einzelfalles einer vertraglichen Regelung zuzuführen, ist die Hinzufügung Besonderer Vertragsbedingungen zwingend vorgeschrieben.

29 Wie bei den Ergänzenden Vertragsbedingungen gilt auch hier das Verbot von Abweichungen zu den Allgemeinen Vertragsbedingungen nicht. Auch hier »sollen« die Abweichungen von den Allgemeinen Vertragsbedingungen auf die Fälle beschränkt werden, für die in den Allgemeinen Vertragsbedingungen Besondere Vereinbarungen ausdrücklich vorgesehen sind; auch hier »sollen« die Abweichungen nicht weiter gehen, als es die Eigenart der Leistung und ihre Ausführung es erfordern.

V. Technische Vertragsbedingungen

30 Für die Technischen Vertragsbedingungen enthält § 9 Nr. 3 keine weitergehende Regelung. Lediglich § 1 Nr. 2 VOL/B erwähnt neben § 9 Nr. 2 diese Bedingungen und bezeichnet sie als »etwaige allgemeine Technische Bedingungen«.

31 Technische Vertragsbedingungen können also standardmäßig vorzugebende Technische Anforderungen an bestimmte Leistungen oder Leistungsteile reglementieren und als solche können sie **neben der Leistungsbeschreibung** Vertragsinhalt werden.

32 In jedem Falle aber ergänzen die Technischen Vertragsbedingungen eher die Leistungsbeschreibung als die Allgemeinen Vertragsbedingungen.

F. Vertragsbedingungen als Allgemeine Geschäftsbedingungen

33 Nach § 305 Abs. 1 BGB sind Allgemeine Geschäftsbedingungen alle **für eine Vielzahl von Verträgen vorformulierte Vertragsbedingungen**, die eine Vertragspartei (Verwender) der anderen Vertragspartei bei Abschluss eines Vertrages **stellt**. Sie werden nach § 305 Abs. 2 BGB Vertragsbestandteil, wenn der Verwender bei Vertragsschluss

---

7 *Zdzieblo* in: Daub/Eberstein, VOL/A § 9 Rn. 49.

ausdrücklich auf sie hinweist und der anderen Vertragspartei die Möglichkeit verschafft in zumutbarer Weise von ihrem Inhalt Kenntnis zu nehmen und wenn darüber hinaus die andere Vertragspartei mit ihrer Geltung einverstanden ist.

Die Allgemeinen Vertragsbedingungen für die Ausführung von Leistungen (VOL/B), die Zusätzlichen und die Ergänzenden Vertragsbedingungen sind, da sie zumindest für Gruppen gleich gelagerter Einzelfälle erstellt und formuliert wurden, ohne weiteres »für eine Vielzahl von Verträgen vorformulierte Vertragsbedingungen«. In Bezug auf die »Besonderen Vertragsbedingungen« ist dies fraglich und wird im Einzelfall davon abhängen, ob der öffentliche Auftraggeber diese Besonderen Vertragsbedingungen über den Einzelfall hinaus auch auf mehrere Beschaffungsvorgänge anwenden möchte. Hat er insoweit eine **Mehrfachverwendungsabsicht** (über drei Anwendungsfälle hinaus[8]), handelt es sich auch hierbei um Vertragsbedingungen, die für eine Vielzahl von Verträgen vorformuliert sind.[9] **34**

Der öffentliche Auftraggeber »stellt« diese Vertragsbedingungen auch als Verwender dem jeweiligen Bieter, denn, wie sich aus § 9 Nr. 2 ergibt, ist bereits in den Verdingungsunterlagen vorzuschreiben, dass Allgemeine und etwaige Zusätzliche, Ergänzende sowie Besondere Vertragsbedingungen Vertragsbestandteil werden sollen. Selbst wenn der Bieter im Vergabeverfahren regelmäßig das Angebot macht, welches der öffentliche Auftraggeber durch die Erteilung des Zuschlags annimmt, bleibt es im Ergebnis der öffentliche Auftraggeber, der die Vertragsbedingungen »stellt«. Es kommt für die Beurteilung, wer die Bedingungen gestellt hat nämlich nicht darauf an, wer formal angeboten und wer das Angebot zu den Bedingungen angenommen hat, sondern vielmehr darauf, auf wessen Veranlassung hin die Vertragsbedingungen Bestandteil des Vertrages geworden sind.[10] Der jeweilige Bieter muss die vom Auftraggeber »vorgeschriebenen« Vertragsbedingungen wegen § 21 Nr. 1 Abs. 4 in unveränderter Form akzeptieren, weil sein Angebot ansonsten nach § 25 Nr. 1 Abs. 1 Lit. d) zwingend auszuschließen ist. Die Vertragsbedingungen sind also nicht dem Bieter, sondern dem Auftraggeber als Verwender zuzurechnen. **35**

§ 9 Nr. 2 stellt darüber hinaus sicher, dass der öffentliche Auftraggeber ausdrücklich auf die Geltung dieser Vertragsbestimmungen hinweist. Eine Regelung, dass die Vertragsbedingungen den Verdingungsunterlagen beigefügt werden müssen, enthält § 9 indes nicht. Werden die Allgemeinen, Zusätzlichen, Ergänzenden und ggf. Besonderen Vertragsbedingungen daher nicht den Verdingungsunterlagen beigefügt, muss der öffentliche Auftraggeber auf andere Weise sicherstellen, dass die andere Vertragspartei in zumutbarer Weise von deren Inhalt Kenntnis nehmen kann. **36**

Bei den Allgemeinen Vertragsbedingungen für die Ausführung von Leistungen (VOL/B) ist dies unproblematisch, weil diese allgemein veröffentlicht sind und jedermann ohne weiteres Einsicht in diese Bestimmungen nehmen kann. Die Zusätzlichen, Ergänzenden und ggf. Besonderen Vertragsbedingungen müssten vom Auftraggeber dagegen in einer Weise veröffentlicht worden sein, dass der Anbieter diese ohne wei- **37**

---

8 Vgl. hierzu: *BGH* 15. 4. 1998, VIII ZR 377/96, NJW 1998, 2286 m. w. N.
9 *BGH* 27. 9. 2001, VII ZR 388/00, NJW 2002, 138.
10 *BGH* 24. 5. 1995, XII ZR 172/94; BGHZ 130, 50 (58).

§ 9 Vergabeunterlagen, Vertragsbedingungen

teres einsehen kann. Dies ist in der Regel untunlich, so dass sich empfiehlt, **Zusätzliche, Ergänzende und ggf. Besondere Vertragsbedingungen** den Verdingungsunterlagen in vollem Umfang **beizufügen**. Die alleinige Bezeichnung der Vertragsbedingungen als Teil des Angebotes des Bewerbers[11] reicht daher nicht immer aus.

38 Ist die andere Vertragspartei Unternehmer, eine juristische Person des öffentlichen Rechts oder ein öffentlich-rechtliches Sondervermögen, findet die Vorschrift des § 305 Abs. 2 und 3 BGB nach § 310 Abs. 1 BGB keine Anwendung, so dass im Ergebnis die Vertragsbedingungen auch leichter in den Vertrag einbezogen werden können. So ist gegenüber einem Unternehmer eine ausdrückliche Einbeziehung auch dann wirksam, wenn die Allgemeinen Geschäftsbedingungen dem für den Vertragsschluss maßgeblichen Schreiben nicht beigefügt waren und der Vertragspartner den Inhalt der Allgemeinen Geschäftsbedingungen nicht kennt.[12] Unternehmer ist nach § 14 Abs. 1 BGB eine natürliche oder juristische Person oder eine rechtsfähige Person in Gesellschaft, die bei Abschluss eines Rechtsgeschäfts in Ausübung ihrer gewerblichen oder selbständigen beruflichen Tätigkeit handelt. Damit dürfte im Regelfall davon auszugehen sein, dass die Bieter »Unternehmer« sind. Schon aus Gründen der **Vertragsklarheit** empfiehlt sich dennoch, Zusätzliche, Ergänzende und Besondere Vertragsbedingungen immer den Verdingungsunterlagen beizufügen.

39 Als Allgemeine Geschäftsbedingung unterliegen Vertragsbedingungen der Inhaltskontrolle der §§ 307 bis 309 BGB, wobei die §§ 308 und 309 BGB wiederum keine Anwendung auf Allgemeine Geschäftsbedingungen finden, die gegenüber einem Unternehmer, einer juristischen Person des öffentlichen Rechts oder einem öffentlich-rechtlichen Sondervermögen verwendet werden, § 310 Abs. 1 Satz 1 BGB.

40 Ist auf Grund der Inhaltsüberprüfung die im Einzelfall vorgegebene Klausel als unwirksam zu betrachten, richten sich die Folgen nach § 306 BGB. Danach bleibt der Vertrag im Übrigen unter Wegfall der unwirksamen Klausel wirksam. Soweit die Bestimmungen nicht Vertragsbestandteil geworden oder unwirksam sind, richtet sich der Inhalt des Vertrages dann nach den gesetzlichen Vorschriften. Nur im Ausnahmefall kann der gesamte Vertrag unwirksam sein, wenn das Festhalten an ihm in der auf Grund der Inhaltskontrolle veränderten Form eine unzumutbare Härte für eine Vertragspartei darstellen würde.

41 Grundsätzlich gilt der Grundsatz, dass der Verwender der Klauseln keinen Schutz für ihn benachteiligende Klauseln genießt,[13] so dass im Ergebnis nur die jeweiligen Auftragnehmer erfolgreich gegen sie benachteiligende Regelungen vorgehen können.

42 In Bezug auf die Allgemeinen Vertragsbedingungen für die Ausführung von Leistungen (VOL/B) ist fraglich, ob diese, ähnlich wie die VOB/B, der Inhaltskontrolle entzogen ist, wenn sie als Ganzes Vertragsgrundlage geworden ist.[14] Ebenso wie die VOB/B ist auch die VOL/B als »ausgewogenes Bedingungswerk« anzusehen, das

---

11 So: *Schaller* § 9 VOL/A Rn. 9.
12 *Palandt/Heinrichs* 65. Aufl., § 305 Rn. 51 m. w. N.
13 *BGH* 2. 4. 1998, IX ZR 79/97, NJW 1998, 2280; *Kapellmann/Langen* Rn. 21.
14 Für die Regelung zur VOB/B vgl. *BGH* 16. 12. 1982, VII ZR 92/82, BGHZ 86, 135; *BGH* 22. 1. 2004, VII ZR 419/02, NZBau 2004, 267.

den Interessen beider Vertragspartner gerecht wird.[15] Die VOL/B wurde vom Deutschen Verdingungsausschuss für Leistungen (DVAL), in dem Bund, Länder und Spitzenverbände der Kommunen und Wirtschaft sowie der Deutsche Gewerkschaftsbund vertreten sind, erarbeitet. Die Ausgangslage ist also, da auch hier bei der Ausarbeitung Interessengruppen der Besteller und der Unternehmer beteiligt waren, vergleichbar zu der vom BGH entschiedenen Situation bei der VOB/A.[16] Dies spricht dafür, dass auch die VOL/B als Ganzes privilegiert ist, wenn sie als Ganzes in den Vertrag einbezogen wurde. Entscheidungen hierzu gibt es indes bislang nicht. Andererseits ist seit der Aufhebung des AGBG und Integration dieser Vorschriften in die §§ 305 ff. BGB sehr umstritten, ob die VOB/B jetzt noch insgesamt als privilegiert anzusehen ist, nachdem der Gesetzgeber in Kenntnis der bisherigen BGH-Rechtsprechung wiederum nur für zwei Klauselbereiche (§ 308 Nr. 5 BGB und § 309 Nr. 8 b ff. BGB) eine Privilegierung der VOB/A vorgesehen hat, nicht jedoch eine Privilegierung der VOB/A als Ganzes.[17] Die dortigen Argumente lassen sich auf die Situation VOL/A übertragen, so dass im Ergebnis abzuwarten bleibt, wie sich die Gerichte hierzu verhalten. Zur AGB-Problematik s. des Weiteren Rn. 44.

G. Zusätzliche Regelungen in den Zusätzlichen, Ergänzenden und Besonderen Vertragsbedingungen (§ 9 Nr. 4)

I. Allgemeines

Die Vorschrift des § 9 Nr. 4 VOL/A hat im Rahmen des § 9 VOL/A keine besondere Bedeutung. Denn Nr. 4 enthält lediglich einen **nicht abschließenden** (»**insbesondere**«) **Katalog** von Regelungspunkten, die in den Zusätzlichen, Ergänzenden oder Besonderen Vertragsbedingungen aufgenommen werden können, aber nicht müssen (»soweit erforderlich«). Die Vorschrift hat damit lediglich die Funktion, der Vergabestelle bei der Konzeption der genannten Vertragsbedingungen als eine Art »**Kontrollliste**« zu dienen.

43

II. AGB-Problematik

Wenn solche Regelungen aber aufgenommen werden, so müssen sie den Anforderungen der § 9 Nr. 2 und Nr. 3 VOL/A vollauf genügen. Die **Zusätzlichen Vertragsbedingungen**, mit denen die Allgemeinen Vertragsbedingungen (**VOL/B**) um solche besonderen Regelungen ergänzt werden können, die allgemein für den speziellen Auftraggeber gelten, müssen mit der VOL/B in Einklang stehen und dürfen diesen nicht widersprechen, § 9 Nr. 3 VOL/A. Wegen ihres Charakters – der öffentliche Auftraggeber regelt in den Zusätzlichen Vertragsbedingungen Standardfälle, die in allen seinen Verträgen vorkommen – handelt es sich zugleich um Allgemeine Geschäftsbe-

44

---

15 *Von Baum* in: Müller-Wrede, § 9 VOL/A Rn. 50; *Zdzieblo* in: Daub/Eberstein VOL/A § 9 Rn. 43.
16 Dort: *BGH* 16. 12. 1982, VII ZR 92/82, BGHZ 86, 135.
17 Zum Stand der Auseinandersetzung: *Langen/Schiffers* Bauplanung und Bauausführung, Rn. 429.

§ 9 Vergabeunterlagen, Vertragsbedingungen

dingungen im Sinne des AGB-Gesetzes (für Verträge vor Inkrafttreten des Schuldrechtsmodernisierungsgesetzes am 1. 1. 2002) bzw. der §§ 305 ff. BGB (für Vergaben bzw. Verträge nach dem 1. 1. 2002).[18] Dabei ist zu beachten, dass nach neuester BGH-Rechtsprechung die **isolierte Kontrolle** von Vorschriften, die die VOB/B abändern, nicht mehr lediglich nur dann vorgenommen wird, wenn die Vorschrift den sog. Kernbereich der VOB/B verletzt, sondern nunmehr bei **jeglicher, auch unwesentlicher Änderung**.[19] Das dürfte auch für die VOL/B gelten. Deshalb muss immer geprüft werden, ob die in den **Zusätzlichen Vertragsbedingungen** aufzunehmenden Regeln den Vorgaben der § 305 ff. BGB genügen, anderenfalls sie **unwirksam** sind.

45 Das Gleiche gilt für die Regelungen, die in die **Ergänzenden Vertragsbedingungen** aufgenommen werden. Denn auch die Ergänzenden Vertragsbedingungen sind von ihrem Charakter her Allgemeine Geschäftsbedingungen, weil mit ihnen »gleichgelagerte Einzelfälle«, vgl. § 9 Nr. 3 Abs. 2 Satz 1 VOL/A, geregelt werden sollen. Auch diese Vertragsbedingungen, die sich im Gegensatz zu den Zusätzlichen Vertragsbedingungen, die allgemein die Besonderheiten des speziellen Auftraggebers beinhalten, nur auf **bestimmte Teilbereiche des speziellen Auftraggebers** oder sogar nur auf ein **einzelnes Projekt** mit einer Vielzahl von Einzelvergaben (Fachlose)[20] beziehen, müssen also der **Inhaltskontrolle** nach Maßgabe der §§ 305 ff. BGB genügen. Dass es sich auch bei einem einheitlichen Regelungswerk für verschiedene Lose eines bestimmten Projektes um Allgemeine Geschäftsbedingungen handelt, wird im Umkehrschluss aus der BGH-Entscheidung deutlich, die lediglich dann den AGB-Charakter verneint hat, wenn ein Regelungswerk für einen Auftrag in der Absicht geschaffen wurde, es mehreren **Bietern** im Vergabeverfahren um diesen **einen** Auftrag zur Verfügung zu stellen.[21] Die Austeilung des für einen einzigen Auftrag geschaffenen, besonderen Regelungswerks an verschiedene Bieter stellt eine notwendige Vorgehensweise bei öffentlichen Auftragsvergaben dar, die Verteilung desselben Regelungswerkes bei der Vergabe **mehrerer** Aufträge allerdings das Vorformulieren des Regelungswerkes für mehrere Anwendungsfälle im Sinne des § 305 Abs. 1 Satz 1 BGB.[22]

46 Soweit für die **Besonderen Vertragsbedingungen** die Auffassung vertreten wurde, dieses würde keine Allgemeinen Geschäftsbedingungen darstellen, da sie lediglich »die Erfordernisse des Einzelfalles«, § 9 Nr. 3 Abs. 2 Satz 2 VOL/A, regeln sollen, ist dies so nicht richtig. Entscheidend ist nach der AGB-Rechtsprechung immer, ob die in einem Regelungswerk aufgenommenen Klauseln im Sinne des § 305 Abs. 1 Satz 3 BGB zwischen den Vertragsparteien »ausgehandelt« worden sind oder nicht. Denn nur ausgehandelte Klauseln stellen keine Allgemeinen Geschäftsbedingungen dar, § 305 Abs. 1 Satz 3 BGB, wobei Aushandeln mehr als nur bloßes »Verhandeln«

---

18 Vgl. auch *von Baum* in: Müller/Wrede, VOL/A-Kommentar, § 9 Rn. 51.
19 *BGH* v. 22. 1. 2004, VII ZR 419/02, NZBau 2004, 267.
20 So kann beispielsweise bei der Vergabe von Abfalldienstleistungen in mehrere Lose (schwarze Tonne, grüne Tonne, gelbe Tonne etc. also Differenzierung nach den verschiedensten Müllsorten) differenziert werden. Ebenso bei Reinigungsdienstleistungen verschiedenster Art, die vom öffentlichen Auftraggeber entweder zu einem oder sogar zu mehreren Gebäudeobjekten in einem einheitlichen Vergabeverfahren beauftragt werden sollen.
21 *BGH* NJW 1997, 135.
22 Sog. Absicht der Mehrfachverwendung, vgl. nur AnwK-BGB/*Kollmann* § 305 Rn. 9 m. w. N.; *Markus Kaiser/Kapellmann*, AGB-Handbuch Bauvertragsklauseln, Rn. 11.

bedeutet.²³ Nach ständiger BGH-Rechtsprechung liegt ein Aushandeln nur vor, wenn dem Vertragspartner, d. h. dem potentiellen Bieter, der »gesetzesfremde Kerninhalt inhaltlich ernsthaft zur Disposition« gestellt worden ist, **und** der Vertragspartner auch die notwendige Gestaltungsfreiheit zur Wahrung eigener Interessen eingeräumt bekommen hatte, d. h. »mit zumindest realer Möglichkeit die inhaltliche Ausgestaltung der Vertragsbedingungen beeinflussen« konnte.²⁴ Daran kann es aber sowohl bei den **Besonderen Vertragsbedingungen (BVB)** fehlen, die der öffentliche Auftraggeber üblicherweise als Muster vorformuliert, wie aber auch bei speziell für den Auftrag in selbstgestaltete Besondere Vertragsbedingungen vorgesehene Klauseln. So reicht es z. B. nicht aus, wenn **Vertragsstrafenklauseln** in den Besonderen Vertragsbedingungen aufgenommen werden, und in ihnen lediglich die Höhe der Vertragsstrafe (das »Wie«) ausgehandelt werden soll, nicht aber die Vereinbarung der Vertragsstrafe als solcher (das »Ob«).²⁵ Ebenfalls kein Aushandeln liegt vor, wenn der Partner nur die Wahl zwischen bestimmten, vom Verwender vorgegebenen Alternativen hat,²⁶ also beispielsweise nur die Wahl zwischen einer fünf- und zehnjährigen Laufzeit. Anders ist es allerdings, wenn dem Vertragspartner eine **Bandbreite** eröffnet wird wie bei der Wahl von Laufzeiten zwischen 12 und 25 Jahren, aus der der Partner, wenn auch mit verschiedenen Entgeltfolgen, frei wählen kann.²⁷ Diese Beispiele zeigen, dass auch bei der Gestaltung von **Besonderen Vertragsbedingungen** im Hinblick auf die AGB-Wirksamkeit Vorsicht geboten ist. Daraus folgt, dass **jede** Aufstellung von besonderen Regelungswerken in Zusätzlichen, Ergänzenden oder Besonderen Vertragsbedingungen immer im Hinblick auf deren AGB-Festigkeit zuvor geprüft werden muss.

III. Selbstbindung

Wenn der öffentliche Auftraggeber mit solchen Vertragsbedingungen das Vergabeverfahren begonnen hat, so kann er die Vertragsbedingungen im Rahmen des Vergabeverfahrens grundsätzlich **nicht mehr abändern.** Das folgt zum einen aus dem Grundsatz der **Selbstbindung,**²⁸ zum anderen aus dem Verbot von Nachverhandlungen in den »starren« Vergabeverfahren der Öffentlichen Ausschreibung (bzw. Offenes Verfahren und Beschränkten Ausschreibung bzw. Nichtoffenes Verfahren), § 24 VOL/A. Lediglich in den »flexiblen« Vergabeverfahren (Verhandlungsverfahren und Wettbewerblicher Dialog) kann (auch) über das Vertragswerk verhandelt und es folglich abgeändert werden, vgl. § 3 a Nr. 1 Abs. 1 Satz 2 VOL/A für das Verhandlungsverfahren und § 3 a Nr. 1 Abs. 3 Satz 1 VOL/A²⁹ für den Wettbewerblichen Dialog. Die Abänderung muss aber in jedem Fall transparent und **diskriminierungsfrei** durchgeführt

47

---

23 AnwK-BGB/*Kollmann,* § 305 Rn. 21.
24 Vgl. zuletzt *BGH* NZBau 2003, 321, 323; NJW 2000, 1110, 1111; NJW 1992, 2759, 2760; NJW 1992, 1107.
25 *OLG Nürnberg* BB 1983, 1307; *BGH* NJW 1988, 410; NJW 1996, 1676; NJW-RR 97, 1000.
26 *BGH* NJW 1996, 1676.
27 *BGH* NJW 2003, 1313, 1314.
28 *OLG Düsseldorf* NJW-RR 1993, 1046; *BGH* v. 21. 2. 2006, X ZR 39/03, VergabeR2006, 889.
29 »Bei diesem Dialog kann er mit den ausgewählten Unternehmen **alle** Einzelheiten des Auftrags erörtern«.

werden, darf also keinen der am Verhandlungsverfahren oder Wettbewerblichen Dialog Teilnehmenden benachteiligen.[30]

IV. Weitervergabe an Unterauftragnehmer

48 Zu näheren Einzelheiten der in Nr. 4 a) bis u) aufgeführten Regelungsbeispiele vgl. die spezielle VOL/A bzw. VOL/B-Kommentierung. Ein wichtiger Fall ist in § **9 Nr. 4 d VOL/A** mit der Weitervergabe der Leistungen an **Unterauftragnehmer** angesprochen. Nach § 4 Nr. 4 Abs. 1 VOL/B darf der Auftragnehmer die Ausführung der Leistung oder wesentlicher Teile davon nur mit vorheriger **Zustimmung** des Auftraggebers auf andere übertragen, wobei die Zustimmung bei unwesentlichen Teilleistungen oder solchen Teilleistungen, auf die der Betrieb des Auftragnehmers nicht eingerichtet ist, nicht erforderlich ist. Zu beachten ist in diesem Zusammenhang, dass ein solches Zustimmungserfordernis im Rahmen des Vergabeverfahrens, also **vor** der Auftragserteilung, heute für Auftragsvergaben **oberhalb** der EG-Schwellenwerte (sog. EU-Vergaben) nicht mehr erforderlich ist, vgl. insoweit auch die neu aufgenommene Regelung in § 7 a Nr. 3 Abs. 6 VOL/A. Denn ausgehend von der EuGH-Entscheidung »Siemens AG/Österreich«[31] gilt nach der am 8. 9. 2005 in Kraft getretenen Regelung des § 4 Abs. 4 VgV, dass der Auftragnehmer sich bei der Erfüllung der Leistung der Fähigkeiten anderer Unternehmer, bedienen kann. Damit wurde das (zweifelhafte) Gebot der Selbstausführung von Leistungen durch den Auftragnehmer aufgegeben. Ein Bieter, der selbst nicht über die technischen Mittel zur Ausführung der Leistungen verfügt, hat damit heute die Möglichkeit, die Leistung durch angeschlossene Unternehmen (Tochterunternehmen) oder aber auch durch Nachunternehmer ausführen zu lassen, solange und soweit sie nur den Nachweis der Verfügbarkeit über die technische und wirtschaftliche Leistungsfähigkeit der angeschlossenen Unternehmen/Nachunternehmen (mit Angebotsabgabe) führen können.[32] Von den Bietern, die solchermaßen nur oder fast nur mit Nachunternehmern antreten wollen, kann die Vergabestelle allerdings zulässigerweise den **Nachweis der Eignung der Nachunternehmer** verlangen[33] **und** auch den **Nachweis über rechtsverbindliche Verpflichtungserklärungen** für die über den Nachunternehmer benötigten technischen Mittel bzw. dessen Personal.[34] Insgesamt ist damit die Rechtsprechung, die die Einhaltung des Gebotes der Selbstausführung von Leistungen durch den Bieter vorgibt, für EU-Vergaben überholt.[35] Auf § 7 a Nr. 3 Abs. 6 VOL/A wird verwiesen.

---

30 So expressis verbis für das Verhandlungsverfahren *BGH* v. 1. 8. 2006, X ZR 115/04, NZBau 2006, 797.
31 *EuGH*„ NZBau 2004, 240, 342, Ziff. 42–44 – »Siemens, ARGE Telekom«.
32 *EuGH* a. a. O.; *OLG Düsseldorf* NZBau 2001, 106 – »Restabfallbehandlungsanlage II«; *OLG Frankfurt/M.* NZBau 2001, 101 sowie NZBau 2003, 636 – »JVA Hünfeld«.
33 *EuGH* a. a. O.
34 Vgl. *Kularz* in: Kulartz/Kus/Portz, Kommentar zum GWB-Vergaberecht, § 97 Abs. 4 Rn. 90.
35 S. z. B. *BayObLG* v. 12. 4. 2000, Verg 01/003/STR/V/STR.

V. Rechtsschutz

Den Regelungen des § 9 VOL/A kommt **bieterschützende Funktion** im Sinne des § 97 Abs. 7 GWB zu. Denn die Regelungen dienen einer ordnungsgemäßen Auftragsvergabe, die an fairen und ausgewogenen Regelungen wie der VOL/B und den AGB-Bestimmungen der §§ 305 ff. BGB orientiert sein muss; Regelungen, die gerade (auch) zum Schutz der Vertragspartner entwickelt worden sind.[36] Die rechtlichen Ausschreibungs- bzw. Vergabebestimmungen können also in einem Nachprüfungsverfahren überprüft werden.

49

H. Zulässigkeit eines Schiedsgerichts

§ 9 Nr. 5 VOL/A regelt die Möglichkeit für den öffentlichen Auftraggeber, Streitigkeiten aus dem Vertrag unter Ausschluss des ordentlichen Rechtsweges im schiedsrichterlichen Verfahren durchführen zu können. Normalerweise, d. h., wenn nichts anderes geregelt ist, werden Streitigkeiten zwischen dem öffentlichen Auftraggeber und dem Auftragnehmer »aus dem Vertrag«, wie es im Wortlaut des § 9 Nr. 5 VOL/A heißt, vor den **ordentlichen Gerichten** ausgetragen, da die Vertragsparteien mit dem Zuschlag einen zivilrechtlichen Vertrag schließen, es sich also um eine bürgerliche Rechtsstreitigkeit im Sinne des § 13 GVG mit der Zuständigkeit der ordentlichen Gerichte nach § 12 GVG handelt.[37] Gemäß § 9 Nr. 4 t VOL/A ist in den rechtlichen Verdingungsunterlagen daher ggf. der Gerichtsstand aufzunehmen, der nach den Ausführungsbestimmungen, der VOL/B, § 19 Nr. 2, zwischen den Parteien gelten soll.

50

Für den privaten Rechtsverkehr ist es nach dem 10. Buch der Zivilprozessordnung, §§ 1025 ff. ZPO möglich, anstelle des ordentlichen Gerichtes ein schiedsrichterliches Verfahren zu wählen. § 9 Nr. 5 VOL/A hat die Funktion, diese Möglichkeit auch für den öffentlichen Auftraggeber klarzustellen. Es geht nicht darum, mit § 9 Nr. 5 VOL/A dem öffentlichen Auftraggeber die einseitige Möglichkeit einzuräumen, seinem zukünftigen Vertragspartner über die Verdingungsunterlagen im Rahmen des Vergabeverfahrens das Schiedsverfahren anstelle des ordentlichen Gerichtes »aufzuzwingen«; aufzuzwingen deshalb, weil Bieter die rechtlichen Ausschreibungsbedingungen akzeptieren müssen, um keinen Ausschluss ihres Bieterangebotes zu produzieren.[38] Denn die Schiedsvereinbarung nach § 9 Nr. 5 VOL/A ist keine Klausel, die zu den Verdingungsunterlagen im Sinne des § 9 Nr. 1 – Nr. 4 VOL/A gehört, die ein Bieter grundsätzlich mit seinem Angebot zu akzeptieren hat. Als »Zwang« zur Schiedsgerichtsbarkeit kann die Vorschrift des § 9 Nr. 5 VOL/A auch nicht interpretiert werden, weil es verfassungsgemäße Aufgabe des Rechtsstaates ist, dafür zu sorgen, dass niemandem gegen seinen Willen das staatliche Rechtsschutzsystem ent-

51

---

36 Vgl. *von Baum* a. a. O., Rn. 53.
37 Zum Zuschlag der Vergabestelle als zivilrechtliche Annahme auf das Bieterangebot vgl. *BGH* BauR 1975, 274, 275; *OLG Nürnberg* NJW 1986, 437; im Übrigen *Kus* NJW 2000, 544 ff.
38 Bieter haben allerdings grundsätzlich die Möglichkeit, eine etwaige Rechtswidrigkeit bzw. AGB-Widrigkeit von rechtlichen Ausschreibungsbedingungen zu rügen und – bei Auftragsvergaben oberhalb der EG-Schwellenwerte – im Nachprüfungsverfahren ggf. erfolgreich anzufechten.

zogen wird, so dass jede private Gerichtsbarkeit nur auf freiwilliger Basis möglich ist.[39] Eine einseitige »zwingende« Vergabe eines schiedsrichterlichen Verfahrens durch die Vergabestelle wäre also mit der Verfassung nicht in Einklang zu bringen.

52 § 9 Nr. 5 VOL/A enthält also nur den **Hinweis,** dass auch öffentliche Auftraggeber ein schiedsrichterliches Verfahren vereinbaren können, und dies dann in einer **besonderen,** nur das Schiedsverfahren betreffenden **Urkunde** mit dem Auftragnehmer zu geschehen hat, es sei denn, § 1031 Abs. 2 der Zivilprozessordnung lässt auch eine andere Form der Vereinbarung zu. In der VOL/A, Fassung 2000, wurde seinerzeit noch auf die Vorschrift des 1027 Abs. 2 ZPO verwiesen. Der neue Verweis liegt in der grundlegenden Reformierung des 10. Buches der Zivilprozessordnung durch das Gesetz zur Neuregelung des Schiedsverfahrens vom 22. 12. 1997 begründet.[40] Das Treffen einer Schiedsvereinbarung ist seit dem erheblich erleichtert; eine stets gesonderte Schiedsvereinbarungsurkunde ist nur notwendig, wenn an der Schiedsvereinbarung ein Verbraucher, d. h. kein gewerblicher und selbständig beruflich Tätiger, beteiligt ist, vgl. § 1031 Abs. 5 Satz 1 ZPO. Dies ist regelmäßig bei Vertragspartnern aus einem VOL/A-Verfahren nicht der Fall. § 1031 Abs. 2 ZPO lässt als Form der Schiedsvereinbarung auch zu, dass die Schiedsvereinbarung in einem von der einen Partei der anderen Partei oder von einem Dritten beiden Parteien übermittelten Schriftstück enthalten ist, und der Inhalt des Schriftstücks im Fall eines nicht rechtzeitig erfolgten Widerspruchs nach der Verkehrssitte als Vertragsinhalt angesehen wird.

53 Liegt eine wirksame Schiedsvereinbarung vor, dann ist die Zuständigkeit der ordentlichen Gerichte derogiert, und tritt an dessen Stelle die freiwillige, private Gerichtsbarkeit.[41]

I. Vor- und Nachteile

54 Die **Vorteile** der Schiedsgerichtsbarkeit bestehen in der speziellen Sachkunde der Schiedsrichter, einer kürzeren Verfahrensdauer, ggf. kostengünstigerer Verfahren, einer Flexibilität der Parteien bei der Verfahrensgestaltung und einer höheren Vertraulichkeit. **Nachteil** gegenüber der staatlichen Gerichtsbarkeit ist allerdings die gerichtliche Aufhebungsmöglichkeit des Schiedsspruches, § 1059 ZPO, sowie die Notwendigkeit bei Weigerung der unterlegenden Partei, den Schiedsspruch erst gerichtlich für vollstreckbar erklären zu müssen, § 1060 ZPO. Zur Wirksamkeit des Schiedsspruchs gegenüber drittbeteiligten Personen wie z. B. Nachunternehmern ist nicht wie im Wege der ordentlichen Gerichtsbarkeit eine Streitverkündung möglich, sondern müssen diese dritten Personen wirksam in die Schiedsvereinbarung mit einbezogen werden.

55 Es empfiehlt sich deshalb ggf., die in internationalen Verträgen bereits übliche Form der **vertragsbegleitenden Streitbeilegungsverfahren** zu wählen. Solche Verfahren

---

39 Vgl. *Zöller/Geimer* a. a. O., Rn. 4.
40 BGBl.1997 I. 3224 ff., Änderung: BGBl.1998 I 1481, 1583; vgl. im Einzelnen *Zöller/Geimer* ZPO-Kommentar, 25. Auflage, vor § 1025 Rn. 1 ff.
41 *BGH* NJW 1986, 3027.

wären nicht anstelle, sondern **vor** der Einleitung eines ordentlichen Gerichtsverfahrens (oder auch eines Schiedsverfahrens) durchzuführen. In der **nec-Vertragsfamilie**[42] ist es beispielsweise üblich, den sog. **Adjudicator** zu vereinbaren, der noch während der Ausführung des Vertrages an ihn von den Vertragsparteien herangetragene Probleme »unparteilich« (»impartially«) aufarbeitet und entscheidet.[43] In den bekannteren, internationalen **Fidic-Verträgen**[44] kommt diese Rolle eines **projektbegleitenden Streitschlichters** dem **Engineer** zu. Er ist ebenso wie der Adjudicator nicht mehr und nicht weniger als ein Experte mit Entscheidungsfunktion, der unabhängig, unparteilich, fair und ehrenhaft an ihn herangetragene Probleme schlichten und Festlegungen treffen soll.[45]

II. Wirksame Schiedsvereinbarung

Nach § 1029 Abs. 1 ZPO ist eine Schiedsvereinbarung eine Vereinbarung der Parteien, alle oder einzelne Streitigkeiten, die zwischen ihnen in Bezug auf ein bestimmtes Rechtsverhältnis vertraglicher oder nicht vertraglicher Art entstanden sind oder künftig entstehen, der Entscheidung durch ein Schiedsgericht zu unterwerfen. Im Hinblick auf den Wortlaut des § 9 Nr. 5 VOL/A, der Streitigkeiten »aus dem Vertrag« dem schiedsrichterlichen Verfahren zuordnet, könnte der Schluss gezogen werden, eine Streitigkeit über die Gültigkeit des Vertrages selbst sei ebenso wie eine Streitigkeit über die Gültigkeit der Schiedsvereinbarung dem schiedsrichterlichen Verfahren entzogen.[46] Nach § 1040 Abs. 1 ZPO kann das Schiedsgericht indes auch über die eigene Zuständigkeit und im Zusammenhang hiermit über das Bestehen oder die Gültigkeit der Schiedsvereinbarung entscheiden, und nach § 1029 Abs. 1 ZPO auch über aus dem bestimmten Rechtsverhältnis entstehende Streitigkeiten »nicht vertraglicher Art«, also beispielsweise über Bereicherungsansprüche bei nichtigem Hauptvertrag, so dass die restriktive Auslegung der Worte »aus dem Vertrag« nicht zutreffend ist. Sie würde das Streitentscheidungsverfahren auch unnötig verzögern, da bei Streitigkeiten über die Gültigkeit des Hauptvertrages oder der Schiedsvereinbarung zunächst die ordentlichen Gerichte anzurufen wären, deren Zuständigkeit dann mit deren Feststellung der Gültigkeit von Hauptvertrag oder Schiedsvereinbarung schon enden würde, und das Schiedsgericht anzurufen wäre.

Nach § 1029 Abs. 2 ZPO kann die Schiedsvereinbarung entweder in Form einer selbständigen Vereinbarung (**Schiedsabrede**) oder in Form einer bloßen Klausel in einem

---

42 Nec bedeutet new-engineering-contract, 3. Auflage 2005, www.neccontract.com, aus Großbritannien stammend.
43 S. nec-document »Engineering and Construction Contract« sowie »Adjudicator's Contract«.
44 Internationale Bau- und Anlagenbauverträge mit dem sog. »Red Book« (Conditions of Contract for Construction for Building and Engineering Works Designed by the Employer), dem »Yellow Book« (Conditions of Contract for Plant and Design-Build for Electrical and Mechanical Plant and for Building and Engineering Works Designed by the Contractor) und dem »Silver Book« (Conditions auf Contract for EPC (Engineering, Procurement and Construction Turnkey Projects).
45 Vgl. hierzu nur *Mallmann*, Bau- und Anlagenbauverträge nach den FIDIC-Standardbedingungen, S. 284 ff.; *Hök* IBR 2006, 544; vgl. auch *Kus/Markus/Steding* Die neuen FIDIC-Verträge: Auftragnehmerlastige Risikoverteilung?, in: Jahrbuch Baurecht 2002, S. 237, 265, 267 ff.
46 So *Zdziebło* in Daub/Eberstein VOL/A-Kommentar, § 9 Nr. 5 VOL/A Rn. 59.

§ 9 Vergabeunterlagen, Vertragsbedingungen

Vertrag (**Schiedsklausel**) geschlossen werden, wobei hinsichtlich der Form der Schiedsvereinbarung die Vorschrift des § 1031 ZPO gilt.

58 Die **Schiedsvereinbarung** als Unterwerfungsvereinbarung der Parteien zur Schiedsgerichtsbarkeit ist von der **Vereinbarung über das schiedsrichterliche Verfahren** zu trennen. Letzteres betrifft die Ernennung der Schiedsrichter sowie Regelungen über das schiedsrichterliche Verfahren nach § 1042 Abs. 3 ZPO. Die Schiedsvereinbarung selbst braucht nach § 1035 Abs. 3 ZPO weder Vereinbarungen über die Konstituierung des Schiedsgerichts noch solche über die Verfahrensgestaltung und die dem Schiedsrichter an die Hand gegebenen Entscheidungsmittel zu enthalten (§ 1042 Abs. 4, §§ 1043 ff. ZPO). Die **Verfahrens**vereinbarung sodann bedarf nicht der Form des § 1031 ZPO.

III. Das Schiedsverfahren

59 Vorbehaltlich zwingender Verfahrensvorschriften der ZPO zum schiedsrichterlichen Verfahren wie dem Gleichbehandlungsgrundsatz oder das Recht auf rechtliches Gehör (§ 1042 Abs. 1 ZPO), sind die Schiedsvertragsparteien frei in der Bestimmung des Schiedsverfahrens. Sie können dabei auch auf bekannte, schiedsrichterliche Verfahrensordnungen (bereits in der Schiedsvereinbarung selbst) verweisen. Zumeist geschieht Letzteres.[47] Wird kein Schiedsverfahren vereinbart, so gelten die Vorschriften der ZPO. Nach der Vorschrift des § 1035 Abs. 3 ZPO werden in dem Falle die Schiedsrichter bestimmt, die wiederum nach §§ 1042 Abs. 4, 1043 ff. ZPO das Verfahren bestimmen.

60 Regelmäßig empfiehlt sich jedoch die Bezugnahme auf eine anerkannte Schiedsverfahrensordnung.

---

[47] S. beispielsweise die Regelungen des bekannten, deutschen Instituts für Schiedsgerichtsbarkeit e. V. (DIS), Schedestraße 13, 53113 Bonn.

§ 10
Unteraufträge

1. In den Verdingungsunterlagen ist festzulegen, dass der Auftragnehmer

   a) bei der Übertragung von Teilen der Leistung (Unterauftrag) nach wettbewerblichen Gesichtspunkten verfährt,

   b) dem Unterauftragnehmer auf Verlangen den Auftraggeber benennt,

   c) dem Unterauftragnehmer insgesamt keine ungünstigeren Bedingungen – insbesondere hinsichtlich der Zahlungsweise und Sicherheitsleistungen – stellt, als zwischen ihm und dem Auftraggeber vereinbart sind.

2. (1) In den Verdingungsunterlagen ist festzulegen, dass der Auftragnehmer bei der Einholung von Angeboten für Unteraufträge regelmäßig kleine und mittlere Unternehmen angemessen beteiligt.

   (2) Bei Großaufträgen ist in den Verdingungsunterlagen weiter festzulegen, dass sich der Auftragnehmer bemüht, Unteraufträge an kleine und mittlere Unternehmen in dem Umfang zu erteilen, wie er es mit der vertragsgemäßen Ausführung der Leistung vereinbaren kann.

Inhaltsübersicht   Rn.

- A. Allgemeines 1
  - I. Entstehungsgeschichte 1
  - II. Unterschiede zur VOB/A 2
  - III. Verhältnis zum GWB 3
  - IV. Europarecht 4
- B. Erläuterungen 6
  - I. Sinn und Reichweite der Regelung 6
  - II. Unterauftrag 7
  - III. Kleine und mittlere Unternehmen 9
  - IV. Verfahren bei der Übertragung von Unteraufträgen 13
    1. Wettbewerbliche Gesichtspunkte 13
    2. Benennung des Auftraggebers 15
    3. Stellung von Bedingungen 16
  - V. Beteiligung an Aufträgen 17
    1. Angemessene Beteiligung bei der Einholung von Angeboten ... 17
    2. Verpflichtung bei Großaufträgen 18
  - VI. Rechtsschutz 19
    1. Primärer Rechtsschutz 19
    2. Sekundärer Rechtsschutz 21

§ 10 Unteraufträge

A. Allgemeines

I. Entstehungsgeschichte

1 Der Wortlaut ist seit der Fassung 1984 unverändert. Trotz Bedenken gegen die Möglichkeit des öffentlichen Auftragebers, in das Verhalten des Auftragnehmers einzugreifen, und gegen die fehlende Überwachungsmöglichkeit bezüglich der Auflagen ist stets am Wortlaut der Regelung festgehalten worden.

II. Unterschiede zur VOB/A

2 In der VOB/A fehlt eine entsprechende Regelung.

III. Verhältnis zum GWB

3 Im GWB fehlt eine derartige Vorschrift. Doch ist in § 97 Abs. 3 GWB der Mittelstandsschutz ausdrücklich als allgemeiner Grundsatz für das Vergabeverfahren normiert. Auf diesem Grundsatz basiert vor allem die Regelung des § 10 Nr. 2. Während § 97 Abs. 3 GWB die Berücksichtigung mittelständischer Interessen vornehmlich durch Teilung der Aufträge in Fach- und Teillose vorsieht, erweitert § 10 Nr. 2 den Mittelstandsschutz auf den Fall, dass ein Unternehmen Unteraufträge erteilen will. Danach ist in den Verdingungsunterlagen generell festzulegen, dass der Auftragnehmer bei der Einholung von Angeboten für Unteraufträge regelmäßig kleine und mittlere Unternehmen angemessen beteiligt (Nr. 2 Abs. 1), und dass er sich bei Großaufträgen darum bemüht, soweit er es mit der vertragsgemäßen Ausführung der Leistung vereinbaren kann (Nr. 2 Abs. 2).

IV. Europarecht

4 Im 43. Erwägungsgrund zur Richtlinie 2004/17/EG und im 32. Erwägungsgrund zur Richtlinie 2004/18/EG ist erwähnt, dass es angebracht sei, Bestimmungen über Unteraufträge vorzusehen, um den Zugang von kleinen und mittleren Unternehmen zu öffentlichen Aufträgen zu fördern. Grundlage hierfür ist die allgemeine Aussage in Art. 157 Abs. 1 Unterabs. 2 EG-Vertrag, dass die Industriepolitik der Gemeinschaft u. a. auf die Förderung eines für die Initiative und Weiterentwicklung der Unternehmen in der gesamten Gemeinschaft, insbesondere der kleinen und mittleren Unternehmen, günstigen Umfelds abzielt.

5 Nach Art. 25 der RL 2004/18/EG kann der öffentliche Auftrageber in den Verdingungsunterlagen den Bieter auffordern, oder er kann von einem Mitgliedsstaat dazu verpflichtet werden, den Bieter aufzufordern, ihm in seinem Angebot den Teil des Auftrags, den der Bieter gegebenenfalls im Wege von Unteraufträgen an Dritte zu vergeben gedenkt, sowie die bereits vorgeschlagenen Unterauftragnehmer bekannt zu geben. Diese Regelung hängt nur mittelbar mit dem Schutzzweck des § 10 zusammen; sie ermöglicht es dem öffentlichen Auftraggeber lediglich, den Namen der Unterauftragnehmer festzustellen. Doch kann er aus den bekannt gegebenen Namen schließen und überprüfen, ob der Auftragnehmer tatsächlich entsprechend der Regelung in § 10 Nr. 2 kleine und mittlere Unternehmen angemessen beteiligen will.

B. Erläuterungen

I. Sinn und Reichweite der Regelung

Sinn der Regelung ist die Sicherstellung des Mittelstandsschutzes. Kleine und mittlere Unternehmen sollen vor der Marktmacht des Hauptauftragnehmers, der den Auftrag erhalten hat, geschützt werden, und zwar in zweierlei Hinsicht. Zum einen sollen diese Unternehmen möglichst in einen Auftrag einbezogen werden (Nr. 2), zum anderen sollen die Bedingungen, die der Hauptauftraggeber für eine solche Einbeziehung stellt, angemessen sein (Nr. 1). Zu diesem Zweck stellt § 10 verschiedene zwingende Anforderungen an den Auftraggeber. Dieser hat in den Verdingungsunterlagen festzulegen, dass auch dann, wenn der Auftraggeber den Auftrag nicht in Lose unterteilt hat, sich der Auftragnehmer bei Großaufträgen bemüht, Unteraufträge an kleine und mittlere Unternehmen zu erteilen, Nr. 2 Abs. 2, allerdings nur insoweit, wie er es mit der vertragsgemäßen Ausführung der Leistung vereinbaren kann. Weiter ist festzulegen, dass der Auftragnehmer bei der Einholung von Angeboten von Unteraufträgen regelmäßig kleine und mittlere Unternehmen angemessen beteiligt, Nr. 2 Abs. 1. Für den Fall der Übertragung von Teilen der Leistung ist in den Verdingungsunterlagen festzulegen, dass der Auftragnehmer nach wettbewerblichen Gesichtspunkten verfährt (Nr. 1 a), dass er dem Unterauftragnehmer auf Verlangen den Auftraggeber benennt (Nr. 1 b), damit dieser darüber informiert ist, dass es sich um einen öffentlichen Auftrag mit den sich aus § 10 ergebenden Pflichten handelt, und er dem Unterauftragnehmer insgesamt keine ungünstigeren Bedingungen stellt, als zwischen ihm und dem Auftraggeber vereinbart sind (Nr. 1 c). Die Pflicht für den Auftraggeber besteht somit nur darin, diese Grundsätze in den Verdingungsunterlagen festzulegen. Hat er diese Bedingungen festgelegt, hat er seine Pflicht erfüllt. Ob und inwieweit der Aufragnehmer sich nach diesen Festlegungen richtet, kann der Auftraggeber kaum überprüfen, geschweige denn sanktionieren. Der Auftragnehmer kann nach der VOL zwar dazu verpflichtet werden, Angaben über die Weitervergabe an Unterauftragnehmer zu machen (§ 9 Nr. 4 d), eine entsprechende Verpflichtung über die Vorlage der zwischen ihm und dem Unterauftragnehmer abgeschlossenen Verträge fehlt aber. Letzteres scheidet in der Regel schon deshalb aus, weil die Verträge zwischen Auftragnehmer und Unterauftragnehmer zumeist erst nach Auftragsvergabe abgeschlossen werden. Auch die vom Auftraggeber anzufordernde **Verpflichtungserklärung** nach Art. 47 Abs. 2 bzw. Art. 48 Abs. 3 RL 18/2004/EG beinhaltet lediglich die Vorlage einer Zusage, für den Fall des Vertragsschlusses dem Hauptauftragnehmer Kapazitäten bzw. Mittel zur Verfügung zu stellen, nicht aber die Vorlage des geplanten Vertrages zwischen Auftragnehmer und Unterauftragnehmer. Zudem können die Verträge zwischen dem Auftragnehmer und dem Unterauftragnehmer Geschäftsgeheimnisse enthalten, die nicht gegenüber dem Auftraggeber zu offenbaren sind. Denn nur zwischen dem Auftragnehmer und dem Unterauftragnehmer besteht ein Vertragsverhältnis, nicht aber zwischen dem Unterauftragnehmer und dem Auftraggeber. Im Übrigen widerspricht die Vorschrift in gewisser Hinsicht dem anderen Grundsatz, dass der Auftragnehmer seine Leistung grundsätzlich selbst zu erbringen hat, § 4 Nr. 4 Satz 1 und Satz 2 VOL/B.

II. Unterauftrag

7   Unter einem Unterauftrag versteht man die Übertragung von Teilen der Leistung (§ 10 Nr. 1 a) vom Auftragnehmer auf einen Dritten, und zwar gleichgültig, ob dies mit oder ohne Wissen des Auftraggebers geschieht. Der Dritte ist der Unterauftragnehmer, der zum Auftraggeber in **keinem vertraglichen Verhältnis** steht, sondern nur zum Auftragnehmer.[1] Im Gegensatz zum Lieferanten, welcher dem Auftragnehmer zur Erfüllung dessen vertraglicher Verpflichtung gegenüber dem Auftraggeber Stoffe oder Materialien liefert, mit denen der Auftragnehmer die von ihm geschuldete Leistung selbst vollständig erbringt, erbringt der Unterauftragnehmer einen Teil der eigentlich vom Auftragnehmer gegenüber dem Auftraggeber vertraglich geschuldeten Leistung. Dennoch ist die Leistung des Unterauftragnehmers nur die von ihm gegenüber dem Aufragnehmer geschuldete Leistung; gegenüber dem Auftraggeber haftet nur der Auftragnehmer, der seinerseits lediglich nach dem zwischen ihm und dem Unterauftragnehmer abgeschlossenen Vertrag Rückgriff beim Unterauftragnehmer nehmen kann.

8   Der Auftragnehmer ist grundsätzlich dazu verpflichtet, die von ihm geschuldete Leistung selbst zu erbringen, § 4 Nr. 4 Satz 1 VOL/B. Der Aufraggeber geht demzufolge davon aus, dass die Leistungserbringung auch auf diese Art und Weise geschieht. Wird der Auftrag vergeben, ohne dass der Auftragnehmer Unterauftragnehmer benannt hat, kann er nur noch mit Zustimmung des Auftraggebers solche in die Leistungserbringung einschalten, § 4 Nr. 4 Satz 1 VOL/B. Bei der geplanten Einschaltung von Unterauftragnehmern hat der Auftraggeber ein berechtigtes Interesse daran, dass ihm nicht nur die Unterauftragnehmer namentlich benannt werden, sondern auch konkret diejenigen Leistungsteile, für die der Einsatz von Unterauftragnehmern geplant ist. Nur dann kann er Leistungsfähigkeit und Zuverlässigkeit der Unterauftragnehmer, die ja anstelle des Auftragnehmers die Leistung erbringen, überprüfen. Zusätzlich kann er eine Verpflichtungserklärung nach Art. 47 Abs. 2 bzw. Art. 48 Abs. 3 RL 18/2004/EG verlangen. Fehlen solche geforderten Angaben, kann das Angebot ausgeschlossen werden[2] (vgl. Rn. zu § 25 Nr. 2 a).

---

[1] *OLG Naumburg* v. 26. 1. 2005 – 1 Verg 21/04.
[2] *OLG München* v. 6. 11. 2006 – Verg 17/06.

III. Kleine und mittlere Unternehmen

Als kleine und mittlere Unternehmen waren nach § 9 der Mittelstandsrichtlinien des Bundes vom 1. 6. 1976 anzusehen 9

– Handwerks- und Industrieunternehmen mit einem Jahresumsatz bis zu 20, 0 Mio. DM oder bis zu 6 Beschäftigten
– Einzelhandelsunternehmen mit einem Jahresumsatz bis zu 5,0 Mio. DM und Großhandelsunternehmen mit einem Jahresumsatz bis zu 15,0 Mio. DM
– Freie Berufe mit einem Jahresumsatz bis zu 1,0 Mio. DM, soweit nicht der Anwendung der VOL die Besonderheiten dieser Berufe entgegenstehen
– Sonstige Gewerbe mit einem Jahresumsatz bis zu 1,0 Mio. DM
– Kooperationen in handwerklichen oder anderen Arbeits- und Liefergemeinschaften, die ausschließlich Unternehmen der vorbeschriebenen Art umfassen

Diese Richtlinien dürfen wegen § 97 Abs. 4 Halbsatz 2 GWB nicht mehr für Vergaben oberhalb der Schwellenwerte herangezogen werden.[3]

Soweit die einzelnen Länder Gesetze zur Förderung des Mittelstandes erlassen haben oder erlassen wollen, fehlen überwiegend konkrete Definitionen zur Frage, welche Größe im einzelnen zu fördernde Mittelstandsunternehmen haben können und was unter kleinen und mittleren Unternehmen zu verstehen ist.[4] Soweit Definitionen abgegeben werden, beziehen sich diese eher auf die Festlegung, was unter mittelständischen Unternehmen zu verstehen ist.[5] Nach Empfehlungen des Instituts für Mittelstandsforschung Bonn[6] gelten seit der Einführung des Euro ab 1. 1. 2002 als kleine Unternehmen solche mit Beschäftigtenzahlen bis 9 und einem Jahresumsatz von unter 1,0 Mio. €, als mittlere Unternehmen solche mit Beschäftigtenzahlen von 10–499 Personen und einem Jahresumsatz von 1 bis zu 50 Mio. € und als große mittelständische Unternehmen solche mit Beschäftigten von 500 und mehr und einem Jahresumsatz von 50 Mio. € und mehr. Unter diese Mittelstandsdefinition fallen 99,7% aller deutschen Unternehmen. Diese Empfehlung stellt erst recht keine gesetzliche bindende Regelung dar, kann aber Anhaltspunkte für die Auslegung bieten; sie entspricht in etwa den Regelungen einzelner Landesgesetze. 10

Die Europäische Kommission hat am 1. 1. 2005 folgende KMU-Definition beschlossen:[7] 11

---

3 *Müller* in: Daub/Eberstein 5. Aufl. § 2 Rn. 55.
4 Vgl. z. B. Gesetz zur Förderung und Stärkung des Mittelstandes (Mittelstandsgesetz) Nordrhein-Westfalen vom 8. 7. 2003, Definition KMU, in welcher als Mittelstand konzernunabhängige Kleinst-, kleine und mittlere Unternehmen genannt sind, vor allem solche, die eigentümer- oder inhabergeführt sind, sowie freie Berufe und Existenzgründer, im Übrigen aber auf den Einzelfall verwiesen wird.
5 Vgl. z. B. Gesetz zur Mittelstandsförderung Schleswig-Holstein vom 17. 9. 2003: nach § 2 sind mittelständische Unternehmen solche mit weniger als 250 Beschäftigten und einem Jahresumsatz von höchstens 50 Mio. € und einer Jahresbilanzsumme von höchstens 43 Mio. €.
6 Zitiert nach der Internetseite.
7 Vgl. Empfehlung 2003/361/EG vom 6. 5. 2003.

§ 10 Unteraufträge

- Kleinstunternehmen sind Unternehmen mit einem Personal von weniger als 10 Beschäftigten und entweder einem Jahresumsatz von bis zu 2 Mio. € oder einer Bilanzsumme von bis zu 2 Mio.
- kleine Unternehmen sind Unternehmen mit einem Personal von weniger als 50 Beschäftigten und entweder einem Jahresumsatz von bis zu 10 Mio. € oder einer Bilanzsumme bis zu 10 Mio. €
- mittlere Unternehmen sind Unternehmen mit einem Personal von weniger als 250 Beschäftigten und entweder einem Jahresumsatz von 50 Mio. € oder einer Bilanzsumme von bis zu 43 Mio. €.

Diese Definition ist allerdings im Zusammenhang mit der Frage abgegeben worden, welchen Unternehmen staatliche Beihilfen gewährt werden sollen. Einzelne Bundesländer – wie z. B. Schleswig-Holstein – haben sich an diese Empfehlung angelehnt.

12 Vergleicht man die beiden Empfehlungen, bestehen Differenzen größerer Art eigentlich nicht, sieht man von der unterschiedlichen Beurteilung der Personalstärke bei allen Unternehmensgrößen bzw. des Jahresumsatzes bei Kleinstunternehmen einmal ab. Die unmittelbare Bindung an die EU-Definition ließe sich nur mit der Begründung verneinen, dass Sinn der getroffenen Definition die Abgrenzung von Unternehmen, die staatlicher Beihilfe bedürfen, von denjenigen Unternehmen ist, welche staatlicher Beihilfe nicht bedürfen. Doch verfängt dieses Argument nicht, weil auch die angemessene Beteiligung an öffentlichen Aufträgen eine Art von mittelbarer Förderung darstellt. Jedenfalls aber kann die Auslegung der Begriffe kleine und mittlere Unternehmen in § 10 nicht von Bundesland zu Bundesland verschieden sein. Als Ergebnis lässt sich damit festhalten, dass keine endgültige Klarheit darüber besteht, welche Unternehmen als kleine und mittlere Unternehmen anzusehen sind. Es empfiehlt sich eine Anlehnung an die Empfehlung und KMU-Definition der Kommission; doch kann die Würdigung der Umstände des Einzelfalles eine Abweichung nicht ausschließen, wobei aber die oberste Grenze für ein mittleres Unternehmen bei den Grenzzahlen der Kommission anzusiedeln ist.

IV. Verfahren bei der Übertragung von Unteraufträgen

1. Wettbewerbliche Gesichtspunkte

13 Nach § 10 Nr. 1 a soll der Auftraggeber in den Verdingungsunterlagen festlegen, dass der Auftragnehmer bei der Übertragung von Unteraufträgen nach wettbewerblichen Gesichtspunkten verfährt. Nicht gemeint mit dieser Formulierung ist, dass nun der Auftragnehmer seinerseits ein Vergabeverfahren durchzuführen hat. Dies ist schon deshalb ausgeschlossen, weil sich die Verpflichtung zur Ausschreibung nach § 101 Abs. 1 GWB nur an öffentliche Auftraggeber richtet. Beteiligt sich allerdings ein öffentlicher Auftraggeber seinerseits an einer Ausschreibung, bei welcher er die Vergabe von Unteraufträgen beabsichtigt, hat er eine Ausschreibung vorzunehmen.[8]

---

[8] *EuGH* vom 18. 11. 2004 – C-126/03.

Liegt dieser Sonderfall nicht vor, soll der Auftragnehmer den Auftrag nicht an denjenigen Unternehmer vergeben, mit dem er ständig zusammen arbeitet ohne Rücksicht darauf, welche Preise dieser verlangt, sondern zwischen verschiedenen Unternehmen auswählen nach dem **Prinzip des wirtschaftlich günstigsten Angebots**. Dies findet allerdings nach der gerichtlichen Erfahrung in der Praxis so gut wie nie statt – vielmehr benennen die Bieter diejenigen Unternehmen, zu denen sie eine ständige Geschäftsverbindung unterhalten. Dies liegt auch auf der Hand, weil die privaten Auftraggeber eben keine Verpflichtung zur Ausschreibung trifft und sie deshalb nach allgemeinen zivilrechtlichen Grundsätzen die Vertragspartner im Rahmen der Gesetze selbst bestimmen können. Dies gilt auch für Großunternehmen, doch sind stets die allgemeinen gesetzlichen Schranken zu beachten. Der Auftraggeber kann auch kaum überprüfen, nach welchen Gesichtspunkten der Auftragnehmer bei der Vergabe von Unteraufträgen vorgegangen ist. Der richtige Ansatzpunkt liegt daher im deutschen Recht in § 97 Abs. 3 GWB, der den öffentlichen Auftraggeber unmittelbar dazu verpflichtet, den Mittelstand durch die Bildung von Losen zu berücksichtigen.[9] **14**

2. Benennung des Auftraggebers

Die Bennennung des Auftraggebers dient dem Schutz des Unterauftragnehmers, der dann nicht nur auf die Beachtung der Regelungen des § 10 dringen kann, sondern auch in die Lage versetzt wird, Aufträge abzulehnen, wenn er für den benannten öffentlichen Auftraggeber keine Leistungen erbringen will. In der Praxis dürfte die Bezeichnung des Auftraggebers aber ohnehin gang und gebe sein, schon weil mit einem öffentlichen Auftraggeber ein solventer Vertragspartner zur Verfügung steht, der auch die Erfüllung der vertraglichen Ansprüche des Auftragnehmers gegenüber dem Unterauftragnehmer mittelbar erwarten lässt. **15**

3. Stellung von Bedingungen

Der öffentliche Auftraggeber soll weiter festlegen, dass der Auftragnehmer dem Unterauftragnehmer insgesamt keine ungünstigeren Bedingungen stellt als die zwischen ihm und dem Auftraggeber vereinbarten. Bezwecken soll diese Regelung, dass der Unterauftragnehmer nicht schlechter gestellt wird als der Hauptaufragnehmer und er nicht der marktbeherrschenden Stellung des Auftragnehmers und damit einer unangemessenen Benachteiligung ausgesetzt ist. Die Beispiele Zahlungsweise und Sicherheitsleistungen stehen stellvertretend für alle denkbaren Bedingungen. Die Formulierung »insgesamt« zeigt, dass ein Vergleich sämtlicher Bedingungen beider Verträge vorzunehmen ist und im Wege einer **wertenden Gesamtschau** dann festzustellen ist, ob im Vertrag zwischen Auftragnehmer und Unterauftragnehmer ungünstigere Bedingungen vorliegen als im Vertrag zwischen Auftragnehmer und Auftraggeber. So können z. B. zur Sicherstellung der rechtzeitigen und vertragsgerechten Erbringung der Hauptleistung ungünstigere Bedingungen für den Unterauftragnehmer durchaus ihre Berechtigung haben. Letztlich fehlt aber auch in diesem Punkt dem öf- **16**

---

9 Vgl. hierzu *VK Lüneburg* vom 30. 9. 2004 – VgK – 44/2004 mit einem Beispiel, in welchem die Nichtaufteilung in Lose gebilligt wird.

fentlichen Auftraggeber die Kontrollmöglichkeit, da die VOL/A die Vorlage der Verträge zwischen dem Auftragnehmer und dem Unterauftragnehmer nicht vorsieht und dies auch nicht zwingend vorsehen kann, weil in vielen Fällen entsprechende Verträge erst nach Zuschlag abgeschlossen werden. Es ist weiter zu bedenken, dass es an sich Sache des Bieters ist und dies auch in seiner Sphäre liegt, welche Verträge er mit seinen Vertragspartnern schließt, solange er sich an die allgemeinen zivilrechtlichen und sonstigen gesetzlichen Vorschriften hält, die ja gleichfalls den Schutz eines nicht gleichberechtigten Vertragspartners zum Ziel haben.

V. Beteiligung an Aufträgen

1. Angemessene Beteiligung bei der Einholung von Angeboten

17 Nach § 10 Nr. 2 Abs. 1 ist festzulegen, dass der Auftragnehmer bei der Einholung von Unteraufträgen regelmäßig kleine und mittlere Unternehmen angemessen beteiligt. Diese Vorschrift kann lediglich einen Appell an die Auftragnehmer darstellen. Zunächst bedeutet schon das Wort »regelmäßig« eine Einschränkung, denn der Auftragnehmer kann für einen konkreten Auftrag jederzeit vorbringen, dass im vorliegenden Fall gerade keine Beteiligung kleiner und mittlerer Unternehmen möglich war. Zudem enthält das Wort »angemessen« eine Einschränkung, denn es fehlt ein Maßstab dafür, was als angemessen zu bewerten ist. Als weiteres Problem kommt hinzu, dass die Forderung nach einer regelmäßigen angemessenen Beteiligung für den öffentlichen Auftraggeber nicht überprüfbar ist. Denn wie will er feststellen, ob sich der Auftragnehmer wirklich regelmäßig an diese Verpflichtung hält?

2. Verpflichtung bei Großaufträgen

18 Bei Großaufträgen ist nach § 10 Nr. 2 Abs. 2 in den Verdingungsunterlagen festzulegen, dass sich der Auftragnehmer darum zu bemühen hat, Unteraufträge an kleine und mittlere Unternehmen in dem Umfang zu erteilen, wie er es mit der vertragsgemäßen Ausführung der Leistung vereinbaren kann. Problematisch ist hier schon, was unter einem Großauftrag zu verstehen ist. Ein solcher wird nach dem hohen Auftragsvolumen oder nach der langen zeitlichen Dauer anzunehmen sein, wobei es auf die Umstände des Einzelfalles ankommt. Diese Regelung trägt in noch höherem Maße als die vorangegangenen einen Appellcharakter. Denn das Bemühen um eine Beteiligung ist noch weniger überprüfbar als die regelmäßige Beteiligung an Aufträgen. Außerdem kann sich der Auftragnehmer darauf berufen, dass er eine Vergabe von Unteraufträgen mit der vertragsgerechten Ausführung der Leistung nicht vereinbaren konnte.

VI. Rechtsschutz

1. Primärer Rechtsschutz

19 Zwischen dem Unterauftragnehmer und dem Auftraggeber bestehen keine vertraglichen und auch keine vorvertraglichen Beziehungen. Der Auftraggeber will nur mit den Hauptauftragnehmer den ausgeschriebenen Vertrag abschließen, nicht aber mit dem Unterauftragnehmer. Nur der Hauptauftragnehmer beteiligt sich an der Ausschreibung, nicht der Unterauftragnehmer. Auch wenn der Auftraggeber vom Hauptauftragnehmer Angaben über Namen sowie die Eignung des Unterauftragnehmers verlangt, tritt hierdurch der Unterauftragnehmer nicht in die Vertragsverhandlungen zwischen Auftraggeber und Auftragnehmer ein. Da der Primärrechtsschutz in Form des Nachprüfungsverfahrens die Ordnungsgemäßheit des Vergabeverfahrens, also die ordnungsgemäße Abwicklung des Verfahrens bis zum Zuschlag sichern will, können lediglich an diesem Verfahren Beteiligte eine Antragsbefugnis für einen Nachprüfungsantrag haben. Außenstehende sind nicht zur Kontrolle einer Ausschreibung befugt. Dies ergibt sich aus § 97 Abs. 7 GWB i. V. m. § 97 Abs. 2, 4 und 5 GWB. Denn nur die Unternehmen als Teilnehmer eines Ausschreibungsverfahrens haben Anspruch auf die Einhaltung bieterschützender Vorschriften, sowie diejenigen Unternehmen, die wegen Verletzung bieterschützender Vorschriften an der Beteiligung an einer Ausschreibung gehindert worden sind, z. B. in den Fällen der faktischen Vergabe ohne Ausschreibung. Der **Unterauftragnehmer** ist aber **niemals Teilnehmer an einer Ausschreibung** und beabsichtigt dies auch nicht. Deshalb sieht das GWB auch nicht eine allgemeine Kontrolle der Ausschreibungsverfahren vor, sondern eine Kontrolle nur durch diejenigen Unternehmen, denen durch die Nichterteilung des Zuschlags ein Schaden droht, § 107 Abs. 2 GWB. Unterauftragnehmer haben kein eigenes Interesse an einem öffentlichen Auftrag.[10] Ein Unterauftragnehmer kann also auch dann, wenn sich der Auftraggeber nicht an die zwingenden Regelungen des § 10 hält, keinen Nachprüfungsantrag stellen. Auch der Hauptauftraggeber kann in diesem Fall keinen Nachprüfungsantrag stellen, weil § 10 keinen bieterschützenden Charakter hat,[11] sondern dem Schutz von Nichtbietern dient. Hat also ein Bieter bemerkt, dass der Auftraggeber seiner Verpflichtung gemäß § 10 nicht nachgekommen ist, kann er keinen Nachprüfungsantrag stellen mit dem Argument, die Festlegung sei in den Verdingungsunterlagen nicht enthalten.

Davon zu unterscheiden ist allerdings die Frage, ob sich ein mittelständisches Unternehmen darauf berufen kann, dass entgegen § 97 Abs. 3 GWB keine Teilung in Einzellose erfolgt sei. Diese gesetzliche Regelung dient seinem Schutz – ein Nachprüfungsantrag ist möglich. 20

2. Sekundärer Rechtsschutz

Ein vertraglicher Schadensersatzanspruch des Unterauftragnehmers gegen den Auftrageber scheidet wegen der fehlenden vertraglichen Beziehung aus, ebenso ein Anspruch aus § 126 GWB bzw. § 823 Abs. 2 BGB i. V. m. einem Schutzgesetz, denn der Unterauftragnehmer ist nicht Beteiligter im Ausschreibungsverfahren. Auch ein allenfalls denkbarer Anspruch aus § 826 BGB für den Fall, dass Auftraggeber und Auftragnehmer in kollusivem Zusammenwirken kleine oder mittlere Unternehmen um die Beteiligung an einem Auftrag bringen, greift nicht durch. Denn dann liegt 21

---

10 *Möllenkamp* in: Kulartz/Kus/Portz GWB Vergaberecht § 107 Rn. 26; *OLG Rostock* vom 5. 5. 2004 – Verg 15/03; *OLG Celle* vom 5. 9. 2002 – 13 Verg 9/02.
11 VK Lüneburg vom 30. 9. 2004 – VgK – 44/2004.

die Schädigung nicht darin, dass die Verpflichtung nach § 10 nicht in die Verdingungsunterlagen aufgenommen worden ist, sondern in dem gezielten schädigenden sittenwidrigen Zusammenarbeiten und dem hierin liegenden Verstoß gegen § 97 Abs. 3 GWB. Ein Vertrag zugunsten Dritter nach § 328 Abs. 1 BGB, aus welchem dem Unterauftragnehmer direkte Ansprüche gegen den Auftraggeber erwachsen können, ist ebenfalls abzulehnen. Schon der Wortlaut von § 10 legt nahe, dass die Vertragsparteien keinen derartigen Anspruch begründen, sondern lediglich gegenseitig eine Verpflichtung formulieren wollen.[12]

22 Der Unterauftragnehmer hat bei Verletzung des § 10 auch keinen vertraglichen Anspruch gegen den Auftragnehmer, da keine entsprechenden vertraglichen Regelungen zwischen ihm und dem Auftragnehmer vorliegen. Für deliktische Ansprüche gilt, dass sich die Verpflichtung zur Festlegung in den Verdingungsunterlagen nach § 10 nur an den Auftraggeber, nicht aber an den Auftragnehmer richtet.

23 Der Auftraggeber kann für den Fall, dass der Auftragnehmer sich nicht an die aus § 10 folgende vertragliche Verpflichtung hält, keinen Schadensersatz verlangen, da ihm kein Schaden durch den unterlassenen Abschluss der Vertragsregelung entstehen kann. Ein Schaden kann sich lediglich aus der nicht vertragsgerechten Leistung des Auftragnehmers – seines Vertragspartners – ergeben. Aus diesem Grund scheiden auch deliktische Ansprüche aus.

---

[12] Vgl. *Zdzieblo* in: Daub/Eberstein 5. Aufl. § 10 Rn. 31.

§ 11
Ausführungsfristen

1. Die Ausführungsfristen sind ausreichend zu bemessen. Außergewöhnlich kurze Fristen sind nur bei Dringlichkeit vorzusehen.
2. Wenn es ein erhebliches Interesse des Auftraggebers erfordert, sind Einzelfristen für in sich abgeschlossene Teile der Leistung zu bestimmen.
3. Ist für die Einhaltung von Ausführungsfristen die Übergabe von Zeichnungen oder anderen Unterlagen wichtig, so soll hierfür ebenfalls eine Frist festgelegt werden.

Inhaltsübersicht Rn.

- A. Einleitung 1
  - I. Bedeutung und Funktion 1
  - II. Konzeption 3
  - III. Europarechtliche Vorgaben 4
  - IV. Stellung innerhalb der VOL/A 5
  - V. Vergleich zu VOB/A und VOF 6
  - VI. Rechtsnormqualität und bieterschützender Charakter 7
  - VII. Fristberechnung und Einbeziehung in den Vertrag 9
- B. Ausführungsfristen (Nr. 1) 16
  - I. Grundsatz: ausreichende Fristbemessung 18
  - II. Ausnahme: außergewöhnlich kurze Fristen .. 23
    - 1. Besondere Dringlichkeit 24
    - 2. Rechtsfolge 25
- C. Einzelfristen (Nr. 2) 27
- D. Kooperationsfristen (Nr. 3) 31

A. Einleitung

I. Bedeutung und Funktion

Der Bestimmung der Leistungszeit kommt sowohl für den Auftraggeber wie auch für den erfolgreichen Bieter als Auftragnehmer besondere Bedeutung zu. Der Zeitpunkt, zu dem eine Ware geliefert werden muss oder der Zeitraum, in dem eine Dienstleistung zu erbringen ist, gehört zu den wesentlichen Vertragsbedingungen. Die Ausführungsfristen sind daher bereits in die Ausschreibungsbekanntmachung (§ 17 Nr. 1 Abs. 2 lit. e)) und in die Aufforderung zur Angebotsabgabe (§ 17 Nr. 3 Abs. 2 lit. e)) aufzunehmen und den Bewerbern zur Kenntnis zu bringen. 1

Neben den zivilrechtlichen Konsequenzen (insb. Schuldnerverzug bei Überschreitung der Leistungszeit, Unmöglichkeit der Leistungserbringung bei absolutem Fixgeschäft) kommen den Ausführungsfristen aber auch wettbewerbsrelevante Auswirkungen zu. Für ein Unternehmen wird es bei der Entscheidung, sich an einer öffentlichen Ausschreibung zu beteiligen oder nicht, neben dem Vertragsgegenstand 2

Rechten

insbesondere darauf ankommen, ob es in der Lage ist, die Leistung zu dem festgelegten Zeitpunkt oder Zeitraum erbringen zu können.

II. Konzeption

3 § 11 enthält die Grundsätze für die Bemessung verschiedener Fristen, die für die Erfüllung der vertraglichen Leistungspflichten im Rahmen der späteren Ausführung des Auftrags eine Rolle spielen. Auch dem fiskalisch handelnden öffentlichen Auftraggeber steht es zunächst frei, den Zeitpunkt oder den Zeitraum für die Leistungserbringung nach seinen Bedürfnissen zu bestimmen. § 11 schränkt diesen Grundsatz der Privatautonomie jedoch durch ein Regel-Ausnahme-Verhältnis ein: Danach muss der Auftraggeber die Ausführungsfristen grundsätzlich ausreichend bemessen (Nr. 1 Satz 1) und darf kurze Fristen und/oder die Aufnahme von Einzelfristen nur unter engen Voraussetzungen (besondere Dringlichkeit, erhebliches Interesse) vorgeben (Nr. 1 Satz 2 und Nr. 2). Insofern steckt § 11 den zulässigen Spielraum für die Ausgestaltung der Ausführungsfristen ab und bettet diesen in den Gesamtkontext der VOL, die ein faires und nichtdiskriminierendes Wettbewerbsverfahren sicherstellt (§ 2) und in deren Rahmen der Bieter nicht unangemessen benachteiligt werden darf (§ 8 Nr. 1 Abs. 3). Zugleich antizipiert der Grundsatz einer angemessenen Ausführungsfrist, dass hierdurch der Wettbewerb stimuliert wird und letztendlich günstigere Angebote erzielbar sind, was dem haushaltsrechtlichen Grundsatz von Wirtschaftlichkeit und Sparsamkeit bei der Beschaffung Rechnung trägt (§ 7 Abs. 1 BHO).

III. Europarechtliche Vorgaben

4 Art. 53 Abs. 1 lit a) VKR führt den Lieferzeitpunkt bzw. die Liefer- oder Ausführungsfristen exemplarisch als Kriterien auf, die mit dem Auftragsgegenstand zusammenhängen und bei der Zuschlagserteilung auf das wirtschaftlich günstigste Angebot im Rahmen der Angebotswertung eine Rolle spielen können. Gleiches normiert Art. 55 Abs. 1 lit. a) SKR für die Sektorenauftraggeber. Die Regelungen sind in § 25a Nr. 1 Abs. 1, § 25b Nr. 1 Abs. 1 bzw. § 11 SKR Nr. 1 Abs. 1 VOL/A umgesetzt.

Bei europaweiten Ausschreibungen sehen die Veröffentlichungsformulare »Bekanntmachung«,[1] »Regelmäßige nichtverbindliche Bekanntmachung – Sektoren«[2] sowie »Bekanntmachung – Sektoren«[3] die Angabe der Vertragslaufzeit (in Monaten bzw. Tagen ab Auftragsvergabe) bzw. der Daten von Beginn und Ende der Auftragsausführung vor. Darüber hinaus sind – soweit vom Auftraggeber beabsichtigt – Ausführungs- bzw. Lieferfrist als Zuschlagskriterium in dem Standardformular »Bekanntmachung« und »Bekanntmachung – Sektoren« anzugeben und zu gewichten.

---

1 Anhang II der Verordnung (EG) Nr. 1564/2005; vgl. § 17a Rn. 19 ff.
2 Anhang IV der Verordnung (EG) Nr. 1564/2005; vgl. § 17b Rn. 10 ff.
3 Anhang V der Verordnung (EG) Nr. 1564/2005; vgl. § 17b Rn. 18 ff.

Europarechtliche Vorgaben für die Bemessung der Ausführungsfristen existieren hingegen nicht.

IV. Stellung innerhalb der VOL/A

§ 11 VOL/A ist eingebettet in einen Vorschriftenkomplex, der Fragen der Vertragsgestaltung behandelt. Die Konditionen für die Einbeziehung von Unterauftragnehmer (§ 10), für Vertragsstrafen (§ 12), für die Verjährung von Mängelansprüchen (§ 13) und für Sicherheitsleistungen (§ 14) betreffen primär die Phase der Vertragsausführung und scheinen damit auf den ersten Blick in der VOL/A, den Bestimmungen für die Vergabe von Leistungen, systemfremd. Da der Auftraggeber jedoch durch die Zuschlagserteilung das Angebot des Bestbieters ohne weitere Änderungen annimmt und hierdurch zugleich ein zivilrechtlicher Vertrag zustande kommt,[4] muss er bereits im Vorfeld der Angebotserstellung diejenigen Bedingungen vorgeben, die er später im Vertrag wiederfinden will. Insofern beinhalten die §§ 10–14 VOL/A im Rahmen des Ausschreibungsverfahrens eher »Erinnerungsposten« für den Auftraggeber nach Art einer Checkliste,[5] die er bei der Erstellung der Vergabeunterlagen berücksichtigen muss. Darüber hinaus sind die Vorgaben des Auftraggebers zu Liefer- und Leistungszeitpunkten, Vertragsstrafen oder Sicherheitsleistungen für die anbietenden Unternehmen aber auch von erheblicher Bedeutung für deren Angebotskalkulation. Den hierzu in der Bekanntmachung oder in den Vergabeunterlagen gemachten Angaben kommt daher hoher Stellenwert zu.

V. Vergleich zu VOB/A und VOF

Der Wortlaut des § 11 VOL/A findet sich unverändert in der VOB/A wieder. Die dortige Regelung wird allerdings um einige bauspezifische Besonderheiten ergänzt. So kennt die VOB/A zusätzlich die Bauvorbereitungsfrist (§ 11 Nr. 1 Abs. 1 Satz 2 VOB/A), die Möglichkeit einer Frist zur Aufforderung zum Baubeginn (§ 11 Nr. 1 Abs. 3 VOB/A) sowie den Bauzeitenplan (§ 11 Nr. 2 Abs. 2 VOB/A). Bei der Bemessung der Ausführungsfristen ist in § 11 Nr. 1 Abs. 1 Satz 1 VOB/A ausdrücklich die Berücksichtigung der Jahreszeit und der Arbeitsbedingungen vorgesehen. Schließlich enthält § 11 Nr. 4 VOB/A eine § 5 Nr. 4 VOB/B ergänzende Regelung zur Pauschalierung des Verzugsschadens. Die VOF enthält keine Regelung zu den Ausführungsfristen.

VI. Rechtsnormqualität und bieterschützender Charakter

Umstritten ist, ob § 11 VOL/A Rechtsnormqualität zukommt oder nicht. *Motzke* verneint dies für § 11 VOB/A bereits mit Blick darauf, dass die Vorschrift den Anfor-

---

4 Vgl. hierzu § 25.
5 So auch Beck'scher VOB-Komm./*Motzke* A I § 11 Rn. 4.

derungen an Inhalt und Sprache eines materiellen Gesetzes kaum genüge und mit Blick auf die gebrauchten Formulierungen nur als innerdienstliche Weisung hinnehmbar sei. Zudem betreffe der Regelungsinhalt der Vorschrift das Bauvertragsrecht und nicht das bei der Vergabe zu beachtende Verfahren, auf dessen nähere Bestimmung sich die Verordnungsermächtigung in § 97 Abs. 6 GWB aber beschränke. Der Verweis in §§ 6 und 7 VgV, dass Auftraggeber nach § 98 Nr. 1–3, 5 und 6 GWB bei der Vergabe von Bauaufträgen die Bestimmungen des 2. Abschnitts der VOB/A anzuwenden hätten, begründe demnach keine gesetzliche Verpflichtung zur Beachtung auch des § 11 VOB/A. Daran ändere auch § 97 Abs. 7 GWB nichts, da § 11 VOB/A nicht Teil der Bestimmungen über das Vergabeverfahren sei und nicht den Schutz des Unternehmens bezwecke. Daher blieben Verstöße gegen die Vorschrift folgenlos.[6]

8   Die Rechtsprechung[7] und die sonstige Literatur[8] gehen hingegen vom bieterschützenden Charakter der Vorschrift im Rahmen von Ausschreibungen ab den EG-Schwellenwerten aus. Denn die Unternehmen haben bereits mit Blick auf ihre innerbetriebliche Disposition und Kalkulation ein berechtigtes Interesse daran, rechtzeitig zu erfahren, welcher zeitliche Rahmen für die Ausführung der Leistung in Betracht kommt. Setzt der Auftraggeber unangemessen kurze Fristen, wird der Kreis der infrage kommenden Bieter verengt und der Wettbewerb damit eingeschränkt oder sogar verhindert. Besteht hierfür keine auf objektiven Umständen beruhende Dringlichkeit der Beschaffungsmaßnahme im Sinne des § 11 Nr. 1 Satz 2 VOL/A, so liegt eine Verletzung der Bieter in ihren Rechten auf Teilnahme am Wettbewerb vor. Zudem verfolgt auch die Vorschrift über die Ausgestaltung von Ausführungsfristen das Ziel, gleiche Teilnahmebedingungen zu schaffen und Diskriminierungen auszuschließen. Da ein Verstoß gegen die ausreichende Bestimmung von Ausführungsfristen ferner das ausgewogene Verhältnis zwischen Bieter- und Auftraggeberinteressen stören kann, führt eine einseitige Verschiebung dieses Verhältnisses zum Nachteil der Bieter zu einem Verstoß gegen § 8 Nr. 1 Abs. 3 VOL/A.

VII. Fristberechnung und Einbeziehung in den Vertrag

9   § 11 gibt den zulässigen Spielraum für die Festlegung von Fristen und deren Bemessung vor. Die Vorschrift trifft jedoch weder Aussagen dazu, nach welchen zeitlichen Maßstäben die Fristen bestimmt werden, noch wie diese Fristen berechnet werden.

10 Die Wahl des zeitlichen Maßstabs steht den Vertragsparteien grundsätzlich frei. In der Praxis wird der Auftraggeber nach seinen Bedürfnissen festlegen, ob er eine Frist nach Zeitabschnitten (Tagen, Monaten, Jahren) wählt oder sie nach dem Kalender festlegt. Bestimmt er die Frist nach Zeitabschnitten, so muss für ihre Berechnung stets ein Bezugszeitpunkt gewählt werden (zum Beispiel »ab Zuschlagserteilung«). Wird der

---

6 Beck'scher VOB-Komm./*Motzke* A I § 11, Rn. 7 ff. und 135 f.
7 *VK Bund* Beschl. v. 15. 9. 1999, VK 1–19/99; *KG* Beschl. v. 5. 1. 2000, KartVerg 1/99; *VK Sachsen* Beschl. v. 2. 8. 2001, 1/SVK/70–01; *OLG Düsseldorf* Beschl. v. 28. 2. 2002, Verg 37/01.
8 *Müller-Wrede* in: Müller-Wrede, VOL/A § 11, Rn. 13; *Weyandt* ibr-online-Kommentar Vergaberecht, Stand 27. 4. 2006, § 11 VOL/A, Rn. 5390; *Heiermann* in: Heiermann/Riedl/Rusam, VOB/A § 11, Rn. 4; *Franke/Grünhagen* in: Franke/Kemper/Zanner/Grünhagen, VOB/A § 11, Rn. 17.

Zeitraum in Tagen festgelegt, ist zudem anzugeben, ob es sich um Kalender-, Werk- oder Arbeitstage handelt. Während bei Kalendertagen jeder Tag in die Berechnung einfließt, werden bei Werktagen Sonn- und Feiertage ausgespart. Als Arbeitstage zählen hingegen nur die Tage von Montag bis Freitag; ausgenommen hiervon sind wieder die Feiertage.

Die Berechnung der Fristen sollte ohne Schwierigkeiten aufgrund der vertraglichen Fristvereinbarungen bzw. der Vorgaben des Auftraggebers möglich sein. Zur Vermeidung von Unklarheiten und Meinungsverschiedenheiten ist daher die Fristbestimmung nach dem Kalender zu empfehlen. Hierbei ist jeweils ein konkretes Datum für den Fristbeginn und das Fristende genannt werden. Gleiches gilt, wenn ein konkreter Lieferzeitpunkt zu bestimmen ist. Damit wird zugleich der Pflicht zur eindeutigen und erschöpfenden Leistungsbeschreibung (§ 8 Nr. 1 Abs. 1) Rechnung getragen, zu der auch eine Information in zeitlicher Hinsicht gehört. **11**

Ist die Frist nicht eindeutig bestimmbar, sind die gesetzlichen Vorschriften der §§ 187 bis 193 BGB ergänzend heranzuziehen. Diese gelten nach § 186 BGB für die in Rechtsgeschäften enthaltenen Frist- und Terminsbestimmungen. Es handelt sich allerdings um reine Auslegungsvorschriften, die immer dann zurücktreten, wenn ihre Anwendung mit dem Willen der Vertragsparteien nicht übereinstimmt bzw. wenn diese ausdrücklich oder aus den Umständen erkennbar eine andere Vereinbarung getroffen haben.[9] Somit ist vor Anwendung der §§ 187 ff. BGB zunächst der Parteiwille zu erforschen. **12**

Um Verbindlichkeit zu entfalten (und mögliche Verstöße sanktionieren zu können), müssen die Fristen im Vertrag vereinbart werden. Dies geschieht regelmäßig per Vorgabe durch den Auftraggeber, anhand derer der Bieter sein Angebot konzipiert, welches dann mit Zuschlagserteilung durch den Auftraggeber angenommen wird.[10] § 17 sieht daher bereits die Aufnahme etwaiger Bestimmungen über die Ausführungsfrist in der Bekanntmachung bzw. der Aufforderung zur Angebotsabgabe vor. Dies gilt zudem für die Vergabeunterlagen (§ 9). Nach § 9 Nr. 4 lit. e) sollen die Ausführungsfristen – soweit erforderlich – in Zusätzlichen, Ergänzenden oder Besonderen Vertragsbedingungen geregelt werden. Da die Fristbestimmung aber regelmäßig auftragsspezifisch sein wird, kommt grundsätzlich nur eine Aufnahme in die Besonderen Vertragsbedingungen in Betracht.[11] Denkbar ist allerdings auch eine Aufnahme in Zusätzliche oder Ergänzende Vertragsbedingungen, wenn es sich um die Beschaffung wiederkehrender (Standard)Leistungen handelt und die Fristen nicht nach dem Kalender bestimmt werden (z. B. »vier Wochen ab Zuschlagserteilung«). **13**

Werden die Fristen Vertragsbestandteil, so ist derjenige Vertragspartner, der sie zu beachten hat, zur Einhaltung verpflichtet. Überschreitet der Auftragnehmer die Ausführungsfrist, so gerät er regelmäßig in Verzug (§§ 286 ff. BGB). Handelt es sich um ein absolutes Fixgeschäft, so tritt mit Überschreitung der Frist nachträgliche Unmöglichkeit ein. Zudem wird eine nach § 12 ausbedungene Vertragsstrafe verwirkt. **14**

---

9 *Zdzieblo* in: Daub/Eberstein, VOL/A § 11 Rn. 9.
10 S. hierzu oben Rn. 5.
11 So auch *Zdzieblo* in: Daub/Eberstein, VOL/A § 11 Rn. 23.

§ 11 Ausführungsfristen

Nach § 5 Nr. 2 Abs. 1 VOL/B hat der Auftraggeber die Ausführungsfristen jedoch angemessen zu verlängern, wenn eines der dort erwähnten Hindernisse eingetreten ist.[12]

15 Aus Gründen der Gleichbehandlung ist der Auftraggeber seinerseits gehalten, im Falle der Fristüberschreitung den Verzugsschaden auch geltend zu machen bzw. die Vertragsstrafe einzufordern. Denn nur so kann sichergestellt werden, dass die Bieter die Einhaltung der Ausführungsfristen auch beachten und in gleicher Weise in ihrer Kalkulation berücksichtigen. Eine Verwaltungspraxis des Auftraggebers, die Fristenüberschreitung nicht zu sanktionieren, würde dem Bieter, der hiervon Kenntnis hat, einen wettbewerbswidrigen Vorteil gegenüber dem »vertragstreuen« Bieter bringen.[13]

B. Ausführungsfristen (Nr. 1)

16 Nach § 11 Nr. 1 ist der Auftraggeber verpflichtet, die Ausführungsfristen ausreichend zu bemessen (Satz 1). Außergewöhnlich kurze Fristen darf er hingegen nur vorsehen, wenn ein Fall besonderer Dringlichkeit vorliegt (Satz 2).

17 Ausführungsfristen sind die Zeiträume, die dem Auftragnehmer für die Ausführung der vertraglich übernommenen Leistungspflichten zur Verfügung stehen. Entsprechend des weiten Spektrums von Leistungen, die mittels einer Ausschreibung nach der VOL/A vergeben werden können,[14] ist der Begriff weit zu fassen. Während er im wörtlichen Sinne nur die Erbringung einer Dienstleistung oder die Erstellung eines Werks abdeckt, entspricht der Ausführungsfrist bei der Lieferung von Waren die Lieferfrist bzw. den Lieferzeitpunkt. Entsprechend hat der DVAL in seinen Erläuterungen zur VOL/A betreffend § 11 auch festgelegt, dass der Begriff »Ausführungsfristen« auch Lieferfristen umfasst.

I. Grundsatz: ausreichende Fristbemessung

18 Der Auftraggeber muss die Ausführungsfristen ausreichend bemessen. Dieser Pflicht liegt zum einen die Erwägung zugrunde, dass die Länge der Frist unmittelbaren Einfluss auf die Angebotskalkulation hat, wobei sich eine längere Lieferfrist in der Tendenz eher in niedrigeren Angebotspreisen niederschlägt, während kürzere Fristen zu höheren Preisen führen können, weil möglicherweise nicht der preisgünstigste Materialeinkauf möglich ist und eine kurze Herstellungszeit zudem zu erhöhten Produktionskosten (z. B. Überstundenzuschläge) führen kann.

Der Begriff »ausreichend« ist auslegungsbedürftig und verbietet eine abstrakte Eingrenzung. Wann eine Frist ausreichend ist und wann nicht, kann damit nur anhand der Umstände des Einzelfalls bestimmt werden. Einflussfaktoren sind die Art und

---

12 S. hierzu im Einzelnen *Kulartz* in: Daub/Eberstein, VOL/B § 5, Rn. 13 ff.; zur Frage, ob die Ausführungsfristen auch bei Verlängerung der Bindefrist angemessen zu verlängern sind vgl. § 19 Rn. 12 ff.
13 *Heiermann* in: Heiermann/Riedl/Rusam, VOB/A § 11 Rn. 5.
14 Vgl. den als Auffangtatbestand ausgestalteten Begriff der »Leistungen« in § 1.

Ausführungsfristen § 11

der Umfang der vertragsgegenständlichen Leistung sowie die Frage, ob die betreffende Leistung (handels)üblich ist oder nicht.

Im Rahmen dieser Parameter hat der Auftraggeber eine Prognoseentscheidung zu treffen. Handelt es sich um die Erbringung handelsüblicher Leistungen, also beispielsweise die Lieferung von Standardprodukten, kann sich diese Entscheidung an den bisherigen Erfahrungen des Auftraggebers sowie an den in der jeweiligen Branche üblichen Fristen orientieren.[15] Allgemein bekannte Umstände hat der Auftraggeber hierbei zu berücksichtigen. Dies sind etwa Lieferengpässe beim Produkt selbst oder bei Zulieferprodukten. **19**

Betrifft der öffentliche Auftrag hingegen Leistungen, die nicht für den allgemeinen Markt hergestellt werden, sondern Sonderanfertigungen oder auf den Auftraggeber zugeschnittene Sonderleistungen, so ist die Anzahl der die Ausführungsfristen beeinflussenden Umstände naturgemäß vielschichtiger. Dies muss den Auftraggeber im Vorfeld zu eingehenderen Überlegungen bei der Fristbestimmung veranlassen. Ein entscheidender Faktor ist zunächst, ob neben der Herstellung der Leistung auch Entwicklungsarbeiten erforderlich sind. Hinsichtlich des Fertigungsprozesses selbst sind in zeitlicher Hinsicht bestimmend etwa die Verfügbarkeit von Fertigungsmaterial am Markt, die Übernahme und Integration von Teilen der Leistung durch Dritte oder der Umfang möglicher Beistellungen. Auch die Erfahrung des Auftragnehmers mit der Herstellung vergleichbarer Leistungen kann eine Rolle spielen. Gleiches gilt für die Marktlage sowie die Arbeitsverhältnisse.[16] **20**

Der Auftraggeber hat die Faktoren, die für die Fristbestimmung maßgeblich sind, im Vergabevermerk zu dokumentieren, um bei Meinungsverschiedenheiten die Sachgerechtheit seiner Entscheidung nachweisen zu können. **21**

Obwohl der Auftraggeber – wie oben gezeigt – auch die Interessen des Auftragnehmers angemessen berücksichtigen soll, braucht er neben der sachgerechten Einbeziehung der die Fristen beeinflussenden Faktoren keine zusätzlichen Zeitfenster zugunsten des Vertragspartners einplanen. Dies ergibt sich bereits aus dem Haushaltsrecht (§ 7 BHO bzw. die entsprechenden Vorschriften der Landeshaushaltsordnungen) und der Überlegung, dass auch unnötige Fristverlängerungen zu höheren Preisen führen können. Einen Rechtfertigungsgrund bedarf es nach Nr. 1 Satz 2 zudem nur bei außergewöhnlich kurzen Fristen, im Umkehrschluss also nicht bei »angemessen« kurzen Fristen. **22**

---

15 *VK Bund* Beschl. v. 15. 9. 1999, VK 1 – 19/99.
16 A. A. *Zdzieblo* in: Daub/Eberstein, VOL/A § 11, Rn. 12, der davon ausgeht, dass diese Faktoren unberücksichtig bleiben müssen, da sie nicht ausdrücklich in § 11 Nr. 1 Satz 1 erwähnt sind und der DVAL im Rahmen der Entstehungsgeschichte der VOL/A die ausdrücklich angeregte Aufnahme dieser beiden Kriterien, die in § 11 Nr. 1 VOB/A expressis verbis genannt sind, abgelehnt hatte. Dabei wird allerdings übersehen, dass in § 11 Nr. 1 VOL/A überhaupt keine die Länge der Ausführungsfrist bestimmenden Faktoren angegeben sind und sämtliche alle beeinflussenden Faktoren zur Konkretisierung des Begriff der angemessenen Länge der Frist herangezogen werden können, die im Einzelfall maßgeblich sind.

II. Ausnahme: außergewöhnlich kurze Fristen

23 Nr. 1 Satz 2 schränkt den Grundsatz der ausreichenden Ausführungsfristen ein. Danach sind außergewöhnlich kurze (Ausführungs-)Fristen nur dann vorzusehen, wenn besondere Dringlichkeit dies erfordert. Als Ausnahmevorschrift ist die Regelung grundsätzlich eng auszulegen.[17]

1. Besondere Dringlichkeit

24 Auch die Frage, ob ein Fall besonderer Dringlichkeit bei der Beschaffung von Waren oder Dienstleistungen vorliegt, kann nur unter den Umständen des Einzelfalls bestimmt werden. Sie darf nicht in den subjektiven Vorstellungen des Auftraggebers begründet sein, sondern muss sich aus objektiven Gründen und Umständen ergeben. Dies ist jedenfalls dann der Fall, wenn der Auftraggeber ohne eine rasche Deckung seines Sachbedarfs die ihm obliegenden Aufgaben nicht sachgerecht erfüllen kann. Kritisch ist eine vom Auftraggeber selbst verursachte besondere Dringlichkeit zu bewerten, etwa dann, wenn er eine Ausschreibung spät beginnt, obwohl ein absehbar zu einem bestimmten Termin notwendiger Bedarf an Waren oder Dienstleistungen besteht. Wie bei § 26 Nr. 1 lit. d) sind auch hier vom Auftraggeber selbst zu verantwortende Umstände regelmäßig nicht ausreichend, die Voraussetzungen für den Ausnahmetatbestand zu erfüllen. Im Rahmen seiner Dokumentationspflicht ist der Auftraggeber gehalten, die Gründe für das Bestehen einer besonderen Dringlichkeit im Vergabevermerk darzulegen.

2. Rechtsfolge

25 Liegt ein Fall besonderer Dringlichkeit vor, so können auch außergewöhnlich kurze Fristen vorgesehen werden. Der Wortlaut von Nr. 1 Satz 2, wonach entsprechend kurze Fristen in diesem Fall vorzusehen sind, ist missverständlich. Denn dem Auftraggeber erwächst beim Vorliegen der Voraussetzungen keine Pflicht, so zu handeln,[18] wenngleich ihm in der Praxis freilich wenig Handlungsalternativen bleiben.

26 Aber auch wenn der Auftraggeber durch die Umstände des Einzelfalls legitimiert ist, außergewöhnlich kurze Ausführungsfristen vorzusehen und im Rahmen der Vergabeunterlagen vorzugeben, müssen diese kurzen Fristen für sich betrachtet wiederum angemessen sein. Es dürfen also nur hinreichend notwendig kurze Fristen vorgesehen werden. Dies ergibt sich bereits aus der Pflicht zur Beachtung der haushaltsrechtlichen Gründsätze von Wirtschaftlichkeit und Sparsamkeit. Dem Auftraggeber muss bei ihrer Bestimmung bewusst sein, dass hierdurch regelmäßig höhere Preise verursacht werden, da der Auftragnehmer in seiner Disposition deutlich eingeschränkt wird und damit unter Umständen höhere Materialkosten und erhöhte Produktionskosten durch Feiertags-, Wochenend- oder Nachtzuschläge oder die Beschäftigung zusätzlichen Personals ausgelöst werden, die sich im Angebotspreis niederschlagen. Zudem besteht bei außergewöhnlich kurzen Ausführungsfristen die Gefahr einer

---

[17] *VK Bund* Beschl. v. 15. 9. 1999 VK 1–19/99.
[18] So wohl auch Beck'scher VOB-Komm./*Motzke* A I § 11 Rn. 4.

Wettbewerbsbeschränkung, da regelmäßig nicht alle Unternehmen, die an dem Auftrag interessiert sind, auch in der Lage sind, den Sachbedarf in außergewöhnlich kurzer Zeit zur Verfügung zu stellen. Der Auftraggeber hat im Vergabevermerk also auch die Erwägungen zu dokumentieren, die er zur Dauer der außergewöhnlich kurzen Frist angestellt hat.

C. Einzelfristen (Nr. 2)

Nr. 2 normiert die Voraussetzungen, unter denen der Auftraggeber neben den Ausführungsfristen weitere Einzelfristen für in sich abgeschlossene Teile der durch den Auftragnehmer zu erbringenden Leistung vorgeben darf. Wie bei Nr. 1 Satz 2 handelt es sich auch bei dieser Regelung um einen Ausnahmetatbestand, der grundsätzlich eng auszulegen ist. Denn das Leitbild der VOL/B geht für die Vertragsausführung davon aus, dass dem Auftragnehmer hier ein hohes Maß an Gestaltungs- und Dispositionsfreiheit zu gewähren ist. Entsprechend normiert § 4 Nr. 1 Abs. 1 Satz 1 VOL/B ausdrücklich, dass die Leistung in eigener Verantwortung des Auftragnehmers erbracht wird. Dies umfasst, dass er insbesondere im Rahmen der Planung der Entwicklungs- und Fertigungsphase eigenverantwortlich festlegen kann, wann welche Arbeitsschritte ausgeführt werden. Dabei können einzelne Tätigkeiten in ihrer zeitlichen Komponente oftmals nur prognostiziert und grob terminiert werden; kurzfristige Verschiebungen von Teilprozessen oder unvorhersehbar entstehende Verzögerungen können im Sinne des Endprodukts – und damit auch im Sinne des Auftraggebers – am besten durch eine möglichst hohe Flexibilität des Auftragnehmers aufgefangen und kompensiert werden. Eine Anhäufung von Einzelfristen entzieht dem Auftragnehmer diese Flexibilität und erhöht unabhängig davon in jedem Falle den bürokratischen Aufwand, die Einhaltung dieser Fristen innerbetrieblich zu organisieren und gegenüber dem Auftraggeber nachzuweisen. Ein Mehr an verbindlichen Vorgaben wird daher in der Regel auf den Produktionsprozess eher störend als fördernd wirken.[19]

27

Für die Bestimmung von Einzelfristen muss ein erhebliches Interesse des Auftraggebers hierfür bestehen. Denkbar ist zunächst, dass der Auftraggeber wissen muss, ob und wann der Auftragnehmer bestimmte Entwicklungs- oder Produktionsstufen erreicht, um somit gegebenenfalls den Abbruch der Arbeiten im Wege der außerordentlichen Kündigung verfügen zu können, wenn bestimmte Meilensteine oder Benchmarks nicht erreicht werden. Darüber hinaus kann auch dann ein erhebliches Interesse an Einzelfristen gegeben sein, wenn Beistellungen des Auftraggebers zu einem gewissen Zeitpunkt notwendig sind oder zu bestimmten Zeitpunkten andere Leistungen beauftragt werden sollen oder müssen, um spätere Integrationen beider Leistungen synchronisieren zu können. Der Auftraggeber hat die Gründe für das Vorliegen eines erheblichen Interesses im Vergabevermerk zu dokumentieren.

28

Rechtsfolge des Vorliegens erheblicher Gründe kann auch bei § 11 Nr. 2 keine Pflicht zur Bestimmung von Einzelfristen sein, wenngleich der Wortlaut (»sind ... zu bestimmen«) den Anschein erweckt. Dem Auftraggeber muss auch hier im Rahmen seiner

29

---

19 *Zdzieblo* in: Daub/Eberstein, VOL/A § 11 Rn. 16.

haushaltsrechtlichen Pflichten genügend Spielraum gelassen werden, auf die entsprechende Situation reagieren zu können. Selbst wenn es ein erhebliches Interesse erfordert, Einzelfristen zu bestimmen, kann im Einzelfall möglicherweise eine andere Reaktion des Auftraggebers zielführender sein.

30   Einzelfristen im Sinne dieser Vorschrift sind grundsätzlich ebenfalls Ausführungsfristen für in sich abgeschlossene Teile der Gesamtleistung. Teile der Gesamtleistung wiederum können einerseits Arbeitspakete sein (Teillieferungen, Teildienstleistungen) oder andererseits abgrenzbare Entwicklungs- oder Fertigungsabschnitte (Meilensteine). Der Wortlaut lässt allerdings auch zu, dass Teilfristen sich beispielsweise auf die Erbringung von Nachweisen und Berichten über den Stand der Auftragsausführung beziehen.

D. Kooperationsfristen (Nr. 3)

31   § 11 Nr. 3 sieht vor, dass weitere Fristen festgelegt werden sollen, wenn für die Einhaltung der Ausführungsfristen die Übergabe von Unterlagen wichtig ist. Anders als die Fristen in den Nummern 1 und 2, die den Auftragnehmer betreffen und von diesem einzuhalten sind, richtet sich die Frist nach Nr. 3 an den Auftraggeber. Entsprechend sind die Kooperationsleistungen, die für die ordnungsgemäße und fristgerechte Ausführung des Auftrags für den Auftragnehmer eine Rolle spielen, weit auszulegen. Die Regelung erwähnt ausdrücklich Zeichnungen und andere Unterlagen. Letztgenannte können beispielsweise Handbücher oder Forschungsergebnisse des Auftraggebers sein. Analog ist die Vorschrift aber auch auf alle anderen Fälle von Beistellungen (Geräte, Maschinen, Rohstoffe oder bei Integrationsleistungen die Ergebnisse anderer Aufträge) anzuwenden, in denen der Auftragnehmer wissen muss, zu welchem Zeitpunkt der Auftraggeber die vertraglich vereinbarten Hilfsmittel zur Verfügung stellen wird.

32   Eine Pflicht zur Festlegung einer Frist nach Nr. 3 besteht nicht. Dies ergibt sich bereits aus dem Wortlaut: Es handelt sich um eine Soll-Vorschrift, so dass bei Vorliegen zwingender Gründe von einer Einhaltung abgesehen werden kann. Unabhängig davon liegt das Vereinbaren und nachfolgend auch das Einhalten solcher Kooperationsfristen im Interesse des Auftraggebers. Denn wenn für die Erbringung der Leistung durch den Auftragnehmer die Übergabe von Unterlagen notwendig ist, gehen Verzögerungen, die darauf zurückzuführen sind, dass keine Kooperationsfrist vereinbart wurde oder eine vereinbarte Frist durch den Auftraggeber nicht eingehalten wurde, einseitig zu dessen Lasten.

§ 12
Vertragsstrafen

Vertragsstrafen sollen nur für die Überschreitung von Ausführungsfristen ausbedungen werden und auch nur dann, wenn die Überschreitung erhebliche Nachteile verursachen kann. Die Strafe ist in angemessenen Grenzen zu halten.

Inhaltsübersicht   Rn.

- A. Allgemeines 1
  - I. Entstehungsgeschichte 1
  - II. Unterschiede zur VOB/A 2
  - III. Verhältnis zum GWB 3
  - IV. Europarecht 4
- B. Inhalt 5
  - I. Allgemeines 5
  - II. Reichweite 6
  - III. Höhe der Strafe 10
  - V. Rechtsschutz 12

A. Allgemeines

I. Entstehungsgeschichte

Der Wortlaut ist seit 1984 unverändert. Beschleunigungsvergütungen waren nie vorgesehen (im Gegensatz zur VOB/A). **1**

II. Unterschiede zur VOB/A

Nach § 12 sollen Vertragsstrafen nur für die Überschreitung von Ausführungsfristen ausbedungen werden, und auch nur dann, wenn die Überschreitung erhebliche Nachteile verursachen kann. Vertragsstrafen für andere Verstöße gegen Leistungspflichten sind nicht erwähnt. Zwar stimmt § 12 Nr. 1 VOB/A wörtlich mit dem Text von § 12 überein, doch enthält § 12 Nr. 2 VOB/A eine Regelung, die für die Fertigstellung vor Ablauf der Vertragsfristen eine Beschleunigungsvergütung (Prämie) enthält. Doch kann aus der Nichterwähnung von Beschleunigungsvergütungen in § 12 nicht der Schluss gezogen werden, dass im Anwendungsbereich der VOL/A eine Beschleunigungsvergütung nicht vereinbart werden dürfte. Mit einer Beschleunigungsvergütung wird eine vorzeitig erbrachte Leistung finanziell belohnt. Vorteil einer solchen Prämie ist der Anreiz für eine möglichst schnelle Leistungserbringung, nachteilig könnte sich der dadurch bedingte Anreiz zu einer rascheren und damit unsorgfältigeren Leistung auswirken. **2**

§ 12 Vertragsstrafen

III. Verhältnis zum GWB

3   Im GWB fehlen vergleichbare Vorschriften.

IV. Europarecht

4   Im Europarecht fehlen vergleichbare Vorschriften.

B. Inhalt

I. Allgemeines

5   Der Begriff Vertragsstrafe ist in dem in § 339 BGB enthaltenen Sinn zu verstehen. Eine Vertragsstrafe ist demnach die Zahlung einer Geldsumme, die der Schuldner dem Gläubiger für den Fall verspricht, dass er seine Verbindlichkeit nicht oder nicht in gehöriger Weise erfüllt. Die Strafe ist aber nur dann verwirkt, wenn der Schuldner in Verzug kommt, er die nicht rechtzeitige Erfüllung also zu vertreten hat, § 286 Abs. 4 BGB. Trifft ihn kein Verschulden an der Fristüberschreitung, etwa wegen höherer Gewalt oder des Verhaltens des Auftraggebers, schuldet er keine Vertragsstrafe. Nach § 342 BGB kann als Strafe auch eine andere Leistung als die Zahlung einer Geldsumme versprochen werden. Sinn der Vertragsstrafe ist es, als Zwangsmittel den Schuldner zur rechtzeitigen und ordnungsgemäßen Erbringung der vertraglich geschuldeten Leistung anzuhalten (Druckfunktion), und dem Gläubiger im Fall einer schuldhaft nicht vertragsgerecht erbrachten Leistung die Möglichkeit eines erleichterten Schadensersatzes zu geben (Ausgleichsfunktion). Im Einzelnen finden die Vorschriften der §§ 339–343 BGB Anwendung.

II. Reichweite

6   Nach § 12 Satz 1 sollen Vertragsstrafen für die Überschreitung von Ausführungsfristen nur ausbedungen werden, wenn die Überschreitung erhebliche Nachteile verursachen kann. Was unter einem erheblichen Nachteil zu verstehen ist, führt die VOL/A nicht aus. Es darf sich nicht um einen minimalen Schaden handeln, sondern der Auftraggeber muss in seiner wirtschaftlichen Kalkulation schwerwiegende Einbußen erleiden, wie etwa die verzögerte Eröffnung eines Krankenhauses. Ob für den Auftraggeber erhebliche Nachteile entstehen, ist stets eine Frage des Einzelfalles. Sämtliche Umstände sind sorgfältig zu prüfen.

7   Die Ausführungsfristen werden dann überschritten, wenn der Auftragnehmer die von ihm geschuldete Leistung nicht in der vereinbarten Zeit erbringt. Dies gilt sowohl für den eigentlichen Fertigstellungstermin als auch für Zwischenfristen. Bei der Nichteinhaltung von Zwischenfristen kann die gesamte geplante zeitliche Abfolge einschließlich der von anderen Auftragnehmern zu erbringenden Leistungen in Gefahr geraten.

Der Auftraggeber ist dann möglicherweise gezwungen, für die Einhaltung des Endtermins zusätzliche finanzielle Mittel aufzuwenden.

Mit der Regelung des § 12 wird die gesetzliche Möglichkeit für die Vereinbarung von Vertragsstrafen eingeschränkt. Doch handelt es sich lediglich um eine **Soll-Regelung**, so dass es auch im Bereich der VOL/A nicht ausgeschlossen ist, im Rahmen der BGB-Vorschriften weiter reichende Vertragsstrafenregelungen zu treffen. Sind Allgemeine Geschäftsbedingungen verwendet worden, darf nach § 307 Abs. 2 BGB der Vertragspartner durch die Vereinbarung einer Vertragsstrafe nicht unangemessen benachteiligt werden. Die nach § 307 Abs. 2 BGB vorzunehmende Inhaltskontrolle beruht auf einer allgemeinen Interessenabwägung. Maßgeblich ist eine überindividuell-generalisierende, von den konkreten Umständen des Einzelfalls absehende Betrachtungsweise.[1] Es kommt dementsprechend nicht auf den zu erwartenden individuellen Schaden des Vertragsstrafengläubigers an. Entscheidend ist, ob allgemein bei Verträgen der von den Parteien geschlossenen Art Nachteile zu erwarten sind.[2] Nach § 305 c Abs. 1 BGB darf die Vereinbarung einer Vertragsstrafe nicht durch eine überraschende Klausel erfolgen. Für den Bereich der Unternehmen dürfte allerdings eine Überraschung in Anbetracht ihrer Erfahrung kaum in Frage kommen. Sind keine Allgemeinen Geschäftsbedingungen vereinbart, ist die Grenze der Grundsatz von Treu und Glauben nach § 242 BGB.

8

Nach Auffassung des BGH[3] ist eine vereinbarte Vertragsstrafenregelung nicht deshalb unwirksam, weil die Vereinbarung gegen § 12 Nr. 1 Satz 1 VOB/A a. F. – wörtlich gleich mit § 12 – verstößt. Zunächst stellt der BGH in dieser Entscheidung fest, dass die Vertragsstrafenregelung grundsätzlich wegen der Verschiebung des Fertigstellungstermins anwendbar ist und weder ein Verstoß gegen die Angemessenheit der vereinbarten AGB noch gegen § 242 BGB i. V. m. § 12 Nr. 1 Satz 1 VOB/A vorliegt, weil bei Vertragsschluss mit Nachteilen gerechnet werden kann. Sodann zieht der BGH in Erwägung, dass ein Verstoß gegen § 12 VOB/A allenfalls dann dazu führen könne, dass die Vertragsstrafe nicht geltend gemacht werden dürfe, wenn der Auftragnehmer das Verhalten des Auftraggebers bei Abgabe des Angebotes als widersprüchlich werten dürfe und er in seinem schutzwürdigen Vertrauen darauf, dass der Auftraggeber sich an die Regelung in § 12 Nr. 1 Satz 1 VOB/A halten werde, enttäuscht werde. Ein solches widersprüchliches Verhalten liegt jedoch nicht vor, wenn der Auftraggeber bei seiner Ausschreibung subjektiv und vertretbar zu der Einschätzung gekommen ist, dass die Überschreitung der Vertragsfrist erhebliche Nachteile verursachen kann, und deshalb vom Auftraggeber eine Vertragsstrafe vorgesehen wird. Der Auftragnehmer hat darzulegen, dass ein derartiges widersprüchliches Verhalten des Auftraggebers gegeben ist. Ein widersprüchliches Verhalten des Auftraggebers dürfte grundsätzlich schwer nachzuweisen sein, weil die Überschreitung von Fristen regelmäßig zu nicht unerheblichen Nachteilen führen kann. Deshalb wurde im konkreten Fall auch nicht geprüft, ob die Voraussetzung der Entstehung eines erheblichen Nachteils überhaupt vorlag.[4]

9

---

1 *BGH* v. 30. 3. 2006 – VII ZR 44/05.
2 *BGH* v. 30. 3. 2006 – VII ZR 44/05.
3 *BGH* v. 30. 3. 2006 – VII ZR 44/05.
4 Anders *OLG Jena* v. 22. 10. 1998 – 8 U 474/96.

III. Höhe der Strafe

10 Die Höhe der Strafe kann zwischen den Vertragsparteien grundsätzlich frei vereinbart werden. § 12 Satz 2 bestimmt aber zwingend, dass die Strafe in angemessenen Grenzen zu halten ist. Diese Regelung gibt den Gedanken des § 343 Abs. 1 Satz 1 BGB wider. Die Vertragsstrafe muss der Höhe nach begrenzt sein. Der BGH[5] hält eine in Allgemeinen Geschäftsbedingungen getroffene Vertragsstrafenregelung dann für eine unangemessene Benachteiligung des Vertragspartners, wenn diese die Höchstgrenze von 5% der Auftragssumme überschreitet. Diese absolute Grenze ist auch für Verträge zu ziehen, die nicht aufgrund Allgemeiner Geschäftsbedingungen formuliert werden und deshalb lediglich der Kontrolle des § 242 BGB unterliegen.

11 Die relative Grenze für den einzelnen nicht aufgrund Allgemeiner Geschäftsbedingungen geschlossenen Vertrag wird durch die Angemessenheit gezogen. Hier sind die Umstände des Einzelfalls gegeneinander abzuwägen. Auf der einen Seite steht die Bedeutung der Ausführungsfrist für den Auftraggeber einschließlich der wirtschaftlichen Folgen, wenn die Frist nicht eingehalten werden kann, sowie der Wert des rückständigen Teils der Leistung, auf der anderen Seite die wirtschaftlichen Verhältnisse beim Auftragnehmer und die Anforderungen an ihn.

V. Rechtsschutz

12 Die §§ 11–13 gehören nicht zum eigentlichen Vergabeverfahrensrecht, sondern enthalten Regelungen dazu, wie der Inhalt des später abzuschließenden Vertrages aussehen soll. Ziel des § 12 ist es, im Vertragsinhalt für einen angemessenen Interessenausgleich zwischen Auftraggeber und Auftragnehmer zu sorgen. Die Inhaltskontrolle betrifft das materielle Recht bei der Vertragsdurchführung; der Inhalt des Vertrages wird mithilfe der Vorschriften des BGB überprüft. Ziel des Nachprüfungsverfahrens ist es demgegenüber, dem übergangenen Bieter effektiven Rechtsschutz gegenüber materiellen und formellen Verstößen im Vergabeverfahren zu gewähren, so dass er den eigentlich nicht für ihn vorgesehenen Zuschlag noch erhalten kann. § 97 Abs. 7 GWB gewährt den Bietern einen Anspruch darauf, dass der Auftraggeber die Bestimmungen über das Vergabeverfahren einhält, den Auftrag also in einem nichtdiskriminierenden und fairen Wettbewerbsverfahren vergibt. Überprüft wird deshalb im Nachprüfungsverfahren, ob alle diese bieterschützenden Vorschriften eingehalten worden sind. Zu diesen Vorschriften zählen aber keine Bestimmungen, die lediglich die Durchführung der öffentlichen Aufträge betreffen.[6] Deshalb können Verstöße gegen diese Regelungen nicht zur Einleitung eines Nachprüfungsverfahrens führen. § 12 ist nicht bieterschützend im Sinne des GWB.

13 Während des Vergabeverfahrens spielen die späteren Vertragsbedingungen insoweit eine Rolle, als sie in die Verdingungsunterlagen aufgenommen werden sollen. Selbst

---

5 *BGH* vom 23. 1. 2003 – VII ZR 210/01 – und vom 8. 7. 2004 – VII ZR 24/03.
6 *Dreher* in: Immenga/Mestmäcker GWB 3. Aufl. § 97 Rn. 188; *Kullack* in: jurisPK-VergR § 97 GWB Rn. 112 m. w. N.

wenn aber in den Verdingungsunterlagen ein Verstoß gegen § 12 enthalten sein sollte, kann hierauf allein kein Nachprüfungsantrag gestützt werden. Eine Rüge hätte nur dann Erfolg, wenn durch die vorgesehene Höhe der Vertragsstrafe kleinere Unternehmen von der Abgabe eines Angebots abgehalten werden und sich deshalb ein Verstoß gegen den Gleichbehandlungsgrundsatz oder das Wettbewerbsprinzip ergeben würde.[7]

Es kann auch kein Schadensersatzanspruch auf die Verletzung des § 12 gestützt werden. Die materiellrechtliche Inhaltskontrolle führt entweder nach § 307 Abs. 2 BGB dazu, dass die vereinbarte Klausel unwirksam ist, oder es ergibt sich diese Rechtsfolge aus dem allgemeinen Zivilrecht, wenn keine Allgemeinen Geschäftsbedingungen verwendet worden sind. Zudem könnte auch eine Vertragsanpassung in Frage kommen. Liegt ein Verstoß gegen den Gleichbehandlungsgrundsatz oder das Wettbewerbsprinzip vor, könnte sich allerdings mit dieser Begründung ein Schadensersatzanspruch ergeben.[8]

---

[7] Vgl. hierzu *Hennemann/Kehrberg* in: Völlink/Kehrberg VOB/A vor § 11 Rn. 1–5.
[8] Vgl. Rn. 56 ff. zu § 2.

§ 13
Verjährung der Mängelansprüche

1. Für die Verjährung der Mängelansprüche sollen die gesetzlichen Fristen ausbedungen werden.
2. Andere Regelungen für die Verjährung sollen vorgesehen werden, wenn dies wegen der Eigenart der Leistung erforderlich ist. In solchen Fällen sind alle Umstände gegeneinander abzuwägen; hierbei können die in dem Wirtschaftszweig üblichen Regelungen in Betracht gezogen werden.

Inhaltsübersicht Rn.

A.	Allgemeines	1
	I. Entstehungsgeschichte	1
	II. Unterschiede zur VOB/A	2
	III. Verhältnis zum GWB	3
	IV. Europarecht	4
B.	Inhalt	5
	I. Vereinbarung der gesetzlichen Fristen	5
	II. Ausnahmen	9
	1. Grenzen	9
	2. Abweichende Vereinbarungen	11
	3. Abwägung	14
	III. Rechtsschutz	16

A. Allgemeines

I. Entstehungsgeschichte

1 Der Wortlaut ist seit 1984 fast unverändert geblieben. Lediglich im Zuge des Schuldrechtsmodernisierungsgesetzes heißt es statt »Gewährleistungsansprüche« nun »Mängelansprüche«, weil der Begriff Gewährleistungsansprüche im BGB nicht mehr verwendet wird.

II. Unterschiede zur VOB/A

2 § 13 entspricht im Wesentlichen § 13 VOB/A. Nach § 13 Satz 1 VOB/A sollen andere Verjährungsfristen als die in § 13 Nr. 4 VOB/B enthaltenen nur vorgesehen werden, wenn dies wegen der Eigenart der Leistung erforderlich ist. Die regelmäßig anzunehmende Verjährungsfrist basiert demnach nicht wie bei § 13 Nr. 1 auf dem Gesetz, sondern auf dem Regelwerk der VOB/B. § 13 Satz 2 VOB/A sieht für eine abweichende Verjährungsregelung ebenfalls wie § 13 Nr. 2 die Abwägung aller Umstände vor, fügt aber einzeln aufgezählte Beispiele für regelmäßig zu berücksichtigende Umstände hinzu. So soll insbesondere abgewogen werden, wann etwaige Mängel wahrscheinlich erkennbar werden und wieweit die Mängelursachen noch nachgewiesen werden können, aber auch die Wirkung auf die Preise und die Notwendigkeit einer billigen Bemessung der Verjährungsfristen für Mängelansprüche sollen bedacht werden. Hier begnügt sich § 13 Nr. 2 Satz 2. Hs. 2 mit dem Angebot, die in dem Wirtschaftszweig üblichen Regelungen in Betracht zu ziehen.

III. Verhältnis zum GWB

Im GWB fehlen vergleichbare Vorschriften. 3

IV. Europarecht

Im Europarecht fehlen vergleichbare Vorschriften. 4

B. Inhalt

I. Vereinbarung der gesetzlichen Fristen

§ 13 enthält das Gebot an den Auftraggeber, im abzuschließenden Lieferungs- oder 5
Dienstleistungsvertrag die Verjährung der Mängelansprüche entsprechend den gesetzlichen Vorschriften zu vereinbaren. Grundlage der Ausschreibung können Kauf-, Werk- oder Werklieferungsverträge sein.

Die **regelmäßige gesetzliche Verjährungsfrist** für Mängel bei Kaufverträgen beträgt 6
nach § 438 Abs. 1 Nr. 3 BGB zwei Jahre. Sie beträgt fünf Jahre, wenn der Mangel bei einer Sache aufgetreten ist, die entsprechend ihrer üblichen Verwendungsweise für ein Bauwerk verwendet worden ist und dessen Mangelhaftigkeit verursacht hat, § 438 Abs. 1 Nr. 2 b BGB, und dreißig Jahre, wenn der Mangel in einem dinglichen Recht eines Dritten besteht, aufgrund dessen Herausgabe der Kaufsache verlangt werden kann (§ 438 Abs. 1 Nr. 1 a), oder in einem sonstigen Recht, das im Grundbuch eingetragen ist (§ 438 Abs. 1 Nr. 1 b). Die Verjährung beginnt nach § 438 Abs. 2 BGB bei Grundstücken mit der Übergabe, im Übrigen mit der Ablieferung der Sache. Hat der Verkäufer einen Mangel arglistig verschwiegen, verjähren die Ansprüche abweichend von § 438 Abs. 1 Nr. 2 und 3 BGB sowie § 438 Abs. 2 BGB in der regelmäßigen Verjährungsfrist, im Fall des § 438 Abs. 1 Nr. 2 BGB jedoch nicht vor Ablauf der dort bestimmten Frist von fünf Jahren. Die regelmäßige Verjährungsfrist beträgt nach § 195 BGB drei Jahre. Sie beginnt mit dem Schluss des Jahres, in dem der Anspruch entstanden ist und der Gläubiger von den den Anspruch begründenden Umständen und der Person des Schuldners Kenntnis erlangt oder ohne grobe Fahrlässigkeit erlangen müsste, § 199 Abs. 1 BGB. Die Verjährungsfristen des § 438 BGB gelten gleichermaßen für Sach- und Rechtsmängel. Sie finden auch auf Verträge Anwendung, die die Lieferung herzustellender oder zu erzeugender beweglicher Sachen zum Gegenstand haben, § 651 Satz 1 BGB (Werklieferungsvertrag).

7 Für den Werkvertrag sind die Verjährungsfristen in § 634a BGB geregelt. Danach verjähren die Mängelansprüche in zwei Jahren bei einem Werk, dessen Erfolg in der Herstellung, Wartung oder Veränderung einer Sache oder in der Erbringung von Planungs- oder Überwachungsleistungen hierfür besteht (§ 634a Abs. 1 Nr. 1 BGB), und in fünf Jahren bei einem Bauwerk und einem Werk, dessen Erfolg in der Erbringung von Planungs- oder Überwachungsleistungen hierfür besteht (§ 634a Abs. 1 Nr. 2 BGB) sowie im Übrigen in der regelmäßigen Verjährungsfrist (§ 634a Abs. 1 Nr. 3 BGB) des § 195 BGB, deren Beginn in § 199 Abs. 1 BGB geregelt ist. Die Verjährungsfrist für die Ansprüche aus § 634a Abs. 1 und Abs. 2 BGB beginnt mit der Abnahme zu laufen, § 634a Abs. 2 BGB. Hat der Unternehmer den Mangel arglistig verschwiegen, verjähren die Ansprüche nach § 634a Abs. 3 BGB abweichend von § 634a Abs. 1 Nr. 1 und Nr. 2 BGB sowie § 634a Abs. 2 BGB in der regelmäßigen Verjährungsfrist, wobei im Falle des § 634a Abs. 1 Nr. 2 BGB die Verjährung nicht vor dem Ablauf der dort genannten Frist von fünf Jahren eintritt, § 634a Abs. 3 Satz 2 BGB.

8 Die Sollvorschrift will für einen gerechten Interessenausgleich zwischen Auftraggeber und Auftragnehmer sorgen, so, wie ihn auch das BGB für angemessen ansieht. Werden kürzere Verjährungsfristen vereinbart, sind die Mängelansprüche des Auftraggebers gefährdet. Werden längere Fristen vereinbart, wird der Auftragnehmer wegen der längeren Unsicherheitsphase, ob Mängelansprüchen nachzukommen ist, dies erhöhend bei den Preisen einkalkulieren. Die gesetzlichen Verjährungsfristen können entweder ausdrücklich in den Vergabeunterlagen erwähnt und im Vertrag vereinbart werden, oder sie gelten per Gesetz auch ohne ausdrückliche Vereinbarung. Eine Hemmung der Verjährung tritt ein, solange Auftraggeber und Auftragnehmer in Verhandlungen über den Anspruch oder die den Anspruch begründenden Umstände stehen, § 203 Satz 1 BGB. Der Zeitraum, während dessen die Verjährung gehemmt ist, wird in die Verjährungsfrist nicht eingerechnet, § 209 BGB. Vereinbaren Auftraggeber und Auftragnehmer die Anrufung einer VOL-Schiedsstelle, ist hierin kein Abbruch, sondern eine Fortführung von Verhandlungen zu sehen; die Verjährung ist weiter gehemmt.[1]

II. Ausnahmen

1. Grenzen

9 Da die Vorschriften über die Verjährungsfristen im BGB **dispositives Recht** sind, ist eine abweichende Vereinbarung möglich. Die Grenze für abweichende Regelungen stellt bei der Verwendung von Allgemeinen Geschäftsbedingungen § 309 Nr. 8 b ff.) BGB dar, der die Erleichterung der Verjährung wegen eines Mangels in den Fällen des § 438 Abs. 1 Nr. 2 BGB und des § 634a Abs. 1 Nr. 2 BGB verbietet sowie in den sonstigen Fällen eine weniger als ein Jahr betragende Verjährungsfrist ab dem gesetzlichen Verjährungsbeginn. Die in § 309 Nr. 8 b ff) BGB am Ende genannte Ausnahme, dass diese Grenze nicht für Verträge besteht, in die Teil B der Verdingungsord-

---

[1] *BGH* vom 28. 2. 2002 – VII ZR 45/00.

nung für Bauleistungen insgesamt einbezogen ist, gilt nicht für den Bereich der VOL. Die Ausnahme für den Bereich der VOB basiert auf der bisherigen Rechtsprechung des BGH. Danach kann bei der Einbeziehung der VOB/B im Ganzen in einen Vertrag von einem **angemessenen Interessenausgleich** zwischen Auftraggeber und Auftragnehmer ausgegangen werden. Dieser Gesamtausgleich könnte dadurch gestört werden, wenn eine einzelne Regelung der Inhaltskontrolle unterzogen wird. Nur dann, wenn inhaltlich von der VOB/B abgewichen wird, ist eine Inhaltskontrolle eröffnet. Der BGH hat aber offengelassen, ob diese Rechtsprechung auch auf Verträge anzuwenden ist, welche nach Inkrafttreten des Schuldrechtsmodernisierungsgesetzes abgeschlossen worden sind.[2] Aus der ausdrücklichen Erwähnung lediglich der VOB/B in § 309 Nr. 8 b ff.) am Ende ist aber jedenfalls zu schließen, dass diese Ausnahme nur für den Bereich der VOB/B gilt und nicht auf die VOL übertragen werden kann. Denn dem Gesetzgeber wäre es ein Leichtes gewesen, die VOL/B gleichfalls in § 309 Nr. 8 b ff.) am Ende zu erwähnen. Damit darf auch dann, wenn die VOL/B als Ganzes in einen Vertrag einbezogen worden ist, die Verjährung nicht über die Grenzen des § 309 Nr. 8 b ff.) erleichtert werden.

Eine absolute generalklauselartige Grenze ist zudem die unangemessene Benachteiligung des Vertragspartners, § 307 Abs. 2 BGB, sowie die Vereinbarung überraschender Klauseln, § 305 c Abs. 1 BGB. Werden keine Allgemeine Geschäftsbedingungen verwendet, liegt die Grenze bei der Sittenwidrigkeit, § 138 Abs. 1 BGB, bzw. dem Verstoß gegen den Grundsatz von Treu und Glauben, § 242 BGB. Zudem verbietet § 202 Abs. 2 BGB eine Erstreckung der Verjährungsfrist über dreißig Jahre ab dem gesetzlichen Verjährungsbeginn hinaus. 10

2. Abweichende Vereinbarungen

Nach § 13 Nr. 1 sollen andere Verjährungsfristen vorgesehen werden, wenn dies wegen der Eigenart der Leistung erforderlich ist. Das BGB stellt nur generalisierende Fristen zur Verfügung, welche im Einzelfall möglicherweise den Interessen der Vertragspartner nicht voll gerecht werden können. Nach der Vorstellung der VOL/A sollen in diesen Fällen alle Umstände gegeneinander abzuwägen sein; die in dem Wirtschaftszweig üblichen Regelungen können hierbei in Betracht gezogen werden. Allerdings stehen auch die üblichen Regelungen der einzelnen Wirtschaftszweige nicht außerhalb der gesetzlichen Vorgaben. Für die Vergabestellen dürfte sich daher eine restriktive Handhabung der Ausnahmevorschrift empfehlen. 11

Da andere Verjährungsfristen wegen der Eigenart d er Leistung erforderlich sein müssen, folgt daraus, dass nur **objektive Merkmale**, nicht aber rein subjektive, von einem Sicherungsbedürfnis des Auftraggebers getragene Erwägungen für eine anderweitige Verjährungsregelung ausschlaggebend sein dürfen.[3] Auch ein Interesse des Auftraggebers an gleichen Verjährungsfristen mit verschiedenen von ihm mit einer Gesamtleistung beauftragten Unternehmen reicht nicht aus.[4] Der Grund muss in der Beschaffen- 12

---

2 *BGH* vom 22. 4. 2004 – VII ZR 419/02.
3 *Zdzieblo* in: Daub/Eberstein 5. Aufl. § 13 Rn. 19.
4 *Kehrberg* in: Völlink/Kehrberg VOB/A § 13 Rn. 6 für den Bereich der VOB.

heit und Art der zu erstellenden Leistung oder durchzuführenden Lieferung liegen, wie z. B. technische Besonderheiten, Besonderheiten des verwendeten Materials, neuartige Herstellungsverfahren oder nicht alltägliche Konstruktionen. Eine Verlängerung der Verjährungsfrist wird in diesen Fällen stets dann erforderlich sein, wenn bezüglich der geschuldeten Leistung noch keine gesicherten Erkenntnisse über Güte und Haltbarkeit vorliegen, so dass ein längerer Zeitraum für die Beurteilung der Vertragsmäßigkeit der Leistung zur Verfügung stehen sollte. Auch die Art und Weise der Beanspruchung oder die besondere Belastung der gelieferten oder hergestellten Leistung kann zu berücksichtigen sein, da auch diese Gesichtspunkte einen längeren Zeitraum zur Beurteilung der vertragsgerechten Leistung erforderlich machen können. Der Auftraggeber muss in der Lage sein, nicht nur Mängel zu erkennen, sondern die Ursachen für die Mängel auch nachweisen zu können. Grundlage einer abweichenden Verjährungsregelung kann letztlich aber immer nur der in der geschuldeten Leistung begründete Maßstab für die Beurteilung der vertragsgerechten und mangelfreien Ausführung sein.

13 Die Formulierung in Nr. 2 Satz 1 »andere Regelungen für die Verjährung« bietet im Rahmen der gesetzlichen Grenzen die Möglichkeit, die Gewährleistungsfristen nach anderen Maßstäben zu regeln, wie z. B. nach Gebrauchsdauer, Betriebsstunden, gefahrenen Kilometern u.ä.,[5] oder den Beginn der Verjährung abweichend von den Vorschriften des BGB festzulegen, wobei aber auch hier auf die gesetzlichen Ober- und Untergrenzen zu achten ist. So ist es denkbar, statt der Ablieferung der Kaufsache oder der Abnahme des Werkes den Zeitpunkt der Ingebrauchnahme als Zeitpunkt zu wählen, ab welchem die Verjährungsfrist zu laufen beginnt. Doch müsste auch dies wegen der Eigenart der Leistung erforderlich sein, also z. B. bei Lieferung von Küchengeräten oder Beleuchtungskörpern, die erst bei der Eröffnung einer Klinik in Gebrauch genommen werden können.

3. Abwägung

14 Gelangt der Auftraggeber zu dem Ergebnis, dass wegen der Eigenart der auszuschreibenden Leistung eine andere als die gesetzliche Verjährungsfrist zu vereinbaren ist, hat er alle Umstände, die für die zu vereinbarende Verjährungsfrist wesentlich sind, gegeneinander abzuwägen, § 13 Nr. 2 Satz 2 1. Halbsatz. Grundlage der Abwägung hat die Frage zu sein, zu welchem Zeitpunkt verlässlich beurteilt werden kann, ob die Leistung vertragsgerecht erfolgt ist. Die Frist, in welcher üblicherweise Mängel festgestellt werden können, ist ebenso zu berücksichtigen wie Maßnahmen zur Qualitätssicherung, die bereits während der Ausführung der Leistung möglich sind. Ebenso wird die Kostensteigerung zu beachten sein, die zwangsläufig im Zuge einer längeren Gewährleistungsfrist wegen des für den Auftragnehmer damit verbundenen höheren Risikos zur Mängelbeseitigung eintritt. In diesem Zusammenhang darf allerdings dem Unternehmen nicht ein ungewöhnlich hohes Wagnis aufgebürdet werden.

15 Bei seiner Abwägung kann der Auftraggeber auch die in dem Wirtschaftszweig üblichen Bedingungen zu Rate ziehen, § 13 Nr. 2 Satz 2 2. Halbsatz. Hierunter sind

---

[5] *Zdzieblo* in: Daub/Eberstein 5. Aufl. § 13 Rn. 19.

die Regelungen für Mängelbeseitigung zu verstehen, die in der Branche, an welche sich die Ausschreibung richtet, üblicherweise mit privaten Auftraggebern vereinbart zu werden pflegen, wie z. B. Allgemeine Lieferbedingungen bestimmter Sparten. Doch unterliegen auch diese allgemein üblichen Bedingungen den durch das Gesetz gezogenen Grenzen.

III. Rechtsschutz

§ 13 hat keinen bieterschützenden Charakter im Sinne des § 97 Abs. 7 GWB.[6] Bei einem Verstoß gegen § 13 steht dem Bieter weder ein Nachprüfungsantrag noch ein Schadensersatzanspruch zur Verfügung. Zur Begründung im Einzelnen wird auf die Kommentierung zu § 12 verwiesen. **16**

---

6 A. A. *Müller-Wrede* VOL/A § 13 Rn. 16.

§ 14
Sicherheitsleistungen

(1) Sicherheitsleistungen sind nur zu fordern, wenn sie ausnahmsweise für die sach- und fristgemäße Durchführung der verlangten Leistung notwendig erscheinen.

(2) Die Sicherheit soll nicht höher bemessen und ihre Rückgabe nicht für einen späteren Zeitpunkt vorgesehen werden als nötig ist, um den Auftraggeber vor Schaden zu bewahren. Sie soll 5 vom Hundert der Auftragssumme nicht überschreiten.

(3) Soweit nach diesen Grundsätzen eine teilweise Rückgabe von Sicherheiten möglich ist, hat dies unverzüglich zu geschehen.

Inhaltsübersicht

	Rn.
A. Vorbemerkungen	1
I. Überblick	1
II. Sinn und Zweck	4
III. Abgrenzung zu Vertragsstrafen	6
B. Weitere Vorschriften	7
I. § 14 VOB/A	7
II. § 18 VOL/B	9
III. VOF	10
C. Tatbestandsvoraussetzungen (§ 14 Nr. 1 VOL/A)	11
I. Beurteilungsspielraum des Auftraggebers	11
II. Zu sichernde Leistung	13
III. Erforderlichkeit der Sicherung	15
D. Inhaltliche Anforderungen (§ 14 Nr. 2 VOL/A)	21
I. Ermessen des Auftraggebers	21
II. Art der Sicherheit	22
III. Höhe der Sicherheit	23
IV. Modalitäten	24
E. Rückgabe der Sicherheitsleistung (§ 14 Nr. 3 VOL/A)	28
F. Dokumentation	29
G. Bieterschützende Vorschrift	30

A. Vorbemerkungen

I. Überblick

1 § 14 VOL/A bestimmt, wann der Auftraggeber vom Auftragnehmer die Einräumung einer Sicherheitsleistung verlangen darf und wann diese zurück zu gewähren ist. Die Norm stellt strenge Anforderungen sowohl in Bezug auf die sachliche Rechtfertigung der Forderung nach einer Sicherheitsleistung als auch in Bezug auf die Höhe der zu leistenden Sicherheit. § 14 VOL/A findet sich in den Abschnitten 1 bis 3 der VOL/A, nicht jedoch im 4. Abschnitt. Die Norm ist seit ihrer Verabschiedung auf der 41. Sit-

zung des DVAL am 16. bzw. 17. Februar 1982 nicht mehr geändert worden. Sie basiert nicht auf Gemeinschaftsrecht,[1] widerspricht ihm aber auch nicht. Im europäischen Standardformular[2] für Bekanntmachungen ist daher unter Punkt III 1.) 1 die Möglichkeit eingeräumt, gegebenenfalls geforderte Sicherheiten einzutragen.

Die Forderung nach Sicherheitsleistungen ist praktisch durchaus bedeutsam. Denn bei Forderung einer Sicherheitsleistung sind die Bieter gezwungen, sich entsprechende Sicherungsmittel zu verschaffen, was zu höheren Kosten und dadurch zu einer Verteuerung des Angebots führen kann.[3] Für kleinere und mittlere Unternehmen kann die Forderung einer hohen Sicherheitsleistung u. U. sogar eine echte Zugangsschwelle darstellen. In der Rechtsprechung hat die Norm bisher dennoch keine größere Bedeutung erlangt. **2**

Die Vorschrift ist gekennzeichnet durch das Spannungsverhältnis zwischen der vertraglichen Gestaltungsfreiheit der Parteien einerseits und der vergaberechtlichen Grenze der Erforderlichkeit andererseits. Die Erforderlichkeit einer Sicherheitsleistung bestimmt sich danach, wie hoch das Risiko ist, dass keine sach- und fristgemäße Durchführung der verlangten Leistung erfolgt. Die erforderliche und damit zulässige Höhe und Art der Sicherheitsleistung richten sich nach der Höhe des zu erwartenden Schadens. **3**

II. Sinn und Zweck

Ziel einer Sicherheitsleistung ist die Schadlosstellung des Auftraggebers bei Leistungsausfall des Vertragspartners. Der Auftraggeber hat ein nachvollziehbares Interesse daran, dass die ordnungsgemäße Leistungserbringung unter allen Umständen sichergestellt ist.[4] Auch der Wortlaut des § 14 VOL/A spiegelt diesen Zweck einer Sicherheitsleistung wieder, den öffentlichen Auftraggeber vor finanziellen Verlusten durch Nicht- bzw. Schlechtleistung des Auftragnehmers zu schützen: er spricht in Nr. 1 von der durch Sicherheitsleistung abzusichernden »sach- und fristgemäßen Durchführung der verlangten Leistung« und in Nr. 2 von der Vermeidung eines »Schadens« auf Seiten des Auftraggebers. **4**

Sinn und Zweck des § 14 VOL/A ist es, zu verhindern, dass der Auftraggeber seine Ansprüche **über**sichert, indem er über das erforderliche Maß hinaus Sicherheitsleistungen verlangt. Das ergibt sich sowohl aus dem Wortlaut der Vorschrift als auch aus ihrer Entstehungsgeschichte. § 14 Nr. 1 stellt klar, dass es um die Beschränkung des Auftraggebers bei der Forderung von Sicherheitsleistungen gehen soll (»nur zu fordern, wenn sie **ausnahmsweise** [...] notwendig erscheinen«). Auch die Beratungen **5**

---

[1] *Müller-Wrede* in: Müller-Wrede, VOL/A, § 14 Rn. 1.
[2] Standardformular 2 – DE, abrufbar unter http://simap.eu.int.
[3] *Zdzieblo* in: Daub/Eberstein, VOL/A, § 14 Rn. 15; vgl. auch *Arrowsmith* The Law of Public and Utilities Procurement, 1996, 741 für die entsprechende Regelung in Großbritannien.
[4] Vgl. *Motzke* in: Motzke/Pietzcker/Prieß, VOB/A, § 14 Rn. 10; *Zdzieblo* in: Daub/Eberstein, VOL/A § 14 Rn. 10.

des DVAL spiegeln das Bestreben wieder, unnötige Verlangen nach Sicherheitsleistungen zu verhindern.[5]

III. Abgrenzung zu Vertragsstrafen

6 Die Forderung nach einer Sicherheitsleistung ist von der Forderung nach einer Vertragsstrafe im Falle der Nichterfüllung zu unterscheiden. Der Sicherheitsleistung fehlt das pönalisierende Element einer Vertragsstrafe.[6] Vertragsstrafen bilden ein Druckmittel zur Erfüllung der Hauptverbindlichkeit.[7] Der Schwerpunkt liegt auf der Disziplinierung des Schuldners, also der Beeinflussung seines Erfüllungswillens. Die Sicherheitsleistung betrifft dagegen auch Fälle, in denen der Schuldner leisten will, aber nicht kann. Rechtstechnisch führt die Vertragsstrafe zu einer neuen, zusätzlichen Verpflichtung des Schuldners.[8] Dagegen geht es bei der Sicherheitsleistung lediglich um die Befriedigung des Gläubigers, also die Realisierung von bestehenden Ansprüchen. Die Sicherheitsleistung schafft einen Vermögenswert, der von Anfang an zur Befriedigung des Auftraggebers bei Schlechtleistung durch den Auftragnehmer und zur Minderung des Insolvenzrisikos zur Verfügung steht.[9]

B. Weitere Vorschriften

I. § 14 VOB/A

7 Die VOB/A enthält für Bauaufträge in § 14 ebenfalls eine Regelung zu Sicherheitsleistungen. § 14 VOL/A und § 14 VOB/A unterscheiden sich allerdings nicht unwesentlich. Insbesondere liegt den beiden Vorschriften ein unterschiedlich strenges Verständnis des Regel/Ausnahme-Verhältnisses von Forderung und Nichtforderung einer Sicherheitsleistung zugrunde.[10] Während § 14 VOL/A von der Regel ausgeht, dass Sicherheiten grundsätzlich **nicht** bzw. »nur ausnahmsweise« verlangt werden sollen, zählt der Wortlaut der Parallelvorschrift in der VOB/A umgekehrt die drei Fälle auf, in denen von der Aufforderung zur Sicherheitsleistung abgesehen werden soll (voraussichtlich keine Leistungsmängel, Bekanntheit und Zuverlässigkeit des Auftragnehmers, beschränkte Ausschreibungen und freihändige Vergaben). Hintergrund der unterschiedlich strengen Regelungen ist die Tatsache, dass Bauleistungen tendenziell als mängelanfälliger angesehen werden,[11] bei größeren Bauprojekten das Insolvenzrisiko größer erscheint und wegen der regelmäßig größeren Anzahl von Nachunternehmern häufig ein höheres Ausfall- bzw. Kostenrisiko besteht. Aus diesen Grün-

---

5 *Zdzieblo* in: Daub/Eberstein, VOL/A, § 14 Rn. 1 bis 7.
6 Vgl. *Zdzieblo* in: Daub/Eberstein, VOL/A, § 14 Rn. 10; *Müller-Wrede* in: Müller-Wrede; § 14 VOL/A Rn. 3.
7 *Stadler* in: Jauernig, BGB, § 339 Rn. 3.
8 *Zdzieblo* in: Daub/Eberstein, VOL/A, § 14 Rn. 10.
9 *Müller-Wrede* in: Müller-Wrede, VOL/A, § 14 Rn. 3; *Zdzieblo* in: Daub/Eberstein, VOL/A, § 14 Rn. 10.
10 *Müller-Wrede* in: Müller-Wrede, VOL/A, § 14 Rn. 2.
11 Vgl. Erläuterungen des DVAL zu § 14 VOL/A.

Sicherheitsleistungen § 14

den sind Kommentierungen zu § 14 VOB/A nicht uneingeschränkt auf § 14 VOL/A übertragbar.

Sowohl § 14 VOL/A als auch § 14 VOB/A geben vor, dass die geforderten Sicherheiten 5% der Auftragssumme nicht überschreiten und vom Auftraggeber nicht länger zurückgehalten werden sollen als nötig. In § 14 VOB/A fehlt allerdings die in § 14 Nr. 3 VOL/A zusätzlich niedergelegte Verpflichtung zur unverzüglichen Rückgabe von Teilen der Sicherheit, soweit das möglich erscheint. Umgekehrt kennt § 14 VOL/A keine generelle Ausnahme für Forderungen nach Sicherheitsleistungen bei der beschränkten Ausschreibung bzw. der freihändigen Vergabe. 8

II. § 18 VOL/B

§ 18 VOL/B enthält weiterführende Bestimmungen zu Art und zulässiger Ausgestaltung der durch einen Auftraggeber geforderten Sicherheitsleistungen. Eine Sicherheitsleistung ist nur vereinbart, wenn sie in den Verdingungsunterlagen zum Gegenstand des Vergabeverfahrens gemacht wird und in dem mit dem Bestbieter abgeschlossenen Vertrag konkret geregelt wird (vgl. § 9 Nr. 4 lit. s VOL/A, § 18 VOL/B). Die Vorschrift bestimmt weiterhin den Zeitpunkt der Leistung der Sicherheit (i. d. R. 18 Werktage nach Vertragsschluss) sowie ihrer Rückgabe (unverzüglich nach Wegfall des Sicherungszweckes) und enthält darüber hinaus detaillierte Abwicklungsregeln. 9

III. VOF

In der VOF findet sich keine vergleichbare Regelung über Sicherheitsleistungen. Ein besonderes Bedürfnis für die Forderung nach Sicherheitsleistungen besteht in diesem Bereich häufig nicht, da der in den meisten freien Berufen obligatorische Versicherungsschutz Gewährleistungsrisiken abdeckt.[12] Es spricht aber auch nichts gegen die grundsätzliche Zulässigkeit der Forderung nach Sicherheitsleistungen im Bereich der VOF. Soweit die Leistungen, die nach der VOF vergeben werden, von ihrer Art her mit denen der VOL vergleichbar sind, erscheint es sachgerecht, die Wertungen des § 14 VOL/A als Orientierung heranzuziehen.[13] 10

C. Tatbestandsvoraussetzungen (§ 14 Nr. 1 VOL/A)

I. Beurteilungsspielraum des Auftraggebers

Der Wortlaut von § 14 Nr. 1 VOL/A hebt den **Ausnahmecharakter** von Forderungen des Auftraggebers nach Sicherheitsleistungen durch die Verwendung der Begriffe 11

---
12 So Motzke in: Motzke/Pietzcker/Prieß, VOB/A, § 14 Rn. 174.
13 So beispielsweise auch die Richtlinie Thüringens zur Mittelstandsförderung und Berücksichtigung freier Berufe sowie zum Ausschluss ungeeigneter Bewerber bei der Vergabe öffentlicher Aufträge (Vergabe-Mittelstandsrichtlinie) vom 22. Juni 2004 (ThürStAnz Nr. 28/2004 S. 1739), unter Punkt 4.4.4.

»nur«, »ausnahmsweise« und »notwendig« hervor. Da es sich um unbestimmte Rechtsbegriffe handelt, hat der Auftraggeber einen gewissen Beurteilungsspielraum zur Prüfung des Vorliegens der Voraussetzungen. Speziell die Wendung »notwendig erscheinen« spiegelt das in doppelter Hinsicht wieder: Denn die »Notwendigkeit« unterliegt der Wertung des Auftraggebers und es wird zugleich klargestellt, dass diese durchaus auch subjektive Elemente enthalten kann (»erscheinen«). Allerdings begrenzen der Grundsatz der Chancengleichheit im Wettbewerb und die gesetzlich normierte Mittelstandsförderung (vgl. § 97 Abs. 3 GWB) den Beurteilungsspielraum des Auftraggebers.[14] Denn für kleinere und mittlere Unternehmen stellt die Anforderung hoher Sicherheitsleistungen in der Praxis häufig eine unüberwindbare Schwelle dar.[15]

12 Auch wenn der DVAL in seinen Erläuterungen zu § 14 VOL/A für die Prüfung der Zulässigkeit der Forderung einer Sicherheitsleistung inhaltlich auf § 14 Nr. 1 Satz 1 VOB/A Bezug nimmt, sind die Grundsätze der Prüfung im Rahmen der VOB/A wohl nicht generell übertragbar, da beiden Normen ein entgegengesetztes Regel/Ausnahme-Verständnis zugrunde liegt.

II. Zu sichernde Leistung

13 Die zu sichernde »sach- und fristgemäße Durchführung der verlangten Leistung« kann jede vertraglich vereinbarte und gegebenenfalls gesetzlich vorgeschriebene Schuld betreffen. Das »Vergabehandbuch für die Durchführung von Bauaufgaben des Bundes im Zuständigkeitsbereich der Finanzbauverwaltungen« (VHB) nennt in seinen Erläuterungen zur Parallelnorm § 14 VOB/A als Beispiele die dem Auftragnehmer übertragene Leistung einschließlich der Abrechnung, Ansprüche auf Schadensersatz sowie die Erstattung von Überzahlungen. Auch Zahlungen von Vertragsstrafen können durch Sicherheitsleistung abgesichert werden. Darüber hinaus sind auch Abschlagszahlungen und Vorauszahlungen sicherungsfähige Leistungsbestandteile. Die Zulässigkeit der Forderung von Abschlagszahlungen selbst bestimmt sich nicht nach § 14 VOL/A,[16] sondern nach § 17 Nr. 2 VOL/B.

14 § 14 VOL/A dient nicht allein der Einhaltung der vereinbarten Ausführungsfristen bzw. der Vermeidung von Verzugsfolgen. In bestimmten Fällen kann auch die ordnungsgemäße Vertragserfüllung im Ganzen Gegenstand der Sicherheitsleistung sein.[17] Unzutreffend ist aber wohl die Auffassung, dass letzteres der Regelfall ist.[18] Denn § 14 Nr. 1 VOL/A stellt ausdrücklich auf die Erforderlichkeit einer Sicherheitsleistung ab. Erforderlich ist die Sicherheitsleistung aber nur, soweit sie die Erfüllung ausschließlich solcher geschuldeter Leistungen sichert, deren ordnungs- bzw. fristgemäße Erfül-

---

14 *Kulartz/Niebuhr* Sachlicher Anwendungsbereich und wesentliche Grundsätze des materiellen GWB-Vergaberechts – OLG Brandenburg, »Flughafen Berlin-Schönefeld« und Folgen, NZBau 2000, 6 (10).
15 *Baumeister/Kirch* Die Zähmung der Global Player im ÖPNV durch das vergaberechtliche Instrument der Mittelstandsförderung, NZBau 2001, 653 (655).
16 Vgl. auch Erläuterungen des DVAL zu § 14 VOL/A.
17 *Zdzieblo* in: Daub/Eberstein, VOL/A, § 14, Rn. 14.
18 So aber: *Zdzieblo* in: Daub/Eberstein, VOL/A, § 14, Rn. 14.

lung nicht hinreichend wahrscheinlich ist. Es ist daher für den Einzelfall zu prüfen, welche konkreten Leistungspflichten so risikobehaftet sind, dass eine Sicherheitsleistung ausnahmsweise erforderlich ist. Innerhalb dieser Grenzen (und der Vorgaben in den Verdingungsunterlagen) unterliegt der Umfang der Sicherheitsleistung der privatautonomen Vertragsgestaltung der Parteien. Jede eigenständige und klar abgrenzbare Obliegenheit des Auftragnehmers, deren Verletzung im Einzelfall zweifelsfrei festgestellt werden kann, kann grundsätzlich durch Sicherheitsleistung abgesichert werden.

III. Erforderlichkeit der Sicherung

15 Der Auftraggeber muss im Einzelfall prüfen, ob besondere Umstände eine Sicherheitsleistung erforderlich machen. Dabei ist ein strenger Maßstab anzulegen.[19] Die Erforderlichkeit einer Sicherheitsleistung kann ihre Ursache in der Art der Leistung, der nicht zweifelsfreien Zuverlässigkeit/Eignung des Auftragnehmers oder anderen Umständen haben, welche erheblichen Einfluss auf das Kostenrisiko des Auftraggebers haben.

16 Das Bedürfnis nach einer Sicherheitsleistung kann sich aus den **besonderen Eigenarten des Auftrags** ergeben. Es sind daher die technischen, finanziellen und zeitlichen Dimensionen des Auftrags zu berücksichtigen.[20] Auch die Marktsituation, insbesondere die Zahl von Unternehmen, auf die im Notfall im Wege der Selbstvornahme ausgewichen werden könnte, kann erheblichen Einfluss auf das Kostenrisiko des Auftraggebers haben.[21] Soweit es die Art der geschuldeten Leistung betrifft, ist darauf abzustellen, ob bei Leistungen dieser Art erfahrungsgemäß Mängel auftreten.[22]

17 Der DVAL nennt in seinen Erläuterungen zu § 14 VOL/A »VOB-ähnliche Leistungen« als Beispiel für eine erfahrungsgemäß besonders mängelanfällige Art der Leistung. Der DVAL bleibt allerdings eine Erläuterung schuldig, was unter dem Begriff »VOB-ähnliche Leistungen« zu verstehen ist. Unter die VOB fallen Vergaben von Bauleistungen. Nach § 1 VOB/A sind das Arbeiten jeder Art, durch die eine bauliche Anlage hergestellt, instand gehalten, geändert oder beseitigt wird. Gemeinsam ist diesen Arbeiten unter anderem der »werkähnliche«, herstellende Charakter. Es kommt auf das Erreichen eines bestimmten Erfolges an (z. B. Errichtung des Bauwerks, Herstellung einer Sache). Ob dieser Erfolg eintritt, hängt gerade bei größeren Projekten von einer Vielzahl von Faktoren ab (wie der Zahl der beteiligten Unternehmen, Komplexität der Leistung etc.). Daher scheint es gerechtfertigt, werkähnliche Leistungen im Gegensatz zu »einfachen« Lieferleistungen anders zu behandeln. Für letztere kann bei der Forderung nach Sicherheitsleistungen ein erhöhter Begründungsaufwand bestehen.[23]

---

19 Vgl. Erläuterungen des DVAL zu § 14 VOL/A; zudem sind Sicherheitsleistungen nach § 18 Nr. 1 Abs. 1 VOL/B grundsätzlich erst ab einem Auftragswert i. H. v. 50.000 Euro zulässig.
20 *VK Köln* Beschl. v. 17. 10. 2003, VK VOB 25/2003, zu § 14 VOB/A.
21 *VK Köln* Beschl. v. 17. 10. 2003, VK VOB 25/2003, zu § 14 VOB/A.
22 Erläuterungen des DVAL zu § 14 VOL/A; vgl. auch *Arrowsmith* The Law of Public and Utilities Procurement, 1996, 741 für die entsprechende Regelung in Großbritannien.
23 In diesem Sinne auch *Motzke* in: Motzke/Pietzcker/Prieß, VOB/A, § 14 Rn. 171.

18 Für die Frage, ob eine Sicherheitsleistung **aufgrund der u. U. nicht gänzlich zweifelsfreien Zuverlässigkeit/Eignung eines Unternehmens** erforderlich sein kann, ist Folgendes zu beachten: Die Eignung der Bewerber/Bieter wird im Rahmen der Eignungsprüfung abschließend geklärt. Wird die Zuverlässigkeit des Unternehmens dort bejaht, bleibt für eine abweichende Wertung unter § 14 VOL/A daher nur begrenzt Raum. Für Vergaben von Bauleistungen verlangt § 14 Nr. 1 Satz 1 VOB/A jedoch dennoch ausdrücklich, dass von der Forderung nach einer Sicherheitsleistung abzusehen ist, wenn »der Auftragnehmer hinreichend bekannt ist und genügende Gewähr für die vertragsgemäße Leistung und die Beseitigung etwa auftretender Mängel bietet«. In § 14 VOL/A fehlt eine solche Vorschrift.

19 Zwar ist es nicht grundsätzlich Sinn und Zweck einer Sicherheitsleistung, die fehlende Eignung eines Bieters zu kompensieren. Jedoch hat die Eignungsprüfung in der Regel die Prüfung von »Mindestanforderungen« zum Gegenstand, oberhalb derer Zuverlässigkeitszweifel weiterhin bestehen können. Dieser Umstand hat offenbar Eingang in § 14 Nr. 1 Satz 2 VOB/A gefunden. Hiernach sollen Sicherheitsleistungen bei Beschränkter Ausschreibung und Freihändiger Vergabe in der Regel nicht verlangt werden. Der Grund dafür liegt aller Wahrscheinlichkeit nach darin, dass es dem Auftraggeber bei diesen Verfahrensarten frei steht, nur Bieter seiner Wahl zur Angebotsabgabe aufzufordern, nachdem er sich im Vorfeld umfänglich über deren finanzielle Leistungsfähigkeit informiert hat.[24] Es ist also trotz grundsätzlicher Bejahung der Zuverlässigkeit/Eignung wegen verbleibender Bedenken hinsichtlich der Zuverlässigkeit eine Sicherheitsleistung angezeigt.[25] Hierfür bedarf es aber einer sorgfältigen Begründung. Diese ist aus Transparenzgründen durch den Auftraggeber schriftlich festzuhalten. Darüber hinaus ist auch der Gleichbehandlungsgrundsatz zu beachten. Es sprechen gewichtige Gründe dafür, dass dieser zumindest dann nicht gewahrt ist, wenn einige, als äußerst zuverlässig eingestufte Bewerber schon vor Angebotsabgabe für den Fall der Zuschlagserteilung von der Pflicht zur Erbringung einer Sicherheitsleistung befreit werden. Dies würde diesen Unternehmen einen wettbewerbsrelevanten Kalkulationsvorteil verschaffen, da sie von der Einpreisung der Kosten der Finanzierung der Sicherheit absehen und somit einen günstigeren Preis anbieten können. Dies wiederum benachteiligt die Bewerber, die von der Erbringung einer Sicherheitsleistung nicht explizit befreit werden (z. B. Newcomer).

20 Ferner kann eine Sicherheitsleistung bei Verträgen mit ausländischen Unternehmen u. U. Problemen bei der Realisierung von Ansprüchen vorbeugen. Eine pauschale Forderung, die Sicherheiten ausschließlich von ausländischen Bewerbern/Bietern verlangt, dürfte mit dem gemeinschaftsrechtlichen Gebot unvereinbar sein.

---

[24] *VK Köln* Beschl. v. 17. 10. 2003 – VK VOB 25/2003.
[25] Vgl. auch *Motzke* in: Motzke/Pietzcker/Prieß, VOB/A, § 14 Rn. 29, so auch der DVAL, wonach gilt: »Auf Sicherheitsleistungen kann z. B. auch dann verzichtet werden, wenn der Auftragnehmer hinreichend dafür bekannt ist, dass er genügend Gewähr für die vertragsgemäße Leistung und die Beseitigung etwa auftretender Mängel bietet.«

D. Inhaltliche Anforderungen (§ 14 Nr. 2 VOL/A)

I. Ermessen des Auftraggebers

Bei Vorliegen der Voraussetzungen des § 14 Nr. 1 VOL/A steht es im Ermessen des Auftraggebers, welche Sicherheitsleistung er konkret verlangt. Das Ermessen erstreckt sich sowohl auf die Art der Sicherheitsleistung als auch auf ihre konkrete Höhe. Ermessenseinschränkend wirken einerseits die ausdrücklichen Vorgaben in § 14 Nr. 2 VOL/A und andererseits generell der Wettbewerbs- bzw. Gleichbehandlungsgrundsatz und das Gebot der Mittelstandsförderung.

21

II. Art der Sicherheit

§ 14 VOL/A trifft keine Aussagen zu den möglichen Arten der Sicherheitsleistung. Gemäß § 18 Nr. 1 Abs. 1 VOL/B gelten bei Vereinbarung einer Sicherheitsleistung die §§ 232 bis 240 BGB, soweit sich aus den Bestimmungen des § 18 VOL/B nichts anderes ergibt. Dem Sicherheitsgeber stehen gemäß § 18 Nr. 2 Abs. 2 Satz 1 VOL/B die verschiedenen Arten der Sicherheit aus § 232 BGB zur Verfügung. Danach kann die Sicherheit bewirkt werden durch Hinterlegung, Verpfändung, Hypothek oder Bürgschaft.[26] Nicht zulässig ist nach § 18 Nr. 4 Abs. 2 VOL/B die Forderung einer Bürgschaft auf erstes Anfordern. Im VHB 2002 ist als gängige Art der Sicherheitsleistung nach der Parallelvorschrift des § 14 VOB/A die selbstschuldnerische Bürgschaft vorgesehen.

22

III. Höhe der Sicherheit

Gemäß § 14 Nr. 2 Satz 1 VOL/A soll die Sicherheit nicht höher bemessen sein als nötig ist, um den Auftraggeber vor Schaden zu bewahren. Entscheidend ist also, welcher Schaden aus der nicht vertrags- bzw. nicht fristgemäßen Erfüllung durch den Auftragnehmer droht. Als berücksichtigungsfähiger Schaden in Betracht kommt der Mehraufwand bei Einschaltung eines Ersatzauftragnehmers, der reine Verzugsschaden sowie Schäden durch Nichteinhaltung von Garantiepflichten oder auch Schäden an vom Auftraggeber zur Verfügung gestellten Sachen.[27] Gemäß § 14 Nr. 2 VOL/A soll die Sicherheitsleistung 5% der Auftragssumme nicht überschreiten. Abzustellen ist auf die gesamte Auftragssumme über die gesamte Auftragszeit.[28] Da es sich um eine »Soll«-Vorschrift handelt, kann der Auftraggeber bei Vorliegen zwingender Gründe auch eine höhere Sicherung verlangen.[29]

23

---

26 Zu den einzelnen Sicherungsarten ausführlich *Grothe* in: Münchener Kommentar, § 232 BGB Rn. 2 bis 9.
27 Vgl. *Zdzieblo* in: Daub/Eberstein, VOL/A, § 14 Rn. 21.
28 *VK Darmstadt* Beschl. v. 2. 1. 2003, 69 d VK-53/2002.
29 *Zdzieblo* in: Daub/Eberstein, VOL/A § 14 Rn. 22.

IV. Modalitäten

24 Die Anforderung einer Sicherheitsleistung ist in den Verdingungsunterlagen anzugeben und ihre Einzelheiten sind ausdrücklich in den Zusätzlichen, Ergänzenden oder Besonderen Vertragsbedingungen vertraglich zu vereinbaren.[30] Es genügt nicht, dass in den Besonderen oder Ergänzenden Vertragsbedingungen nur die Sicherheitsleistung erwähnt wird. Die Vergabestelle muss konkret bestimmen, für welche Leistungen, in welcher Höhe und in welcher Form Sicherheit zu leisten ist.[31] Die gesicherte Obliegenheit ist so abzugrenzen, dass der Eintritt des Sicherungsfalls zweifelsfrei festgestellt werden kann. Es bleiben ergänzend die §§ 305 ff. BGB zu beachten.[32]

25 Bei Vorliegen eines berechtigten und nachvollziehbaren Interesses darf der Auftraggeber vom Auftragnehmer **ausnahmsweise bereits zum Zeitpunkt der Angebotsabgabe** die Leistung einer Sicherheit verlangen. Die VK Köln hat beispielsweise Bedenken für ausreichend erachtet, dass es bei einem sehr komplexen Bauvorhaben wegen der Nichtleistung der Sicherheit nach Zuschlagserteilung nicht nur zu zeitlichen Verzögerungen sondern auch zu Kostenerhöhungen kommen könne, da die übrigen Bieter wegen des dann bereits eingetretenen Ablaufs der Bindefrist nicht mehr an ihre Angebote gebunden wären.[33]

26 Für die Vergabe von Bauleistungen verlangt § 14 Nr. 1 Satz 1 VOB/A ausdrücklich, dass von der Forderung nach einer Sicherheitsleistung abzusehen ist, wenn »der Auftragnehmer hinreichend bekannt ist und genügende Gewähr für die vertragsgemäße Leistung und die Beseitigung etwa auftretender Mängel bietet«. Der DVAL[34] und Teile der Literatur[35] befürworten auch für die VOL/A, dass der Auftraggeber unter den Voraussetzungen des § 14 Nr. 1 Satz 1 VOB/A von der Forderung nach einer Sicherheitsleistung bzw. »den Anforderungen der Vertragsbedingungen«[36] absehen darf.

27 Das scheint jedoch aufgrund des Gleichbehandlungsgebotes bedenklich. Der Verzicht auf die Forderung einer Sicherheitsleistung zugunsten einzelner, als äußerst zuverlässig eingestufte Bewerber kann gegen den Gleichbehandlungsgrundsatz verstoßen. Das gilt zumindest dann, wenn diese Bewerber schon vor Angebotsabgabe von der Pflicht zur Erbringung einer Sicherheitsleistung im Fall der Zuschlagserteilung befreit werden. Das würde diesen Bewerbern einen wettbewerbsrelevanten Kalkulationsvorteil verschaffen, da sie von der Einpreisung der Kosten der Finanzierung der Sicherheit absehen und somit einen günstigeren Preis anbieten können. Dadurch werden Bewerber benachteiligt, die von der Erbringung einer Sicherheitsleistung nicht explizit

---

30 *Müller-Wrede* in: Müller-Wrede, VOL/A, § 14 Rn. 6; *Zdzieblo* in: Daub/Eberstein, VOL/A, § 14 Rn. 16.
31 *Zdzieblo* in: Daub/Eberstein, VOL/A, § 14 Rn. 16.
32 *OLG Hamm* Urt. v. 1. 7. 2003 – 19 U 38/03.
33 VK Köln Beschl. v. 17. 10. 2003, VK VOB 25/2003.
34 »Auf Sicherheitsleistungen kann z. B. auch dann verzichtet werden, wenn der Auftragnehmer hinreichend dafür bekannt ist, dass er genügend Gewähr für die vertragsgemäße Leistung und die Beseitigung etwa auftretender Mängel bietet.«
35 Vgl. *Müller-Wrede* in: Müller-Wrede, VOL/A, § 14 Rn. 6; *Zdzieblo* in: Daub/Eberstein, VOL/A, § 14 Rn. 17.
36 *Müller-Wrede* in: Müller-Wrede, VOL/A, § 14 Rn. 6.

befreit werden. Insbesondere so genannten »Newcomern«, also Unternehmen die noch keine besondere Erfahrung mit der Art des Auftrages haben, würde die Chance auf den Zuschlag erschwert, wenn diese grundsätzlich aufgrund ihrer noch nicht bewiesene Zuverlässigkeit bzw. Eignung eine Sicherheitsleistung beschaffen und deren Kosten auf ihren Angebotspreis »aufschlagen« müssen, während »bekannten und bewährten« Unternehmen das erlassen wird. Entsprechendes gilt auch für kleinere bzw. mittelständische Unternehmen. Zu weitgehend erscheint es jedoch, den Gleichbehandlungsgrundsatz dahingehend auszulegen, dass dem Auftraggeber untersagt ist, im Falle der Auftragserteilung an ein »bewährtes und bekanntes« Unternehmen auf die Leistung der Sicherheit zu verzichten.

E. Rückgabe der Sicherheitsleistung (§ 14 Nr. 3 VOL/A)

Gemäß § 14 Nr. 2 Satz 1 VOL/A soll die Rückgabe der Sicherheit nicht für einen späteren Zeitpunkt vorgesehen werden als nötig ist, um den Auftraggeber vor Schaden zu bewahren. Nach § 14 Nr. 3 VOL/A hat eine teilweise Rückgabe einer Sicherheit unverzüglich zu geschehen, soweit das mit den oben genannten Grundsätzen vereinbar ist. Mit den Grundsätzen nicht vereinbar wäre es, die ganze Sicherheit zurück zu geben, obwohl die Erfüllung von Mängelansprüchen noch aussteht. Umgekehrt ist die Sicherheit u. U. auch teilweise soweit zurück zu gewähren, wie etwaige Ansprüche rechtlich nicht mehr durchsetzbar sind.[37] In der Praxis können dazu umfänglichere Sicherheiten Zug um Zug gegen die Stellung reduzierter Sicherheitsleistungen ausgetauscht werden.[38]

28

F. Dokumentation

Aus Gründen der Transparenz und zur Erleichterung der Beweisführung sollte über die Prüfung der Erforderlichkeit, Art und Höhe der Sicherheitsleistung vom Auftraggeber Dokumentation geführt werden. So kann später überprüft werden, ob die Forderung einer Sicherheitsleistung im konkreten Fall zulässig war.

29

G. Bieterschützende Vorschrift

§ 14 VOL/A hat bieterschützenden Charakter.[39] Das ergibt sich aus Sinn und Zweck sowie Entstehungsgeschichte der Norm. Die Beschränkung der Forderung von Sicherheitsleistungen soll zumindest auch die potentiellen Auftragnehmer vor Übersicherung durch den Auftraggeber schützen. Der Ausschluss eines Bieters aufgrund der Nichterfüllung einer Forderung nach Sicherheitsleistung, die ihrerseits nicht

30

---

37 Vgl. *Zdzieblo* in: Daub/Eberstein, VOL/A, § 14 Rn. 24.
38 *Lausen* in: Heiermann, Juris Praxiskommentar Vergaberecht, § 14 VOB/A Rn. 43.
39 *Müller-Wrede* in: Müller-Wrede, VOL/A, § 14 Rn. 9; aber: *Motzke* in: Motzke/Pietzcker/Prieß, VOB/A, § 14 Rn. 30.

den Anforderungen des § 14 VOL/A genügt, ist daher vor den Nachprüfungsinstanzen angreifbar.[40]

31 Die Verletzung von § 14 VOL/A wird auch im Zusammenhang mit anderen Normen der vergaberechtlichen Nachprüfung zugänglich. Die Forderung nach nicht erforderlichen Sicherheitsleistungen kann dem Gebot der Mittelstandsförderung widersprechen. Ebenso kann die missbräuchliche Forderung von Sicherheitsleistungen das Wettbewerbs- und Gleichbehandlungsgebot verletzen. Das ist insbesondere der Fall, wenn ohne sachlichen Grund von den potentiellen Auftragnehmern unterschiedliche Sicherheiten verlangt werden. Ähnlich liegt es in Fällen der Forderung nach überhöhten, d. h. durch den Auftragsgegenstand nicht gerechtfertigten, Sicherheiten, da dadurch bestimmte Unternehmen von der Teilnahme am Vergabeverfahren abgehalten werden.[41]

---

[40] Vgl. *VK Köln* Beschl. v. 17. 10. 2003, VK VOB 25/2003, zu § 14 VOB/A.
[41] *Motzke* in: Motzke/Pietzcker/Prieß, VOB/A, 2001, § 14 Rn. 29.

§ 15
Preise

1. (1) Leistungen sollen zu festen Preisen vergeben werden.
   (2) Bei der Vergabe sind die Vorschriften über die Preise bei öffentlichen Aufträgen zu beachten.[1]
2. Sind bei längerfristigen Verträgen wesentliche Änderungen der Preisermittlungsgrundlagen zu erwarten, deren Eintritt oder Ausmaß ungewiss ist, so kann eine angemessene Änderung der Vergütung in den Verdingungsunterlagen vorgesehen werden.[2] Die Einzelheiten der Preisänderungen sind festzulegen.

Inhaltsübersicht   Rn.

A. Allgemeines 1
B. Anmerkungen 6
   I. Bestimmungen über Preise bei öffentlichen Aufträgen 6
      1. Vergabe zu festen Preisen 6
      2. Anwendung der Vorschriften über die Preise bei öffentlichen Aufträgen ... 12
   II. Bestimmungen über die Änderung der Vergütung 18
      1. Wahrung der Ausgewogenheit von Leistung und Gegenleistung 19
      2. Voraussetzungen für eine Änderung der Vergütung 24
      3. Festlegung der Einzelheiten einer angemessenen Preisänderung 30
      4. Bekanntmachung der Grundsätze zur Anwendung von Preisvorbehalten bei öffentlichen Aufträgen vom 4. Mai 1972 34

A. Allgemeines

Mit den Preisen für öffentliche Aufträge befassen sich die Vergabevorschriften nur vereinzelt und eher sporadisch, obwohl doch die Vergütung des Auftragnehmers für beide Vertragparteien in der Regel eine zentrale Frage ist. Neben § 15 gibt es in der VOL/ A 1

- den § 2 Nr. 3, der programmatisch vorgibt, dass Leistungen unter ausschließlicher Verantwortung der Vergabestellen »zu angemessenen« Preisen zu vergeben sind, und der jedenfalls oberhalb der Schwellenwerte im Lichte des § 97 Abs. 5 GWB zu lesen ist, wo es heißt, dass der Zuschlag auf das wirtschaftlichste Angebot erteilt wird;
- den § 25 Nr. 2 Abs. 2 und 3, wonach im Verhältnis zur Leistung als ungewöhnlich niedrig erscheinende Angebote zunächst einer gesonderten Überprüfung zu unter-

---

[1] Verordnung PR Nr. 30/53 über die Preise bei öffentlichen Aufträgen vom 21. November 1953 (BAnz. Nr. 244 vom 18. Dezember 1953), zuletzt geändert durch Verordnung PR Nr. 1/86 vom 15. April 1986 (BGBl. I S. 435 und BAnz. S. 5046) und Verordnung PR Nr. 1/89 vom 13. Juni 1989 (BGBl. I S. 1094 und BAnz. S. 3042).

[2] Grundsätze zur Anwendung von Preisvorbehalten bei öffentlichen Aufträgen: Gemeinsames Ministerialblatt, herausgegeben vom Bundesminister des Innern, 1972 Nr. 22 Seite 384 f.; 1974 Nr. 5 Seite 75.

§ 15 Preise

ziehen sind und, wenn denn keine rechte Rechtfertigung für die Ungewöhnlichkeit gefunden wird, auszuschließen sind;
- den § 25 a Nr. 2, der eine Spezialform dieser Dumpingregelung enthält, die sich ergeben kann, wenn Unternehmen Angebote abgeben, die zuvor staatliche Beihilfen erhalten haben.

2 § 15 vereint zwei völlig unterschiedliche Regelungsgedanken in einer Vorschrift: In der Nr. 1 wird ein Hinweis auf die allgemein geltenden Preisvorschriften für öffentliche Aufträge gegeben und zuvor – allerdings nur in einer Sollvorschrift – die Vereinbarung fester Preise vorgegeben. In der Nr. 2 wird der Rahmen für Preisvorbehalte umschrieben.

3 Die Funktion des ersten Teils der Vorschrift, der keine Entsprechung in der VOB findet, ist nicht auf den ersten Blick zu erfassen. Die Vorschriften über die Preise bei öffentlichen Aufträgen gelten auch ohne Hinweis auf sie in der VOL. Die VOL/A ist angesichts ihres Rechtscharakters als haushaltsrechtliche Weisung auch nicht in der Lage, diese aus der Verordnung PR Nr. 30/53 sich ergebenden Preisvorschriften einzuschränken oder zu ändern. Es wäre also höchstens denkbar, dass hier ein noch in der VO PR Nr. 30/53 enthaltener Spielraum der öffentlichen Auftraggeber eingeschränkt wird. Aber auch das ist nicht der Fall. Denn die Festlegung der öffentlichen Auftraggeber auf die Vereinbarung von festen Preisen findet sich auch – und zwar klarer als durch »sollen« hier geschehen– in § 1 Abs. 2 der VO PR Nr. 30/53. Die Nr. 1 des § 15 ist daher eher ein legislativ sehr entbehrlicher Hinweis auf anderswo bestehende Vorschriften.

4 Anders ist das bei der Ziffer 2, die sich – bis auf die Worte »bei längerfristigen Verträgen« – wortwörtlich auch so in § 15 VOB/A findet.

5 Weder die Regeln des § 15 noch die teilweise korrespondierende Vorschrift des § 8 Nr. 1 Abs. 3 finden sich in den SKR-Vorschriften des Vierten Abschnitts der VOL/A. Das heißt jedoch nicht, dass ein Sektorenauftraggeber Preisanpassungsregeln nicht in den Vergabeunterlagen vorsehen könnte – im Gegenteil, er ist in der Ausgestaltung sogar freier als der klassische Auftraggeber.[3]

B. Anmerkungen

I. Bestimmungen über Preise bei öffentlichen Aufträgen

1. Vergabe zu festen Preisen

6 Der in Absatz 1 der Nr. 1 des § 15 hervorgehobene Grundsatz der Vergabe öffentlicher Aufträge zu »festen« Preisen ist neben dem Marktpreisvorrang und dem Höchstpreisprinzip einer der wesentlichen Preisbildungsgrundsätze der VO PR 30/53.[4] Dem un-

---

[3] Auch der nicht beschlossene Entwurf des BMWA für eine einheitliche Vergabeverordnung vom Frühjahr 2005 – kommentiert bei *Ax/Schneider/Bischoff* Vergaberecht 2006, Kommentar zu den Regierungsentwürfen – hatte von Preisregeln abgesehen.

[4] *Ebisch/Gottschalk* Preise und Preisprüfungen bei öffentlichen Aufträgen, 7. Auflage 2001 § 1 Rn. 28, 40, 58.

befangenen Leser stellt sich selbstverständlich die Frage, warum hier mit der nochmaligen Betonung des Festpreisprinzips ein Grundsatz herausgehoben wird, während doch Marktpreisprinzip und Höchstpreisprinzip sicher nicht minder bedeutsam sind. Angesichts der ohnehin nicht sehr überlegten Regel der Nr. 1 wird die schlichteste Antwort die richtige sein: Es liegt kein Sinn darin außer dem, der auch hinter dem Aufruf des Absatzes 2 steckt: Hinweis an den Auftraggeber, die VO PR 30/53 nicht zu vergessen.

Es ist daher davon auszugehen, dass der **Begriff »fester Preis«** hier mit dem festen Preis des § 1 Abs. 1 Satz 1 der VO PR 30/53 identisch ist und man zur Auslegung die VO PR 30/53 heranzuziehen hat. Ein fester Preis ist danach eine beide Vertragsparteien bindende Vereinbarung über die Vergütung, die nicht einseitig abgeändert werden kann.[5] Ein fester Preis kann nachträglich in beiderseitigem Einvernehmen geändert werden, wenn Haushaltsrecht und Preisrecht das gestatten. Das Gegenstück des festen Preises ist der vorläufige Preis.[6] Vorläufige Preise sind Selbstkostenrichtpreise nach § 6 Abs. 3 VO PR 30/53 und Selbstkostenerstattungspreise gemäß § 7 VO PR 30/53. Der Begriff des festen Preises erfasst dagegen den Marktpreis nach § 4 VO PR 30/53 und den Selbstkostenfestpreis gemäß § 6 Abs. 1 VO PR 30/53. **7**

Ein fester Preis kann auch mit einem **Preisvorbehalt** versehen sein,[7] auf den sich beide Vertragspartner verständigen, wenn sie es denn nach Haushaltsrecht und – siehe Nr. 2 – dürfen. **8**

Nicht verwechselt werden darf der feste Preis des öffentlichen Auftragrechts mit dem landläufig **»Festpreis«** genannten Gegensatz zu Höchst- und Mindestpreisen in staatlichen Preisregulierungen wie z. B. in der Honorarordnung für Architekten und Ingenieure. Dort bedeutet »Festpreis«, dass ein staatlich festgelegter Preis nicht über und nicht unterschritten werden darf.[8] **9**

Der **Sinn** der Festlegung auf den Festpreis liegt in allgemeinen gesamtwirtschaftlichen Überlegungen[9] darin, dass sowohl Vergabeverfahren als auch Haushaltsverfahren vereinfacht werden. Für den Auftragnehmer liegt der Vorteil in der leichteren Kalkulation. **10**

Als Sollvorschrift lässt § 15 Nr. 1 Abs. 1 die Vereinbarung eines anderen Preises als eines festen Preises zu, wenn Gründe vorliegen, die ein Abweichen von der Bestimmung rechtfertigen. Die Gründe können sich aus den tatsächlichen Verhältnissen rund um die Vergabe des jeweiligen Auftrags ergeben. Wenn es vernünftig erscheint und die preisrechtlichen Voraussetzungen für die Vereinbarung vorläufiger Preise vorliegen, kann von der Regel abgewichen werden. Deshalb bestimmt § 1 Abs. 2 VO PR 30/53, dass feste Preise zu vereinbaren sind, »soweit es die Verhältnisse des Auftrags ermöglichen«. Das ist der Inhalt der **Sollvorgabe** des § 15 Nr. 1 Abs. 1. **11**

---

5 *Ebisch/Gottschalk* a. a. O. § 1 Rn. 41.
6 *Ebisch/Gottschalk* a. a. O. § 1 Rn. 40.
7 *Ebisch/Gottschalk* a. a. O. § 1 Rn. 42, 45 ff.
8 *Ebisch/Gottschalk* a. a. O. § 1 Rn. 43.
9 Vgl. dazu unten Rn. 34 die Einleitung der Grundsätze zur Anwendung von Preisvorbehalten bei öffentlichen Aufträgen.

2. Anwendung der Vorschriften über die Preise bei öffentlichen Aufträgen

12 § 15 Nr. 1 Abs. 2 drückt mit der Vorschrift, dass bei der Auftragsvergabe die Vorschriften über die Preise bei öffentlichen Aufträgen zu beachten sind, eine Selbstverständlichkeit **ohne Regelcharakter** aus. Die Verpflichtung für öffentliche Auftraggeber zur Anwendung der Preisvorschriften beruht nicht auf der VOL/A, sondern ergibt sich aus der VO PR 30/53 selbst. § 15 Nr. 1 Abs. 2 will offenbar lediglich einen Hinweis auf die einschlägigen Preisvorschriften machen, bei denen es sich ja um vorrangiges öffentliches Recht handelt, das die haushaltsrechtlichen Vergabevorschriften nicht abändern können. **Konstitutives Recht mit Regelcharakter** kann die Vorschrift allenfalls annehmen, **soweit sie oberhalb der EU-Schwellenwerte privatrechtlich organisierte öffentliche Auftraggeber nach § 98 Nr. 2 GWB erfasst**, die selbst nicht dem öffentlichen Preisrecht unterliegen.

13 Die Vorschriften über die Preise bei öffentlichen Aufträgen gelten **grundsätzlich nur für das Vertragsverhältnis zwischen dem öffentlichen Auftraggeber und seinem Auftragnehmer**. Ausnahmsweise schlagen sie allerdings auch auf die Vertragsverhältnisse zwischen öffentlichen Auftragnehmern und deren Unterauftragnehmer (Unteraufträge) durch. Das ist der Fall, wenn der öffentliche Auftraggeber dies verlangt und der Unterauftragnehmer (auch mittelbarer Auftragnehmer genannt) von diesem Verlangen vor oder bei Abschluss seines Vertrages mit dem Hauptauftragnehmer zustimmt. Die öffentlichen Auftraggeber sollten von dieser Möglichkeit nur sehr zurückhaltend Gebrauch machen. Sinnvoll ist das nur, wenn für die Hauptleistung mit dem Auftragnehmer Selbstkostenfestpreise vereinbart werden und die Preise für die Unteraufträge direkten Einfluss auf den Preis für die Hauptleistung haben.

14 Die Regeln der VO PR 30/53 lassen sich in verschiedene Kategorien einordnen: Zum einen handelt es sich – vergleichbar den Vergabebestimmungen – um Verhaltensvorschriften für die öffentlichen Auftraggeber für das Vorgehen vor einem Vertragsabschluss. Zum anderen geht es um Regeln über die Prüfung und Bildung von Preisen sowie über die Pflicht, sich einer Prüfung zu unterwerfen, die insbesondere Auftragnehmer und im Ausnahmefall auch Unterauftragnehmer treffen. Die öffentlich-rechtlichen Regeln zur Preisprüfung und -bildung bei öffentlichen Aufträgen gelten **nur bei Preisbildungsvorgängen**, die sich **innerhalb des Staatsgebietes der Bundesrepublik Deutschland** vollziehen.[10] Die Befugnisse der für die Preisbildung und Preisprüfung zuständigen Behörden enden an den Grenzen der Bundesrepublik und können gegenüber Unternehmen ausländischen Unternehmen nicht durchgesetzt werden. Bei der Vereinbarung eines Selbstkostenerstattungspreises muss sich der öffentliche Auftraggeber also Gedanken darüber machen, wie Preisprüfung und -bildung sichergestellt werden können.[11]

---

10 *Roth* in: Müller-Wrede, VOL/A, § 15 Rn. 17; a. A. *Ebisch/Gottschalk* a. a. O. § 2 Rn. 16 ff., der die Regeln der VO PR 30/53 unterschiedslos auf alle Auftragnehmer unabhängig von ihrer Nationalität und ihrem Sitz angewendet wissen will.

11 Siehe dazu *v. Boehmer* Europäisches Vergaberecht 1996, S. 26 und *Rainer Müller* Die Preisgestaltung bei öffentlichen Aufträgen, 3. Auflage S. 17 f., die die Regeln der VO PR 30/53 für anwendbar halten, wenn dies ausdrücklich vertraglich vereinbart worden ist, wobei selbstverständlich die Unterwerfung unter eine Prüfung nur privatrechtlichen Charakter haben kann. Zur Feststellung der Angemessenheit von Prei-

Rechtsgrundlage, Rechtsnatur und Anwendungsbereich der VOL/A und der 15
VO PR 30/53 weichen stark voneinander ab – ganz abgesehen davon, dass natürlich die Regelungsgegenstände sich nur in einem schmalen Band überschneiden. Die VOL/A beruht auf § 55 Abs. 2 BHO/LHO, der bestimmt, dass die dem Haushaltsrecht unterworfenen Behörden bei Abschluss von Verträgen nach einheitlichen Richtlinien zu verfahren haben. Gemäß Nr. 3 VorlVV zu § 55 ist die VOL/A eine dieser einheitlichen Richtlinien, die als verwaltungsinterne Dienstanweisung an die beschaffenden Behörden zu betrachten ist, soweit sie nicht durch die VergabeVO den Charakter einer Rechtsverordnung erhalten hat.[12] Die VO PR 30/53 ist eine Rechtsverordnung auf der Basis des § 2 PreisG, der den Bundesminister für Wirtschaft und die obersten Landesbehörden zu Preisfestsetzungen, Preisgenehmigungen sowie Anordnungen und Verfügungen ermächtigt, durch die der Preisstand aufrechterhalten werden soll. Die VO ist zwingendes öffentliches Recht, das nicht durch Vertrag abdingbar ist. Beide Regelkomplexe haben unterschiedliche Zielsetzungen. In der VOL/A geht es um Verhaltenspflichten für die öffentlichen Auftraggeber bei ihren Einkäufen, um die Grundsätze und Regeln, nach denen die Auswahl der Lieferanten zu erfolgen hat. Die VO PR 30/53 enthält keine Bestimmung darüber, an welchen Bieter ein öffentlicher Auftrag zu vergeben oder auf welches Angebot der Zuschlag zu erteilen ist. Sie bestimmt, wie die Preise vereinbart und ermittelt werden müssen.

Zur **Verbindung zwischen VOL/A und VO PR 30/53**[13] stellte der Erste Runderlass 16
zur Durchführung der VO PR 30/53 unter Nr. 5 b zu § 4 Abs. 1 VO PR 30/53 fest: »Preise, die durch öffentliche oder beschränkte Ausschreibung ermittelt worden sind, sind Preise nach § 4, wenn der Wettbewerb der Anbieter alle ausreichenden Garantien für ein ordnungsgemäßes Zustandekommen der Preise geboten hat. Freihändige Vergabe bedeutet nicht, dass Selbstkostenpreise anzuwenden sind.« Die Vergabe von Leistungen im Wettbewerb (und zwar in Form der öffentlichen und der beschränkten Ausschreibung wie der freihändigen Vergabe) unter mehreren Bietern führt also prinzipiell zur Bildung von Marktpreisen. Eine Marktpreisbildung liegt allerdings nach § 5 Abs. Ziffer 2 VO PR 30/53 nicht vor, wenn der Wettbewerb auf der Anbieterseite beschränkt ist und hierdurch die Preisbildung nicht unerheblich beeinflusst wird. Eine Marktpreisbildung scheidet außerdem aus, wenn die Leistungen nach Art und Umfang vor der Vergabe nicht so genau und eindeutig festgelegt werden können, dass die Angebote genügend vergleichsfähig sind. Dies kann leicht bei Forschungs- und Entwicklungsleistungen der Fall sein, während bei einer genauen konstruktiven Leistungsbeschreibung in der Regel davon ausgegangen werden kann, dass genügend vergleichsfähige Angebote abgegeben werden können und daher ein Marktpreis zustande kommt.

---

sen ausländischer Auftragnehmer s. auch *Anspach/Walitscheck* Die Bundeswehr als Auftraggeber, Koblenz 1984 S. 76 und *Rogmans* Öffentliches Auftragswesen, 2. Auflage Berlin 1993 S. 36 f.
12 Genauer dazu oben die Kommentierung der §§ 1 und 1 a; ausführlich auch *Marx*, Vergaberecht – Was ist das? in: Festschrift für Bechthold, S. 305 ff.
13 *Pietzcker* Der Staatsauftrag als Instrument des Verwaltungshandelns, Tübingen 1978 S. 280 geht davon aus, dass »Vergabeverfahrens- und Preisvorschriften in enger Beziehung zueinander stehen, sich ergänzen oder einander substituieren können«.

17 Ist zu erwarten, dass ein Marktpreis zustande kommt, darf die Vergabestelle nicht die Abgabe eines Angebotes zum Selbstkostenpreis (Selbstkostenricht-, Selbstkostenfest- oder Selbstkostenerstattungspreis) verlangen und auch nicht die Vorlage einer Selbstkostenpreiskalkulation bei der Angebotsabgabe fordern, um sich die Entscheidung darüber vorzubehalten, ob – nach Eingang der Angebote – von einem Marktpreis ausgegangen werden kann.

II. Bestimmungen über die Änderung der Vergütung

18 Ist bei Verträgen mit längerer Laufzeit anzunehmen, dass sich die **Grundlagen** für die Preisermittlung stark verändern und sind Eintritt und Ausmaß dieser Veränderungen ungewiss und nicht im Voraus so einschätzbar, dass sie bei der Preiskalkulation schon antizipiert werden können, kann gemäß § 15 Nr. 2 in den Verdingungsunterlagen eine angemessene Änderung der Vergütung vorgesehen werden. In Satz 2 wird zusätzlich bestimmt, dass die Einzelheiten der Preisänderungen festzulegen sind.

1. Wahrung der Ausgewogenheit von Leistung und Gegenleistung

19 Mit dieser Regel wird der Tatsache Rechnung getragen, dass sich die wirtschaftlichen Rahmenbedingungen, die bei Ausschreibung und Erteilung eines Auftrags gegeben sind, während der Ausführung eines Auftrags verändern können und erhebliche Veränderungen nicht ohne Einfluss auf den Preis einer Leistung sind, so dass eine vereinbarte Preisanpassung nicht nur gerechtfertigt, sondern auch zu einer vernünftigeren Kalkulation führt. Die Regel beruht auf dem Gedanken, dass die Ausgewogenheit von Leistung und Gegenleistung, die nach Ablauf des wettbewerblichen Vergabeverfahrens im Vertrag gefunden wurde, im Interesse beider Vertragspartner während der Laufzeit des Vertrages gewahrt bleiben muss. Dem Auftragnehmer soll nicht zugemutet werden, die Leistung zu einem Preis zu erbringen, der, würde er unter den veränderten Bedingungen kalkuliert, sehr viel höher ausfallen würde. Dem Auftraggeber soll nicht zugemutet werden, für eine Leistung auch dann noch einen hohen Preis zu zahlen, wenn er dieselbe Leistung, würde sie augenblicklich nachgefragt, zu erheblich günstigerem Preis einkaufen könnte. Mit der **vertraglichen Antizipation** einer entsprechenden Situation durch Vereinbarung eines Preisvorbehaltes soll im Interesse beider Vertragspartner versucht werden, wichtige Unsicherheitsfaktoren des tatsächlichen Umfeldes aus den Preisermittlungsgrundlagen auszuschließen.

20 Die Vorschrift ist indessen **keine Regel, die automatisch auf einen Vertrag durchschlägt**. Sie hat daher nichts mit der zivilrechtlichen Figur des Wegfalls der Geschäftsgrundlage u. Ä. zu tun.[14] Wenn der Auftraggeber die Preisanpassung nicht in den Verdingungsunterlagen vorsieht, gibt es im Einzelfall keine vertragliche Regelung. Eine Anpassung ist dann nur nach allgemeinem Zivilrecht möglich. Denn die zwischen Auftraggeber und Auftragnehmer vereinbarten (festen) Preise sind für beide Vertragspartner bindend und können selbstverständlich nicht einseitig geändert werden. Preis-

---

[14] So aber noch *Zdzieblo* in: Daub/Eberstein, Kommentar zur VOL/A, 5. Auflage § 15 Rn. 22.

anpassungsmöglichkeiten wegen Wegfalls der Geschäftsgrundlage sind höchst seltene Ausnahmefälle und nur dann gegeben, wenn ein Festhalten am Vertrag zu einem für einen Vertragspartner untragbaren, mit Recht und Gerechtigkeit nicht mehr vereinbaren Ergebnis führen würde.[15] Im Normalfall sind Verträge einzuhalten – auch, wenn sich einer der beiden Partner verkalkuliert hat.

Dennoch kann es nützlich und wirtschaftlich sein, mit Preisanpassungsklauseln zu verhindern, dass die Bieter hohe Wagnisse einkalkulieren (müssen) oder Entwicklungen übersehen werden, die zu Preissenkungen führen können. Das kann verhindert werden, wenn für bestimmte Kostenfaktoren, deren Entwicklung über die Vertraglaufzeit nicht überschaubar ist, wie z. B. Löhne, Materialkosten, Abgaben Preisvorbehalte oder Preisgleitklauseln vereinbart werden. § 15 Nr. 2 legt fest, dass der Auftraggeber entsprechende Preisvorbehalte zulassen kann. Er muss es nicht tun. D. h. der **Auftraggeber** hat nach pflichtgemäßem Ermessen zu entscheiden und **kann** auch dann, wenn die Voraussetzungen für die Aufnahme einer Änderungsklausel in den Verdingungsunterlagen vorliegen, es ablehnen sie aufzunehmen und auf einem festen Preis bestehen. Der Auftragnehmer kann auch nicht etwa nach Vertragsschluss unter Berufung auf § 15 Nr. 2 eine Preisanpassung verlangen. Ob und inwieweit er vor Vertragsschluss vom Auftraggeber verlangen kann, in den Verdingungsunterlagen Preisanpassungsregelungen vorzusehen, hängt davon ab, ob im Einzelfall eine entsprechend drastische Reduzierung des Ermessens des Auftraggebers vorliegt. Das dürfte indessen höchst selten vorkommen.[16] 21

Hat der Auftraggeber keinen Preisvorbehalt vorgesehen, hält ihn ein **Bieter** aber für erforderlich, kann er, wenn auch die übrigen Voraussetzungen für ein Nebenangebot vorliegen, ein **Nebenangebot mit Preisvorbehalt** abgeben. Dabei reicht es allerdings nicht aus, einen ganz allgemeinen Preisvorbehalt zu machen. Es müssen die genauen Einzelheiten und Rahmenbedingungen für eine Preisanpassung angegeben werden, schon um dem Auftraggeber eine Wertung des Angebots zu ermöglichen.[17] 22

§ 15 Nr. 2 ist die Korrespondenzregel zu § 8 Nr. 1 Abs. 3. Dort wird – ebenfalls als Sollvorschrift – von den Auftraggebern verlangt, Rücksichten auf die Kalkulationsmöglichkeiten der potentiellen Vertragspartner zu nehmen und Wettbewerb nicht als Erpressungsmittel zu missverstehen. Dem Auftragnehmer soll kein ungewöhnliches Wagnis aufgebürdet werden für Umstände und Ereignisse, auf die er keinen Einfluss hat und deren Einwirkung auf die Preise er nicht im Vorhinein abschätzen kann. Ein Mittel, mit dem eine solche prinzipiell unzulässige Wagnisüberwälzung vermieden werden kann, ist der Preisvorbehalt. 23

2. Voraussetzungen für eine Änderung der Vergütung

Eine angemessene Änderung der Vergütung kann allerdings nur vorgesehen werden, wenn **vier Voraussetzungen** kumulativ gegeben sind: 24

---

15 *Rusam* in: Heiermann/Riedl/Rusam, Handkommentar zur VOB, 10. Auflage 2003 A § 15 Rn. 2.
16 *Franke/Mertens* in: Franke/Kemper/Zanner/Grünhagen, VOB, 2. Auflage 2005 § 15 Rn. 13. scheinen hier eher Spielraum für Anträge bei Vergabekammern zu sehen – sofern rechtzeitig gerügt wurde.
17 *Rusam* a. a. O. A § 15 Rn. 14 f.

§ 15 Preise

1. Es muss sich um einen langfristigen Vertrag handeln, der abzuschließen ist.
2. Eine Änderung der Preisermittlungsgrundlagen muss zu erwarten sein.
3. Die zu erwartenden Änderungen müssen wesentlich sein.
4. Eintritt und Ausmaß der zu erwartenden Änderungen muss ungewiss sein.

25 Zur Konkretisierung aller vier Voraussetzungen geben – darauf weist die Fußnote im Text der VOL/A hin – die Grundsätze zur Anwendung von Preisvorbehalten bei öffentlichen Aufträgen, die der Bundesminister für Wirtschaft und Finanzen am 2. Mai 1972 herausgegeben und am 4. Februar 1974[18] ergänzt hat, Hilfestellung.

26 **Langfristig** ist ein Vertrag dann, wenn der Zeitraum zwischen Angebotsabgabe und Lieferung oder Ende der Erfüllung mindestens 10 Monate beträgt. Ist allerdings das mit der Vereinbarung eines festen Preises verbundene Wagnis in einer Branche oder wegen besonderer Labilität von Vorproduktmärkten besonders hoch, darf ausnahmsweise auch schon dann von Langfristigkeit ausgegangen werden, wenn der Erfüllungszeitraum kürzer ist. Das gilt indessen nicht, wenn der Zeitraum zwischen Angebotsabgabe und Zeitpunkt der vereinbarten Lieferung oder des Endes eines Dienstleistungsauftrages weniger als 6 Monate beträgt. Die Voraussetzung des langfristigen Vertrages findet sich in § 15 VOB/A nicht.[19] Dort geht man offenbar davon aus, dass die Abwicklung eines Vertrages über eine Bauleistung typischerweise das Langfristerfordernis erfüllt.

27 **Preisermittlungsgrundlage** ist alles, was unter Berücksichtigung der Leistungsanforderung des Auftraggebers signifikant Preisberechnung und Kalkulation, insbesondere aber die Kosten des bietenden Unternehmens beeinflusst.[20] Dazu zählen die Entwicklung der Löhne und Gehälter einschließlich Lohnnebenkosten, der Materialpreise, der Frachten, Abschreibungen, Verzinsung und Kreditkosten, Steuern.

28 Selbstverständlich kann hier nicht jede Änderung eine Rolle spielen. Das Wirtschaftsleben ist ständig in Bewegung und alle Faktoren ändern sich ständig. Verträge sind in diesem sich ständig bewegenden Umfeld stabilisierende Elemente für Auftraggeber und Auftragnehmer, die nur dann angepasst werden sollen, wenn ihre Stabilisierungsfunktion ins Negative umschlägt. Die zu erwartenden **Änderungen** der Preisermittlungsgrundlagen müssen, wenn sie in einem Preisvorbehalt Berücksichtigung finden sollen, bei objektiver Betrachtung **erheblich** sein. Geringfügige oder alltäglich zu erwartende Verschiebungen von Kostenfaktoren können keine Rolle spielen. Es kommen nur Änderungen in Frage, die für einen kaufmännisch gebildeten Bieter eine beachtenswerte Rolle bei einer Preiskalkulation spielen[21] und die – würde man auf eine Änderung nicht mit einer Änderung der Vergütung reagieren – ein besonderes Wagnis darstellen, für das der Bieter im Vorhinein vernünftigerweise einen Preisaufschlag einplanen muss.[22]

---

18 S. unten Rn. 34.
19 *Roth* a. a. O. § 15 Rn. 20.
20 *Rusam* a. a. O. A § 15 Rn. 8; *Keldungs* in: Ingenstau/Korbion, VOB, 16. Auflage A § 15 Rn. 15.
21 *Keldungs* a. a. O. A § 15 Rn. 16.
22 *Rusam* a. a. O. A § 15 Rn. 10.

Schließlich müssen **Eintritt und Ausmaß** der zu erwartenden Änderungen **noch un-** 29
gewiss sein. Das ist der Fall, wenn generell mit einer Änderung gerechnet werden muss, aber im Einzelfall nicht klar ist, ob und inwieweit über die Zeit wesentliche Änderungen eintreten werden. Wenn Anhaltspunkte benennbar sind, aus denen zu entnehmen ist, dass es Änderungen geben wird, sind Änderungen zu erwarten. Wenn sicher ist, dass diese Veränderungen eintreten und wenn auch erkennbar ist, in welchem Ausmaß dies geschieht, kann die zu erwartende Änderung in der Kalkulation vorweggenommen werden und die Änderungen stellen kein Wagnis mehr dar. Es muss also noch unklar sein, ob und inwieweit sich z. B. Lohnerhöhungen ergeben oder Materialpreise fallen.[23]

3. Festlegung der Einzelheiten einer angemessenen Preisänderung

Eine **angemessene Änderung** der Vergütung muss das Ziel haben, das Preis-Leis- 30
tungsgefüge des Vertrages und die damit vorgenommene Risikoverteilung im Prinzip zu erhalten.[24]

Eine angemessene Anpassung der Vergütung ist nur möglich, wenn zuvor die **Einzel-** 31
heiten der Preisänderung[25] in den Verdingungsunterlagen festgelegt und im Anschluss daran Gegenstand des Vertrages geworden sind. Dabei genügt es nicht, lediglich anzugeben, unter welchen Voraussetzungen und Bedingungen die vertragsgemäße Vergütung eine Änderung erfahren kann. Es muss auch angegeben werden, in welchen Grenzen sich die Änderung der Preisermittlungsgrundlagen auswirken sollen. Es müssen die einzelnen Elemente dieser Preisermittlungsgrundlagen identifiziert und fixiert werden, die bei der später erforderlich werdenden Bildung eines neuen Preises erfasst werden sollen. Am häufigsten dürfte es um Lohn- und Stoffpreisklauseln gehen.[26]

Preisgleitklauseln nach § 15 Nr. 2 **bedürfen keiner Genehmigung** durch das BAFA 32
nach dem Preisklauselgesetz. Es geht bei der hier unter engen Voraussetzungen ermöglichten angemessenen Anpassung der Vergütung nicht um eine Beeinträchtigung des durch das Preisklauselgesetz geschützten Nominalwertprinzips zur Begrenzung von Inflationsgefahren. Preisklauseln sind nur dann genehmigungspflichtig, wenn sie als Wertsicherung eine automatische Anpassung einer Geldschuld an einen außerhalb der Leistung liegenden Wertmaßstab vorsehen. Hier geht es gerade um die Aufrechterhaltung der Ausgewogenheit innerhalb des Leistungsgefüges.

Bei Preisvorbehalten in Form von Preisgleitklauseln sind die Vorgaben der Bekannt- 33
machung des Bundesministers für Wirtschaft und Finanzen vom 4. Mai 1972 von besonderem Interesse.

---

23 *Roth* a. a. O. § 15 Rn. 22.
24 *Roth* a. a. O. § 15 Rn. 23; *Rusam* a. a. O. A § 15 Rn. 17; *Keldungs* a. a. O. A § 15 Rn. 23; *Franke/Mertens* a. a. O. § 15 Rn. 4.
25 Zur Formulierung von Preisvorbehalten genauer *Ebisch/Gottschalk* a. a. O. § 1 Rn. 45 ff.; *Rainer Müller* a. a. O. S. 75 ff., 206 ff.; *Anspach/Walitschek* a. a. O. S. 80 ff. und *Rogmans* a. a. O. S. 31 ff.
26 *Franke/Mertens* a. a. O. § 15 Rn. 4.

§ 15 Preise

4. Bekanntmachung der Grundsätze zur Anwendung von Preisvorbehalten bei öffentlichen Aufträgen vom 4. Mai 1972

34 Nachstehend gebe ich die Grundsätze zur Anwendung von Preisvorbehalten bei öffentlichen Aufträgen vom 4. Mai 1972 – W/I B 1 – 24 00 61; W/I B 3 – 24 19 22 – bekannt. Die Wirtschaftsminister (-senatoren) der Länder, der Deutsche Städtetag, der Deutsche Städtebund, der Deutsche Gemeindetag und der Deutsche Landkreistag sind im Einvernehmen mit der Deutschen Bundesbank gebeten worden, dafür Sorge zu tragen, dass bei der Vergabe von öffentlichen Aufträgen nach diesen Grundsätzen verfahren wird.

Grundsätze zur Anwendung von Preisvorbehalten bei öffentlichen Aufträgen

Das aus einzelwirtschaftlicher Sicht verständliche Bestreben des Auftragnehmers, sich durch Preisvorbehalte gegen eine nach Vertragsabschluss eintretende Verschlechterung Seiner Kalkulationsbasis abzusichern, ist gesamtwirtschaftlich grundsätzlich unerwünscht. Preisvorbehalte können wegen der durch sie begründeten Möglichkeit der Weiterwälzung von Kosten den Widerstand der Unternehmen gegen Kostenerhöhungen schwächen. Eine generelle Anwendung von Preisvorbehalten führt außerdem dazu, dass Preiserhöhungen, die in einem bestimmten Bereich entstehen, sich weitgehend automatisch auf andere Bereiche der Volkswirtschaft übertragen. Preisvorbehalte sind daher geeignet, Preiserhöhungen selbst auszulösen und bestehende Preisauftriebstendenzen zu verstärken.

Es darf allerdings nicht verkannt werden, dass der Abschluss von langfristigen Verträgen für die Unternehmen wegen der Ungewissheit künftiger Entwicklungen unter Umständen die Übernahme eines nur schwer kalkulierbaren Risikos bedeutet. Gleichwohl ist auch in diesen Fällen bei der Vereinbarung von Preisvorbehalten Zurückhaltung zu üben. Auf keinen Fall dürfen Preisvorbehalte vereinbart werden, wenn keine wesentlichen und nachhaltigen Änderungen der Grundlagen für die Preisbildung zu erwarten sind. Demgemäß ist nach folgenden Grundsätzen zu verfahren:

I.

1. a) Der Vereinbarung von festen Preisen ohne Preisvorbehalte ist der Vorzug zu geben.
   b) Preisvorbehalte sind nicht zu vereinbaren wenn sie unter den gegebenen Umständen nicht üblich sind.
   c) Von Preisvorbehalten ohne Bindung an bestimmte Kostenfaktoren (z. B. in der Form »Preis freibleidend« oder »bei Kostenänderungen behalten wir uns die Angleichung unserer Preise vor«) ist abzusehen.
   d) Von der Vereinbarung von Preisvorbehalten ist abzusehen, wenn der Zeitraum zwischen der Angebotsabgabe und dem Zeitpunkt der vereinbarten Lieferung bzw. Fertigstellung nicht mindestens zehn Monate beträgt. Ist das mit der Vereinbarung von festen Preisen verbundene Wagnis im Einzelfall besonders hoch, so darf ausnahmsweise von der zeitlichen Begrenzung nach Satz 1 abgesehen werden. Dies gilt jedoch nicht, wenn der Zeitraum zwischen der Angebotsabgabe und dem Zeitpunkt der vereinbarten Lieferung bzw. Fertigstellung weniger als sechs Monate beträgt.

2. *Bei Preisvorbehalten in Form von Preisgleitklauseln ist folgendes zu berücksichtigen*
   a) *In den Preisgleitklauseln dürfen solche Kostenfaktoren nicht berücksichtigt werden, die den Preis nur unerheblich beeinflussen.*
   b) *Die Preisgleitklauseln sind so zu vereinbaren, das sie sich nur auf den Teil der Leistung beziehen, der durch die Änderung der Kostenfaktoren betroffen wird.*
   c) *Die Preisgleitklauseln sind grundsätzlich so zu vereinbaren, dass sie erst wirksam werden, wenn ein bestimmter Mindestbetrag der Kostenänderung überschritten wird (Bagatellklausel). Nach Überschreiten dieses Mindestbetrags kommt die volle Preisänderung, vermindert um eine gem. lit. d) zu vereinbarende Selbstbeteiligung, zur Auswirkung.*
   d) *Die Auftragnehmer sind i. d. R. in einer im Vertrag festzulegenden Höhe an den Mehrkosten angemessen zu beteiligen. Entsprechendes gilt bei Kosteneinsparungen (Selbstbeteiligungsklausel).*
   e) *Neben den Mehr und Minderbeträgen, die aufgrund der Preisgleitklauseln berücksichtigt werden, darf nur die anteilige Umsatzsteuer berechnet werden.*
   f) *Die Bemessungsfaktoren der Preisgleitklauseln sind möglichst dem Wettbewerb zu unterstellen. Die Feststellung der Mehr- oder Minderbeträge kann erfolgen*
   - *durch Angabe, in welchem Prozentsatz Änderungen der jeweiligen Kostenfaktoren um 1% zu Änderungen des Gesamtpreises oder der Preise von Teilleistungen führen*
   - *durch eine der Kostenstruktur des jeweiligen Auftrags entsprechende mathematische Formel,*
   - *aufgrund von Mengenansätzen oder*
   - *aufgrund anderer geeigneter Methoden.*
   Mathematische Formeln, die der Auftragnehmer über längere Zeitspannen mit gleich bleibenden Lohn- und Stoffpreisanteilen anwendet, sind nur dann zu verwenden, wenn die Eigenart des Erzeugnisses einem genaue Gewichtung der Gleitklauseln unterworfenen Kostenbestandteile wesentlich erschwert und der Auftraggeber, ggf. aufgrund längerer Lieferbeziehungen, die sachgemäße Aufstellung der Gleitklauseln beurteilen kann.
   g) *Der Auftragnehmer ist zu verpflichten, die zur Ermittlung der Mehr- oder Minderbeträge erforderlichen Nachweise zu erbringen.«*
3. *Lohngleitklauseln dürfen nur Änderungen von Löhnen und Gehältern auf Grund von Tarifverträgen oder – soweit gesetzlich zulässig auf Grund von Betriebsvereinbarungen berücksichtigen, im letzterem Fall jedoch nur in angemessener Höhe. Neben den Änderungen der Löhne und Gehälter, die dem Auftrag unmittelbar zugerechnet werden, dürfen berücksichtigt werden:*
   a) *Änderungen von Gemeinkostenlöhnen und -gehältern,*
   b) *Änderungen der tariflichen und gesetzlichen Sozialaufwendungen*
4. *Stoffpreisgleitklauseln sind nur bei Materialien zuzugestehen, die ihrer Eigenart nach Preisveränderungen in besonderem Maße ausgesetzt sind und die bei der Herstellung des Auftragsgegenstandes wertmäßig einen hohen Anteil haben. Auf die Stoffmehr- oder - minderkosten dürfen außer der Umsatzsteuer keine Zu- oder Abschläge berechnet werden (Nummer 2 Buchstabe c).*

§ 16
Grundsätze der Ausschreibung und der Informationsübermittlung

1. Der Auftraggeber soll erst dann ausschreiben, wenn alle Verdingungsunterlagen fertiggestellt sind und die Leistung aus Sicht des Auftraggebers innerhalb der angegebenen Frist ausgeführt werden kann.
2. Ausschreibungen für vergabefremde Zwecke (z. B. Ertragsberechnungen, Vergleichsanschläge, Markterkundung) sind unzulässig.
3. Nummern 1 und 2 gelten für die Freihändige Vergabe entsprechend.
4. Die Auftraggeber geben in der Bekanntmachung oder den Vergabeunterlagen an, ob Informationen per Post, Telefax, direkt, elektronisch oder durch eine Kombination dieser Kommunikationsmittel übermittelt werden.
5. Das für die elektronische Übermittlung gewählte Netz muss allgemein verfügbar sein und darf den Zugang der Bewerber und Bieter zu den Vergabeverfahren nicht beschränken. Die dafür zu verwendenden Programme und ihre technischen Merkmale müssen
   – nicht diskriminierend,
   – allgemein zugänglich und
   – kompatibel mit allgemein verbreiteten Erzeugnissen der Informations- und Kommunikationstechnologie
   sein.
6. Die Auftraggeber haben dafür Sorge zu tragen, dass den interessierten Unternehmen die Informationen über die Spezifikation der Geräte, die für die elektronische Übermittlung der Anträge auf Teilnahme und der Angebote erforderlich sind, einschließlich Verschlüsselung zugänglich sind. Außerdem muss gewährleistet sein, dass die in Anhang II genannten Anforderungen erfüllt sind.

Inhaltsübersicht Rn.

A. Normbefund	1
I. § 16 Nr. 1 bis 3 VOL/A: Grundsätze der Ausschreibung	2
II. § 16 Nr. 4 bis 6 VOL/A: Grundsätze der Informationsübermittlung	3
III. Unterschiede zu § 16 VOB/A	6
B. Grundsätze der Ausschreibung (§ 16 Nr. 1 bis 3 VOL/A)	7
I. Zulässiger Beginn der Ausschreibung (§ 16 Nr. 1 VOL/A)	7
1. Maßgeblicher Zeitpunkt	8
2. Fertigstellung der Verdingungsunterlagen	9
3. Möglichkeit der fristgerechten Leistungsausführung	11
4. Soll-Vorschrift	17
II. Keine Ausschreibung für vergabefremde Zwecke (§ 16 Nr. 2 VOL/A)	20
1. Begriff der »vergabefremden Zwecke«	21
2. Beispiele für vergabefremde Zwecke	23
3. Parallelausschreibungen	26
4. Keine Soll-Vorschrift und Möglichkeiten der Markterkundung	28

III.	Entsprechende Anwendung bei der freihändigen Vergabe (§ 16 Nr. 3 VOL/A)	31
IV.	Rechtsschutz	33
	1. Primärrechtsschutz	33
	2. Sekundärrechtsschutz	34
C.	**Grundsätze der Informationsübermittlung (§ 16 Nr. 4 bis 6 VOL/A)**	39
I.	Bekanntgabe der zugelassenen Kommunikationsmedien (§ 16 Nr. 4 VOL/A)	41
II.	Diskriminierungsfreie Durchführung der elektronischen Vergabe (§ 16 Nr. 5 und 6 VOL/A)	44
	1. § 16 Nr. 5 VOL/A	44
	2. § 16 Nr. 6 VOL/A	45
III.	Rechtsschutz	48
	1. Primärrechtsschutz	48
	2. Sekundärrechtsschutz	49

A. Normbefund

§ 16 VOL/A ist eine inhaltlich zweigeteilte Vorschrift. Die Ziffern 1 bis 3 betreffen **Grundsätze der Ausschreibung**, die Ziffern 4 bis 6 **Grundsätze der Informationsübermittlung**. 1

I. § 16 Nr. 1 bis 3 VOL/A: Grundsätze der Ausschreibung

Die Regelungen in § 16 Nr. 1 bis 3 VOL/A gehen auf die Neufassung der Verdingungsordnung im Jahr 1984 zurück und sind seitdem unverändert geblieben.[1] Die Vorschrift trug damals die in der heutigen Fassung noch enthaltene Überschrift »**Grundsätze der Ausschreibung**«. Die Bezeichnung »Grundsätze« ist für den knappen Regelungsgehalt freilich zu weit gefasst.[2] Ausschreibungsgrundsätze sind auch an anderer Stelle zu finden, etwa in § 24 VOL/A. Die in § 16 Nr. 1 bis 3 VOL/A festgelegten Ausschreibungsgrundsätze haben eine **bieterschützende Funktion** im Sinne des § 97 Abs. 7 GWB (Rn. 10, 22 und 31) und können daher – oberhalb der Schwellenwerte – Grundlage eines Nachprüfungsverfahrens nach den §§ 107 ff. GWB (Rn. 33) sowie – sowohl oberhalb als auch unterhalb der Schwellenwerte – Grundlage von Schadensersatzansprüchen sein (Rn. 34 ff.). Gewährleistet wird, dass sich Bieter in einem transparenten Verfahren (§ 97 Abs. 1 GWB) gleichberechtigt (§ 97 Abs. 2 GWB) mit der Chance der Zuschlagserteilung (§ 28 VOL/A) bewerben können.[3] Bieter sollen vor Ungewissheiten, die die Berechnung des Angebots unnötig erschweren, und vor der Abgabe eines überflüssigen Angebots (für dessen Bearbeitung gem. § 20 Nr. 2 Abs. 1 VOL/A im Regelfall keine Kosten erstattet werden) bewahrt werden. Deshalb soll der Auftraggeber den Auftrag nicht ausschreiben, bevor die Verdingungsunterlagen fertig gestellt sind und die Leistung aus der Sicht des Auftraggebers innerhalb der angegebenen Frist ausgeführt werden kann (Nr. 1). Gänzlich unzulässig ist eine Ausschreibung für vergabe- 2

---

[1] Vgl. *Eberstein* in: Daub/Eberstein, VOL/A, 5. Aufl. 2000, § 16 Rn. 1 f., Einführung Rn. 15 ff. (allgemein).
[2] Ebenso *Eberstein* in: Daub/Eberstein, VOL/A, 5. Aufl. 2000, § 16 Rn. 1.
[3] *Portz* in: Ingenstau/Korbion, VOB, 15. Aufl. 2004, § 16 VOB/A Rn. 1.

fremde Zwecke, d. h. ohne feste Vergabeabsicht (Nr. 2; sog. »Scheinausschreibung«). Ausschreibungen dürfen nur mit der Zielrichtung begonnen werden, das Verfahren durch Zuschlagserteilung und Vertragsschluss (§ 28 VOL/A) zu beenden; vergaberechtswidrig wäre es, wenn der Auftraggeber die Ausschreibung allein zu dem Zweck durchführen würde, Preisangebote für die Leistung ohne konkrete Vergabeabsicht einzuholen.[4] Die Vorgaben des § 16 Nr. 1 und 2 VOL/A gelten entsprechend auch bei der freihändigen Vergabe (Nr. 3). Obwohl Nr. 1 auf objektive Kriterien, Nr. 2 dagegen auf die Motive des Auftraggebers abstellt, sind Überschneidungen möglich. Eine Ausschreibung vor der Fertigstellung der Vergabeunterlagen kann etwa zugleich der Markterkundung durch den Auftraggeber dienen, die als Regelbeispiel in Nr. 2 ausdrücklich genannt wird. Das zeigt, dass sich Nr. 1 und Nr. 2 gegenseitig ergänzen.[5]

II. § 16 Nr. 4 bis 6 VOL/A: Grundsätze der Informationsübermittlung

3 Die Regelungen in § 16 Nr. 4 bis 6 VOL/A sind erst 2006 in die Verdingungsordnung eingefügt worden und betreffen einen völlig anderen Themenkreis. Es geht um die **Kommunikationsmedien**, derer sich Auftraggeber und Bieter im Vergabeverfahren bedienen dürfen. Im Zuge dieser Neufassung ist auch der Zusatz »und der Informationsübermittlung« in die Überschrift des § 16 VOL/A eingefügt worden. Mit § 16 Nr. 4 bis 6 VOL/A sind die Vorgaben von Art. 42 der neuen Vergabekoordinierungsrichtlinie (VKR) und von Art. 48 der neuen Sektorenrichtlinie (SKR) in deutsches Recht umgesetzt worden (Rn. 39 f.).[6] Den Richtlinien entsprechend können elektronische Kommunikationsmittel (Telefax, Internet, E-Mail) im Vergabeverfahren eingesetzt werden; der Grundsatz des schriftlichen, papiergestützten Auftragsvergabe ist endgültig aufgegeben worden.[7] Der Einsatz moderner Kommunikationstechniken ist nach § 16 Nr. 4 bis 6 VOL/A so zu gestalten, dass kein Bieter diskriminiert wird, weil ihm Informationen über die Ausschreibung nicht zugänglich sind oder ihm die technischen Möglichkeiten fehlen, ein Angebot abzugeben. Wegen dieser **bieterschützenden Funktion** können auch die Vorgaben aus § 16 Nr. 4 bis 6 VOL/A Gegenstand eines Nachprüfungsverfahrens (Rn. 48) und Grundlage von Schadensersatzansprüchen sein (Rn. 49 f.).

4 Vor der Verabschiedung der neuen Vergaberichtlinien regelten Art. 23 der Dienstleistungskoordinierungsrichtlinie und Art. 15 der Lieferkoordinierungsrichtlinie schon seit 1997 die Möglichkeit zur **Abgabe elektronischer Angebote**.[8] Zur Umsetzung

---

[4] *Portz* in: Ingenstau/Korbion, VOB, 15. Aufl. 2004, § 16 VOB/A Rn. 1.
[5] Anders (kein direkter inhaltlicher Zusammenhang) *Planker* in: Kapellmann/Messerschmidt, VOB, 2003, § 16 VOB/A Rn. 1; *Portz* in: Ingenstau/Korbion, VOB, 15. Aufl. 2004, § 16 VOB/A Rn. 2.
[6] Die VKR, RL 2004/18/EG v. 31. 3. 2004, ABl. 2004 Nr. L 134/114 ff., ersetzt die klassischen EG-Vergaberichtlinien über die Vergabe von Bau-, Liefer- und Dienstleistungsaufträgen. Die SKR, RL 2004/17/EG v. 31. 3. 2004, ABl. 2004 Nr. L 134/1 ff., wurde in einer überarbeiteten Fassung verabschiedet.
[7] Vgl. dazu die Rundschreiben des *Bundesministeriums für Wirtschaft und Technologie* vom 26. Januar 2006 zur Anwendung der Richtlinie 2004/18/EG, dort unter I.7., und vom 31. Januar 2006 zur Anwendung der Richtlinie 2004/17/EG, dort unter I.6. Beide Rundschreiben sind unter www.bmwi.de veröffentlicht.
[8] Beide Regelungen gehen auf die Richtlinie 97/52/EG vom 13. Oktober 1997 (ABl. Nr. L 328 vom 28. 11. 1997, S. 1) zurück. Siehe dazu *Höfler* NZBau 2000, 449 ff.; *Malmendier* VergabeR 2001, 178 ff.; *Probst* ThürVBl 2002, 245 ff.; *Weyand* ZVgR 2001, 51 ff.

Grundsätze der Ausschreibung und der Informationsübermittlung § 16

dieser Vorgaben erlaubt § 15 **VgV** den Auftraggebern seit 2001, die Abgabe der Angebote auch in anderer Form als schriftlich per Post zuzulassen (S. 1), wobei digitale Angebote mit einer qualifizierten elektronischen Signatur nach dem Signaturgesetz zu versehen und zu verschlüsseln sind (S. 2).[9] § 15 VgV gilt ausdrücklich nur, soweit die Verdingungsordnungen keine Regelungen über die elektronische Angebotsangabe enthalten.[10] In der VOL/A finden sich in den §§ 16, 21 Nr. 1 Abs. 2 Regelungen über die elektronische Vergabe, die unterhalb und oberhalb der Schwellenwerte gelten. Oberhalb der Schwellenwerte treten § 16 a und § 16 b VOL/A hinzu. Ein Rückgriff auf § 15 VgV scheidet damit oberhalb und unterhalb der Schwellenwerte aus. Sachlich ändert sich dadurch wenig, da der Regelungsgehalt von § 15 VgV weitgehend mit § 21 Nr. 1 Abs. 2 VOL/A übereinstimmt. Im Verhältnis zu den §§ 16 a, 16 b und 21 Nr. 1 Abs. 2 VOL/A kommt § **16 Nr. 4 bis 6 VOL/A** die Funktion einer *lex generalis* zu, da er die gesamte Kommunikation zwischen Auftraggeber und Bietern erfasst (Rn. 39 ff.), während die anderen Vorschriften nur die Abgabe elektronischer Teilnahmeanträge (§§ 16 a, 16 b VOL/A) oder Angebote (§ 21 VOL/A) regeln.

In der **Verwaltungspraxis** spielt die Abwicklung von elektronischen Vergabeverfahren über das Internet eine zunehmende Rolle. So veröffentlicht etwa das Beschaffungsamt des *Bundesministeriums des Inneren* seit dem Januar 2006 seine Ausschreibungen ausschließlich im Internet. Zu diesem Zweck hat der Bund die **Vergabeplattform** www.evergabe-online.de (= www.e-vergabe.bund.de) aufgebaut, an der sich zur Zeit 44 Vergabestellen von Bund, Ländern und Gemeinden beteiligen.[11] Über dieses Forum kann das gesamte Vergabeverfahren elektronisch abgewickelt werden: Bieter können nach einer Registrierung mittels einer Signaturkarte und eines Kartenlesegerätes sogar elektronische Teilnahmeanträge und Angebote abgeben. Ein ähnliche Plattform besteht für Vergabeverfahren von bayerischen Behörden unter www.vergabe.bayern.de. Die technische Entwicklung virtueller Marktplätze hat freilich gerade erst begonnen. So befindet sich etwa der Einsatz sog. **intelligenter Softwareagenten** im elektronischen Vergabeverfahren noch im Entwicklungs- und Erprobungsstadium. Softwareagenten sind EDV-Programme, die an Stelle ihres Nutzers bestimmte Aktionen eigenständig durchführen können. Auf Bieterseite könnte etwa die Informationsrecherche und -filterung im Internet bei der Suche nach geeigneten Ausschreibungen sowie die Suche nach und Aufnahme von Verhandlungen mit Nachunternehmern während der Angebotsphase ein Anwendungsfeld darstellen. Auf Auftraggeberseite könnte insbesondere die das Wertungsverfahren einleitende überschlägige Prüfung der Bieterangebote sowie die Einhaltung inhaltlicher und formaler Vorgaben einen geeigneten Anwendungsbereich für Softwareagenten darstellen.[12]

5

---

9 VgV vom 9. 1. 2001 (BGBl. I S. 110).
10 In der VOL/A war das elektronische Angebot bis 2006 nur unterhalb der Schwellenwerte geregelt (die Vorschrift des § 21 Nr. 3 VOL/A a. F. fehlte in den anderen Abschnitten), so dass § 15 VgV oberhalb der Schwellenwerte anzuwenden war. Siehe *Leinemann* Die Vergabe öffentlicher Aufträge, 3. Aufl. 2004, Rn. 94; *Weyand* Praxiskommentar Vergaberecht, 2004, Rn. 2209 f.
11 Stand: 16. August 2006.
12 Eingehend dazu unter Hinweis auf ein laufendes DFG-Forschungsprojekt *Denk/Paul/Rossnagel/Schnellenbach-Held* NZBau 2004, 131 ff.; siehe auch www.uni-essen.de/massivbau/Forschung/Agenten/Index.html (Stand: 16. August 2006).

§ 16 Grundsätze der Ausschreibung und der Informationsübermittlung

III. Unterschiede zu § 16 VOB/A

6 Der Wortlaut von § 16 VOL/A und § 16 VOB/A ist **fast identisch**. Allgemein bemüht man sich zu Recht darum, gleiche Sachverhalte in den verschiedenen Verdingungsordnungen möglichst wortgleich zu regeln.[13] Daher können Rechtsprechung und Schrifttum zur einen Vorschrift auch zur Auslegung der anderen Regelung herangezogen werden. Dies gilt auch für § 16 VOL/A und § 16 VOL/B.[14] Bei der Formulierung der **Ziffern 1 und 2** bestehen geringfügige Unterschiede (Rn. 16, 25). Obwohl die Regelung des § 16 Nr. 3 VOL/A in § 16 VOB/A fehlt, gelten die Vorgaben der Nr. 1 und Nr. 2 auch dort für die freihändige Vergabe entsprechend (Rn. 32). Die Regelungen des § 16 **Nr. 4 bis 6** VOL/A zur elektronischen Kommunikation finden sich seit 2006 mit identischem Wortlaut in den drei Absätzen des § 16 VOB/A Nr. 3. Darüber hinaus regelt § 16 **Nr. 4** VOB/A die Möglichkeit, dass der Auftraggeber im Internet ein Beschaffungsprofil einrichtet, in dem allgemeine Informationen wie Kontaktstelle, Telefon- und Faxnummer, Postanschrift und E-Mail-Adresse sowie Angaben über Ausschreibungen, geplante und vergebene Aufträge oder aufgehobene Verfahren veröffentlicht werden können. Entsprechende Regelungen enthält die VOL/A in § 17 a Nr. 2 und in § 17 b Abs. 4 nur für Vergaben oberhalb der Schwellenwerte. Doch wird man daraus nicht den Umkehrschluss ziehen können, dass im Anwendungsbereich der VOL/A unterhalb der Schwellenwerte Beschaffungsprofile nicht veröffentlicht werden dürfen. Da es um die freiwillige Bereitstellung von allgemeinen Informationen für potentielle Bieter geht, ist kein Grund ersichtlich, warum dies unterhalb der Schwellenwerte schlichtweg ausgeschlossen sein soll.

B. Grundsätze der Ausschreibung (§ 16 Nr. 1 bis 3 VOL/A)

I. Zulässiger Beginn der Ausschreibung (§ 16 Nr. 1 VOL/A)

7 § 16 Nr. 1 VOL/A legt den zulässigen **Zeitpunkt der Ausschreibung** fest. Erst wenn die sog. Ausschreibungs- oder **Vergabereife** gegeben ist, darf die öffentliche Bekanntmachung bzw. die Aufforderung des Auftraggebers zur Abgabe eines Angebots erfolgen. Zwei Voraussetzungen müssen kumulativ erfüllt sein. Zum einen soll der Auftraggeber den Auftrag erst dann ausschreiben, wenn alle **Verdingungsunterlagen fertig** gestellt sind. Zum anderen soll der Zeitpunkt der Ausschreibung so gewählt sein, dass die **Leistungen** aus Sicht des Auftraggebers innerhalb der angegebenen Frist **ausgeführt** werden können. § 16 Nr. 1 VOL/A verlangt somit vom Auftraggeber, die Ausschreibung gründlich und ordnungsgemäß vorzubereiten.[15]

---

13 Vgl. *Eberstein* in: Daub/Eberstein, VOL/A, 5. Aufl. 2000, Einführung Rn. 118 ff.
14 Vgl. *Weyand* Praxiskommentar Vergaberecht, 2004, Rn. 5461.
15 Vgl. *Sterner* in: Motzke/Pietzcker/Prieß, VOB/A, 1. Aufl. 2001, § 16 Rn. 2.

1. Maßgeblicher Zeitpunkt

Hinsichtlich des **maßgeblichen Zeitpunkts** ist zu unterscheiden. Beim **offenen Ver-** 8
fahren im Sinne des § 101 Abs. 2 GWB – bzw. der »öffentlichen Ausschreibung« nach
§ 3 Nr. 1 Abs. 1 VOL/A – kommt es grundsätzlich auf die Bekanntmachung der Aufforderung zur Abgabe von Angeboten in den einschlägigen Veröffentlichungsblättern
an (vgl. § 17 Nr. 1 VOL/A).[16] Allerdings erscheint es als noch rechtzeitig, wenn die
Verdingungsunterlagen nicht schon mit der erstmaligen Bekanntmachung der Ausschreibung, sondern erst zum Zeitpunkt der Versendung an die Bewerber vorliegen.[17]
Beim **nicht offenen Verfahren** gem. § 101 Abs. 3 GWB – bzw. der beschränkten Ausschreibung nach § 3 Nr. 1 Abs. 2 VOL/A – ohne vorheriger Vergabebekanntmachung
(sowie bei der freihändigen Vergabe, vgl. § 16 Nr. 3 VOL/A, Rn. 31) ist der Zeitpunkt
maßgeblich, an dem der Auftraggeber an einzelne Unternehmen herantritt und diese
zur Abgabe eines Angebots auffordert (vgl. § 17 Nr. 3 VOL/A).[18] Erfolgt vorher ein
Teilnahmewettbewerb gem. § 3 Nr. 1 Abs. 4 VOL/A, werden die Verdingungsunterlagen erst auf Grundlage der konkreten Bewerbungen benötigt. Die Bewerbungsfrist
kann daher noch für die Fertigstellung der Unterlagen verwendet werden.[19]

2. Fertigstellung der Verdingungsunterlagen

Dass die Ausschreibung erst dann erfolgen soll, wenn alle **Verdingungsunterlagen** 9
fertig gestellt worden sind (§ 16 Nr. 1 VOL/A), ist im Grunde selbstverständlich,
weil nur auf der Grundlage vollständiger Verdingungsunterlagen eine genaue Kalkulation des Angebots möglich ist.[20] Die Bereitstellung der ordnungsgemäßen Ausschreibungsunterlagen ist Pflicht des Auftraggebers. Die Verpflichtung entfällt grundsätzlich (zu Ausnahmen Rn. 17 ff.) auch bei Eilbedürftigkeit oder Schwierigkeiten bei
der Zusammenstellung aller Verdingungsunterlagen oder der Beschreibung der Leistung nicht.[21] Die **formalen und inhaltlichen Anforderungen** an die Verdingungsunterlagen sind nicht in § 16 Nr. 1 VOL/A, sondern vor allem in den §§ 8 und 9 VOL/A
sowie ergänzend in den §§ 10 bis 15 VOL/A geregelt. Daher kann auf die Kommentierungen zu diesen Vorschriften verwiesen werden. Unter die Verdingungsunterlagen
fällt alles, was später Gegenstand des Vertrages sein soll. § 16 Nr. 1 VOL/A steht insbesondere in einem engen Zusammenhang zu § 8 Nr. 1 Abs. 1 VOL/A, wonach die
Leistung eindeutig und so erschöpfend zu beschreiben ist, dass alle Bewerber die Beschreibung im gleichen Sinne verstehen müssen und die Angebote miteinander verglichen werden können.[22] Daher reicht eine rein formale Fertigstellung der Verdin-

---

16 Anders *Heiermann* in: Heiermann/Riedl u. a., Handkommentar zur VOB, 10. Aufl. 2003, § 16 VOB/A
Rn. 3 (Zeitpunkt der Übersendung der Unterlagen).
17 Vgl. *Portz* in: Ingenstau/Korbion, VOB, 15. Aufl. 2004, § 16 VOB/A Rn. 11.
18 Vgl. *Planker* in: Kapellmann/Messerschmidt, VOB, 2003, § 16 VOB/A Rn. 4.
19 Vgl. *Rusam* VOL/A, 1984, § 16 Rn. 2; zu § 16 Nr. 1 VOB/A *Planker* in: Kapellmann/Messerschmidt,
VOB, 2003, § 16 VOB/A Rn. 14; *Portz* in: Ingenstau/Korbion, VOB, 15. Aufl. 2004, § 16 VOB/A Rn. 4.
20 Siehe *Portz* in: Ingenstau/Korbion, VOB, 15. Aufl. 2004, § 16 VOB/A Rn. 8; *Rusam* VOL/A, 1984, § 16
Rn. 2.
21 Vgl. *Portz* in: Ingenstau/Korbion, VOB, 15. Aufl. 2004, § 16 VOB/A Rn. 8.
22 Vgl. *Rusam* VOL/A, 1984, § 16 Rn. 2.

§ 16 Grundsätze der Ausschreibung und der Informationsübermittlung

gungsunterlagen nicht aus, solange die Leistung und die nach den §§ 9 ff. VOL/A einzuhaltenden Vertragsbedingungen nicht umfassend und vollständig aufgeführt sind.[23]

10 Die Verpflichtung zur Fertigstellung der Verdingungsunterlagen hat vor allem eine **bieterschützende Funktion**. Erst wenn die Verdingungsunterlagen fertig gestellt sind, kann der Bieter erkennen, was genau von ihm verlangt wird, und dementsprechend sein Angebot kalkulieren. Außerdem soll der Auftraggeber die vor der Ausschreibung erforderlichen Planungen und Vorentscheidungen nicht auf den Bieter abwälzen.[24] Daneben geht es aber **auch um die Interessen des Auftraggebers**. Nur durch die Erstellung vollständiger Verdingungsunterlagen ist gewährleistet, dass der Auftraggeber Klarheit über seinen eigenen Bedarf gewinnt und eine Leistung ausschreibt, die er gerade in dieser Form auch benötigt.[25] Definiert der Auftraggeber seine Ziele und Leistungsanforderungen nicht vor der Ausschreibung, so ist er später regelmäßig auch nicht in der Lage, die für ihn wesentlichen Kosten- und Nutzenaspekte der einzelnen Angebote zu analysieren und setzt sich somit der Gefahr aus, die Vergabeentscheidung fremdbestimmt zu treffen.[26] Außerdem sind die Chancen des Auftraggebers, unter mehreren seiner Vorstellung sehr nahe kommenden Angeboten auswählen zu können, desto größer, je besser den Bietern seine Vorstellungen bekannt sind.[27]

3. Möglichkeit der fristgerechten Leistungsausführung

11 Als zweite Voraussetzung einer Ausschreibung legt § 16 Nr. 1 VOL/A fest, dass die **Leistungen** aus Sicht des Auftraggebers **innerhalb der angegebenen Frist ausgeführt werden** können. Gemeint ist die in den Verdingungsunterlagen genannte Ausführungsfrist nach § 9 Nr. 4 Buchstabe e i. V. m. § 11 VOL/A.[28] Insbesondere zu § 11 Nr. 1 VOL/A, wonach die Ausführungsfristen ausreichend zu bemessen sind, besteht ein enger Zusammenhang. § 16 Nr. 1 VOL/A verlangt, dass der Auftraggeber sich vor der Ausschreibung Klarheit darüber verschafft, in welchem Zeitraum die Ausführung der Leistung rechtlich und tatsächlich möglich ist. **Bieter** werden **geschützt**, da sie wissen, wann sie die Leistungen zu erbringen haben und mit der Bezahlung rechnen können. **Mitwirkungspflichten** treffen den Auftraggeber über den Wortlaut der Vorschrift hinaus. Er muss alles Erforderliche tun, damit eine Ausführung der Leistung innerhalb der angegebenen Frist möglich ist. Deshalb muss die Lieferung von Waren oder die Erbringung von Dienstleistungen gegebenenfalls durch den Auftraggeber koordiniert werden, die Zufahrt zum Leistungsort und die Entgegennahme der Waren oder der Dienstleistung durch Mitarbeiter der Vergabestelle müssen gesichert und ggf. nötige Vorarbeiten anderer Unternehmen abgeschlossen sein. Fehlt es daran, kommen Schadensersatzansprüche (Rn. 34 ff.) in Betracht.

---

23 Siehe zur VOB/A *Planker* in: Kapellmann/Messerschmidt, VOB, 2003, § 16 VOB/A Rn. 6.
24 Siehe *Weyand* Praxiskommentar Vergaberecht, 2004, Rn. 5469.
25 Siehe *Eberstein* in: Daub/Eberstein, VOL/A, 5. Aufl. 2000, § 16 Rn. 5.
26 Siehe *OLG Naumburg* Beschl. v. 16. 9. 2002, NZBau 2003, 628 (630).
27 Siehe *OLG Naumburg* Beschl. v. 31. 3. 2004, NJOZ 2004, 1821 (1826).
28 Siehe *Eberstein* in: Daub/Eberstein, VOL/A, 5. Aufl. 2000, § 16 Rn. 7.

Streitig ist, ob die Ausschreibung erst dann erfolgen darf, wenn die finanziellen Mittel für die Auftragsvergabe nach dem **einschlägigen Haushaltsrecht bereitgestellt** worden sind.[29] Die Frage ist grundsätzlich zu bejahen, weil eine fristgerechte Ausführung auch aus Sicht des Auftraggebers erst dann möglich ist, wenn die Finanzierung gesichert ist. Zudem setzt der Auftraggeber durch die Ausschreibung den Vertrauenstatbestand bei den Bietern, dass bei einer Beteiligung an dieser Ausschreibung die Chance auf den Zuschlag nicht durch eine ungesicherte Finanzierung gefährdet wird.[30] Der Auftraggeber darf also nicht »ins Blaue hinein« ausschreiben.[31] Die Entstehungsgeschichte des § 16 Nr. 2 VOL/A spricht nicht dagegen.[32] Zwar wurde eine ausdrückliche Regelung eines Haushaltsvorbehalts von einer Mehrheit der Mitglieder des DVAL-Hauptausschusses mit der Begründung abgelehnt, dass eine Ausschreibung vor der Bereitstellung der Haushaltsmittel durchaus zweckmäßig sein könne. Diese Erwägung kann jedoch auf der Rechtsfolgenseite des § 16 Nr. 1 VOL/A ausreichend berücksichtigt werden, da es sich um eine Soll-Vorschrift handelt (Rn. 17 ff.). Außerdem kann die fehlende Bereitstellung der Haushaltsmittel ein Indiz dafür sein, dass der Auftraggeber noch keine feste Entscheidung über die Auftragsvergabe getroffen hat und somit ein Fall des § 16 Nr. 2 VOL/A vorliegt. Von einer gesicherten Finanzierung ist nur auszugehen, wenn die erforderlichen Mittel im **Haushaltsplan** veranschlagt oder die erforderlichen Verpflichtungsermächtigungen erteilt wurden.[33] Die mündliche Zusage durch das Finanzministerium oder auch ein Kabinettsbeschluss genügen nicht. Wie viele Mittel für ein Projekt zur Verfügung stehen, braucht und sollte selbstverständlich nicht angegeben werden.[34]

12

Entsprechend ist der Fall zu beurteilen, dass noch nicht alle erforderlichen **Genehmigungen oder Zustimmungen anderer Behörden** vorliegen oder **privatrechtliche Voraussetzungen** noch nicht gegeben sind.[35] Die Ausschreibung darf grundsätzlich erst dann erfolgen, wenn die Entscheidungen getroffen wurden. Solange dies nicht der Fall ist, können Ausführungsfristen nicht verlässlich angegeben werden, womit sich eine Ausschreibung verbietet.

13

---

29 Für einen Haushaltsvorbehalt *Franke/Grünhagen* in: Franke/Kemper/Zanner/Grünhagen, VOB-Kommentar, § 16 VOB/A Rn. 16; *Planker* in: Kapellmann/Messerschmidt, VOB, 2003, § 16 VOB/A Rn. 3; *Portz* in: Ingenstau/Korbion, VOB, 15. Aufl. 2004, § 16 VOB/A Rn. 16; *Weyand* Praxiskommentar Vergaberecht, 2004, Rn. 3795 ff.; wohl auch *Rusam* VOL/A, 1984, § 16 Rn. 2; a. A. *Eberstein* in: Daub/Eberstein, VOL/A, 5. Aufl. 2000, § 16 Rn. 6.
30 Vgl. *BGH* Urt. v. 8. 9. 1998, BGHZ 139, 259 (260 f.); *OLG Frankfurt* Urt. v. 20. 2. 1997, OLG-Report Frankfurt 1997, 145 ff. = IBR 1997, 354 (red. Leitsatz).
31 Siehe *BGH* Urt. v. 8. 9. 1998, BGHZ 139, 259 (263): der Auftraggeber darf nicht »leichtfertig« ausschreiben.
32 A. A. *Eberstein* in: Daub/Eberstein, VOL/A, 5. Aufl. 2000, § 16 Rn. 6.
33 Siehe *BGH* Urt. v. 8. 9. 1998, BGHZ 139, 259 (265). Allgemein zu den haushaltsrechtlichen Vorgaben *Pünder* Haushaltsrecht im Umbruch, 2003, S. 72 ff. bzw. zu Verpflichtungsermächtigungen S. 218 ff.
34 Für eine Geheimhaltungs*pflicht* (allerdings ohne nennenswerte Ableitung) *Heiermann* in: Heiermann/Riedl u. a., Handkommentar zum VOB, 10. Aufl. 2003, § 16 VOB/A Rn. 8.
35 Siehe *Planker* in: Kapellmann/Messerschmidt, VOB, 2003, § 16 VOB/A Rn. 8, 13; *Franke/Grünhagen* in: Franke/Kemper/Zanner/Grünhagen, VOB-Kommentar, § 16 VOB/A Rn. 11; *Heiermann* in: Heiermann/Riedl u. a., Handkommentar zur VOB, 10. Aufl. 2003, § 16 VOB/A Rn. 7; *Portz* in: Ingenstau/Korbion, VOB, 15. Aufl. 2004, § 16 VOB/A Rn. 13 f.

14 Im Hinblick auf die Möglichkeit der fristgerechten Leistungsausführung stellt § 16 Nr. 1 VOL/A nicht auf die objektiven Gegebenheiten, sondern ausdrücklich auf die **subjektive Sicht des Auftraggebers** ab. Die Regelung fußt auf der Überlegung, dass insbesondere kleine kommunale Vergabestellen oft nicht den notwendigen Sachverstand vorhalten können, um bei technisch oder in sonstiger Weise komplizierten Leistungen eine objektiv angemessen Fristberechnung zu gewährleisten.[36] Daher ist in erster Linie auf die subjektive Einschätzung und Sachkunde des entscheidenden Mitarbeiters der Vergabestelle und erst in zweiter Linie auf die objektiven Gegebenheiten abzustellen. Fehlt es von vornherein objektiv an der Möglichkeit, dass die Leistung fristgerecht erbracht werden kann und ist dies für den Vergabebeamten auch erkennbar, so liegt ein Verstoß gegen § 16 Nr. 2 VOL/A vor.[37] Allerdings folgt aus der Tatsache, dass der Auftraggeber nach der Kündigung eines Dauerschuldverhältnisses die Leistung neu ausschreibt, obwohl die Rechtmäßigkeit der Kündigung vom Vertragspartner bestritten wird, kein Verstoß gegen § 16 Nr. 1 VOL/A. Da die mögliche Rechtswidrigkeit der Kündigung nicht Gegenstand eines vergaberechtlichen Nachprüfungsverfahrens sein kann, sondern gegebenenfalls nur Schadensersatzansprüche begründet, fehlt es nicht an der Vergabereife.[38]

15 Fallen die rechtlichen oder tatsächlichen Voraussetzungen für die Möglichkeit einer (fristgerechten) Leistungsausführung nachträglich während der Ausschreibungsphase bis zur Zuschlagserteilung weg, ist der Auftraggeber verpflichtet, das **Ausschreibungsverfahren aufzuheben**. Allerdings liegt ein Aufhebungsgrund im Sinne von § 26 Nr. 1 Buchstabe c VOL/A (»andere schwer wiegende Gründe«) nicht vor, wenn nachträglich eine Finanzierungslücke auftritt, die auf Fehler des Auftraggebers bei der Ermittlung des Finanzbedarfs zurückzuführen ist.[39] Die Anwendung von § 26 VOL/A setzt nämlich voraus, dass der Aufhebungsgrund ohne vorherige Kenntnis des Auftraggebers nach Beginn der Ausschreibung eingetreten ist.[40] War der Aufhebungsgrund von vornherein für den Auftraggeber bekannt oder erkennbar, macht er sich wegen der dann unrechtmäßigen Ausschreibung schadensersatzpflichtig.[41] Eine Änderung in den Grundlagen der Finanzierung kann nur dann ein schwerwiegender, die Aufhebung der Ausschreibung rechtfertigender Grund sein, wenn sie für den Auftraggeber auf nicht bekannten oder vorhersehbaren Umständen beruht.[42]

16 Abweichend von § 16 Nr. 1 VOL/A verlangt **§ 16 Nr. 1 VOB/A**, dass die Ausschreibung erst erfolgen soll, wenn innerhalb der angegebenen Frist mit der Ausführung **be-**

---

36 Vgl. dazu *Eberstein* in: Daub/Eberstein, VOL/A, 5. Aufl. 2000, § 16 Rn. 7.
37 Vgl. *Weyand* Praxiskommentar Vergaberecht, 2004, Rn. 5462.
38 Siehe Vergabekammer beim Niedersächsischen Ministerium für Wirtschaft, Arbeit und Verkehr – Regierungsvertretung Lüneburg –, Beschl. v. 10. 3. 2005 – VgK-04/2005 –, unter II.2.a.
39 Vgl. *BGH* Urt. v. 8. 9. 1998, BGHZ 139, 259 (263 ff.); *OLG Frankfurt* Urt. v. 20. 2. 1997, OLG-Report Frankfurt 1997, 145 ff. = IBR 1997, 354 (red. Leitsatz). *Portz* in: Ingenstau/Korbion, VOB, 15. Aufl. 2004, § 16 VOB/A Rn. 45.
40 Vgl. *BGH* Urt. v. 25. 11. 1992, BGHZ 120, 281 (284); Urt. v. 8. 9. 1998, BGHZ 139, 259 (263); a. A. *OLG Hamburg* Beschl. v. 4. 11. 2002, VergabeR 2003, 40 (43), das auch bei einem dem Auftraggeber zum Zeitpunkt der Ausschreibung bereits bekannten Aufhebungsgrund von der Rechtmäßigkeit der Aufhebung ausgeht.
41 *Portz* in: Ingenstau/Korbion, VOB, 15. Aufl. 2004, § 16 VOB/A Rn. 17.
42 So *Portz* in: Ingenstau/Korbion, VOB, 15. Aufl. 2004, § 16 VOB/A Rn. 45.

gonnen werden kann. Während sich die Fristsetzung nach § 16 Nr. 1 VOL/A auf die *vollständige Ausführung* der Leistungen bezieht, stellt § 16 Nr. 1 VOB/A lediglich auf den *Beginn* der Arbeiten ab. Dieser Unterschied erklärt sich dadurch, dass bei der Ausführung von Bauleistungen regelmäßig Verzögerungen eintreten können und sich der Abschluss der Arbeiten somit nicht mit der gleichen Sicherheit vorhersagen lässt wie bei der Erbringung von Warenlieferungen und anderen Dienstleistungen. Außerdem **fehlt** in § 16 Nr. 1 VOB/A der ausdrückliche **Hinweis**, dass bei der Beurteilung der Frist auf die **Sicht des Auftraggebers** abzustellen ist. Trotzdem kommt es auch in § 16 Nr. 1 VOB/A vorrangig auf die subjektive Einschätzung des Vergabebeamten an. Die Klarstellung im Wortlaut fehlt lediglich deshalb, weil es nach der Auffassung des DVAL-Ausschuss ohnehin selbstverständlich war, dass es auf die subjektive Sicht des Auftraggebers ankommt.[43]

4. Soll-Vorschrift

§ 16 Nr. 1 VOL/A stellt eine **Soll-Vorschrift** dar. Nach den allgemeinen Lehren darf **17** danach die Vergabestelle die Ausschreibung im Regelfall erst bei Vergabereife vornehmen.[44] **Nur** in **atypischen Fällen** ist eine Ausschreibung zulässig, bevor die Verdingungsunterlagen fertig gestellt sind oder bevor die Ausführungsfrist berechnet werden kann.[45] Damit die Vorgaben des § 16 Nr. 1 VOL/A nicht unterlaufen werden, muss es sich aber um **eng begrenzte Ausnahmefälle** handeln. Die Beweislast für das Vorliegen eines Ausnahmefalls liegt beim Auftraggeber.[46]

Denkbar sind vor allem **temporäre** Ausnahmen, wenn dem Auftraggeber Angaben **18** zur Vervollständigung der Verdingungsunterlagen noch fehlen, aber vor dem Ende der Bieterfrist noch nachgereicht werden können. Gleiches gilt, wenn die abschließende Berechnung der Frist noch nicht möglich ist, etwa weil die Bereitstellung der Haushaltsmittel oder die Zustimmung einer anderen Behörde noch nicht erfolgt ist (Rn. 12 f.).[47] Voraussetzung ist allerdings stets, dass die Ausschreibung ausnahmsweise so **dringlich** ist, dass nicht mehr abgewartet werden kann, und dass die Vergabestelle – etwa aufgrund schriftlicher Zusicherungen – **ohne ernsthafte Zweifel** davon ausgehen kann, dass zum Zeitpunkt der Leistungsausführung alle erforderlichen Voraussetzungen gegeben sind.[48] Die Gegenauffassung, wonach die zweite Voraussetzung des § 16 Nr. 1 VOL/A nicht ausnahmefähig sein soll,[49] überzeugt nicht, da

---

43 Vgl. dazu *Eberstein* in: Daub/Eberstein, VOL/A, 5. Aufl. 2000, § 16 Rn. 7.
44 Allgemein zu Soll-Vorschriften und dem sog. intendierten Ermessen etwa *Jestaedt* in: Erichsen/Ehlers (Hrsg.), Allgemeines Verwaltungsrecht, 13. Aufl. 2006, § 10 Rn. 57.
45 Siehe *Sterner* in: Motzke/Pietzcker/Prieß, VOB/A, 1. Aufl. 2001, § 16 Rn. 19; zur VOB/A *Planker* in: Kapellmann/Messerschmidt, VOB, 2003, § 16 VOB/A Rn. 13; a. A. *Franke/Grünhagen* in: Franke/Kemper/Zanner/Grünhagen, VOB-Kommentar, § 16 VOB/A Rn. 6; *Heiermann* in: Heiermann/Riedl u. a., Handkommentar zur VOB, 10. Aufl. 2003, § 16 VOB/A Rn. 4, 10 (»keine Ausnahmefälle denkbar«); widersprüchlich *Portz* in: Ingenstau/Korbion, VOB, 15. Aufl. 2004, § 16 VOB/A Rn. 20 einerseits, Rn. 42 andererseits.
46 Vgl. *Planker* in: Kapellmann/Messerschmidt, VOB, 2003, § 16 VOB/A Rn. 13; *Portz* in: Ingenstau/Korbion, VOB, 15. Aufl. 2004, § 16 VOB/A Rn. 20.
47 Vgl. zu einem derartigen Fall *BayObLG* Beschl. v. 15. 7. 2002, NZBau 2002, 689 (691).
48 Siehe *Portz* in: Ingenstau/Korbion, VOB, 15. Aufl. 2004, § 16 VOB/A Rn. 20 f.
49 Siehe *Planker* in: Kapellmann/Messerschmidt, VOB, 2003, § 16 VOB/A Rn. 16.

der Wortlaut der Vorschrift dafür keine Anhaltspunkte gibt. Allerdings ist schon deshalb Zurückhaltung geboten, weil zugleich ein Verstoß gegen § 16 Nr. 2 VOL/A vorliegt, soweit die Behörde zum Zeitpunkt der Ausschreibung davon ausgeht, dass die Realisierung des Projekts noch nicht gesichert ist. In jedem Fall muss der Auftraggeber zum Schutz der Bieter bereits in der Vergabebekanntmachung (§§ 17, 17 a und 17 b VOL/A) und im Anschreiben zur Aufforderung der Angebotsabgabe (§ 9 Nr. 1 VOL/A) auf die noch fehlende Bereitstellung der Haushaltsmittel oder die noch nicht erfolgte Zustimmung anderer Behörden klar und unmissverständlich **hinweisen**.[50] Die Bewerber können dann selbst entscheiden, ob sie die Kosten der Angebotserstellung auf sich nehmen wollen. Sind sie bereit, sich auf eine Ausschreibung einzulassen, obwohl sie der Auftraggeber auf die Restunsicherheit hingewiesen hat, ist dies ihr Risiko.[51] Fehlt es an einem Hinweis des Auftraggebers oder ist der Hinweis ungenügend, kommen Schadensersatzansprüche des Bieters in Betracht (Rn. 35).

19 Ausnahmen in Bezug auf die Vollständigkeit der **qualitativen Angaben** in den Verdingungsunterlagen regelt die **VOB/A** in § 9 Nr. 15 bis 17 für den Fall, dass zweckmäßigerweise auch der Entwurf der Leistung dem Wettbewerb unterstellt wird und daher vom Bieter ein Vorschlag für die gestalterische sowie funktionsgerechte Lösung der Bauaufgabe erwartet wird. Zulässig ist eine sog. **funktionale Leistungsbeschreibung**.[52] Das heißt freilich nicht, dass der Auftraggeber die Planung vollständig auf den Bieter abwälzen darf.[53] Auch bei der funktionalen Leistungsbeschreibung muss sichergestellt sein, das miteinander vergleichbare Angebote abgegeben werden, bei denen eine ordnungsgemäße Bewertung möglich ist.[54] In der **VOL/A fehlt** eine **Regelung** zur funktionalen Leistungsbeschreibung. Jedoch können die Regelungen der VOB/A entsprechend herangezogen werden. Eine vergleichbare Interessenlage wird bei der Lieferung von Waren oder der Ausführung von Dienstleistungen außerhalb des Bausektors freilich nur selten bestehen. Insgesamt ist daher bei Ausnahmen von der Vollständigkeit der Verdingungsunterlagen **größte Zurückhaltung** geboten.[55]

II. Keine Ausschreibung für vergabefremde Zwecke (§ 16 Nr. 2 VOL/A)

20 Nach § 16 Nr. 2 VOL/A sind Ausschreibungen für **vergabefremde Zwecke** unzulässig. In Klammern nennt die Vorschrift drei Beispiele für vergabefremde Zwecke: Ertragsberechnungen, Vergleichsanschläge und Markterkundung.

---

50 Siehe *BGH* Urt. v. 8. 9. 1998, BGHZ 139, 259 (261); *OLG Frankfurt* Urt. v. 20. 2. 1997, OLG-Report Frankfurt 1997, 145 ff. = IBR 1997, 354 (red. Leitsatz); *Portz* in: Ingenstau/Korbion, VOB, 15. Aufl. 2004, § 16 VOB/A Rn. 21.
51 *Portz* in: Ingenstau/Korbion, VOB, 15. Aufl. 2004, § 16 VOB/A Rn. 22.
52 Vgl. dazu *Portz* in: Ingenstau/Korbion, VOB, 15. Aufl. 2004, § 16 VOB/A Rn. 10.
53 Siehe *KG Berlin* Urt. v. 14. 8. 2003, NZBau 2004, 167 (168); *OLG Naumburg* Beschl. v. 16. 9. 2002, NZBau 2003, 628 (630 ff.).
54 Vgl. *Heiermann* in: Heiermann/Riedl u. a., Handkommentar zur VOB, 10. Aufl. 2003, § 16 VOB/A Rn. 4.
55 Noch strikter als hier *Planker* in: Kapellmann/Messerschmidt, VOB, 2003, § 16 VOB/A Rn. 15.

Grundsätze der Ausschreibung und der Informationsübermittlung § 16

1. Begriff der »vergabefremden Zwecke«

Entscheidend für die Interpretation des § 16 Nr. 2 VOL/A ist die Auslegung des Begriffs »vergabefremde Zwecke«. Um Missverständnisse zu vermeiden, muss darauf aufmerksam gemacht werden, dass dieser Begriff im Vergaberecht mit zwei **unterschiedlichen Bedeutungen** verwendet wird. In den letzten Jahren ist unter dem Stichwort eine lebhafte Diskussion über die Frage geführt worden, ob der Auftraggeber bei der Erteilung des Zuschlags auch andere Kriterien als das wirtschaftlichste Angebot sowie die Fachkunde, Leistungsfähigkeit und Zuverlässigkeit des Bieters (vgl. § 97 Abs. 4 Hs. 1, Abs. 5 GWB; § 25 Nr. 2 Abs. 1, Nr. 3 VOL/A) heranziehen darf – etwa die **Tariftreue** oder die **Frauenförderung** im Unternehmen des Bieters, die Beachtung **umweltschonender Standards**, die **Förderung mittelständischer Unternehmen** oder **strukturschwacher Wirtschaftsregionen**.[56] Da die Berücksichtigung solcher vergabefremder Aspekte in einer Reihe von Bundesländern landesrechtlich vorgesehen ist,[57] hat die Frage inzwischen auch die Rechtsprechung[58] beschäftigt. In formaler Hinsicht bedarf die Berücksichtigung vergabefremder Sekundärziele oberhalb der Schwellenwerte nach § 97 Abs. 4 S. 2 GWB einer gesetzlichen Ermächtigung; eine Regelung durch Verordnung oder Verwaltungsvorschriften reicht daher nicht.[59] Außerdem müssen die vergabefremden Kriterien mit dem EG-Recht vereinbar sein. Da die Richtlinien die Zuschlagskriterien abschließend regeln,[60] dürfen die Mitgliedstaaten keine neuen Eignungskriterien einführen.[61] Unterhalb der Schwellenwerte bestehen gegen die Berücksichtigung vergabefremder Aspekte keine anderen Schranken als das Willkürverbot aus Art. 3 Abs. 1 GG.[62] Durchgreifende verfassungsrechtliche Bedenken gegen die oben genannten Differenzierungskriterien bestehen danach nicht.[63]

Solche vergabefremden Kriterien der Auftragsvergabe werden von **§ 16 Nr. 2 VOL/A** aber nicht erfasst. »Vergabefremde Zwecke« meint hier, dass der Auftraggeber eine Ausschreibung vornimmt, obwohl er nicht die unbedingt feste Absicht hat, das Verfahren mit der Erteilung eines Zuschlages (§ 28 VOL/A) abzuschließen. Eine sog. **Scheinausschreibung** soll verhindert werden.[64] § 16 Nr. 2 VOL/A verbietet die Vor-

21

22

---

56 Siehe dazu *Benedict* Sekundärzwecke im Vergabeverfahren, 2000; *Bungenberg* in: Loewenheim/Meesen/Riesenkampff, Kartellrecht, Bd. II, 2006, § 97 Rn. 51 ff.; *Burgi* NZBau 2001, 64 ff. *Eberstein* in: Daub/Eberstein, VOL/A, 5. Aufl. 2000, § 16 Rn. 14 ff.; *Karenfort/v. Koppenfels/Siebert*, BB 1999, 1825 ff.; *Kling*, Zur Zulässigkeit vergabefremder Regelungen im Recht der Auftragsvergabe, 2000; *Krohn* NZBau 2000, S. 92 ff.; *Opitz* VergabeR 2004, 421 ff.; *Prieß* Die Ermittlung des wirtschaftlichsten Angebots, in: Pünder/Prieß, Vergaberecht im Umbruch, 2005, S. 117 (122 f.); *Ziekow* NZBau 2001, 72 ff.
57 Siehe dazu die Übersicht bei *Bungenberg* in: Loewenheim/Meesen/Riesenkampff, Kartellrecht, Bd. II, 2006, Vor § 97 Rn. 35 ff.
58 Siehe *BGH* Vorlagebeschl. gem. Art. 100 Abs. 1 GG v. 18. 1. 2000, NZBau 2000, 189 ff.; *KG Berlin* Beschl. v. 20. 5. 1998, ZIP 1998, 1600 ff.
59 Siehe *Bungenberg* in: Loewenheim/Meesen/Riesenkampff, Kartellrecht, Bd. II, 2006, § 97 Rn. 51; *Eberstein* in: Daub/Eberstein, VOL/A, 5. Aufl. 2000, § 16 Rn. 15.
60 Siehe *EuGH* Urt. v. 20. 9. 1988, Rs. 31/87 (*Beentjes*), Slg. 1988, 4635 (Rn. 17).
61 Siehe *EuGH* Urt. v. 3. 6. 1991, Rs. C-360/10 (*Kommission/Italien*), Slg. 1992, I-3401 (Rn. 20 f.); Urt. v. 26. 4. 1994, Rs. C-272/91 (*Italien/Kommission*), Slg. 1994, I-1409 (Rn. 35).
62 Näher Zu den Vorgaben des grundgesetzlichen Gleichheitssatzes für die Vergabe öffentlicher Aufträge *Pünder* VerwArch. 2004, S. 38 ff.
63 Teilweise a. A. *Burgi* NZBau 2001, 64 ff.
64 Siehe *KG Berlin* Beschl. v. 15. 4. 2004, VergabeR 2004, 762 ff. mit Anmerkung *Jakoby*; *VK bei der Bezirks-*

nahme einer Ausschreibung für andere Zwecke als zur Erlangung einer Lieferung bzw. einer Leistung an den Auftraggeber.[65] Die drei Beispiele – Ertragsberechnungen, Vergleichsanschläge und Markterkundung – machen deutlich, worum es geht: Die Ausschreibung würde in diesen Fällen der vorbereitenden Informationsbeschaffung beim Auftraggeber dienen. Die eigentliche Entscheidung über die Realisierung des Vorhabens würde erst nach der Auswertung dieser Informationen stattfinden. Zwar hat der Auftraggeber an der Markterkundung und anderen vergleichbaren Informationen ein legitimes Interesse (Rn. 29 f.). Er darf dieses Bedürfnis aber nicht im Wege einer Scheinausschreibung stillen. Da die Berechnung und Ausarbeitung eines Angebots vom Bieter meist einen erheblichen Aufwand verlangt (der gem. § 20 Nr. 2 Abs. 1 VOL/A grundsätzlich nicht ersetzt wird), muss sich der Bieter darauf verlassen können, dass die Ausschreibung ernst gemeint ist, er Kosten und Mühen somit nicht vergeblich investiert hat. Auch § 16 Nr. 2 VOL/A hat daher eine **bieterschützende** Funktion.

2. Beispiele für vergabefremde Zwecke

23 § 16 Nr. 2 VOL/A verbietet ausdrücklich Ausschreibungen zur **Ertragsberechnung**, zur Erlangung von **Vergleichsanschlägen** und zur **Markterkundung**. Ertragsberechnungen dienen dem Ziel, die Wirtschaftlichkeit des Projektes zu ermitteln, damit die nötigen Finanzierungsmittel beantragt und die Finanzierungsplanung vorgenommen werden kann. Vergleichsanschläge und Markterkundungen sollen der Vergabestelle die Marktübersicht verschaffen. Zu alledem darf eine Ausschreibung nicht eingesetzt werden. Dies gilt auch für die *Make-or-Buy*-Entscheidungen der Vergabestelle.[66] So ist es beispielsweise einer Kommune untersagt, durch Ausschreibungen Auskünfte darüber einzuholen, ob eigene Abteilungen bestimmte Arbeiten günstiger durchführen können als externe Bieter. Ebenso darf eine Vergabestelle ein formales Ausschreibungsverfahren nicht zur Prüfung nutzen, ob die im Haushalt veranschlagten Mittel für ein Vorhaben von den jeweiligen Angeboten gedeckt sind, um bei negativem Ausgang von einer Auftragsvergabe abzusehen.[67] In diesem Fällen geht es stets um unzulässige Scheinausschreibungen zum Nachteil der Bieter.

24 Da die drei in § 16 Nr. 2 VOL/A genannten Fallgruppen als Beispiele gekennzeichnet sind, ist die Aufzählung **nicht abschließend**. Erfasst werden somit alle Fälle, in denen die Behörde eine Ausschreibung vornimmt, obwohl sie subjektiv nicht unbedingt entschlossen ist, das Verfahren mit einem Zuschlag auf das wirtschaftlichste Angebot abzuschließen. Ein Scheinausschreibung liegt etwa auch vor, wenn der Auftraggeber die

---

regierung Münster, Beschl. v. 28. 5. 2004 – VK 10/04 –, III. a. E., veröffentlicht unter www.bezreg-muenster.nrw.de/aufgaben/Organisation/Dezernate/Vergabekammer/Entscheidungen_der_Vergabekammer/Beschluss_VK_10–04.pdf (Stand: 25. 9. 2006); *VK beim Niedersächsischen Ministerium für Wirtschaft, Arbeit und Verkehr – Regierungsvertretung Lüneburg –*, Beschl. v. 29. 4. 2005 – VgK-19/2005 –, unter II.2.; w.Nachw. zur Spruchpraxis bei *Weyand* Praxiskommentar Vergaberecht, 2004, Rn. 5871.
65 So *Eberstein* in: Daub/Eberstein, VOL/A, 5. Aufl. 2000, § 16 Rn. 10.
66 Siehe hierzu im Zusammenhang mit der Verwaltungsmodernisierung *Pünder* Haushaltsrecht im Umbruch, 2003, S. 329, 377, 411, 421, 452, 522.
67 *Portz* in: Ingenstau/Korbion, VOB, 15. Aufl. 2004, § 16 VOB/A Rn. 27.

Verwirklichung eines bestimmten Vorhabens insgeheim ablehnt, diese Entscheidung aus Gründen der politischen Opportunität in der Öffentlichkeit aber damit begründen will, dass auf die Ausschreibung kein gestalterisch geeignetes oder wirtschaftlich akzeptables Angebot eingegangen sei. Allerdings liegen solche Scheinausschreibungen eher bei Bauvorhaben nach der VOB/A als beim Ankauf von Waren oder der Erbringung von Dienstleistungen nach der VOL/A nahe. Da § 16 Nr. 2 VOL/A alleine auf die Vergabeabsicht des Auftraggebers abstellt, wird gegen die Vorschrift nicht verstoßen, wenn der Vergabe öffentlich-rechtliche Vorschriften entgegenstehen, der Auftraggeber subjektiv aber fest zur Vergabe entschlossen ist.[68] Erweist sich die Auftragsvergabe später aus diesem Grunde als rechtlich unmöglich oder muss rückabgewickelt werden, kommen aber Schadensersatzansprüche des Bieters in Betracht (Rn. 34 ff.).

Anders als die VOL/A nennt § 16 Nr. 2 VOB/A als **einziges Beispiel** für vergabefremde Zwecke nur die **Ertragsberechnungen**. Daraus kann jedoch nicht der Umkehrschluss gezogen werden, dass Ausschreibungen zur Einholung von Vergleichsanschlägen und Markerkundungen nach § 16 Nr. 2 VOB/A zulässig sind, weil der Schutzzweck der selbe ist wie in § 16 Nr. 2 VOL/A.[69] Auch im Anwendungsbereich der VOB/A sind **Scheinausschreibungen jeder Art verboten**. 25

3. Parallelausschreibungen

Einer näheren Betrachtung bedürfen **Parallelausschreibungen**, bei denen die Leistung gleichzeitig als Generalpaket und in mehreren Teillosen (vgl. § 5 VOL/A) oder in mehreren technischen Ausführungsvarianten ausgeschrieben wird.[70] In jedem Fall **unzulässig** ist eine doppelte Ausschreibung des **identischen Leistungsgegenstandes** in **verschiedenen Vergabeverfahren**, da es in diesem Fall zumindest in einem der beiden Verfahren an dem unbedingten Willen des Auftraggebers zur Zuschlagserteilung fehlt.[71] Weil dieselbe Leistung nicht mehrfach vergeben werden kann, stünde bereits mit Ausschreibungsbeginn fest, dass zu einem der beiden Verfahren die zu vergebende Leistung fehlt. Gegenstand der Ausschreibung ist stets eine Variante, die zwingend nicht zum Zwecke der Beauftragung, sondern ausschließlich für einen Vergleichsanschlag bzw. die Markterkundung ausgeschrieben worden ist.[72] 26

Bei einer Parallelausschreibung **in einem einzigen Verfahren** kann die Rechtmäßigkeit jeweils nur nach den Gegebenheiten des konkreten Einzelfalls beurteilt werden. 27

---

68 Siehe *VK bei der Bezirksregierung Münster*, Beschl. v. 28. 5. 2004 – VK 10/04 –, unter III. a. E., veröffentlicht unter www.bezreg-muenster.nrw.de/aufgaben/Organisation/Dezernate/Vergabekammer/Entscheidungen_der_Vergabekammer/Beschluss_VK_10-04.pdf (Stand: 25. 9. 2006).
69 Siehe *VK beim Niedersächsischen Ministerium für Wirtschaft, Arbeit und Verkehr – Regierungsvertretung Lüneburg –*, Beschl. v. 29. 4. 2005 – VgK-19/2005 –, unter II.2.; zur Markterkundung *OLG Celle* Beschl. v. 8. 11. 2001, NZBau 2002, 400 (401).
70 Eingehend dazu *Franke/Grünhagen* in: Franke/Kemper/Zanner/Grünhagen, VOB-Kommentar, § 16 VOB/A Rn. 30 ff.; *Heiermann* in: FS Jagenburg, 2002, S. 265 ff.; *Kaiser* NZBau 2002, 553 ff.; *Portz* in: Ingenstau/Korbion, VOB, 15. Aufl. 2004, § 16 VOB/A Rn. 32 ff.; *Weyand* Praxiskommentar Vergaberecht, 2004, Rn. 5476 ff.
71 Vgl. *Portz* in: Ingenstau/Korbion, VOB, 15. Aufl. 2004, § 16 VOB/A Rn. 40; *Weyand* Praxiskommentar Vergaberecht, 2004, Rn. 5281.
72 *Planker* in: Kapellmann/Messerschmidt, VOB, 2003, § 16 VOB/A Rn. 23.

§ 16 Grundsätze der Ausschreibung und der Informationsübermittlung

Parallelausschreibungen können **zulässig** sein, sofern die berechtigten Interessen der Bieter im Hinblick auf einen zumutbaren Arbeitsaufwand gewahrt sind, das Verfahren hinreichend transparent und gesichert ist, dass das wirtschaftlichste Angebote zum Zuge kommt.[73] Daher muss der Auftraggeber bereits im Anschreiben zur Aufforderung der Angebotsabgabe (§ 9 Nr. 1 VOL/A) deutlich auf die Parallelausschreibung **hinweisen**[74] und in den Verdingungsunterlagen in nachvollziehbarer Weise die **Kriterien** festlegen, nach denen die Auswahl zwischen den ausgeschriebenen Varianten erfolgt. Insbesondere darf die Ausschreibung nicht das Ziel haben, die Vergabekriterien selbst erst auf der Grundlage der eingegangenen Angebote zu ermitteln.[75] Außerdem muss die **Vergabereife** nach § 16 Nr. 1 VOL/A für jede einzelne Vergabevariante gegeben sein.[76] Schließlich dürfen ausgeschriebene technische Varianten im Verhältnis zur Grundposition kein übermäßig großes Gewicht haben, da sich andernfalls aufdrängt, dass die Ausschreibung zur Markterkundung missbraucht wird. Das ist insbesondere bei einer sehr hohen Zahl von Wahlpositionen der Fall.[77] Zu beachten ist, das ein praktisches Bedürfnis des Auftraggebers nach einer Parallelausschreibung bei Bauvorhaben, in denen dem Auftraggeber eine erschöpfende Leistungsbeschreibung oft kaum möglich ist oder vom Bieter ein gestalterischer Vorschlag zur Bauausführung erwartet wird, eher besteht als bei sonstigen Dienstleistungen. Daher ist im Anwendungsbereich der VOL/A gegenüber Parallelausschreibungen größere Zurückhaltung geboten als im Anwendungsbereich der VOB/A.

4. Keine Soll-Vorschrift und Möglichkeiten der Markterkundung

28 § 16 Nr. 2 VOL/A ist im Gegensatz zu § 16 Nr. 1 VOL/A (Rn. 17 ff.) **nicht** als **Soll-Vorschrift** formuliert. Das Verbot der Ausschreibung für vergabefremde Zwecke hat somit **zwingenden** Charakter, es gilt umfassend und ausnahmslos. Bieter können sich darauf verlassen, dass Ausschreibungen **stets auf** eine **Zuschlagserteilung** (§ 28 VOL/A) **gerichtet** sind. Ausschreibungen, mit denen vergabefremde Zwecke verfolgt werden, sind auch dann unzulässig, wenn der öffentliche Auftraggeber darauf konkret hinweist.[78] Ein Hinweis kann allenfalls dazu führen, dass bei Schadensersatzansprüchen (Rn. 34 ff.) ein Mitverschulden der Bieter (§ 254 BGB) berücksichtigt wird.

29 Nicht zu verkennen ist, dass Auftraggeber an der **Markterkundung** und anderen vergleichbaren Informationen ein legitimes Interesse haben können. Die Informationen können wegen § 16 Nr. 2 VOL/A aber nicht unter dem Deckmantel einer nicht ernst gemeinten Ausschreibung eingeholt werden.[79] Benötigt die Beschaffungsstelle im Vor-

---

73 Siehe *KG Berlin* Beschl. v. 22. 8. 2001, NZBau 2002, 402 (404); *OLG Celle* Beschl. v. 8. 11. 2001, NZBau 2002, 400 (401); *Weyand* Praxiskommentar Vergaberecht, 2004, Rn. 5482 m. w. N. zur Spruchpraxis; strikt gegen Parallelausschreibungen *Planker* in: Kapellmann/Messerschmidt, VOB, 2003, § 16 VOB/A Rn. 23 ff.
74 Siehe *Portz* in: Ingenstau/Korbion, VOB, 15. Aufl. 2004, § 16 VOB/A Rn. 38.
75 Vgl. *OLG Celle* Beschl. v. 8. 11. 2001, NZBau 2002, 400 (401).
76 *Portz* in: Ingenstau/Korbion, VOB, 15. Aufl. 2004, § 16 VOB/A Rn. 38.
77 Siehe zu so einem Fall *OLG Saarbrücken* Beschl. v. 22. 10. 1999, NZBau 2000, 158 ff.
78 *Franke/Grünhagen* in: Franke/Kemper/Zanner/Grünhagen, VOB-Kommentar, § 16 VOB/A Rn. 26.
79 *Planker* in: Kapellmann/Messerschmidt, VOB, 2003, § 16 VOB/A Rn. 22.

wege Preisangaben oder ähnliches, so bleibt es ihr unbenommen vor der Ausschreibung an geeignete Unternehmen heranzutreten.[80] Sie muss dabei aber zum Ausdruck bringen, dass es sich nicht um ein Vergabeverfahren, sondern **unverbindliche** Preisanfrage, Markterkundung oder Ertragsberechnung handelt.[81] Ein Fall enttäuschten Vertrauens kann dann nicht vorliegen. Zu beachten ist freilich, dass die Arbeiten zur Markterkundung etc. nur im Hinblick auf eine künftige Auftragsvergabe unverbindlich sind. Geht es um komplexe und aufwändige Analysen, liegt ein **Werkvertrag** im Sinne des § 631 BGB vor.[82] Der Auftraggeber kann **nicht** davon ausgehen, dass die Arbeiten **unentgeltlich** sind. Eine Vergütung gilt als stillschweigend vereinbart, wenn die Untersuchungen den Umständen nach nur gegen eine Vergütung zu erwarten sind (§ 632 Abs. 1 BGB, zur Höhe § 632 Abs. 2 BGB). Anderes gilt nur für reine Kostenanschläge (§ 632 Abs. 3 BGB) oder, wenn sich die Unternehmen bereit erklärt haben, die geforderte Leistung unentgeltlich zu erbringen.

Weiter stellt die VOL/A dem Auftraggeber das Instrument des **Teilnahmewettbewerbs** gem. § 3 Nr. 1 Abs. 4 VOL/A zur Verfügung. Benötigt ein Auftraggeber die Marktübersicht für eine beschränkte Ausschreibung oder eine freihändige Vergabe (§ 4 Nr. 1 VOL/A), darf er sich die Marktkenntnis *hierzu* (§ 4 Nr. 2 Abs. 1 VOL/A) durch einen Teilnahmewettbewerb verschaffen. Auch der Teilnahmewettbewerb ist ohne Vergabeabsicht nicht zulässig, weil es dann am erforderlichen konkreten Vergabemotiv für eine Markterkundung fehlt.[83] Im Übrigen kann sich ein Auftraggeber gem. § 4 Nr. 2 Abs. 2 VOL/A an eine **Auftragsberatungsstelle** wenden. 30

III. Entsprechende Anwendung bei der freihändigen Vergabe (§ 16 Nr. 3 VOL/A)

Nach § 16 Nr. 3 VOL/A gelten die Ziffern 1 und 2 für die **freihändige Vergabe** – bzw. im Verhandlungsverfahren nach § 101 Abs. 4 GWB[84] – **entsprechend**.[85] Zwar findet bei der freihändigen Vergabe keine förmliche Ausschreibung statt (vgl. § 3 Nr. 1 Abs. 3 VOL/A). Ein Bewerber hat aber auch hier ein schützenswertes Interesse daran, dass der Auftraggeber die Verhandlungen so sorgfältig vorbereitet, dass er dem Interessenten rechtzeitig in der erforderlichen Klarheit die Verdingungsunterlagen sowie die Ausführungsfrist mitteilen kann, damit der Verhandlungspartner weiß, was von ihm verlangt wird (§ 16 Nr. 1 i. V. m. Nr. 3 VOL/A). Auch darf es nicht an der vorab 31

---

80 Siehe *VK beim Niedersächsischen Ministerium für Wirtschaft, Arbeit und Verkehr* – Regierungsvertretung Lüneburg –, Beschl. v. 29. 4. 2005 – VgK-19/2005 –, unter II.2.
81 Siehe *Eberstein* in: Daub/Eberstein, VOL/A, 5. Aufl. 2000, § 16 Rn. 11; *Rusam* VOL/A, 1984, § 16 Rn. 4; *Portz* in: Ingenstau/Korbion, VOB, 15. Aufl. 2004, § 16 VOB/A Rn. 30.
82 Vgl. *Portz* in: Ingenstau/Korbion, VOB, 15. Aufl. 2004, § 16 VOB/A Rn. 31.
83 *Planker* in: Kapellmann/Messerschmidt, VOB, 2003, § 16 VOB/A Rn. 22.
84 Tendenziell a. A., die Anwendung des Verbots der Markterkundung auf das Verhandlungsverfahren ohne nähere Begründung in Frage stellend, *VK bei der Bezirksregierung Düsseldorf*, Beschl. v. 13. 4. 2000 – VK-4/2000-L –, unter III.2., veröffentlicht unter www.brd.nrw.de/BezRegDdorf/autorenbereich/Vergabekammer/MarkusLiehr/Beschluesse_2000/VK_04_2000_L.pdf (Stand: 25. 9. 2006). Allgemein zum Verhandlungsverfahren demnächst eingehend *Franzius* Das Verhandlungsverfahren, Diss. Bucerius Law School, Hamburg 2006.
85 Vgl. zur Entstehungsgeschichte *Eberstein* in: Daub/Eberstein, VOL/A, 5. Aufl. 2000, § 16 Rn. 17.

gesicherten Finanzierung fehlen. Schließlich muss der Bewerber auch bei der freihändigen Vergabe vor zeit-, arbeits- und kostenaufwändigen Scheinverhandlungen geschützt werden. Eine freihändige Vergabe darf nicht für andere Zwecke als zur Erlangung einer Lieferung bzw. einer Leistung an den Auftraggeber genutzt werden (§ 16 Nr. 2 i. V. m. Nr. 3 VOL/A). Da eine Ausschreibung nicht stattfindet, ist der maßgebliche Zeitpunkt der Vergabereife nach § 16 Nr. 1 i. V. m. Nr. 3 VOL/A der Zeitpunkt, zu dem der Auftraggeber an den Bieter herantritt.[86]

32 In § 16 VOB/A fehlt – wie früher auch in der VOL/A[87] – eine § 16 Nr. 3 VOL/A vergleichbare **Regelung**. Trotzdem gelten die Vorgaben der Nr. 1 und Nr. 2 wegen ihrem bieterschützenden Schutzweck auch im Anwendungsbereich der VOB/A für die freihändige Vergabe entsprechend.[88] Der Auftraggeber ist verpflichtet, genau zu klären, welcher konkrete Bedarf gedeckt werden soll. Zudem darf das Verfahren nicht zu vergabefremden Zwecken missbraucht werden. Die Zweckbindung gilt für alle Vergabearten, weil sie den Geboten von Treu und Glauben entspricht. Zwischen dem Auftraggeber und den Bewerbern entsteht ein auf eine mögliche Auftragserteilung gerichtetes Vertrauensverhältnis, wonach der potentielle Vertragspartner darauf vertrauen kann, dass das Verfahren mit einer Zuschlagerteilung (§ 28 VOB/A) endet.[89]

IV. Rechtsschutz

1. Primärrechtsschutz

33 Da die Vorgaben des § 16 Nr. 1 bis 3 VOL/A nicht nur den Interessen der Auftraggeber dienen, sondern auch den Bietern, haben diese gem. § 97 Abs. 7 GWB einen Anspruch darauf, dass der Auftrageber die Vorgaben beachtet. Verstößt ein öffentlicher Auftraggeber gegen § 16 Nr. 1 bis 3 VOL/A, kann dies oberhalb der Schwellenwerte Gegenstand eines **Nachprüfungsverfahrens gem. §§ 107 ff. GWB** sein.[90] Allerdings kann die fehlende finanzielle Sicherung (Rn. 12) – wie auch das Fehlen erforderlicher Genehmigungen und Zustimmungen anderer Behörden (Rn. 13) – nicht zum Gegenstand eines Nachprüfungsverfahrens gemacht werden, da der Mangel nicht durch einen Beschluss der Vergabekammer nach § 114 Abs. 1 GWB behoben werden kann.[91] Dass die Einhaltung bestimmter Vorgaben nicht einklagbar ist, steht Schadensersatzansprüchen nicht entgegen.[92] Es ist nämlich stets so, dass bei durch die Aufnahme von Vertragsverhandlungen bzw. die Anbahnung eines Vertrages begründeten Schuldverhältnissen (§ 311 Abs. 2 BGB) die Beachtung von Obliegenheiten zwar nicht erzwun-

---

86 Siehe zur VOB/A *Portz* in: Ingenstau/Korbion, VOB, 15. Aufl. 2004, § 16 VOB/A Rn. 4.
87 Dazu *Eberstein* in: Daub/Eberstein, VOL/A, 5. Aufl. 2000, § 16 Rn. 10.
88 Siehe *Planker* in: Kapellmann/Messerschmidt, VOB, 2003, § 16 VOB/A Rn. 3; *Portz* in: Ingenstau/Korbion, VOB, 15. Aufl. 2004, § 16 VOB/A Rn. 3; *Sterner* in: Motzke/Pietzcker/Prieß, VOB/A, 1. Aufl. 2001, § 16 Rn. 2.
89 *Planker* in: Kapellmann/Messerschmidt, VOB, 2003, § 16 VOB/A Rn. 20.
90 Vgl. zur VOB *Planker* in: Kapellmann/Messerschmidt, VOB, 2003, § 16 VOB/A Rn. 1; *Portz* in: Ingenstau/Korbion, VOB, 15. Aufl. 2004, § 16 VOB/A Rn. 1.
91 Siehe *KG Berlin* Beschl. v. 22. 8. 2001, NZBau 2002, 402 (404 f.).
92 Vgl. *BGH* Urt. v. 8. 9. 1998, BGHZ 139, 259 (271); *KG Berlin* Beschl. v. 22. 8. 2001, NZBau 2002, 402 (404 f.); siehe auch *Portz* in: Ingenstau/Korbion, VOB, 15. Aufl. 2004, § 16 VOB/A Rn. 44.

gen, ihre Verletzung aber durch Schadensersatzansprüche kompensiert werden kann (§ 311 Abs. 2, § 241 Abs. 2, § 280 ff. BGB). Primärrechtsschutz ist auch bei einem **Verstoß gegen § 26 VOL/A** (vgl. Rn. 15) gegeben. Der EuGH hat 2002 entschieden, dass die Aufhebung einer Ausschreibung auch nach europäischem Recht zulässig ist, die Entscheidung des Auftraggebers hierüber aber in einem Nachprüfungsverfahren auf Verstöße gegen das gemeinschaftliche und mitgliedstaatliche Vergaberecht überprüft und ggf. aufgehoben werden kann.[93] Die Folge, dass damit ein Auftraggeber das Vergabeverfahren fortsetzen und mit einem Zuschlag beenden müsste,[94] kollidiert mit der bislang geübten Praxis, wonach ein Auftraggeber sich auch dann von der Ausschreibung lösen kann, wenn die Voraussetzungen des § 26 VOL/A nicht vorliegen, aber in diesem Fall Schadensersatz leisten muss (Rn. 15). Letztlich liefe eine Neuorientierung auf einen Anspruch des wirtschaftlichsten Bieters auf Zuschlagerteilung hinaus.[95]

2. Sekundärrechtsschutz

Zu **Schadensersatzansprüchen** kann es kommen, soweit ein entgegen § 16 Nr. 1 VOL/A ausgeschriebenes Projekt etwa an der fehlenden Finanzierung oder ausgebliebenen Zustimmungen anderer Behörden gescheitert ist (Rn. 12 f.).[96] Der Auftraggeber darf nicht »ins Blaue hinein« ausschreiben.[97] Er muss prüfen, ob die Leistung innerhalb der angegebenen Fristen ausgeführt werden kann. Ist dies nach den Umständen fraglich, liegt ein schuldhafter Verstoß gegen die Verdingungsordnung vor. Ein Bieter kann Schadensersatz auch dann verlangen, wenn der Auftraggeber ihn unter Verstoß gegen § 16 Nr. 3 VOL/A über seine fehlende Vergabeabsicht getäuscht hat. Als Anspruchsgrundlage kommt insbesondere eine *culpa in contrahendo* nach den §§ 311 Abs. 2, § 241 Abs. 2, § 280 ff. BGB in Betracht, wenn der Bieter durch eine schuldhafte Pflichtverletzung einen Schaden erlitten hat.[98] Daneben ist an die

34

---

93 Siehe *EuGH* Urt. v. 18. 6. 2002, Rs. C-92/00 (*Hospital Ingenieure Krankenhaustechnik*), NZBau 2002, 458 ff. = DVBl. 2002, 1539 ff. (Rn. 55); vgl. zu den noch nicht abschließend geklärten Konsequenzen der Entscheidung für das deutsche Vergaberecht *BGH* Beschl. v. 18. 2. 2003, BGHZ 154, 32 (42 ff.); *KG Berlin* Beschl. v. 10. 12. 2002, VergabeR 2003, 180 ff. mit Anmerkung *Otting*; *OLG Dresden* Vorlagebeschluss gem. § 124 Abs. 2 GWB v. 3.12.2002, NZBau 2003, 169 ff.; *OLG Hamburg* Beschl. v. 4. 11. 2002, VergabeR 2003, 40 ff.; *BayObLG* Beschl. v. 5. 11. 2002, NZBau 2003, 342 (345 f.); *Dreher* JZ 2002, 1101 f.; *Hübner* VergabeR 2002, 429 ff.; *Meier* NZBau 2003, 137; *Prieß* NZBau 2002, 433 f.; *Reidt/Brosius-Gersdorf* VergabeR 2002, 580 (589); *Scharen* NZBau 2003, 585 ff.
94 Vgl. *Heiermann* in: Heiermann/Riedl u. a., Handkommentar zur VOB, 10. Aufl. 2003, § 16 VOB/A Rn. 27.
95 Für einen Anspruch auf Zuschlagerteilung *BayObLG* Beschl. v. 5. 11. 2002, NZBau 2003, 342 (345 f.). Vgl. auch *Heiermann* in: Heiermann/Riedl u. a., Handkommentar zur VOB, 10. Aufl. 2003, § 16 VOB/A Rn. 28. A. A. *BGH* Beschl. v. 18. 2. 2003, BGHZ 154, 32 (40 ff.); *KG Berlin* Beschl. v. 10. 12. 2002, VergabeR 2003, 180 (182 f.) mit zustimmender Anmerkung *Otting*; *Scharen* NZBau 2003, 585 (588).
96 Siehe *BGH* Urt. v. 8. 9. 1998, BGHZ 139, 259 (261 ff.); *KG Berlin* Beschl. v. 22. 8. 2001, NZBau 2002, 402 (404 f.); *OLG Frankfurt* Urt. v. 20. 2. 1997, OLG-Report Frankfurt 1997, 145 ff. = IBR 1997, 354 (red. Leitsatz); *OLG Schleswig* Urt. v. 1. 12. 1995, ZVgR 1997, 170 ff.
97 Siehe *BGH* Urt. v. 8. 9. 1998, BGHZ 139, 259 (263): der Auftraggeber darf nicht »leichtfertig« ausschreiben.
98 Siehe *BGH* Urt. v. 25. 11. 1992, BGHZ 120, 281 (284); Urt. v. 8. 9. 1998, BGHZ 139, 259 (261); Urt. v. 8. 9. 1998, NJW 1998, 3644; Urt. v. 12. 6. 2001, NJW 2001, 3698; Urt. v. 6. 2. 2002, NJW 2002, 1952; Urt. v. 5. 11. 2002, NZBau 2003, 168 (169); *KG Berlin* Urt. v. 14. 8. 2003, NZBau 2004, 167 (168); *OLG Schleswig* Urt. v. 6. 11. 2001, VergabeR 2002, 316 (317) mit Anmerkung *Willenbruch*.

§§ 823 ff., insbesondere auch an § 826 BGB, zu denken. Die Beweislast für das Vorliegen einer Scheinausschreibung liegt bei dem Bewerber.[99]

35 Schadensersatzansprüche scheiden aus, wenn der Auftraggeber bereits in der Vergabebekanntmachung (§§ 17, 17 a und 17 b VOL/A) und im Anschreiben zur Aufforderung der Angebotsabgabe (§ 9 Nr. 1 VOL/A) auf die noch fehlende Bereitstellung der Haushaltsmittel oder die noch nicht erfolgte Zustimmung anderer Behörden **hinweist** (Rn. 18). Allerdings kann die Haftung des Auftraggebers durch den Hinweis in der Ausschreibung, dass die VOL/A kein Vertragsbestandteil werde, nicht ausgeschlossen werden.[100] Dass die VOL/A nicht Vertragsbestandteil wird, versteht sich nämlich von selbst, da sie nur das Vergabeverfahren regelt. Es genügt auch nicht ein Hinweis bloß in den Verdingungsunterlagen. Die in § 16 VOL/A konkretisierte Rücksichtnahme auf die berechtigten Interessen des Verhandlungspartners in vorvertraglichen Schuldverhältnissen entspricht dem Grundsatz von Treu und Glauben (§ 242 BGB). Deshalb kann der Schutz des Verhandlungspartners nicht formularmäßig abbedungen werden. Ein Hinweis in den Verdingungsunterlagen verlagert das Risiko einseitig und überraschend vom Auftraggeber auf die Bieter. Es liegt ein Verstoß gegen § 307 BGB vor, weil es dem Bieter nicht zuzumuten ist, sämtliche Verdingungsunterlagen durchzuarbeiten, um festzustellen, dass eine Realisierung des Projekts noch nicht gesichert ist.[101] Die Information der Bieter ändert zudem nichts daran, dass die vorzeitige Ausschreibung nach § 16 Nr. 1 VOL/A die begründungsbedürftige Ausnahme darstellt und daher nicht mit einem standardisierten Hinweis auf die noch ungesicherte Finanzierung oder ausstehende Zustimmung zum Regelfall erhoben werden darf.[102]

36 **Ersatzberechtigt** sind alle Bieter. Schon die bloße Teilnahme von Unternehmen an einem fehlerhaften Vergabeverfahren, kann zu einem Ersatzanspruch führen, wenn der Grund für das Scheitern des Vergabeverfahrens – wie im Falle einer fehlenden Finanzierung oder fehlender öffentlich-rechtlicher Genehmigungen – dem Auftraggeber von vornherein bekannt oder erkennbar war und er damit gegen § 16 Nr. 1 VOL/A verstieß.[103] Voraussetzung ist freilich, dass der Bieter ein den formellen und inhaltlichen Anforderungen entsprechendes Angebot abgegeben hat. Andernfalls scheidet ein Ersatzanspruch aus.

37 Ersatzfähig ist grundsätzlich nur der **Vertrauensschaden**. Erfasst werden die Aufwendungen des Bieters für die Erstellung des Angebotes.[104] Die Beschränkung auf das negative Interesse gilt auch für den erstrangigen Bieter, da ein darüber hinausge-

---

99 Vgl. *Eberstein* in: Daub/Eberstein, VOL/A, 5. Aufl. 2000, § 16 Rn. 12.
100 Siehe OLG *Schleswig* Urt. v. 1. 12. 1995, ZVgR 1997, 170 (172); OLG *Düsseldorf* Urt. v. 9. 11. 1989, BauR 1990, 349; vgl. auch *Schnorbus* BauR 1999, 77 (81). Ebenso zur VOB/A *Portz* in: Ingenstau/Korbion, VOB, 15. Aufl. 2004, § 16 VOB/A Rn. 44.
101 Vgl. *Franke/Grünhagen* in: Franke/Kemper/Zanner/Grünhagen, VOB-Kommentar, § 16 VOB/A Rn. 17; *Portz* in: Ingenstau/Korbion, VOB, 15. Aufl. 2004, § 16 VOB/A Rn. 16; sowie zu § 9 AGBG LG *München I* Urt. v. 29. 10. 1996, BauR 1997, 524 (Leitsatz).
102 Siehe LG *München I* Urt. v. 29. 10. 1996, BauR 1997, 524 (Leitsatz); *Planker* in: Kapellmann/Messerschmidt, VOB, 2003, § 16 VOB/A Rn. 17 f.
103 Ebenso zur VOB/A *Portz* in: Ingenstau/Korbion, VOB, 15. Aufl. 2004, § 16 VOB/A Rn. 46.
104 Siehe *Eberstein* in: Daub/Eberstein, VOL/A, 5. Aufl. 2000, § 16 Rn. 13.

hender Erfüllungsanspruch voraussetzen würde, dass der Bieter bei ordnungsgemäßer Vergabedurchführung den Auftrag hätte erhalten müssen.[105] Dies lässt sich gerade nicht feststellen, da die Vergabestelle privatautonom jederzeit von der weiteren Durchführung des Vergabeverfahrens absehen kann. Dies gilt auch, wenn ein Aufhebungsgrund nach § 26 VOL/A (Rn. 15) nicht gegeben ist.[106] Einen Anspruch auf Erteilung des Zuschlags (§ 28 VOL/A) gibt es derzeit nicht (vgl. zum Primärrechtsschutz bei einem Verstoß gegen § 26 VOL/A aber oben Rn. 33). Der **Ersatz entgangenen Gewinns** kommt ausnahmsweise in Betracht, soweit die Vergabestelle für den wirtschaftlich identischen Auftragsgegenstand ein neues Vergabeverfahren durchgeführt und mit einem Zuschlag abgeschlossen hat.[107] Der Bieter muss geltend machen, dass er im ersten Verfahren bei ordnungsgemäßem Verfahrensablauf den Zuschlag hätte erhalten müssen. Insofern besteht nach Auffassung der Rechtsprechung eine **Beweislastumkehr**.[108] Der Auftraggeber muss den Nachweis führen, dass der Bieter im ersten Vergabeverfahren nicht das den Anforderungen der Ausschreibung entsprechende wirtschaftlichste Angebot abgegeben hat. Kann er dies nicht, ist der erstrangige Bieter gem. § 249 Satz 1 BGB so zu stellen, wie er bei einem ordnungsgemäßem Vergabeverfahren stünde. Hätte er den Auftrag erhalten, steht ihm der entgangene Gewinn zu. Eine kumulative Geltendmachung von Schadensersatzansprüchen auf das negative Interesse und auf entgangenen Gewinn scheidet aber in jedem Fall aus.[109]

Für Ausschreibungen **oberhalb der Schwellenwerte** gibt es in **§ 126 GWB** eine eigene Anspruchsgrundlage für Schadensersatzansprüche. Voraussetzung ist, dass der Auftraggeber gegen einen den Schutz von Unternehmen bezweckende Vorschrift – hier gegen § 16 Nr. 1 bis 3 VOL/A – verstoßen hat, und das Unternehmen ohne diesen Verstoß bei Wertung der Angebote eine »echte Chance« auf den Zuschlag gehabt hätte, die aber durch den Rechtsverstoß beeinträchtigt wurde. Auch auf § 126 GWB können sich alle Bieter berufen, die ein den formellen und inhaltlichen Anforderungen entsprechendes Angebot abgegeben haben.[110] Ein Mitverschulden kommt in Betracht, wenn der Bieter seiner Rügepflicht nach § 107 Abs. 3 GWB nicht gekommen ist oder von der Möglichkeit des Primärrechtsschutzes durch Anrufung der Vergabekammer keinen Gebrauch gemacht hat.[111] Der Schadensersatzanspruch erfasst nur die

38

---

105 Siehe *BGH* Urt. v. 8.9.199, BGHZ 139, 259 (268); *Franke/Grünhagen* in: Franke/Kemper/Zanner/Grünhagen, VOB-Kommentar, § 16 VOB/A Rn. 50; *Portz* in: Ingenstau/Korbion, VOB, 15. Aufl. 2004, § 16 VOB/A Rn. Rn. 46.
106 *BGH* Urt. v. 8. 9. 1998, BGHZ 139, 259 (268 ff.); ebenso zu den Vorgaben der europäischen Vergaberichtlinien *EuGH* Urt. v. 16. 9. 1999, Rs. C-27/98 (*Metalmeccanica Fracasso SpA*), NZBau 2000, 153 ff. (Rn. 24); Urt. v. 18. 6. 2002, Rs. C-92/00 (*Hospital Ingenieure Krankenhaustechnik*), NZBau 2002, 458 ff. = DVBl 2002, 1539 ff. (Rn. 41; mit anderer Tendenz jedoch Rn. 55).
107 Siehe *BGH* Urt. v. 25. 11. 1992, BGHZ 120, 281 (284); Urt. v. 8. 9. 1998, BGHZ 139, 259 (272); Urt. v. 17. 2. 1999, NJW 2000, 137 (139); Urt. v. 26. 10. 1999, NJW 2000, 661 (663); *OLG Düsseldorf* Urt. v. 31. 1. 2001, VergabeR 2001, 345 (346); *OLG Jena* Urt. v. 27. 2. 2002, VergabeR 2002, 419 (421). Siehe aus dem Schrifttum etwa *Portz* in: Ingenstau/Korbion, VOB, 15. Aufl. 2004, § 16 VOB/A Rn. 48.
108 Siehe *OLG Schleswig* Urt. v. 6. 11. 2001, VergabeR 2002, 316 (321) unter Heranziehung der Grundsätze, die der *BGH* (Urt. v. 6. 4. 1995, BGHZ 129, 226, 233) zur Beweislastumkehr bei Amtshaftungsansprüchen von unterlegenen Konkurrenten bei rechtswidrigen Beförderungen im Beamtenrecht aufgestellt hat. I. E. ebenso *Portz* in: Ingenstau/Korbikon, VOB, 15. Aufl. 2004, § 16 VOB/A Rn. 48.
109 Siehe *OLG Jena* Urt. v. 27. 2. 2002, VergabeR 2002, 419 (423 f.).
110 Vgl. *Portz* in: Ingenstau/Korbion, VOB, 15. Aufl. 2004, § 16 VOB/A Rn. Rn. 51.
111 Offen gelassen in *OLG Jena* Urt. v. 27. 2. 2002, VergabeR 2002, 419 (423).

§ 16 Grundsätze der Ausschreibung und der Informationsübermittlung

Kosten der Vorbereitung des Angebots oder der Teilnahme an einem Vergabeverfahren (§ 126 Satz 1 GWB). Ansprüche auf entgangenen Gewinn können aus dieser Anspruchsgrundlage also nicht hergeleitet werden.[112] § 126 Satz 2 GWB stellt klar, dass die Regelung **keine abschließende *lex specialis*** ist und Schadensersatzansprüche nach anderen Vorschriften somit nicht ausschließt.

C. Grundsätze der Informationsübermittlung (§ 16 Nr. 4 bis 6 VOL/A)

39 Zur Umsetzung der Art. 42 VKR und Art. 48 SKR regeln die §§ 16 Nr. 4 bis 6 VOL/A den Einsatz moderner Kommunikationstechniken im Vergabeverfahren (Rn. 3 ff.). Die europäischen Vorgaben zielen im wesentlichen auf drei Aspekte. Erstens legen sie fest, welche **Kommunikationsmedien** im Vergabeverfahren eingesetzt werden dürfen und lassen dabei über die früher allein zulässige Papierschriftform hinaus auch elektronische Medien zu (sog. elektronische Vergabe). Zweitens verlangen die Richtlinien eine **diskriminierungsfreie** Anwendung der modernen Kommunikationsmedien im Vergabeverfahren, damit kein Bieter durch den Einsatz von nicht allgemein zugänglichen Netzen, Software oder Hardware benachteiligt wird. Drittens regeln die Richtlinien die **Integrität von Daten** der Bieter und die **Vertraulichkeit** der Übermittlung. In §§ 16 Nr. 4 bis 6 VOL/A sind vor allem die beiden zuerst genannten Aspekte in deutsches Recht transferiert worden. Die europäischen Vorgaben über die Integrität und Vertraulichkeit von Daten sind der VOL/A dagegen überwiegend in anderen Vorschriften umgesetzt worden, insbesondere in §§ 16 a, b Nr. 1 und § 21 Nr. 1 Abs. 2 VOL/A. In § 16 VOL/A betrifft nur der Verweis der Nr. 6 auf den Anhang II diesen Themenkreis.

40 Die gemeinschaftsrechtlichen Vorgaben wurden in einem Basisparagraphen umgesetzt. Deswegen ist die elektronische Vergabe nach § 16 VOL/A auch **unterhalb der Schwellenwerte** zulässig.[113] Da die VOL/A unterhalb der Schwellenwerte grundsätzlich nur den Rang einer Verwaltungsvorschrift hat,[114] gilt das allerdings nur, soweit die einschlägigen bundes- oder landesgesetzlichen Vergaberegelungen einem Abweichen von der Papier-Schriftform nicht entgegenstehen.[115]

I. Bekanntgabe der zugelassenen Kommunikationsmedien (§ 16 Nr. 4 VOL/A)

41 Nach § 16 Nr. 4 VOL/A geben die Auftraggeber in der Bekanntmachung oder den Vergabeunterlagen an, ob Informationen per **Post, Telefax, direkt, elektronisch**

---

112 Vgl. *Portz* in: Ingenstau/Korbion, VOB, 15. Aufl. 2004, § 16 VOB/A Rn. Rn. 50; *Verfürth* in: Kulartz/Kus/Portz, GWB-Vergaberecht, 2006, § 126 Rn. 32 ff.
113 Vgl. dazu das Rundschreiben des *Bundesministeriums für Wirtschaft und Technologie* vom 30. Mai 2006 zur Veröffentlichung der VOL/A – Ausgabe 2006 – im Bundesanzeiger, veröffentlicht unter www.bmwi.de.
114 Siehe *Hausmann* in: Henneke/Pünder/Waldhoff, Recht der Kommunalfinanzen, 2006, Rn. 8.
115 So die Rundschreiben des *Bundesministeriums für Wirtschaft und Technologie* vom 26. Januar 2006 zur Anwendung der Richtlinie 2004/18/EG, dort unter I.7.a), und vom 31. Januar 2006 zur Anwendung der Richtlinie 2004/17/EG, dort unter I.6.a), veröffentlicht unter www.bmwi.de.

Grundsätze der Ausschreibung und der Informationsübermittlung § 16

oder durch eine **Kombination** dieser Kommunikationsmittel übermittelt werden. Die Vorschrift regelt nicht nur die Abgabe von Teilnahmeanträgen oder Angeboten, sondern betrifft die ganze Kommunikation zwischen Auftraggeber und Bietern bis zum Abschluss des Vergabeverfahrens. Das ergibt sich aus den europäischen Richtlinien, die sich ausdrücklich auf »jede Mitteilung sowie jede ... Übermittlung von Informationen« beziehen. Legt der Auftraggeber in den Vergabeunterlagen etwa die postalische Kommunikation fest, so kann er später ergänzende Informationen an die Bieter nicht per E-Mail versenden. Bereits § 16 Nr. 4 VOL/A hat somit eine **antidiskriminierende Zielrichtung**: Zugelassenen Kommunikationsmittel müssen so bekannt gemacht werden, dass sich alle Bieter darüber informieren können, auf welchem Wege sie ihre Teilnahmeanträge und Angebote abgeben können und gegebenenfalls ergänzende Informationen zur Ausschreibung erhalten.

Schon zu § 21 Nr. 3 VOL/A a. F. (Ausgabe 2002) und § 15 VgV war umstritten, ob der Bieter einen **Anspruch** darauf hat, sein **Angebot in elektronischer Form** abgeben zu können. Weder der Wortlaut von § 16 Nr. 4 noch von § 21 Nr. 1 Abs. 2 VOL/A n. F. geben klare Hinweise auf ein subjektives Recht des Bieters. Vielmehr zeigt die Formulierung »nach Wahl des öffentlichen Auftraggebers« in Art. 42 Abs. 1 VKR und Art. 48 Abs. 1 SKR, dass die Auswahl der zulässigen Kommunikationsmittel im **Ermessen des Auftraggebers** steht. Anderes folgt auch nicht aus der sog. e-commerce-Richtlinie,[116] da die Vergaberichtlinien *leges speciales* zu dieser Vorschrift sind.[117] Das Auswahlermessen des Auftraggebers kann freilich in bestimmten Fällen auf Null reduziert sein. So kann die Festlegung der elektronischen Übermittlung als *alleine* zulässige Kommunikationsform auf Märkten mit einer Vielzahl von Bieterfirmen, die noch nicht mit Internet und E-Mail ausgestattet sind, einen diskriminierenden Eingriff in den freien Wettbewerb darstellen.[118] **42**

Die in § 16 Nr. 4 VOL/A genannten Kommunikationsmittel »Post« und »Telefax« bedürfen keiner näheren Erklärung. Der Begriff der **elektronischen Übermittlung** meint Verfahren, bei denen elektronische Geräte für die Verarbeitung und Speicherung von Daten zum Einsatz kommen und bei denen Informationen über Kabel, über Funk, mit optischen Verfahren oder mit anderen elektronischen Verfahren übertragen, weitergeleitet und empfangen werden können.[119] Zur Zeit betrifft das die Kommunikation via Internet und E-Mail. Mit der »**direkten**« Kommunikation ist die persönliche Übergabe von Schriftstücken gemeint. Die Möglichkeit der direkten Kommunikation ist in den Richtlinien zwar nicht vorgesehen. Dass ein Schriftstück nicht nur per Post, sondern auch von einem Boten, Mitarbeiter oder vom Bieter persönlich im Dienstgebäude des Auftraggebers abgeben werden darf, versteht sich aber **43**

---

116 Richtlinie 2000/31/EG über den elektronischen Geschäftsverkehr vom 8. 6. 2000 (ABl. Nr. L 178 vom 17. 7. 2000, S. 1).
117 Ebenso zur auf den alten Vergaberichtlinien basierenden Rechtslage *Malmendier* VergabeR 2001, 178 (180 f.); *Kratzenberg* in: Ingenstau/Korbion, VOB, 15. Aufl. 2003, § 15 VgV Rn. 4; *Rusam* in: Heiermann/Riedl u. a., Handkommentar zur VOB, 10. Aufl. 2003, § 21 Rn. 5 a.
118 Vgl. zur VOB/A *Rusam* in: Heiermann/Riedl u. a., Handkommentar zur VOB, 10. Aufl. 2003, § 21 Rn. 5 a.
119 Siehe die Rundschreiben des *Bundesministeriums für Wirtschaft und Technologie* vom 26. Januar 2006 zur Anwendung der Richtlinie 2004/18/EG, dort unter I.7., und vom 31. Januar 2006 zur Anwendung der Richtlinie 2004/17/EG, dort unter I.6. Beide Rundschreiben sind unter www.bmwi.de veröffentlicht.

§ 16 Grundsätze der Ausschreibung und der Informationsübermittlung

von selbst. Die europäischen Richtlinien regeln über die in § 16 Nr. 4 VOL/A genannten Kommunikationsmedien hinaus auch die Möglichkeit, **Anträge auf Teilnahme** am Vergabeverfahren **telefonisch** zu stellen. In der VOL/A ist diese Vorgabe in den §§ 16 a Nr. 2, 16 b Nr. 2 umgesetzt worden, der telefonische Antrag ist daher nur oberhalb der Schwellenwerte zulässig. Im Grunde handelt es sich aber um eine überflüssige Neuerung, da sowohl die Richtlinien als auch die §§ 16 a, b VOL/A vorsehen, dass ein telefonischer Antrag vor Ablauf der Frist für den Eingang der Anträge schriftlich bestätigt werden muss. Der telefonische Antrag gebot ist somit nicht mehr als eine rechtlich unverbindliche Ankündigung eines Antrags auf Teilnahme.

II. Diskriminierungsfreie Durchführung der elektronischen Vergabe (§ 16 Nr. 5 und 6 VOL/A)

1. § 16 Nr. 5 VOL/A

44 Nach § 16 Nr. 5 VOL/A muss das für die **elektronische Übermittlung** gewählte **Netz allgemein verfügbar** sein und darf den Zugang der Bewerber und Bieter zu den Vergabeverfahren nicht beschränken (Satz 1). Die für die elektronische Vergabe zu verwendenden **Programme** und ihre technischen Merkmale müssen **nicht diskriminierend, allgemein zugänglich** und **kompatibel** mit allgemein verbreiteten Erzeugnissen der Informations- und Kommunikationstechnologie sein (Satz 2). Satz 1 meint Netze, die digitale Signale erfassen und weiterleiten können.[120] Dazu zählen derzeit die allgemein zugänglichen Kommunikationsmittel Internet und E-Mail. Der Auftraggeber darf somit die Kommunikation mit den Bietern nicht über ein behördeninternes »Intranet« oder ähnliche nicht allgemein zugängliche Netze abwickeln. Ebenso wenig zulässig ist die Abwicklung der Vergabe übe eine E-Mail-Adresse, die nicht öffentlich bekannt gemacht worden ist und daher nicht von allen Bietern genutzt werden kann. Der Begriff Programme in Satz 2 meint Software, die vom Auftraggeber und den Bietern bei der elektronischen Kommunikation genutzt werden.[121]

2. § 16 Nr. 6 VOL/A

45 Nach § 16 Nr. 6 Satz 1 VOL/A haben die Auftraggeber dafür Sorge zu tragen, dass den interessierten Unternehmen die Informationen über die **Spezifikationen der Geräte**, die für die elektronische Übermittlung der Anträge auf Teilnahme und der Angebote erforderlich sind, einschließlich Verschlüsselung **zugänglich** sind. Bei den Geräten handelt es sich um die Hardware, die für die Übermittlung und den Empfang von Teilnahmeanträgen erforderlich ist.[122] Der Begriff der Spezifikationen umfasst

---

120 Siehe die Rundschreiben des *Bundesministeriums für Wirtschaft und Technologie* vom 26. Januar 2006 zur Anwendung der Richtlinie 2004/18/EG, dort unter I.7., und vom 31. Januar 2006 zur Anwendung der Richtlinie 2004/17/EG, dort unter I.6. Beide Rundschreiben sind unter www.bmwi.de veröffentlicht.
121 Siehe die Rundschreiben des *Bundesministeriums für Wirtschaft und Technologie* vom 26. Januar 2006 zur Anwendung der Richtlinie 2004/18/EG, dort unter I.7., und vom 31. Januar 2006 zur Anwendung der Richtlinie 2004/17/EG, dort unter I.6. Beide Rundschreiben sind unter www.bmwi.de veröffentlicht.
122 Siehe die Rundschreiben des *Bundesministeriums für Wirtschaft und Technologie* vom 26. Januar 2006 zur

Grundsätze der Ausschreibung und der Informationsübermittlung § 16

alle Informationen über die technischen Anforderungen an die zur Datenübermittlung einsetzbaren Geräte.[123]

Außerdem muss gem. § 16 Nr. 6 Satz 2 VOL/A gewährleistet sein, dass die in **Anhang II** genannten Anforderungen erfüllt sind. Anhang II entspricht inhaltlich den Vorgaben, die **Anhang X** der **VKR** und **Anhang XXIV** der **SKR** aufstellen. Danach müssen die Geräte, die für den elektronischen Empfang der Anträge auf Teilnahme verwendet werden, gewährleisten, dass 46

- für die Angebote eine elektronische Signatur verwendet werden kann,
- Tag und Urzeit des Eingangs der Teilnahmeanträge oder Angebote genau bestimmbar sind,
- ein Zugang zu den Daten nicht vor Ablauf des hierfür festgesetzten Termins erfolgt,
- bei einem Verstoß gegen das Zugangsverbot der Verstoß sicher festgestellt werden kann,
- ausschließlich die hierfür bestimmten Personen den Zeitpunkt der Öffnung der Daten festlegen oder ändern können,
- der Zugang zu den übermittelten Daten nur möglich ist, wenn die hierfür bestimmten Personen gleichzeitig und erst nach dem festgesetzten Zeitpunkt tätig werden und
- die übermittelten Daten ausschließlich den zur Kenntnisnahme bestimmten Personen zugänglich sind.

Widersprüchlich ist, dass der Verweis auf Anhang II in § 16 VOL/A, also einem **Basisparagraphen** enthalten ist, aber **nur** die **Abschnitte 2 und 3 der VOL/A** den **Anhang II** ausdrücklich aufführen. Ersteres spricht dafür, dass Anhang II auch unterhalb der Schwellenwerte gilt, letzteres für das Gegenteil. Aus Sicht des Gemeinschaftsrechts wäre gegen die zweite Sichtweise nichts einzuwenden, da die Vorgaben der Richtlinien nur oberhalb der Schwellenwerte gelten. Die Unklarheit sollte im Text der VOL/A aber bereinigt werden. 47

Anwendung der Richtlinie 2004/18/EG, dort unter I.7., und vom 31. Januar 2006 zur Anwendung der Richtlinie 2004/17/EG, dort unter I.6. Beide Rundschreiben sind unter www.bmwi.de veröffentlicht.

123 Vgl. dazu auch die Definition des Begriffs »technische Spezifikationen« in Anhang TS Nr. 1 der VOL/A: »›Technische Spezifikationen‹ sind sämtliche, insbesondere in den Verdingungsunterlagen enthaltenen, technischen Anforderungen an ein Material, ein Erzeugnis oder eine Lieferung, mit deren Hilfe das Material, das Erzeugnis oder die Lieferung so bezeichnet werden können, dass sie ihren durch den Auftraggeber festgelegten Verwendungszweck erfüllen. Zu diesen technischen Anforderungen gehören Qualitätsstufen, Umweltleistungsstufen, die Konzeption für alle Verwendungsarten (»Design für all«) einschließlich des Zugangs für Menschen mit Behinderungen, sowie Konformitätsbewertung, Vorgaben für Gebrauchstauglichkeit, Verwendung, Sicherheit und Abmessungen, einschließlich Vorschriften über Verkaufsbezeichnung, Terminologie, Bildzeichen, Prüfungen und Prüfverfahren, Verpackung, Kennzeichnung und Beschriftung sowie Produktionsprozesse und -methoden sowie über Konformitätsbewertungsverfahren (...).«

III. Rechtsschutz

1. Primärrechtsschutz

48 Da die Vorgaben des § 16 Nr. 4 bis 6 VOL/A unter anderem der diskriminierungsfreien Durchführung der elektronischen Vergabe dienen und somit eine bieterschützende Funktion haben, kann ein Verstoß oberhalb der Schwellenwerte Gegenstand eines **Nachprüfungsverfahrens gem. §§ 107 ff. GWB** sein. Denkbar sind vor allem Fälle, in denen ein Bieter kein Gebot abgeben konnte,[124] weil die zulässigen Kommunikationsmedien nicht ordnungsgemäß bekannt gemacht worden sind oder die technische Übermittlung des Angebots daran gescheitert ist, dass das gewählte Netz oder die zur Angebotsabgabe erforderliche Hardware oder Software nicht allgemein zugänglich oder nicht kompatibel mit allgemein verbreiteten Erzeugnissen war. Eine Diskriminierung kann unter Umständen auch darin liegen, dass die elektronische Vergabe gewählt wird, obwohl ein Großteil der Bewerber noch nicht mit der erforderlichen modernen Kommunikationstechnik ausgestattet ist (Rn. 42). Primärrechtsschutz kommt schließlich im Hinblick auf Anhang II in Betracht, wenn sich Dritte vor Ablauf der Angebotsfrist unbefugt Zugang zu den bereits eingegangenen Angeboten verschaffen und dieses Wissen an konkurrierende Bieter weitergeben.

2. Sekundärrechtsschutz

49 Soweit bereits der Zuschlag erteilt worden und daher ein Nachprüfungsverfahren nicht mehr zulässig ist,[125] können Konkurrenten nur noch Schadensersatzansprüche geltend machen. Oberhalb der Schwellenwerte können sie sich auf **§ 126 S. 1 GWB** berufen (vgl. Rn. 38). Daneben sind sowohl oberhalb als auch unterhalb der Schwellenwerte Schadensersatzansprüche nach **§ 311 Abs. 2 BGB** und **§§ 823 ff. BGB** möglich (Rn. 34 ff.).[126] Während nach § 126 GWB stets nur der Vertrauensschaden ersatzfähig ist (Rn. 38), vermitteln § 311 Abs. 2 BGB und die deliktischen Ansprüchen ausnahmsweise auch den **Ersatz des entgangenen Gewinns**, soweit der benachteiligte Bieter den Nachweis führen kann, dass er bei ordnungsgemäßer Durchführung des Vergabeverfahrens mit an Sicherheit grenzender Wahrscheinlichkeit den Zuschlag erhalten hätte.[127]

---

[124] Siehe zur Antragsbefugnis von potentiellen Bietern, die aufgrund eines Rechtsverstoßes des Auftraggebers gehindert wurden, ein Angebot abzugeben, *EuGH* Urt. v. 12. 2. 2004, Rs. C-230/02 (*Grossmann Air Service*), EuZW 2004, 220 (222); *KG Berlin* Beschl. v. 5. 1. 2000, BauR 2000, 1579 (1580); *OLG Düsseldorf* Beschl. v. 18. 10. 2000, NZBau 2001, 155 (157); Beschl. v. 28. 2. 2002, NZBau 2003, 173 ff.; *OLG Koblenz* Beschl. v. 25. 5. 2000, NZBau 2000, 445 (446); *BayObLG* Beschl. v. 4. 2. 2003, VergabeR 2003, 345 ff.
[125] Siehe *BGH* Beschl. v. 19. 12. 2000, BGHZ 146, 202 ff.
[126] Näher zu den neben § 126 GWB in Betracht kommenden Anspruchsgrundlagen *Irmer* Sekundärrechtsschutz und Schadensersatz im Vergaberecht, 2004, S. 269 ff.; *Verfürth* in: Kulartz/Kus/Portz, Kommentar zum GWB-Vergaberecht, 2006, § 126 Rn. 36 ff.
[127] Siehe *OLG Naumburg* Urt. v. 26. 10. 2004, VergabeR 2005, 261 (262 f.) mit Anmerkung *Noch*; *OLG Koblenz* Urt. v. 26. 9. 2003, VersR 2004, 872; *Verfürth* in: Kulartz/Kus/Portz, Kommentar zum GWB-Vergaberecht, 2006, § 126 Rn. 57.

Ersatzberechtigt sind nach § 126 GWB alle Bieter, die ohne den Verstoß gegen § 16 **50**
Nr. 4 bis 6 VOL/A eine »echte Chance« gehabt hätten, den Zuschlag zu erhalten.[128] Entgegen einer im Schrifttum vertretenen Auffassung[129] setzt der Schadensersatzanspruch nicht unbedingt eine Teilnahme am Vergabeverfahren voraus, da andernfalls gerade Sachverhalte nicht erfasst würden, in denen sich der Auftraggeber in besonderem Maße gesetzeswidrig verhält, weil er vereitelt, dass sich bestimmte Unternehmen überhaupt am Vergabeverfahren beteiligen können.[130] Vor diesem Hintergrund kommt im Anwendungsbereich von § 16 Nr. 4 bis 6 VOL/A ein Schadensersatzanspruch vor allem in Betracht, wenn die technische Übermittlung eines fertigen Angebots an einem Einsatz diskriminierender Kommunikationstechnik gescheitert oder die Integrität des Angebots verletzt worden ist. Soweit der potentielle Bieter allerdings durch den Einsatz von diskriminierender Kommunikationstechnik davon abgeschreckt worden ist, überhaupt ein Angebot zu erstellen, fehlt es nicht nur an jeglicher Grundlage für eine »echte Chance« auf Zuschlagserteilung, sondern auch an einem ersatzfähigen Schaden.

---

128 Näher zur sehr umstrittenen Auslegung diese Merkmals *Verfürth* in: Kulartz/Kus/Portz, Kommentar zum GWB-Vergaberecht, 2006, § 126 Rn. 13 ff.
129 Siehe *Boesen* Vergaberecht, 2000, § 126 Rn. 9; *Stockmann* in: Immenga/Mestmäcker, GWB, 3. Aufl. 2001, § 126 GWB Rn. 8.
130 Wie hier *Müller/Wrede* in: Ingenstau/Korbion, VOB, 15. Aufl. 2004, § 126 GWB Rn. 4 m. w. N.; *Verfürth* in: Kulartz/Kus/Portz, Kommentar zum GWB-Vergaberecht, 2006, § 126 Rn. 27.

§ 17
Bekanntmachung, Aufforderung zur Angebotsabgabe

1. (1) Öffentliche Ausschreibungen sind durch Tageszeitungen, amtliche Veröffentlichungsblätter, Fachzeitschriften oder Internetportale bekannt zu machen.
   (2) Diese Bekanntmachung soll mindestens folgende Angaben enthalten:
   a) Bezeichnung (Anschrift) der zur Angebotsabgabe auffordernden Stelle, der den Zuschlag erteilenden Stelle sowie der Stelle, bei der die Angebote einzureichen sind,
   b) Art der Vergabe (§ 3),
   c) Art und Umfang der Leistung sowie den Ort der Leistung (z. B. Empfangs- oder Montagestelle),
   d) etwaige Vorbehalte wegen der Teilung in Lose, Umfang der Lose und mögliche Vergabe der Lose an verschiedene Bieter,
   e) etwaige Bestimmungen über die Ausführungsfrist,
   f) Bezeichnung (Anschrift) der Stelle, die die Verdingungsunterlagen und das Anschreiben (Nummer 3) abgibt, sowie des Tages, bis zu dem sie bei ihr spätestens angefordert werden können,
   g) Bezeichnung (Anschrift) der Stelle, bei der die Verdingungsunterlagen und das Anschreiben eingesehen werden können,
   h) die Höhe etwaiger Vervielfältigungskosten und die Zahlungsweise (§ 20),
   i) Ablauf der Angebotsfrist (§ 18),
   k) die Höhe etwa geforderter Sicherheitsleistungen (§ 14),
   l) die wesentlichen Zahlungsbedingungen oder Angabe der Unterlagen, in denen sie enthalten sind,
   m) die mit dem Angebot vorzulegenden Unterlagen (§ 7 Nr. 4), die ggf. vom Auftraggeber für die Beurteilung der Eignung des Bewerbers (§ 2) verlangt werden,
   n) Zuschlags- und Bindefrist (§ 19),
   o) den besonderen Hinweis, dass der Bewerber mit der Abgabe seines Angebots auch den Bestimmungen über nicht berücksichtigte Angebote (§ 27) unterliegt.

2. (1) Bei Beschränkter Ausschreibung und Freihändiger Vergabe mit Öffentlichem Teilnahmewettbewerb sind die Unternehmen durch Bekanntmachung in Tageszeitungen, amtlichen Veröffentlichungsblättern, Fachzeitschriften oder Internetportalen aufzufordern, sich um Teilnahme zu bewerben.
   (2) Diese Bekanntmachung soll mindestens folgende Angaben enthalten:
   a) Bezeichnung (Anschrift) der zur Angebotsabgabe auffordernden Stelle und der den Zuschlag erteilenden Stelle,
   b) Art der Vergabe (§ 3),
   c) Art und Umfang der Leistung sowie den Ort der Leistung (z. B. Empfangs- oder Montagestelle),
   d) etwaige Vorbehalte wegen der Teilung in Lose, Umfang der Lose und mögliche Vergabe der Lose an verschiedene Bieter,

e) etwaige Bestimmungen über die Ausführungsfrist,
f) Tag, bis zu dem der Teilnahmeantrag bei der unter Buchstabe g) näher bezeichneten Stelle eingegangen sein muss,
g) Bezeichnung (Anschrift) der Stelle, bei der der Teilnahmeantrag zu stellen ist,
h) Tag, an dem die Aufforderung zur Angebotsabgabe spätestens abgesandt wird,
i) die mit dem Teilnahmeantrag vorzulegenden Unterlagen (§ 7 Nr. 4), die ggf. vom Auftraggeber für die Beurteilung der Eignung des Bewerbers (§ 2) verlangt werden,
k) den besonderen Hinweis, dass der Bewerber mit der Abgabe seines Angebots auch den Bestimmungen über nicht berücksichtigte Angebote (§ 27) unterliegt.

3. (1) Bei Öffentlicher und Beschränkter Ausschreibung sind die Verdingungsunterlagen den Bewerbern mit einem Anschreiben (Aufforderung zur Angebotsabgabe) zu übergeben, das alle Angaben enthält, die außer den Verdingungsunterlagen für den Entschluss zur Abgabe eines Angebots notwendig sind. Dies gilt auch für Beschränkte Ausschreibungen nach Öffentlichem Teilnahmewettbewerb.
(2) Das Anschreiben soll insbesondere folgende Angaben enthalten:
a) Bezeichnung (Anschrift) der zur Angebotsabgabe auffordernden Stelle und der den Zuschlag erteilenden Stelle,
b) Art der Vergabe (§ 3),
c) Art und Umfang der Leistung sowie den Ort der Leistung (z. B. Empfangs- oder Montagestelle),
d) etwaige Vorbehalte wegen der Teilung in Lose, Umfang der Lose und mögliche Vergabe der Lose an verschiedene Bieter,
e) etwaige Bestimmungen über die Ausführungsfrist,
f) Bezeichnung (Anschrift) der Stelle, bei der die Verdingungsunterlagen eingesehen werden können, die nicht abgegeben werden,
g) genaue Aufschrift und Form der Angebote (§ 18 Nr. 2),
h) ob und unter welchen Bedingungen die Entschädigung für die Verdingungsunterlagen erstattet wird (§ 20),
i) Ablauf der Angebotsfrist (§ 18),
k) die mit dem Angebot vorzulegenden Unterlagen (§ 7 Nr. 4), die ggf. vom Auftraggeber für die Beurteilung der Eignung des Bieters (§ 2) verlangt werden,
l) die Höhe etwa geforderter Sicherheitsleistungen (§ 14),
m) sonstige Erfordernisse, die die Bewerber bei der Bearbeitung ihrer Angebote beachten müssen (§ 18 Nr. 3, § 9 Nr. 1, § 21),
n) Zuschlags- und Bindefrist (§ 19),
o) Nebenangebote (Absatz 5),
p) den besonderen Hinweis, dass der Bewerber mit der Abgabe seines Angebots auch den Bestimmungen über nicht berücksichtigte Angebote (§ 27) unterliegt.

§ 17 Bekanntmachung, Aufforderung zur Angebotsabgabe

(3) Bei Freihändiger Vergabe sind Absatz 1 und 2 – soweit zweckmäßig – anzuwenden. Dies gilt auch für Freihändige Vergabe nach Öffentlichem Teilnahmewettbewerb.

(4) Auftraggeber, die ständig Leistungen vergeben, sollen die Erfordernisse, die die Bewerber bei der Bearbeitung ihrer Angebote beachten müssen, in Bewerbungsbedingungen zusammenfassen und dem Anschreiben beifügen (§§ 18, 19, 21).

(5) Wenn der Auftraggeber Nebenangebote wünscht, ausdrücklich zulassen oder ausschließen will, so ist dies anzugeben; ebenso ist anzugeben, wenn Nebenangebote ohne gleichzeitige Abgabe eines Hauptangebotes ausnahmsweise ausgeschlossen werden. Soweit der Bieter eine Leistung anbietet, die in den Verdingungsunterlagen nicht vorgesehen ist, sind von ihm im Angebot entsprechende Angaben über Ausführung und Beschaffenheit dieser Leistung zu verlangen.

(6) Die Aufforderung zur Angebotsabgabe ist bei Beschränkter Ausschreibung sowie bei Freihändiger Vergabe nach Öffentlichem Teilnahmewettbewerb an alle ausgewählten Bewerber am gleichen Tag abzusenden.

4. Jeder Bewerber soll die Leistungsbeschreibung sowie die anderen Teile der Verdingungsunterlagen, die mit dem Angebot dem Auftraggeber einzureichen sind, doppelt und alle anderen für seine Preisermittlung wesentlichen Unterlagen einfach erhalten. Wenn von den Unterlagen (z. B. Muster, Proben) – außer der Leistungsbeschreibung – keine Vervielfältigungen abgegeben werden können, sind sie in ausreichender Weise zur Einsicht auszulegen.

5. Die Namen der Bewerber, die Teilnahmeanträge gestellt haben, die Verdingungsunterlagen erhalten oder eingesehen haben, sind vertraulich zu behandeln.

6. (1) Erbitten Bewerber zusätzliche sachdienliche Auskünfte über die Verdingungsunterlagen und das Anschreiben, so sind die Auskünfte unverzüglich zu erteilen.

(2) Werden einem Bewerber wichtige Aufklärungen über die geforderte Leistung oder die Grundlagen seiner Preisermittlung gegeben, so sind sie auch den anderen Bewerbern gleichzeitig mitzuteilen.

Inhaltsübersicht Rn.

A. Einleitung	1
B. Bekanntmachung der öffentlichen Ausschreibung (§ 17 Nr. 1)	7
I. Veröffentlichungsorgane (§ 17 Nr. 1 Abs. 1)	8
II. Bekanntmachungsinhalt (§ 17 Nr. 1 Abs. 2)	14
C. Bekanntmachung des Teilnahmewettbewerbs bei Beschränkter Ausschreibung und Freihändiger Vergabe (§ 17 Nr. 2)	39
I. Veröffentlichungsorgane (§ 17 Nr. 2 Abs. 1)	42
II. Bekanntmachungsinhalt (§ 17 Nr. 2 Abs. 2)	43
D. Aufforderung zur Angebotsabgabe (§ 17 Nr. 3)	46
I. Sinn und Zweck (§ 17 Nr. 3 Abs. 1)	46
II. Inhalt (§ 17 Nr. 3 Abs. 2)	48

III.	Anwendung auf Freihändige Vergaben (§ 17 Nr. 3 Abs. 3)	53
IV.	Standardisierung in Bewerbungsbedingungen (§ 17 Nr. 3 Abs. 4)	55
V.	Nebenangebote (§ 17 Nr. 3 Abs. 5)	60
VI.	Versand der Aufforderung zur Angebotsabgabe (§ 17 Nr. 3 Abs. 6)	66
E.	Umfang der Verdingungsunterlagen; Einsichtnahme (§ 17 Nr. 4)	67
F.	Vertrauliche Behandlung der Bewerberangaben (§ 17 Nr. 5)	71
G.	Zusätzliche Auskünfte und Aufklärung (§ 17 Nr. 6)	73

A. Einleitung

§ 17 ist – modifiziert für europaweite Ausschreibungen durch §§ 17 a, 17 b und 8 SKR – die zentrale Publikationsvorschrift innerhalb der VOL/A. Mit Blick auf das auch bei nationalen Ausschreibungen im Unterschwellenbereich zu beachtenden Transparenzgebot kommt ihr hohe Bedeutung zu. Die Norm enthält Regelungen zu verschiedenen Phasen des Vergabeverfahrens. So betreffen Nummern 1 und 2 den Beginn des eigentlichen Ausschreibungsvorgangs (Bekanntmachung der Ausschreibung bzw. des Teilnahmewettbewerbs sowie Aufforderung zur Angebotsabgabe), während Nummer 3 die Aufforderung zur Abgabe eines Angebots behandelt und damit den Zeitpunkt betrifft, in dem der Bewerberkreis bereits lokalisiert ist. Die Erteilung von zusätzlichen Auskünften nach Nummer 6 kann dagegen zu einem Zeitpunkt während der Angebotsfrist relevant werden. **1**

Damit lässt sich die Norm in den Ablauf des Vergabeverfahrens nicht einheitlich einordnen, was ebenso zu ihrer Unübersichtlichkeit beiträgt wie bereits ihr Umfang. Das gilt im Weiteren auch für die drei Kataloge zu den Mindestinhalten der verschiedenen Bekanntmachungen sowie der Aufforderung zur Angebotsabgabe in den Nummern 1 bis 3, die in weiten Bereichen deckungsgleich sind, in einzelnen Aspekten aber voneinander abweichen. Schließlich ist auch das Zusammenspiel von § 17 und § 9 unübersichtlich. So erwähnt § 9 Nr. 1 zunächst, dass die Vergabeunterlagen aus der Aufforderung zur Angebotsabgabe und den Verdingungsunterlagen bestehen, befasst sich im weiteren aber nur mit dem letztgenannten Aspekt, während das Anschreiben in § 17 Nr. 3 geregelt ist. Im Rahmen der anstehenden zweiten Stufe der Vergaberechtsreform, in der eine inhaltliche Vereinfachung der Vergabevorschriften angestrebt wird,[1] sollte daher das in dieser Norm liegende Verschlankungspotenzial ausgeschöpft werden. **2**

§ 17 VOL/A findet sein Pendant in § 17 VOB/A. Obwohl beide Vorschriften auf einen gemeinsamen Ursprung zurückgehen, weichen sie mittlerweile deutlich voneinander ab. So ist die Aufforderung zur Angebotsabgabe in der VOB/A nicht in § 17 sondern einheitlich in § 10 enthalten. Gleiches gilt für die Nebenangebote und die Bewerbungsbedingungen. Aber auch unabhängig vom Standort differieren die jeweiligen Regelungen inhaltlich in unterschiedlichem Grad. Nicht immer sind die Unter- **3**

---

[1] Vgl. Beschluss der Bundesregierung vom 28. 6. 2006 über Schwerpunkte zur Vereinfachung des Vergaberechts im bestehenden System (Monatinfo 6/2006 des forum vergabe e. V., S. 100) sowie die Entschließung des Bundesrates vom 22. 9. 2006 zur Vereinfachung des Vergaberechts im bestehenden System, BR-Drs. 476/06 (Beschluss).

schiede den verschiedenen Auftragsgegenständen geschuldet; in einer Reihe von Punkten haben sich VOL/A und VOB/A im Laufe der Zeit ohne sachlichen Grund auseinanderentwickelt, wobei eine Abgrenzung von rein redaktionellen zu inhaltlichen Unterschieden oftmals schwer fällt. Auch hier bietet sich im Rahmen einer grundlegenden Reform des Vergaberechts hinreichend Potenzial für Vereinfachungen und Vereinheitlichungen.

4   Die VOF enthält keine § 17 VOL/A entsprechende Regelung, wohl aber mit § 9 VOF eine § 17 a VOL/A ähnliche Vorschrift. Dies resultiert bereits aus der Tatsache, dass die VOF nur für Aufträge ab den EG-Schwellenwerten Anwendung findet.

5   EG-rechtliche Vorgaben sind im Wesentlichen in § 17 a und § 17 b bzw. § 8 SKR umgesetzt, die die maßgeblichen Regelungen für die Bekanntmachungspflicht bei europaweiten Ausschreibungen enthalten. Aber auch in § 17 finden sich Regelungen, die auf die EG-Grundprinzipien zurückzuführen sind, etwa der Grundsatz der Gleichbehandlung in § 17 Nr. 3 Abs. 6 oder in § 17 Nr. 6 Abs. 2 oder das Transparenzgebot in § 17 Nr. 1 Abs. 1, Nr. 2 Abs. 1 oder Nr. 3 Abs. 5. Insoweit besitzt die Vorschrift bei Aufträgen, die die Schwellenwerte erreichen oder übersteigen, bieterschützende Wirkung, da sie der Gewährleistung eines umfassenden Wettbewerbs dient und damit den eigentlichen Zweck eines Vergabeverfahrens sicherstellt.[2]

6   Abstellend auf die Rechtsprechung des Europäischen Gerichtshofes sieht die EG-Kommission in ihrer Mitteilung vom 24. 7. 2006[3] aus dem Grundsatz der Transparenz heraus auch für Aufträge im Unterschwellenbereich, denen eine Binnenmarktrelevanz zukommt, eine Verpflichtung des Auftraggebers, eine angemessene Bekanntmachung sicherzustellen. Das beinhaltet, dass in einem anderen Mitgliedsstaat niedergelassene Unternehmen vor der Vergabe Zugang zu angemessenen Informationen über den jeweiligen Auftrag haben müssen, so dass sie gegebenenfalls ihr Interesse am Erhalt des Auftrags bekunden können.[4]

B. Bekanntmachung der öffentlichen Ausschreibung (§ 17 Nr. 1)

7   Korrespondierend mit § 3 Nr. 1 Abs. 1, der die Öffentliche Ausschreibung als Aufforderung einer unbeschränkten Zahl von Unternehmen zur Angebotsabgabe definiert, verlangt § 17 Nr. 1 die Bekanntgabe einer solchen Ausschreibung in bestimmten Veröffentlichungsorganen. Die Regelung enthält damit einen öffentlichen Konkurrenzaufruf[5] an potenziell interessierte Firmen, die Verdingungsunterlagen bei dem Auftraggeber abzurufen und anhand derer ein Angebot zu erarbeiten. Für eine erste Orientierung dieser Unternehmen, ob für sie eine weitere Befassung mit der Ausschreibung überhaupt in Frage kommt oder nicht (etwa wegen fehlender Fachkennt-

---

2   *VK Magdeburg* Beschl. v. 6. 3. 2000, VK-OFD LSA-01/00 (für den Bereich der VOB/A).
3   Mitteilung der Kommission zu Auslegungsfragen in Bezug auf das Gemeinschaftsrecht, das für die Vergabe öffentlicher Aufträge gilt, die nicht oder nur teilweise unter die Vergaberichtlinien fallen (ABl. EG Nr. L 179 v. 1. 8. 2006, S. 2).
4   A. a. O. (Fn. 3), Ziffer 2.1; kritisch hierzu *Lutz* WuW 2006, S. 890 [892, 894]. Vgl. weiterhin *Braun* EuZW 2006, S. 683 [684].
5   *Eberstein* in: Daub/Eberstein, VOL/A § 17 Rn. 7.

nis oder mangels ausreichender Kapazitäten des Unternehmens zur Leistungserbringung), muss allerdings bereits die Bekanntmachung eine Reihe von Informationen enthalten, die den Rahmen des konkreten Beschaffungsvorhabens aufzeigen. Der regelmäßige Mindestinhalt der Bekanntmachung ist in § 17 Nr. 1 Abs. 2 aufgeführt.

I. Veröffentlichungsorgane (§ 17 Nr. 1 Abs. 1)

Als Publikationsorgane nennt § 17 Nr. 1 Abs. 1 abschließend Tageszeitungen, amtliche Veröffentlichungsblätter, Fachzeitschriften sowie – erstmals eingeführt mit der Ausgabe 2006 – Internetportale. Damit wird in der VOL/A wie auch in der VOB/A und der VOF auf die seit längerem wahrnehmbare Entwicklung in der Praxis reagiert, Bekanntmachungen auch im nationalen Bereich verstärkt über das Internet anstatt in Printmedien vorzunehmen. Auf europäischer Ebene wird das Supplement zum Amtsblatt der Europäischen Gemeinschaften, in dem alle EU-weiten Ausschreibungen veröffentlicht werden, schon seit 1999 nicht mehr in gedruckter, sondern ausschließlich in elektronischer Form zur Verfügung gestellt.[6] **8**

Ziel der Bekanntmachung ist es, ein transparentes, am Wettbewerbsprinzip orientiertes Vergabeverfahren zu fördern. Daher muss der Auftraggeber bei der Wahl des Publikationsorgans darauf achten, dass mit dem gewählten Medium die für die Ausführung der Leistung in Betracht kommenden Wirtschaftskreise erreicht werden. Entsprechend dem Sinn und Zweck der Öffentlichen Ausschreibung als Regelverfahren muss ein ausreichend großer, prinzipiell unbeschränkter Bewerberkreis angesprochen werden. Deshalb kann etwa die Bekanntmachung allein in einem nur regional verbreiteten Veröffentlichungsblatt im Einzelfall unzureichend sein.[7] Durch das gewählte Bekanntmachungsmedium darf die Funktion der Ausschreibung also nicht eingeschränkt werden, das wirtschaftlichste Angebot im Leistungswettbewerb zu ermitteln. Auch darf die Wettbewerbsintensität durch die Einschränkung des Verbreitungsgrades des Organs nicht wieder relativiert werden. **9**

§ 17 Nr. 1 Abs. 1 enthält einen abschließenden Katalog an Veröffentlichungsmedien, die der Auftraggeber alternativ oder auch kumulativ nutzen kann. Bei der Auswahl muss er neben dem oben beschriebenen Grundsatz, den Wettbewerb nicht einzuschränken, auch weitere Aspekte berücksichtigen: Klein- und Kleinstaufträge, die nur für einen (örtlich) beschränkten Kreis von Unternehmen interessant sein dürften, können in regionalen oder örtlichen Tageszeitungen oder Veröffentlichungsblättern bekannt gemacht werden, während Ausschreibungen größeren Umfangs grundsätzlich in überregionalen Organen erscheinen sollten. Eine Veröffentlichung in Fachzeitschriften bietet sich wiederum an, wenn es um die Beschaffung von Sonderbedarf geht, der nur von speziellen Fachunternehmen gedeckt werden kann. Der Auftraggeber sollte die Gründe für die Wahl des Veröffentlichungsorgans im Vergabevermerk dokumentieren. **10**

---

6 Die Veröffentlichung in der Ausschreibungsdatenbank TED (Tenders Electronic Daily) erfolgt unter www.ted.europa.eu. Daneben wird auch eine Veröffentlichung auf CD-ROM angeboten, die im Abonnement bezogen werden kann. Vgl. hierzu auch § 17 a Rn. 68.
7 *BayObLG* Beschl. v. 4. 2. 2003, Verg 31/02, VergabeR 2003, S. 345.

11 Bund und einige Länder sind mittlerweile dazu übergegangen, Bekanntmachungen ausschließlich im Internet vorzunehmen. Die Pflicht für die Bundesressorts und ihnen nachgeordnete Bereiche, Bekanntmachungen exklusiv über das zentrale Internetportal des Bundes (www.bund.de) zu veröffentlichen, ergibt sich aus dem Beschluss der Bundesregierung zur Optimierung öffentlicher Beschaffungen vom 27. 2. 2004.[8] Nach einer Übergangszeit, in der die Bekanntmachungen parallel auch noch im Deutschen Ausschreibungsblatt erfolgten, wird seit Beginn 2006 auf die Veröffentlichung in Printmedien verzichtet.[9] Ein Verstoß gegen das Diskriminierungsverbot besteht hierin nicht. So hat das Bayerische Oberste Landesgericht bereits 2003 festgestellt, dass angesichts der allgemeinen Verbreitung elektronischer Mittel im Wirtschaftsleben davon ausgegangen werden kann, dass eine regelmäßige Datenbank-Recherche über Internet auch für mittlere und kleine Unternehmen keine unzumutbare Hürde darstellt.[10]

12 Die Ausschreibungsdatenbank der Europäischen Gemeinschaften kann auch für die Bekanntmachung von Ausschreibungen genutzt werden, deren Volumen die Schwellenwerte nicht erreichen. Dies ergibt sich aus § 17 a Nr. 4 VOL/A sowie aus dem entsprechenden Hinweis des DVAL zu § 17.

13 Aus dem Gebot der Chancengleichheit für die möglichen Bewerber ergibt sich, dass bei der Nutzung mehrerer Veröffentlichungsorgane Inhalt und Umfang der Informationen identisch sein müssen. Beim heutigen Verbreitungs- und Nutzungsgrad elektronischer Medien ist es zudem auch möglich, aus Kostengründen in Printmedien hinsichtlich weiterführender Informationen auf die entsprechende Veröffentlichung im Internet zu verweisen.

II. Bekanntmachungsinhalt (§ 17 Nr. 1 Abs. 2)

14 § 17 Nr. 1 Abs. 2 enthält einen Katalog von Mindestangaben, die die Bekanntmachung nach Absatz 1 enthalten soll. Er ist nicht abschließend und kann daher um weitere Informationen ergänzt werden. Auf die Bekanntgabe von Informationen zu den aufgeführten Feldern (lit. a) bis o)) kann der Auftraggeber hingegen nur dann verzichten, wenn zwingende Gründe dies rechtfertigen.

15 Dem Auftraggeber überlassen bleibt, welche Informationstiefe er im Rahmen der Bekanntmachung geben will bzw. überhaupt erst geben kann. Erfüllt werden muss allerdings der Sinn und Zweck der Bekanntmachung, dem potenziellen Bewerber diejenigen Eckdaten zur Verfügung zu stellen, anhand derer er seine Entscheidung treffen kann, ob sich die Teilnahme an der Ausschreibung für ihn lohnt oder nicht. Ausreichend ist es dabei, im Rahmen der Bekanntmachung erste Hinweise zu geben, die

---

8 Bundesanzeiger Nr. 48 vom 10. 3. 2004, S. 4473.
9 Auf der Länderebene werden beispielsweise in Berlin seit dem 1. 6. 2006 Ausschreibungen nur noch auf der Vergabeplattform www.vergabe.berlin.de veröffentlicht (Gemeinsames Rundschreiben SenStadt VI A/ SenWirArbFrau II F Nr. 11/2006 v. 17. 5. 2006).
10 A. a. O. (Fn. 7).

dann im Rahmen der Verdingungsunterlagen bzw. der Aufforderung zur Angebotsabgabe weiter spezifiziert bzw. konkretisiert werden.[11]

Aufgrund des Gleichbehandlungs- und Transparenzgebots ist der Auftraggeber allerdings an die in der Bekanntmachung mitgeteilten Angaben grundsätzlich gebunden und darf sie nicht verändern oder gar aufheben. Möglich sind in engem Rahmen Konkretisierungen, etwa auch im Sinne einer die Verschärfung von als Rahmenbedingungen zu verstehende Bekanntmachungsangaben.[12] Sollen Angaben hingegen in den Vergabeunterlagen wesentlich geändert oder aufgehoben werden, ist dies nur nach einer vorherigen Korrektur der Bekanntmachung möglich.[13] Gleiches gilt für Fehler in der Bekanntmachung. Für die Auslegung einer Bekanntmachung gilt ein objektivierter Maßstab: maßgebend ist die Sicht eines venünftigen, mit öffentlichen Vergaben vertrauten Bieters. **16**

Nach Abs. 2 lit. a) ist der Auftraggeber konkret zu bezeichnen und dessen Anschrift mitzuteilen. Werden unterschiedliche Stellen im Rahmen der Ausschreibung tätig, so sind nach dieser Vorschrift die zur Angebotsabgabe auffordernde Stelle, die den Zuschlag erteilende Stelle sowie die Stelle zu nennen, bei der die Angebote einzureichen sind. Dies ist einerseits bereits im Sinne des Transparenzerfordernisses angezeigt, denn der Bewerber soll wissen, wer Urheber der Ausschreibung ist. Deswegen reicht es beispielsweise auch nicht aus, ein mit der Erstellung der Unterlagen und der Durchführung des Vergabeverfahrens beauftragtes Unternehmen zu benennen.[14] Andererseits soll dem Bewerber bereits im Rahmen der Bekanntmachung die Möglichkeit gegeben werden, mit der »richtigen« Stelle zeitnah Unklarheiten oder unvollständige Angaben oder Fehler aufklären zu können. Deswegen ist es auch angezeigt, den Begriff der Anschrift weit auszulegen. Analog der Parallelvorschrift in der VOB/A (§ 17 Nr. 1 Abs. 2 lit. a)) sollte neben der postalischen Adresse auch Telefon- und Telefaxnummer sowie die e-mail-Adresse der betreffenden Stellen in der Bekanntmachung aufgeführt werden. **17**

Angegeben wird – ohne das dies ausdrücklich in § 17 Nr. 1 Abs. 2 erwähnt ist – regelmäßig auch ein Aktenzeichen oder eine sonstige Kennzeichnung, über die eine eindeutige Zuordnung aller Vorgänge zu dem entsprechenden Vergabeverfahren gewährleistet werden kann.

Die Art der Vergabe (Abs. 2 lit. b)) verdeutlicht dem Bewerber, welches Verfahren der Auftraggeber seiner Ausschreibung zugrunde gelegt hat und gibt ihm damit auch einen Anhalt über den Grad der Wettbewerbsintensität. Da die jeweils verfahrensspezifischen Aspekte und Anforderungen im Rahmen der weiteren Angaben ohnehin differieren (bei der Öffentlichen Ausschreibung werden gem. Abs. 2 beispielsweise bereits die Stelle für die Entgegennahme von Angeboten (lit. a), die Angebotsfrist (lit. i), die Zuschlags- und Bindefrist (lit. n) sowie die Unterlagen genannt, die mit dem Angebot vorzulegen sind (lit. m), während bei der Aufforderung zum Öffentlichen **18**

---

11 Bezüglich der geforderten Eignungsnachweise vgl. *OLG Düsseldorf* Beschl. v. 9. 7. 2003, Verg 26/03 sowie – zurückhaltender – Beschl. v. 24. 5. 2006, VII – Verg 14/06.
12 *OLG Dresden* Beschl. v. 22. 8. 2002, WVerg 0010/02.
13 *VK Bund* Beschl. v. 5. 6. 2003, VK2–42/03.
14 *Fett* in: Müller-Wrede, VOL/A § 17, Rn. 16.

§ 17 Bekanntmachung, Aufforderung zur Angebotsabgabe

Teilnahmewettbewerb bei Beschränkter Ausschreibung und Freihändiger Vergabe (Abs. 3) die hierfür einschlägigen Fristen und zuständigen Stellen angegeben werden), ist die (nochmalige) Angabe der Verfahrensart eigentlich überflüssig. Die falsche Bezeichnung des Verfahrens (»Offenes Verfahren« anstelle »Öffentliche Ausschreibung«) ist solange unschädlich, wie keine Unklarheiten über die Modalitäten der Ausschreibung aufkommen können.[15]

19 Von wesentlicher Bedeutung sind die Angaben über Art und Umfang der Leistung sowie den Ort der Leistungserbringung (lit. c). Hierauf richtet sich der erste Blick des Bewerbers, um festzustellen, ob er einerseits überhaupt in der Lage ist, den Auftrag erfüllen zu können und andererseits anhand einer ersten überschlägigen Kalkulation zu entscheiden, ob sich die weitere Befassung mit der Ausschreibung (Abruf der Vergabeunterlagen, Erstellung und Einreichung eines Angebots) lohnt oder nicht. Daher sollte der Auftraggeber hierzu bereits in der Bekanntmachung möglichst präzise Angaben machen. Die Art der Leistung umfasst dabei auch Angaben zur deren Qualität. Die Kenntnis des Ortes der Leistungserbringung ist für den Bewerber für die Berücksichtigung möglicher Standortvorteile (ortsnahe Niederlassung, mögliche Kombination mit anderen Aufträgen) wichtig. Die exemplarische Nennung von Empfangs- oder Montagestellen verdeutlicht, dass je nach Art der Leistung unterschiedliche Leistungsorte in Betracht kommen können und der Auftraggeber zu einer präzisen Angabe verpflichtet ist. Dies gilt auch im Falle der Ausschreibung von Dienstleistungen (»Bewachung des Kasernengeländes in der X-Straße in Y«, »Einsammeln von Restmüll in Y«, »Kurierfahrten von X nach Y«).

20 Die mögliche Teilung des Auftrags in Lose, der Umfang der Lose sowie die diesbezüglichen Modalitäten der Vergabe (lit. d) haben für den Bewerber ebenfalls hohe Bedeutung. Denn die Möglichkeit einer losweisen Vergabe ist für den Bewerber ein wichtiger Kalkulationsfaktor. Darüber hinaus ermöglicht die Losvergabe insbesondere mittelständischen Unternehmen die Teilnahme an der Ausschreibung, für die die Erbringung des Gesamtauftrags nicht leistbar wäre.

21 Die Unterteilung des Auftrags in Lose hat der Auftraggeber nach den Voraussetzungen des § 5 Nr. 1 zu prüfen und vorzunehmen. Insofern wird auf die dortige Kommentierung verwiesen. § 5 Nr. 2 erwähnt inhaltsgleich zu § 17 die Pflicht zur Angabe der Bedingungen der losweisen Vergabe in der Bekanntmachung sowie in der Aufforderung zur Angebotsabgabe (§ 17 Nr. 3). Wichtig ist neben der Angabe, dass eine Aufteilung in Lose erfolgt, auch die Anzahl der Lose sowie deren jeweiliger Inhalt und Umfang. Mitzuteilen hat der Auftraggeber zudem, ob für mehrere oder auch alle Lose angeboten werden kann oder jeder Bieter nur mit einem Los rechnen kann.

22 Die Formulierung »etwaige Vorbehalte« ist missverständlich. Der Auftraggeber kann sich nicht offen halten, ob er sich im Laufe des weiteren Vergabeverfahrens für eine Vergabe nach Losen oder doch eine einheitliche Zuschlagserteilung an einen Bieter entscheiden will. Dies würde für die Bieter zu übermäßigen Kalkulationsrisiken führen und im Übrigen auch dem Grundsatz der Transparenz widersprechen.[16] Macht

---

15 *Weyandt* ibr-online-Kommentar Vergaberecht (Stand 27. 4. 2006) § 17 VOL/A, Rn. 5509/1 m. w. N.
16 Vgl. auch *Roth* in: Müller-Wrede, VOL/A § 5 Rn. 23.

der Auftraggeber in der Bekanntmachung zu lit. d keine Angaben, so kann er im späteren Verlauf des Verfahrens auch keine Losbildung mehr vornehmen. Gleichsam ist ihm die Gesamtbeauftragung eines Bieters versagt, wenn er sich in der Bekanntmachung auf die Vergabe der Lose an verschiedene Bieter festgelegt hat. In diesen Fällen kann er eine Änderung nur noch über eine Aufhebung der Ausschreibung herbeiführen (§ 26 Nr. 2). Spielraum verbleibt ihm dagegen, wenn er die Aufteilung des Auftrags in Lose vorsieht, Anzahl, Umfang und Inhalt der Lose angibt und zudem den Bewerbern die Möglichkeit gibt, zugleich auf mehrere oder alle Lose zu bieten.

Unberührt von § 17 Nr. 1 Abs. 2 lit. d) VOL/A (und damit auch von § 5 VOL/A) bleiben nach den Erläuterungen des DVAL zu dieser Vorschrift die Landesregelungen über die Losvergabe. Diese sind fast in allen Bundesländern in den jeweiligen Mittelstandsförderungsgesetzen enthalten, unterscheiden sich allerdings von § 5 VOL/A bzw. § 97 Nr. 3 GWB oftmals nur in Nuancen oder verweisen lediglich auf die Anwendung des § 5 VOL/A.[17] **23**

Entscheidungs- und kalkulationserheblich sind weiterhin die Angaben zu den Ausführungsfristen (lit. e). Entsprechend der Auffächerung in § 11 sind hier zumindest auch eventuell vorgesehene Einzelfristen sowie die Leistungsteile zu nennen, auf die sie sich beziehen. Denkbar ist auch, dass der Auftraggeber unterschiedliche Ausführungsfristen nennt, um auf diese Weise den Bewerbern größeren Spielraum bei der Angebotserarbeitung zu verschaffen und im Wege des Wettbewerbs die günstigste Beschaffungsmöglichkeit ermitteln zu können. Ein vollständiger Verzicht auf die Nennung von Fristen und Terminen für die Leistungserbringung sollte dagegen auch deswegen nur im Ausnahmefall erfolgen, da die Bewerber dann ihrerseits gehalten wären, Ausführungsfristen anzubieten. Dies würde die Vergleichbarkeit der Angebote aber deutlich beeinträchtigen.[18] **24**

Anzugeben ist nach Abs. 2 lit. f) in der Bekanntmachung weiterhin diejenige Stelle, die die Verdingungsunterlagen (§ 9 Nr. 2) sowie das Anschreiben (§§ 9 Abs. 1, 17 Nr. 3), also die Vergabeunterlagen abgibt, sowie der Tag, bis zu dem diese Unterlagen spätestens angefordert werden können. Diese Informationen spielen für den Entschluss des Bewerbers, sich an der Ausschreibung mit der Abgabe eines Angebots zu beteiligen oder nicht, keine Rolle. Sollte er sich allerdings aufgrund der Bekanntmachung für das Beschaffungsvorhaben näher interessieren, muss er wissen, bei welcher Stelle er die Vergabeunterlagen erhalten kann. Analog zu Abs. 2 lit. a) ist es auch hier wieder im Interesse der Bewerber wie auch des Auftraggebers, die ausgebende Stelle möglichst exakt zu nennen und alle Kontaktmöglichkeiten (inklusive e-mail-Adresse) anzugeben. Nur so kann eine sichere und schnelle Ansprache durch den Bewerber sichergestellt werden. Sind Verdingungsunterlagen und Anschreiben in elektronischer Form verfügbar, so sollte auch dies im Sinne der Prozessvereinfachung angegeben werden, gegebenenfalls unter Nennung der Internetadresse, über die der Abruf erfolgen kann. Die Parallelvorschrift § 17 Nr. 1 Abs. 2 lit. i) VOB/A sieht dies ausdrücklich vor. **25**

---

17 Einen Überblick über die Mittelstandsförderungsgesetze der Länder geben *Willems* Die Förderung des Mittelstands (2002), S. 251 ff. sowie – aktueller – *Rechten* VOBaktuell Heft 3/2004, S. 14 und Heft 4/2004, S. 5.
18 *Eberstein* in: Daub/Eberstein, VOL/A § 17 Rn. 16.

§ 17 Bekanntmachung, Aufforderung zur Angebotsabgabe

Die Ausgabe der Vergabeunterlagen ist als eine reine Hilfstätigkeit zu werten, so dass sie weiteres auch von externen Kräften (z. B. Consultants, Ingenieure oder Rechtsanwälte) durchgeführt werden kann, ohne das hierdurch in irgendeiner Weise ein Interessenskonflikt im Verhältnis zum Auftraggeber entstehen könnte.

26 Die Nennung eines Datums, bis zu dem die Vergabeunterlagen angefordert werden können, verfolgt den Zweck, im Zusammenspiel mit der Angebotsfrist ein möglichst realistisches Zeitfenster für die Erstellung der Angebote zu gewährleisten. Daher hat die Zurückweisung einer verspäteten Anfrage nach Übersendung der Vergabeunterlagen weniger mit der Durchsetzung des Gleichheitsgrundsatzes zu tun.[19] Sie soll eher den Bewerber und damit auch den Auftraggeber selbst davor schützen, dass für die Angebotserstellung zu wenig Zeit verbleibt und daher entweder kein Angebot eingereicht wird oder das Angebot unvollständig, fehlerhaft oder möglicherweise unauskömmlich ist. Dem Gleichheitsprinzip wird eher dadurch entsprochen, dass zusätzlich auch ein Datum angegeben wird, *ab* dem die Vergabeunterlagen beantragt werden können. Hiervon wird in der Praxis häufig Gebrauch gemacht.

27 Die Nennung der Stelle, bei der die Verdingungsunterlagen und das Anschreiben eingesehen werden können (Abs. 2 lit. g) ist in den Fällen relevant, in denen ein Versand der Verdingungsunterlagen nicht oder nur mit unverhältnismäßigem Aufwand möglich ist. Dies ist dann der Fall, wenn die Unterlagen sehr umfangreich, besonders wertvoll oder nicht vervielfältigbar sind. Gleiches gilt, wenn Muster in Augenschein genommen werden müssen.

28 Entstehen dem Auftraggeber bei der Vervielfältigung der Verdingungsunterlagen Kosten, so dürfen diese dem die Unterlagen anfordernden Bewerber nach § 20 Nr. 1 Abs. 1 auferlegt werden. Die Höhe ist ebenso wie die Zahlungsweise nach Abs. 2 lit. h) anzugeben. Anders als bei der Beschränkten Ausschreibung oder der Freihändigen Vergabe, wo Unterlagen grundsätzlich unentgeltlich abzugeben sind und eine Entschädigung nur in Ausnahmefällen gefordert werden darf, wenn die Selbstkosten der Vervielfältigung unverhältnismäßig hoch sind (§ 20 Nr. 1 Abs. 2), ist die Entschädigung bei der Öffentlichen Ausschreibung ohne weitere Begründung zulässig. Die unterschiedlichen Regelungen lassen sich damit erklären, dass bei der Öffentlichen Ausschreibung regelmäßig mit einer nicht vorbestimmbaren Anzahl von Abforderungen gerechnet werden muss, während die Anzahl der Bewerber bei der Beschränkten Ausschreibung oder der Freihändigen Vergabe selektiv und in ihrer Anzahl beschränkt zur Abgabe eines Angebotes aufgefordert werden. Zu Höhe der Kosten gibt § 20 Nr. 1 Abs. 2 VOL/A für die Beschränkte Ausschreibung und die Freihändige Vergabe den Hinweis auf die Selbstkosten der Vervielfältigung, der auch auf die Öffentliche Ausschreibung übertragen werden kann. Der Hinweis auf die Selbstkosten findet sich auch in § 20 Nr. 1 Abs. 1 Satz 2 VOB/A hinsichtlich der Öffentlichen Ausschreibung. Berücksichtigt werden dürfen dabei die Materialkosten (Papier, Toner), anteilige Abnutzung (Kopierer, Drucker) sowie – soweit angefallen – Umsatzsteuer. Personalkosten können hingegen nur dann in Ansatz gebracht werden, wenn das Personal extra für die Vervielfältigung der Unterlagen angestellt worden

---

19 So aber *Fett* in: Müller-Wrede, VOL/A § 17 Rn. 21.

ist.[20] Die Kosten für den Versand der Vergabeunterlagen fallen nicht unter die Kosten der Vervielfältigung. Siehe hierzu im Einzelnen die Kommentierung zu § 20.

Im Rahmen der zunehmenden Nutzung von elektronischen Medien für Erstellung und Versand der Vergabeunterlagen wird die Bedeutung der Erstattung der Vervielfältigungskosten immer mehr an Bedeutung verlieren. Gibt der Auftraggeber keine Kosten in der Bekanntmachung an, darf der Bewerber darauf vertrauen, dass die Unterlagen kostenlos zur Verfügung gestellt werden. 29

Anzugeben ist im Falle der Nennung von Kosten auch die Zahlungsweise. Hier hat sich in der Praxis das Verfahren per Überweisung oder Einzahlung auf ein Konto des Auftraggebers etabliert. Dabei müssen Kontonummer, Bankleitzahl, Verwendungszweck (einschließlich Aktenzeichen oder sonstige Bezeichnung des Vergabeverfahrens) präzise angegeben werden. Fehler oder Ungenauigkeiten gehen zu Lasten des Auftraggebers. 30

Der Auftraggeber wird die Vergabeunterlagen regelmäßig nur auf Nachweis der Einzahlung oder Überweisung der Vervielfältigungskosten versenden. Im Sinne der Transparenz hat er einen solchen Ablauf allerdings im Rahmen der Bekanntmachung anzukündigen. Unternehmen mit Interesse an der Ausschreibung sollten ihrerseits frühzeitig vor Ablauf der Frist nach § 17 Nr. 1 Abs. 2 lit. f) die Einzahlung oder Überweisung vornehmen, um so sichergehen zu können, dass sie die Unterlagen auch erhalten.

Die Angabe der Angebotsfrist (Abs. 2 lit. i) ist ebenfalls eine obligatorische Angabe in der Bekanntmachung, da auch diese Kenntnis die Entscheidung des Bewerbers über die Teilnahme an der Ausschreibung beeinflussen kann. Wird etwa wegen Dringlichkeit eine besonders kurze Angebotsfrist festgesetzt, muss der Bewerber überprüfen können, ob er überhaupt in der Lage ist, in dieser Zeit ein Angebot zu erstellen und einzureichen. Da die Folgen einer Fristüberschreitung weit reichend sind – nach § 25 Nr. 1 Abs. 1 lit. e) werden verspätet eingegangene Angebote grundsätzlich ausgeschlossen, es sei denn, dass der Bieter die Verspätung nicht zu vertreten hat –, ist eine präzise und eindeutige Bestimmung des Fristablaufs von hoher Bedeutung. Obwohl das Ende der Angebotsfrist in der VOL/A anders als in der VOB/A nicht zwangsläufig mit dem Eröffnungstermin bzw. dem Akt der Angebotsöffnung verbunden ist und daher auch vor dem Eröffnungstermin liegen kann (wenngleich nach § 22 Nr. 2 Abs. 1 VOL/A die Angebotsöffnung zumindest unverzüglich nach Fristablauf erfolgen soll), bietet es sich aus Gründen der Klarheit und Vorhersehbarkeit an, nicht nur ein bestimmtes Datum sondern auch eine Uhrzeit anzugeben, bis zu der Angebote eingereicht werden können. Andernfalls entstehen möglicherweise Zweifel, ob die Angebote am Tag des Fristablaufs nur bis zum Dienstschluss (welche Uhrzeit?) oder aber bis Mitternacht eingereicht werden können (sind zu dieser Uhrzeit noch zur Entgegennahme berechtigte Mitarbeiter anwesend oder gibt es einen Fristbriefkasten, der genutzt werden kann?). In der Praxis wird daher auch bei VOL-Ausschreibungen der Ablauf der Angebotsfrist regelmäßig an einer bestimmten Uhrzeit orientiert, die den Bewerbern mitgeteilt wird. 31

---

20 Vgl. *VK Sachsen* Beschl. v. 12. 3. 2001, 1/SVK/9–01, wo von einem Selbstkostenpreis von 0,20 DM für DIN-A4-Kopien, 0,25 DM für DIN-A3-Kopien sowie 1 DM für eine Diskette ausgegangen wurde.

§ 17 Bekanntmachung, Aufforderung zur Angebotsabgabe

32 Auch die vom Auftraggeber für die Vertragsdurchführung vorgesehenen Sicherheitsleistungen (Abs. 2 lit. k) sind ein Kalkulationsfaktor für den Bewerber. Insbesondere bei mittelständischen Unternehmen führen umfassende Forderungen nach Sicherheitsleistungen immer wieder dazu, dass sie von der Teilnahme an der Ausschreibung absehen müssen, da ihnen eine entsprechende Gestellung nicht möglich ist. Verlangt der Auftraggeber Sicherheitsleistungen, so ist es angezeigt, neben der Höhe der Summe auch die Art der Sicherheitsleistung (Vertragserfüllung, Gewährleistung) und die zugelassenen Formen der Beibringung (Bürgschaft, Hinterlegung) anzugeben. Bei der Entscheidung für das Verlangen einer Sicherheitsleistung ist neben § 14 VOL/A insbesondere auch § 18 VOL/B zu beachten. Dort sind nach Nr. 1 Abs. 1 Sicherheitsleistungen falls nicht anders vereinbart erst ab einem Auftragswert von 50.000 Euro zulässig.

33 Informationen über die wesentlichen Zahlungsbedingungen (Abs. 2 lit. l) sind für den Bewerber naturgemäß von Bedeutung. Dabei stehen die Fragen nach Voraus- oder Abschlagszahlungen und deren Höhe (§§ 17 Nr. 1 Satz 2 VOL/B bzw. § 17 Nr. 2 VOL/B) sowie nach der Schlusszahlung (§ 17 Nr. 4 und 5 VOL/B) im Mittelpunkt.

34 Bereits in der Bekanntmachung soll der Auftraggeber die mit dem Angebot vorzulegenden Unterlagen nennen, die er gegebenenfalls für die Beurteilung der Eignung des Bewerbers benötigt (Abs. 2 lit. m). Für den Bewerber ist mit Blick auf die oft kurzen Angebotsfristen eine frühe Bekanntgabe der verlangten Eignungsnachweise sehr wichtig, damit er sich im Falle der Beteiligung an der Ausschreibung bereits parallel zum Abruf der Vergabeunterlagen um die Zusammenstellung der erforderlichen Unterlagen und der hierfür notwendigen Nachweise bemühen kann. Legt der Auftraggeber in der Bekanntmachung die von den Bietern zu erbringenden Eignungsnachweise fest, so ist er hieran gebunden. Er kann diese später – etwa in den Vergabeunterlagen – nicht verändern, erweitern oder einschränken.[21] Auch ist es aus Gründen der Transparenz und der Gleichbehandlung untersagt, auf zunächst festgelegte und bekannt gegebene bindende Mindestbedingungen zugunsten eines oder mehrerer Bewerber später wieder ganz zu verzichten.[22] Der in der Praxis teilweise zu verzeichnende komplette Verzicht auf die Angabe von Eignungsnachweisen und der stattdessen gegebene Hinweis »siehe Verdingungsunterlagen« stellt ohne Angabe dringender Gründe für dieses Vorgehen ein Verstoß gegen § 17 Nr. 1 Abs. 2 lit. m) VOL/A dar.

35 Gestattet ist es dem Auftraggeber allerdings, in der Bekanntmachung die erforderlichen Eignungsnachweise anzugeben und weitere Einzelheiten der Nachweisanforderung in den Vergabeunterlagen (Verdingungsunterlagen oder Aufforderung zur Angebotsabgabe) konkretisieren.[23] Gleiches gilt für eine eventuell notwendige Gewichtung der Eignungskriterien. Auch diese kann erst später festgelegt werden, wenn zumindest die Bekanntmachung den Umfang der Nachweise präzise vorgibt.[24] Aufgrund der weit reichenden Rechtsfolgen bei Fehlen oder Unvollständigkeit von Eig-

---

21 VK Düsseldorf Beschl. v. 16. 2. 2006, VK 02/2006-L; VK Bund Beschl. v. 22. 11. 2004, VK 3–203/04 (jeweils für die inhaltsgleiche Norm des VOB/A).
22 BayObLG Beschl. v. 20. 12. 1999, Verg 8/99; VK Baden-Württemberg Beschl. v. 23. 3. 2006, 1 VK 6/06.
23 VK Münster Beschl. v. 18. 1. 2005, VK 32/04.
24 VK Nordbayern Beschl. v. 27. 10. 2000, 320.VK-3194–26/00.

nungsnachweisen bei Angebotsabgabe[25] ist es sinnvoll, bereits im Rahmen der Bekanntmachung deutlich auf den Ausschluss unvollständiger Angebote hinzuweisen.

Auch die Angabe von Zuschlags- und Bindefrist (Abs. 2 lit. n) kann für die Entscheidung, an der Ausschreibung teilzunehmen oder nicht, ausschlaggebend sein. Zwar gibt § 20 Nr. 2 VOL/A vor, dass die Zuschlagsfrist so kurz wie möglich zu bemessen ist. Da die VOL/A aber anders als die VOB/A (§ 19 Nr. 2 Satz 2) keine Regelfrist vorsieht (dort maximal 30 Kalendertage), muss dem Bewerber durch eine auftragsbezogene Fristfestsetzung die Möglichkeit gegeben werden, zu entscheiden, ob er an sein Angebot und dessen Konditionen während der Laufzeit der Frist gebunden sein will oder nicht bzw. in Ansehung der Binde- und Zuschlagsfrist sein Angebot anders kalkulieren muss. Insbesondere bei Waren mit schnellen Innovationszyklen (Informationstechnologie) oder unsicherer Preisentwicklung (Kupfer, Stahl, Erdöl) ist die Angabe von Binde- und Zuschlagsfrist bedeutsam. Zur Verlängerung der Bindefrist siehe die Kommentierung zu § 19. **36**

Schließlich soll die Bekanntmachung bereits den Hinweis enthalten, dass der Bewerber mit der Abgabe eines Angebots den Bestimmungen über nicht berücksichtigte Angebote nach § 27 VOL/A unterliegt (Abs. 2 lit. o). Nach dieser Vorschrift gilt ein Angebot als nicht berücksichtigt, wenn bis zum Ablauf der Zuschlagsfrist kein Auftrag erteilt wurde. Erhöht wird die ex-post-Transparenz durch die Mitteilung der Ablehnung des Angebots durch den Auftraggeber unverzüglich nach Zuschlagserteilung. Nach § 27 Nr. 1 ist hierfür allerdings ein Antrag durch den Bewerber notwendig, den er zusammen mit dem Angebot oder auch danach einreicht und dem er einen frankierten Freiumschlag beifügt. Zu den Einzelheiten siehe die Kommentierung zu § 27. **37**

Da der Antrag nach § 27 Nr. 1 frühestens zusammen mit der Angebotsabgabe gestellt werden kann, der Hinweis auf § 27 aber auch regelmäßig in der Aufforderung zur Angebotsabgabe noch einmal zu geben ist (§ 17 Nr. 3 Abs. 2 lit. q), kann auf diesen Hinweis im Rahmen der Bekanntmachung gegebenenfalls verzichtet werden. Wird er aber hier oder in der Aufforderung zur Angebotsabgabe gegeben, so ist dem Bewerber mehr mit einer ausdrücklichen Nennung der Antragsmöglichkeit und der Voraussetzungen hierfür nach § 27 Nr. 1 gedient als mit der Wiedergabe des Wortlauts des § 17 Nr. 1 Abs. 2 lit. o). **38**

C. Bekanntmachung des Teilnahmewettbewerbs bei Beschränkter Ausschreibung und Freihändiger Vergabe (§ 17 Nr. 2)

§ 17 Nr. 2 regelt das Vorgehen des Auftraggebers bei der Bekanntmachung eines Öffentlichen Teilnahmewettbewerbs, wenn dieser der Beschränkten Ausschreibung bzw. der Freihändigen Vergabe vorgeschaltet ist. Die Beschränkte Ausschreibung und mehr noch die Freihändige Vergabe stellen aufgrund ihrer Konzeption gegenüber der öffentlichen Ausschreibung eine deutliche Einschränkung der Transparenz und des Wettbewerbs dar. Statt einen unbeschränkten Kreis von Interessenten zur Abgabe **39**

---

25 *BGH* Beschl. v. 7. 6. 2005, X ZR 19/02, VergabeR 2005, 617.

§ 17 Bekanntmachung, Aufforderung zur Angebotsabgabe

eines Angebots aufzufordern, wird hier nur eine mehr oder weniger kleine Zahl von Unternehmen zum Wettbewerb eingeladen. Da hierbei regelmäßig die Gefahr besteht, dass der Auftraggeber stets dieselben, ihm bekannten Unternehmen anspricht, und der in § 7 Nr. 2 Abs. 4 vorgesehene Wechsel unter den Anbietern nicht erfolgt, können die Verfahren nur in den Fällen gewählt werden, die § 3 Nr. 3 und 4 VOL/A abschließend vorsieht. Aufgrund des Vorrangs der Öffentlichen Ausschreibung (§ 3 Nr. 2 VOL/A) sind die Ausnahmetatbestände restriktiv auszulegen; das Vorliegen der Voraussetzungen hat der Auftraggeber besonders zu begründen und im Vergabevermerk zu dokumentieren (§ 3 Nr. 5 VOL/A).

40   Für europaweite Ausschreibungen sehen die EG-Vergaberichtlinien schon seit 1971 (für den Baubereich) bzw. 1976 (für den Lieferbereich) die Durchführung eines vorgeschalteten Teilnahmewettbewerbs vor. Dieser ist für das Nichtoffene Verfahren zwingend; im Verhandlungsverfahren kann nur unter bestimmten Gründen darauf verzichtet werden. In die VOL/A hat die europäische Vorgabe erstmals in der Ausgabe 1984 Eingang gefunden (§ 3 a Nr. 1).[26]

Auch für die inländischen Ausschreibungen sieht § 3 Nr. 1 Abs. 4 VOL/A den Öffentlichen Teilnahmewettbewerb als ein der Beschränkten Ausschreibung und der Freihändigen Vergabe vorgeschaltetes Verfahren vor. Allerdings wird dem Auftraggeber ein relativ weiter Ermessensspielraum für die Entscheidung belassen, ob er das Vorverfahren durchführt oder darauf verzichtet. So ist § 3 Nr. 1 Abs. 4 VOL/A als Soll-Vorschrift ausgestaltet und zudem mit der Einschränkung der Zweckmäßigkeit versehen. Gleichwohl dürfte der Rechtfertigungsdruck, auf einen Teilnahmewettbewerb zu verzichten, aufgrund der immer stärker in den Fokus gerückten Einhaltung der europarechtlich verankerten Grundprinzipien (Gleichbehandlung, Transparenz, Nichtdiskriminierung) wachsen, je mehr sich das Auftragsvolumen dem jeweils einschlägigen EG-Schwellenwert nähert.

41   Der Öffentliche Teilnahmewettbewerb führt zu einer Stufung des Vergabeverfahrens. Dabei erhält in der ersten Phase eine nicht begrenzte Anzahl von Unternehmen die Möglichkeit, dem Auftraggeber ihre Eignung (Zuverlässigkeit, Leistungsfähigkeit und Fachkunde) nachzuweisen. Zur Angebotsabgabe werden im Anschluss hieran entweder alle qualifizierten Bewerber oder nur eine begrenzte (angemessene) Zahl von ihnen aufgefordert. Im letztgenannten Fall ist die Auswahl anhand zuvor festgelegter, objektiver Kriterien durchzuführen. Das gestufte Verfahren führt naturgemäß zu einer zeitlichen Verzögerung des Vergabeverfahrens. Dam stehen allerdings eine Vielzahl von Vorzügen gegenüber, die den Öffentlichen Teilnahmewettbewerb sinnvoll erscheinen lassen: So erhält der Auftraggeber eine bessere Marktübersicht und ist zugleich in der Lage, die Auswahl der für die Beschränkte Ausschreibung bzw. der Freihändigen Vergabe aufzufordernden Unternehmen anhand objektiver Kriterien vorzunehmen. Wie die Ausschreibung selbst darf auch der Teilnahmewettbewerb nicht dazu missbraucht werden, ohne Vergabeabsicht lediglich eine Markterkundung durchzuführen (arg. e. § 16 Nr. 2).

---

26   Vgl. zur Entstehungsgeschichte *Eberstein* in: Daub/Eberstein, VOL/A § 17 Rn. 27.

Bekanntmachung, Aufforderung zur Angebotsabgabe § 17

I. Veröffentlichungsorgane (§ 17 Nr. 2 Abs. 1)

Für die Aufforderung zur Bewerbung für einen Öffentlichen Teilnahmewettbewerbs sind in § 17 Nr. 2 Abs. 1 dieselben Medien angegeben wie für die Bekanntmachung der Öffentlichen Ausschreibung. Insofern kann auf die Ausführungen in den Randnummern 8–13 verwiesen werden. **42**

II. Bekanntmachungsinhalt (§ 17 Nr. 2 Abs. 2)

Der Katalog der Mindestangaben, die die Bekanntmachung des Öffentlichen Teilnahmewettbewerbs enthalten soll, entspricht weitgehend den Inhalten der Bekanntmachung nach § 17 Nr. 1 Abs. 2 VOL/A. Dies zeigt die nachstehende Gegenüberstellung: **43**

§ 17 Nr. 2 Abs. 2	§ 17 Nr. 1 Abs. 2	Randnummer
Buchstabe a)	Buchstabe a)	17
Buchstabe b)	Buchstabe b)	18
Buchstabe c)	Buchstabe c)	19
Buchstabe d)	Buchstabe d)	20
Buchstabe e)	Buchstabe e)	24
Buchstabe f)	Buchstabe i)	31
Buchstabe g)	Buchstabe a)	17
Buchstabe h)	–	–
Buchstabe i)	Buchstabe m)	34
Buchstabe k)	Buchstabe o)	37

Die Angabe des Datums, an dem die Aufforderung zur Angebotsabgabe spätestens vom Auftrageber abgesandt wird (lit. h), ist eine Besonderheit im Katalog des § 17 Nr. 2. Sie hat kein Pendant in der Liste der Informationen, die bei der Bekanntmachung einer Öffentlichen Ausschreibung zu nennen sind. Dies erklärt sich aus § 17 Nr. 3 Abs. 6 VOL/A. Danach ist das Anschreiben im Falle der Beschränkten Ausschreibung und der Freihändigen Vergabe nach Öffentlichem Teilnahmewettbewerb an alle ausgewählten Bewerber am gleichen Tag zu versenden. In diesen Verfahren liegt in der Eignungsprüfung im Rahmen des Teilnahmewettbewerbs eine zeitliche Zäsur, die für alle Bewerber gleich ist. Somit ist hier eine gleichzeitige Versendung des Anschreibens (und zugleich auch der Verdingungsunterlagen) ohne weiteres möglich und führt zu einer Stärkung des Gleichbehandlungsgrundsatzes, da alle verbliebenen Bewerber nun – abgesehen von unterschiedlichen Postlaufzeiten – dieselbe Frist zur Erstellung und Abgabe eines Angebots haben. Aus der Tatsache, dass es bei der Öffentlichen Ausschreibung in der Regel keinen einheitlichen Zeitpunkt gibt, an dem **44** die Vergabeunterlagen an alle Bewerber geschickt werden, die sich auf die Bekanntmachung hin gemeldet haben, ist zu schlussfolgern, dass die Vergabeunterlagen (Verdingungsunterlagen und Anschreiben) dort unmittelbar nach Eingang der Anforderung versandt werden. Bewerber, die sich zeitnah auf eine Bekanntmachung melden, haben daher unter Umständen einen Wettbewerbsvorteil gegenüber Unternehmen, die die Vergabeunterlagen erst kurz vor Ablauf der hierfür genannten Frist (§ 17 Nr. 1 Abs. 2 lit. f) erbitten. Solange der Auftraggeber allerdings die eingehenden Anträge auf Übersendung der Vergabeunterlagen nicht unterschiedlich behandelt, liegt hierin keine Diskriminierung.

45 Die Nennung des Datums, an dem das Anschreiben spätestens abgesandt wird, zum Zeitpunkt der Aufforderung zur Mitwirkung am Teilnahmewettbewerb erfordert vom Auftraggeber eine Prognoseentscheidung. Denn zu diesem Zeitpunkt kann er noch nicht einschätzen, wie viele Unternehmen am Teilnahmewettbewerb teilnehmen werden und wie lange dessen Durchführung daher dauern wird. Da allerdings nur die Nennung des spätesten Zeitpunkts der Versendung des Anschreibens gefordert ist und zugleich § 17 Nr. 2 Abs. 2 – anders als Nr. 1 Abs. 2 – weder die Nennung der Angebots- noch der Binde- und Zuschlagsfrist verlangt, kann der Auftraggeber eher großzügig terminieren. Im Auge behalten muss er dabei allerdings die bereits anzugebenden Fristen für die Ausführung des Auftrags (Abs. 2 lit. e). Zudem muss er sich im Sinne der Transparenz darum bemühen, möglichst realistische Angaben zu machen, da andernfalls die Information für den Bewerber wertlos sein kann. Stellt der Auftraggeber im Verlauf des Teilnahmewettbewerbs fest, dass der Zeitpunkt für die Versendung der Aufforderung zur Angebotsabgabe verschoben werden muss, ist dies dann möglich, wenn die Fristverlängerung allen Bewerbern gleichzeitig mitgeteilt wird.

D. Aufforderung zur Angebotsabgabe (§ 17 Nr. 3)

I. Sinn und Zweck (§ 17 Nr. 3 Abs. 1)

46 § 17 Nr. 3 enthält detaillierte Angaben zum Anschreiben, mit dem die Verdingungsunterlagen an die Bewerber übergeben werden. Zweck dieses Schreibens ist die Aufforderung an den Bewerber, ein Angebot abzugeben. Zusammen mit den Verdingungsunterlagen stellt das Anschreiben die Vergabeunterlagen dar (§ 9 Nr. 1). Das Paket muss alle Angaben enthalten, die dem Bewerber den Entschluss zur Abgabe eines Angebots ermöglichen. Hierbei ergänzen sich die beiden Unterlagen: Die Verdingungsunterlagen bestehen aus der Leistungsbeschreibung nach § 8 und entsprechend § 9 Nr. 2 bis 5 aus den für die Ausführung des Auftrags relevanten Vertragsbedingungen. Das Anschreiben gibt darüber hinaus weitere ausschreibungs- und vertragsspezifische Informationen, die für den Bewerber relevant sein können. Absatz 2 enthält – entsprechend des Aufbaus von § 17 Nr. 1 und 2 – einen Katalog von Mindestangaben, zu denen der Auftraggeber Auskunft erteilen muss, wenn nicht gewichtige Gründe entgegenstehen bzw. einzelne Aspekte für die Ausschreibung nicht relevant sind. Da gerade im Bereich der VOL der Inhalt der Ausschreibungen sehr unterschiedlich sein kann,

kann der Katalog nach Abs. 2 naturgemäß nur einen Anhalt geben und enthält Aspekte, die regelmäßig von Bedeutung sind. Die Abarbeitung entbindet den Auftraggeber nicht von der eingehenden Überlegung, welche weiteren Aspekte für den Bewerber von Entscheidung für seinen Entschluss, ein Angebot zu erstellen und abzugeben oder nicht, relevant sein können. Entscheidend sind insofern die Umstände des Einzelfalls.

Die Übersendung von Anschreiben und Verdingungsunterlagen ist obligatorisch bei der Öffentlichen und Beschränkten Ausschreibung (mit und ohne Teilnahmewettbewerb). Bei einer Freihändigen Vergabe (auch nach vorherigem Teilnahmewettbewerb) ist ein entsprechendes Vorgehen nach § 17 Nr. 3 Abs. 3 nur erforderlich, wenn dies zweckmäßig ist. **47**

II. Inhalt (§ 17 Nr. 3 Abs. 2)

§ 17 Nr. 3 Abs. 2 enthält eine umfassende Aufzählung von Angaben, die das Anschreiben enthalten soll. Der Katalog stimmt in weiten Teilen mit den Informationen überein, die bei der Öffentlichen Ausschreibung im Rahmen der Bekanntmachung und bei der Beschränkten Ausschreibung und der Freihändigen Vergabe mit Öffentlichem Teilnahmewettbewerb im Rahmen der Aufforderung zur Bewerbung regelmäßig zu geben sind. Teilweise ergeben sich Übereinstimmungen auch nur mit der einen oder der anderen Liste. In jedem Fall ist der Auftraggeber verpflichtet, auch im Falle einer Überschneidung die Angaben noch einmal zu machen, es sei denn, gewichtige Gründe sprechen dagegen. Zu beachten ist dabei, dass die im Anschreiben gegebenen Informationen nicht von denen in Bekanntmachung oder Aufforderung zum Teilnahmewettbewerb abweichen, diese erweitern oder einschränken dürfen. Lediglich die Konkretisierung der schon mitgeteilten Angaben ist möglich und erlaubt. Die Konsistenz der Angaben ist Ausfluss des Gleichbehandlungsgrundsatzes. Zwar stellt beispielsweise eine allen Bewerbern mitgeteilte Verkürzung der ursprünglichen Ausführungsfrist keine Diskriminierung einzelner Bewerber dar. Gleichwohl wird mit diesem Vorgehen gegen den Gleichbehandlungsgrundsatz verstoßen, da einzelne Bieter möglicherweise ihren Entschluss einer Teilnahme an der Ausschreibung unter den veränderten Rahmenbedingungen (kürzere Ausführungsfrist) nicht aufrechterhalten könnten. **48**

Gegenüber den Angaben nach § 17 Nr. 1 Abs. 2 und § 17 Nr. 2 Abs. 2 soll das Anschreiben weitere Informationen geben, die sich unmittelbar auf Inhalt und Form des Angebots beziehen, das der Bewerber abgeben soll. Nur auf diese wird nachstehend eingegangen.

Nach Nr. 3 Abs. 2 lit. g) muss der Auftraggeber mitteilen, in welcher Form die Angebote abgegeben werden können und wie die genaue Aufschrift lauten muss. § 18 Nr. 2 konkretisiert dies. Danach müssen schriftliche Angebote als solche gekennzeichnet werden und in einem verschlossenen Umschlag eingereicht werden. Sind elektronische Angebote zugelassen, muss die Vertraulichkeit des Angebots bis zum Ablauf der Angebotsfrist sichergestellt werden. Zweck ist die Gewährleistung des Geheimwettbewerbs sowie die Verhinderung bzw. Erschwerung von Manipulationsversu- **49**

§ 17 Bekanntmachung, Aufforderung zur Angebotsabgabe

chen. Während die Sicherstellung der Geheimhaltung des Inhalts eines schriftlichen Angebots Obliegenheit des Bewerbers ist, richtet sich die Pflicht zur sicheren Verwahrung elektronischer Angebote an den Auftraggeber, der auch für das Handeln des von ihm beauftragten e-Vergabe-Plattform-Betreibers verantwortlich ist. Daneben verschärft § 18 Nr. 2 den § 17 Nr. 3 Abs. 2 lit. g). Denn während die Angabe der Form der Angebote sowie deren Beschriftung hiernach nur eine Soll-Vorschrift darstellt, verlangt § 18 Nr. 2, dass die entsprechenden Angaben zwingend in der Aufforderung zur Angebotsabgabe den Bewerbern vorzuschreiben sind. In § 18 Nr. 2 nicht erwähnt, für die genaue Aufschrift des Angebots aber durchaus relevant, ist die exakte Anschrift des Auftraggebers (soweit erforderlich mit präzisen Angaben zum Gebäudeteil, Zimmernummer und der für die Gegennahme der Angebote zuständigen Person) sowie die Angabe des Aktenzeichens oder einer sonstigen Kennung des Vergabeverfahrens. Nur so kann die eindeutige und schnelle Zuordnung des Angebots sichergestellt werden. Entsprechend konkret sollte die Angabe im Rahmen des Anschreibens auch erfolgen.

50 Lit. k) verlangt – allerdings nur in der Fassung des § 17 Nr. 3 Abs. 2, die in den Abschnitten 2 und 3 der VOL/A enthalten ist und dort § 17 a bzw. § 17 b bei europaweiten Ausschreibungen ergänzt – die Angabe der Sprache, in der die Angebote abgefasst sein müssen. Dies ist insbesondere für ausländische Bewerber von Bedeutung. Zulässig ist die Beschränkung auf eine Sprache, normalerweise die (Amts-)Sprache des Auftraggebers.

51 Nach lit. m)[27] hat der Auftraggeber im Anschreiben sonstige Angaben zu machen, die der Bewerber bei der Bearbeitung seines Angebots wissen und beachten muss. In Bezug genommen werden dabei §§ 18 Nr. 3, 9 Nr. 1 und 21. § 18 Nr. 3 trifft die für den Bewerber möglicherweise relevant werdende Aussage, dass Angebote bis zum Ablauf der Angebotsfrist jederzeit in schriftlicher und – soweit für die Angebotseinreichung zugelassen – auch in elektronischer Form zurückgezogen werden können. Möglich bleibt die Abgabe eines neuen Angebots im Anschluss hieran, soweit die Angebotsfrist zu diesem Zeitpunkt noch nicht abgelaufen ist. Auch § 21 ist praxisrelevant, da hier weitere konkrete Voraussetzungen an den Inhalt und die Form des Angebots enthalten sind. Unergiebig ist hingegen der Verweis auf § 9 Nr. 1 VOL/A. Hierin ist nur die Aussage enthalten, dass die Vergabeunterlagen aus Verdingungsunterlagen und Anschreiben besteht. Diese Information ist für den Bewerber nicht weiterführend.

52 Lit. o) (bzw. lit. p) in der Fassung des § 17 Nr. 3 Abs. 2 in den Abschnitten 2 und 3 der VOL/A) verlangt schließlich Angaben zu Nebenangeboten und verweist hierzu auf § 17 Nr. 3 Abs. 5.

III. Anwendung auf Freihändige Vergaben (§ 17 Nr. 3 Abs. 3)

53 Die Pflicht zur Übersendung eines Anschreibens zusammen mit den Verdingungsunterlagen sowie dessen Mindestinhalt ergibt sich aus § 17 Nr. 3 Abs. 1 nur für die Öf-

---

27 In der Fassung des § 17 Nr. 3 Abs. 2 in den Abschnitten 2 und 3 der VOL/A ist lit. n) einschlägig.

fentliche und die Beschränkte Ausschreibung. Obwohl es sich bei der Freihändigen Vergabe nicht um ein förmliches Verfahren handelt (§ 3 Nr. 1 Abs. 3), dehnt Absatz 3 diese Pflicht auch hierauf aus. Zugleich enthält die Vorschrift allerdings eine wesentliche Einschränkung auf Fälle, in denen eine entsprechende Unterrichtung der Unternehmen zweckmäßig erscheint. Der Auftraggeber hat somit einen Beurteilungsspielraum, wobei sich die Zweckmäßigkeit sowohl auf die Frage der bezieht, ob überhaupt eine Übersendung von Vergabeunterlagen erfolgt oder nicht, als auch auf die Frage, welchen Inhalt eine Aufforderung zur Angebotsabgabe enthält. Die Regelung ist interessengerecht. Denn zum einen ist auch bei der Freihändigen Vergabe der Grundsatz der Transparenz und der Gleichbehandlung zu beachten. Zudem wird der Auftraggeber in aller Regel die wesentlichen Rahmenbedingungen der zu beschaffenden Leistung mitteilen müssen, um die interessierten Unternehmen hierüber in Kenntnis zu setzen und ihnen die Erstellung eines Angebots überhaupt erst zu ermöglichen. Dies korrespondiert mit der prinzipiellen Anwendung von § 17 Nr. 3 Abs. 1 und 2 auf dieses Verfahren. Zum anderen sind die Tatbestände des § 3 Nr. 4, nach denen eine Freihändige Vergabe möglich ist, so unterschiedlich, dass der Auftraggeber bezüglich der Aufforderung von Unternehmen zur Abgabe eines Angebots weitestmöglichen Handlungsspielraum benötigt. So wird in Fällen besonderer Dringlichkeit (§ 3 Nr. 4 lit. f) – etwa bei Notfallbeschaffung in Folge von Naturkatastrophen – die unverzügliche Beauftragung einer Erstellung und Übersendung detaillierter Verdingungsunterlagen und eines begleitenden Anschreibens vorgehen. Entscheidend ist auch hier, dass der Auftraggeber die Gründe, weshalb er eine Anwendung des § 17 Nr. 3 Abs. 3 für nicht zweckmäßig hält, an sachlichen Kriterien orientiert und Motivation und Entscheidung entsprechend dokumentiert.

Im Falle einer Freihändigen Vergabe nach Öffentlichem Teilnahmewettbewerb gilt das vorstehend Gesagte entsprechend (§ 17 Nr. 3 Abs. 3 Satz 2). **54**

IV. Standardisierung in Bewerbungsbedingungen (§ 17 Nr. 3 Abs. 4)

Nach § 17 Nr. 3 Abs. 4 sollen Auftraggeber, die ständig Leistungen vergeben, die Erfordernisse, die die Bewerber bei der Bearbeitung ihrer Angebote beachten müssen, in Bewerbungsbedingungen zusammenfassen und dem Anschreiben beifügen. Die Vorschrift verfolgt damit zwei Zielrichtungen: Zum einen stellt die Standardisierung der Bewerbungsbedingungen eine Rationalisierung des Arbeitsaufwands für den Auftraggeber dar. Zum anderen soll auch den Bewerbern, die sich wiederholt an Ausschreibungen des Auftraggebers beteiligen, durch eine Beständigkeit in den Bewerbungsbedingungen ein gewisser Grad an Sicherheit vor unvorhergesehenen Angaben gegeben werden. Eine besondere Form der Gleichbehandlung der Bewerber und der Transparenz des Vergabeverfahrens ergibt gegenüber der individuellen, d. h. auftragsbezogenen Nennung der Angaben für die Erstellung von Angeboten aus der Standardisierung hingegen nicht.[28] **55**

---

28 So aber *Fett* in: Müller-Wrede, VOL/A § 17, Rn. 39.

56 Wie häufig Ausschreibungen erfolgen müssen, damit eine »ständige« Vergabe von Leistungen (gemeint: Vergabe von Liefer- und Dienstleistungsaufträgen) vorliegt, lässt die Norm offen. Die Entscheidung wird dem Auftraggeber vorbehalten bleiben müssen, der den Aufwand für die Erstellung der formularmäßigen Bewerbungsbedingungen in Relation zu seiner Ausschreibungsfrequenz setzt. Natürlich ist es dem Auftraggeber nicht verwehrt, seine Bewerbungsbedingungen auch dann zusammenzufassen und zu standardisieren, wenn er nicht ständig öffentliche Aufträge vergibt.

57 Die Formulierung, dass der Auftraggeber die Bewerbungsbedingungen zusammenfassen soll, führt zu einer generellen Pflicht, die ein Abweichen nur bei zwingenden Gründen rechtfertigt. Wegen der Vielzahl von im Einzelfall ausschlaggebenden Faktoren (verwendet der Auftraggeber überhaupt wiederkehrende Bewerbungsbedingungen, die standardisiert werden können, oder bedarf es bei jeder einzelnen Ausschreibung der individuellen Bestimmung der entsprechenden Angaben?; steht für den Auftraggeber der Aufwand für die Standardisierung der Bewerbungsbedingungen im angemessenen Verhältnis zu der Anzahl der Ausschreibungen?) sollte dem Auftraggeber allerdings grundsätzlich mehr Spielraum bei der Entscheidung gewährt werden, zumal die Bewerber durch auftragsspezifische Bewerbungsbedingungen nicht schlechter gestellt werden.[29]

58 Zum Inhalt der standardisierten Bewerbungsbedingungen verweist Nr. 3 Abs. 4 auf die §§ 18, 19 und 21. Diese Vorschriften betreffen Form und Frist der Angebote, Zuschlags- und Bindefrist sowie den Inhalt der Angebote. Einzelaspekte zu diesen Bestimmungen sind bereits in den Angabenkatalogen der Nummern 1 bis 3 enthalten. Diese geben dem Auftraggeber, der Bewerbungsbedingungen erstellen will, einen ersten Hinweis, wobei auch darüber hinausgehende Angaben in formularmäßige Bewerbungsbedingungen einfließen können, da die Kataloge nur Mindestangaben nennen. Schließlich wird es auch möglich sein, Erfordernisse in die Bewerbungsbedingungen aufzunehmen, die außerhalb der genannten §§ 18, 19 und 21 liegen, wenn sie für die Bewerber bei der Erstellung von Angeboten relevant sind.

59 Obwohl es Sinn und Zweck der Bewerbungsbedingungen ist, sie in einer Vielzahl von Fällen formularmäßig einzusetzen, sind es keine Allgemeinen Geschäftsbedingungen im Sinne der §§ 305 ff. BGB.[30] Denn zum einen handelt es sich hierbei um Bewerbungsbedingungen und nicht um Vertragsbedingungen. Die in den §§ 18, 19 und 21 genannten Aspekte, die vornehmlich Gegenstand dieser Bedingungen werden können, haben weder einen direkten noch einen indirekten Einfluss auf den späteren Vertrag. Zum anderen werden die Bedingungen entgegen § 305 Abs. 1 BGB nicht bei Abschluss eines Vertrages gestellt, sondern zu Beginn eines Ausschreibungsverfahrens, dessen Ausgang im Hinblick auf einen Vertragsschluss offen ist.

---

29 *Fett* a. a. O. (Fn. 28) geht hingegen – ohne nähere Begründung – davon aus, dass § 17 Nr. 3 Abs. 4 die Auftraggeber trotz der Formulierung »sollen« zur einheitlichen Zusammenfassung ihrer Bewerbungsbedingungen verpflichtet.
30 So jedoch *Fett* a. a. O. (Fn. 28).

V. Nebenangebote (§ 17 Nr. 3 Abs. 5)

§ 17 Nr. 3 Abs. 5 konkretisiert die im Rahmen des Anschreibens den Bewerbern mitzuteilenden Angaben zu Nebenangeboten (§ 17 Nr. 3 Abs. 2 lit. o) bzw. p)). Gegenüber den früheren Ausgaben verzichtet die VOL/A 2006 sowohl in § 17 Nr. 3 Abs. 2 lit o) bzw. p) als auch in Nr. 3 Abs. 5 auf den Zusatz »und Änderungsvorschläge«; in beiden Regelungen wird nur noch die Diktion »Nebenangebote« verwendet. Dass die Nennung beider Begriffe überflüssig ist, ergab sich schon bisher aus den Erläuterungen des DVAL, wonach der Begriff »Nebenangebote« jede Abweichung vom geforderten Angebot umfasst und daher weit auszulegen ist. Zudem heißt es in den Erläuterungen ausdrücklich, dass auch Änderungsvorschläge als Nebenangebote zu betrachten sind.[31]

60

Nach Abs. 5 Satz 1 hat der Auftraggeber in der Aufforderung zur Angebotsabgabe in jedem Falle zu erklären, ob er Nebenangebote wünscht, ausdrücklich zulässt oder sie ausschließen will. Ziel der Regelung ist es, den Bewerbern in jedem Fall eine klare Auskunft über den Umgang mit Nebenangeboten zu geben. Dies erhöht die Transparenz und damit die Rechtssicherheit für die Bewerber. Wie sich der Auftraggeber inhaltlich entscheidet, steht ihm grundsätzlich frei.[32] Etwas anderes gilt bei der Frage, ob Nebenangebote ohne gleichzeitiges Hauptangebot zugelassen werden. Hier verlangt § 17 Nr. 3 Abs. 5 Satz 1, 2. Halbsatz nur dann eine Angabe in der Aufforderung zur Angebotsabgabe, wenn sich der Auftraggeber für einen Ausschluss isolierter Nebenangebote entschieden hat. Findet sich hingegen in dem Anschreiben keine entsprechende Angabe, kann der Bewerber davon ausgehen, dass Nebenangebote auch ohne Hauptangebot zugelassen sind. Der Zusatz »ausnahmsweise« verdeutlicht, dass isolierte Nebenangebote grundsätzlich zugelassen werden sollen, wenn keine gewichtigen Gründe dagegen sprechen. Dies erscheint sinnvoll, da andernfalls ein Bewerber mit einem die Anforderungen des Auftraggebers sehr gut erfüllenden Nebenangebot ausgeschlossen werden müsste, wenn er nicht in der Lage ist, zugleich auch ein eng an den Ausschreibungsparametern orientiertes Hauptangebot abzugeben. Denn Lässt der Auftraggeber Nebenangebote nur in Verbindung mit einem Hauptangebot zu, so muss das Hauptangebot zumindest wertungsfähig sein. Andernfalls kann das Nebenangebot ausgeschlossen werden.[33]

61

Nebenangebote sind wettbewerbspolitisch erwünscht. Zudem kann über sie die technische Innovation gefördert werden. Dies liegt zum einen im Interesse des Auftraggebers, der so in den Genuss neuester technologischer Entwicklungen kommen und zugleich außerhalb der Vergabe von Forschungs- und Entwicklungsaufträgen zu einem gewissen Grad Forschungsförderung betreiben kann. Auf der anderen Seite ist es auch im Sinne der Bewerber, ihre Erzeugnisse und Dienstleistungen selbst dann anbieten zu können, wenn hiermit der vom Auftraggeber verlangte Zweck erfüllt werden kann, die einzelnen Parameter der Leistung aber von den detaillierten Vorgaben abweichen. Daher geht die Rechtsprechung auch davon aus, dass die Zulassung von Nebenange-

62

---

31 Vgl. hierzu auch *OLG Düsseldorf* Beschl. v. 9. 4. 2003, Verg 69/02.
32 *OLG Koblenz* Beschl. v. 5. 9. 2002, 1 Verg 2/02.
33 *VK Schleswig-Holstein* Beschl. v. 18. 10. 2000, VK-SH 11/00 (zur VOB/A).

§ 17 Bekanntmachung, Aufforderung zur Angebotsabgabe

boten der Regelfall ist, ein eventueller Ausschluss sowohl besonderer Gründe als auch besonderer Erwähnung bedarf.[34]

63 Als Nebenangebot gilt nach den Erläuterungen des DVAL zu § 17 Nr. 3 Abs. 5 jede Abweichung vom geforderten Angebot. Auf Grad und Gewicht der Abweichung kommt es nicht an. Als Nebenangebote gelten mithin Angebote, die sich nur graduell von den Anforderungen an das Hauptangebot unterscheiden (etwa durch die Verkürzung der Gewährleistungsfrist[35]) ebenso wie Angebote, die eine völlig andere als die eigentlich geforderte Leistung betreffen.[36] Zu differenzieren ist bei Angeboten, die auf eine Ausschreibung eingereicht werden, die ein Leitprodukt vorgibt und den Zusatz »oder gleichwertiger Art« enthält. Dem Oberlandesgericht Schleswig-Holstein[37] zufolge zielt der im Leistungsverzeichnis enthaltene Zusatz »oder gleichwertig« dort, wo er verwendet wird, nicht auf ein Nebenangebot ab. Der Bieter, der ein Produkt im Rahmen des »Leitprodukts« mit der Erweiterung »oder gleichwertig« anbietet, bewegt sich im Rahmen des Hauptangebots. Das Oberlandesgericht Düsseldorf[38] geht bei technischen Abweichungen hingegen davon aus, dass die hieraus resultierende Änderung der Leistungsbeschreibung zu einer Qualifizierung des Angebots als Nebenangebot führt.

64 Bei europaweiten Ausschreibungen hat der Auftraggeber nach § 9 a Nr. 2 in den Verdingungsunterlagen die Mindestanforderungen anzugeben, die die Nebenangebote erfüllen müssen, wenn sie zugelassen sind. Diese Verpflichtung wurde in Umsetzung von Art. 24 Abs. 3 der Vergabekoordinierungsrichtlinie 2004/18/EG aufgenommen.[39] In richtlinienkonformer Auslegung ist das Erfordernis dann auch Regelungsinhalt der Aufforderung zur Angebotsangabe nach § 17 Nr. 3 Abs. 5.[40] Da der Auftraggeber aber auch bei Aufträgen unterhalb der Schwellenwerte die Vergleichbarkeit der Angebote – und damit auch der Haupt- und Nebenangebote – sicherstellen muss, um eine transparente und sachorientierte Wertung vornehmen zu können (nach § 25 Nr. 4 sind Nebenangebote ebenso zu werten wir Hauptangebote), wird er – ohne dass hierzu eine ausdrückliche Verpflichtung besteht – auch dort bestimmte Mindestanforderungen setzen müssen, die die zugelassenen Nebenangebote zu erfüllen haben.

65 Will der Bewerber eine Leistung anbieten, die in den Verdingungsunterlagen nicht vorgesehen ist, so schließt § 17 Nr. 3 Abs. 5 dies nicht aus. Voraussetzung hierfür ist allerdings, dass er im Angebot entsprechende Angaben über Ausführung und Beschaffenheit dieser Leistung gegeben werden. Der Auftraggeber soll sich hierdurch ein Bild machen können, ob die angebotene Alternative seinen Bedürfnissen entspricht. Korrespondierend hierzu lässt § 24 Nr. 2 VOL/A in diesem Fall eine gewisse Durchbrechung des Nachverhandlungsverbots zu. Danach darf hier im Rahmen der geforderten Leistung über notwendige technische Änderungen geringen Umfangs verhandelt werden, wobei auch der Preis entsprechend angepasst werden kann.

---

34 *OLG Schleswig-Holstein* Beschl. v. 15. 2. 2005, 6 Verg 6/04.
35 *VK OFD Hannover* Beschl. v. 9. 1. 2001, 26045 – VgK 4/2000.
36 *Fett* in: Müller-Wrede, VOL/A § 17, Rn. 42 m. w. N.
37 A. a. O. (Fn. 34).
38 Beschl. v. 9. 4. 2003, Verg 69/02.
39 Vgl. zu den Anforderungen sowie zu der Entscheidung des EuGH vom 16. 10. 2003 (C-421/01 – »Traunfellner«) die Kommentierung zu § 9 a Nr. 2.
40 *OLG Düsseldorf* Beschl. v. 29. 3. 2006, VII – Verg 77/05 m. w. N.

VI. Versand der Aufforderung zur Angebotsabgabe (§ 17 Nr. 3 Abs. 6)

Nach § 17 Nr. 3 Abs. 6 VOL/A ist der Auftraggeber verpflichtet, bei Beschränkter **66** Ausschreibung sowie bei Freihändiger Vergabe nach Öffentlichem Teilnahmewettbewerb die Aufforderung zur Angebotsabgabe an alle ausgewählten Bewerber am gleichen Tag abzusenden. Damit soll sichergestellt werden, dass alle Bewerber in etwa gleichzeitig die Verdingungsunterlagen erhalten und damit in etwa die gleiche Zeit zur Angebotserstellung haben. Anders als bei der Öffentlichen Ausschreibung, wo der Zeitpunkt der ersten Kontaktaufnahme zwischen Bewerber und Auftraggeber maßgeblich von der Initiative des Bewerbers anhängt, der sich auf die Bekanntmachung meldet, hat der Auftraggeber im Falle der Beschränkten Ausschreibung mit oder ohne Teilnahmewettbewerb ebenso wie bei der Freihändigen Vergabe nach Teilnahmewettbewerb die Möglichkeit zur initiativen Kontaktaufnahme mit den von ihm ausgewählten Bewerbern. Bereits im Sinne des Gleichmäßigkeit des Verwaltungshandelns ist somit eine zeitgleiche Unterrichtung unerlässlich. War früher die oftmals unterschiedliche Länge der Postlaufzeit ein Grund dafür, dass geringfügige Unterschiede trotz gleichzeitiger Versendung entstanden, kann mit einer elektronischen Versendung der Unterlagen eine exakte Gleichbehandlung aller Bewerber erreicht werden.

E. Umfang der Verdingungsunterlagen; Einsichtnahme (§ 17 Nr. 4)

§ 17 Nr. 4 VOL/A enthält ergänzende Angaben zu den Informationen, die der Auf- **67** traggeber den Bewerbern zur Verfügung stellt. Während sich die Nummern 1 bis 3 im Wesentlichen auf den Inhalt und damit auf die qualitativen Aspekte von Bekanntmachung und Vergabeunterlagen beziehen, regelt Nummer 4 zunächst deren quantitativen Umfang. Danach sollen dem Bewerber die Leistungsbeschreibung sowie diejenigen anderen Teile der Verdingungsunterlagen, die er mit dem Angebot einreichen und damit wieder abgeben muss, in doppelter Ausführung übersandt werden. Diejenigen Unterlagen, die für die Preisermittlung wesentlich sind, braucht der Auftraggeber hingegen nur in einfacher Ausfertigung zur Verfügung stellen. Die Vorschrift bezweckt, dass dem Bewerber auch nach Angebotsabgabe im Wesentlichen ein Satz der Verdingungsunterlagen weiterhin zur Verfügung steht, etwa für die weitere Bearbeitung des Auftrags oder zur Vorbereitung auf die Abwicklung des Auftrags im Falle der Zuschlagserteilung.[41] Zugleich soll gerade bei umfangreichen Verdingungsunterlagen ein zweiter Satz dem Bewerber die Handhabung erleichtern, da er somit nicht selbst eine Kopie der Unterlagen erstellen muss. Von der Übersendung doppelter Sätze kann in begründeten Ausnahmefällen abgesehen werden.

Die beiden Dokumentensätze brauchen nicht das gleiche Trägermedium nutzen. Aus- **68** reichend ist z. B. ein Satz in Papierform und zusätzlich eine Diskette oder CD-ROM, die die Unterlagen enthält.[42] Im Rahmen der zunehmenden Verbreitung elektronischer Verdingungsunterlagen dürfte die Vorschrift an Bedeutung verlieren. Elektroni-

---

[41] *Eberstein* in: Daub/Eberstein, VOL/A § 17, Rn. 48.
[42] *VK Magdeburg* Beschl. v. 6. 3. 2000, VK – OFD LSA 01/00. Die in dieser Entscheidung verlangte gleichzeitige unaufgeforderte Übersendung der erforderlichen Betriebsprogramme dürfte heute jedenfalls dort

sche Dokumente, die beliebig häufig vervielfältigt bzw. ausgedruckt werden können, machen eine doppelte Übersendung grundsätzlich überflüssig.

69 Können von Unterlagen überhaupt keine Vervielfältigungen abgegeben werden, so sind diese nach Nr. 4 Satz 2 in ausreichender Weise zur Einsicht auszulegen. Als Beispiele werden Muster und Proben genannt. Denkbar sind aber auch erstellte Gutachten oder außergewöhnlich umfangreiche Unterlagen, deren Vervielfältigung unverhältnismäßig hohe Kosten erzeugen würde. Die ausreichende Gewährung der Einsichtnahme bezieht sich sowohl auf den zeitlichen wie auch auf den örtlichen Aspekt. Anders als in der VOB/A wird nicht näher konkretisiert, was »ausreichend« ist. Dort ist § 17 Nr. 5 VOB/A zu entnehmen, dass die Unterlagen nötigenfalls nicht nur am Geschäftssitz des Auftraggebers, sondern auch am Ausführungsort oder an einem Nachbarort ausgelegt werden müssen. Entscheidend werden auch hier die Umstände des Einzelfalls sein: Je wichtiger diese Unterlagen für die Erstellung des Angebots sind, desto umfassender wird der Auftraggeber die Möglichkeit zur Einsichtnahme ausgestalten müssen.

70 Ausgenommen von der Möglichkeit der Einsichtnahme ist ausdrücklich die Leistungsbeschreibung. Sie muss in jedem Falle dem Bewerber zugesandt werden, und zwar in doppelter Ausführung.[43]

F. Vertrauliche Behandlung der Bewerberangaben (§ 17 Nr. 5)

71 Nach § 17 Nr. 5 VOL/A ist der Auftraggeber verpflichtet, die Namen der Bewerber, die Teilnahmeanträge gestellt, die Verdingungsunterlagen erhalten oder diese eingesehen haben, vertraulich zu behandeln. Gemeinsam mit den Vorschriften über den vertraulichen Umgang mit dem Inhalt der Teilnahmeanträge und der Angebote (§§ 16 a, 18 Nr. 2 und 21 Nr. 1 Abs. 2 VOL/A) wird hiermit der Geheimwettbewerb sichergestellt. Würden die Namen der Bewerber bereits im Vorfeld bekannt, so bestünde die Gefahr von Absprachen über das Verhalten im Ausschreibungsverfahren.

72 Wie der Auftraggeber die Vertraulichkeit der Namen sicherstellt, bleibt seiner Organisation überlassen. Dazu gehört neben einer Möglichkeit zur sicheren Verwahrung auch die Festlegung, wie viele Personen Zugriff auf die Daten haben. Je weiter das Feld der Beteiligten ist, desto größer ist die Wahrscheinlichkeit eines Verstoßes gegen die Vertraulichkeitsauflage.

Die VOB/A spricht in § 17 Nr. 6 von der Geheimhaltung der Namen. Trotz unterschiedlicher Terminologie[44] besteht inhaltlich kein Unterschied.

---

nicht mehr zeitgemäß sein, wo es um Programme geht, die allgemein verbreitet oder kostenlos verfügbar sind (etwa Adobe Acrobat Reader).
43 Vgl. hierzu ebenfalls Rn. 68.
44 Vgl. zur Änderung des ursprünglich auch in der VOL/A verwendeten Begriffs der »Geheimhaltung« *Eberstein* in: Daub/Eberstein, VOL/A § 17, Rn. 50.

G. Zusätzliche Auskünfte und Aufklärung (§ 17 Nr. 6)

§ 17 Nr. 6 VOL/A unterscheidet zwei Situationen, in denen der Auftraggeber verpflichtet ist, ergänzende Informationen zu den Vergabeunterlagen zu geben. Während Voraussetzung, Inhalt und Adressatenkreis in den Absätzen 1 und 2 differieren, ist die Motivation in beiden Fällen des § 17 Nr. 6 die Sicherstellung der Gleichbehandlung. 73

Nach Nr. 6 Abs. 1 hat der Auftraggeber zusätzliche sachdienliche Auskünfte, die einzelne Bewerber über die Verdingungsordnungen und das Anschreiben erbitten, unverzüglich zu erteilen. Anders als in Abs. 2 handelt es sich hierbei um individuellen Informationsbedarf, der häufig auf Missverständnisse, Fehleinschätzungen oder bloßes Überlesen der Verdingungsunterlagen durch einen Bewerber zurückzuführen ist. Daher besteht grundsätzlich auch kein Erfordernis, die übrigen Bewerber ebenfalls über die erteilten zusätzlichen sachdienlichen Auskünfte in Kenntnis zu setzen. Allerdings muss der Auftraggeber bei der Bewertung der Anfrage sorgfältig prüfen, ob die Ursache der Nachfrage des Bewerbers subjektiver oder etwa doch objektiver Natur ist. Im letztgenannten Fall wäre er nämlich verpflichtet, den anderen Bewerbern nach Nr. 6 Abs. 2 ebenfalls die Informationen zukommen zu lassen. Denn dann liegt eine wichtige Auskunft im Sinne des Nr. 6 Abs. 2 vor.[45] Ein nur beim anfragenden Bewerber bestehendes subjektives Informationsdefizit gleicht der Auftraggeber hingegen durch eine individuelle Auskunft aus. Dadurch entsteht nicht etwa eine Ungleichbehandlung im Sinne einer Bevorzugung des fragenden Bewerbers, sondern dessen Gleichbehandlung gegenüber den anderen Bewerbern, die dieser Zusatzauskunft nicht bedürfen. 74

Zusätzliche sachdienliche Auskünfte hat der Auftraggeber unverzüglich zu geben. Gem. § 121 BGB erfordert dies ein Handeln ohne schuldhaftes Zögern. Da § 17 Nr. 6 über diese allgemeine Formel hinaus keine genaueren Angaben enthält, sind zunächst die Umstände des Einzelfalls für die Ausfüllung des Begriffs entscheidend. Ein weiterer Hinweis ergibt sich aus § 18 a. Das dort in Nr. 2 Abs. 5 verankerte Pendant für europaweite Ausschreibungen verlangt die Erteilung der rechtzeitig angeforderten zusätzlichen Auskünfte spätestens 6 bzw. (beim Nichtoffenen Verfahren sowie beim beschleunigten Verhandlungsverfahren) 4 Tage vor Ablauf der Angebotsfrist. Da es im nationalen wie im europäischen Ausschreibungsverfahren Sinn und Zweck der Vorschrift ist, dem Bewerber die Möglichkeit zu geben, die im Rahmen der Auskunft erlangten zusätzlichen Informationen auch sinnvoll für sein Angebot zu verwenden, dürften diese Fristen auch als Maßstab für nationalen Ausschreibungen gelten.[46] Im Einzelfall kann aber das Auskosten dieser Fristen nicht mehr unverzüglich im Sinne des Nr. 6 Abs. 1 sein. Einen Nachprüfungsantrag kann ein Bieter nur dann auf den Aspekt einer vermeintlich unklaren Leistungsbeschreibung stützen, wenn er den Versuch einer Aufklärung nach § 17 Nr. 6 vorgenommen hat und zudem eine entsprechende Rüge nach § 107 Abs. 3 GWB erhoben hat.[47] 75

---

[45] *VK Bund* Beschl. v. 24. 6. 2003, VK2 – 46/03.
[46] So auch *Fett* in: Müller-Wrede, VOL/A § 17 Rn. 47.
[47] *VK Sachsen* Beschl. v. 19. 4. 2004, 1/SVK/025–04; *VK Münster* Beschl. v. 14. 11. 2002, VK 16/02.

§ 17 Bekanntmachung, Aufforderung zur Angebotsabgabe

76 In Nr. 6 Abs. 2 geht es um Informationen, die über das individuelle Interesse des Fragenden hinaus auch für die übrigen Bewerber von Bedeutung sein können. Die Vorschrift nennt hier zum einen Zusatzinformationen über die geforderte Leistung, zum anderen die Grundlagen der Preisermittlung. Beide Fälle stehen im Zusammenhang mit der Pflicht des Auftraggebers nach eindeutiger und erschöpfender Leistungsbeschreibung gem. § 8 VOL/A. Daher enthält § 17 Nr. 6 Abs. 2 die (nicht ausdrücklich erwähnte) Vermutung, dass diesbezüglich wichtige Aufklärungen an einen Bewerber zugleich auch maßgebliche Bedeutung für die anderen Bewerber haben werden, so dass diese gleichzeitig mit dem auskunftssuchenden Bewerber zu unterrichten sind.

77 Um ihrem Schutzzweck gerecht zu werden, muss Nr. 6 Abs. 2 aber im Einzelfall in zwei Richtungen modifizierbar sein. Zum einen bedarf es keiner Unterrichtung der anderen Bewerber, wenn das Informationsdefizit des Anfragenden eindeutig auf einen subjektiven Mangel zurückzuführen ist. Wenn also beispielsweise ein Bewerber Informationen zur Leistungsbeschreibung schlicht überlesen hat, so ist die diesbezügliche Aufklärung durch den Auftraggeber für die übrigen Bewerber in aller Regel irrelevant. Auf der anderen Seite sind aber auch Situationen vorstellbar, in denen auch außerhalb der in Abs. 2 genannten Bereiche – Leistungsbeschreibung und Grundlagen der Preisermittlung – Auskünfte erbeten werden, die auch für die übrigen Bewerber von entscheidender Bedeutung sind (beispielsweise wenn durch die Anfrage eines Bewerbers ein Fehler im Anschreiben entdeckt wird). In diesen Fällen wird der Auftraggeber im Sinne der Gleichbehandlung sehr wohl die zusätzlichen sachdienlichen Auskünfte auch an die anderen Bewerber geben müssen. Entscheidend für das richtige Handeln des Auftraggebers sind immer die Umstände des Einzelfalls. Dem Bieter bzw. Bewerber steht allerdings kein Anspruch darauf zu, die einem anderen Bieter nach Nr. 6 Abs. 1 erteilten Auskünfte ebenfalls zu erhalten, wenn ihm die Information durch den Auftraggeber bereits zu einem früheren Zeitpunkt erteilt worden ist, der Bieter ohne weiteres und uneingeschränkt die Gelegenheit hat, auf die Aufklärung zuzugreifen und den Inhalt der Aufklärung unschwer feststellen kann.[48]

78 § 17 Nr. 6 sieht für beide Fälle der Auskunftserteilung kein Formerfordernis vor. Die Informationen können daher jeweils auch mündlich erbeten und erteilt werden. Im Sinne einer besseren Dokumentation bietet sich allerdings die schriftliche Unterrichtung (auch per E-Mail oder Fax) an.

79 Eine unterlassene Auskunftserteilung oder die Erteilung falscher Auskünfte führt zum Mitverschulden des Auftraggebers. Besteht im Leistungsverzeichnis Unklarheit über die Notwendigkeit einer Leistungskomponente und bleibt eine entsprechende Anfrage des Bieters ohne Antwort, so kann der Bieter, der die Leistung ohne diese Komponente anbietet und lediglich in einem Nebenangebot die Komponente integriert, wegen des Mitverschuldens der Vergabestelle mit dem Hauptangebot nicht wegen Unvollständigkeit ausgeschlossen werden. Vielmehr ist das Nebenangebot wenn möglich in der Wertung ergänzend heranzuziehen, was den Vergabeverstoß

---

[48] *OLG Düsseldorf* Beschl. v. 23. 3. 2005, VII – Verg 77/04.

dann heilen kann.[49] Ist dies nicht möglich, da beispielsweise keine Nebenangebote abgegeben worden sind, kommt eine Aufhebung der Ausschreibung insgesamt in Betracht.[50]

---

49 *VK Baden-Württemberg* Beschl. v. 26. 7. 2005, 1 VK 39/05 (zu § 17 Nr. 7 VOB/A).
50 *Saarländisches OLG* Beschl. v. 24. 11. 1999, 5 Verg 1/99 (zu § 17 Nr. 7 VOB/A).

§ 18
Form und Frist der Angebote

1. (1) Für die Bearbeitung und Abgabe der Angebote sind ausreichende Fristen vorzusehen. Dabei ist insbesondere der zusätzliche Aufwand für die Beschaffung von Unterlagen für die Angebotsbearbeitung, Erprobungen oder Besichtigungen zu berücksichtigen.
(2) Bei Freihändiger Vergabe kann von der Festlegung einer Angebotsfrist abgesehen werden. Dies gilt auch für die Freihändige Vergabe nach Öffentlichem Teilnahmewettbewerb.

2. (1) Bei Ausschreibungen ist in der Aufforderung zur Angebotsabgabe vorzuschreiben, dass schriftliche Angebote als solche zu kennzeichnen und ebenso wie etwaige Änderungen und Berichtigungen in einem verschlossenen Umschlag zuzustellen sind. Bei elektronischen Angeboten ist sicherzustellen, dass der Inhalt der Angebote erst mit Ablauf der für ihre Einreichung festgelegten Frist zugänglich wird.
(2) Bei Freihändiger Vergabe kann Absatz 1 entsprechend angewendet werden.

3. Bis zum Ablauf der Angebotsfrist können Angebote in den in Nr. 2 genannten Formen zurückgezogen werden.

Inhaltsübersicht Rn.

A. Einleitung	1
I. Bedeutung der Vorschrift	2
II. Europarechtliche Vorgaben	4
III. Vergleich mit VOB/A und VOF	5
IV. Bieterschützender Charakter	7
B. Frist der Angebote (§ 18 Nr. 1)	9
I. Bemessung der Angebotsfrist	13
II. Änderung der Angebotsfrist	20
III. Rechtsfolge verspäteter Angebote	25
IV. Angebotsfrist bei Freihändiger Vergabe	27
C. Form der Angebote (§ 18 Nr. 2)	28
I. Schriftliche Angebote	32
II. Änderungen und Berichtigungen	37
III. Elektronische Angebote	39
IV. Angebotsform bei Freihändiger Vergabe	41
D. Rücknahme der Angebote (§ 18 Nr. 3)	42

A. Einleitung

1 § 18 VOL/A behandelt mit Form und Frist zwei wesentliche äußere Anforderungen für die Wirksamkeit eines Angebots in einem Vergabeverfahren bzw. dessen Rücknahme. Es werden dabei Aspekte, die bereits Gegenstand der Publikationsformen des § 17 sind, weiter konkretisiert. Insbesondere die detaillierten Vorgaben, wie die Angebote einzureichen sind, verdeutlichen dabei einmal mehr die Formstrenge des Aus-

schreibungsverfahrens; dies korrespondiert mit den weit reichenden Folgen in § 23 Nr. 1 und § 25 Nr. 1, wenn die Angebote den Vorgaben nicht genügen.

I. Bedeutung der Vorschrift

Insbesondere für die Unternehmen kommt der Vorschrift besondere Bedeutung zu. Im Zusammenspiel mit den weit reichenden Rechtsfolgen im Falle eines Verstoßes sollen die präzisen Vorgaben zur Gleichbehandlung der Bieter beitragen und zugleich Manipulationen und korruptivem Handeln vorbeugen. Verspätete Angebote sind gem. § 25 Nr. 1 Abs. 1 lit. e) zwingend von der weiteren Wertung auszuschließen, es sei denn, der Bieter hat die Umstände der Verspätung nicht zu vertreten. Abgesehen von dieser Ausnahme, für deren Vorliegen der Bieter beweispflichtig ist, kommt es auf die Gründe für einen verspäteten Zugang eines Angebots allerdings nicht an. Die rechtzeitige Übermittlung ist damit ausschließlich Sache des Bieters, so dass auch zufällige Verzögerungen zu seinen Lasten gehen.[1] Angebote, die anders als schriftlich oder elektronisch beim Auftraggeber eingehen und die Anforderungen an ihre äußere Form nicht einhalten, brauchen nach § 23 Nr. 1 lit. a) nicht weiter geprüft zu werden. Zwar besteht hier kein zwingendes Wertungsverbot nach § 25 VOL/A.[2] Der Auftraggeber hat jedoch nach § 22 Nr. 4 Abs. 2 solche Angebote in der Niederschrift über die Angebotsöffnung besonders aufzuführen und ihm bekannte Gründe für die Abweichung von den Formerfordernissen aufzunehmen. Zudem wird er im Vergabevermerk dokumentieren und begründen müssen, warum er sich für oder gegen eine weitere Prüfung bzw. Wertung solcher Angebote entschlossen hat. Ein nicht formgerechtes Angebot wird er jedenfalls dann nicht weiter prüfen und werten dürfen, wenn dies zu einem Verstoß gegen den Gleichbehandlungsgrundsatz führen würde. **2**

Andererseits hat aber auch ein Verstoß des Auftraggebers gegen die Vorschrift erhebliche Konsequenzen. Ist etwa die Frist zur Angebotsabgabe nicht ausreichend bemessen oder lässt der Auftraggeber noch nach Fristablauf Angebote zu, so führt dies zwingend zur Rechtswidrigkeit des Vergabeverfahrens, in deren Folge die Aufhebung des Vergabeverfahrens eine geeignete Maßnahme seitens der Nachprüfungsinstanzen sein kann.[3] **3**

II. Europarechtliche Vorgaben

§ 18 VOL/A beruht nicht auf Vorgaben aus den europäischen Vergaberichtlinien. Deren Fristenregelungen sind in §§ 18 a, 18 b bzw. 10 SKR umgesetzt. EG-rechtliche Vorgaben zur Form elektronischer Angebote finden sich jetzt in § 21 Nr. 1 Abs. 2 **4**

---

[1] VK Sachsen Beschl. v. 29. 12. 2004, 1/SVK/123–04; von Baum in: Müller-Wrede, VOL/A § 18 Rn. 7 m. w. N.
[2] Zu den Ursachen für die unterschiedlichen Rechtsfolgen verspäteter und nicht formgerechter Angebote vgl. die Kommentierung zu § 23.
[3] OLG Dresden Beschl. v. 14. 4. 2000, WVerg 1/00 (hinsichtlich der VOB/A).

Rechten

§ 18 Form und Frist der Angebote

VOL/A; damit wurde die bisherige Regelung des § 15 VgV in die Ausgabe 2006 der VOL/A integriert und zugleich modifiziert.

III. Vergleich mit VOB/A und VOF

5 Die VOB/A enthält mit § 18 eine Parallelvorschrift, die allerdings in einigen Punkten von § 18 VOL/A abweicht. So wird in Nr. 1 der Grundsatz der ausreichenden Bemessung der Angebotsfrist durch dort eine absolute Mindestfrist von 10 Kalendertagen begrenzt, die selbst in Fällen besonderer Dringlichkeit nicht unterschritten werden darf. Eine Sonderregelung für die Freihändige Vergabe sieht §18 VOB/A nicht vor. Anders als in der VOL/A enthält § 18 Nr. 2 VOB/A zudem keine Vorschriften über die Form der Angebote. Diese finden sich in § 21 VOB/A. Eine Ausnahme besteht allerdings für die Rücknahme von Angeboten (§ 18 Nr. 3 VOB/A). Anders als in § 18 Nr. 3 VOL/A ist bei VOB-Ausschreibungen die Form des Mediums nicht beschränkt. § 18 Nr. 3 VOB/A verlangt lediglich die Textform (§ 126 b BGB). § 18 Nr. 2 VOB/A definiert den Zeitpunkt des Ablaufs der Angebotsfrist exakt als den Beginn der Angebotsöffnung durch den Verhandlungsleiter im Eröffnungstermin. Im VOL-Verfahren können Ablauf der Angebotsfrist und Eröffnungstermin hingegen auseinander fallen, wenngleich die Verhandlung zur Öffnung der Angebote nach § 22 Nr. 2 Abs. 1 VOL/A unverzüglich nach Ablauf der Angebotsfrist stattfinden soll. Keine Entsprechung gibt es in § 18 VOL/A für § 18 Nr. 4 VOB/A, wonach auch für die Einreichung von Teilnahmeanträgen eine ausreichende Frist vorzusehen ist.[4]

6 In der VOF finden sich in § 14 Abs. 1 und 2 nur europarechtlich determinierte Fristvorgaben für den Teilnahmeantrag, die unter bestimmten Umständen verkürzt werden können. Diese entsprechen § 18 a Nr. 2, § 18 b Nr. 2 und § 10 SKR Nr. 2 VOL/A.

IV. Bieterschützender Charakter

7 Bei europaweiten Ausschreibungen gehen zunächst die spezielleren Regelungen der §§ 18 a und 18 b vor, aus denen sich im Wesentlichen die subjektiven Bieterrechte ableiten lassen. Dort, wo § 18 VOL/A ergänzend herangezogen wird, entfaltet aber auch diese Norm bieterschützenden Charakter. So werden in §§ 18 a und 18 b nur Mindestfristen für die Abgabe von Angeboten bzw. Teilnahmeanträgen genannt. Diese sind aber im Einzelfall nicht unbedingt ausreichend, so dass ein Auftraggeber, der zwar die europarechtlichen Mindestfristen beachtet, den Bewerbern gleichwohl zu wenig Zeit für die Erstellung der Angebote gewährt, gegen § 18 Nr. 1 VOL/A verstößt und sich hieraus über § 97 Abs. 7 GWB ein Anspruch der Bewerber ableiten lässt.[5]

---

4 Vgl. allerdings die präzisen Bewerbungsfristen für europaweite Ausschreibungen gem. § 18 a Nr. 2 Abs. 1, § 18 b Nr. 2 lit. a) und § 10 SKR Nr. 2 lit. a) VOL/A.
5 Vgl. *VK Bund* Beschl. v. 28. 9. 2005, VK 2–120/05 (betreffend § 18 Nr. 1 VOB/A).

Soweit § 18 Verpflichtungen des Auftraggebers normieren (etwa in § 18 Nr. 2 Abs. 1), handelt es sich um reine Ordnungsvorschriften, aus denen jedenfalls unmittelbar keine subjektiven Rechte abgeleitet werden können. Mittelbar können entsprechende Verstöße aber zu konkreten Nachteilen für die Bieter führen, aus denen sich dann wieder Ansprüche nach § 97 Abs. 7 GWB ergeben können.[6]   **8**

B. Frist der Angebote (§ 18 Nr. 1)

Die Regelungen in § 18 Nr. 1 zur Angebotsfrist dienen zum einen der Einhaltung des vergaberechtlichen Gleichbehandlungs- und Transparenzgebots. Zum anderen sollen sie dazu beitragen, dass möglichst viele Unternehmen Angebote abgeben können und damit die Voraussetzungen für ein möglichst wirtschaftliches Wettbewerbsergebnis geschaffen werden. Bei der Bemessung der Angebotsfrist wird der Auftraggeber aber auch berücksichtigen müssen, wie dringend und zeitnah er die ausgeschriebene Leistung benötigt. Bei der Deckung plötzlich aufgetretenen Sofortbedarfs wird er in der Regel weitaus weniger Zeit für die Erarbeitung der Angebote gewähren können, als bei vorausschauender Planung eines regulären Bedarfs. Dem trägt bereits § 18 Nr. 1 Abs. 2 Rechnung, wonach bei Freihändiger Vergabe, die nach § 3 Nr 4 lit. f) bei besonderer Dringlichkeit durchgeführt werden kann, auf die Festlegung einer Angebotsfrist auch ganz verzichtet werden kann.   **9**

Unter der Angebotsfrist ist der Zeitraum zu verstehen, der dem Bewerber zur Verfügung steht, um die vom Auftraggeber erhaltenen Vergabeunterlagen zu prüfen und ein Angebot zu erarbeiten. Hinzu kommt die notwendige Zeit für die Abgabe des Angebots, bei Versand eines Angebots also die Postlaufzeit. Obwohl § 18 Nr. 1 Abs. 1 ausdrücklich von Fristen für die Bearbeitung und für die Abgabe eines Angebots spricht, hat der Auftraggeber nicht etwa beide Zeiträume getrennt voneinander zu bestimmen. Vielmehr wird er in der Regel eine einheitliche Angebotsfrist bestimmen, binnen derer das Angebot mit den entsprechenden Unterlagen eingegangen sein muss. Die Formulierung gibt dem Auftraggeber insofern nur den Hinweis, dass er auch den Aspekt der Einreichung bei der Bemessung der Angebotsfrist nicht vernachlässigen darf. Dies gilt im Übrigen auch für die zusätzliche Zeit beanspruchenden Aktivitäten des § 18 Nr. 1 Abs. 1 Satz 2 VOL/A.   **10**

In der Regel wird der Auftraggeber aus Gründen der Rechtssicherheit nicht etwa eine Frist in Tagen oder Monaten angeben, sondern ein konkretes Datum nennen, bis zu dem die Angebote bei ihm eingegangen sein müssen. Anders als in der VOB/A, wo der Ablauf der Angebotsfrist mit dem Beginn der Angebotsöffnung durch den Verhandlungsleiter im Eröffnungstermin zusammenfällt und damit dort neben der Nennung eines Datums auch die Angabe der genauen Uhrzeit (Beginn des Submissionstermins) erforderlich ist, reicht bei VOL-Vergaben die Nennung eines Datums jedenfalls dann aus, wenn Ablauf der Angebotsfrist und Öffnungstermin auseinander fallen. Wenn allerdings – was nicht ausgeschlossen ist – auch im Verfahren nach der VOL/A beide Termine zusammenfallen, muss gleichwohl auch hier eine konkrete Uhrzeit an-   **11**

---

6 *Von Baum* in: Müller-Wrede, VOL/A § 18 Rn. 35.

gegeben werden. Aus Gründen der Rechtssicherheit bietet sich die Angabe einer Uhrzeit darüber hinaus auch bei getrennten Terminen an. Denn wenn keine Uhrzeit angegeben ist, kann das Angebot theoretisch bis 24 Uhr des betreffenden Tages abgegeben werden. Verfügt der Auftraggeber allerdings nicht über einen Fristbriefkasten, wird ein Zugang nach Dienstschluss regelmäßig kaum mehr rechtzeitig möglich sein.

12 Bei der Angebotsfrist nach § 18 Nr. 1 VOL/A handelt es sich um eine Ausschlussfrist. Wird sie überschritten, darf das Angebot grundsätzlich nicht mehr berücksichtigt werden, § 25 Nr. 1 Abs. 1 lit. e). Insofern kommt auch eine Wiedereinsetzung in den vorigen Stand nicht in Betracht. Denn zum einen kann nur mit einer streng einheitlichen Behandlung aller Bewerber der ordnungsgemäße Wettbewerb gewährleistet und die Gefahr von Manipulationen wirksam bekämpft werden. Zum anderen ist die Angebotsfrist eine Frist sui generis und damit mit den Fristen in Gerichts- oder Verwaltungsverfahren nicht zu vergleichen, bei denen eine Wiedereinsetzung unter bestimmten Voraussetzungen möglich ist. Denn während Verfahrensfristen in erster Linie der Beschleunigung dienen, soll die Frist zur Angebotsabgabe letztendlich den wirtschaftlichen Einkauf unterstützen und ist zugleich Ausfluss des Transparenz- und Gleichbehandlungsgebots.[7]

I. Bemessung der Angebotsfrist

13 § 18 Nr. 1 Abs. 1 enthält anders als §§ 18 a, 18 b und 10 SKR keine konkreten Vorgaben für die Bemessung der Angebotsfrist. Vorgeschrieben wird lediglich, dass die Fristen für Bearbeitung und Abgabe von Angeboten ausreichend bemessen sein müssen. In der Praxis wird der Auftraggeber also einen Endtermin zu bestimmen haben, von dem er bei objektiver Betrachtung der im Einzelfall relevanten Umstände ausgehen kann, dass dem an der Ausführung des Auftrags interessierten, geeigneten Unternehmen genügend Zeit gewährt wird, ein wettbewerbsfähiges Angebot vorzulegen. Die Festlegung einer ausreichenden Frist setzt sich insofern aus einer Vielzahl von Teilfristen zusammen: § 18 Nr. 1 Abs. 1 nennt hierfür in Satz 1 zunächst den Zeitraum für die Bearbeitung sowie für die Abgabe des Angebots.

14 Hinzu kommen weitere Umstände, die gegebenenfalls berücksichtigt werden müssen. Nr. 1 Abs. 1 Satz 2 nennt hierfür beispielhaft die Beschaffung von Unterlagen für die Angebotserarbeitung, die Erprobung oder Besichtigungen. Da der Auftraggeber die Angebotsfrist bei einer Öffentlichen Ausschreibung gem. § 17 Nr. 1 Abs. 2 lit. i) bereits im Rahmen der Bekanntmachung angeben muss, hat er in diesem Fall auch die Zeit zu berücksichtigen, binnen derer der Bewerber in der Regel Kenntnis von der Ausschreibung erlangt, die Ausschreibungsunterlagen vom Auftraggeber anfordert und diese Unterlagen ihm von dort aus zugehen. Im Falle der Beschränkten Ausschreibung und der Freihändigen Vergabe wird die Angebotsfrist hingegen gem. § 17 Nr. 3 Abs. 2 lit. i) erst mit der Aufforderung zur Angebotsabgabe und damit zusammen mit den Verdingungsunterlagen genannt, so dass in diesen Fällen keine zusätzlichen Zeiträume einzurechnen sind.

---

[7] *VK Bund* Beschl. v. 26. 9. 2001, VK 2 – 30/01 (für den Bereich VOB/A).

Einige der genannten Faktoren werden sich bei den Bewerbern in unterschiedlichem 15
Maße auswirken. So werden bei einer Öffentlichen Ausschreibung diejenigen Unternehmen einen leichten zeitlichen Vorteil haben, die frühzeitig von der Bekanntmachung erfahren und die Vergabeunterlagen zeitnah anfordern. Bewerber, die die Unterlagen elektronisch abfordern und/oder ihr Angebot elektronisch übersenden, sparen sogar wiederholt Postlaufzeiten ein. Die hierdurch zu einem gewissen Grad entstehende Ungleichbehandlung ist allerdings hinzunehmen. Entscheidend ist, dass der Auftraggeber unter Berücksichtigung aller Einzelfallumstände die Angebotsfrist so bemisst, dass sie voraussichtlich für die Mehrzahl der Bewerber ausreichend sein wird.[8]

Ein Hauptaugenmerk liegt auf der Frist für die Erarbeitung des Angebots. Dabei ist 16
Art und Umfang[9] der zu beschaffenden Ware oder Dienstleistung zu berücksichtigen. Die Bearbeitung einer funktionalen Ausschreibung wird in der Regel längere Zeit in Anspruch nehmen als die Erstellung eines Angebots aufgrund konkreter Vorgaben durch den Auftraggeber. Wird die Angebotsfrist zu kurz bemessen, so kann darunter zunächst die Sorgfalt der Angebote leiden. Deren Kompensation durch Wagniszuschläge kann zu höheren Angebotspreisen führen. Im Übrigen kann eine zu knapp bemessene Frist zu einer Beschränkung des Wettbewerbs führen, wenn Bewerber deswegen auf die Abgabe eines Angebots ganz verzichten.[10] Auf der anderen Seite muss eine ausreichende Frist nicht übermäßig lang sein, da dies den Bewerbern unter Umständen Gelegenheit gibt, ihr Verhalten in dem Vergabeverfahren untereinander abzustimmen. Überlange Angebotsfristen führen zudem gerade bei Produkten oder Rohstoffen mit unsicherer Preisentwicklung (z. B. Stahl, Kupfer, Treibstoffe) zu Wagniszuschlägen. Schließlich wird regelmäßig auch das Interesse an einer möglichst zeitnahen Verfügbarkeit der ausgeschriebenen Ware oder Leistung ein Impuls für den Auftraggeber sein, die Angebotfrist nicht unangemessen lang zu veranschlagen.

Die Mindestfristen der §§ 18a, 18b bzw. 10 SKR können auch für nationale Aus- 17
schreibungen im Bereich unterhalb der Schwellenwerte einen Anhalt für die Bestimmung der Angebotsfrist geben. Zu bedenken ist allerdings, dass die dort genannten Mindestfristen in der Regel auch verlängerte Postlaufzeiten berücksichtigt, die bei der Übersendung schriftlicher Angebote aus dem europäischen Ausland entstehen. Eine absolute Mindestfrist, wie sie auch § 18 Nr. 1 VOB/A für den Unterschwellenbereich statuiert (10 Kalendertage), enthält die VOL/A nicht.

Offen lässt § 18 Nr. 1 VOL/A zudem, wie die Frist anzugeben ist. Möglich ist danach 18
auch die Bestimmung in Zeitabschnitten (Tage, Monate). Hierfür muss dann aber zusätzlich ein konkreter Zeitpunkt für den Fristbeginn angegeben werden. Bei einer Beschränkten Ausschreibung oder einer Freihändigen Vergabe nach Öffentlichem Teilnahmewettbewerb bietet sich hier neben einem konkreten Datum auch ein einheitliches Ereignis (z. B. der Versand der Verdingungsunterlagen) an. Die letztgenannte Form der Fristbestimmung ist auch bei der Öffentlichen Ausschreibung denkbar. Zwar ergibt sich hier aufgrund der zeitlich unterschiedlichen Anforderung der Verdingungsunterlagen kein einheitlicher Schlusszeitpunkt. Den Aspekt der Gleichbehand-

---

8 *Eberstein* in: Daub/Eberstein, VOL/A § 18 Rn. 9.
9 *VK Sachsen* Beschl. v. 9. 12. 2002, 1/SVK/102–02 (für den Bereich VOB/A).
10 *Eberstein* a. a. O. (Fn. 8), Rn. 10.

Rechten

§ 18 Form und Frist der Angebote

lung gewährleistet ein solches Verfahren jedoch am besten, da jedem Bewerber exakt die gleiche Zeit für die Angebotserarbeitung zur Verfügung steht. In der Praxis wird jedoch überwiegend von der Nennung eines für alle Bewerber verbindlichen kalendarisch bestimmten Endzeitpunkts Gebrauch gemacht, gegebenenfalls auch in Verbindung mit einer konkreten Uhrzeit.

19 Fällt das Ende der Angebotsfrist auf einen Sonntag, so verlängert sie sich mangels besonderer Vereinbarung und endet nach § 193 BGB am Montag um 24 Uhr.[11]

II. Änderung der Angebotsfrist

20 Da der Auftraggeber – wie oben gezeigt – die Angebotsfrist bereits in einem frühen Stadium des Vergabeverfahrens festlegen und den potenziellen Bietern bekannt geben muss, kann es im weiteren Verlauf zu der Notwendigkeit kommen, die Angebotsfrist zu verändern. § 18 VOL/A trifft hierzu keine Aussage. Ob eine Verlängerung oder Verkürzung der Angebotsfrist möglich ist, orientiert sich daher in erster Linie daran, ob hierdurch die Grundprinzipien der Gleichbehandlung, Nichtdiskriminierung und Transparenz verletzt werden. Zugleich hat der Auftraggeber bei einer beabsichtigten Änderung stets zu berücksichtigen, ob es hierdurch zu einer Einschränkung des Wettbewerbs kommen kann.

21 Danach ist eine nachträgliche Verkürzung der Angebotsfrist bereits dann ausgeschlossen, wenn die neue Frist nicht mehr ausreichend lang ist. Aber auch in allen anderen Fällen wird eine Verkürzung zu einer Einschränkung des Wettbewerbs führen, da sich die Firmen bereits an der ursprünglich bekannt gegebenen Angebotsfrist orientiert und ihre Aktivitäten danach ausgerichtet haben. Dies kann dazu führen, dass eine Reihe von Unternehmen nicht in der Lage ist, auch in der verkürzten Frist ein wettbewerbsfähiges Angebot abzugeben. Darüber hinaus ist in Erinnerung zu rufen, dass eine nachträgliche Änderung der in der Bekanntmachung veröffentlichten Informationen grundsätzlich nicht zulässig ist.[12]

22 Eine nachträgliche Verlängerung der Frist kommt in Betracht, wenn die ursprünglich festgelegte Frist durch zwischenzeitlich eingetretene Umstände nicht mehr ausreichend ist. Ursächlich hierfür können beispielsweise Änderungen und Korrekturen in der Leistungsbeschreibung sein, auf die der Auftraggeber im Laufe des Vergabeverfahrens hingewiesen wird und die er darauf hin vornimmt. Solche Verlängerungen sind in der Praxis nicht unüblich. Ob sie zulässig sind, orientiert sich im Wesentlichen an den Umständen des Einzelfalls. Grundsätzlich kann aber eine einheitliche Verlängerung für alle Bewerber, die gleichzeitig bekannt gegeben wird, kaum zu einer Ungleichbehandlung einzelner Bewerber führen und wird damit regelmäßig zulässig sein. Fraglich ist allerdings, ob die Verlängerung der Angebotsfrist dazu genutzt werden kann, Verfahrensfehler zu heilen. Die Vergabekammer des Bundes geht in ihrer Entscheidung vom 17. 4. 2003[13] davon aus, dass eine die Mindestfristen des § 18 a

---

11 *VK Thüringen* Beschl. v. 24. 10. 2001, 216–4003.20–124/01-EF-S.
12 Vgl. hierzu § 17 Rn. 16.
13 VK 2 – 16/03.

VOL/A unterschreitende Angebotsfrist dadurch geheilt werden kann, dass der Auftraggeber dem Bieter nach Ablauf der Frist weitere Zeit gewährt, sein Angebot zu ergänzen. Obwohl das Vergabeverfahren nicht auf den Erlass eines Verwaltungsakts gerichtet ist und deshalb fraglich ist, ob das VwVfG auch im Nachprüfungsverfahren anzuwenden ist, neigt die Kammer dazu, die Grundsätze des § 45 VwVfG auch im Vergaberecht heranzuziehen. Nach dieser Vorschrift soll im Interesse der Verfahrensökonomie verhindert werden, dass ein im Übrigen rechtmäßiges Verfahren an der Verletzung von Formalvorschriften scheitert, die für die Verwaltungsentscheidung an sich nicht weiter maßgeblich ist. Die Vergabekammer geht davon aus, dass auch im Vergabeverfahren die Verletzung von Formvorschriften nicht zur Aufhebung des Vergabeverfahrens führen darf, wenn der tatsächlich mit der Formvorschrift bezweckte Erfolg – im Falle des § 18 VOL/A Gewährung ausreichender Zeit für die Ausarbeitung eines Angebots – auf anderem Wege erreicht worden ist, ohne die Rechte des Bieters im Ergebnis einzuschränken.

Die gleiche Situation kann sich dort ergeben, wo der Auftraggeber einem Bewerber die rechtzeitig angeforderten Vergabeunterlagen zu spät übersandt hat. Ob dies allerdings durch eine einheitliche Verlängerung der Angebotsfrist für alle Bewerber kompensiert werden kann, ist fraglich, da die übrigen Bewerber durch die Verlängerung einen Wettbewerbsvorteil gegenüber dem zu spät bedienten Bewerber erhalten würden.[14]

Zu beachten ist bei einer Verlängerung in jedem Fall das Zusammenspiel von Angebotsfrist, Bindefrist und Ausführungsfrist. Die beiden letztgenannten Zeiträume bzw. Termine sollten bereits bei der ursprünglichen Planung des Vergabeverfahrens so gewählt werden, dass jedenfalls eine Verlängerung der Angebotsfrist um einige Tage möglich ist, ohne dass die weiteren Fristen ebenfalls verändert werden müssen.

III. Rechtsfolge verspäteter Angebote

Der Nachweis, dass ein Angebot verspätet eingegangen ist, wird in der Regel anhand des Eingangsvermerks geführt, den der Auftraggeber nach § 22 Nr. 1 auf das verschlossene Angebot aufzubringen hat. Im Falle elektronischer Angebote geschieht dies durch einen elektronischen Zeitstempel. Geht ein Angebot verspätet ein, so hat der Verhandlungsleiter dies in der Niederschrift über die Eröffnungsverhandlung zu vermerken bzw. – wenn das Angebot erst nach Durchführung der Eröffnungsverhandlung eingeht – in einem Nachtrag hierzu (§ 22 Nr. 4 Abs. 2). Nach § 23 Nr. 1 lit. a) VOL/A braucht der Auftraggeber verspätet eingegangene Angebote nicht weiter zu prüfen. Nach § 25 Nr. 1 Abs. 1 lit. e) VOL/A sind solche Angebote sogar zwingend auszuschließen.

Eine Ausnahme von dieser Rechtsfolge besteht nur, wenn der verspätete Eingang durch Umstände verursacht worden ist, die vom Bieter nicht zu vertreten sind. Wie bereits oben erwähnt, ist die rechtzeitige Übermittlung des Angebots ausschließlich

---

14 So auch *von Baum* in Müller-Wrede, VOL/A § 18 Rn. 17.

Sache des Bieters. Damit kommen als Ausnahmen nur Umstände in Betracht, für die der Auftraggeber verantwortlich ist. Dies wird zu bejahen sein, wenn der Auftraggeber eine falsche Anschrift mitteilt, an die die Angebote zu senden sind. Eine rechtzeitige Abgabe des Angebots beim Pförtner des Auftraggebers führt gleichwohl dann zu einem verspätet eingegangenen Angebot, wenn der Pförtner das Angebot verspätet beim Auftraggeber zustellt. Denn Pförtner sind keine Empfangsvertreter des Auftraggebers. Eine Vertretung kann ebenso wie die Boteneigenschaft grundsätzlich nur dann vorliegen, wenn der Auftraggeber eine Weisung oder eine Vollmacht zur Entgegennahme von Angeboten erteilt hat.[15]

IV. Angebotsfrist bei Freihändiger Vergabe

27 Während eine Angebotsfrist nur bei Öffentlicher und Beschränkter Ausschreibung zwingend vorzusehen ist, kann nach § 18 Nr. 1 Abs. 2 VOL/A bei der Freihändigen Vergabe davon abgesehen werden. Dies gilt sowohl für die Freihändige Vergabe mit als auch ohne vorherigen Öffentlichen Teilnahmewettbewerb. Entsprechend der freieren Gestaltung dieses Verfahrens und der unterschiedlichen Ursachen, die eine Anwendung der Freihändigen Vergabe nach § 3 Nr. 4 VOL/A ermöglichen, ist es interessensgerecht, dem Auftraggeber die Entscheidung für oder gegen eine Angebotsfrist zu übertragen. Er hat diese Entscheidung jedoch an sachgerechten Aspekten und Gesichtspunkten zu orientieren und zu dokumentieren, wenn von der Fristsetzung abweicht. Zu beachten hat der Auftraggeber bei seiner Entscheidung in jedem Fall, dass der Grundsatz der Gleichbehandlung nicht beeinträchtigt werden darf. Ein Verzicht auf eine Angebotsfrist wird daher in aller Regel nur dort möglich sein, wo nur ein einziger Bewerber angesprochen wird, ein Angebot abzugeben. Dies gilt auch im Fall der Freihändigen Vergabe nach Öffentlichem Teilnahmewettbewerb, in dem zwar eine unbestimmte Anzahl von Unternehmen zur Bewerbung aufgerufen, anschließend mangels weiterer geeigneter Bewerber aber nur einen zur Angebotsabgabe auffordert wird. Sind im Rahmen der Angebotsabgabe der Freihändigen Vergabe hingegen mehr als ein Bewerber beteiligt, wird die Nennung einer Angebotsfrist schon aus Gründen der Gleichbehandlung und der Transparenz kaum zu umgehen sein.

Sieht der Auftraggeber von einer Angebotsfrist ab, so entbindet ihn das auch von der Angabe in § 17 Nr. 1 Abs. 2 lit. i) bzw. § 17 Nr. 3 Abs. 2 lit. i) VOL/A.

C. Form der Angebote (§ 18 Nr. 2)

28 Neben der Angebotsfrist regelt § 18 auch die Angebotsform. § 18 Nr. 2 wiederholt zunächst die Verpflichtung des Auftraggebers, in der Aufforderung zur Angebotsabgabe nach § 17 Nr. 3 Abs. 2 lit. g) die zugelassene Form der Angebote sowie die genaue Aufschrift vorzugeben. Der konstitutive Regelungsgehalt der Vorschrift liegt darin, diese Angaben zu konkretisieren.

---

15 *VK Brandenburg* Beschl. v. 26. 1. 2005, VK 81/04.

So werden in § 18 Nr. 2 Abs. 1 VOL/A zunächst die nach der VOL/A zulässigen For- **29** men eines Angebots auf das schriftliche sowie auf das elektronische Angebot beschränkt, während § 16 Nr. 4 VOL/A grundsätzlich auch das Telefax und die direkte Übermittlung als mögliche Medien für die Übertragung von Informationen im Vergabeverfahren vorsieht. Diese Einschränkung korrespondiert wiederum mit § 21 VOL/A, der unter der Überschrift »Inhalt der Angebote« in Nr. 1 Abs. 2 gleichsam die Formerfordernisse des § 18 Nr. 2 Abs. 1 VOL/A wiederholt und weiter ergänzt, etwa um das Erfordernis der Unterschrift des schriftlichen Angebots und der fortgeschrittenen elektronischen Signatur (einschließlich den Anforderungen des Auftraggebers) bzw. der qualifizierten elektronischen Signatur bei elektronisch übermittelten Angeboten. Damit wird deutlich, dass es wegen des sensitiven Inhalts eines Angebots bestimmter, besonders sicherer Übermittlungsformen bedarf. Zu den Voraussetzungen an ein elektronisches Angebot vergleiche die Kommentierung zu § 21 Nr. 1 Abs. 2 VOL/A.

Neben der Angabe des »Trägermediums« für das Angebot enthält § 18 Nr. 2 Abs. 1 **30** VOL/A weitere detaillierte Vorgaben, die den Angebotsinhalt möglichst effizient vor unberechtigtem Zugriff schützen sollen. So hat der Auftraggeber den Bewerbern vorzuschreiben, dass schriftliche Angebote als solche zu kennzeichnen und in einem verschlossenen Umschlag zuzustellen sind. Das gleiche gilt für etwaige Änderungen und Berichtigungen des Angebots.

Nach § 18 Nr. 1 Abs. 1 Satz 1 VOL/A gilt die verpflichtende Vorgabe der Formvor- **31** schriften nur für Ausschreibungen, also bei Durchführung von Öffentlichen und Beschränkten Ausschreibungen. Bei Freihändiger Vergabe kann diese Vorschrift gem. § 18 Nr. 2 Abs. 2 VOL/A entsprechend angewendet werden. Eine Pflicht besteht hingegen nicht.

I. Schriftliche Angebote

Dass schriftliche Angebote in einem verschlossenen Umschlag zuzustellen sind, ver- **32** steht sich mit Blick auf deren sensitiven, wettbewerbsrelevanten Inhalt von selbst. Nur mit einem permanenten und wirksamen Schutz des Inhalts kann zum einen die Aufrechterhaltung des Geheimwettbewerbs sichergestellt und zugleich die Geschäfts- und Kalkulationsgeheimnisse der Bieter wirksam vor dem Zugriff Unberechtigter bewahrt werden. Daneben dient der geschlossene Umschlag auch dem Auftraggeber, sich selbst wirksam von Manipulationen und Manipulationsvorwürfen zu schützen.

Der Begriff des Umschlags ist nicht im beschränkten Sinne eines Briefumschlags ge- **33** meint. Vielmehr ist im untechnischen Sinne eine feste äußere Umhüllung[16] zu verstehen, die ein Öffnen und damit einen Einblick permanent verwehrt. Ist das schriftliche Angebot so umfangreich, dass ein auch größerer Umschlag nicht mehr ausreichend ist, muss der Bieter eine adäquate Möglichkeit finden, sein Angebot entsprechend zu

---

16 *Eberstein* in: Daub/Eberstein, VOL/A § 18 Rn. 16.

schützen. Dies kann etwa durch das Einpacken eines Aktenordners in Packpapier und dessen Verklebung geschehen. Der Bieter trägt hierbei allerdings das Risiko, dass sich eine unprofessionelle Ummantelung löst und die vorzeitige Kenntnisnahme des Angebots zulässt.[17] Umfangreichere Angebotskonvolute können auch in Kartons verpackt werden. Dabei ist allerdings ebenfalls auf einen permanenten Verschluss zu achten. Ein bloßes Ineinanderfalten der Deckel entspricht nicht dem Erfordernis eines verschlossenen Behältnisses.[18] Insofern ist auch ein Briefumschlag nicht verschlossen im Sinne des § 18 Nr. 2 Abs. 1 VOL/A, wenn die Lasche lediglich eingesteckt ist, nicht aber verklebt wurde. Ausreichend und zugleich zweckmäßig sind hier alle Formen eines Verschlusses, der sofort nachträgliche Manipulation feststellen lässt. Die Öffnung eines Umschlags lediglich zusammenzuheften dürfte dem nicht entsprechen.

34 Auf welche Weise das schriftliche Angebot dem Auftraggeber zugestellt wird, gibt § 18 Nr. 2 VOL/A nicht vor. Dies kann daher auf dem Postweg oder auch per Kurier erfolgen.

35 Darüber hinaus sind schriftliche Angebote als solche zu kennzeichnen. Auf dem Umschlag bzw. der äußeren Umhüllung, in dem das Angebot enthalten ist, muss deutlich kenntlich gemacht werden, dass es sich um ein Angebot in einem Ausschreibungsverfahren handelt. Um die mit der Regelung intendierte Zielsetzung zu verwirklichen, einerseits den Schutz des Angebots zu gewährleisten und andererseits eine schnelle und klare Zuordnung zu dem entsprechenden Vergabevorgang zu ermöglichen, geben Auftraggeber etwa folgende Beschriftung des Umschlags vor:

»Bitte nicht öffnen!

Sofort weiterleiten an ....

Angebot zu Vergabenummer ....

Ende der Angebotsfrist am ....«

36 Der Bieter ist grundsätzlich nicht nur für die rechtzeitigen Eingang seines Angebots verantwortlich, sondern auch für die korrekte Beschriftung. Kommt es also in Folge einer unzureichenden Beschriftung dazu, dass das Angebot vor Beginn der Verhandlung zur Öffnung der Angebote geöffnet wird oder es die Stelle zur Annahme der Angebote nicht rechtzeitig erreicht oder dort nicht zugeordnet werden kann, ist dies nach § 22 Nr. 4 Abs. 1 VOL/A vom Verhandlungsleiter in der Niederschrift besonders aufzuführen. Im Anschluss hieran ist dann gem. § 23 Nr. 1 lit. a) bzw. § 25 Nr. 1 Abs. 1 lit. e) über den weiteren Umgang mit dem Angebot zu entscheiden.

II. Änderungen und Berichtigungen

37 Die Zustellung im verschlossenen Umschlag betrifft bei Wahl des schriftlichen Verfahrens auch etwaige Änderungen und Berichtigungen des Angebots. Obwohl es sich aus dem Wortlaut nicht entnehmen lässt, muss nach Sinn und Zweck der Vorschrift für

---

17 *VK Bund* Beschl. v. 13. 5. 2003, VK 1 – 31/03.
18 *VK Niedersachsen* Beschl. v. 20. 8. 2002, 203-VkG-12/2002.

diese Dokumente durch den Auftraggeber in der Aufforderung zur Angebotsabgabe auch die genaue Kennzeichnung vorgeschrieben werden. Denn auch Berichtigungen und Änderungen bedürfen des Schutzes ihres Inhalts und müssen dem richtigen Angebot in dem richtigen Vergabeverfahren zuordenbar sein. Zugleich muss bei der nachträglichen Korrektur des Angebots auch die Angebotsfrist beachtet werden. Um die Gleichbehandlung aller Bieter zu gewährleisten, darf der Auftraggeber auch Berichtigungen und Änderungen nur bis zum Ablauf der Angebotsfrist zulassen.[19]

Geht eine Korrektur des Angebots nach Ablauf der Angebotsfrist ein, hat der Auftraggeber nicht nur diese gem. § 25 Nr. 1 Abs. 1 lit. e) zwingend auszuschließen, sondern wird regelmäßig auch das Angebot selbst nicht mehr weiter werten können. Denn mit der Abgabe einer Korrektur hat der Bieter zum Ausdruck gebracht, dass er sich an sein Angebot nur unter Einbeziehung der Änderung weiter binden will. Das Angebot in seiner ursprünglichen Fassung ist damit nicht mehr Gegenstand des Vergabeverfahrens. **38**

III. Elektronische Angebote

Lässt der Auftraggeber die Abgabe elektronischer Angebote zu, hat er dies gemäß § 17 Nr. 3 Abs. 2 lit. g) VOL/A in der Aufforderung zur Angebotsabgabe anzugeben. Die Verpflichtung in § 18 Nr. 2 Abs. 1 Satz 2, sicherzustellen, dass der Inhalt der Angebote erst mit Ablauf der für ihre Einreichung festgelegten Frist zugänglich wird, richtet sich an den Auftraggeber. Bei der Einrichtung eines entsprechenden Systems zur Annahme elektronischer Angebote bzw. bei der Beauftragung eines Providers ist diese Obliegenheit sicherzustellen. Den Bewerbern ist gem. § 17 Nr. 1 Abs. 2 lit. a) bereits in der Bekanntmachung mitzuteilen, an welche elektronische Adresse des Auftraggebers oder des für den Auftraggeber tätig werdenden Dienstleisters das elektronische Angebot gerichtet werden kann. Mit dieser Regelung wird die Abgabe im verschlossenen Umschlag auf die Besonderheiten elektronischer Angebote übertragen. Sinn und Zweck der Regelung decken sich: der Schutz des Angebotsinhalts und die Vermeidung manipulativer Eingriffe. Obwohl §18 Nr. 2 Abs. 1 Satz 2 es nicht ausdrücklich erwähnt, sind auch die elektronischen Angebote als solche zu kennzeichnen. Denn nur durch die Benennung des betreffenden Aktenzeichens oder der sonstigen Bezeichnung des Vergabeverfahrens ist eine präzise Zuordnung des elektronischen Angebots sicherzustellen. Eine Ausnahme gilt dann, wenn die elektronische Adresse für die Einreichung der Angebote so gewählt ist, dass beim Auftraggeber bzw. bei dem für den Auftraggeber tätigen Provider die Zuordnung zu dem Vergabeverfahren automatisch erfolgt. **39**

Hat der Auftraggeber sowohl schriftliche als auch elektronische Angebote zugelassen, so kann der Bewerber beide Möglichkeiten nutzen. Es ist ihm grundsätzlich auch nicht verwehrt, beide Medien zu kombinieren. Dies könnte dann der Fall sein, wenn er sein Angebot in schriftlicher Form abgibt, kurz vor Ablauf der Angebotsfrist jedoch noch eine Änderung einreichen will und dies aus Zeitgründen in elektronischer **40**

---

19 *VK Bund* Beschl. v. 10. 10. 2002, VK 2 – 76/02.

Form vornimmt. Denn da der Auftraggeber in erst in der Öffnungsverhandlung schriftliche und elektronische Angebote sowie Berichtigungen gleichzeitig vorliegen hat, lässt sich eine Zuordnung ohne Probleme vornehmen.

IV. Angebotsform bei Freihändiger Vergabe

41 Während § 18 Nr. 2 Abs. 1 VOL/A den Auftraggeber verpflichtet, bei Ausschreibungen die Formerfordernisse für schriftliche Angebote vorzuschreiben und die entsprechenden technischen Vorkehrungen für die Annahme von elektronischen Angeboten zu treffen, gelten diese Regelungen für die Freihändige Vergabe grundsätzlich nicht. Nach § 18 Nr. 2 Abs. 2 VOL/A ist es dem Auftraggeber aber freigestellt, entsprechend zu verfahren. Wie bereits hinsichtlich der Frist (vgl. § 18 Nr. 1 Abs. 2 VOL/A) soll damit dem Umstand Rechnung getragen werden, dass die Freihändige Vergabe kein förmliches Verfahren ist. Gleichwohl muss sich der Auftraggeber auch hier von den gleichen Überlegungen leiten lassen wie bei der Entscheidung für oder gegen die Festlegung einer Angebotsfrist. Wird bei dieser Vergabeart nur ein Bewerber angesprochen, ein Angebot abzugeben, so kann auf die Formvorschriften verzichtet werden, da die Geheimhaltung kein ausschlaggebendes Kriterium ist. Sind allerdings zwei oder mehr Unternehmen im Rahmen einer Freihändigen Vergabe eingebunden, verlangt bereits die Gewährleistung der Gleichbehandlung und Nichtdiskriminierung von allen Bietern die Beachtung der gleichen Formerfordernisse.

D. Rücknahme der Angebote

42 Nach § 18 Nr. 3 VOL/A kann der Bieter sein Angebot bis zum Ablauf der Angebotsfrist zurückziehen. Das Angebot ist dann gegenstandslos und gilt als nicht eingereicht. Zivilrechtlich lässt sich diese Regelung über §§ 130 und 145 BGB einordnen. So ist die Rücknahme als Widerruf im Sinne des § 130 BGB zu qualifizieren.[20] Danach wird eine Willenserklärung nicht wirksam, wenn dem anderen vorher oder gleichzeitig ein Widerruf zugeht, § 130 Abs. 1 Satz 2 BGB. Da die Angebote in verschlossenem Zustand beim Auftraggeber eingereicht werden und dieser sie erst in der Eröffnungsverhandlung nach Ablauf der Angebotsfrist öffnet, kann er jedenfalls bis zum Ablauf der Angebotsfrist keine Kenntnis von deren Inhalt und damit von den ihnen innewohnenden Willenserklärungen nehmen. Insofern gehen dem Auftraggeber auch erst mit Ablauf der Angebotsfrist die Angebote im Sinne des § 130 Abs. 1 BGB zu. Zugleich bewirkt die Angebotsfrist nach § 18 Nr. 1 Abs. 1 VOL/A, dass die Bindungswirkung des § 145 BGB, die nach dieser Regelung mit dem Antrag (also dem Angebot) direkt zusammenhängt, auf den Zeitpunkt des Ablaufs der Angebotsfrist hinausgeschoben wird. Es liegt damit ein VOL-spezifisches Zugangshindernis vor.

43 § 18 Nr. 3 VOL/A enthält einen anderen Aufbau als die Nrn. 1 und 2. Während jene hinsichtlich Frist und Form jeweils ausdrücklich auf die Freihändige Vergabe Bezug

---

20 *Von Baum* in: Müller-Wrede, VOL/A § 18 Rn. 29; *Franke/Grünhagen* in: Franke/Kemper/Zanner/Grünhagen, VOB/A § 18 Rn. 25 m. w. N.

nehmen, fehlt eine entsprechende Regelung in Nr. 3. Damit wird offen gelassen, ob die Rücknahmemöglichkeit auch bei der Freihändigen Vergabe gelten soll. Als Ergebnis verschiedener Auslegungsmethoden wird man dies im Ergebnis bejahen.[21] Das erscheint auch interessengerecht. Denn wenn der Auftraggeber im Rahmen einer Freihändigen Vergabe gem. § 18 Nr. 1 Abs. 2 eine Angebotsfrist festlegt, die für alle Bieter verbindlich ist, so spricht nichts dagegen, bis zu diesem Termin auch eine Rücknahme zuzulassen. Anders ist dies zu beurteilen, wenn auf eine Angebotsfrist verzichtet wird. Nach der eingangs genannten zivilrechtlichen Wertung würde das Angebot dann gem. § 130 BGB im Zeitpunkt des Eingangs beim Auftraggeber diesem auch zugehen, da er zu diesem Zeitpunkt die Möglichkeit der Kenntnisnahme vom Inhalt des Angebots hat. Eine Rücknahme ist in diesem Fall also entsprechend § 130 Abs. 1 Satz 2 BGB nur dann möglich, wenn der Widerruf zeitgleich mit dem Angebot eingeht.

Hinsichtlich der Form der Rücknahme verweist § 18 Nr. 3 auf Nr. 2. Sie kann daher schriftlich oder elektronisch erfolgen. Neben der genauen Kennzeichnung der Rücknahme dürfte sich das Formerfordernis hierin allerdings erschöpfen. Die Auffassung, dass auch die schriftliche Rücknahme wie das Angebot in einem verschlossenen Umschlag einzureichen ist,[22] ist nicht zielführend. Denn für diese besondere Form gibt es bei der Rücknahme keinen Grund, da ihr Inhalt anders als das Angebot keines Schutzes bedarf. Aus diesem Grund wird grundsätzlich auch die Rücknahme per Telefax möglich sein. Zu berücksichtigen ist in diesem Zusammenhang auch die Parallelregelung in § 18 Nr. 3 VOB/A. Danach konnte dort die Rücknahme von Angeboten bisher schon auch fernschriftlich oder telegrafisch erfolgen, was in der Literatur entsprechend des Sinn und Zwecks der Regelung auch auf die Form des Telefax ausgedehnt wurde.[23] In der Ausgabe 2006 wurde § 18 Nr. 3 VOB/A dahin gehend geändert, dass die Rücknahme nunmehr nur noch die Textform (§ 126 b BGB) aufweisen muss. Damit ist dort jetzt auch eine einfache e-mail ohne elektronische Signatur ausreichend. Es gibt keinen sachlichen Grund, warum im VOL-Verfahren strengere Anforderungen an die Form der Rücknahme eines Angebots zu stellen sind als im Verfahren nach der VOB/A. Das einzige Erfordernis, das an die Form der Rücknahme gestellt wird, ist die Nachweisbarkeit. Etwas anderes gilt natürlich dann, wenn zusammen mit der Rücknahme des ursprünglichen Angebots die Abgabe eines neuen Angebots verbunden ist. In diesem Fall müssen die Formvorschriften des § 18 Nr. 2 VOL/A aus dann wieder berechtigten Gründen eingehalten werden.

Zurückgenommen werden können neben dem Angebot selbst auch nachträglich abgegebene Änderungen und Berichtigungen zu einem Angebot. Für diese gelten die vorgenannten Anmerkungen.

Der Bieter wird durch § 18 Nr. 3 VOL/A nicht verpflichtet, für die Rücknahme dieselbe Form zu nutzen wie für die Abgabe des Angebots oder der Änderung oder Berichtigung. So kann z. B. ein Angebot schriftlich, die Rücknahme aber elektronisch erfolgen.

---

21 Vgl. zur Entstehungsgeschichte des § 18 Nr. 3 VOL/A *Eberstein* in: Daub/Eberstein, VOL/A § 18 Rn. 27.
22 *Eberstein* in: Daub/Eberstein, VOL/A § 18 Nr. 21.
23 *Franke/Grünhagen* in: Franke/Kemper/Zanner/Grünhagen, VOB/A § 18 Rn. 27.

46 Nicht erforderlich ist, dass der Bieter ausdrücklich den Begriff Rücknahme oder Widerruf benutzt. Vielmehr ist seine diesbezügliche Willenserklärung nach dem objektiven Empfängerhorizont auszulegen (§§ 133, 157 BGB). Aus der entsprechenden Mitteilung an den Auftraggeber muss aber jedenfalls deutlich hervorgehen, um welches Angebot er sich handelt und dass sich der Bieter hieran nicht mehr weiter binden möchte.

47 Für den rechtzeitigen Zugang des Widerrufs beim Auftraggeber ist der Bieter darlegungs- und beweispflichtig. Im Falle der schriftlichen Rücknahme bietet sich insofern ein Einschreiben mit Rückschein an, im Falle des Widerrufs per Telefax oder e-mail sollte eine Bestätigung durch den Auftraggeber erbeten werden.

48 Hat der Bieter zusammen mit seinem Angebot Entwürfe, Ausarbeitungen, Muster oder Proben eingereicht, kann er diese im Fall des Widerrufs vom Auftraggeber zurückverlangen. Zwar enthält § 18 Nr. 3 VOL/A hierzu keine ausdrückliche Regelung. Jedoch sieht § 27 Nr. 7 VOL/A entsprechendes bei nicht berücksichtigen Angeboten vor. Wenngleich eine direkte Anwendung dieser Vorschrift ausscheidet, da sie einen anderen Verfahrensabschnitt betrifft, ist jedoch eine Analogie zulässig.[24] Da durch den rechtzeitigen, d. h. vor Ablauf der Angebotsfrist erfolgten Widerruf das Angebot dem Auftraggeber in zivilrechtlicher Hinsicht gar nicht zugeht und auch tatsächlich nicht in das eigentliche Vergabeverfahren Eingang findet, wird der Bieter über § 27 Nr. 7 VOL/A hinaus auch die Rückgabe des Angebots selbst verlangen können. Aber auch wenn dies nicht verlangt wird, ist es dem Auftraggeber analog § 27 Nr. 8 VOL/A verwehrt, ein widerrufenes Angebot ohne Zustimmung des Bieters für eine neue Vergabe oder für andere Zwecke zu benutzen.

---

24 Zu den inhaltsgleichen Regelungen in der VOB/A vgl. *Franke/Grünhagen* in: Franke/Kemper/Zanner/Grünhagen, VOB/A § 18 Rn. 28.

§ 19
Zuschlags- und Bindefrist

1. Die Zuschlagsfrist beginnt mit dem Ablauf der Angebotsfrist (§ 18).
2. Die Zuschlagsfrist ist so kurz wie möglich und nicht länger zu bemessen, als der Auftraggeber für eine zügige Prüfung und Wertung der Angebote benötigt. Das Ende der Zuschlagsfrist soll durch Angabe des Kalendertages bezeichnet werden.
3. Es ist vorzusehen, dass der Bieter bis zum Ablauf der Zuschlagsfrist an sein Angebot gebunden ist (Bindefrist).
4. Die Nummern 1 bis 3 gelten bei Freihändiger Vergabe entsprechend.

Erläuterungen

§ 19 Nr. 2

Eine Frist für den Zuschlag, wie sie die VOB/A in § 19 Nr. 2 (30 Kalendertage) vorsieht, kann in der VOL/A wegen der Vielfältigkeit der Beschaffungsgegenstände nicht vorgegeben werden.

Inhaltsübersicht

	Rn.
A. Zuschlagsfrist (§ 19 Nr. 1 und 2)	1
I. Begriff	1
II. Fristbeginn (§ 19 Nr. 1)	3
III. Bemessung der Zuschlagsfrist (§ 19 Nr. 2)	7
B. Bindefrist (§ 19 Nr. 3)	12
C. Folge des Ablaufs der Zuschlags- und Bindefrist	17
D. Entsprechende Anwendung bei Freihändiger Vergabe (§ 19 Nr. 4)	20
E. Unterschiede zur VOB/A	21

A. Zuschlagsfrist (§ 19 Nr. 1 und 2)

I. Begriff

Unter der Zuschlagsfrist versteht man den Zeitraum, der dem Auftraggeber für die Wertung der Angebote, das heißt für die Bewertung der Angebote anhand der festgelegten Zuschlagskriterien und für die Festlegung der Rangfolge zur Verfügung steht.[1] Bei der Zuschlagsfrist handelt es sich um eine **Annahmefrist** des Bieters **im Sinne des** § 148 BGB.[2] Sie berührt die Interessen des Bieters in erster Linie dadurch, dass sie, was 1

---
[1] Für den Bereich der VOB/A: *VG Neustadt* Beschl. v. 20. 2. 2006, 4 L 210/06 NW, NZBau 2006, 335 und *VK Südbayern* Beschl. v. 28. 5. 2002, 15-04/02.
[2] *OLG Saarbrücken* Urt. v. 21. 3. 2006, 4 U 51/06–79, NZBau 2006, 462, 463, Umdruck nach Veris, S. 9; im

durch § 19 Nr. 3 VOL/A klargestellt werden soll, mit der Bindefrist übereinstimmt.[3] Die Erteilung des Zuschlags innerhalb der Zuschlagsfrist ist die fristgerechte Annahme des vom Bieter abgegebenen Angebots und führt zum Abschluss des Vertrages. Während der Zuschlagsfrist muss der Bieter mit seiner Beauftragung rechnen und sich auf diese einrichten. Die Angabe der einheitlichen Zuschlagsfrist ermöglicht es den Bietern, ihre Vorhaltekosten zu kalkulieren und im Angebotspreis zu berücksichtigen. Sie fördert die **Verfahrenstransparenz** und die **Vergleichbarkeit der Angebote**. Dem Interesse, die Vorhaltekosten gering zu halten, trägt die – von § 19 Nr. 2 Satz 1 VOL/A verlangte – möglichst kurze Bemessung der Zuschlagsfrist Rechnung. Dass der Auftraggeber eine **einheitliche Zuschlagsfrist** anzugeben und diese **möglichst kurz zu bemessen** hat, ist deshalb ein **Gebot mit bieterschützendem Charakter**.[4] Die Vergabestelle kann den Zuschlag jederzeit innerhalb der Zuschlagsfrist erteilen, sie muss nicht das Ende der Frist abwarten.[5]

2 Die Zuschlagsfrist setzt der Auftraggeber einseitig gegenüber dem Bieter fest. Der Auftraggeber muss einen einheitlichen Zeitpunkt für den Fristablauf festlegen, weil er den Zuschlag nur auf ein Angebot erteilen kann und es insbesondere wegen des einzuhaltenden Gleichbehandlungsgrundsatzes darauf ankommt, dass **für sämtliche Bieter dieselbe Annahmefrist** gilt.[6] Auch wenn die Frist allen Bietern gegenüber gilt, handelt es sich gleichwohl um eine Annahmefrist im Sinne des § 148 BGB, weil es der Bieter ist, der ein Angebot abgibt.[7]

II. Fristbeginn (§ 19 Nr. 1)

3 In § 19 Nr. 1 VOL/A ist der Beginn der Zuschlagsfrist auf den **Zeitpunkt des Ablaufs** der gemäß § 18 zu berechnenden **Angebotsfrist** festgelegt. Diese Bestimmung sagt an sich etwas Selbstverständliches aus. Denn erst mit dem Ablauf der Angebotsfrist, und zwar »unverzüglich« (§ 22 Nr. 2 Abs. 1) im Anschluss an den Ablauf, also ohne schuldhaftes Zögern, findet die Verhandlung zur Eröffnung der Angebote statt. Erst zu diesem Zeitpunkt kann der Auftraggeber Kenntnis von den eingereichten Angeboten nehmen.

4 Auszugehen ist zunächst von den Vorschriften des BGB (§§ 145 ff.). Die Frist, innerhalb derer das Angebot vom Auftraggeber angenommen werden muss, bemisst sich nach § 147 BGB. Danach müsste der Auftraggeber, weil das Angebot von einem Abwesenden gemacht ist und die Bieter nicht an dem Eröffnungstermin teilnehmen, die Annahme eines Angebotes zu dem Zeitpunkt erklären, bis zu dem der Bieter eine Antwort »unter regelmäßigen Umständen« erwarten darf (§ 147 Abs. 2 BGB). Das Ge-

---

Ergebnis auch *VK Bund* Beschl. v. 16. 7. 2002, VK 2–50/02, wonach es sich bei der Zuschlagsfrist dogmatisch um eine Frist des Bieters handele.
3 *VK Bund* Beschl. v. 16. 7. 2002, VK 2–50/02, Umdruck nach Veris, S. 14.
4 *VK Bund* Beschl. v. 16. 7. 2002, VK 2–50/02, Umdruck nach Veris, S. 14.
5 Für den Bereich der VOB/A: *VG Neustadt* Beschl. v. 20. 2. 2006, 4 L 210/06 NW, NZBau 2006, 335.
6 Für den Bereich der VOB/A: *VK Rheinland-Pfalz* Beschl. v. 10. 12. 2004, VK 23/04.
7 *OLG Saarbrücken* Urt. v. 21. 3. 2006, 4 U 51/06–79, NZBau 2006, 462, 463, Umdruck nach Veris, S. 9; so im Ergebnis auch *VK Bund* Beschl. v. 16. 7. 2002, VK 2–50/02; vgl. auch Rn. 9.

setz billigt dem Auftraggeber zwar eine entsprechende Frist zur Prüfung und Überlegung zu, welches Angebot er annehmen will, die Annahme muss jedoch innerhalb verhältnismäßig kurzer Zeit erklärt werden.[8]
Eine solche Regelung würde aber nicht den **besonderen Umständen einer Ausschreibung gerecht** werden. Denn es liegt in der Regel eine Vielzahl von Angeboten vor, die bei größeren Lieferungen, z. B. von Anlagen und Systemen, einen erheblichen Umfang aufweisen, so dass gegebenenfalls ein recht langer Zeitraum erforderlich wäre, um alle Angebote zu prüfen, sie miteinander zu vergleichen und werten zu können. Wie viel Zeit erforderlich ist, hängt auch von der personellen und technischen Ausstattung des Auftraggebers ab. 5

Würde der Auftraggeber aufgrund der notwendigen eingehenden Prüfung und Wertung der Angebote seine Antwort, d. h. den Zuschlag, verspätet im Sinne des § 147 Abs. 2 BGB erteilen, dann wäre das gemäß § 150 Abs. 1 BGB als neues Angebot des Auftraggebers zu werten, das der Bieter annehmen kann, aber nicht annehmen muss.[9] Auch das wäre mit dem Sinn und Zweck einer Ausschreibung nicht vereinbar. Die VOL/A macht in § 17 Nr. 1 Abs. 2 lit. n) deshalb von der Möglichkeit Gebrauch, die § 148 BGB eröffnet. Dieser lässt zu, dass für die Annahme eines Angebots eine Frist festgesetzt werden kann. Nach dieser Vorschrift kommt die Bestimmung der Frist dem Antragenden, d. h. dem Bieter zu. Nach der VOL/A bestimmt jedoch der Auftraggeber in den Verdingungsunterlagen die Zuschlagsfrist. Da aber der Bieter diese Unterlagen zur Grundlage seines Angebots macht, übernimmt er damit die Zuschlagsfrist in seinem Angebot, so dass er sie gemäß § 148 BGB stillschweigend zu seiner eigenen Fristbestimmung macht.[10] 6

III. Bemessung der Zuschlagsfrist (§ 19 Nr. 2)

§ 19 Nr. 2 VOL/A enthält eine **Grundsatzbestimmung** für die Bemessung der Zuschlagsfrist durch den Auftraggeber. Die Zuschlagsfrist soll danach »**so kurz wie möglich und nicht länger**« bemessen werden, als für eine »zügige Prüfung und Wertung der Angebote« durch den Auftraggeber nötigt ist. § 19 Nr. 2 VOL/A fordert deshalb zum Schutz des Auftraggebers vor überlangen Verfahren und der Bieter vor einer Einschränkung ihrer Dispositions- und Wettbewerbsfreiheit eine **möglichst kurze Zuschlagsfrist**. Die Entscheidungsphase soll so kurz wie möglich und so lang wie nötig sein. Sie soll keine durch das konkrete Vergabeverfahren nicht begründete Wertungspausen enthalten, die sorgfältige Auseinandersetzung mit den notwendigen Wertungsschritten aber auch nicht beeinträchtigen.[11] Die Zuschlagsfrist sollte nach Möglichkeit nicht in ihrem ganzen Umfang ausgeschöpft werden, obgleich das nicht immer vermeidbar ist. Der Zuschlag sollte vielmehr möglichst bald erfolgen und damit die Zu- 7

---
8 Zu den Einzelheiten vgl. *Heinrichs* in: Palandt, BGB, 65. Aufl. 2006, Anm. zu §§ 147 und 148 BGB.
9 Vgl. dazu *OLG Saarbrücken* Urt. v. 21. 3. 2006, 4 U 51/05–79, NZBau 2006, 462, 463; *OLG Naumburg* Beschl. v. 1. 9. 2004, 1 Verg 11/04, Umdruck nach Veris, S. 6.
10 *OLG Saarbrücken* Urt. v. 21. 3. 2006, 4 U 51/06–79, NZBau 2006, 462, 463, Umdruck nach Veris, S. 9; im Ergebnis auch *VK Bund* Beschl. v. 16. 7. 2002, VK 2–50/02; vgl. auch Rn. 9 f.
11 *VK Düsseldorf* Beschl. v. 18. 7. 2002, VK – 16/2002-L.

§ 19 Zuschlags- und Bindefrist

schlagsfrist – auch für die nicht zum Zuge gekommenen Bieter und in deren Interesse – vorzeitig beenden.

8 § 19 Nr. 2 VOL/A gibt nur einen grundsätzlichen Rahmen für die Fristbestimmung vor. Das bedeutet, dass der Auftraggeber bei jeder Ausschreibung die ihm erforderlich erscheinende Frist berechnen und gemäß § 17 Nr. 1 Abs. 2 lit. n) in den Verdingungsunterlagen festlegen muss. Dabei hat er besonders zu beachten, dass eine angemessene Fristbestimmung im **Interesse aller Beteiligten** liegt. Denn für die **Dauer der Zuschlagsfrist** müssen alle Bieter mit der Auftragserteilung rechnen und sind deshalb in ihren geschäftlichen Entschlüssen und Dispositionen in gewissem Grade eingeschränkt. Das gilt insbesondere hinsichtlich der Bewerbung um andere Aufträge und der Bereitschaft zu anderen Vertragsabschlüssen sowie der Bereitstellung von Produktionskapazität, Personal und Sachmitteln für den möglicherweise zu erwartenden Auftrag. Zu berücksichtigen sind auch zwischenzeitliche Preisveränderungen. Da unnötig lange Zuschlagsfristen den Wettbewerb beeinträchtigen, liegt es auch im Interesse des Auftraggebers, diese Frist so kurz wie möglich zu bemessen. Deshalb muss sich der Auftraggeber bei der Bemessung der Zuschlagsfrist sehr genau überlegen, welche Zeitspanne er unter Berücksichtigung des zur Verfügung stehenden Personals und der gegebenen technischen Hilfsmittel im äußersten Fall benötigt, um die Angebote zu prüfen, zu werten und dem ausgewählten Bieter den Zuschlag zu erteilen. Schließlich ist auch die u. U. vorgeschriebene Zustimmung eines Aufsichtsgremiums zu berücksichtigen.

9 Die Fristlänge muss an einer »**zügigen Prüfung und Wertung**« der Angebote orientiert sein. Der Auftraggeber darf dabei keine zeitliche Verzögerung eintreten lassen. So darf er beispielsweise die Angebote nicht »liegen lassen« und zwischenzeitlich andere Aufgaben wahrnehmen. Die entsprechenden Maßnahmen des Auftraggebers, Prüfung und Wertung bis hin zur Erteilung des Zuschlages, dürfen zeitlich nicht unvertretbar aufgeschoben werden. Wenn der Auftraggeber **ohne hinreichende Sachgründe** die Zuschlags- und Bindefrist mehrfach verlängert, stellt das einen Verstoß gegen § 19 Nr. 2 VOL/A dar. Auch die Erkrankung von Mitarbeitern des Auftraggebers ist keine hinreichende Begründung und Rechtfertigung der Verzögerung. Vielmehr hat der Auftraggeber organisatorische Maßnahmen zu treffen, um derartige Ausfälle zu kompensieren.[12] Rechtfertigende Gründe für eine Verlängerung können aber ein erhöhter Wertungsaufwand oder die auf Grund der Einleitung eines Nachprüfungsverfahrens eingetretene zeitliche Verzögerung des Vergabeverfahrens sein.[13]

10 Da es sich bei Verdingungsunterlagen im Regelfall um AGB handelt, muss auch die Festlegung der Zuschlagsfrist dem Maßstab des AGB-Rechts genügen. Der Auftraggeber muss also auch aufgrund der §§ 305 ff. BGB darauf achten, dass die von ihm bestimmte Zuschlagsfrist **nicht unangemessen** lang ist.[14] Die vom Auftraggeber vorgesehene Frist muss darüber hinaus hinreichend bestimmt sein, weil der Bieter wissen muss, wie lange er gebunden ist. Nicht hinreichend bestimmt ist eine Frist dann, wenn die Frist unbestimmbar ist oder es zu ihrer Bestimmung mehr als einer alltäg-

---

12 *VK Sachsen* Beschl. v. 29. 11. 2001, 1/SVK/109–01 und 1/SVK/110–01.
13 *OLG Düsseldorf* Beschl. v. 9. 4. 2003, Verg 66/02.
14 Dazu in Hinblick auf die Regelung in A § 19 Nr. 2 bereits Rn. 16.

lichen Überlegung des Bieters bedarf. Der Bieter muss Anfang und Ende der Frist in kurzer Zeit sicher und eindeutig feststellen können.

Gemäß § 19 Nr. 2 Satz 2 VOL/A ist als Endpunkt der Frist ein Kalendertag anzugeben. Das ist ein Erfordernis der praktischen Handhabung der Fristbestimmung. Es vermeidet Missverständnisse und Unklarheiten über das Fristende, die leicht auftreten können, wenn die Frist nach Tagen oder Wochen bemessen ist. Diese Schwierigkeiten können vermieden werden, wenn der Auftraggeber in den Verdingungsunterlagen den Kalendertag nennt, an dem die Frist endet. Hier handelt es sich im Gegensatz zu Satz 1 um eine »Soll«-Vorschrift. Nach den Allgemeinen Erläuterungen – Ziff. II der Erläuterungen – zur VOL/A 2006 verpflichtet eine Soll-Bestimmung den Auftraggeber jedoch genauso wie eine Ist-Vorschrift, es sei denn, zwingende Gründe rechtfertigen ein Abweichen. 11

B. Bindefrist (§ 19 Nr. 3)

Unter Bindefrist versteht man den Zeitraum, in dem Bieter gegenüber dem Auftraggeber an ihr Angebot gebunden sind. Die Bindefrist beginnt mit dem Eröffnungstermin und endet mit dem Ende der Zuschlagsfrist, beide Fristen sind also gleich lang.[15] 12

§ 19 Nr. 3 VOL/A schreibt vor, dass der Bieter **bis zum Ablauf der Zuschlagsfrist an sein Angebot gebunden** ist. Diese Regelung gibt lediglich die bestehende rechtliche Situation wieder. Denn gemäß § 146 BGB erlischt ein Antrag, so dass keine Bindungswirkung mehr besteht, wenn das Angebot nicht gemäß den §§ 146 und 147 BGB rechtzeitig angenommen worden ist. **Rechtzeitig angenommen** ist jedes Angebot, das bis zum Ablauf der Zuschlagsfrist angenommen worden ist. Der Bieter ist damit bis zum Ablauf der entsprechend § 148 BGB festgelegten Zuschlags-(= Annahme-)Frist an sein Angebot gebunden. Rechtliche Grundlage dafür ist (Rn. 6), dass die Zuschlagsfrist über die Verdingungsunterlagen des Auftraggebers durch den Bieter zum Gegenstand seines Angebots gemacht, also von ihm akzeptiert wird. Der Bieter ist damit rechtlich an die Zuschlagsfrist gebunden. § 19 Nr. 3 VOL/A enthält jedoch nur eine Empfehlung, sie ersetzt also nicht die Fristsetzung in den Verdingungsunterlagen bzw. im Anschreiben. Ist nach den Vergabeunterlagen eine Bindefrist nicht zu beachten, darf ein innerhalb der Angebotsfrist abgegebenes Angebot regelmäßig nicht deshalb unberücksichtigt bleiben, weil der Bieter von sich aus eine Annahmefrist bestimmt hat.[16] 13

Ungeachtet dessen ist die Bindung an das Angebot ausdrücklich in § 19 VOL/A aufgenommen worden, um den Bieter auf diese Situation aufmerksam zu machen. Sie verdeutlicht auch, dass der Bieter während dieser Frist sein Angebot nicht mehr ändern oder zurückziehen kann, wie das noch während der Angebotsfrist gemäß § 18 Nr. 2 Abs. 1 i. V. m. Nr. 3 möglich ist. 14

---

15 Für die VOB/A: *VK Südbayern* Beschl. v. 28. 5. 2002, 15–04/02.
16 Für die Vergabe von Planungsleistungen: *BGH* Urt. v. 28. 10. 2003, X ZR 248/02, NZBau 2004, 166.

15 Die **Zuschlagsfrist** ist also zeitlich mit der **Bindefrist identisch.** Zuschlagsfrist und Bindefrist sind Bezeichnungen für dieselbe Zeitspanne, jene aus dem Blickwinkel des Auftraggebers, diese aus der Perspektive des Bieters. Aus § 19 Nr. 3 VOL/A folgt, dass Zuschlags- und Bindefrist stets gleich lang sein müssen.[17] Unterschiedliche Fristen sind unzulässig.

16 Hinsichtlich der Möglichkeit einer Verlängerung der Zuschlagsfrist über den ursprünglich vorgesehenen Zeitpunkt hinaus wird auf die Kommentierung zu § 28 Nr. 2 Abs. 2 VOL/A verwiesen. Die Bindefrist kann der Rechtsprechung nach grundsätzlich vom Auftraggeber im Einvernehmen mit den Bietern verlängert werden.[18] In bestimmten Fällen ist eine Verlängerung der Zuschlags- und Bindefrist auch nach Ablauf der ursprünglich bemessenen Frist zulässig.[19]

C. Folge des Ablaufs der Zuschlags- und Bindefrist

17 Selbst wenn die Zuschlags- und Bindefrist abläuft und nicht gemäß § 28 Nr. 2 Abs. 2 VOL/A verlängert wird, ist die Ausschreibung nicht automatisch beendet. Soll der Vertrag dennoch geschlossen werden, ist das jedoch nicht mehr allein durch die Erteilung des Zuschlags möglich. Denn die Angebote der Bieter erlöschen, wenn sie nicht innerhalb der Zuschlagsfrist durch die Erteilung des Zuschlags angenommen werden. Das folgt daraus, dass die Bieter die von der Vergabestelle gesetzte Zuschlags-/Bindefrist durch ihr auf der Grundlage der Verdingungsunterlagen erstelltes Angebot akzeptieren. Indem die Bieter die Zuschlags- und Bindefrist in ihr Angebot aufnehmen, bestimmen sie zugleich eine Frist im Sinne des § 148 BGB, innerhalb derer sie an das Angebot gebunden sein wollen. Durch die Zuschlagsfrist wird zugleich der Zeitpunkt bestimmt, bis zu dem der Bieter gemäß § 147 Abs. 2 BGB den Eingang der Antwort der Vergabestelle unter regelmäßigen Bedingungen erwarten darf. Wird der Zuschlag nicht innerhalb der Zuschlagsfrist erteilt, ist der Bieter gemäß §§ 147 Abs. 2, 148 BGB nicht mehr an sein Angebot gebunden. Die Erteilung des Zuschlags nach Ablauf der Bindefrist führt deshalb nicht zum Vertragsschluss. Der »Zuschlag« ist dann als neues Angebot anzusehen, das der Annahme durch den Bieter bedarf (§ 150 Abs. 1 BGB). Nimmt der Bieter den Zuschlag an, kommt der Vertrag zustande.[20] Dabei gilt für die Annahme des Zuschlags wieder die Frist des § 147 Abs. 2 BGB.[21] Nur wenn der Bieter den Zuschlag ablehnt und aufgrund des verspäteten Zuschlags auch mit keinem anderen Bieter ein Vertrag zustande kommt, ist das Vergabeverfahren durch Aufhe-

---

17 *VK Mecklenburg-Vorpommern* Beschl. v. 25. 5. 2000, 2 VK 3/00.
18 *OLG Naumburg*, Beschl. v. 13. 5. 2003, 1 Verg 2/03, NZBau 2004, 62; *OLG Düsseldorf* Beschl. v. 29. 12. 2001, Verg 22/01, NZBau 2002, 578; *OLG Jena* Beschl. v. 13. 10. 1999, 6 Verg 1/99, NZBau 2001, 39, 40; *OLG Dresden* Beschl. v. 14. 4. 2000, W Verg 0001/00, BauR 2000, 1591, 1593; *BayObLG* Beschl. v. 21. 5. 1999, Verg 1/99, NZBau 2000, 49, 51 f.
19 *OLG Hamburg* Beschl. v. 25. 2. 2002, 1 Verg 1/01, NZBau 2002, 159; *OLG Düsseldorf* Beschl. v. 29. 12. 2001, Verg 22/01, NZBau 2002, 578; *BayObLG* Beschl. v. 12. 9. 2000, Verg 4/00, VergabeR 2001, 65; *VK Bund* Beschl. v. 13. 9. 2005, VK 2–117/05; *VK Schleswig-Holstein* Beschl. v. 2. 2. 2005, VK-SH 1/05; *VK Hamburg* Beschl. v. 14. 8. 2003, VgK FB 3/03.
20 *OLG Saarbrücken* Urt. v. 21. 3. 2006, 4 U 51/05–79, NZBau 2006, 462; *OLG Naumburg* Beschl. v. 1. 9. 2004, 1 Verg 11/04, Umdruck nach Veris, S. 6.
21 *OLG Saarbrücken* Urt. v. 21. 3. 2006, 4 U 51/05–79, NZBau 2006, 462, 463, Umdruck nach Veris, S. 9.

Zuschlags- und Bindefrist § 19

bung aus schwerwiegendem Grund (vgl. § 26 Nr. 1 lit. c VOB/A) zu beenden. Allein der Fristablauf genügt zur Beendigung nicht.[22] Dasselbe muss auch für den Anwendungsbereich der VOL/A gelten.[23] Auch § 28 Nr. 2 Abs. 2 VOL/A scheint davon auszugehen, dass der Zuschlag auch noch nach Fristablauf erteilt werden kann.

Will der Auftraggeber ein Angebot des Bieters nach Ablauf der Bindefrist annehmen, muss er die Grundsätze des Vergaberechts und dabei insbesondere den Gleichbehandlungsgrundsatz beachten. Es verstößt gegen den Gleichbehandlungsgrundsatz, wenn sich ein Bieter im Vergleich zu seinen Konkurrenten einen zusätzlichen Handlungs- und Entscheidungsspielraum verschaffen könnte, indem er nach dem Erlöschen der Angebotsbindung anders als die übrigen Bieter neu darüber entscheiden könnte, ob er die Teilnahme am Wettbewerb noch aufrechterhalten will.[24] Deshalb sind Bindefristen für Bieter einheitlich festzulegen, auch bei Verlängerungen. 18

Da die öffentliche Hand zur sparsamen und effizienten Verwendung der von den Bürgern aufgebrachten Mittel verpflichtet ist (§ 7 BHO), besteht die Verpflichtung des öffentlichen Auftraggebers, nach § 150 Abs. 1 BGB zu verfahren, wenn das wirtschaftlichste Angebot wegen Ablauf der Bindefrist bereits erloschen ist. Mit haushaltsrechtlichen Bindungen, denen öffentliche Auftraggeber unterliegen, ist es in der Regel unvereinbar, ein preislich günstiges Angebot von der Wertung zur Auftragsvergabe nur deshalb auszunehmen, weil auf dieses der Zuschlag nicht mehr durch einfache Annahmeerklärung erteilt werden kann, sondern ein eigener entsprechender Antrag der Vergabestelle und die Annahme durch den Bieter nötig sind.[25] Das kann allerdings nur dann gelten, wenn die Vergabestellen vergaberechtlich noch die Möglichkeit haben, über § 150 Abs. 1 BGB auf ein bereits erloschenes Angebot den Zuschlag zu erteilen, d.h vor Ablauf der Angebotsfrist.[26] 19

D. Entsprechende Anwendung bei Freihändiger Vergabe (§ 19 Nr. 4)

Die Bestimmungen der Nrn. 1–3, die nur für die öffentliche und die beschränkte Ausschreibung direkt Geltung haben, sind entsprechend auf die freihändige Vergabe anwendbar. Allgemein gelten im Verhandlungsverfahren auch einige in der VOL/A festgelegte Regeln entsprechend, beispielsweise die Vorschriften über die Zuschlags- und Bindefrist, Kosten sowie Geheimhaltung und Wertung der Angebote.[27] Das bedeutet, dass ein öffentlicher Auftraggeber auch in diesem Fall eine Zuschlagsfrist und deren Anfangs- und Endpunkt bestimmen und darüber hinaus vorschreiben kann, dass der Bieter während dieser Frist an sein Angebot gebunden ist (Bindefrist). Das wird 20

---

22 *OLG Naumburg* Beschl. v. 13. 10. 2006, 1 Verg 6/06, Umdruck nach Veris, S. 20; *OLG Naumburg* Beschl. v. 13. 10. 2006, 1 Verg 7/06, Umdruck nach Veris, S. 13; *OLG Rostock* Beschl. v. 8. 3. 2006, 17 Verg 16/05, Umdruck nach Veris, S. 14; *OLG Frankfurt/M.* Beschl. v. 5. 8. 2003, 11 Verg 1/02, VergabeR 2003, 725, 726; *BayObLG* Beschl. v. 1. 10. 2001, Verg 6/01, VergabeR 2002, 63.
23 Vgl. auch *Weyand* ibr-online-Kommentar Vergaberecht, Stand 27. 4. 2006, § 19 VOL/A, Rn. 5721.
24 *OLG Jena* Beschl. v. 30. 10. 2006, 9 Verg 4/06.
25 Vgl. *BGH* Urt. v. 28. 10. 2003, X ZR 248/02, NZBau 2004, 166 = VergabeR 2004, 190.
26 Vgl. *OLG Jena* Beschl. v. 30. 10. 2006, 9 Verg 4/06.
27 *VK Münster* Beschl. v. 23. 5. 2003, VK 09/03.

jedoch in der Regel nur dort in Betracht kommen, wo der Auftraggeber mit mehreren Bietern verhandelt.

E. Unterschiede zur VOB/A

21 § 19 VOL/A entspricht nicht nur inhaltlich, sondern mit den beiden folgenden geringfügigen Ausnahmen im Wortlaut fast vollständig § 19 VOB/A: In Nr. 1 des § 19 VOB/A ist der Beginn der Zuschlagsfrist auf den Eröffnungstermin und nicht, wie in der VOL/A, auf den Ablauf der Angebotsfrist festgelegt. Das folgt daraus, dass im Baubereich (im Gegensatz zum Lieferbereich) ein Eröffnungstermin unter Zulassung der Bieter abgehalten wird und Angebote im Eröffnungstermin noch bis zum Beginn der Öffnung des ersten Angebots berücksichtigt werden (§ 22 Nr. 2 VOB/A). Wie in § 18 Nr. 2 VOB/A ausdrücklich geregelt, läuft die Angebotsfrist erst zu diesem Zeitpunkt ab.

22 Ferner kennt die VOB/A in § 19 Nr. 2 S. 2 eine präzise Festlegung der Dauer der Zuschlagsfrist mit 30 Kalendertagen (Regelfrist), in begründeten Fällen auch eine längere Frist.[28] § 19 Nr. 2 VOL/A trifft keine derartige Festlegung wegen der – mit dem Baubereich nicht vergleichbaren – Vielfalt der möglichen Arten von Lieferungen und Leistungen und deren Besonderheiten im Einzelnen. Daran hat sich durch die Fassung 2006 der VOL/A und der VOB/A nichts geändert.

---

28 *VK Südbayern* Beschl. v. 28. 5. 2002, 1504/02.

§ 20
Kosten

(1) Bei Öffentlicher Ausschreibung dürfen für die Verdingungsunterlagen die Vervielfältigungskosten gefordert werden. In der Bekanntmachung (§ 17) ist anzugeben, wie hoch sie sind. Sie werden nicht erstattet.

(2) Bei Beschränkter Ausschreibung und Freihändiger Vergabe sind die Unterlagen unentgeltlich abzugeben. Eine Entschädigung (Abs. 1 Satz 1) darf nur ausnahmsweise gefordert werden, wenn die Selbstkosten der Vervielfältigung unverhältnismäßig hoch sind.

(3) Für die Bearbeitung des Angebots werden keine Kosten erstattet. Verlangt jedoch der Auftraggeber, dass der Bieter Entwürfe, Pläne, Zeichnungen, Berechnungen oder andere Unterlagen ausarbeitet, insbesondere in den Fällen des § 8 Nr. 2 Abs. 1 Buchstabe a), so ist einheitlich für alle Bieter in der Ausschreibung eine angemessene Kostenerstattung festzusetzen. Ist eine Kostenerstattung festgesetzt, so steht sie jedem Bieter zu, der ein der Ausschreibung entsprechendes Angebot mit den geforderten Unterlagen rechtzeitig eingereicht hat.

(4) Abs. 1 gilt für Freihändige Vergabe entsprechend.

Inhaltsübersicht   Rn.

A. Allgemeines 1
B. Vergleichbare Regelungen in VOB/A und VOF 4
   I.   VOB/A 4
   II. VOF 7
C. Kostenerstattung an den Auftraggeber (Nr. 1) 10
   I.   Öffentliche Ausschreibung 11
   II. Beschränkte Ausschreibung und Freihändige Vergabe 24
D. Kostenerstattung an den Bieter 29
   I.   Grundsatz: Keine Kostenerstattungspflicht, § 20 Nr. 2 Abs. 1 Satz 1 32
   II.   Ausnahme: Kostenerstattungspflicht, § 20 Nr. 2 Abs. 1 Satz 2 35
   III. Anspruch auf Erstattung der Kosten, § 20 Nr. 2 Abs. 1 Satz 3 50
   IV. Fehlende Festsetzung der Kostenerstattung 51
   V.   Ein der Ausschreibung entsprechendes Angebot des Bieters 55
   VI. Entsprechende Anwendung bei Freihändiger Vergabe, § 20 Nr. 2 Abs. 2 .. 58
   VII. Kostenerstattung im Rahmen des Wettbewerblichen Dialoges 59

A. Allgemeines

§ 20 enthält Regelungen, in welcher Konstellation der Auftraggeber von den Bietern eine **Entschädigung** für die Verdingungsunterlagen erhält und unter welchen Voraussetzungen Bieter eine **Kostenerstattung** von Seiten des Auftraggebers erhalten können. Die Vorschrift findet keine Entsprechung oder Vorgabe in der Dienstleistungsrichtlinie oder Lieferkoordinierungsrichtlinie und ist daher eine Eigenheit des deutschen Vergaberechts.

2 Die Struktur der Vorschrift zeigt, dass eine Entschädigung oder Kostenerstattung nur dort vorgesehen ist, wo Besonderheiten der gewählten Verfahrensart oder Anforderungen des Auftraggebers an die Bieter zu **ungewöhnlich hohen Kosten** auf Seiten des jeweilig anderen Verhandlungspartners entstehen können. So ist eine Entschädigung für die Verdingungsunterlagen auf Seiten des Auftraggebers nur bei Öffentlicher Ausschreibung vorgesehen, weil dort die Teilnehmerzahl unbegrenzt ist und das Kostenrisiko für die Vervielfältigung der Verdingungsunterlagen nicht im Vorhinein abschätzbar ist. Auf der anderen Seite besteht auf Seiten der Bieter nur dann eine Kostenerstattung, wenn der Auftraggeber im Rahmen der Angebotsphase besondere, in der Regel aufwendige Leistungen der Bieter fordert, die sich letztlich nur bei einem der Bieter amortisieren können.

3 Als Basisparagraph gilt § 20 unmittelbar für Vergaben unterhalb der Schwellenwerte. Folglich sind auch nur die dort möglichen Verfahrensarten, Öffentliche Ausschreibung, Beschränkte Ausschreibung und Freihändige Vergabe dort genannt. Da weder Abschnitt 2 der VOL/A noch Abschnitt 3 der VOL/A abweichende oder ergänzende Regelungen enthalten, gilt § 20 aber auch oberhalb der Schwellenwerte entsprechend. Er gilt jedoch nicht für den Abschnitt 4, d. h. die Regelungen für den Sektorenbereich.

B. Vergleichbare Regelungen in VOB/A und VOF

I. VOB/A

4 Die VOB/A enthält ebenfalls in § 20 eine Kostenregelung, die grundsätzlich ähnlich, wie § 20 VOL/A ausgestaltet ist. Unterschiede finden sich jedoch im Detail. So spricht § 20 VOB/A beispielsweise nicht von »Verdingungsunterlagen«, sondern sieht das Fordern eines Entgelts bei Öffentlicher Ausschreibung für »die Leistungsbeschreibung und die anderen Unterlagen« vor. Gemeint ist im Ergebnis aber das Gleiche, denn nach § 9 Nr. 1 bestehen die Vergabeunterlagen aus dem Anschreiben und den Verdingungsunterlagen. Zu den Verdingungsunterlagen gehört die Leistungsbeschreibung sowie die in § 9 im Weiteren aufgeführten Vertragsbedingungen.[1]

5 § 20 VOB/A unterscheidet sich auch dadurch, dass dort ein »**Entgelt**« gefordert werden darf, dessen Höhe durch die Selbstkosten des Auftraggebers für die Vervielfältigung der Leistungsbeschreibung und der anderen Unterlagen sowie der Kosten der postalischen Versendung an die betreffenden Bieter begrenzt ist, während § 20 VOL/A nur von den »Vervielfältigungskosten« spricht.

6 Schließlich enthält § 20 abweichend eine weitere Nr. 3, wonach der Auftraggeber Angebotsunterlagen und die in den Angeboten enthaltenen eigenen Vorschläge eines Bieters nur für die Prüfung und Wertung der Angebote verwenden darf und wonach eine darüber hinausgehende Verwendung der vorherigen schriftlichen Vereinbarung mit dem Bieter bedarf. Dieses **Vertraulichkeitsgebot** findet sich nahezu wortgleich in § 22 Nr. 6 Abs. 3 VOL/A, wobei in § 22 Nr. 6 Abs. 3 VOL/A zugleich auch ausge-

---

[1] *Von Baum* in: Müller/Wrede, § 9 VOL/A, Rn. 11.

sprochen ist, dass in einer vorherigen schriftlichen Vereinbarung über die Verwendung der eigenen Vorschläge eines Bieters auch die Entschädigung zu regeln ist.

II. VOF

Die VOF kennt kein offenes Verfahren, so dass folglich eine zu § 20 Nr. 1 VOL/A vergleichbare Vorschrift in der VOF fehlt. Die VOF bietet den öffentlichen Auftraggebern auch sonst keine Grundlage für eine Erstattung von Vervielfältigungskosten oder sonstigen Kosten, die mit der Zurverfügungstellung der Ausschreibungsunterlagen entstehen.[2] Einer solchen Regelung bedarf es dort auch nicht, weil im zweistufigen VOF-Verhandlungsverfahren erst in der zweiten Stufe Verdingungsunterlagen an wenige ausgewählte Bewerber ausgegeben werden. Damit sind die Kosten für den Auftraggeber regelmäßig kalkulierbar.

7

§ 15 VOF enthält eine dem § 20 Nr. 2 VOL/A entsprechende Regelung, wobei allerdings dort in § 15 Abs. 2 VOF für vom Auftraggeber verlangte Entwürfe, Pläne, Zeichnungen, Berechnungen oder Ausarbeitung anderer Unterlagen eine »angemessene Vergütung« festzusetzen ist. § 20 Nr. 2 Abs. 1 Satz 2 spricht dagegen lediglich von einer »angemessenen Kostenerstattung«.

8

Schließlich unterscheidet sich § 15 Abs. 2 VOF dadurch, dass dort ausdrücklich festgehalten ist, dass gesetzliche Gebühren- und auch Honorarordnungen und der Urheberrechtsschutz »unberührt« bleiben. Dieser Zusatz resultiert allerdings aus der Besonderheit, dass für die von der VOF erfassten freiberuflichen Leistungen gesetzliche Gebühren- und Honorarordnungen gelten.

9

C. Kostenerstattung an den Auftraggeber (Nr. 1)

§ 20 Nr. 1 sieht eine Kostenerstattung nur in Bezug auf die **Vervielfältigungskosten** der Verdingungsunterlagen vor, nicht jedoch für sonstige Aufwendungen des Auftraggebers, wie beispielsweise die Kosten für das Erstellen oder für die Ausarbeitung des Leistungsverzeichnisses oder der Vertragsbedingungen. Die grundsätzliche Entscheidung für oder gegen eine entsprechende Entschädigung hängt von der Wahl der Verfahrensart ab. **Kostengläubiger** ist der Auftraggeber, nicht dessen Erfüllungsgehilfen. Eine Abtretung des Kostenerstattungsanspruches an Erfüllungsgehilfen ist aber möglich.

10

I. Öffentliche Ausschreibung

Bei Öffentlicher Ausschreibung dürfen für die Verdingungsunterlagen die Vervielfältigungskosten gefordert werden. Hintergrund für diesen Grundsatz ist die Tatsache, dass anders als bei der Beschränkten Ausschreibung oder bei der Freihändigen Ver-

11

---

2 *VK Lüneburg* v. 17. 10. 2006, VgK 25/2006.

§ 20 Kosten

gabe der Auftraggeber die Verdingungsunterlagen an eine unabsehbar hohe Zahl von Bietern herausgeben muss. Er ist nämlich verpflichtet, sämtlichen Bietern, welche die Verdingungsunterlagen anfordern, einen entsprechenden Satz zu übermitteln.

12 Dies gilt unabhängig davon, ob der jeweilige Bewerber schon konkret die Absicht hat, am Vergabeverfahren teilnehmen zu wollen oder ob er sich zunächst nur ganz allgemein näher über die Ausschreibung und den zu vergebenden Auftrag informieren möchte. Auch ein solcher Bewerber muss die Verdingungsunterlagen erhalten. Bei der öffentlichen Ausschreibung können deshalb für den Auftraggeber erhebliche Kosten für die Erstellung der Verdingungsunterlagen entstehen, die er im Vorfeld der Bekanntmachung nicht konkret abschätzen kann.

13 Der Auftraggeber ist auf Grund der Formulierung »**dürfen**« berechtigt, nicht jedoch verpflichtet, für die Verdingungsunterlagen die Vervielfältigungskosten zu fordern. Daraus folgt zugleich, dass er jedenfalls auch berechtigt ist, weniger, als die ihm tatsächlich entstandenen Vervielfältigungskosten zu verlangen.[3]

14 Wenn er sie fordert, muss er die Höhe der verlangten Kostenerstattung nach § 20 Nr. 1 Abs. 1 Satz 2 bereits in der **Bekanntmachung** angeben.

15 Bei seiner Entscheidung, ob der Auftraggeber eine Kostenerstattung für die Vervielfältigung der Verdingungsunterlagen verlangt, wird der Auftraggeber also zu berücksichtigen haben, dass – vor allen Dingen bei kleineren Aufträgen – Bieter durch die Vorgabe der Kostenerstattung davon absehen könnten, die Verdingungsunterlagen anzufordern. Dadurch wird automatisch der Wettbewerb eingeschränkt. Dies widerspräche dem Interesse des Auftraggebers selbst, denn die Ausschreibung und der dadurch erreichte Wettbewerb dient seinen eigenen Zwecken. Die Festsetzung einer Kostenerstattung darf also nicht dazu führen, dass **ernsthaft interessierte Bieter** von der Abgabe eines Angebotes abgehalten werden.[4] Andererseits wird der öffentliche Auftraggeber zu berücksichtigen haben, dass er jedenfalls als öffentlicher Auftraggeber auf die Grundsätze einer wirtschaftlichen und sparsamen Haushaltsführung verpflichtet ist, was grundsätzlich bei jeder öffentlichen Ausschreibung die Forderung nach einer entsprechenden Kostenerstattung notwendig machen dürfte. Da andererseits aber auch ein reduzierter Wettbewerb dem Grundsatz der sparsamen und wirtschaftlichen Haushaltsführung zuwider läuft, weil dadurch potenziell günstigere Bieter dem Wettbewerb fern bleiben könnten, muss der öffentliche Auftraggeber im Einzelfall abwägen, ob er die Bieter zu einer Kostenerstattung auffordert. Im Zweifel, gerade bei kleineren Aufträgen, sollte von einer Kostenerstattung abgesehen werden.

16 § 20 enthält keine Regelung dazu, welche Kosten im Einzelnen den »Vervielfältigungskosten für die Verdingungsunterlagen« zuzuordnen sind. Der Begriff **Vervielfältigungskosten** impliziert bereits, dass es um einen Ersatz der Kosten geht, die dem Auftraggeber selbst für die Vervielfältigung der Verdingungsunterlagen entstanden sind. Allgemein bezeichnet man als **Selbstkosten** die auf ein Wirtschaftsgut ent-

---

3 *Müller-Wrede* in: Müller-Wrede, § 20 VOL/A Rn. 11.
4 *Höfler/Ruppmann* NZBau 2002, 485.

fallenden Herstellungskosten zzgl. anteiliger Verwaltungs- und Vertriebskosten. Übertragen auf die Vervielfältigungskosten bedeutet dies, dass zu den Selbstkosten der Vervielfältigung folgende Kostenpositionen gehören:
- Stoffkosten (**Fertigungsmaterial** wie Papier/Toner etc.[5] zzgl. Materialgemeinkosten)
- Fertigungskosten (anteilige **Fertigungslöhne**[6] zzgl. Fertigungsgemeinkosten sowie Sondereinzelkosten der Fertigung)
- Anteilige Verwaltungskosten
- Anteilige **Abschreibungs**- und Instandhaltungskosten für die genutzten Geräte[7]

Da allerdings der Versand der Verdingungsunterlagen nicht mehr der Tätigkeit »Vervielfältigung« zuzurechnen ist, dürfen anteilige **Vertriebskosten**, wie beispielsweise Porto nicht erstattet werden.[8] Zu den Selbstkosten können aber im Ergebnis auch nur solche Kosten gehören, mit denen der Auftraggeber tatsächlich belastet ist. Soweit der Auftraggeber also selbst umsatzsteuerpflichtig und damit vorsteuerabzugsberechtigt ist, können nur die jeweiligen Netto-Kosten erstattet verlangt werden.[9] Kann nämlich der Auftraggeber in Höhe der selbst entrichteten **Umsatzsteuer** für empfangene Leistungen Vorsteuer geltend machen, ist er im Ergebnis nur mit dem Nettobetrag belastet. **17**

§ 20 Nr. 1 Abs. 1 Satz 2 bestimmt ausdrücklich, dass die Höhe der Kostenerstattung in der **Bekanntmachung** anzugeben ist. Der Auffassung, wonach es ausreichend sein soll, dass diese Angabe spätestens im **Anschreiben** (Aufforderung zur Angebotsabgabe, § 17 Nr. 3 Abs. 1 Satz 1 VOL/A) angegeben werden kann,[10] ist dementsprechend nicht zu folgen.[11] Dies birgt die Problematik, dass der Auftraggeber schon mit Veröffentlichung der Bekanntmachung Kenntnis davon haben muss, mit welchen Selbstkosten er voraussichtlich die Verdingungsunterlagen vervielfältigen muss. Die Selbstkosten dürften dabei wegen der zu anteilig zu berücksichtigenden Gemeinkosten auch von der Anzahl zu fertigender Exemplare abhängig sein, so dass der Auftraggeber prognostizieren muss, wie viele Exemplare er wird vervielfältigen müssen. Gerade dies ist bei der Öffentlichen Ausschreibung und im Offenen Verfahren aber wegen der im Vorhinein gerade unbekannten und theoretisch unbegrenzten Zahl der Bewerber nur schwer zu prognostizieren. Die anzugebenden Kosten werden daher nur in den seltensten Fällen genau die tatsächlich entstehenden Kosten wiederspiegeln. Dies ist hinzunehmen. **18**

Umstritten ist, ob der Auftraggeber auch dann berechtigt ist, sich die Vervielfältigungskosten erstatten zu lassen, wenn er den Hinweis in der Bekanntmachung unter- **19**

---

[5] *VK Sachsen* v. 12. 3. 2001, 1 SVK/9–01.
[6] Umstritten: z. T. wird angenommen, Personalkosten können nur dann angesetzt werden, wenn das Personal eigens dafür eingestellt worden ist. Z. B. *VK Sachsen* a. a. O.; wie hier, allerdings für die vergleichbare Regelung der VOB/A: *Kapellmann/Messerschmidt-Planker* § 20 VOB/A, Rn. 4; *Heiermann* in: Heiermann/Riedl/Rusam, § 20 VOB/A Rn. 5.
[7] *VK Sachsen* v. 12. 3. 2001, 1 SVK/9–01.
[8] *Weyand* ibr-online-Kommentar Vergaberecht, Stand 27. 4. 2006, § 20 VOL/A 5737.
[9] A. A. aber *Müller-Wrede* in: Müller-Wrede, § 20 VOL/A Rn. 11.
[10] *Schaller* 3. Aufl., § 20 VOL/A Rn. 10.
[11] So auch *Müller-Wrede* § 20 VOL/A Rn. 14.

lassen hat.[12] In § 20 Nr. 1 Abs. 1 Satz 2 heißt es, dass in der Bekanntmachung anzugeben »ist«, wie hoch die Vervielfältigungskosten sind. Es handelt sich also um eine Vorschrift, bei der dem Auftraggeber **kein Entscheidungsermessen** zukommt, was dafür spricht, dass ein Verstoß hiergegen mit der fehlenden Möglichkeit, sich Vervielfältigungskosten erstatten zu lassen, sanktioniert wird. Hinzu kommt, dass nach ständiger Rechtsprechung des BGH spätestens mit der Anforderung der Ausschreibungsunterlagen durch den interessierten Bieter zwischen diesem und dem Auftraggeber ein vorvertragliches Schuldverhältnis entsteht,[13] innerhalb dessen der Bieter darauf vertrauen darf, dass der Ausschreibende das Verfahren entsprechend den seiner Tätigkeit zu Grunde liegenden Vergabevorschriften auch zu einem Abschluss bringen wird.[14] Der Bieter darf also berechtigterweise darauf vertrauen, dass der öffentliche Auftraggeber Vervielfältigungskosten nicht erstattet verlangt, wenn er es nicht entsprechend bereits in der Bekanntmachung angegeben hat. Indem der Auftraggeber entgegen der ihn zwingend verpflichteten Vorschrift des § 20 Nr. 1 Abs. 1 Satz 2 kein Hinweis auf die Höhe der zu erstattenden Vervielfältigungskosten gibt, weckt er bei den interessierten Bietern automatisch den Eindruck, er werde auf eine Kostenerstattung verzichten. Das **Vertrauensschutzinteresse** der Bieter wiegt insoweit auch höher als die Verpflichtung und das Interesse des Auftraggebers an einer sparsamen und wirtschaftlichen Haushaltsführung, denn der öffentliche Auftraggeber kann zwar die Vervielfältigungskosten erstattet verlangen, er muss es jedoch nicht.

20 Nach § 20 Nr. 1 Abs. 1 Satz 3 werden die Vervielfältigungskosten **nicht erstattet**. Dies bedeutet, dass die von den Bietern gezahlte Kostenerstattung an den Auftraggeber von diesem nicht erstattet, d. h. zurückgezahlt werden darf. Dem Auftraggeber ist es damit verwehrt, einzelnen oder gar allen Bietern unter bestimmten Voraussetzungen die zunächst angeforderte und von den Bietern gezahlte Kostenerstattung zurück zu geben.

21 Anders als nach § 20 Nr. 1 Abs. 1 Satz 2 VOB/A muss in der Bekanntmachung nicht darauf hingewiesen werden, dass die einmal gezahlte Kostenerstattung nicht zurückerstattet wird.

22 War die Kostenerstattung allerdings **zu hoch festgesetzt**, weil die entstandenen Selbstkosten überschritten werden, so stellt dies eine Rechtsverletzung dar. Die als Kostenerstattung verlangte Zahlung würde nämlich so zu einer unzulässigen Vergütung, die dem Auftraggeber neben der Kostenerstattung auch einen Überschuss bescheren würde. Hat ein Bieter die zu hohe Festsetzung gerügt und zum Gegenstand eines Nachprüfungsverfahrens gemacht, kann der Auftraggeber nach § 114 Abs. 1 GWB zur Rückzahlung der von den Bewerbern zu Unrecht verlangten Kosten verpflichtet werden.[15] Da die Angabe der Vervielfältigungskosten aber schon im Zeitpunkt der Bekanntmachung notwendig ist und zu diesem Zeitpunkt die Kosten der Vervielfälti-

---

12 Für eine entsprechende Erstattung: *Schaller* 3. Aufl., § 20 VOL/A Rn. 11; gegen eine entsprechende Kostenerstattung: *Müller-Wrede* in: Müller-Wrede, § 20 VOL/A Rn. 16; *Kapellmann/Messerschmidt-Planker* § 20 VOB/A Rn. 7; *Kratzenberg* in: Ingenstau/Korbion, VOB/A § 20 Rn. 8.
13 *BGH* v. 8. 9. 1998, X ZR 48/97, BauR 1998, 1232 (1233); *OLG Koblenz* v. 26. 9. 2003, 10 U 893/02, VersR 2004, 872.
14 *OLG Dresden* v. 9. 3. 2004, 20 U 1544/03.
15 *VK Sachsen* v. 12. 3. 2001, 1 SVK/9–01.

gung in Abhängigkeit von der Anzahl tatsächlich herzustellender Exemplare nur prognostiziert werden können, darf der Auftraggeber nur dann zur Kostenerstattung verpflichtet werden, wenn die Prognose nicht sachgerecht erfolgt ist.

Das **Verbot der Rückerstattung gilt** jedoch dann **nicht**, wenn der öffentliche Auftraggeber im Rahmen der Bekanntmachung schon deutlich macht, dass und unter welchen Bedingungen er gedenkt, die zunächst zu entrichtende Kostenerstattung später wieder an den Bieter zu erstatten. Gibt er z. B. bereits in der Bekanntmachung an, dass alle Bieter, die ein der VOL/A formal entsprechendes Angebot einreichen, die Kosten wieder zurückerstatten wird, so kann er hierüber im Ergebnis erreichen, dass er für die Bieter kostenlos nur an diejenigen Unternehmen die Verdingungsunterlagen herausgeben muss, die letztlich auch ernsthaft ein Interesse am Auftrag haben. Alle Bieter, die ein Angebot damit nicht abgeben wollen und die für den Auftraggeber damit von vornherein nicht nützlich sind, erhalten die Verdingungsunterlagen dann nur gegen entsprechende Kostenerstattung. Dies ist auch sachgerecht, weil auf diese Weise ein möglichst **effizienter Wettbewerb** unter Berücksichtigung des Grundsatzes einer wirtschaftlichen und sparsamen Haushaltsführung gewährleistet werden kann. **Bieterschutzinteressen** stehen einer solchen Vorgehensweise ebenfalls nicht entgegen, denn wenn der Auftraggeber entscheiden kann, ob er überhaupt eine Kostenerstattung verlangt, so kann er selbstverständlich auch entscheiden, ob er eine Kostenerstattung nur unter gewissen Bedingungen wünscht, was im Ergebnis einem Teilverzicht gleichkommt. Selbstverständlich wird der Auftraggeber die **Rückerstattungsmöglichkeit** nicht an jede beliebige Bedingung knüpfen können. Diese muss vielmehr die wechselseitigen Interessen sachgerecht berücksichtigen und darf nicht diskriminierend wirken. **23**

II. Beschränkte Ausschreibung und Freihändige Vergabe

Im Gegensatz zu der öffentlichen Ausschreibung stellt die Entschädigung für entstandene Vervielfältigungskosten bei der Beschränkten Ausschreibung sowie der Freihändigen Vergabe nur den Ausnahmefall dar. Grundsätzlich ist hier von einer kostenlosen Herausgabe der Verdingungsunterlagen auszugehen. **24**

Nur wenn die Selbstkosten der Vervielfältigung »**unverhältnismäßig hoch**« sind, kann ausnahmsweise eine Entschädigung verlangt werden. Dies ist grundsätzlich sachgerecht, denn sowohl bei der Beschränkten Ausschreibung wie auch bei der Freihändigen Vergabe hat der Auftraggeber es weitgehend selbst in der Hand, wie vielen Unternehmen und potenziellen Bietern er die Verdingungsunterlagen zur Verfügung stellen muss. Die Verdingungsunterlagen werden dort nämlich nur denjenigen Unternehmen zur Verfügung gestellt, die der Auftraggeber selbst zur Angebotsabgabe auffordert. Der Auftraggeber bedarf hier also keines Schutzes vor ungerechtfertigter Anforderung der Unterlagen.[16] **25**

---

16 *Schaller* 3. Aufl., § 20 VOL/A Rn. 13.

26 Fraglich ist, wann der Ausnahmefall unverhältnismäßig hoher Vervielfältigungskosten gegeben ist. Dies kann selbstverständlich nur im jeweiligen Einzelfall überprüft und beantwortet werden, wobei die Feststellung der Unverhältnismäßigkeit stets eine **Abwägung der wechselseitigen Interessen** notwendig macht. So ist auf der einen Seite das Interesse des Auftraggebers an der Erstattung seiner Vervielfältigungskosten mit dem Interesse des Bieters, die Verdingungsunterlagen im Rahmen dieser Vergabearten grundsätzlich kostenlos zu erhalten, unter Berücksichtigung aller Umstände des Einzelfalles abzuwägen. Von einer Unverhältnismäßigkeit wird man dann ausgehen können, wenn der Auftraggeber auf Grund der Besonderheiten des Einzelfalles ungewöhnlich hohe Kosten für die Vervielfältigung aufbringen muss und er zudem billigerweise von dem jeweiligen Bieter erwarten kann, dass dieser ihm ausnahmsweise die Vervielfältigungskosten erstattet. Als Ausnahmeregelung ist die Vorschrift sehr restriktiv auszulegen.[17]

27 Hohe, vielleicht auch sehr hohe Kosten für die Vervielfältigung der Verdingungsunterlagen allein dürften in diesem Zusammenhang regelmäßig nicht unverhältnismäßig sein. Die für die Vervielfältigung entstehenden Kosten müssen immer auch in Relation zum beabsichtigten Auftrag und zum beabsichtigten Auftragsvolumen gesehen werden. So bedingt ein umfangreicher Auftrag naturgemäß umfangreichere Verdingungsunterlagen. Selbst wenn dadurch im Einzelfall sehr hohe Vervielfältigungskosten anfallen können, sind diese in der Regel nicht ungewöhnlich und rechtfertigen daher nicht das Attribut der Unverhältnismäßigkeit. Hinzutreten muss also stets das **Außergewöhnliche**, was im **Einzelfall** das Verhältnis zwischen dem Auftrag und den für die Vervielfältigung entstehenden Kosten zerstört.

28 Anders als bei der Öffentlichen Ausschreibung und beim Offenen Verfahren bedarf es im Rahmen der Beschränkten Ausschreibung und des Nichtoffenen Verfahrens sowie bei der Freihändigen Vergabe und dem Verhandlungsverfahren keiner Angabe im Rahmen der Bekanntmachung, dass und in welcher Höhe eine Entschädigung für die Vervielfältigungskosten geleistet werden soll. Eine solche **Bekanntmachung** käme ohnehin auch nur für den Fall in Betracht, dass Ausnahmsweise die Selbstkosten der Vervielfältigung unverhältnismäßig hoch wären. Ferner ist eine **Rückerstattung** dort im Gegensatz zur Öffentlichen Ausschreibung und zum Offenen Verfahren nicht ausgeschlossen.

D. Kostenerstattung an den Bieter

29 § 20 Nr. 2 regelt, unter welchen Voraussetzungen Bieter eine Kostenerstattung vom Auftraggeber verlangen können. Dabei ist auch § 20 Nr. 2 als Regel-Ausnahme-Verhältnis konzipiert.

30 Die Regel ist, dass für die **Bearbeitung des Angebots** keine Kosten erstattet werden. Ausnahmsweise ist jedoch eine Kostenerstattung festzusetzen, wenn der Auftragge-

---

[17] *Höfler/Ruppmann* NZBau 2002, 485.

ber schon für das Angebotsverfahren ein bestimmtes, in § 20 Nr. 2 Abs. 1 Satz 2 näher definiertes Verlangen zur **Ausarbeitung** an die Bieter richtet.

§ 20 Nr. 2 Abs. 1 gilt, obwohl dies dem Wortlaut nicht zu entnehmen ist, sowohl für die Öffentliche als auch für die Beschränkte Ausschreibung, denn in diesen Verfahren geben die Bieter ein vollständiges Angebot ab, welches sie zuvor bearbeitet und (in Fällen des § 20 Nr. 2 Abs. 1) ausgearbeitet haben. Gleiches gilt oberhalb der Schwellenwerte für das Offenen Verfahren und das Beschränkte Verfahren. **31**

I. Grundsatz: Keine Kostenerstattungspflicht, § 20 Nr. 2 Abs. 1 Satz 1

Nach § 20 Nr. 2 Abs. 1 Satz 1 werden für die **Bearbeitung** des Angebots keine Kosten erstattet. Dies ist im Grundsatz auch sachgerecht, denn mit der Angebotsbearbeitung betreiben die Bieter Wettbewerb, um den Zuschlag für den ausgeschriebenen Auftrag zu erhalten. Dabei ist von vornherein jedem Bieter klar, dass sich seine Angebotsbearbeitungskosten nur für den Fall amortisieren werden, wenn er den Zuschlag erhält und somit über die Ausführung des Auftrags und das dort versprochene Entgelt seine Angebotsbearbeitungskosten, die sich für ihn als allgemeine Geschäftskosten darstellen, ausgleichen kann. Mit den **Angebotsbearbeitungskosten** investiert der Bieter damit in eine Chance, den Auftrag zu erhalten. Diese Investitionskosten muss er grundsätzlich auch selbst tragen. Nach den Vorgaben der VOL/A sind diese Investitionskosten für die Bearbeitung des Angebots auch in der Regel relativ gering, denn nach § 8 Nr. 1 Abs. 1 und 2 ist die Leistung eindeutig und erschöpfend zu beschreiben und dem Bieter ist eine einwandfreie Preisermittlung durch Angabe aller die Preisermittlung beeinflussender Umstände zu ermöglichen. Damit muss der Bieter im Regelfall nur noch die vom ihm kalkulierten Preise in die Leistungsbeschreibung einsetzen. Er muss aber gerade keine umfangreichen Untersuchungen anstellen oder gar Unterlagen ausarbeiten, um kalkulieren zu können. **32**

Vor diesem Hintergrund ist es sachgerecht, wenn Bieter, die den Auftrag nicht erhalten, weil andere Bieter wirtschaftlicher angeboten haben oder weil sie aus formalen Gründen auszuschließen waren, keinen Anspruch auf Kostenerstattung haben. Zwar erhält auch derjenige Bieter, der den Zuschlag erhält keine Kostenerstattung seiner Angebotsbearbeitungskosten, für ihn amortisieren sie sich jedoch mit der Ausführung des Auftrags. **33**

Anders wäre es nur dann, wenn die Bieter in ihrem Vertrauen darauf enttäuscht wären, dass bei ordnungsgemäßer Durchführung des Verfahrens die berechtigte Chance zur Amortisation der **Teilnahmekosten** grundsätzlich besteht, wenn z. B. der Auftraggeber das Vergabeverfahren ohne einen in § 26 normierten Aufhebungsgrund aufhebt. In diesen Fällen aber sind Bieter berechtigt, die Angebotsbearbeitungskosten als Schadenersatz zu verlangen.[18] **34**

---

18 *Verfürth* in: Kulartz/Kus/Portz, Kommentar zum GWB-Vergaberecht, § 126 Rn. 61.

II. Ausnahme: Kostenerstattungspflicht, § 20 Nr. 2 Abs. 1 Satz 2

35 Von dem Grundsatz, dass für die Angebotsbearbeitung Kosten nicht zu erstatten sind, normiert § 20 Nr. 2 Abs. 1 Satz 2 jedoch eine Ausnahme. Die Ausnahme ist daran geknüpft, dass der Auftraggeber ausdrücklich von den Bietern die **Ausarbeitung** zusätzlicher Unterlagen **verlangt**.

36 Es bedarf eines ausdrücklichen und unmissverständlichen Verlangens von Seiten des Auftraggebers, dass der Bieter Entwürfe, Pläne, Zeichnungen, Berechnungen oder andere Unterlagen im Zuge der Angebotserstellung ausarbeiten soll. Dies wird regelmäßig in den Fällen einer **funktionalen Leistungsbeschreibung** eine Rolle spielen, weswegen die Fälle des § 8 Nr. 2 Abs. 1 Buchstabe A auch beispielhaft (»insbesondere«) aufgeführt sind.

37 Welche konkreten Ausarbeitungen der Auftraggeber verlangen muss, damit eine angemessene Entschädigung festzusetzen ist, ist ebenfalls beispielhaft benannt. Neben Entwürfen, Plänen, Zeichnungen und Berechnungen sind nämlich auch »**andere Unterlagen**« benannt, die insoweit als **Auffangtatbestand** fungieren. Der Auftraggeber kann daher grundsätzlich auch andere als die ausdrücklich aufgeführten Ausarbeitungen und Leistungen verlangen und auch dafür muss er eine angemessene Kostenerstattung festsetzen.

38 Allgemein wird angenommen, dass es sich bei den ausdrücklich verlangten Ausarbeitungen um zusätzliche, über das normale und allgemein zu erwartende Maß deutlich hinausgehende, individuelle Ausarbeitungen handeln muss.[19] Gefordert wird ein **nicht unerheblicher Arbeitsaufwand** für die Ausarbeitung, der nicht nur im Rahmen einer regelmäßig zu erwartenden ordnungsgemäßen Bearbeitung des Angebots liegt.[20]

39 Vom Wortlaut der Vorschrift ist diese Auffassung indes nicht gedeckt, denn von nicht unerheblichem Arbeitsaufwand oder von einem deutlich erhöhten Arbeitsumfang bei der Angebotsbearbeitung ist in § 20 Nr. 2 Abs. 1 nicht die Rede. Vom Sinn und Zweck der Vorschrift insgesamt betrachtet ließe sich dieses zusätzliche Erfordernis hineinlesen, denn das Fehlen einer Kostenerstattung stellt den Regelfall dar und als Ausnahme sollten die Fälle einer Kostenerstattung beschränkt sein. Einer solchen **Ergänzung des Tatbestandes bedarf es** aber vorliegend **nicht**, denn immer wenn der Bieter auf ausdrückliches Verlangen des Auftraggebers Entwürfe, Pläne, Zeichnungen, Berechnungen oder andere Unterlagen »ausarbeiten« muss, hat er einen Aufwand, der über das normale Maß einer Angebotsbearbeitung hinaus geht. »Ausarbeitung« ist nämlich mehr, als die »Bearbeitung« im Grundfall des Satzes 1. Zu verlangen ist also, dass der Bieter nicht nur prüft und seine Preise kalkuliert, sondern vielmehr, dass der Bieter die vom Auftraggeber verlangten Unterlagen durch seine Sachkenntnis in die erforderliche Form und Detaillierungstiefe bringt, so dass letztlich erst darauf aufbauend die Preise kalkuliert werden können und der Auftrag später ausgeführt werden kann.

---

19 *VK Lüneburg* v. 24. 7. 2000, 203 – VgK 08/2000; *Müller-Wrede* in: Müller-Wrede, § 20 VOL/A Rn. 25; *Schaller* 3. Aufl., § 20 VOL/A Rn. 18; *Eberstein* in: Daub/Eberstein, VOL/A, § 20 Rn. 30.
20 *VK Lüneburg*, a. a. O.

Es ist aber selbstverständlich immer zu prüfen, ob eine Kostenerstattung wegen des **40** durch die Ausarbeitung zusätzlichen Aufwandes angezeigt ist. War die Ausarbeitung nämlich leicht und ohne viel Mühe vorzunehmen, wird man dem Bieter ohne weiteres zumuten können, auch dies mit Blick auf den zu vergebenden Auftrag als Akquiseleistung kostenlos zu erbringen. Das notwendige **Korrektiv** lässt sich hier aber ohne weiteres über das Merkmal einer »**angemessenen Kostenerstattung**« erreichen. Sind die ausdrücklich verlangten Ausarbeitungen nämlich so geringfügig, dass im Ergebnis der normale Ausarbeitungsaufwand einer Ausschreibung – gemessen an dem jeweiligen Auftragsvolumen – nicht überschritten wird, so ist trotz des Verlangens besonderer Ausarbeitungen eine Kostenerstattung nicht angemessen und kann daher auch auf 0,00 € festgesetzt werden.

Bei der **Bemessung** der angemessen Kostenerstattung ist zunächst zu berücksichtigen, **41** dass es sich um eine reine Kostenerstattung handelt, nicht dagegen um eine Vergütung. Die Bieter können also maximal die ihnen entstandenen Kosten zurück erhalten, so dass, anders als bei einer Vergütung, Gewinnanteile nicht enthalten sind. Freilich ist die Kostenerstattung, da sie einheitlich für alle Bieter festzusetzen ist, im Rahmen einer **typisierenden Betrachtung** zu ermitteln, so dass im Einzelfall die festgesetzte Kostenerstattung auch die tatsächlich entstandenen Kosten auf Seiten des Bieters übersteigen könnte.

Im Ausgangspunkt muss der öffentliche Auftraggeber für die Festsetzung der ange- **42** messenen Kostenerstattung die Frage beantworten, welchen **konkreten Arbeitsaufwand** die von ihm geforderte Ausarbeitung in Bezug auf den speziell zu vergebenden Auftrag erfordert. Neben einem im Normalfall geringen Kostenanteil für Materialkosten (hier wird im Regelfall von **Nettobeträgen** auszugehen sein, weil potenzielle Bieter Vorsteuerabzugsberechtigt sein werden) wird es vor allen Dingen Personaleinsatz und damit Personalaufwand sein, der für die Ausarbeitung wie auch immer gearteter Unterlagen entstehen wird. Nur im Ausnahmefall, wenn durch externe Gutachten Vorfragen geklärt werden müssen, werden den Bietern darüber hinaus externe Kosten entstehen, die ebenfalls vom Auftraggeber prognostiziert werden können und müssen. Stets muss sich der Auftraggeber für die Bemessung der angemessenen Kostenerstattung fragen, welche Materialkosten voraussichtlich für die Angebotsausarbeitung entstehen werden und vor allen Dingen wie viel Zeit ein durchschnittlicher Bewerber auf die Ausarbeitung verwenden muss. Diese Ausarbeitungszeit multipliziert mit einem durchschnittlichen Stundensatz für dasjenige Personal, welches üblicherweise die Ausarbeitung im Unternehmen vorzunehmen hat, ergibt dann eine geschätzte Summe der durchschnittlich und **voraussichtlich entstehenden Gesamtkosten**. Bei dem verwendeten Stundensatz ist dabei selbstverständlich nicht von dem Stundensatz auszugehen, mit dem der Unternehmer seine Angestellten für externe Dienstleistungen abrechnet, sondern lediglich mit dem Stundensatz, der effektiv an Lohnkosten inklusive Arbeitgeberanteile zur Sozialversicherung entsteht.

Von dem so gewonnenen und ermittelten Gesamtkostenbetrag für die Ausarbeitung **43** der geforderten Unterlage ist dann noch ein **angemessener Abschlag** vorzunehmen, der einerseits sicherzustellen hat, dass kein Bieter über die Angebotsausarbeitung selbst schon einen Gewinn durch die Kostenerstattung erzielen kann und darüber hinaus dafür, dass die Bieter mit der Ausarbeitung des Angebots wie im Grundfall zunächst eigene Interessen verfolgen, nämlich den Zuschlag erhalten zu können.

44 Verfehlt ist daher die angemessene Entschädigung an einer »**üblichen Vergütung**« oder an **Honorarvorschriften**, wie beispielsweise der HOAI, ausrichten und berechnen zu wollen.[21]

45 Die angemessene Kostenerstattung ist für alle Bieter **einheitlich festzusetzen**, wobei die Festsetzung »**in der Ausschreibung**« vorzunehmen ist. Der Auftraggeber hat somit entweder in der Bekanntmachung nach § 17 Nr. 1 oder spätestens in dem Anschreiben gem. § 17 Nr. 3 festzulegen, in welcher Höhe eine angemessene Kostenerstattung für die Ausarbeitung der verlangten Unterlagen erfolgt. Durch diese Festlegung tritt für den Auftraggeber zugleich eine **Bindung** gegenüber den betroffenen Bewerbern und Bietern ein.

46 Es empfiehlt sich für den Auftraggeber bei der Festsetzung deutlich zu machen, für welche verlangte Ausarbeitung konkret welche Entschädigung festgesetzt wird.

47 Die Kostenerstattung wird einheitlich für alle Bieter festgesetzt. Daraus folgt, dass jeder Bieter unabhängig von seinen individuell entstandenen Kosten die Erstattung erhält und dass daneben liegende **individuelle Vereinbarungen** zwischen dem Auftraggeber und einzelnen Bietern ausgeschlossen sind.

48 Ist eine entsprechende Kostenerstattung festgesetzt, haben alle Bieter einen **einklagbaren Anspruch** auf Kostenerstattung in festgesetzter Höhe. Voraussetzung ist jedoch, dass es sich um Bieter handelt, die ein entsprechendes Angebot abgegeben und die Ausarbeitung geleistet haben.

49 Für die Ausarbeitung von **Nebenangeboten** besteht kein Anspruch auf Festsetzung einer angemessenen Kostenerstattung,[22] selbst dann nicht, wenn der öffentliche Auftraggeber Nebenangebote zugelassen hat. Dies folgt schon daraus, dass der Auftraggeber, selbst wenn er Nebenangebote zugelassen hat, nicht im Vorhinein wissen kann, welche Nebenangebote eingehen werden und er somit für diese Nebenangebote auch keine Ausarbeitung von Unterlagen verlangt haben kann. Mit Nebenangeboten versucht der jeweilige Bieter aber auch seine eigene Innovationskraft auszunutzen, um den Auftrag zu erhalten. Er investiert diese zusätzlichen Aufwendungen also immer bewusst, um sich eine zusätzliche Chance für den Auftrag zu schaffen. An den dafür zusätzlich entstehenden Kosten kann der öffentliche Auftraggeber nicht beteiligt werden.

III. Anspruch auf Erstattung der Kosten, § 20 Nr. 2 Abs. 1 Satz 3

50 § 20 Nr. 2 Abs. 1 Satz 3 stellt klar, dass die Bieter einen eigenständigen, materiellrechtlichen, einklagbaren Anspruch auf Erstattung der Kosten haben, wenn eine Kos-

---

21 *Kapellmann/Messerschmidt-Planker* § 20 VOB/A Rn. 14; a.A. aber: *Müller-Wrede* in: Müller-Wrede, § 20 VOL/A Rn. 26 und 27.
22 *Weyand* ibr-online-Kommentar, VOL/A, § 20 Rn. 5748.

tenerstattung festgesetzt wurde und wenn darüber hinaus der jeweilige Bieter ein der Ausschreibung entsprechendes Angebot mit den geforderten Unterlagen rechtzeitig eingereicht hat. Der Kostenerstattungsanspruch stellt sich als **zivilrechtlicher Kostenerstattungsanspruch** dar, der grundsätzlich innerhalb der Regelverjährungsfrist des § 195 BGB, d. h. in drei Jahren, verjährt.

IV. Fehlende Festsetzung der Kostenerstattung

Da die Festsetzung der Kostenerstattung ein zwingendes Element für den Anspruch des Bieters ist, stellt sich die Frage, welchen Anspruch ein Bieter hat, wenn die Kostenfestsetzung der Kostenerstattung entgegen § 20 Nr. 2 Abs. 1 Satz 2 nicht festgesetzt wurde. **51**

Teilweise wird angenommen, es sei dann auf die Bestimmungen des BGB zurückzugreifen, wonach für den Werkvertrag eine **Vergütung nach § 632 BGB** stillschweigend als vereinbart gilt, wenn die Herstellung des Werkes den Umständen nach nur gegen eine Vergütung zu erwarten ist. Verlange der Auftraggeber also zusätzliche Leistungen, deren Ausarbeitung in dem genannten Umfang zweifelsfrei erkennbar nicht ausschließlich oder jedenfalls nicht überwiegend dem Wettbewerbsrahmen des Vergabeverfahrens zur Ermittlung des wirtschaftlich günstigsten Angebotes diene, könne dies als Aufforderung des Auftraggebers zum Angebot auf Abschluss eines Vertrags zur Erbringung werkvertraglicher Leistungen angesehen werden, für die eine Vergütung unter Bemessung nach § 632 Abs. 2 BGB, jedoch unter Herausrechnung eines Gewinnanteils, verlangt werden könne.[23] Dem ist zu widersprechen. Im Rahmen eines Ausschreibungsverfahrens wird der Auftraggeber nur dann die Ausarbeitung zusätzlicher Unterlagen schon mit der Angebotsbearbeitung verlangen, wenn diese Ausarbeitung notwendig ist, um die angebotene Leistung des Bieters genauer verifizieren und damit vergleichbar zu anderen Angeboten machen zu können. Ein jedes solches Ausarbeitungsverlangen im Rahmen der Angebotsausarbeitung dient damit zugleich immer überwiegend dem Wettbewerbsrahmen des Vergabeverfahrens zur Ermittlung des wirtschaftlich günstigsten Angebots; ansonsten handelte es sich ohnehin um eine Ausschreibung für vergabefremde Zwecke, die nach § 16 Nr. 2 unzulässig ist. Von einer stillschweigenden Vergütungsvereinbarung ist daher nicht auszugehen. **52**

Oberhalb der Schwellenwerte steht den Bietern die Möglichkeit offen, nach entsprechender **Rüge** im Wege eines Nachprüfungsverfahrens geltend zu machen, der Auftraggeber müsse nach § 20 Nr. 2 Abs. 1 Satz 2 eine Kostenerstattung festsetzen. Oberhalb der Schwellenwerte stellt § 20 Nr. 2 Abs. 1 Satz 2 nämlich eine **bieterschützende Vorschrift** dar. Wird keine angemessene Kostenerstattung festgesetzt, obwohl der Auftraggeber von den Bietern zusätzliche Leistungen fordert, für die eine Kostenerstattung angemessen wäre, besteht die Gefahr, dass potenzielle Bieter von der Teilnahme an dem Vergabeverfahren abgehalten werden. **53**

---

[23] *Müller-Wrede* in: Müller-Wrede, § 20 VOL/A Rn. 29 bis 31.

54 Auch wenn ein Nachprüfungsverfahren nicht eingeleitet wird, so kann der Bieter nach entsprechender Rüge die Zahlung der angemessenen Entschädigung verlangen, wenn er eine entsprechend verlangte Ausarbeitung vorgenommen und ein formal in der Wertung verbleibendes und der Ausschreibung entsprechendes Angebot abgegeben hat. **Materiell** wird nämlich der **Erstattungsanspruch des Bieters** nicht ausgeschlossen, wenn der Auftraggeber in der Ausschreibung die Entschädigung entgegen seiner Verpflichtung nicht festgesetzt hat.[24]

V. Ein der Ausschreibung entsprechendes Angebot des Bieters

55 Weitere Voraussetzung für den Kostenerstattungsanspruch des Bieters ist es, dass er ein der **Ausschreibung entsprechendes Angebot** mit den geforderten Unterlagen rechtzeitig eingereicht hat.

56 Nur ein Bieter, der innerhalb der Angebotsfrist des § 18 Nr. 2 ein der Ausschreibung entsprechendes Angebot mit allen geforderten Unterlagen abgegeben hat, hat ein grundsätzlich verwertbares Angebot abgegeben und sich damit am Wettbewerb beteiligt, um den Auftrag zu erhalten. Nur bei einem Bieter, der solch ein ausreichendes Angebot ausgearbeitet hat, besteht von vornherein nicht die Gefahr, dass er sich nur um der Kostenerstattung willen an dem Verfahren beteiligt hat. Die Vorschrift trägt damit dem Grundsatz der sparsamen und wirtschaftlichen Haushaltsführung Rechnung.

57 Das Angebot entspricht dabei nur dann der Ausschreibung, wenn es den Vorgaben des § 21 sowie den weiteren vom Auftraggeber gestellten Vorgaben entspricht.

VI. Entsprechende Anwendung bei Freihändiger Vergabe, § 20 Nr. 2 Abs. 2

58 Bei Freihändiger Vergabe bedarf es im Regelfall nicht der Ausarbeitung eines Angebots in einer der öffentlichen Ausschreibung oder Beschränkten Ausschreibung üblichen Form. Daher gelten die vorstehend erörterten Grundsätze über die Erstattung der Kosten zur Angebotsbearbeitung für das Verfahren bei Freihändiger Vergabe nur entsprechend. Verlangt also der Auftraggeber im Rahmen der Freihändigen Vergabe von dem Bieter die besondere **Ausarbeitung** von Entwürfen, Plänen, Zeichnungen, Berechnungen oder sonstigen Unterlagen, hat er auch hier für alle Bieter einheitlich eine angemessene Kostenerstattung in der Ausschreibung festzusetzen. Die **Festsetzung** kann, da es an einer entsprechenden Bekanntgabe regelmäßig mangelt, im Rahmen des **Anschreibens** erfolgen.[25] Gleiches gilt oberhalb der Schwellenwerte für das Verhandlungsverfahren.

---

[24] *Kapellmann/Messerschmidt-Planker* § 20 VOB/A Rn. 13.
[25] *Eberstein* in: Daub/Eberstein, VOL/A § 20 Rn. 38.

VII. Kostenerstattung im Rahmen des Wettbewerblichen Dialoges

Mit der Ausgabe 2006 ist in § 3 a Nr. 1 Abs. 1 Satz 3 – also oberhalb der Schwellenwerte – die Möglichkeit der Vergabe eines Auftrags im Wettbewerblichen Dialog eröffnet worden. Der **Wettbewerbliche Dialog** kann wie das Verhandlungsverfahren in verschiedenen aufeinanderfolgenden Phasen abgewickelt werden. Dies reduziert die Zahl der Angebote, über die verhandelt wird, ohne die zu erwartenden Lösungen anhand der vorgegebenen Zuschlagskriterien zu verringern. Damit ist der Wettbewerbliche Dialog dem Verhandlungsverfahren näher als dem Offenen Verfahren oder dem Beschränkten Verfahren. 59

Grundsätzlich gelten die Basisparagraphen auch oberhalb der Schwellenwerte. § 20 Nr. 2 Abs. 1 gilt aber, weil der Wettbewerbliche Dialog dem Offenen Verfahren und der Öffentlichen Ausschreibung nicht wesensgleich ist – anders als bei einem Beschränkten Verfahren, das ebenfalls in Nr. 2 Abs. 1 nicht erwähnt ist – nicht für den Wettbewerblichen Dialog. In der Ausgabe 2006 hat zudem § 20 Nr. 2 Abs. 2 keine Ergänzung dahingehend erfahren, dass § 20 Nr. 2 Abs. 1 entsprechend auch beim Wettbewerblichen Dialog gelten soll. Eine entsprechende Geltung kommt daher – anders als bei der Freihändigen Vergabe – ebenfalls nicht in Betracht. 60

Einer entsprechenden Anwendung des § 20 Nr. 2 Abs. 1 Satz 2 bedarf es aber auch nicht, denn speziell für den Wettbewerblichen Dialog hält **§ 6 a Abs. 7 VgV** eine dem § 20 Nr. 2 Abs. 1 Satz 2 vergleichbare Regelung bereit. Nach § 6 a Abs. 7 VgV müssen »**staatliche Auftraggeber**« die von am Wettbewerblichen Dialog teilnehmenden Unternehmen Entwürfe, Pläne, Zeichnungen, Berechnungen oder andere Unterlagen ausarbeitet verlangen, einheitlich für alle Unternehmen, die geforderte Unterlagen rechtzeitig vorgelegt haben, eine **angemessene Kostenerstattung** gewähren. Diese für den Bereich der Auftragsvergaben oberhalb der Schwellenwerte vorrangige Regelung schließt eine darüber hinausgehende entsprechende Anwendung des § 20 Nr. 2 Abs. 1 Satz 2 aus. 61

Anders, als § 20 Nr. 2 Abs. 1 verlangt § 6 a Nr. 7 VgV **keine Festsetzung der Kostenerstattung** durch den Auftraggeber. Gleichwohl empfiehlt sich aber auch hier die einheitliche Kostenerstattung frühzeitig an alle Bieter bekannt zu geben. Damit wird die Transparenz des Verfahrens gewahrt und zudem kann so späterer Streit über die Höhe der Kostenerstattung vermieden werden.[26] Nach Bekanntmachung der vorgesehenen Kostenerstattung ist der Auftraggeber hieran gebunden und Bieter müssten unverzüglich rügen, wenn aus deren Sicht die Kostenerstattung nicht angemessen vorgesehen oder sonst zu beanstanden ist. 62

Auch im Rahmen des § 6 a Nr. 7 VgV beurteilt sich die Angemessenheit der Kostenerstattung nach den vorgenannten (vgl. Rn. 41 bis 44) Grundsätzen. 63

Die Kostenerstattung steht nach § 6 a Nr. 7 VgV den Bietern zu, »**die geforderte Unterlage rechtzeitig vorgelegt** haben«. Der Wortlaut berücksichtigt die Besonderheit des Wettbewerblichen Dialogs, dass innerhalb der Dialogphase, in der es im We- 64

---

[26] *Kapellmann/Messerschmidt-Kallmayer*, § 3 a VOB/A Rn. 58.

sentlichen um die inhaltliche Konzeptionierung des Auftrags geht,[27] zwar schon eine umfangreiche Ausarbeitung von Unterlagen notwendig sein kann, aber noch kein abschließendes wertbares Angebot vorgelegt wird. Es reicht für die Kostenerstattung dort also aus, dass die einzelne verlangte Unterlage rechtzeitig, also innerhalb der möglicherweise ausdrücklich verlangten Frist oder, wenn keine Frist bestimmt ist, in der jeweiligen Verfahrensphase vorgelegt wurde. »**Vorgelegt**« bedeutet, dass die Unterlage so in den Verfügungsbereich des Auftraggebers gebracht sein muss, dass er die Unterlage für den weiteren Verfahrenslauf prüfen und verwenden kann.

65 Der Begriff »**staatliche Auftraggeber**« ist als neue Begrifflichkeit mit dem so genannten ÖPP Beschleunigungsgesetz[28] eingeführt aber dort nicht definiert worden. Es kann aber aus dem Entwurf und dessen Begründung[29] im Zusammenhang darauf geschlossen werden, dass staatliche Auftraggeber solche nach § 98 Nr. 1 bis 3 GWB sein sollen. Nicht hierzu gehören also Auftraggeber, die als natürliche oder juristische Person des Privatrechts keine originär staatlichen Bezüge aufweisen.

---

27 *Kapellmann/Messerschmidt-Kallmayer* a. a. O. Rn. 32.
28 BGBl. I 2005, 2676 ff.
29 BT Drucksache 15/5668.

§ 21
Inhalt der Angebote

1. (1) Die Angebote müssen die Preise sowie die geforderten Angaben und Erklärungen enthalten. Soweit Erläuterungen zur Beurteilung des Angebots erforderlich erscheinen, kann der Bieter sie auf besonderer Anlage seinem Angebot beifügen.
(2) Die Auftraggeber haben die Integrität der Daten und die Vertraulichkeit der übermittelten Angebote auf geeignete Weise zu gewährleisten. Per Post oder direkt übermittelte Angebote sind in einem verschlossenen Umschlag einzureichen, als solche zu kennzeichnen und bis zum Ablauf der für die Einreichung vorgesehenen Frist unter Verschluss zu halten. Bei elektronisch übermittelten Angeboten ist dies durch entsprechende organisatorische und technische Lösungen nach den Anforderungen des Auftraggebers und durch Verschlüsselung sicherzustellen. Die Verschlüsselung muss bis zum Ablauf der Frist zur Einreichung der Angebote aufrecht erhalten bleiben. Die Angebote müssen unterschrieben sein, elektronisch übermittelte Angebote sind mit einer fortgeschrittenen elektronischen Signatur nach dem Signaturgesetz[1] und den Anforderungen des Auftraggebers oder mit einer qualifizierten elektronischen Signatur nach dem Signaturgesetz zu versehen.
(3) Änderungen des Bieters an seinen Eintragungen im Angebot müssen zweifelsfrei sein.
(4) Änderungen und Ergänzungen an den Verdingungsunterlagen sind unzulässig.
(5) Muster und Proben des Bieters müssen als zum Angebot gehörig gekennzeichnet sein.
2. Etwaige Nebenangebote müssen auf besonderer Anlage gemacht und als solche deutlich gekennzeichnet werden.
3. (1) Der Bieter hat auf Verlangen im Angebot anzugeben, ob für den Gegenstand des Angebots gewerbliche Schutzrechte bestehen oder von dem Bieter oder anderen beantragt sind.
(2) Der Bieter hat stets anzugeben, wenn er erwägt, Angaben aus seinem Angebot für die Anmeldung eines gewerblichen Schutzrechtes zu verwerten.
4. Arbeitsgemeinschaften und andere gemeinschaftliche Bieter haben in den Angeboten jeweils die Mitglieder zu benennen sowie eines ihrer Mitglieder als bevollmächtigten Vertreter für den Abschluss und die Durchführung des Vertrages zu bezeichnen. Fehlt eine dieser Bezeichnungen im Angebot, so ist sie vor der Zuschlagserteilung beizubringen.
5. Der Bieter kann schon im Angebot die Rückgabe von Entwürfen, Ausarbeitungen, Mustern und Proben verlangen, falls das Angebot nicht berücksichtigt wird (§ 27 Nr. 7).

---

1 Gesetz zur digitalen Signatur (Signaturgesetz – SigG).

§ 21 Inhalt der Angebote

Inhaltsübersicht   Rn.

- A. Grundzüge und Materialien 1
- B. Inhalt der Angebote, § 21 Nr. 1 VOL/A 7
    - I. Preise, geforderte Angaben und Erklärungen, Erläuterungen, § 21 Nr. 1 Abs. 1 VOL/A 7
        - 1. Allgemeines 9
            - a) Anforderungen an die Angebote 10
            - b) Praktische Bedeutung der Norm 11
        - 2. Tatbestand der Norm: Preisangaben 15
            - a) Vollständige Preisangaben 15
            - b) Kalkulationsfreiheit der Bieter 19
            - c) Kalkulationsvorgaben des Auftraggebers 21
        - 3. Rechtsfolge unvollständiger Preisangaben 22
        - 4. Geforderte Angaben und Erklärungen 23
        - 5. Erläuterungen zur Beurteilung des Angebots 28
    - II. Datenintegrität, Vertraulichkeit und Form der Angebote, § 21 Nr. 1 Abs. 2 VOL/A 31
        - 1. Integrität der Daten und Vertraulichkeit der Angebote, § 21 Nr. 1 Abs. 2 Satz 1 VOL/A 37
            - a) Integrität der Daten 39
            - b) Vertraulichkeit der Angebote 41
        - 2. Form der Angebote, § 21 Nr. 1 Abs. 2 Satz 2 bis 5 VOL/A 43
            - a) Übermittlung per Post oder direkt 45
            - b) Elektronische Übermittlung 51
            - c) Sonstige Formen der Übermittlung von Angeboten 56
            - d) Unterschrift und elektronische Signatur 57
        - 3. Rechtsfolgen 69
    - III. Zweifelsfreie Änderungen an Eintragungen, § 21 Nr. 1 Abs. 3 VOL/A 72
    - IV. Änderungen und Ergänzungen an den Verdingungsunterlagen, § 21 Nr. 1 Abs. 4 VOL/A 85
    - V. Kennzeichnung von Mustern und Proben, § 21 Nr. 1 Abs. 5 VOL/A 96
- C. Abgabe von Nebenangeboten, § 21 Nr. 2 VOL/A 100
- D. Schutzrechte, § 21 Nr. 3 VOL/A 106
    - I. Allgemeines 106
    - II. Tatbestand der Norm 107
        - 1. § 21 Nr. 3 Abs. 1 107
        - 2. § 21 Nr. 3 Abs. 2 110
- E. Arbeits-, Bietergemeinschaften (Nr. 4) 111
    - I. Hintergrund und Ziel der Regelung 111
    - II. Begriffsdefinition und rechtliche Struktur 115
        - 1. Arbeitsgemeinschaften 116
        - 2. Andere gemeinschaftliche Bieter 117
        - 3. Rechtsform 118
        - 4. Verhältnis zu Einzelbietern 120
        - 5. Haftung 121
        - 6. Antragsbefugnis 122
    - III. Benennung der Mitglieder 123
    - IV. Bevollmächtigter Vertreter 128
    - V. Erforderliche Angaben vor Zuschlagserteilung 132
- F. Rückgabe von Entwürfen etc., § 21 Nr. 5 VOL/A 133

A. Grundzüge und Materialien

§ 21 VOL/A enthält allgemeine Regelungen über den Inhalt, entgegen der Überschrift dieser Vorschrift aber vor allem auch über die Form eines Angebots, die von allen Bietern einzuhalten sind. Die einzelnen Regelungsbereiche des § 21 VOL/A betreffen erstens die Angebote selbst (§ 21 Nr. 1 VOL/A), zweitens gibt es ergänzende Regelungen für Nebenangebote (§ 21 Nr. 2 VOL/A), drittens bestehen spezielle Vorschriften, wenn für den Gegenstand des Angebots gewerbliche Schutzrechte bestehen (§ 21 Nr. 3 VOL/A), viertens Regelungen für Arbeitsgemeinschaften und andere gemeinschaftliche Bieter (§ 21 Nr. 4 VOL/A) und schließlich gibt es fünftens besondere Anforderungen für die Rückgabe von Entwürfen, Ausarbeitungen, Mustern und Proben (§ 21 Nr. 5 VOL/A). Weitere vom Bieter zu beachtende Formvorschriften enthält § 18 Nr. 2 VOL/A und sind insbesondere der Bekanntmachung bzw. der Angebotsaufforderung zu entnehmen (s. 17 Nr. 1 Abs. 2 lit. m), Nr. 3 Abs. 2 lit. l), n) VOL/A). 1

Die in § 21 VOL/A gestellten Anforderungen dienen insbesondere der Gewährleistung der **Vergleichbarkeit der Angebote**, damit unter Berücksichtigung aller Umstände das wirtschaftlichste Angebot i. S. d. § 25 Nr. 3 VOL/A ermittelt werden kann. § 21 VOL/A verteilt insoweit die Pflichten z. T. auf den Bieter, im Falle des § 21 Nr. 1 Abs. 2 VOL/A auch auf den Auftraggeber. 2

Die **Rechtsfolgen** bei Verstößen gegen § 21 VOL/A ergeben sich aus §§ 23, 25 Nr. 1 VOL/A, d. h. das Angebot braucht ggf. bereits nicht geprüft zu werden bzw. ist (zwingend oder nach Ermessen des Auftraggebers) von der Wertung auszuschließen. 3

Europarechtliche Vorgaben gibt es zu den in § 21 VOL/A geregelten Anforderungen an den Angebotsinhalt nicht. Die Vergabekoordinierungsrichtlinien RL 2004/18/EG und RL 2004/17/EG regeln lediglich Anforderungen hinsichtlich der Form der Übermittlung und der vertraulichen Behandlung von Angeboten[2] oder der elektronischen Signatur.[3] Die Richtlinien sind insoweit jedoch nicht abschließend und stehen den Anforderungen des § 21 VOL/A, einschließlich der ggf. hieran anschließenden Rechtsfolge des Angebotsausschlusses gemäß § 25 VOL/A, nicht entgegen (s. § 25 Rn. 2). 4

Gegenüber der **bisherigen Rechtslage** ist § 21 VOL/A weitgehend unverändert geblieben. Geändert wurde lediglich § 21 Nr. 1 Abs. 2 VOL/A, der bisher nur die Unterschriftspflicht enthielt (§ 21 Nr. 1 Abs. 2 Satz 1 VOL/A-alt) (s. hierzu Rn. 37 und 44). § 21 Nr. 1 Abs. 2 Satz 2 VOL/A-alt ist nunmehr systematisch eine eigenständige Regelung, § 21 Nr. 1 Abs. 3 VOL/A. Die weiteren Absätze von § 21 Nr. 1 VOL/A wurden in der Nummerierung entsprechend verschoben. Außerdem wurde konsequent – wie in allen Vorschriften der VOL/A – in § 21 Nr. 2 VOL/A die bisher verwendete Formulierung »Nebenangebote und Änderungsvorschläge« auf »Nebenangebote« verkürzt. 5

---

2 Art. 42 Abs. 1 bis 5 RL 2004/18/EG bzw. Art. 48 Abs. 1 bis 5 RL 2004/17/EG.
3 Art. 42 Abs. 5 lit. b) RL 2004/18/EG bzw. Art. 48 Abs. 5 lit. b) RL 2004/17/EG.

§ 21 Inhalt der Angebote

6 § 21 VOL/A, 1. Abschnitt, stimmt mit § 21 VOL/A, 2. Abschnitt, wörtlich überein. Gegenüber dem 3. **Abschnitt der VOL/A** bestehen folgende Unterschiede, die jedoch keine materiell-rechtlichen Auswirkungen haben: Erstens wird in § 21 Nr. 1 Abs. 2 Satz 2 VOL/A, 3. Abschnitt, die Form der »direkten« Angebotsübermittlung (s. hierzu Rn. 48) zwar nicht erwähnt, diese ist jedoch gemäß § 18 Nr. 2 Abs. 1 Satz 1 VOL/A statthaft und an dieselben Formvorschriften gebunden wie nach dem 1. und 2. Abschnitt der VOL/A. Zweitens fehlt im 3. Abschnitt der vierte Satz von § 21 Nr. 1 Abs. 2 VOL/A, 1. und 2. Abschnitt, wonach bei elektronisch übermittelten Angeboten die Verschlüsselung bis zum Ablauf der Angebotsfrist aufrecht erhalten bleiben muss. Dieselbe Verpflichtung ergibt sich jedoch aus § 22 Nr. 1 Satz 3 VOL/A, so dass die Rechtslage in sämtlichen drei Abschnitten der VOL/A auch insoweit identisch ist.

B. Inhalt der Angebote, § 21 Nr. 1 VOL/A

I. Preise, geforderte Angaben und Erklärungen, Erläuterungen, § 21 Nr. 1 Abs. 1 VOL/A

7 § 21 Nr. 1 Abs. 1 VOL/A regelt die **Vollständigkeit** der Angebote sowie Anforderungen an die Form, soweit einem Bieter Erläuterungen zur Beurteilung seines Angebots erforderlich erscheinen. Alle Bieter haben dieselben formalen und inhaltlichen Anforderungen zu erfüllen, damit die Angebote im Rahmen der anschließenden Wertung in jeder Hinsicht miteinander verglichen werden können, um unter Berücksichtigung aller Umstände das wirtschaftlichste Angebot i. S. d. § 25 Nr. 3 VOL/A zu ermitteln.[4]

8 Daraus, dass § 21 Nr. 1 Abs. 1 VOL/A die Pflicht zur Abgabe eines vollständigen Angebots dem Bieter auferlegt, ist hierüber hinaus erstens zu entnehmen, dass grundsätzlich der Bieter im Falle der Nichtaufklärbarkeit, ob er sein Angebot vollständig eingereicht hat, die materielle Beweislast trägt (s. § 25 Rn. 6), sowie zweitens, dass der öffentliche Auftraggeber nicht gehalten ist, seinerseits für die Vollständigkeit eines Angebots, etwa durch Nachfordern fehlender Unterlagen oder durch sonstige eigene Recherchen, zu sorgen (s. § 25 Rn. 89).

1. Allgemeines

9 § 21 Nr. 1 Abs. 1 nennt – ohne insoweit abschließend zu sein – die formalen Anforderungen, denen die Angebote in jedem Fall genügen müssen. Die daraus abzuleitenden Rechtsfragen werden in Rechtsprechung und Schrifttum unter der Überschrift »**unvollständige Angebote**« behandelt. Damit ist inhaltliche Unvollständigkeit gemeint, die bei den durch die Verdingungsunterlagen, namentlich die Leistungsbeschreibung und die Angebotsaufforderung, geforderten Preisangaben, aber auch bei sonstigen Angaben oder Erklärungen vorkommen kann. Die Vollständigkeit der Angebote ist vom Auftraggeber in der ersten Angebotswertungsphase zu prüfen (sog. formale An-

---

[4] Vgl. nur *OLG Saarbrücken* 9. 11. 2005, 1 Verg 4/05.

Inhalt der Angebote § 21

gebotswertung). Die Bestimmungen über die Vollständigkeit der Angebote sind in den (höherrangigen) **EG-Vergaberichtlinien**[5] ohne Vorbild. Nichtsdestoweniger sind sie europarechtlich unbedenklich, da die Mitgliedstaaten nicht gehindert sind, die Auftragsvergaben strengeren als den Regeln der Vergaberichtlinien zu unterwerfen, sofern solche Regelungen weder zwingenden Richtlinienbestimmungen noch dem Zweck der Richtlinien – Entwicklung eines wirksamen Wettbewerbs auf dem Gebiet des öffentlichen Auftragswesens – zuwiderlaufen.[6] Derartiges ist in Bezug auf Nr. 1 Abs. 1 zu verneinen.[7] Die **VOB/A** enthält in § 21 Nr. 1 Abs. 1 überwiegend identische Vorschriften. Lediglich in der **VOF** fehlt Vergleichbares, was sich mit dem dort anzuwendenden Verhandlungsverfahren erklärt (vgl. § 5 VOF).

a) Anforderungen an die Angebote

Um die formalen Anforderungen zu erfüllen, sind von den Bietern u. U. hohe Aufmerksamkeit beim Studium der Verdingungsunterlagen sowie große, bisweilen außergewöhnliche, Sorgfalt bei der Abfassung der Angebote gefordert.[8] Dies lehrt der Blick auf die ein unvollständiges Angebot treffenden strengen rechtlichen Konsequenzen. Angebote, welche den formalen Anforderungen nicht entsprechen, also unvollständig sind, sind davon bedroht, allein deswegen bereits auf der ersten Wertungsstufe ausgeschlossen zu werden (vgl. § 25 Nr. 1 Abs. 1 a, Abs. 2 a).[9] Die sachliche Rechtfertigung für diese gelegentlich als überbetont formal empfundene Handhabung liegt in den Geboten des **Wettbewerbs**, der **Gleichbehandlung** und der aus dem Gleichbehandlungsgebot abzuleitenden **Transparenz** des Vergabeverfahrens. Kein Vergabeverfahren »funktioniert« ohne Wettbewerb, Gleichbehandlung der Bieter sowie Transparenz im Verfahren und bei der Vergabeentscheidung. Das wird normativ nicht nur am Wettbewerbsgebot und Diskriminierungsverbot des § 2 Nr. 1 und 2, sondern besonders an den übergeordneten Bestimmungen des § 97 Abs. 1, 2 GWB deutlich, die Wettbewerb, Gleichbehandlung und Transparenz zu den vergaberechtlichen Kernprinzipien erheben. Jenen Grundsätzen kann effektiv nur Rechnung getragen werden, sofern der Auftraggeber daran gebunden ist, ausschließlich solche Angebote zu werten, die in jeder aus den Verdingungsunterlagen hervorgehenden Hinsicht miteinander **vergleichbar**

10

---

5 Vgl. für den Anwendungsbereich der VOL/A: Dienstleistungskoordinierungsrichtlinie (DKR) 92/50/EWG v. 18. 6. 1992 (ABl. EG Nr. L 209 v. 24. 7. 1992, S. 1 ff.) und Lieferkoordinierungsrichtlinie (LKR) 93/36/EWG v. 14. 6. 1993 (ABl. EG Nr. L 199 v. 9. 8. 1993, S. 1 ff.) – beide aufgegangen in der neuen Vergabekoordinierungsrichtlinie (VKR) 2004/18/EG v. 31. 3. 2004 (ABl EG Nr. L 134 S. 114 ff.); ferner: Sektorenkoordinierungsrichtlinie (SKR) 93/38/EWG v. 14. 6. 1993 (ABl EG Nr. L 199 v. 9. 8. 1993, S. 84 ff.) – statt dieser nunmehr Sektorenkoordinierungsrichtlinie (SKR) 2004/17/EG v. 31. 3. 2004 (ABl. EG Nr. L 134, S. 1 ff.).
6 Vgl. *EuGH* 27. 11. 2001 C-285 und 286/99 NZBau 2002, 101 = EuZW 2002, 58, Rn. 51 bis 59, 81 f.
7 Vgl. gerade in Bezug auf Kostenverlagerungen auch die insoweit bestätigende Entscheidung des Gerichts erster Instanz der Europäischen Gemeinschaften, *EuG* 31. 1. 2005 – Rs. T 447/04 – ABl. Nr. C 93 v. 16. 4. 2005, S. 58 = ZfBR 2005, 491, 496.
8 Vgl. z. B. den der Entscheidung *BGH* 18. 2. 2003 X ZB 43/02 VergabeR 2003, 313 zugrundeliegenden Fall, in welchem mehr als 120 Positionen des Leistungsverzeichnisses die Aufforderung enthielten, neben dem Fabrikat/Hersteller auch den Typ des angebotenen Produkts anzugeben. Genauso werden von Auftraggebern in der Praxis oftmals zahlreiche Preisangaben gefordert, u. U. aufgegliedert in Material- und Arbeitspreise.
9 Die Rechtslage im Anwendungsbereich der VOB/A stellt sich im Prinzip nicht anders dar, vgl. § 21 Nr. 1 Abs. 1, § 25 Nr. 1 Abs. 1, insbesondere b VOB/A.

sind.[10] Dies »erfordert, dass hinsichtlich jeder Position der Leistungsbeschreibung alle zur Kennzeichnung der insoweit angebotenen Leistung geeigneten Parameter (m. a. W. Preise sowie Angaben und Erklärungen) bekannt (d. h. im Angebot angegeben worden) sind, deren Angabe den Bieter nicht unzumutbar belastet, aber ausweislich der Ausschreibungsunterlagen gefordert war, so dass sie als Umstände ausgewiesen sind, die für die Vergabeentscheidung relevant sein sollen«.[11] Anders ausgedrückt: Das infolge nicht angegebener Preise und/oder Fehlens geforderter Angaben oder Erklärungen unvollständige Angebot eines Bieters ist mit dem insoweit vollständigen Angebot eines anderen Bieters nicht in jeder Hinsicht vergleichbar. Dabei kommt es nicht darauf an, ob das betreffende Angebot im einzelnen Fall im Ergebnis mit anderen Angeboten nicht verglichen werden kann.[12] Sähe man dies anders, könnten – was schon im Ansatz zu missbilligen ist – die Angebotsinhalte nachträglich manipuliert werden.[13] Diese der Rechtsprechung des BGH zu den vergleichbaren Bestimmungen der VOB/A[14] entnommenen Aussagen sind im Prinzip genauso auf die VOL/A zu übertragen.[15] Bei der Anwendung dieser Rechtssätze auf das öffentliche Auftragswesen muss es Auftraggebern wie den Vergabenachprüfungsinstanzen im Sinn eines am Regelungsziel der Norm orientierten vernünftigen Verständnisses nur darum gehen, das rechte Maß zwischen einer schrankenlos formalen Strenge und einer allzu nachsichtigen Praxis zu finden.

b) Praktische Bedeutung der Norm

11 Bei der Problemstellung ist begreiflich, dass Nr. 1 Abs. 1 Satz 1, was seine Auslegung mit Blick auf die Vollständigkeit der **Preisangaben** und die praktische Bedeutung betrifft, zu den umstrittensten Normen des Vergaberechts zählt. Dies hat mehrere Ursachen. So hat sich, auch abhängig von den gesamtwirtschaftlichen Verhältnissen, der Wettbewerb um Aufträge jeder Art, namentlich auch der Wettbewerb um öffentliche Liefer- und Dienstleistungsaufträge, in der Vergangenheit verschärft.[16] Um wenigstens einen Deckungsbeitrag zu den Betriebskosten zu erlangen, nahmen oder nehmen am Auftrag interessierte Unternehmen in manchen Wirtschaftszweigen u. U. sogar einen ruinösen Preiswettbewerb in Kauf. Im Zeichen allenthalben zu beobachtender

---

10 Vgl. *BGH* 16. 4. 2002 X ZR 67/00 BauR 2002, 2558 = NZBau 2002, 517 = VergabeR 2002, 463 = ZfBR 2002, 612 und 7. 1. 2003 X ZR 50/01 BGHZ 154, 32, 45 = NZBau 2002, 406 = VergabeR 2003, 558 m.Anm. v. *Kus* = ZfBR 2003, 558; s. ferner *BGH* 16. 3. 2004 X ZR 23/03 (Zurückweisung einer Nichtzulassungsbeschwerde).
11 *BGH* 18. 2. 2003 X ZB 43/02 VergabeR 2003, 313, 317 f; 18. 5. 2004 – X ZB 7/04 – VergabeR 2004, 473, 476 f.; 7. 1. 2003 – X ZR 50/01 – BGHZ 154, 32, 45 = VergabeR 2003, 558 m.Anm. v. *Kus* = WuW/E Verg 971; 16. 4. 2002 – X ZR 67/00 – NJW 2002, 2558 sowie aus jüngerer Zeit auch *BGH* 24. 5. 2005 – X ZR 243/02 – BauR 2005, 1620, 1621 f = NZBau 2005, 594, 595 = VergabeR 2005, 754, 755 f = WuW/E Verg 1131, 1132 f.
12 So *BGH* 18. 5. 2004 VergabeR 2004, 473, 476.
13 Vgl. *BGH* 18. 2. 2003 – X ZB 43/02 – VergabeR 2003, 313, 318.
14 Vgl. § 21 Nr. 1 Abs. 1, § 25 Nr. 1 Abs. 1, insbesondere b VOB/A.
15 Vgl. für den Fall des Fehlens von Angaben oder Erklärungen: *OLG Dresden* 31. 3. 2004 VergabeR 2004, 724, 726 und 6. 4. 2004 VergabeR 2004, 609, 612.
16 Sofern sie sich daran vorvertraglich daran binden, haben im Übrigen auch private Auftraggeber Aufträge nach den Vorschriften der VOL/A zu vergeben; vgl. *BGH* 31. 2. 2006 VergabeR 2006, 889; 8. 9. 1998 NJW 1998, 3636.

Haushaltsrestriktionen sind daneben auch öffentliche Auftraggeber geneigt, den Zuschlag allein auf das preisgünstigste (und nicht auf das unter allen Gesichtspunkten wirtschaftlichste) Angebot zu erteilen.[17] Dies fördert zwar den **Preiswettbewerb** unter den Bietern. Daran ist nichts Anstößiges zu erkennen, sofern daraus keine den Gesamtwettbewerb störenden Folgewirkungen erwachsen. Genau das ist bei einem übersteigerten Preiswettbewerb jedoch zu befürchten. Derartiger Wettbewerb kann Bieter und Auftraggeber dazu verleiten, den künftigen Vertragspartner – um daraus bei der Vergütung zu profitieren – schon im Vergabeverfahren zu übervorteilen. Erfahrungsgemäß und typischerweise regen dazu unklar und nicht eindeutig gefasste Leistungsbeschreibungen an. Bei unklaren Mengenangaben kann ein Bieter z. B. bestrebt sein, voraussichtliche Mengenänderungen bei der Ausführung zu seinem Vorteil auszunutzen. So wird, wo infolge ungenauer Leistungsansätze mit Mengenminderungen zu rechnen ist, die Leistung zu einem moderaten Einheitspreis angeboten. Wo nach Meinung des Bieters Mengenmehrungen (und lukrative Nachträge) erwartet werden können, wird hingegen ein hoher Einheitspreis eingesetzt. Genauso können Bieter darauf spekulieren, eine bestimmte Teilleistung werde tatsächlich nicht gebraucht. Man hat daher nicht vor, diese auszuführen, und es wird – um einen Vorsprung vor Wettbewerbern zu erlangen – dafür nur ein geringer oder gar kein Preis angegeben. Wird die Unvollständigkeit der Leistung bei der Vertragsausführung offenbar, sind Meinungsverschiedenheiten »vorprogrammiert«.

Der durch die Erfahrung belegte Umstand, dass Bieter und Auftraggeber in Vergabeverfahren die vorstehend beispielhaft dargestellten – vermeintlich zulässigen – Spielräume bei den die Preise bestimmenden Faktoren tatsächlich ausnutzen oder dies versuchen, birgt die Gefahr, dass die Vergabepraxis sich vom **Leitbild des Ausschreibungsverfahrens** als eines vorvertraglichen Vertrauensverhältnisses[18] entfernt. Faktisch liefe dies auf die Förderung oder Annahme eines Interessengegensatzes zwischen Bietern und Auftraggebern hinaus.[19] Derartige Tendenzen sind der Vergabe- und Vertragspraxis in tatsächlicher Hinsicht abträglich, da sie spätere Auseinandersetzungen begünstigen. Sie sind ebenso wenig rechtlich gutzuheißen, denn dem Vergaberecht liegt – fußend auf der spätestens durch die Anforderung der Ausschreibungsunterlagen begründeten schuldrechtlichen Sonderverbindung,[20] und im Hinblick auf mögliche Schadensersatzverpflichtungen des Auftraggebers aus *culpa in contrahendo*[21] im Kern auch von niemandem bezweifelt – richtigerweise die Vorstellung einer offenen, von Loyalität, Rücksichtnahme und Vertrauen getragenen Kooperation zwi-

12

---

[17] Die folgende Darstellung befasst sich in erster Linie mit den von öffentlichen Auftraggebern i. S. v. § 98 GWB zu vergebenden öffentlichen Aufträgen i. S. v. § 99 GWB, welche die Schwellenwerte nach § 2 Vergabeverordnung (VgV) für Liefer- und Dienstleistungsaufträge erreichen oder übersteigen. Sie gilt daneben aber auch für die sog. Unterschwellenwertvergaben durch öffentliche Auftraggeber. Private Auftraggeber, die erklärtermaßen verbindlich nach Maßgabe der VOL/A ausschreiben, müssen die Ausführungen auf ihre Ausschreibungen übertragen.
[18] StRspr des *BGH*, vgl. BGHZ 120, 281, 284; 124, 64; 139, 273; *BGH* NJW 1998, 2636, 2640; *BGH* 7. 6. 2005 – X ZR 19/02 – Treppenanlage BauR 2005, 1618 = VergabeR 2005, 617, 618 = WuW/E Verg 1134.
[19] So *Leinemann/Kirch* VergabeR 2005, 563, 564, 572, 573 f. im Anwendungsbereich der VOB/A sowie *Leinemann* Anm. zu OLG Naumburg VergabeR 2005, 779, 787, 788.
[20] St. Rspr. des *BGH*, vgl. *BGH* 7. 6. 2005 – X ZR 19/02 – BauR 2005, 1618 = VergabeR 2005, 617, 618 = WuW/E Verg 1134; BGHZ 139, 259, 261; 139, 273, 275; 139, 280, 283.
[21] Nunmehr §§ 280 Abs. 1, 241 Abs. 2, 311 Abs. 2 BGB n. F.

§ 21 Inhalt der Angebote

schen Auftraggeber und Bieter zugrunde.[22] Freilich bildet den besten Schutz gegen spätere Überraschungen eine auf vollständiger und zutreffender Tatsachenbasis erstellte, eindeutige und erschöpfende Leistungsbeschreibung (vgl. § 8). Gelingt eine diesen Ansprüchen genügende Leistungsbeschreibung nicht, legitimiert dies die Bieter indessen nicht, den Mangel auszunutzen. Freilich ist der Anwendungsbereich der VOL/A von den Erscheinungsformen eines übersteigerten Preiswettbewerbs bislang weniger betroffen als der Bausektor, der bis in die jüngere Vergangenheit hinein jahrelang Überkapazitäten und dadurch bedingt einem wohl schärferen Wettbewerb ausgesetzt war.[23] Dennoch ist auch im Bereich der Waren- und Dienstleistungsbeschaffung das Vergaberecht als »Vorläufer« des Vertragsrechts nicht dazu berufen, einer Übervorteilung des Auftraggebers bei der Vertragsabwicklung Vorschub zu leisten. Betrachtet man das Vergabe- und das Vertragsrecht wertungsmäßig als eine Einheit, ist vielmehr als eine Aufgabe des Vergaberechts zu erkennen, dahingehenden Entwicklungen entgegenzuwirken. Dadurch werden nicht vergabefremde Zwecke, sondern grundlegende vergaberechtliche Prinzipien – nämlich Wettbewerb, Transparenz und Gleichbehandlung (vgl. § 97 Abs. 1, 2 GWB) – verfolgt.

13 Diskussionsstoff erzeugt darüber hinaus die Rechtsfolge bei unvollständigen Preisangaben. Gemäß § 25 Nr. 1 Abs. 1 a werden Angebote, für deren Wertung »wesentliche Preisangaben« fehlen, ausgeschlossen. Wie sich aus einem Vergleich der Absätze 1 (»werden«) und 2 (»können«) von § 25 Nr. 1 ergibt, ist der **Ausschluss von der Wertung** nach dem Wortlaut der Norm, und zwar in der ersten Wertungsphase, beim Fehlen wesentlicher Preisangaben in der Regel zwingend.[24] Diese für Bieter schroffe Sanktion wird nicht selten missbilligt. Es wird deshalb vielerorts versucht, den dadurch eintretenden Verlust an Einzelfallgerechtigkeit auszugleichen.[25] Zudem fühlen sich durch das Gebot eines Angebotsausschlusses bei unvollständigen Preisangaben,[26] vor allem dann, wenn hiervon – was nicht selten vorkommt – mehrere oder sogar zahlreiche Angebote betroffen sind, Auftraggeber in ihrer Wertungsfreiheit eingeengt und daran gehindert, den Zuschlag auf das wirtschaftlichste Angebot, welches nicht selten zugleich das preisgünstigste ist, zu erteilen. Richtig ist daran, dass § 21 Nr. 1 Abs. 1 Satz 1 nicht losgelöst von der Rechtsfolgeanordnung in § 25 Nr. 1 Abs. 1 a interpretiert werden darf; zwischen beiden Vorschriften besteht eine Wechselbeziehung.

14 Zudem ist daran zu erinnern, dass die Verdingungsordnungen als Bestandteile des nationalen Vergaberechts seit dem Inkrafttreten des Vergaberechtsänderungsgesetzes (VergRÄG)[27] nicht mehr allein die Aufgabe erfüllen, im Sinn einer möglichst sparsamen Verwendung der öffentlichen Haushaltsmittel eine Auftragsvergabe auf das wirt-

---

22 So auch *Müller-Wrede* NZBau 2006, 73, 75.
23 Tatsächlich betreffen die weitaus meisten und wichtigen gerichtlichen Entscheidungen, die sich mit mangelhaften Preisangaben befassen, den Anwendungsbereich der VOB/A.
24 Vgl. BGH 24. 5. 2005 NZBau 2005, 594, 595.
25 Vgl. (ohne Anspruch auf Vollständigkeit) z. B. *OLG Saarbrücken* 29. 5. 2002 VergabeR 2002, 493 und 29. 10. 2003 NZBau 2004, 117; *KG* 26. 2. 2004 VergabeR 2004, 330; *OLG Naumburg* 2. 9. 2005 VergabeR 2005, 789; 22. 9. 2005 VergabeR 2005, 779; *OLG München* 5. 7. 2005 VergabeR 2005, 794, 796; *Freise* NZBau 2005, 135; *Leinemann/Kirch* VergabeR 2005, 563.
26 Im Prinzip genauso beim Fehlen geforderter anderer Angaben und Erklärungen, vgl. § 21 Nr. 1 Abs. 1 Satz 1, § 25 Nr. 1 Abs. 2 lit a).
27 Gesetz vom 26. 8. 1998 (BGBl. I S. 2546), in Kraft seit dem 1. 1. 1999.

schaftlichste Angebot sicherzustellen. Die innerstaatlichen Vergabevorschriften sind von den höherrangigen EG-Vergaberichtlinien überlagert worden.[28] Das Vergaberechtsänderungsgesetz hat das **EG-Vergaberecht** (insbesondere durch die §§ 97 ff. GWB) in nationales Recht transformiert. Infolgedessen sind die Zielsetzungen des EG-Vergaberechts – Öffnung des Binnenmarkts für einen Wettbewerb auf dem Gebiet des öffentlichen Auftragswesens, Gleichbehandlung, Transparenz, subjektive Bieterrechte und Primärrechtsschutz im Fall einer Verletzung – in das nationale Recht übernommen worden. Die Vorschriften der Verdingungsordnungen haben zu diesem Zweck durch Bezugnahme in der Vergabeverordnung (VgV) für die Auftragsvergaben der öffentlichen Auftraggeber materielle Gesetzeskraft erlangt.[29] Die umgesetzten EG-rechtlichen Vorgaben sind ernst zu nehmen. Infolgedessen hat sich das Vergaberecht als Teil der nationalen Wirtschaftsordnung vom bloßen Haushaltsrecht zu einer eigenständigen Rechtsmaterie gewandelt. Das Vergaberecht wird neben dem Wirtschaftlichkeitsgebot gleichrangig von den durch das EG-Recht vorgegebenen Vergabeprinzipien beherrscht.

2. Tatbestand der Norm: Preisangaben

a) Vollständige Preisangaben

Weder der Tatbestand der Norm, wonach die Angebote »die Preise enthalten *müssen*«, noch die Erläuterungen des Verdingungsausschusses[30] sind für eine **Begriffsbestimmung**, welche Preise im Angebot anzugeben sind, unmittelbar ergiebig. Der Auftraggeber hat Bietern den Inhalt eines Angebots, namentlich Preisangaben, nicht verbindlich vorzuschreiben.[31] Er hat im Rechtssinn daher keinen Rechtsanspruch auf vollständige Preisangaben. Den Bieter trifft lediglich eine Obliegenheit, sein Angebot mit den geforderten Preisangaben zu versehen. Eine Obliegenheitsverletzung, mithin eine unvollständige Preisangabe, muss der Auftraggeber aber zum Anlass nehmen, das betreffende Angebot von der Wertung auszuschließen (s. o. Rn. 13 sowie im Übrigen unter § 25). Nur mit Blick darauf, m. a. W. um einen Ausschluss seines Angebots zu vermeiden, sind Preisangaben für den Bieter faktisch ein »Muss«. Nach dem Zweck der Norm (Sicherstellung der Vergleichbarkeit der Angebote) obliegen Bietern im Ange-

15

---

28 Vgl. für den Anwendungsbereich der VOL/A: Dienstleistungskoordinierungsrichtlinie (DKR) 92/50/EWG v. 18. 6. 1992 (ABl. Nr. L 209 v. 24. 7. 1992, S. 1 ff.) und Lieferkoordinierungsrichtlinie (LKR) 93/36/EWG v. 14. 6. 1993 (ABl. Nr. L 199 v. 9. 8. 1993, S. 1 ff.) – beide aufgegangen in der neuen Vergabekoordinierungsrichtlinie (VKR) 2004/18/EG v. 31. 3. 2004 (ABl. Nr. L 134 S. 114 ff); außerdem: Sektorenkoordinierungsrichtlinie (SKR) 93/38/EWG v. 14. 6. 1993 (ABl. Nr. L 199 v. 9, 8. 1993, S. 84 ff) – statt dieser nunmehr Sektorenkoordinierungsrichtlinie (SKR) 2004/17/EG v. 31. 3. 2004 (ABl. Nr. L 134, S. 1 ff.).
29 Im Fall der VOL/A ist diese Rechtswirkung durch § 4 Vergabeverordnung (VgV), derzeit in der Fassung des ÖPP-Beschleunigungsgesetzes vom 1. 7. 2005 (BGBl I 2005, 2676), eingetreten, der die öffentlichen Auftraggeber bei der Vergabe von Liefer- und Dienstleistungsaufträgen, welche die maßgebenden Schwellenwerte erreichen oder übersteigen, verpflichtet, die Bestimmungen des 2. Abschnitts der VOL/A anzuwenden. Die Bestimmungen der VgV sind durch die Verordnungsermächtigung in § 97 Abs. 6 GWB gedeckt, vgl. *BGH* 9. 2. 2004 VergabeR 2004, 201, 204 ff.
30 Die Erläuterungen sind generell als eine authentische Interpretation durch den Verdingungsausschuss als »Normgeber« zu verstehen und deshalb in Zweifelsfällen zur Auslegung stets heranzuziehen.
31 In der VOB/A wird dies bereits am Wortlaut der Norm deutlich. Gemäß § 21 Nr. 1 Abs. 1 Satz 4 VOB/A *»sollen«* die Angebote nur die Preise enthalten.

§ 21 Inhalt der Angebote

bot indes nur die vom Auftraggeber in den Verdingungsunterlagen, insbesondere in der Angebotsaufforderung oder in der Leistungsbeschreibung, ausdrücklich und zweifelsfrei vorgesehenen, d. h. die **geforderten Preisangaben**.[32] Die Forderung von Preisangaben ist nur zu beanstanden, sofern sie die Bieter unzumutbar belastet.[33] Im Regelfall ist Solches zu verneinen.

16 Auftraggeber, welche die rechtliche Konsequenz unvollständiger Preisangaben (und genauso unvollständiger Angaben und Erklärungen der Bieter) vor Augen haben – nämlich einen Ausschluss des betreffenden Angebots und u. U. zahlreicher Angebote von der Wertung – bedenken zweckmäßigerweise aber schon beim Aufstellen der Verdingungsunterlagen, bei welchen Leistungspositionen – abgesehen vom Angebotsendpreis für die Dienstleistung oder die Lieferung oder vom Preis für bestimmte sachlich ausscheidbare Leistungen – es, um die Vergabeentscheidung für das wirtschaftlichste Angebot zu erleichtern oder nützliche Festlegungen für die Vertragsabwicklung zu erlangen, überhaupt sinnvoll ist, differenzierende Preisangaben zu verlangen. Denn jede Forderung nach detaillierten und aufgliedernden Preisangaben erhöht das Risiko, dass die eingehenden Angebote insofern unvollständig sein werden, sie deshalb auszuschließen sind, und dass infolgedessen die Grundlage, die Zuschlagsentscheidung auf das wirtschaftlichste Angebot zu treffen, mit einem den Bieterwettbewerb verkürzenden Effekt verschmälert wird.

17 Nr. 1 Abs. 1 Satz 1 nimmt weder seinem Wortlaut noch seinem Sinn nach eine Einschränkung dahin vor, Bietern oblägen nur **wesentliche Preisangaben**. Welche Preisangaben wesentlich sind, stellt sich erst bei der Vergabeentscheidung heraus. Bietern steht daran keine Einflussnahme zu, denn das liefe darauf hinaus ihnen zu gestatten, die Aufstellung der für die Vergabeentscheidung maßgebenden Parameter und deren Bewertung zu diktieren. Daran hat aber der Auftraggeber das Primat. Im Stadium der Angebotsvorbereitung ist für die Bieter deshalb allein maßgebend, dass der Auftraggeber in den Ausschreibungsunterlagen (§ 9) bestimmte Preisangaben verlangt, und er diese infolgedessen als Umstände ausgewiesen hat, die – kraft der ihm insoweit zustehenden Einschätzungsprärogative – für die Vergabeentscheidung relevant sein sollen.[34] Um die Vergleichbarkeit der Preise zu gewährleisten (s. o. Rn. 10) ist deswegen **jede** in den Verdingungsunterlagen, namentlich in der Angebotsaufforderung oder der Leistungsbeschreibung vom Auftraggeber zulässig **geforderte Preisangabe** vollständig und mit dem Betrag vorzunehmen, der für die betreffende Leistung beansprucht wird.[35] Beansprucht ist derjenige Preis, den der Bieter für die Leistung tatsächlich kalkuliert hat und den er folglich tatsächlich berechnen will. Preisangaben haben deshalb – gemessen an der internen Kalkulation des Bieters –

---

32 Vgl. *BGH* 18. 5. 2004 VergabeR 2004, 473, 476.
33 Vgl. *BGH* VergabeR 2003, 313, 318.
34 So *BGH* 18. 2. 2003 VergabeR 2003, 313, 318.
35 So *BGH* 24. 5. 2005 NZBau 2005, 594 und 18. 5. 2004 VergabeR 2004, 473, 476 – insoweit die VOL/A übertragbar – für den Anwendungsbereich der VOB/A. Letztgenannte Entscheidung enthält nichts bahnbrechend Neues, schon gar nicht nach *BGH* 18. 2. 2003 – X ZB 43/02 – VergabeR 2003, 313 (obiter dicta enthaltend), sondern greift nur auf, was in *BGH* 16. 4. 2002 – X ZR 67/00 – BauR 2002, 2558 = NZBau 2002, 517 = VergabeR 2002, 463 = ZfBR 2002, 612 und *BGH* 7. 1. 2003 X ZR 50/01 BGHZ 154, 32, 45 = NZBau 2002, 406 = VergabeR 2003, 558 m.Anm. v. *Kus* = ZfBR 2003, 558 vorher schon explizit ausgeführt worden war.

stets auch **zutreffend** zu sein.³⁶ Eine unzutreffende Preisangabe lässt das Angebot – genauso wie eine wahrheitswidrig unterlassene Preisangabe – unvollständig werden. Der innere Grund für diese Sachbehandlung liegt darin, dass nur bei vollständigen Preisangaben die Wirtschaftlichkeit eines Angebots auf transparenter und alle Bieter gleichbehandelnder Grundlage beurteilt werden kann.³⁷

Die Vorschrift hat **bieterschützenden Charakter.** An diesem Verständnis sind auch in Verhandlungsverfahren prinzipiell keine Abstriche vorzunehmen.³⁸ Die obenstehende Darstellung beruht auf der Rechtsprechung des BGH, mit der – unabhängig davon, ob ihr zugestimmt wird oder nicht – die Vergabepraxis gewiss lange Jahre zu leben haben wird.³⁹ Wer jene Rechtsprechung – sei es als Bieter, Auftraggeber oder anwaltlicher Berater – nicht befolgt, hat zu bedenken, dass er den »sichersten Weg« verlässt und OLG, die von den Entscheidungen des BGH abweichen wollen, darin nicht frei sind, sondern die Sache zur Sicherung der Einheitlichkeit der Rechtsprechung dem BGH vorzulegen haben (vgl. § 124 Abs. 2 GWB).

18

b) Kalkulationsfreiheit der Bieter

Die vorstehend (s. o. Rn. 13, 17) dargestellten Grundsätze werden zu Unrecht als Angriff auf die Kalkulationsfreiheit der Bieter verstanden.⁴⁰ Denn bei öffentlichen Auftragsvergaben sind die Bieter per se nur **im Rahmen der gesetzlichen Bestimmungen** in ihrer Kalkulation frei.⁴¹ Zu den insoweit relevanten gesetzlichen Bestimmungen (im materiellen Sinn) zählen auch die Vorschriften der Verdingungsordnungen. Nach den Verdingungsordnungen haben öffentliche Auftraggeber bei der Beschaffung von Waren und Leistungen ein streng formalisiertes Verfahren zu befolgen. Ein derartiges Verfahren ist geeignet sicherzustellen, dass mit öffentlichen Haushaltsmitteln sparsam und wirtschaftlich umgegangen wird.⁴²

19

Abgesehen davon, dass bei den geforderten Preisangaben im Sinne einer Obliegenheit nur die tatsächlich beanspruchten Preise anzugeben sind, droht bei einer sachgerechten Normanwendung kein substantieller Eingriff in die Kalkulationsfreiheit der Bieter. Die Bieter haben nicht zu befürchten, dass bei einer Überprüfung, ob zutreffende Preise angegeben worden sind, ihre betriebswirtschaftliche Kalkulationsweise »auf den Prüfstand« kommt. Als Ausdruck der **Freiheit unternehmerischen Handelns** liegt es im Verantwortungsbereich des Bieters, wie er seine Preise kalkuliert.⁴³ Da Kal-

20

---

36 So *BGH* 18. 5. 2004 VergabeR 2004, 473, 476.
37 *BGH* 18. 5. 2004 VergabeR 2004, 473, 477.
38 Vgl. *BGH* VergabeR 2007, 73, 75.
39 Die in der Vorlageentscheidung des *KG* 26. 2. 2004 VergabeR 2004, 331 vertretene großzügigere Rechtsauffassung ist aufgrund *BGH* 18. 5. 2004 VergabeR 2004, 473 hinfällig geworden. Wie der BGH im Übrigen auch *OLG Düsseldorf* 26. 11. 2003 NZBau 2004, 296 LS = VergabeR 2004, 322 mit Anm. v. *Lischka*.
40 *KG* VergabeR 2004, 330 (Vorlagebeschluss nach § 124 Abs. 2 GWB, der zur Entscheidung des *BGH* VergabeR 2004, 473 führte); *Leinemann/Kirch* VergabeR 2005, 563, 564, 572 ff.
41 So auch *Müller-Wrede* NZBau 2006, 73, 75; *Freise* NZBau 2005, 135, 137; *Konrad* NZBau 2004, 524, 526.
42 So auch *Freise* NZBau 2005, 135, 137; *Müller-Wrede* NZBau 2006, 73, 75. Sofern sich private Auftraggeber bei Auftragsvergaben an eine Anwendung der Verdingungsordnungen binden, unterliegt die Kalkulationsfreiheit der Bieter auch insoweit den daraus folgenden Beschränkungen.
43 So auch *BGH* VergabeR 2004, 473, 477.

kulationen generell innerhalb einer gewissen, vertretbaren Bandbreite erfolgen können, ist die Preiskalkulation im Vergabeverfahren (und im Nachprüfungsverfahren) nicht auf ihre Richtigkeit oder Angemessenheit, insbesondere nicht auf die im Unternehmen angelegten Kalkulationsgrundlagen oder auf die Vertretbarkeit einer Kalkulationsmethode zu überprüfen und zu bewerten.[44] Unbeachtlich ist auch, ob der geforderte Preis vom marktüblichen Preis abweicht oder sogar unterhalb der Selbstkosten des Bieters liegt.[45] § 21 Nr. 1 Abs. 1 Satz 1 dient nicht dem Zweck, unangemessen hohe oder niedrige Angebote aus der Wertung auszuscheiden.[46] Maßgebend ist darum lediglich, ob sich aus der Summe der vom Bieter intern zugrunde gelegten Kostenansätze, d. h. aus der im konkreten Fall praktizierten Kalkulation, der für die betreffende (Teil-)Leistung tatsächlich verlangte Preis rechnerisch ermitteln lässt.[47] Anders ist es nur zu beurteilen, wenn der Auftraggeber zulässige Kalkulationsvorgaben gemacht hat. Kalkulationsfreiheit und Kalkulationsvorgaben des Auftraggebers stehen in Abhängigkeit zueinander. Die Kalkulationsfreiheit des Bieters ist umso größer, je weniger der Auftraggeber diese durch entsprechende Vorgaben eingeschränkt hat. Weist der Auftraggeber in den Ausschreibungsunterlagen z. B. nicht aus, an welcher Stelle Gemeinkosten zu kalkulieren sind, kann der Bieter eine Berechnung bei der ihm sachgerecht erscheinenden (Teil-)Leistung vornehmen.[48]

c) Kalkulationsvorgaben des Auftraggebers

21 Aus dem Bestimmungsrecht des Auftraggebers[49] folgt, dass in den Ausschreibungsunterlagen, insbesondere im Leistungsverzeichnis, die Bieter **nicht unzumutbar belastende** Kalkulationsvorgaben gemacht werden dürfen.[50] So darf der Auftraggeber z. B. anordnen, dass in bestimmte Positionen des Leistungsverzeichnisses sämtliche bei der Ausführung jener Positionen anfallenden Aufwendungen einzukalkulieren sind.[51] Der Auftraggeber muss nur die bei der betreffenden Position einzurechnenden Kostenfaktoren **im Einzelnen benennen** und dadurch Preisangaben verlangen. In diesem Sinn darf der Auftraggeber auch **Aufschlüsselungen der Preise** fordern.[52] Dann kommt es nicht darauf an, ob die Kosten im Allgemeinen an jene Stelle gehören oder ob sie in der Praxis des Bieters sonst bei einer anderen Kostenstelle kalkuliert werden.[53] Er ist dann gehalten, die Vorgaben des Auftraggebers zu befolgen. Genauso darf der Auftraggeber eine Preisaufschlüsselung nach Material und Arbeitslohn verlangen. Ein **Kalkulationsirrtum** des Bieters kann unschädlich sein.[54] Darüber darf

---

44 Vgl. *BGH* a. a. O.; genauso *OLG Naumburg* NZBau 2006, 129 (LS) = VergabeR 2006, 779, 783; *OLG Brandenburg* NZBau 2006, 126, 128 = VergabeR 2006, 770, 774; *Leinemann/Kirch* VergabeR 2005, 563, 566.
45 Vgl. *OLG Rostock* VergabeR 2006, 374, 377.
46 *BGH* VergabeR 2004, 473, 477.
47 So auch *OLG Rostock* VergabeR 2006, 374, 377.
48 *OLG Rostock* VergabeR 2006, 374, 377.
49 Vgl. *BGH* VergabeR 2003, 558.
50 Vgl. insoweit auch *BGH* VergabeR 2007, 73; *OLG München* VergabeR 2006, 933, 936 f; *OLG Rostock* VergabeR 2006, 374, 377 m. w. N.; *OLG Koblenz* VergabeR 2006, 233, 234 f.
51 *OLG Koblenz* VergabeR 2006, 233, 235.
52 Vgl. *BGH* BauR 2005, 1520.
53 Vgl. *BayObLG* VergabeR 2005, 121, 123.
54 So *OLG Rostock* NZBau 2006, 261, 262.

– ohne eine inhaltliche Änderung des Angebots (vgl. § 24 Nr. 2 Abs. 1) – vom Auftraggeber aufgeklärt werden. Die Beachtlichkeit eines Kalkulationsirrtums beurteilt sich nach den darüber entwickelten zivilrechtlichen Grundsätzen.[55]

3. Rechtsfolge unvollständiger Preisangaben

Die Rechtsfolge unvollständiger Preisangaben, nämlich der in der Regel zwingend gebotene Ausschluss des betroffenen Angebots von der weiteren Angebotswertung, ist oben (Rn. 13) schon angesprochen worden. Insoweit haben die Vergabepraxis und die Vergabenachprüfungsinstanzen trotz der grundsätzlich klärenden Entscheidungen des BGH vom 18. 2. 2003[56] und 18. 5. 2004[57] indes noch zu keiner einheitlichen, in einem gewissen Sinn allenfalls zu einer mehrheitlichen Linie, gefunden. Die Rechtsprechung der OLG ist unübersichtlich.[58] Wegen der Einzelheiten wird auf die Kommentierung zu § 25 Nr. 1 Abs. 1 verwiesen. **22**

4. Geforderte Angaben und Erklärungen

Die Angebote müssen gemäß § 21 Nr. 1 Abs. 1 Satz 1 VOL/A die geforderten Angaben und Erklärungen enthalten. Die Formulierung ist bewusst weit gefasst, so dass hierunter alle (insbesondere leistungsbezogenen) **Angaben und Unterlagen** fallen, die der öffentliche Auftraggeber von den Bietern verlangt, z. B. auszufüllende Formblätter wie das Formblatt EFB-Preis,[59] Eigenerklärungen, produktidentifizierende Angaben wie Hersteller- oder Typenangaben[60] oder eine Herstellererklärung über die Eigenschaften des angebotenen Produkts,[61] Angaben zum Umfang des Nachunternehmereinsatzes[62] und ob der eigene Betrieb auf die Nachunternehmerleistungen eingerichtet ist oder nicht,[63] Erläuterungen zum Angebot, Muster und Proben i. S. d. § 8 Nr. 4 VOL/A etc. **23**

Eignungsnachweise i. S. d. § 7 a Nr. 2 Abs. 2 und Nr. 3 VOL/A nehmen insoweit eine Sonderrolle ein, als dass ein Angebot, in dem geforderte Eignungsnachweise fehlen, nicht wegen nichtenthaltener Erklärungen nach § 25 Nr. 1 Abs. 2 lit. a) VOL/A **24**

---

55 Vgl. dazu *Palandt/Heinrichs*, Bürgerliches Gesetzbuch, 65. Aufl., § 119 BGB Rn. 18 ff. m. w. N.
56 VergabeR 2003, 313.
57 VergabeR 2004, 473, hervorgegangen aus einer Divergenzvorlage des *KG* VergabeR 2004, 330 auf die Entscheidung des *OLG Düsseldorf* VergabeR 2004, 322. Siehe dazu auch *BGH* 24. 5. 2005 NZBau 2005, 594, 595.
58 Vgl. (ohne Anspruch auf Vollständigkeit) die Übersichten bei *Müller-Wrede* NZBau 2006, 73; *Möllenkamp* NZBau 2005, 557; *Maier* NZBau 2005, 374; *Freise* NZBau 2005, 135; *Leinemann/Kirch* VergabeR 2005, 563; *Konrad* NZBau 2004, 524.
59 Vgl. *BGH* 7. 6. 2005 VergabeR 2005, 617, 618 f. (zur VOB/A); *OLG Düsseldorf* 9. 2. 2006, VII-Verg 4/06 (zur VOB/A).
60 Vgl. *BGH* 18. 2. 2003 VergabeR 2005, 313, 318 (zur VOB/A); *OLG Dresden* 10. 7. 2003, WVerg 16/02 (zur VOB/A).
61 *OLG Düsseldorf* 5. 4. 2006, VII-Verg 3/06 (zur VOB/A).
62 *OLG Düsseldorf* 30. 7. 2003, VII-Verg 32/03 (zur VOB/A); *BayObLG* 25. 9. 2003, Verg 14/03 (zur VOB/A); *OLG Koblenz* 7. 7. 2004, 1 Verg 1 und 2/04 (zur VOB/A); *OLG Düsseldorf* 21. 12. 2005, VII-Verg 69/05; *OLG Schleswig* 10. 3. 2006, 1 (6) Verg 13/05 (zur VOB/A).
63 *OLG Düsseldorf* 21. 12. 2005, VII-Verg 69/05.

auszuschließen ist, sondern weil der Bieter seine Eignung nicht so wie gefordert nachgewiesen hat, § 25 Nr. 2 Abs. 1 VOL/A (s. § 25 Rn. 103 ff.).

25 Die **Form**, in der die geforderten Angaben und Erklärungen vorzulegen sind, richtet sich nach § 21 Nr. 1 Abs. 2 VOL/A (s. Rn. 43 ff.).

26 S. dazu, unter welchen Voraussetzungen geforderte Angaben und Erklärungen nicht im Angebot »**enthalten**« sind, § 25 Rn. 86.

27 **Rechtsfolgen** ergeben sich aus dem Fehlen von Angaben und Erklärungen nur dann, soweit der öffentliche Auftraggeber zur Anforderung der entsprechenden Unterlage berechtigt war und Art, Inhalt sowie Zeitpunkt der vorzulegenden Angaben und Erklärungen wirksam gefordert hat (s. § 25 Rn. 84 f.).

5. Erläuterungen zur Beurteilung des Angebots

28 § 21 Nr. 1 Abs. 1 Satz 2 VOL/A eröffnet dem Bieter die Möglichkeit, sein Angebot zu erläutern, soweit dies erforderlich erscheint. »**Erläuterungen**« sind rein kommentierende Angaben zum geforderten Angebot.[64] Diese sind von Änderungen oder Ergänzungen streng zu unterscheiden. Änderungen oder Ergänzungen sind in Form eines Nebenangebots (§ 21 Nr. 2 VOL/A) abzugeben[65] und insbesondere nur dann wertungsfähig, wenn der öffentliche Auftraggeber Nebenangebote nicht gemäß § 17 Nr. 3 Abs. 5 VOL/A ausgeschlossen hat.

29 Um die Vergleichbarkeit der Angebote nicht zu gefährden, sind Erläuterungen zum Angebot als **besondere Anlage** beizufügen. Andere Bieter, die keine weiteren Erläuterungen gemacht haben, sollen nicht dadurch benachteiligt werden, dass ein Mitbewerber in seinem Angebot mehr Angaben macht als vom öffentlichen Auftraggeber gefordert.[66]

30 **Rechtsfolgen**, wenn zusätzliche Erläuterungen nicht auf einer besonderen Anlage gemacht worden sind, sind in der VOL/A nicht geregelt. Im Einzelfall kann dies jedoch dazu führen, dass der Angebotsinhalt nicht mehr eindeutig und zweifelsfrei i. S. d. § 21 Nr. 1 Abs. 3 VOL/A ist, so dass der Ausschluss des Angebots gemäß § 25 Nr. 1 Abs. 1 lit. c) VOL/A in Betracht kommt (s. Rn. 76, § 25 Rn. 50).

II. Datenintegrität, Vertraulichkeit und Form der Angebote, § 21 Nr. 1 Abs. 2 VOL/A

31 § 21 Nr. 1 Abs. 2 VOL/A regelt in Ergänzung zu § 18 VOL/A die äußere Form sowie die Übermittlungswege, über die Angebote abgegeben werden können, sowie deren vertrauliche und integritätswahrende Behandlung durch den öffentlichen Auftraggeber. Die Vorschrift dient der **Vereinfachung und Beschleunigung des Vergabeverfahrens**, ohne jedoch das berechtigte Interesse der Bieter an der **Geheimhaltung**

---

64 S. die amtlichen Erläuterungen zu § 21 Nr. 1 Abs. 1 VOL/A.
65 S. die amtlichen Erläuterungen zu § 21 Nr. 1 Abs. 1 VOL/A.
66 Vgl. *Noch* in: Müller-Wrede § 21 Rn. 29.

und **Sicherheit der übermittelten Daten** zur Gewährleistung eines ordnungsgemäßen Bieterwettbewerbs zurücktreten zu lassen.

Abgesehen von § 21 Nr. 1 Abs. 2 Satz 5 VOL/A, wonach Angebote zu unterschreiben **32** bzw. elektronisch zu signieren sind, deckt sich diese Vorschrift mit § 16 a VOL/A, der neuerdings die Anforderungen an die Übermittlung von Teilnahmeanträgen regelt. Vergleichbare Regelungen für Aufträge unterhalb der Schwellenwerte enthielt **bisher** § 21 Nr. 3 VOL/A-alt, 1. Abschnitt. Außerdem wurden die einzelnen Übermittlungswege (per Post, direkt, elektronisch) bisher in § 15 VgV-alt genannt, der seinem Wortlaut nach gegenüber den Verdingungsordnungen subsidiär galt und durch die Dritte Verordnung zur Änderung der Vergabeverordnung abgeschafft worden ist. In Umsetzung der entsprechenden gemeinschaftsrechtlichen Vorgaben war auch nach § 15 VgV-alt die Angebotsabgabe auf elektronischem Weg grundsätzlich den herkömmlichen Kommunikationsmitteln gleichgestellt, wobei auch hier die Wahrung der Vertraulichkeit der Angebots ausdrücklich betont wurde.[67]

§ 21 Nr. 1 Abs. 2 VOL/A ergänzt § 16 Nr. 4 VOL/A und setzt **Art. 42 Abs. 1, 3, 5 lit. 33 b), c) RL 2004/18/EG** bzw. **Art. 48 Abs. 1, 3, 5 lit. b), c) RL 2004/17/EG** um, wonach für sämtliche »Mitteilungen«, also sowohl für solche des Auftraggebers als auch für solche der Teilnehmer oder Bieter, nach Wahl des öffentlichen Auftraggebers grundsätzlich sämtliche Kommunikationsmittel zulässig sind. Für die elektronische Übermittlung wird § 21 Nr. 1 Abs. 2 VOL/A ergänzt durch § 16 Nr. 5, 6 VOL/A, der in Umsetzung von Art. 42 Abs. 2, 4, 5 lit. a) RL 2004/18/EG bzw. Art. 48 Abs. 1, 3, 5 lit. b), c) RL 2004/17/EG vorsieht, dass das hierfür gewählte Netz allgemein verfügbar sein muss und die Informationen über die technischen Gerätespezifikationen, die für die Übermittlung und Verschlüsselung der Angebote erforderlich sind, den interessierten Unternehmen zugänglich sein müssen (s. auch § 16 Rn. 44 f.).

§ 21 Nr. 1 Abs. 2 VOL/A sagt nichts darüber aus, ob sämtliche der hierin genannten **34** Formen, ein Angebot zu übermitteln, bei jeder Ausschreibung verwendet werden dürfen. Der öffentliche Auftraggeber ist diesbezüglich weiterhin frei, welche Form(en) er zulässt (vgl. § 16 Nr. 4 VOL/A), und muss dies in der Bekanntmachung oder den Vergabeunterlagen angeben (§ 16 Nr. 4, § 17 Nr. 3 Abs. 2 lit. g) VOL/A). Alle Kommunikationsmittel sind insoweit grundsätzlich als gleichwertig anzusehen. Ein Bieter hat daher keinen Anspruch darauf, dass der öffentliche Auftraggeber **bestimmte Kommunikationsmittel**, z. B. für die elektronische Übermittlung, eröffnet.[68] Wenn ausschließlich die elektronische Übermittlung vorgegeben sein sollte, kann ein Bieter dementsprechend i. d. R. auch nicht verlangen, dass er sein Angebot z. B. per Post einreichen darf.[69] Sofern allerdings ein Bieter im Einzelfall begründet vortragen kann, mangels elektronischer Übermittlungsmöglichkeit anderenfalls am Vergabeverfahren nicht teilnehmen zu können, beschränkt der Auftraggeber durch die Vorgabe des elek-

---

67 S. zur Entstehungsgeschichte der elektronischen Angebotsabgabe *Antweiler* CR 2001, 717 ff; *Eberstein* in: Daub/Eberstein § 21 VOL/A Rn. 19 a ff; *Höfler* NZBau 2000, 449 ff.
68 Vgl. *Kratzenberg* in: Ingenstau/Korbion, 15. Aufl., § 15 VgV Rn. 4; *Müller* in: Byok/Jaeger § 15 VgV Rn. 1619; *Weyand* ZVgR 2001, 51, 54 jeweils m. w. N.; a. A., wenn der öffentliche Auftraggeber nachweislich über die erforderliche Technik verfügt, *Malmendier* VergabeR 2001, 178, 181.
69 Vgl. *Kratzenberg* in: Ingenstau/Korbion, 15. Aufl., § 15 VgV Rn. 4; *Müller* in: Byok/Jaeger § 15 VgV Rn. 1621 jeweils m. w. N.

tronischen Übermittlungswegs den Zugang dieses Bieters zum Vergabeverfahren und verstößt damit gegen § 16 Nr. 5 Satz 1 VOL/A (s. auch § 16 Rn. 44). Trotz derartiger Befürchtungen hielt die Europäische Kommission einen Übergangszeitraum, in dem die gleichzeitige Verwendung herkömmlicher und elektronischer Kommunikationsmittel verbindlich vorgeschrieben ist, allerdings für nicht erforderlich.[70]

35 § 16 VOL/A ist ebenfalls maßgeblich dafür, ob ein Bieter sein Angebot vollständig mit Hilfe **eines einzigen Kommunikationsmittels** einreichen muss oder z. B. bei elektronischer Übermittlung des Angebots die ggf. verlangten Nachweise per Post übersenden darf. Sofern der öffentliche Auftraggeber beide Kommunikationsmittel zugelassen hat (und die Nachweise innerhalb der Abgabefrist vorgelegt werden), dürften hiergegen grundsätzlich keine Bedenken bestehen.[71] Im Übrigen trifft die VOL/A hierzu keine Regelungen. Art. 42 Abs. 5 lit. d) RL 2004/18/EG bzw. Art. 48 Abs. 5 lit. d) RL 2004/17/EG sehen jedoch vor, dass die Bieter insbesondere Eignungsnachweise vor Ablauf der Angebotsfrist auch auf anderem Weg einreichen müssen (und dementsprechend auch dürfen), wenn die verlangten Nachweise elektronisch nicht verfügbar sind. § 16 Nr. 5 VOL/A ist entsprechend richtlinienkonform auszulegen.[72] Sollte der öffentliche Auftraggeber in einem solchen Fall dennoch auf die elektronische Übermittlung des Angebots samt aller geforderten Nachweise bestehen, beschränkt er den Zugang der Bieter zum Vergabeverfahren und verstößt gegen § 16 Nr. 5 Satz 1 VOL/A (s. auch § 16 Rn. 44). Auf keinen Fall darf jedoch die Ergänzung eines z. B. elektronisch übermittelten Angebots auf dem Postwege dazu führen, dass der Angebotsinhalt nicht zweifelsfrei ist, indem dem öffentlichen Auftraggeber (zumindest z. T.) unterschiedliche Fassungen eines Angebots vorliegen. Ein solches widersprüchliches Angebot ist gemäß § 25 Nr. 1 Abs. 1 lit. c) i. V. m. § 21 Nr. 1 Abs. 3 VOL/A von der Wertung auszuschließen (s. § 25 Rn. 50).

36 Die **Zurückziehung der Angebote** regelt § 18 Nr. 3 VOL/A (s. § 18 Rn. 42 ff.).

1. Integrität der Daten und Vertraulichkeit der Angebote, § 21 Nr. 1 Abs. 2 Satz 1 VOL/A

37 Gemäß § 21 Nr. 1 Abs. 2 Satz 1 VOL/A haben die Auftraggeber die Integrität der Daten und die Vertraulichkeit der übermittelten Angebote auf geeignete Weise zu gewährleisten. Diese Pflichten waren **bisher** in § 15 VgV-alt sowie in den Anforderun-

---

70 Vorschlag der Europäischen Kommission für eine Richtlinie des Europäischen Parlaments und des Rates über die Koordinierung der Verfahren zur Vergabe öffentlicher Lieferaufträge, Dienstleistungsaufträge und Bauaufträge vom 30. 8. 2000, KOM (2000) 275 endgültig/2, S. 5 bzw. Vorschlag der Europäischen Kommission für eine Richtlinie des Europäischen Parlaments und des Rates zur Koordinierung der Auftragsvergabe im Bereich der Wasser-, Energie- und Verkehrsversorgung vom 31. 8. 2000, KOM (2000) 276 endgültig/2, S. 14.
71 Demgegenüber war in Art. 1 Nr. 6, Art. 2 Nr. 5, Art. 3 Nr. 5 RL 97/52/EG noch gefordert worden, dass ein elektronisches Angebot »alle für seine Bewertung erforderlichen Angaben« enthalten muss, also vollständig einzureichen ist, so dass § 15 VgV-alt dementsprechend richtlinienkonform auszulegen war; s. *Höfler* NZBau 2000, 449, 453; *Malmendier* VergabeR 2001, 178, 181; a. A. *Müller* in: Byok/Jaeger § 15 VgV Rn. 1618.
72 Auch bei der Ergänzung eines Angebots ist darauf zu achten, dass die erforderliche Vertraulichkeit gewahrt bleibt, so sind Ergänzungen eines Angebots auf dem Postweg in einem verschlossenen Umschlag zu übermitteln, vgl. § 18 Nr. 2 Abs. 1 Satz 1 VOL/A.

gen nach § 18 Nr. 2, § 22 Nr. 1 VOL/A-alt geregelt, Angebote verschlossen einzureichen und bis zum Eröffnungstermin unter Verschluss zu halten.

Durch welche Anforderungen oder Maßnahmen die Integrität der Daten und die Vertraulichkeit der Angebote zu gewährleisten ist, wird in § 21 Nr. 1 Abs. 2 VOL/A nicht geregelt. Die Vorschrift spricht insoweit nur von der »**geeigneten Weise**« und lässt somit die vom öffentlichen Auftraggeber konkret zu ergreifenden Vorkehrungen bewusst offen. Diesbezüglich ist von einem weitgehendsten Schutz der Geheimhaltung der Angebote auszugehen; nach dem 37. Erwägungsgrund der RL 2004/18/EG erfordern »die Verfahren zur Vergabe öffentlicher Aufträge und die für Wettbewerbe geltenden Vorschriften ... einen höheren Grad an Sicherheit und Vertraulichkeit« als sonst in den Richtlinien über elektronische Signaturen und den elektronischen Geschäftsverkehr (sog. »E-Commerce-Richtlinie«) vorgesehen ist (vgl auch den 48. Erwägungsgrund der RL 2004/17/EG). Welche Maßnahmen konkret zu ergreifen sind bzw. was im Einzelfall zu beachten ist, hängt insbesondere von der jeweiligen Form ab, in der ein Angebot eingereicht wird. So sind z. B. per Post übermittelte Angebote »unter Verschluss« zu halten oder elektronisch übermittelte zu verschlüsseln. Konkrete Anforderungen für die elektronische Entgegennahme von Angeboten sind § 16 Nr. 6 i. V. m. Anhang II VOL/A und Art. 42 Abs. 5 lit. a) i. V. m. Anhang X RL 2004/18/EG bzw. Art. 48 Abs. 5 lit. a) i. V. m. Anhang XXIV RL 2004/17/EG zu entnehmen. Die im Interesse der Unverletzlichkeit und Unversehrtheit der Angebote zu treffenden Vorkehrungen betreffen jedoch nicht nur die öffentlichen Auftraggeber, sondern auch die Bieter: So dienen die von den Bietern einzuhaltenden Vorgaben in § 21 Nr. 1 Abs. 2 Satz 2 und 3 VOL/A an den Verschluss bzw. die Verschlüsselung und damit an die Form der Angebote selbst im Ergebnis ebenfalls der Vertraulichkeit und Integrität der übermittelten Daten.

38

a) Integrität der Daten

In Abgrenzung zur vertraulichen Behandlung der Angebote betrifft die Datenintegrität in erster Linie die **Unverfälschtheit** bzw. **Unverletzlichkeit** der übermittelten Daten, insbesondere durch nachträgliche Veränderung, (teilweise oder vollständige) Löschung oder sonstige unbefugte Nutzung. Die Gewährleistung der Unversehrtheit der einem öffentlichen Auftraggeber mit einem Angebot übermittelten Daten ist insbesondere bei der elektronischen Übermittlung eines Angebots relevant (s. Rn. 51 f.).

39

Ohne dass § 21 Nr. 1 Abs. 2 VOL/A konkrete und dementsprechend abschließende Festlegungen enthält, welche Vorkehrungen ein öffentlicher Auftraggeber insoweit zu treffen hat (s. Rn. 38), kann die Integrität der Daten insbesondere durch **technische und organisatorische Maßnahmen** gewährleistet werden, die den unbefugten und unkontrollierten Zugriff einzelner Personen auf diese Daten einschränken. Gemäß Art. 42 Abs. 5 lit. a) i. V. m. Anhang X lit. c) bis h) RL 2004/18/EG bzw. Art. 48 Abs. 5 lit. a) i. V. m. Anhang XXIV lit. c) bis h) RL 2004/17/EG muss der öffentliche Auftraggeber z. B. mittels geeigneter technischer Mittel und entsprechender Verfahren gewährleisten, dass niemand vor den festgesetzten Terminen (also i. d. R. der Angebotsöffnung) Zugang zu den übermittelten Daten haben kann, dass etwaige Verstöße gegen dieses Zugangsverbot eindeutig festgestellt werden können, dass der Zeitpunkt

40

§ 21 Inhalt der Angebote

der Öffnung der übermittelten Daten ausschließlich von den ermächtigten Personen festgelegt oder geändert werden kann, dass der Zugang zu allen vorgelegten Daten nur möglich ist, wenn die ermächtigten Personen gleichzeitig tätig werden, dass der Zugang zu den übermittelten Daten erst nach dem festgesetzten Zeitpunkt möglich ist und dass die eingegangenen und ggf. geöffneten Angebote ausschließlich den zur Kenntnisnahme ermächtigten Personen zugänglich bleiben (vgl § 16 Nr. 6 i. V. m. Anhang II lit. c) bis g) VOL/A). Weitere geeignete technische und organisatorische Maßnahmen zur Gewährleistung der Integrität der Daten können der Anlage zu § 9 Satz 1 Bundesdatenschutzgesetz (BDSG) entnommen werden, z. B. die Kontrolle des Zutritts zu Datenverarbeitungsanlagen, die Kontrolle des Zugriffs bei der Nutzung der Daten gegen unbefugtes Lesen, Kopieren, Verändern oder Entfernen oder die sog. Verfügbarkeitskontrolle gegen zufällige Zerstörung oder Verlust der Daten.

b) Vertraulichkeit der Angebote

41 Zum **Schutz der Bieter** und zugleich des **ordnungsgemäßen Wettbewerbs** ist die Vertraulichkeit der übermittelten Angebote vom öffentlichen Auftraggeber in zweierlei Hinsicht zu gewährleisten: Erstens ist das Verfahren so zu gestalten, dass die Vergabestelle selbst vom Inhalt der Angebote erst nach Ablauf der Frist für ihre Einreichung Kenntnis erhält,[73] zweitens ist die **Geheimhaltung** gegenüber unbefugten Dritten, insbesondere den anderen Bietern, sicherzustellen.[74] Vertraulich zu behandeln sind alle von den Bewerbern als vertraulich eingestuften Informationen, insbesondere technische und betriebliche Geheimnisse sowie die »vertraulichen Aspekte der Angebote selbst« (vgl. Art. 6 RL 2004/18/EG, Art. 13 Abs. 2 RL 2004/17/EG). Umfang und Einzelheiten der Geheimhaltungspflicht richten sich gemäß Art. 6 RL 2004/18/EG, Art. 13 Abs. 2 RL 2004/17/EG »nach Maßgabe des innerstaatlichen Rechts«, in Deutschland gelten über § 21 Nr. 1 Abs. 2 Satz 1 VOL/A hinaus § 30 VwVfG bzw. die entsprechenden landesverwaltungsrechtlichen Regelungen, §§ 202 bis 204, insbesondere § 203 Abs. 2 Strafgesetzbuch (StGB) sowie die Datenschutzgesetze des Bundes bzw. der Länder.

42 Welche »**geeigneten**« **Vorkehrungen** ein öffentlicher Auftraggeber zur Gewährleistung der Vertraulichkeit gemäß § 21 Nr. 1 Abs. 2 Satz 1 VOL/A ergreifen muss, hängt von der jeweiligen Art der Übermittlung eines Angebots ab: Im Falle der Übersendung per Post oder der direkten Übergabe ist die Vertraulichkeit im Wesentlichen bereits durch den verschlossenen Briefumschlag gewahrt, der bis zum vorgesehenen Öffnungstermin unter Verschluss zu halten ist; elektronisch übermittelte Angebote sind vom Bieter zu verschlüsseln; zudem muss der öffentliche Auftraggeber technische Mittel und Verfahren einrichten, die den Zugriff unbefugter Personen auf die Angebote einschränken (Anhaltspunkte ergeben sich insoweit u. a. aus Art. 42 Abs. 5 lit. a) i. V. m. Anhang X lit. c) bis h) RL 2004/18/EG bzw. Art. 48 Abs. 5 lit. a) i. V. m. Anhang XXIV lit. c) bis h) RL 2004/17/EG und der Anlage zu § 9 Satz 1 Bundesdatenschutzgesetz (BDSG) (s. Rn. 40)).

---

73 Vgl. Art. 42 Abs. 3 RL 2004/18/EG, Art. 48 Abs. 3 RL 2004/17EG, § 22 Nr. 1 Satz 1, § 18 Nr. 2 Abs. 1 Satz 2 VOL/A.
74 Vgl. Art. 6 RL 2004/18/EG, Art. 13 RL 2004/17/EG, § 21 Nr. 3 VOL/A.

2. Form der Angebote, § 21 Nr. 1 Abs. 2 Satz 2 bis 5 VOL/A

§ 21 Nr. 1 Abs. 1 Satz 2 bis 5 VOL/A ergänzen § 18 Nr. 2 VOL/A, der ebenfalls Regelungen zur Form der Angebote enthält, die allerdings nur für Öffentliche und Beschränkte Ausschreibungen (bzw. Offene und Nichtoffene Verfahren) gelten. 43

Die hier geregelten Anforderungen, Angebote verschlossen einzureichen und bis zum Eröffnungstermin unter Verschluss zu halten, waren **bisher** in § 18 Nr. 2, § 22 Nr. 1 VOL/A-alt geregelt, sowie für elektronische Angebote zusätzlich in § 15 VgV-alt bzw. § 21 Nr. 3 VOL/A-alt, 1. Abschnitt. Durch die Streichung von § 15 VgV-alt und die Zusammenfassung der einschlägigen Regelungen in § 21 VOL/A wurde die Systematik der VOL/A, insbesondere was die Anforderungen an schriftliche Angebote einerseits und elektronische andererseits angeht, im Interesse der Rechtsklarheit wesentlich verbessert – auch wenn die z. T. weiterhin inhaltlich gleichen Regelungen in § 18 Nr. 2 und § 22 Nr. 1 VOL/A beibehalten worden sind. 44

a) Übermittlung per Post oder direkt

Die Vertraulichkeit von Angeboten, die per Post oder direkt übermittelt werden, wird dadurch gewährleistet, dass diese in einer bestimmten Form einzureichen sind: Ein Bieter muss sein Angebot zur Geheimhaltung in einem **verschlossenen Umschlag** abgeben und als solches **kennzeichnen**, indem er auf dem Umschlag vermerkt, dass es sich um ein Angebot zu der im Einzelnen bezeichneten Ausschreibung handelt (§ 21 Nr. 1 Abs. 2 Satz 2 VOL/A, vgl auch § 18 Nr. 2 Abs. 1 Satz 1 VOL/A). Bei Öffentlicher und Beschränkter Ausschreibung bzw. Offenen und Nichtoffenen Verfahren ist die genaue Aufschrift, mit der das Angebot zu versehen ist, dem Angebotsaufforderungsschreiben zu entnehmen (s. § 17 Nr. 3 Abs. 2 lit. g) VOL/A). 45

Nur bei hinreichend gekennzeichneten Angeboten ist gewährleistet, dass der öffentliche Auftraggeber diese gemäß § 21 Nr. 1 Abs. 2 Satz 2 VOL/A bis zum Ablauf der Angebotsfrist unter **Verschluss** hält, also nicht wie den übrigen Posteingang öffnet, dass er die Angebote mit einem Eingangsvermerk i. S. d. § 22 Nr. 1 VOL/A versieht und so bis zur Angebotsöffnung aufbewahrt, dass sie vor Verlust, Beschädigung und Einsichtnahme geschützt sind. 46

Das Gleiche gilt gemäß § 18 Nr. 2 VOL/A konsequent für etwaige **Änderungen und Berichtigungen** in Angeboten. 47

Da auch die »**direkte Übermittlung**« mittels eines verschlossenen Umschlags erfolgen muss, ist hierunter die Abgabe beim Empfänger entweder durch den Bieter selbst oder einen Boten zu verstehen. 48

Der öffentliche Auftraggeber ist gemäß § 16 Nr. 4 VOL/A frei, welchen Übermittlungsweg er zulässt. Ein Bieter hat daher grundsätzlich keinen Anspruch auf die Verwendung eines **bestimmten Kommunikationsmittels** (oben Rn. 34). Im Ausnahmefall kann ein Bieter jedoch verlangen, dass er sein Angebot z. B. per Post einreichen kann, wenn sein Zugang zum Vergabeverfahren anderenfalls entgegen § 16 Nr. 5 Satz 1 VOL/A beschränkt wäre (vgl. oben Rn. 34). S. zur Frage, ob ein Bieter z. B. 49

§ 21 Inhalt der Angebote

die Eignungsnachweise über einen anderen Kommunikationsweg übermitteln darf als das Angebot im Übrigen, oben Rn. 35.

50 Zusätzlich sind die Angebote gemäß § 21 Nr. 1 Abs. 2 Satz 5 VOL/A zu **unterschreiben** (s. Rn. 57 ff.).

b) Elektronische Übermittlung

51 Der verschlossene Umschlag, der bei postalischer Übermittlung eines Angebots die vertrauliche Behandlung und Integrität gewährleistet, ist bei elektronischer Übermittlung auf andere Weise herzustellen (»elektronischer Briefumschlag«). Gemäß § 21 Nr. 1 Abs. 2 Satz 3 und 4 VOL/A sind elektronisch übermittelte Angebote bis zum Ablauf der Angebotsfrist zunächst zu verschlüsseln, um die Vertraulichkeit und Integrität zu wahren und sie vor dem vorzeitigen Zugriff des Auftraggebers selbst und unbefugter Dritter zu schützen (§ 21 Nr. 1 Abs. 2 Satz 4 VOL/A, vgl auch § 18 Nr. 2 Abs. 1 Satz 2 VOL/A). Die für die Verschlüsselung erforderlichen Informationen sind den Bewerbern gemäß § 16 Nr. 6 VOL/A zugänglich zu machen und müssen den Anforderungen des § 16 Nr. 5 VOL/A genügen.[75]

52 Zudem muss der öffentliche Auftraggeber den **Verschluss** der übermittelten Angebote bis zum Eröffnungstermin durch entsprechende organisatorische und technische Lösungen sicherstellen. Welche Vorkehrungen gegen den unbefugten Zugriff zu ergreifen sind, ergibt sich insbesondere aus § 16 Nr. 6 i. V. m. Anhang II lit. c) bis g) VOL/A, vgl. auch die Anlage zu § 9 Satz 1 Bundesdatenschutzgesetz (BDSG) (s. Rn. 38, 40).

53 Da der öffentliche Auftraggeber grundsätzlich selbst entscheiden kann, welche Übermittlungswege er für die Abgabe von Angeboten zulässt, hat ein Bieter grundsätzlich **keinen Anspruch** darauf, sein Angebot z. B. elektronisch abgeben zu können. S. zur Frage, ob ein Bieter z. B. die Eignungsnachweise über einen anderen Kommunikationsweg übermitteln darf als das Angebot im Übrigen, oben Rn. 35.

54 Hierüber hinaus sind elektronisch übermittelte Angebote gemäß § 21 Nr. 1 Abs. 2 Satz 5 VOL/A mittels einer elektronischen Signatur zu **unterschreiben** (s. Rn. 64 ff.).

55 Nach dem bisherigen Gemeinschaftsrecht, mit dem die Verwendung einer elektronischen Signatur zugelassen wurde (Art. 1 Nr. 6, Art. 2 Nr. 5, Art. 3 Nr. 5 RL 97/52/EG[76]), sollten andere als schriftliche Angebote umgehend schriftlich oder durch Übermittlung einer beglaubigten Abschrift **bestätigt** werden, »soweit dies aus Gründen des rechtlichen Nachweises erforderlich ist«. Diese Richtlinienvorgabe wurde bei ihrer Umsetzung in § 15 VgV-alt nicht übernommen; z. T. wurde insoweit vertreten, dass § 15 VgV-alt entsprechend richtlinienkonform erweiternd auszulegen sei.[77] Dies ist nach der heutigen Rechtslage nicht mehr erforderlich. Art. 42 RL 2004/18/EG bzw. Art. 48 RL 2004/17/EG fordern solche Bestätigungen für Ange-

---

[75] Zum Einsatz sog. intelligenter Softwareagenten *Denk/Paul/Roßnagel/Schnellenbach-Held* NZBau 2004, 131, 133 f.
[76] ABl. EG 1997 Nr. L 328, 1 ff.
[77] *Müller* in: Byok/Jaeger § 15 VgV Rn. 1618 m. w. N.

bote nicht mehr und auch für Teilnahmeanträge nur dann, wenn diese telefonisch oder per Fax übermittelt werden (s. Art. 42 Abs. 6 lit. b), c) RL 2004/18/EG, Art. 48 Abs. 6 lit. b), c) RL 2004/17/EG; s. § 16 a Rn. 15, § 16 b Rn. 7). Es ist davon auszugehen, dass aufgrund der hohen technischen Sicherheitsanforderungen nach Art. 42 Abs. 5 lit. a) i. V. m. Anhang X RL 2004/18/EG bzw. Art. 48 Abs. 5 lit. a) i. V. m. Anhang XXIV RL 2004/17/EG, § 16 Nr. 6 i. V. m. Anhang II VOL/A weitere Nachweise, die den rechtzeitigen Eingang eines elektronischen Angebots bestätigen, nicht mehr erforderlich sind.

c) Sonstige Formen der Übermittlung von Angeboten

Weitere Kommunikationswege, über die Angebote übermittelt werden, werden in § 21 Nr. 1 Abs. 2 VOL/A nicht genannt. Auch § 22 VOL/A erwähnt nur elektronische und schriftliche Angebote, worunter Angebote **per Telefax** mangels Unterschrift nicht fallen (vgl. § 126 Abs. 1 BGB).[78] § 15 VgV-alt war insoweit offener formuliert, so dass z. T. auch die Angebotsabgabe per Telefax für zulässig erachtet wurde.[79] Für Aufträge unterhalb der Schwellenwerte wurde die Angebotsabgabe »per Telekopie« in § 21 Nr. 3 Satz 2 VOL/A-alt, 1. Abschnitt, ausdrücklich zugelassen, allerdings mit der Einschränkung, die Vertraulichkeit bis zum Eröffnungstermin sicherzustellen. Im Rahmen der aktuellen Rechtslage spricht gegen jede erweiternde Auslegung über den Wortlaut des § 21 Nr. 1 Abs. 2 VOL/A hinaus bereits, dass bei Angebotsabgabe per Telefax oder sogar per Telefon die gemäß § 21 Nr. 1 Abs. 2 Satz 1 VOL/A geforderte Vertraulichkeit und Integrität nicht gewährleistet ist, da bei diesen Übermittlungswegen grundsätzlich nicht verhindert werden kann, dass der öffentliche Auftraggeber vor Ablauf der Angebotsfrist vom Angebotsinhalt Kenntnis erlangt.[80] Art. 42 Abs. 6 RL 2004/18/EG bzw. Art. 48 Abs. 6 RL 2004/17/EG lassen ebenfalls nur die Stellung von Teilnahmeanträgen, nicht jedoch von Angeboten per Telefax oder Telefon zu, wobei jedoch auch hier erhebliche Bedenken gegen die Wahrung der gebotenen Vertraulichkeit bestehen (s. § 16 a Rn. 17). Auch Art. 42 Abs. 1 RL 2004/18/EG, Art. 48 Abs. 1 RL 2004/17/EG sprechen nicht für die Zulässigkeit der Angebotsabgabe per Telefax. Beide Vorschriften stellen die Auswahl der zuzulassenden Kommunikationsmittel in das Ermessen des öffentlichen Auftraggebers (»nach Wahl«). Dieses Ermessen wurde im deutschen Recht durch die Verfasser der VOL/A bereits so ausgeübt, dass – auch wenn § 16 Nr. 4 VOL/A grundsätzlich die Übermittlung von »Informationen« per Telefax gestattet – die Abgabe von Angeboten per Telefax mangels Erwähnung in § 21 Nr. 1 Abs. 2 VOL/A gerade nicht zugelassen wird.

56

---

[78] *Heinrichs* in: Palandt § 126 BGB Rn. 11 m. w. N.
[79] S. Begründung zur Verordnung über die Vergabe öffentlicher Aufträge, BR-Drs 455/00, zu § 15 VgV, S. 19. S. zum Meinungsstreit nur *Müller* in: Byok/Jaeger § 15 VgV Rn. 1625 m. w. N.
[80] So bereits zur bisherigen Rechtslage *Eberstein* in: Daub/Eberstein § 21 VOL/A Rn. 19 d, *Höfler* NZBau 2000, 449, 452; *Müller* in: Byok/Jaeger § 15 VgV Rn. 1625.

d) Unterschrift und elektronische Signatur

57 Per Post oder direkt übermittelte Angebote[81] sind zu unterschreiben. Die Unterschrift erfüllt eine Identitäts-, Verifikations- und Echtheitsfunktion, indem sie die **Identität** des Bieters erkennbar macht und das Angebot eindeutig und nachprüfbar diesem zuordnet (**Authentifizierung**), und durch die Verbindung von Angebotstext und Unterschrift die **Integrität und Vollständigkeit** seines Angebots in inhaltlicher Hinsicht gewährleistet.[82] Maßgeblicher Beurteilungszeitpunkt ist die Öffnung des Angebots, da bis zu diesem Zeitpunkt Angebote zurückgezogen oder ggf. ergänzt bzw. sonst berichtigt werden können (vgl. § 18 Nr. 3 VOL/A).[83]

58 Um die o. g. Funktionen erfüllen zu können, muss die geforderte Unterschrift eine »**Namensunterschrift**« sein (vgl. § 126 Abs. 1 BGB), anderenfalls ist die Person des Ausstellers nicht hinreichend sicher erkennbar und die eindeutige Identifizierung dessen, der das Angebot abgegeben hat, nicht möglich. Ein Kaufmann unterzeichnet mit seiner Firma, § 17 Abs. 1 HGB.

59 Die »**Rechtsverbindlichkeit**« der Unterschrift, die der öffentliche Auftraggeber nach früherem Recht daraufhin überprüfen musste, ob die unterzeichnende Person vertretungsbefugt ist, wird bereits seit der Neufassung der VOL/A 2000 nicht mehr gefordert.[84] Sofern vom öffentlichen Auftraggeber nicht ausdrücklich verlangt, muss ein Bieter daher die Rechtsverbindlichkeit seiner Unterschrift nicht belegen.[85] Aus der VOL/A selbst ergeben sich somit keine über das BGB bzw. ggf. über das Handelsrecht hinausgehenden Anforderungen an die Unterschrift.

60 Sofern der öffentliche Auftraggeber nicht die Unterzeichnung durch eine besondere Person (z. B. den Geschäftsführer) gefordert hat, sind auf die Angebotsabgabe die Regelungen des BGB über Vertretung und Vollmacht, §§ 164 ff. BGB, anwendbar.[86] Hiernach wirkt eine Unterzeichnung durch einen **Vertreter** nur dann unmittelbar für und gegen den vertretenen Bieter, wenn sie aus objektiver Empfängersicht im Namen des Vertretenen erfolgte. Anderenfalls ist das Angebot dem Vertreter selbst zuzurechnen (§ 177 Abs. 1, 2 BGB). Falls die Vertretungsmacht nicht (mehr) besteht oder der Vertreter durch die Angebotsabgabe seine Vertretungsmacht überschritten hat, hängt die Wirksamkeit für und gegen den vertretenen Bieter von dessen Genehmigung ab (§ 177 Abs. 1 BGB).[87] Im Übrigen sind die zivilrechtlichen Grundsätze über die **Duldungs- und Anscheinsvollmacht** anwendbar; d. h. ein Angebot wirkt auch dann zugunsten und zu Lasten des angeblich vertretenen Bieters, wenn das Verhalten des Vertretenen auf das Bestehen einer Vollmacht schließen lässt.[88] Eine »Duldungsvollmacht« liegt

---

[81] S. zum Begriff Rn. 48.
[82] Vgl. nur die Begründung zum Entwurf der Bundesregierung eines Gesetzes zur Anpassung der Formvorschriften des Privatrechts und anderer Vorschriften an den modernen Rechtsgeschäftsverkehr, BT-Drs 14/4987, S. 16 f.
[83] *BayObLG* 20. 8. 2001, Verg 11/01 (zur VOB/A); *OLG Düsseldorf* 3. 1. 2005, VII-Verg 82/04.
[84] S. zur bisherigen Rechtslage *OLG Frankfurt/M.* 20. 7. 2004, 11 Verg 14/04; *Eberstein* in: Daub/Eberstein § 21 Rn. 9 a, 19; *Noch* in: Müller-Wrede, § 21 Rn. 33.
[85] *OLG Düsseldorf* 22. 12. 2004, VII-Verg 81/04; *3. VK Bund* 29. 6. 2006, VK 3–48/06.
[86] *OLG Düsseldorf* 20. 1. 2006, VII-Verg 98/05 (zur VOB/A).
[87] *OLG Frankfurt/M.* 20. 7. 2004, 11 Verg 14/04; *OLG Düsseldorf* 22. 12. 2004, VII-Verg 81/04.
[88] *OLG Frankfurt/M.* 20. 7. 2004, 11 Verg 14/04; *3. VK Bund* 29. 6. 2006, VK 3–48/06; *Kulartz* in: Daub/Eberstein § 25 Rn. 14 m. w. N.

vor, wenn der vertretene Bieter es wissentlich geschehen lässt, dass ein anderer wie ein Vertreter für ihn auftritt und der öffentliche Auftraggeber dieses Dulden nach Treu und Glauben als Bevollmächtigung versteht und auch verstehen durfte; eine »Anscheinsvollmacht« setzt voraus, dass der vertretene Bieter bei pflichtgemäßer Sorgfalt hätte erkennen können, dass ein anderer für ihn auftritt und der öffentliche Auftraggeber wiederum annehmen durfte, der Vertretene dulde und billige das Handeln des Vertreters, wozu das Auftreten des Vertreters grundsätzlich von einer gewissen Dauer oder Häufigkeit sein muss.[89]

Bei **Bietergemeinschaften** müssen grundsätzlich (es sei denn, es handelt ein Vertreter i. S. d. Rn. 60 oder der Auftraggeber lässt z. B. nach Benennung eines Bevollmächtigten etwas anderes ausdrücklich zu) alle Mitglieder der Bietergemeinschaft das Angebot unterschreiben, um die Identität des Bieters eindeutig feststellen zu können (eine Bietergemeinschaft ist i. d. R. eine Gesellschaft bürgerlichen Rechts i. S. d. §§ 705 ff BGB, vgl. daher § 709 Abs. 1, § 714 BGB).[90] D. h. aus dem Angebot muss deutlich – ggf. nach Auslegung aus Sicht eines objektiven Empfängers – hervorgehen, dass es sich um das Angebot einer Bietergemeinschaft und nicht eines Einzelbieters handelt;[91] anderenfalls ist das Angebot mangels Klarheit, wer eigentlich Vertragspartner werden soll, gemäß § 25 Nr. 1 Abs. 1 lit. c) VOL/A von der Wertung auszuschließen (s. Rn. 76).[92] **61**

Wie im allgemeinen Zivilrecht muss eine »Unterschrift« das Angebot **in räumlicher Hinsicht abschließen**.[93] Ausreichend ist im Regelfall die Unterzeichnung des Angebotsanschreibens, sofern hierdurch zweifelsfrei (z. B. durch eine entsprechende Bezugnahme) auch der weitere Angebotsinhalt abgedeckt ist.[94] Welche Teile des Angebots von der Unterschrift abgedeckt sind, ist insbesondere bei Nebenangeboten streng zu überprüfen, damit sich ein Bieter nicht im Nachhinein von seinem Nebenangebot lösen kann.[95] **62**

Nachträge oder sonstige Ergänzungen müssen erneut unterschrieben werden, damit sie dem betreffenden Bieter eindeutig zugeordnet werden können und nachweislich von dessen Rechtsbindungswillen umfasst werden.[96] Weitere Anforderungen ergeben sich häufig aus den Verdingungsunterlagen selbst; so wird im Interesse der eindeutigen Zuordnung des gesamten Angebotsinhalts zu dem betreffenden Bieter gefordert, dass jede Seite des Angebots, insbesondere auch eines ggf. einzureichenden Konzepts, gesondert zu unterschreiben ist, oder dass vom Auftraggeber erstellte Formblätter, z. B. Preisblätter, Eigenerklärungen zur Eignung etc. ebenfalls zu unterschreiben sind.[97] **63**

---

89 Vgl. nur *Heinrichs* in: Palandt, § 173 BGB Rn. 9 ff m. w. N.
90 *BayObLG* 20. 8. 2001, Verg 11/01 (zur VOB/A); *OLG Jena* 5. 12. 2001 VergabeR 2002, 256 (zur VOB/A); *OLG Schleswig* 15. 2. 2005, 6 Verg 6/04 (zur VOB/A).
91 *BayObLG* 20. 8. 2001, Verg 11/01 (zur VOB/A); *OLG Düsseldorf* 3. 1. 2005, VII-Verg 82/04.
92 *3. VK Bund* 4. 10. 2004, VK 3–152/04.
93 Vgl. nur *Heinrichs* in: Palandt § 126 BGB Rn. 5 m. w. N.
94 Vgl. *OLG Celle* 19. 8. 2003, 13 Verg 20/03; *3. VK Bund* 6. 6. 2005, VK 3–43/05 (zur VOB/A); vgl. auch *Kulartz* in: Daub/Eberstein § 25 Rn. 13.
95 *Wirner* ZfBR 2005, 152, 156 m. w. N.
96 *3. VK Bund* 6. 6. 2005, VK 3–43/05 (zur VOB/A).
97 Kritisch zu dieser Praxis *Kulartz* in: Daub/Eberstein § 25 Rn. 13 m. w. N.

64 Bei elektronisch übermittelten Angeboten muss die Identifizierungs- und Beweisfunktion der Unterschrift durch besondere technische Vorkehrungen abgesichert werden. Solche Angebote sind daher mit einer fortgeschrittenen **elektronischen Signatur** nach dem Signaturgesetz[98] entsprechend den Anforderungen des öffentlichen Auftraggebers zu versehen oder mit einer qualifizierten elektronischen Signatur. Gemäß § 126 Abs. 3 BGB kann die elektronische Form grundsätzlich als Ersatz für die Schriftform anerkannt werden. Nur die qualifizierte elektronische Signatur wurde jedoch mit dem Gesetz zur Anpassung der Formvorschriften des Privatrechts und anderer Vorschriften an den modernen Rechtsgeschäftsverkehr vom 13. 7. 2001[99] in Umsetzung entsprechender gemeinschaftsrechtlicher Vorgaben[100] rechtlich der eigenhändigen Unterschrift gleichgestellt. Nach der bisherigen Rechtslage, § 15 VgV-alt, konnte dementsprechend auch nur die qualifizierte elektronische Signatur für die Unterzeichnung der Angebote verwendet werden, wohingegen bei Aufträgen unterhalb der Schwellenwerte gemäß § 21 Nr. 3 VOL/A-alt, 1. Abschnitt, jede »gültige digitale Signatur« ausreichte.

65 Eine elektronische Signatur wird mit einem z. B. auf einer Chipkarte befindlichen, nur dem Absender bekannten und nur einmalig vergebenen Schlüssel (sog. »Signaturschlüssel«, § 2 Nr. 4 SigG) erzeugt und aus den zu signierenden Daten (dem sog. Hashwert des ausgefüllten Angebots) berechnet. Mit Hilfe des sog. »Signaturprüfschlüssels« (§ 2 Nr. 5 SigG), der öffentlich ist, kann der öffentliche Auftraggeber die Echtheit der Signatur überprüfen. Durch die logische Verbindung zwischen Signatur und Angebot ist nicht nur die eindeutige und nachprüfbare Zuordnung des Angebots zu dem Aussteller der Datei (dem Bieter) gewährleistet (**Authentifizierung**), sondern gleichzeitig wird auf diese Weise sichergestellt, dass das signierte Angebot nicht nachträglich (unerkannt) verändert werden kann (**Integrität**). Da die elektronische Signatur erst nach der Abfassung des signierten Textes (hier: des Angebots) erstellt werden kann, schließt sie – wie die eigenhändige Unterschrift – das Angebot ab.[101] Die Einhaltung des Signaturgesetzes wird durch die Bundesnetzagentur in Bonn überwacht (§ 3 SigG), Gesetzesverstöße sind bußgeldbewehrt (§ 21 SigG).

66 Für **ausländische elektronische Signaturen** und Produkte zu deren Erzeugung oder Speicherung gelten besondere Regeln.[102] Elektronische Signaturen, für die ein ausländisches qualifiziertes Zertifikat aus einem Mitgliedstaat der Europäischen Union oder aus einem Vertragsstaat des Abkommens über den Europäischen Wirtschaftsraum vorliegt, sind einer deutschen qualifizierten elektronischen Signatur hiernach grundsätzlich gleichgestellt (vgl. § 23 Abs. 1 Satz 1 SigG).

---

98 Gesetz über Rahmenbedingungen für elektronische Signaturen (SigG), BGBl. I 2001, 876.
99 BGBl. I 2001, 1542 ff.
100 RL 1999/93/EG über gemeinschaftliche Rahmenbedingungen für elektronische Signaturen, ABl EG 2000 Nr. L 13, 12, und RL 2000/31/EG über den elektronischen Rechtsverkehr, ABl. EG 2000 Nr. L 178, 1.
101 Vgl. nur die Begründung zum Entwurf der Bundesregierung eines Gesetzes zur Anpassung der Formvorschriften des Privatrechts und anderer Vorschriften an den modernen Rechtsgeschäftsverkehr, BT-Drs 14/4987, S. 16 f. S. im Übrigen zu den rechtlichen und technischen Einzelheiten, insbesondere zu den zu treffenden technischen und personellen Sicherheitsvorkehrungen, www.bundesnetzagentur.de.
102 § 23 SigG i. V. m. § 18 Verordnung zur elektronischen Signatur (SigV). Vgl. hierzu *Roßnagel* BB 2002, 261, 264; *ders.* NJW 2001, 1817, 1824 f.

Inhalt der Angebote § 21

»**Fortgeschrittene elektronische Signaturen**« sind gemäß § 2 Nr. 2 SigG solche, die 67
ausschließlich dem Signaturschlüssel-Inhaber zugeordnet sind und dessen Identifizierung ermöglichen, mit Mitteln erzeugt werden, die der Signaturschlüssel-Inhaber unter seiner alleinigen Kontrolle halten kann und mit den Daten, auf die sie sich beziehen (hier: dem Angebot), durch geeignete kryptographische Verfahren so verknüpft sind, dass eine nachträgliche Veränderung der Daten erkannt werden kann. Wie sich aus dem Wortlaut des § 21 Nr. 1 Abs. 2 Satz 3 VOL/A ergibt, kann der öffentliche Auftraggeber weitere Anforderungen zur Sicherstellung der Authentifizierung und Integrität der fortgeschrittenen elektronischen Signatur aufstellen. Dies ist grundsätzlich auch erforderlich, da nur die qualifizierte elektronische Signatur im Rechtsverkehr die gleiche Wirkung hat wie eine eigenhändige Unterschrift (§ 6 Abs. 2 SigG, vgl. auch § 126 a Abs. 1 BGB). Bei einer fortgeschrittenen elektronischen Signatur kann z. B. nicht ausgeschlossen werden, dass der Unterzeichner bereits den Signaturschlüssel selbst, mit dem die elektronische Signatur erstellt wird, unter falschem Namen erstellt hat. In diesem Fall kann die wahre Identität des Bieters nicht anhand seiner Signatur festgestellt werden. Die ggf. zusätzlich gestellten Anforderungen des Auftraggebers müssen objektiv, transparent, verhältnismäßig und nichtdiskriminierend sein und dürfen sich nur auf die sog. spezifischen Merkmale der betreffenden Anwendung beziehen, insbesondere dürfen ausländische Bieter hierdurch nicht benachteiligt werden (vgl. Art. 3 Abs. 7 RL 1999/93/EG).[103, 104]

Nur die **qualifizierte elektronische Signatur** hat im Rechtsverkehr die gleiche Wirkung wie eine eigenhändige Unterschrift (§ 6 Abs. 2 SigG, vgl. auch § 126 a Abs. 1 68
BGB). Hierzu muss sie die im Signaturgesetz geregelten hohen Sicherheitsstandards erfüllen. In diesem Fall ersetzt sie die eigenhändige Unterschrift und dient wie diese der Authentifizierung des Ausstellers, damit das Angebot eindeutig und so sicher wie möglich einem bestimmten Bieter zugeordnet werden kann. »Qualifizierte elektronische Signaturen« sind solche, die zusätzlich zu den Voraussetzungen, die fortgeschrittene elektronische Signaturen erfüllen müssen (s. Rn. 67), auf einem zum Zeitpunkt ihrer Erzeugung gültigen qualifizierten Zertifikat[105] beruhen und mit einer sicheren Signaturerstellungseinheit[106] erzeugt werden (vgl § 2 Nr. 3 SigG). Bei der qualifizierten elektronischen Signatur wird somit die eindeutige Zuordnung des Signaturprüfschlüssels, mit dem die elektronische Signatur überprüft wird (§ 2 Nr. 5 SigG), zu dem betreffenden Bieter und damit dessen eindeutige Identifizierung durch das qualifizierte Zertifikat eines Zertifizierungsdiensteanbieters i. S. d. § 4 SigG[107] be-

---

103 RL 1999/93/EG über gemeinschaftliche Rahmenbedingungen für elektronische Signaturen, ABl. EG 2000 Nr. L 13, 15.
104 S. zu den Anforderungen an die Verwendung von elektronischen Signaturen im öffentlichen Bereich *Roßnagel* DÖV 2001, 225 ff.
105 Eine elektronische Bestätigung eines Zertifizierungsdiensteanbieters i. S. d. § 2 Nr. 7, §§ 5, 7 SigG.
106 Hard- oder Softwareeinheit i. S. d. § 2 Nr. 10 SigG.
107 Nach den Regelungen des Signaturgesetzes dürfen nur solche Zertifizierungsdiensteanbieter tätig werden, deren Sicherheitskonzept geprüft und bestätigt wurde und die ausschließlich geprüfte und bestätigte technische Komponenten einsetzen. Im Einzelnen muss ein Zertifizierungsdiensteanbieter den Anforderungen der §§ 4 bis 14 und 23 SigG genügen, eine Deckungsvorsorge nach § 12 SigG nachweisen und die Aufnahme und Einstellung seiner Tätigkeit gemäß § 4 Abs. 3 SigG i. V. m. der Verordnung zur elektronischen Signatur (SigV) der Bundesnetzagentur als zuständiger Behörde anzeigen. Vgl. auch *Roßnagel* BB 2002, 261 ff.

Dittmann 445

stätigt (vgl. § 2 Nr. 6 bis 9 SigG). Dieses Zertifikat kann bei dem Zertifizierungsdiensteanbieter jederzeit und für jeden über öffentlich erreichbare Kommunikationsverbindungen nachgeprüft und abgerufen werden (§ 5 Abs. 1 SigG) und enthält zur Verifikation des Urhebers der Signatur u. a. die Algorithmen, mit denen der Signaturprüfschlüssel benutzt werden kann (§ 7 Nr. 3 SigG). Auch an die Produkte, mit denen Signaturschlüssel gespeichert und qualifizierte elektronische Signaturen erzeugt werden, werden erhebliche Sicherheitsanforderungen gestellt, um Fälschungen der Signaturen und Verfälschungen signierter Daten zuverlässig erkennbar zu machen und gegen unberechtigte Nutzung zu schützen (vgl. §§ 17 f. SigG i. V. m. § 15 SigV).

3. Rechtsfolgen

69 Angebote, die **nicht ordnungsgemäß** i. S. d. § 21 Nr. 1 Abs. 2 VOL/A eingegangen sind, etwa, weil der Umschlag bei der Übermittlung per Post nicht verschlossen war, »brauchen« gemäß § 23 Nr. 1 lit. a) VOL/A nicht geprüft zu werden – es sei denn, der nicht ordnungsgemäße Eingang ist durch Umstände verursacht worden, die nicht vom Bieter zu vertreten sind (s. § 23 Rn. 12). § 25 VOL/A ist insoweit nicht anwendbar, da diese Vorschrift – abgesehen von der fehlenden Unterschrift (§ 25 Nr. 1 Abs. 1 lit. b) VOL/A) – den Fall, dass ein Angebot nicht formgerecht eingereicht wurde und/oder die Integrität der Daten und die Vertraulichkeit des Angebots nicht hinreichend gewährleistet worden ist, nicht erfasst.[108]

70 Fehler im Zusammenhang mit der **Unterschrift oder der elektronischen Signatur** i. S. d. § 21 Nr. 1 Abs. 2 Satz 5 VOL/A werden von § 23 Nr. 1 lit. b), § 25 Nr. 1 Abs. 1 lit. b) VOL/A erfasst. Beiden letztgenannten Regelungen kommt insoweit allerdings nur rein deklaratorische Bedeutung zu: Bei § 21 Nr. 1 Abs. 2 Satz 5 VOL/A handelt es sich um ein gesetzliches Schriftformerfordernis, wird hiergegen verstoßen, so ist das Angebot gemäß § 125 BGB nichtig.[109] Das – im rechtlichen Sinne nicht existente – »Angebot« muss daher ausgeschlossen werden, dem öffentlichen Auftraggeber steht insoweit kein Ermessen zu (s. § 23 Rn. 14, § 25 Rn. 44).

71 Etwas anderes gilt jedoch für die nicht ordnungsgemäße **Verschlüsselung** eines elektronischen Angebots i. S. d. § 21 Nr. 1 Abs. 2 Satz 3 VOL/A: Dieser Fall wird zwar neuerdings ausdrücklich von § 23 Nr. 1 lit. b) VOL/A erfasst, so dass das entsprechende Angebot »nicht geprüft zu werden« braucht (s. § 23 Rn. 18). Allerdings wurde § 25 Nr. 1 Abs. 1 lit. b) VOL/A nicht gleichermaßen geändert, so dass davon auszugehen ist, dass auf eine entsprechende Regelung bewusst verzichtet wurde und dementsprechend eine erweiternde Auslegung von § 25 Nr. 1 Abs. 1 lit. b) VOL/A nicht in Betracht kommt.

---

[108] *Malmendier* VergabeR 2001, 178, 186.
[109] 3. VK Bund 27. 4. 2006, VK 3–21/06; vgl auch *Eberstein* in: Daub/Eberstein § 21 Rn. 18; *Kulartz* in: Daub/Eberstein § 25 Rn. 13.

III. Zweifelsfreie Änderungen an Eintragungen, § 21 Nr. 1 Abs. 3 VOL/A

Wie § 18 Nr. 2 VOL/A zu entnehmen ist, dürfen Angebote nachträglich geändert oder berichtigt werden. Solche Änderungen müssen allerdings gemäß § 21 Nr. 1 Abs. 3 VOL/A zweifelsfrei sein. **72**

Bisher war die Zweifelsfreiheit von Änderungen wortgleich in § 21 Nr. 1 Abs. 2 Satz 2 VOL/A-alt geregelt. Die Verschiebung ist rein systematischer Natur, hat also sonst keine Auswirkungen. **73**

§ 21 Nr. 1 Abs. 3 VOL/A (wie auch Abs. 4, s. Rn. 85) ergänzt § 21 Nr. 1 Abs. 1 VOL/A. Angebote müssen also nicht nur vollständig, sondern auch in inhaltlicher Hinsicht zweifelsfrei sein. Der **Hintergrund** dieser Regelungen ist zum Einen vertragsrechtlicher Natur: Auf die invitatio ad offerendum des öffentlichen Auftraggebers hin (die Ausschreibung) geben die Bieter ihre Angebote i. S. d. § 145 BGB ab, von denen der öffentliche Auftraggeber das wirtschaftlichste i. S. d. § 25 Nr. 3 VOL/A annimmt, so dass durch den Zuschlag der ausgeschriebene Vertrag zustande kommt. Ein Angebot ist jedoch nur dann annahmefähig, wenn es so bestimmt oder bestimmbar ist, dass der Vertrag unter Zugrundelegung der ausgeschriebenen Vorgaben durch ein einfaches »Ja« des öffentlichen Auftraggebers i. S. d. § 147 BGB zustande kommen kann.[110] Dies ist bei nicht zweifelsfreien Änderungen an Eintragungen im Angebot nicht möglich; es ist der Vergabestelle als künftigem Vertragspartner nicht zuzumuten, den Zuschlag auf ein zweifelhaftes und unklares Angebot zu erteilen, das nach Vertragsschluss zu Auslegungsfragen und -diskussionen führen könnte, die eine ordnungsgemäße Vertragsdurchführung erschweren.[111] Die Zweifelsfreiheit von Angebotsänderungen betrifft hierüber hinaus auch die Transparenz des Vergabeverfahrens und die Gleichbehandlung der Bieter: Nur Angebote, deren Inhalt objektiv zweifelsfrei ist, können im Rahmen der Wertung miteinander verglichen werden, um unter Berücksichtigung aller Umstände das wirtschaftlichste Angebot i. S. d. § 25 Nr. 3 VOL/A zu ermitteln, das die ausgeschriebenen Anforderungen erfüllt.[112] Anderenfalls könnte sich ein Bieter (bzw. der spätere Auftragnehmer) im Nachhinein einen Wettbewerbsvorteil verschaffen, indem er sein Angebot so verstanden lassen will, wie es für ihn am vorteilhaftesten erscheint. **74**

Um diesen Schutzzweck zu verwirklichen, ist der Begriff der »**Eintragungen**« im Angebot sehr weit zu verstehen. Anderenfalls kann kein dissensfreier Vertrag im o. g. Sinne zustande kommen (s. Rn. 74). Zweifelsfrei müssen daher nicht nur Änderungen am ursprünglichen Angebot, sondern auch an sämtlichen einzelnen Angebotsbestandteilen sein, die den Vertragsinhalt mitbestimmen, also auch an ggf. geforderten Angaben und Erklärungen i. S. d. § 21 Nr. 1 Abs. 1 Satz 1 VOL/A, etwaigen zusätzlichen **75**

---

110 Vgl. *Heinrichs* in: Palandt § 145 BGB Rn. 1; *BayObLG* 11. 2. 2004, Verg 1/04 (zur VOB/A); *BayObLG* 21. 10. 2004 NZBau 2005, 173; *OLG Naumburg* 22. 9. 2005 VergabeR 2005, 779 (zur VOB/A); *OLG Frankfurt/M.* 23. 12. 2005, 11 Verg 13/05 (zur VOB/A).
111 *OLG Düsseldorf* 30. 4. 2004, VII-Verg 22/04; 15. 12. 2004 VergabeR 2005, 195 (zur VOB/A); *3. VK Bund* 4. 10. 2004, VK 3–152/04.
112 *Eberstein* in: Daub/Eberstein § 21 Rn. 25; *Noch* in: Müller-Wrede § 25 Rn. 23.

§ 21 Inhalt der Angebote

Erläuterungen i. S. d. § 21 Nr. 1 Abs. 1 Satz 2 VOL/A, an Eignungsnachweisen, Datenblättern, Mustern und Proben etc.

76 Aus dem o. g. Schutzweck dieser Regelung, der Transparenz des Vergabeverfahrens, der Gleichbehandlung der Bieter bei der Angebotswertung und dem Zustandekommen eines widerspruchsfreien Vertrages gerecht zu werden, folgt ein Weiteres: Wenn schon Änderungen an einem einmal erfolgten Angebot zweifelsfrei sein müssen, dann **erst recht** das ursprünglich (und ggf. nicht nachträglich geänderte) **abgegebene Angebot** selbst.[113] Anderenfalls wäre auch hier die Annahme des Angebots durch ein einfaches »Ja« des öffentlichen Auftraggebers nicht möglich (vgl. Rn. 74). Dementsprechend müssen nicht nur Angebote, die aufgrund späterer Änderungen durch einen Bieter zweifelhaft oder sonst widersprüchlich werden, gemäß § 25 Nr. 1 Abs. 1 lit. c) VOL/A von der Wertung ausgeschlossen werden, sondern auch solche, die von vornherein widersprüchlich waren. Dies gilt z. B. dann, wenn die Identität des Bieters (Einzelbewerber oder Bietergemeinschaft) unklar ist[114] oder Einzelheiten des Vertragsinhalts (wie Eigenschaften oder Lieferzeitpunkt der angebotenen Leistung).[115] Sofern allerdings geforderte Angaben oder Erklärungen unklar oder widersprüchlich sind (z. B. in welchem Umfang ein Bieter Nachunternehmer einsetzen möchte),[116] ist diese vom Auftraggeber geforderte Information im Angebot »nicht enthalten«, so dass ein solches Angebot unter § 21 Nr. 1 Abs. 1 Satz 1, § 25 Nr. 1 Abs. 2 lit. a) VOL/A fällt (s. § 25 Rn. 86).

77 Eine »**Änderung**« an den Eintragungen liegt nach einem dementsprechend ebenfalls weit zu fassenden Begriffsverständnis dann vor, wenn das ursprüngliche Angebot bzw. einzelne Angebotsbestandteile nachträglich hinzugefügt, z. B. mit Korrekturband oder durch Überklebungen gestrichen, ergänzt oder sonst in ihrem ursprünglichen Inhalt oder Umfang abgeändert werden.[117] Nach der hier vertretenen weiten Auslegung des § 21 Nr. 1 Abs. 3 VOL/A werden von dieser Vorschrift jedoch nicht nur nachträgliche Änderungen, sondern erst recht auch die Zweifelsfreiheit des ursprünglichen Angebots selbst erfasst, ohne dass es also insoweit darauf ankommt, ob der Bieter sein Angebot nachträglich verändert hat (s. Rn. 76).

78 Da der Bieter mit Ablauf der Angebotsfrist an sein Angebot gebunden ist (vgl. § 19 Nr. 1, 3 VOL/A), können Änderungen an einem abgegebenen Angebot **nur bis zum Ablauf der Angebotsfrist** erfolgen.

79 **Spätere Änderungen am Angebot** (nach Ablauf der Angebotsfrist) sind wegen § 19 Nr. 1, 3 VOL/A allein schon aus allgemeinen vertragsrechtlichen Grundsätzen (der Bindung des Bieters an sein Angebot) nicht statthaft und stellen eine gemäß § 24 Nr. 2 Abs. 1 VOL/A unzulässige Nachverhandlung dar. So darf ein Bieter z. B. nicht nach Angebotsabgabeschluss Nachunternehmer auswechseln (wenn der öffentliche

---

113 *3. VK Bund* 4. 10. 2004, VK 3–152/04; 16. 2. 2006, VK 3–3/06 m. w. N.; vgl. *OLG Brandenburg* 20. 8. 2002 VergabeR 2003, 222 (zur VOB/A); *OLG Düsseldorf* 3. 1. 2005, VII-Verg 82/04.
114 *3. VK Bund* 4. 10. 2004, VK 3–152/04; vgl *OLG Düsseldorf* 3. 1. 2005, VII-Verg 82/04.
115 *3. VK Bund* 16. 2. 2006, VK 3–3/06 m. w. N.
116 *OLG Frankfurt/M.* 27. 6. 2003, 11 Verg 4/03 (zur VOB/A); *OLG Düsseldorf* 30. 7. 2003 VergabeR 2003, 687 (zur VOB/A); *OLG Naumburg* 25. 10. 2005, 1 Verg 5/05 (zur VOB/A).
117 *OLG Schleswig* 11. 8. 2006, 1 Verg 1/06.

Auftraggeber eine verbindliche Festlegung vor Vertragsschluss bereits verlangt hatte) oder ursprünglich auf Nachunternehmer zu übertragende Leistungen nunmehr selbst ausführen.[118] In einem solchen Fall ist das Angebot in seiner ursprünglich abgegebenen, jedoch nicht in der geänderten Fassung zu werten.[119] Nach denselben Grundsätzen sind auch Änderungen von Angebotsbestandteilen zu beurteilen, die nicht den Inhalt des Angebots betreffen, sondern andere essentialia des ausgeschriebenen Vertrages, insbesondere die Identität des Bieters. So wird durch die nachträgliche Bildung oder Auflösung einer Bietergemeinschaft die Bindungswirkung des § 19 Nr. 3 VOL/A unterlaufen und ist allein deshalb schon unzulässig,[120] das Gleiche gilt für Änderungen in der Zusammensetzung einer Bietergemeinschaft,[121] oder sonstige (gesellschaftsrechtlich zu beurteilende) Identitätswechsel des Bieters, z. B. durch Austausch mit einer anderen juristischen Person oder durch Auflösung des Unternehmens.[122] Ggf. können sich solche Änderungen auf die Eignung des Bieters auswirken, so dass das Angebot aus diesem Grund (§ 25 Nr. 2 Abs. 1 VOL/A) auszuschließen ist, etwa wenn ein Bieter ursprünglich für einen Nachunternehmer vorgesehene Leistungen nunmehr selbst erbringen will[123] oder durch einen anderen Nachunternehmer,[124] wenn der Bieter nach Veräußerung einzelner Unternehmensteile nicht mehr über das erforderliche Personal oder Gerät verfügt[125] oder wenn der geänderte bzw. ausgetauschte Bieter bzw. die neu gebildete Bietergemeinschaft nicht fristgerecht die geforderten Eignungsnachweise vorgelegt hat[126] (s. § 25 Rn. 129).

Damit ein wirksamer, d. h. auf widerspruchsfreien Willenserklärungen beruhender Vertrag zustande kommt, ist der Begriff der »**Zweifelsfreiheit**« weit auszulegen. Jeder Widerspruch und jede sonst mehrdeutige oder unklare Angabe in den Eintragungen im Angebot eines Bieters fallen hierunter, die nicht durch Auslegung aus Sicht eines objektiven, branchenkundigen Empfängers, der mit der ausgeschriebenen Leistung vertraut ist, hinreichend klargestellt werden können. Zweifelsfrei ist ein Angebot daher z. B. dann, wenn ein Bieter in seinem Angebot zwar Korrekturen mit Hilfe eines Korrekturbandes vorgenommen hat, sich dieses Band jedoch nicht ablösen lässt, ohne auch das darunter befindliche Papier zu beschädigen[127] – in diesem Fall liegen keine mehrdeutigen, sondern nur eine einzige (die korrigierte) Fassung des Angebots vor.

80

---

118 *OLG Jena* 5. 12. 2001 VergabeR 2002, 256 (zur VOB/A); *OLG Düsseldorf* 5. 5. 2004, VII-Verg 10/04 (zur VOB/A); vgl auch *OLG Frankfurt/M.* 27. 6. 2003, 11 Verg 4/03 (zur VOB/A); *2. VK Bund* 20. 5. 2005, VK 2-30/05.
119 *3. VK Bund* 19. 7. 2005, VK 3-58/05.
120 *OLG Düsseldorf* 26. 1. 2005, VII-Verg 45/04 (zur VOB/A); 24. 5. 2005, VII-Verg 28/05 m. w. N.; *2. VK Bund* 30. 5. 2006, VK 2-29/06.
121 *OLG Hamburg* 2. 10. 2002 NZBau 2003, 223 f; *OLG Düsseldorf* 26. 1. 2005, VII-Verg 45/04 (zur VOB/A); vgl. auch *OLG Düsseldorf* 24. 5. 2005, VII-Verg 28/05 m. w. N.
122 *OLG Düsseldorf* 26. 1. 2005, VII-Verg 45/04 (zur VOB/A); 25. 5. 2005, VII-Verg 8/05; 6. 10. 2005, VII-Verg 56/05; 16. 11. 2005, VII-Verg 56/05; 11. 10. 2006, VII-Verg 34/06; 18. 10. 2006, VII-Verg 30/06.
123 *OLG Düsseldorf* 5. 5. 2004, VII-Verg 10/04 (zur VOB/A).
124 *OLG Düsseldorf* 5. 5. 2004, VII-Verg 10/04 (zur VOB/A).
125 *OLG Düsseldorf* 15. 12. 2004 VergabeR 2005, 208 (zur VOB/A); 26. 1. 2005, VII-Verg 45/04 (zur VOB/A).
126 *OLG Düsseldorf* 25. 5. 2005, VII-Verg 8/05; 6. 10. 2005, VII-Verg 56/05; 16. 11. 2005, VII-Verg 56/05.
127 *OLG Schleswig* 11. 8. 2006, 1 Verg 1/06.

81 Die **Wettbewerbsrelevanz** der zweifelhaften Passage des Angebots ist unerheblich. Erstens ergibt sich eine solche Einschränkung nicht aus § 21 Nr. 1 Abs. 3 VOL/A (oder § 25 Nr. 1 Abs. 1 lit. c) VOL/A), zweitens dienen diese Regelungen nicht nur dem Bieterwettbewerb, sondern auch dem (anzubahnenden) Vertragsverhältnis zwischen einem Bieter und dem öffentlichen Auftraggeber, indem der Vertragsinhalt an sich zweifelsfrei sein soll, allein schon um etwaige Streitigkeiten bei der Vertragsabwicklung zu verhindern (s. Rn. 74).

82 Ob eine Änderung an Eintragungen im Angebot bzw. ob das Angebot selbst zweifelhaft ist, ist ggf. zunächst durch **Auslegung** des Angebots ggf. insgesamt sämtlicher Anlagen wie Erläuterungen, etwaigen Datenblättern oder Konstruktionszeichnungen etc aus der objektiven Sicht eines branchenkundigen und mit der ausgeschriebenen Leistung vertrauten Empfängers zu beurteilen (§§ 133, 157 BGB).[128] Maßgeblicher Beurteilungszeitpunkt ist die Fassung bei Ablauf der Abgabefrist,[129] da das Angebot bis zu diesem Termin noch geändert oder berichtigt werden kann (vgl. § 18 Nr. 2 VOL/A) und der Bieter erst ab diesem Zeitpunkt hieran gebunden ist (vgl. § 19 Nr. 1, 3 VOL/A).

83 **Aufklärungsgespräche** des öffentlichen Auftraggebers, um Zweifel über das Angebot oder die Bieter zu beheben, sind im Rahmen des § 24 Nr. 1 Abs. 1, Nr. 2 Abs. 1 VOL/A zulässig, solange sie nicht zu Änderungen des Angebots oder der Preise führen.[130]

84 **Rechtsfolge:** Angebote, die entgegen § 21 Nr. 1 Abs. 3 VOL/A nicht zweifelsfrei sind, sind gemäß § 25 Nr. 1 Abs. 1 lit. c) VOL/A zwingend von der Wertung auszuschließen (s. § 25 Rn. 50).

IV. Änderungen und Ergänzungen an den Verdingungsunterlagen, § 21 Nr. 1 Abs. 4 VOL/A

85 Sowohl § 21 Nr. 1 Abs. 3 VOL/A als auch Abs. 4 VOL/A haben zunächst einen allgemein vertragsrechtlichen Hintergrund: Das Zustandekommen des ausgeschriebenen Vertrags setzt zwei sich deckende Willenserklärungen voraus. Dazu muss nicht nur das Angebot selbst in sich zweifelsfrei sein (Abs. 3), sondern hierüber hinaus muss das Angebot der in den Verdingungsunterlagen zum Ausdruck kommenden Nachfrage des öffentlichen Auftraggebers entsprechen (Abs. 4). Der **Regelungszweck** des § 21 Nr. 1 Abs. 4 VOL/A besteht daher darin, das Zustandekommen eines wirksamen Vertrages mit übereinstimmenden Willenserklärungen zu gewährleisten.[131] Gleichermaßen betrifft diese Regelung jedoch auch die Transparenz des Verga-

---

128 Vgl. nur *BGH* 8. 9. 1998 BauR 1998, 1249 (zur VOB/A); *OLG Jena* 17. 3. 2003, 6 Verg 2/03; *BayObLG* 25. 9. 2003, Verg 14/03 (zur VOB/A); *OLG Düsseldorf* 3. 1. 2005, VII-Verg 82/04; *OLG Schleswig* 10. 3. 2006, 1 (6) Verg 13/05 (zur VOB/A); *OLG Düsseldorf* 27. 9. 2006, VII-Verg 36/06.
129 *OLG München* 27. 1. 2006 VergabeR 2006, 537, 541; vgl. *OLG Düsseldorf* 3. 1. 2005, VII-Verg 82/04.
130 *BayObLG* 11. 2. 2004, Verg 1/04 (zur VOB/A); *BayObLG* 27. 7. 2004 VergabeR 2004, 736 (zur VOB/A); 2. *VK Bund* 23. 1. 2004, VK 2–32/03.
131 Vgl. *BayObLG* 21. 10. 2004 NZBau 2005, 173; *OLG Frankfurt/M.* 8. 2. 2005 VergabeR 2005, 384 (zur VOB/A); *BayObLG* 17. 2. 2005 NZBau 2005, 595.

beverfahrens und die Gleichbehandlung der Bieter: Dadurch dass jeder Bieter nur das anbieten darf, was der öffentliche Auftraggeber auch tatsächlich nachgefragt hat und sich keinen Wettbewerbsvorteil dadurch verschaffen darf, dass er von den Ausschreibungsvorgaben abweicht, ist gewährleistet, dass nur solche Angebote gewertet werden, die in jeder sich aus den Verdingungsunterlagen ergebenden Hinsicht miteinander vergleichbar sind.[132]

In **Abgrenzung zu** § 21 Nr. 1 Abs. 3 VOL/A umfasst Abs. 4 nur Abweichungen des Angebots von den Verdingungsunterlagen des öffentlichen Auftraggebers. Änderungen des Bieters an seinem Angebot selbst werden demgegenüber von § 21 Nr. 1 Abs. 3 VOL/A erfasst, wenn der Angebotsinhalt hierdurch zweifelhaft wird, bzw. sind nach anderen Regelungen zu beurteilen (s. Rn. 72 ff.). **86**

Bisher war die Unzulässigkeit von Änderungen und Ergänzungen wortgleich in § 21 Nr. 1 Abs. 3 VOL/A-alt geregelt. Die Verschiebung ist rein systematischer Natur, hat also sonst keine Auswirkungen. **87**

Die **Verdingungsunterlagen** umfassen als Teil der Vergabeunterlagen (vgl. § 9 Nr. 1 VOL/A) die Leistungsbeschreibung (so für die VOB/A ausdrücklich in § 10 Nr. 1 Abs. 1 lit. b) i. V. m. § 9 VOB/A geregelt) sowie die Allgemeinen und etwaige Zusätzliche, Ergänzende, Besondere sowie Technische Vertragsbedingungen (vgl § 9 Nr. 2 VOL/A, s. § 9 Rn. 13, 17 ff.).[133] Im Zweifelsfall kann § 9 VOL/A eine negative Begriffsabgrenzung dergestalt entnommen werden, dass die »Verdingungsunterlagen« alle Teile der Vergabeunterlagen mit Ausnahme des Aufforderungsschreibens zur Angebotsabgabe umfassen, die Bestandteil des Angebots werden.[134] **88**

Der oben in Rn. 85 genannte Schutzzweck bestimmt gleichermaßen den – weiten – Regelungsgehalt des § 21 Nr. 1 Abs. 4 VOL/A: Eine unzulässige »**Änderung**« oder »**Ergänzung**« an den Verdingungsunterlagen liegt somit immer dann vor, wenn das Angebot von diesen Unterlagen abweicht, also immer dann, wenn ein Bieter etwas anderes anbietet als vom öffentlichen Auftraggeber nachgefragt, so dass sich Angebot und Nachfrage nicht decken.[135] **89**

---

132 *BGH* 8. 9. 1998 BauR 1998, 1249 (zur VOB/A); *BGH* 16. 4. 2002, X ZR 67/00 (zur VOL/A); *OLG Düsseldorf* 26. 11. 2003, VII-Verg 53/03 (zur VOL/A); 6. 10. 2004 VergabeR 2005, 188, 189 (zur VOB/A); *OLG Frankfurt/M.* 8. 2. 2005 VergabeR 2005, 384 (zur VOL/A); *OLG Düsseldorf* 28. 7. 2005, VII-Verg 45/05; *OLG Saarbrücken* 29. 11. 2005, 1 Verg 4/05; *OLG München* 27. 1. 2006 VergabeR 2006, 537, 541; *Dähne* VergabeR 2002, 224, 225 f; *Eberstein* in: Daub/Eberstein § 21 Rn. 23; *Kulartz* in: Daub/Eberstein § 25 Rn. 17.
133 Vgl. *OLG Düsseldorf* 28. 7. 2005, VII-Verg 45/05.
134 Vgl. *OLG Dresden* 12. 6. 2002, WVerg 6/02 (zur VOB/A); *OLG Naumburg* 22. 9. 2005 VergabeR 2005, 779 (zur VOB/A); *Dähne* VergabeR 2002, 224, 225; vgl. auch *Noch* in: Müller-Wrede § 21 Rn. 46.
135 *BGH* 1. 8. 2006, VergabeR 2007, 73, 74 f. (zur VOL/A) m. w. N.; *BGH* 26. 9. 2006 VergabeR 2007, 59, 67; *OLG Dresden* 12. 6. 2002, WVerg 6/02 (zur VOB/A); *BayObLG* 17. 2. 2005 NZBau 2005, 595; *OLG Frankfurt/M.* 21. 4. 2005 VergabeR 2005, 487, 489 (zur VOL/A); *OLG Düsseldorf* 20. 5. 2005, VII-Verg 19/05; *OLG Düsseldorf* 28. 7. 2005, VII-Verg 45/05; *OLG Saarbrücken* 9. 11. 2005, 1 Verg 4/05; *OLG München* 27. 1. 2006 VergabeR 2006, 537, 541; *OLG Düsseldorf* 29. 3. 2006, VII-Verg 77/05; *OLG Schleswig* 13. 4. 2006, 1 (6) Verg 10/05. Vgl. *BayObLG* 21. 10. 2004 NZBau 2005, 173; 8. 12. 2004, Verg 19/04 (zur VOB/A); *Schweda* VergabeR 2003, 268, 270.

§ 21 Inhalt der Angebote

90 Wie bereits aus dem Wortlaut des § 21 Nr. 1 Abs. 4 VOL/A (sowie des § 25 Nr. 1 lit. d) VOL/A) deutlich wird, kommt es auf die **Wettbewerbsrelevanz** der betreffenden Änderung oder Ergänzung nicht an.[136] Der Bieter ist vielmehr ohne Einschränkungen an die in den Verdingungsunterlagen im Einzelnen präzisierte Nachfrage des öffentlichen Auftraggebers gebunden, die im Falle des Zuschlags insgesamt Vertragsinhalt wird. Er darf (z. B. durch Streichung oder sonstige Herausnahme einzelner Vorgaben)[137] weder weniger anbieten als ausgeschrieben noch (z. B. durch Zusätze oder sonstige Ergänzungen) mehr als nachgefragt.[138] Des Weiteren darf der Bieter die ausgeschriebene Leistung auch nicht sonst in inhaltlicher Hinsicht (Art und Umfang der Leistung; Ausnahme: Nebenangebote)[139] oder hinsichtlich der Modalitäten ihrer Erbringung modifizieren, indem er seine Leistung unter besonderen Bedingungen stellt, da auch in diesen Fällen der Inhalt des ausgeschriebenen Vertragsinhalts verändert wird.[140] Aus diesem Grund stellt es ebenfalls eine unzulässige Änderung der Verdingungsunterlagen dar, wenn ein Bieter dem Angebot seine Allgemeinen Geschäftsbedingungen beifügt.[141] Da die Einhaltung der Verdingungsunterlagen auch der Gewährleistung der Gleichbehandlung der Angebote dient (s. Rn. 85), liegt eine unzulässige Änderung der Verdingungsunterlagen hierüber hinaus auch z. B. dann vor, wenn ein Bieter von zwingenden Kalkulationsvorgaben des öffentlichen Auftraggebers abweicht, so dass sein Angebot nicht mit den anderen verglichen werden kann.[142]

91 Was der öffentliche Auftraggeber nachgefragt hat, ist zunächst insbesondere anhand der **Leistungsbeschreibung** zu ermitteln. Diese ist ggf. aus der objektiven Sicht eines verständigen und fachkundigen Bieters, der mit der Erbringung der ausgeschriebenen Leistung vertraut ist, **auszulegen** (§§ 133, 157 BGB).[143] Wenn die Leistungsbeschreibung ihrerseits vergaberechtswidrig ist, insbesondere weil sie zu unbestimmt ist i. S. d. § 8 Nr. 1 Abs. 1 VOL/A, weil sie objektiv unerfüllbare Anforderungen stellt oder weil den Bietern ein ungewöhnliches Wagnis aufgebürdet wird i. S. d. § 8 Nr. 1 Abs. 3 VOL/A, ist eine Abweichung eines Bieters von den Vorgaben der Leistungsbeschreibung unbeachtlich.[144]

---

136 *OLG Naumburg* 26. 10. 2004 VergabeR 2005, 261 (zur VOB/A); *OLG Frankfurt/M.* 21. 4. 2005 VergabeR 2005, 487, 490 (zur VOB/A); *OLG Düsseldorf* 28. 7. 2005, VII-Verg 45/05; *OLG Saarbrücken* 9. 11. 2005, 1 Verg 4/05; vgl. auch *OLG Düsseldorf* 26. 11. 2003, VII-Verg 53/03 (zur VOB/A); 15. 12. 2004 VergabeR 2005, 195 (zur VOB/A) m. w. N.; *Schweda* VergabeR 2003, 268, 270.
137 Vgl. *OLG Frankfurt/M.* 8. 2. 2005 VergabeR 2005, 384 (zur VOB/A); *OLG Düsseldorf* 29. 3. 2006, VII-Verg 77/05; 5. 4. 2006, VII-Verg 3/06 (zur VOB/A); *Dähne* VergabeR 2002, 224, 226.
138 *OLG Düsseldorf* 29. 3. 2006, VII-Verg 77/05; *Dähne* VergabeR 2002, 224, 226.
139 *OLG Naumburg* 26. 10. 2004 VergabeR 2005, 261 (zur VOB/A); *OLG Düsseldorf* 5. 4. 2006, VII-Verg 3/06 (zur VOB/A).
140 Vgl. *BGH* 16. 4. 2002, X ZR 67/00 (zur VOB/A).
141 *OLG Jena* 17. 3. 2003, 6 Verg 2/03; *OLG Naumburg* 26. 10. 2004 VergabeR 2005, 261 (zur VOB/A); *OLG Frankfurt/M.* 21. 4. 2005 VergabeR 2005, 487, 490 (zur VOB/A); *OLG Schleswig* 30. 6. 2005, 6 Verg 5/05; *Schweda* VergabeR 2003, 268, 270; einschränkend: *Kulartz* in: Daub/Eberstein § 25 Rn. 17 m. w. N.
142 *3. VK Bund* 3. 5. 2005, VK 3–19/05 (zur VOB/A); *3. VK Bund* 16. 8. 2005, VK 3–34/05.
143 Vgl. nur *OLG Düsseldorf* 9. 6. 2004, VII-Verg 20/04 (zur VOB/A); 8. 2. 2005, VII-Verg 100/04; *BayObLG* 17. 2. 2005 NZBau 2005, 595; *OLG Schleswig* 31. 4. 2006, 1 (6) Verg 10/05. Vgl. auch *BGH* 3. 6. 2004 VergabeR 2004, 604, 605 f.
144 Vgl. *BGH* 8. 9. 1998 BauR 1998, 1249 (zur VOB/A); *BGH* 1. 8. 2006 VergabeR 2007, 73, 75 (zur VOB/A); *BayObLG* 22. 6. 2004 VergabeR 2004, 654 (zur VOB/A); *OLG Frankfurt/M.* 21. 4. 2005 VergabeR 2005,

Ob das Angebot eines Bieters von den Verdingungsunterlagen abweicht, ist ggf. durch **92** **Auslegung des Angebots** aus objektiver Sicht eines branchenkundigen und mit der ausgeschriebenen Leistung vertrauten Empfängers zu beurteilen (s. Rn. 82). Maßgeblicher Beurteilungszeitpunkt ist die Angebotsfassung bei Ablauf der Abgabefrist, da es bis zu diesem Termin noch geändert oder berichtigt werden kann (§ 18 Nr. 2 VOL/A) und der Bieter erst ab diesem Zeitpunkt hieran gebunden ist (vgl § 19 Nr. 1, 3 VOL/A) (s. Rn. 82).

Aufklärungsgespräche des öffentlichen Auftraggebers mit dem Ziel, etwaige Änderun- **93** gen oder Ergänzungen an den Verdingungsunterlagen nach Angebotsfrist zu korrigieren, stellen eine unzulässige **Nachverhandlung** i. S. d. § 24 Nr. 2 Abs. 1 VOL/A dar[145] – anderenfalls würde die Bindungswirkung der § 19 Nr. 1, 3 VOL/A unterlaufen werden.

Rechtsfolge: Sofern Änderungen oder Ergänzungen an den Verdingungsunterlagen **94** vorgenommen worden sind, ist das betreffende Angebot gemäß § 25 Nr. 1 lit. d) VOL/A zwingend von der Wertung auszuschließen (s. § 25 Rn. 53).

Ein Angebot, das die Verdingungsunterlagen ändert oder ergänzt, ist grundsätzlich in **95** ein **Nebenangebot umzudeuten,** wenn es ansonsten die formalen Anforderungen der VOL/A und der Vergabeunterlagen erfüllt.[146] Eine solche Umdeutung dürfte im Regelfall nicht dem Willen des betreffenden Bieters widersprechen, da davon auszugehen ist, dass er ein auf jeden Fall wertungsfähiges Angebot abgeben möchte.[147] Auch das Nebenangebot ist jedoch bereits dann gemäß § 25 Nr. 1 Abs. 1 lit. g) VOL/A zwingend von der Wertung auszuschließen, wenn der öffentliche Auftraggeber gar keine Nebenangebote zugelassen hat[148] oder wenn ein Nebenangebot nur gleichzeitig mit einem – hier wegen der Abweichung von den Verdingungsunterlagen nicht vorhandenen – Hauptangebot abgegeben werden darf.[149] Gegen die Zulässigkeit der Umdeutung wird vertreten, dass der zwingende Ausschlussgrund des § 25 Nr. 1 Abs. 1 lit. d) VOL/A umgangen und der Schutz der redlichen Mitbieter unterlaufen werden würde, wenn jedes Hauptangebot, das von den Verdingungsunterlagen abweicht, zugleich als (ggf. zugelassenes) Nebenangebot gewertet (und ggf. sogar bezuschlagt) werden dürfte.[150] Dem ist allerdings entgegenzuhalten, dass ein Nebenangebot stets gerade dadurch gekennzeichnet ist, dass es vom geforderten Angebot abweicht, weshalb dieser Umstand allein nicht zu dessen Nichtberücksichtigung führen darf.[151]

487, 490 (zur VOB/A); *OLG Düsseldorf* 20. 5. 2005, VII-Verg 19/05; 29. 3. 2006, VII-Verg 77/05; *OLG Koblenz* 19. 5. 2006, 8 U 69/05 (zur VOB/A); *Kulartz* in: Daub/Eberstein § 25 Rn. 17 m. w. N.
145 *BayObLG* 17. 2. 2005 NZBau 2005, 595; *OLG Düsseldorf* 28. 7. 2005, VII-Verg 45/05; *Dähne* VergabeR 2002, 224, 226.
146 *BGH* 16. 4. 2002, X ZR 67/00 (zur VOB/A); *OLG Düsseldorf* 30. 4. 2003 VergabeR 2004, 371; *BayObLG* 22. 6. 2004 VergabeR 2004, 654 (zur VOB/A); *OLG Düsseldorf* 6. 10. 2004 VergabeR 2005, 188, 192 (zur VOB/A); 27. 4. 2005 VergabeR 2005, 483; 28. 7. 2005 VII-Verg 45/05; *Schweda* VergabeR 2003, 268, 269 ff. Vgl. auch die amtlichen Erläuterungen zu § 17 Nr. 3 Abs. 5 Satz 1 VOL/A.
147 *Wirner* ZfBR 2005, 152, 158 m. w. N.
148 *BayObLG* 21. 10. 2004 NZBau 2005, 173; *Wirner* ZfBR 2005, 152, 158 m. w. N.
149 *OLG Düsseldorf* 6. 10. 2004 VergabeR 2005, 188, 192 (zur VOB/A); *BayObLG* 17. 2. 2005 NZBau 2005, 595; *Wirner* ZfBR 2005, 152, 158.
150 *1. VK Bund* 19. 4. 2002, VK 1–9/02 (zur VOB/A) m. w. N.; *1. VK Bund* 30. 1. 2004, VK 1–141/03 (zur VOB/A); *Dähne* VergabeR 2002, 227; vgl. auch *Wirner* ZfBR 2005, 152, 158 m. w. N.
151 *BGH* 16. 4. 2002, X ZR 67/00 (zur VOB/A).

§ 21 Inhalt der Angebote

V. Kennzeichnung von Mustern und Proben, § 21 Nr. 1 Abs. 5 VOL/A

96   Etwaige mit dem Angebot eingereichte Muster und Proben sind als zum Angebot gehörig zu kennzeichnen. Damit der öffentliche Auftraggeber etwaige Muster und Proben **eindeutig** einem bestimmten Angebot **zuordnen** kann, muss diese Kennzeichnung entsprechend deutlich und widerspruchsfrei sowie so dauerhaft mit dem Angebot verbunden werden, dass ein späterer Verlust oder ein Vertauschen ausgeschlossen ist. Dies ist insbesondere in den Fällen wichtig, in denen der Auftraggeber gemäß § 8 Nr. 4 Satz 1 VOL/A die Vorlage von Proben und Mustern zur Beurteilung der Güte von Stoffen, Teilen oder Erzeugnissen verlangt hat.

97   Im Übrigen dient die Kennzeichnung der Vorbereitung der Rückgabe der eingereichten Muster und Proben, falls das Angebot nicht berücksichtigt wird (§ 21 Nr. 5 i. V. m. § 27 Nr. 7 VOL/A).

98   **Bisher** war die Kennzeichnung von Mustern und Proben wortgleich in § 21 Nr. 1 Abs. 4 VOL/A-alt geregelt. Die Verschiebung ist rein systematischer Natur, hat also sonst keine Auswirkungen.

99   Eine unmittelbare **Rechtsfolge** ist an die fehlende Kennzeichnung nicht geknüpft.[152] Etwas anderes gilt jedoch in den Fällen, in denen der öffentliche Auftraggeber die Vorlage von Mustern oder Proben gemäß § 8 Nr. 4 Satz 1 VOL/A gefordert hat. Wenn ein Bieter diese nicht vorlegt bzw. wenn Muster und Proben aus Sicht eines objektiven Empfängers nicht dem betreffenden Angebot zugeordnet werden können, ist das Angebot unvollständig und kann daher gemäß § 25 Nr. 1 Abs. 2 lit. a) VOL/A von der Wertung ausgeschlossen werden.

C. Abgabe von Nebenangeboten, § 21 Nr. 2 VOL/A

100   Der Bieter ist gehalten, Nebenangebote, die sich gerade dadurch auszeichnen, eine vom Hauptangebot abweichende Lösung vorzuschlagen, auf besonderer Anlage zu machen und als solche deutlich zu kennzeichnen. Allein schon aus der äußeren Gestaltung des gesamten Angebots muss klar hervorgehen, was das Hauptangebot des Bieters ist und was er als Alternative hierzu vorschlägt. Dies dient der **Transparenz** der Angebote und dementsprechend der Widerspruchsfreiheit des ggf. durch Zuschlag abgeschlossenen Vertrags, bei dessen Durchführung es keiner der Vertragspartner in der Hand haben soll, nachträglich den Leistungsumfang oder -inhalt nach eigenem Belieben zu ändern oder zu bestreiten. Wenn der Bieter sein Nebenangebot nicht deutlich von seinem Hauptangebot trennt, müsste zudem das vermeintliche Hauptangebot häufig wegen Änderung der Verdingungsunterlagen von der Wertung ausgeschlossen werden, wenn Teile des Nebenangebots, die eine vom Amtsvorschlag abweichende Lösung enthalten, fälschlicherweise dem Hauptangebot zugeordnet werden. Schließlich dient die ordnungsgemäße Kennzeichnung der Nebenangebote auch der ordentlichen Abwicklung des Vergabeverfahrens, da nur dann der Auftraggeber in der Lage

---

152   Vgl. *Noch* in: Müller-Wrede § 21 Rn. 52.

ist, in die Niederschrift über die Öffnung der Angebote i. S. d. § 22 Nr. 4 lit. b) VOL/A aufzunehmen, ob und von wem Nebenangebote eingereicht worden sind.

§ 21 Nr. 2 VOL/A-alt war im Wesentlichen wortgleich formuliert. Lediglich die bisher verwendete Formulierung »Nebenangebote und Änderungsvorschläge« wurde auf den Begriff »Nebenangebote« verkürzt. Diese Änderung ist rein sprachlicher Natur und hat keine weiteren rechtlichen Auswirkungen, da die Terminologie auch in den übrigen Vorschriften der VOL/A entsprechend geändert worden ist (s. § 17 Rn. 60). **101**

Die Anforderung, das Nebenangebot »**auf besonderer Anlage** zu machen«, erfordert die deutliche körperliche Trennung von Haupt- und Nebenangebot einschließlich sämtlicher etwaiger Anlagen,[153] so dass der öffentliche Auftraggeber eindeutig erkennen kann, was Inhalt des Hauptangebots ist und welche hiervon abweichenden Vorschläge das Nebenangebot beinhaltet. **102**

Zudem muss das Nebenangebot »**als solches deutlich gekennzeichnet**« sein, d. h. es muss für den öffentlichen Auftraggeber eindeutig erkennbar sein, dass es sich hierbei um ein Nebenangebot handelt und nicht um einen Bestandteil des Hauptangebots. Um die Zweifelsfreiheit des Hauptangebots i. S. d. § 21 Nr. 1 Abs. 3 VOL/A nicht zu beeinträchtigen, ist die deutliche Kennzeichnung insbesondere auch bei etwaigen Anlagen oder sonstigen Unterlagen (z. B. durch einen Hinweis in einem Begleitschreiben) vorzunehmen, die der Bieter ggf. z. B. zur Erläuterung des Nebenangebots beifügt.[154] Da § 21 VOL/A die »deutliche« Kennzeichnung verlangt, gehen jegliche objektiven Zweifel oder Mehrdeutigkeiten zu Lasten des betreffenden Bieters.[155] **103**

Rechtsfolge: Nebenangebote, die die Voraussetzungen des § 21 Nr. 2 VOL/A nicht erfüllen, können gemäß § 25 Nr. 1 Abs. 2 lit. c) VOL/A von der Wertung ausgeschlossen werden, dem öffentlichen Auftraggeber ist insoweit ein Ermessen eingeräumt (s. § 25 Rn. 99). **104**

Die in § 21 Nr. 2 VOL/A genannten formalen Anforderungen sind jedoch nicht die einzigen, die Nebenangebote erfüllen müssen, um wertungsfähig zu sein. Da Nebenangebote »ebenso zu werten sind wie die Hauptangebote« (§ 25 Nr. 4 VOL/A), müssen sie vielmehr auch dieselben **formalen Anforderungen** erfüllen wie Hauptangebote. So sind Nebenangebote gemäß § 21 Nr. 1 Abs. 2 Satz 5 VOL/A zu unterzeichnen, um zu vermeiden, dass sich ein Bieter im Nachhinein auf die Unverbindlichkeit seines Nebenangebots beruft (s. Rn. 57, 63). Des Gleichen müssen sie vor allem sämtliche geforderten Angaben und Erklärungen i. S. d. § 21 Nr. 1 Abs. 1 Satz 1 VOL/A enthalten (s. Rn. 23), die Anforderungen an die Übermittlung und den Verschluss bzw. die Verschlüsselung des § 21 Nr. 1 Abs. 2 VOL/A erfüllen (s. Rn. 45 ff.) und müssen zweifelsfrei sein i. S. d. § 21 Nr. 1 Abs. 3 VOL/A (s. Rn. 74 ff.). **105**

---

153 Vgl. *OLG Düsseldorf* 29. 3. 2006, VII-Verg 77/05.
154 Vgl. *OLG Düsseldorf* 29. 3. 2006, VII-Verg 77/05.
155 *Schweda* VergabeR 2003, 268, 273 m. w. N.

D. Schutzrechte, § 21 Nr. 3 VOL/A

I. Allgemeines

106 Bestehen am Gegenstand einer Lieferung gewerbliche Schutzrechte, haben sowohl der Auftraggeber als auch der Bieter ein Interesse daran, dass dies dem Auftraggeber im Vergabeverfahren bekannt wird. Gewerbliche **Schutzrechte** können sein: Patentrechte (s. PatG), Gebrauchsmusterrechte (s. GebrMG), Geschmacksmusterrechte (s. GeschmMG), Urheberrechte (s. UrhG) und – Pflanzenzüchtungen betreffend – Sortenschutzrechte (s. SortSchG). Dem Bieter ist daran gelegen, dass Schutzrechtsverletzungen im Vergabeverfahren (durch konkurrierende Bieter) und danach (durch den Auftraggeber selbst) unterbleiben und seine Interessen, auch soweit ein Schutzrecht noch nicht angemeldet worden ist, gewahrt bleiben (§ 21 Nr. 3 Abs. 2). Der Auftraggeber sollte wissen, ob an der Ware ein Schutzrecht besteht, denn daraus ergeben sich insofern Einschränkungen beim Gebrauch, als er u. U. gehindert ist, die Sache nachzubauen, sie im Gebrauch zu verändern, weiterzuentwickeln oder mit anderen zu verbinden. Bei Schutzrechtsverletzungen macht sich der Auftraggeber schadensersatzpflichtig. Die **VOB/A** enthält keine entsprechenden Bestimmungen. Bei Bauleistungen ist ein Bedürfnis daran vom Vergabe- und Vertragsausschuss (DVA) nicht erkannt worden.

II. Tatbestand der Norm

1. § 21 Nr. 3 Abs. 1

107 Angaben, ob am Gegenstand des Angebots gewerbliche **Schutzrechte** bestehen, hat der Bieter nur **auf Verlangen** des Auftraggebers, also nicht von sich aus, zu machen. Das Verlangen kann in der Vergabebekanntmachung oder in den sonstigen Ausschreibungsunterlagen ausgesprochen werden. Der Regelung liegt die auf Erfahrung beruhende Einschätzung zugrunde, dass am Gegenstand der Lieferung nur sehr selten gewerbliche Schutzrechte bestehen. Der Auftraggeber muss dies im Einzelfall für ein Auskunftsverlangen aber gewissermaßen antizipieren, was einiges Fingerspitzengefühl erfordern kann, da u. U. nur ein Detail der Sache einem Schutzrecht unterliegt.[156] Dem Bieter ist deshalb angeraten, den Auftraggeber im Zweifel auf das Vorliegen eines Schutzrechts am Liefergegenstand sowie auf den Inhalt und die Reichweite von sich aus hinzuweisen.

108 Konkurrierenden Bietern ist untersagt, vom Schutzrecht Gebrauch zu machen. Anderenfalls können sie unter dem Gesichtspunkt einer **Schutzrechtsverletzung** vom Inhaber auf **Unterlassung** in Anspruch genommen werden, mit der Folge, dass sie nicht liefern können und ihnen die auftragsbezogene Eignung (Leistungsfähigkeit) abzusprechen ist.[157] Einen solchen Anspruch kann sich auch der Auftraggeber zuziehen

---

[156] So im Fall *OLG Düsseldorf* WuW/E Verg 1055 Dienstpistolen: das mit einem computerlesbaren Transponder ausgestattete Registriersystem an einer Faustfeuerwaffe.
[157] Gewöhnlich in der zweiten Wertungsphase nach § 25 Nr. 2 Abs. 1; vgl. *OLG Düsseldorf* WuW/E Verg 1055 Dienstpistolen.

(s. Rn. 106). Bieter und Auftraggeber setzen sich im Fall einer schuldhaften Schutzrechtsverletzung darüber hinaus **Schadensersatzansprüchen** des Schutzrechtsinhabers aus, von denen der Auftraggeber (mangels Verschuldens) nur freigestellt sein kann, wenn der Bieter seinem einmaligen, aber unzweideutig ausgesprochenen Verlangen, das Bestehen etwaiger Schutzrechte anzugeben, nicht nachgekommen ist. Der Untersagungsanspruch gegenüber dem Auftraggeber (erst recht derjenige gegen andere Bieter) steht indessen auch dann nicht in Frage, wenn der Bieter dem Auskunftsverlangen nicht entsprochen hat.

Weiß der Auftraggeber, dass am Liefergegenstand ein Schutzrecht besteht, kann ein **Verhandlungsverfahren** ohne vorherige öffentliche Bekanntmachung allein mit dem Schutzrechtsinhaber beschritten werden (vgl. § 3 a Nr. 2 c). Entspricht die Leistungsbeschreibung allerdings nicht den Schutzrechtsmerkmalen, ist das Verhandlungsverfahren unzulässig, mindestens aber sind andere am Auftrag interessierte Unternehmen zu einer Angebotseinreichung zuzulassen.[158]

109

2. § 21 Nr. 3 Abs. 2

Erwägt der Bieter, Angaben aus seinem Angebot für die **Anmeldung** eines gewerblichen Schutzrechts zu verwerten, hat der dies nach dem Wortlaut der Norm stets **von sich aus anzugeben**. Die Mitteilung ist nicht frist- oder zeitgebunden, sollte – wenn sie ihren Zweck erfüllen soll – aber zeitgleich mit dem Angebot gemacht werden. Nr. 3 Abs. 2 ist aus Anlass der Neufassung des PatG vom 16. 12. 1980[159] in die VOL/A aufgenommen worden.[160] Damit wurde dem neu gefassten § 3 Abs. 1 PatG Rechnung getragen, wonach eine Erfindung als neu gilt, wenn sie nicht zum Stand der Technik gehört, und der Stand der Technik alle Kenntnisse umfasst, die vor dem für den Zeitrang der Anmeldung maßgeblichen Tag durch schriftliche oder mündliche Beschreibung oder in sonstiger Weise der Öffentlichkeit zugänglich gemacht worden sind. Infolgedessen kann die Beschreibung der technischen Lehre eines erst noch anzumeldenden Patents im Angebot neuheitsschädlich wirken, wenn der Inhalt des Angebots auf irgendeine Weise vom Auftraggeber an die Öffentlichkeit gegeben wird. Vor einer solchen und u. U. ohne Kenntnis der Tragweite des Handelns eintretenden Rechtsfolge soll der betreffende Bieter geschützt werden. Bei diesem Vorverständnis ist – anders als der Wortlaut der Vorschrift auszusagen scheint – der Bieter nicht rechtlich verpflichtet, sondern nur i. S. einer **Obliegenheit** gehalten, dem Auftraggeber mitzuteilen, falls er eine Schutzrechtsanmeldung erwägt. Die Bestimmung dient nur *seinem* Schutz. Für den Auftraggeber hat eine derartige Mitteilung freilich die **Warnfunktion**, dass nach § 22 Nr. 6 Abs. 2 die Kenntnis vom Angebot auf die mit der Sache Befassten beschränkt zu bleiben hat, m. a. W. eine besondere Vertraulichkeit zu wahren ist. Unterlässt der Bieter, die Absicht einer Schutzrechtsanmeldung bekanntzugeben, ist ihm der Auftraggeber nicht zum Schadensersatz verpflichtet, wenn die technische Lehre der Anmeldung durch sein Zutun – neuheitsschädlich – der Öffentlichkeit zugänglich wird.

110

---

158 Vgl. hinsichtlich eines derartigen Falls: *OLG Düsseldorf* NZBau 2004, 175 Starmed.
159 BGBl I 1981, 1.
160 Vgl. *Eberstein* in: Daub/Eberstein Kommentar zur VOL/A 5. Aufl. § 21 Rn. 7, § 22 Rn. 43.

E. Arbeits-, Bietergemeinschaften (Nr. 4)

I. Hintergrund und Ziel der Regelung

111 Gem. § 7 Nr. 1 Abs. 2 sind im Vergabewettbewerb Arbeitsgemeinschaften und andere gemeinschaftliche Bieter Einzelbewerbern gleichzustellen. Dies unterstützt mittelständische Interessen (vgl. § 97 Abs. 3 GWB[161]), die durch Kooperationen im Wettbewerb gestärkt und in die Lage versetzt werden, Interdisziplinarität und Synergien zu nutzen. Allerdings sind an Arbeits-/Bietergemeinschaften oft auch andere als »mittelständische« Unternehmen beteiligt. Verbinden sich Unternehmen mit gleichem oder zusammenhängendem Fertigungsprogramm, wird von horizontaler Kooperation, bei unterschiedlichen Fertigungsprogrammen von vertikaler Kooperation gesprochen.

112 Soweit die Bildung von Arbeits- bzw. Bietergemeinschaften der Markterschließung dient, um eine einzeln gegebene »relative« Marktunfähigkeit ihrer Mitglieder zu überwinden, scheidet ein Verstoß gegen das Kartellverbot (§ 1 GWB) aus.[162] Die Beweislast für eine mit der Bildung einer Arbeits-/Bietergemeinschaft verbundene wettbewerbsbeschränkende Abrede (§ 2 Nr. 1 Abs. 2, § 25 Nr. 1 Abs. 1 f) trägt die Vergabestelle.[163] Bei vertikalen Kooperationen wird eine wettbewerbsbeschränkende Abrede seltener in Betracht kommen.[164]

113 Das Interesse des Auftraggebers geht dahin zu erfahren, mit wem er es zu tun hat. Er will die Mitglieder der Arbeits-/Bietergemeinschaft bzw. alle gemeinschaftlichen Bieter kennen. Nur wenn diese im Angebot benannt sind, ist eine vollständige Grundlage für die Beurteilung ihrer Fachkunde, Zuverlässigkeit und Leistungsfähigkeit gesichert (§ 25 Nr. 2 Abs. 1). Zwar kommt es für die Merkmale Fachkunde und Leistungsfähigkeit auf die Bietergemeinschaft als Ganzes an, doch ist das Merkmal Zuverlässigkeit für jedes Mitglied der Bietergemeinschaft einzeln zu prüfen.[165] Weiter trägt Nr. 4 den Bedürfnissen der Vergabestellen insofern Rechnung, als ein bevollmächtigter Vertreter der Arbeits-/Bietergemeinschaft für Vertragsschluss und -durchführung zu benennen ist (s. dazu unten IV.). Damit wird Verlässlichkeit hergestellt: Die Vergabestelle muss *nur* mit dem bevollmächtigten Vertreter korrespondieren und braucht Erklärungen anderer mit Wirkung für die Arbeits-/Bietergemeinschaft nicht entgegenzunehmen.

114 Zu den Vor- und Nachteilen von Arbeitsgemeinschaften für kleine und mittlere Betriebe liegen nur wenig empirische Untersuchungen vor.[166] Der Hinweis auf die Mög-

---

161 In Landesvergabegesetzen wird das gleiche Ziel verfolgt: Vgl. § 22 Abs. 3 MittelstandsFördG Bad.-Württ., § 5 Abs. 4 BbgMFG, § 15 Abs. 2 HamburgMFG, § 15 Abs. 3 MFG MV, § 14 Abs. 3 Ges. zur Förd. KMU Niedersachsen, § 21 Abs. 3 MittelstandsG NRW, § 18 Abs. 2 MFG Rh.-Pf., § 17 Abs. 2 MFG Saarland, § 2 Abs. 3 SächsVergabeG, § 8 Abs. 2 VergabeG LSA, § 13 Abs. 2 MFG Thüringen.
162 *BGH* ZfBR 1984, 124 = BauR 1984, 302; *OLG Frankfurt/M.* NZBau 2004, 60; *Lotze* EWiR 2004, 284; *Koenig/Kühling/Müller* WuW 2005, 126.
163 *OLG Naumburg* WuW/E Verg 493; vgl. – grundlegend – *Wiedemann* ZfBR 2003, 240 ff.
164 Vgl. *Daub/Eberstein* § 21 Rn. 34, m. w. N. bei Fn. 16.
165 *VK Leipzig* ZfBR 2007, 101; *VK Halle* Beschl. v. 22. 2. 2005, 1 VK LVwA 03/05, Juris; instruktiv *Wirner* ZfBR 2003, 545 f. (zu 3.6.).
166 Vgl. *E. Gluch* Gutachten (Selbstverlag), 1980; *Ruh* VergabeR 2005, 718 ff.

lichkeit, Arbeits-/Bietergemeinschaften zu bilden, rechtfertigt allein nicht das Absehen von einer losweisen Ausschreibung (§ 4 Nr. 2).

II. Begriffsdefinition und rechtliche Struktur

Die Begriffe »Arbeitsgemeinschaften« und »andere gemeinschaftliche Bieter« werden in Nr. 4 angebots- bzw. auftragsbezogen verwendet. Damit ist zugleich verbunden, dass die Existenz dieser Kooperationen mit Zweckerreichung, i. d. R. mit Auftragserfüllung endet (vgl. § 726 BGB). Sofern eine Bietergemeinschaft sich (auch) um eine losweise Vergabe bewirbt, muss sie dies in ihrem Angebot klarstellen.[167] Die Vergabestelle darf sich nicht an einer Arbeits-/Bietergemeinschaft beteiligen.[168] **115**

1. Arbeitsgemeinschaften

Eine Arbeitsgemeinschaft ist ein vertraglicher Zusammenschluss mehrerer Unternehmen zur Übernahme (Akquise) eines oder mehrerer Aufträge mit dem Ziel ihrer Durchführung. Die rechtliche Selbständigkeit der Unternehmen bleibt in der Arbeitsgemeinschaft erhalten; das unterscheidet sie von einem Unternehmenszusammenschluss oder der Gründung eines neuen Rechtsträgers. Auch konzernverbundene Unternehmen können eine Arbeitsgemeinschaft bilden.[169] Auf die (Selbst-)Bezeichnung der Partner (»Konsortium«) kommt es nicht an. Häufig übersteigt das Volumen der Aufträge die Leistungsfähigkeit oder (jedenfalls) die freien Kapazitäten des einzelnen Arbeitsgemeinschafts-Mitglieds. *Vor* Auftragserteilung wird terminologisch von Bietergemeinschaften, *danach* von Arbeitsgemeinschaften gesprochen.[170] **116**

2. Andere gemeinschaftliche Bieter

Mit »anderen gemeinschaftlichen Bietern« werden im Sinne eines Auffangtatbestandes sonstige Kooperationen zum Zwecke einer gemeinsamen Angebotsabgabe verstanden (z. B. Haupt-, Nebenunternehmer). Ein schriftlich fixierter vertraglicher Zusammenschluss i. S. einer Arbeitsgemeinschaft erfolgt in diesen Fällen u. U. erst nach Auftragserteilung. **117**

3. Rechtsform

Die Rechtsform eines Bieters ist grundsätzlich für die Wertung seines Angebots unerheblich (vgl. Art. 4 Abs. 1 und 2 Richtlinie 2004/18/EG). (Bieter- bzw.) Arbeitsgemeinschaften sind nicht rechtsfähige Gesellschaften des bürgerlichen Rechts i. S. d. §§ 705 ff. BGB. Sofern dies für eine ordnungsgemäße Auftragsdurchführung notwen- **118**

---

167 *OLG Koblenz* NZBau 2001, 452.
168 *BKartA* NZBau 2003, 110.
169 *BGH* ZfBR 1984, 124 (Zweigniederlassungen); *OLG Schleswig* Beschl. v. 8. 9. 2006, 1 Verg 6/06, Juris (Rn. 66 f.); zur Verschmelzung einer an einer Bietergemeinschaft beteiligten GmbH auf eine AG vgl. *OLG Schleswig* WuW/E Verg 1233.
170 Vgl. *Thierau/Messerschmidt*, NZBau 2007, 129 ff.

§ 21 Inhalt der Angebote

dig ist, kann der Auftraggeber gem. § 7 a Nr. 2 Abs. 6 eine bestimmte Rechtsform der Bietergemeinschaft verlangen. Dies gilt allerdings nur für den Fall einer Beauftragung, nicht schon bei der Auftragsbewerbung.[171]

119 Im Zweifel obliegt die Geschäftsführung der Bietergemeinschaft allen Gesellschaftern (§ 709 Abs. 1 BGB). Soll der vergaberechtlichen Anforderung gem. Nr. 4 entsprechend (nur) eines ihrer »Mitglieder« (Mitgesellschafter) als bevollmächtigter Vertreter benannt werden, muss dies (gem. § 714 BGB) über die Einräumung der Geschäftsführungsbefugnis erfolgen. S. dazu unten IV.

4. Verhältnis zu Einzelbietern

120 Ein Mitglied einer Arbeits-/Bietergemeinschaft kann im selben Vergabeverfahren nicht zugleich auch als Einzelbieter anbieten; dies verletzt das Prinzip des »Geheimwettbewerbs«, das es verbietet, dass ein Bieter bei Angebotsabgabe die wettbewerbliche Position eines anderen Bieters kennt.[172] Sofern ein Einzelbieter mit einem anderen Unternehmen, das Mitglied einer Bietergemeinschaft ist, konzernverbunden ist, kann sich daraus die – allerdings widerlegliche – Vermutung einer wettbewerbsbeschränkenden Abrede ergeben.[173]

5. Haftung

121 Die Vergabestelle ist berechtigt, von den Mitgliedern einer Bietergemeinschaft das Einverständnis mit einer gesamtschuldnerischen Haftung (z. B.) bei Schadensfällen zu verlangen,[174] auch nach einer evtl. Auflösung der Bietergemeinschaft.

6. Antragsbefugnis

122 Im Nachprüfungsverfahren sind grds. nur alle an der Arbeits-/Bietergemeinschaft beteiligten Unternehmen antragsbefugt (§ 107 Abs. 2 GWB). Einem Unternehmen, das als solches kein eigenes Angebot abgegeben hat, fehlt die Antragsbefugnis für einen im eigenen Namen gestellten Nachprüfungsantrag auch dann, wenn der Antrag auf Beauftragung der Bietergemeinschaft gerichtet ist.[175] Solange die Bietergemeinschaft *ihre* Beauftragung erstrebt, bleibt sie antragsbefugt.[176]

---

[171] *KG Berlin* VergabeR 2003, 84 (Vergabe eines Beleihungsvertrages).
[172] *OLG Jena* VergabeR 2004, 520; vgl. auch *OLG Düsseldorf* ZfBR 2006, 698 (zum Verhältnis Bieter – Nachunternehmer); vgl. auch *Kus* in: Kulartz/Kus/Portz (Hg.), Komm. zum GWB-Vergaberecht, 2006, § 97 Rn. 37 m. w. N.
[173] *OLG Dresden* VergabeR 2006, 793 (im Ergebnis verneint).
[174] *OLG Düsseldorf* VergabeR 2006, 509 (Rn. 86, 87 bei juris).
[175] *BayObLG* ZfBR 2002, 190; *OLG Koblenz* NZBau 2000, 145; *OLG Düsseldorf* BauRB 2005, 137 (Ls.) und IBR 2005, 137 (Ls.), *VK Hessen* B. v. 26. 1. 2005, 69 d VK-96/2004, Juris; a. A. *OLG Hamburg* ZfBR 2004, 296 (für eine spezielle Sachverhaltskonstellation).
[176] *OLG Schleswig* WuW/E Verg 1233.

III. Benennung der Mitglieder

Dem Angebot muss im maßgeblichen Zeitpunkt der Submission (§ 22)[177] klar zu entnehmen sein, dass es von einer Bietergemeinschaft abgegeben worden ist; in der Regel ergibt sich dies aus der Angabe der Mitgliedsunternehmen.[178] **123**

Im Zweifel ist eine am objektiven Empfängerhorizont orientierte Auslegung vorzunehmen. Das Angebot einer »verdeckten« Bietergemeinschaft, das nicht alle Mitglieder der Bietergemeinschaft benennt, kann gem. § 21 Nr. 1 Abs. 1 Satz 1 i. V. m. § 25 Nr. 1 Abs. 2 a ausgeschlossen werden. Ist das Vorliegen einer Bietergemeinschaft nicht erkennbar, ist das Angebot u. U. als Angebot des nach außen hervortretenden Einzelunternehmens anzusehen (wobei auf das Nachunternehmerverzeichnis zu achten ist). **124**

Die Arbeits-/Bietergemeinschaft muss sich grundsätzlich an den im Angebot benannten Mitgliedern festhalten lassen. Eine Änderung der Zusammensetzung der Bietergemeinschaft zwischen Angebotsabgabe und Zuschlagserteilung ist eine unzulässige Veränderung des Angebots.[179] Änderungen werden durch das Hinzutreten oder den Wegfall eines Mitglieds oder (auch) durch die Veräußerung eines Betriebsteils eines Mitglieds der Bietergemeinschaft (str.)[180] bewirkt. Vor Angebotsabgabe sind solche Änderungen zulässig, danach nicht mehr.[181] Dies gilt (erst recht) auch dann, wenn ein Bieter nach Angebotsabgabe ein bisher nicht am Vergabeverfahren beteiligtes Unternehmen »aufnimmt« und mit diesem eine Bietergemeinschaft bilden möchte.[182] Ebenso unzulässig ist die nachträgliche Bildung von Arbeits-/Bietergemeinschaften während des Vergabeverfahrens. **125**

Ohne Bevollmächtigung (unten IV.) muss das Angebot einer Bietergemeinschaft von allen Mitgliedern unterschrieben sein. Ausbleibende oder widersprüchliche Erklärungen der Mitbieter zu einer Verlängerung der Bindefrist führen zum Erlöschen des Angebots. **126**

Nach einem Teilnahmewettbewerb kann die Vergabestelle Bietergemeinschaften, die sich erst *nach* der Bieterauswahl (§ 7 a Nr. 3) bilden, nicht zum Auftragswettbewerb zulassen, sofern dies in den Bewerbungsbedingungen bestimmt ist.[183] **127**

IV. Bevollmächtigter Vertreter

1. Ein bevollmächtigter Vertreter der Arbeits-/Bietergemeinschaft (der zugleich ihr Mitglied ist) bzw. der »gemeinschaftlichen« Bieter muss *im* Angebot benannt werden (»federführendes« Unternehmen). Damit wird den Partnern eine von § 709 Abs. 1 **128**

---

177 *BayObLG* ZfBR 2002, 190.
178 *VK Bremen* IBR 2004, 91 (Ls.).
179 *EuGH* ZfBR 2003, 282 (m. Anm. Schimanek).
180 *OLG Düsseldorf* NZBau 2005, 354 (keine Änderung: Identität der BG bleibt erhalten).
181 *OLG Düsseldorf* NZBau 2005, 710 (Insolvenz eines BG-Mitglieds; Angebot von dem anderen Mitglied aufrechterhalten).
182 Vgl. *Weyand* VOL/A (Online-Kommentar), § 21 Rn. 3836, 3837.
183 *Weyand* a. a. O., Rn. 3838.

§ 21 Inhalt der Angebote

BGB abweichende gesellschaftsrechtliche Gestaltung abverlangt. Dies ist durch das berechtigte Interesse des Auftraggebers an einem verantwortlichen Vertreter der Arbeitsgemeinschaft gerechtfertigt. Es liegt auch im Interesse der Arbeitsgemeinschaft selbst, durch *einen* Bevollmächtigten von vornherein doppelte und möglicherweise missverständliche Erklärungen zu vermeiden. Im Ergebnis kann sowohl in der Abschluss- als auch in der Durchführungsphase des Vertrages nur das bevollmächtigte Mitglied der Arbeits-/Bietergemeinschaft gegenüber dem Auftraggeber rechtsverbindliche Erklärungen abgeben. Zulässig ist auch die Benennung von zwei einzelvertretungsberechtigten Vertretern,[184] allerdings ist im Hinblick auf damit verbundene Risiken (widersprechende oder missverständliche Erklärungen) davon abzuraten.

129 2. In den Verdingungsunterlagen kann gefordert werden, dass schon den Angebotsunterlagen eine von allen Mitgliedern der Bietergemeinschaft unterschriebene Vollmacht beizufügen ist. Allerdings ist aus Nr. 4 Satz 2 abzuleiten, dass das Fehlen der (schriftlichen) Vollmacht nicht zum Angebotsausschluss nach § 25 Nr. 1 Abs. 2 a führt; die Vergabestelle muss vielmehr ggf. die Vollmacht bis zur Zuschlagserteilung nachfordern (s. u. V.).

130 3. Ein bevollmächtigter Vertreter der Arbeits-/Bietergemeinschaft hat das Angebot zu unterzeichnen (§ 21 Nr. 1 Abs. 2 Satz 1). Für die Vollmachterteilung gelten keine besonderen Formerfordernisse. Fehlt (noch) ein bevollmächtigter Vertreter, muss das Angebot von *allen* Mitgliedern der Arbeits-/Bietergemeinschaft unterzeichnet sein (§§ 709 Abs. 1, 714 BGB). Die Unterschrift durch einen rechtsgeschäftlich bestellten Vertreter der Mitglieder der Arbeits-/Bietergemeinschaft ist i. S. d. § 21 Nr. 1 Abs. 2 Satz 1 wirksam. Das Gleiche gilt, wenn der Unterzeichner des Angebots nach den Grundsätzen der Duldungs- und Anscheinsvollmacht als Vertreter der Mitglieder der Arbeits-/Bietergemeinschaft anzuerkennen ist.

131 Ist das Angebot der Arbeits-/Bietergemeinschaft von einem vollmachtlosen Vertreter unterzeichnet, kann es mit den (Rück-)Wirkungen gem. §§ 177, 184 Abs. 1 BGB genehmigt werden. Die Genehmigung muss bis zur Zuschlagserteilung vorliegen. Sie kann auch konkludent erteilt werden, z. B. durch Übersendung der Unterlagen an den Vertreter durch die Mitglieder der Arbeitsgemeinschaft oder durch einen gemeinsamen Nachprüfungsantrag.

V. Erforderliche Angaben vor Zuschlagserteilung

132 Die fehlende Bezeichnung der Mitglieder der Arbeitsgemeinschaft oder des bevollmächtigten Vertreters darf nach Nr. 4 Satz 2 bis zur Zuschlagserteilung beigebracht (nachgeholt) werden. Es liegt im Interesse der Bieter, diese Möglichkeit zu nutzen. Eine Pflicht der Vergabestelle zur Anforderung dieser Angaben ist der VOL/A nicht zu entnehmen. Aus dem Gleichbehandlungsgrundsatz (§ 2 Nr. 2; § 97 Abs. 2 Satz 1 GWB) folgt aber, dass eine Anforderung gegenüber einem Bieter bei gleicher Sachlage

---

[184] Vgl. *OLG Frankfurt/M.* Beschl. v. 20. 7. 2004, 11 Verg 14/04.

auch gegenüber einem anderen Bieter erfolgen muss. Sie ist im Hinblick auf die auch den Interessen der Vergabestelle dienenden Bezeichnungen auch ratsam.

F. Rückgabe von Entwürfen etc., § 21 Nr. 5 VOL/A

Gemäß § 27 Nr. 7 VOL/A kann ein Bieter verlangen, dass Entwürfe, Ausarbeitungen, Muster und Proben (§ 8 Nr. 4), die er seinem Angebot beigefügt hat, vom öffentlichen Auftraggeber zurückgegeben werden, wenn das Angebot nicht berücksichtigt wird. Dieses Rückgabeverlangen kann gemäß § 21 Nr. 5 VOL/A schon im Angebot gemacht werden (vgl. auch § 27 Nr. 7 VOL/A).

133

Die bisherige Rechtslage wurde insoweit nicht geändert (s. § 21 Nr. 6 VOL/A-alt, 1. Abschnitt, bzw. § 21 Nr. 5 VOL/A-alt, 2. Abschnitt).

§ 22
Öffnung der Angebote bei Ausschreibungen; Vertraulichkeit

1. Schriftliche Angebote sind auf dem ungeöffneten Umschlag mit Eingangsvermerk zu versehen und bis zum Zeitpunkt der Öffnung unter Verschluss zu halten. Den Eingangsvermerk soll ein an der Vergabe nicht Beteiligter anbringen. Elektronische Angebote sind entsprechend zu kennzeichnen und unter Verschluss zu halten.

2. (1) Die Verhandlung zur Öffnung der Angebote soll unverzüglich nach Ablauf der Angebotsfrist stattfinden.
(2) In der Verhandlung zur Öffnung der Angebote muss neben dem Verhandlungsleiter ein weiterer Vertreter des Auftraggebers anwesend sein.
(3) Bieter sind nicht zuzulassen.

3. Der Verhandlungsleiter stellt fest, ob die Angebote
    a) ordnungsgemäß verschlossen und äußerlich gekennzeichnet bzw. verschlüsselt,
    b) bis zum Ablauf der Angebotsfrist bei der für den Eingang als zuständig bezeichneten Stelle eingegangen sind. Die Angebote werden geöffnet und in allen wesentlichen Teilen einschließlich der Anlagen gekennzeichnet.

4. (1) Über die Verhandlung zur Öffnung der Angebote ist eine Niederschrift zu fertigen. In die Niederschrift sind folgende Angaben aufzunehmen:
    a) Name und Wohnort der Bieter und die Endbeträge der Angebote, ferner andere den Preis betreffende Angaben,
    b) ob und von wem Nebenangebote eingereicht worden sind.
(2) Angebote, die nicht den Voraussetzungen der Nummer 3 Satz 1 entsprechen, müssen in der Niederschrift oder, soweit sie nach Schluss der Eröffnungsverhandlung eingegangen sind, in einem Nachtrag zur Niederschrift besonders aufgeführt werden; die Eingangszeit und etwa bekannte Gründe, aus denen die Voraussetzungen der Nummer 3 Satz 1 nicht erfüllt sind, sind zu vermerken.
(3) Die Niederschrift ist von dem Verhandlungsleiter und dem weiteren Vertreter des Auftraggebers zu unterschreiben.

5. Die Niederschrift darf weder den Bietern noch der Öffentlichkeit zugänglich gemacht werden.

6. (1) Die Angebote und ihre Anlagen sind sorgfältig zu verwahren und vertraulich zu behandeln. Von den nicht ordnungsgemäß oder verspätet eingegangenen Angeboten sind auch der Umschlag und andere Beweismittel aufzubewahren.
(2) Im Falle des § 21 Nr. 3 Abs. 2 ist sicherzustellen, dass die Kenntnis des Angebots auf die mit der Sache Befassten beschränkt bleibt.
(3) Der Auftraggeber darf Angebotsunterlagen und die in den Angeboten enthaltenen eigenen Vorschläge eines Bieters nur für die Prüfung und Wertung der Angebote (§§ 23 und 25) verwenden. Eine darüber hinausgehende Verwen-

dung bedarf der vorherigen schriftlichen Vereinbarung, in der auch die Entschädigung zu regeln ist.
(4) Die Absätze 1 bis 3 gelten bei Freihändiger Vergabe entsprechend.

Erläuterungen zu § 22 VOL/A

§ 22 Nr. 2: Der Begriff »Verhandlung« soll in Anlehnung an § 22 VOB/A lediglich ausdrücken, dass bei der Öffnung der Angebote auf der Auftraggeberseite formalisiert zu verfahren ist. Die VOL/A lässt im Gegensatz zur VOB/A Bieter zum Eröffnungstermin nicht zu.

§ 22 Nr. 3 S. 2: Bei Angeboten, die aus mehreren Teilen bestehen, bei Anlagen sowie Mustern und Proben, die nicht immer mit dem Angebot selbst aufbewahrt werden können, muss die Zugehörigkeit erkennbar gemacht werden. Durch die Kennzeichnungspflicht sollen Fälschungen verhindert bzw. erschwert werden.

Inhaltsübersicht Rn.

A.	Allgemeine Grundlagen	1
	I. Änderungen in der Neufassung	1
	II. Vergleich zur VOB/A und VOF	2
	III. Ausprägung der Formstrenge	4
	IV. Anwendungsbereich	6
	V. Ende der Angebotsfrist, Beginn der Zuschlagsfrist	7
B.	Umgang mit eingehenden Angeboten (§ 22 Nr. 1 VOL/A)	8
	I. Nichtöffnung des Umschlags	9
	II. Eingangsvermerk auf ungeöffnetem Umschlag	12
	III. Verschluss der Angebote bis zur Öffnung	13
	IV. Eingangsvermerk durch an Vergabe nicht Beteiligten	15
	V. Elektronische Angebote	18
C.	Öffnung der Angebote (§ 22 Nr. 2 VOL/A)	21
	I. Unverzüglich nach Ablauf der Angebotsfrist	21
	II. Schriftführer als weiterer Auftraggebervertreter	23
	III. Nichtzulassung von Bietern	24
D.	Aufgaben des Verhandlungsleiters (§ 22 Nr. 3 VOL/A)	27
	I. Ordnungsgemäßer Verschluss und Verschlüsselung der Angebote	27
	II. Äußerliche Kennzeichnung der Angebote	30
	III. Umgang mit nicht ordnungsgemäßen Angeboten	31
	IV. Rechtzeitiger Eingang der Angebote	33
	V. Öffnung der Angebote	42
	VI. Kennzeichnung aller wesentlichen Teile	43
E.	Fertigung der Niederschrift (§ 22 Nr. 4 VOL/A)	45
	I. Aufzunehmende Angaben	45
	II. Unterschreiben der Niederschrift	49
F.	Geheimhaltung der Niederschrift (§ 22 Nr. 5 VOL/A)	50
G.	Vertrauliche Behandlung der Angebote (§ 22 Nr. 6 VOL/A)	51
	I. Sorgfältige Verwahrung und vertrauliche Behandlung	51
	II. Sicherung gewerblicher Schutzrechte	54

III. Weitere Verwendung der Angebote	55
IV. Entsprechende Anwendung auf Freihändige Vergaben	59
H. Bieterschützender Charakter der Regelung	60

A. Allgemeine Grundlagen

I. Änderungen in der Neufassung

1 § 22 hat in der neuen VOL/A zwei, allerdings geringfügige Änderungen erfahren. Die erste Änderung ergibt sich aus § 22 Nr. 3 a, wonach der Verhandlungsleiter entsprechend der Vorgabe bei elektronischen Angeboten (s. § 21 Nr. 1 Abs. 2 Satz 3) auch die **Verschlüsselung** der Angebote feststellt. Die zweite Änderung in der Neufassung der VOL/A 2006 betrifft § 22 Nr. 4 Abs. 1 b. Hier ist nur noch vorgesehen, dass in der Niederschrift als Angabe aufzunehmen ist, ob und von wem **Nebenangebote** eingereicht worden sind. Die in der Altfassung noch gleichfalls aufzunehmende Angabe über »Änderungsvorschläge« (ob und von wem) ist mithin – wie in anderen Bestimmungen der VOL/A (vgl. § 25 Nr. 4 und § 26 Nr. 2) – entfallen. Grund ist, dass in der Praxis inhaltlich in der Regel nicht zwischen Nebenangeboten und Änderungsvorschlägen unterschieden wurde. Im Übrigen spricht auch die grundlegende Vorschrift des Art. 24 der EU-Richtlinie 2004/18/EG vom 31. März 2004 über die Koordinierung der Verfahren zur Vergabe öffentlicher Bau-, Liefer- und Dienstleistungsaufträge (EU-VKR) auch nur einheitlich von »Varianten«.

II. Vergleich zur VOB/A und VOF

2 Gegenüber § 22 VOB/A besteht der **gravierendste Unterschied** darin, dass nach der VOL-Vorschrift (§ 22 Nr. 2 Abs. 3) **Bieter** bei der Öffnung der Angebote ausdrücklich **nicht zuzulassen** sind. Demgegenüber dürfen nach § 22 Nr. 1 Satz 1 VOB/A im **Eröffnungstermin** bei Bauvergaben **Bieter und ihre Bevollmächtigten zugegen sein**. An diese Unterschiedlichkeit zwischen beiden Bestimmungen knüpfen die maßgeblichen Differenzen im Wortlaut, beginnend von der Überschrift (VOB/A: Eröffnungstermin, VOL/A: Öffnung der Angebote bei Ausschreibungen; Vertraulichkeit) an. Darüber hinaus gibt es weitere Unterschiede, wie insbesondere die ausdrückliche Regelung über die Rechtzeitigkeit von Angeboten in § 22 Nr. 6 Abs. 1 VOB/A. Danach ist ein Angebot, das nachweislich vor Ablauf der Angebotsfrist dem Auftraggeber zugegangen war, aber bei Öffnung des ersten Angebots aus vom Bieter nicht zu vertretenden Gründen dem Verhandlungsleiter nicht vorgelegen hat, wie ein **rechtzeitig vorliegendes Angebot** zu behandeln. Auch wenn § 22 der VOL/A eine derart klare Bestimmung nicht enthält, gilt hier materiell für die Frage der Rechtzeitigkeit eines Angebots – wie die Vorschrift des § 25 Nr. 1 Abs. 1 e deutlich macht – das Gleiche wie für Bauvergaben. Insoweit sollte diese Unterschiedlichkeit im Wortlaut wegen des materiell gleichen Regelungsinhalts zwischen der VOB und der VOL in der noch ausstehenden zweiten Stufe der Vergaberechtsreform auch in der Vorschrift über den Öffnungstermin angeglichen werden.

Öffnung der Angebote bei Ausschreibungen; Vertraulichkeit § 22

Eine dem § 22 VOL/A vergleichbare Regelung findet sich in der VOF, in der gem. § 5 **3** das Verhandlungsverfahren mit vorheriger Vergabebekanntmachung das Regelverfahren ist, nicht. Jedoch gelten auch hier für die Angebotsöffnung über § 97 Abs. 1 und 2 GWB die den §§ 22 VOL/A kennzeichnenden Grundsätze der **Vertraulichkeit, der Transparenz und des gleichberechtigten Wettbewerbs**.

III. Ausprägung der Formstrenge

Die Regelung des § 22 ist in ihrer starken **Strukturierung** die zentrale und dem natio- **4** nalen Vergaberecht entstammende Bestimmung des **förmlichen** Vergabeverfahrens. Insoweit betont die Rechtsprechung stets die Bedeutung der Formvorschriften, von denen »grundsätzlich nicht abgewichen werden darf«.[1] Dabei ist die Formstrenge kein Selbstzweck. Vielmehr gewährleistet sie erst die Einhaltung eines korrekten und den Grundsätzen der **Gleichbehandlung, der Transparenz und des ordnungsgemäßen Wettbewerbs** gem. § 97 Abs. 1 und 2 GWB Rechnung tragenden Vergabeverfahrens.[2]

Während § 22 die **rein an formalen** Kriterien orientierte Prüfung der Angebote be- **5** trifft, beinhaltet die zentrale Vorschrift des § 25 mit der **Wertungsentscheidung** die **materielle Prüfung der Angebote**.

IV. Anwendungsbereich

Die Vorschrift des § 22 über die »Öffnung der Angebote **bei Ausschreibungen**« gilt **6** grundsätzlich nur für Öffentliche und Beschränkte Ausschreibungen bzw. auf EU-Ebene für das Offene Verfahren sowie das Nichtoffene Verfahren, hier jedoch nur für die zweite Stufe der Angebotsabgabe, nicht jedoch für die Durchführung eines Teilnahmewettbewerbs.[3] Nur bei diesen Vergabearten werden auch schriftliche Angebote bei Ausschreibungen abgegeben, während es grundsätzlich bei der nicht formstrengen Freihändigen Vergabe bzw. dem Verhandlungsverfahren ohne vorherige Vergabebekanntmachung dem Auftraggeber überlassen ist, wie er mit den eingegangenen Angeboten verfährt. Allerdings bestimmt auch für die Freihändige Vergabe § 22 Nr. 6 Abs. 4, dass die Absätze (Nummern) 1 bis 3 auch hier entsprechend gelten. Insbesondere wenn bei der Freihändigen Vergabe vom Auftraggeber mehrere Angebote eingeholt werden, sollten schon zur Gewährleistung eines ordnungsgemäßen Wettbewerbs die in § 22 verankerten Grundsätze (Eingangsvermerk, Verschluss der Angebote, Öffnung der Angebote durch Verhandlungsleiter mit weiterem Vertreter, Prüfung der Ordnungsgemäßheit der Angebote sowie der Rechtzeitigkeit, Fertigung einer ordnungsgemäßen Niederschrift und sorgfältige Aufbewahrung) eingehalten werden. Auch wenn § 22 nicht auf EG-rechtlichen Vorgaben beruht, sollte der Auftraggeber ebenso beim **Wettbewerblichen Dialog** – soweit dieser den VOL-Bereich betrifft –

---

1 *VÜA Bund* I/96 »Staatsbibliothek«, ZVgR 1997, 135.
2 *1. VK Sachsen* Beschl. v. 24. 2. 2005 – 1/SVK/004–05.
3 *VK Nordbayern* Beschl. v. 27. 10. 2000, 320 VK 3194–26-00.

§ 22 Öffnung der Angebote bei Ausschreibungen; Vertraulichkeit

in der **Angebotsphase**, also nach Abschluss der Dialogphase, die Vorschrift des § 22 VOL/A anwenden.

V. Ende der Angebotsfrist, Beginn der Zuschlagsfrist

7   Die Öffnung der Angebote erfolgt an einer Schnittstelle zwischen zwei Fristen (vgl. § 22 Nr. 2 Abs. 1): Dem Ende der **Angebotsfrist** (§ 18 Nr. 1 Abs. 1) und dem Beginn der **Zuschlagsfrist** (§ 19 Nr. 1). Während der Bieter innerhalb der Angebotsfrist nicht an sein Angebot gebunden ist und dieses daher ohne Grund zurückziehen, aber auch noch abändern kann (vgl. § 18 Nr. 3), ist der Bieter innerhalb der Zuschlagsfrist gem. § 19 Nr. 3 an sein Angebot gebunden (**Bindefrist**); er kann sich also nicht mehr ohne weiteres, sondern allenfalls nur noch aus einem berechtigten Grund heraus (Anfechtung) aus seiner Bindung lösen.

B. Umgang mit eingehenden Angeboten (§ 22 Nr. 1 VOL/A)

8   Beim Eingang der von den Bietern eingereichten Angeboten hat der Auftraggeber nach § 22 Nr. 1 **zwingende Sorgfaltspflichten** zu beachten. Die drei Kernpunkte dieser Sorgfaltspflichten[4] lassen sich wie folgt zusammenfassen:

(1) Die schriftlichen Angebote müssen nach ihrem Eingang beim Auftraggeber **ungeöffnet** bleiben;
(2) sie sind auf dem ungeöffneten Umschlag mit einem **Eingangsvermerk** zu versehen und
(3) sie müssen bis zum Zeitpunkt der Öffnung **unter Verschluss** gehalten werden.

I. Nichtöffnung des Umschlags

9   Die Bieter sind bereits im Rahmen der Bekanntmachung durch den Auftraggeber gem. § 17 Nr. 3 Abs. 2 g i. V. m. § 18 Nr. 2 Abs. 1 Satz 1 darauf hinzuweisen, dass »schriftliche Angebote als solche zu **kennzeichnen** und ebenso wie etwaige Änderungen und Berichtigungen in einem **verschlossenen Umschlag** zuzustellen sind«. Bei elektronischen Angeboten ist sicherzustellen, dass der Inhalt der Angebote erst **mit Ablauf** der für ihre Einreichung festgelegten Frist zugänglich wird (§ 18 Nr. 2 Abs. 1 Satz 2).

10 Wenn der Bieter dementsprechend sein Angebot in einem verschlossenen Umschlag dem Auftraggeber zugestellt hat, weist er regelmäßig über den **Kennzettel für den Angebotsumschlag** (Aufkleber) darauf hin, dass der Umschlag nicht geöffnet und das Angebot der »ausschreibenden Stelle« unverzüglich weiterzuleiten ist. Durch die **Nichtöffnung** dieses Umschlags seitens des Auftraggebers wird gewährleistet, dass keine anderen Bieter und auch keine Dritte von dem Inhalt der eingereichten Angebote Kenntnis erhalten. Es ist damit ausgeschlossen, dass Mitbieter in der Folge –

---

4 *Eberstein* in: Daub/Eberstein, § 22 Rn. 14.

ggf. noch in der Angebotsfrist – ihre eigenen Angebote entsprechend dieser Kenntniserlangung, insbesondere im Hinblick auf die Preisgestaltung anpassen. Die Nichtöffnung der Angebote vor Ablauf der Angebotsfrist dient daher der Aufrechterhaltung eines **transparenten Wettbewerbs** gem. § 97 Abs. 1 GWB, § 2 Nr. 1 VOL/A. Die hiermit verbundene Gewährleistung, dass keine Dritte unberechtigt von anderen Angeboten Kenntnis erlangen, liegt damit gleichermaßen im Interesse des Auftraggebers wie der Bieter, die ordnungsgemäß ihre Angebote eingereicht haben.[5]

Kommt der Auftraggeber seiner Sorgfaltspflicht zur ordnungsgemäßen Verwahrung der schriftlich eingehenden Angebote im ungeöffneten Umschlag nicht nach und entsteht hierdurch den korrekt handelnden Bietern ein Schaden, kann der Auftraggeber von diesen Bietern zu **Schadensersatzansprüchen** aus dem Gesichtspunkt der culpa in contrahendo (vgl. § 311 Abs. 2 BGB) herangezogen werden. Dabei muss der Auftraggeber den Bietern ggf. auch Schadensersatz für leichte Fahrlässigkeit gewähren, da § 690 BGB, der nur eine Sorgfalt wie in eigenen Angelegenheit erfordert, im Rahmen der ausdrücklichen Verpflichtung des durch § 22 begründeten besonderen **Vertrauensverhältnisses** des Auftraggebers zu jedem **einzelnen Bieter** nicht zur Anwendung gelangen dürfte.[6]

11

II. Eingangsvermerk auf ungeöffnetem Umschlag

Vom Auftraggeber **ist der Eingangsvermerk** auf dem ungeöffneten Umschlag und zwar hier grundsätzlich auf dem (farbigen) **Aufkleber** bzw. **Kennzettel** für den Angebotsumschlag anzubringen. Der **Eingangsvermerk** sollte insbesondere das genaue **Datum des Eingangs** sowie auch die Angabe der **Uhrzeit** des Eingangs enthalten.[7] Diese Daten dienen insbesondere dazu, die Rechtzeitigkeit bzw. auch die Verspätung eines Angebots nachzuweisen. Weitere Angaben, wie insbesondere ein lesbares Handzeichen (Unterschrift, Paraphe) des mit der Anbringung des Eingangsvermerks Befassten sowie – bei größeren Vergabestellen – die Bezeichnung der Empfangsstelle (Abteilung, Referat etc.) sowie die Anbringung einer **laufenden Nummer der Angebote,** sind darüber hinaus zur Gewährleistung der Transparenz des Eingangsvermerks erforderlich. Bewährt hat sich auch die Kennzeichnung der ungeöffneten Angebote mit einem **Lochstempel,** weil dies in erhöhtem Maße einen Schutz gegen nachträgliche Manipulationen an den Angeboten bietet.[8]

12

III. Verschluss der Angebote bis zur Öffnung

Die Angebote sind vom Auftraggeber bis zum Zeitpunkt der Öffnung unter **Verschluss** zu halten. Somit hat der Auftraggeber die Verwahrung an einem **sicheren Ort zu gewährleisten.** Dies geschieht regelmäßig dadurch, dass die eingehenden An-

13

---

5 *Eberstein* in: Daub/Eberstein, § 22 Rn. 15.
6 *Daub/Piel/Soergel* ErlZ A 22.18; *Kratzenberg* in: Ingenstau/Korbion, § 22 Rn. 8.
7 *VK Hessen* Beschl. v. 24. 3. 2004 – 69 d VK 09/2004.
8 *Eberstein* in: Daub/Eberstein, § 22 Rn. 18.

gebote in einem gesonderten und abgeschlossenen Raum bzw. in einem abgeschlossenen Schrank[9] aufzubewahren sind. Jedenfalls darf eine Zugriffsmöglichkeit nur für die mit der Verwahrung befassten Mitarbeiter bestehen.[10] Daher ist sicherzustellen, dass durch den Verschluss die Angebote unbefugten Personen nicht zugänglich werden. Hierzu gehört es auch, dass der öffentliche Auftraggeber im Rahmen seiner internen Organisation gewährleisten muss, dass die per Post bzw. per Boten eingehenden Angebote unverzüglich zu dem sicheren Verwahrungsort durch die hierzu befugten Personen weitergeleitet werden.[11] Zwar sieht die Vorschrift des § 22 Nr. 1 Satz 2 vor, dass nur den Eingangsvermerk ein an der Vergabe nicht Beteiligter anbringen soll. Jedoch erfordert die Gewährleistung eines ordnungsgemäßen Wettbewerbs, dass auch die **Aufbewahrung** der Angebote (Verschluss) gem. § 22 Nr. 1 Satz 1 grundsätzlich ebenfalls nur ein an der **Vergabe nicht Beteiligter** vornehmen sollte.[12]

14 Wird ein Angebot von Mitarbeitern der Vergabestelle versehentlich vorzeitig geöffnet, weil z. B. der Bieter nicht durch genaue Aufschrift und Form der Angebote diese hinreichend kennzeichnet (vgl. § 17 Nr. 3 Abs. 2 g und § 18 Nr. 2 Abs. 1), und wird dadurch das Angebot in der Posteingangsstelle wie die übrige Post geöffnet, muss der Auftraggeber es sofort wieder verschließen. In diesem Fall liegt auch kein Grund zum Ausschluss dieses Angebots von der Wertung vor. Jedoch ist dieses Angebot **sofort wieder zu verschließen**. Außerdem sind das versehentliche Öffnen sowie das Datum und die Uhrzeit der festgestellten Öffnung sowie das Datum und die Uhrzeit des erneuten Verschließens sowie die Namen der von der Öffnung Kenntnis erhaltenden sowie der übrigen beim Verschließen anwesenden Personen auf dem Umschlag zu vermerken. Ein derartiger Vermerk ist im Hinblick auf die Gewährleistung eines ordnungsgemäßen und transparenten Vergabeverfahrens unabdingbar. Belegen die vom Auftraggeber im Einzelfall darzulegenden Gesamtumstände, dass ein nicht verschlossenes Angebot zum Zwecke von Manipulationen vorzeitig geöffnet wurde, kann dies zum Ausschluss des Angebots sowie ggf. zu weiteren Folgerungen im Hinblick auch auf andere Angebote wegen eines Wettbewerbsverstoßes führen.[13]

IV. Eingangsvermerk durch an Vergabe nicht Beteiligten

15 Nach § 22 Nr. 1 Satz 2 soll den Eingangsvermerk ein »an der Vergabe **nicht Beteiligter** anbringen«. Der Begriff eines »an der Vergabe nicht Beteiligten« ist weit gefasst. Hierdurch soll jeglicher Anschein eines **Interessenkonfliktes** vermieden werden. Mit der Vergabe selbst ist ein Beteiligter nicht befasst, wenn er

– weder an der Vorbereitung und Ausarbeitung der Vergabeunterlagen, insbesondere des Leistungsverzeichnisses
– noch an der Eignungsprüfung der Bieter

---

9 *Eberstein* in: Daub/Eberstein, § 22 Rn. 20 empfiehlt sogar die Nutzung von Panzerschränken.
10 Instruktiv hierzu *OLG Hamburg* Beschl. v. 21. 1. 2004 – 1 Verg 5/03 = IBR 2004, 216 (Christiani).
11 *Franke/Kemper/Zanner/Grünhagen* § 22 VOB/A Rn. 20.
12 So wie hier: *Eberstein* in: Daub/Eberstein, § 22 Rn. 21; *Rusam* in: Heiermann/Riedl/Rusam, § 22 VOB/A Rn. 5 unter Verweis auf die Bestimmung in Nr. 1.1 im VHB zu § 22 VOB/A.
13 *Kratzenberg* in: Ingenstau/Korbion, § 22 VOB/A Rn. 11.

– noch nach dem Öffnungstermin an der Prüfung und Wertung der Angebote (§§ 23 und 25), insbesondere an der Entscheidung über den Zuschlag und über die Aufhebung der Ausschreibung und
– auch nicht an der Durchführung des Auftrags beteiligt ist und war.

Zu beachten ist jedoch, dass die Vorschrift als **Soll-Regelung** formuliert ist. Im Einzelfall, insbesondere etwa bei kleineren kommunalen Vergabestellen, ist aus personellen Gründen eine zur Verhinderung jeglicher Manipulationen grundsätzlich wünschenswerte völlige Trennung innerhalb verschiedener Stellen der Verwaltung nicht erreichbar. Aber auch in diesen Fällen sollte der Auftraggeber durch Zuhilfenahme eines fachkundigen Dritten, z. B. eines Architekten oder eines Ingenieurs, Interessenkonflikte verhindern, die durch eine gemeinsame Wahrnehmung von Aufgaben von Beteiligten im Vergabeverfahren entstehen können.[14] Auf alle Fälle sollte die mit dem Eingangsvermerk betraute Person der Vergabestelle grundsätzlich kein Mitspracherecht bzw. keine eigenverantwortliche Entscheidungsbefugnis bei der Auswahl des Angebots für die Zuschlagserteilung haben.[15] Wenn ausnahmsweise, etwa bei kleineren Vergabestellen, von dieser Grundsatzregel abgewichen werden muss, muss dies in einer kurzen Angabe im Vergabevermerk begründet werden. 16

Zwar bezieht sich § 22 Nr. 1 Satz 2 nur darauf, dass der »**Eingangsvermerk**« von einem an der Vergabe nicht Beteiligten angebracht werden soll. Jedoch lässt sich aus den Grundsätzen zur Gewährleistung eines ordnungsgemäßen, transparenten und gleichberechtigten Wettbewerbs (§ 97 Abs. 1 und Abs. 2 GWB, § 2 Nr. 1 VOL/A) folgern, dass die Vermeidung eines Interessenkonfliktes sich auch auf die **Verwahrung** der Angebote und den **Umgang** hiermit bezieht. Dies bedeutet, dass grundsätzlich nicht nur für die Anbringung des Eingangsvermerks, sondern auch für die weitere Gewährleistung des Verschlusses der Angebote sowie für deren Verwahrung ein mit der Vergabe nicht Befasster zuständig sein sollte.[16] 17

V. Elektronische Angebote

Nach § 22 Nr. 1 Satz 3 sind auch elektronische Angebote entsprechend zu kennzeichnen und unter Verschluss zu halten. Dies bedeutet zunächst, dass ein vom Auftraggeber in den Verdingungsunterlagen ausdrücklich zugelassenes digitales Angebot zum Zeitpunkt des Eingangs **verschlüsselt** vorliegen und mit einer **fortgeschrittenen elektronischen Signatur** nach dem Signaturgesetz versehen sein muss (§ 21 Nr. 1 Abs. 2 Satz 5). Ist dies der Fall, muss auch das digitale Angebot – ebenso wie das schriftliche Angebot – mit einem Eingangsvermerk versehen und unter Verschluss gehalten werden. Bei der entsprechenden Kennzeichnung ist zu unterscheiden: 18

Wird der **Datenträger selbst übermittelt** (z. B. durch Übergabe einer Diskette oder eines Memorystiks) erfolgt die Kennzeichnung dieses Datenträgers wie bei den schriftlichen Angeboten selbst. Der Datenträger ist mithin also mit der Angabe des 19

---

14 *Rusam* in: Heiermann/Riedl/Rusam, § 22 VOB/A Rn. 11.
15 Vgl. *VÜA Thüringen* Beschl. v. 29. 8. 1996 – 2 VÜ 1/96.
16 *Eberstein* in: Daub/Eberstein, § 22 Rn. 21; *Müller-Wrede* § 22 Rn. 5.

genauen Datums und der Uhrzeit des Eingangs zu versehen und unverzüglich dem für die Verwahrung zuständigen Bediensteten, der selbst an der Vergabe nicht beteiligt sein sollte, zuzuleiten. Die zwingend (»sind«) vorzunehmende Kennzeichnung auf dem Datenträger selbst (Datum, Uhrzeit etc.) muss deutlich und dauerhaft, etwa durch Aufkleben eines Vermerks mit den betreffenden Angaben, erfolgen.[17]

20 Auch »**Online**« übermittelte digitale Angebote sind mit einem – elektronischen – Eingangsvermerk zu versehen. Hier muss über den Computer des Auftraggebers eine Verknüpfung mit dem Angebot des Bieters so hergestellt werden, dass die wesentlichen Angaben, also insbesondere das Datum und die genaue Uhrzeit des Eingangs des »Online« übermittelten Angebots kenntlich gemacht und sichergestellt werden«. Auch muss das Angebot in einer für die elektronische Ausschreibung gesondert eingerichteten Datei gespeichert und weiter unter Verschluss gehalten werden.[18]

C. Öffnung der Angebote (§ 22 Nr. 2 VOL/A)

I. Unverzüglich nach Ablauf der Angebotsfrist

21 Nach § 22 Nr. 2 Abs. 1 soll die »**Verhandlung**« zur Öffnung der Angebote unverzüglich nach Ablauf der Angebotsfrist stattfinden. Der Begriff der »Verhandlung«, der sich ausdrücklich von dem in § 22 Nr. 2 VOB/A verwandten Begriff »Eröffnung« unterscheidet, ist äußerst unglücklich gewählt. Auch wenn in den **Erläuterungen** zu § 22 Nr. 2 VOL/A bestimmt ist, dass der Begriff »Verhandlung« in Anlehnung an § 22 VOB/A lediglich ausdrücken soll, »dass bei der Eröffnung der Angebote auf der Auftraggeberseite formalisiert zu verfahren ist«, trägt dies nicht zur Rechtsklarheit bei. Denn der Begriff »Verhandlung« suggeriert gerade, dass sich über den Verhandlungsgegenstand mindestens zwei Parteien austauschen, um im Rahmen dieses Prozesses zu einem Ergebnis zu kommen.[19] Da aber gerade im Rahmen der VOL/A gem. § 22 Nr. 2 Abs. 3 Bieter **nicht zugelassen sind**, ist unter dem Begriff »Verhandlung« nicht mehr, aber auch nicht weniger als der Vorgang der **Öffnung der Angebote** selbst zu verstehen.

22 Die »Verhandlung zur Öffnung« der Angebote muss grundsätzlich (»soll«) **unverzüglich**, also ohne schuldhaftes Verzögern (§ 121 BGB) nach Ablauf der Angebotsfrist stattfinden. Diese Vorgabe lässt dem Auftraggeber nur einen kurzen Zeitraum für die Terminierung des Öffnungstermins nach Ablauf der Angebotsfrist. Grund ist, dass zeitlich kurz vor dem Öffnungstermin des § 22 die Angebotsfrist abläuft und die Zuschlagsfrist beginnt (§ 19 Nr. 1). Dabei soll die **Zuschlagsfrist** nach § 19 Nr. 2 Satz 1 **so kurz wie möglich** und nicht länger bemessen werden, als der Auftraggeber für eine zügige Prüfung und Wertung der Angebote benötigt. Diese kurze Bemessung der Zuschlagsfrist liegt insbesondere im Interesse der Bieter, die gemäß § 19 Nr. 3 bis zum Ablauf der Zuschlagsfrist an ihr Angebot gebunden sind (Binde-

---

17 Vgl. *Kratzenberg* in: Ingenstau/Korbion, § 22 Rn. 11.
18 So wie hier für die VOB/A: *Franke/Kemper/Zanner/Grünhagen* § 22 Rn. 29.
19 *Thiele* Das neue Vergaberecht 5/10.1 b Eröffnungstermin bei der VOL/A.

frist). Es versteht sich daher von selbst, dass die Bieter möglichst schnell Klarheit über die Zuschlagsentscheidung erhalten wollen, um ggf. wieder frei über ihre personellen und sachlichen Kapazitäten disponieren zu können.[20] Auch soll die unverzügliche Öffnung der Angebote sicherstellen, dass deren Inhalt und äußerer Zustand sowie der Eingangszeitpunkt schnellstmöglich dokumentiert werden, um jedweder Form von Manipulationen vorzubeugen. In der Praxis hat sich daher als Zeitpunkt für die Angebotsöffnung spätestens der **Folgetag des Schlusstermins der Angebotsfrist** bewährt.[21]

II. Schriftführer als weiterer Auftraggebervertreter

§ 22 Nr. 2 Abs. 2 bestimmt, dass als Teilnehmer bei der Öffnung der Angebote neben dem Verhandlungsleiter ein weiterer Vertreter des Auftraggebers anwesend sein **muss**. Dieser »Assistent« des Auftraggebers fungiert regelmäßig als Schriftführer und ist daher insbesondere für die Fertigung der **Niederschrift** (§ 22 Nr. 4) verantwortlich. Der Verhandlungsleiter selbst kann sich demgemäß ganz auf die Prüfung der **formalen Aspekte** im Öffnungstermin konzentrieren. Zwar gibt es für den Schriftführer im Hinblick auf eine Interessenkollision keine dem § 22 Nr. 1 Satz 2 (»Nichtbeteiligung an der Vergabe«) entsprechende Regelung. Jedoch sollte auch der Schriftführer ebenso wie der Verhandlungsleiter aus Gründen der Gewährleistung eines ordnungsgemäßen und transparenten Wettbewerbs nicht an der sonstigen Vergabe (Ausarbeitung der Verdingungsunterlagen, Eignungsprüfung, Entscheidung über den Zuschlag bzw. über die Aufhebung der Ausschreibung, Durchführung der Vergabe) beteiligt sein. Insoweit gilt hier das Gleiche wie es auch das Vergabehandbuch des Bundes in Nr. 1.2 zu § 22 VOB/A bestimmt: »Er (der Schriftführer) soll an der Bearbeitung der Verdingungsunterlagen und an der Vergabe nicht beteiligt sein«.[22] 23

III. Nichtzulassung von Bietern

Bieter sind nach der ausdrücklichen Regelung des § 22 Nr. 2 Abs. 3 – anders als nach § 22 VOB/A – beim Öffnungstermin **nicht zuzulassen**. Während also die VOB durch die zugelassene Anwesenheit der Bieter eine umfassende Transparenz des Vergabehandelns des Auftraggebers und damit auch eine Kontrolle der Vergabestelle ermöglicht, ist dies durch die VOL, bei der die Angebote unter **Ausschluss der Bieter** geöffnet werden, gerade nicht beabsichtigt. Hier steht also die Geheimhaltung und Vertraulichkeit im Vordergrund. Als Gründe für die Nichtzulassung von Bietern bei VOL-Verfahren werden geltend gemacht:[23] 24

---

20 *Eberstein* in: Daub/Eberstein, § 22 Rn. 22.
21 *Hausmann/Mestwerdt* in: Beck'sches Formularbuch Vergaberecht, § 22 A.II.16 Nr. 2.
22 A. A. *Eberstein* in: Daub/Eberstein, § 22 Rn. 24.
23 *Eberstein* in: Daub/Eberstein, § 22 Rn. 25 unter Verweis auf Daub/Meierose, Kommentar zur VOL, 2. Auflage 1976, Ez 5 zu A § 22.

§ 22 Öffnung der Angebote bei Ausschreibungen; Vertraulichkeit

- Die angebotenen Leistungen bei der VOL sind in vielen Fällen gleich oder ähnlich und damit insbesondere auch im Hinblick auf ihre Preise leicht vergleichbar.
- Es ist darüber hinaus der Wunsch vieler Bieter, dass ihre Konkurrenten ihre eigenen Angebotspreise nicht erfahren.
- Auch beteiligen sich an VOL-Ausschreibungen häufig so viele Bieter, dass es schon aus Raumgründen unmöglich wäre, dafür einen Eröffnungstermin im Stile der VOB vorzusehen.
- Schließlich habe der größte Teil der Bieter – anders als im VOB-Bereich – seinen Sitz häufig weit entfernt vom Ort der Beschaffungsstelle, so dass ein öffentlicher Öffnungstermin nur von wenigen Bietern oder von keinem wahrgenommen werden könne. Folge sei eine Diskriminierung der aus Entfernungsgründen verhinderten Bieter.

25 Ob aus den dargelegten Gründen die **Unterscheidung** zwischen § 22 VOB/A (zwingende Zulassungsmöglichkeit für Bieter) und § 22 VOL/A (zwingende Nichtzulassung der Bieter) gerechtfertigt ist, erscheint **zweifelhaft**. Insbesondere stellen die dargelegten Gründe nicht ausreichend in Rechnung, dass es mittlerweile eine Vielzahl von VOL-Leistungen gibt, bei denen nicht die Lieferleistung, sondern die auch häufig ortsnah zu erbringende Dienstleistung (Entsorgungsleistung, IT-Service-Leistung etc.) im Vordergrund steht. Hier kann aber weder der Wunsch der Bieter, dass ihre Konkurrenten ihre Angebotspreise nicht erfahren noch eine (nicht) vorhandene zu große Entfernung von der Beschaffungsstelle der Grund für eine gegenüber der VOB/A unterschiedlichen Behandlung sein. Hinzu kommt, dass gerade bei typengemischten Verträgen (Bsp.: Bau und Betreibung einer Abwasserentsorgungsanlage) nicht von vornherein klar ist, ob diese Leistung bei einer Gesamtvergabe gemäß der »**Schwerpunkttheorie**« nach der VOB oder aber nach der VOL zu vergeben ist. In dem einen Fall (VOB), bei dem der Bau überwiegt, wäre ein Eröffnungstermin zwingend mit Beteiligung der Bieter zu ermöglichen; im anderen Fall, bei dem die Betreibung schwerpunktmäßig überwiegt, wäre bei der gleichen Ausschreibung eine Bieterbeteiligung nicht zugelassen. Diese Unterschiedlichkeit ist schon zur Gewährleistung eines gleichberechtigten Wettbewerbs und der Transparenz kaum nachvollziehbar.

26 Bei der noch ausstehenden Reform des Vergaberechts (2. Stufe) sollte daher jedenfalls eine **Angleichung** zwischen der VOB- und der VOL-Regelung herbeigeführt werden. Diese braucht jedoch nicht zwingend darin zu bestehen, dass auch bei der VOL eine Zulassung von Bietern gewährleistet wird. Vielmehr könnte – und dies mag dem Zweck einer Entbürokratisierung besser entsprechen – eine Angleichung auch dadurch erfolgen, dass im VOB-Bereich ebenfalls eine Bieterbeteiligung im Eröffnungstermin selbst ausgeschlossen wird; im Gegenzug und zur Wahrung eines transparenten Vergabeverfahrens müssten die Bieter aber sowohl im VOB- als auch im VOL-Bereich über die Inhalte des Eröffnungstermins und insbesondere die **wesentlichen Inhalte der Angebote vor der Zuschlagserteilung** informiert werden. Wenn hierbei eine Gleichbehandlung der Bieter sowie eine Transparenz dieser Informationsweitergaben durch den Auftraggeber gewährleistet ist, wäre es jedenfalls nicht zwingend erforderlich, eine Bieterbeteiligung im Eröffnungstermin selbst zuzulassen.

D. Aufgaben des Verhandlungsleiters (§ 22 Nr. 3 VOL/A)

I. Ordnungsgemäßer Verschluss und Verschlüsselung der Angebote

Zu Beginn des Öffnungstermins stellt der Verhandlungsleiter gem. § 22 Nr. 3 a fest, ob die Angebote ordnungsgemäß **verschlossen** bzw. – bei elektronischen Angeboten – **verschlüsselt** (s. Rn. 18 bis 20), also ungeöffnet und vollständig vorliegen. Insoweit bestimmt 23 Nr. 1 a, dass die Angebote von Bietern nicht geprüft zu werden brauchen, die **nicht ordnungsgemäß** eingegangen sind. Hierzu gehören Angebote, die nicht im verschlossenen Umschlag bzw. verschlüsselt eingereicht wurden. Eine Angebotsabgabe, die die abstrakte Gefahr einer unbemerkten Einsichtnahme durch Dritte ermöglicht oder zumindest nicht ausschließt, ist in diesem Sinne daher nicht ordnungsgemäß nach § 23 Nr. 1 a VOL/A.[24]   27

Ein Umschlag gilt dann als verschlossen, wenn er mit Vorkehrungen versehen ist, die der unbefugten Kenntnisnahme Dritter ein **deutliches Hindernis** bereiten. Kartons mit Angeboten, deren Deckel lediglich ineinander gefaltet sind, stellen demnach kein verschlossenes Behältnis dar. Diese Angebote sind damit nicht ordnungsgemäß, sondern vielmehr unverschlossen eingegangen und brauchen daher in der Folge auch gemäß § 23 Nr. 1 a VOL/A nicht geprüft zu werden.[25]   28

Ist ein Angebot zu umfangreich, um in einen herkömmlichen Umschlag zu passen, muss die unbefugte Einsichtnahme Dritter in diese Angebote vor dem Öffnungstermin auf anderem Wege gewährleistet werden. Eine verschlossene Verpackung, die in ihrer Wirkung einem verschlossenen Umschlag gleichkommt, ist z. B. ein vollständiges Verpacken eines Ordners in Packpapier und Verkleben desselben mit einem Paketklebeband. Wählt der Bieter eine wenig professionelle Verpackungsart, die die unbefugte Einsichtnahme in sein Angebot ermöglicht, geht dies zu seinen Lasten.[26] Ist demgegenüber eine Öffnung des Angebots verschuldetermaßen durch den Auftraggeber in seinem Machtbereich erfolgt, kann er sich ggf. durch eine hiermit begründete **Verletzung seiner Sorgfaltspflicht** gegenüber einem zu Schaden gekommenen Bieter ersatzpflichtig machen.[27]   29

II. Äußerliche Kennzeichnung der Angebote

Die gemäß § 22 Nr. 3 a weiter vom Verhandlungsleiter vorzunehmende Feststellung, ob die Angebote **äußerlich gekennzeichnet** sind, beinhaltet insbesondere die Prüfung der gemäß § 22 Nr. 1 Satz 1 vorgegebenen Anbringung eines **Eingangsvermerks**. Die hierfür vorgesehenen Möglichkeiten der – äußerlichen – Kennzeichnung der Angebote mittels eines Eingangsvermerks sind oben unter Randnummer 12 beschrieben.   30

---

24 *1. VK Bund* Beschl. v. 13. 5. 2003 – VK 1–31/03.
25 *VK Niedersachsen bei der Bezirksregierung Lüneburg* Beschl. v. 20. 8. 2002, 203 VgK-12/2002.
26 *1. VK Bund beim Bundeskartellamt* Beschl. v. 13. 5. 2003 – VK 1–31/03.
27 *Kratzenberg* in: Ingenstau/Korbion, § 22 Rn. 15.

III. Umgang mit nicht ordnungsgemäßen Angeboten

31 Sind Angebote von **Bietern ordnungsgemäß verschlossen** eingegangen, aber durch Auftraggeberverschulden z. B. versehentlich geöffnet oder auch nicht äußerlich gekennzeichnet worden, führt dies allein nicht zum Ausschluss der Angebote. Vielmehr sind diese nicht ordnungsgemäß verschlossenen bzw. gekennzeichneten Angebote weiterhin zuzulassen. Erforderlich ist in diesen Fällen, in der Niederschrift die Tatsache und den Zeitpunkt der Öffnung sowie des wiederum vorgenommenen Verschlusses einschließlich der Personen, die ggf. von den Angeboten Kenntnis erhalten haben, zu vermerken. Sind vernünftige Zweifel ausgeschlossen, dass das nicht verschlossene Angebot, z. B. aufgrund nachgereichter Informationen, noch nachgebessert wurde, ist dieses – ordnungsgemäße – Angebot im Rahmen der Prüfung und Wertung weiter zu berücksichtigen.[28]

32 Dagegen sind die vom **Bieter absichtlich offen gelassenen oder geöffneten Angebote** auszuschließen. Insofern sind sie dem Telefax, dem Telebrief oder anderen offenen Formen der Übertragung gleichzustellen. Diese Angebote sind in der Prüfung und Wertung deswegen auszuschließen, weil sie von vornherein für Unbefugte zugänglich waren.[29]

IV. Rechtzeitiger Eingang der Angebote

33 Der Verhandlungsleiter muss weiterhin nach § 22 Nr. 3 b feststellen, ob die Angebote bis zum Ablauf der **Angebotsfrist** bei der für den Eingang als zuständig bezeichneten Stelle eingegangen sind. Diese Feststellung trifft der Verhandlungsleiter aus den Datums- und Uhrangaben, die im Eingangsvermerk festgehalten sind. Angebote, die **verspätet** eingegangen sind, sind grundsätzlich gem. § 25 Nr. 1 Abs. 1 e im Rahmen der nachfolgenden Wertung auszuschließen. Dabei knüpft das Merkmal des verspäteten Eingangs aber nicht an den Zeitpunkt der Öffnung der Angebote (§ 22 Nr. 3 Satz 2), sondern rein an die Überschreitung der Angebotsfrist i. S. d. § 18 Nr. 1 Satz 1 an.[30] Ausgeschlossen im Rahmen der nachfolgenden Wertung werden daher grundsätzlich die Angebote, die nach Ablauf der Angebotsfrist, also verspätet, beim Auftraggeber eingegangen sind.

34 Ein Angebot ist **rechtzeitig eingegangen**, wenn es bis zum Ablauf der Angebotsfrist bei der für den Eingang als **zuständig bezeichneten Stelle** eingegangen ist. Es ist Sache des Auftraggebers, die für den Eingang der Angebote zuständige Stelle in den Verdingungsunterlagen genau vorzugeben (§ 17 Nr. 3 Abs. 2 g i. V. m. § 18 Nr. 2 Abs. 1). Auf dieser Grundlage ist es dann die Verantwortung des Bieters, das Angebot an die genau vorgegebene Stelle zu adressieren. Wird das Bieterangebot mittels **Post** abgegeben, wird eine derartige, in Abwesenheit eines anderen abgegebene Erklärung gem. § 130 Abs. 1 Satz 1 BGB in dem Zeitpunkt wirksam, »in welchem sie ihm zugeht«. Zu-

---

[28] *OLG Sachsen-Anhalt* Urt. v. 18. 11. 1999 – 3 U 169/98; *2. VK Bund beim Bundeskartellamt* Beschl. v. 20. 6. 2002 – VK 2–28/02.
[29] *Rusam* in: Heiermann/Riedl/Rusam, § 22 VOB/A Rn. 10.
[30] *Thüringer OLG* Beschl. v. 22. 4. 2004 – 6 Verg 2/04.

gegangen ist eine Willenserklärung dann, wenn sie so in den Machtbereich des Empfängers gelangt, dass bei Annahme gewöhnlicher Verhältnisse und der Verkehrssitte damit zu rechnen war, dass er von ihr Kenntnis nehmen konnte.[31]

Hat daher insbesondere ein größerer Auftraggeber, der in mehrere Verwaltungsstellen (Bsp.: Großstadt) unterteilt ist (Bsp.: Technisches Rathaus, Sozialamt, übrige Verwaltungseinheiten) die für den Ablauf der Angebotsfrist als Eingang zu bezeichnende Stelle **konkret angegeben** (Bsp.: Technisches Rathaus mit Anschrift und genauer Zimmerangabe), so wäre ein Bieterangebot, das zwar vor Ablauf der Angebotsfrist an anderer Stelle (Bsp.: Sozialamt) des Auftraggebers abgegeben würde und nicht mehr rechtzeitig bis zum Ablauf der Angebotsfrist bei der genau vorgegebenen Stelle vorliegt, als nicht rechtzeitiges Angebot zu behandeln. Gibt umgekehrt der Auftraggeber – fälschlicherweise – nicht exakt die für den Eingang der Angebote als zuständig bezeichnete Stelle vor, müssen grundsätzlich alle Verwaltungsstellen des Auftraggebers als zu seinem Machtbereich gehörig angesehen werden. Folge dieses Organisationsverschuldens des Auftraggebers wäre, dass grundsätzlich auch Bieterangebote, die nicht an die vom Auftraggeber »gewollte« zuständige Stelle adressiert sind, als rechtzeitig zu behandeln sind. 35

Bei **normalem Posteingang** ist ein Angebot noch rechtzeitig, wenn es am letzten Tag der Angebotsfrist mit dem letzten Zustellgang des Postzustellers der als zuständig bezeichneten Stelle übermittelt wurde. Demgegenüber muss bei Abholung der Post durch den Empfänger aus dem **Postschließfach** oder bei entsprechender **Postlagerung** ein rechtzeitiger Zugang solange angenommen werden, wie mit der Abholung durch den Empfänger zu rechnen ist. Dies wird nach der Verkehrssitte nicht kurz vor Schalterschluss sein können. Bei Einschreibebriefen reicht für den rechtzeitigen Zugang nicht der Erhalt bzw. das Hinterlassen eines Benachrichtigungszettels; vielmehr trägt gerade dann, wenn der Einschreibebrief nur an einen bestimmten Personenkreis ausgehändigt werden darf, der Bieter das Risiko des Nachweises der Rechtzeitigkeit.[32] Bei **elektronischen Angeboten** muss ebenfalls der **rechtzeitige Eingang** an die vom Auftraggeber als zuständig bezeichnete Stelle erfolgen. Insbesondere bei »Online-Angeboten« ist daher seitens des Bieters darauf zu achten, dass er diese an die vom Auftraggeber exakt bezeichnete Eingangsstelle versendet und nicht etwa an die allgemeine E-Mail-Anschrift des Auftraggebers sendet. 36

Grundvoraussetzung für die richtige Angabe der für den Ablauf der Angebotsfrist zuständigen Stelle ist daher die genaue Bekanntgabe dieser Stelle durch den Auftraggeber. Dies setzt regelmäßig voraus, dass der Raum genau festzulegen ist und zwar nach Adresse bzw. Gebäude sowie ggf. nach Zimmernummer und nach Stockwerk.[33] Jegliche **Vorverlegung** des Öffnungstermins und damit des Ablaufs der Angebotsfrist ist unzulässig. Ausnahmsweise und nur aus wichtigen Gründen, etwa weil wegen höherer Gewalt Bieter gehindert waren, ihre Angebote rechtzeitig abzugeben, ist eine zeitliche Verlegung des Fristendes nach hinten möglich. Falls ein zwingender Grund vorliegt, müssen **alle Bieter** entsprechend informiert werden. Ggf. muss eine erneute 37

---

31 *Palandt/Heinrichs* § 130 Rn. 5.
32 *Eberstein* in: Daub/Eberstein, § 22 Rn. 29.
33 *VÜA Thüringen* 2 VÜ 1/96 vom 29. 8. 1996 (»Tragkraftspritzen«).

§ 22 Öffnung der Angebote bei Ausschreibungen; Vertraulichkeit

Ausschreibung mit neuer Fristangabe erfolgen. Keinesfalls darf aber ein Öffnungstermin hinausgezögert werden, um den Eingang eines bestimmten Angebotes abzuwarten.[34]

38 Wird der Öffnungstermin nicht pünktlich wahrgenommen und gibt es hierfür keine plausible Erklärung, kann der Auftraggeber sich gegenüber einem Bieter **schadensersatzpflichtig** machen, wenn ein anderer Bieter dadurch zum Zuge gekommen ist, dass sein – an sich verspätetes – Angebot noch berücksichtigt wurde.[35]

39 Gemäß § 25 Nr. 1 Abs. 1 e gelten Angebote als nicht verspätet, wenn der »verspätete Eingang« durch Umstände verursacht worden ist, die nicht vom Bieter zu vertreten sind. Grundlage ist jedoch stets, dass das Übermittlungsrisiko als solches vom Bieter zu tragen ist. So kann ein Bieter z. B. gegen eine verspätete Zustellung des Angebots nicht einwenden, er habe das Angebot so frühzeitig zur Post gegeben, dass mit einem rechtzeitigen Eingang zu rechnen gewesen sei. Denn der rechtzeitige Zugang liegt in der Risikosphäre des jeweiligen Bieters und ist von ihm zu vertreten.[36] Selbst bei einem **Mitverschulden** des Bieters an der Verspätung kann dessen Angebot nicht mehr als rechtzeitig angesehen werden.[37] Als verspätetes Angebot gilt auch ein Angebot, wenn ein Bieter zwar fristgerecht ein Angebotsanschreiben eingereicht hat, **wesentliche Bestandteile**, wie z. B. die ausgefüllten Verdingungsunterlagen, aber erst verspätet folgen.[38] Normale Behinderungen, wie etwa ein Verkehrsstau, ein Wintereinbruch oder auch ein – absehbarer – Poststreik liegen ebenfalls in der **Risikosphäre des Bieters**. Sie ändern daher nichts an seinem Übermittlungsrisiko und führen bei Nichtrechtzeitigkeit seiner Angebotsabgabe zur Verspätung dieses Angebots und in der Folge zu seinem zwingenden Ausschluss (§ 25 Nr. 1 Abs. 1 e).

40 Hat der Bieter aber seinerseits alles erforderliche getan und ist das Angebot innerhalb der Angebotsfrist bei der vom Auftraggeber als zuständig bezeichneten Stelle abgegeben worden, aber nicht zum Verhandlungsleiter weitergeleitet worden, liegt ein reines **internes Organisationsverschulden** des Auftraggebers vor. In diesem Fall gilt das Angebot des Bieters als rechtzeitig abgegeben. Der Verhandlungsleiter muss daher bei diesem Sachverhalt eines ihm nur persönlich zu spät weitergeleiteten Angebots dieses als rechtzeitig eingegangen feststellen. Hat also ein Bieter auf dem Klebezettel des Angebotsumschlags alle von ihm verlangten Angaben exakt gemacht und insbesondere die genaue Adresse mit Zimmernummer und Stockwerk sowie auch ggf. den Namen des Verhandlungsleiters angegeben, trifft ihn bei einer dennoch nicht rechtzeitig erfolgten Weitergabe dieses Angebots an den Verhandlungsleiter kein Mitverschulden. Sein Angebot ist also rechtzeitig.[39]

41 Der Verhandlungsleiter darf im Öffnungstermin nur eine **Feststellung des Ist-Zustands** vornehmen. Keinesfalls darf er eine Wertung durchführen. Daher werden Konsequenzen aus einer verspäteten Angebotsabgabe nicht durch den Verhandlungsleiter,

---

34 *Thiele* Das neue Vergaberecht, Band 1, 4/10.1 a S. 5.
35 *Thiele* a. a. O. S. 4.
36 *VK Baden-Württemberg* Beschl. v. 1. 7. 2002, 1 VK 31/02.
37 *VK Köln* Beschl. v. 18. 7. 2002, VK VOB 8/2002.
38 *VK Lüneburg* Beschl. v. 24. 11. 2003, 2003-VgK-29/2003.
39 *OLG Düsseldorf* Beschl. v. 21. 8. 2002, Verg 39/02 für den VOB/A-Bereich.

sondern erst im Rahmen der nachfolgenden **Angebotswertung** gem. § 25 gezogen. Dies bedeutet insbesondere, dass etwa – fälschlicherweise – vom Verhandlungsleiter als **verspätet festgestellte** Angebote, bei denen sich im Nachhinein herausstellt, dass diese gem. § 25 Nr. 1 Abs. 1 e nicht aus vom Bieter zu vertretenden Umständen verspätet eingegangen sind, noch gewertet werden müssen. Hat bereits der Verhandlungsleiter dieses Angebot – ungerechtfertigterweise – als verspätet ausgeschlossen bzw. zurückgeschickt, wäre dieses Angebot nicht mehr manipulationssicher. Mit anderen Worten hat der Verhandlungsleiter selbst im Öffnungstermin nur festzustellen, ob ggf. ein Angebot verspätet eingegangen ist. Stellt sich heraus, dass diese Verspätung ausschließlich vom Auftraggeber zu verschulden ist, muss dieses Angebot dennoch im Rahmen der nachfolgenden Wertung als **rechtzeitiges Angebot gewertet werden.**

V. Öffnung der Angebote

Die Öffnung der Angebote sollte vom Verhandlungsleiter aus Gründen der Transparenz und des Nachweises der Ordnungsgemäßheit nicht allein, sondern stets nur im Beisein des weiteren Vertreters (Schriftführers) vorgenommen werden. Eine **Öffnung der Angebote** gem. § 22 Nr. 3 b Satz 2 ist dann anzunehmen, wenn der **Umschlag soweit geöffnet** ist, dass zumindest die Möglichkeit eines Blickes auf die erste Seite des Angebots und einen dort unter Umständen befindlichen Preis gegeben ist. Das Ansetzen der Schere ist nicht entscheidend.[40] Während allerdings im VOB-Bereich die Öffnung des ersten Angebots grundsätzlich maßgeblich für das Ende der Angebotsfrist ist (§ 22 Nr. 2 VOB/A), ist – wie ausgeführt – dies bei der VOL anders. Hier ist die konkret angegebene Angebotsfrist für die Frage der Verspätung wesentlich, nicht aber der Zeitpunkt der Öffnung der Angebote.

42

VI. Kennzeichnung aller wesentlichen Teile

Gem. § 22 Nr. 3 b Satz 2 sind die Angebote nach der Öffnung in **allen wesentlichen Teilen** einschließlich der Anlagen zu kennzeichnen. Die Beschränkung auf »wesentliche Teile« bedeutet, dass jeweils die Seiten zu kennzeichnen sind, auf denen die grundsätzlichen Angaben des Angebots wie **Preise, Unterschrift und die vom Auftraggeber von den Bietern abverlangten Erklärungen** verzeichnet sind.[41] Die Erläuterungen zu § 22 Nr. 3 b Satz 2 beinhalten eine genaue Bestimmung für Angebote, die aus mehreren Teilen bestehen. Danach muss die Zugehörigkeit bei Angeboten, die aus mehreren Teilen bestehen, bei Anlagen sowie Mustern und Proben, die nicht immer mit dem Angebot selbst aufbewahrt werden können, »erkennbar gemacht werden«. Durch die Kennzeichnungspflicht sollen – so bestimmen es die Erläuterungen weiter – **Fälschungen verhindert bzw. erschwert werden.**

43

Die Kennzeichnung selbst soll in Entsprechung zu den Vorgaben des Eröffnungstermins bei der VOB (vgl. VHB-Bund Nr. 1.5 zu § 22 VOB/A) durch **Datierung und**

44

---

40 *VK Lüneburg* Beschl. v. 1. 3. 2000 – 203 VgK-02/2000.
41 *Rusam* in: Heiermann/Riedl/Rusam § 22 VOB/A Rn. 18.

§ 22 Öffnung der Angebote bei Ausschreibungen; Vertraulichkeit

Lochung derart erfolgen, dass »nachträgliche Änderungen und Ergänzungen verhindert werden«. Die **Datierung mit einem Lochstempel** aller wesentlichen, also insbesondere der für die Wertung des Angebots und damit für den späteren Vertragsinhalt zur Grundlage gemachten Teile, bietet einen guten Schutz gegen ein nachträgliches Auswechseln einzelner Blätter und damit gegen Manipulationen. Zu den zu kennzeichnenden Anlagen gehören auch die zugelassenen **Nebenangebote**.

E. Fertigung der Niederschrift (§ 22 Nr. 4 VOL/A)

I. Aufzunehmende Angaben

45 Nach § 22 Nr. 4 Abs. 1 Satz 1 **ist** über die Verhandlung zur Öffnung der Angebote eine Niederschrift zu fertigen. Wegen dieser zwingenden Vorgabe ist eine Abweichung von dieser Regelung **unzulässig**. Die Niederschrift über die Öffnung der Angebote dient den **Interessen des Bieters und der Vergabestelle**. Sie gewährleistet die Sicherung bestimmter Angaben und Daten zum Zwecke einer Verfahrenstransparenz.[42]

46 Der **Inhalt der Niederschrift** ist in § 22 Nr. 4 Abs. 1 und Abs. 2 im Einzelnen geregelt. Danach sind folgende Angaben aufzunehmen:

- Name und Wohnort der Bieter,
- Endbeträge der Angebote,
- andere den Preis betreffende Angaben,
- bei zugelassenen Nebenangeboten: Ob und von wem diese eingereicht worden sind,
- nicht ordnungsgemäß verschlossene bzw. nicht äußerlich gekennzeichnete bzw. verschlüsselte Angebote,
- verspätet eingegangene Angebote sind in einem Nachtrag zur Niederschrift aufzuführen. Hierbei sind die Eingangszeit und die etwa bekannten Gründe der Verspätung zu vermerken.

47 Bei der sorgfältig und gewissenhaft anzufertigenden Niederschrift sind gem. § 22 Nr. 4 Abs. 1 a die Namen und der Wohnort der Bieter sowie die **Endbeträge der Angebote** (Angebotspreis einschließlich Umsatzsteuer, also Bruttoangebotssumme) anzugeben. Nicht anzugeben sind daher die Preise einzelner Positionen. Weiterhin sind **andere den Preis betreffende Angaben** aufzunehmen. Hierzu zählen z. B. – wenn die Leistung in Lose geteilt und die Vergabe der einzelnen Lose an verschiedene Bieter vorbehalten wurde – die Aufnahme etwaiger Preisabschläge bei der Vergabe mehrerer Lose an einen Bieter, aber auch globale Preisnachlässe, die z. B. im Begleitschreiben zu Angeboten enthalten sind. Aufzunehmen sind auch angebotene Skonti. Auch wenn diese für die konkrete Wertung wegen ihres Prognosecharakters keine Rolle spielen, gehören sie zu den »anderen den Preis betreffenden Angaben«.[43] Ebenfalls bekannt zu geben sind etwaige Lohnänderungssätze von **Lohngleitklauseln**, die als Einzelan-

---

42 *VK Thüringen* Beschl. v. 26. 6. 2001 – 216–4003.20–027/01-JS.
43 *VÜA Bund* Beschl. v. 8. 4. 1998 – I VÜ 20/97.

sätze im Leistungsverzeichnis ausgewiesen sind. Auch hierbei handelt es sich um »andere den Preis betreffende Angaben«.[44]

Neben der bei Nebenangeboten aufzunehmenden Angabe, **ob und von wem** diese eingereicht worden sind, sind gem. § 22 Nr. 4 Abs. 2 insbesondere die als verspätet sowie nicht ordnungsgemäß gekennzeichneten Angebote in der Niederschrift aufzunehmen. Die objektiv und tatsächlich nicht ordnungsgemäß oder verspätet eingegangenen Angebote brauchen nach § 23 Nr. 1 a nicht mehr geprüft zu werden. Die verspäteten Angebote sind auch gem. § 25 Nr. 1 Abs. 1 e im Rahmen der nachfolgenden Wertung zwingend auszuschließen. Etwas anderes gilt nur dann, wenn der nicht ordnungsgemäße oder verspätete Eingang der Angebote durch Umstände verursacht worden ist, die **nicht vom Bieter zu vertreten sind**. In diesem Fall erfolgt sowohl eine Prüfung (§ 23) als auch eine Wertung (§ 25) dieses Angebots. Umso wichtiger ist, dass gem. § 22 Nr. 4 Abs. 2, 2. Halbsatz in der Niederschrift neben der Eingangszeit auch die etwa bekannten Gründe, z. B. einer Verspätung des Angebots, aufgeführt werden. Ergeben diese Gründe aber ein Nichtverschulden des Bieters, erfolgt sowohl eine Prüfung als auch eine Wertung seines Angebots. Nach Schluss der Eröffnungsverhandlung eingegangene Angebote werden gem. § 22 Nr. 4 Abs. 2 Satz 1 in einem **Nachtrag zur Niederschrift** besonders aufgeführt. 48

II. Unterschreiben der Niederschrift

Gem. § 22 Nr. 4 Abs. 3 ist die Niederschrift von dem Verhandlungsleiter und dem weiteren Vertreter des Auftraggebers zu **unterschreiben**. Dadurch wird nochmals die besondere Bedeutung sowohl der Niederschrift als auch die Verantwortung beider Personen für deren Ordnungsgemäßheit herausgestellt. Kommt die Vergabestelle daher der mit einer ordnungsgemäßen Anfertigung der Niederschrift verbundenen Sorgfaltspflicht nicht nach, liegt hierin eine Verletzung einer **vertraglichen Nebenpflicht**, die es dem Auftraggeber verwehrt, sich etwa im Verhältnis zu betroffenen Bietern auf die Unvollständigkeit des Protokolls zu berufen. Vielmehr muss sich der Auftraggeber bei Fehlern oder Lücken in der Niederschrift so behandeln lassen, als sei die Niederschrift vollständig und inhaltlich richtig. 49

F. Geheimhaltung der Niederschrift (§ 22 Nr. 5 VOL/A)

Nach § 22 Nr. 5 darf die Niederschrift weder den **Bietern noch der Öffentlichkeit** zugänglich gemacht werden. Das Verbot der Kenntniserlangung durch andere Bieter ist die logische Konsequenz aus dem in § 22 Nr. 2 Abs. 3 enthaltenen **Verbot**, die Bieter bei der Öffnung der Angebote zuzulassen. Insoweit besteht auch hier ein maßgeblicher Unterschied zur VOB. Das weitere Verbot, die Niederschrift auch nicht der Öffentlichkeit zugänglich zu machen, ist Ausfluss des strengen **Geheimhaltungs- und Vertraulichkeitsgrundsatzes** des Öffnungstermins nach der VOL. Dass daher auch 50

---

[44] Vgl. *VÜA Bund* ZVgR 1997, 34.

keine Drittpersonen, also die Öffentlichkeit, Kenntnis von den Inhalten der Niederschrift erlangen dürfen, soll der Sicherung des geistigen Eigentums der Bieter an ihren Angebotsinhalten, der Wahrung ihrer Betriebs- und Geschäftsgeheimnisse sowie der Gewährleistung des sauberen Wettbewerbs auch nach Öffnung der Angebote dienen. Das Verbot der Zugänglichmachung der Niederschrift gegenüber der Öffentlichkeit beinhaltet nicht nur die direkte Weitergabe der Niederschrift. Auch **Angaben aus der Niederschrift**, die in anderer Form, z. B. durch eine Pressemitteilung der Vergabestelle verlautbart werden, stellen daher einen eklatanten Verstoß gegen das Geheimhaltungsgebot der Niederschrift dar.

G. Vertrauliche Behandlung der Angebote (§ 22 Nr. 6 VOL/A)

I. Sorgfältige Verwahrung und vertrauliche Behandlung

51 Die Angebote und ihre Anlagen sind sorgfältig zu **verwahren und vertraulich** zu behandeln. Von den nicht ordnungsgemäß oder verspätet eingegangenen Angeboten sind auch der Umschlag und andere Beweismittel aufzubewahren (§ 22 Nr. 6 Abs. 1). Die Regelung stellt nochmals heraus, dass der **Vertraulichkeits- und Geheimhaltungsgrundsatz** nicht nur für den Eingang (Verschluss) der Angebote sowie für deren Öffnung und den Umgang mit der Niederschrift gilt; vielmehr setzt sich dieser Grundsatz auch **nach der Öffnung der Angebote** durch das Gebot zur sorgfältigen Verwahrung und vertraulichen Behandlung fort.

52 Sinn der Geheimhaltungsvorschrift ist es, den **Wettbewerb zu sichern**. Daher soll auch nach der Öffnung der Angebote durch ihre vertrauliche Behandlung verhindert werden, dass Außenstehende Einfluss auf die weitere Behandlung der Angebote, insbesondere auf die Entscheidung über den Zuschlag dadurch nehmen, dass sie sich Kenntnis von dem Inhalt der einzelnen Angebote verschaffen. Dieser Gesichtspunkt erlangt gerade im Verhandlungsverfahren besondere Bedeutung. Denn das Verhandlungsverfahren lässt Nachträge und Nachbesserungen zu. Damit besteht die Gefahr, dass den Konkurrenten vor der Zuschlagsentscheidung durch nach außen bekannt gemachte Angebotsinhalte eine zielgerichtete Nachbesserung ihres Angebotes ermöglicht und somit der Wettbewerb gefährdet wird.[45]

53 Dementsprechend verstößt es gegen die **Verschwiegenheitspflicht** der im Vergabeverfahren beteiligten Personen (§ 22 Nr. 6 Abs. 1), wenn der Auftraggeber Auswertungsvermerke, die die Ergebnisse der technischen und finanziellen Auswertung von Angeboten zusammenfassen und die Anbieter erkennen lassen, weitergibt. Dies gilt auch dann, wenn es sich hierbei nicht um die Originalunterlagen, sondern um Unterlagen der Auswertung handelt, jedoch hierbei – trotz Schwärzung der Preise – hinreichend genaue Rückschlüsse auf den Angebotsinhalt möglich sind.[46] Die sorgfältige Verwahrung und vertrauliche Behandlung der Angebote gem. § 22 Nr. 6 Abs. 1 Satz 1 sollte

---

[45] *Schleswig-Holsteinisches OLG*, Beschl. v. 8. 9. 2006 – 1 Verg 6/06; *VK Düsseldorf* Beschl. v. 4. 8. 2000 – VK 4/2000-L.
[46] *VK Düsseldorf* a. a. O.

daher ähnlich wie beim Eingang der Angebote erfolgen, also z. B. in einem verschlossenen Schrank, der nicht allgemein, sondern nur durch eine legitimierte Person geöffnet werden darf. Die in § 22 Nr. 6 Abs. 1 Satz 2 zusätzlich enthaltene Verpflichtung, von den nicht ordnungsgemäß oder verspätet eingegangenen Angeboten auch den **Umschlag und andere Beweismittel** aufzubewahren, dient der **Beweissicherung** gerade für strittige Fälle. So kann z. b. über den Eingangsvermerk auf dem Umschlag (Datum und Uhrzeit), aber auch über andere Beweismittel genau ergründet werden, ob die verspätete Einreichung eines Angebots vom Bieter zu vertreten ist oder nicht.

II. Sicherung gewerblicher Schutzrechte

Erwägt ein Bieter gem. § 21 Nr. 3 Abs. 2, Angaben aus seinem Angebot für die Anmeldung eines gewerblichen Schutzrechtes zu verwerten, so ist gem. § 21 Nr. 6 Abs. 2 sicherzustellen, dass die Kenntnis dieses Angebots auf die mit der **Sache Befassten beschränkt** bleibt. Diese Regelung ist durch die Neufassung des Deutschen **Patentgesetzes** erforderlich geworden. Demnach sind schon technische Angaben in **Vertragsverhandlungen** bzw. im **Angebotsschreiben** als für eine **Patentanmeldung** »neuheitsschädlich« mit der Folge anzusehen, dass auf derartige Angaben eine Patentanmeldung nicht mehr gestützt werden kann. Um diese negative Rechtsfolge zu verhindern, muss der Auftraggeber sicherstellen, dass die Kenntnis derartiger Angebote nur auf einen kleinen und mit der Vergabe **befassten Personenkreis** beschränkt bleibt. Andernfalls würde sich ein Auftraggeber bei schuldhaftem Verstoß gegen diese Vorgabe Schadenersatzansprüchen ausgesetzt sehen.[47] **54**

III. Weitere Verwendung der Angebote

Dem Auftraggeber ist es gem. § 22 Nr. 6 Abs. 3 Satz 1 grundsätzlich verboten, die Angebotsunterlagen und die in den Angeboten enthaltenen eigenen Vorschläge eines Bieters über die **Prüfung und Wertung der Angebote** (§§ 23 und 25) hinaus für weitere Zwecke, z. B. also für eine erneute Ausschreibung, zu nutzen. Mit dieser, auch in § 27 Nr. 8 zum Ausdruck kommenden Vorgabe wird insbesondere der Bieter aufgrund möglicherweise bestehender Urheberrechte, die in sein Angebot eingeflossen sind, geschützt. Aber auch unterhalb der Schwelle eines »Urheberrechts« hat der Bieter häufig »geistiges Knowhow« in sein Angebot eingebracht, das nicht einseitig und ohne Zustimmung des Bieters vom Auftraggeber weiter genutzt und weiter verwertet werden darf. **55**

Ausnahmsweise ist eine über die Prüfung und Wertung der Angebote hinausgehende Verwendung der Bieterangebote gem. § 22 Nr. 6 Abs. 3 Satz 2 möglich. Voraussetzung ist jedoch eine **vorherige schriftliche Vereinbarung** zwischen Auftraggeber und Bieter, in der auch die Entschädigung zu regeln ist. Zwar ist es möglich, eine derartige vorherige Vereinbarung bereits in den **Verdingungsunterlagen** des Auftraggebers vorzugeben. Folge ist, dass der Bieter diese Vorgabe mit seinem Angebot entweder annimmt **56**

---

47 *Eberstein* in: Daub/Eberstein, § 22 Rn. 43.

bzw. der Unternehmer hiervon Abstand nimmt; der praktischere Fall wird aber dadurch stattfinden, dass der Auftraggeber erst im Rahmen der **Prüfung und Wertung** der Angebote zu der Erkenntnis gelangt, dass er die – innovativen – Angebotsunterlagen der Bieter auch für andere Zwecke nutzen kann. In diesem Fall muss der Auftraggeber dem Bieter ein entsprechendes Angebot zum Abschluss einer Vereinbarung noch **vor** der weiteren Verwendung der Angebotsunterlagen machen. Auch hier ist der Bieter frei, dieses Angebot anzunehmen. Verweigert er die Annahme, hat dies keine Auswirkungen auf sein Angebot selbst, da die darüber hinausgehende Verwendung nur eine **zusätzliche Vereinbarung** mit dem Auftraggeber beinhaltet, die sein Angebot als solches nicht berührt.

57 In der vorherigen schriftlichen Vereinbarung ist auch die jeweilige **Entschädigung** zu regeln. Da grundsätzlich eine über die Prüfung und Wertung der Angebote hinausgehende Verwendung durch den Auftraggeber für diesen – auch wertmäßig – von Nutzen sein dürfte, muss generell davon ausgegangen werden, dass jedenfalls eine Entschädigung anfällt. Die Höhe der Entschädigung hängt von den besonderen Umständen des Einzelfalles ab. Entscheidend dürfte es hierbei darauf ankommen, wie hoch der Nutzen der über die Prüfung und Wertung der Angebote hinausgehenden Verwendung der Angebotsunterlagen für den Auftraggeber ist. Je höher dieser Nutzen, also je höher der Auftraggeber auch wertmäßig mit der Verwendung der Angebotsunterlagen auch materielle Vorteile für sich selbst geltend machen kann, desto höher ist auch die vertraglich zu regelnde Entschädigung anzusetzen.

58 Eine **Ausnahme**, bei der der Auftraggeber Angebotsunterlagen und die in den Angeboten enthaltenen eigenen Vorschläge eines Bieters auch ohne dessen Zustimmung über die Prüfung und Wertung der Angebote hinaus verwenden kann, bezieht sich auf die Angebote, die von ihrer **Natur** aus schon weitergehenden Verwendungen zugänglich sind. Dies ist z. B. bei Angeboten, die für **Forschungs- und Entwicklungsaufträge** abgegeben werden, der Fall. Hier ist der Vertragszweck ja gerade auf die weitere Verwendung der mit dem Angebot eingereichten Unterlagen und damit auf eine nachfolgende Verwendung dieser Unterlagen für eine noch kommende Fertigung gerichtet. Eine über die Prüfung und Wertung der Angebote hinausgehende Verwendung ist bei diesen Angeboten somit von vornherein angelegt.[48] Allerdings wird regelmäßig bei derartigen Angeboten im Angebotspreis des Bieters in Rechnung gestellt werden, dass diese Angebote über die reine Prüfung und Wertung hinaus noch für andere Zwecke »gewinnbringend« durch den Auftraggeber vermarktet werden können. Auch hier sollte daher zur besseren Rechtsklarheit eine Vereinbarung geschlossen werden, in der die Möglichkeiten, aber auch die Grenzen der zusätzlichen Verwendung festgelegt werden.

IV. Entsprechende Anwendung auf Freihändige Vergaben

59 Gem. § 22 Nr. 6 Abs. 4 gelten die Absätze 1 bis 3 des § 22 Nr. 6 auch bei **Freihändigen Vergaben**. Gem. § 7 Nr. 2 Abs. 3 sollen auch bei Freihändiger Vergabe möglichst An-

---

[48] *Eberstein* in: Daub/Eberstein, § 22 Rn. 48.

gebote im Wettbewerb eingeholt werden. Es ist daher durchaus sachgerecht, dass eine sorgfältige Verwahrung und vertrauliche Behandlung der Angebote sowie der Umschläge und anderer Beweismittel (Nr. 6 Abs. 1), die Beschränkung der Kenntnis des Angebots auf die mit der Sache Befassten bei einem Bestehen gewerblicher Schutzrechte (Nr. 6 Abs. 2) und das grundsätzliche Verbot, Angebotsunterlagen über die Prüfung und Wertung der Angebote hinaus zu verwenden, auch für Freihändige Vergaben gilt. Denn gerade im Hinblick auf die Behandlung der Angebote gilt grundsätzlich zwischen Öffentlichen und Beschränkten Ausschreibungen (Offenen und Nichtoffenen Verfahren) einerseits und Freihändigen Vergaben andererseits kein Unterschied. Auch wenn die sonstigen Regelungen des § 22 Nr. 1 bis 5 demgemäß ausschließlich für Öffentliche und Beschränkte Ausschreibungen (Offenes und Nichtoffenes Verfahren) gelten, verbietet es sich keinesfalls, diese Grundsätze, z. B. die Anbringung eines Eingangsvermerks und den Verschluss des Angebots bis zum Öffnungstermin, auch bei Freihändigen Vergaben anzuwenden. Dies gilt z. B. dann, wenn mehrere Bieter zur Angebotsabgabe aufgefordert worden sind.

H. Bieterschützender Charakter der Regelung

Die **Vorschrift des § 22 Nr. 1**, die eine Kennzeichnungspflicht der Umschläge bzw. der elektronischen Angebote sowie die Vorgabe enthält, die Angebote bis zum Zeitpunkt der Öffnung unter Verschluss zu halten, dient der Gewährleistung eines ordnungsgemäßen und transparenten Wettbewerbs. Sie ist daher bieterschützend. Folge ist, dass ein hieraus herrührender Verstoß, der zum Schaden eines Bieters führt, bei Auftragsvergaben oberhalb der EU-Schwellenwerte in einem Vergabenachprüfungsverfahren gem. §§ 102 ff. GWB vor der Vergabekammer und vor dem Vergabesenat geltend gemacht werden kann. **60**

Auch **§ 22 Nr. 2 Abs. 1 und 2** dient – anders als § 22 Nr. 2 Abs. 3 – der Gewährleistung eines ordnungsgemäßen und transparenten Wettbewerbs und ist daher bieterschützend. Gleiches gilt für die Kernfeststellung durch den Verhandlungsleiter in § 22 **Nr. 3** im Hinblick auf den ordnungsgemäßen Verschluss und die äußere Kennzeichnung sowie den rechtzeitigen Eingang der Angebote und ihre Kennzeichnung in allen wesentlichen Teilen nach der Öffnung. Daher ist eine Ausschreibung aufzuheben, wenn der Auftraggeber seiner Kennzeichnungspflicht entsprechend § 22 Nr. 3 b etwa dadurch nicht genügt hat, dass er eine mit Bleistift aufgetragene und eingekreiste Ziffer auf den Angeboten aufgetragen hat. Diese Art des Auftragens trägt der Kennzeichnungspflicht der Angebote in allen »wesentlichen Teilen«, also auf allen Seiten, die später für den Vertragsinhalt von Bedeutung sind (Preisangaben und sonstige Erklärungen etc.), nicht Rechnung. Durch einen derartigen Verstoß ist daher ein ordnungsgemäßer Wettbewerb gem. § 97 Abs. 1 GWB nicht mehr gewährleistet.[49] **61**

Auch **§ 22 Nr. 4**, der die Gewährleistung einer ordnungsgemäßen Niederschrift sichern soll, dient Bieterinteressen und ist daher drittschützend. Angesichts der Beweiskraft der Niederschrift, etwa bezogen auf die Endbeträge der Angebote und die hie- **62**

---

[49] *1. VK Sachsen* Beschl. v. 24. 2. 2005 – I/SVK/004–05.

§ 22 Öffnung der Angebote bei Ausschreibungen; Vertraulichkeit

raus zu ziehenden Folgerungen für die Wertung und die Zuschlagserteilung, ist die Fertigung einer ordnungsgemäßen Niederschrift für die Bieter von großer Bedeutung.[50] In der Folge hat auch die Vorgabe in **§ 22 Nr. 5** nach Geheimhaltung und Vertraulichkeit der Niederschrift bieterschützende Wirkung. Schließlich sind auch **§ 22 Nr. 6 Abs. 1 bis 3** bieterschützende Normen. Durch die Vorgabe, Angebote und ihre Anlagen sorgfältig zu verwahren und vertraulich zu behandeln (Abs. 1), durch die Sicherung der Patentrechte der Bieter (Abs. 2) sowie durch das grundsätzliche Verbot für den Auftraggeber, Angebote nicht über die Prüfung und Wertung hinaus zu verwenden, werden Bieterinteressen geschützt und ein ordnungsgemäßer, transparenter und gleichberechtigter Wettbewerb i. S. d. § 97 Abs. 1 und 2 GWB gewährleistet.

---

[50] So wie hier: *Müller-Wrede* § 22 Rn. 15.

§ 23
Prüfung der Angebote

1. Nicht geprüft zu werden brauchen Angebote,

   a) die nicht ordnungsgemäß oder verspätet eingegangen sind, es sei denn, dass der nicht ordnungsgemäße oder verspätete Eingang durch Umstände verursacht worden ist, die nicht vom Bieter zu vertreten sind,

   b) die nicht unterschrieben oder nicht mit der erforderlichen elektronischen Signatur und Verschlüsselung versehen sind (§ 21 Nr. 1 Abs. 2 Satz 5),

   c) bei denen Änderungen des Bieters an seinen Eintragungen nicht zweifelsfrei sind (§ 21 Nr. 1 Abs. 3),

   d) bei denen Änderungen oder Ergänzungen an den Verdingungsunterlagen vorgenommen worden sind (§ 21 Nr. 1 Abs. 4).

2. Die übrigen Angebote sind einzeln auf Vollständigkeit sowie auf rechnerische und fachliche Richtigkeit zu prüfen; ferner sind die für die Beurteilung der Wirtschaftlichkeit der einzelnen Angebote maßgebenden Gesichtspunkte festzuhalten. Gegebenenfalls sind Sachverständige (§ 6) hinzuzuziehen.

3. Das Ergebnis der Prüfung ist aktenkundig zu machen.

Inhaltsübersicht Rn.

A.	Grundzüge und Materialien	1
B.	Nichterforderlichkeit der Angebotsprüfung (Nr. 1)	6
	I. Nicht ordnungsgemäße oder verspätete Angebote, § 23 Nr. 1 lit. a) VOL/A	8
	II. Nicht unterschriebene oder elektronisch signierte und unverschlüsselte Angebote, § 23 Nr. 1 lit. b) VOL/A	14
	III. Nicht zweifelsfreie Änderungen an Eintragungen, § 23 Nr. 1 lit. c) VOL/A	19
	IV. Änderungen oder Ergänzungen an den Verdingungsunterlagen, § 23 Nr. 1 lit. d) VOL/A	22
C.	Prüfung auf Vollständigkeit, Richtigkeit und Wirtschaftlichkeit (Nr. 2)	25
	I. Einzelprüfung	25
	II. Vollständigkeit	27
	III. Rechnerische Richtigkeit	28
	IV. Fachliche Richtigkeit	32
	V. Wirtschaftlichkeitsgesichtspunkte	33
	VI. Hinzuziehung von Sachverständigen	35
D.	Dokumentation (Nr. 3)	36

A. Grundzüge und Materialien

Die Prüfung der Angebote gemäß § 23 VOL/A stellt nach der Öffnung der Angebote 1 (§ 22 VOL/A) den ersten Schritt vor der Angebotswertung gemäß § 25 VOL/A dar. Im Gegensatz zu § 25 VOL/A geht es bei der Prüfung nach § 23 VOL/A um die Beurteilung des einzelnen Angebots, ob dieses für sich betrachtet die formalen Anforderungen des § 21 VOL/A einhält (§ 23 Nr. 1 VOL/A) und ob es vollständig sowie rechnerisch und fachlich richtig ist.[1] Demgegenüber werden bei der Wertung gemäß § 25 VOL/A grundsätzlich alle Angebote miteinander verglichen, um dasjenige zu ermitteln, das »unter Berücksichtigung aller Umstände« das wirtschaftlichste ist (§ 25 Nr. 3 VOL/A).

2 § 23 VOL/A zählt in Nr. 1 abschließend (s. Rn. 7) die formalen Gründe auf, aus denen ein Angebot nicht geprüft zu werden braucht, regelt den hieran anschließenden Schritt der Prüfung der Vollständigkeit sowie der rechnerischen und fachlichen Richtigkeit (§ 23 Nr. 2 VOL/A) und bestimmt, dass das Ergebnis dieser Prüfung aktenkundig zu machen ist (§ 23 Nr. 3 VOL/A).

3 **Europarechtliche Vorgaben** gibt es diesbezüglich nicht, insbesondere nicht hinsichtlich der in § 23 Nr. 1 VOL/A geregelten Rechtsfolge, dass Angebote unter bestimmten Voraussetzungen nicht geprüft zu werden brauchen. Die Vergabekoordinierungsrichtlinien 2004/18/EG und 2004/17/EG sind insoweit jedoch nicht abschließend und stehen deshalb § 23 VOL/A nicht entgegen (s. § 25 Rn. 2).

4 Gegenüber der **bisherigen Rechtslage** ist § 23 VOL/A weitgehend unverändert geblieben. Lediglich § 23 Nr. 1 lit. b) VOL/A wurde im Hinblick auf die Änderungen in § 21 Nr. 1 Abs. 2 VOL/A ergänzt und betrifft jetzt nicht mehr nur Angebote, die nicht unterschrieben worden sind, sondern auch solche, bei denen die erforderliche elektronische Signatur fehlt.

5 § 23 VOL/A, 1. Abschnitt, stimmt mit § 23 VOL/A, 2. Abschnitt, wörtlich überein. Das Gleiche gilt für den **3. Abschnitt der VOL/A**. Da allerdings der vierte Satz von § 21 Nr. 1 Abs. 2 VOL/A, 1. und 2. Abschnitt, im 3. Abschnitt fehlt (s. § 21 Rn. 5), ist der Verweis in § 23 Nr. 1 lit. b) VOL/A, 3. Abschnitt, auf »§ 21 Nr. 1 Abs. 2 Satz 5« unzutreffend. Dem Inhalt dieser Regelung nach ist § 21 Nr. 1 Abs. 2 Satz 4 VOL/A, 3. Abschnitt, gemeint. Es ist davon auszugehen, dass es sich insoweit um ein reines Redaktionsversehen handelt.

B. Nichterforderlichkeit der Angebotsprüfung (Nr. 1)

6 Gemäß § 23 Nr. 1 VOL/A »**brauchen**« Angebote unter bestimmten Voraussetzungen **nicht geprüft zu werden**. Der öffentliche Auftraggeber kann sich also bereits bei dieser ersten Durchsicht der Angebote entscheiden, ob er überhaupt in eine weitergehende Prüfung eintritt oder das betreffende Angebot ohne Weiteres ausschließt.[2] Zwar führen die meisten der in § 23 Nr. 1 VOL/A genannten Sachverhalte ohnehin gemäß § 25 Nr. 1 Abs. 1 VOL/A zum zwingenden Ausschluss des betreffenden Angebots, nämlich wenn es verspätet eingegangen ist (§ 25 Nr. 1 Abs. 1 lit. e) VOL/A), wenn es nicht unterschrieben ist (§ 25 Nr. 1 Abs. 1 lit. b) VOL/A), wenn Änderungen an Eintragungen nicht zweifelsfrei sind (§ 25 Nr. 1 Abs. 1 lit. c) VOL/A) oder wenn Änderungen oder Ergänzungen an den Verdingungsunterlagen vorgenommen wor-

---

1 *Kulartz* in: Daub/Eberstein § 23 Rn. 3; *Müller-Wrede* in: Müller-Wrede § 23 Rn. 4.
2 *BGH* 8. 9. 1998 BauR 1998, 1249 (zur VOB/A); *Kratzenberg* in: Ingenstau/Korbion § 23 VOB/A Rn. 5.

den sind (§ 25 Nr. 1 Abs. 1 lit. d) VOL/A). Auch sonst können bestimmten Erwägungen, z. B. die Auswirkungen des jeweiligen Angebotsfehlers auf den geheimen Bieterwettbewerb, dazu führen, dass das Angebot auf jeden Fall auszuschließen ist (s. Rn. 13, 18). Dennoch kann es für einen öffentlichen Auftraggeber durchaus von Interesse sein, ein solches Angebot ganz oder nur hinsichtlich einzelner Aspekte zunächst weiterhin in der Wertung zu belassen – um sich z. B. einen Gesamtüberblick über die Angebotspreise oder die als Nebenangebot eingereichten Varianten zu verschaffen oder um ggf. die Aufhebung der Ausschreibung vorzubereiten.[3] Ein solches Vorgehen ist dem öffentlichen Auftraggeber gemäß § 23 Nr. 1 VOL/A ausdrücklich gestattet.

Wie bereits der Wortlaut des § 23 Nr. 1 VOL/A zeigt, sind die hier genannten Gründe, aus denen ein Angebot nicht geprüft zu werden braucht, **abschließend**. D. h. »die übrigen« Angebote (s. § 23 Nr. 2 VOL/A), also alle anderen, sind der weitergehenden Prüfung nach § 23 Nr. 2 VOL/A sowie anschließend der Wertung gemäß § 25 VOL/A zu unterziehen.[4] **7**

I. Nicht ordnungsgemäße oder verspätete Angebote, § 23 Nr. 1 lit. a) VOL/A

Nicht ordnungsgemäß oder verspätet eingegangene Angebote brauchen gemäß § 23 Nr. 1 lit. a) VOL/A nicht geprüft zu werden (s. hierzu Rn. 6). Wenn der Angebotsabgabe ein Teilnahmewettbewerb vorangeschaltet ist, ist § 23 Nr. 1 lit. a) VOL/A analog auch auf die entsprechenden **Teilnahmeanträge** anzuwenden (s. § 16 a Rn. 18). **8**

»**Nicht ordnungsgemäß**« ist ein Angebot insbesondere dann, wenn es den formalen Vorgaben der § 18 Nr. 2, § 21 Nr. 1 Abs. 2 VOL/A nicht entspricht, wenn es also z. B. nicht in einem verschlossenen Umschlag eingereicht oder nicht ordnungsgemäß gekennzeichnet wurde (s. hierzu § 18 Rn. 32 ff., § 21 Rn. 43 ff.). Ob die Angebote ordnungsgemäß verschlossen und äußerlich gekennzeichnet sind, wird vom Verhandlungsleiter gemäß § 22 Nr. 3 lit. a) VOL/A bei der Angebotsöffnung festgestellt. **9**

S. zu den Voraussetzungen, unter denen ein Angebot »**verspätet**« ist, die Kommentierung zum insoweit wortgleichen § 25 VOL/A (§ 25 Rn. 56, 58). **10**

S. zur Verteilung der **materiellen Beweislast**, wenn sich also nicht aufklären lässt, ob ein Angebot ordnungsgemäß bzw. rechtzeitig eingegangen ist, § 25 Rn. 6. **11**

Wenn der nicht ordnungsgemäße oder verspätete Angebotseingang durch Umstände verursacht worden ist, die vom Bieter **nicht zu vertreten** sind, muss das betreffende Angebot geprüft werden. Es wäre unbillig, wenn der betreffende Bieter die Nachteile aus dem Fehlverhalten des öffentlichen Auftraggebers, insbesondere dessen Organisationsverschulden bei der Abwicklung der eingehenden Post, zu tragen hätte (s. hierzu auch die Kommentierung zum insoweit wortgleichen § 25 Rn. 58). Da § 23 Nr. 1 lit. a) VOL/A nur darauf abstellt, ob der verspätete Eingang dem Bieter zuzurechnen ist, ist ein Angebot ebenfalls dann nicht auszuschließen, wenn die Verspätung von nieman- **12**

---
3 *Kulartz* in: Daub/Eberstein § 23 Rn. 5; *Müller-Wrede* in: Müller-Wrede, § 23 Rn. 9.
4 Vgl. *OLG Jena* 22. 12. 1999 NZBau 2000, 349 (zur VOB/A).

dem zu vertreten ist, weil sie z. B. auf Naturereignissen oder anderen unabwendbaren Ereignissen beruht (s. § 25 Rn. 58).

13 Angebote, die »verspätet« eingegangen sind, sind sogar ohne Weiteres gemäß § 25 Nr. 1 Abs. 1 lit. e) VOL/A zwingend von der Wertung auszuschließen (s. § 25 Rn. 57). Auch bei nicht ordnungsgemäß eingegangenen Angeboten kann sich der öffentliche Auftraggeber im Einzelfall ohne Weiteres dafür entscheiden, das betreffende Angebot nicht weiter zu prüfen: So ist z. B. bei Einreichung unverschlossener Angebote der geheime Bieterwettbewerb erheblich beeinträchtigt. Das betreffende Angebot sollte daher ausgeschlossen werden – es sei denn, der nicht ordnungsgemäße Eingang ist durch Umstände verursacht worden, die nicht vom Bieter zu vertreten sind. Dies ist etwa dann der Fall, wenn der Bieter sein Angebot zwar per Post in einem verschlossenen Umschlag übermittelt hat, der öffentliche Auftraggeber dieses jedoch nicht bis zum Ablauf der Angebotsfrist unter Verschluss gehalten hat. Auch hier ist zwar der geheime Bieterwettbewerb tangiert, der betreffende Bieter hat jedoch objektiv alles getan, um die Vertraulichkeit und Integrität der übermittelten Daten zu gewährleisten; es wäre daher unbillig, wenn der Bieter die rechtlichen Konsequenzen aus dem Fehlverhalten des öffentlichen Auftraggebers zu tragen hätte.

II. Nicht unterschriebene oder elektronisch signierte und unverschlüsselte Angebote, § 23 Nr. 1 lit. b) VOL/A

14 Angebote, die nicht unterschrieben bzw. nicht mit der erforderlichen elektronischen Signatur versehen sind, sind gemäß § 125 BGB nichtig (s. § 21 Rn. 70). Sie brauchen daher bereits aus diesem Grund nicht geprüft zu werden. § 23 Nr. 1 lit. b) VOL/A kommt somit **nur deklaratorische Bedeutung** zu (s. § 21 Rn. 70). Der Regelungsgehalt des § 23 Nr. 1 lit. b) VOL/A besteht insoweit darin, dass der öffentliche Auftraggeber dennoch das betreffende Angebot weiter prüfen darf, weil er sich hieraus z. B. weitergehende Erkenntnisse für die Wertung im Übrigen verschaffen möchte (vgl. Rn. 6).

15 Die Voraussetzungen an die zu leistende **Unterschrift** bzw. die elektronische Signatur ergeben sich aus § 21 Nr. 1 Abs. 2 Satz 5 VOL/A (s. § 21 Rn. 57 ff.).

16 Die Anforderungen an die **Verschlüsselung** elektronisch übermittelter Angebote richten sich – auch wenn § 23 Nr. 1 lit. b) VOL/A hierauf nicht ausdrücklich verweist – nach § 21 Nr. 1 Abs. 2 Satz 3, 4 VOL/A (s. § 21 Rn. 51 f.). Ob die Angebote ordnungsgemäß verschlüsselt worden sind, wird vom Verhandlungsleiter gemäß § 22 Nr. 3 lit. a) VOL/A bei der Angebotsöffnung festgestellt.

17 S. zur Verteilung der **materiellen Beweislast**, wenn sich also nicht aufklären lässt, ob ein Angebot ordnungsgemäß unterschrieben oder verschlüsselt abgegeben wurde, § 25 Rn. 6.

18 Angebote, die nicht unterschrieben oder elektronisch signiert sind, sind gemäß § 25 Nr. 1 Abs. 1 lit. b) VOL/A zwingend von der Wertung auszuschließen (s. § 25 Rn. 44). Die fehlende Verschlüsselung eines Angebots i. S. d. § 21 Nr. 1 Abs. 2 Satz 3

und 4 VOL/A wird von § 25 Nr. 1 Abs. 1 lit. b) VOL/A nicht erfasst (s. § 21 Rn. 71). Diesbezüglich ist zu berücksichtigen, dass auch bei fehlender oder unzureichender Verschlüsselung elektronischer Angebote der geheime Bieterwettbewerb erheblich tangiert ist. Das betreffende Angebot sollte daher nicht weiter geprüft werden, wobei jedoch auch hier – ähnlich wie bei § 23 Nr. 1 lit. a) VOL/A – zu berücksichtigen ist, dass es unbillig wäre, den Bieter, der sein Angebot ordnungsgemäß verschlüsselt hat, die rechtlichen Konsequenzen aus einem Fehlverhalten des öffentlichen Auftraggebers tragen zu lassen (vgl. Rn. 13). Dies ist z. B. dann der Fall, wenn der Auftraggeber keine hinreichenden technischen und organisatorischen Lösungen i. S. d. § 21 Nr. 1 Abs. 2 Satz 3 VOL/A bereit gestellt hat, um die ununterbrochene Verschlüsselung des Angebots bis zu dessen Öffnung gemäß § 22 VOL/A sicherzustellen.

III. Nicht zweifelsfreie Änderungen an Eintragungen, § 23 Nr. 1 lit. c) VOL/A

Angebote, bei denen Änderungen des Bieters an seinen Eintragungen nicht zweifelsfrei i. S. d. § 21 Nr. 1 Abs. 3 VOL/A sind, sowie erst recht Angebote, die von vornherein in sich widersprüchlich sind (s. § 21 Rn. 76), brauchen gemäß § 23 Nr. 1 lit. c) VOL/A ebenfalls nicht geprüft zu werden. 19

Um etwaige Zweifel auszuräumen, ist das betreffende Angebot insgesamt sämtlicher Anlagen wie Erläuterungen, etwaigen Datenblättern oder Konstruktionszeichnungen etc. zunächst aus der objektiven Sicht eines branchenkundigen und mit der ausgeschriebenen Leistung vertrauten Empfängers **auszulegen** (§§ 133, 157 BGB) (s. § 21 Rn. 82). **Aufklärungsgespräche** des öffentlichen Auftraggebers, um weiterhin bestehende Zweifel über das Angebot zu beheben, sind im Rahmen des § 24 Nr. 1 Abs. 1, Nr. 2 Abs. 1 VOL/A nur zulässig, solange sie nicht zu Änderungen des Angebots oder der Preise führen (s. § 21 Rn. 83). 20

Angebote, die nicht zweifelsfrei sind, sind sogar ohne Weiteres gemäß § 25 Nr. 1 Abs. 1 lit. c) VOL/A **zwingend** von der Wertung **auszuschließen** (s. § 25 Rn. 50). Gemäß § 23 Nr. 1 lit. c) VOL/A ist dem öffentlichen Auftraggeber jedoch eine vorläufige Prüfung des Angebots gestattet (vgl. Rn. 6). 21

IV. Änderungen oder Ergänzungen an den Verdingungsunterlagen, § 23 Nr. 1 lit. d) VOL/A

Gemäß § 21 Nr. 1 Abs. 4 VOL/A sind Änderungen oder Ergänzungen an den Verdingungsunterlagen unzulässig (s. § 21 Rn. 85 ff.). Solche Angebote brauchen daher gemäß § 23 **Nr. 1 lit. d) VOL/A** ebenfalls nicht geprüft zu werden. 22

Ob eine Änderung oder Ergänzung der Verdingungsunterlagen vorliegt, indem der Bieter nicht das anbietet, was der öffentliche Auftraggeber nachgefragt hat, ist vor dem Ausschluss des Angebots zunächst anhand einer **Auslegung** der Leistungsbeschreibung einerseits und des Angebots andererseits aus objektiver Sicht eines branchenkundigen und mit der ausgeschriebenen Leistung vertrauten Empfängers festzu- 23 stellen (s. § 21 Rn. 91 f.). Aufklärungsgespräche des öffentlichen Auftraggebers mit dem Ziel, etwaige Änderungen oder Ergänzungen an den Verdingungsunterlagen nach Ablauf der Angebotsfrist zu korrigieren, stellen eine unzulässige **Nachverhandlung** i. S. d. § 24 Nr. 2 Abs. 1 VOL/A dar (s. § 21 Rn. 93).

24 Ein Angebot, das von den Verdingungsunterlagen abweicht, ist gemäß § 25 Nr. 1 Abs. 1 lit. d) VOL/A **zwingend** von der Wertung **auszuschließen**. § 23 Nr. 1 lit. d) VOL/A gestattet es jedoch dem öffentlichen Auftraggeber, ein solches Angebot zunächst dennoch weiter zu prüfen (s. Rn. 6).

C. Prüfung auf Vollständigkeit, Richtigkeit und Wirtschaftlichkeit (Nr. 2)

I. Einzelprüfung

25 Die sachliche Angebotsprüfung dient dem Schutz des Auftraggebers. Soweit sie zur Korrektur von Angebotsfehlern führt, werden Bieter davon im Sinne eines Rechtsreflexes begünstigt. Ergeben sich aus der Prüfung Anhaltspunkte für wettbewerbsbeschränkende Abreden zwischen Bietern, ist der Ausschlussgrund nach § 25 Nr. 1 Abs. 1 f zu prüfen und ggf. auch die zuständige Kartellbehörde zu informieren. Die Vergabestelle darf im Rahmen der Prüfung keine wettbewerbsverfälschenden Korrekturen vornehmen.

26 Die rechnerische Prüfung ist die Grundlage für die am Angebotsendpreis orientierte Bestimmung der Bieterreihenfolge. Die fachliche und wirtschaftliche Prüfung darf auf diejenigen Angebote beschränkt werden, welche für die abschließende Angebotswertung nach § 25 Nr. 3 übrig bleiben.

II. Vollständigkeit

27 Die Prüfung der Vollständigkeit achtet darauf, ob die Angebote in allen Teilen ausgefüllt sind und die Preise, geforderten Angaben, Erklärungen (§ 21 Nr. 1 Abs. 1 Satz 1) und Anlagen enthalten, ferner ob ihnen die vorzulegenden Bescheinigungen, Nachweise, Muster und Proben[5] (vgl. § 8 Nr. 4) beigefügt sind. Angebote mit wettbewerbsrelevanten Unvollständigkeiten werden i. d. R. aus der Wertung ausgeschlossen. Das gilt z. B. für eine fehlende Nachunternehmererklärung,[6] nicht aber für einen fehlenden Angebotsendpreis, wenn alle Einzelpreise angegeben sind.[7]

---

5 Vgl. dazu *BGH* NZBau 2006, 800 (Ls. 2).
6 *OLG München* Beschl. v. 6. 11. 2006, Verg 17/06.
7 *OLG Düsseldorf* NJW-RR 1997, 1452.

III. Rechnerische Richtigkeit

In rechnerischer Hinsicht ist zu klären, ob Rechenweg und -ergebnis im Angebot korrekt sind. Preisangaben müssen eindeutig sein. Rechen- oder Übertragungsfehler, die dem Bieter absichtlich[8] oder unabsichtlich unterlaufen sind, sollen aufgedeckt werden. Solche Fehler als solche führen grundsätzlich nicht zum Angebotsausschluss, sondern zur Berichtigung, soweit dies die Angebotsauslegung erlaubt. Erforderlichenfalls ist der rechnerische Angebotsinhalt im Wege des § 24 aufzuklären. Auf einen richtigen Einzelpreis darf aus der Summe zurückgeschlossen werden. Ebenso sind irrtümliche Maß-, Mengen- oder Gewichtsangaben nach Möglichkeit zu korrigieren. Die für den Einheitspreisvertrag geltenden Auslegungsregeln in § 23 Nr. 3 Abs. 1 VOB/A können bei entsprechenden Vergaben auch im VOL-Bereich angewandt werden. **28**

Die rechnerische Prüfung der Angebote sollte durch mehrere Personen erfolgen. Sie sollte auch dann nicht auf die Prüfung von Einzelposten des Angebots verzichten, wenn der Angebotsendpreis insgesamt als angemessen erscheint. **29**

Die rechnerische Prüfung dient nicht dazu, Kalkulationsfehler des Bieters zu korrigieren bzw. diese darauf hinzuweisen[9] oder die (inhaltliche) Angemessenheit der Preise zu kontrollieren. Dafür bietet (erst) § 25 Nr. 2 Abs. 2 u. 3, Nr. 3 Raum. Die Bieter können daraus, dass die Vergabestelle Rechenfehler im Rahmen der Prüfung nach Nr. 2 nicht erkennt, keine Ansprüche herleiten; sie sind selbst dafür verantwortlich, Rechenfehler zu vermeiden.[10] Hat allerdings ein Bieter die Vergabestelle ausdrücklich auf einen Rechenfehler hingewiesen, darf dessen Korrektur nicht verweigert werden. Erfolgt gleichwohl ein Zuschlag auf das unkorrigierte Angebot, kann der Auftragnehmer gem. §§ 311 Abs. 2 Nr. 1, 241 Abs. 2 BGB (c. i. c.) Schadensersatz bzw. Freistellung von dem Vertrag verlangen.[11] **30**

Enthält ein Angebot eine Vielzahl rechnerischer Fehler, kann dies die Schlussfolgerung begründen, dass der betreffende Bieter unzuverlässig ist (§ 2 Nr. 3, § 25 Nr. 2 Abs. 1).[12] Fehlerhafte Preisangaben, die auf einem Übertragungsfehler beruhen, begründen einen anfechtbaren Erklärungsirrtum i. S. d. § 119 Abs. 1 BGB. Eine Irrtumsanfechtung muss gem. § 121 BGB unverzüglich erfolgen,[13] sie öffnet nicht den Weg, ein neues Angebot »nachzuschieben«. Ansonsten begründet ein Kalkulationsirrtum kein Anfechtungsrecht nach §§ 119 ff. BGB.[14] **31**

IV. Fachliche Richtigkeit

Die fachliche Richtigkeitsprüfung betrifft insbesondere die Frage, ob die angebotene Leistung den Anforderungen der Ausschreibung (Leistungsbeschreibung, § 8 Nr. 2 **32**

---

8 Absichtliche Rechenfehler können einen Angebotsausschluss nach § 25 Nr. 2 begründen.
9 BGHZ 139, 177 = NJW 1998, 3192; *BGH* NJW 1980, 180.
10 *BGH* NJW 1973, 752; *OLG Düsseldorf* BauR 1980, 474.
11 *OLG Köln* NJW 1985, 1475.
12 *BGH* BauR 1994, 98; *OLG Düsseldorf*, NJW-RR 1997, 1452.
13 *OLG Brandenburg*, Urt. v. 23. 3. 2005, 4 U 158/05, Juris (»unverzüglich« = max. 14 Tage).
14 BGHZ 139, 177; *BGH* NJW-RR 1988, 566 (zur Anfechtungserklärung); *OLG Köln* BauR 1995, 98.

Abs. 1 und 2, Nr. 4) und ggf. Technischen Spezifikationen entspricht (vgl. § 8 Nr. 2 Abs. 1). Dabei sind allgemein anerkannte Regeln der Technik zugrunde zu legen; ggf. ist die Frage einzubeziehen, ob die angebotenen Arbeitsverfahren technisch realisierbar sind. Die Prüfung muss in Bezug auf alle Angebote nach gleichen Grundsätzen und Maßstäben erfolgen. Eingereichte Nebenangebote und Änderungsvorschläge sind insoweit sorgfältig, auch im Hinblick auf ihre Gleichwertigkeit[15] zum Anforderungsprofil der (Haupt-)Ausschreibung, zu prüfen. Hier kann die Hinzuziehung eines Sachverständigen (Nr. 2 Satz 2) ratsam sein. Eine Angebotsaufklärung (§ 24) kann ebenfalls in Betracht kommen, allerdings nicht, wenn dadurch Angebotsmängel, die zum Wertungsausschluss führen, überspielt werden (z. B., wenn geforderte Nachweise oder Materialangaben fehlen).

V. Wirtschaftlichkeitsgesichtspunkte

33   Eine Prüfung oder (gar) Bewertung der Wirtschaftlichkeit wird nicht verlangt, es geht vielmehr allein darum, die in Bezug auf die ausgeschriebene Leistung maßgeblichen Gesichtspunkte zu vermerken (festzuhalten): Dazu gehören z. B. Arbeitsdauer, Arbeitskräfteeinsatz, Bezugsquellen von Stoffen und Materialien, Ausführungsfristen, -dauer und Synergien, Preise, Skonti, Material-/Lohngleitklauseln sowie Anhaltspunkte für spekulativ angesetzte Preise (was in begrenztem Umfang einer Aufklärung gem. § 24 zuzuführen wäre). Einschlägige gesetzliche Vorgaben (z. B. Entsendegesetz) sind einzubeziehen.

34   Die Bewertung der Wirtschaftlichkeitsgesichtspunkte erfolgt im Rahmen des § 25 Nr. 3. Hier sind auch etwaige Folgekosten sowie Gewährleistungs- oder Garantieregelungen zu würdigen.

VI. Hinzuziehung von Sachverständigen

35   Die Vergabestelle kann, wenn es ihr zweckmäßig erscheint, Sachverständige hinzuziehen (vgl. § 6 Nr. 1). Dies kommt insbesondere zur technischen Prüfung, in manchen Fällen auch zur rechnerischen Prüfung in Betracht. Die Bieter können die Hinzuziehung von Sachverständigen nicht beanspruchen. Auf die Neutralität des ggf. zugezogenen Sachverständigen gegenüber allen Bietern ist strikt zu achten.

D. Dokumentation (Nr. 3)

36   Das Ergebnis der Prüfung nach Nr. 2 ist aktenkundig zu machen. Dies kann im (kontinuierlich fortgeschriebenen) Vergabevermerk (§ 30) geschehen. Die einzelnen Prüfungsfeststellungen sind schriftlich niederzulegen. Auf der Grundlage der Angebotsendsummen kann ein »Preisspiegel« erstellt werden.

---

15 *OLG Naumburg* BauR 2000, 1636; *OLG Düsseldorf* BauR 1990, 349.

Damit wird zugleich eine Grundlage für die für die abschließende Wertung geschaffen. Die Dokumentation belegt, dass die Vergabestelle alle relevanten Umstände gesehen und berücksichtigt hat; ihr kommt auch in gerichtlichen Verfahren eine Beweisfunktion zu.

§ 24
Verhandlungen mit Bietern bei Ausschreibungen

1. (1) Nach Öffnung der Angebote bis zur Zuschlagserteilung darf mit den Bietern über ihre Angebote nur verhandelt werden, um Zweifel über die Angebote oder die Bieter zu beheben.
   (2) Verweigert ein Bieter die geforderten Aufklärungen und Angaben, so kann sein Angebot unberücksichtigt bleiben.
2. (1) Andere Verhandlungen, besonders über Änderungen der Angebote oder Preise, sind unstatthaft.
   (2) Ausnahmsweise darf bei einem Nebenangebot (§ 17 Nr. 3 Abs. 5) oder bei einem Angebot aufgrund funktionaler Leistungsbeschreibung (§ 8 Nr. 2 Abs. 1 Buchstabe a)) mit dem Bieter, dessen Angebot als das wirtschaftlichste gewertet wurde (§ 25 Nr. 3), im Rahmen der geforderten Leistung über notwendige technische Änderungen geringen Umfangs verhandelt werden. Hierbei kann auch der Preis entsprechend angepasst werden. Mit weiteren Bietern darf nicht verhandelt werden.
3. Grund und Ergebnis der Verhandlungen sind vertraulich zu behandeln und schriftlich niederzulegen.

Inhaltsübersicht Rn.

A. Einleitung	1
B. Zulässige Zweifelsverhandlung (§ 24 Nr. 1 Abs. 1)	3
C. Verweigerung durch den Bieter (§ 24 Nr. 1 Abs. 2)	12
D. Unstatthafte Änderungen (§ 24 Nr. 2 Abs. 1)	17
E. Ausnahmeregelungen (§ 24 Nr. 2 Abs. 2)	24
F. Dokumentationspflicht (§ 24 Nr. 3)	29

A. Einleitung

1 § 24 ist mit der Neufassung der VOL/A nicht verändert worden. Er regelt, innerhalb welcher Grenzen Verhandlungen über den Inhalt der Angebote nach Öffnung der Angebote zulässig sind. Grundsätzlich gilt, dass Verhandlungen in dem Sinne, dass der Angebotsinhalt einvernehmlich abgeändert wird, nicht stattfinden.[1] Der Auftraggeber soll sich bei Unklarheiten über den Angebotsinhalt, diesen lediglich erläutern lassen dürfen. Eine Ausnahme gilt für Nebenangebote und Ausschreibungen mit funktionaler Leistungsbeschreibungen, bei denen Angebotsänderungen im geringen Umfang möglich sind (§ 24 Nr. 2 Abs. 2).

2 Das Nachverhandlungsverbot dient der Sicherstellung eines ordnungsgemäßen Wettbewerbs nach transparenten, für alle Bieter geltenden Maßstäben. Der Wettbewerb ist mit der Angebotsabgabe abgeschlossen und die Bieter müssen sich darauf verlassen können, dass die abgegebenen Angebote nicht mehr nachträglich geändert bzw. mani-

---
[1] *Ziekow/Siegel* NZBau 2005, 22 ff.

puliert werden können. Das Nachverhandlungsverbot schützt sie auch davor, durch einen übermächtigen öffentlichen Nachfrager gegeneinander ausgespielt bzw. zur Annahme von ihnen nachteiligen Vertragsbedingungen veranlasst zu werden.[2]

B. Zulässige Zweifelsverhandlung (§ 24 Nr. 1 Abs. 1)

§ 24 Nr. 1 Abs. 1 enthält den Grundsatz, nach der nur sogenannte »Zweifelverhandlungen« über den Inhalt von Angeboten oder die Bieter selbst – d. h. seine Eignung – zulässig sind. Insofern ist der Begriff »verhandeln« irreführend, weil es sich tatsächlich um ein bloßes Informations- oder Aufklärungsgespräch zwischen dem öffentlichen Auftragnehmer und dem Bieter handelt. Der Auftraggeber darf nach der Öffnung der Angebote bis zur Zuschlagsentscheidung mit einem Bieter nur verhandeln, um sich über dessen Eignung und das Angebot, wie es eingereicht wurde, zu unterrichten.[3]

3

Der Auftraggeber ist dagegen nicht befugt, den Bieter zu Handlungen zu bewegen, die eine Änderung des Inhalts seines Angebots, insbesondere seiner Preisgestaltung, bedeuten.[4] **Keinesfalls darf einem nicht annahmefähigen Angebot nachträglich zur Annahmefähigkeit verholfen werden**, indem fehlende, zwingende Angaben im Angebot nachgeholt werden.[5] Insofern besteht zwischen den §§ 25 Nr. 1 Abs. 1, 21 Nr. 1 Abs. 1 und § 24 Nr. 1 Abs. 1 eine Wechselwirkung. Kann der Auftraggeber mit einem Bieter zulässigerweise nachverhandeln, fehlt regelmäßig ein zwingender Grund für den Ausschluss.[6] Umgekehrt führt ein Verstoß gegen die Anforderungen des § 21 Nr. 1 gemäß § 25 Nr. 1 zum zwingenden Ausschluss des betreffenden Angebots und ist einem Aufklärungsgespräch daher nicht zugänglich.[7]

4

Bei **Zweifeln über den Bieter** wird es sich in erster Linie um Zweifel hinsichtlich seiner fachlichen oder wirtschaftlichen Leistungsfähigkeit oder seiner Zuverlässigkeit handeln. Diese muss regelmäßig schon mit Angebotsabgabe formell nachgewiesen werden. Im Einzelfall kann sich für die Vergabestelle das Bedürfnis ergeben, zu einzelnen Punkten weitergehende Erläuterungen zu erhalten.[8] Hierzu ist sie gemäß § 24 Nr. 1 Abs. 1 berechtigt, wenn die zusätzlichen Erläuterungen nicht schon konkret in den Verdingungsunterlagen als Bestandteil des Angebots zum Submissionstermin gefordert waren. Insbesondere kommt bei einem besonders niedrigen Angebot eines

5

---

2 *Rusam* in: Heiermann/Riedl/Rusam, § 24 Rn. 20. Zu dem Einwand, dass das (Preis-)Verhandlungsverbot im Ergebnis auch den Verzicht auf nachträglich erlangbare Preisvorteile zu Gunsten der öffentlichen Kassen nach sich ziehe, meint *Rusam* a. a. O. Rn. 21, dass regelmäßige nachträgliche Preisverhandlung dazu führten, dass von vornherein mit dem ersten Angebot überhöhte Preise angeboten würden, die im Wege der Nachverhandlung lediglich auf einen »normalen« Preis reduziert würden. Der in der Nachverhandlung erreichte vermeintlich besonders günstige Preis sei in Wirklichkeit keiner.
3 *OLG Düsseldorf* 30. 7. 2003, Verg 32/03.
4 *OLG Düsseldorf*, VergabeR 2002, 528, 531.
5 *Ziekow/Siegel* NZBau 2005, 22, 25; *OLG Düsseldorf* 30. 7. 2003, Verg 32/03; *BayObLG* 19. 3. 2002, Verg 2/02.
6 *OLG Saarbrücken* 23. 11. 2005, 1 Verg 3/05.
7 *OLG Saarbrücken* 29. 5. 2002, 5 Verg 1/01.
8 Z. B. *OLG Saarbrücken* 12. 5. 2004, 1 Verg 4/04, in dem ausdrücklich ein Verstoß gegen § 25 Nr. 1 Abs. 2 a i. V. m. Nr. 2 Abs. 1 VOL/A ausgeschlossen wird.

Bieters auch eine Offenlegung seiner Kalkulationsgrundlagen bzw. seiner finanziellen Ressourcen in Betracht, um sich von der wirtschaftlichen Leistungsfähigkeit des Bieters zu überzeugen.[9]

6 Ein Beispiel für eine zulässige **Zweifelsverhandlung über den Angebotsinhalt** lag einem von der 1. Vergabekammer des Bundes am 25. Januar 2005 entschiedenen Fall zu Grunde.[10] Ausschreibungsgegenstand war die Umstellung von IT-Programmen auf die Programmiersprache COBOL. Die Vergabestelle hatte in ihren Verdingungsunterlagen von den Bietern lediglich die Erklärung verlangt, dass sie mindestens 50% der Zeilen von IT-Assembler-Programmen der Vergabestelle auf die Programmiersprache COBOL umstellen können. Die Antragstellerin hatte in ihrem Angebot erklärt, fast 100% der Programme umstellen zu können. Die Vergabestelle hielt diese Aussage nicht für glaubwürdig und forderte die Antragstellerin daher auf, den Lösungsweg in einem Aufklärungsgespräch zu schildern. Die Zweifel der Vergabestelle hatten sich daraus ergeben, dass die Antragstellerin auch Programme für umstellbar erklärt hatte, die die anderen Bieter für nicht umstellbar gehalten hatten. Die Vergabestelle war daher berechtigt, die Antragstellerin aufzufordern, diese Zweifel auszuräumen und dazu auch weitergehende, nicht bereits in den Verdingungsunterlagen geforderte Auskünfte einzuholen. Im Gegenteil – hätten die in dem Aufklärungsgespräch geforderten Angaben bereits im Angebot gemacht werden müssen, besteht in der Regel kein Raum mehr für ein Gespräch gemäß § 24 Nr. 1 Abs. 1, sondern beim Fehlen solcher Angaben hätte das Angebot zwingend ausgeschlossen werden müssen.

In einem anderen Fall[11] waren der Vergabestelle auf Grund des niedrigen Angebotspreises und der daraufhin vom Bieter offengelegten Kalkulation Zweifel gekommen, ob der Bieter die Leistung tatsächlich so wie in den Verdingungsunterlagen gefordert anbieten wollte. Dies hat der Bieter in einem Aufklärungsgespräch bestätigt.

8 Entscheidet die Vergabestelle, sich das Angebot eines Bieters näher erläutern zu lassen, ist der **Gleichbehandlungsgrundsatz** zu beachten. Dieser kann es gebieten, dass auch anderen Bietern die Möglichkeit zur Aufklärung von Unklarheiten gewährt werden muss.[12] Dies ist zumindest dann der Fall, wenn die Angebote mehrerer Bieter, die für den Zuschlag in Frage kommen, die gleichen Unklarheiten enthalten. Insbesondere muss die Vergabestelle es vermeiden, im Rahmen einer zulässigen Nachverhandlung an die Angebote einzelner Bieter andere bzw. strengere Maßstäbe anzulegen als an andere. Eine schematische Gleichbehandlung kommt allerdings nicht in Betracht. So war im dem Beschluss der Vergabekammer Bund VK1- 219/04 vom 25. 1. 2005 zu Grunde liegenden Fall (s. o. Rn. 6) die Vergabestelle – entgegen der Auffassung der Antragstellerin – nicht verpflichtet, sich auch von allen andern Bietern den Lösungsweg für die Umstellung der von ihnen für umstellbar erklärten Programme in einem Aufklärungsgespräch schildern zu lassen. Die Vergabestelle hatte vielmehr Anlass, gerade das Angebot der Antragstellerin zu überprüfen, da diese Programme für umstellbar gehalten hatte, die andere Bieter nicht für umstellbar gehalten hatten. Eine Beru-

---

9 Z. B. *VK Bun*d 24. 8. 2006, VK 1 – 91/06.
10 *VK Bund*, VK 1 – 219/04.
11 *VK Bun*d 24. 8. 2006, VK 1 – 91/06.
12 *OLG Saarbrücken* 29. 5. 2002, 5 Verg 1/01.

fung auf den Gleichbehandlungsgrundsatz scheidet auch aus, wenn die Vergabestelle zu Unrecht und unter Verstoß gegen § 24 Nr. 2 Abs. 1 gehandelt und z. B. einem Bieter die Möglichkeit gegeben hat, bei der Angebotsabgabe fehlende Angaben oder Erklärungen nachzureichen. Eine Gleichbehandlung im Unrecht kann nicht beansprucht werden.[13]

Allerdings hat die VK Hessen[14] in einem pragmatischen Ansatz ausnahmsweise keinen Verstoß gegen das Nachverhandlungsverbot angenommen, wenn die Vergabestelle in einem Vergabeverfahren (in diesem Fall ein Verhandlungsverfahren), in dem nur mangelhafte, dem zwingenden Ausschluss unterliegende Angebote abgegeben wurden, das Verfahren nicht aufhebt, sondern allen Bietern unter Hinweis auf die nach Auffassung der Vergabestelle vorliegenden Mängel und unter Wahrung der Transparenz und Gleichbehandlung im Übrigen die Möglichkeit einräumt, diese Mängel zu beheben. Eine formale Beendigung des Verhandlungsverfahrens und die erneute Einleitung eines solchen würde lediglich zu einem vermeidbaren Zeitverlust führen und sich als überflüssige Förmelei darstellen. Dem stand nach Ansicht der VK Hessen auch nicht entgegen, dass die Vergabestelle zuvor bekannt gemacht hatte, dass die mit Ablauf der Angebotsfrist eingereichten Angebote verbindlich seien und Bieterverhandlungen ausschließlich im Rahmen des § 24 geführt würden. Diese Beschränkung habe die Vergabestelle später zum Vorteil aller Bieter – also unter Wahrung des Gleichbehandlungsgrundsatzes – für obsolet erklärt. 9

Gespräche zur Aufklärung von Zweifeln müssen außerdem **ergebnisoffen** geführt werden. Dies ist eigentlich selbstverständlich, wird aber nicht in jedem Fall beachtet. Im Fall der Vergabekammer Bund, VK 1-219/04[15] (s. o. Fn. 10) war die Vergabestelle von Vorneherein – wie sich auch aus einem entsprechenden Vermerk in der Vergabeakte ergab – davon überzeugt, dass eine Umstellung von über 90% der Assembler-Programme auf COBOL technisch unmöglich sei. Von dieser Überzeugung war auch das Zweifelgespräch mit der Antragstellerin geprägt, die in ihrem Angebot erklärt hatte, nahezu 100% der Programme umstellen zu können. Aus dem (unzureichenden) Vergabevermerk ergab sich für die nachprüfende Instanz der Eindruck, dass die Vergabestelle sich mit den Argumenten der Antragstellerin, die ein innovatives Konzept entwickelt hatte, nicht genügend auseinandergesetzt hatte. Sie hat der Vergabestelle daher aufgegeben, dass Zweifelgespräch noch einmal zu wiederholen.[16] 10

Die Vergabestelle trifft keine **Pflicht zur Aufklärung von Zweifeln**.[17] Eine solche wird dennoch häufig von ausgeschlossenen Bietern in Nachprüfungsverfahren geltend gemacht. Ist jedoch ein Angebot zu Recht zwingend vom weiteren Vergabeverfahren ausgeschlossen worden, so hätte der den Ausschluss rechtfertigende Mangel des Angebots ohnehin nicht im Wege eines Aufklärungsgespräches beseitigt werden 11

---
13 *OLG Saarbrücken* 29. 5. 2002, 5/Verg 1/01.
14 Beschl. v. 7. 10. 2004, 69 d – VK-60/2004.
15 Beschl. v. 25. 1. 2005.
16 Dies hat die Vergabestelle getan, sich diesmal von den Argumenten der Antragstellerin überzeugen lassen und ihr den Zuschlag erteilt, siehe *VK Bund* 24. 2. 2005, VK 1- 41/05.
17 Vgl. nur *OLG Dresden* 10. 7. 2003, WVerg 0015/02.

können, da dies die Änderung des Angebots voraussetzen würde. Das gilt auch für objektiv mehrdeutige oder widersprüchliche Angebotsinhalte. Hat sich hier die Vergabestelle nicht für ein Aufklärungsgespräch entschieden, sondern dafür, das Angebot ohne Aufklärungsgespräch auszuschließen, handelt sie nicht vergaberechtswidrig. Denn Angebotsinhalte, die mehrdeutig bzw. objektiv widersprüchlich sind, werden auch in einer Aufklärungsverhandlung nicht objektiv eindeutig. Bestehen tatsächlich objektiv keine Unklarheiten, so hat die Vergabestelle keine Pflicht zur Aufklärung, sondern sie muss das Angebot mangels Ausschlussgrundes weiterhin im Vergabeverfahren belassen. Hat dagegen der Bieter formal alle Anforderungen der Verdingungsunterlagen erfüllt und hat die Vergabestelle dennoch Anlass, an dem Bieter oder der Durchführbarkeit des Angebots zu zweifeln, so wird allein aufgrund dieser Zweifel ein Ausschlussgrund nicht vorliegen. Ein Bieter kann in einem solchen Fall erwarten, dass die Vergabestelle bei ihr entstandene Zweifel durch Rückfrage beim Bieter aufklärt.[18] So hatte die Vergabestelle in einem von der VK Schleswig-Holstein[19] entschiedenen Fall Zweifel an der Lieferbarkeit von Labormöbeln. Die Zweifel resultierten erst aus der Auswertung eines von dem Bieter zusätzlich zu den geforderten Angaben und Erklärungen beigefügten Prospektes. Aus dem Prospektmaterial hatte sich ergeben, dass der Bieter vorwiegend Labormöbel aus einem anderen als in den Verdingungsunterlagen geforderten Material liefert. Die VK Schleswig-Holstein hat entschieden, dass in einem Fall, in dem das Angebot eindeutig den Verdingungsunterlagen entspricht, sich das grundsätzlich im Rahmen des § 24 Nr. 1 Abs. 1 bestehende Aufklärungsermessen zu einer Aufklärungspflicht verdichtet, da nicht der Bieter, sondern der öffentliche Auftraggeber selbst durch eigene Recherchen die Zweifel in Bezug auf das Angebot verursacht hat.

C. Verweigerung durch den Bieter (§ 24 Nr. 1 Abs. 2)

12 Verweigert ein Bieter die geforderte Aufklärung, so kann sein Angebot unberücksichtigt bleiben. Die Entscheidung, ob ein Angebot unberücksichtigt bleibt, ist von der Vergabestelle nach einer pflichtgemäßen Ermessensausübung unter Beachtung des Grundsatzes der Verhältnismäßigkeit zu treffen. Voraussetzung für den rechtmäßigen Ausschluss sind jedenfalls die folgenden Kriterien:[20]
- Aufklärungsbedarf, d. h. ein für die Vergabeentscheidung erhebliches Informationsinteresse der Vergabestelle
- die Eignung der geforderten Informationen zur Befriedigung dieses Informationsbedürfnisses
- die Unmöglichkeit, die benötigte Information auf einfachere Weise zu erlangen

---

18 *VK Brandenburg* 18. 10. 2005, 2 VK 62/05.
19 Beschl. v. 12. 7. 2005, VK-SH 14/05; vgl. auch *OLG Celle* 21. 8. 2003, 13 Verg 13/03 in Bezug auf Zweifel an einem Angebot, für die Ausschreibungsfehler des Auftraggebers möglicherweise mitursächlich waren; eindeutig für eine Aufklärungspflicht, soweit Unklarheiten im Angebot des Bieters auf ebenso unklare Vorgaben in den Verdingungsunterlagen zurückgehen *VK Bund* 12. 1. 2005, VK 3–218/04.
20 Siehe *OLG Jena* 21. 11. 2002, 6 Verg 7/02; *OLG Naumburg* 22. 9. 2005, 1 Verg 8/05.

In einem vom OLG Naumburg[21] entschiedenen Fall lag kein **Informationsbedürfnis** 13
vor, das die Aufklärungsfrage gerechtfertigt hätte. Die Vergabestelle hatte dem Bieter aufgegeben, ihre Preisermittlung zu jeweils konkret benannten Leistungspositionen zu erläutern. Der Bieter hatte in seinem Antwortschreiben auf seine der Vergabestelle vorliegende Urkalkulation hingewiesen und sich zu weiteren Auskünften nicht verpflichtet gesehen. Das OLG Naumburg hat festgestellt, dass das Aufklärungsverlangen verfrüht, die Zielsetzung dem Bieter nicht erkennbar war und das Aufklärungsverlangen teilweise zu weitgehend war. Die Vergabestelle hätte sich zunächst einfacher aus der ihr vorliegenden Urkalkulation des Bieters informieren können. Sie hätte dann ihren weiteren Erläuterungsbedarf gegenüber dem Bieter auf wenige sich auf die Vergabeentscheidung auswirkende Details der Preisermittlung beschränken können.

Im Fall der Vergabekammer Bund, VK 1 – 219/04[22] (s. o. Fn. 10) gab es zwar ein ent- 14
scheidungserhebliches Aufklärungsbedürfnis, der Bieter hätte aber möglicherweise gute Gründe gehabt, die Auskunft zu verweigern (was er nicht getan hat). Die Vergabestelle hatte von der Antragstellerin die Darstellung ihres Lösungsweges für die Umstellung von Assembler-Programmen auf COBOL verlangt. In ihrem Angebot hatte die Antragstellerin – in Einklang mit den Verdingungsunterlagen – lediglich erklärt, dass sie zu dieser Umstellung zu fast 100% in der Lage sei. Die Problematik hierbei war, dass sie im Aufklärungsgespräch dazu gezwungen war, ihren sehr innovativen Lösungsweg preiszugeben, ohne dass sie Gewähr dafür hatte, den Auftrag zu erhalten.

Im Normalfall ist bei einem bestehenden Aufklärungsbedürfnis die Information 15
durch den Bieter die **einfachste Art der Informationsgewinnung**. Die Vergabestelle ist zwar nicht gehindert, sich die benötigten Auskünfte auch auf anderem Weg – z. B. über Dritte (direkte Nachfrage beim Hersteller eines im Angebot enthaltenen Produkts) oder sonstige eigene Recherchen – zu besorgen,[23] sie ist dazu aber nicht verpflichtet, auch dann nicht wenn dies ohne größeren Aufwand möglich wäre.[24] Dies ergibt sich schon aus dem Interesse aller am Vergabeverfahren Beteiligten, dieses innerhalb eines angemessenen Zeitraums zum Abschluss zu bringen.

Das OLG Jena[25] hat außerdem der Vergabestelle das Recht zugesprochen, dem Bieter 16
eine – in den Verdingungsordnungen nicht vorgesehene – **Ausschlussfrist** zu setzen, nach deren ergebnislosen Ablauf sie die Voraussetzungen des § 24 Nr. 1 Abs. 2 bejahen kann. Dies ergebe sich aus dem Sinn und Zweck der Vorschrift und im Interesse eines zügigen Verfahrensablaufs. § 24 Nr. 1 Abs. 2 sei eine Ausnahmevorschrift, da grundsätzlich alle Angebote vollständig und wertungsfähig bei Ende der Abgabefrist vorliegen müssten (§ 23). Ergebe sich dennoch programmwidrig ein Nachinformationsbedarf, der ohne Verletzung des Nachverhandlungsverbotes befriedigt werden könne, so sei es nicht vergaberechtswidrig, wenn eine hierdurch verursachte Verzögerung des Verfahrens durch das Setzen einer Ausschlussfrist ganz vermieden oder auf

---

21 *OLG Naumburg* 22. 9. 2005, 1 Verg 8/05.
22 Beschl. v. 26. 1. 2005.
23 *VK Hessen* 7. 10. 2004, 69 d-VK-60/2004.
24 *OLG Jena* 21.11. 2002, 6 Verg 7/02.
25 *OLG Jena* 21.11. 2002, 6 Verg 7/02.

ein vertretbares Maß beschränkt werde. M. E. kann dies jedoch nur dann gelten, wenn durch ein verspätetes Nachreichen von zu Recht geforderten Nachinformationen eine Verzögerung des Verfahrens auch tatsächlich eintritt. Die Frist muss außerdem angemessen sein und die Vergabestelle muss ihrerseits alle beim Bieter im Zusammenhang mit dem Grund und Ziel des Aufklärungsersuchens entstandenen Fragen ausreichend beantwortet haben.

D. Unstatthafte Änderungen (§ 24 Nr. 2 Abs. 1)

17 Die Vorschrift bekräftigt das Verbot von angebotsändernden Verhandlungen, wie es bereits in § 24 Nr. 1 Abs. 1 zum Ausdruck kommt. Gegen das Nachverhandlungsverbot verstößt es auch, wenn eine Aufklärungsverhandlung mit dem Ziel geführt wird, ein in einem wesentlichen Punkt unvollständiges – und damit auszuschließendes – Angebot zu vervollständigen.[26] Unzulässig ist es aber auch, Angebote, die zum Submissionstermin wertungsfähig sind, nachträglich zu verändern. Dabei ist es unerheblich, ob dies geschieht, um das Angebot zu optimieren oder um einen Irrtum des Bieters bei der Angebotserstellung zu beheben. Solche Änderungen führen jedoch nicht zum vollständigen Ausschluss des Bieters vom weiteren Vergabeverfahren. Er bleibt mit seinem Ursprungsangebot in der Wertung.[27]

18 So ist z. B. nach Öffnung der Angebote die Benennung eines **Nachunternehmers** nicht als Aufklärung über die geplante Art der Durchführung der Leistung gemäß § 24 Nr. 1 Abs. 1 zu verstehen. Eine solche Art der Aufklärung ist unzulässig, da eine durch Nachverhandeln bewirkte Verschiebung der Leistungsanteile zwischen Haupt- und Nachunternehmer stets einen bedeutsamen Eingriff in die Kalkulation und damit eine Veränderung des Angebots darstellt.[28] Es spielt dabei keine Rolle, ob die Abweichungen Einfluss auf das Wettbewerbsergebnis haben können.[29] Es ist auch unzulässig mit der Folge, dass das Angebot zwingend auszuschließen ist, wenn ein Bieter die unterbliebene Vorlage eines Nachunternehmerverzeichnisses nachholt.[30]

19 Nicht nur eine Klarstellung sondern eine unzulässige Nachverhandlung ist es, wenn der Bieter erst nach Ablauf der Angebotsfrist **objektiv unklare oder nur pauschale Angaben** in seinen Angebot – bei gleich bleibendem Preis – konkretisiert. Ist z. B. nur der Hersteller, nicht jedoch der Typ eines angebotenen Produkts aus dem ursprünglichen Angebot erkennbar und enthält das Sortiment des Herstellers mehrere Typen, auf die die Leistungsbeschreibung zutrifft, darf das Angebot insofern nicht

---

26 *VK Schleswig-Holstein* 19. 2. 2003, VK – SH 02/03.
27 *BGH* 6. 2. 2002, X ZR 185/99.
28 *VK Schleswig-Holstein* 7. 8. 2002, VK-SH 09/02; *OLG Düsseldorf* 16. 5. 2001, Verg 10/00; *OLG Thüringen* 5. 12. 2001, 6 Verg 4/01; *BayObLG* 13. 3. 2001, Verg 1/01.
29 *BayObLG* 13. 3. 2001, Verg 1/01.
30 *OLG Düsseldorf* 30. 7. 2003, Verg 32/03; *OLG Thüringen* 30. 5. 2002, 6 Verg 3/02; *VK Schleswig-Holstein* 5. 3. 2004, VK-SH 04/04.

nachträglich ergänzt werden. Das gilt auch dann, wenn die Änderung kostenneutral geschieht.[31]

In der Praxis häufig sind Unklarheiten in Bezug auf Preisangaben, die in sich nicht schlüssig, widersprüchlich oder unklar sind oder denen eine fehlerhafte Kalkulation zu Grunde liegt. Solche Fehler sind in der Regel einer Korrektur in Nachverhandlungen nicht zugänglich. Vielmehr ist der objektive Erklärungsinhalt zu ermitteln. Daran muss sich der Bieter festhalten lassen.[32] Im zu Grunde liegenden Fall hatte ein Bieter irrtümlich und überflüssig zusätzliche Einzelpreise in den Gesamtpreis eingerechnet. Berücksichtigt die Vergabestelle im Wege der »Fehlerkorrektur« und im Einverständnis mit einem Bieter irrtümlich angegebene Einzelpreise in dessen Angebot nicht, so dass sich der Gesamtpreis reduziert, so handelt es sich hierbei nicht um eine unschädliche Klarstellung des Angebots, sondern um eine nachträgliche unzulässige Preisänderung, die bei der Bewertung der Angebote nicht berücksichtigt werden darf. Da das Angebot nicht mehrdeutig war, zumal sich der ursprünglich geforderte Preis ohne weiteres aus allen (einschließlich der überflüssigen) Einzelpositionen ergab, war das Angebot nicht zwingend auszuschließen, sondern blieb in seiner ursprünglichen Fassung in der Wertung. Es kommt nicht darauf an, ob die zu Grunde liegenden **Irrtümer offensichtlich** sind. Die Bieter tragen dafür Sorge, dass ihre zum Submissionstermin eingereichten Angebote frei von eigenen Fehlkalkulationen sind. Zudem ist eine Grenze zwischen »offensichtlich« und »nicht offensichtlich« kaum zu ziehen.[33]

Sind die zweifelhaften Angaben einer **objektiven Auslegung** *nicht* **zugänglich** bzw. ist das Angebot unvollständig, so muss das Angebot von der weiteren Prüfung ausgeschlossen werden. In einem dem Urt. v. 7. 1. 2003 des BGH[34] zu Grunde liegenden Sachverhalt waren Preise für ein Zusatzangebot irrtümlich nicht wie gefordert vollständig und mit dem Betrag, der für die Leistung gefordert tatsächlich beansprucht wurde, angegeben. Die Kosten für das Zusatzangebot ergaben sich auch nach den Erläuterungen des Bieters nicht aus dem Gesamtpreis, bei dem der Preis für das Zusatzangebot zu berücksichtigen war. Der BGH hat insoweit zwei Erläuterungsversuche des Bieters nachvollzogen. Dabei wurde in keinem Fall die Gesamtpreissumme des Angebots erreicht, so dass die »Klarstellungen« des Bieters zu einer Angebotsänderung geführt hätten. Sein Angebot war somit von Anfang an nicht wertungsfähig und musste ausgeschlossen werden.

Das Verbot von Änderungen im Angebot gilt auch dann, wenn sich hierdurch **die Position des Bieters in der Rangordnung nicht verändert und nachträgliche Manipulationen durch den Bieter ausgeschlossen sind**. Es kommt nicht darauf an, in welchem Umfang verhandelt wurde oder ob der ursprüngliche Angebotspreis nur geringwertig beeinflusst wird, ob die vorgenommenen Veränderungen eine zentrale und wichtige Rolle spielen oder eher unwichtige Veränderungen des Angebots darstel-

---

31 *VK Sachsen* 13. 10. 2002 – 1/SVK/105–02.
32 *BGH* 6. 2. 2002, X ZR 185/99 = NZBau 2002, 344; 7. 1. 2003, X ZR 50/01; *OLG Düsseldorf* 30. 4. 2002, Verg 3/02 = VergabeR 2002, 528, 531 f.
33 *VK Schleswig-Holstein* 26. 10. 2004, VK-SH 26/04.
34 *BGH* 7. 1. 2003, X ZR 50/01.

len.³⁵ Die Entscheidung des BGH vom 18. 2. 2003³⁶ hat entsprechende Tendenzen in der Rechtsprechung von Vergabekammern und Oberlandesgerichten beendet.

23 Danach ist der Ausschlusstatbestand nicht etwa erst dann gegeben, wenn das betreffende Angebot aufgrund der Mängel im Ergebnis nicht mit den anderen abgegebenen Angeboten verglichen werden kann. Ein transparentes, auf Gleichbehandlung aller Bieter beruhendes Vergabeverfahren ist nur zu erreichen, wenn in jeder sich aus den Verdingungsunterlagen ergebenden Hinsicht vergleichbare Angebote gewertet werden. Die Formstrenge des Verfahrens steht daher jeder wie auch immer gearteten großzügigen Handhabe von Ausschlusstatbeständen entgegen.³⁷

E. Ausnahmeregelungen (§ 24 Nr. 2 Abs. 2)

24 Diese Regelung stellt eine **Ausnahme vom Grundsatz der Unzulässigkeit von Verhandlungen** über Änderungen der Angebote oder Preise dar. Danach sind Verhandlungen bei einem Nebenangebot oder Änderungsvorschlag sowie bei Angeboten aufgrund einer funktionalen Leistungsbeschreibung zulässig. Bei diesen Ausschreibungsarten steht die Funktion des Leistungsgegenstandes und nicht seine technische Beschreibung in den Verdingungsunterlagen im Vordergrund. Die Bieter haben daher in Bezug auf die konstruktive Lösung einen gewissen Gestaltungsspielraum.³⁸ Es kann daher vorkommen, dass das wirtschaftlichste Angebot zwar die technischen qualitativen und quantitativen Mindestanforderungen, wie in Verdingungsunterlagen festgelegt, erfüllt, in einigen Punkten jedoch noch optimierbar ist.³⁹ In so einem Fall erlaubt § 24 Nr. 2 Abs. 2 abweichend von der Regel in § 24 Nr. 1 der Vergabestelle in Nachverhandlungen mit dem wirtschaftlichsten Anbieter technische Änderungen des Angebots in geringem Umfang zu vereinbaren. Preisänderungen sind nur insoweit zulässig, als sie durch die technische Änderung des Angebots veranlasst werden. Auch sie dürfen nur geringfügig sein und den Abstand zum nächst-wirtschaftlichen Bieter nicht wesentlich verändern.⁴⁰ Mit anderen als dem wirtschaftlichsten Bieter darf dagegen nicht verhandelt werden.

25 Auch § 24 Nr. 2 Abs. 2 erlaubt es nicht, ein nicht zuschlagfähiges Angebot durch die Nachverhandlungen erst zuschlagfähig zu machen, indem dem Bieter beispielsweise ermöglicht wird, Angaben oder Erklärungen nachzuholen, deren Fehlen den zwingenden Ausschluss des Angebots begründen bzw. Abweichungen von zwingenden Vorgaben der Verdingungsunterlagen zu heilen.⁴¹ Das ergibt sich schon daraus, dass

---

35 A. A. z. B. *OLG Saarbrücken* 29. 5. 2002, 5 Verg 1/01 mit einer Darstellung des Streitstandes bis dahin.
36 X ZB 43/02 = NZBau 2003, 293 = VergabeR 2003, 313 = BGHZ 154, 32; die Entscheidung bezog sich auf eine Ausschreibung nach VOB/A.
37 Sehr kritisch *Asam* ibr-online: IBR 2003, 430.
38 *OLG Saarbrücken* 23. 11. 2005, 1 Verg 3/05.
39 Allgemeine Erläuterungen zur VOL/A, § 24, VOL/A Anh. III, vgl. auch *Rusam* in: Heiermann/Riedl/Rusam, § 24 Rn. 30.
40 *OLG Saarbrücken* 23. 11. 2005, 1 Verg 3/05; *VK Saarland* 27. 5. 2005, 3 VK 02/2005.
41 *OLG Frankfurt/M.* 26. 3. 2003, 11 Verg 3/01 in einem Fall, bei dem ein im Abgabezeitpunkt nicht gleichwertiges Nebenangebot in einer Nachverhandlung gleichwertig gemacht werden sollte; missverständlich *OLG Saarbrücken* 23. 11. 2005, 1 Verg 3/05; siehe auch *Wirner*, ZfBR 2005, 152, 160.

ein solches nicht wertbares Angebot nicht das »wirtschaftlichste«, wie von § 24 Nr. 2 Abs. 2 vorausgesetzt, sein kann.

In einem vom OLG Saarbrücken[42] entschiedenen Fall hatte der öffentliche Auftraggeber seiner Ausschreibung eine funktionale Leistungsbeschreibung zu Grunde gelegt. Das OLG hat festgestellt, dass das Angebot eines Bieters, mit dem Nachverhandlungen geführt wurden, zwar in einigen Punkten von den Vorgaben des Leistungsprogramms abgewichen ist, hierdurch jedoch die Funktionalität nicht beeinträchtigt wurde. Die Vergabestelle hatte dennoch in den Nachverhandlungen teilweise auf die volle Kompatibilität mit den technischen Vorgaben des Leistungsprogramms bzw. auf eine andere technische Lösung bestanden, so dass der Bieter sein Angebot abänderte. Die Abänderungen hatten keine erheblichen Auswirkungen auf den Angebotspreis und waren daher zulässig. **26**

Die Entscheidung enthielt keine Ausführungen dazu, ob die **Änderungen notwendig** waren. Das Gericht hat vielmehr festgestellt, dass das ursprüngliche Angebot des Bieters zu seiner Überzeugung einen voll funktionsfähigen, wenn auch technisch von den Vorgaben im Leistungsprogramm abweichenden Lösungsweg enthielt. Es ist auch in der sonstigen Literatur und Rechtsprechung nicht ersichtlich, welchen Inhalt das Merkmal haben soll, zumal die Voraussetzung für ein nachverhandlungsfähiges Angebot gemäß § 24 Nr. 2 Abs. 2 ohnehin ist, dass es so wie es ist an sich zuschlagsfähig ist. Es ist daher davon auszugehen, dass dieses Merkmal auch in Zukunft wenig praktische Bedeutung haben wird. **27**

Streitig in vergaberechtlichen Nachprüfungsverfahren wird jedoch regelmäßig sein, ob im Fall von **nachträglichen Änderungen oder Ergänzungen** diese noch als **geringfügig** anzusehen sind.[43] Die VK Saarland[44] hat in diesem Zusammenhang festgestellt, dass eine technische Änderung geringen Umfangs vorliegt, wenn sie im Vergleich zur bisherigen Ausführungsart und zum bisherigen Ausführungsumfang eine nur unwesentliche Bedeutung hat, wobei diese Grenze einerseits anhand der Auswirkungen auf die Preise, andererseits anhand der Menge der Änderungen insgesamt zu bestimmen ist. Die Grenze ist jedenfalls überschritten, wenn das Angebotskonzept grundlegend geändert wird. Unerheblich ist, ob der Unternehmer die Änderung kostenneutral anbietet. Es ist vielmehr darauf abzustellen, welche kostenmäßigen Auswirkungen die Änderungen bei realistischer Berechnungsweise auf den Angebotspreis hätte haben müssen. Die Vergabekammer hat eine Preisdifferenz von 0,5% als nicht gravierend angesehen. Auch eine Preisdifferenz von 10% wurde in der Rechtsprechung noch als gering angesehen. Änderungen, die sich einzeln preislich und funktional tatsächlich nur marginal auswirken, können dennoch unzulässig sein, wenn sie in einer Gesamtschau mit weiteren Unvollständigkeiten des Angebots schließlich doch zu nicht unerheblichen Korrekturen führen.[45] **28**

---

42 *OLG Saarbrücken* 23. 11. 2005, 1 Verg 3/05.
43 *Wirner*, ZfBR 2005, 152, 160.
44 Beschl. v. 27. 5. 2005, 3Vk 02/2005. Die Entscheidung wurde aus Sach- und nicht aus Rechtsgründen von dem *OLG Saarbrücken* 23. 11. 2005, 1 Verg 3/05 abgeändert.
45 *OLG Saarbrücken* 29. 5. 2002, 5 Verg 1/01. Das OLG untersucht in seinem Beschluss auch einen umfangreichen Fragenkatalog, der von dem Beigeladenen nach Submission zu beantworten war und kommt zu dem Schluss, dass die meisten Fragen planerische und funktionelle Details betreffen, die über die Vorgaben

F. Dokumentationspflicht (§ 24 Nr. 3)

29 Grund und Ergebnis der Verhandlungen sind vertraulich zu behandeln und schriftlich niederzulegen. Diese Vorschrift bestätigt eine Selbstverständlichkeit im Vergabeverfahren. Da sich die Nachverhandlungen auf den Inhalt von Angeboten beziehen, die im Geheimwettbewerb abgegeben werden müssen, sind die Gründe und Ergebnisse der Verhandlungen genauso vertraulich zu behandeln, wie der Inhalt der Angebote, wie er zum Submissionstermin vorliegt. Die **Dokumentationspflicht** ergibt sich bereits aus § 30. Allerdings ist es nicht ausreichend, nur Grund und Ergebnis der Verhandlungen in die Vergabeakte aufzunehmen. Der Verlauf der Verhandlungen muss so detailliert dargestellt werden, dass für die nachprüfenden Instanzen das Ergebnis nachvollziehbar wird. Das heißt, dass auch die in der Nachverhandlung gestellten Fragen und Antworten des Bieters wiedergegeben werden müssen. Die Vergabestelle muss – insbesondere, wenn die Angebote der Bieter infolge des Ergebnisses der Nachverhandlungen im weiteren Vergabeverfahren nicht mehr berücksichtigt werden – außerdem die Gründe nennen, warum die Antworten des Bieters sie nicht überzeugt haben.[46]

Darüberhinaus muss als Ermessensentscheidung auch dokumentiert werden, wenn ein Bieter gemäß § 24 Nr. 1 Abs. 2 ausgeschlossen wird.

---

des Leistungsprogramms nicht hinausgehen, bzw. lediglich der Bekräftigung und Wiederholung von Aussagen dienen, die bereits im Angebot gemacht worden sind.
[46] vgl. *VK Bund* 26. 1. 2005 VK 1 – 219/04. In dem Beschluss ging es darum, dass die Vergabestelle ein Aufklärungsgespräch möglicherweise nicht ergebnisoffen geführt hatte. Siehe auch die Folgeentscheidung *VK Bund* 22. 4. 2005, VK 1 – 41/05.

§ 25
Wertung der Angebote

1. (1) Ausgeschlossen werden:
   a) Angebote, für deren Wertung wesentliche Preisangaben fehlen (§ 21 Nr. 1 Abs. 1 Satz 1),
   b) Angebote, die nicht unterschrieben sind (§ 21 Nr. 1 Abs. 2 Satz 5),
   c) Angebote, in denen Änderungen des Bieters an seinen Eintragungen nicht zweifelsfrei sind (§ 21 Nr. 1 Abs. 3),
   d) Angebote, bei denen Änderungen oder Ergänzungen an den Verdingungsunterlagen vorgenommen worden sind (§ 21 Nr. 1 Abs. 4),
   e) Angebote, die verspätet eingegangen sind, es sei denn, dass der verspätete Eingang durch Umstände verursacht worden ist, die nicht vom Bieter zu vertreten sind,
   f) Angebote von Bietern, die in Bezug auf die Vergabe eine unzulässige, wettbewerbsbeschränkende Abrede getroffen haben,
   g) Nebenangebote, soweit der Auftraggeber diese nach § 17 Nr. 3 Abs. 5 ausgeschlossen hat.
   (2) Außerdem können ausgeschlossen werden:
   a) Angebote, die nicht die geforderten Angaben und Erklärungen enthalten (§ 21 Nr. 1 Abs. 1 Satz 1),
   b) Angebote von Bietern, die von der Teilnahme am Wettbewerb ausgeschlossen werden können (§ 7 Nr. 5),
   c) Nebenangebote, die nicht auf besonderer Anlage gemacht worden oder als solche nicht deutlich gekennzeichnet sind (§ 21 Nr. 2).

2. (1) Bei der Auswahl der Angebote, die für den Zuschlag in Betracht kommen, sind nur Bieter zu berücksichtigen, die für die Erfüllung der vertraglichen Verpflichtungen die erforderliche Fachkunde, Leistungsfähigkeit und Zuverlässigkeit besitzen.
   (2) Erscheinen Angebote im Verhältnis zu der zu erbringenden Leistung ungewöhnlich niedrig, so überprüft der Auftraggeber vor der Vergabe des Auftrags die Einzelposten dieser Angebote. Zu diesem Zweck verlangt er in Textform vom Bieter die erforderlichen Belege.
   Der Auftraggeber berücksichtigt bei der Vergabe das Ergebnis dieser Überprüfung.
   (3) Auf Angebote, deren Preise in offenbarem Missverhältnis zur Leistung stehen, darf der Zuschlag nicht erteilt werden.

3. Der Zuschlag ist auf das unter Berücksichtigung aller Umstände wirtschaftlichste Angebot zu erteilen. Der niedrigste Angebotspreis allein ist nicht entscheidend.

4. Nebenangebote, die der Auftraggeber bei der Ausschreibung gewünscht oder ausdrücklich zugelassen hat, sind ebenso zu werten wie die Hauptangebote. Sonstige Nebenangebote können berücksichtigt werden.

5. Die Gründe für die Zuschlagserteilung sind in den Akten zu vermerken.

§ 25 Wertung der Angebote

Inhaltsübersicht   **Rn.**

- A. Grundzüge und Materialien 1
- B. Formale Angebotswertung (erste Wertungsstufe), Nr. 1 5
  - I. Zwingende Ausschlussgründe, § 25 Nr. 1 Abs. 1 VOL/A 5
    - 1. § 25 Nr. 1 Abs. 1 lit. a) VOL/A 8
      - a) Allgemeines 8
      - b) Praktische Bedeutung der Norm 9
      - c) Tatbestand der Norm 10
        - aa) Geforderte Preisangaben 10
        - bb) Wesentliche Preisangaben 11
        - cc) Fehlen wesentlicher Preisangaben 19
          - (1) Sog. Mischkalkulationen und Spekulationsangebote 20
          - (2) Inhaltliche Prüfung der Preisangaben 25
          - (3) Nachunternehmerpreisangaben 30
          - (4) Aufklärung 33
          - (5) Feststellungslast 38
      - d) Rechtsfolgen 40
        - aa) Ausschluss des Angebots 40
        - bb) Gleichbehandlung 41
    - 2. Fehlende Unterschrift, § 25 Nr. 1 Abs. 1 lit. b) VOL/A 44
    - 3. Nicht zweifelsfreie Änderungen an den Eintragungen, § 25 Nr. 1 Abs. 1 lit. c) VOL/A 50
    - 4. Änderungen oder Ergänzungen an den Verdingungsunterlagen, § 25 Nr. 1 Abs. 1 lit. d) VOL/A 53
    - 5. Verspätete Angebote, § 25 Nr. 1 Abs. 1 lit. e) VOL/A 56
    - 6. Ausschluss bei wettbewerbsbeschränkender Abrede, § 25 Nr. 1 Abs. 1 lit. f) VOL/A 60
      - a) Wettbewerbsbeschränkende Abrede 62
      - b) Bezug auf die Vergabe 71
      - c) Nachweispflicht und Erleichterungen 72
    - 7. Ausgeschlossene Nebenangebote, § 25 Nr. 1 Abs. 1 lit. g) VOL/A 75
  - II. Fakultative Ausschlussgründe, § 25 Nr. 1 Abs. 2 VOL/A 80
    - 1. Fehlende Angaben und Erklärungen, § 25 Nr. 1 Abs. 2 lit. a) VOL/A 82
    - 2. Angebote von Bietern, die von der Teilnahme am Wettbewerb nach § 7 Nr. 5 ausgeschlossen werden können, § 25 Nr. 1 Abs. 2 lit. b) 91
    - 3. Nicht ordnungsgemäße Nebenangebote, § 25 Nr. 1 Abs. 2 lit. c) VOL/A . 99
- C. Eignungsprüfung (zweite Wertungsstufe), Nr. 2 Abs. 1 103
  - I. Durchführung der Eignungsprüfung 106
    - 1. Formale Eignungsprüfung 107
    - 2. Materielle Eignungsprüfung 118
  - II. Rechtsfolgen 131
- D. Preisprüfung (dritte Wertungsstufe), Nr. 2 Abs. 2 u. 3 135
  - I. Allgemeines 135
  - II. Tatbestand der Norm 136
    - 1. Nr. 2 Abs. 2 – ungewöhnlich niedrige Angebote 136
    - 2. Nr. 2 Abs. 3 – offenbares Missverhältnis bei Preis und Leistung 142
    - 3. Ungewöhnlich hohe Angebote 143
  - III. Rechtsfolgen 146
- E. Wirtschaftlichkeitsprüfung (vierte Wertungsstufe), Nr. 3 149

I.	Grundlagen	149
II.	Wertungskriterien	160
	1. Systematik	160
	2. Auswahl und Inhalt der Kriterien	162
	3. Transparenz	165
	4. Bindung an die Kriterien	172
	5. Zulässige Kriterien	174
	6. Haupt- und Unterkriterien	210
	7. Wertungsverfahren und -methode	224
	8. Entscheidungsspielraum der Vergabestelle	230
F.	Wertung von Nebenangeboten, Nr. 4	234
G.	Dokumentation, Nr. 5	246

A. Grundzüge und Materialien

Nach Abschluss der Prüfung der einzelnen Angebote nach § 23 VOL/A findet die eigentliche Wertung i. S. d. § 25 VOL/A statt, die in erster Linie darin besteht, durch einen Vergleich sämtlicher Angebote dasjenige zu ermitteln, das das wirtschaftlichste ist (§ 25 Nr. 3 VOL/A). Insgesamt erfolgt die Angebotswertung in **vier Stufen**, an denen sich auch der Aufbau des § 25 VOL/A orientiert: Zunächst werden die Angebote auf formale Mängel geprüft (§ 25 Nr. 1 VOL/A), anschließend die Eignung der Bieter (Fachkunde, Leistungsfähigkeit, Zuverlässigkeit, § 25 Nr. 2 Abs. 1 VOL/A), dann erfolgt die Angebotswertung in preislicher Hinsicht (§ 25 Nr. 2 Abs. 2 und 3 VOL/A) und schließlich wird das »unter Berücksichtigung aller Umstände« wirtschaftlichste Angebot ermittelt (§ 25 Nr. 3 VOL/A). Grundsätzlich sind diese vier Wertungsstufen streng voneinander zu trennen, so dürfen z. B. Aspekte, die im Rahmen der Eignung eines Angebots berücksichtigt wurden, auf der vierten Wertungsstufe nicht mehr berücksichtigt werden (kein »Mehr an Eignung«). **1**

Europarechtliche Vorgaben gibt es lediglich hinsichtlich der o. g. zweiten Wertungsstufe (Überprüfung der Eignung der Bieter einschließlich deren etwaigem Ausschluss),[1] der dritten Wertungsstufe (Aufklärung ungewöhnlich niedriger Angebotspreise)[2] und der vierten Wertungsstufe (Ermittlung des wirtschaftlich günstigsten Angebots).[3] Da die Vergabekoordinierungsrichtlinien RL 2004/18/EG und RL 2004/17/EG keine abschließenden Regelungen über die von einem öffentlichen Auftraggeber zu berücksichtigenden Ausschlusskriterien enthalten, stehen sie der Anwendung der ersten Wertungsstufe i. S. d. § 25 Nr. 1 VOL/A, einschließlich einem etwaigen Angebotsausschluss, nicht entgegen.[4] **2**

Gegenüber der **bisherigen Rechtslage** ist § 25 VOL/A im Wesentlichen unverändert geblieben. Konsequent wurde – wie in allen Vorschriften der VOL/A – lediglich die bisher verwendete Formulierung »Nebenangebote und Änderungsvorschläge« ver- **3**

---

1 Art. 44 ff. RL 2004/18/EG bzw. Art. 51 Abs. 1 lit. a), b) i. V. m. Art. 54 Abs. 1, 2, 4 RL 2004/17/EG.
2 Art. 44 Abs. 1 i. V. m. 55 RL 2004/18/EG bzw. Art. 51 Abs. 3 i. V. m. Art. 57 RL 2004/17/EG.
3 Art. 44 Abs. 1 i. V. m. 53 RL 2004/18/EG bzw. Art. 51 Abs. 3 i. V. m. Art. 55 RL 2004/17/EG.
4 Vgl. *OLG München* 7. 4. 2006, Verg 5/06 (zur VOB/A).

kürzt auf »Nebenangebote« (s. § 25 Nr. 1 Abs. 1 lit. g), Nr. 1 Abs. 2 lit. c) und Nr. 4 VOL/A).

4 § 25 VOL/A, 1. Abschnitt, stimmt mit § 25 VOL/A, 2. Abschnitt, wörtlich überein. Das Gleiche gilt für den 3. **Abschnitt der VOL/A**. Da allerdings der vierte Satz von § 21 Nr. 1 Abs. 2 VOL/A, 1. und 2. Abschnitt, im 3. Abschnitt fehlt (s. § 21 Rn. 6), ist der Verweis in § 25 Nr. 1 Abs. 1 lit. b) VOL/A, 3. Abschnitt, auf »§ 21 Nr. 1 Abs. 2 Satz 5« unzutreffend. Dem Inhalt dieser Regelung nach ist § 21 Nr. 1 Abs. 2 Satz 4 VOL/A, 3. Abschnitt, gemeint. Es ist davon auszugehen, dass es sich insoweit um ein reines Redaktionsversehen handelt.

B. Formale Angebotswertung (erste Wertungsstufe), Nr. 1

I. Zwingende Ausschlussgründe, § 25 Nr. 1 Abs. 1 VOL/A

5 Wie sich bereits aus dem Wortlaut des § 25 Nr. 1 Abs. 1 VOL/A ergibt (»ausgeschlossen werden«), führen die hier genannten Gründe **zwingend** zum Ausschluss eines Angebots. Der Vergabestelle steht somit kein Ermessen zu und der Ausschluss muss zum Schutz des transparenten und chancengleichen Bieterwettbewerbs auch dann erfolgen, wenn der öffentliche Auftraggeber den Ausschluss zunächst nicht erkannt, zu Unrecht verneint oder sonst nicht vorgenommen hat.[5] Ein entsprechendes Vertrauen des Bieters (in das vergaberechtswidrige Verhalten des Auftraggebers) ist nicht schützenswert.[6] Aus den gleichen Gründen kommt es auch nicht darauf an, ob der Bieter diese Rechtsfolge kennt oder z. B. in den Verdingungsunterlagen hierauf hingewiesen wurde.[7] Ob sich jedoch ein Bieter, dessen Angebot zwingend auszuschließen ist, in einem Nachprüfungsverfahren erfolgreich darauf berufen kann, dass auch andere Angebote ausgeschlossen werden müssen, ist keine Frage des § 25 VOL/A, sondern seiner Antragsbefugnis, § 107 Abs. 2 GWB, bzw. seiner Rechtsverletzung, § 114 Abs. 1 GWB.

6 Wegen des Untersuchungsgrundsatzes, § 110 Abs. 1 GWB, gibt es im Vergaberecht zwar keine subjektive Beweisführungspflicht. Im Rahmen des Ausschlusses eines Angebots nach § 25 VOL/A ist jedoch ggf. die Frage nach der Verteilung der **materiellen Beweislast** relevant, also die Frage, welcher Beteiligte für den Fall der Nichterweislichkeit einer entscheidungserheblichen Tatsache (non liquet) die hieraus resultierenden Nachteile trägt. Diesbezüglich können die in § 21 VOL/A geregelten Verantwortungsbereiche des Bieters einerseits und des öffentlichen Auftraggebers andererseits herangezogen werden: Wenn eine bestimmte Tatsache nicht von Amts wegen festgestellt werden kann, trägt aufgrund der Pflichtenverteilung des § 21 VOL/A grund-

---

[5] *BGH* 16. 4. 2002, X ZR 67/00 (zur VOB/A); *OLG Jena* 17. 3. 2003, 6 Verg 2/03; *OLG Düsseldorf* 30. 6. 2004, VII-Verg 22/04 (zur VOB/A); 28. 7. 2005, VII-Verg 45/05; *OLG Naumburg* 25. 10. 2005, 1 Verg 5/05 (zur VOB/A); vgl. *OLG Schleswig* 8. 12. 2005 ZfBR 2006, 190, 192 (zur VOB/A); *OLG Düsseldorf* 5. 4. 2006, VII-Verg 3/06.

[6] Vgl. *OLG Jena* 17. 3. 2003, 6 Verg 2/03; *OLG Düsseldorf* 30. 6. 2004, VII-Verg 22/04 (zur VOB/A); *OLG Schleswig* 8. 12. 2005 ZfBR 2006, 190, 192 (zur VOB/A); *OLG Düsseldorf* 12. 4. 2006, VII-Verg 4/06.

[7] Vgl. *BGH* 8. 9. 1998 BauR 1998, 1249 (zur VOB/A).

sätzlich derjenige die Beweislast, dessen Verantwortungsbereich der nicht ermittelte Umstand zuzurechnen ist (s. jedoch für das Fehlen wesentlicher Preisangaben i. S. d. § 25 Nr. 1 Abs. 1 lit. a) VOL/A Rn. 38 f.).[8] Sofern dem Auftraggeber hinreichend gesicherte Erkenntnisse und nicht lediglich ungeprüfte Behauptungen dafür vorliegen, dass das Angebot eines Bieters unvollständig ist, trägt daher der Bieter grundsätzlich die materielle Beweislast dafür, dass er ein vollständiges Angebot, einschließlich sämtlicher geforderter Angaben, Erklärungen und Nachweise, abgegeben hat.[9] Das Gleiche gilt für die Rechtzeitigkeit des Angebotseingangs.[10] Außerdem trägt der jeweilige Bieter die Beweislast dafür, dass er sein Angebot unterschrieben und verschlossen bzw. verschlüsselt i. S. d. § 21 Nr. 1 Abs. 2 VOL/A eingereicht hat. Sofern jedoch der nicht zu ermittelnde Umstand aus dem Verantwortungsbereich des öffentlichen Auftraggebers stammt, trägt dieser die entsprechende Feststellungslast. So muss z. B. zu Lasten des öffentlichen Auftraggebers entschieden werden, wenn nicht festgestellt werden kann, ob dieser die geeigneten »organisatorischen und technischen Lösungen« i. S. d. § 21 Nr. 1 Abs. 2 Satz 3 VOL/A ergriffen hat, um das Angebot bis zum Eröffnungstermin unter Verschluss zu halten,[11] oder wenn das im Eröffnungstermin geführte Protokoll bestimmte zwingende Angaben nicht enthält.[12]

Europarechtliche Vorgaben bestehen hinsichtlich des Ausschlusses von Angeboten aufgrund formaler Mängel nicht. Die Vergabekoordinierungsrichtlinien RL 2004/18/EG und RL 2004/17/EG regeln lediglich einige formale Anforderungen an Angebote (z. B. hinsichtlich der Form der Übermittlung und der vertraulichen Behandlung[13] oder der elektronischen Signatur[14]), ohne jedoch etwaige Rechtsfolgen bei Nichterfüllung dieser Anforderungen zu erwähnen. Da diese Richtlinien insoweit nicht abschließend sind, stehen sie der Durchführung der ersten Wertungsstufe i. S. d. § 25 Nr. 1 VOL/A nicht entgegen (s. Rn. 2). **7**

1. § 25 Nr. 1 Abs. 1 lit. a) VOL/A

a) Allgemeines

§ 25 Nr. 1 Abs. 1 a ist eng mit § 21 Nr. 1 Abs. 1 verknüpft. § 21 regelt die inhaltlichen Anforderungen an die Angebote. § 25 Nr. 1 bestimmt, welche rechtlichen Konsequenzen zu ziehen sind, wenn Angebote, und zwar hier im Hinblick auf **Preisangaben**, den an die Vollständigkeit gestellten Anforderungen nicht genügen. Unvollständige Ange- **8**

---

8 Vgl. OLG Jena 29. 8. 2005, 9 Verg 6/05 (zur VOB/A) m. w. N.
9 OLG Düsseldorf 19. 11. 2003, VII-Verg 47/03 (zur VOB/A); OLG Jena 29. 8. 2005, 9 Verg 6/05 (zur VOB/A); OLG Düsseldorf 7. 3. 2006 VergabeR 2006, 811, 812 (zur VOB/A); 2. VK Bund 9. 2. 2005, VK 2–12/05; 3. VK Bund 29. 7. 2005, VK 3–76/05. A. A. (die Beweislast trägt derjenige, der sich auf einen Ausschlussgrund i. S. d. § 25 VOL/A beruft, also der öffentliche Auftraggeber oder ein anderer Bieter) OLG Karlsruhe 11. 5. 2005, 6 W 31/05; OLG Naumburg 22. 9. 2005 VergabeR 2005, 779; Marx: in: Motzke/Pietzcker/Prieß § 110 GWB Rn. 8; vgl. auch Boesen § 110 GWB Rn. 25; Dreher in: Immenga/Mestmäcker § 110 GWB Rn. 11.
10 3. VK Bund 28. 8. 2006, VK 3–99/06; vgl. auch Brinker/Ohler in: Motzke/Pietzcker/Prieß § 25 VOB/A Rn. 12; Noch in: Müller-Wrede § 25 Rn. 31.
11 OLG Jena 29. 8. 2005, 9 Verg 6/05 (zur VOB/A).
12 BGH 26. 10. 1999, BauR 2000, 254 (zur VOB/A).
13 Art. 42 Abs. 1 bis 5 RL 2004/18/EG bzw. Art. 48 Abs. 1 bis 5 RL 2004/17/EG.
14 Art. 42 Abs. 5 lit. b) RL 2004/18/EG bzw. Art. 48 Abs. 5 lit. b) RL 2004/17/EG.

§ 25 Wertung der Angebote

bote sind in der Regel von der weiteren Angebotswertung auszunehmen.[15] Dabei handelt es sich um eine der meistdiskutierten Problemstellungen des Vergaberechts. Zum näheren Verständnis wird auf die Kommentierung zu § 21 Nr. 1 Abs. 1 Bezug genommen. Was dort namentlich zur Übereinstimmung mit den EG-Vergaberichtlinien (§ 21 Rn. 1), zu den Anforderungen an die Angebote (§ 21 Rn. 2), zu Preisangaben (§ 21 Rn. 7f.) und zur Kalkulationsfreiheit der Bieter (§ 21 Rn. 9ff.) ausgeführt worden ist, muss auch bei der Auslegung von § 25 Nr. 1 Abs. 1 lit. a) beachtet werden. Die **VOB/A** enthält in § 25 Nr. 1 Abs. 1 lit. b) eine weitgehend inhaltsgleiche Bestimmung.[16] Infolge bloßer Bezugnahme auf § 21 Nr. 1 Abs. 1 VOB/A unterscheidet sie sich von der Regelung der VOL/A allerdings insoweit, als nach dem Wortlaut (aber nicht unbedingt im Ergebnis) jedes Fehlen einer Preisangabe zum Ausschluss des betroffenen Angebots führen, wohingegen jene Rechtsfolge nach § 25 Nr. 1 Abs. 1 lit. a) VOL/A nur beim Fehlen »wesentlicher« Preisangaben eintreten soll. Die **VOF** weist keine vergleichbaren Vorschriften auf, was folgerichtig ist, denn sie regelt ebenso wenig ausdrücklich den Inhalt der Angebote.

b) Praktische Bedeutung der Norm

9 § 25 Nr. 1 Abs. 1 lit. a) regelt einen wesentlichen Teil des vom Auftraggeber in der ersten Phase der Angebotswertung zu bewältigenden Prüfungsprogramms. Neben der Redaktion der Leistungsbeschreibung handelt es sich bei der Angebotswertung um eine der beiden zentralen Aufgaben, denen sich der Auftraggeber im Vergabeverfahren zu stellen hat. Wendet der Auftraggeber die Vorschriften über die Angebotswertung fehlerhaft an, verletzt er nicht nur **subjektive Bieterrechte**, sondern riskiert ein (u. U. länger dauerndes und kostenaufwändiges) Vergabenachprüfungsverfahren sowie vor allem eine Verzögerung bei der Auftragsvergabe, was die Erfüllung der zugrunde liegenden öffentlichen Aufgabe beeinträchtigen oder sogar vereiteln kann. Für die Bieterseite ist eine rechtsfehlerfreie und insbesondere gleichförmige Handhabung der Bestimmungen über die Angebotswertung nicht minder bedeutsam. Dies gilt gerade auch bei der in der ersten Wertungsphase stattfindenden **formalen Angebotsprüfung**. Ein Bieter, der die Obliegenheit zu vollständigen Preisangaben (§ 21 Nr. 1 Abs. 1 Satz 1) nicht beachtet hat, steht in der Gefahr, mit seinem Angebot ausgeschlossen zu werden, bevor sich der Auftraggeber überhaupt mit der Wirtschaftlichkeit seiner Offerte auseinandergesetzt hat (und hat auseinandersetzen müssen, da jene Prüfung erst in der vierten Phase der Angebotswertung zu erfolgen hat). Nach dem Wortlaut von Nr. 1 Abs. 1 lit. a) trifft der Angebotsausschluss ein Angebot schon dann, wenn auch nur *eine* wesentliche Preisangabe fehlt.[17] Wenn das so ist, kann allein

---

15 Vgl. *BGH* 24. 5. 2005 X ZR 243/02 NZBau 2005, 594, 595 m. w. N.; 18. 5. 2004 X ZB 7/04 VergabeR 2004, 473, 476 (auf Divergenzvorlage durch das *KG*) sowie zuvor schon *OLG Düsseldorf* 16. 11. 2003 NZBau 2004, 296 = VergabeR 2004, 322 = ZfBR 2004, 298. A. A. noch *KG* NZBau 2004, 288 = VergabeR 2004, 330; *BayObLG* VergabeR 2004, 345; *OLG Dresden* VergabeR 2004, 507.
16 § 25 Nr. 1 VOB/A: Ausgeschlossen werden: ...
 b) Angebote, die dem § 21 Nr. 1 Abs. 1 bis 3 nicht entsprechen, ...
 § 21 Nr. 1 Abs. 1 Satz 4: Angebote sollen nur die Preise und die geforderten Erklärungen enthalten.
17 Vgl. dazu auch *OLG Koblenz* VergabeR 2006, 233, 236.

c) Tatbestand der Norm

aa) Geforderte Preisangaben

Nr. 1 Abs. 1 lit. a) bezieht sich auf die im Leistungsverzeichnis oder in den sonstigen Ausschreibungsunterlagen zweifelsfrei **geforderten Preisangaben**.[18] Nach § 21 Nr. 1 Abs. 1 Satz 1 sind – genauso wie geforderte Angaben und Erklärungen – (nur) die geforderten Preisangaben vorzunehmen, d. h. solche, die der Auftraggeber ausdrücklich vorgeschrieben oder vorgesehen hat (§ 21 Rn. 7). Der **Zweck** dieser die Bieter treffenden Obliegenheit liegt darin, dass – so der BGH – ein transparentes, gemäß § 97 Abs. 2 GWB auf Gleichbehandlung aller Bieter beruhendes Vergabeverfahren, wie es die Verdingungsordnungen gewährleisten sollen, nur sicherzustellen ist, wenn in jeder sich aus den Verdingungsunterlagen ergebender Hinsicht und grundsätzlich ohne Weiteres vergleichbare Angebote abgegeben werden. Damit ein Angebot gewertet werden kann, ist deshalb jeder in der Leistungsbeschreibung oder in den übrigen Ausschreibungsunterlagen vorgesehene Preis, so wie gefordert, vollständig und mit dem Betrag anzugeben, der für die betreffende Leistung beansprucht wird. Für die Preisangaben hat insoweit nichts anderes zu gelten als für Angaben und Erklärungen nach § 21 Nr. 1 Abs. 1.[19] Der Auftraggeber darf den Bietern **Kalkulationsvorgaben** machen (s. § 21 Rn. 11).

10

bb) Wesentliche Preisangaben

Angebote, für deren Wertung **wesentliche Preisangaben** fehlen, sind im Regelfall zwingend von der Wertung auszunehmen.[20] Soweit § 25 Nr. 1 Abs. 1 lit. a) (in Parenthese stehend) auf § 21 Nr. 1 Abs. 1 Satz 1 verweist, ist die Bezugnahme allerdings missverständlich, denn die Vorschriften sind nicht identisch. Nach § 21 Nr. 1 Abs. 1 Satz 1 haben die Bieter i. S. einer Obliegenheit sämtliche in der Leistungsbeschreibung oder in den übrigen Verdingungsunterlagen vorgesehenen, d. h. die geforderten, Preisangaben zu machen. Einem Ausschluss von der Wertung unterliegt ihr Angebot jedoch nur, sofern »wesentliche« Preisangaben fehlen. Welche Preisangaben wesentlich sind, tritt im Ergebnis bei der Vergabeentscheidung zutage. Unabhängig davon bedarf der Begriff der wesentlichen Preisangaben einer näheren Bestimmung, die am Normzweck des § 21 Nr. 1 Abs. 1, dem Auftraggeber in jeder Hinsicht vergleichbare Angebote zur Verfügung zu stellen (s. Rn. 3), ausgerichtet sein muss. Nur ein derartiges Verständnis ist geeignet, Schutz gegen Manipulationen am Ergebnis der Angebotswertung zu bieten.[21] Darüber besteht – soweit ersichtlich – Einigkeit.

11

---

18 Vgl. *OLG Rostock* VergabeR 2006, 374, 376.
19 *BGH* 24. 5. 2005 X ZR 243/02 NZBau 2005, 594, 595; VergabeR 2004, 473, 476. Die genannten Entscheidungen sind zwar zu entsprechenden Vorschriften der VOB/A ergangen. Doch ist die Rechtslage nach der VOL/A genauso zu beurteilen. Vgl. ferner *BGH* 16. 4. 2002 X ZR 67/00 NJW 2002, 2558 = NZBau 2002, 517; 7. 1. 2003 X ZR 50/01 NZBau 2003, 293, 296 = VergabeR 2003, 558 m. Anm. v. *Kus.*
20 Vgl. *BGH* VergabeR 2004, 473, 476.
21 So auch *Kulartz* in: Daub/Eberstein, Kommentar zur VOL/A, 5. Aufl., § 25 Rn. 11.

§ 25 Wertung der Angebote

12 Hiervon ausgehend liegt nahe, das Tatbestandselement der »wesentlichen« Preisangaben dahin zu verstehen, dass einem Angebotsausschluss nur näherzutreten ist, sofern die unterbliebene Angabe im Ergebnis eine **wettbewerbliche Relevanz** aufweist, m. a. W. wenn ihr Fehlen Einfluss auf die Stellung des betreffenden Angebots im Wettbewerb, namentlich auf seinen preislichen Rang, ausübt. Dies kann zu verneinen sein, wenn sich die Zulassung des unvollständigen Preisangebots auf die Vergabeentscheidung nicht maßgebend auswirkt, weil die unvollständige Preisangabe keine Hauptleistung betrifft,[22] der Mangel insbesondere geringfügig oder sonst unwesentlich ist,[23] und die Wertung des Angebots unter keinem denkbaren Gesichtspunkt zu einer Wettbewerbsverzerrung führen kann.[24] Unvollständige Preisangebote sind dann – bis sie eine näherer Bestimmung noch harrende Bagatellschwelle überschreiten – vom Ausschluss auszunehmen. Dafür spricht, dass formalen Erfordernissen prinzipiell kein größeres Gewicht zukommen sollte, als es die Sicherstellung der materiellen Vergabeprinzipien gebietet.[25]

13 Eine am **Zweck des Ausschlusstatbestands** sowie an den Gründen der einschlägigen Entscheidungen des **BGH** orientierte Interpretation führt indes zu einer anderen Auslegung.

So hat der BGH in der grundlegenden Entscheidung vom 18. 2. 2003 ausgeführt: Ein transparentes, alle Bieter gleich behandelndes Vergabeverfahren sei nur zu erreichen, wenn lediglich in jeder sich aus den Verdingungsunterlagen ergebender Hinsicht vergleichbare Angebote gewertet werden. Dies erfordere, dass hinsichtlich jeder Position der Leistungsbeschreibung alle zur Kennzeichnung der insoweit angebotenen Leistung geeigneten Parameter bekannt seien, deren Angabe den Bieter *nicht unzumutbar belaste, aber ausweislich der Ausschreibungsunterlagen gefordert sei, so dass sie als Umstände ausgewiesen seien, die für die Vergabeentscheidung relevant sein sollen* (Kursivdruck durch den Bearbeiter). Daraus hat der BGH gefolgert, das Angebot eines Bieters, das nicht sämtliche zur Spezifizierung der angebotenen Leistung abgefragten Angaben enthalte, sei von der Angebotswertung zwingend auszuschließen.[26] Die Entscheidung ist zwar in Bezug auf unterlassene Erklärungen i. S. v. § 21 Nr. 1 Abs. 1 Satz 3 VOB/A ergangen. Doch hat im Anwendungsbereich der VOL/A sowie beim Fehlen von Preisangaben insoweit nichts anderes zu gelten.[27]

14 Sowohl in der Entscheidung vom 18. 2. 2003 als auch im Beschl. v. 18. 5. 2004 hat der BGH außerdem ausgesprochen, der Ausschlusstatbestand sei *nicht etwa erst dann gegeben, wenn das betreffende Angebot im Ergebnis nicht mit anderen abgegebenen Angeboten verglichen werden kann* (Hervorhebung durch den Bearbeiter).[28]

---

22 *Kulartz* in: Daub/Eberstein, Kommentar zur VOL/A, 5. Aufl., § 25 Rn. 11 f.
23 *Thüringer OLG* ZfBR 2003, 504.
24 *OLG München* VergabeR 2005, 794, 796; *BayObLG* IBR 2004, 582.
25 So *Thüringer OLG* ZfBR 2003, 504.
26 *BGH* VergabeR 2003, 313, 318.
27 Vgl. *BGH* VergabeR 2004, 473, 476; *OLG München* VergabeR 2005, 794, 796.
28 *BGH* VergabeR 2003, 313, 317; VergabeR 2004, 473, 476.

Dem ist – kurz zusammengefasst – zu entnehmen: **15**

- Der Auftraggeber darf Preisangaben fordern, sofern die Bieter mit den Angaben nicht unzumutbar belastet werden.[29] Eine unzumutbare Belastung der Bieter ist im Regelfall zu verneinen, da Preisangaben auf der Grundlage der ohnedies anzustellenden Kalkulation unschwer gemacht werden können.
- Indem er sie in der Leistungsbeschreibung oder in den übrigen Ausschreibungsunterlagen ausdrücklich fordert, belegt der Auftraggeber Preisangaben grundsätzlich mit einer wettbewerblichen Relevanz, m. a. W damit, dass sie nach der ihm insoweit zustehenden Einschätzungsprärogative für die Vergabeentscheidung bedeutsam sein sollen. Diese Auslegung ist der Entscheidung über den Ausschluss eines Angebots in der Regel zugrundezulegen. Gegenteiliges kann nur bei widerstreitenden Gründen angenommen werden. Die Gegengründe müssen feststehen. Den Nachteil der Nichterweislichkeit hat nach allgemeinen Grundsätzen (Regel-/Ausnahmefall) zu tragen, wer sich auf Gegengründe beruft.
- Darauf, ob sich das Fehlen einer geforderten Preisangabe im Ergebnis auf die Vergleichbarkeit der Angebote, mithin auf das Ergebnis der Wertung, in dem Sinn nachteilig auswirkt, dass Angebote nicht mehr miteinander verglichen werden können, ist grundsätzlich nicht abzustellen. Daher ist – von Ausnahmefällen abgesehen – ebenso wenig erheblich, ob die unterbliebene Preisangabe einen lediglich unwesentlichen oder geringfügigen Leistungspunkt betrifft und dieser die Angebotswertung im Ergebnis beeinflusst oder nicht.

Dieses Verständnis ist geeignet, unter den vergaberechtlichen Prinzipien der Gleichbehandlung und der Transparenz in jedem Fall die Vergleichbarkeit der Angebote zu sichern. Auslegungs- oder Ermessensspielräume, wie die Einhaltung dieser zu Gesetzesrang erhobenen Prinzipien zu gewährleisten ist, stehen weder dem Auftraggeber noch den Vergabenachprüfungsinstanzen zu. Es sind mit den Geboten der Gleichbehandlung und Transparenz sowie der Wesentlichkeit von Preisangaben vielmehr **unbestimmte Rechtsbegriffe** anzuwenden, die je nach Sachlage entweder erfüllt oder nicht erfüllt sind. Nur bei diesem Verständnis sind darüber hinaus **Manipulationen** am Wertungsergebnis ausgeschlossen, die darin liegen können, dass der Auftraggeber beispielsweise die Begriffe der »Unwesentlichkeit« oder »Geringfügigkeit« überdehnt oder unbotmäßig beschränkt oder Angebote ungleich behandelt. Davon abgesehen bietet die hier vertretene Auffassung Auftraggebern und Bietern die Rechtssicherheit, den Ausschluss eines Angebots jederzeit nachvollziehbar prüfen und beurteilen zu können. Die formalen Anforderungen an Angebote haben darum keinen Selbstzweck, sondern sind aufgestellt worden, um die Einhaltung der materiellen Vergabeprinzipien zu erleichtern und sicherzustellen. Die vorgenannten Grundsätze sind im Prinzip uneingeschränkt auch in **Verhandlungsverfahren** anzuwenden.[30] **16**

Selbstverständlich ist dabei zu bedenken, dass der anzulegende strenge Maßstab den Auftraggeber u. U. dazu verpflichten kann, sämtliche eingegangenen oder jedenfalls die von ihm als wirtschaftlich befürworteten Angebote von der weiteren Wertung auszunehmen. Dies zwingt ihn freilich keineswegs dazu, den Zuschlag auf ein unwirt- **17**

---

29 Vgl. insoweit auch *BGH* VergabeR 2007, 73.
30 Vgl. *BGH* VergabeR 2007, 73, 75.

§ 25 Wertung der Angebote

schaftliches Angebot zu erteilen oder (um dies zu vermeiden) eine Ausschreibung nach § 26 Nr. 1 lit. a) oder c) aufzuheben und mit ggf. beträchtlichem Kosten- und Verzögerungsaufwand ein vollkommen neues Vergabeverfahren (mit erneuter europaweiter Vergabebekanntmachung) zu beginnen. Die VOL/A gestattet dem Auftraggeber bei derartigen Sachlagen, das Beschaffungsvorhaben im Wege eines nichtoffenen oder eines Verhandlungsverfahrens (mit oder ohne vorherige Veröffentlichung einer Bekanntmachung) abzuschließen (vgl. § 3 Nr. 3 lit. c), § 3 lit. a) Nr. 1 Abs. 5 lit. a), Nr. 2 lit. a)).

18 Die (wesentlichen) Preisangaben müssen **vollständig** gemacht werden, d. h. sie müssen den für die Leistung tatsächlich geforderten Preis, und zwar denjenigen Preis, den der Bieter tatsächlich kalkuliert hat und berechnen will, zutreffend wiedergeben (s. § 21 Rn. 8).

cc) Fehlen wesentlicher Preisangaben

19 Die bereits erwähnten grundlegenden und auf Divergenzvorlagen (§ 124 Abs. 2 GWB) ergangenen Beschwerdeentscheidungen des BGH vom 18. 2. 2003[31] und vom 18. 5. 2004[32] haben noch zu keiner abschließenden Bereinigung der Streitfragen bei unvollständigen Preisangaben geführt. Die Rechtsprechung der Vergabenachprüfungsinstanzen zum Ausschluss von Angeboten wegen unvollständiger Preisangaben ist weiterhin uneinheitlich. Einige Entscheidungen der OLG erwecken den Eindruck, dass die formale Haltung des BGH insgeheim abgelehnt wird. An dieser Stelle sollen die in der Praxis vorkommenden typischen Fallgruppen und Fragestellungen behandelt werden. Jedoch wird davon abgesehen, die ältere Rechtsprechung und die Entwicklung vor den genannten Entscheidungen des BGH vollständig darzustellen.

(1) Sog. Mischkalkulationen und Spekulationsangebote

20 Typische Erscheinungsformen unvollständiger Preisangaben sind sog Mischkalkulationen und Spekulationsangebote. Dabei ist der Ausdruck »**Mischkalkulation**« sprachlich ungenau und missverständlich. Präzise umschreibt der Begriff »**Kosten- oder Preisverlagerung**« das Phänomen. Darunter ist zu verstehen: Der Bieter weist bei einer bestimmten (Teil-) Leistung nicht die von ihm für diese Leistung tatsächlich verlangte Vergütung, sondern einen geringeren Preis aus, weil er – aus welchen Gründen auch immer – bestimmte oder sämtliche Kostenfaktoren, die nach seiner eigenen Kalkulation bei jener Leistung tatsächlich anfallen, auf die für andere (Teil-) Leistungen geforderte Vergütung verteilt und darauf umgelegt (dort »versteckt«) hat,[33] mit der Folge, dass diese übersetzt ist.

21 Auch: In einem Fall, in dem der Auftraggeber nach dem Vertrag Abschlagszahlungen leisten wird, sucht ein Bieter sich dadurch einen zinslosen Kredit zu verschaffen, indem er Preisbestandteile solcher Leistungen, die erst in einer späteren Ausführungs-

---

31 VergabeR 2003, 313.
32 VergabeR 2004, 473.
33 Vgl. *BGH* VergabeR 2004, 473, 476 f.

phase zu erbringen sind, in eine bei Beginn der Auftragsausführung fällige Abschlagszahlung einkalkuliert, mit der Folge, dass andere Leistungen »abgepreist« werden. Es versteht sich von selbst, dass in den genannten Beispielfällen die Preisangaben weder vollständig noch zutreffend sind.[34] So betrachtet stellt die Kosten- oder Preisverlagerung einen Sonderfall der unvollständigen, da inhaltlich unrichtigen, Preisangabe dar.

Demgegenüber liegt die Missverständlichkeit des Begriffs »Mischkalkulation« darin begründet, dass dem Bieter dann per se verboten zu sein scheint, die für einzelne Teilleistungen beanspruchte Vergütung mit unterschiedlich hohen Gewinnmargen zu beaufschlagen[35] oder für wiederkehrende, gleiche oder ähnliche Teilleistungen verschieden hohe Preise im Angebot auszuwerfen. An diesen Formen einer Mischkalkulation ist grundsätzlich nichts auszusetzen, sofern bei den jeweiligen Teilleistungen nur diejenigen Preise vollständig genannt sind, die dem Auftraggeber für diese Leistung tatsächlich in Rechnung gestellt werden sollen.[36] Jenes Erfordernis weist zulässigen Mischkalkulationen freilich nur einen schmalen Anwendungsbereich zu. So bedarf es in den vorstehenden Fällen schon stichhaltiger Gründe, um vom Verdacht einer Preisspekulation abzulenken. Demgegenüber ist mit einer Kostenverlagerung stets verbunden, dass die Vergütung für bestimmte Teilleistungen objektiv wahrheitswidrig »abgepreist«, jene für andere Teilleistungen um die bislang nicht berücksichtigten Kostenbestandteile hingegen »aufgepreist« wird. 22

Spekulationsangebote sind im Liefer- und Dienstleistungsbereich erfahrungsgemäß seltener anzutreffen als bei der Vergabe öffentlicher Bauaufträge, bei denen umfangreich aufgegliederte Leistungsverzeichnisse häufiger Gelegenheit dazu geben. Spekulationsangebote bedienen sich methodisch bewusst einer Kostenverlagerung (Mischkalkulation) in der spekulativen Erwartung, es werde bei der Ausführung der Leistung zu Änderungen des Leistungsumfangs (insbesondere zu Mengenänderungen) kommen. Dementsprechend werden solche Teilleistungen, bei denen mit Mehrleistungen (Mengenmehrungen) gerechnet wird, »aufgepreist«, andere, welche Minderleistungen erwarten lassen, werden dagegen »abgepreist«,[37] um im Ergebnis, und zwar durch eine erhebliche Veränderung des Gesamtpreises, zu Lasten des Auftraggebers einen höheren Umsatzerlös zu realisieren. Spekulativ ist auch eine Preisangabe, die ein Bieter – um einen Preisvorsprung zu erlangen – deshalb besonders niedrig oder zu einem Null-Preis ausweist, weil die Leistung nach seiner Meinung nicht notwendig sein wird.[38] Angebote, die spekulativ zu niedrige Preisangaben enthalten, sind als unvollständig von der Wertung auszuschließen. Unabhängig davon sind sie, sofern sie in der Absicht abgegeben werden, den Auftraggeber zu übervorteilen, anstößig. Indes müssen das Motiv oder die Absicht ebenso wenig ermittelt werden wie die Tatsache eines Spekulationsangebots überhaupt. Preisangaben sollen, damit ein Angebot gewertet werden kann, nur objektiv vollständig sein. Ist für die betreffende (Teil-) 23

---

34 So auch *EuG* 31. 1. 2005 T 447/04 ABl EG Nr. C 93 v. 16. 4. 2005, 58 = ZfBR 2005, 491, 496.
35 Vgl. dazu z. B. *OLG Rostock* VergabeR 2006, 374, 377.
36 Genauso: *Leinemann/Kirch* VergabeR 2005, 563, 564.
37 Vgl. *BGH* VergabeR 473, 477; *Müller-Wrede* NZBau 2006, 73 m. w. N.
38 Vgl. *BayObLG* NZBau 2004, 294, das den Fall einer spekulativ niedrigen Preisangabe freilich durch eine Verneinung der Angemessenheit des Preises nach § 25 Nr. 3 Abs. 1 und 2 VOB/A löst. S. dazu auch *Konrad* NZBau 2004, 524, 525.

§ 25 Wertung der Angebote

Leistung der Preis nicht mit dem Betrag angegeben, der dafür tatsächlich verlangt wird, sondern mit einem geringeren Betrag, ist das Angebot objektiv unvollständig.[39]

24 Die vorstehend dargestellten Begrifflichkeiten stehen im Wesentlichen außer Streit. Seit der Entscheidung des BGH vom 18. 5. 2004[40] haben sich die Streitfragen in der Praxis freilich verlagert. Räumten Bieter in der Vergangenheit Kostenverlagerungen in der Regel freimütig ein (zumal sie diese für vergaberechtlich zulässig hielten), bekennen sie sich heutzutage kaum noch dazu. Kostenverlagerungen kommen freilich weiterhin vor, wobei tendenziell auf weniger auffällige Erscheinungsformen ausgewichen wird.[41] Seither konzentrieren sich die praktischen Probleme insbesondere darauf, woran unzulässige Kostenverlagerungen zu verifizieren sind, wer den Nachweis dafür zu führen hat und ob dabei eine Kostenverlagerung, m. a. W. eine Konnexität zwischen einer »abgepreisten« und einer »aufgepreisten« Vergütung, nachzuweisen ist. Anders ausgedrückt: Die Voraussetzungen, unter denen Angebote, die Kostenverlagerungen aufweisen, einem Ausschluss unterliegen, werden nicht einheitlich beurteilt.

(2) Inhaltliche Prüfung der Preisangaben

25 Mehrere OLG haben sich dafür ausgesprochen, die Angebotsprüfung müsse sich in der ersten Wertungsphase darauf beschränken, ob die Bieter bei den betreffenden Leistungspositionen überhaupt **mit der Urkalkulation übereinstimmende Preise** angegeben haben. Dagegen habe eine inhaltliche Prüfung der Preise in der ersten Wertungsphase zu unterbleiben. Anderenfalls werde die in der ersten Phase anzustellende Wertung unzulässig mit der Prüfung der Angemessenheit der Preise (dritte Wertungsstufe – § 25 Nr. 2 Abs. 2) verwoben.[42] Dieser Auffassung ist zu widersprechen. Sie ist in der Divergenzvorlage vom 26. 2. 2004 bereits vom KG vertreten,[43] in der hierauf ergangenen Entscheidung vom 18. 5. 2004 vom BGH jedoch verworfen worden.[44] Danach sind geforderte Preisangaben nur als vollständig i. S. v. § 21 Nr. 1 Abs. 1 VOL/A anzusehen, wenn sie den für die betreffende Leistung tatsächlich verlangten Preis, den der Bieter kalkuliert hat, objektiv zutreffend ausweisen. Dies kann im Rahmen der dem Bieter zuzubilligenden Kalkulationsfreiheit (§ 21 Rn. 9 f.) nur aufgrund einer inhaltlichen Prüfung festgestellt werden.[45] Diese ist von der auf der dritten Wertungsstufe erfolgenden Untersuchung der Angemessenheit der Preise zu unterscheiden.

---

39 So auch Konrad a. a. O. S 528; Müller-Wrede NZBau 2006, 73, 74; a. A. Brandenburgisches OLG NZBau 2006, 126, 128 = VergabeR 2006, 770, 773 f; Leinemann/Kirch VergabeR 2005, 563, 572, die sich durch BGH VergabeR 2004, 473, 477 (»ist daher unerheblich, ob es sich bei dem Angebot des Bieters um ein sog »Spekulationsangebot« handelt«) zu Unrecht in der Ansicht bestärkt sehen, spekulative Preisangaben seien nicht als unvollständig i. S. v. § 21 Abs. 1 Satz 1 VOL/A zu behandeln. Den Ausführungen des BGH ist lediglich zu entnehmen, dass es auf die Feststellung eines Spekulationsangebots (und vor allen Dingen der Motivlage des Bieters) nicht ankomme, um eine Preisangabe als unvollständig zu qualifizieren.
40 VergabeR 2004, 473.
41 So in einer Entscheidung vom 30. 4. 2004 vom OLG Dresden bereits vorausgesehen, VergabeR 2004, 507, 509.
42 OLG Naumburg NZBau 2006, 129 = VergabeR 2005, 779, 783; 789, 791; genauso OLG Rostock VergabeR 2006, 374, 377 f.
43 NZBau 2004, 288 = VergabeR 2004, 330.
44 VergabeR 2004, 473, 476 f.
45 Vgl. auch OLG Schleswig VergabeR 2006, 367, 368.

Die Überprüfung der Vollständigkeit der Preisangaben dient auch nicht dem Zweck, unangemessen hohe oder niedrige Angebote von der Wertung auszunehmen.[46] Dass eine inhaltliche Prüfung der formalen Angebotwertung darüber hinaus wesenseigen ist, hat *Müller-Wrede* nachgewiesen:[47] So ist der vom Auftraggeber angeforderte Handelsregisterauszug[48] selbstverständlich darauf zu kontrollieren, ob er zutreffenden Aufschluss über die aktuellen Unternehmensverhältnisse des Bieters gibt. Und genauso selbstverständlich ist im Rahmen der formalen Angebotswertung zu prüfen, ob die Angebote rechtsverbindlich unterzeichnet sind. Bei Zweifeln hieran ist über die Vertretungsmacht aufzuklären.

»1 Euro«-Preise, Cent-Preise (»0,01 Euro«) oder »0,00 (Null) Euro«-Preise sind tatsächlich unrealistisch. Sie indizieren eine Kostenverlagerung, m. a. W. eine unzutreffende Angabe des tatsächlich verlangten Preises.[49] Das muss sich in der Sache jedoch keineswegs so verhalten, denn es kann sachlich gerechtfertigte und daher hinzunehmende Gründe für derartige Preisgestaltungen geben. Die Gründe hat der betreffende Bieter i. S. einer Obliegenheit dem Auftraggeber anzugeben und zu belegen (s. Rn. 33). Genauso können Fälle zu beurteilen sein, in denen ein Bieter die Leistung zwar zu keinem Null- oder »1 Euro«-Preis, aber zu einem deutlich unterhalb des Marktpreises liegenden Preis anbietet.[50] Selbst **Unterkostenpreise** (negative und Unter-Einstandspreise) können bei Vorliegen sachlich gerechtfertigter Gründe zu akzeptieren sein.[51] Beispiele aus der Rechtsprechung der OLG, in denen trotz eines – bei isolierter Betrachtung – unrealistisch niedrigen Preises mit Recht eine vollständige Preisangabe angenommen worden ist (auch aus den Bereichen der VOB/A und der VOF, soweit sie – ohne Anspruch auf Vollständigkeit – von allgemeiner Geltung sind):

26

Der Preis für eine Entsorgung von Böden war ungewöhnlich niedrig angegeben worden, da diese anderenorts eingebaut werden konnten, wo infolgedessen teure Zukäufe entbehrlich waren.[52] Die dadurch entstehende Kostenersparnis wollte der Bieter an den Auftraggeber weitergeben.

27

Der Bieter brachte dem Auftraggeber vom Vorlieferanten gewährte Gutschriften, Boni oder dergleichen gut.[53]

Ein sog Null-Preis trifft zu, wenn dem Bieter bei der betreffenden Leistung nach seiner Kalkulation tatsächlich keine Kosten entstehen und er solche auch nicht berechnen will.[54]

---

46 Vgl. *BGH* VergabeR 2004, 473, 477.
47 NZBau 2006, 73, 74.
48 Ein Eignungsnachweis i. S. v. § 7 Nr. 4.
49 Vgl. *BGH* VergabeR 2004, 473; *OLG Rostock* VergabeR 2006, 374; *OLG München* VergabeR 2005, 794; *BayObLG* VergabeR 2005, 121; NZBau 2004, 294; *OLG Rostock* NZBau 2005, 172 = VergabeR 2005, 719; *OLG Düsseldorf* NZBau 2004, 296 = VergabeR 2004, 322.
50 Vgl. *OLG Rostock* VergabeR 2006, 374, 378. Indizien für eine unvollständig niedrige Preisangabe können im Übrigen einem Preisspiegel, einem Vergleich mit den Angeboten anderer Bieter sowie aus Kostenschätzungen und aus bekannten Marktpreisen entnommen werden.
51 Vgl. *Brandenburgisches OLG* VergabeR 2005, 770, 773; *OLG Dresden* VergabeR 2006, 793, 798.
52 *OLG Rostock* NZBau 2005, 172 = VergabeR 2004, 719.
53 *OLG Rostock* NZBau 2005, 172 = VergabeR 2004, 719.
54 *OLG München* VergabeR 2005, 794, 796; *OLG Frankfurt/M.* VergabeR 2006, 382, 386.

28 Die Rechtsprechung beurteilt nicht ganz einheitlich, ob ein Bieter, der eine Leistung zu einem Null-Preis oder zu einem geringfügigen (an sich unrealistischen) Preis anbietet, von sich aus zu einer **Erläuterung** der Preisangabe bereits **im Angebot** gehalten ist[55] oder ob eine spätere **Erläuterung im Rahmen einer Aufklärung** nach § 24 genügt. Für die Notwendigkeit einer Erläuterung im Angebot scheinen sich z. B. das OLG Frankfurt am Main[56] und das Thüringer OLG[57] auszusprechen. Demgegenüber geht die Vergabe- und Nachprüfungspraxis dahin, dass Erläuterungen auch im Rahmen einer Aufklärung über den Angebotsinhalt nach § 24 statthaft sind.[58] Um Überforderungen bei der den Bietern obliegenden Angebotsvorbereitung und gleichermaßen einer allzu formalen Angebotsprüfung zu begegnen, sollten erläuternde Angaben auf Nachfrage des Auftraggebers (§ 24) zugelassen sein.[59] Dabei hat der Auftraggeber selbstverständlich sicherzustellen, dass es zu keiner unstatthaften Änderung am Inhalt des Angebots kommt. Die erforderliche Aufklärung kann der Bieter selbst noch im Nachprüfungsverfahren vor der Vergabekammer oder im Beschwerdeverfahren leisten.[60] Erläutert der Bieter in einem Fall, in dem eine unvollständige Preisangabe indiziert ist, die tatsächliche Zusammensetzung des Preises aber schon im Angebot und erweist sich die Preisangabe danach als vollständig und zutreffend, scheidet ein Ausschluss des Angebots aus.[61]

29 Divergente Auffassungen sind auch bei der Frage zu erkennen, ob ein Angebot nur auszuschließen ist, wenn einer »abgepreisten« Leistung eine entsprechend »aufgepreiste« Leistung gegenübersteht und eine Kosten- oder Preisverlagerung (in den Formen einer Mischkalkulation oder Spekulation) festzustellen ist.[62] Richtigerweise bedarf es in der Regel keiner Feststellung einer Verbindung oder **Konnexität** der »auf-« und »abgepreisten« Leistungen. Es muss nicht ermittelt werden, ob und bei ggf. welcher Leistung eine ungewöhnlich niedrige und daher unzutreffende Preisangabe kompensiert worden ist. Eine unvollständige Preisangabe, die zum Ausschluss des Angebots führt, ist vielmehr schon anzunehmen, wenn *ein einziger* Preis unzutreffend, d. h. nicht mit dem Betrag angegeben worden ist, der für die betreffende Leistung tatsäch-

---

[55] Anknüpfend an *BGH* VergabeR 2004, 473, 477: »Ein Bieter, der in seinem Angebot Positionen des Leistungsverzeichnisses mit Preisen versieht, bei denen Teile des tatsächlich geforderten Entgelts nicht bei der jeweils ausgewiesenen Position erklärt werden, sondern in andere Positionen eingerechnet werden, *ohne dass aus dem Angebot der tatsächlich geforderte Preis für die Leistung etwa infolge erläuternder Zusätze ersichtlich wird*, gibt schon objektiv die geforderten Erklärungen nicht vollständig ... ab« (Kursivdruck durch den Bearbeiter).
[56] VergabeR 2006, 382, 386.
[57] NZBau 2006, 263, 266 = VergabeR 2006, 358, 362.
[58] So vor allem *BGH* VergabeR 2004, 473, 478; *OLG Dresden* VergabeR 2006, 793, 798; *BayObLG* NZBau 2004, 294, 296; *OLG Naumburg* ZfBR 2002, 618.
[59] Die Entscheidung *BayObLG* VergabeR 2005, 121, 124 steht dem nicht entgegen. Im entschiedenen Fall stand eine Kostenverlagerung nach den Umständen fest. Darum nützte der Ast auch eine nachträgliche Offenlegung nichts.
[60] Vgl. *OLG Dresden* VergabeR 2006, 793, 798; *BayObLG* NZBau 2004, 294, 296; *OLG Naumburg* ZfBR 2002, 618.
[61] Vgl. *BGH* VergabeR 2004, 473, 477.
[62] So *OLG Frankfurt/M.* NZBau 2006, 259, 260 sowie VergabeR 2006, 126, 128; *OLG Dresden* NZBau 2006, 130 = VergabeR 2005, 641, 642; *Brandenburgisches OLG* VergabeR 2005, 770, 772; *3. VK Bund* 22. 3. 2005 VK 3 – 13/05; *Müller-Wrede* Anm. zu Brandenburgisches OLG VergabeR 2005, 770, 776, 778.

lich beansprucht wird.[63] Denn nach dem Normzweck ist mit dem zutreffenden Betrag *jeder* in der Leistungsbeschreibung oder den übrigen Ausschreibungsunterlagen vorgesehene Preis anzugeben.[64] Dies bedeutet freilich, dass vom Ausschluss nach § 25 Nr. 1 Abs. 1 lit. a) nur Angebote mit **zu niedrigen Preisangaben** bedroht sind. Ein überhöhter und deswegen unzutreffender Preis ist im Rechtssinn nicht unvollständig, sondern tatsächlich mehr als vollständig. Er kann – abgesehen davon, dass isolierte Aufpreisungen kaum vorgenommen werden dürften, da dies die Zuschlagschancen schmälert – tendenziell dazu beitragen, dass der Gesamtpreis in ein Missverhältnis zur Leistung gerät (§ 25 Nr. 2 Abs. 3), erfüllt für sich genommen aber nicht den Ausschlussgrund nach § 25 Nr. 1 Abs. 1 lit. a). Ein **auffällig hoher Preis** lässt freilich vermuten, dass an anderer Stelle »abgepreist« worden ist oder der Bieter auf eine erhebliche Verschiebung des Gesamtpreises spekuliert. Dann, aber auch nur dann, muss die Vergabestelle das Angebot auf eine möglicherweise korrespondierende »Abpreisung« überprüfen. Den Ansatz für einen Angebotsausschluss bildet dann derjenige Preis, der ohne sachlich gerechtfertigten Grund zu niedrig und daher unvollständig angegeben worden ist. Demgegenüber stellt eine Kosten- oder Preisverlagerung als solche keinen gesetzlichen Ausschlusstatbestand dar. Dasselbe hat für einen Spekulationspreis zu gelten, der sich methodisch einer Kostenverlagerung bedient.

(3) Nachunternehmerpreisangaben

Übernimmt der Bieter die von einem Nachunternehmer berechneten Preise und bezieht er diese im Rahmen seiner internen Kalkulation in sein Angebot ein, benennt er den zutreffenden von ihm beanspruchten Preis, ungeachtet dessen, ob der Nachunternehmer einem dem Bieter eventuell erteilten Angebot seinerseits vollständige Preise zugrundegelegt hat.[65] Nachunternehmer trifft nicht die Obliegenheit zu vollständigen und zutreffenden Preisangaben nach § 21 Nr. 1 Abs. 1. Denn sie sind am Vergabeverfahren nicht beteiligt und unterliegen mithin auch nicht den im Vergabeverfahren geltenden Restriktionen. Genauso wenig kann der Auftraggeber von einem Bieter zur Überprüfung eines Nachunternehmerangebots mit Erfolg die Vorlage der Kalkulation des Nachunternehmers verlangen.[66] Von diesbezüglichen Sondervereinbarungen abgesehen hat der Bieter seinerseits eine Vorlage der Kalkulation vom Nachunternehmer nicht zu beanspruchen. 30

Gibt der Nachunternehmer dem Bieter hingegen unvollständige, d. h. unzutreffend niedrige Preise an, weiß der Bieter dies und übernimmt er das Angebot des Nachunternehmers gleichwohl in der Weise, dass er es in sein eigenes Angebot inhaltlich einrückt und – ohne die Preisstruktur zu verändern – die angegebenen Preise nur mit bestimmten branchenüblichen Aufschlägen versieht, dann sind auch die eigenen Preisangaben des Bieters, mit der Rechtsfolge unvollständig, dass sein Angebot aus der Wertung genommen werden muss.[67] In diesem Fall macht sich der Bieter die unvoll- 31

---

63 So auch *OLG Koblenz* VergabeR 2006, 233, 236.
64 Vgl. *BGH* VergabeR 2004, 473, 477.
65 *OLG Frankfurt/M.* NZBau 2006, 259, 261.
66 *Brandenburgisches OLG* VergabeR 2005, 770, 775.
67 Vgl. *OLG Düsseldorf* 16. 5. 2006 VII – Verg 19/06.

ständigen Preisangaben des Nachunternehmers zu Eigen. Er weist sie wie eigene aus, ohne die unberücksichtigten Kostenanteile in Ansatz zu bringen und die Preisangaben des Nachunternehmers zu korrigieren.

32 Legt der Bieter dem Auftraggeber gegenüber offen, das ihm zugegangene Angebot des Nachunternehmers sei preislich übersetzt und es sei daher mit einem bestimmten Abschlag in das Angebot eingeflossen, hat er keinen unvollständigen Preis angegeben, wenn er erklärt, für Mehrkosten im Verhältnis zum Nachunternehmer selbst aufkommen zu wollen.[68]

(4) Aufklärung

33 In klar ersichtlichen Fällen scheiden Angebote mit unvollständigen Preisangaben ohne weiteres aus der Wertung aus.[69] Solche Fälle befinden sich jedoch in einer deutlichen Minderzahl, da der Auftraggeber unvollständige Preisangebote nur selten **sicher erkennen** kann, dies zumal vor dem Hintergrund, dass aus Bietersicht selbst für sog. Null-Preise sachlich gerechtfertigte Gründe vorliegen können, die der Bieter nicht schon von sich aus im Angebot offen legen muss (s. Rn. 28).

34 In den in der Praxis zumeist vorkommenden Zweifelsfällen besteht im Ansatz jedoch **keine rechtliche Verpflichtung** des Auftraggebers und kein dahingehender Anspruch des betroffenen Bieters auf eine Aufklärung über die Vollständigkeit der Preisangabe nach § 24.[70] Auch nach Auffassung des BGH »kann« sich die Vergabestelle in der ersten Wertungsphase über die Angemessenheit der Preise unterrichten.[71] Sie hat – wie der Wortlaut von § 24 Nr. 1 bestätigt (»darf«) – insoweit ein Ermessen. Jedoch darf der Auftraggeber in nicht klar gelagerten Fällen, in denen kein ersichtlich unvollständiges Angebot unterbreitet worden ist, das Angebot nach § 25 Nr. 1 Abs. 1 lit. a) nicht ausschließen, ohne den betroffenen Bieter in einem Zwischenverfahren zuvor erfolglos um eine Aufklärung über den vermeintlich unvollständigen Preis ersucht zu haben.[72] Soweit von einer Pflicht des Auftraggebers zur Aufklärung gesprochen wird,[73] ist dies im vorstehenden Sinn zu verstehen. Die gebotene Aufklärung kann der Bieter selbst noch im Nachprüfungsverfahren vor der Vergabekammer oder im Beschwerdeverfahren erteilen.[74] Die Aufklärung über die Vollständigkeit der Preisangaben darf im Übrigen nicht mit derjenigen nach § 25 Nr. 2 Abs. 2 über die Angemessenheit der Preise verwechselt werden.

35 Verweigert sich der Bieter einer Aufklärung, wird sein Angebot in der Regel unberücksichtigt bleiben (§ 24 Nr. 1 Abs. 2). Denn dem Bieter obliegt eine **Mitwirkung** an der Aufklärung. Dazu wird er Einblick in seine Preiskalkulation zu gewähren ha-

---

68 *OLG Düsseldorf* 26. 7. 2006 VII – Verg 19/06.
69 *OLG Frankfurt/M.* NZBau 2006, 259, 260.
70 Vgl. *OLG Frankfurt/M.* VergabeR 2006, 126, 128; *Brandenburgisches OLG* VergabeR 2005, 230, 234; *OLG Dresden* VergabeR 2006, 793, 798; 2004, 92, 97.
71 Vgl. *BGH* VergabeR 2004, 473, 478.
72 So wohl auch *OLG Frankfurt/M.* NZBau 2006, 259, 260.
73 *OLG Schleswig* VergabeR 2006, 367, 369; *Müller-Wrede* NZBau 2006, 73, 78.
74 Vgl. *OLG Dresden* VergabeR 2006, 793, 798; *BayObLG* NZBau 2004, 294, 296; *OLG Naumburg* ZfBR 2002, 618.

ben. Über den Ausschluss hat der Auftraggeber eine **Ermessensentscheidung** zu treffen (»kann«), bei der er die ihm erkennbaren Gründe, die den Bieter zu der vermeintlich unvollständigen Preisangabe und zu seiner ablehnenden Haltung bewogen haben können, in Rechnung zu stellen hat. Im Allgemeinen wird sich danach (unter dem Gesichtspunkt einer Ermessensreduzierung auf Null) ein Ausschluss des Angebots nicht vermeiden lassen. Voraussetzung für eine derartige Entscheidung ist jedoch, dass die **Aufklärung zulässig** verlangt worden ist.[75] Dazu muss beim Auftraggeber eine anders als durch eine Auskunft des Bieters nicht zu schließende Kenntnislücke vorliegen.[76] Außerdem sollte sich das Aufklärungsverlangen auf die erforderlichen Auskünfte beschränken und den Grundsatz der Verhältnismäßigkeit beachten. Geht die geforderte Aufklärung darüber hinaus, ist das Verlangen des Auftraggebers jedoch nicht unbeachtlich.[77] Der Bieter ist – will er die nachteilige Konsequenz eines Angebotsausschlusses abwenden – dann gehalten, in dem Umfang Auskunft zu leisten, wie diese erforderlich und verhältnismäßig ist. Auf unterlassene Aufklärung durch den Bieter darf sich der Auftraggeber auch noch im Nachprüfungsverfahren berufen.[78] Die Vergabenachprüfungsinstanzen verfügen freilich nicht über die Kompetenz, die ihm obliegende Ermessensentscheidung zu ersetzen.

Bieter können sich der von ihnen geforderten Aufklärung nicht mit Erfolg unter Hinweis darauf entziehen, dass es sich bei den ihre Kalkulation betreffenden Vorgängen um **Geschäftsgeheimnisse** handele.[79] Angebote sind im Vergabeverfahren und im Nachprüfungsverfahren vertraulich zu behandeln (vgl. § 22 Nr. 6 Abs. 1 VOL/A, § 111 Abs. 2 GWB). Gleiches hat selbstverständlich in Bezug auf erläuternde Angaben des Bieters zu geschehen. Der Geheimnisschutz ist infolgedessen auch bei einer Offenlegung von Kalkulationsvorgängen gewahrt. 36

Im Rahmen einer Aufklärung hat der Bieter über die sachlichen Gründe, die ihn zu einer besonders niedrigen und auf erste Sicht unvollständigen Preisangabe bewogen haben (s. Rn. 26), eine nachvollziehbare, d. h. in sich schlüssige, und anhand von Tatsachenumständen **überprüfbare Auskunft** zu erteilen. Pauschales, substanzloses Behaupten oder Beteuern, einen zutreffenden und vollständigen Preis angegeben zu haben, reicht nicht aus.[80] In der Regel wird der Bieter deshalb seine einschlägigen Kalkulationsunterlagen oder sonstige aussagekräftige Nachweise vorzulegen haben und – sofern Erklärungslücken verbleiben – von der Vergabestelle ergänzend zu befragen sein. Im Nachprüfungsverfahren vor der Vergabekammer sowie im Beschwerdeverfahren kommt darüber hinaus eine Zeugenvernehmung in Betracht. 37

---

75 Vgl. dazu *OLG Naumburg* VergabeR 2005, 789, 792 m. w. N.
76 *Kulartz* in: Daub/Eberstein, Kommentar zur VOL/A, 5. Aufl. § 24 Rn. 12.
77 Anders wohl *OLG Naumburg* VergabeR 2005, 789, 792.
78 *OLG Naumburg* VergabeR 2005, 789, 792.
79 *OLG Rostock* VergabeR 2006, 374, 378; vgl. auch *Thüringer OLG* VergabeR 358, 361.
80 *Brandenburgisches OLG* NZBau 2006, 126 = VergabeR 2005, 770, 772 f, das seine Auffassung im Weiteren freilich stark relativiert; *OLG Dresden* VergabeR 2005, 641; *OLG Frankfurt/M.* NZBau 2006, 259, 260; VergabeR 2006, 126, 128; *Müller-Wrede* NZBau 2006, 73, 77 sowie Anm. zu *Brandenburgisches OLG* VergabeR 2005, 770, 776, 777.

§ 25 Wertung der Angebote

(5) Feststellungslast

38 Verbleiben trotz Aufklärung und Mitwirkung des Bieters an der Aufklärung Zweifel an einer unvollständigen Preisangabe, darf das betreffende Angebot vom Auftraggeber nicht aus der Wertung genommen werden. Die zugrunde liegende Rechtsfrage wird vielfach unter dem Stichwort »Beweislast« angesprochen,[81] doch trifft dieser dem gerichtlichen Verfahren entlehnte Begriff auf das Vergabeverfahren, in dem der Auftraggeber amtswegig Feststellungen zu treffen hat, nicht zu.[82] Das Problem soll daher unter dem Begriff »Feststellungslast« behandelt werden. Von einer »Beweislast« kann nur im Vergabenachprüfungsverfahren gesprochen werden.

Auch bei diesem Thema werden in der Rechtsprechung der OLG unterschiedliche Auffassungen vertreten. Die Mehrheit der OLG hat sich freilich dafür ausgesprochen, den öffentlichen Auftraggeber den Nachteil der Nichterweislichkeit einer unvollständigen Preisangabe tragen zu lassen.[83] Dies ist richtig, denn der Auftraggeber darf ein Angebot nicht aufgrund einer unsicheren Tatsachengrundlage oder einer bloßen Vermutung aus der Wertung nehmen. Er darf Ausschlussentscheidungen nur auf der Grundlage einer **gesicherten Tatsachenerkenntnis** treffen. Das wird durch die Rechtsprechung des BGH zum Ausschluss eines Bieters wegen ungenügender Eignung bestätigt. Denn auch wenn es um die Eignung eines Bieters geht, ist eine Berücksichtigung solcher Umstände ausgeschlossen, die nicht auf einer gesicherten Erkenntnis, sondern nur auf einer Vermutung des Auftraggebers beruhen.[84] Sofern im Nachprüfungsverfahren von einer »Beweislast« gesprochen werden kann, trägt diese nach allgemeinen Grundsätzen mithin der Auftraggeber, wenn er sich wegen Fehlens wesentlicher Preisangaben auf den Ausschlusstatbestand des § 25 Nr. 1 Abs. 1 lit. a) beruft.

39 Der Auftraggeber wird dadurch – auch prozessual – in keine Lage gebracht, in der er als außerhalb der Kalkulationssphäre Stehender ein unvollständiges Preisangebot praktisch nicht feststellen kann. Denn der betroffene Bieter hat – da der Auftraggeber außerhalb des Kalkulationsgeschehens steht, während er, der Bieter, die erforderlichen Kenntnisse hat und ihm eine Auskunft zuzumuten ist – i. S. einer infolge der Umstände gesteigerten **sekundären Darlegungslast** an einer Aufklärung mitzuwirken (§ 24) und diejenigen Kalkulationstatsachen vorzutragen, die eine unvollständige Preisangabe entkräften.[85] Diese hat der Auftraggeber zu widerlegen. Im Ergebnis entspricht die Feststellungs- und Beweislast bei unvollständigen Preisangaben mithin

---

81 Vgl. grundlegend *Müller-Wrede* NZBau 2006, 73.
82 So auch *Thüringer OLG* VergabeR 2006, 358, 361 m. w. N.
83 Für eine Feststellungs- und Beweislast des öffentlichen Auftraggebers: *OLG Naumburg* NZBau 2006, 129 = VergabeR 2005, 563, 569 f; *Thüringer OLG* NZBau 2006, 263, 265 = VergabeR 2006, 358, 361; *OLG Frankfurt/M.* VergabeR 2006, 126, 128; NZBau 2006, 259, 260; *OLG Koblenz* VergabeR 2005, 643, 644; *OLG Rostock* NZBau 2005, 261, 262 f.
Für Feststellungs- und Beweislast des Bieters: *OLG Rostock* VergabeR 2006, 374, 378; *Brandenburgisches OLG* NZBau 2006, 126 = VergabeR 2005, 770, 772; *OLG Dresden* NZBau 2006, 130 = VergabeR 2005, 641, 642; *OLG Düsseldorf* 19. 11. 2003 VII – Verg 47/03 (für den gleich zu beurteilenden Fall eines Fehlens geforderter Erklärungen); *Müller-Wrede* NZBau 2006, 73, 77 f.
84 Vgl. *BGH* 26. 10. 1999 X ZR 30/98 NJW 2000, 661 = BauR 2000, 254, 256.
85 So auch *Müller-Wrede* NZBau 2006, 73, 77.

derjenigen bei sog negativen Tatsachen im Zivilprozess.[86] In diesem Zusammenhang von einer Beweislast des Bieters zu reden, ist indes missverständlich.[87] Steht die Unvollständigkeit eines Preisangebots nach den Umständen ersichtlich fest, obliegt dem betroffenen Bieter, dem Auftraggeber die insofern gegebene tatsächliche Überzeugung durch einen Gegenbeweis zu nehmen. Ist ein Fehlen wesentlicher Preisangaben lediglich zu vermuten, trägt hingegen der Auftraggeber die Feststellungs- und Beweislast. Dem Bieter obliegt nur, im oben dargestellten Sinn an einer Aufklärung mitzuwirken. Wollen konkurrierende Bieter den Ausschluss eines unvollständigen Preisangebots im Nachprüfungsverfahren erzwingen, haben sie unter Berücksichtigung der prozessualen Mitwirkungsverpflichtung des betroffenen Bieters den Ausschlussgrund nachzuweisen.

d) Rechtsfolgen

aa) Ausschluss des Angebots

Unvollständige Angebote sind regelmäßig zwingend aus der Wertung **auszuschließen**. Ein Ermessen steht dem Auftraggeber bei dieser Entscheidung nicht zu.[88] Dies gilt grundsätzlich auch in **Verhandlungsverfahren**.[89] Die Vorschrift hat **bieterschützende Natur**. Wird der Ausschlussgrund erst im Vergabenachprüfungsverfahren vor der Vergabekammer oder im Beschwerdeverfahren entdeckt, muss der Ausschluss selbst noch zu diesem Zeitpunkt erfolgen. Prozessual muss zuvor freilich sichergestellt werden, dass der betroffene Bieter sich gegen die Ausschlussentscheidung zweckentsprechend verteidigen kann.[90] Der Meinung des OLG Rostock, wonach der Auftraggeber eine Ausschlussentscheidung im Vergabenachprüfungsverfahren nicht auf **neue Gründe** stellen dürfe,[91] ist nicht zuzustimmen. Da der Ausschluss in der Regel zwingend ist, muss der Tatbestand – ggf. sogar erstmals – auch im Nachprüfungsverfahren angewendet werden.[92] Ist ein auszuschließendes Angebot bei der vom Auftraggeber beabsichtigten Vergabeentscheidung berücksichtigt worden, muss das Vergabeverfahren von den Vergabenachprüfungsinstanzen zurückversetzt, d. h. es muss die Angebotswertung ohne das auszuschließende Angebot wiederholt werden.

40

bb) Gleichbehandlung

Hat das Angebot eines Bieters aus der Wertung auszuscheiden, so kann der weitere Fortgang des Vergabeverfahrens im rechtlichen Ansatz grundsätzlich weder seine Interessen berühren, noch kann er durch etwaige Vergaberechtsverstöße in seinen Rechten nach § 97 Abs. 7 GWB verletzt sein.[93] Eine Ausnahme von diesem Rechtssatz hat der Vergabesenat des OLG Düsseldorf in ständiger Rechtsprechung freilich in den

41

---

86 Vgl. dazu *Palandt/Sprau* Bürgerliches Gesetzbuch 65. Aufl. § 812 BGB Rn. 103 m. w. N.
87 *OLG Frankfurt/M.* NZBau 2006, 259, 260.
88 Vgl. *BGH* 18. 5. 2004 VergabeR 2004, 473, 476; *OLG Düsseldorf* 16. 11. 2003 VergabeR 2004, 322.
89 *BGH* VergabeR 2007, 73, 75.
90 *EuGH* 19. 6. 2003 C-249/01 Hackermüller NZBau 2003, 509 Rn. 26, 29.
91 VergabeR 2006, 374, 376.
92 Vgl. *OLG Düsseldorf* VergabeR 2007, 92, 96. m. w. N.
93 *BGH* NZBau 2003, 293 = VergabeR 2003, 313, 318.

Fällen zugelassen, in denen der öffentliche Auftraggeber bei gebührender Beachtung des als verletzt gerügten Gleichbehandlungsgebots nicht nur das Angebot des Antragstellers, sondern auch das allein in der Wertung verbliebene Angebot des Beigeladenen sowie alle anderen tatsächlich in die Wertung gelangten Angebote hätte ausschließen und ein neues Vergabeverfahren hätte durchführen müssen: Das Gebot, die Bieter gleich zu behandeln (§ 97 Abs. 2 GWB) – so das OLG Düsseldorf –, verpflichte den öffentlichen Auftraggeber, solche Angebote, die vergaberechtlich an demselben oder einem gleichartigen Mangel leiden, vergaberechtlich gleich zu behandeln, d. h. aus einem übereinstimmend vorliegenden Mangel jener Angebote vergaberechtlich dieselben Konsequenzen zu ziehen.[94] Unter dem Gebot der Gleichbehandlung konnte nach der Rechtsprechung des OLG Düsseldorf insbesondere nicht das Angebot des Antragstellers einem Ausschluss unterliegen, zugleich aber gutgeheißen werden, dass der Auftraggeber die ausgeschriebenen Leistungen – und zwar auf das Angebot eines Mitbieters – zu Bedingungen vergibt, die im selben oder in einem gleichartigen Punkt, in dem das Angebot des Antragstellers ausgeschlossen worden ist, einen formellen Mangel aufwiesen.[95] An dem bei Beachtung des Gleichbehandlungsgrundsatzes ggf. erforderlich werdenden neuen Vergabeverfahren – das freilich davon abhängt, dass **kein anderes Angebot in der Wertung verbleibt** – kann sich der Antragsteller nämlich beteiligen und ein neues Angebot abgeben, das ihm eine **zweite Chance** gewährt, den Auftrag zu erlangen. Diese Chance wird dem vom Ausschluss betroffenen Bieter gerade durch den gerügten Rechtsverstoß einer Verletzung des Gleichbehandlungsgebots genommen, mit der Folge, dass sein Nachprüfungsantrag, sofern der behauptete Verstoß gegen das Gleichbehandlungsgebot festzustellen ist, auch in der Sache Erfolg haben muss. Die Meinung des OLG Düsseldorf hat indes keine ungeteilte Zustimmung in der Rechtsprechung der anderen Vergabesenate gefunden.[96]

42 Auf eine Divergenzvorlage des OLG Frankfurt am Main[97] (§ 124 Abs. 2 GWB) hat der BGH die Rechtsprechung des OLG Düsseldorf im Grunde bestätigt.[98] Die Entscheidungsgründe sind jedoch insofern erweiternd zu verstehen, als die Anwendung des Gleichbehandlungsgebots einen Nachprüfungsantrag schon dann erfolgreich werden lässt, sofern ein anderes Angebot, das bislang tatsächlich allein in der Wertung verblieben ist, aus welchem Grund auch immer zwingend von der Wertung auszuschließen ist.[99] Der das andere Angebot treffende Ausschlussgrund kann sich **gleichwertig** in jeder Wertungsphase (die vierte ausgenommen) ergeben.

43 Der bei dieser Rechtslage anzunehmenden Befürchtung, dass von einem Ausschluss bedrohte Bieter in einem Vergabenachprüfungsverfahren **ins Blaue hinein** gleichwer-

---

94 Vgl. *OLG Düsseldorf* VergabeR 2005, 195, 198 f. m. w. N.
95 Vgl. auch *OLG Düsseldorf* NZBau 2004, 400, 401.
96 Der Auffassung des *OLG Düsseldorf* schlossen sich an: *BayObLG* VergabeR 2005, 74, 78; 349, 353; *OLG Frankfurt/M.* VergabeR 2005, 487, 488 f.; offen gelassen vom *OLG München* VergabeR 2006, 525, 529; kritisch gesehen vom *OLG Dresden* VergabeR 2004, 724, 727; abgelehnt vom *Thüringer OLG* VergabeR 2005, 492 (diese Entscheidung ist durch Rücknahme des Nachprüfungsantrags indes gegenstandslos geworden); *OLG Naumburg* VergabeR 2006, 209, 211.
97 Beschl. v. 13. 6. 2006 11 Verg 11 und 12/05 – gegen *OLG Naumburg* VergabeR 2006, 209, 211.
98 *BGH* VergabeR 2007, 59.
99 *BGH* a. a. O. Rn. 27, 51, 52.

tige Mängel an anderen Angeboten behaupten, ist der BGH in der Weise begegnet, dass im Nachprüfungsverfahren unter Beachtung der allgemein geltenden Verpflichtung der Verfahrensbeteiligten zu wahrheitsgemäßem Sachvortrag (entsprechend § 138 Abs. 1 ZPO) nur dasjenige prozessual zulässig behauptet werden darf, was der Betreffende aus seiner Sicht der Dinge für wahrscheinlich oder möglich hält. Ein willkürlicher, aufs Geradewohl oder ins Blaue hinein angebrachter Vortrag ist hingegen unzulässig und unbeachtlich.[100] Für die Behauptung gleichartiger Mängel an anderen Angeboten müssen danach tatsächliche Anhaltspunkte vorliegen. Diese sind nicht schon darin zu sehen, dass in der Leistungsbeschreibung zahlreiche Preisangaben vorgesehen sind.

2. Fehlende Unterschrift, § 25 Nr. 1 Abs. 1 lit. b) VOL/A

Angebote, einschließlich etwaiger Nebenangebote, die entgegen § 21 Nr. 1 Abs. 2 **44** Satz 5 VOL/A nicht unterschrieben bzw. nicht mit einer elektronischen Signatur versehen sind (s. § 21 Rn. 57 ff.), sind gemäß § 125 BGB nichtig (s. § 21 Rn. 70). § 25 Nr. 1 Abs. 1 lit. b) VOL/A kommt insoweit **nur deklaratorische Bedeutung** zu (s. § 21 Rn. 70).

Die Voraussetzungen an die zu leistende **Unterschrift** bzw. die elektronische Signatur **45** ergeben sich aus § 21 Nr. 1 Abs. 2 Satz 5 VOL/A (s. § 21 Rn. 43 ff.).

Wie der Verweis auf § 21 Nr. 1 Abs. 2 Satz 5 VOL/A zeigt, erfasst § 25 Nr. 1 Abs. 1 **46** lit. b) VOL/A nicht nur die Fälle, in denen bei schriftlichen Angeboten die Unterschrift fehlt, sondern auch die fehlende **elektronische Signatur** bei elektronisch übermittelten Angeboten. Dass dies im Gegensatz zu § 23 Nr. 1 lit. b) VOL/A in § 25 VOL/A nicht ausdrücklich erwähnt wird, dürfte daher ein Redaktionsversehen sein.

S. zur Verteilung der **materiellen Beweislast**, welcher Verfahrensbeteiligte also die **47** Nachteile trägt, wenn sich nicht aufklären lässt, ob das Angebot ordnungsgemäß unterschrieben bzw. elektronisch signiert war, Rn. 6.

Der fehlende **Verschluss** bzw. die fehlende **Verschlüsselung** eines Angebots i. S. d. **48** § 21 Nr. 1 Abs. 2 Satz 3 und 4 VOL/A wird von § 25 Nr. 1 Abs. 1 lit. b) VOL/A nicht erfasst (s. § 21 Rn. 70). Diese Sachverhalte fallen jedoch unter § 23 Nr. 1 lit. a) bzw. b) VOL/A (s. § 23 Rn. 13, 18).

§ 25 Nr. 1 Abs. 1 lit. b) VOL/A dient in erster Linie dem Schutz des öffentlichen Auf- **49** traggebers, den Zuschlag nicht auf ein Angebot zu erteilen, das mangels Unterschrift gemäß § 125 BGB gar nicht existent ist. Andere Bieter können sich auf eine Verletzung dieser Formvorschrift grundsätzlich nicht berufen, dh sie ist **nicht drittschützend**.[101]

---

100 *BGH* a. a. O. Rn. 39.
101 *Noch* in: Müller-Wrede § 25 Rn. 21.

3. Nicht zweifelsfreie Änderungen an den Eintragungen, § 25 Nr. 1 Abs. 1 lit. c) VOL/A

50 Angebote, bei denen Änderungen an den Eintragungen nicht zweifelsfrei i. S. d. § 21 Nr. 1 Abs. 3 VOL/A sind, sowie erst recht Angebote, die von vornherein in sich widersprüchlich sind (s. § 21 Rn. 76), sind gemäß § 25 Nr. 1 Abs. 1 lit. c) VOL/A **zwingend** von der Wertung auszuschließen. Die Vorlage von Angaben und Erklärungen, die nicht zweifelsfrei sind, ist allerdings gemäß § 25 Nr. 1 Abs. 2 lit. a) VOL/A als lex specialis zu beurteilen (s. Rn. 86).

51 Um etwaige Zweifel auszuräumen, ist das betreffende Angebot insgesamt sämtlicher Anlagen wie Erläuterungen, etwaigen Datenblättern oder Konstruktionszeichnungen etc. zunächst aus der objektiven Sicht eines branchenkundigen und mit der ausgeschriebenen Leistung vertrauten Empfängers **auszulegen** (§§ 133, 157 BGB) (s. § 21 Rn. 82). **Aufklärungsgespräche** des öffentlichen Auftraggebers, um weiterhin bestehende Zweifel über das Angebot oder die Bieter zu beheben, sind im Rahmen des § 24 Nr. 1 Abs. 1, Nr. 2 Abs. 1 VOL/A nur zulässig, solange sie nicht zu Änderungen des Angebots oder der Preise führen (s. § 21 Rn. 83).

52 § 25 Nr. 1 Abs. 1 lit. c) VOL/A i. V. m. § 21 Nr. 1 Abs. 3 VOL/A ist **drittschützend**, d. h. ein konkurrierender Bieter kann sich auf den Ausschluss eines Angebots, das nicht zweifelsfrei ist, berufen.[102]

4. Änderungen oder Ergänzungen an den Verdingungsunterlagen, § 25 Nr. 1 Abs. 1 lit. d) VOL/A

53 Gemäß § 21 Nr. 1 Abs. 4 VOL/A sind Änderungen oder Ergänzungen an den Verdingungsunterlagen unzulässig (s. § 21 Rn. 85 ff.). Das betreffende Angebot ist gemäß § 25 Nr. 1 Abs. 1 lit. d) VOL/A von der Wertung auszuschließen. Wie bei allen in § 25 Nr. 1 VOL/A geregelten Ausschlussgründen muss auch hier der Ausschluss **zwingend** erfolgen.[103]

54 Ob eine unzulässige Änderung oder Ergänzung der Verdingungsunterlagen vorliegt, indem der Bieter nicht das anbietet, was der öffentliche Auftraggeber nachgefragt hat, ist zunächst anhand einer **Auslegung** der Leistungsbeschreibung einerseits und des Angebots andererseits aus objektiver Sicht eines branchenkundigen und mit der ausgeschriebenen Leistung vertrauten Empfängers festzustellen (s. § 21 Rn. 91 f.). Aufklärungsgespräche des öffentlichen Auftraggebers mit dem Ziel, etwaige Änderungen oder Ergänzungen an den Verdingungsunterlagen nach Angebotsfrist zu korrigieren, stellen eine unzulässige **Nachverhandlung** i. S. d. § 24 Nr. 2 Abs. 1 VOL/A dar (s. § 21 Rn. 93).

55 § 25 Nr. 1 Abs. 1 lit. d) VOL/A i. V. m. § 21 Nr. 1 Abs. 4 VOL/A ist **drittschützend**.[104]

---

[102] *Noch* in: Müller-Wrede § 21 Rn. 45.
[103] Vgl. nur *OLG Düsseldorf* 28. 7. 2005, VII-Verg 45/05; *OLG Saarbrücken* 9. 11. 2005, 1 Verg 4/05; *OLG Schleswig* 13. 4. 2006, 1 (6) Verg 10/05 m. w. N.; *Noch* in: Müller-Wrede § 21 Rn. 46 m. w. N.
[104] *Noch* in: Müller-Wrede § 25 Rn. 28.

5. Verspätete Angebote, § 25 Nr. 1 Abs. 1 lit. e) VOL/A

Gemäß § 17 Nr. 1 Abs. 2 lit. i) VOL/A muss der öffentliche Auftraggeber in der Bekanntmachung den Ablauf der Angebotsfrist angeben. In Anlehnung an § 130 BGB ist ein Angebot erst dann beim öffentlichen Auftraggeber rechtzeitig **eingegangen**, wenn es so in dessen Machtbereich übergegangen ist, dass er die Möglichkeit hat, hiervon unter normalen Umständen Kenntnis erlangen zu können (s. § 22 Rn. 34 ff.).[105] Wie § 22 Nr. 3 lit. b) VOL/A zu entnehmen ist, setzt die Rechtzeitigkeit des Angebotseingangs ebenfalls voraus, dass es bei der hierfür als zuständig bezeichneten Stelle (Adresse) eingeht.[106] Ob dies der Fall ist, wird gemäß § 22 Nr. 3 lit. b) VOL/A durch den Verhandlungsleiter im Öffnungstermin festgestellt. S. zur Verteilung der materiellen Beweislast, wenn sich nicht feststellen lässt, ob ein Angebot rechtzeitig eingegangen ist, Rn. 6. 56

Verspätete Angebote sind gemäß § 25 Nr. 1 Abs. 1 lit. e) VOL/A aus Gründen der Gleichbehandlung **zwingend** von der Wertung auszuschließen. Diese Vorschrift ergänzt § 23 Nr. 1 lit. a) VOL/A, wonach solche Angebote nicht einmal geprüft zu werden brauchen (s. § 23 Rn. 8). 57

Ein verspätet eingegangenes Angebot darf nicht ausgeschlossen werden, wenn der verspätete Eingang durch Umstände verursacht worden ist, die vom Bieter **nicht zu vertreten** sind. Es wäre unbillig, wenn der betreffende Bieter die Nachteile aus dem Fehlverhalten des öffentlichen Auftraggebers, insbesondere dessen Organisationsverschulden, zu tragen hätte. Da § 25 Nr. 1 Abs. 1 lit. e) VOL/A nur darauf abstellt, ob der verspätete Eingang dem Bieter zuzurechnen ist, ist ein Angebot ebenfalls dann nicht auszuschließen, wenn die Verspätung von niemandem zu vertreten ist, weil sie z. B. auf Naturereignissen oder anderen unabwendbaren Ereignissen beruht.[107] 58

§ 25 Nr. 1 Abs. 1 lit. e) VOL/A dient u. a. der Gleichbehandlung und Chancengleichheit der Bieter, von denen sich keiner einen Vorteil daraus verschaffen darf, dass er zur Angebotserstellung mehr Zeit hat als die anderen und hieraufhin im Gegensatz zu seinen Konkurrenten z. B. zwischenzeitlich veränderte Lieferbedingungen berücksichtigen kann. Diese Regelung ist daher **drittschützend**.[108] 59

6. Ausschluss bei wettbewerbsbeschränkender Abrede, § 25 Nr. 1 Abs. 1 lit. f) VOL/A

Ein weiterer Ausschlussgrund bezieht sich auf Angebote von Bietern, die in Bezug auf die Vergabe eine unzulässige, wettbewerbsbeschränkende Abrede getroffen haben. Auch dieser **Ausschlussgrund ist zwingend**.[109] § 25 Nr. 1 Abs. 1 lit. f) sichert den Wettbewerbsgrundsatz als tragendes Prinzip bei der Beschaffungstätigkeit der öffent- 60

---

105 *3. VK Bund* 28. 8. 2006, VK 3–99/06.
106 *Kulartz* in: Daub/Eberstein § 25 Rn. 19.
107 *Kulartz* in: Daub/Eberstein § 23 Rn. 4; *Müller-Wrede* in: Müller-Wrede § 23 Rn. 7.
108 Vgl. *Noch* in: Müller-Wrede § 25 Rn. 30.
109 *OLG Naumburg* 15. 3. 2001, 1 Verg 11/00, NZBau 2001, 579 (580); *OLG Düsseldorf* 16. 9. 2003, Verg 52/03, VergabeR 2003, 690.

§ 25 Wertung der Angebote

lichen Hand.[110] Eine vergleichbare Vorschrift findet sich daher auch in § 25 Nr. 1 Abs. 1 c VOB/A.

61 Die Vorschrift ist **bieterschützend**, denn der Nichtausschluss der Angebote von Bietern, die durch wettbewerbsbeschränkende Abreden auffällig geworden sind, verletzt die subjektiven Rechte der anderen Bieter aus § 97 Abs. 1 GWB, die sich an die Regeln des fairen Wettbewerbs gehalten haben.[111]

a) Wettbewerbsbeschränkende Abrede

62 Im Rahmen der Beschaffungstätigkeit der öffentlichen Hand soll ein umfassender Wettbewerb sichergestellt und insbesondere ein freier Zugang zu den Beschaffungsmärkten der öffentlichen Hand gewährleistet werden. Deshalb ordnet § 2 Nr. 1 Abs. 2 an, dass wettbewerbsbeschränkende und unlautere Verhaltensweisen zu bekämpfen sind. § 25 Nr. 1 Abs. 1 lit. f) ist in diesem Kontext zu sehen und ordnet ergänzend an, dass die Angebote derjenigen Bieter, die in Bezug auf die konkret in Rede stehende Vergabe eine unzulässige, wettbewerbsbeschränkende Abrede getroffen haben, ausgeschlossen werden müssen.

63 Der Begriff der **wettbewerbsbeschränkenden Abrede** ist sehr weit auszulegen.[112] Er ist nicht auf ein gesetzeswidriges Verhalten beschränkt, sondern umfasst grundsätzlich auch alle sonstigen Absprachen und Verhaltensweisen eines Bieters, die mit dem vergaberechtlichen Wettbewerbsgebot unvereinbar sind.[113]

64 Stets erforderlich ist jedoch, dass durch das Verhalten des Bieters der Wettbewerb beschränkt wird oder beschränkt werden soll. Eine **Beschränkung des Wettbewerbs** kann einerseits dadurch eintreten, dass sich der Kreis der möglichen Bieter verringert, er kann anderseits aber auch dadurch eintreten, dass die Konkurrenzsituation zwischen den Bietern beeinträchtigt wird.

65 Besonderes Augenmerk ist stets bei der Abgabe von Angeboten durch Bietergemeinschaften zu legen. **Bietergemeinschaften** sind auch im Rahmen einer Vergabe nach der VOL/A **grundsätzlich zulässig**, wie sich aus § 7 Nr. 1 Abs. 2 und § 21 Nr. 4 ergibt. In der Regel werden Bietergemeinschaften sich zusammenschließen, weil im Rahmen eines komplexen Gesamtauftrages die einzelnen beteiligten Unternehmen nicht auf alle Leistungsteile eingerichtet sind. In derartigen Konstellationen spricht eine Vermutung dafür, dass allein die Bildung der Bietergemeinschaft keine wettbewerbswidrige Abrede im Sinne des § 25 Nr. 1 Abs. 1 lit. f) darstellt. Erst die Bildung der Bietergemeinschaft kann den beteiligten Unternehmen nämlich dann erst den Marktzugang zu dem konkret ausgeschriebenen Auftrag verschaffen. Dadurch wird

---

110 Hierzu näher *Brauer* in: Kulartz/Kus/Portz, Kommentar zum GWB, VergabeR § 97 GWB Rn. 3.
111 *VK Schleswig-Holstein* 26. 10. 2004, VK-SH 26/04/; *Noch* in: Müller-Wrede, § 25 Rn. 35.
112 *OLG Düsseldorf* 16. 9. 2003, Verg 52/03, VergabeR 2003, 690; 23. 3. 2005, VII-Verg 68/04; 13. 9. 2004, VI-W 24/04, VergabeR 2005, 117; 21. 7. 2006, VII Verg 23/06; *Brandenburgisches OLG* 6. 10. 2005, Verg W 7/05, WRP 2005, 1550; *Weyand* Praxiskommentar Vergaberecht, § 97 GWB, Rn. 69.
113 *OLG Düsseldorf* 16. 9. 2003, Verg 52/03, a. a. O.; 27. 7. 2005, VII Verg 108/04; 27. 7. 2006, VII Verg 23/06; *Brandenburgisches OLG* 6. 10. 2005, Verg W 7/05, WRP 2005, 1550; *Noch* in: Müller-Wrede, § 25 VOL/A Rn. 33; zur Parallelvorschrift des § 25 Nr. 1 lit. c, *Kratzenberg* in: Ingenstau/Korbion, § 25 VOB/A Rn. 22.

der Wettbewerb vergrößert und das Hauptziel des Vergabeverfahrens gefördert. Ein Angebot darf also nicht allein deshalb ausgeschlossen werden, weil es von einer Bietergemeinschaft stammt.[114]

Die Bildung von **Bietergemeinschaften** ist aber dann **problematisch** und stellt eine wettbewerbsbeschränkende Abrede im Sinne des § 25 Nr. 1 Abs. 1 f) dar, wenn deren Bildung ein Verstoß gegen § 1 GWB darstellen würde. Nach § 1 GWB sind »*Vereinbarungen zwischen miteinander im Wettbewerb stehenden Unternehmen, Beschlüsse von Unternehmensvereinigungen und aufeinander abgestimmte Verhaltensweisen, die eine Verhinderung, Einschränkung oder Verfälschung des Wettbewerbs bezwecken oder bewirken*«, verboten. Ist der Betrieb eines jeden Mitglieds der Bietergemeinschaft auf die Aus- und Durchführung der gesamten Leistung ohne weiteres eingerichtet, bedarf es einer näheren Prüfung, ob der Zusammenschluss dieser Unternehmen zu einer Bietergemeinschaft eine Verletzung des § 1 GWB darstellt.[115] Dann könnte der Zusammenschluss dieser Unternehmen nämlich dazu dienen, den ansonsten zwischen ihnen bestehenden Konkurrenzdruck auszuschalten, um dann als Bietergemeinschaft mit höherer Marge anbieten zu können.[116] Ist ein Zusammenschluss von Unternehmen zu einer Bieter- und Arbeitsgemeinschaft aber dennoch von allen Mitgliedern der Bietergemeinschaft in der Erkenntnis getroffen worden, dass eine selbständige Teilnahme an der Ausschreibung **wirtschaftlich nicht zweckmäßig und kaufmännisch nicht vernünftig** wäre, beispielsweise weil beide Unternehmen auf Grund anderer, derzeit laufender Aufträge, nur wenig freie Kapazitäten haben, liegt keine Verletzung des § 1 GWB und keine wettbewerbsbeschränkende Abrede vor.[117] Die Bieter haben bei der Entscheidung, ob sie sich allein oder als Mitglied einer Bietergemeinschaft um die Erteilung eines Auftrages bemühen, einen Beurteilungsspielraum, der nur eingeschränkt überprüfbar ist. Es reicht daher aus, wenn der Bieter nachvollziehbar darlegt, dass nur die Beteiligung als Bietergemeinschaft wirtschaftlich zweckmäßig und kaufmännisch vernünftig ist.[118] 66

Höchstproblematisch sind **Bewerbungen von Bietergemeinschaften** in Fällen sog. »**Parallelangebote**«. Hat ein Bieter beispielsweise nicht nur ein eigenes Angebot abgegeben, sondern sich daneben auch als Mitglied einer Bietergemeinschaft um den Auftrag beworben, besteht nach der Rechtsprechung die (widerlegbare) **Vermutung**, dass der **Geheimwettbewerb nicht gewahrt** ist, weil das Einzelangebot in Kenntnis des Inhalts oder zumindest der Grundlagen des Angebots der Bietergemeinschaft abgegeben worden ist.[119] Der Geheimwettbewerb ist wesentliches und unverzichtbares 67

---

114 *OLG Frankfurt/M.*, 27. 6. 2003, 11 Verg 2/03, VergR 2003, 581.
115 *OLG Frankfurt/M.* a. a. O.; *Brandenburgisches OLG* 5. 1. 2006, Verg W 12/05, VergR 2006, 554; *OLG Koblenz* 29. 12. 2004, 1 Verg 6/04.
116 Dies liegt jedenfalls dann nahe, wenn Angebote in einem ohnehin sehr eingeschränkten Markt abgegeben werden, für den nur wenige Anbieter in Frage kommen.
117 *BGH* 13. 12. 1983, KRB 3/83, WuW 1984, 612 (BGH 2050); *Jansen* WuW 2005, 502; *OLG Düsseldorf* 23. 3. 2005, VII Verg 68/04; *OLG Koblenz* 29. 12. 2004, 1 Verg 6/04, VergabeR 2005, 527; *OLG Naumburg* 21. 12. 2000, 1 Verg 10/00.
118 *OLG Naumburg* a. a. O.
119 *OLG Düsseldorf* 13. 9. 2004, VI-W 24/04, VergabeR 2005, 117; *OLG Dresden* 28. 3. 2006, WVerg 4/06; *OLG Naumburg* 30. 7. 2004, 1 Verg 10/04, IBR 2005, 115.

Kennzeichen einer Auftragsvergabe im Wettbewerb.[120] Nur dann, wenn jeder Bieter die ausgeschriebene Leistung in Unkenntnis des Angebots oder der Angebotsgrundlagen der anderen Bieter kalkuliert und anbietet, ist ein echter Wettbewerb möglich. Nur dann liegt nämlich auf Seiten eines jeden Bieters der Druck zu einer knappen Kalkulation vor, der im Ergebnis niedrige Angebotspreise und damit eine wirtschaftliche Vergabe des Auftrags erwarten lässt. Kennt aber ein Bieter die Angebotsgrundlagen oder gar das Angebot auch nur eines seiner Mitkonkurrenten, geht in Bezug auf dieses Angebot der Druck zur knappen Kalkulation verloren. Um jedenfalls dieses in den Grundlagen bekannte Angebot im Wettbewerb zu verdrängen kann der Bieter gewinnmaximierend kalkulieren, denn er kann jetzt mit Blick auf das bekannte Angebot kalkulieren und muss nicht alle Möglichkeiten ausreizen, um möglichst günstig zu bleiben. Dieses Verhalten schadet selbstverständlich dem konkurrierenden Bieter und beeinträchtigt damit den Wettbewerb selbst dann, wenn noch andere Bieter und Angebote im Wettbewerb vorhanden sind, deren Angebotsgrundlagen dem auszuschließenden Bieter nicht bekannt sind. Parallelangebote sind daher **ohne weiteres** von der Vergabe **auszuschließen**, wenn nicht die Bieter schon mit Angebotsabgabe nachvollziehbar dargestellt haben, dass und aus welchen Gründen der Geheimwettbewerb ausnahmsweise gewahrt ist.[121]

68 Anders ist es im Einzelfall allenfalls dann, wenn eine Leistung in **verschiedenen Losen** vergeben wird und sich das Angebot der Bietergemeinschaft allein auf ein anderes Los bezieht, als das Einzelangebot des in der Bietergemeinschaft beteiligten Bieters.[122] Bezogen auf das jeweilige Los stehen Bietergemeinschaft und Einzelbieter dann nicht in einer **Konkurrenzsituation**, so dass selbst eine Kenntnis des einen Bieters von den Angebotsgrundlagen des anderen Bieters ohne nennenswerte Auswirkungen auf den Wettbewerb bleibt.

69 Ungeklärt ist bislang die Frage, wie die **parallele Beteiligung konzernverbundener Bieterfirmen** innerhalb eines Vergabeverfahrens zu werten ist.[123] In solchen Konstellationen spricht keine Vermutung dafür, dass der Geheimwettbewerb nicht gewahrt ist, denn konzernverbundene Unternehmen bewegen sich überwiegend wirtschaftlich eigenständig und stehen darüber hinaus oftmals auch in gewissem internem Konkurrenzkampf miteinander.[124] Existiert innerhalb des Konzerns jedoch eine **übergeordnete Koordinierung** bei der Angebotsabgabe oder eine sonstige **tatsächliche Abstimmung** bei der Teilnahme an Wettbewerbsverfahren, liegt eine unzulässige wettbewerbsbeschränkende Abrede vor. Kommen personelle, räumliche und infrastrukturelle Verflechtungen oder gar inhaltliche Übereinstimmungen in den parallelen Angeboten hinzu, besteht wiederum eine widerlegbare Vermutung dafür, dass der Geheimwettbewerb nicht gewahrt ist. Die betroffenen Bieter können dann, wenn sie

---

120 *OLG Düsseldorf* 27. 7. 2006, VII Verg 23/06; 16. 9. 2003, VII Verg 52/03.
121 *OLG Düsseldorf* in st. Rspr., z. B. 16. 9. 2003, VII Verg 52/03, 27. 7. 2006, VII Verg 23/06; *VK Nordbayern* 5. 6. 2003, 320. VK-3194-16/03; a. A. für den Fall, dass noch andere (unbekannte) Angebote vorhanden sind wohl *OLG Koblenz* 26. 10. 2005, Verg 4/05, VergR 2006, 392.
122 *OLG Düsseldorf* 28. 5. 2003, Verg 8/03.
123 *Jansen* WuW 2005, 502 (505) m. w. N.
124 *VK Bezirksregierung Düsseldorf* 21. 11. 2003, VK 33/2003-L.

nicht unaufgefordert und bereits mit Angebotsabgabe dargelegt haben, dass und wie der Geheimwettbewerb gewahrt wurde, ohne Weiteres ausgeschlossen werden.[125]

Unproblematisch in diesem Zusammenhang dürften Konstellationen sein, in denen sich Bieter **wechselseitig als Nachunternehmer benennen**. Zwar kennt der betroffene Nachunternehmer, der selbst im Wettbewerb ein Angebot abgegeben hat, für den Leistungsteil, für den er beim anderen Bieter als Nachunternehmer in Betracht kommt, einen Teil der Angebotsgrundlagen, nämlich den von ihm selbst angebotenen Nachunternehmerpreis, er weiß jedoch regelmäßig nicht, mit welchem Aufschlag der von ihm angebotene Nachunternehmerpreis im Angebot des Bieters behandelt wird und er weiß darüber hinaus regelmäßig nicht, zu welchem Preis dieser Bieter die übrigen Leistungen anbietet. Dies weiß er zwingend nicht einmal dann, wenn sich beide Bieter jeweils wechselseitig als Nachunternehmer benannt und so die Leistung jeweils hälftig aufgeteilt haben, denn der im Wettbewerb angebotene eigene Preis kann durchaus anders sein, als der angebotene Nachunternehmerpreis. **70**

b) Bezug auf die Vergabe

Bieter müssen sich in **Bezug auf die konkrete Vergabe** in wettbewerbswidriger Weise abgesprochen haben. Für einen solchen notwendigen Bezug auf das Vergabeverfahren muss zwischen dem Gegenstand der Vereinbarung und dem Gegenstand der Ausschreibung ein **enger sachlicher Zusammenhang** bestehen. Die Vereinbarung muss aber nicht aus Anlass des Vergabeverfahrens getroffen worden sein.[126] Notwendig aber auch ausreichend ist, dass der beteiligte Bieter eine wettbewerbswidrige Absprache mit Blick darauf getroffen hat, den Wettbewerb zu beeinträchtigen, auch wenn er dabei das jeweils konkrete Vergabeverfahren noch nicht speziell, sondern allenfalls generell im Blick hatte. Eine generell vereinbarte Wettbewerbsbeschränkung ist für das öffentliche Vergabewesen nämlich insgesamt wesentlich schädlicher, und damit bekämpfenswerter, als eine solche auf ein einzelnes Vergabeverfahren gerichtete Abrede.[127] Teilen sich für bestimmte Leistungen ausschließlich in Frage kommende Unternehmen den potenziellen Markt beispielsweise in der Weise auf, dass Bieter A im Norden des Landes und Bieter B im Süden des Landes wirtschaftliche Angebote abgibt, während der jeweils andere zwar mitbietet, aber mit einem deutlich höheren Preisniveau, liegt darin auch ohne Ansehung eines konkreten Vergabeverfahrnes eine zum Ausschluss führende wettbewerbswidrige Absprache. Allein eine **abstrakte Bezogenheit** auf das konkret zu beurteilende Vergabeverfahren reicht also aus. **71**

c) Nachweispflicht und Erleichterungen

Grundsätzliche Voraussetzung für den Ausschluss des Angebots ist, dass ein **gesicherter Nachweis** für eine solche wettbewerbsbeschränkende Abrede existiert. Bloße Ver- **72**

---

125 *OLG Düsseldorf* 27. 7. 2006, VII Verg 23/06.
126 *OLG Naumburg* 15. 3. 2001, 1 Verg 11/00, NZBau 2001, 579.
127 *OLG Naumburg* a. a. O.

mutungen auf getroffene Abreden erfüllen diesen Tatbestand in keinem Falle.[128] Der Auftraggeber hat also grundsätzlich vor einem Ausschluss des Angebots den **Sachverhalt vollständig aufzuklären** und nur dann, wenn er gesicherte Kenntnis darüber hat, dass eine wettbewerbsbeschränkende Abrede bestand, darf er ausschließen. Dieser Nachweis wird sich, da die Anforderungen an den Nachweis hoch sind,[129] in der Regel kaum führen lassen.

73 Die Rechtsprechung hat daher insbesondere für Fälle, in denen sich ein Bieter sowohl mit einem eigenen Angebot wie auch als Mitglied einer Bietergemeinschaft um einen ausgeschriebenen Auftrag bemüht (**Parallelangebote**), allein diese Tatsache für den Ausschluss ausreichen lassen. Diese Tatsache lasse nach dem gewöhnlichen Verlauf nämlich darauf schließen, dass der **Geheimwettbewerb** zwischen beiden Bietern **nicht gewahrt** sei, weil das Einzelangebot in Kenntnis des gesamten oder teilweisen Inhalts oder zumindest der vollständigen oder einiger Grundlagen des Angebots der Bietergemeinschaft abgegeben worden sei und umgekehrt.[130] Wolle der Bieter in einer solchen Situation den Ausschluss seines Angebots verhindern, müsse er bereits mit Angebotsabgabe der Vergabestelle nachvollziehbar darlegen und nachweisen, dass auf Grund besonderer Vorkehrungen bei der Angebotserstellung und Angebotsabgabe der Geheimwettbewerb ausnahmsweise gewährleistet ist. Komme der Bieter dieser Obliegenheit nicht nach, dürfe sein Angebot ohne weiteres ausgeschlossen werden.[131]

74 Diese Abkehr von dem generellen Erfordernis des sicheren Nachweises einer unzulässigen Wettbewerbsbeschränkung wird sich auf alle Konstellationen übertragen lassen, in denen der auf Grund der offen zu Tage getretenen Fakten zur Beurteilung stehende Sachverhalt nach dem **gewöhnlichen Verlauf der Dinge** auf eine Verletzung des Geheimwettbewerbs oder sonst auf eine unzulässige Wettbewerbsbeschränkung schließen lässt.[132] In allen diesen Fällen entstammen die Umstände, die einem Angebotsausschluss nach § 25 Nr. 1 Abs. 1 lit. f) ausnahmsweise entgegenstehen können aus dem alleinigen Verantwortungs- und Einflussbereich des betroffenen Bieters. Es ist ihm daher relativ leicht möglich, diejenigen Umstände nachvollziehbar darzulegen, welche die durch sein Verhalten üblicherweise zu erwartende Wettbewerbsbeeinträchtigung ausnahmsweise entfallen lassen.

7. Ausgeschlossene Nebenangebote, § 25 Nr. 1 Abs. 1 lit. g) VOL/A

75 Gemäß § 17 Nr. 3 Abs. 5 Satz 1 VOL/A hat der öffentliche Auftraggeber in den Verdingungsunterlagen anzugeben, ob er Nebenangebote wünscht, ausdrücklich zulässt oder ausschließen will. Desgleichen muss der öffentliche Auftraggeber angeben, wenn Nebenangebote ohne gleichzeitige Abgabe eines Hauptangebots ausnahmsweise aus-

---

128 *VK Schleswig-Holstein* 26. 10. 2004, VK-SH 26/04, m. z. w. N.; *Noch* in: Müller-Wrede, § 25 VOL/A Rn. 34.
129 *OLG Frankfurt/M.*, 27. 6. 2003, 11 Verg 2/03, VergabeR 2003, 581; *VK Hessen* 21. 6. 2000, 69 d-VK 19/2000.
130 *OLG Düsseldorf* 13. 9. 2004, VI-W 24/04, VergabeR 2005, 117 (118).
131 *OLG Düsseldorf* 14. 9. 2004, VI – W (Kart) 25/04; 27. 7. 2006, VII Verg 23/06.
132 *Jansen* WuW 2005, 502 (507); *OLG Koblenz* 29. 12. 2004, 1 Verg 6/04, VergabeR 2005, 527.

geschlossen werden. Nebenangebote, die trotz eines solchen Ausschlusses abgegeben werden, sind gemäß § 25 Nr. 1 Abs. 1 lit. g) VOL/A **zwingend** von der Wertung auszuschließen. Anderenfalls könnte sich der betreffende Bieter einen unberechtigten Wettbewerbsvorteil verschaffen, indem er mit seinem Nebenangebot zusätzlich etwas anderes – und z. B. aufgrund eines geringeren Angebotspreises zu bezuschlagendes – anbietet als vom öffentlichen Auftraggeber nachgefragt, wohingegen andere Bieter im Vertrauen auf die Vorgaben der Ausschreibung auf die Abgabe eines möglicherweise noch wirtschaftlicheren Nebenangebots verzichtet haben.

§ 25 Nr. 1 Abs. 1 lit. g) VOL/A-alt war im Wesentlichen wortgleich formuliert. Lediglich die bisher verwendete Formulierung »Nebenangebote und Änderungsvorschläge« wurde auf den Begriff »Nebenangebote« verkürzt. Diese Änderung ist rein sprachlicher Natur und hat keine weiteren rechtlichen Auswirkungen, da die Terminologie auch in den übrigen Vorschriften der VOL/A entsprechend geändert worden ist (s. § 17 Rn. 60). 76

Der Ausschluss betrifft **nur das Nebenangebot**, dh ein Hauptangebot des betreffenden Bieters muss gewertet werden. 77

Da der Schutzzweck des § 25 Nr. 1 Abs. 1 lit. g) VOL/A ua in der Gleichbehandlung der Bieter besteht (s. Rn. 75), ist diese Vorschrift **drittschützend**.[133] 78

S. zu den weiteren Wertungsstufen bei Nebenangeboten Rn. 237. 79

II. Fakultative Ausschlussgründe, § 25 Nr. 1 Abs. 2 VOL/A

Im Gegensatz zu § 25 Nr. 1 Abs. 1 VOL/A nennt Absatz 2 dieser Vorschrift Tatbestände, in denen der Angebotsausschluss dem Wortlaut nach grundsätzlich im **Ermessen** des öffentlichen Auftraggebers steht (»können ausgeschlossen werden«, s. zu etwaigen Ausnahmen unten bei den jeweiligen Ausschlusstatbeständen). Das Beurteilungsermessen kann von den Nachprüfungsinstanzen nur eingeschränkt daraufhin überprüft werden, ob das vorgeschriebene Verfahren eingehalten wurde, ob der Auftraggeber von einem zutreffenden und vollständig ermittelten Sachverhalt ausgegangen ist, ob willkürliche oder sonst unzulässige Erwägungen eingeflossen sind, ob sich der Beurteilungsmaßstab im Rahmen der Beurteilungsermächtigung hält, insbesondere ob die einzelnen Wertungsgesichtspunkte nicht objektiv fehlgewichtet wurden, und ob bei der Entscheidung über den Zuschlag ein sich im Rahmen des Gesetzes und der Beurteilungsermächtigung haltender Beurteilungsmaßstab zutreffend angewendet wurde.[134] 80

Hinsichtlich der Verteilung der materiellen **Beweislast**, d. h. welcher Beteiligte für den Fall der Nichterweislichkeit einer entscheidungserheblichen Tatsache (non liquet) die hieraus resultierenden Nachteile trägt, s. Rn. 6. 81

---

133 *Noch* in: Müller-Wrede § 25 Rn. 37; *Schweda* VergabeR 2003, 268, 275 m. w. N.
134 Vgl. nur *OLG Düsseldorf* 9. 6. 2004, VII-Verg 11/04; 24. 2. 2005, VII-Verg 88/04.

1. Fehlende Angaben und Erklärungen, § 25 Nr. 1 Abs. 2 lit. a) VOL/A

82 Wenn geforderte Angaben und/oder Erklärungen i. S. d. § 21 Nr. 1 Abs. 1 Satz 1 VOL/A[135] fehlen oder unvollständig sind, ist das betreffende Angebot gemäß § 25 Nr. 1 Abs. 2 lit. a) VOL/A **zwingend** auszuschließen,[136] zumindest ist das **Ermessen des öffentlichen Auftraggebers i. d. R. auf Null reduziert**.[137] Zwar ist diese Vorschrift nur als Sollvorschrift formuliert (»können ausgeschlossen werden«), diese Formulierung widerspricht jedoch § 21 Nr. 1 Abs. 1 Satz 1 VOL/A, wonach Angebote u. a. die geforderten Angaben und Erklärungen enthalten »müssen«. Die Gleichbehandlung der Bieter i. S. d. § 97 Abs. 2 GWB wäre nicht gewährleistet, wenn ein öffentlicher Auftraggeber unvollständige Angebote berücksichtigen dürfte.[138] Der freie Bieterwettbewerb setzt nämlich u. a. voraus, dass nur solche Angebote gewertet werden dürfen, die in jeder sich aus den Verdingungsunterlagen ergebenden Hinsicht miteinander verglichen werden können.[139] Ein solcher Vergleich ist jedoch zwischen vollständigen Angeboten und solchen, die nicht die geforderten Angaben oder Erklärungen enthalten, nicht möglich, da der Auftraggeber unvollständigen Angeboten gar nicht entnehmen kann, ob sie seinen ausgeschriebenen Anforderungen genügen. Dem öffentlichen Auftraggeber steht hinsichtlich des Angebotsausschlusses also kein Ermessen zu und er darf auch nicht nachträglich auf ursprünglich geforderte Angaben und Erklärungen verzichten, weil er sonst Angebote untereinander bewerten würde, die nicht miteinander vergleichbar sind.[140] Der Angebotsausschluss muss daher ggf. auch erst durch die angerufene Nachprüfungsinstanz erfolgen, wenn der öffentliche Auftraggeber selbst das Angebot dennoch gewertet hatte; das Vertrauen des betreffenden Bieters auf Beibehaltung der vergaberechtswidrigen Wertung ist nicht schützenswert (vgl. Rn. 5). Aus denselben Gründen ist ebenfalls unerheblich, ob der Bieter diese Rechtsfolge kennt oder z. B. in den Verdingungsunterlagen hierauf hingewiesen wurde (vgl. Rn. 5).

83 Bei fehlenden oder unvollständigen **Eignungsnachweisen** i. S. d. § 7 Nr. 4, § 7 a Nr. 2 Abs. 2, § 7 a Nr. 3 VOL/A ergibt sich dieselbe Rechtsfolge allerdings aus § 25 Nr. 2 Abs. 1 VOL/A als lex specialis: In diesem Fall hat ein Bieter nicht hinreichend seine Eignung nachgewiesen und ist daher zwingend von der Wertung auszuschließen.[141]

---

135 S. zum Begriff § 21 Rn. 23 f.
136 *1. VK Bund* 23. 12. 2005, VK 1–155/05. Offen gelassen *OLG Düsseldorf* 13. 4. 2006, VII-Verg 10/06; vgl. auch *Noch* in: Müller-Wrede § 21 Rn. 21.
137 *BGH* 26. 9. 2006 VergabeR 2007, 59, 63; *OLG Dresden* 31. 3. 2004 VergabeR 2004, 724, 726; 6. 4. 2004 VergabeR 2004, 609, 612; *OLG Düsseldorf* 21. 12. 2005, VII-Verg 69/05; *OLG Koblenz* 13. 2. 2006, 1 Verg 1/06; *OLG Düsseldorf* 29. 3. 2006, VII-Verg 77/05; 13. 4. 2006, VII-Verg 10/06. Vgl. hierzu *Scharf/Schütte* VergabeR 2005, 448 ff.
138 Vgl. *BGH* 18. 2. 2003 VergabeR 2003, 313, 317 (zur VOB/A); 24. 5. 2005 VergabeR 2005, 754 (zur VOB/A); 26. 9. 2006 VergabeR 2007, 59, 63. Die beiden erstgenannten Entscheidungen zur VOB/A sind auf die VOL/A übertragbar, da sie sich insoweit auf für alle Verdingungsordnungen geltende Grundlagen des GWB stützen; so auch *OLG Dresden* 6. 4. 2004, WVerg 1/04; *OLG Düsseldorf* 21. 12. 2005, VII-Verg 69/05; *OLG Koblenz* 13. 2. 2006, 1 Verg 1/06.
139 Vgl. *BGH* 8. 9. 1998 NJW 1998, 3634, 3635 (zur VOB/A); 7. 1. 2003, X ZR 50/01 (zur VOB/A); 18. 2. 2003 VergabeR 2003, 313, 317 (zur VOB/A); 7. 6. 2005 VergabeR 2005, 617, 619 (zur VOB/A); 26. 9. 2006 VergabeR 2007, 59, 63; *OLG Düsseldorf* 21. 12. 2005, VII-Verg 69/05; *OLG Koblenz* 13. 2. 2006, 1 Verg 1/06.
140 *OLG Düsseldorf* 5. 4. 2006, VII-Verg 3/06 (zur VOB/A).
141 *OLG Saarbrücken* 12. 5. 2004 ZfBR 2004, 714; *OLG Düsseldorf* 9. 6. 2004, VII-Verg 11/04; 22. 12. 2004, VII-Verg 81/04; 14. 10. 2005, VII-Verg 40/05 (zur VOB/A); 20. 1. 2006, VII-Verg 98/05 (zur VOB/A);

Das Gleiche gilt für den von der Rechtsprechung beim Einsatz von Nachunternehmern geforderten (ebenfalls zur Beurteilung der Eignung des betreffenden Bieters dienenden) Nachweis, dass der Hauptauftragnehmer über die zur Ausführung der Leistung erforderlichen personellen und sachlichen Mittel des Nachunternehmers tatsächlich verfügen kann.[142] S. hierzu Rn. 107 ff.

Ein Bieter ist nur dann verpflichtet, seinem Angebot die geforderten Angaben und Erklärungen beizufügen, wenn dieses Verlangen des öffentlichen Auftraggebers berechtigt ist; die Anforderung darf daher insbesondere nicht gegen gesetzliche Vorgaben verstoßen[143] oder sonst vergabefremd sein. Beispielsweise dürfen daher Angaben zur Weitergabe von Leistungen an Unterauftragnehmer verlangt werden (vgl § 9 Nr. 4 lit. d) VOL/A), weil diese die in der Ausführungsphase des ausgeschriebenen Auftrags zu treffende Entscheidung des öffentlichen Auftraggebers vorbereiten, ob er der Hinzuziehung von Unterauftragnehmern i. S. d. § 4 Nr. 4 VOL/B zustimmt; als weiteres Beispiel sind Hersteller- und Typenangaben zu nennen, anhand denen der Auftraggeber prüfen kann, ob die von dem Bieter angebotenen Produkte tatsächlich den ausgeschriebenen Erfordernissen gerecht werden.[144] Angaben und Erklärungen, die diese Voraussetzungen nicht erfüllen, dürfen vom öffentlichen Auftraggeber nicht gefordert werden, das Fehlen solcher Angaben und Erklärungen bleibt dementsprechend für den betreffenden Bieter folgenlos.[145] Das Gleiche gilt, wenn ein Bieter z. B. etwas bestätigen müsste, wodurch ihm ein ungewöhnliches Wagnis i. S. d. § 8 Nr. 1 Abs. 3 VOL/A aufgebürdet werden würde, oder wenn ihm die Abgabe einer geforderten Unterlage ausnahmsweise objektiv **unzumutbar** ist, z. B. wenn Bescheinigungen gefordert werden, die von niemanden oder nur unter unverhältnismäßigen Schwierigkeiten beschafft werden können.[146] Auf etwaige Geschäftsgeheimnisse kann sich der Bieter insoweit allerdings nicht berufen, weil die Angebote samt Anlagen vom öffentlichen Auftraggeber vertraulich zu behandeln sind (vgl. § 21 Nr. 1 Abs. 2, § 22 Nr. 6 Abs. 1 Satz 1 VOL/A).[147]

84

Ein Angebotsausschluss wegen fehlender Angaben oder Erklärungen kann zudem nur erfolgen, wenn und soweit **Art, Inhalt und Zeitpunkt** der vorzulegenden Unterlagen eindeutig und wirksam gefordert worden sind. Die Anforderungen des öffentlichen Auftraggebers sind ggf. aus der objektiven Sicht eines verständigen, fachkundigen und mit der betreffenden Ausschreibung vertrauten Bieters auszulegen. Zunächst muss eindeutig erkennbar sein, dass der öffentliche Auftraggeber für das

85

---

28. 6. 2006, VII-Verg 18/06. Demgegenüber stützen sich *OLG Naumburg* 26. 2. 2004, VergabeR 2004, 387; *OLG Schleswig* 10. 3. 2006, 1 (6) Verg 13/05 sowie 22. 5. 2006, 1 Verg 5/06 (jeweils zur VOB/A) und das *OLG Celle* 11. 3. 2004, 13 Verg 3/04, insoweit auf das Fehlen geforderter Erklärungen, ohne die Frage der Eignung des betreffenden Bieters zu erwähnen.
142 Vgl. *OLG Düsseldorf* 3. 1. 2005, VII-Verg 82/04 m. w. N.; 26. 1. 2005, VII-Verg 45/04 (zur VOB/A).
143 *OLG Frankfurt/M.* 8. 2. 2005 VergabeR 2005, 384, 389 (zur VOB/A); *Noch* in: Müller-Wrede § 25 Rn. 44.
144 Vgl. *OLG Dresden* 10. 7. 2003, WVerg 16/02.
145 *OLG Koblenz* 13. 2. 2006, 1 Verg 1/06.
146 Vgl. *BGH* 18. 2. 2003 VergabeR 2003, 313, 318 (zur VOB/A); 7. 6. 2005 VergabeR 2005, 617 619 (zur VOB/A); 26. 9. 2006 VergabeR 2007, 59, 62; *OLG Frankfurt/M.*16. 9. 2003 ZfBR 2004, 292 (zur VOB/A); *BayObLG* 15. 9. 2004, Verg 26/03 (zur VOB/A); *OLG Düsseldorf* 21. 12. 2005, VII-Verg 69/05; *OLG Koblenz* 13. 2. 2006, 1 Verg 1/06; *OLG Schleswig* 10. 3. 2006, 1 (6) Verg 13/05 (zur VOB/A); *OLG Düsseldorf* 13. 4. 2006, VII-Verg 10/06; *3. VK Bund* 20. 3. 2006, VK 3–9/06 (zur VOB/A).
147 *OLG Düsseldorf* 21. 12. 2005, VII-Verg 69/05.

§ 25 Wertung der Angebote

konkrete Vergabeverfahren überhaupt bestimmte Unterlagen fordert[148] und diese z. B. nicht erst »auf Verlangen« einzureichen sind.[149] Des Weiteren muss u. a. hinreichend deutlich werden, welcher Art die vorzulegenden Unterlagen sein sollen (z. B. offizielle Bescheinigungen von Behörden oder sonstigen Stellen) oder ob reine Eigenerklärungen oder Selbstauskünfte ausreichen.[150] Bei z. B. der Formulierung »Nachweis« ist eine Eigenerklärung unzureichend.[151] Des Weiteren muss der Inhalt bzw. der Umfang der vorzulegenden Unterlagen, etwa auf welchen Zeitraum sich bestimmte geforderte Angaben beziehen müssen, eindeutig und unmissverständlich aus der Bekanntmachung oder den Verdingungsunterlagen hervorgehen.[152] Des Weiteren muss sich eindeutig ergeben, bis wann die geforderten Unterlagen vorzulegen sind, z. B. »mit Angebotsabgabe«.[153] Die Aufzählung in der Bekanntmachung unter der Überschrift »Bedingungen für die Teilnahme« reicht insoweit aus, weil die Eignungsprüfung nur im Rahmen der Angebotswertung sinnvoll durchgeführt werden kann.[154] Etwaige Unklarheiten gehen zu Lasten des Auftraggebers, d. h. ein Angebot muss in der Wertung belassen werden, auch wenn ihm die betreffenden Angaben oder Erklärungen nicht beigefügt waren oder sie später (nach Angebotsabgabeschluss) nachgereicht wurden.

86 Die (wirksam) geforderten Angaben und Erklärungen sind **nicht im Angebot »enthalten«**, wenn sie entweder gar nicht vorgelegt wurden oder unvollständig sind oder sonst nicht den Anforderungen des öffentlichen Auftraggebers entsprechen. Das Gleiche gilt, wenn Angaben oder Erklärungen unklar oder widersprüchlich sind, da ihnen der Auftraggeber auch in diesem Fall nicht die für die Beurteilung des Angebots benötigten Informationen entnehmen kann.[155] Ggf. sind die vom Bieter vorgelegten Unterlagen gemäß § 133 BGB aus Sicht eines objektiven, sachkundigen Empfängers auszulegen, um festzustellen, ob die getätigten Angaben ausreichen, den der Anforderung zugrunde liegenden Klärungs- oder Bestätigungsbedarf des öffentlichen Auftraggebers zu erfüllen.[156] Diese Auslegung kann z. B. bei fehlenden Fabrikatsanga-

---

148 *BayObLG* 28. 5. 2003 VergabeR 2003, 675 (zur VOB/A); *OLG Dresden* 31. 3. 2004 VergabeR 2004, 724, 726; *OLG Koblenz* 7. 7. 2004, 1 Verg 1 und 2/04 (zur VOB/A); *OLG Düsseldorf* 7. 4. 2005, VII-Verg 12/05 (zur VOB/A); *OLG Rostock* 8. 3. 2006, 17 Verg 16/05 (zur VOB/A); *OLG Düsseldorf* 12. 4. 2006, VII-Verg 4/06 (zur VOB/A).
149 *OLG Schleswig* 10. 3. 2006, 1 (6) Verg 13/05 (zur VOB/A).
150 Vgl. *OLG Rostock* 8. 3. 2006, 17 Verg 16/05 (zur VOB/A) m. w. N.
151 *OLG Düsseldorf* 16. 1. 2006, VII-Verg 92/05.
152 *OLG Dresden* 12. 6. 2002, WVerg 6/02 (zur VOB/A); *BayObLG* 15. 9. 2004, Verg 26/03 (zur VOB/A); *OLG Düsseldorf* 21. 12. 2005, VII-Verg 69/05; *OLG Koblenz* 13. 2. 2006, 1 Verg 1/06; *OLG Rostock* 8. 3. 2006, 17 Verg 16/05 (zur VOB/A); *OLG Düsseldorf* 5. 4. 2006, VII-Verg 3/06 (zur VOB/A); 12. 4. 2006, VII-Verg 4/06 (zur VOB/A); 12. 4. 2006, VII-Verg 10/06; *OLG Bremen* 24. 5. 2006, Verg 1/2006 (zur VOB/A).
153 Vgl. *BayObLG* 22. 7. 2004, Verg 15/04; *OLG Düsseldorf* 7. 4. 2005, VII-Verg 12/05 (zur VOB/A); *OLG Koblenz* 13. 2. 2006, 1 Verg 1/06; *OLG Düsseldorf* 5. 4. 2006, VII-Verg 3/06 (zur VOB/A); *3. VK Bund* 22. 3. 2005, VK 3–13/05 (zur VOB/A).
154 *OLG Düsseldorf* 1. 2. 2006, VII-Verg 83/05.
155 *OLG Düsseldorf* 5. 7. 2006 NZBau 2001, 106 (zur VOB/A); *BayObLG* 15. 4. 2003 VergabeR 2003, 457, 459 (zur VOB/A); *OLG Frankfurt/M.* 27. 6. 2003, 11 Verg 4/03 (zur VOB/A); *OLG Düsseldorf* 30. 7. 2003 VergabeR 2003, 687 (zur VOB/A); *BayObLG* 25. 9. 2003, Verg 14/03 (zur VOB/A); 11. 2. 2004, Verg 1/04 (zur VOB/A); 27. 7. 2004 VergabeR 2004, 736, 739 (zur VOB/A); *OLG Frankfurt/M.* 8. 2. 2005 VergabeR 2005, 384 (zur VOB/A); *OLG Naumburg* 25. 10. 2005, 1 Verg 5/05 (zur VOB/A).
156 Vgl. *OLG Jena* 5. 12. 2001 VergabeR 2002, 256 (zur VOB/A); *BayObLG* 27. 7. 2004 VergabeR 2004, 736

ben dazu führen, dass gemäß den Zusätzlichen Vertragsbedingungen des Auftraggebers das im Leistungsverzeichnis genannte Leitfabrikat als vereinbart gilt, wenn keine anderen Angaben gemacht werden.[157] Allerdings ist der öffentliche Auftraggeber nicht verpflichtet, eigene Erkundigungen oder Nachforschungen über Vorliegen, Aktualität und Inhalt geforderter Unterlagen anzustellen.[158] Nicht im Angebot enthalten ist eine Erklärung auch dann, wenn sie der öffentliche Auftraggeber nicht ohne weiteres zur Kenntnis nehmen und prüfen kann[159] oder wenn sie z. B. unleserlich ist.[160] Da die Sorge für die Vollständigkeit eines Angebots gemäß § 21 Nr. 1 Abs. 1 Satz 1 VOL/A dem Bieter obliegt, ist er verpflichtet, sein Angebot so zu gestalten, dass der öffentliche Auftraggeber die geforderten Angaben und Erklärungen überhaupt findet. Insbesondere bei umfangreichen Angeboten mit zahlreichen Form- und Datenblättern, Listen etc ist der öffentliche Auftraggeber nicht verpflichtet, sich die geforderten Angaben und Erklärungen selbst aus dem Angebot zusammenzusuchen.[161] S. zum (unzulässigen) Nachreichen geforderter Angaben und Erklärungen Rn. 89.

87 Da gemäß § 21 Nr. 1 Abs. 1 VOL/A dem Bieter die Pflicht auferlegt worden ist, für die Vollständigkeit seines Angebots zu sorgen, trägt er die **materielle Beweislast**, wenn sich nicht aufklären lässt, ob das Angebot beim öffentlichen Auftraggeber vollständig eingegangen ist.[162] Da geforderte Unterlagen gemäß § 21 Nr. 1 Abs. 1 VOL/A ohne weiteres vorzulegen sind, kann sich der Bieter auch nicht darauf berufen, dass dem öffentlichen Auftraggeber z. B. aus bestehenden geschäftlichen Kontakten oder Vorgesprächen der Inhalt der vorzulegenden Erklärung hinreichend bekannt gewesen ist.[163]

88 Z. T. wird vertreten, dass Angaben und Erklärungen nur dann i. S. d. § 25 Nr. 1 Abs. 2 lit. a) VOL/A fehlen, wenn diese für eine wettbewerbliche und transparente Angebotswertung und Vergabeentscheidung erforderlich sind. Fehlen Angaben und Erklärungen, die nicht **kalkulationserheblich** sind und sich – z. B. weil ihnen nur marginale Bedeutung zukommt – nicht **im Wettbewerb auswirken**, dürfe das Angebot nicht ausgeschlossen werden.[164] Dem Wortlaut der §§ 21, 25 VOL/A lässt sich jedoch nicht

---

(zur VOB/A); *OLG Naumburg* 25. 10. 2005 NZBau 2006, 58 (zur VOB/A); *OLG Schleswig* 8. 12. 2005 ZfBR 2006, 190, 191 (zur VOB/A); *OLG Düsseldorf* 21. 12. 2005, VII-Verg 69/05; *OLG Schleswig* 10. 3. 2006, 1 (6) Verg 13/05 (zur VOB/A); *OLG Düsseldorf* 5. 4. 2006, VII-Verg 3/06 (zur VOB/A); *OLG Dresden* 11. 4. 2006, WVerg 6/06 (zur VOB/A).
157 Vgl. *OLG Dresden* 10. 7. 2003, WVerg 16/02 (zur VOB/A); *OLG Koblenz* 9. 6. 2004, 1 Verg 4/04 (zur VOB/A).
158 *OLG Frankfurt/M.* 27. 6. 2003, 11 Verg 4/03 (zur VOB/A); *OLG Düsseldorf* 21. 12. 2005, VII-Verg 69/05; vgl. *BayObLG* 17. 2. 2005 NZBau 2005, 595.
159 In dem vom *OLG Düsseldorf* 1. 2. 2006, VII-Verg 83/05, entschiedenen und auf geforderte Angaben und Erklärungen i. S. d. § 25 Nr. 1 Abs. 2 lit. a) VOL/A übertragbaren Fall hatte ein Bieter eine geforderte Bilanz in einem versiegelten Umschlag eingereicht und diesen mit dem Zusatz versehen, dass er nur in seiner Anwesenheit geöffnet werden dürfe.
160 Vgl. *OLG Düsseldorf* 16. 1. 2006, VII-Verg 92/05.
161 Vgl. *OLG Frankfurt/M.* 8. 2. 2005 VergabeR 2005, 384 (zur VOB/A); *OLG Jena* 20. 6. 2005 NZBau 2005, 476 (zur VOB/A).
162 S. Rn. 6.
163 *OLG Düsseldorf* 21. 12. 2005, VII-Verg 69/05.
164 *BayObLG* 15. 4. 2003 VergabeR 2003, 457 (zur VOB/A); *OLG Frankfurt/M.* 16. 9. 2003 ZfBR 2004, 292 (zur VOB/A); *OLG Saarbrücken* 29. 10. 2003 NZBau 2004, 117 (zur VOB/A); *OLG Dresden* 6. 4. 2004, WVerg 1/04; *OLG Dresden* 11. 4. 2004, WVerg 6/06 (zur VOB/A); *BayObLG* 27. 7. 2004 VergabeR 2004,

entnehmen, dass die Wettbewerbsrelevanz der fehlenden Unterlagen Voraussetzung für den Angebotsausschluss ist. Vorzulegen bzw. abzugeben ist vielmehr jede Erklärung und jede Angabe, die ein öffentlicher Auftraggeber (wirksam, s. Rn. 84 f.) gefordert hat.[165] Da der öffentliche Auftraggeber derjenige ist, der seinen Bedarf und die von einem potentiellen Auftragnehmer zu erfüllenden Anforderungen eigenverantwortlich bestimmt, ist davon auszugehen, dass jede Angabe und Erklärung, die er gefordert hat, seiner Meinung nach auch für die Angebotswertung relevant ist, so dass auf eine Vorlage nicht verzichtet werden kann.[166] Aufgrund des weiten Beurteilungsspielraums, der einem öffentlichen Auftraggeber sowohl bei der Ausgestaltung der Ausschreibung selbst als auch bei der Angebotswertung zusteht (s. Rn. 230 f.), darf eine Nachprüfungsinstanz ihre Auffassung, was für den Vergleich der Angebote z. B. aufgrund seiner Wettbewerbserheblichkeit beurteilungsrelevant ist, grundsätzlich nicht an die des öffentlichen Auftraggebers setzen – im Gegenteil muss sie dessen Anforderungen, welche Angaben und Erklärungen Bieter mit dem Angebot vorlegen sollen, i. d. R. akzeptieren. Würde man entgegen der hier vertretenen Ansicht unvollständige Angebote in der Wertung belassen, würden diejenigen Bieter unbillig benachteiligt werden (und dementsprechend auf jeden Fall einen Wettbewerbsnachteil im o. g. Sinne erleiden), die ihr Angebot rechtzeitig und vollständig abgegeben haben – jede geforderte Erklärung, die nicht im Angebot enthalten ist, hat somit Auswirkungen auf den Bieterwettbewerb und ist insoweit also auch wettbewerbsrelevant.[167] Zudem stünde es sonst im Belieben der Vergabestelle, nachträglich auf geforderte Belege zu verzichten und auf diese Weise Angebote ggf. »annahmefähig« zu machen (Manipulationsgefahr). Der im Einzelfall gelegentlich als unbillig empfundenen Rechtsfolge, ein Angebot, dem »lediglich« ein einzelner Nachweis fehlt, von der Wertung auszuschließen, kann nur dadurch begegnet werden, dass die Vergabestelle vor Anforderung bestimmter Angaben und Erklärungen genau überlegt, was sie tatsächlich für die Beurteilung benötigt, welches Angebot im Vergleich zu den anderen das wirtschaftlichste ist. In diesem Fall wären alle geforderten Unterlagen für die Angebotswertung erforderlich und damit auch im Rahmen der konkreten Ausschreibung und der hierin um den Zuschlag konkurrierenden Bieter »wettbewerbsrelevant« i. S. d. eingangs genannten Rechtsprechung. Soweit die entgegengesetzte Auffassung auf ältere Entscheidungen verweist,[168] sind diese zumindest seit der Entscheidung des BGH vom 18. 2.

---

736 (zur VOB/A); *BayObLG* 15. 9. 2004 VergabeR 2005, 130 (zur VOB/A); *OLG Jena* 20. 6. 2005, 9 Verg 3/05 (zur VOB/A); *OLG Schleswig* 10. 3. 2006, 1 (6) Verg 13/05 (zur VOB/A); offen gelassen vom *OLG Naumburg* 25. 10. 2005, 1 Verg 5/05 (zur VOB/A). Vgl. auch *Maier* NZBau 2005, 374, 377 ff.; *Möllenkamp* NZBau 2005, 557, 560 f.; *Noch* in: Müller-Wrede § 25 Rn. 41 f.; *Scharf/Schütte* VergabeR 2005, 448, 453 ff.

165 *Herrmann/Thoma* VergabeR 2002, 254, 255.
166 So vom *BGH* 18. 2. 2003, X ZB 43/02 (zur VOB/A), bzgl. Hersteller- und Typenangaben ausdrücklich entschieden sowie für die Vorlage des geforderten Formblattes EFB-Preis von *BGH* 7. 6. 2005 VergabeR 2005, 617, 619 (zur VOB/A); vgl. auch *OLG Frankfurt/M.* 23. 12. 2005, 11 Verg 13/05 (zur VOB/A); *OLG Düsseldorf* 9. 2. 2006, VII-Verg 4/06 (zur VOB/A).
167 Vgl. *BGH* 8. 9. 1998 NJW 1998, 3634, 3635.
168 Z. B. *OLG Jena* 30. 5. 2002 NZBau 2003, 638; *OLG Celle* 8. 11. 2001 VergabeR 2002, 176 f. (zur VOB/A). Vgl. auch zur VOB/A: *OLG Frankfurt/M.* 16. 5. 2000, 11 Verg 1/99; *BayObLG* 13. 8. 2001 VergabeR 2001, 402; *OLG Jena* 5. 12. 2001 VergabeR 2002, 256; *BayObLG* 28. 8. 2002 VergabeR 2002, 76.

2003 überholt,[169] in der der BGH ebenfalls festgestellt hat, dass unvollständige Angebote aufgrund des Gleichbehandlungsgebots ohne Einschränkungen zwingend von der Wertung auszuschließen sind, wenn sie nicht in »jeder« sich aus den Verdingungsunterlagen ergebenden Hinsicht vergleichbar sind.[170] Es ist kein Grund dafür erkennbar, warum diese zwar zur VOB/A, aber unter Berufung auf allgemeine vergaberechtliche Grundsätze ergangene Rechtsprechung nicht auf die VOL/A übertragbar sein sollte, die insoweit nicht nur wortgleich ist, sondern auf die selbstverständlich auch die Grundsätze des § 97 Abs. 2 GWB anzuwenden sind.

Fehlende Unterlagen dürfen nur bis zum Ende der Angebotsfrist **nachgereicht** werden. Eine spätere Ergänzung eines unvollständigen Angebots wäre eine unzulässige Nachverhandlung i. S. d. § 24 Nr. 2 Abs. 1 VOL/A. Die nachträgliche Herstellung der Wertungsfähigkeit eines unvollständigen Angebots ist nämlich eine Angebotsänderung; zudem würde sonst die Bindung des Bieters an sein einmal abgegebenes Angebot, die mit Ablauf der Abgabefrist eingetreten ist (§ 19 Nr. 3 VOL/A), unterlaufen werden.[171] Da anderenfalls die Gleichbehandlung der Bieter und die Willkürfreiheit und Transparenz der Vergabeentscheidung nicht gewährleistet wäre, gilt dies auch dann, wenn das Angebot des betreffenden Bieters nur geringfügig unvollständig ist.[172] Des Weiteren ist auch hier unerheblich, ob die nachgereichten Angaben und Erklärungen wettbewerbsrelevant sind[173] – alle wirksam geforderten Angaben und Unterlagen müssen gemäß § 21 Nr. 1 Abs. 1 VOL/A ohne Weiteres vorgelegt werden und der Auftraggeber hat allein schon durch die Tatsache, dass er bestimmte Angaben und Erklärungen gefordert hat, zu erkennen gegeben, dass er diese zur Angebotswertung benötigt (s. Rn. 88). Etwas anderes folgt auch nicht aus Art. 51 RL 2004/18/EG bzw. § 7 a Nr. 5 Abs. 2, letzter Satz VOL/A. Erstens gelten beide Regelungen nur für Eignungsnachweise. Zweitens darf der Auftraggeber hiernach Unternehmen nur dazu auffordern, die »vorgelegten« Bescheinigungen zu vervollständigen, also nur solche, die zwar vorgelegt, aber inhaltlich lückenhaft sind, aber nicht solche, die von vornherein nicht im Angebot »enthalten« waren.[174] Der öffentliche Auftraggeber ist auch nicht dazu verpflichtet, eigene Nachforschungen zu fehlenden Unterlagen anzustellen; ebenso kann sich ein Bieter nicht darauf berufen, dass der Auftraggeber sein Angebot auch ohne die geforderten Angaben und Erklärungen beurteilen kann, s. o. Rn. 87.

89

---

169 Ebenso *BayObLG* 19. 3. 2002 VergabeR 2002, 252 (zur VOB/A); *OLG Koblenz* 9. 6. 2004, 1 Verg 4/04 (zur VOB/A) und 7. 7. 2004, 1 Verg 1/04 (zur VOB/A).
170 *BGH* 18. 2. 2003 VergabeR 2003, 313, 317 f (zur VOB/A); vgl. auch 8. 9. 1998 NJW 1998, 3634, 3645 zur Abweichung von den Verdingungsunterlagen.
171 *OLG Frankfurt/M.* 16. 5. 2000 NZBau 2001, 101 (zur VOB/A); *BayObLG* 19. 3. 2002 VergabeR 2002, 252 (zur VOB/A); 15. 4. 2003 VergabeR 2003, 457 (zur VOB/A); *OLG Düsseldorf* 30. 7. 2003 VergabeR 2003, 687, 689 (zur VOB/A); *OLG Koblenz* 7. 7. 2004, 1 Verg 1 und 2/04 (zur VOB/A); *BayObLG* 27. 7. 2004 VergabeR 2004, 736 (zur VOB/A); *OLG Schleswig* 8. 12. 2005 ZfBR 2006, 190, 191 (zur VOB/A); *OLG Koblenz* 13. 2. 2006, 1 Verg 1/06 m. w. N.
172 A. A. *OLG Frankfurt/M.* 16. 9. 2003 ZfBR 2004, 292 (zur VOB/A); *OLG Saarbrücken* 29. 10. 2003 NZBau 2004, 117 (zur VOB/A); offen gelassen *OLG Jena* 5. 12. 2001 VergabeR 2002, 256 (zur VOB/A).
173 A. A. *OLG Celle* 8. 11. 2001 VergabeR 2002, 176 (zur VOB/A); *BayObLG* 28. 5. 2003 VergabeR 2003, 675 (zur VOB/A) m. w. N.; *Kulartz* in: Daub/Eberstein § 25 Rn. 25. Vgl. *Maier* NZBau 2005, 374, 377 f; *Scharf/Schütte* VergabeR 2005, 448, 453, 456 f.
174 *OLG Düsseldorf* 26. 1. 2006, VII-Verg 92/05; *3. VK Bund* 25. 10. 2006, VK 3–114/06.

90 § 25 Nr. 1 Abs. 2 lit. a) VOL/A, dem erhebliche Bedeutung für die Vergleichbarkeit der Angebote zukommt, ist **drittschützend**.

2. Angebote von Bietern, die von der Teilnahme am Wettbewerb nach § 7 Nr. 5 ausgeschlossen werden können, § 25 Nr. 1 Abs. 2 lit. b)

91 Der **fakultative Ausschlussgrund** § 25 Nr. 1 Abs. 2 lit. b) knüpft an § 7 Nr. 5 an. Danach »können« Bewerber von der Teilnahme am Wettbewerb ausgeschlossen werden, an deren Eignung auf Grund der in § 7 Nr. 5 normierten Gründe erhebliche Zweifel bestehen.[175] Dem Auftraggeber steht also ein **Beurteilungs- und Ermessensspielraum** bei der Einschätzung zu, ob ein Bieter trotz des Vorliegens eines zum Ausschluss berechtigenden Grundes nach § 7 Nr. 5 noch die erforderliche Eignung aufweist und daher noch im Wettbewerb verbleiben kann oder ob er vom Vergabewettbewerb auszuschließen ist.[176] Zunächst bedeutet dies, dass der öffentliche Auftraggeber also selbst dann noch an einem Bieter festhalten und ihn beauftragen kann, wenn im Sinne des § 7 Nr. 5 auf Grund der dort relativ schnell feststellbaren und eher objektiv einzustufenden Merkmale[177] tatsächlich Zweifel an dessen Eignung bestehen. Ausschließen muss er nur bei einer so genannten **Ermessensreduzierung auf null**,[178] d. h. wenn insbesondere unter dem Aspekt des Gleichbehandlungsgrundsatzes allein der Ausschluss die sachgerechte Lösung darstellt.

92 Der öffentliche Auftraggeber hat aber, da er zur sparsamen und wirtschaftlichen Haushaltsführung verpflichtet ist und es in seiner Verantwortung liegt, dass der Vertrag mit dem Bieter auch ordnungsgemäß durchgeführt werden kann,"[179] die Pflicht zu einer ermessensfehlerfreien Entscheidung. Diese Entscheidung, ob ein Bieter nach § 25 Nr. 1 Abs. 2 lit. b) ausgeschlossen wird, findet auf der **zweiten Wertungsstufe** statt. Hat der öffentliche Auftraggeber sein Ermessen ausgeübt und den Bieter im Wettbewerb belassen, ist er hieran unter dem Aspekt des Vertrauensschutzes gebunden.[180] Nur dann, wenn eine Ermessensreduzierung auf null vorliegt und deshalb der Ausschluss des Bieters die einzig sachgerechte Lösung darstellt, kann der öffentliche Auftraggeber auch später noch den Ausschluss vornehmen. Ergeben sich nach Abschluss der zweiten Wertungsstufe konkrete und belastbare Anhaltspunkte, welche die erforderliche Eignung des Bieters in Frage stellen, muss der öffentliche Auftraggeber dies zum Anlass nehmen, erneut in diese zweite Wertungsstufe einzutreten, um die Eignung des betroffenen Bieters zu überprüfen.[181] Im Rahmen der vorzunehmenden Ermessensentscheidung hat der öffentliche Auftraggeber zu prüfen und abzuwägen, ob der betroffene Bieter trotz der nach § 7 Nr. 5 bestehenden Zweifel an seiner Eignung eine **ordnungsgemäße Ausführung** der zu beauftragenden Leistung **erwarten** lässt.

---

175 Siehe im Einzelnen die Kommentierung zu § 7 Nr. 5 in diesem Kommentar.
176 *VK Bund* 17. 8. 2005, VK 2 81/05; *VK Niedersachsen* 18. 10. 2005, VgK 47/2005; 2. 4. 2003, 203 VgK 08/2003; *VK Nordbayern* 14. 3. 2006, 21 VK – 3194 – 07/06; *Noch* in: Müller-Wrede, § 25 VOL/A Rn. 46.
177 *VK Niedersachsen* 2. 4. 2003, 203 VgK 08/2003.
178 *VK Niedersachsen* 18. 1. 2005, VgK 47/2005.
179 *VK Niedersachsen* 2. 4. 2003, 203 VgK 08/2003, m. w. N.; *Noch* a. a. O.
180 *VK Sachsen-Anhalt* 23. 6. 2003, VK Hof 06/03.
181 *OLG Düsseldorf* 18. 7. 2001, Verg 16/01; *VK Niedersachsen* 2. 4. 2003, 203 VgK 08/2003.

Die Vergabestelle hat gerade bei der Frage, ob ein Bieter geeignet ist, einen sehr weiten Beurteilungs- und Ermessensspielraum.[182] Im Rahmen seines Ermessens hat der Ausschreibende eine auf **sachlichen Erwägungen** beruhende Entscheidung über die weitere Teilnahme der einzelnen Bieter zu treffen.[183] Die Vergabekammer und das ggf. mit einer Beschwerde befasste Gericht können im Rahmen des Nachprüfungs- und Beschwerdeverfahrens nur prüfen, ob die sachlichen **Grenzen des Beurteilungs- und Ermessensspielraums überschritten** sind.[184] Eine solche Überschreitung liegt jedenfalls vor, wenn das Ermessen überhaupt nicht ausgeübt wurde,[185] wenn die Vergabestelle der Entscheidung einen falschen oder in entscheidungsrelevanten Punkten unvollständigen Sachverhalt zu Grunde legt oder wenn gar sachwidrige Erwägungen in die Wertung einbezogen wurden. **93**

Die Regelbeispiele des § 7 Nr. 5 beschreiben grob zwei Gruppen von Fällen, die Zweifel an der Eignung des Bieters entstehen lassen. So beziehen sich die Regelbeispiele auf die **wirtschaftliche Leistungsfähigkeit** und auf die **Zuverlässigkeit** des Bieters. Je nach Fallgruppe des § 7 Nr. 5 sind die vorzunehmenden sachlichen Erwägungen andere. **94**

Bei vorhandenen wirtschaftlichen Problemen des Bieters wird ein weiteres Festhalten an dem Bieter nur dann sachlich gerechtfertigt sein, wenn sich entweder eine kurzfristig, d. h. bis spätestens bis zu Beginn der Leistungserbringung, zu erwartende Verbesserung der wirtschaftlichen Situation darstellt, oder wenn trotz der vorhandenen wirtschaftlichen Schwierigkeiten im Einzelfall dennoch eine ordnungsgemäße Ausführung der zu beauftragenden Leistung zu erwarten ist. **95**

Liegt z. B. ein vom Bieter selbst gestellter **Insolvenzeröffnungsantrag** vor, werden sich kaum Gesichtspunkte finden lassen, die ein Festhalten an dem Bieter rechtfertigen können. Auch reicht allein der Tatbestand der **Liquidation** für einen Ausschluss aus. Der öffentliche Auftraggeber braucht hier nicht mehr aufwändig festzustellen, ob das Unternehmen dennoch geeignet ist.[186] Hat der Bieter seine gesetzliche **Verpflichtung zur Zahlung von Steuern und Sozialabgaben** in der Vergangenheit nicht ordnungsgemäß erfüllt und deshalb keine entsprechende Bescheinigung vorweisen können, müssen diese Umstände nicht zwingend im Zeitpunkt der Angebotsabgabe noch vorliegen. Durch organisatorische Maßnahmen und durch Nachzahlung rückständiger Beträge kann sich die Situation zu Gunsten des Bieters nachhaltig verändert haben. **96**

Liegen **Bedenken gegen die Zuverlässigkeit** des Bieters vor, können insbesondere vorgenommene **Selbstreinigungsmaßnahmen** des Bieters den Vorwurf der Unzuverlässigkeit entfallen lassen.[187] Die notwendige Selbstreinigung setzt voraus, dass nach einer entsprechenden Verfehlung eine eindeutige **organisatorische und personelle** **97**

---

182 *Weyand* Praxiskommentar Vergaberecht, § 8 VOB/A, Rn. 3263; *VÜA Sachsen* 1. 3. 1999, 1 VÜA 17/98.
183 Für die vergleichbare Vorschrift des § 8 VOB/A: *BGH* 18. 9. 2001, X ZR 51/00.
184 *VK Niedersachsen* 18. 10. 2005, VgK 47/05.
185 *VK Brandenburg* 25. 8. 2002, VK 45/02.
186 *VK Arnsberg* 10. 3. 2006, VK 03/06.
187 *VK Nordbayern* 14. 3. 2006, 21 VK – 3194 – 07/06; *VK Bund* 11. 10. 2002, VK 1 – 75/02; *VK Düsseldorf* 13. 3. 2006, VK 8/06.

§ 25 Wertung der Angebote

Trennung des Unternehmens von der belasteten Person vorgenommen wird.[188] Alleine ein vorhandener Zeitablauf zwischen einer rechtskräftigen Verurteilung des Bieters reicht für die Annahme, der Bieter sei nunmehr wieder zuverlässig, nicht aus.[189] Die zwischenzeitliche Wohlverhaltensphase des Bieters stellt aber zumindest ein Indiz für dessen jetzige Zuverlässigkeit dar, welches bei der vorzunehmenden Abwägung einzubeziehen ist.

98 Betroffenen Bietern ist zu raten, bei in der Vergangenheit aufgetretenen aber inzwischen behobenen Problemen dem Auftraggeber schon mit Angebotsabgabe darzustellen, durch welche organisatorischen und ggf. personellen Maßnahmen er für die Zukunft sichergestellt hat, dass Ausschlussgründe im Sinne des § 7 Nr. 5 nicht mehr auftreten werden.

3. Nicht ordnungsgemäße Nebenangebote, § 25 Nr. 1 Abs. 2 lit. c) VOL/A

99 Nebenangebote, die nicht den formalen Anforderungen des § 21 Nr. 2 VOL/A entsprechen, können von der Wertung ausgeschlossen werden. Dem öffentlichen Auftraggeber steht insoweit ein – von den Nachprüfungsinstanzen nur eingeschränkt überprüfbares (s. Rn. 80) – **Ermessen** zu.[190]

100 Im Übrigen sind Nebenangebote gemäß § 25 Nr. 4 VOL/A »wie die Hauptangebote« zu werten. Sofern Nebenangebote **andere formale Voraussetzungen** nicht erfüllen, z.B nicht unterschrieben sind i. S.d § 21 Nr. 1 Abs. 2 Satz 5 VOL/A oder nicht die geforderten Angaben oder Erklärungen i. S. d. § 21 Nr. 1 Abs. 1 Satz 1 VOL/A enthalten, sind sie also gemäß den entsprechenden Regelungen des § 25 VOL/A von der Wertung auszuschließen (also z. B. gemäß § 25 Nr. 1 Abs. 1 lit. b) VOL/A bzw. § 25 Nr. 1 Abs. 2 lit. a) VOL/A). S. zu den weiteren Wertungsschritten bei Nebenangeboten Rn. 237 ff.

101 § 25 Nr. 1 Abs. 2 lit. c) VOL/A-alt war im Wesentlichen wortgleich formuliert. Lediglich die bisher verwendete Formulierung »Nebenangebote und Änderungsvorschläge« wurde auf den Begriff »Nebenangebote« verkürzt. Diese Änderung ist rein sprachlicher Natur und hat keine weiteren rechtlichen Auswirkungen, da die Terminologie auch in den übrigen Vorschriften der VOL/A entsprechend geändert worden ist (s. § 17 Rn. 60).

102 § 25 Nr. 1 Abs. 2 lit. c), § 21 Nr. 2 VOL/A dienen in erster Linie der Transparenz der Angebote und der Widerspruchsfreiheit des ggf. durch Zuschlag abgeschlossenen Vertrags (s. § 21 Rn. 100), die Regelung ist daher **nicht drittschützend**.[191]

---

188 *VK Düsseldorf* 13. 3. 2006, VK 8/06.
189 *OLG München* 21. 4. 2006, Verg 8/06.
190 Vgl. nur *OLG Düsseldorf* 29. 3. 2006, VII-Verg 77/05; *Schweda* VergabeR 2003, 268, 273.
191 Vgl. *Noch* in: Müller-Wrede § 21 Rn. 82.

ihm zumindest auf diese Weise ein Marktzutritt möglich ist (s. Rn. 123). Hierüber hinaus kann diesbezüglich berücksichtigt werden, ob der Auftraggeber die Bildung von Bietergemeinschaften zugelassen hat, über die ggf. auch newcomer am Vergabeverfahren teilnehmen können.[198]

Die vorzulegenden Eignungsnachweise müssen außerdem nach **Art, Inhalt und Zeitpunkt** der Vorlage eindeutig gefordert worden sein, vgl. hierzu Rn. 85. Hinsichtlich der hinreichend konkreten Festlegung des Zeitpunkts, zu dem Eignungsnachweise vorzulegen sind, reicht die Aufzählung in der Bekanntmachung unter der Überschrift »Bedingungen für die Teilnahme« aus, weil die Eignungsprüfung nur im Rahmen der Angebotswertung sinnvoll durchgeführt werden kann.[199] Etwaige Unklarheiten gehen zu Lasten des Auftraggebers, d. h. ein Angebot muss in der Wertung belassen werden, auch wenn ihm die betreffenden Angaben oder Erklärungen nicht beigefügt waren oder sie unzulässigerweise verspätet (nach Angebotsabgabeschluss, vgl. Rn. 116) nachgereicht wurden.[200] **110**

Maßgeblich für die Frage, welche Eignungsnachweise bis wann und in welcher Form vorzulegen sind, ist gemäß § 7 a Nr. 3 Abs. 3, § 17 Nr. 1 Abs. 2 lit. m) VOL/A die **Bekanntmachung**.[201] Die Anforderungen des öffentlichen Auftraggebers sind ggf. aus der objektiven Sicht eines verständigen, fachkundigen und mit der betreffenden Ausschreibung vertrauten Bieters auszulegen.[202] Die Bieter sollen auf diese Weise bereits vor der Veranlassung eigener Aufwendungen erkennen können, ob eine Bewerbung für sie überhaupt in Betracht kommt, und sich hieraufhin rechtzeitig darum bemühen können, die erforderlichen Nachweise zu beschaffen. Aus Gründen der Transparenz des Vergabeverfahrens und der Gleichbehandlung der Bieter ist der Auftraggeber an die bekannt gemachten Vorgaben gebunden (s. Rn. 132). D. h. er darf hiervon nicht im Nachhinein abweichen, also weder mehr noch weniger Eignungsnachweise verlangen als in der Bekanntmachung angegeben. Der Schutzzweck dieser Regelungen ist jedoch nicht tangiert, wenn die in der Bekanntmachung genannten Anforderungen z. B. in der Angebotsaufforderung lediglich konkretisiert werden.[203] **111**

Die Eignung ist nicht so wie gefordert nachgewiesen, wenn geforderte Angaben oder Nachweise **nicht rechtzeitig vorgelegt** werden, unvollständig sind[204] oder aus ande- **112**

---
198 *BayObLG* 9. 3. 2004, Verg 20/03 (zur VOB/A); *OLG Düsseldorf* 22. 9. 2005, VII-Verg 49 und 50/05 (zur VOB/A); vgl. auch 5. 10. 2005, VII-Verg 55/05 (zur VOB/A); *1. VK Bund* 22. 9. 2006, VK 1–103/06.
199 *OLG Düsseldorf* 1. 2. 2006, VII-Verg 83/05.
200 Vgl. *OLG Düsseldorf* 9. 6. 2004, VII-Verg 11/04; *OLG Brandenburg* 5. 1. 2006, Verg W 12/05; *OLG Düsseldorf* 13. 1. 2006, VII-Verg 83/05; *OLG Dresden* 17. 10. 2006, WVerg 15/16.
201 *OLG Düsseldorf* 25. 11. 2002, Verg 56/02; *OLG Naumburg* 9. 9. 2003 VergabeR 2004, 80; 26. 2. 2004 VergabeR 2004, 387; *OLG Saarbrücken* 12. 5. 2004, 1 Verg 4/04; *OLG Düsseldorf* 24. 5. 2006, VII-Verg 14/06; 18. 10. 2006, VII-Verg 35/06; 9. 1. 2007, VII-Verg 5/07; *3. VK Bund* 19. 3. 2007, VK 3–16/07. Vgl. demgegenüber zur VOB/A: *OLG Schleswig* 22. 5. 2006, 1 Verg 5/06 (zur VOB/A).
202 *OLG Düsseldorf* 5. 2. 2003, Verg 58/02; *OLG Celle* 11. 3. 2004, 13 Verg 3/04; 12. 5. 2005, 13 Verg 5/05; *OLG Düsseldorf* 24. 5. 2006, VII-Verg 14/06; *OLG Frankfurt/M.* 24. 10. 2006, 11 Verg 8 und 9/06; *OLG Dresden* 17. 10. 2006, WVerg 15/06; *OLG Frankfurt/M.* 19. 12. 2006, 11 Verg 7/06; *1. VK Bund* 30. 3. 2006, VK 1–13/06.
203 *OLG Düsseldorf* 22. 12. 2004 VergabeR 2005, 222; 24. 5. 2006, VII-Verg 14/06; 18. 10. 2006, VII-Verg 35/06; *3. VK Bund* 7. 2. 2007, VK 3–7/07.
204 *OLG Düsseldorf* 13. 1. 2006, VII-Verg 83/05, und 28. 6. 2006, VII-Verg 18/06: Wenn Umsätze für die letzten drei Jahre anzugeben waren und Angaben zum dritten Jahr fehlen, ist der Eignungsnachweis nicht

ren Gründen nicht den Anforderungen des öffentlichen Auftraggebers entsprechen.[205] Da der Auftraggeber sonst nicht die Eignung eines Bieters beurteilen kann, gilt das Gleiche, wenn dessen Angaben oder Erklärungen – auch nach Auslegung aus Sicht eines objektiven, sachkundigen Empfängers – unklar oder widersprüchlich sind. Diesbezüglich kann wiederum auf die Kommentierung zu »nicht« im Angebot »enthaltenen« Angaben und Erklärungen i. S. d. § 25 Nr. 1 Abs. 2 lit. a) VOL/A verwiesen werden, s. Rn. 86.

113 S. zur Frage, ob eine **Bietergemeinschaft** für jedes ihrer Mitglieder sämtliche geforderten Eignungsnachweise vorlegen muss, unten Rn. 122.

114 Bei einem Bieter, der sich zum Nachweis seiner Eignung **auf Dritte beruft** (Nachunternehmer, konzernverbundene Unternehmen), hängt die Vollständigkeit der vorzulegenden Eignungsnachweise u. a. davon ab, ob auch der sog. Verfügbarkeitsnachweis beigefügt worden ist (s. Rn. 123).

115 Sofern Eignungsnachweise für **Nachunternehmer** einzureichen sind, müssen auch diese die o. g. Anforderungen erfüllen. Wenn für diese also (wirksam) geforderte Unterlagen fehlen, ist das Angebot ebenfalls gemäß § 25 Nr. 2 Abs. 1 VOL/A auszuschließen.[206] Das Gleiche gilt, wenn der sog. Verfügbarkeitsnachweis (s. Rn. 123) fehlt.

116 Wegen § 24 Nr. 1, Nr. 2 VOL/A dürfen fehlende Eignungsnachweise **nicht** vom Auftraggeber **nachgefordert oder** nach Ablauf der Angebotsfrist **nachgereicht** werden. In einem Aufklärungsgespräch dürfen nämlich lediglich etwaige Zweifel über bereits mit dem Angebot vorgelegte Unterlagen und hierin gemachte Angaben oder über den Bieter behoben werden, jedoch können nicht fehlende Angaben nachgeholt werden, um auf diese Weise ein bisher unvollständiges Angebot zu ergänzen –[207] dementsprechend ist auch § 7 a Nr. 5 VOL/A auszulegen,[208] s. auch Art. 51 RL 2004/18/EG, § 24 Rn. 17.

117 Für die Vollständigkeit seines Angebots, also auch für die Vorlage sämtlicher (wirksam) geforderter Eignungsnachweise, trägt der Bieter die **materielle Beweislast**, wenn sich nicht aufklären lässt, ob sein Angebot beim öffentlichen Auftraggeber vollständig eingegangen ist.[209]

---

vollständig geführt. *OLG Düsseldorf* 9. 6. 2004, VII-Verg 11/04; 6. 7. 2005, VII-Verg 22/05; *3. VK Bund* 29. 7. 2005, VK 3–76/05.
205 Etwa weil eine im verschlossenen Umschlag vorgelegte Bilanz nur im Beisein des Bieters geöffnet werden darf, *OLG Düsseldorf* 13. 1. 2006, VII-Verg 83/05; oder weil ein vorgelegter Handelsregisterauszug unleserlich ist, *OLG Düsseldorf* 16. 1. 2006, VII-Verg 92/05; oder weil vorgelegte Zertifikate oder Unbedenklichkeitsbescheinigungen eine bestimmte Gültigkeitsdauer nicht einhalten, vgl. *OLG Düsseldorf* 9. 6. 2004. VII-Verg 11/04.
206 *OLG Düsseldorf* 22. 12. 2004 VergabeR 2005, 222; 6. 7. 2005, VII-Verg 22/05.
207 Vgl. *OLG Düsseldorf* 21. 12. 2004 VergabeR 2005, 222; 16. 1. 2006, VII-Verg 92/05; *2. VK Bund* 14. 8. 2006, VK 2–80/06 (zur VOB/A); *3. VK Bund* 19. 10. 2004, VK 3–191/04; 7. 2. 2007, VK 3–7/07. A. A. *OLG Naumburg* 26. 2. 2004 VergabeR 2004, 387; *OLG Saarbrücken* 12. 5. 2004, 1 Verg 4/04.
208 *OLG Düsseldorf* 16. 1 .2006, VII-Verg 92/05.
209 *OLG Düsseldorf* 19. 11. 2003. VII-Verg 47/03 (zur VOB/A); 30. 6. 2004, VII-Verg 22/04 (zur VOB/A); 7. 3. 2006, VII-Verg 98/05 (zur VOB/A); *3. VK Bund* 29. 7. 2005, VK 3–76/05.

2. Materielle Eignungsprüfung

Sofern ein Bieter alle wirksam geforderten[210] Angaben oder Nachweise über seine Eignung vorgelegt hat, prüft der öffentliche Auftraggeber in einem **zweiten Schritt**, ob der betreffende Bieter geeignet ist. Wie bereits der Wortlaut des § 25 Nr. 2 Abs. 1 VOL/A zeigt, sind die einzelnen Eignungskriterien konkret **auftragsbezogen** zu prüfen, d. h. es kommt darauf an, ob ein Bieter die für die Erfüllung gerade der ausgeschriebenen vertraglichen Verpflichtungen erforderliche Fachkunde, Leistungsfähigkeit und Zuverlässigkeit besitzt. **118**

Ein Bieter besitzt die erforderliche **Fachkunde**, wenn er über (theoretische) Kenntnisse sowie über die (praktischen) Erfahrungen und Fähigkeiten verfügt, die für die Ausführung der zu vergebenden Leistungen erforderlich sind, um diese fachgerecht vorzubereiten und auszuführen.[211] **119**

Hinsichtlich der **Leistungsfähigkeit** eines Bieters ist zu prüfen, ob dieser über die erforderlichen Mittel und Kapazitäten verfügt, die er zur ordnungsgemäßen und vertragsgemäßen Ausführung des ausgeschriebenen Auftrags benötigt.[212] Wie § 7a Nr. 3 Abs. 1, 2 VOL/A zeigen, ist dies in finanzieller, wirtschaftlicher, fachlicher (personeller) und technischer (sachlicher) Hinsicht zu beurteilen. Ein Unternehmen ist daher z. B. in finanzieller Hinsicht leistungsfähig, wenn es über ausreichende finanzielle Mittel verfügt, die es ihm ermöglichen, seinen laufenden Verpflichtungen gegenüber seinem Personal, dem Staat und sonstigen Gläubigern nachzukommen.[213] Hierüber hinaus umfasst die Prüfung der Leistungsfähigkeit auch die Frage, ob ein Bieter rechtlich in der Lage ist, die ausgeschriebene Leistung zu erbringen oder ob ihm dies z. B. wegen entgegenstehender gewerblicher Schutzrechte anderer Unternehmen unmöglich ist.[214] Dies kann auch für die Zuverlässigkeit dieses Bieters von Bedeutung sein, wenn dieser im Falle der Durchführung des ausgeschriebenen Auftrags gegen gesetzliche Regelungen (z. B. gewerbliche Schutzrechte oder gesetzliche Genehmigungsvorbehalte) verstoßen würde.[215] **120**

Zuverlässig ist ein Bieter, wenn er unter Berücksichtigung aller in Betracht kommenden Umstände eine ordnungsgemäße und vertragsgerechte Ausführung der ausgeschriebenen Leistung einschließlich der Erbringung von Gewährleistungen erwarten lässt. Wichtige Aufschlüsse hierüber können auch sein Verhalten bei der Erfüllung bereits abgeschlossener Verträge, aber auch Vorkommnisse im laufenden Vergabeverfahren und im Wettbewerb mit seinen Konkurrenten liefern.[216] Wie § 7 Nr. 5 lit. c) **121**

---

210 S. Rn. 108.
211 *OLG Saarbrücken* 12. 5. 2004, 1 Verg 4/04; *OLG Düsseldorf* 22. 9. 2005, VII-Verg 49 und 50/05 (zur VOB/A); *OLG Frankfurt* 24. 10. 2006, 11 Verg 8 und 9/06; *Kulartz* in: Daub/Eberstein § 25 Rn. 33 m. w. N.
212 *Kulartz* in: Daub/Eberstein § 25 Rn. 34 m. w. N.
213 *OLG Düsseldorf* 9. 6. 2004, VII-Verg 11/04; *Kulartz* in: Daub/Eberstein § 25 Rn. 34.
214 *OLG Düsseldorf* 21. 2. 2005, VII-Verg 91/04.
215 *OLG Düsseldorf* 24.11.2006, VII-Verg 82/05.
216 *BGH* 6. 2. 2002 BauR 2002, 1082 (zur VOB/A); *OLG Düsseldorf* 28. 8. 2001, Verg 27/01 m. w.N; *OLG Saarbrücken* 8. 7. 2003, 5 Verg 5/02; *OLG Naumburg* 9. 9. 2003 VergabeR 2004, 80; *OLG Frankfurt* 30. 3. 2004, 11 Verg 4 und 5/04; *BayObLG* 27. 7. 2004 VergabeR 2004, 736, 741 (zur VOB/A) m. w. N.; *OLG Düsseldorf* 15. 12. 2004, VII-Verg 48/04 (zur VOB/A) m. w. N.; *OLG Celle* 8. 12. 2005, 13 Verg 2/05 (zur

VOL/A zeigt, sind diesbezüglich außerdem schwere Verfehlungen zu berücksichtigen; hierüber hinaus sind bei der Beurteilung der Zuverlässigkeit auch die weiteren in § 7 Nr. 5 VOL/A genannten Umstände relevant, z. B. ob der Bieter seinen Verpflichtungen zur Zahlung von Steuern und Abgaben sowie der Beiträge zur gesetzlichen Sozialversicherung ordnungsgemäß nachgekommen ist.[217]

122 Da **Bietergemeinschaften** gerade deshalb gebildet werden, damit sich ihre Mitglieder gegenseitig ergänzen, ist im Einzelfall zu prüfen, ob jedes Mitgliedsunternehmen sämtliche Eignungsanforderungen erfüllen muss. So müssen z. B. grundsätzlich nicht in jedem Fall die sachlichen und persönlichen Eignungskriterien bei jedem Mitglied vorliegen, wenn dieses nach der internen Arbeitsverteilung eine Tätigkeit, die bestimmte Fähigkeiten erfordert, gar nicht ausführen soll.[218] Hinsichtlich der Fachkunde und Leistungsfähigkeit kommt es auf die der Bietergemeinschaft insgesamt zur Verfügung stehenden Fähigkeiten an. Etwas anderes gilt jedoch für die Zuverlässigkeit einer Bietergemeinschaft. Diese ist im berechtigten Interesse des Auftraggebers von jedem Mitglied nachzuweisen.[219]

123 Grundsätzlich geht es bei der Eignungsprüfung um die Person des Bieters selbst. Nach der aktuellen Rechtslage kann sich ein Bieter zum Nachweis seiner Eignung jedoch auch **auf einen Dritten berufen**, vgl. § 4 Abs. 4 VgV.[220] Nachdem früher stark umstritten war, ob auch sog. Generalübernehmer, also Unternehmen, die die ausgeschriebene Leistung vollständig durch Dritte erbringen lassen, zur Vergabe zuzulassen sind,[221] ist dies nunmehr (im Anschluss an mehrere Entscheidungen des EuGH[222] und die aktuelle gemeinschaftliche Rechtslage[223]) ohne weiteres zulässig – nicht einmal einen »Kern« eigener Leistungsfähigkeit darf die Vergabestelle von einem Bieter verlangen.[224] So kann sich ein Bieter, insbesondere ein newcomer, ggf. auf die Leistungsfähigkeit seiner Muttergesellschaft oder eines anderen Unternehmens desselben Konzerns berufen, das ihm z. B. das erforderliche Personal, Geräte, Maschinen etc und die entsprechenden finanziellen Mittel zur Verfügung stellt. Aus Gründen der Gleichbehandlung der Bieter sind diesbezüglich ggf. geforderte Eignungsnachweise

---

VOB/A); *OLG München* 21. 4. 2006, Verg 8/06; *3. VK Bund* 29. 6. 2006, VK 3–48/06; *Kulartz* in: Daub/Eberstein § 25 Rn. 35 m. w. N.; *Noch* in: Müller-Wrede § 25 Rn. 58 ff. m. w. N.; *ders.* S. 324 ff.
217 *OLG Düsseldorf* 9. 6. 2004, VII-Verg 11/04 m. w. N.; vgl. 5.12.2006, VII-Verg 56/06.
218 Vgl. *OLG Düsseldorf* 15. 12. 2004, VII-Verg 48/04 (zur VOB/A) m. w. N.
219 *OLG Düsseldorf* 15. 12. 2004, VII-Verg 48/04 (zur VOB/A) m. w. N.
220 *OLG Düsseldorf* 20 .11. 2001, Verg 33/01; 2. 1. 2006, VII-Verg 93/05; 28. 6. 2006, VII-Verg 18/06; *1. VK Bund* 21. 9. 2006, VK 1–100/06 (zur VOB/A); 22. 9. 2006, VK 1–103/06; *2. VK Bund* 14. 8. 2006, VK 2–80/06 (zur VOB/A); *3. VK Bund* 7. 2. 2007, VK 3–7/07; *Noch* S. 319 m. w. N. Vgl. auch *EuGH* 14. 4. 1994 »Ballast Nedam Groep I« Slg. 1994, 1289, 1306 f.; 18. 12. 1997 »Ballast Nedam Groep II« Slg. 1997, 7557, 7561 f.; 2. 12. 1999 »Holst Italia« Slg. 1999, 8607, 8638; 18. 3. 2004 »Siemens und ARGE Telekom« Slg. 2004, 2549, 2600 f.; *OLG Düsseldorf* 21. 12. 2005, VII-Verg 69/05 m. w. N.
221 *OLG Düsseldorf* 5. 7. 2000 NZBau 2001, 106 (zur VOB/A); *OLG Saarbrücken* 21. 4. 2004 VergabeR 2004, 731, 733 f. (zur VOB/A); *Schneevogl* NZBau 2004, 418 ff.
222 *EuGH* 14. 4. 1994 »Ballast Nedam Groep I« Slg. 1994, 1289, 1306 f; 18. 12. 1997 »Ballast Nedam Groep II« Slg. 1997, 7557, 7561 f.; vgl. auch 2. 12. 1999 »Holst Italia« Slg 1999, 8607, 8638; 18. 3. 2004 »Siemens und ARGE Telekom« Slg. 2004, 2549, 2600 f.
223 Art. 47 Abs. 2, 3, Art. 48 Abs. 3, 4 RL 2004/18/EG, Art. 54 Abs. 5 RL 2004/17/EG.
224 *OLG Düsseldorf* 28. 6. 2006, VII-Verg 18/06.

(Gerätelisten, Referenzen) dann für den Dritten vorzulegen.[225] Wie beim Berufen auf die Leistungsfähigkeit von Nachunternehmern[226] muss der betreffende Bieter auch hier zusätzlich von sich aus[227] nachweisen, dass er über die Ressourcen des Unternehmens, auf das er sich beruft, auch tatsächlich verfügen kann (sog. **Verfügbarkeitsnachweis**, vgl. auch Art. 47 Abs. 2, 3, Art. 48 Abs. 3, 4 RL 2004/18/EG, Art. 54 Abs. 5 RL 2004/17/EG).[228] Der vorgelegte Nachweis muss inhaltlich so beschaffen sein, dass der Auftraggeber hinreichend verlässlich beurteilen kann, ob der künftige Auftragnehmer seine vertraglichen Verpflichtungen ordnungsgemäß erfüllen wird, indem er ohne weiteres auf die Ressourcen des Dritten zugreifen kann.[229] Fehlt ein solcher Verfügbarkeitsnachweis, darf der Bieter gemäß § 25 Nr. 2 Abs. 1 VOL/A allein schon deshalb nicht berücksichtigt werden (s. Rn. 132).

Bei der Beurteilung der unbestimmten Rechtsbegriffe Fachkunde, Leistungsfähigkeit und Zuverlässigkeit handelt es sich um eine Prognoseentscheidung, ob vom künftigen Auftragnehmer die ordnungsgemäße Erfüllung der vertraglichen Verpflichtungen erwartet werden kann.[230] Dem öffentlichen Auftraggeber steht hierbei ein **Beurteilungsspielraum** zu, der von den Nachprüfungsinstanzen nur daraufhin überprüft werden kann, ob das vorgeschriebene Verfahren eingehalten worden ist, ob der Auftraggeber die von ihm selbst aufgestellten Bewertungsvorgaben beachtet hat, der zugrunde gelegte Sachverhalt vollständig und zutreffend ermittelt worden ist, keine sachwidrigen Erwägungen angestellt worden sind und nicht gegen allgemeine Bewertungsgrundsätze verstoßen worden ist.[231]

124

Die **selbst aufgestellten Bewertungsvorgaben** hat der öffentliche Auftraggeber z. B. dann vergaberechtswidrig nicht beachtet, wenn er im Nachhinein von (wirksam,

125

---

225 *OLG Düsseldorf* 5. 10. 2005, VII-Verg 55/05 (zur VOB/A); 28. 6. 2006, VII-Verg 18/06; *3. VK Bund* 7. 2. 2007, VK 3–7/07.
226 *OLG Düsseldorf* 30. 6. 2004, VII-Verg 22/04 (zur VOB/A) m. w. N.; 22. 12. 2004 VergabeR 2005, 222; 3. 1. 2005, VII-Verg 82/04; 2. *VK Bund* 14. 8. 2006, VK 2–80/06 (zur VOB/A).
227 *OLG Frankfurt* 30. 5. 2003 NZBau 2003, 636, 637 (zur VOB/A); *OLG Saarbrücken* 21. 4. 2004 VergabeR 2004, 731, 734 (zur VOB/A); *OLG Düsseldorf* 26. 1. 2005 VergabeR 2005, 374 (zur VOB/A) m. w. N. A.A: *OLG Bremen* 24. 5. 2006, Verg 1/2006 (zur VOB/A).
228 Vgl *OLG Düsseldorf* 20.11.2001, Verg 33/01; *OLG Frankfurt* 30. 5. 2003 NZBau 2003, 636, 637 (zur VOB/A); *OLG Saarbrücken* 12. 5. 2004, 1 Verg 4/04; *OLG Düsseldorf* 30. 6. 2004, VII-Verg 22/04 (zur VOB/A); 3. 1. 2005, VII-Verg 82/04; 26. 1. 2005 VergabeR 2005, 374 (zur VOB/A); 28. 6. 2006, VII-Verg 18/06; *OLG München* 6. 11. 2006, Verg 17/06 (zur VOB/A); *1. VK Bund* 21. 9. 2006, VK 1–100/06 (zur VOB/A); 22. 9. 2006, VK 1–103/06; 2. *VK Bund* 14. 8. 2006, VK 2–80/06 (zur VOB/A). Vgl. *EuGH* 14. 4. 1994 »Ballast Nedam Groep I« Slg. 1994, 1289, 1307; 18. 12. 1997 »Ballast Nedam Groep II« Slg. 1997, 7557, 7561 f; 2. 12. 1999 »Holst Italia« Slg. 1999, 8607, 8638 f; 18. 3. 2004 »Siemens und ARGE Telekom« Slg. 2004, 2549, 2600 f; *Kulartz* in: Daub/Eberstein § 25 Rn. 36; *Schneevogl* NZBau 2004, 418, 420, 422 f.
229 Vgl *EuGH* 18. 12. 1997 »Ballast Nedam Groep II« Slg. 1997, 7557, 7561 f; 2. 12. 1999 »Holst Italia« Slg 1999, 8607, 8638 f; *OLG Düsseldorf* 3. 1. 2005, VII-Verg 82/04; 28. 6. 2006, VII-Verg 18/06; *Schneevogl* NZBau 2004, 418, 422 f.
230 *OLG Saarbrücken* 8. 7. 2003, 5 Verg 5/02 m. w. N.; *OLG Frankfurt* 30. 3. 2004, 11 Verg 4 und 5/04; *OLG Düsseldorf* 5. 10. 2005, VII-Verg 55/05 (zur VOB/A); *OLG Brandenburg* 5. 1. 2006, Verg W 12/05.
231 *OLG Saarbrücken* 8. 7. 2003, 5 Verg 5/02; *OLG Celle* 11. 3. 2004, 13 Verg 3/04; *OLG Frankfurt* 30. 3. 2004, 11 Verg 4 und 5/04; *OLG Düsseldorf* 22. 9. 2005, VII-Verg 49 und 50/05 (zur VOB/A); 5. 10. 2005, VII-Verg 55/05 (zur VOB/A); *OLG München* 21. 4. 2006, Verg 8/06 m. w. N.; vgl. *OLG Naumburg* 26. 2. 2004 VergabeR 2004, 387; 1. *VK Bund* 21. 9. 2006, VK 1–100/06 (zur VOB/A); *3. VK Bund* 29. 6. 2006, VK 3–48/06; *Kulartz* in: Daub/Eberstein § 25 Rn. 32; *Noch* S. 314, 323.

s. Rn. 108) gestellten Mindestanforderungen oder z. B. einer Gewichtung der Eignungskriterien (die aus Gründen der Transparenz des Vergabeverfahrens vor Angebotsabgabe bekannt zu machen ist)[232] abweicht.

126 Bei der **Ermittlung des Sachverhalts,** der der Eignungsbeurteilung zugrunde zu legen ist, muss der öffentliche Auftraggeber zunächst von den vom Bieter selbst eingereichten Unterlagen ausgehen. Es obliegt grundsätzlich allein dem Bieter, dem Auftraggeber die Informationen zu verschaffen, auf deren Grundlage dieser die Schlussfolgerungen über die materielle Eignung überhaupt erst treffen kann.[233] Hierüber hinaus ist der öffentliche Auftraggeber grundsätzlich frei, wie er sich die für die Eignungsbeurteilung erforderlichen Kenntnisse verschafft, z. B. durch die Einholung von Auskünften.[234] Hierbei ist vor allem der Grundsatz der Gleichbehandlung der Bieter zu beachten, der z. B. durch den Umfang eigener Recherchen des öffentlichen Auftraggebers nicht verletzt werden darf. Jedenfalls aber dann, wenn hinreichende Anhaltspunkte vorhanden sind, z. B. die Leistungsfähigkeit eines Bieters anzuzweifeln, muss der öffentliche Auftraggeber seine Prüfung auch von Amts wegen hierauf erstrecken[235] und sogar eine ggf. bereits durchgeführte Eignungsprüfung im laufenden Vergabeverfahren noch einmal wiederholen (s. zur gebotenen Prüfung des Fortbestehens der Eignung eines Bieters unten Rn. 129). Bei schwierigen (z. B. patentrechtlichen) Rechtsfragen muss sich der öffentliche Auftraggeber ggf. sachverständiger Hilfe bedienen (§ 6 VOL/A).[236]

127 Um einen Bieter mangels Eignung von der Wertung auszuschließen, benötigt der öffentliche Auftraggeber **konkrete Anhaltspunkte,** die ihm zuverlässige Rückschlüsse z. B. auf dessen mangelnde Leistungsfähigkeit ermöglichen.[237] Dies ist insbesondere bei der Beurteilung von newcomern zu beachten, sofern der Auftraggeber nicht wirksame Mindestanforderungen aufgestellt hat, die diesen den Marktzutritt erschweren können (vgl. Rn. 109). Von etwaigen (wirksamen) Mindestanforderungen der Vergabestelle hängt auch die Frage ab, ob ein Bieter bereits dann ungeeignet ist, wenn er bei Angebotsabgabe noch nicht über alle technischen und personellen Kräfte verfügt, die er zur Durchführung des Auftrags benötigt. Ggf. reicht es aus, wenn er in der Lage ist, sich die erforderlichen Mittel bis zur Erbringung der Leistung zu beschaffen – anderenfalls wären die Bieter, die bei Angebotsabgabe noch nicht wissen, ob sie den Auftrag erhalten werden, zu ggf. vergeblichen Investitionen und ungewöhnlichen (wirtschaftlichen) Wagnissen gezwungen.[238]

---

[232] *EuGH* 12. 12. 2002 »Universale-Bau AG« VergabeR 2003, 141, 152 f; *OLG Düsseldorf* 29. 10. 2003 VergabeR 2004, 100; *1. VK Bund* 30. 3. 2006, VK 1–13/06. Diesbezüglich gilt dasselbe wie bei der Bekanntmachung von Zuschlagskriterien, s. § 9 a Rn. 12.
[233] *Noch* in: Müller-Wrede § 25 Rn. 55 m. w. N.; vgl *OLG Düsseldorf* 21. 12. 2005, VII-Verg 69/05.
[234] *3. VK Bund* 29. 6. 2006, VK 3–48/06; *Kulartz* in: Daub/Eberstein § 25 Rn. 37.
[235] *OLG Düsseldorf* 21. 2. 2005, VII-Verg 91/04; 24. 11. 2006, VII-Verg 82/05; *3. VK Bund* 2. 11. 2005, VK 3–133/05; 4. 7. 2006, VK 3–60/06.
[236] *OLG Düsseldorf* 21. 2. 2005, VII-Verg 91/04.
[237] *BGH* 24. 5. 2005 BauR 2005, 1620 (zur VOB/A); *OLG Düsseldorf* 28. 8. 2001, Verg 27/01; *OLG Saarbrücken* 8. 7. 2003, 5 Verg 5/02; *OLG Düsseldorf* 21. 2. 2005, VII-Verg 91/04; *OLG München* 21. 4. 2006, Verg 8/06; *OLG Düsseldorf* 24.11.2006, VII-Verg 82/05; vgl. auch 28. 7. 2005, VII-Verg 42/05; *3. VK Bund* 29. 6. 2006, VK 3–39/06. Vgl. *Noch* S. 316 m. w. N.
[238] *OLG Dresden* 23. 7. 2002 WuW/E Verg 694 (zur VOB/A); *OLG Düsseldorf* 25. 2. 2004, VII-Verg 77/03

Ein **sachfremdes Kriterium** würde der öffentliche Auftraggeber bei der Eignungs- **128** prüfung z. B. dann anwenden, wenn er einen Bieter deshalb bevorzugt, weil dieser bereits »bekannt und bewährt« ist, s. Rn. 133.

Das Vorliegen bzw das **Fortbestehen der Eignung** eines Bieters ist bis zum Abschluss **129** des Vergabeverfahrens, also bis zur rechtswirksamen Zuschlagserteilung zu beachten. Wenn es Anhaltspunkte dafür gibt, an der ursprünglich bejahten Eignung eines Bieters zu zweifeln, muss der Auftraggeber diesen von Amts wegen nachgehen.[239] Maßstab ist das abgegebene Angebot, ob also unter Zugrundelegung der hierin gemachten Angaben die Eignung des Bieters (weiterhin) bejaht werden kann.[240] Ein Bieter darf deshalb vor allem auch dann nicht bei der Wertung berücksichtigt werden, wenn er sein Angebot nach Ablauf der Angebotsfrist (bis zur Zuschlagserteilung) so ändert, dass seine Eignung nunmehr in Frage steht. Geräte und Maschinen oder die entsprechenden Betriebsteile, die für seine technische Leistungsfähigkeit von Bedeutung sind, dürfen deshalb nach Angebotsabgabe nicht veräußert werden (es sei denn, der Bieter weist nach, dass der Erwerber diese für die Ausführung des Auftrags zur Verfügung stellt),[241] die Zusammensetzung einer Bietergemeinschaft darf nicht geändert werden (durch Hinzutreten oder Wegfall von Mitgliedern)[242] und ein Bieter darf grundsätzlich nicht nachträglich auf den angegebenen Einsatz von Nachunternehmern verzichten und die betreffenden Leistungen nunmehr selbst ausführen wollen.[243] Der Bieter ist nämlich nach Ablauf der Angebotsfrist an sein Angebot in der Weise gebunden, dass er die angebotenen Leistungen so wie hier dargelegt erbringen muss (vgl. § 18 Nr. 3, § 19 Nr. 3 VOL/A) – jede Änderung des Angebots ist eine unzulässige Nachverhandlung i. S. d. § 24 Nr. 1 Abs. 1, Nr. 2 Abs. 1 VOL/A.[244] Außerdem darf sein Angebot in diesen Fällen möglicherweise auch bereits deshalb nicht berücksichtigt werden, weil der Bieter für die nunmehr geänderten Umstände die geforderten Eignungsnachweise nicht rechtzeitig erbracht hat[245] (z. B. für die neuen Mitglieder seiner Bietergemeinschaft). Das Gleiche gilt, wenn ein Bieter nach Ablauf der Angebotsfrist einen Nachunternehmer auswechselt und der Auftraggeber verlangt hatte, Nachunternehmer bereits mit dem Angebot verbindlich zu benennen und für diese bestimmte Eignungsnachweise zu erbringen.[246]

(zur VOB/A); *OLG München* 12. 9. 2005 VergabeR 2006, 112 m. w.N; *OLG Brandenburg* 5. 1. 2006, Verg W 12/05; vgl. *EuG* 6. 7. 2005, Rs. T-148/04, Rn. 90.
239 *OLG Düsseldorf* 20. 11. 2001, Verg 33/01; 21. 2. 2005, VII-Verg 91/04; 5. 7. 2006, VII-Verg 25/06 (zur VOB/A) m. w. N.; 24. 11. 2006, VII-Verg 82/05; *3. VK Bund* 2. 11. 2005, VK 3–133/05; *Kulartz* in: Daub/Eberstein § 25 Rn. 35.
240 *OLG Düsseldorf* 26. 1. 2005 VergabeR 2005, 374 (zur VOB/A); vgl. 15. 12. 2004, VII-Verg 48/04 (zur VOB/A).
241 *OLG Düsseldorf* 15. 12. 2004, VII-Verg 48/04 (zur VOB/A); 26. 1. 2005 VergabeR 2005, 374 (zur VOB/A).
242 *OLG Naumburg* 9. 9. 2003 VergabeR 2004, 80; *OLG Düsseldorf* 26. 1. 2005 VergabeR 2005, 374 (zur VOB/A); vgl *EuGH* 23. 1. 2003 »Makedoniko Metro« Slg. 2003, 1091, 1133; *Roth* NZBau 2005, 316 ff.
243 *OLG Düsseldorf* 5. 5. 2004, VII-Verg 10/04 (zur VOB/A).
244 *OLG Düsseldorf* 20. 11. 2001, Verg 33/01; 18. 10. 2006, VII-Verg 30/06. A. A. *OLG Bremen* 20. 7. 2000 BauR 2001. 94 (zur VOB/A). S. zur Verfassungsmäßigkeit eines solchen »Veränderungsverbots« *OLG Düsseldorf* 6.10. und 16. 11. 2005, VII-Verg 56/05; 18. 10. 2006, VII-Verg 30/06.
245 *OLG Düsseldorf* 18. 10. 2006, VII-Verg 30/06.
246 *OLG Düsseldorf* 5. 5. 2004, VII-Verg 10/04 (zur VOB/A); *2. VK Bund* 20. 5. 2005, VK 2–30/05. Vgl. *Roth* NZBau 2005, 316, 318 f.

130 Sofern der öffentliche Auftraggeber hinreichende Anhaltspunkte hat (s. Rn. 127), obliegt dem jeweiligen Bieter die **Darlegungs- und Beweislast** dafür, dass er dennoch geeignet ist oder trotz entgegenstehender Anhaltspunkte seine ursprünglich zu bejahende Eignung inzwischen nicht verloren hat.[247]

II. Rechtsfolgen

131 Die einzelnen Wertungsstufen sind grundsätzlich streng voneinander zu trennen. Wenn die Eignung eines Bieters bejaht worden ist, darf also ein **»Mehr an Eignung«** grundsätzlich nicht als entscheidendes Kriterium für den Zuschlag zu seinen Gunsten berücksichtigt werden, vgl. auch Rn. 158.[248]

132 Wenn der öffentliche Auftraggeber festgestellt hat, dass ein Bieter nicht geeignet ist, ordnet § 25 Nr. 2 Abs. 1 VOL/A ausdrücklich an, dass dieser nicht berücksichtigt werden darf. Dessen Angebot ist also **zwingend auszuschließen**.[249] Nach der hier vertretenen Auffassung gilt dies sowohl für den Fall, dass ein Bieter nicht so wie vom öffentlichen Auftraggeber gefordert seine Eignung nachgewiesen hat (insbesondere weil Eignungsnachweise fehlen, s. Rn. 107 ff.), als auch dann, wenn ein Bieter in materieller Hinsicht die Eignungsanforderungen des Auftraggebers nicht erfüllt (s. Rn. 118 ff.). Da dem öffentlichen Auftraggeber insoweit kein Ermessen zusteht, kann sich ein Bieter nicht darauf berufen, seine Eignung sei zuvor bereits ausdrücklich bejaht worden[250] oder er habe diese schwerwiegende Rechtsfolge nicht gekannt, z. B. weil sich der Auftraggeber in den Verdingungsunterlagen die Ermessensausübung vorbehalten habe, ein Angebot mangels Eignung des Bieters lediglich ausschließen zu »können«.[251] Vielmehr ist dieser Ausschlussgrund stets von Amts wegen zu beachten und das betreffende Angebot muss ggf. auch noch im Nachprüfungsverfahren ausgeschlossen werden.[252] Ein

---

247 *OLG Düsseldorf* 26. 1. 2005 VergabeR 2005, 374 (zur VOB/A).
248 *BGH* 8. 9. 1998 BauR 1998, 1246 (zur VOB/A); *OLG Düsseldorf* 5. 2. 2003, Verg 58/02 m. w. N.; wenn sich besondere Erfahrungen eines Bieters leistungsbezogen auswirken, also die Gewähr für eine »bessere« Leistung bieten, kann die nochmalige Berücksichtigung der Leistungsfähigkeit oder Fachkunde eines Bieters bei der Beurteilung der Wirtschaftlichkeit seines Angebots ggf. berücksichtigt werden; *KG* 18. 7. 2002 VergabeR 2003, 78 (zur VOB/A); *OLG Düsseldorf* 5. 2. 2003, Verg 58/02; *BayObLG* 3. 7. 2002 VergabeR 2002, 637; *OLG Düsseldorf* 25. 2. 2004, VII-Verg 77/03 (zur VOB/A); vgl auch *EuGH* 19. 6. 2003 »GAT« Slg. 2003, 6351, 6406 ff; *EuG* 6. 7. 2005, Rs. T-148/04, Rn. 86 m. w. N.; *OLG Düsseldorf* 5.10.2005, VII-Verg 55/05 (zur VOB/A); *Gröning* NZBau 2003, 86, 90 f.; *Kularitz* in: Daub/Eberstein § 25 Rn. 31 m. w. N.; *Noch* in: Müller-Wrede § 25 Rn. 67 f. m. w. N.; *ders.* S. 317 f.
249 Vgl. nur *BGH* 16. 10. 2001 BauR 2002, 308 (zur VOB/A); *OLG Düsseldorf* 25. 11. 2002, Verg 56/02; 9. 6. 2004, VII-Verg 11/04; 22. 12. 2004 VergabeR 2005, 222; 16. 1. 2006, VII-Verg 92/05; 28. 6. 2006, VII-Verg 18/06; *VK Bund* 7. 2. 2007, VK 3–7/07.
250 *OLG Düsseldorf* 5. 5. 2004, VII-Verg 10/04; 30. 6. 2004, VII-Verg 22/04 (zur VOB/A); 28. 6. 2006, VII-Verg 18/06; *3. VK Bund* 29. 7. 2005, VK 3–76/05.
251 *OLG Düsseldorf* 22. 12. 2004 VergabeR 2005, 222; *OLG Dresden* 17. 10. 2006, WVerg 15/06; *OLG Düsseldorf* 9. 3. 2007, VII-Verg 5/07; *3. VK Bund* 29. 7. 2005, VK 3–76/05; vgl. auch *BGH* 8. 9. 1998 BauR 1998, 1249 (zur VOB/A).
252 *OLG Düsseldorf* 28. 6. 2006, VII-Verg 18/06; 18. 10. 2006, VII-Verg 30/06 m. w. N.; *OLG Dresden* 17. 10. 2006, WVerg 15/06; vgl. *OLG Düsseldorf* 5. 5. 2004, VII-Verg 10/04 (zur VOB/A); 15. 12. 2004, VII-Verg 48/04 (zur VOB/A); *3. VK Bund* 29. 7. 2005, VK 3–76/05; vgl. auch *BGH* 8. 9. 1998 BauR 1998, 1249 (zur VOB/A); 18. 2. 2003 VergabeR 2003, 313, 317 f (zur VOB/A). A. A. *OLG Rostock* 8. 3. 2006 VergabeR 2006, 374, 376 (zur VOB/A); *OLG Frankfurt* 24. 10. 2006, 11 Verg 8 und 9/06.

etwaiges Vertrauen eines Bieters in das (vergaberechtswidrige) Verhalten des Auftraggebers ist nicht schützenswert.[253]

Diese strenge Rechtsfolge, die schon bei einer einzelnen fehlenden Eignungsangabe zum Ausschluss des Angebots führt, wird gelegentlich – auch von öffentlichen Auftraggebern selbst – als unbillig empfunden. Der BGH hat in einer aktuellen Entscheidung zu einer »nicht enthaltenen Erklärung« i. S. d. § 25 Nr. 1 Abs. 2 lit. a) VOL/A ausgeführt, dass ein öffentlicher Auftraggeber »grundlegende Mängel« des Vergabeverfahrens auch »durch transparente und diskriminierungsfreie Änderung der betreffenden Vorgabe« beheben kann.[254] Dies könnte zwar so verstanden werden, dass ein Auftraggeber im Nachhinein z. B. auf die Vorlage einzelner geforderter Erklärungen verzichten darf. Eine solche Vorgehensweise dürfte im Hinblick auf den vom BGH entschiedenen Sachverhalt jedoch auf die Fälle zu beschränken sein, in denen ein Nachweis gefordert worden ist, den objektiv kein Bieter beibringen konnte.[255] Anderenfalls bestünde nämlich ein Widerspruch zu der bisherigen gefestigten Rechtsprechung, dass aus Gründen der Gleichbehandlung der Bieter (§ 97 Abs. 2 GWB) und der Transparenz des Vergabeverfahrens (§ 97 Abs. 1 GWB) geforderte Unterlagen nicht nachgereicht werden dürfen (s. Rn. 116) und dass der Auftraggeber auf (wirksam) geforderte fehlende Nachweise auch nicht verzichten darf –[256] auch nicht mit dem Argument, der betreffende Bieter sei bereits »bekannt und bewährt« und deshalb ohne Weiteres als geeignet anzusehen.[257] Der strengen Rechtsfolge des § 25 Nr. 2 Abs. 1 VOL/A kann in der Praxis daher nur so wirksam begegnet werden, dass die Vergabestelle die verlangten Angaben und Nachweise von vornherein auf das aus ihrer Sicht absolut Unabdingbare beschränkt (so dass ein Angebotsausschluss auch beim Fehlen »lediglich« eines einzelnen Nachweises nicht unbillig erscheint) und/oder von vornherein bestimmt, dass Angaben und Nachweise nur »auf Verlangen« vorzulegen sind, also ggf. nachgereicht werden können.

133

Ein Bieter kann sich grundsätzlich darauf berufen, dass der öffentliche Auftraggeber die Eignung der anderen Bieter ordnungsgemäß prüft, § 25 Nr. 2 Abs. 1 VOL/A ist **drittschützend**.[258] Ob jedoch ein Bieter, der mangels Eignung nicht berücksichtigt werden darf, in einem Nachprüfungsverfahren erfolgreich geltend machen kann, dass auch andere Angebote auszuschließen sind, ist keine Frage des § 25 VOL/A, sondern der Antragsbefugnis, § 107 Abs. 2 GWB, bzw der Rechtsverletzung, § 114 Abs. 1 GWB.[259]

134

---

253 *OLG Düsseldorf 30. 6. 2004*, VII-Verg 22/04 (zur VOB/A) m. w. N.
254 *BGH 26. 9. 2006* VergabeR 2007, 59, 63.
255 Vgl. auch *BGH 1. 8. 2006* VergabeR 2007, 73, 75 (zur VOB/A).
256 *OLG Düsseldorf 25. 11. 2002*, Verg 56/02; *26. 1. 2005* VergabeR 2005, 374 (zur VOB/A); *OLG Celle 12. 5. 2005*, 13 Verg 5/05; *OLG Düsseldorf 13. 1. 2006*, VII-Verg 83/05; *3. VK Bund 12. 12. 2006*, VK 3–138/06; *7. 2. 2007*, VK 3–7/07.
257 *BGH 16. 10. 2001* BauR 2002, 308 (zur VOB/A); *OLG Düsseldorf 30. 7. 2003*, Verg 20/03; *13. 1. 2006*, VII-Verg 83/05; vgl. auch *21. 12. 2005*, VII-Verg 69/05.
258 *OLG Düsseldorf 2. 3. 2005*, VII-Verg 70/04; *24. 11. 2006*, VII-Verg 82/05.
259 Vgl. hierzu *BGH 26. 9. 2006* VergabeR 2007, 59, 61 ff., 66 ff; *Erdl* VergabeR 2007, 70 ff., 72; *Müller-Wrede* NZBau 2006, 807 ff.

D. Preisprüfung (dritte Wertungsstufe), Nr. 2 Abs. 2 u. 3

I. Allgemeines

135 § 25 Nr. 2 Abs. 2 und 3 regeln die **dritte Phase der Angebotswertung**. Sie geben dem Auftraggeber zwei Prüfungsmaßnahmen vor. In einem ersten Schritt hat der Auftraggeber in einer Art Zwischenverfahren über ungewöhnlich niedrig erscheinende Angebote aufzuklären (Abs. 2). Diese Prüfung ist nicht mit einer Aufklärung nach § 24 zu verwechseln, die im Ermessen des Auftraggebers steht. In einem zweiten Schritt hat der Auftraggeber zu prüfen, ob Leistung und Gegenleistung in einem angemessenen Verhältnis zueinander stehen (Abs. 3). Ist dies zu verneinen, muss das betreffende Angebot in der dritten Wertungsphase zwingend ausgeschieden werden. **Normzweck** ist in erster Linie der Schutz des Auftraggebers (s. Rn. 12). Denn beim Zuschlag auf ein unverhältnismäßig niedriges Preisangebots besteht die Gefahr, dass der Auftragnehmer zumal dann, wenn der Vertrag eine längere Laufzeit aufweisen soll, infolge wirtschaftlicher Schwierigkeiten leistungsunfähig wird, dass schlecht geleistet wird oder unbotmäßige Nachforderungen gestellt werden.[260] Die Normanwendung wirft zwei Problemkreise auf, nämlich, unter welchen Voraussetzungen ist ein ungewöhnlich niedriges Angebot anzunehmen und wegen eines Missverhältnisses zwischen Preis und Leistung auszuschließen (s. Rn. 104 ff.). Daneben ist zu fragen, ob und inwieweit die Vorschriften einen bieterschützenden Charakter haben, vor allem, ob konkurrierende Bieter mit Erfolg den Ausschluss eines ungewöhnlich niedrigen Angebots betreiben können (s. Rn. 115 f.). Wegen der Behandlung solcher Angebote, die aufgrund einer **staatlichen Beihilfe** ungewöhnlich niedrig sind, wird auf die Kommentierung zu § 25 a Nr. 2 verwiesen. § 25 Nr. 2 Abs. 2 und 3 entsprechen Art 55 der **Vergabe-Richtlinie** 2004/18/EG.[261] § 25 Nr. 3 Abs. 1 und 2 **VOB/A** weist eine inhaltlich gleich zu verstehende Regelung auf. In der **VOF** fehlen gleichartige Bestimmungen.

II. Tatbestand der Norm

1. Nr. 2 Abs. 2 – ungewöhnlich niedrige Angebote

136 Die Vorschrift statuiert eine **Prüfungspflicht** des Auftraggebers. Er hat insofern kein Ermessen, sondern muss – wenn ein unangemessen niedriges Angebot indiziert ist – in einem Zwischenverfahren in eine Aufklärung über den Preis eintreten. Das ergibt sich aus dem Wortlaut der Norm. Gegenstand der Prüfung ist der **Gesamtpreis** (Endpreis) des Angebots,[262] auch wenn die Vorschrift von einer Prüfung der Einzelposten spricht. Dies bezieht sich auf die Methode und die Prüfungstiefe. Über die Einzelposten ist nur deshalb aufzuklären, weil sich der Endpreis aus ihnen zusammensetzt. Die Einzel-

---

260 Vgl. auch *Kulartz* in: Daub/Eberstein, Kommentar zur VOL/A, 5. Aufl., § 25 Rn. 41.
261 V 31. 3. 2004, ABl. EG Nr. L 134 v. 30. 4. 2004. Vgl. zu den Vorläuferrichtlinien § 21 Fn. 1.
262 Vgl. *OLG Düsseldorf* NZBau 2000, 155, 157; *BayObLG* NZBau 2003, 105, 107; 2003, 342, 344 f.; NZBau 2004, 294 f.; *OLG Celle* NZBau 2000, 105; *OLG Saarbrücken* NZBau 2004, 117, 118 f.; *OLG Dresden* VergabeR 2003, 64, 67. Anders noch *OLG Köln* NJW-RR 1999, 316.

preise selbst sind bei gegebenem Anlass nur im Rahmen der Prüfung auf Vollständigkeit der Preisangaben nach § 25 Nr. 1 Abs. 1 lit. a), § 21 Nr. 1 Abs. 1 Satz 1 auf der ersten Stufe der Angebotswertung zu überprüfen (vgl. § 25 Rn. 7 ff.). Eine Mehrfachprüfung in verschiedenen Wertungsphasen ist weder beabsichtigt noch geboten. Die Prüfungspflicht des Auftraggebers entsteht, wenn der Angebotspreis den Eindruck erweckt, **im Verhältnis zur Leistung** ungewöhnlich niedrig zu sein.[263] Am Prüfungsverfahren ist der betroffene Bieter notwendig zu **beteiligen**. Bei **ungewöhnlich hohen Angeboten** besteht keine Prüfungspflicht.[264] Die Verfasser der VOL/A haben wohl angenommen, dass derartige Angebote bei der Wirtschaftlichkeitsprüfung nach § 25 Nr. 3 (vierte Wertungsstufe) ausfallen werden oder notfalls eine Aufhebung der Ausschreibung nach § 26 Nr. 1 lit. c) erfolgen kann. Jedoch ist § 25 Nr. 2 Abs. 3 auch auf ungewöhnlich hohe Angebote anzuwenden (s. Rn. 111 f.).

Der **Eindruck eines ungewöhnlich niedrigen Angebots** kann aufgrund eines Vergleichs mit den Preisen eingegangener Konkurrenzangebote, aber auch auf der Grundlage von Erfahrungswerten bei wettbewerblicher Preisbildung gewonnen werden (z. B. anhand früherer vergleichbarer Ausschreibungen). Zweifelhaft kann sein, ob in einen Angebotsvergleich auch die (Gesamt-) Preise der im selben Vergabeverfahren auf vorgehenden Wertungsstufen **ausgeschlossenen Angebote** einbezogen werden dürfen. Dies kann erheblich werden, sofern der Auftraggeber – aus welchen Gründen auch immer – über kein anderes Vergleichsmaterial verfügt. Bei einem derartigen Vergleich ist freilich zu bedenken, dass zwischen dem Ausschlussgrund und dem Angebotspreis ein Ursachenzusammenhang bestehen kann. War der Ausschlussgrund von kalkulationserheblicher Bedeutung, kann er sich also auf die Preisbildung ausgewirkt haben, eignet sich das vom Ausschluss betroffene Angebot zu keinem Vergleich. Es ist jedoch unangebracht, deswegen generell jedes ausgeschlossene Angebot von einem Preisvergleich auszunehmen.[265] Richtigerweise ist einem ausgeschlossenen Konkurrenzangebot eine Indizwirkung für die Preisbildung nur abzusprechen, wenn der konkrete Ausschlussgrund die Kalkulation beeinflusst haben kann.[266] Insofern ist eine Einzelfallprüfung anzustellen, die durchaus dazu führen kann, dass ausgeschlossene Angebote zu einem Preisvergleich herangezogen werden dürfen. Dies ist z. B. zu bejahen, wenn Vergleichsangebote wegen rein formaler Mängel ausgeschlossen worden sind (Fehlen einer Unterschrift, verspäteter Eingang des Angebots, Fehlen eindeutig nicht wettbewerbsrelevanter Angaben, Erklärungen oder Eignungsnachweise). Umgekehrt: Ist ein Angebot wegen unzulässiger Änderungen an den Verdingungsunterlagen ausgeschlossen worden, kann der Preis auf der Basis abweichender Kalkulationsgrundlagen berechnet worden sein. Sofern dies nicht auszuschließen ist, ist ein solches Angebot ungeeignet, zu einem Vergleich herangezogen zu werden. Gleiches kann im einzelnen Fall auch bei einer Verneinung von Eignungsmerkmalen gelten (Fachkunde, Leistungsfähigkeit, Zuverlässigkeit).

137

---

263 So auch der Wortlaut von Art 55 Abs. 1 der Richtlinie 2004/18/EG.
264 Vgl. zu einem solchen Fall *OLG München* VergabeR 2006, 802, 807 f.
265 Anders wohl *OLG Koblenz* VergabeR 2004, 244.
266 So *OLG München* VergabeR 2006, 802, 807 f. (in einem Fall, welcher ein ungewöhnlich hohes Angebot betraf) mit zust Anm. von *Noch* VergabeR 2006, 808, 809 f.

§ 25 Wertung der Angebote

138 Soweit in der Rechtsprechung der OLG von bestimmten Prozentbeträgen die Rede ist, mit denen der Abstand des vom Ausschluss betroffenen oder bedrohten Angebots zum nächsthöheren Angebot bemessen wird, kann es stets nur um die Festlegung einer **Aufgreifschwelle** gehen, deren Erreichen der Auftraggeber zum Anlass nehmen muss, die Höhe des Angebotspreises zu überprüfen. Dabei handelt es sich um den **Preisabstand** zum nächsthöheren Angebot. Keinesfalls darf ein Angebot, welches den Schwellenwert erreicht, also einen beträchtlichen Preisabstand aufweist, gewissermaßen automatisch von der weiteren Wertung ausgeschlossen werden. § 25 Nr. 2 Abs. 2 unterwirft den Auftraggeber zuvor ausnahmslos dem Überprüfungsverfahren. Alles andere ist nach den einschlägigen Judikaten des EuGH auch als europarechtswidrig zu betrachten.[267] Das hat seinen guten Grund, denn die Festlegung eines für den Ausschluss maßgebenden rechnerischen Schwellenwerts ist geeignet, die Entfaltung des mit den Vergaberichtlinien angestrebten Wettbewerbs im öffentlichen Beschaffungswesen zu behindern. So erweist sich auch in der Praxis immer wieder, dass ein erhebliches Abfallen des preisgünstigsten Angebots gegenüber dem nächsthöheren Angebot wettbewerblich veranlasst sein kann.[268] Angebote können aus Gründen des Wettbewerbs mit niedrigeren Preisen, einer geringeren Gewinnmarge oder sogar ohne Gewinn kalkuliert worden sein, dies z. B. dann, wenn ein Bieter effizientere Produktionstechniken oder Betriebsabläufe entwickelt hat[269] oder er bei angespannter Wettbewerbslage und brach liegenden Kapazitäten durch den Auftrag wenigstens einen Deckungsbeitrag zu den Betriebskosten erwirtschaften oder er sich als »Newcomer« auf einem neuen räumlichen oder sachlichen Markt Zugang verschaffen will. Davon abgesehen kann bei einem bislang überhöhten Preisniveau gerade der angebotene geringere Preis der angemessene sein. Die zugrundeliegenden Umstände sind dem Auftraggeber nicht oder nicht ohne weiteres bekannt. Darum soll dem betreffenden Bieter Gelegenheit zur Aufklärung gegeben werden. Tatsächlich sind von den Vergabesenaten in der Vergangenheit teils beachtliche Preisabstände gutgeheißen worden.[270]

---

267 *EuGH* 27. 11. 2001 C-285 und 286/99 NZBau 2002, 101 = EuZW 2002, 58, Rn. 45, 47 f., 53 (zu Art 30 Richtlinie 93/37/EWG – Baukoordinierungsrichtlinie) sowie ferner *EuGH* Slg 1989, 1839 = NVwZ 1990, 649 = EuZW 1990, 296 (nur LS – zu Art 29 Richtlinie 71/305/EWG – Vorläufer der Baukoordinierungsrichtlinie aus dem Jahr 1993). Nach Ansicht des EuGH nimmt ein mathematisches Kriterium, wonach Angebote, die den als Preis der Arbeiten festgesetzten Grundwert um mehr als 10 Prozentpunkte weniger übersteigen als der Durchschnitt aller zum Vergabeverfahren zugelassenen Angebote, als ungewöhnlich niedrig angesehen werden, den Bietern, die besonders niedrige Angebote eingereicht haben, die Möglichkeit nachzuweisen, dass dieses Angebote seriös sind, so dass die Anwendung eines solchen Kriteriums im Widerspruch zum Zweck der Richtlinie steht, die Entwicklung eines echten Wettbewerbs auf dem Gebiet des öffentlichen Auftragswesens zu fördern. Die Erreichung dieses Zieles sei in Frage gestellt, wenn die Mitgliedstaaten bei der Umsetzung von der Richtlinie wesentlich abweichen dürften.
268 So auch *Kulartz* in: Daub/Eberstein, Kommentar zur VOL/A, 5. Aufl., § 25 Rn. 40.
269 Vgl. *Noch* in: Müller-Wrede, Verdingungsordnung für Leistungen, Kommentar, § 25 Rn. 73.
270 Vgl. *Thüringer* OLG NZBau 2000, 349, 352: 18,4 %;
    OLG Düsseldorf NZBau 2000, 155, 157:   14 %;
    BayObLG NZBau 2003, 105, 107:   21,35 %;
    OLG Bremen NZBau 2004, 172, 173:   15,6 %;
    OLG Celle VergabeR 2004, 397, 405:   35 %;
    BayObLG VergabeR 2004, 743, 745:   29 %.

139 Eine möglichst übereinstimmende Annahme einer Aufgreifschwelle ist indes sinnvoll, da sie hilft, eine gleichförmige Praxis zu begründen. Was die **Höhe einer Aufgreifschwelle** betrifft, sind Abweichungen in der Rechtsprechung zwar unvermeidlich. Dennoch orientieren sich die Vergabesenate zu Recht mehrheitlich immer noch an einer 20%-Schwelle.[271] Ein geringerer Preisabstand[272] scheint nicht geeignet zu indizieren, dass ein Angebotspreis – worauf abzustellen ist – **im Verhältnis zur angebotenen Leistung** (vgl. Art. 55 Abs. 1 Richtlinie 2004/18/EG) ungewöhnlich niedrig ist. Eine Differenz von nicht mehr als 10% spricht noch nicht für einen unangemessen niedrigen Angebotspreis.[273]

140 Der betroffene Bieter ist nach entsprechender Aufforderung i. S. einer **Mitwirkungsobliegenheit** gehalten, den Auftraggeber über seine Preisgestaltung zu unterrichten. Ihm obliegt, den Auftraggeber mit zwecksprechenden Informationen auszustatten, die entweder den Eindruck eines ungewöhnlich niedrigen Angebots entkräften oder aber beachtliche Gründe dafür aufzeigen, dass das Angebot trotz seines geringen Preises hinzunehmen ist. Die Erklärungen des Bieters müssen in sich schlüssig, nachvollziehbar und anhand geeigneter Belege objektiv überprüfbar sein. Dazu hat ihm der Auftraggeber eine ausreichende Stellungnahmefrist zu gewähren.[274] Verweigert der Bieter eine in der Sache gebotene Aufklärung, nimmt er faktisch den Ausschluss seines Angebots hin. Trägt er durch nachvollziehbare Angaben dazu bei, ist der Auftraggeber nicht per se gehindert, den Zuschlag sogar auf ein **Unter-Kosten-Angebot** (unauskömmliches Angebot) zu erteilen.[275] In einem solchen Fall hat der Auftraggeber in der dritten Wertungsstufe jedoch zusätzlich eine Prognoseentscheidung darüber zu treffen, ob der Bieter zum angebotenen Preis voraussichtlich zuverlässig und vertragsgerecht leisten kann. Dies muss aufgrund feststehender Tatsachenumstände bejaht werden können.[276] Auch insofern hat der Bieter zur Aufklärung beizutragen. Der Bieter darf dem Auftraggeber Auskünfte nicht unter Hinweis auf **Geschäftsgeheimnisse** vorenthalten (s. Rn. 36).

141 In der Nachprüfungspraxis kommen allerdings immer wieder Fälle vor, in denen der Auftraggeber seiner Prüfungspflicht im Vergabeverfahren nicht oder nicht genügend nachgekommen ist. Die Pflicht des Auftraggebers, ungewöhnlich niedrige Angebote zu überprüfen, hat **bieterschützenden Charakter**, dies freilich nur zugunsten desjenigen Bieters, dessen Angebot ohne Überprüfung ausgeschlossen worden oder von

---

271 So *Thüringer OLG* BauR 2000, 396; *BayObLG* VergabeR 2004, 743; *OLG Frankfurt/M.* 30. 3. 2004 11 Verg 4/04; *OLG Düsseldorf* 23. 3. 2005 VII-Verg 77/04 n. v.
272 Das *OLG München* VergabeR 2006, 802, 807 scheint in einem obiter dictum neuerdings zu einer 10%-Schwelle zu tendieren. Tatsächlich – so die Beschlussgründe – lag das betroffene Angebot jedoch »weit jenseits der Spanne von 10%« zum nächsthöheren Angebot.
273 Ebenso: *Franke/Grünhagen* in: Franke/Kemper/Zanner/Grünhagen VOB-Kommentar 2. Aufl § 25 VOB/A Rn. 525.
274 Im Interesse einer alsbaldigen Zuschlagserteilung dürfte eine Frist von mehreren Tagen genügen.
275 Vgl. *BGH* NJW 1995, 737; *BGH* 31. 8. 1994, 2 StR 256/94; *BGH* 11. 7. 2001, 1 StR 576/00 NJW 2001, 3718. *OLG Düsseldorf* VergabeR 2002, 471, 475: Es ist nicht Sinn und Zweck von § 25 Nr. 2 Abs. 2 und 3 VOL/A, dem Bieter auskömmliche Preise zu garantieren.
276 Dabei kommt dem öffentlichen Auftraggeber – wie bei der Bewertung der Eignung der Bieter (vgl. dazu *BGH* NZBau 2002, 344; BauR 2002, 29; *OLG Düsseldorf* 15. 6. 2005 VII-Verg 5/05) – ein nur auf die Einhaltung seiner Grenzen überprüfbarer Beurteilungsspielraum zu.

einem Ausschluss bedroht ist.[277] Der von der Pflichtverletzung betroffene Bieter kann im Nachprüfungsverfahren durchsetzen, dass der Auftraggeber die Prüfung nachholt und das Vergabeverfahren zu diesem Zweck in die dritte Phase der Angebotswertung zurückversetzt wird. Von einem solchen Eingriff in das Vergabeverfahren können die Vergabenachprüfungsinstanzen nur absehen, sofern der Auftraggeber die **Überprüfung** während des Nachprüfungsverfahrens **nachgeholt** hat. Das Prüfungsergebnis darf der Nachprüfungsentscheidung jedoch nur zugrundegelegt werden, sofern die tatsächliche Entscheidungsgrundlage vollständig ermittelt worden ist, d. h. die betreffenden Tatsachenumstände unstreitig oder erwiesen sind, so dass die Entscheidung darauf gestützt werden kann.[278] Ein Angebot darf nur auf **feststehender tatsächlicher Grundlage** als im Verhältnis zur Leistung ungewöhnlich niedrig von der weiteren Wertung ausgeschlossen werden. Können entsprechende Feststellungen nicht getroffen werden, hat der Ausschluss zu unterbleiben. So gesehen hat im Nachprüfungsverfahren dann der Auftraggeber den Nachteil der Nichterweislichkeit zu tragen (s. auch Rn. 38 f.).

2. Nr. 2 Abs. 3 – offenbares Missverhältnis bei Preis und Leistung

142 Die Angemessenheit des Angebotspreises ist durch eine Betrachtung des Preis-Leistungs-Verhältnisses innerhalb des vom Ausschluss bedrohten Angebots zu ermitteln. Der Gesamtpreis (Endpreis) des Angebots ist in eine Relation zum Wert der angebotenen Leistung zu stellen. Nur wenn sich ergibt, dass der Wert der Leistung zum Gesamtbetrag der Gegenleistung in einem beachtlichen Missverhältnis steht, kann von einer Unangemessenheit des Preises gesprochen werden.[279] Bei der Auslegung sind die i. S. einer authentischen Interpretation der Verfasser der Norm maßgebenden Erläuterungen des Verdingungsausschusses heranzuziehen.[280] Danach hat sich die Prüfung auf alle Einzelfallumstände erstrecken, sind Erfahrungswerte bei der Preisbildung (insbesondere auch solche aus anderen Ausschreibungen) zu berücksichtigen und soll ein Angebotsausschluss nur bei einer groben, sofort ins Auge fallenden Abweichung ausgesprochen werden. Dies verdeutlicht, dass die Unverhältnismäßigkeit des Preises einer **wertenden Entscheidung** unterliegt. Kann ein Bieter im Rahmen der Prüfung nach § 25 Nr. 2 Abs. 2 nachvollziehbar erklären, aufgrund sach- und/oder unternehmensbezogener Gründe wettbewerbsorientiert günstiger als andere Bieter kalkuliert zu haben (namentlich infolge effizienterer Produktionsmethoden oder Betriebsabläufe, preisgünstigerer Bezugsquellen, der Absicht bloßer Erzielung eines Deckungsbeitrags oder eines Vorstoßes in einen neuen Markt; s. Rn. 106), ist bei werten-

---

[277] Dagegen schützt die Norm Bieter nicht vor sich selbst. Bieter können demnach nicht wegen Unauskömmlichkeit den Ausschluss ihres eigenen Angebots verlangen; vgl. *BGH* 11. 7. 2001 1 StR 576/00 NJW 2001, 3718; BauR 1980, 63, 64.
[278] Vgl. *OLG Düsseldorf* 12. 3. 2003 Verg 49/02 n. v.
[279] So auch *Kratzenberg* in: Ingenstau/Korbion, VOB, 15. Aufl., § 25 VOB/A Rn. 62 für den Anwendungsbereich der VOB/A.
[280] Die Erläuterungen zu § 25 Nr. 2 Abs. 3 lauten:
  Ein offenbares Missverhältnis zwischen Preis und Leistung ist nur dann anzunehmen, wenn der Preis von den Erfahrungswerten wettbewerblicher Preisbildung so grob abweicht, dass dies sofort ins Auge fällt. Die Vergabestelle wird in ihre Abwägung, ob ein offenbares Missverhältnis vorliegt, alle Erkenntnisse zur Beurteilung des Preis-/Leistungsverhältnisses im Einzelfall einbeziehen.

der Betrachtung kein Missverhältnis zwischen Preis und Leistung gegeben. Dies hat auch bei **Unter-Kosten-Angeboten** sowie erst recht dann zu gelten, wenn der Angebotspreis aufgrund der vom Bieter glaubhaft geleisteten Auskunft nach den Marktgegebenheiten nicht als ungewöhnlich niedrig bezeichnet zu werden verdient.

3. Ungewöhnlich hohe Angebote

Sog. Überangebote spielen in der vergaberechtlichen Praxis kaum eine Rolle. Werden sie abgegeben, handelt es sich tendenziell eher um Schutzangebote, von denen der Bieter nicht ernsthaft annimmt oder annehmen kann, auf sie könnte der Zuschlag entfallen. Wie mit Überangeboten rechtlich umzugehen ist, kann jedoch bedeutsam werden, wenn alle übrigen Angebote auf der ersten Wertungsstufe ausgeschlossen worden sind und nur das vermeintlich überhöhte Angebot übrig bleibt, auf das der Auftraggeber dann den Zuschlag erteilen müsste (aber nicht will), sofern er das Vergabeverfahren nicht aufhebt. Eine Aufhebung der Ausschreibung wird indes zu Recht als »ultima ratio« angesehen. **143**

Bei ungewöhnlich hohen Angeboten ist der Auftraggeber dem Bieter zu **keiner Überprüfung** des Preises nach § 25 Nr. 2 Abs. 2 verpflichtet. Die Überprüfungspflicht bezieht sich nach dem Wortlaut der Vorschrift und wohl auch nach dem Willen des Normgebers nur auf ungewöhnlich niedrige Angebote. Der Anwendungsbereich der Vorschrift sollte nicht ohne Not erweitert werden. Sofern er es für tunlich hält, kann der Auftraggeber über ungewöhnlich hohe Angebote nach pflichtgemäßem Ermessen ohne weiteres gemäß § 24 aufklären. **144**

Bei ungewöhnlich hohen Angeboten stehen i. S. v. § 25 Nr. 2 Abs. 3 Preis und Leistung jedoch in einem **offenbaren Missverhältnis**. Auf sie darf der Zuschlag deswegen nicht erteilt werden.[281] Das Ergebnis überzeugt auch wegen der in der VOB/A festzustellenden Wertungsparallele. Nach § 25 Nr. 3 Abs. 1 VOB/A darf auf ein Angebot mit einem unangemessen hohen oder niedrigen Preis kein Zuschlag ergehen. **145**

III. Rechtsfolgen

Erweist sich der Gesamtpreis des betreffenden Angebots nach den Umständen weder als ungewöhnlich hoch oder niedrig oder bringt der Bieter für seine Preisgestaltung glaubhaft stichhaltige Gründe vor (s. Rn. 110), gelangt das Angebot in die vierte, abschließende Wertungsphase. Sind die genannten Voraussetzungen zu verneinen, darf auf das Angebot ein Zuschlag nicht erteilt werden. Das Angebot hat m. a. W. aus der weiteren Wertung auszuscheiden. Dabei ist zu beachten, dass der Auftraggeber die Ausschlussentscheidung nur aufgrund einer **feststehenden Tatsachengrundlage** treffen darf (s. Rn. 109, Rn. 38 f.). Im Nachprüfungsverfahren hat der Auftraggeber den Nachteil der Nichterweislichkeit eines ungewöhnlich hohen oder niedrigen Angebots oder eines Missverhältnisses zwischen Preis und Leistung zu tragen. **146**

---

281 *OLG München* VergabeR 2006, 802, 807 f.

147 Während die in § 25 Nr. 2 Abs. 2 geregelte Prüfungspflicht des Auftraggebers Schutzwirkung nur für den Bieter entfaltet, dessen Angebot ausgeschlossen worden oder von einem Ausschluss bedroht ist, bleibt die andere Rechtsfrage bedeutsam, ob § 25 Nr. 2 Abs. 3, wonach der Zuschlag auf ein Angebot, dessen Preis in einem offenbaren Missverhältnis zur Leistung steht, nicht erteilt werden darf, **bieterschützenden Charakter** hat, m. a. W. ob mit entsprechendem Vortrag andere Bieter im Nachprüfungsverfahren den Ausschluss eines unverhältnismäßig niedrigen Konkurrentenangebots erzwingen können. Im Allgemeinen scheitert in der Praxis regelmäßig bereits der Nachweis eines unverhältnismäßig niedrigen Preisangebots, so dass die Frage einer bieterschützenden Wirkung nicht entscheidungserheblich wird. Im Streitfall hat die Beweislast nämlich der Bieter zu tragen, der eine unverhältnismäßig niedrige Preisgestaltung in einem anderen Angebot behauptet (s. dazu auch Rn. 39).

148 § 25 Nr. 2 Abs. 3 dient in erster Linie dem Schutz des Auftraggebers, der davor bewahrt werden soll, Verträge mit Auftragnehmern einzugehen, die wegen einer unauskömmlichen Preiskalkulation in die Gefahr geraten, ihren Leistungsverpflichtungen nicht (mehr) nachkommen zu können (s. auch Rn. 103).[282] Zwar wirkt sich die Zulassung ungewöhnlich niedriger Angebote auf die Stellung konkurrierender Bieter im Wettbewerb aus. Ein Schutz ergibt sich, ohne dass darauf ein Anspruch besteht, jedoch allenfalls als Reflex aus der Verdingungsordnung.[283] Bieterschutz im Rechtssinn entfaltet die Bestimmung hingegen nur dann, wenn das Gebot, **wettbewerbsbeschränkende und unlautere Verhaltensweisen der Bieter** zu bekämpfen (vgl. § 2 Nr. 1 Abs. 2 VOL/A), vom Auftraggeber den Ausschluss des betreffenden Angebots fordert. Beispielhaft zählen dazu Angebote mit einem unverhältnismäßig niedrigen Preis, die in der zielgerichteten Absicht einer **Marktverdrängung** abgegeben worden sind oder zumindest die Gefahr begründen, dass bestimmte Wettbewerber vom Markt ganz (und nicht nur von einer einzelnen Auftragsvergabe) verdrängt werden. Genauso gehören dazu Angebote, bei denen die Preisgestaltung den Auftragnehmer voraussichtlich in so große wirtschaftliche Schwierigkeiten bringt, dass er die **Vertragsausführung abbrechen** muss. Die wettbewerbsbeschränkende Wirkung ist in jenen Fällen in der begründeten Besorgnis zu sehen, dass die am Vergabeverfahren beteiligten Wettbewerber, welche die Leistung zu einem angemessenen Preis angeboten haben, aus welchen Gründen auch immer nicht mehr in die Ausführung des Auftrags eintreten können, weil eine Übernahme wegen der weiteren Entwicklung ihrer geschäftlichen Verhältnisse, insbesondere einer anderweitigen Bindung ihrer Leistungskapazitäten, ausgeschlossen ist.[284] Mehr oder weniger haben die Vergabesenate der OLG nur in der Anfangszeit des Vergaberechts einen bieterschützenden Charakter der Norm einschränkungslos bejaht.[285] Inzwischen sind Angleichungen an die hier vertretene und vom OLG Düsseldorf entwickelte Rechtsauffassung festzustellen.[286]

---

[282] *OLG Düsseldorf* VergabeR 2001, 128 f.; NZBau 2002, 627 f.; a. A. *BayObLG* VergabeR 2001, 65, 69: Die Norm schütze ausschließlich den Auftraggeber.
[283] A. A. *Kulartz* in: Daub/Eberstein, Kommentar zur VOL/A 5. Aufl. § 25 Rn. 41; *Franke/Grünhagen* in: Franke/Kemper/Zanner/Grünhagen VOB-Kommentar 2. Aufl. § 25 VOB/A Rn. 505.
[284] So *OLG Düsseldorf* VergabeR 2001, 128 f.; NZBau 2002, 627 f.
[285] *OLG Celle* NZBau 2000, 105; *OLG Saarbrücken* NZBau 2004, 117, 118; *Thüringer OLG* NZBau 2000, 349, 352.
[286] Vgl. *BayObLG* NZBau 2003, 105, 107; 2004, 743, 745 (zuvor: keinerlei Bieterschutz); *OLG Celle* Ver-

E. Wirtschaftlichkeitsprüfung (vierte Wertungsstufe), Nr. 3

I. Grundlagen

1. Die vierte und letzte Stufe enthält den Kern des Wertungsprozesses: Es geht um die Ermittlung des wirtschaftlichsten Angebots aus den (verbliebenen) Angeboten, mit anderen Worten darum, welcher Bieter den Zuschlag erhalten soll. Maßgeblicher Zeitpunkt ist derjenige der Vergabeentscheidung. Soweit in die Wertung Prognoseelemente einfließen (z. B. über die Folgekosten einer angebotenen Leistung), kommt es auf die zum Zeitpunkt der Vergabeentscheidung erkennbaren Prognosegrundlagen an. Die Rechtmäßigkeit der Entscheidung für ein bestimmtes Angebot kann dem entsprechend nicht damit in Frage gestellt werden, dass *nach* der Entscheidung der Vergabestelle weitere Erkenntnisse über bestimmte Prognosegrundlagen entstehen. Ist der Vertragsschluss oder die Leistungserbringung von behördlichen Genehmigungen etc. abhängig, können diese noch nach der Vergabeentscheidung beigebracht werden (vgl. unten Rn. 156). 149

Die Vorgabe, dass keine strikte Bindung an das Prinzip des niedrigsten Preises gilt (Nr. 3 Satz 2), entspricht § 97 Abs. 5 GWB. Es kommt (umfassender) auf die günstigste Relation zwischen der offerierten Leistung und den dafür einzusetzenden (finanziellen und sonstigen) Mitteln an,[287] wobei nur an objektive, auf den Auftrag und die darin geforderten Leistungen bezogene Kriterien angeknüpft werden darf. Allgemeine politische Zielsetzungen, Zweckmäßigkeitserwägungen oder Präferenzen sind keine zulässigen Wertungsgesichtspunkte. 150

2. Nach Art. 53 Abs. 1 der Richtlinie 2004/18/EG (gleichlautend Art. 55 Abs. 1 Richtlinie 2004/17/EG) sind als Zuschlagskriterien entweder das »wirtschaftlich günstigste Angebot« (orientiert an »mit dem Auftragsgegenstand zusammenhängenden Kriterien«, wie Qualität, Preis, technischem Wert, Ästhetik, Zweckmäßigkeit, Umwelteigenschaften, Betriebskosten, Rentabilität, Kundendienst und technische Hilfe, Lieferzeitpunkt und Lieferungs-/Ausführungsfrist) oder ausschließlich das Kriterium des niedrigsten Preises zulässig. Im Rahmen des § 25 Nr. 3 ist eine erweiterte, nicht nur am Preiskriterium orientierte Wirtschaftlichkeitsprüfung vorzunehmen. Die Vergabestelle kann unter den in Art. 55 Abs. 1 der Richtlinie 2004/18/EG genannten (Hilfs-) Kriterien eine Auswahl treffen und auch weitere, selbst definierte Kriterien hinzufügen (zu § 9 a s. u. Rn. 163, 176 ff., 210 ff.). 151

Für alle Kriterien gilt, dass diese den Wettbewerb nicht ohne sachlichen Grund einschränken dürfen (§ 2 Nr. 1 Abs. 1; § 97 Abs. 1 GWB), die Gleichbehandlung und Nichtdiskriminierung aller Bieter gewährleisten (§ 2 Nr. 2, § 7 Nr. 1 Abs. 1, § 7a Nr. 1; § 97 Abs. 2 GWB) und hinreichend präzise definiert sein müssen (§ 8 Nr. 1 Abs. 3, § 9a). Zur »im Zweifel« ausschlaggebenden Bedeutung des Preiskriteriums siehe unten Rn. 193. 152

---

gabeR 2004, 397, 405 (das früher einen konsequenten Bieterschutz vertreten hatte); *OLG Koblenz* VergabeR 2006, 392, 401 f.
[287] Vgl. BT-Drs. 13/9340 v. 3.12.1997, S. 14 (zu § 97 Abs. 5 GWB).

153 3. § 25 Nr. 3 gilt für alle Vergabeverfahrensarten (§ 3, § 3 a). In den Sektorenbereichen (vgl. § 8 VgV) gelten inhaltsgleiche Vorschriften (§ 25 b Nr. 1, § 11 Nr. 1 SKR). Im Text des § 25 b Nr. 1 bzw. des § 11 Nr. 1 SKR sind die Kriterien gem. Art. 55 Abs. 1 der Richtlinie 2004/17/EG ausdrücklich aufgeführt. Die Vergabekriterien sind bekannt zu machen (§ 9 a, § 9 b Nr. 1 f, § 7 Nr. 2 f SKR). Sektorenauftraggeber können unter den in § 12 VgV bestimmten Voraussetzungen Angebote mit einem Warenanteil von mehr als 50 v. H. aus Nicht-EWR-Staaten zurückweisen.

154 4. Der Wertungsprozess ist zu dokumentieren (Nr. 5; § 30).

155 5. Die Bieter haben einen Anspruch auf eine fehlerfreie Wertungsentscheidung gem. Nr. 3 (§ 97 Abs. 7 GWB). Bei Vergaben unterhalb der Schwellenwerte ist dieser Anspruch gerichtlich nur im Rahmen des Sekundärrechtsschutzes geschützt.[288] Die Frage, inwieweit die Vergabestelle im Rahmen der Wertung einen Beurteilungs- bzw. Ermessensspielraum für sich in Anspruch nehmen kann, betrifft die »Kontrolldichte« im Nachprüfungsverfahren, nicht aber den Anspruch auf Beachtung der Nr. 3. Die rechtmäßige Angebotswertung (insbesondere) im Rahmen der Nr. 3 kann (auch) bei Auftragsvergaben unterhalb der Schwellenwerte von Aufsichtsbehörden (z. B. Kommunalaufsicht), von Rechnungshöfen und u. U. auch von Zuschussgebern, die bei der Projektförderung im Rahmen von Nebenbestimmungen die Beachtung des Vergaberechts verlangen, eingefordert werden. Ein eigenständiger öffentlich-rechtlicher Anspruch der Bieter auf Beachtung der Nr. 3 besteht im Unterschwellenbereich in aller Regel nicht.

156 Vergabekammer bzw. -senat gehen bei der Nachprüfung von Wertungsentscheidungen gem. §§ 114, 123 GWB von der Sach- und Rechtslage zur Zeit der Vergabeentscheidung aus,[289] maßgeblich ist insoweit i. d. R. die Absendung der Information i. S. d. § 13 S. 2 VgV.

157 Inhaltlich sind das Leistungsverzeichnis und die von der Vergabestelle selbst angegebenen (bekannt gemachten) Zuschlagskriterien und ihre Rangfolge maßgeblich, wobei die Nachprüfung an eine rechzeitige Rüge anknüpft (§ 107 Abs. 3 GWB).[290] Soweit die Zuschlagskriterien unbestimmte Rechts- oder Fachbegriffe enthalten, ist deren Bedeutungsgehalt und ihre Anwendung auf den Einzelfall grds. vollständig nachprüfbar.[291] Die Vergabestelle muss insoweit von einem richtigen Sachverhalt ausgehen, allgemeine Denkgesetze und sachlich gebotene Erwägungen sowie gegenüber allen Auftragsbewerbern die Anwendung gleicher Grundsätze und Maßstäbe beachten.

158 Eine Doppelverwertung oder »Vermischung« von Kriterien ist grds. unzulässig: Ein (in der zweiten Stufe, gem. Nr. 2 Abs. 1) bereits als geeignet angesehener Bieter darf im Rahmen der Wirtschaftlichkeitsstufe nicht mit einem »Mehr an Eignung« (aus-

---

[288] Vgl. dazu § 28 Rn. 59 ff.
[289] Vgl. aber *OLG Düsseldorf* Beschl. v. 7. 7. 2003, VII-Verg 34/03, IBR 2003, 495 (noch ausstehende Arbeitserlaubnis).
[290] Nach Stellung des Nachprüfungsantrags gilt § 107 Abs. 3 GWB nicht mehr: *OLG Düsseldorf* Beschl. v. 16. 11. 2005, Verg 59/05, Juris (Ls. 1), st. Rspr. – m. w. N. in II.1. der Gründe.
[291] Ähnlich: *Kratzenberg* in: Ingenstau/Korbion, VOB, Komm., 2004, § 25 VOB/A Rn. 73.

schlaggebend) berücksichtigt werden;²⁹² das gilt auch dann, wenn auf der zweiten Stufe im Ermessenswege (Nr. 1 Abs. 2) von einem Angebotsausschluss abgesehen worden ist.²⁹³ Ausgeschlossen ist es aber nicht, bestimmte Eignungsmerkmale in die Beurteilung der Wirtschaftlichkeit einzubeziehen.²⁹⁴

Ergibt die Wertung, dass mehrere Angebote »eng« beieinander liegen, kann die Vergabestelle bei der Auswahl des wirtschaftlichsten Angebots eine Beurteilungsprärogative für sich in Anspruch nehmen, die von den Nachprüfungsinstanzen zu respektieren ist. Etwas anderes kommt (in seltenen Ausnahmefällen)' nur in Betracht, wenn nur noch *eine* Wertungsentscheidung rechtmäßig sein kann. Werden Wertungsfehler festgestellt, ist die Angebotswertung zu wiederholen. Das Vergabeverfahren kann von den Nachprüfungsinstanzen so weit »zurückversetzt« werden, wie es zur wirksamen Eliminierung des Wertungsfehlers erforderlich ist.²⁹⁵ **159**

II. Wertungskriterien

1. Systematik

Die Auswahl des wirtschaftlichsten Angebots erfolgt gem. Nr. 3 unter Berücksichtigung angebots-/leistungsbezogener Kriterien. Die bieterbezogenen (Eignungs-) Kriterien sind bereits zu Nr. 2 Abs. 1 »abgearbeitet« worden (vgl. § 97 Abs. 4 GWB). Dem entsprechend müssen die Eignungskriterien nach Nr. 2 Abs. 1 von den Zuschlags-(Auftrags-/Leistungs-)Kriterien nach Nr. 3 klar getrennt werden. Eine Vermischung von Kriterien der Biet ereignung mit solchen der Leistungsbewertung ist unzulässig. Die Angebotswertung darf grundsätzlich keine Elemente der Eignungsprüfung oder -bewertung mehr berücksichtigen (s. o. Rn. 158). **160**

Allerdings können auch die bieterbezogenen Anforderungen einen Auftragsbezug haben, denn es geht – jeweils – um die Eignung für den zu vergebenden Auftrag. So sind etwa Referenzen²⁹⁶ oder die Frage einer evtl. Patentverletzung i. Z. m. dem Auftrag im Rahmen der Eignungsprüfung zu klären,²⁹⁷ das Gleiche gilt für öff.-rechtl. Voraussetzungen der Leistungserbringung (Genehmigungen etc.).²⁹⁸ Diese Kriterien sind i. d. R. in der zweiten Wertungsstufe abschließend zu prüfen und spielen deshalb im Rahmen der vierten Stufe nach Nr. 3 keine Rolle mehr.²⁹⁹ Ergibt sich nachträglich ein zwingender Ausschlussgrund wegen fehlender Eignung, kann dieser (mit Wirkung für die zweite Stufe) noch berücksichtigt werden.³⁰⁰ **161**

---

292 BGHZ 139, 273 = NJW 1998, 3644; *BGH* NZBau 2002, 107 (»bekannt und bewährt«); vgl. auch *OLG Schleswig* NZBau 2000, 207 (Ls. 6).
293 *OLG Jena* NZBau 2001, 39 (Ls. 2).
294 Vgl. *OLG Düsseldorf* ZfBR 2004, 505 (Ls. 2).
295 *OLG Düsseldorf* Beschl. v. 16. 11. 2005, Verg 59/05, Juris (zu II. der Gründe, am Anfang).
296 *EuGH* NZBau 2003, 511 (Ls. 2).
297 *OLG Düsseldorf* WuW/E Verg 1055.
298 *OLG Schleswig* OLGR Schleswig 2005, 111; *OLG Düsseldorf* Beschl. v. 7. 7. 2003, VII-Verg 34/03, Juris.
299 *KG Berlin* VergabeR 2003, 78; *OLG Düsseldorf* VergabeR 2004, 748.
300 *OLG Düsseldorf* VergabeR 2003, 586.

2. Auswahl und Inhalt der Kriterien

162 Der in § 9 a, § 9 b S. 1 lit. f) und § 7 Nr. 2 Abs. 1 lit. i) SKR verwendete Begriff der Zuschlagskriterien ist mit den hier behandelten Wertungskriterien deckungsgleich.[301] Die Kriterien betreffen qualitative oder quantitative Merkmale der geforderten Leistung, die einer Bewertung zugänglich sind. Generell müssen Wertungskriterien den allgemeinen Anforderungen gem. § 2 Nr. 1 Abs. 1, Nr. 2, § 7 Nr. 1 Abs. 1, § 9 a und gem. § 97 Abs. 1, 2 GWB entsprechen, d. h., sie müssen eine wettbewerblich wirksame, transparente, nichtdiskriminierende und nach gleichen Grundsätzen und Maßstäben erfolgende Vergabeentscheidung ermöglichen. Die Kriterien müssen hinreichend klar, bestimmt[302] und operabel sein, also eine nachvollziehbare Angebotswertung im Einzelfall zulassen.

163 Die Vergabestelle hat unter den in Art. 53 der Richtlinie 2004/18/EG (beispielhaft genannten) Kriterien[303] ein **Auswahlermessen** und darf weitere auftragsbezogene Kriterien hinzufügen, soweit diese mit einem europaweiten Vergabewettbewerb verträglich sind und der Auswahl des wirtschaftlich günstigsten Angebots dienen. Die im Rahmen dieses Ermessens getroffene Kriterienauswahl wird nur dann zu beanstanden sein, wenn sie im Einzelfall zur Bevorzugung eines Bieters oder bestimmter Produkte führt.[304] Ebenso, wie im Bereich der Leistungsbeschreibung bestimmte **produktbezogene Anforderungen** nur gestellt werden dürfen, wenn dies durch die geforderte Leistung gerechtfertigt ist (§ 8 Nr. 3 Abs. 3 und 4),[305] sind auch Wertungskriterien mit Produktbezug nur zuzulassen, wenn die Anforderungen der nachgefragten Leistung dafür einen objektiven Grund vermitteln. Unerheblich ist, ob der Bezug zu einem Produkt ausdrücklich oder durch Umschreibungen hergestellt wird.

164 Die ausgewählten Kriterien müssen objektivierbar sein und für *alle* Angebote gelten. Die fachkundigen Bieter müssen sie in gleichem Sinne verstehen können (§ 8 Nr. 1 Abs. 1). Die Auslegung der Kriterien erfolgt nach dem objektiven Empfängerhorizont der Bieter.[306] Zur Abänderung oder Ergänzung der Wertungskriterien s. u. Rn. 165, 169 f., 214, 223.

3. Transparenz

165 Die Wertungskriterien müssen auch bei Ausschreibungen im Bereich der Basisparagraphen in der Vergabebekanntmachung (§ 17 Nr. 1 u. 2) bzw. im Anschreiben (Aufforderung zur Angebotsabgabe, § 17 Nr. 3) angegeben werden. Die EG-Kommission fordert in ihrer interpretierenden Mitteilung vom 23. 6. 2006 zur Vergabe von Aufträgen, die nicht oder nur teilweise unter die Vergaberichtlinien fallen,[307] für binnen-

---

301 Vgl. *Zdzieblo* in: Daub/Eberstein VOL/A, 5. Aufl., § 9 a Rn. 7.
302 Vgl. dazu *OLG Frankfurt/M.* NZBau 2002, 161/165.
303 Qualität, Preis, techn. Wert, Ästhetik, Zweckmäßigkeit, Umwelteigenschaften, Betriebskosten, Rentabilität, Kundendienst, technische Hilfe, Lieferzeitpunkt u. Lieferungs-/Ausführungsfrist.
304 Ist dies bereits der Ausschreibung zu entnehmen, muss dies gem. § 107 Abs. 3 GWB gerügt werden.
305 Vgl. *OLG Frankfurt/M.* ZfBR 2004, 486; *OLG Schleswig* OLGR 2005, 573; *OLG Düsseldorf* NZBau 2005, 514.
306 *OLG Brandenburg* ZfBR 2006, 503.
307 ABl. EU C 179 vom 1. 8. 2006, S. 2; s. dazu *Gabriel* NVwZ 2006, 1262 f.

Wertung der Angebote § 25

marktrelevante Aufträge die Bekanntmachung »wesentlicher Punkte« des Vergabeverfahrens und der Entscheidung über die Vergabe (2.2.3). Im Landesbereich wird die Angabe von Zuschlagskriterien z. T. gefordert.[308] Die Leistung ist gem. § 8 Nr. 1 Abs. 1 in der Ausschreibung eindeutig und so erschöpfend zu beschreiben, dass alle Bewerber die Beschreibung im gleichen Sinne verstehen müssen und die Angebote miteinander verglichen werden können; nach § 8 Nr. 1 Abs. 2 sind, um eine einwandfreie Preisermittlung zu ermöglichen, alle sie beeinflussenden Umstände festzustellen und in den Verdingungsunterlagen anzugeben. Nach diesen allgemeinen Regelungen ist es, so der BGH,[309] ausgeschlossen, dass die Vergabeentscheidung auf Kriterien gestützt wird, die in den ursprünglichen Unterlagen nicht erwähnt worden sind, weil andernfalls die Bieter sich darauf nicht haben einstellen können und sowohl die Vergleichbarkeit der Angebote untereinander als auch die Preisermittlung nachhaltig gestört werden. Eine von selbst gesetzten Vergabekriterien abweichende Zuschlagsentscheidung kann zu Schadensersatzansprüchen der betroffenen Auftragsbewerber führen.

166 Im Anwendungsbereich der §§ 1 a, 1 b, 1 SKR ist die Angabe aller Zuschlagskriterien in den Verdingungsunterlagen oder in der Vergabebekanntmachung »möglichst in der Reihenfolge der ihnen zuerkannten Bedeutung« ausdrücklich vorgeschrieben (§ 9 a, § 9 b Satz 1 lit. f), § 7 Nr. 2 Abs. 1 lit. i) SKR); spätestens bis zur Angebotsabgabe muss insoweit Transparenz (§ 97 Abs. 1 GWB) hergestellt werden, um die Bieter durch die Vorhersehbarkeit der Wertungsmaßstäbe nicht nur vor einer willkürlichen Bewertung ihrer Angebote, sondern zugleich vor einer nachträglichen Abweichung des Auftraggebers von den bekannt gegebenen Zuschlagskriterien zu schützen.[310]

167 So lange sich die Vergabestelle über die maßgeblichen Zuschlagskriterien selbst (noch) nicht im Klaren ist, fehlt die »konzeptionelle Vergabereife«; eine gleichwohl erfolgende Ausschreibung begründet einen schwerwiegenden Vergabeverstoß.[311] Die bloße Benennung der Zuschlagskriterien genügt nicht, wenn damit nicht hinreichend vermittelt wird, wie ihre Bewertung (»Reihenfolge« und »Gewichtung«) erfolgen wird.

168 Die Vergabestelle hat im *Vorhinein* aufgestellte Regeln zur Rangfolge und Gewichtung der Zuschlagskriterien bzw. eine Bewertungsmatrix bekanntzugeben.[312]

169 Wie zu verfahren ist, wenn Rang- und Gewichtungsregeln erst im *Nachhinein* entwickelt werden, ist umstritten: Einerseits wird vertreten, die Vergabestelle habe es grds. »in der Hand, unter Verwendung der angekündigten Wertungskriterien und unter Beschränkung hierauf ein sachgerechtes und plausibles Wertungssystem erst im Verlauf des Wertungsprozesses, d. h. auch in Ansehung der ihm vorliegenden Angebote zu entwickeln; ob dieses System sachgerecht und plausibel« sei, unterliege der Nachprü-

---

308 Vgl. Anlage zu § 3 Abs. 1 SächsVergabeDVO, Ziff. 4 (2. Abs.).
309 *BGH* NJW 2000, 137 ff. (bei Juris Rn. 21–22).
310 Vgl. *EuGH* NZBau 2003, 162 (Ls. 3) – »Universale Bau AG«.
311 *OLG Naumburg* NZBau 2003, 628 (Ls. 2).
312 *OLG Düsseldorf* VergabeR 2005, 364; *OLG Celle* OLGR 2005, 78; *OLG Naumburg* ZfBR 2004, 497; anders im Verhandlungsverfahren: *OLG Düsseldorf* VergabeR 2004, 100; zur funktionalen Ausschreibung: *OLG Frankfurt/M.* NZBau 2002, 161; zum VOF-Verfahren s. *OLG Stuttgart* VergabeR 2003, 226.

fung.[313] Andererseits wird eine Änderung oder Erweiterung von Zuschlagskriterien nach Angebotsabgabe und (Beginn der) Wertung abgelehnt:[314] Dies verstoße gegen das Transparenzgebot und setze die Bieter der Gefahr willkürlicher Entscheidungen der Vergabestelle aus.[315]

170 Der zweiten Auffassung ist zuzustimmen. Sie schützt die Bieter, die auf die auf die bekannt gemachten Kriterien vertraut und ihr Angebot darauf ausgerichtet haben, vor deren nachträglicher Änderung.

171 Aus der bloßen Reihenfolge der benannten Wertungskriterien ist über deren Rang oder Gewichtung nichts zu entnehmen; insbesondere lässt sich daraus nicht ableiten, dass allen Kriterien der gleiche Wert zukommt[316] oder weitere Kriterien nur bei Preisgleichheit zu prüfen sind.[317] Die unterschiedliche Gewichtung von Wertungskriterien wird häufig durch ein sog. Punktesystem oder eine Bewertungsmatrix erfolgen (s. dazu unten Rn. 221). Eine (nur) »verbal-argumentative Abwägung der Zuschlagsaspekte« wird nur ausnahmsweise genügen.[318]

4. Bindung an die Kriterien

172 An die bekannt gegebenen Zuschlagskriterien bleibt der Auftraggeber im weiteren Vergabeverfahren gebunden. Dies gilt auch dann, wenn er ein offenes Verfahren aufhebt und wegen desselben Beschaffungsbedarfs ohne erneute Vergabebekanntmachung (auch zu § 9 a) in ein Verhandlungsverfahren übergeht.[319]

173 Die Kriterien müssen im Rahmen der Wertung »durchgehalten« werden. Eine nachträgliche Verschiebung der Kriterien oder der für ihre Anwendung relevanten Maßstäbe ist unzulässig, erst recht die nachträgliche Einführung von Kriterien.[320]

5. Zulässige Kriterien

174 Kriterien, die keinen Auftrags- bzw. Leistungsbezug haben, werden als »vergabefremd« bezeichnet; soweit sie bieterbezogen sind, sind sie nur unter den Voraussetzungen des § 97 Abs. 4 (2. Hs.) GWB zulässig. Im Übrigen wird auf die Einzelerläuterungen zu Rn. 179, 184, 187, 198, 199, 201, 206 verwiesen.

175 In Art. 53 Abs. 1 a der Richtlinie 2004/18/EG (= Art. 55 Abs. 1 a RL 2004/17/EG) sind beispielhaft die zulässigen Kriterien genannt. Wird in den Verdingungsunterlagen als Zuschlagskriterium ausschließlich das der Wirtschaftlichkeit ohne weitere Konkretisierung oder Spezifizierung (s. u.) angegeben, ist allein der günstigste Preis ausschlaggebend (s. auch Rn. 193).[321]

---

313 *OLG Dresden* ZfBR 2004, 615 (zu II.3 der Gründe).
314 *OLG Frankfurt/M.* NJOZ 2007, 249/254 f.
315 Vgl. *EuGH* NZBau 2006, 193 (nachträgliche Punkt-Gewichtung von Unterkriterien).
316 Vgl. *EuGH* ZfBR 2003, 396/400 (Rn. 77); *EuGH* VergabeR 2004, 36/42 (Rn. 39).
317 *BKartA* Beschl. v. 4. 5. 2005, VK 3–25/05 (zu II.2.a der Gründe).
318 Vgl. aber *OLG Dresden* ZfBR 2004, 615.
319 *OLG Brandenburg* VergabeR 2005, 660 (CT-Beschaffung).
320 *BGH* NZBau 2004, 517.
321 *KG Berlin* VergabeR 2003, 84 (Ls. 3).

Nachfolgend werden die in Art. 53 Abs. 1 a der Richtlinie 2004/18/EG (mit * markier- **176**
ten) aufgeführten und weitere Kriterien in **alphabetischer Reihenfolge** erläutert.

- **Ästhetik***

Inwieweit sich Angebote bei Wahrung der Funktionsgerechtigkeit in ästhetischer **177**
Hinsicht unterscheiden, bedarf besonderer Begründung im Vergabevermerk, wobei
ein Bezug zu den bekannt gemachten Anforderungen erkennbar sein muss. Soweit gestalterische Anforderungen zu berücksichtigen sind, dürfen diese wirtschaftlich-wettbewerbliche Vergabekriterien nicht vollständig verdrängen. Ist etwa über die Möblierung eines Gebäudes im Bauhaus-Stil zu entscheiden, ist der subjektive Geschmack einzelner Personen für die Vergabeentscheidung für das eine oder andere Produkt nicht maßgeblich, wenn *mehrere* Hersteller stilgerechte Möbel anbieten. Das Kriterium »Ästhetik« kann m. a. W. nicht ohne sachlich-einzelfallbezogene Begründung andere wettbewerbliche Kriterien verdrängen.

- **Ausführungsfrist***

In der Ausschreibung werden sich dazu i. d. R. Anforderungen finden (§ 17 Nr. 1 **178**
Abs. 2 e, Nr. 2 Abs. 2 e). Einer Wertung ist die angebotene Ausführungsfrist nur zugänglich, soweit die Ausschreibung dazu keine Vorgabe enthält oder deren Vorgabe unterschritten wird.

- **Beschäftigungsförderung**

S. dazu unten Rn. 165. Die Einstellung Langzeitarbeitsloser oder älterer Arbeitneh- **179**
mer liegt im Interesse eines hohen Beschäftigungsniveaus in der EU (Art: 2, Art. 127
EG). Die Anforderung, einen bestimmten Anteil von Langzeitarbeitslosen oder Auszubildenden zu beschäftigen, ist als ein auftragsbezogenes[322] (nicht als Eignungs-) Kriterium zulässig, wenn diese in der Bekanntmachung der Ausschreibung angegeben wird[323] und nicht zugleich verlangt wird, dass diese aus einer bestimmten Region kommen.[324] Im Rahmen eines Dienstleistungsauftrags kann auch die Förderung der ethnischen Vielfalt am Arbeitsplatz gefordert werden.[325] Landesrechtlich wird angeordnet, dass Bieter mit geringfügig Beschäftigten (§ 8 SGB IV) keinen Zuschlag erhalten sollen.[326] Kritisch bleibt zu prüfen, inwieweit Anforderungen dieser Art bei der Vergabe und (später) im Zuge der Auftragsdurchführung verifizierbar sind.

- **Betriebskosten***

Die Wirtschaftlichkeit einer angebotenen Leistung kann auch anhand ihrer Betriebs- **180**
und Folgekosten beurteilt werden (Kosten im »Lebenszyklus« der Beschaffung). Sog.
»externe« Kosten, die den Auftraggeber direkt nicht belasten, gehören dazu nicht.

---

322 *EuGH* Slg. 2000, I-7445 ff. (»Nord-Pas-de-Calais«; Rn. 52).
323 *EuGH* Slg. 1988, 4635 ff. (»Beentjes«); NZBau 2000, 584 (»Nord-Pas-de-Calais«).
324 Interpretierende Mitteilung der Kommission zur Auslegung des gemeinschaftlichen Vergaberechts und die Möglichkeiten zur Berücksichtigung sozialer Belange bei der Vergabe öffentlicher Aufträge, KOM 2001/566 endg., ABl. EG C 333 v. 28. 11. 2001, S. 27 ff., Rn. 61.
325 A. a. O. (Fn. 255) Rn. 67.
326 § 13 Abs. 2 LandesgleichstellungsG Berlin.

§ 25 Wertung der Angebote

Betriebs- und Wartungskosten dürfen beim Kriterium »Preis« nicht gewertet werden. Sie sind nur berücksichtigungsfähig, wenn die Vergabebekanntmachung die Kriterien »Folgekosten« oder »Wartung« enthält.

- **Bevorzugte Bieter**

181   Gesetzliche Vorschriften über die Bevorzugung bestimmter Bieter sind selten geworden; sie sind bieterbezogen (§ 68 BEG) oder auftragsbezogen (§ 56 SchwbH, §§ 141, 143 SGB IX) konzipiert. Siehe auch unten Rn. 199.

- **Erfahrung**

182   Insoweit liegt ein bieterbezogenes Eignungskriterium vor, das (auch nicht indirekt) dem angebotsbezogenen Merkmal »Qualität« zugeordnet werden darf.[327] Die Bevorzugung eines Angebots, weil der Bieter als »bekannt und bewährt« angesehen wird, ist ermessensfehlerhaft (s. o. Rn. 158).[328]

- **Folgekosten**

183   Kosten, die nicht beim öffentlichen Auftraggeber entstehen, sondern bei Dritten, sind als Folgekosten nicht zu berücksichtigen.[329] Folgekosten sind z. B. auch Kosten von Software-Updates. Siehe auch Betriebskosten (Rn. 180).

- **Frauenförderung**

184   Die mit Frauenförderung begründete Bevorzugung von Bietern oder Angeboten liegt grds. im Rahmen des Gemeinschaftsrechts (Art. 3 Abs. 2, Art. 141 Abs. 2 EG). Sie ist im Landesrecht für Bieter mit überdurchschnittlichen »Kennziffern« bei der Frauenförderung vorgesehen.[330] Praktisch bedeutsam wird dies selten. Die Feststellung der Bevorzugungsvoraussetzungen im Einzelfall ist aufwändig und u. U. auch deshalb wenig verlässlich, weil die »Kennziffern« sich bei Angebotsabgabe anders darstellen können als bei Auftragsdurchführung. Faktische Diskriminierungen können zu Lasten mittelständischer oder ausländischer Unternehmen entstehen.[331] S. auch unten »soziale Kriterien«, Rn. 199.

- **Inländische Produkte**

185   Eine Beschränkung der Nachfrage auf inländische Produkte ist unzulässig (vgl. auch § 8 Nr. 3 Abs. 3–5). Im Bereich technischer Normen und Spezifikationen muss auf EU-Standards geachtet werden.

---

327 *OLG Frankfurt/M.* ZfBR 2006, 383 f.
328 *BGH* NZBau 2001, 107.
329 *BayObLG* NZBau 2003, 105.
330 §§ 4, 6, 7 FrauenförderVO Brandenburg i. d. F. vom 18. 2. 2002, GVBl. S. 139; § 13 Abs. 1 LandesgleichstellungsG Berlin; Hamburg. Verw.-Richtlinie v. 1.12.1998; § 20 a FrauenförderG Sachs.-Anh.; § 3 Abs. 4 Nr. 2 Satz 2 GMSHG Schl.-Holst.; § 22 Thür GleichstellungsG; vgl. i. E. BT-Drs. 16/1712 v. 1. 6. 2006.
331 *Frenz* NZBau 2007, 17/22 f.

- **Kundendienst***

Die Verfügbarkeit eines schnellen Kundendienstes ist als zulässiges Wertungskriterium anzuerkennen. Allerdings darf dabei nicht auf bloße Ortsnähe abgestellt werden (vgl. § 7 Nr. 1 Abs. 1 Satz 2).[332] s. auch »technische Hilfe« (Rn. 204) **186**

- **Lehrlingsausbildung**

Sie dazu zunächst unten »Soziale Kriterien« (Rn. 199). Auf Bundesebene gilt der Erlass der Bundesregierung über die bevorzugte Berücksichtigung von Lehrlingsausbildungsbetrieben vom 9. 9. 1997[333] nicht mehr.[334] Europarechtlich ist die Förderung der Lehrlingsausbildung ein legitimes Ziel (Art. 2, Art. 127 EG),[335] doch steht das Kriterium, ob ein Bieter Lehrlinge ausbildet bzw. bei Auftragsdurchführung einsetzt, in keinem Zusammenhang zur nachgefragten Leistung oder ihrer Qualität. Mit der Berücksichtigung dieser Frage wird somit ein nicht zulässiges vergabefremdes Kriterium eingeführt.[336] Im europaweiten Wettbewerb kann das Vergabekriterium gegenüber ausländischen Firmen diskriminierend wirken. Unbedenklich sind (Landes-)Erlasse, die bei »gleichwertigen Angeboten« eine Bevorzugung von Ausbildungsbetrieben vorsehen, wobei die Regelung gegenüber ausländischen Bietern keine Anwendung findet.[337] Eine andere Frage ist, ob ein solches Vergabekriterium damit praktisch leer läuft. **184**

- **Lieferungsfrist*, Lieferzeitpunkt***

Die Schnelligkeit der Belieferung ist zulässiges Vergabekriterium; wichtig ist, darauf klar hinzuweisen. Einbezogen werden darf auch die Schnelligkeit evtl. Ergänzungs- oder Ersatzlieferungen. Ein (früherer) Lieferverzug kann im Rahmen der Eignungsbeurteilung relevant sein (Zuverlässigkeit). **188**

- **Mittelstandsförderung**

Die angemessene Berücksichtigung mittelständischer Interessen fordert § 97 Abs. 3 GWB (s. a. § 5 Nr. 1, § 7 Nr. 3). Als Wertungskriterium oder – vorgabe im Rahmen der Nr. 3 ist daraus nichts zu gewinnen. Angebote von kleinen und mittleren Unternehmen sind nicht besser oder schlechter als Angebote größerer Unternehmen oder von Bietergemeinschaften zu werten. **189**

- **Ortsansässigkeit**

Das Kriterium »Ortsansässigkeit« wirkt in der Regel diskriminierend, verletzt das Wettbewerbsprinzip und ist damit unzulässig (vgl. § 2 Nr. 2, § 7 Nr. 1 Abs. 1; § 97 Abs. 2 GWB). Eine Bevorzugung von Angeboten ortsansässiger Bieter führt auch **190**

---

332 *VK Schleswig-Holstein* Beschl. v. 29. 4. 2003, VK-SH 11/03, n. v.
333 BAnz. Nr. 181 v. 26. 9. 1997.
334 BT-Drs. 16/1712 v. 1. 6. 2006, zu Frage 3.
335 *Neßler* DöV 2000, 145/152.
336 Vgl. BT-Drs. 16/1712 v. 1. 6. 2006, zu Frage 4; die Rspr. des *OLG Hamm* BB 1988, 1844 (Ls. 2) zu zulässigen »wirtschaftslenkenden Maßnahmen« dürfte überholt sein.
337 So Erlass des Freistaats Bayern über die bevorzugte Berücksichtigung von Ausbildungsbetrieben bei der Vergabe öffentlicher Aufträge vom 29. 11. 2005, B III 2 – 515- 172; in Berlin besteht eine entspr. Regelung (nur) für Bauleistungen.

nicht per se zur Annahme des wirtschaftlichsten Angebots i. S. d. Nr. 3. Allein die Bekanntheit ortsansässiger Bieter (z. B. aus vorangegangenen Aufträgen) vermag ein diesbezügliches Vergabekriterium zu Lasten anderer Bieter nicht zu begründen. Andererseits ist es nicht geboten, etwaige Kostenvorteile ortsansässiger Bieter (z. B. bei Transporten) im Wertungsprozess auszublenden.

191 Ausnahmsweise kann in Fällen, in denen eine ortsgebundene Leistung beschafft wird und kurze Transportwege oder eine schnelle Präsenz des Unternehmers oder ein Bereitschaftsdienst am Ort der Leistung erforderlich ist, eine Ortsnähe verlangt werden.[338] Diesem Erfordernis kann aber auch durch Zweigniederlassungen oder Nachunternehmer entsprochen werden; damit werden zugleich wettbewerblich schädliche »Regionalisierungen« vermieden. Die Vergabestelle muss weitergehende (engere) Anforderungen an die örtliche Nähe des Bieters sachlich begründen. Eine unzulässige Regionalisierung kann sich (verdeckt) auch aus anderen Vergabekriterien ergeben, so etwa dann, wenn die Ortsferne eines Bieters in umweltbezogenen Vergabekriterien unter dem Aspekt »langer Anfahrtswege« negativ bewertet wird.[339]

- **Preis***

192 Bei einer an einer Wirtschaftlichkeitsbeurteilung orientierten Vergabeentscheidung ist der Preis eines von mehreren Vergabekriterien. Allein der niedrigste Angebotspreis führt noch nicht dazu, dass einem Angebot der Vorzug zu geben ist.[340] Das Preiskriterium ist allerdings für die Beurteilung der Wirtschaftlichkeit eines Angebots von prägender Bedeutung, so dass dessen Gewichtung (in Relation zu anderen Kriterien) nicht marginalisiert werden darf.[341]

193 Sind die Angebote nach Bewertung anderer Kriterien (technisch, gestalterisch, funktionell) gleichwertig, gewinnt der Preis für die Vergabeentscheidung allerdings **ausschlaggebende Bedeutung**.[342] Dann ist der Zuschlag auf der Grundlage eines reinen Zahlenvergleichs zu erteilen; ein Ermessen besteht in diesem Fall nicht mehr.

194 Zum Kriterium »Preis« dürfen nicht auch Betriebs- oder Wartungskosten einberechnet werden. Siehe auch »Betriebskosten« (s. Rn. 180).

195 Angebotene **Skontoabzüge** dürfen gewertet werden, wenn ihre Bedingungen (Zahlungsfristen, Skontohöhe) eindeutig sind und die Zahlungsfristen in dem Sinne angemessen sind, dass sie § 17 Nr. 1 VOL/B berücksichtigen und die erforderliche Zeit für Rechnungsprüfungen und den Zahlungsverkehr einschließen.[343]

---

338 *Müller-Wrede* VergabeR 2005, 32 f.
339 Vgl. *BayObLG* NZBau 2003, 105 f. (zu II.6.c der Gründe).
340 *BGH* NZBau 2000, 35; *OLG Hamm* NJW-RR 1993, 541.
341 *OLG Dresden* NZBau 2001, 459 (Wertungsanteil des Preiskriteriums von 1,8% rechtswidrig); ebenso *VK Lüneburg* Beschl. v. 11. 4. 2005, VgK-09/2005, Juris; vgl. aber *OLG Düsseldorf* NZBau 2002, 578 f.: kein Grundsatz, dass das Preiskriterium mit *wenigstens* 30% in die Vergabeentscheidung einfließen muss.
342 *BGH* NJW 2002, 1952 f.; BauR 2000, 254; *OLG Bremen* ZfBR 2006, 719.
343 *OLG Jena* NZBau 2001, 39 (Ls, 6).

- **Qualität***

Soweit bieterbezogene Merkmale die Qualität der nachgefragten Leistung bestimmen, sind sie der Prüfung zu Nr. 2 zuzuordnen. Eine Berücksichtigung der »Erfahrung« im Rahmen des angebotsbezogenen Merkmals »Qualität« ist unzulässig.[344] Eine betriebliche Zertifizierung kann die Eignung belegen,[345] es darf aber nicht ausgeschlossen sein, die Eignung auch in anderer Weise nachzuweisen. Gleiches gilt auch für leistungsbezogene Qualitätsnachweise, die problematisch werden, wenn sie zum Ausschluss bestimmter Erzeugnisse oder zu einer Wettbewerbsverengung[346] führen (vgl. § 8 Nr. 3 Abs. 2–5). Für gesetzlich vorgeschriebene Qualitätsanforderungen oder technische Normen genügt ein allgemeiner Hinweis in der Ausschreibung. Die Forderung produktbezogener Zertifikate kann unzulässig sein, wenn die Zertifizierung nicht allgemein (europaweit) bekannt oder zugänglich ist. Zertifizierte oder auditierte Produkte sollten in der der Ausschreibung mit dem Zusatz »oder gleichwertig« gefordert werden (vgl. § 8 Nr. 3 Abs. 5 VOL/A); damit behalten andere Bieter die Chance zu belegen, dass ihre (noch) nicht auditierten Produkte (mindestens) gleiche Anforderungen erfüllen. Damit wird zugleich vermieden, dass das Leistungsniveau einer Vergabe auf den Standard eines bestimmten Audits »eingefroren« wird. Generell besteht bei einer zu weitgehenden Konkretisierung von Anforderungen an Dienstleistungen oder Produkte die Gefahr, dass letztlich nur noch ein Bieter zum Zuge kommen kann. Das wäre mit dem Wettbewerbsprinzip (§ 97 Abs. 1 GWB) nicht vereinbar.

196

- **Rentabilität***

Dieses Kriterium betrifft die Auswirkungen der Beschaffung auf die künftige Wirtschaftlichkeit. Dies kann z. B. bei kostenrechnenden Einrichtungen, die sich über Gebühren o. ä. refinanzieren, oder soweit verschiedene Beschaffungsformen (Kauf, Leasing, Miete o. a.) zugelassen sind, relevant sein. Ebenso kann die Arbeitsgeschwindigkeit und -kapazität eines Geräts bewertet werden.[347]

197

- **Scientology**

Die geistige Ausrichtung eines Bieters kommt als (Eignungs-)Kriterium in Betracht, wenn die nachgefragte Leistung davon beeinflusst sein kann. Das kann bei Schulungs- und Software-Leistungen der Fall sein, nicht aber bei reinen Lieferungen (z. B. von Büromaterial).[348] Die Wirtschaftsministerkonferenz (WMK) hat 2001 die Anwendung einer einheitlichen Schutzklausel bei der Vergabe öffentlicher Aufträge über Beratungs- und Schulungsleistungen empfohlen, wonach sich ein Auftragnehmer schriftlich verpflichten muss »sicherzustellen, dass die zur Erfüllung des Auftrags eingesetzten Personen nicht die Technologie von L. Ron Hubbard anwenden, lehren oder in sonstiger Weise verbreiten«, andernfalls kann der Vertrag fristlos gekündigt werden.

198

---

344 *OLG Frankfurt/M.* ZfBR 2006, 383 f.
345 *OLG Saarbrücken* NZBau 2003, 625 (Entsorgungsfachbetrieb).
346 *OLG Düsseldorf* Beschl. v. 24. 3. 2004, Verg 7/04, NZBau 2004, 463.
347 *OLG München* Beschl. v. 27. 1. 2006, Verg 1/06 (medizin. Gerät).
348 Str. vgl. *Frenz* NZBau 2007, 17/21 m. w. N. bei Fn. 38.

- **Soziale Kriterien**

199 In Art. 55 Abs. 1 a RL 2004/18/EG (= Art. 53 Abs. 1 a RL 2004/17/EG) werden soziale Vergabekriterien nicht erwähnt. Damit stellt sich die Frage, ob (z. B.) die Beschäftigungsförderung (Rn. 179), die Frauenförderung (Rn. 184), die Lehrlingsausbildung (Rn. 187), die Tariftreue (Rn. 201) den Eignungs- (Nr. 2 Abs. 1; § 97 Abs. 4 GWB) oder den Zuschlagskriterien (Nr. 3) zuzuordnen sind. Entscheidungsrelevanz erlangt die Frage nur, wenn die genannten Kriterien in der Vergabebekanntmachung oder in den Verdingungsunterlagen benannt worden sind.[349] Soweit im Einzelfall kein konkreter Bezug zu dem ausgeschriebenen Auftrag festzustellen ist, sind sie allenfalls als Eignungskriterien zulässig. Als Zuschlagskriterien können sie nur dann ausschlaggebend sein, wenn zwischen zwei (ansonsten) wirtschaftlich gleichwertigen Angeboten zu entscheiden ist.[350] Unzulässig ist die Reservierung von Auftragsquoten für bestimmte Bieter oder die Einräumung von Preispräferenzen.[351] Im Grundsatz ist aber die Statuierung sozialer Kriterien in den Verdingungsunterlagen zulässig (s. o. Rn. 179) m. w. N. in Fn. 324), soweit dies (europaweit) diskriminierungsfrei erfolgt. Unproblematisch sind soziale Kriterien, deren Missachtung im wettbewerbsrechtlichen Sinne einen Rechtsbruch i. S. d. § 3, § 4 Nr. 11 UWG darstellt. Bei lohnintensiven Arbeiten kann dies bei einer Unterschreitung allgemein verbindlicher Mindestentgeltvorschriften der Fall sein.[352] Allerdings genügt dabei nicht der arbeitnehmerorientierte Schutzzweck von Entgeltvorschriften, diese müssen jeweils auch einen unmittelbar marktbezogenen Zweck haben. Bei allgemeinverbindlichen Tarifverträgen (§ 5 TVG) ist dieser Marktbezug gegeben. Weiter kommt dies in Betracht bei der Missachtung zwingender arbeitsrechtlicher Standards für die Herstellung oder die Erbringung einer Leistung. Solche Standards finden sich in den sog. **ILO-Kernarbeitsnormen** aus dem Jahr 1998 (»Declaration on fundamental principles and rights at work«), die Zwangs- und Pflichtarbeit sowie Kinderarbeit und die Diskriminierung in Beschäftigung und Beruf verbieten und die Koalitionsfreiheit garantieren. Die ILO-Standards sind weltweit anerkannt.[353] Die Anforderungen werden in (nichtstaatlichen) Zertifizierungssystemen (SA 8000, FLA, u. a.) oder unternehmensintern (Corporate Social Responsibility) umgesetzt. Nimmt ein Bieter an solchen Systemen nicht teil, kann ihm eine Missachtung solcher Standards vergaberechtlich nur vorgehalten werden, wenn dies nachgewiesen ist; dies dürfte in der Praxis mitunter schwierig sein. Zu berücksichtigen ist auch, dass sich die geforderten sozialen Kriterien auf die Zeit der Auftragsdurchführung beziehen, so dass im Zeitpunkt der Vergabeentscheidung insoweit nur eine Prognoseentscheidung möglich ist (s. dazu Rn. 183).

- **Sozialversicherung**

200 Die Erfüllung von Beitragsforderungen der Sozialversicherungen ist den Eignungskriterien (Nr. 2) zuzuordnen (vgl. Art. 45 Abs. 2 Richtlinie 2004/18/EG).[354]

---

349 *EuGH* NJW 2000, 3629 ff. (Rn. 73) – Komm./Frankreich.
350 *Prieß* Handbuch des Eur. Vergaberechts, 2005, S. 289; a. A. *Frenz* NZBau 2007, 17/20.
351 A. a. O., (Fn. 256), Rn. 50.
352 BGH NJW 1993, 1018 (Tariflohnunterschreitung).
353 Vgl. Kocher, GRUR 2005, 647 ff./650; vgl. auch BT-Drs. 16/4924 und 16/3557 (zu Fragen 61 ff.).
354 A. A. wohl *Frenz* NZBau 2007, 17/18.

- **Tariftreue**

Das Verlangen einer Bietererklärung über die Einhaltung von Tarifverträgen oder die Zahlung von Mindestlöhnen betrifft ein (auftragsbezogenes) Eignungskriterium. Im Landesvergaberecht werden entsprechende Erklärungen gefordert.[355] Für den Bereich von Dienstleistungsaufträgen kann bei einem europaweiten Vergabewettbewerb kein bestimmter örtlicher Bezugspunkt für eine Tariftreuepflicht bestimmt werden. 201

Die verfassungsrechtlichen Einwände gegen Tariftreueerklärungen sind nach dem Beschluss des BVerfG vom 11. Juli 2006[356] ausgeräumt: Die Landeskompetenz für derartige Regelungen sei gem. Art. 74 Abs. 1 Nr. 11 GG gegeben. Die negative Koalitionsfreiheit (Art. 9 Abs. 3 GG) schütze nicht dagegen, dass gesetzliche Regelungen an die Ergebnisse von Koalitionsverhandlungen anknüpften. Die örtlichen tarifvertraglichen Entgelte würden nicht durch staatliche Anordnung Inhalt der Arbeitsverträge, sondern nach einzelvertraglicher Umsetzung der Tariftreueverpflichtung durch den Arbeitgeber. Ein Eingriff in die Berufsfreiheit (Art. 12 Abs. 1 GG) entstehe erst infolge der Entscheidung des Bieters, im Interesse der Auftragsbewerbung eine Verpflichtungserklärung abzugeben. Dies sei durch Gründe von erheblichem Gewicht gerechtfertigt. Durch die Tariftreueerklärung solle einem Verdrängungswettbewerb über die Lohnkosten entgegengewirkt, die Ordnungsfunktion der Tarifverträge unterstützt und zur Bekämpfung der Arbeitslosigkeit beigetragen werden. 202

Europarechtliche Einwände gegen die Tariftreueforderung bestehen fort. Die Dienstleistungsfreiheit (Art. 49 EG) kann durch Landesrecht verletzt werden, das von den Bietern eine schriftliche Verpflichtung fordert, ihren Arbeitnehmern bei der Ausführung dieser Leistungen mindestens das am Ort der Ausführung tarifvertraglich vorgesehene Entgelt zu bezahlen.[357] 203

- **Technische Hilfe***

Die Art der Einweisung in die (Be-)Nutzung der gelieferten Sache und der Umfang und die Schnelligkeit von Serviceleistungen nach Lieferung (»after-sales-service«) können die Wirtschaftlichkeit der Beschaffung beeinflussen. 204

- **Technischer Wert***

Die Art der Ausführung der Leistung wird i. d. R. in der Ausschreibung vorgegeben. Innerhalb dieser Vorgaben können die technische Ausrüstung, die Materialbeschaffung und -gestaltung oder die Koordination der Auftragsausführung (auch in Bezug auf Nachunternehmer) wertbestimmend sein. Praktisch bedeutsam ist das Kriterium bei sog. funktionalen Ausschreibungen, die einen Vergleich unterschiedlicher Lösungsvorschläge der Bieter erfordern. 205

---

355 § 1 Abs. 2 VgG Berlin; (nur für Bauleistungen:) § 4 VgG Bremen, § 3 LVgG Niedersachsen, § 3 SaarBauVgG, § 3 TariftreueG Schleswig-Holstein.
356 1 BvL 4/00, NJW 2007, 51 ff.; zuvor Vorlagebeschluss (Art. 100 GG) des *BGH* DVBl. 2000, 1056; ferner *BGH* BauR 1999, 387; zuvor: *KG Berlin* ZIP 1998, 1600; vgl. *Wilke* NordÖR 2006, 481(482 f.).
357 *OLG Celle* NZBau 2006, 660; vgl. demgäu. *EuGH* Slg. 2001, I-07831 (»Finalarte«).

§ 25 Wertung der Angebote

- **Umwelteigenschaften***

206 Umweltbezogene Vergabekriterien mit konkretem Leistungs-/Auftragsbezug sind ohne weiteres zulässig. Europarechtlich wird dies in der Richtlinie 2004/18/EG durch Art. 23 Abs. 3 lit. b (Umwelteigenschaften in Technischen Spezifikationen), Art. 26 Satz 2 (Bedingungen für die Ausführung eines Auftrags) und Art. 53 Abs. 1 lit. a). (Umwelteigenschaften als Zuschlagskriterium) klargestellt. Soweit Umweltanforderungen sich aus Vorschriften in Gesetzen oder Verordnungen ergeben (z. B. § 5 Abs. 1, § 22 BImSchG, §§ 4–6, 22, 53 ff. KrW-/AbfG, § 3 a BDSG u. a.), müssen sie in den Vergabeunterlagen nicht (nochmals) angegeben werden. Auf (veröffentlichte) Erlasse zur umweltfreundlichen Beschaffung darf verwiesen werden.[358] Die Umweltkriterien können als Leistungsmerkmale angegeben werden (z. B. Lärmpegel, Stickoxidemission eines Fahrzeugs). Daraus resultierende Mehrkosten sind ggf. hinzunehmen. Auch das Verlangen, bei der Leistungserbringung umweltfreundliche Geräte, Energiequellen oder Verfahrensweisen anzuwenden, ist zulässig. Dafür müssen allerdings (zuvor) im Leistungsverzeichnis oder in der Bekanntmachung des Auftrags Kriterien genannt werden, die nachvollziehbar und diskriminierungsfrei angewandt werden können.[359] Kriterien, deren Anwendung nicht effektiv nachprüfbar ist, genügen nicht den Erfordernissen der Gleichbehandlung und der Transparenz.[360] Abzulehnen sind auch Umweltkriterien, die nicht (unmittelbar) das ausgeschriebene Produkt, sondern die Art und Weise der Betriebsführung des Bieters betreffen. Damit wird der erforderliche Bezug zum ausgeschriebenen Produkt verlassen.

- **Versorgungssicherheit**

207 Der Zuschlag kann sich auch daran orientieren, ob und inwieweit im Rahmen des Auftrags (Nach-)Lieferungen oder ergänzende Beschaffungen gesichert sind.[361]

- **Wartungskosten**

208 Siehe Betriebskosten (Rn. 180), Preis (Rn. 192)

- **Zweckmäßigkeit***

209 Soll die Zweckmäßigkeit der Leistungserbringung wertungsrelevant sein, bedarf es insoweit konkretisierender Unterkriterien (s. u. Rn. 210 ff.). Nur bei ansonsten gleichwertigen Angeboten kann die Vergabestelle im Rahmen ihres Ermessens einem Angebot unter Zweckmäßigkeitsgesichtspunkten den Vorzug geben. Beispiele für Zweckmäßigkeitskriterien sind Benutzer-, Bedienungsfreundlichkeit, Kompatibilität, Variabilität etc.

---

358 Z. B. Erlass zur Beschaffung von Holzprodukten (BMWi, BMVEL, BMU, BMVBS) v. 17. 1. 2007 – B 15 01080–90.
359 *EuGH* NZBau 2002, 618 ff. (»Concordia-Bus«).
360 *EuGH* NZBau 2004, 105 (»Wienstrom«); vgl. *allgemein* zur Berücksichtigung von Umweltbelangen bei der Vergabe öff. Aufträge die Interpretierende Mitteilung der EG-Kommission vom 4. 7. 2001, KOM (2001) 274 endg., Amtsblatt EG C 333/12 vom 28. 11. 2001; ferner das für die Mitarbeiter der EU-Kommission herausgegebene Handbuch »Umweltorientierte Beschaffung« vom 18. 8. 2004, SEK (2004) 1050.
361 *EuGH* EuZW 1995, 369 (»Evans Medical«), Ls. 4.

6. Haupt- und Unterkriterien

210 Die Unterscheidung zwischen Haupt- und Unterkriterien erschließt sich im Rahmen der Kriterien-»Hierarchie« der Nr. 3. Prioritäres Ziel der Vergabe ist die wirtschaftliche Beschaffung. Die im Rahmen der Wertung angewandten Hauptkriterien müssen also der Ermittlung des wirtschaftlichsten Angebots dienen und dürfen der Vergabestelle keine *uneingeschränkte* Entscheidungsfreiheit einräumen.[362]

211 Ausfüllende Einzelaspekte können als separate »Unterkriterien« erfasst werden. Dabei muss aber klar zwischen Eignungs- und Angebotsmerkmalen unterschieden werden. Dem angebotsbezogenen Merkmal »Qualität« kann als Unterkriterium nicht das eignungsbezogene Merkmal »Erfahrung« zugeordnet werden.[363]

212 Bei der Auswahl der Haupt- und Unterkriterien steht der Vergabestelle ein weiter Ermessensspielraum zu,[364] zu unterscheiden ist zwischen der **Auswahl** und der – häufig durch Punktebewertung (»Scoring«; s. dazu unten Rn. 221) erfolgenden – **Gewichtung** der Kriterien.

213 Die bekannt gemachten Haupt- und Unterkriterien müssen so gefasst sein, dass alle durchschnittlich fachkundigen Bieter sie bei Anwendung der üblichen Sorgfalt in gleicher Weise verstehen bzw. auslegen können. Sie müssen auch transparent in dem Sinne sein, dass nachvollziehbar ist, *wofür* Wertungspunkte vergeben werden.[365] Die Vergabestelle muss die Kriterien diskriminierungsfrei während des gesamten Verfahrens bei allen Angeboten »durchhalten«, d. h. objektiv und einheitlich auf alle Bieter anwenden.[366]

214 Von der Frage, wann Wertungskriterien *bekanntzugeben* sind, ist die Frage zu unterscheiden, wann die Vergabestelle diese *aufstellen* muss. Ratsam ist es, vor der Ausschreibung ein geschlossenes Wertungssystem mit Haupt- und Unterkriterien zu entwickeln. Der Vergabevermerk muss darüber Aufschluss geben (§ 30[367]).

215 Unterbleibt die Festlegung von Wertungs- oder Gewichtungskriterien, kann allein aus der Reihenfolge der benannten Wertungskriterien keine Rangfolge oder bestimmte Gewichtung von Wertungskriterien abgeleitet werden. Eine nachträgliche Bestimmung von Gewichtungsfaktoren (Punktwerten) ist nicht generell ausgeschlossen,[368] es ist aber fraglich, ob dies bei strikter Beachtung der Bieterneutralität in Ansehung bereits vorliegender Angebote noch transparent, chancengleich, sachgerecht und plausibel zur Ermittlung des wirtschaftlich günstigsten Angebots führen kann.[369] Diese ist »im Lichte« des § 2 Nr. 2, § 8 Nr. 1 Abs. 1, Nr. 3, des § 97 Abs. 2 GWB sowie der Rechtsprechung des EuGH[370] besonders kritisch zu prüfen. Es muss auszuschlie-

---

362 *EuGH* NZBau 2001, 693 ff. (»SIAC Construction Ltd.«; Rn. 35–37).
363 *OLG Frankfurt/M.* ZfBR 2006, 383 f.
364 *OLG Düsseldorf* Beschl. v. 13. 10. 2006, VII-Verg 37/06, Juris (Rn. 32).
365 *OLG Düsseldorf* Beschl. v. 19. 7. 2006, VII-Verg 27/06, Juris (Rn. 50); zu Lieferfristen.
366 *EuGH* a. a. O. (Fn. 79); Rn. 38, 40, 42 ff.
367 *OLG Bremen* VergabeR 2005, 537 (Ls. 4 und Rn. 74).
368 *OLG Dresden* ZfBR 2004, 615 f. (bei Juris Rn. 33; in jenem Verfahren war dieser Punkt nicht gerügt worden); *OLG Düsseldorf* VergabeR 2004, 100 (zur VOF).
369 *OLG Bremen* VergabeR 2005, 537 ff. (Rn. 79 ff. – verneinend).
370 *EuGH* VergabeR 2006, 202 ff. (»ATI«; Rn. 32).

ßen sein, dass die *nachträgliche* Festlegung der Wertungskriterien zu einer manipulativen Zurücksetzung eines Bieters gegenüber Mitbewerbern geführt hat. Um Missverständnissen vorzubeugen: Die Vorab-Festlegung *aller* Wertungskriterien bis ins »kleinste« Detail ist nicht erforderlich; dies würde den Beurteilungsspielraum der Vergabestelle und die Flexibilität im Wertungsprozess unangemessen einschränken.[371]

216 Für im *Voraus* festgelegte Kriterien ist ausdrücklich entschieden, dass diese in den Verdingungsunterlagen oder in der Bekanntmachung benannt werden müssen.[372] Der öffentliche Auftraggeber hat im Rahmen der Wertung alle bekannt gegebenen Wertungskriterien zu berücksichtigen; er darf nicht einzelne Kriterien »weglassen«. Die Bieter sollen im Interesse der Gleichbehandlung und der Transparenz auch über die Regeln für die Beurteilung der Auswahlkriterien informiert werden. Sind Unterkriterien nicht vorab angegeben worden, dürfen sie im Rahmen der Wertung grundsätzlich nicht berücksichtigt werden.

217 Das ist für Unterkriterien, die im *Voraus* (also vor Veröffentlichung der Bekanntmachung und Übersendung der Verdingungsunterlagen) aufgestellt worden sind, unstreitig.[373] Die Haupt- und Unterkriterien (einschließlich etwaiger »Berechnungsregeln« für Wertungspunkte[374]) sind vorab bekanntzugeben; falls erforderlich, muss die Bekanntmachung der Verdingungsunterlagen aufgeschoben werden, um die Bieter zugleich mit der Bekanntmachung über die Zuschlagskriterien unterrichten zu können.[375]

218 Auch für *später* (d. h.: vor Ablauf der Angebotsabgabefrist oder auch danach) aufgestellte Unterkriterien wird dies – zu Recht – überwiegend gefordert.[376] Zulässig bleibt die (nachträgliche) Gewichtung von Unterkriterien dergestalt, dass die für ein Hauptkriterium (in der Ausschreibung) vorgesehenen Wertungspunkte auf Unterkriterien verteilt werden, sofern dadurch keine Änderung der (Haupt-) Zuschlagskriterien eintritt und kein Bieter diskriminiert wird, (etwa) weil nachträglich etwas eingeführt wird, was – wäre es bekannt gewesen – die Angebotsbearbeitung hätte beeinflussen können.[377] Die *Möglichkeit* einer Beeinflussung des Angebotsinhalts reicht mithin schon aus, um eine Pflicht der Vergabestelle zur Information (auch) über Unterkriterien anzunehmen. Die Bieter müssen wissen, von welchen Angebotsinhalten das Erreichen einer höheren Bewertungspunktzahl abhängig ist.

219 Die Wertungskriterien müssen im Grundsatz auch die Bewertung evtl. im Betracht kommender Wahlpositionen erfassen. Allerdings führt eine insoweit gegebene Unvollständigkeit der Wertungskriterien nicht zur Aufhebung der Ausschreibung, sofern die Wertung der Hauptleistungspositionen nicht gestört und die Wahlpositionen

---

371 Zutr. *BKartA* Beschl. v. 5. 5. 2005, VK3-25/05 (n. v.).
372 *EuGH* VergabeR 2003, 141 (»Universale Bau«; Rn. 85, 97); *EuG* ZfBR 2003, 400; *BKartA* WuW/E Verg 354 (Ls. 3).
373 *EuGH* VergabeR 2003, 141 ff. (»Universale Bau«; Rn. 99–100); *OLG Düsseldorf* VergabeR 2005, 364; *OLG Frankfurt/M.* ZfBR 2006, 383; *OLG Celle* OLGR 2005, 78 f.
374 *OLG Düsseldorf* Beschl. v. 22. 7. 2005, VII-Verg 32/05, Juris (Tz. 66).
375 *OLG Düsseldorf* Beschl. v. 23. 3. 2005, VII-Verg 77/04, n. v. (S. 17 d. Abdr.).
376 *OLG Düsseldorf* Beschl. v. 19. 7. 2006, VII-Verg 27/06, Juris (Rn. 54 ff.).
377 *EuGH* VergabeR 2006, 202 ff. (»ATI«; Rn. 32).

nur eine untergeordnete Bedeutung im Rahmen einer umfangreichen Ausschreibung haben.³⁷⁸

Soweit (etwa im Bereich kommunaler Auftraggeber) allgemein zugängliche »Richt- 220
werte« oder »Richtleistungen« veröffentlicht sind, muss die jeweilige Vergabestelle
sich diese jeweils zu eigen machen und den Bietern bekannt geben.³⁷⁹

Haupt- und Unterkriterien sind häufig in eine sog. »**Bewertungsmatrix**« integriert. 221
Diese ist den Bietern nach den vorstehenden Grundsätzen ebenfalls vor Erstellung
der Angebote bekanntzugeben.

Eine solche Matrix legt fest, mit welchem Gewicht einzelne Wertungen in das Ergeb- 222
nis einfließen werden. Das Wertungssystem darf nur auf die angekündigten Leistungsmerkmale und Wertungskriterien rekurrieren. Die Matrix darf keine Punktebewertung enthalten, durch die eine in der Vergabebekanntmachung festgelegte Priorität der Hauptkriterien verschoben wird.³⁸⁰

Nach Angebotsabgabe und (erst recht) nach (erster) Angebotswertung ist eine Ände- 223
rung, Erweiterung oder ein »Nachschieben« neuer Wertungskriterien nicht mehr zulässig.³⁸¹ Die Bieter müssen davor geschützt werden, dass sie ihr Angebot auf Kriterien ausgerichtet haben, die infolge einer späteren Änderung oder Ergänzung keine oder nur noch eine veränderte Rolle spielen.

7. Wertungsverfahren und -methode

Der **Wertungsvorgang** wird durch das Wertungsverfahren und durch die (aus den 224
Kriterien folgende) Bewertungsmethode bestimmt.

a) Das **Verfahren** der Angebotswertung in der vierten Stufe muss so gestaltet sein, 225
dass eine transparente, eigenverantwortliche und unbefangene Entscheidung sichergestellt ist.

An der Wertungsentscheidung dürfen (auch indirekt) keine Personen mitwirken, die mit den Interessen (bestimmter) Bieter verbunden sind.³⁸² Die Vergabestelle muss die Entscheidung »in der Hand« behalten: Wertungsentscheidungen sind im Rahmen der Nr. 3 nicht delegierbar.³⁸³ Dagegen wird z. B. verstoßen, wenn das Wertungsverfahren allein durch ein beauftragtes Ingenieurbüro vorgenommen wird, ohne dass eine eigenständige Entscheidung des öffentlichen Auftraggebers erfolgt. Äußerst problematisch ist die Beteiligung eines konzernverbundenen Unternehmens am Vergabeverfahren auf Bieterseite, nachdem ein anderes Konzernunternehmen die Vergabe-

---

378 *OLG München* VergabeR 2006, 537.
379 *OLG Düsseldorf* Beschl. v. 16. 11. 2005, VII-59/05, Juris (zu den »Richtwerten für die Unterhaltsreinigung« (Schulen), KGSt Nr. 3/1992).
380 *OLG Bremen* VergabeR 2005, 537 (Rn. 101 107 f.).
381 *OLG Frankfurt/M.* ZfBR 2006, 383 ff.
382 *OLG Brandenburg* NZBau 2000, 39; *OLG Saarbrücken* ZVgR 2000, 24 (Ls. 3); *BayObLG* NZBau 259 (zu sog. Doppelmandaten).
383 *OLG Celle* VergabeR 2004, 357; *OLG Schleswig* ZfBR 2002, 714 (beide zur Hinzuziehung von Beratern bei der Vergabe von Versicherungsdienstleistungen).

stelle beraten hat.[384] Sog. Projektanten (vgl. § 4 Abs. 5 VgV) muss die Möglichkeit gegeben werden zu beweisen, dass ihre Wettbewerbsteilnahme im Einzelfall nicht wettbewerbsverfälschend wirkt.[385]

226 Die Vergabestelle muss im Vergabeverfahren das Gleichbehandlungsgebot beachten und alle Angebote systemgerecht nach gleichen Grundsätzen und Maßstäben werten.[386] Das gilt auch für die Handhabung des Aufklärungsrechts (§ 24); die Vergabestelle muss jedenfalls die für den Zuschlag in Betracht kommenden Angebote mit ihren »Stärken« und »Schwächen« gleichermaßen aufklären. Es ist allerdings nicht erforderlich, dass alle Angebote von derselben Person geprüft und bewertet werden, sofern die Einzelergebnisse einem gemeinsamen Vergleich zugeführt werden.[387]

227 Im Nachprüfungsverfahren kann die Wiederholung des gesamten Vergabeverfahrens angeordnet werden, wenn es mit derart gravierenden Mängeln behaftet ist, dass diese im Rahmen einer chancengleichen und wettbewerbsgerechten Eignungs- und Angebotsprüfung nicht mehr heilbar sind.

228 b) Die **Bewertungsmethode** ergibt sich i. d. R. aus den Wertungskriterien. Werden diese mit eine Punktewertung versehen, können die einzelnen Kriterien im Rahmen einer **Wertungsmatrix** (auch: Scoring-Verfahren) verknüpft werden.

Eine Pflicht der Vergabestelle zur Erstellung einer solchen Matrix besteht nicht. An die bekannt gegebene Matrix ist die Vergabestelle gebunden. Im Rahmen der Information nach § 13 VgV wird das Zuschlagskriterium, das den Ausschlag gegeben hat, als »Grund der vorgesehenen Nichtberücksichtigung« anzugeben sein. Enthält die Matrix Fehler (Widersprüche), wird es zur Korrektur häufig genügen, die Wertung unter Eliminierung des Fehlers zu wiederholen.[388]

229 Alternativ zu einem Punktesystem (bzw. einer Matrix) können dann, wenn neben dem Preis auch die Qualität der Leistung Vergabekriterium ist, Qualitätsunterschiede zwischen den Angeboten in Form von Zuschlägen oder Abschlägen auf den Angebotspreis berücksichtigt werden.[389] Allerdings müssen die Kriterien und die Bemessung solcher Zu-/Abschläge diskriminierungsfrei festgelegt werden.

8. Entscheidungsspielraum der Vergabestelle

230 Gem. § 97 Abs. 5 GWB sind die Bieter vor einer willkürlichen, sachlich nicht zu rechtfertigenden Vergabeentscheidung geschützt. Die Vergabestelle kann bei der Beurteilung, ob und inwieweit bei einer »Gesamtschau zahlreicher die Entscheidung beeinflussender Einzelumstände«[390] ein Angebot den selbst gesetzten Wertungskriterien entspricht, einen weiten **Beurteilungs- und Ermessensspielraum** in Anspruch neh-

---

384 Vgl. *Berstermann/Petersen* VergabeR 2006, 740 (auch zu sog. »Chinese Walls«; mit Lösungsvorschlag).
385 *EuGH* ZfBR 2005, 393 (»Fabricom«); vgl. ausf. *Müller-Wrede* ZfBR 2006, 327 ff.
386 *OLG Schleswig* OLGR 2005, 573.
387 *OLG Düsseldorf* Beschl. v. 30. 11. 2005, VII-Verg 65/05, Juris (Rn. 31).
388 *BKartA* Beschl. v. 8. 8. 2006, VK 1- 67/06 (n. v.).
389 *BGH* ZfBR 2007, 40/42.
390 *BGH* BauR 1985, 75.

men.³⁹¹ Sie kann in diesem Rahmen Risiken, die mit bestimmten Angeboten in der Phase der Auftragsdurchführung verbunden sind, auf sich nehmen, ohne dadurch Rechte anderer Bieter zu verletzen, sofern dem eine vertretbare Prognose zugrundeliegt.

Eine rechtswidrige Überschreitung dieses Spielraums liegt nur dann vor, wenn die Vergabestelle im Rahmen einer unmittelbar auftragsbezogenen Wertung 231

– die Vergabekriterien missachtet oder
– von unzutreffenden bzw. unvollständigen Tatsachen ausgegangen ist (z. B. Annahme zu hoher Beträge im Rahmen des Kriteriums Folgekosten) oder
– sachwidrige Erwägungen angestellt hat (z. B. Steuereinnahmen von ortsansässigen Bietern).

Ein bieterbezogenes, persönliches Kriterium darf ausschließlich auf der zweiten Wertungsstufe berücksichtigt werden. Ist der Preis *ausschließliches* Vergabekriterium, darf nur auf das Angebot mit dem niedrigsten Preis zugeschlagen werden. 232

Die tatsächlichen Grundlagen der Entscheidung der Vergabestelle dürfen nicht durch unzulässige Nachverhandlungen (§ 24) beeinflusst sein. Sie sind auch dann unzureichend, wenn sie nicht auf einer gesicherten Erkenntnis beruhen; dies gilt nicht nur für bieterbezogene, sondern auch für produktbezogene Prognoseentscheidungen (z. B. zur Haltbarkeit eines Produkts). 233

F. Wertung von Nebenangeboten, Nr. 4

§ 25 Nr. 4 VOL/A stellt klar, wie Nebenangebote zu werten sind, nämlich »wie die Hauptangebote«. Diese Regelung gilt gemäß § 25 Nr. 4 Satz 2 VOL/A auch für solche Nebenangebote, die vom Auftraggeber weder gewünscht noch ausdrücklich zugelassen worden sind (§ 17 Nr. 3 Abs. 5 VOL/A), also auch für solche, die vom Bieter aus eigener Initiative vorgelegt werden.³⁹² 234

§ 25 Nr. 4 VOL/A-alt war im Wesentlichen wortgleich formuliert. Lediglich die bisher verwendete Formulierung »Nebenangebote und Änderungsvorschläge« wurde auf den Begriff »Nebenangebote« verkürzt. Diese Änderung ist rein sprachlicher Natur und hat keine weiteren rechtlichen Auswirkungen, da die Terminologie auch in den übrigen Vorschriften der VOL/A entsprechend geändert worden ist (s. § 17 Rn. 60). 235

§ 25 Nr. 4 VOL/A ergänzt § 25 Nr. 1 Abs. 1 lit. g) und § 25 Nr. 1 Abs. 2 lit. c) VOL/A, wonach Nebenangebote bereits dann auszuschließen sind, wenn der Auftraggeber diese nach § 17 Nr. 3 Abs. 5 VOL/A ausgeschlossen hat (s. Rn. 75) bzw. Nebenangebote dann ausgeschlossen werden können, wenn sie nicht auf besonderer Anlage gemacht oder als solche deutlich gekennzeichnet sind (s. Rn. 99). Ferner unterliegen Nebenangebote »wie die Hauptangebote« denselben formalen Anforderungen wie Hauptangebote; Nebenangebote, die nicht unterschrieben, nicht zweifelsfrei 236

---

391 *OLG Naumburg* BauR 2000, 1636; *OLG Stuttgart* Beschl. v. 12. 4. 2000, 2 Verg 3/00, Juris (Rn. 45–46); *OLG Hamburg* NVwZ 2001, 714 (zur Eignung); ausführl.: *Gröning* NZBau 2003, 86 ff.
392 S. die amtlichen Erläuterungen zu § 25 Nr. 4 Satz 2 VOL/A.

oder nicht rechtzeitig eingegangen sind, sind daher bereits nach § 25 Nr. 1 Abs. 1 lit. b), c) bzw. e) VOL/A von der Wertung auszuschließen (s. Rn. 44, 50, 57). Im Übrigen jedoch stellt § 25 Nr. 4 VOL/A klar, dass Nebenangebote zu werten sind. Ein Bieter hat somit einen **Anspruch** darauf, dass sein Nebenangebot gewertet wird.[393]

237 Im Anschluss an diese formale Prüfung sind Nebenangebote in materieller Hinsicht in **drei Wertungsschritten** zu werten: Zunächst, ob sie die geforderten Mindestanforderungen erfüllen, anschließend ist die Gleichwertigkeit des Nebenangebots festzustellen und zuletzt werden die Nebenangebote »wie die Hauptangebote« beurteilt, indem im Vergleich zu den anderen Haupt- und Nebenangeboten das unter Berücksichtigung aller Umstände wirtschaftlichste Angebot ermittelt wird.

238 Wenn der öffentliche Auftraggeber keine **Mindestanforderungen** i. S. d. § 9 a Nr. 2 VOL/A bekannt gemacht hat, sind etwaige Nebenangebote allein schon aus diesem Grund von der Wertung auszuschließen (s. § 9 a Rn. 27). Bei der inhaltlichen Prüfung, ob ein Nebenangebot die Mindestanforderungen erfüllt, ist der öffentliche Auftraggeber an die gemäß § 9 a Nr. 2 VOL/A aufgestellten Mindestanforderungen gebunden und darf im Nachhinein nicht auf einmal gemachte Vorgaben verzichten. Anderenfalls wäre die Gleichbehandlung der Bieter und die Transparenz des Vergabeverfahrens aufgrund vorhersehbarer und bindender Wertungsmaßstäbe nicht gewährleistet.[394] S. zur Rechtsfolge, wenn ein Nebenangebot die Mindestanforderungen nicht erfüllt, Rn. 244.

239 Sofern die Mindestanforderungen erfüllt sind, darf ein Nebenangebot nur dann gewertet werden, wenn es in qualitativer wie quantitativer Hinsicht gegenüber dem Hauptangebot bzw. dem Amtsvorschlag **gleichwertig** ist. Da im Nebenangebot etwas anderes angeboten wird als ausgeschrieben, muss der öffentliche Auftraggeber prüfen, ob die alternativ angebotene Leistung den Vertragszweck unter allen technischen und wirtschaftlichen Gesichtspunkten ebenso erfüllt und dementsprechend für seinen Bedarf ebenso geeignet ist.[395] Der Vertragszweck ist ggf. einer Auslegung der Leistungsbeschreibung[396] zu entnehmen, da der Auftraggeber hierin zum Ausdruck bringt, welche Merkmale die ausgeschriebene Leistung ausmachen.[397] Würde die Gleichwertigkeit eines Nebenangebots vor dessen Bewertung im engeren Sinne nicht geprüft, würden diejenigen Bieter benachteiligt, die im Vertrauen auf die ausgeschriebenen Vorgaben auf die Abgabe eines möglicherweise noch wirtschaftlicheren Nebenangebots verzichtet haben, weil dies dem Amtsvorschlag nicht entsprochen hätte. Da der öffentliche Auftraggeber die Ausschreibung so gestalten kann, wie er es für richtig und wirtschaftlich sinnvoll hält, steht ihm bei der Beurteilung der Gleichwertigkeit ein weiter Beurteilungs- und Ermessensspielraum zu. Ein Bieter kann daher ebenso wenig seine Beurteilung an die Stelle des Auftraggebers setzen, wie dessen Anforderungen gleichwertig befriedigt werden, wie die Nachprüfungsinstanzen. Der Beurtei-

---

393 *OLG München* 12. 9. 2005 ZfBR 2005, 840, 843.
394 *OLG Düsseldorf* 27. 4. 2005 VergabeR 2005, 483; *Wirner* ZfBR 2005, 152, 156 f. m. w. N.
395 *OLG Zweibrücken* 20. 11. 2003 BauR 2004, 1454 (zur VOB/A); vgl. *OLG Naumburg* 22. 12. 1999 BauR 2000, 1636 (zur VOB/A); *OLG Koblenz* 5. 9. 2002 VergabeR 2003, 72, 74 (zur VOB/A); *BayObLG* 2. 12. 2002 VergabeR 2003, 207, 215 m. w. N. (zur VOB/A); *Wirner* ZfBR 2005, 152, 158, 160 f.
396 S. hierzu § 21 Rn. 91.
397 *BayObLG* 29. 4. 2002 VergabeR 2002, 504 (zur VOB/A); *OLG Jena* 18. 3. 2004 VergabeR 2004, 525 (zur VOB/A); *OLG Schleswig* 15. 2. 2005 VergabeR 2005, 357 (zur VOB/A).

lungsspielraum kann nur eingeschränkt daraufhin überprüft werden, ob der öffentliche Auftraggeber sein Ermessen nicht oder deshalb fehlerhaft ausgeübt hat, weil er sich auf sachfremde Erwägungen gestützt oder einen unzutreffend oder unvollständig ermittelten Sachverhalt zugrunde gelegt hat (vgl. Rn. 230 f.).[398] Vergabefehlerhaft ist es daher auf jeden Fall, wenn der öffentliche Auftraggeber die Gleichwertigkeit des Nebenangebots überhaupt nicht prüft.[399]

Der Bieter, der mit seinem Nebenangebot von dem ausgeschriebenen Amtsvorschlag abweicht, ist gehalten dafür zu sorgen, dass der öffentliche Auftraggeber ohne weiteres die Gleichwertigkeit des Nebenangebots prüfen kann. Er muss daher den Inhalt seines Nebenangebots objektiv nachvollziehbar und eindeutig erläutern und seinem Nebenangebot hinreichende **Nachweise**, Gutachten, Prüfzeugnisse etc beifügen, damit sich der öffentliche Auftraggeber ein klares Bild über den Inhalt des Nebenangebots verschaffen kann.[400] Bei Öffentlicher und Beschränkter Ausschreibung sieht § 17 Nr. 3 Abs. 5 Satz 2 VOL/A ausdrücklich vor, dass bereits in der Angebotsaufforderung zu verlangen ist, dass der Bieter in seinem Angebot Angaben über Ausführung und Beschaffenheit einer Leistung macht, soweit er eine Leistung anbietet, die in den Verdingungsunterlagen nicht vorgesehen ist. Durch die vorgelegten Nachweise muss es der Vergabestelle ohne Weiteres möglich sein, beim Vergleich der im Nebenangebot vorgeschlagenen Lösung mit der ausgeschriebenen Hauptleistung die relativen Vor- und Nachteile unter allen maßgeblichen Gesichtspunkten (technisch, wirtschaftlich, gestalterisch, funktional, terminlich etc) zu erkennen, insbesondere etwaige Ausführungsrisiken, Betriebs- und Folgekosten.[401] Sofern sein Nebenangebot das Hauptangebot nur zum Teil ersetzt oder verändert, muss der Bieter hierüber hinaus darlegen, welche Teile des Hauptangebots unverändert weitergelten sollen; anderenfalls kann der Auftraggeber den Inhalt des Nebenangebots (und möglicherweise ebenfalls den des Hauptangebots) nicht klar erkennen. Im Ergebnis muss das Nebenangebot »spiegelbildlich« zur Leistungsbeschreibung, in der der Auftraggeber das Hauptangebot charakterisiert hat, entsprechend § 8 Nr. 1 Abs. 1 VOL/A eindeutig und erschöpfend beschrieben sein.[402] Die Vorlage von Gleichwertigkeitsnachweisen ist jedoch dann entbehrlich, wenn der öffentliche Auftraggeber ohne weiteres selbst aufgrund eigener Erkenntnisse oder Sachkunde die Gleichwertigkeit beurteilen

240

---

398 *OLG Naumburg* 22. 12. 1999 BauR 2000, 1636 m. w. N. (zur VOB/A); *OLG Koblenz* 5. 9. 2002 VergabeR 2003, 72, 74 (zur VOB/A); vgl. auch *BayObLG* 2. 12. 2002 VergabeR 2003, 207, 214 f (zur VOB/A); *Wirner* ZfBR 2005, 152, 161 m. w. N.
399 *OLG Naumburg* 22. 12. 1999 BauR 2000, 1636 (zur VOB/A); *OLG Rostock* 5. 3. 2002 VergabeR 2002, 507, 508 (zur VOB/A) m. w. N.; *OLG Koblenz* 5. 9. 2002 VergabeR 2003, 72, 74 (zur VOB/A).
400 *OLG Naumburg* 22. 12. 1999 BauR 2000, 1636 (zur VOB/A); *OLG Frankfurt* 26. 3. 2002 VergabeR 2002, 389, 391 (zur VOB/A); *OLG Koblenz* 5. 9. 2002 VergabeR 2003, 72, 73 m. w. N. (zur VOB/A); *OLG Brandenburg* 12. 11. 2002 VergabeR 2003, 70, 71 (zur VOB/A); *BayObLG* 2. 12. 2002 VergabeR 2003, 207, 211 f., 215 m. w. N. (zur VOB/A); *3. VK Bund* 22. 3. 2005, VK 3–13/05 (zur VOB/A); *v. Gehlen* NZBau 2002, 660, 661; *Schweda* VergabeR 2003, 268, 276 m. w. N.; *Wirner* ZfBR 2005, 152, 162 m. w. N. A. A. *OLG Schleswig* 5. 4. 2005 ZfBR 2005, 616, 618 (zur VOB/A) m. w. N.
401 *OLG Naumburg* 22. 12. 1999 BauR 2000, 1636 (zur VOB/A); *OLG Koblenz* 5. 9. 2002 VergabeR 2003, 72, 74 m. w. N. (zur VOB/A); *BayObLG* 2. 12. 2002 VergabeR 2003, 207, 215 m. w. N. (zur VOB/A).
402 Vgl. *OLG Koblenz* 5. 9. 2002 VergabeR 2003, 72, 73 (zur VOB/A); *3. VK Bund* 22. 3. 2005, VK 3–13/05 (zur VOB/A); *v. Gehlen* NZBau 2002, 660, 661; *Schweda* VergabeR 2003, 268, 276 m. w. N.; *Wirner* ZfBR 2005, 152, 161 m. w. N.

kann –[403] er ist jedoch nicht dazu verpflichtet, eigene Nachforschungen anzustellen.[404] Zudem brauchen keine Gleichwertigkeitsnachweise vorgelegt zu werden, soweit der Auftraggeber in der Ausschreibung z. B. die Verwendung bestimmter Materialien bereits anerkannt hat.[405] Um entsprechende Streitigkeiten über die Erkenntnismöglichkeiten des öffentlichen Auftraggebers zu vermeiden, sollte ein Bieter jedoch von sich aus seinem Nebenangebot geeignete Nachweise beifügen. Zweifel daran, ob das Nebenangebot gleichwertig bzw. die Gleichwertigkeit hinreichend nachgewiesen ist, gehen zu Lasten des Bieters.[406] S. zur Rechtsfolge, wenn erforderliche Gleichwertigkeitsnachweise fehlen bzw. das Nebenangebot nicht gleichwertig ist, Rn. 244.

241 Sofern das Nebenangebot gleichwertig ist, ist es in einem letzten Prüfungsschritt »wie das Hauptangebot« daraufhin zu überprüfen, ob es **das wirtschaftlichste** ist.[407] Die Prüfung erfolgt wie bei der Ermittlung des wirtschaftlichsten Hauptangebots nach § 25 Nr. 3 VOL/A anhand der Zuschlagskriterien und erfordert dementsprechend eine wertende Betrachtung im Vergleich mit den anderen in der Wertung verbliebenen Hauptangeboten und ggf. weiteren (gleichwertigen) Nebenangeboten.[408] Wie bei der Beurteilung der Hauptangebote steht dem öffentlichen Auftraggeber insoweit ein nur eingeschränkt überprüfbarer Beurteilungsspielraum zu (s. Rn. 230 f.).[409] Sofern ein solcher Vergleich mit den anderen Angeboten nicht möglich ist (z. B. weil sich der Gesamtpreis des Nebenangebots nicht ermitteln lässt), kann das Nebenangebot nicht gewertet werden.[410]

242 **Art. 24 Abs. 4 Satz 2 RL 2004/18/EG** bzw. **Art. 36 Abs. 2 RL 2004/17/EG** enthalten hierüber hinaus eine weitere Wertungsvorgabe für Nebenangebote: Öffentliche Auftraggeber, die Nebenangebote zugelassen haben, dürfen bei Verfahren zur Vergabe öffentlicher Liefer- oder Dienstleistungsaufträge ein Nebenangebot nicht allein deshalb zurückweisen, weil es im Falle des Zuschlags entweder zu einem Dienstleistungsauftrag anstatt zu einem öffentlichen Lieferauftrag bzw. zu einem Lieferauftrag anstatt zu einem öffentlichen Dienstleistungsauftrag führen würde. § 25 Nr. 4 VOL/A ist dementsprechend richtlinienkonform auszulegen.

243 Für die Frage, ob und inwieweit der öffentliche Auftraggeber bei der Wertung eines Nebenangebots **Aufklärungsgespräche** führen darf oder muss, gelten ebenfalls dieselben allgemeinen Grundsätze wie bei einem Hauptangebot: Unklarheiten hinsicht-

---

403 *BayObLG* 2. 12. 2002 VergabeR 2003, 207, 212 (zur VOB/A).
404 *OLG Naumburg* 22. 12. 1999 BauR 2000, 1636 m. w. N. (zur VOB/A); *OLG Rostock* 5. 3. 2002 VergabeR 2002, 507, 508 (zur VOB/A); *OLG Brandenburg* 20. 8. 2002 VergabeR 2003, 222, 223 (zur VOB/A); *BayObLG* 2. 12. 2002 VergabeR 2003, 207, 211 m. w. N. (zur VOB/A); *Kulartz* in: Daub/Eberstein § 25 Rn. 51; *Schweda* VergabeR 2003, 268, 277 m. w. N.; *Wirner* ZfBR 2005, 152, 161 m. w. N.
405 *OLG Düsseldorf* 7. 1. 2005, VII-Verg 106/04 (zur VOB/A).
406 Vgl. *Kulartz* in: Daub/Eberstein § 25 Rn. 51 m. w. N.; *Schweda* VergabeR 2003, 268, 276; *Wirner* ZfBR 2005, 152, 161 m. w. N.
407 Vgl. *OLG Naumburg* 22. 12. 1999 BauR 2000, 1636 (zur VOB/A); *OLG Brandenburg* 20. 8. 2002 VergabeR 2003, 222, 224 (zur VOB/A); *BayObLG* 2. 12. 2002 VergabeR 2003, 207, 211 ff. (zur VOB/A); *OLG Schleswig* 15. 2. 2005 VergabeR 2005, 357 (zur VOB/A); 2. VK Bund 30. 4. 2002, VK 2–10/02 (zur VOB/A); Noch in: Müller-Wrede § 25 Rn. 126; *Schweda* VergabeR 2003, 268, 277.
408 *OLG Naumburg* 22. 12. 1999 BauR 2000, 1636 (zur VOB/A); *BayObLG* 2. 12. 2002 VergabeR 2003, 207, 213 (zur VOB/A).
409 *OLG Naumburg* 22. 12. 1999 BauR 2000, 1636 (zur VOB/A); *BayObLG* 2. 12. 2002 VergabeR 2003, 207, 213 (zur VOB/A); *Schweda* VergabeR 2003, 268, 277.
410 *OLG München* 12. 9. 2005 ZfBR 2005, 840, 843.

lich des Inhalts des Nebenangebots, insbesondere darüber, inwieweit es vom Hauptangebot abweicht, sind zunächst im Wege der Auslegung (§§ 133, 157 BGB)[411] zu klären.[412] Bei der Beurteilung der Gleichwertigkeit eines Nebenangebots mit dem Amtsvorschlag darf der Auftraggeber ggf. zwar eigene Erkenntnisse heranziehen, ist jedoch nicht zu weitergehenden Nachforschungen und Recherchen verpflichtet (s. Rn. 240). Im Übrigen dürfen Nachverhandlungen wegen § 24 Nr. 1 Abs. 1 und Nr. 2 Abs. 1 VOL/A nicht zu einer Änderung des ursprünglichen Angebots führen, was insbesondere dann der Fall ist, wenn ein Angebot im Nachhinein erst wertungsfähig gemacht wird (s. § 24 Rn. 25). Bei Nebenangeboten wäre dies der Fall, wenn nach Ablauf der Angebotsfrist Nachweise nachgereicht werden, anhand derer der öffentliche Auftraggeber überhaupt erst beurteilen kann, ob das Nebenangebot mit der ausgeschriebenen Leistung gleichwertig ist.[413] Der Bieter hätte anderenfalls die Möglichkeit, im Wege der sog. »Aufklärung« eine in seinem ursprünglichen Angebot so nicht enthaltene Leistung anzubieten und den Angebotsinhalt unter Verletzung von § 19 Nr. 3 VOL/A zu Lasten der anderen Bieter zu manipulieren. Der chancengleiche Bieterwettbewerb und die Transparenz des Vergabeverfahrens wären nicht mehr gewährleistet. Abgesehen hiervon sieht § 24 Nr. 2 Abs. 2 VOL/A ausdrücklich vor, dass bei einem Nebenangebot mit dem Bieter, dessen Angebot als das wirtschaftlichste i. S. d. § 25 Nr. 3 VOL/A gewertet wurde, im Rahmen der geforderten Leistung ausnahmsweise über notwendige technische Änderungen geringen Umfangs verhandelt werden darf, wobei auch der Preis angepasst werden kann (s. § 24 Rn. 24).

Rechtsfolgen: Wenn der öffentliche Auftraggeber entgegen § 9 a Nr. 2 VOL/A keine **244** Mindestanforderungen für Nebenangebote bekannt gegeben hat, sind sämtliche eingereichten Nebenangebote von der Wertung auszuschließen (s. § 9 a Rn. 27). Sofern ein Nebenangebot die bekannt gemachten Mindestanforderungen nicht erfüllt, darf es nicht berücksichtigt werden (vgl § 25 a Nr. 3, § 25 b Nr. 4 Abs. 2 VOL/A, Art. 44 Abs. 1 i. V. m. Art. 24 Abs. 4 Satz 1 RL 2004/18/EG bzw. Art. 36 Abs. 1 RL 2004/17/EG).[414] Wenn die erforderlichen Nachweise fehlen, so dass der Auftraggeber die Gleichwertigkeit des Nebenangebots nicht beurteilen kann, ist das Nebenangebot ebenfalls von der Wertung auszuschließen.[415] Sofern die Gleichwertigkeitsnachweise wirksam in den Verdingungsunterlagen gefordert worden sind (s. § 25 Rn. 84 f.), erfolgt der Angebotsausschluss gemäß § 25 Nr. 1 Abs. 2 lit. a) i. V. m. § 21 Nr. 1 Abs. 1 Satz 1 VOL/A.[416] Wenn ein Nebenangebot nicht gleichwertig ist, wird es ebenfalls

---

411 S. zur Auslegung von Angeboten § 21 Rn. 92.
412 *OLG Brandenburg* 12. 11. 2002 VergabeR 2003, 70, 71 (zur VOB/A); *BayObLG* 2. 12. 2002 VergabeR 2003, 207, 214 (zur VOB/A).
413 *OLG Naumburg* 22. 12. 1999 BauR 2000, 1636 (zur VOB/A); *OLG Frankfurt/M.* 26. 3. 2002 VergabeR 2002, 389, 392 (zur VOB/A); *OLG Brandenburg* 20. 8. 2002 VergabeR 2003, 222, 224 (zur VOB/A); *OLG Koblenz* 5. 9. 2002 VergabeR 2003, 72, 75 (zur VOB/A); *OLG Celle* 30. 1. 2003, 13 Verg 13/02 (zur VOB/A); *OLG Düsseldorf* 30. 6. 2004, VII-Verg 22/04 (zur VOB/A); *3. VK Bund* 22. 3. 2005, VK 3–13/05 (zur VOB/A); *Schweda* VergabeR 2003, 268, 277, 279 m. w. N.; a. A. *OLG Zweibrücken* 20. 11. 2003 BauR 2004, 1454 (zur VOB/A); *Wirner* ZfBR 2005, 152, 161 f. m. w. N.
414 *OLG Düsseldorf* 27. 4. 2005 VergabeR 2005, 483; *OLG Koblenz* 31. 5. 2006, 1 Verg 3/06 (zur VOB/A).
415 *BayObLG* 2. 12. 2002 VergabeR 2003, 207, 211 (zur VOB/A); *Schweda* VergabeR 2003, 268, 276 f. m. w. N.
416 *OLG Frankfurt/M.* 26. 3. 2002 VergabeR 2002, 389, 391 (zur VOB/A); *OLG Koblenz* 5. 9. 2002 VergabeR 2003, 72, 75 (zur VOB/A).

nicht gewertet,[417] anderenfalls würden die übrigen Bieter, die das ursprüngliche Anforderungsprofil des Auftraggebers eingehalten haben, wettbewerbswidrig ungleich behandelt werden.

245 Die Frage, ob das Nebenangebot eines anderen Bieters zu Recht gewertet worden ist, insbesondere ob dessen Gleichwertigkeit zutreffend bejaht wurde und es nicht von der Wertung hätte ausgeschlossen werden müssen, tangiert unmittelbar den Bieterwettbewerb sowie die Gleichbehandlung der Bieter. § 25 Nr. 4 VOL/A ist daher **drittschützend**.[418]

G. Dokumentation, Nr. 5

246 Die Pflicht, die Gründe für die Zuschlagerteilung in den Akten zu vermerken, dient der Transparenz (§ 97 Abs. 1 GWB) und der Erleichterung der Nachprüfung. Ihre Erfüllung liegt auch im Eigeninteresse der Vergabestelle, die durch die Dokumentation der Zuschlagsgründe sowohl im Primär- wie auch im Sekundärrechtsschutz eine sichere Grundlage gewinnt. Zugleich zwingt die Dokumentation der Vergabegründe nochmals dazu, sich über die Gründe der Vergabeentscheidung abschließende Klarheit zu verschaffen. Dem entsprechend ist der Vermerk nach Nr. 5 in zeitlicher Nähe zur Zuschlagsentscheidung zu fertigen. Der Vermerk ist zu den Vergabeakten zu nehmen und aufzubewahren.

247 Nr. 5 ist im Zusammenhang mit § 30 zu lesen und hebt die besondere Bedeutung der abschließenden Angebotswertung und der Zuschlagsgründe hervor. Insbesondere in Fällen, in denen Beurteilungs- und Ermessensspielräume bestehen, ist die aktenkundige Klärung der tragenden Gründe der Vergabeentscheidung wichtig.

248 Die Bieter können gem. § 111 GWB Akteneinsicht nehmen. Der Fall, dass der Vermerk nach Nr. 5 aus Gründen des Geheimschutzes oder zur Wahrung von Betriebs- oder Geschäftsgeheimnissen einzelner Bieter der Akteneinsicht nicht zugänglich ist (§ 111 Abs. 2 GWB), dürfte selten sein und bedarf ggf. einer nachvollziehbaren Einzelfallbegründung. Zu berücksichtigen ist, dass die Einsichtnahme in den Vermerk gerade für die Entscheidung, ob eine Vergabeentscheidung zur Nachprüfung gestellt werden soll oder nicht, essentiell ist.

249 Fehlt ein Vermerk nach Nr. 5, kann nicht festgestellt werden, ob die Wertung fehlerfrei erfolgt ist.[419] Dies kann zu Beweiserleichterungen bis hin zur Beweislastumkehr zugunsten des Bieters führen, der substantiiert geltend macht, dass die Wertung fehlerhaft erfolgt ist.[420]

---

417 *BayObLG* 2. 12. 2002 VergabeR 2003, 207, 214 f (zur VOB/A); *v. Gehlen* NZBau 2002, 660 m. w. N.; *Kulartz* in: Daub/Eberstein § 25 Rn. 50.
418 *BayObLG* 2. 12. 2002 VergabeR 2003, 207, 211 ff. (zur VOB/A); *Dausner* VergabeR 2003, 75, 76; *Noch* in: Müller-Wrede § 25 Rn. 127.
419 Vgl. *OLG Bremen* VergabeR 2005, 537 (Ls. 4 und 5).
420 *OLG Naumburg* IBR 2006, 697 (Ls. 4).

§ 26
Aufhebung der Ausschreibung

1. Die Ausschreibung kann aufgehoben werden, wenn
   a) kein Angebot eingegangen ist, das den Ausschreibungsbedingungen entspricht,
   b) sich die Grundlagen der Ausschreibung wesentlich geändert haben,
   c) sie kein wirtschaftliches Ergebnis gehabt hat,
   d) andere schwerwiegende Gründe bestehen.
2. Die Ausschreibung kann unter der Voraussetzung, dass Angebote in Losen vorgesehen oder Nebenangebote nicht ausgeschlossen sind, teilweise aufgehoben werden, wenn
   a) das wirtschaftlichste Angebot den ausgeschriebenen Bedarf nicht voll deckt,
   b) schwerwiegende Gründe der Vergabe der gesamten Leistung an einen Bieter entgegenstehen.
3. Die Gründe für die Aufhebung der Ausschreibung sind in den Akten zu vermerken.
4. Die Bieter sind von der Aufhebung der Ausschreibung unter Bekanntgabe der Gründe (Nummer 1 Buchstabe a) bis d), Nummer 2 Buchstabe a) und b)) unverzüglich zu benachrichtigen.
5. Eine neue Ausschreibung oder eine Freihändige Vergabe ist nur zulässig, wenn die vorhergehende Ausschreibung über denselben Gegenstand ganz oder teilweise aufgehoben ist.

Erläuterungen zu § 26

§ 26 Nr. 1 Buchstabe c): Hierunter ist auch der Fall zu verstehen, dass selbst das Mindestangebot zu hoch befunden wurde.

Inhaltsübersicht

	Rn.
A. Allgemeine Grundlagen	1
B. Unterschiede zur VOB/A und zur VOF	3
1. Unterschiede zur VOB/A	3
2. Unterschiede zur VOF	10
C. Grundsätzlich keine Verpflichtung zur Zuschlagserteilung	11
I. Kein Kontrahierungszwang	11
II. Ermessensreduzierung auf Null bei fortbestehendem Vergabewillen	13
D. Grundsätze bei der Aufhebung der Ausschreibung	16
I. Kein stilles Auslaufen einer Ausschreibung	16
II. Aufhebungsgründe abschließend	17
III. Anwendungsbereich für die Aufhebung der Ausschreibung	19
IV. Zeitrahmen für die Aufhebung	21
V. Ermessen zur Aufhebung der Ausschreibung	23

§ 26 Aufhebung der Ausschreibung

  VI. Anspruch auf Aufhebung wegen Gleichbehandlung der Bieter? 27
E. Die einzelnen Gründe für die Aufhebung der Ausschreibung (§ 26 Nr. 1 VOL/A) 37
  I. Kein ordnungsgemäßes Angebot eingegangen (§ 26 Nr. 1 a VOL/A) 37
  II. Wesentliche Änderung der Grundlagen der Ausschreibung (§ 26 Nr. 1 b VOL/A) 39
  III. Kein wirtschaftliches Ergebnis der Ausschreibung (§ 26 Nr. 1 c VOL/A) 44
  IV. Andere schwerwiegende Gründe (§ 26 Nr. 1 d VOL/A) 48
F. Teilaufhebung der Ausschreibung (§ 26 Nr. 2 VOL/A) 54
G. Aktenvermerk über die Aufhebung (§ 26 Nr. 3 VOL/A) 57
H. Benachrichtigungspflicht (§ 26 Nr. 4 VOL/A) 58
I. Zulässigkeit einer neuen Ausschreibung oder Freihändigen Vergabe (§ 26 Nr. 5 VOL/A) 61
J. Primärrechtsschutz 64
  I. § 26 VOL/A als bieterschützende Vorschrift 64
  II. Nachprüfungsumfang bei einer Aufhebung der Ausschreibung 65
    1. Problemstellung 65
    2. Die Entscheidungen des EuGH und des BGH 66
    3. Informationspflicht 72
K. Schadensersatzansprüche 73
  I. Kein Ersatzanspruch bei rechtmäßiger Aufhebung 73
  II. Ansprüche bei rechtswidriger Aufhebung 75
  III. Voraussetzungen für einen Ersatzanspruch 78
    1. Vorliegen eines ordnungsgemäßen Angebots 78
    2. Rechtswidrig verursachte Aufhebung der Ausschreibung 79
  IV. Schadensersatzberechtigter und Schadensumfang 82
    1. Schadensersatzberechtigter 82
    2. Ersatz des negativen Interesses 85
    3. Anspruch aus § 126 GWB 87
    4. Ersatz des positiven Interesses 89
  V. Einwand des rechtmäßigen Alternativverhaltens 94

A. Allgemeine Grundlagen

1 Die Vorschrift des § 26 VOL/A ist durch die Neufassung der VOL/A 2006 **inhaltlich nicht verändert** worden. Lediglich der Begriff »Änderungsvorschläge« ist in § 26 Nr. 2 gestrichen und allein der synonyme Begriff »Nebenangebote« beibehalten worden. § 26 VOL/A regelt im Wesentlichen die Voraussetzungen für die **Aufhebung der Ausschreibung** sowohl betreffend das gesamte Vergabeverfahren (§ 26 Nr. 1 VOL/A) als auch die teilweise Aufhebung (§ 26 Nr. 2 VOL/A). Daneben gibt die Vorschrift dem Auftraggeber auf, die Gründe für die Aufhebung der Ausschreibung in den **Akten zu vermerken** (§ 26 Nr. 3 VOL/A) und die Bieter von der Aufhebung der Ausschreibung unter Bekanntgabe der Gründe **unverzüglich** zu benachrichtigen (§ 26 Nr. 4 VOL/A). Schließlich stellt § 26 Nr. 5 VOL/A klar, dass eine neue Ausschreibung oder eine Freihändige Vergabe nur zulässig ist, wenn die vorhergehende Ausschreibung über denselben Gegenstand ganz oder teilweise **aufgehoben** ist. Während die Basisurschrift des § 26 VOL/A von der »Aufhebung der Ausschreibung«

spricht, verwendet sowohl Art. 41 Abs. 1 der EU-VKR vom 31. 3. 2004 als auch die »EU-Vorschrift« des § 26 a VOL/A den weiteren Begriff »**Verzicht auf Vergabe**«. Allerdings werden in beiden EU-Normen – anders als in § 26 VOL/A – keine konkreten Gründe für die Aufhebung bzw. den Verzicht genannt.

Die Regelung des § 26 VOL/A betrifft den **Ausnahmefall**, dass das Vergabeverfahren 2
nicht – wie vorgesehen – durch Erteilung des Auftrags und damit durch den **Zuschlag** (§ 28 VOL/A) beendet, sondern **aufgehoben** wird. Während sowohl bei Auftragsvergaben oberhalb der EU-Schwellenwerte als auch unterhalb der EU-Schwellenwerte »ein bereits erteilter Zuschlag nicht mehr aufgehoben werden kann« (vgl. für EU-Vergaben: § 114 Abs. 2 S. GWB), beendet die Aufhebung der Ausschreibung das Vergabeverfahren **nicht zwingend endgültig**. Vielmehr kann die Aufhebung der Ausschreibung zum einen durch den **Auftraggeber** »rückgängig« gemacht werden, indem dieser das Verfahren wieder aufnimmt und fortführt.[1] Zum anderen muss ein **Bieter** nach Auffassung des **Europäischen Gerichtshofs**[2] die Entscheidung des Auftraggebers, eine Ausschreibung aufzuheben bzw. zu widerrufen, bei Auftragsvergaben oberhalb der EU-Schwellenwerte auf der Grundlage der EG-Rechtsmittelrichtlinie[3] (vgl. Art. 1 Abs. 1 der EG-Rechtsmittelrichtlinie) auf ihre Rechtmäßigkeit durch die Einleitung eines Nachprüfungsverfahrens überprüfen und ggf. rückgängig machen können. Insoweit haben die Bieter gem. § 97 Abs. 7 GWB einen **subjektiven Anspruch** auf die Einhaltung der Vergabevorschriften durch den Auftraggeber bei der Aufhebung der Ausschreibung. Folge ist, dass eine **rechtswidrige Aufhebung** der Ausschreibung durch einen Auftraggeber von den hierdurch zu Schaden gekommenen Bewerbern oder Bietern bei Auftragsvergaben oberhalb der EU-Schwellenwerte im Rahmen eines Nachprüfungsverfahrens vor Vergabekammern und Vergabesenaten angegriffen werden kann. Dem steht nicht entgegen, dass es sich bei § 26 VOL/A **nicht um** transformiertes EU-Gemeinschaftsrecht, sondern vielmehr um eine primär »nationale« Norm handelt. Denn die Nachprüfungsinstanzen der Vergabekammern und der Vergabesenate haben bei Vergaben oberhalb der EU-Schwellenwerte über den dann gem. § 4 VgV zur Anwendung kommenden zweiten Abschnitt der VOL/A bei ihrer Überprüfung der Einhaltung des Vergaberechts auch die »nationale« Norm des § 26 VOL/A zugrunde zu legen.

B. Unterschiede zur VOB/A und zur VOF

1. Unterschiede zur VOB/A

Die VOB/A enthält in § 26 eine vergleichbare, allerdings erheblich kürzer gefasste Regelung zur Aufhebung der Ausschreibung. Hieraus ergeben sich jedoch grundsätzlich 3
keine materiell-rechtlichen Unterschiede. Während sich § 26 Nr. 1 a und d VOL/A auf der einen Seite sowie § 26 Nr. 1 a und c VOB/A auf der anderen Seite **entsprechen**, sieht § 26 Nr. 1 b VOL/A einen Aufhebungsgrund darin, dass sich die **Grundlagen**

---

[1] *BGH* VergabeR 2003, 313, 315 mit Anm. v. *Müller-Wrede* VergabeR 2003, 318 ff.; *Jasper/Pooth* Rechtsschutz gegen die Aufhebung einer Ausschreibung, NZBau 2003, 261 ff.
[2] *EuGH* VergabeR 2002, 361 ff. = NZBau 2002, 458 ff.
[3] EG-Richtlinie 89/665/EWG.

§ 26 Aufhebung der Ausschreibung

der Ausschreibung wesentlich geändert haben. Die VOB-Vorschrift stellt in Nr. 1 b als Aufhebungsgrund darauf ab, dass die Verdingungsunterlagen grundlegend geändert werden müssen. Mit dem Bezug auf die Verdingungsunterlagen in der VOB wird im Gegensatz zur VOL daher noch deutlicher klargestellt, dass einer Ausschreibungsaufhebung keine rein internen Beweggründe des Auftraggebers zugrunde liegen dürfen. Vielmehr muss der Grund für eine Aufhebung der Ausschreibung – wie die VOB-Norm aufzeigt – anhand der den Bewerbern oder Bietern überreichten Verdingungsunterlagen **objektiv** nachprüfbar sein.

4 Sowohl der Wortlaut von § 26 Nr. 1 b VOB/A, wonach Voraussetzung der Ausschreibungsaufhebung die zu erfolgende grundlegende Änderung der Verdingungsunterlagen ist, macht ebenso wie § 26 Nr. 1 b VOL/A (»wesentliche Änderungen«) aber deutlich, dass eine Aufhebung der Ausschreibung nur in **besonderen Ausnahmefällen** zum Tragen kommt.

5 § 26 Nr. 1 c VOL/A ermöglicht eine Aufhebung dann, wenn die Ausschreibung **kein wirtschaftliches Ergebnis** gehabt hat. Auch wenn die VOB keine entsprechende Bestimmung enthält, ergibt sich hieraus kein materiell-rechtlicher Unterschied: Der in der VOL-Bestimmung angesprochene Fall des nichtvorhandenen wirtschaftlichen Ergebnisses lässt sich unter die Auffangbestimmung des § 26 Nr. 1 c VOB/A fassen, wonach eine Aufhebung der Ausschreibung auch dann erfolgen kann, wenn »andere schwerwiegende Gründe bestehen«.

6 Anders als § 26 Nr. 2 VOL/A enthält die VOB-Norm keine Vorschrift über die **Teilaufhebung**. Auch dies bedeutet jedoch inhaltlich keinen Unterschied. Ist z. B. nach der VOB eine Bauleistung in Losen ausgeschrieben und besteht etwa bei einem Los, z. B. wegen eines inhaltlichen Mangels oder eines nicht akzeptablen Preises, ein Hindernis zur Vergabe dieses Loses, ist auch hier die Möglichkeit einer »Teilaufhebung« mit allen sich hieraus ergebenden Folgen (z. B. Unterrichtungspflicht nach § 26 Nr. 2 VOB/A) gegeben.

7 § 26 VOB/A kennt keine ausdrückliche Vorschrift, nach der die Gründe für die Aufhebung der Ausschreibung wie nach § 26 Nr. 3 VOL/A **aktenkundig** gemacht werden müssen. Das Fehlen einer Vorschrift über die aktenmäßige Festlegung der Aufhebungsgründe erklärt sich daraus, dass die VOB – anders als die VOL/A – auch von **nichtöffentlichen Auftraggebern** angewendet wird, die nicht wie die Behörden den Pflichten einer sorgfältigen und transparenten Aktenführung unterworfen sind. Für die öffentlichen Auftraggeber bei Bauvergaben nach der VOB/A ergibt sich die Notwendigkeit eines Aktenvermerks über die Gründe für die Aufhebung der Ausschreibung aber auch schon bisher aufgrund dienstinterner Anordnungen und Vorschriften. Darüber hinaus ist die etwaige Aufhebung der Ausschreibung und die Angabe der entsprechenden Gründe Inhalt und Gegenstand des nach § 30 VOB/A anzufertigenden **Vergabevermerks**.

8 Während Nr. 4 des § 26 VOL/A eine unverzügliche Benachrichtigungspflicht von der Aufhebung der Ausschreibung unter Bekanntgabe der Gründe **nur für die Bieter** fordert, ist § 26 Nr. 2 VOB/A weitergehend. Danach sind neben den Bietern – wie bei der »EG-Vorschrift« des § 26 a S. 2 VOL/A – auch die **Bewerber** von der Aufhebung der

Ausschreibung unter Angabe der Gründe sowie ggf. über die **Absicht, ein neues Vergabeverfahren einzuleiten**, unverzüglich zu unterrichten. Auf Antrag der Bewerber oder Bieter muss die Unterrichtung durch den Auftraggeber anders als nach der VOL-Norm **schriftlich** erfolgen (§ 26 Nr. 2 S. 2 VOB/A). Die Unterrichtung des Auftraggebers gegenüber den Bewerbern und Bietern über die Absicht, ein neues Vergabeverfahren einzuleiten (§ 26 Nr. 2 Satz 1 VOB/A), wird man aber auch ohne Erwähnung in der VOL auch hier aus dem mit der Vertragsanbahnung begründeten Vertrauensverhältnis zwischen dem Auftraggeber und den Bewerbern und Bietern herleiten müssen. Danach haben die Bewerber und die Bieter einen Anspruch zu erfahren, ob ihre getätigten Aufwendungen nochmals nutzbringend für ein neues – gleich oder ähnlich gelagertes – Vergabeverfahren verwandt werden können. Erst mit der Unterrichtung wird den Bewerbern und den Bietern die Möglichkeit verschafft, ihre betrieblichen Planungen auf ein erneutes Vergabeverfahren einzustellen. Die Berücksichtigung der berechtigten Belange der Bieter und der Bewerber durch den Auftraggeber und deren auch hier schon aus Beweisgründen zu empfehlende – **schriftliche** – Benachrichtigung gebietet im Übrigen schon der Grundsatz des fairen Wettbewerbs. Da im Ergebnis zwischen den Auftraggebern und den Bewerbern und Bietern bereits mit der Abforderung der Verdingungsunterlagen ein vertragsähnliches Vertrauensverhältnis begründet wird, sollte daher insgesamt jedenfalls neben den Bietern über den Wortlaut des § 26 Nr. 4 VOL/A hinaus durch den Auftraggeber auch den Bewerbern gegenüber eine Unterrichtung von der Aufhebung erfolgen.

Der in Nr. 5 des § 26 VOL/A normierte selbstverständliche Grundsatz, wonach eine neue Ausschreibung oder eine Freihändige Vergabe nur zulässig ist, wenn die vorhergehende Ausschreibung über denselben Gegenstand ganz oder teilweise **aufgehoben ist**, gilt – auch ohne ausdrückliche Erwähnung in der VOB – auch für Bauleistungen. **9**

2. Unterschiede zur VOF

Die **ausschließlich** bei europaweiten Vergabeverfahren zur Anwendung kommende VOF kennt keine Vorschrift über die Aufhebung der Ausschreibung. Insofern ist im Hinblick auf das europaweite Vergabeverfahren nach der VOF für die Aufhebung bzw. für den Widerruf der Ausschreibung allein das EU-Gemeinschaftsrecht maßgeblich. Dieses sieht aber in Art. 41 Abs. 1 der EU-VKR den Fall vor, dass der Auftraggeber auf die Vergabe eines Auftrags, für den eine Ausschreibung stattgefunden hat, **verzichtet** und das Verfahren erneut **einleitet**. Dementsprechend bestimmt auch § 17 Abs. 5 der VOF, dass der Auftraggeber seinen Beschluss, auf die Vergabe eines dem EG-weiten Wettbewerb unterstellten Auftrages zu **verzichten**, dem Amt für amtliche Veröffentlichungen der Europäischen Gemeinschaften mitzuteilen hat. Weiter bestimmt § 17 Abs. 5 S. 2 VOF, dass der Auftraggeber den **Bewerbern** unverzüglich die Gründe mitteilt, aus denen beschlossen wurde, auf die Vergabe eines bekannt gemachten Auftrages zu verzichten oder das Verfahren erneut einzuleiten. Auf Antrag teilt er dies den Bewerbern in **Textform** mit (§ 17 Abs. 5 S. 3 VOF). **10**

C. Grundsätzlich keine Verpflichtung zur Zuschlagserteilung

I. Kein Kontrahierungszwang

11 Das Vergabeverfahren wird im Normalfall mit der **Erteilung des Zuschlags** beendet (§ 28 VOL/A). **Ausnahmsweise** hat der Auftraggeber aber unter den in § 26 Nr. 1 VOL/A geregelten Voraussetzungen die Möglichkeit, das bereits begonnene **Ausschreibungsverfahren rechtmäßig aufzuheben**. Allerdings ist der Auftraggeber umgekehrt grundsätzlich nicht verpflichtet, das Vergabeverfahren durch den Zuschlag und damit durch den Vertragsschluss zu beenden, auch wenn die Voraussetzungen des § 26 Nr. 1 VOL/A nicht gegeben sind. Denn es besteht für den Auftraggeber nach § 145 ff. BGB **keine Pflicht**, trotz Nichtvorliegens der Voraussetzungen für eine Aufhebung der Ausschreibung, **den Zuschlag** zu erteilen und damit den **Vertrag – zwangsweise –** zustande zu bringen. Dass der Auftraggeber das einmal eingeleitete Vergabeverfahren grundsätzlich nur aus den in § 26 Nr. 1 VOB/A genannten Gründen – rechtmäßig – aufheben darf, bedeutet zunächst nur, dass er bei einer Aufhebung aus anderen und nicht gerechtfertigten Gründen (**rechtswidrige Aufhebung**) zum **Schadensersatz** aus culpa in contrahendo (vgl. § 311 Abs. 2 i. V. m. § 241 Abs. 2 und §§ 280 ff. BGB) verpflichtet sein kann. Aus der Regelung kann hingegen nicht im Umkehrschluss abgeleitet werden, dass der Ausschreibende bei Fehlen eines rechtmäßigen Aufhebungsgrundes i. S. eines **Kontrahierungszwangs** zur Erteilung des Auftrags verpflichtet wäre.[4]

12 Eine Regelung, die eine solche – die Privatautonomie des Auftraggebers einengende – Verpflichtung (Anspruch auf Zuschlag) anordnet, findet sich weder im Bürgerlichen Gesetzbuch (BGB) noch im Vergaberecht und kann ihr auch nicht im Wege der Auslegung entnommen werden. Sie wäre auch, etwa bei einer von **vornherein ordnungswidrigen Einleitung des Vergabeverfahrens** durch den Auftraggeber, z. B. wegen fehlender Finanzierung, gegen zwingendes Haushaltsrecht gerichtet und mit dem Grundsatz der **Sparsamkeit und Wirtschaftlichkeit** nicht vereinbar. Dass es dem Auftraggeber unbenommen ist, von der Erteilung des in Aussicht genommenen Auftrags abzusehen, hat der Europäische Gerichtshof selbst für den Fall bestätigt, dass der Auftraggeber nur einen Bieter im Rahmen der Ausschreibung für geeignet gehalten hatte.[5]

---

4 *BGH* VergabeR 2003, 313 ff. = NZBau 2003, 293 ff.; BGH, VergabeR 2003, 163 ff., mit zust. Anm. v. *Jasper/Pooth* = NZBau 2003, 168 f.; *BGH* VergabeR 2004, 480 ff.; *OLG Dresden* VergabeR 2004, 92, 94; instruktiv weiter *OLG Celle* VergabeR 2003, 455 ff. m. Anm. *Stolz*; *OLG Brandenburg* VergabeR 2003, 168 ff. m. Anm. v. *Zirbes*, VergabeR 2003, 174 f.; *Scharen* NZBau 2003, 585, 588; ausführlich zur Thematik: *Mantler* VergabeR 2003, 119, 122 ff. und *Kaelble* ZfBR 2003, 657 ff.
5 *EuGH* NZBau 2000, 153, 154 (Ziffer 24); siehe auch *EuGH* VergabeR 2002, 361 ff. (Ziffer 41); zur Entscheidung des *EuGH* VergabeR 2002, 361 ff., grundlegend Hübner, »Die Aufhebung der Ausschreibung – Gegenstand des Nachprüfungsverfahrens«, VergabeR 2002, 429 ff.

II. Ermessensreduzierung auf Null bei fortbestehendem Vergabewillen

Ein den Unternehmen zustehender Anspruch auf Einhaltung der Bestimmungen über das Vergabeverfahren (vgl. § 97 Abs. 7 GWB) konkretisiert sich aber dann **ausnahmsweise zu einem Rechtsanspruch auf Zuschlagserteilung**, wenn unter Beachtung aller Beurteilungsspielräume die Erteilung des Zuschlags durch die Vergabestelle an einen Bieter die **einzige rechtmäßige Entscheidung** ist und daher insoweit eine **Ermessensreduzierung auf Null** vorliegt.[6] Hiervon ging ein vom BayObLG entschiedener Fall aus, bei dem Auftraggeber eine juristische Person des Privatrechts war.[7] In dem der Entscheidung zu Grunde liegenden Verhandlungsverfahren hatte die Antragstellerin das wirtschaftlichste Angebot abgegeben. Noch vor Zuschlagserteilung trat der Auftraggeber aber erneut in Vertragsverhandlungen ein und änderte in der Folge seine Zuschlagsentscheidung, wogegen die Antragstellerin ein Nachprüfungsverfahren einleitete.

13

Das BayObLG sah in der Verurteilung zur Zuschlagserteilung eine geeignete Maßnahme, um die Rechtsverletzung zu beseitigen und auf die **Rechtmäßigkeit des Vergabeverfahrens** hinzuwirken. Auch wenn es grundsätzlich aus dem Zivilrecht keinen Rechtsanspruch des günstigsten Bieters gegenüber dem Auftraggeber auf Abschluss des Vertrags gebe, enthalte der Vergaberechtsschutz in § 97 Abs. 5 GWB einen **Normbefehl**. Nach dieser Vorschrift »**wird**« der Zuschlag auf das wirtschaftlichste Angebot erteilt, was im Sinne von »**ist zu erteilen**« auszulegen sei. In Verbindung mit dem Rechtsanspruch des Bieters auf Einhaltung der Vergabebestimmungen durch den Auftraggeber (§ 97 Abs. 7 GWB) spreche dies für ein gesetzgeberisches Konzept, dem zumindest die herkömmliche Auffassung des generellen Fehlens eines durchsetzbaren Rechtsanspruchs auf Zuschlagserteilung nach Auffassung des Bayerischen Obersten Landesgerichts noch schwerlich gerecht werden dürfte.

14

Es ist jedoch zweifelhaft, ob diese generelle Auffassung des Bayerischen Obersten Landesgerichts haltbar ist, da der Normbefehl des § 97 Abs. 5 GWB (»wird erteilt«) nur aussagt, dass dann, wenn sich der Auftrageber zum Zuschlag entscheidet, dieser auf das wirtschaftlichste Angebot erteil wird. Nicht aber kann hieraus eine zwingende Verpflichtung zur Zuschlagserteilung selbst hergeleitet werden.[8] In dem zugrunde liegenden bayerischen Fall bestand aber die Besonderheit darin, dass der Auftraggeber nach eigenem Bekunden weiter an dem Projekt festhielt, keine Wiederholung des Vergabeverfahrens wollte und entschlossen war, den **Auftrag zu vergeben**. Zumindest bei dieser **Ausnahmesituation** eines ausdrücklich **fortbestehenden Vergabewillens**, bei dem der Auftraggeber **keinen sachlich gerechtfertigten Grund** für eine Beendigung des Vergabeverfahrens hat, muss aber im Sinne einer **Selbstbindung** des Auftraggebers zu Recht davon ausgegangen werden, dass der Auftraggeber zur Zuschlagserteilung an den wirtschaftlichsten Bieter i. S. einer **Ermessensreduzierung auf**

15

---

6 OLG Düsseldorf NZBau 2000, 540, 542; Boesen, § 114 Rn. 23; Byok »Rechtsschutz gegen die Aufhebung einer Ausschreibung«, WuW 2000, 718, 721, 722; weitergehend Erdl Der neue Vergaberechtsschutz, Rn. 492, die aus der Vorgabe zur Einhaltung des § 26 VOB/A grundsätzlich einen Anspruch auf Zuschlagserteilung herleitet.

7 BayObLG VergabeR 2003, 186 ff. m. abl. Anm. v. Schabel VergabeR 2003, 194, 195.

8 So auch: KG VergabeR 2003, 180, 183.

Null verpflichtet ist. Das Gleiche gilt – bei fortbestehender Vergabeabsicht – dann, wenn der Auftraggeber die – rechtswidrige – Aufhebung dazu missbraucht, einen einzelnen Bieter bewusst zu **diskriminieren**, um diesem den Auftrag nicht zu erteilen.[9]

D. Grundsätze bei der Aufhebung der Ausschreibung

I. Kein stilles Auslaufen einer Ausschreibung

16 Neben der Zuschlagserteilung und der rechtmäßigen und damit **nicht zum Schadensersatz** führenden Aufhebung der Ausschreibung kommt auch eine **rechtswidrige** und nicht von den Voraussetzungen des § 26 Nr. 1 VOL/A gedeckte – **schadensersatzpflichtige** – **Aufhebung der Ausschreibung** als Grund für die Beendigung des Vergabeverfahrens in Betracht.[10] Die Vorschrift des § 26 Nr. 1 VOL/A behandelt grundsätzlich den Fall, dass eine Ausschreibung zwar nicht durch Zuschlagserteilung, aber durch eine **rechtmäßige Aufhebung** der Ausschreibung beendet wird. Da eine Ausschreibung entweder durch eine endgültige Zuschlagserteilung oder aber – zumindest vorläufig – durch eine rechtmäßige bzw. rechtswidrige Aufhebung beendet werden kann, von der die Bewerber und Bieter aber zu unterrichten sind (vgl. § 26 Nr. 4 und § 26a VOL/A), gibt es ein »**stilles Auslaufen**« einer Ausschreibung ohne für die Bewerber oder Bieter erkennbare und abschließende Handlung des Auftraggebers nicht. Vielmehr verletzt der Auftraggeber, der gegenüber den im Rahmen der Ausschreibung eingegangenen Bewerbungen oder Angeboten untätig bleibt, seine Pflichten gegenüber den Bewerbern und Bietern. Zwar folgt auch aus einer derartigen Pflichtverletzung kein Anspruch auf Zuschlagserteilung. Die Folge können jedoch **Schadensersatzansprüche** wegen Verschuldens bei Vertragsverhandlungen aufgrund einer **Pflichtverletzung** des Auftraggebers (vgl. § 311 Abs. 2 i. V. m. § 241 Abs. 2 und §§ 280 ff. BGB), aber auch **Primärrechtsansprüche** nach §§ 107 ff. GWB, sein.[11]

II. Aufhebungsgründe abschließend

17 Als **Aufhebungsgründe** kommen nach der Basisvorschrift des § 26 VOL/A ausschließlich die in Nr. 1 VOL/A genannten Tatbestände in Betracht. Für weitere Gründe nach dem freien Willen des Auftraggebers ist somit kein Raum.[12] Damit eine Ausschreibung **rechtmäßig** aufgehoben werden kann, muss der **Aufhebungsgrund** nach § 26 Nr. 1 VOL/A grundsätzlich **nach Beginn der Ausschreibung ohne vorherige Kenntnis des Auftraggebers** aufgetreten sein. Kannte der Auftraggeber den Aufhebungsgrund **vor** Beginn der Ausschreibung, wie z. B. die mangelnde

---

9 *BGH* NZBau 2003, 293 = VergabeR 2003, 313; s. auch *OLG Naumburg* Beschl. v. 13. 10. 2006 – 1 Verg 7/06.
10 *BGH* BauR 1998, 1238 ff.; *OLG Dresden* BauR 2000, 1640.
11 *BGH* VergabeR 2003, 163 ff.; *Leinemann* Die Vergabe öffentlicher Aufträge, Rn. 482; vgl. auch *Mantler* VergabeR 2003, 119, 122, der in dem Auslaufenlassen zu Recht eine faktische Aufhebung sieht, die gegen das Transparenzgebot (vgl. § 97 Abs. 1 GWB und § 26 Nr. 4 sowie § 26a VOL/A) verstößt und daher bei EU-Verfahren im Primärrechtsschutz angreifbar ist.
12 *Fett* in: Müller-Wrede, § 26 VOL/A Rn. 18.

Finanzierung der zu beschaffenden Leistung, und hat er ihn selbst zu vertreten, macht er sich gegenüber den Unternehmen, die durch ihre Beteiligung am Angebotsverfahren z. T. erhebliche Aufwendungen hatten, ggf. schadensersatzpflichtig.

Der Auftraggeber trägt für das Vorliegen der Voraussetzungen einer – rechtmäßigen und daher nicht zum Schadensersatz führenden – Aufhebung der Ausschreibung die **Darlegungs- und Beweislast.** Dies ergibt sich nicht nur aus dem **Ausnahmecharakter** der Aufhebung der Ausschreibung. Vielmehr folgt dies auch daraus, dass der Auftraggeber als Verursacher einer Aufhebung gegenüber den Bietern und Bewerbern mit ihren vergeblichen Aufwendungen nachweisen muss, dass diese Aufwendungen von einem rechtmäßigen Verhalten (Aufhebung der Ausschreibung), also einem Aufhebungsgrund, der dem Auftraggeber **nicht** bei Einleitung des Vergabeverfahrens schon **bekannt** war, gedeckt sind.[13] **18**

III. Anwendungsbereich für die Aufhebung der Ausschreibung

Eine **Aufhebung der »Ausschreibung«** kann sich grundsätzlich nur auf die förmlichen Vergabearten der **Öffentlichen und der Beschränkten Ausschreibung (Offenes und Nichtoffenes Verfahren)** beziehen. Allerdings ist zu berücksichtigen, dass beim Verhandlungsverfahren **mit Vergabebekanntmachung** sich ebenfalls eine Vielzahl von Unternehmen in einem formellen Verfahren um Aufträge bewerben, so dass auch insoweit eine formelle Aufhebung der Ausschreibung angebracht ist.[14] Dementsprechend beinhaltet auch die »EU-Norm« des § 26 a S. 2 VOL/A eine **Unterrichtungspflicht** des Auftraggebers an die Bewerber und Bieter über seine Entscheidung, auf die Vergabe eines im Amtsblatt der Europäischen Gemeinschaften bekannt gemachten Auftrags unter Angabe der Gründe zu verzichten, auch für das **Verhandlungsverfahren mit vorheriger Vergabebekanntmachung.** Zwar wird die rein **Freihändige Vergabe** bzw. das **Verhandlungsverfahren ohne vorherige öffentliche Vergabebekanntmachung** vom Wortlaut des § 26 VOL/A (»Ausschreibung«) nicht erfasst, weil sie einer Vertragsverhandlung nach dem BGB sehr nahe kommt und daher das Schutzinteresse des Bieters nicht so groß ist wie bei einer – formellen – Ausschreibung. Daher hat der Auftraggeber hier bei vielen Verfahrensschritten grundsätzlich freie Hand. **19**

Da es sich aber auch speziell bei der Freihändigen Vergabe um ein Wettbewerbsverfahren handelt, bei dem unter den Bewerbern möglichst gewechselt werden soll (s. § 7 Nr. 2 Abs. 3 VOL/A), empfiehlt sich auch hier eine entsprechende Beachtung des § 26 VOL/A über die Aufhebung der Ausschreibung zumindest in den Fällen, in denen der Auftraggeber mit **mehreren Unternehmen** Verhandlungen über die Auftragsvergabe geführt hat und diese bereits Aufwendungen gehabt haben. Bei diesen Sachverhalten muss davon ausgegangen werden, dass sich auch bei Vergaben ohne vor- **20**

---

13 *BGH* BauR 1998, 1232, 1235; BauR 1998, 1238, 1241, sowie BauR 1993, 214 ff.; *Noch* Vergaberecht kompakt, S. 211; a. A. *OLG Hamburg* VergabeR 2003, 40, 43, 44, das anders als auch der BGH die – rechtmäßige – Aufhebungsentscheidung auch dann auf § 26 VOB/A und damit auch auf § 26 VOL/A stützt, wenn dem Auftraggeber die Aufhebungsgründe bereits im Zeitpunkt der Ausschreibung bekannt waren.
14 S. *VK Brandenburg* Beschl. v. 30. 8. 2002 – VK 38/02.

herige Bekanntmachung durch besondere Konkretisierungen im Rahmen der Vertragsverhandlungen, etwa durch in Aussicht stellen eines Vertragsschlusses, ein **vertragsähnliches Vertrauensverhältnis** zwischen den Parteien gebildet hat. Dieses geschaffene Vertrauensverhältnis sollte grundsätzlich durch den Auftraggeber nur bei **Vorliegen von Gründen** und durch entsprechende **Informationen** an die Bewerber oder die Bieter über die Aufhebung des bereits begonnenen Vergabeverfahrens widerrufen werden.[15] Eine Information an die »Bewerber oder Bieter« über eine Aufhebung der Ausschreibung erübrigt sich demnach nur dann, wenn **überhaupt keine Angebote** eingegangen sind.

IV. Zeitrahmen für die Aufhebung

21　Der **Zeitraum** einer möglichen formellen Aufhebung der Ausschreibung durch den Auftraggeber beginnt mit dem erstmalig **nach außen** kundgetanen Beginn des Vergabeverfahrens. Die Öffentliche Ausschreibung und das Offene Verfahren sowie das Nichtoffene Verfahren und die Beschränkte Ausschreibung nach Öffentlichem Teilnahmewettbewerb beginnen insoweit ebenso wie das Verhandlungsverfahren nach Öffentlicher Vergabebekanntmachung grundsätzlich jeweils mit der **Bekanntmachung** nach den §§ 17, 17 a VOL/A; die Beschränkte Ausschreibung wird eingeleitet, wenn der Auftraggeber Unternehmen zur **Angebotsabgabe auffordert**. In der Praxis fällt aber die wesentliche Entscheidung über die Erteilung des Auftrags **nach dem Öffnungstermin** (§ 22 VOL/A) innerhalb der **Zuschlagsfrist** (**Bindefrist**). Erst auf dieser Grundlage lässt sich z. B. feststellen, ob gem. § 26 Nr. 1 a VOL/A kein Angebot eingegangen ist, das den Ausschreibungsbedingungen entspricht.

22　Die Ausschreibung kann aber auch **vor** Beginn der Zuschlagsfrist bereits aufgehoben werden, etwa wenn sich schon unmittelbar nach der Bekanntmachung herausstellt, dass dem Auftraggeber die ursprünglich eingesetzten Finanzmittel wegen einer plötzlichen Haushaltssperre nicht zur Verfügung stehen. Auch **nach Ablauf** der Zuschlags- und Bindefrist kann die Ausschreibung aufgehoben werden, wenn innerhalb dieser Frist keine Auftragserteilung zu Stande gekommen ist.[16] Denn auch in diesem Fall gilt, dass der Auftraggeber die Ausschreibung nicht einfach **auslaufen lassen darf**, obwohl nach Ablauf der Zuschlagsfrist die entstandenen Bindungen speziell auf Seiten der Bieter entfallen sind. Regelmäßig ist der Auftraggeber verpflichtet, die Ausschreibung **so schnell wie möglich** nach Bekanntwerden der Gründe aufzuheben und dies den Bietern sowie wegen des bereits angebahnten Vertrauensverhältnisses auch den Bewerbern **unverzüglich** mitzuteilen (vgl. § 26 Nr. 4 VOL/A). Nur so können die Bieter und Bewerber in die Lage versetzt werden, über ihre eingesetzten Sachmittel und über ihr Personal schnell wieder zu disponieren. Daher kommt der Auftraggeber mit einer sofort nach Bekanntwerden der Gründe erfolgenden zeitlich schnellen Aufhebung der Ausschreibung insbesondere den Interessen der Bewerber- und Bieterseite entgegen.

15　So auch für die VOB: Beck'scher VOB-Komm./*Jasper* A § 26 Rn. 9.
16　*Fett* in: Müller-Wrede, § 26 VOL/A Rn. 4.

V. Ermessen zur Aufhebung der Ausschreibung

Der Auftraggeber ist **nicht** bereits immer dann **zur Aufhebung verpflichtet,** wenn einer der in § 26 Nr. 1 VOL/A festgelegten und **abschließend** geregelten Tatbestände vorliegt.[17] Insoweit handelt es sich bei § 26 Nr. 1 VOL/A um eine **Kann-Bestimmung,** die im Entschließungsermessen der Vergabestelle steht. Die Vergabestelle kann daher grundsätzlich die Ausschreibung auch dann noch aufrechterhalten, wenn aus § 26 Nr. 1 VOL/A Gründe gegen deren Fortdauer bestehen.[18] Der Auftraggeber hat wegen der Kann-Vorschrift des § 26 Nr. 1 VOL/A ein **Ermessen** zur Aufhebung der Ausschreibung. Der Auftraggeber hat aber im Rahmen seines Ermessens nicht nur sein eigenes Interesse zu beachten, sondern auch die Interessen der Bewerber und Bieter sowie die Anforderungen an einen transparenten und gleichberechtigten Wettbewerb. Ein Anspruch eines Bewerbers oder Bieters auf Aufhebung der Ausschreibung durch den Auftraggeber kann sich daher dann ausnahmsweise ergeben, wenn dessen **Ermessen** mit dem Ergebnis **auf Null reduziert** wäre, dass nur eine Aufhebung durch den Auftraggeber ermessensfehlerfrei wäre.[19] 23

Haben Bieter, z. B. wegen des fortgeschrittenen Stadiums des Vergabeverfahrens, bereits **erhebliche Aufwendungen** getätigt, kann die Entscheidung über eine Aufhebung der Ausschreibung daher anders ausfallen, als wenn – bei gleichem Grund – die Entscheidung unmittelbar nach Bekanntmachung der Ausschreibung zu fällen ist. Andererseits muss der Auftraggeber immer prüfen, ob bei einer Aufrechterhaltung des Vergabeverfahrens noch eine ordnungsgemäße Durchführung gewährleistet ist. Die Ausschreibung dürfte danach immer dann rechtmäßig und ohne Eingreifen von Schadensersatzansprüchen aufzuheben sein, wenn auf der Grundlage der Tatbestände in Nr. 1 derartige Verhältnisse geschaffen worden sind, dass die Voraussetzungen für ein ordnungsgemäßes Vergabeverfahren nicht mehr vorliegen. Hiervon ist immer dann auszugehen, wenn die **Grundsätze des Vergabeverfahrens** bei einer Nichtaufhebung der Ausschreibung **missachtet** würden und daher diese Folgen nur dadurch vermieden werden können, dass eine Aufhebung der Ausschreibung erfolgt.[20] 24

Derartige Fälle einer **Ermessensreduzierung** und damit einer **Pflicht zur Aufhebung** liegen immer dann vor, wenn ohne eine Aufhebung der Ausschreibung der Grundsatz eines gesunden und transparenten **Wettbewerbs** (s. § 97 Abs. 1 GWB) nicht mehr eingehalten werden kann, gegen das **Gleichbehandlungsgebot** oder das **Diskriminierungsverbot** (s. § 97 Abs. 2 GWB) verstoßen würde, eine sachgerechte **Wertung** der Angebote nicht möglich ist und/oder eine Vergabe des Auftrags daher objektiv **unterbleiben** muss. Erfasste Fälle einer »Pflicht« zur Aufhebung können z. B. die zurückgenommene und nicht ohne weiteres »ersetzbare« Finanzierung für 25

---

17 *OLG Düsseldorf* VergabeR 2005, 374 ff. mit Anm. v. *Leinemann.*
18 *Schleswig-Holsteinisches OLG* Beschl. v. 8. 9. 2006 – 1 Verg 6/06; *OLG Koblenz* VergabeR 2004, 244 ff.; *BayObLG* VergabeR 2005, 349, 354 mit Anm. v. *Otting.*
19 *OLG Thüringen* VergabeR 2005, 492, 496 f.; *OLG Naumburg* VergabeR 2004, 634 ff. mit Anm. v. *Krist* = NZBau 2004, 403 ff; zu den Anforderungen an die Schwere der Aufhebungsgründe und der zu berücksichtigenden Bieterinteressen: *BayObLG* VergabeR 2002, 534, 536, 538.
20 *VÜA Bund* 1 VÜ 2196 »Kanalbrücken«, WuW 1997, 265/271; *VÜA Bayern* VÜ 9/97 »Holzbauarbeiten«.

die ausgeschriebene Leistung sein oder aber auch die Tatsache, dass alle eingegangenen Angebote entgegen der ordnungsgemäßen Kalkulation des Auftraggebers so überhöht sind, dass auf keines der Zuschlag unter Wirtschaftlichkeitsgesichtspunkten (vgl. § 26 Nr. 1 c VOL/A) erteilt werden kann. Auch wenn der Auftraggeber den Unternehmen gegenüber in seiner Leistungsbeschreibung eine **unzumutbare und nicht erfüllbare Bedingung** vorgibt oder während des Verfahrens das Diskriminierungsverbot dadurch verletzt, dass er einem Bieter einen wettbewerbsverzerrenden und nicht mehr ausgleichbaren Informationsvorsprung einräumt und ihn dadurch in die Lage versetzt, ein überlegenes Angebot abzugeben, ist aus Gleichbehandlungsgründen eine Aufhebung der Ausschreibung und eine Neuausschreibung geboten.[21]

26   Eine Aufhebung der Ausschreibung mangels anderer Alternativen kann weiterhin dann erforderlich sein, wenn kein Angebot eingegangen ist, das den Ausschreibungsbedingungen entspricht (§ 26 Nr. 1 a VOL/A). Das Gleiche gilt, wenn eine Ausschreibung deswegen mangelhaft ist, weil es ihr an einer konkreten, eindeutigen und erschöpfenden Beschreibung der nachgefragten Leistung fehlt.[22] In dem vom VK Bund bestandskräftig entschiedenen Fall kam hinzu, dass die inhaltlich unzureichende Leistungsbeschreibung deswegen gegen das Gleichbehandlungsgebot (vgl. § 97 Abs. 2 GWB) verstieß, weil von allen interessierten Bietern nur die bisherige Auftragnehmerin eine exakte Kenntnis davon haben konnte, welche Art von Arbeiten konkret zu erbringen waren. Allerdings muss der Auftraggeber stets weniger einschneidende Alternativen zur **ultima ratio** einer Aufhebung der Ausschreibung prüfen. Kann daher das mit einer Aufhebung angestrebte Ziel – z. B. die Änderung einer fehlerhaften Leistungsbeschreibung – durch eine gleichermaßen an alle Bieter erfolgende Information korrigiert werden, so dass diese Bieter alle neue Preisangebote rechtzeitig einreichen können, ist eine solche Alternative einer einschneidenden Aufhebung vorzuziehen.[23]

VI. Anspruch auf Aufhebung wegen Gleichbehandlung der Bieter?

27   Einen besonderen Problembereich betrifft die Frage, ob ein Bieter, der mit seinem Angebot im Rahmen der Wertung auszuschließen ist, dann einen im Nachprüfungsverfahren durchsetzbaren **Anspruch auf Aufhebung** der Ausschreibung insgesamt geltend machen kann, wenn auch die anderen Angebote an demselben (gleichartigen) Mangel leiden und ebenfalls im Rahmen der Wertung hätten ausgeschlossen werden müssen. In einer grundlegenden Entscheidung vom 18. 2. 2003[24] hatte der Bundesgerichtshof für den Bereich der Aufträge oberhalb der EU-Schwellenwerte ausgeführt, dass ein Antragsteller mit seinem Angebot **zwingend im Rahmen der Wertung auszuschließen** ist, wenn sein Angebot nach Form und Inhalt den entsprechenden Vorgaben des § 21 Nr. 1 Abs. 1 VOB/A bzw. demgemäß auch des § 21 Nr. 1 Abs. 1

---

21 *BGH* Beschl. v. 1. 8. 2006 – X ZR 115/04; *VÜA Bund* »Kanalbrücken«, WuW 1997, 265, 271.
22 *OLG Naumburg* Beschl. v. 16. 9. 2002, 1 Verg 02/02; *OLG Dresden* Beschl. v. 10. 1. 2000, WVerg 0001/99; *VK Bund* VergabeR 2002, 72 ff.
23 *OLG Düsseldorf* VergabeR 2004, 248 ff.
24 *BGH* VergabeR 2003, 313, 318.

VOL/A nicht entspricht. In diesem Fall könne der Nachprüfungsantrag nach Auffassung des BGH unabhängig davon, ob auch die Angebote der anderen verbliebenen Bieter § 21 Nr. 1 Abs. 1 VOB/A (Das Gleiche gilt für § 21 Nr. 1 Abs. 1 VOL/A) nicht genügen, keinen Erfolg haben. Denn wenn das Angebot der Antragstellerin im Rahmen der Wertung auszuschließen sei, könne die Aufhebung der Ausschreibung die Interessen der Antragstellerin nicht mehr berühren.

In Anerkenntmis dieser vom BGH aufgestellten Grundsätze nimmt das OLG Düsseldorf,[25] das die BGH-Ausführungen nur als nicht die Entscheidung tragendes »obiter dictum« wertet, eine Ausnahme von diesen Vorgaben in dem Fall an, in dem der Auftraggeber unter Verletzung des **Gleichbehandlungsgrundsatzes** nicht nur das – nicht ordnungsgemäße – Angebot des Antragstellers, sondern gleichermaßen auch die weiteren in der Wertung verbliebenen Angebote der anderen Bieter hätte **ausschließen** müssen. Das Gebot, die Bieter gleich zu behandeln (§ 97 Abs. 2 GWB) verpflichte den öffentlichen Auftraggeber, solche Angebote, die vergaberechtlich an **demselben (gleichartigen) Mangel** leiden, vergaberechtlich auch gleich zu behandeln, d. h. aus dem übereinstimmend vorliegenden Mangel jener Angebote vergaberechtlich die selben Konsequenzen zu ziehen. An dem bei Beachtung des Gleichbehandlungsgrundsatzes erforderlich werdenden neuen Vergabeverfahren könne – so das OLG Düsseldorf – der Antragsteller sich aber beteiligen und ein neues Angebot abgeben, das seine Chance auf einen Zuschlag wahre. Diese Chance werde dem Antragsteller durch eine inkonsequente Vorgehensweise des Auftraggebers im Falle eines Ausschlusses nur seines Angebots mit der Folge genommen, dass eine Verletzung des Gleichbehandlungsgebots gegeben sei und der Antragsteller unter Berufung auf diesen Grundsatz daher den Ausschluss der anderen Bieter aus dem Vergabeverfahren und auch die **Aufhebung** beantragen könne.

Das OLG Frankfurt/Main ist der Rechtsprechung des OLG Düsseldorf sowohl in einem Beschl. v. 21. 4. 2005[26] als auch in weiteren Beschlüssen vom 23. 12. 2005[27] und vom 6. 3. 2006[28] gefolgt. Dabei hat das OLG Frankfurt allerdings eine Verletzung des Gleichbehandlungsgebots nicht nur dann angenommen, wenn Angebote in einem vergleichbaren Punkt zum Ausschluss führende Mängel aufweisen, sondern auch dann, wenn sie aufgrund **unterschiedlicher Mängel** ausgeschlossen werden müssen. Denn auch in diesem Fall sei eine unterschiedliche Behandlung derartiger Angebote nicht gerechtfertigt, so dass einem ausgeschlossenen Bieter unter dem Gesichtspunkt des **Gleichbehandlungsgebots ein** Anspruch auf Aufhebung der Ausschreibung sowie auf Durchführung eines neuen Vergabeverfahrens zustehe, bei dem dieser Bieter über die Abgabe eines neuen Angebots seine Chance auf einen Zuschlag wahren könne.

---

25 OLG *Düsseldorf* VergabeR 2005, 195, 198 f. mit Anm. v. *Hardraht*; VergabeR 2005, 483, 485 f. mit Anm. v. *Stolz*.
26 OLG *Frankfurt* VergabeR 2005, 487 ff. mit Anm. v. *Erdl*.
27 OLG *Frankfurt* VergabeR 2006, 212, 218 ff. mit Anm. v. *Hardraht*.
28 OLG *Frankfurt* Beschl. v. 6. 3. 2006 – 11 Verg 11/05.

30 Anders als das OLG Düsseldorf und das OLG Frankfurt haben das OLG Thüringen[29] sowie das OLG Naumburg[30] betont, dass allein der Umstand, dass sämtliche Angebote mangelbehaftet sind, für einen Auftraggeber **keine Pflicht** zur **Aufhebung der Ausschreibung** i. S. einer »Ermessensreduzierung auf Null« begründet. Daher könne ein Nachprüfungsantrag eines mit seinem Angebot auszuschließenden Bieters in keinem Fall Erfolg haben, so dass es nicht darauf ankomme, dass auch alle anderen Bieter mit ihren Angeboten auszuschließen seien. Wegen der Divergenz der Entscheidung des OLG Frankfurt vom 6. 3. 2006 (und auch der Entscheidungen des OLG Düsseldorf) zu der Entscheidung des OLG Naumburg (und auch der Entscheidung des OLG Thüringen) hat das OLG Frankfurt die Frage, ob ein Bieter einen Anspruch auf Aufhebung daraus herleiten könne, dass nicht nur sein Angebot, sondern auch alle anderen Angebote von der Wertung auszuschließen seien, im Wege der Divergenzvorlage (§ 124 Abs. 2 GWB) dem Bundesgerichtshof zur Entscheidung vorgelegt.

31 Im Ergebnis der divergierenden Vergabesenatsentscheidungen kommt der Auffassung des OLG Düsseldorf und des OLG Frankfurt,[31] wonach der rechtmäßige Ausschluss des Angebots eines Bieters diesem **nicht** den Anspruch auf die Durchführung ordnungsgemäßer Vergabeverfahren und auf **Gleichbehandlung** nach § 97 Abs. 2 GWB nimmt, der Vorzug zu. Insoweit hat der BGH in einer grundlegenden Entscheidung, die auf der Divergenzvorlage des OLG Frankfurt beruht,[32] ausgeführt, dass der öffentliche Auftraggeber das **Gleichbehandlungsgebot** i. S. einer **Selbstbindung** grundsätzlich einschränkungslos beachten muss. Folge ist, dass ein vom Auftraggeber ausgeschlossener Bieter auch noch die Frage der Rechtmäßigkeit des Ausschlusses der **anderen Angebote** in einem vergaberechtlichen Nachprüfungsverfahren überprüfen können muss.

32 **Die Antragsbefugnis** eines zu Recht ausgeschlossenen Bieters lässt sich mit der Auffassung des BGH sowie des OLG Düsseldorf und des OLG Frankfurt[33] daraus herleiten, dass wegen der mangelhaften Angebote auch der anderen Bieter und einer dennoch erfolgenden Zuschlagserteilung an einen von diesen die Aussichten des Antragstellers auf die Erteilung des Auftrags verschlechtert würden.[34] Zwar gibt es einen Zwang für den Auftraggeber zur erneuten Ausschreibung nach Aufhebung eines Vergabeverfahrens nicht.[35] Vielmehr ist der Auftraggeber jederzeit frei, mit oder ohne vorliegende Gründe von einer erneuten Ausschreibung abzusehen. Jedoch hätte der Antragsteller trotz Ausschluss seines Angebots jedenfalls im Falle eines ordnungsgemäßen **neuen Vergabeverfahrens** bessere Chancen auf den Zuschlag. Dies reicht für einen drohenden Schaden und damit für die Antragsbefugnis auch des ausgeschlossenen Bieters aus.

---

29 *OLG Thüringen* VergabeR 2005, 492, 496 ff.
30 *OLG Naumburg* VergabeR 2006, 209, 211 f.
31 *OLG Düsseldorf* VergabeR 2005, 195 ff.; *OLG Frankfurt* VergabeR 2006, 487 ff. und VergabeR 2006, 212 ff. sowie Beschl. v. 6. 3. 2006 – 11 Verg 11/05.
32 BGH Beschl. v. 26. 9. 2006 – X ZB 14/06; a. A. *Müller-Wrede/Schade* VergabeR 2005, 460 ff.
33 BGH a. a. O.; *OLG Düsseldorf* und *OLG Frankfurt* a. a. O.
34 *OLG Düsseldorf* VergabeR 2005, 195 ff.
35 *Müller-Wrede/Schade* VergabeR 2005, 460 ff.

Nach dem BGH[36] weist § 97 Abs. 2 GWB das Recht auf Gleichbehandlung und den Anspruch auf Einhaltung der Bestimmungen über das Vergabeverfahren jedem durch deren Missachtung betroffenen Teilnehmer an einem solchen Verfahren zu. Eine **Einschränkung** danach, wie das eigene Angebot beschaffen ist, oder danach, ob der betroffene Bieter seinerseits Bestimmungen über das Vergabeverfahren eingehalten hat, sieht das Gesetz hingegen nicht vor.

Unabhängig davon, ob man wie der BGH[37] und das OLG Düsseldorf[38] den Anspruch aus dem Gleichbehandlungsgebot nur auf gleichartige Mängel beim Ausschluss begrenzt oder – wie zu Recht das OLG Frankfurt[39] – auch auf unterschiedliche Mängel ausdehnt, da insoweit der jeweilige Bieterausschluss und nicht die »Gleichartigkeit« dieses Bieterausschlusses entscheidend ist, kann der **Gleichbehandlungsgrundsatz jedenfalls** einen Anspruch auch für einen mit seinem Angebot ausgeschlossenen Bieter begründen. Denn der Individualanspruch des Einzelnen aus dem Gleichbehandlungsgrundsatz ist nach **einheitlichem Maßstab** zu treffen.[40]

Zwar hat auch der BGH in seiner Entscheidung vom 18. 2. 2003[41] festgestellt, dass der Nachprüfungsantrag eines wegen eines mangelhaften Angebots ausgeschlossenen Bieters »unabhängig davon keinen Erfolg haben könne, ob auch die Angebote der anderen verbliebenen Bieter dem § 21 Nr. 1 Abs. 1 VOB/A (Anmerkung: Das Gleiche muss für § 21 VOL/A gelten) nicht genügen«. Der BGH führt in dieser Entscheidung weiter aus, dass dann, wenn das Angebot der Antragstellerin nach § 25 Abs. 1 VOB/A (Anmerkung: Dies gilt auch für § 25 VOL/A) auszuschließen ist, die Aufhebung der Ausschreibung **Interessen der Antragstellerin nicht mehr berühren kann.** Insoweit könne die Antragstellerin auch nicht durch eine etwaige Nichtbeachtung der für die Aufhebung der Ausschreibung geltenden Vergaberegeln in ihren Rechten nach § 97 Abs. 7 GWB verletzt sein.

Allerdings ist zu beachten, dass dieser vom BGH entschiedene frühere Fall von dem der BGH-Entscheidung vom 26. 9. 2006[42] zugrunde liegenden Sachverhalt abweicht. Der zeitlich früheren BGH-Entscheidung lag der Sachverhalt zugrunde, dass der Antragsteller die **Aufhebung der Ausschreibung** durch die Vergabestelle mit der Begründung angegriffen hat, jedenfalls er selbst habe ein wertbares Angebot abgegeben. Demgegenüber betrifft der **jüngere BGH-Fall** den Antrag eines Antragstellers, wonach dieser sich gegen die **Zuschlagserteilung** an einen anderen Bieter wendet, obwohl dieser ebenfalls nach seiner Auffassung von der Angebotswertung hätte ausgeschlossen werden müssen. Diesem Antrag auf Nichterteilung des Zuschlags an diesen Bieter hat der BGH aber zu Recht entsprochen.

---

36 *BGH* a. a. O.
37 *BGH* a. a. O.
38 *OLG Düsseldorf* VergabeR 2005, 195 ff.
39 *OLG Frankfurt* VergabeR 2006, 212, 218.
40 *BGH* a. a. O.
41 *BGH* VergabeR 2003, 313, 318.
42 *BGH* Beschl. v. 26. 9. 2006 – X ZB 14/06 im Vergleich zu *BGH* VergabeR 2003, 313, 318.

E. Die einzelnen Gründe für die Aufhebung der Ausschreibung (§ 26 Nr. 1 VOL/A)

I. Kein ordnungsgemäßes Angebot eingegangen (§ 26 Nr. 1 a VOL/A)

37 Eine Aufhebung der Ausschreibung ist nach § 26 Nr. 1 a VOL/A zulässig, wenn **kein Angebot eingegangen ist**, das den Ausschreibungsbedingungen entspricht und diese Angebote daher auf einer der Wertungsstufen des § 25 Nr. 1 und Nr. 2 VOL/A – formaler Ausschluss, Ausschluss wegen Nichteignung bzw. unangemessener Preise –[43] ausgeschlossen werden müssen. Wenn daher nur **ein Teil** der Angebote bedingungswidrig ist oder nur ein ordnungsgemäßes Angebot vorliegt, genügt dieser Umstand für sich **alleine nicht** zur Aufhebung der Ausschreibung. Doch kann dann ggf. die Ausschreibung auch hinsichtlich der bedingungsgemäßen Angebote aus **einem der anderen Gründen** des § 26 Nr. 1 VOL/A aufgehoben werden. Umgekehrt ist der Auftraggeber nicht in jedem Fall zur Erteilung eines Auftrags verpflichtet, wenn nur ein einziges Unternehmen die erforderliche Eignung besitzt und diese Tatsache einem echten Wettbewerb unter verschiedenen Bietern entgegenstehen würde. In diesem Fall wäre der Auftraggeber jedenfalls nicht in jedem Fall in der Lage, die Preise oder die übrigen Merkmale verschiedener Angebote miteinander zu vergleichen, um einen sachgerechten Zuschlag zu erteilen.[44]

38 Das **Ermessen** des Auftraggebers auf Aufhebung der Ausschreibung reduziert sich in der Regel bei Vorliegen der Voraussetzungen des § 26 Nr. 1 a VOL/A **auf Null**. Denn wenn kein Angebot eingegangen ist, das den Ausschreibungsbedingungen entspricht, bleibt dem Auftraggeber grundsätzlich keine andere Wahl als die Ausschreibung aufzuheben. Die Voraussetzungen des § 26 Nr. 1 a VOL/A liegen immer dann vor, wenn die Unternehmen anders angeboten haben, als dies nach den §§ 8 bis 15 VOL/A vorausgesetzt ist, wenn sie die Anforderungen, die der Auftraggeber in der Bekanntmachung nach den §§ 17, 17 a VOL/A aufgestellt hat, nicht beachtet haben, wenn sie einzuhaltende Fristen, insbesondere die Angebotsfrist (§§ 18, 18 a VOL/A) nicht eingehalten haben und insbesondere im Rahmen ihrer Angebotsabgabe die **Voraussetzungen nach § 21 VOL/A** an die Form und den Inhalt der Angebote nicht berücksichtigt haben. Danach liegen insbesondere in folgenden Fällen **keine ordnungsgemäßen Angebote** vor:

– Die Angebote entsprechen **nicht** den vom Auftraggeber **vorgegebenen Ausschreibungsbedingungen**, etwa weil sie entgegen § 21 Nr. 1 Abs. 1 VOL/A **nicht die geforderten Erklärungen oder die Preise** enthalten oder ansonsten unvollständig sind bzw. wesentliche Mängel aufweisen.

– Die Angebote sind entgegen § 21 Nr. 1 Abs. 2 VOL/A **nicht unterschrieben** oder entsprechen **nicht** den Vorgaben für die Einreichung **digitaler Angebote** nach dem **Signaturgesetz**.

---

[43] *Schleswig-Holsteinisches OLG* Beschl. v. 8. 9. 2006 – 1 Verg 6/06; s. zur Eignungsprüfung: *OLG Frankfurt* VergabeR 2004, 642, 647 f. mit Anm. v. *Haug*.
[44] *EuGH* NZBau 2000, 153, 154 (Ziffer 32); s. aber *OLG Naumburg* Beschl. v. 17. 5. 2006 – 1 Verg 3/06, das die Verhandlung mit nur einem Bewerber als ausreichend ansieht.

- Die Angebote enthalten entgegen § 21 Nr. 1 Abs. 3 VOL/A Änderungen an den Eintragungen der Bieter, die **nicht zweifelsfrei** sind.
- Der Bieter hat gem. § 21 Nr. 1 Abs. 4 VOL/A **unzulässige** Änderungen und Ergänzungen an den Verdingungsunterlagen vorgenommen.
- Die Angebote sind **nicht** innerhalb der vorgegebenen **Angebotsfrist** (§§ 18, 18 a VOL/A) eingegangen bzw. liegen dem Verhandlungsleiter aus vom Bieter zu vertretenden Gründen **nicht vor** und sind daher **verspätet** (§ 25 Nr. 1 Abs. 1 e VOL/A).
- Die Angebote haben in Bezug auf die Ausschreibung eine Abrede getroffen, die eine **unzulässige Wettbewerbsbeschränkung** darstellt (§ 25 Nr. 1 Abs. 1 f VOL/A).
- Es werden **Nebenangebote abgegeben**, obwohl der Auftraggeber diese in der Bekanntmachung oder in den Verdingungsunterlagen ausdrücklich **ausgeschlossen** hat.
- Der Auftraggeber macht von seinem **pflichtgemäßen Ermessen** Gebrauch und schließt die Angebote der Bieter gem. § 25 Nr. 1 Abs. 2 VOL/A aus.
- Die Bieter werden gem. § 25 Nr. 2 Abs. 1 VOL/A **mangels vorliegender Eignung ausgeschlossen.**
- Weisen die Angebote **unangemessen hohe oder unangemessen niedrige Preise auf** und müssen sie daher nach § 25 Nr. 2 Abs. 2 VOL/A ausgeschlossen werden bzw. können sie wegen fehlender Finanzmittel nicht in die Wertung einfließen, ist folgendes zu beachten: Bei Angeboten mit **unangemessen hohen Preisen** ist jeweils Voraussetzung für eine **rechtmäßige** Aufhebung der Ausschreibung nach § 26 Nr. 1 a VOL/A, dass der Auftraggeber im Rahmen seiner Kalkulation die erwarteten Angebotspreise vorab sachgerecht berechnet hat und nicht etwa schuldhaft einen zu niedrigen Preisansatz und damit eine zu niedrige Finanzierung zugrundegelegt hat und nur aus diesem Grunde **kein Angebot eingeht,** das den Ausschreibungsbedingungen entspricht.[45] Im Falle einer derartigen Kenntnis **fehlender Haushaltsmittel** hätte der Auftraggeber nach § 16 Nr. 1 VOL/A gar nicht erst ausschreiben dürfen. Eine dann dennoch vorgenommene Aufhebung der Ausschreibung nach § 26 VOL/A gibt daher den Bietern gegenüber der Vergabestelle Schadensersatzansprüche. Diese ergeben sich daraus, dass die Teilnehmer an einer Ausschreibung erwarten dürfen, dass der Auftraggeber vor der Ausschreibung mit der gebotenen und ihm möglichen **Sorgfalt** prüft, ob die Finanzierung – auch unter Berücksichtigung erkennbarer Eventualitäten – für das in Aussicht genommene Vorhaben ausreicht.[46]

II. Wesentliche Änderung der Grundlagen der Ausschreibung (§ 26 Nr. 1 b VOL/A)

Die Voraussetzungen der in Nr. 1 b angesprochenen **wesentlichen Änderung der Ausschreibungsgrundlagen** sind nur erfüllt, wenn solche Änderungen **erst nach der Einleitung der Ausschreibung,** also nach der Bekanntmachung gem. §§ 17, 17 a VOL/A,[47] auftreten und wenn sie wesentlich sind. Dass es sich hierbei nur um

39

---

45 *BGH* BauR 1998, 1232, 1235, 1238, 1241.
46 *BGH* BauR 1998, 1232, 1235, 1238, 1241.
47 *BGH* ZVgR 1998, 578, 580; *Fett* in: Müller-Wrede, § 26 VOL/A Rn. 32.

§ 26 Aufhebung der Ausschreibung

nicht vorhersehbare – rechtliche, technische oder wirtschaftliche – Änderungsgründe handeln kann, ergibt sich schon aus dem in § 16 Nr. 1 VOL/A verankerten Grundsatz, dass der Auftraggeber erst dann ausschreiben soll, wenn alle Verdingungsunterlagen fertig gestellt sind und die Leistung aus der Sicht des Auftraggebers innerhalb der angegebenen Frist ausgeführt werden kann. Hat der Auftraggeber später eingetretene wesentliche Änderungen schon bei der Ausschreibung zurechenbar nicht beachtet, oder hat er sie selbst zurechenbar, z. B. durch nicht ordnungsgemäße Leistungsbeschreibungen, verschuldet, kann er sich aus culpa in contrahendo (vgl. § 311 Abs. 2 i. V. m. § 241 Abs. 2 und §§ 280 ff. BGB) gegenüber den durch die Aufhebung der Ausschreibung in ihrem Vertrauen enttäuschten Bietern schadensersatzpflichtig machen

40　Die Änderung der **Grundlagen der Ausschreibung** kann auf der **Bedarfsseite** oder auf der **Finanzierungsseite** liegen. Die **Bedarfsplanung** kann sich nachträglich ändern, wenn der Bedarf der Vergabestelle in erheblichem Umfang vergrößert oder verkleinert wird oder sogar, etwa wegen eines nachträglich aufgetretenen Lieferverbots oder eines Wegfalls der Zweckbestimmung sowie auch bei einem zwischenzeitlichen Bekanntwerden neuer Technologien, völlig wegfällt. Nur **geringfügige Änderungen** einzelner Positionen der auszuführenden Leistung sowie geringfügige Änderungen in der Beschaffenheit der Leistung, die dem Unternehmer zumutbar sind, sind kein Grund zur Aufhebung der Ausschreibung (vgl. § 2 Nr. 1 VOL/B). Die **Finanzierungsgrundlagen** können sich dadurch ändern, dass die zur Verfügung gestellten Haushaltsmittel oder Zuwendungen gekürzt oder ganz zurückgezogen werden bzw. eine unvorhergesehene sowie eine nachträgliche und gravierende Änderung der Preise eintritt. Als wesentlich wird man die Änderung der genannten Grundlagen stets anzusehen haben, wenn dem Auftraggeber nicht zuzumuten ist, trotz dieser Änderungen eines der eingegangenen Angebote anzunehmen.

41　Von einer **wesentlichen Änderung** der Grundlagen der Ausschreibung muss immer dann ausgegangen werden, wenn die Durchführung des Auftrags wegen im Nachhinein aufgetretener **rechtlicher, technischer, zeitlicher oder wirtschaftlicher Schwierigkeit** nicht mehr möglich oder für Auftraggeber und/oder Unternehmen mit **unzumutbaren Bedingungen** verbunden wäre. Die Verlängerung der Vertragszeit und auch Verzögerungen der Auftragsvergabe, die überwiegend in den Verantwortungsbereich des Auftraggebers fallen, sowie die – unwirtschaftliche – Aufteilung der zu vergebenden Maßnahmen in Lose[48] reichen hierfür nicht aus. Jedoch ist eine wesentliche Änderung dann gegeben, wenn eine nicht voraussehbare und **ganz entscheidende Abänderung** der bisherigen Absicht zur Leistungserbringung notwendig sein würde.[49] Hier können das Rechtsinstitut der **Störung der Geschäftsgrundlage** (siehe § 313 BGB) und die hierfür notwendigen Voraussetzungen zumindest als Hilfe dienen.

42　Entscheidend für die Änderung der Ausschreibungsgrundlagen ist, dass eine **Anpassung** etwa der – zunächst fehlerhaften – Leistungsbeschreibung durch Information und damit Korrektur an alle Bieter und damit verbunden eine Anpassung der Angebote gerade nicht mehr in Betracht kommt bzw. eine Vergabe wegen der Änderungen

---

48 Zur verzögerten Auftragsvergabe durch den Auftraggeber: *OLG Naumburg* Beschl. v. 13. 10. 2006 – 1 Verg 7/06; zur Losvergabe *OLG Düsseldorf* VergabeR 2005, 374, 381.
49 *VÜA Brandenburg* WuW 1997, 355; *VK Bremen* Beschl. v. 23. 1. 2002 – VK 11/01.

objektiv nicht gerechtfertigt oder subjektiv für die beiden Parteien unzumutbar wäre.[50] Zu berücksichtigen ist bei der Anwendung des § 26 Nr. 1 b VOL/A insbesondere, in welchem **Stadium** sich das Vergabeverfahren befindet. Je weiter es fortgeschritten ist, desto eher verdient das Vertrauen des Bieters in dessen Abschluss durch Zuschlagserteilung und damit seine Amortisationschance den Vorrang.[51]

Als **Fallbeispiele** für eine **wesentliche Änderung der Grundlagen der Ausschreibung** und damit für eine Aufhebung der Ausschreibung kommen in **rechtlicher, technischer oder zeitlicher Sicht** folgende Gründe in Betracht: 43

- In **rechtlicher Hinsicht** sind nicht vorhersehbare Verbote und Nutzungsbeschränkungen, also z. B. das Nichtzustandekommen des bisher mit hinreichender Sicherheit zu erwartenden Eigentumserwerbs sowie die Verweigerung rechtlicher Genehmigungen, zu nennen.
- In **technischer Hinsicht** können im Nachhinein eingetretene gravierende Abweichungen der angenommenen Grundlagen für den Liefer- oder Dienstleistungsauftrag, etwa durch neu erfolgte und so nicht erwartete Berechnungen, zu einer Aufhebung der Ausschreibung führen.[52] Allerdings ist Voraussetzung, dass diese Veränderungen **wesentlich** sind. Sich im Rahmen haltende zusätzliche Leistungen, die auf Grund der veränderten Situation erforderlich sind, bilden demgegenüber keinen Grund für die Aufhebung der Ausschreibung.
- Auch in **zeitlicher Hinsicht** können Gründe für eine Aufhebung der Ausschreibung liegen. Dies ist etwa dann der Fall, wenn die zeitliche Verschiebung eines Liefer- oder Dienstleistungsauftrags durch die Vergabestelle, insbesondere für die Bieter, als derart schwerwiegend angesehen werden muss, dass eine auf Grund der Verschiebung notwendig gewordene Anpassung der Angebote nicht in Betracht kommt.[53] Wegen der engen Auslegung der Voraussetzungen des § 26 Nr. 1 b VOL/A ist die Möglichkeit zur Aufhebung einer Ausschreibung bei einer zeitlichen Verschiebung im Regelfall auf die Fälle zu beschränken, dass hierdurch eine als **Fixgeschäft** vereinbarte Leistung nicht mehr sinnvoll erbracht werden kann.[54]

III. Kein wirtschaftliches Ergebnis der Ausschreibung (§ 26 Nr. 1 c VOL/A)

Auch wenn die Ausschreibung **kein wirtschaftliches Ergebnis** gehabt hat, kann der Auftraggeber sie gem. § 26 Nr. 1 c VOL/A aufheben. Insoweit bestimmt § 25 Nr. 3 VOL/A, dass der Zuschlag auf das unter Berücksichtigung aller Umstände **wirtschaftlichste Angebot** zu erteilen ist. Der niedrigste Angebotspreis allein ist nicht entscheidend. Die Erläuterungen des DVAL zu § 25 Nr. 3 VOL/A bestimmen u. a., dass das wirtschaftlichste Angebot dasjenige Angebot ist, bei dem das **günstigste Verhältnis** zwischen der gewünschten Leistung und dem angebotenen Preis erzielt wird. 44

---

50 *BayObLG* VergabeR 2002, 534, 538; *OLG Koblenz* .VergabeR 2004, 244 ff.
51 *BayObLG* VergabeR 2002, 534, 538; vgl. auch *BGH* NJW 1998, 3636, 3637.
52 *VÜA Sachsen-Anhalt* ZVgR 1997, 233, 235.
53 *BayObLG* VergabeR 2002, 534, 538; anders aber bei vom Auftraggeber verantworteten Verzögerungen: *OLG Naumburg* Beschl. v. 13. 10. 2006 – 1 Verg 7/06.
54 *Hermann/Thoma* Anmerkung zum Beschluss des *BayObLG* VergabeR 2002, 540, 542.

Maßgebend für die Leistung sind alle **auftragsbezogene Umstände**, z. B. der Preis sowie technische, funktionsbedingte, gestalterische oder ästhetische Gesichtspunkte sowie auch der Kundendienst und die Folgekosten.

45 Unter § 26 Nr. 1 c VOL/A ist nach den **Erläuterungen des DVAL** zu dieser Vorschrift auch der Fall zu subsumieren, dass selbst das **Mindestangebot** für zu hoch befunden wurde. Hiervon wird man jedoch entgegen dem missverständlichen Wortlaut nicht schon dann ausgehen können, wenn nur der Auftraggeber selbst den Preis **subjektiv** für überhöht hält, obwohl er – **objektiv** – den gegebenen Marktverhältnissen entspricht. Spiegelt daher das Angebot eines Bieters die tatsächlichen Marktpreise wieder, so sind anderweitige – subjektive – Vorstellungen des Auftraggebers unbeachtlich. Objektive Beurteilungsmaßstäbe für die Frage, ob selbst das Mindestangebot zu hoch ist, können korrekt ermittelte **Kostenschätzungen** des Auftraggebers im Vorfeld der Ausschreibung sowie Kostenvergleichslisten sein.[55]

46 Weiterhin kein wirtschaftliches Ergebnis hat eine Ausschreibung gehabt, wenn nicht voraussehbare, aber entscheidende Veränderungen der Finanzierungsgrundlagen eintreten.[56] Wird daher z. B. die Finanzierung im Nachhinein, etwa durch eine **Haushaltssperre** für den gesamten oder einen Teil des ausgeschriebenen Vertrages entzogen, muss der Auftraggeber insoweit eine (Teil-)Aufhebung der Ausschreibung prüfen. Auch kommt ein Aufhebungsgrund bei zwischenzeitlich eingetretenen Änderungen der **Preisgrundlagen**, wie z. B. bei gravierenden Änderungen der Materialpreise, in Betracht. Der klassische Fall eines nicht wirtschaftlichen Ergebnisses nach § 26 Nr. 1 c VOL/A ist aber dann gegeben, wenn alle eingegangenen Angebote entgegen der objektiv richtigen Schätzung des Auftraggebers – deutlich – **überhöht sind**. So lag auch ein vom OLG Frankfurt/Main entschiedener Fall,[57] bei dem der angebotene Preis in allen Angeboten um mehr als 23% von der Kostenschätzung des Auftraggebers abwich. In diesem Fall war ein maßgebliches **Missverhältnis** zwischen Preis und Leistung auf der Grundlage einer objektiv richtigen Kostenschätzung des Auftraggebers gegeben. Folge ist, dass die Ausschreibung gem. § 26 Nr. 1 c VOL/A aufgehoben werden konnte.

47 Der Auftraggeber kann auch die Aufhebung der Ausschreibung mangels Vorliegens eines wirtschaftlichen Ergebnisses verschulden. Dies ist z. B. dann der Fall, wenn der Auftraggeber die Kosten der ausgeschriebenen Leistung selbst bzw. durch einen beauftragten Dritten **fehlerhaft zu niedrig geschätzt oder festgelegt** hat.[58] In diesem Fall hat der Auftraggeber die Aufhebung der Ausschreibung vergaberechtswidrig verantwortet. Rechtliche Konsequenz ist, dass er den dies beantragenden Bietern gegenüber auf Schadensersatz wegen Verschuldens bei Vertragsschluss (c. i. c.) haftet. Der Schadensersatzumfang beinhaltet regelmäßig den Ersatz der mit der Teilnahme des Bieters am Verfahren verbundenen Aufwendungen (**negatives Interesse**).[59]

---

55 *Fett* in: Müller-Wrede, § 26 VOL/A Rn. 47.
56 *BGH* BauR 1998, 1232, 1234.
57 *OLG Frankfurt* Beschl. v. 28. 6. 2005 – 11 Verg 21/04.
58 *BGH* a. a. O.
59 *BGH* a. a. O.

IV. Andere schwerwiegende Gründe (§ 26 Nr. 1 d VOL/A)

Mit der Bestimmung, dass eine Aufhebung der Ausschreibung auch mit anderen schwerwiegenden Gründen gerechtfertigt werden kann (Nr. 1 d), schafft die VOL/A eine **Generalklausel** für die Aufhebung, die angesichts der Vielgestaltigkeit der Vergabefälle für eine wirtschaftlich vernünftige Vergabepraxis unerlässlich ist. Dennoch dürfte dieser Regelung im VOL-Bereich bei weitem nicht die Bedeutung zukommen, welche die entsprechende Regelung (§ 26 Nr. 1 c VOB/A) innerhalb der VOB hat. So kommen innere Aufhebungsgründe, die in der Person des Auftraggebers liegen (also z. B. schwere Krankheit, Tod, Wegfall der geschäftlichen oder rechtlichen Selbständigkeit usw.), im Rahmen von VOL-Verfahren grundsätzlich nicht in Betracht, da die Auftraggeberseite praktisch nur aus **öffentlichen Auftraggebern**, und zwar im Wesentlichen Gebietskörperschaften, besteht. Äußere Gründe können aber, z. B. bei einer schwerwiegenden Änderung der Währungsverhältnisse (Aufwertung, Abwertung), die Aufhebung der Ausschreibung begründen. Andere schwerwiegende Gründe, insbesondere aus einer nicht gegebenen Wirtschaftlichkeit des Ausschreibungsergebnisses selbst, sind bereits unter § 26 Nr. 1 c VOL/A zu subsumieren, dessen entsprechende Regelung in § 26 VOB/A fehlt. Dennoch wird es immer wieder Einzelfälle geben, in denen die unter Nr. 1 a bis c des § 26 Nr. 1 VOL/A getroffenen Einzelabgrenzungen überhaupt nicht oder jedenfalls nicht voll in Betracht kommen, aber dennoch die Annahme des Angebots unter den gegebenen Umständen dem Auftraggeber nicht zugemutet werden kann. Hierfür ist auch im VOL-Bereich ein solcher »Auffangtatbestand« unverzichtbar.

48

Nicht ausreichend für die Aufhebung der Ausschreibung ist jeder »triftige« Grund, sondern der in Betracht kommende Aufhebungsgrund hat **schwerwiegend** zu sein. Dies ist der Fall, wenn er die bisherige Vergabeabsicht des Auftraggebers entscheidend beeinflusst. Demgegenüber rechtfertigt die während der Ausschreibung gewonnene Erkenntnis, dass eine Pauschalausschreibung zu wirtschaftlicheren Ergebnissen führt, keine Aufhebung nach § 26 Nr. 1 d VOL/A.[60] Ein schwerwiegender Grund kann aber gegeben sein, wenn eine **Reihe von Einzelgesichtspunkten** vorliegt, welcher jeder für sich noch nicht schwerwiegend wäre, sich dies aber aus einer Summierung der Einzelgründe im Rahmen einer Gesamtbetrachtung ergibt. Dies ist nach einer Entscheidung des OLG Düsseldorf zur gleichlautenden Bestimmung des § 26 Nr. 1 c VOB/A der Fall, wenn im Rahmen einer Beschränkten Ausschreibung neun Bewerber zur Angebotsabgabe aufgefordert wurden, aber nur zwei Angebote eingegangen sind, davon eines unvollständig, und wenn die beiden Angebote bei einzelnen Positionen Preisdifferenzen von über 100% und sogar einmal von über 200% aufweisen. Jedenfalls dann, wenn das verbliebene Angebot nach der korrekten Kostenschätzung des Auftraggebers unwirtschaftlich ist, kommt eine Aufhebung der Ausschreibung, wenn auch dann vorrangig gem. § 26 Nr. 1 c VOL/A in Betracht.[61] Bei der Prüfung, ob eine Ausschreibung aus einem schwerwiegenden Grund aufgehoben werden darf, sind nach der »rein nationalrechtlich geprägten Norm« des § 26 Nr. 1 d VOL/A **strenge Anfor-**

49

---

60 Vgl. *OLG Celle* BauR 1996, 860.
61 *OLG Düsseldorf* BauR 1982, 53.

derungen zu stellen. Das Erfordernis **strenger Anforderungen**[62] folgt insbesondere daraus, weil sich Bieter im Vertrauen auf die Ausschreibung darauf eingelassen haben, dass auch tatsächlich eine Vergabe erfolgt, sie also in ihren Aufwendungen für die Erstellung ihrer Angebote nicht enttäuscht werden. Anders als nach der Fallgruppe des § 26 Nr. 1 d VOL/A, zur Aufhebung der Ausschreibung ist bei Auftragsvergaben **oberhalb der EU-Schwellenwerte** der **Verzicht** auf die Vergabe eines Auftrags (s. § 26 a VOL/A) durch den Auftraggeber jedoch weder auf schwerwiegende Gründe noch auf Ausnahmefälle beschränkt.[63]

50 Der BGH hat gerade für die Fallgruppe des § 26 Nr. 1 d VOL/A und dem hiermit verbundenen Ausnahmecharakter[64] für einen die VOL/A betreffenden Fall ausgeführt, dass es für das Vorliegen eines schwerwiegenden Grundes stets einer Interessenabwägung der maßgeblichen Verhältnisse im Einzelfall bedarf. Hiernach könne ein rechtlicher Fehler des Vergabeverfahrens zu einem schwerwiegenden Mangel und damit zu einer Aufhebung der Ausschreibung dann führen, wenn er einerseits von **so großem Gewicht** ist, dass eine Bindung des öffentlichen Auftraggebers mit Gesetz und Recht nicht zu vereinbaren wäre und andererseits von den an dem Ausschreibungsverfahren teilnehmenden Unternehmen erwartet werden kann, dass sie auf diese rechtlichen und tatsächlichen Bindungen des Ausschreibenden Rücksicht nehmen. Ein schwerwiegender Grund, der eine Aufhebung der Ausschreibung rechtfertigt, kann daher nicht schon dann angenommen werden, wenn **Wahlpositionen** wegen einer hierfür von der Vergabestelle nicht erstellten Bewertungsmatrix nicht gewertet werden können.[65] Denn insofern kann nicht jedes rechtlich oder tatsächlich fehlerhafte Verhalten der Vergabestelle wegen des **Ausnahmecharakters einer Aufhebung** der Ausschreibung als schwerwiegender Grund gem. § 26 Nr. 1 d VOL/A ausreichen. Dies kann schon deswegen nicht zutreffend sein, weil die Vergabestelle es anderenfalls in der Hand hätte, nach ihrer freien Entscheidung durch Verstöße gegen das Vergaberecht den bei der Vergabe öffentlicher Aufträge bestehenden Bindungen zu entgehen. Daher müssen nach gefestigter Rechtsprechung des Bundesgerichtshofs die Aufhebungsgründe **eng** ausgelegt werden.[66]

51 Die »**anderen schwerwiegenden Gründe**« müssen mithin von ihren Auswirkungen auf die Ausschreibung her den Tatbeständen des § 26 Nr. 1 a bis c VOL/A entsprechen. Dem noch gelegentlich zu beobachtenden Missbrauch, einen schwerwiegenden Grund nur »vorzuschieben«, um sich von der Ausschreibung **lossagen** zu können oder um den Zuschlag nicht auf das wirtschaftlichste Angebot zu erteilen, sondern den Auftrag an einen anderen »genehmeren Bieter« zu vergeben, muss jedenfalls entschieden begegnet werden.

---

62 *OLG Naumburg* VergabeR 2003, 588, 592; *BayObLG* VergabeR 2005, 349, 354; *OLG Düsseldorf* VergabeR 2005, 374, 381; *OLG München* VergabeR 2006, 537, 545 m. Anm. Haug.
63 *EuGH* VergabeR 2002, 361, 365 f. Rn. 40.
64 *BGH* VergabeR 2001, 293, 298; zum Ausnahmecharakter der Aufhebung der Ausschreibung: *BGH* VergabeR 2003, 313 ff.; *BGH* NJW 2001, 3698.
65 *OLG München* VergabeR 2006, 537, 545.
66 *BGH* BauR 1998, 1238 ff. sowie für den Fall der verzögerten Auftragsvergabe durch den Auftraggeber: *OLG Naumburg* Beschl. v. 13. 10. 2006 – 1 Verg 7/06.

Bei dem Begriff »**schwerwiegende Gründe**« handelt es sich um einen rein **objektiven** **52**
Begriff, der für Verschuldensgesichtspunkte keinen Raum lässt. Die Frage, ob die Voraussetzungen der »schwerwiegenden Gründe« vorliegen oder nicht, muss daher streng von der Frage einer verschuldensabhängigen Haftung getrennt werden. Sowohl bei einer unverschuldeten als auch bei einer verschuldeten Aufhebung der Ausschreibung kann daher objektiv ein schwerwiegender Grund vorliegen. Der Unterschied zwischen beiden Fällen besteht regelmäßig darin, dass bei einer verschuldeten Aufhebung der Ausschreibung der Auftraggeber mit Schadensersatzpflichten der Bieterseite rechnen muss.[67]

Fallbeispiele für im Nachhinein eingetretene »schwerwiegende Gründe« zur Aufhe- **53**
bung der Ausschreibung sind insbesondere:

- **Nichterstellung bzw. Nichtweitergabe** einer beim Auftraggeber vorhandenen **Bewertungsmatrix** an die Bewerber und Bieter.[68]
- Objektive und nicht vorhersehbare grundlegende Änderungen der noch im Zeitpunkt der Ausschreibung gegebenen **politischen und/oder militärischen Verhältnisse**. Dies war z. B. durch die Wiedervereinigung Deutschlands im Jahre 1990 sowie der damit verbundenen allgemeinen politischen Änderung im Verhältnis West/Ost mit der Folge, dass – im VOB-Bereich – ein geplantes Nato-Bauvorhaben wegen der völlig neuen Situation aufgegeben werden musste.[69]
- **Unzumutbarkeit der Auftragsvergabe** auf der Grundlage der bisherigen Verdingungsunterlagen sowie **objektive** Nichterfüllbarkeit der Vorgaben des Auftraggebers.[70]
- Wesentliche Änderungen in den **allgemeinen Markt-, Währungs- und Baupreisverhältnissen**, soweit diese sich auf das konkrete Vorhaben erheblich auswirken können. Hierzu zählt auch die unvorhergesehene wesentliche Erhöhung von Kreditzinsen.
- Unterbleiben einer europaweiten Ausschreibung wegen **Übersehens der Schwellenwertregelung**.[71]
- Wahl der **unrichtigen Vergabeart**.[72]
- Unzulässige **Vermengung** von **Eignungs- und Zuschlagskriterien** durch Einbeziehung der Eignungskriterien bei der Wertung des wirtschaftlichsten Angebots (4. Wertungsstufe).[73]
- Nichterfüllung der vom Auftraggeber vorgegebenen **Zuschlagskriterien** durch die Bieter bzw. Rechtswidrigkeit oder Nichtigkeit eines vom Auftraggeber festgelegten Zuschlagskriteriums.[74]
- Schwerwiegende **rechtliche Fehler** des Auftraggebers im Vergabeverfahren, etwa durch eine **mangelhafte Leistungsbeschreibung** oder durch eine Verletzung des

---

67 So zu Recht *BGH* BauR 1998, 1232 ff.; *OLG Schleswig* Budgetüberschreitung, ZVgR 1997, 170, 172.
68 *OLG München* VergabeR 2006, 537 ff.
69 *OLG Zweibrücken* BauR 1995, 95 = IBR 1995, 150.
70 *OLG Brandenburg* VergabeR 2004, 69, 73; zur objektiven Nichterfüllbarkeit der Vorgaben des Auftraggebers: *BGH* Urt. v. 1. 8. 2006, X ZR 115/04.
71 *OLG Koblenz* VergabeR 2003, 448 ff. m. Anm. Erdl.
72 *Jaeger* NZBau 2001, 289, 300.
73 *OLG Karlsruhe* Beschl. v. 8. 3. 2006 – 6 W 114/05.
74 *EuGH* VergabeR 2004, 36 ff. »Wienstrom«.

Gebots **verfahrens- und produktneutraler Ausschreibung**[75] oder durch eine **Nichtbenennung** von **Zuschlagskriterien**, die im Ergebnis einen gravierenden **Wettbewerbsverstoß** oder einen Verstoß gegen das **Diskriminierungsverbot** oder das **Gleichbehandlungsgebot** bedeuten (vgl. § 97 Abs. 1 und 2 GWB, § 2 Nr. 1 und 2 VOL/A).[76]

- Ein Verstoß gegen den **Wettbewerbsgrundsatz** sowie das **Gleichbehandlungsgebot** kann z. B. bei der Einschaltung eines **Projektanten**, der bereits für den Auftraggeber Verdingungsunterlagen ausgearbeitet hat und sich später auch am Vergabewettbewerb beteiligt, gegeben sein. Zumindest dann, wenn der Projektant aufgrund seiner früheren Beteiligung an Vorarbeiten zu dem Vergabeverfahren tatsächlich über **wettbewerbsverzerrende** und gegenüber den anderen Teilnehmern am Vergabeverfahren nicht mehr – etwa durch entsprechende Informationsweitergabe – ausgleichbare Informationsvorsprünge verfügt (s. jetzt die Regel in § 4 Abs. 5 VgV), kann eine Aufhebung des Vergabeverfahrens aus schwerwiegenden Gründen in Betracht kommen.[77]
- Bei einer **Doppelausschreibung** über einen identischen Beschaffungsvorgang ist ebenfalls ein gegen die Grundprinzipien des Vergabeverfahrens verstoßender schwerwiegender Grund zur Aufhebung gegeben.[78]
- Die rechtlichen Gründe für eine Aufhebung der Ausschreibung können auch im **Verhalten der Bieter** liegen, etwa wenn sich ein Bieter ein bestimmtes Material, das zur Auftragserfüllung erforderlich ist, allein verschafft und damit einen ordnungsgemäßen Wettbewerb ausschließt.[79]
- Ein schwerwiegender Grund kann sich auch aus allgemeinen **Wirtschaftlichkeitserwägungen** (s. aber insoweit auch § 26 Nr. 1 c VOL/A) ergeben. Hier müssen jedoch die mit einer Aufhebung der Ausschreibung und durch eine anschließende Neuausschreibung verbundenen Aufwendungen mit der möglichen Einsparung, die durch die Zuschlagserteilung auf ein wirtschaftlicheres Angebot hätte erzielt werden können, verglichen werden. Das BayObLG[80] hat es bei einer Bauvergabe zu Recht abgelehnt, aus einem nicht zugeschlagenen Bieterangebot, das nur um 4 000 € unter dem Angebot des erfolgreichen Bieters lag, eine Verpflichtung zur Aufhebung der Ausschreibung aus einem schwerwiegenden Grund zu folgern. Dieser Betrag war im entschiedenen Fall im Verhältnis zum Gesamtauftragsumfang von knapp 10 Mio. € verschwindend gering und erfüllte daher auch angesichts der mit einer Neuausschreibung verbundenen Kosten nicht die Voraussetzungen eines schwerwiegenden Grundes.
- Gibt ein Bieter ein **nicht zugelassenes Nebenangebot** ab, auf Grund dessen der Auftraggeber erkennen kann, dass die ausgeschriebene Leistung in einer grundlegend anderen und insbesondere auch **kostengünstigeren Form** erbracht werden

---

[75] *Thüringer Oberlandesgericht* Beschl. v. 26. 6. 2006 – 9 Verg 2/06.
[76] *BGH* VergabeR 2001, 293, 298 m. Anm. *Wagner*; *OLG Naumburg*, Beschl. v. 16. 9. 2002, 1 Verg 02/02 sowie auch: *BGH* Urt. v. 1. 8. 2006 – X ZR 115/04.
[77] *VÜA Bund* Beschl. v. 24. 5. 1996 (Az: 1 VÜ 2/96); *Höfler/Bayer* Praxishandbuch Bauvergaberecht, 2. Aufl. 2003.
[78] *OLG Naumburg* Beschl. v. 13. 10. 2006 – 1 Verg 11/06.
[79] *VÜA Bund* »Tengener Muschelkalk«, WuW 1998, 421, 423.
[80] *BayObLG* VergabeR 2002, 534, 539.

kann, kann ebenfalls ein schwerwiegender Grund zur Aufhebung der Ausschreibung gegeben sein. In diesen Fällen wird der Auftraggeber quasi durch das Nebenangebot darauf »gestoßen«, dass seine ursprüngliche Ausschreibung als solche nicht von den richtigen Grundlagen ausgegangen ist. Hier ist er zumindest bei gravierender Abweichung seiner Leistungsbeschreibung von dem auf Grund des Nebenangebots erkennbaren Alternativdurchführung der Leistung schon aus **Gleichbehandlungsgründen** gehalten, die Ausschreibung aufzuheben, um anschließend in einem erneuten Vergabeverfahren allen Bietern die Möglichkeit zu geben, auf der Grundlage der kostengünstigeren Ausführungsweise anbieten zu können. In einem solchen Fall entspricht die Aufhebung letztlich dem Gebot der **Wirtschaftlichkeit und Sparsamkeit der Haushaltsmittel**.[81] In dem vom BGH entschiedenen (VOB-)Fall hatte der Auftraggeber aus einem **nicht zugelassenen**, gleichwohl aber abgegebenen Nebenangebot die Erkenntnis gewonnen, das Wasserbauschüttsteine aus einem anderen als dem ausgeschriebenen, jedoch qualitativ gleichwertigen Material erheblich kostengünstiger zu beschaffen waren. In diesem Fall muss es dem Auftraggeber wegen des ihm bekannt gewordenen schwerwiegenden Grundes erlaubt sein, die Ausschreibung aufzuheben und auf der neuen Grundlage die Leistung zu vergeben.
- Erlöschen sämtlicher Angebote wegen **Ablaufens der Bindefrist**, insbesondere auch infolge eines Nachprüfungsverfahrens.[82]

F. Teilaufhebung der Ausschreibung (§ 26 Nr. 2 VOL/A)

Die Ausschreibung kann auch **teilweise** unter der Voraussetzung aufgehoben werden, dass Angebote in Losen vorgesehen oder Nebenangebote nicht ausgeschlossen sind. Dabei sind von dem Begriff Nebenangebote auch **mengenmäßige Abweichungen** miterfasst. Für die **Teilaufhebung** der Ausschreibung kennt die VOL/A zwei Gründe, nämlich: **54**

1. Das wirtschaftlichste Angebot **deckt den ausgeschriebenen Bedarf nicht voll** (Nr. 2 a).

2. Der Vergabe der gesamten Leistung an einen Bieter stehen **schwerwiegende Gründe entgegen** (Nr. 2 b).

Der in § 26 Nr. 2 a VOL/A genannte Grund für eine Teilaufhebung kann bei der Teilung der Leistung in Lose (s. zur entsprechenden Vorgabe: § 5 VOL/A sowie bei EU-Vergaben die gesetzliche Regelung des § 97 Abs. 3 GWB) sowie auch bei der Einreichung von Nebenangeboten (s. § 17 Nr. 3 Abs. 5 VOL/A) auftreten, wenn z. B. ein Bieter, der das wirtschaftlichste Angebot abgegeben hat, **nicht in der Lage ist, die gesamte Bedarfsmenge zu liefern** bzw. **zu leisten** und jedenfalls für den Restbedarf kein annehmbares Angebot vorliegt. Bietet z. B. der Bieter mit dem **wirtschaftlichsten Angebot** nur die Lieferung von zwei Losen = 2 000 Einheiten bei einem Gesamtbedarf **55**

---

81 *BGH* NJW 1993, 520 (Wasserbauschüttsteine) für einen VOB-Fall; *Leinemann* Die Vergabe öffentlicher Aufträge, Rn. 487.
82 *OLG Frankfurt* VergabeR 2003, 725 ff. mit Anm. v. *Noelle*.

§ 26 Aufhebung der Ausschreibung

von 5 000 Einheiten an, so kann die Beschaffungsstelle die Ausschreibung auf die Restbedarfsmenge von 3 000 Einheiten aufheben und eine anderweitige Vergabe vornehmen, indem sie etwa für die restlichen Lose einen Bieter mit einem etwas höheren Preis berücksichtigt.

56 Wie schon im Fall von § 26 Nr. 1 d VOL/A lässt sich auch zu § 26 Nr. 2 b VOL/A **nicht** allgemein definieren, welche **schwerwiegenden Gründe** für die teilweise Vergabe an andere Bieter als an denjenigen (diejenigen), der (die) das wirtschaftlichste Angebot abgegeben hat (haben), in Betracht kommen. Für eine Teilaufhebung nach dieser Vorschrift können z. B. ordnungspolitische Überlegungen, wie z. B. die Verhinderung von Monopolbildungen oder der Marktkonzentration, aber auch die Vorbeugung vor einer einseitigen Entwicklung der Fertigungskapazitäten, die gewollte Beteiligung des Mittelstands bzw. des Handwerks, eine räumliche Auftragsstreuung oder logistische Überlegungen (Bsp.: Verteidigungsbereich), maßgebend sein.

G. Aktenvermerk über die Aufhebung (§ 26 Nr. 3 VOL/A)

57 Die Gründe für die Aufhebung einer Ausschreibung müssen auch zum Zwecke des **Nachweises** etwa in einem Nachprüfungsverfahren **aktenkundig** gemacht werden (Nr. 3). Dies entspricht dem förmlichen Charakter des ganzen Ausschreibungsverfahrens und kommt auch in § 30 VOL/A (Vergabevermerk) zum Ausdruck. Die Bestimmung des § 26 Nr. 3 VOL/A dient aber auch dem Schutz des einzelnen verantwortlichen Bediensteten, der so gezwungen wird, schriftlich **Rechenschaft** über die Gründe abzulegen und sie ggf. auch für künftige Kontrollen und Beweisantritte festzuhalten. Damit wird einer übereilten und nur **ausnahmsweise** zulässigen Aufhebung vorgebeugt.

H. Benachrichtigungspflicht (§ 26 Nr. 4 VOL/A)

58 Eng verbunden mit dem Entschluss des Auftraggebers, die Ausschreibung ganz oder teilweise aufzuheben, ist seine Verpflichtung den **Bietern** gegenüber, sie von der Aufhebung der Ausschreibung unter Bekanntgabe der Gründe **unverzüglich** zu benachrichtigen (Nr. 4). Eine Benachrichtigung des Auftraggebers sollte – auch wenn dies nur die EG-Vorschrift des § 26 a S. 2 VOL/A vorsieht – wegen des bereits durch die Anbahnung eines Vertrages zustande gekommenem Vertrauensverhältnisses mit dem Auftraggeber auch bei rein nationalen VOL-Vergaben gegenüber den **Bewerbern** erfolgen. Die Aufhebung der Ausschreibung und die Benachrichtigung verhalten sich gleichsam zueinander wie ein Gerichtsbeschluss zur Verkündung dieses Beschlusses. Auch wenn nach den allgemeinen zivilrechtlichen Bestimmungen (§§ 145 ff. BGB) an sich keine Benachrichtigungspflicht besteht, so fordert sie die VOL/A ebenso wie die VOB/A (§ 26 Nr. 2) dennoch ausdrücklich. Es ist nämlich zu bedenken, dass es sich bei den Bewerbern und Bietern um Unternehmen handelt, die in ihrem Betrieb **Dispositionen** zu treffen haben. Kommt es nicht zur Vergabe, so hat der Bewerber und Bieter verständlicherweise ein großes Interesse daran, von der

Aufhebung und damit vom Wegfall der Zuschlags- und Bindefrist baldmöglichst Kenntnis zu erhalten, damit er seine bisherige Betriebsplanung entsprechend umstellen und in anderer Weise disponieren kann. Deshalb wird auch verlangt, dass die Benachrichtigung **unverzüglich**, also ohne schuldhaftes Zögern durch den Auftraggeber (vgl. § 121 BGB), also maximal binnen zwei bis drei Tagen nach der Aufhebung, zu erfolgen hat. Die Kosten der Benachrichtigung hat der Auftraggeber zu tragen.

Die Benachrichtigung der Bieter und auch Bewerber hat ferner »**unter Bekanntgabe** 59 **der Gründe**« zu erfolgen, wobei diese Bekanntgabe sowohl die Angabe der Gründe bei einer **Vollaufhebung** nach § 26 Nr. 1 VOL/A als auch nach § 26 Nr. 2 VOL/A bei einer **Teilaufhebung** erfasst. Zu berücksichtigen ist, dass der Umfang der Begründung in Nr. 4 nicht näher festgelegt ist. Um den Zweck, die Bieter – wie auch die Bewerber – von den Aufhebungsgründen sachgerecht in Kenntnis zu setzen, zu erfüllen, darf die Unterrichtung über die Gründe der Aufhebung **nicht rein formelhaft** erfolgen. Die reine Aufzählung der nach Ansicht des Auftraggebers einschlägigen Fallgruppe des § 26 Nr. 1 VOL/A genügt daher nicht. Vielmehr sind die konkreten und **tatsächlichen Gründe** für die ausnahmsweise vorgenommene Aufhebung der Ausschreibung anzugeben.[83] Dies ergibt sich schon daraus, dass gerade die Aufhebungsgründe der Nr. 1 b, c und d (... wesentliche Änderungen der Ausschreibungsgrundlagen, kein wirtschaftliches Ergebnis, andere schwerwiegende Gründe«) nicht exakt begrifflich fassbar sind und daher die Gefahr zu extensiver Auslegungen oder gar von Missbräuchen nicht von der Hand zu weisen ist. In diesen Fällen haben die Bieter und die Bewerber daher ein berechtigtes Interesse daran, die **genaueren Gründe** für die Aufhebung zu erfahren. Dabei ist es nicht erforderlich, dass der Auftraggeber seine Gründe umfassend und in Form einer Rechtfertigungsschrift mitteilt; vielmehr reicht es zur Wahrung der berechtigten Interessen der Bieter und Bewerber aus, wenn die für die Aufhebung maßgebenden, wirklichen Gründe in **kurzer Form** mitgeteilt werden.

Dringend anzuraten ist, dass der Auftraggeber den Bietern und Bewerbern nicht nur 60 die Aufhebung der Ausschreibung unter Bekanntgabe der Gründe (§ 26 Nr. 4 VOL/A), sondern – ebenso wie bei § 26 a Satz 2 VOL/A – auch die **beabsichtigte Einleitung eines neuen Vergabeverfahrens unmissverständlich** bekannt gibt.[84] Nur so sind die Unternehmen in der Lage, ihre Dispositionen auf ein neues Verfahren einzurichten. Die VOL lässt offen, ob die Benachrichtigung an die Unternehmen schriftlich oder mündlich erfolgen muss, so dass grundsätzlich beide Benachrichtigungsarten ausreichen. Zur **Sicherung** des Nachweises sollte aber eine **schriftliche Benachrichtigung** erfolgen.

I. Zulässigkeit einer neuen Ausschreibung oder Freihändigen Vergabe (§ 26 Nr. 5 VOL/A)

§ 26 Nr. 5 VOL/A schreibt vor, dass eine **neue Ausschreibung oder Freihändige** 61 **Vergabe** erst erfolgen darf, wenn die vorhergehende Ausschreibung über denselben

---

83 *OLG Frankfurt/M.* Beschl. v. 28. 6. 2005 – 11 Verg 21/04.
84 *OLG Naumburg* Beschl. v. 18. 7. 2006.

§ 26 Aufhebung der Ausschreibung

Gegenstand ganz oder teilweise aufgehoben ist. Die Benachrichtigung über die Gründe der Aufhebung (§ 26 Nr. 4 VOL/A) sollte daher klar von der erneuten Aufforderung zur Angebotsabgabe getrennt werden. § 26 Nr. 5 VOL/A dient vor allem dem Schutz der Bieter, die einen Anspruch darauf haben, dass der Auftraggeber ein einmal eingeleitetes Vergabeverfahren korrekt beendet. Grundsätzlich bleibt es dem Auftraggeber nach Aufhebung einer Ausschreibung zwar überlassen, welche Bewerber bzw. Bieter er i. R. einer erneuten Beschränkten Ausschreibung oder einer Freihändigen Vergabe zu einer Angebotsabgabe auffordern will. Da die Aufhebung der Ausschreibung die mit ihr verbundenen Bedingungen erlöschen läßt, braucht der Auftraggeber daher **nicht zwingend** allein auf die »alten« Bieter oder Bewerber zurückzugreifen. Er kann auch andere Unternehmen zusätzlich auffordern oder den Bieterkreis insgesamt erweitern bzw. wechseln. Eine Einbeziehung der »alten« Bieter oder Bewerber in die erneute Vergabe ist aber wegen deren berechtigten Interessen i. S. einer **Ermessensreduzierung bei der Entscheidung des Auftraggebers** dann vorzunehmen, wenn die Ausschreibung aus Gründen aufgehoben wurde, die dem Auftraggeber zuzurechnen sind und die in der ersten Ausschreibung beteiligten Unternehmen daher gute Chancen hatten, den Zuschlag zu erhalten: Dann sind zumindest die in engere Wahl gekommenen Bieter erneut aufzufordern.

62 Der Auftraggeber muss daher nach der Aufhebung der Ausschreibung auf der Grundlage des § 3 und auch des § 3 a VOL/A prüfen – falls er auf die Erbringung der Leistung nicht völlig verzichten will –, ob er entweder eine erneute Öffentliche oder Beschränkte Ausschreibung durchführt oder freihändig vergibt bzw. ein entsprechendes EU-Vergabeverfahren durchführt. Insoweit enthält auch § 3 a Nr. 2 a VOL/A bei nicht gegebenen wirtschaftlichen Angeboten die Möglichkeit zur anschließenden Anwendung des Verhandlungsverfahrens ohne vorherige Öffentliche Vergabebekanntmachung. Die Prüfung für die durchzuführende Vergabeart erstreckt sich insbesondere darauf, ob eine Beschränkte Ausschreibung deswegen einschlägig ist, weil eine grundsätzlich vorrangige Öffentliche Ausschreibung (vgl. § 3 Nr. 2 VOL/A) kein wirtschaftliches Ergebnis gehabt hat (§ 3 Nr. 3 c VOL/A) oder eine Freihändige Vergabe nach § 3 Nr. 4 n VOL/A deswegen stattfinden soll, weil nach Aufhebung einer Öffentlichen oder Beschränkten Ausschreibung eine erneute Ausschreibung kein wirtschaftliches Ergebnis verspricht. Ob nach diesen Kriterien eine Beschränkte Ausschreibung oder Freihändige Vergabe vorgenommen werden kann, richtet sich insbesondere nach dem **Aufhebungsgrund,** den preislichen Abständen der in vorderer Position gelegenen Angebote oder insgesamt der Höhe der angebotenen Preise.[85] Keinesfalls folgt aus einer Aufhebung der Ausschreibung aber die zwingende Anwendung der Beschränkten Vergabe oder der Freihändigen Vergabe.

63 Die gem. § 26 Nr. 5 VOL/A ggf. zur Anwendung kommende Freihändige Vergabe gestattet es aber im zu begründenden Ausnahmefall (s. die Voraussetzungen der §§ 3 Nr. 4, 3 a Nr. 2 VOL/A), im Verhandlungsweg mit einem Minimum an Zeitverlust aus den vorhandenen Angeboten der aufgehobenen Ausschreibung einen den Bedürfnissen des Auftraggebers entsprechenden Vertrag zu entwickeln. Dieses Vorgehen muss insbesondere aus der Sicht der Bieter als rationell angesehen werden, weil so

---

85 Vgl. *Heiermann/Riedl/Rusam* a. a. O., § 26 Rn. 25 f.

dem Aufwand für die Angebotserarbeitung noch ein gewisses Äquivalent in Form des Zuschlags an einen der Bieter gegenübergestellt wird. Verspricht gem. § 3 Nr. 4 n VOL/A nach der Aufhebung einer Öffentlichen oder Beschränkten Ausschreibung eine erneute Ausschreibung kein wirtschaftliches Ergebnis, gebieten insbesondere die Grundsätze eines **fairen Wettbewerbs**, aber auch die Vermeidung möglicher Schadensersatzansprüche wegen Verschuldens bei Vertragsverhandlungen die Freihändige Auftragsvergabe an den Bieter mit dem Angebot, das mit hinreichender Wahrscheinlichkeit ohne die Aufhebung der Ausschreibung den Zuschlag erhalten hätte. Dem Bieter ist dann auf der Grundlage der ursprünglichen Preisermittlung die Möglichkeit zur Abgabe eines neuen Angebots zu geben. Überhaupt nur eine Freihändige Vergabe kommt für jene Fälle in Betracht, in denen das vorausgegangene Ausschreibungsverfahren hat erkennen lassen, dass die zu vergebende Leistung für das formalisierte Verfahren der Ausschreibung gar nicht geeignet ist.[86] Haben dagegen mehrere Bieter in vorderer Position dicht beisammen gelegen und ist nicht feststellbar, welcher Bieter unter den geänderten Bedingungen der Leistungsbeschreibung den Wettbewerb gewonnen hätte, so sind zumindest diese Bieter im Rahmen einer erneuten Beschränkten Ausschreibung zu beteiligen.[87]

J. Primärrechtsschutz

I. § 26 VOL/A als bieterschützende Vorschrift

Vergibt die Vergabestelle ausnahmsweise den Zuschlag nicht und macht sie von der Aufhebung der Ausschreibung Gebrauch, muss sie hierbei nicht nur die Wirtschaftlichkeit von Beschaffungsvorgängen insgesamt im Auge haben, sondern darüber hinaus auch die **individuellen Interessen** der Bieter schützen. Dem entspricht es umgekehrt, dass Bieter zur Vermeidung von Verstößen gegen den Wettbewerbs-, den Transparenz- und den Gleichbehandlungsgrundsatz (Diskriminierungsabwehr) bei allen Auftragsvergaben oberhalb der EU-Schwellenwerte die Möglichkeit haben müssen, die **Rechtmäßigkeit der Aufhebungsgründe** vor den Vergabekammern und Vergabesenaten nach § 26 Nr. 1 VOL/A zu überprüfen. § 26 VOL/A vermittelt den Bietern daher eine subjektive Rechtsposition, die grundsätzlich im **Nachprüfungsverfahren** geltend gemacht werden kann.[88]

64

---

[86] Vgl. *OLG Düsseldorf* NJW 1977/1064.
[87] Vgl. für die VOB: *Heiermann/Riedl/Rusam* a. a. O., § 26 Rn. 26.
[88] *BGH* VergabeR 2003, 313 ff. mit Anm. v. *Müller-Wrede*; *OLG Bremen* VergabeR 2003, 175 ff., m. Anm. v. *Hartung* VergabeR 2003, 179 f.; *Leinemann* Die Vergabe öffentlicher Aufträge, Rn. 19; *Reidt/Brosius-Gersdorf* Die Nachprüfung der Aufhebung der Ausschreibung im Vergaberecht, VergabeR 2002, 583, 584.

II. Nachprüfungsumfang bei einer Aufhebung der Ausschreibung

1. Problemstellung

65 Im System des vergaberechtlichen Bieterschutzes in Deutschland war lange Zeit umstritten, ob auch die rechtswidrige Aufhebung der Ausschreibung das Vergabeverfahren mit der Rechtsfolge beendet, dass diese – rechtswidrige – Beendigung nicht mehr im Primärrechtsschutz durch ein Nachprüfungsverfahren angegriffen werden kann. Hintergrund war, dass die amtliche Begründung zum Vergaberechtsänderungsgesetz[89] davon ausgeht, dass Gegenstand eines Nachprüfungsverfahrens das **noch nicht abgeschlossene Vergabeverfahren** ist. Auch der Bundesgerichtshof hat noch in einem Vorlagebeschluss nach § 124 Abs. 2 GWB[90] herausgestellt, dass eine Vergabekammer nicht mehr in zulässiger Weise angerufen werden kann, sobald das Vergabeverfahren durch wirksame Erteilung des Auftrags an einen Bieter abgeschlossen ist. Entsprechend sollte auch die neben der Zuschlagserteilung mögliche zweite Form der Beendigung des Vergabeverfahrens – die Aufhebung der Ausschreibung – mit der Folge verfahrensbeendigend wirken, dass nach der stattgefundenen Aufhebung kein Nachprüfungsverfahren mehr zulässig ist.

2. Die Entscheidungen des EuGH und des BGH

66 Dieser Auffassung wurde jedoch durch ein grundlegendes Urteil des **Europäischen Gerichtshofs**[91] widersprochen.[92] Der EuGH kam in dem der Entscheidung zu Grunde liegenden österreichischen Vergaberechtsfall zu der Auffassung, dass es Art. 1 Abs. 1 der EG-Rechtsmittelrichtlinie gebiete, die Entscheidung eines öffentlichen Auftraggebers über die Aufhebung eines Vergabeverfahrens – unabhängig vom Bestehen möglicher Schadensersatzansprüche – einem Nachprüfungsverfahren zugänglich zu machen. Nach Auffassung des EuGH unterfällt die Entscheidung, eine Ausschreibung für einen Dienstleistungsauftrag zu widerrufen, jedenfalls den »materiellen Regeln des Gemeinschaftsrechts« sowie den »Grundregeln des Vertrags im Allgemeinen und dem Verbot der Diskriminierung aus Gründen der Staatsangehörigkeit im Besonderen«.

67 Der Europäische Gerichtshof hat in seiner Entscheidung weiter ausgeführt, dass die EG-Rechtsmittelrichtlinie die Nachprüfungsmöglichkeiten der Bieter verstärkt habe. Daher sei eine nationale Regelung, die die Kontrolle der Rechtmäßigkeit des Widerrufs (Aufhebung) einer Ausschreibung auf die Prüfung beschränke, ob diese Entscheidung »**willkürlich**« erfolgt sei, unzulässig. Die Auffassung des Europäischen Gerichtshofs kann nur unterstützt werden. Eine andere Entscheidung, die etwa den Rechtsschutz von Bietern bei Aufhebungen der Ausschreibungen nur auf willkürliche Akte des Auftraggebers beschränken würde, würde sowohl der EG-Rechtsmittel-

---

[89] BT-Drucks. 13/9340 S. 17, 19, 50.
[90] *BGH* VergabeR 2001, 71, 73.
[91] *EuGH* VergabeR 2002, 361 ff. = NZBau 2002, 458 ff.; vgl. hierzu *Meier* »Primärrechtsschutz bei der Aufhebung einer Ausschreibung?« NZBau 2003, 137 ff.
[92] Vgl. zu dem Urteil *Prieß* »EuGH Locuta, causa finita: Die Aufhebung ist aufhebbar«, NZBau 2002, 433 f. sowie insgesamt auch *Kus* NVwZ 2003, 1083 ff.

richtlinie als auch dem in § 97 Abs. 7 GWB verankerten **subjektiven Anspruch des Bieters** auf Einhaltung der Vergabevorschriften entgegenstehen und im Ergebnis den Rechtsschutz von Bietern über Gebühr einschränken. Im Übrigen wären mit einer Abgrenzung zwischen einer »nur« rechtswidrigen und einer willkürlichen Aufhebung der Ausschreibung in der Praxis kaum lösbare Abgrenzungsfragen verbunden.[93]

Mit der Entscheidung des Europäischen Gerichtshofs ist sowohl aus gemeinschaftsrechtlichen Gründen als auch aus Gründen des nationalen Rechts die **Überprüfbarkeit** von – rechtswidrigen – Aufhebungsentscheidungen ermöglicht worden. Einer rechtswidrigen »Flucht in die Aufhebung« ist damit der Boden entzogen. Eine rechtswidrige Aufhebung der Ausschreibung stellt daher **kein erledigendes Ereignis**, das zum Ausschluss eines Nachprüfungsverfahrens führen würde, dar. Der Nachprüfung unterliegen dabei grundsätzlich nur die Gründe, die die Vergabestelle ausweislich des **Vergabevermerks** zur Aufhebung bewogen haben.[94] **68**

Auch wenn der EuGH seine Forderung nach Überprüfung der Aufhebungsentscheidung nur auf **gemeinschaftsrechtliche Vorschriften** (Einhaltung des Diskriminierungsverbots und des Transparenzgrundsatzes) gestützt hat und die EU-Vergaberichtlinien keine der nationalen Vorschrift des § 26 VOL/A entsprechende Vorgabe über die Aufhebung der Ausschreibung enthalten, müssen die Vergabekammern und -senate bei allen Vergaben oberhalb der EU-Schwellenwerte über den dann zur Anwendung kommenden 2. Abschnitt der VOL/A auch die »nationale« Regelung des § 26 VOL/A zum Gegenstand ihrer Nachprüfung machen. Denn es bestehen aus gemeinschaftsrechtlicher Sicht keine Bedenken, wenn der Prüfungsumfang des nationalen Rechts, soweit dieser wie bei § 26 VOL/A eine hinreichend genau bestimmte Regelung enthält, über die gemeinschaftsrechtlichen Anforderungen hinausgeht bzw. die EU-primärrechtlichen Grundsätze des Wettbewerbs, der Transparenz und der Nichtdiskriminierung (s. auch § 97 Abs. 1 und Abs. 2 GWB) durch § 26 VOL/A konkretisiert werden.[95] Nur wenn insofern die nationalen Regelungen hinter dem EG-Recht zurückbleiben würden, bestünde ein Umsetzungsdefizit des nationalen Rechts, das auszugleichen wäre.[96] **69**

Auch der **Bundesgerichtshof**[97] hat unter Berücksichtigung des Urteils des Europäischen Gerichtshofs vom 18. 6. 2002 entschieden, dass ein Bewerber im Vergabeverfahren auch dann noch in **zulässiger Weise die Vergabekammer anrufen** kann, wenn ein öffentlicher Auftraggeber die Ausschreibung für einen öffentlichen Auftrag bereits aufgehoben hat. Der BGH führt aus, das Verfahren vor der Vergabekammer sei nach § 107 Abs. 2 GWB eröffnet, wenn die Nichteinhaltung von Vergabevorschriften Unternehmen in ihren Rechten nach § 97 Abs. 7 GWB verletzen könnte.[98] Damit, so der BGH, könne auch die **Aufhebung einer** im Offenen Verfahren erfolgten **Aus- 70**

---

93 *Portz* ZfBR 2002, 551, 553.
94 *OLG Koblenz* VergabeR 2004, 244, 246.
95 So auch *BGH* VergabeR 2003, 313, 315, der auf den Diskriminierungsgrundsatz abstellt.
96 *Erdl* Der neue Vergaberechtsschutz, Rn. 492; *Reidt/Brosius-Gersdorf* VergabeR 2002, 580, 585; *Mantler* VergabeR 2003, 119, 121; a. A. *Gnittke/Michels* VergabeR 2002, 571, 574.
97 *BGH* VergabeR 2003, 313 ff. mit Anm. v. *Müller-Wrede* = NZBau 2003, 293 ff.
98 Ausführlich zum BGH-Beschluss: *Scharen* NZBau 2003, 585, 589.

schreibung eines öffentlichen Auftrags **nicht außerhalb der Nachprüfung im Verfahren nach § 107 ff. GWB stehen**. Diese Maßnahme könne nämlich der Regelung in § 26 Nr. 1 VOB/A – das Gleiche gilt für § 26 VOL/A – widersprechen, bei der es sich um eine Bestimmung über das Vergabeverfahren handelt, auf deren Einhaltung Unternehmen nach **§ 97 Abs. 7 GWB Anspruch hätten**. Insoweit bestehe Einigkeit, dass jedenfalls solche Bestimmungen § 97 Abs. 7 GWB unterfallen, die (auch) zum Schutz wohlberechtigter Interessen von am Vergabeverfahren teilnehmenden oder daran interessierten Unternehmen aufgestellt worden sind. Um solch eine Bestimmung handele es sich aber bei der Regelung in § 26 VOL/A.

71 Durch die **Verbindlichkeit**, die die vorbenannten Basisparagrafen der **VOL/A** (Abschnitt 2) in Folge von **§ 4 VgV** für Verfahren zur Vergabe öffentlicher Liefer- und Dienstleistungsaufträge im Anwendungsbereich des **§ 100 GWB** erlangt hätten, beinhalte diese Regelung nach dieser Rechtsprechung ein vergaberechtliches Gebot, ein Vergabeverfahren nur aus den dort genannten Gründen aufzuheben. Dies bedeutet zugleich, dass ein entsprechender Antrag (auch) noch in zulässiger Weise angebracht werden könne, **nachdem** der Ausschreibende eine nach außen wirksame Entscheidung bereits getroffen habe, die Ausschreibung aufzuheben. Es sei zu berücksichtigen, dass nach den vorgenannten Vorschriften die Bieter und ggf. die Bewerber erst **nach der Aufhebung** einer Ausschreibung von dieser Maßnahme unterrichtet werden müssen. Ein Unternehmen, das seine Rechte durch die Aufhebung der Ausschreibung als verletzt erachte, könne mithin in aller Regel die Vergabekammer erst nachträglich anrufen.[99] Der Rechtsschutz, der nach Sinn und Zweck des 4. Abschnitts des GWB eröffnet sein soll, wäre deshalb nicht gewährleistet, wenn die Anrufung der Vergabekammer nach Aufhebung der Ausschreibung bereits deshalb unzulässig wäre, weil der nach § 107 Abs. 1 GWB nötige Antrag erst zu dieser Zeit angebracht werde. Allerdings gilt auch bei fehlerhaften Aufhebungsentscheidungen grundsätzlich, dass das sich benachteiligt fühlende Unternehmen bei Vergaben oberhalb der EU-Schwellenwerte die Entscheidung gem. § 107 Abs. 3 GWB gegenüber der Vergabestelle unverzüglich **rügen** muss, will es nicht seinen Primärrechtsschutz verlieren.[100] Jedoch ist der Antragsteller zum Zwecke der Verhinderung vollendeter Tatsachen durch den Auftraggeber nicht grundsätzlich verpflichtet, auch eine nach einer Aufhebung erfolgenden Neuausschreibung des Auftraggebers durch eine **weitere Rüge** zu beanstanden.[101] Entscheidend ist allein, dass der Antragsteller die **Aufhebungsentscheidung** selbst rechtzeitig gerügt hat und im Rahmen seiner Antragsbefugnis sein Interesse an der Fortführung des Verfahrens dargelegt hat.[102] Lässt aber die Vergabestelle im Rahmen des Nachprüfungsverfahrens deutlich erkennen, dass sie von dem ausgeschriebenen Beschaffungsvorhaben **endgültig Abstand nimmt**, wird das Nachprüfungsverfahren mit dem Ziel einer ordnungsgemäßen Wertungs- und Zuschlagsentscheidung **mangels eines Rechtsschutzbedürfnisses** unzulässig.[103] In diesem Fall

---

99 S. auch *OLG Naumburg* Beschl. v. 13. 5. 2003 – 1 Verg 2/03; *OLG Brandenburg* VergabeR 2003, 168 ff. = NZBau 2003, 229 ff.
100 *OLG Bremen* VergabeR 2003, 175 ff.
101 So aber: *OLG Koblenz* VergabeR 2003, 448 ff.
102 *OLG Naumburg* Beschl. v. 17. 5. 2006 – 1 Verg 3/06, VergabeR 2006, 814 ff.
103 *OLG Dresden* VergabeR 2004, 492 ff.

einer endgültig weggefallenen Vergabeabsicht sind auch die Vergabeprüfungsinstanzen nicht befugt, einen Zwang zur ordnungsgemäßen Wertungsentscheidung auszuüben, sondern können allenfalls die **Rechtswidrigkeit** der Aufhebungsentscheidung feststellen (vgl. § 114 Abs. 2 Satz 2 GWB). Andererseits kann ein Nachprüfungsverfahren eines zu Unrecht benachteiligten Bieters oder Bewerbers auf eine rechtswidrige Aufhebungsentscheidung gestützt werden, wenn die **Vergabeabsicht** des Auftraggebers **fortbesteht** und er ausdrücklich den Zuschlag erteilen will.

3. Informationspflicht

Eine **Informationspflicht** des Auftraggebers, die Bewerber und Bieter **vor der Aufhebung** der Ausschreibung zu informieren, besteht nicht. § 26 Nr. 4 VOL/A gibt eine Unterrichtung unter Angabe der Gründe nur »**von der Aufhebung**«, also grundsätzlich der bereits stattgefundenen Aufhebung, vor. Auch § 13 VgV sieht für Auftragsvergaben oberhalb der EU-Schwellenwerte nur für den beabsichtigten Vertragsabschluss (Zuschlagserteilung), nicht aber für die Aufhebung, eine Information vor. Auch wenn für die Aufhebung der Ausschreibung eine in § 114 Abs. 2 Satz 1 GWB vergleichbare Regelung nicht existiert und die Aufhebung im Falle ihrer Rechtswidrigkeit wieder rückgängig gemacht werden kann,[104] könnte eine Ausweitung des § 13 VgV (Informationspflicht) auch auf eine geplante Aufhebung der Ausschreibung durch eine Anpassung des Wortlauts in dieser Bestimmung durchaus sachgerecht sein. Denn nur durch eine entsprechende Vorabinformation wird der Auftraggeber gehindert, zunächst durch eine Aufhebung **Fakten** schaffen zu können, deren Beseitigung in einem erst nachfolgenden Nachprüfungsverfahren mit erheblich größeren Schwierigkeiten verbunden ist als dies im Vorfeld einer beabsichtigten Aufhebung der Fall wäre.[105]

72

K. Schadensersatzansprüche

I. Kein Ersatzanspruch bei rechtmäßiger Aufhebung

Hat der Auftraggeber die Ausschreibung **rechtmäßig aufgehoben** und hat er den Aufhebungsgrund nicht selbst zu vertreten oder kannte er ihn vor Einleitung des Vergabeverfahrens nicht, können die Bieter und Bewerber grundsätzlich keine Ersatzansprüche geltend machen. Selbstverständlich stehen bei einer rechtmäßigen Aufhebung der Ausschreibung auch den Bietern, die ansonsten eine echte Chance auf die Zuschlagserteilung gehabt hätten, keine Ersatzansprüche zu. Das Vertrauen der Bieter und Bewerber findet mithin dann **keinen Schutz**, wenn die Vorschriften des Vergaberechts, zu denen auch die Regelung über die Aufhebung der Ausschreibung gehören, rechtmäßig eingehalten worden sind. Jeder Bieter muss daher von vornherein damit rechnen, dass sich die in den vergaberechtlichen Bestimmungen zugelassenen Möglichkeiten verwirklichen, aus denen die Vergabe des Auftrags schlechthin oder an

73

---

104 *Reidt/Brosius-Gersdorf* VergabeR 2002, 580, 592.
105 *Portz* ZfBR 2002, 551, 554.

ihn unterbleibt.[106] Insoweit kommt daher ein Vertrauensschutz nicht in Betracht und es scheiden Ersatzansprüche jeglicher Art aus. Dies ist immer dann der Fall, wenn die Ausschreibung aus einem der in § 26 Nr. 1 VOL/A aufgeführten Gründe zu Recht aufgehoben wird.[107]

74 Allerdings kann **ausnahmsweise** auch bei einer rechtmäßigen Aufhebung der Ausschreibung ein Schadensersatzanspruch der Bieter und Bewerber gegeben sein. Ein derartiger Fall kann etwa dann vorliegen, wenn der Auftraggeber die Bewerber und Bieter nicht – wie es § 26 Nr. 4 VOL/A voraussetzt – **unverzüglich und unter Angabe der Gründe** von der – rechtmäßigen – Aufhebung der Ausschreibung unterrichtet und dem Unternehmen hierdurch – etwa weil er glaubt noch an sein Angebot gebunden zu sein und daher keine anderen Aufträge annimmt – kausal ein **Schaden** entsteht. In diesem Fall gründet sich der Ersatzanspruch der Bieter und Bewerber aber auf eine **Verletzung der Unterrichtungspflicht** nach § 26 Nr. 4 VOL/A und nicht darauf, dass eine rechtmäßige Aufhebung vorgelegen hat.

II. Ansprüche bei rechtswidriger Aufhebung

75 Eine Ersatzpflicht im Falle der **rechtswidrigen** und durch den Auftraggeber verursachten Aufhebung einer Ausschreibung bzw. – bei europaweiten Vergaben – infolge einer Anweisung zur Aufhebung oder zur Einstellung des Vergabeverfahrens durch Vergabekammern und Vergabesenate (vgl. § 114 Abs. 1 und § 123 GWB) kann sich gegenüber Bietern und Bewerbern aus den Grundsätzen der **culpa in contrahendo (c. i. c.)** wegen einer **Pflichtverletzung** des Auftraggebers (vgl. § 311 Abs. 2 i. V. m. § 241 Abs. 2 und §§ 280 ff. BGB) ergeben.[108] Diese Ersatzpflicht findet ihren Grund in der Verletzung des Vertrauens der Bieter und Bewerber darauf, dass das Vergabeverfahren nach den einschlägigen Vorschriften des Vergaberechts, insbesondere unter Beachtung der VOL/A, abgewickelt wird und dementsprechend regelmäßig mit der Erteilung des Zuschlags an einen Teilnehmer an dem Verfahren endet. Die Teilnehmer an der Ausschreibung dürfen darauf vertrauen, dass der mit der Erstellung des Angebots und der Teilnahme an dem Verfahren verbundene Aufwand **nicht von vornherein** nutzlos ist. Ohne einen wirksamen Schutz dieses berechtigten Vertrauens in eine regelgerechte Abwicklung des Verfahrens ist eine Teilnahme am Ausschreibungsverfahren und die darauf aufbauende Vergabe öffentlicher Aufträge mit einer nach allen Seiten ausgewogenen Risikoverteilung nicht durchzuführen.[109]

76 Bei Auftragsvergaben **oberhalb der EU-Schwellenwerte** kommen darüber hinaus Ersatzansprüche von benachteiligten Unternehmen auf der Grundlage von § **126 GWB** (Anspruch auf Ersatz des Vertrauensschadens) sowie Ansprüche aus **unerlaubter**

---

106 *BGH* VergabeR 2003, 163, 165.
107 Vgl. auch *BGH* BauR 1998, 1238, 1240.
108 *BGH* VergabeR 2002, 323 ff.; vgl. auch *Schelle* »Schadensersatz wegen rechtswidriger Aufhebung einer Ausschreibung«, BauR 1999, 1233 ff. sowie *Dähne* Schadensersatz wegen unberechtigter Aufhebung einer Ausschreibung nach § 26 Nr. 1 VOB/A, VergabeR 2004, 32 ff. und *Wagner* Haftung der Bieter für c. i. c. in Vergabeverfahren, NZBau 2005, 436 ff.
109 *BGH* VergabeR 2002, 323 ff.

Handlung gem. § 823 Abs. 2 BGB wegen schuldhafter Verletzung eines Schutzgesetzes in Betracht. Insoweit hat das Kammergericht Berlin mit Recht entschieden,[110] dass die bei der Vergabe öffentlicher Aufträge einzuhaltenden Bestimmungen des § 97 GWB Schutzgesetze i. S. v. § 823 Abs. 2 BGB sind. Allerdings muss auch hier der Anspruchsteller zur Geltendmachung seines Anspruchs darlegen, dass er bei Nichtaufhebung der Ausschreibung und Durchführung des Vergabeverfahrens eine **echte Chance** gehabt hätte, den Zuschlag zu erhalten (vgl. § 126 GWB). An einer echten Chance, dem Zuschlag i. S. v. § 126 GWB, fehlt es aber, wenn die Leistungsbeschreibung des Auftraggebers fehlerhaft war und deshalb mangels Vergleichbarkeit die dennoch abgegebenen Angebote nicht gewertet werden können.[111]

Der häufig in den Bewerbungsbedingungen der Auftraggeber vorfindliche Hinweis, wonach die VOL/A nicht Vertragsbestandteil wird und ein **Rechtsanspruch** des Bieters auf die Anwendung **nicht besteht**, führt nicht dazu, dass Schadensersatzansprüche aus Verstößen gegen die VOL/A ausgeschlossen sind. Dass die VOB/A nicht Vertragsbestandteil wird, ist selbstverständlich, da diese nur das **Vergabeverfahren** regelt. Der Umstand, dass die Einhaltung der Vergabevorschriften unterhalb der EU-Schwellenwerte nicht einklagbar ist, schließt daher Schadensersatzansprüche wegen eines Verstoßes gegen diese Vorschriften nicht aus.

77

III. Voraussetzungen für einen Ersatzanspruch

1. Vorliegen eines ordnungsgemäßen Angebots

Bei einer **rechtswidrigen Aufhebung** der Ausschreibung steht den Bietern und Bewerbern zwar grundsätzlich ein Schadensersatzanspruch zu. Voraussetzung ist aber, dass der Bieter ein der **Ausschreibung entsprechendes Angebot** eingereicht hat. Ein Angebot, das wegen inhaltlicher (Bsp.: Fehlende Preise) oder wegen formeller Mängel (Bsp.: Keine Unterschrift) ausgeschlossen werden muss (vgl. § 25 Nr. 1 VOL/A) oder ein Angebot, das mangels nachgewiesener Eignung des Bieters den Zuschlag nicht erhalten darf,[112] schließt daher die erfolgreiche Geltendmachung eines Schadensersatzanspruches aus. Dies gilt auch für den Fall, dass ein Bieterangebot wegen eines unangemessen hohen oder niedrigen Preises auszuscheiden war (§ 25 Nr. 2 Abs. 2 VOL/A).

78

2. Rechtswidrig verursachte Aufhebung der Ausschreibung

Eine **rechtswidrig und durch den Auftraggeber verursachte Aufhebung** der Ausschreibung liegt immer dann vor, wenn **kein Aufhebungsgrund** des § 26 Nr. 1 VOL/A vorliegt, der Auftraggeber in Kenntnis dieser Tatsche aber dennoch die Ausschreibung aufhebt. Dies ist z. B. der Fall, wenn eine Ausschreibung ein an sich annehmbares Angebot erbracht hat, der Auftraggeber jedoch die Ausschreibung auf-

79

---

110 *KG* VergabeR 2004, 490 ff.
111 *BGH* Urt. v. 1. 8. 2006 – X ZR 146/03.
112 *OLG Düsseldorf* BauR 1993, 597.

hebt, um auf ein preiswerteres Angebot, das aber wegen formeller Mängel aus vom Bieter zu vertretenden Gründen nicht gewertet werden darf, anschließend im Wege der freihändigen Vergabe den Zuschlag zu erteilen.

80 Eine **rechtswidrig vom Auftraggeber verursachte Aufhebung** der Ausschreibung liegt auch dann vor, wenn zwar einerseits objektiv ein Aufhebungsgrund i. S. d. § 26 Nr. 1 VOL/A gegeben ist, dieser aber dem Auftraggeber **zurechenbar** ist. Hierzu gehört etwa der Fall, dass eine nicht gegebene Finanzierung eines Vorhabens auf **Fehler des Auftraggebers** bei der **Ermittlung des Finanzierungsbedarfs** wegen mangelhafter Kostenschätzung und damit auf einen Verstoß gegen § 16 Nr. 1 VOL/A (Sicherstellung der Finanzierung der auszuschreibenden Leistung) zurückzuführen ist.[113] Wenn der BGH allerdings insoweit ausführt, dass »eine Aufhebung der Ausschreibung dann ausscheidet, wenn die fehlende Finanzierung auf Fehler des Auftraggebers bei der Ermittlung des Finanzierungsbedarfs und der daran anschließenden Einwerbung der benötigten Mittel zurückzuführen ist«, darf dies nicht zu dem Missverständnis führen, dass dem Auftraggeber bei einem rechtswidrigen Vergabeverfahren die Aufhebung verwehrt ist. Vielmehr kommt in diesem Fall **erst recht** wegen Verstoßes gegen § 16 Nr. 1 VOL/A nur eine – allerdings rechtswidrige und daher schadensersatzpflichtige – Aufhebung der Ausschreibung in Betracht. Ein stilles Auslaufenlassen des Verfahrens wäre jedenfalls nicht VOL-konform. Ein Fall rechtswidrig verursachter Aufhebung der Ausschreibung durch den Auftraggeber liegt auch dann vor, wenn den Bewerbern und Bietern entweder in den Vergabeunterlagen Vorgaben gemacht werden, die **objektiv nicht erfüllbar** sind oder aber inhaltlich **unterschiedliche Verdingungsunterlagen** zugeleitet wurden und daher die Ausschreibung wegen **nicht vergleichbarer Angebote** aufgehoben werden muss[114] oder eine Ausschreibung von vornherein mangels konkreter Leitungsbeschreibung **fehlerhaft** war.[115]

81 Ein Auftraggeber kann sich im Zusammenhang mit einem Ausschreibungsverfahren auch dann ersatzpflichtig machen, wenn er trotz Vorliegens der Aufhebungsgründe des § 26 Nr. 1 VOL/A eine wegen ansonsten gegebenen Verstoßes gegen den **Wettbewerbs-, Gleichbehandlungs- und Transparenzgrundsatz** (vgl. § 97 Abs. 1 und Abs. 2 GWB) **zwingend gebotene Aufhebung (Ermessungsreduzierung auf Null) nicht vornimmt.** Wenn sich etwa die Grundlagen der Ausschreibung aufgrund einer nicht vorhersehbaren, aber wesentlichen rechtlichen Neuerung (Bsp.: Lieferverbot) im Nachhinein **grundlegend geändert** haben (§ 26 Nr. 1 b VOL/A), der Auftraggeber aber dennoch die Ausschreibung nicht aufhebt, sondern auf der alten Ausschreibungsgrundlage an den Erstplatzierten vergibt, liegt ein Vergabefehler vor, der zur Schadensersatzpflicht führen kann.

---

113 *BGH* BauR 1998, 1238 ff.
114 *BGH* Urt. v. 1. 8. 2006 – X ZR 115/04; *OLG Nürnberg* NJW 1986, 437.
115 *VK Bund* VergabeR 2002, 72 ff.

IV. Schadensersatzberechtigter und Schadensumfang

1. Schadensersatzberechtigter

Eine **Schadensersatzberechtigung** für Bieter und Bewerber in Zusammenhang mit der Aufhebung der Ausschreibung kann immer dann entstehen, wenn eine Ausschreibung **ungerechtfertigt** aufgehoben wird. Dies ist immer dann der Fall, wenn eine Aufhebung erfolgt, obwohl entweder kein Aufhebungsgrund vorliegt oder aber der Auftraggeber den Aufhebungsgrund vor Beginn der Ausschreibung kannte bzw. kennen musste oder er die Aufhebung selbst **zu vertreten** hat. **82**

Ersatzberechtigt sind nur die Unternehmen, die sich **vergaberechtskonform** verhalten haben, die also insbesondere ein inhaltlich und formell ordnungsgemäßes Angebot abgegeben haben, ihre Fachkunde, Leistungsfähigkeit und Zuverlässigkeit (Eignung) nachgewiesen haben und bei denen daher kein Ausschlussgrund nach § 25 VOL/A vorliegt.[116] Wenn daher ein Unternehmen bereits wegen **eigener Fehler** auszuschließen war, stehen ihm keine Schadensersatzsprüche zu. **83**

Zur Geltendmachung seines Schadensersatzanspruchs muss der Bewerber oder Bieter das Zustandekommen vorvertraglicher Beziehungen zum Auftraggeber sowie den Vergabeverstoß nachweisen. Ferner muss er **darlegen und beweisen**, dass er bei ordnungsgemäßem Vergabeverlauf eine reelle Chance gehabt hätte, den Zuschlag zu erhalten.[117] Wenn allerdings der Auftraggeber von **vornherein** selbst die **Grundlagen für die Aufhebung der Ausschreibung fehlerhaft gesetzt hat**, können auch diejenigen Unternehmen, für die dieser Fehler nicht bekannt war, bei einer dann unberechtigten Aufhebung der Ausschreibung Schadensersatzansprüche geltend machen, die den Zuschlag nicht erhalten hätten, weil sie im Rahmen der Bieterreihenfolge mit ihren Angeboten nicht an vorderer Stelle lagen. Derartige Fälle eines von vornherein gegebenen Verstoßes gegen die Grundvoraussetzungen der Ausschreibung, der alle Teilnehmer bei einer dann erfolgenden Aufhebung zum Schadensersatz (negatives Interesse) berechtigt, sind insbesondere dann gegeben, wenn der Auftraggeber für die Unternehmen nicht erkennbar **keine Vergabeabsicht** hatte und nur zum Zwecke der Ertragsberechnung oder Markterkundung ausschreibt (Verstoß gegen § 16 Nr. 2 VOL/A). Das Gleiche gilt, wenn von vornherein und allein für den Auftraggeber ersichtlich die Finanzierung und damit die Grundlage für die Ausschreibung (§ 16 Nr. 1 VOL/A) fehlte. **84**

2. Ersatz des negativen Interesses

In diesen Fällen einer **von vornherein** durch den Auftraggeber verschuldeten, aber den Unternehmen nicht bekannten Aufhebung der Ausschreibung wegen Missachtung der Einhaltung der Grundvoraussetzungen des Ausschreibungsverfahrens sind die Bieter und Bewerber so zu stellen, als hätten sie das Vertragsverhältnis nicht angebahnt (vgl. § 249 BGB). Dann hätten die Bieter und Bewerber keine Kosten für die Beteiligung an der Ausschreibung gehabt. Daher steht **ausnahmsweise** in diesem **85**

---

116 *BGH* Urt. v. 1. 8. 2006 – X ZR 115/04; *OLG Düsseldorf* BauR 1983, 377.
117 *BGH* Urt. v. 1. 8. 2006 – X ZR 115/04; *BGH* BauR 1984, 631, 632.

Fall **allen Teilnehmern** des Vergabeverfahrens als Ersatz das **negative Interesse zu**. Dieses umfasst insbesondere die Personal- und Sachaufwendungen für die Beschaffung der Verdingungsunterlagen, für die Bearbeitung des Angebots (Angebotskalkulation), für eine etwaige Besichtigung des Leistungsorts sowie für die Einreichung des Angebots (Versandkosten).

86 Abgesehen von diesem Ausnahmefall können ansonsten bei einer im laufenden Vergabeverfahren vom Auftraggeber vorgenommenen rechtswidrigen und verschuldeten Aufhebung der Ausschreibung nur die Bieter einen Schadensersatzanspruch aus c. i. c. (vgl. § 341 Abs. 2 i. V. m. § 241 Abs. 2 und §§ 280 ff. BGB) geltend machen, die durch die **schuldhafte Pflichtverletzung** des Auftraggebers, also durch die Aufhebung der Ausschreibung, **kausal** einen Schaden erlitten haben. Dies wird man regelmäßig nur für die Unternehmen bejahen können, die ohne die rechtswidrige und verschuldete Aufhebung der Ausschreibung durch den Auftraggeber die reelle und echte Chance gehabt hätten, den Zuschlag zu erhalten.[118] Kann das Unternehmen dies nachweisen, muss es so gestellt werden, wie wenn das schädigende Ereignis nicht eingetreten wäre, d. h. ihm ist der **Vertrauensschaden**, der ihm durch die enttäuschte Teilnahme am Vergabeverfahren entstanden ist, zu ersetzen. Zum Schadensnachweis auf das negative Interesse ist daher nicht der zwingende Beweis durch das Unternehmen erforderlich, dass es bei ordnungsgemäßer Vergabe den Zuschlag erhalten hätte. Vielmehr reicht es aus, wenn das Unternehmen nachweist, dass es **eine echte Chance** gehabt hätte, den Zuschlag zu erhalten.

3. Anspruch aus § 126 GWB

87 Für Schadensersatzansprüche bei Auftragsvergaben **oberhalb der EU-Schwellenwerte** enthält § 126 GWB eine Spezialregelung. Danach kann ein Unternehmen Schadensersatz für die Kosten der Vorbereitung des Angebots oder der Teilnahme an einem Vergabeverfahren verlangen, wenn der Auftraggeber gegen eine den Schutz von Unternehmen bezweckende Vorschrift verstoßen hat. Weiter ist Voraussetzung, dass das Unternehmen ohne diesen Verstoß bei der Wertung der Angebote eine **echte Chance** gehabt hätte, den Zuschlag zu erhalten, die aber durch den Rechtsverstoß beeinträchtigt wurde. Der Ersatzanspruch nach § 126 GWB setzt also eine **Kausalität** zwischen vergaberechtswidriger Handlung und Schadenseintritt voraus. Anders als beim Anspruch der Unternehmen aus c. i. c. ist bei dem Anspruch der Bieter aus § 126 GWB ein Verschulden des Auftraggebers für die Geltendmachung von Schadensersatzansprüchen nicht erforderlich.

88 Der Kreis der Anspruchsberechtigten ist aber der Gleiche wie bei Unternehmen, die einen Anspruch aus c. i. c. geltend machen. Wegen der gleichen Interessenlage ist daher auch bei § 126 GWB Voraussetzung, dass das Unternehmen ohne den Verstoß bei der Wertung der Angebote eine **echte Chance** gehabt hätte, den Zuschlag zu erhalten. An einer echten Chance i. S. d. § 126 GWB fehlt es, wenn die Leistungsbeschreibung des Auftraggebers fehlerhaft war und deshalb mangels Vergleichbarkeit die abgegebenen

---

118 *BGH* BauR 1984, 631.

Angebote nicht gewertet werden können.[119] Der von § 126 GWB erfasste Schadensersatz beinhaltet mit dem negativen Interesse – genauso wie der Schadensersatzanspruch aus c. i. c. – die Kosten der **Vorbereitung des Angebots** und der **Teilnahme an dem Vergabeverfahren**. Von einer nach § 126 GWB vorausgesetzten echten Chance eines Unternehmens, den Auftrag zu erhalten, wird man zumindest dann ausgehen können, wenn ein Angebot bei formeller und inhaltlicher Ordnungsgemäßheit im Rahmen der Wertung (§ 25 VOL/A) und bei gegebener Eignung des Unternehmens in die **engere Wahl** (vgl. § 25 Nr. 3 VOL/A) gekommen ist, weil es zu den **wirtschaftlichsten Angeboten** gehörte.

4. Ersatz des positiven Interesses

89 Ausnahmsweise kann ein Unternehmen gegenüber dem Auftraggeber Anspruch auf das **Erfüllungsinteresse (positives Interesse)** einschließlich des entgangenen Gewinns sowie entgangener Deckungsbeiträge geltend machen. Der Bundesgerichtshof[120] hat diesen Ersatzanspruch auch gegenüber einem **rein privaten Auftraggeber** zu Recht dann zugelassen, wenn dieser Private i. S. eines **Vertrauenstatbestandes** ohne Einschränkung erklärt, dass er eine Ausschreibung nach den VOB/A-Regeln – das Gleiche muss für die VOL/A gelten – durchführt. Voraussetzung für den Ersatz des positiven Interesses ist stets, dass das anspruchstellende Unternehmen bei ordnungsgemäßer Durchführung des Vergabeverfahrens mit hinreichender Wahrscheinlichkeit den Zuschlag hätte erhalten müssen. Dies setzt voraus, dass dieser Bieter das **wirtschaftlichste** Angebot, das im Rahmen der Wertung den Zuschlag hätte erhalten müssen, abgegeben hat.[121] Bei der Höhe des entgangenen Gewinns sowie entgangener Deckungsbeiträge sind entsprechend § 649 Satz 2, 2. Hs. BGB ersparte Aufwendungen und andere Erwerbsmöglichkeiten des Auftraggebers abzuziehen. Hierbei handelt es sich um solche Kosten, die der Auftraggeber bei Ausführung des Auftrages gehabt hätte und die er wegen des entgangenen Auftrages **nicht** aufzuwenden braucht. Dazu gehören neben den **ersparten Kosten** für Personal, Material, Betriebsstoff etc. auch **kalkulatorische Kosten** wegen nicht entstandener auftragsbezogener Wagnisse ebenso wie auftragsbezogene Kosten, d. h. solche, die aus den Erlösen aus dem Auftrag nicht abzudecken gewesen wären sowie Erlöse aus anderweitigem Erwerb, der infolge des ausgebliebenen Auftrages ermöglicht wurde oder i. S. v. § 649 Satz 2 BGB hätte erzielt werden können.[122]

90 Ist festgestellt, dass die Vergabestelle gegen Vergabevorschriften verstoßen hat, trägt sie die **Darlegungs- und Beweislast** dafür, dass der Bieter den Zuschlag ohne den Verstoß nicht erhalten hätte.[123] Allerdings hat der Bundesgerichtshof in seinen zwei

---

119 *BGH* Urt. v. 1. 8. 2006 – X ZR 146/03; siehe auch: *OLG Düsseldorf* zu den Voraussetzungen von Schadensersatzansprüchen gem. § 126 GWB, VergabeR 2003, 704 ff. mit Anm. v. *Gulich* sowie: *Horn/Graef* NZBau 2005, 505 ff.
120 *BGH* Urt. v. 21. 2. 2006 – X ZR 39/03.
121 *BGH* VergabeR 2003, 163 ff.
122 *OLG Schleswig*, VergabeR 2002, 316, 321 sowie *OLG Schleswig* VergabeR 2006, 568 ff.
123 *Schleswig-Holsteinisches OLG* VergabeR 2002, 316, 321; siehe auch *OLG Düsseldorf* VergabeR 2001, 345 ff.

grundlegenden Urteilen (von insgesamt vier Entscheidungen) vom 8. 9. 1998[124] einen Schadensersatzanspruch eines Unternehmens auf das positive Interesse grundsätzlich davon abhängig gemacht, dass es auch **tatsächlich zur Zuschlagserteilung** – wenn auch an das »falsche« Unternehmen – kommt.[125] Ansonsten bleibt einem Bieter nach dieser Rechtsprechung nur ein Anspruch auf das negative Interesse. In beiden vom BGH entschiedenen Fällen ging es darum, dass der Auftraggeber den Aufhebungsgrund wegen von vornherein nicht gesicherter Finanzierung bzw. unzutreffender Kostenschätzung **zu vertreten** hatte, also **kein rechtmäßiger Aufhebungsgrund** nach § 26 Nr. 1 VOB/A bzw. auch § 26 Nr. 1 VOL/A gegeben war. Aus diesen Sachverhalten zog der BGH den Schluss, dass der Auftraggeber **nicht verpflichtet sei** den Zuschlag zu erteilen, weil den Regeln der VOB – das Gleiche gilt für die VOL – **kein Anspruch auf Erteilung des Zuschlags entnommen werden könne**. Eine derartige Verpflichtung würde gegen das Haushaltsrecht verstoßen, so dass im Ergebnis auch dem Bieter mit dem besten Angebot nur ein Anspruch auf Ersatz des Vertrauensschadens (**negatives Interesse**) zustehe. Ein Ersatz des **positiven Interesses** komme nur in Frage, wenn der Auftraggeber nach der Aufhebung der Ausschreibung doch noch – wenn auch nicht an den Bieter mit dem wirtschaftlichsten Angebot – den Auftrag vergebe. Nur in diesem Fall stehe dem übergangenen Bestbieter das positive Interesse und damit der entgangene Gewinn zu.[126]

91 Dem BGH ist darin zuzustimmen, dass § 26 VOB/A wie auch § 26 VOL/A grundsätzlich kein Anspruch auf Erteilung des Zuschlags entnommen werden kann;[127] die BGH-Rechtsprechung, wonach Voraussetzung für die Geltendmachung des entgangenen Gewinns durch einen Bestbieter **die tatsächliche Zuschlagserteilung** an einen anderen Bieter ist, bedarf aber zumindest für besondere Ausnahmen der Differenzierung. Anderenfalls würde sie dazu führen, dass die Voraussetzungen für die Geltendmachung des positiven Interesses durch einen Bieter, wonach er bei ordnungsgemäßem Vergabeverlauf mit hinreichender Wahrscheinlichkeit den Zuschlag erhalten hätte, allein deswegen zunichte gemacht werden, weil der Auftraggeber missbräuchlich den Auftrag überhaupt nicht erteilt.

92 Eine sachgerechte Lösung der Problematik kann nur darin bestehen, dass der Bestbieter auch bei im Ergebnis überhaupt nicht erfolgter Zuschlagserteilung des Auftraggebers dann trotzdem ausnahmsweise das **positive Interesse** ersetzt erhält, wenn er darlegen und beweisen kann, dass er bei **ordnungsgemäßem Vergabeverlauf** – etwa wegen der Abgabe des mit Abstand wirtschaftlichsten Angebots – den **Auftrag hätte erhalten müssen**, ihn aber nur wegen eines missbräuchlichen Verhaltens des Auftraggebers nicht erhält. Dies ist z. B. dann der Fall, wenn der Auftraggeber einen Auftrag trotz gegebener **Finanzierung und des Nichtvorliegens** von Aufhebungsgründen nur deswegen – **missbräuchlich** – aufhebt, um dem Bestbieter aus fadenscheinigen

---

124 *BGH* NJW 1998, 3636, 3637, sowie *BGH* NJW 1998, 3640 ff. = BauR 1998, 1232 ff.
125 Siehe auch: *BGH* VergabeR 2004, 480 ff. mit Anm. v. *Horn* = NZBau 2004, 283 ff. sowie *BGH* Urt. v. 1. 8. 2006 – X ZR 115/04.
126 *BGH* VergabeR 2003, 163, 165, m. zust. Anm. v. *Jasper/Pooth* VergabeR 2003, 166, 167; *BGH* NJW 1998, 3636, 3639 f., 3640, 3643 ff. = BauR 1998, 1232 ff.
127 Siehe auch *EuGH* VergabeR 2002, 361 ff. sowie *EuGH* NZBau 2000, 153, 154 (Ziff. 24); *BGH* VergabeR 2003, 313 ff. = NZBau 2003, 293 ff. sowie Rn. 11 ff.

Gründen den Auftrag nicht zu erteilen. In diesem Fall einer **Scheinaufhebung** kann es für die Zuerkennung des positiven Interesses an den Bestbieter nicht darauf ankommen, ob der Auftraggeber den Auftrag anschließend tatsächlich vergeben hat oder nicht, weil eine Vergabe **tatsächlich hätte erfolgen können**. In diesem Ausnahmefall des bewussten Missbrauchs, bei dem auch der Tatbestand des § 826 BGB (Sittenwidrige vorsätzliche Schädigung) verwirklicht sein dürfte, muss dem Bestbieter auch das **positive Interesse** gewährt werden, soll er nicht von einem missbräuchlichen Verhalten des Auftraggebers abhängig gemacht werden.[128]

Wenn das Unternehmen diesen »Willkürbeweis« nicht führen kann, steht ihm nach der zutreffenden BGH-Rechtsprechung bei einer nicht erfolgten Zuschlagserteilung nur das negative Interesse zu. Dies ist z. B. in dem vom BGH entschiedenen Sachverhalt einer vom Auftraggeber erfolgten **unzutreffenden Kostenschätzung** der Fall, wenn davon ausgegangen werden muss, dass der Auftraggeber bei einer **ordnungsgemäßen Kostenschätzung** wegen nicht ausreichender Finanzmittel von vornherein gar kein Vergabeverfahren eingeleitet hätte und daher auch **überhaupt kein Zuschlag erteilt worden wäre**. Dann kann auch ein Unternehmen als Bestbieter mangels Vorliegens der Grundvoraussetzungen für ein Vergabeverfahren (vgl. § 16 Nr. 1 VOL/A) nicht nachweisen, dass ihm bei ordnungsgemäßem Vergabeverlauf der Zuschlag mit hinreichender Wahrscheinlichkeit hätte erteilt werden müssen. Folge ist, dass es hinsichtlich seines Schadensersatzanspruchs auf das **negative Interesse** begrenzt ist. **93**

V. Einwand des rechtmäßigen Alternativverhaltens

Ein Auftraggeber kann grundsätzlich gegenüber einem Schadensersatzanspruch eines Unternehmens wegen fehlerhafter Auftragsvergabe den **Einwand des rechtmäßigen Alternativverhaltens** einwenden.[129] Mit diesem Einwand macht ein Auftraggeber regelmäßig geltend, er hätte bei Kenntnis von dem Vergaberechtsfehler – also etwa einer rechtswidrigen Aufhebung – die Ausschreibung auch aufgrund eines **rechtmäßigen Aufhebungsgrundes** aufheben können.[130] Ein solches Gegenrecht des Auftraggebers kann aber nur beachtlich sein, wenn der Auftraggeber bei pflichtgemäßem Verhalten denselben Erfolg tatsächlich herbeigeführt hätte; das er diesen nur hätte herbeiführen können, reicht regelmäßig nicht aus.[131] **94**

Macht etwa daher ein Unternehmen auf Grund einer rechtswidrigen Aufhebung der Ausschreibung durch den Auftraggeber einen Schadensersatzanspruch auf das positive Interesse (entgangener Gewinn) geltend, weil er darlegt, dass er bei ordnungsgemäßem Vergabeverlauf den Auftrag erhalten hätte, kann der Auftraggeber diesem Anspruch ein rechtmäßiges Alternativverhalten (rechtmäßige Aufhebung) nur dann mit Erfolg entgegenhalten, wenn nach einer rechtmäßigen Aufhebung der Auftrag nicht diesem Bieter, sondern einem anderen Unternehmen hätte erteilt werden müssen. **95**

---

128 Siehe auch die Fälle: *BayObLG* VergabeR 2003, 186 ff., und *OLG Düsseldorf* NZBau 2000, 540 ff.
129 S. hierzu auch für den VOB: *Kapellmann/Messerschmidt-Dähne* § 26 VOB/A Rn. 29.
130 *OLG Düsseldorf* VergabeR 2001, 345, 349, m. Anm. *Schwenker*.
131 Vgl. *BGH* NJW 1993, 520, 522, m. w. N.

§ 26 Aufhebung der Ausschreibung

Für diese Voraussetzungen des Gegenrechts ist der Auftraggeber aber regelmäßig **darlegungs- und beweispflichtig**.[132]

96 **Hat der Auftraggeber aber eine von ihm verursachte, rechtswidrige** Aufhebung vorgenommen, ist ihm dieser Beweis regelmäßig nicht nur für einen Anspruch auf den entgangenen Gewinn, sondern auch für einen Anspruch auf das negative Interesse abgeschnitten. Ansonsten hätte es die Vergabestelle in der Hand, ihren bei der Vergabe öffentlicher Aufträge bestehenden Bindungen durch Vergaberechtsverstöße zu entgehen und anschließend darauf zu vertrauen, dass auch ein »rechtmäßiger Aufhebungsgrund« eintritt.[133]

---

132 Vgl. *BGH* NJW 2000, 661, 664.
133 Vgl. *BGH* VergabeR 2001, 293 ff. m. Anm. *Wagner*; ZfBR 1997, 244, 245, wonach allerdings ein nur fahrlässiges Verhalten des Auftraggebers das Gegenrecht eines rechtmäßigen Alternativverhaltens nicht ausschließt; *Schnorbus* »Der Schadensersatzanspruch des Bieters bei der fehlerhaften Vergabe öffentlicher Aufträge«, BauR 1999, 77, 101.

§ 27
Nicht berücksichtigte Angebote

1. Ein Angebot gilt als nicht berücksichtigt, wenn bis zum Ablauf der Zuschlagsfrist kein Auftrag erteilt wurde.
Die Vergabestelle teilt jedem erfolglosen Bieter nach Zuschlagserteilung auf dessen schriftlichen Antrag hin unverzüglich die Ablehnung seines Angebots schriftlich mit.
Dem Antrag ist ein adressierter Freiumschlag beizufügen. Der Antrag kann bereits bei der Abgabe des Angebots gestellt werden.
Weiterhin muss in den Verdingungsunterlagen bereits darauf hingewiesen werden, dass das Angebot nicht berücksichtigt worden ist, wenn bis zum Ablauf der Zuschlagsfrist kein Auftrag erteilt wurde.

2. In der Mitteilung gemäß Nummer 1 Satz 1 sind zusätzlich bekannt zu geben:
   a) Die Gründe für die Ablehnung (z. B. preisliche, technische, funktionsbedingte, gestalterische, ästhetische) seines Angebots. Bei der Mitteilung ist darauf zu achten, dass die Auskunft mit Rücksicht auf die Verpflichtung der Vergabestelle, die Angebote vertraulich zu behandeln (§ 22 Nr. 6 Abs. 1 Satz 1), keine Angaben aus Angeboten anderer Bieter enthält.
   b) Die Anzahl der eingegangenen Angebote.
   c) Der niedrigste und höchste Angebotsendpreis der nach § 23 geprüften Angebote.

3. Die zusätzliche Bekanntgabe nach Nummer 2 entfällt, wenn
   a) der Zuschlagspreis unter 5 000 Euro liegt oder
   b) weniger als acht Angebote eingegangen sind oder
   c) der Aufforderung zur Angebotsabgabe eine funktionale Leistungsbeschreibung (§ 8 Nr. 2 Abs. 2 Buchstabe a)) zugrunde gelegen hat oder
   d) das Angebot nach § 25 Nr. 1 ausgeschlossen worden ist oder nach § 25 Nr. 2 Abs. 1 nicht berücksichtigt werden konnte.

4. Ist aufgrund der Aufforderung zur Angebotsabgabe Vergabe in Losen vorgesehen, so sind zusätzlich in der Bekanntgabe nach Nummer 2 Buchstabe c Preise zu Losangeboten dann mitzuteilen, wenn eine Vergleichbarkeit der Losangebote (z. B. gleiche Losgröße und Anzahl der Lose) gegeben ist.

5. Sind Nebenangebote eingegangen, so sind diese bei den Angaben gemäß Nummer 2 außer Betracht zu lassen; im Rahmen der Bekanntgabe nach Nummer 2 ist jedoch anzugeben, dass Nebenangebote eingegangen sind.

6. Die Mitteilungen nach Nummer 1 und 2 sind abschließend.

7. Entwürfe, Ausarbeitungen, Muster und Proben zu nicht berücksichtigten Angeboten sind zurückzugeben, wenn dies im Angebot oder innerhalb von 24 Werktagen nach Ablehnung des Angebots verlangt wird.

8. Nicht berücksichtigte Angebote und Ausarbeitungen der Bieter dürfen nur mit ihrer Zustimmung für eine neue Vergabe oder für andere Zwecke benutzt werden.

Erläuterungen zu § 27

§ 27 Nr. 1 Satz 1: Die Mitteilungen an nicht berücksichtigte Bieter sollen möglichst knapp gehalten werden. Sie können stichwortartig, z. B. mittels Formblatt, erfolgen. In der Mitteilung über die Ablehnungsgründe kann auf weitere Wirtschaftlichkeitskriterien (vgl. Erläuterungen zu § 25 Nr. 3) Bezug genommen werden.

§ 27 Nr. 2: Angebote über den Abschluss sog. Rahmenverträge unterliegen nicht den Bestimmungen des § 27 Nr. 2.

§ 27 Nr. 4: Wurden Angebote abgegeben, die aus mehreren Positionen bestehen (z. B. Artikel oder Ersatzteile unterschiedlicher Art), und werden die Positionen getrennt vergeben, so entfällt die Bekanntgabe nach Nummer 2. Gleiches gilt für Angebote, die keine Endpreise enthalten.

§ 27 Nr. 7: Die Kosten der Rückgabe trägt der Bieter.

Inhaltsübersicht   Rn.

A. Allgemeine Grundlagen	1
B. Unterschiede zur VOB/A und zur VOF	3
I. Unterschiede zur VOB/A	3
II. Unterschiede zur VOF	8
C. Benachrichtigung der Bieter (§ 27 Nr. 1 VOL/A)	9
I. Fiktion der Nichtberücksichtigung	9
II. Ablehnungsmitteilung nach Bieterantrag	10
D. Inhalt der Mitteilung (§ 27 Nr. 2–6 VOL/A)	12
I. Zusätzliche Bekanntgabe (§ 27 Nr. 2 VOL/A)	12
1. Mitteilung der Gründe	12
2. Konkrete Benennung der Gründe	14
3. Anzahl eingegangener Angebote	16
4. Angebotspreis	17
II. Beschränkung der Mitteilung (§ 27 Nr. 3 VOL/A)	18
III. Vergabe in Losen (§ 27 Nr. 4 VOL/A)	21
IV. Behandlung von Nebenangeboten (§ 27 Nr. 5 VOL/A)	22
V. Mitteilungen abschließend (§ 27 Nr. 6 VOL/A)	23
E. Rückgabe von Angebotsunterlagen (§ 27 Nr. 7 VOL/A)	24
F. Weiterverwendung nicht berücksichtigter Angebote (§ 27 Nr. 8 VOL/A)	30
G. Rechtsschutz	35
I. Primärrechtsschutz	35
II. Sekundärrechtsschutz	38

A. Allgemeine Grundlagen

Die Vorschrift des § 27 VOL/A ist in der Neufassung 2006 inhaltlich und materiell nicht verändert worden. Die einzige Änderung besteht darin, dass in der Neufassung des § 27 Nr. 5 VOL/A die Begriffe »und Änderungsvorschläge« gestrichen wurden. Grund ist, dass die Änderungsvorschläge von dem Synonym der **Nebenangebote** erfasst sind.

§ 27 VOL/A befasst sich mit den im Rahmen des Vergabeverfahrens **nicht berücksichtigten Angeboten**. Die Vorschrift enthält Regelungen über die **Benachrichtigung** dieser nicht erfolgreichen Bieter und ist insofern Ausfluss der in der VOL im Vergleich zur VOB in sehr viel stärkerem Umfang geregelten **Ex-Post-Transparenz**. Grund für diese verstärkte Ex-Post-Transparenz gegenüber den Bietern ist insbesondere, dass die VOL – anders als die VOB – **keinen Eröffnungstermin unter Teilnahme der Bieter** kennt, in dem diese die Möglichkeit haben, ihr Angebot mit den anderen eingereichten Angeboten zu vergleichen. Als »Ausgleich« für diese nicht bestehende Möglichkeit soll den erfolglosen Bieter i. S. einer Markttransparenz und Wettbewerbsförderung eine nachträgliche und durchaus detaillierte **Information** über die Nichtberücksichtigung ihres Angebots und auch die hierfür maßgeblichen Gründe ermöglicht werden.

B. Unterschiede zur VOB/A und zur VOF

I. Unterschiede zur VOB/A

§ 27 VOL/A und § 27 VOB/A sind nur **teilweise vergleichbar**. Die Benachrichtigungspflicht gegenüber den Bietern ist in § 27 VOB/A **zeitlich gestaffelt**. Während die Bieter, deren Angebote ausgeschlossen wurden, und solche, deren Angebote nicht in die engere Wahl kommen, sobald wie möglich benachrichtigt werden sollen, sind die übrigen Bieter zu verständigen, sobald der Zuschlag erteilt worden ist. Auf ein solch zweistufiges Verfahren wurde für die VOL verzichtet.

Im Gegensatz zu § 27 VOB/A enthält § 27 in Nr. 1 Satz 1 VOL/A eine Definition des nicht berücksichtigten Angebots. Anders als § 27 Nr. 1 der VOB/A, der eine **automatische Benachrichtigungspflicht** der Bieter, deren Angebote ausgeschlossen worden sind (§ 25 Nr. 1) und deren Angebote nicht in die engere Wahl kommen, vorsieht, enthält § 27 Nr. 1 Satz 2 VOL/A grundsätzlich ein **Antragserfordernis**. Das Antragserfordernis (»Verlangen«) gilt nach § 27 Nr. 2 VOB/A nur für nicht berücksichtigte Bewerber oder Bieter, wenn diese innerhalb einer Frist von 15 Kalendertagen nach Eingang ihres **schriftlichen** Antrags die Gründe für die Nichtberücksichtigung ihrer Bewerbung oder ihres Angebots bzw. – bei Bietern – den Namen des Auftragnehmers erfahren wollen. Während § 27 VOL/A die Benachrichtigungspflicht nur für **Bieter**, also nach Abgabe des Angebots beim Auftraggeber, vorsieht, werden nach § 27 Nr. 2 VOB/A auch die **Bewerber** erfasst. Hierzu gehören die Unternehmen, die sich vor dem Stadium der Einreichung eines Angebots, also bei der Öffentlichen Ausschreibung durch die Anforderung und Bearbeitung der Verdingungsunterlagen bzw. bei Beschränkten Ausschreibungen und Freihändigen Vergaben mit Öffentlichem Teilnahmewettbewerb durch das Stellen eines Teilnahmeantrags um Aufträge bemühen. Die in § 27 Nr. 1 Satz 3 VOL/A genannte Voraussetzung, dass dem Antrag ein **adressierter Freiumschlag** beizufügen ist, findet in der VOB-Bestimmung keine Entsprechung. Auch Satz 4 des § 27 Nr. 1 VOL/A, wonach der Antrag bereits bei der **Abgabe des Angebots** gestellt werden kann, findet sich in § 27 VOB/A nicht wieder. Die in § 27 Nr. 1 Satz 5 VOL/A genannte Voraussetzung, wonach in den **Verdingungsunterlagen** bereits darauf hingewiesen werden muss, dass das Angebot nicht berücksichtigt worden ist, wenn bis zum Ablauf der Zuschlagsfrist kein Auftrag erteilt wurde, findet ebenfalls in § 27 VOB/A keine Entsprechung.

5 Überhaupt enthalten § 27 Nr. 1 bis 6 VOL/A auf der Grundlage des Antragserfordernisses gegenüber § 27 VOB/A wesentlich **differenziertere Mitteilungspflichten** (detaillierte Gründe für die Ablehnung, Anzahl der eingegangenen Angebote, niedrigster und höchster Angebotsendpreis, Mitteilung der Preise zu Losangeboten, Eingang von Nebenangeboten und Änderungsvorschlägen). Demgegenüber sieht § 27 Nr. 2 VOB/A ausdrücklich vor, dass den Bietern auch der **Name des Auftragnehmers** mitgeteilt wird.

6 § 27 Nr. 7 mit der dort normierten **Rückgabepflicht** entspricht § 27 Nr. 4 VOB/A, wobei die Frist in der VOL nach Werktagen (24 Werktage), nach der VOB dagegen nach Kalendertagen (30 Kalendertage), festgelegt ist.

7 § 27 Nr. 8 entspricht mit seinem **Benutzungsverbot** für nicht berücksichtigte Angebote und Ausarbeitungen § 27 Nr. 3 VOB/A mit dem Unterschied, dass nach der VOL diese Ausarbeitungen mit Zustimmung der Bieter für eine neue Vergabe oder für andere Zwecke benutzt werden dürfen, während nach der VOB ein absolutes, also ohne jede Beschränkung festgelegtes Verbot besteht.

II. Unterschiede zur VOF

8 In der **VOF** ist in § 17 Abs. 4 bestimmt, dass der Auftraggeber den **nicht berücksichtigten Bewerbern**, die dies schriftlich beantragen, unverzüglich, spätestens innerhalb von 15 Tagen nach Eingang ihres Antrages die Gründe für die Ablehnung ihrer Bewerbung um Teilnahme am Verhandlungsverfahren mitteilt. Über Einzelheiten und den **Detaillierungsgrad** der anzugebenden Gründe macht die Bestimmung – ganz anders als die umfassende und ins Einzelne gehende Vorschrift des § 27 Nr. 2 VOL/A – keine Angaben. Demgegenüber sieht aber § 17 Abs. 4 Satz 2 VOF über § 27 VOL/A hinausgehend vor, dass der Auftraggeber bestimmte in § 17 Abs. 4 Satz 1 VOF genannte Informationen über die Auftragsvergabe **zurückhalten** kann, wenn die Weitergabe den Gesetzesvollzug vereiteln würde oder sonst nicht im öffentlichen Interesse läge oder den berechtigten Geschäftsinteressen von Bewerbern oder dem fairen Wettbewerb schaden würde. Auch ohne dass es eine entsprechende Bestimmung in § 27 VOL/A gibt, kann auch hier der gem. § 2 Nr. 1 und Nr. 2 VOL/A zu berücksichtigende Wettbewerbs- und Nichtdiskriminierungsgrundsatz nur dann gewährleistet werden, wenn

C. Benachrichtigung der Bieter (§ 27 Nr. 1 VOL/A)

I. Fiktion der Nichtberücksichtigung

§ 27 Nr. 1 VOL/A befasst sich mit der Benachrichtigung von Bietern, die den Zuschlag nicht erhalten haben. Solange der Bieter mit der Möglichkeit rechnen muss, dass für ihn aus seinem Angebot vertragliche Verpflichtungen entstehen, ist er in seiner geschäftlichen Bewegungsfreiheit mehr oder weniger beschränkt. Es ist darum für ihn von großer Bedeutung, sobald wie möglich zu wissen, ob sein Angebot abgelehnt und die Bindung damit erloschen ist. Dem trägt § 27 Nr. 1 in seinem Satz 5 dadurch Rechnung, dass bereits in den **Verdingungsunterlagen** darauf hingewiesen werden muss, dass das Angebot nicht berücksichtigt worden ist, wenn bis zum Ablauf der Zuschlagsfrist (s. § 19 Nr. 2 VOL/A) kein Auftrag erteilt wurde. Die betreffenden Bieter wissen also gemäß der in § 27 Nr. 1 Satz 1 i. V. m. Satz 5 zum Tragen kommenden **rechtlichen Fiktion** bereits mit Ablauf der Zuschlagsfrist ohne besondere Mitteilung, dass ihre Angebote keinen Erfolg hatten. Mit dem Ablauf der Zuschlagsfrist wird daher ein Angebot eines Bieters nach der Fiktion des § 27 Nr. 1 Satz 1 VOL/A als **nicht mehr existent** angesehen. Folge ist, dass ein Auftraggeber dieses »Nichtangebot« auch nicht mehr verspätet annehmen kann. Vielmehr wird man das Handeln des Auftraggebers nach Ablauf der Zuschlagsfrist als völlig neues Angebot werten müssen, das der Bieter seinerseits zum Zustandekommen eines Vertrages erst wiederum annehmen muss. Ein Beispiel für eine Klausel des Auftraggebers, die der Vorgabe des § 27 Nr. 1 Satz 5 VOL/A Rechnung trägt, wonach bereits in den Verdingungsunterlagen darauf hinzuweisen ist, dass das Angebot **nicht berücksichtigt wurde**, wenn bis zum Ablauf der Zuschlagsfrist kein Auftrag erteilt wurde, enthält eine Entscheidung des Brandenburgischen Oberlandesgerichts vom 10. 2. 2004.[1] In dieser, dem § 27 Nr. 1 VOL/A entsprechenden Klausel, hatte der Auftraggeber bestimmt:

»Das Angebot gilt als abgelehnt, wenn bis zum Ablauf der Zuschlagsfrist kein Zuschlag erteilt worden ist. Hierzu ergeht keine besondere Mitteilung. Will der Bieter jedoch ausdrücklich über die Ablehnung seines Angebots unterrichtet werden, so muss er dies schriftlich beantragen und einen adressierten Freiumschlag für die Rückantwort beifügen; der Antrag kann bereits mit der Abgabe des Angebots gestellt werden.«

II. Ablehnungsmitteilung nach Bieterantrag

Wenn der nicht berücksichtigte Bieter nicht nur aus dem bloßen Ablauf der Zuschlagsfrist die Schlussfolgerung für seine Nichtberücksichtigung ziehen will, kann er daher nach § 27 Nr. 1 Satz 2 VOL/A **zusätzlich beantragen,** dass ihm die Ablehnung seines

---

1 *Brandenburgisches OLG* Beschl. v. 10. 2. 2004 – Verg W 8/03.

Angebots **nach Zuschlagserteilung** – und nicht wie bei § 13 VgV **vor** Zuschlagserteilung – unverzüglich schriftlich mitgeteilt wird.[2] Der Antrag, der bereits bei der **Abgabe des Angebots** gestellt werden kann (§ 27 Nr. 1 Satz 4 VOL/A), bedarf der **Schriftform** (Satz 2). Ferner ist ihm gemäß Nr. 1 Satz 3 ein **adressierter Freiumschlag** beizufügen.

11 Die Mitteilung nach Nr. 1 ist mit der **Erteilung bestimmter Informationen** nach Nr. 2 gekoppelt. Ein entsprechender Antrag wird deshalb wohl in erster Linie von jenen Bietern gestellt werden, die an diesen zusätzlichen Informationen für den Fall der Nichtberücksichtigung ihres Angebots interessiert sind. Auch Bieter mit **Losangeboten** sind zu informieren, wenn eine Losvergabe vorgesehen war. Zweckmäßigerweise werden Bieter den Wunsch nach **schriftlicher Unterrichtung** unter Beifügung eines adressierten Freiumschlags bereits bei der Angebotsabgabe in Form eines zusätzlichen Begleitschreibens zum Ausdruck bringen.[3] Die Mitteilung hat dann **unverzüglich**, d. h. »ohne schuldhaftes Zögern« (vgl. § 121 Abs. 1 BGB), zu erfolgen. Die Benachrichtigung durch den Auftraggeber erfolgt zwar **schriftlich**. Kommt es dem Auftraggeber aus Beweisgründen aber auf den Zugangsnachweis beim Bieter an, empfiehlt sich zusätzlich ein **Einschreiben mit Rückschein**. Die Vergabestelle ist bei Nichtvorliegen schriftlicher Anträge seitens der Bieter nicht gehindert, diese in besonderen Fällen auch ohne Antrag zu informieren. Voraussetzung einer derartigen Information ohne Antrag der Bieter ist aber schon aus Gründen der Gleichbehandlung und der Nichtdiskriminierung (vgl. § 2 Nr. 1 und Nr. 2 VOL/A), dass der Auftraggeber dann **alle nicht berücksichtigten Bieter** informiert und nicht nur einzelne herausnimmt.

D. Inhalt der Mitteilung (§ 27 Nr. 2–6 VOL/A)

I. Zusätzliche Bekanntgabe (§ 27 Nr. 2 VOL/A)

1. Mitteilung der Gründe

12 In § 27 Nr. 2 VOL/A sind die **zusätzlichen Informationen** aufgeführt, die den erfolglosen Bietern in der Mitteilung gemäß Nr. 1 Satz 1 – abgesehen von den in Nr. 3 getroffenen Ausnahmen – bekannt zu geben sind. Nach den Erläuterungen zu § 27 Nr. 2 VOL/A unterliegen Angebote über den Abschluss so genannter **Rahmenverträge** (s. § 3 a Nr. 4 VOL/A) nicht den Bestimmungen des § 27 Nr. 2 VOL/A. Durch die Auskünfte nach § 27 Nr. 2 VOL/A soll im Übrigen den erfolglosen Bietern **Kenntnis** darüber vermittelt werden, wie sie mit ihrem Angebot im Wettbewerb lagen. Hieraus können sie ggf. Schlussfolgerungen für **zukünftige Ausschreibungen** ziehen und eine Optimierung ihrer Angebote herbeiführen.[4] Grund für diese separate Information durch den Auftraggeber ist, dass beim Vergabeverfahren nach der

---

2 *Brandenburgisches OLG* Beschl. v. 10.2. 2004 – Verg W 8/03.
3 So auch *Fett* in: Müller-Wrede, § 27 Rn. 11.
4 *Fett* in: Müller-Wrede, § 27 Rn. 14.

VOL/A – im Gegensatz zur VOB/A – kein Eröffnungstermin im Beisein der Bieter stattfindet, welcher eine entsprechende Kenntnisnahme ermöglichen würde.⁵

Nach § 27 Nr. 2 a VOL/A sind die **Gründe für die Ablehnung** (z. B. preisliche, technische, funktionsbedingte, gestalterische, ästhetische) dem dies beantragenden Bieter mitzuteilen. Die Vergabestelle sollte sich bei der Mitteilung an die **Prüfungsfolge des § 25 VOL/A** halten und bei den Bietern zunächst diejenigen verständigen, deren Angebote ausgeschlossen worden sind (§ 25 Nr. 1 Abs. 1 und 2 VOL/A). Sodann sollten die nicht geeigneten Bieter (§ 25 Nr. 2 Abs. 1 VOL/A) und die Bieter, die Angebote, die im Missverhältnis zur Leistung stehen abgegeben haben, benachrichtigt werden. Die Mitteilungen sollen dabei gemäß den **Erläuterungen** zu § 27 **möglichst knapp** gehalten werden. Sie können stichwortartig, z. B. mittels **Formblatt**, erfolgen. In der Mitteilung über die Ablehnungsgründe kann auf weitere Wirtschaftlichkeitskriterien (vgl. die Erläuterungen zu § 25 Nr. 3 VOL/A) Bezug genommen werden. Im Übrigen ist bei der Mitteilung strikt darauf zu achten, dass die Auskunft mit Rücksicht auf die Verpflichtung der Vergabestelle, die Angebote **vertraulich** zu behandeln (§ 22 Nr. 6 Abs. 1 Satz 1 VOL/A) und den Datenschutz zu beachten, **keine Angaben aus Angeboten anderer Bieter enthält** (§ 27 Nr. 2 a, Satz 2 VOL/A). Anderenfalls kann sich der Auftraggeber **Schadensersatzansprüchen** dieser Bieter ausgesetzt sehen.

13

2. Konkrete Benennung der Gründe

Konkrete Bedeutung hat die Frage, welche **inhaltlichen Anforderungen** an die Mitteilung der Gründe für die Ablehnung des Angebots zu stellen sind. Das Europäische Gericht erster Instanz⁶ hat bei einer Ausschreibung der EG-Kommission eine von dieser gegenüber der Bieterin gegebene Begründung für die Ablehnung ihres Angebots auch in dem Fall für ausreichend gehalten, dass sich die mitgeteilten Gründe in einem **sehr allgemein gehaltenen Schreiben** im Wesentlichen auf die **Übermittlung der Vergabekriterien** beschränkten. Diese Entscheidung des Europäischen Gerichts widerspricht sowohl der eigenen Forderung der Kommission als auch der Forderung der bisherigen Rechtsprechung nach **Transparenz der Vergabeverfahren**. Die Funktion der Begründungspflicht liegt außer in der Schaffung von Transparenz auch in der Verbesserung der Rechtsposition der eventuell Rechtsschutzmaßnahmen (Schadensersatz) erwägenden Bieter. Dieses Ziel wird nicht erreicht, wenn die Begründung eines Auftraggebers für das Scheitern eines Bewerbers sich nur auf die Mitteilung der Vergabekriterien beschränkt. Die in § 27 Nr. 2 a Satz 1 VOL/A angesprochenen »Gründe« müssen daher **konkret und mit Inhalt versehen** vom Auftraggeber angegeben werden.⁷

14

Dies hat in einer klaren Entscheidung – entgegen der Auffassung des Europäischen Gerichts erster Instanz – der Vergabeüberwachungsausschuss des Bundes festgestellt.⁸

15

---

5 Vgl. die Kommentierung zu § 22 VOL/A.
6 *EuGH* Urt. v. 8. 5. 1996, RS T-19/95, Slg. 1996, II-321 ff., Adia Interim/Kommission.
7 *Dreher* Die Rechtsprechung der europäischen Gerichte zum Vergaberecht im Jahre 1996, Vergaberecht Nr. 4/1997, S. 33, 38.
8 *VÜA Bund* Beschl. v. 24. 5. 1996, 1 VÜ 2/96 »Mittellandkanal«.

§ 27 Nicht berücksichtigte Angebote

Obwohl in dem zugrunde liegenden Fall der Auftraggeber die Begründung für die Ablehnung seines Angebots ebenso formelhaft gehalten hatte wie in dem vom Europäischen Gericht entschiedenen Sachverhalt, hat der Vergabeüberwachungsausschuss dieses Vorgehen mit der dem § 27 Nr. 2 a VOL/A entsprechenden Vorschrift des § 27 Nr. 2 VOB/A für nicht vereinbar gehalten. Die Vorschrift ist nach Auffassung des Vergabeüberwachungsausschusses **nicht als reine Formvorschrift** zu betrachten, sondern dient auch zur Entscheidungsfindung über die Beantragung eines Nachprüfungsverfahrens. Dies setze aber – gleiches muss für einen Schadensersatzanspruch gelten – voraus, dass konkret die Gründe für die Nichtberücksichtigung des Angebots mitgeteilt werden. Insoweit ist die Mitteilung hinreichender und für den Bieter »**verwertbarer« Gründe** durch den Auftraggeber Grundlage der Mitteilung an ihn. Dies hat in anderem Zusammenhang auch das Europäische Gericht erster Instanz festgestellt,[9] wenn es ausführt, dass die Klagefrist »erst im Zeitpunkt der Mitteilung der mit Gründen versehenen Entscheidung beginnt, sofern der Bieter seinen Antrag auf eine solche Entscheidung binnen angemessener Frist nach Kenntnisnahme von der Ablehnung seines Angebots gestellt hat«.

3. Anzahl eingegangener Angebote

16 Nach Nr. 2 b des § 27 VOL/A ist ferner die **Anzahl der eingegangenen Angebote** bekannt zu geben. Hierzu zählen **nicht Nebenangebote,** für die in Nr. 5 eine besondere Regelung getroffen worden ist. Sie sind für die Mitteilung außer Betracht zu lassen, d. h., über ihre Zahl und Preise dürfen keine Angaben gemacht werden. Es ist im Rahmen der Mitteilung jedoch anzugeben, dass solche **Nebenangebote eingegangen sind.** Welche Angebote als »eingegangen« zu gelten haben, ist im Rahmen von § 27 Nr. 2 b VOL/A nicht näher erläutert. Wegen des umfassenden Wortlauts (»eingegangene Angebote«) wird der Auftraggeber aber gem. **§ 130 Abs. 1 Satz 1 BGB** alle Angebote, die ihm im Rahmen der Ausschreibung zugegangen sind, als »eingegangen« benennen müssen. Auf die Verspätung bzw. Ordnungsgemäßheit kommt es daher grundsätzlich nicht an.[10] Auch ob die Angebote daher unterschrieben, mit zweifelsfreien Änderungen des Bieters an seinen Eintragungen versehen sind oder Änderungen bzw. Ergänzungen an den Verdingungsunterlagen vorgenommen worden sind bzw. ob die Bieter die erforderliche Eignung aufweisen, ist insoweit grundsätzlich nach § 27 Nr. 2 b VOL/A (vgl. aber § 27 Nr. 3 d) unerheblich.

4. Angebotspreis

17 Weiter sind der **niedrigste und der höchste Angebotspreis** der nach § 23 VOL/A geprüften Angebote mitzuteilen (§ 27 Nr. 2 c VOL/A). Von den eingegangenen Angeboten scheiden also für diese Mitteilung noch die nach § 23 Nr. 1 VOL/A **nicht zu prüfenden Angebote** aus. Nicht zu prüfen sind nach § 23 VOL/A Angebote, die nicht ordnungsgemäß oder verspätet eingegangen sind, die nicht unterschrieben oder nicht mit der erforderlichen elektronischen Signatur und Verschlüsselung verse-

---

9 *EuGH* a. a. O. (Fn. 4).
10 *Fett* in: Müller-Wrede, § 26 Rn. 9.

hen sind, bei denen Änderungen des Bieters an seinen Eintragungen nicht zweifelsfrei sind und bei denen Änderungen oder Ergänzungen an den Verdingungsunterlagen vorgenommen worden sind (vgl. § 23 Nr. 1 a bis d VOL/A). Insoweit hat der dies beantragende Bieter tatsächlich auch nur ein Interesse daran, die **Bandbreite** der in der Prüfung verbleibenden Angebote zu erfahren. Von den verbleibenden Angeboten ist unabhängig von der Beurteilung dieser Angebote in der Wertung, also z. B. unabhängig davon, ob ein Angebot wegen offenbarem Missverhältnis seines Preises zur Leistung nach § 25 Nr. 2 Abs. 2 Satz 1 VOL/A ausgeschieden wurde, dann das jeweils im **Endpreis niedrigste und höchste Angebot** dem nachfragenden Bieter bekannt zu geben.

II. Beschränkung der Mitteilung (§ 27 Nr. 3 VOL/A)

Nach § 27 Nr. 3 a bis d VOL/A **entfällt die zusätzliche Bekanntgabe nach Nummer 2 in vier Fällen**, und zwar zunächst, wenn der **Zuschlagspreis unter 5 000 Euro** liegt (§ 27 Nr. 2 a VOL/A). Mit dieser Regelung wurde jenen Bedenken zumindest teilweise Rechnung getragen, die eine erhebliche Steigerung des Verwaltungsaufwandes auch bei kleineren Aufträgen durch die Regelung des § 27 Nr. 2 befürchteten. **18**

Ferner hat nach § 27 Nr. 3 b VOL/A keine Mitteilung stattzufinden, wenn **weniger als acht Angebote** eingegangen sind. Damit soll der **Gefahr der möglichen Identifizierung** bzw. Eingrenzung aller Angebotspreise, die im Falle von weniger als acht Angeboten durchaus eng zusammen liegen können, vorgebeugt werden. Wegen des eindeutigen Wortlauts dieser Regelung verträgt diese Vorschrift keine einschränkende Interpretation etwa des Inhalts, dass zu den eingegangenen Angeboten nur solche zählen, die ordnungsgemäß und fristgerecht abgegeben worden sind. Welche Angebote im Sinne dieser Vorschrift »eingegangen« sind, ist daher wie bei Nr. 2 b zu beurteilen. **19**

Bei **funktionalen Leistungsbeschreibungen** (vgl. § 8 Nr. 2 Abs. 2 a VOL/A) sind gemäß § 27 Nr. 3 c VOL/A ebenfalls keine Mitteilungen zu machen, da die Angebote hier oft nicht unmittelbar vergleichbar sind und zumindest die bloße Preisinformation keinen näheren Aufschluss geben würde. Schließlich scheidet eine Auskunftserteilung nach § 27 Nr. 3 d VOL/A für solche Bieter aus, deren Angebote wegen **inhaltlicher oder formeller Mängel** nach § 25 Nr. 1 VOL/A ausgeschlossen wurden oder wegen **mangelnder Fachkunde, Leistungsfähigkeit oder Zuverlässigkeit** nach § 25 Nr. 2 Abs. 1 VOL/A nicht berücksichtigt werden konnten. Die Bestimmung geht davon aus, dass die Marktstrukturdaten des § 27 Nr. 2 VOL/A nur Bieter bekommen, die sich durch die Abgabe eines **ordnungsgemäßen Angebots** qualifiziert haben und damit grundsätzlich für eine Auftragserteilung in Betracht gekommen wären. **20**

III. Vergabe in Losen (§ 27 Nr. 4 VOL/A)

§ 27 Nr. 4 VOL/A regelt gesondert die Fälle, in denen aufgrund der Aufforderung zur Angebotsabgabe eine **Vergabe in Losen** vorgesehen ist. Hier sind zusätzlich in der Be- **21**

§ 27 Nicht berücksichtigte Angebote

kanntgabe nach Nummer 2 Buchstabe c **Preise zu Losangeboten** (der jeweils niedrigste und höchste Lospreis) dann mitzuteilen, wenn eine Vergleichbarkeit der Losangebote (z. B. gleiche Losgröße und Anzahl der Lose) gegeben ist. Werden Angebote abgegeben, die aus mehreren Positionen bestehen (z. B. Artikel oder Ersatzteile unterschiedlicher Art), und werden die Positionen getrennt vergeben, so entfällt die Bekanntgabe nach Nr. 2, worauf auch die **Erläuterungen** zu § 27 Nr. 4 VOL/A hinweisen. Gleiches gilt für Angebote, die keine Endpreise enthalten.

IV. Behandlung von Nebenangeboten (§ 27 Nr. 5 VOL/A)

22 Nach § 27 Nr. 5, 1. Halbsatz VOL/A sind beim Eingang von **Nebenangeboten** diese bei den detaillierten Angaben gem. § 27 Nr. 2 a bis c VOL/A **außer Betracht** zu lassen. Folge ist, dass der Auftraggeber weder über ihre Zahl noch erst recht über ihre einzelnen Preise den Bewerbern oder Bietern Angaben machen darf. Lediglich ist gem. § 27 Nr. 5, 2. Halbsatz VOL/A im Rahmen der Bekanntgabe nach Nr. 2 vom Auftraggeber anzugeben, dass solche **Nebenangebote eingegangen sind**. Hierunter fallen gem. § 130 Abs. 1 Satz 1 BGB alle Angebote, die dem Auftraggeber im Rahmen der Ausschreibung zugegangen sind, unabhängig davon, ob dieser Zugang verspätet bzw. ordnungsgemäß war (s. Rn. 16). Mit der von § 27 Nr. 5, 2. Halbsatz VOL/A zugelassenen Angabe durch den Auftraggeber, dass Nebenangebote eingegangen sind, entspricht diese Regelung weitestgehend der Bestimmung über den Eröffnungstermin in § 22 Nr. 3 Abs. 2 Satz 2 VOB/A. Allerdings ist nach der VOB-Norm im Eröffnungstermin zusätzlich bekannt zu machen, **von wem** Nebenangebote eingereicht wurden.

V. Mitteilungen abschließend (§ 27 Nr. 6 VOL/A)

23 In Nr. 6 des § 27 VOL/A ist ausdrücklich bestimmt, dass der erfolglose Bieter über die abschließend aufgeführten Mitteilungen der Vergabestelle hinaus **keine weiteren Informationsansprüche** hat und § 27 Nr. 1 und Nr. 2 der VOL/A daher **abschließend** sind.

E. Rückgabe von Angebotsunterlagen (§ 27 Nr. 7 VOL/A)

24 Nach § 27 Nr. 7 VOL/A **muss** der Auftraggeber Entwürfe, Ausarbeitungen, Muster und Proben zu **nicht berücksichtigten Angeboten zurückgeben,** wenn dies im **Angebot oder innerhalb von 24 Werktagen** nach Ablehnung des Angebots verlangt wird. Die Bestimmung begründet einen **Rechtsanspruch** (»sind zurückzugeben«) auf Herausgabe der erwähnten Unterlagen für die nicht berücksichtigten Bieter. Dieser Rechtsanspruch bezieht sich auf alle Unterlagen, die die jeweiligen Bieter mit ihren Angeboten eingereicht haben, unabhängig davon, ob sie im Eigentum der Bieter oder aber eines Dritten stehen. Die Aufzählung in § 27 Nr. 7 VOL/A ist **nicht abschließend,** sondern macht deutlich, dass **alle Unterlagen**, die ein Bieter dem Auftraggeber

mit dem Angebot übergeben hat, zurückzugeben sind.[11] Bei den in § 27 Nr. 7 VOL/A aufgeführten Unterlagen handelt es sich im Wesentlichen um dieselben wie in § 20 Nr. 2 Abs. 1 Satz 2 VOL/A. Darüber hinaus erstreckt sich die Vorschrift auf alles, was der Bieter zu dem Angebot oder im Zusammenhang damit ausgearbeitet und eingereicht hat. Die Erwähnung von Mustern und Proben ist deshalb zusätzlich erfolgt, weil es sich dabei gerade nicht um Ausarbeitungen des Bieters selbst zu handeln braucht, sondern diese von dritter Seite nur leihweise zur Verfügung gestellt worden sein können.

25 Die Herausgabe der Unterlagen muss vom **Bieter ausdrücklich verlangt werden**, sei es bereits im Angebot, worauf schon § 21 Nr. 5 VOL/A hinweist, oder innerhalb von 24 Werktagen nach Ablehnung des Angebots. Eine **bestimmte Form**, etwa die Schriftform, ist zwar **nicht vorgeschrieben**, aus **Beweisgründen** aber stets anzuraten. Als **Zeitpunkt** für die Ablehnung des Angebots ist regelmäßig der Ablauf der Zuschlagsfrist anzusehen, es sei denn, dass der Bieter schriftlich eine ausdrückliche Benachrichtigung über die Ablehnung seines Angebots gemäß § 27 Nr. 1 Satz 2 VOL/A beantragt hat und er von der Vergabestelle entsprechend informiert wurde. Zu empfehlen ist den Bietern jedenfalls, zur Gewährleistung einer **schnellstmöglichen Rückgabe** der dem Auftraggeber überlassenen Unterlagen von der ersten Möglichkeit Gebrauch zu machen und das Rückgabeverlangen bereits **mit seinem Angebot** schriftlich zu formulieren. In diesem Fall muss der Auftraggeber die ihm überlassenen Unterlagen nach Ablehnung des entsprechenden Angebots an den jeweiligen Bieter **unverzüglich**, also ohne schuldhaftes Zögern (§ 121 BGB), zurückgeben. Zwar enthält § 27 Nr. 7 VOL/A ausdrücklich keine entsprechende Vorgabe. Doch ergibt sich aus dem zwischen dem Auftraggeber und den Bietern durch die Beteiligung an dem Vergabeverfahren zustande gekommenen **Vertrauensverhältnis** sowie auch aus der Tatsache, dass die Bieter ggf. die Unterlagen für andere Verfahren und Zwecke sachgerecht verwenden können, eine unverzügliche Rückgabepflicht (zwei bis drei Tage) durch den Auftraggeber. Von einer entsprechenden Rückgabepflicht des Auftraggebers wird man über die in § 27 Nr. 7 VOL/A erwähnten Fälle des ausdrücklichen Verlangens im Angebot und des Verlangens innerhalb von 24 Werktagen nach Ablehnung des Angebots auch – konkludent – für den Fall ausgehen müssen, dass der Bieter sein Angebot bis zum Ablauf der Angebotsfrist gem. § 18 Nr. 3 VOL/A zurückzieht.

26 Vergaberechtlich handelt es sich bei der in § 27 Nr. 7 VOL/A bestimmten Frist von 24 Werktagen zur Stellung des Rückgabeverlangens durch die nicht berücksichtigten Bieter um eine **Ausschlussfrist**. Demnach kann eine Verpflichtung zur Rücksendung der genannten Unterlagen nur innerhalb dieser 24 Werktage durch die Bieter verlangt werden.[12] Dies bedeutet jedoch nicht, dass der Auftraggeber nach Ablauf dieser Frist nach Belieben mit den ihm überlassenen Unterlagen verfahren kann. Vielmehr bleibt der Bieter auch zeitlich nach Ablauf der 24 Werktage weiterhin **Eigentümer** der dem Auftraggeber überlassenen Unterlagen. Insoweit überlagert der **Herausgabeanspruch** nach § 985 BGB aufgrund der beibehaltenen Eigentümerstellung des Bieters den verwirkten Anspruch nach § 27 Nr. 7 VOL/A. Ein nach Ablauf der Frist von 24 Werk-

---

11 *Roth* in: Müller-Wrede, § 27 Rn. 27.
12 Vgl. für die VOB: Beck'scher VOB-Komm./*Jasper* A § 27 Rn. 30.

tagen eingegangenes Rückgabeverlangen eines Bieters muss der Auftraggeber daher wegen der fortdauernden Eigentumsstellung des Bieters weiter berücksichtigen.

27   Insbesondere darf der Auftraggeber nach Ablauf der Frist von 24 Werktagen die Unterlagen **nicht für andere Zwecke** nutzen. Dem steht nicht nur die Vorschrift des § 27 Nr. 8 VOL/A, sondern auch die Regelung des § 22 Nr. 6 Abs. 3 VOL/A entgegen. Hiernach darf der Auftraggeber Angebotsunterlagen und die in den Angeboten enthaltenen eigenen Vorschläge eines Bieters nur für die **Prüfung und Wertung der Angebote** (§§ 23 und 25 VOL/A) verwenden. Eine darüber hinausgehende Verwendung bedarf stets der **vorherigen schriftlichen Vereinbarung**, in der auch die Entschädigung zu regeln ist.

28   Die Vorschrift des § 27 Nr. 7 VOL/A regelt nicht, auf wessen **Kosten** die Rückgabe der Unterlagen zu den nicht berücksichtigten Angeboten zu erfolgen hat. Allerdings treffen insoweit die vom DVAL aufgestellten Erläuterungen zu § 27 Nr. 7 VOL/A eine eindeutige Aussage. Darin heißt es: »Die Kosten der Rückgabe trägt der Bieter.« Auch wenn diese Erläuterungen rechtlich keinen zwingend verbindlichen Charakter haben, waren sich jedoch die Mitglieder des DVAL-Hauptausschusses darüber einig, »dass der Inhalt der Erläuterungen von den Betroffenen zu akzeptieren sei«.[13] Da die Erläuterungen zur VOL/A kein unmittelbarer Teil der VOL/A sind und der Auftraggeber bei der Zugrundelegung der VOL/A grundsätzlich hierauf auch nicht gesondert hinweist, ist zwar der Bieter an die nur in den Erläuterungen zu seinen Lasten getroffene Kostentragungspflicht rechtlich nicht gebunden; jedoch ergibt sich auch nach allgemeinem Vertragsrecht bzw. nach den **gesetzlichen Vorschriften des BGB** keine andere Rechtsfolge für die Kostentragung.

29   Insofern muss davon ausgegangen werden, dass die Übergabe der zu den Angeboten erforderlichen Unterlagen durch den Bieter einen **Verwahrungsvertrag** oder jedenfalls ein verwahrungsähnliches Verhältnis gem. §§ 688 ff. BGB beinhaltet.[14] Danach wird durch den Verwahrungsvertrag der Verwahrer (Auftraggeber) verpflichtet, eine ihm von dem Hinterleger (Bieter) übergebene bewegliche Sache aufzubewahren. Jedenfalls ist ein verwahrungsähnliches Verhältnis der Annahme eines **Leihvertrages** vorzuziehen, da dieser gem. § 598 BGB zwingend den **unentgeltlichen Gebrauch** durch den Entleiher voraussetzt, während gerade § 20 Nr. 2 Abs. 1 Satz 2 VOL/A – wenn auch in besonderen Fällen (Verlangen des Auftraggebers zur Ausarbeitung) – für den Auftraggeber eine Kostenerstattungspflicht für die vom Bieter überlassenen Unterlagen regelt.[15] Beim Verwahrungsvertrag hat aber gem. § 697 BGB die Rückgabe der hinterlegten Sache an dem Ort zu erfolgen, an welchem die Sache aufzubewahren war. Der Verwahrer (Auftraggeber) ist daher nicht verpflichtet, die Sache dem Hinterleger (Bieter) zu bringen. Dies bedeutet konkludent, dass auch der Abtransport vom Sitz des Auftraggebers **auf Kosten des betreffenden Bieters** geschieht, falls nichts anderes vertraglich vereinbart wurde.

---

13   Vgl. die Ergebnisprotokolle über die 29. Sitzung des DVAL-Hauptausschusses (18./19. Juni 1980 und über die 34. Sitzung am 3./4. Februar 1981).
14   So auch für die VOB: Beck'scher-Komm./*Jasper* A § 27 Rn. 31; *Franke/Kemper/Zanner/Grünhagen* § 27 VOB/A Rn. 16.
15   Von einer Leihe geht daher zu unrecht *Roth* in: Müller-Wrede, § 27 Rn. 30 aus.

F. Weiterverwendung nicht berücksichtigter Angebote (§ 27 Nr. 8 VOL/A)

Nach § 27 Nr. 8 VOL/A dürfen nicht berücksichtigte Angebote und Ausarbeitungen der Bieter nur **mit ihrer Zustimmung** für eine neue Vergabe oder für andere Zwecke benutzt werden. Diese Bestimmung muss im Zusammenhang mit § 22 Nr. 6 Abs. 3 VOL/A gesehen werden, wonach der Auftraggeber die Angebotsunterlagen und die in den Angeboten enthaltenen eigenen Vorschläge eines Bieters **nur für die Prüfung und Wertung** (§§ 23 und 25) verwenden darf. Eine darüber hinausgehende Verwendung bedarf nach dieser Vorschrift der **vorherigen schriftlichen Vereinbarung**, in der auch die Entschädigung zu regeln ist. 30

Sinn von § 27 Nr. 8 VOL/A ist es, dem Auftraggeber nachdrücklich zu untersagen, das **Sacheigentum und das Urheberrecht des Bieters zu verletzen** oder auf eine andere Weise verbotswidrig darauf einzuwirken.[16] Das Verbot der anderweitigen Verwendung bezieht sich daher nicht nur auf die Benutzung für eine neue Vergabe, einschließlich der Freihändigen Vergabe, sondern auf jede andere Art der Benutzung. Das Benutzungsverbot gilt auch für **Nebenangebote** nicht berücksichtigter Bieter. Erfasst ist daher auch der Fall, dass der Auftraggeber die Ausschreibung aufhebt und in einer zweiten Ausschreibung die Nebenangebote des Bieters aus der ersten Ausschreibung für seine Leistungsbeschreibung verwendet.[17] 31

Das Benutzungsverbot reicht allerdings nur so weit, wie die **Interessen des Bieters** wirklich verletzt werden; daran fehlt es, wenn der Bieter dem Auftraggeber seine **eindeutige** Zustimmung zur weiteren Verwendung, die schon aus Beweisgründen schriftlich erfolgen sollte, erteilt hat. Ein Einverständnis des Bieters liegt aber nicht vor, wenn der Auftraggeber eine solche Zustimmung nur durch eine entsprechende einseitige Klausel in den Ausschreibungsunterlagen »erhalten« hat.[18] Diese vorherige »Zustimmung« darf insbesondere auch nicht in dem Sinne zur Bedingung werden, dass dann etwa die Prüfung und Wertung der Angebote von dieser »Zustimmung« abhängig gemacht wird. 32

Verletzt der Auftraggeber seine Verpflichtung nach § 27 Nr. 8 VOL/A, so kann er sich je nach Sachlage **schadensersatzpflichtig** aus culpa in contrahendo oder nach §§ 823, 826 BGB machen. Außerdem ist er im Falle einer rechtswidrigen Benutzung nicht berücksichtigter Angebote und Ausarbeitungen nach §§ 812 ff. BGB zur Herausgabe verpflichtet. Zur Berechnung des **Schadensersatzes** kommt in erster Linie die Ermittlung nach § 249 BGB in Betracht. Zu fragen ist daher, welche Ersparnisse der Auftraggeber durch die missbräuchliche Benutzung der Unterlagen des Bieters hat, einschließlich des vom Auftraggeber durch die missbräuchliche Benutzung erzielten Gewinns. 33

Kommen **Urheberrechte** des geschädigten Bieters zum Zuge, kann ein Ersatzanspruch eines Bieters auch auf § 97 Abs. 2, 3 UrhG gestützt werden. Urheberrecht- 34

---

16 *Roth* in: Müller-Wrede, § 27 Rn. 31.
17 Vgl. *OLG Düsseldorf* BauR 1986, 107; *VÜA Brandenburg* 1 VÜA 14/96.
18 Vgl. für die VOB: *Heiermann/Riedl/Rusam* § 27 Rn. 9.

lichen Schutz genießen Angebote und Ausarbeitungen von Bietern aber nur, wenn mit ihnen eine **persönlich geistige Schöpfung** i. S. v. § 2 Abs. 2 UrhG verbunden ist. Dies ist bei – normalen – »technischen« Angeboten, die sich rein an den Vorgaben der Vergabestelle orientieren, regelmäßig nicht der Fall.[19] Zum Schaden kann auch der Ersatz von durch die missbräuchliche Benutzung entgangenen Lizenzgebühren gehören. Schließlich kann die rechtswidrige Verwendung von Angeboten und Unterlagen gegen § 17 Abs. 2 Nr. 2 UWG (Verletzung von Geschäftsgeheimnissen) verstoßen und ggf. auch strafrechtlich geahndet werden.[20]

G. Rechtschutz

I. Primärrechtsschutz

35 Bei allen Auftragsvergaben **unterhalb der EU-Schwellenwerte** kann die Regelung des § 27 VOL/A, also z. B. der Informationsanspruch eines Bieters über die Gründe für seine Ablehnung (vgl. § 27 Nr. 2 a VOL/A), zwar nicht vor den Vergabekammern und den Vergabesenaten durchgesetzt werden. Insoweit bestimmt § 100 Abs. 1 GWB klar und deutlich, dass der 4. Abschnitt des GWB und damit auch die Vorschriften über das Nachprüfungsverfahren (§§ 102 ff. GWB) nur für Aufträge gelten, die die EU-Schwellenwerte erreichen oder überschreiten. Jedoch kann ein nicht bzw. nicht ausreichend informierter Bieter bei Auftragsvergaben unterhalb der EU-Schwellenwerte wegen des auch hier durch die Vertragsanbahnung mit dem Auftraggeber begründeten Vertrauensverhältnisses bei mangelnder Information über seine Nichtberücksichtigung den Klageweg vor dem Zivilgericht beschreiten.[21] Daneben kann ein Bieter sich bei einer Verletzung der ihm aus § 27 VOL/A erwachsenen Rechte bei Auftragsvergaben unterhalb der EU-Schwellenwerte auch an bestehende Nachprüfungsbehörden, also insbesondere an die jeweilige Rechtsaufsicht wenden.

36 Bei Auftragsvergaben **oberhalb der EU-Schwellenwerte** muss der Vorschrift des § 27 VOL/A jedenfalls in Nr. 1 Satz 2 sowie in Nr. 2, Nr. 4, Nr. 5, Nr. 7 und Nr. 8 **ein bieterschützender Charakter** zuerkannt werden. Denn all die genannten Vorschriften dienen dem Schutz des Bieters entweder nach frühzeitiger und ausreichender Information über seine Nichtberücksichtigung oder seinem Eigentumsschutz betreffend die dem Auftraggeber überlassenen Unterlagen.[22] Wegen des bieterschützenden Charakters der genannten Vorschriften haben grundsätzlich auch die Unternehmen nach § 97 Abs. 7 GWB einen Anspruch darauf, dass der Auftraggeber die Bestimmungen über das Vergabeverfahren einhält. Insoweit hatte auch bereits der Vergabeüberwachungsausschuss des Bundes[23] in einem die VOB betreffenden Beschl. v. 24. Mai 1996 zu Recht festgestellt, dass es sich bei der Vorschrift über die »nicht berücksich-

---

19 *OLG München* VergabeR 2006, 423 f.; *Zirkel* VergabeR 2006, 321, 323.
20 *BGH* BB 1995, 2546; Beck'scher VOB-Komm./*Jasper* A § 27 Rn. 29.
21 *Franke* Recht und Gerechtigkeit am Bau in: Festschrift für Gerd Motzke zum 65. Geburtstag »Akteneinsicht im Vergabeverfahren«, S. 78.
22 So auch: *Roth* in: Müller-Wrede, § 27 Rn. 34, 37 und 38.
23 *VÜA Bund* 1 VÜ 2/96, »Mittellandkanal«.

tigten Bewerbungen und Angebote« um **keine reine Formvorschrift** handelt, sondern diese Regelung auch zur Entscheidungsfindung über die Beantragung eines Nachprüfungsverfahrens dient. Dies muss im Grundsatz auch für § 27 VOL/A, der als »nationale Vorschrift« über § 4 VgV auch bei Vergaben oberhalb der EU-Schwellenwerte zur Anwendung kommt, gelten.

Fraglich ist jedoch, ob ein Bieter vor einer Vergabekammer oder einem Vergabesenat **37** überhaupt eine Verletzung des § 27 VOL/A noch durch einen **Primärrechtsanspruch** durchsetzen kann. Dies ist im Ergebnis zu verneinen. Insoweit ist zu berücksichtigen, dass § 27 VOL/A dem unterlegenen Bieter nur einen **nachträglichen** Informationsanspruch zuerkennt. So bestimmt die zentrale Regel des § 27 Nr. 1 Satz 2 VOL/A, dass »die Vergabestelle jedem erfolglosen Bieter **nach Zuschlagserteilung** auf dessen schriftlichen Antrag hin unverzüglich die Ablehnung seines Angebots schriftlich mitteilt«. Ein Primärrechtsschutz, innerhalb dessen ja die Bestimmungen über das Vergabeverfahren überprüft werden sollen (vgl. § 97 Abs. 7 GWB), ist aber bei einem nur **nachträglich** zum Tragen kommenden Informationsanspruch nicht mehr durchsetzbar.[24] Für dieses Ergebnis spricht auch die Vorschrift des § 107 Abs. 2 Satz 1 GWB. Danach ist jedes Unternehmen antragsbefugt, das ein Interesse am Auftrag »hat« und nicht etwa ein solches, das ein Interesse am Auftrag »**gehabt hat**«. Hieraus kann daher ebenfalls abgeleitet werden, dass ein Nachprüfungsverfahren vor der Vergabekammer und dem Vergabesenat nur dann eingeleitet werden kann, wenn die Möglichkeit besteht, dass der Antragsteller den Zuschlag noch bekommen kann.[25] Vor diesem Hintergrund kann der nur **nach Zuschlagserteilung** begründete Informationsanspruch nicht berücksichtigter Bieter nicht im Wege des Primärrechtsschutzes sowie eines Nachprüfungsverfahrens vor der Vergabekammer und dem Vergabesenat durchgesetzt werden.

II. Sekundärrechtsschutz

Verletzt der Auftraggeber seine Informations- und sonstige Pflichten aus § 27 VOL/A, **38** ist er den Bietern gegenüber verschiedenen Ansprüchen ausgesetzt. Neben der bereits erwähnten **Herausgabe** der von ihm dem Auftraggeber übergebenen Unterlagen (§ 27 Nr. 7 VOL/A) nach den §§ 985 und 812 ff. BGB kommen für die Bieter insbesondere bei einer schuldhaften Verletzung der Informationspflicht durch den Auftraggeber Ansprüche aus **culpa in contrahendo** (vgl. § 311 Abs. 2 i. V. m. §§ 241 Abs. 2, 280 ff. BGB) in Betracht. Voraussetzung ist jedoch stets, dass der betreffende Bieter darlegen und beweisen kann, dass ihm durch die verspätete oder mangelhafte Information ein Schaden entstanden ist. Der Schadensumfang berechnet sich hierbei nach § 249 BGB. Insoweit ist die Vermögenseinbuße, die z. B. ein Bieter durch einen Verstoß des Auftraggebers gegen § 27 Nr. 8 VOL/A erlitten hat, entscheidend. Nicht relevant für den Schadensumfang ist hingegen, welche Vorteile der Auftraggeber etwa durch eine rechtswidrige Nutzung von Angeboten oder Ausarbeitungen seinerseits erzielt hat.[26]

---

24 *VG Neustadt a. d. Weinstraße* VergabeR 2006, 78, 80.
25 *Boesen* Vergaberecht 107 Rn. 15 ff. m. w. N.; a. A.: *Roth* in: Müller-Wrede, § 27 Rn. 35.
26 *OLG München* VergabeR 2006, 423 f.; zur Schadensberechnung auch: Zirkel, VergabeR 2006, 321, 326 f.

§ 28
Zuschlag

1. (1) Der Zuschlag (§ 25 Nr. 3) auf ein Angebot soll schriftlich und so rechtzeitig erteilt werden, dass ihn der Bieter noch vor Ablauf der Zuschlagsfrist erhält. Wird ausnahmsweise der Zuschlag nicht schriftlich erteilt, so ist er umgehend schriftlich zu bestätigen.
(2) Dies gilt nicht für die Fälle, in denen durch Ausführungsbestimmungen auf die Schriftform verzichtet worden ist.

2. (1) Wird auf ein Angebot rechtzeitig und ohne Abänderungen der Zuschlag erteilt, so ist damit nach allgemeinen Rechtsgrundsätzen der Vertrag abgeschlossen, auch wenn spätere urkundliche Festlegung vorgesehen ist.
(2) Verzögert sich der Zuschlag, so kann die Zuschlagsfrist nur im Einvernehmen mit den in Frage kommenden Bietern verlängert werden.

Inhaltsübersicht Rn.

A. Grundlagen	1
I. Entstehungsgeschichte	1
II. Materialien	2
III. Bundes- und Landesrecht	3
IV. Unterschiede zur VOB/A und zur VOF	6
1. VOB/A	6
2. VOF	7
V. Anwendungsbereich	8
1. Liefer- und Dienstleistungsaufträge	8
2. Andere Aufträge	9
3. Vergabeverfahrensart	10
B. Erteilung des Zuschlags	11
I. Abschluss des Vergabeverfahrens	11
II. Vertragsschluss	16
1. Annahmeerklärung	21
a) Empfangsbedürftigkeit	23
b) Form	27
2. Inhalt der Zuschlagserklärung	33
3. Urkundliche Festlegung	37
4. Kein Anspruch auf Zuschlagerteilung	38
C. Zeitpunkt der Zuschlagerteilung (§ 28 Nr. 1 Abs. 1, Nr. 2 Abs. 2)	40
I. Prüfungsobliegenheiten vor Zuschlagerteilung	40
II. Rechtzeitigkeit	42
1. Ablauf der Zuschlagsfrist	43
2. Verlängerung der Zuschlagsfrist	47
D. Zuschlag im Nachprüfungsverfahren	52
E. Rechtsschutz	56
I. Überprüfung der Zuschlagserteilung	56
1. Zuschlagsentscheidungen oberhalb der Schwellenwerte	57
2. Zuschlagsentscheidungen unterhalb der Schwellenwerte	58
II. Sekundärrechtsschutz	61
III. Außergerichtliche Rechtsbehelfe gegen Zuschlagsentscheidungen	64

1. Beschwerde an die EU-Kommission 64
2. Vergabeprüfstellen, Aufsichtsbehörden 65

A. Grundlagen

I. Entstehungsgeschichte

Die VOL/A 2006 hat die Fassung des § 28 unverändert aus der VOL/A 2000 übernommen. Der Wortlaut geht zurück auf Beschlüsse des DVAL vom 12./13. Mai 1981, 16./17. Februar 1982 und vom 13./14. Juli 1982. Zur Umsetzung der EG-Richtlinie 2004/18/EG waren keine Anpassungen erforderlich; die Richtlinie enthält in Art. 1 keine Definition des »Zuschlags«. Soweit der Begriff in den Art. 41 Abs. 1 und 3 (Mitteilung über die Zuschlagerteilung), Art. 43 (Vergabevermerk), Art. 53 (Zuschlagkriterien) und Art. 54 Abs. 5 (elektronische Auktion) verwendet wird, ist auch daraus keine nähere Begriffsbestimmung zu entnehmen. Die Art und Weise der Zuschlagerteilung ist aus europarechtlicher Sicht der Regelung der Mitgliedstaaten überantwortet. **1**

II. Materialien

Die im Bundesanzeiger veröffentlichten Materialien des DVAL zur VOL/A enthalten zu § 28 keine allgemeinen Erläuterungen. Da die VOL/A 2006 die Vorgaben der Richtlinie 2004/18/EG zum Dynamischen Beschaffungssystem (Art. 33) und zur elektronischen Auktion (Art. 54) noch nicht umsetzt, bedurfte es insoweit keiner Detailregelungen. Für den IT-Bereich enthält die »Unterlage für die Ausschreibung und Bewertung von IT-Leistungen« (UfAB IV Version 1.0) in Ziff. 3.211–3.215 Hinweise zur Zuschlagerteilung. **2**

III. Bundes- und Landesrecht

Das Bundesrecht verwendet in den §§ 97 Abs. 5, 114 Abs. 2, 115, 118 Abs. 3, 121 GWB den Begriff des Zuschlags. Ein Zuschlag i. S. d. § 114 Abs. 2 GWB ist eine empfangsbedürftige Willenserklärung, die zu einem Vertragsschluss führt. Ein Zuschlag i. S. d. GWB kann auch vorliegen, wenn ein Bedarf ohne Durchführung eines rechtmäßigen Vergabeverfahrens gedeckt wird.[1] **3**

Auf die im Sozialbereich vorgeschriebenen »wettbewerbsrechtlichen Vergabeverfahren« (§ 421 i Abs. 1 SGB III, § 127 Abs. 2 Satz 2 SGB V) ist § 28 anwendbar.[2] **4**

---

[1] *BKartA* NZBau 2002, 110; *OLG Düsseldorf* NZBau 2002, 54.
[2] Vgl. (zu § 93 Abs. 2 BSHG) aber *OVG Münster* NVwZ 2005, 832; *OLG Düsseldorf* NZBau 2005, 650; vgl. zum sog. Sozialvergaberecht *Rixen* VSSR 2005, 225 ff.

5 Die Landesvergabegesetze enthalten keine weiteren Definitionen des Zuschlags. In Sachsen (§§ 9, 10 SächsVergVO) und in Schleswig-Holstein (§ 14 Abs. 6 MFG³) bestehen Informationspflichten, die (auch) für Unterschwellenwertvergaben in Anlehnung an § 13 VgV ausgestaltet sind.

IV. Unterschiede zur VOB/A und zur VOF

1. VOB/A

6 In § 28 VOB/A 2006 finden sich Abweichungen gegenüber der VOL/A: Die Zuschlagerteilung muss dort nicht schriftlich erfolgen (Nr. 1), weiter ist die Zuschlagerteilung nach Ablauf der Zuschlagsfrist bzw. unter Abänderungen abweichend geregelt (Nr. 2 Abs. 2). In der Praxis wird der Zuschlag im VOB-Bereich i. d. R. schriftlich erteilt (unter Verwendung von Musterschreiben der Vergabehandbücher); dies ist zum einwandfreien Beweis des Vertragsschlusses ratsam. Die Regelung in § 28 Nr. 2 Abs. 2 VOB/A knüpft an §§ 145, 147, 150 BGB an; das gleiche Ergebnis wird nach § 28 Nr. 2 Abs. 2 VOL/A nach einverständlicher Verlängerung der Zuschlagsfrist erreicht.

2. VOF

7 Die VOF kennt den Begriff des Zuschlags nicht. Die Auswahl des Bewerbers, mit dem gem. §§ 16, 24 VOF der Vertrag abgeschlossen wird, ist keine Zuschlagsentscheidung.[4] Somit können hier die (vergaberechtliche) Auswahlentscheidung für einen Bewerber und die Beendigung des Vergabeverfahrens durch den Vertragsschluss zeitlich erheblich auseinander fallen.

V. Anwendungsbereich

1. Liefer- und Dienstleistungsaufträge

8 Die Vergabe von Liefer- und Dienstleistungsaufträgen i. S. d. Art. 1 Abs. 2 c, d der Richtlinie 2004/18/EG, die nicht der VOF unterfallen (§ 1, letzter Spiegelstrich), erfolgt im Wege des § 28. Dies gilt auch dann, wenn die Vergabe zum Abschluss eines öffentlich-rechtlichen Vertrags führt; ob die zum Vertragsschluss führende Willenserklärung als »Zuschlag« bezeichnet wird, ist unerheblich.

2. Andere Aufträge

9 Die Vergabe von Dienstleistungskonzessionen unterfällt zwar nicht dem Anwendungsbereich der Richtlinie 2004/18/EG (Art. 17), kann aber im Wege eines Zuschlags i. S. d. § 28 erfolgen.

---

3 I. V. m. dem »Leitfaden zur Vergabe öffentlicher Aufträge«, Amtsbl. Schl.-H. 2003, S. 782 (Anhang 1, Ziff. 5).
4 *OLG Dresden* BauR 2001, 235; vgl. auch *OLG Rostock* NZBau 2002, 170.

Öffentlich-rechtliche Auswahlentscheidungen in Gestalt eines Verwaltungsaktes sind nur auf dem Verwaltungsrechtsweg nachprüfbar; auch oberhalb der Schwellenwerte sind dann die §§ 107 ff. GWB nicht anwendbar.[5] Auch in öffentlich-rechtlichen »Genehmigungswettbewerben« (z. B. um Verkehrsdienstleistungen[6]) tritt an die Stelle des Zuschlags ein Verwaltungsakt der zuständigen Behörde. Die Verwaltungsrechtsprechung entzieht insoweit Entscheidungen, die materiell Auftragsvergaben bewirken, unter Vernachlässigung der europarechtlichen Vorgaben zu Unrecht dem effektiven Primärrechtsschutz. Kontrollmaßstab ist dort nur ein mehr oder weniger an der VOL/A orientiertes »Auswahlermessen«.[7]

3. Vergabeverfahrensart

Ein Zuschlag wird bei öffentlichen (§ 3 Nr. 1 Abs. 1) und beschränkten Ausschreibungen (§ 3 Nr. 1 Abs. 2) erteilt; auch das Verhandlungsverfahren (§ 101 Abs. 3 GWB; § 3 a VOL/A) und der wettbewerbliche Dialog (§ 101 Abs. 5 GWB, § 6 a VgV) schließen mit einem Zuschlag ab. Ein Teilnahmewettbewerb (§ 3 Nr. 1 Abs. 3, § 7 a Nr. 3) schließt nicht mit einem Vertrag ab, so dass in diesem Verfahrensabschnitt ein Zuschlag ausscheidet. Bei freihändiger Vergabe ist in aller Regel eine Auswahl unter mehreren Angeboten vorzunehmen, so dass die abschließende (Auswahl-)Entscheidung als Zuschlag i. S. d. § 28 anzusehen ist.[8]

10

B. Erteilung des Zuschlags

I. Abschluss des Vergabeverfahrens

Im Bereich der VOL/A kommt im Regelfall mit der Erteilung des Zuschlags der Vertrag zustande, so dass das Vergabeverfahren abgeschlossen ist. Dies gilt auch dann, wenn Gegenstand der Vergabe ein öffentlich-rechtlicher Vertrag ist.[9]

11

Anderes gilt nur im Fall eines Dissenses (§§ 154, 155 BGB), also dann, wenn die Vergabestelle den Zuschlag auf ein Angebot erklärt, das (so) nicht abgegeben worden ist: Ein Vertrag kommt erst nach vollständiger Einigung zustande und beendet (dann) das Vergabeverfahren.[10] Dies hat wichtige Auswirkungen auf den Rechtsschutz (s. u. Rn. 57 ff.). Davon zu unterscheiden ist der Fall, dass die Vergabestelle den Zuschlag auf ein Angebot erteilt, das von der Ausschreibung abweicht. Geschieht dies ohne erkennbaren Vorbehalt, kommt der Vertrag unter den abweichenden Bedingungen zustande.[11]

12

---

5 *OVG Lüneburg* ZfBR 2006, 301 (Ls.) = NdsVBl. 2006, 165 (zu Rettungsdienstleistungen).
6 Vgl. *VGH Mannheim* DöV 2006, 484; *OLG Karlsruhe* NZBau 2005, 609.
7 *OVG Lüneburg* a. a. O. (Fn. 5).
8 *OLG Düsseldorf* Beschl. v. 23. 2. 2005, VII Verg 87/04, Juris; *OLG Düsseldorf* NZBau 2005, 536.
9 Vgl. *OVG Saarlouis* NJW 1993, 1612.
10 *OLG Jena* BauR 2000, 1611.
11 *OLG Köln* NJW-RR 1995, 622.

13 Die Zuschlagserklärung ist eine vertragsrechtliche Willenserklärung, kein Verwaltungsakt.[12] Auch wenn (im Sinne der sog. Zwei-Stufen-Theorie[13]) angenommen wird, dass ein öffentlich-rechtlich gebundenes Vergabeverfahren der Annahme des Angebots durch den Zuschlag als separate »Stufe« vorausgeht,[14] teilt der Zuschlag die Rechtsnatur des Vertrages, auf dessen Abschluss er gerichtet ist.[15] Soweit er (bei öff.-rechtl. Verträgen) als öffentlich-rechtliche Willenserklärung einzustufen ist, fehlen ihm die Merkmale eines Verwaltungsaktes (§ 35 VwVfG), denn der Zuschlag wird nicht hoheitlich, sondern im vertragsrechtlichen Gleichordnungsverhältnis erklärt.

14 Als Willenserklärung kann die Zuschlagserklärung an Willensmängeln leiden. Dies kommt z. B. in Betracht bei einer technisch bedingten irrtümlichen Absendung der Zuschlagserklärung (was u. U. zu Ansprüchen nach § 122 BGB führen kann[16]). Auf einen Irrtum über den Inhalt ihrer Zuschlagserklärung kann sich die Vergabestelle nicht berufen, wenn sie das Angebot des Bieters nicht mit der erforderlichen Sorgfalt geprüft hat.

15 Die Zuschlagserklärung kann auch durch einen ordnungsgemäß bevollmächtigten Stellvertreter des öffentlichen Auftraggebers abgegeben werden.

II. Vertragsschluss

16 Ein auf eine Ausschreibung eingereichtes Angebot ist ein Antrag auf Abschluss eines Vertrages i. S. d. §§ 145 ff. BGB. Das allgemeine Zivilrecht kennt den Begriff des Zuschlags nur i. Z. m. Versteigerungen (§ 156 Satz 1 BGB), wo er – wie im Fall des § 28 – die Vertragsannahme bezeichnet.[17] Auch im Vergabeverfahren ist die Erklärung des Zuschlags die **Annahme** des Antrags i. S. d. §§ 145 ff. BGB durch die ausschreibende Stelle. Sie muss deshalb von der oder mit Wirkung für die Stelle abgegeben werden, mit der der Vertrag zustande kommt.

17 Ein Beschaffungsvorgang kann auch anders als durch eine Zuschlagserteilung abgeschlossen werden. Als Erteilung eines öffentlichen Auftrags kommen z. B. Vertragsverlängerungen,[18] Änderungen des Gegenstandes eines bereits abgeschlossenen Vertrages,[19] die Auswechslung des Auftragnehmers[20] sowie die Aufnahme eines Gesellschafters in eine juristische Person[21] in Betracht, nicht dagegen eine Vertragsübernahme i. S. d. § 415 BGB.[22]

---

12 Zur abweichenden Rechtslage in Frankreich vgl. *Bungenberg* WuW 2001, 1206 ff.
13 Ablehnend: *OVG Berlin* NZBau 2006, 668; *VG Karlsruhe* NZBau 2006, 672.
14 *OVG Bautzen* NZBau 2006, 393; *OVG Münster* VergabeR 2006, 771 ff.; *OVG Koblenz* NZBau 2005, 411 = DVBl. 2005, 988 (nicht rechtskräftig).
15 Vgl. *OVG Lüneburg* NZBau 2006, 396; *VG Potsdam* NZBau 2006, 68.
16 *Palandt/Heinrichs* BGB, 2006, § 130 Rn. 4.
17 BGHZ 138, 339; vgl. zum rechtshistorischen Hintergrund der sog. »Lizitation« die Vorauflage, Rn. 5.
18 *OLG Düsseldorf* NZBau 2002, 54; *BKartA* NZBau 2002, 110.
19 *OLG Rostock* NZBau 2003, 407 (Vorlage an den EuGH).
20 *OLG Frankfurt/M.* NZBau 2003, 633 (Auftragnehmerwechsel keine Neuvergabe, wenn Auftragsgegenstand identisch bleibt).
21 *OLG Brandenburg* ZfBR 2002, 87.
22 *OLG Frankfurt/M.* NZBau 2003, 633.

Zuschlag § 28

Ob der Abschluss einer Optionsvereinbarung als »Zuschlag« und öffentliche Auftragsvergabe einzuordnen ist, hängt davon ab, ob mit der Option eine spätere Beschaffung schon fest und ohne weiteres Wettbewerbsverfahren vereinbart ist. Betrifft eine Option oder auch das bloße Unterlassen einer Kündigung (nur) die Vertragsverlängerung, wird im Ergebnis eine an sich gebotene wettbewerbliche Neuausschreibung umgangen. Die Optionsausübung bzw. das »Stillschweigen« sind damit wie ein Zuschlag als Beschaffungsentscheidung einzuordnen.[23]

Materiell gelten für einen Vertragsschluss ohne ausdrücklich erklärten Zuschlag i. S. d. **18** § 28 dieselben Maßstäbe, wie es auch sonst der Fall ist. Insbesondere muss der Auftragsvergabe eine transparente, chancengleiche und am Wettbewerbsprinzip orientierte Auswahlentscheidung vorausgehen.

In verfahrensmäßiger Hinsicht wird sich u. U. die Konstellation einer sog. Direktver- **19** gabe ergeben, weil keine Information i. S. d. § 13 VgV erfolgt ist. Ein unter Missachtung der Vorabinformationspflicht erteilter Zuschlag führt im Oberschwellenbereich zur Nichtigkeit des Vertragsschlusses (§ 13 Satz 6 VgV). Ausnahmsweise kann diese Folge auch nach allgemeinen Regeln (§§ 134, 136 BGB) eintreten.[24]

Im Unterschwellenbereich greift die Nichtigkeitsfolge nach § 13 Satz 6 VgV – auch **20** analog – nicht ein. Soweit Landesvergabegesetze eine Vorabinformationspflicht vorsehen, ist an deren Missachtung keine dem § 13 Satz 6 VgV entsprechende Rechtsfolge geknüpft.[25]

1. Annahmeerklärung

Die Annahmeerklärung bezieht sich auf das Angebot des Bieters, der danach »Auf- **21** tragnehmer« wird. Vorausgesetzt wird, wie bei jedem Vergabeverfahren, die Verschiedenheit der die Annahme (Zuschlag) und das Angebot erklärenden Rechtssubjekte. Bei »Inhouse«-Vergaben, d. h. »Aufträgen« eines öffentlichen Auftraggebers an eine ihm zuzurechnende[26] Stelle, gibt es folglich keinen Zuschlag.

Die Vergabestelle kann die Zuschlagerklärung auch durch einen Vertreter (§§ 164 ff. **22** BGB) abgeben. Bei deutschen Vergabestellen genügt die Zuschlagserklärung in deutscher Sprache; eine Übersetzung in die Sprache des Bieters ist nicht erforderlich.

a) Empfangsbedürftigkeit

Der Zuschlag ist eine empfangsbedürftige Willenserklärung i. S. d. § 130 Abs. 1 Satz 1 **23** BGB; sie wird mit Zugang am Ort des Bieters in dem Zeitpunkt wirksam, in dem dieser die Möglichkeit der Kenntnisnahme hat.

Die Erklärung über den Zuschlag muss mit dem Willen der Vergabestelle abgegeben, **24** d. h. willentlich in den Verkehr gebracht worden sein. Sie muss *gerade* dem Bieter ge-

---

23 *Weyand* ibr-Online-Komm., 2007, § 99 Rn. 1030; a. A. wohl *OLG Celle* NZBau 2002, 53.
24 *KG Berlin* NZBau 2005, 538.
25 § 9 SächsVergabeDVO; § 14 Abs. 6 Sch.-H. Mittelstandsförd.- u. VergabeG (gilt nur für Bauleistungen).
26 Vgl. *EuGH* NZBau 2005, 90 f. (»Teckal«) sowie *EuGH* NJW 2006, 2679 (»Carbotermo«).

genüber erfolgen; es genügt nicht, wenn sie diesem nur zufällig zugeht. Zulässig ist die Erklärung des Zuschlags gegenüber einem bevollmächtigten Vertreter des Bieters. Eine öffentliche »Verkündung« des Zuschlags oder eines diesbezüglichen Beschlusses (etwa des Stadtrats) genügt ebenso wenig wie eine Presseerklärung o. dgl.

25   Der Zugang der Zuschlagserteilung beim Bieter ist in dem Zeitpunkt bewirkt, in dem ihm die Kenntnisnahme möglich und diese nach der Verkehrsauffassung zu erwarten ist. Ortsabwesenheit des Empfängers steht dem Zugang nicht entgegen.[27] Bei einem ausländischen Bieter wird der Zugang auch durch eine in deutscher Sprache verfasste Erklärung bewirkt. Für den Postweg ist das Übergabe-Einschreiben die ratsame Form der Zuschlagerteilung.[28] Bei Fax-Versendung können »übliche Geschäftszeiten« des Bieters für die (zeitliche) Möglichkeit der Kenntnisnahme beachtlich sein;[29] auf den Zeitpunkt der tatsächlichen Kenntnisnahme kommt es aber auch in diesem Fall nicht an. Zur Ausräumung jeglicher Zweifel sollte eine Rückbestätigung vereinbart werden; das Fax-Sendeprotokoll genügt als Zugangsnachweis nicht.[30]

26   Die Beweislast für den Zugang der Zuschlagserklärung beim Bieter und für den Zeitpunkt des Zugangs (vor Ablauf der Zuschlagsfrist) trifft die ausschreibende Stelle.[31] Der genaue Nachweis kann i. Z. m. dem Eintritt des Zuschlagsverbots nach § 115 Abs. 1 GWB wichtig sein.

b) Form

27   Nach § 28 Nr. 1 Abs. 1 muss der Zuschlag mangels abweichender Vorgabe in den »Ausführungsbestimmungen« (Abs. 2) in Schriftform erteilt werden; andernfalls ist er umgehend schriftlich zu bestätigen (Abs. 1 Satz 2). Die schriftliche Bestätigung erfolgt durch die Vergabestelle. Mit »Ausführungsbestimmungen« sind die Ausschreibungsbedingungen gemeint. Der Schriftform genügt gem. § 127 Abs. 2 BGB auch die Übermittlung des Zuschlagsschreibens per Telefax.

Formfehler führen gem. § 125 BGB zur Nichtigkeit des Rechtsgeschäfts.

28   Mangels anderslautender Vorgabe in der Ausschreibung können auch die elektronische Form (§ 126 a BGB – unter Hinzufügung des Namens und einer qualifizierten elektronischen Signatur) oder die Textform (§ 126 b BGB – u. a. mit Nachbildung der Namensunterschrift) genügen (§ 127 BGB).

29   Eine Zuschlagerteilung durch e-mail ist nur bei Verzicht auf das Schriftformerfordernis wirksam (§ 28 Nr. 1 Abs. 2). Ein solcher Verzicht sollte schon in den Ausschreibungsbedingungen klar zum Ausdruck gebracht werden. Bei elektronischen Vergaben ist § 312 e BGB zu beachten.[32]

---

27 *BGH* NJW 2004, 1320 (bei Juris Tz. 14).
28 *BGH* NJW 1998, 976 (der sog. Benachrichtigungszettel bewirkt aber den Zugang noch nicht).
29 *OLG Rostock* NJW-RR 1998, 526; grds.: *BGH* NJW 1995, 665/667.
30 *BGH* NJW 1995, 665; *Gregor* NJW 2005, 2885; kritisch *Faulhaber/Riesenkampff* DB 2006, 376.
31 BGHZ 201, 49/55 (zu § 377 HGB).
32 Vgl. *Koch/Demmel* NZBau 2002, 482.

30 Für den Zeitpunkt des Zugangs der e-mail kommt es nicht darauf an, wann der Empfänger diese von seinem Server abruft. Eine schriftliche Bestätigung sollte aus Beweisgründen auch in den Fällen des § 28 Nr. 1 Abs. 2 veranlasst werden (z. B. durch Fax). Im Bundesbereich wird im Rahmen der e-Vergabe ein mit qualifizierter elektronischer Signatur versehenes pdf-Dokument, das die Zuschlagerteilung enthält, übermittelt.[33]

31 Besondere Anforderungen für die Zuschlagserteilung gelten im öffentlichen Recht für Gemeinden, Kreise, Zweckverbände, Kammern oder andere öffentlich-rechtliche Körperschaften. Wird dort (neben der Schriftform) gesetzlich bestimmt, dass eine Zuschlagserklärung vom Bürgermeister (oder dem entspr. Organ einer Kammer oder sonstigen Körperschaft) handschriftlich zu unterzeichnen ist und etwaige (Unter-) Vollmachten ebenfalls in dieser Form zu erteilen sind, handelt es sich dabei i. d. R. nicht um Formvorschriften, sondern um Vertretungsregelungen. Soweit im Einzelfall deren Anforderungen nicht erfüllt werden, führt dies gem. § 177 BGB zur schwebenden Unwirksamkeit, die gem. § 184 Abs. 2 BGB durch eine Genehmigung mit (Rück-) Wirkung auf den Zeitpunkt der Erklärung beseitigt werden kann.[34]

32 Soweit Formerfordernisse bleiben, kann deren Verfehlung nach Treu und Glauben folgenlos bleiben, soweit der damit bezweckte Schutz der öffentlich-rechtlichen Körperschaft bereits anderweitig erreicht ist.[35]

2. Inhalt der Zuschlagserklärung

33 Die Vergabestelle darf den Zuschlag nur auf das wirtschaftlichste Angebot erteilen (§ 25 Nr. 3; vgl. auch § 97 Abs. 5 GWB). Der Zuschlag ist, soll er sogleich zum Vertragsschluss führen, ohne Abänderungen bzgl. des zu beauftragenden Angebots zu erklären. Eine Zuschlagerteilung unter wesentlicher Abänderung des (ausschreibungskonformen) Angebots, z. B. durch die Herausnahme wesentlicher Leistungspositionen oder ein nachträgliches Skontoverlangen,[36] führt nicht zum Vertragsschluss.

34 Die (äußere) Zuschlagerklärung muss der vorangegangenen (internen) Zuschlagentscheidung inhaltlich entsprechen. Im Oberschwellenbereich deckt sich die Zuschlagerteilung mit der Mitteilung nach § 13 VgV;[37] eine davon abweichende Zuschlagerteilung ist rechtswidrig. Die interne Entscheidung sollte auch im Unterschwellenbereich in einem Vergabevermerk (zeitaktuell) festgehalten werden (§ 30), um sie ggf. bei Aufsichtsbeschwerden oder i. Z. m. der evtl. Geltendmachung von Schadensersatzansprüchen belegen zu können.

---

33 BMWi: »Anforderungen an eine rechtskonforme vollelektronische Vergabeplattform ...« vom 9. 7. 2004, veröff. im Internet unter www.bmwi.de/BMWi/Redaktion/PDF/P-R/rechtskonformitaet-der-e-vergabe.
34 *OLG Schleswig* NZBau 2000, 96/97; *OLG Schleswig* VergabeR 2006, 258 (zum Kammerrecht).
35 *OLG Koblenz* OLGR 2003, 185 (Zuschlag durch Kreistag beschlossen); *OLG Brandenburg* NZBau 2002, 626.
36 *Portz* in: Ingenstau/Korbion, VOB (15. Aufl.), § 28 Rn. 19.
37 In Sachsen und Schleswig-Holstein bestehen landesrechtlich vergleichbare Bestimmungen: s. § 9 SächsVergabeDVO und § 14 Abs. 6 MFG Schl. H. (nur für Bauleistungen).

35 Der Inhalt der Erklärung der Vergabestelle über den Zuschlag ist nach allgemeinen Grundsätzen auslegungsfähig (§ 133 BGB).

36 Kein Fall einer Angebotsänderung ist der Zuschlag auf ein Angebot mit (zugelassenen) Nebenangeboten. Sollen Abänderungen, Erweiterungen, Einschränkungen oder Änderungen mit der Zuschlagerklärung verbunden werden, muss nach § 28 Nr. 2 Abs. 2 verfahren werden (vgl. § 150 Abs. 2 BGB). Der Bieter muss eine abändernde Zuschlagerteilung ausdrücklich annehmen. Dies gilt auch dann, wenn die Abänderungen nachträglich »abgesprochen« worden sind (was im Rahmen des § 24 allerdings unzulässig ist[38]).

3. Urkundliche Festlegung

37 Die spätere urkundliche Festlegung des Vertrages (vgl. § 29) hat keine konstitutive Bedeutung; sie setzt das vorherige wirksame Zustandekommen eines Vertrages durch Angebot und Annahme (Zuschlag) voraus.[39] Zweck des § 28 Nr. 2 Abs. 1 (2. Hs.) ist die Herstellung von Rechtssicherheit. Die urkundliche Festlegung darf nicht mit einer Beurkundung i. S. d. § 154 Abs. 2 BGB verwechselt werden; der Begriff bezieht sich auf prozessuale Beweisvorschriften (§ 416 ZPO). Eine (in diesem Sinne) beweiskräftige urkundliche Festlegung erfordert die Unterschrift der Vertragsparteien auf der Urkunde. Inhaltlich kann die urkundliche Festlegung des Vertragsinhalts (ergänzend zur Leistungsbeschreibung [§ 8]) auch Klarstellungen zur Risikoabgrenzung sowie zu Prüf- und Hinweispflichten bewirken. Dies ist besonders bei (ausnahmsweise erfolgenden) freihändigen Vergaben wichtig.

4. Kein Anspruch auf Zuschlagerteilung

38 Ein Anspruch des Bieters auf Zuschlagerteilung besteht nicht. Zwar darf die Vergabestelle die Ausschreibung nur aus den in § 26 genannten Gründen aufheben. Eine Aufhebung der Ausschreibung ohne Vorliegen berechtigter Aufhebungsgründe begründet u. U. Schadensersatzansprüche der Bieter, nicht aber eine Pflicht zur Zuschlagerteilung.[40] Die Vergabestelle kann deshalb grundsätzlich von einer Zuschlagerteilung absehen.

39 Einem Bieter bleibt in einer solchen Situation (oberhalb der Schwellenwerte) die Möglichkeit, die (faktische) Aufhebung der Ausschreibung zur Nachprüfung zu stellen, was nur dann aussichtslos ist, wenn die Aufhebung »gleichsam Ausdruck des unabänderbaren Willens des Ausschreibenden wäre, den ausgeschriebenen Auftrag nicht zu vergeben«.[41]

---

38 *OLG Celle* OLGR Celle 2002, 288.
39 *OLG Naumburg* IBR 2005, 657 (zu § 28 Nr. 2 VOB/A).
40 BGHZ 139, 259/268 f.
41 *BGH* NZBau 2003, 293/294.

C. Zeitpunkt der Zuschlagerteilung (§ 28 Nr. 1 Abs. 1, Nr. 2 Abs. 2)

I. Prüfungsobliegenheiten vor Zuschlagerteilung

Die Vergabestelle darf den Zuschlag nur auf die Angebote erteilen, die nach ordnungs- **40** gemäßem Vergabeverfahren in die letzte Wertungsstufe gekommen sind (§ 25 Nr. 3). Dies entspricht den Vorgaben aus § 97 Abs. 5 GWB und des Art. 53 Abs. 1 der Richtlinie 2004/18/EG sowie dem auch im Unterschwellenbereich geschützten Vertrauen der Bieter auf Beachtung des Vergaberechts.[42]

Soweit im Rahmen der Angebotsprüfung und -wertung Kalkulationsfehler erkennbar **41** geworden sind, kann die Vergabestelle ausnahmsweise verpflichtet sein, diese näher zu prüfen und aufzuklären, wenn sich ein Kalkulationsirrtum und die für den Bieter unzumutbaren Folgen geradezu aufdrängen.[43]

II. Rechtzeitigkeit

Die Erteilung des Zuschlags muss so rechtzeitig erfolgen, dass ihn der Bieter noch vor **42** Ablauf der Zuschlagsfrist (§ 19) erhält. Ansonsten wird kein Vertragsschluss bewirkt (§ 150 Abs. 1 BGB).[44] Die Vergabestelle ist in diesem Fall darauf angewiesen, das Einvernehmen mit dem Bieter über eine Verlängerung der Zuschlagsfrist herbeizuführen (§ 28 Nr. 2 Abs. 2). Mit dieser Regelung wird sowohl dem Interesse der Vergabestelle als auch dem der Bieter an einer zügigen Herbeiführung einer Dispositionsgrundlage entsprochen. Allerdings können die Bieter daraus keinen Anspruch auf eine zeitnahe Zuschlagerteilung herleiten; sie sind durch die Angebotsbindefrist geschützt (§ 148 BGB). Nach deren Ablauf ist es ihre Entscheidung, einer Fristverlängerung zuzustimmen oder nicht.

1. Ablauf der Zuschlagsfrist

Nach § 146 BGB erlischt ein Vertragsangebot, wenn es nicht innerhalb der Annahme- **43** frist (§§ 147–149 BGB) – in der vergaberechtlichen Terminologie: der Zuschlagsfrist – angenommen wird. Die Zuschlagsfrist ergibt sich aus der Vergabebekanntmachung (§ 17 Nr. 1 Abs. 2 n). Sie korrespondiert mit der (Angebots-)Bindefrist. Ein Bieter ist bis zum Ablauf der Zuschlagsfrist an sein Angebot gebunden (Bindefrist: § 19 Nr. 3; vgl. auch § 148 BGB).

Die Zuschlagsfrist ist als Bearbeitungs- und Entscheidungsfrist konzipiert. Sie gibt die **44** Zeit an, die der Vergabestelle für die Angebotsprüfung und -wertung zur Verfügung steht. Ist keine Frist bestimmt, gilt § 147 Abs. 2 BGB.[45] Der Bieter akzeptiert mit

---

[42] *BGH* Urt. v. 1. 8. 2006, X ZR 115/04, (mit Hinw. auf die frühere Rspr.: *BGH* NZBau 2003, 168 und *BGH* NJW 2004, 2165); *OLG Schleswig* VergabeR 2006, 568.
[43] BGHZ 139, 177.
[44] *OLG Naumburg* NZBau 2002, 168.
[45] *OLG Düsseldorf* BauR 1980, 65; vgl. auch *Gesterkamp* VergabeR 2002, 454 ff.

der Abgabe seines Angebots die in den Ausschreibungsunterlagen angegebene Frist als Bindefrist.

45 Die Zuschlagsfrist beginnt mit dem Ablauf der Angebotsfrist (§ 18); sie darf nicht unangemessen lang sein (§ 19 Nr. 2; s. a. § 308 Nr. 1 BGB[46]). Im Zweifel muss die Vergabestelle Gründe für die Bemessung der Frist darlegen[47] bzw. im Vergabevermerk (§ 30) dokumentieren.

46 Der Zuschlag kann auf ein Angebot ausnahmsweise auch noch nach Ablauf der Binde- bzw. Zuschlagsfrist erteilt werden. Allerdings hängt in diesem Fall der wirksame Vertragsschluss – vorbehaltlich der Voraussetzungen des § 149 BGB (verspäteter Zugang nach rechtzeitiger Absendung) – von der Annahmeerklärung des Bieters ab (§ 150 Abs. 1 BGB).[48] Zu beachten ist, dass der Vertrag dann u. U. einen anderen, von der Ausschreibung abweichenden Inhalt haben kann mit der Folge, dass höhere (Einzel-)Preise zu zahlen sind.[49] Ohne die Annahmeerklärung i. S. d. § 150 Abs. 2 BGB gibt es keinen den Ablauf der Annahmefrist überwindenden »rückwirkenden« Zuschlag (Annahmeerklärung).[50]

2. Verlängerung der Zuschlagsfrist

47 Die Zuschlagsfrist kann sich als zu knapp herausstellen, weil die Prüfung und Wertung der Angebote mehr Zeit in Anspruch nimmt als geplant. Verzögerungen können auch i. Z. m. Nachprüfungsverfahren eintreten,[51] die nicht schon kraft Gesetzes zu einer Suspendierung oder Verlängerung der Zuschlagsfrist führen. Die Vergabestelle wird sich in diesem Fall um eine Einigung über eine Fristverlängerung bemühen müssen. Durch ihre einseitige Erklärung kann sie eine solche Verlängerung nicht wirksam herbeiführen.

48 Je nach dem Stand des Vergabeverfahrens sollte die Einigung über eine Verlängerung der Zuschlagfrist zweckmäßigerweise mit *allen* Bietern erstrebt werden, deren Angebote in die letzte Wertungsstufe gelangt sind oder die in zulässiger Weise noch für eine Angebotsaufklärung in Frage kommen (§ 24). Die Verhandlung über eine Zuschlags-/Bindefristverlängerung ist keine unzulässige Nachverhandlung i. S. d. § 24. Die Fristverlängerung kann auch noch nach Ablauf der Frist vereinbart werden.[52] Die Zuschlagsfrist kann auch mehrfach verlängert werden. Wird eine solche Verlängerung im Einzelfall nicht vereinbart, nimmt das betreffende Angebot am Vergabeverfahren nicht mehr teil.[53]

49 Lehnen alle in Frage kommenden Bieter eine Fristverlängerung ab, liegt kein zuschlagfähiges Angebot mehr vor. Die Vergabestelle wird dann die Ausschreibung

---

46 *BGH* NJW 1992, 827.
47 *OLG Düsseldorf* BauR 1999, 1288.
48 *OLG Naumburg* Beschl. v. 1. 9. 2004, 1 Verg 11/04, Juris.
49 *OLG Saarbrücken* NZBau 2006, 462.
50 *OLG Jena* Beschl. v. 30. 10. 2006, 9 Verg 4/06, Juris (IBR 2006, 694 Ls.).
51 *BayObLG* NVwZ 1999, 1138.
52 *BayObLG* NVwZ 1999, 1138.
53 *OLG Jena* a. a. O., Fn. 50.

nach § 26 Nr. 1 d aufzuheben haben. Einzelne Bieter, die eine Verlängerung ablehnen, sind im weiteren Vergabeverfahren nicht mehr zu berücksichtigen, weil sei daran nicht mehr mit einem bindenden Angebot teilnehmen. Die Vergabestelle kann das Vergabeverfahren mit den verbleibenden Bietern fortsetzen. Eine Aufhebung der Ausschreibung (auch) in diesem Fall ist nicht gerechtfertigt.[54]

Angebotsänderungen sind nach Verlängerung der Zuschlagsfrist nicht mehr möglich, da diese nur innerhalb der Angebotsfrist (§ 18) zulässig wären. Kein Fall der Angebotsänderung ist die Anpassung der Ausführungsfristen nach einer Verlängerung der Zuschlags- und Bindefrist.[55] **50**

Bei einer insgesamt längeren Verzögerung der Vergabe durch (mehrfache) Fristverlängerungen kann dem Bieter einen Anspruch auf Anpassung der Ausführungsfristen und (bei entsprechender Begründung) auch auf eine Preisanpassung analog § 2 Nr. 3 VOL/B zuwachsen.[56] **51**

D. Zuschlag im Nachprüfungsverfahren

Oberhalb der Schwellenwerte ist die Zuschlagerteilung verboten, nachdem der Vergabestelle ein Nachprüfungsantrag zugestellt worden ist (§ 115 Abs. 1 GWB). Das Zuschlagsverbot dauert bis zum Ablauf der Beschwerdefrist (§ 117 Abs. 1 GWB) und endet – falls Beschwerde eingelegt wird – zwei Wochen nach Ablauf der Beschwerdefrist (§ 118 Abs. 1 GWB). Ein unter Verstoß gegen dieses Zuschlagsverbot erteilter Zuschlag ist gem. § 134 BGB nichtig.[57] **52**

Ist im Nachprüfungs- oder Beschwerdeverfahren eine Entscheidung ergangen, die die Vergabestelle zur Korrektur bestimmter Fehler verpflichtet, gilt bis zur Behebung dieser Fehler ebenfalls ein Zuschlagsverbot.[58] **53**

Die Vergabekammer kann vorzeitig den Zuschlag gestatten (§ 115 Abs. 2 GWB); das Beschwerdegericht (OLG) kann die aufschiebende Wirkung der Beschwerde (und damit das Zuschlagsverbot) bis zur Entscheidung über die Beschwerde verlängern (§ 118 Abs. 1 S. 3, Abs. 2 GWB). **54**

Die genannten Vorschriften gelten (auch analog) nicht für Vergaben unterhalb der Schwellenwerte gem. § 2 VgV.[59] Ein Zuschlagsverbot kann hier im Wege einstweiligen Rechtsschutzes allenfalls für sog. binnenmarktrelevante Aufträge erlangt werden, auf die die vergaberechtlich relevanten Grundfreiheiten des EG-Vertrages anwendbar **55**

---

54 Zutr. *Sterner* in: Beck'scher VOB-Komm., 2001, § 28 Rn. 16.
55 *OLG Jena* BauR 2000, 1611.
56 *BayObLG* NZBau 2002, 689 (zu § 2 Nr. 5 VOB/B); *Diehr* ZfBR 2002, 316; *Schlösser* ZfBR 2005, 733; vgl. auch § 5 Nr. 2 Abs. 2 VOL/B, § 642 BGB.
57 BT-Drs. 13/9340, S. 20.
58 *OLG Düsseldorf* VergabeR 2006, 424.
59 *OLG Dresden* NZBau 2006, 529.

sind.⁶⁰ Diese wirken direkt und vermitteln betroffenen Bietern einen quasinegatorischen Unterlassungsanspruch.

E. Rechtsschutz

I. Überprüfung der Zuschlagserteilung

56 Die Zuschlagerteilung fasst das Ergebnis der Anwendung des – bieterschützenden – materiellen Vergaberechts, insbesondere der chancengleichen Ausschreibung und der transparenten und korrekten Angebotsprüfung und -wertung in einer »Summe« zusammen. Die Nachprüfungsinstanzen (Vergabekammer, Vergabesenate beim OLG, BGH) können gem. §§ 114 Abs. 1, 123, 124 Abs. 2 S. 2 GWB einen wirksam erteilten Zuschlag nicht aufheben.⁶¹ Der vergaberechtliche Streit »um« den Zuschlag bietet deshalb den zentralen Ansatzpunkt für den Rechtsschutz der Bieter gegen fehlerhafte Auftragsvergaben. Eine effektive Rechtsschutzmöglichkeit *vor* Zuschlagserteilung (Vertragsschluss) ist europarechtlich geboten.⁶²

Der Rechtsschutz unterscheidet sich danach, ob der Auftragswert die Schwellenwerte gem. § 2 VgV überschreitet oder nicht.

1. Zuschlagsentscheidungen oberhalb der Schwellenwerte

57 Bei Vergaben oberhalb der Schwellenwerte (§ 2 VgV) kann Primärrechtsschutz nach Maßgabe der §§ 107 ff. GWB nur bis zur Zuschlagserteilung erlangt werden (§ 114 Abs. 2 GWB). Dies gilt auch dann, wenn ein ordnungsgemäßes Vergabeverfahren unterbleibt.⁶³ Dem Problem der fehlenden oder mangelnden Information der Bieter über die Zuschlagsentscheidung ist im Anschluss an die Rechtsprechung des EuGH⁶⁴ durch § 13 VgV abgeholfen worden. Die Vergabestellen sind zu einer Vorabinformation der Bieter über ihre Zuschlagsentscheidung verpflichtet; die Missachtung dieser Pflicht hat die Nichtigkeit des dennoch abgeschlossenen Vertrages zur Folge. Dies gilt grds. auch dann, wenn eine Auftragsvergabe pflichtwidrig ohne Vergabeverfahren erfolgt (sog. Direkt- oder de-facto-Vergabe).⁶⁵ Erfolgt eine Vorabinformation nach einem vergaberechtswidrigen Verfahren, sind die Bieter auf das Nachprüfungsverfahren zu verweisen.

---

60 Vgl. *Gabriel* NVwZ 2006, 1262/1263 (zur »Mitteilung über Auslegungsfragen« der EG-Kommission zu Auftragsvergaben, die nicht oder nur teilweise unter die Vergaberichtlinien fallen, vom 23. 6. 2006 (veröff. im Internet bei DStGB VIS).
61 *OLG Düsseldorf* NZBau 2000, 391; vgl. auch (zutr.) *VG Dessau* VergabeR 2006, 883.
62 *EuGH* NJW 2000, 569 (»Alcatel Austria«).
63 *OLG Schleswig* ZfBR 2002, 189.
64 *EuGH* NJW 2000, 569 (»Alcatel Austria«); s. – zuvor – *BKartA* (1. Vergabekammer des Bundes), NJW 2000, 151.
65 *BGH* NZBau 2005, 290; *BGH* NVwZ 2005, 845; *OLG Düsseldorf* NZBau 2005, 537.

2. Zuschlagsentscheidungen unterhalb der Schwellenwerte

Unterhalb der Schwellenwerte ist verfassungsrechtlich kein (zivil-)gerichtlicher **58** Rechtsschutz der Bieter gegen eine vergaberechtswidrige Zuschlagerteilung geboten.[66] Soweit Landesvergabegesetze eine Ausschreibungspflicht anordnen,[67] wird darin nicht geregelt, was im Falle ihrer Missachtung geschieht. Den Bietern bleiben nur Beschwerdemöglichkeiten bei der Kommunalaufsichtsbehörde[68] oder bei der Vergabeprüfstelle (§ 103 GWB).

Rechtsschutz gegen Zuschlagsentscheidungen im Unterschwellenbereich wird von **59** Teilen der Verwaltungsrechtsprechung mit dem Kernargument gewährt, dem Zuschlag gehe auf einer vorherigen »Stufe« das öffentlich-rechtlich, insbesondere durch Art. 3 Abs. 1 GG gebundene Vergabeverfahren voraus; insoweit sei gem. § 40 VwGO mangels anderweitiger Zuweisung im Unterschwellenbereich der Rechtsweg zu den Verwaltungsgerichten eröffnet.[69] Dem wird entgegengehalten, die VOL/A sei für die öffentlichen Auftraggeber nur in ihrer Eigenschaft als (zukünftige) Partner eines zivilrechtlichen Vertrags bindend. Aus dem Vergabeverfahren lasse sich keine dem öffentlichen Recht zuzuordnende »Stufe« abschichten.[70] Das BVerwG hat sich in einer aktuellen Entscheidung dazu nicht abschließend geäußert[71] und in älteren Entscheidungen den Verwaltungsrechtsweg verneint.[72]

Die Rechtswegbestimmung hängt davon ab, welche Rechtsnormen den angestrebten **60** Vertrag prägen.[73] Dem entsprechend sind die Verwaltungsgerichte (nur) bei Streitigkeiten um die Vergabe von öffentlich-rechtlichen Verträgen zuständig. Bei gemischten Verträgen mit öffentlich-rechtlichen und privatrechtlichen Elementen ist die Rechtswegfrage danach zu entscheiden, ob die öffentlich-rechtlichen Vertragselemente Voraussetzung oder Vorstufe der zivilrechtlichen Elemente sind; in diesem Fall ist der Verwaltungsrechtsweg zu bejahen. Dies ist insbesondere bei Konzessionierungen der Fall. Soweit der Zuschlag dagegen auf einen zivilrechtlichen Dienstleistungs- oder Lieferauftrag erteilt wird, ist der Zivilrechtsweg gegeben (§ 13 GVG).

II. Sekundärrechtsschutz

Ein fehlerhafter Zuschlag kann zu Schadensersatzansprüchen gem. §§ 280 Abs. 1, 311 **61** Abs. 2 Nr. 1 BGB (c. i. c.)[74] führen: Die Bieter können schutzwürdig darauf vertrauen,

---

66 *BVerfG* NJW 2006, 3701; a. A. *VerfGH* Österreich, VergabeR 2001, 32.
67 Vgl. z. B. § 2 Abs. 1 LVergabeG Nds.; § 18 Mittelstandsförderungs Rh.-Pf.; §§ 1 ff. SächsVergabeG; §§ 3, 14 Abs. 3 Mittelstandsförderungs- u. VergabeG SH u. a.
68 Vgl. *OVG Münster* DÖV 1991, 611.
69 *OVG Bautzen* NZBau 2006, 393; *OVG Münster* VergabeR 2006, 771 ff.; *OVG Koblenz* NZBau 2005, 411 (nicht rechtskräftig); *VG Neustadt/W.* NZBau 2006, 335.
70 *OVG Berlin* NZBau 2006, 668; *VG Karlsruhe* NZBau 2006, 672; *OVG Lüneburg* NZBau 2006, 396 und NZBau 2006, 670.
71 *BVerwG* VergabeR 2006, 764; krit.: *Krist/Kutzscher* VergabeR 2006, 823 f.
72 BVerwGE 5, 325 ff. (Auftragssperre); anders nur für Präferenztatbestände: *BVerwG* MDR 1966, 536 f (zu § 74 BVFG); BVerwGE 34, 213 f. (zu § 37 SchwbG); vgl. auch § 141 SGB IX.
73 *VG Potsdam* NZBau 2006, 68.
74 BGHZ 120, 281; BGHZ 139, 259; vgl. auch *Ohler* BauRB 2005, 153.

dass die öffentlichen Auftraggeber die VOL/A beachten. Das gilt u. U. auch gegenüber privaten Auftraggebern, die nach der VOL/A ausschreiben.[75]

62   Die Schadensersatzansprüche der Bieter greifen gleichermaßen unter- wie oberhalb der Schwellenwerte. Oberhalb der Schwellenwerte sind die §§ 124 Abs. 1, 126 GWB zu beachten. Hatte der Bieter eine »echte Chance« auf den Zuschlag, kann er (auch unterhalb der Schwellenwerte) das negative Interesse (Ersatz der Ausschreibungskosten etc.) beanspruchen; der erstrangige Bieter, dem bei richtiger Anwendung des Vergaberechts der Zuschlag hätte erteilt werden müssen,[76] kann darüber hinaus auch das positive Interesse fordern. Dieses umfasst alle Deckungsbeiträge, die er im Falle der Zuschlagserteilung aus dem Auftrag erlöst hätte, abzüglich ersparter Aufwendungen.[77]

63   Der Sekundärrechtsschutz hängt entscheidend davon ab, welche Kriterien die Vergabestelle bei der Zuschlagserteilung angewandt hat und inwieweit diese dokumentiert sind (§ 30). In Schadensersatzprozessen obliegt *dazu* der Vergabestelle die Darlegungs- und Beweislast. Für den Bieter genügt es Tatsachen vorzutragen und unter Beweis zu stellen, die für das Vorliegen eines Vergabefehlers ausreichende Anhaltspunkte bieten. Die Vergabestelle kann diese Anhaltspunkte durch den Vergabevermerk (§ 30) oder eine andere Dokumentation des der Zuschlagserteilung vorangegangenen Auswahl- und Entscheidungsprozesses substantiiert entkräften.[78]

III. Außergerichtliche Rechtsbehelfe gegen Zuschlagsentscheidungen

1. Beschwerde an die EU-Kommission

64   Bei sog. binnenmarktrelevanten Aufträgen kann eine (bevorstehende oder erfolgte) Zuschlagerteilung im Rahmen einer Beschwerde an die EU-Kommission zur Überprüfung gestellt werden.[79] Die Kommission kann ggf. ein Vertragsverletzungsverfahren nach Art. 226 EG einleiten. Entscheidungsmaßstab der Kommission ist das europäische Vergaberecht, soweit dieses durch die konkrete Vergabe betroffen ist.

2. Vergabeprüfstellen, Aufsichtsbehörden

65   Durch Anträge (§ 103 Abs. 2 GWB) bzw. Aufsichtbeschwerden können die Vergabeprüfstellen bzw. (Kommunal-)Aufsichtbehörden angerufen werden. Sie können u. U. auf die Kündigung[80] eines vergaberechtswidrig zustande gekommenen Vertrages hinwirken. Das »Ob« und »Wie« des Einschreitens der Aufsichtsbehörde steht in deren Ermessen; die Vergabeprüfstellen werden auch schlichtend tätig.

---

75 *BGH* NZBau 2006, 456.
76 *BGH* ZfBR 2007, 40 ff. (mit Hinw. auf die frühere Rspr.: *BGH* NZBau 2003, 168 und *BGH* NJW 2004, 2165).
77 *OLG Schleswig* VergabeR 2006, 568.
78 Vgl. *BGH* NJW 1995, 2344 ff. (bei Juris Tz. 23–24).
79 *Antweiler* VergabeR 2002, 109 f.
80 Vgl. *LG München I* NZBau 2006, 269; *Prieß/Gabriel* NZBau 2006, 219.

§ 29
Vertragsurkunde

Eine besondere Urkunde kann über den Vertrag dann gefertigt werden, wenn die Vertragspartner dies für notwendig halten.

Inhaltsübersicht Rn.

A. Vorbemerkung 1
B. Inhalt und Zeitpunkt 2
C. Formvorschriften 5

A. Vorbemerkung

Diese Vorschrift wurde unverändert aus der VOL/A-alt übernommen. Danach kann eine besondere Urkunde über den Vertrag gefertigt werden, wenn der öffentliche Auftraggeber und der durch den Zuschlag bestimmte Vertragspartner dies für nötig halten. § 29 enthält somit keine vergaberechtliche Verpflichtung. Der Vertragsinhalt muss sich in der Regel eindeutig und abschließend aus den Verdingungsunterlagen und dem darauf aufbauenden Angebot ergeben. Der Vertragsschluss kommt durch den Zuschlag zu Stande (§ 28 Nr. 2 Abs. 1); es bedarf hierzu nicht der Unterzeichnung einer »Vertragsurkunde«. 1

B. Inhalt und Zeitpunkt

§ 29 meint die Beurkundung des Vertragsinhaltes nach der Zuschlagserteilung. Es ist jedoch nicht unüblich, dass die Verdingungsunterlagen einen häufig als »Vertragsentwurf« betitelten Text enthalten, der die Rechte und Pflichten der Vertragsparteien in Kurzform und unter Hinweis auf die Verdingungsunterlagen zusammenfasst. Er enthält oft auch allgemeine Vertragsbedingungen, wie z. B. Auslegungsregeln bei Widersprüchen in den Verdingungsunterlagen, den Gerichtsstand oder Kündigungsrechte der Vertragspartner. Die Zulässigkeit solcher allgemeinen Vertragsbedingungen richtet sich nach allgemeinen Regeln. Da der »Vertragsentwurf« in der Regel bereits ein Bestandteil der Verdingungsunterlagen ist wird er mit Zuschlagerteilung wirksam und bedarf keiner separaten Unterzeichnung. 2

Für die Anfertigung einer »Vertragsurkunde« nach der Erteilung des Zuschlags werden die Parteien ein Bedürfnis sehen, wenn z. B. bei besonders komplizierten, umfangreichen und möglicherweise unübersichtlichen Verdingungsunterlagen einzelne Verpflichtungen noch einmal zweifelsfrei festgestellt werden sollen. Die Urkunde dient dann der **Vertragssicherheit und Beweiszwecken**. 3

Eine Änderung des durch den Zuschlag zu Stande gekommenen öffentlichen Auftrags ist von § 29 nicht erfasst. Sollten nach der Zuschlagserteilung solche Änderungen notwendig werden, so richtet sich deren Zulässigkeit nach der VOL/B. 4

C. Formvorschriften

5 Für die Vertragsurkunde bestehen – trotz der möglicherweise missverständlichen Formulierung – vergaberechtlich neben dem Schriftformerfordernis keine sonstigen Formvorschriften. Insbesondere ist keine notarielle oder gerichtliche Beurkundung erforderlich. Die Vertragsurkunde muss jedoch – wie alle Verträge – von beiden Parteien unterzeichnet sein und auch den sonstigen allgemeinen Regeln genügen, wenn sie nach dem Willen der Parteien eigenständig Wirksamkeit entfalten soll.

§ 30
Vergabevermerk

1. Über die Vergabe ist ein Vermerk zu fertigen, der die einzelnen Stufen des Verfahrens, die Maßnahmen, die Feststellung sowie die Begründung der einzelnen Entscheidungen enthält.
2. Wird auf die Vorlage zusätzlich zum Angebot verlangter Unterlagen und Nachweise verzichtet, ist dies im Vergabevermerk zu begründen.

Inhaltsübersicht Rn.

A. Inhalt des Vergabevermerks (§ 30 Nr. 1)	1
I. Schriftform	3
II. Stufen des Vergabeverfahrens, Maßnahmen und Entscheidungen	4
III. Zeitnahe und fortlaufende Dokumentation	9
IV. Umfang der Dokumentationspflicht	15
B. Verzicht auf die Vorlage zusätzlich zum Angebot verlangter Unterlagen und Nachweise (§ 30 Nr. 2)	28

A. Inhalt des Vergabevermerks (§ 30 Nr. 1)

Gem. § 30 Nr. 1 VOL/A ist über die Vergabe ein Vermerk zu fertigen, der die einzel- **1** nen Stufen des Verfahrens, die Maßnahmen, die Feststellung sowie die Begründung der einzelnen Entscheidungen enthält. Diese Pflicht folgt ebenfalls aus dem in § 97 Abs. 1 verankerten Transparenzgebot. Spezielle Dokumentationspflichten enthalten darüber hinaus §§ 3 Nr. 5, 3 a Nr. 3, 22 Nr. 4 Abs. 1, 23 Nr. 3, 24 Nr. 3, 25 Nr. 5, 26 Nr. 3, 27 Nr. 1 Satz 2, 28 Nr. 1.

Die Dokumentation dient dem Ziel, einen effektiven Rechtsschutz zu gewährleisten und es sowohl dem Bieter als auch den Rechtsmittelinstanzen und Rechnungsprüfungsbehörden zu ermöglichen, den Gang des Vergabeverfahrens nachzuvollziehen und zu kontrollieren.[1] Sie ist deshalb eine zentrale Verpflichtung des öffentlichen Auftraggebers im Vergabeverfahren, auf deren Einhaltung die am Vergabeverfahren beteiligten Bieter ein subjektives Recht gemäß § 97 Abs. 7 GWB haben.[2] Die **Verletzung der Dokumentationspflicht führt grundsätzlich dazu, dass das Vergabeverfahren ab dem Zeitpunkt, in dem die Dokumentation unzureichend ist, fehlerbehaftet und zu wiederholen ist.**[3] Im Einzelfall kann ein Nachprüfungsantrag allein wegen der Verletzung der Dokumentationspflicht erfolgreich sein und zur Aufhebung der angegriffenen Ausschreibung führen.[4]

Ein Bieter kann seinen Nachprüfungsantrag allerdings nur dann auf eine fehlende **2** oder unzureichende Dokumentation stützen, wenn sich die diesbezüglichen Mängel

---
1 *OLG Düsseldorf* 14. 8. 2003, Verg 46/03.
2 Grundlegend *OLG Brandenburg* 3. 8. 1999, 6 Verg 1/99 – »Flughafen Schönefeld«.
3 *OLG Düsseldorf* 17. 3. 2004, Verg 1/04.
4 Z. B. *OLG Düsseldorf* 17. 3. 2004, Verg 1/04; siehe auch *VK Bund* 26. 10. 2004, VK 1 – 177/04.

gerade auch auf seine **Rechtsstellung im Vergabeverfahren nachteilig auswirken.**[5] Wendet sich der Antragsteller mit seinem Nachprüfungsbegehren beispielsweise gegen die Angebotswertung, kann er sich auf eine fehlerbehaftete Dokumentation nur insoweit berufen, wie diese gerade auch in Bezug auf die Wertung der Angebote unzureichend ist, d. h. die Angebotswertung anhand des Vergabevermerks nicht oder nicht hinreichend nachvollzogen werden kann.

I. Schriftform

3 Die Schriftform ist nicht ausdrücklich normiert. Da die Pflicht zur Dokumentation jedoch Beweiszwecken dienen soll, ist die Schriftform das angemessene Mittel den Gang des Vergabeverfahrens auch für nicht am Verfahren beteiligte Dritte transparent darzustellen.

Dabei ist nicht notwendig ein zusammenhängender Vergabevermerk gefordert.[6] Dem Sinn und Zweck der Dokumentationspflicht ist genügt, wenn der förmliche Verfahrensablauf als auch der materielle Inhalt der im Laufe des Verfahrens getroffenen für den Zuschlag relevanten Entscheidungen sowie deren Begründung laufend dokumentiert und chronologisch aus der Vergabeakte ersichtlich sind. Ein typischer Vergabevermerk enthält insbesondere (a) häufig einen Überblick über den Verfahrensablauf, vor allem wenn sich Besonderheiten ergeben haben, wie z. B. die Aufhebung einer ersten Ausschreibung zu dem gleichen Auftragsgegenstand, der Wiedereintritt in die Wertungsphase des Verfahrens nachdem ein Nachprüfungsantrag gestellt wurde, dem stattgegeben wurde,[7] das Führen von Aufklärungsgesprächen gemäß § 24[8] und Ähnliches (b) das Ergebnis der formellen Prüfung, wobei für jeden Bieter – meist in tabellarischer Form – auf das Vorliegen oder Nichtvorliegen der Eignungsvoraussetzungen oder geforderten Nachweisen eingegangen wird sowie ggf. auf das Nachfordern fehlender Unterlagen bzw. auf den Verzicht darauf (c) die Prüfung der Auskömmlichkeit der Preise (d) die Auswahl des wirtschaftlichsten Angebots, wobei ebenfalls auf das Angebot jedes einzelnen Bieters einzugehen ist – unter Umständen in Form einer detaillierten Bewertungsmatrix – und zu begründen ist, weshalb der Zuschlag gerade auf ein bestimmtes Angebot erteilt werden soll.

Gesonderte Vermerke können z. B. den Inhalt und die Bewertung eines Aufklärungsgesprächs nach § 24 betreffen, Erwägungen zur Losaufteilung oder zur Wahl des Vergabeverfahrens.

---

5 *OLG Düsseldorf* 17. 3. 2004, Verg 1/04; 26. 7. 2002, Verg 28/02; *BayObLG* VergabeR 2002, 63, 69; *VK Bund* 10. 12. 2003, VK 2 – 116/03.
6 *VK Lüneburg* 2. 7. 2004, 203-VgK-21/2004.
7 Wie in *VK Bund* 22. 4. 2005, 1, VK 1 – 41/05.
8 *VK Bund* 22. 4. 2005, VK 1 – 41/05.

II. Stufen des Vergabeverfahrens, Maßnahmen und Entscheidungen

Zu dokumentieren sind nach dem Normtext die Stufen, Maßnahmen und Entscheidungen im Vergabeverfahren. In der Praxis sind diese Begriffe im Einzelfall häufig nicht scharf voneinander abgrenzbar. Die Formulierung lässt jedoch auf eine Verpflichtung der Vergabestelle zu schließen, das Vergabeverfahren insgesamt in ausreichendem Maße, d. h. in seinem wesentlichem Ablauf und Inhalt für einen außenstehenden Dritten nachvollziehbar zu dokumentieren. Im Folgenden wird dennoch eine Klassifikation der Begriffe unternommen. **4**

Die **Stufen des Vergabeverfahrens** beziehen sich auf den formalen Verfahrensablauf,[9] wie er sich im Wesentlichen aus der VOL/A unter Berücksichtigung der unterschiedlichen Verfahrensarten ergibt. Ein Vergabeverfahren beginnt in der Regel offiziell mit der Bekanntmachung bzw. der Aufforderung zur Angebotsabgabe und endet mit dem Zuschlag bzw. der Aufhebung der Ausschreibung. Dazwischen liegende Stufen des Vergabeverfahrens sind jedenfalls der Submissionstermin, die formelle und die materielle Prüfung der Angebote, ggf. Nachverhandlungen nach § 24, ggf. die Durchführung eines Teilnahmewettbewerbs, im Verhandlungsverfahren die einzelnen Verhandlungsrunden, die Auswahl des wirtschaftlichsten Angebot, die Versendung von Informationsschreiben nach § 13 VgV und die Erteilung des Zuschlags. Diese Verfahrensschritte sind unter Angabe des Datums zu dokumentieren. **5**

Maßnahmen im Vergabeverfahren sind solche, die den Sachverhalt festlegen, auf dessen Grundlage die Vergabeentscheidung ergeht. Solche Maßnahmen können bereits vor dem offiziellen Beginn des Vergabeverfahrens getroffen werden.[10] Dazu gehören etwa die Auswahl der Verfahrensart, die Losaufteilung, die Festlegung der Bewertungskriterien und deren Gewichtung, ggf. Vorgaben zur Bewertung bestimmter Inhalte von Angeboten. Zu den Maßnahmen gehört ferner der gesamte Umgang mit den Bietern (Korrespondenz, Nachfordern von Unterlagen, Beantwortung von Bieterfragen, Verlängerung von Binde- und Zuschlagsfristen etc., die formelle Prüfung der Angebote auf Vollständigkeit und Einhaltung der in den Verdingungsunterlagen genannten Bedingungen), die Reaktionen auf alle inhaltlichen Besonderheiten und Abweichungen vom normalen Verfahrensablauf (z. B. das Führen von Aufklärungsgesprächen über bestimmte Punkte). **6**

Entscheidungen im Vergabeverfahren sind solche, bei der mehrere Gesichtspunkte gegeneinander abzuwägen sind und der Vergabestelle somit ein Ermessensspielraum zukommt. Hier verlangt die Dokumentationspflicht über die bloße Notiz hinaus, dass diese Entscheidungen getroffen worden sind, eine ausführliche Darstellung des Entscheidungsprozesses mit seinem Für und Wider sowie eine detaillierte Begründung der getroffenen Entscheidung. **7**

Begründungsintensive Entscheidungen sind insbesondere solche, die die Zuschlagsentscheidung betreffen, wie die Wertung der Angebote oder der Ausschluss eines Bieters vom Vergabeverfahren sowie die Zuschlagsentscheidung selbst. Bei solchen Ent-

---

9 *VK Lüneburg* 26. 1. 2005, 203-VgK-56/2004.
10 *OLG Düsseldorf* 17. 3. 2004, Verg 1/04.

§ 30 Vergabevermerk

scheidungen muss der Auftraggeber damit rechnen, dass sie von den nachteilig betroffenen Bietern in vergaberechtlichen Nachprüfungsverfahren angegriffen werden. An die Darlegung von der Entscheidung zu Grunde liegenden Tatsachen sowie ihrer Beurteilung ist daher ein hoher Maßstab anzulegen. Entscheidungen, die einen erheblichen Begründungsaufwand erfordern, können – je nach den Umständen des Einzelfalls – auch solche zur Losaufteilung, zur Wahl der Verfahrensart oder zur Aufhebung eines Vergabeverfahrens (unter Umständen mit daran anschließender Freihändiger Vergabe) sein.

8 Mit Blick auf die gemäß § 30 a Abs. 1 der EU-Kommission zu übermittelnden Bestandteile des Vergabevermerks muss der Vergabevermerk jedenfalls die dort genannten Informationen enthalten. Eine stichpunktartige Aufzählung von zu dokumentierenden Informationen für die einzelnen Stufen des Vergabeverfahrens unternimmt *Rechten* in: VOB aktuell 2/2006, 9 ff.

III. Zeitnahe und fortlaufende Dokumentation

9 Die Dokumentation des Vergabeverfahrens muss fortlaufend und zeitnah geschehen. Unter einer fortlaufenden Dokumentation ist die **chronologische Niederlegung** der wesentlichen Schritte und Entscheidungen gemäß dem Gang des Vergabeverfahrens zu verstehen. In der Regel reicht es aus, das Datum festzuhalten, an dem der zu dokumentierende Sachverhalt stattgefunden hat. Unter Umständen kann es auch auf die Uhrzeit ankommen, z. B. beim Zeitpunkt der Öffnung der Angebote, wenn Angebote zwischen Abgabe und Öffnung der Angebote noch vervollständigt wurden. Wenn für bestimmte Verfahrensschritte vom Vergaberecht eine Reihenfolge vorgegeben ist, soll aus dem chronologischen Vermerk auch hervorgehen, dass diese Reihenfolge eingehalten wurde. Eine Reihenfolge ist z. B. für die vier Wertungsphasen normiert, die nacheinander durchlaufen werden müssen.[11] Wo Wertungsphasen nachgeholt wurden, ist dies im Vergabevermerk chronologisch zu dokumentieren. Die Nachprüfungsinstanzen haben dann die Möglichkeit, festzustellen, ob sich der Verstoß gegen die vorgegebene Reihenfolge nachteilig für einen beschwerdeführenden Bieter ausgewirkt hat.

10 Das Vergaberecht verpflichtet den Auftraggeber nicht zu einer unverzüglichen, sondern lediglich zu einer **zeitnahen Dokumentation**.[12] Die Rechtsprechung hat den Begriff der Zeitnähe bisher nicht genau definiert. Nach Sinn und Zweck der Norm muss jedoch entscheidend sein, dass die Dokumentation zu einem Zeitpunkt erfolgt, zu dem davon ausgegangen werden kann, dass die Dokumentation noch den Verlauf des Entscheidungsprozesses widerspiegelt.[13] Ein vergaberechtswidriges Erstellen eines Vergabevermerks »im Nachhinein« liegt dagegen vor, wenn so viel Zeit verstrichen ist, dass nicht nur die Transparenz des Vergabeverfahrens beeinträchtigt ist, sondern überdies eine ergebnisorientierte und mit den tatsächlichen Erwägungen und

---

11 *VK Lüneburg* 10. 3. 2003, 203-VgK-01/2003 für die VOB.
12 *OLG Düsseldorf* 17. 3. 2004, Verg 1/04.
13 *VK Lüneburg* 11. 1. 2005, 203-VgK-55/2004. Das hat die *VK Bremen* 10. 9. 2004, 3/04 in einem Fall bejaht, in dem die Vergabeentscheidung erst nach dem Versenden des § 13-Schreibens vorgenommen worden ist.

Vergabevermerk § 30

Entscheidungen nicht übereinstimmende Darstellung der jeweiligen Vorgänge nahe liegt. Ob und wann dies der Fall ist, wird von den Umständen des konkreten Falles abhängen.

Das OLG Düsseldorf[14] hat entschieden, dass eine **fehlende Dokumentation** nicht während des Nachprüfungsverfahrens durch schriftsätzlichen Vortrag oder ergänzendes mündliches Vorbringen in der Verhandlung **geheilt werden kann**. Ebenso wenig sind Nachbesserungen einer unzureichenden Begründung zulässig, wo eine zeitnahe Dokumentation ohne weiteres möglich gewesen wäre.[15] Das OLG grenzt von dem seiner Entscheidung vom 17. 3. 2004 zu Grunde liegenden Fall ausdrücklich Fallgestaltungen ab, in denen entscheidungserhebliche Fakten erst zu einem späteren Zeitpunkt zu Tage treten bzw. bei denen der zu beurteilende Sachverhalt sich nachträglich verändert hat, so dass eine frühzeitigere Dokumentation nicht möglich war. **11**

Anders hat das OLG Düsseldorf in seinem Beschl. v. 15. 8. 2003, Verg 34/03 (m. w. N.) entschieden. Hier war nicht dokumentiert, dass der Auftraggeber die Eignung des für den Zuschlag vorgesehenen Beigeladenen vollständig geprüft hatte. Der Auftraggeber hat die Eignungsprüfung – eine Prognoseentscheidung zu den Aussichten der Beigeladenen, für ihre polnischen Mitarbeiter eine Arbeitserlaubnis zu erlangen – jedoch im Verlauf des Nachprüfungsverfahrens nachgeholt. In diesem Zusammenhang hat der Senat ausgesprochen, dass es eine **unnötige Förmelei** wäre, die Antragsgegnerin zu verpflichten, die personelle Leistungsfähigkeit der Beigeladenen unter Berücksichtigung des ursprünglich unbeachtet gelassenen Gesichtspunkts zu wiederholen. Vielmehr könne – so hat der Senat ausgeführt – die von der Antragsgegnerin im Nachprüfungsverfahren nachgeholte Beurteilung der personellen Leistungsfähigkeit sogleich einer Überprüfung durch die Vergabenachprüfungsinstanzen unterzogen werden (unter Hinweis auf Senat, VergabeR 2001, 419, 423; Beschl. v. 9. 4. 2003, Verg 66/02[16]). Dem OLG Düsseldorf folgt die Entscheidung der VK Bund vom 10. 12. 2003.[17] Auch hier war aus der Vergabeakte nicht erkennbar, weshalb die Vergabestelle den Beigeladenen für geeignet hielt. Aus der Verletzung der Dokumentationspflicht könne ein Bieter jedoch keine Rechte ableiten, wenn diese sich nicht auf seine Rechtsstellung im Verfahren – insbesondere auf die Reihenfolge der Bieter[18] – auswirke. Beeinflusse der mangelhaft dokumentierte Sachverhalt keinesfalls die Zuschlagsentscheidung, sei **ein Nachschieben der Begründung** zulässig. Im von der VK Bund zu beurteilenden Fall war die Angebotswertung im Nachprüfungsverfahren schriftsätzlich wie auch in der mündlichen Verhandlung im Einzelnen erläutert worden. Die VK Bund hat ausgeführt, dass an dem Zustandekommen der Vergabeentscheidung in fachlicher Hinsicht nach dem plausiblen Vortrag der Vergabestelle kein Zweifel bestehe. Es wäre **12**

---

14 *OLG Düsseldorf* 17. 3. 2004, Verg 1/04.
15 *OLG Düsseldorf* 4. 3. 2004, Verg 8/04.
16 In diesem Fall spielte ebenfalls die nachgeholte Eignungsprüfung des bevorzugten Bieters während des Nachprüfungsverfahrens eine Rolle. Diese war jedoch deshalb erneut notwendig geworden, weil sich die zu Grunde liegende Sachlage wesentlich weiterentwickelt hatte. Hier hatte der Senat entschieden, dass bei einer solchen Konstellation, in der außerdem noch feststeht, wie die an sich von der Vergabestelle zu treffende Entscheidung ausgefallen wäre, die Nachprüfungsinstanzen die Entscheidung der Vergabestelle ersetzen können, um ein unnötiges Hin und Her zu vermeiden.
17 *VK Bund* 10. 12. 2003, VK 2 – 116/03.
18 So insbesondere *VK Bremen* 10. 9. 2004, VK 3/04.

§ 30 Vergabevermerk

demnach eine bloße Förmelei, bei dem durch die Nachholung der Begründung nunmehr vorliegenden Sachstand das Vergabeverfahren aufzuheben und die Antragsgegnerin zu verpflichten, die Eignung der Beigeladenen für die Akten neu zu dokumentieren. Dementsprechend hätten auch die Vergabekammern des Bundes in Einzelfällen auf die Anordnung der Fertigung einer lückenlosen Dokumentation verzichtet (VK Bund 26. 9. 2003, VK 2 – 66/03, VK Bund 16. 9. 2003, VK 2 – 76/03, VK Bund 14. 10. 2003, VK 1 – 95/03).

13 Will man eine Prüfung und Dokumentation der Bietereignung erst im Nachprüfungsverfahren zulassen, kann der Zweck einer Dokumentation, nämlich für die Nachprüfungsinstanzen die Entscheidungsfindung, wie sie vor dem Nachprüfungsverfahren stattgefunden hat, transparent zu machen, nicht mehr erfüllt werden. Man mag dies für entbehrlich gehalten haben, da die Entscheidungsfindung – für die Nachprüfungsinstanzen sichtbar – während des Nachprüfungsverfahrens stattgefunden hat. Die Zulässigkeit einer solchen Vorgehensweise, wenn die Beurteilung der Eignung ohne weiteres auch im Vergabeverfahren möglich gewesen wäre und die Sachlage sich insoweit nicht fortentwickelt hat, kann jedoch in Zweifel gezogen werden. Sie widerspricht den Grundsätzen eines ordnungsgemäßen Ablaufs des Vergabeverfahrens, nach dem die maßgeblichen Entscheidungen in den einzelnen Stufen des Vergabeverfahrens chronologisch und nicht erst nach der Zuschlagsentscheidung getroffen werden müssen. Dies muss umso mehr gelten, wenn – wie in dem der OLG-Entscheidung zu Grunde liegenden Fall – die nachträglich dokumentierte Entscheidung Raum für eine Ermessensausübung lässt. In solchen Fällen ist die Gefahr groß, dass Begründungen ergebnisorientiert gesucht und gefunden werden, um ein unabhängig davon zustande gekommenes Ergebnis nachträglich zu rechtfertigen. Die **Zulässigkeit pragmatischer Lösungen** sollte daher nur für solche eng begrenzten Einzelfälle zulässig sein, in denen der mangelhaft dokumentierte Umstand tatsächlich nach seiner Aufklärung keinen Raum für eine andere Entscheidung lässt.

14 Aus der hier vertretenen Auffassung folgt, dass die Rechtsmittelinstanzen nicht verpflichtet sein können, Sachverhalte, die mangelhaft dokumentiert sind, im Wege der Beweisaufnahme zu klären. Dies kann den Verstoß gegen den Transparenzgrundsatz, der in der mangelhaften Dokumentation liegt nicht heilen. Andernfalls liefe § 30 Abs. 1 leer.[19]

IV. Umfang der Dokumentationspflicht

15 In Bezug auf den Umfang der Dokumentation gilt generell, dass diese so ausführlich sein muss, dass für einen außenstehenden fachkundigen Dritten bei Kenntnis der Angebotsinhalte der Ablauf des Vergabeverfahrens sowie sein materieller Inhalt deutlich erkennbar und nachvollziehbar ist. Je größer bei einzelnen zu dokumentierenden Sachverhalten der Ermessensspielraum der Vergabestelle ist, desto ausführlicher müssen die Entscheidung und die der Entscheidung zu Grunde liegenden Umstände dokumentiert werden.

---

[19] VK Bund 26. 1. 2004, VK 1 – 219/04.

Vergabevermerk § 30

Insbesondere auf die **Dokumentation der Angebotswertung und der Zuschlags-** 16
entscheidung als der Kernaufgabe des Auftragsgebers im Vergabeverfahren muss größte Sorgfalt verwandt werden. Insbesondere muss nachvollziehbar sein, warum gerade auf das betreffende Angebot der Zuschlag erteilt werden soll. Hierzu müssen die Tatsachenumstände und Überlegungen, welche die in Aussicht genommene Zuschlagsentscheidung tragen, vollständig, wahrheitsgemäß und verständlich mitgeteilt werden. Aus der Dokumentation sollen alle Erwägungen hervor gehen, die bei der Entscheidung über den Zuschlag eine Rolle gespielt haben.[20]

Im Einzelnen muss die Dokumentation der Angebotswertung erkennen lassen, dass 17
die Vergabestelle bei der Ermittlung des wirtschaftlichsten Angebots alle in den Verdingungsunterlagen genannten **Zuschlagskriterien** - wie z. B. neben dem Angebotspreis auch die »Ausführungsfrist«, »Qualität« oder »Folgekosten« – berücksichtigt und deren Einhaltung durch die einzelnen Angebote **umfassend geprüft** hat. Ermöglichen die Ausschreibungsbedingungen verschiedene Verfahren zum Erbringen der geforderten Leistung, muss die Dokumentation erkennen lassen, dass die Vergabestelle sich mit den Vor- und Nachteilen der unterschiedlichen Methoden und eventuellen Auswirkungen auf den Preis auseinandergesetzt hat.[21]

In der Vergangenheit ist es nicht selten vorgekommen, dass Vergabestellen von den Vergabekammern verpflichtet wurden, die Angebotswertung zu wiederholen, weil aus der Vergabeakte nur hervorging, dass ein Preisvergleich der Angebote der an der Wertung teilnehmenden Bieter vorgenommen und der Zuschlag auf das günstigste Angebot erteilt wurde.[22] Dies ist unzulässig, wenn die Verdingungsunterlagen noch andere Zuschlagskriterien neben dem Angebotspreis vorsehen. Die Auftraggeber haben im Einzelfall geltend gemacht, dass sich im konkreten Fall das wirtschaftlichste Angebot letztlich ausschließlich über den Preis ermitteln ließ, weil die Angebote hinsichtlich der übrigen Zuschlagskriterien keine Unterschiede aufgewiesen hätten. Selbst wenn dies der Fall ist, besteht dennoch ein Dokumentationsdefizit, der das Vergabeverfahren fehlerhaft macht. Aus der Vergabeakte muss daher hervorgehen, dass die Vergabestelle sämtliche Angebote anhand der in den Verdingungsunterlagen bekannt gemachten Kriterien überprüft hat. Die Gleichwertigkeit der Angebote hinsichtlich der vorgegebenen Qualitätsstandards ist für die Bieter sowie die Rechtsmittelinstanzen nachvollziehbar darzulegen.[23]

In ihrer Entscheidung vom 2. 7. 2004 hat sich die VK Lüneburg zu den Anforderun- 18
gen an den Vergabevermerk in Bezug auf die **Ermittlung des wirtschaftlichsten Angebots** detailliert geäußert. So erfüllt die Wiedergabe des Ergebnisses der Angebotsauswertung und die beispielhafte Erläuterung, warum einzelne Angebote in einzelnen Bereichen gut abschneiden und in anderen Bereichen nicht, grundsätzlich nicht die strengen Anforderungen, die an die Dokumentationspflicht gestellt werden. Im beurteilten Fall war dem Entscheidungsvorschlag jedoch die ausgefüllte Bewertungsma-

---

20 *OLG Düsseldorf* 14. 8. 2003, 46/03.
21 *OLG Düsseldorf* 19. 1. 2005, VII Verg 58/04; *VK Bund* 14. 4. 2004, VK 3 – 41/04.
22 *VK Lüneburg* 26. 1. 2005, 203-VgK-56/2004.
23 *OLG Düsseldorf* 19. 1. 2005, VII Verg 58/04; *VK Lüneburg* 11. 1. 2005, 203-VgK-55/2004;*VK Bund* 14. 4. 2004, VK 3 – 41/04.

trix zu allen Losen beigefügt. Für einen mit dem Verfahren vertrauten Dritten war daher die Punktebewertung auch hinsichtlich aller Unterpositionen transparent. Den Vergabeakten war auch ein zeitnah erstellter Vermerk beigefügt, dem zu entnehmen war, dass die Vergabestelle auf eine Rüge der Antragstellerin im Anschluss an das Informationsschreiben nach § 13 VgV ihre Wertung noch einmal überprüft und Übertragungsfehler vom Angebot in die Bewertungsmatrix festgestellt hat. Dies hatte zwar zu einer Punkteveränderung geführt, aber nicht zu einer Veränderung der Rangfolge der Bieter. Die Vergabekammer hat daher die Dokumentation auch angesichts der hohen Anforderungen des § 30 als ausreichend detailliert angesehen.

19 Dagegen erfordert es die Dokumentationspflicht nicht, dass bei einem Wertungskonzept, das Punktzahlen von 0 bis 3 vergibt und bei dem 2 Punkte für ein den Anforderungen entsprechendes Angebot vergeben werden, 3 Punkte für besonders kreative Angebote und 0 bzw. 1 Punkt für den Anforderungen nicht genügende Angebote, die Vergabestelle verbalisiert, weshalb sie ein Angebot für den Anforderungen entsprechend (2 Punkte) hält. Eine Begründung, die die Vorgaben der Verdingungsunterlagen wiederholt, stellt eine reine Förmelei dar und wird daher von der Rechtsprechung nicht verlangt.[24] Selbst wenn man hier einen Verstoß gegen § 30 annehmen wollte, kann ein Bieter seinen Nachprüfungsantrag hierauf nur stützen, wenn der Mangel sich gerade auch auf seine Rechtsstellung im Vergabeverfahren nachteilig auswirkt. Das ist regelmäßig nicht der Fall, denn ein Antragsteller ist nicht gehindert, die Vergabe von lediglich 2 Punkten als vergaberechtsfehlerhaft zu beanstanden. Er kann und muss nur schlüssig vortragen, dass eine Bewertung seines Angebots mit 3 Wertungspunkten geboten ist.[25] Entsprechendes gilt, wenn ein Antragsteller sich gegen die Wertung des Angebotes des Bieters wendet, der den Zuschlag erhalten soll.[26]

20 Eine weitere zu dokumentierende Verfahrensstufe ist die **Prüfung der Auskömmlichkeit eines Angebots** gemäß § 25 Nr. 2 Abs. 2. Die Vergabestelle ist verpflichtet, ungewöhnlich niedrig kalkulierte Angebote auf ihre Auskömmlichkeit zu überprüfen und unauskömmliche Angebote vom weiteren Verfahren auszuschließen. Die Gründe für eine solche Ausschlussentscheidung sind somit besonders für den ausgeschlossenen Bieter in Hinblick auf ein vom ihm eingeleitetes Nachprüfungsverfahren von Bedeutung.[27] Pauschale Zurückweisungen einer Kalkulationsmethode des Bieters durch den Auftraggeber sind nicht ausreichend, auch wenn die vom Bieter verwendete Kalkulationsmethode dem Auftraggeber bisher noch nicht bekannt gewesen ist oder diese nicht branchenüblich ist. Die Dokumentation muss vielmehr erkennen lassen, dass er sich mit der Argumentation des Bieters auseinandergesetzt hat und konkret begründen, in welchen Punkten die Darlegungen des Bieters aus betriebswirtschaftlicher und/oder rechtlicher Sicht nicht nachvollziehbar sind. Der Verstoß gegen diese

---

24 *OLG Düsseldorf* 27. 7. 2005, VII – Verg 108/04; ausführlich *VK Bund* 30. 8. 2005, VK 1 – 89/05, bestätigt durch *OLG Düsseldorf* 30. 11. 2005, VII Verg 65/05.
25 *OLG Düsseldorf* 23. 11. 2005, Verg 66/05.
26 *VK Bund* 15. 8. 2006, VK 1 – 79/06.
27 Drittschützenden Charakter entwickelt diese Vorschrift nur dann, wenn ein Unterkostenangebot in der zielgerichteten Absicht abgegeben wird oder zumindest die Gefahr begründet, dass bestimmte Mitbewerber vom Markt verdrängt werden.

Pflicht führt dazu, dass der Auftraggeber die Unauskömmlichkeit des Angebots erneut überprüfen muss.[28]

Ein wichtiger zu dokumentierender Verfahrensschritt ist die Entscheidung für die **konkrete Losaufteilung** im Vergabeverfahren, da durch sie der in Frage kommende Bieterkreis beeinflusst wird. Die Entscheidung über die Losaufteilung ist auch dann Teil des Vergabeverfahrens, wenn die Zuschnitte der Lose einheitlich für eine Vielzahl von Vergaben vor der offiziellen Einleitung des Vergabeverfahrens festgelegt werden. Das OLG Düsseldorf hat deshalb in einem Fall, in dem die Vergabestelle versäumt hatte, ihre Erwägungen zur Losaufteilung in einem Vergabevermerk festzuhalten, angenommen, dass das Vergabeverfahren von Anfang an fehlerhaft war und die streitbefangene Ausschreibung vollständig aufgehoben.[29] Bei der Entscheidung über die Losaufteilung kommt es im Rahmen der Dokumentationspflicht vor allem darauf an, dass ersichtlich wird, dass die Vergabestelle das Interesse kleiner und mittelständischer Unternehmen an der Ausschreibung teilnehmen zu können, berücksichtigt und gegen wirtschaftliche Belange abgewogen hat. Eine Notiz, die lediglich über die Anzahl der zu vergebenden Lose informiert, genügt den Anforderungen nicht. Der deutsche Verdingungsausschuss für Bauleistungen hat Erläuterungen vom 30. 8. 2000 zur Zusammenfassung von Fachlosen und die Bildung von Teillosen veröffentlicht, die Anhaltspunkte für eine tragfähige Begründung der Losaufteilung liefern. 21

Auch das Ergebnis eines Aufklärungsgesprächs zur Klärung des Inhalts eines Angebots ist eine wesentliche Entscheidung im Vergabeverfahren, da es zum Ausschluss eines Bieters vom weiteren Vergabeverfahren führen kann. Inhalt und Bewertung des Gesprächs durch die Vergabestelle sind daher besonders sorgfältig zu dokumentieren.[30] In einem von der VK Bund entschiedenen Fall, bei dem es um die Umstellung von IT-Programmen ging, hat die Vergabekammer den Antragsgegner verpflichtet, das Vergabeverfahren beginnend mit der »**Zweifelsverhandlung**« zur Umstellbarkeit der Programme zu wiederholen, da sie an Hand der äußerst knapp gehaltenen Dokumentation nicht nachvollziehen konnte, ob das Aufklärungsgespräch – wie von der Antragstellerin im Nachprüfungsverfahren beanstandet – nicht ergebnisoffen geführt wurde. Die Kammer hatte insbesondere beanstandet, dass in dem Protokoll zur »Zweifelsverhandlung« nur ein zusammenfassender Eindruck niedergelegt war, der bereits wertend gefasst war, ohne die zu Grunde liegenden Tatsachen wieder zu geben. Aus der Vergabeakte war auch nicht ersichtlich, welche Fragen aus einem von der Vergabestelle vorbereiteten Fragebogen der Antragstellerin gestellt wurden und wie diese von der Antragstellerin beantwortet worden sind. Die Kammer vermisste auch eine ernsthafte Auseinandersetzung mit den Darlegungen der Antragstellerin sowie dokumentierte Gründe, warum bestimmte Antworten der Antragstellerin für den Antragsgegner nicht überzeugend waren. 22

---

28 *VK Bund* 25. 2. 2005, VK 1 – 8/05.
29 *OLG Düsseldorf* 17. 3. 2004, Verg 1/04; siehe zur mangelhaften Dokumentation der Losaufteilung auch *OLG Düsseldorf* 4. 3. 2004, Verg 8/04; 8. 9. 2004 – Verg 38/04; *OLG Celle* 25. 5. 2007 – 13 Verg 4/07, und *VK Bund* 6. 6. 2007, VK 1 – 38/07.
30 *VK Bund* 26. 1. 2005, VK 1 – 219/04.

23 Als **Hinweis für die Praxis** lässt sich schlussfolgern, dass insbesondere bei Entscheidungen im Vergabeverfahren, die zum Ausschluss eines Bieters führen, hohe Anforderungen an die Darlegung der der Entscheidung zu Grunde liegenden Tatsachen sowie ihrer Beurteilung durch die Vergabestelle gestellt werden. Geht einer solchen Entscheidung ein Gespräch mit dem jeweiligen Bieter voraus, ist es ratsam, das erstellte Gesprächsprotokoll vom Bieter mit zeichnen zu lassen. Es sollte weiter ggf. aus der Vergabeakte hervorgehen, warum es die Vergabestelle für nötig gehalten hat, mit einem Bieter ein Aufklärungsgespräch zu führen und mit anderen Bietern nicht, da hier der Gleichbehandlungsgrundsatz gewahrt werden muss.

24 Detailreiche Ausführungen zur Begründung einer **Entscheidung** im Vergabeverfahren sind entbehrlich, **wenn kein Ermessensspielraum** besteht, weil die Voraussetzungen für eine bestimmte Entscheidung entweder vorliegen oder nicht. Das trifft in der Regel auf die Prüfung der Einhaltung der formalen und inhaltlichen Bedingungen der Verdingungsunterlagen sowie der Eignung der Bieter zu. In Bezug auf die Wertung des Angebots kann eine detaillierte Begründung entbehrlich sein, wenn in den Verdingungsunterlagen keine weiteren Kriterien bzw. nur der Preis als maßgeblich genannt worden sind, da in diesem Fall kein Ermessensspielraum besteht.

25 Bei der **Überprüfung eines Angebots auf formale und inhaltliche Mängel** geht es darum, ob das Angebot des jeweiligen Bieters vollständig ist und ob die Vorgaben der Verdingungsunterlagen eingehalten worden sind. Ist das nicht der Fall, kann das Angebot von der Wertung ausgeschlossen werden. Hier reicht es aus, wenn im Vergabevorschlag vermerkt ist, welche Angebote aufgrund welcher Mängel vom Verfahren ausgeschlossen werden. Weiter muss die Vergabestelle auf dieser Stufe angeben, von welchen Bietern Unterlagen nachgefordert wurden und welche Bieter Unterlagen tatsächlich nachgereicht haben. Da die Vergabestelle bei dieser Vorgehensweise den Gleichheitsgrundsatz nicht verletzen darf, muss sich auch die Gleichbehandlung aller Bieter aus der Vergabeakte ergeben. Als Ergebnis ist festzuhalten, welche Bieter in der Wertung verbleiben und welche Bieter vom weiteren Verfahren ausgeschlossen werden.

26 Der Bieter weist im Vergabeverfahren in der Regel seine **Eignung** nach, indem er seinem Angebot bestimmte Erklärungen und Nachweise beifügt. Diese Unterlagen liegen entweder vor oder nicht, so dass kein Ermessensspielraum besteht. Daher sind an die Dokumentationspflicht auch keine hohen Anforderungen zu stellen. Häufig werden deshalb die formale Prüfung und die Prüfung der Eignung des Bieters von der Vergabestelle in Form einer Tabelle dokumentiert, aus der hervorgeht, welche Bedingungen erfüllt wurden und welche nicht.

27 Die Vergabeakte muss erkennen lassen, dass die in den einzelnen Stufen des Vergabeverfahrens zu treffenden Entscheidungen von dem Auftraggeber selbst getroffen worden und nicht etwa – wie sich aus § 6 Nr. 3 ergibt – von einem mit Vorbereitung und Durchführung des Verfahrens beauftragten Ingenieurbüro oder einem sonstigen beauftragten Sachverständigen.[31] Zu diesem Zweck muss mindestens ersichtlich sein, dass die Vergabestelle »zustimmend mitgewirkt« hat. In der Regel wird diese Bedin-

---

31 VK *Lüneburg* 26. 1. 2005, 203-VgK-56/2004.

gung durch eine Unterschrift unter dem Vergabevorschlag des Sachverständigen oder einen Genehmigungsvermerk der Vergabestelle erfüllt. Nicht ausreichend ist, wenn die Vergabestelle die Prüfungsergebnisse und Entscheidungen eines beauftragten Sachverständigen jeweils nur als Kopie zur Kenntnis erhält.[32]

B. Verzicht auf die Vorlage zusätzlich zum Angebot verlangter Unterlagen und Nachweise (§ 30 Nr. 2)

Nach dieser Vorschrift muss im Vergabevermerk begründet sein, wenn auf die Vorlage zusätzlich zum Angebot verlangter Unterlagen und Nachweise verzichtet wurde. Die Vorschrift hat keine praktische Bedeutung erlangt. **28**

Der Anwendungsbereich der Vorschrift ist äußerst begrenzt, da ein Verzicht auf mit den Verdingungsunterlagen angeforderte Dokumente und Unterlagen zu Gunsten einzelner Bieter jedenfalls oberhalb der Schwellenwerte grundsätzlich nicht in Betracht kommt. Dies erfordert der im Vergaberecht streng zu beachtende Gleichbehandlungsgrundsatz. **29**

§ 30 Nr. 2 ist daher nicht anwendbar, wenn Dokumente und Unterlagen **30**

a) gemäß den Verdingungsunterlagen zwingend mit dem Angebot vorzulegen sind und wenn deren Fehlen bei Angebotsabgabe zwingend zum Ausschluss des Angebots von der weiteren Wertung führt. Die Vergabestelle darf z. B. auf die Vorlage von Eignungsnachweisen bei einzelnen Unternehmen auch dann nicht verzichten, wenn ihr die Eignung des Unternehmens aus früheren oder bestehenden Vertragsbeziehungen bekannt ist. Das ergibt sich aus dem Gleichbehandlungsgrundsatz.[33]

b) gemäß den Verdingungsunterlagen nicht zwingend mit der Abgabe des Angebots vorliegen müssen, sondern solche Dokumente nachgereicht werden dürfen. Auf sie darf die Vergabestelle aus Gründen der Gleichbehandlung ebenfalls nicht verzichten, wenn sie die Vorlage der Dokumente uneingeschränkt in ihren Verdingungsunterlagen gefordert hat.

c) gemäß den Verdingungsunterlagen vom Bieter erst auf Nachfrage der Vergabestelle beigebracht werden müssen, z. B. dann, wenn sein Angebot bereits in der engeren Auswahl ist. In solchen Fällen muss die Vergabestelle nicht extra begründen, wenn die Nachfrage unterbleibt. Denn in diesem Fall sind die Dokumente und Unterlagen nicht »verlangt« i. S. d. § 30 Nr. 2.

Ein Verzicht auf geforderte Unterlagen und Dokumente kommt jedoch unter Umständen gegenüber allen Bietern in Frage, wenn z. B. die Vergabestelle im Laufe des Vergabeverfahrens feststellt, dass tatsächliche Gründe vorliegen, aus denen die Bieter daran gehindert sein können, diese Unterlagen rechtzeitig oder überhaupt vorzulegen. Das kann der Fall sein, wenn die Vorlage einer Eintragung im Handelsregister mit Angebotsabgabe verlangt war, die Frist zwischen Versendung der Verdingungsunterlagen und Abgabe der Angebote für die Biete jedoch zu kurz ist, um rechtzeitig einen Han- **31**

---
32 *VK Lüneburg* 11. 1. 2005, 203-VgK-55/2004.
33 *VK Sachsen* 25. 4. 2006, 1/SVK/031–06; *VK Düsseldorf* 7. 10. 2005, VK-22/2005-B.

delsregisterauszug zu erhalten. Ein anderes Beispiel ist das Verlangen der Vorlage einer Unbedenklichkeitsbescheinigung des Finanzamtes, wenn das Finanzamt solche Bescheinigungen nicht mehr ausstellt. Die Begründung des Verzichts im Vergabevermerk ist erforderlich, um sicherzustellen, dass der Verzicht aus objektiven Gründen erfolgt und nicht etwa, um den Bieter, der den Zuschlag erhalten soll, der aber geforderte Unterlagen nicht vorgelegt hat, zu bevorteilen.

Abschnitt 2
Bestimmungen nach der Richtlinie 2004/18/EG des Europäischen Parlaments und des Rates vom 31. März 2004 über die Verfahren zur Vergabe öffentlicher Bauaufträge, Lieferaufträge und Dienstleistungsaufträge

Die Kommentierung zu den – hier nicht noch einmal abgedruckten – Basis-Paragraphen findet sich in Abschnitt 1.

§ 1a
Verpflichtung zur Anwendung der a-Paragraphen

1. (1) Bei der Vergabe von Liefer- und Dienstleistungsaufträgen gelten die Bestimmungen der a-Paragraphen zusätzlich zu den Basisparagraphen. Soweit die Bestimmungen der a-Paragraphen nicht entgegenstehen, bleiben die Basisparagraphen dieses Abschnittes unberührt.
(2) Aufträge, deren Gegenstand Lieferungen und Dienstleistungen sind, werden nach den Regelungen über diejenigen Aufträge vergeben, deren Wert überwiegt.
(3) Soweit keine ausdrückliche Unterscheidung zwischen Liefer- und Dienstleistungsaufträgen erfolgt, gelten die Regelungen sowohl für Liefer- als auch für Dienstleistungsaufträge.

2. (1) Aufträge, deren Gegenstand Dienstleistungen nach Anhang I A sind, werden nach den Bestimmungen dieses Abschnittes vergeben.
(2) Aufträge, deren Gegenstand Dienstleistungen nach Anhang I B sind werden nach den Bestimmungen der Basisparagraphen diese Abschnittes und der §§ 8 a und 28 a vergeben.
(3) Aufträge, deren Gegenstand Dienstleistungen des Anhangs I A und des Anhangs I B sind, werden nach den Regelungen derjenigen Dienstleistungen vergeben, deren Wert überwiegt.

Erläuterungen

Zu § 1 a
§ 1 a wurde um die Bestimmungen bereinigt, die nunmehr Gegenstand der Vergabeverordnung sind.

Inhaltsübersicht   Rn.

A. Allgemeines	1
I. Funktion der Vorschrift	1
II. Rechtscharakter der Vorschrift	2
B. Anwendungsbereich	3
I. Subjektives Anwendungsfeld des Abschnitts: Die Vertragspartner	3
1. Öffentliche Auftraggeber (§ 98 Nr. 1 bis 3 und 5 GWB)	3
a) Gebietskörperschaften, Sondervermögen, Verbände	5
b) Andere juristische Personen; »Einrichtung des öffentlichen Rechts«	6
aa) Steuerung durch Gebietskörperschaft	7
bb) Aufgaben im Allgemeininteresse	8
cc) Nichtgewerblicher Art	10
dd) Rechtssprechung	11
c) Subventionsempfänger	13
d) Verzeichnis der VKR 2004/18/EG	14
2. Vertragspartner der öffentlichen Auftraggeber	16

§ 1a Verpflichtung zur Anwendung der a-Paragraphen

	II. Objektives Anwendungsfeld	17
	1. Aufträge	18
	2. In-House-Rule	23
	a) Das In-House-Geschäft	27
	b) Kooperationen	30
	3. Auftragsschwellen	32
	4. Ausnahmen	38
C.	Konstitutive Regelungen des § 1a	39
	I. Anleitung zur Anwendung der Regeln des Abschnittes	39
	II. Unterschiedliche Dienstleistungen	42
	III. Gemischte Aufträge	44

A. Allgemeines

I. Funktion der Vorschrift

1 Die Rechtsbefehle zur Anwendung des 2. Abschnitts der VOL/A[1] ergeben sich ebenso wie beim 1. Abschnitt aus Rechtsquellen außerhalb der VOL/A. Die Geltungskraft dieses wie der folgenden Abschnitte der VOL/A fließt jedoch nicht aus Haushaltsrecht unterschiedlicher Provenienz, sondern ergibt sich aus dem Wettbewerbsrecht. Die Anwendungsbefehle beruhen auf § 97 Abs. Abs. 6 GWB i. V. m. § 4 VgV. Die Funktion des § 1a beschränkt sich daher – wie auch in den Erläuterungen angedeutet – im Wesentlichen auf die **deklaratorische Feststellung**, dass beim Einkauf von Lieferungen und Dienstleistungen die Vorschriften des 2. Abschnitts anzuwenden sind – und zwar in unserem Falle von den Auftraggebern des § 98 Nr. 1, 2, 3 und 5 GWB. **Hinzu** kommen

drei Regelungen mit konstitutivem Charakter:

- Die Anleitung über den Vorrang der a-Paragraphen bei Widersprüchen zum Inhalt der Basisparagraphen und den Umgang mit den Vorschriften des Abschnitts (§ 1a Nr. 1 Abs. 2 und 3 VOL/A).
- Die Regelung zur Unterscheidung der Dienstleistungsaufträge nach Aufträgen, die Dienstleistungen das Anhangs I A zum Gegenstand haben, und nach Aufträgen, deren Gegenstand Dienstleistungen des Anhangs I B sind, und den Umgang mit den I-B-Aufträgen (§ 1a Nr. 2 Abs. 1 und 2 VOL/A).
- Die Anweisung über den Umgang mit gemischten Aufträgen (§ 1a Nr. 1 Abs. 2 Nr. 2 Abs. 3 VOL/A).

---

1 Das Anwendungsfeld auch des 4. Abschnitts der VOL/A wird durch die Regeln des Vierten Teils des GWB und der VgV über den öffentlichen Auftraggeber (§ 98 GWB), den öffentlichen Auftrag (§ 99 GWB) und die Schwellenwerte (§§ 2 und 3 VgV) und durch die speziellen Ausnahmevorschriften des § 100 Abs. 2 GWB bestimmt. Hier wird über diese Regeln nur eine Übersicht für den Anwender der VOL/A gegeben. Für komplexere Rechtsfragen muss die einschlägige Literatur, insbesondere die Kommentierung des Vierten Teiles des GWB und der VgV, herangezogen werden: *Byok/Jaeger*, Kommentar zum Vergaberecht, 2. Aufl.; *Heiermann/Zeiss/Kulack/Blaufarb*, Vergaberecht; *Kulartz/Kus/Portz*, GWB-Vergaberecht, 2006; *Reidt/Stickler/Glahs*, Vergaberecht, 2. Aufl.; *Marx* und *Gröning* in: Motzke/Pietzcker/Prieß, VOB/A, München 2001.

II. Rechtscharakter der Vorschrift

Der Rechtscharakter der Vorschriften des 2. Abschnitts wird durch den Anwendungs- **2**
befehl und die starre Verweisung in § 4 VgV bestimmt. Indem der Verordnungsgeber
erklärt, ein bestimmter Komplex von Vorschriften sei bei der Vergabe von Liefer- und
Dienstleistungsaufträgen zu beachten, übernimmt er diesen Komplex insgesamt in
seine Anweisungen. Die Regeln werden so praktisch in die VgV inkorporiert und teilen von da an den Rechtscharakter der inkorporierenden Vorschrift. Der 2. Abschnitt
der VOL/A ist daher wie die folgenden Abschnitte Rechtsverordnung auf der Basis
des Kartellrechtes.

B. Anwendungsbereich

I. Subjektives Anwendungsfeld des Abschnitts: Die Vertragspartner

1. Öffentliche Auftraggeber (§ 98 Nr. 1 bis 3 und 5 GWB)

Der Adressatenkreis der Vergaberegeln der Abschnitte 2 bis 4 der VOL/A deckt sich **3**
nicht mit dem Adressatenkreis des Abschnitts 1. Hier geht es um einen sehr viel weiter
gezogenen Kreis, weil Hintergrund nicht nur die etatrechtliche Pflicht der Exekutive
zum vernünftigen Umgang mit den Steuermitteln ist, sondern auch die Absicht der Europäischen Gemeinschaft die mit den öffentlichen Aufträgen verbundene Nachfrage
nach Gütern und Leistungen für den Binnenmarkt fruchtbar zu machen. Dazu reichte
es insbesondere im Hinblick auf den föderalen Aufbau mancher Mitgliedstaaten nicht
aus, bei der Bestimmung des Auftraggebers an die traditionellen formalen Kriterien anzuknüpfen. Die Pflicht zur Öffnung der »marchés publics« sollte alle staatlichen Einheiten treffen und nicht durch formale Rechtskonstruktionen in den Mitgliedstaaten
unterlaufen werden können. Der zu diesem Zweck vom EuGH[2] entwickelte **»funktionale Begriff«**[3] **vom öffentlichen Auftraggeber,** setzt am unbestrittenen Kern dessen,
was allgemein unter Staat verstanden wird, an der Gebietskörperschaft an und baut um
diesen Kern herum mit formalen und funktionalen Elementen einen festen Rahmen:
Staat im vergaberechtlichen Sinne ist danach jede Institution, die

- **formal** in den Staatsverband dadurch eingegliedert ist, dass eine Gebietskörperschaft sie über Finanzbeziehungen oder Aufsicht über die Geschäftstätigkeit steuert, **und**
- deren **funktionale Bestimmung** in einer Tätigkeit im Allgemeininteresse liegt.

Darüber hinaus soll auch die Nachfrage der monopolistisch strukturierten und staat- **4**
lich abgesicherten Versorgungsunternehmen der Daseinsvorsorge für den Binnenmarkt geöffnet werden, so dass zu den öffentlichen Auftraggebern des Vierten Teils
des GWB auch die besondere Spezies **»Sektorenauftraggeber«**[4] zählt. Es sind nach

---
2 *EuGH* »Beentjes« Rs.31/87 Slg.1988, 4635.
3 *Seidel*, Zur Wandlung des Begriffsinhaltes »öffentlicher Auftraggeber« im EG-Vergaberecht, in Festschrift für Heiermann, S. 293 ff.
4 Der Name kommt aus der Geschichte der Europäisierung des Vergaberechtes. In den 70er Jahren des vergangenen Jahrhunderts ist bei einer ersten Welle der der Koordinierung der mitgliedstaatlichen Vergabevor-

§ 1a Verpflichtung zur Anwendung der a-Paragraphen

neuem Richtlinienrecht in Deutschland die Unternehmen, deren Zweck in der Versorgung mit Trinkwasser oder Energie oder Verkehrsleistungen besteht. Die Sektorenauftraggeber treten in unterschiedlichen Formen auf und haben den 3. oder den 4. Abschnitt der VOL/A anzuwenden. Auf die Kommentierung der §§ 1b und 1 SKR wird verwiesen. Schließlich soll auch die Nachfrage Binnenmarktnachfrage werden, die durch staatliche Mittel angeregt und finanziert wird, ohne dass sie von staatlichen Einrichtungen direkt gesteuert wird. Öffentliche Auftraggeber werden daher auch alle **Subventionsempfänger**, sofern sie öffentliche Mittel für bestimmte Projekte zugunsten der Allgemeinheit verwenden.

a) Gebietskörperschaften, Sondervermögen, Verbände

5   Erster Adressat der Regeln des 2. Abschnitts der VOL/A ist daher die Gebietskörperschaft mit ihren unselbständigen, aber zur Durchführung fest umrissener Zwecke teilselbständigen Sondervermögen und deren Verbände. In Deutschland sind dies **Bund, Länder und Kommunen** mit ihren **Eigenbetrieben** und den kommunalen **Zweckverbänden**. Hauptbeispiele für die Sondervermögen dürften, nachdem auf Bundesebene Bahn und Post privatisiert sind, die kommunalen Eigenbetriebe und die Bau- und Liegenschaftsbetriebe der Länder sein.[5] Die Regierungsbezirke sind keine selbständigen Gebietskörperschaften, sondern unselbständige Teile der Länder, die nicht einmal zum Teil verselbständigt sind. Unter den Verbandsbegriff dürften auch die nordrhein-westfälischen Landschaftsverbände mit ihren vielfältigen Verwaltungsaufgaben fallen. In der Rechtssprechung[6] anerkannt sind Abfallwirtschafts-, Müllentsorgungs-, Planungsverbände, Wasser- und Abwasser-, Planungs- und Verkehrsverbände. Auf die Qualifizierung als öffentlich-rechtlicher Verband kommt es nicht an. Auch privatrechtlich organisierte Verbünde sind öffentliche Auftraggeber dieser Kategorie.

b) Andere juristische Personen; »Einrichtung des öffentlichen Rechts«[7]

6   Öffentliche Auftraggeber im Sinne des funktionalen Auftraggeberbegriffs sind über die Gebietskörperschaften und ihre Verbände hinaus alle anderen juristischen Personen des öffentlichen und des privaten Rechtes, die zu dem besonderen Zweck gegründet wurden, im Allgemeininteresse liegende Aufgaben nichtgewerblicher Art zu erfüllen, wenn Gebietskörperschaften sie überwiegend finanzieren oder über ihre Leitung die Aufsicht ausüben, sowie deren Verbände (§ 98 Nr. 2 und 3 GWB). Diese **an der staatlichen Aufgabenerfüllung und an der Einbindung** der betroffenen Institution **in den Staatsverband** ausgerichteten Definition des öffentlichen Auftraggebers be-

---

schriften der gesamte Versorgungsbereich zunächst ausgeschlossen worden. Diese »ausgeschlossenen Sektoren« wurden bei der »Vollendung des Binnenmarktes« zu Beginn der 90er Jahre mit einer eigenen »Sektorenrichtlinie« erfasst.

5   Der Bau- und Liegenschaftsbetrieb NRW wurde vom *OLG Düsseldorf* VergabeR 2005, 107 als Auftraggeber nach § 98 Nr. 2 GWB gesehen.
6   Vgl. *OLG Düsseldorf* NVwZ 2000, 714.
7   Richtlinie 2004/18/EG Art 1 Abs. 9: »Öffentliche Auftraggeber« sind der Staat, die Gebietskörperschaften, die **Einrichtungen des öffentlichen Rechts** und die Verbände, die aus einer oder mehreren dieser Körperschaften oder Einrichtungen des öffentlichen Rechts bestehen ... (Hervorhebung durch den Verf.).

zeichnet die Richtlinie als »Einrichtung des öffentlichen Rechts«, obwohl sie gerade nicht notwendigerweise öffentlich-rechtlich organisiert ist, sondern auch eine juristische Person des privaten Rechtes sein kann. Die Einordnung ist trotz der relativ vielen Worte, die Art. 1 Abs. 9 der VKR und ihm folgend § 98 Nr. 2 GWB machen, nicht einfach. Um öffentlicher Auftraggeber nach § 98 Nr. 2 GWB zu sein, muss die juristische Person des privaten oder des öffentlichen Rechtes,

- durch eine oder mehrere Gebietskörperschaften gesteuert werden (**formales Kriterium**) und
- zu dem Zweck gegründet sein, Aufgaben im Allgemeininteresse wahrzunehmen, (**funktionales Kriterium**)
- die nicht gewerblicher Art sind (**Wettbewerbselement**).

aa) Steuerung durch Gebietskörperschaft

Das erste **Kriterium der Steuerung durch eine Gebietskörperschaft** oder deren Sondervermögen, kann in zwei Ausprägungen vorkommen:

- Steuerung liegt – durch Richtlinie und Gesetz genau beschrieben – vor, bei einer **überwiegenden Finanzierung**[8] durch eine oder mehrere Gebietskörperschaften. Besteht eine höhere als 50%ige Kapitalbeteiligung der Gebietskörperschaft oder mehrerer Gebietskörperschaften gemeinsam, wird die Steuerung unwiderleglich vermutet. Umstritten ist, ob eine mittelbare Staatsfinanzierung durch Festsetzung von Zwangsbeiträgen ausreicht.[9]
- **Einbindung in den Staatsverband** liegt auch vor, wenn die Einheit zwar privat finanziert wird, aber die Geschäftsführungsorgane entweder mehrheitlich (d. h. zu mehr als 50%) von Gebietskörperschaften bestimmt oder aber auf andere Art und Weise beaufsichtigt werden. Darunter werden so ziemlich alle »Stadtwerke GmbH« fallen. Schwierigkeiten können sich bei diesem Merkmal der Steuerung durch eine Gebietskörperschaft bei Anstalten, Stiftungen und Körperschaften des öffentlichen Rechts mit eigener, von den Gebietskörperschaften unabhängiger Rechtspersönlichkeit, bei Industrie- und Handelskammern, Ärztekammern, anderen Selbstverwaltungskörperschaften, Sparkassen sowie bei anderen öffentlichen Banken ergeben. Die reine Rechtsaufsicht im Sinne einer bloßen Nachprüfung und Kontrolle wird zur Erfüllung dieses Tatbestandsmerkmals nicht als ausreichend angesehen, weil eine derartig schwache Kontrolle Entscheidungen im Bereich der Beschaffung nicht beeinflussen könne.[10] Die öffentlich-rechtlichen Rundfunkanstalten, bei denen die Frage im Hinblick auf ihre verfassungsrechtlich garantierte Unabhängigkeit vom Staat auch auftreten kann, werden von der Bundesregierung und den Ländern nicht für »Einrichtungen des öffentlichen Rechtes« gehalten; während die EU-Kommission sie durchaus als solche sieht und nur die

---

8 Dazu näher *EuGH* »University of Cambridge« VergabeR 2002, 111; *BayObLG* »Rotes Kreuz« VergabeR 2003, 94; *OLG Düsseldorf* NZBau 2003, 400.
9 Bejahend *Marx* in: Motzke/Pietzcker/Prieß, VOB/A, § 98 Rn. 27 und 34; ablehnend *Dreher* Öffentlich-rechtliche Anstalten und Körperschaften im Kartellvergaberecht, NZBau 2005, 297 und *Eschenbruch/Hunger* Selbstverwaltungskörperschaften als öffentliche Auftraggeber, NZBau 2003, 471.
10 *EuGH* »Adolf Truley GmbH« VergabeR 2003, 296.

§ 1a Verpflichtung zur Anwendung der a-Paragraphen

programmbezogene Einkaufstätigkeit der öffentlich-rechtlichen Rundfunkanstalten als von den Richtlinien freigestellt hält.

bb) Aufgaben im Allgemeininteresse

8 Zweites Kriterium ist die Zweckbestimmung: Gegründet, um **Aufgaben im Allgemeininteresse** Art zu erfüllen. Der Begriff orientiert sich nicht an Gegebenheiten des nationalen Rechtes, lässt sich also nur aus dem europarechtlichen Umfeld interpretieren, in dem er steht. Ausgangspunkt muss der Zweck der EG-Richtlinien sein, die geschlossenen staatlichen Beschaffungsmärkte füreinander zu öffnen. Jede »staatliche« Tätigkeit soll einbezogen sein, die geeignet wäre, die Grundfreiheiten des Vertrages zu berühren. Das heißt jede Aktivität, die nicht auf vereinzelter, privater Zielsetzung basiert, liegt in diesem Sinne im Allgemeininteresse. Da Personen des öffentlichen Rechtes schon aus verfassungsrechtlichen Gründen in aller Regel nur gegründet werden dürfen, wenn es sich bei den von ihnen zu bewältigenden Aufgaben nicht um eine Aktivität im privaten Interesse eines Einzelnen oder einer Gruppe von Menschen handelt, kann man davon ausgehen, dass ihre Aufgaben im allgemeinen Interesse liegen. Die Gas- oder die Wasserversorgung einer Gemeinde, in öffentlich-rechtlicher Form von einer kommunalen Eigengesellschaft betrieben, ist im Allgemeininteresse auch dann, wenn die Gemeinde damit Geld verdient und ein Privater dieselbe Versorgung auch als Geschäft betreiben könnte. Bei öffentlich-rechtlich verfassten Auftraggebern liegt eine starke Vermutung dafür vor, dass es sich um eine Einheit handelt, die zum Zweck gegründet wurde Aufgaben im Allgemeininteresse wahrzunehmen.

9 Wirklich problematisch wird die Qualifikation der Aufgabenzuweisung an einen Auftraggeber erst, wenn es um eine juristische Person des privaten Rechtes geht. Offensichtlich kann es durchaus auch im Allgemeininteresse liegen,[11] dass ein Einzelner sein Privatinteresse als Geschäftsmann wahrnimmt und damit dem öffentlichen Interesse der Versorgung mit Wirtschaftsgütern dient, Arbeitsplätze schafft, Steuern zahlt usw.

cc) Nichtgewerblicher Art

10 Juristische Personen des privaten Rechtes mit einem solchen Geschäftszweck sind, so sehr ihre erfolgreiche Tätigkeit im »allgemeinen Interesse« liegen mag, doch keine in den Staatsverband integrierten Institutionen. Sie sollen denn auch keineswegs von den Vergaberegeln erfasst werden. Deshalb reicht es nicht festzustellen, dass eine Einrichtung im Allgemeininteresse tätig ist. Darüber hinaus muss feststehen, dass der Unternehmenszweck auch »**nichtgewerblicher Art**« ist. Obwohl der EuGH dieses Kriterium zumeist in engem Zusammenhang mit dem Tatbestandsmerkmal »Aufgabe im Allgemeininteresse« geprüft hat,[12] darf nicht davon ausgegangen werden, dass dem Kriterium keine selbständige Aussage innewohnt. Sie ist schwer zu bestimmen, doch dass

---

[11] So auch *Eschenbruch* in: Kulartz/Kus/Portz GWB-Vergaberecht, § 98 Rn. 124 unter Berufung *EuGH* »Varkaus« VergabeR 2003, 420.
[12] Z. B. *EuGH* VergabeR 2003, 296.

sie keine eigenständige Bedeutung habe, kann schlechterdings nicht gesagt werden. Am nächsten dürfte man dem Gemeinten kommen, wenn man nach dem Grundprinzip des Gegenstücks, und danach fragt, was gewerbliche Tätigkeit ausmacht. Nach allgemeinem Verständnis ist dies eine Aktivität, die in der Regel im Wettbewerb mit anderen Unternehmen vollzogen wird und im Kern mit einer Gewinnerzielungsabsicht verbunden ist. Umgekehrt würde das heißen, dass »nichtgewerblich« eine Tätigkeit ist, die nicht mit Gewinnerzielungsabsichten unternommen und außerhalb eines wettbewerblichen Umfeldes betrieben wird. Auf dem Hintergrund dessen, was zu dem Gegensatzpaar Allgemeininteresse und Privatinteresse gesagt worden ist, würde das heißen, dass in einer Gemeinde der Bäcker (auch) im Allgemeininteresse, aber gewerblich tätig ist, während die Stadtwerke GmbH, die Wasser und Verkehrsleistungen zur Verfügung stellt, nichtgewerblich tätig ist. Denn die Motivation für die Tätigkeit der Stadtwerke GmbH ist nicht die Gewinnerzielung, sondern die Versorgung. Außerdem wird die Versorgung typischerweise in einem abgegrenzten regional geschützten Bereich ohne wirksamen Wettbewerb betrieben. An dieser Linie entlang wird im Einzelfall zu klären sein, ob ein Unternehmen darauf angelegt ist, privates Handels- und Wirtschaftsunternehmen zu sein, wie dies unzweifelhaft kommunale Brauereien oder die Industriebeteiligungen des Bundes und der Länder sind, oder ob es sich um eine öffentliche Aufgabe handelt, die der Zweckmäßigkeit halber in privatrechtlicher Form und mit kaufmännischem Rechnungswesen abgewickelt wird. Wichtige Kontrollfrage dürfte in diesem Zusammenhang sein, ob die zu qualifizierende juristische Person auf dem Feld, auf dem sie Anbieter ist, im Wettbewerb steht und ob die Möglichkeit besteht, dass sie bei miserablem Wirtschaften Konkurs gehen könnte.

dd) Rechtssprechung

In der Rechtssprechung sind als öffentliche Auftraggeber nach § 98 Nr. 2 **anerkannt** **11** worden:

- Bundesimmobiliengesellschaft,[13] DB-Netz AG,[14] Einkaufsgesellschaft der Bundeswehr,[15] Gesellschaft für Technische Zusammenarbeit GmbH,[16]
- Lagergesellschaft,[17] private Krankenhausgesellschaft,[18] Univeritätskliniken,[19] Landeskrankenanstalt,[20] Universität,[21] Studentenwerk,[22] Landesanstalt für den Personenverkehr,[23] staatliche Lotteriegesellschaft,[24] Bau- und Liegenschaftsbetrieb NRW.[25]

---

13 *EuGH* WuW/E Verg. 1102, 1103 (2005).
14 *VK Münster* v. 9. 3. 2001 VK 1/01.
15 *OLG Düsseldorf* NZBau 2003, 400.
16 *VK Bund* v. 11. 9. 2002 VK 2 – 42/02.
17 *EuGH* WuW/E Verg 319 (1999).
18 *OLG Naumburg* NZBau 2004, 403.
19 *VK Baden-Württemberg* v. 16. 11. 2004 VK 69/04.
20 *EuGH* WuW/E Verg. 207 (1999).
21 *EuGH* VergabeR 2001, 111.
22 *VÜA NRW* v. 8.10.1999.
23 *BGH* NJW 2001, 1492.
24 *VK Münster* ZfBR 2004, 724.
25 *OLG Düsseldorf* VergabeR 2005, 107.

§ 1a Verpflichtung zur Anwendung der a-Paragraphen

- Privatrechtlich organisierte Stadtwerke und Stadtreinigung GmbH,[26] Entsorgungsbetriebe,[27] Bestattungsunternehmen,[28] (französ.) Soziale Wohnungsbaugesellschaft,[29] Wirtschaftfördergesellschaft.[30]

12 Umstritten ist der Status der **öffentlich-rechtlichen Rundfunkanstalten**, die für sich »Staatsunabhängigkeit« reklamieren. Teilweise bestritten wird auch die Auftraggebereigenschaft von **Industrie- und Handelskammern, Handwerkskammern** und anderen entsprechenden öffentlich-rechtlichen Selbsthilfeorganisationen, weil keine Steuerung durch Gebietskörperschaften vorliege und die reine Rechtsaufsicht dazu nicht ausreiche. Zwangsmitgliedschaft und Genehmigungsvorbehalte für bestimmte Rechtsakte dürften jedoch im Verein mit der öffentlich-rechtlichen Verfasstheit an der Eigenschaft als Auftraggeber nach § 98 Nr. 2 kaum Zweifel lassen.[31] **Sparkassen** werden nach einer Entscheidung des OLG Rostock[32] zu recht nicht als öffentliche Auftraggeber angesehen, weil sie ihre Aufgaben zwar im Allgemeininteresse ausüben, aber dem Wettbewerb der privaten Banken voll ausgesetzt sind. Anders dürfte das bei Landesbanken und Girozentralen mit vorwiegend öffentlichen Aufgaben sein. Keine öffentlichen Auftraggeber gemäß § 98 Nr. 2 GWB sind **Messegesellschaften**.[33]

c) Subventionsempfänger

13 Natürliche oder juristische Personen privaten Rechts erlangen projektbezogen Auftraggeberqualität auch dann, wenn sie nicht in den Staatsverband integriert sind, aber bestimmte Baumaßnahmen im öffentlichen Interesse durchführen und dafür mehr als 50% der Mittel als Subvention erhalten. Nach § 4 Abs. 2 VgV gilt für diese **punktuell zum öffentlichen Auftraggeber mutierten Privaten** der Abschnitt 2 der VOL/A für die gesonderte Vergabe von Dienstleistungsaufträgen, die mit diesen Bauvorhaben (Tiefbaumaßnahmen, Krankenhäuser, Sport-, Erholungs- und Freizeiteinrichtungen, Schul-, Hochschul- und Verwaltungsgebäude) im Zusammenhang stehen. Praktisch spielt die VOL/A hier indessen nur eine geringe Rolle. Denn wenn selbständige Dienstleistungsaufträge vergeben werden, sind dies meist freiberufliche, die nach der VOF zu vergeben sind.

d) Verzeichnis der VKR 2004/18/EG

14 Die **Vergabekoordinierungsrichtlinie** (VKR) **2004/18/EG** enthält außer der Definition der klassischen Öffentlichen Auftraggeber, die in § 98 Nr. 1 bis 3 GWB ins deutsche Recht transponiert ist, einen Hinweis auf »**nicht erschöpfende Verzeichnisse**« **im Anhang III**. Dort sind die Institutionen näher bezeichnet, die nach den Vorstellungen der Regierungen der Mitgliedstaaten unter den **Auftraggeberbegriff** zu subsu-

---

26 *OLG Dresden* ZfBR 2004, 598.
27 *EuGH* VergabeR 2003, 141; *OLG Düsseldorf* NZBau 2003, 162.
28 *EuGH* VergabeR 2003, 296.
29 *EuGH* VergabeR 2001, 118.
30 *EuGH* VergabeR 2003, 420.
31 *Eschenbruch* in: Kulartz/Kus/Portz, GWB-Vergaberecht, § 98 Rn. 232.
32 *OLG Rostock* WuW/E Verg. 1122 (2005).
33 So der *EuGH* zur Mailänder Messe VergabeR 2001, 281.

mieren sind. Die Listen haben keinen regulierenden, sondern nur indikativen Charakter. Der Deutschland betreffende Listenteil ist im Folgenden wiedergegeben:

ANHANG II: VERZEICHNIS DER EINRICHTUNGEN DES ÖFFENTLICHEN RECHTS UND DER KATEGORIEN VON EINRICHTUNGEN DES ÖFFENTLICHEN RECHTS NACH ARTIKEL 1 ABSATZ 9 UNTERABSATZ 2

1. *Juristische Personen des öffentlichen Rechts Die bundes-, landes- und gemeindeunmittelbaren Körperschaften, Anstalten und Stiftungen des öffentlichen Rechts, insbesondere in folgenden Bereichen:*
1.1 Körperschaften
- *wissenschaftliche Hochschulen und verfasste Studentenschaften*
- *berufsständische Vereinigungen (Rechtsanwalts-, Notar-, Steuerberater, Wirtschaftsprüfer-, Architekten-, Ärzte- und Apothekerkammern),*
- *Wirtschaftsvereinigungen (Landwirtschafts-, Handwerks-, Industrie- und Handelskammern, Handwerksinnungen, Handwerkerschaften),*
- *Sozialversicherungen (Krankenkassen, Unfall- und Rentenversicherungsträger),*
- *Kassenärztliche Vereinigungen,*
- *Genossenschaften und Verbände.*
1.2 Anstalten und Stiftungen
Die der staatlichen Kontrolle unterliegenden und im Allgemeininteresse tätig werdenden Einrichtungen nichtgewerblicher Art, insbesondere in folgenden Bereichen:
- *rechtsfähige Bundesanstalten,*
- *Versorgungsanstalten und Studentenwerke,*
- *Kultur-, Wohlfahrts- und Hilfsstiftungen.*

2. *Juristische Personen des Privatrechts*
Die der staatlichen Kontrolle unterliegenden und im Allgemeininteresse tätig werdenden Einrichtungen nichtgewerbliche Art, einschließlich der kommunalen Versorgungsunternehmen:
- *Gesundheitswesen (Krankenhäuser, Kurmittelbetriebe, medizinische Forschungseinrichtungen, Untersuchungs- und Tierkörperbeseitigungsanstalten),*
- *Kultur (öffentliche Bühnen, Orchester, Museen, Bibliotheken, Archive, zoologische und botanische Gärten),*
- *Soziales (Kindergärten, Kindertagesheime, Erholungseinrichtungen, Kinder- und Jugendheime, Freizeiteinrichtungen, Gemeinschafts- und Bürgerhäuser, Frauenhäuser, Altersheime, Obdachlosenunterkünfte),*
- *Sport (Schwimmbäder, Sportanlagen und -einrichtungen),*
- *Sicherheit (Feuerwehren, Rettungsdienste),*
- *Bildung (Umschulungs-, Aus-, Fort- und Weiterbildungseinrichtungen, Volksschulen),*
- *Wissenschaft, Forschung und Entwicklung (Großforschungseinrichtungen, wissenschaftliche Gesellschaften und Vereine, Wissenschaftsförderung),*
- *Entsorgung (Straßenreinigung, Abfall- und Abwasserbeseitigung),*
- *Bauwesen und Wohnungswirtschaft (Stadtplanung, Stadtentwicklung, Wohnungsunternehmen, soweit im Allgemeininteresse tätig, Wohnraumvermittlung),*
- *Wirtschaft (Wirtschaftsförderungsgesellschaften).*

§ 1 a Verpflichtung zur Anwendung der a-Paragraphen

- *Friedhofs- und Bestattungswesen,*
- *Zusammenarbeit mit den Entwicklungsländern (Finanzierung, technische Zusammenarbeit, Entwicklungshilfe, Ausbildung)*

2. Vertragspartner der öffentlichen Auftraggeber

16 Öffentliche Aufträge werden nach dem GWB zwischen öffentlichen Auftraggebern und »**Unternehmen**« **im kartellrechtlichen Sinne** abgeschlossen werden. Dieser Unternehmensbegriff ist sehr weit und umfasst praktische jede Institution mit eigener Rechtspersönlichkeit, die weder privater Endverbraucher ist noch im Rahmen hoheitlicher Befugnisse tätig wird. Unabhängig von der Rechtsform und unabhängig von einer Gewinnerzielungsabsicht, ist Unternehmen daher jede Person, die sich mit der Erzeugung oder Verteilung von Waren oder der Erbringung von Leistungen beschäftigt, sofern die Tätigkeit nicht rein privat ist und völlig außerhalb des Erwerbslebens liegt.[34] Unternehmen sind auch der freiberuflich Tätige und die öffentliche Hand.[35] Auf die juristischen, kaufmännischen oder sonstigen Eigenschaften des Vertragspartners des öffentlichen Auftraggebers kommt es prinzipiell nicht an. Es ist gleichgültig, ob es sich um eine natürliche Person oder eine Rechtspersönlichkeit handelt, es kommt nicht auf die Kaufmannseigenschaft eines Verkäufers an und es ist unwichtig, ob der Vertragspartner privatrechtlich oder öffentlich-rechtlich verfasst ist. Da es nicht auf eine bestimmte Verfasstheit ankommt, können natürlich auch **Arbeitsgemeinschaften** Bieter und Bewerber und schließlich Vertragspartner sein. Selbstverständlich können auch **Körperschaften, Anstalten und Stiftungen** des öffentlichen Rechtes[36] Auftragnehmer bei öffentlichen Aufträgen sein, wenn sie als »Unternehmen« im kartellrechtlichen Sinne zu betrachten sind.

II. Objektives Anwendungsfeld

17 Der Anwendungsbereich der Abschnitte 3 bis 4 der VOL/A wird nicht nur durch die im GWB definierten Auftraggeber subjektiv bestimmt, sondern auch objektiv durch die Festlegung dessen, was Aufträge sind, in welchen Situationen überhaupt nicht von einem Auftrag ausgegangen werden kann, welche Aufträge betroffen sind und welche Aufträge von der Pflicht zur Anwendung der EU-Vergaberegeln ausgenommen wurden.

1. Aufträge

18 Bei der Vergabe von Liefer- und Dienstleistungsaufträgen muss es um öffentliche Aufträge nach § 99 Abs. 1 GWB gehen, um entgeltliche vertragliche Bindungen, die Liefer-, Bau- oder Dienstleistungen zum Gegenstand haben und um Auslobungsverfahren. Dieser Vertragsbegriff unterscheidet sich allenfalls in Randaspekten von dem des

---

34 *Emmerich*, Kartellrecht, 10. Auflage 2006 S. 252 mit Rechtsprechungsnachweisen.
35 *Emmerich* a. a. O., S. 253 f.
36 *OLG Stuttgart* Beschluss v. 12. 5. 2000 – 2 Verg 1/00 –, Europa kompakt 2000, S. 105; *Emmerich* a. a. O., S. 255 ff. m. w. N.

haushaltrechtlichen Vergaberechtes. Auf die Anmerkungen zu § 1 wird daher verwiesen.

Eindeutig geklärt ist hier indessen mittlerweile, dass es **auf die rechtliche Qualifikation** des Vertrags **nicht ankommt**. Öffentlicher Auftrag kann sowohl durch einen privatrechtlichen Vertrag als auch durch einen öffentlich-rechtlichen Vertrag vergeben werden.[37] 19

Der Vertrag muss ein **entgeltlicher Vertrag** sein. Dabei muss die Gegenleistung des öffentlichen Auftraggebers nicht in einer Geldzahlung bestehen.[38] **Schenkung, Leihe und Sponsoring** sind **keine** entgeltlichen Leistungen.[39] Die Rechtssprechung geht von einem weiten Entgeltbegriff aus, der jede Art von Vergütung erfasst, der einen geldwerten Vorteil beinhaltet.[40] Kein entgeltlicher Vertrag liegt vor, wenn eine **Dienstleistungskonzession**[41] eingeräumt wird. Dienstleistungskonzessionen sind keine öffentlichen Aufträge,[42] sondern Verträge, bei denen die Gegenleistung des Auftraggebers anstatt in einer Zahlung in der Verleihung eines Rechtes besteht, die eigene Leistung entgeltlich zu verwerten.[43] Charakteristisch für die Dienstleistungskonzession ist, dass der Konzessionär oder Konzessionsnehmer ein wirtschaftliches Risiko zu tragen hat. Eine Konzession in diesem vergaberechtlichen Sinne liegt nicht vor, wenn die zuständige Behörde gesetzlich verpflichtet ist, das Recht, auf dessen Basis Einnahmen erzielt werden können, jedem zu verleihen, der die im Gesetz festgelegten Bedingungen erfüllt, wie dies z. B. prinzipiell bei der Vergabe einer »Konzession« für den Betrieb eines Taxiunternehmens der Fall ist. Dagegen ist die Konzession zum Betrieb einer Buslinie im Nahverkehr durchaus eine solche Dienstleistungskonzession.[44] Die Vergabe von Dienstleistungskonzessionen ist zwar nicht an das GWB-Vergaberecht gebunden. Das bedeutet jedoch nicht, dass Dienstleistungskonzessionen – jedenfalls dann, wenn sie von einem solchen Gewicht sind, dass sie im Einzelfall, wäre Vergaberecht anwendbar, die Auftragsschwellen der EU-Richtlinien überschreiten – freihändig und nach freiem Ermessen vergeben werden könnten. Der europäische Gerichtshof verlangt auch bei der Vergabe von Dienstleistungskonzessionen eine angemessene Transparenz, Chancengleichheit für alle in Frage kommenden Bewerber und eine Vergabeentscheidung nach objektiven Kriterien.[45] 20

---

37 *EuGH* NZBau 2001, 512; *BayObLG* 2003, 563; *OLG Düsseldorf* VergabeR 2002, 404.
38 *BayObLG* VergabeR 2003, 329.
39 Siehe oben § 1 Rn. 29.
40 *OLG Naumburg* NZBau 2006, 58; im Ergebnis ähnlich *OLG Düsseldorf* NZBau 2004, 343; *OLG Celle* NZBau 2005, 51 und *OLG Frankfurt/M.* NZBau 2004, 692.
41 Ausführlich dazu *Burgi*, Die Vergabe von Dienstleistungskonzessionen: Verfahren, Vergabekriterien, Rechtsschutz, NZBau 2005, 610; *Frenz*, Handbuch Europarecht Bd. 3 Beihilfe und Vergaberecht, S. 769 ff.
42 *EuGH* C-324/98 vom 7. 12. 2000 »Teleaustria« NZBau 2001, 148.
43 Vgl. Mitteilung der Europäischen Kommission zu Auslegungsfragen im Bereich Konzessionen im Gemeinschaftsrecht v. 12. 4. 2000 Amtsblatt der EU v. 29. 4. 2000 Nr. C 121/2.
44 Die Richtlinie 2004/18/EG definiert in Art. 1 Nr. 4 die Dienstleistungskonzession in Anlehnung an die Baukonzession so: »Dienstleistungskonzessionen sind Verträge, die von öffentlichen Dienstleistungsaufträgen nur insoweit abweichen als die Gegenleistung für die Erbringung der Dienstleistung ausschließlich in dem Recht zur Nutzung der Dienstleistung oder diesem Recht zuzüglich einer Zahlung besteht.«
45 *EuGH* C-324/98 vom 7. 12. 2000 »Teleaustria« NZBau 2001, 148 Rn. 62; *EuGH* »Verlagsvertrag« NZBau 2003, 50; *EuGH* C-231/03 vom 21. 7. 2005 »Coname« Rn. 21; *EuGH* »Parking Brixen« NZBau 2005, 644.

§ 1a Verpflichtung zur Anwendung der a-Paragraphen

21 **Vertragsverlängerungen** und **Vertragserweiterungen**[46] sind Verträge, die im Prinzip auf den Einkauf einer Leistung gerichtet sind. Grundsätzlich sind sie also öffentlicher Auftrag. Das bedeutet streng genommen, dass sie nur ausnahmsweise überhaupt möglich sind. Denn einen **Wettbewerb um eine Vertragsverlängerung kann es nicht geben.** Es wäre immer eine neue Beschaffung, bei der es vom Zufall abhängt, ob sie durch bisherigen Vertragspartner per Vertragsverlängerung oder per neuen Vertrag mit einem anderen Partner realisiert wird. Eine mengenmäßige oder zeitliche Vertragserweiterung ist ohne eine nochmalige Durchführung eines Vergabeverfahrens nur möglich, wenn der öffentliche Auftraggeber sich zur Rechtfertigung auf Ausnahmeregeln berufen kann oder wenn der Inhalt der Erweiterung so eng mit dem ursprünglichen Vertrag verbunden ist, dass eine selbständige Vergabe von der Sache her nicht möglich ist. Auf Vertragsverlängerung wird dies nur unter hinzutreten ganz besonderer Umstände zutreffen. **Nicht jede Vertragsänderung,** die nach § 2 VOL/B in bestimmtem Rahmen vom Auftraggeber nachträglich sogar verlangt werden kann, ist indessen Begründung für einen neuen Vertrag und verlangt daher einen **neuen Vergabevorgang.** Nur wenn der Auftragsinhalt substantiell verändert wird, muss darin eine neue Vergabe gesehen werden. Von einer maßgeblichen Änderung wird man jedenfalls dann sprechen müssen, wenn die Hauptleistung eines Vertragsverhältnisse, der Preis und die vertragstypische Leistungspflicht verändert wird.

22 Wird ein Vertrag aufgrund einer **Verlängerungsklausel** oder durch **Nichtausnützen** einer im Vertrag enthaltenen **Kündigungsklausel** – ohne Änderung des Vertragsgegenstandes – verlängert oder stillschweigend fortgesetzt, liegt **kein neuer Vertrag.** Selbstverständlich braucht dafür auch kein Vergabeverfahren durchgeführt werden. Sieht ein Vertrag allerdings ausdrücklich vor, dass an die Stelle des nicht gekündigten Vertrages ein neuer Vertrag tritt, liegt auch ein neuer Auftrag vor, auf den Vergaberecht anzuwenden ist. Die Ausübung eines **Optionsrechtes** ist keine neue Vergabe, sondern nur die Ausübung eines Gestaltungsrechtes, das dem Vertragspartner bereits zusteht und bei der Schätzung des Auftragswertes für den ursprünglichen Vertrag bereits berücksichtigt wurde.

2. In-House-Rule

23 Das Vergaberecht regelt das Verhalten staatlicher Institutionen beim Einkauf. Vergaberecht ist nicht Liberalisierungsrecht und auch nicht Privatisierungsrecht. Es enthält keine Pflicht zu einer Liberalisierung. Es lässt Zuständigkeiten und Kompetenzen von staatlichen und halbstaatlichen Einheiten völlig unberührt, es setzt sie voraus, aber ändert nichts daran.[47] Einziger Gegenstand des Vergaberechtes ist die Regulierung der Einkaufstätigkeit staatlicher Institutionen. Ein öffentlicher Auftrag ist daher immer ein **Beschaffungsakt.** Die Verfahrensvorschriften lenken nur das Verhalten auf dem Weg zum Auftrag und regeln den Abschluss des Vertrages, wenn der Staat entschieden hat, eine Leistung am Markt einzukaufen anstatt sie selbst zu erbringen.

---

[46] *Marx,* Verlängerung bestehender Verträge und Vergaberecht, NZBau 2002, 311.
[47] Bedauerlicherweise müssen diese Selbstverständlichkeiten hervorgehoben werden. Allzu oft hat man nämlich in der Diskussion den Eindruck, dass die Funktion des Vergaberechtes vergessen wird.

Das schließt bestimmte Sachverhalte von vorne herein von der Anwendung des **24** Vergaberechtes aus: Die Vergabevorschriften finden keine Anwendung auf **Verträge zur Gründung von Gesellschaften** und **Verträge, mit denen Werte veräußert** werden. Hierzu bedarf es keiner besonderen »Ausnahmevorschrift« vom Vergaberecht. Verträge mit diesen Inhalten fallen von vorneherein nicht in den Anwendungsbereich des Vergaberechtes.

Unzweifelhaft mangelt es auch an einem Beschaffungsakt, wenn die staatliche Einheit **25** mit ihrem Leistungsauftrag **innerhalb der staatlichen Organisation** bleibt, sie also von einer anderen staatlichen Einheit Leistungen entgegennimmt. Das ist z. B. der Fall, wenn der Bund Bauleistungen von den Bauverwaltungen der Länder vornehmen lässt oder wenn Ministerien an staatliche Universitäten Forschungsaufträge »vergeben«. Vernünftigerweise kann dies nicht nur gelten, wenn die Aufgabe aufgrund einer Anweisung wahrgenommen wird. Auch wenn die äußeren Merkmale eines öffentlichen Auftrags – Öffentlicher Auftraggeber schließt Vertrag mit einem selbständigen Rechtssubjekt über Leistung gegen Entgelt – vorliegen, kann von einem Beschaffungsakt keine Rede sein, solange die geplante Tätigkeit im Rahmen des Staatsaufbaus vollzogen wird. Solche **Eigenleistungen** beinhalten **keine Inanspruchnahme des Marktes**. Es soll ja gerade nicht eingekauft werden, es nimmt lediglich eine staatliche Einrichtung von einer anderen staatlichen Einrichtung Leistungen entgegen. In diesem Zusammenhang ergehende Weisungen und Verträge sind interne Vorgänge aufgrund bestimmter staatlicher Organisationsstrukturen oder Akte staatlicher Organisation.[48] Die Organisation der staatlichen Tätigkeit in den Mitgliedstaaten aber ist bis auf die Ausnahmen der Kontrolle durch die Wettbewerbsregeln und die staatlichen Monopole der Regulierung der EU entzogen. Für Akte der staatlichen Organisation und die sich daraus zwingend ergebenden Folgen gelten die Vergaberegeln nicht. Dabei kann es nicht darauf ankommen, ob die beauftragte Einheit öffentlich-rechtlich oder privatrechtlich organisiert[49] ist.

Diese über die Rechtsformen hinausgreifende, den öffentlichen Auftrag teleologisch **26** einengende Interpretation ist als funktionales Verständnis von Auftrag und Eigenleistung zwingendes Pendant zum funktionalen Auftraggeberbegriff. Der Auftragsbegriff erleidet so dasselbe, was EuGH und Richtlinien dem Auftraggeberbegriff haben angedeihen lassen: Die Sache wird von der Rechtsform gelöst, und die Rechtsfolgen werden an die Funktion gebunden anstatt an die Form. Diese »**In-House-Rule**« wirkt sich **im täglichen Geschäft hauptsächlich auf zwei Feldern** aus, beim vertikalen In-House-Geschäft, bei dem eine staatliche Einrichtung einen Leistungsvertrag mit einer ausgegliederten selbständigen Einheit abschließt und bei der Kooperation unter staatlichen Einheiten.

---

48 Vertragliche Leistungsbeziehungen kommen naturgemäß im föderal und unendlich arbeitsteilig aufgebauten Staat wie Deutschland mit seinen vielen rechtlich selbständigen staatlichen Einrichtungen sehr viel häufiger vor als in zentralstaatlich verfassten Mitgliedstaaten.
49 *EuGH* Urt. v. 13. 1. 2005 »Kommission/Spanien« NZBau, 232.

§ 1 a Verpflichtung zur Anwendung der a-Paragraphen

a) Das In-House-Geschäft

27 Der EuGH hat die Überlegungen zum In-House-Geschäft[50] in der Rechtssache »Teckal«[51] im Prinzip anerkannt und festgestellt, dass ein Vertrag einer Gebietskörperschaft mit einer anderen Person nicht den Regeln des Vergaberechtes unterworfen ist, wenn

- die Gebietskörperschaft über die beauftragte Person die Kontrolle »wie über eine eigene Dienststelle« ausübt,
- und die beauftragte Person im Wesentlichen für den öffentlichen Auftraggeber tätig ist.[52]

Alles Weitere ist seither eine Frage der Details, nicht mehr des Grundsatzes:

28 In der Entscheidung »Stadt Halle«[53] hat der EuGH festgestellt, dass ein Auftraggeber eine rechtlich selbständige Einrichtung nicht »wie eine eigene Dienststelle« **beherrschen** kann, wenn an dieser Einrichtung privates Kapital beteiligt ist. Die Entscheidung »Parking Brixen«[54] läuft darauf hinaus, dass eine AG nicht im Wege eines In-House-Geschäftes beauftragt werden kann.[55] Nach dem Sachverhalt im Falle »Teckal« und dem Urteil »Cabotermo« des EuGH[56] ist Beherrschung wie eine eigene Dienststelle nicht dadurch ausgeschlossen, dass die Gesellschaftsanteile an der beauftragten Gesellschaft von mehreren Gebietskörperschaften gehalten werden.

29 Neben der formalen Integration in den Staatsverbund verlangt der EuGH für die Vergaberechtsfreiheit des Eigengeschäfts auch, dass die zu beauftragende Institution in ihre Gesamttätigkeit auf die öffentliche Hand ausgerichtet haben muss. Sie darf – auch wenn sie in den Staat integriert ist – kein allgemein am Markt agierendes Unternehmen sein. Die **zu beauftragende (Tochter-)Gesellschaft muss »im Wesentlichen« für den öffentlichen Auftraggeber tätig sein.** Ungeklärt ist, wie groß der Anteil der Tätigkeit für den allgemeinen Markt sein darf, ohne dass die Beauftragungsfähigkeit im In-House-Geschäft verloren geht. Das OLG Celle[57] hält einen Anteil von weit über 90% für erforderlich. Vielfach wird in Analogie zu einer ähnlichen Regel in § 10 VgV angenommen, dass von wesentlicher Tätigkeit für den Auftraggeber ausgegangen werden kann, wenn die Fremdtätigkeit unter 20% liegt.[58] In der Tat bie-

---

50 Grundlegend dazu *Dreher,* Das In-House-Geschäft. Offene und neue Rechtsfragen der Anwendbarkeit der In-House-Grundsätze, NZBau 2004, 14; *Ziekow,* In-House-Geschäfte – werden die Spielräume enger?, VergabeR 2006, 608.
51 *EuGH* NZBau 2000, 90.
52 Zu beiden Voraussetzungen auch *OLG Düsseldorf* VergabeR 2004, 63.
53 *EuGH* Urt. v. 11. 1. 2005 – C 26/03 – VergabeR 2005, S. 44 ff. m. Anmerkung v. *Gabriel.*
54 *EuGH* Urt. v. 13. 10. 2005 – C 458/03 NZBau 2005, 644.
55 Auch wenn der EuGH hier das Anwendungsfeld des Vergaberechts unangemessen weit ausdehnt, die institutionelle Öffentlich-Private-Partnerschaft unangemessen stark behindert und mit seiner Judikatur gefährlich nahe an eine unspezifische Liberalisierungs- und Privatisierungspflicht herankommt, sind die Entscheidungen natürlich zu respektieren.
56 *EuGH* Urt. v. 11. 5. 2006 NZBau 2006, 452.
57 *OLG Celle* 13 Verg 2/06 v. 14. 9. 2006.
58 So *Marx,* Verlängerung bestehender Verträge und Vergaberecht, NZBau 2002, 311; *Schröder,* In-House-Vergabe zwischen Beteiligungsunternehmen der öffentlichen Hand?, NZBau 2005, 129; *OLG Brandenburg* IBR 2003, 372.

tet sich mit § 10 der VgV, der direkt auf Artikel 13 der alten SKR beruht, ein voll ins System passender Anhaltspunkt[59] an. In der neuen SKR 17/2004 findet sich diese Regel – neu gefasst und ausgeweitet – in Artikel 23 wieder.

b) Kooperationen

Dem Vergaberecht unterliegende Einkaufstätigkeit liegt im Regelfall auch dann nicht vor, wenn selbständige staatliche Einheiten, die nicht in einem Beherrschungsverhältnis zueinander stehen, miteinander kooperieren. Dem widerspricht auch nicht die Entscheidung des EuGH vom 13.1.05[60] gegen Spanien. Der EuGH hat darin das spanische Gesetz zur Umsetzung der Vergaberichtlinien insoweit für rechtswidrig erklärt, als es Vereinbarungen zwischen der öffentlichen Verwaltung und anderen öffentlich-rechtlichen dem Vergaberecht ganz und generell entzog. Selbstverständlich kann eine Vereinbarung über die Erbringung einer Leistung nicht schon allein deshalb dem Vergaberecht entzogen sein, weil der Auftragnehmer eine öffentlich-rechtlich verfasste Einrichtung ist. Wenn beispielsweise die beauftragte staatliche Institution am Markt der für den Einkauf relevanten Güter oder Leistungen als Unternehmen auftritt, ist der Auftrag an dieses staatliche Unternehmen natürlich ein Gang an den Markt. Die Berufung auf die Qualität als Behörde kann dann nicht ausreichen, um die Anwendung der Vergaberegeln auszuschließen. Die **EU-Kommission** geht darüber einen Schritt hinaus. Sie scheint **nicht auf die Teilnahme des Auftragnehmers am Markt abstellen** zu wollen, **sondern** nur dann von der Nichtanwendbarkeit des Vergaberechtes ausgehen zu wollen, wenn ein klar abgrenzbarer Organisationsakt vorliegt. Das wird jedenfalls dann als gegeben angenommen, wenn die Kooperation im Rahmen eines gesetzlich vorgesehenen Zweckverbandes abläuft oder auf andere Weise, eine volle Aufgabenübertragung stattfindet. Dabei scheint sie zwischen **Mandat (Auftrag und Vergaberecht)** und **Delegation (Organisationsakt und Freistellung von Vergaberecht)** unterscheiden zu wollen.[61]

Die deutsche Rechtsprechung unterwirft **bestimmte kommunale Kooperationen** dem Vergaberecht. OLG Düsseldorf und OLG Frankfurt haben entschieden, dass Kommunen, die die Sammlung von Altpapier nicht im Wege einer (mandatierenden) Vereinbarung einer Nachbargemeinde übertragen dürfen, ohne ein Vergabeverfahren durchgeführt zu haben.[62] Das OLG Naumburg will kommunale Kooperationen sogar generell der Ausschreibungspflicht unterwerfen.[63] Die Bildung eines Zweckverbandes und die Übertragung von Zuständigkeiten auf diesen Verband soll indessen vergaberechtsfrei möglich sein.[64] Die Rechtsprechung verkennt mit der abstrakten Definition von Organisationsakten und der Suche nach den erlaubten Aufgabenüber-

30

31

---

59 Die Analogie gilt indessen laut *Eschenbruch* in: Kulartz/Kus/Portz, GWB-Vergaberecht, § 99 Rn., 140 keineswegs als gesichert.
60 *EuGH* VergabeR 2005, 176.
61 So auch *Frenz* Die Ausschreibungspflicht kommunaler Kooperationen auf dem Prüfstand des Europarechts, VergabeR 2006, 831.
62 *OLG Düsseldorf* VergabeR 2004, 619; *OLG Frankfurt/M.* VergabeR 2005, 80.
63 *OLG Naumburg* NZBau 2006, 58.
64 *OLG Düsseldorf* VergabeR 2006, 406.

tragungen Zweck und Funktion des Vergaberechtes. Sehr viel näher am Aufgabenspektrum des Vergaberechtes läge eine Unterscheidung danach, ob die beauftragte Institution am Markt agiert oder nicht. So würde auch sehr viel eher sichergestellt, dass in das Vergaberecht nicht unversehens und unzulässigerweise Liberalisierungspflichten hineingelesen werden.[65] So dürfte es z. B. selbstverständlich sein, dass keine Vergaberegeln anzuwenden sind, wenn mehrere Nachbargemeinden beschließen, Aufgaben, die ihnen allen obliegen, durch ein gemeinsames Unternehmen vornehmen zu lassen, wobei es nicht darauf ankommen kann, ob halbe ganze oder volle Kompetenzübertragungen stattfinden. Auch dürfte ein Vertrag einer Gemeinde mit einer Nachbargemeinde über die Entsorgung von Klärschlamm ein Organisationsakt sein, während der Vertrag mit dem Entsorgungsunternehmen der Nachbargemeinde möglicherweise Einkauf einer Leistung darstellt – auch dann wenn es derselbe Klärschlamm ist.

3. Auftragsschwellen

32 Liefer- und Dienstleistungsaufträge sind nur nach den Abschnitte 2 bis 4 der VOL/A zu vergeben, wenn die geschätzten Auftragswerte im Einzelfall die EU-Schwellen überschreiten (§ 100 Abs. 1 GWB i. V. m. §§ 2 und 3 VgV). Der Schwellenwert ist keine absolute und objektiv messbare Größe, sondern ein **Prognosewert**: Schätzt der Auftraggeber in einer nüchternen und seriösen Prognose das **Gesamtvertragsvolumen** des von ihm beabsichtigten konkreten Vertrages **ohne Umsatzsteuer** so ein, dass er den für ihn geltenden Schwellenwert erreicht oder übersteigt, zwingt ihn das GWB-Vergaberecht zur Anwendung des 2. Abschnitts der VOL/A. Beim dieser Schätzung darf er sich nicht von Wunschdenken leiten lassen und erst recht darf keine künstliche Stückelung von Aufträgen mit dem Ziel vorgenommen werden, den einzelnen Auftrag unter die Schwelle zu drücken. **Maßgeblicher Zeitpunkt** für die Schätzung des Auftragswertes ist der Tag der Absendung der Bekanntmachung der beabsichtigten Auftragsvergabe (§ 3 Abs. 10 VgV). Dadurch wird sichergestellt, dass die Schätzung von wettbewerbswidrigen Einflüssen freigehalten wird und nach objektiven Kriterien erfolgt.[66]

33 Nach § 3 Abs. 2 VgV ist es ausdrücklich **untersagt, Auftragswerte gezielt niedrig zu schätzen oder Verträge zu dem Zweck aufzuteilen, sie den Bestimmungen des GWB-Vergaberechtes zu entziehen.** Das heißt jedoch nicht, dass eine bewusste Aufteilung mit seriöser Begründung unmöglich wäre. Im Gegenteil, sie wird u. U. zum Zwecke der Mittelstandsförderung gerade verlangt oder ist möglicherweise aus haushaltsrechtlichen Gründen erforderlich. Dem Auftraggeber steht zudem ein Ermessensspielraum in der Frage zu, wie er ein Beschaffungsvorhaben umsetzt.[67] Allerdings kann auch der regelmäßige Abschluss befristeter Verträge mit unüblich kurzen Vertragslaufzeiten auf einen Verstoß gegen das Teilungsverbot hindeuten.

---

65 Vgl. dazu auch *Burgi*, Warum die kommunale Zusammenarbeit kein vergaberechtspflichtiger Beschaffungsvorgang ist, NZBau 2005, 208.
66 *OLG Düsseldorf* VergabeR 2002, 665.
67 *OLG Düsseldorf* IBR 2003, 567.

Verpflichtung zur Anwendung der a-Paragraphen § 1 a

Für die sog. zentralstaatlichen **Beschaffungsstellen**[68] liegt die Schwelle erheblich tiefer. Es sind bei ihnen 137 000 €. Zentralstaatliche Stellen sind nach der in § 2 Nr. 2 VgV die obersten und oberen Bundesbehörden und vergleichbare Bundeseinrichtungen. Es sind die Bundesministerien (einschließlich der Behörden in ihrem Geschäftsbereich) sowie die übrigen Bundesorgane. Für alle **anderen Auftraggeber, die nicht Sektorenauftraggeber** sind, beträgt der Schwellenwert für Liefer- und Dienstleistungen 211.000 €. **34**

Bestehen die zu vergebenden Aufträge aus mehreren Losen, für die jeweils ein gesonderter Auftrag vergeben wird, müssen bei der Schätzung alle Lose berücksichtigt werden (§ 3 Abs. 5 VgV). Wird ein **Dienstleistungsauftrag** in **Losen** vergeben, ist darauf zu achten, dass nach § 2 Nr. 8 VgV eine Auftragsschwelle von 80 000 € pro Los gilt. Sind die Lose niedriger greift für die einzelnen Lose das GWB-Vergaberecht nicht, allerdings nur, wenn der addierte Wert dieser Lose 20% des kumulierten Wertes aller Lose nicht übersteigt. **Beispiel:** Der kumulierte Wert aller Lose – es soll um insgesamt 6 Lose gehen – betrage ohne Umsatzsteuer 300 000 €; der Wert der Lose von weniger als 80 000 € belaufe sich auf folgende Werte: Los 2 10 000 €, Los 5 10 000 €. Der geschätzte Wert der beiden Lose von weniger als 80 000 € beträgt also 20 000 €; das sind 6,67% (und nicht 20%) des kumulierten Wertes aller Lose. Der Auftraggeber bräuchte in diesem Falle den Abschnitt 2 der VOL/A nicht anzuwenden. Würden die beiden Lose 2 und 5 jeweils 40 000 €, lägen sie mit 26, 67% über der 20-%-Grenze und das Vergaberechtsregime des zweiten Abschnitts fände Anwendung. Für Lieferungen gibt es eine entsprechende Losregelung nicht. **35**

Der **Wert einer Rahmenvereinbahrung** wird auf der Grundlage des geschätzten Höchstwertes aller für diesen Zeitraum geplanten Aufträge berechnet. Sieht ein Auftrag über Dienstleistungen oder Lieferungen Optionsrechte oder Verlängerungsmöglichkeiten vor, sind die Werte dieser Möglichkeiten mit in die Schätzung des Auftragswert einzubeziehen. Bündeln mehrere Auftraggeber ihren Beschaffungsbedarf, um einen einheitlichen Rahmenvertrag abzuschließen, ist der gesamte gebündelte Bedarf zugrunde zu legen.[69] **36**

Zeitlich begrenzte Lieferaufträge mit einer Laufzeit bis zu 12 Monaten und Dienstleistungsaufträge bis zu 48 Monaten, für die kein Gesamtpreis angegeben wird, ist bei der Schätzung der Gesamtwert für die Laufzeit zugrunde zu legen. Bei Lieferaufträgen mit einer längeren Laufzeit ist der Gesamtwert einschließlich des geschätzten Restwertes zugrunde zu legen. **Bei unbefristeten Verträgen** folgt der Vertragswert aus der monatlichen Zahlung multipliziert mit 48. Bei **Dauerschuldverhältnissen** (in § 3 Abs. 4 VgV »Daueraufträge« genannt) ist entweder von dem Gesamtwert entsprechender Aufträge in den letzten 12 Monaten oder vom geschätzten Gesamtwert **37**

---

68 Nicht zu verwechseln mit »zentralen Beschaffungsstellen«. Eine solche zentrale Beschaffungsstelle ist einer besonderen Kategorie des öffentlichen Auftraggebers nach Art. 9 Abs. 10 der Richtlinie 2004/18/EG. Dort heißt es: Eine »zentrale Beschaffungsstelle« ist ein öffentlicher Auftraggeber, der – für öffentliche Auftraggeber bestimmte Waren und/oder Dienstleistungen erwirbt oder – öffentliche Aufträge vergibt oder Rahmenvereinbarungen über Bauleistungen, Waren oder Dienstleistungen für öffentliche Auftraggeber schließt.
69 *OLG Düsseldorf* VergabeR 2002, 90.

§ 1a Verpflichtung zur Anwendung der a-Paragraphen

während der auf die erste Lieferung folgenden 12 Monate oder der gesamten Vertragslaufzeit zugrunde zu legen, sofern sie über 12 Monate hinausgeht.

4. Ausnahmen

38 Der Abschnitt 2 ist nicht anwendbar auf Aufträge, die in einen der im § 100 GWB umrissenen Ausnahmebereich fallen. In § 100 Abs. 2 GWB hat der Gesetzgeber eine Reihe von Auftragsarten zusammengefasst, die aus unterschiedlichen Gründen weder von der VKR 2004/18/EG noch von der SKR 2004/17/EG erfasst werden. Dabei ist kein einheitliches Prinzip erkennbar, das die Ausnahmen legitimiert. Es handelt sich eher ein Sammelsurium von Gründen,[70] die es dem Richtliniengeber nicht opportun erscheinen ließen, die EU-Vergaberegeln für anwendbar zu erklären. Selbstverständlich sind diese Ausnahmen als Ausnahmen vom prinzipiell als notwendig, richtig und vernünftig erkannten Vergaberechtsregime eng auszulegen. Eine erweiternde Interpretation kommt nicht in Betracht.[71] Die Ausnahmen des § 100 Abs. 2 lit. a) bis e) betreffen Liefer-, Bau- und Dienstleistungsaufträge sowohl der klassischen Auftraggeber als auch der Sektorenauftraggeber. Die Ausnahmen des § 100 Abs. 2 lit. f) und i) betreffen nur den Bereich der Sektorenrichtlinie.[72] Bei den restlichen Ausnahmen geht es nur um Dienstleistungsaufträge. Im Einzelnen sind folgende Aufträge ausgenommen:

- Die Abschnitte 2 bis 4 sind nicht anwendbar auf Aufträge, die auf der Grundlage internationaler Abkommen über die Stationierung von Truppen vergeben werden (§ 100 Abs. 2 lit. a) GWB). Darunter fallen insbesondere auch Aufträge, die von der Finanzbauverwaltung des Bundes für die gemeinsam genutzte NATO-Infrastruktur nach besonderen Richtlinien vergeben werden. Gleiches gilt für die Aufträge aufgrund anderer internationaler Abkommen und für die Aufträge von **internationalen Organisationen** (§ 100 Abs. 2 lit. b) und c) GWB).
- Nicht anwendbar sind die Abschnitte 2 bis 4 auch im **Sicherheitsbereich**, für den die Mitgliedstaaten allein verantwortlich sind. Das gilt für Aufträge im Anwendungsbereich des Art. 296 Abs. Buchstabe b) des EG-Vertrages, nach dem ein Großteil militärischer Aktivitäten der gemeinschaftlichen Regulierung nicht zugänglich ist. Das gilt außerdem für Aufträge, die in Deutschland für geheim erklärt werden oder deren Ausführung besondere Sicherheitsmaßnahmen erfordert oder wenn der Schutz wesentlicher Interessen der Sicherheit des Staates es gebietet, dass die Vergaberegeln keine Anwendung finden[73] (§ 100 Abs. 2 lit. d) und e) GWB).
- In Deutschland praktisch ohne Bedeutung ist die Ausnahme für Monopollieferanten, die gegenüber einem klassischen Auftraggeber gegenüber ein **ausschließliches Recht** zu Erbringung der nachgefragten Leistung haben. Ein solches Recht, das auf Gesetz oder Verordnung beruhen muss und das durch eine gemeindliche Satzung

---

70 *Marx* in: Motzcke/Pietzcker/Priess, VOB/A, § 100 Rn. 3.
71 *EuGH* Urt. v. 12. 11. 1998 – C-360/96 – NVwZ 1999, 397.
72 Zur genaueren Definition der Sektorentätigkeiten und zu den spezifischen Ausnahmen der §§ 8, 9 und 10 VgV vgl. unten Anmerkungen zu § 1b Rn. 4, 8, 18 ff.
73 Zur letzten Kategorie *OLG Düsseldorf* VergabeR 2004, 371.

nicht gewährt werden kann, existiert in Deutschland nicht (§ 100 Abs. 2 lit. g) GWB).
- Ausgenommen von der Pflicht zur Anwendung von Vergaberegeln sind alle **Arbeitsverträge**, die öffentliche Auftraggeber schließen, Gleiches gilt für Vereinbarungen von **Schlichtungs-** und **Schiedsgerichtsleistungen**. Für sie gelten gemeinschaftsweit Spezialvorschriften (§ 100 Abs. 2 Eingangsformulierung und lit. l) GWB).
- **Immobiliengeschäfte** der öffentlichen Auftraggeber sind von der Pflicht zur Anwendung der Vergaberegeln ausgenommen. Dies bezieht sich auf den Erwerb von Grundstücken oder Rechten an Grundstücken oder vorhandenen Gebäuden ebenso wie auf die Miete von Immobilien (§ 100 Abs. 2 lit. h) GWB). Wenn es um den Erwerb oder die Miete einer ganz bestimmten Immobilie geht, kann der gemeinsame Markt nicht berührt sein. Dann ist das eine lokale Angelegenheit. Von der Ausnahme selbstverständlich nicht erfasst ist die Finanzierung eines entsprechenden Erwerbs. Sale-and-lease-back- oder Cross-border-leasing-Geschäfte sind als Immobiliengeschäfte generell nicht dem Vergaberecht unterworfen: Weder der Verkauf eines Grundstücks oder gar eines ganzen Unternehmens noch die Rückmiete sind Geschäftsgegenstände, die Auftragsvergabe darstellen, noch ist die allgemeine Finanzierung einer staatlichen Institution ein vergaberechtsrelevanter Vorgang. Dass eine Gesamtbetrachtung dazu führt, dass dennoch letztlich eine Dienstleistung für den öffentlichen Auftraggeber vorliegt, hängt von den Besonderheiten des Einzelfalles ab, kann jedoch nicht generell unterstellt werden.[74]
- Aufträge an Rundfunk- oder Fernsehsender über die **Ausstrahlung von Sendungen** unterliegen nicht dem 2. bis 4. Abschnitt der VOL/A (§ 100 Abs. 2 lit. j) GWB). Nach dem Text des Gesetzes gilt dies auch für Aufträge über Telekommunikationsleistungen (§ 100 Abs. 2 lit. k) GWB). Da die novellierten EU-Vergaberichtlinien dies jedoch nach der Liberalisierung der Telekommunikation nicht mehr vorsehen, dürfte bei einer Nutzung dieser Ausnahme höchste Vorsicht geboten sein.[75] Voraussichtlich zwingt die mittlerweile in Kraft getretene Richtlinie 2004/18/EG jedenfalls die klassischen Auftraggeber dazu, die Vergabe von **Telekommunikationsleistungen** dem 2. Abschnitt zu unterwerfen.
- Den Vergaberegeln der VOL/A ist auch ein Großteil der **Finanzdienstleistungen** nicht unterworfen. Befreit sind alle Dienstleistungen, die von den Zentralbanken erbracht werden, und alle Dienstleistungen, die mit verbrieften Finanzinstrumenten (Ausgabe, Verkauf, Ankauf oder Übertragung von Wertpapieren) zusammenhängen. Wertpapiere sind Aktien und andere, Aktien gleich zu stellende Wertpapiere, Schuldverschreibungen und sonstige verbriefte Schuldtitel, die auf dem Kapitalmarkt gehandelt werden können, und alle anderen üblicherweise gehandelten Titel, die zum Erwerb solcher Wertpapiere durch Zeichnung oder Austausch berechtigen oder zu einer Barzahlung führen, mit Ausnahme von Zahlungsmitteln.[76] Unter die anderen Finanzinstrumente fallen nach der Klarstellung in Artikel 16 d) der Richt-

---

74 So aber offenbar *Kullack* in: Heiermann/Zeiss/Kulack/Blaufuss, Vergaberecht, § 100 Rn. 45.
75 Zwar hat die *VK Bund* – VK 2 12/02 – noch am 24. 4. 2002, ZfBR 2002, 836 festgestellt, dass eine restriktive Auslegung dieser Vorschrift gegen ihren Wortlaut nicht möglich ist, doch fragt, ob nicht mit dem Inkrafttreten der Richtlinie 2004/17/EG eine andere Lage entstanden ist.
76 Richtlinie 93/22/EWG Amtsblatt der EU v. 11. 6. 93 Nr. L 141/27.

linie 2004/18/EG und in Artikel 24 c) der Sektorenrichtlinie 2004/17/EG insbesondere auch Geschäfte, die der Geld- und Kreditbeschaffung der öffentlichen Auftraggeber dienen wie z. B. die einfache Darlehensaufnahme. Der Hintergrund für die Ausnahme ist, dass die ausgenommenen Finanz- und Bankdienstleistungen rasch wechselnden Kursen und Konditionen unterliegen und für zeitraubende Vergabeverfahren schlicht nicht eignen.[77] Nicht ausgenommen sind indessen andere Finanzgeschäfte wie Inkasso, Zahlungsverkehr, Bankbürgschaften, Investment, Finanzierungsberatung u. Ä.

- Werden **Forschungs- und Entwicklungsdienstleistungen** vergeben und bleiben die Ergebnisse dieser Forschung zur Verfügung des Forschers, geht es nicht um Auftragsforschung.[78] Es müssen deshalb auch keine Vergaberegeln angewendet werden. In allen Fällen, in denen jedoch die Forschungsleistung vollständig vergütet und die Forschungsergebnisse am Ende zur Verfügung des Auftraggeber stehen, liegt keine Ausnahme vor und müssen die Vergaberegeln angewendet werden. Die Weitergabe von Forschungsergebnissen an nachgeordnete Institutionen oder die Öffentlichkeit rechtfertigen keine Ausnahme, wenn der Auftraggeber ursprünglich die ausschließliche Nutzungs- und Verwertungsbefugnis besaß.[79]

C. Konstitutive Regelungen des § 1 a

I. Anleitung zur Anwendung der Regeln des Abschnittes

39 Für die Vergabe sowohl von Aufträgen zur Beschaffung von Waren als auch zur Entgegennahme von Dienstleistungen haben die Auftraggeber nach § 98 Nr. 1–3 und 5 GWB alle Paragraphen des Abschnitts zu beachten. Wenn der Inhalt einer Bestimmung eines a-Paragraphen dem Inhalt einer Basisbestimmung widerspricht, hat der **a-Paragraph Vorfahrt** und muss die Basisbestimmung zurückzustehen. Diese Regel ist die Folge einer gewissen Trägheit des Verordnungsgebers. Denn eigentlich wäre es doch wohl Aufgabe des Verordnungsgebers eine widerspruchsfreie Sammlung von Vorschriften zur Verfügung zu stellen, zumal kein Grund ersichtlich ist, weshalb er sich nicht der Mühe unterzogen hat, für Widerspruchsfreiheit zu sorgen. Hauptanwendungsfeld für die Vorrangregel das § 1 a Nr. 1 Abs. 1 VOL/A dürften die §§ 3 und 3 a sein, deren Zusammenspiel nicht auf den ersten Blick einleuchtet. Mit der Regel in § 1 a Nr. 2 Abs. 2 VOL/A ist etwas weit weniger schwieriges ausgedrückt, um nicht zu sagen, dass es sich zumal angesichts des Textes in § 1 a Nr. 1 Abs. 1 um eine überflüssige Selbstverständlichkeit handelt.

40 **Lieferaufträge** im Sinne des Abschnitts der VOL/A sind nach der Definition des § 99 Abs. 2 GWB Verträge zur Beschaffung von Waren, die insbesondere Kauf oder Ratenkauf oder Leasing, Miet- oder Pachtverhältnisse mit oder ohne Kaufoption betreffen. Danach kommt es wesentlich darauf an, dass der Auftraggeber die tatsächliche Sachherrschaft über einen beweglichen Gegenstand erwirbt; die zu liefernden Waren müs-

---

[77] *Noelle*, Finanzdienstleistungen und Vergaberecht, VergabeRecht 1998, 26 ff.
[78] *BayObLG* VergabeR 2003, 669.
[79] *BayObLG* a. a. O.

sen nicht in das Eigentum des Auftraggebers übergehen.[80] Auf die zivilrechtliche Einordnung des beabsichtigten Vertrages kommt es nicht an; auch andere Vertragstypen als die beispielhaft aufgezählten fallen unter den Begriff des Lieferauftrags, wie z. B. Werklieferungsverträge und Lagerverträge. Kauf, Miete, Pacht von Grundstücken sind Immobilienbeschaffungsverträge. Ihr Abschluss setzt nicht die Anwendung des 2. Abschnitts der VOL/A voraus.

Als **Dienstleistungsaufträge** gelten alle Verträge über alle Leistungen, die keine Lieferungen und keine Bauleistungen sind. Der Begriff des Dienstleistungsauftrags hat daher Auffangcharakter für Alles, was am Markt erworben werden soll und kann, ohne Warenbezug und Bau zu sein. Auf den Gegenstand eins Dienstleistungsauftrags kommt es daher auch nicht an. Wichtig ist lediglich, dass eine vertragliche Bindung zur Erbringung einer Leistung zwischen einem öffentlichen Auftraggeber und einem Marktbeteiligten entsteht. **41**

II. Unterschiedliche Dienstleistungen

Dienstleistungen werden im europäischen Vergaberecht **aufgeteilt** **42**

- in die im Anhang II A der VKR 2004/18/EG und wortgleich im Anhang I A der VOL/A zusammengestellten vorrangigen Dienstleistungen (wie z. B. Instandhaltung, Reparatur, Verkehr, Post, Fernmeldewesen, Datenverarbeitung, Werbung, Unternehmensberatung, Architektur, Gebäudereinigung, Abfallbeseitigung) für deren Vergabe das volle Programm der Richtlinienvorschriften gilt, und
- in die nachrangigen Dienstleistungen (wie z. B. Eisenbahnleistungen, Schifffahrt, Nebentätigkeiten des Verkehrs, Leistungen des Gaststättenwesens; Rechtsberatung, Dienstleistungen im Unterrichts-, Sozial- und Gesundheitswesen; Arbeitsvermittlung). Sie sind im Anhang II B der Richtlinie und im Anhang I B der VOL/A erfasst. Zu ihnen gehören auch alle »sonstigen« Dienstleistungen, die sich nicht einer einzelnen der Kategorien der Anhänge zuordnen lassen. Für ihre Vergabe gilt nur ein sehr eingeschränkter Pflichtenkatalog. Für diese nachrangigen Dienstleistungen, die ihrer Natur nach als nicht oder wenig binnenmarkttauglich angesehen werden, gilt außer dem selbstverständlichen allgemeinen Diskriminierungsverbot nur eine Vorgabe über technische Spezifikationen und die Pflicht zur nachträglichen Bekanntmachung.

Auf diese Unterscheidung der Dienstleistungen geht die Regelung der Nr. 2 des § 1 a VOL/A zurück. Dementsprechend wird in Abs. 1 der Nr. 2 wird für die **A-Dienstleistungen** festgelegt, dass für sie die **Gesamtheit der** aus den Richtlinien umgesetzten **Regeln** zu gelten hat: Alle Basisvorschriften und alle a-Paragraphen. Für die nachrangigen B-Dienstleistungen verlangt der Richtliniengesetzgeber nur das, was in den §§ 8 a und 28 a festgelegt ist. Da indessen die klassischen Auftraggeber bei der Vergabe auch der nachrangigen **B-Dienstleistungen an nationales Recht gebunden** bleiben, müssen zusätzlich zu den europarechtlich induzierten Regeln der §§ 8 a und 28 a **43**

---

80 *EuGH* Urt. v. 26. 4. 1994 Rs. C-272/91.

§ 1a Verpflichtung zur Anwendung der a-Paragraphen

selbstverständlich auch die Basisparagraphen gelten. Genau dies schreibt nun § 1 Nr. 2 Abs. 2 VOL/A vor. Dabei enthält diese Regeln – das soll nicht übersehen werden – insofern ein über das europäische Recht hinausschießendes Element, als die Auftraggeber des Abschnitt 2 eine erheblich größere Zahl sind und als die Vorschrift nicht nur haushaltsrechtlichen Charakter hat, sondern Wettbewerbsrecht ist, auf das sich die Unternehmen vor Vergabekammer und OLG berufen können.

III. Gemischte Aufträge

44 Öffentliche Aufträge sind nicht ihrer Natur nach von vorneherein aufgeteilt in Lieferungen, Dienstleistungsaufträge und Bauaufträge. Vielfach wird die Realität von gemischten Verträgen beherrscht sein. Prinzipiell werden die gemischten Aufträge nach den Regeln für die Aufträge vergeben, deren Wert am Gesamtauftrag überwiegt.

§ 3a
Arten der Vergabe, Rahmenvereinbarungen

1. (1) Aufträge im Sinne des § 1 a werden grundsätzlich im Wege des Offenen Verfahrens, das der Öffentlichen Ausschreibung gemäß § 3 Nr. 2 entspricht, in begründeten Fällen im Wege des Nichtoffenen Verfahrens, das der Beschränkten Ausschreibung mit Öffentlichem Teilnahmewettbewerb gemäß § 3 Nr. 1 Abs. 4 und Nr. 3 entspricht, vergeben. Unter den in Nr. 1 Abs. 5 und Nr. 2 genannten Voraussetzungen können sie auch im Verhandlungsverfahren mit oder ohne vorheriger Öffentlicher Vergabebekanntmachung vergeben werden; dabei wendet sich der Auftraggeber an Unternehmen seiner Wahl und verhandelt mit mehreren oder einem einzigen dieser Unternehmen über die Auftragsvergabe. Unter den in § 6 a der Verordnung über die Vergabe öffentlicher Aufträge (Vergabeverordnung – VgV) genannten Voraussetzungen können Aufträge auch im Wettbewerblichen Dialog vergeben werden.

(2) Vergeben die Auftraggeber einen Auftrag im Nichtoffenen Verfahren, im Verhandlungsverfahren mit vorheriger Bekanntmachung oder im Wettbewerblichen Dialog, so können sie eine Höchstzahl von Unternehmen bestimmen, die zur Angebotsabgabe oder zur Teilnahme am Dialog aufgefordert werden. Diese Zahl ist in der Bekanntmachung nach Absatz 3 anzugeben. Sie darf im Nichtoffenen Verfahren nicht unter fünf, im Verhandlungsverfahren mit vorheriger Bekanntmachung und im Wettbewerblichen Dialog nicht unter drei liegen.

(3) Die Auftraggeber können vorsehen, dass das Verhandlungsverfahren oder der Wettbewerbliche Dialog in verschiedenen aufeinander folgenden Phasen abgewickelt werden, um so die Zahl der Angebote, über die verhandelt wird, oder die zu erörternden Lösungen anhand der vorgegebenen Zuschlagskriterien zu verringern. Wenn die Auftraggeber dies vorsehen, geben sie dies in der Bekanntmachung oder in den Vergabeunterlagen an. In der Schlussphase des Verfahrens müssen so viele Angebote vorliegen, dass ein echter Wettbewerb gewährleistet ist.

(4) Auftraggeber, die einen Auftrag im Sinne des § 1 a vergeben wollen, erklären ihre Absicht durch eine Bekanntmachung gemäß § 17 a im Supplement zum Amtsblatt der Europäischen Gemeinschaften. Die Bekanntmachung enthält entweder die Aufforderung zur Abgabe von Angeboten (Offenes Verfahren) oder die Aufforderung, Teilnahmeanträge zu stellen (Nichtoffenes Verfahren, Verhandlungsverfahren mit Teilnahmewettbewerb, Wettbewerblicher Dialog).

(5) Die Auftraggeber können Aufträge im Verhandlungsverfahren vergeben, vorausgesetzt, dass sie eine Vergabebekanntmachung veröffentlicht haben:
a) wenn in einem Offenen oder einem Nichtoffenen Verfahren oder einem Wettbewerblichen Dialog nur Angebote im Sinne der §§ 23 Nr. 1 oder 25 Nr. 1 abgegeben worden sind, sofern die ursprünglichen Bedingungen des Auftrags nicht grundlegend geändert werden.

Die Auftraggeber können in diesen Fällen von einer Vergabebekanntmachung absehen, wenn sie in das Verhandlungsverfahren alle Unternehmen einbeziehen, welche die Voraussetzungen des § 25 Nr. 2 Abs. 1 erfüllen und in dem Of-

fenen oder Nichtoffenen Verfahren oder Wettbewerblichen Dialog Angebote abgegeben haben, die nicht bereits aus formalen Gründen (§ 23 Nr. 1) nicht geprüft zu werden brauchen.
Bei einer erneuten Bekanntmachung gem. § 17 a können sich auch Unternehmen beteiligen, die sich bei einer ersten Bekanntmachung nach Nummer 1 Abs. 3 nicht beteiligt hatten,
b) in Ausnahmefällen, wenn es sich um Liefer- oder Dienstleistungsaufträge handelt, die ihrer Natur nach oder wegen der damit verbundenen Risiken eine vorherige Festlegung eines Gesamtpreises nicht zulassen,
c) wenn die zu erbringenden Dienstleistungsaufträge, insbesondere geistigschöpferische Dienstleistungen und Dienstleistungen der Kategorie 6 des Anhangs IA, dergestalt sind, dass vertragliche Spezifikationen nicht hinreichend genau festgelegt werden können, um den Auftrag durch die Wahl des besten Angebots in Übereinstimmung mit den Vorschriften über Offene und Nichtoffene Verfahren vergeben zu können.

2. Die Auftraggeber können in folgenden Fällen Aufträge im Verhandlungsverfahren ohne vorherige Öffentliche Vergabebekanntmachung vergeben:
    a) wenn in einem Offenen oder einem Nichtoffenen Verfahren keine oder keine wirtschaftlichen Angebote abgegeben worden sind, sofern die ursprünglichen Bedingungen des Auftrags nicht grundlegend geändert werden; der Kommission der Europäischen Gemeinschaften ist auf ihren Wunsch ein Bericht vorzulegen.
    b) wenn es sich um die Lieferung von Waren handelt, die nur zum Zwecke von Forschungen, Versuchen, Untersuchungen, Entwicklungen oder Verbesserungen hergestellt werden, wobei unter diese Bestimmung nicht eine Serienfertigung zum Nachweis der Marktfähigkeit des Produktes oder zur Deckung der Forschungs- und Entwicklungskosten fällt;
    c) wenn der Auftrag wegen seiner technischen oder künstlerischen Besonderheiten oder aufgrund des Schutzes eines Ausschließlichkeitsrechts (z. B. Patent-, Urheberrecht) nur von einem bestimmten Unternehmen durchgeführt werden kann;
    d) soweit dies unbedingt erforderlich ist, wenn aus dringlichen zwingenden Gründen, die der Auftraggeber nicht voraussehen konnte, die Fristen gemäß § 18 a nicht eingehalten werden können. Die Umstände, die die zwingende Dringlichkeit begründen, dürfen auf keinen Fall dem Verhalten des Auftraggebers zuzuschreiben sein;
    e) bei zusätzlichen Lieferungen des ursprünglichen Auftragnehmers, die entweder zur teilweisen Erneuerung von gelieferten Waren oder Einrichtungen zur laufenden Benutzung oder zur Erweiterung von Lieferungen oder bestehenden Einrichtungen bestimmt sind, wenn ein Wechsel des Unternehmens dazu führen würde, dass der Auftraggeber Waren mit unterschiedlichen technischen Merkmalen kaufen müsste und dies eine technische Unvereinbarkeit oder unverhältnismäßige technische Schwierigkeiten bei Gebrauch, Betrieb oder Wartung mit sich bringen würde. Die Laufzeit

dieser Aufträge sowie die der Daueraufträge darf in der Regel drei Jahre nicht überschreiten;

f) für zusätzliche Dienstleistungen, die weder in dem der Vergabe zugrunde liegenden Entwurf noch im zuerst geschlossenen Vertrag vorgesehen sind, die aber wegen eines unvorhergesehenen Ereignisses zur Ausführung der darin beschriebenen Dienstleistungen erforderlich sind, sofern der Auftrag an das Unternehmen vergeben wird, das diese Dienstleistung erbringt, wenn sich die zusätzlichen Dienstleistungen in technischer und wirtschaftlicher Hinsicht nicht ohne wesentlichen Nachteil für den Auftraggeber vom Hauptauftrag trennen lassen oder wenn diese Dienstleistungen zwar von der Ausführung des ursprünglichen Auftrags getrennt werden können, aber für dessen Vollendung unbedingt erforderlich sind.
Der Gesamtwert der Aufträge für die zusätzlichen Dienstleistungen darf jedoch 50 vom Hundert des Wertes des Hauptauftrags nicht überschreiten;

g) bei neuen Dienstleistungen, die in der Wiederholung gleichartiger Leistungen bestehen, die durch den gleichen Auftraggeber an das Unternehmen vergeben werden, das den ersten Auftrag erhalten hat, sofern sie einem Grundentwurf entsprechen und dieser Entwurf Gegenstand des ersten Auftrags war, der entweder im Offenen oder Nichtoffenen Verfahren vergeben wurde. Die Möglichkeit der Anwendung des Verhandlungsverfahrens muss bereits in der Ausschreibung des ersten Vorhabens angegeben werden; der für die nachfolgenden Dienstleistungen in Aussicht genommene Gesamtauftragswert wird vom Auftraggeber bei der Berechnung des Auftragswertes berücksichtigt. Das Verhandlungsverfahren darf jedoch nur innerhalb von drei Jahren nach Abschluss des ersten Auftrags angewandt werden;

h) wenn im Anschluss an einen Wettbewerb im Sinne des § 31 a Nr. 1 Abs. 1 der Auftrag nach den Bedingungen dieses Wettbewerbs an den Gewinner oder an einen der Preisträger vergeben werden muss. Im letzteren Fall müssen alle Preisträger des Wettbewerbs zur Teilnahme an den Verhandlungen aufgefordert werden;

i) bei auf einer Warenbörse notierten und gekauften Ware;

j) wenn Waren zu besonders günstigen Bedingungen bei Lieferanten, die ihre Geschäftstätigkeit endgültig einstellen, oder bei Insolvenzverwaltern oder Liquidatoren im Rahmen eines Insolvenz-, Vergleichs- oder Ausgleichsverfahrens oder eines in den Vorschriften eines anderen Mitgliedstaates vorgesehenen gleichartigen Verfahrens erworben werden.

3. Es ist aktenkundig zu machen, weshalb von einem Offenen oder Nichtoffenen Verfahren abgewichen worden ist (vgl. §§ 30, 30 a).

4. (1) Rahmenvereinbarungen sind öffentliche Aufträge, die die Auftraggeber an ein oder mehrere Unternehmen vergeben können, um die Bedingungen für Einzelaufträge, die während eines bestimmten Zeitraumes vergeben werden sollen, festzulegen, insbesondere über den in Aussicht genommenen Preis. Das in Aussicht genommene Auftragsvolumen ist so genau wie möglich zu ermitteln und zu beschreiben, braucht aber nicht abschließend festgelegt zu wer-

den. Die Auftraggeber dürfen für dieselbe Leistung nicht mehrere Rahmenvereinbarungen vergeben.

(2) Die Auftraggeber dürfen Rahmenvereinbarungen nicht missbräuchlich oder in einer Weise anwenden, die den Wettbewerb behindert, einschränkt oder verfälscht.

(3) Für den Abschluss einer Rahmenvereinbarung befolgen die Auftraggeber die Verfahrensvorschriften dieses Abschnittes in allen Phasen bis zur Zuschlagserteilung der Einzelaufträge, die auf diese Rahmenvereinbarung gestützt sind. Solche Einzelaufträge sind nur zwischen den von Anbeginn an der Rahmenvereinbarung beteiligten Auftraggebern und Unternehmen zulässig. Bei der Vergabe der auf einer Rahmenvereinbarung beruhenden Einzelaufträge dürfen keine grundlegenden Änderungen an den Bedingungen dieser Rahmenvereinbarung vorgenommen werden.

(4) Wird eine Rahmenvereinbarung mit einem Unternehmen geschlossen, so werden die auf dieser Rahmenvereinbarung beruhenden Einzelaufträge entsprechend den Bedingungen der Rahmenvereinbarung vergeben. Vor der Vergabe der Einzelaufträge kann die Vergabestelle das an der Rahmenvereinbarung beteiligte Unternehmen in Textform konsultieren und dabei auffordern, sein Angebot erforderlichenfalls zu vervollständigen.

(5) Wird eine Rahmenvereinbarung mit mehreren Unternehmen geschlossen, so müssen mindestens drei Unternehmen beteiligt sein, sofern eine ausreichend große Zahl von Unternehmen die Eignungskriterien und eine ausreichend große Zahl von zulässigen Angeboten die Zuschlagskriterien erfüllt.

(6) Die Vergabe von Einzelaufträgen, die auf einer mit mehreren Unternehmen geschlossenen Rahmenvereinbarung beruhen, erfolgt

a) sofern alle Bedingungen festgelegt sind, nach den Bedingungen der Rahmenvereinbarung ohne erneuten Aufruf zum Wettbewerb oder

b) sofern nicht alle Bedingungen in der Rahmenvereinbarung festgelegt sind, nach erneutem Aufruf der Parteien zum Wettbewerb zu denselben Bedingungen, die erforderlichenfalls zu präzisieren sind, oder nach anderen, in den Verdingungsunterlagen der Rahmenvereinbarung genannten Bedingungen.

(7) Im Fall von Absatz 6 Buchstabe b) ist folgendes Verfahren einzuhalten:

a) Vor Vergabe jedes Einzelauftrags konsultieren die Vergabestellen in Textform die Unternehmen, ob sie in der Lage sind, den Einzelauftrag auszuführen.

b) Die Vergabestellen setzen eine angemessene Frist für die Abgabe der Angebote für jeden Einzelauftrag; dabei berücksichtigen sie insbesondere die Komplexität des Auftragsgegenstands und die für die Übermittlung der Angebote erforderliche Zeit.

c) Die Vergabestellen geben an, in welcher Form die Angebote einzureichen sind, der Inhalt der Angebote ist bis zum Ablauf der Angebotsfrist geheim zu halten.

d) Die Vergabestellen vergeben die einzelnen Aufträge an das Unternehmen, das auf der Grundlage der in den Verdingungsunterlagen der Rahmenvereinbarung aufgestellten Zuschlagskriterien das wirtschaftlichste Angebot vorgelegt hat.

(8) Die Laufzeit einer Rahmenvereinbarung darf vier Jahre nicht überschreiten, es sei denn der Auftragsgegenstand oder andere besondere Umstände rechtfertigen eine Ausnahme.

Inhaltsübersicht

	Rn.
A. Vorbemerkung	1
I. Allgemeines	1
II. Wahl der richtigen Verfahrensart	4
III. Wahl der falschen Verfahrensart: Rügeobliegenheit und Rechtsfolgen	10
B. Verfahrensarten im Anwendungsbereich des 2. Abschnitts der VOL/A	12
I. Offenes Verfahren	12
1. Vor- und Nachteile des Offenen Verfahrens	13
2. Ablauf des Offenen Verfahrens	14
II. Nichtoffenes Verfahren	16
1. Vor- und Nachteile des Nichtoffenen Verfahrens	18
2. Zulässigkeit des Nichtoffenen Verfahrens	20
3. Ablauf des Nichtoffenen Verfahrens	22
III. Verhandlungsverfahren	24
1. Vor- und Nachteile des Verhandlungsverfahrens	27
2. Ablauf des Verhandlungsverfahrens	29
IV. Wettbewerblicher Dialog	31
1. Vor- und Nachteile des Wettbewerblichen Dialogs	32
2. Zulässigkeit des Wettbewerblichen Dialogs (§ 3 a Nr. 1 Abs. 1, § 6 a VgV)	34
a) Persönlicher Anwendungsbereich: staatliche Auftraggeber	35
b) Sachlicher Anwendungsbereich: besonders komplexer Auftrag	38
aa) »Objektiv nicht in der Lage«	39
bb) Technische Komplexität	42
cc) Rechtliche oder finanzielle Komplexität	45
3. Ablauf des Wettbewerblichen Dialoges	47
a) Bekanntmachung und Beschreibung (§ 6 a Abs. 2 VgV, §§ 17, 17 a)	48
b) Teilnahmewettbewerb	50
c) Dialogphase	52
aa) Aufforderung zur Teilnahme an Dialog	53
bb) Dialog und Auswahl von Lösungsvorschlägen	55
cc) Abschluss des Dialogs	58
d) Angebotsphase	60
4. Aufwandsentschädigung	63
5. Verhältnis des Wettbewerblichen Dialogs zu den anderen Verfahrensarten	65
C. Weitere Verfahrensgrundsätze	69
I. Begrenzung der zur Angebotsabgabe aufzufordernden Unternehmen (§ 3 a Nr. 1 Abs. 2)	69
II. Strukturierung des Verhandlungsverfahrens und des Wettbewerblichen Dialogs (§ 3 a Nr. 1 Abs. 3)	72
III. Verpflichtung zur Bekanntmachung gemäß § 17 a (§ 3 a Nr. 1 Abs. 4)	73
D. Zulässigkeit des Verhandlungsverfahrens	74
I. Verhandlungsverfahren mit vorheriger Vergabebekanntmachung (§ 3 a Nr. 1 Abs. 5)	74

§ 3a Arten der Vergabe, Rahmenvereinbarungen

    II. Verhandlungsverfahren mit Veröffentlichung einer Bekanntmachung (§ 3 a Nr. 1 Abs. 4) 77
        1. Fehlende Wertbarkeit aus formalen Gründen bei einem vorangegangenen Offenen oder Nichtoffenen Verfahren (§ 3 a Nr. 1 Abs. 5 a) 77
        2. Keine vorherige Festlegung des Gesamtpreises bei Dienstleistungsauftrag . 80
        3. Keine hinreichend genaue Festlegung der vertraglichen Spezifikationen bei Dienstleistungsaufträgen möglich (§ 3 a Nr. 1 Abs. 5 c) 81
    III. Verhandlungsverfahren ohne vorherige Vergabebekanntmachung (§ 3 a Nr. 2) 82
        1. Verhandlungsverfahren ohne vorherige öffentliche Vergabebekanntmachung 82
        2. Keine oder keine wirtschaftlichen Angebote im durchgeführten Verfahren (§ 3 a Nr. 2 a) 83
        3. Forschungs- und Entwicklungsaufträge (§ 3 a Nr. 2 b) 86
        4. Durchführung nur von einem bestimmten Unternehmen (§ 3 a Nr. 2 c) ... 88
        5. Fristeinhaltung aus zwingenden Gründen nicht möglich (§ 3 a Nr. 2 d) ... 93
        6. Zusätzliche Lieferungen, zusätzliche Dienstleistungen oder neue Dienstleistungen, die in der Wiederholung gleichartiger Leistungen bestehen (§ 3 a Nr. 2 e–g) 94
        7. Vergabe im Anschluss an einen Wettbewerb (§ 3 a Nr. 2 h) 95
E. **Dokumentationspflicht (§ 3 a Nr. 3)** 96
F. **Rahmenvereinbarungen (§ 3 a Nr. 4 VOL/A)** 100
    I. Einleitung 100
    II. Grundlagen der Rahmenvereinbarung (§ 3 a Nr. 4 Abs. 1 Satz 1) 102
        1. Definition der Rahmenvereinbarung 102
        2. Die Anwendungsbereiche der Rahmenvereinbarung 105
        3. Festzulegende Vertragsparameter 108
    III. Die Ermittlung des Auftragsvolumens (§ 3 a Nr. 4 Abs. 1 Satz 2) 112
    IV. Sperrwirkung (§ 3 a Nr. 4 Abs. 1 Satz 2) 114
    V. Missbrauchsverbot (§ 3 a Nr. 4 Abs. 2) 115
    VI. Anwendbarkeit der allgemeinen Vergaberechtsregeln (§ 3 a Nr. 4 Abs. 3 Satz 1) 122
    VII. Quereinsteiger (§ 3 a Nr. 4 Abs. 3 Satz 2) 125
    VIII. Keine grundlegenden Änderungen durch Einzelverträge (§ 3 a Nr. 4 Abs. 3 Satz 3) 127
    IX. Ein-Partner-Rahmenvereinbarungen (§ 3 a Nr. 4 Abs. 4) 132
    X. Mindestanzahl der Partner (§ 3 a Nr. 4 Abs. 5) 134
    XI. Die Vergabe von Einzelverträgen bei Mehr-Partner-Rahmenvereinbarungen (§ 3 a Nr. 4 Abs. 6) 136
        1. Ohne Aufruf zum Wettbewerb (§ 3 a Nr. 4 Abs. 6 lit. a) 137
        2. Mit erneutem Aufruf zum Wettbewerb (§ 3 a Nr. 4 Abs. 6 lit. b) 141
    XII. Verfahren bei erneutem Aufruf zum Wettbewerb – Justiziabilität der Zuschlagsentscheidung (§ 3 a Nr. 4 Abs. 7) 144
    XIII. Laufzeit der Rahmenvereinbarung (§ 3 a Nr. 4 Abs. 8) 148

A. Vorbemerkung

I. Allgemeines

Im Anwendungsbereich des 2. Abschnitts der VOL/A stehen für die Vergabe öffentlicher Aufträge nach § 3a Nr. 1 Abs. 1 grundsätzlich vier verschiedene Vergabearten zur Verfügung: das **Offene Verfahren**, das **Nichtoffene Verfahren**, das **Verhandlungsverfahren** und der **Wettbewerbliche Dialog**. Diese Verfahrensarten entsprechen trotz der abweichenden Terminologie weitgehend denjenigen Verfahren, die nach § 3 im Anwendungsbereich des 1. Abschnitts der VOL/A vorgesehen sind: **1**

Offenes Verfahren	→	Öffentliche Ausschreibung (§ 3 Nr. 1 Abs. 1)
Nichtoffenes Verfahren	→	Beschränkte Ausschreibung (§ 3 Nr. 1 Abs. 2)
Verhandlungsverfahren	→	Freihändige Vergabe (§ 3 Nr. 1 Abs. 3)
Wettbewerblicher Dialog	→	Keine entsprechende Regelung

Die Existenz der unterschiedlichen Bezeichnungen beruht auf der abweichenden sprachlichen Fassung des maßgeblichen **Gemeinschaftsrechts**,[1] die für den 2. Abschnitt der VOL/A übernommen wurde. Ein Vorteil der sprachlichen Differenzierung soll darin liegen, dass Vergabeverfahren unterhalb und oberhalb der EG-Schwellenwerte auch begrifflich voneinander abgegrenzt werden, was den Bietern die Zuordnung erleichtere.[2] Für den Wettbewerblichen Dialog besteht im Anwendungsbereich des 1. Abschnitts der VOL/A keine entsprechende Verfahrensart. Bei diesem handelt es sich um eine neue gemeinschaftsrechtliche Vergabeverfahrensart (vgl. Art. 1 Abs. 11 lit. c) VKR), deren Umsetzung in nationales Recht in das Ermessen der Mitgliedstaaten gestellt wurde (vgl. Art. 29 Abs. 1 VKR). Der deutsche Gesetzgeber hat von dieser Möglichkeit für die Vergabe öffentlicher Aufträge oberhalb der gemeinschaftsweiten Schwellenwerte mit Gesetz vom 1. 9. 2005[3] Gebrauch gemacht (§ 101 Abs. 5 GWB). § 101 GWB enthält damit die gesetzliche Grundlage für alle in § 3a vorgesehenen Vergabeverfahren. Neben § 101 GWB ist für die Auslegung von § 3a auch § 6a VgV zu berücksichtigen, der die maßgeblichen Vorschriften über den Wettbewerblichen Dialog enthält. **2**

Für den **Bereich der VOB/A** findet sich eine entsprechende Regelung in § 3a VOB/A, der allerdings strukturell anders aufgebaut ist und den Wettbewerblichen Dialog nicht erwähnt. Im **Anwendungsbereich der VOF** kann bei der Vergabe von freiberuflichen Leistungen stets ein Verhandlungsverfahren durchgeführt werden (§ 5 VOF). Eine mit § 3a vergleichbare Regelung ist in der VOF daher nicht enthalten, die auch zum Wettbewerblichen Dialog keine Vorschriften enthält. **3**

---

1 Vgl. Art. 1 Abs. 11 VKR (Richtlinie 2004/18/EG des Europäischen Parlaments und des Rates vom 31. 3. 2004 über die Koordinierung der Verfahren zur Vergabe öffentlicher Bauaufträge, Lieferaufträge und Dienstleistungen, ABl. EG v. 30. 4. 2004, Nr. L 134/114).
2 So auch *Müller* in: Daub/Eberstein, VOL/A, § 3a Rn. 7.
3 Gesetz zur Beschleunigung der Umsetzung von Öffentlich Privaten Partnerschaften und zur Verbesserung gesetzlicher Rahmenbedingungen für Öffentlich Private Partnerschaften vom 1. 9. 2005 (BGBl. I S. 2676).

II. Wahl der richtigen Verfahrensart

4 Die bei der Vergabe öffentlicher Aufträge zu beachtenden vergaberechtlichen Pflichten variieren erheblich je nach der Art des durchzuführenden Vergabeverfahrens. Die Wahl der richtigen Vergabeart ist daher von entscheidender Bedeutung für das gesamte Vergabeverfahren. Aus diesem Grunde sind die Vorschriften über die Auswahl der richtigen Verfahrensart **bieterschützend** und begründen **subjektive Rechte** im Sinne von § 97 Abs. 7 GWB, die im Rahmen eines Nachprüfungsverfahrens geltend gemacht werden können.[4]

5 Die Vorschriften über die Wahl der richtigen Vergabeart (§ 3 a Nr. 1 Abs. 1 und § 101 GWB) begründen eine **Hierarchie der Verfahrensarten**. Durchzuführen ist danach grundsätzlich ein Offenes Verfahren, in begründeten Fällen ein Nichtoffenes Verfahren und unter besonderen Voraussetzungen ein Verhandlungsverfahren oder ein Wettbewerblicher Dialog. Nach dem maßgeblichen Gemeinschaftsrecht besteht allerdings lediglich ein **Vorrang des Offenen Verfahrens** und des **Nichtoffenen Verfahrens** gegenüber dem Wettbewerblichen Dialog und dem Verhandlungsverfahren (vgl. Art. 28 VKR), so dass das Offene und das Nichtoffene Verfahren grundsätzlich gleichberechtigt angewendet werden könnten. Der deutsche Gesetzgeber ist hiervon jedoch aus haushaltsrechtlichen Gründen[5] abgewichen und hat sich für den Vorrang des Offenen Verfahrens auch vor dem Nichtoffenen Verfahren entschieden (vgl. § 101 Abs. 5 Satz 1 GWB). Nicht abschließend geklärt ist allerdings die Frage, wie sich der Wettbewerbliche Dialog in die Hierarchie der Verfahrensarten einfügt und ob er gegenüber dem Verhandlungsverfahren vorrangig ist.[6]

6 Von dem Vorrang des Offenen Verfahrens darf nur im Rahmen der in § 3 a aufgeführten Voraussetzungen abgewichen werden. Danach ergeben sich unterschiedlich strenge **Ausnahmeregelungen** für die verschiedenen Verfahrensarten. Für die Zulässigkeit des Nichtoffenen Verfahrens verweist § 3 a Nr. 1 Abs. 1 lediglich auf § 3 Nr. 1 Abs. 4 und Nr. 3, so dass insoweit die gleichen Grundsätze gelten wie im Anwendungsbereich des 1. Abschnitts der VOL/A.[7] Ein Verhandlungsverfahren ist dagegen nur unter den in § 3 a Nr. 1 Abs. 5 und Nr. 2 genannten Voraussetzungen zulässig. Für den Wettbewerblichen Dialog wird in § 3 a Nr. 1 Abs. 1 Satz 3 auf § 6 a VgV verwiesen. Diese Ausnahmeregelungen sind grundsätzlich **eng auszulegen**.[8]

---

[4] *VK Brandenburg* Beschl. v. 23. 11. 2004 – VK 58/04; *VK Sachsen-Anhalt* Beschl. v. 30. 1. 2004 – VK Hal 26/03.

[5] Vgl. insbesondere § 30 HGrG und § 55 BHO. In diesem Sinne auch die Gegenäußerung der Bundesregierung zum Änderungsvorschlag Nr. 11 des Bundesrates, Drucksache 13/9340, S. 49.

[6] Vgl. hierzu Rn. 64 ff.

[7] Vgl. hierzu § 3 Rn. 21, 31 ff.

[8] Vgl. *OLG Naumburg* Beschl. v. 10. 11. 2003 – 1 Verg 14/03, Umdruck nach Veris, S. 7; *VK Düsseldorf* Beschl. v. 15. 8. 2003 – VK 23/2003 L, Umdruck nach Veris, S. 19; *VK Baden-Württemberg* Beschl. v. 14. 3. 2005 – 1 VK 5/05, Umdruck nach Veris, S. 22 f.; *VK Bund* Beschl. v. 20. 5. 2003 – VK 1 – 35/03, Umdruck nach Veris, S. 14; Vgl. auch *EuGH* Urt. v. 2. 6. 2005 – Rs. C-394/02, Kommission/Griechenland, Umdruck nach Veris, S. 10, Rn. 33.

1. Vor- und Nachteile des Offenen Verfahrens

Die Vorteile des Offenen Verfahrens liegen vor allem in der Gewährleistung eines **ho-** **13** **hen Maßes an Wettbewerb** durch die Beteiligung einer grundsätzlich unbeschränkten Anzahl von Bietern. Insbesondere für neue Marktteilnehmer und ausländische Unternehmen werden dadurch die Chancen einer erfolgreichen Bewerbung um öffentliche Aufträge erhöht. Das Offene Verfahren ist aufgrund der strengen Anforderungen an die Transparenz und Geheimhaltung zudem ein geeignetes Mittel zur **Verhinderung von Absprachen und abgestimmten Verhaltensweisen** zwischen den Bietern. Für die Bieter hat das Offene Verfahren darüber hinaus den Vorteil, dass der Auftraggeber bei der Ausgestaltung des Vergabeverfahrens bestimmte formelle Anforderungen beachten muss, die insbesondere dem **Schutz der Bieter** dienen (z. B. Mindestfristen gemäß §§ 18 a Nr. 1, 19). Die **Nachteile** des Offenen Verfahrens liegen zum einen in der relativen Inflexibilität des Verfahrens. Auf die Angebote kann der Auftraggeber nicht mit Verhandlungen reagieren, vielmehr muss der Zuschlag grundsätzlich auf das nach den Zuschlagskriterien geeignetste Angebot erteilt werden. Verhandlungen sind grundsätzlich unzulässig, soweit sie über das in § 24 erlaubte Maß hinausgehen. Nachteilig kann ferner sein, dass der Auftraggeber wegen der unbegrenzten Anzahl von Angeboten unter Umständen einem hohen Bewertungs- und Bearbeitungsaufwand ausgesetzt ist und zugleich die Erfolgschancen der Bieter angesichts eines unbegrenzten Wettbewerbs gering sein können.

2. Ablauf des Offenen Verfahrens

Vor dem Beginn des eigentlichen Vergabeverfahrens bedarf es einer **Festlegung des** **14** **konkreten Beschaffungsbedarfs** durch den öffentlichen Auftraggeber. Die Entscheidung, ob und was zu beschaffen ist, steht im Ermessen des Auftraggebers.[21]

Das Offene Verfahren beginnt mit der Absendung und Veröffentlichung einer **Verga-** **15** **bebekanntmachung** im Amtsblatt der Europäischen Gemeinschaften.[22] Für die Bekanntmachung ist ein einheitliches Muster zu verwenden (§§ 3 a Nr. 1 Abs. 4 und 17 a Nr. 1).[23] Die Absendung kann über die eigens hierfür eingerichtete Internetseite der EU (SIMAP)[24] erfolgen. In der Bekanntmachung ist stets auch die Frist angegeben, innerhalb derer Angebote eingereicht werden können. Die **Angebotsfrist** beträgt beim Offenen Verfahren mindestens 52 Tage, gerechnet vom Tag der Absendung der Bekanntmachung (§ 18 a Nr. 1 Abs. 1). An die Angebotsfrist schließt die **Zuschlags- und Bindefrist** im Sinne von § 19 an. Sie ist so kurz wie möglich und nicht länger zu bemessen, als der Auftraggeber für eine zügige **Prüfung und Wertung der Angebote** benötigt. Im Rahmen der Angebotswertung wird von denjenigen Angeboten, die rechtzeitig eingegangen sind und alle geforderten Nachweise und Erklä-

---

[21] Vgl. *OLG Koblenz* Beschl. v. 5. 9. 2002 – 1 Verg 2/02, NZBau 2002, 699, 703; *VK Schleswig-Holstein* Beschl. v. 28. 11. 2006 – VK-SH 25/06, Umdruck nach Veris, S. 22 f.; *VK Münster* Beschl. v. 20. 4. 2005 – VK 6/05, Umdruck nach Veris, S. 10.
[22] 1. *VK Sachsen* Beschl. v. 23. 5. 2001 – 1/SVK/34–01, Umdruck nach Veris, S. 1.
[23] Die Bekanntmachungsmuster sind der Verordnung (EG) 1564/2005 vom 7. 9. 2005 zu entnehmen.
[24] Abrufbar unter http://simap.europa.eu.

§ 3a Arten der Vergabe, Rahmenvereinbarungen

rungen enthalten, anhand der vorab bekannt gegebenen Zuschlagskriterien das **wirtschaftlichste Angebot** ermittelt (§§ 25, 25 a). Diejenigen Bieter, deren Angebote nicht berücksichtigt werden sollen, sind über den Namen des erfolgreichen Bieters und über den Grund der vorgesehenen Nichtberücksichtigung ihres Angebotes gemäß § 13 VgV mindestens 14 Kalendertage vor der Zuschlagserteilung zu **informieren**. Innerhalb von 48 Tagen nach Vergabe des Auftrags muss der öffentliche Auftraggeber dem Amt für amtliche Veröffentlichungen der Europäischen Gemeinschaften das Ergebnis der Ausschreibung mitteilen (§ 28 a Nr. 1 Abs. 1). Dabei ist das im Anhang III der Verordnung (EG) Nr. 1564/2005 enthaltene Mitteilungsmuster zu verwenden.

II. Nichtoffenes Verfahren

16 Das Nichtoffene Verfahren unterscheidet sich vom Offenen Verfahren vor allem durch den **vorgeschalteten Teilnahmewettbewerb** (vgl. § 101 Abs. 3 GWB). Die an dem Auftrag interessierten Unternehmen müssen zunächst Teilnahmeanträge einreichen und ihre Eignung für die Erbringung der ausgeschriebenen Leistungen nachweisen. Der öffentliche Auftraggeber wählt aus dem gesamten Bewerberkreis eine beschränkte Anzahl von Unternehmen aus, die er zur Angebotsabgabe auffordert. Das Nichtoffene Verfahren zeichnet sich daher durch einen wettbewerbsintensiven Teil, den öffentlichen Teilnahmewettbewerb, und einen darauf folgenden wettbewerblich eingeschränkten Verfahrensteil, die Angebotsphase, aus.

17 Das Nichtoffene Verfahren entspricht gemäß § 3 a Nr. 1 Abs. 1 Satz 1 weitgehend der Beschränkten Ausschreibung im Sinne von § 3 Nr. 1 Abs. 4 und Nr. 3. Der wesentliche Unterschied beider Verfahrensarten liegt darin, dass bei einer Beschränkten Ausschreibung der vorgeschaltete Teilnehmerwettbewerb fakultativ und beim Nichtoffenen Verfahren **zwingend vorgeschrieben** ist (vgl. § 101 Abs. 3 GWB; Art. 1 Abs. 11 lit. c) VKR). Das Zweckmäßigkeitskriterium des § 3 Nr. 1 Abs. 4 gilt für das Nichtoffene Verfahren trotz der Verweisung des § 3 a Nr. 1 Abs. 1 Satz 1 nicht. Der Teilnahmewettbewerb ist hier zwingender Bestandteil des Vergabeverfahrens.

1. Vor- und Nachteile des Nichtoffenen Verfahrens

18 Im Vergleich mit dem Offenen Verfahren beruhen die Vor- und Nachteile des Nichtoffenen Verfahrens auf dem vorgeschalteten Teilnahmewettbewerb. Für den öffentlichen Auftraggeber ist es regelmäßig **vorteilhaft**, vor Eingang zahlreicher Angebote eine bestimmte Anzahl geeigneter Bieter auswählen zu können und nur deren Angebote prüfen zu müssen. Auch für die sich bewerbenden Unternehmen kann es im Hinblick auf den Aufwand der Angebotserstellung vorteilhaft sein, wenn zunächst ihre Eignung geprüft und sie bei fehlender Eignung nicht zur Abgabe von Angeboten aufgefordert werden.

19 Im Verhältnis zum Offenen Verfahren hat das Nichtoffene Verfahren für die an dem Auftrag interessierten Unternehmen allerdings den **Nachteil**, dass kein Anspruch auf Abgabe eines Angebots besteht. Diejenigen Bewerber, die im Anschluss an den Teilnahmewettbewerb nicht zur Angebotsabgabe aufgefordert werden, sind vom weiteren Vergabeverfahren ausgeschlossen.[25] Der Auftraggeber ist lediglich verpflichtet, die zur Angebotsabgabe aufzufordernden Teilnehmer ermessensfehlerfrei auszuwählen.

2. Zulässigkeit des Nichtoffenen Verfahrens

§ 3 a Nr. 1 Abs. 1 Satz 1 enthält keine eigene Regelung zu den Voraussetzungen, unter **20** denen der im deutschen Vergaberecht geltende Vorrang des Offenen Verfahrens durchbrochen und ein Nichtoffenes Verfahren durchgeführt werden darf. Die Bestimmung legt lediglich fest, dass in »**begründeten Fällen**« vom Regelfall des Offenen Verfahrens abgewichen werden darf, und verweist im Übrigen auf § 3 Nr. 3. Die vier in dieser Bestimmung enthaltenen Ausnahmetatbestände sind auf das Nichtoffene Verfahren daher übertragbar.[26] Dabei ist allerdings dem Grundsatz des Vorrangs des Offenen Verfahrens durch eine **enge Auslegung** der Ausnahmetatbestände Rechnung zu tragen.[27]

Für das Vorliegen eines Ausnahmetatbestandes trägt die Darlegungs- und **Beweislast 21** der Auftraggeber.[28] Er darf sich dabei nicht auf die allgemeine Begründung beschränken, dass das Offene Verfahren weniger praktikabel sei und einen unnötigen Aufwand erfordere.[29] Nicht ausreichend ist auch die bloße Behauptung eines die Ausnahme rechtfertigenden Sachverhalts. Der Auftraggeber muss vielmehr begründen, dass die Voraussetzungen des Nichtoffenen Verfahrens für die konkrete Beschaffungsmaßnahme erfüllt sind und hierfür stichhaltige Belege vorlegen.[30] Die Gründe für das Abweichen vom Offenen Verfahren sind zudem aktenkundig zu machen (§ 3 a Nr. 3).

3. Ablauf des Nichtoffenen Verfahrens

Das Nichtoffene Verfahren unterscheidet sich vom Offenen Verfahren vor allem **22** durch den vorgeschalteten Teilnahmewettbewerb. Beide Verfahrensarten ähneln sich im Übrigen stark, da auch das Nichtoffene Verfahren durch einen streng **strukturierten Verfahrensablauf** gekennzeichnet ist, der im Einzelnen in §§ 16 bis 28 geregelt ist. Zumindest besteht die Pflicht zur Veröffentlichung einer **Bekanntmachung** im Amtsblatt der Europäischen Gemeinschaften (vgl. §§ 3 a Nr. 1 Abs. 4 und 17 a Nr. 1).[31]

---

25 *Fett* in: Müller-Wrede VOL/A, § 3 a Rn. 32.
26 Vgl. hierzu § 3 Rn. 31 ff.
27 Vgl. *OLG Naumburg* Beschl. v. 10. 11. 2003 – 1 Verg 14/03, Umdruck nach Veris, S. 7; *VK Düsseldorf* Beschl. v. 15. 8. 2003 – VK 23/2003 L, Umdruck nach Veris, S. 19; *VK Baden-Württemberg* Beschl. v. 14. 3. 2005 – 1 VK 5/05, Umdruck nach Veris, S. 22 f.; *VK Bund* Beschl. v. 20. 5. 2003 – VK 1 – 35/03, Umdruck nach Veris, S. 14; *Müller* in: Daub/Eberstein VOL/A, § 3 Rn. 8.
28 *EuGH* Urt. v. 10. 3. 1987 – 199/85, Slg. 1987, 1039; *OLG Naumburg* Beschl. v. 10. 11. 2003 – 1 Verg 14/03; *VK Sachsen* Beschl. v. 15. 11. 2000 – 1/SVK/96–00; *VK Sachsen-Anhalt* Beschl. v. 30. 1. 2004 – VK Hal 26/03.
29 *VÜA Sachsen* Beschl. v. 28. 7. 1997 – 1 VÜA 7/97.
30 Vgl. *VK Sachsen* Beschl. v. 20. 8. 2004 – 1/SVK/067–04.
31 Vgl. Rn. 15.

23 Die an dem Auftrag interessierten Unternehmen können auf der Grundlage der in der Bekanntmachung veröffentlichten Kriterien **Teilnahmeanträge** stellen. Im Rahmen des Teilnahmewettbewerbs müssen die Bewerber nachweisen, dass sie sowohl in persönlicher Hinsicht zur Erbringung der ausgeschriebenen Leistungen geeignet sind, als auch die erforderliche wirtschaftliche, finanzielle und technische Leistungsfähigkeit besitzen. Die Frist zur Einreichung der Teilnahmeanträge darf grundsätzlich nicht weniger als 37 Tage betragen, kann aber bei besonderer Dringlichkeit auf 15 Tage und bei elektronischer Übermittlung sogar auf 10 Tage verringert werden (§ 18 a Nr. 2 Abs. 1). Der Auftraggeber prüft die rechtzeitig eingegangenen Teilnahmeanträge zunächst auf ihre Vollständigkeit und sodann hinsichtlich der Zuverlässigkeit, Fachkunde und Leistungsfähigkeit der Bewerber. Im Rahmen dieser **Eignungsprüfung** hat der Auftraggeber einen erheblichen Beurteilungsspielraum. Anschließend wählt er eine angemessene Anzahl geeigneter Bewerber aus, die zur **Angebotsabgabe aufgefordert** werden (mindestens 5, vgl. § 3 a Nr. 1 Abs. 2 Satz 3). Die Angebote sind innerhalb der Angebotsfrist (§ 18 a Nr. 2 Abs. 2)[32] abzugeben. Der weitere Verfahrensablauf entspricht dem des Offenen Verfahrens.[33]

III. Verhandlungsverfahren

24 Das Verhandlungsverfahren ist die **flexibelste Verfahrensart** im Anwendungsbereich des 2. Abschnitts der VOL/A. Kennzeichnend hierfür ist die Möglichkeit des öffentlichen Auftraggebers, bestimmte Unternehmen auszuwählen, um mit diesen über die Auftragsbedingungen zu verhandeln (vgl. § 101 Abs. 4 GWB).[34] Grundsätzlich muss aber auch einem Verhandlungsverfahren eine öffentliche Bekanntmachung vorausgehen (§ 3 a Nr. 1 Abs. 5). Bei einem **Verhandlungsverfahren mit vorheriger Vergabebekanntmachung** wird wie bei einem Nichtoffenen Verfahren ein Teilnahmewettbewerb durchgeführt, in dem die Verhandlungspartner ausgewählt werden. Das Verhandlungsverfahren mit vorheriger Bekanntmachung ist unter den in § 3 a Nr. 1 Abs. 5 genannten Voraussetzungen zulässig.[35]

25 Ein Verhandlungsverfahren kann nach § 3 a Nr. 2 ausnahmsweise auch **ohne vorherige Bekanntmachung** durchgeführt werden.[36] Öffentliche Auftraggeber dürfen in diesen eng begrenzten Ausnahmefällen ohne Durchführung eines Teilnahmewettbewerbs einzelne Unternehmen auswählen und mit diesen über die Auftragsbedingungen verhandeln.

26 Der Anwendungsbereich des Verhandlungsverfahrens ist auf die in § 3 a Nr. 1 Abs. 5 und Nr. 2 normierten **Ausnahmetatbestände** beschränkt. Diese sind nicht lediglich

---

[32] Die Angebotsfrist beträgt gemäß § 18 a Nr. 2 Abs. 2 mindestens 40 Tage, gerechnet vom Tag der Absendung der Aufforderung zur Angebotsabgabe an, kann aber wegen besonderer Dringlichkeit verkürzt werden, vgl. hierzu Rn. 37 ff. Fristverkürzend wirken sich zudem die Veröffentlichung einer Vorinformation sowie elektronisch erstellte und übermittelte Bekanntmachungen aus.
[33] Vgl. Rn. 15.
[34] Vgl. Art. 28, 30 und 31 VKR (Richtlinie 2004/18/EG).
[35] Vgl. hierzu Rn. 73 ff.
[36] Vgl. hierzu Rn. 82 ff.

als Regelbeispiele zu verstehen und können auf vergleichbare Fälle daher grundsätzlich nicht übertragen werden (vgl. auch Art. 30 und Art. 31).[37] Der Vorrang des Offenen und des Nichtoffenen Verfahrens vor dem Verhandlungsverfahren gebietet zudem eine **enge Auslegung** der Ausnahmetatbestände. Zu berücksichtigen ist dabei auch, dass mit der Durchführung eines Verhandlungsverfahrens stets eine Beeinträchtigung des Wettbewerbsprinzips und der Chancengleichheit der Bieter verbunden ist. Das ist nur dann gerechtfertigt, wenn das grundsätzlich vorrangige Interesse an einem europaweiten Wettbewerb durch erheblich gewichtigere Belange überwogen wird.[38] Abgesehen hiervon sind auch bei der Durchführung eines Verhandlungsverfahrens die **Vergabegrundsätze** des § 97 GWB (Wettbewerb, Transparenz und Gleichbehandlung) so weit als möglich zu beachten.[39]

1. Vor- und Nachteile des Verhandlungsverfahrens

Die **Vorteile** des Verhandlungsverfahrens liegen in erster Linie in dessen **Flexibilität**. Öffentliche Auftraggeber können ihren jeweiligen Beschaffungsbedarf mit den Auftragnehmern abstimmen und gemeinsam mit diesen eine optimale Lösung suchen. Insbesondere bei komplexen Beschaffungsvorgängen, in denen der Auftraggeber die zur Verwirklichung seines Beschaffungsbedarfs erforderlichen Leistungen nicht abschließend beschreiben kann, bietet das Verhandlungsverfahren die Möglichkeit, auf die Fachkunde der Bieter zurückzugreifen.[40] Zugleich haben die Bieter die Möglichkeit, auf die endgültige Leistungsbeschreibung Einfluss zu nehmen und den Beschaffungsbedarf so mitzugestalten. Angebote können so weiterentwickelt und auf die besonderen Bedürfnisse des Auftraggebers abgestimmt werden. Auch können die Bieter auf den Wettbewerb reagieren und ihre Wettbewerbsstellung im laufenden Verfahren verbessern. **27**

Die **Nachteile** des Verhandlungsverfahrens ergeben sich aus der damit verbundenen Beschränkung des Wettbewerbs und der Chancengleichheit der Bieter. Interessierte Unternehmen haben grundsätzlich keinen Anspruch auf eine Teilnahme an den Verhandlungen mit dem Auftraggeber.[41] Darüber hinaus birgt das Verhandlungsverfahren das Risiko der Intransparenz. Insbesondere wegen der Möglichkeit, hinter verschlossenen Türen mit den Bietern zu verhandeln, wird die Gefahr gesehen, dass einzelne Bieter dadurch unkontrollierbar bevorzugt werden. Zugleich besteht im Verhandlungsverfahren das Risiko für die Bieter, dass sie vom Auftraggeber in den Verhandlungen unter (Preis-) Druck gesetzt oder gegeneinander ausgespielt werden. **28**

---

37 *VK Düsseldorf* Beschl. v. 15. 8. 2003 – VK 23/2003 L, Umdruck nach Veris, S. 18.
38 *VK Düsseldorf* Beschl. v. 15. 8. 2003 – VK 23/2003 L, Umdruck nach Veris, S. 18.
39 *VK Schleswig-Holstein* Beschl. v. 17. 8. 2004 – VK-SH 20/04; *VK Berlin* Beschl. v. 18. 3. 2004 – VK – B 1 04/04, Umdruck nach Veris, S. 9.
40 Vgl. *Willenbruch* NZBau 2003, 422, 423 f.
41 *VK Bund* Beschl. v. 27. 8. 2002 – VK 2 – 70/02, Umdruck nach Veris, S. 1.

2. Ablauf des Verhandlungsverfahrens

29 Ein **Verhandlungsverfahren mit vorheriger Vergabebekanntmachung** beginnt mit der Veröffentlichung der **Bekanntmachung** im Amtsblatt der Europäischen Gemeinschaften. Die Bekanntmachung muss eine ausreichend ausführliche Beschreibung des zu vergebenden Auftrags und der Vergabebedingungen enthalten. Die an dem Auftrag interessierten Unternehmen müssen innerhalb der bekannt gegebenen Frist **Teilnahmeanträge** stellen und anhand der geforderten Eignungskriterien ihre Fachkunde und Leistungsfähigkeit nachweisen. Für den **Teilnahmewettbewerb** gelten im Übrigen die gleichen Grundsätze wie im Rahmen eines Nichtoffenen Verfahrens.[42] Die Auswahl der Verhandlungspartner erfolgt danach nach objektiven, transparenten und nichtdiskriminierenden Kriterien. Mit den ausgewählten Teilnehmern werden sodann **Verhandlungen** über den Auftrag aufgenommen, die der Auftraggeber seinen Bedürfnissen entsprechend **strukturieren** kann. Die Gestaltung des Verfahrensablaufs ist den Bietern allerdings vorab bekannt zu machen. Es können eine oder mehrere Verhandlungsrunden durchgeführt werden, wobei die Anzahl der Verhandlungspartner schrittweise reduziert werden kann.[43]

30 Bei einem **Verhandlungsverfahren ohne vorherige Bekanntmachung** kann sich der öffentliche Auftraggeber ohne Durchführung eines öffentlichen Teilnahmewettbewerbs unmittelbar an interessierte Unternehmen wenden und mit diesen Verhandlungen über die zu vergebenden Leistungen aufnehmen. Auch wenn für dieses Verfahren keine bestimmten Verfahrensvorschriften gelten, muss es dennoch nichtdiskriminierend und transparent gestaltet werden. Darüber hinaus gilt auch hier § 13 VgV, wonach der Auftraggeber die erfolglosen Verfahrensteilnehmer vorab über die geplante Zuschlagserteilung und die Gründe ihrer Nichtberücksichtigung informieren muss.[44]

IV. Wettbewerblicher Dialog

31 Der in § 3 a Nr. 1 Abs. 1 als weitere Verfahrensart vorgesehene Wettbewerbliche Dialog ist ein Verfahren zur **Vergabe besonders komplexer Aufträge** durch **staatliche Auftraggeber** (vgl. § 101 Abs. 5 GWB, § 6 a VgV). Die Einführung dieser Verfahrensart ist eine der wesentlichen Neuerungen, die das deutsche Vergaberecht infolge der **Umsetzung der VKR**[45] (vgl. insbesondere Art. 1 Abs. 11 lit. c) und Art. 29 VKR) erfahren hat. Die Umsetzung der Vorschriften über den Wettbewerblichen Dialog wurde gemeinschaftsrechtlich allerdings nicht zwingend vorgeschrieben, sondern in das Ermessen der Mitgliedstaaten gestellt. Der deutsche Gesetzgeber hat von dieser Möglichkeit im Rahmen des ÖPP-Beschleunigungsgesetzes vom 7. 9. 2005[46] Gebrauch gemacht

---

[42] Vgl. hierzu Rn. 22 f.
[43] *VK Berlin* Beschl. v. 18. 3. 2004 – VK – B 1 04/04, Umdruck nach Veris, S. 6.
[44] *OLG Düsseldorf* Beschl. v. 30. 4. 2003 – Verg 67/02, VergabeR 2003, 435, 443.
[45] Richtlinie 2004/18/EG des Europäischen Parlaments und des Rates vom 31. 3. 2004 über die Koordinierung der Verfahren zur Vergabe öffentlicher Bauaufträge, Lieferaufträge und Dienstleistungsaufträge.
[46] Gesetz zur Beschleunigung der Umsetzung von Öffentlich Privaten Partnerschaften und zur Verbesserung gesetzlicher Rahmenbedingungen für Öffentlich Private Partnerschaften, BGBl. Teil I Nr. 56 vom 7. 9. 2005, S. 2676.

und den Wettbewerblichen Dialog gesetzlich normiert (§ 101 Abs. 5 GWB, § 6 a VgV). Anlässlich der Neufassung der VOL/A 2006[47] wurde der Wettbewerbliche Dialog schließlich auch in § 3 a Nr. 1 Abs. 1 als vierte Verfahrensart neben dem Offenen Verfahren, dem Nichtoffenen Verfahren und dem Verhandlungsverfahren aufgenommen.

1. Vor- und Nachteile des Wettbewerblichen Dialogs

Der Wettbewerbliche Dialog soll als **flexibles und dennoch strukturiertes Verfahren** sowohl den bei der Vergabe besonders komplexer Aufträge bestehenden Erfordernissen nach einer flexiblen Verfahrensgestaltung gerecht werden als auch ein möglichst hohes Maß an Wettbewerb zwischen den Wirtschaftsteilnehmern gewährleisten.[48] Bei der Vergabe komplexer Aufträge besteht regelmäßig das Erfordernis, einzelne oder alle Aspekte des Auftrags mit den Bewerbern zu erörtern, wobei ein Verhandlungsverfahren aber nur unter besonderen Voraussetzungen zulässig ist. Da andererseits im Rahmen eines Offenen bzw. Nichtoffenen Verfahrens derartige Erörterungen nicht zulässig sind, haben sich diese Verfahrensarten für die Vergabe komplexer Aufträge häufig als zu schwerfällig und formalistisch erwiesen.[49] Das betrifft insbesondere **PPP-Projekte**, die in Deutschland wie in anderen Mitgliedsstaaten bislang häufig im Verhandlungsverfahren vergeben wurden, wobei das Vorliegen der Voraussetzungen eines Verhandlungsverfahrens mitunter zweifelhaft war.[50] Nicht zuletzt zur Vermeidung der hiermit verbundenen Rechtsunsicherheit wurde öffentlichen Auftraggebern mit dem Wettbewerblichen Dialog ein Verfahren zur Verfügung gestellt, das einerseits weite Gestaltungsspielräume belässt, andererseits aber den Verfahrensablauf gesetzlich normiert und transparent gestaltet.

32

Die **Nachteile** des Wettbewerblichen Dialoges werden teilweise in dem (angeblich) höheren zeitlichen und finanziellen Aufwand gesehen, der mit dem neuen Verfahren im Vergleich zum Verhandlungsverfahren verbunden sei.[51] Hinzu kommen eine Reihe ungeklärter Fragen, deren Beantwortung der Praxis überlassen wurde und an denen sich zeigen wird, ob der Wettbewerbliche Dialog die an ihn gestellten Erwartungen erfüllen kann.

33

2. Zulässigkeit des Wettbewerblichen Dialogs (§ 3 a Nr. 1 Abs. 1, § 6 a VgV)

Den Wettbewerblichen Dialog können unter bestimmten Voraussetzungen sog. staatliche Auftraggeber bei der Vergabe besonders komplexer Aufträge oberhalb der Schwellenwerte anwenden (§ 3 a Nr. 1 Abs. 1, § 6 a VgV, § 101 Abs. 5 GWB).

34

---

47 Neufassung der VOL/A, bekannt gemacht am 6. 4. 2006, in Kraft getreten am 1. 11. 2006.
48 Vgl. Erwägungsgrund 31 der VKR (Richtlinie 2004/18/EG) und die Erläuterungen der Europäischen Kommission zum Wettbewerblichen Dialog – CC/2005/04_rev1 v. 5. 10. 2005.
49 Vgl. *Pünder/Franzius* ZfBR 2006, 20.
50 Europäische Kommission, Erläuterungen zum Wettbewerblichen Dialog, CC/2005/04_rev1 v. 5. 10. 2005, S. 4 Fn. 8; *Hausmann/Mutschler-Siebert* in: Weber/Schäfer/Hausmann, Praxishandbuch Public Private Partnership, S. 267 ff.
51 Vgl. *Pünder/Franzius* ZfBR 2006, 20, 24.

§ 3 a Arten der Vergabe, Rahmenvereinbarungen

a) Persönlicher Anwendungsbereich: staatliche Auftraggeber

35 Gemäß § 6 a Abs. 1 VgV und § 101 Abs. 5 GWB können »**staatliche Auftraggeber**« einen Wettbewerblichen Dialog durchführen. Die Bezugnahme auf staatliche Auftragnehmer wirft Fragen auf, denn dieser Begriff ist weder im GWB noch in der VgV definiert. Fraglich ist insbesondere, inwieweit dieser Begriff enger ist als der Begriff des öffentlichen Auftraggebers im Sinne von § 98 GWB. Die gemeinschaftsrechtliche Regelung des Wettbewerblichen Dialoges nimmt dagegen auf den üblichen Begriff des öffentlichen Auftraggebers Bezug (vgl. Art. 29 VKR), wobei dieses Verfahren allerdings nicht im Bereich der Sektorenrichtlinie (SKR)[52] eingeführt wurde. Denn im Sektorenbereich kann nach dem EG-Vergaberecht stets ein Verhandlungsverfahren durchgeführt werden, welches wiederum wie ein Wettbewerblicher Dialog gestaltet werden kann, so dass für dessen Einführung kein Bedürfnis bestand.[53] Um den verwirrenden Begriff des »staatlichen Auftraggebers« ist bereits ein Meinungsstreit entbrannt. Staatliche Auftraggeber sind nach der ganz überwiegenden Auffassung jedenfalls **Öffentliche Auftraggeber im Sinne von § 98 Nr. 1 bis Nr. 3 GWB**.[54] Für die »klassischen« staatlichen Auftraggeber im Sinne von § 98 Nr. 1 und Nr. 3 GWB ist das offensichtlich. Dem Wortlaut nach problematisch ist diese Qualifizierung allerdings für **juristische Personen des Privatrechts**, die ebenfalls öffentliche Auftraggeber im Sinne von **§ 98 Nr. 2 GWB** sein können, wenn sie zur Erfüllung von im Allgemeininteresse liegender Aufgaben gegründet wurden und überwiegend staatlich finanziert oder beherrscht sind. Auch diese Auftraggeber sind jedoch als »staatlich« im Sinne von § 6 a Abs. 1 VgV und § 101 Abs. 5 GWB anzusehen. Denn sie sind unter den gleichen Voraussetzungen wie die »klassischen« staatlichen Auftraggeber zur Anwendung der a-Paragraphen der VOL/A verpflichtet und unterliegen bei der Vergabe öffentlicher Aufträge auch gemeinschaftsrechtlich den gleichen Pflichten (vgl. Art. 1 Abs. 9, Abs. 11 lit. c), Art. 29 VKR). Da kein sachlicher Grund besteht, juristischen Personen des Privatrechts, die zur Beachtung des 2. Abschnitts der VOL/A verpflichtet sind, die Durchführung eines Wettbewerblichen Dialoges zu untersagen und eine derartige Absicht auch der Neuregelung nicht unterstellt werden kann, sind diese unter den Voraussetzungen des § 98 Nr. 2 GWB als »staatliche Auftraggeber« im Sinne von § 6 a Abs. 1 VgV und § 101 Abs. 5 GWB zu qualifizieren. Dieses Begriffsverständnis entspricht zudem der Legaldefinition, die in dem Entwurf der neuen Verordnung über die Vergabe öffentlicher Aufträge (VgV-E)[55] enthalten war. Nach § 2 Nr. 3 VgV-E sollten »staatliche Auftraggeber« alle Auftraggeber im Sinne von § 98 Nr. 1 bis 3 GWB sein, sofern sie nicht in den Sektoren tätig sind. So entpuppt sich die überraschende Einführung einer neuen Kategorie öffentlicher Auftraggeber durch § 6 a Abs. 1 VgV letztlich auch als Redaktionsversehen des Gesetzgebers. So wurde der ursprünglich

---

52 Richtlinie 2004/17/EG des Europäischen Parlaments und des Rates vom 31. 3. 2004 zur Koordinierung der Zuschlagserteilung durch Auftraggeber im Bereich der Wasser-, Energie- und Verkehrsversorgung sowie der Postdienste, ABl. EG v. 30. 4. 2004, Nr. L 134/1.
53 Vgl. auch die Kommentierung zu § 3 b und § 3 SKR.
54 Vgl. hierzu *Hausmann/Mutschler-Siebert* in: Weber/Schäfer/Hausmann, Praxishandbuch Public Private Partnership, S. 265; *Pünder/Franzius* ZfBR 2006, 20, 21; *Ollmann* VergabeR 2005, 685, 687.
55 Entwurf einer Verordnung über die Vergabe öffentlicher Aufträge (Vergabeverordnung – VgV), Stand 18. 5. 2005.

für die komplette Neufassung der VgV im Rahmen der in den Jahren 2004/2005 geplanten (und dann gescheiterten) »großen« Vergaberechtsreform vorgesehene »Textbaustein« für den Wettbewerblichen Dialog wörtlich in das ÖPP-Beschleunigungsgesetz übernommen und dabei übersehen, dass dieser den im alten Vergaberecht ungebräuchlichen Begriff des staatlichen Auftraggebers enthielt. Eine vertiefte Auseinandersetzung mit dem Problem dieser Begriffsdefinition erscheint vor diesem Hintergrund müßig.

Sektorenauftraggeber im Sinne von § 98 Nr. 4 GWB sind jedoch in jedem Fall **36** nicht als »staatliche Auftraggeber« im Sinne von § 6a Abs. 1 VgV und § 101 Abs. 5 GWB anzusehen. Denn der europäische Gesetzgeber hat in der Sektorenrichtlinie auf die Einführung des neuen Verfahrens verzichtet. Der entsprechenden Abgrenzung sollte die Einführung des Begriffs »staatliche Auftraggeber« in die neue VgV dienen. Im vergaberechtlichen Schrifttum ist allerdings die Auffassung vertreten worden, dass **staatlich kontrollierte private Sektorenauftraggeber im Sinne von § 98 Nr. 4 2. Fall GWB** als staatliche Auftraggeber anzusehen seien.[56] Es soll sich hierbei um eine Konsequenz aus dem weiten Begriff des staatlichen Auftraggebers handeln, der auch staatlich beherrschte juristische Personen des Privatrechts als Auftraggeber im Sinne von § 98 Nr. 2 GWB erfasst. Für diese Konsequenz besteht jedoch kein Bedürfnis, da systematische, historische und teleologische Gründe gegen die Anerkennung der Sektorenauftraggeber als staatliche Auftraggeber im Sinne von § 6a Abs. 1 VgV und § 101 Abs. 5 GWB sprechen. Denn diese sind nicht zur Anwendung des 2. Abschnitts der VOL/A verpflichtet und können gemäß § 101 Abs. 6 Satz 2 GWB frei zwischen den Verfahrensarten wählen. Sie können daher grundsätzlich auch ein Verhandlungsverfahren durchführen, das wie ein Wettbewerblicher Dialog strukturiert ist.[57] Diese Gestaltungsfreiheit der Sektorenauftraggeber besteht auch im Anwendungsbereich der Sektorenrichtlinie, weshalb der Wettbewerbliche Dialog weder in diese noch in die VOL/A-SKR aufgenommen wurde. Da dies selbst dann gilt, wenn »staatliche Auftraggeber« im Anwendungsbereich der VOL/A-SKR Aufträge vergeben (§ 7 Abs. 2 VgV, § 3 Nr. 1 VOL/A-SKR), ist eine Differenzierung des § 98 Nr. 4 GWB nach staatlich beherrschten und sonstigen Sektorenauftraggebern entbehrlich.

Keine »staatlichen Auftraggeber« im Sinne von § 6a Abs. 1 VgV und § 101 Abs. 5 **37** GWB sind wohl zudem **öffentliche Auftraggeber im Sinne von § 98 Nr. 5 und 6 GWB** (Subventionsempfänger und Baukonzessionäre). Diese Auftraggeber können auch nicht gemäß § 101 Abs. 6 Satz 2 GWB frei zwischen den Vergabeverfahren wählen. Zwar besteht nach der europäischen Vergaberichtlinie kein Bedürfnis für diese Einengung des Anwendungsbereichs des Wettbewerblichen Dialogs. Die – möglicherweise zufällige – Weichenstellung des deutschen Gesetzgebers ist aber wohl zu respektieren. In der Praxis dürfte das gleichwohl zu keinen wesentlichen Beschränkungen führen. Denn Auftraggeber nach § 98 Nr. 5 und 6 GWB dürfen ein Verhandlungsver-

---

56 Vgl. *Heiermann* ZfBR 2005, 766, 769; *Kaelble* in: Müller-Wrede, ÖPP-Beschleunigungsgesetz, S. 39, Rn. 9.
57 In diesem Fall kann sich aus dem Grundsatz der Selbstbindung allerdings auch die Verpflichtung zur Beachtung der Verfahrensregeln des Wettbewerblichen Dialogs ergeben.

fahren dennoch wie einen Wettbewerblichen Dialog strukturieren, wenn die Voraussetzungen für die Wahl des Verhandlungsverfahrens ebenfalls vorliegen.[58]

b) Sachlicher Anwendungsbereich: besonders komplexer Auftrag

38 Der Wettbewerbliche Dialog ist ein Verfahren zur Vergabe **besonders komplexer Aufträge** (vgl. § 101 Abs. 5 GWB, Art. 1 Abs. 9 lit. c) VKR). Ein besonders komplexer Auftrag liegt gemäß § 6a Abs. 1 VgV vor, wenn der staatliche Auftraggeber **objektiv nicht in der Lage** ist,

- die technischen Mittel zur Erfüllung seiner Bedürfnisse und Ziele (Nr. 1) oder
- die rechtlichen und/oder finanziellen Bedingungen (Nr. 2)

des Vorhabens anzugeben[59] und deshalb auch nicht in der Lage ist, ein Offenes oder Nichtoffenes Verfahren durchzuführen.[60] Liegen diese Voraussetzungen nicht vor, ist ein Wettbewerblicher Dialog unzulässig.[61]

aa) »Objektiv nicht in der Lage«

39 Der Auftraggeber darf nach § 6a Abs. 1 VgV **objektiv nicht in der Lage** sein, die technischen Mittel zur Erfüllung seiner Bedürfnisse oder die rechtlichen und finanziellen Bedingungen des Vorhabens anzugeben. Es muss sich hierbei allerdings **nicht um eine objektive Unmöglichkeit** in dem Sinne handeln, dass jeder andere Auftraggeber zu einer umfassenden Beschreibung des Auftrages ebenfalls nicht in der Lage wäre. Denn eine solche Auslegung ergibt sich weder aus dem Wortlaut des § 6 Abs. 1 VgV, der auf die Unmöglichkeit für die (jeweiligen) Auftraggeber abstellt, noch wäre sie sachgerecht, da der unterschiedliche Erfahrungsstand staatlicher Auftraggeber bei der Vergabe öffentlicher Aufträge zu berücksichtigen ist. Entscheidend ist vielmehr, dass der **konkrete Auftraggeber** objektiv nicht in der Lage ist, die für eine Ausschreibung erforderlichen Informationen anzugeben. Es genügt daher nicht, wenn die Unmöglichkeit einer umfassenden Beschreibung des zu vergebenden Auftrages allein auf der subjektiven Einschätzung des Auftraggebers beruht. Eine objektive Unmöglichkeit im Sinne von § 6a Abs. 1 liegt dann nicht vor, wenn der konkrete Auftraggeber in der Lage ist, die erforderlichen technischen Mittel sowie die rechtlichen und finanziellen Bedingungen des Auftrages mit **zumutbarem Aufwand** festzulegen.[62] Von Unmöglichkeit im Sinne von § 6a Abs. 1 VgV ist dagegen auszugehen, wenn der Auftraggeber die technischen Mittel und/oder rechtlichen bzw. finanziellen Bedingungen der Leistungserbringung in entscheidenden Punkten gar nicht oder nur so benennen

---

58 Kritisch hierzu *Ollmann/Kronberg* VergabeR 2005, 685, 687.
59 Vgl. auch Art. 1 Abs. 11 lit. c) VKR.
60 Vgl. Art. 28 Abs. 2 Satz 2, 29 VKR.
61 *Europäische Kommission* Erläuterungen zum Wettbewerblichen Dialog, CC/2005/04_rev1 vom 5. 10. 2005, S. 1, mit dem Hinweis, dass ein öffentlicher Auftraggeber, der sich für ein Verhandlungsverfahren mit vorherigem Aufruf zum Wettbewerb entschieden hat, in den Verdingungsunterlagen festlegen kann, dass das Verfahren nach dem Muster des Wettbewerblichen Dialogs abläuft.
62 *Europäische Kommission* Erläuterungen zum Wettbewerblichen Dialog, CC/2005/04_rev1 vom 5. 10. 2005; *Hausmann/Mutschler-Siebert* in: Weber/Schäfer/Hausmann, Praxishandbuch Public Private Partnership, S. 266.

kann, dass er nicht davon ausgehen kann, unter diesen Bedingungen den Zuschlag auf das zur Erreichung seines Beschaffungsbedarfs **wirtschaftlich günstigste Angebot** erteilen zu können.

Zweifelhaft ist, ob es darüber hinaus auf ein **Verschulden des Auftraggebers** ankommt. Die Europäische Kommission geht davon aus, dass der Wettbewerbliche Dialog nur dann zulässig ist, wenn dem öffentlichen Auftraggeber die Situation »nicht anzulasten ist«, und ist demnach anscheinend der Auffassung, dass die Unmöglichkeit von dem Auftraggeber nicht zu vertreten sein darf.[63] Eine solche Einschränkung ergibt sich allerdings weder aus dem Wortlaut der Vorschriften über den Wettbewerblichen Dialog, noch aus dem von der Kommission angeführten Erwägungsgrund 31 der Vergabekoordinierungsrichtlinie. Die in Bezug genommene Passage (»ohne dass ihnen dies anzulasten wäre«) dient der Beschreibung einer Situation, in der sich öffentliche Auftraggeber häufig befinden, und wird nicht als Voraussetzung für die Zulässigkeit des Wettbewerblichen Dialogs genannt. Die Auffassung der Kommission würde darüber hinaus dazu führen, dass bei einem Verschulden des öffentlichen Auftraggebers ihm die Beschaffung schlechthin untersagt wird. Denn die Frage des Vertretenmüssens ändert nichts daran, dass der Auftraggeber infolge der Unmöglichkeit den Auftrag nicht ausreichend beschreiben kann, um ein Offenes oder Nichtoffenes Verfahren durchzuführen. Auch die Überlegungen der Kommission können jedoch nichts daran ändern, dass es für die Frage, ob es für einen Auftraggeber objektiv unmöglich ist, die technischen Mittel zur Erfüllung seiner Bedürfnisse oder die rechtlichen oder finanziellen Bedingungen für einen Auftrag festzulegen, jedenfalls nicht darauf ankommen kann, dass einzelne Bestandteile eines komplexen Auftrags ohne weiteres spezifiziert werden können. Maßgeblich ist vielmehr, dass in dem komplexen Gesamtauftrag eine Situation entsteht, bei der der Auftraggeber nicht mit zumutbarem Aufwand in der Lage ist, die technisch bzw. wirtschaftlich sinnvollste Gesamtkonstellation des Auftrags zu konfigurieren. Das folgt bereits daraus, dass der Wortlaut der entsprechenden nationalen bzw. europäischen Vorschrift grundsätzlich von einem komplexen Auftrag ausgeht. Es ist deshalb nicht zulässig, von einem Auftraggeber zu fordern, dass er auf eine komplexe Vergabe verzichtet, weil er die einzelnen Bestandteile jeweils getrennt voneinander beschreiben könnte. Das Wesen des komplexen Auftrags macht es gerade aus, dass die Kombination einer Vielzahl von Einzelelementen des Auftrags zu einer Vielzahl von Entscheidungsparametern führen kann. Bei derartig komplexen Aufträgen ist es gerade typisch, dass der Auftraggeber diese Vielzahl von Kombinationsmöglichkeiten nicht ohne die Hilfe des Wettbewerbs zu einer sinnvollen Lösung zusammenführen kann. Denn nur der Wettbewerb, d.h. der Markt ist in der Lage, zu entscheiden, welche Kombination von technischen und ggf. auch wirtschaftlichen Parametern bzw. Finanzierungslösungen insgesamt zu einer technisch bzw. wirtschaftlich optimierten Vergabe führt. Nach hiesigem Verständnis soll der Wettbewerbliche Dialog gerade für solche Fälle die Möglichkeit zu einem Verfahren eröffnen, in dem die Vielzahl der Lösungsmöglichkeiten mit den Bietern verhandelt werden kann, ohne dass der Auftraggeber gezwungen wird, eine bestimmte Lösung im Vorhinein technisch bzw. vertraglich so zu spezifizieren, dass

40

---

63 Vgl. die Erläuterungen der Europäischen Kommission zum Wettbewerblichen Dialog – CC/2005/04_rev1 vom 5. 10. 2005, S. 2.

§ 3a Arten der Vergabe, Rahmenvereinbarungen

ein Offenes bzw. Nichtoffenes Verfahren möglich ist. Es erscheint deshalb insbesondere bei komplexen Vorhaben, wie sie z. B. bei sog. Public Private Partnership-Projekten typisch sind, geboten, den Wettbewerblichen Dialog nach seinen Voraussetzungen regelmäßig für anwendbar zu halten.

41 Die Einschätzung eines öffentlichen Auftraggebers, ob die genannten Voraussetzungen für die Anwendung des Wettbewerblichen Dialogs vorliegen, ist grundsätzlich der Kontrolle durch die vergaberechtlichen Nachprüfungsinstanzen zugänglich.[64] Allerdings dürfte den Vergabestellen ein nicht umfassend überprüfbarer Beurteilungsspielraum bzgl. der tatsächlichen Umstände zustehen.

bb) Technische Komplexität

42 Aus **technischen Gründen** ist von einem besonders komplexen Auftrag auszugehen, wenn der Auftraggeber nicht in der Lage ist,

- die technischen Mittel zu spezifizieren oder
- zu bestimmen, welche von zahlreichen in Frage kommenden Lösungen seinen Bedürfnissen am besten gerecht wird.[65]

43 Beispiele für eine derartige technische Komplexität werden im 31. Erwägungsgrund der VKR genannt. Ein Wettbewerblicher Dialog kommt danach insbesondere bei der Durchführung bedeutender integrierter Verkehrsinfrastrukturprojekte oder großer Computernetzwerke in Betracht. Die Europäische Kommission führt als weiteres Beispiel den Fall an, dass ein öffentlicher Auftraggeber eine Verbindung zwischen den Ufern eines Flusses herstellen will und nicht weiß, ob die beste (und wirtschaftlichste) Lösung hierfür die Errichtung einer Brücke oder eines Tunnels ist.[66] Ein Wettbewerblicher Dialog ist hier auch dann zulässig, wenn die technischen Spezifikationen für eine oder beide Leistungsvarianten (Brücke oder Tunnel) festgelegt werden können.

44 Kennzeichnend für die technische Komplexität im Sinne von § 6a Abs. 1 VgV ist, dass der Auftraggeber ohne die Beteiligung der Bieter die für ihn sachgerechte oder gar optimale Lösung nicht finden kann. Hierfür genügt es grundsätzlich nicht, dass eine Leistungsbeschreibung nur mit **erheblichem oder unverhältnismäßigem Aufwand** erstellt werden kann.[67] Denn der Planungsaufwand ist grundsätzlich vom Auftraggeber zu tragen und darf nicht ohne Weiteres auf die Bieter verlagert werden. Von einer besonderen technischen Komplexität ist daher erst dann auszugehen, wenn der Aufwand für die Erstellung einer Leistungsbeschreibung für den öffentlichen Auftraggeber **unzumutbar** ist.

---

64 *Leinemann/Maibach* VergabeR 2004, 275, 278; *Knauff* NZBau 2005, 249, 251.
65 Vgl. die Erläuterungen der Europäischen Kommission zum Wettbewerblichen Dialog – CC/2005/04_rev1 vom 5. 10. 2005, S. 2 f.
66 *Europäische Kommission* Erläuterungen zum Wettbewerblichen Dialog – CC/2005/04_rev1 vom 5. 10. 2005, S. 3.
67 So *Pünder/Franzius* ZfBR 2006, 20, 22, ein unverhältnismäßig hoher Aufwand soll dann vorliegen, wenn der finanzielle Aufwand für die Aufgabenspezifizierung mehr als 10% der voraussichtlich anfallenden Gesamtkosten beträgt; ähnlich *Ollmann/Kronberg* VergabeR 2005, 685, 688 (»grob unverhältnismäßiger Aufwand«).

cc) Rechtliche oder finanzielle Komplexität

Ein Auftrag ist aus **rechtlichen oder finanziellen Gründen** dann als besonders komplex anzusehen, wenn die rechtliche oder finanzielle Konstruktion nicht im Voraus festgeschrieben werden kann.[68] Eine derartige Situation besteht sehr häufig bei der Durchführung von **PPP-Projekten**.[69] Eine finanzielle oder rechtliche Komplexität kommt etwa in Fallgestaltungen in Betracht, in denen ein öffentlicher Auftraggeber bestimmte Einrichtung (wie z. B. Schulen, Krankenhäuser, Gefängnisse, Verwaltungsgebäude, Sportanlagen) von einem Privaten finanzieren und verwalten lassen will.[70] Insbesondere bei PPP-Projekten nach dem Lebenszyklusansatz wird der Auftraggeber regelmäßig nicht in der Lage sein, die finanziellen Bedingungen des Vorhabens anzugeben. Die besondere Komplexität ist allerdings stets im Einzelfall zu prüfen und muss tatsächlich vorliegen. Die Bezeichnung eines Vorhabens als »PPP« oder »ÖPP« ersetzt diese Prüfung nicht. **45**

Ein weiterer Anwendungsbereich des Wettbewerblichen Dialoges könnte in dem Bereich der Vergabe von **Konzessionen** liegen.[71] Zwar ist für die Vergabe von Dienstleistungskonzessionen die Durchführung eines Vergabeverfahrens grundsätzlich entbehrlich, da es sich hierbei um keinen öffentlichen Auftrag im Sinne von § 99 GWB handelt und nur Baukonzessionen vom Anwendungsbereich des Vergaberechts erfasst werden (vgl. § 98 Nr. 6 GWB).[72] Insofern dürfte der Wettbewerbliche Dialog bei derartigen Vergaben nach der VOB/A eine besondere Rolle spielen. In Fällen, in denen die Abgrenzung zu Dienstleistungsaufträgen und -konzessionen schwierig ist, kann mit der Wahl des Wettbewerblichen Dialogs das Risiko vermieden werden, beim Scheitern einer (vergaberechtsfreien) Konzessionsvergabe gegen das Vergaberecht zu verstoßen.[73] Abgesehen hiervon ist ein öffentlicher Auftraggeber nicht gehindert, Konzessionen im Rahmen eines Wettbewerblichen Dialogs zu vergeben.[74] Zu berücksichtigen ist darüber hinaus, dass die Vergabe von Dienstleistungskonzessionen nach den Plänen der Europäischen Kommission künftig vom Vergaberecht erfasst sein soll.[75] Die Kommission hat auch bereits darauf hingewiesen, dass sich der Wettbewerbliche Dialog für die Vergabe dieser Vorhaben besonders eignet. **46**

---

68 Vgl. den 31. Erwägungsgrund der VKR (Richtlinie 2004/18/EG).
69 *Europäische Kommission* Erläuterungen zum Wettbewerblichen Dialog – CC/2005/04_rev1 vom 5. 10. 2005, S. 3, Fn. 5.
70 *Europäische Kommission*, Erläuterungen zum Wettbewerblichen Dialog – CC/2005/04_rev1 vom 5. 10. 2005, S. 5.
71 *Europäische Kommission* Erläuterungen zum Wettbewerblichen Dialog – CC/2005/04_rev1 vom 5. 10. 2005, S. 4; *Heiermann* ZfBR 2005, 766 f.
72 Vgl. hierzu Rn. 81 ff.
73 Vgl. *Europäische Kommission* Erläuterungen zum Wettbewerblichen Dialog – CC/2005/04_rev1 vom 5. 10. 2005, S. 4.
74 *Kaelble* in: Müller-Wrede: ÖPP-Beschleunigungsgesetz, S. 41, Rn. 15; *Heiermann* ZfBR 2005, 766 f.
75 *Europäische Kommission* Grünbuch zu öffentlich-privaten Partnerschaften und den gemeinschaftlichen Rechtsvorschriften für öffentliche Aufträge und Konzessionen v. 30. 4. 2004, KOM (2004) 327 endg.

3. Ablauf des Wettbewerblichen Dialoges

47 Der Wettbewerbliche Dialog beginnt mit der **Bekanntmachung** des Beschaffungsvorhabens im Amtsblatt der Europäischen Gemeinschaften. Es wird sodann ein **Teilnahmewettbewerb** durchgeführt, in dem diejenigen Bewerber ermittelt werden, die zur Erbringung der Leistungen als geeignet anzusehen sind und zur **Abgabe von Lösungsvorschlägen** aufgefordert werden sollen. Anschließend findet die eigentliche **Dialogphase** statt, in der die Lösungsvorschläge erörtert und ausgewählt werden. Nach dem Abschluss der Dialogphase werden die ausgewählten Unternehmen sodann zur **Abgabe endgültiger Angebote** aufgefordert. Nachdem das wirtschaftlichste Angebot ausgewählt und die erfolglosen Bieter gemäß § 13 VgV hierüber informiert wurden, erfolgt abschließend die **Zuschlagserteilung**.

a) Bekanntmachung und Beschreibung (§ 6 a Abs. 2 VgV, §§ 17, 17 a)

48 Die beabsichtigte Durchführung eines Wettbewerblichen Dialoges muss zunächst europaweit bekannt gemacht werden (vgl. § 6 a Abs. 2 VgV, §§ 17, 17 a). Der Auftraggeber muss in der Bekanntmachung das **konkrete Beschaffungsvorhaben darlegen**. Dabei sind nähere Angaben zum Beschaffungsgegenstand jedoch entbehrlich, soweit der Auftrag noch nicht detailliert beschrieben werden kann. Die Bekanntmachung enthält darüber hinaus Angaben zum Verfahrensablauf und die Kriterien für die Auswahl der Bewerber im Rahmen des Teilnahmewettbewerbs.[76] Bei der Festlegung der erforderlichen **Eignungskriterien** ist zu beachten, dass diese mit dem konkreten Auftragsgegenstand zusammenhängen und diesem angemessen sein müssen.[77] Die verlangten Eignungsnachweise, Angaben und Erklärungen sollten einerseits eine vollständige Grundlage für die Auswahlentscheidung des Auftraggebers schaffen, andererseits aber keinen unverhältnismäßigen Aufwand für die Interessenten bedeuten. Insoweit gelten beim Wettbewerblichen Dialog gegenüber den anderen Verfahrensarten zwar keine Besonderheiten. Die Auftraggeber müssen jedoch dafür Sorge tragen, dass die Eignung auch noch nach der Konkretisierung bzw. Anpassung der zu beschaffenden Leistungen im Rahmen des Dialoges gewährleistet ist und keine allzu strengen Anforderungen aufgestellt wurden. Besteht der Beschaffungsbedarf beispielsweise in der Herstellung öffentlichen Parkraums und kommt dafür sowohl ein oberirdisches Parkhaus als auch eine Tiefgarage in Betracht, sollte der Auftraggeber bei der Festlegung der Eignungsnachweise darauf achten, dass alle denkbaren Auftragsarbeiten abgedeckt sind. Auch die **Kriterien zur Ermittlung des wirtschaftlichsten Angebots** und deren Gewichtung müssen grundsätzlich vorab bekannt gemacht werden (vgl. Art 53 Abs. 2 VKR).[78]

49 Von den in der Bekanntmachung festgelegten **Mindestanforderungen** und **Zuschlagskriterien** darf der Auftraggeber im Verlaufe des Verfahrens grundsätzlich

---

[76] *Europäische Kommission* Erläuterungen zum Wettbewerblichen Dialog – CC/2005/04_rev1 v. 5. 10. 2005, S. 5; vgl. zu den Einzelheiten der Bekanntmachung die Kommentierung zu §§ 17, 17 a.
[77] Art. 44 Abs. 2 VKR.
[78] *Europäische Kommission* Erläuterungen zum Wettbewerblichen Dialog – CC/2005/04_rev1 vom 5. 10. 2005, S. 6.

Arten der Vergabe, Rahmenvereinbarungen § 3 a

nicht mehr abweichen.[79] Zulässig sind allenfalls Konkretisierungen und Klarstellungen, wobei die Chancengleichheit der Bewerber gewährleistet sein muss. Insbesondere darf eine Modifikation der Mindestkriterien nicht dazu führen, dass Bewerber übergangen werden, die sich aufgrund der ursprünglich bekannt gegebenen Mindestanforderungen erst gar nicht beworben haben oder bereits ausgeschieden sind. Angaben, die keine Mindestbedingungen enthalten, sondern verhandelbar sind, sollten daher stets besonders gekennzeichnet werden.[80] Die Bekanntmachung enthält darüber hinaus Angaben darüber, ob der Auftraggeber nur eine **begrenzte Zahl der Bewerber** zur Teilnahme am Dialog auffordern wird, die jedoch mindestens drei betragen muss (vgl. § 3 a Nr. 1 Abs. 2 VOL/A). Sofern der Wettbewerbliche Dialog in verschiedenen Phasen ablaufen soll, um die Anzahl der in der Dialogphase zu erörternden **Lösungen schrittweise zu verringern**, muss das ebenfalls bereits in der Bekanntmachung angegeben werden (§ 6 a Abs. 4 Satz 2 VgV). Anderenfalls ist eine derartige Verfahrensgestaltung grundsätzlich unzulässig.[81]

b) Teilnahmewettbewerb

Der Teilnahmewettbewerb dient der Auswahl der Bewerber, mit denen der Auftrag in der Dialogphase erörtert werden soll, und bildet die erste Phase des Wettbewerblichen Dialoges (vgl. § 101 Abs. 5 S. 2 GWB). Dabei werden die **fristgerecht eingegangenen Teilnahmeanträge** zunächst daraufhin überprüft, ob sie **vollständig** sind und alle **geforderten Erklärungen** enthalten. Bewerber, deren Teilnahmeanträge unvollständig sind, sind grundsätzlich auszuschließen (vgl. § 25 VOL/A).[82] Anschließend wird die **Eignung** der Bewerber anhand der in der Bekanntmachung angegebenen Eignungskriterien geprüft. Die Eignungsprüfung dient der Feststellung der erforderlichen Fachkunde, Leistungsfähigkeit und Zuverlässigkeit der Bewerber (vgl. § 25 Nr. 2 Abs. 1 VOL/A).

50

Aus dem Kreis der geeigneten Bewerber werden sodann diejenigen **Bewerber ausgewählt**, die zur Teilnahme am Dialog aufgefordert werden sollen. Soweit der Auftraggeber von der in § 3 a Nr. 1 Abs. 2 Satz 1 VOL/A vorgesehenen Möglichkeit Gebrauch gemacht und die Höchstzahl der aufzufordernden Bewerber beschränkt hat, muss er nur eine entsprechende Anzahl von Bewerbern zur Teilnahme am Dialog auffordern. Diese Zahl kann trotz der Regelung des § 3 a Nr. 1 Abs. 2 Satz 3 VOL/A auch kleiner als drei sein, wenn nicht genügend geeignete Bewerber zur Verfügung stehen. Auch besteht grundsätzlich kein Anspruch auf Teilnahme an der Dialogphase. Der Auftraggeber hat bei der Auswahl der Teilnehmer vielmehr einen Beurteilungsspielraum, der gerichtlich nur eingeschränkt überprüfbar ist.

51

---

79 *VK Düsseldorf* Beschl. v. 11. 8. 2006, Az – VK-30/2006-L.
80 Ähnlich *Kaelble* in: Müller-Wrede ÖPP-Beschleunigungsgesetz, S. 53, Rn. 53.
81 Zwar ist diese Rechtsfolge weder in Art. 29 Abs. 4, Art. 44 Abs. 4 VKR noch in § 6 a VgV vorgesehen, doch bliebe ein Verstoß gegen die Pflicht zur Bekanntmachung anderenfalls folgenlos; vgl. auch *VK Düsseldorf* Beschl. v. 11. 8. 2006 – VK-30/2006-L; *Heiermann* ZfBR 2005, 766, 774.
82 *VK Düsseldorf* Beschl. v. 11. 8. 2006 – VK-30/2006-L.

§ 3a Arten der Vergabe, Rahmenvereinbarungen

c) Dialogphase

52 An den Teilnahmewettbewerb schließt die sogenannte Dialogphase an, in welcher der Auftraggeber mit den ausgewählten Unternehmen eine oder mehrere Dialogrunden führt, um zu ermitteln, wie seine Bedürfnisse am besten erfüllt werden können (vgl. § 6a Abs. 3 VgV). Dabei dürfen **sämtliche Aspekte des Auftrages** erörtert werden (§ 6a Abs. 3 Satz 2 VgV). Der Dialog ist insbesondere nicht auf die technischen Aspekte des Auftrags beschränkt, sondern kann sich auch auf rechtliche, wirtschaftliche und finanzielle Gesichtspunkte (insbesondere den Preis) erstrecken.[83] Nicht zum Gegenstand des Dialogs gemacht werden dürfen die bereits bekannt gemachten Mindestanforderungen und Zuschlagskriterien. Diese dürfen während des gesamten Verfahrens nicht geändert werden.[84]

aa) Aufforderung zur Teilnahme an Dialog

53 Die Dialogphase beginnt mit der **Aufforderung zur Teilnahme** am Dialog. Mit der Aufforderung zur Teilnahme, die einen Hinweis auf die Bekanntmachung enthalten muss, informiert der Auftraggeber die Bewerber über den Termin und Ort des Beginns der Dialogphase, die zugelassene(n) Sprache(n), die einzureichenden Unterlagen und die Gewichtung der Zuschlagskriterien, sofern diese noch nicht bekannt gegeben wurde.[85] Darüber hinaus werden den Bewerbern die **Verdingungsunterlagen** bzw. die **Beschreibung** (§ 6a Abs. 2 VgV) der zu erbringenden Leistung und alle **zusätzlichen Unterlagen** übermittelt (vgl. Art. 40 Abs. 2 VKR). Die Beschreibung entspricht inhaltlich dem sonst üblichen Begriff der Leistungsbeschreibung, muss allerdings – je nach der vorgesehenen Offenheit des Dialogs für die möglichen Lösungen – nicht so detailliert wie diese sein.[86] Es empfiehlt sich jedoch, auch im Wettbewerblichen Dialog der Beschreibung, ihrem Detaillierungsgrad und ihrer Genauigkeit erhebliche Beachtung zu schenken. Denn die Qualität des Dialogs und der zu erwartenden Lösungsvorschläge sowie deren Verwertbarkeit hängen ganz maßgeblich von den Informationen und Vorgaben des Auftraggebers ab. Die Beschreibung ist den Bewerbern grundsätzlich mit der Aufforderung zur Teilnahme am Dialog zu übersenden und muss sowohl den Zweck der Leistung als auch alle an die Leistung gestellten technischen, wirtschaftlichen, gestalterischen und funktionsbedingten Anforderungen enthalten. Aufgrund der Beschreibung müssen alle Bewerber die ausgeschriebenen Leistungen im gleichen Sinne verstehen können. Die Beschreibung ähnelt typischerweise der funktionalen Leistungsbeschreibung im Rahmen des Verhandlungsverfahrens, kann aber auch für feststehende Leistungsteile in Teilen den Charakter eines Leistungsverzeichnisses haben.

54 Eine Beschreibung ist ausnahmsweise entbehrlich, wenn der Auftraggeber mangels Kenntnis seines konkreten Beschaffungsbedarfs nicht in der Lage ist, eine hinreichend

---

[83] Vgl. auch Erläuterungen der Europäischen Kommission zum Wettbewerblichen Dialog – CC/2005/04_rev1 vom 5. 10. 2005, S. 7.
[84] *VK Düsseldorf* Beschl. v. 11. 8. 2006 – VK-30/2006-L.
[85] Vgl. Art. 40 Abs. 5 VKR (Richtlinie 2004/18/EG).
[86] *Europäische Kommission* Erläuterungen zum Wettbewerblichen Dialog – CC/2005/04_rev1 vom 5. 10. 2005, S. 4 Fn. 9.

bestimmte (funktionale) Leistungsbeschreibung zu erstellen. In diesem Fall können die Bewerber allerdings auch noch nicht zur Einreichung schriftlicher Lösungsvorschläge aufgefordert werden. Aus Gründen der Verfahrenseffizienz wird der Auftraggeber den Bewerbern aber regelmäßig eine Beschreibung der zu vergebenden Leistungen mit der Aufforderung zur Teilnahme am Dialog übermitteln und die Bewerber zur Abgabe schriftlicher Lösungsvorschläge auffordern. Denn nur in diesem Fall kann bereits in der Dialogphase eine erste Selektion der eingereichten Lösungsvorschläge anhand der bekannt gemachten Zuschlagskriterien erfolgen. Mit der Aufforderung zur Teilnahme müssen **Form, Ort und Frist für die Einreichung der schriftlichen Lösungsvorschläge** angegeben werden.

bb) Dialog und Auswahl von Lösungsvorschlägen

Der Auftraggeber kann den Ablauf des Dialogs grundsätzlich nach seinen Bedürfnissen gestalten. Er kann eine oder mehrere Dialogphasen durchführen und die Zahl der zu erörternden Lösungsvorschläge anhand der bekannt gemachten Kriterien schrittweise verringern (vgl. § 6a Abs. 4 Satz 1 VgV, Art. 29 Abs. 4 VKR). Bei der **Reduzierung der Zahl der Lösungsvorschläge** ist allerdings zu beachten, dass in der Schlussphase grundsätzlich noch so viele Angebote vorliegen müssen, dass ein echter **Wettbewerb gewährleistet** ist (§ 3a Nr. 1 Abs. 3 Satz 3). Voraussetzung hierfür ist freilich, dass eine ausreichende Anzahl von Lösungen oder geeigneten Bewerbern vorhanden ist, auch wenn diese Voraussetzung weder in § 6a VgV noch in § 3a angesprochen wird (vgl. aber Art. 44 Abs. 4 Satz 2 VKR). Die zur Gewährleistung von Wettbewerb erforderliche Anzahl von Lösungsvorschlägen bzw. Bewerbern hängt von der Wettbewerbssituation auf dem jeweiligen Markt ab. Allerdings ist es im funktionierenden Wettbewerb regelmäßig ausreichend, wenn die Lösungen von mindestens drei Bewerbern berücksichtigt werden. Diejenigen Bewerber, deren Lösungsvorschläge nicht weiter berücksichtigt werden sollen, sind **über ihr Ausscheiden zu informieren** (§ 6a Abs. 4 Satz 3 VgV). Die Information muss aus Gründen der Transparenz und Rechtssicherheit unverzüglich und schriftlich erfolgen sowie eine angemessene und nachvollziehbare Begründung enthalten.

55

Angesichts dieser Vorgaben ist zweifelhaft, ob der Auftraggeber den Dialog zumindest in der Endphase nur mit dem Unternehmen führen darf, das den besten Lösungsvorschlag abgegeben hat (sog. *Preferred Bidder*).[87] Denn selbst wenn der Auftraggeber »Reservebieter« für den Fall bereithält, dass die Verhandlungen mit dem *Preferred Bidder* scheitern, liegt bei der Reduzierung auf nur einen Bieter grundsätzlich kein Wettbewerb im Sinne des § 3a Nr. 1 Abs. 3 Satz 3 vor. Diese Konsequenz kann insbesondere bei umfangreichen Verfahren misslich sein, in denen die parallele Durchführung von Verhandlungen mit mehreren Bietern bis zur Klärung aller Einzelfragen als zu aufwendig empfunden wird. In derartigen Fällen kann ein Kompromiss wohl auch nicht darin gefunden werden, dass der zu den »Reservebietern« bestehende potentielle Wettbewerb als ausreichend anerkannt wird. Denn § 3a Nr. 1 Abs. 3 Satz 3 verlangt gerade die Gewährleistung von »echtem« Wettbewerb in der Schlussphase des Verfah-

56

---

[87] Vgl. *Pünder/Franzius* ZfBR 2006, 20, 23.

rens. Die Europäische Kommission ist der Auffassung, dass es sich bei der »Schlussphase des Verfahrens« um die in Art. 29 Abs. 6 VKR genannte Angebotsphase handelt, die sich an die Dialogphase anschließt. In der Schlussphase muss nach Art. 44 Abs. 4 VKR Wettbewerb allerdings nur dann gewährleistet werden, wenn eine ausreichende Anzahl von Lösungen oder geeigneten Bewerbern vorliegt.[88] Hieran kann es insbesondere dann fehlen, wenn anhand der in der Bekanntmachung oder Beschreibung festgelegten Anforderungen die Zahl der Lösungen schrittweise reduziert wurde. Sofern die Anforderungen an die Lösungskonzepte dabei diskriminierungsfrei konkretisiert und an den neuen Kenntnisstand des Auftraggebers angepasst werden, ist es auch nicht ausgeschlossen, den Dialog mit nur einem Unternehmen zu Ende zu führen.[89]

57 Bei der Durchführung des Wettbewerblichen Dialoges müssen die allgemeinen **vergaberechtlichen Grundsätze** (Wettbewerb, Gleichbehandlung und Transparenz) beachtet werden. Aus dem **Transparenzgrundsatz** ergibt sich insbesondere das Erfordernis, den Teilnehmern den Verfahrensablauf (soweit bekannt) mitzuteilen und davon nicht willkürlich abzuweichen. Der **Gleichbehandlungsgrundsatz** verlangt, dass bei der Durchführung des Dialoges für alle Bewerber die gleichen Bedingungen gelten, ihnen die gleichen Informationen erteilt und sie auch im Übrigen gleich behandelt werden (vgl. § 6a Abs. 3 Satz 3 VgV). Dieser Grundsatz steht in einem Spannungsverhältnis zu dem in § 6a Abs. 3 Satz 5 VgV statuierten **Geheimnisschutz**. Danach dürfen Lösungsvorschläge oder vertrauliche Informationen eines Bewerbers nur im Rahmen des aktuellen Vergabeverfahrens verwendet und ohne dessen Zustimmung nicht an die anderen Bewerber weitergegeben werden.[90] Das führt dazu, dass mit den Bewerbern grundsätzlich separate Gespräche zu führen sind und die Lösungsvorschläge weder ganz noch teilweise zur Grundlage für die Aufforderung zur Abgabe der endgültigen Angebote gemacht werden dürfen (Verbot des sog. *cherry picking*).[91] Denn nur durch einen derartigen Geheimwettbewerb wird der nach § 6a Abs. 3 Satz 5 VgV erforderliche Schutz vertraulicher Informationen gewährleistet. Andererseits dürfen mit der **Zustimmung** des betroffenen Unternehmens Lösungsvorschläge und vertrauliche Informationen an andere Bewerber weitergegeben werden. Das führt zu der praktisch sehr bedeutsamen Frage, ob der Auftraggeber die Zustimmung verlangen und die Bewerber bei einer Verweigerung vom weiteren Vergabeverfahren ausschließen kann. Für diese Möglichkeit spricht, dass häufig nur bei Erteilung der nach § 6a Abs. 3 Satz 5 VgV ausdrücklich vorgesehenen Zustimmung die Gleichbehandlung der Bewerber gewährleistet werden kann. Denn das Gleichbehandlungsgebot ist auch bei der im Anschluss an die Dialogphase erfolgenden Aufforderung zur Abgabe endgültiger Angebote zu berücksichtigen, wobei grundsätzlich alle bei der Ausführung des Projekts erforderlichen Einzelheiten angegeben werden müssen (vgl. § 6a Abs. 5 Satz 2, 3 VgV). Hier führt eine strikte Beachtung des Geheimnisschutzes

---

88 *Europäische Kommission* Erläuterungen zum Wettbewerblichen Dialog – CC/2005/04_rev1 vom 5. 10. 2005, S. 9 Fn. 31.
89 Vgl. *Europäische Kommission* Erläuterungen zum Wettbewerblichen Dialog – CC/2005/04_rev1 vom 5. 10. 2005, S. 9; kritisch hierzu *Opitz* VergabeR 2006, 459.
90 Kritisch hierzu *Pünder/Franzius* ZfBR 2006, 20, 25.
91 Vgl. *Heiermann* ZfBR 2005, 766, 774; *Treumer* PPLR 2004, 178, 181.

dazu, dass die Bewerber zur Abgabe unterschiedlicher Angebote aufgefordert werden, die zudem im Rahmen der Angebotswertung u. U. nur schwer vergleichbar sein werden. Andererseits ergibt sich diese Einschränkung des Gleichbehandlungsgebots unmittelbar aus der gesetzlichen Regelung des § 6 a Abs. 3 Satz 5 VgV, die dem Geheimnisschutz prinzipiell Vorrang einräumt. Diese gesetzliche Wertung würde gegenstandslos, wenn der Auftraggeber stets die Zustimmung der Bewerber zur Weitergabe ihrer Lösungsvorschläge verlangen kann. Zudem kann sich ein Verstoß gegen das Gleichbehandlungsgebot auch aus der sachlich bzw. rechtlich nicht berechtigten Benachteiligung der Bewerber ergeben, die ihre Zustimmung nicht erteilen.[92] Allerdings geht die Europäische Kommission davon aus, dass der Auftraggeber in der Bekanntmachung oder Beschreibung verbindlich vorgeben kann, dass die Einreichung eines Teilnahmeantrages als Zustimmung zu einem gemeinsamen Dialog angesehen wird.[93] Das überzeugt angesichts der vorstehenden Argumente nicht. Der Auftraggeber ist vielmehr aufgefordert, den Dialog, seine Bedingungen und die Zuschlagskriterien so zu gestalten, dass ihm eine vergleichende Beurteilung der Vorschläge auch dann möglich ist, wenn die Teilnehmer einer Weitergabe ihrer Ideen nicht zustimmen.

cc) Abschluss des Dialogs

Der Auftraggeber erklärt den Dialog für abgeschlossen, wenn eine seinen Bedürfnissen gerecht werdende Lösung gefunden wurde oder wenn erkennbar ist, dass eine solche Lösung nicht gefunden wird (§ 6 a Abs. 5 Satz 1 VgV). Wenn keine Lösung gefunden werden konnte, ist das Vergabeverfahren mit der Erklärung über den Abschluss des Dialogs beendet.   **58**

Über den Abschluss der Dialogphase sind die Teilnehmer am Dialog zu informieren. Ob diese Information in schriftlicher Form erfolgen muss und inwieweit diese den Teilnehmern gegenüber zu begründen ist, ist weder in § 6 a VgV noch in der VKR geregelt. Der allgemeine Transparenzgrundsatz und das Diskriminierungsverbot dürften jedoch gebieten, dass der Auftraggeber seine Entscheidung nachvollziehbar begründet und die Begründung auch in den Vergabeakten dokumentiert. Darüber hinaus müssen die Teilnehmer auch einen Anspruch darauf haben, dass ihnen die entsprechende Begründung, jedenfalls auf Nachfrage, mitgeteilt wird. Aus Gründen der Nachweisbarkeit und Rechtssicherheit sollte sich grundsätzlich eine schriftliche Information und ggf. Begründung empfehlen. Im Hinblick auf die Überprüfbarkeit der fruchtlosen Beendigung des Dialogs im Wege des vergaberechtlichen Rechtsschutzes dürften die vom EuGH entwickelten und in der deutschen Rechtsprechung fortgeschriebenen Grundsätze zur »Aufhebung der Aufhebung« gelten.[94] Es besteht kein Anspruch auf Fortsetzung des Verfahrens bis zum Zuschlag in der Angebotsphase, aber eine willkürliche Beendigung des Dialogs ohne anschließende Dialogphase muss durch die Teilnehmer am Dialog im Wege des Primärrechtsschutzes angegriffen werden können.   **59**

---

[92] Vgl. auch *Opitz* VergabeR 2006, 458.
[93] Erläuterungen der Europäischen Kommission zum Wettbewerblichen Dialog – CC/2005/04_rev1 vom 5. 10. 2005, S. 7, Fn. 22.
[94] Vgl. Kommentierung zu § 26 VOL/A.

§ 3a Arten der Vergabe, Rahmenvereinbarungen

d) Angebotsphase

60 Sofern der Dialog nicht gescheitert ist und eine den Bedürfnissen des Auftraggebers gerecht werdende Lösung gefunden wurde, schließt sich an die Dialogphase die Angebotsphase an. Diese beginnt damit, dass der Auftraggeber die verbliebenen Unternehmen auffordert, auf der Grundlage der eingereichten und erörterten Lösungsvorschläge **endgültige Angebote** abzugeben (§ 6a Abs. 5 Satz 2 VgV). Eine bestimmte Mindestfrist ist hierfür nicht vorgeschrieben. Den ausgewählten Unternehmen muss jedoch ein für die Ausarbeitung ihrer Angebote **ausreichender Zeitraum** zur Verfügung gestellt werden.[95] Grundsätzlich müssen so viele Unternehmen aufgefordert werden, dass auch in der Angebotsphase ein echter Wettbewerb gewährleistet ist (§ 3a Nr. 1 Abs. 3 Satz 3).[96] Mit Zustimmung des oder der betroffenen Unternehmen darf der Auftraggeber einzelne Lösungsvorschläge zur Grundlage der Angebotsabgabe machen oder eine aus mehreren Lösungsvorschlägen zusammengesetzte einheitliche **Leistungsbeschreibung** bzw. einen einheitlichen Vertragsentwurf erstellen.[97] Die Leistungsbeschreibung muss im Übrigen diskriminierungsfrei sein und sämtlichen Bietern die Abgabe eines Angebots ermöglichen.[98]

61 Für die einzureichenden Angebote gilt das **Gebot der Vollständigkeit**. Danach müssen die Angebote alle zur Ausführung des Projektes erforderlichen Einzelheiten enthalten (§ 6a Abs. 5 Satz 3 VgV) und sind anderenfalls von der Wertung auszuschließen. Insbesondere sind nach Abschluss der Dialogphase Verhandlungen mit den Bietern unzulässig. Der Auftraggeber darf in der Angebotsphase nur noch **Präzisierungen, Klarstellungen und Ergänzungen** verlangen, sofern diese zu keiner grundlegenden Änderung führen und nicht wettbewerbsverfälschend oder diskriminierend wirken (§ 6a Abs. 5 Satz 4, 5 VgV). Ob der dem Auftraggeber damit zur Verfügung stehende Spielraum den bei der Durchführung eines Offenen oder Nichtoffenen Verfahrens geltenden Grundsätzen entspricht, ist noch nicht abschließend geklärt.[99] Jedenfalls darf sich die Bieterreihenfolge wohl nicht mehr ändern. Denkbar erscheint jedoch, dass etwa die Angebote noch unter bestimmten Gremien- oder Finanzierungsvorbehalten abgegeben werden können. Denn die VgV und auch die VKR verlangen für den wettbewerblichen Dialog nicht, dass die Angebote schon verbindlich sein müssen. Vielmehr lässt § 6a Abs. 6 Satz 2 VgV zu, dass in den Angeboten enthaltene Zusagen nachträglich »bestätigt« werden. Die Frage ist insbesondere für komplexe PPP-Projekte mit Finanzierungsleistungen von erheblicher praktischer Bedeutung, da vorbehaltlose Angebote die Transaktionskosten wegen der umfassenden Prüfung durch die Finanzierer (»Banken Due Diligence«) für alle Bieter oft weitgehend nutzlos in die Höhe treiben. Insofern dürfte es mit § 6a Abs. 5 und 6 VgV ver-

---

[95] Für die Angemessenheit der Angebotsfrist kommt es auf den konkreten Aufwand bei der Angebotserstellung an; zweifelhaft daher *Pünder/Franzius* ZfBR 2006, 20, 23 f., wonach die Angebotsfrist in entsprechender Anwendung von Art. 38 Abs. 8 VKR nicht unter 10 Tagen liegen darf.
[96] Vgl. hierzu Rn. 71, 55.
[97] *Europäische Kommission* Erläuterungen zum Wettbewerblichen Dialog – CC/2005/04_rev1 vom 5.10.2005, S. 9. Vgl. zum Zustimmungserfordernis bereits Rn. 56.
[98] Vgl. *Opitz* VergabeR 2006, 451, 459 ff.
[99] Vgl. *Pünder*/Franzius; ZfBR 2006, 20, 24; Erwägungsgrund 31 der VKR (Richtlinie 2004/18/EG) und die Erläuterungen der Europäischen Kommission zum Wettbewerblichen Dialog, CC/2005/04_rev1 vom 5.10.2005, S. 10. Vgl. hierzu auch Rn. 13.

einbar sein, wenn der für den Zuschlag vorgesehene Bieter das Angebot erst nach der Zuschlagsentscheidung um die Erklärung der Vorbehaltlosigkeit ergänzt, sofern sich die Reihung der Angebote im Wettbewerb dadurch nicht verändert, der Wettbewerb mithin nicht »verfälscht« oder andere Bieter diskriminiert werden. Die erfolgten Präzisierungen, Klarstellungen und Ergänzungen sind zu **dokumentieren**.

Auf der Grundlage der zuvor bekannt gemachten Zuschlagskriterien werden die **Angebote gewertet** und wird das **wirtschaftlichste Angebot** ermittelt (vgl. § 6 a Abs. 6 Satz 1 VgV). Beim Wettbewerblichen Dialog wird der Zuschlag stets auf das wirtschaftlichste Angebot erteilt (vgl. Art. 29 Abs. 1 Satz 2 VKR). Die nicht berücksichtigten Bieter sind mindestens 14 Tage vor der Zuschlagserteilung gemäß § 13 VgV über den Namen des erfolgreichen Bieters und die Gründe ihrer Nichtberücksichtigung zu informieren. 62

4. Aufwandsentschädigung

Für die Ausarbeitung von Entwürfen, Plänen, Zeichnungen, Berechnungen oder anderen Unterlagen muss der Auftraggeber den Unternehmen, die diese Unterlagen rechtzeitig vorgelegt haben, eine **angemessene Kostenerstattung** gewähren, sofern er die Vorlage dieser Unterlagen gefordert hat (§ 6 a Abs. 7 VgV). Die deutsche Regelung geht insoweit über die gemeinschaftsrechtlichen Vorgaben hinaus, nach denen der Auftraggeber die Wahl hat, ob er den Teilnehmern am Dialog Prämien oder Zahlungen gewährt (Art. 29 Abs. 8 VKR). Die Einräumung einer angemessenen Kostenerstattung dient der Reduzierung der für die Teilnehmer bei der Erstellung von Lösungsvorschlägen entstehenden Kosten und damit der Erhöhung der Attraktivität einer Teilnahme am Wettbewerblichen Dialog. Dem Auftraggeber steht daher auch frei, über die Regelung des § 6 a Abs. 7 VgV hinaus eine freiwillige Aufwandsentschädigung vorzusehen, wenn er hierbei die Gleichbehandlung aller Teilnehmer gewährleistet.[100] 63

Bei der Kostenerstattung nach § 6 a Abs. 7 VgV handelt es sich um keine Vergütung für erbrachte Leistungen, sondern um eine Entschädigung für die entstandenen Kosten. Es handelt sich daher um eine **Aufwandsentschädigung** ohne Gewinnanteil, für welche die entsprechenden Honorarordnungen lediglich einen Anhaltspunkt bilden können.[101] Hinsichtlich der Höhe der Entschädigung bietet sich eine Orientierung an der im Rahmen von Architekturwettbewerben geübten Praxis an. Dabei wird häufig so verfahren, dass ein Betrag in Höhe der geschätzten Ersparnisse infolge der bereits erbrachten Planungsleistungen nach einem festgelegten Schlüssel unter den Wettbewerbern aufgeteilt wird. 64

---

100 *Hausmann/Mutschler-Siebert* in: Weber/Schäfer/Hausmann, Praxishandbuch Public Private Partnership, S. 268.
101 *Heiermann* ZfBR 2005, 766, 776; a. A. *Ollmann/Kronberg* VergabeR 2005, 685, 689.

5. Verhältnis des Wettbewerblichen Dialogs zu den anderen Verfahrensarten

65 Der Wettbewerbliche Dialog ist subsidiär gegenüber dem Offenen und dem Nichtoffenen Verfahren. Der **Vorrang des Offenen Verfahrens** ergibt sich aus § 101 Abs. 6 GWB. Der **Vorrang des Nichtoffenen Verfahrens** ist in den nationalen Vergaberechtsvorschriften dagegen nicht ausdrücklich geregelt. Insoweit kann aber auf Art. 29 Abs. 1 VKR verwiesen werden, wonach ein Wettbewerblicher Dialog nur durchgeführt werden darf, wenn die Vergabe des Auftrages im Wege eines Offenen oder Nichtoffenen Verfahrens nicht möglich ist.[102]

66 Unklar ist jedoch das Verhältnis des Wettbewerblichen Dialogs zum **Verhandlungsverfahren**. Es stellt sich insbesondere die Frage, ob der Auftraggeber zwischen beiden Verfahren frei wählen kann,[103] oder ob der Wettbewerbliche Dialog die grundsätzlich vorrangige Verfahrensart ist.[104] Die Verfahrensvorschriften enthalten insoweit keine ausdrücklichen Bestimmungen. Die praktische Bedeutung dieser Frage wird allerdings dadurch relativiert, dass beide Verfahrensarten hinsichtlich ihrer Durchführung Parallelen aufweisen und ein Verhandlungsverfahren grundsätzlich wie ein Wettbewerblicher Dialog strukturiert werden kann.[105]

67 Für den Auftraggeber besteht jedenfalls dann ein **Wahlrecht**, wenn neben den Voraussetzungen des Wettbewerblichen Dialogs auch die Voraussetzungen des Verhandlungsverfahrens erfüllt sind.[106] Denn es besteht kein Grund, dem Auftraggeber die Durchführung des formstrengeren Verfahrens zu untersagen, wenn er das formfreiere Verfahren durchführen und dieses im Übrigen wie das formstrengere Verfahren gestalten darf. Der Einwand, dass die Vorschriften des Wettbewerblichen Dialogs bei der Anerkennung einer Wahlmöglichkeit *de facto* leer laufen würden, da der Auftraggeber in diesem Fall stets das informellere Verhandlungsverfahren wählen würde,[107] überzeugt in dieser Allgemeinheit nicht. Denn die Anwendungsbereiche beider Verfahrensarten überschneiden sich nur teilweise. Ein Wahlrecht zwischen Verhandlungsverfahren und Wettbewerblichem Dialog kommt insbesondere dann in Betracht, wenn eine vorherige Festlegung des Gesamtpreises der Leistungen nicht möglich ist oder die vertraglichen Spezifikationen nicht genau festgelegt werden können. In beiden Fällen darf der Auftraggeber grundsätzlich ein Verhandlungsverfahren mit vorheriger Bekanntmachung durchführen (§ 3 a Nr. 1 Abs. 5 lit. b und lit. c). Hier darf der Auftraggeber regelmäßig auch auf den Wettbewerblichen Dialog zurückgreifen, da er nicht in der Lage sein wird, die rechtlichen oder finanziellen Bedingungen des Vorhabens abschließend anzugeben (vgl. § 6 a Abs. 1 Nr. 2 VgV). Gegen die Annahme eines allgemeinen Vorrangs des Wettbewerblichen Dialogs spricht auch, dass die Einführung dieser neuen Verfahrensart gemäß Art. 29 Abs. 1 VKR in das Ermessen der Mit-

---

102 *Kaelble* in: Müller-Wrede ÖPP-Beschleunigungsgesetz, S. 50, Rn. 46; *Pünder/Franzius* ZfBR 2006, 20, 22.
103 So *Opitz* VergabeR 2006, 451.
104 *Knauff* VergabeR 2004, 287, 289; ders. NZBau 2005, 249; a. A. *Pünder/Franzius* ZfBR 2006, 20, 24.
105 *Hausmann/Mutschler-Siebert* in: Weber/Schäfer/Hausmann, Praxishandbuch Public Private Partnership, S. 269.
106 *Hausmann/Mutschler-Siebert* in: Weber/Schäfer/Hausmann, Praxishandbuch Public Private Partnership, S. 269; *Opitz* VergabeR 2006, S. 452.
107 *Kaelble* in: Müller-Wrede, ÖPP-Beschleunigungsgesetz, S. 49, Rn. 41.

Arten der Vergabe, Rahmenvereinbarungen § 3 a

gliedstaaten gestellt wurde. Hätte der Europäische Gesetzgeber den Anwendungsbereich des Verhandlungsverfahrens zugunsten des Wettbewerblichen Dialogs generell einschränken wollen, hätte er eine verpflichtende Gemeinschaftsregelung erlassen.

Die Einführung des Wettbewerblichen Dialogs ist allerdings auch als gesetzgeberische Entscheidung gegen eine allzu weite Anwendung des Verhandlungsverfahrens (insbesondere im Rahmen von PPP-Projekten) zu verstehen. Für die Durchführung komplexer Beschaffungsmaßnahmen besteht daher durchaus ein **Vorrang des Wettbewerblichen Dialogs**. Denn die Voraussetzungen für die Zulässigkeit des Verhandlungsverfahrens sind enger auszulegen als die für die Zulässigkeit des Wettbewerblichen Dialogs. Für einen derartigen Vorrang des Wettbewerblichen Dialogs spricht auch, dass die erheblich höhere Regelungsdichte dieses Verfahrens gegenüber dem weitgehend ungeregelten Verhandlungsverfahren weitaus eindeutiger die Gewähr für die Einhaltung der Grundsätze des § 97 Abs. 1 und 2 GWB bietet. Das entspricht auch der Auffassung der Europäischen Kommission,[108] die bereits darauf hingewiesen hat, dass sich die Anwendungsbereiche beider Verfahrensarten nicht decken und das Verhandlungsverfahren daher keine grundsätzliche Alternative zum Wettbewerblichen Dialog ist. Denn ein Verhandlungsverfahren ist nur in Sonderfällen zulässig, in denen die Art oder der Umfang der Arbeiten von Vornherein unwägbar sind. Die finanzielle oder rechtliche Komplexität des Auftrags genügt hierfür grundsätzlich nicht.

68

C. Weitere Verfahrensgrundsätze

I. Begrenzung der zur Angebotsabgabe aufzufordernden Unternehmen (§ 3 a Nr. 1 Abs. 2)

Bei Beschränkter Ausschreibung werden Leistungen im vorgeschriebenen Verfahren nach öffentlicher Aufforderung einer beschränkten Zahl von Unternehmen zur Einreichung von Angeboten vergeben. Auch bei der Beschränkten Ausschreibung muss daher wie bei der Öffentlichen Ausschreibung ein förmliches Verfahren nach den Vorschriften der VOL/A eingehalten werden. Insbesondere gelten sowohl bei der Öffentlichen als auch bei der Beschränkten Ausschreibung die Grundsätze der eindeutigen und erschöpfenden Leistungsbeschreibung, der Geheimhaltung der Angebote, des Nachverhandlungsverbots[109] und der transparenten Eignungs- und Beurteilungskriterien.

69

Im Gegensatz zur Öffentlichen Ausschreibung hat nicht jedes interessierte Unternehmen das Recht, ein Angebot abzugeben. Der öffentliche Auftraggeber fordert vielmehr von ihm für geeignet gehaltene Unternehmen in der Regel schriftlich auf, ein Angebot abzugeben. Bei der Entscheidung, welche und wie viele Unternehmen er zur Angebotsabgabe auffordert, hat der Auftraggeber § 7 zu beachten. Insbesondere sol-

70

---

108 *Europäischen Kommission* Erläuterungen zum Wettbewerblichen Dialog, CC/2005/04_rev1 vom 5. 10. 2005, S. 4 Fn. 8.
109 *Kulartz* in: Kulartz/Kus/Portz, § 101 Rn. 7.

len mehrere – im Allgemeinen mindestens drei – Bewerber zur Angebotsabgabe aufgefordert werden (§ 7 Nr. 2 Abs. 2) und unter den Bewerbern möglichst gewechselt werden (§ 7 Nr. 2 Abs. 4). Außerdem sind regelmäßig auch kleine und mittlere Unternehmen in angemessenem Umfang zur Angebotsabgabe aufzufordern (§ 7 Nr. 3).

71 Im Unterschied zu den Regelungen für das Nichtoffene Verfahren bei europaweiten Ausschreibungen (siehe § 3 a Nr. 1 Abs. 1 und Abs. 2) ist die Durchführung eines vorgeschalteten öffentlichen Teilnahmewettbewerbs für die Beschränkte Ausschreibung nicht zwingend vorgeschrieben. Eine Verpflichtung zur Erkundung des in Betracht kommenden Bewerberkreises im Wege eines vorgeschalteten Teilnahmewettbewerbs besteht für den öffentlichen Auftraggeber jedoch dann, wenn er keine ausreichende Marktübersicht hat (§ 5 Nr. 1 i. V. m. Nr. 2 Abs. 1).

II. Strukturierung des Verhandlungsverfahrens und des Wettbewerblichen Dialogs (§ 3 a Nr. 1 Abs. 3)

72 Zur Strukturierung des Verhandlungsverfahrens vgl. Rn. 29, 30; zur Strukturierung des Wettbewerblichen Dialogs vgl. Rn. 54–56.

III. Verpflichtung zur Bekanntmachung gemäß § 17 a (§ 3 a Nr. 1 Abs. 4)

73 Gemäß § 3 a Nr. 1 Abs. 4 ist der Auftraggeber verpflichtet, seine Vergabeabsicht zu erklären. Dazu ist die Vorschrift über die Bekanntmachung (§ 17 a) einzuhalten. Hinsichtlich näherer Einzelheiten wird auf die Kommentierung zu dieser Vorschrift verwiesen.

D. Zulässigkeit des Verhandlungsverfahrens

I. Verhandlungsverfahren mit vorheriger Vergabebekanntmachung (§ 3 a Nr. 1 Abs. 5)

74 Das Verhandlungsverfahren ist – anders als das Nicht Offene Verfahren – keine bloße Abweichung vom Offenen Verfahren, sondern eine wesentlich andere Verfahrensart. Sie ist dadurch gekennzeichnet, dass sie Verhandlungen mit den Bietern über die Auftragsbedingungen und den Preis zulässt.[110] Der Wortlaut von § 101 Abs. 4 GWB macht allerdings auch deutlich, dass in der Vergabeart des Verhandlungsverfahrens der vorgeschaltete öffentliche Teilnahmewettbewerb im Rechtssinn Teil des Vergabeverfahrens ist. Denn Verhandlungsverfahren sind hiernach Verfahren, bei denen sich der Auftraggeber mit oder ohne vorherige öffentliche Aufforderung zur Teilnahme an ausgewählte Unternehmen wendet, **um mit einem oder mehreren über die Auftragsbedingungen zu verhandeln.** Mithin bilden die vorherige öffentliche Vergabe-

---

110 Vgl. *Boesen* Kommentar zum Vergaberecht, § 101 Rn. 43.

bekanntmachung und der vorherige öffentliche Teilnahmewettbewerb zusammen mit den eigentlichen Verhandlungen im Rechtssinn das Vergabeverfahren in der Vergabeart des Verhandlungsverfahrens.[111] Da die vorgeschaltete Vergabebekanntmachung und der vorgeschaltete öffentliche Teilnahmewettbewerb Elemente eines förmlichen Verfahrens enthält, kann man im Falle des Verhandlungsverfahrens mit öffentlicher Teilnahmeaufforderung von einem gemischt-förmlichen/nicht-förmlichen Verfahren sprechen.[112]

Das »eigentliche« Verhandlungsverfahren ist dann zwar geringen formalen Anforderungen unterworfen, aber **kein wettbewerbsfreier Raum**. Auch im Verhandlungsverfahren unterliegt der Auftraggeber wesentlichen Prinzipien des Vergaberechts. Das gilt namentlich für die Grundsätze des Wettbewerbs, der Transparenz und der Nichtdiskriminierung.[113] Bei dem Verhandlungsverfahren handelt es sich deshalb durchaus um ein »ordentliches« Vergabeverfahren.[114] 75

Das Verhandlungsverfahren befreit den Auftraggeber nicht davon, Angebote im Wettbewerb einzuholen, also zumindest mit mehreren Bietern zu verhandeln, soweit dies im Verfahren zumutbar ist.[115] Auch im Verhandlungsverfahren ist der Auftraggeber verpflichtet, die Bieter gleich zu behandeln. Er muss also allen Bietern die gleichen Informationen zukommen lassen und ihnen die Chance geben, **innerhalb gleicher Fristen und zu gleichen Anforderungen** Angebote abzugeben.[116] Das Transparenzgebot verpflichtet den öffentlichen Auftraggeber, den Verfahrensablauf – soweit bekannt – mitzuteilen und davon nicht überraschend willkürlich abzuweichen.[117] 76

II. Verhandlungsverfahren mit Veröffentlichung einer Bekanntmachung (§ 3a Nr. 1 Abs. 4)

1. Fehlende Wertbarkeit aus formalen Gründen bei einem vorangegangenen Offenen oder Nichtoffenen Verfahren (§ 3a Nr. 1 Abs. 5a)

Das Verhandlungsverfahren, welches an ein nicht erfolgreiches Offenes oder Nicht Offenes Verfahren anschließt, hat den Zweck, unter formal weniger strengen Anforderungen ein **annehmbares Angebot** und damit eine Auftragsvergabe **zu ermöglichen**. Falls im Rahmen eines Offenen oder Nichtoffenen Verfahrens nur Angebote abgegeben wurden, die gemäß § 23 Nr. 1 VOL/A nicht geprüft zu werden brauchten oder die aufgrund § 25 Nr. 1 VOL/A auszuschließen waren bzw. hätten ausgeschlos- 77

---

111 *OLG Düsseldorf* Beschl. v. 24. 9. 2002, Verg 48/02.
112 So auch *Boesen* Kommentar zum Vergaberecht, § 101 Rn. 43.
113 Vgl. *OLG München* Beschl. v. 20. 4. 2005, Verg 8/05; *OLG Düsseldorf* Beschl. v. 18. 6. 2003, Verg 15/03; *1. VK Bund beim Bundeskartellamt* Beschl. v. 8. 2. 2005, VK 1 – 02/05; *VK Baden-Württemberg beim Landesgewerbeamt Baden-Württemberg* Beschl. v. 12. 1. 2004, 1 VK 74/03.
114 Vgl. insoweit auch *Werner* in Byok/Jaeger (Hrsg.), Kommentar zum Vergaberecht, 2. Auflage, § 101 Rn. 641.
115 *OLG Düsseldorf* Beschl. v. 24. 2. 2005, VII-Verg 88/04; *OLG Düsseldorf* Beschl. v. 23. 2. 2005, VII-Verg 87/04.
116 *OLG Celle* Beschl. v. 16. 1. 2002, 13 Verg 1/02; *OLG Düsseldorf* Beschl. v. 18. 6. 2003, Verg 15/03.
117 *OLG Düsseldorf* Beschl. v. 18. 6. 2003, Verg 15/03; *VK Süd-Bayern* Beschl. v. 8. 2. 2002, Verg 41–11/01.

sen werden können, kann das Verhandlungsverfahren mit vorheriger öffentlicher Vergabebekanntmachung gewählt werden, sofern die ursprünglichen Bedingungen des Auftrages nicht grundlegend geändert werden. Allerdings muss die dem Verhandlungsverfahren vorgeschaltete öffentliche Vergabebekanntmachung erneut europaweit veröffentlicht werden. Auch ist die vorgeschriebene Teilnahmefrist zu beachten, so dass ein solches Verfahren oft aus Zeitgründen nicht in Frage kommt.

78 Im Falle a) brauchen die öffentlichen Auftraggeber allerdings keine Bekanntmachung zu veröffentlichen und können mithin ein Verhandlungsverfahren ohne Bekanntmachung wählen, wenn sie in das betreffende Verhandlungsverfahren alle die Bieter und nur die Bieter einbeziehen, die die Eignungskriterien des vorlaufenden Verfahrens erfüllt hatten und die im Verlauf des vorangegangenen Verfahrens Angebote eingereicht haben, die den formalen Voraussetzungen gemäß § 23 Nr. 1 VOL/A entsprachen. Soll das Verfahren hingegen gewählt werden, um auch Unternehmen beteiligen zu können, die sich bei der ersten Bekanntmachung nicht beteiligt hatten, so kommt nur ein Verhandlungsverfahren mit vorheriger Vergabebekanntmachung in Betracht.

79 Weitere Voraussetzung für die Möglichkeit, im Anschluss an ein Offenes oder Nicht Offenes Verfahren ein Verhandlungsverfahren zu wählen, ist, dass die ursprünglichen Bedingungen des Auftrages sich nicht grundlegend geändert haben. Mit »Bedingungen des Auftrages« sind die Verdingungsunterlagen einschließlich der bisherigen Leistungsbeschreibung gemeint, weil dadurch der Auftrag näher definiert wird. Zur Frage, ob die »ursprünglichen Bedingungen« tatsächlich »grundlegend« geändert wurden, wird man auf die Verhältnisse des Einzelfalles abstellen müssen. Von grundlegenden Änderungen der Verdingungsunterlagen muss immer dann ausgegangen werden, wenn die Durchführung des Auftrags wegen im Nachhinein aufgetretener rechtlicher, technischer, zeitlicher oder wirtschaftlicher Schwierigkeiten nicht mehr möglich oder für Auftraggeber und/oder Unternehmen mit unzumutbaren Bedingungen verbunden wäre.[118] Hier kann das Rechtsinstitut der Störung der Geschäftsgrundlage (§ 313 BGB) und die hierfür notwendigen Voraussetzungen als Hilfe dienen. Man wird somit eine grundlegende Änderung annehmen müssen, wenn die späteren Vertragspartner berechtigt wären, das künftige Vertragsverhältnis wegen Wegfalls der Geschäftsgrundlage anzupassen oder aufzuheben.[119] Eine **grundlegende Änderung** liegt dann vor, wenn die Leistung bei wirtschaftlicher Betrachtung eine andere ist. Indizien können eine erheblich veränderte Kostenschätzung sowie veränderte Wertungskriterien und Eignungsanforderungen sein.[120]

2. Keine vorherige Festlegung des Gesamtpreises bei Dienstleistungsauftrag

80 Zentrale Voraussetzung eines Offenen oder Nichtoffenen Verfahrens ist, dass die verbindlich abgegebenen Angebote eindeutig bepreist werden können. Ist dies nicht der Fall, so kommt nur ein Verhandlungsverfahren, allerdings aus Wettbewerbsgründen regelmäßig nach vorheriger Vergabebekanntmachung, in Frage. Dies ist etwa bei

---

118 Vgl. im Einzelnen *Portz* in: Ingenstau/Korbion, Kommentar zur VOB/A, 15. Auflage, § 26 Rn. 15 f.
119 Vgl. auch *Fett* in: Müller-Wrede, Kommentar zur VOL/A, § 3 a Rn. 85.
120 Vgl. auch *Müller-Wrede* in: Ingenstau/Korbion, Kommentar zur VOB, 15. Auflage, § 3 a VOB/A Rn. 21.

Arten der Vergabe, Rahmenvereinbarungen § 3 a

hochkomplexen IT-Leistungen,[121] aber auch bei schwierigen Entsorgungsleistungen[122] oder komplizierten Dienstleistungen aus dem Finanzwesen bzw. der Unternehmensberatung der Fall. **Insbesondere bei komplexen und neuartigen zu beschaffenden Leistungen** sind Fälle denkbar, in denen eine vorherige Festlegung auf den Preis nicht möglich ist. Wegen der kalkulatorischen Risiken für Auftraggeber und sämtliche Bieter kommt es deshalb nur ein Verhandlungsverfahren in Betracht.

3. Keine hinreichend genaue Festlegung der vertraglichen Spezifikationen bei Dienstleistungsaufträgen möglich (§ 3 a Nr. 1 Abs. 5 c)

Die Fälle des § 3 a Nr. 1 Abs. 4 c VOL/A werden sich oft mit denen des § 3 Nr. 1 Abs. 4 b überschneiden. Wenn der Auftraggeber keine ausreichenden Angaben zum zu kalkulierenden Kostenrahmen machen kann, dann fehlt es ihm häufig auch an der Möglichkeit, vertragliche Spezifikationen festzulegen.[123] Sofern die zu erbringenden Dienstleistungsaufträge dergestalt sind, dass vertragliche Spezifikationen nicht hinreichend genau festgelegt werden können, um den Auftrag durch die Wahl des besten Angebotes in Übereinstimmung mit den Vorschriften über Offene oder Nichtoffene Verfahren vergeben zu können, kommt nur ein Verhandlungsverfahren mit vorheriger Vergabebekanntmachung in Betracht. Wegen der Notwendigkeit einer Beschaffung im Wettbewerb wird hier allerdings darüber hinaus gefordert, dass die **Mindestanzahl** zugelassener Unternehmen **nicht unter 3** liegen darf. Da in diesen Fällen über Art und Umfang der Leistung zum Zeitpunkt der Einleitung des Vergabeverfahrens also noch keine hinreichende Klarheit besteht, etwa nur ein Programm des Auftraggebers vorhanden ist, darf auf c) zurückgegriffen werden. Bei derartigen Leistungen kann es sich auch um Forschungs- und Entwicklungsleistungen handeln.[124]

81

III. Verhandlungsverfahren ohne vorherige Vergabebekanntmachung (§ 3 a Nr. 2)

1. Verhandlungsverfahren ohne vorherige öffentliche Vergabebekanntmachung

Das Verhandlungsverfahren ohne vorherige öffentliche Vergabebekanntmachung entspricht der Vergabeart der freihändigen Vergabe unterhalb der Schwellenwerte. Von ihm darf allein in den nachstehend aufgeführten Fällen, die eng auszulegen sind, Gebrauch gemacht werden. Die Beweislast dafür, dass die außergewöhnlichen Umstände, die die Ausnahme rechtfertigen, tatsächlich vorliegen, obliegt demjenigen, der sich

82

---

121 Vgl. etwa *OLG Düsseldorf* Beschl. v. 13. 11. 2000, Verg 18/00; vgl. *Kulartz/Steding* IT-Leistungen, Düsseldorf 2002, S. 25.
122 Vgl. etwa *VK Baden-Württemberg* Beschl. v. 12. 7. 2001, I VK 12/01.
123 Vgl. insoweit auch den Sachverhalt bei *VK Lüneburg* Beschl. v. 10. 8. 2000, 203 VgK-6/1999; vgl. im Übrigen auch *Fett* in: Müller-Wrede, Kommentar zur VOL/A, § 3 a Rn. 105 ff.
124 Vgl. *Eisermann* Rechtliche Grundlagen der Vergabe von Forschungs- und Entwicklungsaufträgen in der BRD, in: ZVgR 4/1997, 201 (205).

auf sie berufen will.[125] Die Mitgliedsstaaten können daher weder Tatbestände für die Anwendung des Verhandlungsverfahrens schaffen, die in den genannten Richtlinien nicht vorgesehen sind, noch ausdrücklich die in diesen Richtlinien vorgesehenen Tatbestände um neue Bestimmungen ergänzen, die die Anwendung des genannten Verfahrens erleichtern, da sie sonst die praktische Wirksamkeit der betreffenden Richtlinien beseitigen würden.[126]

2. Keine oder keine wirtschaftlichen Angebote im durchgeführten Verfahren (§ 3 a Nr. 2 a)

83 Ein Verhandlungsverfahren ohne vorherige öffentliche Vergabebekanntmachung darf durchgeführt werden, wenn bei einem Offenen oder Nichtoffenen Verfahren keine oder keine wirtschaftlichen Angebote abgegeben wurden. Allerdings dürfen die »ursprünglichen Bedingungen des Auftrags« nicht »grundlegend« geändert werden; außerdem muss in diesem Falle der EG-Kommission ein entsprechender Bericht vorgelegt werden, falls sie dies wünscht.

84 Zu den Begriffen »ursprüngliche Bedingungen« und »grundlegend«, die im gleichen Sinne wie in § 3 a Nr. 1 Abs. 4 a VOL/A verwendet werden, wird auf die Kommentierung zu dieser Bestimmung verwiesen. Wegen des Berichts an die Kommission wird auf § 30 a Nr. 1 hingewiesen.

85 Der Auftraggeber ist an die **Zuschlagskriterien** eines aufgehobenen Offenen Verfahrens auch im nachfolgenden Verhandlungsverfahren **gebunden**.[127] Er kann darüber hinaus nur dann zum Verhandlungsverfahren übergehen, wenn ihm das Scheitern des vorangegangenen Verfahrens nicht zuzurechnen ist, weil die von ihm zu verantwortenden Ausschreibungsbedingungen die Erfüllung des ausgeschriebenen Auftrags bis an die Grenze der Unmöglichkeit erschweren und deshalb keine oder keine wirtschaftlichen Angebote eingegangen sind.[128]

3. Forschungs- und Entwicklungsaufträge (§ 3 a Nr. 2 b)

86 Bei dieser Bestimmung ist zunächst zu beachten, dass Forschungs- und Entwicklungsdienstleistungen gemäß § 100 Abs. 2 n ohnehin **nur in Ausnahmefällen** den Anwendungsbereich des Vergaberechts **unterstellt** sind. Danach sind Forschungs- und Entwicklungsleistungen nur dann erfasst, wenn ihre Ergebnisse ausschließlich Eigentum des Auftraggebers für seinen Gebrauch bei der Ausübung seiner eigenen Tätigkeit sind und die Dienstleistung vollständig durch den Auftraggeber vergütet wird. Diese normierte Rückausnahme für bestimmte Arten von Forschungsaufträgen, die dem Vergaberegime unterfallen sollen, wird im Bereich der angewandten Forschung eher zum Zuge kommen als bei der reinen Grundlagenforschung.[129]

---

125 Vgl. etwa *EuGH* Urt. v. 17. 11. 1993 in der Rechtssache C 71/92 (Kommission/Spanien), Slg. 1993, I-5923, Rn. 10, 22.
126 Vgl. auch *Weyand* Praxiskommentar Vergaberecht, § 3 a VOL/A Rn. 4996 m. w. N.
127 Vgl. *VK Südbayern* Beschl. v. 21. 4. 2004, Verg 24–04/04.
128 Vgl. *OLG Dresden* Beschl. v. 16. 10. 2001, WVerg 7/01.
129 Vgl. *BayObLG* Vergaberecht 2003, 669, 670.

Im Übrigen darf bei diesen Forschungs- und Entwicklungsaufträgen kein weiterer 87
Nebenzweck mit der Leistung verbunden sein. Mit einer derartigen Ausschließlichkeit der Zweckbindung wird ausgeschlossen, dass der Auftraggeber die Leistung in einer Menge beschafft, die es ihm erlaubt, das Produkt kommerziell zu vermarkten.[130]

4. Durchführung nur von einem bestimmten Unternehmen (§ 3 a Nr. 2 c)

Ein Verhandlungsverfahren kann auch dann ohne öffentliche Vergabebekanntmachung erfolgen, wenn der Auftrag – wegen seiner technischen oder künstlerischen Besonderheiten oder aufgrund des Schutzes eines Ausschließlichkeitsrechtes – bezogen auf das gesamte Gebiet der Europäischen Union nur von einem Unternehmen erfüllt werden kann. 88

Allgemein ist anzumerken, dass es nur selten vorkommen dürfte, dass ein Auftrag in der gesamten Europäischen Union nur von einem bestimmten Unternehmen durchgeführt werden kann. Die Beweislast für das Vorliegen der erforderlichen außergewöhnlichen Umstände trägt in aller Regel der Auftraggeber. Es genügt nicht, dass er beweist, dass ein bestimmtes Unternehmen den Auftrag am Besten ausführen kann. Vielmehr muss er den **Beweis** erbringen, **dass dieses Unternehmen das einzige ist**, das für die Ausführung des Auftrags geeignet ist.[131] 89

Von einer Vergabebekanntmachung ist aus technischen Gründen abzusehen, wenn nur ein bestimmter Dienstleistungserbringer die zur Ausführung erforderliche besondere Befähigung oder die geeignete Ausstattung besitzt. Zu einem Verzicht auf die Vergabebekanntmachung aus besonderen künstlerischen Gründen kann nur eine objektive Notwendigkeit, nicht die geschmackliche Präferenz des Auftraggebers führen. Diese Eigenheit muss für den Auftrag objektiv erforderlich sein.[132] 90

Ein weiterer Grund für den Verzicht auf die Bekanntmachung ist das ausschließliche Recht eines Dienstleistungserbringers zur Erbringung der geforderten Leistung. Im Gegensatz zu den technischen oder künstlerischen Gründen ist die Verknüpfung des Auftrages mit einem Unternehmen hier eine rechtliche Notwendigkeit nicht eine Frage der Befähigung. Ausschließlichkeitsrechte von Unternehmen können etwa in behördlichen Genehmigungen oder langfristig bindenden Verträgen begründet sein.[133] 91

Im Übrigen kann ergänzend auch auf die Kommentierung zu § 3 Nr. 4 a verwiesen werden. 92

---

130 Vgl. auch *Fett* in: Müller-Wrede, Kommentar zur VOL/A, § 3 a Rn. 120.
131 Vgl. *EuGH* Urt. v. 3. 5. 1994 in der Rechtssache C 328/92 (Kommission/Spanien) Slg. 1994, I-1569, Rn. 17 f.
132 Vgl. *Müller-Wrede* Kommentar zur VOF, 2. Auflage, § 5 Rn. 64 f.
133 Vgl. *Fett* in: Müller-Wrede, Kommentar zur VOL/A, § 3 a Rn. 122.

§ 3a Arten der Vergabe, Rahmenvereinbarungen

5. Fristeinhaltung aus zwingenden Gründen nicht möglich (§ 3a Nr. 2d)

93 § 3 Nr. 2d setzt voraus, dass aufgrund eines vom Auftraggeber nicht vorhersehbaren Ereignisses die Einhaltung der Bewerbungs- und Angebotsfristen aus dringenden und zwingenden Gründen unmöglich ist und zwischen dem unvorhergesehenen Ereignis und den zwingenden und dringenden Gründen ein Kausalzusammenhang besteht. Zu diesen eng auszulegenden Ausnahmefällen kann auf die Kommentierung zu § 3 Nr. 4f verwiesen werden. Dass die die Dringlichkeit auslösenden Umstände auf keinen Fall dem Verhalten des Auftraggebers zuzurechnen sein dürfen, setzt kein Verschulden beim Auftraggeber voraus. Es geht nicht um subjektive Vorwerfbarkeit, sondern darum, ob sie in der Sphäre des Auftraggebers begründet sind. Dazu gehören auch Verzögerungen, die sich aus der Abhängigkeit von Entscheidungen anderer Behörden ergeben.[134]

6. Zusätzliche Lieferungen, zusätzliche Dienstleistungen oder neue Dienstleistungen, die in der Wiederholung gleichartiger Leistungen bestehen (§ 3a Nr. 2e–g)

94 Die Vorschrift hat gewisse Parallelen zu § 3 Nr. 4d und e auf die dortige Kommentierung soll deshalb zunächst verwiesen werden. Die Regelungen für zusätzliche Lieferungen, zusätzliche Dienstleistungen bzw. die Wiederholung gleichartiger Dienstleistungen ermöglichen unter den genannten Voraussetzungen die Vergabe dieser Leistungen an den ursprünglichen Unternehmer. Gerade bei **IT-Beschaffungen** ist es oft zwingend, wäre anderenfalls unverhältnismäßig, für untergeordnete Nachlieferungen bzw. Nachbestellungen die Leistung zu ändern. An diesen unverhältnismäßigen Schwierigkeiten fehlt es jedoch, wenn auch ein drittes Unternehmen in der Lage ist, den Ersatz- oder Ergänzungsbedarf zu decken.[135]

7. Vergabe im Anschluss an einen Wettbewerb (§ 3a Nr. 2h)

95 Ein Verhandlungsverfahren ohne vorherige Bekanntmachung ist zudem möglich, wenn ein den Vergaberegelungen des § 31a VOL/A entsprechender Wettbewerb durchgeführt wurde. Die Vorschrift verzichtet auf eine Vergabebekanntmachung, weil Letztere für den Auftraggeber nicht zu einer Verbesserung der Wettbewerbssituation führen würde. Im vorangegangen Wettbewerb wurde bereits der geeigneteste Bewerber ausgewählt, eine erneute Auswahl würde zu keinen anderen Ergebnissen führen. Aber auch für den Fall, dass an einen den Preisträger vergeben muss, sind diejenigen, mit denen in Verhandlungen eingetreten wird, bekannt; Auch in diesem Fall scheidet eine Vergabebekanntmachung aus.

---

[134] Vgl. *VK bei der Bezirksregierung Düsseldorf* Beschl. v. 15. 8. 2003, VK-23/2003-L.
[135] Vgl. *OLG Düsseldorf* Beschl. v. 28. 5. 2003, Verg 10/03.

E. Dokumentationspflicht (§ 3 a Nr. 3)

Bei einer Durchbrechung des Vorrangs des Offenen Verfahrens und des Nichtoffenen **96** Verfahrens besteht nach § 3 a Nr. 3 eine Dokumentationspflicht. Die öffentlichen Auftraggeber müssen die Gründe für die Durchführung einer anderen Verfahrensart aktenkundig machen und in den **Vergabevermerk** (vgl. §§ 30, 30 a) aufnehmen.[136] Bei der Dokumentationspflicht handelt es sich um keine Besonderheit im Anwendungsbereich des 2. Abschnitts der VOL/A, denn auch bei rein nationalen Auftragsvergaben ist ein entsprechender Aktenvermerk anzufertigen (vgl. § 3 Nr. 5). Die Dokumentation dient vor allem der **Transparenz** des Vergabeverfahrens und soll die Auftraggeber zu einer sorgfältigen Prüfung der Voraussetzungen für ein Abweichen von einem Offenen oder Nichtoffenen Verfahren anhalten.[137] Darüber hinaus dient die Dokumentation der Gewährleistung eines effektiven Rechtsschutzes.[138]

Der Dokumentationspflicht ist Genüge getan, wenn die **wesentlichen** (Zwi- **97** schen-)**Entscheidungen** zeitnah,[139] nachvollziehbar und nicht nur formelhaft aktenkundig gemacht wurden. In dem Vergabevermerk sind die für die Wahl einer bestimmten Verfahrensart maßgeblichen Gründe so detailliert anzugeben, dass sie für einen mit der Sachlage vertrauten Leser nachvollziehbar sind.[140] Gegebenenfalls sind dabei auch die Gründe zu dokumentieren, weshalb mehrere Leistungen nicht losweise, sondern gebündelt vergeben wurden.[141]

Das Vergabeverfahren ist von Anfang an **fehlerbehaftet**, wenn der Auftraggeber ge- **98** gen die Dokumentationspflicht verstößt und die Gründe für ein Abweichen von einem Offenen oder Nichtoffenen Verfahren nicht oder nur mangelhaft in den Vergabevermerk aufnimmt.[142] Dieser Verfahrensfehler kann im Rahmen eines **Nachprüfungsverfahrens** geltend gemacht werden, da die Bieter ein subjektives Recht auf eine ausreichende Dokumentation der wesentlichen Entscheidungen haben.[143] Ein Nachprüfungsantrag ist allerdings nur dann erfolgreich, wenn sich der Dokumentationsmangel auf die Rechtsstellung des Antragstellers im Vergabeverfahren nachteilig ausgewirkt haben kann.[144]

Eine **nachträgliche Heilung** von Dokumentationsmängeln ist den öffentlichen Auf- **99** traggebern grundsätzlich versagt.[145] Das gebietet bereits der Zweck der Dokumentationspflicht, mit der ein in jeder Hinsicht transparentes Vergabeverfahren gewährleis-

---

136 Vgl. § 30 Rn. 1 ff.
137 VK Rheinland-Pfalz Beschl. v. 30. 6. 2005 – VK 27/05.
138 OLG Brandenburg Beschl. v. 3. 8. 1999 – 6 Verg 1/99, NZBau 2000, 39, 44 f.
139 Vgl. OLG Düsseldorf Beschl. v. 17. 3. 2004 – Verg 1/04, wonach die Dokumentation zwar zeitnah, nicht aber unverzüglich erfolgen muss.
140 Vgl. OLG Düsseldorf Beschl. v. 17. 3. 2004 – Verg 1/04.
141 VK Rheinland-Pfalz Beschl. v. 30. 6. 2005 – VK 27/05; Müller-Wrede, NZBau 2004, 643, 645.
142 VK Rheinland-Pfalz, Beschl. v. 30. 6. 2005 – VK 27/05.
143 OLG Naumburg, Beschl. v. 10. 11. 2003 – 1 Verg 14/03; OLG Brandenburg, Beschl. v. 3. 8. 1999, NZBau 2000, 39, 44 f.; VK Düsseldorf, Beschl. v. 16. 2. 2006 –VK-02/2006-L; VK Sachsen, Beschl. v. 20. 8. 2004 – 1/SVK/067-04.
144 OLG Düsseldorf, Beschl. v. 17. 3. 2004 – Verg 1/04; VK Düsseldorf, Beschl. v. 16. 2. 2006 – VK-02/2006-L; vgl. auch BayObLG, Beschl. v. 1. 10. 2001 – Verg 6/01, VergabeR 2002, 63, 69.
145 OLG Düsseldorf, Beschl. v. 17. 3. 2004 – Verg 1/04; VK Rheinland-Pfalz, Beschl. v. 30. 6. 2005 – VK 27/05.

tet und etwaigen Manipulationsmöglichkeiten vorgebeugt werden soll. Als Konsequenz einer nicht erfolgten oder mangelhaften Dokumentation kommt grundsätzlich nur die Aufhebung der Ausschreibung in Betracht.[146]

F. Rahmenvereinbarungen (§ 3 a Nr. 4 VOL/A)

I. Einleitung

100 Rahmenvereinbarungen sind erstmals mit der Umsetzung der RL 2004/18/EG[147] – dort Art. 32 i. V. m. Art. 1 Abs. 5 – außerhalb der Sektorenbereiche ausdrücklich für das deutsche Recht geregelt worden. Zuvor waren sie praktisch von Rechtsprechung[148] und Literatur[149] sowohl für den Bau- als auch für den Dienstleistungsbereich für generell zulässig gehalten worden. Die Klarstellung ist zu begrüßen,[150] zumal die Regeln differenzierter sind, als die des Sektorenbereichs und in vielen Punkten Rechtsklarheit schaffen, wenn Manches auch durch die Rechtspraxis noch ausformungsbedürftig ist.

101 Das deutsche Recht hat die Regelungen der Rahmenvereinbarung ausdrücklich nicht für den Baubereich übernommen.[151] Daher werden durch die Umsetzung der RL 2004/18/EG die Handlungsmöglichkeiten des öffentlichen Auftraggebers gegenüber der vorher bestehenden Rechtslage beschränkt und wird das öffentliche Bauvergaberecht ohne nachvollziehbar zwingenden Grund im Vergleich zu den anderen Anwendungsbereichen des Vergaberechts unterschiedlich behandelt.

II. Grundlagen der Rahmenvereinbarung (§ 3 a Nr. 4 Abs. 1 Satz 1)

1. Definition der Rahmenvereinbarung

102 Eine Rahmenvereinbarung ist eine Vereinbarung zwischen einem oder mehreren öffentlichen Auftraggebern einerseits und einem oder mehreren Unternehmen andererseits, die Bedingungen für Aufträge, die im Laufe eines bestimmten zukünftigen Zeitraumes vergeben werden sollen, festlegt und zwar insbesondere im Hinblick

---

146 Vgl. VK Düsseldorf, Beschl. v. 16. 2. 2006 – VK-02/2006-L.
147 Die Richtlinie stellt den Mitgliedstaaten die Übernahme des Instruments der Rahmenvereinbarung in nationales Recht frei.
148 *KG* 15. 4. 2004, 2 Verg 22/04= VergabeR 2004, 761; *OLG Celle* 10. 7. 2003, 14 U 263/02; *VK Bund* 20. 4. 2006, VK 1 – 19/06.
149 *Haak/Degen* VergabeR 2005, 164.
150 Dies enthebt den Praktiker der Notwendigkeit zu begründen, ob und wie Rahmenvereinbarungen, die nicht unmittelbar zum Auftragsvergabe zum Gegenstand haben, in das System des Vergaberechts hineinpassen (z. B. noch vom Antragsteller problematisiert in *VK Bund* 20. 4. 2006, VK 1 – 19/06; kritisch auch *KG* 15. 4. 2004, 2 Verg 22/03 = VergabeR 2004, 761, 762ff mit Anmerkung *Jacoby*). Dies war von den Befürwortern in der Vergangenheit nicht näher ausgeführt, sondern mit dem pauschalen Hinweis, Rahmenvereinbarungen seien »anerkannt und grundsätzlich zulässig« akzeptiert worden. Hierzu kritisch *Ruthig* NZBau 4/2006, 208, 211; siehe auch *Franke* ZfBR 2006, 546, 548.
151 Dazu *Knauff* VergabeR 2006, 24, 26; *Franke* ZfBR 2006, 546.

auf den Preis und – soweit wie möglich – das in Aussicht genommene Auftragsvolumen.

Trotz dieser Formulierung sind es oft gerade die Vertragsparameter **Preis und Auf-** 103
tragsvolumen, die in einer Rahmenvereinbarung noch keine abschließende Regelung enthalten, sondern abhängig von Bedarfs- und Marktentwicklung erst bei Abruf der konkreten Leistung(en) durch Einzelvertrag konkretisiert werden.[152] Rahmenvereinbarungen sind daher auch strenggenommen keine öffentlichen Aufträge im Sinne von § 99 GWB, da sie bestimmte, u. U. wesentliche Vertragsbestandteile nicht festlegen und daher nicht unmittelbar Grundlage einer Auftragsvergabe sein können.[153] Sie legen vielmehr die Bedingungen für zeitlich nachfolgende Einzelaufträge fest, die den eigentlichen Beschaffungsvorgang bilden. Es war daher schon aus dogmatischen Gründen notwendig, positiv-rechtlich klarzustellen, dass Rahmenvereinbarungen dennoch Gegenstand eines Vergabeverfahrens sein können.

Kennzeichnend für die Rahmenvereinbarung ist außerdem – und auch dies unterschei- 104
det sie wesentlich von anderen Vertragsarten des Vergaberechts –, dass sie **keine Abnahmeverpflichtung** beinhalten muss,[154] sondern in der Regel dem Auftraggeber eine Option einräumt, die er (z. B. bis zur Ausschöpfung des vereinbarten Mengenvolumens) abrufen kann oder nicht. Dies gilt, wenn mehrere Vertragspartner auf der Auftragnehmerseite zur Auswahl stehen, aber auch wenn der Rahmenvertrag nur mit einem einzigen Wirtschaftteilnehmer abgeschlossen wurde.[155]

2. Die Anwendungsbereiche der Rahmenvereinbarung

Rahmenvereinbarungen können auf verschiedene Weise dazu beitragen, Kosten für 105
die öffentliche Hand und damit für den Steuerzahler zu reduzieren.

Sie eignen sich besonders, wenn die Vergabestelle einen wiederkehrenden Beschaffungsbedarf **im Bereich von Massenwaren und -dienstleistungen** (z. B. Büromaterialien, Streusand) decken will, ohne jedes Mal erneut das gesamte Vergabeverfahren wiederholen zu müssen. Die Vertragsgestaltung durch die Vergabestelle erfolgt hier in der Regel schablonenhaft, wobei meist insbesondere das Einzelauftragsvolumen sowie der Lieferzeitpunkt offen gelassen wird und zur Disposition der Vergabestelle steht. Die Angebotskalkulation durch den Auftragnehmer stellt ebenfalls typischerweise aufgrund der Standardisierung der Produkte keinen großen Aufwand dar. Auf der Grundlage des Rahmenvertrages können die jeweiligen Waren oder Dienst-

---

152 Siehe *Gröning* VergabeR 2/2005, S. 156, 158; *Opitz* NZBau 2003, 183, 193.
153 So auch die Europäische Kommission, Vorschlag für eine Richtlinie des europäischen Parlamentes und des Rates über die Koordinierung der Verfahren zur Vergabe öffentlicher Lieferaufträge, Dienstleistungsaufträge und Bauaufträge, KOM (2000) 275, S. 8.
154 Zweifelnd *KG* 15. 4. 2004 – 2 Verg 22/04 = VergabeR 2004, 762 mit weiteren Nachweisen; siehe dazu *Graef*, NZBau 2005, 561, 566 unter Hinweis auf die bei Dienstleistungsverträgen entstehenden Vorhaltekosten für Personal. Diese müssten aufgrund der gesetzlichen Risikoverteilung im Dienstvertragsrecht, nachdem das Verwendungsrisiko beim Auftraggeber liege, grundsätzlich dem Auftraggeber auferlegt werden. Das ist m. E. nicht zwingend, da die Regelungen der Rahmenvereinbarung hier gerade abweichende Bestimmungen treffen. Eine angemessene Risikoverteilung könnte über das Missbrauchsverbot des Nr. 4 Abs. 2 erreichbar sein.
155 Wie im Fall, den das *OLG Celle* 10. 7. 2003, 14 U 263/02 zu entscheiden hatte.

§ 3a Arten der Vergabe, Rahmenvereinbarungen

leistungen je nach Bedarf zu dem Zeitpunkt und in der Menge abgefragt werden, wie sie benötigt werden, ohne dass bei Aufträgen oberhalb der Schwellenwerte Verwaltungskosten für ein neues durchzuführendes Vergabeverfahren entstehen.

106 Rahmenvereinbarungen kommen den Bedürfnissen der Vertragsparteien aber auch bei **komplexeren Beschaffungsvorhaben** entgegen. Das ist insbesondere dann der Fall wenn Märkte betroffen sind, die einen ständigen Wandel sowie kurzen Produkt- und Innovationszyklen unterliegen, wie dies z. B. im Bereich der Informationstechnologien der Fall ist. Die EU-Kommission meint in ihrem Richtlinienvorschlag,[156] dass es hier schwer vertretbar sei, den Auftraggeber an feste Preise und Bedingungen zu binden. Andererseits bestünde auf Auftraggeberseite die Notwendigkeit einer langfristigen Planung. Mit dem Instrument der Rahmenvereinbarung stehe ein Vertragsart zur Verfügung, die bei den wesentlichen Vertragsbestandteilen genügend Flexibilität biete, um diesen Anforderungen Rechnung zu tragen. Es ermöglicht den öffentlichen Auftraggebern, Beschaffungen zu günstigeren Konditionen, ohne dass bei wiederkehrenden Beschaffungen für jeden Auftrag oberhalb der Schwellenwerte das Vergabeverfahren wiederholt werden muss. Diese Flexibilität kommt auch den Bietern entgegen. Ob dies der Fall ist, hängt allerdings ganz wesentlich von der Gestaltung der Verdingungsunterlagen durch den öffentlichen Auftraggeber ab.[157] Eine solide Angebotskalkulation über einen längeren Lieferzeitraum ist angesichts des täglichen Wandels, dem diese Märkte unterliegen, häufig nicht möglich. Eine kurzfristige Anpassung des Preises anlässlich einer Einzelbestellung erspart sowohl dem Bieter als auch dem Auftraggeber die Nachteile eines spekulativen Angebots und führt dazu, dass die Bieter das ihnen bestmögliche Preis-Leistungsverhältnis anbieten können.[158] Eine sinnvolle Vertragsgestaltung im IT-Bereich kann aber auch vorsehen, dass der Auftraggeber sich das Recht vorbehält, zu einem noch zu bestimmenden Zeitpunkt die dann aktuelle Software-Lizenz abzurufen.[159]

107 Rahmenvereinbarungen können außerdem zur **Angebotsbündelung auf Auftraggeberseite** genutzt werden können, z. B. über zentrale Beschaffungsstellen.[160] Dies hat den Vorteil, dass vergaberechtlicher Sachverstand zentralisiert wird und Auftragsvolumina gebündelt werden.[161] Neben der Reduzierung von Verwaltungskosten führt dies regelmäßig auch zu Preisvorteilen. Einer ungebremsten Konzentrierung von Nachfragemacht steht allerdings das Kartellverbot sowie das Verbot des Missbrauchs marktbeherrschender Stellungen entgegen[162]

---

156 Vorschlag für eine Richtlinie des europäischen Parlamentes und des Rates über die Koordinierung der Verfahren zur Vergabe öffentlicher Lieferaufträge, Dienstleistungsaufträge und Bauaufträge, KOM (2000) 275, S. 8.
157 Vgl. illustrativ *Jacoby* VergabeR 2004, 768, 770 für den IT-Bereich.
158 Siehe *Jacoby*, VergabeR 2004, S. 768, 770.
159 Beispiel von *Haak/Degen* VergabeR 2/2005, S. 164, 165.
160 Zu den zentralen Beschaffungsstellen *Opitz* NZBau 2003, 183, 192.
161 *Opitz* NZBau 2003, 183, 192.
162 Auf europäischer Ebene gilt Art. 81, 82 EG, auf nationaler Ebene das Gesetz gegen Wettbewerbsbeschränkungen (GWB), siehe auch *Gröning* VergabeR 2/2005, 156, 157 f.

3. Festzulegende Vertragsparameter

§ 3 a Nr. 4 Abs. 1 VOL/A nennt keine Vertragselemente, welche in der Rahmenvereinbarung bereits zwingend abschließend geregelt sein müssen. Somit können sämtliche vertraglichen Parameter Gegenstand von weiteren ergänzenden Verhandlungen zwischen den Vertragspartnern bzw. bei mehreren Vertragspartnern auf Auftragnehmerseite, Gegenstand eines weiteren wettbewerblichen Verfahren zwischen den Parteien (§ 3 a Nr. 4 Abs. 6 lit. b VOL/A) sein. Dies gilt insbesondere auch für den Preis, der trotz des insoweit irreführenden Wortlauts in Abs. 1, noch nicht abschließend festgelegt werden muss.[163]   **108**

Ebenso wenig erfordert es § 3 a Nr. 4 Abs. 1 VOL/A, dass die Rahmenvereinbarung zwingend einige Vertragselemente offen lässt. Es ist daher möglich, dass der Rahmenvertrag bereits alle Bedingungen der späteren Einzelverträge enthält und diese nur noch abgerufen werden müssen. Die EU-Kommission schlägt für diesen Fall die Bezeichnung »Rahmenvertrag« vor, im Gegensatz zu den »Rahmenvereinbarungen«, die die Rechte und Pflichten der Vertragsparteien noch nicht abschließend festlegen.[164]   **109**

Sind bestimmte Vertragselemente noch nicht bestimmt oder bestimmbar, so sind die Parteien bei der späteren Einzelvertragsgestaltung doch nicht völlig frei. Gemäß § 3 a Nr. 4 Abs. 3 Satz 3 dürfen die Einzelverträge die Bedingungen der Rahmenvereinbarung nicht grundlegend ändern (siehe dort, Rn. 28 ff.). Der Vergabestelle steht es daher nicht offen, bestimmte wesentliche Vertragsinhalte eines Dienstleistungsvertrages überhaupt nicht festzulegen, bzw. in das Belieben einer Partei zu stellen. Insbesondere muss **der Leistungsgegenstand** in der Rahmenvereinbarung eindeutig identifizierbar sein. In diesem Zusammenhang hat die erste Vergabekammer des Bundes entschieden, dass eine von den Parteien als »Rahmenvertrag« bezeichnete Vereinbarung tatsächlich kein öffentlicher Auftrag im Sinne des Vergaberechts war, weil die Parteien die vom »Auftragnehmer« zu erbringende Gegenleistung nicht ausreichend definiert haben bzw. die Konkretisierung in das Belieben des »Auftragnehmers« gestellt war. Meines Erachtens zu weitgehend ist aber die Ansicht von *Knauff* VergabeR 1/2006, S. 24, 29, nach der die Vergabeunterlagen den Leistungsgegenstand so präzise beschreiben müssen, dass die Bieter in die Lage sind, auch als Einzelangebote zuschlagsfähige Angebote zu machen. Damit würde der Vorteil der Flexibilität der Rahmenvereinbarung in Bezug auf den Leistungsgegenstand aufgegeben. Dies könnte u. U. dazu führen, dass die Vertragspartner ihre Angebote z. B. für die Einzelverträge nicht mehr dem neuesten Stand der Entwicklung anpassen können. Unter anderem dieses Vertragsziel soll der Rahmenvertrag jedoch gerade ermöglichen.   **110**

Der Preis kann, muss aber nicht bereits in der Rahmenvereinbarung festgelegt werden (s. o. Rn. 108). Die EU-Kommission hat erklärt, dass die Festlegung eines Preises nicht notwendig in der Form eines bestimmten Betrages, der im Vertrag genannt wird, erfolgen muss. Möglich ist auch die Bezugnahme auf einen Preismechanismus, nach dem der Preis für einen bestimmten Auftrag in objektiver Weise bestimmt wer-   **111**

---

163 Kommission, Explanatory Note on Framework Agreements, Punkt 2.2.
164 Kommission, Explanatory Note on Framework Agreements, S. 3.

den kann, wie z. B. der Rotterdamer Spotmarktpreis.[165] Der öffentliche Auftraggeber kann sich allerdings auch dafür entscheiden, den Preis erst später im Einzelvertrag mit dem Auftraggeber festzusetzen. Dies kann in der Form geschehen, dass – bei nur einem einzigen Rahmenvertragspartner – der Auftraggeber diesen auffordert, sein Angebot in dieser Hinsicht zu vervollständigen, bzw – bei mehreren Rahmenvertragspartnern – diese aufgefordert werden, Preisangebote im Wettbewerb zueinander abzugeben. In diesem Fall müsste der Preis als Zuschlagskriterium für die Einzelverträge bereits in der Ausschreibung zum Abschluss der Rahmenvereinbarung genannt sein (s. dazu unten).

III. Die Ermittlung des Auftragsvolumens (§ 3a Nr. 4 Abs. 1 Satz 2)

112 Das in Aussicht genommene Auftragsvolumen ist so genau wie möglich zu ermitteln und zu beschreiben, ohne dass es abschließend festgelegt werden muss. Dies ist sowohl für die Angebotskalkulation der Bieter von Bedeutung (in Bezug auf das Gesamtauftragsvolumen und den Umfang der jeweiligen Einzelaufträge) als auch für die Frage, ob die Schwellenwerte der VgV erreicht sind (hier kommt es nur auf das Gesamtauftragsvolumen an, vgl. § 3 Abs. 8 VgV). **Der öffentliche Auftraggeber ist daher verpflichtet, seinen voraussichtlichen Bedarf so sorgfältig zu ermitteln, wie dies möglich und zumutbar ist.**[166] Wo die Ermittlung des Auftragsvolumen unverhältnismäßig hohe Kosten verursachen würde oder aus anderen Gründen nicht realistisch ist, kommt eine Schätzung auf der Grundlage von Erfahrenswerten in Betracht.[167]

113 Die Vorschrift nennt nicht die Rechtsfolge, die bei einer Überschreitung des in den Verdingungsunterlagen genannten Auftragsvolumens eintritt. Eine Unterschreitung muss wegen der fehlenden Abnahmeverpflichtung bei Rahmenvereinbarungen unbeachtlich sein. Die Konsequenz bei einer Überschreitung dürfte es sein, dass der Auftragnehmer in diesem Fall zu einer Lieferung des überschießenden Teils aufgrund des Rahmenvertrages weder berechtigt noch verpflichtet ist. Es ist vielmehr erneut auszuschreiben. Letzteres gilt jedenfalls dann, wenn das zusätzliche Auftragsvolumen erneut die Schwellenwerte erreicht. Offen geblieben ist auch, wie hoch die Abweichung des tatsächlich benötigten Auftragsvolumens sein darf, bevor es nicht mehr vom Rahmenvertrag erfasst ist. Der VgV-E (alt) enthielt insoweit noch den in der VOL/A fehlenden Zusatz, dass das Auftragsvolumen nur »geringfügig« überschritten werden dürfe. Aus dem Fehlen dieses Zusatzes lässt sich daher schließen, dass die Urheber der aktuellen Regelung den Vertragsparteien hier eine größere Flexibilität einräumen wollte. *Graef* stellt die Überlegung an, ob die Grenze, bis zu der Optionen bzw. Eventualpositionen bei Beschaffungsvorgängen mit einem festen Auftragsvolumen zulässig sind, auch für Rahmenverträge aussagekräftig ist. Er verneint dies, da Rahmenverträge hinsichtlich ihrer vertraglichen Merkmale grundsätzlich eine höhere Flexibilität

---

165 Kommission, Explanatory Note on Framework Agreements, Fn 7.
166 *OLG Düsseldorf* 8. 3. 2005, VII-Verg 40/05, ausführlich *Graef* NZBau S. 561, 564; *Prieß* NZBau 2004, 87, 91.
167 *VK Bund* 19. 9. 2001, VK 1 – 33/01.

aufweisen als Festmengenverträge. Die Höhe, bis zu der das geschätzte Auftragsvolumen von den Vertragspartnern überschritten werden darf, ist daher im Einzelfall festzustellen. Dabei wird es unter anderem auf die Art der nachgefragten Dienstleistung und die Leistungsfähigkeit des angesprochenen Bieterkreises ankommen. Die Grenze der Zulässigkeit eines überschießenden Auftragsvolumens ist jedenfalls das erneute Erreichen von Schwellenwerten bzw. die Missbrauchsgrenze des § 3 a Nr. 4 Abs. 2 (z. B. hinsichtlich der Zumutbarkeit für die Vertragspartner).

IV. Sperrwirkung (§ 3 a Nr. 4 Abs. 1 Satz 3)

Auftraggeber dürfen für dieselbe Leistung nicht mehrere Rahmenvereinbarungen vergeben. Nach dieser Formulierung bleibt es daher möglich, weitere Rahmenvereinbarungen zu schließen, soweit diese nicht dieselbe Leistung betreffen (Zur Abgrenzung, wann eine andere oder noch dieselbe Leistung vorliegt, siehe unter Rn. 28 ff.). Ebenfalls nicht von der Formulierung erfasst sind Beschaffungen nach den allgemeinen vergaberechtlichen Regelungen, die danach weiterhin möglich sind. Für diese Auslegung spricht auch der Umstand, dass Rahmenvereinbarungen keine Abnahmeverpflichtung begründen. Gegen eine **Sperrwirkung** für Auftragsvergaben außerhalb von Rahmenvereinbarungen spricht weiter, dass die Möglichkeit der verfahrensrechtlichen Vereinbarungen durch Rahmenvereinbarungen im Interesse der öffentlichen Auftraggeber geschaffen wurden. Es ist daher kein Grund dafür ersichtlich, weshalb diese nicht auf die Inanspruchnahme dieser Verpflichtung verzichten können dürfen.[168] Demgegenüber vertritt *Gröning*[169] anscheinend die Auffassung, dass die Vergabe einer Leistung, die bereits Gegenstand einer Rahmenvereinbarung ist, nicht nach allgemeinen vergaberechtlichen Regeln vergeben werden darf. Die Vergabestelle habe sich insofern selbst gebunden und die Partner des Rahmenvertrages genössen daher Vertrauens- und Bestandsschutz. Auch *Graef*[170] will eine Sperrwirkung bejahen und meint der Durchführung eines erneuten Vergabeverfahrens stehe entgegen, dass der damit zu deckende vermeintliche Bedarf bereits durch die Rahmenvereinbarung gedeckt sei. Auch der wirtschaftliche Mehraufwand, der durch mehrere Ausschreibungen für ein und denselben Bedarf entstehe, spreche gegen parallele Beschaffungsverfahren. Meines Erachtens dürfte der Wettbewerbsgedanke[171] entscheidend sein, der dem Vergaberecht zu Grunde liegt und dem es verpflichtet ist. Durch eine Sperrwirkung würde der Wettbewerb unnötig beschränkt. Der Gesichtspunkt des Vertrauensschutzes der Partner des

114

---

168 So insbesondere *Knauff* VergabeR 2006, 24, 32, der darüber hinaus darauf hinweist, dass Art. 32 RL 2004/18/EG, der hier umgesetzt wurde, wiederholt auf die nur beschränkte Geltung des vereinfachten Verfahrens nur für die Partner des Rahmenvertrages Bezug nimmt. Dieser Umstands sowie das Fehlen eines Hinweises auf die Unzulässigkeit von Auftragsvergaben außerhalb von Rahmenverträgen stünden der Annahme einer diesbezüglichen Sperrwirkung entgegen. Im Ergebnis ebenso *Jacoby* VergabeR 2004, 768, 771, der die Fragestellung bezogen auf die Situation in Berlin erörtert. Er weist darauf hin, dass in der Vergangenheit das Nebeneinander von Rahmenvertrag und Einzelvergabe dem Markt in Berlin nicht geschadet habe. Der Rahmenvertrag werde dort nicht als eine Art Scheinausschreibung zur Marktkundung missbraucht; siehe auch *KG* 15. 4. 2004; 2 Verg 22/04 = VergabeR 2004, 762.
169 In VergabeR 2005, 156, 158.
170 NZBau 2005, 561, 568.
171 Auf den auch *Knauff* VergabeR 2006, 24, 32 hinweist.

§ 3a Arten der Vergabe, Rahmenvereinbarungen

Rahmenvertrages muss demgegenüber zurücktreten, zumal die Vergabestelle ohnehin keine Abnahmeverpflichtung trifft. Zudem sollten die Rahmenvertragspartner nicht gehindert sein, sich an einer Ausschreibung nach den allgemeinen Regeln ebenfalls zu beteiligen, so dass sie nach wie vor eine Chance auf den Zuschlag haben. Den Wettbewerbsgedanken betont auch die EU-Kommission, nach der Rahmenvereinbarungen einen Wettbewerb am Markt nicht ausschließen. Es müsse dem Auftraggeber frei stehen, ein neues Vergabeverfahren einzuleiten, wenn er feststellt, dass am Markt bessere Bedingungen erhältlich sind.[172] Die Gefahr von Scheinausschreibungen ohne wirkliche Vergabeabsicht sondern zur Markterkundung ist allerdings nicht völlig von der Hand zu weisen. Die Absicht, einen Bedarf außerhalb des Rahmenvertrages zu decken, sollte daher von der Vergabestelle im Einzelfall begründet und dokumentiert werden und justiziabel sein.

V. Missbrauchsverbot (§ 3a Nr. 4 Abs. 2)

115 Die Zulässigkeit von Rahmenvereinbarungen unterliegt keinen besonderen Voraussetzungen. Öffentliche Auftraggeber dürfen Rahmenvereinbarungen jedoch nicht missbräuchlich oder in einer Weise anwenden, die den Wettbewerb behindert, einschränkt oder verfälscht. Ob dies der Fall ist, wird sich häufig nur anhand der Umstände des konkreten Einzelfalls beurteilen lassen.

116 Allgemein lässt sich sagen, dass gerade die besondere Flexibilität, die der Rahmenvereinbarung wesensgemäß ist, auch Spielraum für einen **Missbrauch** durch den öffentlichen Auftraggeber lässt. Danach kann z. B. der Umstand, dass Rahmenvereinbarungen ohne Abnahmepflicht geschlossen werden dürfen, zum Missbrauch einer Rahmenvereinbarung zu vergabefremden Zwecken führen. Ein solcher Fall lag dem vom Kammergericht am 15. 4. 2004[173] entschiedenen Fall zu Grunde. Das Land Berlin hatte Rahmenverträge für die Beschaffung von IT-Hardware und Dienstleistungen ausgeschrieben. Der Rahmenvertrag begründete keine Abnahmeverpflichtung, sondern das Produkt des erfolgreichen Bieters wurde nach dem Vergabeverfahren lediglich in einen Katalog aufgenommen. Die Verdingungsunterlagen enthielten den Hinweis, dass das Land Berlin seinen Landesbehörden die Möglichkeit biete, ihren Bedarf über die als Vergabestelle agierende Stelle – im Verfahren die Antragsgegnerin – zu decken. Die Entscheidung darüber, ob sie dies tun wollten, konnten die Landesbehörden erst nach Durchführung des Vergabeverfahren auf der Grundlage der Ergebnisse des Verfahrens treffen. Das Kammergericht hat hierin eine Ausschreibung zu vergabefremden Zwecken gesehen und das Vergabeverfahren (auch) aus diesem Grund aufgehoben. Der Ausschreibende sei nicht der, der nach der Erteilung des Zuschlags auch Einfluss darauf habe, ob es überhaupt zu einer Auftragsvergabe komme. Das Verfahren sei damit nicht auf die Vergabe einer Leistung sondern auf das Inaussichtstellen von Aufträgen gerichtet, über deren Erteilung allein Dritte entscheiden.[174]

---

172 Interpretierende Mitteilung der Kommission, KOM (2001) 274 endg., S. 9.
173 *KG* 15. 4. 2004; 2 Verg 22/04 = VergabeR 2004, 762 mit Anmerkung *Jacoby*.
174 Kritisch *Jakoby* in seiner Urteilsanmerkung. Er meint, das zu Grunde liegende Rechtsproblem sei über die Sperrwirkung von Rahmenvereinbarungen zu lösen. Siehe dort, Rn. 15 ff.

Missbrauchsmöglichkeiten eröffnen auch die folgenden Gestaltungsmöglichkeiten des Rahmenvertrages: **117**

Rahmenvereinbarungen überlassen es typischerweise dem öffentlichen Auftraggeber Zeitpunkt und **Umfang der konkreten Einzelleistungen** zu bestimmen, z. B. bei einer Rahmenvereinbarung über die Lieferung von Streusalz, bei dem sich der Bedarf kurzfristig abhängig von den Wetterbedingungen entwickelt. Die Missbrauchsgrenze dieses Rechts dürfte jedoch erreicht sein, wenn bei Rahmenvertrag mit einer dreijährigen Laufzeit, der überwiegende Teil des im Rahmenvertrag festgelegten Gesamtauftragsvolumens auf einmal abgerufen wird. Die Umstände des Einzelfalls sind dabei selbstverständlich zu berücksichtigen, wie z. B. Lieferfristen, Komplexität des Liefergegenstandes usw. Ist in einem solchem Fall des übermäßigen Bedarfs des öffentlichen Auftraggebers der Rahmenvertragspartner nicht in vollem Umfang leistungsfähig, so muss und darf der Auftraggeber seinen Bedarf insofern außerhalb der Rahmenvereinbarung decken.

Aus der Unsicherheit, ob und in welchem Umfang Leistungen durch den Auftraggeber abgefragt werden, ergeben sich Nachteile für den Rahmenvertragspartner auch insofern, als er unter Umständen das Risiko der **Vorhaltekosten** tragen muss. Auch hier ist unter Berücksichtigung der Umstände des Einzelfalls zu entscheiden, bis zu welcher Grenze dies zulässig sein kann. **118**

Gemäß § 3 a Nr. 4 Abs. 2 dürfen Rahmenverträge außerdem den Wettbewerb weder behindern noch einschränken oder verfälschen. Diese Vorschrift verweist auf das allgemeine europäische und deutsche **Wettbewerbsrecht**, das durch die Rahmenvereinbarungen nicht verletzt werden darf. Insoweit ist sie deklaratorisch. **119**

Gefahren für den Wettbewerb können sich zum Beispiel aus der **Auftragsbündelung** auf Auftragnehmerseite ergeben, wenn hierdurch eine wettbewerbswidrige starke Nachfragemacht bzw ein unzulässiges Nachfragekartell entsteht. Wo durch die so entstehende Marktmacht die Gefahr begründet wird, dass die Vergabestelle unangemessene Vertragsbedingungen zu Lasten der Unternehmen durchsetzen können, liegt ein Missbrauch vor. Vorsicht ist insbesondere bei Produkten geboten, bei denen die öffentliche Hand ohnehin ein dominanter Nachfrager ist, z. B. bei Verkehrsschildern, berufsbildenden Maßnahmen nach dem Sozialgesetzbuch, Polizeiuniformen usw. **120**

Eine andere Gefahr für den Wettbewerb, die durch den Missbrauch von Rahmenvereinbarungen begründet werden kann, ist die der **Marktverschließung durch übermäßig lange Laufzeiten**. Diese können – abhängig von den Marktverhältnissen – im Einzelfall auch bereits unter der 4 Jahres-Grenze des § 3 a Nr. 4 Abs. 8 auftreten, wenn die öffentliche Hand der einzige Nachfrager oder das Vertragsunternehmen der einzige oder einer von wenigen Anbietern in einem bestimmten Bereich ist. Auch Gründe, die gemäß § 3 a Nr. 4 Abs. 8 für eine Vertragsdauer von über 4 Jahren sprechen, müssen stets gegen die wettbewerblichen Nachteile abgewogen werden. Latent wettbewerbsgefährdend sind ferner **Exklusivitätsrechte**, die sich der öffentliche Auftraggeber an den Leistungen seiner Vertragspartner einräumen lässt. **121**

VI. Anwendbarkeit der allgemeinen Vergaberechtsregeln (§ 3 a Nr. 4 Abs. 3 Satz 1)

122 Die Durchführung eines Vergabeverfahrens zum Abschluss einer Rahmenvereinbarung bis zur Zuschlagerteilung auf die Einzelverträge richtet sich nach den allgemeinen Regeln. Damit ist zunächst ausgesagt, dass der Abschluss eines Rahmenvertrages keine eigene Verfahrensart ist, sondern eine Vertragsart, die im Offenen, Nichtoffenen, Verhandlungsverfahren oder im Wettbewerblichen Dialog vergeben wird. Welches Verfahrens zur Anwendung kommt entscheidet der öffentliche Auftraggeber gemäß § 3 und § 3 a Nr. 1 Abs. 4 und Nr. 2.[175] Abhängig vom gewählten Verfahren müssen die hierfür vorgesehenen Regeln – hinsichtlich der Publizität, Fristen, Ausschluss- und Zuschlagskriterien – eingehalten werden.

123 Aus § 3 a Nr. 4 Abs. 4 und Abs. 6, die den Transparenz- und Gleichbehandlungsgrundsatz für Rahmenvereinbarungen insoweit konkretisieren, folgt insbesondere, dass die **Zuschlagskriterien** und deren Gewichtung nicht nur für die Rahmenvereinbarung, sondern auch für die Einzelverträge abschließend in der Rahmenvereinbarung festgelegt werden. Dies setzt voraus, dass der öffentliche Auftraggeber sich bereits vor der Ausschreibung der Rahmenvereinbarung über den gesamten Verfahrensablauf bis zur Vergabe der Einzelverträge klar ist und dem gemäß die Verdingungsunterlagen gestaltet. Er muss insbesondere im Voraus festlegen, ob bereits die Rahmenvereinbarung alle Bedingungen der späteren Einzelverträge enthalten soll (so dass sie nach dem Formulierungsvorschlag der Kommission auch als Rahmenvertrag bezeichnet werden kann) oder erst die Einzelverträge einzelne Bedingungen konkretisieren.[176] Im letzten Fall muss er regeln, wie die Konkretisierung im Einzelfall erfolgen soll, d. h. insbesondere – falls die Rahmenvereinbarung mit mehreren Vertragspartnern abgeschlossen werden soll – welches die Zuschlagskriterien nach einem gemäß § 3 a Nr. 4 Abs. 6 lit. b neu zu eröffnenden Wettbewerb zwischen den Rahmenvereinbarungspartnern sein sollen. Diese können von denen, die für die Vergabe der Rahmenvereinbarung maßgeblich waren, verschieden sein, müssen es aber nicht.[177] Aus der Notwendigkeit das Verfahren und die Zuschlagskriterien auch für die Einzelvertragsvergabe bereits in der Rahmenvereinbarung zwingend anzugeben, folgt auch, dass die Verdingungsunterlagen eine Aussage darüber enthalten müssen, ob der öffentliche Auftraggeber die **Rahmenvereinbarung mit einem oder mehreren Vertragspartnern** schließen möchte. Dies gilt auch für Rahmenverträge, die selbst bereits alle Bedingungen der späteren Einzelverträge regeln. Auch der Transparenzgrundsatz, nach dem alle Informationen bekannt zu geben sind, die die Kalkulation beeinflussen können, erfordert insoweit eine Klarstellung durch den öffentlichen Auftraggeber. Für einen Bieter kann es bereits für seine Entscheidung, überhaupt ein Angebot abzugeben, relevant sein, ob er im Fall eines Zuschlags der einzige Vertragspartner ist, bzw ob er erneut mit mehreren Vertragspartnern um den Auftrag konkurrieren muss.[178]

---

175 So auch *Knauff* VergabeR 2006, Fn 31; *Gröning* VergabeR 2005, 156, 159.
176 So Kommission, Explanatory Note on Framework Agreements, Fn 21.
177 Siehe § 3 a Nr. 4 Abs. 6 lit. b), Rn. 141 f.
178 Ausführlich *Knauff* VergabeR 2006, 24, 31.

Arten der Vergabe, Rahmenvereinbarungen § 3 a

Es würde allerdings das Transparenzgebot überstrapazieren, wenn man vom öffentlichen Auftraggeber verlangen wollte, im Vorhinein auch die **Anzahl der Partner** der Rahmenvereinbarung festzulegen.[179] Hier überwiegt das Interesse des Auftraggebers an der Flexibilität der Rahmenvereinbarung. Er muss ihm daher erlaubt sein, die Zahl der Vertragspartner erst nach Öffnung der Angebote festzulegen und dies z. B. von der Qualität der eingereichten Angebote abhängig zu machen. Ein öffentlicher Auftraggeber, der beabsichtigt, eine Rahmenvereinbarung mit mehreren Vertragspartnern zu schließen, muss jedoch transparent machen, nach welchem Maßstab er die wirtschaftlichsten Angebote, auf die der Zuschlag zu erteilen ist, bestimmt. Dies kann z. B. in Form einer Marge geschehen, innerhalb derer die zu bezuschlagenden Angebote liegen müssen. Möglich ist es auch, auf die Rangfolge abzustellen, die sich nach Auswertung der Angebote gemäß den gewichteten Zuschlagskriterien ergibt. 124

VII. Quereinsteiger (§ 3 a Nr. 4 Abs. 3 Satz 2)

Einzelverträge dürfen gemäß § 3 a Nr. 4 Abs. 3 Satz 2 nur zwischen den an der Rahmenvereinbarung beteiligten Unternehmen und den Auftraggebern geschlossen werden. Damit ist klargestellt, dass nur solche Auftraggeber und Unternehmen in den Genuss des vereinfachten Verfahren bzw des eingeschränkten Wettbewerbs gelangen sollen, die in Bezug auf den zu vergebenden Auftrag bereits vorher das gesetzlich vorgeschriebene Vergabeverfahren durchlaufen haben. »**Quereinsteiger**« sind somit von der Vergabe der Einzelaufträge ausgeschlossen. Handelt auf Auftraggeberseite eine zentrale Beschaffungsstelle für mehrere öffentliche Auftraggeber, so müssen diese als Vertragspartner in der Rahmenvereinbarung entweder namentlich benannt werden oder auf andere Weise eindeutig identifizierbar gemacht werden (z. B. durch eine Formulierung wie »alle Stadtwerke in der Region X«). 125

Graef[180] befürwortet die Möglichkeit, den Kreis der »**Abrufberechtigten**« auf Auftraggeberseite zu erweitern. Er hält es für zulässig, Rahmenvereinbarungen (auch) zu Gunsten Dritter zu schließen, die nicht unmittelbar Vertragspartner sind. Dies soll jedenfalls dann unbedenklich sein, wenn der Kreis der Abrufberechtigten in der Rahmenvereinbarung z. B. durch eine Öffnungsklausel von vorneherein eindeutig bestimmbar[181] und zudem sichergestellt sei, dass das im Rahmenvertrag festgelegte Auftragsvolumen nicht überschritten wird. Gegen diese Auffassung spricht allerdings, dass Rahmenvereinbarung und Einzelverträge ein zusammenhängendes Vergabeverfahren bilden, in dem die Rahmenvereinbarung nicht nur die Modalitäten der Vergabe der Einzelverträge regelt, sondern auch darüber hinaus allgemein vergaberechtliche Verpflichtungen – wie z. B. das Missbrauchsverbot oder die Sperrwirkung – der Vertragspartner begründet. Bloß begünstigte Dritte, die nicht Vertragspartner der Rahmenvereinbarung sind, würden hiervon nicht berührt.[182] Es ist daher der Ansicht 126

---

179 *Knauff* VergabeR 2006, 24, 31.
180 NZBau 2005, 561, 567 f.
181 Vgl. *BayObLG* 17. 2. 2005, Verg 27/04 = VergabeR 2005, 349.
182 Siehe auch *KG* 15. 4. 2004, 2 Verg 22/04 = VergabeR 2004, 762; a. A. *Graef*, NZBau 2005, 561, 568.

§ 3 a Arten der Vergabe, Rahmenvereinbarungen

der EU-Kommission zu folgen, die Rahmenvereinbarungen als geschlossene Systeme bezeichnet, die nur den von Anfang an feststehenden Vertragspartnern zur Verfügung steht.[183]

VIII. Keine grundlegenden Änderungen durch Einzelverträge (§ 3 a Nr. 4 Abs. 3 Satz 3)

127 Gemäß § 3 a Nr. 4 Abs. 3 Satz 3 dürfen keine grundlegenden Änderungen an den Bedingungen der Rahmenvereinbarung vorgenommen werden. Die Ausfüllung dieses unbestimmten Rechtsbegriffs lässt Abgrenzungsschwierigkeiten in der Praxis erwarten. Es ist daher hilfreich, sich das Ziel der Vorschrift zu vergegenwärtigen. Es soll in erster Linie der Missbrauch der vereinfachten Verfahrensvorschriften für die Vergabe von Einzelverträgen verhindert werden, also eine Umgehung des ordnungsgemäßen Vergabeverfahrens. *Gröning*[184] sieht diese Gefahr besonders beim Abschluss von Rahmenvereinbarungen mit nur einem Vertragspartner. Hierbei könnten Vergabestellen besonders geneigt sein, unter dem Dach der Rahmenvereinbarung zusätzliche Güter, die eigentlich nicht einbezogen waren, zu beschaffen. Darüber hinaus dient die Vorschrift dazu, den Bietern bereits für die Entscheidung, ob sie sich am Wettbewerb um die Rahmenvereinbarung beteiligen, eine belastbare Kalkulationsgrundlage zu sichern.

128 Für den öffentlichen Auftraggeber bedeutet dies zunächst, dass er besondere Sorgfalt auf die Festlegung der Vertragsbedingungen, vor allem auch auf die **Beschreibung der zu beschaffenden Dienstleistung**, bereits bei der Ausschreibung der Rahmenvereinbarung verwenden muss. Er muss sich von vornherein darüber im Klaren sein, welche Dienstleistung er nachfragt, wobei jedoch nicht bereits alle Eigenschaften der Dienstleistung feststehen müssen. Aus den vergaberechtlichen Regelungen ergibt sich, dass **Konkretisierungen und Ergänzungen, als auch Aktualisierungen** zulässig sind, insbesondere wenn eine Veränderung der äußeren Umstände diese nahe legen.[185]

129 Eine Änderung ist dann nicht lediglich eine Anpassung, wenn die wirtschaftlichen Auswirkungen bei **wertender Betrachtung einer Neuvergabe** gleichkommen. Um feststellen zu können, ob die mit der Rahmenvereinbarung nachgefragte Dienstleistung noch diejenige des späteren Einzelvertrages ist oder ob bereits eine grundlegende Änderung vorliegt, empfiehlt sich die Formulierung von Mindestbedingungen, die die nachgefragte Dienstleistung charakterisieren. Auch die im Wettbewerbsrecht entwickelten Methoden zur Produktmarktabgrenzung[186] können für die Entscheidung hilfreich sein, ob die mit dem Einzelvertrag konkretisierte Dienstleistung noch diejenige des Rahmenvertrages ist. Ist z. B. die durch Einzelvertrag zu beschaffende Dienstleistung erheblich teurer oder dient sie einem anderen Verwendungszweck als die Rahmenvereinbarung erwarten ließ, so spricht dies für eine unzulässige grundlegende Änderung der Bedingungen der Rahmenvereinbarung.

---

183 Explanatory Note on Framework Agreements, S. 5.
184 VergabeR 2005, 156, 158.
185 *Franke*, ZfBR 2006, 546, 552 mit Beispielen; *OLG Düsseldorf* 8. 5. 2002, Verg 8 – 15/01.
186 Z. B. *Korthals* in: Schulte, Handbuch der Fusionskontrolle, S. 323 ff.

Die Formulierung von § 3a Nr. 4 Abs. 3 Satz 3 spricht auch dafür, dass die Beschreibung in der Rahmenvereinbarung **nicht so allgemein sein darf**, dass hierunter eine Vielzahl von verschiedenen Dienstleistungen fällt. Andernfalls liefe die Vorschrift leer, denn grundlegende Änderungen lassen sich umso weniger feststellen, je allgemeiner die Beschreibung der Dienstleistung ist. Es ist daher vergaberechtlich unzulässig, mit einer Rahmenvereinbarung z. B. »alle Dienstleistungen im Zusammenhang mit …« nachzufragen.[187] Ebenso unzulässig ist es, die Entscheidung darüber, in welcher Form und in welchem Umfang die nachgefragte Dienstleistung zu erbringen ist, dem Auftragnehmer zu überlassen. Die 1. Vergabekammer hat in einem so gelagerten Fall entschieden, dass in diesem Fall bereits kein Dienstleistungsvertrag vorliegt, da eine so weitgehende Entscheidungsfreiheit des Auftragnehmers bei der Konkretisierung des Vertragsgegenstandes der Natur des Dienstleistungsvertrages widerspreche.[188] Stattdessen hat die Vergabekammer im zu Grunde liegenden Fall ein nicht ausschreibungspflichtiges Zuwendungsverhältnis nach § 23 der Bundeshaushaltsordnung angenommen. Der »Auftragnehmer« sollte Geldbeträge zur Verwendung für bestimmte Zwecke – die Förderung der deutschen Sprache im Ausland erhalten –, ohne dass bestimmt war, durch welche Mittel bzw. in welchem Umfang diese Förderung erfolgen sollte. Der Auftragnehmer war nach der Vertragsgestaltung frei, die Mittel nach seinem eigenen Ermessen einzusetzen. Die Vergabekammer hat entschieden, dass eine derart weitgehende Gestaltungsfreiheit der einen Vertragspartei dem Wesen eines Dienstleistungsvertrages fremd sei und daher das Vorliegen eines Beschaffungsvorgangs verneint.

130

Obwohl die Beschreibung der Leistungsgegenstandes in der Praxis sicher am bedeutsamsten sein wird, dürfen auch die übrigen Bedingungen der Rahmenvereinbarung durch die Einzelverträge nicht grundlegend verändert werden. Dazu gehören etwa auch die Zuschlagskriterien, die gemäß § 3a Nr. 4 Abs. 6 lit. b nur präzisiert werden dürfen. Maßstab hierfür ist in erster Linie, inwieweit sich die Änderungen auf die Kalkulation des Angebotspreises auswirken können und somit die »Geschäftsgrundlage«, auf die sich die Bieter bei ihrer Entscheidung für den Eintritt um den Wettbewerb des zu vergebenden Auftrags verlassen haben, entfallen lassen. Unzulässig ist es auch, die Vergütungsgrundlagen oder die Vertragslaufzeit zu ändern.[189]

131

IX. Ein-Partner-Rahmenvereinbarungen (§ 3a Nr. 4 Abs. 4)

§ 3a Nr. 4 Abs. 4 regelt die Bedingungen für Einzelverträge aufgrund von Rahmenvereinbarungen, die mit nur einem Unternehmen abgeschlossen worden sind. Er bezieht sich dabei sowohl auf Vereinbarungen, die bereits alle Bedingungen auch der Einzelaufträge regeln als auch auf solche, bei denen einzelne Bedingungen noch offen gelassen wurden. Einzelverträge, die auf Rahmenvereinbarungen beruhen, die bereits alle Bedingungen für die Vergabe der Einzelaufträge abschließend regeln (insbeson-

132

---

187 I. E. ebenso *Knauff* VergabeR 2006, 24, 29.
188 VK Bund 3. 8. 2006, VK 1 – 49/06; bestätigt durch *OLG Düsseldorf* 22. 11. 2006, VII-Verg 38/06.
189 *Franke*, ZfBR 2006, 546, 552; *OLG Düsseldorf* 12. 1. 2004, Verg 71/03; 8. 5. 2002, Verg 8 – 15/01; 20. 6. 2001, Verg 3/01 = NZBau 2001, 695; *VK Lüneburg* 10. 3. 2005, VgK-04/2005.

§ 3 a Arten der Vergabe, Rahmenvereinbarungen

dere hinsichtlich der Art und des Umfangs der Dienstleistung, sowie des Preises), müssen daher nur noch abgerufen werden und werden auf der Grundlage der Rahmenvereinbarung durchgeführt. Für den Fall, dass einzelne Bedingungen in der Rahmenvereinbarung noch offen gelassen worden sind, besagt § 3 a Nr. 4 Abs. 4 Satz 2, dass der öffentliche Auftraggeber den Vertragspartner in Textform konsultiert und zur Vervollständigung seines Angebots auffordert.[190] Auch hier ist § 3 a Abs. 3 Satz 3 zu beachten, wonach grundlegende Änderungen der Rahmenvereinbarung durch die Einzelverträge nicht möglich sind. Danach können Bedingungen, die bereits vollständig in der Rahmenvereinbarung determiniert sind, im Einzelvertrag nicht noch einmal nachgebessert bzw aktualisiert werden, soweit dies nicht bereits in der Rahmenvereinbarung so vorgesehen ist. Insofern gilt Satz 1, wonach die Einzelverträge gemäß den Bedingungen der Rahmenvereinbarung durchzuführen sind.[191]

133 *Knauff*[192] diskutiert die Frage, ob das an der Rahmenvereinbarung beteiligte Unternehmen anders als die Vergabestelle einem **Abschlusszwang** unterliegt. Die Frage stelle sich zwar auch bei einer Rahmenvereinbarung, an der mehrere Unternehmen beteiligt seien, gewinne bei Ein-Partner-Vereinbarungen jedoch an Brisanz, da die Vergabestelle hier nicht auf andere Vertragspartner ausweichen könne. Er kommt zutreffend zu dem Ergebnis, dass dies der Fall ist. Rahmenvereinbarungen sollen dem öffentlichen Auftraggeber eine verfahrensrechtlich vereinfachte Auftragsvergabe ermöglichen. Dieses Ziel wäre nicht erreicht, wenn er mit Abschluss des Rahmenvertrages nicht auch ein Recht auf die Leistung durch den Abschluss von Einzelverträgen erworben hätte. Das muss jedenfalls dann gelten, wenn die Rahmenvereinbarung bereits alle Bedingungen für die Einzelverträge enthält. Die Unsicherheiten, die sich für den Bieter aus dem eventuell ungewissen Lieferzeitpunkt im Rahmen der Laufzeit des Rahmenvertrages oder einem im Voraus nicht feststehenden jeweils abgerufenen Lieferumfang aus dem im Rahmenvertrag festgelegten Gesamtlieferumfang ergeben können, liegen in der Natur der Rahmenvereinbarung und sind vom Bieter hinzunehmen. Es besteht allerdings kein rechtlich durchsetzbarer Einigungszwang, wenn der öffentliche Auftraggeber in der Rahmenvereinbarung festgelegt hat, dass der Bieter sein Angebot in bestimmten Punkten anlässlich des Abschlusses eines Einzelvertrages vervollständigt und der öffentliche Auftraggeber das konkret vervollständigte Angebot in dieser Form nicht annehmen möchte.

X. Mindestanzahl der Partner (§ 3 a Nr. 4 Abs. 5)

134 Abs. 5 bestimmt eine **Mindestzahl von drei Unternehmen**, die auf Auftragnehmerseite bei Mehr-Partner-Verträgen am Abschluss der Rahmenvereinbarung beteiligt sein müssen. Voraussetzung ist, dass eine ausreichend große Zahl – womit wohl die Zahl »drei« gemeint ist – von Unternehmen geeignet ist und die Zuschlagskriterien er-

---

190 Kritisch zur normativen Ausgestaltung *Kullack/Terner*, ZfBR 2004, 346, 349.
191 So auch die EU-Kommission, Explanatory Note on Framework Agreements, S. 7 und dort insbesondere Fn 22, in der dieses Ergebnis aus der Entstehungsgeschichte des Art. 32 Abs. 2 der RL 2004/18/EG, auf dem die nationale Regelung basiert, begründet wird.
192 VergabeR 2006, 24, 33.

füllt. Erfüllen somit mindestens drei Unternehmen die Zuschlags- und Eignungskriterien, ist es dem öffentlichen Auftraggeber verwehrt, sich auf zwei Vertragspartner zu beschränken. Diese Regelung gilt unabhängig vom gewählten Vergabeverfahren und von der inhaltlichen Ausgestaltung des Rahmenvertrages.

Es leuchtet nicht unmittelbar ein, weshalb Rahmenvereinbarungen mit einem oder mit drei Unternehmen, nicht aber mit zwei Unternehmen geschlossen werden dürfen. *Gröning*[193] vermutet eine Parallele zu anderen Vorschriften im Vergaberecht, an denen ebenfalls Mindestzahlen von Bewerbern festgelegt werden, die am Verfahren zu beteiligen sind, **um einen ausreichenden Wettbewerb zu sichern** (§ 3 a Nr. 1 Abs. 2 für das Nichtoffene Verfahren und den Wettbewerblichen Dialog; § 3 a Nr. 1 Abs. 4 für das Verhandlungsverfahren). Allerdings differenziert Abs. 5 nicht zwischen solchen Mehr-Partner-Rahmenverträgen, bei denen noch ein Wettbewerb um die Einzelverträge stattfindet und solchen wo das nicht der Fall ist. **135**

XI. Die Vergabe von Einzelverträgen bei Mehr-Partner-Rahmenvereinbarungen (§ 3 a Nr. 4 Abs. 6)

Abs. 6 regelt das weitere Verfahren zur Vergabe von Einzelverträgen auf der Grundlage von Mehr-Partner-Rahmenvereinbarungen. Das Verfahren ist unterschiedlich, je nachdem, ob in der Rahmenvereinbarung bereits alle Bedingungen für die Einzelverträge festgelegt sind (lit. a) oder ob dies nicht der Fall ist (lit. b). Beiden Varianten gemeinsam ist, dass die Bedingungen, anhand derer der jeweilige Einzelvertragspartner bestimmt wird, bereits in der Rahmenvereinbarung niedergelegt sein müssen. **136**

1. Ohne Aufruf zum Wettbewerb (§ 3 a Nr. 4 Abs. 6 lit. a)

Im ersten Fall erfolgt die Vergabe der Einzelaufträge nach den Bedingungen der Rahmenvereinbarungen. Insofern ergeben sich keine Besonderheiten gegenüber dem Verfahren bei der Ein-Partner-Rahmenvereinbarung, bei der ebenfalls alle Bedingungen festgelegt sind. Ein Rahmenvertrag mit mehreren Vertragspartnern auf der Auftragnehmerseite muss allerdings auch Kriterien enthalten, nach denen bestimmbar ist, welcher Rahmenvertragspartner einen Einzelvertrag erhalten soll. Es ist nicht zulässig, dass der öffentliche Auftraggeber willkürlich unter den Rahmenvertragspartnern auswählt. **137**

Ein **Beispiel** enthält der Sachverhalt, der dem von der 1. Vergabekammer des Bundes am 20. April 2006[194] entschiedenen Fall zu Grunde lag. Die LH Bundeswehrbekleidungsgesellschaft hatte die Lieferung von Männerkampfschuhen ausgeschrieben. In ihren Verdingungsunterlagen hatte sie ausdrücklich daraufhin gewiesen, dass Gegenstand der Ausschreibung ein Rahmenvertrag war. Die Bieter waren aufgefordert, Angebote für unterschiedliche Mengenstaffeln, die mit Einzelvertrag abgerufen werden konnten, abzugeben. Partner der Rahmenvereinbarung wurden diejenigen Bieter, die **138**

---

193 VergabeR 2005, 156, 161.
194 VK 1 – 19/06, bestätigt durch *OLG Düsseldorf* 27. 7. 2006, VII-Verg 23/06.

§ 3a Arten der Vergabe, Rahmenvereinbarungen

in einer Mengenstaffel das jeweils wirtschaftlichste Angebot abgegeben hatten. Einen Einzelvertrag enthielt derjenige Rahmenvereinbarungspartner, der für die konkret nachgefragte Lieferstaffel nach den gewichteten Zuschlagskriterien Preis, Lieferzeit und Qualität die höchste Punktzahl erreicht hatte. Soweit die Antragstellerin beanstandete, dass auch nach diesen von der Antragsgegnerin präzisierten Bedingungen noch Raum für eine willkürliche Auswahl des Vertragspartners bleibe, da die Vergabestelle die nachgefragte Liefermenge und damit den Einzelvertragspartner frei bestimmen könne, ist die Vergabekammer dem nicht gefolgt. Rahmenvereinbarungen zeichnen sich dadurch aus, dass sie dem Auftraggeber gerade auch in Bezug auf die Liefermenge und den Zeitpunkt des Abrufs ein flexibles Instrumentarium zur Verfügung stellen. Soweit sich diese einer Rahmenvereinbarung immanente Gestaltungsfreiheit auf die Wahl des Einzelvertragspartners auswirkt, muss dies hingenommen werden.

139 Denkbar ist auch, dass die Bieter der z. B. drei bestplatzierten Angebote Partner der Rahmenvereinbarung werden. Vor dem Abruf einer (Teil-)Leistung wird zunächst der wirtschaftlichste Anbieter kontaktiert und befragt, ob er zum relevanten Zeitpunkt in vollem Umfang leistungsfähig sei. Soweit dies nicht der Fall ist, wird der zweitplazierte Bieter kontaktiert usw. Die EU-Kommission nennt weiter das Beispiel eines Wartungsrahmenvertrages für Fotokopierer verschiedener Hersteller. Der Einzelvertrag würde im Bedarfsfall mit dem benötigten Spezialisten für die betroffene Marke abgeschlossen.[195] Eine andere Möglichkeit ist es, die Rahmenvereinbarung in unterschiedliche Fachlose (z. B. bei IT-Dienstleistungen, die Hardware-, Software, Wartung usw. beinhalten können) aufzuteilen, so dass Partner des Einzelvertrages jeweils das Unternehmen wird, dass den jeweils benötigten Leistungsgegenstand zu den wirtschaftlichsten Konditionen anbietet.

140 Unabhängig davon, auf welche Weise der Einzelvertragspartner ermittelt werden soll, es muss sichergestellt sein, dass die angewandte Methode den vergaberechtlichen Grundsätzen gemäß zur Erteilung des Zuschlags auf das wirtschaftlichste Angebot führt.[196] Bei den oben genannten Beispielen ist das gewährleistet.

2. Mit erneutem Aufruf zum Wettbewerb (§ 3a Nr. 4 Abs. 6 lit. b)

141 Die Vorschrift besagt, dass bei Mehr-Partner-Rahmenvereinbarungen, die noch nicht alle Bedingungen festlegen, die Vergabe der Einzelverträge nach einem erneuten Aufruf der Parteien zum Wettbewerb erfolgt. Die Bedingungen, unter denen der Wettbewerb erfolgt, insbesondere welches die Zuschlagskriterien und ihre Gewichtung sind, müssen **bereits in der Rahmenvereinbarung geregelt** sein. Sie können von denen abweichen, die maßgeblich für die Erteilung des Zuschlags auf die Rahmenvereinbarung waren, sie können aber auch mit diesen identisch sein. Im letzten Fall sieht § 3a Nr. 4 Abs. 6 lit.b vor, dass die Bedingungen erforderlichenfalls zu präzisieren sind.

142 Wenn **für die Vergabe der Einzelaufträge dieselben Zuschlagskriterien angewandt werden** dürfen, wie für die Vergabe des Rahmenvertrages, impliziert dies, dass ein

---

195 EU-Kommission, Explanatory Note on Framework Agreements, Fn 24.
196 *Graef* NZBau 2005, 561, 569.

Wettbewerb auch über solche Inhalte neu eröffnet werden darf, die bereits in der Rahmenvereinbarung festgelegt worden sind. Der erneute Wettbewerb dient demnach nicht nur dazu, die zunächst offengebliebenen Bedingungen auszufüllen. Die Regelung des § 3 a Nr. 4 Abs. 6 lit. b steht insofern im Gegensatz zur Regelung bei Ein-Partner-Verträge in § 3 a Nr. 4 Abs. 4, nach der nur eine Ergänzung in Bezug des Angebots des Partners in Bezug auf die noch nicht festgelegten Elemente der zu treffenden Vereinbarung zulässig ist, in keinem Fall jedoch die Nachbesserung von bereits geregelten Vertragsbestandteilen.[197] Die Regelung ist auch schwer in Einklang zu bringen, mit der Regelung des § 3 a Nr. 4 Abs. 3 Satz 3, wonach bei der Vergabe der Einzelaufträge keine grundlegenden Änderungen an den Bedingungen der Rahmenvereinbarung vorgenommen werden dürfen. § 3 a Nr. 4 Abs. 6 lit. b kann daher sinnvoll wohl nur so verstanden werden, dass bei Mehr-Partner-Rahmenvereinbarungen auch solche Bedingungen als im Rahmenvertrag nicht festgelegt gelten, die zwar bereits Bestandteil der bezuschlagten Angebote gewesen sind, für die die Rahmenvereinbarung jedoch einen erneuten Wettbewerb zwischen den Partnern der Rahmenvereinbarung auf Auftragnehmerseite vorsieht.[198]

Der öffentliche Auftraggeber kann **für die Auswahl seines Einzelvertragspartner** **143** **aber auch neue Kriterien aufstellen** bzw. die Kriterien, die für die Vergabe der Rahmenvereinbarung maßgeblich waren, anders gewichten. Es ist daher möglich, für die Zuschlagserteilung auf die Rahmenvereinbarung nur qualitative Kriterien anzuwenden und für die Vergabe eines Einzelauftrags auf den Preis abzustellen, oder umgekehrt. Der öffentliche Auftraggeber kann sich auch dafür entscheiden, bei der Vergabe der Einzelverträge nur auf einzelne Komponenten der ursprünglichen Angebote abzustellen (z. B. Preis oder Lieferfristen) und die Parteien auffordern, ihre Angebote in dieser Hinsicht zu optimieren.[199]

XII. Verfahren bei erneutem Aufruf zum Wettbewerb – Justiziabilität der Zuschlagsentscheidung (§ 3 a Nr. 4 Abs. 7)

Abs. 7 enthält vier Regeln für das Verfahren, das bei einem Aufruf zum Wettbewerb **144** gemäß § 3 a Nr. 4 Abs. 6 lit. b einzuhalten ist.

Danach konsultieren die Vergabestellen in Textform die Unternehmen darüber, ob sie in der Lage sind, den Einzelauftrag auszuführen (1.). Hieraus lässt sich entnehmen, dass die Unternehmen, die Vertragspartner einer Rahmenvereinbarung sind, bei der noch ein Wettbewerb zwischen ihnen vorgesehen ist, **keiner Abschlusspflicht** unterliegen. Die Vorschrift beinhaltet außerdem, dass die Vergabestellen in ihrer schriftlichen Konsultation die Vertragspartner über den spezifischen Gegenstand des zu vergebenden Einzelvertrags informieren.[200] Die Vergabestellen setzen außerdem eine angemessene Frist zur Abgabe der Angebote, wobei die Komplexität des Auftragsgegenstandes und die für die Übermittlung der Angebote erforderliche

---

[197] S. EU-Kommission, Explanatory Note on Framework Agreements, Fn 22.
[198] Kritisch *Gröning* VergabeR 2005, 156, 163.
[199] Weitere Beispiele siehe EU-Kommission, Explanatory Note on Framework Agreements, S. 10.
[200] EU-Kommission, Explanatory Note on Framework Agreements, S. 9.

Zeit zu berücksichtigen sind (2). Bei Angeboten, die nur noch in einem Punkt, z. B. der Lieferzeit oder dem Preis, zu vervollständigen sind und für die eine Einreichung als Email zugelassen ist, kann daher die Abgabefrist sehr kurz bemessen sein.[201] Die Vergabestellen müssen außerdem angeben, in welcher Form die Angebote einzureichen sind. Die Inhalte der Angebote sind bis zum Ablauf der Angebotsfrist geheim zu halten (3). Die Vergabestellen vergeben den Auftrag an das Unternehmen, das auf der Grundlage der in den Verdingungsunterlagen der Rahmenvereinbarung aufgestellten Zuschlagskriterien das wirtschaftlichste Angebot abgegeben hat (4). Gemeint sind die Zuschlagskriterien für die Vergabe der Einzelaufträge, die – wie hier noch einmal klargestellt wird – bereits von Anfang an in den Verdingungsunterlagen enthalten sein müssen.

145 Die Vorschrift enthält keine Verpflichtung des öffentlichen Auftraggebers, vor der Zuschlagserteilung ein **Vorabinformationsschreiben gemäß § 13 VgV** an alle am Wettbewerb beteiligten Rahmenvereinbarungspartner zu versenden. Die Bieterinformation vor einer wirksamen Zuschlagerteilung ist jedoch zur Gewährung von **effektiven Rechtsschutz** hier genauso erforderlich, wie beim Zuschlag auf ein Angebot zum Abschluss einer Rahmenvereinbarung.[202] Im letzten Fall ergibt sich die Pflicht zur Vorabinformation bereits daraus, dass der Gesetzgeber in § 3 a Nr. 4 klargestellt hat, dass Rahmenverträge öffentliche Aufträge sind, die nach den vergaberechtlichen Regelungen ausgeschrieben werden müssen. Dazu gehört auch § 13 VgV, auch wenn § 3 a Nr. 4 keinen ausdrücklichen Verweis auf diese Vorschrift enthält. Für die Einzelaufträge kann nichts Anderes gelten. Ihre in verfahrensrechtlicher Hinsicht vereinfachte Vergabe soll dem öffentlichen Auftraggeber zwar Zeit und Kosten sparen. Dies kann jedoch nicht auf Kosten des Rechtsschutzes der am Vergabeverfahren beteiligten Bieter geschehen. Das Vergabeverfahren ist jedoch bei Mehr-Partner-Rahmenvereinbarungen, die einen Wettbewerb der Vertragspartner um die Einzelverträge vorsehen, mit dem Zuschlag auf die Angebote zur Rahmenvereinbarung noch nicht beendet. Erst mit Abschluss eines Einzelvertrages steht endgültig fest, wer die von öffentlichen Auftraggeber honorierte Leistung tatsächlich erbringen wird. Der nicht berücksichtigte Bieter muss sich daher auch auf dieser Stufe des Vergabeverfahrens gegen Vergaberechtsfehler wehren können. Dafür spricht auch, dass der Gesetzgeber in § 3 a Nr. 4 Abs. 3 Satz 1 die Ausschreibung der Rahmenvereinbarung bis zum Abschluss der Einzelverträge als einheitlichen Beschaffungsvorgang wertet, der erst mit dem Zuschlag auf den Einzelvertrag beendet ist und in seinem gesamten Umfang den Verfahrensvorschriften nicht nur des § 3 a Nr. 4, sondern des gesamten Abschnitts der VOL/A unterliegt. § 13 VgV stellt nach dem oben Gesagten ebenfalls eine zentrale Verfahrensregel dar, die in allen relevanten Stufen des Vergabeverfahrens zu beachten ist. Es ist daher nicht davon auszugehen, dass der Gesetzgeber eine Anwendung des § 13 VgV in der Verfahrensphase des Wettbewerbs um die Einzelverträge ausschließen wollte bzw. konnte.[203]

---

201 EU-Kommission, Explanatory Note on Framework Agreements, S. 9.
202 So auch *Franke* ZfBR 2006, 546, 553.
203 I. E. ebenso *Graef* NZBau 2005, 561, 569.

Eine andere Frage ist es, ob sich ein Rahmenvertragspartner, der gegen seine **Nichtbe-** 146
rücksichtigung bei der Zuschlagsentscheidung für einen Einzelvertrag vorgehen
möchte, auch auf Vergaberechtsfehler berufen kann, die sich in einem Verfahrensstadium vor dem Zuschlag für die Rahmenvereinbarung ereignet haben. Dagegen
spricht nicht, dass im Zeitpunkt der Zuschlagsentscheidung für den Einzelvertrag bereits der Zuschlag auf die Rahmenvereinbarung erteilt wurde. Zwar hat nach den allgemeinen Regeln des Vergaberechts die Erteilung eines Zuschlags zur Folge, dass Verfahrensfehler, die sich zeitlich vor dem Zuschlag ereignet haben, nicht mehr **justiziabel** sind. Hier ergibt sich jedoch die Besonderheit, dass mit dem Zuschlag das
Vergabeverfahren lediglich in Bezug auf die Auswahl der Rahmenvertragspartner beendet worden ist. Es muss daher differenziert werden zwischen solchen Vergaberechtsfehlern, die sich auf den weiteren Verfahrensablauf zur Vergabe der Einzelaufträge auswirken und solchen, bei denen das nicht der Fall ist.[204] Bei Vergaberechtsfehler, die das Verfahren zur Vergabe der Einzelaufträge betreffen, kann es sich um die
Definition der Zuschlagskriterien für die Vergabe der Einzelaufträge handeln, die
z. B. zu ungenau, diskriminierend oder willkürlich sein können. Betroffen können
auch Regelungen sein, bei denen es um die Konsultation der Vertragspartner durch
den öffentlichen Auftraggeber gemäß § 3 a Nr. 4 Abs. 7 lit. a) oder die Abgabe der Angebote geht. In Bezug auf solche Verstöße gegen das Vergaberecht ist das Vergabeverfahren durch den Zuschlag noch nicht beendet, so dass sie von einem Teilnehmer am
Wettbewerb um einen Einzelvertrag geltend gemacht werden können. Nach *Franke*[205]
sollen ausnahmsweise auch **andere als die Rahmenvertragspartner antragsbefugt**
sein, wenn der geltendgemachte Vergaberechtsfehler darin liegt, dass andere oder weitergehende als in der Rahmenvereinbarung festgelegte Leistungen durch Einzelvertrag vergeben werden sollen. M. E. sind solche Konstellationen über die Regelungen
zur de-facto-Vergabe zu lösen.

Die allgemeinen Regeln in Bezug auf die Rügeverpflichtung sind zu beachten, so dass 147
eine Geltendmachung von Vergaberechtsfehlern aus einem Verfahrensstadium vor der
Zuschlagserteilung auf die Rahmenvereinbarung ausgeschlossen sein kann, weil sie
nicht rechtzeitig gerügt wurden.

XIII. Laufzeit der Rahmenvereinbarung (§ 3 a Nr. 4 Abs. 8)

Gemäß § 3 a Nr. 4 Abs. 8 darf die Laufzeit einer Rahmenvereinbarung **vier Jahre** 148
nicht überschreiten, es sei denn der Auftragsgegenstand oder andere besondere Umstände rechtfertigen es. Die Regelung soll dazu dienen, Wettbewerb im Bereich des öffentlichen Auftragsrechts zu gewährleisten und z. B. den Einfluss dominanter Lieferanten zu begrenzen.[206] Insoweit konkretisiert sie das Missbrauchsverbot des § 3 a
Nr. 4 Abs. 2. Wettbewerbliche Gründe können unter Umständen aber auch für eine
längere Vertragsfrist im Einzelfall sprechen, wenn nämlich z. B. der konkrete Auftrag
eine Investition vom Auftragnehmer verlangt, die sich erst bei längerer Vertragslauf-

---

204 So auch *Franke*, ZfBR 2006, 546, 553.
205 ZfBR 2006, 546, 553.
206 EU-Kommission, Explanatory Note on Framework-Agreements, S. 5.

§ 3a Arten der Vergabe, Rahmenvereinbarungen

zeit amortisiert, so dass sich investitionsbereite Bieter nur im Fall einer mehr als 4-jährigen Vertragsfrist bewerben werden.[207]

149 Die Vierjahresgrenze für Rahmenvereinbarungen gilt auch für die einzelnen auf ihrer Grundlage abgeschlossenen Einzelverträge. Unter dieser Voraussetzungen, können Einzelverträge auch über die Geltungsdauer der Rahmenvereinbarung hinaus durchgeführt werden, wenn nämlich z. B. ein zweijähriger Wartungsvertrag ein halbes Jahr vor Ablauf der Rahmenvereinbarung vergeben wird.[208]

---

207 Vgl. im Zusammenhang mit der Rechtfertigung von längeren Vertragslaufzeiten *EuGH*. 9. 3. 2006, Rs. C-323/03; *VK Arnsberg* 21. 2. 2006, VK – 29/05 = NZBau 2006, S. 332 mit Praxisanmerkung *Knauff* zu einer 25-jährigen Vertragslaufzeit; die Zulässigkeit einer länger als 4-jährigen Laufzeit wurde im Einzelfall bejaht von BayObLG 17. 2. 2005, Verg 27/05 = NZBau 2005, 595; allgemein zu zulässigen Vertragslaufzeiten im Vergaberecht *Speyer* ZfBR 2006, 554 ff.; siehe auch *Knauff* VergaberR 2006, 24, 30 und *Graef* NZBau 2005, 567, 561.
208 EU-Kommission, Explanatory Note on Framework-Agreements, Fn 16.

§ 7a
Teilnehmer am Wettbewerb

1. Bewerber oder Bieter, die gemäß den Rechtsvorschriften des EG-Mitgliedstaates oder des Staates, in dem sie ansässig sind (Herkunftsland), zur Erbringung der betreffenden Leistung berechtigt sind, dürfen nicht allein deshalb zurückgewiesen werden, weil sie gemäß den einschlägigen deutschen Rechtsvorschriften entweder eine natürliche oder juristische Person sein müssten.

2. (1) Ein Unternehmen ist von der Teilnahme an einem Vergabeverfahren wegen Unzuverlässigkeit auszuschließen, wenn der Auftraggeber Kenntnis davon hat, dass eine Person, deren Verhalten dem Unternehmen zuzurechnen ist, rechtskräftig verurteilt ist wegen:

   a) § 129 des Strafgesetzbuches (Bildung krimineller Vereinigungen), § 129 a des StGB (Bildung terroristischer Vereinigungen), § 129 b StGB (kriminelle und terroristische Vereinigungen im Ausland),

   b) § 261 StGB (Geldwäsche, Verschleierung unrechtmäßig erlangter Vermögenswerte),

   c) § 263 StGB (Betrug), soweit sich die Straftat gegen den Haushalt der Europäischen Gemeinschaften oder gegen Haushalte richtet, die von den Europäischen Gemeinschaften oder in deren Auftrag verwaltet werden,

   d) § 264 StGB (Subventionsbetrug), soweit sich die Straftat gegen den Haushalt der Europäischen Gemeinschaften oder gegen Haushalte richtet, die von den Europäischen Gemeinschaften oder in deren Auftrag verwaltet werden,

   e) § 334 StGB (Bestechung), auch in Verbindung mit Art. 2 des EU-Bestechungsgesetzes, Art. 2 § 1 des Gesetzes zur Bekämpfung internationaler Bestechung, Art. 7 Abs. 2 Nr. 10 des 4. Strafrechtsänderungsgesetzes und § 2 des Gesetzes über das Ruhen der Verfolgungsverjährung und die Gleichstellung der Richter und Bediensteten des Internationalen Strafgerichtshofes,

   f) Art. 2 § 2 des Gesetzes zur Bekämpfung internationaler Bestechung (Bestechung ausländischer Abgeordneter im Zusammenhang mit internationalem Geschäftsverkehr) oder

   g) § 370 Abgabenordnung, auch in Verbindung mit § 12 des Gesetzes zur Durchführung der gemeinsamen Marktorganisationen und der Direktzahlungen (MOG), sobald sich die Straftat gegen den Haushalt der Europäischen Gemeinschaften oder gegen Haushalte richtet, die von den Europäischen Gemeinschaften oder in deren Auftrag verwaltet werden.

   Einem Verstoß gegen diese Vorschriften gleichgesetzt sind Verstöße gegen entsprechende Strafnormen anderer Staaten. Ein Verhalten einer rechtskräftig verurteilten Person ist einem Unternehmen zuzurechnen, wenn sie für dieses Unternehmen bei der Führung der Geschäfte selbstverantwortlich gehandelt

§ 7a Teilnehmer am Wettbewerb

hat oder ein Aufsichts- oder Organisationsverschulden gemäß § 130 des Gesetzes über Ordnungswidrigkeiten (OWiG) einer Person im Hinblick auf das Verhalten einer anderen für das Unternehmen handelnden, rechtskräftig verurteilten Person vorliegt.

(2) Als Nachweis, dass die Kenntnis gemäß Abs. 1 unrichtig ist und die in Abs. 1 genannten Fälle nicht vorliegen, akzeptieren die Auftraggeber einen Auszug aus dem Bundeszentralregister oder eine gleichwertige Urkunde einer zuständigen Gerichts- oder Verwaltungsbehörde des Herkunftslandes. Wenn eine Urkunde oder Bescheinigung vom Herkunftsland nicht ausgestellt oder vollständig alle vorgesehenen Fälle erwähnt, kann dies durch eine eidesstattliche Erklärung oder eine förmliche Erklärung vor einer zuständigen Gerichts- oder Verwaltungsbehörde, einem Notar oder einer dafür qualifizierten Berufsorganisation des Herkunftslandes ersetzt werden.

(3) Von einem Ausschluss nach Abs. 1 kann nur abgesehen werden, wenn zwingende Gründe des Allgemeininteresses vorliegen und andere Unternehmen die Leistung nicht angemessen erbringen können oder wenn aufgrund besonderer Umstände des Einzelfalls der Verstoß die Zuverlässigkeit des Unternehmens nicht in Frage stellt.

3. (1) In finanzieller und wirtschaftlicher Hinsicht kann von dem Unternehmen zum Nachweis seiner Leistungsfähigkeit in der Regel Folgendes verlangt werden:

a) bei Lieferaufträgen Vorlage entsprechender Bankauskünfte,

b) bei Dienstleistungsaufträgen entweder entsprechende Bankerklärungen oder den Nachweis entsprechender Berufshaftpflichtversicherungsdeckung,

c) Vorlage von Bilanzen oder Bilanzauszügen des Unternehmens, falls deren Veröffentlichung nach dem Gesellschaftsrecht des Staates, in dem das Unternehmen ansässig ist, vorgeschrieben ist,

d) Erklärung über den Gesamtumsatz des Unternehmens sowie den Umsatz bezüglich der besonderen Leistungsart, die Gegenstand der Vergabe ist, jeweils bezogen auf die letzten drei Geschäftsjahre.

(2) In fachlicher und technischer Hinsicht kann das Unternehmen je nach Art, Menge und Verwendungszweck der zu erbringenden Leistung seine Leistungsfähigkeit folgendermaßen nachweisen:

a) durch eine Liste der wesentlichen in den letzten drei Jahren erbrachten Leistungen mit Angabe des Rechnungswertes, der Leistungszeit sowie der öffentlichen oder privaten Auftraggeber:

– bei Leistungen an öffentliche Auftraggeber durch eine von der zuständigen Behörde ausgestellte oder beglaubigte Bescheinigung,

– bei Leistungen an private Auftraggeber durch eine von diesen ausgestellte

Bescheinigung; ist eine derartige Bescheinigung nicht erhältlich, so ist eine einfache Erklärung des Unternehmens zulässig,

b) durch die Beschreibung der technischen Ausrüstung, der Maßnahmen des Unternehmens zur Gewährleistung der Qualität sowie der Untersuchungs- und Forschungsmöglichkeiten des Unternehmens,

c) durch Angaben über die technische Leitung oder die technischen Stellen, unabhängig davon, ob sie dem Unternehmen angeschlossen sind oder nicht, und zwar insbesondere über diejenigen, die mit der Qualitätskontrolle beauftragt sind,

d) bei Lieferaufträgen durch Muster, Beschreibungen und/oder Fotografien der zu erbringenden Leistung, deren Echtheit auf Verlangen des Auftraggebers nachgewiesen werden muss,

e) bei Lieferaufträgen durch Bescheinigungen der zuständigen amtlichen Qualitätskontrollinstitute oder -dienststellen, mit denen bestätigt wird, dass die durch entsprechende Bezugnahmen genau gekennzeichneten Leistungen bestimmten Spezifikationen oder Normen entsprechen,

f) sind die zu erbringenden Leistungen komplexer Art oder sollen sie ausnahmsweise einem besonderen Zweck dienen, durch eine Kontrolle, die von den Behörden des Auftraggebers oder in deren Namen von einer anderen damit einverstandenen zuständigen amtlichen Stelle aus dem Land durchgeführt wird, in dem das Unternehmen ansässig ist; diese Kontrolle betrifft die Produktionskapazitäten und erforderlichenfalls die Untersuchungs- und Forschungsmöglichkeiten des Unternehmens sowie die von diesem zur Gewährleistung der Qualität getroffenen Vorkehrungen,

g) durch Studiennachweise und Bescheinigungen über die berufliche Befähigung, insbesondere der für die Leistungen verantwortlichen Personen.

(3) Der Auftraggeber gibt bereits in der Bekanntmachung (§§ 17 und 17 a) an, welche Nachweise vorzulegen sind. Kann ein Unternehmen aus einem stichhaltigen Grund die vom Auftraggeber geforderten Nachweise nicht beibringen, so kann es seine Leistungsfähigkeit durch Vorlage anderer, vom Auftraggeber für geeignet erachtete Belege nachweisen.

(4) Der Auftraggeber kann von dem Bewerber oder Bieter entsprechende Bescheinigungen der zuständigen Stellen oder Erklärungen darüber verlangen, dass die in § 7 Nr. 5 genannten Ausschlussgründe auf ihn nicht zutreffen. Als ausreichender Nachweis für das Nichtvorliegen der in § 7 Nr. 5 genannten Tatbestände sind zu akzeptieren:

– bei den Buchstaben a) und b) ein Auszug aus dem Strafregister, eine Erklärung der Stelle, die das Insolvenzregister führt, oder – in Ermangelung solcher – eine gleichwertige Bescheinigung einer Gerichts- oder Verwaltungsbehörde des Ursprungs- oder Herkunftslandes des Unternehmens, aus der hervorgeht, dass sich das Unternehmen nicht in einer solchen Lage befindet,

§ 7a Teilnehmer am Wettbewerb

- bei dem Buchstaben d) eine von der zuständigen Behörde des betreffenden Mitgliedstaates ausgestellte Bescheinigung.

Wird eine solche Bescheinigung in dem betreffenden Land nicht ausgestellt oder werden darin nicht alle in § 7 Nr. 5 Buchstabe a) bis c) vorgesehenen Fälle erwähnt, so kann sie durch eine eidesstattliche Erklärung ersetzt werden, die das betreffende Unternehmen vor einer Gerichts- oder Verwaltungsbehörde, einem Notar oder jeder anderen befugten Behörde des betreffenden Staates abgibt. In den Staaten, in denen es einen derartigen Eid nicht gibt, kann dieser durch eine feierliche Erklärung ersetzt werden. Die zuständige Behörde oder der Notar stellen eine Bescheinigung über die Echtheit der eidesstattlichen oder der feierlichen Erklärung aus.

(5) Unternehmen können aufgefordert werden, den Nachweis darüber zu erbringen, dass sie im Berufs- oder Handelsregister nach Maßgabe der Rechtsvorschriften des Landes der Gemeinschaft oder des Vertragsstaates des EWR-Abkommens eingetragen sind, in dem sie ansässig sind.[1]

(6) Ein Unternehmen kann sich, auch als Mitglied einer Bietergemeinschaft, zum Nachweis der Leistungsfähigkeit und Fachkunde der Fähigkeiten anderer Unternehmen bedienen, ungeachtet des rechtlichen Charakters der zwischen ihm und diesen Unternehmen bestehenden Verbindungen. Er muss in diesem Fall dem Auftraggeber nachweisen, dass ihm die erforderlichen Mittel bei der Erfüllung des Auftrags zur Verfügung stehen, indem er beispielsweise eine entsprechende Verpflichtungserklärung dieser Unternehmen vorlegt.

(7) Nur für den Fall der Auftragserteilung kann der Auftraggeber verlangen, dass eine Bietergemeinschaft eine bestimmte Rechtsform annehmen muss, sofern dies für die ordnungsgemäße Durchführung des Auftrages notwendig ist.

4. Ist ein Teilnahmewettbewerb durchgeführt worden, so wählt der Auftraggeber anhand der gemäß Nummer 2 Abs. 2 und Nr. 3 geforderten, mit dem Teilnahmeantrag vorgelegten Unterlagen unter den Bewerbern, die den Anforderun-

---

[1] [Amtl. Anm.:] Diese Berufs- oder Handelsregister sind: für die Bundesrepublik Deutschland das »Handelsregister«, die »Handwerksrolle« und das »Vereinsregister«; für Belgien das »Registre du commerce« oder das »Handelsregister« und die »Ordres professionnels« oder »Beroepsorden«; für Dänemark das »Aktieselskabs-Registret«, das »Forenings-Registret« oder das »Handelsregistret« oder das »Erhvervs-og Selskabsstyrelsen«; für Frankreich das »Registre du commerce« und das »Répertoire des métiers«; für Italien das »Registro della Camera di Commercio, Industria, Agricoltura e Artigianato« oder das »Registro delle Commissioni provinciali per l'artigianato« oder der »Consiglio nazionale degli ordini professionali«; für Luxemburg das »Registre aux firmes« und die »Rôle de la Chambre des métiers«; für die Niederlande das »Handelsregister«; für Portugal das »Registo Nacional das Pessoas Colectivas«. Im Vereinigten Königreich und in Irland kann der Unternehmer zur Vorlage einer Bescheinigung des »Registrar of Companies« oder des »Registrar of Friendly Societies« aufgefordert werden, aus der hervorgeht, dass die Lieferfirma »incorporated« oder »registered« ist, oder, wenn dies nicht der Fall ist, zur Vorlage einer Bescheinigung, wonach der betreffende Unternehmer eidesstattlich erklärt hat, dass er den betreffenden Beruf in dem Lande, in dem er ansässig ist, an einem bestimmten Ort und unter einem bestimmten Firmennamen ausübt; für Österreich das »Firmenbuch«, das »Gewerberegister«, die »Mitgliederverzeichnisse der Landeskammern«, für Finnland das »Kaupparekisteri« – »Handelsregistret«, für Island die »Firmaskrá«, die »Hlutafelagaskrá«, für Liechtenstein das »Gewerberegister«, für Norwegen das »Foretaksregisteret«, für Schweden das »Aktiebolagsregistret«, das »Handelsregistret« und das »Föreningsregistret«.

gen an Fachkunde, Leistungsfähigkeit und Zuverlässigkeit entsprechen, diejenigen aus, die er gleichzeitig und unter Beifügen der Verdingungsunterlagen in Textform auffordert, in einem Nichtoffenen Verfahren oder einem Verhandlungsverfahren ein Angebot einzureichen oder in einem Wettbewerblichen Dialog den Dialog zu eröffnen.

5. (1) Verlangt der Auftraggeber zum Nachweis dafür, dass das Unternehmen bei Dienstleistungsaufträgen bestimmte Qualitätsanforderungen erfüllt, die Vorlage von Bescheinigungen von unabhängigen Qualitätsstellen, so nehmen diese auf Qualitätsnachweisverfahren auf der Grundlage der einschlägigen Normen und auf Bescheinigungen Bezug, die durch Stellen zertifiziert sind, die den europäischen Zertifizierungsnormen entsprechen. Gleichwertige Bescheinigungen von Stellen aus anderen EG-Mitgliedstaaten oder Vertragsstaaten des EWR-Abkommens sind anzuerkennen. Die Auftraggeber erkennen auch andere gleichwertige Nachweise für Qualitätssicherungsmaßnahmen an.

(2) Verlangen bei der Vergabe von Dienstleistungsaufträgen die Auftraggeber als Nachweis der technischen Leistungsfähigkeit, dass die Unternehmen bestimmte Normen für das Umweltmanagement erfüllen, die Vorlage von Bescheinigungen unabhängiger Stellen, so nehmen sie auf das Gemeinschaftssystem für das Umweltmanagement und die Umweltbetriebsprüfung (EMAS) oder auf Normen für das Umweltmanagement Bezug, die auf den einschlägigen europäischen oder internationalen Normen beruhen und von entsprechenden Stellen zertifiziert sind, die dem europäischen Gemeinschaftsrecht oder europäischen oder internationalen Zertifizierungsnormen entsprechen. Gleichwertige Bescheinigungen von Stellen in anderen Mitgliedsstaaten sind anzuerkennen. Die Auftraggeber erkennen auch andere Nachweise für gleichwertige Umweltmanagementmaßnahmen an, die von den Unternehmen vorgelegt werden.

Der Auftraggeber kann Unternehmen auffordern, die vorgelegten Bescheinigungen zu vervollständigen oder zu erläutern.

Inhaltsübersicht

	Rn.
A. Überblick und bieterschützender Charakter der Norm	1
B. § 7 a Nr. 1: Verbot der Zurückweisung von Bewerbern oder Bietern aufgrund Rechtsformerfordernis	5
C. § 7 a Nr. 2: Ausschluss wegen rechtskräftiger Verurteilung	8
I. Kenntnis des Auftraggebers: Nachforschungspflichten bzw. -rechte (§ 7 a Nr. 2 Abs. 1 Satz 1)	11
1. Insbesondere: Auskunftsersuchen beim Bewerber	14
2. Insbesondere: Auskunftsersuchen bei Behörden	18
II. Rechtskräftige Verurteilung (§ 7 a Nr. 2 Abs. 1)	20
III. Ausschlussbegründende Straftatbestände (§ 7 a Nr. 2 Abs. 1 Satz 1)	22
IV. Gleichgesetzte Verstöße gegen Strafnormen anderer Staaten (§ 7 a Nr. 2 Abs. 1 Satz 2)	25
V. Zurechenbarkeit des Verhaltens (§ 7 a Nr. 2 Abs. 1 Satz 3)	27

	1. Verantwortliches Handeln bei der Führung der Geschäfte des Unternehmens	29
	2. Aufsichts- oder Organisationsverschulden	33
	a) Inhaber der Aufsichts- oder Organisationspflicht	35
	b) Inhalt und Umfang der Aufsichts- und Organisationspflicht	38
VI.	Dauer des Ausschlusses	40
VII.	Widerlegung der Unzuverlässigkeit (§ 7 a Nr. 2 Abs. 2)	45
VIII.	Ausnahme von der Ausschlussfolge bei zwingenden Gründen des Allgemeininteresses (§ 7 a Nr. 2 Abs. 3)	48
	1. Zwingende Gründe des Allgemeininteresses	51
	2. Unfähigkeit anderer Unternehmen, den Auftrag auszuführen	52
	3. Keine Unzuverlässigkeit im Einzelfall	53
D.	**§ 7 a Nr. 3: Nachweis der Leistungsfähigkeit der Unternehmen**	**55**
I.	Allgemeines	55
	1. Ermessen des Auftraggebers bei der Auswahl der Eignungsnachweise	58
	2. Anforderungen an die Auswahl der zu fordernden Eignungsnachweise	63
	3. Fehlen geforderter Nachweise	65
II.	Finanzielle und wirtschaftliche Leistungsfähigkeit (§ 7 a Nr. 3 Abs. 1)	70
III.	Fachliche und technische Leistungsfähigkeit (§ 7 a Nr. 3 Abs. 2)	74
	1. Referenzen (§ 7 a Nr. 3 Abs. 2 lit. a)	80
	2. Technische Ausrüstung (§ 7 a Nr. 3 Abs. 2 lit. b)	86
	3. Studiennachweise (§ 7 a Nr. 3 Abs. 2 lit. g)	87
	4. Sonstige in § 7 a Nr. 3 Abs. 2 genannte Nachweise	88
	7. Angabe der Umweltmanagement-Maßnahmen	89
	8. Sonstige zulässige Nachweise gemäß Art. 48 Abs. 2 der RL 2004/18/EG	90
IV.	Bekanntmachung der geforderten Nachweise (§ 7 a Nr. 3 Abs. 3)	92
	1. Zeitpunkt für Bekanntmachung der Nachweise (§ 7 a Nr. 3 Abs. 3 Satz 1)	92
	2. Vorlage alternativ geeigneter Nachweise (§ 7 a Nr. 3 Abs. 3 Satz 2)	96
V.	Nachweis für das Nichtvorliegen von Ausschlussgründen (§ 7 a Nr. 3 Abs. 4)	101
VI.	Nachweis über die Eintragung im Berufs- oder Handelsregister (§ 7 a Nr. 3 Abs. 5)	105
VII.	§ 7 a Nr. 3 Abs. 6: Verweis auf fremde Ressourcen	108
	1. Allgemeines	108
	2. Verbot von Eigenleistungserfordernissen und Eigenleistungsquoten durch § 4 Abs. 4 VgV und § 7 a Nr. 3 Abs. 6 VOL/A	112
	3. Rechtsprechung des EuGH zur Einbeziehung Dritter und Eigenleistungserfordernissen/Generalübernehmerverboten	115
	4. Rechtsprechung der deutschen Vergabenachprüfungsinstanzen	120
	5. Möglichkeit des Rückgriffs auf fremde Ressourcen ungeachtet der rechtlichen Verbindungen zwischen Bieter und Nachunternehmen (§ 7 a Nr. 3 Abs. 6 Satz 1)	126
	6. Verfügungsnachweis/Verpflichtungserklärung des Nachunternehmers oder des verbundenen Unternehmens (§ 7 a Nr. 3 Abs. 6 Satz 2)	127
	7. Eignungsnachweise des Nachunternehmers bzw. verbundenen Unternehmens	133
VIII.	Rechtsformerfordernis bei Bietergemeinschaften (§ 7 a Nr. 3 Abs. 7)	137
E.	**Auswahl der Bewerber nach einem Teilnahmewettbewerb (§ 7 a Nr. 4)**	**140**
F.	**Nachweis der Einhaltung von Qualitätsanforderungen im Dienstleistungsbereich (§ 7 a Nr. 5)**	**152**

I. § 7 a Nr. 5 Abs. 1 153
II. § 7 a Nr. 5 Abs. 2 155
G. Aufforderung zur Vervollständigung und Erläuterung (§ 7 a Nr. 5 Abs. 2 Unterabsatz 2) 158

A. Überblick und bieterschützender Charakter der Norm

§ 7 a VOL/A (Teilnehmer am Wettbewerb) regelt, anhand welcher Nachweise die Eignungsprüfung von Bewerbern bzw. Bietern oberhalb der Schwellenwerte stattzufinden hat und konkretisiert bzw. ergänzt damit § 7 VOL/A, der allgemein die Eignungsprüfung behandelt. **1**

Mit § 7 a VOL/A werden im Wesentlichen die entsprechenden Regelungen der Art. 45 bis 52 (»Eignungskriterien«) der europäischen Richtlinie 2004/18/EG umgesetzt. § 7 a ist auf alle Auftragsvergaben anzuwenden, die in den Anwendungsbereich der Richtlinie 2004/18 EG fallen.[2] § 7 a Nr. 1 setzt das Verbot der Zurückweisung von Bewerbern und Bietern aufgrund eines Rechtsformerfordernisses gemäß Art. 4 Abs. 1 der RL 2004/18/EG um. § 7 a Nr. 2 (Ausschluss wegen strafrechtlicher Verurteilung) wurde im Rahmen der Neufassung der Vorschrift[3] eingefügt und dient der Umsetzung von Art. 45 Abs. 1 der RL 2004/18/EG. Die in § 7 a Nr. 3 Abs. 1 aufgestellte Liste möglicher Nachweisanforderungen zur finanziellen und wirtschaftlichen Leistungsfähigkeit entspricht den in Art. 47 Abs. 1 der Richtlinie genannten Nachweisen; § 7 a Nr. 3 Abs. 2 übernimmt hinsichtlich der fachlichen und technischen Leistungsfähigkeit die in Art. 48 Abs. 2 der Richtlinie aufgeführten Nachweismöglichkeiten; § 7 a Nr. 3 Abs. 5 setzt Art. 46 um; § 7 a enthält weiterhin die auch in Art. 51 der Richtlinie vorgesehene Möglichkeit des Auftraggebers, die von ihm angeforderten Unterlagen vom Bewerber/Bieter vervollständigen oder erläutern zu lassen. Art. 47 Abs. 4 der Richtlinie findet seine Entsprechung in § 7 a Nr. 3 Abs. 3 VOL/A. **2**

Mit § 7 a VOL/A vergleichbare bzw. mit der Vorschrift verwandte (in Einzelheiten abweichende) Regelungen finden sich in den §§ 7, 7 b VOL/A, §§ 4, 10, 11, 12, 13 VOF und §§ 8, 8 a, 8 b VOB/A sowie in § 97 Abs. 4 GWB. Die Kommentierungen zu diesen Vorschriften können daher teilweise ergänzend herangezogen werden. Soweit sich zwischen Bestimmungen des § 7 a VOL/A und des § 7 VOL/A Widersprüche ergeben, geht oberhalb der Schwellenwerte nach dem Prinzip des Anwendungsvorrangs des Gemeinschaftsrechts § 7 a VOL/A vor.[4] **3**

Sinn und Zweck der Vorschrift ist es zunächst, die Bewerber vor einer willkürlichen Eignungsprüfung durch den Auftraggeber zu schützen.[5] Die Rechtsprechung zum **4**

---
2 Vgl. auch § 4 Abs. 1 VgV.
3 Im Rahmen der Neufassung der Verdingungsordnung für Leistungen v. 6. 4. 2006 (BAnz. Nr. 100 a v. 30. 5. 2006).
4 Vgl. auch § 1 a Nr. 1 Abs. 1.
5 *VK Düsseldorf* Beschl. v. 24. 1. 2001 – VK-31/2000-B – zur VOB/A; *Zdzieblo* in: Daub/Eberstein, VOL/A, § 7 a Rn. 17 und 19; *Müller-Wrede* in: Müller-Wrede, VOL/A, § 7 a Rn. 19; *Schaller*, VOL, § 7 a Rn. 7; vgl. auch die Ausführungen des Generalanwalts *Darmon* v. 4. 5. 1988, Rs. 31/87 – »Beentjes«, Slg. 1988, 4635, 4650 f.

Schutzzweck von § 7 Nr. 4 VOL/A ist insoweit auf § 7 a Nr. 3 VOL/A übertragbar.[6] Zugleich ist in der Rechtsprechung anerkannt, dass § 7 a VOL/A ein Leitfaden für den Auftraggeber zur Beurteilung der Eignung von Bewerbern bzw. Bietern ist,[7] da die Vorschrift der Vergabestelle einen Katalog von Eignungsnachweisen bietet, anhand derer sie die geeigneten Teilnehmer auswählen kann. Der Vorschrift kommt aber auch **drittschützende Qualität** zugunsten derjenigen Bewerber zu, die die Anforderungen des Auftraggebers an die Eignung erfüllen.[8] Sie können verlangen, dass Bewerber/Bieter ausgeschlossen werden, die ihre Eignung nicht nachweisen konnten. Bieterschutz folgt zudem aus dem auch § 7 a inhärenten Gebot zur Transparenz und Gleichbehandlung.[9] Die Bewerber/Bieter haben ein Recht darauf, dass die Anforderungen an die jeweiligen Nachweise für alle Bewerber/Bieter gleich hoch oder niedrig sind. Insbesondere werden sie auch davor geschützt, dass ein Wettbewerber durch Zulassung eines auf ihn zugeschnittenen Nachweises bevorzugt wird.[10] Die Vorschrift kann wegen ihrer drittschützenden Qualität nicht wirksam abgedungen werden.[11]

B. § 7 a Nr. 1: Verbot der Zurückweisung von Bewerbern oder Bietern aufgrund Rechtsformerfordernis

5   § 7 a Nr. 1 konkretisiert das in § 7 Nr. 1 Abs. 1 Satz 1 VOL/A enthaltene allgemeine Diskriminierungsverbot dahingehend, dass ausländische Bewerber oder Bieter nicht deshalb zurückgewiesen werden dürfen, weil nach den deutschen Vorschriften die Ausführung des zu vergebenden Auftrages einer juristischen bzw. natürlichen Person vorbehalten ist.[12] Zweck dieser Regelung ist es zu verhindern, dass unterschiedliche nationale Rechtsvorschriften über die Zulässigkeit und Voraussetzungen verschiedener Gesellschaftsformen mittelbar zu einer Ungleichbehandlung von in- und ausländischen Unternehmen im Wettbewerb um grenzüberschreitende Auftragsvergaben im Dienstleistungsbereich führen.[13] § 7 a Nr. 1 dient der Umsetzung von Art. 4 Abs. 1 der RL 2004/18/EG. Das Verbot der Zurückweisung bezieht sich gemäß § 7 a Nr. 1 auf diejenigen Bewerber und Bieter, die nach den Rechtsvorschriften ihres »Herkunftslandes« zur Erbringung der betreffenden Leistung berechtigt sind. § 7 a Nr. 1 definiert als Herkunftsland denjenigen Staat, in dem der Bewerber oder Bieter »ansässig« ist. Gemäß Art. 4 Abs. 1 der RL 2004/18/EG sind von dem Verbot der Zurückweisung diejenigen Bewerber und Bieter erfasst, die *»gemäß den Rechtsvorschriften des Mitgliedstaats, in dem sie ihre Niederlassung haben, zur Erbringung der Leistung berechtigt sind«.* Bei richtlinienkonformer Auslegung ist der Begriff »ansässig« daher

---

6   *Weyand* in: Weyand, Praxiskommentar Vergaberecht, Rn. 5135.
7   *OLG Düsseldorf* Beschl. v. 18. 7. 2001 – Verg 16/01, Veris-Umdruck S. 17.
8   Vgl. *OLG Düsseldorf* Beschl. v. 18. 7. 2001 – Verg 16/01, Veris-Umdruck S. 17; *VK Düsseldorf* Beschl. v. 24. 1. 2001 – VK-31/2000-B – zur VOB/A.
9   *OLG Düsseldorf* Beschl. v. 18. 7. 2001 – Verg 16/01, Veris-Umdruck S. 17 m. w. N.
10 *VK Düsseldorf* Beschl. v. 24. 1. 2001 – VK-31/2000-B, Veris-Umdurck S. 18 – zur VOB/A.
11 *VK Düsseldorf* Beschl. v. 24. 1. 2001 – VK-31/2000-B, Veris-Umdruck S. 18 – zur VOB/A; *Zdzieblo* in: Daub/Eberstein, VOL/A, § 7 a, Rn. 18.
12 *Zdzieblo* in: Daub/Eberstein, VOL/A, § 7 a, Rn. 14.
13 *Zdzieblo* in: Daub/Eberstein, VOL/A, § 7 a, Rn. 14.

so auszulegen, dass er auf die jeweilige Niederlassung des Bieters oder Bewerbers abstellt.

Die Neufassung des § 7 a Nr. 1 bezieht sich ganz allgemein auf Bewerber bzw. Bieter aus einem anderen »Herkunftsland«, ohne dabei zu konkretisieren, welche Herkunftsländer hiervon erfasst sind. Demgegenüber erfasste § 7 a a. F. nur Bewerber und Bieter, die in anderen EG-Mitgliedstaaten oder Vertragsstaaten des EWR-Abkommens ansässig waren.[14] Mit § 7 Nr. 1 Absatz 1 Satz 1 n. F. gebietet das deutsche Vergaberecht (ebenso wie mit dem höherrangigen § 97 Abs. 2 GWB) jedoch eine Gleichbehandlung aller Bewerber/Bieter unabhängig von ihrer Staatsangehörigkeit bzw. ihrem Sitz und geht damit über das gemeinschaftsrechtliche Diskriminierungsverbot hinaus, das sich nur auf die europäischen Mitgliedstaaten bezieht. In diesem Sinne ist auch § 7 a Nr. 1 auszulegen. Erfasst sind daher Bewerber/Bieter aller Herkunftsländer.

Die Regelung ist in der Praxis von eher geringer Bedeutung, da das deutsche Recht kaum Vorschriften enthält, die für die Erbringung einer Liefer- oder Dienstleistung den Rechtsformcharakter einer natürlichen oder juristischen Person vorschreiben. Ein Beispiel solcher »einschlägigen deutschen Rechtsvorschriften« i. S. von § 7 a Nr. 1 sind landesrechtliche Bestimmungen, wonach ein Vertragspartner des Landes zur Wahrnehmung von Aufgaben als Beliehener eine juristische Person sein muss. Für solche Vorschriften wurde bereits entschieden, dass sie nicht dazu führen dürfen, dass nur juristische Personen zur Angebotsabgabe zugelassen werden.[15] Vielmehr muss es als ausreichend akzeptiert werden, wenn die gewünschte Rechtsform nach der Auftragserteilung begründet wird.[16]

C. § 7 a Nr. 2: Ausschluss wegen rechtskräftiger Verurteilung

§ 7 a Nr. 2 enthält einen zwingenden Ausschlusstatbestand von der Teilnahme am Vergabeverfahren wegen Unzuverlässigkeit aufgrund rechtskräftiger strafrechtlicher Verurteilung von Personen, deren Verhalten einem Bewerber/Bieter zuzurechnen ist. Die Vorschrift wurde im Rahmen der Neufassung der VOL/A 2006[17] eingefügt und setzt Art. 45 Abs. 1 der RL 2004/18/EG um. Art. 45 geht unter anderem auf die europäischen Initiativen zur Anti-Korruptionspolitik zurück.[18] § 7 a Nr. 2 entspricht der Neufassung von § 7 b Nr. 1 Abs. 3–5 VOL/A sowie § 5 Nr. 1 Abs. 3–5 VOL/A-SKR und ergänzt § 7 Nr. 5, der fakultative Ausschlusstatbestände wegen Unzuverlässigkeit enthält.

---

14 § 7 a Nr. 1 in der Fassung vom 17. 9. 2002 (BAnz. 2002, S. 25145, Beilage Nr. 216 a).
15 KG Berlin Urt. v. 13. 8. 2002 – KartVerg 08/02.
16 KG Berlin Urt. v. 13. 8. 2002 – KartVerg 08/02; vgl. insofern auch den Grundgedanken des § 7 a Nr. 3 Abs. 7 sowie die durch das ÖPP-Beschleunigungsgesetz eingeführten § 6 Abs. 2 Nr. 1 VgV.
17 Neufassung der Verdingungsordnung für Leistungen – Teil A (VOL/A) v. 6. 4. 2006 (BAnz. Nr. 100 a v. 30. 5. 2006).
18 Vgl. Mitteilung der Europäischen Kommission über eine Anti-Korruptionspolitik der Europäischen Union, KOM (1997) 192 endg. v. 21. 5. 1997.

9 Nach § 7a Nr. 2 Satz 1 ist ein Unternehmen von der Teilnahme an einem Vergabeverfahren wegen Unzuverlässigkeit auszuschließen, wenn der Auftraggeber Kenntnis davon hat, dass eine Person, deren Verhalten dem Unternehmen zuzurechnen ist, wegen Verstoßes gegen eine der in lit. a) bis g) genannten Vorschriften **rechtskräftig verurteilt** worden ist. Einem Verstoß gegen diese Vorschriften gleichgesetzt sind Verstöße gegen entsprechende Strafnormen anderer Staaten. Ein Verhalten einer rechtskräftig verurteilten Person ist einem Unternehmen gem. § 7a Nr. 2 Abs. 1 zuzurechnen, wenn sie für dieses Unternehmen bei der Führung der Geschäfte selbst verantwortlich gehandelt hat oder ein Aufsichts- oder Organisationsverschulden gemäß § 130 des Gesetzes über Ordnungswidrigkeiten (OWiG) einer Person im Hinblick auf das Verhalten einer anderen für das Unternehmen handelnden, rechtskräftig verurteilten Person vorliegt.

10 Ein zwingender Ausschluss wegen rechtskräftiger Verurteilung existierte bisher weder im europäischen noch im deutschen Vergaberecht. Strafrechtliche Verurteilungen konnten vor Einführung des neuen § 7a Nr. 2 allenfalls nach § 7 Nr. 5 lit. c (nachweisliche schwere Verfehlung) zum Ausschluss eines Bewerbers führen. Im Unterschied zu § 7 Nr. 5 VOL/A, der lediglich Kann-Ausschlusstatbestände enthält, ordnet § 7a Nr. 2 Abs. 1 VOL/A jedoch nun bei Vorliegen seiner Voraussetzungen den **zwingenden Ausschluss** an. Auf die eng zu verstehende Möglichkeit der Ausnahme von dieser Regel (§ 7a Nr. 2 Abs. 3) wird im Folgenden noch eingegangen. Neben den zwingenden Ausschlussgründen des § 7a Nr. 2 können die Kann-Ausschlusstatbestände aus § 7 Nr. 5 VOL/A und hier insbesondere § 7 Nr. 5 lit. c) (nachweislich schwere Verfehlung) allerdings weiterhin greifen. Denn weder Art. 45 Abs. 1 der RL 2004/18/EG noch § 7a Nr. 2 Satz 1 VOL/A untersagen – etwa durch Einfügen des Wortes »nur« – einen Ausschluss wegen Unzuverlässigkeit aus anderen Gründen. § 7 Nr. 5 bleibt damit anwendbar – speziell § 7 Nr. 5 lit. c erfährt allerdings durch § 7a Nr. 2 VOL/A eine Konkretisierung für Vergaben oberhalb der Schwellenwerte: Bei Vorliegen einer rechtskräftigen Verurteilung wegen eines der in § 7a Nr. 2 aufgezählten Straftatbestände wird immer auch eine »schwere Verfehlung« i. S. des § 7 Nr. 5 lit. c anzunehmen sein. Daneben kann jedoch auch in anderen Fällen eine nachweisliche schwere Verfehlung vorliegen.[19]

I. Kenntnis des Auftraggebers: Nachforschungspflichten bzw. -rechte (§ 7a Nr. 2 Abs. 1 Satz 1)

11 § 7a Nr. 2 Abs. 1 Satz 1 ordnet den Ausschluss eines Unternehmens bei **Kenntnis** des Auftraggebers von einer rechtskräftigen Verurteilung dieses Unternehmens bzw. seiner Verantwortlichen an. Der Wortlaut der Vorschrift konkretisiert nicht, welche Anforderungen an die Kenntnis des Auftraggebers zu stellen sind bzw. in welchem Umfang der Auftraggeber sich um die entsprechende Kenntnis bemühen darf oder muss.

12 Umfassende Nachforschungspflichten sollen den Auftraggebern durch die Vorschrift wohl nicht auferlegt werden. Dagegen spricht bereits das Interesse aller Beteiligten an

---

[19] Im Einzelnen die Kommentierung zu § 7 Nr. 5.

einem zügigen und einfachen Beschaffungsvorgang. Das Vergabeverfahren soll nicht durch unnötige Nachforschungen bei einem gegebenenfalls größeren Kreis von Bewerbern bzw. Bietern verzögert, verkompliziert und verteuert werden. Demgegenüber kann von Auftraggebern durchaus verlangt werden, sich durch regelmäßige Information (z. B. aus der Presse) über relevante Strafverfahren informiert zu halten. Soweit spezialgesetzliche Informations- und Abfragepflichten für Auftraggeber bestehen, kann daraus eine konkrete Nachforschungspflicht der Auftraggeber auch im Vergabeverfahren resultieren. Zu denken ist etwa an spezielle Vorgaben aus landesrechtlichen Vorschriften über die Einrichtung von Korruptionsregistern[20] oder aus den Vergabegesetzen der Länder. Die »Kenntnis« des Auftraggebers i. S. des § 7 a Nr. 2 ist in diesen Fällen auch bei »Kennen müssen« anzunehmen.

Gegebenenfalls kann es sich in der Praxis für Auftraggeber als sinnvoll erweisen, von **13** allen Bewerbern bzw. Bietern im Rahmen der Forderung von Eignungsnachweisen in der Bekanntmachung bereits eine formlose »**Eigenerklärung**« zu verlangen, in der sie versichern, dass ihnen keine strafrechtlichen Verurteilungen ihrer verantwortlichen Mitarbeiter wegen der in § 7 a Nr. 2 aufgezählten Tatbestände bekannt sind. Eine solche Anforderung ist bezüglich der Ausschlussgründe in § 7 Nr. 5 in der Praxis bereits durchaus üblich und in der Rechtsprechung anerkannt.[21] Dieses Vorgehen kann die Bewerber/Bieter zur Überprüfung etwaiger diesbezüglicher Probleme (ihre verantwortlichen Mitarbeiter betreffend) veranlassen. Zudem kann der Auftraggeber dadurch ggf. erste Hinweise erhalten, als strafrechtlich vorbelastete Bewerber bereits in diesem Stadium darlegen, aus welchen Gründen frühere Verurteilungen die Zuverlässigkeit ihres Unternehmens nicht (mehr) beeinträchtigen (»Selbstreinigung«). Die Forderung einer Eigenerklärung entbindet den Auftraggeber allerdings nicht von weiteren Nachforschungen, wenn er aus anderer Quelle verlässliche Anhaltspunkte für eine strafrechtliche Verurteilung eines Bewerbers bzw. diesem zuzurechender Personen erlangt. Dem Auftraggeber ist mit der Anforderung der in § 7 a Nr. 2 Abs. 2 genannten Nachweise (z. B. Bundeszentralregisterauszüge etc.) ein effizientes Mittel an die Hand gegeben, die Sachlage zu klären. Dieses Hilfsmittels sollte er sich bei Zweifeln grundsätzlich bedienen. Denn sobald dem Auftraggeber Hinweise für eine strafrechtliche Verurteilung bei einem Bewerber vorliegen, **kann** er von einem Ausschluss nur dann absehen, wenn der betreffende Bewerber auf Anforderung die in § 7 a Nr. 2 Abs. 2 abschließend aufgezählten Nachweise vorlegt. Eine formlose Eigenerklärung reicht hierfür gerade nicht.

1. Insbesondere: Auskunftsersuchen beim Bewerber

Nach dem Wortlaut von § 7 a Nr. 2 Abs. 2 »akzeptieren« Auftraggeber als Nachweis **14** dafür, dass die Ausschlussgründe nach § 7 a Nr. 2 Abs. 1 nicht vorliegen, einen Auszug aus dem Bundeszentralregister oder eine gleichwertige Urkunde einer zuständigen

---

20 Vgl. Gesetz zur Einrichtung und Führung eines Registers über korruptionsauffällige Unternehmen in Berlin (Korruptionsregistergesetz – KRG) v. 19. 4. 2006 (GVBl. 2006, S. 358); Gesetz zur Verbesserung der Korruptionsbekämpfung und zur Errichtung und Führung eines Vergaberegisters in Nordrhein-Westfalen (Korruptionsbekämpfungsgesetz – KorruptionsbG) v. 16. 12. 2004 (GVBl. NW 2005, S. 8).
21 Vgl. *OLG Dresden* Beschl. v. 17. 10. 2006 – WVerg 15/06.

Gerichts- oder Verwaltungsbehörde des Herkunftslands. Wenn eine Urkunde oder Bescheinigung vom Herkunftsland nicht ausgestellt oder nicht vollständig alle vorgesehenen Fälle erwähnt, kann das durch eine eidesstattliche Erklärung oder eine förmliche Erklärung vor einer zuständigen Gerichts- oder Verwaltungsbehörde, einem Notar oder einer dafür qualifizierten Berufsorganisation des Herkunftslands ersetzt werden.

15 Auch wenn der Wortlaut die Auftraggeber nicht ausdrücklich zur Anforderung der entsprechenden Nachweise von den Bewerbern berechtigt oder verpflichtet, setzt die Vorschrift doch das **Recht zur Nachweisanforderung** denklogisch voraus. Die zugrunde liegende EG-Richtlinie geht eindeutig von einem entsprechenden Recht des Auftraggebers zur Anforderung der Nachweise aus: Nach Art. 45 Abs. 1 UAbs. 3 *»verlangen die öffentlichen Auftraggeber gegebenenfalls von den Bewerbern oder Bietern die Vorlage der in Abs. 3 genannten Unterlagen«* (Strafregisterauszug etc.). Auch die in § 7 a Nr. 3 Abs. 4 enthaltene ausdrückliche Erlaubnis für öffentliche Auftraggeber, Auskünfte über das Vorliegen von Ausschlusstatbeständen i. S. v. § 7 Nr. 5 einzuholen, ist im Wege eines »Erst Recht-Schlusses« auf Ausschlussgründe nach § 7 a Nr. 2 Abs. 1 übertragbar. Ein direkter Rückgriff auf die Ermächtigung des § 7 a Nr. 3 Abs. 4 ist für die in § 7 a Nr. 2 Abs. 1 geregelten Fälle zwar nicht möglich, da dieser sich explizit nur auf die in § 7 Nr. 5 genannten Ausschlussgründe bezieht. Nach Sinn und Zweck der Vorschriften muss dem Auftraggeber bei Anhaltspunkten für eine strafrechtliche Verurteilung (§ 7 a Nr. 2 Abs. 1) aber ebenso das Recht zur Ausräumung dieses Verdachts durch Anforderung von Nachweisen zustehen wie bei Anhaltspunkten für eine (sonstige) schwere Verfehlung im Sinne von § 7 Nr. 5.

16 Sinn und Zweck des § 7 a Nr. 2 Abs. 2 ist es, den Bewerbern den Nachweis ihrer Zuverlässigkeit trotz entgegenstehender Verdachtsmomente zu eröffnen, indem sie unrichtige Informationen des Auftraggebers rechtzeitig ausräumen können. Daher dürfen und müssen Auftraggeber die betreffenden Bewerber bzw. Bieter über Zweifel am Nichtvorliegen der Ausschlussgründe nach § 7 a Nr. 2 Abs. 1 informieren und die Vorlage von Nachweisen nach § 7 a Nr. 2 Abs. 2 verlangen, bevor sie sie nach § 7 a Nr. 2 Abs. 1 vom Verfahren ausschließen. Die konkret in Nr. 2 Abs. 2 genannten Nachweise sollten immer dann (aber auch nur dann[22]) gefordert werden, wenn in Bezug auf den betreffenden Bewerber konkrete Anhaltspunkte für eine strafrechtliche Verurteilung vorliegen.

17 Erbringt ein Bieter oder Bewerber auf Nachfrage des Auftraggebers die in Nr. 2 Abs. 2 genannten Nachweise für seine Zuverlässigkeit nicht, so muss von einer hinreichenden Kenntnis des Auftraggebers für das Vorliegen eines zwingenden Ausschlussgrundes gem. § 7 a Nr. 2 Abs. 1 ausgegangen und der Bewerber/Bieter zwingend ausgeschlossen werden.

---

22 *OLG Dresden* Beschl. v. 17. 10. 2006 – WVerg 15/06: »Eine regelmäßige Anforderung der mit zeitlichem und finanziellem Aufwand verbundenen Nachweise gemäß § 7 a Nr. 2 Abs. 2 von allen Bewerbern dürfte in der Praxis zu einer erheblichen – und zumeist unnötigen – Verteuerung und Verkomplizierung des Verfahrens führen. Auftraggeber werden i. d. R. gut beraten sein, von den Bewerbern zunächst nur eine nichtförmliche Eigenerklärung zu den aufgezählten Straftatbeständen zu fordern.«

2. Insbesondere: Auskunftsersuchen bei Behörden

Gemäß Art. 45 Abs. 1 UAbs. 4 i. V. m. Art. 45 Abs. 3 der RL 2004/18/EG können öffentliche Auftraggeber die nach ihrem Ermessen erforderlichen Informationen über die persönliche Lage von Bewerbern oder Bietern bei den zuständigen Behörden einholen, wenn sie Bedenken in Bezug auf die persönliche Lage dieser Bewerber oder Bieter haben. Die Vorschriften der Richtlinie enthalten damit eine sehr weitgehende Berechtigung zu Auskunftsersuchen der Auftraggeber, welche sich gemäß Art. 45 Abs. 1 UAbs. 4 Satz 2 der RL 2004/18/EG nach Maßgabe des jeweiligen nationalen Rechts auf juristische und/oder natürliche Personen beziehen können wie auch auf die jeweiligen Unternehmensleiter oder jede andere Person, die befugt ist, den Bewerber oder Bieter zu vertreten, in seinem Namen Entscheidungen zu treffen oder ihn zu kontrollieren. **18**

Eine solche Ermächtigung der Auftraggeber, Auskünfte über Bieter oder Bewerber einzuholen, wurde in die Neufassung der VOL/A nicht aufgenommen. Das Recht der Auskunftseinholung beschränkt sich für die Auftraggeber grundsätzlich auf die Anforderung von Nachweisen beim Bewerber. Daneben können jedoch spezialgesetzliche Ermächtigungen zur Informationsabfrage in Betracht kommen, etwa zur Erteilung eines Führungszeugnisses an Behörden gemäß § 31 des Bundeszentralregistergesetzes (BZRG). **19**

II. Rechtskräftige Verurteilung (§ 7 a Nr. 2 Abs. 1)

Ein zwingender Ausschlussgrund nach § 7 a Nr. 2 Abs. 1 ist nur bei rechtskräftiger Verurteilung wegen der in § 7 a Nr. 2 abschließend aufgezählten Straftaten gegeben. Eine rechtskräftige Verurteilung liegt vor, wenn die sog. **formelle und absolute Rechtskraft** der Entscheidung im Sinne der Strafprozessordnung (StPO) eingetreten ist. Formelle Rechtskraft eines Urteils tritt ein, wenn die Entscheidung von den Verfahrensbeteiligten nicht oder nicht mehr mit einem ordentlichen Rechtsmittel angefochten werden kann und für diesen Prozess nicht mehr abänderbar ist.[23] Das ist der Fall bei fruchtlosem Verstreichen der Rechtsmittelfrist, Verwerfung oder Zurücknahme eines Rechtsmittels, sowie im Falle der Erklärung eines Rechtsmittelverzichts.[24] Die absolute Rechtskraft eines Urteils setzt voraus, dass es von keinem Prozessbeteiligten mehr angefochten werden kann.[25] Solange ein Urteil noch von einem Prozessbeteiligten angefochten werden kann, liegt lediglich relative Rechtskraft vor. **20**

Ist eine Verurteilung noch nicht rechtskräftig geworden, kann ein Ausschluss des betreffenden Bewerbers/Bieters zwar nicht auf der Grundlage von § 7 a Nr. 2 erfolgen, Auftraggeber müssen jedoch prüfen, ob die Voraussetzungen von § 7 Nr. 5 VOL/A (nachweislich schwere Verfehlungen) vorliegen.[26] **21**

---

23 *Meyer-Goßner* StPO, Einleitung Rn. 163 f.
24 *Meyer-Goßner* StPO, Einleitung Rn. 163 f.
25 *Meyer-Goßner* StPO, Einleitung Rn. 163 f.
26 Zu den Anforderungen einer nachweislich schweren Verfehlung im Sinne von § 7 Nr. 5, vgl. die Kommentierung zu lit. c).

III. Ausschlussbegründende Straftatbestände (§ 7 a Nr. 2 Abs. 1 Satz 1)

22 § 7 a Nr. 2 Abs. 1 Satz 1 zählt diejenigen Straftaten auf, die zu einem zwingenden Ausschluss vom Vergabeverfahren führen. Gemäß § 7 a Nr. 2 Abs. 1 Satz 2 sind Verstöße gegen entsprechende Strafnormen anderer Staaten gleichgesetzt. Die abschließend aufgezählten Straftatbestände lassen sich unterteilen in solche, bei denen der zwingende Ausschluss bereits aufgrund der Erfüllung des Straftatbestandes selbst erfolgt und solchen, bei denen es zusätzlich darauf ankommt, gegen wen sich die Straftat gerichtet hat.

23 In die erste Gruppe fallen die in § 7 a Nr. 2 Abs. 1 lit a), b), e) und f) genannten Straftatbestände des § 129 StGB (Bildung krimineller Vereinigungen), des § 129 a StGB (Bildung terroristischer Vereinigungen), des § 129 b StGB (Bildung krimineller und terroristischer Vereinigungen im Ausland), des § 261 StGB (Geldwäsche, Verschleierung unrechtmäßiger Vermögenswerte), des § 334 StGB (Bestechung) auch in Verbindung mit Artikel 2 des EU-Bestechungsgesetzes, Artikel 2 § 1 des Gesetzes zur Bekämpfung internationaler Bestechung, Artikel 7 Abs. 2 Nr. 10 des Vierten Strafrechtsänderungsgesetzes und § 2 des Gesetzes über das Ruhen der Verfolgungsverjährung und die Gleichstellung der Richter und Bediensteten des Internationalen Strafgerichtshofes sowie des Artikel 2 § 2 des Gesetzes zur Bekämpfung internationaler Bestechung (Bestechung ausländischer Abgeordneter im Zusammenhang mit internationalem Geschäftsverkehr).

24 Bei der zweiten Gruppe muss neben der Erfüllung des Straftatbestandes hinzukommen, dass sich die Straftat gegen den Haushalt der Europäischen Gemeinschaften oder gegen Haushalte richtet, die von den Europäischen Gemeinschaften oder in deren Auftrag verwaltet werden. Hierzu gehören die in § 7 a Nr. 2 Abs. 1 lit. c), d) und g) genannten Tatbestände des 263 StGB (Betrug), des § 264 StGB (Subventionsbetrug) und des § 370 der Abgabenordnung (Steuerhinterziehung) – letztere auch in Verbindung mit § 12 des Gesetzes zur Durchführung der gemeinsamen Marktorganisationen und der Direktzahlungen (MOG) (Hinterziehung von Abgaben zu Marktordnungszwecken).

IV. Gleichgesetzte Verstöße gegen Strafnormen anderer Staaten (§ 7 a Nr. 2 Abs. 1 Satz 2)

25 Gleichgesetzte Verstöße gegen Strafnormen anderer Staaten ergeben sich aus deren jeweiligen nationalen vergaberechtlichen Vorschriften zur Umsetzung von Art. 45 Abs. 1 RL 2004/18/EG. Die Richtlinie schreibt einen zwingenden Ausschluss von der Teilnahme an einem Vergabeverfahren bei rechtskräftiger Verurteilung aus den folgenden Gründen vor:

a) Verurteilung wegen Beteiligung an einer kriminellen Organisation im Sinne von Art. 2 Abs. 1 der gemeinsamen Maßnahme 98/773/JI des Rates;
b) Bestechung im Sinne von Artikel 3 des Rechtsakts des Rates vom 26. Mai 1997 und von Artikel 3 Abs. 1 der gemeinsamen Maßnahme 98/742/JI des Rates;

c) Betrug im Sinne von Artikel 1 des Übereinkommens über den Schutz der finanziellen Interessen der Europäischen Gemeinschaften;
d) Geldwäsche im Sinne von Artikel 1 der Richtlinie 91/308/EWG des Rates vom 10. Juni 1991 zur Verhinderung der Nutzung des Finanzsystems zum Zwecke der Geldwäsche.

Soweit das Strafrecht anderer Staaten eine Verurteilung nicht nur natürlicher sondern auch **juristischer Personen** zulässt, sind Verurteilungen von Unternehmen ebenfalls zu berücksichtigen. Zwar sieht das deutsche Recht die Möglichkeit der strafrechtlichen Verurteilung von Organisationen und Unternehmen nicht vor. Es ergibt sich jedoch aus den Vorschriften der RL 2004/18/EG, dass zunächst auf die rechtskräftige Verurteilung des »Bewerbers oder Bieters« abzustellen ist (Art. 45 Abs. 1). Soweit nationale Rechtsordnungen eine strafrechtliche Verurteilung juristischer Personen zulassen, müssen diese daher berücksichtigt werden. 26

V. Zurechenbarkeit des Verhaltens (§ 7 a Nr. 2 Abs. 1 Satz 3)

Gemäß § 7 a Nr. 2 Abs. 1 hat ein Ausschluss vom Vergabeverfahren nur dann zu erfolgen, wenn das Verhalten einer rechtskräftig verurteilten Person dem Bewerber/Bieter zuzurechnen ist. Das ist gemäß § 7 a Nr. 2 Abs. 1 Satz 3 der Fall, wenn, die verurteilten Personen a) für das Unternehmen bei der Führung der Geschäfte selbst verantwortlich gehandelt haben oder b) ein Aufsichts- oder Organisationsverschulden gemäß § 130 des Gesetzes über Ordnungswidrigkeiten (OWiG) einer Person im Hinblick auf das Verhalten einer anderen für das Unternehmen handelnden, rechtskräftig verurteilten Person vorliegt. 27

Da § 7 a Nr. 2 Abs. 1 Satz 3 darauf abstellt, ob »ein Verhalten einer verurteilten Person« dem Bewerber/Bieter zuzurechnen ist, könnte der Anschein entstehen, der Ausschlussstatbestand läge nur vor, wenn das »verurteilte Verhalten« dem Unternehmen zuzurechnen ist, weil es in **Zusammenhang mit der beruflichen Tätigkeit** für den Bewerber/Bieter stand. Hierfür scheint auch zu sprechen, dass § 7 a Nr. 2 Abs. 1 Satz 3 eine Zurechnung nur bei der »Führung eines Geschäftes« oder im Rahmen eines unternehmensbezogenen »Aufsichts- oder Organisationsverschuldens« annimmt. Der zugrundeliegenden Richtliniennorm Art. 45 Abs. 1 UAbs. 1 RL 2004/18/EG ist eine solche Einschränkung jedoch nicht zu entnehmen. Nach dem klaren Wortlaut von Art. 45 Abs. 1 UAbs. 1 RL 2004/18/EG ist jeder Bewerber/Bieter auszuschließen, der wegen eines Katalogtatbestandes rechtskräftig verurteilt wurde – grundsätzlich unabhängig davon, ob ein Straftatbestand, wie z. B. Geldwäsche, in beruflicher Funktion oder bei Privatgeschäften begangen wurde. Die Richtlinie enthält insoweit eine Unzuverlässigkeitsvermutung bezüglich jedes Bewerbers/Bieters, der wegen einer der Katalogstraftaten verurteilt wurde. Das ist bei der Auslegung von § 7 a Nr. 2 zu berücksichtigen. Bewerber/Bieter, die natürliche Personen sind, sind daher (vorbehaltlich des Vorliegens eines Ausnahmetatbestandes) stets auszuschließen, wenn sie wegen einer Katalogstraftat rechtskräftig verurteilt worden sind. Dasselbe gilt für Unternehmen, die – sofern das nach einer nationalen Rechtsnorm zulässig ist – wegen einer Katalogstraftat verurteilt wurden. 28

1. Verantwortliches Handeln bei der Führung der Geschäfte des Unternehmens

29 Das Verhalten einer rechtskräftig verurteilten Person ist nach der ersten Alternative von § 7a Nr. 2 Abs. 1 Satz 3 einem Unternehmen dann zuzurechnen, wenn *»sie für dieses Unternehmen bei der Führung der Geschäfte selbst verantwortlich gehandelt hat«*. Grundsätzlich ist das bei juristischen Personen jedenfalls hinsichtlich des Verhaltens vertretungsberechtigter Organe bzw. Organmitglieder und bei den rechtsfähigen Personengesellschaften hinsichtlich des Verhaltens vertretungsberechtigter Gesellschafter der Fall.

30 Der der Regelung zugrunde liegende Art. 45 Abs. 1 UAbs. 4 der RL 2004/18/EG deutet jedoch auf ein weiteres Verständnis des zurechenbaren Personenkreises hin: Im Zusammenhang mit Auskunftsersuchen bei Behörden heißt es dort, dass Auskunftsersuchen *»nach Maßgabe des nationalen Rechts, in dem der Bewerber oder Bieter ansässig ist, [...] gegebenenfalls auch die jeweiligen Unternehmensleiter oder jede andere Person, die befugt ist, den Bewerber oder Bieter zu vertreten, in seinem Namen Entscheidungen zu treffen oder ihn zu kontrollieren«* betreffen. Die Richtlinie ermöglicht also grundsätzlich die Zurechnung des **Handelns von Führungskräften** (unabhängig von deren Vertretungsbefugnis) sowie des Handelns aller vertretungsberechtigten Personen und des Handelns derjenigen Personen, die die **Kontrolle und Aufsicht über ein Unternehmen** ausüben können. § 7a Nr. 2 Abs. 1 S. 3 ist in diesem Sinne richtlinienkonform dahingehend auszulegen, dass das Handeln von Führungspersonal, vertretungsberechtigten Personen und Mitgliedern der Kontroll- und Aufsichtsorgane grundsätzlich dem Bewerber/Bieter zugerechnet werden kann.

31 Hinsichtlich der Zurechnung des Verhaltens rechtskräftig verurteilter Personen kommt es wohl nicht darauf an, dass das »verurteilte Verhalten« in Zusammenhang mit einer Tätigkeit für den Bewerber/Bieter stand. § 7a Nr. 2 will unzuverlässigen Bewerbern/Bietern den Zugang zu öffentlichen Aufträgen verwehren. Ein als natürliche Person auftretender Bewerber/Bieter, der wegen eines der Katalogtatbestände des § 7a Nr. 2 Abs. 1 verurteilt ist, ist aufgrund des klaren Wortlauts von Art. 45 Abs. 1 UAbs. 1 RL 2004/18/EG zwingend auszuschließen. Eine Einschränkung dahingehend, dass seine Verurteilung in **Zusammenhang mit seiner beruflichen Tätigkeit** stehen muss, enthält Art. 45 Abs. RL 2004/18/EG nicht. Dasselbe muss daher auch für Bewerber gelten, die keine natürlichen Personen sind. Sind dort Personen verantwortlich tätig, die wegen eines Katalogtatbestandes verurteilt worden sind, ist der Bewerber/Bieter als unzuverlässig auszuschließen, sofern kein Ausnahmetatbestand greift.

32 Ist dem Auftraggeber bekannt, dass bei einem Bewerber/Bieter eine wegen einer Katalogstraftat rechtskräftig verurteilte Person tätig ist, muss er daher zunächst genau prüfen, ob diese Person dem nach § 7a Nr. 2 und Art. 45 RL 2004/18/EG zurechenbaren Personenkreis angehört. Ist das der Fall, kann vom Ausschluss nur dann abgesehen werden, wenn der Ausnahmetatbestand des § 7a Nr. 2 Abs. 3 vorliegt, also zwingende Gründe des Allgemeinwohls dem Ausschluss entgegenstehen oder die Verurteilung im Einzelfall die Zuverlässigkeit des Unternehmens nicht in Frage stellt.

2. Aufsichts- oder Organisationsverschulden

Die Zurechnung des Verhaltens einer rechtskräftig verurteilten Person kann auch wegen Verletzung eines Aufsichts- oder Organisationsverschuldens gemäß § 130 OWiG erfolgen. Durch diese zweite Alternative können auch strafrechtliche Verurteilungen von nicht für die Geschäftsführung verantwortlichen bzw. vertretungsberechtigten Mitarbeitern einem Unternehmen zugerechnet werden, wenn die zur Aufsicht dieser Personen Verpflichteten ein Verschulden trifft. Das setzt gemäß § 130 OWiG voraus, dass 33

- der Inhaber eines Betriebes oder (öffentlichen) Unternehmens[27]
- vorsätzlich oder fahrlässig
- diejenigen Aufsichtsmaßnahmen unterlässt, die erforderlich sind, um in dem Betrieb oder Unternehmen Zuwiderhandlungen gegen solche Pflichten zu verhindern, die den Inhaber als solchen treffen und deren Verletzung mit Strafe oder Geldbuße bedroht ist,
- und die Zuwiderhandlung durch gehörige Aufsicht verhindert oder wesentlich erschwert hätte werden müssen.

Zu den erforderlichen Aufsichtsmaßnahmen gehören auch die Bestellung, sorgfältige Auswahl und Überwachung von Aufsichtspersonen (§ 130 Abs. 1 Satz 2 OWiG). Ist also ein Mitarbeiter eines Bewerbers/Bieters rechtskräftig wegen einer Katalogstraftat verurteilt worden und ist diese Verurteilung durch die (den Tatbestand von § 130 OWiG erfüllende) Unterlassung von Aufsichtsmaßnahmen verschuldet oder erleichtert worden, ist der Ausschlusstatbestand von § 7 a Nr. 2 erfüllt. 34

a) Inhaber der Aufsichts- oder Organisationspflicht

Nach dem Wortlaut von § 130 OWiG ist Inhaber der Aufsichts- oder Organisationspflicht der Inhaber des Betriebs oder Unternehmens. Inhaber ist derjenige, dem die Erfüllung der den Betrieb oder das Unternehmen treffenden Pflichten obliegt.[28] Da der Inhaberbegriff im Rahmen von § 130 OWiG von den betriebs- und unternehmensbezogenen Pflichten her zu bestimmen ist, werden dem Inhaber eines Betriebes bei juristischen Personen und rechtsfähigen Personengesellschaften gemäß § 9 OWiG Personen gleichgestellt,[29] die als Organe, Vertreter oder Beauftragte anzusehen sind, weil sie die gesetzliche oder gewillkürte Vertretung für das Unternehmen ausüben.[30] 35

Gemäß § 9 Abs. 1 OWiG (**Fälle der gesetzlichen Vertretung**) sind daher folgende Personen von der Aufsichts- oder Organisationspflicht erfasst: 36

- vertretungsberechtigte Organe oder Organmitglieder einer juristischen Person, § 9 Abs. 1 Nr. 1 OWiG;

---

27 Gem. § 130 Abs. 2 OWiG ist ein Betrieb oder Unternehmen im Sinne des Abs. 1 auch das öffentliche Unternehmen.
28 *Mosbacher* in: Lemke/Mosbacher, OWiG, § 130 Rn. 5.
29 *Rogall* in: Senge, OWiG, § 130 Rn. 31; *König* in: Göhler, OWiG, § 130 Rn. 4.
30 Nach § 9 Abs. 3 OWiG spielt es dabei keine Rolle, ob die Rechtshandlung, welche die Vertretungsbefugnis oder das Auftragsverhältnis begründen sollte, unwirksam ist.

Aufgrund der vom Gesetz geforderten **Vertretungsberechtigung** sind von der Vorschrift nur die Geschäftsleitungsorgane und keine anderen Organe (Mitgliederversammlung, Aufsichtsrat, Beiräte etc.) erfasst.[31] Als vertretungsberechtigtes Organ kommt daher gemäß § 9 OWiG nur der Vorstand oder der Geschäftsführer einer juristischen Person in Betracht. Bei den juristischen Personen des öffentlichen Rechts (öffentlich-rechtliche Körperschaften, Anstalten und Stiftungen) bestimmt sich die Organschaft nach dem jeweils maßgeblichen Organisationsrecht. Bei den juristischen Personen des Privatrechts sind die zivil- und handelsrechtlichen Vorschriften für die Frage maßgeblich, welche Organe vertretungsberechtigt sind;[32]

- vertretungsberechtigte Gesellschafter einer rechtsfähigen Personengesellschaft, § 9 Abs. 1 Nr. 2 OWiG.
Die Vertretungsberechtigung richtet sich im Einzelfall nach dem Gesellschaftervertrag. Sofern dort nichts anderes bestimmt ist, sind bei der OHG alle Gesellschafter vertretungsberechtigt (§ 125 HGB), bei der KG dagegen nur die persönlich haftenden Gesellschafter (Komplementäre, §§ 161, 170 HGB). Bei der GmbH & Co KG ist die GmbH vertretungsberechtigter Gesellschafter, deren Geschäftsführer ist also nach § 130 i. V. m. § 9 OWiG aufsichtspflichtig;[33]

- gesetzliche Vertreter, § 9 Abs. 1 Nr. 3 OWiG.
Hiervon sind auch die »Parteien kraft Amtes« umfasst, d. h. etwa Insolvenzverwalter (§§ 56 ff. InsO), wenn sie in ihrer Eigenschaft als gesetzliche Vertreter handeln.[34]

37 Gemäß § 9 Abs. 2 OWiG (**Fälle der gewillkürten Vertretung**) sind unter den dort genannten Voraussetzungen ebenfalls aufsichtspflichtig:

- Personen, die von dem Inhaber eines Betriebes oder einem sonst dazu Befugten beauftragt sind, den Betrieb ganz oder zum Teil zu leiten, § 9 Abs. 2 Nr. 1 OWiG (also Betriebs- und »Teilbetriebs«-Leiter),[35]
- Personen, die von dem Inhaber eines Betriebes oder einem sonst dazu Befugten ausdrücklich beauftragt sind, in eigener Verantwortung Aufgaben wahrzunehmen, die dem Inhaber des Betriebes obliegen, § 9 Abs. 2 Nr. 2 OWiG.[36]

b) Inhalt und Umfang der Aufsichts- und Organisationspflicht

38 Die Aufsichtspflichten werden in § 130 OWiG nicht näher bestimmt. **Inhalt und Umfang** solcher Pflichten sind einer allgemein gültigen, abstrakten Beschreibung nicht zugänglich.[37] Sie ergeben sich vielmehr aus einschlägigen Spezialvorschriften und der ge-

---

31 *Rogall* in: Senge, OWiG, § 9 Rn. 43.
32 Durch ihren Vorstand (oder ggf. Notvorstand) werden rechtsfähige Vereine (§§ 26, 29 BGB) rechtsfähige Stiftungen (§ 86 BGB), Aktiengesellschaften (§ 78 AktG) und Genossenschaften (§ 24 GenG) vertreten. Bei der GmbH erfolgt die gesetzliche Vertretung durch die Geschäftsführer (§ 35 GmbHG), bei der KGaA durch den persönlich haftenden Gesellschafter (§ 278 Abs. 2 AktG, § 170 HGB) und bei der Europäischen Gesellschaft (Societas Europeae [SE]) durch die geschäftsführenden Direktoren (§ 41 SEAG).
33 *Lemke* in: Lemke/Mosbacher, OWiG, § 9 Rn. 10.
34 *Lemke* in: Lemke/Mosbacher, OWiG, § 9 Rn. 11.
35 *Rogall* in: Senge, OWiG, § 130 Rn. 33, vgl. dazu ausführlich *Rogall* in: Senge, OWiG, § 9 Rn. 75 ff.
36 Vgl. dazu umfassend *Rogall* in: Senge, OWiG, § 9 Rn. 78 ff.
37 *Bohnert* OWiG, § 130 Rn. 17; vgl. auch *Rogall* in: Senge, OWiG, § 130 Rn. 37 ff.

gebenenfalls konkretisierenden Rechtsprechung. Der Umfang der Aufsichtspflichten hängt von den jeweiligen Umständen des Einzelfalls ab. Parameter sind dabei die Größe und Organisation des Betriebs, die Vielfalt und Bedeutung der zu beachtenden Vorschriften und die unterschiedlichen Überwachungsmöglichkeiten.[38]

Betriebsinhaber (und gleichgestellte Personen) müssen jedenfalls alle durchführbaren und zumutbaren **Organisationsmaßnahmen** ergreifen, die zur Beachtung der Rechtsordnung erforderlich und geeignet sind.[39] Dabei ist zu beachten: **39**

- Die Aufsichtspflicht dient der Gewährleistung der Einhaltung von bestehenden betriebsbezogenen Pflichten und Verboten. Zu den erforderlichen Aufsichtsmaßnahmen gehören daher insbesondere die sorgfältige Auswahl der Mitarbeiter und gegebenenfalls die Bestellung von Aufsichtspersonen (§ 130 Abs. 1 S. 2 OWiG), die sachgerechte Organisation und Aufgabenverteilung, die Aufklärung, Belehrung und Instruktion sowie die Überwachung der Mitarbeiter und Aufsichtspersonen.[40] An die Aufsichtsmaßnahmen dürfen keine überspannten Anforderungen gestellt werden.[41] Es müssen insbesondere auch die konkreten Zuwiderhandlungsgefahren im jeweiligen Betrieb berücksichtigt werden. Sorgfaltsmaßstab ist dabei derjenige eines ordentlichen Angehörigen des jeweiligen Tätigkeitsbereichs;
- Zur Aufsichtspflicht gehört ferner eine hinreichende Überwachung, an die je nach Mitarbeiter unterschiedliche Anforderungen zu stellen sind.[42] Eine Pflicht zu gesteigerten Aufsichtsmaßnahmen besteht dann, wenn es im Betrieb bereits zu Unregelmäßigkeiten gekommen ist;
- Die Aufsichtspflichtverletzung kann auch in einem Organisationsmangel bestehen.[43] Das kann der Fall sein, wenn etwa die Verantwortung undurchsichtig verteilt ist, und es dadurch zu unnötigen Kompetenzüberschneidungen kommt.

VI. Dauer des Ausschlusses

Die Frage der zeitlichen Fortdauer eines Ausschlusses vom Vergabeverfahren nach § 7 a Nr. 2 Abs. 1 stellt sich insbesondere im Hinblick auf die Möglichkeit von Unternehmen, ihre ursprüngliche Unzuverlässigkeit durch »**Selbstreinigung**«, d. h. durch Trennung von den betreffenden strafrechtlich verurteilten Mitarbeitern, zu beseitigen. Eine ausdrückliche Regelung über die Dauer des zwingenden Ausschlusses enthält § 7 a Nr. 2 nicht. **40**

Ein früherer Richtlinienentwurf für 2004/18/EG sah vor, all diejenigen Wirtschaftsteilnehmer vom Vergabeverfahren auszuschließen, die in den fünf der Ausschreibung vorangegangenen Jahren wegen bestimmter Straftaten bestraft worden waren.[44] Der automatische Ausschluss eines Bewerbers für fünf Jahre nach einer strafrechtlichen **41**

---

38 *König* in: Göhler, OWiG, § 130 Rn. 10 m. w. N.; vgl. auch *Rogall* in: Senge, OWiG, § 130 Rn. 37 ff.
39 Vgl. zum dem Ganzen die Kasuistik bei *König* in: Göhler, OWiG, § 130 Rn. 10.
40 *König* in: Göhler, OWiG, § 130 Rn. 11 m. w. N.
41 Vgl. zur Kasuistik *Rogall* in: Senge, OWiG, § 130 Rn. 49 ff.; *König* in: Göhler, OWiG, § 130 Rn. 12 m. w. N.
42 Zur Kasuistik *Rogall* in: Senge, OWiG, § 130 Rn. 58 ff.; *König* in: Göhler, OWiG, § 130 Rn. 12 m. w. N.
43 *König* in: Göhler, OWiG, § 130 Rn. 14; *Rogall* in: Senge, OWiG, § 130 Rn. 67.
44 Art. 46 des Richtlinienentwurfs v. 30. 8. 2000, KOM (2000) 275 endgültig/2.

Verurteilung erschien jedoch unangemessen, u. a. bei Fällen fristloser Kündigung straffälliger Mitarbeiter.[45] Im Laufe des Normsetzungsprozesses wurde die absolute zeitliche Begrenzung daher aufgegeben.[46]

42 Die **zeitliche Wirkung** einer rechtskräftigen Verurteilung ist demnach zunächst grundsätzlich nach dem jeweiligen nationalen Recht, insbesondere nach den Regelungen über die Eintragung von Straftaten in die Strafregister, zu beurteilen. Im deutschen Recht richtet sich das nach den Tilgungsregelungen des Bundeszentralregistergesetzes (§§ 45 ff. BZRG). Eine rechtskräftige Verurteilung bewirkt daher grundsätzlich solange die Unzuverlässigkeit einer natürlichen Person, wie diese im Bundeszentralregisterauszug eingetragen ist.

43 Dem betroffenen Unternehmen muss es jedoch auch vor Tilgung der Zentralregistereintragung möglich sein, durch »**Selbstreinigung**«[47] einen Ausschluss wegen nachweislicher Unzuverlässigkeit zu verhindern und wieder an Vergabeverfahren teilnehmen zu können. Die zu § 7 Nr. 5 lit. c) entwickelten Grundsätze zur zeitlichen Dauer eines Ausschlusses in solchen Fällen können wegen der Parallelität der Vorschriften auf § 7 a Nr. 2 übertragen werden. Grundsätzlich ist ein Unternehmen danach (nur) solange von der Teilnahme an Vergabeverfahren ausgeschlossen, wie die rechtskräftig verurteilte Person dort beschäftigt ist. Der Ausschlussgrund kann demnach durch Beendigung des Beschäftigungsverhältnisses mit dieser Person beendet werden. Das dürfte im Falle eines Aufsichts- oder Organisationsverschuldens auch für die Personen gelten, aufgrund deren Pflichtverletzung die strafrechtliche Verfehlung eines Mitarbeiters dem Unternehmen zuzurechnen war.

44 Die Widerlegung der Unzuverlässigkeit setzt zumindest voraus, dass sich das Unternehmen unverzüglich und vollständig von den für die Verfehlungen verantwortlichen Personen trennt und ihnen jeden Einfluss auf die Geschäftsführung verwehrt.[48] Wird den Personen hingegen weiterhin die Einflussmöglichkeit auf das Unternehmen belassen, etwa durch den Abschluss verdeckter Treuhandverträge, so dürfte weiterhin ein zurechnungsbegründendes Aufsichts- und Organisationsverschulden und damit eine schwere Verfehlung i. S. des § 7 a Nr. 2 Abs. 1 bzw. § 7 Nr. 5 lit. c) vorliegen.

VII. Widerlegung der Unzuverlässigkeit (§ 7 a Nr. 2 Abs. 2)

45 Gem. § 7 a Nr. 2 Abs. 2 kann ein in den Verdacht der Unzuverlässigkeit geratener Bewerber im Falle einer Falschinformation des Auftraggebers den Gegenbeweis antreten.[49]

---

45 Stellungnahme des Ausschusses der Regionen v. 13. 12. 2000, AdR/2000/312, COM-6/023, ABl. EG v. 16. 5. 2001, C 144/09 Punkt 2.5.2.
46 Vgl. Art. 46 des Richtlinienentwurfs v. 6. 5. 2002, KOM (2002) 236 endgültig, der diese Begrenzung bereits nicht mehr enthält.
47 So *OLG Düsseldorf* Beschl. v. 28. 7. 2005 – Verg 42/05 im Hinblick auf § 7 Nr. 5 lit. c.
48 *OLG Düsseldorf* Beschluss v. 28. 7. 2005 – Verg 42/05 zur Frage der »Selbstreinigung« eines Unternehmens bei schweren Verfehlungen gemäß § 7 Nr. 5 lit. c).
49 Vgl. zu den Rechten und Pflichten des Auftraggebers im Zusammenhang mit der Ausräumung von Verdachtsmomenten durch Anforderung der genannten Nachweise die Kommentierung zu § 7 Nr. 5 lit. c) VOL/A.

Die Regelung beruht auf Art. 45 Abs. 3 der Richtlinie 2004/18/EG. Der Bewerber kann den Nachweis dafür, dass er nicht wegen einer der in Nr. 2 Abs. 1 aufgezählten Straftaten verurteilt wurde (ausschließlich) mit Hilfe der folgenden Dokumente antreten:

- Auszug aus dem Bundeszentralregister oder
- eine gleichwertige Urkunde einer zuständigen Gerichts- oder Verwaltungsbehörde des Herkunftslands;

soweit eine Urkunde oder Bescheinigung vom Herkunftsland nicht ausgestellt wird oder darin nicht alle vorgesehenen Fälle erwähnt sind durch:

- eine eidesstattliche Erklärung;
- oder eine förmliche Erklärung, die der betreffende Wirtschaftsteilnehmer vor einer zuständigen Gerichts- oder Verwaltungsbehörde, einem Notar oder einer dafür qualifizierten Berufsorganisation des Herkunftslands.

Andere als die in § 7 a Nr. 2 Abs. 2 genannten Nachweise können nicht zur Widerlegung des Verdachts einer strafrechtlichen Verurteilung führen und somit auch nicht den zwingenden Ausschluss des betreffenden Bewerbers verhindern. Es widerspräche dem Transparenz- und Gleichbehandlungsgrundsatz, wenn der Auftraggeber bei Zweifeln über das Vorliegen eines Ausschlussgrundes nach § 7 a Nr. 2 Abs. 1 andere als die aufgezählten Nachweise fordern oder akzeptieren würde. **46**

Bei Auslegung von § 7 a Nr. 2 Abs. 2 im Lichte der RL 2004/18/EG und unter Berücksichtigung von Sinn und Zweck der Regelung begründet die Norm ein Recht der Auftraggeber, immer dann (aber nur dann) die entsprechenden **Nachweise von Bewerbern zu verlangen**, wenn konkrete Anhaltspunkte für eine strafrechtliche Verurteilung und damit die fehlende Eignung des Bewerbers vorliegen. **47**

VIII. Ausnahme von der Ausschlussfolge bei zwingenden Gründen des Allgemeininteresses (§ 7 a Nr. 2 Abs. 3)

Der deutsche Gesetzgeber hat mit der Regelung des § 7 a Nr. 2 Abs. 3 von der durch Art. 45 Abs. 1 UAbs. 3 RL 2004/18/EG eingeräumten Möglichkeit Gebrauch gemacht, bei Vorliegen zwingender Gründe des Allgemeininteresses Ausnahmen von der an sich obligatorischen Ausschlussfolge vorzusehen. Eine vergleichbare Ausnahmemöglichkeit war zuvor weder gemeinschaftsrechtlich noch in den Verdingungsordnungen geregelt. **48**

Die deutsche Umsetzung geht über die Richtlinienvorgaben insofern hinaus, als sie – gemeinschaftsrechtlich unbedenklich – den Rückgriff auf die Ausnahme erschwert. § 7 a Nr. 2 Abs. 3 fordert **zusätzlich** zu den zwingenden Gründen des Allgemeininteresses, dass »*andere Unternehmen die Leistung nicht angemessen erbringen können*«. Diese Alternative ist Ausdruck des Gedankens, dass die Beauftragung eines unzuverlässigen Unternehmens nur dann zulässig sein soll, wenn hierzu keine andere Alternative besteht. Darüber hinaus enthält § 7 a Nr. 2 Abs. 3 die alternative **Zusatzvoraussetzung** für ein Absehen vom Ausschluss, dass »*aufgrund besonderer Umstände des Einzelfalls der Verstoß die Zuverlässigkeit des Unternehmens nicht in Frage stellt*«. **49**

50 Beide Alternativen eröffnen **keine zusätzlichen** Möglichkeiten für ein Absehen von einem Ausschluss, denn Art. 45 Abs. 1 UAbs. 2 RL 2004/18/EG ermächtigt die Mitgliedsstaaten zum Verzicht auf den zwingenden Ausschluss nur aus zwingenden Gründen des Allgemeininteresses. § 7 a Nr. 2 Abs. 3 ist daher so zu lesen, dass ein Ausschluss nur dann unterbleiben darf, wenn ein zwingender Grund des Allgemeininteresses vorliegt **und** entweder kein anderes Unternehmen die Leistung erbringen kann oder im Einzelfall die Zuverlässigkeit des Bewerbers/Bieters nicht in Frage steht. Im Einzelnen:

1. Zwingende Gründe des Allgemeininteresses

51 Für die Frage, was zwingende Gründe des Allgemeininteresses sind, enthält weder § 7 a noch die RL 2004/18/EG konkrete Anhaltspunkte. Aus dem Begriff »zwingend« folgt das Gebot einer **restriktiven Auslegung**. In Betracht kommen nur besondere Ausnahmesituationen, etwa Katastrophenfälle oder vergleichbare akute Gefährdungen zentraler Rechtsgüter wie Leib und Leben bzw. besonders wichtiger staatlicher Einrichtungen. § 7 a Nr. 2 Abs. 3 dürfte damit ähnlich eng zu verstehen sein, wie § 3 Nr. 4 lit. f) sowie § 3 a Nr. 2 lit. d), in denen festgelegt ist, wann aufgrund zwingender Gründe ein Verhandlungsverfahren ohne vorherige öffentliche Bekanntmachung zulässig ist.

2. Unfähigkeit anderer Unternehmen, den Auftrag auszuführen

52 Dass andere Unternehmen die zu beschaffende Leistung nicht angemessen erbringen können, stellt wohl den praktisch wichtigsten Fall eines die Ausnahme rechtfertigenden Grundes dar. Durch diese zusätzliche Voraussetzung wird eine missbräuchliche Überdehnung des unbestimmten Rechtsbegriffs des »zwingenden Grunds des Allgemeininteresses« verhindert. Nach Sinn und Zweck der Ausschlussregelung erscheint es kaum vorstellbar, dass andere Gründe außer dem drohenden Scheitern eines dringenden Beschaffungsvorhabens die Beteiligung des *an sich unzuverlässigen* Unternehmens am Vergabeverfahren rechtfertigen könnten. Das könnte z. B. der Fall sein, wenn ein kommunales Krankenhaus ein aus medizinischen Gründen dringend erforderliches Gerät erwerben will, das weltweit von nur einer Firma hergestellt wird (etwa weil nur diese das Patent hierfür hat), der Geschäftsführer dieser Firma aber wegen einer Katalogstraftat verurteilt worden ist.

3. Keine Unzuverlässigkeit im Einzelfall

53 Ungeklärt ist, in welchen Fällen die zweite Alternative des § 7 a Nr. 2 Abs. 3 (keine Unzuverlässigkeit im Einzelfall) eingreifen kann. Naheliegend wäre, dass hiermit jedenfalls Fälle erfasst sind, in denen keine Bedenken gegen die Zuverlässigkeit des Unternehmens mehr bestehen können, weil nach einem Selbstreinigungsprozess der verurteilte Unternehmensverantwortliche das Unternehmen verlassen hat.[50] Dann dürfte jedoch schon tatbestandlich keine Zurechnung des Verurteilten zum Unternehmen

---

50 Vgl. *Glahs* in: Kapellmann/Messerschmidt, VOB Teile A und B, § 8 a Rn. 12.

nach § 7 a Nr. 2 Abs. 1 mehr möglich sein. Zweifelhaft ist daher, welcher Raum hier für die Anwendung der Ausnahmevorschrift § 7 a Nr. 2 Abs. 3 verbleibt.

Als Anwendungsgebiet für die Ausnahmevorschrift § 7 a Nr. 2 Abs. 3 dürften solche Fälle in Betracht kommen, in denen ein verurteiltes Unternehmen aus einem anderen Mitgliedsstaat (in dem die Verurteilung eines Unternehmens zulässig ist) eigentlich nach § 7 a Nr. 2 Abs. 1 auszuschließen wäre, die damals verantwortlich handelnde natürliche Person aber inzwischen ausgetauscht wurde.[51] Denkbar ist ein Absehen vom Ausschluss u. U. auch in Fällen zwingender Dringlichkeit, wenn es sich bei dem »verurteilten Verhalten« um rein private Handlungen der verurteilten Person gehandelt hat und diese nachweisen bzw. glaubhaft machen kann, dass sie jedenfalls im Rahmen ihrer beruflichen Verantwortung nie schwere Verfehlungen begangen hat.

54

D. § 7 a Nr. 3: Nachweis der Leistungsfähigkeit der Unternehmen

I. Allgemeines

§ 7 a Nr. 3 VOL/A legt fest, welche Nachweise Bewerber erbringen können, um ihre wirtschaftliche und finanzielle (Abs. 1) bzw. fachliche und technische (Abs. 2) Leistungsfähigkeit zu belegen. Die Vorschrift entspricht überwiegend § 7 a Nr. 2 VOL/A a. F. Während die §§ 2 Nr. 3, 7 Nr. 4 VOL/A und 25 Nr. 2 Abs. 1 VOL/A allgemein festlegen, dass die Eignung der Bewerber anhand der Kriterien der Fachkunde, Leistungsfähigkeit und Zuverlässigkeit zu beurteilen ist, bleiben sie die Angabe schuldig, welche Nachweise hierfür gefordert werden können. § 7 a Nr. 3 konkretisiert insofern, welche Nachweise ein Auftraggeber für die Überprüfung der »Leistungsfähigkeit« der Bewerber/Bieter fordern kann.

55

Die Regelung ist von erheblicher praktischer Bedeutung. Denn ein Ausscheiden wegen mangelnder bzw. nicht nachgewiesener Leistungsfähigkeit bedeutet für den potentiellen Teilnehmer das Ende des Vergabeverfahrens. Ein Unternehmen, das bereits nicht in den Teilnehmerkreis gelangt, hat keine Chance, den Zuschlag zu erhalten. In Offenen Verfahren scheiden ungeeignete Bieter nach Angebotsabgabe auf der zweiten Wertungsstufe der Angebotswertung aus und im Nichtoffenen Verfahren bzw. Verhandlungsverfahren und Wettbewerblichen Dialog werden ungeeignete oder nicht nachweislich geeignete Bewerber überhaupt nicht zur Abgabe eines Angebotes aufgefordert. Die Entscheidung des Auftraggebers, welche konkreten Eignungsnachweise er fordert, bewegt sich im Spannungsfeld zwischen dem Anliegen des Auftraggebers, das Vergabeverfahren nur mit tatsächlich geeigneten Kandidaten fortzusetzen und seinem Interesse, die Zahl der Teilnehmer und damit den Wettbewerb nicht unnötig zu verringern. Überhöhte Anforderungen an die Eignung (z. B. Mindestanforderungen) und die Eignungsnachweise können dazu führen, dass eigentlich geeignete Bewerber dem Auftraggeber als potentielle Auftragnehmer verloren gehen, sei es weil sie die

56

---

51 Art. 45 Abs. 1 der RL 2004/18/EG spricht nur vom Ausschluss des Bewerbers bzw. Bieters und stellt im Gegensatz zu § 7 a Nr. 2 Abs. 1 nicht auf verurteilte natürliche Personen ab, die dann dem Unternehmen zugerechnet werden müssen.

§ 7a Teilnehmer am Wettbewerb

Eignungsanforderungen tatsächlich nicht erfüllen oder aber weil sie – aus welchen Gründen auch immer – bestimmte zwingend geforderte Eignungsnachweise nicht beigefügt haben.

57 Soweit ein Bewerber bzw. Bieter der Auffassung ist, dass ein Nachweis unzulässigerweise durch den Auftraggeber gefordert worden ist, muss er diesen Umstand unverzüglich nach Kenntnis **rügen** (§ 107 Abs. 3 Satz 1 GWB). Die geforderten Nachweise werden gem. § 7a Nr. 3 Abs. 3 mit der Bekanntmachung veröffentlicht. Ab Kenntnisnahme der Bekanntmachung ist somit davon auszugehen, dass der Bewerber bzw. Bieter etwaige Vergaberechtsverstöße im Zusammenhang mit den Nachweisanforderungen erkennen kann.[52] Rechtsprechung und Literatur gehen von maximalen Rügefristen zwischen einem[53] bis drei[54] Tagen, in besonders komplizierten Ausnahmefällen von bis zu zwei Wochen[55] aus. Hat der Bewerber bzw. Bieter nicht unverzüglich gerügt, ist er vor der Nachprüfungsinstanz mangels rechtzeitiger Rüge bezüglich der Zulässigkeit der Forderung nach dem in Rede stehenden Nachweis präkludiert.

1. Ermessen des Auftraggebers bei der Auswahl der Eignungsnachweise

58 § 7a Nr. 3 ergänzt § 7 Nr. 4, wonach dem Auftraggeber bei der Wahl der von ihm geforderten Eignungsnachweise ein relativ großer Ermessensspielraum eingeräumt wird.[56] § 7a enthält Kataloge der zulässige Eignungsnachweise, die zumindest im Hinblick auf den Nachweis der technischen Leistungsfähigkeit und Fachkunde abschließend sind und somit die Entscheidungsfreiheit öffentlicher Auftraggeber für Auftragsvergaben oberhalb der Schwellenwerte bezüglich der Nachweisforderung für dieses Eignungskriterium einschränken.

59 Der Katalog der zulässigen Eignungsnachweise in § 7a Nr. 3 gibt dem Auftraggeber eine Entscheidungshilfe, welche Nachweise zur Prüfung der Leistungsfähigkeit der Bewerber bzw. Bieter zweckmäßig sind.[57] Gleichzeitig dient § 7a Nr. 3 dem Schutz der Unternehmen vor einer willkürlichen Eignungsprüfung.[58] Der Vorschrift kommt insbesondere drittschützende Qualität zugunsten derjenigen Bewerber zu, welche die Mindestanforderungen nach § 7a Nr. 3 VOL/A erfüllen.[59] Vor dem Hintergrund des Transparenz- und Gleichbehandlungsgrundsatzes[60] ist es dem Auftraggeber verwehrt, nachträglich höhere Anforderungen zu stellen oder (durch nachträgliche Zulassung)

---

[52] Vgl. hierzu *Dreher* in: Immenga/Mestmäcker, GWB, 3. Aufl. 2001, § 115 Rn. 34.
[53] OLG Koblenz Beschl. v. 25. 5. 2000 – 1 Verg 1/00; VK Brandenburg Beschl. v. 26. 3. 2002 – VK 4/02.
[54] OLG Koblenz Beschl. v. 18. 9. 2003 – 1 Verg 4/03; VK Lüneburg Beschl. v. 10. 3. 2006 – VgK-06/2006; VK Rheinland-Pfalz Beschl. v. 24. 5. 2005 – 14/05; VK Bund Beschl. v. 1. 9. 2004 – VK 1 – 171/04.
[55] OLG Düsseldorf Beschl. v. 13. 4. 1999 – Verg 1/99; KG Beschl. v. 24. 8. 1999 – KartVerg 5/99; BayObLG Beschl. v. 12. 4. 2000; OLG Frankfurt/M. Beschl. v. 16. 5. 2000 – 11 Verg 1/99.
[56] Vgl. hierzu die Kommentierung zu § 7 Nr. 4.
[57] OLG Düsseldorf Beschl. v. 18. 7. 2001 – Verg 16/01.
[58] VK Düsseldorf Beschl. v. 24. 1. 2001 – VK-31/2000-B – zur VOB/A; *Zdzieblo* in: Daub/Eberstein, VOL/A, § 7a Rn. 17 und 19; *Müller-Wrede* in: Müller-Wrede, VOL/A, § 7a, Rn. 19; *Schaller* VOL, § 7a Rn. 7; vgl. auch die Ausführungen des Generalanwalts *Darmon* v. 4. 5. 1988, Rs. 31/87 – »Beentjes«, Slg. 1988, 4635, 4650 f.
[59] OLG Düsseldorf Beschl. v. 18. 7. 2001 – Verg 16/01; VK Düsseldorf Beschl. v. 24. 1. 2001 – VK-31/2000-B – zur VOB/A.
[60] OLG Düsseldorf Beschl. v. 18. 7. 2001 – Verg 16/01 m. w. N.

gen oder Teilen der zu vergebenden Leistungen verlangt werden. Das ermöglicht auch »Newcomern« die Teilnahme am Wettbewerb.

3. Fehlen geforderter Nachweise

Aus dem Gleichbehandlungs- und Wettbewerbsgebot folgt, dass grundsätzlich alle Bewerber die geforderten Nachweise in gleichem Umfang und in gleicher Qualität abzugeben haben. Der DVAL weist in den Erläuterungen zur VOL/A zwar darauf hin, dass keine Nachweise von Bewerbern verlangt werden müssen und sollen, deren Leistungsfähigkeit bereits bekannt sind.[75] Dennoch erscheint es vor dem Hintergrund des Gleichbehandlungsgebotes und der strengen Rechtsprechung zu fehlenden Eignungsnachweisen sehr riskant, hinsichtlich bereits bekannter Bewerber gänzlich auf die Vorlage von Eignungsnachweisen zu verzichten. Eine Befreiung von bereits als geeignet bekannten Teilnehmern von der Verpflichtung zur Vorlage von Eignungsnachweisen bzw. insgesamt von der Beteiligung am Teilnahmewettbewerb kommt allenfalls dann in Betracht, wenn bestimmte Unternehmen aufgrund der bekannten Eignung »vorausgewählt« werden und dies in der Bekanntmachung mitgeteilt wird (vgl. Ziffer IV.1 des EU-Bekanntmachungsformulars). Das ist gemäß Anhang VII Nr. 22 der RL 2004/18/EG jedoch nur für Verhandlungsverfahren vorgesehen. 65

Zumindest für den Bereich des **Offenen Verfahrens** ist es nunmehr ständige Rechtsprechung, dass im Angebot fehlende Eignungsnachweise zwingend zum Ausschluss des Angebotes von der Wertung führen, wenn die Nachweise zuvor als »zwingend« deklariert wurden. Diese Rechtsprechung basiert auf der Entscheidung des BGH vom 18. 2. 2003 aus dem Bereich der VOB/A[76] und wurde von der Rechtsprechung auf den Bereich der VOL/A ausgedehnt.[77] Der Ausschluss resultiert dabei aus §§ 21 Abs. 1 Satz 1, und 25 Nr. 1 Abs. 2 lit. a (fehlende Erklärungen und Angaben). Das OLG Düsseldorf stützt den zwingenden Ausschluss im Fall fehlender Eignungsnachweise hingegen auf § 25 Nr. 2 Abs. 1 (fehlende Eignung).[78] 66

Von einem Ausschluss kann ggf. abgesehen werden, wenn die Unterlagen nicht zwingend, sondern optional gefordert wurden oder aber der Bekanntmachung bzw. den Vergabeunterlagen nicht eindeutig zu entnehmen war, ob ein Eignungsnachweis zwingend vorzulegen war.[79] Das OLG Düsseldorf tendiert dazu, alle als »Teilnahme**bedingungen**« geforderten Eignungsnachweise (was auf dem EU-Bekanntmachungsformular grundsätzlich alle geforderten Nachweise sind) als zwingend vorzulegende Nachweise anzusehen,[80] deren Fehlen den Ausschluss des Angebotes zur Folge hat. Andere Nachprüfungsinstanzen gehen hingegen weiterhin davon aus, dass sich die Auftraggeber Ermessen hinsichtlich des Ausschlusses unvollständiger Angebote/Teil- 67

---

75 Vgl. auch *Kullack/Zeiss* jurisPK-VergR, § 8 VOB/A, Rn. 69; *Prieß* Handbuch des europäischen Vergaberechts, 3. A., S. 261; *Schaller* VOL, § 7 a, Rn. 7.
76 *BGH* Beschl. v. 18. 2. 2003 – X ZB 43/02.
77 *OLG Dresden* Beschl. v. 17. 10. 2006, WVerg 15/06; *OLG Schleswig* Beschl. v. 22. 6. 2006, 1 Verg 5/06; *OLG Düsseldorf* Beschl. v. 9. 3. 2004, VII-Verg 11/04.
78 *OLG Düsseldorf* Beschl. v. 1. 2. 2006 – VII-Verg 38/05.
79 *OLG Düsseldorf* Beschl. v. 27. 7. 2005 – VII-Verg 108/04.
80 *OLG Düsseldorf* Beschl. v. 1. 2. 2006 – VII-Verg 38/05.

nahmeanträge einräumen können, indem sie etwa in der Bekanntmachung bzw. den Vergabeunterlagen formulieren, das Angebot »*kann ausgeschlossen werden*«.[81] Dasselbe gilt für die Formulierung, nachgereichte Eignungsnachweise »*können unberücksichtigt bleiben*«.[82] Ob diese praktisch durchaus sinnvolle Sichtweise einer gerichtlichen Überprüfung letztendlich standhalten wird, erscheint angesichts der strengen formalistischen Rechtsprechung des Bundesgerichtshofes zum Angebotsausschluss bei fehlenden Angaben und Erklärungen zweifelhaft.[83]

68 In der Rechtsprechung noch nicht geklärt ist die Frage nach den **Rechtsfolgen fehlender Eignungsnachweise in einem vorgeschalteten Teilnahmewettbewerb**. Da hier nur »Teilnahmeanträge« und noch keine »Angebote« vorliegen, kommt § 25 VOL/A als Ermächtigungsgrundlage für einen Ausschluss nicht in Betracht. Nach der aktuellen obergerichtlichen Rechtsprechung führt das Fehlen zwingend geforderter Nachweise wohl dennoch zu einem zwingenden Ausschluss, solange zumindest ein Bewerber den betreffenden Eignungsnachweis beigebracht hat.[84] Dem »scharfen Schwert« des zwingenden Ausschlusses können Auftraggeber nur entgehen, indem sie die zwingend geforderten Eignungsnachweise auf das nötige Maß beschränken oder bestimmte Eignungsnachweise nur optional fordern oder aber sich im Bekanntmachungstext bzw. in den Vergabeunterlagen Ermessen hinsichtlich der Rechtsfolgen fehlender Eignungsnachweise einräumen (sofern es sich nicht explizit um Mindestanforderungen handelt). Dies dürfte im Rahmen des Teilnahmewettbewerbs zulässig sein. Zumindest ist bisher noch keine Rechtsprechung ersichtlich, die ein solches Vorgehen ausdrücklich untersagt.

69 Durch eine entsprechende Formulierung der Forderung der Eignungsnachweise und der Rechtsfolgen bei deren Fehlen können den Bewerbern zugleich wichtige Hinweise für die Erstellung ihres Teilnahmeantrags gegeben werden, die zur Herstellung von Rechtssicherheit beitragen. In der Bekanntmachung bzw. den Unterlagen zum Teilnahmewettbewerb sollte ausdrücklich benannt werden, welche Mängel der Teilnahmeanträge zum zwingenden automatischen Ausschluss führen und bezüglich welcher Nachweise sich der Auftraggeber den Ausschluss (lediglich) »vorbehält«. Ferner sollte der Auftraggeber nur die Vorlage solcher Eignungsnachweise zur Mindestbedingung machen, die er als unabdingbar ansieht. Denn die Erfahrung zeigt, dass selbst mit Vergabeverfahren vertraute Unternehmen mitunter versehentlich unvollständige Teilnahmeanträge einreichen.

II. Finanzielle und wirtschaftliche Leistungsfähigkeit (§ 7 a Nr. 3 Abs. 1)

70 § 7 a Nr. 3 Abs. 1 zählt unter lit. a) bis d) auf, welche Nachweise der Auftraggeber zum Nachweis der finanziellen und wirtschaftlichen Leistungsfähigkeit »in der Regel« fordern kann.

---

[81] *VK Bund* Beschl. v. 26. 4. 2005 – VK 2 27/05.
[82] *VK Sachsen* Beschl. v. 28. 12. 2005 – 1/SVK/147–05.
[83] So auch *VK Schleswig-Holstein* Beschl. v. 9. 7. 2005 – VK SH 18/05.
[84] *OLG Düsseldorf* Beschl. v. 13. 11. 2000 – Verg 18/00; Beschl. v. 18. 7. 2001 – 16/01, *VK Bund* Beschl. v. 10. 5. 2001 – VK 1 – 11/01; *BayObLG* Beschl. v. 20. 12. 1999.

Die Aufzählung in Art. 48 Abs. 2 lit. a)–j) der RL 2004/18/EG enthält allerdings auch **78** Nachweise, die in § 7a Nr. 3 Abs. 2 nicht übernommen wurden.[98] So kann etwa gemäß Art. 48 Abs. 2 lit. f) bei öffentlichen Dienstleistungsaufträgen die technische Leistungsfähigkeit durch Angabe der Umweltmanagementmaßnahmen, die der Wirtschaftsteilnehmer anwenden will, nachgewiesen werden. Ein Umsetzung dieser Vorschrift erfolgt nicht in der (eigentlich abschließenden) Aufzählung in § 7a Nr. 3 Abs. 2, sondern in § 7a Nr. 5 Abs. 2. Des Weiteren wurden die in Art. 48 Abs. 2 lit. g)–i) RL 2004/18/EG enthaltenen Nachweismöglichkeiten nicht in § 7a Nr. 3 Abs. 2 übernommen.

Zulässigerweise angefordert werden können nach § 7a Nr. 3 Abs. 2 VOL/A insbesondere die folgenden Eignungsnachweise: **79**

1. Referenzen (§ 7a Nr. 3 Abs. 2 lit. a)

Der in der Praxis wohl wichtigste Nachweis der fachlichen und technischen Leistungsfähigkeit sind die Referenzen der Bewerber: lit. a) sieht vor, dass der Bewerber/Bieter seine fachliche Leistungsfähigkeit durch eine **Liste der wesentlichen in den letzten Jahren erbrachten Leistungen** mit Angabe des Rechnungswertes, der Leistungszeit sowie der öffentlichen oder privaten Auftraggeber nachweisen kann. Dabei kann sich der Auftraggeber auch Ansprechpartner und Kontaktdetails der Referenzgeber nennen lassen, um bei den Referenzgebern Informationen über die Eignung der Unternehmen einzuholen. **80**

Solche Referenzen dienen als Beleg dafür, dass der Bewerber/Bieter vergleichbare Leistungen schon erfolgreich erbracht hat und damit Gewähr dafür bietet, auch den zu vergebenden Auftrag zufriedenstellend zu erledigen.[99] Dafür kann u.U. bereits der Nachweis darüber genügen, dass ein Bewerber/Bieter in dem genannten Zeitraum nur einen einzelnen Auftrag durchgeführt hat, sofern dieser nach Art und Umfang im Hinblick auf die zu vergebende Leistung aussagekräftig ist.[100] Als Referenz nicht ausreichend ist der Nachweis des Abschlusses eines Rahmenvertrages, aus welchem nicht hervorgeht, welche Leistungen genau vom Bewerber/Bieter ausgeführt wurden.[101] **81**

Aus dem Zweck der Nachweiserbringung der fachlichen Leistungsfähigkeit ergibt sich, dass Referenzen **grundsätzlich personen- bzw. unternehmensgebunden** sind.[102] Nach dem in der VOL/A 2006 neu eingeführten § 7a Nr. 3 Abs. 6 (so auch schon der mit dem ÖPP-Beschleunigungsgesetz am 8.9.2005 eingeführte § 4 Abs. 4 VgV) steht es Bewerbern/Bietern jedoch nunmehr ausdrücklich frei, sich hinsichtlich ihrer technischen Leistungsfähigkeit auf die **Eignung anderer Unternehmen** zu berufen. Hierzu ist es allerdings erforderlich, dass der Bewerber/Bieter dieses Unternehmen formell in seine Bewerbung einbindet. Gemäß § 7a Nr. 3 Abs. 6 muss nachgewie- **82**

---

98 Bereits die Vorgängervorschrift (§ 7a Nr. 2 Abs. 2 a.F.) enthielt nicht alle in den Vorgängerrichtlinien (Art. 23 der RL 93/36/EWG sowie Art. 32 der RL 92/50/EWG) enthaltenen Nachweismöglichkeiten.
99 *VK Düsseldorf* Beschl. v. 11.1.2006 – VK-50/2005-L.
100 *OLG Celle* Beschl. v. 24.2.2004 – 13 Verg 3/04.
101 *OLG Düsseldorf* Beschl. v. 2.1.2006 – Verg 93/05.
102 *VK Lüneburg* Beschl. v. 14.2.2003 – 203 – VgK-35/2002.

sen werden, dass dem Bewerber die erforderlichen Mittel des anderen Unternehmens (Ausrüstung, Personal, Know-how) bei der Ausführung des Auftrags zur Verfügung stehen, indem beispielsweise eine Verpflichtungserklärung des anderen Unternehmens vorgelegt wird. Darüber hinaus hat der das andere Unternehmen entsprechende Eignungsnachweise vorzulegen.[103]

83 Die Bezugnahme auf Referenzen Dritter war jedoch von der Rechtsprechung auch schon vor der Einführung von § 4 Abs. 4 VgV und § 7a Nr. 3 Abs. 6 grundsätzlich anerkannt. So wurde es z. B. als zulässig angesehen, Referenzen von Tochter- oder Schwesterunternehmen vorzulegen.[104] Zugelassen wurde auch die Bezugnahme auf Referenzen eines insolventen, vom Bewerber/Bieter übernommenen Unternehmens, da in dem entschiedenen Fall sichergestellt war, dass der Bewerber/Bieter den ausgeschriebenen Auftrag zumindest zu einem ganz überwiegenden Teil durch das Personal der früheren Firma durchführen würde.[105] Als zulässig angesehen wurde es ferner, dass ein Bewerber/Bieter, der durch Neugründung aus einem anderen Unternehmen hervorgegangen ist, auf die Referenzen des alten Unternehmens verweist, sofern dieses die gleichen Personen beschäftigt, über das bisher vorhandene Know-how verfügt und im Wesentlichen mit denselben Anlagen und Werkzeugen arbeitet.[106]

84 Um auf die Eignungsprüfung bezogene aussagekräftige Referenzen zu erhalten und damit auch den Auswertungsaufwand zu minimieren, sollte der Auftraggeber **Referenzen jeweils bezogen auf die konkret zu vergebenden Leistungen** (oder Teile davon) verlangen. Reichen mehrere Unternehmen formal fehlerfreie Teilnahmeanträge ein, so werden bei der Auswahl der »geeignetsten« Bewerber häufig die Referenzen eine entscheidende Rolle spielen.

85 Die Bekanntmachung der (gewichteten) **Kriterien für diese Auswahlentscheidung** bezüglich der Eignung ist – anders als bezüglich der Zuschlagskriterien – bisher zwar nicht ausdrücklich vorgeschrieben. Art. 44 Abs. 3 Satz 2 RL 2004/18/EG sieht lediglich die Bekanntmachung der Eignungskriterien, nicht aber die Bekanntmachung deren Gewichtung vor. Um ein auch für die Bewerber/Bieter transparentes und damit effizienteres Vergabeverfahren zu gewährleisten, ist es jedoch empfehlenswert, bereits vorab Wertungskriterien hinsichtlich der Referenzen festzulegen und diese in der Bekanntmachung bzw. den Vergabeunterlagen (zumindest in ihren Grundzügen) offen zu legen. Als Kriterien in Betracht kommen könnten hier z. B. das Auftragsvolumen in Euro des Referenzprojekts, der Leistungsanteil des Referenzgebers am Referenzprojekt, die Komplexität des Referenzprojekts, die Relevanz, d. h. Vergleichbarkeit des Referenzprojekts mit der ausgeschriebenen Leistung oder die Aktualität des Referenzprojekts kommen. Die Auswahlkriterien sollten je nach Bedeutung für das Gesamtprojekt gewichtet werden.

---

103 Vgl. im Einzelnen hierzu die Kommentierungen zu § 7a Nr. 3 Abs. 6 sowie § 7 Nr. 4.
104 *VK Bund* Beschl. v. 5. 9. 2001 – VK 1 – 23/01.
105 *VK Bund* Beschl. v. 27. 8. 2002 – VK 2 – 60/02; *VK Münster* Beschl. v. 9. 3. 2004 – VK 2/04.
106 *VK Brandenburg* Beschl. v. 15. 11. 2005 – 2 VK 64/05.

2. Technische Ausrüstung (§ 7 a Nr. 3 Abs. 2 lit. b)

Nach § 7 a Nr. 3 Abs. 2 lit. b VOL/A kann zum Nachweis der Leistungsfähigkeit eine **86** Beschreibung der technischen Ausrüstung gefordert werden. Benötigt der Bewerber/ Bieter für die Herrichtung oder den Betrieb seiner technischen Ausrüstung eine **behördliche Genehmigung**, ist er allerdings nur bei Vorliegen dieser Genehmigung leistungsfähig. Daher ist die Anforderung einer zur Errichtung und/oder zum Betrieb der technischen Ausrüstung benötigten behördlichen Erlaubnis von (§ 7 a Nr. 3 Abs. 2 lit. b) gedeckt.[107] Das soll jedenfalls dann gelten, wenn die Genehmigung nicht bereits bei Abgabe des Angebots, sondern erst zum Zeitpunkt der Zuschlagserteilung vorliegen muss.[108]

3. Studiennachweise (§ 7 a Nr. 3 Abs. 2 lit. g)

Nach § 7 a Nr. 3 Abs. 2 lit. g) dürfen vom Auftraggeber Studiennachweise und Be- **87** scheinigungen über die berufliche Befähigung, insbesondere der für die Leistungen verantwortlichen Personen gefordert werden. Geforderte Nachweise hinsichtlich der Geeignetheit der Bewerber/Bieter müssen sich immer am Maßstab des gemeinschaftsrechtlichen Diskriminierungsverbots sowie des Grundsatzes des freien Waren- und Dienstleistungsverkehrs messen lassen. Insbesondere müssen **gleichwertige Studiennachweise aus anderen Mitgliedstaaten** anerkannt werden. Unzulässig ist daher beispielsweise die exklusive Forderung nach der Vorlage eines Meisterbriefes.[109] Konkrete Vorgaben zur Anerkennung bzw. Gleichwertigkeit macht die noch bis zum 20. 10. 2007 gültige Richtlinie 89/48/EWG[110] zur Anerkennung der Hochschuldiplome. Ab dem 21. 10. 2007 ist die neue Richtlinie 2005/36/EG[111] über die Anerkennung von Berufsqualifikationen maßgeblich. Auch die Forderung von Eignungsanforderungen, die sich nicht aus dem abschließenden Katalog des § 7 a Nr. 3 Abs. 2 VOL/A bzw. der ihm zugrundeliegenden Richtliniennorm Art. 48 der Richtlinie 2004/18/EG ergeben, widerspricht dem gemeinschaftsrechtlichen Diskriminierungsverbot.[112]

---

107 *OLG Düsseldorf* Beschl. v. 9. 7. 2003 – Verg 26/03.
108 Weitere Einzelheiten zum Nachweis der technischen Ausstattung finden sich in der Kommentierung zu § 7 Nr. 4 VOL/A.
109 *VK Bund* Beschl. v. 9. 2. 2005 – VK 2 – 03/05. Verschärft ein Auftraggeber über die Forderung nach Eintragung in die Handwerksrolle hinaus die Eignungsanforderungen durch die zusätzliche Forderung eines Meisterbriefes, so versperrt er damit über das gesetzlich angeordnete Maß hinaus den Zugang zu einer europaweit ausgeschriebenen Dienstleistung, was einen Verstoß gegen die gemeinschaftsrechtlichen Grundsätze bedeutet und damit vergaberechtlich nicht zulässig ist.
110 Richtlinie des Rates vom 21. 12. 1988 über die allgemeine Regelung zur Anerkennung der Hochschuldiplome, die eine mindestens dreijährige Berufsausbildung abschließen, zuletzt geändert durch Art. 62 RL 2005/36/EG vom 7. 9. 2005 (ABl. Nr. L 255 S. 22).
111 Richtlinie des Rates und des Parlaments 2005/36/EG vom 7. 9. 2005 über die Anerkennung von Berufsqualifikationen (ABl. Nr. L 255 S. 22).
112 *VK Bund* Beschl. v. 9. 2. 2005 – VK 2 – 03/05.

4. Sonstige in § 7a Nr. 3 Abs. 2 genannte Nachweise

88 Zum Nachweis der fachlichen und technischen Leistungsfähigkeit können gemäß § 7a Nr. 3 Abs. 2 außerdem noch gefordert werden:

- Angaben über die **technische Leitung** oder die **technischen Stellen** (§ 7a Nr. 3 Abs. 2 lit. c)). Hierbei kommt es nicht darauf an, ob diese dem Unternehmen angeschlossen sind. Insbesondere sind solche Stellen erfasst, die mit der Qualitätskontrolle beauftragt sind. Hier kann die Kommentierung zu § 7a Nr. 5 Abs. 1 (weiter unten) ergänzend hinzugezogen werden.
- Bei Lieferaufträgen: **Muster, Beschreibungen** und/oder **Fotografien** der zu erbringenden Leistungen, deren Echtheit auf Verlangen des Auftraggebers nachgewiesen werden muss (§ 7a Nr. 3 Abs. 2 lit. d)). Hier steht dem Auftraggeber ein relativ weiter Beurteilungsspielraum zu, welche Beschaffenheit die Muster und Beschreibungen aufzuweisen haben. Äußerste Grenze ist lediglich die sachliche Rechtfertigung, welche auf den Verhältnismäßigkeitgrundsatz zurückgeht.
- Bei Lieferaufträgen: **Bescheinigungen der zuständigen amtlichen Qualitätskontrollinstitute**, mit denen bestätigt wird, dass die durch entsprechende Bezugnahmen genau gekennzeichneten Leistungen bestimmten Spezifikationen oder Normen entsprechen. Der Auftraggeber kann zum Nachweis dafür, dass das Unternehmen bestimmte Qualitätsanforderungen erfüllt, die Vorlage von Bescheinigungen von unabhängigen Qualitätsstellen verlangen. In diesem Zusammenhang ist der Vorrang europäischer Zertifizierungsnormen zu beachten (gemäß § 7a Nr. 5 Abs. 1 nehmen Auftraggeber auf Qualitätsnachweisverfahren auf der Grundlage der einschlägigen Normen und auf Bescheinigungen Bezug, die durch Stellen zertifiziert sind, die den europäischen Zertifizierungsnormen entsprechen). Zum Schutz ausländischer Bewerber ist der öffentliche Auftraggeber verpflichtet, gleichwertige Bescheinigungen von Stellen aus anderen Mitgliedstaaten sowie andere gleichwertige Nachweise für Qualitätssicherungsmaßnahmen anzuerkennen.[113] Die Kommentierung zu § 7a Nr. 5 VOL/A gilt ergänzend.
- Für den Fall, dass die zu erbringenden Leistungen komplexer Art sind oder einem besonderen Zweck dienen sollen, kann der Auftraggeber zum Nachweis der fachlichen und technischen Leistungsfähigkeit durch eigene Behörden oder andere damit einverstandenen zuständigen amtlichen Stellen aus seinem Heimatland eine **Kontrolle durchführen** lassen. Diese Kontrolle betrifft die Produktionskapazitäten und erforderlichenfalls die Untersuchungs- und Forschungsmöglichkeiten des Unternehmens sowie die von diesem zur Gewährleistung der Qualität getroffenen Vorkehrungen (lit. f)).

7. Angabe der Umweltmanagement-Maßnahmen

89 Auftraggeber können bei Dienstleistungsaufträgen zum Nachweis der technischen Leistungsfähigkeit ferner auch die Vorlage von **Bescheinigungen** unabhängiger Stel-

---

113 Vgl. hierzu auch die Kommentierung zum Gleichbehandlungsgebot gemäß § 7 VOL/A sowie § 7a Nr. 5 Abs. 1 S. 2 und 3.

len verlangen, dass Bewerber und Bieter bestimmte Normen für das **Umweltmanagement** erfüllen (§ 7 a Nr. 5 Abs. 2).

8. Sonstige zulässige Nachweise gemäß Art. 48 Abs. 2 der RL 2004/18/EG

Art. 48 Abs. 2 der RL 2004/18/EG enthält über die Möglichkeit des Nachweises der Erfüllung von Umweltmanagement-Normen (lit. f)) hinaus, weitere zulässige Nachweise über die technische Leistungsfähigkeit, die nicht in § 7 a Nr. 3 Abs. 2 übernommen wurden (Art. 48 Abs. 2 lit. g)–i) der RL 2004/18/EG).[114] 90

- eine Erklärung, aus der die durchschnittliche jährliche Beschäftigungszahl des Dienstleistungserbringers oder des Unternehmers und die Zahl seiner Führungskräfte in den letzten drei Jahren ersichtlich ist (Art. 48 Abs. 2 lit. g)), RL 2004/18/EG);
- die Angabe, welche Teile des Auftrags der Dienstleistungserbringer unter Umständen als Unteraufträge zu vergeben beabsichtigt (Art. 48 Abs. 2 lit. i)), RL 2004/18/EG).

Bei richtlinienkonformer Anwendung von § 7 a Nr. 3 müssen solche in der Praxis nicht unüblichen Nachweise ebenfalls für zulässig erachtet werden. Der an sich abschließende Charakter der Aufzählung in § 7 a Nr. 3 Abs. 2 ist daher richtlinienkonform dahingehend auszulegen, dass neben den in § 7 a Nr. 2 Abs. 3 ausdrücklich erwähnten Nachweisen zumindest solche Nachweise zulässig sind, die im »*numerus clausus*« der zulässigen Nachweise gemäß Art. 48 Abs. 2 der RL 2004/18/EG ausdrücklich genannt sind. 91

IV. Bekanntmachung der geforderten Nachweise (§ 7 a Nr. 3 Abs. 3)

1. Zeitpunkt für Bekanntmachung der Nachweise (§ 7 a Nr. 3 Abs. 3 Satz 1)

In einer EU-weiten Ausschreibung sind die geforderten Eignungsnachweise bereits in der Vergabebekanntmachung eindeutig zu benennen (§ 7 a Nr. 3 Abs. 3 Satz 1 VOL/A).[115] Es genügt dabei nicht, wenn ohne jede Konkretisierung auf §§ 7, 7 a Nr. 3 VOL/A sowie die Vergabeunterlagen verwiesen wird.[116] In einem solchen Fall gilt nach Teilen der Rechtsprechung zumindest keiner der in der Vorschrift aufgeführten Nachweise als konkret gefordert,[117] mit der Folge dass auch kein Ausschluss wegen Unvollständigkeit erfolgen darf. Vielmehr ist es in solchen Fällen den an der Auftragsvergabe interessierten Unternehmen überlassen, diejenigen Mittel zu wählen, die sie für hinreichend aussagekräftig halten, um als Nachweis zu dienen.[118] Auch Un- 92

---

114 Bereits die Vorgängervorschrift (§ 7 a Nr. 2 Abs. 2 a. F.) enthielt nicht alle in den Vorgängerrichtlinien (Art. 23 der RL 93/36/EWG sowie Art. 32 der RL 92/50/EWG) enthaltenen Nachweismöglichkeiten.
115 Vgl. hierzu auch *OLG Düsseldorf* Beschl. v. 25. 11. 2002 – Verg 56/02; *OLG Naumburg* Beschl. v. 9. 9. 2003 – 1 Verg 5/03; *VK Südbayern* Beschl. v. 19. 10. 2004; *VK Düsseldorf* Beschl. v. 16. 2. 2006 – VK-02/2006-L.
116 *OLG Naumburg* Beschl. v. 9. 9. 2003 – 1 Verg 5/03.
117 *VK Düsseldorf* Beschl. v. 21. 11. 2003 – VK-33/2003-L.
118 *OLG Düsseldorf* Beschl. v. 1. 2. 2006 – VII-Verg 83/05.

klarheiten bezüglich der Qualität der einzureichenden Nachweise gehen zu Lasten des Auftraggebers. Entscheidend ist der Empfängerhorizont der Bewerber bzw. Bieter.[119] Ist in der Bekanntmachung nicht näher bestimmt, wie die Nachweise beschaffen sein sollen, obliegt es dem Bewerber bzw. Bieter, ob er Fremd- oder Eigenbelege wählt, um seine Leistungsfähigkeit zu belegen.

Der Wortlaut von § 7 a Nr. 3 Abs. 3 legt nahe, dass die vorzulegenden Nachweise vollständig in der Bekanntmachung anzugeben sind. Die Vorschrift ist insoweit strenger als die zugrunde liegenden Richtlinienvorschriften Art. 47 Abs. 4 und Art. 48 Abs. 6 der RL 2004/18/EG, wonach die vorzulegenden Nachweise »in der Bekanntmachung oder in der Aufforderung zur Angebotsabgabe« anzugeben sind.

93 In der obergerichtlichen Rechtsprechung deutet sich jedoch – zumindest für Offene Verfahren – die Tendenz an, auch außerhalb der Bekanntmachung geforderte Nachweise anzuerkennen.[120] Es genügt demnach, wenn der Auftraggeber in der Vergabebekanntmachung allgemein angibt, welche Nachweise er von den Bewerbern/Bietern fordert, die weiteren Einzelheiten dieser Nachweisanforderung aber erst in den Verdingungsunterlagen näher konkretisiert. In dem der Entscheidung des OLG Düsseldorf vom 9. 7. 2003 zugrunde liegenden Sachverhalt hatte der Auftraggeber in der Vergabebekanntmachung zum Nachweis der technischen Leistungsfähigkeit gefordert, dass ihm Angaben über die technische Ausrüstung zu unterbreiten seien. Obwohl das darüber hinausgehende konkrete Erfordernis der Vorlage einer Anlagengenehmigung erst in den Vergabeunterlagen ausdrücklich benannt worden war, sah es das OLG als zulässig an, einen Bieter, der dieses Eignungskriterium nicht erfüllte, vom Verfahren auszuschließen.

94 Eine solche weite Auslegung von § 7 a Nr. 3 Abs. 3 steht jedenfalls für das Offene Verfahren im Einklang mit den zugrundeliegenden Richtlinienvorschriften Art. 47 Abs. 4 und Art. 48 Abs. 6 RL 2004/18/EG, die als maßgebenden Zeitpunkt die Bekanntmachung oder die »Aufforderung zur Angebotsabgabe« nennen (wobei letztere wohl als Vergabeunterlagen im Offenen Verfahren bzw. allenfalls als Unterlagen zum Teilnahmewettbewerb in Verfahren mit vorgeschaltetem Teilnahmewettbewerb zu verstehen sein dürften).

95 Auch wenn eine spätere Konkretisierung der in der Bekanntmachung geforderten Nachweise in den Verdingungsunterlagen nach der Rechtsprechung zum Teil für zulässig erachtet wurde, sollten Auftraggeber grundsätzlich bereits in der Bekanntmachung vollständige und konkrete Angaben zu den beizufügenden Eignungsnachweisen machen. Das dürfte sowohl dem Wortlaut des § 7 a Nr. 3 Abs. 3 Satz 1 als auch dem gemeinschaftsrechtlichen Transparenzgebot am ehesten entsprechen. Ist dennoch eine spätere Konkretisierung beabsichtigt, sollte in der Bekanntmachung klar und eindeutig auf die beabsichtigte Konkretisierung in den Vergabeunterlagen hingewiesen werden.

---

119 *Kulartz* in: Kulartz/Kus/Portz, GWB, § 97 Rn. 94.
120 *OLG Düsseldorf* Beschl. v. 9. 7. 2003 – Verg 26/03.

2. Vorlage alternativ geeigneter Nachweise (§ 7a Nr. 3 Abs. 3 Satz 2)

§ 7a Nr. 3 Abs. 3 Satz 2 erlaubt, dass ein Unternehmen seine Leistungsfähigkeit auch durch Vorlage anderer, vom Auftraggeber für geeignet erachtete Belege nachweisen kann, wenn es aus einem stichhaltigen Grund die vom Auftraggeber geforderten Nachweise nicht beibringen kann. **96**

Die Möglichkeit, alternative Nachweise zu erbringen, beschränkt sich grundsätzlich auf Nachweise hinsichtlich der finanziellen und wirtschaftlichen Leistungsfähigkeit. Dies ist darin begründet, dass die Nachweise der technischen und fachlichen Leistungsfähigkeit in § 7a Nr. 3 Abs. 2 VOL/A abschließend[121] aufgeführt sind.[122] Eine solche Auslegung entspricht auch der zugrundeliegenden Richtlinienvorschrift. Art. 47 Abs. 5 RL 2004/18/EG sieht die Möglichkeit alternativ geeigneter Nachweise lediglich im Hinblick auf den Nachweis der finanziellen und wirtschaftlichen Leistungsfähigkeit vor. Eine entsprechende Vorschrift für den Nachweis der technischen und beruflichen Leistungsfähigkeit enthält Art. 48 der RL 2004/18/EG gerade nicht. **97**

Zulässig soll es aber nach Ansicht einzelner Vergabenachprüfungsinstanzen sein, dass ein Auftraggeber im Bereich der technischen Leistungsfähigkeit und Fachkunde den Bewerbern/Bietern die Möglichkeit eines von § 7a Nr. 3 Abs. 2 VOL/A abweichenden Nachweises eröffnet, sofern durch Festhalten an dem geforderten Nachweis wie beispielsweise der Vorlage eines gültiges RAL-Gütezeichen insbesondere anderen europäischen Bietern die Teilnahme an der Ausschreibung aus Gründen erschwert würde, die nicht ohne Weiteres sachlich begründbar wären. An einem solchen Vorgehen soll nach Ansicht der Rechtsprechung vergaberechtlich jedenfalls dann nichts auszusetzen sein, wenn der Auftraggeber bereits in der Vergabebekanntmachung auf die Möglichkeit des alternativen Leistungsnachweises hingewiesen hat. Diese Ausnahme vom Verständnis des § 7a Nr. 3 Abs. 2 als »numerus clausus« entspricht dem Grundsatz, dass sekundäres Gemeinschaftsrecht und nationales Recht im Lichte der Prinzipien des europäischen Primärrechts auszulegen sind.[123] Es entspricht dem Verhältnismäßigkeits- und Gleichheitsgrundsatz, dass in besonders gelagerten Fällen (»zwingende Gründe«) ein alternatives Beweismittel gestattet ist. **98**

Dieser Rechtsprechung ist trotz des abschließenden Charakters von § 7a Nr. 3 Abs. 3 und des Umstandes, dass die Vorlage von Alternativnachweisen nach der RL 2004/18/EG nur für den Nachweis der wirtschaftlichen und finanziellen Leistungsfähigkeit zulässig ist, zuzustimmen, sofern sich ein etwaiger Alternativnachweis bezüglich des Nachweises der technischen bzw. fachlichen Leistungsfähigkeit im Rahmen der dafür nach § 7a Nr. 3 Abs. 2 zugelassenen Nachweise hält. **99**

»Stichhaltige Gründe« sind solche, die zwar nicht unbedingt zwingend, zumindest aber einleuchtend sind.[124] Stichhaltige Gründe liegen beispielsweise vor, wenn ein Un- **100**

---

121 Vgl. Kommentierung zu § 7a Nr. 2 Abs. 2 VOL/A.
122 So auch *Müller-Wrede* in: Müller-Wrede, VOL/A, § 7a Rn. 40; *Zdzieblo* in: Daub/Eberstein, VOL/A, § 7a Rn. 33; *VK Saarland* Beschl. v. 19. 1. 2004 – 3 VK 05/2003.
123 VK Saarland Beschl. v. 19. 1. 2004 – 3 VK 05/2003.
124 *Zdzieblo* in: Daub/Eberstein, VOL/A, § 7a Rn. 33.

ternehmen aus in seiner Herkunft liegenden Gründen einen bestimmten Nachweis nicht erbringen kann und die Eröffnung einer alternativen Nachweismöglichkeit aus dem gemeinschaftsrechtlichen Diskriminierungsverbot angezeigt ist.[125] Aufgrund ihres Ausnahmecharakters ist die Regelung eng auszulegen und es sind dementsprechend hohe Anforderungen an die Stichhaltigkeit der Gründe zu stellen. Denn jede Abweichung von den ursprünglich bekannt gemachten Anforderungen birgt grundsätzlich die Gefahr einer Verletzung des Transparenzgrundsatzes. Liegen stichhaltige Gründe vor, hat der Auftraggeber im Lichte des Grundsatzes der Gleichbehandlung und Chancengleichheit zu prüfen, ob die vorgelegten Alternativnachweise wirklich gleichwertig sind und die Eignung des Bewerbers/Bieters belegen.

V. Nachweis für das Nichtvorliegen von Ausschlussgründen (§ 7 a Nr. 3 Abs. 4)

101 § 7 a Nr. 3 Abs. 4 führt auf, welche Nachweise der Auftraggeber hinsichtlich des Nichtvorliegens der Ausschlussgründe des § 7 Nr. 5 VOL/A (Insolvenz, schwere Verfehlungen etc.) zu akzeptieren hat. Die Vorschrift geht auf Art. 45 Abs. 3 RL 2004/18/EG zurück.

102 Die Forderung von Nachweisen nach § 7 a Nr. 3 Abs. 4 hängt nach dem Wortlaut der Vorschrift nicht zwingend vom Bestehen eines Anfangsverdachts ab, der auf das Bestehen eines Ausschlussgrundes hindeutet.[126] Allerdings sollte in der Praxis – ebenso wie unter § 7 a Nr. 2 Abs. 2 – auf eine generelle Anforderung der aufgezählten förmlichen Nachweise für das Nichtvorliegen der Ausschlussgründe von allen Bewerbern verzichtet werden[127] und stattdessen etwa eine Eigenerklärung (z. B. auf einem vorgefertigten Formular) über das Nichtvorliegen der Ausschlussgründe vorgelegt werden. Das folgt aus dem Grundsatz der Verhältnismäßigkeit und entspricht auch dem Interesse aller Beteiligten an einem zügigen Beschaffungsvorgang.

103 Das Nichtvorliegen der Ausschlussgründe § 7 Nr. 5 lit. a) und b) kann seit der geänderten Fassung von § 7 a Nr. 3 Abs. 4 VOL/A 2006 nicht nur durch Auszug aus dem Strafregister sondern nunmehr auch durch Erklärung der Stelle nachgewiesen werden, die das Insolvenzregister führt. Nach Art. 45 Abs. 3 lit. a) RL 2004/18/EG akzeptiert der öffentliche Auftraggeber »in Ermangelung« eines Auszugs aus dem Strafregister eine gleichwertige Urkunde einer zuständigen Gerichts- oder Verwaltungsbehörde des Ursprungs- oder Herkunftslands. Das Insolvenzregister ist eine solche zuständige Verwaltungsbehörde. Die gleichberechtigte Nachweismöglichkeit durch Strafregisterauszug oder Erklärung der Stelle, die das Insolvenzregister führt, dürfte mit der Richtlinienvorschrift vereinbar sein. Denn diese gibt wohl ebenfalls kein zwingendes Rangverhältnis der Nachweise in dem Sinne vor, dass nur bei objektiver Unmöglichkeit des Erhalts eines Strafregisterauszugs die Erklärung der Insolvenzregisterstelle ausreichen soll. Ist auch eine Erklärung der Stelle, die das Insolvenzregister führt nicht erhältlich, so genügt eine gleichwertige Bescheinigung einer ande-

---

125 Vgl. *VK Saarland* Beschl. v. 19. 1. 2004 – 3 VK 05/2003.
126 Für § 8 Nr. 5 VOB/A: *OLG München* Beschl. v. 27. 1. 2005 – Verg 002/05; *Schranner* in: Ingenstau/Korbion, VOB, § 8 Rn. 96.
127 Vgl. Kommentierung bei § 7 a Nr. 2 Abs. 2 und § 7 Nr. 4.

ren Gerichts- oder Verwaltungsbehörde des Ursprungs- oder Herkunftslandes des Unternehmens, aus der hervorgeht, dass sich das Unternehmen nicht in einer solchen Lage befindet.

Zum Nachweis über die Erfüllung der Verpflichtung zur Zahlung von Steuern und Abgaben sowie der Beiträge zur gesetzlichen Sozialversicherung i. S. v. § 7 Nr. 5 lit. d) kann der Auftraggeber eine von der zuständigen Behörde des betreffenden Mitgliedstaates ausgestellte Bescheinigung verlangen, z. B. Bescheinigungen des Finanzamtes. Neben Unbedenklichkeitsbescheinigungen der Krankenkasse sowie der Berufsgenossenschaft kann der Auftraggeber zum Nachweis vollständig geleisteter gesetzlicher Sozialversicherungsbeiträge darüber hinaus auch eine Bescheinigung des Unfallversicherungsträgers fordern, ohne gegen das Gebot der Verhältnismäßigkeit zu verstoßen.[128] Es ist Auftraggebern zu empfehlen, in der Bekanntmachung klar zu beschreiben, welche Unterlagen zum Nachweis der ordnungsgemäßen Zahlung von Steuern und Abgaben sowie der Beiträge zur gesetzlichen Sozialversicherung vorgelegt werden sollen bzw. ob es dem Bewerber/Bieter überlassen sein soll, die Nachweise auszuwählen. Unklare Angaben bzw. die Forderung der Nachweise der ordnungsgemäßen Zahlung jeglicher Abgaben und Beiträge hingegen stellen Bewerber/Bieter angesichts der Vielzahl von Steuern, Abgaben und Sozialversicherungsleistungen sowie der Vielzahl verschiedener Sozialversicherungsträger mitunter vor eine nahezu unlösbare Aufgabe.

VI. Nachweis über die Eintragung im Berufs- oder Handelsregister (§ 7 a Nr. 3 Abs. 5)

§ 7 a Nr. 3 Abs. 5 sieht für den Auftraggeber die Möglichkeit vor, von den Unternehmen den Nachweis darüber zu verlangen, dass diese im Berufs- oder Handelsregister nach Maßgabe der Rechtsvorschriften des Landes der Gemeinschaft oder des Vertragsstaates des EWR-Abkommens eingetragen sind, in dem sie ansässig sind. Die Vorschrift setzt Art. 46 UAbs. 1 der RL 2004/18/EG um. Die für die verschiedenen EG-Länder einschlägigen Register werden im Gesetzestext als Fußnote aufgeführt. Für die Bundesrepublik Deutschland sind es das Handelsregister, die Handwerksrolle und das Vereinsregister. Funktion dieses Nachweises ist es, dass der Auftraggeber eine verlässliche Auskunft über die Existenz und sonstige wichtige Rechtsverhältnisses des Unternehmens erhält (vgl. § 11 Abs. 1 GmbHG).[129]

Dementsprechend ist neben der Vorlage einer Abschrift der Handelsregistereintragung (vgl. § 9 Abs. 2 HGB) oder einer Bestätigung der Eintragung durch das registerführende Amtsgericht (vgl. § 9 Abs. 3 HGB) auch ein Ausdruck über die »Wiedergabe des aktuellen Registerinhalts« vom Auftraggeber als gleichwertiger Nachweis anzuerkennen. Verfasser eines solchen Ausdrucks ist ebenso wie bei der (beglaubigten) Kopie aus dem Handelsregisterauszug das zuständige Amtsgericht, so dass der Ausdruck in gleichem Maße wie die Kopie als sog. Fremdbeleg die Richtigkeit der darin enthal-

---

[128] *VK Bund* Beschl. v. 20. 4. 2005 – VK 1 – 23/05.
[129] *OLG Düsseldorf* Beschl. v. 9.6.04 – Verg 11/04.

tenen Angaben belegt.¹³⁰ Zwingende Voraussetzung für die Anerkennung als Nachweis i. S. v. § 7 a Nr. 3 Abs. 5 ist aber, dass sich aus dem Dokument ergibt, dass der Bewerber unter seiner Firma im Handelsregister tatsächlich eingetragen ist.¹³¹

107 § 7 a Nr. 3 Abs. 5 ist abschließender Natur. Auftragnehmer dürfen daher nicht verpflichtet werden, auf diesem Gebiet noch weitere Nachweise, wie beispielsweise die Vorlage des Gesellschaftsvertrages in beglaubigter Übersetzung¹³² oder auch die Mitgliedschaft in der Gebäudereinigerinnung, zu erbringen.¹³³

VII. § 7 a Nr. 3 Abs. 6: Verweis auf fremde Ressourcen

1. Allgemeines

108 Gemäß § 7 a Nr. 3 Abs. 6 kann ein Bewerber/Bieter sich (auch als Mitglied einer Bietergemeinschaft) zum Nachweis seiner Leistungsfähigkeit¹³⁴ und Fachkunde der Fähigkeiten anderer Unternehmen bedienen, ungeachtet des rechtlichen Charakters der zwischen ihm und diesen Unternehmen bestehenden Verbindungen. Der Bewerber/Bieter muss dem Auftraggeber in diesem Fall jedoch nachweisen, dass ihm die erforderlichen Mittel bei der Erfüllung des Auftrags zur Verfügung stehen, indem er beispielsweise eine entsprechende Verpflichtungserklärung dieser Unternehmen vorlegt.

109 Mit § 7 a Nr. 3 Abs. 6 ergänzt der deutsche Gesetzgeber die bereits mit § 4 Abs. 4 VgV begonnene Umsetzung der **Rechtsprechung des Europäischen Gerichtshofes**¹³⁵ zum »Generalübernehmerverbot« sowie der Richtlinienvorschriften Art. 47 Abs. 2 und **Art. 48 Abs. 3** (für Einzelbieter) bzw. aus **Art. 47 Abs. 3 und Art. 48 Abs. 4** (für Bietergemeinschaften) der **RL 2004/18/EG**.

110 Zuvor wurde in Deutschland vorherrschend lange die Ansicht vertreten, aus § 7 Nr. 2 ergebe sich, dass sog. »Generalübernehmern«, die selbst keine der ausgeschriebenen Leistungen im eigenen Betrieb erbringen, die Teilnahme an Vergabeverfahren zu verweigern sei.¹³⁶ Diese Auffassung fußte auf einer engen Auslegung von § 7 Nr. 2, wonach nur die Beteiligung solcher Unternehmen zugelassen ist, die sich selbst »*gewerbsmäßig mit der Ausführung von Leistungen der ausgeschriebenen Art befassen*« (»**Eigenleistungserfordernis**«). Als nicht selbständig und mithin nicht »*gewerbsmäßig mit der Ausführung von Leistungen der ausgeschriebenen Art befasst*« wurden Bewerber angesehen, welche Leistungen der ausgeschriebenen Art nicht im eigenen Betrieb ausführen, sondern zu 100% von Dritten (Nachunternehmern) erbringen lassen

---

130 *OLG Düsseldorf* Beschl. v. 9.6.04 – Verg 11/04.
131 *OLG Düsseldorf* Beschl. v. 16. 1. 2006 – VII-Verg 92/05.
132 *Prieß* Handbuch des europäischen Vergaberechts, 3. A., 2005, S. 89 f.
133 *VK Baden-Württemberg* Beschl. v. 31. 10. 2003 – VK 63/03.
134 Ausweislich Art. 47 Abs. 2 und 48 Abs. 3 der Richtlinie 2004/18/EG sind davon sowohl die finanzielle und wirtschaftliche als auch die fachliche und technische Leistungsfähigkeit umfasst.
135 *EuGH* Urt. v. 14. 4. 1994, Rs. C-389/92 – Ballast Nedam I, Slg. 1994, I-1289 und Urt. v. 18. 12. 1997, Rs. C-5/97 – Ballast Nedam II, Slg. 1997, I-7549, NZBau 2000, 149; Urt. v. 2. 12. 1999, Rs. C-176/98 – Holst Italia, Slg. 1999, I-8607; Urt. v. 18. 3. 2004, Rs. C-314/01 – Siemens und ARGE Telekom, Slg. 2004, I-2549, VergabeR 2004, 472–473, NZBau 2004, 340 ff.
136 Vgl. hierzu die Kommentierung zu § 7 Nr. 2 Abs. 1.

wollten (**Generalübernehmer bzw. Totalübernehmer**).[137] Traditionell gingen deutsche Rechtsprechung und Literatur in der Vergangenheit deshalb einhellig davon aus, dass § 7 Nr. 2 bzw. der wortgleiche § 8 Nr. 2 VOB den Ausschluss von Generalübernehmern vom Vergabeverfahren statuiere.[138]

Mit derselben Argumentation wurde auch der Zugang von **Generalunternehmern** zum Vergabeverfahren beschränkt: Im Gegensatz zum Generalübernehmer führen Generalunternehmer wesentliche Leistungen im eigenen Betrieb aus und vergeben nur einen Teil der ausgeschriebenen Leistungen an Nachunternehmer.[139] Die Rechtsprechung ging davon aus, dass der Generalunternehmer einen wesentlichen Teil der Leistung – in der Regel ein Drittel – selbst erbringen müsse, um dem in § 7 Nr. 2 Abs. 1 VOL/A verankerten Eigenleistungserfordernis gerecht zu werden (»Eigenleistungsquote«).[140]

111

2. Verbot von Eigenleistungserfordernissen und Eigenleistungsquoten durch § 4 Abs. 4 VgV und § 7 a Nr. 3 Abs. 6 VOL/A

Eigenleistungserfordernisse und **Eigenleistungsquoten** sind nunmehr durch die Einführung des § 4 Abs. 4 VgV im Wege des Gesetzes zur Beschleunigung der Umsetzung von Öffentlich-Privaten Partnerschaften und zur Verbesserung gesetzlicher Rahmenbedingungen für Öffentlich-Private Partnerschaften vom 1. 9. 2005[141] sowie dem zum 1. 11. 2006 neu in die VOL/A eingeführten § 7 a Nr. 3 Abs. 6 zumindest oberhalb der Schwellenwerte im Wesentlichen gegenstandslos geworden.

112

Vor der Einführung des § 7 a Nr. 3 Abs. 6 »beschränkte« bereits § 4 Abs. 4 VgV den Regelungsgehalt des § 7 Nr. 2 VOL/A dahingehend, *»dass der Auftragnehmer sich bei der Erfüllung der Leistung der Fähigkeiten anderer Unternehmen bedienen kann«*. § 7 a Nr. 3 Abs. 6 setzt diese Vorgabe nunmehr in die VOL/A um. **Eine Eigenleistung des Auftragnehmers ist somit nicht mehr Voraussetzung für die Zulassung zum Vergabeverfahren.**[142] Generalübernehmern darf nicht mehr unter Verweis auf fehlende Eigenleistung der Zugang zum Vergabeverfahren versperrt werden. Dasselbe gilt auch für Generalunternehmer: Diesen dürfen keine Eigenleistungsquoten mehr unter Verweis auf § 7 Nr. 2 Abs. 1 vorgegeben werden. § 4 Abs. 4 VgV und § 7 a Nr. 3 Abs. 6 VOL/A unterscheiden insofern nicht zwischen Generalübernehmer und Generalunternehmer, verzichten jedoch auf jegliche Eigenleistungserfordernisse und damit auch auf die bislang über § 7 Nr. 2 Abs. 1 VOL/A geforderte Eigenleistungsquote bei Generalunternehmern. Die folgenden Ausführungen gelten daher

113

---

137 *Zdzieblo* in: Daub/Eberstein, VOL/A, § 7 Rn. 40; *Schaller* in: VOL, § 7 Rn. 23; *Müller-Wrede* in: Müller-Wrede, VOL/A, § 7 Rn. 9; *Prieß/Hausmann* in: Motzke/Pietzcker/Prieß, VOB/A, § 8 Rn. 48.
138 Vgl. zu § 8 VOB/A: *OLG Frankfurt/M.* Beschl. v. 16. 5. 2000 – 11 Verg 1/99, NZBau 2001, 101, 104; *OLG Düsseldorf* Beschl. v. 5. 7. 2000 – Verg 5/99, NZBau 2001, 106; *Schranner* in: Ingenstau/Korbion, VOB/A, § 8 Rn. 16; *Zdzieblo* in: Daub/Eberstein, VOL/A, § 7 Rn. 40; differenzierend (»Einzelfallprüfung«): *Fietz* NZBau 2003, 426, 427.
139 *OLG Düsseldorf* Beschl. v. 5. 7. 2000 – Verg 5/99, NZBau 2001, 106.
140 Vgl. z. B. *OLG Saarbrücken* Beschl. v. 21. 4. 2004, 1 Verg 1/0; *OLG Bremen* Beschl. v. 20. 7. 2000 – Verg 1/2000; *OLG Frankfurt/M.* Beschl. v. 16. 5. 2000 – 11 Verg 1/99, NZBau 2001, 101, 104.
141 BGBl. 2005, Teil I Nr. 56, I S. 2676.
142 Vgl. Begründung zum ÖPP-Beschleunigungsgesetz, BT-Drucksache 15/5668, S. 11.

für Generalübernehmer wie Generalunternehmer gleichermaßen. Gemäß § 7 a Nr. 3 Abs. 6 ist die Berufung auf Drittressourcen »*ungeachtet des rechtlichen Charakters der zwischen ihm und diesen Unternehmen bestehenden Verbindungen*« möglich.

114 Zu beachten ist, dass § 7 a Nr. 3 Abs. 6 lediglich auf Vergaben oberhalb der Schwellenwerte anzuwenden ist. Die Zulässigkeit der Berufung auf fremde Ressourcen für die **Unterschwellenvergaben** ist noch nicht abschließend geklärt. Für eine abweichende Beurteilung der Situation unterhalb der Schwellenwerte sind jedoch keine rechtfertigenden sachlichen Gründe ersichtlich.[143]

3. Rechtsprechung des EuGH zur Einbeziehung Dritter und Eigenleistungserfordernissen/Generalübernehmerverboten

115 Mit Einführung der § 4 Abs. 4 VgV und § 7 a Nr. 3 Abs. 6 VOL/A reagierte der Gesetzgeber auf die Rechtsprechung des Europäischen Gerichtshofes zur Generalübernehmervergabe, die einen Kurswechsel im deutschen Vergaberecht unausweichlich machte.[144]

116 In seinen Urteilen »**Ballast Nedam I**«[145] und »**Ballast Nedam II**«[146] entschied der Gerichtshof, dass einer Holdinggesellschaft, die für den Nachweis ihrer Leistungsfähigkeit Referenzen ihrer Tochtergesellschaft vorlegt, die Zulassung zum Vergabeverfahren nicht verweigert werden darf, wenn sie den Nachweis führt, dass sie über die zur Ausführung des Auftrags erforderlichen Mittel ihrer **Tochtergesellschaft** verfügen kann. Zur Begründung verwies der EuGH im Wesentlichen auf die Intention der Vergaberichtlinien, zur Sicherstellung eines freien Dienstleistungsverkehrs Beschränkungen des Zugangs zu öffentlichen Beschaffungsmärkten aufzuheben.[147]

117 In der Rechtssache »**Holst Italia**« entwickelte der EuGH diese Rechtsprechung fort, indem er auf das Erfordernis der Konzernverbundenheit zwischen Generalunternehmer und von ihm beherrschten Unternehmen verzichtete und urteilte, dass ein Bieter auf die Leistungsfähigkeit jedes anderen Unternehmens verweisen kann, auch **ohne eine besondere gesellschaftsrechtlich begründete Verbundenheit** zwischen den beiden Unternehmen.[148]

118 Während es in den soeben dargestellten Urteilen noch ausschließlich um die Auslegung der gemeinschaftsrechtlichen Richtlinien ging, stellte der EuGH in der Rechtssache »**Siemens und ARGE Telekom**«[149] klar, dass das Gemeinschaftsrecht die Vergabe an Generalübernehmer nicht nur zulässt, sondern nationale Vorschriften, welche ein Eigenausführungserfordernis konstituieren, gegen gemeinschaftsrechtliche Vergabevorschriften verstoßen.

---

143 Vgl. hierzu Ausführungen unter § 7 Nr. 2 Abs. 1.
144 BT-Drucksache 15/5668, S. 11.
145 *EuGH* Urt. v. 14. 4. 1994, Rs. C-389/92 – Ballast Nedam I, Slg. 1994, I-1289.
146 *EuGH* Urt. v. 18. 12. 1997, Rs. C-5/97 – Ballast Nedam II, Slg. 1997, I-7549, NZBau 2000, 149.
147 Vgl. insb. Art. 1 lit. a) der damals geltenden Baukoordinierungsrichtlinie.
148 *EuGH* Urt. v. 2. 12. 1999, Rs. C-176/98 – Holst Italia, Slg. 1999 I-8607; vgl. auch *Stoye* NZBau 2004, 648, 649.
149 *EuGH* Urt. v. 18. 3. 2004, Rs. C-314/01 – Siemens und ARGE Telekom, Slg. 2004, I-2549, VergabeR 2004, 472–473, NZBau 2004, 340 ff.

Einzige Voraussetzung für die Zulassung von Generalübernehmen zum Vergabever- 119
fahren ist nach dem EuGH damit, dass der Generalübernehmer einerseits den **Nachweis** erbringt, während der Auftragsausführung über die Kapazitäten seiner Nachunternehmer zu verfügen sowie darüber hinaus nachweist, dass diese Kapazitäten auch tatsächlich seine **Eignung für die Ausführung** des Auftrags begründen.

4. Rechtsprechung der deutschen Vergabenachprüfungsinstanzen

Die deutschen Nachprüfungsinstanzen hatten sich der Rechtsprechung des EuGH be- 120
reits vor Inkrafttreten des ÖPP-Beschleunigungsgesetzes mehrheitlich angepasst. So ging die Mehrheit der Vergabekammern sowie Oberlandesgerichte schon vor Inkrafttreten von **§ 4 Abs. 4 VgV** am 8. 9. 2005 davon aus, dass infolge der Vorgaben des EuGH bei Vergabeverfahren oberhalb der Schwellenwerte ein genereller Ausschluss von Generalübernehmern als gemeinschaftswidrig anzusehen ist.[150] In Einklang mit der Rechtsprechung des EuGH[151] sollte ein Ausschluss von Generalübernehmern oder Generalunternehmern jedoch in Betracht kommen, wenn der Generalübernehmer oder Generalunternehmer nicht innerhalb der Bewerbungsfrist nachweist, dass er während des Auftragszeitraums tatsächlich über sämtliche Mittel der Unternehmen verfügt, auf deren Eignung er sich im Hinblick auf den Auftrag beruft.[152]

Von der Rechtsprechung nicht abschließend geklärt war jedoch die Frage, in welcher 121
Verbindung der Generalübernehmer (bzw. der Generalunternehmer) zu seinen Nachunternehmern stehen muss, damit er sich auf deren Eignung berufen kann. Der EuGH hatte hierzu keine allgemeinen Anforderungen entwickelt.[153] Es lag daher bei den nationalen Vergabestellen und Nachprüfungsinstanzen, geeignete Kriterien festzulegen, die die Beurteilung ermöglichen, ob ein Generalübernehmer (bzw. ein Generalunternehmer) tatsächlich über die erforderlichen Ressourcen des Subunternehmers bzw. des verbundenen Unternehmens verfügt und sich daher auf die Eignung dieser Unternehmen berufen kann. Eine bestimmte Art der rechtlichen Beziehung zwischen dem

---

150 Vgl. zu § 8 Nr. 2 VOB/A: z. B. *KG Berlin* Beschl. v. 22. 8. 2001 – KartVerg 3/01 in VergR 2001, 392, 398 f.; *OLG Düsseldorf* Beschl. v. 5. 7. 2000 – Verg 5/99, NZBau 2001 106; *VK Hessen* Beschl. v. 5. 10. 2004 – 69 d VK-56/2004; *OLG Saarbrücken* Beschl. v. 21. 4. 2004 – 1 Verg 1/04; NZBau 2004, 690, VergabeR 2004, 731; *VK Berlin* Beschl. v. 30. 12. 2004 – VK-B 2–67/04; *VK Rheinland-Pfalz* Beschl. v. 14. 6. 2006 – VK 13/06; *VK Schleswig-Holstein* Beschl. v. 31. 1. 2006 – VK-SH 33/05. a. A. aber zu § 8 Nr. 2 Abs. 1 VOB/A: 2. *VK Bund* Beschl. v. 10. 7. 2002 – VK 2 – 24/02; *VK Mittelfranken* Beschl. v. 18. 1. 2005 – 320 VK-3194–54/04; *VK Brandenburg* Beschl. v. 30. 6. 2005 – 1 VK 29/05.
151 *EuGH* Urt. v. 14. 4. 1994, Rs. C-389/92 – Ballast Nedam I, Slg. 1994, I-1289 und Urt. v. 18. 12. 1997, Rs. C-5/97 – Ballast Nedam II, Slg. 1997, I-7549, NZBau 2000, 149; Urt. v. 2. 12. 1999, Rs. C-176/98 – Holst Italia, Slg. 1999, I-8607; Urt. v. 18. 3. 2004, Rs. C-314/01 – Siemens und ARGE Telekom, Slg. 2004, I-2549, VergabeR 2004, 472–473, NZBau 2004, 340 ff.
152 *OLG Düsseldorf* Beschl. v. 5. 7. 2000 – Verg 5/99 unter Verweis auf *EuGH* Urt. v. 14.4.1994, Rs. C-389/92 – Ballast Nedam I, Slg. 1994, I-1289 und Urt. v. 18. 12. 1997, Rs. C-5/97 – Ballast Nedam II, Slg. 1997, I-7549, NZBau 2000, 149.
153 Nach der Rechtsprechung des EuGH ist ein Ausschluss nicht allein deswegen unzulässig, weil ein Bewerber zur Ausführung des Auftrags Mittel einzusetzen beabsichtigt, die »*nicht selbst besitzt, sondern die einer oder mehreren anderen Einrichtungen gehören*« und er deshalb auf die Leistungsfähigkeit von Einrichtungen oder Unternehmen verweist, zu denen er »*unmittelbare oder mittelbare Verbindungen hat, welcher Rechtsnatur diese auch sein mögen*«, vgl. *EuGH* Urt. v. 2. 12. 1999, Rs. C-176/98 – Holst Italia, Slg. 1999 I-8607, Rn. 26 u. 29.

Generalübernehmer/Generalunternehmer und den kooperierenden Unternehmen wurde von der Rechtsprechung dazu jedoch nicht vorausgesetzt.[154]

122 Die Rechtsprechung forderte im Wesentlichen jedoch, dass der Bewerber/Bieter im Teilnahmeantrag oder Angebot den Nachweis zu erbringen hat, über die Einrichtungen und die Mittel tatsächlich zu verfügen (vgl. zu dieser Verfügungserklärung jetzt § 7 a Nr. 3 Abs. 6 Satz 2).[155] Auftraggeber hatten sich bei der ihnen obliegenden Eignungsprüfung zu vergewissern, dass einem Bieter oder Bewerber während des Auftragszeitraums tatsächlich »*die Mittel aller Art zu Gebote stehen, auf die er sich beruft*«.[156]

123 Zudem wurde die Vorlage von aussagekräftigen Unterlagen zur Eignung des Nachunternehmers gefordert.[157] Die Eignungsprüfung hinsichtlich des Generalübernehmers konnte sich dann auf die Feststellung beschränken, ob der Generalübernehmer wirtschaftlich und finanziell leistungsfähig sowie zuverlässig ist und zu den erforderlichen Koordinierungsleistungen sowie gegebenenfalls sonst noch zu erbringenden Leistungen geeignet ist.[158] Generalunternehmer hatten neben ihrer wirtschaftlichen und finanziellen Leistungsfähigkeit und ihrer Zuverlässigkeit ferner für alle auf sie entfallenden Leistungsbereiche die erforderliche Fachkunde und technische Leistungsfähigkeit nachzuweisen.

124 Von Seiten der Literatur wurde zur näheren Beurteilung der »abgeleiteten Leistungsfähigkeit« unter anderem vorgeschlagen, auf den Rechtsgedanken des § 36 Abs. 2 Satz 1 GWB zurückzugreifen.[159] Zulässig sollte die Zulassung eines Generalübernehmers daher **jedenfalls** dann sein, wenn es sich bei Generalübernehmer/Generalunternehmer und Subunternehmen um »verbundene Unternehmen« i. S. d. kartellrechtlichen Vorschrift des § 36 Abs. 2 Satz 1 GWB handelte.[160] Ein verbundenes Unternehmen ist nach der Verweisung des § 36 Abs. 2 Satz 1 GWB entweder ein rechtlich selbständiges Unternehmen, auf das ein anderes Unternehmen unmittelbar oder mittelbar einen beherrschenden Einfluss ausüben kann (§ 17 Abs. 1 AktG) oder Konzernunternehmen (§ 18 AktG).

---

154 *EuGH* Urt. v. 18. 3. 2004, Rs. C-314/01 – Siemens und ARGE Telekom, Slg. 2004, I-2549, VergabeR 2004, 472–473, NZBau 2004, 340 ff. Die nationale Vergaberechtsprechung hat sich dieser Rechtsprechung angeschlossen: vgl. nur *OLG Saarbrücken* Beschl. v. 21. 4. 2004 – 1 Verg 1/04, NZBau 2004, 690; *OLG Frankfurt/M.* Beschl. v. 27. 6. 2003 – 11 Verg 4/03, IBR 2003, 569.
155 Vgl. *OLG Düsseldorf* Beschl. v. 5. 7. 2000 – Verg 5/99, NZBau 2001, 106; *OLG Frankfurt/M.* Beschl. v. 30. 5. 2003 – 11 Verg 3/03, NZBau 2003, 636; *OLG Saarbrücken* Beschl. v. 21. 4. 2004 – 1 Verg 1/04, NZBau 2004, 690.
156 *OLG Düsseldorf* Beschl. v. 5. 7. 2000 – Verg 5/99, NZBau 2001, 106, 110; *OLG Saarbrücken* Beschl. v. 21. 4. 2004 – 1 Verg 1/04, NZBau 2004, 690; *OLG Saarbrücken* Beschl. v. 21. 4. 2004 – 1 Verg 1/04, NZBau 2004, 690.
157 *OLG Saarbrücken* Beschl. v. 21. 4. 2004 – 1 Verg 1/04, NZBau 2004, 690, 691 f.; *OLG Schleswig* Urt. v. 5. 2. 2004 – 6 U 23/03, NZBau 2004, 405, 406; *OLG Frankfurt/M.*, Beschl. v. 27. 6. 2003 – 11 Verg 4/03, IBR 2003, 569.
158 *Boesen/Upleger* NVwZ 2004, 919, 923.
159 *Schneevogl* NZBau 2004, 418, 421.
160 *Schneevogl* NZBau 2004, 418, 421; vgl. zur Konzernverbundenheit auch *Prieß/Decker* VergabeR 2004, 159.

Die vorstehend dargelegten Unsicherheiten hinsichtlich der Berufung auf die Eignung Dritter wurden durch die Einführung von § 7 a Nr. 3 Abs. 6 am 1. 11. 2006 ausgeräumt. **125**

5. Möglichkeit des Rückgriffs auf fremde Ressourcen ungeachtet der rechtlichen Verbindungen zwischen Bieter und Nachunternehmen (§ 7 a Nr. 3 Abs. 6 Satz 1)

Gemäß § 7 a Nr. 3 Abs. 6 Satz 1 ist Bewerbern/Bietern nunmehr der Rückgriff auf die Fähigkeiten anderer Unternehmen zum Nachweis der Leistungsfähigkeit und Fachkunde ausdrücklich »ungeachtet des rechtlichen Charakters« der zwischen dem Unternehmen und seinen Nachunternehmern bestehenden Verbindungen möglich. Dies entspricht der bisherigen Rechtsprechung, nach der eine bestimmte Art der rechtlichen Beziehung bereits für nicht erforderlich erachtet wurde. **Auf Verbundenheitstatbestände kommt es daher nicht an.** **126**

6. Verfügungsnachweis/Verpflichtungserklärung des Nachunternehmers oder des verbundenen Unternehmens (§ 7 a Nr. 3 Abs. 6 Satz 2)

Auch das von der Rechtsprechung entwickelte Erfordernis eines Verfügungsnachweises wurde nun ausdrücklich in die Verdingungsordnung aufgenommen (§ 7 a Nr. 3 Abs. 6 Satz 2). Beispielhaft nennt die Vorschrift eine »**entsprechende Verpflichtungserklärung**«. **127**

Hinsichtlich der Anforderungen an den Verfügungsnachweis/die Verpflichtungserklärung kann – zumindest teilweise – die bisherige Rechtsprechung herangezogen werden.[161] Insbesondere das OLG Saarbrücken[162] konkretisierte die Anforderungen an den Verfügungsnachweis: Danach muss sich beim Angebot eines Generalübernehmers, der selbst nicht über die erforderlichen technischen Mittel verfügt, bereits aus dem Angebot selbst entnehmen lassen, ob es sich bei dem Nachunternehmer um ein mit dem Bieter konzernverbundenes Unternehmen handelt. Handelt es sich um ein solches konzernverbundenes Unternehmen, konnte die Leistung nach Ansicht des OLG Saarbrücken sogar als Leistung im eigenen Betrieb (und damit nicht als Leistung Dritter) gewertet werden. Diese Auffassung kann jedoch angesichts der klaren Regelung des § 7 a Nr. 3 Abs. 6 zumindest oberhalb der Schwellenwerte nicht fortbestehen. Nach 7 a Nr. 3 Abs. 6 müssen vielmehr auch von verbundenen Unternehmen Verfügungsnachweise angefordert werden. **128**

Welche Art Verfügungsnachweise erbracht werden sollen, ließ das OLG Saarbrücken allerdings offen. Es betonte lediglich, dass **konkret und unmissverständlich nachzuweisen ist, dass der Bewerber/Bieter über die Ressourcen der benannten Nachunternehmer tatsächlich verfügen kann.** Die schlichte Benennung von Nachunternehmern ohne Vorlage aussagekräftiger Unterlagen, insbesondere ohne Hinweis auf für den konkreten Ausführungszeitraum vorhandene verbindliche Vertragsgestaltungen, **129**

---

161 Vgl. etwa VK Schleswig-Holstein Beschl. v. 31. 1. 2006 – VK-SH 33/05.
162 OLG Saarbrücken Beschl. v. 21. 4. 2004 – 1 Verg 1/04, NZBau 2004, 690 zu § 8 Nr. 2 Abs. 1 VOB/A.

§ 7 a Teilnehmer am Wettbewerb

auf die die Antragstellerin verlässlich zurückgreifen kann, erachtete das OLG Saarbrücken als nicht ausreichend. Hieraus ist jedoch nicht zu entnehmen, dass Generalübernehmer und Generalunternehmer ihre Nachunternehmer schon zum Zeitpunkt der Bewerbung oder Angebotsabgabe durch einen voll ausgestalteten Nachunternehmervertrag gebunden haben müssen. Es ist allerdings erforderlich, dass die Verbindungen zu den vorgesehenen Nachunternehmern über das Stadium der Verhandlungen und Absichtserklärungen hinausgehen. In Betracht kommt daher – wie auch in § 7 a Nr. 3 Abs. 6 vorgesehen – zum Beispiel eine **Verpflichtungserklärung**, in der sich der Nachunternehmer verbindlich verpflichtet, dem Generalübernehmer bzw. Generalunternehmer im Falle der Auftragserteilung die für die Nachunternehmerleistungen notwendigen Ressourcen zur Verfügung zu stellen.[163] Nicht ausreichend ist es hingegen, wenn sich ein Generalübernehmer/Generalunternehmer lediglich auf Angebote der von ihm benannten Subunternehmer beruft.[164]

130 Aus Gründen der Transparenz müssen Angebotsunterlagen insoweit »*für sich sprechen*«.[165] Bewerber/Bieter müssen also **unmissverständlich benennen, wer die untervergebenen Leistungen erbringen soll, ob es sich hierbei um ein verbundenes Unternehmen handelt und ob die Ressourcen des Nachunternehmers/verbundenen Unternehmens auch tatsächlich zur Verfügung stehen.**

131 Voraussetzung für diese weitgehende Darlegungspflicht ist allerdings, dass die Vergabestelle in den Verdingungsunterlagen und Formblättern auch unmissverständlich deutlich macht, dass und wann sie diese Angaben fordert. **Fehlt eine solche Verpflichtungserklärung, sind Bewerbungen/Angebote wegen Verstoßes gegen den Gleichbehandlungsgrundsatz sowie wegen fehlender Angaben und Erklärungen auszuschließen.**[166]

132 Verfügungserklärungen dieser Art sind jedoch nur dann erforderlich, sofern sich ein Bewerber/Bieter im Hinblick auf die Eignungsprüfung auf Nachunternehmer oder verbundene Unternehmen berufen will. Kann ein Bewerber/Bieter seine Eignung auch ohne einen solchen Rückgriff belegen, steht es im Ermessen des Auftraggebers, sich im Laufe des Vergabeverfahrens dennoch etwaige Nachunternehmer benennen zu lassen und ggf. – z. B. wenn wesentliche Teile der ausgeschriebenen Leistung untervergeben werden sollen – die Vorlage von Eignungsnachweisen für diese Nachunternehmer zu fordern.

---

163 In diesem Sinne auch *OLG Düsseldorf* Beschl. v. 5. 5. 2004 – VII Verg 10/04 zum nachträglichen Austausch von Nachunternehmern, das auf vertragliche Verpflichtungen im Hinblick auf die Nachunternehmertätigkeit abstellt.
164 *OLG Saarbrücken* Beschl. v. 21. 4. 2004 – 1 Verg 1/04, NZBau 2004, 690.
165 *OLG Saarbrücken* Beschl. v. 21. 4. 2004 – 1 Verg 1/04, NZBau 2004, 690; *OLG Düsseldorf* Beschl. v. 5. 7. 2000 – Verg 5/99, NZBau 2001, 106.
166 *OLG München* Beschl. v. 6. 11. 2006 – Verg 17/06; *VK Thüringen* Beschl. v. 11. 10. 2006 – 026/06-SLF; *VK Bund* Beschl. v. 14. 8. 2006 – VK 2 – 80/06.

7. Eignungsnachweise des Nachunternehmers bzw. verbundenen Unternehmens

Neben dem Verfügungsnachweis muss ein Generalübernehmer bzw. Generalunternehmer, der sich auf die Eignung von Nachunternehmern oder verbundenen Unternehmen berufen will, deren **Eignung nachweisen**.[167] § 7 a Nr. 3 Abs. 6 Satz 1 ist ausdrücklich darauf ausgerichtet, dass Bewerber/Bieter sich **zum Nachweis ihrer Leistungsfähigkeit und Fachkunde** der »Fähigkeiten anderer Unternehmen bedienen« können. Folglich ist auch der Beweis anzutreten, dass die Fähigkeiten eines »anderen Unternehmens« tatsächlich die Eignung des Bewerbers/Bieters begründen, weil dieser sich quasi die Eignung seines Nachunternehmers »zu eigen macht«. **133**

Im Hinblick auf die dem Auftraggeber nur auf diese Weise gegebene Möglichkeit, die Eignung eines Bewerbers/Bieters zu überprüfen, fordern die Vergabekammern die strikte Einhaltung dieses Erfordernisses.[168] Das steht allerdings unter dem Vorbehalt, dass die Vergabestelle in den Vergabeunterlagen die **Benennung der Nachunternehmer** und den Nachweis deren Eignung eindeutig und zweifelsfrei verlangt[169] und nicht lediglich pauschal nur »Eignungsnachweise gemäß § 7 Nr. 2 VOL/A« fordert, ohne zu spezifizieren, wer (Bewerber/Bieter oder auch dessen Nachunternehmer) welche Nachweise vorlegen muss.[170] Vom Bieter kann die Kenntnis der einschlägigen Rechtsprechung, insbesondere des EuGH, nicht ohne Weiteres verlangt werden. Er darf sich deshalb vorrangig auf die vom Auftraggeber in den Verdingungsunterlagen mitgeteilten Anforderungen verlassen. Das pauschale Verlangen von »Eignungsnachweisen nach Maßgabe des § 7 Nr. 2 VOL/A« impliziert aus der maßgeblichen Sicht eines verständigen Bieters nicht, dass er auch für alle Subunternehmer Eignungsnachweise erbringen muss.[171] **134**

Aus praktischer Sicht ist es demgegenüber nicht geboten, die Vorlage aller Eignungsnachweise von allen vorgesehenen Teilnehmern zu verlangen (vgl. hierzu die **Ausführungen zu § 7 Nr. 4**). Gerade in Großverfahren, bei denen sich Generalübernehmer bzw. Generalunternehmer einer Vielzahl von Subunternehmen bedienen, würde es einen kaum leistbaren bürokratischen Aufwand bedeuten, für jeden Nachunternehmer dezidierte Eignungsnachweise vorzulegen. Hier ist ein differenziertes Vorgehen empfehlenswert, andernfalls droht die in der Praxis nicht seltene Situation, dass ein Großteil der (mitunter wirtschaftlich attraktiven) Bewerbungen/Angebote wegen Unvollständigkeit auszuschließen ist (vgl. hierzu die ausführlichen Ausführungen zu § 7 Nr. 4). **135**

Bietern ist angesichts der strikten Rechtsprechung der Nachprüfungsinstanzen zum Ausschluss von **unvollständigen Teilnahmeanträgen und Angeboten** dringend an- **136**

---

167 *OLG Saarbrücken* Beschl. v. 21. 4. 2004 – 1 Verg 1/4, NZBau 2004, 690, 691 f.; *OLG Schleswig* Urt. v. 5. 2. 2004 – 6 U 23/03, NZBau 2004, 405, 406; *OLG Frankfurt/M*. Beschl. v. 27. 6. 2003 – 11 Verg 4/03, IBR 2003, 569; *VK Hessen* Beschl. v. 5. 10. 2004, 69 d-VK-56/2004; *VK Rheinland-Pfalz* Beschl. v. 14. 6. 2006 – VK 13/06.
168 *VK Hessen* Beschl. v. 5. 10. 2004, 69 d-VK-56/2004; *VK Schleswig-Holstein* Beschl. v. 31. 1. 2006 – VK-SH 33/05.
169 *1. VK Bund* Beschl. v. 24. 3. 2005 – VK 1–14/05.
170 *VK Rheinland-Pfalz* Beschl. v. 14. 6. 2006 – VK 13/06.
171 *VK Rheinland-Pfalz* Beschl. v. 14. 6. 2006 – VK 13/06.

zuraten, die Eignung der Nachunternehmer bereits im Teilnahmeantrag oder Angebot mit größtmöglicher Bestimmtheit nachzuweisen, um der Gefahr eines Angebotsausschlusses wirksam zu begegnen. Das gilt insbesondere für Nachunternehmer, auf deren Eignung sich ein Bewerber/Bieter berufen möchte sowie für Nachunternehmer, denen wesentliche Teile der ausgeschriebenen Leistungen übertragen werden sollen.

VIII. Rechtsformerfordernis bei Bietergemeinschaften (§ 7 a Nr. 3 Abs. 7)

137 § 7 a Nr. 3 Abs. 7 besagt, dass der Auftraggeber für den Fall der Auftragserteilung verlangen kann, dass eine Bietergemeinschaft eine bestimmte Rechtsform annehmen muss, sofern das für die ordnungsgemäße Durchführung des Auftrages notwendig ist. Diese Regelung, die Art. 4 Abs. 2 RL 2004/18/EG umsetzt, bezweckt den Ausgleich zwischen den Interessen von Bietergemeinschaften und den Belangen des öffentlichen Auftraggebers. Die Vorschrift enthält wie auch die zugrundeliegende Richtlinienvorschrift zunächst das Verbot für Auftraggeber, von Bietergemeinschaften vor Erteilung des Zuschlags die Annahme einer bestimmten Rechtsform zu verlangen. Nur für den Fall der Auftragserteilung ist dies grundsätzlich zulässig.

138 Das Recht, eine bestimmte Rechtsform zu verlangen, setzt dann aber voraus, dass für die Durchführung des Auftrags erforderlich ist, dass objektive Gründe für diese Forderung vorliegen. Nach Ansicht des KG kann der Auftraggeber beispielsweise verlangen, dass die Bieter für den Fall der Auftragserteilung die Rechtsform einer juristischen Person annehmen, um als beliehenes Unternehmen (z. B. gemäß § 44 Abs. 3 LHO für das Land Berlin) tätig werden zu können.[172] Aus Gründen der Transparenz sollten die objektiven Gründe im Vergabevermerk festgehalten werden.

139 Die Fassung der VOL/A von 1984 in § 17 a Nr. 2 Abs. 1 lit. d) und Nr. 2 Abs. 2 lit. b) bestimmte noch, dass eine Bietergemeinschaft auch im Falle der Auftragserteilung keine bestimmte Rechtsform annehmen muss. In der bis 2006 geltenden Fassung wurde dann nicht ganz eindeutig formuliert, dass eine bestimmte Rechtsform »für den Fall der Auftragserteilung« verlangt werden kann. In der neuen Fassung der VOL/A von 2006 wird nun ausdrücklich klargestellt, dass der Auftraggeber von der Bietergemeinschaft **nur** für den Fall der Auftragserteilung die Eingehung einer bestimmten Rechtsform verlangen kann.[173] Diese neuerliche Änderung dürfte lediglich klarstellende Funktion haben, da auch bisher anerkannt war, dass von der Bietergemeinschaft zum Zeitpunkt der Einreichung des Angebots keine bestimmte Rechtsform verlangt werden darf.[174]

---

172 *KG Berlin* Beschl. v. 13. 8. 2002 – KartVerg 8/02.
173 Vgl. Kommentierung zu § 7 Nr. 1 Abs. 2.
174 *Zdzieblo* in: Daub/Eberstein, VOL/A, § 7 a Rn. 45.

E. Auswahl der Bewerber nach einem Teilnahmewettbewerb (§ 7 a Nr. 4)

§ 7 a Nr. 4 ist eine Verfahrensvorschrift für die Fälle, in denen der öffentliche Auftraggeber den Auftrag im Wege des Nichtoffenen Verfahrens, des Verhandlungsverfahrens oder des Wettbewerblichen Dialogs vergibt, und demnach einen vorgeschalteten Teilnahmewettbewerb durchführen muss. **140**

Der Auftraggeber wählt nach Durchführung eines Teilnahmewettbewerbs diejenigen Bewerber aus, die seine Anforderungen an Fachkunde, Leistungsfähigkeit und Zuverlässigkeit (am besten) erfüllen. Die Auswahl der weiter am Verfahren zu beteiligenden Bewerber erfolgt anhand der gemäß § 7 a Nr. 2 Abs. 2 und Nr. 3 geforderten, mit dem Teilnahmeantrag von den Bewerbern vorgelegten Unterlagen. Die ausgewählten Bewerber fordert er gleichzeitig und unter Beifügung der Verdingungsunterlagen in Textform auf, in einem Nichtoffenen Verfahren oder einem Verhandlungsverfahren ein Angebot einzureichen oder in einem Wettbewerblichen Dialog den Dialog zu eröffnen. Unternehmen, die sich nicht am Teilnahmewettbewerb beteiligt haben, können nicht zur Angebotabgabe zugelassen werden.[175] **141**

Ein Teilnahmewettbewerb fördert (insbesondere bei komplexen Projekten) die Effizienz des Vergabeverfahrens, da der Kreis der potentiellen Auftragnehmer frühzeitig eingrenzt wird. Maßstab für die Auswahl der Bewerber ist deren Eignung zur Erledigung des ausgeschriebenen Auftrags (§ 25 Nr. 2 Abs. 1 VOL/A). Grundlage des Teilnahmewettbewerbs sind die Bewerbungsbedingungen in der Bekanntmachung (vgl. § 17 Nr. 3 Abs. 4 VOL/A) – darin werden die Anforderungen an den Eignungsnachweis, die Teilnahmefrist, sonstige Form- und Verfahrensvorgaben und die wesentlichen Eckpunkte des Auftrags festgelegt. Nach Abschluss der Eignungsprüfung im Rahmen des Teilnahmewettbewerbs steht fest, welche Bewerber der Auftraggeber zur weiteren Beteiligung am Verfahren, d. h. zur Abgabe eines Angebots oder zur Eröffnung des Dialogs auffordern wird.[176] **142**

Der vorgeschaltete öffentliche Teilnahmewettbewerb ist im Rechtssinn Teil des Vergabeverfahrens.[177] Das lässt sich zum einen bereits dem Wortlaut der den vorgeschalteten Teilnahmewettbewerb erwähnenden Vorschriften des § 101 Abs. 4 GWB, § 3 Nr. 1 Abs. 4 sowie § 3 a Nr. 1 Abs. 1 Satz 1 VOL/A entnehmen. Zum anderen entspricht dieses Verständnis dem Zweck des öffentlichen Teilnahmewettbewerbs. Denn der vorgeschaltete Teilnahmewettbewerb dient dazu, die Eignungsvoraussetzungen der Fachkunde, Leistungsfähigkeit und Zuverlässigkeit für den konkret auszuführenden Auftrag bei den Bewerbern zu ermitteln und entsprechende Nachweise von ihnen zu verlangen.[178] Die Eignungsprüfung ist aber notwendiger Bestand- **143**

---

175 Vgl. Art. 44 Abs. 3 UAbs. 3 der Richtlinie 2004/18/EG: »Der öffentliche Auftraggeber kann andere Wirtschaftsteilnehmer, die sich nicht um die Teilnahme beworben haben, oder Bewerber, die nicht über die geforderte Leistungsfähigkeit verfügen, nicht zu demselben Verfahren zulassen«. Eine Ausnahme kann allenfalls für im Verhandlungsverfahren »vor-ausgewählte« Teilnehmer, die bereits in der Bekanntmachung genannt wurden, gemacht werden, vgl. Anhang VII Nr. 22 der RL 2004/18/EG.
176 *OLG Düsseldorf* Beschl. v. 24. 9. 2002 – Verg 48/02.
177 Vgl. *3. VK Bund* B. v. 19. 10. 2004 – VK 3 – 191/04; B. v. 13. 2. 2003 – VK 2 – 98/02.
178 *OLG Düsseldorf* Beschl. v. 24. 9. 2002 – Verg 48/02.

teil einer jeden öffentlichen Auftragsvergabe (§ 25 Nr. 2 Abs. 1 VOL/A), so dass ihre besondere Ausgestaltung als vorgeschalteter öffentlicher Teilnahmeantrag nicht dazu führen kann, sie als selbständiges förmliches Vorschaltverfahren zu qualifizieren.[179]

144 Die Eignungsprüfung nach § 7 a Nr. 4 VOL/A erfolgt in zwei Schritten. Zuerst werden die formal geeigneten Bewerber ermittelt.[180] Hierzu werden die Teilnahmeanträge identifiziert und auf Vollständigkeit überprüft. Bereits in diesem ersten Schritt werden solche Bewerber ausgeschlossen, die gemäß § 7 a Nr. 2, § 7 Nr. 5 wegen strafrechtlicher Verurteilung oder sonstiger schwerer Verfehlungen als unzuverlässig angesehen werden müssen.

145 Zur Frage, ob Bewerber allein aufgrund der Tatsache zwingend auszuschließen sind, dass sie Nachweise, welche der öffentliche Auftraggeber in der Bekanntmachung gefordert hat, nicht vorgelegt haben, siehe die Kommentierung oben zu § 7 a Abs. 3 VOL/A.

146 In der zweiten Stufe der Eignungsprüfung wählt der Auftraggeber unter den verbliebenen Bewerbern diejenigen aus, die er zur Angebotsabgabe auffordert. Art. 44 Abs. 3 der Richtlinie 2004/18/EG stellt klar, dass Auftraggeber in Verfahren mit vorgeschaltetem Teilnahmewettbewerb die »*Zahl an Bewerbern, die sie zur Abgabe von Angeboten auffordern bzw. zu Verhandlungen oder zum wettbewerblichen Dialog einladen werden, begrenzen [können], sofern geeignete Bewerber in ausreichender Zahl zur Verfügung stehen*«.[181] Dabei darf der Auftraggeber im Rahmen der Eignungsprüfung im Gegensatz zur Wertung der Angebote als solcher auch ein »Mehr an Eignung« bei der Eignungsprüfung berücksichtigen.[182] Es ist in der Rechtsprechung anerkannt, dass die Frage der Eignung nicht nur mit »ja« oder »nein« beantwortet werden kann, sondern einer Abstufung zugänglich ist.[183]

147 Im Rahmen des Nichtoffenen Verfahrens, des Verhandlungsverfahrens und des Wettbewerblichen Dialogs darf die Zahl der ausgewählten Bewerber gemäß § 7 Nr. 2 Abs. 2 und Art. 44 Abs. 3 RL 2004/18/EG **regelmäßig nicht unter drei** liegen. In jedem Fall ist ein echter Vergabewettbewerb sicherzustellen.

148 Der Auftraggeber muss entsprechend den allgemeinen Wettbewerbs- und Nichtdiskriminierungsgrundsätzen nach objektiven, nicht diskriminierenden und auftragsbezogenen Kriterien eine Rangliste der (am besten) geeigneten Bewerber erstellen. Dabei steht ihm ein gewisser Ermessensspielraum zu,[184] welcher durch die allgemeinen Grundsätze des Vergaberechts, insbesondere den Gleichheitsgrundsatz und den Wettbewerbsgrundsatz, begrenzt ist. Die Vergabestelle muss ihre Entscheidung anhand

---

179 So aber *Fett* in: Müller-Wrede, § 3 Rn. 33.
180 *VK Sachsen* Beschl. v. 6. 3. 2000 – 1/SVK/11 – 00; *VK Niedersachsen* Beschl. v. 3. 2. 2000 – 203 – VgK – 15/1999.
181 Vgl. auch Kommentierung zu § 7 Nr. 2 Abs. 2 und 3.
182 *VK Bund* Beschl. v. 19. 10. 2004 – VK 3 – 191/04; *VK Sachsen* Beschl. v. 6. 3. 2000; *VK Niedersachsen* Beschl. v. 3. 2. 2000 – 203-VgK-15/1999; vgl. auch Erwägungsgrund 40 VergabeRL 2004/18/EG.
183 Vgl. Erwägungsgrund 40 VergabeRL 2004/18/EG.
184 *VK Sachsen* Beschl. v. 6. 3. 2000 – 1/SVK/11 – 00; *VK Niedersachsen* Beschl. v. 3. 2. 2000 – 203 – VgK – 15/1999.

sachlicher Erwägungen und in nachvollziehbarer Weise treffen.[185] Das gilt sowohl für die Entscheidung welche als auch wie viele Unternehmen zur Angebotsabgabe aufgefordert werden. Andernfalls verletzt die Vergabestelle ihre Pflicht zu ermessensfehlerfreiem Verhalten und damit die subjektiven Rechte der Teilnehmer am Teilnahmewettbewerb aus § 97 Abs. 2 und 7 GWB.[186] Die Gründe sind aus Gründen der Transparenz nachvollziehbar zu dokumentieren.

Die Verpflichtung zur Bekanntmachung der »objektiven und nicht diskriminierenden Kriterien« aus Art. 44 Abs. 3 Satz 2 der Richtlinie 2004/18/EG wurde zwar nicht ausdrücklich ins deutsche Recht umgesetzt. Sie ergibt sich jedoch aus dem Transparenzgrundsatz. Die Kriterien für die Wertung der Eignungsnachweise und die Gewichtung dieser Kriterien sind möglichst vorab bekannt zu geben. So wird die Gleichbehandlung der Bewerber und die Rechtssicherheit des Auswahlverfahrens gewährleistet.[187] Eine Pflicht zur Bekanntmachung einer detaillierten Bewertungsmatrix mit gewichteten Unterkriterien besteht aber nicht. **149**

Der Auftraggeber ist nicht verpflichtet, sich in der Bekanntmachung bzw. Beschreibung auf eine Anzahl von Bietern festzulegen; tut er das aber, so ist er daran gebunden.[188] Da Art. 44 Abs. 3 Satz 2 RL 2004/18/EG jedoch vorsieht, dass die »vorgegebene Mindestzahl« und »ggf. auch die Höchstzahl an einzuladenden Bewerbern« in der Bekanntmachung anzugeben ist, besteht eine Pflicht zur Bekanntmachung der vorgesehenen Quote, wenn sich der Auftraggeber intern auf eine solche Quote festgelegt hat. **150**

Unzulässig ist es gemäß § 7 a Nr. 4, wenn der Auftraggeber, nachdem er im Rahmen eines nicht zu beanstandenden Teilnahmewettbewerbs den Kreis der geeigneten Bewerber abschließend ermittelt hatte, weitere nicht zu diesem Kreis gehörende Unternehmen zur Angebotsabgabe auffordert.[189] Mit diesem Argument wird teilweise auch die Möglichkeit der nachträglichen Änderung der Zusammensetzung von Bietergemeinschaften nach Abschluss des Teilnahmewettbewerbs abgelehnt.[190] **151**

F. Nachweis der Einhaltung von Qualitätsanforderungen im Dienstleistungsbereich (§ 7 a Nr. 5)

§ 7 a Nr. 5 regelt die Abfrage von Nachweisen des Qualitäts- bzw. Umweltmanagements und setzt Art. 49 und 50 RL 2004/18/EG um. § 7 a Nr. 5 legt abschließend fest, auf welche Qualitätsnachweisverfahren und Umweltmanagementstandards die öffentlichen Auftraggeber im Rahmen der Abfrage der technischen Leistungsfähigkeit Bezug nehmen dürfen. Durch die Festlegung gemeinschaftsweit einheitlicher Standards in diesen Bereichen wird verhindert, dass durch Bezugnahme auf nationale Stan- **152**

---

185 Art. 44 der Richtlinie 2004/18/EG fordert, dass der Auftraggeber nach »objektiven und nicht diskriminierenden Kriterien« auswählt.
186 Vgl. hierzu auch die ausführliche Kommentierung zu § 7 Nr. 4.
187 Vgl. *VK Stuttgart* Beschl. v. 23. 1. 2003 – 1 VK 70/02; *Jasper* NZBau 2005, 494 (496).
188 Vgl. *BayObLG* Beschl. v. 20. 4. 2005 – Verg 26/04, VergabeR 2005, 532 m. Anm. *Horn*.
189 *VK Niedersachsen* Beschl. v. 5. 11. 2004 – VgK-48/2004.
190 Vgl. Kommentierung zu § 7 Nr. 1 Abs. 2.

dards ausländische Bewerber gegenüber den inländischen, auf diese Standards eingestellten Bewerbern benachteiligt werden.

I. § 7 a Nr. 5 Abs. 1

153 Verlangt der Auftraggeber zum Nachweis dafür, dass das Unternehmen bei Dienstleistungsaufträgen bestimmte Qualitätsanforderungen erfüllt, die Vorlage von Bescheinigungen unabhängiger Qualitätsstellen, so nehmen diese gemäß § 7 a Nr. 5 Abs. 1 VOL/A auf Qualitätsnachweisverfahren auf der Grundlage der einschlägigen Normen und auf Bescheinigungen Bezug, die durch Stellen zertifiziert sind, die den europäischen Zertifizierungsnormen entsprechen.

154 Will der Auftragnehmer die Erfüllung bestimmter Qualitätsanforderungen überprüfen, so darf er das demnach zulässigerweise nur durch Bezugnahme auf den europäischen Normen entsprechende Zertifizierungen. Regelmäßig sind das die DIN EN ISO 9000 ff. Zum Schutz ausländischer Bewerber ist der öffentliche Auftraggeber aber verpflichtet, gleichwertige Bescheinigungen von Stellen aus anderen Mitgliedstaaten sowie andere gleichwertige Nachweise für Qualitätssicherungsmaßnahmen anzuerkennen.[191] Die Vorlage einer Eigenerklärung mit dem Inhalt, dass der Bieter ein Verfahren nach DIN ISO 9002 ff. eingerichtet hat, ist nach Ansicht der VK Thüringen[192] allerdings nicht gleichwertig.

II. § 7 a Nr. 5 Abs. 2

155 Neu hinzugekommen ist in der VOL/A 2006 die Möglichkeit des öffentlichen Auftraggebers, zur Überprüfung der technischen Leistungsfähigkeit die Erfüllung von Umweltmanagementstandards abzufragen. Verlangt ein Auftraggeber im Rahmen der Eignungsprüfung in Bezug auf das Umweltmanagement eines Bewerbers/Bieters die Vorlage von Bescheinigungen unabhängiger Stellen, so hat er dabei gemäß § 7 a Nr. 5 Abs. 2 VOL/A Bezug zu nehmen auf:

- das Gemeinschaftssystem für das Umweltmanagement und die Umweltbetriebsprüfung (EMAS) oder
- andere Normen für das Umweltmanagement, die aber auf einschlägigen europäischen oder internationalen Normen beruhen und von entsprechenden Stellen zertifiziert sind, die dem europäischen Gemeinschaftsrecht oder europäischen oder internationalen Zertifizierungsnormen entsprechen (in der Regel DIN EN ISO 14 001).

156 Gleichwertige Bescheinigungen von Stellen anderer Mitgliedstaaten sowie andere Nachweise für gleichwertige Umweltmanagementmaßnahmen sind anzuerkennen.

---

[191] Vgl. hierzu *EuGH* v. 22. 9. 1988, Rs. 45/87 – Kommission/Irland, Slg. 1988, 4929; *Hailbronner* in: Grabitz/Hilf, EU, Band 2, Öffentliches Auftragswesen, B.2 – Marktfreiheiten und Vergaberichtlinien, Rn. 17 sowie die Kommentierung § 7 Nr. 1 VOL/A.
[192] *VK Thüringen* Beschl. v. 16. 1. 2006 – 360–4004.20–025/05-ARN.

Wie sich aus Erwägungsgrund Nr. 44 der RL 2004/18/EG ergibt, sollen Umweltmanagementsysteme – und zwar grundsätzlich unabhängig von ihrer Registrierung gemäß den Gemeinschaftsvorschriften wie der Verordnung (EG) Nr. 761/2001 (EMAS) – als Nachweis für die technische Leistungsfähigkeit des Wirtschaftsteilnehmers dienen; alternativ zu den registrierten Umweltmanagementsystemen soll auch eine Beschreibung der vom Wirtschaftsteilnehmer angewandten Maßnahmen zur Gewährleistung desselben Umweltschutzniveaus als Nachweis akzeptiert werden.

§ 7a Nr. 5 Abs. 2 setzt Art. 48 Abs. 2 lit. f) als auch Art. 50 der Richtlinie 2004/18/EG um. Diese Regelungen sind als Teil der grundsätzlichen Strategie der Gemeinschaft zu sehen, eine nachhaltige Entwicklung auch über den Politikbereich der öffentlichen Aufträge zu fördern. Dem Gemeinschaftsgesetzgeber ist dabei das grundsätzliche Spannungsverhältnis zwischen zusätzlichen Umweltschutzanforderungen und dem Primat der Wirtschaftlichkeit und Wettbewerblichkeit der Beschaffung erklärtermaßen bewusst.[193] Ein zusätzliches vom Auftragsgegenstand unabhängiges Eignungskriterium der Umweltverträglichkeit wurde daher nicht eingeführt.[194] Auch nach deutschem Vergaberecht ist es – jedenfalls ohne eine entsprechende gesetzliche Regelung im Sinne des § 97 Abs. 4 Hs. 2 GWB – unzulässig, die Wettbewerbsteilnahme oder die Beauftragung eines Unternehmens von der Einhaltung höherer als der gesetzlich zwingend vorgeschriebenen Umweltstandards abhängig zu machen. Ein über diese gesetzlichen Standards hinausgehendes allgemeines ökologisches Wohlverhalten kann gegenwärtig wohl allenfalls im Rahmen der Zuverlässigkeitsprüfung berücksichtigt werden, insbesondere zur Ausräumung des Anscheins der Unzuverlässigkeit wegen früherer Umweltvergehen.[195] An diesen Grundsätzen hält § 7a Nr. 5 Abs. 2 fest, denn dieser erkennt die Einhaltung von Umweltmanagementstandards lediglich als Möglichkeit des Nachweises technischer Leistungsfähigkeit an, schafft jedoch nicht ein über die überkommene Kriterien-Trias – Fachkunde, Leistungsfähigkeit und Zuverlässigkeit – hinausgehendes eigenständiges Eignungsmerkmal.

G. Aufforderung zur Vervollständigung und Erläuterung (§ 7a Nr. 5 Abs. 2 Unterabsatz 2)

Der Auftraggeber kann die Bewerber auffordern, die vorgelegten Bescheinigungen zu vervollständigen oder zu erläutern.

Das ergab sich vor der Novellierung von § 7a im Jahr 2006 aus dessen § 7a Nr. 5 a. F.[196] Der Wortlaut der Regelung ist unverändert geblieben, findet sich nach der aktuellen amtlichen Fassung allerdings als unnummerierter Anhang zur jetzigen Nr. 5. Vom Wortlaut sowie von der systematischen Einordnung her, scheint sich die Vorschrift über die Aufforderung zur Vervollständigung nach der neuen Fassung nunmehr nur noch auf die Bescheinigungen für Qualitäts- und Umweltmanagementmaßnahmen zu beziehen (§ 7a Nr. 5 Abs. 1 und 2). Es ist allerdings nicht ersichtlich, dass

---

193 Vgl. Erwägungsgrund Nr. 5 der RL 2004/18/EG.
194 Vgl. Erwägungsgrund Nr. 44 der RL 2004/18/EG.
195 *Krohn* Öffentliche Auftragsvergabe und Umweltschutz, 2003, S. 362 ff.
196 § 7a Nr. 5 in der Fassung v. 17. 9. 2002 (BAnz. 2002, S. 25145, Beilage Nr. 216a).

der DVAL die Intention hatte, die Vervollständigung von Unterlagen ausschließlich im Rahmen von § 7a Nr. 5 zu erlauben. Für eine solche Einschränkung besteht auch weder aus gemeinschaftsrechtlicher noch aus rechtpolitischer Sicht Veranlassung. Es dürfte sich daher um ein Redaktionsversehen handeln. Erfasst sind wohl nach wie vor sämtliche vorgelegten Bescheinigungen. Hierfür spricht auch, dass in Art. 51 der Richtlinie 2004/18/EG ausdrücklich das Recht des Auftraggebers geregelt wird, Wirtschaftsteilnehmer dazu aufzufordern, »*die in Anwendung der Art. 45 bis 50 vorgelegten Bescheinigungen und Dokumente zu vervollständigen oder zu erläutern*«. Davon umfasst sein sollen also keineswegs nur die in Art. 48 Abs. 2 lit. b) bzw. f) und Art. 49 bzw. 50 erwähnten Qualitätssicherungs- oder Umweltmanagementmaßnahmen, sondern sämtliche als Eignungsnachweis abgeforderten Bescheinigungen und Dokumente. In diesem Sinne ist auch § 7a Nr. 5 UAbs. 2 zu lesen.

159 Die Regelung ist lediglich als »Kann-Vorschrift« formuliert. Aus ihr folgt daher weder eine Verpflichtung des Auftraggebers zur Aufforderung zur Vervollständigung und Erläuterung, noch ein Anspruch des einzelnen Bewerbers auf eine solche.[197]

160 Von der Möglichkeit des Auftraggebers, einen Bewerber zur Vervollständigung oder Erläuterung vorgelegter Bescheinigungen aufzufordern, nicht eingeschlossen ist die Aufforderung zur Vorlage gänzlich neuer Nachweise.[198] Das ergibt sich zum einen daraus, dass der Anwendungsbereich der Regelung durch allgemeine vergaberechtliche Prinzipien beschränkt ist. Es muss u. a. berücksichtigt werden, dass die gewissenhaft und sorgfältig handelnden Bewerber/Bieter, die rechtzeitig ein vollständiges Angebot einreichen, nicht benachteiligt werden. Die Vorschrift ist daher nicht als Durchbrechung des Gleichbehandlungsgrundsatzes zu sehen, sondern ist durch diesen in seinem Anwendungsbereich beschränkt.[199] Auch folgt das Verbot der Forderung gänzlich neuer, nicht in der Vergabebekanntmachung angegebener Unterlagen aus § 7a Nr. 3 Abs. 3, wonach der Auftraggeber bereits in der Bekanntmachung vollständig anzugeben hat, welche Bescheinigungen vorzulegen sind. Ein öffentlicher Auftraggeber ist nur dann berechtigt, einen Bewerber/Bieter zur Vervollständigung bzw. Erläuterung vorgelegter Bescheinigungen aufzufordern, wenn ein konkreter Nachweis zwar vorgelegt wurde, dieser aber uneindeutig oder lückenhaft ist.[200]

---

197 *OLG Düsseldorf* Beschl. v. 16. 11. 2003 – Verg 47/03.
198 *OLG Düsseldorf* Beschl. v. 16. 11. 2003 – Verg 47/03.
199 *VK Rheinland-Pfalz* Beschl. v. 28. 6. 2006 – VK 16/06; *VK Düsseldorf* Beschl. v. 26. 5. 2006; *VK Niedersachsen* Beschl. v. 1. 9. 2005 – VK-22/2006-L.
200 *OLG Düsseldorf* Beschl. v. 16. 1. 2006 – VII-Verg 92/05.

§ 8 a
Technische Anforderungen

1. Die technischen Anforderungen sind zu formulieren:
   (1) entweder unter Bezugnahme auf die im Anhang TS definierten technischen Spezifikationen in der Rangfolge:
   a) nationale Normen, mit denen europäische Normen umgesetzt werden,
   b) europäische technische Zulassungen,
   c) gemeinsame technische Spezifikationen,
   d) internationale Normen und andere technische Bezugssysteme, die von den europäischen Normungsgremien erarbeitet wurden oder,
   e) falls solche Normen und Spezifikationen fehlen, nationale Normen, nationale technische Zulassungen oder nationale technische Spezifikationen für die Planung, Berechnung und Ausführung von Bauwerken und den Einsatz von Produkten.
   Jede Bezugnahme ist mit dem Zusatz »oder gleichwertig« zu versehen;
   (2) oder in Form von Leistungs- oder Funktionsanforderungen, die genau so zu fassen sind, dass sie den Bewerbern oder Bietern ein klares Bild vom Auftragsgegenstand vermitteln und dem Auftraggeber die Erteilung des Zuschlags ermöglichen;
   (3) oder als Kombination von Ziffer 1 und 2, d. h.
   a) in Form von Leistungsanforderungen unter Bezugnahme auf die Spezifikationen gemäß Ziffer 1 als Mittel zur Vermutung der Konformität mit diesen Leistungs- und Funktionsanforderungen;
   b) oder mit Bezugnahme auf die Spezifikationen gemäß Ziffer 1 hinsichtlich bestimmter Merkmale und mit Bezugnahme auf die Leistungs- und Funktionsanforderungen gemäß Ziffer 2 hinsichtlich anderer Merkmale.

2. (1) Verweist der Auftraggeber in der Leistungs- oder Aufgabenbeschreibung auf die in Nummer 1 Ziffer 1 Buchstabe a) genannten technischen Anforderungen, so darf er ein Angebot nicht mit der Begründung ablehnen, die angebotenen Waren und Dienstleistungen entsprächen nicht den von ihnen herangezogenen Spezifikationen, wenn das Unternehmen in seinem Angebot dem Auftraggeber mit geeigneten Mitteln nachweist, dass die von ihm vorgeschlagenen Lösungen den Anforderungen der technischen Spezifikation, auf die Bezug genommen wurde, gleichermaßen entsprechen. Als geeignete Mittel gelten insbesondere eine technische Beschreibung des Herstellers oder ein Prüfbericht einer anerkannten Stelle.
   (2) Legt der Auftraggeber die technischen Anforderungen in Form von Leistungs- oder Funktionsanforderungen fest, so darf er ein Angebot, das einer nationalen Norm, mit der eine europäische Norm umgesetzt wird oder einer europäischen technischen Zulassung, einer gemeinsamen technischen Spezifikation, einer internationalen Norm oder einem technischen Bezugssystem, das von den europäischen Normungsgremien erarbeitet wurde, entspricht, nicht zurückweisen, wenn diese Spezifikationen die von ihm geforderten Leistungs- oder Funktionsanforderungen betreffen. Der Bieter muss in seinem Angebot mit geeigneten Mitteln nachweisen, dass die der Norm entsprechende jeweilige

Ware oder Dienstleistung den Leistungs- oder Funktionsanforderungen des Auftraggebers entspricht. Als geeignete Mittel gelten insbesondere eine technische Beschreibung des Herstellers oder ein Prüfbericht einer anerkannten Stelle.

3. Schreibt der Auftraggeber Umwelteigenschaften in Form von Leistungs- oder Funktionsanforderungen vor, so kann er die Spezifikationen verwenden, die in europäischen, multinationalen oder anderen Umweltzeichen definiert sind, wenn
   a) sie sich zur Definition der Merkmale des Auftragsgegenstandes eignen,
   b) die Anforderungen des Umweltzeichens auf der Grundlage von wissenschaftlich abgesicherten Informationen ausgearbeitet werden,
   c) die Umweltzeichen im Rahmen eines Verfahrens erlassen werden, an dem interessierte Kreise wie staatliche Stellen, Verbraucher, Hersteller, Händler und Umweltorganisationen teilnehmen können und
   d) das Umweltzeichen für alle Betroffenen zugänglich und verfügbar ist.
   Der Auftraggeber kann in den Vergabeunterlagen angeben, dass bei Waren oder Dienstleistungen, die mit einem Umweltzeichen ausgestattet sind, vermutet wird, dass sie den in der Leistungs- oder Aufgabenbeschreibung festgelegten technischen Anforderungen genügen. Der Auftraggeber muss jedes andere geeignete Beweismittel, wie technische Unterlagen des Herstellers oder Prüfberichte anerkannter Stellen, akzeptieren.

4. Anerkannte Stellen sind die Prüf- und Eichlaboratorien im Sinne des Eichgesetzes sowie die Inspektions- und Zertifizierungsstellen, die mit den anwendbaren europäischen Normen übereinstimmen. Der Auftraggeber erkennt Bescheinigungen von in anderen Mitgliedstaaten ansässigen anerkannten Stellen an.

5. Soweit es nicht durch den Auftragsgegenstand gerechtfertigt ist, darf in den technischen Spezifikationen nicht auf eine bestimmte Produktion oder Herkunft oder ein besonderes Verfahren oder auf Marken, Patente, Typen, einen bestimmten Ursprung oder eine bestimmte Produktion verwiesen werden, wenn dadurch bestimmte Unternehmen oder bestimmte Produkte begünstigt oder ausgeschlossen werden. Solche Verweise sind jedoch ausnahmsweise zulässig, wenn der Auftragsgegenstand nicht hinreichend genau und allgemein verständlich beschrieben werden kann; solche Verweise sind mit dem Zusatz »oder gleichwertig« zu versehen.

Inhaltsübersicht

	Rn.
A. Allgemeines	1
I. Bedeutung und Zweck der Regelung	1
II. Vergleich mit VOB/A und VOF	3
III. Entstehungsgeschichte der Vorschrift	4
B. Regelungsgehalt des § 8 a VOL/A	6
I. Formulierung technischer Anforderungen, § 8 a Nr. 1	6
1. Formulierung technischer Anforderungen unter Bezugnahme auf die im Anhang TS definierten technischen Spezifikationen, § 8 a Nr. 1 Ziffer 1	7

	2. Formulierung technischer Anforderungen in Form von Leistungs- oder Funktionsanforderungen, § 8 a Nr. 1 Ziffer 2	12
	3. Formulierung technischer Anforderungen als Kombination von § 8 a Nr. 1 Ziffern 1 und 2, § 8 a Nr. 1 Ziffer 3	13
II.	Vorgaben für die Verfahrensweise bei der Wertung von Angeboten, § 8 a Nr. 2	16
	1. Verfahrensweise bei der Wertung von Angeboten im Falle der Formulierung technischer Anforderungen unter Bezugnahme auf technische Anforderungen in Gestalt von nationalen Normen, mit denen europäische Normen umgesetzt werden, § 8 a Nr. 2 Abs. 1	17
	2. Verfahrensweise bei der Wertung von Angeboten im Falle der Formulierung technischer Anforderungen in Form von Leistungs- oder Funktionsanforderungen, § 8 a Nr. 2 Abs. 2	18
III.	Besondere Regeln hinsichtlich des Vorschreibens von Umwelteigenschaften in Form von Leistungs- oder Funktionsanforderungen, § 8 a Nr. 3	19
IV.	Anerkannte Stellen im Sinne des § 8 a Nrn. 1 bis 3, § 8 a Nr. 4	20
V.	Grundsatz der Produktneutralität, § 8 a Nr. 5	21

A. Allgemeines

I. Bedeutung und Zweck der Regelung

§ 8 a trifft für europaweite Ausschreibungen wesentliche Regelungen bezüglich der **1** Formulierung technischer Anforderungen, die den Regelungen des § 8 im Kollisionsfall vorgehen. Durch die Verwendung einzelstaatlicher, nicht europaweit anerkannter Spezifikationen zur Beschreibung technischer Anforderungen kann es zu einer Benachteiligung von Unternehmern aus Mitgliedsstaaten kommen, die das Diskriminierungsverbot des Art. 12 EG-Vertrag sowie den Grundsatz des freien Warenverkehrs (Art. 28 EG-Vertrag) verletzt. Neben »offenen« Verletzungen kommen auch Bevorzugungen nationaler Bieter gleichsam »durch die Hintertür« über die Verwendung einzelstaatlicher Spezifikationen in Betracht.

Vor diesem Hintergrund bezweckt § 8 a durch die Wahl europäischer Spezifikationen **2** eine einheitliche, sämtliche europäischen Auftraggeber verpflichtende Verfahrensweise bei Vergabeverfahren zu garantieren und auf diese Weise einen europaweiter Wettbewerb herzustellen. Die Anforderungen der ausgeschriebenen Leistung sollen für die potentiellen Bieter auf dem gesamten Binnenmarkt klar werden.[1] § 8 a versteht sich damit als weitere Sicherung des in § 97 Abs. 2 GWB normierten Gleichbehandlungsgebotes.[2]

II. Vergleich mit VOB/A und VOF

Für den Bereich der VOB/A treffen die §§ 9, 9a VOB/A inhaltlich entsprechende Re- **3** gelungen; für den Bereich der VOF ist es die Regelung in § 8 Nr. 2 VOF niedergelegt.

---
1 Zdzieblo in: Daub/Eberstein, VOL/A-Kommentar, 5. Aufl. 2000, § 8 a Rn. 17.
2 Vgl. *VK Lüneburg* Beschl. v. 5. 1. 2004, 203-VgK-37/2003; *VK Lüneburg* Beschl. v. 14. 2. 2003, 203-VgK-35/2002; *VK Leipzig* Beschl. v. 20. 6. 2002, 1/SVK/055.

III. Entstehungsgeschichte der Vorschrift

4 Im Zuge der Umsetzung der EU-Richtlinie 2004/18/EG[3] hat § 8 a in der Neufassung der VOL/A vom 6. April 2006 einige bedeutsame Änderungen erfahren. Hier ist der ersatzlose Wegfall der in § 8 a Nr. 2 a. F. statuierten Ausnahmen vom Gebot der Verwendung europäischer technischer Spezifikationen zu nennen. Im Lichte der oben dargelegten Bedeutung der Zugrundelegung europäischer Spezifikationen für den europäischen Binnenmarkt hatten Rechtsprechung und Literatur bereits zuvor eine restriktive Auslegung dieser Ausnahmefälle gefordert.[4] Der ersatzlose Wegfall der Regelung für Ausnahmefälle führt diese strikte Linie fort. Eine weitere Änderung der Bestimmungen über technische Spezifikationen besteht in der dem Auftraggeber nunmehr gemäß § 8 a Nr. 1 Ziffer 2 ausdrücklich eröffneten Möglichkeit, die technischen Anforderungen der Leistung in Form von Leistungs- oder Funktionsanforderungen zu formulieren.[5] Darüber hinaus haben sich die bei Fehlen einer gemeinschaftsrechtlichen Spezifikation anzuwendenden Regelungen geändert. Bislang verwies § 8 a Nr. 3 a. F. auf die Nr. 2 des Anhangs TS a. F. Nunmehr ist § 8 a Nr. 1 Ziffer 1e) zu beachten.[6]

5 Bei einem Blick auf die der Novellierung zu Grunde liegenden Richtlinie fällt auf, dass auf eine Umsetzung der Absätze 1 und 2 des Artikels 23 der Richtlinie verzichtet wurde. Eine Umsetzung des Absatzes 2 der Richtlinie, der u. a. fordert, dass die technischen Spezifikationen allen Bietern gleichermaßen zugänglich sein müssen, aufgrund der Neufassung der Begriffsbestimmungen des Anhangs TS (»der Öffentlichkeit zugänglich«) entbehrlich. Die in Art. 23 Abs. 1 Satz 2 der Richtlinie enthaltene ermessensleitende Vorgabe, kraft derer technische Spezifikationen, wo immer dies möglich ist, so festgelegt werden sollten, dass den Zugangskriterien für Behinderte oder der Konzeption für alle Benutzer Rechnung getragen wird, hat in Nr. 1 des Anhangs TS Niederschlag gefunden.

B. Regelungsgehalt des § 8 a VOL/A

I. Formulierung technischer Anforderungen, § 8 a Nr. 1

6 § 8 a Nr. 1 räumt dem Auftraggeber hinsichtlich der Formulierung technischer Anforderungen in der Leistungsbeschreibung ein Wahlrecht ein. Er kann sich für eine Formulierung unter Zugrundelegung von technischen Spezifikationen (§ 8 a Nr. 1

---

3 Richtlinie 2004/18/EG des Europäischen Parlaments und des Rates vom 31. 3. 2004 über die Verfahren zur Vergabe öffentlicher Bauaufträge, Lieferaufträge und Dienstleistungsaufträge (ABl. EU Nr. L 134 S. 114) i. d. F. der Berichtigung vom 26. 11. 2004 (ABl. EU Nr. L 351 S. 44), der Richtlinie 2005/51/EG der Kommission vom 7. 9. 2005 (ABl. EU Nr. L 257 S. 127) und der Verordnung (EG) Nr. 2083/2005 der Kommission vom 19. 12. 2005 (ABl. EU Nr. L 333 S. 28); dort Kapitel IV, Art. 23 sowie Anhang VI.
4 Vgl. *VK Leipzig* Beschl. v. 14. 12. 2001, 1/SVK/124–01 (zu einer DIN-EN); *Noch* in: Müller-Wrede, VOL/A-Kommentar, 2001, § 8 a Rn. 7 u. 13; *Zdzieblo*, in: Daub/Eberstein, VOL/A-Kommentar, 5. Aufl. 2000, § 8 a Rn. 21 f.
5 S. dazu unten Rn. 12.
6 S. dazu unten Rn. 7 ff.

Ziffer 1) entscheiden. Daneben kann er auch eine Formulierung der Anforderungen in Form von Leistungs- oder Funktionsanforderungen wählen (§ 8 a Nr. 1 Ziffer 2). Auch Mischformen bei der Beschreibung sind möglich (§ 8 a Nr. 3).

1. Formulierung technischer Anforderungen unter Bezugnahme auf die im Anhang TS definierten technischen Spezifikationen, § 8 a Nr. 1 Ziffer 1

§ 8 a Nr. 1 Ziffer 1 verpflichtet den Auftraggeber, bei der Beschreibung der technischen Anforderung der Leistung unter Bezugnahme auf die im Anhang TS definierten technischen Spezifikationen[7] die in § 8 a Nr. 1 Ziffer 1a) bis d) angeordnete **Rangfolge** zu beachten. 7

§ 8 a a. F. legte hinsichtlich der aufgeführten Arten europäischer Spezifikationen keine Rangfolge fest, sondern räumte dem Auftraggeber ein Wahlrecht ein.[8] Nunmehr ist die Nachrangigkeit der Verwendung nationaler Normen und Spezifikationen zwingend vorgeschrieben. Die Bezugnahme auf einzelstaatliche Normen und Spezifikatio- 8

---

[7] Der Wortlaut des Anhangs TS zum zweiten Abschnitt der VOL/A lautet wie folgt:
Begriffsbestimmungen
1. »Technische Spezifikationen« sind sämtliche, insbesondere in den Verdingungsunterlagen enthaltenen, technischen Anforderungen an ein Material, ein Erzeugnis oder eine Lieferung, mit deren Hilfe das Material, das Erzeugnis oder die Lieferung so bezeichnet werden können, dass sie ihren durch den Auftraggeber festgelegten Verwendungszweck erfüllen. Zu diesen technischen Anforderungen gehören Qualitätsstufen, Umweltleistungsstufen, die Konzeption für alle Verwendungsarten (»Design for all«) einschließlich des Zugangs für Menschen mit Behinderungen, sowie Konformitätsbewertung, Vorgaben für Gebrauchstauglichkeit, Verwendung, Sicherheit und Abmessungen, einschließlich Vorschriften über Verkaufsbezeichnung, Terminologie, Bildzeichen, Prüfungen und Prüfverfahren, Verpackung, Kennzeichnung und Beschriftung sowie Produktionsprozesse und -methoden sowie über Konformitätsbewertungsverfahren. Außerdem gehören dazu auch die Vorschriften für die Planung und Berechnung von Bauwerken; die Bedingungen für die Prüfung, Inspektion und Abnahme von Bauwerken, die Konstruktionsmethoden oder -verfahren und alle anderen technischen Anforderungen, die der Auftraggeber bezüglich fertiger Bauwerke oder der dazu notwendigen Materialien oder Teile durch allgemeine oder spezielle Vorschriften anzugeben in der Lage ist.
2. »Norm« ist eine technische Spezifikation, die von einer anerkannten Normenorganisation zur wiederholten oder ständigen Anwendung angenommen wurde, deren Einhaltung grundsätzlich nicht zwingend vorgeschrieben ist.
3. »Internationale Norm« ist eine Norm, die von einem internationalen Normungsgremium angenommen wird und der Öffentlichkeit zugänglich ist.
4. »Europäische Norm« ist eine Norm, die von einem europäischen Normungsgremium angenommen wird und der Öffentlichkeit zugänglich ist.
5. »Nationale Norm« ist eine Norm, die von einem nationalen Normungsgremium angenommen wird und der Öffentlichkeit zugänglich ist.
6. »Europäische technische Zulassung« ist eine positive technische Beurteilung der Brauchbarkeit des Produktes hinsichtlich der Erfüllung der wesentlichen Anforderung an bauliche Anlagen; sie erfolgt aufgrund der spezifischen Merkmale des Produkts und der festgelegten Anwendungs- und Verwertungsbedingungen. Die europäische technische Zulassung wird von einem zu diesem Zweck vom Mitgliedstaat zugelassenen Gremium ausgestellt.
7. »Gemeinsame technische Spezifikationen« sind technische Spezifikationen, die nach einem von den Mitgliedstaaten anerkannten Verfahren erarbeitet und im Amtsblatt der Europäischen Gemeinschaften veröffentlicht wurden.
8. »Technische Bezugsgröße« ist jeder Bezugsrahmen, der keine offizielle Norm ist und von den europäischen Normungsgremien nach an die Bedürfnisse des Marktes angepassten Verfahren erarbeitet wurde.

[8] *Zdzieblo*, in: Daub/Eberstein, VOL/A-Kommentar, 5. Aufl. 2000, § 8 a Rn. 18.

§ 8 a Technische Anforderungen

nen ist gemäß § 8 a Nr. 1 Ziffer 1 e) nur zulässig, falls Spezifikationen im Sinne der § 8 a Nr. 1 Ziffer 1 a) bis d) fehlen. In diesen Fällen muss der Auftraggeber zunächst – gegebenenfalls unter Hinzuziehung externer Sachverständiger – sicherstellen, dass tatsächlich keine europäischen Normen oder Spezifikationen einschlägig sind.

9 Welche deutschen, europäischen oder weltweit anerkannten Normen oder Spezifikationen im konkreten Fall zu verwenden sind, kann durch Anfrage beim Deutschen Institut für Normung (DIN) geklärt werden.[9] Eine für die Beschreibung der technischen Anforderungen einer Leistung einschlägige Norm oder Spezifikation muss der Auftraggeber verwenden.

10 Um Diskriminierungen soweit wie möglich auszuschließen, ist jetzt jede Bezugnahme mit dem Zusatz »oder gleichwertiger Art« zu versehen.[10]

11 Die Abgrenzung zwischen einer technischen Spezifikation im Sinne des § 8 a Nr. 1 und einem Nachweis der fachlichen Eignung gemäß § 7a Nr. 3 richtet sich danach, ob der Regelungsgegenstand der betreffenden Norm produkt- oder bieterbezogen ist; nur im letzteren Fall ist § 7a Nr. 3 anzuwenden.[11]

2. Formulierung technischer Anforderungen in Form von Leistungs- oder Funktionsanforderungen, § 8 a Nr. 1 Ziffer 2

12 Die dem Auftraggeber in § 8 a Nr. 1 Ziffer 2 eröffnete Möglichkeit, die technischen Anforderungen der Leistung in Form von **Leistungs- oder Funktionsanforderungen** zu formulieren, ist eine Neuerung im Zuge der Neufassung der VOL/A. Aufgrund dieser Regelung muss der Auftraggeber nicht mehr sämtliche Spezifikationen im Detail vorgeben und sich bei den Spezifikationen auf bestimmte Instrumente festlegen. Damit wird anerkannt, dass genormte technische Lösungen nicht in allen Fällen eine optimale Bedarfsdeckung gewährleisten, sondern durch die funktionale Leistungsbeschreibung eine innovative, neue technische Lösung erreicht werden kann.[12] Dabei müssen die derart dargestellten technischen Anforderungen jedoch so genau gefasst sein, dass sie den Bewerbern oder Bietern ein klares Bild vom Auftragsgegenstand vermitteln und zu vergleichbaren Angeboten führen: Die in § 8 a Nr. 1 Ziffer 2 eröffnete Möglichkeit darf nicht dazu missbraucht werden, die gebotene Eindeutigkeit und Vollständigkeit der Leistungsbeschreibung zu umgehen; in der Sache sind die Grundsätze über die funktionale Leistungsbeschreibung heranzuziehen.[13]

3. Formulierung technischer Anforderungen als Kombination von § 8 a Nr. 1 Ziffern 1 und 2, § 8 a Nr. 1 Ziffer 3

13 Daneben ist es dem Auftraggeber gemäß § 8 a Nr. 1 Ziffer 3 möglich, zur Beschreibung der technischen Anforderungen auf eine Kombination aus den Beschreibungsoptionen der § 8 a Nr. 1 Ziffern 1 und 2 zurückzugreifen.

---

9 Vgl. oben unter Rn. 125 ff.
10 Vgl. unter Rn. 141 f.
11 Vgl. *VK Potsdam* Beschl. v. 15. 10. 2003, VK 59/03 (zu § 7a Nr. 2 a. F.).
12 S. zum Ganzen *Steinberg*, NZBau 2005, 85 (86).
13 Vgl. oben unter Rn. 103 ff.

Dabei kann der Auftraggeber gemäß § 8 a Nr. 1 Ziffer 3 a) eine Beschreibung in Form von Leistungsanforderungen formulieren, bei der die technischen Spezifikationen im Sinne des § 8 a Nr. 1 Ziffer 1 als Mittel zur Vermutung der Konformität mit den Leistungs- und Funktionsanforderungen verwendet werden. Richten sich in solchen Fällen die von den Bietern gewählten technischen Gegebenheiten der angebotenen Leistung nach den einschlägigen technischen Spezifikationen, so wird im Rahmen der Wertung der Angebote vermutet, dass sie den Anforderungen in der Leistungsbeschreibung entsprechen. **14**

Darüber hinaus ist gemäß § 8 a Nr. 1 Ziffer 3 b) auch eine Form der Beschreibung der technischen Anforderungen an die Leistung möglich, bei der ein Teil der Merkmale mit Bezugnahme auf technische Spezifikationen im Sinne des § 8 a Nr. 1 Ziffer 1 beschrieben wird, während ein anderer Teil der Merkmale mit Bezugnahme auf Leistungs- und Funktionsanforderungen im Sinne des § 8 a Nr. 1 Ziffer 2 beschrieben wird. **15**

II. Vorgaben für die Verfahrensweise bei der Wertung von Angeboten, § 8 a Nr. 2

§ 8 a Nr. 2 trifft nähere Regelungen bezüglich der Verfahrensweise bei der **Wertung** von Angeboten, die sich nach Maßgabe der jeweiligen gemäß § 8 a Nr. 1 gewählten Form der Beschreibung der technischen Anforderungen an die Leistung unterscheiden. **16**

1. Verfahrensweise bei der Wertung von Angeboten im Falle der Formulierung technischer Anforderungen unter Bezugnahme auf technische Anforderungen in Gestalt von nationalen Normen, mit denen europäische Normen umgesetzt werden, § 8 a Nr. 2 Abs. 1

§ 8 a Nr. 2 Abs. 1 betrifft den Fall, dass ein Auftraggeber in der Leistungs- oder Aufgabenbeschreibung für technische Anforderungen auf nationale Normen, mit denen europäische Normen umgesetzt werden (vgl. § 8 a Nr. 1 Ziffer 1a), Bezug nimmt. Die Vorschrift verbietet es dem Auftraggeber, ein Angebot mit der Begründung abzulehnen, die angebotenen Waren und Dienstleistungen entsprächen nicht den von ihm herangezogenen Spezifikationen, wenn das Unternehmen in seinem Angebot mit geeigneten Mitteln nachweist, dass die von ihm vorgeschlagenen Lösungen den Anforderungen der technischen Spezifikation, auf die Bezug genommen wurde, gleichermaßen entsprechen. Als geeignete Mittel zur Erbringung dieses Nachweises gelten insbesondere eine technische Beschreibung des Herstellers oder ein Prüfbericht einer anerkannten Stelle im Sinne des § 8 a Nr. 4. **17**

2. Verfahrensweise bei der Wertung von Angeboten im Falle der Formulierung technischer Anforderungen in Form von Leistungs- oder Funktionsanforderungen, § 8 a Nr. 2 Abs. 2

18 Legt ein Auftraggeber die technischen Anforderungen in Form von Leistungs- oder Funktionsanforderungen fest, so hat bei der Wertung der Angebote die Vorgaben des § 8 a Nr. 2 Abs. 2 einzuhalten. Er darf Angebote, die Normen oder Spezifikationen im Sinne der § 8 a Nr. 1 Ziffer 1a) bis d) entsprechen, nicht zurückweisen, wenn diese Spezifikationen die von ihm geforderten Leistungs- oder Funktionsanforderungen erfüllen. Den Bieter trifft die Obliegenheit, in seinem Angebot mit geeigneten Mitteln nachzuweisen, dass die der Norm entsprechende jeweilige Ware oder Dienstleistung den Leistungs- oder Funktionsanforderungen des Auftraggebers entspricht. Als geeignete Mittel gelten wiederum eine technische Beschreibung des Herstellers oder ein Prüfbericht einer anerkannten Stelle.

III. Besondere Regeln hinsichtlich des Vorschreibens von Umwelteigenschaften in Form von Leistungs- oder Funktionsanforderungen, § 8 a Nr. 3

19 § 8 a Nr. 3 statuiert besondere Regeln hinsichtlich des Vorschreibens von Umwelteigenschaften in Form von Leistungs- oder Funktionsanforderungen. Zum einen müssen die betreffenden Spezifikationen in europäischen, multinationalen oder anderen Umweltzeichen definiert sein. Zum anderen müssen sie allen Vorgaben des § 8 a Nr. 3a) bis d) entsprechen. Dabei kann der Auftraggeber zwar in den Vergabeunterlagen angeben, dass bei Waren oder Dienstleistungen, die mit einem Umweltzeichen ausgestattet sind, vermutet wird, dass sie den in der Leistungs- oder Aufgabenbeschreibung festgelegten technischen Anforderungen genügen. Durch diese Möglichkeit wird die Verwendung von Umweltzeichen erleichtert. Im Lichte des vergaberechtlichen Gleichbehandlungsgebotes muss der Auftraggeber jedoch auch jedes andere geeignete Beweismittel, wie technische Unterlagen des Herstellers oder Prüfberichte anerkannter Stellen, akzeptieren.

IV. Anerkannte Stellen im Sinne des § 8 a Nrn. 1 bis 3, § 8 a Nr. 4

20 § 8 a Nr. 4, der anerkannte Stellen im Sinne der § 8 a Nrn. 1 bis 3 definiert, versteht sich als notwendige Klarstellung zu den vorangehenden Bestimmungen des § 8 a.

V. Grundsatz der Produktneutralität, § 8 a Nr. 5

21 Der in § 8 a Nr. 5 für europaweite Ausschreibungen niedergelegte Grundsatz der Produktneutralität entspricht in seinem Regelungsgehalt dem § 8 Nrn. 3 und 4.[14]

---

14 Vgl. *Prieß* Handbuch des europäischen Vergaberechts, 3. Aufl. 2005, S. 243 f.

§ 9 a
Vergabeunterlagen

1. Die Aufforderung zur Angebotsabgabe enthält mindestens Folgendes:

    a) Hinweis auf die veröffentlichte Bekanntmachung,

    b) beim Wettbewerblichen Dialog den Termin und den Ort des Beginns der Dialogphase,

    c) alle vorgesehenen Zuschlagskriterien, einschließlich deren Gewichtung oder, soweit nach § 25 a Nr. 1 Abs. 1 zulässig, der absteigenden Reihenfolge der ihnen zuerkannten Bedeutung,

    d) ob beabsichtigt ist, ein Verhandlungsverfahren oder einen Wettbewerblichen Dialog in verschiedenen Phasen abzuwickeln, um die Zahl der Angebote zu verringern.

    Die Angaben der Buchstaben c und d können statt dessen auch in der Vergabebekanntmachung oder den Verdingungsunterlagen erfolgen.

2. Sofern Nebenangebote zugelassen sind, enthalten die Verdingungsunterlagen auch die Mindestanforderungen für Nebenangebote.

Inhaltsübersicht

	Rn.
A. Grundzüge und Materialien	1
B. Vergabeunterlagen	4
I. Mindestinhalt der Angebotsaufforderung, § 9 a Nr. 1 VOL/A	6
1. Hinweis auf die veröffentlichte Bekanntmachung, § 9 a Nr. 1 lit. a) VOL/A	8
2. Termin und Ort des Beginns der Dialogphase beim Wettbewerblichen Dialog, § 9 a Nr. 1 lit. b) VOL/A	9
3. Zuschlagskriterien, einschließlich deren Gewichtung bzw. Reihenfolge ihrer Bedeutung, § 9 a Nr. 1 lit. c) VOL/A	10
4. Absicht, ein Verhandlungsverfahren oder einen Wettbewerblichen Dialog in verschiedenen Phasen abzuwickeln, § 9 a Nr. 1 lit. d) VOL/A	20
II. Mindestanforderungen für Nebenangebote, § 9 a Nr. 2 VOL/A	22
C. Rechtsfolgen	28

A. Grundzüge und Materialien

§ 9 a VOL/A ergänzt § 9 VOL/A und zählt die Mindestanforderungen auf, die die Vergabeunterlagen, die gemäß § 9 Nr. 1 VOL/A aus dem Anschreiben mit der Aufforderung zur Angebotsabgabe und den Verdingungsunterlagen bestehen, enthalten müssen. **1**

Gemeinsam mit § 17 Nr. 3 VOL/A wird durch diese Vorschrift Art. 40 Abs. 5 **RL** 2004/18/EG umgesetzt. **2**

Gegenüber der **bisherigen Rechtslage** wurde § 9 a VOL/A erheblich geändert: § 9 a VOL/A-alt sah lediglich vor, dass in den Verdingungsunterlagen oder in der Bekannt- **3**

§ 9 a Vergabeunterlagen

machung alle Zuschlagskriterien, deren Verwendung der Auftraggeber vorsah, »möglichst in der Reihenfolge der ihnen zuerkannten Bedeutung« anzugeben waren.

B. Vergabeunterlagen

4 In § 9 a VOL/A wird der Mindestinhalt der Vergabeunterlagen benannt, wobei § 9 a Nr. 1 VOL/A Mindestvorgaben hinsichtlich des Angebotsaufforderungsschreibens enthält und § 9 a Nr. 2 VOL/A die Mindestanforderungen für Nebenangebote, die in den Verdingungsunterlagen enthalten sein müssen.

5 Die Vorschrift dient der Gewährleistung eines **wettbewerblichen, transparenten, fairen und lauteren Vergabeverfahrens** (§ 2 Nr. 1, 2 VOL/A, § 97 Abs. 1, 2 GWB). Hierzu zählt auch, dass die Unternehmen unter gleichen Wettbewerbsbedingungen in inhaltlicher wie auch zeitlicher Hinsicht um den Auftrag konkurrieren (Bieterwettbewerb), da ihnen rechtzeitig vor Angebotsabgabe die Kriterien und Modalitäten bekannt sind, anhand deren die abgegebenen Angebote beurteilt werden.[1]

I. Mindestinhalt der Angebotsaufforderung, § 9 a Nr. 1 VOL/A

6 Gemäß § 9 a Nr. 1 VOL/A muss die Angebotsaufforderung »mindestens« einen Hinweis auf die veröffentlichte Bekanntmachung sowie Angaben zu Termin und Ort des Beginns der Dialogphase beim Wettbewerblichen Dialog, zu Zuschlagskriterien und deren Gewichtung bzw Reihenfolge ihrer Bedeutung und dazu enthalten, ob beabsichtigt ist, ein Verhandlungsverfahren oder einen Wettbewerblichen Dialog in verschiedenen Phasen abzuwickeln.

7 Wie bereits aus dem Wortlaut des § 9 a Nr. 1 VOL/A deutlich wird (»**mindestens**«), ist die Aufzählung nicht abschließend. § 9 a Nr. 1 ergänzt § 17 Nr. 3 Abs. 2 VOL/A, in dem weitere Angaben genannt werden, die das Aufforderungsschreiben zur Angebotsabgabe »insbesondere« enthalten soll. Gemeinsam decken beide Regelungen die in Art. 40 Abs. 5 RL 2004/18/EG genannten Mindestangaben ab. Unter Berücksichtigung von § 17 Nr. 3 Abs. 1 Satz 1 VOL/A (das Aufforderungsschreiben muss »alle Angaben« enthalten, »die außer den Verdingungsunterlagen für den Entschluss zur Abgabe eines Angebots notwendig sind«) kann ein öffentlicher Auftraggeber also auch noch weitere angebotsbezogene Angaben machen, die nicht in § 9 a Nr. 1 oder § 17 Nr. 3 Abs. 2 VOL/A genannt sind. Im Hinblick auf den Normzweck dieser Regelung, einen transparenten, fairen Bieterwettbewerb zu gewährleisten (s. Rn. 5), ist die offene Formulierung des § 9 a Nr. 1 VOL/A weit auszulegen.

1. Hinweis auf die veröffentlichte Bekanntmachung, § 9 a Nr. 1 lit. a) VOL/A

8 Um den einheitlichen Informationsstand sämtlicher Bieter zu gewährleisten, ist **gemäß § 9 a Nr. 1 Satz 1 lit. a) VOL/A** in der Angebotsaufforderung auf die Fundstelle

---

1 Vgl. 46. Erwägungsgrund RL 2004/18/EG.

der veröffentlichten Bekanntmachung hinzuweisen. Die Regelung entspricht Art. 40 Abs. 5 lit. a) RL 2004/18/EG. Im bisherigen Recht gab es keine vergleichbare Regelung.

2. Termin und Ort des Beginns der Dialogphase beim Wettbewerblichen Dialog, § 9 a Nr. 1 lit. b) VOL/A

Gemäß § 9 a Nr. 1 Satz 1 lit. b) VOL/A sind beim Wettbewerblichen Dialog Termin und Ort des Beginns der Dialogphase mitzuteilen. Wegen der Besonderheiten des Wettbewerblichen Dialogs ist diese Regelung jedoch anders auszulegen als bei den anderen Vergabearten: Eine Mitteilung über den Beginn der Dialogphase im Rahmen der Angebotsaufforderung käme für die Teilnehmer zu spät, da die Angebotsaufforderung beim Wettbewerblichen Dialog erst erfolgt, wenn die Dialogphase bereits abgeschlossen ist (s. § 6 a Abs. 5 Satz 1, 2 VgV). Um Termin und Ort des Beginns der Dialogphase den Unternehmen entsprechend rechtzeitig mitzuteilen, muss dies – wie auch in Art. 40 Abs. 5 lit. c) RL 2004/18/EG geregelt – bereits in der Aufforderung, Teilnahmeanträge zustellen, erfolgen, die im Falle des Wettbewerblichen Dialogs Bestandteil der Bekanntmachung ist (s. § 3 a Nr. 1 Abs. 4 Satz 2 VOL/A). 9

3. Zuschlagskriterien, einschließlich deren Gewichtung bzw. Reihenfolge ihrer Bedeutung, § 9 a Nr. 1 lit. c) VOL/A

Gemäß § 9 a Nr. 1 Satz 1 lit. c) VOL/A sind alle vorgesehenen Zuschlagskriterien sowie deren Gewichtung in der Angebotsaufforderung anzugeben. Nach § 9 a Nr. 1 Satz 2 VOL/A können diese Angaben auch in der Vergabebekanntmachung[2] oder in den Verdingungsunterlagen erfolgen. Wie sich aus dem Wortlaut dieser Regelung ergibt (»können«), ist der öffentliche Auftraggeber frei, wann bzw an welcher Stelle er diese Angaben vornimmt. § 9 a Nr. 1 VOL/A legt den insoweit spätesten Zeitpunkt fest, nämlich bei Übersendung der Verdingungsunterlagen. 10

Hinsichtlich der Angabe der **Zuschlagskriterien** entspricht § 9 a VOL/A der bisherigen Rechtslage. Aufgrund der Bekanntgabepflicht wissen die Bieter frühzeitig, auf welche Kriterien es dem öffentlichen Auftraggeber bei der Angebotswertung ankommt. So ist zum Einen gewährleistet, dass sich alle bei der Abfassung ihrer Angebote gleichermaßen auf die Anforderungen des öffentlichen Auftraggebers einstellen können und somit dieselben Zuschlagschancen haben, sowie zum Zweiten, dass die Angebotswertung in einem diskriminierungsfreien und transparenten, da an die vorab festgelegten Kriterien gebundenen, Verfahren verläuft.[3] Rechtlich folgt hieraus zweierlei: Erstens muss ein öffentlicher Auftraggeber alle Zuschlagskriterien, die er bekannt gemacht hat und auf die die Bieter dementsprechend ihre Angebote ausgerichtet 11

---

2 Vgl. § 17 a Nr. 1 Abs. 1 VOL/A i. V. m. Anhang II der Verordnung (EG) Nr. 1564/2005.
3 *EuGH* 17. 9. 2002 »Concordia Bus Finnland« VergabeR 2002, 593, 601; 12. 12. 2002 »Universale-Bau AG« VergabeR 2003, 141, 152; *BGH* 17. 2. 1999 BauR 1999, 736; 3. 6. 2004 VergabeR 2004, 604; *BayObLG* 3. 7. 2002 VergabeR 2002, 637; *OLG Düsseldorf* 16. 2. 2005, VII-Verg 74/04; 23. 3. 2005, VII-Verg 77/04; 16. 11. 2005, VII-Verg 59/05; 19. 7. 2006, VII-Verg 27/06; *1. VK Bund* 6. 7. 2005, VK 1 – 53/05.

§ 9 a Vergabeunterlagen

haben, auch unverändert bei der Angebotswertung berücksichtigen.[4] Zweitens dürfen Kriterien, die nicht bekannt gemacht wurden, dementsprechend nicht angewendet werden (s. auch § 25 a Nr. 1 Abs. 2 VOL/A).[5] Auch sog. **Unter- oder Hilfskriterien** (die die bekannt gemachten Zuschlagskriterien näher konkretisieren), die der öffentliche Auftraggeber vor einer Übersendung der Verdingungsunterlagen an die Bieter aufgestellt hat[6] oder hätte aufstellen können,[7] sind den Bietern aus den gleichen Gründen spätestens in den Verdingungsunterlagen mitzuteilen (s. zu der Frage, wann ein öffentlicher Auftraggeber die Zuschlagskriterien aufstellen muss, Rn. 13 f.).

12 Bereits nach bisherigem Recht, § 9 a VOL/A-alt, waren in den Verdingungsunterlagen oder in der Bekanntmachung nicht nur sämtliche Zuschlagskriterien anzugeben, sondern diese »möglichst« auch in der Reihenfolge der ihnen zuerkannten Bedeutung. Nunmehr ist die zusätzliche Pflicht zur Angabe der **Gewichtung** der Kriterien ausdrücklich geregelt (sofern § 25 a Nr. 1 Abs. 1 Satz 4 VOL/A keine Ausnahme zulässt, s. Rn. 15). § 9 a Nr. 1 Satz 1 lit. c) VOL/A ist im Hinblick auf Art. 53 Abs. 2, 2. Unterabsatz RL 2004/18/EG richtlinienkonform auszulegen, dass die Gewichtung ggf. mittels einer angemessenen Marge (Bandbreite) angegeben werden kann.[8] Unter den Begriff »Gewichtung« fällt auch eine Wertungsmatrix oder ein sonstiger Wertungsleitfaden, der Interpretations- oder Bewertungshilfen bei der Anwendung der Zuschlagskriterien enthält.[9] Die Pflicht zur Angabe der Gewichtung hat zur Folge, dass der öffentliche Auftraggeber die bekannt gegebene Gewichtung bei der Angebotswertung auch unverändert vornehmen muss.[10] Die zugrunde liegende gemeinschaftsrechtliche Vorgabe, Art. 53 Abs. 2 i. V. m. Art. 40 Abs. 5 lit. e) RL 2004/18/EG, ist ihrerseits auf die jüngste Rechtsprechung des EuGH zurückzuführen, wonach nicht nur die Zuschlagskriterien, sondern insbesondere auch deren Gewichtung den Bietern grundsätzlich bekannt zu geben sind. So hat der EuGH im Dezember 2002 zu der Baukoordinierungsrichtlinie 93/37/EWG entschieden, dass ein öffentlicher Auftraggeber den Bietern (zumindest dann) seine Regeln für die Gewichtung der Auswahlkriterien in der Bekanntmachung oder den Ausschreibungsunterlangen mitteilen muss, wenn er diese bereits im Voraus festgelegt hat. Anderenfalls wäre die Transparenz des Vergabeverfahrens und die Gleichbehandlung der potentiellen Bieter, die aufgrund der Vorhersehbarkeit der Wertungsmaßstäbe über die gleichen Chancen verfügen, nicht gewährleistet.[11]

---

4 *BGH* 17. 2. 1999 BauR 1999, 736; 3. 6. 2004 VergabeR 2004, 604; *BayObLG* 3. 7. 2002 VergabeR 2002, 637; *OLG Düsseldorf* 23. 3. 2005, VII-Verg 77/04; vgl. auch *EuGH* 25. 4. 1996 »Kommission/Belgien« Slg 1996, 2043, 2089.

5 *BGH* 3. 6. 2004 VergabeR 2004, 604; 1. 8. 2006, X ZR 115/04; *OLG Hamburg* 25. 2. 2002 NZBau 2002, 519; *BayObLG* 3. 7. 2002 VergabeR 2002, 637; *OLG Düsseldorf* 19. 7. 2006, VII-Verg 27/06; *1. VK Bund* 13. 11. 2002, VK 1-87/02; vgl. auch *BGH* 1. 8. 2006 VergabeR 2007, 73, 77 (zur VOB/A).

6 *OLG Düsseldorf* 16. 2. 2005, VII-Verg 74/04; 16. 11. 2005, VII-Verg 59/05; 19. 7. 2006 VII-Verg 27/06; *OLG Brandenburg* 16. 1. 2007, VergW 7/06.

7 *OLG Düsseldorf* 23. 3. 2005, VII-Verg 77/04.

8 Vgl. auch § 25 a Nr. 1 Abs. 1 Satz 3 VOL/A.

9 *OLG Düsseldorf* 16. 2. 2005, VII-Verg 74/04; 23. 3. 2005, VII-Verg 74/04; vgl. auch 19. 7. 2006, VII-Verg 27/06; *OLG Brandenburg* 16. 1. 2007, VergW 7/06.

10 Vgl. nur *BGH* 17. 2. 1999 BauR 1999, 736; 3. 6. 2004 VergabeR 2004, 604.

11 *EuGH* 12. 12. 2002 »Universale-Bau AG« VergabeR 2003, 141, 152 f.; vgl. auch 25. 4. 1996 »Kommission/Belgien« Slg. 1996, 2043, 2089.

Damit wird jedoch eine neue Rechtsfrage aufgeworfen, nämlich ob ein öffentlicher **13** Auftraggeber generell verpflichtet ist, Zuschlagskriterien und/oder deren Gewichtung spätestens bis zur Angebotsaufforderung aufzustellen, wenn er diese bei der Angebotswertung anwenden will. Der EuGH hatte bisher ausdrücklich nicht darüber zu entscheiden, wie die erforderliche Transparenz hergestellt werden kann, wenn ein öffentlicher Auftraggeber die Gewichtung der Auswahlkriterien noch nicht vor der Auftragsbekanntmachung festgelegt hatte.[12] In der vergaberechtlichen Entscheidungspraxis wurde im Anschluss an das o. g. EuGH-Urteil maßgeblich darauf abgestellt, zu welchem Zeitpunkt die Rangfolge der Zuschlagskriterien aufgestellt worden war: Wenn ein öffentlicher Auftraggeber **im Vorhinein** Regeln zur Gewichtung der Zuschlagskriterien aufgestellt hatte, sei er verpflichtet, in der Bekanntmachung oder in den Verdingungsunterlagen nicht nur die Zuschlagskriterien, sondern auch deren Gewichtung anzugeben.[13] Wie bei der Bekanntgabe der Zuschlagskriterien wurde auch dies damit begründet, dass die Auftragsvergabe sonst nicht in einem transparenten Verfahren erfolgen kann (§ 97 Abs. 1 GWB), in dem die Bieter durch die Vorhersehbarkeit der Wertungsmaßstäbe nicht nur vor einer willkürlichen Bewertung der Angebote, sondern zugleich vor einer nachträglichen Abweichung des Auftraggebers von den bekannt gemachten Zuschlagskriterien geschützt sind. Sofern anhand der Vergabeakten nicht festgestellt werden konnte, dass die Vergabestelle bereits bei Übersendung der Verdingungsunterlagen die Gewichtung der Zuschlagskriterien festgelegt hatte, ist nach der Auffassung einiger Gerichte die spätere Anwendung einer bestimmten Rangfolge bei der Auswertung der Angebote nicht vergabefehlerhaft.[14] Nach einem Urteil des EuGH vom 24. 11. 2005 war die Anwendung einer erst nach Angebotsabgabe, aber vor Öffnung der Angebote festgelegten Gewichtung dann rechtmäßig, wenn die Gewichtung nicht zu einer Änderung der bekannt gemachten Zuschlagskriterien führt, die Bieter in Kenntnis der Gewichtung ihre Angebote nicht anders abgefasst hätten und wenn die Festlegung der Gewichtung nicht unter Diskriminierung einzelner Bieter erfolgte.[15] Vertreten wird allerdings auch die strenge Auffassung, dass im Interesse der Transparenz der Vergabeentscheidung nicht nur eine Gewichtung, sondern auch einfache Kriterien, die der öffentliche Auftraggeber bis zur Bekanntgabe der Verdingungsunterlagen hätte aufstellen können, vorab festgelegt und bekannt gemacht werden müssen, damit sie angewendet werden dürfen; ggf. sei die Bekanntmachung der Verdingungsunterlagen entsprechend aufzuschieben.[16] Andere verneinen eine uneingeschränkte Pflicht zur vorherigen Aufstellung von Zuschlagskriterien und/oder deren Gewichtung, um den Vergabestellen nicht die im Einzelfall möglicherweise gebotene Flexibilität zu nehmen, neue, nicht vorhergesehene

---

12 *EuGH* 12. 12. 2002 »Universale-Bau AG« VergabeR 2003, 141, 152.
13 *OLG Düsseldorf* 30. 4. 2003 VergabeR 2004, 371; *OLG Naumburg* 31. 3. 2004, 1 Verg 1/04; *OLG Celle* 2. 9. 2004, 13 Verg 14/04; *OLG Düsseldorf* 16. 2. 2005, VII-Verg 74/04; 23. 3. 2005, VII-Verg 77/04; 6. 7. 2005, VII-Verg 22/05; *OLG Brandenburg* 16. 1. 2007, VergW 7/06.
14 *OLG Bremen* 13. 11. 2003, Verg 8/2003; *OLG Celle* 2. 9. 2004, 13 Verg 14/04; *OLG Düsseldorf* 23. 3. 2005, VII-Verg 77/04; vgl. auch 2. *VK Bund* 30. 5. 2006, VK 2 – 29/06.
15 *EuGH* 24. 11. 2005 »ATI La Linea« NZBau 2006, 193, 195 f. Vgl. zur nachträglichen Aufstellung der Zuschlagskriterien *OLG Frankfurt* 28. 2. 2006, 11 Verg 15 u 16/05 (zur VOF).
16 *OLG Düsseldorf* 23. 3. 2005, VII-Verg 77/04; 22. 11. 2005, VII-Verg 59/05; 19. 7. 2006, VII-Verg 27/06; *3. VK Bund* 26. 1. 2005, VK 3 – 224/04 (zur VOF).

Aspekte besonders innovativer Angebote nicht berücksichtigen zu können.[17] Demgegenüber wird jedoch wegen der hiermit verbundenen Manipulationsgefahr auch vertreten, dass ein öffentlicher Auftraggeber Zuschlagskriterien und deren Gewichtung auf jeden Fall nicht erst in Ansehung, also nach Öffnung, der eingegangenen Angebote festlegen darf.[18]

14 Der Streit, wann Zuschlagskriterien und/oder deren Gewichtung festzulegen sind, wird auch durch die Neufassung des § 9 a Nr. 1 Satz 1 lit. c) VOL/A nicht gelöst. Nach dieser Regelung, die nahezu wörtlich Art. 53 Abs. 2 i. V. m. Art. 40 Abs. 5 lit. e) RL 2004/18/EG entspricht, sind die Zuschlagskriterien und deren Gewichtung den Bietern spätestens in der Angebotsaufforderung bzw. den hierin enthaltenen Verdingungsunterlagen mitzuteilen. Dies ist strikt und vorbehaltlos formuliert und könnte daher so ausgelegt werden, dass alle Kriterien und deren Gewichtung spätestens bis zur Angebotsaufforderung aufzustellen sind, da sie eben nur dann hierin auch bekannt gemacht werden können. Allerdings waren Art. 7 Abs. 2, 13 Abs. 2 lit. e) und Art. 30 Abs. 2 der Baukoordinierungsrichtlinie 93/37/EWG ebenso gefasst, auf denen die o. g. Entscheidung des EuGH vom 12. 12. 2002, die zum Zeitpunkt der Aufstellung der Zuschlagskriterien und deren Gewichtung gerade nichts sagt, beruht. Aus Gründen der Vorhersehbarkeit und Nachvollziehbarkeit der Vergabeentscheidung und der Gewährleistung der Gleichbehandlung der Bieter ist hier eine strenge Auslegung geboten: Zum Einen wissen die Bieter nur im Falle der vorherigen Bekanntmachung, worauf es dem öffentlichen Auftraggeber bei der Auswertung der Angebote ankommt und können ihre Angebote dementsprechend gestalten bzw ggf. auch ganz von einer Bewerbung absehen, zweitens ist der öffentliche Auftraggeber an seine einmal festgelegten Kriterien samt deren Gewichtung gebunden und muss sich keinen Vorwürfen ausgesetzt sehen, er hätte seine Kriterien gleichheitswidrig zugunsten eines bestimmten Bieters angewendet bzw abgeändert.[19] Zuschlagskriterien, einschließlich Unterkriterien sowie deren Gewichtung sind also **bis zur Angebotsaufforderung aufzustellen** und den Bietern bekannt zu geben.[20] Dementsprechend ist auch § 25 a Nr. 1 Abs. 2 VOL/A zu verstehen. Was nicht vorher aufgestellt und den Bietern vor Angebotserstellung bekannt gegeben wurde, darf bei der Angebotswertung nicht berücksichtigt werden. Um Manipulationen vorzubeugen und die Chancengleichheit der Angebote zu gewährleisten, dürfen sich entgegen der oben in Rn. 13 genannten Rechtsprechung etwaige Nachweisschwierigkeiten, wann Zuschlagskriterien und/oder eine Gewichtung aufgestellt worden sind, auch nicht dadurch zu Lasten der Bieter auswirken, dass sie auch ohne Bekanntgabe angewendet werden dürfen, wenn nicht festgestellt werden kann, dass der Auftraggeber diese bereits im Vorhinein aufgestellt hatte. Diese strenge Auslegung entspricht auch den Vorstellungen des Gemeinschaftsgesetzgebers: Hiernach müssen die öffentlichen Auftraggeber zur Sicherstellung der erforderlichen Transparenz des Vergabeverfahrens die Zuschlagskriterien und deren Gewichtung »so rechtzeitig« angeben, dass diese den Bietern »bei der Erstellung ihrer

---

17 *OLG Dresden* 6. 4. 2004, WVerg 1/04; *OLG Brandenburg* 16. 1. 2007, VergW 7/06.
18 *OLG Bremen* 14. 4. 2005, Verg 1/2005; vgl. auch *OLG München* 27. 1. 2006 VergabeR 2006, 537, 545; *OLG Düsseldorf* 19. 7. 2006, VII-Verg 27/06.
19 Vgl. auch *BGH* 3. 6. 2004 VergabeR 2004, 604.
20 Vgl. *OLG Düsseldorf* 19. 7. 2006, VII-Verg 27/06; *1. VK Bund* 10. 8. 2006, VK 1 – 55/06.

Angebote bekannt sind«[21] – wie die Europäische Kommission in ihrem Richtlinienvorschlag ausführte, ist dies so zu verstehen, dass der öffentliche Auftraggeber Zuschlagskriterien und deren Gewichtung bereits zu Beginn des Vergabeverfahrens verbindlich festlegt.[22] Eine **Ausnahme** kann im Hinblick auf die Entscheidung des EuGH vom 24. 11. 2005 im Einzelfall dann vorliegen, wenn die bekannt gemachten Kriterien nicht geändert (sondern z. B. durch Unterkriterien lediglich konkretisiert) werden, die Kenntnis des neuen Kriteriums oder der neuen Gewichtung die Angebotserstellung nicht beeinflusst hätte und die nachträgliche Festlegung der neuen Kriterien oder der neuen Gewichtung diskriminierungsfrei erfolgte (s. Rn. 13).[23] Unter diesen Voraussetzungen wäre ein Bieter durch die Anwendung eines ihm vorher nicht bekannten Zuschlagskriteriums oder einer neuen Gewichtung nicht in seinen Rechten verletzt. Im Falle der nachträglichen Konkretisierung eines den Bietern bekannten Zuschlagskriteriums z. B. durch ein neu gebildetes Unterkriterium kann ggf. entscheidungserheblich sein, ob dieses tatsächlich neu (und damit mangels Bekanntmachung unzulässig) oder nicht wenigstens dann »bekannt« (und damit zulässig) ist, wenn es sich für einen objektiven und fachkundigen Bieter ohne Weiteres aus dem jeweiligen Oberkriterium ergibt – auch in diesem Fall wäre die Transparenz und Gleichbehandlung der Angebote durch ein nachträglich gebildetes Unterkriterium nicht tangiert.[24] S. auch § 25 a Rn. 24.

»**Soweit dies nach § 25 a Nr. 1 Abs. 1 zulässig**« ist, braucht die Gewichtung der Zuschlagskriterien gemäß § 9 a Nr. 1 Satz 1 lit. c) VOL/A nicht in der Bekanntmachung, der Angebotsaufforderung oder den Verdingungsunterlagen angegeben zu werden. Gemäß § 25 a Nr. 1 Abs. 1 Satz 4 VOL/A ist dies dann der Fall, wenn eine Gewichtung »nach Ansicht des Auftraggebers« »aus nachvollziehbaren Gründen« nicht angegeben werden kann (s. § 25 a Rn. 21). Unter dieser Voraussetzung muss der Auftraggeber gemäß § 9 a Nr. 1 Satz 1 lit. c) VOL/A i. V. m. § 25 a Nr. 1 Abs. 1 Satz 4 VOL/A zumindest die Reihenfolge der Bedeutung der Zuschlagskriterien festlegen und diese den Bietern in absteigender Folge in der Bekanntmachung, der Angebotsaufforderung oder den Verdingungsunterlagen mitteilen. **15**

Um die o. g. Transparenz des Vergabeverfahrens aufgrund vorhersehbarer und nachprüfbarer Kriterien sowie die Gleichbehandlung der Bieter bei der Angebotswertung zu gewährleisten, sind die Zuschlagskriterien nur dann hinreichend i. S. d. § 9 a Nr. 1 Satz 1 lit. c) VOL/A bekannt gemacht, wenn diese so **klar und deutlich formuliert** werden, dass jedenfalls fachkundige Bieter keine Verständnisschwierigkeiten haben. Ein missverständlich formuliertes Kriterium ist nicht hinreichend bekannt gemacht und darf bei der Wertung der Angebote nicht berücksichtigt werden.[25] Das Gleiche gilt für die anzugebende Gewichtung. **16**

---

21 46. Erwägungsgrund RL 2004/18/EG.
22 Vorschlag der Europäischen Kommission für eine Richtlinie des Europäischen Parlaments und des Rates über die Koordinierung der Verfahren zur Vergabe öffentlicher Lieferaufträge, Dienstleistungsaufträge und Bauaufträge vom 30. 8. 2000, KOM (2000) 275 endgültig/2, S. 10 f., 28.
23 Vgl. *OLG Düsseldorf* 19. 7. 2006, VII-Verg 27/06; *1. VK Bund* 10. 8. 2006, VK 1 – 55/06.
24 Vgl. *OLG Düsseldorf* 19. 7. 2006, VII-Verg 27/06; *3. VK Bund* 19. 7. 2005, VK 3 – 58/05; *3. VK Bund* 23. 8. 2006, VK 3 – 96/06.
25 *EuGH* 20. 9. 1988 »Beentjes« Slg 1988, 4635, 4658, 4660; 4. 12. 2003 »Wienstrom« VergabeR 2004, 36, 43;

17 Im Interesse der Gleichbehandlung der Bieter und der Transparenz des Vergabeverfahrens sind die Zuschlagskriterien nicht wirksam bekannt gemacht, wenn der öffentliche Auftraggeber lediglich **generell** auf § 25 a Nr. 1 Abs. 1 Satz 1 VOL/A **verweist**. Die Aufzählung von Zuschlagskriterien erfolgt hier ausdrücklich lediglich beispielhaft, so dass für einen Bieter nicht hinreichend klar ist, auf welche Kriterien der Auftraggeber bei der konkreten Vergabe tatsächlich abstellen will.[26] Maßgebliches Zuschlagskriterium ist in einem solchen Fall allein der Angebotspreis.[27]

18 Soweit den Bietern **keine Kriterien** (wirksam) mitgeteilt wurden, darf der öffentliche Auftraggeber bei der Angebotswertung weder auf allgemeine Gesichtspunkte der Wirtschaftlichkeit i. S. d. § 25 Nr. 3 VOL/A zurückgreifen[28] noch auf die in § 25 a Nr. 1 Abs. 1 Satz 1 VOL/A (ohnehin nur) beispielhaft genannten Kriterien. Alleiniges Kriterium für die Zuschlagserteilung ist in einem solchen Fall der Preis, der Zuschlag muss also auf das Angebot mit dem niedrigsten Preis erteilt werden.[29]

19 § 9 a VOL/A sagt – wie bereits das bisherige Recht, § 9 a VOL/A-alt – nichts darüber aus, wie die Angebotswertung durchzuführen ist, wenn die in der Angebotsaufforderung von den in der Bekanntmachung genannten Kriterien bzw deren Gewichtung **abweichen**. Zu Eignungsnachweisen wurde bereits entschieden, dass für die Frage, welche Nachweise vorzulegen seien, wegen des Gebots der Transparenz des Vergabeverfahrens und des Grundsatzes der Gleichbehandlung der Bieter die Bekanntmachung maßgeblich sei, wenn sich diese von der Angebotsaufforderung unterscheide.[30] Diesbezüglich scheint die Rechtslage jedoch auch keine andere Schlussfolgerung zuzulassen, da gemäß § 7 a Nr. 3 Abs. 3 VOL/A (vgl. § 7 a Nr. 2 Abs. 3 VOL/A-alt) die vorzulegenden Eignungsnachweise bereits zwingend in der Bekanntmachung anzugeben sind und dem Auftraggeber somit – im Gegensatz zu den Zuschlagskriterien und deren Gewichtung nach § 9 a Nr. 1 VOL/A – nicht die Wahl bleibt, ob er diese erst z. B. in der Angebotsaufforderung nennt. Bei Zuschlagskriterien bzw deren Gewichtung enthalten weder das Gemeinschaftsrecht (Art. 40 Abs. 5 lit. e), Art. 53 Abs. 2 RL 2004/18/EG) noch eben § 9 a VOL/A vergleichbare Anhaltspunkte für ein Rangverhältnis zwischen Bekanntmachung und Angebotsaufforderung. Vertretbar wäre daher i. S. d. 46. Erwägungsgrunds der RL 2004/18/EG, dass es allein darauf ankommt, dass alle Bieter »rechtzeitig ... bei der Erstellung ihrer Angebote« die Zuschlagskriterien kennen – hierfür würde es ausreichen, wenn die Angebotsaufforderung als maßgeblich für die endgültige Festlegung der Zuschlagskriterien erachtet wird. Dann besteht allerdings die Gefahr, dass ein öffentlicher Auftraggeber seine bekannt gemachten Zuschlagskriterien gerade in Kenntnis der Interessenten, die die Angebotsaufforderung anfordern, nachträglich abändert – die Vorhersehbarkeit und Transpa-

---

BGH 3. 6. 2004 VergabeR 2004, 604; *OLG Frankfurt* 10. 4. 2001 VergabeR 2001, 299 m. w. N. (zur VOB/A).
26 Vgl. *BayObLG* 12. 9. 2000 VergabeR 2001, 65 m. w. N. (zur VOB/A).
27 *BayObLG* 12. 9. 2000 VergabeR 2001, 65 m. w. N. (zur VOB/A).
28 *1. VK Bund* 13. 11. 2002, VK 1 – 87/02; *Kulartz* in: Daub/Eberstein § 25 Rn. 43.
29 Vgl. *BayObLG* 12. 9. 2000 VergabeR 2001, 65 m. w. N. (zur VOB/A); *OLG Frankfurt* 10. 4. 2001 VergabeR 2001, 299 m. w. N. (zur VOB/A); *1. VK Bund* 13. 11. 2002, VK 1 – 87/02; *Kulartz* in: Daub/Eberstein § 25 Rn. 43; *Noch* in: Müller-Wrede § 25 Rn. 85; *Zdzieblo* in: Daub/Eberstein § 9 a Rn. 10.
30 Vgl. nur *OLG Düsseldorf* 25. 11. 2002, Verg 56/02; 19. 11. 2003, VII-Verg 47/03; *Eberstein* in: Daub/Eberstein § 17 Rn. 24.

renz staatlichen Handelns auf der Grundlage objektiver Zuschlagskriterien wäre so nicht mehr gewährleistet. Dementsprechend ist eine Chancengleichheit der Bieter, die einerseits vom Auftraggeber nach denselben Kriterien beurteilt werden und andererseits bei der Erstellung ihrer Angebote verbindlich von denselben Grundlagen ausgehen können, nur dann sichergestellt, wenn der Angebotswertung nur die bekannt gemachten Kriterien zugrunde zu legen sind und nicht hiervon ggf. abweichende Kriterien, die in der Angebotsaufforderung genannt werden.[31] Der Bieter kann sich also auf die Vollständigkeit und Unveränderbarkeit der bekannt gemachten Kriterien und deren Gewichtung verlassen. Schließlich kann ebenfalls nicht ausgeschlossen werden, dass ein Interessent bereits aufgrund der Bekanntmachung einer Ausschreibung seine Entscheidung trifft, ob sich eine Teilnahme am Wettbewerb für ihn überhaupt lohnt und die kostenträchtige Ausarbeitung eines Angebots erfolgversprechend erscheint – wäre eine Änderung der Zuschlagskriterien durch den öffentlichen Auftraggeber in der späteren Angebotsaufforderung möglich, so hätte ein solcher Interessent möglicherweise bereits auf seine Teilnahme verzichtet und die Angebotsunterlagen deshalb erst gar nicht angefordert.[32] § 9 a Nr. 1 Satz 1 lit. c) VOL/A ist daher als bloße Regelung des spätesten Zeitpunkts zu verstehen, bis zu dem die Zuschlagskriterien und deren Gewichtung den Bietern mitzuteilen sind: Der öffentliche Auftraggeber muss spätestens in den Verdingungsunterlagen die Zuschlagskriterien und deren Gewichtung mitteilen – sobald er sich jedoch bereits in der Bekanntmachung auf bestimmte Kriterien festgelegt hat, ist er hieran gebunden. Wie bereits für die nachträgliche Festlegung von Unterkriterien dargelegt (s. Rn. 14), könnte etwas anderes mangels Rechtsverletzung der Bieter im Einzelfall nur dann gelten, wenn die zunächst bekannt gemachten Kriterien in den Vergabeunterlagen nicht geändert, sondern lediglich so konkretisiert werden, dass die Angebotserstellung der Bieter hiervon zum Einen nicht beeinflusst worden wäre und zum Zweiten hierdurch nicht einzelne Bieter diskriminiert werden.

4. Absicht, ein Verhandlungsverfahren oder einen Wettbewerblichen Dialog in verschiedenen Phasen abzuwickeln, § 9 a Nr. 1 lit. d) VOL/A

Gemäß § 9 a Nr. 1 Satz 1 lit. d) VOL/A muss ein öffentlicher Auftraggeber in der Angebotsaufforderung angeben, ob beabsichtigt ist, ein Verhandlungsverfahren oder einen Wettbewerblichen Dialog in verschiedenen Phasen abzuwickeln, um die Zahl der Angebote zu verringern. Gemäß § 9 a Nr. 1 Satz 2 VOL/A können diese Angaben auch in der Vergabebekanntmachung[33] oder in den Verdingungsunterlagen erfolgen (vgl. auch § 3 a Nr. 1 Abs. 3 Satz 2 VOL/A). Wie sich aus dem Wortlaut dieser Regelung ergibt (»können«), ist der öffentliche Auftraggeber grundsätzlich frei, wann bzw. wo er diese Angaben vornimmt; spätestens jedoch bei Übersendung der Verdingungsunterlagen.

20

---

31 Offen gelassen von *OLG Bremen* 24. 5. 2005, Verg 1/2006 (zur VOB/A).
32 So entschieden zu § 16 Abs. 3 VOF, wonach bereits bisher die Angabe der Zuschlagskriterien alternativ in der Vergabebekanntmachung oder der Aufgabenbeschreibung zulässig war, durch *OLG Frankfurt* 28. 2. 2006, 11 Verg 15 und 16/05.
33 Vgl. § 17 a Nr. 1 Abs. 1 VOL/A i. V. m. Anhang II der Verordnung (EG) Nr. 1564/2005.

§ 9 a Vergabeunterlagen

21 Etwas anderes gilt jedoch wie bei § 9 a Nr. 1 Satz 1 lit. b) VOL/A (s. Rn. 9) beim **Wettbewerblichen Dialog**. Hier dienen die verschiedenen, aufeinander folgenden Phasen nicht wie bei einem Verhandlungsverfahren der Verringerung der Anzahl der Angebote, sondern der Verringerung der bereits in der Dialogphase zu erörternden Lösungen (s. § 3 a Nr. 1 Abs. 3 S. 1 VOL/A, § 6 a Abs. 4 Satz 1 VgV). Eine Mitteilung, dass der Dialog in verschiedenen Phasen erfolgen soll, um die zu erörternden Lösungen zu verringern, käme daher im Rahmen der Angebotsaufforderung zu spät: Die Angebotsaufforderung erfolgt nämlich erst dann, wenn die Dialogphase bereits abgeschlossen ist (s. § 6 a Abs. 5 Satz 1, 2 VgV). Die Unternehmen sind daher nur dann rechtzeitig über die verschiedenen Phasen des Wettbewerblichen Dialogs informiert, wenn diese Mitteilung – wie in Art. 29 Abs. 4 Satz 2 RL 2004/18/EG und § 6 a Abs. 4 Satz 2 VgV geregelt – bereits in der Bekanntmachung (die gemäß § 3 a Nr. 1 Abs. 4 Satz 2 VOL/A die Aufforderung enthält, Teilnahmeanträge zu stellen) oder einer etwaigen Beschreibung enthalten ist.

II. Mindestanforderungen für Nebenangebote, § 9 a Nr. 2 VOL/A

22 Wenn Nebenangebote zugelassen sind, sind nach § 9 a Nr. 2 VOL/A in den Verdingungsunterlagen die **Mindestanforderungen für Nebenangebote** anzugeben. Diese Regelung setzt Art. 24 Abs. 3 RL 2004/18/EG um, der insoweit von »Varianten« spricht. Vergleichbare Vorgaben waren bereits in Art. 19 RL 93/37/EWG, Art. 16 Abs. 1 RL 93/36/EWG und Art. 24 Abs. 1 RL 92/50/EWG enthalten. Doch auch für das deutsche Vergaberecht ist eine solche Regelung nicht neu, sondern fand sich bereits im dritten und vierten Abschnitt der bisherigen VOL/A, s. § 9 b Nr. 2 Satz 2 VOL/A-alt bzw § 7 Nr. 2 Abs. 3 Satz 2 VOL/A-SKR-alt.

23 § 9 a Nr. 2 VOL/A **ergänzt § 17 Nr. 3 Abs. 2 lit. p) und Abs. 5 VOL/A**, wonach der Auftraggeber in dem Angebotsaufforderungsschreiben angeben muss, ob er Nebenangebote zulässt oder ausschließen will und ob Nebenangebote ohne gleichzeitige Abgabe eines Hauptangebotes ausnahmsweise ausgeschlossen werden (s. § 17 Rn. 60 ff.).

24 Die neue Rechtslage greift die in den letzten Jahren entwickelte Rechtsprechung auf, wonach Nebenangebote nur dann gewertet werden dürfen, wenn sie den vom Auftraggeber festgelegten Mindestanforderungen entsprechen und diese Mindestanforderungen zuvor in den Verdingungsunterlagen erläutert worden sind (vgl. Art. 24 Abs. 4 Satz 1 RL 2004/18/EG, § 25 a Nr. 3 VOL/A).[34] In richtlinienkonformer Auslegung wurde bereits § 17 Nr. 3 Abs. 5 VOL/A-alt so ausgelegt.[35] Die Nennung der Mindestanforderungen stellt sicher, dass alle Bieter in gleicher Weise die Mindestvor-

---

[34] Vgl. *EuGH* 16. 10. 2003 »Traunfellner« VergabeR 2004, 50, 53 (zu einer Bauleistung); *BayObLG* 22. 6. 2004 VergabeR 2004, 654 (zur VOB/A); *OLG Rostock* 24. 11. 2004, 17 Verg 6/04 (zur VOB/A); *OLG Düsseldorf* 7. 1. 2005, VII-Verg 106/04; *OLG Schleswig* 15. 2. 2005 VergabeR 2005, 357 (zur VOB/A); *OLG Düsseldorf* 27. 4. 2005 VergabeR 2005, 483; *OLG München* 15. 7. 2005 VergabeR 2005, 799, 801 (zur VOB/A); *OLG Düsseldorf* 29. 3. 2006, VII-Verg 77/05; *Freise* NZBau 2006, 548 ff.
[35] *OLG Düsseldorf* 27. 4. 2005 VergabeR 2005, 483; 29. 3. 2006, VII-Verg 77/05; *Wagner/Steinkemper* NZBau 2004, 253, 255.

gaben kennen, die ihre Nebenangebote erfüllen müssen, um vom Auftraggeber berücksichtigt zu werden. Da Nebenangebote sich gerade dadurch auszeichnen, dass hierin – in mehr oder weniger großem Umfang – eine vom Hauptangebot abweichende Lösung vorgeschlagen wird, wüssten die Bieter bei Erstellung ihrer Nebenangebote sonst nicht, inwieweit der öffentliche Auftraggeber derartige Abweichungen tolerieren wird. Diese Regelung dient somit der Gewährleistung der **Transparenz des Verfahrens** aufgrund der Vorhersehbarkeit der Wertungsmaßstäbe und der **Gleichbehandlung der Bieter**.[36]

Durch die Ergänzung der VOL/A, dass Mindestanforderungen anzugeben sind, wird allerdings nicht der in den vergangenen Jahren entstandene Meinungsstreit gelöst, wie solche **Mindestanforderungen** beschaffen sein müssen, damit ein Nebenangebot wertbar ist. Der EuGH hat am 16. 10. 2003 entschieden, dass es nicht ausreicht, wenn der öffentliche Auftraggeber in den Verdingungsunterlagen lediglich auf eine nationale Rechtsvorschrift verweist, die die Gleichwertigkeit des Alternativvorschlags mit der ausgeschriebenen Leistung fordert, ohne konkrete Kriterien zu benennen, anhand denen diese Gleichwertigkeit festzustellen ist.[37] Ein hieraufhin abgegebenes Nebenangebot darf daher nicht gewertet werden. Des Weiteren reicht allein die Benennung der formalen Vorgaben an Nebenangebote wie z. B. die Erforderlichkeit der deutlichen Kennzeichnung i. S. d. § 21 Nr. 2 VOL/A nicht aus, weil die Bieter dann nicht wissen, wie sie ein Nebenangebot in inhaltlich-leistungsbezogener Hinsicht wertungsfähig gestalten können.[38] Auch Art. 24 Abs. 3 RL 2004/18/EG verlangt seinem Wortlaut nach zweierlei: Die öffentlichen Auftraggeber müssen hiernach nicht nur angeben, »in welcher Art und Weise« (also in formaler Hinsicht) Nebenangebote einzureichen sind, sondern auch, welche Mindestanforderungen Nebenangebote erfüllen müssen – um den letztgenannten Begriff von den formalen Anforderungen abgrenzen zu können, ist er so auszulegen, dass (zusätzlich) inhaltliche Anforderungen an Nebenangebote zu machen sind.[38a]

25

Es ist umstritten, ob und inwieweit ein **Verweis auf die Leistungsbeschreibung** ausreicht, um den Bietern die Mindestanforderungen an etwaige Nebenangebote hinreichend klar vorzugeben. ZT wird vertreten, dass die Leistungsbeschreibung allein schon deshalb keine hinreichenden Anforderungen für Nebenangebote enthalten kann, weil sie nur die Vorgaben für das Hauptangebot enthält, von dem das Nebenangebot seinem Sinn nach gerade abweicht – wenn die Mindestanforderungen an Nebenangebote denen für das Hauptangebot entsprechen würden, könne es somit keine Nebenangebote mehr geben.[39] Demgegenüber wurde jedoch auch entschieden, dass die

26

---

36 Vgl. *EuGH* 16. 10. 2003 »Traunfellner« VergabeR 2004, 50, 53 m. w. N. (zu einer Bauleistung); *OLG Koblenz*, 31. 5. 2006, 1 Verg 3/06 (zur VOB/A); *Freise* NZBau 2006, 548; *Wagner/Steinkemper* NZBau 2004, 253, 254.
37 Vgl. *EuGH* 16. 10. 2003 »Traunfellner« VergabeR 2004, 50, 53 m. w. N. (zu einer Bauleistung); vgl. auch *OLG Düsseldorf* 29. 3. 2006, VII–Verg 77/05.
38 So z. B. zum Formblatt EVM BwB/E 212 der derzeitigen Vergabehandbücher der öffentlichen Auftraggeber entschieden: *OLG Rostock* 24. 11. 2004, 17 Verg 6/04 (zur VOB/A); *OLG Schleswig* 15. 2. 2005 VergabeR 2005, 357 (zur VOL/A); *1. VK Bund* 24. 3. 2005, VK 1 – 14/05 (zur VOB/A).
38a Vgl. auch *OLG Koblenz* 31. 5. 2006, 1 Verg 3/06 (zur VOB/A).
39 *BayObLG* 22. 6. 2004 VergabeR 2004, 654 (zur VOB/A); *OLG Rostock* 24. 11. 2004, 17 Verg 6/04 (zur VOB/A); *OLG Koblenz* 31. 5. 2006; 1 Verg 3/06 (zur VOB/A).

Mindestanforderungen an ein Nebenangebot dann im Leistungsverzeichnis mitenthalten sind, wenn die Eigenschaften der ausgeschriebenen Leistung bereits durch technische Normen (DIN, EN) und allgemeine aufsichtliche Zulassungsvorschriften so festgelegt sind, dass sich aus dem Gesamtinhalt der Verdingungsunterlagen für jeden fachkundigen Bieter klar entnehmen lässt, dass die in einem Nebenangebot vorgeschlagene Ausführung diesen Anforderungen in gleicher Weise genügen muss wie das Hauptangebot – in einem solchen Fall wäre es nicht nur kaum leistbar und zweckmäßig, sondern auch nicht erforderlich, bei nahezu jeder Leistungsposition gleichermaßen Anforderungen an Nebenangebote hinzuzufügen.[40] Maßgeblich muss im Interesse der Transparenz des Vergabeverfahrens und der Gleichbehandlung der Bieter sein, ob die Bieter bei der Angebotserstellung wissen, welche Anforderungen ihr Nebenangebot sowohl in formaler als auch materieller Hinsicht erfüllen muss, damit es gewertet wird.[41] Hierdurch wird gleichzeitig die Vergleichbarkeit der Angebote untereinander so weit wie bei Nebenangeboten möglich sichergestellt. Mindestanforderungen dürfen daher nicht lediglich abstrakt und »inhaltsleer« sein, sondern müssen sich auf den konkreten Beschaffungsvorgang und die konkrete Ausgestaltung eines Nebenangebots beziehen.[42] Ein Verweis auf bestimmte einzuhaltende Richtlinien und Erlasse ist daher grundsätzlich ausreichend.[43] Andererseits sollten Mindestanforderungen aber nicht so enge Vorgaben enthalten müssen, dass die Kreativität eines Bieters, mit einem Nebenangebot z. B. ein innovatives (wirtschaftlicheres) Verfahren zur Erbringung der ausgeschriebenen Leistung vorzuschlagen, das der öffentliche Auftraggeber möglicherweise selbst nicht kennen und damit auch nicht beschreiben konnte, übermäßig eingeschränkt wird.[44] Wann Mindestanforderungen in diesem Sinne hinreichend konkret sind, kann nur im jeweiligen Einzelfall festgestellt werden. Hinreichende Mindestanforderungen könnten somit ggf. auch darin bestehen, dass ein Auftraggeber in den Verdingungsunterlagen ausdrücklich so auf eine umfangreiche Leistungsbeschreibung verweist, dass für einen verständigen Bieter erkennbar ist, welchen baulichen und konstruktiven Anforderungen nicht nur sein Hauptangebot, sondern gerade auch ein etwaiges Nebenangebot zu entsprechen hat (Einhaltung der Vorgaben eines Planfeststellungsbeschlusses, umfangreiche Vorgaben in Bezug auf Abmessungen, Baustoffe etc).[45]

27 Wenn entgegen § 9 a Nr. 2 VOL/A die Verdingungsunterlagen keine Mindestanforderungen für Nebenangebote enthalten, dürfen Nebenangebote nicht berücksichtigt

---

40 *OLG Schleswig* 15. 2. 2005 VergabeR 2005, 357 (zur VOB/A); *2. VK Bund* 25. 5. 2005, VK 2 – 21/05 (zur VOB/A); vgl. auch *BayObLG* 12. 9. 2000 VergabeR 2001, 65 m. w. N. (zur VOB/A).
41 Vgl. *BayObLG* 22. 6. 2004 VergabeR 2004, 654 (zur VOB/A); *OLG Düsseldorf* 7. 1. 2005, VII-Verg 106/04; *Wirner* ZfBR 2005, 152, 156 f.
42 *OLG Düsseldorf* 7. 1. 2005, VII-Verg 106/04; *OLG Schleswig* 5. 4. 2005, 6 Verg 1/05 (zur VOB/A); vgl. auch *OLG Düsseldorf* 29. 3. 2006, VII-Verg 77/05.
43 *OLG Düsseldorf* 7. 1. 2005, VII-Verg 106/04; *OLG Schleswig* 5. 4. 2005, 6 Verg 1/05 (zur VOB/A).
44 Vgl. *2. VK Bund* 14. 12. 2004, VK 2 – 208/04 (zur VOB/A); vgl. *Freise* NZBau 2006, 548, 549 f.; *Wagner/Steinkemper* NZBau 2004, 253, 255 f.
45 *2. VK Bund* 14. 12. 2004, VK 2 – 208/04 (zur VOB/A); *1. VK Bund* 14. 7. 2005, VK 1 – 50/05 (zur VOB/A); vgl. auch *OLG Schleswig* 5. 4. 2005, 6 Verg 1/05 (zur VOB/A); *OLG Düsseldorf* 29. 3. 2006, VII-Verg 77/05.

werden, dh sie sind aus der Wertung zu nehmen (vgl. auch Art. 24 Abs. 4 RL 2004/18/EG);[46] s. auch § 25 Rn. 238.

C. Rechtsfolgen

Zur Verwirklichung des Schutzzwecks des § 9 a VOL/A, ein wettbewerbliches, faires, transparentes und lauteres Vergabeverfahren i. S. d. § 2 Nr. 1, 2 VOL/A, § 97 Abs. 1, 2 GWB zu gewährleisten, kann sich ein Bieter auf etwaige Verstöße gegen § 9 a VOL/A berufen, wenn und soweit er hierdurch in seinen Rechten verletzt ist (vgl. § 97 Abs. 7 GWB). So kann der öffentliche Auftraggeber dem Bieter z. B. grundsätzlich nicht etwaige Anforderungen aus der Bekanntmachung entgegenhalten oder die Unkenntnis des Termins und des Orts des Beginns der Dialogphase beim Wettbewerblichen Dialog oder die Unkenntnis der verschiedenen Phasen eines Verhandlungsverfahrens oder eines Wettbewerblichen Dialogs, wenn er diese nicht gemäß § 9 a Nr. 1 Satz 1 lit. a), b) oder d) VOL/A bekannt gegeben hat. Zuschlagskriterien oder deren Gewichtung, die entgegen § 9 a Nr. 1 Satz 1 lit. c) VOL/A nicht mitgeteilt wurden oder den Bietern sonst bekannt sind, dürfen bei der Angebotswertung nicht berücksichtigt werden (s. Rn. 11 sowie zu etwaigen Ausnahmen Rn. 14). Wenn ein öffentlicher Auftraggeber entgegen § 9 a Nr. 2 VOL/A keine Mindestanforderungen für Nebenangebote in den Verdingungsunterlagen nennt, wirkt sich dies jedoch ggf. auch zu Lasten einzelner Bieter aus, da deren Nebenangebote, die sie im Vertrauen auf die Rechtmäßigkeit der Ausschreibung abgegeben haben, nicht gewertet werden dürfen (s. Rn. 27). Dies ist hinzunehmen, da sonst diejenigen Bieter bevorteilt werden, die mangels konkreter Vorgaben quasi zufällig die Anforderungen des öffentlichen Auftraggebers »getroffen« haben, wohingegen andere Bieter diese nicht erfüllen. Auch dieser Regelung kommt daher drittschützende Wirkung zu.[47] **28**

Eine **Aufhebung der Ausschreibung** gemäß § 26 Nr. 1 lit. d) VOL/A wegen Verstößen gegen § 9 a VOL/A dürfte grundsätzlich unverhältnismäßig sein, da es für die Bieter im Regelfall ausreichend sein dürfte, ihre Angebote in Kenntnis der bisher fehlenden Angaben zu überarbeiten. Im Einzelfall können jedoch die Voraussetzungen des § 26 Nr. 1 lit. d) VOL/A wegen Beeinträchtigung der Transparenz des Vergabeverfahrens erfüllt sein.[48] **29**

---

[46] Vgl. *EuGH* 16. 10. 2003 »Traunfellner« VergabeR 2004, 50, 53 f. m. w. N. (zu einer Bauleistung); *OLG Rostock* 24. 11. 2004, 17 Verg 6/04 (zur VOB/A); *OLG Schleswig* 15. 2. 2005, 6 Verg 6/04 (zur VOB/A); *OLG Düsseldorf* 27. 4. 2005 VergabeR 2005, 483; 29. 3. 2006, VII-Verg 77/05; *OLG Koblenz* 31. 5. 2006, 1 Verg 3/06 (zur VOB/A).
[47] *OLG Koblenz* 31. 5. 2006, 1 Verg 3/06 (zur VOB/A).
[48] Vgl. *Opitz* VergabeR 2004, 54, 55 f m. w. N.

§ 16 a
Anforderungen an Teilnahmeanträge

1. Die Auftraggeber haben die Integrität der Daten und die Vertraulichkeit der übermittelten Teilnahmeanträge auf geeignete Weise zu gewährleisten. Per Post oder direkt übermittelte Teilnahmeanträge sind in einem verschlossenen Umschlag einzureichen, als solche zu kennzeichnen und bis zum Ablauf der für ihre Einreichung vorgesehenen Frist unter Verschluss zu halten. Bei elektronisch übermittelten Teilnahmeanträgen ist dies durch entsprechende organisatorische und technische Lösungen nach den Anforderungen des Auftraggebers und durch Verschlüsselung sicherzustellen. Die Verschlüsselung muss bis zum Ablauf der für ihre Einreichung vorgesehenen Frist aufrecht erhalten bleiben.

2. Teilnahmeanträge können auch per Telefax oder telefonisch gestellt werden. Werden Anträge auf Teilnahme telefonisch oder per Telefax gestellt, sind diese vom Bewerber bis zum Ablauf der Frist für die Abgabe der Teilnahmeanträge durch Übermittlung per Post, direkt oder elektronisch zu bestätigen.

Inhaltsübersicht   Rn.

A. Grundzüge und Materialien 1
B. Datenintegrität, Vertraulichkeit und Form der Teilnahmeanträge, § 16 a Nr. 1 VOL/A 4
   I. Integrität der Daten und Vertraulichkeit der übermittelten Teilnahmeanträge, § 16 a Nr. 1 Satz 1 VOL/A 4
      1. Integrität der Daten 6
      2. Vertraulichkeit der übermittelten Teilnahmeanträge 8
   II. Form der Teilnahmeanträge, § 16 a Nr. 1 Satz 2 bis 4 VOL/A 10
      1. Übermittlung per Post oder direkt 11
      2. Elektronische Übermittlung 13
C. Sonstige Formen von Teilnahmeanträgen, § 16 a Nr. 2 VOL/A 15
D. Rechtsfolgen 18

A. Grundzüge und Materialien

1 § 16 a VOL/A regelt die Form, in der Teilnahmeanträge zu stellen sowie zu übermitteln sind, sowie deren vertrauliche und integritätswahrende Behandlung durch den öffentlichen Auftraggeber. Bisher enthielt § 18 a Nr. 2 Abs. 6 VOL/A-alt lediglich nahezu identische Regelungen über die Art der Übermittlung (wobei jetzt die telegrafische Übermittlung als »veraltet« nicht mehr erwähnt wird).[1] ZT wurde zudem vertreten, dass § 15 VgV-alt, der die elektronische Angebotsabgabe regelte, analog auf Teilnahmeanträge anwendbar sei.[2] Nunmehr erweitert § 16 a VOL/A die in § 21 Nr. 1

---
[1] Vgl. Vorschlag der Europäischen Kommission für eine Richtlinie des Europäischen Parlaments und des Rates über die Koordinierung der Verfahren zur Vergabe öffentlicher Lieferaufträge, Dienstleistungsaufträge und Bauaufträge vom 30. 8. 2000, KOM (2000) 275 endgültig/2, S. 25.
[2] *Müller* in: Byok/Jaeger § 15 VgV Rn. 1628 m. w. N.

Abs. 2 VOL/A enthaltenen Vorschriften für die Angebotsabgabe auf die ggf. vorangehende Stellung von Teilnahmeanträgen und übernimmt ausdrücklich auch das dort geregelte Vertraulichkeitsgebot. Durch die grundsätzliche Zulassung und Gleichbehandlung sämtlicher, insbesondere auch der elektronischen Kommunikationsmittel[3] dient die Vorschrift einerseits der möglichst umfassenden **Vereinfachung und Beschleunigung des Vergabeverfahrens**, ohne jedoch das berechtigte Interesse der Bewerber an der **Geheimhaltung und Sicherheit der übermittelten Daten** zur Gewährleistung eines ordnungsgemäßen Wettbewerbs zurücktreten zu lassen.

§ 16 a VOL/A sagt allerdings nichts darüber aus, ob sämtliche der hierin genannten 2 Formen, einen Teilnahmeantrag zu stellen, bei jeder Ausschreibung verwendet werden dürfen. Der öffentliche Auftraggeber ist diesbezüglich weiterhin frei, welche Form(en) er zulässt (vgl. § 16 Nr. 4 VOL/A), und muss dies in der Bekanntmachung oder den Vergabeunterlagen angeben (§ 16 Nr. 4, § 17 Nr. 3 Abs. 2 lit. g) VOL/A). Alle Kommunikationsmittel sind insoweit grundsätzlich als gleichwertig anzusehen. S. zu den Fragen, ob ein Bewerber einen Anspruch auf Nutzung **bestimmter Übermittlungswege** hat und seinen Teilnahmeantrag und ggf. verlangte Nachweise auch mit unterschiedlichen Kommunikationsmitteln einreichen darf, § 21 Rn. 34 f.

§ 16 a VOL/A ergänzt § 16 Nr. 4 VOL/A und setzt **Art. 42 Abs. 1, 3, 5 lit. d)** und 3 **Abs. 6 RL 2004/18/EG** um, wonach für sämtliche »Mitteilungen« (also sowohl für solche des Auftraggebers als auch für solche der am Vergabeverfahren teilnehmenden Unternehmen) nach Wahl des öffentlichen Auftraggebers grundsätzlich sämtliche Kommunikationsmittel zulässig sind. Für die elektronische Übermittlung wird § 16 a VOL/A ergänzt durch § 16 Nr. 5, 6 VOL/A, der in Umsetzung von Art. 42 Abs. 2, 4, 5 lit. a) RL 2004/18/EG vorsieht, dass das hierfür gewählte Netz allgemein verfügbar sein muss und die Informationen über die technischen Gerätespezifikationen, die für die Übermittlung und Verschlüsselung der Teilnahmeanträge erforderlich sind, den interessierten Unternehmen zugänglich sein müssen (s. auch § 16 Rn. 44 f.).

B. Datenintegrität, Vertraulichkeit und Form der Teilnahmeanträge, § 16 a Nr. 1 VOL/A

I. Integrität der Daten und Vertraulichkeit der übermittelten Teilnahmeanträge, § 16 a Nr. 1 Satz 1 VOL/A

Im **bisherigen Recht** war nur die Vertraulichkeit und Integrität der Angebote geregelt 4 (s. § 15 VgV-alt), § 16 a Nr. 1 VOL/A enthält erstmals vergleichbare Regelungen für Teilnahmeanträge und setzt damit Art. 42 Abs. 3 RL 2004/18/EG um.

S. zu der Frage, wie die Vertraulichkeit und Integrität der Teilnahmeanträge zu ge- 5 währleisten ist, die in § 16 a VOL/A selbst nicht geregelt wird (»**auf geeignete Weise**«), § 21 Rn. 38.

---

3 S. zur Entstehungsgeschichte der elektronischen Angebotsabgabe *Antweiler* CR 2001, 717 ff.; *Eberstein* in: Daub/Eberstein § 21 VOL/A Rn. 19 a ff.; *Höfler* NZBau 2000, 449 ff.

§ 16 a Anforderungen an Teilnahmeanträge

1. Integrität der Daten

6 In Abgrenzung zur vertraulichen Behandlung der Anträge betrifft die Datenintegrität in erster Linie die Unverfälschtheit bzw Unverletzlichkeit der übermittelten Daten, insbesondere durch Veränderung, Löschung oder sonstige unbefugte Nutzung. Die Gewährleistung der Unversehrtheit der einem öffentlichen Auftraggeber mit einem Teilnahmeantrag übermittelten Daten ist insbesondere bei der elektronischen Übermittlung eines Teilnahmeantrags relevant (s. Rn. 13 f.).

7 § 16 a VOL/A trifft keine konkreten Festlegungen, welche Vorkehrungen ein öffentlicher Auftraggeber zur Gewährleistung der Datenintegrität zu treffen hat (s. Rn. 5). S. zu den technischen und organisatorischen Maßnahmen, die insbesondere den unbefugten und unkontrollierten Zugriff einzelner Personen auf diese Daten einschränken sollen, § 21 Rn. 40.

2. Vertraulichkeit der übermittelten Teilnahmeanträge

8 Zum **Schutz der Bieter** und zugleich des **ordnungsgemäßen Wettbewerbs** ist die Vertraulichkeit der eingegangenen Teilnahmeanträge vom öffentlichen Auftraggeber in zweierlei Hinsicht zu gewährleisten: Erstens ist das Verfahren so zu gestalten, dass die Vergabestelle selbst vom Inhalt der Teilnahmeanträge erst nach Ablauf der Eingangsfrist Kenntnis erhält (vgl. Art. 42 Abs. 3 RL 2004/18/EG), zweitens ist die **Geheimhaltung** gegenüber unbefugten Dritten sicherzustellen (vgl. Art. 6 RL 2004/18/EG). S. auch § 21 Rn. 41 f.

9 Welche »**geeigneten**« **Vorkehrungen** ein öffentlicher Auftraggeber zur Gewährleistung der Vertraulichkeit gemäß § 16 a Nr. 1 Satz 1 VOL/A ergreifen muss, hängt von der jeweiligen Art der Übermittlung eines Teilnahmeantrags ab: Im Falle der Übersendung per Post oder der direkten Übergabe ist die Vertraulichkeit im Wesentlichen bereits durch den verschlossenen Briefumschlag gewahrt, der bis zum vorgesehenen Öffnungstermin unter Verschluss zu halten ist; im Falle der elektronischen Übermittlung von Teilnahmeanträgen sind die von einem Auftraggeber einzurichtenden technischen Mittel und Verfahren u. a. Art. 42 Abs. 5 a) i. V. m. Anhang X lit. c) bis h) RL 2004/18/EG zu entnehmen, die den Zugriff unbefugter Personen auf übermittelte Teilnahmeanträge einschränken, vgl. auch die Anlage zu § 9 Satz 1 Bundesdatenschutzgesetz (BDSG) (s. Rn. 7); demgegenüber sind im Falle der Übermittlung per Telefon oder Telefax weitergehende Vorkehrungen zur Wahrung der Vertraulichkeit erforderlich, deren Eignung grundsätzlich fraglich ist (s. Rn. 17).

II. Form der Teilnahmeanträge, § 16 a Nr. 1 Satz 2 bis 4 VOL/A

10 § 16 a Nr. 1 Satz 2 bis 4 VOL/A regelt die äußere Form sowie die Übermittlungswege, über die Teilnahmeanträge gestellt werden können. Die bisher zusätzlich eingeräumte Möglichkeit der telegrafischen Übermittlung wird mangels praktischer Relevanz nicht mehr erwähnt (s. Rn. 1).

1. Übermittlung per Post oder direkt

Im Falle der postalischen oder direkten Übermittlung eines Teilnahmeantrags ist dieser gemäß § 16 a Nr. 1 Satz 2 VOL/A in einem verschlossenen Umschlag einzureichen, als solcher zu kennzeichnen und bis zum Ablauf der für die Einreichung vorgesehenen Frist unter Verschluss zu halten. Da § 21 Nr. 1 Abs. 2 Satz 2 VOL/A für die Übermittlung von Angeboten insoweit wortgleich ist, kann auf die dortige Kommentierung verwiesen werden, § 21 Rn. 45 ff. **11**

§ 16 a Nr. 1 Satz 2 VOL/A sagt – im Unterschied zu § 21 Nr. 1 Abs. 2 Satz 5 VOL/A **12**
für die Angebotsabgabe – nichts darüber aus, ob ein Teilnahmeantrag zu **unterschreiben** ist. Nach den gemeinschaftsrechtlichen Vorgaben hätten die Mitgliedstaaten gemäß Art. 42 Abs. 5 lit. a) i. V. m. Anhang X lit. a) RL 2004/18/EG zumindest bei elektronisch übermittelten Teilnahmeanträgen eine elektronische Signatur verlangen können. Da sich eine derartige Regelung in der VOL/A nicht findet, ist davon auszugehen, dass im deutschen Recht bewusst auf das Erfordernis einer Unterschrift verzichtet wurde.

2. Elektronische Übermittlung

Elektronisch übermittelte Teilnahmeanträge sind gemäß § 16 a Nr. 1 Satz 3 und 4 **13**
VOL/A bis zum Ablauf der Einreichungsfrist zu verschlüsseln; zudem muss der öffentliche Auftraggeber den Verschluss bis zum Öffnungstermin durch organisatorische und technische Lösungen sicherstellen, s. hierzu § 21 Rn. 51 ff.

Im Gegensatz zu § 21 Nr. 1 Abs. 2 Satz 5 VOL/A, der die Angebotsabgabe regelt, **14**
wird bei der elektronischen Übermittlung eines Teilnahmeantrags nach § 16 a Nr. 1 Satz 3, 4 VOL/A keine **Unterschrift** oder fortgeschrittene bzw. qualifizierte Signatur nach dem Signaturgesetz gefordert. Es ist davon auszugehen, dass im deutschen Recht bewusst auf eine entsprechende Regelung verzichtet wurde, obwohl gemäß Art. 42 Abs. 5 lit. a) i. V. m. Anhang X lit. a) RL 2004/18/EG die Möglichkeit bestanden hätte, bei Umsetzung dieser gemeinschaftsrechtlichen Vorgabe eine elektronische Signatur zu verlangen (s. Rn. 12).

C. Sonstige Formen von Teilnahmeanträgen, § 16 a Nr. 2 VOL/A

In Umsetzung von Art. 42 Abs. 6 RL 2004/18/EG können Teilnahmeanträge auch per **15**
Telefax oder **Telefon** gestellt werden, sofern der öffentliche Auftraggeber dies zulässt (§ 16 Nr. 4 VOL/A). Allerdings müssen solche Anträge vom Bewerber gemäß § 16 a Nr. 2 Satz 2 VOL/A bis zum Ablauf der Frist für die Abgabe der Teilnahmeanträge zusätzlich bestätigt werden. Im Gegensatz zur gemeinschaftsrechtlichen Vorgabe in Art. 42 Abs. 6 lit. b), c) RL 2004/18/EG wird in § 16 a Nr. 2 Satz 2 VOL/A dem öffentlichen Auftraggeber kein Ermessen eingeräumt, ob er eine Bestätigung verlangt. Die **Bestätigung** kann über sämtliche Übermittlungswege erfolgen, die in § 16 a Nr. 1 VOL/A genannt werden, also per Post, direkt (körperliche Übergabe durch den Bewerber selbst oder einen Boten) oder elektronisch. Die schriftliche Bestätigung

§ 16 a Anforderungen an Teilnahmeanträge

erfüllt zwei Funktionen: Erstens weist der Bewerber hierdurch die Echtheit und Verbindlichkeit seines Teilnahmeantrags nach, zweitens kann die schriftliche Bestätigung insbesondere bei telefonisch gestellten Anträgen auch der Unverletzlichkeit des Antragsinhalts dienen, weil der Bewerber hiermit zumindest den Zeitpunkt und ggf. auch den wesentlichen Inhalt seines Antrags belegen kann. Grundsätzlich dürfte jedoch ein Nachweis des Inhalts eines telefonisch gestellten Teilnahmeantrags in der Praxis zu erheblichen Beweisproblemen führen.

16 Ein Bewerber hat grundsätzlich keinen Anspruch auf die Nutzung eines **bestimmten Kommunikationsmittels** (oben § 21 Rn. 34). S. zur Frage, ob ein Bewerber z. B. vorzulegende Eignungsnachweise über einen anderen Kommunikationsweg übermitteln darf als den Teilnahmeantrag, § 21 Rn. 35.

17 Gegen die Stellung eines Teilnahmeantrags per Telefon oder Telefax bestehen erhebliche rechtliche Bedenken, weil hier die zum Schutz des Wettbewerbs erforderliche und gemäß § 16 a Nr. 1 Satz 1 VOL/A vorgeschriebene **vertrauliche Behandlung** und Gewährleistung der **Integrität** der übermittelten Daten **nicht möglich** ist.[4] Im Gegensatz zur postalischen Übermittlung im verschlossenen Umschlag oder der verschlüsselten Übermittlung eines elektronischen Angebots kann bei telefonisch oder per Telefax übermittelten Teilnahmeanträgen grundsätzlich nicht verhindert werden, dass der öffentliche Auftraggeber von deren Inhalt bereits vor Ablauf der für die Einreichung vorgesehenen Frist Kenntnis erlangt. Auch die vorgeschriebene Unverletzlichkeit der Daten ist insbesondere bei telefonischen Teilnahmeanträgen praktisch kaum zu gewährleisten. Gemeinschaftsrechtlich ist diese Form der Antragstellung in Art. 42 Abs. 6 RL 2004/18/EG zwar ausdrücklich zugelassen, was damit begründet werden kann, dass der betreffende Bewerber in die frühzeitige Kenntniserlangung und die hieraus resultierenden Risiken für den transparenten und offenen Bewerberwettbewerb selbst eingewilligt hat und ein Teilnahmeantrag üblicherweise nicht so geheimhaltungsbedürftig ist wie ein Angebot, das neben dem Angebotspreis ggf. z. B. Betriebs- und Geschäftsgeheimnisse des Bieters hinsichtlich der im Einzelnen angebotenen Leistung enthält. Dennoch fordert § 16 a Nr. 1 Satz 1 VOL/A, dass auch Teilnahmeanträge vertraulich zu behandeln sind. Um die Geheimhaltung weitestgehend zu wahren, könnten solche Anträge z. B. – wie bei der Anbringung des Eingangsvermerks bei schriftlichen Angeboten nach § 22 Nr. 1 Satz 2 VOL/A – von einer Person entgegengenommen und bis zur Wertung verschlossen werden, die an der Vergabe nicht beteiligt ist.[5] Bei telefonisch gestellten Teilnahmeanträgen führt die Einbeziehung vergabefremder Personen jedoch andererseits zu erheblichen Beweisschwierigkeiten hinsichtlich des Antragsinhalts. In der Praxis sollten daher diese Formen der Antragstellung (telefonisch bzw per Telefax) lediglich in seltenen Ausnahmefällen zugelassen werden, z. B. wenn dringliche zwingende Gründe für eine schnellstmögliche Vergabe vorliegen.

---

4 So auch *Eberstein* in: Daub/Eberstein § 21 VOL/A Rn. 19 d, *Höfler* NZBau 2000, 449, 452; *Müller* in: Byok/Jaeger § 15 VgV Rn. 1625 jeweils zu der vergleichbaren, bisher nur für die Angebotsabgabe geltenden Rechtslage.

5 *Eberstein* in: Daub/Eberstein § 21 VOL/A Rn. 19 d, schlägt bei der vergleichbaren Problematik bei der Angebotsabgabe vor, dass hierfür bei einem Mitarbeiter des öffentlichen Auftraggebers eine gesonderte Telefaxnummer eingerichtet wird.

D. Rechtsfolgen

Die VOL/A enthält ebenso wie die entsprechenden gemeinschaftsrechtlichen Vorgaben keine Regelung, wie zu verfahren ist, wenn ein Teilnahmeantrag nicht formgerecht eingereicht wurde und/oder der Auftraggeber die Integrität der Daten und die Vertraulichkeit der Teilnahmeanträge nicht hinreichend gewährleistet hat. Da die Auswertung eines vorgeschalteten Teilnahmewettbewerbs eine Verfahrensstufe ist, die bei der Öffentlichen Ausschreibung bzw. beim Offenen Verfahren in die Angebotswertung integriert ist, sind insoweit die Regelungen des § 23 VOL/A heranzuziehen, die von ihrem Wortlaut her nur die Prüfung von Angeboten erfassen. Dementsprechend »brauchen« Teilnahmeanträge, die nicht ordnungsgemäß eingegangen sind, grundsätzlich »nicht geprüft zu werden« (vgl. § 23 Nr. 1 lit. a), b) VOL/A). »Nicht ordnungsgemäß« in diesem Sinne ist ein Teilnahmeantrag dann, wenn er den Formvorgaben des § 16 a VOL/A nicht entspricht, z. B. wenn ein per Post übermittelter Antrag nicht in einem verschlossenen Umschlag eingereicht wurde. Fehler im Zusammenhang mit der elektronischen Übermittlung, z. B. die fehlende oder unzureichende Verschlüsselung, werden von § 23 Nr. 1 lit. b) VOL/A erfasst. Das Ermessen, das einem öffentlichen Auftraggeber nach § 23 Nr. 1 lit. a), b) VOL/A in einem solchen Fall eingeräumt worden ist (»braucht nicht geprüft zu werden«), ist grundsätzlich auf Null reduziert, da bei der Einreichung unverschlossener bzw. unverschlüsselter elektronischer Teilnahmeanträge der geheime Wettbewerb der Bewerber nicht gewährleistet ist. Etwas anderes gilt nach § 23 Nr. 1 lit. a) VOL/A nur dann, wenn der nicht ordnungsgemäße Eingang durch Umstände verursacht worden ist, die nicht vom Bieter (hier: Bewerber) zu vertreten sind. Dies ist etwa dann der Fall, wenn der Bewerber seinen Teilnahmeantrag zwar per Post in einem verschlossenen Umschlag übermittelt hat, der öffentliche Auftraggeber diesen jedoch nicht bis zum Ablauf der Antragsfrist unter Verschluss gehalten hat. Auch hier ist zwar der geheime Teilnehmerwettbewerb tangiert, der betreffende Bewerber hat jedoch objektiv alles getan, um die Vertraulichkeit und Integrität der übermittelten Daten zu gewährleisten; es wäre daher unbillig, wenn der Bewerber die rechtlichen Konsequenzen aus dem Fehlverhalten des öffentlichen Auftraggebers zu tragen hätte (s. § 23 Rn. 13, 18). **18**

§ 25 VOL/A kann demgegenüber nicht entsprechend auf Teilnahmeanträge angewendet werden, da diese Vorschrift – abgesehen von der fehlenden Unterschrift (§ 25 Nr. 1 Abs. 1 lit. b) VOL/A) – nicht den Fall erfasst, dass ein Angebot nicht formgerecht eingereicht wurde, und/oder die Integrität der Daten und die Vertraulichkeit eines Angebots nicht hinreichend gewährleistet worden ist. **19**

§ 17 a
Bekanntmachung, Aufforderung zur Angebotsabgabe, Beschafferprofil, Vorinformation

1. (1) Die Bekanntmachung im Sinne des § 3 a Nr. 1 Abs. 4 wird nach dem in Anhang II der Verordnung (EG) Nr. 1564/2005[1] enthaltenen Muster erstellt.

(2) Die Bekanntmachung ist auf elektronischem[2] oder auf anderem Wege unverzüglich dem Amt für amtliche Veröffentlichungen der Europäischen Gemeinschaften[3] zu übermitteln. Soweit keine elektronische Übermittlung der Bekanntmachung erfolgt, darf der Inhalt der Bekanntmachung rund 650 Worte nicht überschreiten. In Fällen besonderer Dringlichkeit muss die Bekanntmachung mittels Telefax oder auf elektronischem Weg übermittelt werden. Der Auftraggeber muss den Tag der Absendung nachweisen können.

(3) Elektronisch erstellte und übersandte Bekanntmachungen werden spätestens fünf Tage nach ihrer Absendung an das Amt für amtliche Veröffentlichungen der Europäischen Gemeinschaften veröffentlicht. Nicht elektronisch erstellte und übersandte Bekanntmachungen werden spätestens zwölf Tage nach der Absendung veröffentlicht. Die Bekanntmachungen werden unentgeltlich ungekürzt im Supplement zum Amtsblatt der Europäischen Gemeinschaften in der jeweiligen Originalsprache und eine Zusammenfassung der wichtigsten Bestandteile davon in den anderen Amtssprachen der Gemeinschaft veröffentlicht; hierbei ist nur der Wortlaut in der Originalsprache verbindlich.

(4) Die Bekanntmachung darf in der Bundesrepublik Deutschland nicht vor dem Tag der Absendung an das Amt für amtliche Veröffentlichungen der Europäischen Gemeinschaften veröffentlicht werden. Diese Veröffentlichung darf nur die dem Amt für amtliche Veröffentlichungen der Europäischen Gemeinschaften übermittelten oder in einem Beschafferprofil nach Nummer 2 veröffentlichten Angaben enthalten. Auf das Datum der Absendung der europaweiten Bekanntmachung an das Amt für amtliche Veröffentlichungen der Europäischen Gemeinschaften ist in der nationalen Bekanntmachung hinzuweisen.

2. Die Auftraggeber können im Internet ein Beschafferprofil einrichten. Es enthält Angaben über geplante und laufende Vergabeverfahren, über vergebene Aufträge sowie alle sonstigen für die Auftragsvergabe relevanten Informatio-

---

[1] ABl. EU Nr. L 257 S. 1.
[2] Das Muster und die Modalitäten für die elektronische Übermittlung der Bekanntmachungen sind unter der Internetadresse »http://simap.eu.int« abrufbar.
[3] Amt für amtliche Veröffentlichungen
der Europäischen Gemeinschaften,
2, rue Mercier, L-2985 Luxemburg
Telefon: 00 35 2/29 29–1,
Telefax: 00 35 2/292 942 670
http://ted.eur-op.eu.int
E-Mail: mp-ojs@opoce.cec.eu.int

nen wie zum Beispiel Kontaktstelle, Telefon- und Telefaxnummer, Anschrift, E-Mail-Adresse des Auftraggebers.

3. (1) Die Auftraggeber veröffentlichen sobald wie möglich nach Beginn des jeweiligen Haushaltsjahres nicht verbindliche Bekanntmachungen, die Angaben enthalten über alle für die nächsten zwölf Monate beabsichtigten Aufträge, deren nach der Vergabeverordnung geschätzter Wert jeweils mindestens 750.000 EURO beträgt. Die Lieferaufträge sind nach Warenbereichen unter Bezugnahme auf die Verordnung über das gemeinsame Vokabular für öffentliche Aufträge – CPV (Verordnung (EG) Nr. 2195/2002[4] in der Fassung der Verordnung (EG) Nr. 2151/2003[5]) aufzuschlüsseln, die Dienstleistungsaufträge nach den im Anhang I A genannten Kategorien.

(2) Die Vorinformation wird sobald als möglich nach Beginn des Kalenderjahres an das Amt für amtliche Veröffentlichungen der Europäischen Gemeinschaften gesandt oder im Beschafferprofil veröffentlicht. Veröffentlicht der Auftraggeber eine Vorinformation im Beschafferprofil, meldet er dies dem Amt für amtliche Veröffentlichungen der Europäischen Gemeinschaften zuvor auf elektronischem Wege nach dem im Anhang VIII der Verordnung (EG) Nr. 1564/2005 enthaltenen Muster. Die Bekanntmachung ist nur dann zwingend vorgeschrieben, wenn die Auftraggeber die Möglichkeit wahrnehmen, die Frist für den Eingang der Angebote gemäß § 18 a Nr. 1 Abs. 2 zu verkürzen.

(3) Die Bekanntmachung über die Vorinformation ist nach dem im Anhang I der Verordnung (EG) Nr. 1564/2005 enthaltenen Muster zu erstellen und an das Amt für amtliche Veröffentlichungen der Europäischen Gemeinschaften zu übermitteln.

4. Die Auftraggeber können Bekanntmachungen über öffentliche Liefer- oder Dienstleistungsaufträge an das Amt für amtliche Veröffentlichungen der Europäischen Gemeinschaften übermitteln, die nicht der Bekanntmachungspflicht nach den Vorschriften dieses Abschnittes unterliegen.

Inhaltsübersicht Rn.

A. Einleitung 1
   I. EG-rechtliche Vorgaben 5
   II. Vergleich mit VOB/A und VOF 11
   III. Bieterschützender Charakter 14
B. Bekanntmachung (§ 17 a Nr. 1) 17
   I. Anwendungsbereich 18
   II. Bekanntmachungsmuster (§ 17 a Nr. 1 Abs. 1) 19
      1. Abschnitt I: Öffentlicher Auftraggeber 22
      2. Abschnitt II: Auftragsgegenstand 24
      3. Abschnitt III: Rechtliche, wirtschaftliche, finanzielle und technische Informationen 38

---
[4] ABl. EG Nr. L 340 S. 1.
[5] ABl. EG Nr. L 329 S. 1.

§ 17a Bekanntmachung, Aufforderung zur Angebotsabgabe

	4. Abschnitt IV: Verfahren	46
	5. Abschnitt VI: Zusätzliche Informationen	54
III.	Übermittlung der Bekanntmachung (§ 17a Nr. 1 Abs. 2)	62
IV.	Fristen, Kosten und Sprache (§ 17a Nr. 1 Abs. 3)	68
V.	Veröffentlichung in anderen Medien (§ 17a Nr. 1 Abs. 4)	69
C. Beschafferprofil (§ 17a Nr. 2)		73
D. Vorinformation (§ 17a Nr. 3)		76
I.	Anwendungsbereich	77
II.	Muster für die Vorinformation	79
III.	Veröffentlichung der Vorinformation	86
E. Freiwillige Bekanntmachung (§ 17a Nr. 4)		89

A. Einleitung

1 § 17a regelt im Wesentlichen die Modalitäten der beiden Bekanntmachungsprozesse, die bei europaweiten Ausschreibungen durch öffentliche Auftraggeber in Betracht kommen: auf der einen Seite die Bekanntmachung der Aufforderung zur Abgabe von Angeboten (im Offenen Verfahren) bzw. Teilnahmeanträgen (im Nichtoffenen Verfahren, Verhandlungsverfahren sowie im Wettbewerblichen Dialog), auf der anderen Seite die Bekanntmachung der Vorinformation über die im Haushaltsjahr beabsichtigten Großaufträge. Beide Verfahren sind an unterschiedliche Voraussetzungen geknüpft und entfalten unterschiedliche Rechtsfolgen. Gemeinsam ist ihnen die Umsetzung und Konkretisierung des Transparenzgebots, das als allgemeiner Grundsatz des Gemeinschaftsrechts seine positivrechtliche Ausgestaltung in § 97 Nr. 1 GWB erfährt.[6] Ziel ist es, einem möglichst großen Kreis potenzieller Lieferanten und Dienstleister möglichst frühzeitig präzise Informationen über die Leistungen zu geben, die die öffentliche Hand benötigt und daher beschaffen wird.

2 Anders als § 17 für den Bereich der nationalen Ausschreibungen sind die in § 17a verankerten Bekanntmachungsverfahren wesentlich stärker formalisiert. Dies betrifft sowohl die Form als auch die Übermittlungsfristen und den Veröffentlichungsort. So sind für die Vorinformation wie für die Ausschreibungsbekanntmachung europaweit einheitliche Muster zu verwenden, die zentral an das Amt für amtliche Veröffentlichungen der Europäischen Gemeinschaften in Luxemburg gesandt werden müssen und dort binnen bestimmter Fristen im Supplement S zum Amtsblatt der Europäischen Gemeinschaften bzw. in der Internetdatenbank Tenders Electronic Daily (TED)[7] veröffentlicht werden.

3 § 17a ist in der Ausgabe 2006 der VOL/A gegenüber der Fassung 2002 deutlich geändert worden. Neben der Bezugnahme auf die neuen Standardformulare der Verordnung (EG) Nr. 1564/2005 und der Förderung des elektronischen Bekannt-

---

6 Vgl. *Brauer* in: Kulartz/Kus/Portz, GWB-Vergabe § 97 Rn. 18.
7 Seit 8. 5. 2006 lautet die Internetadresse www.ted.europa.eu. Die in der Fußnote zu § 17a Nr. 1 Abs. 2 amtlich angegebene Internetadresse (vgl. Fn. 3) ist nicht mehr aktuell, kann jedoch nach wie vor verwendet werden.

machungsprozesses betreffen die Neuerungen infolge der Umsetzung der Richtlinie 2004/18/EG[8] in nationales Recht zum einen die Möglichkeit der Einrichtung eines Beschafferprofils (§ 17 a Nr. 2) sowie die Möglichkeit zur freiwilligen europaweiten Bekanntmachung von Aufträgen, die nicht dieser Pflicht unterliegen (§ 17 a Nr. 4).

Insgesamt ist zu konstatieren, dass im Bereich der Bekanntmachung die tatsächlichen und rechtlichen Voraussetzungen zu einer umfassenden Einbindung und Nutzung der elektronischen Kommunikationsmittel am weitesten entwickelt sind. Durch die weitgehende Automatisierung des Bekanntmachungsprozesses kann, soweit die Standardformulare richtig ausgefüllt sind, mit TED eine benutzerfreundliche und aktuelle europaweite Veröffentlichungsplattform angeboten werden, die maßgeblich zur Verbesserung der Transparenz beiträgt. **4**

I. EG-rechtliche Vorgaben

In der VKR finden sich die Bekanntmachungsvorschriften in Abschnitt 1 des Kapitels VI (Vorschriften über die Veröffentlichung und Transparenz). Art. 35 Abs. 1 VKR regelt dabei die Veröffentlichung der Vorinformation, die sich in § 17 a Nr. 3 Abs. 1 findet. Da die VKR neben inhaltlichen Modifikationen und Neuerungen die bisherigen drei »klassischen« Richtlinien (Baukoordinierungsrichtlinie, Lieferkoordinierungsrichtlinie und Dienstleistungskoordinierungsrichtlinie) zusammenfasst, findet sich dort in Art. 35 Abs. 1 lit. c) auch die Vorinformation für öffentliche Bauvergaben, die nicht in der VOL/A, sondern in § 17 a Nr. 1 VOB/A umgesetzt wurde. Art. 35 Abs. 2 VKR verpflichtet zur Mitteilung der Vergabeabsicht im Wege der Ausschreibungsbekanntmachung, die in § 3 a Nr. 1 Abs. 4 VOL/A umgesetzt wurde; auf diese Vorschrift nimmt wiederum § 17 a Nr. 1 Abs. 1 Bezug. **5**

Die einzelnen Modalitäten zu den beiden Bekanntmachungen enthält hingegen Art. 36 VKR, der seinerseits hinsichtlich des Inhalts der Ausschreibungsbekanntmachung auf Anhang VII Teil A der Richtlinie verweist. Außerdem findet sich bezüglich der technischen Merkmale der Veröffentlichung in Art. 36 VKR der Verweis auf Anhang VIII. Nr. 1 a dieses Anhangs wiederum gibt dem Auftraggeber für die Übermittlung der Bekanntmachungen an das Amt für amtliche Veröffentlichungen die Verwendung der Standardformulare der Richtlinie 2001/78/EG[9] vor. Da diese Standardformulare auf die früher geltenden Koordinierungsrichtlinien zugeschnitten waren, mit ihnen eine Reihe von Neuerungen der VKR jedoch nicht abgebildet werden kann und diese zudem nicht für die von der VKR geförderten elektronischen Bekanntmachung[10] geeignet sind, hat die Kommission gestützt auf Art. 35 Abs. 1 VKR im Verfahren nach Art. 77 Abs. 2 VKR neue Standardformulare konzipiert. Diese wurden **6**

---

8 Richtlinie 2004/18/EG des Europäischen Parlaments und des Rates über die Koordinierung der Verfahren zur Vergabe öffentlicher Bauaufträge, Lieferaufträge und Dienstleistungsaufträge (Vergabekoordinierungsrichtlinie – VKR) vom 31. 3. 2004, ABl. EG Nr. L 134 v. 30. 4. 2004, S. 114, i. d. F. der Berichtigung, veröffentlicht im ABl. EG Nr. L 351 v. 26. 11. 2004, S. 44.
9 Vom 13. 9. 2001, ABl. EG Nr. L 285 v. 29. 10. 2001 S. 1.
10 Vgl. Art. 36 Abs. 2 VKR.

§ 17a Bekanntmachung, Aufforderung zur Angebotsabgabe

mit Verordnung (EG) Nr. 1564/2005[11] veröffentlicht, auf die die VOL/A Bezug nimmt.

7 Art. 35 Abs. 3 VKR betrifft die Bekanntmachung der Einrichtung eines dynamischen Beschaffungssystems nach Art. 33 VKR. Da dieses optionale Verfahren in Deutschland (noch) nicht umgesetzt worden ist, findet sich in der VOL/A auch keine Art. 36 Abs. 3 VKR entsprechende Regelung. Art. 35 Abs. 4 VKR betrifft hingegen die Bekanntmachung nach Auftragsvergabe (ex-post-Transparenz), die in Art. 28a VOL/A umgesetzt ist.

8 Art. 37 VKR normiert die freiwillige Veröffentlichung über Bekanntmachungen von öffentlichen Aufträgen, die nicht der Veröffentlichungspflicht der Richtlinie unterliegen. Das sind neben Unterschwellenaufträgen etwa nicht-prioritäre Dienstleistungen nach Anhang II B der Richtlinie oder Dienstleistungskonzessionen nach Art. 1 Abs. 4 VKR. Die Umsetzung von Art. 37 VKR findet sich in § 17a Nr. 4 VOL/A.

9 Auf das in § 17a Nr. 2 VOL/A genannte Beschafferprofil wird insbesondere im Zusammenhang mit der Vorinformation Bezug genommen, etwa in Art. 35 Abs. 1 Unterabsatz 1 VKR. Die Definition des Beschafferprofils, die § 17a VOL/A übernommen hat, findet sich hingegen in Anhang VIII Nr. 2 lit. b) VKR.

10 Das Gemeinsame Vokabular für öffentliche Aufträge (Common Procurement Vocabulary – CPV), auf das bei der Eingruppierung der Warenbereiche von Lieferaufträgen im Rahmen der Vorinformation gem. § 17a Nr. 3 Abs. 1 VOL/A Bezug genommen wird, entstammt der Verordnung (EG) Nr. 2195/2002[12] in der Fassung der Verordnung (EG) Nr. 2151/2003.[13] Die Pflicht zur Anwendung des CPV ergibt sich aus § 14 VgV.[14]

II. Vergleich mit VOB/A und VOF

11 Die VOB/A enthält mit § 17a eine hinsichtlich der Vorinformation und der Veröffentlichung der Ausschreibungsbekanntmachung im Wesentlichen inhaltsgleiche Vorschrift (dort allerdings in umgekehrter Reihenfolge). Hinsichtlich des besonderen Schwellenwerts für die Vorinformation wird in § 17a Nr. 1 Abs. 1 VOB/A hingegen noch zwischen beabsichtigten baulichen Anlagen (dann Vorinformation ab geschätztem Gesamtwert von 5.278.000 Euro gem. § 2 Nr. 4 VgV) und beabsichtigten Bauaufträgen, bei denen der Wert der Lieferleistungen überwiegt (dann Vorinformation ab

---

11 Verordnung (EG) Nr. 1564/2005 der Kommission vom 7. 9. 2005 zur Einführung von Standardformularen für die Veröffentlichung von Vergabebekanntmachungen im Rahmen von Verfahren zur Vergabe öffentlicher Aufträge gemäß der Richtlinie 2004/17/EG und der Richtlinie 2004/18/EG des Europäischen Parlaments und des Rates, ABl. EU Nr. L 257 v. 1. 10. 2005 S. 1. Zu den redaktionellen Fehlern in Art. 1 und 2 der deutschen Fassung dieser Verordnung und deren Auswirkung vgl. *Lindenthal* NZBau 2005, 679 sowie *Diercks* Behördenspiegel April 2006, S. 19.
12 ABl. EG Nr. L 340 S. 1.
13 ABl. EG Nr. L 329 S. 1.
14 Verordnung über die Vergabe öffentlicher Aufträge vom 11. 2. 2003 (BGBl. I S. 170), zuletzt geändert durch die Dritte Verordnung zur Änderung der Vergabeverordnung vom 23. 10. 2006 (BGBl. I S. 2334).

750.000 Euro) differenziert. Zudem sieht § 17 a Nr. 1 Abs. 4 Satz 2 VOB/A ausdrücklich die parallele Veröffentlichung in nationalen Bekanntmachungsmedien vor.

Bei der Veröffentlichung der Ausschreibungsbekanntmachung eines Offenen oder Nichtoffenen Verfahrens nimmt § 17 a Nr. 3 Abs. 1 VOB/A anders als die VOL/A stärker Bezug auf die Basisvorschrift (§ 17 VOB/A) und nennt einen Katalog zwingender Zusatzinformationen. Die VOL/A verweist diesbezüglich lediglich auf die sich aus den einschlägigen Bekanntmachungsmustern ergebenden Informationspflichten. 12

Schließlich enthält § 17 a VOB/A mit den Nummern 5 und 6 Regelungen zur Versendung der Vergabeunterlagen und zur Beantwortung von Auskünften. Die Parallelvorschrift in der VOL/A findet sich in § 18 a Nr. 1 Abs. 5 und 6. Das Beschafferprofil findet sich in der VOB/A hingegen bereits in § 16 Nr. 4. Durch die Regelung in einer Vorschrift des ersten Abschnittes wird dabei deutlich gemacht, dass die Regelung dort auch ausdrücklich im Unterschwellenbereich Anwendung findet. 13

In der VOF finden sich Bekanntmachungsvorschriften in § 9.

III. Bieterschützender Charakter

Eine ordnungsgemäße Publikation von Ausschreibungen trägt elementar zur Sicherung von Transparenz und Gleichbehandlung bei. Daher kommt den Bekanntmachungsvorschriften per se bieterschützender Charakter zu.[15] Bei der Beurteilung des bieterschützenden Charakters des § 17 a VOL/A ist zu differenzieren. Wegen der für das Vergabeverfahren zentralen Bedeutung der Ausschreibungsbekanntmachung lassen sich aus § 17 a Nr. 1 Abs. 1 und 2 subjektive Bieterrechte ableiten.[16] Keine bieterschützende Wirkung entfaltet § 17 a Nr. 1 Abs. 3, da hier lediglich Ordnungsvorschriften enthalten sind, die sich zudem nicht an den Auftraggeber, sondern an die veröffentlichende Stelle, also das Amt für amtliche Veröffentlichungen richten. § 17 a Nr. 1 Abs. 4 kommt hingegen hohe Bedeutung in Bezug auf den Grundsatz der Gleichbehandlung und Nichtdiskriminierung zu. Wird eine europaweite Ausschreibung vorzeitig in nationalen Publikationsmedien bekannt gemacht oder enthält sie gegenüber der europaweiten Veröffentlichung zusätzliche wettbewerbsrelevante Informationen, so können ausländische Bieter hiergegen im Nachprüfungsverfahren vorgehen. Dies gilt auch, wenn eine europaweite Bekanntmachung unzulässigerweise ganz unterblieben ist. 14

Die Einrichtung eines Beschafferprofils nach § 17 a Nr. 2 ist zunächst nicht bieterschützend. Etwas anderes kann sich ergeben, wenn die Angaben im Beschafferprofil von denen der Bekanntmachung abweichen. Denn der Bewerber muss darauf vertrauen können, dass die in einem Veröffentlichungsorgan bekannt gemachten Angaben richtig und vollständig sind, ohne dies anhand anderer Veröffentlichungen überprüfen zu müssen.[17] 15

---

15 *Fett* in: Müller-Wrede, VOL/A § 17 a, Rn. 86; vgl. bereits *EuGH* Urt. v. 10. 2. 1982, Rs. 76/81 (»Transporoute«), Slg. 1982, 417.
16 Vgl. zu § 17 a Nr. 1 VOL/A (Ausgabe 2000) *OLG Naumburg* Beschl. v. 16. 9. 2002, 1 Verg 2/02.
17 *VK Münster* Beschl. v. 21. 8. 2003, VK 18/03.

§ 17a Bekanntmachung, Aufforderung zur Angebotsabgabe

16 Grundsätzlich keine subjektiven Rechte kann der Bieter aus § 17a Nr. 3 VOL/A ableiten, da die Vorinformation bereits nach dem Wortlaut der Vorschrift keine Verbindlichkeit besitzt. Etwas anderes gilt nur dann, wenn von der Möglichkeit der Fristverkürzung nach § 18a Nr. 1 Abs. 2 Gebrauch gemacht wird. Dann ist die Veröffentlichung der Vorinformation zwingend.[18]

B. Bekanntmachung (§ 17a Nr. 1)

17 § 17a Nr. 1 gibt das Verfahren vor, in dem der Aufruf zum Wettbewerb für solche Vergabeverfahren erstellt und veröffentlicht wird, deren geschätzte Auftragswerte die Schwellenwerte in § 2 Nr. 2, 3 bzw. 8 VgV erreichen oder übersteigen. Gegenüber der Bekanntmachung und Veröffentlichung von Vergabeverfahren im Bereich unterhalb der Schwellenwerte zeichnet sich das Procedere zum einen durch die weitgehende Standardisierung der Form der Bekanntmachung durch Nutzung von europaweit einheitlichen Formularen aus. Zum anderen ist auch der Veröffentlichungsort für alle Mitgliedsstaaten vereinheitlicht: Obschon es den Auftraggebern vorbehalten bleibt, die EU-weiten Ausschreibungen auch national zu veröffentlichen (§ 17a Nr. 1 Abs. 4), ist eine Übermittlung der Bekanntmachung an das Amt für amtliche Veröffentlichungen der Europäischen Gemeinschaften verpflichtend. Damit wird eine zentrale Erfassung und Veröffentlichung aller europaweiten Ausschreibungen sichergestellt. Dies stellt in vorbildlicher Weise die Transparenz in diesem Abschnitt des Vergabeverfahrens sicher und unterstützt den grenzüberschreitenden Wettbewerb.

I. Anwendungsbereich

18 Nach § 3a Nr. 1 Abs. 4 VOL/A, auf den § 17a Nr. 1 Abs. 1 verweist, ist der Auftraggeber verpflichtet, der einen Auftrag im Sinne des § 1a VOL/A vergeben will, seine Absicht durch eine Bekanntmachung gemäß § 17a im Supplement zum Amtsblatt der Europäischen Gemeinschaften zu erklären. Die Bekanntmachungs- und Veröffentlichungspflicht betrifft grundsätzlich alle europaweit auszuschreibenden Liefer- und Dienstleistungsaufträge mit Ausnahme der in § 100 Abs. 2 GWB genannten Fälle sowie nicht-prioritäre Dienstleistungen gem. Anhang I Teil B der VOL/A und Dienstleistungskonzessionen.[19] Sie umfasst zudem alle Verfahrensarten. Handelt es sich um ein Offenes Verfahren nach § 3a Nr. 1 Abs. 1, so betrifft die Bekanntmachung die Aufforderung zur Abgabe von Angeboten. Hat der Auftraggeber hingegen nach den jeweiligen Voraussetzungen der §§ 3, 3a die Verfahrensart des Nichtoffenen Verfahrens, des Verhandlungsverfahrens mit Teilnahmewettbewerb oder des Wettbewerblichen Dialogs gewählt, enthält die Bekanntmachung die Aufforderung an die potenziellen Bewerber, Teilnahmeanträge zu stellen.

---

18 § 17a Nr. 3 Abs. 2 Satz 3 VOL/A; vgl. auch *EuGH* Urt. v. 26. 9. 2000, Rs. C-225/98 (»Kommission vs. Frankreich«), Slg. 2000, I-7445.

19 Vgl. zu der aus dem Transparenzgebot abgeleiteten Pflicht zur angemessenen Bekanntmachung der Vergabeabsicht von Dienstleistungskonzessionen *EuGH* Urt. v. 7. 12. 2000, Rs. C-324/98 (»Telaustria«), Slg. 2000, I-10745 sowie Urt. v. 21. 7. 2005, Rs. C-231/03 (»Coname«), Slg. 2005, I-7287.

II. Bekanntmachungsmuster (§ 17a Nr. 1 Abs. 1)

Für die Erstellung der jeweiligen Bekanntmachung gibt § 17a Nr. 1 einheitlich das Standardformular »Bekanntmachung« vor, das als Anhang II der Verordnung (EG) Nr. 1564/2005 veröffentlicht ist. Wie bereits in der Ausgabe 2002 der VOL/A wird auch in der VOL/A 2006 in Umsetzung der europäischen Vorgaben ein einheitliches Muster für alle Verfahrensarten und sowohl für Lieferleistungen als auch für Dienstleistungen verwendet. Darüber hinaus wird das Standardformular auch für die Bekanntmachung von Bauaufträgen gem. 17a Nr. 4 VOB/A genutzt. Anders als in den Vorausgaben wird in der Ausgabe 2006 der VOL/A allerdings aus Platzgründen auf den Abdruck der Standardformulare verzichtet. 19

Die Verwendung des EG-Standardformulars ist für den Auftraggeber verpflichtend. Es reicht nicht aus, die geforderten Informationen blanko oder mittels eines selbst hergestellten Formulars einzureichen. Da die Aufbereitung der Bekanntmachungen durch das Amt für amtliche Veröffentlichungen in Luxemburg weitgehend automatisiert erfolgt, werden nur solche Bekanntmachungen angenommen, die mittels Standardformular erfolgen. 20

Das Standardformular »Bekanntmachung« (Anhang II der Verordnung (EG) Nr. 1564/2005) setzt sich aus fünf Abschnitten zusammen. In diesen sind die jeweiligen Angaben zum Auftraggeber (I), zum Auftragsgegenstand (II), rechtliche, wirtschaftliche, finanzielle und technische Informationen (III), Angaben zum Verfahren (IV) sowie zusätzliche Informationen (VI) einzutragen. Das Fehlen des Abschnitts »V« ist systemimmanent. Denn diese Rubrik betrifft Informationen über die Auftragsvergabe und ist daher nur im Standardformular »Bekanntmachung über vergebene Aufträge« (Anhang III der Verordnung (EG) Nr. 1564/2005) enthalten, das gem. § 28a Nr. 1 Abs. 1 VOL/A zu verwenden ist. 21

1. Abschnitt I: Öffentlicher Auftraggeber

Unter I.1) sind zunächst genaue Angaben über Bezeichnung, Anschrift und Kontaktdaten der auftragsvergebenden Stelle zu machen. Dies umfasst den Namen des Sachbearbeiters, sämtliche Kommunikationsdaten (einschließlich E-Mail) sowie – wenn vorhanden – die Internetadresse der Homepage des Auftraggebers bzw. des Beschafferprofils.[20] Unterscheidet sich die auftraggebende Stelle von der Stelle, die die Ausschreibung durchführt (etwa bei Nutzung einer zentralen Beschaffungsstelle oder bei Beauftragung eines Unternehmens), so muss der Auftraggeber auch hierüber Informationen geben. Diese »anderen Stellen«, bei denen zusätzliche Auskünfte eingeholt und die Verdingungsunterlagen abgerufen werden können oder an die die Angebote oder Teilnahmeanträge zu richten sind, sind unter Verwendung von Anhang A zum Bekanntmachungsmuster ebenfalls genau zu bezeichnen. Verantwortlich für die Durchführung des Vergabeverfahrens bleibt allerdings stets der unter I.1) genannte Auftraggeber. Rügen nach § 107 Abs. 3 GWB sind daher ausschließlich an 22

---

20 Vgl. hierzu Rn. 73 ff.

§ 17 a Bekanntmachung, Aufforderung zur Angebotsabgabe

ihn zu richten, nur er ist Adressat eines Nachprüfungsverfahrens.[21] Wie in der nationalen Ausschreibung soll die Pflicht zur exakten und detaillierten Angabe der Kontaktdaten des Auftraggebers es dem Bewerber ermöglichen, soweit erforderlich möglichst schnell den richtigen Ansprechpartner beim Auftraggeber zu finden.[22]

23 Die Kategorisierung der Art des öffentlichen Auftraggebers und dessen Haupttätigkeit unter I.2) spielt in erster Linie für statistische Zwecke eine Rolle. Sie erleichtert es zugleich den Unternehmen, im Tenders Electronic Daily (TED) gezielt nach Ausschreibungen bestimmter öffentlicher Auftraggeber zu suchen. Insofern ist der Auftraggeber nach dem in § 97 Abs. 1 GWB verankerten Transparenzgrundsatzes verpflichtet, eine möglichst genaue Eingruppierung vorzunehmen. Falsche Angaben, die dazu führen, dass Unternehmen die Ausschreibung nicht finden, können einen Vergaberechtsverstoß darstellen.[23]

Weiterhin hat der Auftraggeber anzugeben, ob er im Auftrag anderer öffentlicher Auftraggeber beschafft oder nicht. Dies ist beispielsweise dann der Fall, wenn ein zentrales Beschaffungsamt ausschreibt.

2. Abschnitt II: Auftragsgegenstand

24 Abschnitt II beginnt mit einer Beschreibung des Auftragsgegenstands (II.1). Hierbei ist unter II.1.1) zunächst eine Kurzbezeichnung durch den Auftraggeber zu geben (z. B. »Gebäudereinigung«), unter der die Veröffentlichung im Tenders Electronic Daily erfolgt. Eine nähere Beschreibung des Auftrags erfolgt erst unter II.1.5).

25 Unter II.1.2) ist zunächst die Auftragsart anzugeben. Hiermit wird dem potenziellen Bewerber ein erster Hinweis für die Entscheidung gegeben, ob er fachlich und personell in der Lage ist, die geforderte Leistung zu erbringen. Da das Bekanntmachungsmuster für alle öffentlichen Aufträge genutzt wird, ist dabei festzulegen, ob es sich um einen Bau-, Liefer- oder Dienstleistungsauftrag handelt. Typengemischte Verträge sind nach §§ 99 Abs. 6 GWB, 1 a Nr. 2 VOB/A sowie 1 a Nr. 1 Abs. 2 VOL/A abzugrenzen.

Liegt ein Lieferauftrag vor, so ist der Vertragstyp zu bestimmen. Neben Kauf, Leasing, Miete und Mietkauf kann auch eine Kombination hieraus gewählt werden. Wird ein Dienstleistungsauftrag veröffentlicht, ist dabei die zutreffende Dienstleistungskategorie aus dem Anhang I zur VOL/A zu benennen. Anhang I entspricht dem im Standardformular genannten Anhang II der Richtlinie 2004/18/EG.

26 Weiterhin ist der Ort der Leistungserbringung anzugeben. Dies gibt den interessierten Unternehmen weitere Hinweise für ihre Entscheidung, sich am Vergabeverfahren zu beteiligen oder nicht. Ausreichend ist eine Angabe der Gemeinde und ggf. des Bundeslandes. Ergänzend ist der NUTS-Code anzugeben. Ähnlich wie der CPV-Code für den Leistungsgegenstand ist NUTS[24] eine Nomenklatur, mittels derer eine regionale

---

21 Vgl. *BayObLG* Beschl. v. 1. 7. 2003, Verg 3/03.
22 Vgl. Kommentierung zu § 17 Nr. 1 Abs. 2 lit. a).
23 Vgl. dazu bereits oben unter A III (Rn. 14).
24 Nomenclature des unités territoriales statistiques.

Eingruppierung vorgenommen werden kann. Die jeweilige Kennung setzt sich zusammen aus einer Länderabkürzung (z. B. für Deutschland DE) und einer zwei- bis dreistelligen Ziffern-Zahlen-Kombination für die jeweilige Region.[25] Die Klassifizierung dient zum einen statistischen Zwecken. Zum anderen erleichtert sie den interessierten Unternehmen, über Tender Electronic Daily Ausschreibungen in bestimmten Ländern bzw. Regionen aufzufinden.

Unter II.1.3) ist anzugeben, ob Gegenstand der Ausschreibung ein öffentlicher Auftrag oder eine Rahmenvereinbarung gem. § 3 a Nr. 4 VOL/A ist. Die Alternative »Aufbau eines dynamischen Beschaffungssystems« ist irrelevant, da dieses Verfahren[26] nicht in deutsches Recht umgesetzt worden ist. 27

Betrifft die Bekanntmachung den Abschluss einer Rahmenvereinbarung, so sind in II.1.4) ergänzende Angaben zu machen. Nach § 3 a Nr. 4 Abs. 5 VOL/A müssen an einer Rahmenvereinbarung mit mehreren Unternehmen mindestens drei beteiligt werden, sofern eine ausreichend große Zahl von zulässigen Angeboten die Zuschlagskriterien erfüllt. Die Höchstlaufzeit einer Rahmenvereinbarung beträgt gem. § 3 a Nr. 4 Abs. 8 VOL/A vier Jahre. Besondere Gründe, die eine Überschreitung im Ausnahmefall rechtfertigen, müssen in der Bekanntmachung angegeben werden. 28

Unter II.1.5) hat der Auftraggeber das Beschaffungsvorhaben kurz zu beschreiben. Auch dies dient den Unternehmen für eine bessere Einschätzung, ob der Auftrag für sie von Interesse ist und sich eine Beteiligung an der Ausschreibung für sie lohnt oder nicht. Zu beachten ist, dass gem. § 17 a Nr. 1 Abs. 3 VOL/A der Inhalt der gesamten Bekanntmachung 650 Worte nicht wesentlich überschreiten darf, wenn die Übermittlung der Bekanntmachung nicht elektronisch erfolgt. Daher wird der Auftraggeber in einem solchen Fall seine Ausführungen einschränken müssen. Da die Kurzbeschreibung nicht die Leistungsbeschreibung ersetzt, ist dies allerdings hinnehmbar. 29

Ergänzend zu der Kurzbeschreibung ist der Auftragsgegenstand mittels des CPV-Codes unter II.1.6) zu klassifizieren. Bei dem CPV-Code handelt es sich um ein gemeinsames Referenzsystem, das einheitliche Beschreibungen der Güter in allen Amtssprachen der Gemeinschaft enthält, denen für alle Sprachen ein und derselbe alphanumerische Code zugeordnet ist. Da gem. § 17 a Nr. 1 Abs. 3 VOL/A eine ungekürzte Fassung der Bekanntmachung nur in der Originalsprache veröffentlicht wird, ist es für ausländische Bewerber entscheidend, zumindest mittels der CPV-Klassifizierung zu erfahren, um welchen Auftragsgegenstand es sich handelt. Mit Umsetzung der Richtlinie 2004/18/EG ist die Anwendung des Vokabulars verpflichtend, was sich jetzt auch aus § 14 VgV ergibt. Der Auftragsgegenstand ist mittels Haupt- und – soweit zutreffend – auch mittels Zusatzteil einzugruppieren. Ein Zusatz ist beispielsweise die Information »Rechtslenker«, wenn die Dienstleistung »Straßentransport« von einem britischen Auftraggeber ausgeschrieben wird. Der Auftraggeber hat die Angaben anhand des zur Verfügung stehenden Vokabulars so detailliert wie möglich 30

---

25 Der NUTS-Code ist unter www.simap.europa.eu verfügbar. Vgl. auch Verordnung (EG) Nr. 1059/2003 des Europäischen Parlaments und des Rates vom 26. Mai 2003 über die Schaffung einer gemeinsamen Klassifikation der Gebietseinheiten für die Statistik (NUTS) (ABl. Nr. L 154 v. 21. 6. 2003, S. 1).
26 Art. 33 der Richtlinie 2004/18/EG.

§ 17 a Bekanntmachung, Aufforderung zur Angebotsabgabe

zu machen. Dies gilt sowohl für den Hauptauftragsgegenstand wie auch für eventuelle ergänzende Gegenstände.[27]

31 Unter II.1.7) hat der öffentliche Auftraggeber anzugeben, ob der Auftrag unter das GPA-Beschaffungsübereinkommen fällt oder nicht. Es handelt sich hierbei um das WTO-Abkommen über das öffentliche Auftragswesen (General Procurement Agreement).[28] Besondere Pflichten ergeben sich hieraus nicht; die Regelungen des GPA wurden in den europäischen Vergaberichtlinien berücksichtigt und sind mit deren Umsetzung auch Bestandteil des nationalen Vergaberechts. Die Angabe dient damit hauptsächlich statistischen Zwecken. Gegenüber dem GATT-Kodex für Regierungseinkäufe wurde der sachliche und persönliche Anwendungsbereich mit dem GPA deutlich erweitert. Es gilt für Bau-, Liefer- und Dienstleistungsaufträge von zentralstaatlichen Stellen (Regierungskäufe) und von Auftraggebern im subzentralen Bereich, also Bundesländern und Kommunen.[29]

32 Ausgenommen vom Anwendungsbereich des GPA sind nur nachrangige Dienstleistungen nach Anhang I Teil B, Forschungs- und Entwicklungsaufträge nach Kategorie 8 sowie bestimmte Fernmeldedienstleistungen nach Kategorie 5 des Anhangs I Teil A. In allen anderen Fällen hat der Auftraggeber die Frage nach der Anwendung des GPA zu bejahen.

33 Unter II.1.8) ist anzugeben, ob eine losweise Vergabe erfolgen soll oder nicht. Maßstab ist § 97 Abs. 3 GWB sowie § 5 VOL/A. Entscheidet sich der Auftraggeber für eine Losvergabe, so sind für jedes Los zusätzliche Angaben mittels Anhang B des Standardformulars zu machen. Zudem ist anzugeben, ob Angebote nur für ein Los oder auch für mehrere oder alle Lose abgegeben werden können. Für die interessierten Unternehmen ist die Angabe zu den Losen von großer Relevanz. Einerseits werden kleinere Unternehmen nur dann an der Ausschreibung teilnehmen können, wenn sie Angebote für einzelne Teile der Leistung abgeben können. Aber auch für größere Unternehmen, die mit Blick auf Skaleneffekte vornehmlich auf die Gesamtleistung anbieten werden, kann der Vorbehalt einer losweisen Vergabe kalkulationserheblich sein. Im Sinne der Transparenz ist der Auftraggeber grundsätzlich an seine getroffenen Festlegungen gebunden. Dies gilt auch für eine Loslimitierung pro Bewerber.[30] Werden einzelne Lose gesondert ausgeschrieben, so sind bei der Schätzung des Auftragswerts gem. § 3 Abs. 5 VgV alle Lose zu berücksichtigen. Bei Lieferleistungen gilt dies nur für Lose über gleichartige Leistungen. Zum Schwellenwert für einzelne Lose vgl. § 2 Nr. 8 VgV.

---

27 Der CPV-Code ist abrufbar unter www.simap.europa.eu. Bei der Online-Ausfüllung der Bekanntmachungsmuster über SIMAP steht das CPV als »Dropdown-Auswahl« zur Verfügung.
28 Übereinkommen über das öffentliche Beschaffungswesen im Anhang 4 des Übereinkommens zur Errichtung der Welthandelsorganisation; vgl. Beschluss des Rates vom 22. Dezember 1994 über den Abschluss der Übereinkünfte im Rahmen der multilateralen Verhandlungen der Uruguay-Runde (1986–1994) im Namen der Europäischen Gemeinschaft in Bezug auf die in ihre Zuständigkeit fallenden Bereiche (94/800/EG; ABl. EG Nr. L 336 vom 23. 12. 2004, S. 273–289). Ausführlich zum GPA vgl. *Prieß* Handbuch des europäischen Vergaberechts, S. 47 ff.
29 Vergaberecht 2004, Teilband II (Schriftenreihe des forum vergabe e. V., Heft 21), Übersicht, Rn. 33.
30 *OLG Düsseldorf* Beschl. v. 15. 6. 2000, 6 Verg 6/00; vgl. zu der Möglichkeit einer erst im Rahmen der Aufforderung zur Angebotsabgabe vorgenommenen Konkretisierung einer nicht eindeutigen Formulierung zur Losvergabe in der Bekanntmachung *VK Bund* Beschluss v. 21. 9. 2004, VK 3 – 110/04.

Bekanntmachung, Aufforderung zur Angebotsabgabe § 17 a

Schließlich hat der Auftraggeber unter II.1.9) festzulegen, ob Nebenangebot zugelassen sind oder nicht.[31] Hier besteht eine Abweichung zur Bekanntmachung nationaler Ausschreibungen nach § 17 Nr. 1 VOL/A, wo solche Angaben noch nicht in diesem Stadium, sondern erst mit Aufforderung zur Angebotsabgabe zu treffen sind. Der hier gewählte, inhaltsgleiche Begriff »Varianten« entstammt Art. 24 der Richtlinie 2004/18/EG. Die Formulierung »Alternativangebot« entspricht hingegen einer Leistung, die in den Verdingungsunterlagen nicht vorgesehen ist. Daher gilt hierfür § 17 Nr. 3 Abs. 5, Unterabs. 2 VOL/A. Macht der Auftraggeber in II.1.9 keine Angaben, so sind Nebenangebote nicht zugelassen. Dies ergibt sich aus Art. 24 Abs. 2 der Richtlinie 2004/18/EG, der nicht in die VOL/A umgesetzt worden ist und daher im Rahmen einer richtlinienkonformen Auslegung Anwendung findet. Lässt er hingegen Nebenangebote zu, so hat der Auftraggeber in den Verdingungsunterlagen auch die Mindestanforderungen anzugeben (§ 9 a Nr. 2). An seine einmal getroffene Entscheidung, Nebenangebote zuzulassen oder nicht, ist er für das weitere Vergabeverfahren gebunden. **34**

In II.2) geht es um den Auftragsumfang. Zu beschreiben ist unter II.2.1) zunächst stichwortartig die Gesamtmenge bzw. der Umfang des betreffenden Auftrags. Die Pflicht zur Berücksichtigung aller Lose und Optionen deckt sich mit § 3 Abs. 5 und 6 VgV. Die Angabe des geschätzten Auftragswerts kann dem potenziellen Bewerber einen weiteren hilfreichen Anhalt für die Entscheidung geben, sich an der Ausschreibung zu beteiligen oder nicht. Allerdings sollte die Schätzung nicht zu präzise sein, um hierdurch den Wettbewerb nicht einzuschränken. **35**

Hat der Auftraggeber Optionen vorgesehen, sind diese unter II.2.2) anzugeben. Option bedeutet das Recht des Auftraggebers, den Vertrag einseitig verändern zu können, ohne dass es der Zustimmung des Auftragnehmers bedarf. Bei Lieferaufträgen bezieht sich dies in der Regel auf Mehrmengen, während bei Dienstleistungsaufträgen in der Regel Laufzeitverlängerungen im Raum stehen. Daher sieht II.2.2) neben Angaben zu Optionen auch ggf. Angaben zu Verlängerungen vor. Da es für die Ausübung der Option keines neuen Vertrags und daher keiner gesonderten Ausschreibung bedarf, sind diese aus Gründen der Transparenz bereits bei der Ausschreibung des »Basisauftrags« anzugeben und bei der Schätzung des Auftragswerts einzubeziehen (§ 3 Abs. 6 VgV). Bei vorbehaltenen Verlängerungen soll sowohl deren Häufigkeit wie auch die Dauer der jeweiligen Verlängerung angegeben werden. **36**

Mit der Angabe der Ausführungsfristen unter II.3) wird dem interessierten Unternehmen ein weiterer relevanter Aspekt für die Entscheidungsfindung gegeben, sich an der Ausschreibung zu beteiligen oder nicht.[32] **37**

3. Abschnitt III: Rechtliche, wirtschaftliche, finanzielle und technische Informationen

Abschnitt III verlangt die Angabe der Bedingungen, die der Auftraggeber an die Bewerber sowie an die Ausführung des Auftrags stellt. **38**

---

31 Vgl. hierzu auch die Kommentierung zu § 17 Nr. 3 Abs. 5 VOL/A.
32 Vgl. hierzu § 17 Rn. 24.

§ 17 a Bekanntmachung, Aufforderung zur Angebotsabgabe

39 Unter III.1) sind zunächst die Bedingungen für den Auftrag anzugeben. Dabei hat der Auftraggeber unter III.1.1) Art und Umfang der Kautionen und Sicherheiten anzugeben, die er für die Durchführung des Auftrags verlangt. Die Angabe ist bereits im Rahmen der Bekanntmachung wichtig, da sie einerseits kalkulationserheblich ist, zum anderen den Bewerber frühzeitig in die Lage versetzt, sich parallel zur Anforderung der Verdingungsunterlagen bzw. zur Angebotserstellung um entsprechende Sicherheiten zu bemühen. Hinsichtlich der Voraussetzungen für und der Anforderungen an Sicherheitsleistungen wird auf § 14 VOL/A sowie § 18 VOL/B verwiesen.

40 Auch die Zahlungs- und Finanzierungsbedingungen des Auftrags sind für den Bewerber kalkulationserheblich, da er grundsätzlich vorleistungspflichtig ist und daher in besonderem Maße wissen muss, wann er mit welchen Voraus-, Teil- oder Abschlagszahlungen rechnen kann. Die entsprechenden Angaben hierzu sind unter III.1.2) einzutragen. Ausreichend ist ein Verweis auf die maßgeblichen Vorschriften. Hiefür ist zunächst § 17 VOL/B einschlägig, der über § 9 Nr. 2 Satz 1 VOL/A zwingender Vertragsbestandteil wird. Sollte der Auftraggeber Zusätzliche, Ergänzende oder Besondere Vertragsbedingungen vorhalten, die die Zahlungsbedingungen betreffen, können auch diese in Bezug genommen werden. Voraussetzung ist allerdings, dass sie frei verfügbar sind (etwa über die Internetseite oder das Beschafferprofil des Auftraggebers). Ist diese Verfügbarkeit nicht gewährleistet, müssen die entsprechenden Bedingungen an dieser Stelle genannt werden.

41 Unter III.1.3) ist die Rechtsform zu nennen, die der Auftraggeber von Bietergemeinschaften im Falle der Zuschlagserteilung verlangt. Nach § 7 a Nr. 3 Abs. 7 VOL/A ist die Forderung nach einer bestimmten Rechtsform allerdings darauf beschränkt, dass diese für die ordnungsgemäße Durchführung des Auftrags notwendig ist. Hierfür ist der Auftraggeber beweispflichtig. In der Praxis wird oftmals eine gesamtschuldnerische Haftung mit bevollmächtigtem Vertreter verlangt. Für das laufende Vergabeverfahren kann der Auftraggeber hingegen noch keine bestimmte Rechtsform von der Bietergemeinschaft verlangen. Gleichwohl ist die Angabe mit Blick auf die Auftragsausführung bereits in dieser frühen Phase des Vergabeverfahrens für die Unternehmen für ihre Entscheidung für oder gegen eine Teilnahme von Relevanz.

42 Besondere Bedingungen an die Ausführung des Auftrags kann der Auftraggeber unter III.1.4) aufführen. In der VOL/A finden sich hierzu keine Vorgaben. Gem. Art. 26 der Richtlinie 2004/18/EG sind solche Bedingungen nur dann zugelassen, wenn sie mit dem Gemeinschaftsrecht vereinbar sind, also weder unmittelbar noch mittelbar diskriminierende Wirkung entfalten können. Bei diesen Vertragsklauseln darf es sich zudem nicht um (verdeckte) technische Spezifikationen, Auswahlkriterien oder Zuschlagskriterien handeln. Sie dürfen sich lediglich auf die Ausführung des Auftrages selbst beziehen. Alle Bewerber müssen also in der Lage sein, diese Klauseln im Falle der Zuschlagserteilung zu erfüllen.[33] Während solche Bedingungen im Umweltbereich regelmäßig denkbar sind,[34] ist das Kriterium der Auftragsbezogenheit im Be-

---

[33] Interpretierende Mitteilung der Kommission zur Berücksichtigung von Umweltbelangen – KOM (2001) 274 endg. vom 4. 7. 2001 (ABl. EG Nr. C 333 S. 12), Ziffer II.4.
[34] Z. B. Rücknahme und Recycling von Verpackungsmaterial oder Lieferung von Waren in wiederverwendbaren Behältnissen; vgl. hierzu die Beispiele in der in Fn. 33 genannten Mitteilung.

reich von sozialen Aspekten häufig schwieriger abgrenzbar.[35] Denn oftmals wirken sich soziale Bedingungen für die Auftragsausführung auch hierüber hinaus auf das Unternehmen aus, womit es sich dann um vergabefremde Aspekte im Sinne des § 97 Abs. 4, 2. Halbsatz GWB handeln kann, die unter Gesetzesvorbehalt stehen.[36] Soweit entsprechende gesetzliche Vorgaben existieren, wie z. B. die Tariftreuegesetze einzelner Bundesländer, können die hieraus für die Auftragsausführung relevanten besonderen Verpflichtungen angegeben werden.

Unter III.2) hat der Auftraggeber die Teilnahmebedingungen anzugeben. Hierbei sind in den Rubriken III.2.1) – III.2.3) entsprechend § 7 a VOL/A die auftragsspezifisch erforderlichen Eignungsnachweise aufzuführen und – soweit relevant – die Formalitäten zu nennen, die für die Überprüfung der Einhaltung der Bedingungen notwendig sind (vgl. auch § 7 a Nr. 3 Abs. 3 VOL/A). Werden vom Auftraggeber gewisse Mindeststandards gefordert (hinsichtlich der technischen Leistungsfähigkeit etwa eine Mindestanzahl an Referenzen), sind diese ebenfalls anzugeben. Mit Blick auf ausländische Unternehmen ist die Angabe sinnvoll, dass sie Erklärungen und Nachweise vorzulegen haben, die mit den genannten Nachweisen vergleichbar sind und dass ihnen der Nachweis der Vergleichbarkeit obliegt.[37] Sinnvoll ist es mit Blick auf die Rechtsprechung zum Ausschluss von Angeboten, die die geforderten Eignungsnachweise nicht, nicht rechtzeitig oder nicht vollständig enthalten,[38] deutlich darauf hinzuweisen, welche Nachweise zwingend vorgelegt werden müssen und welche nur auf Verlangen des Auftraggebers. Der Auftraggeber ist an die hier aufgeführten Eignungsnachweise für das gesamte Vergabeverfahren gebunden. Nachträgliche Abweichungen hiervon sind unzulässig.[39] **43**

Die unter Ziffer III.2.4)[40] verlangte Angabe über vorbehaltene Aufträge orientiert sich an Art. 19 VKR. In der VOL/A ist § 3 Nr. 4 lit. o) einschlägig, wonach eine freihändige Vergabe von Leistungen an Einrichtungen möglich ist, die nach § 7 Nr. 6 VOL/A zum Wettbewerb nicht zugelassen sind (Justizvollzugsanstalten, Einrichtungen der Jugendhilfe, Aus- und Fortbildungsstätten oder ähnliche Einrichtungen). **44**

Speziell für Dienstleistungsaufträge ist schließlich unter III.3) anzugeben, ob die Erbringung einem bestimmten Berufsstand vorbehalten ist (etwa Rechtsanwälten nach dem Rechtsberatungsgesetz oder Architekten nach den Landesarchitektengesetzen). Bei juristischen Personen ist zudem anzugeben, ob im Angebot Name und berufliche Qualifikation der für die Ausführung der Dienstleistung verantwortlichen Person genannt werden muss oder nicht. **45**

---

35 Vgl. hierzu die Interpretierende Mitteilung der Kommission zur Berücksichtigung von sozialen Belangen – KOM(2001) 566 endg. vom 15. 10. 2001 (ABl. EG Nr. C 333 S. 27), Ziffer I 1.6. Die dort genannten Beispiele finden sich auch in Erwägungsgrund 33 der Richtlinie 2004/18/EG.
36 Vgl. *Kulartz* in: Kulartz/Kus/Portz, GWB § 97 Rn. 100 m. w. N.
37 Vgl. hierzu auch die Richtlinie 2005/36/EG vom 7. 9. 2005 über die Anerkennung von Berufsqualifikationen (ABl. EG Nr. L 255 S. 22), die allerdings erst bis 20. 10. 2007 umgesetzt werden muss.
38 *VK Bund* Beschl. v. 28. 4. 2005, VK 1 – 35/05.
39 *OLG Düsseldorf* Beschl. v. 30. 7. 2003, Verg 20/03; *BayObLG* Beschluss v. 20. 12. 1999, Verg 8/99.
40 Die deutsche Fassung des Standardformulars »Bekanntmachung« enthält an dieser Stelle mit »II.2.4)« eine falsche Nummerierung.

§ 17a Bekanntmachung, Aufforderung zur Angebotsabgabe

4. Abschnitt IV: Verfahren

46 In diesem Abschnitt muss der Auftraggeber nähere Informationen über das von ihm beabsichtige Vergabeverfahren geben. Hierbei hat er unter IV.1.1) zunächst die nach den Voraussetzungen des § 3a gewählte Verfahrensart anzugeben. Wir ein beschleunigtes Nichtoffenes Verfahren oder ein beschleunigtes Verhandlungsverfahren gewählt und damit entsprechende Verkürzungen der Bewerbungs- oder Angebotsfrist in Anspruch genommen, ist der jeweils einschlägige Grund hierfür § 18a Nr. 2 VOL/A zu entnehmen und anzugeben. Sind im Verhandlungsverfahren Bewerber vorausgewählt, so sind diese im Abschnitt VI.3) mit Namen und Anschrift anzugeben. Ein Fall vorausgewählter Bewerber ist beispielsweise bei der Wiederholung des Vergabeverfahrens gem. § 3a Nr. 1 Abs. 5 lit. a) VOL/A gegeben.

47 Unter Ziffer IV.1.2) hat der Auftraggeber im Falle des Nichtoffenen Verfahrens, des Verhandlungsverfahrens sowie des Wettbewerblichen Dialogs eine von ihm beabsichtige Beschränkung der Anzahl der Bewerber anzugeben, die zur Angebotsabgabe aufgefordert werden. Die Voraussetzungen hierfür ergeben sich aus § 3a Nr. 1 Abs. 2 VOL/A. Die Mindestzahl der aufzufordernden Bewerber liegt im Nichtoffenen Verfahren bei fünf, im Verhandlungsverfahren sowie im Wettbewerblichen Dialog bei drei. Eine nachträgliche Beschränkung ist nicht mehr möglich. Weiterhin sind im Falle einer Begrenzung die Kriterien zu nennen, anhand derer eine Limitierung vorgenommen wird. Diese müssen objektiv sein, dürfen also nicht zu direkter oder indirekter Diskriminierung Einzelner führen. Abgestellt werden kann beispielsweise auf den Umfang vergleichbarer Referenzleistungen.[41]

48 Soll ein Verhandlungsverfahren oder ein Wettbewerblicher Dialog gem. § 3a Nr. 1 Abs. 3 VOL/A in verschiedenen aufeinander folgenden Phasen abgewickelt werden, um dabei die Zahl der Angebote bzw. Bewerber sukzessive zu verringern (»Abschichten«), so ist dies unter IV.1.3) anzugeben.

49 Unter IV.2) sind die Zuschlagskriterien sowie deren Gewichtung anzugeben.[42] Nach § 97 Abs. 5 GWB sowie §§ 25 Nr. 3, 25a Nr. 1 Abs. 1 VOL/A ist hierbei nur die Zuschlagserteilung auf das wirtschaftlich günstigste Angebot möglich. Die (europarechtlich mögliche; vgl. Art. 53 Abs. 1 VKR) Zuschlagserteilung auf den niedrigsten Preis kann daher nicht angekreuzt werden. Gleichwohl ist anerkannt, dass die Zuschlagserteilung immer dann ausschließlich am Preis orientiert werden kann, wenn der Preis als einziges Kriterium angegeben ist.[43] Dem Auftraggeber bleibt es frei, die Zuschlagskriterien bereits in der Bekanntmachung zu nennen oder auf die Verdingungsunterlagen bzw. die Aufforderung zur Angebotsabgabe zu verweisen. Da die Zuschlagskriterien und deren Gewichtung allerdings auch für die interessierten Unternehmen eine gewisse Rolle bei der Entscheidung spielen, sich an der Ausschreibung überhaupt zu beteiligen oder nicht, sollte der Auftraggeber im Interesse des Wettbewerbs diese soweit möglich schon in der Bekanntmachung veröffentlichen. Die Auswahl und Gewichtung der Zuschlagskriterien bleiben dem Auftraggeber überlassen, wobei dem Preis

---

[41] Vgl. hierzu die Kommentierung zu § 3a Nr. 1 Abs. 2 VOL/A.
[42] Vgl. die Kommentierung zu § 9a Nr. 1 lit. c) sowie zu § 25 a Nr. 1 Abs. 1; vgl. ferner *EuGH* Urt. v. 12. 12. 2002, Rs. C-470/99 »Universale Bau«, Slg. 2002, I-11617.
[43] *VK Lüneburg* Beschl. v. 8. 5. 2006, VgK-07/2006 m. w. N.

ein nicht unerhebliches Gewicht zukommen muss.[44] Auf eine Gewichtung kann nur dann verzichtet werden, wenn diese nachweislich nicht möglich ist. Den Nachweis hat der Auftraggeber im Vergabevermerk festzuhalten. Die Nennung der Kriterien muss dann in absteigender Reihenfolge ihrer Bedeutung geschehen. Im Übrigen müssen die Kriterien einen unmittelbaren Auftragsbezug haben und der Ermittlung des wirtschaftlich günstigsten Angebots dienen.[45]

Ziffer IV.2.2) ist mit »nein« zu beantworten, da das Verfahren der elektronischen Auktion im deutschen Vergaberecht (noch) nicht vorgesehen ist. 50

Unter IV.3) hat der Auftraggeber weitere »Verwaltungsinformationen« zu dem Vergabeverfahren mitzuteilen. Dies betrifft zunächst das Aktenzeichen beim Auftraggeber sowie – soweit zutreffend – frühere Bekanntmachungen desselben Auftrags (etwa die Vorinformation nach § 17 a Nr. 3 oder ein später aufgehobenes Verfahren). 51

Bei IV.3.3) ist der Schlusstermin für die Anforderung der Verdingungsunterlagen oder die Einsichtnahme in ausgelegte Unterlagen anzugeben, soweit erforderlich auch mit Uhrzeit. Sinn dieses Schlusstermins ist die Sicherstellung, dass ein ausreichend langer Zeitraum für die Angebotserarbeitung bleibt. Daher darf der Termin nicht zu nah am Ablauf der Angebotsfrist liegen. Zugleich ist aber auch ein zu früher Schlusstermin zu vermeiden, um den Wettbewerb hierdurch nicht einzuschränken. Die VOL/A enthält in § 18 a Nr. 2 Abs. 5 lediglich einen Termin für die Erteilung rechtzeitig angeforderter zusätzlicher Auskünfte. Da dieser im Offenen Verfahren 6 Tage vor Ablauf der Angebotsfrist beträgt, wäre letzter Zeitpunkt für die Anforderung zusätzlicher Auskünfte etwa 7–8 Tage vor Ablauf der Angebotsfrist. Unter IV.3.3) geht es aber – wie eingangs erwähnt – um die Frist zum Abruf der Verdingungsunterlagen. Wird allerdings eine zu knappe oder gar keine Ausschlussfrist für den Abruf der Vergabeunterlagen gesetzt, so wird damit automatisch gegen die generelle Verpflichtung des § 18 a Nr. 2 Abs. 5 VOL/A verstoßen.[46] Eine Orientierungshilfe für die Bemessung der Frist zum Abruf der Verdingungsunterlagen könnten die absoluten Mindestfristen des § 18 a Nr. 1 Abs. 2 lit. b) i. V. m. Abs. 4 (15 Tage) bzw. Nr. 2 Abs. 1 (10 Tage) geben. 52

Auch sind unter dieser Ziffer – soweit zutreffend – die Kosten für die Verdingungsunterlagen sowie die Zahlungsbedingungen anzugeben.[47]

Unter IV.3.4) bis IV.3.7) sind Angaben zum Ablauf der Angebotsfrist bzw. der Frist für die Teilnahmeanträge, den Tag der Absendung der Aufforderung zur Angebotsabgabe bzw. zur Teilnahme am Wettbewerb, zur Sprache des Angebots bzw. Teilnahmeantrags, zur Bindefrist sowie zur Verhandlung zur Öffnung der Angebote vorzunehmen. Hierbei kann auf die Kommentierung der entsprechenden Angaben in § 17 VOL/A verwiesen werden. Besonders zu beachten sind bei der Angabe der Frist für die Einreichung von Angeboten und Teilnahmeanträgen die jeweiligen Mindestfristen des § 18 a VOL/A, die in keinem Fall unterschritten werden dürfen. 53

---

44 *OLG Dresden* Beschl. v. 5. 1. 2001, WVerg 0011/00 (30%).
45 *EuGH* Urt. v. 27. 10. 2005, Rs. C-234/03 – »Contse«, VergabeR 2006, 63.
46 *VK Sachsen* Beschl. v. 9. 12. 2002, 1/SVK/102–02 (zur VOB/A).
47 Vgl. hierzu § 17 Rn. 28 ff.

§ 17a Bekanntmachung, Aufforderung zur Angebotsabgabe

5. Abschnitt VI: Zusätzliche Informationen

54 Im Abschnitt VI hat der Auftraggeber zusätzliche Informationen zum Auftrag sowie zum Rechtsschutz zu geben. Unter VI.1) ist einzutragen, ob es sich bei der Ausschreibung um einen Dauerauftrag gem. § 3 Abs. 4 VgV handelt. Trifft dies zu, so hat der Auftraggeber zudem den voraussichtlichen Zeitpunkt weiterer Bekanntmachungen für nachfolgende Ausschreibungen anzugeben. Aus dieser Information lässt sich ableiten, welche ungefähre Laufzeit für den Dauerauftrag vorgesehen ist. Zu beachten ist, dass das Vergaberecht zwar Daueraufträge ohne zeitliche Limitierung kennt und in § 3 Abs. 4 VgV auch eine Methode zur Berechnung des Auftragswerts vorgesehen ist. Auf der anderen Seite stellt ein unbefristeter Dauerauftrag eine Markverschließung dar, da andere potenzielle Auftragnehmer keine Chance haben, sich während der Laufzeit um die Leistungserbringung zu bewerben. Daher wird wegen der Vergleichbarkeit zur Rahmenvereinbarung auf § 3a Nr. 4 Abs. 8 VOL/A abzustellen sein und auch bei Daueraufträgen eine regelmäßige Limitierung auf vier Jahre gelten, wenn nicht besondere Gründe eine längere Laufzeit rechtfertigen.[48]

55 Unter VI.2) hat der Auftraggeber anzugeben, wenn der Auftrag in Verbindung mit einem Vorhaben und/oder einem Programm vergeben wird, das aus Gemeinschaftsmitteln finanziert wird. Wenn er dies bejaht, hat er zudem die Bezeichnung des betreffenden Programms zu nennen. Die Angabe dient statistischen Zwecken.

56 Unter VI.3) kann der Auftraggeber sonstige Informationen geben. Wird die Bekanntmachung nicht elektronisch eingereicht, wird er sich wegen § 17a Nr. 1 Abs. 2 VOL/A und der dort genannten Beschränkung aller Informationen der Bekanntmachung auf insgesamt ca. 650 Wörter kurz fassen müssen. Zulässig sind Verweise auf weiterführende Hinweise im Internet, auf das Beschafferprofil des Auftraggebers oder sonstige frei zugängliche Quellen. Das Feld VI.3) ist zudem für die Nennung bereits ausgewählter Bewerber zu nutzen, soweit sich diese aus IV.1.1) ergeben.

57 VI.4) widmet sich abschließend den Informationen zum Rechtsschutz. Hier ist zunächst unter VI.4.1) die zuständige Stelle für Nachprüfungsverfahren einschließlich aller Kommunikationsmittel anzugeben. Dies ergibt sich auch aus § 32a VOL/A. Der Auftraggeber hat dabei die örtlich zuständige Vergabekammer zu benennen. Die Fälle, in denen die Vergabekammern des Bundes beim Bundeskartellamt zuständig sind, ergeben sich aus § 18 Abs. 1–5 VgV.

58 Gleichfalls einzutragen ist dieser Rubrik die zuständige Schlichtungsstelle. Ein fakultatives Schlichtungsverfahren ist in § 20 VgV lediglich für Sektorenauftraggeber vorgesehen. Aber auch öffentliche Auftraggeber können ein solches freiwilliges Verfahren anbieten.

59 Die in VI.4.2) geforderten genauen Angaben zu den Fristen für die Einlegung von Rechtsbehelfen können in Deutschland nicht gegeben werden, da die §§ 97 ff. GWB solche Fristen nicht vorsehen. Allenfalls auf § 107 Abs. 3 GWB könnte hingewiesen werden sowie auf die 14-tägige Vorabinformationsfrist nach § 13 VgV.

---

48 Vgl. zur Laufzeit von langfristigen Verträgen *EuGH* Urt. v. 9. 3. 2006, Rs. C-323/03 – »Seekabotage«, Slg. 2006 I-2161 sowie *Ziekow* VergabeR 2006, 702.

Mangels hinreichender Angabemöglichkeiten zu VI.4.2) wird der Auftraggeber daher **60** regelmäßig sein Wahlrecht ausüben und stattdessen unter VI.4.3) Angaben zu Stellen machen, bei denen Auskünfte über die Einlegung von Rechtsbehelfen erhältlich sind. Hierfür kommen zum einen die Vergabekammern in Betracht, zum anderen die Auftragsberatungsstellen der Länder. Eine Adressübersicht über die Auftragsberatungsstellen findet sich unter www.abst.de.

Schließlich ist unter VI.5) der Tag der Absendung der Bekanntmachung anzugeben. **61** Diese Information ist mit Blick auf § 17a Nr. 1 Abs. 4 VOL/A bedeutsam. Danach darf die Bekanntmachung in nationalen Veröffentlichungsorganen nicht vor dem Tag der Absendung an das Amt für amtliche Veröffentlichungen der Europäischen Gemeinschaften erfolgen. Zudem beginnt mit der Absendung der Bekanntmachung nach § 17a VOL/A das EU-weite Vergabeverfahren.[49] Schließlich ist dieser Zeitpunkt gem. § 3 Abs. 10 VgV auch maßgeblich für die Bestimmung des Auftragswerts.

III. Übermittlung der Bekanntmachung (§ 17a Nr. 1 Abs. 2)

Absatz 2 von § 17a Nr. 1 VOL/A enthält Vorgaben für die Übermittlung der Bekannt- **62** machung. Sie erfolgt an das Amt für amtliche Veröffentlichungen der Europäischen Gemeinschaften. Dieses sitzt in Luxemburg, die Adresse sowie sämtliche Kontaktmöglichkeiten sind als Fußnote zu § 17a abgedruckt.[50]

Eine besondere Form der Übermittlung ist nicht vorgeschrieben. § 17a Nr. 1 Abs. 2 **63** Satz 1 nennt zwar ausdrücklich die elektronische Übermittlung, erlaubt aber auch die Übermittlung »auf anderem Wege«. Für die elektronische Übermittlung bieten sich heute zwei Wege an: Zum einen bietet das Amt für Veröffentlichungen seit geraumer Zeit die Möglichkeit an, die Formulare online zu bearbeiten und elektronisch zu übersenden (eNotice). Dies hat den Vorteil, dass beispielsweise CPV- und NUTS-Code direkt integriert sind, woraus sich erhebliche Arbeitserleichterungen ergeben. Auch ergeben sich bei Nutzung dieses Systems gewisse Möglichkeiten, die Angebotsfristen zu verkürzen (§ 18a Nr. 1 Abs. 4 bzw. Nr. 2 Abs. 3 VOL/A). Für die Nutzung von eNotice ist eine einmalige Registrierung auf der Internetseite www.simap.europa.eu (dort unter »SIMAP für Einkäufer«) erforderlich. Zum anderen kann das Standardformular »Bekanntmachung« über die Internetseite www.simap.europa.eu heruntergeladen, ausgefüllt und dann per E-Mail[51] an das Amt übersandt werden. Übermittlungen »auf anderem Wege« sind der Postweg oder das Telefax.

Im Falle besonderer Dringlichkeit muss nach § 17a Nr. 1 Abs. 2 Satz 3 die Bekannt- **64** machung mittels Telefax oder auf elektronischem Wege erfolgen. Dies sind Fälle des beschleunigten Verfahrens nach § 18a Nr. 2 Abs. 1 Satz 2 VOL/A, deren Wahl im Bekanntmachungsformular unter IV.1.1) besonders zu begründen ist. In diesem Fall soll also die Postlaufzeit eingespart werden. Zugleich ist das Amt für amtliche Veröffent-

---

49 VK Südbayern Beschl. v. 26. 11. 2002, 46–11/02.
50 Nähere Informationen zum Amt für Veröffentlichungen sind unter www.publications.europa.eu zu finden.
51 Früher mp-ojs@opoce.cec.eu.int, seit 30. 9. 2006 ted@publications.europa.eu.

§ 17 a Bekanntmachung, Aufforderung zur Angebotsabgabe

lichungen in diesem Fall zur beschleunigten Veröffentlichung binnen fünf Tagen nach Absendung verpflichtet (§ 17 a Nr. 1 Abs. 3 Satz 1 VOL/A).

65 Jede Übermittlung muss unabhängig vom gewählten Übertragungsmedium unverzüglich erfolgen, also ohne schuldhaftes Zögern (§ 121 BGB). Eine verspätete Übermittlung kann Auswirkungen auf die in der Bekanntmachung vorgesehene Angebotsfrist haben, da unter Umständen die einschlägige Mindestfrist des § 18 a VOL/A unterschritten wird und damit ein Verfahrensfehler vorliegt.

66 Die Limitierung des Inhalts der gesamten Bekanntmachung auf rund 650 Worte, wenn diese nicht auf elektronischem Wege übermittelt wird, hat heute weitgehend an Bedeutung verloren. Früher war diese Begrenzung regelmäßig nötig, da die Bekanntmachungen im Supplement zum Amtsblatt der Europäischen Gemeinschaften in gedruckter Form veröffentlicht wurden und somit zu große Papiermengen verhindert werden sollten. Heute ist der Hauptgrund, dass die schriftlich übersandten Bekanntmachungen in die Datenbank übertragen und dafür regelmäßig abgeschrieben werden müssen. Insofern soll bei täglich bis zu tausend Bekanntmachungen der Arbeitsaufwand begrenzt werden. Heute werden allerdings immer mehr Bekanntmachungen elektronisch übermittelt, nicht zuletzt auch wegen der Anreize, die hierfür gesetzt werden.[52]

67 § 17 a Nr. 1 Abs. 2 Satz 4 VOL/A verlangt vom Auftraggeber, dass er den Tag der Absendung nachweisen kann. Dies hat Bedeutung für § 17 a Nr. 1 Abs. 4, wonach die Bekanntmachung in nationalen Veröffentlichungsorganen nicht vor dem Tag der Absendung an das Amt für amtliche Veröffentlichungen der Europäischen Gemeinschaften veröffentlicht werden darf. Als entsprechender Nachweis wird regelmäßig eine Aktennotiz ausreichen, die in den Vergabevermerk aufzunehmen ist. Daneben bieten sich auch ein Ausdruck der gesendeten E-Mail oder ein Sendebericht bei Telefaxübermittlung an.

IV. Fristen, Kosten und Sprache (§ 17 a Nr. 1 Abs. 3)

68 § 17 a Nr. 1 Abs. 3 VOL/A enthält eine Beschreibung des Veröffentlichungsprozesses durch das Amt für amtliche Veröffentlichungen im Supplement zum Amtsblatt der Europäischen Gemeinschaften. Dies beinhaltet die Fristen für die Veröffentlichung sowie Hinweise zur Erstellung unterschiedlicher Sprachfassungen sowie deren Verbindlichkeit. Da die Vorschrift weder an den Auftraggeber noch an den Bieter adressiert ist, kommt ihr kein legislatorischer Gehalt zu. Wurden die Bekanntmachungen früher in gedruckter Form als Supplement zum EG-Amtsblatt nur an einigen Tagen pro Woche veröffentlicht (das Setzen, der Druck und die Auslieferung führten dabei zu weiteren zeitlichen Verzögerungen), so erfolgt die Veröffentlichung heute nur noch in elektronischer Form. Angeboten wird zum einen eine Offline-Version als CD-ROM-Ausgabe. Diese erscheint zweimal wöchentlich, jeweils dienstags und freitags. Da es sich um eine kumulative mehrsprachige Ausgabe handelt, enthält jede CD-

---

[52] Etwa die Möglichkeit der Verkürzung der Angebotsfrist nach § 18 a Nr. 1 Abs. 4 und 5 VOL/A.

ROM die letzen fünf Ausgaben des ABl. S und die zugehörigen Unterlagen. Die CD-ROM können einzeln oder im Abonnement über die Vertriebsstellen des Amtes bezogen werden.[53] Weitaus attraktiver ist die Online-Version »Tenders Electronic Daily (TED)«.[54] Neben den aktuellen Bekanntmachungen kann über TED das Archiv des ABl. S für die vergangenen fünf Jahre durchsucht werden. Mit Hilfe einer Maske kann der Nutzer zahlreiche Suchkriterien vorgeben, etwa geografische Daten, die Art des Dokuments, die Art des Auftrags, Schlüsselwörter usw. Zudem steht die Internetseite in allen Amtssprachen zur Verfügung. Der Zugang zu TED ist kostenlos.

V. Veröffentlichung in anderen Medien (§ 17 a Nr. 1 Abs. 4)

§ 17 a Nr. 1 Abs. 4 VOL/A regelt die Bedingungen für die Veröffentlichung der Bekanntmachung in anderen Medien als dem Supplement zum Amtsblatt der Europäischen Gemeinschaften. Dabei liegt das Augenmerk auf der Beachtung des Gleichbehandlungsgrundsatzes, und zwar sowohl in zeitlicher als auch in inhaltlicher Hinsicht. So untersagt die Vorschrift eine Veröffentlichung der Bekanntmachung in nationalen Veröffentlichungsmedien[55] vor dem Tag ihrer Absendung an das Amt für amtliche Veröffentlichungen. Damit soll sichergestellt werden, dass inländische Bewerber keinen Informationsvorsprung erlangen und ihnen somit nicht mehr Zeit für die Erstellung eines Angebots verbleibt als ausländischen Unternehmen, die von der Ausschreibung erst über TED erfahren. Doch auch bei Einhaltung dieser Vorschrift verbleibt eine erhebliche Besserstellung inländischer Bieter. Zum einen wird die inländische Veröffentlichung an den Zeitpunkt des Absendens an das Amt für amtliche Veröffentlichungen gekoppelt. Dort muss die Bekanntmachung zunächst ankommen und sodann veröffentlicht werden, was bis zu 12 Tagen dauern kann. Zum anderen verbleibt der sprachliche Vorteil, da die inländische Veröffentlichung komplett in deutsch erfolgt, während bei Veröffentlichung im Supplement zum Amtsblatt nur die wichtigsten Bestandteile der Bekanntmachung in alle anderen Amtssprachen übersetzt und veröffentlicht wird. Diese Bevorzugung wird allerdings hingenommen. **69**

Zudem muss die inländische Veröffentlichung auch inhaltlich mit der Veröffentlichung im Supplement übereinstimmen. Hier dürfen keine anderen oder ergänzenden Angaben gemacht werden. Der inländische Bewerber soll keinen Informationsvorsprung gegenüber dem ausländischen Bewerber erhalten. Daher erscheint es sinnvoll, dass der öffentliche Auftraggeber für die Bekanntmachung in inländischen Veröffentlichungsorganen dasselbe Standardformular verwendet wie bei der europaweiten Veröffentlichung, wenngleich dies nicht zwingend ist. Möglich ist es dem Auftraggeber natürlich auch, bis zur Veröffentlichung der Bekanntmachung im Supplement zum Amtsblatt zu warten und dann in inländischen Veröffentlichungen auf die entsprechende Veröffentlichungsnummer von TED Bezug zu nehmen. Bei Veröffentlichungen in elektronischen Medien (etwa auf der Internetseite des Auftrag- **70**

---

53 Vertriebsstellen in Deutschland sind der Bundesanzeiger Verlag (www.bundesanzeiger.de) sowie die Firma DSI Service Data and Information (www.dsidata.com).
54 Seit 8. 5. 2006 gilt die neue Internetadresse www.ted.europa.eu.
55 Vgl. § 17 Nr. 1 Abs. 1 VOL/A.

gebers) kann auch eine Verlinkung mit der entsprechenden europäischen Veröffentlichung hergestellt werden. Unergiebig erscheint der Hinweis auf das Beschafferprofil in § 17 a Nr. 1 Abs. 4 VOL/A. Denn dieses kommt – anders als bei der Vorinformation – im Rahmen der Bekanntmachung nicht als Teilsubstitut zum Einsatz. Es ist lediglich denkbar, dass in der Bekanntmachung selbst auf weiterführende Informationen im Beschafferprofil Bezug genommen wird. Dann wäre Maßstab für den Umfang der Informationen die Angaben in der Bekanntmachung zuzüglich der ergänzenden Angaben im Beschafferprofil.

71 Schließlich hat der Auftraggeber bei einer nationalen Bekanntmachung auf das Datum der Absendung der europaweiten Bekanntmachung an das Amt für amtliche Veröffentlichungen hinzuweisen. Damit kann er zugleich den Tag der Absendung im Sinne des § 17 a Nr. 1 Abs. 2 Satz 4 nachweisen.

72 Da mit einer europaweiten Bekanntmachung der territorial unfassendste Publizitätsgrad erreicht wird, besteht keine Verpflichtung zur parallelen inländischen Veröffentlichung.[56]

C. Beschafferprofil (§ 17 a Nr. 2)

73 Die Möglichkeit zur Einrichtung eines Beschafferprofils im Internet ist mit der Ausgabe 2006 neu in die VOL/A aufgenommen worden. Umgesetzt wird damit eine europäische Vorgabe. Die nähere Beschreibung des Inhalts des Beschafferprofils, wie sie § 17 a Nr. 2 VOL/A enthält, geht zurück auf Anhang VIII Nr. 2 lit. b) der Vergabekoordinierungsrichtlinie.

74 Das Beschafferprofil wird im Internet eingerichtet. Es kann unter einer eigenen Internetadresse geführt werden oder auch als Unterseite der Homepage des Auftraggebers. Nimmt der Auftraggeber auf die im Beschafferprofil hinterlegten Informationen Bezug, so muss er sicherstellen, dass die entsprechende Internetseite frei zugänglich ist. § 17 a Nr. 2 VOL/A zählt die regelmäßigen Angaben eines Beschafferprofils auf. Diese unterteilen sich in auftragsspezifische, dynamische Daten auf der einen Seite (geplante und laufende Vergabeverfahren, vergebene Aufträge, aufgehobene Ausschreibungen) und statische Angaben zum Auftraggeber auf der anderen Seite (z.B. die Kommunikationsdaten wie Adresse, Kontaktstelle/Ansprechpartner, Telefon- und Telefaxnummer, E-Mail-Adresse). Darüber hinaus kann eine Vielzahl weiterer Informationen veröffentlicht werden.

75 Hinsichtlich der Bekanntmachung laufender Ausschreibungen ist § 17 a Nr. 1 Abs. 4 zu berücksichtigen, wonach auch die Veröffentlichung im Beschafferprofil nicht vor Absendung der Bekanntmachung an das Amt in Luxemburg erfolgt. Daneben darf die auftragsspezifische Information im Beschafferprofil nicht umfangreicher sein als in der EU-Bekanntmachung. Bezüglich ergänzender Angaben kann allerdings im Bekanntmachungsmuster auf das Beschafferprofil verwiesen werden. Die Veröffentlichung einer Ausschreibung im Beschafferprofil ersetzt nicht deren Bekanntma-

---

56 *BayObLG* Beschl. v. 4. 2. 2003, Verg 31/02, VergabeR 2003, 345.

chung im Supplement zum EG-Amtsblatt, da sie den hohen Transparenzanforderungen nicht gerecht wird.[57] Einzig im Rahmen der Vorinformation nach § 17 a Nr. 3 VOL/A kann eine Veröffentlichung im Beschafferprofil die europaweite Bekanntmachung substituieren. Voraussetzung hierfür ist allerdings, dass dies dem Amt für amtliche Mitteilungen zuvor mit dem Standardformular »Bekanntmachung über ein Beschafferprofil«[58] gemeldet wird.

D. Vorinformation (§ 17 a Nr. 3)

§ 17 a Nr. 3 VOL/A normiert, dass öffentliche Auftraggeber baldmöglichst nach Beginn des Haushaltsjahres die in den folgenden 12 Monaten beabsichtigten Aufträge mittels nicht verbindlicher Vorinformationen bekannt machen, deren geschätzter Auftragswert jeweils mindestens 750.000 Euro beträgt. Damit sollen den für die Ausführung in Frage kommenden Unternehmen bereits zu einem frühen Zeitpunkt mögliche bedeutende Beschaffungsvorhaben zur Kenntnis gebracht werden, damit sich diese bei Interesse frühzeitig hierauf einstellen und gegebenenfalls über Arbeitskräfte, Geräte oder für die Ausführung benötigte Rohstoffe disponieren können. 76

I. Anwendungsbereich

Die Bekanntmachung von Vorinformationen bedeutet für den Auftraggeber zusätzlichen Aufwand. Er muss sich zu Beginn eines Haushaltsjahres die jeweiligen Beschaffungsvorhaben der kommenden 12 Monate zusammenstellen und diese relativ genau spezifizieren. Mit dem deutlich über den einschlägigen Schwellenwerten des § 2 VgV[59] liegenden Mindestauftragswert von 750.000 Euro wird daher versucht, den unterschiedlichen Interessen gerecht zu werden: Auf der einen Seite wird hierdurch die Anzahl der in Frage kommenden Vorhaben und damit auch der Arbeitsaufwand der zusätzlichen Vorab-Bekanntmachung für den Auftraggeber deutlich beschränkt. Auf der anderen Seite wird aber zumindest bezüglich dieser großvolumigen Aufträge frühzeitig ein erster Hinweis an interessierte Unternehmen gegeben, was den Wettbewerb weiter fördern kann. 77

Anders als in Art. 35 Abs. 1 der Richtlinie 2004/18/EG ist der Wortlaut in § 17 a Nr. 3 erfreulicherweise deutlich. Denn es wird klar statuiert, dass sich der Schwellenwert auf den jeweilig geplanten Einzelauftrag bezieht, während die europäische Vorgabe die Wertgrenze von 750.000 Euro zum »Gesamtwert der Aufträge« der nächsten 12 Monate in Bezug setzt. Eine solche Addition aller beabsichtigen Aufträge im Haushaltsjahr bei der Schwellenwertberechnung würde allerdings dazu führen, dass jede öffentliche Stelle mit einem etwas umfangreicheren Beschaffungseat ihren gesamten Beschaffungsbedarf stets auch bereits zu Beginn des Haushaltsjahres mittels Vorinformation bekannt machen müsste. Das ist aber nicht die Intention der Vorinformation. 78

---

57 So auch *Harr* in: Ax/Schneider/Bischoff, Vergaberecht 2006, § 22 VgV-E, Rn. 15.
58 Anhang VIII der Verordnung (EG) Nr. 1564/2005.
59 137.000 Euro (§ 2 Nr. 2 VgV) bzw. 211.000 Euro (§ 2 Nr. 3 VgV).

§ 17 a Bekanntmachung, Aufforderung zur Angebotsabgabe

Bei der Berechnung der in Frage kommenden geplanten Einzelaufträge hat der Auftraggeber § 3 VgV zugrunde zu legen. Die Lokalisierung der für eine Vorinformation in Betracht kommenden Beschaffungsvorhaben lassen sich dem Haushaltsplan leicht entnehmen, der die Verteilung der Steuereinnahmen den beabsichtigen Ausgaben dezidiert gegenüberstellt. § 17 a Nr. 3 VOL/A umfasst alle den erhöhten Schwellenwert überschreitenden Lieferaufträge sowie Dienstleistungsaufträge nach Anhang I A zur VOL/A. Nicht-prioritäre Dienstleistungen nach Anhang I B sind hingegen ausgenommen. Auf sie sind gem. § 1 a Nr. 2 Abs. 2 VOL/A nur die Basisparagrafen sowie die §§ 8 a und 28 a VOL/A anzuwenden.[60]

II. Muster für die Vorinformation

79 Auch für die Bekanntmachung der Vorinformation existiert ein Bekanntmachungsmuster. Es handelt sich um das Standardformular »Vorinformation«, das der Verordnung (EG) 1564/2005 als Anhang I beigefügt ist. Das Formular ist über die Internetseite von SIMAP[61] abrufbar oder kann dort – wenn sich der Auftraggeber registriert hat – online ausgefüllt und an das Amt für amtliche Veröffentlichungen versandt werden (eNotice).

80 Das Bekanntmachungsmuster besteht aus vier Abschnitten (I: Öffentlicher Auftraggeber; II: Auftragsgegenstand; III: Rechtliche, wirtschaftliche, finanzielle und technische Informationen; VI: Zusätzliche Informationen) sowie zwei Anhängen (Anhang A: Sonstige Adressen und Kontaktstellen; Anhang B: Angaben zu den Losen). Die auszufüllenden Felder decken sich weitgehend mit denjenigen des Standardformulars »Bekanntmachung«. Insofern kann auf die Randziffern 22–61 verwiesen werden.

81 In Abschnitt II.B (Auftragsgegenstand – Lieferungen und Dienstleistungen) ist der beabsichtigte Auftrag zu klassifizieren. Bei Warenlieferungen erfolgt dies nach dem CPV-Code, bei Dienstleistungen nach den in Anhang I A genannten Kategorien. Eine – nochmalige – Beschreibung dieser Klassifizierung in § 17 a Nr. 3 Abs. 1 Satz 3 VOL/A ist daher überflüssig.

82 Unter II.5) hat der Auftraggeber – soweit bekannt – den voraussichtlichen Beginn des Vergabeverfahrens mittels genauen Datums anzugeben. Auch wenn die Vorinformation weitgehend unverbindlichen Charakter hat und daher ein Abweichen oder ein späterer Verzicht auf das vorab bekannt gegebene Vorhaben ohne Konsequenzen bleibt, ist der Auftraggeber doch gehalten, die ihm zum Beginn des Haushaltsjahres vorliegenden Informationen wahrheitsgemäß anzugeben.

83 Unter VI.3) hat der Auftraggeber Angaben zum allgemeinen Rechtsrahmen zu machen. Hierbei hat er die »Internetseiten der Regierung« zu nennen, auf der Informationen zum Steuerrecht, Umweltrecht sowie zu Arbeitsschutz und Arbeitsbedingungen abgerufen werden können. Hierbei ist zunächst an die Internetseiten der zu-

---

60 Eine Pflicht zur Vorinformation lässt sich hier auch nicht aus den allgemeinen Grundprinzipien des EG-Rechts ableiten; vgl. zu diesem Themenkomplex *EuGH* Schlussanträge vom 14. 9. 2006, Rs. C-507/03 »Kommission gegen Irland«.
61 www.simap.europa.eu.

ständigen Bundesministerien zu denken.[62] Alternativ kann auch auf die Internetseite www.gesetze-im-internet.de Bezug genommen werden, die vom Bundesministerium der Justiz angeboten wird. Betrifft der Auftrag auch landesrechtsspezifische Themen, so sind entsprechende Informationen und Internetseiten zu ergänzen. Ziel dieser Informationen ist es, dem interessierten Unternehmen mit Blick auf die Berücksichtigungsmöglichkeit von Sozial- und Umweltaspekten bei der Zuschlagserteilung (Art. 25 a Nr. 1 Abs. 1 VOL/A) bzw. bei der Auftragsausführung (Art. 26 VKR) die Möglichkeit zu geben, sich vorab über die allgemeinen rechtlichen Rahmenbedingungen zu informieren. Das gilt insbesondere für ausländische Unternehmen.

Ergänzend hierzu kann der Auftraggeber nähere Angaben zu den Regierungsstellen machen, bei denen Informationen zu den drei genannten Rechtsgebieten eingeholt werden können. Hierfür ist Anhang A II–IV zu verwenden. Die Anschriften der Ministerien ergeben sich aus ihren Internetseiten. **84**

Die Angaben unter VI.3) sind nur bei beabsichtigten Dienstleistungs- und Bauaufträgen zu tätigen. Dies ergibt sich aus Anhang VII Teil A – BEKANNTMACHUNG EINER VORINFORMATION, Ziffer 1 der Richtlinie 2004/18/EG. **85**

III. Veröffentlichung der Vorinformation

§ 17 a Nr. 3 VOL/A bietet zwei Wege der Veröffentlichung einer Vorinformation an: Zum einen durch Übersendung an das Amt für amtliche Veröffentlichungen der Europäischen Gemeinschaften, das die Vorinformation im Supplement zum Amtsblatt publiziert, also auf Tenders Electronic Daily einstellt. Zum anderen kann die Veröffentlichung auch im eigenen Beschafferprofil erfolgen. In diesem Fall hat der Auftraggeber dies allerdings nach § 17 a Nr. 3 Abs. 2 Satz 2 VOL/A zuvor dem Amt für amtliche Veröffentlichungen mittels des Standardformulars »Bekanntmachung über ein Beschafferprofil«[63] mitzuteilen. Hierin sind die wesentlichen Informationen über den Auftraggeber und das Beschaffungsvorhaben sowie die Internetadresse des Beschafferprofils zu nennen. Zudem ist zu Beginn des Formulars das Feld »Diese Bekanntmachung bezieht sich auf die Veröffentlichung einer Vorinformation« anzukreuzen. Die Rubrik I.3) (Haupttätigkeit des Sektorenauftraggebers) bleibt unberücksichtigt. Die Vorabmeldung hat zwingend elektronisch zu erfolgen, also mittels E-Mail oder nach elektronischem Ausfüllen des Anhangs VIII direkt über das Internet (eNotice; vgl. Rn. 63). **86**

---

[62] Bundesministerium der Finanzen (www.bmf.bund.de), Bundesministerium für Umwelt, Naturschutz und Reaktorsicherheit (www.bmu.de) sowie Bundesministerium für Arbeit und Soziales (www.bmas.bund.de).
[63] Anhang VIII zur Verordnung (EG) Nr. 1564/2005; das Formular ist ebenfalls über www.simap.europa.eu abrufbar oder kann dort – nach entsprechender Registrierung – elektronisch bearbeitet und anschließend versandt werden.

§ 17a Bekanntmachung, Aufforderung zur Angebotsabgabe

87   Die Veröffentlichung der Vorinformation erfolgt sobald wie möglich nach Beginn des jeweiligen Haushaltsjahres, § 17a Nr. 3 Abs. 1. Wenn abweichend hiervon in Abs. 2 auf das Kalenderjahr Bezug genommen wird, liegt hierin ein redaktioneller Fehler. Richtiger Maßstab ist allein das Haushaltsjahr. Dies ergibt sich zunächst aus Art. 35 Abs. 1, Unterabs. 2 der Richtlinie 2004/18/EG. Zum anderen muss das Haushaltsjahr nicht unbedingt das Kalenderjahr sein. Nicht nachvollziehbar ist zudem, warum Abs. 2 Satz 1 im Wesentlichen noch einmal Abs. 1 Satz 1 wiederholt. Eine nähere zeitliche Eingrenzung für die Veröffentlichung der ohnehin unverbindlichen Vorinformation wird sich nicht vornehmen lassen. Spätestens bei Vorliegen der erforderlichen Informationen ist der Auftraggeber aber gehalten, diese im Rahmen der Vorinformation zu veröffentlichen.

88   Will der Auftraggeber von der Möglichkeit der Verkürzung der Angebotsfrist nach § 18a Nr. 1 Abs. 2 Gebrauch machen, so ist die Vorinformation zwingend vorgeschrieben, § 17a Nr. 3 Abs. 2 Satz 3. In diesem Fall gilt die zusätzliche Voraussetzung des § 18a Nr. 1 Abs. 2 lit. a), wonach zwischen Veröffentlichung der Vorinformation und der Absendung der Bekanntmachung des Auftrags mindestens 52 Tage, höchstens aber 12 Monate liegen dürfen. In allen anderen Fällen ist das Unterbleiben der Vorinformation durch den Auftraggeber im Regelfall vergaberechtlich unschädlich.[64] Damit muss – argumentum a maiore ad minus – auch die nachträgliche Änderung der Ausschreibungsparameter unschädlich sein. Grenze ist in beiden Fällen allerdings, dass keine willkürliche Falschinformation der potenziell interessierten Unternehmen im Rahmen der Vorinformation erfolgt.

E. Freiwillige Bekanntmachung (§ 17a Nr. 4)

89   Nach § 17a Nr. 4 VOL/A können Auftraggeber auch solche Ausschreibungen an das Amt für amtliche Veröffentlichungen übermitteln, für die keine Pflicht zur europaweiten Veröffentlichung besteht. Die Regelung ist mit der Ausgabe 2006 neu in die VOL/A eingeführt worden. Sie setzt Art. 37 der Richtlinie 2004/18/EG um. Ziel ist es, auch für solche Aufträge eine binnenmarktweite Recherchemöglichkeit zu unterstützen, um auch hier den Wettbewerb zu erhöhen.

90   Der Wortlaut des § 17a Nr. 4 ist missglückt. Denn die Möglichkeit der Übermittlung solcher Bekanntmachungen an das Amt für amtliche Veröffentlichung sagt noch nichts darüber aus, ob eine solche Bekanntmachung auch im Amtsblatt bzw. auf »Tenders Electronic Daily« auch veröffentlicht wird, wie es Art. 37 der Richtlinie 2004/18/EG normiert.

91   Öffentliche Liefer- und Dienstleistungsaufträge, die nicht der Bekanntmachungspflicht der Vorschriften des Abschnittes 2 der VOL/A unterliegen sind zum einen solche, die die in § 2 Nr. 2 VgV genannten Schwellenwerte nicht erreichen. Darüber hinaus sind nicht-prioritäre Dienstleistungen nach Anhang I Teil B ebenso zu nennen

---

64 *EuGH* Urt. v. 26. 9. 2000, Rs. C-225/98 – »Nord-pas-de-Calais«, Slg. 2000, I-7445.

wie Dienstleistungskonzessionen.[65] Gleiches gilt für Aufträge, die unter die Ausnahmen des § 100 Abs. 2 GWB fallen.[66]

Wird von § 17a Nr. 4 VOL/A Gebrauch gemacht, ist der Auftraggeber verpflichtet, die EU-Bekanntmachungsmuster zu verwenden. Denn nur entsprechend aufbereitete Datensätze lassen sich ohne Schwierigkeiten in die Bekanntmachungsdatenbank des Tenders Electronic Daily integrieren. Damit wird allerdings bei der Veröffentlichung eines Unterschwellenauftrags das Problem der abweichenden Bezeichnungen der Vergabeverfahren entstehen (Öffentliche Ausschreibung statt Offenes Verfahren usw.). Hier wird der Auftraggeber pragmatisch vorgehen müssen und das Offene Verfahren ankreuzen, um sogleich unter »Sonstige Informationen«[67] auf die Besonderheit hinzuweisen. Der EG-weiten Veröffentlichung von Aufträgen, die nicht der Pflicht hierzu unterfallen, kommt lediglich deklaratorischer Charakter zu. Eine Rechtsfolge, etwa die Anwendung der Vorschriften über das Nachprüfungsverfahren (§§ 102 ff. GWB), entfaltet die freiwillige Bekanntmachung daher nicht.[68]

92

---

[65] Art. 1 Abs. 4, Art. 17 VKR; zu den Anforderungen an die Bekanntmachung von I-B-Dienstleistungen und Unterschwellenaufträgen aufgrund der Grundprinzipien des EG-Vertrags vgl. Mitteilung der Kommission zu Auslegungsfragen in Bezug auf das Gemeinschaftsrecht, das für die Vergabe öffentlicher Aufträge gilt, die nicht oder nur teilweise unter die Vergaberichtlinien fallen (ABl. EG Nr. L 179 v. 1. 8. 2006, S. 2) sowie *Lutz* WuW 2006, S. 890 und *Wustmann* VergabeR 2006, S. 720 [730].

[66] Ausführlich zu den einzelnen Ausnahmetatbeständen *Eschenbruch/Röwekamp* in: Kulartz/Kus/Portz, GWB-Vergabe § 100 Rn. 20 ff.

[67] Ziffer VI.3) des Standardformulars »Bekanntmachung« (Anhang II der Verordnung (EG) Nr. 1564/2005).

[68] *Kus* in: Kulartz/Kus/Portz, GWB-Vergabe § 102 Rn. 6 m. w. N.

§ 18 a
Formen und Fristen

1. (1) Beim Offenen Verfahren beträgt die Angebotsfrist mindestens 52 Tage,[1] gerechnet vom Tage der Absendung der Bekanntmachung an.

(2) Die Frist für den Eingang der Angebote kann durch eine kürzere Frist ersetzt werden, wenn die nachstehenden Voraussetzungen erfüllt sind:

a) Der öffentliche Auftraggeber muss eine Vorinformation gemäß § 17 a Nr. 3 nach dem vorgeschriebenen Muster (Anhang I der Verordnung (EG) Nr. 1564/2005) mindestens 52 Tage, höchstens aber 12 Monate vor dem Zeitpunkt der Absendung der Bekanntmachung des Auftrags im Offenen Verfahren nach § 17 a Nr. 1 im Amtsblatt der Europäischen Gemeinschaften oder in seinem Beschafferprofil nach § 17 a Nr. 2 veröffentlicht haben. Diese Vorinformation oder das Beschafferprofil muss mindestens ebenso viele Informationen wie das Muster einer Bekanntmachung für das Offene Verfahren (Anhang II der Verordnung (EG) Nr. 1564/2005) enthalten, soweit diese Informationen zum Zeitpunkt der Veröffentlichung der Bekanntmachung für die Vorinformation vorlagen.

b) Die verkürzte Frist muss für die Interessenten ausreichen, um ordnungsgemäße Angebote einreichen zu können. Sie sollte in der Regel nicht weniger als 36 Tage vom Zeitpunkt der Absendung der Bekanntmachung des Auftrags an betragen; sie muss auf jeden Fall mindestens 22 Tage betragen.

(3) Können die Angebote nur nach einer Ortsbesichtigung oder Einsichtnahme in nicht übersandte Verdingungsunterlagen erstellt werden, oder konnten die Fristen nach Absatz 5 und 6 nicht eingehalten werden, so sind die Angebotsfristen entsprechend zu verlängern.

(4) Bei elektronisch erstellten und übermittelten Bekanntmachungen können die Fristen nach Nr. 1 Abs. 1 und 2 um 7 Tage verkürzt werden. Macht der Auftraggeber die Verdingungsunterlagen und alle zusätzliche Unterlagen elektronisch frei, direkt und vollständig verfügbar, kann er die Frist für den Eingang der Angebote nach Nummer 1 Absatz 1 um weitere 5 Tage verkürzen.

(5) Macht der Auftraggeber die Verdingungsunterlagen und alle zusätzlichen Unterlagen nicht auf elektronischem Weg frei, direkt und vollständig verfügbar und sind die Verdingungsunterlagen und die zusätzlichen Unterlagen rechtzeitig angefordert worden, so muss der Auftraggeber die genannten Unterlagen innerhalb von 6 Tagen nach Eingang des Antrags an die Unternehmen absenden.

---

1 Die Berechnung der Fristen erfolgt nach der Verordnung (EWG/-Euratom) Nr. 1182/71 des Rates vom 3. Juni 1971 zur Festlegung der Regeln für die Fristen, Daten und Termine, ABl. EG Nr. L 124 vom 8. Juni 1971, S. 1 (vgl. Anhang III). So gelten z. B. als Tage alle Tage einschl. Feiertage, Sonntage und Sonnabende.

(6) Der Auftraggeber muss rechtzeitig angeforderte zusätzliche Auskünfte über die Verdingungsunterlagen und das Anschreiben spätestens 6 Tage vor Ablauf der Angebotsfrist erteilen.

2. (1) Beim Nichtoffenen Verfahren, Wettbewerblichen Dialog und im Verhandlungsverfahren in den Fällen des § 3 a Nr. 1 Abs. 5 beträgt die vom Auftraggeber festzusetzende Frist für den Antrag auf Teilnahme mindestens 37 Tage ab dem Tag der Absendung der Bekanntmachung. In Fällen besonderer Dringlichkeit (beschleunigtes Verfahren) beim Nichtoffenen Verfahren und Verhandlungsverfahren in den Fällen des § 3 a Nr. 1 Abs. 5 beträgt diese Frist mindestens 15 Tage oder mindestens 10 Tage bei elektronischer Übermittlung, jeweils gerechnet vom Tag der Absendung der Bekanntmachung an.

(2) Die vom Auftraggeber festzusetzende Angebotsfrist beim Nichtoffenen Verfahren beträgt mindestens 40 Tage, gerechnet vom Tag der Absendung der Aufforderung zur Angebotsabgabe an. In Fällen besonderer Dringlichkeit beträgt die Frist mindestens 10 Tage, gerechnet vom Tage der Absendung der Aufforderung zur Angebotsabgabe an. Hat der Auftraggeber eine Vorinformation veröffentlicht, kann er die Frist für den Eingang der Angebote im Allgemeinen auf 36 Tage ab dem Tag der Absendung der Aufforderung zur Angebotsabgabe, jedoch keinesfalls weniger als 22 Tage festsetzen. Nummer 1 Abs. 2 Buchstabe a) gilt entsprechend.

(3) Bei elektronisch erstellten und übermittelten Bekanntmachungen kann die Frist für den Eingang der Teilnahmeanträge gemäß Absatz 1 Satz 1 um 7 Tage verkürzt werden. Macht der Auftraggeber die Verdingungsunterlagen und alle zusätzliche Unterlagen elektronisch frei, direkt und vollständig verfügbar, kann er die Frist gemäß Absatz 2 Satz 1 um weitere 5 Tage verkürzen.

(4) Können die Angebote nur nach einer Ortsbesichtigung oder Einsichtnahme in nicht übersandte Verdingungsunterlagen erstellt werden oder konnten die Fristen nach Absatz 5 nicht eingehalten werden, so sind die Angebotsfristen entsprechend zu verlängern.

(5) Der Auftraggeber muss rechtzeitig angeforderte zusätzliche Auskünfte über die Verdingungsunterlagen und das Anschreiben spätestens 6 Tage, beim Nichtoffenen Verfahren oder beschleunigten Verhandlungsverfahren spätestens 4 Tage vor Ablauf der Angebotsfrist erteilen.

Inhaltsverzeichnis Rn.

A.	Einleitung	1
	I. EG-Rechtliche Vorgaben	4
	II. Vergleich zu VOB/A und VOF	5
	III. Bieterschützender Charakter	8
B.	Fristen im Offenen Verfahren (§ 18 a Nr. 1)	9
	I. Angebotsfrist	10
	II. Verkürzung und Verlängerung der Frist	16

§ 18 a Formen und Fristen

    III. Frist für Verdingungsunterlagen und zusätzliche Unterlagen 29
    IV. Frist für zusätzliche Auskünfte 32
  C. Fristen beim Nichtoffenen Verfahren, Verhandlungsverfahren und Wettbewerblichen Dialog (§ 18 a Nr. 2) 37
    I. Frist für den Teilnahmeantrag 38
    II. Angebotsfrist 41
    III. Verkürzung und Verlängerung der Frist 44
    IV. Frist für zusätzliche Auskünfte 47
  D. Fristberechnung 48
  E. Fristenübersicht 52

A. Einleitung

1 Der in § 18 Nr. 1 enthaltene Grundsatz, für die Bearbeitung und Abgabe der Angebote eine ausreichend lange Frist vorzusehen, wird in § 18 a für europaweite Ausschreibungen durch ein differenziertes, mehrfach gestuftes System von Mindestfristen präzisiert, die unter gewissen Voraussetzungen verkürzt werden können oder verlängert werden müssen. Damit wird das Ziel verfolgt, den Binnenmarktgedanken, der der Verpflichtung zur europaweiten Ausschreibung und damit zur Stimulierung des europaweiten Wettbewerbs innewohnt, nicht durch zu kurze Fristen zu torpedieren oder im Einzelfall unmöglich zu machen. Den Bewerbern soll unabhängig von ihrem Standort in Europa so viel Zeit für die Anforderung der Vergabeunterlagen, die Bearbeitung des Angebots sowie dessen Einreichung gewährt werden, dass selbst unter ungünstigen Rahmenbedingungen eine echte Chance zur Teilnahme am Wettbewerb verbleibt. Gleiches gilt im Falle des Nichtoffenen Verfahrens, des Verhandlungsverfahrens mit Teilnahmewettbewerb sowie des Wettbewerblichen Dialogs.

2 Gegenüber der Vorausgabe ist § 18 a VOL/A Ausgabe 2006 in einer Reihe von Regelungen modifiziert oder ergänzt worden. In Umsetzung der entsprechenden Vorgaben aus der Richtlinie 2004/18/EG nimmt insbesondere die elektronische Erstellung, Bereitstellung oder Versendung der Vergabeunterlagen einen breiten Raum ein; die für die Nutzung dieser elektronischen Kommunikation vorgesehenen Vorteile kommen allerdings nur einseitig dem Auftraggeber in Gestalt der Möglichkeit zur Verkürzung der Mindestfristen zugute.

3 Anders als die Überschrift vermuten lässt, beinhaltet § 18 a nur Vorgaben zu den Fristen, nicht aber zu der Form der Angebote. Insofern gilt § 18 gem. § 1 a Nr. 1 Abs. 1 Satz 2 ergänzend.

I. EG-Rechtliche Vorgaben

4 § 18 a VOL/A setzt Art. 38, 39 sowie 40 Abs. 4 der Richtlinie 2004/18/EG um. Diese entsprechen weitgehend den bisherigen europarechtlichen Vorgaben aus Art. 10 bis 12 der Lieferkoordinierungsrichtlinie[2] sowie Art. 18 bis 20 der Dienstleistungskoordinierungsrichtlinie,[3] enthalten allerdings darüber hinaus Regelungen zur Fristverkürzung bei Nutzung elektronischer Verfahren. Bei der Berechnung der Fristen findet die Verordnung (EWG, Euratom) Nr. 1182/71 des Rates vom 3. Juni 1971 zur Festlegung der Regeln für die Fristen, Daten und Termine[4] Anwendung. Diese ist als Anhang III zu Abschnitt 4 (SKR-Paragraphen) der VOL/A abgedruckt, gilt aber auch für die Abschnitte 2 und 3.

II. Vergleich zu VOB/A und VOF

§ 18a VOL/A ist größtenteils inhaltsgleich mit der Parallelvorschrift des § 18a VOB/A. Beide Vorschriften beinhalten im Kern das gestufte System unterschiedlicher Fristen für die Angebotserstellung sowie die Stellung von Teilnahmeanträgen. Die Regelungen betreffend die einzuhaltenden Fristen für die Versendung der Verdingungsunterlagen und zusätzlichen Unterlagen sowie für angeforderte zusätzliche Auskünfte (§ 18a Nr. 1 Abs. 5 und 6 sowie Nr. 2 Abs. 5 VOL/A) finden sich in der VOB/A in § 17a Nr. 5 und 6. Zudem enthält § 18a VOB/A in Nr. 1 Abs. 3 gegenüber der VOL/A einen weiteren Grund für eine Fristverlängerung für den Fall, dass Verdingungsunterlagen oder geforderte Auskünfte wegen ihres großen Umfangs nicht innerhalb der hierfür vorgesehenen Fristen zugesandt bzw. erteilt werden können. **5**

In der Praxis sorgen regelmäßig zwei sprachliche Unterschiede zwischen VOL/A und VOB/A für Verwirrung: Zum einen spricht die VOB/A bei den Fristen in § 18a durchgängig von Kalendertagen, während die VOL/A nur den Begriff »Tage« verwendet. Zum anderen beginnt in § 18a VOB/A die Fristberechnung expressis verbis stets am Tag nach dem fristauslösenden Ereignis, während in § 18a VOL/A die Fristberechnung »vom Tage« des Ereignisses an beginnt. In beiden Fällen ergeben sich indes keine inhaltlichen Unterschiede. So nimmt die VOL/A bei der Bezeichnung »Tage« auf die Verordnung (EWG, Euratom) Nr. 1182/71 Bezug, in dessen Art. 3 Abs. 3 normiert wird, dass Fristen auch Feiertage, Samstage und Sonntage umfassen, soweit diese nicht ausdrücklich ausgenommen oder die Fristen ausdrücklich nach Arbeitstagen bemessen sind. Da dies hier nicht der Fall ist, zählt damit auch in der VOL/A bei der Berechnung von Fristen jeder (Kalender)Tag.[5] Zum anderen statuiert Art. 3 Abs. 1 der Verordnung 1182/71, dass bei der Berechnung von Fristen der Tag nicht mitgerechnet wird, in den das das fristauslösende Ereignis oder die Handlung fällt. Damit ist der Wortlaut des § 18a VOL/A im Sinne eines Fristbeginns am Tag nach Absendung des Ereignisses (z. B. Absendung der Bekanntmachung) zu verstehen. **6**

In § 14 VOF finden sich diejenigen Fristen abgebildet, die das Verhandlungsverfahren betreffen. **7**

---

2 Richtlinie 93/36/EWG des Rates vom 14. 6. 1993 über die Koordinierung der Verfahren zur Vergabe öffentlicher Lieferaufträge, ABl. EG Nr. L 199 vom 9. 8. 1993, S. 1.
3 Richtlinie 92/50/EWG des Rates vom 18. 6. 1992 über die Koordinierung der Verfahren zur Vergabe öffentlicher Dienstleistungsaufträge, ABl. EG Nr. L 209 vom 25. 7. 1992, S. 1.
4 ABl. EG Nr. L 124 vom 8. 6. 1971, S. 1.
5 So auch die offizielle Fußnote zum Wortlaut des § 18a Nr. 1 Abs. 1 VOL/A (vgl. Fn. 1).

III. Bieterschützender Charakter

8 § 18 a VOL/A hat bieterschützenden Charakter. Bewerber können sich bei Ausschreibungen, deren geschätzter Wert die in § 2 VgV genannten Schwellenwerte erreichen oder überschreiten, über § 97 Abs. 7 GWB auf die Einhaltung der Vorschrift berufen. Dies betrifft zum einen die Verpflichtung, aus Gründen der Gleichbehandlung allen interessierten Unternehmen die gleiche Frist für die Erstellung von Angeboten oder die Beantragung der Teilnahme zu gewähren. Zum anderen muss der Auftraggeber unter dem Gesichtspunkt der Nichtdiskriminierung auch ausreichend lange Fristen festsetzen, da nur so die Möglichkeit besteht, ordnungsgemäße Angebote zu erstellen. Unter Umständen sind diese Fristen bedeutend länger als die in der Vorschrift genannten Mindestfristen. § 18 a ist daher nicht eine bloße Ordnungsvorschrift, sondern eine subjektiv bieterschützende Regelung.[6]

B. Fristen im Offenen Verfahren (§ 18 a Nr. 1)

9 § 18 a Nr. 1 VOL/A enthält Vorgaben zu den einzuhaltenden Fristen bei Durchführung einer Ausschreibung im Offenen Verfahren. Absätze 1 bis 4 betreffen dabei die Angebotsfrist, während Absatz 5 die Frist für die Übersendung der Verdingungsunterlagen und Absatz 6 die Frist für die Erteilung zusätzlicher Auskünfte regelt, welche die Bewerber in Bezug auf die Verdingungsunterlagen und die Aufforderung zur Angebotsabgabe verlangen. Der Aufbau der Vorschriften zur Mindestangebotsfrist entspricht einem Regel-Ausnahme-Verhältnis: Während Absatz 1 den Regelfall der Angebotsfrist im Offenen Verfahren ausgestaltet, betreffen die Absätze 2 bis 4 die Voraussetzungen, unter denen Verkürzungen oder Verlängerungen der Regelfrist des Absatz 1 erfolgen können bzw. müssen.

I. Angebotsfrist

10 Nach § 18 a Nr. 1 Abs. 1 beträgt die Angebotsfrist beim Offenen Verfahren mindestens 52 Tage. Dieser Zeitraum wird also in der Regel als ausreichend angesehen, um als Unternehmen, das mit der Bekanntmachung erstmals von der Beschaffungsabsicht des Auftraggebers erfährt, die Vergabeunterlagen anzufordern, sie zu erhalten, ein Angebot zu erarbeiten und schließlich noch rechtzeitig an den Auftraggeber zu übersenden. Dabei ist allerdings zu berücksichtigen, dass die Angebotsfrist nicht etwa erst dann beginnt, wenn das interessierte Unternehmen von der Ausschreibung Kenntnis erlangt. Denn dieser Zeitpunkt lässt sich in einem Offenen Verfahren, in dem der Auftraggeber seine Bekanntmachung nicht gezielt publiziert bzw. den Unternehmen nicht direkt zukommen lässt, sondern mit einer generellen Veröffentlichung einen unbeschränkten Kreis von Unternehmen anspricht, nicht präzise bestimmen, da die Unternehmen die Bekanntmachung zu höchst unterschiedlichen Zeitpunkten wahrnehmen werden. Einheitlicher Zeitpunkt in einem so konzipierten Wettbewerb kann da-

---

6 *VK Bund* Beschl. v. 17. 4. 2003, VK 2 – 16/03.

her nur die Veröffentlichung der Bekanntmachung oder der Zeitpunkt der Absendung der Bekanntmachung sein. § 18 a Nr. 1 Abs. 1 geht vom letztgenannten Zeitpunkt aus, da dieser wiederum als einziger vom Auftraggeber gezielt bestimmt und dokumentiert werden kann. Dieser Nachweis wird gem. § 17 a Nr. 1 Abs. 2 Satz 4 auch mit Blick auf die Parallelveröffentlichung europaweiter Bekanntmachungen in nationalen Organen verlangt.

Mit diesem Fristbeginn wird bewusst in Kauf genommen, dass zwischen Absendung der Bekanntmachung und Veröffentlichung im Supplement des Amtsblatts der Europäischen Gemeinschaften bzw. der Internetdatenbank Tenders Electronic Daily (TED) gem. § 17 Nr. 1 Abs. 3 Satz 2 bis zu 12 Tage vergehen können. Insofern verringert sich die für die Erstellung und Übersendung des Angebots noch einmal deutlich. **11**

Zu beachten ist, dass es sich bei der Fristgestaltung in Nr. 1 Abs. 1 zwar um den Regelfall handelt, in dem keine besonderen Umstände eine Verlängerung der dort genannten Frist von 52 Tagen verlangen noch deren Verkürzung rechtfertigen. Zugleich ist wird aus dem Begriff »mindestens« allerdings deutlich, dass die Frist von 52 Tagen die Untergrenze darstellt, die ohne Vorliegen weiterer Umstände (Absätze 2 bis 5) nicht unterschritten werden darf. Je nach Art und Umfang des Auftragsgegenstands und der Komplexität der Ausschreibung wird es durchaus vorkommen, dass die Mindestfrist nicht ausreichend ist und der Auftraggeber daher eine längere Frist gewähren muss. Die Ermessensentscheidung des Auftraggebers, eine ausreichend lange Angebotsfrist festzulegen, wird in § 18 a Nr. 1 Abs. 1 lediglich nach unten begrenzt. Einen Fall der zwingenden Verlängerung der Mindestregelfrist nennt Nr. 1 Abs. 3. Danach sind die Angebotsfristen angemessen auszudehnen, wenn für die Angebotserstellung eine Ortbesichtigung oder eine Einsichtnahme in nicht übersandte Verdingungsunterlagen notwendig ist und damit zunächst zeitintensive Vorbereitungen getroffen werden müssen, ehe mit der Erarbeitung des Angebots begonnen werden kann. **12**

Eine Unterschreitung der Mindestfrist des § 18 a Nr. 1 Abs. 1 ohne Vorliegen eines sachlichen Grundes stellt einen Vergaberechtsverstoß dar, der entsprechend gerügt werden kann. Gleiches gilt, wenn aufgrund der Umstände des Vergabeverfahrens eine längere Angebotsfrist angemessen gewesen wäre, der Auftraggeber jedoch nur die Mindestfrist gewährt hat. Die Vergabekammer des Bundes tendiert allerdings dazu, dass eine unzulässige Verkürzung der Angebotsfrist und damit eine Verletzung der Formvorschrift des § 18 a geheilt werden kann, indem den Bietern im weiteren Verfahren die Möglichkeit eingeräumt wird, ihre Angebote zu ergänzen. Sie verweist darauf, dass es im Verwaltungsrecht anerkannt sei, dass bei Nichteinhaltung von Verfahrens- oder Formvorschriften durch die Nachholung der in Frage stehenden Verfahrenshandlung der Fehler geheilt werden kann. In Interesse der Verfahrensökonomie solle dort verhindert werden, dass ein im Übrigen rechtmäßiges Verfahren an der Verletzung von Formalvorschriften scheitere, die für die Verfahrensentscheidung an sich nicht weiter maßgeblich seien. Die Vergabekammer neigt dazu, diese Grundsätze auf das Vergabeverfahren zu übertragen.[7] Diese Aussage bezog sich allerdings auf den Fall, in dem ein Angebot trotz unterschrittener Mindestfrist eingereicht wurde, jedoch zunächst un- **13**

---

7 *VK Bund* Beschl. v. 17. 4. 2003, VK 2 – 16/03.

vollständig war. Zu beachten ist aber, dass eine zu kurze Angebotsfrist regelmäßig nicht dazu führt, dass Unternehmen unvollständige Angebote abgeben, sondern eher ganz von einer Teilnahme am Wettbewerb absehen. In diesem Fall kann auch eine nachträgliche Fristverlängerung keine Heilung mehr herbeiführen.

14 Dass mit der Bezeichnung »Tage« alle Kalendertage (also einschließlich Samstage, Sonntage und Feiertage) gemeint sind, ergibt sich sowohl im Vergleich mit § 18 a VOB/A, der ausdrücklich von Kalendertagen spricht, sowie unter Bezugnahme auf Art. 3 Abs. 3 der Verordnung (EWG, Euratom) Nr. 1182/71; diese Verordnung ist als Anhang III in die VOL/A aufgenommen. § 18 a Nr. 1 Abs. 1 nimmt Bezug auf diese Verordnung.

15 Auch der richtige Zeitpunkt für den Beginn der Fristberechnung ist nicht ohne weiteres eindeutig. Die Formulierung »gerechnet vom Tag der Absendung der Bekanntmachung an« könnte auch bedeuten, dass dieser Tag in die Berechnung einbezogen wird. Dagegen spricht indes zunächst wieder § 18 a Nr. 1 Abs. 1 VOB/A, wo es präziser heißt: »gerechnet vom Tag nach Absendung der Bekanntmachung«. Ein Grund für eine inhaltliche Abweichung zwischen VOB/A und VOL/A ist nicht ersichtlich. Zudem sieht Art. 3 Abs. 1 Satz 2 der Verordnung (EWG, Euratom) Nr. 1182/71 ausdrücklich vor, dass bei der Berechnung der Frist der Tag nicht berücksichtigt wird, in den das Ereignis oder die Handlung fällt.

II. Verkürzung und Verlängerung der Frist

16 § 18 Nr. 1 Abs. 2 bis 4 regeln die Voraussetzungen, unter denen die in Nr. 1 Abs. 1 genannte Regelfrist von mindestens 52 Tagen verkürzt werden kann bzw. verlängert werden muss. Zugleich werden hinsichtlich der Fristverkürzungen präzise Angaben hinsichtlich der Zeiträume gemacht. Damit soll sichergestellt werden, dass trotz verschiedener Möglichkeiten, die Angebotsfrist zu minimieren, ein absoluter Mindestzeitraum von 15 Tagen verbleiben muss, der unter keinen Umständen weiter eingeschränkt werden kann.

17 Nach Nr. 1 Abs. 2 kann die Angebotsfrist des Abs. 1 verkürzt werden, wenn der Auftraggeber zu dem Beschaffungsvorhaben bereits eine Vorinformation nach § 17 a Nr. 3 VOL/A veröffentlicht hat. Die Reduzierung der den Unternehmen zur Verfügung gestellten Zeit für die Erarbeitung eines Angebots wird insofern damit gerechtfertigt, dass die Ausschreibung nicht überraschend kommt, sondern die wesentlichen Parameter bereits bekannt gemacht wurden.

18 Für die Fristverkürzung müssen allerdings eine Reihe von Voraussetzungen erfüllt werden, die Nr. 1 Abs. 2 lit. a) normiert. Danach muss die Vorinformation mindestens 52 Tage, höchstens aber 12 Monate vor dem Zeitpunkt der Absendung der Bekanntmachung des öffentlichen Auftrags veröffentlicht worden sein. Hiermit soll sichergestellt werden, dass das am Auftrag interessierte Unternehmen auch hinreichend Gelegenheit hat, sich bereits aufgrund der Vorinformation über den geplanten Auftrag zu informieren und erste Dispositionen vorzunehmen, damit diese Tätigkeiten während der dann verkürzten Angebotsfrist nicht mehr die Angebotserarbeitung verzögern.

Zudem muss der Auftraggeber in der Vorinformation mindestens ebenso viele Informationen geben wie in der Bekanntmachung des Auftrags, sofern diese Informationen zum Zeitpunkt der Veröffentlichung der Vorinformation vorlagen. Insofern kommt der Vorinformation entsprechend § 17 a Nr. 3 Abs. 2 Satz 3 ein höherer Grad an Verbindlichkeit zu, als § 17 a Nr. 3 Abs. 1 Satz 1 dies für die Vorinformation generell vorsieht (»nicht verbindliche Bekanntmachung«).

Der Auftraggeber ist – will er die Fristverkürzung des § 18 a Nr. 1 Abs. 2 VOL/A in Anspruch nehmen – insofern verpflichtet, rechtzeitig und umfassend vorab zu informieren. Zudem darf er in diesem Fall auch keine inhaltlichen Veränderungen mehr zwischen Vorinformation und Bekanntmachung des Auftrags vornehmen. Denn die Fristverkürzung bei der Bekanntmachung ist gerade und nur deswegen erlaubt, weil sich die Unternehmen bereits mittels Vorinformation auf die Beschaffungsvorhaben des Auftraggebers einstellen konnten. Insofern kann eine nachträgliche Abweichung von den dort gegebenen Informationen dazu führen, dass das Unternehmen wieder neue Überlegungen, Kalkulationen und Dispositionen anstellen müsste und eine ordnungsgemäße Erstellung und rechtzeitige Übersendung eines Angebots in der verkürzten Angebotsfrist dann nicht mehr möglich wäre.   19

Für den Zeitpunkt der Fristberechnung stellt § 18 a Nr. 1 Abs. 2 lit. a) auf die Veröffentlichung der Vorinformation ab. Der Auftraggeber muss also dem Wortlaut zufolge die Vorinformation mindestens 52 Tage von Absendung der eigentlichen Ausschreibungsbekanntmachung »veröffentlicht haben«. Damit wird hier der üblicher Modus der Fristberechnung durchbrochen, bei dem für den Fristbeginn immer auf das Ereignis der Absendung der entsprechenden Information an das Amt für amtliche Bekanntmachungen abgestellt wird (vgl. nur § 18 a Nr. 1 Abs. 1 oder § 18 a Nr. 2 Abs. 1). Dies ist insofern unlogisch, als der Auftraggeber es gar nicht in der Hand hat, wann seine Bekanntmachung das Amt für amtliche Veröffentlichungen erreicht und dort die jeweilige Information publiziert wird. Einen Anhaltspunkt kann ihm lediglich § 17 a Nr. 1 Abs. 3 VOL/A geben, wonach elektronisch erstellte und übersandte Bekanntmachungen binnen 5 Tagen, in allen anderen Fällen binnen 12 Tagen nach Absendung veröffentlicht werden. Der Rückgriff auf Art. 38 Abs. 4 Unterabs. 3 der Richtlinie 2004/18/EG zeigt, dass die Regelung in § 18 a Nr. 1 Abs. 2 lit. a) insofern nicht richtig umgesetzt worden ist. Denn in der europäischen Vorschrift wird auf die Absendung der Vorinformation als maßgeblichen Zeitpunkt für die Fristberechnung abgestellt. Dies entspricht auch § 18 a Nr. 1 Abs. 2 lit. a) der VOL/A Ausgabe 2002. Einer richtlinienkonformen Auslegung der Vorschrift bedarf es indes nicht, da das Abstellen auf die Veröffentlichung als fristauslösendes Ereignis zu einem längeren Mindestzeitraum zwischen Vorinformation und Bekanntmachung führt und somit letztendlich ein »europafreundlicheres« Verhalten darstellt – wenngleich es wenig praktikabel ist.   20

Alternativ zur Publikation einer Vorinformation in TED können die Angaben auch im Rahmen des vorgenannten Zeitfensters im Beschafferprofil des Auftraggebers veröffentlicht werden. Entsprechend § 17 a Nr. 3 Abs. 2 Satz 2 muss dies allerdings vor Veröffentlichung dem Amt für amtliche Veröffentlichungen auf elektronischem Wege mittels des Standardformulars »Bekanntmachung über ein Beschafferprofil«[8] gemel-   21

---

8 Anhang VIII der Verordnung (EG) Nr. 1564/2005.

22 Sind die Voraussetzungen nach Abs. 2 lit. a) erfüllt, kann der Auftraggeber die Angebotsfrist reduzieren. Abs. 2 lit. b) gibt dabei zunächst den Grundsatz vor, dass auch die reduzierte Frist weiterhin ausreichen muss, um ordnungsgemäße Angebote einreichen zu können. Der Auftraggeber bleibt also auch bei Vorliegen der Voraussetzungen für eine Fristverkürzung verpflichtet, anhand der konkreten Umstände des Einzelfalls eine nach wie vor ausreichende Frist zu bestimmen. Abs. 2 lit. b) gibt hierfür als Anhalt zunächst die Regelfrist von 36 Tagen und untersagt zugleich eine Reduzierung auf weniger als 22 Tage. Wählt der Auftraggeber diese absolute Untergrenze, so müssen hierfür außergewöhnliche Ausnahmetatbestände vorliegen.[9] Diese muss der Auftraggeber im Vergabevermerk nennen.

23 Nach Abs. 4 kann allerdings sowohl die Mindestfrist gem. Nr. 1 Abs. 1 wie auch die absolute Mindestfrist gem. Nr. 1 Abs. 2 lit. b) um weitere sieben Tage verkürzt werden, wenn die Bekanntmachung elektronisch erstellt und auch auf diesem Wege an das Amt für amtliche Veröffentlichungen übermittelt wird. Eine erneute Reduzierung des Zeitfensters für den potenziellen Bieter, ein Angebot zu erstellen, ist damit allerdings nicht verbunden. Vielmehr steht die Vorschrift in Korrelation mit § 17a Nr. 1 Abs. 3 VOL/A. Danach veröffentlicht das Amt für amtliche Veröffentlichungen elektronisch erstellte und übersandte Bekanntmachungen binnen fünf Tagen im Supplement bzw. in Tenders Electronic Daily und damit (durchschnittlich) sieben Tage eher als Bekanntmachungen, die nicht elektronisch erstellt und übersandt werden. Da potenzielle Bieter hierdurch in der Regel sieben Tage eher von der Ausschreibung erfahren können, wird der zeitliche Vorteil über § 18a Nr. 1 Abs. 4 VOL/A an den Auftraggeber weitergegeben. Sowohl im Falle der vollelektronischen Bekanntmachung als auch bei papiergebundener Bekanntmachung verbleiben den Bewerbern einheitlich mindestens 10 Tage vom Zeitpunkt der Veröffentlichung in TED an, um ein Angebot zu erarbeiten und zu übersenden.

24 Die Voraussetzungen für eine Fristverkürzung nach Abs. 4 sind nur dann gegeben, wenn die Bekanntmachung mittels des jeweils einschlägigen Standardformulars sowohl elektronisch erstellt als auch auf diesem Wege übermittelt wird. Die Modalitäten hierfür sind auf der Internetseite von SIMAP abrufbar.[10] Die Anforderung »doppelte Elektronik« soll sicherstellen, dass die Daten des Auftraggebers schnellstmöglich übermittelt und ohne weitere Bearbeitung in die Datenbank des im Amtes für amtliche Veröffentlichungen eingespeist werden können. Dies ist nicht möglich, wenn nur ein Schritt elektronisch erfolgt, also beispielsweise das Standardformular elektronisch ausgefüllt wird, dann aber ausgedruckt und auf dem Postweg oder per Telefax übermittelt wird. Auch das schriftlich ausgefüllte Formular, das anschließend eingescannt und per E-Mail an das Amt für amtliche Veröffentlichungen übersandt wird, ermöglicht keine Fristverkürzung im Sinne des § 18a Nr. 1 Abs. 4, da auch hier eine händische Aufbereitung der Daten erforderlich ist, die zusätzliche Zeit in Anspruch nimmt.

---

9 *VK Sachsen* Beschl. v. 2. 10. 2001, 1/SVK/88–01.
10 www.simap.europa.eu.

Nr. 1 Abs. 4 erlaubt in Satz 2 eine weitere Fristverkürzung von fünf Tagen, wenn der 25
Auftraggeber in einem Offenen Verfahren die Verdingungsunterlagen und alle zusätzlichen Unterlagen (etwa Allgemeine, Besondere oder Ergänzende Vertragsbedingungen) elektronisch frei, direkt und vollständig verfügbar gemacht hat. Dies geschieht regelmäßig mittels Veröffentlichung im Internet, entweder auf der Internetseite des Auftraggebers oder dessen Beschafferprofil. Beide Fristverkürzungen (um 7 Tage nach Satz 1 und um 5 Tage nach Satz 2) können kumuliert werden, wenn die jeweiligen Voraussetzungen gegeben sind. Jede Fristverkürzung kann aber auch einzeln in Anspruch genommen werden. Entscheidend ist, dass die zusätzliche Verkürzung des Abs. 4 Satz 2 nur für die regelmäßige Angebotsfrist des Nr. 1 Abs. 1 (52 Tage) gilt, nicht aber für die bereits verkürzten Fristen des Nr. 1 Abs. 2. Ziel ist es, die absolute Mindestfrist von 10 Tagen zwischen spätest möglicher Veröffentlichung in TED und Ablauf der Angebotsfrist nicht noch weiter zu unterschreiten.

Die in Umsetzung der Richtlinie 2004/18/EG eingeführten zahlreichen Verkürzungsmöglichkeiten für die Angebotsfrist sind insbesondere aus Sicht der anbietenden Wirtschaft kritisch zu sehen. Zum einen führen sie zu einer teilweise kaum noch überschaubaren Zersplitterung, die dem Gedanken der Vereinheitlichung und Vereinfachung nicht Rechnung trägt. Zum anderen kommen die mit der elektronischen Bekanntmachung verbundenen Zeiteinsparungen als Verkürzung der Angebotsfrist einseitig dem Auftraggeber zugute und verdeutlichen den anbietenden Unternehmen jedenfalls diesbezüglich keinen Vorteil der elektronischen Ausschreibung. 26

Neben den in den Absätzen 2 und 4 genannten Möglichkeiten der Fristverkürzung 27
enthält Abs. 3 die Pflicht zur angemessenen Verlängerung der Angebotsfrist für den Fall, dass Angebote erst nach einer Ostbesichtigung oder Einsichtnahme in nicht übersandte Verdingungsunterlagen erstellt werden können. Diese zusätzlichen zeitintensiven Vorbereitungen für die Erstellung eines Angebots sollen also nicht zulasten der Bewerber gehen und damit – im Sinne des Auftraggebers – nicht zu schlecht kalkulierten oder unvollständigen Angeboten führen. Gleiches gilt für den Fall, dass die Übersendung der Verdingungsunterlagen oder zusätzlicher Informationen und Auskünfte durch den Auftraggeber nicht binnen der in den Absätzen 5 und 6 genannten Fristen möglich ist.

Festzuhalten bleibt, dass die in den Absätzen 1 bis 4 genannten Angaben lediglich 28
einen (nach unten begrenzten) Rahmen für die Bestimmung der Angebotsfrist vorgeben. Entscheiden ist, entsprechend § 18 Nr. 1 VOL/A eine an den jeweiligen Umständen des Einzelfalls orientierte angemessene und ausreichende Frist für die Bearbeitung und Abgabe der Angebote vorzusehen, die gegebenenfalls auch im erforderlichen Umfang zu verlängern ist.[11]

---

11 Vgl. *VK Lüneburg* Beschl. v. 7. 9. 2005, VgK-38/2005.

III. Frist für Verdingungsunterlagen und zusätzliche Unterlagen

29 Nr. 1 Abs. 5 enthält die Pflicht des Auftraggebers, Verdingungsunterlagen und alle zusätzlichen Unterlagen binnen 6 Tagen nach Eingang eines entsprechenden Antrags an die Unternehmen abzusenden. Einschlägig ist die Vorschrift nur dann, wenn die entsprechenden Unterlagen nicht ohnehin schon frei, direkt und vollständig zugänglich sind, etwa durch Veröffentlichung auf der Internetseite des Auftraggebers oder in dessen Beschafferprofil. Gleichzeitig besteht die Pflicht nur dann, wenn der Bewerber die Unterlagen rechtzeitig angefordert hat. Eine nähere Eingrenzung, wann dies der Fall ist, enthält die Vorschrift nicht. Maßgeblich ist damit zunächst eine vom Auftraggeber individuell festgesetzte Ausschlussfrist zum Abruf der Verdingungsunterlagen. Diese kann er im Standardformular »Bekanntmachung« unter Ziffer IV 3.3) nennen. Bei der Festlegung wird der Auftraggeber sich von folgenden Erwägungen leiten lassen müssen: Zum einen wird er den Zeitraum beachten müssen, den das Amt für amtliche Veröffentlichungen für die Veröffentlichung der Bekanntmachung benötigt (gem. § 17 a Nr. 1 Abs. 3 VOL/A maximal fünf bzw. zwölf Tage). Zum anderen muss er bereits im eigenen Interesse Vorkehrungen treffen, dass die für die Angebotserstellung notwendigen Verdingungsunterlagen nicht erst kurz vor Ablauf der Angebotsfrist angefordert werden. Denn dann wäre eine sorgfältige Angebotserstellung nicht mehr gewährleistet.

30 Hat der Auftraggeber keine Frist für die Anforderung von Verdingungsunterlagen und zusätzlichen Unterlagen festgelegt, so muss sich die Frage der Rechtzeitigkeit der Anforderung darauf beschränken, dass dem Bewerber die Unterlagen faktisch überhaupt noch vor Ablauf der Angebotsfrist zugehen können. Da Nr. 1 Abs. 5 dem Auftraggeber eine Frist von sechs Tagen für die Übersendung der Unterlagen gewährt, muss der Antrag also entsprechend fristgemäß vor Ablauf der Angebotsfrist gestellt werden. Erfolgt die Antragstellung nicht rechtzeitig, kann der Auftraggeber die Übersendung der Unterlagen verweigern.

31 Eckpunkte für die Berechnung der Frist von § 18 a Nr. 1 Abs. 5 sind einerseits der Eingang des Antrags des Unternehmens beim Auftraggeber, andererseits der Zeitpunkt der Absendung der Unterlagen durch den Auftraggeber. Das Abstellen auf den Zeitpunkt der Absendung der Informationen ist sachgerecht, wenngleich Art. 39 Abs. 1 der Richtlinie 2004/18/EG auf den Begriff der »Zusendung« abstellt, womit sowohl die Absendung als auch der Zugang gemeint sein kann. Bei Bezugnahme auf die Absendung verbleibt zum einen die gesamte Frist von sechs Tagen für den Auftraggeber, um die Anforderung der Informationen zu bearbeiten und die entsprechenden Dokumente zusammenzustellen und auf den Weg zu bringen. Zum anderen lassen sich die Postlaufzeiten insbesondere in das europäische Ausland nicht exakt vorbestimmen, so dass ein Abstellen auf den Zugang beim Bieter stets mit dem Risiko einer falschen Einschätzung und damit einer Fristüberschreitung behaftet wäre. Entscheidend ist, dass der Auftraggeber die entsprechenden Anträge der Bewerber zügig bearbeitet und ohne weitere Verzögerung spätestens am sechsten Tag nach Antragseingang absendet.[12]

---

[12] Vgl. hierzu auch *von Baum* in: Müller-Wrede, VOL/A § 18 a Rn. 18.

IV. Frist für zusätzliche Auskünfte

§ 18 a Nr. 1 Abs. 6 verpflichtet den Auftraggeber, rechtzeitig angeforderte zusätzliche 32
Auskünfte über die Verdingungsunterlagen und das Anschreiben (Aufforderung zur
Angebotsabgabe) spätestens sechs Tage vor Ablauf der Angebotsfrist zu erteilen. Damit wird die nach § 17 Nr. 6 Abs. 1 VOL/A für alle Auftragsvergaben bestehende
Pflicht, die von den Bewerbern erbetenen zusätzlichen sachdienlichen Auskünfte
über die Verdingungsunterlagen und das Anschreiben unverzüglich zu erteilen, für europaweite Ausschreibungen in zweifacher Hinsicht konkretisiert: Zum einen durch
die Pflicht des Bewerbers, sein Anliegen rechtzeitig vorzutragen und zum anderen
durch die Pflicht des Auftraggebers, spätestens sechs Tage vor Ablauf der Angebotfrist zu antworten.

Zweck der Regelung ist es, individuellen Klärungsbedarf im Rahmen der laufenden 33
Angebotsfrist so zu kanalisieren, dass ein geordneter Ablauf des Verfahrens nicht beeinträchtigt wird. Wann die Anforderung von zusätzlichen Auskünften »rechtzeitig«
ist, ist in Abs. 6 ebenso wenig präzise geregelt wie die Frage nach der rechtzeitigen Anforderung der Vergabeunterlagen nach Abs. 5. Obwohl sich ein zusätzlicher Klärungsbedarf zu den Vergabeunterlagen in der Regel sehr individuell ergibt (oder teilweise auch nicht besteht, während die Anforderung der Vergabeunterlagen nach
Abs. 5 für die Erstellung eines Angebots zwingend ist), kann zunächst daran gedacht
werden, im Rahmen der Ausschreibungsbekanntmachung allen Bewerbern eine einheitliche Ausschlussfrist für die Beantragung von Klarstellungen und zusätzlichen
Auskünften zu setzen, nach deren Ablauf entsprechende Anfragen nicht mehr rechtzeitig sind und daher nicht mehr beantwortet werden müssen.[13] Wird eine solche Frist
nicht gesetzt, sind die entsprechenden Auskunftsersuchen der Bewerber nur dann
rechtzeitig, wenn dem Auftraggeber noch genügend Zeit verbleibt, die entsprechende
Information zu recherchieren und spätestens sechs Tage vor Ablauf der Angebotsfrist
zu erteilen. Insofern individualisiert sich der Begriff der Rechtzeitigkeit nicht nur anhand des Zeitpunkts des Auskunftsersuchens sondern auch anhand des Umfangs und
der Komplexität der erbetenen Auskunft selbst.

Nr. 1 Abs. 6 sieht eine Pflicht zur Erteilung von Auskünften spätestens sechs Tage vor 34
Ablauf der Angebotsfrist nur bei rechtzeitig gestellten Ersuchen vor. Der Auftraggeber ist jedoch nicht gehindert, auch darüber hinaus Auskünfte zu erteilen, also auch
noch in der letzten Phase der Angebotsfrist eingehende Anfragen. Wichtig ist allerdings, dass er alle Bewerber gleich behandelt.

Keine Vorgaben enthält Nr. 1 Abs. 6 zur Frage nach der Form der Anfrage und ihrer 35
Beantwortung. Damit steht auch einem mündlichen Ersuchen und einer entsprechenden Beantwortung nichts im Wege. Aus Gründen der Dokumentation wird der Auftraggeber allerdings eher schriftliche Auskünfte erteilen.

Unabhängig von der Frage der Rechtzeitigkeit der Anfrage und dem Inhalt der Ant- 36
wort durch den Auftraggeber verbleibt für diesen die Prüfung, ob das Ersuchen auch

---

13 Anders *von Baum* in: Müller-Wrede, VOL/A § 18 a Rn. 19, der wegen der Individualität der Anfragen eine
entsprechende allgemeine Fristsetzung für unmöglich hält.

§ 18a Formen und Fristen

für die anderen Bewerber von Relevanz sein kann und er deshalb aus Gründen der Gleichbehandlung verpflichtet ist, diese ebenfalls von der Anfrage sowie von seiner Antwort zu unterrichten, wie dies § 17 Nr. 6 Abs. 2 VOL/A verlangt.

C. Fristen beim Nichtoffenen Verfahren, Verhandlungsverfahren und Wettbewerblichen Dialog (§ 18a Nr. 2)

37 § 18a Nr. 2 regelt die Fristen im Rahmen des Nichtoffenen Verfahrens, des Wettbewerblichen Dialogs sowie des Verhandlungsverfahrens mit Vergabebekanntmachung nach § 3a Nr. 1 Abs. 5 VOL/A. Der Aufbau entspricht im Wesentlichen den Vorgaben für das Offene Verfahren nach § 18a Nr. 1, wobei den Besonderheiten des der Angebotsphase vorgeschalteten Teilnahmewettbewerbs Rechnung getragen wird.

I. Frist für den Teilnahmeantrag

38 Für den Antrag auf Teilnahme hat der Auftraggeber den Unternehmen nach Nr. 2 Abs. 1 eine Mindestfrist von 37 Tagen zu gewähren. Der Fristenlauf beginnt auch hier wie im Falle des Nr. 1 Abs. 1 mit dem Tag nach der Absendung der Bekanntmachung. Der Zeitraum zwischen Absendung der Bekanntmachung und der Veröffentlichung durch das Amt für amtliche Veröffentlichungen, ab dem die an dem Auftrag interessierten Unternehmen erstmals von der Möglichkeit der Teilnahme am Wettbewerb erfahren können, geht damit auch hier von der Mindestfrist ab. Unter Berücksichtigung der Fristen für die Veröffentlichung gem. § 17a Nr. 1 Abs. 3 VOL/A verbleibt damit bei elektronisch erstellter und übersandter Bekanntmachung eine Frist von 32 Tagen, ansonsten eine Frist von 25 Tagen. Ob dies ausreichend ist, hat der Auftraggeber unter Berücksichtigung der Umstände des Einzelfalls zu entscheiden und gegebenenfalls eine längere Frist zu gewähren.

39 Auf der anderen Seite ist eine weitere Verkürzung der Frist für den Antrag auf Teilnahme nach Nr. 2 Abs. 1 Satz 2 nur in Fällen »besonderer Dringlichkeit« möglich. Als Synonym wird der Begriff »beschleunigtes Verfahren« angegeben. Welche Fälle hiermit gemeint sind, lässt sich nicht ohne weiteres klären, wenngleich keine inhaltliche Unterscheidung zu dem in der Parallelregelung des § 18a Nr. 2 Abs. 1 in der VOB/A verwendeten Begriff der (bloßen) »Dringlichkeit« existiert.[14] Denn beim Nichtoffenen Verfahren gem. § 3a Nr. 1 Abs. 1 VOL/A, der auf die Fälle des § 3 Nr. 4 VOL/A Bezug nimmt, ist nach Nr. 4 lit. d) von der Zulässigkeit des Nichtoffenen Verfahrens die Rede, wenn eine Öffentliche Ausschreibung bzw. ein Offenes Verfahren aus anderen Gründen unzweckmäßig ist. Beispielhaft wird der Fall der »Dringlichkeit« aufgeführt. Und die in § 18a Nr. 2 Abs. 1 Satz 2 VOL/A in Bezug genommene Vorschrift des § 3a Nr. 1 Abs. 5 VOL/A sieht für das Verhandlungsverfahren mit Öffentlichem Teilnahmewettbewerb überhaupt keinen Fall der Dringlichkeit vor, während in § 3a Nr. 2 lit. d) VOL/A das Verhandlungsverfahren ohne vorherige

---

14 *OLG Düsseldorf* Beschl. v. 17. 7. 2002, Verg 30/02, VergabeR 2003, 55.

Öffentliche Vergabebekanntmachung möglich ist, soweit aus »zwingenden dringlichen Gründen« eine Einhaltung der Fristen nach § 18 a VOL/A nicht möglich ist. Unter Rückgriff auf Art. 38 Abs. 8 der Richtlinie 2004/18/EG lässt sich insofern konstatieren, dass die Verkürzung der Frist für den Antrag auf Teilnahme nach § 18 a Nr. 2 Abs. 1 Satz 2 VOL/A im Nichtoffenen Verfahren oder im Verhandlungsverfahren mit Öffentlichem Teilnahmewettbewerb jedenfalls dann im Betracht kommt, wenn objektive Gründe vorliegen, die zwar keine vollkommene Abkehr von dem vorgeschriebenen Verfahren ermöglichen, die es dem Auftraggeber aber gleichwohl unmöglich machen, die regelmäßige Mindestfrist von 37 Tagen nach Nr. 2 Abs. 1 Satz 1 einzuhalten.[15] Der Auftraggeber kann in diesen Fällen die Mindestfrist auf 15 Tage reduzieren.

Wird die Bekanntmachung auch hier elektronisch übermittelt (und analog § 18 a Nr. 1 **40** Abs. 4 oder Nr. 2 Abs. 3 wohl auch elektronisch erstellt), so ermöglicht die Regelung eine Reduzierung der Frist um weitere fünf Tage auf dann mindestens 10 Tage. Für die Gründe, auf der die Entscheidung des Auftraggebers für die Fristverkürzung beruhen, muss auch hier gelten, dass sie objektiv existieren, durch den Auftraggeber dokumentiert und im Zweifel nachgewiesen werden und – entsprechend § 3 a Nr. 2 lit. d) VOL/A – keinesfalls vom Auftraggeber selbst verursacht worden sind.

II. Angebotsfrist

§ 18 a Nr. 2 Abs. 2 sieht für das Nichtoffene Verfahren die Festsetzung einer Ange- **41** botsfrist im Anschluss an den Teilnahmewettbewerb vor. Der Aufbau der Vorschrift ähnelt Nr. 1 Abs. 1 und 2. Auch hier ist zunächst eine (regelmäßige) Mindestfrist vorgeschrieben, die im Weiteren bei Vorliegen bestimmter Voraussetzungen in gewissen Steffelungen nach unten durchbrochen werden kann.

Anders als im Offenen Verfahren beträgt die (regelmäßige) Mindestfrist im Nichtoffe- **42** nen Verfahren 40 Tage, gerechnet vom Tag der Absendung der Bekanntmachung an. Die Reduzierung gegenüber der Mindestfrist von 52 Tagen im Falle des Nr. 1 Abs. 1 um 12 Tage ist gerechtfertigt, da die Bewerber im Nichtoffenen Verfahren durch den obligatorischen Teilnahmewettbewerb bereits über die wesentlichen Informationen über das Vergabeverfahren und den Beschaffungsgegenstand Kenntnis haben und zum anderen bereits die Eignungsprüfung im Rahmen des Teilnahmewettbewerbs »abgeschichtet« worden ist. Da im Übrigen mit der Aufforderung zur Angebotsabgabe im Nichtoffenen Verfahren die Vergabeunterlagen automatisch an die ausgewählten Bewerber versandt werden, verbleibt letztendlich sogar mehr Zeit für die Angebotserarbeitung als im Offenen Verfahren, wo das interessierte Unternehmen zunächst initiativ von der Ausschreibungsbekanntmachung Kenntnis erlangen muss, sodann die Vergabeunterlagen anfordern muss und erst mit deren Eintreffen mit der Erarbeitung eines Angebots beginnen kann.[16]

Anders als im Offenen Verfahren nach Nr. 1 Abs. 2 sieht Nr. 2 Abs. 2 zwei Möglich- **43** keiten einer weitergehenden Verkürzung der Angebotsfrist vor:

---

15 Ein Fallbeispiel gibt etwa das Nachprüfungsverfahren der *VK Sachsen* Beschl. v. 7. 4. 2004, 1/SVK/023–04.
16 *Von Baum* in: Müller-Wrede, VOL/A § 18 a Rn. 22.

- Auf der einen Seite kann im Falle einer zuvor bekannt gemachten Vorinformation nach § 17 a Nr. 3 VOL/A die Frist von 40 Tagen auf 36 Tage (»im Allgemeinen«) und auf 22 Tage als absolute Mindestfrist für die Erstellung des Angebots und dessen Einreichung verringert werden. Bezüglich der Voraussetzungen hierfür verweist Nr. 2 Abs. 2 auf Nr. 1 Abs. 2 lit. a). Insofern kann auch auf die entsprechende Kommentierung zurückgegriffen werden.[17]
- Auf der anderen Seite kann die Angebotsfrist in Fällen besonderer Dringlichkeit auf nicht weniger als 10 Tage reduziert werden. Hinsichtlich der Anforderungen an das Vorliegen eines solchen Eilfalls kann wiederum Bezug genommen werden auf die Ausführungen zur entsprechenden Fristverkürzung für den Antrag auf Teilnahme gem. Nr. 2 Abs. 1 Satz 2.[18]

III. Verkürzung und Verlängerung der Frist

44 Absätze 3 und 4 von § 18 a Nr. 2 enthalten unter denselben Voraussetzungen und im selben Umfang wie Nr. 1 Abs. 4 und 5 Möglichkeiten zur weiteren Fristverkürzung (Abs. 3) sowie die Pflicht zur Fristverlängerung (Abs. 4).

45 Wird die Bekanntmachung im Nichtoffenen Verfahren, im Verhandlungsverfahren in den Fällen des § 3 a Nr. 1 Abs. 5 oder im Wettbewerblichen Dialog zur Abgabe von Teilnahmeanträgen elektronisch erstellt und übermittelt, so kann die Frist für den Eingang dieser Anträge von 37 Tagen um 7 Tage gekürzt werden. Nach Abs. 3 Satz 2 kann die Frist für die Abgabe von Angeboten nach Abs. 2 Satz 1 (40 Tage) um »weitere« fünf Tage reduziert werden, wenn die Verdingungsunterlagen und alle zusätzlichen Unterlagen frei, direkt und vollständig verfügbar gemacht werden. Die Formulierung von Abs. 3 Satz 2 ist in zwei Punkten ungenau. Zum einen handelt es sich bei der hier genannten Fristverkürzung nicht um eine weitere Reduzierung, da diese Fristverkürzung erstmalig und einmalig die Angebotsfrist betrifft, während die in Abs. 3 Satz 1 erwähnte Fristverkürzung um 7 Tage die Frist für den Eingang der Teilnahmeanträge betrifft. Zum anderen werden im Nichtoffenen Verfahren die Vergabeunterlagen und alle zusätzlichen Dokumente in der Regel initiativ vom Auftraggeber an die im Teilnahmewettbewerb zuvor ausgewählten Bewerber übersandt, so dass ein freies, direktes und vollständiges Zur-Verfügung-Stellen in der Regel nicht erfolgen braucht bzw. keine weiteren Vorteile für die ausgewählten Bewerber bringt.

46 Hinsichtlich der Fälle der Fristverlängerung nach Nr. 2 Abs. 4 kann auf die Kommentierung zu Nr. 1 Abs. 5 verwiesen werden.

IV. Frist für zusätzliche Auskünfte

47 Schließlich sieht § 18 Nr. 2 Abs. 5 wie Nr. 1 Abs. 6 eine Verpflichtung des Auftraggebers zur Erteilung rechtzeitig beantragter Auskünfte über die Vergabeunterlagen vor.

---

[17] Vgl. Rn. 17 ff.
[18] Vgl. Rn. 39.

Die entsprechenden Informationen sind in der Regel spätestens sechs Tage, im Fall des Nichtoffenen Verfahrens oder des beschleunigten Verhandlungsverfahrens spätestens vier Tage von Ablauf der Angebotsfrist zu übermitteln.[19]

D. Fristberechnung

Die Berechnung der in § 18 a genannten Fristen erfolgt nach der Verordnung (EWG, Euratom) Nr. 1182/71 des Rates vom 3. Juni 1971 zur Festlegung der Regeln für die Fristen, Daten und Termine.[20] Diese ist als Anhang III zur VOL/A abgedruckt. Damit wird eine europaweit einheitliche Fristberechnung sichergestellt; die – hiervon möglicherweise abweichenden – Vorschriften über Fristen in den Rechtssystemen der Mitgliedstaaten stehen dahinter zurück. **48**

Einschlägig für die Berechnung der Fristen des § 18 a VOL/A ist zunächst Art. 3 Abs. 1 Satz 2 der EG-Verordnung. Da hier für den Beginn einer nach Tagen bemessenen Frist eine vorgenommene Handlung – nämlich die Absendung der Bekanntmachung an das Amt für amtliche Bekanntmachungen – maßgebend ist, wird bei der Fristberechnung dieser Tag nicht mitgerechnet. Erster Tag der Angebots- oder Bewerbungsfrist ist damit stets der Tag nach Absendung der Bekanntmachung. Insofern wird auch der missverständliche Wortlaut des § 18 a Nr. 1 Abs. 1 bzw. Nr. 2 Abs. 1 klargestellt, wonach die Berechnung der Angebots- bzw. Bewerbungsfrist »vom Tage der Absendung der Bekanntmachung an gerechnet« wird. **49**

Für den Fristablauf ist Art. 3 Abs. 2 lit. b) der EG-Verordnung 1182/71 von Relevanz. Danach endet eine nach Tagen bemessene Frist mit Ablauf der letzten Stunde des letzten Tages der Frist. Entsprechend der Fristenberechnung nach dem BGB kann der Bieter oder Bewerber somit den in der Bekanntmachung angegebenen Tag des Ablaufs der Angebotsfrist bzw. der Frist für den Antrag auf Teilnahme bis 24 Uhr ausnutzen. Dass zu diesem Zeitpunkt in aller Regel die Stelle zur Entgegennahme der Angebote bzw. Teilnahmeanträge nicht mehr besetzt sein wird, steht dabei auf einem anderen Blatt. Gibt der Auftraggeber jedoch in der Bekanntmachung nicht nur den Tag des Fristablaufs an sondern zudem eine bestimmte Uhrzeit an diesem Tag, so endet die Frist selbstverständlich zu dem von ihm angegebenen Zeitpunkt. **50**

Bei der Berechnung der Fristen des § 18 a VOL/A werden alle Kalendertage gezählt. Dies ergibt sich auch aus Art. 3 Abs. 3 der EG-Verordnung 1182/71. Eine Nichtberücksichtigung der Samstage, Sonntage und Feiertage würde nur dann Platz greifen, wenn die Frist ausdrücklich in Arbeitstagen bemessen würde (Art. 3 Abs. 3 i. V. m. Art. 2 Abs. 2 der EG-Verordnung). Zu berücksichtigen sind Samstage, Sonntage und Feiertage aber in jedem Fall hinsichtlich des Fristablaufs. Fällt der letzte Tag einer nicht nach Stunden bestimmten Frist auf einen solchen Tag, so verlängert sich die Frist nach Art. 3 Abs. 4 der EG-Verordnung 1182/71 auf das Ende des darauffolgenden Arbeitstages. Maßgeblich für die Bestimmung der Feiertage sind nach Art. 2 Abs. 1 der EG-Verordnung 1182/71 die Feiertagsregelungen des jeweiligen Mitgliedstaates. **51**

---

19 Ergänzend kann auf das zu Nr. 1 Abs. 6 Gesagte in den Rn. 32 ff. verwiesen werden.
20 ABl. EG Nr. L 124 vom 8. 6. 1971, S. 1.

E. Fristenübersicht

52 Die einzelnen Fristen des § 18 a VOL/A sowie deren Verkürzungsmöglichkeiten sind nachfolgend noch einmal zusammengestellt.

53 Beim Offenen Verfahren beträgt die Angebotsfrist regelmäßig mindestens 52 Tage, gerechnet vom Tag nach der Absendung (§ 18 a Nr. 1 Abs. 1). Wurde die Bekanntmachung elektronisch erstellt und übermittelt, so kann die Angebotsfrist um 7 Tage auf 45 Tage verkürzt werden (§ 18 a Nr. 1 Abs. 4 Satz 1). Sie kann um weitere 5 Tage auf 40 Tage verkürzt werden, wenn auch die Verdingungsunterlagen sowie alle zusätzlichen Unterlagen elektronisch frei, direkt und vollständig verfügbar gemacht wurden (§ 18 a Nr. 1 Abs. 4 Satz 2).

54 Wurde eine Vorinformation nach § 17 a Nr. 3 veröffentlicht, kann die Angebotsfrist im Offenen Verfahren auf 36 Tage, höchstens aber auf 22 Tage verkürzt werden (§ 18 a Nr. 1 Abs. 2). Auch hierbei ist eine weitere Verkürzung um 7 Tage auf mindestens 15 Tage möglich, wenn die Bekanntmachung elektronisch erstellt und übermittelt wurde (§ 18 a Nr. 1 Abs. 4 Satz 1). Eine weitere Verkürzung nach § 18 a Nr. 1 Abs. 4 Satz 2 ist hier nicht möglich.

55 Im Nichtoffenen Verfahren, im Wettbewerblichen Dialog und im Verhandlungsverfahren beträgt die Frist für den Antrag auf Teilnahme regelmäßig mindestens 37 Tage, gerechnet vom Tag nach der Absendung (§ 18 Nr. 2 Abs. 1 Satz 1). Wurde die Bekanntmachung elektronisch erstellt und übermittelt, so kann die Frist für den Eingang von Teilnahmeanträgen um 7 Tage auf 30 Tage verkürzt werden (§ 18 a Nr. 2 Abs. 3 Satz 1). In Fällen besonderer Dringlichkeit kann die Frist im Nichtoffenen und im Verhandlungsverfahren unabhängig von der Wahl des Mediums auf 15 Tage verkürzt werden. (§ 18 a Nr. 2 Abs. 1 Satz 2). Wird die Bekanntmachung elektronisch erstellt und übermittelt, so kann diese verkürzte Frist abermals reduziert werden, und zwar auf 10 Tage (§ 18 a Nr. 2 Abs. 1 Satz 2).

56 Die Angebotsfrist im Nichtoffenen Verfahren beträgt regelmäßig mindestens 40 Tage, gerechnet vom Tag nach der Absendung (§ 18 a Nr. 2 Abs. 2 Satz 1). Sie kann um 5 Tage auf 35 Tage verkürzt werden, wenn die Verdingungsunterlagen sowie alle zusätzlichen Unterlagen elektronisch frei, direkt und vollständig verfügbar gemacht wurden (§ 18 a Nr. 2 Abs. 3 Satz 2). In Fällen besonderer Dringlichkeit kann die Angebotsfrist im Nichtoffenen Verfahren unabhängig von der Wahl des Mediums auf eine Mindestfrist von 10 Tagen verkürzt werden. (§ 18 a Nr. 2 Abs. 2 Satz 2).

57 Wurde eine Vorinformation nach § 17 a Nr. 3 veröffentlicht, kann die Angebotsfrist im Nichtoffenen Verfahren auf 36 Tage, höchstens aber auf 22 Tage verkürzt werden (§ 18 a Nr. 2 Abs. 2 Satz 3).

58 Die Frist für den Auftraggeber im Offenen Verfahren zur Übersendung der Verdingungsunterlagen, die nicht elektronisch frei zugänglich gemacht werden, beträgt bei rechtzeitiger Anforderung durch das interessierte Unternehmen 6 Tage, gerechnet vom Tag nach dem Eingang des Antrags (§ 18 a Nr. 1 Abs. 5). Für das Nichtoffene Verfahren existiert keine entsprechende Regelung.

59 Rechtzeitig angeforderte zusätzliche Auskünfte über die Verdingungsunterlagen und das Anschreiben muss der Auftraggeber spätestens 6 Tage vor Ablauf der Angebotsfrist erteilen (§ 18 a Nr. 1 Abs. 6, Nr. 2 Abs. 5). Im Nichtoffenen Verfahren sowie im beschleunigten Verhandlungsverfahren ist die Frist auf 4 Tage vor Ablauf der Angebotsfrist reduziert (§ 18 a Nr. 2 Abs. 5).

§ 25a
Zuschlagskriterien, staatliche Beihilfe

1. (1) Der Auftraggeber berücksichtigt bei der Entscheidung über den Zuschlag verschiedene durch den Auftragsgegenstand gerechtfertigte Kriterien, beispielsweise Qualität, Preis, technischer Wert, Ästhetik, Zweckmäßigkeit, Umwelteigenschaften, Betriebskosten, Rentabilität, Kundendienst und technische Hilfe, Lieferzeitpunkt und Lieferungs- oder Ausführungsfrist. Er hat die Kriterien zu gewichten. Die Gewichtung kann mit einer angemessenen Marge erfolgen. Kann nach Ansicht des Auftraggebers die Gewichtung aus nachvollziehbaren Gründen nicht angegeben werden, so legt der Auftraggeber die Kriterien in absteigender Reihenfolge ihrer Bedeutung fest.
(2) Bei der Wertung der Angebote darf der Auftraggeber nur die Kriterien berücksichtigen, die in der Bekanntmachung oder den Vergabeunterlagen genannt sind.

2. Angebote, die aufgrund einer staatlichen Beihilfe ungewöhnlich niedrig sind, können allein aus diesem Grund nur dann zurückgewiesen werden, wenn das Unternehmen nach Aufforderung innerhalb einer vom Auftraggeber festzulegenden ausreichenden Frist nicht nachweisen kann, dass die betreffende Beihilfe rechtmäßig gewährt wurde. Auftraggeber, die unter diesen Umständen ein Angebot zurückweisen, müssen die Kommission der Europäischen Gemeinschaften darüber unterrichten.

3. Der Auftraggeber berücksichtigt nur Nebenangebote, die die von ihm verlangten Mindestanforderungen erfüllen.

Inhaltsübersicht Rn.

A. Allgemeines	1
I. Entstehungsgeschichte	1
II. Unterschiede zur VOB/A	2
III. Verhältnis zum GWB	3
IV. Europarecht	4
B. Inhalt	8
I. Allgemeines	8
II. Wertungskriterien	9
1. Grundsätzliches	9
2. Kriterien	11
a) Durch den Auftragsgegenstand gerechtfertigte Kriterien	11
b) Vergabefremde Kriterien	12
III. Gewichtung der Kriterien	16
1. Allgemeines	16
2. Umfang	17
3. Art der Gewichtung	18
4. Gewichtung mittels angemessener Marge	20
5. Gewichtung mittels absteigender Reihenfolge der Kriterien	21
IV. Bekanntgabe der Kriterien	22
1. Grundsätzliches	22

	2. Bekanntmachung der Kriterien	23
	3. Berücksichtigung nur der bekanntgemachten Kriterien	24
	4. Bekanntmachung der Gewichtung	25
	5. Zeitpunkt der Bekanntgabe der Gewichtung	26
	6. Berücksichtigung nur der bekanntgemachten Gewichtung	27
V.	Ungewöhnlich niedrige Angebote aufgrund staatlicher Beihilfe	28
	1. Allgemeines	28
	2. Staatliche Beihilfe	29
	3. Ungewöhnlich niedrige Angebote	30
	4. Fristsetzung	31
	5. Nachweis durch Unternehmen	32
	6. Zurückweisung	33
	7. Unterrichtung der Kommission	34
VI.	Berücksichtigung von Nebenangeboten	35
	1. Nebenangebote	35
	2. Mindestanforderungen	37
	a) Allgemeines	37
	b) Formulierung der Mindestanforderungen	38
	3. Ausschluss	42
	4. Rügepflicht des Unternehmens	44
VII.	Rechtsschutz	45
	1. Primärrechtsschutz	45
	2. Sekundärrechtsschutz	46

A. Allgemeines

I. Entstehungsgeschichte

Diese Regelung ist neu in die Basis-VOL/A 2006 aufgenommen worden. § 25 a Nr. 1 **1** Abs. 1 Satz 1 war bisher im wesentlichen als Erläuterung zu § 25 Nr. 3 VOL/A 2000 und in § 25 b Nr. 1 Abs. 1 VOL/A 2000 enthalten. § 25 a Nr. 1 Abs. 1 Satz 2, Satz 3 und Satz 4 sind völlig neu. Die Regelung des § 25 a Nr. 1 Abs. 2 entspricht fast wörtlich der in § 25 b Nr. 1 Abs. 2 VOL/A 2000 formulierten Vorschrift. In § 25 a Nr. 2 ist die Regelung des § 25 b Nr. 2 Abs. 3 VOL/A 2000 mit Änderungen komprimierter gefasst worden. Während es in § 25 b Nr. 2 Abs. 3 VOL/A 2000 hieß, dass aufgrund einer staatlichen Beihilfe ungewöhnlich niedrige Angebote von den Auftraggebern nur zurückgewiesen werden dürfen, wenn diese den Bieter darauf hingewiesen haben und dieser nicht den Nachweis liefern konnte, dass die Beihilfe der Kommission gemeldet oder von ihr genehmigt wurde, lautet die entsprechende Formulierung nun, dass derartige Angebote allein aus diesem Grund nur zurückgewiesen werden können, wenn das Unternehmen nach Aufforderung innerhalb einer vom Auftraggeber festzulegenden ausreichenden Frist nicht nachweisen kann, dass die Beihilfe rechtmäßig gewährt wurde. Es gibt also drei Unterschiede zum früheren Rechtszustand: jetzt muss der Auftraggeber dem Unternehmen eine angemessene Frist zum Nachweis setzen, während vorher der Hinweis ohne Fristsetzung ausreichte. Früher ging es allgemein um die Zurückweisung eisen Angebotes, jetzt um die Frage, ob ein Angebot allein aus diesem Grund zurückgewiesen werden darf. Der dritte Unterschied liegt darin, dass es jetzt

§ 25a Zuschlagskriterien, staatliche Beihilfe

auf die Gewährung der Beihilfe ankommt, während vorher auf die Meldung oder Genehmigung abgestellt worden ist. Damit sind die Bieterrechte durch das Erfordernis einer ausreichenden Fristsetzung gestärkt worden, weil der Bieter nun genügend Zeit zur Verfügung hat, um die Nachweise vorzulegen. Auf der anderen Seite ist die Position des Auftraggebers aber auch gestärkt, weil der Bieter die Gewährung und nicht nur die Meldung oder Genehmigung nachweisen muss.

§ 25a Nr. 3 modifiziert den alten § 25b Nr. 4 Abs. 2 VOL/A 2000. Dieser sah vor, dass für den Fall, dass der Auftraggeber für Nebenangebote Mindestanforderungen gestellt hatte, der Zuschlag nur auf solche Nebenangebote erteilt werden durfte, welche den Mindestanforderungen entsprachen. Jetzt dürfen nur Nebenangebote akzeptiert werden, welche den vom Auftraggeber verlangten Mindestanforderungen entsprechen. Wenn der Auftraggeber also keine Mindestanforderungen formuliert hat, können Nebenangebote nicht mehr berücksichtigt werden.

II. Unterschiede zur VOB/A

2   § 25a Nr. 1 Abs. 1 Satz 1 entspricht in etwa § 25 Nr. 3 Abs. 3 Satz 2 VOB/A. In beiden Vorschriften wird der Grundsatz ausgesprochen, dass der Zuschlag auf das wirtschaftlich günstigste Angebot erfolgen soll. In § 25 Nr. 3 Abs. 3 Satz 2 VOB/A fehlen die Kriterien Lieferzeitpunkt sowie Lieferungsfrist. Demgegenüber enthält § 25 Nr. 3 Abs. 3 Satz 2 VOB/A als Kriterium zusätzlich die Folgekosten. Dieser Unterschied erklärt sich daraus, dass es bei der VOL/A auf die pünktlichen Lieferungen ankommt, während für das Baugewerbe die Ausführung entscheidend ist. § 25a Nr. 1 Abs. 1 Sätze 2–4 haben keine Entsprechung in der VOB/A.

§ 25a Nr. 1 Abs. 2 ist inhaltlich, aber wörtlich nicht ganz gleich wie § 25a Nr. 1 VOB/A. Sachliche Unterschiede liegen nicht vor. § 25a Nr. 2 ist praktisch identisch mit § 25a Nr. 2 VOB/A. Der einzige Unterschied besteht darin, dass die VOB/A vom Bieter spricht, der nach Aufforderung den Nachweis der Rechtmäßigkeit der Beihilfe führen muss und die VOL/A vom Unternehmen. Ein sachlicher Unterschied ist nicht gegeben. § 25a Nr. 3 ist identisch mit § 25a Nr. 3 VOB/A.

III. Verhältnis zum GWB

3   In § 97 Abs. 1 GWB sind der Wettbewerbsgrundsatz sowie das Transparenzgebot, in § 97 Abs. 2 GWB das Diskriminierungsverbot und in § 97 Abs. 5 die Regel, dass der Zuschlag auf das wirtschaftlichste Angebot zu erteilen ist, enthalten. Genauere Ausführungen dazu, auf welche Art und Weise das wirtschaftlichste Angebot ermittelt werden soll, enthält das GWB nicht. Im Gegensatz zu den Richtlinien 2004/18/EG und 2004/17/EG ist in § 97 Abs. 5 GWB nicht die Möglichkeit enthalten, dem Angebot mit dem niedrigsten Preis den Zuschlag erteilen zu wollen. Das GWB geht daher für Aufträge oberhalb der Schwellenwerte davon aus, dass stets das wirtschaftlich günstigste Angebot zu ermitteln ist.[1]

---

[1] *Franke/Grünhagen* VOB-Kommentar 2. Aufl. § 25a Rn. 18.

IV. Europarecht

Im Erwägungsgrund Nr. 5 zur Richtlinie 2004/18/EG wird auf Art. 6 des EG-Vertrages hingewiesen, der die Einbeziehung der Erfordernisse des Umweltschutzes bei der Durchführung der Gemeinschaftspolitik und Maßnahmen fordert. Die Richtlinie stellt in diesem Erwägungsgrund daher klar, dass die öffentlichen Auftraggeber zum Umweltschutz und zur Förderung einer nachhaltigen Entwicklung beitragen können, und garantiert ihnen gleichzeitig, dass sie für ihre Aufträge ein optimales Preis/Leistungsverhältnis erzielen können.

4

In Erwägungsgrund Nr. 46 ist ausgesprochen, dass die Zuschlagserteilung auf der Grundlage objektiver Kriterien erfolgen soll. Um den Wettbewerb sicherzustellen, sind nur zwei Zuschlagskriterien zuzulassen: das des »niedrigsten Preises« und das des »wirtschaftlich günstigsten Angebots«. Hierzu muss sich jeder Bieter angemessen über die Kriterien und Modalitäten unterrichten können, anhand derer das wirtschaftlich günstigste Angebot ermittelt wird. Die öffentlichen Auftraggeber haben daher die Zuschlagskriterien und deren Gewichtung anzugeben, und zwar so rechtzeitig, dass diese Angaben den Bietern bei der Erstellung ihrer Angebote bekannt sind. Die öffentlichen Auftraggeber können in begründeten Ausnahmefällen, die zu rechtfertigen sie in der Lage sein sollten, auf die Angabe der Gewichtung der Zuschlagskriterien verzichten, wenn diese Gewichtung insbesondere aufgrund der **Komplexität** des Auftrags nicht im Vorhinein vorgenommen werden kann. In diesen Fällen sollten sie diese Kriterien in der absteigenden Reihenfolge ihrer Bedeutung angeben. Wenn dem wirtschaftlich günstigsten Angebot der Zuschlag erteilt werden soll, legen die öffentlichen Auftraggeber die wirtschaftlichen und qualitativen Kriterien fest, anhand derer insgesamt das für den öffentlichen Auftraggeber wirtschaftlich günstigste Angebot bestimmt werden kann, wobei die Festlegung dieser Kriterien vom Auftraggegenstand insofern abhängen kann, als sie es ermöglichen müssen, das Leistungsniveau jedes einzelnen Angebots im Verhältnis zu den in den technischen Spezifikationen beschriebenen Auftragsgegenstand zu bewerten sowie das Preis-Leistungsverhältnis jedes Angebots zu bestimmen. Damit die **Gleichbehandlung** gewährleistet ist, sollten die Zuschlagskriterien einen Vergleich und eine objektive Bewertung der Angebote ermöglichen. Wenn diese Voraussetzungen erfüllt sind, versetzen die wirtschaftlichen und qualitativen Zuschlagskriterien wie auch die Kriterien über die **Umwelterfordernisse** den öffentlichen Auftraggeber in die Lage, auf Bedürfnisse der betroffenen Allgemeinheit einzugehen. Unter denselben Voraussetzungen kann ein öffentlicher Auftraggeber auch Kriterien zur Erfüllung **sozialer** Anforderungen anwenden, die insbesondere den Bedürfnissen besonders benachteiligter Bevölkerungsgruppen entsprechen.

Nach Art. 40 Abs. 5 RL 2004/18/EG enthält die Aufforderung zur Angebotsabgabe, zur Verhandlung – bzw. – im Falle des wettbewerblichen Dialogs – zur Teilnahme am Dialog mindestens e) die Gewichtung der Zuschlagskriterien oder gegebenenfalls die absteigende Reihenfolge der Bedeutung dieser Kriterien, wenn sie nicht in der Bekanntmachung, den Verdingungsunterlagen oder in der Beschreibung enthalten sind.

5

§ 25 a Zuschlagskriterien, staatliche Beihilfe

Art. 53 RL 2004/18/EG regelt die Anwendung der Zuschlagskriterien. Soll der Zuschlag auf das wirtschaftlich günstigste Angebot erteilt werden, sind verschiedene mit dem Auftragsgegenstand zusammenhängende Kriterien, z. B. Qualität, Preis, technischer Wert, Ästhetik, Zweckmäßigkeit, Umwelteigenschaften, Betriebskosten, Rentabilität, Kundendienst und technische Hilfe, Lieferzeitpunkt und Lieferungs- oder Ausführungsfrist heranzuziehen (Abs. 1 a). Soll nur der niedrigste Preis eine Rolle spielen, wird ausschließlich das Kriterium des niedrigsten Preises angewendet (Abs. 1 b). Der öffentliche Auftraggeber hat in der Bekanntmachung oder in den Verdingungsunterlagen oder beim wettbewerblichen Dialog in der Beschreibung anzugeben, wie er die einzelnen Kriterien gewichtet, um das wirtschaftlich günstigste Angebot zu ermitteln (Art. 53 Abs. 2 1. Unterabsatz). Diese Gewichtung kann mittels einer Marge angegeben werden, deren größte Bandbreite angemessen sein muss (Abs. 2 2. Unterabsatz). Kann nach Ansicht des öffentlichen Auftraggebers die Gewichtung aus nachvollziehbaren Gründen nicht angegeben werden, so gibt der öffentliche Auftraggeber in der Bekanntmachung oder – beim wettbewerblichen Dialog – in der Beschreibung die Kriterien in der absteigenden Reihenfolge ihrer Bedeutung an.

6 Nach Art. 24 Abs. 1 RL 2004/18/EG können es die öffentlichen Auftraggeber bei Aufträgen, die nach dem Kriterium des wirtschaftlich günstigsten Angebots vergeben werden, zulassen, dass die Bieter **Varianten** vorlegen. Die öffentlichen Auftraggeber geben in der Bekanntmachung an, ob Varianten zulässig sind; fehlt eine solche Angabe, so sind keine Varianten zugelassen (Abs. 2). Lassen die öffentlichen Auftraggeber Varianten zu, so nennen sie in den Verdingungsunterlagen die **Mindestanforderungen**, die Varianten erfüllen müssen, und geben an, in welcher Art und Weise sie einzureichen sind (Abs. 3). Nach Abs. 4 berücksichtigen die öffentlichen Auftraggeber nur Varianten, die die von ihnen verlangten Mindestanforderungen erfüllen. Bei den Verfahren zur Vergabe öffentlicher Liefer- oder Dienstleistungsaufträge dürfen öffentliche Auftraggeber, die Varianten zugelassen haben, eine Variante nicht allein deshalb zurückweisen, weil sie, wenn sie den Zuschlag erhalten sollten, entweder zu einem öffentlichen Dienstleistungsauftrag anstatt zu einem öffentlichen Lieferauftrag bzw. zu einem Lieferauftrag anstatt zu einem öffentlichen Dienstleistungsauftrag führen würde.

7 Nach Art. 53 Abs. 3 RL 2004/18/EG darf ein öffentlicher Auftraggeber dann, wenn er feststellt, dass ein Angebot **ungewöhnlich niedrig** ist, weil der Bieter eine **staatliche Beihilfe** erhalten hat, das Angebot allein aus diesem Grund nur nach Rücksprache mit dem Bieter ablehnen, sofern dieser binnen einer von dem öffentlichen Auftraggeber festzulegenden ausreichenden Frist nicht nachweisen kann, dass die betreffende Beihilfe rechtmäßig gewährt wurde. Lehnt der öffentliche Auftraggeber ein Angebot unter diesen Umständen ab, so teilt er dies der Kommission mit.

B. Inhalt

I. Allgemeines

§ 25 a enthält ergänzende Regelungen zu § 25, der als zentrale Vorschrift der VOL/A **8** die Wertung der Angebote regelt. § 25 a ergänzt diese Vorschrift für die Wertung auf der vierten Wertungsstufe und hinsichtlich der Wertung von Nebenangeboten. Die Ergänzungen und die Regelungen bezüglich der Nebenangebote sind auf die Rechtsprechung des EuGH und die RL 2004/18/EG zurückzuführen.

II. Wertungskriterien

1. Grundsätzliches

Die Wertung vollzieht sich in vier Stufen: In der ersten Stufe werden Angebote darauf **9** überprüft, ob sie wegen formeller oder bestimmter materieller Mängel auszuschließen sind, § 25 Nr. 1 Abs. 1 und Abs. 2. In der zweiten Wertungsstufe wird die Eignung der Bieter festgestellt, § 25 Nr. 2 Abs. 1. Auf der dritten Wertungsstufe wird die Angemessenheit der Preise überprüft, § 25 Nr. 2 Abs. 2 und 3. Unter den jetzt noch vorhandenen Angeboten ist auf der letzten Wertungsstufe das wirtschaftlich günstigste Angebot zu ermitteln, § 25 Nr. 3 Abs. 1. Die Möglichkeit, das Angebot mit dem niedrigsten Preis auszuwählen, sehen **weder das GWB noch die VOL/A** im Gegensatz zu der RL 2004/18/EG vor. § 25 a Nr. 1 Abs. 1 und 2 legen die Regeln für die Auswahl des wirtschaftlich günstigsten Angebotes fest.

Nach § 25 a Nr. 1 Abs. 1 Satz 1 berücksichtigt der Auftraggeber verschiedene Wer- **10** tungskriterien. Welche Kriterien er heranziehen will, ist seine Sache. Es obliegt der **Planungs- und Entscheidungsfreiheit** des öffentlichen Auftraggebers, auf welche Eigenschaften der ausgeschriebenen Leistung er besonderen Wert legt. Die Vergabestelle ist sowohl bei der Formulierung ihrer Bedürfnisse als auch der Bewertungskriterien, soweit diese nicht vergabefremd sind, weitgehend frei.[2] Darum listet § 25 a Nr. 1 Abs. 1 Satz 1 die Kriterien auch nur beispielhaft auf: will der Auftraggeber andere ihm wichtig erscheinende Gesichtspunkte bei der Auswahl des wirtschaftlichsten Angebots heranziehen, bleibt ihm dies unbenommen. Er ist bei der Gewichtung auch nicht an die in § 25 a Nr. 1 Abs. 1 Satz 1 vorgegebene Reihenfolge gebunden.

2. Kriterien

a) Durch den Auftragsgegenstand gerechtfertigte Kriterien

Die Ermessensfreiheit des Auftraggebers bei der Auswahl der ihm wichtig erscheinen- **11** den Kriterien ist allerdings in § 25 a Nr. 1 Abs. 1 Satz 1 dadurch eingeschränkt, dass die von ihm gewählten Kriterien durch den Auftragsgegenstand gerechtfertigt sein müssen. Das bedeutet zunächst, dass der Auftraggeber keine Kriterien aufstellen darf,

---

[2] OLG München vom 27. 1. 2006 – Verg 1/06.

§ 25 a Zuschlagskriterien, staatliche Beihilfe

die mit der ausgeschriebenen Leistung **in keinerlei Zusammenhang** stehen.[3] So scheidet beispielsweise bei einer Einmallieferung von Verbrauchsgütern das Kriterium Folgekosten wohl aus. Die Regelung will verhindern, dass der öffentliche Auftraggeber einen Bieter dadurch bevorzugt, dass er ein nicht mit dem Auftragsgegenstand zusammenhängendes Kriterium auswählt, von welchem er weiß, dass der bevorzugte Bieter es mehr als alle anderen Bieter erfüllt.[4] Auch Unterkriterien müssen sachgerecht sein;[5] dies ist nicht der Fall, wenn nicht abgefragte und nach dem Stand des Verfahrens auch nicht zu ermittelnde Angaben zur Bewertung herangezogen werden.

b) Vergabefremde Kriterien

12 Außerdem sind vergabefremde Kriterien mit dieser Formulierung ausgeschlossen. Denn diese hängen mit dem Auftraggegenstand selbst nicht zusammen, sondern betreffen andere, meist **allgemeinpolitische Gesichtspunkte**. Es würde dem Wettbewerbsprinzip widersprechen, wenn nicht das im Wettbewerb leistungsfähigste Unternehmen, sondern aus sachfremden Gründen ein weniger geeignetes Unternehmen den Zuschlag erhalten würde. Der EuGH hat sich stets gegen die Verwendung vergabefremder Kriterien ausgesprochen.[6] In der Entscheidung zu der Ausschreibung eines städtischen Busverkehrsdienstes hat der EuGH[7] erstmals anerkannt, dass bei einer Ausschreibung Umweltgesichtspunkte eine Rolle spielen können, und zwar dann, wenn deren Berücksichtigung bereits in den Vergabeunterlagen genannt worden ist und der Auftraggeber in der Lage ist, die Einhaltung in Zukunft auch zu kontrollieren. Durch die neue RL 2004/18/EG sind Umweltgesichtspunkte nun ohne die Kontrolleinschränkung als Kriterium anerkannt. Doch muss die **Umweltfreundlichkeit** mit dem Auftrag zusammenhängen. Weiter ergibt sich nun aus Art. 19 RL 2004/18/EG, dass auch die Bevorzugung **beschützender Werkstätten** und ganz allgemein **soziale Aspekte** keine vergabefremden Gesichtspunkte mehr darstellen.

13 Als vergabefremdes Kriterium stellt sich grundsätzlich die **Ortsansässigkeit** dar. Es darf nicht der ortsansässige Bieter nur wegen seiner Ortsnähe den Vorzug vor einem ortsfremden Bieter erhalten.[8] Die örtliche Präsenz etwa eines Kundendienstes, die Erreichbarkeit oder die Einrichtung eines jour fixe kann nicht nur ein Ortsansässiger, sondern auch ein Ortsfremder durch entsprechende organisatorische Maßnahmen sichern.[9] Unzulässig als Kriterium ist die Bedingung, dass der Auftraggeber den Ausschreibungsgegenstand innerhalb eines Umkreises von 300 km von seiner Betriebsstätte aus besichtigen kann.[10]

---

3 *OLG München* vom 28. 4. 2006 – Verg 6/06.
4 *BayObLG* vom 15. 9. 2004 – Verg 26/03: Prüfzeugnisse für Flachdach, welches nicht Auftragsgegenstand war (VOB/A).
5 *VK Arnsberg* vom 1. 2. 2006 – VK 28/05.
6 *EuGH* vom 20. 9. 1988 – C-31/87, hier aber Billigung der Unterstützung von Langzeitarbeitslosen.
7 *EuGH* vom 17. 9. 2002 – Rs. C-513/99.
8 *VK Baden-Württemberg* vom 18. 7. 2003 – 1 VK 30/03 für die Vergabe von Schulbuchlieferungen.
9 *OLG München* vom 28. 4. 2006 – Verg 6/06; a. A. *OLG Hamburg* vom 7. 8. 2002 – 1 Verg 2/02: Sanierung eines Altbaus; *BayObLG* vom 3. 7. 2002 – Verg 13/02.
10 *EuGH* vom 19. 6. 2003 – Rs. C-315/01.

Problematisch ist die Forderung nach einer **Tariftreueerklärung** des Bieters. Tarif- 14
treueerklärung bedeutet die Zusage des Bieters, in Falle der Auftragserteilung die
im Unternehmen beschäftigten Arbeitnehmer nicht unter dem Tariflohn zu bezahlen.
Zwar sind Tariftreueerklärungen in der Vergangenheit in der Mehrzahl nicht beanstandet worden[11] mit der Überlegung, dass es sich um ein Merkmal der Zuverlässigkeit des
Bieters handelt. Auf der andern Seite steht die Ansicht, es handele sich wohl doch eher
um ein vergabefremdes Kriterium, da nicht an Tarifverträge gebundene Unternehmen
preisgünstiger anbieten könnten. Auf die Vorlage des BGH hat nun das BVerfG[12] entschieden, dass weder das Grundrecht der Koalitionsfreiheit aus Art. 9 Abs. 3 GG berührt wird noch das Grundrecht der Berufsfreiheit aus Art. 12 Abs. 1 GG verletzt ist,
wenn ein Landesvergabegesetz die Vorlage von Tariftreueerklärungen fordere. Eine
solche Regelung sei verfassungsgemäß. Sie diene der Bekämpfung der Arbeitslosigkeit
und garantiere die soziale Sicherheit. Wegen des in Art. 20 Abs. 1 GG verankerten Sozialstaatsprinzips habe das Ziel der Bekämpfung der Arbeitslosigkeit Verfassungsrang.
Das OLG Celle[13] hat demgegenüber dem EuGH die Frage zur Vorabentscheidung
vorgelegt, ob es eine nicht gerechtfertigte Beschränkung der Dienstleistungsfreiheit
nach dem EG-Vertrag darstelle, wenn dem öffentlichen Auftraggeber durch ein Gesetz aufgegeben wird, Aufträge nur an solche Unternehmen zu vergeben, die sich
bei der Angebotsabgabe schriftlich verpflichten, ihren Arbeitnehmern bei der Ausführung dieser Leistungen mindestens das am Ort der Ausführung tarifvertraglich vorgesehene Entgelt zu bezahlen. Auch wenn diese Vorlage eine Bauleistung und das niedersächsische Vergabegesetz betrifft, wird die EuGH-Entscheidung für alle Verdingungsordnungen und alle Vergabegesetze Wirkung haben. Bis zu einer Entscheidung des
EuGH muss der Bieter – entsprechend der Entscheidung des Bunderverwaltungsgerichts – geforderte Tariftreueerklärungen einreichen, um nicht den Ausschluss seines
Angebots wegen Unvollständigkeit nach § 25 Nr. 1 Abs. 2a zu riskieren.

Die einzelnen Kriterien Qualität, Preis, technischer Wert, Ästhetik, Zweckmäßigkeit, 15
Umwelteigenschaften, Betriebskosten. Rentabilität, Kundendienst und technische
Hilfe, Lieferzeitpunkt und Liefer- oder Ausführungsfristen stehen zwar als sozusagen
gebilligte und nicht vergabefremde Kriterien fest. Das schließt aber nicht aus, dass sie
im Einzelfall mit der ausgeschriebenen Leistung in keinem Zusammenhang stehen
können, und ihre Benennung vergaberechtswidrig sein kann.

III. Gewichtung der Kriterien

1. Allgemeines

Die Pflicht zur Gewichtung dient der **Transparenz** des Vergabeverfahrens. Der Bieter 16
muss bei der Abgabe seines Angebotes wissen, auf welche Gesichtspunkte und in welcher Stärke es dem Auftraggeber ankommt. Erst dann kann er sein Angebot entsprechend den Bedürfnissen des Auftraggebers gestalten und später überprüfen und nach-

---
11 *BayObLG* vom 19. 3. 2002 – Verg 2/02.
12 *BGH* vom 18. 1. 2000 – KVR 23/98); *BVerfG* vom 11. 7. 2006 – 1 BvL 4/00.
13 *OLG Celle* vom 3. 8. 2006 – 13 U 72/06.

vollziehen, ob sich der Auftraggeber bei seiner Wertungsentscheidung auch an die von ihm aufgestellten Kriterien und deren Gewichtung gehalten hat. Doch ist es das Recht des Auftraggebers, selbst zu entscheiden, welche Funktionen ihm wichtig und welche ihm weniger wichtig sind. Das Unternehmen kann die gewählte Gewichtung grundsätzlich nicht angreifen, es sei denn, dass vergabefremde oder nicht auftragsbezogene Kriterien in die Gewichtung einbezogen worden sind. Hat der Auftraggeber die Gewichtung vorgenommen, ist er an diese gebunden. Er kann sich nach einer von ihm aufgestellten Wertungsskala nun nicht mehr für eine andere Gewichtung entscheiden; dies würde dem Transparenzgebot – und in der Regel auch dem Gleichbehandlungsgebot – widersprechen, weil das Abrücken von einer einmal festgelegten Wertungsskala meist der Bevorzugung eines Bieters dient.

2. Umfang

17 Die vorgenommene Gewichtung gilt für alle Angebote, also auch für **Nebenangebote**. Sie umfasst auch alle Positionen, die in die Wertung miteinzubeziehen sind. Da auch **Bedarfspositionen**, also Leistungen, die nur bei Bedarf und nach Abruf durch den Auftraggeber ausgeführt werden müssen, grundsätzlich in die Wertung miteinzubeziehen sind, gilt die Gewichtung auch für sie. Das gleiche gilt für Wahl- oder Alternativpositionen. **Wahl- oder Alternativpositionen** sind in der Ausschreibung neben einer Grundposition enthalten, wenn der Auftraggeber noch nicht weiß, welche dieser Leistungen ausgeführt werden soll. Sobald er sich aber für eine Alternative der Leistungsausführung entschieden hat, hat er die Wahlposition wie eine Hauptposition zu werten. Auch für Wahlpositionen hat die Vergabestelle Bewertungskriterien aufzustellen. Unterlässt sie die Aufstellung einer Bewertungsmatrix und kann deshalb eine Wertung der Wahlpositionen nicht erfolgen, liegt hierin allerdings kein so schwerwiegender Grund, dass die Ausschreibung aufgehoben werden müsste.[14]

3. Art der Gewichtung

18 In der Regel gibt der Auftraggeber in Prozentzahlen an, wie hoch er das jeweilige Wertungskriterium gewichten will. Es ist aber auch üblich, eine Bewertungsmatrix zu erstellen, in welcher sämtliche Punkte mit exakten Zahlenangaben versehen sind. In einer solchen Bewertungsmatrix sind in der Regel zahlreiche Unterpunkte zu den Hauptwertungskriterien enthalten, also z. B. zum Hauptpunkt Qualität die Unterpunkte: System, Anwendung, Stoff, Funktionalität etc.

19 Eine Pflicht zur Gewichtung besteht auch für derartige Unterkriterien,[15] z. B. auch anhand einer Bewertungsmatrix, die der Auftraggeber verwenden will. Verwendet werden aber auch so genannte Wertungsleitfäden, in denen Wertungspunkte für Kriterien oder Unterkriterien aufgeführt sind, welche dann in die Bewertungsmatrix übernommen werden.[16] Hat der Auftraggeber in einer Bewertungsmatrix angegeben, dass er bestimmte Punkte mit dem Faktor 1 bewerten will, ist er hieran gebunden. Er kann

---

14 *OLG München* vom 27. 1. 2006 – Verg 1/06.
15 *OLG Düsseldorf* vom 23. 3. 2005 Verg 77/04.
16 Vgl. hierzu *OLG Düsseldorf* a. a. O.

eine solche Angabe dann nicht dadurch umgehen, dass er zwar den Faktor bei 1 belässt, den einzelnen Unterpunkt aber doppelt oder dreifach ansetzt.[17]

4. Gewichtung mittels angemessener Marge

Die Gewichtung kann auch mittels einer angemessenen Marge erfolgen. Marge heißt Bandbreite, Spielraum, Spannweite. Es ist daher erlaubt, bei den einzelnen Kriterien einen gewissen Rahmen anzugeben, also beispielsweise für das Kriterium Preis 10–20%. Auch hier ist der Auftraggeber bei der Einordnung frei. Er darf aber die Spannbreiten nicht so ausfüllen, dass die Wertung letztlich nicht nachprüfbar ist. Hat der Auftraggeber also für Preis 10–30%, für Qualität 10–30%, für Kundendienst 10–30% und für Folgekosten 10–30% angesetzt, kann er später nicht den Preis mit 30%, alle anderen Kriterien aber nur mit 10% bewerten. Dies würde ihm eine Manipulationsmöglichkeit eröffnen, da er nach Öffnen der Angebote in der Lage wäre, seine Wahl der jeweiligen Prozentzahl so auszuüben, dass er das Angebot des ihm genehmen Bieters aussucht. Wegen der Manipulationsgefahr dürfen die Margen auch nicht zu weit angesetzt werden. Eine Marge von 10–40% beispielsweise wäre nicht mehr tolerabel. Diese Einschränkung ergibt sich bereits aus dem Wortlaut »angemessene« Marge.

20

5. Gewichtung mittels absteigender Reihenfolge der Kriterien

Diese Art war bisher gängige Praxis, wie die bisher verwendeten Vergabeformulare zeigen. Um dem Transparenzgebot Genüge zu tun, soll diese Art von Gewichtung nun nur noch möglich sein, wenn aus nachvollziehbaren Gründen eine andere Art nicht möglich ist. Für die üblichen Ausschreibungen dürfte sie damit ausscheiden. Es bleibt ein Anwendungsbereich übrig, in welchem der Auftraggeber bei Ausschreibung noch nicht vorhersehen kann, wie die von ihm gewünschte Leistung im einzelnen aussehen und zu bewerten sein wird, also die Fälle des wettbewerblichen Dialogs sowie in Einzelfällen auch des Verhandlungsverfahrens. In der Regel jedoch sollte dem Auftraggeber vor der Ausschreibung klar sein, auf welche Punkte er Wert legt, so dass er auch zu einer konkreten Gewichtung in der Lage ist. Zumindest ist für den Auftraggeber Vorsicht geboten, ihm ist zu raten, von dieser Gewichtungsmöglichkeit nur äußerst eingeschränkt Gebrauch zu machen, um nicht ein Nachprüfungsverfahren zu riskieren.

21

IV. Bekanntgabe der Kriterien

1. Grundsätzliches

Die Pflicht zur Bekanntgabe der vom Auftraggeber festgelegten Kriterien entspricht in erster Linie dem Transparenzgebot. Jedem Bieter soll vor Abgabe seiner Angebotsunterlagen klar sein, worauf es dem Auftraggeber bei der Vergabe seines Auftrags ankommt. Dies setzt den Bieter in den Stand, seine Chancen für den Zuschlag realistisch

22

---

17 *OLG München* vom 28. 4. 2006 – Verg 6/06.

einzuschätzen, sein Angebot entsprechend auszugestalten und gegebenenfalls unnötige Arbeit und Zeit für die Erstellung eines Angebotes zu sparen, wenn er von vornherein sieht, dass er die verlangten Kriterien nicht oder nicht ausreichend erfüllen kann. Zugleich kann er darauf vertrauen, dass der Auftraggeber diese Kriterien nicht nur bei ihm, sondern auch bei allen seinen Mitbewerbern anlegen wird. Insofern füllt die Vorschrift auch den Gleichbehandlungsgrundsatz aus und garantiert einen gerechten Wettbewerb, der für alle Beteiligten unter den gleichen Bedingungen abläuft. Der Bieter ist durch die Vorhersehbarkeit der Wertungsmaßstäbe nicht nur von einer willkürlichen Bewertung der Angebote, sondern zugleich vor einer nachträglichen Abweichung des Auftraggebers von den bekanntgemachten Zuschlagskriterien geschützt.

2. Bekanntmachung der Kriterien

23 Früher wurden die Kriterien eher selten in der Bekanntmachung genannt; häufiger geschah dies in den Vergabeunterlagen. Die entsprechenden Formulare sahen bereits Vorschläge für verschiedene Kriterien vor, welche der Auftraggeber durch bloßes Ankreuzen entsprechender Kästchen wählen konnte. Der ebenfalls früher manchmal gewählte Hinweis:»Wertung wie in § 25 a« genügt nicht, weil der Bieter nicht weiß, welche der lediglich beispielhaft in § 25 a aufgezählten Wertungskriterien nun für ihn eine Rolle spielen und welche nicht. Der Auftraggeber hat die Kriterien so zu formulieren, dass alle durchschnittlich fachkundigen Bieter bei Anwendung der üblichen Sorgfalt die Kriterien in gleicher Weise auslegen können.[18] Die Kriterien müssen, was sich nun zwangsläufig aus der Pflicht zur Veröffentlichung in der Bekanntmachung oder spätestens in den Vergabeunterlagen ergibt, bei Ablauf der Angebotsfrist allerspätestens vorliegen.[19] Der Auftraggeber hat auch die Unterkriterien bekannt zu machen;[20] doch kann es im Einzelfall bei einer Vielzahl von Unterkriterien zulässig sein, nicht alle Unterkriterien zu veröffentlichen,[21] aber nur dann, wenn dadurch die Transparenz der Wertungsentscheidung nicht beeinträchtigt wird, weil der Bieter an hand der bekannt gemachten Unterkriterien erkennen kann, worauf es dem Auftraggeber ankommt.

3. Berücksichtigung nur der bekanntgemachten Kriterien

24 Der Auftraggeber darf nur diejenigen Kriterien berücksichtigen, die er in der Bekanntmachung oder in den Vergabeunterlagen genannt hat. Auch dann, wenn er sieht, dass andere Kriterien vorteilhafter gewesen wären, darf er diese seiner Wertung nicht zugrunde legen. Dem Auftraggeber ist es auch untersagt, eine Änderung der Kriterien noch vor Öffnung der Angebote vorzunehmen;[22] auch dies würde dem Transparenzgebot widersprechen. Hat der Auftraggeber in der Vergabebekanntmachung die relevanten Kriterien benannt, darf er diese nicht in der Aufgabenbeschreibung ändern; er

---

18 *EuGH* vom 18. 10. 2001 – Rs. C-19/00; EuGH vom 31. 1. 2005 – Rs. T-447/04.
19 *VK Südbayern* vom 22. 7. 2005 – 26 – 05/05.
20 *OLG Düsseldorf* vom 23. 3. 2005 – Verg 77/04.
21 *VK Bund* vom 4. 5. 2005 – VK 3 – 25/05.
22 Schlussanträge des Generalanwalts beim *EuGH* vom 8. 9. 2005 – Rs. C-331/04.

darf also keine neuen Kriterien hinzufügen[23] oder bereits bekanntgemachte weglassen. Gebilligt worden ist aber die Aufschlüsselung der bereits bekanntgemachten Kriterien um weitere Unterkriterien.[24] Aus der Pflicht zur Berücksichtigung folgt weiter, dass der Auftraggeber bei der Wertung alle bekannt gemachten Kriterien berücksichtigen muss, sonst verstößt er ebenfalls gegen den Transparenz- und Gleichbehandlungsgrundsatz, weil sich die Bieter bei der Abgabe ihrer Angebote auf die Kriterien eingestellt und verlassen haben.[25]

4. Bekanntmachung der Gewichtung

Nach dem Wortlaut des 25 a Nr. 1 Abs. 2 besteht keine Pflicht zur Bekanntgabe der Gewichtung. Doch wirkt Art. 53 Abs. 2 1. Unterabsatz RL 2004/18/EG unmittelbar, wonach die Gewichtung der Kriterien zur Ermittlung des wirtschaftlich günstigsten Angebotes bekanntzugeben ist. Im Übrigen folgt dies auch aus dem Transparenz- und dem Gleichbehandlungsgebot; auch ein fairer Wettbewerb ist nur dann gewährleistet, wenn für alle Bieter dieselbe Gewichtung der Kriterien gegeben ist und sich die Bieter bei der Abgabe ihrer Angebote darauf einstellen und verlassen können.[26] Soweit früher die Rechtsprechung vertreten hat, dass eine Verpflichtung zur Bekanntgabe einer Bewertungsmatrix nur dann bestanden hat, wenn diese tatsächlich vorher aufgestellt war oder im Einzelfall problemlos hätte aufgestellt werden können,[27] ist diese Rechtsprechung durch die neue RL überholt. Fraglich kann nur noch sein, ob auch sog. Wertungsleitfäden, in denen sämtliche Unterpunkte mit bestimmten Punktwerten versehen werden, auch vor Angebotsabgabe bekannt zu geben sind. Dies hat die VK Arnsberg[28] unter Hinweis auf die frühere Rechtsprechung abgelehnt. Doch zeigt das Beispiel, welches der Entscheidung des OLG Düsseldorf[29] zugrunde lag, dass sich Bietern nur durch die Bekanntgabe des technischen und fachlichen Teils des Wertungsleitfadens die Bedeutung bestimmter darin festgelegter Angebotsinhalte und -merkmale erschließen kann. Die unterlassene Mitteilung, die spätestens mit den Vergabeunterlagen hätte erfolgen müssen, verstößt damit gegen das Transparenz- und das Gleichbehandlungsgebot, weil es letztlich dem Zufall überlassen bleibt, ob die Angebote auf die Bedingungen überhaupt eingehen und es damit an einer Vergleichbarkeit der eingereichten Angebote fehlt. Auch kann die spätere Erstellung eines Wertungsleitfadens wiederum die Gefahr in sich bergen, dass zugunsten bestimmter Bieter Unterpunkte in den Wertungsleitfaden aufgenommen oder besonders hoch oder niedrig angesetzt werden und damit dem Auftraggeber eine Manipulationsmöglichkeit eröffnet wird. Hat der Auftraggeber die Gewichtung der einzelnen Kriterien nicht bekannt gemacht, könnte dies dahingehend auszulegen sein, dass alle Kriterien gleich zu gewichten sind. Eine andere zulässige Auslegung ist nicht möglich. Ein Abrücken hiervon ist dann je-

---

23 *VK Sachsen* vom 21. 2. 2006 – 1/SVK/4/06.
24 *VK Sachsen* a. a. O.
25 *VK Nordbayern* vom 23. 5. 2006 – 21 VK – 3194–16/06.
26 *EuGH* vom 12. 12. 2002 – Rs. C-470/99; *OLG Bremen* vom 13. 11. 2003 – Verg 8/03; *OLG Düsseldorf* vom 29. 10. 2003 – Verg 43/03.
27 *EuGH* vom 12. 12. 2002 – Rs. C-479/99; *OLG Düsseldorf* vom 29. 10. 2003 – Verg 43/03 und vom 23. 3. 2005 – Verg 77/04; *OLG Bremen* vom 14. 4. 2004 – Verg 1/05.
28 *VK Arnsberg* vom 4. 5. 2005 – VK 3 – 25/05.
29 *OLG Düsseldorf* vom 23. 3. 2005 – Verg 77/04.

doch wegen Verstoßes gegen das Transparenzgebot und den Gleichbehandlungsgrundsatz vergaberechtswidrig.

5. Zeitpunkt der Bekanntgabe der Gewichtung

26 In § 25 a ist kein Zeitpunkt genannt, zu welchem eine Gewichtung durch den Auftraggeber festzulegen ist. Auch hier gilt aber, dass dies spätestens mit Übersendung der Vergabeunterlagen erfolgen muss, da sich sonst die Bieter nicht mehr darauf einstellen können. Die bisher gängige Praxis, die Gewichtung durch die Aufstellung von Wertungsleitfäden oder ähnlichem erst später vorzunehmen, entspricht nicht mehr der EG-Richtlinie.[30]

6. Berücksichtigung nur der bekanntgemachten Gewichtung

27 Zwar erlegt der Wortlaut des § 25 a Nr. 2 dem Auftraggeber lediglich die Pflicht auf, nur diejenigen Kriterien zu verwenden, die er in der Bekanntmachung oder in den Vergabeunterlagen genant hat.[31] Ausdrücklich nicht genannt ist die Pflicht, die Kriterien auch in der festgelegten Gewichtung zu verwenden. Doch ergibt sich dies aus dem Transparenz- und Gleichbehandlungsgebot. Hat demnach der Auftraggeber eine Gewichtung in einer bestimmten Reihenfolge festgelegt, ist er an diese gebunden. Er darf die Gewichtung auch dann nicht mehr ändern, wenn er nachträglich sieht, dass eine andere Gewichtung für ihn vorteilhafter gewesen wäre. Die Gewichtung darf auch nicht mehr vor Öffnung der Angebote geändert werden,[32] da eine Umverteilung der für die ursprünglich vorgesehene Punktevergabe wichtigen Kriterien und eine dementsprechende Werteverschiebung nach der Bekanntmachung an die Bieter dem Transparenzgebot und dem Gleichbehandlungsgebot widersprechen würde. Dem Bieter muss bei Angebotsabgabe klar sein, nach welchen Gesichtspunkten sein Angebot und das der anderen Bieter gewertet werden.

V. Ungewöhnlich niedrige Angebote aufgrund staatlicher Beihilfe

1. Allgemeines

28 Der Wettbewerbsgrundsatz verlangt grundsätzlich, dass alle Bieter unter gleichen Bedingungen im freien Wettbewerb gegeneinander antreten. Kann ein Bieter ein ungewöhnlich niedriges Angebot deshalb abgeben, weil er eine staatliche Förderung enthält, widerspricht dies im Grunde genommen dem Wettbewerbsgedanken, weil dieser Bieter gegenüber seinen Mitkonkurrenten im Vorteil ist. Deshalb sieht § 25 a Nr. 2 Abs. 3 vor, dass solche Angebote zurückgewiesen werden können, wenn das Unternehmen nach Fristsetzung nicht nachweisen kann, dass ihm die Beihilfe rechtmäßig gewährt worden ist. Ist die Beihilfe rechtmäßig gewährt worden, ist für den begüns-

---

30 Vgl. hierzu *OLG München* vom 28. 4. 2006 – Verg 6/06 mit Darstellung der bisherigen Rechtsprechung (VOF).
31 *OLG München* vom 20. 4. 2005 – Verg 8/05.
32 Vgl. hierzu Schlussanträge des Generalanwalts beim EuGH vom 22. 9. 2005 – Rs. C-331/04.

tigten Bieter kein ungerechtfertigter Wettbewerbsvorteil mehr gegeben; vielmehr dient eine Beihilfe dann gerade dazu, Wettbewerbsnachteile auszugleichen und den Bieter wettbewerbsfähig zu machen.

2. Staatliche Beihilfe

Der Begriff staatliche Beihilfe ist in den Erläuterungen zu § 25 b Nr. 2 Abs. 3 definiert. Staatliche Beihilfen sind Leistungen aus öffentlichen Mitteln nach Bundes-, Landes- oder EG-Recht an Betriebe, die wenigstens zum Teil ohne marktmäßige Gegenleistung gewährt werden und der Wirtschaftsförderung dienen sollen. Der Begriff der Beihilfe umfasst den Begriff der Subvention mit. Subventionen sind positive Leistungen, also Sach- oder Geldleistungen, die Unternehmen gewährt werden. Unter den Oberbegriff der Beihilfen fallen darüber hinaus auch andere Arten der Unterstützung von Unternehmen, welche ihre Belastung vermindern sollen, wie z. B. Steuervergünstigungen.[33] Ob eine staatliche Leistung eine Beihilfe darstellt, ergibt sich nicht aus den Gründen ihrer Gewährung oder den mit ihr verfolgten Zielen, sondern aus ihren Wirkungen. Als typisch für die Beihilfe wird die begünstigende Wirkung bei den Unternehmen angesehen, ohne dass das begünstigte Unternehmen eine entsprechende Gegenleistung erbringen muss. Einer unmittelbaren staatlichen Zuwendung an die Begünstigten bedarf es nicht. Eine Beihilfe ist vielmehr auch dann gegeben, wenn Unternehmen unterstützt werden, damit diese Waren oder Leistungen des zu begünstigenden Unternehmens abnehmen.[34]

29

3. Ungewöhnlich niedrige Angebote

Als ungewöhnlich niedrig werden Angebote angesehen, welche in keinem angemessenen Verhältnis zur angebotenen Leistung stehen, so dass die Befürchtung besteht, dass der Bieter die Leistung nicht ordnungsgemäß erbringen wird. Durch die Formulierung »ungewöhnlich« wird deutlich gemacht, dass eine erhebliche Abweichung zu dem üblichen Preis vorliegen muss. Im Einzelnen kann hier auf die Kommentierung zu § 25 Nr. 2 Abs. 2 Satz 1 verwiesen werden.[35]

30

4. Fristsetzung

Ohne Fristsetzung darf ein aufgrund einer staatlichen Beihilfe ungewöhnlich niedriges Angebot nicht zurückgewiesen werden. Die Frist ist so zu bemessen, dass der Bieter in der Lage ist, in dem genannten Zeitraum den entsprechenden Nachweis herbeizuschaffen. Dies hängt vom jeweiligen Einzelfall ab. Weder darf dem Bieter der Beweis der Rechtmäßigkeit abgeschnitten werden noch darf eine erhebliche Verzögerung des Ausschreibungsverfahrens verursacht werden.

31

---

33 *Kulartz* in: Daub/Eberstein VOL/A 5. Aufl. § 25 b Rn. 9.
34 *Kulartz* a. a. O.
35 Vgl. § 25 Rn. 135 ff.

5. Nachweis durch Unternehmen

32 Der Bieter trägt die Darlegungs- und Beweislast für die Rechtmäßigkeit der ihm gewährten Beihilfe,[36] da er trotz des ungewöhnlich niedrigen Angebotes ein Recht auf Wertung, also eine für ihn vorteilhafte Stellung, beansprucht. Der Auftraggeber ist nicht dazu verpflichtet, selbst Ermittlungen anzustellen. Das Unternehmen muss aber nicht eine förmliche Bescheinigung der Kommission vorlegen; es genügt jedes öffentlich zugängliche Dokument, wie z. B. der Ausdruck aus dem EG-Amtsblatt.[37]

6. Zurückweisung

33 Ein Angebot darf erst dann zurückgewiesen werden, wenn das Unternehmen nach Fristsetzung und Ablauf der Frist keinen Nachweis erbringen konnte, dass die Beihilfe rechtmäßig gewährt worden ist. Stellt sich erst nach Fristablauf heraus, dass die Beihilfe zu Recht gewährt wird, oder kann der Bieter erst nach Fristablauf den entsprechenden Nachweis vorlegen, nützt ihm dies nichts. Die Zurückweisung seines Angebotes ist korrekt erfolgt; der Grundsatz, dass Vergabeverfahren beschleunigt durchzuführen sind, um eine rasche Auftragsvergabe zu ermöglichen, macht ein längeres Zuwarten auf die Einreichung eines Nachweises und eine nachträgliche Korrektur einer einmal getroffenen Entscheidung unmöglich.

7. Unterrichtung der Kommission

34 Wird das Angebot eines Bieters allein aus diesem Grund zurückgewiesen, hat der Auftraggeber die Kommission hiervon zu unterrichten. Sinn der Unterrichtung ist es, der Kommission eine Überprüfung der gewährten Beihilfe zu ermöglichen.

VI. Berücksichtigung von Nebenangeboten

1. Nebenangebote

35 Nebenangebote sind Angebote, die vom Hauptangebot bzw. von den Anforderungen, welche die Leistungsbeschreibung an ein Hauptangebot stellt, abweichen. Sie können neben, aber auch ohne Hauptangebot abgegeben werden, und auch in einer abweichenden Ausfüllung des Leistungsverzeichnisses liegen; es liegt in diesem Fall keine Veränderung an den Verdingungsunterlagen vor. Die RL 2004/18/EG verwendet den Begriff Varianten, der mit dem Begriff Nebenangebot identisch ist. Der früher in der VOL/A 2000 zusätzlich verwendete Begriff Änderungsvorschläge besagt nichts anderes. Technische Nebenangebote beziehen sich auf den eigentlichen Leistungsinhalt; wirtschaftliche oder kaufmännische Nebenangebote liegen vor, wenn von den vertraglichen Bedingungen abgewichen werden soll, z. B. durch die Vereinbarung anderer Lieferfristen oder eine andere Abrechnungsweise. Preisnachlässe ohne Bedingung oder Skonti sind jedoch keine Nebenangebote.

---

36 *Kratzenberg* in: Ingenstau/Korbion VOB/A § 25 b Rn. 3.
37 *Rusam* in: Heiermann/Riedl/Rusam VOB/A § 25 b Rn. 3.

Die Wertung von Nebenangeboten vollzieht sich in vier Stufen. In der ersten Stufe **36** wird geprüft, ob Nebenangebote überhaupt zugelassen sind. Auf der zweiten Stufe wird geschaut, ob das Nebenangebot die Mindestanforderungen, welche der Auftraggeber für Nebenangebote aufgestellt hat, auch erfüllt. Dann folgt die Prüfung, ob eine Gleichwertigkeit mit dem Hauptangebot gegeben ist, bevor dann der Wirtschaftlichkeitsvergleich mit den anderen Haupt- und Nebenangeboten vorgenommen wird. Die früher zusätzlich vorgenommene Prüfung, ob für das Nebenangebot der Nachweis der Gleichwertigkeit erbracht ist, ist nach der so genannten Traunfellner-Entscheidung des EuGH (vgl. Fn. 38) nicht mehr vorzunehmen. Der Nachweis der Gleichwertigkeit ist mit der Erfüllung der Mindestanforderungen erbracht.

2. Mindestanforderungen

a) Allgemeines

Aus dem Wortlaut von § 25 a Nr. 3 ergibt sich nicht zwangsläufig, dass der Auftrag- **37** geber Mindestanforderungen für Nebenangebote aufzustellen hat, da nur davon die Rede ist, dass Nebenangebote die verlangten Mindestanforderungen erfüllen müssen, und eine Regelung für den Fall fehlt, dass keine Mindestanforderungen verlangt worden sind. Doch sagt der unmittelbar wirkende Art. 24 Abs. 3 der Richtlinie 2004/18/EG, dass der Auftraggeber verpflichtet ist, in den Verdingungsunterlagen die Mindestanforderungen zu nennen, die die Änderungsvorschläge erfüllen müssen und nur diese gewertet werden dürfen. Grundlage dieser Anforderungen ist die Rechtsprechung des EuGH.[38] Dieser hat ausgeführt, dass ein Hinweis des öffentlichen Auftraggebers auf nationale Vorschriften, die eine Gleichwertigkeit der Nebenangebote mit dem Hauptangebot fordern, nicht ausreicht. Dem Gleichbehandlungs- und Transparenzgebot werde nur Genüge getan, wenn der Bieter die konkreten Mindestanforderungen kenne und so beurteilen könne, ob sein Nebenangebot die Vorgaben erfüllt.

b) Formulierung der Mindestanforderungen

Der Auftraggeber hat festzulegen, welche Mindestanforderungen er an die Nebenan- **38** gebote stellt. Dies kann erhebliche Schwierigkeiten bereiten, weil Sinn der Zulassung von Nebenangeboten eigentlich die Ausschöpfung der Sach- und Fachkunde der Bewerber sein soll, welche dem Auftraggeber abweichende und möglicherweise bessere Lösungen anbieten können. Werden die Mindestanforderungen zu eng formuliert, besteht die Gefahr, dass wertvolle Nebenangebote und Änderungsvorschläge nicht gewertet werden dürfen. Auf der anderen Seite können die Mindestanforderungen nicht so vage formuliert werden, dass es wieder auf die reine Postulierung der Gleichwertigkeit von Haupt- und Nebenangebot und damit eine Verletzung des Transparenzgebotes hinauslaufen würde. Es reicht deshalb nicht aus, wenn lediglich formale Bedingungen aufgestellt werden,[39] wie z. B. dass die Kennzeichnung als Nebenangebot deutlich sein muss und die Nebenangebote auf einer besonderen Anlage gemacht werden müs-

---

38 Urteil des *EuGH* vom 16. 10. 2003 – Rs. C-241/01 – »Traunfellner«; a. A. *VK Lüneburg* vom 22. 3. 2006: die Aufstellung von Mindestanforderungen sei nicht aus dieser Entscheidung ableitbar.
39 *OLG Koblenz* vom 31. 5. 2006 – 1 Verg 3/06.

sen.[40] Denn dann kann der Bieter nicht abschätzen, ob sein Nebenangebot inhaltlich den Anforderungen entspricht und Chancen auf den Zuschlag hat. Es müssen leistungsbezogene Vorgaben gemacht werden, also sachlich- technische.[41] Allein der Hinweis auf die Anforderungen des Leistungsverzeichnisses reicht ebenfalls nicht aus, weil das Leistungsverzeichnis nur die Anforderungen an das Hauptangebot enthält.[42] Der allgemeine Hinweis des Auftraggebers auf das Erfordernis der Gleichwertigkeit von Nebenangebot und Hauptangebot reicht ebenso wenig aus[43] wie der ganz allgemein gehaltene Hinweis auf nationale Rechtsvorschriften, die eine gegenüber der ausgeschriebenen Leistung qualitativ gleichwertige Leistung fordern.[44] Doch sind Mindestanforderungen ausreichend bekannt gemacht, wenn in der Leistungsbeschreibung eingehend auf anzuwendende Richtlinien und Erlasse verwiesen wird.[45] Es ist auch nicht erforderlich, wenn für eine Leistung bestimmte gesetzliche Bestimmungen gelten, diese wiederholend als Mindestbedingungen zu formulieren oder die sich aus allgemein geltenden öffentlich-rechtlichen Vorschriften abzuleitenden Mindestbedingungen ausdrücklich zu benennen.[46] Das OLG Schleswig ist der Auffassung, dass bei Vorliegen von DIN-Normen für die Leistung eine separate Festlegung von Mindestanforderungen in technischer Hinsicht nicht notwendig ist. Es soll die Angabe von Mindestanforderungen nur dann erfolgen, wenn eine Anforderung betroffen ist, die nicht schon aus dem Kontext der Vergabeunterlagen hinlänglich klar bestimmt ist.[47] Diese Auffassung ist zu weitgehend und dürfte daher abzulehnen sein. Aus dem Transparenzgebot folgt, dass Klarheit über die vom Auftraggeber verlangten Mindestanforderungen herrschen muss. Das ist aber nicht mehr der Fall, wenn jeder Bieter den Kontext des Vertrages auslegen und werten muss. Auch soll es genügen, wenn sich die Mindestanforderungen aus dem Leitungsverzeichnis ergeben, auch wenn sie dort nicht formal als Mindestanforderungen für Nebenangebote ausgewiesen sind.[48] Dies ist abzulehnen, weil eine solche Vorgehensweise dem Transparenzgebot widerspricht: der Bieter weiß nicht, welche anderen Anforderungen zusätzlich zu den Anforderungen an das Hauptangebot seine Nebenangebote erfüllen müssen.

39 Bestritten ist weiter, ob Mindestanforderungen lediglich in technischer Hinsicht oder auch in kaufmännischer Hinsicht zu formulieren sind. Die Formulierung von Mindestanforderungen auch in kaufmännischer Hinsicht verlangen die VK Brandenburg[49] und die VK Nordbayern;[50] dagegen hat sich die 3. VK Bund[51] ausgesprochen. Zwar spricht viel für die letztgenannte Ansicht, weil die kaufmännische Lösung nicht die Leistungsausführung an sich betrifft, sondern die Frage, welches Angebot wirt-

---

40 A. A. *VK Lüneburg* vom 27. 6. 2005 – VgK – 23/2005 und vom 19. 4. 2005 – VgK – 11/2005.
41 *OLG Koblenz* vom 31. 5. 2006 – 1 Verg 3/06.
42 *OLG München* vom 5. 7. 2005 – Verg 9/05; *OLG Rostock* vom 24. 1. 2005 – 17 Verg 6/04; *VK Arnsberg* vom 16. 8. 2005 – VK 13/05.
43 *EuGH* vom 16. 10. 2003 – Rs. C-241/01.
44 *OLG Schleswig* vom 5. 4. 2005 – 6 Verg 1/05.
45 *OLG Düsseldorf* vom 7. 1. 2005 – Verg 106/04.
46 *OLG Schleswig* vom 5. 4. 2005 – 6 Verg 1/05.
47 *OLG Schleswig* vom 15. 2. 2005 – 6 Verg 6/04.
48 *OLG Schleswig* a. a. O.; *OLG Düsseldorf* vom 7. 1. 2005 – Verg 106/04.
49 *VK Brandenburg* vom 1. 3. 2005 – 8/05.
50 *VK Nordbayern* vom 11. 2. 2005 – 320. VK-3194–55/04.
51 *VK Bund* vom 4. 5. 2005 – VK-3–22/05.

schaftlich am günstigsten ist. Doch können sich verschiedene Abrechnungsmodelle, wie z. B. Pauschalpreis ohne einzelne Leistungskontrolle statt Einzelabrechnung nach Kontrolle, derart schwerwiegend auf die Qualität der Leistung und damit mittelbar auch auf die Art der Leistung auswirken, dass auch für kaufmännische Bedingungen Mindestanforderungen zu stellen sind.

Werden Mindestanforderungen formuliert, ist eine rein negative Abgrenzung ausreichend.[52] So können bestimmte Materialien ausgeschlossen werden[53] oder bestimmte verlangt werden. Es genügt der Hinweis auf bestimmte Richtlinien und Erlasse[54] oder der Hinweis auf Baugrund- und Gründungsgutachten.[55] Verwendet der Auftraggeber bei der Formulierung der Mindestanforderungen auslegungsbedürftige Begriffe (hier u. a. flächendeckende Entleerung von Grundstücksentwässerungsanlagen für die eine Tourenplanung notwendig ist), so ist die Auslegung vom Bieterhorizont aus vorzunehmen. Bei der Auslegung kann der Inhalt der übersandten Vergabeunterlagen sowie der Bekanntmachung herangezogen werden. Verbleiben dennoch Zweifel, muss eine Auslegung wegen der für den Bieter sich ergebenden Nachteile in Form der Gefahr eines Angebotsausschlusses restriktiv erfolgen.[56] Wenn eine Ausschreibung aus mehreren Losen besteht, muss für jedes Los eine gesonderte Mindestanforderung formuliert werden.[57] **40**

Hat der öffentliche Auftraggeber den Leistungsumfang komplett dadurch dargestellt, dass er die Entfernung und Entsorgung eines Altdachaufbaus und den Aufbau eines Neudaches ausgeschrieben hat, hat ein Bieter keinen Anspruch darauf, dass er nur den Teilabbau anbieten kann; auf ein sog. abgemagertes Nebenangebot muss der Auftraggeber den Zuschlag nicht erteilen.[58] **Abgemagerte Nebenangebote** entsprechen der Leistungsbeschreibung qualitativ oder quantitativ nicht; sie sind dem Hauptangebot nicht gleichwertig. Dies ist auf der dritten Wertungsstufe zu prüfen. **41**

3. Ausschluss

Die Vergabestelle ist an die von ihr aufgestellten Mindestanforderungen gebunden. Sie muss deshalb Angebote ausschließen, die diese Mindestanforderungen nicht erfüllen. Dies erfordert der Gleichbehandlungsgrundsatz und zwar unabhängig davon, ob der Auftraggeber in den Vergabeunterlagen ausdrücklich ausgesprochen hat, dass bei Nichterfüllung der Mindestanforderungen die Angebote auszuschließen sind oder nicht.[59] **42**

Sie muss aber auch Nebenangebote ausschließen, wenn keine Mindestanforderungen formuliert sind.[60] Eine Berücksichtigung würde dem Transparenzgebot und dem **43**

---

52 *VK Münster* vom 25. 1. 2006 – VK 23/05.
53 *VK Münster* vom 21. 12. 2005 – VK 25/05.
54 *OLG Düsseldorf* vom 7. 1. 2005 – Verg 106/04.
55 *VK Baden-Württemberg* vom 2. 8. 2005 – 1 VK 43/05.
56 *OLG Brandenburg* vom 5. 1. 2006 – Verg W 12/05.
57 *VK Brandenburg* vom 5. 4. 2005 – VK 9/05.
58 *OLG Hamm* vom 25. 10. 2005 – 24 U 39/05.
59 *VK Sachsen* vom 25. 7. 2005 – 1/SVK/84/05; *BayObLG* vom 22. 6. 2004 – Verg 13/04.
60 *BayObLG* vom 22. 6. 2004 – Verg 13/04; *OLG München* vom 11. 8. 2005 – Verg 12/05; *OLG Schleswig* vom 15. 2. 2005 – 6 Verg 6/04; *OLG Koblenz* vom 31. 5. 2006 – 1 Verg 3/06.

Gleichbehandlungsgebot widersprechen. Dies gilt auch dann, wenn der Auftraggeber in den Vergabeunterlagen oder in der Bekanntmachung ausdrücklich ausgesprochen hat, dass Nebenangebote erwünscht sind.

4. Rügepflicht des Unternehmens

44 Wenn der Bieter bemerkt, dass der Auftraggeber für die Nebenangebote keine Mindestanforderungen ausgesprochen hat, muss er dies unverzüglich rügen. Die Rüge muss spätestens bis zur Angebotsabgabe erfolgen.[61] Rügt er nicht rechtzeitig, kann er sich auf diesen Fehler später nicht mehr berufen; er ist mit diesem Vorbringen präkludiert und verliert seine Antragsbefugnis für ein einzuleitendes Nachprüfungsverfahren, § 107 Abs. 3 GWB.

VII. Rechtsschutz

1. Primärrechtsschutz

45 Wenn Verstöße gegen § 25 a durch den Auftraggeber erfolgen, können die benachteiligten Bieter ein Nachprüfungsverfahren einleiten. Sämtliche Regelungen des § 25 a sind bieterschützend; auch der Verstoß gegen die vorgeschriebene Gewichtung oder die Berücksichtigung eines wegen einer staatlichen Beihilfe ungewöhnlich niedrigen Angebots.

2. Sekundärrechtsschutz

46 Schadensersatzansprüche ergeben sich aus § 126 GWB, c. i. c. aus §§ 280 Abs. 1, 241 Abs. 2, 311 Abs. 2 Nr. 1 BGB, und des § 823 Abs. 2 BGB i. v. m. § 25 a. Der Bieter kann verlangen so gestellt zu werden, als wäre der Vergabeverstoß nicht begangen worden. Ein Schaden kann ihm aber nur dann entstanden sein, wenn er mit hoher Wahrscheinlichkeit den Zuschlag erhalten hätte oder er zumindest das preisgünstigste Angebot abgegeben hat.[62]

---

61 *VK Münster* vom 10. 2. 2005 – VK 35/04; *VK Brandenburg* vom 24. 11. 2005 – 1 VK 69/05.
62 Vgl. hierzu im Einzelnen Rn. 58 zu § 2.

§ 26 a
Mitteilung über den Verzicht auf die Vergabe

Die Entscheidung, auf die Vergabe eines dem EG-weiten Wettbewerb unterstellten Auftrages zu verzichten, teilt der Auftraggeber dem Amt für amtliche Veröffentlichungen der Europäischen Gemeinschaften[1] mit. Den Bewerbern oder Bietern teilt der Auftraggeber unverzüglich die Gründe für seine Entscheidung mit, auf die Vergabe eines im EG-Amtsblatt bekannt gemachten Auftrages zu verzichten oder das Verfahren erneut einzuleiten. Auf Antrag teilt er ihnen dies auch in Textform mit.

Inhaltsübersicht   Rn.

A. Allgemeine Grundlagen 1
B. Unterschiede zur VOB/A und zur VOF 3
    I. Unterschiede zur VOB/A 3
    II. Unterschiede zur VOF 5
C. Mitteilungspflicht gegenüber der EG (§ 26 a Satz 1 VOL/A) 6
D. Mitteilung gegenüber Bewerbern und Bietern (§ 26 a Satz 2 und Satz 3 VOL/A) 8
E. Ansprüche bei rechtswidrigem Vergabeverzicht des Auftraggebers ... 17

A. Allgemeine Grundlagen

§ 26 a VOL/A hat durch die Neufassung 2006 nur eine Änderung erfahren. Anders **1** noch als in der Altfassung (»schriftlich«) sind den Bewerbern oder Bietern gem. § 26 a S. 3 VOL/A auf Antrag die Gründe für die Entscheidung des Auftraggebers, auf die Vergabe eines im Amtblatt der Europäischen Gemeinschaften bekannt gemachten Auftrages zu verzichten oder das Verfahren erneut einzuleiten, auch in **Textform** mitzuteilen. Im Übrigen stellt die nur für Auftragsvergaben oberhalb der EU-Schwellenwerte zur Anwendung kommende Vorschrift des § 26 a VOL/A in ihrem S. 2 mit der dort geregelten Pflicht des Auftraggebers, den Bewerbern oder Bietern unverzüglich die Gründe für seine Entscheidung mitzuteilen, auf die Vergabe eines im Amtsblatt der Europäischen Gemeinschaften bekannt gemachten Auftrages zu **verzichten** oder das Verfahren **erneut einzuleiten** eine Umsetzung des **Art. 41 Abs. 1** der EU-Vergabekoordinierungsrichtlinie 2004/18/EG (EU-VKR) vom 31. März 2004 dar. Demgegenüber finden § 26 a S. 1 und S. 3 VOL/A keine unmittelbare Grundlage in der EU-VKR. So enthält Art. 43, letzter Satz, entgegen der zwingenden Verpflichtung in § 26 a S. 1 VOL/A nur die Vorgabe, dass der Vergabevermerk bzw. sein wesentlicher Inhalt, zu dem gem. Art. 43 h EU-VKR auch die Angabe der Gründe durch den Auftraggeber gehört, auf die Vergabe eines Auftrags zu verzichten, nur auf **Ersuchen** der EU-Kommission und nicht dem Amt für amtliche Veröffentlichungen der Europäischen Gemeinschaften mitgeteilt wird. Auch die Vorgabe in § 26 a S. 3 VOL/A, wonach der Auftraggeber auf Antrag die **Mitteilung in Textform**

---
[1] Amt für amtliche Veröffentlichungen der Europäischen Gemeinschaften, 2, rue Mercier, L-2985 Luxemburg, Telefon: 0035 2-2929-1, Telefax: 0035 2-292942 670, Internet: http://ted.eur-op.eu.int, E-Mail: mp-ojs@opoce.cec.eu.int.

§ 26 a Mitteilung über den Verzicht auf die Vergabe

verfasst, findet sich so direkt in der EU-VKR nicht. Vielmehr geht Art. 41 Abs. 1 S. 1 EU-VKR davon aus, dass auf Antrag der Verzicht auf die Vergabe **schriftlich** zu erfolgen hat.

2   Bereits in seiner Überschrift und der dortigen Wortwahl »**Verzicht auf die Vergabe**« gibt § 26 a VOL/A zu erkennen, dass der »nationale« Begriff der »Aufhebung der Ausschreibung« (vgl. § 26 VOL/A) jedenfalls für europaweite Vergabeverfahren nicht unmittelbar anzuwenden ist. Die Formulierung »Verzicht auf die Vergabe« geht auf das Urteil des Europäischen Gerichtshofs vom 18. Juni 2006 zurück.[2] In der Formulierung »Verzicht auf die Vergabe« in § 26 a VOL/A kommt zum Ausdruck, dass hiervon nicht nur die Fälle der Aufhebung der Ausschreibung, auf der Grundlage der dort aufgeführten vier Gründe (§ 26 Nr. 1 lit. a) bis d) VOL/A), sondern **jeglicher Verzicht** des Auftraggebers auf die Vergabe eines dem EG-weiten Wettbewerb unterstellten Auftrages erfasst sind. Hierzu gehört insbesondere auch der Fall der **Beendigung des Vergabeverfahrens** nach Entscheidung des Beschwerdegerichts auf der Grundlage des § 122 GWB.

B. Unterschiede zur VOB/A und zur VOF

I. Unterschiede zur VOB/A

3   Eine unmittelbare **Parallelität und Inhaltsgleichheit** findet sich zwischen der Vorschrift des § 26 a S. 2 und S. 3 VOL/A einerseits und § 26 a S. 1 und S. 2 VOB/A andererseits. Demgegenüber findet die Vorgabe in § 26 a S. 1 VOL/A, wonach der Auftraggeber die Entscheidung, auf die Vergabe eines dem EG-weiten Wettbewerb unterstellten Auftrags zu verzichten, in jedem Fall dem **Amt für amtliche Veröffentlichungen** der Europäischen Gemeinschaften mitzuteilen hat, keine Widerspiegelung in § 26 a VOB/A. Hier kann die EG-Kommission lediglich gem. § 33 a Nr. 1 VOB/A i. V. m. § 30 a lit. j) VOB/A auf Verlangen die Gründe erfahren, aus denen der öffentliche Auftraggeber auf die Vergabe eines Auftrages verzichtet hat.

4   Demgegenüber enthält § 26 a VOB/A in S. 3 eine Regelung, die sich in § 26 a VOL/A nicht findet. Danach kann der Auftraggeber bei seiner den Bewerbern oder Bietern gegenüber bestehenden Mitteilungspflicht über die Gründe für den Verzicht auf die Vergabe oder die Einleitung eines neuen Vergabeverfahrens **bestimmte Informationen** zurückhalten, wenn die Weitergabe den Gesetzesvollzug vereiteln würde oder sonst nicht im öffentlichen Interesse läge, oder die berechtigten Geschäftsinteressen von Unternehmen oder den fairen Wettbewerb beeinträchtigen würde. Auch wenn diese Regelung, die z. T. Art. 41 Abs. 3 der EU-VKR umsetzt, sich in § 26 a VOL/A nicht findet, muss eine Zurückhaltung bestimmter Informationen auch hier – ebenso wie bei der Regelung des § 27 a Nr. 2 VOL/A (siehe insoweit die dortige Kommentierung) – möglich sein. Grund ist, dass auch im Rahmen der Regelung des § 26 a VOL/A aus übergeordneten Gründen und Interessen den Bewerbern oder Bietern keine Informationen gegeben werden dürfen, die den Gesetzesvollzug vereiteln würden oder

---

2 *EuGH* VergabeR 2002, 361 ff. = NZBau 2002, 458 ff. »Hospital Ingenieure«.

sonst nicht im öffentlichen Interesse lägen oder die die berechtigten Geschäftsinteressen von Unternehmen oder den fairen Wettbewerb beeinträchtigen würden. Eine derartige Weitergabe wäre schon mit dem **Wettbewerbs-, dem Gleichbehandlungs- und Transparenzgebot** des Art. 2 der EU-VKR sowie des § 97 Abs. 1 und 2 GWB (vgl. auch § 2 Nr. 1 und Nr. 2 VOL/A) **unvereinbar.**

II. Unterschiede zur VOF

In § 17 Abs. 5 VOF findet sich eine dem § 26 a VOL/A entsprechende und im Ergebnis inhaltsgleiche Vorschrift. Dies gilt, auch wenn die VOF-Vorschrift im Einleitungssatz einen geringfügig anderen Wortlaut hat (§ 26 a S. 1 VOL/A: »Entscheidung«; § 17 Abs. 5 S. 1 VOF: »Beschluss«). Hieraus ergeben sich aber keine materiellen Unterschiede. Keine Differenzierungen ergeben sich ebenso daraus, dass § 26 a S. 2 VOL/A, anders als § 17 Abs. 5 S. 2 VOF, neben den Bewerbern auch die **Bieter** erwähnt. Grund hierfür ist allein, dass es im Verhandlungsverfahren nach der VOF (s. § 5 VOF) grundsätzlich keine Bieter gibt.

5

C. Mitteilungspflicht gegenüber der EG (§ 26 a Satz 1 VOL/A)

§ 26 a Satz 1 VOL/A verpflichtet den Auftraggeber dazu, die **Entscheidung**, auf die Vergabe eines dem EG-weiten Wettbewerb unterstellten Auftrages zu verzichten, dem **Amt für amtliche Veröffentlichungen der EG** mitzuteilen. Satz 1 des § 26 a VOL/A enthält **keine Voraussetzungen** für die **Art** der Mitteilung. Die Mitteilung kann daher auch **formlos** erfolgen. Aus Beweissicherheitsgründen empfiehlt sich jedoch wie in anderen Fällen des Vergabeverfahrens auch hier die **schriftliche Mitteilung** an das Amt für amtliche Veröffentlichungen der EG. Die Mitteilungspflicht kann sich darauf beschränken, die Entscheidung des Auftraggebers, auf die Vergabe des Auftrages zu verzichten, mitzuteilen. Denn die Angabe von **Gründen** wird vom Wortlaut des § 26 a Satz 1 VOL/A **nicht gefordert.** Jedoch ist es dem Auftraggeber schon zur Klarstellung und zur Gewährleistung der Transparenz seiner Entscheidung dringend zu empfehlen, dem Amt für amtliche Veröffentlichungen der EG auch kurz die Gründe für den Verzicht auf die Vergabe mitzuteilen. Hierbei sollte im Falle der Aufhebung der Ausschreibung nach § 26 VOL/A auf die Aufhebungsgründe nach § 26 Nr. 1 VOL/A verwiesen werden.

6

Von der Mitteilungspflicht des Auftraggebers bei einem Verzicht auf einen dem EG-weiten Wettbewerb unterstellten Auftrag ist **nicht der Verzicht auf die die Vorinformation** gem. § 17 a Nr. 3 VOL/A erfasst. Wie § 17 a Nr. 3 Abs. 1 Satz 1 VOL/A ebenso wie der dieser Vorschrift zugrunde liegende Art. 35 Abs. 1 der EU-VKR deutlich macht, handelt es sich bei den Vorinformationsverfahren nur um **nicht verbindliche Bekanntmachungen.** Vorteil einer erfolgten Vorinformation ist für den Auftraggeber insbesondere, dass er von der Möglichkeit einer Verkürzung der Fristen für den Eingang der Angebote Gebrauch machen kann. In dem Absehen von der eigentlichen Bekanntmachung eines nur durch jährliche Vorinformation angekündigten Auftrags

7

§ 26a Mitteilung über den Verzicht auf die Vergabe

liegt daher noch **kein** der Mitteilungspflicht des § 26a VOL/A unterliegender Verzicht auf die Vergabe des dem EG-Wettbewerb unterfallenden Auftrags.[3]

D. Mitteilung gegenüber Bewerbern und Bietern (§ 26a Satz 2 und Satz 3 VOL/A)

8 Nach § 26a Satz 2 VOL/A teilt der Auftraggeber den Bewerbern oder Bietern automatisch **und ohne Antrag durch diese unverzüglich**, also ohne schuldhaftes Zögern (§ 121 BGB), die Gründe für seine Entscheidung mit, auf die Vergabe eines im Amtsblatt der Europäischen Gemeinschaften bekannt gemachten Auftrages **zu verzichten** oder das Verfahren **erneut einzuleiten**. Das Interesse der Bewerber oder Bieter an einer unverzüglichen Benachrichtigung ergibt sich aus dem mit der Einleitung des Vergabeverfahrens gegenüber dem Auftraggeber zustande gekommenen **Vertrauensverhältnis**. Dies bedingt, dass die Bewerber oder Bieter nicht nur ein hohes Interesse an einer sachgerechten Entscheidung des Auftraggebers im Hinblick auf die Bewertung ihrer Angebote und den Zuschlag haben; um möglichst schnell wieder disponieren zu können sind sie vielmehr aus dem mit dem Auftraggeber bestehenden Vertrauensverhältnis auch daran interessiert, sobald wie möglich die Gründe für den **Verzicht auf die Vergabe** zu erfahren bzw. darüber Kenntnis zu erlangen, ob der Auftraggeber beabsichtigt, erneut ein Vergabeverfahren einzuleiten.

9 Die Mitteilung über den **Verzicht** auf die Vergabe eines bereits bekannt gemachten Auftrages betrifft aufgrund des weiteren Wortlauts des § 26a Satz 2 VOL/A alle Möglichkeiten der vorzeitigen Beendigung des Vergabeverfahrens **ohne Zuschlagserteilung**. Der Verzicht beinhaltet damit insbesondere die Aufhebung der Ausschreibung (vgl. die Kommentierung zu § 26 VOL/A) sowie auch die Beendigung des Vergabeverfahrens nach einer Entscheidung des Beschwerdegerichts (vgl. § 122 GWB). Für die Mitteilungspflicht hinzukommen muss, dass der Auftrag bereits im Amtsblatt der Europäischen Gemeinschaften **bekannt gemacht** worden war. Hieraus folgt, dass beim Verzicht auf ein bereits eingeleitetes **Verhandlungsverfahren ohne Öffentliche Vergabebekanntmachung** keine Mitteilungspflicht des Auftraggebers besteht.

10 Der Hauptfall eines Verzichts des Auftraggebers auf die Vergabe eines bereits bekannt gemachten Auftrages trifft die **Aufhebung der Ausschreibung** gem. § 26 VOL/A. Macht der Auftraggeber von der ihm nach § 26 Nr. 1 VOL/A zustehenden Möglichkeit Gebrauch, die Ausschreibung aufzuheben, muss er den Bewerbern oder Bietern unverzüglich die Gründe für diese Verzichtsentscheidung mitteilen. Diese Mitteilungspflicht betrifft sowohl die **rechtmäßige als auch die rechtswidrige Aufhebung** der Ausschreibung. Insoweit ist jedoch zu beachten, dass der **Verzicht** auf die Vergabe nach § 26a Satz 2 VOL/A inhaltlich, etwa mit der Regelung des § 122 GWB als Beendigungsgrund, über die in § 26 Nr. 1 VOL/A der Basisvorschrift genannten Gründe hinausgeht.[4] Jedoch haben die Vergabekammern und Vergabesenate wegen der Über-

---

[3] So auch: *Fett* in: Müller-Wrede, § 26a Rn. 11.
[4] *EuGH* VergabeR 2002, 361 ff. = NZBau 2002, 458 ff. – Ziffer 40.

nahme der Basisvorschrift des § 26 Nr. 1 VOL/A in den 2. Abschnitt der VOL/A (vgl. § 4 VgV) jedenfalls stets zu prüfen, ob die Anforderungen an § 26 Nr. 1 VOL/A erfüllt sind. Nur wenn umgekehrt die Anforderungen des § 26 Nr. 1 VOL/A der Basisvorschrift hinter den gemeinschaftsrechtlichen Vorgaben, wie sie der EuGH entwickelt hat, zurückbleiben, würde ein **Umsetzungsdefizit** des nationalen Rechts bestehen.[5]

In der Mitteilung des Auftraggebers an die Bewerber oder Bieter über den Verzicht auf die Vergabe muss der Auftraggeber diesen gegenüber unverzüglich, also ohne schuldhaftes Zögern (maximal zwei bis drei Tage), auch die **Gründe** für seine Entscheidung zum Verzicht angeben. Bei der Angabe der Gründe reicht eine **stichwortartige Beschreibung** aus.[6] Nicht erforderlich ist daher eine detaillierte und umfassende Begründung unter Angabe von Beweismitteln. Grundsätzlich kann der Auftraggeber im Hinblick auf die anzugebenden Gründe bei einer Aufhebung der Ausschreibung auf die einzelnen Tatbestandsmerkmale des § 26 Nr. 1 lit. a) bis d) VOL/A zurückgreifen. Wegen der Einzelheiten für die Angabe der Gründe kann daher auf die Kommentierung zu § 26 Nr. 1 VOL/A zurückgegriffen werden. **11**

Der Verzicht auf die Vergabe betrifft auch den **Spezialfall des** § 122 GWB über das Ende des Vergabeverfahrens nach einer Entscheidung des Beschwerdegerichts, also im Rahmen eines Nachprüfungsverfahrens. Geregelt ist hier im Sinne einer gesetzlichen **Beendigungsfiktion** der Sachverhalt, bei dem in einem Rechtsschutzverfahren wegen einer Verletzung von Vergabevorschriften die Vergabekammer bereits in erster Instanz im Hauptsacheverfahren entschieden hat, dass der Auftraggeber gegen Vergabevorschriften verstoßen und damit Rechte eines Unternehmens verletzt hat. Wenn hiernach auch das Beschwerdegericht als zweite Instanz in einem Eilverfahren, aber doch nach sorgfältiger Prüfung, den Antrag des Auftraggebers auf Vorabentscheidung über den Zuschlag **abgelehnt hat**, soll dem Auftraggeber die Fortsetzung des Vergabeverfahrens in der Hauptsache verwehrt werden. Insoweit bestimmt § 122 GWB, dass im Falle des Unterliegens des Auftraggebers vor dem Beschwerdegericht das Vergabeverfahren **nach Ablauf von zehn Tagen** nach Zustellung der Entscheidung durch den Vergabesenat als beendet gilt, wenn der Auftraggeber nicht die Maßnahmen zur Herstellung der Rechtmäßigkeit des Verfahrens ergreift, die sich aus der Entscheidung ergeben. **12**

Mit § 122 GWB soll die Fortsetzung eines Gerichtsverfahrens ohne realistische Erfolgsaussicht vermieden werden. Wenn daher der Auftraggeber in einer angemessenen Frist von **zehn Tagen** nicht reagiert, wird das Vergabeverfahren **per gesetzlicher Anordnung** beendet. Die Zehn-Tagesfrist ist nicht verlängerbar. Der Auftraggeber kann daher der gesetzlichen Beendigungsfiktion nur dadurch entgehen, dass er innerhalb dieser Frist sämtliche vom Beschwerdegericht anerkannten und festgestellten Fehler im Rahmen des Vergabeverfahrens beseitigt und damit auf dessen Rechtmäßigkeit hinwirkt.[7] **13**

---

5 *Hübner* VergabeR 2002, 429, 431; *Reidt/Brosios/Gerstorf* VergabeR 2002, 580, 585; *Knittke/Michels* VergabeR 2002, 571, 584.
6 Vgl. *OLG Koblenz* VergabeR 2003, 448 ff. mit Anm. v. *Erdl*.
7 Vgl. zu § 122 GWB im Einzelnen: *Kulartz/Kus/Portz* Kommentar zum GWB-Vergaberecht.

§ 26 a Mitteilung über den Verzicht auf die Vergabe

14 Beseitigt der Auftraggeber die festgestellten Fehler nicht, **gilt** das Vergabeverfahren zehn Tage nach Zustellung der Vergabesenatsentscheidung als **beendet**. In diesem Fall haben die Bewerber und Bieter, die im Rahmen der Ausschreibung regelmäßig nicht unerhebliche Aufwendungen gehabt haben, ein unmittelbares Interesse daran, von der Beendigung des Vergabeverfahrens **unverzüglich** unterrichtet zu werden. Erst durch die Unterrichtung sind die Bewerber und Bieter wieder in der Lage, hinsichtlich ihrer Betriebsmittel und ihres Personaleinsatzes sicher planen und disponieren zu können.

15 Die Mitteilung über den Verzicht auf die Vergabe muss zusätzlich auch die Angabe enthalten, ob der Auftraggeber ein **neues Vergabeverfahren** einleiten will. Mit dieser Unterrichtung haben Bewerber und Bieter die frühzeitige Möglichkeit, ihre unternehmerische Planung ggf. auf ein neues Vergabeverfahren einzurichten. Um die Bewerber oder Bieter in den Stand zu versetzen, konkrete Planungen und Überlegungen anzustellen, sollte sich die Mitteilung daher nicht nur auf die bloße Information der Einleitung eines erneuten Vergabeverfahrens beschränken. Wegen des zwischen den Parteien begründeten Vertrauensverhältnisses ist es vielmehr angezeigt, dass der Auftraggeber den Bewerbern oder Bietern auch den **Zeitpunkt, die Art des Vergabeverfahrens** sowie ggf. – insbesondere bei vorgenommenen Änderungen – auch den **Auftragsumfang** mitteilt. Die Mitteilungspflicht gilt grundsätzlich auch für das Verhandlungsverfahren ohne vorherige Öffentliche Vergabebekanntmachung. Auch bei diesem Verfahren haben Bewerber und Bieter regelmäßig ein Interesse daran, zu erfahren, ob sie sich hierfür bereithalten sollen und ob die Gründe für dessen Anwendung nach den Vergaberegeln überhaupt gegeben sind. Daher muss die Mitteilung nach § 26 a Satz 2 VOL/A gegenüber den Bewerbern oder Bietern auch diese Information enthalten.

16 Nach § 26 a Satz 3 VOL/A teilt der Auftraggeber den Bewerbern oder Bietern **auf Antrag** seinen Verzicht auf die Vergabe sowie die Gründe hierfür auch in **Textform** mit. Insoweit bestimmt § 126 b BGB, dass dann, wenn durch Gesetz Textform vorgeschrieben ist, die Erklärung in einer Urkunde oder auf andere zur dauerhaften Wiedergabe in Schriftzeichen geeignete Weise abgegeben werden muss. Dabei ist die Person des Erklärenden zu nennen und der Abschluss der Erklärung durch Nachbildung der Namensunterschrift oder anders erkennbar zu machen. Die Textform der Mitteilung kann auch über Telefax sowie gem. § 126 Abs. 3 i. V. m. § 126 a Abs. 1 BGB auch in elektronischer Form (E-Mail) gewährleistet werden.

E. Ansprüche bei rechtswidrigem Vergabeverzicht des Auftraggebers

17 Verzichtet der Auftraggeber, z. B. nach einer rechtswidrigen Aufhebung der Ausschreibung, bei einem Vergabeverfahren oberhalb des EU-Schwellenwerts auf eine weitere Durchführung, kommen für Bewerber und Bieter zunächst die in der Kommentierung zu der Basisvorschrift des § 26 VOL/A behandelten **Schadensersatzansprüche aus culpa in contrahendo** (c. i. c., vgl. § 311 Abs. 2 i. V. m. §§ 241 Abs. 2, 280 ff. BGB) in Betracht. Diese Ersatzansprüche sind grundsätzlich wegen der nicht erfolgten Zuschlagserteilung durch den Auftraggeber auf das negative Interesse gerichtet. Bei einem rechtswidrigen Verzicht eines gem. § 26a VOL/A oberhalb der EU-Schwellenwerte stattfindenden Vergabeverfahrens kann darüber hinaus ein Anspruch eines Unternehmens auch auf § 823 Abs. 2 BGB i. V. m. §§ 26a, 26 VOL/A als **vergaberechtliche Schutznormen** gestützt werden. Insoweit bestimmt die nur bei Vergabeverfahren oberhalb der EU-Auftragswerte (vgl. § 100 Abs. 1 GWB) eingreifende Bestimmung des § 97 Abs. 7 GWB, dass die Unternehmen einen **subjektiven Anspruch** auf Einhaltung der Vergabebestimmungen durch den Auftraggeber haben. Damit werden die vergaberechtlichen Vorschriften, wozu auch die Vorschriften über den Verzicht auf die Vergabe gehören, zu Schutzgesetzen i. S. d. § 823 Abs. 2 BGB.[8]

Weiter kommt bei einem **rechtswidrigen Verzicht** des Auftraggebers, der Auftragsvergaben oberhalb der EU-Schwellenwerte betrifft, die Einleitung eines **Nachprüfungsverfahrens** durch ein hierdurch geschädigtes Unternehmen gem. §§ 102 ff. GWB vor den Vergabekammern und den Vergabesenaten in Betracht. Im Rahmen eines derartigen Nachprüfungsverfahrens können die Nachprüfungsstellen auf der Grundlage des Urteils des Europäischen Gerichtshofs vom 18. 6. 2002[9] und des Beschlusses des BGH vom 18. 2. 2003[10] auch eine **vor** Einleitung des Nachprüfungsverfahrens bereits erfolgte **rechtswidrige Aufhebung** (Verzicht) eines Vergabeverfahrens nachprüfen lassen.[11] **18**

Wird im Rahmen eines Nachprüfungsverfahrens festgestellt, dass ein Auftraggeber die Ausschreibung **rechtswidrig** aufgehoben bzw. rechtswidrig auf die Vergabe verzichtet hat, kann ein Bieter hieraus auch gem. § 126 GWB den **Ersatz des Vertrauensschadens** verlangen. Zu diesem Ersatzanspruch gehören nach dem Wortlaut der Bestimmung die Kosten der Vorbereitung des Angebots oder der Teilnahme an einem Vergabeverfahren. Voraussetzung ist aber, dass das den Anspruch geltend machende Unternehmen ohne den Rechtsverstoß bei der Wertung der Angebote eine **echte Chance** gehabt hätte, den Zuschlag zu erhalten. Weiterreichende Schadensersatzansprüche bleiben nach der Vorschrift ausdrücklich unberührt. **19**

Während daher die **Entscheidung** des Auftraggebers über den **Verzicht** auf die Vergabe Ersatzansprüche auslöst bzw. im vergaberechtlichen Nachprüfungsverfahren angreifbar ist, ist eine **reine Verletzung der in § 26a VOL/A geregelten Mitteilungspflichten** grundsätzlich **nicht** im Wege von Ersatzansprüchen oder Nachprüfungsverfahren angreifbar. Insbesondere haben Bewerber oder Bieter auf der Grundlage einer reinen Verletzung der Mitteilungspflichten grundsätzlich gegen den Auftraggeber **keine individuellen und subjektiven Ansprüche** wegen einer Rechtsverletzung. Etwas anderes kann **ausnahmsweise** nur dann gelten, wenn Bewerbern oder Bietern **20**

---
8 Beck'scher VOB-Komm./*Jasper* A § 26a Rn. 23.
9 *EuGH* VergabeR 2002, 361 ff. = NZBau 2002, 458 ff.; vgl. hierzu *Meihr* Primärrechtsschutz bei der Aufhebung einer Ausschreibung? NZBau 2003, 137 ff.
10 BGH VergabeR 2003, 313 ff. = NZBau 2003, 293 ff.
11 Vgl. zu dem Urteil: *Gnittke/Michels* VergabeR 2002, 571 ff.; *Hübner* VergabeR 2002, 429 ff.; *Portz* »Aufhebung von Ausschreibungen im Nachprüfungsverfahren angreifbar« ZfBR 2002, 551 ff.; *Prieß* »EuGH locuta, causa finita« NZBau 2002, 433 f.; *Reidt/Brosius-Gersdorf* VergabeR 2002, 580 ff. Zu dem gesamten mit der Entscheidung des Europäischen Gerichtshofs zusammenhängenden Themenkomplex wird im Übrigen auf die Kommentierung zu § 26 VOB/A verwiesen.

§ 26 a Mitteilung über den Verzicht auf die Vergabe

nicht bzw. nicht unverzüglich die Gründe für die Entscheidung des Auftraggebers, auf die Vergabe des bekannt gemachten Auftrags zu verzichten bzw. das Verfahren erneut einzuleiten, mitgeteilt worden sind und ihnen hierdurch – etwa weil sie glaubten sie seien im Rahmen der Zuschlagsfrist noch an ihre Angebote gebunden – ein tatsächlicher Schaden entstanden ist. Über diese Ausnahmefälle hinaus hat die reine Mitteilungspflicht des § 26 a VOL/A gegenüber den Bewerbern oder Bietern aber **keinen individuell schützenden Charakter** und kann daher grundsätzlich nicht im Wege eines Nachprüfungsverfahrens zur Erzielung von Primärrechtsschutz gem. §§ 102 ff. GWB überprüft werden.

§ 27 a
Nicht berücksichtigte Bewerbungen und Angebote

1. Der Auftraggeber teilt unverzüglich, spätestens innerhalb von 15 Tagen, nach Eingang eines entsprechenden Antrags den nicht berücksichtigten Bewerbern oder Bietern die Gründe für die Ablehnung ihrer Bewerbung oder ihres Angebotes und den Bietern, die ein ordnungsgemäßes Angebot eingereicht haben, auch die Merkmale und Vorteile des erfolgreichen Angebots und den Namen des erfolgreichen Bieters mit.

2. Der Auftraggeber kann in Nummer 1 genannte Informationen zurückhalten, wenn die Weitergabe den Gesetzesvollzug vereiteln würde oder sonst nicht im öffentlichen Interesse läge, oder die berechtigen Geschäftsinteressen von Unternehmen oder den fairen Wettbewerb beeinträchtigten würde.

Inhaltsübersicht   Rn.

A. Allgemeine Grundlagen	1
B. Unterschiede zur VOB/A und zur VOF	2
I. Unterschiede zur VOB/A	2
II. Unterschiede zur VOF	7
C. Mitteilungspflicht des Auftraggebers (§ 27 a Nr. 1 VOL/A)	9
I. Ziel der Mitteilungspflicht	9
II. Umfang der Mitteilungspflicht	11
III. Frist der Mitteilung für den Auftraggeber	18
IV. Folgen der Mitteilung	20
D. Zurückhaltung von Informationen (§ 27 a Nr. 2 VOL/A)	21
E. Rechtsschutz	27
I. Primärrechtsschutz	27
II. Sekundärrechtsschutz	28
F. Die Parallelvorschrift des § 13 VgV	29
I. Ziel: Effektiver Primärrechtsschutz	29
II. Adressat der Informationspflicht nach § 13 VgV	33
III. Umfang der Informationspflicht nach § 13 VgV	34
IV. Form und Frist für die Informationserteilung nach § 13 VgV	37
V. Keine Information gem. § 13 VgV über beabsichtigte Aufhebung der Ausschreibung	39
VI. Nichtigkeitsfolge bei Missachtung der Informationspflicht gem. § 13 VgV	42
1. Normierung eines gesetzlichen Verbots	42
2. Unzureichende Information	43
VII. De-facto-Vergaben ohne wettbewerbliches Verfahren: Keine Nichtigkeitsfolge gem. § 13 VgV	44
VIII. De-facto-Vergabe nach Wettbewerb: Entsprechende Anwendung des § 13 VgV	51
IX. Ausblick zur Neuregelung von De-facto-Vergaben auf europäischer Ebene	56
1. Die Rechtsprechung des EuGH vom 11. 1. 2005 (»Stadt Halle«)	56
2. Richtlinienvorschlag der EU-Kommission zur Verbesserung der Nachprüfungsverfahren	60

§ 27 a Nicht berücksichtigte Bewerbungen und Angebote

A. Allgemeine Grundlagen

1 Die Vorschrift des § 27 a VOL/A ist in der Neufassung 2006 nur geringfügig geändert worden. Die Neuerung betrifft § 27 a Nr. 1 VOL/A. Anders als in der alten Fassung ist nunmehr dort bestimmt, dass der Auftraggeber den nicht berücksichtigten Bewerbern oder Bietern **unverzüglich, spätestens** innerhalb von 15 Tagen nach Eingang eines entsprechenden Antrags, die Gründe für die Ablehnung ihrer Bewerbung oder ihres Angebotes und den Bietern, die ein ordnungsgemäßes Angebot eingereicht haben, auch die Merkmale und Vorteile des erfolgreichen Angebots und den Namen des erfolgreichen Bieters mitteilt. Mit der Aufnahme der beiden Worte »unverzüglich, spätestens« wird deutlich, dass der Auftraggeber für seine Mitteilung nicht mehr wie bisher grundsätzlich 15 Tage nach Eingang eines entsprechenden Antrags abwarten darf, sondern in jedem Fall verpflichtet ist, **unverzüglich** seiner Mitteilungspflicht nachzukommen. Damit wird klargestellt, dass die 15-Tagesfrist ausdrücklich als nur **ausnahmsweise** eingreifende Maximalfrist anzusehen ist. Das Abstellen auf die »**unverzügliche**« Mitteilung durch den Auftraggeber in § 27 a Nr. 1 VOL/A beruht auf der Vorschrift des Art. 41 Abs. 1 der EU-VKR vom 31. März 2004. Dort ist bestimmt, dass der öffentliche Auftraggeber den Bewerbern und Bietern **schnellstmöglich** die entsprechende Mitteilung macht.

B. Unterschiede zur VOB/A und zur VOF

I. Unterschiede zur VOB/A

2 § 27 a VOL/A (»Nicht berücksichtigte Bewerbungen und Angebote«) findet eine – allerdings nicht vollständig identische – Entsprechung in § 27 a VOB/A (»Nicht berücksichtigte Bewerbungen«). Für die Mitteilungspflicht des Auftraggebers ist nach beiden Vorschriften ein ausdrücklicher **Antrag** durch die nicht berücksichtigten Bewerber oder Bieter erforderlich. Während dieser Antrag nach § 27 a Nr. 1 VOB/A **schriftlich** gestellt werden muss, sieht § 27 a Nr. 1 VOL/A kein derartiges Formerfordernis vor. Danach könnte hier auch ein telefonischer oder sonst mündlicher Antrag durch die nicht berücksichtigten Bewerber oder Bieter ausreichen. Jedoch ist auch nach der VOL-Vorschrift schon aus **Beweisgründen** – ebenso wie dies die Basisvorschrift des § 27 Nr. 1 in Satz 2 VOL/A ausdrücklich vorsieht – ein **schriftlicher Antrag** gegenüber dem Auftraggeber zu empfehlen. Dieser kann gem. § 126 Abs. 3 i. V. m. § 126 a BGB auch in **elektronischer Form** erfolgen.

3 Während nach § 27 a Nr. 1 VOL/A die nicht berücksichtigten Bewerber oder Bieter grundsätzlich »nur« über die Gründe für die Ablehnung ihrer Bewerbung oder ihres Angebots zu informieren sind, wird diesen gem. § 27 a Nr. 1 Satz 1 VOB/A zusätzlich auch die **Entscheidung über den Vertragsschluss** mitgeteilt. Grundlage für die Mitteilung der Entscheidung über den Vertragsschluss ist Art. 41 Abs. 1 EU-VKR. Dort ist u. a. bestimmt, dass der Auftraggeber den Bewerbern und Bietern schnellstmöglich seine Entscheidung über die **Zuschlagserteilung** mitteilt. Der Auftraggeber ist danach gehalten, den nicht berücksichtigten Bewerbern oder Bietern auf deren Antrag

Nicht berücksichtigte Bewerbungen und Angebote § 27 a

nicht nur die Gründe für die Nichtberücksichtigung ihrer Bewerbung oder ihres Angebots, sondern auch die Entscheidung über den Vertragsabschluss bekannt zu geben. Neben einer ggf. erforderlichen negativen Ablehnungs- bzw. Ausschlussbegründung gegenüber den nicht berücksichtigten Bewerbern oder Bietern muss der Auftraggeber also auch eine **positive Begründung** abgeben, mit der er die Entscheidung über den Zuschlag (vgl. insoweit § 25 Nr. 3 VOL/A) erläutert. EU-vergaberechtskonform ist § 27 a Nr. 1 VOL/A daher dahingehend auszulegen, dass der Auftraggeber auch nach dieser Vorschrift den nicht berücksichtigten Bewerbern oder Bietern nicht nur die Gründe für die Ablehnung ihrer Bewerbung oder ihres Angebots mitteilt, sondern auch – ebenso wie bei § 27 a VOB/A – die Entscheidung über den Vertragsschluss.

Im Hinblick auf die in § 27 a Satz 2 VOB/A dem Auftraggeber zusätzlich aufgegebene Mitteilungspflicht an die Bieter, die ein ordnungsgemäßes Angebot eingereicht haben, ist nach dieser Vorschrift – anders als nach § 27 a Nr. 1 VOL/A – eine **schriftliche** Mitteilung durch den Auftraggeber erforderlich. Aus **Beweisgründen** sollte aber auch hier bei § 27 a Nr. 1 VOL/A im tatsächlichen Verfahren kein Unterschied gemacht werden und daher auch nach der VOL-Vorschrift eine **schriftliche Mitteilung** durch den Auftraggeber erfolgen. Im Übrigen ist gerade § 27 a Nr. 1 Satz 2 VOB/A sowie die Parallelvorschrift des § 27 a Nr. 1, 2. Alternative ein – schlechtes – Beispiel dafür, dass die VOB/A und die VOL/A bei der Regelung gleicher Sachverhalte ohne Grund einen unterschiedlichen Wortlaut aufweisen (VOB: »Merkmale und Vorteile des Angebots des erfolgreichen Bieters sowie dessen Name«; VOL: »Merkmale und Vorteile des erfolgreichen Angebots und den Namen des erfolgreichen Bieters«). Auch wenn hiermit materiellrechtlich ersichtlich keine Unterschiede verbunden sind, sollte jedenfalls im Interesse der Anwender bei einer zukünftigen Novellierung des Vergaberechts eine Wortlautidentität zwischen VOB/A und der VOL/A bei gleichen Regelungssachverhalten erfolgen. 4

§ 27 a Satz 3 VOB/A mit seinem Verweis auf § 26 a Satz 3 VOB/A entspricht vom Wortlaut her und auch inhaltlich der Vorschrift des § 27 a Nr. 2 VOL/A. Danach kann der Auftraggeber bestimmte und von ihm im Grundsatz mitzuteilende Informationen **zurückhalten**, wenn die Weitergabe den Gesetzesvollzug vereiteln würde oder sonst nicht im öffentlichen Interesse läge, oder die berechtigten Geschäftsinteressen von Unternehmen oder den fairen Wettbewerb beeinträchtigen würde. 5

Die Vorschrift des § 27 a Nr. 2 VOB/A, wonach bei einem **Verhandlungsverfahren mit Vergabebekanntmachung** und beim **Wettbewerblichen Dialog** § 27 Nr. 2 VOB/A (Mitteilungspflicht) entsprechend anzuwenden ist, findet sich in § 27 a VOL/A nicht. Jedoch soll auch die Vorschrift des § 27 a VOL/A über die nicht berücksichtigten Bewerbungen und Angebote mit der dort geregelten Mitteilungspflicht des Auftraggebers zur **Ex-Post-Transparenz** im Vergabeverfahren beitragen. Daher muss auch bei VOL-Verfahren eine entsprechende Benachrichtigungspflicht durch den Auftraggeber auch beim Verhandlungsverfahren mit vorheriger Vergabebekanntmachung (§ 3 a Nr. 1 Abs. 5 VOL/A) sowie auch beim Wettbewerblichen Dialog (§ 3 a Nr. 1 Abs. 2 VOL/A i. V. m. § 6 a VgV), hier allerdings nur gegebenenfalls ergänzend zu den ohnehin im Rahmen des Wettbewerblichen Dialogs zum Tragen kommenden Informationspflichten des Auftraggebers (s. § 6 a Abs. 4 Satz 3 und 6

§ 27 a Nicht berücksichtigte Bewerbungen und Angebote

Abs. 5 Satz 1, 2 Hs.), zur Anwendung kommen. Jedenfalls ist nicht einsehbar, dass bei diesen beiden ebenfalls formalen Vergabeverfahren die Bewerber oder Bieter nicht auch – wie dies § 27 a Nr. 1 VOL/A vorsieht – über die konkreten Gründe für die Ablehnung ihrer Bewerbung oder ihres Angebots informiert werden sollten.

II. Unterschiede zur VOF

7 Die VOF enthält in § 17 Abs. 4 eine dem § 27 a VOL/A entsprechende Vorschrift. Jedoch sind bei der VOF-Norm wegen des dortigen Regelverfahrens (Verhandlungsverfahren mit vorheriger Vergabebekanntmachung, s. § 5 Abs. 1 VOF) als Adressaten der Mitteilungspflicht durch den Auftraggeber nur die nicht berücksichtigten **Bewerber**, nicht jedoch die Bieter genannt. Dementsprechend enthält § 17 Abs. 4 VOF **keine Regelung**, wonach den Bietern in Anknüpfung an § 72 a Nr. 1 VOL/A dann, wenn diese ein ordnungsgemäßes Angebot eingereicht haben, auch die Merkmale und Vorteile des erfolgreichen Angebots und der Name des erfolgreichen Bieters mitzuteilen sind. Wie in § 27 a Nr. 1 VOB/A und anders als nach § 27 a Nr. 1 VOL/A ist Voraussetzung für die Mitteilungspflicht des Auftraggebers gegenüber den nicht berücksichtigten Bewerbern nach § 17 Abs. 4 Satz 1 VOF, dass diese die Information **schriftlich** beantragen. Die Nichtberücksichtigung der Bewerber nach § 17 Abs. 4 Satz 1 VOF bezieht sich ausdrücklich auf das Regelverfahren der VOF, also auf das **Verhandlungsverfahren** gem. § 5 Abs. 1 VOF.

8 Die Gründe für die **Zurückhaltung** von Informationen entsprechen sich in § 27 a Nr. 2 VOL/A und § 17 Abs. 4 Satz 2 VOF weitestgehend. Gem. § 17 Abs. 4 Satz 2 VOF dürfen allerdings nur Informationen über die **Auftragsvergabe** vom Auftraggeber zurückgehalten werden, während § 27 a Nr. 2 VOL/A auch die Gründe für die **Ablehnung** der Bewerbung oder des Angebots erfasst. Ein weiterer Unterschied vom Wortlaut her besteht darin, dass § 17 Abs. 4 Satz 2 VOF für die Zurückhaltung bestimmter Informationen u. a. voraussetzt, dass die Weitergabe den berechtigten Geschäftsinteressen von Bewerbern oder dem fairen Wettbewerb **schaden** würde, während bei § 27 a Nr. 2 VOL/A insoweit auf eine **Beeinträchtigung** abgestellt wird. Allerdings können aus diesem unterschiedlichen Wortlaut in materieller Hinsicht keine differenzierten Rechtsfolgen gezogen werden.

C. Mitteilungspflicht des Auftraggebers (§ 27 a Nr. 1 VOL/A)

I. Ziel der Mitteilungspflicht

9 § 27 a Nr. 1 VOL/A betrifft die Mitteilungspflicht des Auftraggebers über nicht berücksichtigte Bewerbungen und Angebote gegenüber den **Bewerbern und Bietern**. Während die Basisvorschrift des § 27 VOL/A nur den Bietern, also die Unternehmen, die ein Angebot abgegeben haben, in den Genuss dieser Mitteilung kommen lässt, haben bei Auftragsvergaben oberhalb des EU-Schwellenwerts sowohl die nicht berücksichtigten Bieter als auch die **nicht berücksichtigten Bewerber**, also die Unterneh-

Nicht berücksichtigte Bewerbungen und Angebote § 27 a

men, die ohne ein Angebot abgegeben zu haben sich lediglich um eine Teilnahme an einem Wettbewerb beworben haben, einen Anspruch auf Mitteilung über die Gründe für die Ablehnung ihrer Bewerbung. Die in § 27 a Nr. 1 VOL/A zum Ausdruck kommende **Informationspflicht** des Auftraggebers hat jedoch i. S. einer **Transparenz** des Vergabeverfahrens das gleiche Ziel: Die nicht berücksichtigten Bewerber oder Bieter sollen nur solange wie möglich in ihrer geschäftlichen und wirtschaftlichen Bewegungsfreiheit eingeschränkt werden. Es ist darum für sie von großer Wichtigkeit, schnellstmöglich (»**unverzüglich**«) nach entsprechender Antragstellung vom Auftraggeber zu erfahren, dass und warum ihre Bewerbung oder ihr Angebot abgelehnt worden ist. Die nicht berücksichtigten Bewerber oder Bieter werden durch diese Mitteilung des Auftraggebers in die Lage versetzt, wieder **geschäftlich disponieren** zu können und sich um weitere Aufträge zu bemühen. Infolge der Mitteilung der Gründe für die Ablehnung durch den Auftraggeber wird weiterhin durch die Informationspflicht des Auftraggebers sowohl im Hinblick auf mögliche Schadensersatzansprüche als auch auf Primärrechtsansprüche nach §§ 102 ff. GWB bei stattgefundenen Vergabeverstößen des Auftraggebers eine **Kontrollfunktion** ausgeübt.

§ 27 a Nr. 1 VOL/A ist gerade anders als die Basisvorschrift des § 27 Nr. 1 Satz 2 VOL/A (»Die Vergabestelle teilt jedem erfolglosen Bieter **nach Zuschlagserteilung** …«) nicht auf die Mitteilungspflicht des Auftraggebers **nach dem Vertragsschluss**, also nach Zuschlagserteilung (Ex-Post-Transparenz) beschränkt. Vielmehr kann und muss die Mitteilung auch **vor** der Zuschlagserteilung erfolgen, wenn die Bewerber oder Bieter einen entsprechenden Antrag gestellt haben. Dies ergibt sich daraus, dass die Mitteilung nach Nr. 1 unverzüglich, spätestens aber **15 Tage nach Eingang des entsprechenden Antrags**, vorzunehmen ist, so dass bei frühzeitigem Antrag auch eine Mitteilung des Auftraggebers **vor** der Zuschlagserteilung möglich ist. Dies setzt jedoch voraus, dass der Auftraggeber weiß, welche Bieter oder Bewerber aus welchen Gründen nicht berücksichtigt werden und welcher Bieter den Zuschlag erhalten wird. Unter dieser Voraussetzung geht § 27 a VOL/A über die auch von der Vorschrift erfasste **Ex-Post-Transparenz** hinaus und erfasst im Vergleich zu § 27 Nr. 1 VOL/A einen weitergehenden Regelungsbereich.

10

II. Umfang der Mitteilungspflicht

Nach § 27 a Nr. 1 VOL/A teilt der Auftraggeber unverzüglich, spätestens innerhalb von **15 Tagen nach Eingang** eines entsprechenden Antrags den bei der Vergabe eines Auftrages nicht berücksichtigten Bewerbern oder Bietern die Gründe für die Ablehnung ihrer Bewerbung oder ihres Angebotes und den Bietern, die ein ordnungsgemäßes Angebot eingereicht haben, auch die Merkmale und Vorteile des erfolgreichen Angebots und den Namen des erfolgreichen Bieters mit. Bei den von der Vorschrift erfassten **Bewerbern** handelt es sich um Unternehmen, die sich vor der eigentlichen Einreichung eines Angebotes um Aufträge bemühen. Dies geschieht beim Offenen Verfahren durch die Anforderung und Bearbeitung der Verdingungsunterlagen, beim Nichtoffenen Verfahren mit Öffentlichem Teilnahmewettbewerb sowie beim Verhandlungsverfahren mit vorheriger Vergabebekanntmachung durch das Stellen eines Teilnahmeantrags.

11

§ 27 a Nicht berücksichtigte Bewerbungen und Angebote

Bei den von § 27 a VOL/A gleichfalls erfassten **Bietern** handelt es sich um Unternehmen, die konkret ein Angebot beim Auftraggeber abgegeben haben. Bei Bewerbern handelt es sich also anders als bei Bietern immer um solche Unternehmen, die trotz ihrer Bewerbung kein Angebot abgegeben haben bzw. **nicht zur Angebotsabgabe aufgefordert** worden sind.[1]

12 Der Auftraggeber ist gegenüber den dies beantragenden und nicht berücksichtigten Bewerbern oder Bietern **verpflichtet, die entsprechenden Ablehnungsgründe** bzw. gegenüber den Bietern, die ein **ordnungsgemäßes** Angebot eingereicht haben, auch die **Merkmale und Vorteile** des erfolgreichen Angebots sowie den **Namen des erfolgreichen Bieters mitzuteilen**. Die Einreichung eines ordnungsgemäßen Angebots setzt dessen **inhaltliche und formelle Fehlerfreiheit** voraus. Dies bedeutet insbesondere, dass die Angebote nach Form und Inhalt der Vorschrift des § 21 Nr. 1 Abs. 1 und Abs. 2 VOL/A entsprechen müssen. Nach § 25 Nr. 1 und Nr. 2 VOL/A auszuschließende bzw. ausgeschlossene Angebote sowie die nach § 23 Nr. 1 VOL/A nicht zu prüfenden Angebote sind nicht ordnungsgemäß. Hinsichtlich der **Art** der Mitteilungspflicht enthält § 27 a VOL/A **keine Formvorgaben**. Die Mitteilung kann daher durch den Auftraggeber auch mündlich geschehen. Aus Beweissicherungsgründen sollte jedoch auf jeden Fall die **Schriftform** vorgezogen werden.

13 Auch hinsichtlich des **Umfangs** der vom Auftraggeber mitzuteilenden Gründe enthält § 27 a Nr. 1 VOL/A keine näheren Angaben. Aus dem Wortlaut geht nur hervor, dass dem beantragenden Bewerber – anders als dem Bieter – nicht die Merkmale und Vorteile des erfolgreichen Angebots sowie der Name des erfolgreichen Bieters mitgeteilt werden dürften. Eine weitere Grenzziehung über die Mitteilung ergibt sich aus der **Vertraulichkeits- und Geheimhaltungsvorschrift** des § 22 Nr. 6 VOL/A sowie auch aus § 22 Nr. 2 VOL/A. Danach darf die Mitteilung keine Angaben aus Angeboten anderer Bieter enthalten. Eng mit dieser Geheimhaltungs- und Vertrauenspflicht verknüpft ist der **Datenschutz** der Bewerber oder Bieter. Die Bekanntgabe von Gründen durch den Auftraggeber darf sich daher nur in diesem aufgezeigten Rahmen bewegen.

14 Bei dem **Umfang der Gründe**, die den Bewerbern oder Bietern mitzuteilen sind, ist davon auszugehen, dass diese ein **berechtigtes Interesse** daran haben, zu erfahren, **warum** der Antrag auf Teilnahme an dem Auftrag bzw. warum ihr abgegebenes Angebot nicht zum Zuge gekommen ist. Handelt es sich bei dem Beantragenden um einen Bewerber, hat der Auftraggeber ihm die Gründe aufzuzeigen, warum er nicht zum Kreis der zur Angebotsabgabe Aufgeforderten gehört, also seine Bewerbung abgelehnt worden ist. Hierbei kann sich der Auftraggeber auf die Gesichtspunkte beschränken, die bezogen auf die konkrete Beschaffung eine mangelnde **Fachkunde, Leistungsfähigkeit sowie Zuverlässigkeit (Eignung)** der Bewerber gem. §§ 2, 7 Nr. 5, 7 a Nr. 2 und Nr. 3 VOL/A begründen. Ist der beantragende Bewerber an sich geeignet, ist insoweit zu berücksichtigen, dass ein Bewerber bei einer ausreichenden Zahl von insgesamt vorhandenen Bewerbern **keinen Rechtsanspruch** auf Beteiligung am nachfolgenden Vergabeverfahren hat. Der Auftraggeber hat daher bei der Auswahl der Bewerber

---

1 *Roth* in: Müller-Wrede, § 27 a Rn. 1.

grundsätzlich einen **Beurteilungsspielraum**, den er allerdings aufgrund sachgerechter und nachvollziehbarer Kriterien ausüben muss.[2]

Bei **Bietern** dient dem Auftraggeber als Richtschnur für den Umfang der Mitteilungspflicht für die Ablehnung ihres Angebots die Vorschrift des § 25 VOL/A über die **Wertung der Angebote**. Die in § 25 VOL/A angegebene **Prüfungsfolge** empfiehlt sich für den Auftraggeber auch für die **Angabe der Nichtberücksichtigungsgründe** gegenüber den Bietern. Vor diesem Hintergrund sind als Gründe anzugeben ein etwaiger zwingender Ausschluss des Angebots gem. § 25 Nr. 1 Abs. 1 VOL/A oder auch ein fakultativer, aber vom Auftraggeber im konkreten Fall rechtmäßig vorgenommener Ausschluss nach § 25 Nr. 1 Abs. 2 VOL/A. Weiter können den Bietern als Gründe für ihre Nichtberücksichtigung eine **Nichteignung** gem. § 25 Nr. 2 Abs. 1 VOL/A sowie ein objektives **Missverhältnis** ihres Angebots zur Leistung mitgeteilt werden (§ 25 Nr. 2 Abs. 2 und 3 VOL/A). Sofern es sich um ein Angebot handelt, dass zwar in die engere Wahl gem. § 25 Nr. 3 VOL/A gelangt, aber nicht zum Zuge gekommen ist, ist dem anfragenden Bieter mitzuteilen, warum sein Angebot nicht das **Wirtschaftlichste** war. Die letzte Alternative in § 27 a VOL/A bestimmt ausdrücklich, dass den **nicht berücksichtigten Bietern** neben den Gründen für die Ablehnung ihres Angebots auch der **Name des erfolgreichen Bieters mitzuteilen ist**. Die Mitteilung des Namens des erfolgreichen Bieters muss sich auf die **Nennung des Auftragnehmers beschränken** und darf aus Vertrauens- und Geheimhaltungsgesichtspunkten (vgl. § 22 Nr. 6 und § 27 Nr. 2 a Satz 2 VOL/A) keine weitergehenden Angaben, insbesondere aus Angeboten anderer Bieter, enthalten. Seht der Name des erfolgreichen Bieters zur Zeit der Anfrage der nicht berücksichtigten Bieter noch nicht fest, hat der Auftraggeber die Mitteilung unmittelbar nach Feststehen des Namens nachzuholen.

15

Den Bietern, die ein **ordnungsgemäßes Angebot** eingereicht haben, sind neben dem Namen des erfolgreichen Bieters **auch die Merkmale und Vorteile des erfolgreichen Angebots** mitzuteilen. Als ordnungsgemäß müssen all die Angebote gelten, die die formalen und inhaltlichen Voraussetzungen der VOL/A, insbesondere des § 21 VOL/A erfüllen, und die nicht gem. § 23 Nr. 1 VOL/A von der Prüfung bzw. gem. § 25 Nr. 1 und Nr. 2 VOL/A von der Wertung ausgeschlossen wurden. Bei der sodann durch den Auftraggeber erfolgenden Mitteilung ist insbesondere auf die **positiven Eigenschaften** des Angebots des erfolgreichen Bieters durch den Auftraggeber abzustellen. Dabei kommt es insbesondere darauf an, die Vorgabe aus § 25 Nr. 3 VOL/A näher auszufüllen. Hiernach hat der Auftraggeber den Zuschlag auf das **unter Berücksichtigung aller Umstände wirtschaftlichste Angebot** zu erteilen. Maßstab, welche Merkmale und Vorteile das erfolgreiche Angebot hat, können insbesondere den Beispielen in § 27 Nr. 2 a VOL/A entnommen werden. Neben den dort beispielhaft und daher nicht abschließend genannten Gründen (preisliche, technische, funktionsbedingte, gestalterische, ästhetische) kommen aber insbesondere weitere vom Auftraggeber vorgegebene Zuschlagskriterien, wie z. B. die bessere Umweltqualität des ausgewählten Produkts, als Merkmale in Betracht.

16

---

2 Vgl. *VÜA Bayern* 33/98.

§ 27a Nicht berücksichtigte Bewerbungen und Angebote

17 Die Mitteilung der nicht berücksichtigten Bewerbungen und Angebote durch den Auftraggeber kann **stichwortartig** bzw. **in standardisierter Form** erfolgen, wobei jedoch die **im Einzelfall tragenden Gründe** (preisliche Gründe, Eignungskriterien) konkret kurz dargestellt werden sollten. Jedenfalls müssen die Gründe so konkrete und aussagekräftig durch den Auftraggeber bezeichnet werden, dass sich der Bieter ein klares Bild über die Ursachen seiner Nichtberücksichtigung machen kann.[3]

III. Frist der Mitteilung für den Auftraggeber

18 Nach § 27a Nr. 1 VOL/A muss der Auftraggeber die Mitteilung unverzüglich, also ohne schuldhaftes Zögern (vgl. § 121 BGB), spätestens aber **innerhalb einer Frist von 15 Tagen nach Eingang des entsprechenden Antrags** machen. Wegen des erforderlichen Antrags durch das nicht berücksichtigte Unternehmen ergibt sich aus § 27a Nr. 1 VOL/A **keine Begründungsautomatik.** Allerdings hat die Rechtsprechung seit der zentralen Entscheidung der Ersten Vergabekammer des Bundes (Euro-Münzplättchen II)[4] auch ohne Antragstellung eine **grundsätzliche Pflicht** der Vergabestelle zur Vorinformation über die beabsichtigte Zuschlagsentscheidung und damit auch über die Zuschlagsversagung gegenüber den nicht berücksichtigten Unternehmen angenommen. Danach muss die Vergabestelle die nicht berücksichtigten Unternehmen über deren Nichtberücksichtigung so **rechtzeitig** informieren, dass das betroffene Unternehmen noch gem. § 27a Nr. 1 VOL/A einen Antrag zur Begründung der Ablehnung stellen kann.[5] Grundlage dieser Rechtsprechung ist die Rechtsschutzgarantie des Art. 19 Abs. 4 GG. Hierauf basierend hat die Erste Vergabekammer des Bundes den § 27a Nr. 1 VOL/A dahingehend ausgelegt, dass die Vergabestelle die **Pflicht hat, automatisch**, also ohne Antragstellung, alle Bieter **zehn Tage** vor dem Zuschlag über die Absicht des Zuschlags sowie über den erfolgreichen Bieter zu informieren.[6] Da eine Auslegung des § 27a Nr. 1 VOL/A hin zu einer **automatischen Benachrichtigungspflicht** aber in der noch weitergehenden Vorschrift des späteren § 13 VgV **(Automatische Informationspflicht des Auftraggebers)** aufgegangen ist, hat § 27a Nr. 1 VOL/A insoweit an Bedeutung verloren.[7]

19 Indem § 27a Nr. 1 VOL/A auf die »Mitteilung« abstellt, reicht es zur Fristwahrung aus, dass die **Absendung** der Mitteilung unverzüglich nach Antragstellung (also maximal innerhalb von zwei bis drei Tagen) erfolgt. Anders als für den Auftraggeber gibt es jedoch für den nicht berücksichtigten Bewerber oder Bieter **keine Frist zur Beantragung** der Mitteilung. Daher muss der Auftraggeber auch noch geraume Zeit, nachdem der Bewerber oder Bieter Kenntnis von seiner Nichtberücksichtigung erhalten hat, mit dessen **Auskunftsverlangen** hinsichtlich der in Nr. 1 genannten Einzelangaben rechnen. Dies bedeutet, dass der Auftraggeber gehalten ist, die betreffenden Ver-

---

3 Vgl. *VÜA Bund* Beschl. v. 1. 10. 1988–1 VÜ 12/98.
4 *VK Bund* BauR 1999, 1284 ff. = NZBau 2000, 53 ff.; siehe entsprechend auch *OLG Stuttgart* Beschl. v. 12. 5. 2000 – 2 Verg 1/00.
5 *OLG Stuttgart* a. a. O.
6 *VK Bund* BauR 1999, 1284 ff. = NZBau 2000, 53 ff.; *OLG Stuttgart* a. a. O.; siehe auch Kommentierung in Rn. 29 ff.
7 Zur Vorschrift des § 13 VgV: Siehe Kommentierung in Rn. 29 ff.

gabeunterlagen aufzubewahren. Allerdings besteht diese Aufbewahrungspflicht aus dem Grundsatz der das Vergaberecht beherrschenden Vorschrift des § 242 BGB (Treu und Glauben) **nicht für eine unbeschränkte Zeit.** Man wird daher davon ausgehen müssen, dass der Auftraggeber etwa nach **einem halben Jahr** nach der erfolgten Vergabe nicht mehr mit dem Verlangen des betreffenden Bewerbers oder Bieters zur Mitteilung der Gründe der Nichtberücksichtigung sowie der weiteren Angaben zu rechnen braucht. Ausnahmen von dieser Frist können allenfalls in begründeten Einzelfällen einer Verhinderung, also z. B. bei langer und schwerer Krankheit des Bieters oder Bewerbers, gemacht werden.[8]

IV. Folgen der Mitteilung

Sobald der Auftraggeber den beantragenden Bewerbern oder Bietern die **Nichtberücksichtigung** mitgeteilt hat, ist der Bieter an sein Angebot nicht mehr gebunden bzw. kann der Bewerber davon ausgehen, dass er im Hinblick auf das in Frage stehende Vergabeverfahren ebenfalls keinen Bindungen mehr unterworfen ist. Wenn ein Auftraggeber ausnahmsweise auf eine nicht berücksichtigte Bewerbung oder auf ein nicht berücksichtigtes Angebot zurückkommen will, muss er mit den Bewerbern oder Bietern daher **neue Vertragsverhandlungen** aufnehmen, so dass im Ergebnis erst bei übereinstimmenden Willenserklärungen, also mit erneuter Zustimmung des Bieters, ein Vertrag zustande kommt. Ein »bloßer Zuschlag« des Auftraggebers auf ein bereits abgelehntes Angebot ist i. S. d. § 28 Nr. 2 Abs. 1 VOL/A als **neuer Antrag** des Auftraggebers anzusehen. Im Hinblick auf die weiteren Rechtsfolgen nicht berücksichtigter Bewerbungen und Angebote ist insbesondere die über § 4 VgV auch bei Vergaben oberhalb der EU-Schwellenwerte zur Anwendung kommende Basisvorschrift des § 27 Nr. 8 VOL/A zu beachten. Danach dürfen nicht berücksichtigte Angebote und Ausarbeitungen der Bieter **nur mit ihrer Zustimmung** für eine neue Vergabe oder für andere Zwecke benutzt werden. 20

D. Zurückhaltung von Informationen (§ 27 a Nr. 2 VOL/A)

Nach § 27 a Nr. 2 VOL/A kann der Auftraggeber die in Nr. 1 genannten Informationen unter **vier Maßgaben** zurückhalten. Eine derartige Möglichkeit zur Zurückhaltung besteht, wenn die Weitergabe **den Gesetzesvollzug vereiteln** würde oder sonst **nicht im öffentlichen Interesse** läge oder die berechtigten **Geschäftsinteressen von Unternehmen** oder den **fairen Wettbewerb beeinträchtigen** würde. Obwohl § 27 a Nr. 2 VOL/A als »kann«-Regel formuliert ist, wird man i. S. einer Ermessensreduzierung auf Null eine Pflicht des Auftraggebers zur Zurückhaltung bestimmter Informationen annehmen müssen, wenn nur so eine Beeinträchtigung der in Nr. 2 genannten vier Schutzgüter verhindert werden kann. 21

---

8 *Roth* in: Müller-Wrede, § 27 a Rn. 15.

§ 27 a Nicht berücksichtigte Bewerbungen und Angebote

22 Eine Zurückhaltung der Informationen unter dem Gesichtspunkt, dass eine Weitergabe **den Gesetzesvollzug vereiteln würde** (erste Alt.), kann eingreifen, wenn etwa durch eine derartige Weitergabe urheberrechtliche Vorschriften nach dem **Urheberrechtsgesetz** oder die Regeln des Gesetzes gegen Wettbewerbsbeschränkungen (**GWB**) bzw. gegen den unlauteren Wettbewerb (**UWG**) verletzt würden. Eine Vereitelung des Gesetzesvollzugs kommt weiter in Frage, wenn es sich um solche Gesetze handelt, die Grundlage für die jeweilige Liefer- oder Dienstleistung sind. Insofern kann es sich z. B. bei militärischen oder sonstigen der allgemeinen Geheimhaltung unterliegenden Liefer- oder Dienstleistungen als notwendig erweisen, keine Angaben über die Merkmale und Vorteile des erfolgreichen Angebots, den Namen des erfolgreichen Bieters, aber auch insgesamt über die Gründe für die Ablehnung der Bewerbung oder des Angebots zu machen. Ähnliches dürfte für Liefer- und Dienstleistungen der Polizei, des Nachrichtendienstes, des Verfassungsschutzes oder für sonstige schutzwürdige öffentliche Liefer- und Dienstleistungen gelten, weil bei einer entsprechenden Mitteilung der Angaben nach Nr. 1 z. B. durch Weitergabe von Geheimnissen oder sogar durch Anschläge usw. der jeweilige Gesetzesvollzug behindert werden könnte.

23 In einem noch weiteren Sinne können entsprechende Informationen durch eine Mitteilung des Auftraggebers an die nicht berücksichtigten Bewerber oder Bieter **nicht im öffentlichen Interesse** liegen (zweite Alt.). Mit dieser Beschreibung ist neben dem Tatbestandsmerkmal »Vereitelung des Gesetzesvollzugs« ein Auffangtatbestand (»sonst«) geschaffen worden. Eine Zurückhaltung der Informationen ist daher auch **sonst** möglich, wenn die Weitergabe zwar nicht unmittelbar die Gesetzesdurchführung, aber doch die Durchsetzung **allgemein öffentlicher Interessen auch unterhalb der Gesetzesschwelle** behindern würde.

24 Häufiger noch dürften die Fälle sein, in denen die Weitergabe bestimmter Informationen durch den Auftraggeber die **berechtigten Geschäftsinteressen von Unternehmen** beeinträchtigt. Hier ist es insbesondere aus Gründen der Wahrung des ordnungsgemäßen Wettbewerbs sowie zur Wahrung von Betriebs- oder Geschäftsgeheimnissen für den Auftraggeber angezeigt, bestimmte Informationen, die etwa Schlüsse auf die Kalkulation oder die Produktions- und Verfahrensabläufe sowie die Marktstrategien anderer Unternehmen zulassen und die daher in der Folge die Geschäftsinteressen von Unternehmen beeinträchtigen, zurückzuhalten. Insoweit ist auch zu berücksichtigen, dass es bereits die Basisvorschrift des § 27 Nr. 2 a Satz 2 VOL/A untersagt, Angaben aus Angeboten anderer Bieter preiszugeben. Jedoch können auch rein abstrakte Informationen über Lösungskonzepte im Einzelfall zu einer Beeinträchtigung berechtigter Interessen anderer Unternehmen führen.

25 Die als letzte Alternative in § 27 a Nr. 2 VOL/A erwähnte Beeinträchtigung des **fairen Wettbewerbs** hat nicht zur Voraussetzung, dass ein hieraus resultierender Verstoß unmittelbar gegen gesetzliche Vorschriften, wie z. B. das GWB oder das UWG, gerichtet ist. Vielmehr spricht die weite Tatbestandsformulierung der vierten Alternative dafür, dass der Auftraggeber alles an Informationen zurückhalten kann, was die jeweilige Wettbewerbslage auf dem betreffenden Markt oder des hiervon berührten Gebiets zu beeinflussen geeignet ist. Zu diesen »zurückzuhaltenden Informationen« können insbesondere Angaben über Preise anderer Angebote, aber auch spezielle Geschäfts-

und Betriebsgeheimnisse sowie Verfahrenstechniken gehören (vgl. insoweit auch § 27 Nr. 2 a Satz 2 VOL/A).

Der Auftraggeber ist nach § 27 a Nr. 2 VOL/A im Einzelfall gehalten, nur **einzelne Informationen** zurückzuhalten, wenn im Übrigen die Weitergabe nicht zu einer in der Vorschrift angesprochenen Gefährdung bzw. Beeinträchtigung führen würde. Daher bedeutet die Zurückhaltung bestimmter Informationen grundsätzlich keinen generellen Verzicht auf die Mitteilung selbst, sondern es ist stets zu prüfen, inwieweit nur eine »**Teilzurückhaltung**« gerechtfertigt ist. Wenn der Auftraggeber bestimmte Informationen zurückhält, muss er dies im **Vergabevermerk** nachvollziehbar begründen.[9] Im Übrigen kann es im Einzelfall angebracht sein, den Bewerbern oder Bietern kurz die **Gründe** für die Zurückhaltung bestimmter Informationen mitzuteilen, um auch insoweit dem Erfordernis der **Transparenz** Genüge zu tun. 26

E. Rechtsschutz

I. Primärrechtsschutz

§ 27 a Nr. 1 VOL/A, der nur bei Auftragsvergaben oberhalb der EU-Schwellenwerte zur Anwendung kommt, begründet für Bieter und Bewerber einen diese schützenden **Informationsanspruch** (Drittschützende Norm). Soweit dieser Informationsanspruch insbesondere gegenüber den Bewerbern, aber im Einzelfall auch gegenüber den Bietern, wegen der Einhaltung der **unverzüglichen** Mitteilung nach entsprechender Antragstellung vom Auftraggeber **vor der Zuschlagserteilung** erfüllt werden muss, ergeben sich für Bieter und Bewerber hieraus **subjektive Rechte** auf Prüfung der Einhaltung der Bestimmungen über das Vergabeverfahren durch den Auftraggeber i. S. d. § 97 Abs. 7 GWB. Diese subjektiven Rechte können im **Primärrechtsschutz** über ein Nachprüfungsverfahren gem. §§ 102 ff. GWB geltend gemacht werden, wenn den Bewerbern oder Bietern durch die Informationspflichtverletzung ein Schaden entsteht oder zu entstehen droht (s. § 107 Abs. 2 Satz 2 GWB). Allerdings werden in der Praxis diese Rechte von der ebenfalls bei EG-Verfahren mit einem **weiteren Regelungsumfang** zur Anwendung kommenden Vorschrift des § 13 **Vergabeverordnung** überlagert (s. insoweit die Ausführungen in Rn. 29 ff.). Einem auf § 27 a Nr. 1 VOL/A gestützten Primärrechtsanspruch dürfte daher in der Praxis schon aus diesem Grunde keine größere Bedeutung zukommen. 27

II. Sekundärrechtsschutz

Bei einer Verletzung der Informationspflicht sowie auch einem Verstoß gegen die Zurückhaltungspflicht nach § 27 a Nr. 1 und Nr. 2 VOL/A durch den Auftraggeber können die Bewerber und Bieter **dann Schadensersatzansprüche** geltend machen, wenn ihnen kausal infolge dieser Verletzung ein Schaden entstanden ist. Ein Ersatzanspruch 28

---

9 *OLG Brandenburg* NZBau 2000, 39, 44, 45.

§ 27a Nicht berücksichtigte Bewerbungen und Angebote

kann sich zum einen aus § 823 Abs. 2 BGB wegen Verletzung eines Schutzgesetzes aus der »EG-Vorschrift« des § 27a VOL/A ergeben; zum anderen lässt sich ein Schadensersatzanspruch aus einer Verletzung der Informationspflicht auch aus **culpa in contrahendo** (vgl. §§ 311 Abs. 2 i. V. m. 241 Abs. 2, 282 ff. BGB) herleiten. Jedoch ist auch hier Voraussetzung, dass trotz der Verletzung der Informations- bzw. Zurückhaltungspflicht aus dem **vorvertraglichen Vertrauensverhältnis** den nicht berücksichtigten Bewerbern oder Bietern auch kausal ein Schaden entstanden ist. Dieser Ursachenzusammenhang ist im Einzelfall vom Bewerber oder Bieter darzulegen und zu beweisen.

F. Die Parallelvorschrift des § 13 VgV

I. Ziel: Effektiver Primärrechtsschutz

29 Die **Informationspflicht** aus § 27a VOL/A, die ausschließlich bei Vergaben **oberhalb der EU-Schwellenwerte** zur Anwendung kommt, hat zwar durchaus eine eigenständige, aber dennoch vergleichsweise geringe praktische Bedeutung. Grund ist, dass bei EU-Vergaben die für Bieter sehr viel weitergehende Vorschrift des § **13 Vergabeverordnung (VgV)** zum Tragen kommt. Jedenfalls enthält die **Vergabeverordnung in ihrer zentralen Vorschrift des § 13** eine z. T. parallele, aber im Hinblick auf die Rechtsfolgen einer Verletzung (**Nichtigkeit**) sehr viel strengere **Informationspflicht** für Auftragsvergaben **oberhalb** der EG-Schwellenwerte. Die aktuelle Vorschrift des § 13 VgV lautet:

§ 13 Informationspflicht

Der Auftraggeber informiert die Bieter, deren Angebote nicht berücksichtigt werden sollen, über den Namen des Bieters, dessen Angebot angenommen werden soll und über den Grund der vorgesehenen Nichtberücksichtigung ihres Angebotes. Er sendet diese Information in Textform spätestens 14 Kalendertage vor dem Vertragsabschluss an die Bieter ab. Die Frist beginnt am Tag nach der Absendung der Information durch den Auftraggeber. Auf den Tag des Zugangs der Information beim Bieter kommt es nicht an. Ein Vertrag darf vor Ablauf der Frist oder ohne dass die Information erteilt worden und die Frist abgelaufen ist, nicht geschlossen werden. Ein dennoch abgeschlossener Vertrag ist nichtig.

30 Den nicht berücksichtigten Bietern steht daher nach § 13 VgV bei allen Auftragsvergaben oberhalb der EG-Schwellenwerte, ohne dass es hierzu eines ausdrücklichen Antrags bzw. Verlangens ihrerseits bedarf, ein – **automatischer** – **Anspruch auf Vorabinformation** gegen den Auftraggeber zu.[10] Der mit der am 1. 2. 2001 erstmalig in Kraft getretenen Vergabeverordnung normierten und in der Bekanntmachung der VgV vom 11. Februar 2003 (BGBl. S. 169) neu gefassten **Informationspflicht** der Auftraggeber (§ 13 VgV) in der jetzigen Form war aber eine Entscheidung der 1. Vergabekammer des Bundes (**Euro-Münzplättchen II**)[11] vorausgegangen. In dieser, auf der

---

10 S. hierzu grundlegend: *Stockmann* NZBau 2003, 591 ff.; *Rojahn* NZBau 2004, 382 ff.; *Dieckmann* VergabeR 2005, 10 ff.
11 *VK Bund* BauR 1999, 1284 = NZBau 2000, 53.

Nicht berücksichtigte Bewerbungen und Angebote § 27 a

Grundlage eines VOL/A Sachverhalts ergangenen Entscheidung, hatte die Vergabekammer dem Auftraggeber die Pflicht auferlegt, alle Bieter **10 Tage** vor dem Zuschlag über die Absicht des Zuschlags sowie über den erfolgreichen Bieter zu informieren. Die Vergabekammer stützte diese aus § 27 a VOL/A hergeleitete Vorabinformationspflicht, die der Gewährleistung eines **effektiven Primärrechtschutzes** dienen sollte, insbesondere auf die Rechtsschutzgarantie des Art. 19 Abs. 4 GG. Allerdings war mit der Auffassung der VK Bund weder eine Vorabinformationspflicht für Auftragsvergaben unterhalb der EG-Schwellenwerte verbunden noch führte ein Verstoß gegen die Vorinformationspflicht zur Nichtigkeit eines dennoch abgeschlossenen Vertrags.

Bei Auftragsvergaben **oberhalb der EG-Schwellenwerte** schloss daher erst die Vorschrift des § 13 VgV mit der hier geregelten **Informationspflicht** für Auftraggeber die bestehende Lücke zur Gewährleistung eines **effektiven Primärrechtschutzes** der Bieter vor Zuschlagserteilung. § 13 VgV in der jetzigen Form war aber letztlich die Folge eines EuGH-Urteils (**Alcatel-Entscheidung**) vom 28. 10. 1999.[12] In diesem Urteil hatte der EuGH im Hinblick auf eine vergleichbare Rechtslage in Österreich verlangt, »... die dem Vertragsschluss **vorangehende Entscheidung des Auftraggebers** darüber, mit welchem Bieter eines Vergabeverfahrens er den Vertrag schließt, in jedem Fall einem Nachprüfungsverfahren zugänglich zu machen, in dem der Antragsteller unabhängig von der Möglichkeit, nach dem Vertragsschluss Schadensersatz zu verlangen, die Aufhebung der Entscheidung erwirken kann, wenn die Voraussetzungen hierfür erfüllt sind«. Zwar wird auch durch § 13 VgV in Deutschland an dem bestehenden System des **Zusammenfallens von Zuschlag und Vertragsschluss** festgehalten. Allerdings zieht § 13 VgV erstmalig eine deutliche **Trennlinie** zwischen die **Entscheidung** über den Zuschlag einerseits und die **Erteilung** des Zuschlags andererseits. 31

Während die Nichtinformation eines Bieters nach § 13 Satz 6 VgV grundsätzlich zur **Nichtigkeit** eines dennoch abgeschlossenen Vertrages gem. § 134 BGB führt (s. BR-Drucks. 455/00 S. 18 f.), hat eine nach § 27 a VOL/A unterlassene Information **nicht** die Rechtsfolge der **Nichtigkeit** eines dennoch abgeschlossenen Vertrages zur Folge. Anders als § 13 VgV, über dessen Informationsverpflichtung benachteiligte Bieter gerade in die Lage versetzt werden, bei Auftragsvergaben oberhalb der EU-Schwellenwerte ein **Nachprüfungsverfahren gem. §§ 102 ff. GWB** vor Vergabekammern einzuleiten, beschränkt sich daher die Rechtfolge des § 27 a VOL/A bei Verletzung von Informationspflichten primär auf **Schadensersatzansprüche** wegen schuldhafter Verletzung von Rechtspflichten aus §§ 311 Abs. 2, 241 Abs. 2, 280 ff. BGB. 32

II. Adressat der Informationspflicht nach § 13 VgV

Nach § 13 Satz 1 VgV informiert der Auftraggeber **die Bieter**, deren Angebote nicht berücksichtigt werden sollen. Der Adressat der – ordnungsgemäßen – Information muss entsprechend der Regelung des § 130 BGB (Wirksamwerden der Willenserklärung gegenüber Abwesenden) stets empfangsbevollmächtigt sein.[13] Mit dem Abstel- 33

---

12 *EuGH* NZBau 2000, 33 ff. (Alcatel-Entscheidung).
13 *OLG Naumburg* VergabeR 2004, 634, 638 f.

§ 27 a Nicht berücksichtigte Bewerbungen und Angebote

len auf »die Bieter« wird ersichtlich, dass die Informationspflicht des Auftraggebers grundsätzlich die **Durchführung eines Vergabeverfahrens** voraussetzt. Nur die unterliegenden Bieter, also die Unternehmer, die ein **Angebot abgegeben haben,** aber im Ergebnis nicht den Zuschlag erhalten sollen, sollen der sie schützenden Vorschrift des § 13 VgV unterfallen. Die Vorschrift bezweckt daher nicht den Schutz Dritter außerhalb des Vergabeverfahrens bzw. außerhalb jeglicher übriger wettbewerblicher Verfahren und auch nicht den Schutz anderer Unternehmen.[14] Dass die Vergabestelle daher die Benachrichtigung anderer Unternehmen unterlassen hat, vermag allenfalls deren Rechte zu verletzen. Das benachteiligte Unternehmen kann sich aber nicht auf eine daraus resultierende Nichtigkeitsfolge gem. § 13 Satz 6 VgV berufen. Die Begrenzung auf den Schutz von Bietern in § 13 Satz 1 VgV verhindert aber nicht, dass diese Norm auch auf das **Verhandlungsverfahren** nach § 3 a Nr. 1 Abs. 1 Satz 2 VOL/A anwendbar ist. Da auch im Verhandlungsverfahren die Grundregeln des Vergaberechts, insbesondere das Wettbewerbs-, Transparenz- und Gleichbehandlungsprinzip (vgl. § 97 Abs. 1 und 2 GWB) zu beachten sind, muss auch die Durchführung von **Verhandlungsverfahren einem effektiven Rechtsschutz** unterliegen. Auch hier ist daher den vom Auftraggeber ausgewählten Unternehmen, denen der Zuschlag nicht erteilt wird, eine Information gem. § 13 VgV zu erteilen. Dies gilt unabhängig davon, ob dem Verhandlungsverfahren eine Öffentliche Vergabebekanntmachung vorausgegangen ist oder nicht.[15]

III. Umfang der Informationspflicht nach § 13 VgV

34 Der Auftraggeber informiert die nicht berücksichtigten Bieter nach § 13 Satz 1 VgV i. d. R. auf der Grundlage eines Formblatts zum einen über den **Namen des Bieters,** dessen Angebot angenommen werden soll und zum anderen über den **Grund der vorgesehenen Nichtberücksichtigung ihres Angebotes.** Zwar besteht nach dieser Bestimmung keine Pflicht, auch den **erfolgreichen Bieter** über seine bevorstehende Auftragserteilung zu informieren; um aber auch dem **erfolgreichen Bieter** frühzeitig Klarheit über die beabsichtigte Auftragserteilung an ihn zu verschaffen und insbesondere um Unsicherheiten über den Grund der unterbliebenen Information zu vermeiden, empfiehlt sich auch eine positive Benachrichtigung an diesen. Eine Ausnahme von der Informationspflicht nach § 13 VgV besteht dann, wenn ein Bieter über die Vergabeabsicht des Auftraggebers bereits **anderweitig informiert** wurde. In diesem Ausnahmefall muss der Auftraggeber die Kenntnis des (bereits informierten) Bieters nicht noch zusätzlich in Textform gem. § 13 VgV herstellen.[16]

35 Während die Information an die nicht berücksichtigten Bieter über den Namen des Bieters, dessen Angebot angenommen werden soll, regelmäßig keine Schwierigkeit

---

14 *OLG Düsseldorf* VergabeR 2003, 594 ff.; *Thüringer OLG* VergabeR 2003, 600 ff.; vgl. *Wegmann* NZBau 2001, 475, 478; *Heuvels/Kaiser* NZBau 2001, 479, 480; *Dieckmann* NZBau 2001, 481,482; *Burgi* NZBau 2003, 16, 20 f.
15 *OLG Düsseldorf* NZBau 2003, 401, 404 ff. sowie VergabeR 2005, 508 ff.; *OLG Dresden* VergabeR 2002, 142, 144 mit Anmerkung *Otting; Erdl* VergabeR 2001, 10, 11.
16 *Schleswig-Holsteinisches OLG* VergabeR 2006, 258 ff.

bereitet, stellt sich die Frage, wie detailliert die **Angabe des Grundes der vorgesehenen Nichtberücksichtigung** der einzelnen Angebote sein muss. Insoweit hat das Oberlandesgericht Düsseldorf in einem grundlegenden Beschl. v. 6. 8. 2001[17] festgestellt, dass § 13 Satz 1 VgV **keine hohen Anforderungen** an die Informationspflicht enthält und deshalb zurückhaltend auszulegen ist.[18] Es reiche aus, wenn der Auftraggeber **verständlich und präzise den Grund** benennt, weshalb das Angebot unberücksichtigt geblieben ist. Dabei sei es ihm durchaus erlaubt, sich kurz zu fassen. Das OLG Düsseldorf leitet die zurückhaltende Auslegung des § 13 Satz 1 VgV insbesondere daraus ab, dass diese Vorschrift den Auftraggeber nur verpflichte, »**den Grund**«, nicht aber »**die Gründe**« für die Nichtberücksichtigung der Angebote mitzuteilen. Damit könne sich der Auftraggeber kurz fassen und brauche insbesondere keine Begründung abzugeben, die der eines schriftlichen Verwaltungsakts entspreche.[19] Weiterhin begründet das Gericht die zurückhaltende Auslegung des § 13 Satz 1 VgV an die Informationspflicht des Auftraggebers zu Recht damit, dass die Vorschrift auch bei einer großen Anzahl zu informierender Bieter noch **praktikabel** bleiben muss und sie im Ergebnis **nicht ihrerseits zu einer Investitionsbremse** führen darf.

Die Bieter müssen daher durch die Information in die Lage versetzt werden zu beurteilen, ob ihre Ablehnung tragfähig ist oder nicht, um auf dieser Basis über die mögliche Einleitung eines Nachprüfungsverfahrens entscheiden zu können. Der nach § 13 Satz 1 VgV informierte Bieter muss daher aufgrund der Mitteilung zumindest in Ansätzen nachvollziehen können, welche **konkreten Erwägungen** für die Vergabestelle bei der Nichtberücksichtigung seines Angebots ausschlaggebend waren. Die bloße zusammenfassende Mitteilung des Ergebnisses des Wertungsvorgangs, das Angebot sei nicht das wirtschaftlichste gewesen, reicht dafür nicht aus.[20] Bei VOL-Verfahren ist es daher zur Erfüllung der **Informationspflicht** durch den Auftraggeber notwendig, aber auch ausreichend, wenn der Auftraggeber den Bietern, die den Auftrag nicht erhalten sollen, auf der Grundlage der Eignungsprüfung sowie der von ihm bekannt gegebenen Zuschlagskriterien (vgl. § 25 a Nr. 1 Abs. 1 i. V. m. § 9 a Nr. 1 c VOL/A) mitteilt, welche **konkreten Erwägungen und Gründe** dazu geführt haben, dass ihre Angebote im Rahmen der **Wertung** (s. insbesondere § 25 Nr. 1 bis 3 VOL/A) nicht berücksichtigt wurden. Die erforderliche Mitteilung durch den Auftraggeber kann auch durch ein **Formblatt** erfolgen. Dabei wird auf der Grundlage eines derartigen Formblatts durch den Auftraggeber der jeweilige Ausschluss- bzw. Nichtberücksichtigungsgrund des einzelnen Angebotes (Ankreuzen) durch eine **stichwortartige Erläuterung** (Begründung) ergänzt.[21]

---

17 *OLG Düsseldorf* VergabeR 2001, 429 ff. mit Anmerkung *Abel* VergabeR 2001, 431 ff.
18 So auch *OLG Koblenz* VergabeR 2003, 448, 451.
19 *OLG Düsseldorf* VergabeR 2001, 429, 430; *BayObLG* VergabeR 2002, 637, 638; s. auch: *KG* VergabeR 2002, 235, 238.
20 *KG* VergabeR 2002, 235, 238; *BayObLG* VergabeR 2001, 438, 441 mit Anmerkung *Horn*.
21 Vgl. z. B. das Formblatt zu § 13 VgV bei VOB-Vergaben (Informations- und Absageschreiben), NZBau 2001, 128.

§ 27 a Nicht berücksichtigte Bewerbungen und Angebote

IV. Form und Frist für die Informationserteilung nach § 13 VgV

37 Nach der am 15. Februar 2003 in Kraft getretenen Änderung (s. BGBl. I v. 14. 2. 2003, BGBl. I S. 168) des § 13 Satz 2 VgV sendet der Auftraggeber »diese Information **in Textform** spätestens **14 Kalendertage vor dem Vertragsabschluss an die Bieter ab**«. Die erfolgte Ersetzung des Wortes »schriftlich« in der Altfassung durch »in Textform« gibt den Vergabestellen die Möglichkeit, Vorinformationen auch per **E-Mail** (s. § 126 a BGB) oder **nicht eigenständig unterschriebenem Fax** rechtswirksam zu erteilen. Denn gemäß § 126 b BGB genügt für eine Erklärung »in Textform« deren Abgabe in einer Urkunde oder auf andere, zur dauerhaften Wiedergabe in Schriftzeichen geeigneten Weise unter Nennung des Namens des Erklärenden und des Abschlusses der Erklärung durch Nachbildung der Namensunterschrift. Ist ein Bieter über die Vergabeabsicht des Auftraggebers bereits anderweitig informiert, bedarf es mangels Schutzbedürfnisses des Bieters einer Information nach § 13 VgV in Textform ausnahmsweise nicht mehr.[22] Für die Frage der **ordnungsgemäßen Absendung** der Vorinformation an den richtigen Adressaten ist die Vorschrift des § 130 Abs. 1 BGB heranzuziehen. Danach genügt z. B. das Absenden einer Vorabinformation an eine Zweigstelle eines Bieters dann nicht, wenn diese nicht als Empfangsstelle für Informationen an den tatsächlichen Bieter bzw. als dessen **Empfangsbevollmächtigter** zu betrachten ist.[23]

38 Der Streit, ob für den Zeitpunkt der Informationsweitergabe auf die Absendung beim Auftraggeber oder auf den Zugang bei den Bietern abzustellen ist, hat sich durch die am 15. Februar 2003 in Kraft getretene und **geänderte Fassung des § 13 Vergabeverordnung** (s. BGBl. I v. 14. Februar 2003 S. 168) endgültig erledigt. Nach Satz 3 des § 13 VgV beginnt die Frist für die Einhaltung der 14 Kalendertage »**am Tag nach der Absendung der Information** durch den Auftraggeber«. § 13 Satz 4 besagt sodann in eindeutiger Klarstellung: »Auf den Tag des **Zugangs** der Information beim Bieter **kommt es nicht an**«. Damit wurde der älteren Rechtsprechung der Vergabesenate, die z. T. für die Fristberechnung und für die Frage der Rechtzeitigkeit auf den Zugang der Information bei den nicht berücksichtigten Bietern abstellte, der Boden entzogen. Um dem Grundsatz der Transparenz und der Gleichbehandlung der Bieter zu entsprechen (vgl. §§ 97 Abs. 1 und 2 GWB), ist der Auftraggeber jedenfalls gut beraten, die Information nach § 13 Satz 1 VgV schnellstmöglich und gleichzeitig an die nicht berücksichtigten Bieter zu senden.

V. Keine Information gem. § 13 VgV über beabsichtigte Aufhebung der Ausschreibung

39 Nach § 13 Satz 2 VgV sendet der Auftraggeber die notwendige Information über den Grund der vorgesehenen Nichtberücksichtigung der Bieter in Textform spätestens 14 Kalendertage **vor dem Vertragsabschluss** an die Bieter ab. Damit bezieht sich die Norm ausdrücklich auf den unmittelbar bevorstehenden **Abschluss eines Vertrages**

---

22 OLG *Schleswig-Holstein* VergabeR 2006, 258, 259.
23 OLG *Naumburg* VergabeR 2004, 634 ff.

mit dem ausgewählten Bieter. Die Vorschrift soll gewährleisten, dass die in einem VOL-Vergabeverfahren beteiligten Bieter **vor** dem Vertragsschluss die Möglichkeit haben, eine rechtswidrige Entscheidung durch Einleitung eines Nachprüfungsverfahrens vor der Vergabekammer zu verhindern. Dies kommt auch darin zum Ausdruck, dass nach Satz 1 über den Namen des Bieters, dessen Angebot angenommen werden soll, informiert werden muss.

Teilweise wird in der Literatur unter Effektivitätsaspekten gefordert, § 13 VgV auch **40** auf eine Pflicht zur Vorabinformation über eine **bevorstehende Aufhebung der Ausschreibung** anzuwenden.[24] Eine derartige Interpretation des Wortlautes des § 13 VgV überschreitet aber die Grenzen zulässiger Auslegung. Die Grenze der Auslegung ist der Wortlaut einer Norm. Hieran kann auch eine verfassungs- oder europarechtskonforme Interpretation nichts ändern. Eine Pflicht zur Vorabinformation über die Aufhebung der Ausschreibung ist daher vom Wortlaut des § 13 VgV, der in Satz 2 eindeutig auf den **Vertragsabschluss** abstellt, nicht gedeckt. Eine Analogie scheidet ebenfalls mangels Fehlens einer planwidrigen Regelungslücke aus. Insoweit ist zu berücksichtigen, dass die Vergabeverordnung mit **Entwurfsstand** vom 8. 6. 2000 vorsah, dass ein Auftraggeber, der beabsichtigt, ein Vergabeverfahren durch **Aufhebung** zu beenden, alle Bieter spätestens 10 Werktage vor der Aufhebung zu informieren hatte. Diese Vorschrift ist jedoch bewusst wieder gestrichen worden, weil sie in der Tendenz dazu geführt hätte, dass ein Auftrag zustande kommt, an dem der Auftraggeber kein Interesse mehr hat. Raum für eine analoge Anwendung des § 13 VgV, die eine Informationspflicht auch für den Fall der beabsichtigten Aufhebung der Ausschreibung vorsieht, besteht daher gerade nicht.

Der Europäische Gerichtshof hat aber in einem Urt. v. 18. 6. 2002 (Rechtssache **41** C-92/00)[25] entschieden, dass die Aufhebung einer Ausschreibung durch einen Auftraggeber nach der EG-Rechtsmittelrichtlinie einem Nachprüfungsverfahren unterliegen müsse. Damit hat der Europäische Gerichtshof zu einer auch im deutschen Vergaberecht bisher sehr umstrittenen Frage Stellung bezogen. Zwar hat nach dieser Entscheidung des Europäischen Gerichtshofs der Druck, eine Vorinformation des Auftraggebers auch bei beabsichtigten Aufhebungen der Ausschreibung auf rechtlicher Grundlage einzuführen, um den Bietern die Möglichkeit zu geben, sich **frühzeitig** gegen rechtswidrige Aufhebungen wehren zu können, zugenommen; eine Informationspflicht über die **beabsichtigte Aufhebung** der Ausschreibung gem. § 13 VgV folgt jedoch auch aus diesem Urteil nicht.

---

24 *Erdl* VergabeR 2001, 10, 13 ff.
25 *EuGH* (»Hospital Ingenieure«), VergabeR 2002, 361 ff. = NZBau 2002, 458 ff.; *Portz* ZfBR 2002, S. 551; *Prieß* NZBau 2002, 433; *Reidt/Brosius-Gersdorf* VergabeR 2002, 580 ff. auch zu der Frage, ob § 13 VgV auf die Vorabinformation über die Aufhebung der Ausschreibung angewandt werden muss.

VI. Nichtigkeitsfolge bei Missachtung der Informationspflicht gem. § 13 VgV

1. Normierung eines gesetzlichen Verbots

42 In § 13 Satz 5 VgV ist bestimmt, dass »ein **Vertrag** vor Ablauf der Frist oder ohne dass die Information erteilt worden und die Frist abgelaufen ist, **nicht geschlossen werden darf**«. Über die Ermächtigungsgrundlage des § 97 Abs. 6 GWB erlangt die Vergabeverordnung Gesetzescharakter. Dies bedeutet, dass § 13 Satz 5 VgV als bieterschützende Vorschrift die Normierung eines **gesetzlichen Verbots** für den hier geregelten Sachverhalt enthält.[26] Ein **vor Ablauf der Frist** oder **ohne** Informationsweitergabe und abgelaufener Frist abgeschlossener Vertrag ist gem. § 13 Satz 6 VgV **nichtig**. Erst die Nichtigkeitsfolge des § 13 Satz 6 VgV soll einen **durchsetzbaren, effektiven Rechtsschutz begründen**. Dabei spielt es keine Rolle, ob der Bieter, mit dem der Vertrag abgeschlossen wurde, subjektiv von dem Verstoß des Auftraggebers gegen die Informationspflicht Kenntnis hatte oder nicht. Die Nichtigkeitsfolge des Vertrages **für und gegen jedermann** auch bei »**knappem**« **Verstoß** gegen die bloße Informationspflicht und **ohne zeitliche Begrenzung** ist sowohl **rechtlich** als auch **wirtschaftlich** bedenklich.[27] hin. Nicht zuletzt deshalb sollte nach der in der letzten Legislaturperiode geplanten Neuregelung des § 13 VgV die Geltendmachung der Unwirksamkeit – auch bei De-facto-Vergaben – vom Antragsteller innerhalb einer Frist von 30 Kalendertagen ab Kenntnis, spätestens aber ein halbes Jahr nach dem Verstoß als Voraussetzung für die Zulässigkeit zur Einleitung eines Nachprüfungsverfahrens vorgenommen werden müssen. Der Entwurf ist jedoch wegen der vorgezogenen Bundestagswahl nicht in neues Recht umgesetzt worden. Es bleibt daher abzuwarten, inwieweit die kommende Novellierung des Vergaberechts dieses Ziel wieder aufgreift. Mit einer grundlegenden Entscheidung vom 9. 2. 2004 hat der Bundesgerichtshof[27a] jedenfalls festgestellt, dass die Nichtigkeitsfolge eines Vertrages, der vor Ablauf der 14-Tagesfrist gem. § 13 VgV geschlossen worden ist, durch die **Ermächtigung** in § 97 Abs. 6 GWB gedeckt ist.[27b]

2. Unzureichende Information

43 Ist ein zur Verhandlung aufgeforderter, aber nicht zum Zuge gekommener Bieter zwar innerhalb der 14-Kalendertages-Frist vom Auftraggeber über seine Nichtberücksichtigung informiert worden, ist diese Information aber im Hinblick auf die Angabe des genauen Grundes **lückenhaft und unzureichend**, löst eine derartige unzureichende Information **nicht die Nichtigkeitsfolge** des § 13 Satz 6 VgV aus. Denn in diesem Fall einer tatsächlich an die Bieter **erfolgten Vorabinformation** mit Begründung ist die Forderung des § 13 Satz 1 VgV jedenfalls formal erfüllt. Daher kommt eine Nichtigkeit nach § 13 Satz 6 VgV **nicht in Betracht**. Der – unzureichend – informierte Bieter hat ja gerade nach Erhalt einer rechtzeitig, wenn auch lückenhaft erteilten Information die Möglichkeit, sein **subjektives Recht** auf eine **umfassende**

---

26 *KG* VergabeR 2002, 235, 237.
27 Hierauf verweisen *Hailbronner* NZBau 2002, 474 ff. und *Kau* NZBau 2003, 310 ff.
27 a *BGH* VergabeR 2004, 201 ff.
27 b A. A. noch *Kau* NZBau 2003, 310, 311.

Information und auf eine ausreichende Begründung gem. § 13 Satz 1 VgV im Wege eines **Nachprüfungsverfahrens** durchzusetzen. Es ist daher unter Rechtsschutzgesichtspunkten nicht erforderlich, diesen Fall durch die strenge Nichtigkeitsfolge des § 13 Satz 6 VgV abzusichern.[28]

VII. De-facto-Vergaben ohne wettbewerbliches Verfahren: Keine Nichtigkeitsfolge gem. § 13 VgV

Zum Teil wurde im Schrifttum angenommen, dass die **Nichtigkeitsfolge** des § 13 Satz 6 VgV auch bei Aufträgen eingreift, die **ohne Durchführung eines jeglichen Vergabeverfahrens** bzw. ohne Auswahl zwischen verschiedenen Interessenten, also direkt und rechtswidrig, vergeben worden sind. Habe der Auftraggeber daher überhaupt kein förmliches Vergabeverfahren bzw. keine sachgerechte Auswahl bei der Beauftragung eines Bieters oder eines Interessenten durchgeführt (**De-facto-Vergabe**), so müsse zur Erreichung effektiven Rechtsschutzes und mit dem argumentum a maiore ad minus **erst recht** die Nichtigkeitsfolge eintreten.[29] Wenn daher schon der Verstoß gegen eine nicht rechtzeitige Informationspflicht zur Nichtigkeit des Zuschlages führe, müsse dies erst recht dann gelten, wenn der Auftraggeber den **Auftrag gänzlich ohne Durchführung** eines Vergabeverfahrens vergeben habe. Auch wird darauf verwiesen, dass die Verpflichtung zur Gewährleistung **effektiven Rechtsschutzes** nach den EG-Vergaberichtlinien eine **entsprechende Auslegung** des § 13 VgV erfordere.[30]

44

Auch wenn der »Erst-Recht-Schluss« zunächst einleuchtend klingt, ist er im Ergebnis zumindest bei **Direktvergaben ohne jegliches vorangegangene** wettbewerbliche Verfahren und ohne Vorliegen von »Angeboten« bzw. ohne das Vorhandensein jeglicher Interessenten nicht haltbar.[31] Nach seinem Wortlaut setzt § 13 Satz 1 VgV »Bieter« voraus, deren Angebote nicht berücksichtigt werden. Bieter und ihre Angebote können dem Auftraggeber aber nur im Rahmen eines Wettbewerbs- oder **Vergabeverfahrens** bekannt geworden sein, nicht aber ohne jegliches vorangegangene wettbewerbsartige Verfahren. Aufgrund seiner systematischen Stellung im Rahmen der Vergabeverordnung trifft § 13 VgV eine »nähere Bestimmung« i. S. d. § 1 VgV über das bei der Vergabe öffentlicher Aufträge einzuhaltende Verfahren. Damit wird schon aufgrund der Systematik grundsätzlich ein **Vergabeverfahren** bzw. ein wettbewerbliches Verfahren vorausgesetzt. Die Pflicht zur Durchführung eines Vergabeverfahrens bzw. eines wettbewerblichen Verfahrens ist eben **keine bloße Formalie**, sondern nach dem Willen des Verordnungsgebers grundsätzlich Kern des Systems der Vorabinfor-

45

---

28 *OLG Thüringen* VergabeR 2005, 521, 523 f., mit Anm. v. *Noelle*; *BayObLG* VergabeR 2002, 637, 638 mit Anmerkung *Wagner*; *OLG Koblenz* VergabeR 2002, 384, 386 f. mit Anmerkung von *Glahs/Külpmann*; *Thüringer OLG* VergabeR 2005, 521 ff.; *Abel* VergabeR 2001, 431, 432; *Erdl* VergabeR 2001, 10, 21, 23; a. A.: *OLG Düsseldorf* VergabeR 2001, 429 ff.; *KG* VergabeR 2002, 235.
29 *Hertwig* NZBau 2001, 241 f.; *Dreher* NZBau 2001, 244, 245; *Byok* NJW 2001, 2295, 2301; *Prieß* EuZW 2001, 367.
30 *Dreher* NZBau 2001, 241, 245; *Otting* Privatisierung und Vergaberecht, VergabeR 2002, 11, 18; siehe auch *Bär* ZfBR 2001, 375 f.
31 *Braun* NZBau 2001, 657 ff.; *Wagner/Wiegand* NZBau 2003, 369, 372.

mation. Erst ein vorangegangenes wettbewerbliches Verfahren schafft die Voraussetzungen eines **subjektiven Rechts**, also eine individuelle Rechtsposition. Wenn man demgegenüber eine Ausdehnung der Informationspflicht des § 13 VgV i. S. einer **allgemeinen Informationspflicht**[32] vornehmen würde, wäre der eindeutige Wille des Normgebers ebenso gebrochen wie der Wortlaut und die Systematik des § 13 VgV.[33] Im Ergebnis scheidet daher sowohl eine direkte Anwendung der Nichtigkeitsregelung des § 13 Satz 6 VgV auf so genannte reine »De-facto-Vergaben«, bei der der Auftraggeber mit nur einem Unternehmen verhandelt und andere Interessenten am Auftrag ihm unbekannt sind, ebenso aus wie eine analoge Anwendung.[34]

46 Fraglich ist allenfalls, ob bei einer bereits vollzogenen »De-facto-Vergabe« ohne Durchführung eines vorherigen Wettbewerbsverfahrens eine direkte Anwendung des § 134 BGB mit der dort beschriebenen **Nichtigkeitsfolge** wegen eines Verstoßes gegen ein Verbotsgesetz zur Anwendung kommt. Hiervon wird in der Literatur z. T. unter Verweis auf einen Verstoß gegen die zwingend vorgegebene Ausschreibungspflicht und gegen das Wettbewerbsgebot gem. § 97 Abs. 1 i. V. m. § 101 Abs. 1 GWB ausgegangen.[35] Diese Auslegung vermag jedoch ebenfalls im Ergebnis nicht zu überzeugen.

47 Wäre die **Nichtigkeit des Vertrages bei jedem gänzlich nicht durchgeführten Vergabeverfahren** und der hierbei unterbliebenen Information nach § 13 Satz 1 VgV die Folge, wird übersehen, dass § 114 Abs. 2 Satz 1 GWB im Grundsatz trotz Vergabefehlern an der **Wirksamkeit von Verträgen festhält**. Damit ist einer Nichtigkeitsfolge aus einem Verstoß gegen ein Verbotsgesetz (§ 134 BGB), die schon aus einer bloßen Verletzung des § 97 Abs. 1 GWB herzuleiten wäre, der Boden entzogen. Bei Erlass des zum 1. 1. 1999 in Kraft getretenen Vergaberechtsänderungsgesetzes verzichtete der Gesetzgeber mit gutem Grund darauf, eine **generelle Nichtigkeit** für alle Aufträge zu statuieren, die – rechtswidrig – ohne vorherige Ausschreibung vergeben wurden. Die Nichtigkeitsfolge wurde vielmehr – abgesehen von dem Spezialfall einer **sittenwidrigen Kollusion** (§ 138 BGB) – auf die Fälle beschränkt, in denen der Zuschlag gegen **das gesetzliche Verbot** des § 115 Abs. 1 GWB erteilt worden ist. Würde man die Nichtigkeitsfolge des § 13 Satz 6 VgV auch auf all die Fälle ausweiten, in denen überhaupt kein Vergabeverfahren stattgefunden hat, würden im Ergebnis die besonderen Voraussetzungen des § 115 Abs. 1 GWB, der ausdrücklich eine Nichtigkeitsregel enthält, übergangen. Daher kann die Nichtigkeitsfolge bei **gänzlich unterlassener Ausschreibung bzw. unterlassenem wettbewerblichen Verfahren** grundsätzlich nicht gelten.[36]

---

32 *Hertwig* NZBau 2001, 241, 242.
33 So im Ergebnis auch *OLG Düsseldorf* NZBau 2003, 400 ff. = VergabeR 2003, 435 ff. sowie *OLG Düsseldorf* VergabeR 2004, 216, 219 ff., das zur Voraussetzung der Anwendung des § 13 VgV ein Verfahren mit mehreren Bietern macht; *KG* VergabeR 2005, 236, 243; *Müller-Wrede/Kaelble* VergabeR 2002, 1, 6.
34 So wie hier: *OLG Düsseldorf* NZBau 2004, 113, 115 f. sowie NZBau 2005, 535; *Thüringer OLG*, Beschl. v. 28. 1. 2004 – 6 Verg 11/03; *Dietlein/Spießhofer* VergabeR 2003, 509 ff.; *Lindenthal* VergabeR 2003, 630 ff.
35 *Kaiser* NZBau 2005, 311 ff.; *Müller-Wrede/Kaelble* a. a. O., 7 bis 9.
36 In diesem Sinne auch: *Wegmann* NZBau 2001, 475, 478 sowie auch *Heuvels/Kaiser* Die Nichtigkeit des Zuschlags ohne Vergabeverfahren, NZBau 2001, 479, 480 und *Dieckmann* Nichtigkeit des Vertrages gem. § 13 VgV bei unterlassener Ausschreibung?, NZBau 2001, 481 ff.; so auch für »vollzogene De-facto-

Nicht berücksichtigte Bewerbungen und Angebote § 27 a

Insoweit muss auch darauf hingewiesen werden, dass eine andere Rechtsauffassung **48** nicht abschätzbare Konsequenzen für die Rechtssicherheit hätte. Dies betrifft insbesondere die Fallgestaltungen, in denen der Auftraggeber die Durchführung eines jeglichen Wettbewerbs- oder Vergabeverfahrens zwar mit **guten Gründen** verneint hat, die Voraussetzungen für das Vorliegen eines Vergabeverfahrens jedoch **nicht mit letzter Sicherheit ausgeschlossen werden können.** Hierunter fallen insbesondere die Sachverhalte,[37] dass

- die **Auftraggebereigenschaft** nach § 98 Nr. 2 GWB nicht mit Sicherheit beurteilt werden kann,
- eine Ausschreibungsverpflichtung nach dem Gegenstand des Vertrages, insbesondere im Zusammenhang mit der sog. **In-House-Thematik,** zweifelhaft ist,
- der Auftraggeber nach sachgerechter Prüfung aufgrund der Tatbestände des § 3 a Nr. 2 lit. a) bis j) VOL/A das Verhandlungsverfahren ohne **vorherige Vergabebekanntmachung** anwendet.

In all diesen Fällen mögen trotz gegebener Zweifel gute Gründe für die Nichtdurchführung eines Vergabeverfahrens bestehen. Würde aber in diesen Fällen **eines überhaupt nicht durchgeführten Wettbewerbsverfahrens** der geschlossene Vertrag mit der Rechtsfolge der Nichtigkeit bedroht sein, wäre dies nicht sachgerecht. Es würde aber insbesondere dem Wortlaut des § 13 VgV und seiner Begründung widersprechen, wenn die Nichtigkeitsfolge über die Nichtinformation bei eingeleiteten Vergabeverfahren (»Bieter«) hinaus auch diese Form der bereits vollzogenen »De-facto-Vergaben« betreffen würde. Will man eine Nichtigkeitsfolge auch bei derartigen »De-facto-Vergaben« bedarf es daher einer zurzeit nicht gegebenen **klaren Regelung** in § 13 VgV.

Umgekehrt kann der häufig für die Rechtfertigung der Nichtigkeitsfolge und eines **49** »Erst-Recht-Schlusses« zugrunde gelegte Sachverhalt eines **kollusiven,** schuldhaften und rechtswidrigen Zusammenwirkens zwischen dem Auftraggeber und dem Vertragspartner zur gemeinsamen Herbeiführung einer De-facto-Vergabe unter bewusstem Ausschluss potentieller Mitbewerber über die Rechtsfigur des § 138 BGB (**Sittenwidriges Rechtsgeschäft**) mit der Folge gelöst werden, dass ein derartiger, unter Verstoß gegen die Ausschreibungspflicht zustande gekommener Vertrag **nichtig** ist.[38] Dies erklärt auch, warum ein Analogiebedürfnis und eine Rechtslücke nicht bestehen und warum der Verordnungsgeber weder im Rechtstext des § 13 VgV noch in den Materialien den Sachverhalt einer Nichtigkeitsfolge für die ohne ein Wettbewerbs- oder Vergabeverfahren durchgeführten Auftragserteilungen erwähnt hat.[39]

Auch die Pflicht zur Durchführung eines transparenten Vergabeverfahrens gem. § 97 **50** Abs. 1 GWB vermag bei gänzlicher Nichtdurchführung eines Wettbewerbs- oder Vergabeverfahrens nach der VOL/A **keine unmittelbare Nichtigkeitsfolge** zu begründen. § 97 Abs. 1 GWB enthält zunächst nur ein **Gebot** zu einem bestimmten Tun,

---

Vergaben« sowie insgesamt grundlegend zur Problematik: *Müller-Wrede* in: Festschrift Jagenburg, S. 657 ff.
37 Vgl. *Dieckmann* NZBau 2001, 481 ff.
38 Zu den Voraussetzungen, unter denen eine De-facto-Vergabe im Einzelfall gegen § 138 BGB verstößt, s. *KG* VergabeR 2005, 236, 244 f.
39 *Heuvels/Kaiser* NZBau 2001, 479, 480, 481.

nämlich bestimmte Verfahrensregeln bei der Vertragsanbahnung im Vergabeverfahren einzuhalten. Selbst wenn man im Umkehrschluss daraus das Verbot ableiten würde, einen Vertrag ohne Vergabeverfahren abzuschließen, richtet sich dieses Verbot noch nicht gegen den Vertrag als solchen, sondern regelt nur ein **besonderes Verfahren** für die Vergabe öffentlicher Aufträge. Deshalb ist die VOL/A als solche auch kein gesetzliches Verbot i. S. d. § 134 BGB. Ein Verstoß gegen die Durchführung eines Vergabeverfahrens führt daher nicht automatisch zur Nichtigkeit.

VIII. De-facto-Vergabe nach Wettbewerb: Entsprechende Anwendung des § 13 VgV

51 Bei einer »De-facto-Vergabe« wird die Anwendung des § 13 VgV aber ausgelöst, wenn der Auftraggeber ein **bereits von ihm eingeleitetes Vergabeverfahren** aufhebt und sodann nach der Aufhebung ohne die Durchführung eines weiteren Verfahrens einen Vertrag mit einem der früheren Mitbewerber abschließt, obwohl auch ein anderer Bewerber nach der Aufhebung des ersten Vergabeverfahrens dem Auftraggeber ein weiteres Angebot hat zukommen lassen, aber **nicht** von diesem nach § 13 VgV **über den beabsichtigten Vertragsschluss mit dem Mitbewerber informiert** worden ist.[40] So lag ein vom OLG Dresden entschiedener Fall.[41] Bei diesem besonderen (VOL-) Sachverhalt hatte der Auftraggeber ein »freihändiges« Verhandlungsverfahren erst nach Aufhebung des vorangegangenen **förmlichen Vergabeverfahrens** ohne erneute Beteiligung der Bieter aus dem Erstverfahren durchgeführt. In einem derartigen Sachverhalt ist das Oberlandesgericht Dresden zu Recht davon ausgegangen, dass der Auftraggeber **zwingend mit sämtlichen geeigneten Bietern** – also auch den weiter interessierten Bietern aus dem ersten Verfahren – auch in dem zweiten Verfahren hätte verhandeln müssen. Tut er dies nicht und gibt ein Bieter des aufgehobenen Vergabeverfahrens unaufgefordert ein Angebot ab, muss dieser auch als **Bieter behandelt werden**. Folge ist, dass diesem Bieter gegenüber gem. § 13 Satz 1 und 2 VgV eine **Informationspflicht** 14 Kalendertage vor dem Vertragsschluss besteht.

52 Die vom OLG Dresden vorgenommene Anwendung des § 13 VgV auf stattgefundene De-facto-Vergaben **nach einem durchgeführten vorherigen Wettbewerb** ist vom OLG Düsseldorf in einer grundlegenden Entscheidung vom 30. 4. 2003 (»g. e. b. b.-Beschluss«)[42] fortgeführt worden. In dem zugrunde liegenden Fall ging es um die Beschaffung von über 80.000 Paar Kampfschuhen für die Bundeswehr. Hierfür hatte der Auftraggeber zwar in der Vorstufe zur Auftragserteilung ein **»wettbewerbliches Verfahren«** durchgeführt, auf dessen Grundlage Angebote einholt wurden. Jedoch hatte

---

40 Für den Zeitpunkt der Einleitung eines Vergabeverfahrens stellt das *OLG Düsseldorf* NZBau 2001, 696 ff. zu Recht auf ein materielles Verständnis, also dem Beginn organisatorischer Schritte mit dem Endziel eines Vertragsschlusses und nicht auf die Vergabebekanntmachung ab.
41 *OLG Dresden* VergabeR 2002, 142 ff. mit Anmerkung von *Otting*, VergabeR 2002, 146, 147, der aber den dem OLG Dresden zugrunde liegenden besonderen Sachverhalt zu Unrecht auch auf all die Fälle übertragen will, in denen Auftraggeber von vornherein von der Durchführung einer Ausschreibung bzw. eines Wettbewerbs abgesehen haben.
42 *OLG Düsseldorf* NZBau 2003, 400 ff. = VergabeR 2003, 435 ff. mit Anmerkung *Prieß* sowie weiter klarstellend: *OLG Düsseldorf* VergabeR 2005, 503, 505 f.

die sich auf eine Verletzung des § 13 VgV berufende antragstellende Bieterin **kein Angebot** über die Lieferung von Kampfschuhen abgegeben. Dies lag aber insbesondere daran, dass sie zunächst nur aufgefordert wurde, ein Angebot für eine bloße Schuhkonfektionierungsleistung abzugeben, woran sie kein Interesse hatte. Die von der Auftraggeberin in der Folge vorgenommene Änderung ihrer Beschaffungskonzeption (statt der Vergabe eines bloßen Konfektionierungsauftrags nunmehr Vergabe des Auftrags zur Lieferung des kompletten Kampfschuhs) wurde der Antragstellerin aber nicht mitgeteilt.

Für diesen Fall eines **vorangegangenen wettbewerblichen Verfahrens**, das der Sache nach ein Verhandlungsverfahren ohne vorherige Vergabebekanntmachung war, hat das Oberlandesgericht Düsseldorf die Anwendung des § 13 VgV zu Recht bejaht. Insoweit hänge die Anwendbarkeit des § 13 VgV **nicht** von der vorherigen Durchführung eines **förmlichen Vergabeverfahrens** ab. Nach dem Wortlaut des § 13 VgV müsse es sich nur »um ein Verfahren handeln, in dem es **Bieter und Angebote gibt**, und zwar mehr Bieter, als bei der konkreten Auftragsvergabe berücksichtigt werden können«. Sei aber der öffentliche Auftraggeber aufgrund der vorliegenden Umstände des Einzelfalls verpflichtet, einem Unternehmen – wie hier dem Antragsteller – den **Bieterstatus einzuräumen**, ist dieses Unternehmen schon aufgrund dieser Verpflichtung **in den Schutzbereich** des § 13 VgV einbezogen. Dies bedeutet, dass ein mit einem anderen Bieter geschlossener Vertrag, dem keine Information an das andere und auch geschützte Unternehmen vorausgegangen war, gem. § 13 Satz 6 VgV **nichtig ist**. Dabei kann es nach dem *OLG Düsseldorf* auch keine Rolle spielen, wenn der Auftraggeber **rechtsirrig** glaubt, er sei wegen des Fehlens seiner Auftraggebereigenschaft nicht an das Vergaberecht und demnach auch nicht an § 13 VgV gebunden. Eine derartige – rechtsirrige – Auffassung greife schon deswegen nicht, weil dies mit einer ungerechtfertigten **Prämierung** des Auftraggebers verbunden wäre.[43]

53

Es muss aber ausdrücklich darauf hingewiesen werden, dass der Fall des *OLG Düsseldorf* – wie auch der des *OLG Dresden* – **entscheidende Besonderheiten** aufweist.[44] Diese Besonderheiten liegen insbesondere darin, dass der Freihändigen Direktvergabe ein Verfahren mit Bieterwettbewerb vorausgegangen war, bei dem der jeweilige Antragsteller sich entweder mit einem Angebot oder aber als Interessent beteiligt hatte. Nur unter diesen Umständen nahm das *OLG Düsseldorf*[45] an, dass die Antragstellerin auch weiterhin als Bieterin hätte behandelt werden müssen und der Informationspflicht nach § 13 VgV unterlegen habe. Daraus lässt sich im Umkehrschluss ableiten, dass § 13 VgV dann nicht anzuwenden ist, wenn ein Auftraggeber ohne jeglichen Wettbewerb nach einer Verhandlung mit nur einem Unternehmen und ohne dass ihm andere Interessenten am Auftrag **bekannt sind**, den Vertrag schließt.[46] Das Gleiche muss gelten, wenn der Auftraggeber zwar mit mehreren Unternehmen verhandelt hat, der spätere Antragsteller des Nachprüfungsverfahrens, dessen Interesse am Auf-

54

---

43 *OLG Düsseldorf* NZBau 2003, 400, 404 ff. = VergabeR 2003, 435 ff.
44 So zu Recht: *Wagner/Wiegand* NZBau 2003, 369, 372.
45 Klarstellend nochmals: *OLG Düsseldorf* VergabeR 2005, 503, 505 sowie VergabeR 2005, 508, 509 f., wie zuvor schon das *OLG Dresden*.
46 Instruktiv bei erlangter Kenntnis des Auftraggebers vom Interesse des Unternehmens: *OLG Celle* Beschl. v. 14. 9. 2006 – 13 Verg 3/06; *OLG Düsseldorf* NZBau 2004, 113, 115 f.

trag dem Auftraggeber aber nicht bekannt war, an den Verhandlungen unbeteiligt geblieben ist.[47]

55 Der **BGH** hat die Auffassung des OLG Dresden und des OLG Düsseldorf und damit im Ergebnis auch die weite Auffassung des OLG Celle (**Bekanntsein eines Interessenten**) in einer grundlegenden Entscheidung vom 1. 2. 2005[48] bestätigt. Nach dieser Entscheidung ist § 13 VgV **entsprechend** anzuwenden, wenn es im Anwendungsbereich der §§ 97 ff. GWB bei der Beschaffung von Leistungen zur **Beteiligung mehrerer Unternehmen** gekommen ist, die Angebote abgegeben haben, und der öffentliche Auftraggeber eine Auswahl unter diesen Unternehmen trifft.[49] Für diesen Sachverhalt des Vorhandenseins mehrerer Unternehmen geht der BGH zu Recht davon aus, dass hier der Auftraggeber verpflichtet gewesen wäre, die nicht berücksichtigten Bieter in sachgerechter Form über ihre Nichtberücksichtigung zu informieren. Dabei betont der BGH nochmals ausdrücklich, dass eine möglicherweise falsche rechtliche Einordnung der Ausschreibungspflicht durch den Auftraggeber nichts an seiner Informationspflicht ändern könne. Insoweit gehöre die »richtige rechtliche Einordnung eines geplanten Vorgehens zum allgemeinen Risiko, das jeder zu tragen hat, der am Rechtsleben teilnehmen will«.[50]

IX. Ausblick zur Neuregelung von De-facto-Vergaben auf europäischer Ebene

1. Die Rechtsprechung des EuGH vom 11. 1. 2005 (»Stadt Halle«)

56 In einer grundlegenden Entscheidung des *EuGH* **vom 11. 1. 2005 (»Stadt Halle«)** hat dieser auch wesentliche Ausführungen zum Rechtsschutz bei **De-facto-Vergaben** gemacht.[51] Bei dem der Entscheidung zugrunde liegenden Sachverhalt hatte die Stadt Halle ohne vorherige förmliche Einleitung eines Vergabeverfahrens einen Auftrag im Abfallentsorgungsbereich an eine von ihr mehrheitlich beherrschte gemischtwirtschaftliche Gesellschaft erteilt. Hiergegen hatte sich ein an dem Auftrag interessiertes privates Entsorgungsunternehmen mit dem Ziel gewandt, die Stadt Halle zur Durchführung einer öffentlichen Ausschreibung zu verpflichten.

57 Der EuGH hat für seine Entscheidung auf den Wortlaut von Art. 1 Abs. 1 der EG-Rechtsmittelrichtlinie 89/665/EWG vom 21. 12. 1989 zurückgegriffen. Danach »ergreifen die Mitgliedstaaten die erforderlichen Maßnahmen, um sicherzustellen, dass hinsichtlich der in den Anwendungsbereich der EU-Vergaberichtlinien fallenden Verfahren zur Vergabe öffentlicher Aufträge die **Entscheidungen** der Vergabebehörden wirksam und vor allem möglichst rasch auf Verstöße gegen das Gemeinschaftsrecht im Bereich des öffentlichen Auftragswesens nachgeprüft werden können«. Der hiermit intendierte wirksame und rasche gerichtliche Rechtsschutz gegen **jede Entschei-**

---

47 *OLG Düsseldorf* NZBau 2005, 535; *Thüringer OLG*, Beschl. v. 28. 1. 2004 – 6 Verg 11/03.
48 *BGH* VergabeR 2005, 328, 334 f.: Altpapierverwertung II.
49 So im Ergebnis auch: *OLG Thüringen* VergabeR 2004, 113, 117 mit Anm. *Kus*; *OLG München* VergabeR 2005, 620, 625 mit Anm. *Hermann*; *OLG Celle* VergabeR 2005, 809, 810 mit Anm. *Schulz*.
50 So auch *OLG Düsseldorf* NZBau 2003, 400, 405.
51 *EuGH* VergabeR 2005, 44 ff. = NZBau 2005, 111 ff.

dung einer Vergabebehörde bezieht sich nach Auffassung des EuGH daher auch auf die im **Vorfeld der Ausschreibung** getroffene Entscheidung, gerade kein Vergabeverfahren durchzuführen.[52] Nicht nachprüfbar sind nach dem EuGH nur Handlungen des Auftraggebers, die eine bloße **Vorstudie des Marktes** darstellen oder die rein vorbereitend sind und sich im Rahmen der **internen Überlegungen** des öffentlichen Auftraggebers im Hinblick auf die Vergabe eines öffentlichen Auftrags abspielen.[53]

Nach Auffassung des EuGH war aber im vorliegenden Fall, bei dem die Direktvergabe beabsichtigt, aber noch nicht endgültig vollzogen worden war, festzustellen, dass diese Willensäußerung des öffentlichen Auftraggebers spätestens dann nachprüfbar ist, wenn sie über das Stadium der internen Überlegungen hinausgeht und Rechtswirkungen entfalten kann. Zur Begründung dieser »Außenwirkung« zählt der EuGH jedenfalls die Aufnahme **konkreter Vertragsverhandlungen** mit einem Interessenten, weil diese eine entsprechende Willensäußerung des Auftraggebers darstellen. Daher ist im Ergebnis die Entscheidung eines öffentlichen Auftraggebers, kein Vergabeverfahren einzuleiten, weil der Auftrag seiner Auffassung nach nicht in den Anwendungsbereich des Vergaberechts fällt, ebenso wie die Entscheidung, ein Vergabeverfahren zu beenden, eine Entscheidung, die nach dem EuGH **gerichtlich überprüfbar** sein muss. Eine andere Auslegung hätte nach dem EuGH zur Folge, dass die Anwendung des Vergaberechts trotz ihrer zwingenden Vorgaben je nach Belieben des öffentlichen Auftraggebers fakultativ wäre. **58**

Weiter stellt der EuGH in seinem Urt. v. 11. 1. 2005 klar, dass die Nachprüfungsmöglichkeit entsprechend Art. 1 Abs. 3 der EU-Rechtsmittelrichtlinie 89/665/EWG jedem zur Verfügung stehen müsse, der ein **Interesse** an dem fraglichen Auftrag hat oder hatte und dem durch einen behaupteten Rechtsverstoß ein Schaden entstanden ist bzw. zu entstehen droht. Die formale Bieter- oder Bewerbereigenschaft ist hierfür **nicht erforderlich**.[54] Im Zusammenhang mit den rechtlichen Schlussfolgerungen aus einer De-facto-Vergabe ist auch eine Entscheidung des BGH[55] von Interesse. In dieser Entscheidung, bei der es um die ohne Ausschreibung stattgefundene Vergabe von Verkehrsleistungen im Bereich des Schienenpersonennahverkehrs und des Straßenpersonennahverkehrs ging, hat der BGH ausgeführt, »dass gewisse Mindestanforderungen an die Vergabe rechtlich schon durch das Gemeinschaftsrecht vorgegeben sind. Denn da Art. 43 und 49 EG und das Verbot der Diskriminierung aus Gründen der Staatsangehörigkeit als besondere Ausprägungen des gemeinschaftsrechtlichen Gleichbehandlungsgrundsatzes eine Verpflichtung zur Transparenz einschließen, steht das völlige Fehlen einer Ausschreibung unabhängig von entsprechenden Vorschriften des Sekundärrechts weder mit den Anforderungen der Art. 43 und 49 EG noch mit den Grundsätzen der Gleichbehandlung, der Nichtdiskriminierung und der Transparenz im Einklang«. **59**

---

52 So auch schon: *EuGH* NZBau 2000, 33 ff. Rn. 43 (»Alcatel Austria«).
53 *EuGH* VergabeR 2005, 44 ff. Nr. 35.
54 *EuGH* VergabeR 2005, 44 ff. Nr. 40.
55 *BGH* vom 7. 2. 2006 – Az: KVR 5/05 – DB Regio/üstra.

§ 27 a Nicht berücksichtigte Bewerbungen und Angebote

2. Richtlinienvorschlag der EU-Kommission zur Verbesserung der Nachprüfungsverfahren

60 In der Erkenntnis, dass die bestehenden EU-Nachprüfungsrichtlinien insbesondere im Hinblick auf den nicht ausreichend geregelten Sachverhalt der **De-facto-Vergaben** verbessert werden müssen, hat die EU-Kommission am 4. 5. 2006 einen **Vorschlag** für eine neue EU-Richtlinie des europäischen Parlaments und des Rats zur Änderung der bestehenden EU-Rechtsmittelrichtlinien 89/665/EWG und 92/13/EWG vorgelegt.[56] Der Vorschlag ist abgedruckt in NZBau 2006, Heft 7 S. 10.[57] Dabei geht die EU-Kommission davon aus, dass insbesondere für das Problem der rechtswidrigen freihändigen Vergabe von Aufträgen die meisten Mitgliedsstaaten noch keine wirksame Lösung gefunden haben und es hier noch eine **Reihe von Schwachstellen** gibt. Um diesen Schwachstellen abzuhelfen, legt die Kommission insbesondere Verbesserungen im Rechtsschutz bei Freihändigen Vergaben vor.

61 Ist demnach ein Auftraggeber der Meinung, dass ein Auftrag über dem Schwellenwert der Vergaberichtlinien **freihändig** vergeben werden darf, soll er – außer insbesondere bei zwingenden dringlichen Gründen, die im Zusammenhang mit Ereignissen stehen, die der Auftraggeber nicht voraussehen konnte, – mit dem Abschluss des Vertrages grundsätzlich **mindestens zehn Kalendertage** warten, nachdem er die Zuschlagsentscheidung im Wege einer vereinfachten Bekanntmachung angemessen veröffentlicht hat. Schließt ein Auftraggeber einen Vertrag dennoch rechtswidrig während dieser 10-tägigen **Stillhaltefrist**, die im Ergebnis der im deutschen Recht (§ 13 VgV) enthaltenen Vorabinformationspflicht des Auftraggebers gegenüber Bietern entspricht, so soll dieser Vertragsschluss nach dem neuen Richtlinienvorschlag der EU-Kommission als **unwirksam** betrachtet werden. Die Folgen der Rechtswidrigkeit für die Wirkungen des Vertrages soll die zuständige Nachprüfungsinstanz feststellen. Diese Instanz muss jedoch nach dem Richtlinienvorschlag binnen eines Verjährungszeitraums von **sechs Monaten** von einem Wirtschaftsteilnehmer angerufen werden.

62 Nach dem Richtlinienvorschlag muss der Auftraggeber daher vor dem Vertragsschluss bei Freihändigen Vergaben zum einen beachten, dass die **Zuschlagsentscheidung** selbst keine vertragliche Wirkung entfalten darf und als solche nachprüfbar sein muss; zum anderen muss der öffentliche Auftraggeber seine Zuschlagsentscheidung grundsätzlich zehn Kalendertage vor dem eigentlichen Vertragsschluss im Wege einer vereinfachten Bekanntmachung angemessen veröffentlichen. Die Mindestinformationen dieser Bekanntmachungsveröffentlichung sind im Anhang II des vorgesehenen EU-Vorschlags wiedergegeben. Danach hat der Auftraggeber insbesondere neben der Bezeichnung und Beschreibung des Auftrags das **Datum** der Zuschlagsentscheidung sowie eine **Begründung** der Entscheidung anzugeben, warum er bei einem oberhalb des EU-Schwellenwerts liegenden Auftrags kein förmliches Vergabeverfahren durchführt. Weiter muss er neben der genauen Angabe der für das Nachprüfungsverfahren zuständigen Instanz und der Fristen für die Beantragung eines Nachprüfungsverfahrens den **Namen und die Anschrift** des Wirtschaftsteilnehmers angeben, an den der Auftrag vergeben wurde.

---

[56] KOM (2006) 195 endgültig.
[57] S. hierzu eingehend: *Heuvels* NZBau 2006, 416 ff.

Sollte der Richtlinienvorschlag der EU-Kommission zur Verbesserung der Wirksamkeit der Nachprüfungsverfahren im Bereich des öffentlichen Auftragswesens mit der vorgeschlagenen Stillhaltefrist und der vereinfachten Bekanntmachung geltendes Recht werden, ist in der Folge von noch intensiveren Rechtschutzmöglichkeiten nicht aufgeforderter Unternehmen bei Freihändigen Vergaben oberhalb des EU-Schwellenwerts auszugehen. Allerdings ist zu fragen, ob nicht gerade die Stillhaltepflicht von zehn Kalendertagen sowie die in einem Zeitraum von sechs Monaten mögliche Anrufung der Nachprüfungsinstanzen durch Wirtschaftsteilnehmer, mit der die Rechtswidrigkeit für die Wirkungen des Vertrages festgestellt werden sollen, nicht dazu führt, dass im Ergebnis **rechtmäßige Freihändige Vergaben**, die ja gerade ohne großen zeitlichen Verlauf erfolgen, ihres eigenständigen Wertes beraubt werden. Weiter ist zu berücksichtigen, dass gerade eine Ausnahme für die vorgesehene neue Regelung dann gegeben sein soll, wenn **zwingende dringliche Gründe** eine Freihändige Vergabe erfordern. Gerade dieser Fall dürfte aber einer der **Hauptgründe** für eine Freihändige Vergabe sein. **63**

§ 28 a
Bekanntmachung über die Auftragserteilung

1. (1) Die Auftraggeber machen über jeden vergebenen Auftrag Mitteilung nach dem im Anhang III der Verordnung (EG) Nr. 1564/2005 enthaltenen Muster innerhalb von 48 Tagen nach Vergabe des Auftrags an das Amt für amtliche Veröffentlichungen der Europäischen Gemeinschaften.
(2) Bei der Mitteilung von vergebenen Aufträgen über Dienstleistungen nach Anhang I B geben die Auftraggeber an, ob sie mit der Veröffentlichung einverstanden sind.
(3) Bei Rahmenvereinbarungen umfasst die Bekanntmachung den Abschluss der Rahmenvereinbarung, aber nicht der Einzelaufträge, die aufgrund der Rahmenvereinbarung vergeben worden sind.
2. Die Auftraggeber brauchen bestimmte Angaben über die Auftragsvergabe jedoch nicht mitzuteilen, wenn dies dem öffentlichen Interesse zuwiderläuft, die legitimen geschäftlichen Interessen einzelner öffentlicher oder privater Unternehmen berührt oder den fairen Wettbewerb zwischen den Unternehmen beeinträchtigen würde.

Inhaltsübersicht   Rn.

A. Vorbemerkungen 1
   I. Entstehungsgeschichte 1
   II. Unterschiede zur VOB/A und zur VOF 2
      1. VOB/A 2
      2. VOF 3
B. Anmerkungen 4
   I. Grundgedanken der Regelung 4
      1. Transparenz 5
      2. Differenzierung zwischen Anhang I A- und I B-Aufträgen 7
      3. Rechtsschutz 9
   II. Mitteilungspflicht (Nr. 1 Abs. 1) 10
      1. Anwendungsbereich 10
      2. Inhalt 13
      3. Zu den Einzelangaben 16
      4. Frist 25
      5. Veröffentlichung 26
   III. Einverständnis mit der Mitteilung (Nr. 1 Abs. 2) 27
   IV. Rahmenvereinbarungen (Nr. 1 Abs. 3) 28
   V. Einschränkung der Mitteilungspflicht (Nr. 2) 29

A. Vorbemerkungen

I. Entstehungsgeschichte

1 Die Fassung des § 28 a ist in der VOL/A 2006 unverändert geblieben, bis auf den neu eingefügten Abs. 3 in Nr. 1 (Rahmenvereinbarungen). Mit § 28 a werden die Art. 35

Abs. 4 und Art. 36 der Richtlinie 2004/18/EG umgesetzt. Die in Nr. 1 Abs. 1 genannte VO (EG) 1564/2005 in der Fassung vom 21. 10. 2005 ist im Amtsblatt EG Nr. L 257, S. 1 veröffentlicht.

II. Unterschiede zur VOB/A und zur VOF

1. VOB/A

Der Text der entsprechenden Vorschrift in § 28 a VOB/A 2006 weicht von der VOL/A ab. Es fehlt dort eine Bestimmung zu Rahmenvereinbarungen. Im Übrigen sind die Abweichungen inhaltlich unbedeutend. **2**

2. VOF

Die VOF 2006 enthält in § 17 eine dem § 28 a vergleichbare Bestimmung. Danach veranlassen die Auftraggeber über jeden vergebenen Auftrag eine Mitteilung spätestens 48 Tage nach dessen Vergabe anhand einer Bekanntmachung, die nach dem im Anhang III der Verordnung (EG) Nr. 1564/2005 enthaltenen Muster erstellt wird. Die Absätze 2–3 des § 17 entsprechen § 28 a Nr. 1 Abs. 2, Nr. 2; eine Bestimmung über Rahmenvereinbarungen fehlt. Nach § 17 Abs. 5 besteht auch eine Mitteilungspflicht für den Fall, dass auf die Vergabe eines dem EG-weiten Wettbewerb unterstellten Auftrages verzichtet werden soll; Grund ist insoweit, dass die VOF keine Aufhebung der Ausschreibung kennt. **3**

B. Anmerkungen

I. Grundgedanken der Regelung

Die Vorschrift knüpft an eine Auftragsvergabe durch Zuschlagerteilung (§ 28) oder durch einen Vertragsschluss in sonstiger Weise an. Im Fall eines Verzichts auf die Auftragsvergabe besteht eine Mitteilungspflicht nach § 26 a. Die Mitteilungspflicht gegenüber nicht berücksichtigten Bewerbern nach § 27 a besteht neben der nach § 28 a. **4**

1. Transparenz

Wesentliches Ziel des § 28 a ist die Sicherung der ex-post-Transparenz des Vergabeverfahrens. Die Vorschrift ergänzt die Bestimmungen in § 17 a Nr. 1 und Nr. 2, die zeitlich *vor* der Vergabeentscheidung eingreifen, sowie die Bestimmungen in §§ 27, 27 a und in §§ 30, 30 a. Adressat der Bekanntmachung nach § 28 a ist die EG (Amt für amtliche Veröffentlichungen der EG, 2, rue Mercier, L-2985 Luxemburg). **5**

Durch die Bekanntmachung der Auftragserteilung soll es sowohl interessierten Unternehmen als auch der EG-Kommission ermöglicht werden, sich über den Fortgang und der Abschluss eines Vergabeverfahrens zu informieren. Damit besteht zugleich Gelegenheit zur Überprüfung evtl. Rechtsverstöße. Die Kontrolle der Einhaltung **6**

§ 28a Bekanntmachung über die Auftragserteilung

der Richtlinie 2004/18/EG wird erleichtert. Soweit eine Auftragsvergabe durch einen »faktischen« Vertragsschluss erfolgt (z. B. durch Vertragsverlängerung, -erweiterung), wird das Transparenzziel in der Praxis allerdings nicht erreicht.

2. Differenzierung zwischen Anhang I A- und I B-Aufträgen

7 In Anhang I A und Anhang I B zu § 1 a Nr. 2 Abs. 1 und 2 VOL/A (entsprechend Anhänge II A und II B zu Art. 1 Abs. 2 d der Richtlinie 2004/18/EG) werden zwei Kategorien von Dienstleistungsaufträgen gebildet. Diese sind unterschiedlichen Vergaberegeln unterworfen:

- Dienstleistungen nach Anhang I A (u. a. Instandhaltung, Landverkehr, Fracht-, Personen-, Postbeförderung, Fernmeldewesen, Versicherungs- u. Bankdienstleistungen, EDV, Architektur, Druck, Abfall-, Abwasserbeseitigung) werden nach den sog. a-Paragraphen der VOL/A, die die Art. 23–55 der Richtlinie umsetzen, vergeben;
- die Vergabe von Dienstleistungen nach Anhang I B (u. a. im Gaststätten- und Beherbergungsgewerbe, Bahn, Schifffahrt, im Gesundheits- und Sozialwesen, im Auskunfts- und Schutzgewerbe oder im Bereich der Erholung, Kultur und im Sport) unterliegt nur den VOL-Basisparagraphen sowie § 8 a (Einhaltung der Bestimmungen technischer Spezifikationen) und § 28 a (§ 1 a Nr. 1 Abs. 2).

8 Die Einkategorisierung eines Auftrages in den Anhang I A bzw. I B unterliegt der Nachprüfung von Vergabekammer bzw. -senat. Für Anhang I B-Aufträge gilt Nr. 1 Abs. 2.

3. Rechtsschutz

9 In Nachprüfungsverfahren hat die Bekanntmachung nach § 28 a in der Regel keine eigenständige Bedeutung. Dort kommt es darauf an, ob der jeweilige Auftrag vergeben ist (§ 115 Abs. 1 GWB). Im Anwendungsbereich des § 28 a Nr. 2 können sich aus einer schuldhaft unterlassenen oder fehlerhaften Berücksichtigung der »legitimen geschäftlichen Interessen einzelner öffentlicher oder privater Unternehmen« oder des »fairen Wettbewerbs zwischen den Unternehmen« u. U. Schadensersatzfolgen ergeben. Die Bieter können in geeigneter Form auf die Möglichkeit hingewiesen und aufgefordert werden, etwaige Einschränkungen bei einer Bekanntmachung ausdrücklich und frühzeitig mitzuteilen.

II. Mitteilungspflicht (Nr. 1 Abs. 1)

1. Anwendungsbereich

10 Die Pflicht der Auftraggeber zur Mitteilung über jeden vergebenen Auftrag i. S. d. § 28 a gilt umfassend und unabhängig davon, ob der Vergabe ein offenes Verfahren, ein nicht offenes Verfahren oder ein Verhandlungsverfahren vorausgegangen ist. Entscheidend ist, dass es im Anschluss an eine Vergabebekanntmachung (§ 3 a Nr. 1

Abs. 3, § 17 a) zu einer Vergabe nach § 28 bzw. zu einem Vertragsschluss gekommen ist. Durch Nr. 1 Abs. 3 ist klargestellt, dass auch bei Rahmenvereinbarungen eine Mitteilungspflicht besteht, die aber nicht die Vergabe der Einzelaufträge umfasst. Für Dienstleistungskonzessionen besteht keine Mitteilungspflicht, da diese nicht als öffentliche Aufträge i. S. d. Richtlinie 2004/18/EG gelten (Art. 17).

Die Auftragsbewerber erklären sich mit der Abgabe ihres Angebots damit einverstanden, dass im Falle der Zuschlagserteilung auf das Angebot unter den Voraussetzungen der §§ 27, 27 a, 28 a VOL/A der Name des Bieters und der Auftragspreis nach den vorgegebenen Mustern (s. u. 2.) bekannt gegeben werden. Ausnahmen sind nur nach Maßgabe des § 28 a Nr. 1 Abs. 2, Abs. 3 (2. Hs.) und Nr. 2 zulässig. 11

Ist das Vergabeverfahren durch eine Aufhebung der Ausschreibung (§ 26) beendet worden, ist das Amt für amtliche Veröffentlichungen der EG nach § 26 a Nr. 3 zu informieren. Im VOF-Bereich gilt die Sonderregelung in § 17 Abs. 5 VOF. 12

2. Inhalt

Wegen des Inhalts der Mitteilung verweist Nr. 1 auf das in Anhang III der Verordnung (EG) Nr. 1564/2005 enthaltene Muster (»Bekanntmachung über vergebene Aufträge«). Das dort veröffentlichte Standardformular 3 ist vorgeschrieben und zu verwenden. 13

Danach werden – in deutscher Sprache – Angaben zum öffentlichen Auftraggeber und zur Art des öffentlichen Auftraggebers und dessen Haupttätigkeiten, Angaben zum Auftragsgegenstand (u. a. Art des Auftrags, Ort der Ausführung oder der Lieferung) und zum Gesamtwert des Auftrags, zur Vergabeverfahrensart (§ 3 a), zu den Zuschlagskriterien (§ 9 a), zur Vergabe (Datum, Zahl der eingegangenen Angebote, Name und Anschrift des beauftragten Unternehmens) zum Auftragswert sowie zusätzliche Informationen verlangt (bzgl. Vorhaben, die aus EG-Mitteln finanziert werden; Rechtsbehelfsverfahren). 14

Die nach den Standardformularen geforderten Angaben sind zwingend. Die Vergabestellen sind zu vollständigen und klaren Angaben verpflichtet.[1] 15

3. Zu den Einzelangaben

a) Name und Anschrift des Auftraggebers sind vollständig zu benennen. Es genügt nicht, einen mit der Ausschreibung betrauten Berater oder einen zuständigen Mitarbeiter des Auftraggebers anzugeben. Anzukreuzen sind auch Angaben zur Art des öffentlichen Auftraggebers (Ministerium, Regional-, Lokalbehörde, Einrichtungen des öffentlichen Rechts u. a.) sowie zu dessen Haupttätigkeitsbereichen (z. B. Allgemeine Verwaltung, Umwelt, Sozialwesen u. a.). 16

---

1 *EuGH* Urt. v. 24. 1. 1995, Rs. C-359/93 (Komm. ./. Niederlande), Slg. 1995, I-157/175.

§ 28 a Bekanntmachung über die Auftragserteilung

17 b) Der Auftragsgegenstand ist nach Bezeichnung, Ort der Ausführung bzw. der Lieferung und der Aufteilung in Lose anzugeben. Art und Menge oder der Wert der Waren bzw. Dienstleistungen sind kurz zu beschreiben.

18 c) Das gewählte Vergabeverfahren (offenes Verfahren, Nichtoffenes Verfahren, wettbewerblicher Dialog u. a.) ist anzukreuzen. Ist der Auftrag im Verhandlungsverfahren ohne vorherige öffentliche Vergabebekanntmachung erteilt worden, muss dies unter Hinweis auf einen der in § 3 a Nr. 2 VOL/A genannten Ausnahmetatbestände kurz begründet werden.

19 d) Die Zuschlagskriterien »niedrigster Preis« oder »wirtschaftlich günstigstes Angebot« müssen unter Angabe der für die zweite Variante maßgeblichen Kriterien angegeben werden. Dabei wird i. d. R. auf die in der Bekanntmachung bzw. in den Vergabeunterlagen genannten Kriterien in der Reihenfolge ihrer Bedeutung Bezug genommen werden können. Durch Ankreuzen wird mitgeteilt, ob eine elektronische Auktion durchgeführt worden ist.

20 e) Der Tag der Auftragsvergabe (Zuschlag gem. § 28 VOL/A oder Vertragsschluss) ist anzugeben, weiter die Zahl der eingegangenen Angebote (einschließlich der Angebote, die ausgeschlossen worden oder nicht in die engere Wahl gekommen sind) sowie Name und Anschrift des erfolgreichen Bieters bzw. – bei Losvergabe – der erfolgreichen Bieter.

21 f) Der endgültige Gesamtwert des Auftrags oder die Preisspanne des niedrigsten/höchsten Angebots, das berücksichtigt wurde, sind anzugeben. Damit wird den anderen Bietern im Interesse der Markttransparenz nachträglich Aufschluss über ihre Position im Wettbewerb gegeben. Dafür wird im Regelfall die Angabe der Preisspanne der eingegangenen Angebote ausreichend sein.

22 g) Der Wert und der Anteil von Nachunternehmerleistungen ist, soweit bereits bekannt, mitzuteilen.

23 h) Über den oben a) – g) genannten Mindestinhalt hinaus besteht Raum für zusätzliche Informationen u. a. zur Förderung des Projekts aus EU-Mitteln und zu den zuständigen Nachprüfungsinstanzen.

24 i) Das Formblatt schließt mit dem Tag der Absendung der Bekanntmachung an das Amt für amtliche Veröffentlichungen der Europäischen Gemeinschaften. Bei elektronisch erstellten Bekanntmachungen beginnt mit der Übermittlung die Fünf-Tage-Frist für die Veröffentlichung der Bekanntmachung im Amtsblatt der EG (Art. 36 Abs. 3 Richtlinie 2004/18/EG).

4. Frist

25 Die Mitteilung hat innerhalb von 48 Tagen nach Vergabe des Auftrags (Fristbeginn) zu erfolgen (Art. 35 Abs. 4 Richtlinie 2004/18/EG). Die Frist zählt nach Kalendertagen, also einschließlich Sonntagen.

5. Veröffentlichung

Die Veröffentlichung erfolgt in der vom Auftraggeber gewählten Amtssprache; eine 26
Zusammenfassung erscheint in anderen EG-Amtssprachen. Die Kosten der Veröffentlichung der mitgeteilten Angaben trägt die EG (Art. 36 Abs. 4 Satz 3 Richtlinie 2004/18/EG). Die Kommission übersendet eine Bestätigung der Veröffentlichung; diese dient als Veröffentlichungsnachweis.

III. Einverständnis mit der Mitteilung (Nr. 1 Abs. 2)

Bei Aufträgen, die Anhang I B unterfallen (s. o. B. I.2), geben die Auftraggeber in ihrer 27
Mitteilung an, ob sie mit der Veröffentlichung einverstanden sind. Kommen die Auftraggeber dieser Obliegenheit nicht nach und übermitteln dazu keine Angabe, ist eine (unbeschränkte) Veröffentlichung zulässig. Zweifel gehen zu Lasten der Auftraggeber.

IV. Rahmenvereinbarungen (Nr. 1 Abs. 3)

Die Vorschrift ist neu. Rahmenvereinbarungen sind in § 3 a Nr. 4 Abs. 1 Satz 1 defi- 28
niert als öffentliche Aufträge, die an ein oder an mehrere Unternehmen vergeben werden können, um die Bedingungen für Einzelaufträge, die während eines bestimmten Zeitraums vergeben werden sollen, festzulegen (s. a. Art. 1 Abs. 5 der Richtlinie 2004/18/EG). Darauf nimmt die Bekanntmachungsnorm in Nr. 1 Abs. 3 Bezug und begrenzt die Bekanntmachungspflicht auf den Abschluss der Rahmenvereinbarung. Werden die nach der ausgeschriebenen Rahmenvereinbarung vorgesehenen Einzelaufträge einheitlich (»en bloc«) vergeben, ist auch eine auf die Einzelaufträge bezogene Mitteilungspflicht anzunehmen.

V. Einschränkung der Mitteilungspflicht (Nr. 2)

Unter den Voraussetzungen der Nr. 2 wird die Mitteilungspflicht der Auftraggeber 29
eingeschränkt. Ein vollständiger Wegfall der Mitteilungspflicht lässt sich daraus aber nicht herleiten. Die Einschränkung greift nur bei »bestimmten« Angaben über die Auftragsvergabe, also nicht bei allen. Weiter ist die Vorschrift in der Art einer Ermessensnorm gefasst, d. h. die Auftraggeber müssen eigenverantwortlich und nachvollziehbar prüfen, ob die Voraussetzungen für eine Einschränkung der Mitteilungspflicht vorliegen. Dazu gehört die Angabe, welches »öffentliche Interesse« bzw. »geschäftliche Interesse« betroffen sein soll oder warum der »faire Wettbewerb« beeinträchtigt würde. Diese tatbestandlichen Voraussetzungen hat der öffentliche Auftraggeber darzulegen. Allerdings sind die Anforderungen insoweit schon deshalb begrenzt, weil die drei Einschränkungstatbestände nicht exakt voneinander abgrenzbar sind.

Aus öffentlichen Interessen kann eine Einschränkung der Mitteilungspflicht geboten 30
sein, soweit Einzeldaten der Bekanntmachung sicherheitsrelevante oder der Geheim-

§ 28a Bekanntmachung über die Auftragserteilung

haltung unterliegende Bereiche betreffen. Geschäftliche Interessen kommen in Betracht, wenn aus Einzeldaten Rückschlüsse auf die Kalkulation oder andere wettbewerbsrelevante Informationen eines Bieters abgeleitet werden können, die in späteren Wettbewerbsverfahren nachteilig wirken können. Der faire Wettbewerb ist nicht erst betroffen, wenn Verstöße gegen das UWG oder das GWB in Rede stehen, sondern schon dann, wenn die Bekämpfung unlauterer Verhaltensweisen (§ 2 Abs. 2) angezeigt ist.

31 Die Veröffentlichung bestimmter Angaben ist nach speziellen Vorschriften unzulässig (Angebotsöffnung: § 22 Nr. 5, Angebote: § 22 Nr. 6 Abs. 1; Ergebnis von Verhandlungen: § 24 Nr. 3).

§ 30 a
(Melde- und Berichtspflichten)

1. Auf Verlangen der Kommission der Europäischen Gemeinschaften sind aus dem
Vergabevermerk mindestens folgende Angaben zu übermitteln:
   a) Namen und Anschrift des Auftraggebers,
   b) Art und Umfang der Leistung,
   c) Wert des Auftrages,
   d) Name der berücksichtigten Bewerber oder Bieter und Gründe für ihre Auswahl.
   e) Name der ausgeschlossenen Bewerber oder Bieter und die Gründe für die Ablehnung,
   f) Name des erfolgreichen Bieters und die Gründe für die Auswahl seines Angebotes sowie – falls bekannt – den Anteil, den der erfolgreiche Bieter an Dritte weiterzugeben beabsichtigt.
   g) bei Verhandlungsverfahren Gründe für die Wahl dieses Verfahrens (§ 3 a Nr. 1 Abs. 4 und Nr. 2),
   h) beim Wettbewerblichen Dialog Gründe für die Wahl dieses Verfahrens (§ 6 a Abs. 1 VgV),
   i) Gründe, aus denen auf die Vergabe eines Auftrages verzichtet wurde (§ 26).

2. Die Auftraggeber übermitteln an die zuständige Stelle eine jährliche statistische Aufstellung über die vergebenen Aufträge. Die Aufstellung nach Satz 1 enthält mindestens Angaben über die Anzahl und den Wert der vergebenen Aufträge ab den Schwellenwerten, aufgeschlüsselt nach den in § 3 a vorgesehenen Verfahren, Warenbereichen entsprechend der Nomenklatur CPV, Dienstleistungskategorien entsprechend der Nomenklatur in den Anhängen I A und I B und Nationalität des Unternehmens, das den Zuschlag erhalten hat, bei Verhandlungsverfahren aufgeschlüsselt nach § 3 a, mit Angaben über Anzahl und Wert der Aufträge, die in die einzelnen EG-Mitgliedstaaten und in Drittländer vergeben wurden. Die statistischen Aufstellungen für oberste und obere Bundesbehörden und vergleichbare Bundeseinrichtungen enthalten auch den geschätzten Gesamtwert der Aufträge unterhalb der Schwellenwerte sowie nach Anzahl und Gesamtwert der Aufträge, die aufgrund von Ausnahmeregelungen zum Beschaffungsübereinkommen vergeben wurden. Sie enthalten keine Angaben über Dienstleistungen der Kategorie 8 des Anhangs I A und über Fernmeldedienstleistungen der Kategorie 5, deren CPC-Referenznummern 7424, 7525 und 7526 lauten, sowie über Dienstleistungen des Anhangs IB, sofern der geschätzte Wert ohne Umsatzsteuer unter 200.000 Euro liegt.

Inhaltsübersicht Rn.

A.	Vorbemerkung	1
B.	Mitteilungspflichten (§ 30 a Nr. 1)	3
C.	Statistische Pflichten (§ 30 a Nr. 2)	4
	I. Umfang und Adressaten der Berichtspflicht	4
	II. Übermittlung der Statistiken in der Praxis	6

§ 30 a (Melde- und Berichtspflichten)

A. Vorbemerkung

1 Grundlage des Regelungsgehalts des § 30 a Nr. 2 sind die Art. 75 und 76 der RL 2004/18/EG. Gemäß Art. 75 übermitteln die Mitgliedstaaten der Kommission spätestens am 31. Oktober jeden Jahres eine statistische Aufstellung der von den öffentlichen Auftraggebern im Vorjahr vergebenen Aufträge und zwar getrennt nach Liefer-, Dienstleistungs- und Bauaufträgen. Die Daten sollen der Kommission eine Einschätzung der Ergebnisse der Anwendung der RL 2004/18/EG in Bezug auf die Entwicklung von grenzüberschreitendem Wettbewerb im öffentlichen Auftragswesen ermöglichen. Daneben basieren die Statistikpflichten auch auf Art. XIX Absatz 5 des im WTO-Rahmen geschlossenen Genfer Beschaffungsübereinkommen (Agreement of Government Procurement, GPA[1]). Die Mitteilungspflichten nach § 30 a Nr. 1 sind Ausfluss der der Kommission zustehenden Prüfungs- und Kontrollmöglichkeit im Hinblick auf die konkrete Anwendung der Richtlinie im Einzelfall. Sie können daneben auch Bedeutung erlangen im Rahmen von Beschwerden, die bei der Kommission in Bezug auf die Einhaltung von Vergaberecht durch deutsche öffentliche Auftraggeber eingehen.

2 Während § 30 a Nr. 2 gegenüber der entsprechenden Vorschrift der VOL/A-alt nicht verändert wurde, enthält Nr. 1 zusätzlich die unter lit. h und i getroffenen Regelungen zur Angabe der Gründe für die Wahl des Verfahrens des Wettbewerblichen Dialogs sowie zu der Angabe der Gründe aus denen ggf. auf die Vergabe eines Auftrages verzichtet wurde. Außerdem wurde Satz 2 zu den elektronischen Beschaffungsverfahren neu aufgenommen. Die Änderungen tragen somit teilweise den neu in die VOL/A eingeführten Verfahren Rechnung. Der in der VOL/A-alt noch enthaltene lit. h bezog sich auf die Gründe für die Ausnahme von der Anwendung europäischer technischer Spezifikationen. Diese Nennung fehlt in der aktuellen Vorschrift, da sich die Vorschriften zur Anwendung und Abweichung von europäischen technischen Spezifikationen geändert haben (vgl. § 8 a Nr. 2 Abs. 1-alt und -neu). Außerdem sind die Auskunftpflichten der öffentlichen Auftraggeber wie sie in § 30 a Nr. 1 geregelt sind, nicht abschließend. Insofern unterscheidet sich die Vorschrift ebenfalls von § 30 a Nr. 1-alt.

B. Mitteilungspflichten (§ 30 a Nr. 1)

3 Auf Verlangen der EU-Kommission müssen die Vergabestellen mindestens die in § 30 a Nr. 1 genannten Angaben **aus dem Vergabevermerk** übermitteln. Daraus ergibt sich, dass die verlangten Angaben zwingend Bestandteil der Dokumentationspflicht gemäß § 30 sind, auf dessen Kommentierung verwiesen wird. Aus Praktikabilitätsgründen empfiehlt es sich, auf Anforderung den gesamten Vergabevermerk – ggf. um die nicht angeforderten Teile geschwärzt – zu übermitteln. § 30 a Nr. 1 enthält

---

[1] ABl. C 256 vom 3. 9. 1996. Mit dem Beschaffungsübereinkommen haben die wichtigsten Industriestaaten ihre Beschaffungsmärkte gegenseitig geöffnet. Der Anwendungsbereich des Abkommens wird jedoch jeweils bilateral zwischen den Vertragsstaaten ausgehandelt. Dabei bilden die Statistiken über das genaue Beschaffungsvolumen in den jeweiligen Vertragsstaaten eine belastbare Verhandlungsgrundlage.

keine zeitliche Einschränkung, so dass die Pflicht zur Übersendung der angeforderten Informationen (soweit bereits vorhanden) in jedem Verfahrensstadium und auch nach Erteilung des Zuschlages besteht.

C. Statistische Pflichten (§ 30 a Nr. 2)

I. Umfang und Adressaten der Berichtspflicht

Adressaten der Norm sind die öffentlichen Auftraggeber in Bezug auf Aufträge, deren **4** Wert über den Schwellenwerten gemäß § 2 VgV liegen. Die Angaben sind nach der jeweils gewählten Verfahrensart nach § 3 a sowie den Nomenklaturen zu Warenbereichen (CPV) und Dienstleistungskategorien (Anhänge I A und I B) aufzuschlüsseln. Es muss außerdem angegeben werden, in welchem Umfang (Anzahl und Wert der Aufträge) Aufträge an die einzelnen Mitgliedstaaten und Drittländer ergangen sind.

Oberste und obere Bundesbehörden sowie vergleichbare Einrichtungen müssen au- **5** ßerdem Schätzungen zum Auftragswert unter den Schwellenwerten (dieser macht den bei weitem überwiegenden Teil der öffentlichen Aufträge aus) sowie Angaben zu Anzahl und Gesamtwert von Aufträgen machen, die aufgrund von Ausnahmeregelungen zum WTO-Beschaffungsübereinkommen vergeben wurden. Die statistischen Aufstellungen der Bundesbehörden enthalten dagegen keine Angaben über Dienstleistungen der Kategorie 8 des Anhangs I A und über Fernmeldedienstleistungen der Kategorie 5, deren CPC-Referenznummern 7524, 7525 und 7526 lauten. Sie enthalten außerdem keine Daten zu Dienstleistungen des Anhangs I B, wenn der geschätzte Nettoauftragswert unter 200.000 € liegt.[2]

II. Übermittlung der Statistiken in der Praxis

Gemäß Art. 75 RL 2004/18/EG müssen die statistischen Meldungen eines Jahres der **6** Europäischen Kommission bis zum 31. Oktober des Folgejahres von den Mitgliedstaaten übermittelt werden. In Deutschland wird diese Verantwortung vom Bundesministerium für Wirtschaft und Technologie (BMWi) wahrgenommen. Das BMWi fordert die statistischen Meldungen jedes Jahr im Januar mit **Fristsetzung bis zum 31. August des Jahres** von den Bundesministerien bzw. den Bundesbeschaffungsstellen für deren jeweiligen Geschäftsbereich sowie von den Landeswirtschaftsministerien für den Länderbereich an. Diese fordern ihrerseits die benötigten Daten bei den entsprechenden Beschaffungsstellen der einzelnen Ressorts sowie bei regionalen und kommunalen öffentlichen Auftraggebern ab und übersenden dem BMWi die zusammengefassten Einzelmeldungen in der Regel in elektronischer Form. Der einzelne öffentliche Auftraggeber muss daher in der Regel nicht von sich aus initiativ werden, sondern kann eine Aufforderung zur Übermittlung seiner Daten durch das zuständige Wirtschaftsministerium abwarten.

---

2 Die nichtberichtspflichtigen Aufträge decken sich weitgehend mit solchen, die nicht unter das WTO-Beschaffungsübereinkommen fallen.

§ 30 a (Melde- und Berichtspflichten)

7 Um den öffentlichen Auftraggebern ihre statistischen Meldepflichten zu erleichtern, hat das Bundesministerium für Wirtschaft und Technologie Vordrucke erarbeitet, die in einem »**Leitfaden zu den gesetzlichen Statistikpflichten im öffentlichen Auftragswesen**« auf der Internetseite des BMWi veröffentlicht sind.[3] Die Vordrucke sind aufgrund der jeweils geltenden unterschiedlichen Schwellenwerte verschieden für oberste und obere Bundesbehörden und vergleichbare Einrichtungen, Sektorenauftraggeber und alle übrigen öffentlichen Auftraggeber. Die Internetseite des BMWi enthält außerdem Hinweise zum Ausfüllen der Vordrucke sowie einen Link zur Internetseite der Generaldirektion Binnenmarkt bei der EU-Kommission, über den die CPV-Nummern des Gemeinsamen Vokabulars für öffentliche Aufträge, die beim Ausfüllen der Vordrucke zu verwenden sind, eingesehen werden können.[4]

8 Auch die Internetseiten der zuständigen Landesministerien enthalten die (teilweise nur intern zugänglichen) Formblätter. Außerdem hat auch die EU-Kommission eigene Mustervordrucke erarbeitet und den Mitgliedstaaten zur Verwendung empfohlen. Das BMWi verwendet diese Vordrucke jedoch nicht, wie es auf seiner Internetseite mitteilt, da sie in ihrer Detailliertheit weit über die in § 30 a Nr. 2 geforderten Informationen hinausgingen.

9 Wie das BMWi auf seiner Internetseite mitteilt, hält es die Statistikpflichten in der derzeitigen Form für zu bürokratisch und übertrieben detailliert. Es befürwortet stattdessen, die Statistikpflichten durch die im Amtsblatt S der EU veröffentlichen Bekanntmachungen über vergebene Aufträge (§ 28 a) zu ersetzen.

---

[3] www.bmwi.de; über den Pfad:: Wirtschaft/wirtschaftspolitik/öffentliche Aufträge/EU-Statistik. Dort sind auch die vom BMWi an die Kommission übersandten Statistiken der letzten Jahre einsehbar. Die Internetseite war zum Redaktionsschluss nicht auf dem neuesten Stand.

[4] Hinweise zu den einzelnen zu übermittelnden Informationen gibt *Hausmann/Mestwerdt*, Beck'sches Formularbuch Vergaberecht, 2004, S. 371 ff.

§ 31 a
Wettbewerbe

1. (1) Wettbewerbe sind Auslobungsverfahren, die zu einem Dienstleistungsauftrag führen sollen.
(2) Für Wettbewerbe über freiberufliche Leistungen, insbesondere auf dem Gebiet der Raumplanung, Stadtplanung, der Architektur und des Bauwesens, gelten die Bestimmungen der Verdingungsordnung für freiberufliche Leistungen (VOF).

2. (1) Die auf die Durchführung des Wettbewerbs anwendbaren Regeln sind den an der Teilnahme am Wettbewerb Interessierten mitzuteilen.
(2) Die Zulassung zur Teilnahme am Wettbewerb darf nicht beschränkt werden:
– auf das Gebiet eines Mitgliedstaates oder einen Teil davon,
– auf natürliche oder juristische Personen.
(3) Bei Wettbewerben mit beschränkter Teilnehmerzahl haben die Auftraggeber eindeutige und nicht diskriminierende Auswahlkriterien festzulegen. Die Zahl der Bewerber muss ausreichen, um einen echten Wettbewerb zu gewährleisten.
(4) Das Preisgericht darf nur aus Preisrichtern bestehen, die von den Teilnehmern des Wettbewerbs unabhängig sind. Wird von den Wettbewerbsteilnehmern eine bestimmte berufliche Qualifikation verlangt, muss mindestens ein Drittel der Preisrichter über dieselbe Qualifikation verfügen.
(5) Das Preisgericht ist mit seinen Entscheidungen und Stellungnahmen unabhängig. Es trifft diese aufgrund von Wettbewerbsarbeiten, die anonym vorgelegt werden, und nur aufgrund von Kriterien, die in der Bekanntmachung nach Nr. 3 genannt sind.
(6) Das Preisgericht hat einen von den Preisrichtern zu unterzeichnenden Bericht zu erstellen über die Rangfolge der von ihm ausgewählten Projekte und über die einzelnen Wettbewerbsarbeiten.

3. (1) Auftraggeber, die einen Wettbewerb durchführen wollen, teilen ihre Absicht durch Bekanntmachung nach dem in Anhang XII der VO (EG) Nr. 1564/2005 enthaltenen Muster mit. Die Bekanntmachung ist dem Amt für amtliche Veröffentlichung der Europäischen Gemeinschaften[1] unverzüglich mitzuteilen.
(2) § 17 a Nr. 1 gilt entsprechend.
(3) Auftraggeber, die einen Wettbewerb durchgeführt haben, geben spätestens 48 Tage nach der Durchführung eine Bekanntmachung nach dem im Anhang XIII der VO (EG) Nr. 1564/2005 enthaltenen Muster an das Amt für amtliche Veröffentlichung der Europäischen Gemeinschaften. § 27 a gilt entsprechend.

---

[1] Amt für Veröffentlichungen der Europäischen Gemeinschaften, 2, rue Mercier, L-2985 Luxemburg Telefon: 0 03 52/29 29–1, Telefax: 0 03 52/2 92 94 26 70, http://ted.eur-op.eu.int, E-mail: mp-ojs@opoce.cec.eu.int.

§ 31 a Wettbewerbe

Inhaltsübersicht Rn.

- A. Allgemeines 1
- B. Anmerkungen 2
  - I. Begriff 2
  - II. Wettbewerbe nach VOF 9
  - III. Durchführung eines Wettbewerbs 11
    1. Vorbereitung 11
    2. Preisgericht 17
  - IV. Bekanntmachung 20

A. Allgemeines

1 Wettbewerb ist das wirtschaftliche Prinzip, auf dem der Marktmechanismus beruht. Er wird im europäischen Recht durch die Art. 81 ff. des EG-Vertrages und im deutschen Recht durch das Gesetz gegen Wettbewerbsbeschränkungen (GWB) sowie das Gesetz gegen den unlauteren Wettbewerb (UWG) geschützt. Das ist mit »Wettbewerb« hier jedoch nicht gemeint. Ein Wettbewerb, so wie er hier verstanden wird, ist eine spezielle Form der Einkaufsvorbereitung durch einen öffentlichen Auftraggeber. Obwohl natürlich gedankliche Beziehungen zwischen beiden Begriffen bestehen, dürfen sie keinesfalls miteinander verwechselt werden. Deshalb bezeichnet das GWB in § 99 Abs. 1 und 5 die besondere Form der Vorbereitung für die Vergabe eines öffentlichen (Dienstleistungs-)Auftrags, obwohl sie auch in der deutschen Fassung der EU-Richtlinien zur Koordinierung der Vorschriften über die Vergabe öffentlicher Aufträge »Wettbewerb« genannt wird, nicht als »Wettbewerb«, sondern als **Auslobungsverfahren**. Die VOL/A ist dem nicht gefolgt, sondern verwendet den missverständlichen Begriff der Richtlinie.

B. Anmerkungen

I. Begriff

2 In der Regelung des § 31 a geht es nur um Auslobungsverfahren, die zu einem Dienstleistungsauftrag führen sollen. Der Begriff »**Auslobungsverfahren**« des deutschen Zivilrechtes entspricht dem europarechtlichen Begriff der »Wettbewerbe« im Sinne des Art. 1 Abs. 11 lit. e) der RL 18/2004 am besten. Eine Auslobung ist nach § 657 BGB ein öffentlich bekannt gemachtes Versprechen, für die Vornahme einer Handlung, insbesondere für die Herbeiführung eines Erfolges, eine Belohnung herzugeben. Eine spezielle Form dieser allgemeinen Auslobung ist das in § 661 BGB geregelte Preisausschreiben. Es unterscheidet sich von der gewöhnlichen Auslobung dadurch, dass denjenigen, die sich an einem »Wettbewerb« beteiligen, ein Preis versprochen wird, der Belohnungsanspruch aber nicht allein schon durch die Teilnahme, sondern erst durch die Zuerkennung des Preises entsteht.[2] Die Auslobungsverfahren des Ver-

---

[2] Vgl. *Staudinger/Wittmann* Vorbemerkung zu § 657 ff. BGB, Rn. 4; *Wirth* in: Prütting/Wengen/Weinreich, BGB, § 657 und 661.

gaberechtes sind nur solche »Preisausschreiben«. Dabei muss »Preis« in diesem Zusammenhang nicht bedeuten, dass eine Geldsumme oder ein Gegenstand von Wert übergeben wird. Ein »Preis« kann auch schon darin bestehen, dass in einer Rangfolge ein Platz festgelegt wird. § 99 Abs. 5 GWB erklärt dies ausdrücklich so. Ein Auslobungsverfahren kann – heißt es dort – mit oder ohne »Verteilung von Preisen« stattfinden. Die Entscheidung darüber, ob es einen solchen »Preis« im engeren Sinne, eine Dotation geben soll oder nicht und welche dies sein soll, liegt allein beim Auftraggeber und ist in die von ihm festzulegenden und bekannt zu machenden Wettbewerbsbedingungen aufzunehmen.[3]

Auch wenn es sich bei der in der Richtlinie Wettbewerb genannten speziellen Form der Vorbereitung eines Dienstleistungsauftrags um eine besondere Rechtsinstitution des europäischen Vergaberechtes handelt,[4] ist nicht ausgeschlossen, dass für das spezielle mit diesem Verfahren verbundene **Rechtsgeschäft** in der deutschen Umsetzung die bürgerlich-rechtlichen Regeln über die Auslobung **nach §§ 657 ff. BGB** herangezogen werden.[5] Mit der Umsetzung dieses Richtlinieninstituts in das nationale Recht erscheint dies als Ergänzung geradezu notwendig. Bei der Implantation des Vergaberechtes in das GWB war das offenbar auch tatsächlich so gewollt.[6] **3**

Gegenstand eines solchen Auslobungsverfahrens kann nur die Vorbereitung auf die Vergabe einer Dienstleistung, d. h. die **Erstellung eines Planes** sein. Weiß der öffentliche Auftraggeber nicht, wie er einen bestimmten Bedarf befriedigen soll, oder sind die technischen, finanziellen, organisatorischen und sonstigen Bedingungen, unter denen ein eventueller Einkauf stattfinden könnte, jedenfalls nicht so klar erfass- und definierbar, dass ein Pflichtenheft für eine Ausschreibung erstellt oder auch nur eine Vergabe in einem Verhandlungsverfahren durchgeführt werden könnte, kann der Auftraggeber die Lösung der Definitonsaufgabe ausloben und für den besten Plan einen Preis versprechen. Dabei soll das Auslobungsverfahren es dem öffentlichen Auftraggeber ermöglichen, eine Auswahl unter mehreren Lösungsmöglichkeiten zu treffen. Letztlich kann es auch dazu dienen, geeignete Bieter für ein nachfolgendes Vergabeverfahren zu finden. **4**

Das Auslobung oder Wettbewerb bezeichnete besondere Verfahren zur Planfindung wird zumeist im Bereich der Raumplanung, des Städtebaus und der Architektur verwandt. Es ist jedoch nicht ausgeschlossen, entsprechende Verfahren auf die **Lösung von Aufgaben der verschiedensten Art** anzuwenden, für deren Verwirklichung ein systematisches, planmäßiges Vorgehen vernünftig erscheint. **5**

Der Auftraggeber, der einen solchen Wettbewerb veranstaltet, muss sich selbstverständlich **vorweg über eine Reihe von Dingen im Klaren** sein: Außer dem Wettbewerbsziel und verschiedenen Wettbewerbsstufen müssen auch die Auswahlkriterien **6**

---

3 *Boesen* Kommentar zum Vergaberecht, § 99 Rn. 217.
4 *Eschenbruch* in: Kulartz/Kus/Portz, Kommentar zum GWB-Vergaberecht, 1. Auflage § 99 Rn. 190; *Marx* in: Motzke/Pietzcker/Prieß, VOB/A, § 99 GWB Rn. 30; *Stickler* in: Reidt/Stickler/ Glahs, Vergaberecht, 2. Auflage § 99 Rn. 34.
5 Insofern erscheint der von *Eschenbruch* a. a. O. gesehene Gegensatz zwischen EU-Verfahrensregelung und deutscher Zivilrechtsregelung nicht ganz nachvollziehbar.
6 BTDrS 13/9340 S. 15.

§ 31a Wettbewerbe

für eine Dotation festliegen, wenn sie denn ausgelobt ist. Daneben ist u. U. auch darüber zu entscheiden, ob und wie die Teilnehmerzahl beschränkt werden soll.[7]

8 Ob die Teilnehmer an dem Wettbewerb die ausgelobte Leistung erbracht haben und wie diese Leistung im Verhältnis zu den übrigen im Rahmen des Wettbewerbs vorgelegten Lösungsansätzen zu gewichten und zu bewerten sind, bestimmt ein **Preisgericht**. Die Beurteilung der eingereichten Wettbewerbsarbeiten gibt dem Auftraggeber eine fachkundige Entscheidungshilfe für die Vergabe eines Dienstleistungsauftrags. Der Auftraggeber kann sich in den bekannt gemachten Wettbewerbsbedingungen verpflichten, einem Preisträger den Dienstleistungsauftrag zu erteilen, er muss es jedoch nicht. Wenn die Wettbewerbsbedingungen den Hinweis enthalten, der Auslober wolle einem der Preisträger die weitere Bearbeitung übertragen, ist er dazu verpflichtet. Von dieser Pflicht kann nur aus wichtigem Grund abgesehen werden.[8]

9 Das Vergaberecht enthält **keine Pflicht zur Durchführung** eines Auslobungsverfahrens und keine Vorgaben dafür, wann ein Wettbewerb zur Erlangung eines Plans durchzuführen ist. Die Durchführung ist dem Auftraggeber freigestellt. Wenn er aber das Instrument einsetzen will und ein solches Auslobungsverfahren durchführen will, muss er sich an die Mindestanforderungen des § 31a halten.[9]

II. Wettbewerbe nach VOF

10 Für die Vergabe von Dienstleistungen oberhalb der EU-Schwellenwerte kommt nicht nur die VOL/A sondern auch die VOF in Betracht. Handelt es sich bei der einzukaufenden Dienstleistung um eine **Dienstleistung, die im Rahmen einer freiberuflichen Tätigkeit oder im Wettbewerb mit Freiberuflern** erbracht wird, und ist diese Dienstleistung mit einer Aufgabe verbunden, deren Lösung nicht vorab eindeutig und erschöpfend beschreibbar ist, gelten nach § 5 VgV die Regeln der **VOF** und nicht die Regeln des § 31a. Dieser Rechtsbefehl des § 5 VgV wird – überflüssigerweise und dazu leider auch noch ungenau – in Absatz 2 der Nr. 1 noch einmal wiederholt. Insbesondere für Wettbewerbe auf dem Gebiet der Raum- und der Stadtplanung, der Architektur und des Bauwesens, die nach den GRW 1995 durchzuführen sind, ist daher § 20 VOF die einschlägige Vorschrift. Freiberufliche Tätigkeiten sind die im Katalog des § 18 Abs. 1 Nr. 2 EStG erfassten Tätigkeiten und die Leistungen ähnlicher Berufe.[10]

11 **Praktisch** dürfte § 31 a **nur geringe Bedeutung** haben. Anwendungsfelder sind die Entwicklung von Planungen im Bereich der Datenverarbeitung und der Werbung und der Kommunikation. Die ganz überwiegende Zahl von Wettbewerben wird indessen zur Entwicklung von Plänen auf dem Gebiet der Raumplanung, des Städtebaus und des Bauwesens veranstaltet, für die § 25 VOF[11] heranzuziehen ist.

---

7 *Weinbrenner/Jochem/Neusüß* Der Architektenwettbewerb, 2. Auflage S. 95.
8 *BGH* NJW 1984, 1533 ff.
9 *Boesen*, Kommentar zum Vergaberecht, § 99 Rn. 220.
10 *Kulartz* in: Müller-Wrede, Kommentar zur VOF, § 1 Rn. 12 f.; *Locher* in: Kapellmann/Vygen, Jahrbuch Baurecht 1999, Zur Vergabe von Architekten und Ingenieurleistungen nach der VOF, S. 240 ff.; vgl. auch oben § 1 Rn. 51 ff.
11 Vgl. *Locher* in: Müller-Wrede, VOF, 2. Auflage § 25.

III. Durchführung eines Wettbewerbs

1. Vorbereitung

Nach Nr. 2 Abs. 1 hat der öffentliche **Auftraggeber** bei Auslobung eines Wettbewerbs zuvor die »**Spielregeln**« (»die auf die Durchführung des Wettbewerbs anwendbaren Regeln«) im Rahmen einer Bekanntmachung **mitzuteilen**. Wie das zu geschehen hat, regelt Nr. 3 Abs. 1. Wie die Regeln im Einzelnen aussehen sollen, ist nicht speziell vorgeschrieben. Die Regeln können daher weitgehend vom Auslober selbst festgelegt werden. Aus der Sache ergibt sich jedoch, dass in jedem Fall eine genaue Beschreibung der zu lösenden Aufgabe vorliegen muss. Außerdem müssen Anforderungen an die erbetenen Lösungen – die Wettbewerbsanforderungen – fixiert und die Auswahlkriterien für die Entscheidung des Preisgerichtes erarbeitet werden.[12] **12**

Je nach Art des Wettbewerbs können die Spielregeln sehr unterschiedlich sein. Nach ihrem jeweiligen Ziel lassen sich zwei **Grundtypen** unterscheiden. Bei dem ersten Grundtyp werden Lösungen für ein konkret beabsichtigtes Projekt gesucht und dem Sieger des Wettbewerbs der Auftrag erteilt, seinen Vorschlag in die Realität umzusetzen (**Realisierungswettbewerb**). Der zweite Grundtyp setzt früher an. Er dient dazu, Ideen und Vorschläge zur Lösung eines Problems zu gewinnen, ohne dass bereits ein konkretes Projekt beschlossen ist (**Ideenwettbewerb**). Der Preis ist in diesem Fall die Feststellung, dass eine bestimmte Lösung die beste ist. Der oder die Gewinner des Wettbewerbs erhalten aber nicht notwendigerweise auch einen Auftrag.[13] **13**

Dass die Beschränkung auf Wettbewerber aus einem bestimmten Mitgliedstaat oder einer Region desselben nicht zulässig ist, dürfte eigentlich selbstverständlich sein. Es wäre ein Verstoß gegen den jedes Vergabeverfahren von Anfang bis Ende regierenden **Grundsatz der Gleichbehandlung**. Dennoch wird die Unzulässigkeit des Ausschlusses nach der Herkunft des Bewerbers in Nr. 2 Abs. 2 noch einmal hervorgehoben. Ausdrücklich geregelt ist außerdem, dass die Wettbewerbsbedingungen weder darauf abstellen dürfen, dass sich nur natürliche Personen bewerben können, noch festlegen dürfen, dass sich nur juristische Personen bewerben dürfen. Hintergrund dieser Vorschrift sind Erfahrungen mit verschiedenen Versuchen, den Wettbewerb in der Gemeinschaft durch vorgeschobene Bedingungen willkürlich zu begrenzen. **14**

Offene Wettbewerbe sind Auslobungsverfahren mit unbegrenzter Teilnehmerzahl, die jedem offen stehen, der die in der Bekanntmachung festzulegenden fachlichen und persönlichen Anforderungen erfüllt, während der Auslober eines **beschränkten Wettbewerbs** nur bestimmte Personen namentlich zur Abgabe von Arbeiten auffordert. Ein solcher beschränkter Wettbewerb muss in jedem Fall in zwei Stufen durchgeführt werden, wobei in der ersten Stufe die Bekanntmachung mit der Aufforderung zur Teilnahme erfolgt und die Kriterien für die Auswahl der Personen veröffentlicht werden müssen, die zur Abgabe einer Arbeit aufgefordert werden sollen. Will nämlich der Auftraggeber die Teilnehmerzahl bei einem Wettbewerb begrenzen, hat er in der Bekanntmachung »eindeutige und nichtdiskriminierende Auswahlkriterien« festzule- **15**

---

12 *Boesen* Kommentar zum Vergaberecht, § 99 Rn. 231.
13 Vgl. *Weinbrenner/Jochem/Neusüß* Der Architektenwettbewerb, S. 95 f.

gen (Nr. 2 Abs. 3). Kriterien, die in der Bekanntmachung nicht genannt wurden, dürfen später nicht als Auswahlgesichtspunkt herangezogen werden.

16 Nr. 2 Abs. 3 Satz 2 verlangt vom Auslober ausdrücklich, die Zahl der Teilnehmer ausreichend groß zu halten, um einen »**echten Wettbewerb**« zu gewährleisten. Was echter Wettbewerb ist, wird sich nur aus den Umständen des Einzelfalls ergeben. Eine absolute Untergrenze für die Beteiligung dürfte sich aus der analogen Anwendung der Regel für das Verhandlungsverfahren ergeben. Danach wäre eine Beschränkung auf drei Teilnehmer möglich.[14] Im Regelfall sollte nach den Vorstellungen des Gesetzgebers sicher eine größere Anzahl von Teilnehmern aufgefordert werden. Kriterien für die Festlegung der Teilnehmerzahl sind insbesondere die Bedeutung des Projektes, das mit dem Wettbewerb vorbereitet wird, der Aufwand des Veranstalters und der Aufwand der Prüfung durch das Preisgericht.[15]

17 Der Auslober sollte die zur Teilnahme Ausgesuchten zur Abgabe einer Teilnahmeerklärung innerhalb einer festgelegten Frist auffordern. Erfahrungsgemäß beteiligen sich nicht immer alle Ausgesuchten tatsächlich am Wettbewerb. Bei einer absage können dann weitere Teilnehmer von einer vorher festgelegten **Nachrückerliste** zur Abgabe von Wettbewerbsbeiträgen aufgefordert werden.[16] Stehen bei einem beschränkten Wettbewerb alle Teilnehmer fest, sind die nicht berücksichtigten Bewerber zu unterrichten.

2. Preisgericht

18 Der **Auslober bestimmt das Preisgericht**, das die Wettbewerbsarbeiten beurteilt und den oder die Preise zuteilt. Die Preisrichter haben zu prüfen, ob die Bewerber die geforderten Leistungen erbracht haben, ob preiswürdige Bewerbungen vorliegen und wie diese zu bewerten und gewichten sind.[17] Im Einvernehmen mit allen Wettbewerbsteilnehmern und unter Beachtung des Grundsatzes der Gleichbehandlung kann das Preisgericht den Teilnehmern die Gelegenheit geben, ihre Arbeiten zu ergänzen.

19 Das **Preisgericht** (Nr. 2 Abs. 4 und 5) **handelt** im Rahmen der in der Bekanntmachung fixierten Vorgaben und Kriterien **unabhängig**. Da seine Aufgabe in der sachverständigen Ermittlung der Leistung besteht, die der ausgesetzten Belohnung würdig ist, darf es **nur aus Richtern** bestehen, **die von den Teilnehmern des Wettbewerbs unabhängig** sind. Unabhängigkeit vom Auslober ist nicht nur nicht erforderlich, sondern möglicherweise sogar schädlich für das mit dem Wettbewerb letztlich verfolgte Beschaffungsprojekt. Das Preisgericht braucht nicht etwa vom Auslober unabhängig zu sein. Um hinreichenden Sachverstand zu garantieren, muss in den Fällen, in denen von den Wettbewerbsteilnehmern eine bestimmte berufliche Qualifikation verlangt wird, mindestens ein Drittel der Preisrichter ebenfalls über diese verlangte Qualifika-

---

14 *Boesen* Kommentar zum Vergaberecht, § 99 Rn. 232.
15 *Kaufhold/Mayerhofer/Reichel* Die VOF im Vergaberecht, S. 220.
16 *Weinbrenner/Jochem/Neusüß* Der Architektenwettbewerb, S. 106.
17 *Wirth* in: Prütting/Wegen/Weinreich, BGB, § 661 Rn. 4.

tion verfügen. Bei Meinungsverschiedenheiten im Preisgericht entscheidet, wenn nichts Anderes festgelegt ist, die absolute Mehrheit der Stimmen.[18]

Entscheidet das Preisgericht über anonym vorgelegte Arbeiten an hand der bekannt gemachten Kriterien, ist seine **Entscheidung für alle Beteiligten verbindlich**. Es hat bei seiner Bewertung einen relativ weiten Spielraum. Seine Entscheidungen sind nur angreifbar, wenn unüberwindbare Widersprüche in der Entscheidung feststellbar sind oder grobe Verfahrensverstöße vorliegen, die den Inhalt der Entscheidung offenbar beeinflusst haben.[19] In solchen Fällen können die Preisrichter wegen vorsätzlicher Pflichtverletzung gemäß § 826 BGB haftbar gemacht werden. Um die Entscheidung inhaltlich nachvollziehbar zu machen und so der Willkür zu entziehen, hat das Preisgericht nach Nr. 2 Abs. 6 einen Bericht über die Rangfolge der ausgewählten Projekte und – sowiet sie nicht ausgewählt werden – über die anderen Wettbewerbsarbeiten zu erstellen. **20**

IV. Bekanntmachung

Hat ein Auftraggeber die Absicht, einen Wettbewerb durchzuführen, **veröffentlicht** er dies, indem er die **Absicht auf speziellem Formular** (Anhang XII der VO (EG) Nr. 1564/2005 über die zu verwendenden Bekanntmachungsmuster) dem Amt für Veröffentlichungen der Europäischen Gemeinschaften mitteilt. Dabei gilt die allgemeine Regel für Bekanntmachungen – § 17 a Nr. 1 – in diesen Fällen entsprechend. Warum Richtlinie und VOL vorschreiben, dies habe »unverzüglich« zu geschehen, ist eigentlich nicht recht erkennbar, zumal auch nicht ersichtlich ist, zu welchem Zeitpunkt denn die Pflicht zur Bekanntmachung genau beginnen soll, damit ein Außenstehender sagen könnte, der Auftraggeber habe zu sehr mit seiner Mitteilung gezögert. Wesentlich ist, dass kein Wettbewerb ohne Bekanntmachung stattfinden kann. **21**

Spätestens 48 Tage nach Durchführung des Wettbewerbs sind die allgemeinen Ergebnisse des Wettbewerbs in einer Bekanntmachung nach dem Muster in Anhang H an das Amt für amtliche Veröffentlichungen zu senden. Außerdem sind in entsprechender Anwendung des § 27 a auf Antrag Details über die Ergebnisse mitzuteilen. **22**

---

18 BGHZ 17, 366 (372); *Müller-Wrede* VOL/A, § 31 a Rn. 18.
19 *Wirth* in: Prütting/Wegen/Weinreich, BGB, § 661 Rn. 5.

§ 32 a
Nachprüfungsbehörden

In der Vergabebekanntmachung und den Vergabeunterlagen ist die Stelle anzugeben, an die sich der Bewerber oder Bieter zur Nachprüfung behaupteter Verstöße gegen Vergabebestimmungen wenden kann.

Inhaltsübersicht

	Rn.
A. Allgemeines	1
I. Kontrolle und Rechtsschutz bei öffentlichen Aufträgen	1
II. Vergaberechtlicher Rechtsschutz: Nachprüfung	4
B. Anmerkungen	5
I. Nachprüfung durch Vergabeprüfstellen	5
1. Einrichtung und Befugnisse	5
2. Rechtsschutz gegen Entscheidungen der Vergabeprüfstelle	11
II. Nachprüfung durch Vergabekammern	15
1. Einrichtung, Zuständigkeit, Besetzung	15
2. Die Vergabekammern in Deutschland	19
3. Die Geschäftsordnung der Vergabekammern des Bundes	20
4. Das Verfahren vor der Vergabekammer	22
III. Sofortige Beschwerde vor den Oberlandesgerichten	30
1. Grundlagen	30
2. Verfahren	33
IV. Aufsichtsbehördliche Überprüfung	38
V. Informationspflicht	40

A. Allgemeines

I. Kontrolle und Rechtsschutz bei öffentlichen Aufträgen

1 Die Vergabe öffentlicher Aufträge ist **fiskalische Hilfstätigkeit,** deren Sinn allein darin besteht, auf möglichst ökonomische Weise die Ressourcen, Gegenstände, Kenntnisse und Kapazitäten zu beschaffen, die zur Wahrnehmung der Hauptfunktion – der staatlichen Aufgabenerfüllung – erforderlich sind.[1]

2 Selbstverständlich unterliegt diese Tätigkeit der **Kontrolle** durch Aufsichtsbehörden und der Rechnungsprüfung durch Rechnungshöfe bzw. Rechnungsprüfungsämter. Ebenso selbstverständlich kann sich jedermann, auch der Bewerber oder der Bieter bei einer Auftragsvergabe zu jeder Zeit an die entsprechenden Aufsichtsbehörden und Kontrollinstanzen wenden und darum bitten, Verhalten oder Verhaltensmuster zu korrigieren.

3 **Rechtsschutz** indessen in dem Sinne, dass ein Bieter oder Bewerber unter Hinweis auf mögliche Verletzung eigener Rechte gerichtliche Überprüfung des Vergabeverhaltens verlangen kann, wenn er glaubt unkorrekt behandelt zu werden oder worden zu sein,

---

[1] Näher dazu *Marx* Vergaberecht – Was ist das? in Festschrift für Bechthold, S. 305 ff. (310) m. w. N.

besteht beim fiskalischen Hilfsgeschäft lediglich in eingeschränktem Maß. Verwaltungsgerichtliche Möglichkeiten bestehen im Normalfall nicht, da zwischen Bewerbern und Bietern auf der einen und den staatlichen Institutionen auf der anderen Seite keine öffentlich-rechtlichen Rechtsverhältnisse entstehen.[2] Bei der Vergabe öffentlicher Aufträge nimmt der Staat am normalen zivilen Rechtsverkehr teil und wird den dort herrschenden Regeln unterworfen. Es werden normale zivilrechtliche Verträge durch Angebot und Annahme von Angeboten abgeschlossen und es entstehen Rechte, Pflichten und Obliegenheiten bei der Vorbereitung, beim Abschluss und bei der Durchführung von Verträgen. Durch deren Verletzung entstehen Schadensersatzansprüche, die **vor den Zivilgerichten** durchzusetzen sind.[3]

II. Vergaberechtlicher Rechtsschutz: Nachprüfung

Einen besonderen, hier und da schon einmal als »luxuriös« bezeichneten Rechtsschutz[4] gibt es für Unternehmen, die an Aufträgen interessiert oder beteiligt sind, deren Auftragswerte die so genannten Schwellenwerte übersteigen. In diesem »**Oberschwellenbereich**« besteht mit der **Nachprüfung** eine besondere Möglichkeit, eigens eingerichtete Verwaltungsstellen – die »Vergabeprüfstellen« – anzurufen und/oder primären Rechtsschutz mit dem Ziel zu erlangen, den Auftraggeber während des noch laufenden Vergabeverfahrens zu einer Korrektur seines Verhaltens zu bewegen und auf den Pfad der Rechtmäßigkeit zurück zu führen. Die Rechtsgrundlage dafür findet sich in der Vorschrift des § 97 Abs. 7 GWB, in der es heißt, dass die Unternehmen Anspruch darauf haben, dass der Auftraggeber die Bestimmungen über das Vergabeverfahren einhält, sowie in den §§ 102 ff. GWB, die das Nachprüfungsverfahren im Einzelnen regeln. Nachprüfung durch Vergabeprüfstellen und Nachprüfung durch Vergabekammern stehen nicht in einem Rangverhältnis zueinander. Die Vergabekammern können unabhängig davon angerufen werden, ob vorher oder zeitgleich eine Vergabeprüfstelle befasst wurde oder wird.[5] Gegen die Entscheidung der Vergabekammer kann Beschwerde beim Oberlandesgericht geführt werden.

4

---

2 Vom *BVerfG* zuletzt in Entscheidung v. 13. 6. 06 VergabeR 2006, 391 ff. bestätigte h. M.; s. auch m. w. N. *Pietzcker* Defizite beim Rechtsschutz unterhalb der Schwellenwerte?, NJW 2005, 2881 ff.
3 Darstellung bei *Rudolf* in Byok/Jäger, Kommentar zum Vergaberecht, Einführung Rn. 80 ff; *Motzke* in: Motzke/Pietzcker/Prieß, VOB/A, Syst V; *Marx* in: Müller-Wrede, VOF, 3. Auflage 2007 § 21 jeweils mit umfassenden Nachweisen.
4 *Gröning*, Primärer Rechtsschutz außerhalb des Vierten Teils des GWB auf dem Verwaltungsrechtsweg, ZWeR 2005, 276.
5 *Otting* in: Bechthold, GWB, 4. Auflage 2006 § 102 Rn. 3.

B. Anmerkungen

I. Nachprüfung durch Vergabeprüfstellen

1. Einrichtung und Befugnisse

5 Nach § 103 Abs. 1 Satz 1 ist es Bund und Ländern **freigestellt**, Vergabeprüfstellen **einzurichten**. Die Vergabeprüfstellen sind besondere Fach- oder Rechtsaufsichtsbehörden oder besondere Stellen bei den ohnehin bestehenden Fach- oder Rechtsaufsichtsbehörden. Die Kompetenz zur Einrichtung von Vergabeprüfstellen bezieht sich sowohl auf das ob als auch auf die Zahl der einzurichtenden Prüfstellen sowie auf deren Zusammensetzung und organisatorische Anbindung.[6] Insofern gelten die allgemeinen Grundsätze der Organisations- und Verwaltungskompetenz für Bund und Länder in Art. 83 ff. GG, so dass § 103 Abs. 1 GWB weitgehend deklaratorischen Charakter hat.[7]

6 **Von der Möglichkeit**, Vergabeprüfstellen einzurichten, **wurde nicht allzu häufig Gebrauch** gemacht. Auf Bundesebene besteht für den Anwendungsbereich der VOL/A nur eine Vergabeprüfstelle beim Bundesministerium für Wirtschaft und Technologie und eine Vergabeprüfstelle beim Bundesministerium für Bildung und Forschung. Auch bei den Ländern sind Vergabeprüfstellen eher eine seltene Erscheinung. Öfter anzutreffen sind sie noch im kommunalen Bereich auf der Kreisebene. Über die Institution ist – das muss man nüchtern feststellen – die Rechtsgeschichte hinweggegangen.[8]

7 Die **Aktionsmöglichkeiten** der Vergabeprüfstellen sind nach Abs. 1 und Abs. 2 Satz 1 auf die Überprüfung der Einhaltung der von den **Auftraggebern nach § 98 Nr. 1 bis 3** anzuwendenden Vergabebestimmungen beschränkt. Der Überprüfung unterworfen sind daher nur die klassischen öffentlichen Auftraggeber. Dies sind nicht die privatrechtlich organisierten Sektorenauftraggeber, nicht die privaten Subventionsempfänger und auch nicht die Baukonzessionäre. Fragen, die sich nicht auf die Vergabe von Aufträgen zur Beschaffung von Waren und Dienstleistungen und den dabei anzuwendenden Vorschriften beziehen, können nicht Gegenstand eine Prüfung, Beratung oder Streitschlichtung durch die Vergabeprüfstelle sein.

8 Vergabeprüfstellen können **drei Aufgabenbereiche** zugewiesen werden. Die erste und wichtigste Aufgabe ist dafür zu sorgen, dass die das Vergabeverfahren durchführenden Stellen rechtmäßig handeln. Es ist dies die Funktion einer **Rechtsaufsicht**. Die Vergabeprüfstelle kann, wenn sie feststellt, dass eine Vergabestelle dabei ist, rechtswidrig zu handeln, diese Vergabestelle anweisen zur Rechtmäßigkeit zurückzukehren. Sie hat allerdings nicht die Möglichkeit der Ersatzvornahme.[9] Die aufsichtliche Tätigkeit ist von Amts wegen aufzunehmen, wenn die Vergabeprüfstelle von rechtswidrigen

---

6 *Otting* a. a. O. § 103 Rn. 4.
7 *Reidt* in: Reidt/Stickler/Glahs, Kommentar zum Vergaberecht, 2. Auflage 2005 § 103 Rn. 5.
8 *Marx* in: Müller-Wrede, VOF, 3. Auflage 2007 § 21 Rn. 38.
9 *Otting*, a. a. O. § 103 Rn. 5; *Portz* a. a. O. § 103 Rn. 34.

Aktivitäten erfährt, sie kann aber auch auf Antrag insbesondere eines Bieters in Gang kommen.

Eine mit der Aufsichtsaufgabe verwandte Tätigkeit ist die **Streitschlichtung**, die durch die Vergabeprüfstelle wahrgenommen werden kann. Streit soll ohne formalisiertes Verfahren ohne nennenswerte Kostenbelastung vermieden oder schon im Ansatz beigelegt werden.[10] Der dritte Aufgabenbereich ist die **Beratung** zur richtigen Anwendung der Vergabevorschriften. Schlichtung und Beratung wird nur auf Antrag erfolgen können. Antragsteller können in diesem Zusammenhang nach Abs. 2 Satz 2 ausdrücklich sowohl Auftraggeber als auch Unternehmen sein. 9

Für die Vergabeprüfstelle gilt **allgemeines Verwaltungsverfahrensrecht**. Die Tätigkeit der Vergabeprüfstelle ist nach § 129 kostenpflichtig, soweit sie den Rahmen einer Rechts- und Fachaufsicht überschreitet. 10

2. Rechtsschutz gegen Entscheidungen der Vergabeprüfstelle

Rechtsschutz gegen eine Entscheidung einer Vergabeprüfstelle ist, wenn es denn eine selbständige Entscheidung gegenüber einem Unternehmen ist, wie gegen eine Entscheidung des Auftraggebers im Vergabeverfahren **vor der Vergabekammer** gegeben. § 103 Abs. 3 Satz 1 GWB bestimmt ausdrücklich, dass gegen eine Entscheidung einer Vergabeprüfstelle zur Wahrung von Rechten nach § 97 Abs. 7 GWB nur die Vergabekammer angerufen werden kann. Damit soll der vergaberechtliche Rechtsschutz auf die Vergabekammern und die Oberlandesgerichte konzentriert werden.[11] 11

Die Vorschrift des § 103 Abs. 3 Satz 2 GWB stellt ausdrücklich klar, dass die Anrufung der **Vergabeprüfstelle nicht Voraussetzung** für die Anrufung der Vergabekammer ist. Primäre Kontrollinstanz und – neben dem Oberlandesgericht – alleinige Rechtsschutzinstanz bei der Nachprüfung von Vergabeverfahren ist damit die Vergabekammer.[12] Eine parallele Prüfung vor beiden Nachprüfungsbehörden ist jedoch durchaus möglich. 12

§ 103 Abs. 3 Satz 1 GWB bezieht sich ausdrücklich **nur auf Rechte aus § 97 Abs. 7 GWB**, so dass Unternehmen und sonstige Dritte Rechtsschutz zur Wahrung von aus anderen Rechtsgrundlagen ergebenden Rechten, die sie durch die Entscheidung der Vergabeprüfstelle beeinträchtigt sehen, auf den üblichen Wegen suchen können.[13] Allerdings dürfte dies nur in den seltensten Fällen von praktischer Bedeutung sein. 13

Da die **Auftraggeber** nicht zu den Personen zählen, die nach §§ 107 Abs. 2, 119 GWB im Nachprüfungsverfahren vor der Vergabekammer antragsbefugt sind, und da sie auch keine Rechte aus § 97 Abs. 7 GWB geltend machen können, können sie sich gegen eine belastende Entscheidung einer Vergabeprüfstelle nicht vor der Vergabekammer zur Wehr setzten. Für die Vergabestellen bleiben daher nur die verwaltungsge- 14

---

10 *Amtliche Begründung zum Regierungsentwurf* des VgRÄG BTDrS 13/9340 S. 16.
11 *Amtliche Begründung zum Regierungsentwurf* a. a. O.
12 *Portz* in: Kulartz/Kus/Portz, Kommentar zum GWB-Vergaberecht, § 103 Rn. 3.
13 *Reidt* in: Reidt/Stickler/Glahs, Kommentar zum Vergaberecht, 2. Auflage 2005 § 103 Rn. 32.

richtlichen Rechtsschutzmöglichkeiten.[14] Ausdrücklich stellt dies die amtliche Begründung zum Vergaberechtsänderungsgesetz mit der Bemerkung fest, dass der Verwaltungsrechtsweg nicht ausgeschlossen werden könne, wenn sich ein öffentlicher Auftraggeber mit eigener Rechtspersönlichkeit gegen die Aufsichtsverfügung einer anderen juristischen Person wenden will.[15]

II. Nachprüfung durch Vergabekammern

1. Einrichtung, Zuständigkeit, Besetzung

15 Nach § 104 Abs. 2 GWB können Rechte aus § 97 Abs. 7 GWB sowie sonstige Ansprüche gegen öffentliche Auftraggeber, die auf die Vornahme oder das Unterlassen einer Handlung im Vergabeverfahren gerichtet sind (»Primärrechtsschutz«), ausschließlich vor der Vergabekammer und dem Beschwerdegericht geltend gemacht werden – abgesehen von der Vergabeprüfstelle, die ja keinen Rechtsschutz im engeren Sinne gewähren kann. Lediglich die Zuständigkeit der ordentlichen Gerichte für die Geltendmachung von Schadensersatzansprüchen und die Befugnisse der Kartellbehörden bleiben unberührt. Rechtsschutz im Vergabeverfahren wird so in einem eigenständigen, ausschließlich auf das spezielle Recht bezogenen Rechtsweg gewährt.

16 Von dieser **Konzentration des Primärrechtsschutzes auf Vergabekammern und Vergabesenate bei den OLG** lässt § 104 Abs. 2 Satz 2 GWB nur eine Ausnahme zu: Die Kartellbehörden dürfen nicht nur die Verletzung kartellrechtlicher Regeln wie insbesondere Verstöße gegen die Verhaltenspflichten von marktbeherrschenden staatlichen Institutionen, sondern auch vergaberechtliche Sachverhalte überprüfen. Allerdings ist daraus nicht etwa zu entnehmen, dass die Nachprüfungsbehörden nicht auch kartellrechtliche Normverstöße in ihre Prüfung mit aufnehmen dürften.[16] Ob eine Handlung, deren Vornahme oder Unterlassen begehrt wird, »in einem Vergabeverfahren« anzusiedeln ist oder außerhalb[17] ist eine Tatfrage. Liegt sie außerhalb, wie z. B. die Verfügung einer generellen Vergabesperre auf der Basis strafrechtlicher oder gewerberechtlicher Vorschriften kommt natürlich der exklusive Rechtsweg des Nachprüfungsverfahrens nicht in Betracht.[18]

17 Nach § 104 Abs. 1 GWB sind die **Vergabekammern des Bundes für die Nachprüfung der dem Bund zuzurechnenden Aufträge, die Vergabekammern der Länder für die den Ländern zuzurechnenden öffentlichen Aufträge zuständig**. Dabei erfolgt die Zurechnung prinzipiell nach der Einordnung der Institution, die den Auftrag vergibt. Genauere Festlegungen enthält § 18 VgV. Danach sind dem Bund nicht nur die Vergaben der Vergabestellen des Bundes selbst, sondern auch die Vergabeverfahren zuzurechnen, die von Auftraggebern betrieben werden, die vom Bund nach § 98 Nr. 2 oder Nr. 4 GWB beherrscht werden. Die Vergabekammer des Bundes ist auch zustän-

---

14 *Boesen* Vergaberecht, § 103 Rn. 23 ff.
15 *Amtliche Begründung zum Regierungsentwurf* des VgRÄG BTDrS 13/9340 S. 16.
16 *Kus* in: Kulartz/Kus/Portz, Kommentar zum GWB-Vergaberecht, § 104 Rn. 12.
17 dazu *BGH* VergR 2005, 328.
18 *Reidt* in: Reidt/Stickler/Glahs, Kommentar zum Vergaberecht, 2. Auflage § 104 Rn. 14.

dig bei Verfahren von Auftraggebern nach § 98 Nr. 5 GWB, wenn der Bund die Mittel allein oder überwiegend bewilligt hat, und von Auftraggebern nach § 98 Nr. 6 GWB, wenn die Stelle, die unter § 98 Nr. 1 bis 3 fällt, dem Bund zuzuordnen ist. Werden Vergabeverfahren von einer Behörde durchgeführt, die im Rahmen einer Organleihe für den Bund tätig ist, sind sie dem Bund zuzuordnen, werden die Vergabeverfahren von Landesbehörden im Rahmen der Bundesauftragsverwaltung durchgeführt, sind die Verfahren dem jeweiligen Land zuzuordnen. Wird ein Auftraggeber von einem Land beherrscht oder beeinflusst, werden dessen Aufträge diesem Land zugerechnet. In allen anderen Fällen richtet sich die Zuständigkeit der Vergabekammer nach dem Sitz des Auftraggebers.

Die Vergabekammern üben ihre Tätigkeit im Rahmen der Gesetze unabhängig und in eigener Verantwortung aus. Dabei bedeutet Unabhängigkeit sowohl die Freiheit von Weisungen, als auch die persönliche **Unabhängigkeit** und Unversetzbarkeit im Rahmen einer fünfjährigen Amtszeit. Nach § 105 Abs. 2 Satz 1 GWB entscheiden die Vergabekammern als Dreierkollegium, das sich aus einem Vorsitzenden, einem hauptamtlichen Beisitzer und einem ehrenamtlichen Beisitzer zusammensetzt. Die Vergabekammern sind dennoch nicht Rechtsprechung. Sie gehören nicht zur Dritten Gewalt im Sinne des Art. 92 GG. Trotz der ihrer Konstruktion, ihrer festen Einbettung in einen speziellen Rechtsweg und ihres gerichtsähnlichen Charakters sind sie Verwaltung und Teil der Exekutive.

18

2. Die Vergabekammern in Deutschland

Der **Bund** hat die Vergabekammern gemäß § 106 Abs. 1 Satz 1 beim

19

Bundeskartellamt
Kaiser-Friedrich-Straße 16
53113 Bonn

eingerichtet. Derzeit sind es drei Kammern.

Die **Länder** haben folgende Vergabekammern eingerichtet:

Baden-Württemberg:
Landesgewerbeamt Baden-Württemberg
Willi-Bleicher-Straße 19, 70174 Stuttgart

Bayern:
Vergabekammer Südbayern bei der Regierung Oberbayern
Maximilianstraße 39, 80538 München
Vergabekammer Nordbayern bei der Regierung Mittelfranken
Promenade 27, 91522 Ansbach

Berlin:
Senatsverwaltung für Wirtschaft und Betriebe (eine Vergabekammer mit mindestens zwei Beschlussabteilungen)
Martin-Luther-Str. 105, 10825 Berlin

§ 32 a Nachprüfungsbehörden

Brandenburg:

Ministerium für Wirtschaft, Mittelstand und Technologie
Heinrich-Mann-Allee 107, 14473 Potsdam

Bremen:

Senator für Bauwesen, Verkehr und Stadtentwicklung
Ansgaritorstraße 2, 28195 Bremen

Hamburg:

Jeweils eine Vergabekammer bei der Bau- und der Wirtschaftsbehörde für Nachprüfungsverfahren in VOB-Angelegenheiten:

- Vergabekammer bei der Baubehörde Hamburg
  Stadthausbrücke 8, 20355 Hamburg,

- Vergabekammer bei der Wirtschaftsbehörde Hamburg
  Alter Steinweg 4, 20459 Hamburg

- Vergabekammer bei der Finanzbehörde Hamburg
  Gänsemarkt 36, 20354 Hamburg, für sonstige Nachprüfungsverfahren

Hessen:

Vergabekammer beim Regierungspräsident Darmstadt
Wilhelminenstraße 1–3, Fristenbriefkasten: Luisenplatz 2, 64278 Darmstadt

Mecklenburg-Vorpommern:

Vergabekammer beim Ministerium für Wirtschaft und Angelegenheiten der Europäischen Union des Landes Mecklenburg-Vorpommern
Johannes-Stelling-Straße 14, 19053 Schwerin

Niedersachsen:

Oberfinanzdirektion Hannover (OFD)
Waterloostraße 5, 30169 Hannover
Niedersächsisches Landesamt für den Straßenbau (NLStB)
Sophienstr. 7, 30159 Hannover
Bezirksregierung Lüneburg
Auf der Hude 2, 21339 Lüneburg

Nordrhein-Westfalen:

Bei allen fünf Bezirksregierungen ist jeweils eine Vergabekammer eingerichtet.
Bezirksregierung Arnsberg, Seibertstraße 1, 59821 Arnsberg
Bezirksregierung Detmold, Leopoldstraße 13–15, 32756 Detmold
Bezirksregierung Düsseldorf, Cecilienallee 2, 40474 Düsseldorf
Bezirksregierung Köln, Zeughausstraße 2–10, 50667 Köln
Bezirksregierung Münster, Domplatz 1–3, 48143 Münster

Rheinland-Pfalz:

Ministerium für Wirtschaft, Verkehr, Landwirtschaft und Weinbau
Stiftstraße 9, 55116 Mainz

Saarland:

Oberfinanzdirektion Saarbrücken
Präsident-Baltz-Straße 5, 66119 Saarbrücken

Sachsen:

Regierungspräsidium Leipzig
Braustraße 2, 04107 Leipzig

Sachsen-Anhalt:

Regierungspräsidium Halle
Willi-Lohmar-Straße 7, 06114 Halle
Regierungspräsidium Magdeburg
Olvenstedter Straße 1–2, 39108 Magdeburg
Oberfinanzdirektion Magdeburg (für die Landesbauverwaltung)
Otto-von-Guericke-Straße 4, 39104 Magdeburg

Schleswig-Holstein:

Ministerium für Wirtschaft, Technologie und Verkehr
Düsternbrooker Weg 94, 24105 Kiel

Thüringen:

Thüringer Landesverwaltungsamt
Friedensstraße 42, 99423 Weimar

3. Die Geschäftsordnung der Vergabekammern des Bundes

20

Geschäftsordnung
Der Vergabekammern des Bundes
Vom 18. Dezember 1998

Anwendungsbereich

Die Geschäftsordnung regelt Organisation, Grundsätze der Geschäftsverteilung, Geschäftsgang und Verfahren der Vergabekammern des Bundes; sie ist Geschäftsordnung im Sinne des § 106 Abs. 1 Satz 4 des Gesetzes gegen Wettbewerbsbeschränkungen (GWB). Soweit nichts anderes bestimmt ist, bleibt die Geschäftsordnung des Bundeskartellamtes (GO BKartA) unberührt.

I.

Organisation, Geschäftsjahr, Geschäftsverteilung und Vertretung

§ 1

(1) Einer Kammer gehören der Vorsitzende, mindestens zwei hauptamtliche und mindestens vier ehrenamtliche Beisitzer sowie weitere Mitarbeiter an. Die ehrenamtlichen Beisitzer können auch mehreren Kammern angehören.

(2) Für Frauen in einer der in der Geschäftsordnung genannten Funktionen gilt die weibliche Form der Funktionsbezeichnung.

(3) Geschäftsjahr ist das Kalenderjahr.

§ 2

(1) Der Präsident des Bundeskartellamtes regelt vor Beginn des Geschäftsjahres die Verteilung der Geschäfte unter den Kammern. Die Geschäftsverteilung darf während des Geschäftsjahres nur geändert werden, wenn dies wegen Überlastung oder ungenügender Auslastung von Kammern erforderlich wird. Für Anträge, die dasselbe Vergabeverfahren betreffen, ist die Kammer zuständig, in deren Zuständigkeit der erste Antrag fällt.

(2) Der Vorsitzende weist die Verfahren seiner Kammer den Berichterstattern nach einem vor Beginn des Geschäftsjahres von ihm festgelegten Geschäftsverteilungsplan zu.

§ 3

(1) Der Vorsitzende wirkt an allen Entscheidungen seiner Kammer mit, es sei denn, die Kammer hat dem hauptamtlichen Beisitzer das alleinige Entscheidungsrecht übertragen (§ 105 Abs. 3 GWB). Berichterstatter sind nur die hauptamtlichen Beisitzer. Die ehrenamtlichen Beisitzer wirken an den Verfahren aus den ihnen zugeordneten Fachgebieten mit.

(2) Der Vorsitzende wird durch den dienstältesten hauptamtlichen Beisitzer der Kammer vertreten. Die Vertretung der hauptamtlichen Beisitzer wird durch Verfügung der

Kammer geregelt. Die ehrenamtlichen Beisitzer werden von den jeweils für sie benannten Stellvertretern vertreten.

II.
Verfahren zwischen Antragseingang und mündlicher Verhandlung

§ 4

(1) Geht ein nicht offensichtlich unzulässiger oder unbegründeter Antrag ein und ist die Zahlung eines Vorschusses in Höhe der Minestgebühr von 5000 DM nachgewiesen, so stellt die Kammer dem Auftraggeber den Antrag zu und fordert ihn zur sofortigen Übergabe der Vergabeakten auf. Ist eine Vergabeprüfstelle eingerichtet, so übermittelt die Kammer dieser den Antrag in Kopie. Ist bei der Vergabeprüfstelle ein Antrag gestellt worden, so fordert die Kammer auch deren Akten an.

(2) Der Vorsitzende unterrichtet den zuständigen ehrenamtlichen Beisitzer, übermittelt ihm eine Abschrift des Antrages und veranlasst, dass ihm Abschriften der Entscheidung der Vergabeprüfstelle und der Schriftsätze so rechtzeitig vor der mündlichen Verhandlung übermittelt werden, dass er sich mit der Sache vertraut machen kann. Ist ein ehrenamtlicher Beisitzer verhindert oder hat er am Vergabeverfahren mitgewirkt, so zeigt er dies dem Vorsitzenden unverzüglich an.

§ 5

(1) Nach Eingang der Akten leitet der Vorsitzende diese dem zuständigen Berichterstatter zu. Die Kammer prüft, ob Beiladungen zu dem Verfahren geboten sind und beschließt diese gegebenenfalls unverzüglich. Der Berichterstatter legt dem Vorsitzenden innerhalb der von diesem gesetzten Frist sein schriftliches Votum vor.

(2) Der Vorsitzende oder der Berichterstatter in den Fällen des § 105 Abs. 3 GWB können den Verfahrensbeteiligten Fristen für die Einreichung von Schriftsätzen setzen. Nach Ablauf kann ein weiterer Vortrag unbeachtet bleiben.

(3) Mitteilungen der Kammern, Schriftsätze und Ladungen werden den Verfahrensbeteiligten nach Möglichkeit mit Telefax mit der Aufforderung zur unverzüglichen Empfangsbestätigung, ansonsten durch die Post oder einen Kurier übersandt.

III.
Mündliche Verhandlung

§ 6

(1) Die Kammern entscheiden, sodern nicht die Voraussetzungen des § 112 Abs. 1 Satz 3 oder des § 112 Abs. 2 GWB vorliegen oder es sich um eine Entscheidung nach § 115 Abs. 2 Satz 1 oder 3 oder nach § 115 Abs. 3 Satz 1 GWB handelt, aufgrund mündlicher, nicht öffentlicher Verhandlung. Der Vorsitzende stimmt den Termin mit dem ehrenamtlichen Beisitzer ab und lädt die Verfahrensbeteiligten.

(2) Die Ladungsfrist beträgt mindestens drei Tage nach Eingang bei den Verfahrensbeteiligten.

§ 7

(1) Der Vorsitzende leitet die mündliche Verhandlung.

(2) Über die mündliche Verhandlung wird eine Niederschrift aufgenommen, die folgenden Inhalt hat:

- *Ort und Tag der Verhandlung,*
- *Bezeichnung der entscheidenden Kammer,*
- *Namen des Vorsitzenden und der Beisitzer,*
- *Bezeichnung des Nachprüfungsverfahrens, Namen der erschienenen Verfahrensbeteiligten, ihrer gesetzlichen Vertreter und Bevollmächtigten sowie sonstiger Personen,*
- *Rücknahme des Antrags,*
- *Feststellung, dass die Verfahrensbeteiligten Gelegenehit zum Vortrag hatten,*
- *bei Entscheidung im Anschluss an die mündliche Verhandlung die Beschlussformel,*
- *die Unterschrift des Vorsitzenden.*

(3) Die Verfahrensbeteiligten erhalten eine Abschrift der Niederschrift.

IV.
Beschluss

§ 8

(1) Die Kammern entscheiden durch Beschluss. Das gleiche gilt auch dann, wenn über die Entscheidung einer Vergabeprüfstelle zu befinden ist. Ist die Entscheidung der Vergabeprüfstelle rechtswirdig, so hebt die Kammer diese auf und entscheidet nach § 114 GWB. Der Beschluss enthält:

- *die Bezeichnung der entscheidenden Kammer,*
- *die Bezeichnung des Vorsitzenden und der Beisitzer,*
- *die Bezeichnung der Verfahrensbeteiligten,*
- *den Tag, an dem die mündliche Verhandlung abgeschlossen worden ist,*
- *die Beschlussformel,*
- *die Gründe,*
- *die Kostenentscheidung, soweit diese nicht durch gesonderten Beschluss ergeht,*
- *die Rechtsmittelbelehrung,*
- *die Unterschriften des Vorsitzenden und der Beisitzer.*

(2) Die begründete Entscheidung der Kammer wird den Verfahrensbeteiligten zugestellt. Ist eine Vergabeprüfstelle eingerichtet, wird ihr auf Anforderung eine Kopie übersandt.

V.
Geschäftsgang

§ 9

Die an die Kammern des Bundes gerichteten Eingänge werden von der Geschäftsstelle behandelt. Diese erteilt jedem Nachprüfungsverfahren ein Geschäftszeichen gemäß der Registraturanweisung, prüft bei Eingang des Antrags, ob die Zahlung eines Vorschusses in Höhe der Mindestgebühr nachgewiesen ist und leitet den Antrag unverzüglich der zuständigen Kammer zu.

§ 10

Die Aufbewahrungsfrist der Akten beträgt 30 Jahre nach Abschluss des Verfahrens. Die Entscheidungen der Kammern werden anschließend dem Bundesarchiv übergeben.

§ 11

Die Entscheidungen der Kammern des Bundes und der Länder werden in der Geschäftsstelle der Kammern des Bundes gesammelt. Wichtige Entscheidungen der Kammern des Bundes werden der Fachpresse zur Veröffentlichung zugeleitet.

§ 12

Die Kosten (Auslagen und Gebühren) werden von der Kostenstelle des Bundeskartellamtes eingezogen und verbucht.

VI.

Inkrafttreten

§ 13

Die Geschäftsordnung tritt am 1. Januar 1999 in Kraft.

§ 32 a Nachprüfungsbehörden

21 Schematische Übersicht des vergaberechtlichen Rechtsschutzes:

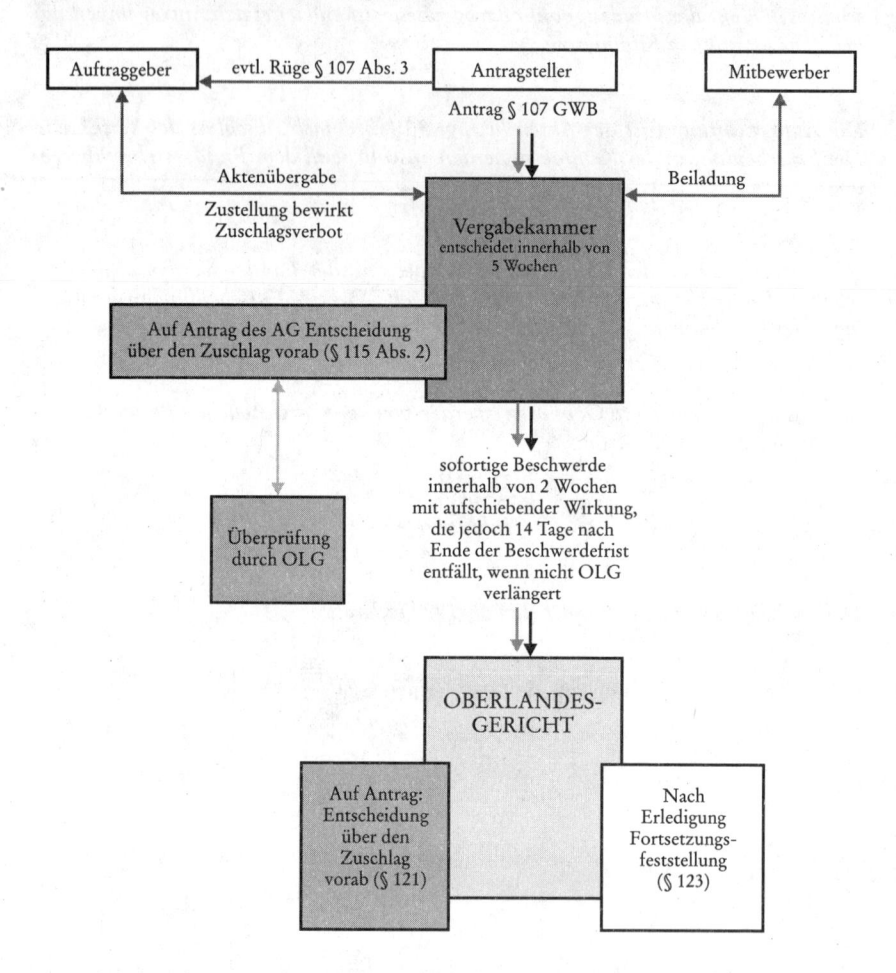

```
[Auftraggeber] ←── evtl. Rüge § 107 Abs. 3 ── [Antragsteller]        [Mitbewerber]
      ↑                                        Antrag § 107 GWB
      │                                              ↓
      │        Aktenübergabe                                      Beiladung
      └──── Zustellung bewirkt ────→ [Vergabekammer] ←────────────────
           Zuschlagsverbot           entscheidet innerhalb von
                                            5 Wochen
                                              
   [Auf Antrag des AG Entscheidung
    über den Zuschlag vorab (§ 115 Abs. 2)]
                                              ↓
                                    sofortige Beschwerde
                                    innerhalb von 2 Wochen
                                    mit aufschiebender Wirkung,
      [Überprüfung                  die jedoch 14 Tage nach
       durch OLG]                   Ende der Beschwerdefrist
                                    entfällt, wenn nicht OLG
                                    verlängert
                                              ↓
                                    OBERLANDES-
                                     GERICHT
                                              
   [Auf Antrag:                              [Nach
    Entscheidung                              Erledigung
    über den                                  Fortsetzungs-
    Zuschlag                                  feststellung
    vorab (§ 121)]                            (§ 123)]
```

4. Das Verfahren vor der Vergabekammer

22 Bieter, Bewerber, und sonst interessierte Unternehmen können Ansprüche aus § 97 Abs. 7 GWB auf Einhaltung der Vergabebestimmungen gegen einen öffentlichen Auftraggeber vor der Vergabekammer geltend machen. Dabei hat er gewisse **Formalien** zu beachten und muss materiell antragsbefugt sein. Die Form des Antrags ist in § 108 GWB vorgeschrieben: Der Antrag ist schriftlich zu stellen, soll ein bestimmtes Begehren enthalten und muss unverzüglich – nicht zugleich – begründet werden. Diese Begründung muss die Bezeichnung des Antragsgegners, eine Sachverhaltsdarstellung, eine Beschreibung der behaupteten Rechtsverletzung und die Angabe der verfügbaren Beweismittel enthalten. Außerdem ist in der Begründung darzulegen, dass der Auftraggeber nach § 103 Abs. 1 GWB gerügt worden ist. Die Vergabekammern verfahren in diesem Punkt relativ streng, so dass nicht nur dargelegt werden, sondern auch durch Kopie der Rügeschreiben u. ä. belegt werden sollte, dass der Rügepflicht genüge getan worden ist.[19]

Materielle Zulässigkeitsvoraussetzungen für einen Antrag bei der Vergabekammer sind die **Antragsbefugnis** und die Erfüllung der Rügepflicht nach § 107 Abs. 3 GWB. Antragsbefugt ist jedes **Unternehmen, das ein Interesse am Auftrag** und schlüssig darlegen kann, dass ihm durch **Nichtbeachtung der Vergabebestimmungen** ein Schaden entstanden ist oder zu entstehen droht. Dabei ist die Beteiligung an einem Teilnahmewettbewerb oder gar die Abgabe eines eigenen Angebotes in jedem Fall eine hinreichende Bekundung des hier vorausgesetzten Interesses. Das Interesse eines Unterlieferanten oder eines Subunternehmers ist kein ausreichendes eigenes Interesse an einem Auftrag.[20] An die Schlüssigkeit der Darlegungen zu Rechtsverletzung und Schaden dürfen hohe Anforderungen nicht gestellt werden.[21] Es ist ausreichend, wenn zumindest in laienhafter Darstellung die tatsächlichen Anhaltspunkte und die Indizien vorgetragen werden, die den Antragsteller zu dem Schluss bewogen haben, der Auftraggeber verhalte sich rechtswidrig.[22]   23

Dem Unternehmen ist ein **Schaden** bereits entstanden, wenn seine Aussicht auf die Zuschlagsentscheidung beeinträchtigt und seine Zuschlagschance verschlechtert wurde.[23] Dabei ist nicht erforderlich, dass der Antragsteller die Kausalität zwischen Rechtsverstoß und Schaden im Einzelnen darlegt und nicht erforderlich ist, wie hoch die Chancen seines Angebotes im Verhältnis zu anderen Angeboten gewesen wären.[24]   24

Die Antragsbefugnis setzt weiterhin voraus, dass der Antragsteller zuvor die **Rüge**, die er vor der Kammer erhebt, unverzüglich gegenüber dem Auftraggeber geltend gemacht hat, nachdem er den gerügten Rechtsverstoß erkannt hatte. Der Antrag ist außerdem unzulässig, soweit Verstöße gegen Vergabebestimmungen, die aufgrund der Bekanntmachung hätten erkannt werden können, nicht bis zu Ablauf der Angebots- oder der Bewerbungsfrist gerügt worden waren. Einer Rüge auf bloße Vermutung hin bedarf es grundsätzlich nicht.[25] **Unverzüglich** heißt ohne schuldhaftes Verzögern unter Berücksichtigung aller Umstände des konkreten Einzelfalles und der beiderseitigen Interessen,[26] so dass sich die für die Rüge zur Verfügung stehende Zeitspanne auch nach der Schwierigkeit und der Komplexität der tatsächlichen und rechtlichen Verhältnisse richtet. Einen Zeitraum von zwei Wochen ab Kenntnis sieht die Recht-   25

---

19 *Byok* in: Byok/Jaeger, Kommentar zum Vergaberecht, 2. Auflage § 108 Rn. 1006; *Möllenkamp* in: Kulartz/Kus/Portz, Kommentar zum GWB-Vergaberecht, § 108 Rn. 19.
20 *OLG Celle* NZBau 2003, 60; *OLG Rostock* Beschl. v. 5. 5. 2004 17 Verg 15/03.
21 *OLG Düsseldorf* BauR 1999, 751 ff. (759); *Jaeger*, Die ersten OLG-Entscheidungen zum neuen GWB-Vergaberecht in Kapellmann/Vygen:, Jahrbuch Baurecht 2000, 107 ff. (114).
22 *OLG Dresden* v. 6. 6. 2002 WVerg 4/02 OLGR 2003, 325.
23 *OLG Düsseldorf* NZBau 2000, 45; *BayObLG* NZBau 2000, 49 ff (52); *BVerfG* NZBau 2004, 564.
24 *BVerfG* NZBau 2004, 564.
25 *OLG Schleswig* VergR 2001, 214; *OLG Düsseldorf* VergR 2003, 87; *OLG Düsseldorf* VergR 2005, 364.
26 *OLG Düsseldorf* NJW 1999, 145; *OLG Naumburg* ZfBR 2005, 415.

sprechung unter Hinweis auf die in § 13 VgV bestimmte Frist von 14 Tagen als Obergrenze[27] an. In Fällen durchschnittlicher Schwierigkeit wird man von einer Frist von nicht länger als einer Woche ausgehen müssen.[28] Das OLG Naumburg räumt dem Unternehmen die zwei Wochen nur bei extrem schwieriger Sach- und Rechtslage ein.[29] Für die Unverzüglichkeit kommt es nicht auf den Eingang, sondern auf die Absendung der Rüge an.[30] Ob eine besonders schnelle Übermittlungsform für die Rüge zu wählen ist, hängt ebenfalls von den Umständen des Einzelfalls ab.[31] Im Normalfall dürfte der übliche Postweg ausreichen.[32] Für die Erkennbarkeit eines Fehlers in der Bekanntmachung kommt es nach einem Teil der Rechtsprechung[33] auf die Sorgfalt und die Erkenntnismöglichkeiten eines durchschnittlichen Unternehmens an. Ein anderer Teil der Rechtssprechung stellt auf die Verhältnisse des konkreten Antragstellers ab.[34]

26 Wenn der Nachprüfungsantrag nicht offensichtlich unzulässig oder unbegründet ist, stellt die Vergabekammer ihn dem Auftraggeber zu und fordert von ihm die Vergabeakten an, die dieser sofort – nicht unverzüglich – der Kammer herauszugeben hat. Vor einer Entscheidung der Kammer, die dies zulässt, darf der Auftraggeber nach der Zustellung den Zuschlag nicht erteilen (**Suspensiveffekt des Nachprüfungsantrags**). Da nach § 114 Abs. 2 Satz 1 GWB ein bereits erteilter Zuschlag nicht mehr aufgehoben werden darf; kommt es aus der Sicht des Unternehmers sehr auf die Zustellung des zulässigen Nachprüfungsantrags an. Ist der Zuschlag bereits erteilt, ist der Antrag unzulässig. Wird der Zuschlag im Laufe des Verfahrens zulässigerweise erteilt, erledigt sich i. d. R. das Nachprüfungsverfahren. Es kann dann auf Antrag als Fortsetzungsfeststellungsverfahren mit dem Ziel fortgeführt werden festzustellen, dass eine Rechtsverletzung vorgelegen hat. Diese Feststellung ist dann in einem nachfolgenden Schadensersatzprozess bindend.

27 Die Vergabekammer trifft und begründet ihre Entscheidung schriftlich **innerhalb von 5 Wochen** ab Eingang des Antrags. Nur in Ausnahmefällen kann der Kammervorsitzende diese Frist um einen in der Entscheidung zu bestimmenden Zeitraum verlängern. Diese Regel drückt auf besonders augenfällige Weise die Intention des Gesetzgebers aus, das Nachprüfungsverfahren im Interesse der Unternehmen und der Auftraggeber an jeder Stelle, an der es eben geht zu beschleunigen – auch auf die Gefahr hin, dass damit einmal Rechte Einzelner leiden.

28 Für das Nachprüfungsverfahren gilt der **Amtsermittlungsgrundsatz**. Das befreit indessen die Beteiligten nicht davon, selbst zum Fortgang des Verfahrens beizutragen. Alle Beteiligten trifft zugleich eine **Beschleunigungspflicht**, die sie anhält, die An-

---

27 *KG* BauR 2000, 563; *OLG Frankfurt/M.* VergR 2002, *OLG Koblenz* VergR 2003, 709.
28 *OLG Dresden* VergR 2004, 609; *OLG Koblenz* BauR 2000, 1600 und VergR 2003, 709.
29 *OLG Naumburg* 21. 8. 2003 Verg 12/03.
30 *OLG Naumburg* ZfBR 2005, 415.
31 *OLG Naumburg* ZfBR 2005, 415.
32 *Wiese* in: Kulartz/Kus/Portz, Kommentar zum GWB-Vergaberecht, § 107 Rn. 81; a. A. *OLG Koblenz* BauR 2000, 1600.
33 *OLG Stuttgart* NZBau 2002, 462; ebenso *Reidt* in: Reidt/Stickler/Glahs, Vergaberecht, 2. Auflage § 107 Rn. 37.
34 *OLG Stuttgart* NZBau 2000, 301; *KG* BauR 2000, 1620; *OLG Düsseldorf* v. 13. 11. 2000 Verg 18/00.

griffs- und Verteidigungsmittel so schnell wie eben möglich vorzubringen, damit das
Verfahren rasch abgeschlossen werden kann.

Nach § 111 GWB haben die Beteiligten an einem Nachprüfungsverfahren ein weitge- **29**
hendes **Akteneinsichtsrecht**, das für die Effektivität des Primärrechtsschutzes im öffentlichen Auftragswesen von überragender Bedeutung ist. Das Einsichtsrecht kann
nur verwehrt werden, soweit dies aus wichtigen Gründen, insbesondere des Geheimschutzes oder zur Wahrung von Betriebs- und Geschäftsgeheimnissen geboten ist.

III. Sofortige Beschwerde vor den Oberlandesgerichten

1. Grundlagen

Gegen die Entscheidung der Vergabekammer steht den am Verfahren vor der Kammer **30**
Beteiligten gemäß § 116 Abs. 1 GWB die sofortige Beschwerde zu. Entscheidet die
Vergabekammer nicht innerhalb von 5 Wochen nach Antragseingang gilt dies als Ablehnung. Auch dagegen kann dann sofortige Beschwerde erhoben werden. Zuständig
ist der Vergabesenat des für den Sitz der Vergabekammer **zuständigen Oberlandesgerichtes**. Dies sind derzeit die folgenden Gerichte

- für den Bund:
  OLG Düsseldorf
  Cecilienallee 3,
  40474 Düsseldorf
  Tel.: 0211 4971-0
  Fax: 0211 4971-548

- für Baden-Württemberg:
  OLG Stuttgart,
  Ullrichstraße 10,
  70182 Stuttgart
  Tel.: 0711 212-0
  Fax: 0711 212-3024

- für Bayern:
  OLG München
  Prielmayerstraße 5
  80097 München
  Tel.: 089 5597-02
  Fax: 089 5597-3570

- für Berlin:
  Kammergericht
  Elßholzstraße 30-33
  10781 Berlin
  Tel.: 030 9015-0
  Fax: 030 9015-2200

- für Hessen:
  OLG Frankfurt
  Zeil 42
  60313 Frankfurt a. M.
  Tel.: 069 1367-01
  Fax: 069 1367-2976

- für Mecklenburg-Vorpommern:
  OLG Rostock
  Wallstraße 3
  18055 Rostock
  Tel.: 0381 3310
  Fax: 0381 4590991

- für Niedersachsen:
  OLG Celle
  Schlossplatz 2
  29201 Celle
  Tel.: 05141 206-0
  Fax: 05141 206-208

- für Nordrhein-Westfalen:
  OLG Düsseldorf
  Cecilienallee 3
  40474 Düsseldorf
  Tel.: 0211 4971-0
  Fax: 0211 4971-548

- für Brandenburg:
  OLG Brandenburg
  Gertrud-Piter-Platz 11
  14767 Brandenburg
  Tel.: 03381 399–0
  Fax: 03381 399–350/360

- für Bremen:
  OLG Bremen
  Sögestraße 62/64
  28195 Bremen
  Tel.: 0421 361 4437
  Fax: 0421 361 4451

- für Hamburg:
  OLG Hamburg
  Sievekingplatz 2
  20355 Hamburg
  Tel.: 040 2842–0
  Fax: 040 2843–4097

- für Sachsen-Anhalt:
  OLG Naumburg
  Domplatz 10
  06618 Naumburg
  Tel.: 03445 28–0
  Fax: 03445 28–2000

- für Schleswig-Holstein:
  OLG Schleswig
  Gottorfstraße 2
  24837 Schleswig
  Tel.: 04621 86–0
  Fax: 04621 1372

- für Rheinland-Pfalz:
  OLG Koblenz
  Stresemannstraße 1
  56068 Koblenz
  Tel.: 0261 102–0
  Fax: 0261 102–2906

- für das Saarland:
  OLG Saarbrücken
  Franz-Josef-Röder-Straße 15
  66119 Saarbrücken
  Tel.: 0681 5015 332
  Fax: 0681 5015 256

- für Sachsen:
  OLG Dresden
  Schlossplatz 1
  01067 Dresden
  Tel.: 0351 446–0
  Fax: 0351 446–1529

- für Thüringen:
  OLG Jena
  Leutragraben 2–4
  07743 Jena
  Tel.: 03641 307–0
  Fax: 03641 307–200

31 Die sofortige Beschwerde ist durch einen bei einem deutschen Gericht zugelassenen Rechtsanwalt **schriftlich innerhalb von 2 Wochen einzulegen** und zugleich zu begründen. Die Begründung muss das Beschwerdebegehren rechtfertigende Tatsachen und Beweismittel angeben. Es ist ausreichend, wenn sich das Begehren aus der Beschwerdebegründung ergibt.[35]

32 Die in der Rechtsprechung zum Teil vertretene Auffassung, die Überprüfung durch das Beschwerdegericht sei auf die behaupteten Rechtsverletzungen beschränkt, mit denen der Beschwerdeführer vor der Vergabekammer unterlegen ist und die er ausdrücklich rügt,[36] ist unrichtig. Die Auffassung verkennt die Struktur des Nachprüfungsverfahrens, das auf dem **Amtsermittlungsgrundsatz**[37] beruht.

---

[35] *OLG Düsseldorf* BauR 1999, 751 ff.
[36] *BayObLG* NZBau 2000, 52.
[37] Dazu ausführlich *Hunger* in: Kulartz/Kus/Portz, Kommentar zum GWB-Vergaberecht, § 117 Rn. 45 ff.; *Gröning* in: Motzke/Pietzcker/Prieß, VOB/A, § 110 Rn. 6 ff.; Syst IV Rn. 79.

2. Verfahren

Nach § 118 Abs. 1 GWB hat die Beschwerde **aufschiebende Wirkung** gegenüber der Entscheidung der Vergabekammer. Der bei der Kammer unterlegene Bieter muss also nicht damit rechnen, dass der Auftraggeber den Zuschlag an den Konkurrenten erteilt, wenn er gegen die Kammerentscheidung Beschwerde einlegt. Allerdings entfällt die aufschiebende Wirkung nach Ablauf von zwei Wochen, wenn sie nicht auf besonderen Antrag zuvor bis zur Entscheidung über die Beschwerde verlängert wird. Diesen Antrag hat das Beschwerdegericht indessen abzulehnen, wenn es bei einer Abwägung der Interessen der Allgemeinheit an einem raschen Abschluss des Vergabeverfahrens gegen Interessen des Antragstellers zu dem Ergebnis kommt, dass die nachteiligen Folgen einer weiteren Verzögerung des Auftrags die Individualinteressen überwiegen. In der Praxis wird in der Regel verlängert. Legt der vor der Kammer unterlegene Auftraggeber Beschwerde ein, bleibt der Zuschlag weiterhin untersagt bis das OLG die Entscheidung aufhebt (§ 118 Abs. 3 GWB). Er kann indessen in einem »Eilverfahren« beantragen, den Zuschlag vorab zu gestatten, wenn er darlegen kann, dass die nachteiligen Folgen einer weiteren Verzögerung des Vergabeverfahrens überwiegen, und das Gericht ihm unter Berücksichtigung auch der Erfolgsaussichten der Beschwerde in dieser Abwägung folgt.[38] In der Praxis wird von dieser Möglichkeit wenig Gebrauch gemacht, weil die Rechtsprechung sehr restriktiv ist[39] und weil mit der Regel des § 122 GWB ein möglicherweise unkontrolliertes Ende des Vergabeverfahrens droht. 33

Hält das Beschwerdegericht die Beschwerde für begründet, hebt es die Entscheidung der Vergabekammer auf (§ 123 Abs. 1 Satz 1 GWB). Es kann dann in der Sache selbst entscheiden oder zur erneuten Verhandlung an die Vergabekammer zurückverweisen (§ 123 Abs. 1 Satz 2 GWB). Selbstverständlich kann das Gericht nicht etwa den Zuschlag erteilen. Die Vergaberegeln gestehen dem Auftraggeber zumeist weite **Wertungsspielräume** zu. Vergabekammer und Beschwerdegericht sind gehindert diese Spielräume für sich zu beanspruchen. Denn die Nachprüfungsorgane dürfen sich nicht an die Stelle des wertenden Auftraggebers setzen, so dass Kammer und Gericht in aller Regel sogar gehindert sind, den Auftraggeber anzuweisen, dem Antragsteller des Nachprüfungsverfahrens den Zuschlag zu erteilen.[40] 34

Zur Absicherung des Entscheidungsmonopols von Vergabekammer und Vergabesenat in Vergabesachen bestimmt § 124 Abs. 1 GWB, dass das Gericht in einem eventuell nachfolgenden Schadensersatzprozess an die Feststellungen von Vergabekammer und Oberlandesgericht gebunden ist. Die **Bindungswirkung** betrifft allerdings nur die bestandskräftige Entscheidung im Nachprüfungsverfahren, die auf den gerügten Verstoß bezogene objektive Rechtslage einschließlich der dazu gehörigen Tatsachenfeststellungen und die Frage, ob das betroffene Unternehmen durch den festgestellten Verstoß gegen Vergaberegeln in seinen Rechten verletzt worden ist. Nicht erfasst sind 35

---

38 Zu den verschiedenen Abwägungstatbeständen im Zusammenhang mit Eilentscheidungen des Nachprüfungsverfahrens ausführlich *Gröning* in: Motzke/Pietzcker/Prieß, VOB/A, § 121 Rn. 1–27.
39 Vgl. *OLG Düsseldorf* VergabeR 2003, 355; *Jaeger* in: Byok/Jaeger, Kommentar zum Vergaberecht, 2. Auflage, § 121 Rn. 1216, 1217.
40 *OLG Düsseldorf* Beschl. v. 10. 5. 2000 – Verg 5/00 – S. 16, 17.

§ 32a Nachprüfungsbehörden

Antworten auf die Frage, ob den Auftraggeber ein Verschulden trifft oder dem Unternehmen tatsächlich ein ersatzfähiger Schaden entstanden ist.[41]

36 Schematische Darstellung der Gerichtsstufe des Nachprüfungsverfahrens, wenn die Vergabekammer den Antrag des AN abgelehnt hat

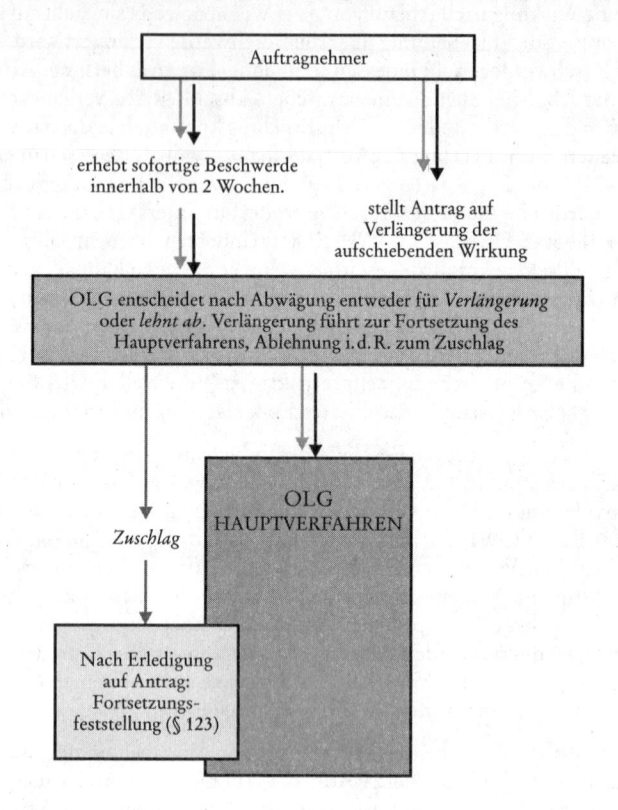

```
                        ┌─────────────────────┐
                        │    Auftragnehmer    │
                        └──────────┬──────────┘
              ┌────────────────────┴───────────────────┐
              ▼                                        ▼
   erhebt sofortige Beschwerde              stellt Antrag auf
   innerhalb von 2 Wochen.                  Verlängerung der
                                            aufschiebenden Wirkung
              │                                        │
              ▼                                        ▼
   ┌──────────────────────────────────────────────────────────┐
   │ OLG entscheidet nach Abwägung entweder für Verlängerung  │
   │ oder lehnt ab. Verlängerung führt zur Fortsetzung des    │
   │ Hauptverfahrens, Ablehnung i.d.R. zum Zuschlag           │
   └──────────────────────────────────────────────────────────┘
              │                            │
              ▼                            ▼
           Zuschlag               ┌─────────────────┐
                                  │      OLG        │
                                  │  HAUPTVERFAHREN │
              ▼                   │                 │
   ┌──────────────────┐           │                 │
   │ Nach Erledigung  │           │                 │
   │   auf Antrag:    │           │                 │
   │  Fortsetzungs-   │           │                 │
   │ feststellung (§ 123) │       │                 │
   └──────────────────┘           └─────────────────┘
```

---

[41] *Jaeger* in: Byok/Jaeger, Kommentar zum Vergaberecht, 2. Auflage 2005 § 124 Rn. 856.

Schematische Darstellung der Gerichtsstufe des Nachprüfungsverfahrens, wenn 37
dien Vergabekammer zu Lasten des AG entschieden hat

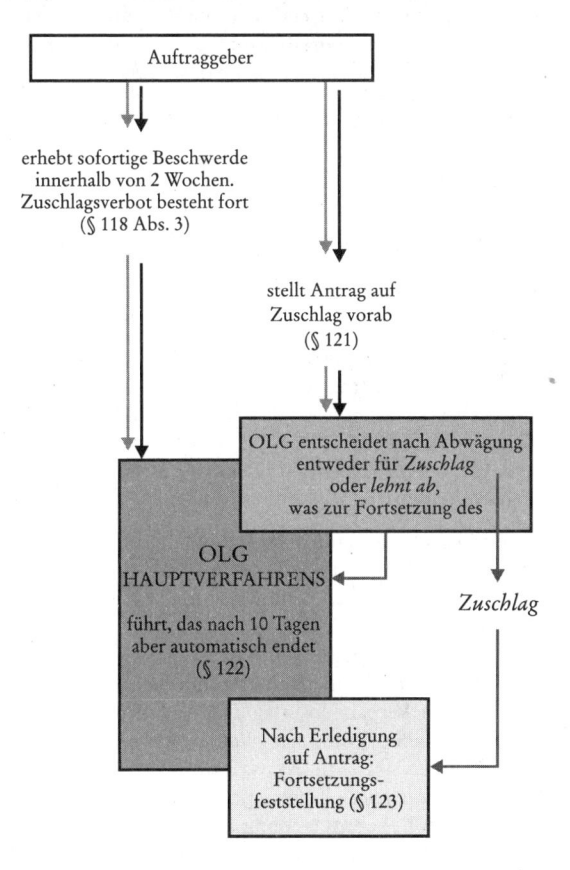

```
                    ┌─────────────────┐
                    │  Auftraggeber   │
                    └─────────────────┘
                      │             │
                      ▼             ▼
   erhebt sofortige Beschwerde
   innerhalb von 2 Wochen.
   Zuschlagsverbot besteht fort
        (§ 118 Abs. 3)
                                 stellt Antrag auf
                                 Zuschlag vorab
                                     (§ 121)
                                        │
                                        ▼
                    OLG entscheidet nach Abwägung
                    entweder für Zuschlag
                         oder lehnt ab,
                    was zur Fortsetzung des

            OLG
       HAUPTVERFAHRENS                Zuschlag
       führt, das nach 10 Tagen
       aber automatisch endet
            (§ 122)

                    Nach Erledigung
                    auf Antrag:
                    Fortsetzungs-
                    feststellung (§ 123)
```

IV. Aufsichtsbehördliche Überprüfung

Selbstverständlich kann die Überwachung bei der Vergabe öffentlicher Aufträge auch 38
durch Aufsichtsbehörden erfolgen. Da die **Anrufung der Fach- und Rechtsaufsichtsbehörden** allerdings im Hinblick auf einen drohenden Zuschlag keine aufschiebende Wirkung hat, bietet die Inanspruchnahme nur sehr eingeschränkte Schutzmöglichkeiten.

Die Fach- und Rechtsaufsichtsbehörden sind berechtigt und verpflichtet, **auf der** 39
Grundlage ihrer durch Bundes- oder Landesrecht festgelegten Kompetenzen von Amts wegen die notwendigen Maßnahmen zu ergreifen, um Vergabeverstöße öffentlicher Auftraggeber zu verhindern. Dies verlangt das Prinzip der Gesetzmäßigkeit

der Verwaltung.[42] Im Rahmen der Aufsicht besteht die Möglichkeit, getroffene Maßnahmen und Entscheidungen zu korrigieren und beabsichtigte Maßnahmen und Entscheidung zu verhindern. Auch die Ersatzvornahme steht als Instrument zur Verfügung.[43] Ob sie eine Maßnahme ergreift und welche Maßnahme sie ergreift, liegt im Ermessen der Aufsichtsbehörde. Bieter haben in aller Regel kein Recht auf ein Einschreiten der Aufsichtsbehörde.

V. Informationspflicht

40 Der Komplexität des Rechtes der Nachprüfung bei der Vergabe öffentlicher Aufträge entspricht die Komplexität der Prüfungszuständigkeiten, die es dem Außenstehenden schwer macht, sich ohne Wegweiser im deutschen Rechtssystem zurecht zu finden. Der föderale Staatsaufbau der Bundesrepublik tut ein Übriges. Um die vom EG-Recht geforderte **Transparenz der Kontrollinstanzen** sicherzustellen, muss daher jeder Auftraggeber bei jedem Auftrag bekannt geben, wo ein Unternehmen die Rechtmäßigkeit des Vergabeverfahrens überprüfen lassen kann, wenn es glaubt, der Auftraggeber verstoße gegen das Vergaberecht. Die verspätete Bekanntgabe der zuständigen Vergabekammer führt nicht zur Unwirksamkeit des Zuschlags. Denn dem Bewerber kann eine Nachfrage durchaus zugemutet werden.[44]

41 In den allen drei deutschen Verdingungs- bzw. Vergabe- und Vertragsordnungen findet sich eine weitgehend gleich lautende Vorschrift, die diese Verpflichtung festlegt. Wenn ein Auftraggeber – aus welchen Gründen auch immer eine **Bekanntmachung** zu einem bevorstehenden Auftrag – veröffentlicht, muss er die Stelle angeben, die sich der Bewerber zur Nachprüfung behaupteter Verstöße gegen die Bestimmungen über Vergabeverfahren wenden kann. Außerdem verlangt die VOL/A die Angabe der Stelle zusätzlich in den Vergabeunterlagen. Die Formulierung »an die sich der Bewerber oder Bieter zur Nachprüfung..... wenden kann«, ist nicht technisch zu verstehen und berührt in keiner Weise die Aktivlegitimation von Unternehmen im Vergabeprüfverfahren. Selbstverständlich erreicht der Hinweis auf die Nachprüfungsbehörde in der öffentlichen Bekanntmachung auch das lediglich interessierte Unternehmen, das sich möglicherweise wegen eines Vergabeverstoßes nicht bewirbt.

42 **Anzugeben ist die zuständige Vergabekammer.** Zusätzlich kann, sofern eine solche besteht, auf die Vergabeprüfstelle hingewiesen werden.

Nicht zu verwechseln mit der Pflicht zur Information über die Nachprüfungsbehörde sind die Informationspflicht nach §§ 27, 27 a, 27 b und der Informationspflicht nach § 13 VgV. Die Pflichten nach §§ 27, 27 a, 27 b beinhalten Mitteilungspflichten zur Herstellung einer gewissen Ex-Post-Transparenz nach Vertragsabschluss. § 13 VgV regelt einen wichtigen Teil des Vergabeverfahrens, indem er verlangt, dass Transparenz über die Vertragsabschlussabsichten des Auftraggebers hergestellt wird.

---

42 *Boesen* a. a. O. § 102 Rn. 10.
43 *Reidt/Stickler/Glahs*, Kommentar zum Vergaberecht, 2. Auflage § 102 Rn. 6.
44 *OLG Rostock* Beschl. v. 16. 5. 2001 – 17 W 1/01 und 17 W 2/02, S. 12.

Abschnitt 3
Bestimmungen nach der EG-Sektorenrichtlinie

Die Kommentierung zu den – hier nicht noch einmal abgedruckten – Basis-Paragraphen – findet sich in Abschnitt 1.

§ 1 b
Verpflichtung zur Anwendung der b-Paragraphen

1. (1) Bei der Vergabe von Liefer- und Dienstleistungsaufträgen gelten die Bestimmungen des b-Paragraphen zusätzlich zu den Basisparagraphen. Soweit die Bestimmungen der b-Paragraphen nicht entgegenstehen, bleiben die Basisparagraphen dieses Abschnittes unberührt.
(2) Aufträge, deren Gegenstand Lieferungen und Dienstleistungen sind, werden nach den Regelungen über diejenigen Aufträge vergeben, deren Wert überwiegt.
(3) Soweit keine ausdrückliche Unterscheidung zwischen Liefer- und Dienstleistungsaufträgen erfolgt, gelten die Regelungen sowohl für Liefer- als auch für Dienstleistungsaufträge.

2. (1) Aufträge, deren Gegenstand Dienstleistungen nach Anhang I A sind, werden nach den Bestimmungen dieses Abschnittes vergeben.
(2) Aufträge, deren Gegenstand Dienstleistungen nach Anhang I B sind werden nach den Bestimmungen der Basisparagraphen diese Abschnittes und der §§ 8 b und 28 b vergeben.
(3) Aufträge, deren Gegenstand Dienstleistungen des Anhangs I A und des Anhangs I B sind, werden nach den Regelungen derjenigen Dienstleistungen vergeben, deren Wert überwiegt.

Erläuterungen

Zu § 1 b: § 1 b wurde um die Bestimmungen bereinigt, die nunmehr Gegenstand der Vergabeverordnung sind.

Inhaltsübersicht	Rn.
A. Allgemeines	1
I. Funktion der Vorschrift	1
II. Rechtscharakter der Vorschrift	2
B. Anwendungsbereich[1]	3
I. Subjektives Anwendungsfeld des Abschnitts: Die Vertragspartner	3
1. Sektorenauftraggeber	3
2. Vertragspartner der öffentlichen Auftraggeber	14
II. Objektives Anwendungsfeld	15
1. Aufträge	15

---

[1] Das Anwendungsfeld auch des 4. Abschnitts der VOL/A wird durch die Regeln des Vierten Teils des GWB und der VgV über den öffentlichen Auftraggeber (§ 98 GWB), den öffentlichen Auftrag (§ 99 GWB) und die Schwellenwerte (§§ 2 und 3 VgV) und durch die speziellen Ausnahmevorschriften des § 100 Abs. 2 GWB bestimmt. Hier wird über diese Regeln nur eine Übersicht für den Anwender der VOL/A gegeben. Für komplexere Rechtsfragen muss die einschlägige Literatur herangezogen werden. Vgl. dazu oben Fn. 1 zu § 1 a.

§ 1 b Verpflichtung zur Anwendung der b-Paragraphen

    2. Schwellenwerte 16
    3. Spezifische Ausnahmen 17
C. Konstitutive Regelungen des § 1 b 21

A. Allgemeines

I. Funktion der Vorschrift

1 Die Rechtsbefehle zur Anwendung des 3. Abschnitt ergeben sich aus Rechtsquellen außerhalb der VOL/A. Sie sind Ausfluss von § 97 Abs. Abs. 6 GWB i. V.m §§ 7, 8, 9 und 10 VgV. Die Funktion des § 1 b beschränkt sich daher – wie auch in den Erläuterungen angedeutet – im Wesentlichen auf die deklaratorische Feststellung, dass beim Einkauf von Lieferungen und Dienstleistungen die Vorschriften des 3. Abschnitts anzuwenden sind – und zwar in unserem Falle von den Auftraggebern des § 98 Nr. 2 GWB, soweit diese auf dem Gebiet der Trinkwasserversorgung oder des Verkehrs tätig sind. Hinzu kommen drei Regelungen mit konstitutivem Charakter:

- Die Anleitung über den Vorrang der b-Paragraphen bei Widersprüchen zum Inhalt der Basisparagraphen,
- Die Regelung zur Unterscheidung der Dienstleistungsaufträge nach Aufträgen, die Dienstleistungen das Anhangs I A zum Gegenstand haben, und nach Aufträgen, deren Gegenstand Dienstleistungen des Anhangs I B sind, und den Umgang mit den I-B-Aufträgen.
- Die Anweisung über den Umgang mit gemischten Aufträgen.

II. Rechtscharakter der Vorschrift

2 Der Verordnungscharakter der Vorschriften des 3. Abschnitts wird durch den Anwendungsbefehl und die starre Verweisung in § 7 VgV bestimmt und entspricht dem der Regeln des 2. Abschnitts. Auf die Ausführungen zu den §§ 1 a wird verwiesen.

B. Anwendungsbereich

I. Subjektives Anwendungsfeld des Abschnitts: Die Vertragspartner

1. Sektorenauftraggeber

3 Öffentlicher Auftraggeber der besonderen Spezies »Sektorenauftraggeber« sind Einrichtungen oder Unternehmen, deren Zweck in der Versorgung mit Trinkwasser oder Energie oder Verkehrsleistungen besteht. Diese Sektorenauftraggeber treten in zwei unterschiedlichen Grundformen auf:

- Öffentliche Auftraggeber nach § 98 Nr. 1–3, die auf bestimmten Feldern der öffentlichen Daseinsvorsorge (Energie-, Trinkwasser- oder Verkehrsversorgung) tätig sind. Das können sowohl Eigenbetriebe als unselbständige Sondervermögen als auch Tochterbetriebe in privatrechtlicher oder öffentlich-rechtlicher Verfasstheit sein. Dies ist die **Minderheit der deutschen Sektorenauftraggeber**. Sie hat gemäß § 97 Abs. 6 GWB i. V. m. § 7 Abs. 1 VgV – soweit sie auf dem Gebiet der Trinkwasserversorgung und der öffentlichen Verkehrsversorgung tätig ist – bei der Vergabe von Lieferaufträgen und der Vergabe von Dienstleistungsaufträgen den 3. Abschnitt zu beachten. Der Abschnitt ist eine spezifisch deutsche Kombination aus den Regeln der Sektorenrichtlinie und den allgemein für alle klassischen Auftraggeber geltenden Basisparagraphen. Denn sie bleiben ja, auch wenn sie Versorgungstätigkeiten wahrnehmen, klassische Auftraggeber.

- Öffentliche Auftraggeber, die, ohne selbst klassische Auftraggeber nach § 98 Nr. 1–3 GWB zu sein, die Voraussetzungen des § 98 Nr. 4 erfüllen, indem sie, durch eine Gebietskörperschaft beherrscht oder mit einem ausschließlichen Versorgungsrecht ausgestattet, Energie-, Trinkwasser- oder Verkehrsversorgung betreiben. Sie sind sicher die **Mehrheit der Sektorenauftraggeber** und müssen nach § 97 Abs. 6 GWB i. V. m. § 7 Abs. 2 VgV nur die auf öffentliche Versorgungsunternehmen zugeschnittenen Einkaufsvorschriften des 4. Abschnitts anwenden, die eine schlichte Transformation der Regeln der Sektorenrichtlinie ohne nationalen Zusatz darstellen. Lediglich an diese weniger drückenden Einkaufsregeln sind auch die erstgenannten Sektorenauftraggeber gebunden, soweit sie als Flughafenunternehmer tätig sind oder Elektrizitätsversorgung betreiben.

Die Versorgungstätigkeiten, die ein Unternehmen zum Sektorenauftraggeber machen sind nach Art. 2 der novellierten Sektorenrichtlinie 2004/17/ EG die Trinkwasser- und die Energieversorgung, der Personenverkehr und die Post.[2] Diese **Tätigkeiten** werden in § 8 der VgV genauer spezifiziert. **4**

Als **Trinkwasserversorgung** ist die Bereitstellung oder das Betreiben eines Wasserleitungsnetzes im Zusammenhang mit der Gewinnung, der Einspeisung und dem Transport von Trinkwasser, die Trinkwasserverteilung und die Abgabe des Trinkwassers an die Verbraucher zu verstehen. Keine Sektorentätigkeiten sind Abwasserentsorgung und sonstige Bewässerungsaktivitäten. Doch bleibt eine Tätigkeit, die mit der Ableitung und Klärung von Abwässern und mit Wasserbauvorhaben zur Bewässerung und Entwässerung im Zusammenhang steht, insgesamt Trinkwasserversorgung sofern mehr als 20% der mit dem Wasserbau-, Bewässerungs- oder Entwässerungsvorhaben zur Verfügung gestellten Wassermenge zur Trinkwasserversorgung bestimmt ist. **5**

Die **Sektortätigkeit Verkehr** liegt vor beim Betrieb von Flug-, Binnen- und Seehäfen und erfasst das Betreiben von Schienennetzen (Eisenbahnen, Straßenbahnen, sonstiger Schienenverkehr), Linienetzen von Omnibussen und Oberleitungsbussen sowie **6**

---

2 Das deutsche Recht umfasst nicht die Post, dafür aber die Telekommunikation. Das ist angesichts des seit 2006 geltenden Richtlinienrechtes insofern ein Anachronismus, als die Telekommunikation in den Richtlinien aus der Sektoreneigenschaft entlassen wurde. Die deutsche Umsetzung wird dies noch nachholen müssen. Die Deutsche Post, die schon seit ein paar Jahren nicht mehr im Mehrheitsbesitz des Bundes ist, kommt im deutschen Recht nicht als Sektorenauftraggeber vor. Sie wird nach der Aufhebung des Briefmonopols 2007 aus dem Kreis der öffentlichen Auftraggeber ausscheiden, weil dann kein ausschließliches Recht mehr für das Privatunternehmen Post mehr vorhanden ist. Bis dahin gilt sie – soweit die Voraussetzungen des § 98 Nr. 2 GWB vorliegen – als klassischer Auftraggeber.

§ 1b Verpflichtung zur Anwendung der b-Paragraphen

Seilbahnen. Ein Netz liegt vor, wenn die Verkehrsleistung, die Strecken, die Transportkapazitäten und die Fahrpläne durch behördliche Auflagen festliegen. Keine Sektortätigkeit sind individuelle Charter- und Taxidienste. Sektorentätigkeit liegt auch nicht vor, wenn der Konzessionsinhaber im öffentlichen Personennahverkehr Betriebsführung und Liniendienst nicht selbst betreibt.[3]

7 Die **Sektortätigkeit Energieversorgung** besteht aus der Elektrizitäts- und der Gasversorgung, welche sowohl das Bereitstellen und Betreiben fester Netze zur Versorgung der Öffentlichkeit mit Strom und Gas als auch die Erzeugung, den Transport und die Verteilung von Strom sowie die Gewinnung, den Transport und die Verteilung von Gas beinhaltet. Sektortätigkeit im Energiebereich ist auch die Wärmeversorgung. Darunter wird wie im Falle der Strom- und Gasversorgung die Bereitstellung und das Betreiben fester Netze zur Versorgung der Öffentlichkeit und die Erzeugung, der Transport und die Verteilung von Wärme durch diese Netze verstanden.

8 Nach § 9 Abs. 1 VgV sind **bei der Sektorentätigkeit nicht mitzurechnen Tätigkeiten,** die an sich Tätigkeiten auf dem Sektor darstellen, für das Unternehmen aber nicht Hauptaktivität sind, sondern nur Nebenprodukt darstellen. Danach zählt als Sektorentätigkeit nicht, die die Erzeugung von Strom, Gas oder Wärme, die für die Ausübung einer anderen Tätigkeit als der Versorgung der Öffentlichkeit erforderlich ist und bei der die Lieferung von Strom an das öffentliche Netz nur vom Eigenverbrauch abhängt und im Durchschnitt der letzten drei Jahre – das laufende Jahr mit eingeschlossen – nicht mehr als 30% der gesamten Energieerzeugung ausmacht. Gleiches gilt für die Gewinnung von Trinkwasser. Bei Gas und Wärme darf die Lieferung an das öffentliche Netz 20% des Umsatzes nicht überschreiten.

9 Zu den klassischen Auftraggebern nach § 98 Nr. 1–3 GWB, die, soweit sie eine der beschriebenen Versorgungstätigkeiten ausüben, die erste Grundform der Sektorenauftraggeber darstellen, wird auf die Anmerkungen zu § 1a verwiesen. **Zur zweiten Grundform** – den Auftraggeber nach § 98 Nr. 4 GWB – gehören alle Institutionen, die auf den »Sektoren« agieren und entweder die staatlich beherrscht sind oder – als Private – die Tätigkeit auf der Basis ausschließlicher Rechte ausüben.

10 **Staatlich beherrschter Sektorenauftraggeber** ist ein Unternehmen, das auf einem Sektor tätig ist und von Gebietskörperschaften oder juristischen Personen der Nr. 2 des § 98 GWB beherrscht wird. Wichtigster Beispielsfall dürfte die Deutsche Bahn AG sein. Auftraggeber dieser Art sind auch die kommunalen Energieversorger, soweit sie nicht klassische Auftraggeber nach § 98 Nr. 2 GWB sind. Im Unterschied zu der ziemlich genauen Festlegung dessen, was im Rahmen der Nr. 2 unter Staatsbeherrschung oder Staatseinfluss zu verstehen ist, wird in der Nr. 4 dazu nur gesagt, dass Beherrschung anzunehmen ist, wenn »Personen, die unter die Nr. 1 bis 3 fallen, einzeln oder gemeinsam einen beherrschenden Einfluss ausüben können«. In der Sache ist dieser Tatbestand trotz der verkürzten Umschreibung identisch mit dem Beherrschungstatbestand der Nr. 2 in § 989 GWB. Denn beide Tatbestandsmerkmale gehen auf Art. 1 Nr. 2 der SKR zurück. Warum der deutsche Gesetzgeber einmal eine ausführliche Regelung (in § 98 Nr. 2 GWB) und einmal eine Abkürzung (in § 98 Nr. 4

---

3 *VK Lüneburg* Beschluss v. 15. 11. 1999 – 203-VgK-12/99.

GWB) gewählt hat, ist nur schwer ergründbar. Am einfachsten und plausibelsten erklärt sich der Unterschied, wenn man ihn als schlichte Abkürzung des Textes versteht. Das heißt, es wird wie in Nr. 2 vermutet, dass Einfluss ausgeübt werden kann, wenn Gebietskörperschaften die Mehrheit des Kapitals besitzen oder über die Mehrheit der Stimmrechte verfügen oder mehr als die Hälfte der Mitglieder der Verwaltungs-, Leitungs- und Aufsichtsorgans des Unternehmens bestellen können.[4]

11 Ein gänzlich **privates Unternehmen, das** auf einem der Sektoren tätig ist, wird Sektorenauftraggeber, wenn es **auf der Grundlage eines »besonderen und ausschließlichen Rechtes« tätig wird.** Dieses sind die staatlich berufenen Monopolisten, deren Pflicht, staatliche Beschaffungsregeln anzuwenden, sich dadurch legitimiert, dass sie im staatlichen Auftrag mit Ausschließlichkeitsanspruch agieren und keiner Wettbewerbskontrolle unterliegen. Ein solches Ausschließlichkeitsrecht ist nach Art. 2 Abs. 3 der novellierten SKR vom 31. März 2004 ein Recht, das »von einer zuständigen Behörde eines Mitgliedstaates mittels Rechts- und Verwaltungsvorschriften gewährt wurde und dazu führt, dass die Ausübung der Sektorentätigkeit einem oder mehreren Unternehmen vorbehalten wird und dass die Möglichkeit anderer Unternehmen diese Tätigkeit auszuüben, erheblich beeinträchtigt wird«. Es muss sich also um die Übertragung von Befugnissen handeln, die dem Unternehmen eine Sonderstellung im Wettbewerb bis hin zum regionalen Monopol gewähren. In der Sache handelt es sich um Rechtspositionen, die sich z. B. aus dem Allgemeinen Eisenbahngesetz, dem Luftverkehrsgesetz, dem Personenverkehrsgesetz oder dem Wasserhaushaltsgesetz ergeben können, die gemeinhin als »Konzessionen« oder »Lizenzen« bezeichnet werden. Im deutschen Energierecht gibt es ein solches besonderes bzw. ausschließliches Recht nicht mehr. Spätestens seit dem Ablauf der Umsetzungsfrist für die Richtlinie am 31.1.06 sind daher die privaten großen deutschen Energieversorger nicht mehr Sektorenauftraggeber. Sie sind keinen vergaberechtlichen Bindungen mehr unterworfen. Anderes gilt für die durch Gebietskörperschaften beherrschten EnBW und Vattenfall, deren Mütter fest in staatlicher Hand sind und bei denen es auf das ausschließliche Recht nicht ankommt. Der Rekurs auf allgemeine Eingriffs- und Enteignungsregelungen reicht zur Begründung einer entsprechenden Sonderrechtsposition nicht aus. Es muss sich um spezifische, staatlich verliehene Sonderrechte handeln, die zu einer Abschottung des Sektors führen.[5] Auf die Form der Gewährung des besonderen oder ausschließlichen Rechtes kommt es dabei nicht an. Es kann durch öffentlich-rechtlichen Rechtsakt, Verwaltungsakt oder Vertrag, oder aber durch privatrechtlichen Vertrag begründet werden. Es muss nur von der zuständigen Behörde gewährt sein und Sonderrechte schaffen.

12 Wenn **Unternehmen sowohl unter die Nr. 2 als auch unter die Nr. 4 subsumiert werden können,** weil sie als staatsbeherrschte Betriebe nichtgewerblich im Allgemeininteresse auf den Gebieten der Wasserversorgung, des Verkehrs und der Energieversorgung tätig sind, geht die Einordnung unter die Nr. 2 vor. Das folgt daraus, dass die für die Binnenregelung nicht bedeutsame Sonderbehandlung in der Sektorenricht-

---

4 *Dreher*, DB 1998, 2584; *Eschenbruch* in: Kulartz/Kus/Portz, GWB-Vergaberecht, § 98 Rn. 149, 150; *Otting* in: Bechtold, GWB, 4. Auflage § 98 Rn. 26 will unter Inkaufnahme gewisser, wenn auch eher marginaler Unterschiede § 17 AktG heranziehen.
5 So *Marx/Prieß*, Das Recht der Auftragsvergabe, S. 27 ff. schon auf der Basis der Regel der alten SKR.

§ 1b Verpflichtung zur Anwendung der b-Paragraphen

linie nicht allein deswegen zu einer Vorzugsbehandlung von Unternehmen führen kann, weil diese auf einem ganz bestimmten Feld tätig sind. Der Vorrang der Nr. 2 wird außerdem durch Regelung des § 101 Abs. 5 gestützt. Dort ist die Freiheit der Wahl des Vergabeverfahrens den Sektorenunternehmen vorbehalten, die nur unter die Nr. 4 fallen.

13 Sektorenauftraggeber sind in Deutschland **nach den Anhängen der novellierten SKR** 2004/17/EG folgende Institutionen:

ANHANG I: AUFTRAGGEBER IN DEN SEKTOREN FORTLEITUNG ODER ABGABE VON GAS UND WÄRME

- *Gebietskörperschaften, Einrichtungen des öffentlichen Rechts oder deren Verbände oder staatlich beherrschte Unternehmen, die andere mit Gas oder Wärme versorgen oder ein Netz für die allgemeine Versorgung betreiben, gemäß § 2 Absatz 3 des Gesetzes über die Elektrizitäts- und Gasversorgung (Energiewirtschaftsgesetz) vom 24. April 1998, zuletzt geändert am 10. November 2001*

ANHANG II: AUFTRAGGEBER IN DEN SEKTOREN ERZEUGUNG, FORTLEITUNG ODER ABGABE VON ELEKTRIZITÄT

- *Gebietskörperschaften, Einrichtungen des öffentlichen Rechts oder deren Verbände oder staatlich beherrschte Unternehmen, die andere mit Elektrizität versorgen oder ein Netz für die allgemeine Versorgung betreiben, gemäß § 2 Absatz 3 des Gesetzes über die Elektrizitäts- und Gasversorgung (Energiewirtschaftsgesetz) vom 24. April 1998, zuletzt geändert am 10. November 2001*

ANHANG III: AUFTRAGGEBER IN DEN SEKTOREN GEWINNUNG, FORTLEITUNG UND ABGABE VON TRINKWASSER

- *Stellen, die gemäß den Eigenbetriebsverordnungen oder -gesetzen der Länder Wasser gewinnen oder verteilen (Kommunale Eigenbetriebe)*
- *Stellen, die gemäß den Gesetzen über die Kommunale Gemeinschaftsarbeit oder Zusammenarbeit der Länder Wasser gewinnen oder verteilen*
- *Stellen, die gemäß dem Gesetz über Wasser- und Bodenverbände vom 12. Februar 1991, zuletzt geändert am 15. Mai 2002, Wasser gewinnen*
- *Regiebetriebe, die aufgrund der Kommunalgesetze, insbesondere der Gemeindeverordnungen der Länder Wasser gewinnen oder verteilen*
- *Unternehmen nach dem Aktiengesetz vom 6. September 1965, zuletzt geändert am 19. Juli 2002, oder dem GmbH-Gesetz vom 20. April 1892, zuletzt geändert am 19. Juli 2002, oder mit der Rechtsstellung einer Kommanditgesellschaft, die aufgrund eines besonderen Vertrages mit regionalen oder lokalen Behörden Wasser gewinnen oder verteilen*

ANHANG IV: AUFTRAGGEBER IM BEREICH DER EISENBAHNDIENSTE

- *Deutsche Bahn AG*
- *Andere Unternehmen, die Schienenverkehrsleistungen für die Öffentlichkeit gemäß § 2 Absatz 1 des Allgemeinen Eisenbahngesetzes vom 27. Dezember 1993, zuletzt geändert am 21. Juni 2002, ausführen*

ANHANG V: AUFTRAGGEBER IM BEREICH DER STÄDTISCHEN EISEN-
BAHN-, STRAßENBAHN-, OBERLEITUNGSBUS ODER BUSDIENSTE

- *Unternehmen, die genehmigungspflichtige Verkehrsleistungen im öffentlichen Personennahverkehr im Sinne des Personenbeförderungsgesetzes vom 21. März 1961, zuletzt geändert am 21. August 2002, erbringen*

2. Vertragspartner der öffentlichen Auftraggeber

Die möglichen Vertragspartner auch der öffentlichen Auftraggeber, die diesen Abschnitt anzuwenden haben, sind dieselben wie in den Fällen des Abschnitts 2. Auf die Anmerkungen zu § 1 a wird daher verwiesen. 14

II. Objektives Anwendungsfeld

1. Aufträge

Im Sektorenbereich gibt es bei den Regeln über den sachlichen Anwendungsbereich 15 im Zusammenhang mit dem Auftragsbegriff nur eine einzige Besonderheit: § 7 Abs. 1 und 2 VgV treffen eine Sonderregelung für die **Aufträge über freiberufliche Dienstleistungen**, die gemäß § 5 VgV der VOF unterliegen. Für alle Aufträge von Sektorenauftraggebern gilt – so steht da – die Pflicht zur Anwendung der VOF nicht. Dennoch dürfte sicher sein, dass die Sektorenauftraggeber nicht einfach völlige Freiheit bei der Vergabe des Segments von freiberuflichen Dienstleistungen haben, das von den übrigen öffentlichen Auftraggebern nach der VOF zu vergeben ist. Denn die Sektorenrichtlinie 2004/17/EG sieht diese Ausnahme der Abs. 1 und 2 des § 7 VgV nicht vor. Für das Verständnis dieser Festlegung der VgV gibt es daher nur eine Alternative:

- Entweder kann man die Freistellung von der VOF so verstehen, dass die Bundesrepublik Deutschland die Vorschriften der Sektorenrichtlinie für die Vergabe von freiberuflich erbrachten Dienstleistungsaufträgen, deren Gegenstand eine Leistung ist, die nicht vorab erschöpfend beschrieben werden kann, überhaupt nicht in deutsches Recht übernommen hat; dann muss darüber nachgedacht werden, ob und inwieweit die Sektorenrichtlinie an dieser Stelle unmittelbar gilt.
- Oder aber man geht **in richtlinienkonformer Auslegung der VgV** davon aus, **dass die VOL/A gilt**. Dafür spricht, dass der Verordnungsgeber die Verordnung seit der Aufnahme der Bestimmung bereits 2 Mal geändert hat, ohne Anlass für die Korrektur eines vorgeblichen Umsetzungsfehlers zu sehen.

Im Übrigen wird auf die Anmerkungen zu § 1 a verwiesen.

2. Schwellenwerte

Der vierte Teil des GWB und daher auch die Abschnitte 2 bis 4 der VOL/A gelten nur, 16 wenn der **geschätzte Auftragswert** eines beabsichtigten Auftrags für einen Liefer- oder Dienstleistungsauftrag den Wert für die spezielle Auftragsart erreicht oder überschreitet. Der Auftragswert für Lieferungen und für Dienstleistungen von Sektoren-

§ 1 b Verpflichtung zur Anwendung der b-Paragraphen

auftraggebern beträgt 422 000 €. Auf Aufträge, die diesen Wert nicht erreichen, finden die Regeln keine Anwendung.

3. Spezifische Ausnahmen

17 **Ausnahmen** von der Pflicht zur Anwendung der Abschnitte 2 bis 4 bei der Vergabe von Liefer-, Dienstleistungs- und Bauaufträgen ergeben sich für alle öffentlichen Auftraggeber des § 98 GWB aus **§ 100 GWB**. Auf die entsprechende Darstellung in den Anmerkungen zu § 1 a wird verwiesen.

18 **Spezifische Ausnahmen** für Sektorenauftraggeber ergeben sich indessen zusätzlich **aus den Vorschriften der §§ 9 und 10 der VgV.** Nach § 9 Abs. 2 und 3 VgV gilt das Vergaberegime nicht für Aufträge, die Sektorenauftraggeber für andere Zwecke, als zur Ausübung der Sektorentätigkeit vergeben, und auch nicht für Aufträge, die außerhalb des Gebietes der EG vergeben werden, es sei denn sie sind mit der tatsächlichen Nutzung eines Netzes innerhalb der EG verbunden. Aufträge über die Beschaffung von Gegenständen zum Zwecke der Weiterveräußerung oder Weitervermietung sind ebenso ausgenommen wie die Beschaffung der Vorprodukte für die Wasser- und Energieversorgung (§ 9 Abs. 4 und 5 VgV).

19 Dabei stellt sich ein **Sonderproblem im Energiebereich.** Im Zusammenhang mit der Freistellung der Verträge über die »Lieferung von Energie oder von Brennstoffen zum Zwecke der Energieversorgung«[6] ist noch immer umstritten, ob kommunale Stadtwerke die Aufträge über den Bezug von Erdgas auszuschreiben haben. Teilweise wird argumentiert, dass die Beschaffung von Erdgas aus der Sicht des Auftraggebers nicht zur Energieversorgung, sondern zum Weiterverkauf erfolge. Deshalb seien zwar Strom- und Wärmeeinkäufe von den Vergaberegeln ausgenommen, nicht aber die in eine andere Begriffskategorie fallenden Brennstoffbeschaffungsverträge, es sei denn, die Beschaffung erfolge zum Zweck der eigenen Energieerzeugung in städtischen Kraftwerken. Dagegen ist entgegenzuhalten, dass die Richtlinien bei den leitungsgebundenen Versorgungsunternehmen die Beschaffung des Materials für die Hauptaktivität des Sektorenauftraggebers ganz aus dem Anwendungsbereich der Vergaberichtlinien heraushalten wollen. Insofern ist »zur Energieversorgung« nicht konkret aus dem Blickwinkel des einkaufenden Unternehmen zu sehen, sondern lediglich im Gegensatz zu sehen zur Verwendung beispielsweise in der Petrochemie.

20 Eine ganz besondere Ausnahme stellt die Regelung des § 10 VgV dar: Mit dieser Regelung wird sichergestellt, dass der Versorgungskonzern nicht verpflichtet wird, für Aufträge, die unter den Konzernunternehmen abgeschlossen werden sollen, Wettbewerb zu organisieren und womöglich noch Konkurrenz von außerhalb des Konzerns zuzulassen. Dabei stellt die derzeit noch geltende Fassung des § 10 VgV nur noch eine unzureichende Umsetzung der entsprechenden Regel des Art. 23 der SKR 2004/17/EG dar, weil sie sich nach wie vor nur auf Dienstleistungen bezieht. Die neue SKR bezieht in die Regelung alle Auftragsarten ein und stellt alle Aufträge von verbundenen Unternehmen untereinander frei, sofern diese miteinander verbundenen Unternehmen we-

---

6 Dazu ausführlich *Prieß*, DB 1998, 405 und 1999, 612; *Börner*, DB 1999, 610.

niger als 20% ihres Umsatzes außerhalb des Konzerns erwirtschaften. Es handelt sich in der Sache um eine spezielle Ausprägung des Gedankens, auf dem auch das In-House-Geschäft und seine vergaberechtliche Freistellung beruht.[7]

C. Konstitutive Regelungen des § 1 b

Die Anleitung zur Anwendung der Regeln des Abschnitts, die Regelung über die unterschiedliche **Dienstleistungen der Anhänge I A und I B** und über den Umgang mit ihnen sowie die Anweisung über das Verfahren bei gemischten Aufträgen entspricht der Regelung des § 1 a. Es wird daher auf die entsprechenden Anmerkungen zu § 1 a verwiesen. 21

§ 1 SKR enthält eine von den Regeln in den §§ 1 a und b abweichende Regel: Die Anwender des 4. Abschnitts sind bei Aufträgen über nachrangige Dienstleistungen nach Anhang I B nur an das Diskriminierungsverbot, die leichten Vorgaben für technische Spezifikationen und die Pflicht zur nachträglichen Bekanntmachung gebunden. 22

---

7 Vgl. dazu oben Anmerkung zu § 1 a Rn. 23 ff.

§ 2 b
Schutz der Vertraulichkeit

1. Die Übermittlung technischer Spezifikationen für interessierte Unternehmen, die Prüfung und die Auswahl von Unternehmen und die Auftragsvergabe können die Auftraggeber mit Auflagen zum Schutz der Vertraulichkeit verbinden.

2. Das Recht der Unternehmen, von einem Auftraggeber in Übereinstimmung mit innerstaatlichen Rechtsvorschriften die Vertraulichkeit der von ihnen zur Verfügung gestellten Informationen zu verlangen, wird nicht eingeschränkt.

Inhaltsübersicht

	Rn.
A. Allgemeines	1
I. Entstehungsgeschichte	1
II. Unterschied zur VOB/A	2
III. Verhältnis zum GWB	3
IV. Europarecht	4
B. Inhalt	5
I. Allgemeines	5
II. Schutz der Auftraggeber	6
III. Schutz der Unternehmen	9
IV. Rechtsschutz	10
1. Primärer Rechtsschutz	10
2. Sekundärer Rechtsschutz	11

A. Allgemeines

I. Entstehungsgeschichte

1 § 2 b besteht in der vorliegenden Fassung seit 1993.

II. Unterschied zur VOB/A

2 § 2 b stimmt praktisch wörtlich mit § 2 b VOB/A überein. Der einzige Unterschied besteht darin, dass § 2 b VOB/A von »Unternehmern« und § 2 b von »Unternehmen« spricht.

III. Verhältnis zum GWB

3 In § 97 Abs. 1 GWB ist der Wettbewerbsgrundsatz geregelt. Dieser enthält auch das Gebot, einen Geheimwettbewerb durchzuführen. Der Vertraulichkeitsschutz dient der Sicherstellung des Geheimwettbewerbs. Weder sollen einzelne Bieter die durch den Auftraggeber übermittelten Daten an Dritte weitergeben, damit diese die Infor-

mationen für spätere Angebote verwenden können, noch soll der Auftraggeber Bietern Einzelheiten eines eingereichten Angebotes eines anderen Bieters mitteilen dürfen, welche diese zur Verbesserung ihres eigenen Angebotes nutzen könnten. Das GWB enthält aber keine Vorschriften, die das Interesse des Auftraggebers an der Geheimhaltung der von ihm übermittelten Daten schützen sollen.

IV. Europarecht

Nach Art. 13 der Richtlinie 2004/17/EG können die Auftraggeber die Übermittlung **4** technischer Spezifikationen an interessierte Wirtschaftsteilnehmer, die Prüfung und die Auswahl von Wirtschaftsteilnehmern und die Zuschlagserteilung mit Auflagen zum Schutz der Vertraulichkeit der von ihnen zur Verfügung gestellten Informationen verbinden (Abs. 1). Nach Abs. 2 gibt ein öffentlicher Auftraggeber nach Maßgabe des innerstaatlichen Rechts, dem er unterliegt, keine ihm von den Wirtschaftsteilnehmern übermittelten und von diesen als vertraulich eingestuften Informationen weiter, wozu insbesondere technische und Betriebsgeheimnisse sowie die vertraulichen Aspekte der Angebote selbst gehören. Ausgenommen sind lediglich die Verpflichtungen nach Art. 43 und Art. 49 der RL 2004/17/EG, welche Informationen im Zusammenhang mit der Bekanntmachung vergebener Aufträge und der Unterrichtung der Bieter und Bewerber regeln.

Nach Art. 48 Abs. 3 RL 2004/17/EG sind bei der Mitteilung bzw. bei Austausch und Speicherung von Informationen die Vollständigkeit der Daten sowie die Vertraulichkeit der Angebote und der Anträge auf Teilnahme zu gewährleisten.

Nach Art. 48 Abs. 5 b RL 2004/17EG können Mitgliedstaaten verlangen, dass elektronisch übermittelte Angebote mit einer fortgeschrittenen elektronischen Signatur zu versehen sind.

B. Inhalt

I. Allgemeines

In § 2 b Nr. 1 ist für den Bereich des Dritten Abschnitts der VOL/A ein gesteigerter **5** Geheimnisschutz für den Auftraggeber vorgesehen, der sich mit den Tätigkeiten im Sektorenbereich erklären lässt. So sind die Trinkwasserversorgung, die Elektrizitäts- und Gasversorgung, die Wärmeversorgung, aber auch der Verkehrsbereich für die Bevölkerung derart wichtige Gegenstände, dass ein übergeordnetes Interesse daran besteht, mit der Auftragsvergabe zusammenhängende Informationen nicht allgemein bekannt werden zu lassen. Dieser Gedanke gilt spiegelbildlich auch für den Schutz des sich am Ausschreibungsverfahren beteiligenden Unternehmens, welches seine Geschäftsgeheimnisse bei Angebotsabgabe dem Auftraggeber mitteilt. Gerade wenn das Angebot in einem so sensiblen Bereich wie dem Dritten Abschnitt der VOL/A dem Auftraggeber unterbreitet wird, muss sich das Unternehmen darauf verlassen können, dass die zur Verfügung gestellten Informationen vertraulich behandelt werden, wie bei anderen Tätigkeitsfeldern auch (§ 2 b Nr. 2).

II. Schutz der Auftraggeber

6 Nach § 2 b Nr. 1 kann der Auftraggeber die Übermittlung technischer Spezifikationen für interessierte Unternehmen, die Prüfung und die Auswahl von Unternehmen und die Auftragsvergabe mit Auflagen zum Schutz der Vertraulichkeit verbinden. Das Geheimhaltungsinteresse des Auftraggebers wird damit in vier Stufen des Vergabeverfahrens speziell und gesteigert geschützt: bei der Übermittlung technischer Spezifikationen an interessierte Unternehmen, bei der Prüfung von Unternehmen, bei der Auswahl von Unternehmen und bei der Auftragsvergabe selbst.

7 Unter technischen Spezifikationen sind die im Anhang TS aufgeführten Spezifikationen zu verstehen. Danach sind **technische Spezifikationen** sämtliche, insbesondere in den Verdingungsunterlagen enthaltenen technischen Anforderungen an ein Material, ein Erzeugnis oder eine Lieferung, mit deren Hilfe das Material, das Erzeugnis oder die Lieferung so bezeichnet werden können, dass sie ihren durch den Auftraggeber festgelegten Verwendungszweck erfüllen. Die Technischen Spezifikationen betreffen damit niemals das Material selbst, sondern nur die Anforderungen, die an das Material, das Erzeugnis oder die Lieferung gestellt werden.[1] Das besondere Geheimhaltungsbedürfnis des Auftraggebers kann sich daraus ergeben, dass er bei der Ausschreibung gezwungen ist, bei der Übersendung des Leistungsverzeichnisses etwa, bestimmte technische Details anzugeben, deren Weitergabe an Dritte öffentliche Interessen verletzen könnte.

8 Diese Überlegungen können auch für die Prüfung und die Auswahl von Unternehmen sowie die Auftragsvergabe selbst gelten, wenn hierbei derart geheimhaltungsbedürftige Tatsachen eine Rolle spielen. Inwieweit ein Vertraulichkeitsschutz erforderlich ist, liegt im Beurteilungsspielraum der Auftraggeber.[2] Doch ist grundsätzlich darauf hinzuweisen, dass auch eine Vergabe im Sektorenbereich **nicht außerhalb der Regeln** des Vergaberechtsregimes steht. Es muss daher auch bei Bejahung des Geheimhaltungsinteresses das Gleichbehandlungsgebot und die Transparenz des Vergabeverfahrens gewährleistet sein. Einem Bieter, der sich gegen einen geplanten Zuschlag wehrt, darf nicht mit Hinweis auf die Einhaltung der Vertraulichkeit der Rechtsschutz abgeschnitten werden. Wenn der Auftraggeber aber in gleicher Weise allen Bietern die Einhaltung der Geheimhaltung gegenüber Dritten auferlegt, bestehen insoweit keine Bedenken.

---

[1] *OLG München* vom 11. 8. 2005 – Verg 12/05.
[2] *Bernhardt* in: Völlink/Kehrberg VOB/A § 2 b Rn. 2.

III. Schutz der Unternehmen

§ 2 b Nr. 2 garantiert den Unternehmen den innerstaatlichen Schutz. Das ist eigentlich **9**
eine Selbstverständlichkeit. Denn auch das Unternehmen hat ein Interesse daran, dass
die von ihm entwickelten technischen Lösungen nicht an Dritte weitergegeben werden. Das Unternehmen kann sich daher auf die Vorschriften des UWG, des Patentgesetzes, des Geschmacksmustergesetzes und des Markengesetzes berufen. Befürchtet
ein Bieter in einem Nachprüfungsverfahren, dass seine Geschäftsgeheimnisse gelüftet
werden, kann er die entsprechenden Aktenbestandteile kenntlich machen, § 111
Abs. 3 GWB. Seine innerstaatlichen Rechte dürfen nicht eingeschränkt werden.

IV. Rechtsschutz

1. Primärer Rechtsschutz

Wenn ein Unternehmen die Auflage der Vertraulichkeit nicht einhält, kann dieses Ver- **10**
halten Zweifel an seiner Zuverlässigkeit wecken, so dass sein Angebot nach § 25 Nr. 2
ausgeschlossen werden kann. Ein Bieter, der den Zuschlag nicht erhalten soll, kann im
Nachprüfungsverfahren geltend machen, dass der Auftraggeber, wenn er dem unzuverlässigen Unternehmen den Zuschlag erteilen will, sein Ermessen nicht pflichtgemäß ausgeübt hat, und dieses Unternehmen auszuschließen ist. Hat der Auftraggeber
gegen das Geheimhaltungsinteresse des Unternehmens verstoßen, kann sich dieses im
Rahmen des Nachprüfungsverfahrens nicht dagegen zur Wehr setzen.

2. Sekundärer Rechtsschutz

Verletzt ein Unternehmen die Geheimhaltungspflicht, ergeben sich für den Auftragge- **11**
ber Schadensersatzansprüche wegen Pflichtverletzung aus einem vorvertraglichen
Verhältnis gemäß §§ 280 Abs. 1, 241 Abs. 2 und § 311 Abs. 2 Nr. 1 BGB (c. i. c.). Verstößt der Auftraggeber gegen seine Verpflichtung zur Geheimhaltung gegenüber dem
Bieter, ergeben sich diegleichen Ansprüche aus Pflichtverletzung. Werden Vorschriften des UWG, des Patentgesetzes, des Geschmacksmustergesetzes oder des Markengesetzes verletzt, können sich nicht nur Ansprüche aus diesen Gesetzen, sondern auch
aus § 823 Abs. 2 i. V. m. der jeweiligen schützenden Gesetzesvorschrift ergeben.

§ 3 b
Arten der Vergabe

1. Aufträge im Sinne von § 1 b werden in folgenden Verfahren vergeben:
   a) im Offenen Verfahren, das der Öffentlichen Ausschreibung (§ 3 Nr. 1 Abs. 1) entspricht,
   b) im Nichtoffenen Verfahren, das der Beschränkten Ausschreibung nach Öffentlichem Teilnahmewettbewerb (§ 3 Nr. 1 Abs. 3) oder einem anderen Aufruf zum Wettbewerb (§ 17 b Nr. 1 Abs. 1) entspricht,
   c) im Verhandlungsverfahren, das an die Stelle der Freihändigen Vergabe (§ 3 Nr. 1 Abs. 3) tritt.
   Beim Verhandlungsverfahren wendet sich der Auftraggeber an ausgewählte Unternehmen und verhandelt mit einem oder mehreren dieser Unternehmen über den Auftragsinhalt, gegebenenfalls nach Aufruf zum Wettbewerb (§ 17 b Nr. 1).

2. Die Auftraggeber können in folgenden Fällen ein Verfahren ohne vorherigen Aufruf zum Wettbewerb durchführen,
   a) wenn im Rahmen eines Verfahrens mit vorherigem Aufruf zum Wettbewerb keine oder keine geeigneten Angebote oder keine Bewerbungen abgegeben worden sind, sofern die ursprünglichen Bedingungen des Auftrages nicht grundlegend geändert werden;
   b) wenn ein Auftrag nur zum Zweck von Forschungen, Versuchen, Untersuchungen oder Entwicklungen und nicht mit dem Ziel der Gewinnerzielung oder der Deckung der Forschungs- und Entwicklungskosten beim Auftragnehmer vergeben wird und die Vergabe des Auftrags einem Aufruf zum Wettbewerb für Folgeaufträge, die insbesondere diese Ziele verfolgen, nicht vorgreift;
   c) wenn der Auftrag wegen seiner technischen oder künstlerischen Besonderheiten oder aufgrund des Schutzes von Ausschließlichkeitsrechten nur von einem bestimmten Unternehmen durchgeführt werden kann;
   d) soweit zwingend erforderlich und wenn bei äußerster Dringlichkeit im Zusammenhang mit Ereignissen, die der Auftraggeber nicht voraussehen konnte, es nicht möglich ist, die in den Offenen Verfahren, Nichtoffenen Verfahren oder Verhandlungsverfahren vorgesehenen Fristen für die Bekanntmachung einzuhalten;
   e) bei Aufträgen, die aufgrund einer Rahmenvereinbarung vergeben werden sollen, sofern die in § 5 b Nr. 2 Abs. 2 genannte Bedingung erfüllt ist;
   f) im Falle von Lieferaufträgen bei zusätzlichen, vom ursprünglichen Unternehmen durchzuführende Leistungen, die entweder zur teilweisen Erneuerung von gängigen Waren oder Einrichtungen oder zur Erweiterung von Lieferungen oder bestehenden Einrichtungen bestimmt sind, wenn ein Wechsel des Unternehmens dazu führen würde, dass der Auftraggeber Material unterschiedlicher technischer Merkmale kaufen müsste und dies eine technische Unvereinbarkeit oder unverhältnismäßige technische Schwierigkeiten bei Gebrauch und Wartung mit sich bringen würde;

g) bei zusätzlichen Dienstleistungen, die weder in dem der Vergabe zugrunde liegenden Entwurf noch im zuerst vergebenen Auftrag vorgesehen sind, die aber wegen eines unvorhergesehenen Ereignisses zur Ausführung dieses Auftrages erforderlich sind, sofern der Auftrag an das Unternehmen vergeben wird, das den ersten Auftrag ausführt,
 – wenn sich diese zusätzlichen Dienstleistungen in technischer oder wirtschaftlicher Hinsicht nicht ohne wesentlichen Nachteil für den Auftraggeber vom Hauptauftrag trennen lassen,
 – oder wenn diese zusätzlichen Dienstleistungen zwar von der Ausführung des ersten Auftrags getrennt werden können, aber für dessen weitere Ausführungsstufen unbedingt erforderlich sind;
h) wenn es sich um Waren handelt, die an Rohstoffbörsen notiert und gekauft werden;
i) bei Gelegenheitskäufen, wenn Waren aufgrund einer besonders günstigen Gelegenheit, die sich für einen sehr kurzen Zeitraum ergeben hat, zu einem Preis gekauft werden können, der erheblich unter den normalerweise marktüblichen Preisen liegt;
k) bei dem zu besonders günstigen Bedingungen erfolgenden Kauf von Waren entweder bei einem Unternehmen, das seine gewerbliche Tätigkeit endgültig einstellt, oder bei den Verwaltern im Rahmen eines Konkurses, eines Vergleichsverfahrens oder eines in den einzelstaatlichen Rechtsvorschriften vorgesehenen gleichartigen Verfahrens;
l) wenn der betreffende Dienstleistungsauftrag im Anschluss an einen durchgeführten Wettbewerb gemäß den einschlägigen Bestimmungen an den Gewinner oder einen der Gewinner vergeben werden muss. Im letzteren Fall sind alle Gewinner des Wettbewerbs zur Teilnahme an Verhandlungen einzuladen.

Inhaltsübersicht

	Rn.
A. Vorbemerkung	1
I. Allgemeines	1
II. Vorrang des Offenen und des Nichtoffenen Verfahrens	3
III. Bieterschützender Charakter der Norm	4
B. Verfahrensarten im Anwendungsbereich des 3. Abschnitts der VOL/A (§ 3 b Nr. 1)	6
I. Offenes Verfahren (§ 3 b Nr. 1 lit. a)	8
II. Nichtoffenes Verfahren (§ 3 b Nr. 1 lit. b)	11
III. Verhandlungsverfahren (§ 3 b Nr. 1 lit. c)	14
C. Verhandlungsverfahren mit und ohne vorherigen Wettbewerbsaufruf	17
I. Keine Angebote im durchgeführten Verfahren (Nr. 2 lit. a)	18
II. Forschungs- und Entwicklungsaufträge (Nr. 2 lit. b)	19
III. Durchführung nur von einem bestimmten Unternehmen (Nr. 2 lit. c)	20
IV. Fristeinhaltung aus dringlichen Gründen nicht möglich (Nr. 2 lit. d)	21
V. Aufträge aufgrund Rahmenvereinbarung (Nr. 2 lit. e)	22
VI. Zusätzliche Leistungen (Nr. 2 lit. f und g)	23
VII. Börsennotierte Waren (Nr. 2 lit. h)	24

VIII. Gelegenheitskäufe bzw. Käufe zu besonders günstigen Bedingungen
(Nr. 2 lit. i und k) 25
IX. Dienstleistungsauftrag im Anschluss an einen Wettbewerb (Nr. 2 lit. l) 26

A. Vorbemerkung

I. Allgemeines

1 Für die Vergabe öffentlicher Aufträge im Anwendungsbereich des 3. Abschnitts der VOL/A stehen nach § 3 b Nr. 1 grundsätzlich drei verschiedene Vergabearten zur Verfügung: das **Offene Verfahren**, das **Nichtoffene Verfahren** und das **Verhandlungsverfahren**. Diese Verfahrensarten entsprechen den nach § 3 a Nr. 1 im Anwendungsbereich des 2. Abschnitts der VOL/A bestehenden Verfahrensarten.[1] Die Durchführung eines **Wettbewerblichen Dialoges** ist für den 3. Abschnitt der VOL/A allerdings **nicht vorgesehen**. Der Grund hierfür liegt in der fehlenden Anwendbarkeit der Vergabekoordinierungsrichtlinie (VKR)[2] auf die Vergabe von Aufträgen im Anwendungsbereich des 3. Abschnitts der VOL/A. Dieser dient vielmehr der Umsetzung der Sektorenrichtlinie (SKR),[3] in der ebenfalls keine Regelungen über den Wettbewerblichen Dialog enthalten sind. Die zur Anwendung des 3. Abschnitts verpflichteten Auftraggeber müssen neben den in nationales Recht umgesetzten Vorschriften der Sektorenrichtlinie aber auch die Vorschriften der Basisparagraphen beachten (vgl. § 1 b Nr. 1 Abs. 1 S. 1).[4] Daraus ergibt sich ein **Vorrang des Offenen und des Nichtoffenen Verfahrens** (vgl. § 3 Nr. 2 und 3). Im Unterschied zu den Vorgaben der Sektorenrichtlinien (vgl. Art. 40 Abs. 2 SKR) ist es staatlichen Auftraggeber im Anwendungsbereich des 3. Abschnitts der VOL/A daher nicht gestattet, ohne das Vorliegen der besonderen Voraussetzungen des § 3 b Nr. 2 VOL/A ein Verhandlungsverfahren durchzuführen.

2 Für den **Bereich der VOB/A** findet sich eine § 3 b entsprechende Regelung in § 3 b VOB/A. Im **Anwendungsbereich der VOF** besteht dagegen keine vergleichbare Regelung. Die VOF findet im Sektorenbereich keine Anwendung und kennt ohnehin nur das Verhandlungsverfahren.

II. Vorrang des Offenen und des Nichtoffenen Verfahrens

3 Bei der Vergabe öffentlicher Aufträge im Anwendungsbereich des 3. Abschnitts besteht wie auch im 1. und 2. Abschnitt der VOL/A ein Vorrang **des Offenen und**

---

1 Vgl. § 3 Rn. 8 ff.
2 Richtlinie 2004/18/EG des Europäischen Parlaments und des Rates vom 31. 3. 2004 über die Koordinierung der Verfahren zur Vergabe öffentlicher Bauaufträge, Lieferaufträge und Dienstleistungen, ABl. EG v. 30. 4. 2004, Nr. L 134/114.
3 Richtlinie 2004/17/EG des Europäischen Parlaments und des Rates vom 31. 3. 2004 über die Koordinierung der Zuschlagserteilung durch Auftraggeber im Bereich der Wasser-, Energie-, und Verkehrsversorgung sowie der Postdienste, ABl. EG v. 30. 4. 2004, Nr. L 134/1.
4 Vgl. § 1 b Rn.1 ff.

des **Nichtoffenen Verfahrens**. Zwar werden das Offene Verfahren, das Nichtoffene Verfahren und das Verhandlungsverfahren in § 3 b Nr. 1 gleichberechtigt genannt. Auftraggeber haben im Anwendungsbereich des 3. Abschnitts der VOL/A (im Unterschied zu privaten Sektorenauftraggebern)[5] aber dennoch kein Wahlrecht zwischen diesen Verfahrensarten.[6] Denn zu den nach § 1 b Nr. 1 Abs. 1 S. 1 zu beachtenden Vorschriften der Basisparagraphen gehört auch § 3 Nr. 2 und Nr. 3. Danach darf nur dann von der Durchführung eines Offenen Verfahrens (das der Öffentlichen Ausschreibung entspricht) abgesehen werden, wenn die Natur des Geschäfts oder besondere Umstände eine Ausnahme rechtfertigen. In diesen Fällen muss grundsätzlich ein Nichtoffenes Verfahren (das der Beschränkten Ausschreibung entspricht) stattfinden, sofern nicht ausnahmsweise ein Verhandlungsverfahren (das der Freihändigen Vergabe entspricht) durchgeführt werden darf (vgl. § 3 Nr. 3 und 4). Diese Hierarchie der Verfahrensarten richtet sich nach den gleichen Grundsätzen wie im Anwendungsbereich des 1. Abschnitts der VOL/A.[7]

III. Bieterschützender Charakter der Norm

Der Grundsatz des Vorrangs des Offenen und des Nichtoffenen Verfahrens (§ 3 b **4** i. V. m. § 3 Nr. 2) hat bieterschützenden Charakter und begründet **subjektive Rechte** (§ 97 Abs. 7 GWB). Denn die Hierarchie der Verfahrensarten soll ein möglichst hohes Maß an Objektivität und einen möglichst breiten Wettbewerb gewährleisten.[8] In der Wahl eines unzulässigen Vergabeverfahrens liegt daher regelmäßig ein Verstoß gegen das **Gleichbehandlungsgebot** (§ 97 Abs. 2 GWB) und den **Wettbewerbsgrundsatz** (§ 97 Abs. 1 GWB). Insoweit gelten die gleichen Grundsätze wie im Anwendungsbereich des 2. Abschnitts der VOL/A.[9]

Der in der Wahl einer unzulässigen Verfahrensart liegende Vergaberechtsverstoß kann **5** im Rahmen eines **Nachprüfungsverfahrens** gem. §§ 102 ff. GWB geltend gemacht werden. Der Antragsteller muss dabei allerdings vortragen, dass seine Wettbewerbsstellung bei Durchführung des zulässigen Verfahrens besser als in dem unzulässigen Verfahren ist und er eine echte Chance auf den Zuschlag hat (vgl. § 107 Abs. 2 GWB).

B. Verfahrensarten im Anwendungsbereich des 3. Abschnitts der VOL/A (§ 3 b Nr. 1)

Die in § 3 b Nr. 1 vorgesehenen Verfahrensarten entsprechen, mit Ausnahme des Feh- **6** lens einer Regelung des Wettbewerblichen Dialogs, den in § 3 a Nr. 1 normierten Verfahrensarten. Die Auftraggeber können ein Verhandlungsverfahren jedoch grundsätz-

---

5 Vgl. die Kommentierung zu § 3 SKR.
6 *VK Düsseldorf* Beschl. v. 13. 4. 2000 – VK – 4/2000-L; vgl. zur Parallelregelung im Baubereich *Stickler* in: Kapellmann/Messerschmidt, 2. Aufl. 2007, § 3 b VOB/A Rn. 18.
7 Vgl. § 3 Rn. 27 ff.
8 *VK Brandenburg* Beschl. v. 23. 11. 2004 – VK 58/04.
9 Vgl. § 3 a Rn. 4 ff.

§ 3 b Arten der Vergabe

lich wie einen Wettbewerblichen Dialog strukturieren, wenn die Voraussetzungen für die Durchführung eines Verhandlungsverfahrens gegeben sind.[10] Hinsichtlich der einzelnen Voraussetzungen und des Ablaufs der verschiedenen Vergabeverfahren ist auf die Kommentierung zu § 3 a Nr. 1 zu verweisen.[11]

7 Der wesentliche Unterschied der Verfahrensvorschriften im Anwendungsbereich des 3. Abschnitts der VOL/A zum Nichtsektorenbereich liegt in der den Sektorenauftraggebern zugestandenen Handlungsalternativen bei der Verfahrenseinleitung durch Aufruf zum Wettbewerb (Bekanntmachung). Neben der Bekanntmachung im EG-Amtsblatt (§ 17 b Nr. 1 Abs. 1 lit. a) kann das Verfahren auch durch eine regelmäßige unverbindlichen Bekanntmachung im Sinne von § 17 b Nr. 1 Abs. 1 lit. b), Nr. 3 oder die Bekanntmachung des Bestehens eines Prüfsystems (Nr. 1 Abs. 1 lit. c), Nr. 4) eingeleitet werden.[12]

I. Offenes Verfahren (§ 3 b Nr. 1 lit. a)

8 Das Offene Verfahren zeichnet sich dadurch aus, dass eine unbeschränkte Anzahl von Unternehmen öffentlich zur Abgabe von Angeboten aufgefordert wird (vgl. § 101 Abs. 2 GWB). Es findet keine Beschränkung des Kreises der Verfahrensteilnehmer statt, so dass alle interessierten Wirtschaftsteilnehmer Angebote abgeben können (vgl. Art. 1 Abs. 9 lit. a) SKR).

9 Das Offene Verfahren entspricht weitgehend der Öffentlichen Ausschreibung im Anwendungsbereich des 1. Abschnitts der VOL/A.[13] Die im einzelnen anzuwendenden Verfahrensvorschriften ergeben sich aus den für die Öffentliche Ausschreibung geltenden **Basisparagraphen** und den zusätzlichen (Spezial-)Regelungen der b-Paragraphen. Die Verfahrensvorschriften sind unter Berücksichtigung der Sektorenrichtlinie (SKR) gemeinschaftskonform auszulegen.[14]

10 Zu den **wesentlichen Verfahrensvorschriften** gehören insbesondere § 9 b (Anforderungen an Vergabeunterlagen), § 17 b Nr. 2 Abs. 1 lit. a) (Vergabebekanntmachung) und Nr. 6 (Frist für Zusendung der Vergabeunterlagen) und Nr. 7 (Frist für Auskünfte über Vergabeunterlagen), § 18 b (Angebotsfrist); § 25 b (Wertung der Angebote), § 27 b (Mitteilungspflichten), § 28 b (Bekanntmachung der Auftragserteilung) und § 30 b (Aufbewahrungs- und Berichtspflichten). Wegen der Einzelheiten wird auf die jeweilige Kommentierung verwiesen.

---

10 Vgl. § 3 a Rn. 65 ff.
11 Vgl. § 3 a Rn. 12 ff.
12 Vgl. *Stickler* in: Kapellmann/Messerschmidt, 2. Aufl. 2007, § 3 b VOB/A Rn. 11.
13 Vgl. § 3 Rn. 27 ff.
14 Richtlinie 2004/17/EG des Europäischen Parlaments und des Rates vom 31. 3. 2004 über die Koordinierung der Zuschlagserteilung durch Auftraggeber im Bereich der Wasser-, Energie-, und Verkehrsversorgung sowie der Postdienste, ABl. EG v. 30. 4. 2004, Nr. L 134/1.

II. Forschungs- und Entwicklungsaufträge (Nr. 2 lit. b)

Auch bei der Vergabe von Forschungs- und Entwicklungsaufträgen kann auf einen 19
vorherigen Wettbewerbsaufruf verzichtet werden; allerdings darf die Vergabe nicht
einem Aufruf zum Wettbewerb für Folgeaufträge desselben Produktes vorgreifen; außerdem darf der Auftrag nicht »mit dem Ziel der Gewinnerzielung und der Deckung
der Forschungs- und Entwicklungskosten beim Auftragnehmer« erteilt werden; hiermit kann allerdings nicht gemeint sein, dass nicht doch auch mit dem Forschungs-/
Entwicklungsauftrag Anteile von Kosten gedeckt werden.

III. Durchführung nur von einem bestimmten Unternehmen (Nr. 2 lit. c)

Dieser Ausnahmetatbestand stimmt mit § 3 a Nr. 2 lit. c) überein; es wird deshalb auf 20
die Kommentierung zu dieser Bestimmung verwiesen.

IV. Fristeinhaltung aus dringlichen Gründen nicht möglich (Nr. 2 lit. d)

Auch dieser Ausnahmetatbestand entspricht im Wesentlichen der vergleichbaren Aus- 21
nahmeregelung in § 3 a lit. d); es ist deshalb auf diese Bestimmung und deren Erläuterung zu verweisen.

V. Aufträge aufgrund Rahmenvereinbarung (Nr. 2 lit. e)

Zu dieser Vorschrift kann auf die ausführliche Kommentierung zu Rahmenvereinba- 22
rung im Rahmen des § 3 a verwiesen werden.

VI. Zusätzliche Leistungen (Nr. 2 lit. f und g)

Buchstabe f) räumt die Vergabe im Verhandlungsverfahren ohne vorausgehenden 23
Wettbewerbsaufruf für zusätzliche Lieferleistungen zu einem Erstauftrag, Buchstabe
g) für zusätzliche Dienstleistungen ein. Die Vorschriften entsprechen ebenfalls im Wesentlichen § 3 a Nr. 2 lit. c) und f), so dass auch hier auf die dortigen Erläuterungen
verwiesen werden kann.

VII. Börsennotierte Waren (Nr. 2 lit. h)

Die Vorschrift ist vergleichbar mit § 3 Nr. 4 lit. l), so dass insoweit auf diese Kommen- 24
tierung verwiesen werden kann.

VIII. Gelegenheitskäufe bzw. Käufe zu besonders günstigen Bedingungen (Nr. 2 lit. i und k)

25 Diese Vorschriften verzichten bei einem Verhandlungsverfahren auf einen vorherigen Aufruf zum Wettbewerb außer dem für den Fall, dass im Rahmen von Gelegenheitskäufen günstig unter den marktüblichen Preis eingekauft werden kann (i) oder sich besonders günstige Einkaufsbedingungen wegen Geschäftsaufgabe aufgrund eines Konkurses oder wegen eines Vergleichsverfahrens (k) ergeben. Wegen des vergleichbaren Charakters dieser Vorschriften kann auf die Kommentierung zu § 3 m verwiesen werden. In diesen Fällen, in denen mit Preisen unterhalb des Marktpreisniveaus gerechnet werden darf, wäre es unzweckmäßig, einen Wettbewerbsaufruf durchzuführen.

IX. Dienstleistungsauftrag im Anschluss an einen Wettbewerb (Nr. 2 lit. l)

26 Buchstabe l) betrifft schließlich den Fall, dass ein Dienstleistungsauftrag im Anschluss an einen »Wettbewerb« an den »Gewinner« oder einen der Gewinner (Preisträger) vergeben werden muss.

27 Hierfür verzichtet auch die sich inhaltlich deckende Bestimmung des § 3 a Nr. 2 h auf eine vorherige Veröffentlichung. Aus diesem Grund wird zu Buchstabe l) auf die Kommentierung zu 3 Nr. 2 h verwiesen.

§ 5 b
Rahmenvereinbarung

1. Eine Rahmenvereinbarung ist eine Vereinbarung mit einem oder mehreren Unternehmen, in der die Bedingungen für Einzelaufträge festgelegt werden, die im Laufe eines bestimmten Zeitraums vergeben werden sollen, insbesondere über den in Aussicht genommenen Preis und ggf. die in Aussicht genommene Menge.
2. (1) Rahmenvereinbarungen können als Auftrag im Sinne dieser Vergabebestimmungen angesehen werden und aufgrund eines Verfahrens nach § 3 b Nr. 1 abgeschlossen werden.
(2) Ist eine Rahmenvereinbarung in einem Verfahren nach § 3 b Nr. 1 abgeschlossen worden, so kann ein Einzelauftrag aufgrund dieser Rahmenvereinbarung nach § 3 b Nr. 2 Buchstabe e) ohne vorherigen Aufruf zum Wettbewerb vergeben werden.
(3) Ist eine Rahmenvereinbarung nicht in einem Verfahren nach § 3 b Nr. 1 abgeschlossen worden, so muss der Vergabe des Einzelauftrages ein Aufruf zum Wettbewerb vorausgehen.
3. Rahmenvereinbarungen dürfen nicht dazu missbraucht werden, den Wettbewerb zu verhindern, einzuschränken oder zu verfälschen.

Die Bestimmung entspricht § 4 VOL/A-SKR. Auf die Kommentierung dort wird verwiesen.

§ 7 b
Teilnehmer am Wettbewerb

1. (1) Auftraggeber, die Bewerber für die Teilnahme an einem Nichtoffenen Verfahren oder an einem Verhandlungsverfahren auswählen, richten sich dabei nach objektiven Regeln und Kriterien. Diese Regeln und Kriterien legen sie fest und stellen sie Unternehmen, die ihr Interesse bekundet haben, zur Verfügung.

(2) Kriterien im Sinne des Abs. 1 sind insbesondere Fachkunde, Leistungsfähigkeit und Zuverlässigkeit. Zu deren Nachweis können entsprechende Angaben gefordert werden, soweit es durch den Gegenstand des Auftrags gerechtfertigt ist; dabei muss der Auftraggeber die berechtigten Interessen des Unternehmens am Schutz seiner Betriebsgeheimnisse berücksichtigen.

(3) Ein Unternehmen ist von der Teilnahme an einem Vergabeverfahren wegen Unzuverlässigkeit auszuschließen, wenn der Auftraggeber Kenntnis davon hat, dass eine Person, deren Verhalten dem Unternehmen zuzurechnen ist, rechtskräftig verurteilt ist wegen:

a) § 129 des Strafgesetzbuches (Bildung krimineller Vereinigungen), § 129 a des Strafgesetzbuches (Bildung terroristischer Vereinigungen), § 129 b des Strafgesetzbuches (kriminelle und terroristische Vereinigungen im Ausland),

b) § 261 des Strafgesetzbuches (Geldwäsche, Verschleierung unrechtmäßig erlangter Vermögenswerte),

c) § 263 des Strafgesetzbuches (Betrug), soweit sich die Straftat gegen den Haushalt der Europäischen Gemeinschaften oder gegen Haushalte richtet, die von den Europäischen Gemeinschaften oder in deren Auftrag verwaltet werden,

d) § 264 des Strafgesetzbuches (Subventionsbetrug), soweit sich die Straftat gegen den Haushalt der Europäischen Gemeinschaften oder gegen Haushalte richtet, die von den Europäischen Gemeinschaften oder in deren Auftrag verwaltet werden,

e) § 334 des Strafgesetzbuches (Bestechung), auch in Verbindung mit Artikel 2 § 1 des EU-Bestechungsgesetzes, Artikel 2 § 1 des Gesetzes zur Bekämpfung internationaler Bestechung, Artikel 7 Abs. 2 Nr. 10 des Vierten Strafrechtsänderungsgesetzes und § 2 des Gesetzes über das Ruhen der Verfolgungsverjährung und die Gleichstellung der Richter und Bediensteten des Internationalen Strafgerichtshofes,

f) Artikel 2 § 2 des Gesetzes zur Bekämpfung internationaler Bestechung (Bestechung ausländischer Abgeordneter im Zusammenhang mit internationalem Geschäftsverkehr),

g) § 370 Abgabenordnung, auch in Verbindung mit § 12 des Gesetzes zur

Durchführung der gemeinsamen Marktorganisationen und der Direktzahlungen (MOG), sich die Straftat gegen den Haushalt der Europäischen Gemeinschaften oder gegen Haushalte richtet, die von den Europäischen Gemeinschaften oder in deren Auftrag verwaltet werden.

Einem Verstoß gegen diese Vorschriften gleichgesetzt sind Verstöße gegen entsprechende Strafnormen anderer Staaten. Ein Verhalten einer rechtskräftig verurteilten Person ist einem Unternehmen zuzurechnen, wenn sie für dieses Unternehmen für die Führung der Geschäfte selbst verantwortlich gehandelt hat oder ein Aufsichts- oder Organisationsverschulden gemäß § 130 des Gesetzes über Ordnungswidrigkeiten (OWiG) einer Person im Hinblick auf das Verhalten einer anderen für das Unternehmen handelnden, rechtskräftig verurteilten Person vorliegt.

(4) Als Nachweis, dass die Kenntnis nach Absatz 3 unrichtig ist und die in Absatz 3 genannten Fälle nicht vorliegen, akzeptieren die Auftraggeber einen Auszug aus einem Bundeszentralregister oder eine gleichwertige Urkunde einer zuständigen Gerichts- oder Verwaltungsbehörde des Herkunftslands. Wenn eine Urkunde oder Bescheinigung vom Herkunftsland nicht ausgestellt wird oder nicht vollständig alle vorgesehenen Fälle erwähnt, kann dies durch eine eidesstattliche Erklärung oder eine förmliche Erklärung vor einer zuständigen Gerichts- oder Verwaltungsbehörde, einem Notar oder einer dafür qualifizierten Berufsorganisation des Herkunftslands ersetzt werden.

(5) Von einem Ausschluss nach Absatz 3 kann nur abgesehen werden, wenn zwingende Gründe des Allgemeininteresses vorliegen und andere Unternehmen die Leistung nicht angemessen erbringen können oder wenn aufgrund besonderer Umstände des Einzelfalls der Verstoß die Zuverlässigkeit des Unternehmens nicht in Frage stellt.

(6) In finanzieller und wirtschaftlicher Hinsicht kann der Auftraggeber vom Unternehmen zum Nachweis der Leistungsfähigkeit in der Regel Folgendes verlangen:

a) Vorlage entsprechender Bankauskünfte,

b) Vorlage von Bilanzen oder Bilanzauszügen des Unternehmens,

c) Erklärung über den Gesamtumsatz des Unternehmens sowie den Umsatz bezüglich der besonderen Leistungsart, die Gegenstand der Vergabe ist, jeweils bezogen auf die letzten drei Geschäftsjahre.

Kann ein Unternehmen aus stichhaltigen Gründen die vom Auftraggeber geforderten Nachweise nicht erbringen, so können andere, vom Auftraggeber für geeignet erachtete Belege verlangt werden.

(7) In technischer Hinsicht kann der Auftraggeber vom Unternehmen je nach Art, Menge und Verwendungszweck der zu erbringenden Leistung zum Nachweis der Leistungsfähigkeit in der Regel Folgendes verlangen:

a) eine Liste der wesentlichen in den letzten drei Jahren erbrachten Leistungen mit Angabe des Rechnungswertes, der Leistungszeit sowie der öffentlichen oder privaten Auftraggeber:

- bei Leistungen an öffentliche Auftraggeber durch eine von der zuständigen Behörde ausgestellte oder beglaubigte Bescheinigung,
- bei Leistungen an private Auftraggeber durch eine von diesen ausgestellte Bescheinigung;

ist eine derartige Bescheinigung nicht erhältlich, so ist eine einfache Erklärung des Unternehmens zulässig,

b) die Beschreibung der technischen Ausrüstung, der Maßnahmen des Unternehmens zur Gewährleistung der Qualität sowie die Untersuchungs- und Forschungsmöglichkeiten des Unternehmens,

c) Angaben über die technische Leitung oder die technischen Stellen, unabhängig davon, ob sie dem Unternehmen angeschlossen sind oder nicht, und zwar insbesondere über diejenigen, die mit der Qualitätskontrolle beauftragt sind,

d) bei Lieferaufträgen Muster, Beschreibungen und/oder Fotografien der zu erbringenden Leistung, deren Echtheit auf Verlangen des Auftraggebers nachgewiesen werden muss,

e) bei Lieferaufträgen Bescheinigungen der zuständigen amtlichen Qualitätskontrollinstitute oder -dienststellen, mit denen bestätigt wird, dass die durch entsprechende Bezugnahmen genau gekennzeichneten Leistungen bestimmten Spezifikationen oder Normen entsprechen,

f) sind die zu erbringenden Leistungen komplexer Art oder sollen sie ausnahmsweise einem besonderen Zweck dienen, eine Prüfung, die von dem Auftraggeber oder in dessen Namen von einer anderen damit einverstandenen Stelle durchgeführt wird; diese Prüfung betrifft die Produktionskapazitäten und erforderlichenfalls die Untersuchungs- und Forschungsmöglichkeiten des Unternehmens sowie die von diesem zur Gewährleistung der Qualität getroffenen Vorkehrungen.

2. Kriterien nach Nummer 1 können auch Ausschließungsgründe nach § 7 Nr. 5 sein.

3. Ein Kriterium kann auch die objektive Notwendigkeit sein, die Zahl der Bewerber soweit zu verringern, dass ein angemessenes Verhältnis zwischen den besonderen Merkmalen des Vergabeverfahrens und dem zur Durchführung notwendigen Aufwand sichergestellt ist. Es sind jedoch so viele Bewerber zu berücksichtigen, dass ein Wettbewerb gewährleistet ist.

4. Bietergemeinschaften sind Einzelbietern gleichzusetzen, wenn sie die Arbeiten im eigenen Betrieb oder in den Betrieben der Mitglieder ausführen. Von solchen Gemeinschaften kann nicht verlangt werden, dass sie zwecks Einreichung eines Angebots oder für das Verhandlungsverfahren eine bestimmte

Rechtsform annehmen; von der den Zuschlag erhaltenden Gemeinschaft kann dies jedoch verlangt werden, sofern es für die ordnungsgemäße Durchführung des Auftrags notwendig ist.

5. Ein Unternehmen kann sich, auch als Mitglied einer Bietergemeinschaft, zum Nachweis der Leistungsfähigkeit und Fachkunde der Fähigkeiten anderer Unternehmen bedienen, ungeachtet des rechtlichen Charakters der zwischen ihm und diesen Unternehmen bestehenden Verbindungen. Er muss in diesem Fall dem Auftraggeber nachweisen, dass ihm die erforderlichen Mittel bei der Erfüllung des Auftrags zur Verfügung stehen, indem er beispielsweise eine entsprechende Verpflichtungserklärung dieser Unternehmen vorlegt.

6. (1) Auftraggeber können ein System zur Prüfung von Unternehmen (Präqualifikationsverfahren) einrichten und anwenden. Sie sorgen dann dafür, dass sich Unternehmen jederzeit einer Prüfung unterziehen können.

   (2) Das System kann mehrere Qualifikationsstufen umfassen. Es wird auf der Grundlage der vom Auftraggeber aufgestellten objektiven Regeln und Kriterien gehandhabt. Der Auftraggeber kann dabei auf geeignete europäische Normen über die Qualifizierung von Unternehmen Bezug nehmen. Diese Kriterien und Regeln können erforderlichenfalls auf den neuesten Stand gebracht werden.

   (3) Auf Verlangen werden diese Qualifizierungsregeln und -kriterien sowie deren Fortschreibung Unternehmen, die ihr Interesse bekundet haben, übermittelt. Bezieht sich der Auftraggeber auf das Qualifizierungssystem einer anderen Einrichtung, so teilt er deren Namen mit.

7. In ihrer Entscheidung über die Qualifikation sowie bei der Überarbeitung der Prüfungskriterien und -regeln dürfen die Auftraggeber nicht

   – bestimmten Unternehmen administrative, technische oder finanzielle Verpflichtungen auferlegen, die sie anderen Unternehmen nicht auferlegt hätten,

   – Prüfungen und Nachweise verlangen, die sich mit bereits vorliegenden objektiven Nachweisen überschneiden.

8. Die Auftraggeber unterrichten die Antragsteller innerhalb von 6 Monaten über die Entscheidung zu deren Qualifikation. Kann diese Entscheidung nicht innerhalb von vier Monaten nach Eingang des Prüfungsantrags getroffen werden, hat der Auftraggeber dem Antragsteller spätestens zwei Monate nach Eingang des Antrags die Gründe für eine längere Bearbeitungszeit mitzuteilen und anzugeben, wann über die Annahme oder die Ablehnung seines Antrags entschieden wird.

9. Negative Entscheidungen über die Qualifikation werden den Antragstellern unverzüglich, spätestens jedoch innerhalb von 15 Tagen nach der Entscheidung unter Angabe der Gründe mitgeteilt. Die Gründe müssen sich auf die in Nummer 6 erwähnten Prüfungskriterien beziehen.

10. Die als qualifiziert anerkannten Unternehmen sind in ein Verzeichnis aufzunehmen. Dabei ist eine Untergliederung nach Produktgruppen und Leistungsarten möglich.

11. Die Auftraggeber können einem Unternehmen die Qualifikation nur aus Gründen aberkennen, die auf den in Nummer 6 erwähnten Kriterien beruhen. Die beabsichtigte Aberkennung muss dem betroffenen Unternehmen mindestens 15 Tage vor dem für die Aberkennung vorgesehenen Termin in Textform unter Angabe der Gründe mitgeteilt werden.

12. (1) Das Prüfsystem ist nach dem im Anhang VII der Verordnung (EG) Nr. 1564/2005[1] enthaltenen Muster im Amtsblatt der Europäischen Gemeinschaften[2] bekannt zu machen.

    (2) Wenn das System mehr als drei Jahre gilt, ist die Bekanntmachung jährlich zu veröffentlichen. Bei kürzerer Dauer genügt eine Bekanntmachung zu Beginn des Verfahrens.

13. (1) Verlangt der Auftraggeber zum Nachweis dafür, dass die Unternehmen bestimmte Qualitätssicherungsnormen erfüllen, die Vorlage von Bescheinigungen von unabhängigen Stellen, so nehmen diese auf Qualitätssicherungsverfahren Bezug, die den einschlägigen europäischen Normen genügen und von entsprechenden Stellen gemäß den europäischen Zertifizierungsnormen zertifiziert sind.

    (2) Gleichwertige Bescheinigungen von Stellen aus anderen EG-Mitgliedstaaten sind anzuerkennen. Die Auftraggeber erkennen auch andere gleichwertige Nachweise für Qualitätssicherungsmaßnahmen an.

    (3) Verlangen bei der Vergabe von Dienstleistungsaufträgen die Auftraggeber als Nachweis der technischen Leistungsfähigkeit, dass die Unternehmen bestimmte Normen für das Umweltmanagement erfüllen, die Vorlage von Bescheinigungen unabhängiger Stellen, so nehmen sie auf das Gemeinschaftssystem für das Umweltmanagement und die Umweltbetriebsprüfung (EMAS) oder auf Normen für das Umweltmanagement Bezug, die auf den einschlägigen europäischen oder internationalen Normen beruhen und von entsprechenden Stellen zertifiziert sind, die dem europäischen Gemeinschaftsrecht oder europäischen oder internationalen Zertifizierungsnormen entsprechen. Gleichwertige Bescheinigungen von Stellen in anderen Mitgliedstaaten sind anzuerkennen. Die Auftraggeber erkennen auch andere Nachweise für gleichwertige Umweltmanagementmaßnahmen an, die von den Unternehmen vorgelegt werden.

---

[1] ABl. EU Nr. L 257 S. 1.
[2] Amt für amtliche Veröffentlichungen der Europäischen Gemeinschaften, 2, rue Mercier, L-2985 Luxemburg, Telefon: 00 35 2–29 29–1, Telefax: 00 35 2–292 942 670, http://ted.eur-op.eu.int, E-Mail: mp-ojs@opoce.cec.eu.int.

Teilnehmer am Wettbewerb § 7 b

Inhaltsübersicht Rn.

- **A. Allgemeines** 1
  - I. Gemeinschaftsrechtlicher Hintergrund 1
  - II. Hauptregelungspunkte und wesentliche Neuerungen durch die VOL/A 2006 2
  - III. Verhältnis zu den Basisparagraphen 5
- **B. Auswahl der Bewerber im Teilnahmewettbewerb (§ 7 b Nr. 1 Abs. 1 und 2)** 6
  - I. Allgemeines 6
  - II. Objektive Regeln und Kriterien (§ 7 b Nr. 1 Abs. 1) 9
    1. Kriterien i. S. v. § 7 b Nr. 1 Abs. 1 10
    2. Regeln i. S. v. § 7 b Nr. 1 Abs. 1 14
    3. Objektivität der Regeln und Kriterien 15
  - III. Festlegung der objektiven Regeln und Kriterien (§ 7 b Nr. 1 Abs. 1 Satz 2 1. Hs.) und schriftliche Fixierung 18
  - IV. Übermittlung der Regeln und Kriterien an interessierte Unternehmen (§ 7 b Nr. 1 Abs. 1 Satz 2, 2. Hs.) 21
  - V. Fachkunde, Leistungsfähigkeit und Zuverlässigkeit (§ 7 b Nr. 1 Abs. 2) 23
- **C. Ausschluss wegen rechtskräftiger Verurteilung (§ 7 b Nr. 1 Abs. 3 bis 5)** 26
- **D. Nachweis der Leistungsfähigkeit, § 7 b Nr. 1 Abs. 6 und Abs. 7** 29
- **E. Ausschlussgründe nach § 7 Nr. 5 (§ 7 b Nr. 2)** 31
  - I. Allgemeines 31
  - II. Wahlfreiheit zwischen zwingendem oder fakultativem Ausschluss 32
  - III. Ausschluss nach § 7 Nr. 5 trotz unterlassener Einbeziehung der Ausschlusstatbestände des § 7 Nr. 5 in die Auswahlkriterien 34
  - IV. Nachweise für das Nichtvorliegen der Ausschlusstatbestände des § 7 Nr. 5 35
- **F. Objektive Notwendigkeit der Verringerung der Bewerberzahl (§ 7 b Nr. 3)** 36
- **G. Bietergemeinschaften (§ 7 b Nr. 4)** 39
- **H. Einsatz fremder Unternehmen (§ 7 b Nr. 5)** 42
- **I. Präqualifikationsverfahren (§ 7 b Nr. 6 bis 12)** 43
  - I. Bedeutung und gemeinschaftsrechtlicher Hintergrund 43
  - II. Abgrenzung zu anderen vergaberechtlichen »Instrumenten« 48
    - a) »Präqualifizierung« im Teilnahmewettbewerb 48
    - b) Liste des Vereins für Präqualifikation von Bauunternehmen e. V. 49
    - c) Unternehmer- und Lieferantenverzeichnisse (ULV) 50
    - d) Rahmenvereinbarungen 51
  - III. Systematische Einordnung des Präqualifikationsverfahrens 52
  - IV. Anwendungsbereich des Präqualifikationsverfahrens 53
  - V. Funktion und Bedeutung von Präqualifikationsverfahren 57
    1. Praktische Bedeutung 58
    2. Vorteile des Präqualifikationsverfahrens 59
    3. Nachteile des Präqualifikationsverfahrens 64
  - VI. Überblick über den Ablauf des Präqualifikationsverfahrens 66
    - a) Europaweite Bekanntmachung über das Bestehen eines Präqualifikationsverfahrens/Prüfsystems 66
    - b) Antrag interessierter Unternehmen auf Aufnahme in das Prüfungssystem 68
    - c) Prüfung der Unternehmen 69
    - d) Verzeichnis geprüfter Unternehmen 70
    - e) Vergabe konkreter Aufträge 71
    - f) Bekanntmachung über die Vergabe eines Auftrags 72

VII. Einrichtung von Präqualifikationsverfahren/Prüfsystemen und Anspruch auf Prüfung (§ 7 b Nr. 6 Abs. 1) 73
   1. Grundaussagen des § 7 b Nr. 6 Abs. 1 74
      a) Anspruch auf Prüfung 75
      b) Jederzeitige Prüfung 76
      c) Anspruch auf erneute Prüfung 79
   2. Dauer des Präqualifikationsverfahrens/Prüfsystems 80
   3. Qualifikation von »Bietergemeinschaften« 81
   4. Einbeziehung von Nachunternehmern 86
VIII. Grundlagen der Durchführung eines Präqualifikationsverfahrens (§ 7 b Nr. 6 Abs. 2 und Abs. 3) 87
   1. Aufstellung objektiver Qualifikationsregeln und -kriterien (§ 7 b Nr. 6 Abs. 2 Satz 2) 87
      a) Objektive Regeln und Kriterien 88
      b) Ausschlusskriterien 89
      c) Festlegung der Prüfregeln und -kriterien 91
   2. Verschiedene Qualifikationsstufen (§ 7 b Nr. 6 Abs. 2 Satz 1) 92
   3. Bezugnahme auf europäische Normen (§ 7 b Nr. 6 Abs. 2 Satz 3) 95
   4. Fortschreibung der Prüfkriterien (§ 7 b Nr. 6 Abs. 2 Satz 4) 97
   5. Übermittlung der Qualifizierungsregeln und -kriterien (§ 7 b Nr. 6 Abs. 3 Satz 1) 101
      a) Allgemeines 101
      b) Aktualisierung der Qualifizierungsregeln und -kriterien 102
      c) Qualifizierungssysteme anderer Einrichtungen (§ 7 b Nr. 6 Abs. 3 Satz 2) 103
IX. Verfahrensregeln für das Präqualifikationsverfahren (7 b Nr. 7 bis 12) 106
   1. Prüfung der Antragsteller (§ 7 b Nr. 7) 106
      a) Verbot von Sonderlasten 107
      b) Doppelt verlangte Nachweise 109
   2. Prüfung der Unternehmen und Entscheidung (§ 7 b Nr. 8 und 9) 110
      a) Ablauf des Verfahrens (§ 7 b Nr. 8) 110
      b) Positive Entscheidung (§ 7 b Nr. 8) 112
      c) Negative Entscheidung (§ 7 b Nr. 9) 113
   3. Präqualifikationsverzeichnis (§ 7 b Nr. 10) 117
   4. Aberkennung der Qualifikation (§ 7 b Nr. 11) 118
      a) Allgemeines 118
      b) Mitteilung der beabsichtigten Aberkennung in Textform 122
      c) Pflicht zur Aberkennung der Präqualifikation 126
      d) Rechtsschutz gegen die Aberkennung der Qualifikation 128
   5. Bekanntmachung des Prüfsystems (§ 7 b Nr. 12) 129
      a) Allgemeines 129
      b) Bekanntmachungspflichten bei Aktualisierung der Prüfkriterien 131
      c) Zeitpunkt der Bekanntmachung 132
X. Vorgabe von Qualitätssicherungsnormen (§ 7 b Nr. 13) 133
XI. Die konkrete Auftragsvergabe bei Bestehen eines Prüfungssystems 134
   1. Vergabe im Offenen Verfahren 134
   2. Vergabe im Nichtoffenen Verfahren bzw. Verhandlungsverfahren 138
J. Qualitätsnachweisverfahren (§ 7 b Nr. 13) 141
K. Bieterschützender Charakter der Norm und Rechtsschutz 144

A. Allgemeines

I. Gemeinschaftsrechtlicher Hintergrund

§ 7 b beruht auf der **Sektorenrichtlinie 2004/17/EG**. Die Vorschrift dient der Umsetzung von Regelungen aus den »Allgemeinen Bestimmungen« über den Ablauf des Verfahrens (Art. 51 der RL 2004/17/EG) sowie der Vorgaben für die »Prüfung und qualitative Auswahl« im Vergabeverfahren (Art. 52 bis 54 der RL 2004/17/EG). Diese sind bei der Auslegung von § 7 b heranzuziehen. **1**

II. Hauptregelungspunkte und wesentliche Neuerungen durch die VOL/A 2006

§ 7 b enthält wesentliche Regelungen für die »Teilnehmer am Wettbewerb«. Der in der Überschrift des § 7 b verwendete Begriff der »Teilnehmer am Wettbewerb« ist nicht zu verwechseln mit dem des »Teilnahmewettbewerbs«.[3] Unter dem Begriff »Teilnehmer am Wettbewerb« werden die Regelungen über die Teilnahme am Vergabeverfahren zusammengefasst. **2**

In § 7 b Nr. 1 Abs. 1 und 2, Nr. 2 und 3 sind wesentliche Bestimmungen über den Ablauf des dem Nichtoffenen Verfahren und Verhandlungsverfahren vorgeschalteten **Teilnahmewettbewerbs** enthalten. Die Vorschriften sind durch die Neufassung der VOL/A 2006 im Wesentlichen unverändert geblieben. Daneben enthalten § 7 b Nr. 6 bis 12 Regelungen über die Einrichtung und Durchführung eines sog. **Präqualifikationsverfahrens**. Ein solches spezielles Prüfungssystem ermöglicht die Durchführung einer Eignungsprüfung ohne Bezug zu konkret anstehenden Beschaffungsvorgängen. Die Vorschriften zum Präqualifikationsverfahren sind durch die Neufassung der VOL/A 2006 in ihren Grundzügen unverändert geblieben. Allerdings erhielten die Verfahrensbestimmungen zu diesem Verfahren (Nr. 7 bis 12) zum Teil neue bzw. konkretisierte und teilweise verkürzte Fristenregelungen (vgl. § 7 b Nr. 8, Nr. 9, Nr. 11). **3**

§ 7 b enthält des Weiteren (ähnlich wie § 7 a) **zentrale Vorschriften, die im Anwendungsbereich des 3. Abschnitts in jedem Vergabeverfahren anzuwenden** sind. Die Regelungen ergänzen § 7 und weisen teilweise Parallelen und Übereinstimmungen zu § 7 a auf. Mit § 7 b Nr. 1 Abs. 3 wurde im Rahmen der Neufassung der VOL/A 2006 ein **neuer zwingender Ausschlussgrund von der Teilnahme am Vergabeverfahren wegen Unzuverlässigkeit** eingeführt. Ebenfalls neu eingefügt wurde § 7 b Nr. 5, der Bewerbern und Bietern den **Rückgriff auf andere Unternehmen** zum Nachweis der Leistungsfähigkeit und Fachkunde ausdrücklich ermöglicht. § 7 b **4**

---

3 Der Begriff des Teilnahmewettbewerbs stammt aus der im deutschen Vergaberecht klassischerweise verwendeten Terminologie. Gemäß § 3 b Nr. 1 lit. b) entspricht das Nichtoffene Verfahren der Beschränkten Ausschreibung nach »Öffentlichem Teilnahmewettbewerb«. Der Begriff des Teilnahmewettbewerbs wird jedoch in der Praxis allgemein als Bezeichnung der Vorauswahl von Unternehmen vor einem Nichtoffenen Verfahren wie auch vor einem Verhandlungsverfahren verwendet. Auch diese Kommentierung benutzt den Begriff des Teilnahmewettbewerbs in diesem Sinne.

Hausmann 1007

Nr. 13 Abs. 1 und 2 enthält Vorschriften über den Nachweis bestimmter **Qualitätssicherungsnormen**, die durch die Neufassung gegenüber der Vorgängernorm leicht abgeändert wurden. Mit § 7 b Nr. 13 Abs. 3 wurde die Vorschrift um die Möglichkeit der Abfrage der Erfüllung von **Umweltmanagementstandards** als Teil der technischen Leistungsfähigkeit ergänzt.

III. Verhältnis zu den Basisparagraphen

5 Gemäß § 1 b Nr. 1 Abs. 1 gelten bei der Vergabe von Liefer- und Dienstleistungsaufträgen die Bestimmungen der b-Paragraphen zusätzlich zu den Basisparagraphen. Soweit die Bestimmungen der b-Paragraphen nicht entgegenstehen, finden die Regelungen des § 7 Anwendung. Weichen die Vorgaben des § 7 b hingegen von den Basisparagraphen ab, gelten die b-Paragraphen aufgrund des Vorrangs des Gemeinschaftsrechts vorrangig.

B. Auswahl der Bewerber im Teilnahmewettbewerb (§ 7 b Nr. 1 Abs. 1 und 2)

I. Allgemeines

6 § 7 b Nr. 1 enthält in Abs. 1 und 2 zunächst zentrale Grundsätze für die Auswahl geeigneter Bewerber zur Teilnahme an einem Nichtoffenen Verfahren oder an einem Verhandlungsverfahren (Teilnahmewettbewerb). Die Regelungen setzen Art. 54 Abs. 2 der RL 2004/17/EG ins deutsche Recht um. Sie werden durch andere Vorschriften in § 7 b, insbesondere durch § 7 b Nr. 1 Abs. 3 sowie § 7 b Nr. 2 und 3 ergänzt.

7 Die Eignung der Bewerber/Bieter (Leistungsfähigkeit, Fachkunde und Zuverlässigkeit) ist nach § 97 Abs. 4 sowie den Regelungen der VOL/A Basisparagraphen §§ 2 Nr. 3, 7 Nr. 4, 25 Nr. 2 in allen Verfahrensarten grundlegende Voraussetzung für die Berücksichtigung von Bewerbungen/Angeboten. In einem Offenen Verfahren werden bei der Wertung der Angebote nur solche Bieter berücksichtigt, die die für die Ausführung der ausgeschriebenen Leistungen erforderliche Eignung besitzen (§§ 25 Nr. 2, 7 Nr. 4). Im Teilnahmewettbewerb für ein Nichtoffenes Verfahren bzw. Verhandlungsverfahren wird die Eignungsprüfung vorgezogen, um die Unternehmen auszuwählen, die der Auftraggeber zur Abgabe eines Angebotes auffordert. Für diese Auswahl müssen Auftraggeber gemäß § 7 b Nr. 1 Abs. 1 objektive Regeln und Kriterien festlegen, die sie auf Anfrage den interessierten Unternehmen übermitteln und an die sie sich bei der Durchführung der Auswahl halten (§ 7 b Nr. 1 Abs. 1 und 2). Durch diese Kriterien können Auftraggeber zunächst die ungeeigneten Bewerber vom Vergabeverfahren ausschließen und sodann unter den geeigneten Bewerbern diejenigen auswählen, die sie zur Angebotsabgabe auffordern.

8 Sinn und Zweck von § 7 b Nr. 1 ist die Verhinderung einer willkürlichen Auswahl der Bewerber.[4] Die Vorschrift soll die Transparenz des Auswahlverfahrens und die

---

4 *Müller-Wrede* in: Müller-Wrede, VOL/A, § 7 b Rn. 6.

Gleichbehandlung der Unternehmen bei der Auswahl gewährleisten und ist daher als Ausprägung des allgemeinen gemeinschaftsrechtlichen Diskriminierungsverbots anzusehen. Darüber hinaus dient § 7 b auch der Sicherung eines effektiven Rechtsschutzes, da die Festlegung und Einhaltung der objektiven Regeln und Kriterien im Rahmen eines Nachprüfungsverfahrens überprüft werden kann.[5] § 7 b enthält keine Regelung für die spätere Wertung der Angebote. Die Wertung der Angebote richtet sich daher nach den §§ 25, 25 b VOL/A.

II. Objektive Regeln und Kriterien (§ 7 b Nr. 1 Abs. 1)

Die Auswahl der Bewerber erfolgt gemäß § 7 b Nr. 1 Abs. 1 anhand von **objektiven Regeln und Kriterien**. Auftraggeber müssen diese beiden Elemente ihrer Auswahlentscheidung zugrundelegen. Für die Festlegung der Regeln und Kriterien steht dem Auftraggeber ein weiter Beurteilungsspielraum zu, der im Nachprüfungsverfahren nur eingeschränkt kontrollierbar ist.[6] Eine Nachprüfung ist auf die Kontrolle beschränkt, ob der Beurteilungsspielraum bei der Entscheidungsfindung rechtmäßig ausgeübt wurde, insbesondere, ob von einem zutreffenden Sachverhalt ausgegangen wurde, keine sachfremden Erwägungen in die Entscheidung eingeflossen sind und die vergaberechtlichen Grundsätze der Gleichbehandlung des Wettbewerbs und der Transparenz (vgl. § 97 GWB) berücksichtigt wurden. Darüber hinaus muss auch das sich unmittelbar aus Art. 20 Abs. 3 GG abgeleitete Verhältnismäßigkeitsprinzip beachtet werden. Nicht überprüfbar hingegen ist die Zweckmäßigkeit der objektiven Regeln und Kriterien.

9

1. Kriterien i. S. v. § 7 b Nr. 1 Abs. 1

Unter Kriterien im Sinne von § 7 b Nr. 1 Abs. 1 sind die auf die Bewerber bezogenen materiellen **Eignungsanforderungen** zu verstehen. Es sind hiermit reine Tatsachen oder sachbezogene Merkmale angesprochen.[7] Gemäß § 7 b Nr. 1 Abs. 2 sind objektive Kriterien im Sinne von § 7 b Nr. 1 Abs. 1: »*insbesondere Fachkunde, Leistungsfähigkeit und Zuverlässigkeit*«.

10

Das Kriterium der Zuverlässigkeit erhält eine Konkretisierung durch den neuen **zwingenden Ausschlussgrund** des § 7 b Nr. 1 Abs. 3 (Unzuverlässigkeit aufgrund rechtskräftiger Verurteilung wegen bestimmter Straftaten). Dieser zwingende Ausschlusstatbestand muss von solchen Sektorenauftraggebern, die dem 3. Abschnitt der VOL/A unterliegen, als objektives Auswahlkriterium für den Teilnahmewettbewerb berücksichtigt werden. Das folgt aus der richtlinienkonformen Auslegung des § 7 b Nr. 1 Abs. 3: Nach Art. 54 Abs. 4 der RL 2004/17/EG müssen die vom Auftraggeber festgelegten Kriterien die Ausschlusskriterien wegen rechtskräftiger Verurteilung nach Art. 45 der RL 2004/18/EG umfassen, wenn der öffentliche (Sektoren-)Auftrag-

11

---

5 *Prieß* in: Motzke/Pietzcker/Prieß, VOB/A, § 8 b Rn. 7.
6 *VK Südbayern* Beschl. v. 28. 5. 2001, 09–04/01 zu § 8 b VOB/A.
7 *Zdziebło* in: Daub/Eberstein, VOL/A, § 7 b Rn. 11; *Müller-Wrede* in: Müller-Wrede, VOL/A, § 7 b Rn. 7; *Prieß* in: Motzke/Pietzcker/Prieß, VOB/A, § 8 b Rn. 12.

geber ein Auftraggeber im Sinne von Art. 2 Abs. 1 lit. a) der RL 2004/18/EG (»staatliche« Sektorenauftraggeber) ist. Da der 3. Abschnitt der VOL/A aber gerade für diese »staatlichen« Sektorenauftraggeber (§ 98 Nr. 1 bis 3 GWB) Anwendung findet, sind im Anwendungsbereich des § 7 b die öffentlichen Sektorenauftraggeber stets verpflichtet, die Ausschlussgründe gemäß § 7 b Nr. 1 Abs. 3 in die objektiven Kriterien für den Teilnahmewettbewerb mit aufzunehmen.

12 Eine weitere Konkretisierung erfährt das Kriterium der Zuverlässigkeit durch § 7 b Nr. 2. Danach können auch die **fakultativen Ausschließungsgründe nach § 7 Nr. 5** zulässige objektive Kriterien im Sinne des Abs. 1 sein, d. h. Insolvenz, Liquidation, schwere Verfehlungen, Nichtzahlung von Steuern, Abgaben und Sozialversicherungsbeiträgen, unzutreffende Angaben im Vergabeverfahren (vgl. dazu unten II.9.).

13 Die Formulierung »insbesondere« in § 7 b Nr. 1 Abs. 2 wird in der vergaberechtlichen Literatur dahingehend ausgelegt, dass es sich bei den Kriterien Fachkunde, Leistungsfähigkeit und Zuverlässigkeit nicht abschließend um die möglichen Kriterien für die Auswahl der Bewerber handeln soll.[8] Auftraggeber sollen »**weitere Kriterien**« für die Auswahl der Unternehmen für die Teilnahme am Vergabeverfahren aufstellen können.[9] Dass die Auswahl der Bewerber ausschließlich auf Grundlage der wirtschaftlichen, finanziellen und technischen Leistungsfähigkeit erfolgen kann, ist weder § 7 b noch der zugrundeliegenden Sektorenrichtlinie zu entnehmen (anders als die Vorgaben der RL 2004/18/EG für klassische Auftraggeber, Art. 44 Abs. 2, 47 und 48 der RL 2004/18/EG, in der explizit vorgesehen ist, dass die Eignung anhand der wirtschaftlichen, finanziellen und technischen Leistungsfähigkeit erfolgen muss).[10] In der Regel werden objektive Kriterien jedoch schon deshalb einen Bezug zur Fachkunde, Leistungsfähigkeit und Zuverlässigkeit aufweisen, weil sie objektiv, d. h. sachbezogen und diskriminierungsfrei sein müssen.[11] Ein objektives Kriterium kann z. B. die einschlägige Erfahrung als Hauptauftragnehmer komplexer Dienst- oder Lieferleistungen sein.[12] Auch die Erfüllung bestimmter Qualitätsstandards, insbesondere international harmonisierter Normen, wird als zulässiges objektives Kriterium angesehen.[13] Ein »weiteres« Kriterium kann gemäß § 7 b Nr. 3 die objektive Notwendigkeit der Verringerung der Anzahl der Bewerber sein.

---

8 *Müller-Wrede* in: Müller-Wrede, VOL/A, § 7 b Rn. 8 f; *Glahs* in: Kapellmann/Messerschmidt, VOB, A § 8 b Rn. 18; *Schranner* in: Ingenstau/Korbion, VOB/A, § 8 b Rn. 5; *Rusam* in: Heiermann/Riedl/Rusam, VOL/A, § 8 b Rn. 2.
9 *Glahs* in: Kapellmann/Messerschmidt, VOB A § 8 b Rn. 18; *Müller-Wrede* in: Müller-Wrede, VOL/A, § 7 b Rn. 9.
10 Vgl. auch *EuGH* Urt. v. 20. 9. 1988, Rs. 31/87 – Beentjes, Slg. 1988, I-4635 Rn. 17. So auch *Prieß* in: Motzke/Pietzcker/Prieß, VOB/A, § 8 b Rn. 17.
11 Im Ergebnis so auch *Prieß* in: Motzke/Pietzcker/Prieß, VOB/A, § 8 b Rn. 18. Nach *VK Südbayern* Beschl. v. 28. 5. 2001, 09–04/01 (zu § 8 b VOB/A) ist ein Bezug zur Eignung (Leistungsfähigkeit, Zuverlässigkeit, Fachkunde) für die konkret ausgeschriebene Leistung erforderlich.
12 Vgl. *Zdzieblo* in: Daub/Eberstein, VOL/A, § 7 b Rn. 16; *Müller-Wrede* in: Müller-Wrede, VOL/A, § 7 b Rn. 9.
13 Vgl. dazu *Prieß* in: Motzke/Pietzcker/Prieß, VOB/A, § 8 b Rn. 18.

2. Regeln i. S. v. § 7 b Nr. 1 Abs. 1

Unter dem Begriff der »Regeln« sind die **verfahrensrechtlichen Grundsätze und** 14
Richtlinien für die Eignungsprüfung zusammengefasst.[14] Darunter fallen etwa allgemeine Grundsätze, wie ein Verbot der Diskriminierung der Bewerber durch Bevorzugung von Bewerbern aus bestimmten Regionen bzw. die Beschränkung des Wettbewerbs auf bestimmte Gebiete.[15] Teilweise wird auch die Gewichtung der aufgestellten Kriterien für die Auswahl der Bewerber z. B. anhand von Punktesystemen hier verortet.[16] Dafür, dass auch die Gewichtung der einzelnen Kriterien/die Bewertungsmatrix unter die »objektiven Regeln« fällt, enthält weder § 7 b noch die RL 2004/17/EG Anhaltspunkte. Auftraggeber sind daher nicht verpflichtet, die von ihnen aufgestellten Kriterien zu gewichten. Ist eine solche Gewichtung indes vorgesehen, gebietet es der Transparenzgrundsatz, diese Gewichtung als »objektive Regel« festzulegen und den interessierten Unternehmen nach § 7 b Nr. 1 Abs. 1 S. 2 auch mitzuteilen.[17] Unter den Begriff »Regeln« fallen ferner auch alle sonstigen Verfahrensregeln, wie z. B. Fristen oder der vorgesehene Verfahrensablauf.

3. Objektivität der Regeln und Kriterien

Die Regeln und Kriterien müssen dem Erfordernis der Objektivität genügen. Das bedeutet, dass sie nur rein sach- und auftragsbezogene Gesichtspunkte enthalten dürfen und nicht von sachwidrigen oder subjektiven Elementen beeinflusst sein dürfen.[18]

Angesichts des europäischen Ursprungs der Regelung (Art. 54 Abs. 2 RL 2004/17/EG) ist die Forderung objektiver Kriterien als Ausprägung des allgemeinen gemeinschaftsrechtlichen **Diskriminierungsverbotes** zu sehen. Grundlage hierfür ist die Rechtsprechung des Europäischen Gerichtshofs zu den Grundfreiheiten, die dogmatisch ebenfalls Diskriminierungsverbote sind.[19] Infolgedessen ist der Begriff »objektiv« im Einklang mit der EuGH-Rechtsprechung dahin auszulegen, dass er jede unmittelbare oder mittelbare Diskriminierung aufgrund der Staatsangehörigkeit oder des Sitzes eines Bewerbers untersagt. Es dürfen also keine Kriterien gewählt werden, die unmittelbar oder mittelbar einheimische Unternehmen bevorzugen.[20] Darüber hinaus ist dem **allgemeinen vergaberechtlichen Gleichbehandlungsgrundsatz** entsprechend auch jegliche sonstige Ungleichbehandlung ohne sachlichen Grund untersagt. Nur so kann dem Diskriminierungsverbot des § 97 Abs. 2 GWB hinreichend Rechnung getragen werden. Die Kriterien dürfen daher nicht zur Folge haben, dass ein

---

14 Vgl. *Müller-Wrede* in: Müller-Wrede: VOL/A, § 7 b Rn. 7; *Prieß* in: Motzke/Pietzcker/Prieß, VOB/A, § 8 b Rn. 12; *Zdzieblo* in: Daub/Eberstein, VOL/A, § 7 b Rn. 11.
15 *Rusam* in: Heiermann/Riedl/Rusam, VOB/A, § 8 b Rn. 2; *Müller-Wrede* in: Müller-Wrede, VOL/A, § 7 b Rn. 7.
16 *Müller-Wrede* in: Müller-Wrede, VOL/A, § 7 b Rn. 7; vgl. auch *VK Südbayern* Beschl. v. 28. 5. 2001 – 09-04/01 zu § 8 b VOB/A.
17 Vgl. *VK Südbayern* Beschl. v. 28. 5. 2001 – 09-04/01 zu § 8 b VOB/A. Auch Art. 54 Abs. 2 der RL 2004/17/EG enthält insofern keine Beschränkung der Übermittlungspflicht auf die Eignungskriterien.
18 *Müller-Wrede* in: Müller-Wrede, VOL/A, § 7 b Rn. 6 und 9; so auch *Schranner* in: Ingenstau/Korbion, VOB/A, § 8 b Rn. 3.
19 Vgl. dazu *Prieß* in: Motzke/Pietzcker/Prieß, VOB/A, § 8 b Rn. 8 ff.
20 Vgl. auch *EuGH* Urt. v. 20. 9. 1988, Rs. 31/87 – Beentjes, Slg. 1988, I-4635 Rn. 30.

bestimmter Bieter oder Bieterkreis faktisch vom Teilnahmewettbewerb ausgeschlossen ist, da die Kriterien von ihm erheblich schwerer oder gar nicht zu erfüllen sind, ohne dass das Erfordernis eines solchen Kriteriums sachlich gerechtfertigt wäre.

17 Aus der Maßgeblichkeit der Grundfreiheiten des EG-Vertrages leitet sich ferner ab, dass auch das Prinzip der **gegenseitigen Anerkennung** zu beachten ist.[21] Dieses Prinzip ist besonders im Zusammenhang mit vom Auftraggeber geforderten Nachweisen (etwa in Bezug auf bestimmte Ausbildungen) zu berücksichtigen, anhand derer die Eignung überprüft werden soll. Solche Nachweise (z. B. Ausbildungsnachweise) dürfen nur unter Beachtung des Prinzips der gegenseitigen Anerkennung gefordert werden, d. h. gleichwertige **Ausbildungen und Abschlüsse** aus anderen EG-Mitgliedstaaten sind jeweils als gleichwertig zu berücksichtigen.

III. Festlegung der objektiven Regeln und Kriterien (§ 7 b Nr. 1 Abs. 1 Satz 2 1. Hs.) und schriftliche Fixierung

18 § 7 b Nr. 1 Abs. 1 Satz 2 ordnet die **Festlegung der objektiven Regeln und Kriterien** an. Das dient der Verwirklichung des Transparenz- und Gleichbehandlungsgebotes. Die Festlegung der Auswahlregeln und -kriterien für das gesamte Verfahren muss daher im Voraus erfolgen.[22] Das ergibt sich auch aus der zugrundeliegenden Richtlinienvorschrift (Art. 54 Abs. 2 RL 2004/17/EG), nach der sich die Auftraggeber nach den objektiven Regeln und Kriterien richten, die sie »festgelegt haben«. Die Regeln und Kriterien dürfen weder erst nachträglich festgelegt noch nachträglich geändert werden. Eine nachträgliche Änderung der Kriterien und Regeln würde es ermöglichen, dass diese auf bestimmte Unternehmen zugeschnitten werden, was eine Verletzung des Gleichbehandlungsgrundsatzes bedeuten würde.

19 Die Festlegung der objektiven Regeln und Kriterien kann sowohl in **allgemeinen Bewerbungsbedingungen** als auch für den **Einzelfall** erfolgen.[23] Auch wenn § 7 b Nr. 1 dies nicht ausdrücklich verlangt, ist es ratsam, die festgelegten Auswahlkriterien und -regeln **schriftlich zu fixieren**. Der Auftraggeber dokumentiert dadurch, dass Auswahlkriterien und -regeln existieren und welchen Inhalt sie haben. Während die Vorgängervorschrift (§ 7 b Abs. 1 Satz 2 a. F.) noch die schriftliche Festlegung der objektiven Regeln und Kriterien vorsah, ist dieses Erfordernis mit der Neufassung der VOL/A 2006 entsprechend der Regelung in der Sektorenrichtlinie entfallen.[24]

---

21 Vgl. auch die 52. Begründungserwägung der RL 2004/17/EG, die die einschlägigen Gemeinschaftsvorschriften über die gegenseitige Anerkennung von Diplomen, Prüfungszeugnissen und sonstigen Befähigungsnachweisen für anwendbar erklärt. Für die Anwendbarkeit auch *Prieß* in: Motzke/Pietzcker/Prieß, VOB/A, § 8 b Rn. 9.
22 So auch *Müller-Wrede* in: Müller-Wrede, VOL/A, § 7 b Rn. 6.
23 *Rusam* in: Heiermann/Riedl/Rusam, VOB/A § 8 b Rn. 5.
24 Der Fortfall dieser Anordnung in der Verdingungsordnung entspricht dem Wegfall der Anordnung der schriftlichen Fixierung in den zugrunde liegenden Richtlinienvorschriften. Während auch die frühere Sektorenrichtlinie 93/38/EWG (Art. 31 Abs. 1) noch die schriftliche Festlegung der Regeln und Kriterien anordnete, enthält die neue Sektorenrichtlinie (Art. 54 Abs. 2 der RL 2004/17/EG) dieses Erfordernis nun nicht mehr ausdrücklich. Die parallele Vorschrift in der VOB/A Ausgabe 2006, § 8 b Nr. 2 Abs. 1, behält demgegenüber das Erfordernis der schriftlichen Festlegung bei.

Das Bedürfnis einer schriftlichen Festlegung ergibt sich auch aus dem Sinn und Zweck 20
der Vorschrift, die Transparenz und Chancengleichheit des Vergabeverfahrens zu gewährleisten. Die schriftliche Fixierung erleichtert den Nachweis, dass objektive Kriterien und Regeln festgelegt und im Nachhinein nicht mehr geändert wurden. Die Empfehlung der schriftlichen Festlegung korrespondiert auch mit der Verpflichtung des Auftraggebers, interessierten Unternehmen die festgelegten Regeln und Kriterien zur Verfügung zu stellen (§ 7 b Nr. 1 Abs. 1 Satz 1). Dies ist ohne schriftliche Fixierung schwer vorstellbar.

IV. Übermittlung der Regeln und Kriterien an interessierte Unternehmen (§ 7 b Nr. 1 Abs. 1 Satz 2, 2. Hs.)

Gemäß § 7 b Nr. 1 Abs. 1 Satz 2, 2. Hs. stellen die Auftraggeber die festgelegten Regeln und Kriterien den Unternehmen, die ihr Interesse an der Teilnahme am Vergabeverfahren bekundet haben, zur Verfügung. Kenntnis von der Durchführung des Vergabeverfahrens erlangen die Unternehmen in der Regel durch die Bekanntmachung im Amtsblatt der Europäischen Gemeinschaften gemäß § 17 b Nr. 2. 21

§ 7 b Nr. 1 Abs. 1 Satz 2 vermittelt Unternehmen einen durchsetzbaren Anspruch auf 22
Übermittlung der vom Auftraggeber festgelegten Regeln und Kriterien für die Auswahl der Bewerber. Für das Entstehen des Anspruchs genügt die Interessensbekundung des Unternehmens, insbesondere die Aufforderung, ihm die festgelegten Regeln und Kriterien zukommen zu lassen.[25] Die Pflicht zur Übermittlung setzt eine solche Aufforderung jedoch auch voraus.[26] Ein besonderes rechtlich schutzwürdiges Interesse an der Kenntnis der Regeln und Kriterien ist hierfür nicht erforderlich.[27] Ein solches zusätzliches Erfordernis ist bereits mit dem Wortlaut von § 7 b Abs. 1 Satz 2 nicht vereinbar, der ausdrücklich nur die Bekundung von Interesse voraussetzt. Auftraggeber können jedoch auch von sich aus bestimmten Unternehmen die Unterlagen über die Auswahlkriterien und -regeln zuleiten und sich nach deren Eignung und Interesse an der Ausführung der Leistung erkundigen.[28] Der Einfachheit halber können die Regeln und Kriterien auch bereits in der europaweiten Bekanntmachung veröffentlicht werden.

V. Fachkunde, Leistungsfähigkeit und Zuverlässigkeit (§ 7 b Nr. 1 Abs. 2)

Objektive Auswahlkriterien im Sinne von § 7 b Nr. 1 Abs. 1 sind gemäß § 7 b Nr. 1 23
Abs. 2 Satz 1 insbesondere: die Fachkunde, Leistungsfähigkeit und Zuverlässigkeit

---

25 Vgl. dazu *VK Südbayern* Beschl. v. 28. 5. 2001 – 09-04/01 zu § 8 b VOB/A.
26 So auch *Müller-Wrede* in: Müller-Wrede, VOL/A, § 7 b Rn. 8; *Zdzieblo* in: Daub/Eberstein, VOL/A, § 7 b Rn. 14; *VK Südbayern* Beschl. v. 28. 5. 2001 – 09-04/01 zu § 8 b VOB/A.
27 A. A. für § 8 b VOB/A *Schranner* in: Ingenstau/Korbion, VOB/A § 8 b Rn. 4 und differenzierend *Franke/Mertens* in: Franke/Kemper/Zanner/Grünhagen, VOB/A § 8 b Rn. 11; wie hier: *Prieß* in: Motzke/Pietzcker/Prieß, VOB/A, § 8 b Rn. 15 hinsichtlich der Formulierung »interessierte Unternehmen« in § 8 b VOB/A.
28 *Kuß* VOB/A § 8 b Rn. 5; *Zdzieblo* in: Daub/Eberstein, VOL/A, § 7 b Rn. 14.

eines Bewerbers. Bei diesen drei Kriterien handelt es sich um die drei klassischen Eignungskriterien des deutschen Vergaberechts (vgl. § 97 Abs. 4 GWB, §§ 2 Nr. 3, 7 Nr. 4 und 25 Nr. 2 Abs. 1 VOL/A. Das Kriterium der Zuverlässigkeit hat durch den neu in die VOL/A 2006 eingefügten § 7 b Nr. 1 Abs. 3 (Ausschluss wegen rechtskräftiger Verurteilung) eine zwingend zu beachtende Konkretisierung erhalten.

24 Die Hervorhebung »insbesondere« in § 7 b Nr. 1 Abs. 2 wird in der Regel dahingehend verstanden, dass es sich hierbei nur um beispielhafte Auswahlkriterien im Sinne von § 7 b Nr. 1 Abs. 1 handelt, neben denen auch andere objektive Kriterien zulässig sind.[29] Diese müssen jedoch sachbezogen und nichtdiskriminierend sein. Es sind jedoch nur wenige Auswahlkriterien denkbar, die nicht die Fachkunde, Leistungsfähigkeit und Zuverlässigkeit eines Bewerbers betreffen. Als Maßstab für die Zulässigkeit von Auswahlkriterien, die nicht die Fachkunde, Leistungsfähigkeit und Zuverlässigkeit eines Bewerbers betreffen, kann die Rechtsprechung des EuGH zu »vergabefremden Kriterien« herangezogen werden, wonach vergabefremde Auswahlkriterien unter bestimmten Bedingungen zulässig sind.[30]

25 Zum Nachweis der Fachkunde, Leistungsfähigkeit und Zuverlässigkeit können gemäß § 7 b Nr. 1 Abs. 2 Satz 2 entsprechende Nachweise gefordert werden, soweit es durch den Gegenstand des Auftrags gerechtfertigt ist; dabei muss der Auftraggeber die berechtigten Interessen des Unternehmens am Schutz seiner Betriebsgeheimnisse berücksichtigen. Aufgrund des diesbezüglich identischen Wortlauts mit § 7 Nr. 4 kann grundsätzlich auf die Kommentierung zu § 7 Nr. 4 verwiesen werden. Eine Konkretisierung dahingehend, welche Nachweise für den Nachweis der Leistungsfähigkeit in »finanzieller und wirtschaftlicher Hinsicht« sowie in »technischer Hinsicht« verlangt werden können, enthält § 7 b Nr. 1 Abs. 6 und 7 (siehe hierzu die entsprechende Kommentierung).

C. Ausschluss wegen rechtskräftiger Verurteilung (§ 7 b Nr. 1 Abs. 3 bis 5)

26 § 7 b Nr. 1 Abs. 3 wurde im Rahmen der Neufassung der VOL/A 2006[31] eingefügt. Die Vorschrift enthält einen neuen zwingenden Ausschlusstatbestand wegen Unzuverlässigkeit aufgrund rechtskräftiger Verurteilung wegen einer Katalogstraftat. § 7 b Nr. 1 Abs. 3 setzt Art. 54 Abs. 4 RL 2004/17/EG im Sektorenbereich um und entspricht der Neufassung von § 7 a Nr. 2 sowie § 5 Nr. 1 Abs. 3 bis 5 SKR. Es wird daher grundsätzlich auf die ausführliche Darstellung in der **Kommentierung zu § 7 a Nr. 2** verwiesen.

---

29 *Glahs* in: Kapellmann/Messerschmidt, VOB/A § 8 b Rn. 18; *Schranner* in: Ingenstau/Korbion, VOB/A, § 8 b Rn. 5; *Müller-Wrede* in: Müller-Wrede, VOL/A, § 7 b Rn. 7; *Rusam* in: Heiermann/Riedl/Rusam, VOB/A § 8 b Rn. 2. Vgl. auch die Erläuterungen zu § 7 b Nr. 1 Abs. 1.
30 Ausführlich dargestellt in der Kommentierung zu § 7 Nr. 1.
31 Neufassung der Verdingungsordnung für Leistungen – Teil A (VOL/A) – Ausgabe 2006 – vom 6. 4. 2006 (Bundesanzeiger Nr. 100 a vom 30. 5. 2006). Die Dritte Verordnung zur Änderung der Vergabeverordnung, BGBl. 2006 I S. 2334 f., vom 26. 10. 2006 nimmt in der statischen Verweisung in § 4 Abs. 1 S. 1 VgV jetzt auf die Neufassung der VOL/A Ausgabe 2006 Bezug.

Im Unterschied zum § 7 Nr. 5, der lediglich *Kann*-Ausschlusstatbestände enthält, ord- 27
net § 7 b Nr. 1 Abs. 3 bei Vorliegen seiner Voraussetzungen zwingend den Ausschluss
des Bewerbers von der Teilnahme an einem Vergabeverfahren an. Neben diesen zwingenden Ausschlussgründen bleiben jedoch die Kann-Ausschlusstatbestände aus § 7
Nr. 5, und hier insbesondere § 7 Nr. 5 lit. c (nachweislich schwere Verfehlung, die
die Zuverlässigkeit des Bewerbers in Frage stellt) anwendbar. Das ergibt sich bereits
aus § 1 b Nr. 1 Abs. 1, nach dem die b-Paragraphen zusätzlich zu den Basisparagraphen gelten. Für die den Nichtoffenen oder Verhandlungsverfahren vorgeschalteten
Teilnahmewettbewerbe ergibt sich die Anwendbarkeit ferner ausdrücklich auch aus
§ 7 b Nr. 2.

Der in § 7 b Nr. 1 Abs. 3 normierte zwingende Ausschluss eines Bewerbers bei rechts- 28
kräftiger Verurteilung wegen einer Katalogstraftat gilt sowohl für Nichtoffene Verfahren und Verhandlungsverfahren als auch für Offene Verfahren. Zwar betreffen die
§ 7 b Nr. 1 Abs. 3 vorangehenden Absätze 1 und 2 sowie die nachfolgenden § 7 b
Nr. 2 und Nr. 3 nur den Teilnahmewettbewerb eines Nichtoffenen Verfahrens oder
eines Verhandlungsverfahrens, jedoch geben die zugrundeliegenden Richtlinienvorschriften der RL 2004/17/EG den zwingenden Ausschluss bei rechtskräftiger Verurteilung für alle Vergabearten vor, soweit die Auftraggeber öffentliche Auftraggeber im
Sinne von Art. 2 Abs. 1 lit. a) der Richtlinie sind, also staatliche oder staatlich beherrschte Auftraggeber (Art. 54 Abs. 4 UAbs. 2 i. V. m. Art. 54 Abs. 1 und 2 RL
2004/17/EG). Dies sind nach deutschem Recht die »staatlichen« und staatlich beherrschten Auftraggeber im Sinne von § 98 Nr. 1 bis 3 GWB, die aufgrund ihrer Sektorentätigkeit den 3. Abschnitt der VOL/A, also die b-Paragraphen, anzuwenden haben. Darüber hinaus legt auch der Wortlaut von § 7 b Nr. 1 Abs. 3 nahe, dass der Ausschlusstatbestand für alle Vergabearten gilt. Anhaltspunkte für eine Beschränkung auf
den Teilnahmewettbewerb bei Nichtoffenen Verfahren und Verhandlungsverfahren
liegen nicht vor.

D. Nachweis der Leistungsfähigkeit, § 7 b Nr. 1 Abs. 6 und Abs. 7

§ 7 b Nr. 1 Abs. 6 und Abs. 7 regeln, welche Nachweise der Auftraggeber als Nach- 29
weis der finanziellen und wirtschaftlichen Leistungsfähigkeit (Abs. 6) sowie der technischen Leistungsfähigkeit (Abs. 7) des Bewerbers/Bieters »in der Regel« verlangen
kann. Die Vorschriften wurden durch die Neufassung der VOL/A 2006 im Wesentlichen nicht verändert.[32] § 7 b Nr. 1 Abs. 6 und 7 konkretisieren, welche Nachweise
ein Auftraggeber für die Überprüfung des Eignungsmerkmals »Leistungsfähigkeit«
fordern kann. Sie entsprechen weitgehend § 7 a Nr. 3 Abs. 1 und Abs. 2. Es wird daher
auf die Kommentierung zu § 7 a Nr. 3 Abs. 1 und 2 verwiesen.

Die in § 7 b Nr. 1 Abs. 6 enthaltene Auflistung möglicher **Nachweise über die finan-** 30
zielle und wirtschaftliche Leistungsfähigkeit ist (wie auch die Auflistung in § 7 a

---

32 In § 7 b Nr. 1 Abs. 7 lit. a) wurde eine Konkretisierung auf die »drei« letzten Jahre vorgenommen. In § 7 b
Nr. 1 Abs. 6 lit. d) und e) die Klarstellung aufgenommen, dass diese nur für Lieferaufträge gelten.

Nr. 3 Abs. 1) nicht abschließend.[33] Das ergibt sich aus dem Wortlaut der Vorschrift: »*kann der Auftraggeber vom Unternehmen zum Nachweis der Leistungsfähigkeit in der Regel verlangen:* ...«. Die in § 7 b Nr. 1 Abs. 7 enthaltene Auflistung der **Nachweise über die technische Leistungsfähigkeit** stimmt weitgehend mit der Liste in § 7 a Nr. 3 Abs. 2 überein (mit Ausnahme von lit. g) in § 7 a Nr. 3 Abs. 2). Im Gegensatz zu § 7 a Nr. 3 Abs. 2 ist die Auflistung in § 7 b Nr. 1 Abs. 7 aber nicht abschließend. Das kommt schon im Wortlaut der Vorschrift zum Ausdruck. Während es in § 7 a Nr. 3 Abs. 2 heißt: »*In fachlicher und technischer Hinsicht kann das Unternehmen [...] seine Leistungsfähigkeit folgendermaßen nachweisen:* ...«, gestattet es § 7 b Nr. 1 Abs. 7 dem Auftraggeber, die genannten Nachweismöglichkeiten »*in der Regel*« zu verlangen. Darüber hinaus enthält die § 7 b zugrundeliegende Richtlinie RL 2004/17/EG anders als die § 7 a zugrunde liegende RL 2004/18/EG keine Vorgaben über mögliche Eignungsnachweise. Auftraggeber, die dem 3. Abschnitt der VOL/A unterfallen, können daher auch andere als die in § 7 b Nr. 1 Abs. 7 aufgelisteten Nachweise zum Nachweis der technischen Leistungsfähigkeit verlangen. Gemäß § 7 b Nr. 1 Abs. 2 müssen diese »zusätzlichen« Nachweise aber durch den Gegenstand des Auftrags gerechtfertigt sein. Ferner dürfen diese auch keinen Bewerber/Bieter ohne sachlichen Grund benachteiligen.

E. Ausschlussgründe nach § 7 Nr. 5 (§ 7 b Nr. 2)

I. Allgemeines

31 Gemäß § 7 b Nr. 2 können auch die Ausschlussgründe nach § 7 Nr. 5 objektive Auswahlkriterien im Sinne von § 7 b Nr. 1 sein.[34] Ausschlussgründe nach § 7 Nr. 5 sind vor allem: **Insolvenz, Liquidation, schwere Verfehlungen, Nichtzahlung von Steuern, Abgaben und Sozialversicherungsbeiträgen, vorsätzliche unzutreffende Angaben im Vergabeverfahren**. Durch die Formulierung des § 7 b Nr. 2 als **Kann**-Bestimmung ist es dem Auftraggeber überlassen, bei der Festlegung der objektiven Kriterien im Sinne der § 7 b Nr. 1 auf die Ausschlusskriterien nach § 7 Nr. 5 zurückzugreifen. Der Auftraggeber hat über die Einbeziehung der Ausschlusskriterien des § 7 Nr. 5 in die Auswahlkriterien nach **pflichtgemäßem Ermessen** zu entscheiden.[35]

II. Wahlfreiheit zwischen zwingendem oder fakultativem Ausschluss

32 Die grundsätzlich nicht zwingenden Ausschlusstatbestände des § 7 Nr. 5 können durch die Einbeziehung der Ausschlussgründe in die objektiven Auswahlkriterien zu zwingenden Ausschlusstatbeständen erhoben werden. Hier zeigt sich der gegenüber den klassischen Auftraggebern weitere Gestaltungsspielraum der Sektorenauf-

---

33 Allgemeine Auffassung, vgl. nur *Müller-Wrede* in: Müller-Wrede, VOL/A, § 7 b Rn. 10.
34 Vgl. dazu im Einzelnen die Kommentierung zu § 7 Nr. 5.
35 *Müller-Wrede* in: Müller-Wrede, VOL/A, § 7 b Rn. 16; *Zdzieblo* in: Daub/Eberstein, VOL/A, § 7 b, Rn. 21.

traggeber im Vergabeverfahren.[36] Will der Auftraggeber einen zwingenden Ausschluss bei Vorliegen eines Ausschlusstatbestandes nach § 7 Nr. 5 herbeiführen, muss er den betreffenden Ausschlussgrund in den objektiven Kriterien jedoch deutlich als zwingenden Ausschlussgrund kennzeichnen (»*Ausgeschlossen wird: ...*«).

Auftraggeber können die Ausschlussgründe des § 7 Nr. 5 jedoch auch als fakultativen Ausschlussgrund in die objektiven Auswahlkriterien des § 7 b Nr. 1 einbeziehen. Macht ein Auftraggeber von dieser Möglichkeit Gebrauch, liegt es bei Vorliegen eines Ausschlusstatbestandes in seinem Ermessen, den Bewerber auszuschließen. Bei der Festlegung der objektiven Regeln und Kriterien muss der Auftraggeber daher auf die entsprechende Formulierung des Ausschlussgrundes achten. Nimmt der Auftraggeber auf § 7 Nr. 5 lediglich Bezug, so bleibt es bei einem *Kann*-Ausschluss bei Vorliegen eines der Ausschlusstatbestände.[37]

33

III. Ausschluss nach § 7 Nr. 5 trotz unterlassener Einbeziehung der Ausschlusstatbestände des § 7 Nr. 5 in die Auswahlkriterien

Nicht abschließend geklärt ist die Frage, ob ein Auftraggeber, der ganz auf die Festlegung eines zwingenden oder fakultativen Ausschlusses bei Vorliegen eines Ausschlusstatbestandes nach § 7 Nr. 5 verzichtet hat, Bewerber dennoch wegen Vorliegens eines Ausschlusstatbestandes des § 7 Nr. 5 ausschließen kann. Teilweise wird dies verneint, da die gemäß § 7 b Nr. 1 erforderliche vorherige Festlegung der Auswahlkriterien dem Schutz der Unternehmen diene und die Auswahl der Bewerber vorhersehbar und nachprüfbar machen soll.[38] Andererseits ist jedoch zu beachten, dass gemäß dem auch im Sektorenbereich geltenden 25 Nr. 1 Abs. 2 lit. b) der Ausschluss von Angeboten solcher Bieter grundsätzlich zulässig ist, die nach § 7 Nr. 5 von der Teilnahme am Wettbewerb ausgeschlossen werden dürften. Es wäre daher widersprüchlich, einem Auftraggeber während des Teilnahmewettbewerbes mangels Einbeziehung der Ausschlussgründe des § 7 Nr. 5 in die Auswahlkriterien den unmittelbaren Ausschluss nach § 7 Nr. 5 zu untersagen, während gemäß § 25 Nr. 1 Abs. 2 lit. b) der Ausschluss des Angebotes wegen Vorliegens eines Ausschlusstatbestandes des § 7 Nr. 5 zulässig ist. Vor dem Hintergrund des Transparenzgebotes und der grundsätzlichen Verpflichtung, die Eignungskriterien im Voraus festzulegen und den Unternehmen zur Verfügung zu stellen, ist es Auftraggebern aber zu empfehlen, sich bereits bei der Festlegung der objektiven Auswahlregeln und -kriterien darauf festzulegen, ob und wie (fakultativer oder zwingender Ausschluss) die Ausschlusstatbestände des § 7 Nr. 5 einbezogen werden sollen.

34

---

36 So auch *Prieß* in: Motzke/Pietzcker/Prieß, VOB/A, § 8 b Rn. 22.
37 Anders *Zdzieblo* in: Daub/Eberstein, VOL/A, § 7 b Rn. 22 sowie *Schranner* in: Ingenstau/Korbion, VOB/A, § 8 b Rn. 7 und *Glahs* in: Kapellmann/Messerschmidt, VOB/A § 8 b Rn. 19, die insofern nicht zwischen der Festlegung eines zwingenden und eines fakultativen Ausschlusses unterscheiden.
38 *Müller-Wrede* in: Müller-Wrede, VOL/A, § 7 b Rn. 14; so wohl auch *Prieß* in: Motzke/Pietzcker/Prieß, VOB/A, § 8 b Rn. 22.

IV. Nachweise für das Nichtvorliegen der Ausschlusstatbestände des § 7 Nr. 5

35 § 7 b Nr. 2 enthält keine ausdrückliche Ermächtigung für den Auftraggeber, über das Nichtvorliegen der Ausschlussgründe aus § 7 Nr. 5 entsprechende Nachweise zu verlangen. Demgegenüber enthält § 7 a Nr. 3 Abs. 4 für klassische Auftraggeber eine ausdrückliche Ermächtigung zur Anforderung von Bescheinigungen beim Bewerber darüber, dass die in § 7 Nr. 5 genannten Ausschlussgründe auf ihn nicht zutreffen. Für Auftragsvergaben nach dem 3. Abschnitt der VOL/A wird daher zum Teil eine analoge Anwendung des § 7 a Nr. 3 Abs. 4 vorgeschlagen.[39] Einer solchen analogen Anwendung bedarf es jedoch nicht. Denn die Befugnis ergibt sich jedoch bereits aus § 7 b Nr. 1 Abs. 2 Satz 2, wonach der Auftraggeber zum Nachweis der Zuverlässigkeit entsprechende Angaben fordern kann, soweit dies durch den Auftragsgegenstand gerechtfertigt ist.[40] § 7 a Nr. 3 Abs. 4 kann jedoch insoweit für die Auslegung von § 7 b Nr. 1 Abs. 2 Satz 2 herangezogen werden, als sich aus ihm die konkreten vom Auftraggeber zu akzeptierenden Nachweise ergeben.

F. Objektive Notwendigkeit der Verringerung der Bewerberzahl (§ 7 b Nr. 3)

36 Gemäß § 7 b Nr. 3 kann auch die **objektive Notwendigkeit** der Verringerung der Zahl der Bewerber auf ein angemessenes Maß ein zulässiges Auswahlkriterium im Sinne von § 7 b Nr. 1 Abs. 1 sein. Die Zahl der Bewerber kann nach dem Wortlaut der Norm soweit verringert werden, dass »*ein angemessenes Verhältnis zwischen den besonderen Merkmalen des Vergabeverfahrens und dem zur Durchführung notwendigen Aufwand sichergestellt ist*«. Dabei sind jedoch so viele Bewerber zu berücksichtigen, dass ein Wettbewerb gewährleistet ist. Die Vorschrift ist durch die VOL/A-Reform 2006 unverändert geblieben. Vor dem Hintergrund des Wettbewerbsprinzips ist die Regelung eng auszulegen.[41] § 7 b Nr. 3 Satz 2 beschränkt dementsprechend die Grenze der Verringerung der Bewerberzahl auf ein Maß, das einen Wettbewerb noch gewährleistet. Eine **genaue Zahl mindestens aufzufordernder Bewerber** enthält weder § 7 b noch die zugrunde liegende Richtlinie 2004/17/EG. Die Anzahl aufzufordernder Bewerber ist vielmehr abhängig von den Umständen des Einzelfalles. In Anlehnung an § 7 Nr. 2 Abs. 2 und Art. 44 Abs. 3 UAbs. 2 der RL 2004/18/EG sollten jedoch mindestens drei Bewerber für die Teilnahme am Vergabeverfahren ausgewählt werden.

37 Die Notwendigkeit der Verringerung der Bewerberzahl muss **objektiv** bestehen. Hiermit wird das Erfordernis der Objektivität der Auswahlregeln und -kriterien gemäß § 7 b Nr. 1 Abs. 1 aufgegriffen. Es muss ein angemessenes Verhältnis zwischen den besonderen Merkmalen des Vergabeverfahrens und dem zur Durchführung notwendigen Aufwand sichergestellt sein. Der Auftraggeber hat also für die Entscheidung über die Begrenzung der Teilnehmerzahl auf der einen Seite die besonderen Merkmale des Ver-

---

39 *Zdzieblo* in: Daub/Eberstein, VOL/A, § 7 b Rn. 23.
40 So auch *Müller-Wrede* in: Müller-Wrede, VOL/A, § 7 b Rn. 15.
41 Vgl. *Zdzieblo* in: Daub/Eberstein, VOL/A, § 7 b Rn. 25 f.; *Müller-Wrede* in: Müller-Wrede, VOL/A, § 7 b Rn. 19; *Prieß* in: Motzke/Pietzcker/Prieß, VOB/A, § 8 b Rn. 27.

gabeverfahrens und auf der anderen Seite den notwendigen Aufwand zur Durchführung des Vergabeverfahrens zu ermitteln, miteinander zu vergleichen und abzuwägen.[42] Die Auftraggeber sollten diesen Ermittlungs- und Abwägungsvorgang hinreichend dokumentieren.[43] Unter »*besonderen Merkmalen des Vergabeverfahrens*« sind die Besonderheiten des konkreten Vergabeverfahren zu verstehen sein, etwa der Umfang oder die Komplexität eines Verfahrens.[44] Für die Auslegung des »*notwendigen Aufwandes zur Durchführung des Vergabeverfahrens*« kann die zugrundeliegende Richtlinienvorschrift (Art. 54 Abs. 3 RL 2004/17/EG) herangezogen werden. Diese spricht von den für die Durchführung des Vergabeverfahrens »*erforderlichen Ressourcen*«. Dementsprechend bezeichnet der »Aufwand« sowohl den finanziellen wie auch den personellen und zeitlichen Aufwand, der erforderlich zur Durchführung des Vergabeverfahren ist.[45] Ob die beiden Elemente in einem angemessenen Verhältnis zueinander stehen, ist durch Abwägung zu ermitteln. Bei gewöhnlichen Lieferungen oder bei Leistungen geringeren Umfangs mit einer hohen Bewerberzahl wird die Beurteilung der Angemessenheit des Aufwands daher anders ausfallen, als bei komplexen Aufträgen, für die voraussichtlich nur eine begrenzte Zahl von Bewerbern in Betracht kommt.[46]

Die Auswahl der Bewerber hat anhand der Fachkunde, Zuverlässigkeit und Leistungsfähigkeit, der Ausschlussgründe nach § 7 Nr. 5 und den übrigen Auswahlregeln und -kriterien zu erfolgen.[47] Das Vorliegen der Voraussetzungen für eine zahlenmäßige Begrenzung ist sorgfältig zu prüfen. In einem Nachprüfungsverfahren tragen Auftraggeber die Beweislast für das Vorliegen der Voraussetzungen der Vorschrift. Insbesondere kann die Nichterweislichkeit der objektiven Notwendigkeit einer zahlenmäßigen Begrenzung der Teilnehmerzahl zur Rechtswidrigkeit des Vergabeverfahrens wegen Verstoßes gegen das Wettbewerbsprinzip führen.[48] 38

G. Bietergemeinschaften (§ 7 b Nr. 4)

§ 7 b Nr. 4 enthält ein Gleichbehandlungsgebot von Bietergemeinschaften mit Einzelbietern (Satz 1). Daneben enthält die Vorschrift das Verbot von Rechtsformvorgaben für Bietergemeinschaften (Satz 2). Die Vorschrift ist durch die Neufassung der VOL/A 2006 unverändert geblieben. § 7 b Nr. 4 findet sowohl im Offenen Verfahren als auch im Nichtoffenen Verfahren und im Verhandlungsverfahren Anwendung. Denn weder nach seinem Wortlaut noch nach Sinn und Zweck ist der Anwendungsbereich von § 7 b Nr. 4 auf bestimmte Verfahrensarten beschränkt.[49] 39

---

42 So auch *Prieß* in: Motzke/Pietzcker/Prieß, VOB/A, § 8 b Rn. 25.
43 *Glahs* in: Kapellmann/Messerschmidt, VOB/A, § 8 b Rn. 22. Für eine Dokumentationspflicht vgl. *Prieß* in: Motzke/Pietzcker/Prieß, VOB/A, § 8 b Rn. 25.
44 Vgl. *Müller-Wrede* in: Müller-Wrede, VOL/A, § 7 b Rn. 20; *Prieß* in: Motzke/Pietzcker/Prieß, VOB/A, § 8 b Rn. 26; *Zdzieblo* in: Daub/Eberstein, VOL/A, § 7 b Rn. 27.
45 Vgl. *Prieß* in: Motzke/Pietzcker/Prieß, VOB/A, § 8 b Rn. 26.
46 So *Prieß* in: Motzke/Pietzcker/Prieß, VOB/A, § 8 b Rn. 26.
47 *Müller-Wrede* in: Müller-Wrede, VOL/A, § 7 b Rn. 19; *Zdzieblo* in: Daub/Eberstein, VOL/A, § 7 b Rn. 26.
48 So *Prieß* in: Motzke/Pietzcker/Prieß, VOB/A, § 8 b Rn. 27.
49 § 7 b Nr. 4 ist auch im Rahmen von Präqualifikationsverfahren (§ 7 b Nr. 6–12) anzuwenden, vgl. dazu die Kommentierung zu § 7 b Nr. 6 Abs. 1.

40 Das in § 7 b Nr. 4 enthaltene **Gleichbehandlungsgebot** ist weitestgehend mit dem in § 7 Nr. 1 Abs. 2 normierten Gleichbehandlungsgebot für »Arbeitsgemeinschaften und andere gemeinschaftliche Bewerber mit Einzelbewerbern« vergleichbar. Gemäß § 7 b Nr. 4 Satz 1 soll das Gleichbehandlungsgebot allerdings nur dann Anwendung finden, »*wenn die Bietergemeinschaft die Arbeiten im eigenen Betrieb oder in den Betrieben der Mitglieder ausführen*«. Der 2. Halbsatz der Vorschrift enthält daher seinem Wortlaut nach eine Einschränkung des Gleichbehandlungsgebots für die Fälle, in denen Bewerber etwa als Vermittler am Markt auftreten, ohne die Leistung im eigenen Betrieb erbringen zu können.[50] Eine solche Einschränkung ist aber weder mit der Sektorenrichtlinie 2004/17/EG und der Rechtsprechung des EuGH[51] noch mit § 4 Abs. 4 VgV und dem im Zuge der Neufassung der VOL/A 2006 eingefügten § 7 b Nr. 5 zu vereinbaren. Denn nach den die EuGH-Rechtsprechung umsetzenden Richtlinienvorgaben (Art. 54 Abs. 5 und 6 jeweils UAbs. 2, Art. 11 Abs. 2 RL 2004/17/EG) sowie auch gemäß § 7 b Nr. 5 und § 4 Abs. 4 VgV können sich auch Bietergemeinschaften grundsätzlich auf die Kapazitäten anderer Unternehmen stützen.[52] Diese Vorgaben würden unterlaufen, wenn das Gleichbehandlungsgebot des § 7 b Nr. 4 nur für Bietergemeinschaften gelten würde, die die ausgeschriebenen Arbeiten in eigenen Betrieben ausführen. § 7 b Nr. 4 ist daher richtlinienkonform ohne die Einschränkung des zweiten Halbsatzes zu lesen. Der zweite Halbsatz ist aufgrund seiner Gemeinschaftsrechtswidrigkeit unanwendbar. Inhaltlich wird hinsichtlich des Gleichbehandlungsgebotes auf die Ausführungen zu § 7 Nr. 1 Abs. 2 verwiesen werden.

41 § 7 b Nr. 4 enthält in Satz 2 darüber hinaus das grundsätzliche Verbot für Auftraggeber, von Bietergemeinschaften zwecks Einreichung eines Angebots oder für das Verhandlungsverfahren eine **bestimmte Rechtsform** zu verlangen. Die Vorschrift setzt Art. 11 Abs. 2 der RL 2004/17/EG um. Sie entspricht der Regelung in § 7 a Nr. 3 Abs. 7. Inhaltlich wird daher auf die Kommentierung zu § 7 a Nr. 3 Abs. 7 verwiesen.

H. Einsatz fremder Unternehmen (§ 7 b Nr. 5)

42 Gemäß § 7 b Nr. 5 können sich Unternehmen, sei es als Einzelbewerber oder als Mitglied einer Bewerber/Bietergemeinschaft, zum Nachweis ihrer Leistungsfähigkeit und Fachkunde der Fähigkeit anderer Unternehmen bedienen. Dies gilt unabhängig von dem rechtlichen Charakter der zwischen ihnen und den Nachunternehmen bestehenden Verbindungen. Die Vorschrift wurde mit der Neufassung der VOL/A 2006 in § 7 b eingefügt und dient der Umsetzung von Art. 54 Abs. 5 und 6 der RL

---

50 Vgl. dazu *Müller-Wrede* in: Müller-Wrede, VOL/A, § 7 b Rn. 24.
51 Vgl. hierzu die Ausführungen und Nachweise in der Kommentierung zu § 7 Nr. 2 Abs. 1.
52 Sie haben gemäß § 7 b Nr. 5 S. 2 allerdings nachzuweisen, dass ihnen die erforderlichen Mittel bei der Erfüllung des Auftrags zur Verfügung stehen, indem beispielsweise eine entsprechende Verpflichtungserklärung der Nachunternehmen vorlegen. Durch die Vorgaben der RL 2004/17/EG wurde insoweit die bis dahin von der deutschen Rechtsprechung uneinheitlich beantwortete Frage geklärt, unter welchen Voraussetzungen sich ein Unternehmen auf die Leistungsfähigkeit und Fachkunde eines anderen Unternehmens berufen kann, vgl. dazu die Ausführungen zu § 7 b Nr. 5.

2004/17/EG. § 7 b Nr. 5 findet in **allen Verfahrensarten** Anwendung.[53] Das folgt aus den zugrundeliegenden Richtlinienvorschriften,[54] die die Entbehrlichkeit von Eigenleistungen und die Möglichkeit der Einbeziehung Dritter für alle Vergabearten vorsehen. § 7 b Nr. 5 entspricht dem wortgleichen § 7 a Nr. 3 Abs. 6. Es wird daher auf die Kommentierungen zu § 7 a Nr. 3 Abs. 6 sowie zu § 7 Nr. 2 Abs. 1 verwiesen.

I. Präqualifikationsverfahren (§ 7 b Nr. 6 bis 12)

I. Bedeutung und gemeinschaftsrechtlicher Hintergrund

§ 7 b Nr. 6 regelt die Möglichkeit der Einrichtung eines sog. Präqualifikationsverfahrens. Die Vorschrift dient gemeinsam mit § 7 b Nr. 7 bis 12 der Umsetzung von Art. 53 der Sektorenrichtlinie RL 2004/17/EG. Die Regelungen zum Präqualifikationsverfahren in § 7 b Nr. 6–12 VOL/A 2006 entsprechen im Wesentlichen ihren Vorgängervorschriften § 7 b Nr. 5 bis 11 a. F. Lediglich in einzelnen Details wurden durch die Neufassung der VOL/A einige Änderungen vorgenommen (vgl. dazu unten). 43

Nach der Legaldefinition in § 7 b Nr. 6 Abs. 1 ist das Präqualifikationsverfahren ein System zur Prüfung von Unternehmen. Teilweise wird das Präqualifikationsverfahren daher auch als **Prüf- oder Prüfungssystem** bezeichnet. Der Begriff des Prüfungssystems entspricht der Terminologie der Sektorenrichtlinie (Art. 53 RL 2004/17/EG). Im Supplement zum Amtsblatt der EU werden die Präqualifikationsverfahren deshalb als Prüfungssysteme bekannt gemacht. Die VOL/A hingegen verwendet häufig den Begriff des Prüfsystems, vgl. etwa § 17 b Nr. 2 Abs. 1 lit. c, § 17 b Nr. 4, § 28 b Nr. 3 Abs. 1. 44

Die Einrichtung von Präqualifikationsverfahren ist ein **Privileg der Sektorenauftraggeber**. Vorschläge des Europäischen Parlaments, Präqualifikationsverfahren in den europäischen Richtlinien auch für klassische Auftraggeber einzuführen, fanden keine Zustimmung.[55] Für klassische Auftraggeber können gemäß Art. 52 der RL 2004/18/EG allenfalls die Mitgliedstaaten amtliche Verzeichnisse zugelassener Bauunternehmer, Lieferanten oder Dienstleistungserbringer bzw. eine Zertifizierung durch öffentlich-rechtliche oder privatrechtliche Stellen einführen.[56] Präqualifikationsverfahren und -listen einzelner Auftraggeber sind nicht zugelassen. 45

---

53 § 7 b Nr. 5 ist auch im Rahmen von Präqualifikationsverfahren (§ 7 b Nr. 6–12) anzuwenden, vgl. Art. 53 Abs. 4 und 5 jeweils UAbs. 2 RL 2004/17/EG. Vgl. dazu auch die Kommentierung zu § 7 b Nr. 6 Abs. 1 (Einbeziehung von Nachunternehmern).
54 Art. 54 Abs. 5 und 6 der RL 2004/17/EG.
55 Vgl. dazu *Plewnia/Antweiler* in: Abschlussbericht der Studie »Öffentliches Vergabewesen – Bürokratieabbau durch Präqualifikation?« vom 30. 1. 2004, S. 65 f.
56 Für den Bereich der VOB/A sieht der Basisparagraph 8 Nr. 3 Abs. 2 VOB/A nunmehr als Nachweis der Eignung die Möglichkeit der Eintragung in die allgemein zugängliche Liste des Vereins für Präqualifikation von Bauunternehmen e. V. (Präqualifikationsverzeichnis) vor, vgl. www.pq-verein.de Auch nach einem solchen amtlichen Verzeichnis kann die Eignung von Unternehmen unabhängig von einer konkreten Auftragsvergabe geprüft werden. Entscheidender Unterschied ist aber, dass die Präqualifikation nicht vom Auftraggeber selbst, sondern vom Staat bzw. den hierfür benannten Stellen vorgenommen wird. Auch ersetzt ein solches amtliches Verzeichnis nicht den Aufruf zum Wettbewerb.

§ 7 b Teilnehmer am Wettbewerb

46 Das Präqualifikationsverfahren bietet die Möglichkeit, Unternehmen unabhängig von einem konkreten Beschaffungsvorgang in einem abstrakten und allgemeinen Prüfungsverfahren auf ihre Eignung für zukünftige Liefer- oder Dienstleistungen zu prüfen. Es ermöglicht eine generelle und vom konkreten Vergabefall unabhängige Bewertung der technischen, fachlichen, wirtschaftlichen und rechtlichen Voraussetzungen für die Ausführung bestimmter Leistungen.[57] Das Ergebnis dieser Eignungsprüfung wird in einem sog. Präqualifikationsverzeichnis (§ 7 b Nr. 10) festgehalten und kann sodann für eine oder mehrere nachfolgende Auftragsvergaben verwendet werden. Das Präqualifikationsverfahren ist in erster Linie eine (abstrakte) Vorstufe nachfolgender Nichtoffener Verfahren bzw. Verhandlungsverfahren.[58]

47 In der VOL/A ist die Möglichkeit zur Einrichtung von Präqualifikationsverfahren für Sektorenauftraggeber seit 1993 vorgesehen.[59]

II. Abgrenzung zu anderen vergaberechtlichen »Instrumenten«

a) »Präqualifizierung« im Teilnahmewettbewerb

48 Begrifflich zu unterscheiden ist das Präqualifikationsverfahren des § 7 b Nr. 6 von der »Präqualifikation« einzelner Unternehmen im Rahmen eines konkreten Beschaffungsvorgangs (Teilnahmewettbewerb). Der Begriff »Präqualifikation« wird in der vergaberechtlichen Literatur und Rechtsprechung teilweise für erfolgreiche Teilnahme an einem Teilnahmewettbewerb eines konkreten Vergabeverfahrens verwendet.[60] Eine solche konkrete »Präqualifikation« steht mit dem von einem konkreten Auftrag unabhängigen Präqualifikationsverfahren nach § 7 b Nr. 6 nicht in Zusammenhang.

b) Liste des Vereins für Präqualifikation von Bauunternehmen e. V.

49 Zu unterscheiden ist das Präqualifikationsverfahren nach § 7 b Nr. 6 auch von der nunmehr in § 8 Nr. 3 Abs. 2 VOB/A 2006 vorgesehene Möglichkeit für Bauunternehmen, die Eintragung in die Liste des Vereins für Präqualifikation von Bauunternehmern e. V. zu beantragen. Dieses Verfahren nach dem § 8 VOB/A wird ebenfalls als »Präqualifikationsverfahren« bezeichnet.[61] Entscheidender Unterschied zum Präqualifikationsverfahren der Sektorenauftraggeber ist aber, dass die Präqualifikation nicht

---

57 *Müller-Wrede* in: Müller-Wrede, VOL/A, § 7 b Rn. 27.
58 *Kemper* in Motzke/Pietzcker/Prieß, VOB/A, § 8 b Rn. 75 und 93; *Zdzieblo* in Daub/Eberstein, VOL/A, § 7 b Rn. 36. Zu der Frage ob das Präqualifikationsverfahren auch im Offenen Verfahren anwendbar ist vgl. die Erläuterungen zur systematischen Einordnung des Präqualifikationsverfahrens.
59 *Zdzieblo* in: Daub/Eberstein, VOL/A, § 7 b Rn. 34.
60 Vgl. *Weyand* ibr-online-Kommentar Vergaberecht, Stand 27. 4. 2006, § 7 b VOL/A, Rn. 5168; *Plewnia/Antweiler* Öffentliches Vergabewesen – Bürokratieabbau durch Präqualifikation? Abschlussbericht vom 30. Januar 2004, S. 14.
61 Vgl. *Glahs* in: Kapellmann/Messerschmidt, VOB, A § 8 Rn. 48. Für den Bereich der VOB/A sieht der Basisparagraph 8 Nr. 3 Abs. 2 VOB/A Ausgabe 2006 nunmehr (als Nachweis der Eignung) die Möglichkeit der Eintragung in die allgemein zugängliche Liste des Vereins für Präqualifikation von Bauunternehmen e. V. (Präqualifikationsverzeichnis) vor, vgl. www.pq-verein.de.

von den Auftraggebern selbst, sondern vom Staat bzw. hierfür benannten Stellen wie dem Verein für Präqualifikation von Bauunternehmen e. V. vorgenommen wird.

c) Unternehmer- und Lieferantenverzeichnisse (ULV)

Weiterhin zu unterscheiden ist das Präqualifikationsverfahren gemäß § 7 b Nr. 6 bis 12 auch von internen Lieferantenlisten bestimmter Auftraggeber und von anderen Unternehmerverzeichnissen wie beispielsweise den Unternehmer- und Lieferantenverzeichnissen (ULV). Solche ULV werden/wurden z. B. von den Auftragsberatungsstellen der Länder Brandenburg, Sachsen-Anhalt und Sachsen geführt.[62] Letztere ähneln dem Präqualifikationsverfahren insofern, als dort ebenfalls unabhängig von konkreten Beschaffungsvorgängen die Eignung von Unternehmen geprüft wird. Sie stellen jedoch als rein interne Serviceleistung der vergebenden Stellen keine Präqualifikationsverfahren im Sinne von § 7 b Nr. 6 Abs. 1 dar.[63] Angesichts des informellen Charakters der ULV können sie – anders als das Präqualifikationsverfahren nach § 7 b Nr. 6 – keinen Aufruf zum Wettbewerb ersetzen.

50

d) Rahmenvereinbarungen

Ein anderes, vom Präqualifikationsverfahren zu unterscheidendes Instrument zur Verringerung des Verwaltungsaufwands, zur Senkung der Ausschreibungskosten und zur kurzfristigen Realisierung von Aufträgen sind Rahmenvereinbarungen gemäß § 5 b.[64]

51

III. Systematische Einordnung des Präqualifikationsverfahrens

§ 7 b Nr. 6 stellt die Einrichtung von Präqualifikationsverfahren/Prüfsystemen in das Ermessen des Sektorenauftraggebers. Entscheidet sich ein Auftraggeber, ein Präqualifikationsverfahren/Prüfsystem einzurichten, so ist er jedoch an die Vorgaben des § 7 b Nr. 6 bis 12 gebunden. Teilweise wurde das Präqualifikationsverfahren lange als sogenannte »vierte Vergabeart« neben dem Offenen, dem Nichtoffenen und dem Verhandlungsverfahren angesehen.[65] Dies ist jedoch dogmatisch schon deshalb unzutreffend, weil das Präqualifikationsverfahren selbst nicht mit einer konkreten Auftragsvergabe endet, sondern nur deren abstrakte Vorstufe ist (vgl. § 17 b Nr. 4, wonach

52

---

62 ULV dienen ebenfalls der Präqualifizierung von Unternehmen, da hierin Unternehmen auf Antrag aufgenommen werden, nachdem ihre generelle Eignung anhand von Nachweisen über Fachkunde, Leistungsfähigkeit und Zuverlässigkeit geprüft worden ist. Durch die Aufnahme in das ULV gelten die Einzelnachweise im Wesentlichen als erbracht. Im Gegenzug werden Verfehlungen mit der Streichung aus dem ULV sanktioniert. Auftraggeber können mit den durchführenden Auftragsberatungsstellen vereinbaren, die Bescheinigung der Eintragung in ein ULV als Eignungsnachweis zu akzeptieren. Vgl. dazu *Plewnia/Antweiler* in: Abschlussbericht der Studie »Öffentliches Vergabewesen – Bürokratieabbau durch Präqualifikation?« vom 30. 1. 2004, S. 37.
63 Vgl. für das ULV Berlin und in Bezug auf das Präqualifikationsverfahren nach § 8 b VOB/A: *VK Berlin* Beschl. v. 22. 5. 2002 – VK-B2–20/02.
64 Vgl. die Kommentierung zu § 5 b.
65 *Jasper/Marx* Vergaberecht – Beck-Texte im dtv, Einführung, S. XXX; *Kemper* in: Motzke/Pietzcker/Prieß, VOB/A, § 8 b Rn. 75.

in einem Präqualifikationsverfahren die Unternehmen bestimmt werden, aus denen in nachfolgenden Nichtoffenen Verfahren oder Verhandlungsverfahren die Bewerber ausgewählt werden). § 17 b Nr. 2 Abs. 1 lit. c) stellt klar, dass das Präqualifikationsverfahren eine der drei Möglichkeiten des Aufrufs zum Wettbewerb ist.[66]

IV. Anwendungsbereich des Präqualifikationsverfahrens

53 Eine konkrete Auftragsvergabe auf der Grundlage eines Präqualifikationsverfahrens ist von der VOL/A ausdrücklich nur für Nichtoffene Verfahren und Verhandlungsverfahren vorgesehen. In § 17 b Nr. 4 heißt es: »*Erfolgt ein Aufruf zum Wettbewerb durch Veröffentlichung einer Bekanntmachung über das Bestehen eines Prüfsystems, so werden die Bieter in einem Nichtoffenen Verfahren oder die Teilnehmer an einem Verhandlungsverfahren unter den Bewerbern ausgewählt, die sich im Rahmen eines solchen Systems qualifiziert haben*«. Teilweise wird daher vertreten, nach Durchführung eines Präqualifikationsverfahrens könnten nur noch Nichtoffene Verfahren oder Verhandlungsverfahren durchgeführt werden, deren Teilnehmer ausschließlich aus den bereits im Präqualifikationsverfahren qualifizierten Unternehmen auszuwählen sind; die Durchführung eines Offenen Verfahrens komme hingegen nicht mehr in Betracht.[67]

54 Diese Ansicht erscheint jedoch zu eng.[68] § 17 b Nr. 4 gilt ausdrücklich für den Fall, dass einziger Aufruf zum Wettbewerb die Bekanntmachung des Präqualifikationsverfahrens war (§ 17 b Nr. 2 lit. c)). Aufgrund des **Transparenzgebotes** (insbesondere der Bekanntmachungspflicht) ist es in diesem Fall in der Tat unverzichtbar, dass lediglich solche Unternehmen zur Teilnahme an Nichtoffenen und Verhandlungsverfahren zugelassen werden, die sich zuvor erfolgreich an dem Präqualifikationsverfahren beteiligt haben. Würden darüber hinaus (also ohne erneuten Aufruf zum Wettbewerb) weitere Unternehmen beteiligt, würde dies eine unzulässige Diskriminierung der Unternehmen bedeuten, die sich erfolgreich am Präqualifikationsverfahren beteiligt haben, vom Auftraggeber aber nicht zur Teilnahme an Nichtoffenen oder Verhandlungsverfahren zugelassen werden. Es steht einem Auftraggeber allerdings frei, für eine konkrete Auftragsvergabe durch **Bekanntmachung des konkreten Vergabeverfahrens** (sei es in Form eines Offenen, Nichtoffenen oder Verhandlungsverfahrens) einen weiteren Aufruf zum Wettbewerb durchzuführen. Hierdurch kann er sich von der durch § 17 b Nr. 4 auferlegten Verpflichtung befreien, nur aus dem bereits im Präqualifikationsverfahren präqualifizierten Unternehmen auswählen zu dürfen (was z. B. sinnvoll sein kann, wenn sich nur ein oder zwei Unternehmen an dem Präqualifika-

---

66 Auftraggeber können der Pflicht, zum Wettbewerb aufzurufen gemäß § 17 b Nr. 2 auf drei Arten nachkommen, nämlich durch Veröffentlichung einer (konkreten) Bekanntmachung, durch Veröffentlichung einer regelmäßigen unverbindlichen Bekanntmachung oder aber durch Veröffentlichung einer Bekanntmachung über das Bestehen eines Prüfsystems nach § 7 b Nr. 6 (der Verweis auf Nr. 5 ist insofern ein Redaktionsversehen).
67 So wohl *Kemper* in: Motzke/Pietzcker/Prieß, VOB/A, § 8 b Rn. 76 und 282 ff.
68 Im Ergebnis übereinstimmend: *Glahs* in: Kapellmann/Messerschmidt, VOB/A § 8 b Rn. 27; *Schranner* in: Ingenstau/Korbion, VOB/A § 8 b Rn. 14. Missverständlich: *Zdzieblo* in: Daub/Eberstein, VOL/A: zunächst in § 7 b Rn. 38, mit Tendenz zu einem beschränkten Anwendungsbereich dann in § 7 b Rn. 48.

tionsverfahren beteiligt haben). In diesem Fall können sowohl Unternehmen, die sich bereits im Präqualifikationsverfahren erfolgreich präqualifiziert haben als auch weitere Unternehmen an dem konkreten Vergabeverfahren beteiligt werden. Weder §§ 7b und 17b noch Art. 53 RL 2004/17/EG enthalten Anhaltspunkte dafür, dass es einem Auftraggeber während der Laufzeit eines Präqualifikationsverfahrens/Prüfsystems untersagt ist, einen weiteren (konkreten) Aufruf zum Wettbewerb durchzuführen. Andernfalls liefen Auftraggeber bei Durchführung eines Präqualifikationsverfahrens stets Gefahr, dass sich nur wenige Unternehmen an dem Präqualifikationsverfahren beteiligen, die nachfolgend die einzigen potentiellen Auftragnehmer sind und damit eine monopol- oder oligopolartige Stellung einnähmen. Das aber kann vom Europäischen Gesetzgeber nicht gewollt sein. Denn Sektorenauftraggeber sollen durch die Möglichkeit einer Vorauswahl in Präqualifikationsverfahren entlastet, nicht jedoch zusätzlichen Risiken ausgesetzt werden.

Kennzeichnend für das Präqualifikationsverfahren ist, dass der Auftraggeber eine **55** vom konkreten Auftrag losgelöste Eignungsprüfung durchführt.[69] Auftraggeber können daher auf Grundlage eines solchen Präqualifikationsverfahrens ohne weiteren Aufruf zum Wettbewerb konkrete Aufträge vergeben. In diesem Fall sind sie an die Vorgaben von § 17b Nr. 4 gebunden (Durchführung eines Nichtoffenen oder Verhandlungsverfahrens unter ausschließlicher Beteiligung der erfolgreich präqualifizierten Teilnehmer des Präqualifikationsverfahrens). Auftraggeber können aber durch Bekanntmachung und Durchführung eines konkreten Vergabeverfahrens auch erneut zum Wettbewerb aufrufen und ein vollständiges Vergabeverfahren durchführen. An dem konkreten Vergabeverfahren können jedoch auch die bereits im Präqualifikationsverfahren qualifizierten Unternehmen beteiligt werden. Diese können vom Nachweis ihrer Eignung entbunden werden.[70]

Eine **Pflicht zur Durchführung eines Offenen Verfahrens bei Nichtvorliegen der** **56** **Voraussetzungen eines Nichtoffenen oder Verhandlungsverfahrens** besteht jedoch nicht. Denn § 17b Nr. 2 Abs. 1 stellt es Sektorenauftraggebern ausdrücklich frei, ob ihr Aufruf zum Wettbewerb durch die Bekanntmachung eines konkreten Vergabeverfahrens oder durch die Bekanntmachung eines Prüfsystems erfolgt. Es wird Auftraggebern damit freigestellt, ein Prüfsystem einzurichten und sich so in die Lage zu versetzen, keine weitere Bekanntmachung durchführen zu müssen, sondern gleich in ein Nichtoffenes Verfahren oder Verhandlungsverfahren »einsteigen« zu können. Dies entspricht im Übrigen auch der Systematik der RL 2004/17/EG, die Sektorenauftraggebern grundsätzlich ein Wahlrecht zwischen den Vergabearten einräumt, was Grundlage der Regelungssystematik der Prüfungssysteme in Art. 53 RL 2004/17/EG ist.

---

69 *Plewnia/Antweiler* Öffentliches Vergabewesen – Bürokratieabbau durch Präqualifikation? Abschlussbericht vom 30. 1. 2004, S. 63.
70 In diesem Sinne auch: *Appel* S. 122; *Glahs* in: Kapellmann/Messerschmidt, VOB/A § 8b Rn. 36; *Plewnia/ Antweiler* Öffentliches Vergabewesen – Bürokratieabbau durch Präqualifikation? Abschlussbericht vom 30. 1. 2004, S. 63.

V. Funktion und Bedeutung von Präqualifikationsverfahren

57 Präqualifikationsverfahren/Prüfsysteme werden errichtet, um die Eignung von interessierten Unternehmen nicht nur in Bezug auf eine konkrete Auftragsvergabe, sondern grundsätzlich und für eine Reihe von Aufträgen zu überprüfen. Die geeigneten Bewerber werden in ein **Verzeichnis** aufgenommen, aus dem der Auftraggeber dann im Falle einer Beschaffung **ohne einen weiteren Aufruf zum Wettbewerb** Unternehmer zur Angebotsabgabe oder zur Teilnahme an einem Verhandlungsverfahren auffordern kann.

1. Praktische Bedeutung

58 Von der Möglichkeit der Einrichtung von Präqualifikationsverfahren/Prüfungssystemen im Sinne von Art. 53 RL 2004/17/EG wird in Deutschland wie auch europaweit Gebrauch gemacht. Im Zeitraum November 2005 bis November 2006 erfolgten allein 180 Bekanntmachungen über das Bestehen deutscher Präqualifikationsverfahren im Supplement zum Amtsblatt der EU (VOL/A- und VOB-Bereich). Europaweit wurden von Juli 2001 bis November 2006 ca. 4.800 bestehende Präqualifikationsverfahren bekannt gemacht. Allein auf deutsche Präqualifikationsverfahren entfielen davon 770.[71]

2. Vorteile des Präqualifikationsverfahrens

59 Wesentlicher Vorteil des Präqualifikationsverfahren ist die **zeitliche Streckung der Eignungsprüfung** sowie gleichzeitig eine **Zeitersparnis im unmittelbaren Vorfeld einer konkreten Auftragsvergabe,** da kein erneuter Aufruf zum Wettbewerb erfolgen muss.[72] Der Auftraggeber kann sich frühzeitig ein Bild von den als Auftragnehmer in Frage kommenden Unternehmen machen und die Eignung potentieller Unternehmen ohne den zeitlichen Druck einer unmittelbar anstehenden Auftragsvergabe prüfen.[73] Steht bei bestehendem Präqualifikationssystem eine konkrete Auftragsvergabe bevor, so gilt die zuvor erfolgte Veröffentlichung der Bekanntmachung über das Bestehen eines Präqualifikationsverfahrens als Aufruf zum Wettbewerb (vgl. § 17 b Nr. 2 Abs. 1 lit. c). Von Bedeutung ist das Präqualifikationsverfahren daher einerseits insbesondere für **Aufträge, die absehbar sehr kurzfristig vergeben werden müssen** oder für **Aufträge, in deren Rahmen eine aufwendige Eignungsprüfung** vorzunehmen ist. Eine aufwendige Eignungsprüfung kann z. B. bei Leistungen mit langer Lebensdauer erforderlich sein, oder wenn die Überprüfung ganzer Produktionsanlagen notwendig ist. Eine intensive Vorprüfung wird auch immer dann erforderlich sein, wenn die Mangelhaftigkeit von Produkten/Leistungen zu enormen Schäden und Folgekosten führen könnte oder wenn ein Unternehmen gänzlich neue, noch nicht bewährte Produkte anbietet.[74]

---

71 Quelle: http://ted.europa.eu. Die Zahlen beinhalten auch Wiederholungsveröffentlichungen.
72 *Müller-Wrede* in: Müller-Wrede, VOL/A, § 7 b Rn. 28.
73 *Kemper* in: Jestaedt/Kemper/Marx/Prieß, S. 135; *Otto* in: Forum '96 Öffentliches Auftragswesen, S. 80; *Kemper* in: Motzke/Pietzcker/Prieß, VOB/A, § 8 b Rn. 64 ff.
74 Zur praktischen Bedeutung: *Niemand* in Forum '96 Öffentliches Auftragswesen, S. 72; *Klockhaus* Elektrizitätswirtschaft 1993, 1243; *Kemper* in: Motzke/Pietzcker/Prieß, VOB/A, § 8 b Rn. 72.

Die Vorschaltung eines Präqualifikationsverfahrens kann auch dazu dienen, den für 60
eine Auftragsvergabe in Frage kommenden **Bieterkreis überschaubar zu halten.**
Der Auftraggeber weiß genau um die Anzahl der präqualifizierten Unternehmen
und ist daher nicht der Ungewissheit ausgeliefert, bei einer konkreten Auftragsvergabe mit einer Fülle von Bewerbungen und Angeboten überflutet zu werden.[75]

Vorteilhaft ist das Präqualifikationsverfahren insbesondere auch dann, wenn ein Sek- 61
torenauftraggeber eine **Vielzahl von Aufträgen zu vergeben** hat. Er profitiert in diesem Fall besonders davon, dass die Eignung nur einmal zu prüfen ist. Auf diese Eignungsbeurteilung kann er dann während der gesamten Dauer des Präqualifikationsverfahrens/Prüfsystems zurückgreifen, wodurch auch die Bieter entlastet werden.
Zum anderen muss der Auftraggeber statt zahlreicher Bekanntmachung aller Einzelvergaben bei Durchführung eines Präqualifikationsverfahrens grundsätzlich nur einmal das Bestehen des Präqualifikationsverfahrens/Prüfsystems bekannt geben. Nur
wenn die Laufzeit des Präqualifikationsverfahrens mehr als drei Jahre beträgt ist die
Bekanntmachung jährlich zu wiederholen (§ 7 b Nr. 12 Abs. 2). Auch dies entlastet
nicht nur den Auftraggeber, sondern befreit auch interessierte Unternehmen davon,
das Amtsblatt der EG kontinuierlich auf anstehende Auftragsvergaben genzulesen.

Teilweise wird auch die erhöhte Transparenz von Präqualifikationsverfahren hervor- 62
gehoben. Unternehmen können infolge der vorherigen Qualifizierung im Rahmen
von Auftragsvergaben nicht mehr wegen »angeblich« fehlender Eignung zurückgewiesen werden.[76]

Aufgrund des mit der Einrichtung und Durchführung verbundenen relativ hohen 63
Aufwands kommen Präqualifikationsverfahren vor allem für Großunternehmen in
Betracht. So haben beispielsweise die Deutsche Bahn AG und die Stadtwerke München Präqualifikationsverfahren eingeführt.[77] Für kleinere Unternehmen wird der
Aufwand für die Einrichtung von Präqualifikationsverfahren häufig jedoch keine bedeutende Entlastung gegenüber der Durchführung eines klassischen Vergabeverfahrens darstellen.

3. Nachteile des Präqualifikationsverfahrens

Die Durchführung eines Präqualifikationsverfahrens ist sehr aufwendig. Der Auftrag- 64
geber ist bei Einrichtung eines Präqualifikationsverfahrens/Prüfsystems verpflichtet,
jeden Bewerber auf seine Eignung hin zu überprüfen. Dies gilt selbst dann, wenn der
Bewerber an späteren Aufträgen gar nicht interessiert ist oder angesichts der Eigenart
der in absehbarer Zeit zu vergebenden Aufträge kaum eine Chance auf Zuschlagerteilung hat.[78]

---

75 *Kemper* in: Motzke/Pietzcker/Prieß, VOB/A, § 8 b Rn. 66 f.
76 *Otto* in: Forum '96 Öffentliches Auftragswesen, S. 80.
77 Diese Präqualifikationsverfahren wurden auf der Grundlage des 4. Abschnitts der VOB/A eingeführt, vgl.
 Plewnia/Antweiler in: Abschlussbericht der Studie »Öffentliches Vergabewesen – Bürokratieabbau durch
 Präqualifikation?« vom 30. 1. 2004, S. 16.
78 *Kemper* in: Jestaedt/Kemper/Marx/Prieß, S. 135 f.

§ 7 b Teilnehmer am Wettbewerb

65 Kehrseite des Präqualifikationsverfahrens ist es ferner, dass der Zugang zu den konkret zu vergebenden öffentlichen Aufträgen in der Praxis sehr stark von dem Umstand abhängt, dass interessierte Unternehmen um das Bestehen eines Präqualifikationsverfahrens wissen und sich daraufhin für eine Präqualifikation entschieden haben. Da in der Regel nur einmal zu Beginn des Präqualifikationsverfahrens ein Aufruf zum Wettbewerb stattfindet,[79] besteht in der Tat die Gefahr der Wettbewerbsverengung und sinkender Transparenz. Zum einen werden die Unternehmen benachteiligt, die den Aufwand der Präqualifikation scheuen, weil sie noch keine Angaben zu etwaigen Aufträgen haben. Zum anderen sind Unternehmen im Nachteil, die vom Bestehen eines Präqualifikationsverfahrens keine Kenntnis genommen haben und mangels eines weiteren Aufrufs zum Wettbewerb für den konkreten Beschaffungsvorgang auch keine Kenntnis hiervon erlangen werden. Dies kann insbesondere Newcomerunternehmen treffen, die weder über langjährige Geschäftsverbindungen mit Sektorenauftraggebern verfügen noch einen umfassenden Marktüberblick haben. Aus ebendiesen Gründen (Wettbewerbsverengung, Intransparenz) lehnten es auf europäischer Ebene sowohl die Kommission als auch der Rat ab, die Regelungen über Präqualifikationsverfahren auf klassische Auftraggeber auszuweiten.[80]

VI. Überblick über den Ablauf des Präqualifikationsverfahrens

a) Europaweite Bekanntmachung über das Bestehen eines Präqualifikationsverfahrens/Prüfsystems

66 Der Auftraggeber gibt die Einrichtung eines Präqualifikationsverfahrens im Supplement zum Amtsblatt der Europäischen Gemeinschaften bekannt (§ 7 b Nr. 12). Mit der Veröffentlichung kann er seiner Verpflichtung zum Aufruf zum Wettbewerb hinsichtlich aller Aufträge nachkommen, die er später auf der Basis dieses Präqualifikationsverfahrens ohne erneuten Aufruf zum Wettbewerb vergeben wird, vgl. § 17 b Nr. 2 Abs. 1 lit. c) i. V. m. § 17 b Nr. 4. Es besteht jedoch gemäß Bekanntmachungsformular auch die Möglichkeit, die Bekanntmachung des Präqualifikationsverfahrens (durch Ankreuzen der dafür vorgesehenen Option) ausdrücklich nicht als Aufruf zum Wettbewerb zu qualifizieren. In diesem Fall muss der Auftraggeber bei Vergabe eines konkreten Auftrages jedoch erneut zum Wettbewerb aufrufen und ein Vergabeverfahren durchführen.

67 Soweit das Präqualifikationsverfahren für nicht mehr als drei Jahre gilt, genügt die einmalige Bekanntmachung zu Beginn des Verfahrens. Wenn die Laufzeit drei Jahre überschreitet, ist eine jährliche Bekanntmachung notwendig (§ 7 b Nr. 12 Abs. 2 S. 2). Die

---

[79] Nur bei Prüfungssystemen, die länger als drei Jahre laufen, ist ein jährlicher Aufruf erforderlich, vgl. § 7 b Nr. 12 Abs. 2.
[80] Geänderter Vorschlag für eine RL des Europäischen Parlamentes und des Rates über die Koordinierung der Verfahren öffentlicher Lieferaufträge, Dienstleistungsaufträge und Bauaufträge, KOM (2002) 236 endg. S. 49; Stellungnahme der KOM vom 14. 8. 2003, KOM (2003) 503, S. 8; Gemeinsamer Standpunkt des Rates (EG) Nr. 33/2003 vom 20. 3. 2003, ABl. EG Nr. C 147 vom 24. 6. 2003, E-134; *Plewnia/Antweiler* in: Abschlussbericht der Studie »Öffentliches Vergabewesen – Bürokratieabbau durch Präqualifikation?« vom 30. 1. 2004, S. 66.

Bekanntmachung muss nach dem Muster des Anhangs VII zur Verordnung (EG) Nr. 1564/2005 erfolgen.

b) Antrag interessierter Unternehmen auf Aufnahme in das Prüfungssystem

Interessierte Unternehmen können sodann die Übermittlung der Regeln und -krite- **68** rien für die Qualifikation im Präqualifikationsverfahren beantragen (§ 7 b Nr. 6 Abs. 3). Der Auftraggeber muss die Kriterien und -regeln allen Unternehmen, die ihr Interesse bekundet haben, zur Verfügung stellen. Unternehmen können daraufhin einen Antrag auf Aufnahme in das Prüfsystem stellen. § 7 b Nr. 6 Abs. 1 Satz 2 gewährt den Unternehmen einen Anspruch darauf, **jederzeit** die Prüfung verlangen zu können. Ein zeitlicher Zusammenhang zwischen Bekanntmachung und Antragstellung ist daher nicht erforderlich.

c) Prüfung der Unternehmen

Anschließend erfolgt die Prüfung der antragstellenden Unternehmen durch den Auf- **69** traggeber. Die Prüfung kann verschiedene Prüfungsstufen umfassen und wird auf Grundlage objektiver Prüfkriterien und Prüfregeln durchgeführt. Eine Entscheidung über den Antrag muss innerhalb von sechs Monaten erfolgen (§ 7 b Nr. 8). Kann die Prüfung nicht innerhalb der ersten vier Monate nach Antragstellung erfolgen, so hat der Auftraggeber dies dem antragstellenden Unternehmen bereits zwei Monate nach Antragseingang mitzuteilen. Hierbei muss er dem Unternehmen sowohl die Gründe für die längere Bearbeitungszeit mitteilen als auch angeben, wann über den Antrag entschieden wird. Eine ablehnende Entscheidung ist dem antragstellenden Unternehmen unverzüglich, spätestens jedoch innerhalb von 15 Tagen nach der Entscheidung mitzuteilen (§ 7 b Nr. 9). Auch hier sind dem antragstellenden Unternehmen die Gründe für die Ablehnung mitzuteilen, die sich auf die Prüfkriterien beziehen müssen (§ 7 b Nr. 9 S. 2). Eine einmal erteilte Präqualifikation kann auch wieder aberkannt werden (§ 7 b Nr. 11). Die Aberkennung ist jedoch nur aufgrund der für die Qualifikation maßgeblichen Prüfkriterien und -regeln möglich.

d) Verzeichnis geprüfter Unternehmen

Nach erfolgreicher Präqualifikation wird das Unternehmen in ein Verzeichnis des **70** Auftraggebers aufgenommen (§ 7 b Nr. 10). Dieses Verzeichnis kann nach Produktgruppen und Leistungsarten untergliedert werden.

e) Vergabe konkreter Aufträge

Hat der Auftraggeber bereits durch Bekanntmachung über das Bestehen eines Präqua- **71** lifikationsverfahrens zum Wettbewerb aufgerufen, so kann er präqualifizierte Unternehmen für die konkrete Vergabe eines Auftrags ohne erneuten Aufruf zum Wettbewerb auswählen.

§ 7 b Teilnehmer am Wettbewerb

f) Bekanntmachung über die Vergabe eines Auftrags

72 Jede Auftragsvergabe ist gemäß § 28 b Nr. 1 binnen zwei Monaten nach Vergabe des Auftrags der Europäischen Kommission mitzuteilen und gemäß § 28 b Nr. 2 im Amtsblatt der EG zu veröffentlichen. Diese Veröffentlichungspflicht bleibt unabhängig von der vorherigen Durchführung eines Präqualifikationsverfahrens bestehen.

VII. Einrichtung von Präqualifikationsverfahren/Prüfsystemen und Anspruch auf Prüfung (§ 7 b Nr. 6 Abs. 1)

73 § 7 b Nr. 6 Abs. 1 Satz 1 regelt die grundsätzliche Möglichkeit für Sektorenauftraggeber im Sinne des 3. Abschnitt der VOL/A, ein Präqualifikationsverfahren/Prüfsystem einzurichten und anzuwenden. Die Vorschrift ist wie auch der zugrundeliegende Art. 53 RL 2004/17/EG als *Kann*-Vorschrift ausgestaltet. Ob ein Auftraggeber von der Möglichkeit der Einrichtung eines Präqualifikationsverfahrens Gebrauch macht, liegt daher in seinem Ermessen. Hat sich ein Auftraggeber für die Einrichtung eines solchen Präqualifikationsverfahrens/Prüfsystems entschieden, so muss er bei der Einrichtung und Anwendung desselben jedoch die nachfolgenden Bestimmungen über das Präqualifikationsverfahren beachten und einhalten (§ 7 b Nr. 6 bis 12).

1. Grundaussagen des § 7 b Nr. 6 Abs. 1

74 Haben Auftraggeber ein Präqualifikationsverfahren eingerichtet, so haben sie gemäß § 7 b Nr. 6 Abs. 1 Satz 2 dafür zu sorgen, dass sich Unternehmen jederzeit einer Prüfung unterziehen können. Satz 2 enthält damit drei wesentliche Grundaussagen:

a) Anspruch auf Prüfung

75 Zum einen haben Unternehmen einen **Anspruch auf Prüfung**.[81] Ein Auftraggeber kann eine Prüfung daher nicht verweigern. Das korrespondiert mit dem Umstand, dass die Bekanntmachung über das Bestehen eines Prüfungssystems gemäß § 17 b Nr. 2 Abs. 1 lit. c) den Aufruf zum Wettbewerb darstellt, so dass bei der Vergabe eines konkreten Auftrags kein weiterer Aufruf zum Wettbewerb erfolgen muss, sondern der Auftraggeber eine Auswahl der geprüften Unternehmen zur Angebotsabgabe auffordern kann. Ein Anspruch auf Prüfung besteht jedoch nur, sofern ein Prüfungssystem vom Auftraggeber eingerichtet worden ist. Interessierte Unternehmen haben **keinen Anspruch auf Einrichtung eines Präqualifikationsverfahrens**, sofern ein solches noch nicht besteht.[82]

b) Jederzeitige Prüfung

76 Weiterhin stellt § 7 b Nr. 6 Abs. 1 Satz 2 klar, dass der Prüfungsanspruch **jederzeit** besteht. Der Auftraggeber darf die Stellung von Anträgen auf Prüfung daher nicht zeit-

---

[81] *Zdzieblo* in: Daub/Eberstein, VOL/A, § 7 b Rn. 38 b.
[82] *Kemper* in: Motzke/Pietzcker/Prieß, VOB/A, § 8 b Rn. 86.

lich begrenzen.⁸³ Der Zugang zu öffentlichen Aufträgen würde andernfalls beschränkt, was dem Wettbewerbsprinzip des § 97 Abs. 1 GWB zuwiderliefe. Gerade junge Unternehmen, die erst nach Ablauf etwaiger Antragsfristen am Markt tätig werden, wären nach Fristablauf chancenlos.

Anspruch auf Prüfung haben interessierte Unternehmen daher grundsätzlich während der gesamten Dauer des Präqualifikationsverfahrens/Prüfsystems. Insofern besteht eine mit dem subjektiven Recht der Unternehmen auf jederzeitige Prüfung korrespondierende **Pflicht zur ständigen Prüfbereitschaft**.⁸⁴ Die Vornahme von Prüfungen darf daher auch nicht auf einen bestimmten wiederkehrenden Zeitraum begrenzt oder grundlos verschoben werden. Auftraggeber mit einem Präqualifikationssystem müssen die personell und sachlich notwendigen Prüfkapazitäten bereithalten, um ihre Pflicht zur Überprüfung erfüllen zu können.⁸⁵ Auftraggeber, die Präqualifikationsverfahren einrichten, dürfen hinsichtlich der zu schaffenden Prüfkapazitäten aber von einem vernünftigerweise zu erwartendem Bedarf ausgehen.⁸⁶ Ein Auftraggeber ist – nach dem Grundsatz von Treu und Glauben – nicht verpflichtet, bei einem nur vorübergehenden Bearbeitungsstau wegen einer zwischenzeitlichen Häufung von Anträgen die Zahl seiner Mitarbeiter zu erhöhen.⁸⁷ Allerdings müssen Auftraggeber auf die Einhaltung der in § 7 b Nr. 8 vorgeschriebenen Bearbeitungsfristen für die Entscheidung von vier bzw. maximal sechs Monaten achten. 77

Nicht abschließend geklärt ist die Frage, ob eine Prüfung abgelehnt werden kann, wenn ein Antrag auf Prüfung erst kurz vor Ablauf eines zeitlich befristeten Prüfungssystems gestellt wird, so dass eine Beteiligung an einer konkreten Auftragsvergabe aus zeitlichen Gründen ohnehin nicht mehr erfolgen kann. Da Sinn und Zweck der Präqualifikation in diesem Falle nicht mehr erreicht werden können, ist § 7 b Abs. 1 Satz 2 in diesem Fall teleologisch zu reduzieren.⁸⁸ Die Prüfung kann in diesem Fall abgelehnt werden. Ist jedoch nicht auszuschließen, dass während der Laufzeit des Prüfsystems noch ein Auftrag vergeben wird, hat jedes interessierte Unternehmen einen Anspruch auf Prüfung. 78

c) Anspruch auf erneute Prüfung

Gemäß Satz 2 können auch solche Unternehmen, die bereits zu einem früheren Zeitpunkt einen erfolglosen Antrag gestellt haben, jederzeit erneut die Prüfung beantragen.⁸⁹ Das gilt zumindest dann, wenn die Gründe für die vorangegangene Ablehnung zwischenzeitlich beseitigt worden sind.⁹⁰ Dies wird der Antragsteller allerdings hin- 79

---

83 Zur Möglichkeit der zeitlichen Begrenzung bis zur Neufassung der VOL/A Ausgabe 2000 vgl. *Kemper* in: Motzke/Pietzcker/Prieß, VOB/A, § 8 b Rn. 104; *Zdzieblo* in: Daub/Eberstein, VOL/A, § 7 b Rn. 38 b.
84 *Zdzieblo* in: Daub/Eberstein, VOL/A, § 7 b Rn. 38 b.
85 *Zdzieblo* in: Daub/Eberstein, VOL/A, § 7 b Rn. 38 c; *Müller-Wrede* in: Müller-Wrede, VOL/A, § 7 b Rn. 29.
86 *Zdzieblo* in: Daub/Eberstein, VOL/A, § 7 b Rn. 38 c.
87 *Zdzieblo* in: Daub/Eberstein, VOL/A, § 7 b Rn. 38 c und 49.
88 Im Ergebnis ebenso *Kemper* in: Motzke/Pietzcker/Prieß, VOB/A, § 8 b Rn. 107.
89 So auch *Müller-Wrede* in: Müller-Wrede, VOL/A, § 7 b Rn. 29.
90 *Schranner* in: Ingenstau/Korbion, VOB/A, § 8 b Rn. 15.

2. Dauer des Präqualifikationsverfahrens/Prüfsystems

80 § 7 b Nr. 12 Abs. 2 dokumentiert den gesetzgeberischen Willen, dem Auftraggeber die Entscheidung darüber überlassen zu wollen, für welche Dauer er ein Präqualifikationsverfahren/Prüfsystem einrichtet. Die Prüfungssysteme können zeitlich begrenzt werden. Sie können aber auch unbefristet eingerichtet werden. Dies ergibt sich aus den unterschiedlichen Bekanntmachungspflichten für Systeme mit einer Dauer von mehr als drei Jahren und solchen von kürzerer Dauer. Der Auftraggeber kann auch nachträglich die Geltungsdauer verlängern oder verkürzen.[91] Es sind dann aber die damit korrespondierenden Bekanntmachungspflichten zu beachten (d. h. jährliche Bekanntmachung bei Laufzeit über drei Jahre gemäß § 7 b Nr. 12 Abs. 2).

3. Qualifikation von »Bietergemeinschaften«

81 Am Präqualifikationsverfahren teilnahmeberechtigt sind nach § 7 b Nr. 6 Abs. 1 alle interessierten »Unternehmen«. Eine richtlinienkonforme Auslegung dieses Begriffes ergibt, dass hiervon auch Bietergemeinschaften (bzw. dogmatisch zutreffender: »Präqualifikationsgemeinschaften«[92]) erfasst sein müssen. Denn gemäß **Art. 53 der RL 2004/17/EG** können Präqualifikationsverfahren für »**Wirtschaftsteilnehmer**« eingerichtet werden. Wirtschaftsteilnehmer sind gemäß **Art. 1 Abs. 7 der RL 2004/17/EG** alle natürlichen oder juristischen Personen oder Gruppen dieser Personen, die auf dem Markt die Ausführung von Bauleistungen, die Errichtung von Bauwerken, die Lieferung von Waren oder die Erbringung von Dienstleistungen anbieten. Auch Art. 53 Abs. 4 und 5 (jeweils UAbs. 2) der RL 2004/17/EG gehen von der Teilnahmeberechtigung von »Bietergemeinschaften« aus. Ebenso ordnet § 7 b Nr. 4 ohne Beschränkung die Gleichsetzung von »Bietergemeinschaften« mit Einzelbietern an. Es ist kein Grund ersichtlich, diesen Gleichbehandlungsgrundsatz im Präqualifikationsverfahren einzuschränken. »Bietergemeinschaften« sind im Rahmen der Eignungsprüfung eines konkreten Vergabeverfahrens Einzelbietern gleichgestellt. Dieses Recht kommt ihnen auch bei der abstrakten Eignungsprüfung im Präqualifikationsverfahren zu. Daher ist auch die Präqualifizierung von »Bietergemeinschaften« möglich.

82 Nicht abschließend geklärt ist jedoch, ob einzeln präqualifizierte Unternehmen sich in nachfolgenden Auftragsvergaben zu Bietergemeinschaften zusammenschließen können. § 7 b enthält hierfür keine Regelung. Angesichts der zeitlich mitunter weit vor konkreten Beschaffungsvorgängen liegenden Präqualifikation, dürfte ein **nachträglicher Zusammenschluss bereits qualifizierter Bieter** jedoch als zulässig anzusehen sein. Es wäre reiner Formalismus, eine erneute Präqualifizierung als Gemeinschaft zu verlangen, wenn jedes Einzelunternehmen bereits nachweislich alle Anforderungen an die Eignung erfüllt.

---

91 So auch *Kemper* in: Motzke/Pietzcker/Prieß, VOB/A, § 8 b Rn. 288.
92 Im Folgenden wird der Terminus »Bietergemeinschaften« verwendet.

Allerdings tendiert die Rechtsprechung, in **Nichtoffenen Verfahren oder Verhand-** 83
lungsverfahren dazu, die **Bildung von Bietergemeinschaften nach Abschluss des
Teilnahmewettbewerbs** als **unzulässig** anzusehen.[93] Zum einen wird dies formal damit begründet, dass nur die Unternehmen bzw. Bietergemeinschaften ein Angebot abgeben dürfen, die sich zuvor präqualifiziert haben und zur Angebotsabgabe aufgefordert wurden.[94] Das wird selbst dann angenommen, wenn sich zwei Bewerber nachträglich zusammenschließen, die beide einzeln im Teilnahmewettbewerb ausgewählt wurden,[95] da der Wettbewerb in diesem Fall durch die Verringerung der Bieterzahl beeinträchtig wird.[96] Diese Bedenken bestehen im Präqualifikationsverfahren wohl nicht, denn der aktuelle Wettbewerb beginnt noch nicht mit der Präqualifikation. Die Entscheidung der Unternehmen, sich um eine konkrete Vergabe zu bewerben, steht erst mit dem Beginn eines bestimmten Vergabeverfahrens an. Die restriktive Rechtsprechung zum Bestandswechsel bei Bietergemeinschaften ist deshalb auf einzeln präqualifizierte Unternehmen nicht zu übertragen.

Denkbar ist allerdings, dass einzeln präqualifizierte Unternehmen, die sich zur Ab- 84
gabe konkreter Angebote zu Bietergemeinschaften zusammenschließen möchten, zusätzlich zu ihrer Einzelpräqualifikation kurzfristig die **Präqualifikation als Gemeinschaft** beantragen (die ohne weitere Prüfung gewährt werden dürfte).

Ebenfalls nicht ausdrücklich geregelt ist die Frage späterer Änderungen in der Zusam- 85
mensetzung präqualifizierter »Bietergemeinschaften«. Da die Eignung lediglich für die ursprüngliche Gemeinschaft festgestellt wurde, muss sich die neu zusammengesetzte Gemeinschaft wohl neu qualifizieren. Die Eintragung der ursprünglichen »Bietergemeinschaften« in das Verzeichnis ist in diesem Fall hinfällig. Dies gilt auch, wenn lediglich ein Bieter aus der Gemeinschaft ausscheidet. Auch in diesem Fall ist der Auftraggeber zu informieren und eine erneute Präqualifikation zu beantragen. Der Auftraggeber kann die bislang zuerkannte Präqualifikation gemäß § 7 b Nr. 11 aberkennen, wenn nach Wegfall eines Gemeinschaftsmitgliedes die Eignung entfällt.

4. Einbeziehung von Nachunternehmern

Wie auch im Rahmen der Eignungsprüfung konkreter Vergabeverfahren (z. B. im Rah- 86
men eines Teilnahmewettbewerbes) können sich auch Unternehmen bzw. Unternehmensgemeinschaften, die im Rahmen eines Präqualifikationsverfahrens die Präqualifikation beantragen, grundsätzlich auf die Eignung von Nachunternehmern berufen. § 7 b Nr. 5 gilt uneingeschränkt auch für das Präqualifikationsverfahren. Die antragstellenden Unternehmen müssen nachweisen, dass ihnen die Ressourcen der in ihren Antrag einbezogenen Nachunternehmer im Falle einer Beauftragung zur Verfügung stehen. Das kann etwa durch eine Verpflichtungserklärung des Nachunternehmers geschehen.[97]

---

[93] *VK Köln* Beschl. v. 30. 9. 2003 – VK VOB 27/2003; *VK Thüringen* Beschl. v. 13. 2. 2003 – 216–4002.20–003/03-EF–S; *VK Brandenburg* Beschl. v. 18. 7. 2001 – 1 VK 55/01, *VK Sachsen* Beschl. v. 6. 3. 2000 – 1/SVK/11–00; *VÜA Bund* Beschl. v. 12. 8. 1997 – 1 VÜ 12/97.
[94] *VK Köln* Beschl. v. 30. 9. 2003 – VK VOB 27/2003.
[95] *VK Köln* Beschl. v. 30. 9. 2003 – VK VOB 27/2003.
[96] *Roth* NZBau 2005, 316; *VK Köln* Beschl. v. 30. 9. 2003 – VK VOB 27/2003.
[97] Vgl. hierzu die Kommentierung zu § 7 b Nr. 5, § 7 a Nr. 3 Abs. 6 und § 7 Nr. 2 Abs. 1.

VIII. Grundlagen der Durchführung eines Präqualifikationsverfahrens (§ 7 b Nr. 6 Abs. 2 und Abs. 3)

1. Aufstellung objektiver Qualifikationsregeln und -kriterien (§ 7 b Nr. 6 Abs. 2 Satz 2)

87 Die Prüfung der antragstellenden Unternehmen hat auf der Grundlage objektiver Regeln und Kriterien zu erfolgen, die von Auftraggebern aufgestellt werden. Anders als im Rahmen von § 7 b Nr. 1 Abs. 1 Satz 2 müssen diese Regeln und Kriterien während des gesamten Bestehens des Präqualifikationssystems jedoch nicht fortwährend unverändert bleiben, sondern können gemäß § 7 b Nr. 6 Abs. 2 Satz 4 fortgeschrieben werden. Die (anfänglichen) Qualifikationsregeln und Kriterien des Präqualifikationsverfahrens sind zunächst entweder in der Bekanntmachung bzw. spätestens in den »Vergabeunterlagen« des Präqualifikationsverfahrens (d. h. in einem den interessierten Unternehmen zur Verfügung gestellten Informationsmemorandum) festzulegen.[98]

a) Objektive Regeln und Kriterien

88 Der Begriff der objektiven Regeln und Kriterien entspricht im Wesentlichen dem in § 7 b Nr. 1 Abs. 1. Es kann daher auf die dort dargestellten Grundsätze verwiesen werden. Die notwendige Fachkunde, Leistungsfähigkeit und Zuverlässigkeit oder das Nichtvorliegen von Ausschlussgründen müssen im Präqualifikationsverfahren noch nicht abschließend überprüft werden. Vielmehr steht es dem Auftraggeber frei, einen Teil der »Objektiven Kriterien« im Präqualifikationsverfahren zu prüfen, andere Kriterien aber erst später, also im konkreten Vergabeverfahren zu überprüfen.[99]

b) Ausschlusskriterien

89 Die Vorschriften für das Präqualifikationsverfahren in § 7 b enthalten keine Regelungen über die Einbeziehung von Ausschlusskriterien. Dem 3. Abschnitt der VOL/A unterfallende Auftraggeber haben allerdings zwingend den Ausschlussgrund des § 7 b Nr. 1 Abs. 3 (**Ausschluss wegen rechtskräftiger Verurteilung wegen einer Katalogstraftat**) in die objektiven Regeln und Kriterien eines Teilnahmeantrages einzubeziehen. Das gilt gemäß (dem § 7 b Nr. 6 ff. zugrunde liegenden) Art. 53 Abs. 3 UAbs. 2 RL 2004/17/EG auch für das Präqualifikationsverfahren.

90 Auch § 7 b Nr. 2, der die Möglichkeit eröffnet, die **Ausschlusstatbestände nach § 7 Nr. 5** (z. B. Insolvenz, nachweislich schwere Verfehlung, Nichtzahlung von Steuern und Abgaben, vorsätzliche falsche Angaben im Vergabeverfahren) in die objektiven Regeln und Kriterien einzubeziehen, ist im Präqualifikationsverfahren anwendbar. Das ergibt sich aus einer Auslegung des § 7 b Nr. 2 anhand der zugrundeliegenden Richtlinienbestimmung Art. 53 Abs. 3 UAbs. 1 RL 2004/17/EG, wonach die im deutschen Vergaberecht in § 7 Nr. 5 umgesetzten fakultativen Ausschlusskriterien eben-

---

[98] So auch *Kemper* in: Motzke/Pietzcker/Prieß, VOB/A, § 8 b Rn. 115.
[99] So auch *Kemper* in Motzke/Pietzcker/Prieß, VOB/A, § 8 b Rn. 113 und 308 ff.

falls in die Qualifikationsregeln und -kriterien eines Präqualifikationsverfahrens aufgenommen werden können.

c) Festlegung der Prüfregeln und -kriterien

Unter Geltung der Vorgängervorschrift § 7 b Nr. 5 Abs. 2 VOL/A 2000 wurde in der vergaberechtlichen Literatur für das Präqualifikationsverfahren eine analoge Anwendung der in § 7 b Nr. 1 Abs. 1 VOL/A 2000 angeordneten **schriftlichen** Festlegung der Regeln und Kriterien angenommen.[100] Da in der VOL/A Ausgabe 2006 das Schriftlichkeitserfordernis des § 7 b Nr. 1 a. F. gestrichen wurde, ist eine **schriftliche Festlegung der Qualifikationsregeln und -kriterien nicht zwingend erforderlich**. Dennoch sollten die festgelegten Prüfregeln und -kriterien schriftlich fixiert werden. Das gilt insbesondere dann, wenn die Regeln und Kriterien nicht voll umfänglich in der Bekanntmachung ausgeführt werden. Durch die schriftliche Niederlegung dokumentiert der Auftraggeber, dass vorab festgelegte Prüfregeln und -kriterien existieren und welchen Inhalt sie haben. Ferner sollten die Qualifikationsregeln und -kriterien auch deshalb schriftlich fixiert werden, weil sie gemäß § 7 b Nr. 6 Abs. 3 interessierten Unternehmen zur Verfügung zu stellen sind. Darüber dokumentiert eine schriftliche Festlegung, ob und ggf. inwieweit die Qualifikationsregeln und -kriterien verändert bzw. aktualisiert wurden.

91

2. Verschiedene Qualifikationsstufen (§ 7 b Nr. 6 Abs. 2 Satz 1)

Das System der Kriterien und Regeln kann gem. Nr. 6 Abs. 2 Satz 1 mehrere Qualifikationsstufen enthalten. Die Festlegung von Qualifikationsstufen ermöglicht es dem Auftraggeber, in einem Präqualifikationsverfahren nicht alle für die Eignungsprüfung festgelegten Kriterien auf einmal prüfen zu müssen. Der Auftraggeber kann im Rahmen einer **sukzessiven Prüfung** also vorsehen, zunächst die Kriterien zu überprüfen, deren Prüfung den geringsten Aufwand mit sich bringt. Auf diese Art kann er zeit- und ressourcensparend ungeeignete Unternehmen ausfiltern. Dabei ist es von den jeweiligen Umständen des Einzelfalles abhängig, ob diese Filterung am besten mit allgemeinen Kriterien oder mit speziellen Anforderungen zu bewerkstelligen ist.[101] Der Auftraggeber wird stets die Kriterien wählen, deren Prüfung er relativ einfach handhaben kann.

92

Zum Teil wird die gesetzlich vorgesehene Möglichkeit der Abstufung dahingehend ausgelegt, dass innerhalb eines Prüfungssystems **Präqualifikationen für verschiedene Auftragsarten**, z. B. differenziert nach Auftragsgröße und Auftragsart durchgeführt werden können (gestufte Präqualifizierung).[102] Für eine solche Auslegung liefert der europäische Ursprung der Regelung aber keine Hinweise. Ist dem Auftraggeber an gestuften Präqualifikationen gelegen, muss er mehrere Präqualifikationsverfahren

93

---

100 *Schranner* in: Ingenstau/Korbion, VOB/A, § 8 b Rn. 16; *Müller-Wrede* in: Müller-Wrede, VOL/A § 7 b Rn. 31; *Kemper* in: Motzke/Pietzcker/Prieß, VOB/A, § 8 b Rn. 114.
101 Vgl. *Kemper*, in Motzke/Pietzcker/Prieß, VOB/A, § 8 b Rn. 131.
102 So wohl *Müller-Wrede* in: Müller-Wrede, VOL/A, § 7 b Rn. 30; *Glahs* in: Kapellmann/Messerschmidt, VOB/A § 8 b Rn. 42.

durchführen, die er dann auf z. B. verschiedene Auftragsgrößen bzw. Auftragsschwierigkeitsgrade zuschneiden kann.[103] Gegen die – gegebenenfalls auch parallele – Durchführung mehrerer Präqualifikationsverfahren bestehen keine Bedenken.

94 Auch wenn ein Präqualifikationsverfahren in mehreren Stufen erfolgt, handelt es sich um ein **einheitliches Präqualifikationsverfahren/Prüfsystem**. Die Möglichkeit, verschiedene Prüfungsstufen vorzusehen, entbindet den Auftraggeber daher nicht davon, im Vorfeld der Prüfung alle Kriterien festzulegen und gemäß § 7 b Nr. 6 Abs. 3 Satz 1 an die interessierten Unternehmen zu übermitteln. Die gestuften Anforderungen bilden in ihrer Gesamtheit die vom Auftraggeber festgelegten Regeln und Kriterien.

3. Bezugnahme auf europäische Normen (§ 7 b Nr. 6 Abs. 2 Satz 3)

95 Der Auftraggeber kann gem. § 7 b Nr. 6 Abs. 2 Satz 3 auf geeignete europäische Normen über die Qualifizierung von Unternehmen Bezug nehmen. Die Neufassung der VOL/A hat diese bisher als *Muss*-Vorschrift gestaltete Regelung in eine **Kann-Vorschrift** geändert. Sinn und Zweck der Bezugnahme auf europäische Normen ist die Gewährleistung von Transparenz, die Vereinheitlichung von Qualifikationssystemen und die Vermeidung einer (mittelbaren) Diskriminierung von Unternehmen aus anderen EU-Mitgliedstaaten.[104] Als »europäische Normen über die Qualifizierung von Unternehmen« kommen vor allem Normen der europäischen Normungsorganisationen CEN (Europäisches Komitee für Normung), CENELEC (Europäisches Komitee für elektrotechnische Normung) oder ETSI (Europäisches Institut für Telekommunikationsnormen) in Betracht.[105]

96 Die europäischen Normen müssen jedoch für das Ziel des Präqualifikationsverfahrens geeignet sein, also den (zulässigen) objektiven Anforderungen des Auftraggebers genügen.[106] Da es sich beim Präqualifikationsverfahren um ein auf die individuellen Bedürfnisse des Auftraggebers zugeschnittenes Verfahren handelt, kann von Auftraggebern nicht verlangt werden, ihre Anforderungen an bestehenden europäischen Normen zu orientieren. Es bestand daher nach Ansicht der vergaberechtlichen Literatur bereits im Rahmen der Vorgängervorschrift jedenfalls dann **keine Pflicht zur Heranziehung europäischer Normen, wenn diese geringere Anforderungen stellten, als der Auftraggeber voraussetzen will und die Anforderungen des Auftraggebers im Einklang mit den vergaberechtlichen Vorschriften und Grundsätzen standen**.[107] Überwiegend wurde jedoch eine Nachforschungspflicht hinsichtlich bestehender europäischer Normen angenommen.[108] Angesichts der Formulierung als *Kann*-Vorschrift wird man jedoch von einer **Verpflichtung zur Nachforschung** nicht mehr ausgehen können. Dennoch ist es Auftraggebern zur Verfahrensvereinfachung und

---

103 Wie hier: *Zdzieblo* in: Daub/Eberstein, VOL/A, § 7 b Rn. 39; *Franke/Mertens* in: Franke/Kemper/Zanner/Grünhagen, VOB/A § 8 b Rn. 24; *Kemper*, in: Motzke/Pietzcker/Prieß, VOB/A, § 8 b Rn. 134.
104 *Rusam* in: Heiermann/Riedl/Rusam, VOB/A § 8 b Rn. 10; *Zdzieblo* in: Daub/Eberstein, VOL/A, § 7 b Rn. 41.
105 *Kemper* in: Motzke/Pietzcker/Prieß, VOB/A, § 8 b Rn. 117.
106 *Müller-Wrede* in: Müller-Wrede, VOL/A, § 7 b Rn. 32.
107 *Kemper* in: Motzke/Pietzcker/Prieß, VOB/A, § 8 b Rn. 118.
108 *Zdzieblo* in: Daub/Eberstein, VOL/A, § 7 b Rn. 41. *Kemper* in: Motzke/Pietzcker/Prieß, VOB/A, § 8 b Rn. 117; a. A. *Rusam* in: Heiermann/Riedl/Rusam, VOB/A § 8 b Rn. 10.

zur Wahrung des Gleichbehandlungsprinzips anzuraten, nach Möglichkeit auf die europäischen Normen über die Qualifizierung Bezug zu nehmen.

4. Fortschreibung der Prüfkriterien (§ 7 b Nr. 6 Abs. 2 Satz 4)

Gemäß § 7 b Nr. 6 Abs. 2 Satz 4 können die Kriterien und Regeln **erforderlichenfalls** 97
aktualisiert werden. Anders als § 7 Nr. 1 Abs. 1 für den Teilnahmewettbewerb Nichtoffener oder Verhandlungsverfahren, ermöglicht § 7 b Nr. 6 Abs. 2 Satz 4 für Präqualifikationsverfahren eine Fortschreibung der Qualifikationsregeln und -kriterien. Das beruht auf dem Umstand, dass Präqualifikationsverfahren auf eine längere Dauer angelegt sind (in der Regel mehrere Jahre), was **Anpassungsbedarf an nachträglich entstehende bzw. sich nachträglich ändernde Bedürfnisse** begründet. Eine Aktualisierung der Regeln und Kriterien kann z. B. insbesondere neuen Erkenntnissen im technischen Bereich gerecht werden. Eine Pflicht zur Aktualisierung besteht jedoch nicht.[109]

Unklar ist nach wie vor, wann die »**Erforderlichkeit**« einer **Fortschreibung** der Re- 98
geln und Kriterien im Sinne von § 7 b Nr. 6 Abs. 2 Satz 4 anzunehmen ist. Die Frage ist von der Rechtsprechung bislang nicht entschieden worden. In der vergaberechtlichen Literatur besteht weitgehende Einigkeit darüber, dass ein Grund zur Fortschreibung gegeben ist, wenn **Änderungen europäischer Normen zur Anpassung an die jeweilige technische Entwicklung** vorgenommen werden und hierdurch eine Anpassung der Kriterien an die europäischen Normen erforderlich wird.[110] Darüber hinaus wird vertreten, dass auch allgemein **neue technische Erkenntnisse** eine Anpassung der Kriterien jedenfalls dann möglich machen sollen, wenn diese neuen Erkenntnisse von den jeweiligen Fachkreisen allgemein anerkannt werden.[111] Teilweise wird es auch als ausreichend angesehen, dass die **Erkenntnisse lediglich für den Auftraggeber neu** sind; eine Anpassung soll dann jedenfalls insoweit möglich sein, als vergaberechtliche Grundsätze im Einzelfall nicht entgegen stehen, wie z. B. der Gleichbehandlungsgrundsatz.[112] Bei einer sehr weiten Auslegung der Vorschrift kann die Aktualisierungsbefugnis sogar auch bei einer **subjektiven Änderung des Anforderungsprofils aus Auftraggebersicht** zum Zuge kommen.[113]

Der § 7 b Nr. 6 Abs. 2 Satz 4 zugrunde liegende **Art. 53 Abs. 2 UAbs. 3 Satz 2 RL** 99
2004/17/EG spricht lediglich von einer Befugnis zur Aktualisierung »**bei Bedarf**«. Diese Formulierung legt zunächst eine großzügige Auslegung nahe, die auch subjektive Änderungsbedürfnisse der Auftraggeber einschließen würde. Demgegenüber weist die systematische Verknüpfung des **Art. 53 Abs. 2 UAbs. 3 Satz 2 RL 2004/17/EG** mit dem unmittelbar voranstehenden **Art. 53 Abs. 2 UAbs. 3 Satz 1 RL 2004/17/EG** jedoch eindeutig auf eine **Begrenzung der Fortschreibungsmög-**

---

109 A. A.: *Schranner* in: Ingenstau/Korbion, VOB, A § 8 b Rn. 16, der für eine Verpflichtung der Auftraggeber zur Aktualisierung plädiert, um die Benachteiligung innovativer Unternehmen zu verhindern.
110 *Zdzieblo* in Daub/Eberstein, VOL/A, § 7 b Rn. 42; *Kemper* in Motzke/Pietzcker/Prieß, VOB/A, § 8 b Rn. 123. So wohl auch *Müller-Wrede* in: Müller-Wrede, VOL/A, § 7 b Rn. 33.
111 *Kuß* VOB/A § 8 b Rn. 17.
112 *Kemper* in Motzke/Pietzcker/Prieß, VOB/A, § 8 b Rn. 125.
113 *Kemper* in Motzke/Pietzcker/Prieß, VOB/A, § 8 b Rn. 126.

lichkeit auf Regeln und Kriterien mit Bezug zu technischen Spezifikationen hin (Art. 53 Abs. 2 UAbs. 3 RL 2004/17/EG: »*Umfassen diese Kriterien und Regeln technische Spezifikationen, kommt Art. 34 [»technische Spezifikationen«]*[114] *zur Anwendung. Diese Kriterien und Regeln können bei Bedarf aktualisiert werden.*«. Darüber hinaus dürfte die Richtlinienbestimmung ihrem Sinn und Zweck nach erweitert dahingehend auszulegen sein, dass **Aktualisierungen aufgrund jeglicher, nicht nur unwesentlicher neuer technischer Erkenntnisse** möglich sind. Hingegen bietet die Richtlinie keinen Raum für weitergehende Aktualisierungen und Fortschreibungen (z. B. von Mindestanforderungen an die wirtschaftliche und finanzielle Leistungsfähigkeit, wie etwa Mindestumsätze). Auftraggeber, die während eines laufenden Prüfsystems Qualifikationsregeln und -kriterien ändern, die nicht auf der Aktualisierung technischer Spezifikationen oder neuer technischer Erkenntnisse beruhen, laufen daher Gefahr, dass dies von Vergabenachprüfungsinstanzen als unzulässig angesehen wird. Das mag zwar hohe Anforderungen an Auftraggeber stellen, jedoch ist es einem Auftraggeber durchaus zumutbar, sich im Hinblick an die Eignungsanforderungen für eine gewisse Dauer festzulegen. Gegebenfalls sollten Auftraggeber eine kürzere Laufzeit von Prüfsystemen in Betracht ziehen oder aber – etwa wenn die zuverlässige Festlegung von Regeln und Kriterien nicht möglich ist – auf die Einrichtung eines Prüfsystems ganz verzichten.

100 Bei der Fortschreibung der Prüfkriterien müssen Auftraggeber den Grundsatz der Gleichbehandlung beachten. Es sind daher insbesondere folgende Maßgaben zu beachten:

- **Mitteilungspflicht**: Die Fortschreibung der Prüfkriterien korrespondiert mit der Pflicht der Auftraggeber, **interessierten Unternehmen** die Fortschreibung mitzuteilen (§ 7b Nr. 6 Abs. 3). Hiervon sollen die Unternehmen profitieren, die bereits einmal die Prüfkriterien angefordert haben, sich aber nicht präqualifizieren konnten oder von einem Antrag auf Präqualifikation abgesehen haben.[115] Daher sind etwaige Fortschreibungen allen Unternehmen mitzuteilen, die jemals die Qualifizierungsregeln und -kriterien angefragt haben. Eine Verschärfung der Prüfkriterien kann darüber hinaus zur Folge haben, dass bereits qualifizierte Unternehmen die Prüfkriterien nicht mehr erfüllen. Die fortgeschriebenen Prüfkriterien sind daher auch den bereits **qualifizierten Unternehmen** mitzuteilen. Den Auftraggeber trifft eine **Prüfpflicht**, dahingehend, ob alle präqualifizierten Unternehmen den aktualisierten Kriterien noch entsprechen. Für den Auftraggeber kann eine Pflicht zur **Aberkennung der Qualifikation** gemäß § 7b Nr. 11 bestehen, wenn bereits qualifizierte Unternehmen die fortgeschriebenen Kriterien nicht mehr erfüllen.[116]
- **Absenkung auf ein niedrigeres Niveau**: Eine Fortschreibung der Regeln und Kriterien ist grundsätzlich auch im Hinblick auf ein niedrigeres Niveau zulässig. Da eine Absenkung des Anforderungsniveaus das System jedoch für einen weiteren Kreis von Unternehmen zugänglich macht, ist in diesem Fall eine Bekanntmachung

---

114 Einfügung hinzugefügt.
115 Vgl. hierzu die Erläuterungen zu § 7b Nr. 6 Abs. 3 Satz 1.
116 Vgl. dazu auch die Erläuterungen zu § 7b Nr. 11.

wie für das ursprüngliche Präqualifikationssystem vorzunehmen (Änderungsbekanntmachung).[117] Das folgt aus dem Transparenzgebot des § 97 Abs. 1 GWB. Nur so ist gewährleistet, dass auch solche Unternehmen die Präqualifikation beantragen können, die bisher aufgrund der bekannt gemachten, strengeren Anforderungen davon abgesehen haben. Diese fallen nämlich nicht in den Anwendungsbereich der Übermittlungspflicht gemäß § 7 b Nr. 6 Abs. 3 Satz 1, wenn sie zuvor noch nicht beim Auftraggeber ihr Interesse bekundet haben.[118]

5. Übermittlung der Qualifizierungsregeln und -kriterien (§ 7 b Nr. 6 Abs. 3 Satz 1)

a) Allgemeines

§ 7 b Nr. 6 Abs. 3 Satz 1 konkretisiert das Transparenzgebot des § 97 Abs. 1 GWG und gewährt allen interessierten Unternehmen das Recht, die Qualifizierungsregeln und -kriterien sowie deren Fortschreibung vom Auftraggeber zur Verfügung gestellt zu bekommen. Von der Einrichtung eines Prüfungssystems und den Modalitäten für den Erhalt der Qualifizierungsregeln und -kriterien erhalten Unternehmen in der Regel durch die nach § 7 b Nr. 12 erforderliche Bekanntmachung Kenntnis. Sie haben einen Anspruch auf Übermittlung der Regeln und Kriterien gegenüber dem Auftraggeber.[119] Auftraggeber können aber auch von sich aus Unternehmen auf ihr Prüfungssystem aufmerksam machen und zur Prüfung auffordern, da dies ausschließlich wettbewerbsfördernde Wirkung hat.[120]

101

b) Aktualisierung der Qualifizierungsregeln und -kriterien

Werden die Qualifizierungsregeln und -kriterien während der Laufzeit des Systems gemäß § 7 b Nr. 6 Abs. 2 Satz 4 aktualisiert, so ist dies allen Unternehmen, die während der Laufzeit des Prüfsystems die Übersendung der Regeln und Kriterien beantragt haben, mitzuteilen (§ 7 b Nr. 6 Abs. 3 Satz 1). Darunter fallen Unternehmen, deren Qualifikation zuvor abgelehnt wurde, Unternehmen, die nach der Bitte um Übermittlung der Kriterien von einer Antragstellung Abstand genommen haben sowie die Unternehmen, die sich erfolgreich präqualifiziert haben (zumindest bei Erhöhung der Kriterien).[121] Um auch solchen Unternehmen, die noch nicht um Übermittlung der Prüfkriterien gebeten hatten, die Kenntnisnahme von den fortgeschriebenen Kriterien zu ermöglichen, ist es zur Wahrung des Gleichbehandlungsgrundsatzes Auftrag-

102

---

117 So auch *Kemper* in Motzke/Pietzcker/Prieß, VOB/A, § 8 b Rn. 128; a. A. *Glahs* in: Kapellmann/Messerschmidt, VOB/A § 8 b Rn. 43. Die erneute Bekanntmachung muss nicht alle (aktualisierten) Kriterien enthalten – ebenso wenig wie die erste Bekanntmachung. Sehr ausführliche Anforderungen und Prüfmethoden können gemäß § 7 b Nr. 12 in Verbindung mit dem im Anhang VII der Verordnung (EG) Nr. 1564/2005 enthaltenen Muster zusammengefasst werden, soweit auf die beim Auftraggeber zugänglichen ausführlichen Unterlagen verwiesen wird.
118 Vgl. die Erläuterungen zu § 7 b Nr. 12.
119 So auch *Müller-Wrede* in: Müller-Wrede, VOL/A, § 7 b Rn. 34.
120 *Kuß* VOB/A, § 8 b Rn. 5.
121 Im Ergebnis so auch *Kemper* in: Motzke/Pietzcker/Prieß, VOB/A, § 8 b Rn. 141.

gebern anzuraten, die Aktualisierung der Qualifizierungsregeln und -kriterien erneut im Supplement zum EG-Amtsblatt gemäß § 7 b Nr. 13 bekannt zu machen.

c) Qualifizierungssysteme anderer Einrichtungen (§ 7 b Nr. 6 Abs. 3 Satz 2)

103 § 7 b Nr. 6 Abs. 3 Satz 2 sieht die Möglichkeit für Auftraggeber vor, sich auf das Qualifizierungssystem einer anderen Einrichtung zu beziehen. Hinsichtlich des genauen Vorgehens bei einer Bezugnahme auf das Qualifizierungssystem einer anderen Einrichtung bleibt die Vorschrift jedoch vage. Nach wohl zutreffender Auffassung ist Gegenstand der Bezugnahme nicht die Zugrundelegung der Regeln und Kriterien einer anderen Einrichtung bei selbständiger Durchführung des Präqualifikationsverfahrens.[122] Denn für eine solche Verfahrensweise bedürfte es keiner gesonderten Regelung. Gegenstand ist daher offenbar der Fall, dass der Auftraggeber die Präqualifikation durch einen Dritten als auch für ihn verbindlich anerkennen will. Für diese Auslegung spricht auch die zugrundeliegende Richtlinienvorschrift Art. 53 Abs. 6 UAbs. 2 RL 2004/17/EG, wonach die Bezugnahme auf ein anderes System voraussetzt, dass »*das Prüfungssystem bestimmter anderer Auftraggeber oder Stellen nach Ansicht des Auftraggebers dessen Anforderungen*« entspricht. Auftraggeber können sich daher nach § 7 b Nr. 6 Abs. 3 Satz 2 der Präqualifikation durch einen Dritten anschließen.[123]

104 Der Vorteil der Bezugnahme auf andere Qualifikationssysteme ist vor allem in der Reduzierung von zeitlichem und finanziellem Aufwand für die Einrichtung eines eigenen Systems zu sehen. Der Auftraggeber kann (und muss dann aber auch) die Ergebnisse der von dem Dritten durchgeführten Präqualifikation als seine Ergebnisse gelten lassen. Die Vorschrift macht hinsichtlich des »Dritten« keine weiteren Vorgaben. Art. 53 Abs. 6 RL 2004/17/EG spricht von Prüfungssystemen »*anderer Auftraggeber oder Stellen*«. Es besteht insofern keine Beschränkung auf Prüfungssysteme anderer Sektorenauftraggeber. Neben den Prüfsystemen anderer Sektorenauftraggeber können daher auch Systeme privater Institutionen herangezogen werden.[124] Das können etwa Einrichtungen sein, die auf die Präqualifikation von Unternehmen spezialisiert sind.[125] Die Prüfsysteme Dritter, denen sich ein Auftraggeber anschließt, müssen jedoch den Vorgaben des § 7 b Nr. 6 bis 13 entsprechen. Das kann insbesondere bei Qualifizierungssystemen privater Unternehmen problematisch sein. Zu beachten ist ferner, dass sich Verstöße des Dritten gegen vergaberechtliche Vorschriften unmittelbar auch auf die Rechtmäßigkeit des Verfahrens des Auftraggebers auswirken können, der auf das Prüfsystem eines Dritten Bezug nimmt.[126]

105 Macht ein Auftraggeber von der Möglichkeit Gebrauch, auf das Prüfsystem eines Dritten Bezug zu nehmen, muss er den interessierten Unternehmen den Namen der »dritten« Einrichtung mitteilen. Die Unternehmen können dann die Unterlagen

---

122 *Kemper* in Motzke/Pietzcker/Prieß, VOB/A, § 8 b Rn. 155.
123 Vgl. dazu *Zdzieblo* in: Daub/Eberstein, VOL/A, § 7 b Rn. 44.
124 *Rusam* in: Heiermann/Riedl/Rusam, VOB/A § 8 b Rn. 12.
125 Vgl. *Kemper* in: Motzke/Pietzcker/Prieß, VOB/A, § 8 b Rn. 158.
126 Für eine differenzierende Zurechnung nach öffentlichen Auftraggebern und privaten Einrichtungen vgl. *Kemper* in Motzke/Pietzcker/Prieß, § 8 b Rn. 156.

von dieser Einrichtung anfordern.[127] Es bleibt dem Auftraggeber jedoch unbenommen, den Unternehmern die Regeln und Kriterien der »dritten« Einrichtung direkt mitzuteilen.[128]

IX. Verfahrensregeln für das Präqualifikationsverfahren (7 b Nr. 7 bis 12)

1. Prüfung der Antragsteller (§ 7 b Nr. 7)

Gemäß § 7 b Nr. 7 dürfen Auftraggeber sowohl in ihrer Entscheidung über die Qualifikation als auch bei der Überarbeitung der Qualifizierungsregeln und -kriterien bestimmten Unternehmen keine administrativen, technischen oder finanziellen Verpflichtungen auferlegen, die sie anderen Unternehmen nicht auferlegt hätten. Ebenso wenig dürfen sie Prüfungen und Nachweise verlangen, die sich mit bereits vorliegenden objektiven Nachweisen überschneiden. Die hier konkret beschriebenen Grenzen des Verhaltens der Auftraggeber stellen Konkretisierungen des Gleichbehandlungsgebotes sowie des Verhältnismäßigkeitsgrundsatzes dar.[129] Diese in § 7 b Nr. 7 hervorgehobenen Vorgaben sind indes **nicht abschließend**. Das **vergaberechtliche Gleichbehandlungsgebot, der Verhältnismäßigkeitsgrundsatz sowie alle anderen vergaberechtlichen Grundsätze (Wettbewerb, Transparenz)** sind bei der Durchführung von Präqualifikationsverfahren unabhängig von einer konkreten Normierung in § 7 b zwingend zu beachten.[130] **106**

a) Verbot von Sonderlasten

Der erste Spiegelstrich von § 7 b Nr. 7 konkretisiert den vergaberechtlichen Gleichbehandlungsgrundsatz. Auftraggeber dürfen bestimmten Unternehmen nicht ein »Mehr« an administrativen, technischen oder finanziellen Verpflichtungen auferlegen, die sie anderen Unternehmen nicht auferlegt hätten. **107**

Eine trennscharfe Abgrenzung der drei genannten Kategorien ist nicht erforderlich, da die Auferlegung von Sonderverpflichtungen unabhängig von ihrer Einordnung und auch über die genannten Kategorien hinaus zu einer Verletzung des Gleichbehandlungsgebots führen kann.[131] Unzulässige **administrative Verpflichtungen** können beispielsweise zusätzliche behördliche Nachweise, Bescheinigungen oder Genehmigungen oder die Pflicht zu bestimmten Buchungs- und Abrechnungsverfahren für Unternehmen mit Sitz im Ausland sein.[132] Die Forderung zusätzlicher Nachweise bestimmter Verfahrenstechniken, technischer Einrichtungen oder Geräte dürften unzulässige **technische Verpflichtungen** darstellen, während unzulässige **finanzielle Verpflichtungen** zum Beispiel die Forderung der Bereitstellung von Sicherheitsleis- **108**

---

[127] *Müller-Wrede* in: Müller-Wrede, VOL/A, § 7 b Rn. 34.
[128] So auch *Kuß* VOB/A, § 8 b Rn. 19.
[129] *Zdzieblo* in: Daub/Eberstein, VOL/A, § 7 b Rn. 45.
[130] So auch *Kemper* in Motzke/Pietzcker/Prieß, VOB/A, § 8 b Rn. 189.
[131] *Kemper* in Motzke/Pietzcker/Prieß, VOB/A, § 8 b Rn. 176.
[132] *Zdzieblo* in: Daub/Eberstein, VOL/A, § 7 b Rn. 45.

§ 7 b Teilnehmer am Wettbewerb

tungen oder der etwaige Verzicht auf Vorauszahlungen sind, die von anderen Unternehmen nicht gefordert werden oder würden.[133]

b) Doppelt verlangte Nachweise

109 Das Verbot der Forderung bereits vorliegender Nachweise und Prüfungen (§ 7 b Nr. 7, 2. Spiegelstrich) ist eine spezielle Ausprägung des Verhältnismäßigkeitsgrundsatzes. Es verpflichtet Auftraggeber zu effektivem Handeln und verbietet, Nachweise zu verlangen, die bereits in einer anderen Form vorliegen. Das Verbot erstreckt sich nach Ansicht der Literatur nur auf die Doppelforderung **objektiver Nachweise**.[134] In Abgrenzung dazu sollen **subjektive Nachweise** wie z. B. Selbstauskünfte jederzeit erneut verlangt werden können. Durch die Vorschrift wird jedoch nicht das Recht der Auftraggeber beschränkt, unter Beachtung des Gleichbehandlungsgebots die Aktualisierung bereits eingereichter objektiver Unterlagen oder Nachweise zu verlangen.[135]

2. Prüfung der Unternehmen und Entscheidung (§ 7 b Nr. 8 und 9)

a) Ablauf des Verfahrens (§ 7 b Nr. 8)

110 In § 7 b Nr. 8 ist der **Grobablauf des Präqualifikationsverfahrens** von der Antragstellung bis zur Entscheidung umrissen. Die Vorschrift enthält insbesondere Vorgaben zu den **Entscheidungsfristen** im Rahmen der Präqualifikation. Durch die VOL/A 2006 wurden in den Verfahrensablauf neue, zum Teil verkürzte Fristen eingefügt, die die Auftraggeber bei der Prüfung eines Antrags auf Präqualifikation einzuhalten haben.

111 Nach Eingang eines Antrags auf Qualifikation hat der Auftraggeber innerhalb von zwei Monaten zu prüfen, wie viel Zeit die Bearbeitung des Antrags beanspruchen wird. Kann eine Entscheidung über den Antrag nicht innerhalb von vier Monaten[136] nach Eingang des Antrags getroffen werden, so muss der Auftraggeber dies dem Unternehmen spätestens zwei Monate nach Eingang des Antrags mitteilen. Dies geschieht durch einen Zwischenbescheid.[137] Dieser muss die Gründe für eine längere Bearbeitungszeit enthalten sowie die Angabe eines Entscheidungstermins. Der Entscheidungstermin darf jedoch gemäß § 7 b Nr. Satz 1 nicht später als 6 Monate[138] nach Eingang des Antrags liegen. Erhält der Antragsteller nach zwei Monaten keinen Zwischenbescheid mit der Mitteilung eines Entscheidungstermins, so kann er mit einer Entscheidung innerhalb der nächsten zwei Monate rechnen. Über den Wortlaut der Norm hinaus besteht die Informationspflicht des Auftraggebers auch, wenn sich

---

133 *Schranner* in Ingenstau/Korbion, VOB/A, § 8 b Rn. 19.
134 *Kemper* in Motzke/Pietzcker/Prieß, § 8 b Rn. 186; *Müller-Wrede* in: Müller-Wrede, VOL/A, § 7 b Rn. 35 f.
135 *Müller-Wrede* in: Müller-Wrede, VOL/A, § 7 b Rn. 37.
136 Durch die Neufassung der VOL/A 2006 wurde die Frist von sechs Monaten auf vier Monate reduziert.
137 So *Zdzieblo* in: Daub/Eberstein, VOL/A, § 7 b Rn. 49.
138 Vor der Neufassung der VOL/A 2006 war innerhalb einer »angemessenen Frist« über den Antrag zu entscheiden.

erst nach zwei Monaten herausstellt, dass eine Prüfentscheidung nicht binnen vier Monaten nach Antragstellung erfolgen kann.

b) Positive Entscheidung (§ 7 b Nr. 8)

Besondere Vorgaben über den Inhalt und die Form einer positiven Prüfungsentscheidung enthält § 7 b nicht. Gemäß § 7 b Nr. 8 ist der Antragsteller lediglich von »der Entscheidung« zu unterrichten, eine kurze Mitteilung genügt daher. Rechtsfolge der positiven Entscheidung ist die Aufnahme in das Präqualifikationsverzeichnis gemäß § 7 b Nr. 10, worauf der Antragsteller einen Anspruch hat. **112**

c) Negative Entscheidung (§ 7 b Nr. 9)

Eine negative Entscheidung über die Qualifikation ist dem Antragsteller unter **Angabe der Gründe** mitzuteilen. Diese Mitteilung hat unverzüglich, spätestens jedoch innerhalb von 15 Tagen nach der Entscheidung zu erfolgen. **113**

Dem Erfordernis einer begründeten Ablehnungsentscheidung liegen zwei Schutzzwecke zugrunde. Zum einen soll der Antragsteller erkennen können, welche Maßnahmen er für eine künftige erfolgreiche Bewerbung treffen müsste. Zum anderen soll dem Antragsteller die Einschätzung der Erfolgsaussichten eines Nachprüfungsverfahrens ermöglicht werden.[139] **114**

Das durch die Neufassung der VOL/A 2006 eingefügte Erfordernis der »**unverzüglichen**« Mitteilung sowie einer **maximalen 15-Tagesfrist** trägt dem Bedürfnis der Antragsteller nach einer zügigen Kontrollmöglichkeit Rechnung. Der Auftraggeber ist verpflichtet, dem Unternehmer **alle wesentlichen Gründe** für die Ablehnung des Präqualifikationsantrags anzugeben.[140] **115**

Die Gründe der Ablehnung müssen sich gemäß § 7 b Nr. 9 Satz 2 auf die in § 7 b Nr. 6 erwähnten Prüfungsmaßstäbe beziehen (objektive Qualifizierungsregeln und -kriterien). Die Ablehnungsentscheidung darf daher nur aufgrund der zuvor festgelegten objektiven Qualifizierungsregeln und -kriterien beruhen. Andere Erwägungen dürfen für die Entscheidung des Auftraggebers keine Rolle spielen. **116**

3. Präqualifikationsverzeichnis (§ 7 b Nr. 10)

Die qualifizierten Unternehmen sind in ein Präqualifikationsverzeichnis aufzunehmen. Dabei ist eine Untergliederung nach Produktgruppen und Leistungsarten möglich. Die praktische Bedeutung des Verzeichnisses ergibt sich aus § 17 b Nr. 4 VOL/A, wonach ein Auftraggeber ohne weiteren Aufruf zum Wettbewerb die Teilnehmer eines Nichtoffenen Verfahrens oder Verhandlungsverfahrens aus dem Präqualifikationsverzeichnis auswählen kann. Das Präqualifikationsverzeichnis dient insofern **117**

---

139 *Müller-Wrede* in: Müller-Wrede, VOL/A, § 7 b Rn. 42.
140 Zur Frage der Zulässigkeit des Nachschiebens von Gründen im Nachprüfungsverfahren vgl. *Kemper* in: Motzke/Pietzcker/Prieß, VOB/A, § 8 b Rn. 218 ff.

der Vereinfachung und der Kontrolle.[141] Für die Erstellung des Verzeichnisses macht das Vergaberecht keine weiteren verpflichtenden Vorgaben. Insbesondere ist die Untergliederung nach Produktgruppen und Leistungsarten zwar möglich und gegebenenfalls empfehlenswert, sie ist jedoch nicht vorgeschrieben. Eine Pflicht zur Veröffentlichung des Verzeichnisses besteht nicht.[142]

4. Aberkennung der Qualifikation (§ 7 b Nr. 11)

a) Allgemeines

118 Gemäß § 7 b Nr. 11 kann Unternehmen die Qualifikation grundsätzlich auch wieder aberkannt werden. Die Aberkennung ist jedoch nur aus Gründen zulässig, die auf den in § 7 b Nr. 6 genannten Maßstäben, also den vom Auftraggeber in zulässiger Art und Weise aufgestellten bzw. fortgeschriebenen objektiven Regeln und Kriterien, beruhen. Hat der Auftraggeber die Erstellung bestimmter objektiver Qualifizierungsregeln oder -kriterien versäumt, so ist die Aberkennung der Präqualifikation aufgrund nachträglicher Regeln und Kriterien unzulässig.[143]

119 Die Aberkennung erfolgt, wenn ein Unternehmer zumindest eines der Prüfkriterien nicht erfüllt. Unerheblich ist es dabei, ob ein Kriterium bei dem präqualifizierten Unternehmen nicht mehr vorliegt oder nie vorgelegen hat. Eine Aberkennung kommt daher zum einen in Betracht, wenn sich die (betrieblichen oder rechtlichen) Voraussetzungen auf der Seite des Unternehmens geändert haben. Die Aberkennung kann jedoch auch wegen einer Aktualisierung der Prüfungskriterien gemäß § 7 b Nr. 6 Abs. 2 Satz 4 notwendig werden.

120 Dabei kann der Auftraggeber auf unterschiedliche Art Kenntnis vom Nicht(mehr)vorliegen der objektiven Kriterien erhalten. Zum einen ist Kenntnisnahme auf einen Hinweis von außen möglich, etwa durch die Medien (z. B. Entfallen der Zuverlässigkeit bei Korruptionsvorwürfen). Bei einer Aktualisierung der objektiven Kriterien kann es jedoch auch lediglich der Fall sein, dass ein zum Nachweis des Vorliegens aktualisierter Kriterien aufgefordertes Unternehmen den Nachweis nicht erbringen kann.

121 Besteht lediglich der Verdacht, dass ein Unternehmer nicht (mehr) alle objektiven Kriterien erfüllt, so genügt dieser Verdacht noch nicht zur Mitteilung der beabsichtigten Aberkennung der Präqualifikation. Der Auftraggeber ist vor dem Hintergrund des Gleichbehandlungsgebotes aber gegebenenfalls (je nachdem, wie konkret der Verdacht ist) verpflichtet, dem Verdacht nachzugehen.[144] Denn es dürfen nur solche Unternehmen im Präqualifikationsverzeichnis geführt werden, die die Prüfkriterien tatsächlich erfüllen.

---

141 *Müller-Wrede* in: Müller-Wrede, VOL/A, § 7 b Rn. 43.
142 *Kemper* in: Motzke/Pietzcker/Prieß, VOB/A, § 8 b Rn. 228 ff.
143 Vgl. *VK bei der Bezirksregierung Detmold* Beschl. v. 4. 5. 2001 – VK.21–11/01 zu der parallelen Vorschrift im 4. Abschnitt § 5 Nr. 10 Satz 1 VOL/A-SKR a. F.
144 Vgl. zur Überwachungspflicht des Auftraggebers die folgenden Ausführungen zur Aberkennungspflicht. Ebenso: *Kemper* in: Motzke/Pietzcker/Prieß, VOB/A, § 8 b Rn. 235.

b) Mitteilung der beabsichtigten Aberkennung in Textform

Die Mitteilung der beabsichtigten Aberkennung der Qualifikation muss gemäß § 7 b Nr. 11 Satz 2 **mindestens 15 Tage vor dem beabsichtigten Termin der Aberkennung und in Textform** erfolgen. Die Vorgängernorm (§ 7 b Nr. 10 VOL/A a. F.) schrieb die Mitteilung der beabsichtigten Aberkennung »im Voraus« (ohne Vorgabe einer Mindestfrist) und in schriftlicher Form vor. **122**

Die neu eingefügte, konkrete Frist von mindestens 15 Tagen trägt dem Schutzzweck der Vorschrift Rechnung, dem betroffenen Unternehmen noch vor einem Entzug der Qualifikation ausreichend und umfassend Gelegenheit zur Stellungnahme zu geben, um die Vorbehalte des Auftraggebers mit sachlichen Gründen auszuräumen.[145] Aus diesem Zweck der Norm leitete die Rechtsprechung bereits hinsichtlich der Vorgängervorschrift ab, dass dem betroffenen Unternehmen eine angemessene Frist zu etwaigen Äußerungen einzuräumen sei.[146] **123**

Die für die Mitteilung zuvor vorgeschriebene Schriftform wurde durch die Textform ersetzt. Hierdurch wird der Rückgriff auf zusätzliche Wege der schnellen Information (etwa Fax oder E-Mail) ermöglicht. Nach § 126 b BGB (Textform) bedarf es bei der Verwendung der Textform weder einer Unterschrift noch einer digitalen Signatur. Vielmehr muss die Erklärung in einer Urkunde oder auf andere zur dauerhaften Wiedergabe in Schriftzeichen geeignete Weise abgegeben werden, die Person des Erklärenden genannt und der Abschluss der Erklärung durch Nachbildung der Namensunterschrift oder anders erkennbar gemacht werden. Diesen Anforderungen genügen in der Regel etwa auch Erklärungen in einer E-Mail oder einem Computerfax.[147] Insbesondere ist eine eigenhändige Unterschrift zur Wahrung der Textform nicht nötig. **124**

In der Mitteilung muss der Auftraggeber die Gründe für die beabsichtigte Aberkennung der Qualifikation angeben. Unter Berücksichtigung des vergaberechtlichen Transparenzgrundsatzes ist dem Unternehmer mitzuteilen, welches Kriterium er nicht mehr erfüllt, und auf welchen tatsächlichen Grundlagen diese Annahme des Auftraggebers beruht.[148] **125**

c) Pflicht zur Aberkennung der Präqualifikation

Aus dem Wortlaut von § 7 b Nr. 11 bzw. der gleichlautenden Vorgängervorschrift »können [...] aberkennen« wird zum Teil abgeleitet, dass dem Auftraggeber bei der Entscheidung über eine Aberkennung ein Ermessen zustehe.[149] Ein Ermessen des Auftraggebers wird jedoch nur dann anzunehmen sein, wenn ihm das seiner Entschei- **126**

---

145 *Schranner* in Ingenstau/Korbion, VOB/A, § 8 b Rn. 24.
146 *VK bei der Bezirksregierung Detmold* Beschl. v. 4. 5. 2001 – VK.21–11/01 zu § 5 Nr. 10 S. 1 VOL/A-SKR a. F.
147 *Heinrichs* in: Palandt, BGB, § 126 b Rn. 3. Es müssen dabei auch die Erfordernisse des § 130 BGB (Willenserklärung gegenüber Abwesenden) beachtet werden. Demnach genügt die elektronische Übermittlung nur, wenn der Empfänger durch Mitteilung seiner Telefaxnummer, E-Mail-Adresse oder in sonstiger Weise zu erkennen gegeben hat, dass er mit einer telekommunikativen Übermittlung von rechtserheblichen Erklärungen einverstanden ist, vgl. *Heinrichs* in: Palandt, BGB, § 126 b Rn. 6.
148 *Kemper* in: Motzke/Pietzcker/Prieß, VOB/A, § 8 b Rn. 238 f.
149 *Müller-Wrede*, in: Müller-Wrede, VOL/A, § 7 b, Rn. 45.

dung zugrunde liegende Prüfkriterium ein solches eröffnet. Das kann der Fall sein, wenn der Auftraggeber in den Prüfkriterien fakultative Ausschlussgründe im Sinne von § 7 Nr. 5 vorgesehen hat. Über diesen Fall hinaus wird allerdings regelmäßig eine Verpflichtung zur Aberkennung der Qualifikation bestehen (Ermessensreduzierung auf Null). Denn es verstieße gegen das Gleichbehandlungsgebot, wenn der Auftraggeber einen Unternehmer weiterhin in seinem Verzeichnis beließe, während anderen Unternehmen wegen derselben Gründe die Qualifizierung versagt bliebe.[150]

127 Nicht abschließend geklärt ist, welche Anforderungen an die Überwachungspflichten des Auftraggebers zu stellen sind. Ohne besonderen Anlass wird keine Pflicht zur Vornahme von Wiederholungsprüfungen bestehen. Allerdings werden sich Auftraggeber auch nicht vor konkreten Verdachtsmomenten verschließen dürfen, die darauf hinweisen, dass ein qualifiziertes Unternehmen die Voraussetzungen des Prüfungssystems nicht mehr erfüllt. Aufgrund des Gleichbehandlungsgrundsatzes kann es dann geboten sein, dass ein Auftraggeber das (Noch-)Vorliegen einzelner konkreter und in Frage gestellter Kriterien überprüft.[151]

d) Rechtsschutz gegen die Aberkennung der Qualifikation

128 Die Aberkennung der Präqualifikation ist im Wege eines Nachprüfungsantrags überprüfbar und kann auch isoliert, d. h. unabhängig von einem konkreten Vergabeverfahren, Gegenstand einer Nachprüfung sein.[152] Denn der Begriff »Bestimmungen über das Vergabeverfahren« in § 97 Abs. 7 GWB ist nicht in dem engen Sinne zu verstehen, dass das Vergabeverfahren erst mit der Aufforderung des Auftraggebers zum Wettbewerb für die Vergabe eines bestimmten Verfahrens beginnt. Der Zweck der EG-Rechtsmittelrichtlinien, den Unternehmen im Wettbewerb um öffentliche Aufträge einen umfassenden und effektiven Rechtsschutz gegenüber Auftraggebern zu gewähren, würde nicht erreicht, wenn das Präqualifikationsverfahren vom Vergabeschutz grundsätzlich ausgeklammert wäre.[153]

5. Bekanntmachung des Prüfsystems (§ 7 b Nr. 12)

a) Allgemeines

129 Präqualifikationsverfahren sind gemäß § 7 b Nr. 12 im Amtsblatt der Europäischen Gemeinschaften bekannt zu machen. Die Bezugnahme auf das im Anhang VII der Verordnung (EG) Nr. 1564/2005 enthaltene Muster konkretisiert den Veröffentlichungsinhalt. Nach diesem Muster sind in der Bekanntmachung insbesondere die folgenden Angaben zu veröffentlichen:

---

150 Im Ergebnis so auch *Kemper*, in Motzke/Pietzcker/Prieß, VOB/A, § 8 b Rn. 249.
151 Wie hier: *Kemper*, in Motzke/Pietzcker/Prieß, VOB/A, § 8 b Rn. 294, der auch annimmt, dass im Einzelfall sich nach Ablauf einer bestimmten Zeit einmal die Verpflichtung zu Wiederholungsprüfungen ergeben kann. Bei Prüfungssystemen, die auf einen sehr langen Zeitraum angelegt sind, wird man gegebenenfalls verlangen können, dass Auftraggeber nach mehreren Jahren eine Wiederholungsprüfung vornehmen.
152 VK bei der Bezirksregierung Detmold, Beschl. v. 4. 5. 2001 – VK.21–11/01.
153 VK bei der Bezirksregierung Detmold, Beschl. v. 4. 5. 2001 – VK.21–11/01.

- Informationen zum Auftraggeber (Name, Anschrift und Haupttätigkeit des Auftraggebers, Ansprechpartner für die Erteilung weiterer Informationen über das Prüfungssystem sowie für den Erhalt weiterer Unterlagen)
- Gegenstand des Prüfungssystems (Bezeichnung des Prüfungssystems, Kategorie des Auftrags- oder Beschaffungsgegenstandes sowie Beschreibung der über das Prüfungssystem zu beschaffenden Leistungen)
- Rechtliche, wirtschaftliche, finanzielle und technische Informationen. Hier sind Teilnahmebedingungen anzugeben (rechtliche, wirtschaftliche, finanzielle und technische Informationen), insbesondere Anforderungen, die die Wirtschaftsteilnehmer im Hinblick auf ihre Qualifikation erfüllen müssen und Methoden, mit denen die Erfüllung der einzelnen Anforderungen überprüft wird; sind diese Informationen sehr ausführlich und basieren auf Unterlagen, die für die interessierten Lieferanten, Bauunternehmen oder Dienstleister zugänglich sind, reichen eine Zusammenfassung der wichtigsten Bedingungen und Methoden und ein Verweis auf diese Unterlagen aus (Abschnitt III.1.1.)
- Angabe, ob die Bekanntmachung einen Aufruf zum Wettbewerb darstellt
- Informationen über die Dauer der Gültigkeit des Prüfungssystems
- Angaben zum Rechtsbehelfsverfahren/Nachprüfungsverfahren

130 Nach dem Bekanntmachungsformular hat der Auftraggeber anzugeben, wie und wo die Prüfregeln und -kriterien angefordert werden können. Diese Pflicht korrespondiert mit der Übermittlungspflicht aus § 7 b Nr. 6 Abs. 3. Die Bekanntmachung ermöglicht interessierten Unternehmen daher vor allem die Kenntnisnahme von der Einrichtung eines Prüfsystems und ermöglicht es ihnen, die Regeln und Kriterien des Systems anzufordern. Gemäß § 17 b Nr. 2 Abs. 2 werden die Kosten der Veröffentlichung der Bekanntmachung von den Gemeinschaften getragen. Weitere Vorschriften zum Verfahren der Veröffentlichung enthält § 17 b Nr. 5.

b) Bekanntmachungspflichten bei Aktualisierung der Prüfkriterien

131 Eine (erneute) Bekanntmachungspflicht bei Aktualisierung der Prüfkriterien ist in § 7 b nicht ausdrücklich geregelt. Im Einzelfall können Auftraggeber auch verpflichtet sein, die Aktualisierung von Kriterien erneut bekannt zu machen. Das gilt insbesondere bei einer Absenkung des Anforderungsniveaus. Denn in diesem Fall erreicht nur eine erneute Bekanntmachung all die Unternehmen, die aufgrund des zu hohen Anforderungsniveaus von einem Antrag auf Präqualifikation abgesehen haben (vgl. hierzu die Kommentierung des § 7 b Nr. 6 Abs. 3).

c) Zeitpunkt der Bekanntmachung

132 Das Bestehen des Prüfungssystems ist unabhängig von seiner Dauer immer zu Beginn des Verfahrens bekannt zu machen (§ 7 b Nr. 12 Abs. 2 Satz 2). Hat das Präqualifikationsverfahren eine Dauer von weniger als drei Jahren, so genügt diese erste Bekanntmachung. Ist eine Dauer von mehr als drei Jahren vorgesehen oder ergibt sich eine solche durch die Verlängerung des Verfahrens, so ist der Auftraggeber nach § 7 b Nr. 12 Abs. 2 verpflichtet, die Bekanntmachung jährlich zu veröffentlichen. Aus dem Wortlaut der Vorschrift ergibt sich insofern bereits, dass die Pflicht zur jährlichen Veröffentlichung von Beginn an gilt, und nicht erst nach Ablauf von drei Jahren einsetzt. Nach überwiegender Meinung muss die Veröffentlichung nicht nur einmal binnen eines Kalenderjahres erfolgen, sondern im Abstand von einem Jahr zur vorangegangenen Veröffentlichung.[154]

X. Vorgabe von Qualitätssicherungsnormen (§ 7 b Nr. 13)

133 Auch im Rahmen der Durchführung von Prüfungssystemen findet § 7 b Nr. 13 über die Vorgabe von Qualitätssicherungsnormen Anwendung. Das ergibt sich aus Art. 53 Abs. 8 der RL 2004/17/EG. Die Richtlinienvorschrift schreibt vor, dass Auftraggeber, die ein Prüfungssystem einrichten, die Bestimmungen über die gegenseitige Anerkennung im Zusammenhang mit administrativen oder finanziellen Bedingungen sowie betreffend Zertifikate, Nachweise und Prüfbescheinigungen einhalten müssen. Diese Bestimmungen sind in § 7 b Nr. 7 und § 7 b Nr. 13 umgesetzt (im Einzelnen vgl. die Kommentierung zu § 7 b Nr. 13).

XI. Die konkrete Auftragsvergabe bei Bestehen eines Prüfungssystems

1. Vergabe im Offenen Verfahren

134 § 7 b enthält keine Regelung über die Vergabe der nachfolgenden konkreten Aufträge bei Bestehen eines Prüfungssystems. Eine Regelung ist in lediglich in § 17 b Nr. 4 enthalten, der Art. 53 Abs. 9 der RL 2004/17/EG umsetzt. Danach gilt: »*Erfolgt ein Aufruf zum Wettbewerb durch Veröffentlichung einer Bekanntmachung über das Bestehen eines Prüfsystems, so werden die Bieter in einem Nichtoffenen Verfahren oder die Teilnehmer an einem Verhandlungsverfahren unter den Bewerbern ausgewählt, die sich im Rahmen eines solchen Systems qualifiziert haben*«. Teilweise wird daher vertreten, nach Durchführung eines Präqualifikationsverfahrens könnten nur noch Nichtoffene Verfahren oder Verhandlungsverfahren durchgeführt werden, deren Teilnehmer ausschließlich aus den bereits im Präqualifikationsverfahren qualifizierten Unternehmen auszuwählen sind; die Durchführung eines Offenen Verfahrens komme hingegen nicht mehr in Betracht.[155]

135 Diese Ansicht erscheint jedoch zu eng.[156] Es steht einem Auftraggeber frei, für eine konkrete Auftragsvergabe durch **Bekanntmachung des konkreten Vergabeverfahrens** (sei es in Form eines Offenen, Nichtoffenen oder Verhandlungsverfahrens) einen

---

154 Zdzieblo in: Daub/Eberstein, VOL/A, § 7 b Rn. 60; *Müller-Wrede* in: Müller-Wrede, VOL/A, § 7 b Rn. 47; *Kemper* in: Motzke/Pietzcker/Prieß, VOB/A, § 8 b Rn. 280. Für die Veröffentlichung nach spätestens 12 Monaten vgl. *Kuß* VOB/A, § 8 b Rn. 32.
155 So wohl *Kemper* in: Motzke/Pietzcker/Prieß, VOB/A, § 8 b Rn. 76 und 282 ff.
156 Im Ergebnis übereinstimmend: *Glahs* in: Kapellmann/Messerschmidt, VOB/A, § 8 b Rn. 27; *Schranner* in: Ingenstau/Korbion, VOB/A, § 8 b Rn. 14. Missverständlich: *Zdzieblo* in: Daub/Eberstein, VOL/A: zunächst in § 7 b Rn. 38, mit Tendenz zu einem beschränkten Anwendungsbereich dann in § 7 b Rn. 48, a. A. *Kemper* in: Motzke/Pietzcker/Prieß, VOB/A, § 8 b Rn. 76.

weiteren Aufruf zum Wettbewerb durchzuführen. Hierdurch kann er sich von der durch § 17 b Nr. 4 auferlegten Verpflichtung befreien, nur aus dem bereits im Präqualifikationsverfahren präqualifizierten Unternehmen auswählen zu dürfen (was z. B. sinnvoll sein kann, wenn sich nur ein oder zwei Unternehmen an dem Präqualifikationsverfahren beteiligt haben). In diesem Fall können sich an dem konkreten Vergabeverfahren sowohl Unternehmen, die sich bereits im Präqualifikationsverfahren erfolgreich präqualifiziert haben, als auch weitere Unternehmen – im Falle eines Offenen Verfahrens jedes Unternehmen, das ein Angebot abgibt – beteiligen. Allerdings sind die bereits im Präqualifikationsverfahren qualifizierten Bieter von der erneuten Vorlage der Nachweise, die sie bereits im Präqualifikationsverfahren vorgelegt haben, zu entbinden.[157]

Unterschiedlich beurteilt wird ferner die Frage, ob der Auftraggeber die bereits präqualifizierten Unternehmen über die Einleitung des Offenen Verfahrens informieren darf. Dies wird teilweise mit dem Argument abgelehnt, dass den präqualifizierten Unternehmen dadurch gegenüber anderen Unternehmen ein Wettbewerbsvorteil entstehen würde.[158] Richtigerweise ist jedoch darauf abzustellen, dass das Transparenzgebot bereits durch die Bekanntmachung des Offenen Verfahrens hinreichend berücksichtigt wurde. Eine **Information der präqualifizierten Unternehmen über die Durchführung eines Offenen** Verfahrens ist daher zulässig.[159] **136**

Eine **Pflicht zur Durchführung eines Offenen Verfahrens bei Nichtvorliegen der Voraussetzungen eines Nichtoffenen oder Verhandlungsverfahrens besteht** jedoch nicht. **137**

2. Vergabe im Nichtoffenen Verfahren bzw. Verhandlungsverfahren

Gemäß § 17 b Nr. 4 wählt der Auftraggeber bei nachfolgender Auftragsvergabe im Nichtoffenen oder im Verhandlungsverfahren die Teilnehmer unter den präqualifizierten Unternehmen aus. Hierdurch wird zunächst klargestellt, dass es dem Auftraggeber grundsätzlich verwehrt ist, nicht präqualifizierte Unternehmen zur Angebotsabgabe aufzufordern. **138**

Wie die **Auswahl aus dem Kreis der präqualifizierten Unternehmen** zu erfolgen hat, ist jedoch weder in § 7 b noch in § 17 b geregelt. Dies richtet sich vielmehr nach den allgemeinen Vorschriften für das Nichtoffene Verfahren und für das Verhandlungsverfahren. Nach § 7 b Nr. 1 Abs. 1 werden die Unternehmen nach »objektiven Regeln und Kriterien« ausgewählt. Art. 54 Abs. 2 RL 2004/17/EG konkretisiert diese Anforderung dahingehend, dass diese Regeln und Kriterien vorher festgelegt worden und den am Auftrag interessierten Unternehmen zugänglich sein müssen. Um den Unternehmen Gelegenheit zu geben, sich bei Stellung ihres Antrags auf Präqualifikation auf die späteren Auswahlkriterien für Teilnahme am Verfahren einzustellen, sollten Auftraggeber den Unternehmen die Auswahlkriterien für die spätere Teilnahme an Verga- **139**

---

157 So auch: *Glahs* in: Kapellmann/Messerschmidt, VOB/A, § 8 b Rn. 36; *Plewnia/Antweiler* Öffentliches Vergabewesen – Bürokratieabbau durch Präqualifikation? Abschlussbericht vom 30. 1. 2004, S. 63.
158 *Appel* S. 123.
159 Ohne weitere Begründung i. E. so auch: *Glahs* in: Kapellmann/Messerschmitt, VOB/A, § 8 b Rn. 36.

beverfahren wenn möglich bereits mit den Vergabeunterlagen zum Präqualifikationsverfahren übersenden. Ist dies nicht möglich, sollten die Kriterien den präqualifizierten Unternehmen vor Auswahl der Teilnehmer mitgeteilt werden. Die Unternehmen sollten in diesem Fall Gelegenheit erhalten, ergänzende Eignungsnachweise vorzulegen.

140 Nicht abschließend geklärt ist die Frage, ob trotz eines bestehenden Präqualifikationssystems ein erneuter Aufruf zum Wettbewerb erfolgen kann, etwa durch Bekanntmachung über die Durchführung eines Nichtoffenen oder Verhandlungsverfahrens. Dies dürfte jedoch zu bejahen sein. Denn eine Verpflichtung zur Auftragsvergabe ausschließlich auf Basis des Präqualifikationssystems ist § 17 b Nr. 4 nicht zu entnehmen.[160] Im Einzelnen kann hierfür auf die Ausführungen zur Durchführung Offener Verfahren verwiesen werden.

J. Qualitätsnachweisverfahren (§ 7 b Nr. 13)

141 § 7 b Nr. 13 regelt die Abfrage von Nachweisen eines Qualitätsmanagement- oder Umweltmanagementsystems und setzt die Vorschriften der Art. 52 Abs. 2 und Abs. 3 der Sektorenrichtlinie 2004/17/EG um. Durch die Festlegung gemeinschaftsweit einheitlicher Standards in diesen Bereichen wird verhindert, dass durch Bezugnahme auf nationale Standards ausländische Bewerber gegenüber inländischen, auf diese Standards eingestellten Bewerbern benachteiligt werden.

142 § 7 b Nr. 13 Abs. 1 und Abs. 2 regeln die Nachweise bestimmter Qualitätsanforderungen. Will der Auftraggeber die Erfüllung bestimmter Qualitätsanforderungen überprüfen, so darf er dies zulässigerweise nur durch **Bezugnahme auf die den europäischen Normen entsprechenden Zertifizierungen**. Grundsätzlich wird damit also auf die DIN EN ISO 9000 ff. Bezug genommen.[161] Zum Schutz ausländischer Bewerber ist der öffentliche Auftraggeber außerdem verpflichtet, gleichwertige Bescheinigungen von Stellen aus anderen Mitgliedstaaten sowie andere gleichwertige Nachweise für Qualitätssicherungsmaßnahmen anzuerkennen. Die Vorschriften entsprechen im Wesentlichen § 7 a Nr. 5 Abs. 1, so dass hier auf die dortigen Erläuterungen verwiesen werden kann.

143 § 7 b Nr. 13 Abs. 3 wurde durch die Neufassung der VOL/A 2006 neu eingefügt. Die Vorschrift enthält die Möglichkeit der Auftraggeber, zur Überprüfung der technischen Leistungsfähigkeit die Erfüllung von Umweltmanagementstandards abzufragen. Die Vorschrift entspricht im Wesentlichen § 7 a Nr. 5 Abs. 2. Es kann hier daher auf die Kommentierung zu § 7 a Nr. 5 Abs. 2 verwiesen werden.

---

160 Im Ergebnis so auch *Kemper* in: Motzke/Pietzcker/Prieß, VOB/A, § 8 b Rn. 343 hinsichtlich § 17 b Nr. 3 VOB/A a. F.
161 Vgl. *Müller-Wrede* VOL und VOF 2006, S. 10.

K. Bieterschützender Charakter der Norm und Rechtsschutz

§ 7 b VOL/A enthält Regelungen, die bieterschützenden Charakter haben und damit subjektive Rechte im Sinne von § 97 Abs. 7 GWB vermitteln. Ein bieterschützender Charakter kann jedenfalls solchen Vorschriften entnommen werden, in denen die wesentlichen vergaberechtlichen Grundsätze des Wettbewerbsprinzips, der Verfahrenstransparenz und des Diskriminierungsverbots (§ 97 Abs. 2 GWB) konkretisiert werden[162] sowie sonstige Vorschriften, die den Bietern und Bewerbern Rechte einräumen bzw. zumindest dem Schutz der Interessen der Unternehmen dienen.[163] Keinen Schutznormcharakter haben hingegen Vorschriften, die lediglich dem Auftraggeber bestimmte Berechtigungen oder Entscheidungsmöglichkeiten einräumen, ohne gleichzeitig schutzwürdige Belange des Unternehmers zu berühren. **144**

Bieterschützend sind daher insbesondere die Vorschriften über **145**

- die Festlegung und Übermittlung von objektiven Regeln und Kriterien für die Auswahl der Bewerber gemäß § 7 b Nr. 1. Diese Regelungen dienen vor allem dem Interesse der Bewerber, denn sie ermöglichen es ihnen, die Auswahl der Bewerber zu überprüfen und sich auf die festgelegten Kriterien einzurichten.[164] Die Vorschriften dienen dem Transparenzgebot sowie dem Gleichbehandlungsgrundsatz. § 7 b Nr. 1 Abs. 1 Satz 2 vermittelt den Bietern ferner einen direkten Anspruch gegen den Auftraggeber auf Übermittlung der festgelegten Regeln und Kriterien.
- das zwingende Gleichbehandlungsgebot von Bietergemeinschaften mit Einzelbewerbern (§ 7 b Nr. 4 Satz 1).
- das Verbot der Einforderung einer bestimmten Rechtsform für Bietergemeinschaften vor Zuschlagserteilung (§ 7 b Nr. 4 Satz 2).
- der zulässige Rückgriff auf fremde Unternehmen gemäß § 7 b Nr. 5.
- die Vorschriften über die zulässige Bezugnahme auf Qualitätsnachweisverfahren und Umweltmanagementstandards für öffentliche Auftraggeber gemäß § 7 b Nr. 13.

Demgegenüber haben Bewerber und Bieter unter anderen keinen Anspruch darauf, dass der Auftraggeber zur Beschaffung statt eines offenen Verfahrens ein Verfahren mit Teilnahmewettbewerb wählt. Diese Wahl steht allein im Ermessen des Auftraggebers. **146**

Auch haben Bewerber in einem Teilnahmewettbewerb **keinen subjektiven Anspruch auf Beteiligung an Nichtoffenen Verfahren bzw. Verhandlungsverfahren**, selbst wenn sie grundsätzlich die Eignungskriterien erfüllen.[165] Ihr Anspruch beschränkt sich auf die Einhaltung der objektiven Regeln und Kriterien bei der Durchführung des Teilnahmewettbewerbs sowie auf die rechtmäßige Ermessensausübung. Auftraggeber sind nicht verpflichtet, alle geeigneten Bewerber zur Abgabe eines Angebotes aufzufordern. Sie haben bei der Auswahlentscheidung einen gewissen Beurteilungs- **147**

---

162 *Hailbronner* in: Byok/Jaeger, Kommentar zum Vergaberecht, § 97 Rn. 279.
163 *Kemper* in: Motzke/Pietzcker/Prieß, VOB/A, § 8 b Rn. 82.
164 *Müller-Wrede* in: Müller-Wrede, VOL/A, § 7 b Rn. 49.
165 VK Südbayern Beschl. v. 28. 5. 2001 – 09–04/01 zu § 8 b VOB/A.

spielraum, der jedoch unter strikter Beachtung des Gleichbehandlungsgebotes zu handhaben ist.[166]

148 Eine Reihe von **Vorschriften über das Präqualifikationsverfahren** haben ebenfalls bieterschützenden Charakter (§ 7 b Nr. 6 bis 12). Sie vermitteln subjektive Rechte im Sinne von § 97 Abs. 7 GWB. Dem steht insbesondere nicht entgegen, dass es beim Präqualifikationsverfahren noch nicht um die Vergabe eines konkreten Auftrags geht. Denn der Begriff »Bestimmungen über das Vergabeverfahren« in § 97 Abs. 7 GWB ist nicht in dem engen Sinne zu verstehen, dass das Vergabeverfahren erst mit der Aufforderung des Auftraggebers zum Wettbewerb für die Vergabe eines bestimmten Verfahrens beginnt. Der Zweck der EG-Rechtsmittelrichtlinien, den Unternehmen im Wettbewerb um öffentliche Aufträge einen umfassenden und effektiven Rechtsschutz gegenüber Auftraggebern zu gewähren, würde nicht erreicht, wenn das Präqualifikationsverfahren vom Vergabeschutz grundsätzlich ausgeklammert wäre.[167] Der Begriff der »Bestimmungen über das Vergabeverfahren« in § 97 Abs. 7 GWB ist insofern weit auszulegen.[168]

149 Bieterschützend sind insbesondere

- der Anspruch der Unternehmen, sich jederzeit der Prüfung unterziehen zu können (§ 7 b Nr. 6 Abs. 1 Satz 2)
- die Aufstellung und Anwendung der objektiven Prüfregeln und -kriterien (§ 7 b Nr. 6 Abs. 2)
- der Anspruch der Unternehmen auf Mitteilung der Qualifizierungsregeln und -kriterien sowie deren Fortschreibung, wenn sie dies beantragen (§ 7 b Nr. 6 Abs. 3)
- das Verbot von Sonderlasten und der Anforderung doppelter Nachweise (§ 7 b Nr. 7) als Ausprägung des Diskriminierungsverbots
- der Anspruch auf Mitteilung der Gründe für die Ablehnung eines Antrags auf Präqualifikation (§ 7 b Nr. 9)
- die Beschränkung der Aberkennungsgründe auf die Nicht(mehr)erfüllung der Prüfkriterien sowie die Verpflichtung des Auftraggebers auf eine vorherige Mitteilung an das betroffene Unternehmen (§ 7 b Nr. 11).

150 Es besteht hingegen **kein Anspruch auf Einrichtung eines Prüfungssystems** (§ 7 b Nr. 6 Abs. 1 Satz 1). Keinen bieterschützenden Charakter haben auch Vorschriften, die lediglich dem Auftraggeber bestimmte Gestaltungsmöglichkeiten einräumen, wie etwa § 7 b Nr. 6 Abs. 2 Satz 1 (**Zulässigkeit mehrerer Qualifikationsstufen**) oder § 7 b Nr. 10 Satz 2 (**Untergliederung des Präqualifikationsverzeichnisses**). Auch gibt es keinen Anspruch darauf, dass der Auftraggeber konkrete Aufträge ausschließlich auf Grundlage des Prüfsystems vergibt.

---

166 Vgl. *VK Südbayern* Beschl. v. 28. 5. 2001 – 09–04/01 – für die VOB/A.
167 So ausdrücklich für die Überprüfung des Entzugs einer Präqualifikation: *VK Detmold* Beschl. v. 4. 5. 2001 – VK.21–11/01.
168 Wie hier: *Zdzieblo* in: Daub/Eberstein, VOL/A, § 7 b Rn. 62.

§ 8 b
Technische Anforderungen

1. Die technischen Anforderungen sind zu formulieren:
   (1) entweder unter Bezugnahme auf die im Anhang TS definierten technischen Spezifikationen in der Rangfolge:
   a) in nationale Normen, mit denen europäische Normen umgesetzt werden,
   b) europäische technische Zulassungen,
   c) gemeinsame technische Spezifikationen,
   d) internationale Normen und andere technische Bezugssysteme, die von den europäischen Normungsgremien erarbeitet wurden oder,
   e) falls solche Normen und Spezifikationen fehlen, nationale Normen, nationale technische Zulassungen oder nationale technische Spezifikationen für die Planung, Berechnung und Ausführung von Bauwerken und den Einsatz von Produkten.
   Jede Bezugnahme ist mit dem Zusatz »oder gleichwertig« zu versehen.

   (2) oder in Form von Leistungs- oder Funktionsanforderungen, die so genau zu fassen sind, dass sie den Unternehmen ein klares Bild vom Auftragsgegenstand vermitteln und dem Auftraggeber die Erteilung des Zuschlags ermöglichen;
   (3) oder als Kombination von Ziffer 1 und 2, d. h.
   a) in Form von Leistungsanforderungen unter Bezugnahme auf die Spezifikationen gemäß Ziffer 1 als Mittel zur Vermutung der Konformität mit diesen Leistungs- und Funktionsanforderungen;
   b) oder mit Bezugnahme auf die Spezifikationen gemäß Ziffer 1 hinsichtlich bestimmter Merkmale und mit Bezugnahme auf die Leistungs- und Funktionsanforderungen gemäß Ziffer 2 hinsichtlich anderer Merkmale.

2. (1) Verweist der Auftraggeber in der Leistungs- oder Aufgabenbeschreibung auf die in Nummer 1 Ziffer 1 Buchstabe a genannten technischen Anforderungen, so darf er ein Angebot nicht mit der Begründung ablehnen, die angebotenen Waren und Dienstleistungen entsprächen nicht den Spezifikationen, sofern das Unternehmen in seinem Angebot dem Auftraggeber mit geeigneten Mitteln nachweist, dass die von ihm vorgeschlagenen Lösungen den Anforderungen der technischen Spezifikation, auf die Bezug genommen wurde, entsprechen. Als geeignete Mittel gelten insbesondere eine technische Beschreibung des Herstellers oder ein Prüfbericht einer anerkannten Stelle.
   (2) Legt der Auftraggeber die technischen Anforderungen in Form von Leistungs- oder Funktionsanforderungen fest, so darf er ein Angebot, das einer nationalen Norm, mit der eine europäische Norm umgesetzt wird, oder einer europäischen technischen Zulassung, einer gemeinsamen technischen Spezifikation, einer internationalen Norm oder einem technischen Bezugssystem, das von den europäischen Normungsgremien erarbeitet wurde, entspricht, nicht zurückweisen, wenn diese Spezifikationen die von ihnen geforderten Leistungs- oder Funktionsanforderungen betreffen. Das Unternehmen muss in seinem Angebot mit geeigneten Mitteln nachweisen, dass die der Norm entsprechende jeweilige Ware oder Dienstleistung den Leistungs- oder Funktionsan-

forderungen des Auftraggebers entspricht. Als geeignete Mittel gelten eine technische Beschreibung des Herstellers oder ein Prüfbericht einer anerkannten Stelle.

3. Schreibt der Auftraggeber Umwelteigenschaften in Form von Leistungs- oder Funktionsanforderungen vor, so können sie die Spezifikationen verwenden, die in europäischen, multinationalen oder anderen Umweltzeichen definiert sind, wenn

   a) sie sich zur Definition der Merkmale der Waren oder Dienstleistungen eignen, die Gegenstand des Auftrags sind,
   b) die Anforderungen des Umweltzeichens auf der Grundlage von wissenschaftlich abgesicherten Informationen ausgearbeitet werden,
   c) die Umweltzeichen im Rahmen eines Verfahrens erlassen werden, an dem interessierte Kreise wie staatliche Stellen, Verbraucher, Hersteller, Händler und Umweltorganisationen teilnehmen können und
   d) das Umweltzeichen für alle Betroffenen zugänglich und verfügbar ist.

   Der Auftraggeber kann in den Vergabeunterlagen angeben, dass bei Waren oder Dienstleistungen, die mit einem Umweltzeichen ausgestattet sind, vermutet wird, dass sie den in der Leistungs- oder Aufgabenbeschreibung festgelegten technischen Anforderungen genügen. Der Auftraggeber muss jedes andere geeignete Beweismittel, wie technische Unterlagen des Herstellers oder Prüfberichte anerkannter Stellen, akzeptieren.

4. Anerkannte Stellen sind die Prüf- und Eichlaboratorien im Sinne des Eichgesetzes sowie die Inspektions- und Zertifizierungsstellen, die mit den anwendbaren europäischen Normen übereinstimmen. Die Auftraggeber erkennen Bescheinigungen von in anderen Mitgliedstaaten ansässigen anerkannten Stellen an.

5. Soweit es nicht durch den Auftragsgegenstand gerechtfertigt ist, darf in den technischen Spezifikationen nicht auf eine bestimmte Produktion oder Herkunft oder ein besonderes Verfahren oder auf Marken, Patente, Typen, einen bestimmten Ursprung oder eine bestimmte Produktion verweisen, wenn dadurch bestimmte Unternehmen oder bestimmte Produkte begünstigt oder ausgeschlossen werden. Solche Verweise sind jedoch ausnahmsweise zulässig, wenn der Auftragsgegenstand nicht hinreichend genau und allgemein verständlich beschrieben werden kann; solche Verweise sind mit dem Zusatz »oder gleichwertig« zu versehen.

Aufgrund der inhaltlichen Übereinstimmung zwischen § 8b und § 8a wird auf die Kommentierung zu § 8a verwiesen.

§ 9 b
Vergabeunterlagen

1. Bei Aufträgen im Sinne von § 1 b muss das Anschreiben außer den Angaben nach § 17 Nr. 3 Abs. 2 Folgendes enthalten:
   a) Anschrift der Stelle, bei der zusätzliche Unterlagen angefordert werden können,
   b) Tag, bis zu dem zusätzliche Unterlagen angefordert werden können,
   c) gegebenenfalls Betrag und Zahlungsbedingungen für zusätzliche Unterlagen,
   d) Angabe, dass die Angebote in deutscher Sprache abzufassen sind,
   e) Hinweis auf die Veröffentlichung der Bekanntmachung,
   f) sofern nicht in der Bekanntmachung angeben (§ 17 b Nr. 1), die maßgebenden Wertungskriterien im Sinne von § 25 b Nr. 1 Abs. 1 wie etwa Lieferzeit, Ausführungsdauer, Betriebskosten, Rentabilität, Qualität, Ästhetik und Zweckmäßigkeit, Umwelteigenschaften, technischer Wert, Kundendienst und technische Hilfe, Verpflichtungen hinsichtlich der Ersatzteile, Versorgungssicherheit, Preis; dabei ist die Gewichtung der Kriterien anzugeben oder soweit nach § 25 b Nr. 1 Abs. 1 zulässig, die absteigende Reihenfolge ihrer Bedeutung.

2. Wenn der Auftraggeber Nebenangebote und Änderungsvorschläge nicht oder nur in Verbindung mit einem Hauptangebot zulassen will, so ist dies anzugeben. Lässt der Auftraggeber Nebenangebote zu, sind auch die Mindestanforderungen anzugeben, die Nebenangebote erfüllen müssen und auf welche Weise sie einzureichen sind.

3. Der Auftraggeber kann die Bieter auffordern, in ihrem Angebot die Leistungen anzugeben, die sie an Nachunternehmer zu vergeben beabsichtigen.

Inhaltsübersicht Rn.

A. Allgemeines	1
B. Vergleichbare Regelungen in VOB/A und VOF	4
C. Inhalt des Anschreibens (Nr. 1)	6
I. Allgemeines	6
II. Angaben im Einzelnen	8
III. Angaben bei Nebenangeboten	16
D. Vergabe von Leistungen an Nachunternehmer (§ 9 b Nr. 3)	23

A. Allgemeines

Mit der VOL/A, Ausgabe 1993, ist § 9 b erstmals aufgenommen und in die VOL/A, Ausgabe 1997, mit zwei redaktionellen Änderungen, im Wesentlichen aber unverändert, übernommen worden. Mit der jetzt vorliegenden VOL/A, Ausgabe 2006, hat § 9 b nun weitere Änderungen erfahren. Diese betreffen zum Einen die nun zwingende Angabe der maßgebenden Wertungskriterien im Sinne von § 25 b Nr. 1 Abs. 1

§ 9 b Vergabeunterlagen

einschließlich deren Gewichtung und zum Anderen die nun ebenfalls zwingende Angabe von Mindestbedingungen bei Nebenangeboten.

2 § 9 b findet sich in Abschnitt 3 der VOL/A und ist damit nur im grenzüberschreitenden Vergabewettbewerb des Abschnitts 3 zu berücksichtigen. Es sind also nur Vergabeverfahren von Auftraggebern i. S. d. § 98 Nr. 1–3 GWB betroffen, die zur Anwendung der Regelungen nach der EG-Sektorenrichtlinie[1] (VOL/A-SKR) verpflichtet sind und daneben Haushaltsrecht anzuwenden haben, § 7 Abs. 1 Nr. 1 VgV.

3 Ergänzend zu § 17 Nr. 3 Abs. 2 enthält § 9 b im Wesentlichen zusätzliche Angaben, die das Anschreiben enthalten »muss« (Nr. 1). Darüber hinaus werden Anforderungen im Zusammenhang mit Nebenangeboten gestellt (Nr. 2) und es besteht die Möglichkeit zur Aufforderung der Angabe von Nachunternehmern (Nr. 3).

B. Vergleichbare Regelungen in VOB/A und VOF

4 Die VOF enthält vergleichbare Regelungen nicht.

5 § 10 b VOB/A enthält unter der gleichlautenden Überschrift teils übereinstimmende, teils voneinander abweichende Regelungen. So sind identisch die Regelungen zur Verpflichtung der Bieter, die Angebote in deutscher Sprache abzufassen, die Verpflichtung, dass ein Hinweis auf die Veröffentlichung der Bekanntmachung vorzunehmen ist und dass der Tag anzugeben ist, bis zu dem zusätzliche Unterlagen angefordert werden können. Teilweise gleich ist die Vorgabe, dass, sofern nicht in der Bekanntmachung (§ 10 b VOB/A spricht hier zudem noch von der »Aufforderung zur Interessenbestätigung«, der »Aufforderung zur Verhandlung« und den »Verdingungsunterlagen«) angegeben, die Wertungskriterien anzugeben sind. Nur Ausnahmsweise darf jeweils die absteigende Reihenfolge ihrer Bedeutung angegeben werden. Nach § 10 b VOB/A reicht für die Anwendung der Ausnahme, wenn »nachvollziehbare Gründe« vorliegen, die einer Angabe der Wertungskriterien entgegensteht. Gleiches gilt im Ergebnis aber auch für § 9 b, der sich insoweit der Verweisungstechnik (Verweis auf § 25 b Nr. 1 Abs. 1) bedient. Eine § 9 b Nr. 3 entsprechende Regelung fehlt in § 10 b VOB/A. Auch verlangt § 10 b VOB/A nicht die Angabe von Betrag und Zahlungsbedingungen für zusätzliche Angaben oder die Anschrift der Stelle, bei der zusätzliche Unterlagen angefordert werden können.

---

[1] Richtlinie 93/38/EWG des Rates vom 14. 6. 1993 zur Koordinierung der Auftragsvergabe durch Auftraggeber im Bereich der Wasser-, Energie-, und Verkehrsversorgung sowie im Telekommunikationssektor, ABl. EG Nr. L 199 vom 9. 8. 1993, S. 84 i. d. F. der Änderungsrichtlinie (98/4/EG) vom 16. 2. 1998, ABl. EG Nr. L 101 vom 1. 4. 1998, S. 1.

C. Inhalt des Anschreibens (Nr. 1)

I. Allgemeines

Ergänzend zu § 17 Nr. 3 Abs. 2, der für alle Vergaben im Anwendungsbereich der VOL/A Geltung hat, regelt § 9 b in Nr. 1 a) bis f), welche weiteren Angaben das Anschreiben enthalten »muss«. Als Muss-Vorschrift sind die zusätzlichen **Angaben zwingend**, d. h. bei Abfassung des Anschreibens muss der öffentliche Auftraggeber diese Bestimmung beachten und die unter lit. a) bis lit. f) enthaltenen Angaben machen. 6

Aus der Formulierung »außer den **Angaben nach § 17 Nr. 3 Abs. 2**« ergibt sich, dass neben den in § 9 b Nr. 1 ausdrücklich aufgeführten weiteren Angaben auch die in § 17 Nr. 3 Abs. 2 aufgeführten Angaben nunmehr ebenfalls zwingend im Anschreiben enthalten sein müssen, obschon § 17 Nr. 3 Abs. 2 als Kann-Vorschrift formuliert ist.[2] Zwingend werden damit die Angaben in § 17 Nr. 3 Abs. 2 lit. a), b), c), h), i), k), o) und q). Die übrigen Angaben nach § 17 Nr. 3 Abs. 2 bleiben weiterhin fakultativ, weil sie nicht für jede Auftragsvergabe zwingend in Betracht kommen. Kommen sie aber für den konkreten Auftrag in Betracht, weil z. B. die Teilung des Gesamtauftrags in Lose vorbehalten bleibt, so sind sie ebenfalls zwingend in das Anschreiben aufzunehmen. 7

II. Angaben im Einzelnen

§ 9 b Nr. 1 lit. a) bis c) enthalten zwingende Angaben zu »**zusätzlichen Unterlagen**«. Zusätzliche Unterlagen sind solche, die nicht bereits mit den Verdingungsunterlagen an die Bieter verschickt worden sind, die aber dennoch für eine ordnungsgemäße Bearbeitung des Angebots notwendig sind. Die Unterscheidung zwischen Verdingungsunterlagen und zusätzliche Unterlagen findet sich auch in § 17 b Nr. 5 VOL/A. So ist für diese zusätzlichen Unterlagen zwingend die Anschrift der Stelle anzugeben, bei der diese zusätzlichen Unterlagen angefordert werden können (lit. a)), es ist anzugeben der Tag, bis zu dem sie angefordert werden können (lit. b)) und es sind gegebenenfalls der Betrag und die Zahlungsbedingungen für den Erhalt der zusätzlichen Unterlagen anzugeben (lit. c)). Trotz der Muss-Vorschrift ist lit. c) damit fakultativ, denn nur dann, wenn der Auftraggeber für zusätzliche Unterlagen Kosten erstattet haben möchte, müssen der Betrag und die Zahlungsbedingungen angegeben werden. 8

Es ist nach lit. d) zwingend anzugeben, dass **Angebote in deutscher Sprache** abzugeben sind. Diese Angabe dient dazu, dem Auftraggeber eine **ordnungsgemäße Handhabe** und eine ordnungsgemäße Wertung der eingegangenen Angebote auch im grenzüberschreitenden Verkehr zu ermöglichen.[3] Für Bieter aus dem deutschsprachigen Raum gibt diese Vorgabe eine Selbstverständlichkeit wieder und ist für die Bieter nicht mit zusätzlichen Kosten verbunden. Anders stellt sich dies für fremdsprachige Bieter 9

---

[2] *Zdzieblo* in: Daub/Eberstein, § 9 b VOL/A Rn. 10.
[3] *Kratzenberg* in: Ingenstau/Korbion, § 10 a VOB/A Rn. 3.

dar, die auf diese Weise gezwungen werden, das Angebot, d. h. insbesondere die im Zuge der Angebotsbearbeitung eingefügten eigenen Erklärungen und Unterlagen, übersetzen zu lassen. Die damit verbundenen, möglicherweise hohen **Übersetzungskosten** sind nicht erstattungsfähig[4] und verschlechtern möglicherweise die Wettbewerbsposition des fremdsprachigen Bieters. Dies ist aber immanente Folge eines grenzüberschreitenden Wettbewerbs und im Interesse einer ökonomischen Angebotswertung hinzunehmen.

10 Es ist nicht verständlich, warum die Angabe, dass das Angebot in deutscher Sprache abzufassen ist, nicht auch in § 9 a aufgenommen worden ist, der ebenfalls ergänzende Bestimmungen für Vergaben im grenzüberschreitenden Verkehr nach Abschnitt 2 der VOL/A enthält. Dort ist nämlich die Situation ohne weiteres vergleichbar. Die VOB/A hat dies entsprechend nachvollzogen und enthält richtigerweise sowohl in dem vergleichbaren § 10 b VOB/A als auch in § 10 a VOB/A eine entsprechende Angabepflicht. Den öffentlichen Auftraggebern ist auch im Anwendungsbereich des Abschnitts 2 der VOL/A zu empfehlen, die Abgabe der Angebote in deutscher Sprache zu fordern, um eine sachgerechte Bearbeitung und Angebotswertung sicherstellen zu können.

11 Das Anschreiben muss nach lit. e) ferner den Hinweis auf die **Veröffentlichung der Bekanntmachung** enthalten. Was mit »Bekanntmachung« gemeint ist, ergibt sich im Einzelnen aus § 17 b. Danach gibt es verschiedene Möglichkeiten und Formen der Bekanntmachung.[5] Notwendig ist ein konkreter Hinweis auf die Veröffentlichung und damit auf die regelmäßig schon vorhandene **Fundstelle der Bekanntmachung**, so dass der Bieter die dortigen Angaben ohne weiteres auffinden und prüfen kann. Weitere Hinweise, wie der Hinweis auf den Tag der Absendung an das Amt für amtliche Veröffentlichungen der EG oder den Hinweis auf den Tag der Veröffentlichung im Supplement des Amtsblatts der Europäischen Gemeinschaften selbst ist dagegen nicht erforderlich, denn diese Angaben ergeben sich aus der Veröffentlichung selbst, die der Bieter über die konkrete Fundstelle auffinden kann.[6]

12 Sofern nicht schon in der Bekanntmachung angegeben, muss der Auftraggeber nach Lit. f) schließlich die maßgebenden Wertungskriterien und deren **Gewichtung** oder zumindest die **absteigende Reihenfolge ihrer Bedeutung** angeben. Die Absteigende Reihenfolge ihrer Bedeutung darf aber nur dann angegeben werden, wenn nach § 25 b Nr. 1 Abs. 1 zulässigerweise auf eine konkrete Gewichtung der Wertungskriterien verzichtet werden kann. Dies ist nur dann möglich, wenn selbst unter Berücksichtigung einer **angemessenen Marge** eine konkrete Gewichtung der Wertungskriterien aus **nachvollziehbaren Gründen** nicht möglich ist.[7] Nachvollziehbare Gründe liegen z. B. dann vor, wenn aufgrund der Komplexität des Auftrags die Kriterien nicht abschließend im Vorhinein gewichtet werden können.[8]

---

4 *Zdzieblo* in: Daub/Eberstein, § 9 b VOL/A Rn. 14.
5 Vgl. hierzu im Einzelnen die Ausführungen zu § 17 b in dieser Kommentierung.
6 A. A. aber: *Zdzieblo* in: Daub/Eberstein, § 9 b VOL/A Rn. 15.
7 Vgl. hierzu die Kommentierung zu § 25 b in diesem Kommentar.
8 Erwägungsgrund 46 der Richtlinie 2004/18/EG vom 31. 3. 2004 (Vergabekoordinierungsrichtlinie).

Vergabeunterlagen § 9 b

Diese neu aufgenommene Verpflichtung der Angabe auch der Gewichtung oder zumindest absteigenden Reihenfolge der Bedeutung von Wertungskriterien resultiert aus Artikel 53 Abs. 2 der Vergabekoordinierungsrichtlinie.[9] **13**

Die **maßgeblichen Wertungskriterien** im Sinne von § 25 b Nr. 1 Abs. 1 müssen benannt werden. Die in § 25 b Nr. 1 Abs. 1 genannten[10] Kriterien werden hier noch einmal ausnahmslos wiederholt und mit dem Zusatz »wie etwa« versehen. Daraus folgt, dass grundsätzlich auch andere Wertungskriterien denkbar und zulässig sind und dass es sich hier nur um eine **beispielhafte Aufzählung** handelt. Die Vergabestelle ist bei der Auswahl und Formulierung der Wertungskriterien weitgehend frei. Sie entscheidet, was ihr wichtig und was ihr weniger wichtig ist. Wertungskriterien dürfen aber nie sachfremd, d. h. vergabefremd[11] sein, sondern müssen immer auftragsbezogen ausgewählt und verwendet werden. Es kann eine **Bewertungsmatrix** erstellt und verwendet werden. Die Bekanntmachung der Wertungskriterien muss **klar und eindeutig** sein,[12] so dass alle durchschnittlich fachkundigen Bieter sie bei Anwendung der üblichen Sorgfalt in der gleichen Weise auslegen können.[13] Sie dient der Information der Interessenten, ob die Teilnahme am Wettbewerb überhaupt für sie lohnend und die regelmäßig mit Aufwand verbundene Ausarbeitung des Angebots erfolgversprechend erscheint. Der Bieter wird so in die Lage versetzt sich auf die Wertungskriterien einzustellen. Er kann feststellen, wie er der gestellten Aufgabe gerecht werden kann, wo er Schwerpunkte setzen kann und sollte, um optimal anbieten zu können. Nach der Bekanntmachung der Wertungskriterien tritt eine **Bindung des Auftraggebers** hieran ein, d. h. er kann im Anschluss an die Bekanntmachung der Wertungskriterien und deren Gewichtung diese Gewichtung nicht mehr korrigieren.[14] Hat er nur die Reihenfolge ihrer Bedeutung angegeben, kann er zwar auch diese nicht mehr ändern, er hat dann aber noch einen Spielraum in Bezug auf die konkrete Gewichtung. Damit dient die Bekanntmachung der Wertungskriterien auch dem Schutz der Bieter vor willkürlichen Entscheidungen des Auftraggebers. **14**

Der Auftraggeber ist auch bei der **Gewichtung der Wertungskriterien** grundsätzlich frei. Er unterliegt jedoch in besonderem Maße dem Grundsatz der wirtschaftlichen und sparsamen Haushaltsführung, so dass der Preis in der Regel ein oder sogar das maßgebliche Kriterium sein wird. Ein Grundsatz, wonach der Wertungsanteil des Preises immer mindestens 30% betragen muss, existiert aber nicht.[15] Im Zusammenhang mit § 25 b Nr. 1 Abs. 1 ergibt sich, dass die Gewichtung auch mittels einer Marge angegeben werden kann. Diese Möglichkeit entspricht Art. 53 Abs. 2 der Vergabeko- **15**

---

9 Richtlinie 2004/18/EG vom 31. 3. 2004.
10 Dies sind: Lieferzeit, Ausführungsdauer, Betriebskosten, Rentabilität, Qualität, Ästhetik und Zweckmäßigkeit, technischer Wert, Kundendienst und technische Hilfe, Verpflichtungen hinsichtlich der Ersatzteile, Versorgungssicherheit, Preis.
11 *OLG München* 27. 1. 2006, Verg 1/06, VergabeR 2006, 537 (544).
12 *OLG Frankfurt/M.* 10. 4. 2001, 11 Verg 11/01, NZBau 2002, 161.
13 *EuGH* 4. 12. 2003, C-448/01, »Wienstrom«, VergabeR 2004, 36 (43).
14 *BGH* 17. 2. 1999, X ZR 101/97, NJW 2000, 137; *OLG Frankfurt/M.* 28. 2. 2006, 11 Verg 16/06, VergabeR 2006, 382 (386).
15 So auch: *Kapellmann/Messerschmidt- von Rintelen* § 10 a VOB/A Rn. 9; a. A. aber: *OLG Dresden* 5. 1. 2001, W Verg 11/00, VergabeR 2001, 41.

Verfürth 1059

ordinierungsrichtlinie[16] und erleichtert die Vornahme der Gewichtung. Die größte Bandbreite der Marge muss noch angemessen sein. Der EuGH hat richtigerweise festgehalten, dass die öffentlichen Auftraggeber bei der Auswahl der Zuschlagskriterien und bei deren Gewichtung frei sind, sofern diese eine Gesamtwürdigung der Kriterien ermöglicht, die der Ermittlung des wirtschaftlich günstigsten Angebots dient.[17]

III. Angaben bei Nebenangeboten

16 Nach § 9 b Nr. 2 Satz 1 hat der Auftraggeber anzugeben, wenn er **Nebenangebote** nicht oder nur in Verbindung mit einem Hauptangebot zulassen will. Mit der VOL/A Ausgabe 2006 ist nun die bisherige Unterscheidung zwischen »Nebenangebote und Änderungsvorschläge« weggefallen. Dies ist konsequent, wo doch die Unterscheidung schon immer als schwierig bezeichnet worden und deshalb Auftraggebern empfohlen wurde, Änderungsvorschläge und Nebenangebote grundsätzlich gleich zu behandeln.[18] Aus dieser Anordnung nach Satz 1 folgt zugleich, dass ohne eine entsprechende Angabe von Seiten des Auftraggebers **Nebenangebote immer zugelassen** sind, denn nur dann, wenn diese nicht oder unter Einschränkungen zugelassen werden, bedarf es zwingend einer Angabe in den Vergabeunterlagen.

17 Von einem Nebenangebot spricht man, wenn ein Bieter eine andere als nach der Leistungsbeschreibung oder dem Leistungsverzeichnis vorgesehene Art der Ausführung anbietet, d. h. bei jeder Abweichung vom geforderten Angebot.[19] Liegt die Abweichung in einer technischen Veränderung der von dem Auftraggeber vorgesehenen Ausführung, kann man von einem »**technischen Nebenangebot**« sprechen, liegt die Abweichung dagegen in der vorgesehenen Art der Abrechnung oder sonst in einer Veränderung der vorgesehenen Vertragsbedingungen, kann man dagegen von einem »**kaufmännischen Nebenangebot**« sprechen.[20]

18 § 9 b Nr. 2 Satz 2 schreibt seit der Ausgabe 2006 zwingend vor, dass der Auftraggeber, wenn Nebenangebote zugelassen sind, die **Mindestanforderungen** anzugeben hat, die Nebenangebote erfüllen müssen. Damit ist die bisherige Freiheit des Auftraggebers, Mindestanforderungen nur dann anzugeben, wenn es aus seiner Sicht zweckmäßig und geeignet ist,[21] entfallen. Zudem schreibt Satz 2 vor, dass der Auftraggeber anzugeben hat, auf welche Weise Nebenangebote einzureichen sind. Dieses Angabeerfordernis dient der erleichterten Angebotsprüfung, denn so kann sichergestellt werden, dass alle Nebenangebote schnell aufgefunden und isoliert einer Prüfung unterzogen werden können.

19 Fraglich ist, wie Mindestanforderungen an Nebenangebote angegeben werden können und welche Anforderungen insoweit an den Inhalt von Mindestanforderungen

---

16 Richtlinie 2004/18/EG vom 31. 3. 2004.
17 *EuGH* 4. 12. 2003, C-448/01, »Wienstrom«, VergabeR 2004, 36 (42).
18 *Kapellmann/Messerschmidt-von Rintelen* § 10 VOB/A Rn. 53 m. w. N.
19 *OLG Düsseldorf* 9. 4. 2003, Verg 69/02; *OLG Celle* 30. 4. 1999, 13 Verg 1/99, BauR 2000, 105.
20 *Leinemann/Franzius*, Vergabenavigator 2006, 32.
21 Hierzu *Zdzieblo* in: Daub/Eberstein, § 9 b VOL/A Rn. 19.

zu stellen sind. Der Hinweis, das sich diese in der Regel aus der Leistungsbeschreibung ergeben, weil der Auftraggeber allein schon aus wirtschaftlichen Gründen keine höheren Anforderungen an Nebenangebote stellen wird, als an das Hauptangebot,[22] ist nun nicht mehr zielführend, denn nun ist eine zwingende Angabe – und zwar **ausdrückliche Angabe** – erforderlich. Schon bisher haben einige Oberlandesgerichte die Wertung grundsätzlich zugelassener Nebenangebote nicht erlaubt, wenn der Auftraggeber weder in der Vergabebekanntmachung noch in den Verdingungsunterlagen die Mindestanforderungen erläutert hat, die von den Nebenangeboten zu erfüllen sind.[23] Der EuGH spricht davon, dass aus Gründen der Transparenz eine genaue Beschreibung der Mindestanforderungen notwendig sei, um den Grundsatz der Gleichbehandlung aller Bieter zu gewährleisten.[24]

Problematisch an der vorgeschriebenen Angabe von Mindestanforderungen für Nebenangebote ist, dass der Auftraggeber nicht vorhersehen kann, ob überhaupt und wofür konkret Nebenangebote von den Bietern erstellt werden. Sinn und Zweck eines Nebenangebotes ist es ja gerade, dem Auftraggeber die Kenntnis von alternativen, von ihm nicht bedachten Ausführungsvarianten zu vermitteln.[25] Damit kann der Auftraggeber nicht oder nur sehr schwer antizipieren, welche Mindestanforderungen er für diese Nebenangebote verlangen muss oder möchte. Über die Angabe von Mindestbedingungen für Nebenangebote wird der Auftraggeber in die Lage versetzt, das Einreichen von Nebenangeboten zu steuern. Auch wird so die Vergleichbarkeit von Nebenangeboten erhöht und die Wertung erleichtert. Zugleich werden damit aber unter Umständen besonders innovative und günstige Vorschläge von Bietern von vorneherein ausgegrenzt, was sich letztlich zu Lasten einer sparsamen und wirtschaftlichen Haushaltsführung und damit zu Lasten des Auftraggebers auswirken würde. **20**

Die Angabe von Mindestanforderungen ist Angabe dessen, was von der **Leistungsbeschreibung** so **verbindlich** ist, dass der Auftraggeber hiervon in keinem Falle abweichen möchte. Alles das, was inhaltlich also in jedem Falle von der angebotenen Leistung erfüllt werden muss, um für eine Auftragserteilung auf ein Nebenangebot in Frage zu kommen, ist in Form von Mindestanforderungen an einer erkennbaren Stelle in den Verdingungsunterlagen anzugeben. Dies kann nur einzelne Details aber auch ganze Teile der Leistungsbeschreibung betreffen. Auch eine **Negativabgrenzung** ist möglich. Je mehr Mindestanforderungen aufgestellt werden, desto mehr wird die Innovationskraft der Bieter eingeschränkt. **21**

Unterhalb der Schwellenwerte ist die Angabe von Mindestanforderungen für Nebenangebote **nicht vorgeschrieben**. Es ist auch dort aber ohne weiteres zulässig, entsprechende Mindestanforderungen vorzuschreiben. Auch dort kann dadurch die Abgabe von Nebenangeboten gesteuert und die Vergleichbarkeit von Nebenangeboten erhöht werden. **22**

---

22 *Zdzieblo* in: Daub/Eberstein, § 9 b VOL/A a. a. O.
23 Z. B.: *OLG Rostock* 24. 11. 2004, 17 Verg 6/04.
24 *EuGH* 16. 10. 2003, C 421/01, »Traunfellner«, VergabeR 2004, 50 (53).
25 *OLG Celle* 21. 8. 2003, 13 Verg 13/3.

D. Vergabe von Leistungen an Nachunternehmer (§ 9 b Nr. 3)

23 Regelmäßig sehen die Verdingungsunterlagen die Anforderung an die Bieter vor, diejenigen Teile der Leistungen zu benennen, die sie nicht selbst, sondern durch Nachunternehmer ausführen lassen wollen. Zumeist wird sogleich auch die Angabe des Nachunternehmers selbst verlangt. Das früher geltende und zweifelhafte Gebot der Selbstausführung der Leistung ist nach der EuGH-Entscheidung »Siemens/ARGE Telekom« aufgegeben worden.[26] Der seit dem 8. 9. 2005 geltende § 4 Abs. 4 VgV bestimmt, dass der Auftragnehmer sich bei der Erfüllung der Leistung der Fähigkeiten anderer Unternehmer bedienen kann.[27] Ein wie immer auch gearteter »Kern« an eigener Leistungsfähigkeit und Prozentsatz von Selbstausführung darf danach nicht mehr gefordert werden.[28] Der Entfall des Selbstausführungsgebotes hindert den Auftraggeber allerdings nicht daran, sich vom Bieter die mit dem Nachunternehmer zu treffenden **Verpflichtungserklärungen** über die Nachunternehmerleistungen vorlegen zu lassen[29] sowie insbesondere **dessen** Eignungsnachweise.[30] Letzteres sollte der Auftraggeber aber zur Vermeidung von Missverständnissen klar und deutlich in den Verdingungsunterlagen niederlegen. Er sollte also deutlich aufführen, dass er dann, wenn der Bieter Leistungen nicht selbst, sondern durch Nachunternehmer ausführen lassen will, er zur Beurteilung der Eignung **dessen** Eignungsnachweise verlangt, so, wie er es für den Bieter in der Bekanntmachung und/oder den Verdingungsunterlagen gefordert hat. Das Erfordernis der Angabe von Nachunternehmer(-leistungen) nach § 9 b Nr. 3 VOL/A hat also heute im Wesentlichen den Sinn und Zweck, die **Eignung** dessen überprüfen zu können, der die Leistungen tatsächlich (vor Ort) ausführen soll.

24 Werden die Angaben nicht wie gefordert mit Angebotsabgabe geliefert, ist das Angebot **zwingend auszuschließen**.[31] Die Rechtsprechung geht hier sehr streng vor. Selbst wenn die Angaben geliefert werden, dabei aber Unklarheiten offen bleiben, weil beispielsweise der von einem Nachunternehmer auszuführende Leistungsteil nicht genau abgegrenzt und exakt bezeichnet wird, wird das Angebot insgesamt als unvollständig mit der Folge des zwingenden Angebotsausschlusses behandelt.[32] Da dadurch Rechte des Bieters im Sinne des § 97 Abs. 7 GWB berührt werden, können solchermaßen gefasste Bieterausschlüsse im Nachprüfungsverfahren kontrolliert werden.

---

26 *EuGH* NZBau 2004, 340, 342, Ziff. 42–44 – »Siemens/ARGE Telekom«; nähere Einzelheiten s. in der Kommentierung zu § 9 Nr. 4 VOL/A, Rn. 6.
27 Vgl. *OLG Düsseldorf* v. 28. 6. 2006, Verg 18/06.
28 *OLG Düsseldorf* a. a. O.
29 Vgl. *Kulartz* in: Kulartz/Kus/Portz, § 97 Abs. 4, Rn. 90 m. w.N; zuletzt *OLG München* v. 6.11.2006, Verg 17/06; des Weiteren *OLG Saarbrücken* v. 5. 7. 2006, 1 Verg 6/05; *OLG Düsseldorf* v. 21. 12. 2005, Verg 69/05; v. 1. 2. 2006, VergabeR 2006, 547 – »Wertstoffhof«; v. 2. 1. 2006, Verg 93/06; v. 13. 4. 2006, Verg 10/06 für die Angabe von Nach-Nachunternehmer; v. 22. 12. 2004, VergabeR 2005, 222; *OLG Dresden* v. 11. 4. 2006, WVerg 6/06, NZBau 2006, 667; *OLG Düsseldorf* v. 28. 5. 2003, Verg 8/03, VergabeR 2003, 461.
30 *Kulartz* a. a. O., Rn. 89; *EuGH* a. a. O.; *OLG Düsseldorf* v. 13. 4. 2006, Verg 10/06 für die Angabe von Nach-Nachunternehmer im NU-Verzeichnis.
31 *OLG Naumburg* v. 25. 10. 2005, 1 Verg 5/05, IBR 2006, 43; *OLG Düsseldorf* VergabeR 2005, 222, s. i. Ü. FN 29.
32 Vgl. nur *OLG Naumburg* v. 25. 10. 2005, 1 Verg 5/05, IBR 2006, 43.

§ 16 b
Anforderungen an Teilnahmeanträge

1. Die Auftraggeber haben die Integrität der Daten und die Vertraulichkeit der übermittelten Teilnahmeanträge auf geeignete Weise zu gewährleisten. Per Post oder direkt übermittelte Teilnahmeanträge sind in einem verschlossenen Umschlag einzureichen, als solche zu kennzeichnen und bis zum Ablauf der für ihre Einreichung vorgesehenen Frist unter Verschluss zu halten. Bei elektronisch übermittelten Teilnahmeanträgen ist dies durch entsprechende organisatorische und technische Lösungen nach den Anforderungen des Auftraggebers und durch Verschlüsselung sicherzustellen. Die Verschlüsselung muss bis zum Ablauf der für ihre Einreichung vorgesehenen Frist aufrechterhalten bleiben.

2. Teilnahmeanträge können auch per Telefax oder telefonisch gestellt werden. Werden Anträge auf Teilnahme telefonisch oder per Telefax gestellt, sind diese vom Bewerber bis zum Ablauf der Frist für die Abgabe der Teilnahmeanträge durch Übermittlung per Post, direkt oder elektronisch zu bestätigen.

Inhaltsübersicht Rn.

A. Grundzüge und Materialien 1
B. Datenintegrität, Vertraulichkeit und Form der Teilnahmeanträge, § 16 b Nr. 1 VOL/A 5
C. Sonstige Formen von Teilnahmeanträgen, § 16 b Nr. 2 VOL/A 7
D. Rechtsfolgen 9

A. Grundzüge und Materialien

§ 16 b VOL/A regelt die Form, in der Teilnahmeanträge zu stellen sowie zu übermitteln sind, sowie deren vertrauliche und integritätswahrende Behandlung durch den öffentlichen Auftraggeber. **Bisher** enthielt § 17 b Nr. 9 VOL/A-alt lediglich nahezu identische Regelungen über die Art der Übermittlung (wobei jetzt die Übermittlung per Fernschreiber und Telegramm als »nicht länger gebräuchlich« nicht mehr erwähnt wird)[1]. ZT wurde zudem vertreten, dass § 15 VgV-alt, der die elektronische Angebotsabgabe regelte, analog auf Teilnahmeanträge anwendbar sei.[2] Nunmehr erweitert § 16 b VOL/A die in § 21 Nr. 1 Abs. 2 VOL/A enthaltenen Vorschriften für die Angebotsabgabe auf die ggf. vorangehende Stellung von Teilnahmeanträgen und übernimmt ausdrücklich auch das dort geregelte Vertraulichkeitsgebot. 1

Durch die grundsätzliche Zulassung und Gleichbehandlung sämtlicher, insbesondere auch der elektronischen Kommunikationsmittel,[3] dient die Vorschrift einerseits der 2

---

1 Vgl. Vorschlag der Europäischen Kommission für eine Richtlinie des Europäischen Parlaments und des Rates zur Koordinierung der Auftragsvergabe im Bereich der Wasser-, Energie- und Verkehrsversorgung vom 31. 8. 2000, KOM (2000) 276 endgültig/2, S. 37.
2 *Müller* in: Byok/Jaeger § 15 VgV Rn. 1628 m. w. N.
3 S. zur Entstehungsgeschichte der elektronischen Angebotsabgabe *Antweiler* CR 2001, 717 ff; *Eberstein* in: Daub/Eberstein § 21 VOL/A Rn. 19 a ff; *Höfler* NZBau 2000, 449 ff.

§ 16 b Anforderungen an Teilnahmeanträge

möglichst umfassenden **Vereinfachung und Beschleunigung des Vergabeverfahrens**, ohne jedoch das berechtigte Interesse der Bewerber an der **Geheimhaltung und Sicherheit der übermittelten Daten** zur Gewährleistung eines ordnungsgemäßen Wettbewerbs zurücktreten zu lassen.

3 § 16 b VOL/A sagt allerdings nichts darüber aus, ob sämtliche der hierin genannten Formen, einen Teilnahmeantrag zu stellen, bei jeder Ausschreibung verwendet werden dürfen. Der öffentliche Auftraggeber ist diesbezüglich weiterhin frei, welche Form(en) er zulässt (vgl § 16 Nr. 4 VOL/A), und muss dies in der Bekanntmachung oder den Vergabeunterlagen angeben (§ 16 Nr. 4, § 17 Nr. 3 Abs. 2 lit. g) VOL/A). Alle Kommunikationsmittel sind insoweit grundsätzlich als gleichwertig anzusehen. S. zu den Fragen, ob ein Bewerber einen Anspruch auf Nutzung **bestimmter Übermittlungswege** hat und ob er seinen Teilnahmeantrag und ggf. verlangte Nachweise mit unterschiedlichen Kommunikationsmitteln einreichen darf, § 21 Rn. 34 f.

4 § 16 b VOL/A ergänzt § 16 Nr. 4 VOL/A und setzt **Art. 48 Abs. 1, 3, 5 und Abs. 6 RL 2004/17/EG** um, wonach für jede »Mitteilung« (also sowohl für solche des Auftraggebers als auch für solche der am Vergabeverfahren teilnehmenden Unternehmen) nach Wahl des öffentlichen Auftraggebers grundsätzlich sämtliche Kommunikationsmittel zulässig sind. Für die elektronische Übermittlung wird § 16 b VOL/A ergänzt durch § 16 Nr. 5, 6 VOL/A, der in Umsetzung von Art. 48 Abs. 2, 4, 5 lit. a) RL 2004/17/EG vorsieht, dass das hierfür gewählte Netz allgemein verfügbar sein muss und die Informationen über die technischen Gerätespezifikationen, die für die Übermittlung und Verschlüsselung der Teilnahmeanträge erforderlich sind, den interessierten Unternehmen zugänglich sein müssen (s. auch § 16 Rn. 44 f.).

B. Datenintegrität, Vertraulichkeit und Form der Teilnahmeanträge, § 16 b Nr. 1 VOL/A

5 Im **bisherigen Recht** war nur die Vertraulichkeit der Angebote geregelt (s. § 15 VgV-alt), § 16 b Nr. 1 VOL/A enthält erstmals vergleichbare Regelungen für Teilnahmeanträge und setzt damit Art. 13, Art. 48 Abs. 3 RL 2004/17/EG um.

6 Da § 16 b Nr. 1 VOL/A wörtlich mit § 16 a Nr. 1 VOL/A übereinstimmt, kann vollumfänglich auf die dortige Kommentierung verwiesen werden, § 16 a Rn. 4 ff.

C. Sonstige Formen von Teilnahmeanträgen, § 16 b Nr. 2 VOL/A

7 In Umsetzung von Art. 48 Abs. 6 RL 2004/17/EG können Teilnahmeanträge auch per **Telefax** oder **Telefon** gestellt werden, sofern der öffentliche Auftraggeber dies zulässt (§ 16 Nr. 4 VOL/A). Allerdings müssen solche Anträge gemäß § 16 b Nr. 2 Satz 2 VOL/A vom Bewerber bis zum Ablauf der Frist für die Abgabe der Teilnahmeanträge zusätzlich **bestätigt** werden. Im Gegensatz zur gemeinschaftsrechtlichen Vorgabe in Art. 48 Abs. 6 lit. b), c) RL 2004/17/EG wird in § 16 b Nr. 2 Satz 2 VOL/A dem öffentlichen Auftraggeber kein Ermessen eingeräumt, ob er eine Bestätigung verlangt.

Die Bestätigung kann über sämtliche Übermittlungswege erfolgen, die in § 16 b Nr. 1 VOL/A genannt werden, also per Post, direkt (körperliche Übergabe durch den Bewerber selbst oder einen Boten) oder elektronisch.
S. zu weiteren Einzelheiten die Kommentierung zum insoweit wortgleichen § 16 a **8** Nr. 2 Rn. 15 ff.

D. Rechtsfolgen

Die VOL/A enthält ebenso wie die entsprechenden gemeinschaftsrechtlichen Vorga- **9** ben keine Regelung, wie zu verfahren ist, wenn ein Teilnahmeantrag nicht formgerecht eingereicht wurde und/oder der Auftraggeber die Integrität der Daten und die Vertraulichkeit der Teilnahmeanträge nicht hinreichend gewährleistet hat. Da der vorgeschaltete Teilnahmewettbewerb eine Verfahrensstufe ist, die bei der Öffentlichen Ausschreibung bzw. beim Offenen Verfahren in die Angebotswertung integriert ist, sind insoweit die Regelungen des § 23 **VOL/A** heranzuziehen, die von ihrem Wortlaut her nur die Prüfung von Angeboten erfassen. Dementsprechend »brauchen« Teilnahmeanträge, die nicht ordnungsgemäß eingegangen sind, grundsätzlich »nicht geprüft zu werden« (vgl. § 23 Nr. 1 lit. a), b) VOL/A). »Nicht ordnungsgemäß« in diesem Sinne ist ein Teilnahmeantrag dann, wenn er den Formvorgaben des § 16 b VOL/A nicht entspricht, z. B. wenn ein per Post übermittelter Antrag nicht in einem verschlossenen Umschlag eingereicht wurde. Fehler im Zusammenhang mit der elektronischen Übermittlung, z. B. die fehlende oder unzureichende Verschlüsselung, werden von § 23 Nr. 1 lit. b) VOL/A erfasst. S. im Einzelnen die Kommentierung zum wortgleichen § 16 a Rn. 18.

§ 25 **VOL/A** kann demgegenüber nicht entsprechend auf Teilnahmeanträge angewen- **10** det werden, da diese Vorschrift – abgesehen von der fehlenden Unterschrift (§ 25 Nr. 1 Abs. 1 lit. b) VOL/A) – nicht den Fall erfasst, dass ein Angebot nicht formgerecht eingereicht wurde, und/oder die Integrität der Daten und die Vertraulichkeit eines Angebots nicht hinreichend gewährleistet worden ist (s. § 21 Rn. 69).

§ 17b
Bekanntmachung, Aufruf zum Wettbewerb, Beschafferprofil

1. (1) Die Auftraggeber veröffentlichen mindestens einmal jährlich in regelmäßigen unverbindlichen Bekanntmachungen über die für die nächsten zwölf Monate beabsichtigten Aufträge, deren nach der Vergabeverordnung geschätzter Wert jeweils mindestens 750.000 EURO beträgt. Die Lieferaufträge sind nach Warenbereichen unter Bezugnahme auf die Positionen der Verordnung über das gemeinsame Vokabular für öffentliche Aufträge – CPV (Verordnung (EG) Nr. 2195/2002[1] in der Fassung der Verordnung (EG) Nr. 2151/2003[2]) aufzuschlüsseln, die Dienstleistungsaufträge nach den im Anhang I A genannten Kategorien. Die Bekanntmachung ist nur dann zwingend vorgeschrieben, sofern der Auftraggeber die Frist für den Eingang der Angebote gemäß § 18b Nr. 1 Abs. 2 Buchstabe b) verkürzen will.
(2) Die Bekanntmachungen sind nach dem im Anhang V der Verordnung (EG) Nr. 1564/2005 enthaltenen Muster zu erstellen und dem Amt für amtliche Veröffentlichungen der Europäischen Gemeinschaften zu übermitteln.
(3) Veröffentlichen Auftraggeber eine regelmäßige unverbindliche Bekanntmachung in ihrem Beschafferprofil, so melden sie dies dem Amt für amtliche Veröffentlichungen der Europäischen Gemeinschaften auf elektronischem Wege nach dem im Anhang VIII der Verordnung (EG) Nr. 1564/2005 enthaltenen Muster.

2. (1) Ein Aufruf zum Wettbewerb kann erfolgen,
   a) durch Veröffentlichung einer Bekanntmachung nach Anhang V der Verordnung (EG) Nr. 1564/2005 oder
   b) durch Veröffentlichung einer regelmäßigen unverbindlichen Bekanntmachung nach Nummer 1 oder
   c) durch Veröffentlichung einer Bekanntmachung über das Bestehen eines Prüfsystems nach § 7b Nr. 5 (Anhang VII der Verordnung [EG] Nr. 1564/2005).
(2) Die Kosten der Veröffentlichung der Bekanntmachungen im Amtsblatt der Europäischen Gemeinschaften werden von den Gemeinschaften getragen.

3. Erfolgt der Aufruf zum Wettbewerb durch Veröffentlichung einer regelmäßigen unverbindlichen Bekanntmachung, so
   a) muss in der Bekanntmachung der Inhalt des zu vergebenden Auftrags nach Art und Umfang genannt sein,
   b) muss die Bekanntmachung den Hinweis enthalten, dass dieser Auftrag im Nichtoffenen Verfahren oder Verhandlungsverfahren ohne spätere Veröffentlichung eines Aufrufs zur Angebotsabgabe vergeben wird, sowie die Aufforderung an die interessierten Unternehmen, ihr Interesse schriftlich mitzuteilen,
   c) müssen die Auftraggeber später alle Bewerber auf der Grundlage von genaueren Angaben über den Auftrag auffordern, ihr Interesse zu bestätigen,

---
[1] ABl. EG Nr. L 340 S. 1.
[2] ABl. EG Nr. L 329 S. 1.

bevor mit der Auswahl der Bieter oder der Teilnehmer an einer Verhandlung begonnen wird. Die Angaben müssen mindestens Folgendes umfassen:
aa) Art und Menge, einschließlich etwaiger Optionen auf zusätzliche Aufträge und möglichenfalls veranschlagte Frist für die Inanspruchnahme dieser Optionen; bei wiederkehrenden Aufträgen Art und Menge und möglichenfalls veranschlagte Frist für die Veröffentlichung der Bekanntmachungen späterer Ausschreibungen für die Lieferungen und Dienstleistungen, die Gegenstand des Auftrages sein sollen;
bb) Art des Verfahrens: nicht offenes Verfahren oder Verhandlungsverfahren;
cc) gegebenenfalls Zeitpunkt des Beginns oder Abschlusses der Leistungen;
dd) Anschrift und letzter Tag für die Vorlage des Antrags auf Aufforderung zur Angebotsabgabe sowie die Sprache oder Sprachen, in denen die Angebote abzugeben sind;
ee) die Anschrift der Stelle, die den Zuschlag erteilt und die Auskünfte gibt, die für den Erhalt der Spezifikationen und anderer Dokumente notwendig sind;
ff) alle wirtschaftlichen und technischen Anforderungen, finanziellen Garantien und Angaben, die von den Lieferanten oder Dienstleistungserbringern verlangt werden;
gg) Höhe der für die Vergabeunterlagen zu entrichtenden Beträge und Zahlungsbedingungen;
hh) Art des Auftrages, der Gegenstand des Vergabeverfahrens ist (Kauf, Leasing, Miete oder Mietkauf oder mehrere Arten von Aufträgen);
ii) Zuschlagskriterien sowie deren Gewichtung oder ggf. die nach ihrer Bedeutung abgestufte Reihenfolge,
d) dürfen zwischen deren Veröffentlichung und dem Zeitpunkt der Zusendung der Aufforderung an die Bewerber gemäß Buchstabe c) höchstens zwölf Monate vergangen sein. Im Übrigen gilt § 18 b Nr. 2.
4. Erfolgt ein Aufruf zum Wettbewerb durch Veröffentlichung einer Bekanntmachung über das Bestehen eines Prüfsystems, so werden die Bieter in einem Nichtoffenen Verfahren oder die Teilnehmer an einem Verhandlungsverfahren unter den Bewerbern ausgewählt, die sich im Rahmen eines solchen Systems qualifiziert haben.
5. (1) Die Bekanntmachung ist auf elektronischem[3] oder auf anderem Wege unverzüglich dem Amt für amtliche Veröffentlichungen der Europäischen Gemeinschaften zu übermitteln. Der Auftraggeber muss den Tag der Absendung nachweisen können.
(2) Elektronisch erstellte und übersandte Bekanntmachungen werden spätestens fünf Tage nach ihrer Absendung an das Amt für amtliche Veröffentlichungen der Europäischen Gemeinschaften veröffentlicht. Nicht elektronisch er-

---

3 Die Muster und die Modalitäten für die elektronische Übermittlung der Bekanntmachungen sind unter der Internetadresse http://simap.eu.int abrufbar.

§ 17 b Bekanntmachung, Aufruf zum Wettbewerb, Beschafferprofil

stellte und übersandte Bekanntmachungen werden spätestens zwölf Tage nach der Absendung veröffentlicht. Die Bekanntmachungen werden unentgeltlich ungekürzt im Supplement zum Amtsblatt der Europäischen Gemeinschaften in der jeweiligen Originalsprache und eine Zusammenfassung der wichtigsten Bestandteile davon in den anderen Amtssprachen der Gemeinschaft veröffentlicht; hierbei ist nur der Wortlaut in der Originalsprache verbindlich.

(3) Die europaweit vorgesehene Bekanntmachung darf in der Bundesrepublik Deutschland nicht vor dem in der Veröffentlichung zu nennenden Tag der Absendung an das Amt für amtliche Veröffentlichungen der Europäischen Gemeinschaften veröffentlicht werden. Diese Veröffentlichung darf nur die dem Amt für amtliche Veröffentlichungen der Europäischen Gemeinschaften übermittelten oder in einem Beschafferprofil nach Absatz 4 veröffentlichten Angaben enthalten. Sie müssen zusätzlich auf das Datum der Absendung der europaweiten Bekanntmachung an das Amt für amtliche Veröffentlichungen hinweisen.

(4) Die Auftraggeber können im Internet ein Beschafferprofil einrichten. Es enthält Angaben über geplante und laufende Vergabeverfahren, über vergebene Aufträge sowie alle sonstigen für die Auftragsvergabe relevanten Informationen wie zum Beispiel Kontaktstelle, Telefon- und Telefaxnummer, Anschrift, E-Mail-Adresse des Auftraggebers.

6. Sind im Offenen Verfahren die Vergabeunterlagen und zusätzlichen Unterlagen rechtzeitig angefordert worden, sind sie den Bewerbern in der Regel innerhalb von sechs Tagen nach Eingang des Antrags zuzusenden.

7. Rechtzeitig beantragte Auskünfte über die Vergabeunterlagen sind spätestens sechs Tage vor Ablauf der Angebotsfrist zu erteilen.

8. Die Vergabeunterlagen sind beim Nichtoffenen Verfahren und beim Verhandlungsverfahren mit vorherigem Aufruf zum Wettbewerb an alle ausgewählten Bewerber am selben Tag abzusenden.

9. Die Vergabeunterlagen sind den Bewerbern in kürzestmöglicher Frist und in geeigneter Weise zu übermitteln.

Inhaltsübersicht

	Rn.
A. Einleitung	1
B. Regelmäßige unverbindliche Bekanntmachung (Nr. 1)	7
I. Anwendungsbereich	8
II. Muster für die unverbindliche Bekanntmachung	10
III. Veröffentlichung der unverbindlichen Bekanntmachung	14
C. Aufruf zum Wettbewerb (Nr. 2)	17
I. Durch Bekanntmachung (Nr. 2 Abs. 1 lit. a))	18
II. Durch regelmäßige unverbindliche Bekanntmachung (Nr. 2 Abs. 1 lit. b), Nr. 3)	21
III. Durch Veröffentlichung einer Bekanntmachung über das Bestehen eines Prüfsystems (Nr. 2 Abs. 1 lit. c), Nr. 4)	25
D. Beschafferprofil (Nr. 5 Abs. 4)	27

E. Fristen, Kosten und Sprache (Nr. 5) 28
F. Fristen für Verdingungsunterlagen und zusätzliche Auskünfte (Nr. 6 und 7) .. 30
G. Versand der Vergabeunterlagen (Nr. 8 und 9) 32

A. Einleitung

§ 17 b enthält diejenigen Bestimmungen, die öffentliche Auftraggeber nach § 98 Nr. 1 **1** bis 3 GWB in Ausübung einer Tätigkeit in den Bereichen Trinkwasserversorgung, Hafendienste oder Schienenverkehr bei der Bekanntmachung sowie bei der Aufforderung zur Angebotsabgabe im Rahmen der Ausschreibung öffentlicher Liefer- und Dienstleistungsaufträge beachten müssen, die den Schwellenwert des § 2 Nr. 1 VgV erreichen oder überschreiten. Die Vorschrift ergänzt insofern § 17 VOL/A, der ebenfalls anzuwenden ist.

Wie § 17 a sieht auch § 17 b verschiedene Möglichkeiten der Bekanntmachung vor: **2** Zum einen die erstmalige Bekanntmachung eines Vergabeverfahrens mittels standardisiertem Formular gegenüber dem Amt für amtliche Veröffentlichungen der Europäischen Gemeinschaften zwecks Veröffentlichung im Supplement zum Amtsblatt der Europäischen Gemeinschaften bzw. in der Ausschreibungsdatenbank TED[4] (§ 17 b Nr. 2 Abs. 1 lit. a)), zum anderen – ebenfalls gegenüber dem Amt für amtliche Veröffentlichungen – die Vorinformation (in § 17 b als regelmäßige unverbindliche Bekanntmachung bezeichnet) über die innerhalb von 12 Monaten beabsichtigten Auftragsvergaben. Gegenüber § 17 a sind die Möglichkeiten des Auftraggebers in § 17 b allerdings vielfältiger. So kann einerseits die Vorinformation im Nichtoffenen Verfahren sowie im Verhandlungsverfahren als Aufruf zum Wettbewerb dienen, aufgrund dessen später ausgewählte Bewerber zur Abgabe eines Angebots aufgefordert werden (§ 17 b Nr. 2 Abs. 1 lit b) i. V. m. Nr. 3). Gleiches gilt zum anderen für die Veröffentlichung einer Bekanntmachung über das Bestehen eines Prüfsystems nach § 7 b Nr. 6 ff. VOL/A. Auch hierdurch kann der Sektorenauftraggeber frühzeitig und eher abstrakt auf seine Beschaffungsabsicht aufmerksam machen und diejenigen Bieter in einem Nichtoffenen Verfahren bzw. die Teilnehmer an einem Verhandlungsverfahren unter den Bewerbern auswählen, die sich im Rahmen eines solchen Systems qualifiziert haben (§ 17 Nr. 2 Abs. 1 lit. c) i. V. m. Nr. 4).

Auch darüber hinaus ergeben sich eine ganze Reihe von Gemeinsamkeiten zwischen **3** § 17 a und § 17 b; teilweise existieren wortgleiche Regelungen. Eine Durchbrechung gibt es allerdings in den Nummern 6 und 7, die die Fristen für die Versendung der Vergabeunterlagen bzw. für die Erteilung zusätzlicher Auskünfte betreffen und im 2. Abschnitt der VOL/A in § 18 a geregelt sind. § 17 b Nr. 8 wiederholt dagegen mit der Pflicht zur gleichzeitigen Absendung der Vergabeunterlagen an die ausgewählten Bieter die Regelung des § 17 Nr. 3 Abs. 6 VOL/A. Nr. 9 formuliert – ohne entsprechendes Pendant in den Basisparagrafen oder den a-Paragrafen – den Gedanken, dass die Vergabeunterlagen den Bewerbern in kürzestmöglicher Zeit und in geeigneter Weise zu übermitteln sind.

---

4 www.ted.europa.eu.

§ 17 b Bekanntmachung, Aufruf zum Wettbewerb, Beschafferprofil

4 In § 17 b VOL/A Ausgabe 2006 werden die einschlägigen Bestimmungen der Artt. 41, 42, 44, 46 sowie 47 der Richtlinie 2004/17/EG (Sektorenkoordinierungsrichtlinie – SKR)[5] umgesetzt. Allerdings ergeben sich gegenüber den europäischen Vorgaben einige Abweichungen: So fehlt die Umsetzung der Art. 44 Abs. 5 Unterabs. 3, 44 Abs. 7 und 8 sowie 46 Abs. 1 SKR, während § 17 b Nr. 9 VOL/A auf Art. 28 Abs. 5 der alten Sektorenkoordinierungsrichtlinie 93/38/EG zurückgeht;[6] diese Regelung findet sich in der neuen SKR nicht mehr wieder. Darüber hinaus enthält § 17 b VOL/A eine ganze Reihe redaktioneller Fehler, auf die in der folgenden Kommentierung an den entsprechenden Stellen hingewiesen wird.

5 Nahezu wörtlich stimmt § 17 b VOL/A mit der Parallelvorschrift des § 17 b VOB/A überein, wenngleich der Aufbau der Vorschriften in Teilen differiert. Keine Entsprechung in der VOL/A findet § 17 b Nr. 2 Abs. 3 VOB/A, der den bauspezifischen Zeitpunkt der Entscheidung über die bauliche Anlage oder über die Planung als Zeitpunkt für die Veröffentlichung einer Bekanntmachung als Aufruf zum Wettbewerb vorsieht. Keine Entsprechung gibt es zudem für § 17 b Nr. 6 VOB/A, da dort Art. 46 Abs. 1 SKR umgesetzt wird, was in der VOL/A übersehen wurde. Dagegen enthält § 17 b VOB/A keine § 17 b Nr. 9 VOL/A entsprechende Vorschrift.

6 In der VOF gibt es keine § 17 b entsprechende Regelung, da es dort nach wie vor generell an einer nationalen Umsetzung der Sektorenkoordinierungsrichtlinie fehlt. § 9 VOF fußt auf den entsprechenden Bekanntmachungsvorschriften der Vergabekoordinierungsrichtlinie 2004/18/EG.

B. Regelmäßige unverbindliche Bekanntmachung (Nr. 1)

7 Wie § 17 a Nr. 3 sieht auch § 17 b Nr. 1 VOL/A die Möglichkeit vor, im Vorfeld der eigentlichen Ausschreibungsbekanntmachung eine unverbindliche Bekanntmachung (Vorinformation) zu veröffentlichen. Dabei geht es nicht um sämtliche beabsichtigten Liefer- und Dienstleistungsaufträge, sondern nur um solche, deren geschätzter Auftragswert jeweils mindestens 750.000 Euro beträgt. Auch hier wird die Zielsetzung verfolgt, potenziell an der Auftragsausführung interessierte Unternehmen möglichst frühzeitig über bedeutende Beschaffungsvorhaben des Auftraggebers zu unterrichten, damit sie sich bei Interesse auf die Ausschreibung vorbereiten, evtl. erste Vorarbeiten für die Erstellung eines Angebots vornehmen und – wichtiger noch – gegebenenfalls bereits disponieren können, um somit die spätere Ausschreibung zügig bearbeiten zu können und im Falle der Zuschlagserteilung optimal auf die Auftragsausführung eingestellt zu sein.

---

[5] Vom 31. 3. 2004, ABl. EU Nr. L 134 vom 30. 4. 2004, S. 1.
[6] Wenngleich die Regelung bereits in der VOL/A Ausgabe 2000 nur teilweise umgesetzt worden ist, vgl. *von Baum* in: Müller-Wrede, VOL/A § 17 b Rn. 5.

Bekanntmachung, Aufruf zum Wettbewerb, Beschafferprofil § 17 b

I. Anwendungsbereich

Wie ausgeführt betrifft die regelmäßige unverbindliche Bekanntmachung nach § 17 b Nr. 1 nicht sämtliche Liefer- und Dienstleistungsaufträge, sondern lediglich solche Vorhaben, die ein nach § 3 VgV geschätztes Auftragsvolumen von jeweils mindestens 750.000 Euro haben. Der Prognosezeitraum beträgt die auf den Zeitpunkt der Veröffentlichung folgenden zwölf Monate, wobei es nicht untersagt ist, auch Projekte in einem darüber hinausgehenden Zeithorizont bereits anzukündigen. Ohnehin ist die unverbindliche Bekanntmachung – wie ihre Bezeichnung bereits zeigt – insofern freiwillig, als dem Auftraggeber keine Sanktion droht, wenn er von seiner ursprünglichen Planung nachfolgend wieder abrückt und im weiteren keine Ausschreibung mehr durchführt. Durchbrochen wird die Unverbindlichkeit der Bekanntmachung ausdrücklich nur dann, wenn der Auftraggeber im Rahmen des späteren Vergabeverfahrens die Angebotsfrist entsprechend § 18 b Nr. 1 Abs. 2 lit. a) verkürzen will. Gleiches gilt für den Fall, dass der Auftraggeber entsprechend § 17 b Nr. 2 Abs. 1 lit. b) die regelmäßige unverbindliche Bekanntmachung als Aufruf zum Wettbewerb nutzt.

8

Anders als in § 17 a Nr. 3 VOL/A muss der Auftraggeber nach § 17 b Nr. 1 Abs. 1 VOL/A nicht das Haushaltsjahr als Maßstab für die vorab bekannt zu machenden Großaufträge bzw. für den Veröffentlichungszeitpunkt der regelmäßigen unverbindlichen Bekanntmachung nehmen. § 17 b Nr. 1 Abs. 1 enthält lediglich die Obliegenheit, mindestens einmal jährlich eine entsprechende Vorinformation zu veröffentlichen. Obwohl er damit den konkreten Zeitpunkt frei wählen kann, bietet sich schon deswegen auch hier der Beginn des Haushaltsjahres als Bezugspunkt an, da die Anwendungspflicht des § 17 b öffentliche Auftraggeber nach § 98 Nr. 1 bis 3 GWB trifft, die ihre Beschaffungstätigkeit jeweils in dem zu Beginn des Haushaltsjahres zu veröffentlichenden Haushaltsplan festlegen.

9

II. Muster für die unverbindliche Bekanntmachung

Für die Veröffentlichung einer regelmäßigen unverbindlichen Bekanntmachung im Amtsblatt der Europäischen Gemeinschaften hat der Auftraggeber das Standardformular »Regelmäßige nichtverbindliche Bekanntmachung – Sektoren« zu verwenden, das als Anhang IV der Verordnung (EG) 1564/2005 veröffentlicht wurde und über SIMAP[7] abgerufen bzw. dort nach vorheriger Registrierung elektronisch ausgefüllt und an das Amt für amtliche Veröffentlichungen übermittelt werden kann. Der Hinweis in § 17 b Nr. 1 Abs. 2 VOL/A auf Anhang V der vorgenannten Verordnung beruht insofern auf einem redaktionellen Fehler, da dieses Standardformular die reguläre Bekanntmachung für Sektorenauftraggeber betrifft und (richtigerweise) in § 17 b Nr. 2 Abs. 1 lit. a) in Bezug genommen wird.

10

---

7 Système d'information des marchés publics, www.simap.europa.eu. Die in der amtlichen Fußnote zu § 17 b Nr. 5 Abs. 1 VOL/A angegebene Internetadresse http://simap.eu.int ist zwar veraltet, kann aber für einen Übergangszeitraum noch benutzt werden.

§ 17 b Bekanntmachung, Aufruf zum Wettbewerb, Beschafferprofil

11 Wird die regelmäßige unverbindliche Bekanntmachung im Sinne von § 17 b Nr. 1 Abs. 1 als solche verwendet, hat der Auftraggeber lediglich den Hauptteil des Standardformulars (Abschnitte I, II, IV und VI) sowie gegebenenfalls die Anhänge A1 (»vom Auftraggeber abweichende Kontaktstellen«) und B (»Angaben zu Losen«) auszufüllen. Die Unterscheidungen zum Standardformular »Vorinformation«, das öffentliche Auftraggeber nach § 17 a Nr. 3 VOL/A zu verwenden haben, sind gering, so dass insofern auf die Erläuterungen zu § 17 a verwiesen werden kann.[8] Unterschiede ergeben sich lediglich in Ziffer I.2, wo die Haupttätigkeit des Sektorenauftraggebers zwecks Klassifizierung in der Ausschreibungsdatenbank Tenders Electronic Daily (TED)[9] bzw. zu statistischen Zwecken anzugeben ist, sowie in Ziffer VI.3, wo die bereits unter Ziffer II.6.1) anzugebende Kostenschätzung hinsichtlich des Gesamtauftragswerts noch einmal zu spezifizieren ist.

12 Soll die regelmäßige unverbindliche Bekanntmachung hingegen dazu dienen, entsprechend § 18 b Nr. 1 Abs. 2 lit. b) im Rahmen der späteren Ausschreibung die Angebotsfrist zu verkürzen, oder wird die Bekanntmachung nach § 17 b Nr. 2 Abs. 1 lit. b) als Aufruf zum Wettbewerb genutzt,[10] so hat der Auftraggeber dies im Kopf des Standardformulars entsprechend anzukreuzen und unter Ziffer I.1) sowie gegebenenfalls im Anhang A.II und A.III anzugeben, wo die Ausschreibungsunterlagen und ergänzende Unterlagen abgefordert werden können bzw. an wen Angebote, Teilnahmeanträge oder Interessenbekundungen zu richten sind. Darüber hinaus hat der Auftraggeber die Anlage zum Standardformular »Regelmäßige nichtverbindliche Bekanntmachung – Sektoren« auszufüllen und dort weitere Angaben zum Auftragsgegenstand (Ziffer II), zu rechtlichen, wirtschaftlichen, finanziellen und technischen Informationen (Ziffer III), zum Verfahren (Ziffer IV) sowie zu zusätzlichen Informationen (Ziffer VI) zu machen. Die hier geforderten Angaben decken sich im Wesentlichen mit denen des Standardformulars »Bekanntmachung« nach § 17 a Nr. 1 Abs. 1, so dass auch hier auf die entsprechenden Ausführungen zu § 17 a verwiesen werden kann.[11]

13 Erläuterungsbedürftig ist die Anlage zum Standardformular »Regelmäßige nichtverbindliche Bekanntmachung – Sektoren« jedoch im Abschnitt IV (Verfahren). Dort kann der Auftraggeber unter Ziffer IV.1) lediglich zwischen dem Nichtoffenen und dem Verhandlungsverfahren auswählen, obwohl auch im 3. Abschnitt der VOL/A die Verfahrensarten »Offenes Verfahren«, »Nichtoffenes Verfahren« und »Verhandlungsverfahren« zur Verfügung stehen.[12] Diese Einschränkung erklärt sich aus der Anwendung des Standardformulars bzw. der Anlage in dem Fall, in dem die regelmäßige unverbindliche Bekanntmachung gem. § 17 b Nr. 2 Abs. 1 lit. b) als Aufruf zum Wettbewerb genutzt wird. Dieser Aufruf zum Wettbewerb kann gem. § 17 b Nr. 3 lit. b) lediglich in den beiden vorgenannten Verfahrensarten genutzt werden; im

---

8 § 17 a Rn. 79 ff.
9 Vgl. Fn. 4.
10 Vgl. hierzu die Rn. 21 ff.
11 Vgl. § 17 a Rn. 19 ff.
12 Vgl. § 3 b Nr. 1 VOL/A. Der Vorrang des Offenen Verfahrens ergibt sich aus § 3 Nr. 2 VOL/A. Der Wettbewerbliche Dialog steht den Sektorenauftraggebern, die den 3. Abschnitt der VOL/A anzuwenden haben, nicht zur Verfügung, da dieses Verfahren in der Sektorenkoordinierungsrichtlinie 2004/17/EG nicht vorgesehen ist.

Bekanntmachung, Aufruf zum Wettbewerb, Beschafferprofil § 17 b

Offenen Verfahren stellt regelmäßig erst die Ausschreibungsbekanntmachung den »Aufruf zum Wettbewerb« dar. Problematisch ist Ziffer IV. 1.1) allerdings dann, wenn das Standardformular einschließlich seiner Anlage für die Verkürzung der Angebotsfrist genutzt wird. Denn eine solche Fristverkürzung durch die Veröffentlichung einer regelmäßigen nichtverbindlichen Bekanntmachung ist nach § 18 b Nr. 1 Abs. 2 VOL/A nur im Falle des Offenen Verfahrens möglich, welches der Auftraggeber allerdings in der vorgenannten Ziffer nicht ankreuzen kann. Insofern ist der einleitende Hinweis zur Anlage zum Standardformular »Regelmäßige nichtverbindliche Bekanntmachung – Sektoren« zu beachten, wonach im Fall, dass die Bekanntmachung der Verkürzung der Angebotsfrist dient, Angaben nur dann zu machen sind, sofern sie vorliegen. Dem Sektorenauftraggeber, der die regelmäßige nichtverbindliche Bekanntmachung gleichzeitig zur Verkürzung der Angebotsfrist in einem Offenen Verfahren nutzen will, hat daher unter Ziffer IV.1.1) keine Angaben zu machen, sollte jedoch unter Ziffer IV.I.2) als sonstige Information angeben, dass es sich um ein Offenes Verfahren nach § 3 b Nr. 1 lit. a) handelt.

III. Veröffentlichung der unverbindlichen Bekanntmachung

§ 17 b Nr. 1 sieht grundsätzlich zwei Wege der Veröffentlichung einer regelmäßigen unverbindlichen Bekanntmachung vor: im Supplement zum Amtsblatt der Europäischen Gemeinschaften (also der EG-Ausschreibungsdatenbank TED) oder im Beschafferprofil des Auftraggebers. Während die europaweite Bekanntmachung in TED durch Übermittlung des ausgefüllten Standardformulars »Regelmäßige nichtverbindliche Bekanntmachung – Sektoren« an das Amt für amtliche Veröffentlichungen einen größtmöglichen Grad an Publizität gewährleistet, ist die Veröffentlichung der unverbindlichen Bekanntmachung im eigenen Beschafferprofil des Auftraggebers weit weniger transparent. Zwar wird über die Veröffentlichung im Internet eine gleichwertige (nämlich weltweite) Zugriffsmöglichkeit geschaffen, jedoch ist das Beschafferprofil des Auftraggebers deutlicher schwieriger zu lokalisieren als die bekannte Internetpräsentation TED. Insofern schreibt § 17 b Nr. 1 Abs. 3 für diesen Fall vor, die Veröffentlichung der regelmäßigen unverbindlichen Bekanntmachung im Beschafferprofil auch an das Amt für amtliche Veröffentlichungen zu melden. 14

Dazu hat der Auftraggeber – wie im gleichgelagerten Fall des § 17 a Nr. 3 Abs. 2 VOL/A – das Standardformular »Bekanntmachung über ein Beschafferprofil«[13] zu verwenden und die dort geforderten Informationen zu geben. Die Meldung an das Amt für amtliche Veröffentlichungen hat »auf elektronischem Wege« zu erfolgen, was ein elektronisches Ausfüllen und Versenden bedingt. Unklar bleibt allerdings, in welchem zeitlichen Verhältnis die Veröffentlichung der unverbindlichen Bekanntmachung im Beschafferprofil und die Meldung über diese Veröffentlichung an das Amt für amtliche Veröffentlichungen stehen. Während aus § 17 a Nr. 3 Abs. 2 deutlich hervor geht, dass die Meldung an das Amt der Veröffentlichung im Beschafferprofil vorgeht, ergibt sich aus § 17 b Nr. 1 Abs. 3 keine entsprechende Reihenfolge. Dies 15

---

[13] Anhang VIII der Verordnung (EG) Nr. 1564/2005.

§ 17 b Bekanntmachung, Aufruf zum Wettbewerb, Beschafferprofil

gilt auch für die zugrundeliegende europäische Norm des Art. 41 Abs. 1 Unterabs. 4 SKR, die anders als Art. 35 Abs. 1 Unterabs. 4 VKR nicht von »zuvor« spricht. Allerdings sind sachliche Gründe für eine unterschiedliche Regelung nicht ersichtlich. Im Gegenteil ist es auch im Bereich der Sektorenauftraggeber sinnvoll, dem Amt für amtliche Veröffentlichungen dies bereits vor Veröffentlichung der unverbindlichen Bekanntmachung im Beschafferprofil mitzuteilen, so dass entsprechende Gelegenheit besteht, die aus dem Standardformular »Bekanntmachung über ein Beschafferprofil« generierte Information in Tenders Electronic Daily einzustellen und damit auf das Beschafferprofil des Auftraggebers und die dortigen Informationen an einer prominenten Stelle aufmerksam zu machen. Eine zeitlich verzögerte oder sogar nachträgliche Unterrichtung des Amtes für amtliche Veröffentlichungen würde den Sinn dieser Meldung hingegen ins Leere laufen lassen. Daher liegt es nahe, dass es sich bei der Regelung in der Sektorenrichtlinie um einen redaktionellen Fehler handelt und zumindest eine Unterrichtung des Amtes zeitgleich mit der Veröffentlichung der unverbindlichen Bekanntmachung im Beschafferprofil auch hier notwendig ist.

16 Wie sich aus dem Standardformular »Bekanntmachung über ein Beschafferprofil« ergibt, kann die Veröffentlichung der unverbindlichen Bekanntmachung im Beschafferprofil nur dann dort erfolgen, wenn es sich dabei nicht um einen Aufruf zum Wettbewerb (§ 17 b Nr. 1 Abs. 2 lit. b)) handelt.

C. Aufruf zum Wettbewerb (Nr. 2)

17 Anders als die klassischen öffentlichen Auftraggeber, die nach § 17 a neben der Ausschreibungsbekanntmachung lediglich die Möglichkeit haben, über die Vorinformation eine entsprechende Fristverkürzung bei der Angebotsfrist zu erreichen, sieht § 17 b Nr. 2 Abs. 1 für Sektorenauftraggeber die Möglichkeit vor, den Aufruf zum Wettbewerb nicht nur durch die herkömmliche Bekanntmachung vorzunehmen, sondern auch durch die Veröffentlichung der regelmäßigen unverbindlichen Bekanntmachung sowie durch die Veröffentlichung einer Bekanntmachung des Bestehens eines Prüfsystems. Die Auswahl unter diesen Möglichkeiten ist in das freie Ermessen des Auftraggebers gestellt. An die einzelnen Bekanntmachungen knüpfen sich mit Blick auf die Einhaltung der Grundprinzipien der Transparenz, Gleichbehandlung und Nichtdiskriminierung allerdings unterschiedliche Voraussetzungen.

I. Durch Bekanntmachung (Nr. 2 Abs. 1 lit. a))

18 Die Veröffentlichung einer Bekanntmachung über den Beginn einer Ausschreibung nach § 17 b Nr. 1 Abs. 2 lit. a) ist auch im Bereich der Sektorenauftraggeber die herkömmliche Bekanntmachungsart. Sie erfolgt mittels des Standardformulars »Bekanntmachung – Sektoren«, das dem Muster des Anhangs V der Verordnung (EG) Nr. 1564/2005 entspricht und ebenfalls über die Internetpräsentation von SIMAP verfügbar ist bzw. dort elektronisch ausgefüllt und an das Amt für amtliche Veröffentlichungen übermittelt werden kann.

Der Inhalt des Standardformulars »Bekanntmachung – Sektoren« ist nahezu identisch mit dem des Standardformulars »Bekanntmachung« für klassische öffentliche Auftraggeber. Insofern kann auf die Kommentierung zu § 17a Nr. 1 Abs. 1 verwiesen werden.[14] Aufmerksam zu machen ist hinsichtlich der geforderten Angaben zur zuständigen Stelle für Schlichtungsverfahren entsprechend Ziffer VI.4.1) des Standardformulars auf § 20 VgV, in dem das Schlichtungsverfahren ausdrücklich als Option für Sektorenauftraggeber genannt ist. Allerdings ist von diesem Verfahren bislang fast nie Gebrauch gemacht worden, weshalb die EU-Kommission im Rahmen der derzeitigen Revision der EG-Rechtsmittelrichtlinien die ersatzlose Streichung der zugrunde liegenden europäischen Regelung anstrebt.[15] **19**

Die Bekanntmachung kann über die Internetseite von SIMAP elektronisch erstellt und an das Amt für amtliche Veröffentlichungen versandt werden. Daneben bietet das Amt auch die schriftliche Übermittlung (2, rue de Mercier, L-2985 Luxemburg) sowie die Übermittlung per Telefax (00352/292942670) an. Schließlich sind auch Kombinationen von Erstellungs- und Übermittlungsarten denkbar (elektronische Erstellung des Standardformulars mit anschließender postalischer Übersendung des Ausdrucks; handschriftliches Ausfüllen des Formulars und – nach Digitalisierung per Scanner – elektronische Übermittlung). **20**

II. Durch regelmäßige unverbindliche Bekanntmachung (Nr. 2 Abs. 1 lit. b), Nr. 3)

Aufwändiger gestaltet sich das Verfahren, wenn die regelmäßige unverbindliche Bekanntmachung bei Durchführung eines Nichtoffenen Verfahrens oder eines Verhandlungsverfahrens zum Aufruf zum Wettbewerb genutzt wird. Hierfür ist zunächst – wie zu § 17b Nr. 1 Abs. 1 beschrieben – die Veröffentlichung einer entsprechenden Bekanntmachung mittels des Standardformulars 4 einschließlich Anlage gegenüber dem Amt für amtliche Veröffentlichungen notwendig.[16] Damit werden zugleich die unter § 17b Nr. 3 lit. a) und b) gestellten Anforderungen abgedeckt: Der Inhalt des zu vergebenden Auftrags wird nach Art und Umfang in Abschnitt 2 des Standardformulars bzw. dessen Anlage präzisiert. Und unter Ziffer VI.2) der Anlage ist entsprechend § 17b Nr. 3 lit. b) der Hinweis an die interessierten Wirtschaftsteilnehmer vorgegeben, dass der Auftrag ohne eine weitere Veröffentlichung eines Aufrufs zum Wettbewerb vergeben wird und diese dem Auftraggeber mitzuteilen haben, dass sie an den dem Auftrag interessiert sind. **21**

Da zwischen der Veröffentlichung der regelmäßigen unverbindlichen Bekanntmachung als Aufruf zum Wettbewerb und der Auswahl der Bewerber anlässlich des Beginns des konkreten Vergabeverfahrens ein Zeitraum von bis zu 12 Monaten liegen **22**

---
14 § 17 Rn. 19 ff.
15 Vgl. *Stoll*, Vortrag im Rahmen der 11. Badenweiler Gespräche des forum vergabe e. V. am 5. 5. 2006, Tagungsband (Schriftenreihe des forum vergabe), S. 161 [168].
16 Eine Veröffentlichung im Beschafferprofil des Auftraggebers bei paralleler Unterrichtung des Amtes für amtliche Veröffentlichungen mittels des Standardformulars 8 (Bekanntmachung über ein Beschafferprofil) ist hierfür nicht ausreichend, vgl. Rn. 16.

§ 17 b Bekanntmachung, Aufruf zum Wettbewerb, Beschafferprofil

kann, ist der Auftraggeber nach § 17 b Nr. 3 lit. c) gehalten, den interessierten Unternehmen später genauere bzw. aktualisierte Angaben über den Auftrag zu geben und diese zugleich aufzufordern, ihr Interesse noch einmal zu bestätigen. Unter lit. aa) bis ii) sind hierbei neun Informationsbereiche angesprochen, bezüglich derer der Auftraggeber überarbeitete und präzisierte Angaben machen muss. Wie sich aus lit. d) ergibt, hat die Aufforderung an die Bewerber schriftlich zu erfolgen (»Zusendung der Aufforderung«). Ein Standardformular existiert hierfür nicht.

23 Obwohl die Regelung zwingend ist (»müssen die Auftraggeber...«), kann zumindest dann auf eine solche aktualisierte Unterrichtung der Bewerber verzichtet werden, wenn seit der Veröffentlichung der Bekanntmachung nur wenig Zeit vergangen ist, sich die Angaben zur Ausschreibung weder geändert haben noch präzisiert werden müssen und den interessierten Unternehmen dies bereits im Rahmen der regelmäßigen unverbindlichen Bekanntmachung mitgeteilt worden ist. Nicht verzichtet werden sollte allerdings auch in diesem Fall auf die Aufforderung, das Interesse an dem Auftrag zu bestätigen.

24 Damit die Zeitspanne zwischen regelmäßiger unverbindlicher Bekanntmachung und der Aufforderung an die Bewerber nicht zu groß wird, gibt § 17 b Nr. 3 lit. d) vor, dass maximal 12 Monate zwischen beiden Ereignissen liegen dürfen. Dies deckt sich allerdings auch mit den Vorgaben für die unverbindliche Bekanntmachung selbst, die nach § 17 b Nr. 1 Abs. 1 ohnehin mindestens einmal jährlich veröffentlicht werden.

III. Durch Veröffentlichung einer Bekanntmachung über das Bestehen eines Prüfsystems (Nr. 2 Abs. 1 lit. c), Nr. 4)

25 Schließlich kann der Aufruf zum Wettbewerb auch durch Veröffentlichung einer Bekanntmachung über das Bestehen eines Prüfsystems erfolgen. Die Einrichtung eines solchen Präqualifikationssystems richtet sich nach § 7 b Nr. 6 ff.[17] und ist mittels des Standardformulars »Bekanntmachung über das Bestehen eines Prüfungssystems – Sektoren« (Anhang VII der Verordnung (EG) Nr. 1564/2005) über das Amt für amtliche Veröffentlichungen im Amtsblatt der Europäischen Gemeinschaften zu veröffentlichen.[18] Dabei wird auftragsunabhängig die Eignung von Unternehmen anhand der in der Bekanntmachung veröffentlichten Teilnahmebedingungen (Ziffer III.1) des Standardformulars) geprüft und bewertet. In diesem Zusammenhang sind bereits bei der Einrichtung eines Präqualifikationssystems die Leistungen oder Warengruppen grob zu spezifizieren, die unter Nutzung des Systems später beschafft werden sollen.

26 Wird der Hinweis auf das Bestehen des Prüfungssystems dann als Aufruf zum Wettbewerb gemäß § 17 b Nr. 2 Abs. 1 lit. c) genutzt, so ist das Standardformular erneut auszufüllen und dabei die besondere Nutzung im Kopf des Formulars anzukreuzen. Sofern notwendig, können insbesondere die Angaben zu Art und Umfang der Leistungen konkretisiert werden. Abweichungen von den Kriterien, die bei Einrichtung

---

17 Der Verweis auf § 7 b Nr. 5 in § 17 b Nr. 2 Abs. 1 lit c) ist insofern fehlerhaft.
18 Diesbezüglich wird auf die Kommentierung zu § 7 b verwiesen.

des Prüfsystems angegeben worden sind, sind indes nicht gestattet. Dies betrifft in erster Linie die Teilnahmebedingungen. Hinsichtlich der auftragsspezifischen Informationen (z. B. Angabe und Gewichtung der Zuschlagskriterien unter Ziffer IV.1)) ist es hingegen möglich, diese bei Einrichtung des Prüfsystems offen zu lassen und erst im Falle des hierauf basierenden Wettbewerbsaufrufs anzugeben. Dies ist auch für die sich im Rahmen des Prüfsystems qualifizierenden Unternehmen akzeptabel, da die Präqualifikation grundsätzlich auftragsunabhängig erfolgt. Schließlich bietet es sich an, mit Blick auf § 17 b Nr. 4 den Hinweis aufzunehmen, dass die Bieter (im Nichtoffenen Verfahren) bzw. die Teilnehmer (im Verhandlungsverfahren) unter den Bewerbern ausgewählt werden, die sich im Rahmen des zugrunde liegenden Prüfsystems qualifiziert haben.

D. Beschafferprofil (Nr. 5 Abs. 4)

Auch die Sektorenauftraggeber haben mit der Ausgabe 2006 der VOL/A die Möglichkeit erhalten, ein Beschafferprofil im Internet einzurichten. Dieses kann unter anderem dazu genutzt werden, die regelmäßige unverbindliche Bekanntmachung nach § 17 b Nr. 1 Abs. 1 zu veröffentlichen. § 17 b Nr. 5 Abs. 4 deckt sich im Wortlaut mit § 17 a Nr. 2 VOL/A. Insofern wird auf die dortige Kommentierung verwiesen.[19] Grundlage der Regelung ist Anhang XX Nr. 2 lit. b) der Sektorenkoordinierungsrichtlinie 2004/17/EG.

27

E. Fristen, Kosten und Sprache (Nr. 5)

§ 17 b Nr. 5 enthält – neben der Beschreibung des Beschafferprofils in Abs. 4 – Hinweise zum Ablauf des Veröffentlichungsprozesses durch das Amt für amtliche Veröffentlichungen (Absätze 1 und 2) sowie zu der Möglichkeit, parallel in nationalen Ausschreibungsmedien zu veröffentlichen, einschließlich der hieran gestellten Bedingungen. Die Absätze 2 bis 4 entsprechen fast wortgleich den Regelungen des § 17 a Nr. 1 Abs. 3 und Abs. 4 VOL/A; insofern kann auch hier auf die Kommentierung verwiesen werden.[20] Abweichungen zu § 17 a ergeben sich nur durch den der Veröffentlichungsbeschreibung vorangestellten Grundsatz in Abs. 1, wonach die Bekanntmachung unabhängig von dem gewählten Transportmedium (elektronisch, per Telefax, schriftlich) unverzüglich dem Amt für amtliche Veröffentlichungen zu übermitteln ist. Nach § 121 BGB erfordert dies ein Handeln ohne schuldhaftes Zögern. Offen bleibt allerdings, welche Konsequenzen sich ergeben, wenn der Sektorenauftraggeber eine Übermittlung erst verspätet vornimmt. Letztendlich wird diese Verzögerung sanktionslos bleiben, da der Lauf der Bewerbungs- und Angebotsfristen nach § 18 b erst mit dem Zeitpunkt der Absendung der Bekanntmachung beginnt und sich daher jedenfalls für die Bewerber hieraus keine nachteiligen Folgen ergeben können.

28

---

19 § 17 a Rn. 73 ff.
20 § 17 a Rn. 68 ff.

§ 17 b Bekanntmachung, Aufruf zum Wettbewerb, Beschafferprofil

29 Den nach § 17 b Nr. 5 Abs. 1 Satz 2 geforderten Nachweis des Tages der Absendung der Bekanntmachung kann der Auftraggeber beispielsweise durch Kopie der entsprechenden E-Mail oder durch bloßen Aktenvermerk führen; die entsprechenden Dokumente sind in den Vergabevermerk aufzunehmen.

F. Fristen für Verdingungsunterlagen und zusätzliche Auskünfte (Nr. 6 und 7)

30 Die Regelungen entsprechen nahezu wortgleich § 18 a Nr. 1 Absätze 5 und 6. Es wird auf die entsprechende Kommentierung verwiesen.[21] Dass die Übersendung der Verdingungsunterlagen und der zusätzlichen Unterlagen auch nach § 17 b Nr. 6 nur dann binnen der genannten Frist erfolgen muss, wenn die entsprechenden Dokumente – wie in § 18 a Nr. 1 Abs. 5 ausdrücklich erwähnt – nicht ohnehin auf elektronischem Weg frei, direkt und vollständig verfügbar sind, versteht sich von selbst.

31 Hinzuweisen ist allerdings auf einen sprachlichen Unterschied: Während § 18 a Nr. 1 Abs. 5 verlangt, die rechtzeitig angeforderten Unterlagen binnen sechs Tagen nach Eingang des Antrags abzusenden, stellt § 17 b Nr. 6 auf die Zusendung ab. Letztendlich kann aber auch hiermit nur der Zeitpunkt der Absendung und nicht etwa des Zugangs gemeint sein. Denn zum einen wäre die Frist von sechs Tagen zur Zusammenstellung der Unterlagen einschließlich deren Übersendung sehr kurz. Zum anderen hat der Auftraggeber den Zeitpunkt der Zustellung der Unterlagen und damit des Zugangs bei dem Bewerber nicht in der Hand, da dieser – zumindest bei postalischer Übermittlung – auch von unterschiedlichen Laufzeiten abhängt. Insofern bietet nur das Abstellen auf den Zeitpunkt der Absendung die erforderliche Rechtssicherheit bei der Fristberechnung.

G. Versand der Vergabeunterlagen (Nr. 8 und 9)

32 Entsprechend des Grundprinzips der Gleichbehandlung aller Bewerber postuliert § 17 b Nr. 8, dass beim Nichtoffenen Verfahren und beim Verhandlungsverfahren mit vorherigem Aufruf zum Wettbewerb die Vergabeunterlagen an alle ausgewählten Bewerber am selben Tag abzusenden sind. Dies entspricht inhaltlich der Regelung des § 17 Nr. 3 Abs. 6 VOL/A, der neben den b-Paragrafen bei Ausschreibungen ohnehin anzuwenden ist. Insofern stellt Nr. 8 eine (unnötige) Dopplung dar.

33 § 17 b Nr. 9 sieht schließlich vor, dass die Vergabeunterlagen den Bewerbern in kürzestmöglicher Zeit und in geeigneter Weise zu übermitteln sind. Hiermit wird die Zielsetzung verfolgt, den Bewerbern möglichst umfassend Zeit zu gewähren, ein Angebot zu erarbeiten. Da die Angebotsfrist nach § 18 b ab dem Tag der Absendung an die Bewerber zu laufen beginnt, sollen Verzögerungen durch den Auftraggeber möglichst gering gehalten werden. Insofern ist auch die Frage nach der geeigneten Übermittlungsart in diesem Lichte zu bewerten. Damit liegt eine Priorität auf der elektroni-

---

21 § 18 a Rn. 29 ff.

schen Übersendung der Unterlagen, soweit diese Übermittlungsart möglich ist. Kommt die elektronische Übermittlung nicht in Betracht (etwa weil der Bewerber keine Möglichkeit hat, Unterlagen auf diesem Wege zu empfangen, die Vergabeunterlagen zu umfangreich sind oder – wie beispielsweise bei Rüstungsbeschaffungen – besondere Vertraulichkeits- und Sicherheitsanforderungen an die Vergabeunterlagen gestellt sind), hat der Auftraggeber den dann bezogen auf die Umstände des Einzelfalls geeignetsten Übermittlungsweg zu wählen.

§ 18 b
Angebotsfrist, Bewerbungsfrist

1. (1) Beim Offenen Verfahren beträgt die Frist für den Eingang der Angebote (Angebotsfrist) mindestens 52 Tage,[1] gerechnet vom Tag der Absendung der Bekanntmachung an.

(2) Die Frist für den Eingang der Angebote kann durch eine kürzere Frist ersetzt werden, wenn die nachstehenden Voraussetzungen erfüllt sind:

a) Der öffentliche Auftraggeber muss eine regelmäßige unverbindliche Bekanntmachung gemäß § 17 b Nr. 1 nach dem vorgeschriebenen Muster (Anhang IV der Verordnung [EG] Nr. 1564/2005) oder ein Beschafferprofil nach § 17 b Nr. 5 Abs. 4 mindestens 52 Tage, höchstens aber 12 Monate, vor dem Zeitpunkt der Absendung der Bekanntmachung des Auftrages im Offenen Verfahren nach § 17 b Nr. 2 Buchstabe a) an das Amtsblatt der Europäischen Gemeinschaften abgesandt haben. Diese regelmäßige unverbindliche Bekanntmachung muss mindestens ebenso viele Informationen wie das Muster einer Bekanntmachung für das Offene Verfahren (Anhang A/SKR) enthalten, soweit diese Informationen zum Zeitpunkt der Veröffentlichung der Bekanntmachung der regelmäßigen unverbindlichen Bekanntmachung vorlagen.

b) Die verkürzte Frist muss für die Interessenten ausreichen, um ordnungsgemäße Angebote einreichen zu können. Sie sollte in der Regel nicht weniger als 36 Tage vom Zeitpunkt der Absendung der Bekanntmachung des Auftrages an betragen; sie muss auf jeden Fall mindestens 22 Tage betragen.

2. Bei Nichtoffenen Verfahren und Verhandlungsverfahren mit vorherigem Aufruf zum Wettbewerb gilt:

a) Die Frist für den Eingang von Teilnahmeanträgen (Bewerbungsfrist) aufgrund der Bekanntmachung nach § 17 b Nr. 2 Abs. 1 Buchstabe a) oder der Aufforderung nach § 17 b Nr. 3 Buchstabe c) beträgt grundsätzlich mindestens 37 Tage vom Tag der Absendung an. Sie darf auf keinen Fall kürzer sein als 22 Tage, wenn die Bekanntmachung nicht auf elektronischem Wege oder per Telefax zur Veröffentlichung übermittelt wurde, bzw. nicht kürzer als 15 Tage, wenn sie auf solchem Wege übermittelt wurde.

b) Die Angebotsfrist kann zwischen dem Auftraggeber und den ausgewählten Bewerbern einvernehmlich festgelegt werden, vorausgesetzt, dass allen Bewerbern dieselbe Frist für die Erstellung und Einreichung von Angeboten eingeräumt wird.

c) Falls eine einvernehmliche Festlegung der Angebotsfrist nicht möglich ist, setzt der Auftraggeber im Regelfall eine Frist von mindestens 24 Tagen fest. Sie darf jedoch keinesfalls kürzer als zehn Tage sein, gerechnet vom Tag der Absendung der Aufforderung zur Angebotsabgabe. Bei der Festlegung der Frist werden insbesondere die in Nr. 3 genannten Faktoren berücksichtigt.

---

[1] Die Berechnung der Fristen erfolgt nach der Verordnung (EWG/Euratom) Nr. 1182/71 des Rates vom 3. Juni 1971 zur Festlegung der Regeln für Fristen, Daten und Termine, ABl. Nr. 124 vom 8. Juni 1971, S. 1 (vgl. Anhang II). So gelten z. B. als Tage alle Tage einschließlich Feiertage, Sonntage und Sonnabende.

3. Können die Angebote nur nach Prüfung von umfangreichen Unterlagen, z. B. ausführlichen technischen Spezifikationen, oder nur nach einer Ortsbesichtigung oder Einsichtnahme in ergänzende Unterlagen zu den Vergabeunterlagen erstellt werden oder konnten die Fristen nach § 17 b Nr. 6 und 7 nicht eingehalten werden, so muss dies beim Festsetzen angemessener Angebotsfristen berücksichtigt werden.

4. (1) Bei elektronisch erstellten und übermittelten Bekanntmachungen können die Fristen für den Eingang der Anträge auf Teilnahme im Nichtoffenen Verfahren und Verhandlungsverfahren und die Fristen für den Eingang der Angebote im Offenen Verfahren um 7 Tage verkürzt werden. Macht der Auftraggeber die Verdingungsunterlagen und alle zusätzlichen Unterlagen ab dem Tag der Veröffentlichung der Bekanntmachung frei, direkt und vollständig elektronisch verfügbar, kann er die Frist für den Eingang der Angebote um weitere 5 Tage verkürzen, es sei denn, es handelt sich um eine nach Nummer 2 Buchstabe b) im gegenseitigen Einvernehmen festgelegte Frist. In der Bekanntmachung ist die Internet-Adresse anzugeben, unter der diese Unterlagen abrufbar sind.
(2) Wurde im offenen Verfahren die Bekanntmachung per Telefax oder elektronisch übermittelt, darf die Kumulierung der Verkürzung der Fristen nicht zu einer Frist für den Eingang der Angebote führen, die gerechnet ab dem Tag der Absendung der Bekanntmachung weniger als 15 Tage beträgt. Wurde die Bekanntmachung nicht per Telefax oder elektronisch übermittelt, darf diese Kumulierung nicht zu einer Frist für den Eingang der Angebote führen, die weniger als 22 Tage beträgt.
(3) Im nicht offenen Verfahren und Verhandlungsverfahren darf die Kumulierung der Verkürzung der Fristen nicht zu einer Frist für den Eingang der Angebote führen, die weniger als 10 Tage beträgt, es sei denn es handelt sich um eine im gegenseitigen Einvernehmen festgelegte Frist.
(4) Eine Kumulierung der Verkürzung der Fristen für den Eingang der Teilnahmeanträge darf bei einer elektronisch übermittelten Bekanntmachung nicht zu einer Frist führen, die weniger als 15 Tage ab dem Tag der Absendung der Bekanntmachung führt.

Inhaltsübersicht

	Rn.
A. Einleitung	1
B. Fristen beim Offenen Verfahren (Nr. 1)	6
C. Fristen beim Nichtoffenen Verfahren und Verhandlungsverfahren (Nr. 2)	7
D. Fristverlängerungen, Fristverkürzungen (Nr. 3 und 4)	8
E. Fristenübersicht	14

A. Einleitung

§ 18 b enthält – wie § 18 a für klassische öffentliche Auftraggeber – ein gestaffeltes System von Bewerbungs- und Angebotsfristen für europaweite Ausschreibungen von Aufträgen, die den in § 2 Nr. 1 VgV enthaltenen Schwellenwert von 422.000 Euro er- **1**

§ 18 b Angebotsfrist, Bewerbungsfrist

reichen oder überschreiten. Diese Fristen können unter gewissen Umständen verkürzt werden und müssen bei Vorliegen bestimmter Sachverhalte entsprechend verlängert werden. Trotz der präzisen Fristangaben bleibt in jedem Fall der Grundsatz des § 18 Nr. 1 Abs. 1 VOL/A zu beachten, wonach die Frist immer ausreichend bemessen sein muss. Wann eine Frist ausreichend ist, bestimmt sich nach den Umständen des Einzelfalls, die der Auftraggeber stets zu berücksichtigen hat. Denn nur bei angemessener Fristgewährung kann das Ziel erreicht werden, einen möglichst umfangreichen Wettbewerb zu stimulieren. Am klarsten geht dieser Grundsatz aus Art. 45 Abs. 1 der Sektorenkoordinierungsrichtlinie (SKR)[2] hervor: »Bei der Festsetzung der Fristen für den Eingang der Angebote und der Anträge auf Teilnahme berücksichtigen die Auftraggeber unbeschadet der in diesem Artikel festgelegten Mindestfristen insbesondere die Komplexität des Auftrags und die Zeit, die für die Ausarbeitung der Angebote erforderlich ist.« Aber auch in § 18 b Nr. 1 Abs. 2 lit. b) Satz 1 findet sich ein ähnlicher Hinweis.

2 Mit § 18 b werden die Vorgaben aus Art. 45 SKR in die VOL/A umgesetzt. Daneben bleibt bei Anwendung des 3. Abschnitts der VOL/A stets auch die Basisvorschrift des § 18 ergänzend zu beachten, soweit diese nicht den Regelungen des § 18 b entgegensteht.

3 § 18 b Nr. 1 bis 3 entsprechen weitestgehend der bisherigen Fassung aus der VOL/A Ausgabe 2000 bzw. 2002. Lediglich eine kleinere inhaltliche Präzisierung (in Nr. 2 lit. a)) sowie eine redaktionelle Anpassung (in Nr. 3) wurden vorgenommen. Nr. 4 ist hingegen durch Umsetzung der Sektorenkoordinierungsrichtlinie 2004/17/EG neu aufgenommen worden und betrifft die verschiedenen Fristverkürzungen bei Nutzung elektronischer Übermittlungswege. Anders als in § 18 a werden die Verkürzungen in § 18 b nicht den jeweiligen Verfahren zugeordnet, sondern in Nummer 4 sowohl für das Offene Verfahren (Nr. 1) wie auch für das Nichtoffene Verfahren und das Verhandlungsverfahren mit vorherigem Wettbewerbsaufruf (Nr. 2) gemeinsam geregelt.

4 Die Parallelvorschrift des § 18 b VOB/A ordnet dagegen die jeweiligen Fristverkürzungsmöglichkeiten den Verfahren einzeln zu. Ansonsten besteht weitgehende Deckung mit dem Wortlaut des § 18 b VOL/A. Wie bei § 18 a gibt es allerdings auch hier den sprachlichen Unterschied, dass die VOL/A die Fristbemessung in »Tagen«, die VOB/A hingegen (präziser) in »Kalendertagen« ausdrückt. Darüber hinaus wird in § 18 b VOL/A – wie auch in § 18 a – als Zeitpunkt für den Beginn der Fristberechnung »der Tag der Absendung der Bekanntmachung« genannt, während in § 18 b VOB/A vom Tag nach Absendung der Bekanntmachung an gerechnet wird. Inhaltlich ergeben sich jedoch – wie bereits zu § 18 a gezeigt – keine Unterschiede.[3]

5 § 18 b VOL/A enthält eine Reihe redaktioneller Fehler, die aus der Überarbeitung der Vorschrift im Rahmen der Ausgabe 2006 herrühren. Zu nennen sind:

---

2 Richtlinie 2004/17/EG des Europäischen Parlaments und des Rates zur Koordinierung der Zuschlagserteilung durch Auftraggeber im Bereich der Wasser-, Energie- und Verkehrsversorgung sowie der Postdienste vom 31. März 2004, ABl. EU Nr. L 134 vom 30. 4. 2004, S. 1.
3 Vgl. § 18 a Rn. 6.

- In der amtlichen Fußnote zu § 18 b Nr. 1 Abs. 1 wird die Verordnung (EWG/Euratom) Nr. 1182/71 irrtümlich weiterhin als Anlage II zur VOL/A genannt. Richtig ist jedoch, dass die Verordnung in der Ausgabe 2006 der VOL/A jetzt als Anlage III zum 4. Abschnitt abgedruckt ist.
- § 18 b Nr. 1 Abs. 2 lit. a) verlangt nach seinem Wortlaut, dass der Auftraggeber ein Beschafferprofil an das Amtsblatt der Europäischen Gemeinschaften absenden muss. Gemeint ist hingegen, dass er eine Bekanntmachung über ein Beschafferprofil mittels des entsprechenden Standardformulars Nr. 8 abzusenden hat, wenn er die regelmäßige unverbindliche Bekanntmachung nach § 17 b Nr. 1 Abs. 1 zur Verkürzung der Angebotsfrist nutzen will und sie in seinem Beschafferprofil veröffentlicht.
- Weiterhin wird in § 18 b Nr. 1 Abs. 2 lit. a) auf den früheren Anhang A/SKR als Bekanntmachungsmuster Bezug genommen, dem jetzt Anhang II der Verordnung (EG) Nr. 1564/2005 entspricht.
- Schließlich ergibt auch die unverändert übernommene Erläuterung des DVAL zu § 18 b Nr. 2 lit. a) keinen Sinn mehr, da sie weiterhin auf § 17 b Nr. 4 Abs. 3 VOL/A Bezug nimmt, obwohl diese Vorschrift in der Ausgabe 2006 gar nicht mehr existiert. In Bezug zu nehmen wäre jetzt vielmehr § 17 b Nr. 5 Abs. 2 VOL/A, wobei sich auch hier inhaltliche Änderungen gegenüber § 17 b Nr. 4 Abs. 3 VOL/A Ausgabe 2000/2002 ergeben haben und beispielsweise die »Bemühensfrist« nicht mehr existiert.

B. Fristen beim Offenen Verfahren (Nr. 1)

§ 18 b Nr. 1 deckt sich – unter Berücksichtigung der vorgenannten redaktionellen Fehler – wörtlich mit § 18 a Nr. 1. Daher kann zur Vereinfachung auf die dortigen Anmerkungen verwiesen werden.[4]

6

C. Fristen beim Nichtoffenen Verfahren und Verhandlungsverfahren (Nr. 2)

Hinsichtlich der Fristen bei Nichtoffenen Verfahren und Verhandlungsverfahren mit vorherigem Aufruf zum Wettbewerb ergeben sich gegenüber der Regelung in § 18 a Nr. 2 VOL/A gewisse Vereinfachungen. So stimmt zwar die Frist für den Eingang von Teilnahmeanträgen (regelmäßig mindestens 37 (Kalender)Tage) mit der Regelung in § 18 a Nr. 2 überein. In § 18 b Nr. 2 kann diese Frist allerdings auf eine absolute Mindestfrist von 22 Tagen (im Falle der nicht-elektronischen Übermittlung der Bekanntmachung) bzw. von 15 Tagen (im Falle der elektronischen Bekanntmachungsübermittlung) verkürzt werden, ohne dass hierfür besondere Voraussetzungen vorliegen müssen. Dagegen existiert anders als in § 18 a Nr. 2 keine ausdrückliche Fristverkürzung für den Fall der besonderen Dringlichkeit. Die Angebotsfrist bei Nichtoffenen Verfahren und Verhandlungsverfahren mit vorherigem Aufruf zum

7

---

4 Vgl. § 18 a Rn. 9 ff.

§ 18 b Angebotsfrist, Bewerbungsfrist

Wettbewerb kann nach § 18 b Nr. 2 lit. b) zwischen Auftraggeber und den ausgewählten Bewerbern sogar frei bestimmt werden. Voraussetzung hierfür ist allerdings, dass dies einvernehmlich geschieht und allen Bewerbern dieselbe Angebotsfrist gewährt wird. Für den Fall, dass eine solche übereinstimmende Regelung nicht getroffen werden kann, sieht lit. c) eine Regelfrist von 24 Tagen vor, die jedoch auf ein Minimum von 10 Tagen verkürzt werden kann, ohne dass hieran weitere Voraussetzungen geknüpft sind.

D. Fristverlängerungen, Fristverkürzungen (Nr. 3 und 4)

8   § 18 b Nr. 3 verlangt vom Auftraggeber, besondere Umstände, die sich auf die Erarbeitung von Angeboten auswirken können, bei der Festsetzung einer entsprechenden Frist bereits im Vorfeld zu beachten. Genannt sind einerseits – entsprechend der Regelung des § 18 a Nr. 1 Abs. 3 bzw. Nr. 2 Abs. 4 – die Notwendigkeit einer Ortsbesichtigung oder einer Einsichtnahme in umfangreiche ergänzende Unterlagen, die nicht an die Bewerber versandt werden können, sondern ausliegen. Gleiches gilt für den Fall, dass die Vergabeunterlagen oder hierzu erbetene ergänzende Hinweise nicht binnen der in § 17 b Nr. 6 und 7 genannten Fristen übermittelt werden konnten. Darüber hinaus erwähnt § 18 b Nr. 3 den in § 18 a nicht genannten Fall, dass der Bewerber vor Angebotserarbeitung umfangreiche Unterlagen wie z. B. ausführliche technische Spezifikationen prüfen muss.

9   Als Rechtsfolge solcher vom Bewerber nicht zu vertretenden Verzögerungen verlangt § 18 b Nr. 3 eine Berücksichtigung der Umstände im Rahmen der Festsetzung einer angemessenen Angebotsfrist. Im Ergebnis läuft dies stets auf eine angemessene Fristverlängerung heraus, wie es ausdrücklich in § 18 a Nr. 1 Abs. 3 und Nr. 2 Abs. 4 formuliert ist. Letztlich stellt § 18 b Nr. 3 genauso wie die entsprechenden Regelungen in § 18 a lediglich einen Merkposten für den Auftraggeber dar, da dieser ohnehin verpflichtet ist, eine unter Berücksichtigung aller den Einzelfall bestimmenden Umstände eine angemessene Frist für die Angebotserstellung wie auch für die Einreichung von Teilnahmeanträgen zu bestimmen.

10   Auch die in § 18 b Nr. 4 erwähnten weiteren Möglichkeiten zur Verkürzung von Angebots- und Bewerbungsfristen decken sich im Wesentlichen mit den in § 18 a Nr. 1 Abs. 3 und Nr. 2 Abs. 4 enthaltenen Regelungen.

11   Nr. 4 Abs. 1 sieht wie die entsprechenden Vorschriften in § 18 a vor, dass die Nutzung elektronischer Medien bei der Erstellung und Übermittlung von Bekanntmachungen und Verdingungsunterlagen, mit denen der Informationsaustausch beschleunigt und die Verarbeitung der jeweiligen Daten vereinfacht wird, dem Auftraggeber die Möglichkeit eröffnet, die hierdurch entstehenden Zeiteinsparungen für sich zu nutzen und die Fristen entsprechend zu verkürzen. Dies geht zwar einseitig zu Lasten der Bewerber. Jedoch haben diese ebenfalls die Möglichkeit, ihre Angebote oder Teilnahmeanträge – soweit vom Auftraggeber zugelassen – in elektronischer Form zu übermitteln und somit gegen Ende der jeweiligen Frist einige Tage mehr Zeit, da die Postlaufzeit wegfällt. Darüber hinaus verkürzen sich die Fristen für die Veröffentlichungen der

entsprechenden Bekanntmachungen durch das Amt für amtliche Veröffentlichungen bei elektronischer Erstellung und Übermittlung der Bekanntmachungen gem. § 17b Nr. 5 Abs. 2 von maximal zwölf auf maximal fünf Tage, wodurch die vorgenannten Fristverkürzungen weitgehend aufgefangen werden.

Zu unterscheiden ist wie in § 18a zwischen zwei verschiedenen Möglichkeiten der Fristverkürzung: Auf der einen Seite kann im Offenen Verfahren die Angebotsfrist und im Nichtoffenen Verfahren sowie im Verhandlungsverfahren die Bewerbungsfrist um sieben Tage reduziert werden, wenn die Bekanntmachung elektronisch erstellt und übermittelt worden ist. Auf der anderen Seite kann die Angebotsfrist in allen Verfahren um fünf Tage verkürzt werden, wenn der Auftraggeber die Verdingungsunterlagen und alle zusätzlichen Unterlagen frei, direkt und vollständig elektronisch über sein Beschafferprofil oder einer anderen Internetseite verfügbar macht. Voraussetzung ist, dass die entsprechende Internetadresse in der Bekanntmachung angegeben wird. Diese Fristverkürzung um fünf Tage ist dann ausgeschlossen, wenn es sich um eine gemäß § 18b Nr. 2 lit. b) im Einvernehmen mit allen Bewerbern vereinbarte Angebotsfrist handelt. Allerdings ist es Auftraggeber und beteiligten Bewerbern in diesem Fall möglich, eine solche Fristverkürzung zu vereinbaren. Ausgeschlossen werden soll in diesem Fall nur der im Rahmen der Verhandlung über die Angebotsfrist möglicherweise nicht erkennbare Automatismus der Fristverkürzung bei Bereitstellung der Verdingungsunterlagen. Hinzu kommt, dass der Auftraggeber im Nichtoffenen Verfahren und im Verhandlungsverfahren mit vorherigem Wettbewerbsaufruf ohnehin allen Bewerbern gleichzeitig die Verdingungsunterlagen sowie alle zusätzlichen Unterlagen übersendet und sich ein Abruf damit erübrigt. **12**

Nr. 4 Absätze 2–4 enthalten schließlich bezogen auf die jeweiligen Verfahrensarten absolute Mindestfristen, die auch bei zulässiger Kumulierung der in Absatz 1 genannten Verkürzungsmöglichkeiten nicht unterschritten werden dürfen. Für die Angebotsfrist im Offenen Verfahren liegt diese bei 15 Tagen, wenn die Bekanntmachung elektronisch oder per Fax an das Amt für amtliche Veröffentlichungen übermittelt wird bzw. 22 Tage, wenn dies auf schriftlichem Wege geschieht. Im Nichtoffenen Verfahren sowie im Verhandlungsverfahren beträgt die absolute Mindestfrist für den Eingang von Teilnahmeanträgen 15 Tage und für den Eingang von Angeboten 10 Tage. Ausgenommen sind hiervon wieder Angebotsfristen, die im gegenseitigen Einvernehmen festgelegt werden. **13**

E. Fristenübersicht

Eine zusammenfassende Darstellung der Fristen nach Artikel 45 der Sektorenkoordinierungsrichtlinie enthält Anhang XXII dieser Richtlinie. Diese wird nachstehend wiedergegeben: **14**

§ 18 b Angebotsfrist, Bewerbungsfrist

Offene Verfahren

Frist für den Eingang der Angebote – ohne regelmäßige nichtverbindliche Bekanntmachung					
Frist	Elektronische Übermittlung der Vergabebekanntmachung	Verdingungsunterlagen elektronisch verfügbar	Elektronische Übermittlung und elektronisch verfügbare Verdingungsunterlagen	Auswirkung nach Absatz 7 Unterabsatz 1[5]	Auswirkung nach Absatz 7 Unterabsatz 2[6]
52	45	47	40	keine	keine
Bei regelmäßiger nichtverbindlicher Bekanntmachung					
A. Allgemeine Frist	Elektronische Übermittlung der Bekanntmachung	Verdingungsunterlagen elektronisch verfügbar	Elektronische Übermittlung und elektronisch verfügbare Verdingungsunterlagen	Auswirkung nach Absatz 7 Unterabsatz 1	Auswirkung nach Absatz 7 Unterabsatz 2
36	29	31	24	keine	keine
B. Mindestfrist	Elektronische Übermittlung der Bekanntmachung	Verdingungsunterlagen elektronisch verfügbar	Elektronische Übermittlung und elektronisch verfügbare Verdingungsunterlagen	Auswirkung nach Absatz 7 Unterabsatz 1	Auswirkung nach Absatz 7 Unterabsatz 2
22	15	17	10	Die Frist von 10 Tagen wird auf 15 Tage verlängert	Die Frist von 17 Tagen wird auf 22 Tage verlängert

---

[5] Art. 45 Abs. 7 UAbs. 1 SKR umgesetzt in § 18 b Nr. 4 Abs. 2 Satz 1.
[6] Art. 45 Abs. 7 UAbs. 2 SKR umgesetzt in § 18 b Nr. 4 Abs. 2 Satz 2.

Angebotsfrist, Bewerbungsfrist § 18b

Nichtoffene Verfahren und Verhandlungsverfahren

\	\	Frist für den Eingang der Teilnahmeanträge				
Allgemeine Frist	Elektronische Übermittlung der Bekanntmachung	Verdingungsunterlagen elektronisch verfügbar	Elektronische Übermittlung und elektronisch verfügbare Verdingungsunterlagen	Auswirkung nach Absatz 8 Unterabsatz 1[7]	Auswirkung nach Absatz 8 Unterabsatz 2[8]
37	30	nicht anwendbar	nicht anwendbar	keine	nicht anwendbar
Mittelfrist	Elektronische Übermittlung der Bekanntmachung	Verdingungsunterlagen elektronisch verfügbar	Elektronische Übermittlung und elektronisch verfügbare Verdingungsunterlagen	Auswirkung nach Absatz 8 Unterabsatz 1	Auswirkung nach Absatz 8 Unterabsatz 2
22	15	nicht anwendbar	nicht anwendbar	keine	nicht anwendbar
Mittelfrist	Elektronische Übermittlung der Bekanntmachung	Verdingungsunterlagen elektronisch verfügbar	Elektronische Übermittlung und elektronisch verfügbare Verdingungsunterlagen	Auswirkung nach Absatz 8 Unterabsatz 1	Auswirkung nach Absatz 8 Unterabsatz 2
15	8	nicht anwendbar	nicht anwendbar	Die Frist von 8 Tagen wird auf 15 Tage verlängert	nicht anwendbar
		Frist für den Eingang der Angebote			
A. Allgemeine Frist	Elektronische Übermittlung der Bekanntmachung	Verdingungsunterlagen elektronisch verfügbar	Elektronische Übermittlung und elektronisch verfügbare Verdingungsunterlagen	Auswirkung nach Absatz 8 Unterabsatz 1	Auswirkung nach Absatz 8 Unterabsatz 2
24	nicht anwendbar	19	nicht anwendbar	nicht anwendbar	keine

---

[7] Art. 45 Abs. 8 UAbs. 1 SKR umgesetzt in § 18b Nr. 4 Abs. 4.
[8] Art. 45 Abs. 8 UAbs. 2 SKR umgesetzt in § 18b Nr. 4 Abs. 3.

§ 18b Angebotsfrist, Bewerbungsfrist

B. Mindestfrist	Elektronische Übermittlung der Bekanntmachung	Verdingungsunterlagen elektronisch verfügbar	Elektronische Übermittlung und elektronisch verfügbare Verdingungsunterlagen	Auswirkung nach Absatz 8 Unterabsatz 1	Auswirkung nach Absatz 8 Unterabsatz 2
10	nicht anwendbar	5	nicht anwendbar	nicht anwendbar	Die Frist von 5 Tagen wird auf 10 Tage verlängert
C. einvernehmlich festgelegte Frist	Elektronische Übermittlung der Bekanntmachung	Verdingungsunterlagen elektronisch verfügbar	Elektronische Übermittlung und elektronisch verfügbare Verdingungsunterlagen	Auswirkung nach Absatz 8 Unterabsatz 1	Auswirkung nach Absatz 8 Unterabsatz 2
	nicht anwendbar	nicht anwendbar	nicht anwendbar	nicht anwendbar	nicht anwendbar

§ 25 b
Wertung der Angebote

1. (1) Der Auftrag ist auf das wirtschaftlich günstigste Angebot unter Berücksichtigung der auftragsbezogenen Kriterien wie etwa Lieferfrist, Ausführungsdauer, Betriebskosten, Rentabilität, Qualität, Ästhetik und Zweckmäßigkeit, Umwelteigenschaften, technischer Wert, Kundendienst und technische Hilfe, Verpflichtungen hinsichtlich der Ersatzteile, Versorgungssicherheit, Preis zu erteilen. Der Auftraggeber hat die Kriterien zu gewichten. Die Gewichtung kann mit einer angemessenen Marge erfolgen. Kann nach Ansicht des Auftraggebers die Gewichtung aus nachvollziehbaren Gründen nicht angegeben werden, so legt er die Kriterien in absteigender Reihenfolge ihrer Kriterien fest.
(2) Bei der Wertung der Angebote dürfen nur Kriterien berücksichtigt werden, die in der Bekanntmachung oder in den Vergabeunterlagen genannt sind.

2. (1) Erscheinen im Falle eines bestimmten Auftrags Angebote im Verhältnis zur Leistung als ungewöhnlich niedrig, so muss der Auftraggeber vor deren Ablehnung schriftlich Aufklärung über die Einzelposten der Angebote verlangen, wo er dies für angezeigt hält; die anschließende Prüfung erfolgt unter Berücksichtigung der eingegangenen Begründungen. Er kann eine zumutbare Frist für die Antwort festlegen.
(2) Der Auftraggeber kann Begründungen berücksichtigen, die objektiv gerechtfertigt sind durch die Wirtschaftlichkeit der Herstellungsmethode, die gewählten technischen Lösungen, außergewöhnlich günstige Bedingungen für den Bieter bei der Durchführung des Auftrags oder die Originalität der vom Bieter vorgeschlagenen Erzeugnisse.
(3) Angebote, die aufgrund einer staatlichen Beihilfe ungewöhnlich niedrig sind, dürfen von den Auftraggebern nur zurückgewiesen werden, wenn diese den Bieter darauf hingewiesen haben und dieser innerhalb einer vom Auftraggeber festzulegenden angemessenen Frist nicht den Nachweis liefern konnte, dass die Beihilfe der Kommission der Europäischen Gemeinschaften gemeldet oder von ihr genehmigt wurde. Auftraggeber, die unter diesen Umständen ein Angebot zurückweisen, müssen die Kommission der Europäischen Gemeinschaften darüber unterrichten.

3. Ein Angebot nach § 8 b Nr. 2 Abs. 1 oder 2 ist wie ein Hauptangebot zu werten.

4. (1) Nebenangebote sind zu werten, es sei denn, der Auftraggeber hat sie in der Bekanntmachung oder in den Vergabeunterlagen nicht zugelassen.
(2) Der Zuschlag darf nur auf solche Angebote erteilt werden, die den verlangten Mindestanforderungen entsprechen.

Erläuterungen zu § 25 b Nr. 2 Abs. 3: Unter einer Beihilfe im Sinne des EG-Vertrages sind staatliche oder aus staatlichen Mitteln gewährte Vergünstigungen für bestimmte Unternehmen oder Produktionszweige gleich welcher Art zu verstehen. Das können sowohl positive Leistungen, wie z. B. Zulagen oder Zuschüsse, als auch sonstige Arten von Vorteilen, wie Steuerbefreiungen, Bürgschaftsübernah-

§ 25 b Wertung der Angebote

men oder die unentgeltliche oder besonders preiswerte Überlassung von Gütern, Grundstücken oder Rechten oder eine Bevorzugung bei öffentlichen Aufträgen u. a., sein.

Inhaltsübersicht

	Rn.
A. Allgemeines	1
I. Entstehungsgeschichte	1
II. Unterschiede zur VOB/A	2
III. Verhältnis zum GWB	3
IV. Europarecht	4
B. Inhalt	7
I. Grundsatz	7
II. Unterschiede zu den Basisparagraphen	8
III. Rechtsschutz	13

A. Allgemeines

I. Entstehungsgeschichte

1 Gegenüber der VOL/A 2000 ist in § 25 b Nr. 1 Abs. 1 Satz 1 als Wertungskriterium neu »Umwelteigenschaften« hinzugekommen. § 25 b Nr. 1 Abs. 1 Sätze 2 bis 4 sind vollständig neu. § 25 b Nr. 1 Abs. 2 entspricht dem bisherigen § 25 b Nr. 1 Abs. 2. § 25 b Nr. 2 Abs. 1 und 2 sind gleich geblieben. In § 25 b Nr. 2 Abs. 3 Satz 1 sind die Worte »innerhalb einer vom Auftraggeber festzulegenden angemessenen Frist« eingefügt worden. § 25 b Nr. 3 verweist nun auf die einschlägigen § 8 b Nr. 2 Abs. 1 oder Abs. 2 statt auf § 8 b Nr. 6. § 25 b Nr. 4 ist neu gefasst, aber inhaltlich kaum verändert worden. In Nr. 4 Abs. 1 sind nicht mehr zusätzlich zu den Nebenangeboten auch Änderungsvorschläge aufgezählt (auch bisher gab es keinen Unterschied zwischen Nebenangeboten und Änderungsvorschlägen), und Abs. 2 ist kürzer und präziser gefasst worden. Entsprechend der neuen RL 2004/17/EG ist nun von den »verlangten« Mindestanforderungen die Rede.

II. Unterschiede zur VOB/A

2 § 25 b Nr. 1 Abs. 1 entspricht in etwa § 25 Nr. 3 Abs. 3 Satz 2 VOB/A. In beiden Vorschriften wird der Grundsatz ausgesprochen, dass der Zuschlag auf das wirtschaftlich günstigste Angebot erfolgen soll. In § 25 Nr. 3 Abs. 3 Satz 2 VOB/A fehlen die Kriterien Lieferfrist, Verpflichtungen hinsichtlich der Ersatzteile sowie Versorgungssicherheit, weil diese Kriterien bei Bauaufträgen keine so große Rolle spielen. § 25 b Nr. 1 Abs. 1 Sätze 2–4 haben keine Entsprechung in der VOB/A. § 26 b Nr. 1 Abs. 2 entspricht wörtlich § 25 b Nr. 1 VOB/A. Die in § 25 b Nr. 2 Abs. 1 und Abs. 2 vorgeschriebene Vorgehensweise bei ungewöhnlich niedrig erscheinenden Preisen ist in der VOB/A sinngemäß, aber nicht wörtlich identisch in § 25 Nr. 3 Abs. 2 VOB/A enthalten. § 25 b Abs. 2 Nr. 3 entspricht demgegenüber wiederum wörtlich § 25 b Nr. 2 VOB/A. § 25 b Nr. 3 ist zwar inhaltlich, aber nicht wörtlich mit § 25 Nr. 4 VOB/A identisch. § 25 Nr. 5 Satz 1 VOB/A enthält die in § 25 b Nr. 4 Abs. 1 formulierte Vorschrift für Nebenangebote, die nur dann gewertet werden dürfen, wenn sie in der Bekanntmachung oder in den Verdingungsunterlagen zugelassen worden sind. § 25 b Nr. 4 Abs. 2, der für eine Wertung von Nebenangeboten die Erfüllung der verlangten Mindestanforderungen verlangt, ähnelt dem nicht wort-, aber wieder inhaltsgleichen § 25 b Nr. 3 VOB/A.

III. Verhältnis zum GWB

In § 97 Abs. 1 GWB sind der Wettbewerbsgrundsatz sowie das Transparenzgebot, in 3 § 97 Abs. 2 GWB das Diskriminierungsverbot und in § 97 Abs. 5 die Regel, dass der Zuschlag auf das wirtschaftlichste Angebot zu erteilen ist, enthalten. Auf diesen Grundsätzen sind die Regelungen in § 25 b aufgebaut; speziellere Normen im GWB sind nicht vorhanden.

IV. Europarecht

Art. 55 RL 2004/17/EG regelt die Anwendung der Zuschlagskriterien. Soll der Zu- 4 schlag auf das wirtschaftlich günstigste Angebot erteilt werden, sind verschiedene mit dem Auftragsgegenstand zusammenhängende Kriterien wie Lieferfrist bzw. Ausführungsdauer, Betriebskosten, Rentabilität, Qualität, Ästhetik und Zweckmäßigkeit, Umwelteigenschaften, technischer Wert, Kundendienst und technische Hilfe, Zusagen hinsichtlich der Ersatzteile, Versorgungssicherheit, Preis, heranzuziehen (Abs. 1 a). Soll nur der niedrigste Preis eine Rolle spielen, wird ausschließlich das Kriterium des niedrigsten Preises angewendet (Abs. 1 b); letztere Alternative spielt allerdings für das deutsche Recht keine Rolle, weil nach § 97 Abs. 5 GWB der Zuschlag auf das wirtschaftlichste Angebot zu erteilen ist. Der öffentliche Auftraggeber hat anzugeben, wie er die einzelnen Kriterien gewichtet, die er ausgewählt hat, um das wirtschaftlich günstigste Angebot zu ermitteln (Art. 55 Abs. 2 1. Unterabsatz RL 2004/17/EG). Diese Gewichtung kann mittels einer Marge bezeichnet werden, deren größte Bandbreite angemessen sein muss (Abs. 2 2. Unterabsatz). Kann nach Ansicht des Auftraggebers die Gewichtung aus nachvollziehbaren Gründen nicht angegeben werden, so gibt der Auftraggeber die Kriterien in der absteigenden Reihenfolge ihrer Bedeutung an (Abs. 2 3. Unterabsatz). Nach Abs. 2 4. Unterabsatz wird die relative Gewichtung oder die nach der Bedeutung eingestufte Reihenfolge der Kriterien – soweit erforderlich – in der als Aufruf zum Wettbewerb verordneten Bekanntmachung, in der Aufforderung zur Interessensbestätigung gemäß Art. 47 Abs. 5 RL 2004/17/EG, in der Aufforderung zur Angebotsabgabe oder zur Verhandlung in den Verdingungsunterlagen angegeben.

Nach Art. 57 RL 2004/17/EG darf ein öffentlicher Auftraggeber dann, wenn er fest- 5 stellt, dass ein Angebot ungewöhnlich niedrig ist, weil der Bieter eine staatliche Bei-

§ 25 b Wertung der Angebote

hilfe erhalten hat, das Angebot allein aus diesem Grund nur nach Rücksprache mit dem Bieter ablehnen, sofern dieser binnen einer von dem öffentlichen Auftraggeber festzulegenden ausreichenden Frist nicht nachweisen kann, dass die betreffende Beihilfe rechtmäßig gewährt wurde. Lehnt der öffentliche Auftraggeber ein Angebot unter diesen Umständen ab, so teilt er dies der Kommission mit.

6 Art. 36 der RL 2004/17/EG regelt die **Varianten**. Bei Aufträgen, die nach dem Kriterium des wirtschaftlich günstigsten Angebotes vergeben werden, können die Auftraggeber von Bietern vorgelegte Varianten berücksichtigen, die den von ihnen festgelegten Mindestanforderungen entsprechen (Abs. 1 Satz 1). Die Auftraggeber geben in den Spezifikationen an, ob sie Varianten zulassen, und nennen bei Zulässigkeit von Varianten die Mindestanforderungen, die Varianten erfüllen müssen, und geben an, in welcher Art und Weise sie einzureichen sind (Abs. 1 Satz 2).

B. Inhalt

I. Grundsatz

7 § 25 b ist für den Bereich der Sektoren Wasser- und Energieversorgung sowie Verkehr- und Fernmeldewesen eine ergänzende Sondervorschrift zu den Basisparagraphen § 25 und § 25 a. Die öffentlichen Sektorenauftraggeber haben daher bei Aufträgen in diesen Gebieten neben den Grundvorschriften ergänzend die Sondervorschrift des § 25 b zu beachten.

II. Unterschiede zu den Basisparagraphen

8 § 25 b Nr. 1 Abs. 1 Satz 1 ist Sondervorschrift zu § 25 Nr. 3 Satz 1 und § 25 a Nr. 1 Abs. 1. Ebenso wie in § 25 Nr. 3 Satz 1 hat der Zuschlag auf das wirtschaftlich günstigste Angebot zu erfolgen. Insoweit wird auf die Kommentierung zu § 25 Nr. 3 Satz 1 verwiesen.[1] Die in § 25 b Nr. 1 Abs. 1 Satz 1 genannten Wertungskriterien müssen – wie ebenfalls in § 25 a Nr. 1 Abs. 1 Satz 1 ausgesprochen – auftragsbezogen sein. Die beispielhaft aufgezählten Kriterien entsprechen denen des § 25 a Nr. 1 Abs. 1 Satz1 mit Ausnahme der zusätzlich enthaltenen Kriterien »Verpflichtungen hinsichtlich der Ersatzteile« und »Versorgungssicherheit«, welche für die Sektorenauftraggeber eine größere Rolle spielen. Ein wesentlicher Unterschied ergibt sich dennoch nicht, weil die genannten Kriterien keine abschließende Aufzählung enthalten, sondern lediglich Beispiele darstellen.[2] § 25 b Nr. 1 Abs. 1 Sätze 2–4 entsprechen fast wörtlich dem § 25 a Nr. 1 Abs. 1 Sätze 2–4; insofern wird auf die Kommentierung zu § 25 a Bezug genommen.[3]

---

1 Vgl. Rn. 149 ff. zu § 25.
2 Vgl. Rn. 10 zu § 25 a.
3 Vgl. Rn. 16 ff. zu § 25 a.

§ 25 b Nr. 1 Abs. 2 ist Sondervorschrift zu § 25 a Nr. 1 Abs. 2; es liegt wiederum eine fast wörtliche Übereinstimung vor. Auch insoweit wird auf die Kommentierung zu § 25 a verwiesen.[4]

§ 25 b Nr. 2 Abs. 1 und Abs. 2 sind Sondervorschriften zu § 25 Nr. 2 Abs. 2. Auch wenn § 25 b Nr. 2 Abs. 1 und Abs. 2 noch die übernommenen Formulierungen aus der VOL/A 2000 aufweisen, ergibt sich im Grundsatz kein Unterschied: auch der Sektorenauftraggeber hat zunächst die Einzelposten zu überprüfen und vom Bieter schriftliche Aufklärung verlangen. Ihm wird allerdings ein Ermessensspielraum eingeräumt, weil er schriftliche Aufklärung nur dann zu fordern hat, wenn er dies für angezeigt hält. Ein weiterer Unterschied ergibt sich daraus, dass nach § 25 b Nr. 2 Abs. 1 und Abs. 2 die sich an die Aufklärung anschließende Prüfung unter Berücksichtigung der eingegangenen Begründungen erfolgt, wobei nur objektiv gerechtfertigte Begründungen heranzuziehen sind. Die demgegenüber in § 25 Nr. 2 Abs. Satz 3 lapidar und weit formulierte Feststellung »der Auftraggeber berücksichtigt bei der Vergabe das Ergebnis dieser Überprüfung« besagt aber im Grunde genommen nichts anderes. Denn objektiv nicht gerechtfertigte Gründe sind in jedem Fall wegen Verstoßes gegen das Gleichbehandlungsgebot und das Transparenzgebot bei der Wertung nicht heranzuziehen.

§ 25 b Nr. 2 Abs. 3 ist Sondervorschrift zu § 25 a Nr. 2. Im Unterschied zu § 25 a Nr. 2 stellt § 25 b Nr. 2 Abs. 3 nach wie vor auf die Meldung oder Genehmigung der Beihilfe ab und nicht auf die Gewährung. Die übernommene Formulierung entspricht nicht dem Wortlaut des Art. 57 RL 2004/17/EG, der vom Bieter einen Nachweis fordert, dass die Beihilfe rechtmäßig gewährt wurde. Auch für den Sektorenbereich ist damit zu fordern, dass auf die Gewährung und nicht auf die Meldung oder die Genehmigung abzustellen ist. Hierbei ist allerdings zu bedenken, dass die Genehmigung als Vorstufe der Gewährung anzusehen sein dürfte, so dass es ausreicht, wenn der Bieter die Genehmigung nachweisen kann.

§ 25 b Nr. 3 findet keine Entsprechung in den Basisparagraphen, weil in den Basisparagraphen die Sondervorschrift des § 8 b fehlt. Nach § 8 b Nr. 2 Abs. 1 darf ein Auftraggeber, wenn er auf technische Anforderungen verwiesen hat, ein Angebot nicht mit der Begründung zurückweisen, die Ware oder Dienstleistung entspreche nicht den Spezifikationen, wenn das Unternehmen mit geeigneten Mitteln nachweist, dass sein Angebot den technischen Spezifikationen entspricht. Nach § 8 b Nr. 2 Abs. 2 gilt das gleiche, wenn der Auftraggeber die technischen Anforderungen selbst festlegt. In diesem Fall darf er ein Angebot, welches einer nationalen Norm, einer internationalen Norm u. ä. entspricht, nicht zurückweisen, wenn die angebotene Spezifikation die festgelegten Anforderungen betrifft und den vom Auftraggeber geforderten Leistungs- oder Funktionsanforderungen entspricht. Im Einzelnen wird hier auf die Kommentierung zu § 8 b Nr. 2 Abs. 1 und Abs. 2 verwiesen.[5] § 25 b Nr. 3 stellt für solche Angebote klar, dass sie wie Hauptangebote zu werten sind, also nicht wie Nebenangebote. Dies ergibt sich bereits aus der Basisvorschrift des § 8 b Nr. 2 Abs. 1 und Abs. 2. Denn wenn Angebote nicht zurückgewiesen werden dürfen, wenn sie den geforderten

---

4 Vgl. Rn. 22 ff. zu § 25 a.
5 Vgl. § 8 b.

technischen Spezifikationen entsprechen, heißt das nichts anderes, als dass sie ohne weitere Bedingungen zu werten sind, weil sie den Anforderungen entsprechen, welche an ein Hauptangebot gestellt werden. Sie entsprechen den Vorgaben der Leistungsbeschreibung. Sinn der Regelung ist es, Anbieter aus anderen Ländern, welche andere DIN-Normen haben, bei der Wertung der Angebote nicht zu benachteiligen. Zum Schutz des Auftraggebers muss aber sichergestellt sein, dass die von ihm geforderten technischen Anforderungen erfüllt werden. Würden solche Angebote als Nebenangebote behandelt, würde dieser Zweck nicht erreicht, weil die für Nebenangebote einzuhaltenden Mindestanforderungen nicht identisch mit den Anforderungen des Leistungsverzeichnisses sein können.[6]

12 § 25 b Nr. 4 Abs. 1 ist Sondervorschrift zu § 25 Nr. 1 g. Nach § 25 Nr. 1 g sind Nebenangebote auszuschließen, soweit der Auftraggeber diese nach § 17 Nr. 3 Abs. 5 ausgeschlossen hat. In § 25 b Nr. 4 Abs. 1 ist dies lediglich positiv formuliert worden, nämlich dass Nebenangebote zu werten sind, es sei denn, dass der Auftraggeber sie ausgeschlossen hat. Eine inhaltliche Abweichung liegt in der Formulierung nicht. § 25 b Nr. 4 Abs. 2 ist Sondervorschrift zu § 25 a Nr. 3. Auch hier besteht trotz der abweichenden Formulierung inhaltlich kein Unterschied. Es fällt zwar auf, dass in § 25 b Nr. 4 Abs. 2 nicht von Nebenangeboten, sondern allgemein von Angeboten die Rede ist, doch ergibt sich aus dem Zusammenhang mit § 25 b Nr. 4 Abs. 1, dass trotz der unpräzisen Formulierung nur Nebenangebote gemeint sein können.

III. Rechtsschutz

13 Sämtliche Vorschriften des § 25 b sind bieterschützend und ermöglichen deshalb den Unternehmen den Weg des Primärrechtsschutzes. Vgl. hierzu im Einzelnen die Kommentierung bei den jeweiligen Basisparagraphen. Bieterschützend ist aber auch die Vorschrift des § 25 b Nr. 3. Wertet der Auftraggeber ein den technischen Spezifikationen entsprechendes Angebot nicht als Hauptangebot, kann der benachteiligte Bieter einen Nachprüfungsantrag stellen.

Bei Verletzung der bieterschützenden Vorschrift steht den Unternehmen gleichfalls der Sekundärrechtsschutz zu. Schadensersatzansprüche können sich ergeben aus § 126 GWB, §§ 280 Abs. 1, 241 Abs. 2, 311 Abs. 2 Nr. 1 BGB (c. i. c.) und § 823 Abs. 2 i. V. m. § 25 b.

---

6 Vgl. hierzu Rn. 38 zu § 25 a.

§ 27 b
Mitteilungspflichten

1. Die Auftraggeber teilen den Bewerbern und Bietern unverzüglich, spätestens innerhalb von 15 Tagen nach Eingang der Anfrage und auf Antrag auch in Textform, Folgendes mit:
   - Entscheidung einschließlich der Gründe, auf die Vergabe eines Auftrages zu verzichten oder das Verfahren erneut einzuleiten,
   - den ausgeschlossenen Bewerbern oder Bietern die Gründe für die Ablehnung ihrer Bewerbung oder ihres Angebotes,
   - den Bietern, die ein ordnungsgemäßes Angebot eingereicht haben, die Merkmale und Vorteile des erfolgreichen Angebotes und den Namen des erfolgreichen Bieters.

2. Der Auftraggeber kann in Nummer 1 genannte Informationen zurückhalten, wenn die Weitergabe den Gesetzesvollzug vereiteln würde oder sonst nicht im öffentlichen Interesse läge oder die berechtigten Geschäftsinteressen von Unternehmen oder den fairen Wettbewerb beeinträchtigen würde.

Inhaltsübersicht   Rn.

A. Allgemeine Grundlagen	1
B. Unterschiede zur VOB/A und zur VOF	3
I. Unterschiede zur VOB/A	3
II. Unterschiede zur VOF	6
C. Mitteilungspflichten (§ 27 b Nr. 1 VOL/A)	7
I. Form und Frist	7
II. Mitteilung näherer Einzelheiten	11
D. Nichterteilung bestimmter Auskünfte (§ 27 b Nr. 2 VOL/A)	16
E. Rechtsschutz	18

A. Allgemeine Grundlagen

§ 27 b VOL/A ist in der **Neufassung 2006** in einigen Punkten verändert worden. So vermeidet § 27 b Nr. 1 Satz 1 VOL/A die Aufzählung der Sektorenauftraggeber und ihres jeweiligen Tätigkeitsbereichs und stellt nur noch einheitlich auf die »**Auftraggeber**« ab. Im Hinblick auf die von den Auftraggebern den Bewerbern und Bietern gegenüber abzugebende Mitteilung enthält die Neuregelung des § 27 b Nr. 1 VOL/A eine **Fristverschärfung**. Diese Fristverschärfung, die auf der Umsetzung des Art. 49 Abs. 1 und Abs. 2 der EU-Sektorenrichtlinie (EU-SKR) vom 31. März 2004 beruht, besteht darin, dass die Auftraggeber den Bewerbern und Bietern nunmehr »**unverzüglich, spätestens innerhalb von 15 Tagen nach Eingang der Anfrage**« die entsprechenden Mitteilungen machen müssen. Während in der Altfassung die Mitteilung noch »innerhalb kürzester Frist« erfolgen konnte, ist in der Neufassung erstmalig eine »**Höchstfrist**« (15 Tage nach Eingang der Anfrage) vorgesehen. Zwar mussten nach der Altfassung die Bewerber und Bieter als Voraussetzung einer Mitteilung durch den Auftraggeber noch einen »schriftlichen Antrag« abgeben, während die Neufas-

§ 27 b Mitteilungspflichten

sung nur den »**Eingang der Anfrage**« vorsieht. Auch nach der Neufassung sollte allerdings schon aus **Beweisgründen** die Anfrage der Bewerber und Bieter **schriftlich bzw. elektronisch** und nicht nur mündlich erfolgen. Wollen die Bewerber und Bieter die von den Auftraggebern abverlangte Mitteilung nicht nur mündlich erhalten, können sie diese nach der Neufassung »**auf Antrag auch in Textform**«, also schriftlich oder elektronisch einfordern.

2 Was den **Inhalt** der von den Auftraggebern gegenüber den Bewerbern und Bietern abzugebenden Mitteilung entspricht, enthält § 27 b Nr. 1 VOL/A eine **Erweiterung**. Durch die Aufnahme eines zusätzlichen ersten Spiegelstrichs in § 27 b Nr. 1 VOL/A wird herausgestellt, dass die Auftraggeber gegenüber den Bewerbern und Bietern – anders noch als in der Altfassung – auch die **Entscheidung einschließlich der Gründe**, auf die Vergabe eines Auftrages zu verzichten oder das Verfahren erneut einzuleiten, mitzuteilen haben. Diese Regelung beruht ebenfalls auf Art. 49 Abs. 1 und Abs. 2 der EU-SKR vom 31. März 2004. Sie hat zur Folge, dass die Auftraggeber nicht nur der Mitteilungspflicht bei der Durchführung – normaler – Vergabeverfahren, die mit der **Zuschlagsentscheidung** enden, unterliegen, sondern eine ebensolche Mitteilungspflicht beim **Verzicht** auf die Auftragsvergabe (Aufhebung der Ausschreibung) besteht. Hiervon erfasst ist auch der Fall, dass der Auftraggeber beabsichtigt, das Verfahren **erneut einzuleiten**. Im dritten Spiegelstrich des § 27 b Nr. 1 VOL/A ist im Vergleich zur Altfassung das Wort »relativ« gestrichen worden, so dass der Auftraggeber den Bietern, die ein ordnungsgemäßes Angebot eingereicht haben, nunmehr allein die **Merkmale und Vorteile** des erfolgreichen Angebotes und den Namen des erfolgreichen Bieters mitzuteilen hat. Materielle Unterschiede dürften sich aus dieser Streichung aber nicht ergeben.

B. Unterschiede zur VOB/A und zur VOF

I. Unterschiede zur VOB/A

3 § 27 b VOB/A enthält eine **inhaltlich** dem § 27 b VOL/A entsprechende Regelung. Während § 27 b VOB/A in Nr. 1 ausdrücklich die **Sektorenauftraggeber** erwähnt, spricht § 27 b Nr. 1 VOL/A allgemein von »**die Auftraggeber**« ohne dass sich hieraus wegen des Regelungsbereichs im 3. Abschnitt der VOL/A (Sektorenbereich) ein Unterschied ergibt. Dies gilt auch trotz der unterschiedlichen Wortwahl im Hinblick auf die Adressaten der Mitteilungspflicht. Während § 27 b Nr. 1 VOB/A auf die »teilnehmenden Unternehmen« abstellt, spricht § 27 b Nr. 1 VOL/A von den »**Bewerbern und Bietern**«. Auch die von den Auftraggebern einzuhaltende Maximalfrist ist trotz unterschiedlicher Wortwahl (§ 27 b Nr. 1 VOB/A: 15 Kalendertage; § 27 b VOL/A: 15 Tage) gleich. Allerdings geht der Wortlaut des § 27 b Nr. 1 VOB/A davon aus, dass die teilnehmenden Unternehmen **automatisch** eine entsprechende Mitteilung von den Sektorenauftraggebern erwarten können, während § 27 b Nr. 1 VOL/A in jedem Fall einen **Eingang einer Anfrage** durch die Bewerber oder Bieter vorsieht. Damit wird wieder einmal ein sachlich nicht gerechtfertigter **Unterschied** für einen gleichen Regelungssachverhalt in der VOB/A einerseits und der VOL/A andererseits ge-

macht. Insoweit ist dringend anzuraten, bei einer Novellierung des Vergaberechts jedenfalls eine **Inhaltsgleichheit** im Wortlaut für gleiche Regelungssachverhalte vorzunehmen.

Auch wenn § 27 b VOB/A anders strukturiert ist und in Nr. 2 in zwei Absätze unterteilt ist, entsprechen § 27 b Nr. 1 und Nr. 2 Abs. 1 VOB/A dem § 27 b Nr. 1 VOL/A. Die **Inhaltsgleichheit** ist gegeben, auch wenn die Reihenfolge der Spiegelstriche in § 27 b Nr. 2 Abs. 1 VOB/A eine andere ist als in § 27 b Nr. 1 VOL/A. **4**

§ 27 b Nr. 2 Abs. 2 VOB/A mit der dort beschriebenen Möglichkeit für den Auftraggeber, **bestimmte Auskünfte** zurückzuhalten, entspricht zwar trotz unterschiedlichen Wortlauts mit seinen **vier Voraussetzungen** für die Zurückhaltung der Auskünfte durch den Auftraggeber dem § 27 b Nr. 2 VOL/A; die VOB-Norm weist jedoch eine **Beschränkung** dadurch auf, als dass sich hiernach die Möglichkeit zur Zurückhaltung nur auf bestimmte Auskünfte »**über den Zuschlag**« bezieht. Demgegenüber enthält § 27 b Nr. 2 VOL/A eine derartige Eingrenzung nicht und ermöglicht dem Auftraggeber die Zurückhaltung bestimmter Auskünfte nicht nur bezogen auf den Zuschlag, sondern z. B. auch beim **Verzicht** auf die Vergabe bzw. bei der **Neueinleitung** des Verfahrens. **5**

II. Unterschiede zur VOF

Die VOF enthält eine dem § 27 b VOL/A vergleichbare Regelung in **§ 17 Abs. 4**. Nach Satz 1 dieser Bestimmung teilt der Auftraggeber den nicht berücksichtigten Bewerbern, die dies schriftlich beantragen, unverzüglich, spätestens innerhalb von 15 Tagen nach Eingang ihres Antrages die Gründe für die Ablehnung ihrer Bewerbung um Teilnahme am Verhandlungsverfahren mit. Danach entspricht § 17 Abs. 4 Satz 1 VOF dem § 27 b Nr. 1 VOL/A mit dem Unterschied, dass nach der VOF, die ja als Regelverfahren nur das Verhandlungsverfahren mit vorheriger Vergabebekanntmachung kennt (§ 5 VOF), eine Benachrichtigungspflicht nur gegenüber den **Bewerbern**, nicht aber gegenüber den bei VOF-Verfahren nicht vorkommenden Bietern besteht. Anders als nach der VOL-Norm setzt jedoch § 17 Abs. 4 Satz 1 VOF jeweils eine **schriftliche** Beantragung der nicht berücksichtigten Bewerber voraus. Demgegenüber enthält wiederum § 27 b Nr. 1 VOL/A die Möglichkeit, dass die Bewerber und Bieter auf entsprechenden Antrag hin von den Auftraggebern die Mitteilung in **Textform** verlangen können, während eine entsprechende Option nach § 17 Abs. 4 Satz 1 VOF nicht besteht. § 17 Abs. 4 Satz 1 VOF beschränkt die Mitteilung des Auftraggebers im Vergleich zur VOL-Norm, die in den Spiegelstrichen 1 und 3 des § 27 b Nr. 1 zwei weitere Mitteilungsinhalte benennt, auf die **Gründe für die Ablehnung** ihrer Bewerbung um Teilnahme am Verhandlungsverfahren. Im Übrigen entsprechen sich trotz geringfügig anderen Wortlauts die Bestimmungen des § 17 Abs. 4 Satz 2 VOF und § 27 b Nr. 2 VOL/A über die Möglichkeit der **Zurückhaltung** bestimmter Informationen. **6**

C. Mitteilungspflichten (§ 27 b Nr. 1 VOL/A)

I. Form und Frist

7   Die **Sektorenauftraggeber** sind nach § 27 b Nr. 1 Satz 1 VOL/A verpflichtet, den Bewerbern und Bietern **unverzüglich, spätestens innerhalb von 15 Tagen nach Eingang der Anfrage,** eine mit Gründen versehene Mitteilung zu machen. Das Abstellen auf den Begriff »**unverzüglich**«, beinhaltet die Pflicht zur Mitteilung durch den Auftraggeber ohne schuldhaftes Zögern (§ 121 BGB), also grundsätzlich innerhalb von zwei bis drei Tagen nach Eingang der entsprechenden Anfrage. Die Maximalfrist, die nur **ausnahmsweise** ausgeschöpft werden darf und deren Inanspruchnahme daher eine Begründung im **Vergabevermerk** erforderlich macht, beträgt **15 Tage** nach Eingang der Anfrage. In der Regel wird es dem Auftraggeber allerdings kaum möglich sein, Gründe für die maximale und nur ausnahmsweise mögliche Ausschöpfung der Frist von 15 Tagen zu finden. Keinesfalls darf der Auftraggeber diese Maximalfrist zur Regelfrist machen, da damit die **unverzüglich** wahrzunehmende Pflicht zur Mitteilung ausgehöhlt würde.

8   Die Mitteilungspflicht durch den Auftraggeber gegenüber den Bewerbern und Bietern hängt vom Eingang einer **Anfrage** durch die betreffenden Unternehmen ab. Zwar setzt der Eingang dieser Anfrage keine Form voraus, jedoch sollten die Unternehmen schon aus **Beweisgründen** die Schriftform bzw. die elektronische Form wählen. Wollen die Bewerber und Bieter auch vom Auftraggeber die Mitteilung in **Textform** erhalten, müssen sie nach § 27 b Nr. 1 VOL/A einen entsprechenden Antrag stellen. Dieser Antrag kann und sollte schon aus Vereinfachungsgründen gleichzeitig mit der Anfrage selbst vorgenommen werden.

9   Ist die **Textform** von den Bewerbern und Bietern beantragt, muss der Auftraggeber seine Mitteilung gem. § 126 b BGB in einer Urkunde oder auf andere zur dauerhaften Wiedergabe in Schriftzeichen geeigneten Weise abgeben, die Person des Erklärenden genannt und der Abschluss der Erklärung durch Nachbildung der Namensunterschrift oder anders erkennbar gemacht werden. Die Textform der Mitteilung kann auch über **Telefax** sowie gem. § 126 Abs. 3 i. V. m. § 126 a Abs. 1 BGB auch in elektronischer Form (E-Mail) erreicht werden. Zwar verlangt § 27 b Nr. 1 VOL/A ohne einen Antrag der teilnehmenden Bewerber oder Bieter **keine Textform** der Entscheidung über die Auftragsvergabe durch den Auftraggeber; zum Nachweis der rechtzeitigen Benachrichtigung (**unverzüglich**) ist aber auch hier dem Auftraggeber die Textform sehr zu empfehlen.

10 Von der Mitteilungspflicht nach § 27 b Nr. 1 VOL/A erfasst sind sowohl die **Bewerber** als auch die **Bieter**. Allerdings wird bei der »EU-Norm« des § 27 b Nr. 1 VOL/A die den **Bietern** abzugebende Mitteilung von der weitergehenden und von ihrer Bedeutung als auch von ihren Rechtsfolgen her sehr viel **wesentlicheren Vorschrift des § 13 VgV** verdrängt. Nach dieser Norm teilt der Auftraggeber den **nicht berücksichtigten Bietern** automatisch, also ohne entsprechenden Antrag den Grund der vorgesehenen Nichtberücksichtigung sowie den Namen des erfolgreichen Bieters mit. Diese Information muss spätestens **14 Kalendertage vor dem Vertragsabschluss** er-

folgen. Wird der Vertrag ohne die Einhaltung dieser Vorgaben geschlossen, ist er nach § 13 Satz 6 VgV **nichtig**. Wegen der weitergehenden Rechtsfolgen und insbesondere als **höherrangiges Recht** verdrängt daher bezogen auf die **Bieter** § 13 VgV (s. hierzu die ausführliche Kommentierung bei § 27 a VOL/A, Rn. 29 ff.) die Vorschrift des § 27 b Nr. 1 VOL/A in weiten Teilen. Einen eigenständigen Wert hat § 27 b Nr. 1 VOL/A bei der Information an die Bieter daher allenfalls in den Bereichen, in denen der Auftraggeber wegen einer entsprechenden frühzeitigen Anfrage durch die Bieter **vor** dem nach § 13 VgV bestimmten Zeitraum (14 Kalendertage vor dem Vertragsabschluss) verpflichtet ist, eine Mitteilung zu machen. Weiterhin enthält zumindest § 27 b Nr. 1, 1. und 3. Spiegelstrich, insbesondere mit der Pflicht zur Mitteilung der Gründe, auf die Vergabe zu **verzichten** und mit der Mitteilung der **Merkmale und Vorteile** des erfolgreichen Angebots, über § 13 VgV hinausgehende Informationsinhalte.

II. Mitteilung näherer Einzelheiten

In den drei Spiegelstrichen des § 27 b Nr. 1 VOL/A sind die näheren **Einzelheiten** der dem Auftraggeber obliegenden Mitteilungspflichten genannt. Nach dem 1. Spiegelstreich teilt danach der Auftraggeber den dies beantragenden Bietern die **Entscheidung** einschließlich der Gründe, auf die Vergabe eines Auftrages zu verzichten oder das Verfahren erneut einzuleiten, mit. Grund dieser Bestimmung ist, dass der Auftraggeber auch durch die Einleitung eines Vergabeverfahrens nicht gezwungen werden darf, den Zuschlag zu erteilen und damit einen Vertragsschluss herbeizuführen. Denn es kann auch aus einer einmal erfolgten Ausschreibung eines Auftraggebers nicht abgeleitet werden, dass eine Vergabestelle, die zwar nach den Vergaberegeln **keinen Grund zur Aufhebung des Ausschreibungsverfahrens hat**, gezwungen werden kann, einen der Ausschreibung entsprechenden Auftrag an einen Bieter zu erteilen.[1] Vielmehr ist der Auftraggeber auch durch das Vergaberecht nicht in seiner Privatautonomie derart beschränkt und kann jederzeit auf die Vergabe eines eingeleiteten Auftrages verzichten. Umgekehrt ist zwischen dem Auftraggeber und den Unternehmen durch deren Beteiligung am Vergabeverfahren ein vorvertragliches **Vertrauensverhältnis** entstanden, das insbesondere dem Auftraggeber Informationspflichten auferlegt, wenn er auf die Vergabe verzichten bzw. das Verfahren erneut einleiten will. Nur bei unverzüglicher Information des Auftraggebers werden die Unternehmen von ihrer Bindung befreit und können wieder eigenverantwortlich disponieren. 11

Auch bedeutet ein Verzicht auf die Auftragsvergabe nicht, dass die hiermit grundsätzlich verbundene Aufhebung der zunächst eingeleiteten Ausschreibung rechtmäßig ist. Vielmehr kann gerade der Verzicht und die damit verbundene Aufhebung der Ausschreibung nicht nur rechtmäßig, sondern auch verschuldet und **rechtswidrig** sein. Gerade in einem derartigen Fall ist Folge eines rechtswidrigen Verzichts auf die Vergabe eines Auftrags, dass der Auftraggeber ggf. gegenüber den Bewerbern oder Bietern **schadensersatzpflichtig** werden kann. Nicht zuletzt deswegen ist es von großer 12

---

1 *BGH* NZBau 2003, 168 f.

Bedeutung, dass der Auftraggeber den am Vergabeverfahren teilnehmenden Unternehmen die **Entscheidung einschließlich der Gründe** mitteilt, warum er auf die Vergabe eines Auftrages verzichtet hat.[2] Die Angabe der konkreten **Gründe** für den Vergabeverzicht sollte in einer **stichwortartigen** Beschreibung durch den Auftraggeber bestehen.[3]

13 Der Auftraggeber teilt den Bewerbern und Bietern auf deren Anfrage auch mit, dass er ggf. das Verfahren **erneut einleiten** will. Auch diesbezüglich haben die bereits am ersten Vergabeverfahren teilnehmenden Unternehmen ein hohes Interesse daran, auf der Grundlage dieser Auftraggeberentscheidung frühestmöglich und eigenständig darüber zu befinden, ob sie ihre Sach- und Personalkapazitäten weiterhin für ein kommendes Vergabeverfahren bereithalten oder aber gänzlich neu disponieren. Um diesem Interesse, das bereits aus dem mit den Bewerbern und Bietern aus dem ersten Vergabeverfahren resultierenden Vertrauensverhältnis begründet worden ist, ausreichend Genüge zu tun, sollte der Auftraggeber auch die **Vergabeart** (Offenes Verfahren, Nichtoffenes Verfahren, Verhandlungsverfahren mit oder ohne Vergabebekanntmachung) den Bewerbern und Bietern mitteilen. Denn von der Vergabeart hängen neben den einzuhaltenden und jeweils unterschiedlichen Fristen (Angebotsfrist etc.) auch die konkreten Chancen der Unternehmen aus dem Erstverfahren und damit auch die Entscheidung über ihre jeweiligen Dispositionen ab.

14 Der Auftraggeber teilt nach § 27 b Nr. 1 VOL/B, 2. Spiegelstrich, den ausgeschlossenen Bewerbern oder Bietern auf Anfrage auch die **Gründe für die Ablehnung** ihrer Bewerbung oder ihres Angebotes mit. Was die näheren Inhalte der Darlegung der Gründe für die Ablehnung der Bewerbung oder des Angebotes betrifft, kann für die zu benachrichtigenden **Bieter** auf die Kommentierung zu der Basisvorschrift des § 27 Nr. 2 a Satz 1 VOL/A sowie sowohl für die nicht berücksichtigten **Bewerber und Bieter** auch auf die Kommentierung zu der »EU-Norm« des § 27 a Nr. 1 VOL/A, die beide insoweit inhaltsgleich sind, verwiesen werden.

15 Den Bietern, die ein ordnungsgemäßes Angebot eingereicht haben, sind gem. § 27 b Nr. 1 VOL/B, 3. Spiegelstrich, auch die **Merkmale und Vorteile** des erfolgreichen Angebotes und der **Name** des erfolgreichen Bieters zu nennen. Die Angabe dieser Einzelheiten durch den Auftraggeber ist auch nach der Vorschrift des § 27 a Nr. 1 VOL/A verpflichtend vorgegeben. Daher kann auf die diesbezügliche Kommentierung verwiesen werden.

D. Nichterteilung bestimmter Auskünfte (§ 27 b Nr. 2 VOL/A)

16 Nach § 27 b Nr. 2 VOL/A **kann** der Auftraggeber in Nr. 1 genannte Informationen unter vier Voraussetzungen **zurückhalten**. Diese Voraussetzungen bestehen darin, dass die Weitergabe **den Gesetzesvollzug vereiteln** würde oder sonst **nicht im öffentlichen Interesse** läge oder die **berechtigten Geschäftsinteressen von Unternehmen** oder den **fairen Wettbewerb** beeinträchtigen würde. Die in § 27 b Nr. 2 VOL/A da-

---

2 Vgl. für die VOB: Beck'scher VOB-Komm./*Jasper*, A § 26 a Rn. 20.
3 Vgl. für § 13 VgV (»Grund«): *OLG Düsseldorf* VergabeR 2001, 429 ff.

mit dem Auftraggeber zustehende **Berechtigung** (»kann«), kann sich unter bestimmten Umständen zu einer **Verpflichtung** auf den Verzicht zur Weitergabe bestimmter Informationen verdichten (»Ermessensreduzierung auf Null«). Dies ist etwa dann der Fall, wenn durch eine Weitergabe von Informationen in eklatanter Weise der Gesetzesvollzug vereitelt, die öffentlichen Interessen verletzt oder die berechtigten Geschäftsinteressen von Unternehmen bzw. der faire Wettbewerb beeinträchtigt würden. Auch wenn § 27 b Nr. 2 VOL/A vom Auftraggeber **keine Begründung** für die Nichtweitergabe bestimmter Informationen verlangt, ist es ihm schon zum Zwecke der **Transparenz und der Rechtsklarheit** zu empfehlen, dass er in knapper Form den Bewerbern und Bietern gegenüber die Gründe für den Verzicht auf die Informationen bekannt gibt.

Die in § 27 b Nr. 2 VOL/A genannten vier Tatbestände, die dem Auftraggeber eine **17** Möglichkeit zur **Zurückhaltung** bestimmter Informationen geben, sind mit den in § 27 a Nr. 2 VOL/A genannten Tatbestände **inhaltlich** identisch. Hinsichtlich der Ausfüllung dieser Tatbestände kann daher auf die dortige Kommentierung verwiesen werden (s. § 27 a VOL/A Rn. 21 ff.).

E. Rechtsschutz

Sowohl hinsichtlich des **Primärrechtsschutzes** als auch hinsichtlich des **Sekundär-** **18** **rechtsschutzes** weist die »EU-Norm« des § 27 b VOL/A im Vergleich zur »EU-Norm« des § 27 a VOL/A keine Besonderheiten auf. Hinsichtlich der Einzelheiten zum Rechtsschutz wird daher auf die dortige Kommentierung Bezug genommen (s. § 27 a VOL/A Rn. 27 f.).

§ 28 b
Bekanntmachung der Auftragserteilung

1. Der Kommission der Europäischen Gemeinschaften sind für jeden vergebenen Auftrag binnen zwei Monaten nach der Vergabe des Auftrags die Ergebnisse des Vergabeverfahrens durch eine gemäß Anhang VI der der Verordnung (EG) Nr. 1564/2005 abgefasste Bekanntmachung mitzuteilen, dies gilt nicht für die Vergabe von Einzelaufträgen innerhalb einer Rahmenvereinbarung.

2. Die Angaben in Anhang VI der Verordnung (EG) Nr. 1564/2005 werden im Amtsblatt der Europäischen Gemeinschaften veröffentlicht. Dabei berücksichtigt die Kommission der Europäischen Gemeinschaften alle in geschäftlicher Hinsicht sensiblen Angaben, wenn der Auftraggeber dies bei der Übermittlung der Angaben über die Anzahl der eingegangenen Angebote, die Identität der Unternehmen und die Preise geltend macht.

3. (1) Auftraggeber, die Dienstleistungsaufträge der Kategorie 8 des Anhangs I A vergeben, auf die § 3 b Nr. 2 Buchstabe b) anwendbar ist, können bezüglich Anhang VI der Verordnung (EG) Nr. 1564/2005 die zu liefernden Angaben auf die Angabe »Forschungs- und Entwicklungsdienstleistungen« beschränken. Ist auf die Vergabe von Dienstleistungsaufträgen der Kategorie 8 des Anhangs I A § 3 b Nr. 2 Buchstabe b) nicht anwendbar, können die Auftraggeber die Angaben über Art und Umfang der Dienstleistung aus Gründen der Vertraulichkeit beschränken.
Die veröffentlichten Angaben sind ebenso detailliert zu fassen wie die Angaben in ihrer Bekanntmachung eines Aufrufs zum Wettbewerb nach § 17 b Nr. 1 Abs. 1 im Falle eines Prüfsystems, zumindest ebenso detailliert wie in § 7 b Nr. 9.
(2) Bei der Vergabe von Dienstleistungsaufträgen des Anhangs I B geben die Auftraggeber an, ob sie mit der Veröffentlichung einverstanden sind.

4. Die Angaben in Anhang VI der Verordnung (EG) Nr. 1564/2005, die als nicht für die Veröffentlichung bestimmt gekennzeichnet sind, werden nur in vereinfachter Form zu statistischen Zwecken veröffentlicht.

Inhaltsübersicht Rn.

A. Vorbemerkungen	1
I. Entstehungsgeschichte	1
II. Unterschiede zur VOB/A und zur VOF	3
1. VOB/A	3
2. VOF	4
B. Anmerkungen	6
I. Grundgedanken der Regelung	7
1. Transparenz	9
2. Rechtsschutz	12
II. Mitteilungspflicht (Nr. 1)	13
1. Anwendungsbereich	13
2. Inhalt	16
3. Rahmenvereinbarungen	19

	4. Zu den Einzelangaben	21
	5. Frist	22
III.	Veröffentlichung (Nr. 2)	23
IV.	Beschränkung der Pflicht zu Angaben (Nr. 3 Abs. 1)	26
V.	Einverständnis mit der Veröffentlichung (Nr. 3 Abs. 2)	28
VI.	Veröffentlichung zu statistischen Zwecken (Nr. 4)	31

A. Vorbemerkungen

I. Entstehungsgeschichte

Die Fassung des § 28 b ist in der VOL/A 2006 im Wesentlichen unverändert geblieben. **1**
Neu ist Nr. 1 (2. Hs.) bzgl. der Vergabe von Einzelaufträgen innerhalb von Rahmenvereinbarungen. Anstelle des bisherigen Anhangs F/SKR ist nun Anhang VI der Verordnung (EG) 1564/2005 getreten; die Änderungen im Wortlaut der Nr. 2, Nr. 3 Abs. 1 und Nr. 4 gegenüber der Vorgängerfassung sind dadurch bedingt.

Mit § 28 b wird Art. 43 der Richtlinie 2004/17/EG[1] umgesetzt. Die in Nr. 1, Nr. 2, **2**
Nr. 3 Abs. 1 und Nr. 4 genannte VO (EG) 1564/2005 in der Fassung vom 21. 10. 2005 ist im Amtsblatt EG Nr. L 257, S. 1 veröffentlicht.

II. Unterschiede zur VOB/A und zur VOF

1. VOB/A

Im Text der entsprechenden Vorschrift in § 28 b VOB/A 2006 fehlt eine Bestimmung **3**
zu Rahmenvereinbarungen. Im Übrigen sind die Abweichungen inhaltlich unbedeutend.

2. VOF

Die VOF 2006 enthält in § 17 eine dem § 28 b vergleichbare Bestimmung. Danach veranlassen **4**
die Auftraggeber über jeden vergebenen Auftrag eine Mitteilung spätestens 48 Tage nach dessen Vergabe anhand einer Bekanntmachung, die nach dem im Anhang III der Verordnung (EG) Nr. 1564/2005 enthaltenen Muster erstellt wird.

Eine Bestimmung über Rahmenvereinbarungen fehlt. Nach § 17 Abs. 5 besteht auch **5**
eine Mitteilungspflicht für den Fall, dass auf die Vergabe eines dem EG-weiten Wettbewerb unterstellten Auftrages verzichtet werden soll; Grund ist insoweit, dass die VOF keine Aufhebung der Ausschreibung kennt.

---

[1] Amtsblatt EG v. 30. 4. 2004, L 134/1 (29).

§ 28b Bekanntmachung der Auftragserteilung

B. Anmerkungen

6 § 28 b gilt für Aufträge nach § 1 b, d. h., im sog. Sektorenbereich nach Art. 2 Abs. 2, Art. 3–7 Richtlinie 2004/17/EG. § 28 b Nr. 1 bestimmt eine Mitteilungspflicht für Auftragsvergaben, Nr. 2 regelt die Veröffentlichung, Nr. 3 Beschränkungen der Mitteilung bzw. der Veröffentlichung und Nr. 4 die vereinfachte Form der Veröffentlichung.

I. Grundgedanken der Regelung

7 In § 28 b wird eine die Zuschlagserteilung (§ 28) bzw. den Vertragsschluss ergänzende Regelung getroffen (§ 1 b Nr. 1 Satz 1). Sektorenauftraggeber unterliegen danach in bestimmtem Umfang Mitteilungspflichten. Sowohl die Kommission als auch die interessierten Unternehmen sollen über das Ergebnis des Vergabeverfahrens informiert werden (»ex-post-Transparenz«, s. u. Rn. 9 ff.).

8 Die Mitteilungspflicht ergänzt die in § 27 b Nr. 1 bestimmte Mitteilungspflicht, die – anders als hier – gegenüber dem erfolglosen Bieter bzw. Auftragsbewerber und nur auf Anfrage oder auf Antrag besteht. Die in § 28 b bestimmte Mitteilungspflicht ist von keiner Anforderung der EG-Kommission abhängig.

1. Transparenz

9 In § 28 b werden die Bestimmungen in § 17 b Nr. 1 Abs. 1 und Nr. 2 ergänzt, die zeitlich *vor* der Vergabeentscheidung eingreifen. Dem Ziel der Transparenz dienen auch die in § 27 b und in § 30 b getroffenen Bestimmungen. Adressat der Bekanntmachung nach § 28 b ist die EG (Amt für amtliche Veröffentlichungen der EG, 2, rue Mercier, L-2985 Luxemburg).

10 Durch die Bekanntmachung der Auftragserteilung sollen sowohl interessierte Unternehmen als auch die EG-Kommission in die Lage versetzt werden, sich über den Fortgang und der Abschluss eines Vergabeverfahrens zu informieren. Damit besteht zugleich Gelegenheit zur Überprüfung evtl. Rechtsverstöße. Die Kontrolle der Einhaltung der Richtlinie 2004/17/EG wird erleichtert und die Transparenz der Beschaffungsmärkte erhöht. Soweit eine Auftragsvergabe durch einen »faktischen« Vertragsschluss erfolgt (z. B. durch Vertragsverlängerung oder -erweiterung), wird das Transparenzziel in der Praxis allerdings nicht erreicht.

11 Soweit (in Nr. 2 Satz 2) »in geschäftlicher Hinsicht sensible Angaben« angesprochen werden, kommt der Vorschrift mittelbar auch drittschützende Wirkung zu.

2. Rechtsschutz

12 Weder der Mitteilung(spflicht) noch der Bekanntmachung nach § 28 b kommen im Nachprüfungsverfahren eine bieterschützende Bedeutung zu. Missachtet ein Auftraggeber seine Pflichten aus § 28 b, wird damit zugleich gegen die Pflichten aus Art. 43

der Richtlinie 2004/17/EG verstoßen, was von der Kommission u. U. zum Anlass für ein Vertragsverletzungsverfahren (Art. 226 EG) genommen werden kann. Die Kommission wird die von der Vergabestelle bei der Übermittlung gekennzeichneten »sensiblen Angaben« (Nr. 2 Satz 2), Beschränkungen (Nr. 3 Abs. 1) oder das ggf. nicht erteilte Einverständnis (Nr. 3 Abs. 2) zu beachten haben (vgl. Art. 43 Abs. 2 Satz 2, Abs. 3 Satz 2, Abs. 4 Richtlinie 2004/17/EG). – Im Übrigen kann auf die Erläuterungen zu § 28 a verwiesen werden.

II. Mitteilungspflicht (Nr. 1)

1. Anwendungsbereich

Nach Nr. 1 ist über alle vergebenen Aufträge eine Mitteilung nach Anhang VI der Verordnung (EG) Nr. 1564/2005 zu veranlassen unabhängig davon, ob der Vergabe ein offenes Verfahren, ein nicht offenes Verfahren oder ein Verhandlungsverfahren vorausgegangen ist. Nachdem eine Vergabebekanntmachung (§ 17 b) erfolgt und es daraufhin zu einer Vergabe nach § 28 bzw. zu einem Vertragsschluss gekommen ist, muss nach Form und Inhalt eine dem Anhang VI der Verordnung (EG) Nr. 1564/2005 entsprechende Mitteilung innerhalb der Zwei-Monats-Frist des Nr. 1 Satz 1 erfolgen. Für Dienstleistungskonzessionen besteht keine Mitteilungspflicht, da diese aus dem Anwendungsbereich der (umgesetzten) Richtlinie 2004/17/EG (Art. 18) ausgeklammert sind. 13

Eine Mitteilungspflicht besteht auch im Fall der Vergabe einer Rahmenvereinbarung. Aus Nr. 1 2. Halbsatz ist nur zu entnehmen, dass die Mitteilungspflicht nicht die Vergabe der Einzelaufträge umfasst. 14

Im Rahmen einer nach der VOL/A erfolgenden Ausschreibung erklären sich die Auftragsbewerber mit der Abgabe ihres Angebots damit einverstanden, dass im Falle der Zuschlagserteilung auf ihr Angebot eine Mitteilung nach Nr. 1 erfolgt. Soweit ihre Angebote »sensible Angaben« i. S. d. Nr. 2 Satz 2 enthalten, weisen sie die Vergabestelle darauf ggf. in einem gesonderten Schreiben hin. Eine Bindung der Vergabestelle an einen solchen Hinweis ist aus § 28 b nicht zu entnehmen, kann sich aber aus materiellen Vorschriften (etwa) über die Wahrung von Betriebs- und Geschäftsgeheimnissen ergeben. 15

2. Inhalt

Wegen des Inhalts der Mitteilung verweist Nr. 1 auf das in Anhang VI der Verordnung (EG) Nr. 1564/2005 enthaltene Muster (»Bekanntmachung über vergebene Aufträge«). Das dort veröffentlichte Standardformular 6 ist vorgeschrieben und zu verwenden. 16

Danach werden – in deutscher Sprache – in 6 Abschnitten Angaben zum öffentlichen Auftraggeber, zum Auftragsgegenstand (u. a. Art des Auftrags, Ort der Ausführung oder der Lieferung) und zum Gesamtwert des Auftrags, zur Vergabeverfahrensart (§ 3 b), zur Vergabe (Datum, Zahl der eingegangenen Angebote, Name und Anschrift 17

§ 28 b Bekanntmachung der Auftragserteilung

des beauftragten Unternehmens [wobei im Vordruck obligatorische Angaben, die nicht zur Veröffentlichung bestimmt sind, abgefragt werden]) zum Auftragswert sowie zusätzliche Informationen verlangt (bzgl. Vorhaben, die aus EG-Mitteln finanziert werden; Rechtsbehelfsverfahren).

18 Die nach den Standardformularen geforderten Angaben sind zwingend. Die Vergabestellen sind zu klaren und vollständigen Angaben verpflichtet.[2]

3. Rahmenvereinbarungen

19 Für die Vergabe von Einzelaufträgen innerhalb einer Rahmenvereinbarung (§ 5 b) besteht keine Mitteilungspflicht. Die Bekanntmachungspflicht ist auf den Abschluss der Rahmenvereinbarung selbst begrenzt.

20 Ist der Vergabe der Rahmenvereinbarung kein Aufruf zum Wettbewerb vorausgegangen (§ 3 b Nr. 1), besteht für die Vergabe von Einzelaufträgen eine Mitteilungspflicht.[3] Das Gleiche gilt, wenn die nach der Rahmenvereinbarung vorgesehenen Einzelaufträge einheitlich (»en bloc«) vergeben werden.

4. Zu den Einzelangaben

21 Auf die Erläuterungen zu § 28 a wird verwiesen. Für die Veröffentlichung bestimmt sind Angaben zum Auftraggeber (Name, Anschrift), zur Art des Auftrags (Liefer-, Dienstleistungsauftrag, Rahmenvertrag), zu Art und Umfang der vertraglichen Leistung, zum Vergabeverfahren und zum Datum der Auftragserteilung. Nicht zur Veröffentlichung vorgesehen sind (bei Losvergabe) die Anzahl der vergebenen Aufträge, der Wert jedes vergebenen Auftrags, Zuschlagskriterien sowie der Zuschlag auf ein Nebenangebot oder einen Änderungsvorschlag ua.

5. Frist

22 Die Zwei-Monats-Frist (anders in § 28 a Nr. 1: 48-Tages-Frist) des Nr. 1 Satz 1 beginnt mit Zuschlagserteilung bzw. mit Vertragsschluss. Für die Fristberechnung gelten die allgemeinen Bestimmungen in §§ 187 ff. BGB, wobei es für die Fristwahrung auf die Absendung,[4] nicht auf den Zugang der Mitteilung an die EG-Kommission ankommt. Auf welchem Wege die Mitteilung übersandt wird, ist dem Auftraggeber freigestellt (Post, Fax), in jedem Fall sollte aber sichergestellt werden, dass ein Nachweis über die Absendung aufbewahrt wird.

---

2 *EuGH* Urt. v. 24. 1. 1995, Rs. C-359/93 (Komm. ./. Niederlande), Slg. 1995, I-157/175.
3 Vgl. *Motzke* VOB/A, Komm., § 28 b Rn. 3 a. E.
4 In Art. 43 Abs. 1 RL 2004/17/EG wird auf das »Verschicken« abgestellt.

III. Veröffentlichung (Nr. 2)

Die Veröffentlichung der Angaben gem. Anhang VI der Verordnung (EG) 1564/2005 erfolgt in der vom Auftraggeber gewählten Amtssprache im Amtsblatt der EG; eine Zusammenfassung erscheint in anderen EG-Amtssprachen (Art. 44 Abs. 4 RL 2004/17/EG). Die Kosten der Veröffentlichung der mitgeteilten Angaben trägt die EG (Art. 44 Abs. 4 Satz 3 a. a. O.). Die Kommission übersendet eine Bestätigung der Veröffentlichung; diese dient als Veröffentlichungsnachweis (Art. 44 Abs. 7 a. a. O.). Eine zusätzliche Veröffentlichung in innerstaatlichen Publikationsorganen ist nicht vorgeschrieben.

23

Die Veröffentlichung bestimmter Angaben ist nach speziellen Vorschriften unzulässig (Angebotsöffnung: § 22 Nr. 5, Angebote: § 22 Nr. 6 Abs. 1; Ergebnis von Verhandlungen: § 24 Nr. 3).

24

Als »in geschäftlicher Hinsicht sensible Angaben« sind nach Nr. 2 Satz 2 die Anzahl der eingegangenen Angebote, die Identität der Unternehmen und die Preise zu berücksichtigen, wenn der Auftraggeber dies bei der Übermittlung der Angaben an die Kommission geltend macht. Es ist ausgeschlossen, *alle* geforderten Angaben als »sensibel« zu behandeln. Die EG-Kommission hat hinsichtlich der Berücksichtigung »sensibler Angaben« keinen Spielraum; sie muss diese von der Veröffentlichung ausnehmen. Eine Prüfungsmöglichkeit der EG-Kommission bleibt nur zu der Frage, inwieweit bestimmte Angaben als »sensibel« anzuerkennen sind. Anders als nach § 28 a kommt es insoweit nicht auf ein Einverständnis der Auftraggeber mit der Veröffentlichung an; zu beachten bleibt § 2 b Nr. 2. Sofern Auftragnehmer Bedenken gegen eine Veröffentlichung bestimmter Angaben geltend machen, wird der Auftraggeber dies der Kommission mitzuteilen haben. Solche Bedenken können sich insbesondere aus der Wahrung von Betriebs- und Geschäftsgeheimnissen ergeben. Die Auftraggeber haben solche Belange »ihrer« Auftragnehmer auch gegenüber der EG-Kommission zu schützen.[5] Sie können in der Regel davon ausgehen, dass die Kommission ihrem Votum zur Veröffentlichung bestimmter Angaben entsprechen wird. Ihre Bedenken gegen eine Veröffentlichung sollten in der Mitteilung an die Kommission klar zum Ausdruck gebracht werden. Folgt die Kommission diesen Bedenken nicht, können daraus u. U. Amtshaftungsansprüche (Art. 288 Abs. 2 EG) abgeleitet werden.

25

IV. Beschränkung der Pflicht zu Angaben (Nr. 3 Abs. 1)

Nach Abs. 3 Nr. 1 ist eine weitgehende Beschränkung der von den Auftraggebern »zu liefernden Angaben« zulässig. Für die Vergabe von Dienstleistungsaufträgen nach Kategorie 8 des Anhangs I A (Forschung und Entwicklung; CPC-Referenznummer 85), auf die § 3 b Nr. 2 b anwendbar ist (Forschungen, Versuche, Untersuchungen oder Entwicklungen nicht mit dem Ziel der Gewinnerzielung oder der Deckung der Forschungs- und Entwicklungskosten beim Auftragnehmer, Aufruf zum Wettbewerb

26

---

5 Vgl. *Sterner* in: Beck'scher VOB-Komm., 2001, § 28 b Rn. 16: Bei Verletzung der Pflicht des Auftraggebers zum Hinweis auf »sensible« Angaben kann dieser aus »culpa in contrahendo« (c. i. c.) haften.

§ 28 b Bekanntmachung der Auftragserteilung

für Folgeaufträge) kann die Mitteilungspflicht auf die Angabe »Forschungs- und Entwicklungsdienstleistungen« beschränkt werden. Dies betrifft innerhalb der in Anhang VI der Verordnung (EG) 1564/2005 geforderten Angaben i. w. die Bereiche Auftragsgegenstand und -vergabe. Ein vollständiger Wegfall der Mitteilungspflicht lässt sich aus Nr. 3 Abs. 1 Satz 1 aber nicht herleiten.

27 Nach Nr. 2 Abs. 1 Satz 2 müssen die Auftraggeber eigenverantwortlich und nachvollziehbar prüfen, inwieweit die Voraussetzungen für eine Beschränkung der Mitteilungspflicht vorliegen. Welche Gründe der »Vertraulichkeit« betroffen sind, sollte (kurz) erläutert werden. Die Beschränkung greift nur bei Angaben über Art und Umfang der Dienstleistung, also nicht bei allen in Anhang VI zur Verordnung (EG) Nr. 1564/2005 geforderten Angaben.

V. Einverständnis mit der Veröffentlichung (Nr. 3 Abs. 2)

28 Für Aufträge nach Anhang I B geben die Auftraggeber an, ob sie mit der Veröffentlichung einverstanden sind (vgl. Art. 43 Abs. 4 RL 2004/17/EG). Die Pflicht zur Mitteilung (Nr. 1) gilt unbeschadet eines – ggf. nicht erklärten – Einverständnisses mit einer Veröffentlichung. Die Mitteilungspflicht bleibt auch bei fehlendem Einverständnis bestehen.[6]

29 Betroffen sind die Bereiche Gaststätten- u. Beherbergungsgewerbe, Eisenbahnen, Schifffahrt, Neben- u. Hilfstätigkeiten des Verkehrs, Rechtsberatung, Arbeitsvermittlung, Auskunfts-, Schutzdienste, Unterrichtswesen u. Berufsausbildung, Gesundheits-, Veterinär- und Sozialwesen, Erholung, Kultur und Sport und sonstige Dienstleistungen.

30 Die EG-Kommission ist an ein fehlendes Einverständnis der Auftraggeber gebunden. Die Vergabestelle muss dafür keine Begründung geben.

VI. Veröffentlichung zu statistischen Zwecken (Nr. 4)

31 Über die in vereinfachter Form erfolgende Veröffentlichung von Angaben, die als nicht für die Veröffentlichung bestimmt gekennzeichnet sind (insbesondere zu V. 2[7] des Standardformulars 6 zu VO (EG) Nr. 1564/2005), entscheidet die EG-Kommission nach pflichtgemäßem Ermessen. Interne Zwecke der EG-Kommission (z. B. zur Führung einer eigenen Statistik) dürften für eine Veröffentlichung nicht ausreichen; diesen kann auch ohne Veröffentlichung entsprochen werden. Für eine vereinfachte Veröffentlichung muss ein nachvollziehbares Interesse (insbesondere) der Auftragnehmerseite hinzukommen, das auch von Berufs- oder Dachverbänden bzw. von Kammern geltend gemacht werden kann. Die Art und Weise der »Vereinfachung« der Veröffentlichung muss der Schutzbedürftigkeit der betroffenen Angaben Rechnung tragen.

---

6 So zutr. *Portz* in: Daub/Eberstein, VOL/A § 25 b Rn. 16.
7 Zahl der Angebote, Zahl der vergebenen Aufträge, Name des Auftragnehmers, Auftragswert, Ursprungsland der Waren oder der Dienstleistung, Zuschlagskriterien, u. a.

§ 31 b
Wettbewerbe

1. (1) Wettbewerbe sind Auslobungsverfahren, die zu einem Dienstleistungsauftrag führen sollen.
2. (1) Die auf die Durchführung des Wettbewerbs anwendbaren Regeln sind den an der Teilnahme am Wettbewerb Interessierten mitzuteilen.
(2) Die Zulassung zur Teilnahme am Wettbewerb darf nicht beschränkt werden:
– auf das Gebiet eines Mitgliedstaates oder einen Teil davon,
– auf natürliche oder juristische Personen.
(3) Bei Wettbewerben mit beschränkter Teilnehmerzahl haben die Auftraggeber eindeutige und nicht diskriminierende Auswahlkriterien festzulegen. Die Zahl der Bewerber muss ausreichen, um einen echten Wettbewerb zu gewährleisten.
(4) Das Preisgericht darf nur aus Preisrichtern bestehen, die von den Teilnehmern des Wettbewerbs unabhängig sind. Wird von den Wettbewerbsteilnehmern eine bestimmte berufliche Qualifikation verlangt, muss mindestens ein Drittel der Preisrichter über dieselbe Qualifikation verfügen.
(5) Das Preisgericht ist mit seinen Entscheidungen und Stellungnahmen unabhängig. Es trifft diese aufgrund von Wettbewerbsarbeiten, die anonym vorgelegt werden, und nur aufgrund von Kriterien, die in der Bekanntmachung nach Nr. 3 genannt sind.
(6) Das Preisgericht hat einen von den Preisrichtern zu unterzeichnenden Bericht zu erstellen über die Rangfolge der von ihm ausgewählten Projekte und über die einzelnen Wettbewerbsarbeiten.
3. (1) Auftraggeber, die einen Wettbewerb durchführen wollen, teilen ihre Absicht durch Bekanntmachung nach dem in Anhang XII der VO (EG) Nr. 1564/2005 enthaltenen Muster mit. Die Bekanntmachung ist dem Amt für amtliche Veröffentlichung der Europäischen Gemeinschaften[1] unverzüglich mitzuteilen.
(2) § 17 a Nr. 1 gilt entsprechend.
(3) Auftraggeber, die einen Wettbewerb durchgeführt haben, geben spätestens 48 Tage nach der Durchführung eine Bekanntmachung nach dem im Anhang XIII der VO (EG) Nr. 1564/2005 enthaltenen Muster an das Amt für amtliche Veröffentlichung der Europäischen Gemeinschaften. § 28 b gilt entsprechend.

Inhaltsübersicht Rn.

A. Allgemeines 1
B. Anmerkungen 2

---

[1] Amt für Veröffentlichungen der Europäischen Gemeinschaften, 2, rue Mercier, L-2985 Luxemburg Telefon: 0 03 52/29 29–1, Telefax: 0 03 52/2 92 94 26 70, http://ted.eur-op.eu.int, E-Mail: mp-ojs@opoce.cec.eu.int

§ 31 b Wettbewerbe

A. Allgemeines

1 Die Vorschrift ist wortgleich mit der Vorschrift über Wettbewerbe in § 31 a bis auf eine – eigentlich auch dort überflüssige – Kleinigkeit. In der Nr. 1 gibt es hier abweichend von § 31 a nur einen Absatz, der die Definition der Wettbewerbe enthält und damit die anzuwendenden Vorschriften markiert. Der in § 31 a Nr. 1 Abs. 2 zusätzlich enthaltene Hinweis, dass für Wettbewerbe über freiberufliche Leistungen die VOF gelte, fehlt hier. Tatsächlich gilt die VOF für die Vergabe freiberuflicher Leistungen im Sektorbereich nicht.

B. Anmerkungen

2 Auf die Kommentierung zu dem bis auf Nr. 1 wortgleichen § 31 a wird verwiesen.

§ 32 b
Nachprüfungsbehörden

In der Vergabebekanntmachung und den Vergabeunterlagen ist die Stelle anzugeben, an die sich der Bewerber oder Bieter zur Nachprüfung behaupteter Verstöße gegen Vergabebestimmungen wenden kann.

Inhaltsübersicht Rn.

A. Allgemeines 1
B. Anmerkungen 2

A. Allgemeines

Die Vorschrift ist wortgleich mit der Vorschrift über Nachprüfungsbehörden in § 32 a. **1**

B. Anmerkungen

Auf die Kommentierung zu dem wortgleichen § 32 a wird verwiesen. **2**

Abschnitt 4
Vergabebestimmungen nach der EG-Sektorenrichtlinie (VOL/A-SKR)

§ 1 SKR
Geltungsbereich

(1) Bei der Vergabe von Liefer- und Dienstleistungsaufträgen gelten die nachfolgenden Bestimmungen.

(2) Aufträge, deren Gegenstand Dienstleistungen nach Anhang I A sind, werden nach den Bestimmungen dieses Abschnittes vergeben.

(3) Aufträge, deren Gegenstand Dienstleistungen nach Anhang I B sind werden nach den Bestimmungen der §§ 6 SKR und 12 SKR vergeben.

(4) Aufträge, deren Gegenstand Dienstleistungen des Anhangs I A und des Anhangs I B sind, werden nach den Regelungen derjenigen Dienstleistungen vergeben, deren Wert überwiegt.

Erläuterungen

Zu § 1 SKR
§ 1 SKR wurde um die Bestimmungen bereinigt, die nunmehr Gegenstand der Vergabeverordnung sind.

Inhaltsübersicht   Rn.

A. Allgemeines 1
    I. Funktion der Vorschrift 1
    II. Rechtscharakter der Vorschrift 2
B. Anwendungsbereich 3
    I. Subjektives Anwendungsfeld 3
        1. Auftraggeber 3
        2. Vertragspartner 6
    II. Objektives Anwendungsfeld: Aufträge, Schwellenwerte, Ausnahmen 7
C. Unterschiedliche Dienstleistungen 8

A. Allgemeines

I. Funktion der Vorschrift

Die Rechtsbefehle zur Anwendung des 4. Abschnitt befinden sich wie im Falle auch 1
der anderen Abschnitte außerhalb der VOL/A. Sie ergeben sich aus 97 Abs. Abs. 6
GWB i. V.m §§ 7, 8, 9 und 10 VgV. Die Funktion der § 1 SKR beschränkt sich daher
– wie auch in den Erläuterungen angedeutet – im Wesentlichen auf die deklaratorische
Feststellung, dass beim Einkauf von Lieferungen und Dienstleistungen (durch die
Auftraggeber des § 98 Nr. 4 GWB) die Vorschriften des 4. Abschnitts anzuwenden
sind. Hinzu kommt ein Punkt mit konstitutivem Charakter, die Regelung nämlich
zur Unterscheidung der Dienstleistungsaufträge nach Aufträgen, die Dienstleistun-

gen das Anhangs I A zum Gegenstand haben, und nach Aufträgen, deren Gegenstand Dienstleistungen des Anhangs I B sind, und den Umgang mit den I-B-Aufträgen.

II. Rechtscharakter der Vorschrift

2   Der Rechtscharakter der Vorschriften des 4. Abschnitts entspricht dem der Regeln der Abschnitte 2 und 3. Auf die Ausführungen zu den §§ 1 a und 1 b wird daher verwiesen.

B. Anwendungsbereich

I. Subjektives Anwendungsfeld

1. Auftraggeber

3   Gemäß § 97 Abs. 6 GWB i. V. m. § 7 Abs. 2 VgV haben die »Sektorenauftraggeber«, die Auftraggeber nach § 98 Nr. 1 bis 3 sind und eine Tätigkeit auf dem Gebiet der Elektrizitätsversorgung oder der Wärmeversorgung ausüben oder als Flughafenunternehmer tätig sind, ebenso wie alle anderen »Sektorenauftraggeber«, die die Voraussetzungen des § 98 Nr. 4 GWB erfüllen, bei der Vergabe von Lieferaufträgen und der Vergabe von Dienstleistungsaufträgen die Regeln des 4. Abschnitts zu beachten.

4   In diesem Abschnitt finden sich also die **Einkaufsregeln für die ganz große Mehrheit der deutschen Sektorenauftraggeber**. Die Regeln des 3. Abschnitts betreffen nur noch einen kleinen Teil der Auftraggeber, die auf den Versorgungssektoren des § 98 GWB tätig sind.

5   Zum Begriff des Sektorenauftraggebers und den speziellen Vorschriften der VgV wird auf die Zusammenhängende Darstellung in den Anmerkungen zu § 1 b verwiesen.

2. Vertragspartner

6   Die möglichen Vertragspartner auch der öffentlichen Auftraggeber, die diesen Abschnitt anzuwenden haben, sind dieselben wie in den Fällen der Abschnitte 2 und 3. Auf die Anmerkungen zu diesen Vorschriften wird daher verwiesen.

II. Objektives Anwendungsfeld: Aufträge, Schwellenwerte, Ausnahmen

7   Auf die Anmerkungen zu § 1 b wird verwiesen.

C. Unterschiedliche Dienstleistungen

8   Auf die Anmerkungen zu § 1 b wird verwiesen.

§ 2 SKR
Diskriminierungsverbot, Schutz der Vertraulichkeit

1. Bei der Vergabe von Aufträgen darf kein Unternehmen diskriminiert werden.
2. Die Übermittlung technischer Spezifikationen für interessierte Unternehmen, die Prüfung und die Auswahl von Unternehmen und die Auftragsvergabe können die Auftraggeber mit Auflagen zum Schutz der Vertraulichkeit verbinden.
3. Das Recht der Unternehmen, von einem Auftraggeber in Übereinstimmung mit innerstaatlichen Rechtsvorschriften die Vertraulichkeit der von ihnen zur Verfügung gestellten Informationen zu verlangen, wird nicht eingeschränkt.

Inhaltsübersicht Rn.

A. Allgemeines 1
   I. Entstehungsgeschichte 1
   II. Unterschiede zur VOB/A 2
   III. Verhältnis zum GWB 3
   IV. Europarecht 4
B. Inhalt 5

A. Allgemeines

I. Entstehungsgeschichte

§ 2 SKR besteht in dieser Form seit 1993. Im Gegensatz zu § 2 Nr. 2 enthält § 2 Nr. 1 **1** SKR nicht den Begriff »Leistungen«, sondern »Aufträge«.

II. Unterschiede zur VOB/A

Der einzige Unterschied besteht darin, dass § 2 SKR auf die Vergabe von Aufträgen **2** und § 2 SKR VOB/A auf die Vergabe von Bauleistungen abstellt und – wie in § 2 b – in § 2 SKR von Unternehmen statt wie in § 2 VOB/A SKR von Unternehmern die Rede ist.

III. Verhältnis zum GWB

In § 97 Abs. 2 GWB ist der allgemeine Gleichbehandlungsgrundsatz enthalten. Zu- **3** dem ist im ebenfalls in § 97 Abs. 2 GWB enthaltenen Wettbewerbsgrundsatz der Grundsatz des Geheimwettbewerbs enthalten, der die Vertraulichkeit der übermittelten Angebote sichert, damit andere Bieter keine Kenntnis von den Angeboten anderer Bieter erlangen und ihr eigenes Angebot danach ausrichten können. Im GWB fehlen allerdings Vorschriften, welche das Interesse des Auftraggebers an Geheimhaltung schützen.

IV. Europarecht

4   Hier wird zunächst auf die Allgemeinen Vorbemerkungen zu § 2 verwiesen, in denen die europarechtlichen Grundlagen für das Diskriminierungsverbot und den Wettbewerbsgrundsatz dargestellt sind. Bezüglich der Einhaltung der Vertraulichkeit wird auf die Allgemeinen Vorbemerkungen zu § 2 b Bezug genommen.

B. Inhalt

5   § 2 Nr. 1 SKR entspricht inhaltlich § 2 Nr. 2. Insoweit wird auf die Kommentierung zu § 2 Nr. 2 verwiesen.

§ 2 Nr. 2 und Nr. 3 SKR entsprechen wörtlich § 2 b. Insoweit wird auf die dortigen Ausführungen verwiesen.

§ 3 SKR
Arten der Vergabe

1. Die Auftraggeber können jedes der in Nummer 2 bezeichneten Verfahren wählen, vorausgesetzt, dass – vorbehaltlich Nummer 3 – ein Aufruf zum Wettbewerb gemäß § 9 SKR Nr. 1 Abs. 1 durchgeführt wird.

2. Aufträge im Sinne von § 1 SKR werden in folgenden Verfahren vergeben:
   a) Offenes Verfahren
   Im Offenen Verfahren werden Aufträge nach öffentlicher Aufforderung einer unbeschränkten Zahl von Unternehmen zur Einreichung von Angeboten vergeben.
   b) Nichtoffenes Verfahren
   Im Nichtoffenen Verfahren werden Aufträge nach Aufforderung einer beschränkten Zahl von Unternehmen zur Einreichung von Angeboten nach einem Aufruf zum Wettbewerb vergeben.
   c) Verhandlungsverfahren
   Beim Verhandlungsverfahren wendet sich der Auftraggeber an ausgewählte Unternehmen und verhandelt mit einem oder mehreren dieser Unternehmen über den Auftragsinhalt, gegebenenfalls nach Aufruf zum Wettbewerb.

3. Die Auftraggeber können in folgenden Fällen ein Verfahren ohne vorherigen Aufruf zum Wettbewerb durchführen:
   a) Wenn im Rahmen eines Verfahrens mit vorherigem Aufruf zum Wettbewerb keine oder keine geeigneten Angebote oder Bewerbungen abgegeben worden sind, sofern die ursprünglichen Bedingungen des Auftrags nicht grundlegend geändert werden;
   b) wenn ein Auftrag nur zum Zweck von Forschungen, Versuchen, Untersuchungen oder Entwicklungen und nicht mit dem Ziel der Gewinnerzielung oder der Deckung der Forschungs- und Entwicklungskosten beim Auftragnehmer vergeben wird und die Vergabe des Auftrages einem Aufruf zum Wettbewerb für Folgeaufträge, die insbesondere diese Ziele verfolgen, nicht vorgreift;
   c) wenn der Auftrag wegen seiner technischen oder künstlerischen Besonderheiten oder aufgrund des Schutzes von Ausschließlichkeitsrechten nur von einem bestimmten Unternehmen durchgeführt werden kann;
   d) soweit zwingend erforderlich und wenn es bei äußerster Dringlichkeit im Zusammenhang mit Ereignissen, die der Auftraggeber nicht voraussehen konnte, nicht möglich ist, die in den Offenen Verfahren, Nichtoffenen Verfahren oder Verhandlungsverfahren vorgesehenen Fristen für die Bekanntmachung einzuhalten;
   e) bei Aufträgen, die aufgrund einer Rahmenvereinbarung vergeben werden sollen, sofern die in § 4 SKR Nr. 2 Abs. 2 genannte Bedingung erfüllt ist;
   f) im Falle von Lieferaufträgen bei zusätzlichen, vom ursprünglichen Unternehmen durchzuführenden Leistungen, die entweder zur teilweisen Erneuerung von gängigen Waren oder Einrichtungen oder zur Erweiterung von Lieferungen oder bestehenden Einrichtungen bestimmt sind, wenn

ein Wechsel des Unternehmens dazu führen würde, dass der Auftraggeber Material unterschiedlicher technischer Merkmale kaufen müsste und dies eine technische Unvereinbarkeit oder unverhältnismäßige technische Schwierigkeiten bei Gebrauch und Wartung mit sich bringen würde;
g) bei zusätzlichen Dienstleistungen, die weder in dem der Vergabe zugrunde liegenden Entwurf noch im zuerst vergebenen Auftrag vorgesehen sind, die aber wegen eines unvorhergesehenen Ereignisses zur Ausführung dieses Auftrags erforderlich sind, sofern der Auftrag an das Unternehmen vergeben wird, das den ersten Auftrag ausführt,
– wenn sich diese zusätzlichen Dienstleistungen in technischer oder wirtschaftlicher Hinsicht nicht ohne wesentlichen Nachteil für den Auftraggeber vom Hauptauftrag trennen lassen,
– oder wenn diese zusätzlichen Dienstleistungen zwar von der Ausführung des ersten Auftrags getrennt werden können, aber für dessen weitere Ausführungsstufen unbedingt erforderlich sind;
h) wenn es sich um Waren handelt, die an Rohstoffbörsen notiert und gekauft werden;
i) bei Gelegenheitskäufen, wenn Waren aufgrund einer besonders günstigen Gelegenheit, die sich für einen sehr kurzen Zeitraum ergeben hat, zu einem Preis gekauft werden können, der erheblich unter den normalerweise marktüblichen Preisen liegt;
k) bei dem zu besonders günstigen Bedingungen erfolgenden Kauf von Waren entweder bei einem Unternehmen, das seine gewerbliche Tätigkeit endgültig einstellt, oder bei den Verwaltern im Rahmen eines Konkurses, eines Vergleichsverfahrens oder eines in den einzelstaatlichen Rechtsvorschriften vorgesehenen gleichartigen Verfahrens;
l) wenn der betreffende Dienstleistungsauftrag im Anschluss an einen durchgeführten Wettbewerb gemäß den einschlägigen Bestimmungen an den Gewinner oder einen der Gewinner vergeben werden muss. Im letzteren Fall sind alle Gewinner des Wettbewerbs zur Teilnahme an Verhandlungen einzuladen.

Inhaltsübersicht Rn.
A. Vorbemerkung 1
   I. Allgemeines 1
   II. Keine Hierarchie der Vergabearten 4
   III. Bieterschützender Charakter des § 3 SKR 5
B. Freie Wahl zwischen Verfahrensarten mit Aufruf zum Wettbewerb
   (§ 3 Nr. 1 SKR) 6
   I. Grundsatz der freien Wahl der Vergabeart 6
   II. Kein Wechsel der Vergabeart im Verfahren 8
C. Verfahrensarten im Anwendungsbereich des 4. Abschnitts der VOL/A
   (§ 3 Nr. 2 SKR) 10
   I. Offenes Verfahren (§ 3 Nr. 2 lit. a SKR) 12
   II. Nichtoffenes Verfahren (§ 3 Nr. 2 lit. b SKR) 14
   III. Verhandlungsverfahren (§ 3 Nr. 2 lit. c SKR) 16
D. § 3 SKR Nr. 3 19

Arten der Vergabe § 3 SKR

A. Vorbemerkung

I. Allgemeines

Im Anwendungsbereich des 4. Abschnitts der VOL/A können öffentliche Aufträge in drei unterschiedlichen Verfahrensarten vergeben werden: im Wege des **Offenen Verfahrens**, des **Nichtoffenen Verfahrens** und des **Verhandlungsverfahrens**. Diese Vergabearten entsprechen den nach § 3 a Nr. 1 für den Anwendungsbereich des 2. Abschnitts der VOL/A vorgesehenen Verfahrensarten.[1] Allerdings ist in § 3 SKR die Durchführung eines **Wettbewerblichen Dialoges**[2] für den 4. Abschnitt der VOL/A **nicht normiert**. Der Grund hierfür liegt in der fehlenden Anwendbarkeit der Vergabekoordinierungsrichtlinie (VKR)[3] auf die Vergabe von Aufträgen im Anwendungsbereich des 4. Abschnitts der VOL/A. Die Vorschriften über den Wettbewerblichen Dialog dienen der Umsetzung dieser Richtlinie.[4] Der 4. Abschnitt der VOL/A dient dagegen der Umsetzung der Sektorenrichtlinie (SKR),[5] in der ebenfalls keine Regelungen über den Wettbewerblichen Dialog enthalten sind. Im Sektorenbereich bestand indes auch kein Bedürfnis für die Einführung des Wettbewerblichen Dialogs. Denn nach Art. 40 Abs. 2 SKR kann hier stets ein Verhandlungsverfahren durchgeführt werden, das weitgehend wie ein Wettbewerblicher Dialog gestaltet werden kann. 1

Die Anforderungen des 4. Abschnitts sind gegenüber den anderen drei Abschnitten der VOL/A erheblich abgemildert. Für Sektorenauftraggeber im Anwendungsbereich des 4. Abschnitts der VOL/A besteht – im Gegensatz zu öffentlichen Auftraggebern im Anwendungsbereich des 1. und des 2. Abschnitts sowie für staatliche Auftraggeber im Anwendungsbereich des 3. Abschnitts der VOL/A – **keine Verpflichtung zur Beachtung der Basisparagraphen** der VOL/A. 2

Für den **Bereich der VOB/A** findet sich eine § 3 SKR entsprechende Regelung in § 3 b VOB/A-SKR. Im **Anwendungsbereich der VOF** (die nicht für Sektorenauftraggeber gilt) kann nach § 5 VOF stets ein Verhandlungsverfahren durchgeführt werden. 3

II. Keine Hierarchie der Vergabearten

Sektorenauftraggeber sind bei der Vergabe öffentlicher Aufträge grundsätzlich nicht zur Anwendung einer bestimmten Verfahrensart verpflichtet. Diese können vielmehr zwischen der Durchführung eines Offenen, Nichtoffenen oder Verhandlungsverfahrens wählen (§ 3 Nr. 2 SKR; Art. 40 Abs. 2 SKR). Voraussetzung ist jedoch, dass es 4

---

1 Vgl. § 3 a Rn. 1.
2 Vgl. hierzu ausführlich § 3 a Rn. 31 ff.
3 Richtlinie 2004/18/EG des Europäischen Parlaments und des Rates vom 31. 3. 2004 über die Koordinierung der Verfahren zur Vergabe öffentlicher Bauaufträge, Lieferaufträge und Dienstleistungen, ABl. EG v. 30. 4. 2004, Nr. L 134/114.
4 Vgl. hierzu ausführlich § 3 a Rn. 31 ff.
5 Richtlinie 2004/17/EG des Europäischen Parlaments und des Rates vom 31. 3. 2004 über die Koordinierung der Zuschlagserteilung durch Auftraggeber im Bereich der Wasser-, Energie-, und Verkehrsversorgung sowie der Postdienste, ABl. EG v. 30. 4. 2004, Nr. L 134/1.

sich bei ihnen **ausschließlich um Auftraggeber im Sinne von § 98 Nr. 4 GWB** handelt und sie nicht auch nach den anderen Varianten des § 98 GWB als öffentliche Auftraggeber anzusehen sind (vgl. § 101 Abs. 6 S. 2 GWB).[6] Eine Hierarchie der Vergabearten besteht im Rahmen des in diesen Fällen anwendbaren 4. Abschnitts der VOL/A nicht. Insbesondere § 3 Nr. 2, der für den 1. und 2. Abschnitt den Vorrang der Öffentlichen Ausschreibung bzw. des Offenen Verfahrens regelt, ist im Rahmen des 4. Abschnitts nicht anwendbar.

III. Bieterschützender Charakter des § 3 SKR

5 Bieterschützenden Charakter hat § 3 SKR zunächst insoweit, als vor der Durchführung eines Vergabeverfahrens ein öffentlicher **Aufruf zum Wettbewerb** erfolgen muss (§ 3 Nr. 1 SKR).[7] Angesichts der nach § 3 Nr. 1 SKR bestehenden Wahlfreiheit der Sektorenauftraggeber hinsichtlich der durchzuführenden Vergabeart besteht allerdings grundsätzlich **kein Anspruch** der Bieter **auf die Durchführung eines bestimmten Vergabeverfahrens.** Abgesehen von besonders gelagerten Missbrauchsfällen kommt eine Verletzung subjektiver Rechte der Bieter allerdings dann in Betracht, wenn sich der Auftraggeber bereits **für eine Verfahrensart entschieden** und dieses den Bietern mitgeteilt hat. Von der einmal getroffenen Wahl einer Verfahrensart kann ohne Verletzung des berechtigten Vertrauens der Verfahrensteilnehmer in die tatsächliche Durchführung dieser Verfahrensart regelmäßig nicht mehr abgewichen werden. § 3 SKR hat daher insoweit bieterschützenden Charakter, als dass Sektorenauftraggeber nicht das berechtigte **Vertrauen in die Durchführung einer bestimmten Verfahrensart** verletzen dürfen. Hierzu gehört auch die Beachtung der für die gewählte Verfahrensart maßgeblichen Verfahrensvorschriften. Der Verstoß gegen die maßgeblichen Verfahrensvorschriften unterliegt daher ebenso wie ein ungerechtfertigter Wechsel der Verfahrensart der Überprüfung im Rahmen eines Nachprüfungsverfahrens.[8]

B. Freie Wahl zwischen Verfahrensarten mit Aufruf zum Wettbewerb (§ 3 Nr. 1 SKR)

I. Grundsatz der freien Wahl der Vergabeart

6 Sektorenauftraggeber können nach § 3 Nr. 1 SKR frei zwischen den in § 3 Nr. 2 SKR genannten Verfahrensarten wählen.[9] Durch die Einräumung dieser Wahlmöglichkeit soll der Tatsache Rechnung getragen werden, dass private Sektorenauftraggeber grundsätzlich als private Unternehmen auf einem bestimmten Markt auftreten, wobei

---

6 Sektorenauftraggeber, die zugleich öffentliche Auftraggeber im Sinne von § 98 Nr. 2 GWB sind, müssen bei Vergaben im Anwendungsbereich des 3. Abschnitts grundsätzlich den Vorrang des Offenen und des Nichtoffenen Verfahrens beachten, vgl. § 3 b Rn. 3.
7 Vgl. *OLG Düsseldorf*, Beschl. v. 8. 5. 2002 – Verg 8–15/01.
8 *Von Baum* in: Müller-Wrede VOL/A, § 3 SKR Rn. 15.
9 *OLG München* Beschl. v. 12. 7. 2005 – Verg 08/05; *OLG München* Beschl. v. 20. 4. 2005 – Verg 08/05.

sie mit anderen Unternehmen im Wettbewerb stehen. Auch wenn dabei kein vollständiger Wettbewerbsdruck herrschen mag, ist ihnen bei der Beschaffung von Leistungen dennoch eine **größere Flexibilität** zuzugestehen als den sonstigen öffentlichen Auftraggebern, insbesondere im Sinne von § 98 Nr. 1 bis 3 GWB.[10] Denn die Beachtung des Wettbewerbsprinzips muss hier grundsätzlich nicht durch die vergaberechtliche Verpflichtung zur Durchführung einer bestimmten Verfahrensart vorgeschrieben werden, sondern ergibt sich bereits aus der (markt-)wirtschaftlichen Situation der Auftraggeber. Es wird insoweit als grundsätzlich ausreichend empfunden, dass die privaten Sektorenauftraggeber einer Veröffentlichungspflicht unterliegen, anhand der die Entwicklung der Wettbewerbsverhältnisse in dem jeweiligen Sektor beobachtet werden kann.[11]

Die nach § 3 Nr. 1 SKR bei der Auswahl eines Vergabeverfahrens bestehende Freiheit gilt jedoch nicht unbeschränkt. Sie findet ihre **Grenze** in einem unlauteren oder missbräuchlichen Verhalten des Auftraggebers. Dabei kommt es insbesondere auf den Inhalt und die Art der Ermessenserwägungen an, aufgrund derer sich der Auftraggeber für die Durchführung der konkreten Verfahrensart entschieden hat. Die Entscheidung für ein bestimmtes Verfahren muss danach »gutgläubig« getroffen worden sein.[12] Ein bestimmtes Verfahren darf insbesondere nicht nur zu dem Zweck gewählt werden, um ein bestimmtes Unternehmen vom Vergabeverfahren auszuschließen oder den Zuschlag nur an einen bereits im Voraus ausgewählten Bieter erteilen zu können. 7

II. Kein Wechsel der Vergabeart im Verfahren

Hat sich ein Sektorenauftraggeber für eine bestimmte Verfahrensart entschieden, so ist er an diese Entscheidung grundsätzlich gebunden. Diese Bindung enthält auch die Verpflichtung zur Beachtung der für die jeweilige Verfahrensart maßgeblichen Vorschriften der Verdingungsordnung.[13] Diese Verpflichtung ergibt sich aus dem Grundsatz des **Vertrauensschutzes**. Die Bieter müssen sich darauf einstellen können, dass an einer gewählten Vergabeart bis zum Abschluss des Verfahrens festgehalten wird.[14] Die Verbindlichkeit der einmal getroffenen Wahl einer Vergabeart und Pflicht der Einhaltung ihrer zwingenden Voraussetzungen ergeben sich zudem aus der bewussten Differenzierung zwischen den drei Vergabearten in § 3 Nr. 2 SKR. Denn die Unterscheidung der Verfahrensarten wäre bedeutungslos, wenn der Auftraggeber jedes dieser Verfahren völlig frei gestalten könnte. 8

Ein bereits eingeleitetes Verfahren kann nur in begründeten **Ausnahmefällen** abgebrochen werden, um ein neues Verfahren einzuleiten. Nicht endgültig geklärt ist allerdings, ob hierfür auch im 4. Abschnitt der VOL/A die Voraussetzungen des § 26 Nr. 1 9

---

10 *Prieß* in: Handbuch des europäischen Vergaberechts, S. 216; *Wagner* in: Langen/Bunte, Bd. 1, § 101 Rn. 81.
11 *Kulartz* in: Niebuhr/Kulartz/Kus/Portz GWB-Vergaberecht, § 101 Rn. 40.
12 *Prieß* in: Handbuch des europäischen Vergaberechts, S. 216.
13 Vgl. *EuGH* – Rs. G-87/94 »Wallonische Busse«, Urt. v. 25. 4. 1996, NVwZ 1997, 374, 375.
14 In diesem Sinne auch *Stickler* in: Kapellmann/Messerschmidt, VOB Teile A und B, § 3 VOB/A-SKR Rn. 2; *Wagner* in: Langen/Bunte, Bd. 1, § 101 Rn. 81.

(»Aufhebung der Ausschreibung«)[15] vorliegen und das in § 26 hierfür vorgesehene Verfahren eingehalten werden muss. Eine unmittelbare Anwendung des § 26 kommt nicht in Betracht, da private Sektorenauftraggeber im Anwendungsbereich des 4. Abschnitts der VOL/A nicht an die Bestimmungen der Basisparagraphen gebunden sind. Es spricht daher auch einiges dafür, dass die für eine analoge Anwendung erforderliche Regelungslücke nicht vorliegt. Für die Heranziehung des § 26 spricht wiederum, dass anderenfalls der Auftraggeber einen von ihm geschaffenen Vertrauenstatbestand ohne rechtfertigenden Grund verletzen könnte.[16] Die in § 26 genannten Aufhebungsgründe treffen insoweit eine ausgewogene Regelung und sollten daher – jedenfalls ihrem Rechtsgedanken nach – auf den Anwendungsbereich des 4. Abschnitts der VOL/A übertragen werden.

C. Verfahrensarten im Anwendungsbereich des 4. Abschnitts der VOL/A (§ 3 Nr. 2 SKR)

10 Die in § 3 Nr. 2 SKR vorgesehenen Verfahrensarten entsprechen, mit Ausnahme des Fehlens einer Regelung des Wettbewerblichen Dialogs, den in § 3 a Nr. 1 normierten Verfahrensarten. Die Auftraggeber können jedoch grundsätzlich frei zwischen diesen Verfahrensarten wählen und auch ein Verhandlungsverfahren so strukturieren, dass es einem Wettbewerblichen Dialog entspricht.

11 Das wesentliche Merkmal der Verfahrensvorschriften im Anwendungsbereich des 4. Abschnitts der VOL/A ist die im Gegensatz zu den anderen Abschnitten der VOL/A bestehende Wahlfreiheit des Auftraggebers hinsichtlich der Verfahrensart (§ 3 Nr. 1 SKR) und die fehlende Anwendbarkeit der Basisparagraphen. Die im 1. Abschnitt der VOL/A enthaltenen Verfahrensvorschriften können auf den 4. Abschnitt daher grundsätzlich nicht übertragen werden, auch wenn sich die Verfahrensarten weitgehend entsprechen.[17]

I. Offenes Verfahren (§ 3 Nr. 2 lit. a SKR)

12 Bei einem Offenen Verfahren fordert der Auftraggeber eine unbeschränkte Anzahl von Unternehmen öffentlich zur Abgabe von Angeboten für die zu vergebenden Liefer- oder Dienstleistungen auf (vgl. § 3 Nr. 2 lit. a SKR, § 101 Abs. 2 GWB). Es findet keine Beschränkung des Kreises der Verfahrensteilnehmer statt, so dass alle interessierten Wirtschaftsteilnehmer Angebote abgeben können (vgl. Art. 1 Abs. 9 lit. a SKR).

---

15 Vgl. hierzu § 26 Rn. 37 ff.
16 *Müller* in: Daub/Eberstein VOL/A, § 3 SKR, Rn. 10.
17 Zu der im 3. Abschnitt gegebenen Anwendbarkeit der Verfahrensvorschriften der Basisparagraphen auf den Sektorenbereich vgl. § 3 b Rn. 6 ff.

Das Offene Verfahren beginnt mit einem Aufruf zum Wettbewerb in Form einer ge- 13
meinschaftsweiten **Bekanntmachung** im EG-Amtsblatt (§ 9 Nr. 2 Abs. 1 lit. a SKR).
Die in § 9 Nr. 2 Abs. 1 lit. b und lit. c SKR genannten Formen der Veröffentlichung
(Veröffentlichung einer regelmäßigen unverbindlichen Bekanntmachung und Veröffentlichung einer Bekanntmachung über das Bestehen eines Prüfsystems nach § 5
Nr. 5 SKR)[18] genügen bei einem Offenen Verfahren nicht, da diesem kein gesonderter
Teilnahmewettbewerb vorangeht.[19] Auf einen vorherigen Aufruf zum Wettbewerb
kann auch nicht nach § 3 Nr. 3 SKR verzichtet werden. Denn mit dem Sinn des Offenen Verfahrens ist der Verzicht auf eine Bekanntmachung nicht vereinbar.[20] Bei der
Durchführung des Offenen Verfahrens sind darüber hinaus die §§ 7 ff. SKR zu beachten.

II. Nichtoffenes Verfahren (§ 3 Nr. 2 lit. b SKR)

Kennzeichnend für das Nichtoffene Verfahren ist die Durchführung eines der Ange- 14
botsabgabe vorgelagerten Teilnahmewettbewerbs. Dabei erfolgt zunächst eine öffentliche Aufforderung zur Abgabe von Teilnahmeanträgen und sodann eine Auswahl geeigneter Bewerber, die zur Abgabe von Angeboten aufgefordert werden (§ 3 Nr. 2
lit. b SKR, § 101 Abs. 3 GWB).

Zu den **wesentlichen Verfahrensvorschriften** des Nichtoffenen Verfahrens gehören 15
im Anwendungsbereich des 4. Abschnitts der VOL/A insbesondere die Vorschriften
über den Teilnahmewettbewerb, d. h. § 10 Nr. 2 SKR (Fristen für Teilnahmeanträge
und Angebote) und § 5 SKR (Auswahl der Teilnehmer am Wettbewerb). Eine **Mindestanzahl von Teilnehmern** wird im 4. Abschnitt der VOL/A nicht vorgeschrieben.
Allerdings sind zur Gewährleistung eines echten Wettbewerbs dennoch regelmäßig
mindestens drei Unternehmen aufzufordern.[21] Insoweit kommt es jedoch maßgeblich
auf den im Einzelfall zu vergebenden Auftrag und die Wettbewerbssituation auf dem
Markt für die zu beschaffenden Leistungen an.

III. Verhandlungsverfahren (§ 3 Nr. 2 lit. c SKR)

Bei einem Verhandlungsverfahren wendet sich der Auftraggeber an ausgewählte Un- 16
ternehmen, um mit einem oder mehreren über die Auftragsbedingungen zu verhandeln (§ 3 Nr. 2 lit. c SKR, § 101 Abs. 4 GWB). Der Auftraggeber darf dabei grundsätzlich Verhandlungen über sämtliche Bestandteile des zu vergebenden Auftrages führen.[22] Das Verhandlungsverfahren ist nicht im Detail geregelt und nur **geringen
formalen Anforderungen** unterworfen. Vor allem hieran zeigt sich, dass Sektoren-

---

18 Vgl. hierzu § 9 SKR.
19 Vgl. *Stickler* in: Kapellmann/Messerschmidt, VOB Teile A und B, § 3 VOB/A-SKR Rn. 9 für die Parallelvorschrift im Anwendungsbereich des 4. Abschnitts der VOB/A.
20 Vgl. *Rusam* in: Heiermann/Riedl/Rusam, § 3 SKR-VOB/A Rn. 14.
21 Vgl. *Jasper* in: Motzke/Pietzcker/Prieß, § 3 SKR VOB/A Rn. 12.
22 Vgl. § 3 a Rn. 24 ff.

auftraggebern im Anwendungsbereich des 4. Abschnitts der VOL/A ein sehr großer Entscheidungs- und Handlungsspielraum eingeräumt wurde.[23]

17 Das Verhandlungsverfahren ist jedoch auch im 4. Abschnitt der VOL/A **keine rechtsfreie Verfahrensart**. Insbesondere ist vor der Durchführung eines Verhandlungsverfahrens grundsätzlich ein **Teilnahmewettbewerb** durchzuführen. Zu den maßgeblichen Vorschriften, die auch bei einem Verhandlungsverfahren zu beachten sind, gehören daher § 10 Nr. 2 SKR (Fristen für Teilnahmeanträge und Angebote) und § 5 SKR (Auswahl der Teilnehmer am Wettbewerb). Eine Mindestanzahl von Teilnehmern wird im 4. Abschnitt der VOL/A nicht vorgeschrieben. Allerdings sind zur Gewährleistung echten Wettbewerbs dennoch regelmäßig mindestens drei Unternehmen aufzufordern.[24] Insoweit kommt es jedoch maßgeblich auf den im Einzelfall zu vergebenden Auftrag und die Wettbewerbssituation auf dem Markt für die zu beschaffenden Leistungen an.

18 Darüber hinaus sind die Sektorenauftraggeber gemäß § 2 SKR bei jeder Verfahrensart zu einer diskriminierungsfreien und transparenten Auftragsvergabe verpflichtet. Entsprechende Verpflichtungen ergeben sich aus § 97 Abs. 1 und 2 GWB, da auch Sektorenauftraggeber bei der Durchführung eines Verhandlungsverfahrens an die allgemeinen **vergaberechtlichen Grundsätze** (Wettbewerb, Transparenz, Nichtdiskriminierung) gebunden sind. Diesen Grundsätzen kommt wegen der geringen Regelungsdichte des 4. Abschnitts der VOL/A besondere Bedeutung zu.[25] Aus dem **Wettbewerbsprinzip** ergibt sich insbesondere, dass grundsätzlich mit mehr als einem Unternehmen Verhandlungen geführt werden müssen.[26] Aus § 3 Nr. 2 lit. c SKR, wonach die Verhandlungen mit einem oder mehreren Unternehmen geführt werden, ergibt sich daher kein uneingeschränktes Wahlrecht des Auftraggebers. Aus dem **Gleichbehandlungsgrundsatz** und dem **Transparenzgebot** ergibt sich beispielsweise, dass auch bei einem Verhandlungsverfahren grundsätzlich nur vollständige Angebote berücksichtigt werden dürfen.[27] Das ergibt sich auch aus dem Umstand, dass bei einer Zulassung unvollständiger Angebote kaum kontrollierbare Manipulationsmöglichkeiten eröffnet würden.[28]

D. § 3 SKR Nr. 3

19 Die Möglichkeiten, ein Verhandlungsverfahren ohne vorherigen Wettbewerbsaufruf durchzuführen (Nr. 3) stimmen mit denen in § 3 b überein. Deshalb wird auf die Kommentierung zu dieser Vorschrift und auf die dort zitierten Kommentierungen zu § 3 und § 3 a verwiesen.

---

23 Vgl. *OLG München* Beschl. v. 12. 7. 2005 – Verg 08/05; Beschl. v. 20. 4. 2005 – Verg 08/05.
24 Vgl. *Jasper* in: Motzke/Pietzcker/Prieß, § 3 SKR VOB/A Rn. 12.
25 *OLG München* Beschl. v. 12. 7. 2005 – Verg 08/05; Beschl. v. 20. 4. 2005 – Verg 08/05.
26 Vgl. für die Parallelvorschrift der VOB/A *Rusam* in: Heiermann/Riedl/Rusam, § 3 SKR-VOB/A Rn. 12.
27 Vgl. *VK Nordbayern* Beschl. v. 25. 6. 2004 – 320.VK-3194–19/04; *OLG München* Beschl. v. 12. 7. 2005 – Verg 08/05.
28 *OLG München* Beschl. v. 12. 7. 2005 – Verg 08/05.

§ 4 SKR
Rahmenvereinbarung

1. Eine Rahmenvereinbarung ist eine Vereinbarung mit einem oder mehreren Unternehmen, in der die Bedingungen für Einzelaufträge festgelegt werden, die im Laufe eines bestimmten Zeitraums vergeben werden sollen, insbesondere über den in Aussicht genommenen Preis und ggf. die in Aussicht genommene Menge.

2. (1) Rahmenvereinbarungen können als Auftrag im Sinne dieser Vergabebestimmungen angesehen werden und aufgrund eines Verfahrens nach § 3 SKR Nr. 2 abgeschlossen werden.

   (2) Ist eine Rahmenvereinbarung in einem Verfahren nach § 3 SKR Nr. 2 abgeschlossen worden, so kann ein Einzelauftrag aufgrund dieser Rahmenvereinbarung nach § 3 SKR Nr. 3 Buchstabe e) ohne vorherigen Aufruf zum Wettbewerb vergeben werden.

   (3) Ist eine Rahmenvereinbarung nicht in einem Verfahren nach § 3 SKR Nr. 2 abgeschlossen worden, so muss der Vergabe des Einzelauftrages ein Aufruf zum Wettbewerb vorausgehen.

3. Rahmenvereinbarungen dürfen nicht dazu missbraucht werden, den Wettbewerb zu verhindern, einzuschränken oder zu verfälschen.

Inhaltsübersicht   Rn.

A. Einleitung 1
B. Definition (§ 4 Nr. 1 SKR) 5
C. Rahmenverträge als öffentliche Aufträge (§ 4 Nr. 2 SKR) 6
D. Vergabe ohne vorherigen Aufruf zum Wettbewerb? (§ 4 Nr. 2 Abs. 2 SKR) 7
E. Vergabe nach erneutem Aufruf zum Wettbewerb (§ 4 Nr. 2 Abs. 3 SKR) 12
F. Missbrauchsverbot (§ 4 Nr. 3 SKR) 14

A. Einleitung

Im Unterschied zu den Allgemeinen Bestimmungen für die Vergabe von Leistungen, die bis zur Umsetzung der RL 18/2004/EG keine Regelungen für Rahmenvereinbarungen vorsahen, enthielt die SKR bereits solche Bestimmungen. Diese Bestimmungen sind mit der Umsetzung der RL 17/2004/EG[1] nicht verändert und denen der RL 18/2004/EG angepasst worden. § 4 unterscheidet sich somit erheblich von § 3 a Nr. 4 VOL/A.[2]   **1**

Zwar sind die jeweiligen Definitionen eines Rahmenvertrages inhaltlich identisch. Im Übrigen ist § 3 a Nr. 4 VOL/A jedoch wesentlich differenzierter und orientiert sich   **2**

---
1 Dort Art. 14 i. V. m. Art. 40 Abs. 3 lit. i.
2 Siehe auch Kommission, Erläuterungen zu Rahmenvereinbarungen – Klassische Richtlinie, S. 2. (Dokument CC/2005/03 vom 14. 7. 2003).

klarer an dem das Vergaberecht beherrschenden Transparenz- und Wettbewerbsprinzip.

3 So enthält § 4 im Unterschied zu § 3 a Nr. 4 VOL/A keine (ausdrücklichen) Regelungen

- zur Pflicht der Vergabestelle, das in Aussicht genommene Auftragsvolumen so genau wie möglich zu ermitteln und zu beschreiben,
- zur Unzulässigkeit der Vergabe mehrerer Rahmenverträge für dieselbe Leistung,
- zur Anwendbarkeit der allgemeinen Verfahrensvorschriften in allen Phasen bis zur Zuschlagserteilung der Einzelaufträge,
- zur Zulässigkeit von Einzelaufträgen nur zwischen den an der Rahmenvereinbarung beteiligten Unternehmen und Auftraggebern,
- zum Verbot von grundlegenden Änderungen an den Bedingungen der Rahmenvereinbarung durch die Einzelverträge,
- zur Unterscheidung beim Verfahren zur Vergabe der Einzelaufträge, je nachdem ob die Rahmenvereinbarung mit einem oder mit mehreren Unternehmen geschlossen wurde,
- zur Pflicht zum Aufruf zum Wettbewerb, wenn die Rahmenvereinbarung mit mehreren Unternehmen geschlossen wurde und nicht alle Bedingungen für die Vergabe der Einzelaufträge bereits in der Rahmenvereinbarung festgelegt sind,
- zum einzuhaltenden Verfahren beim erneuten Aufruf zum Wettbewerb,
- zur grundsätzlichen Begrenzung der Laufzeit von Rahmenvereinbarungen auf vier Jahre.

4 Eine inhaltliche Begründung zu den unterschiedlichen Regelungen wurde weder in den zu Grunde liegenden Richtlinien RL 17/2004/EG und 18/2004/EG noch in den Erläuterungen der umsetzenden § 3 a Nr. 4 VOL/A und § 4 SKR gegeben.

B. Definition (§ 4 Nr. 1 SKR)

5 § 4 Nr. 1 enthält die Definition der Rahmenvereinbarung. Sie ist inhaltlich identisch mit der Regelung in § 3 a Nr. 4 Abs. 1 Satz 1 und 2 VOL/A. Auf die entsprechende Kommentierung wird verwiesen. Zwar enthält § 4 Nr. 1 zur Bestimmung des Auftragsvolumens eine weniger detaillierte Formulierung als § 3 a Nr. 4 Abs. 1 Satz 2. Jedoch folgt die Pflicht der Vergabestelle zur möglichst präzisen Festlegung ihres ausgeschriebenen Bedarfs bereits aus dem im Vergaberecht allgemein gültigen Transparenzgrundsatz.[3]

C. Rahmenverträge als öffentliche Aufträge (§ 4 Nr. 2 Abs. 1 SKR)

6 § 4 Nr. 2 Abs. 1 stellt klar, dass Rahmenvereinbarungen Gegenstand eines öffentlichen Auftrags sein und gemäß den für die Vergabe von öffentlichen Aufträgen vor-

---

3 Z. B. *Prieß* NZBau 2004, 87, 91.

F. Missbrauchsverbot (§ 4 Nr. 3 SKR)

Rahmenvereinbarungen dürfen gemäß § 4 Nr. 3 SKR nicht dazu missbraucht werden, den Wettbewerb zu verhindern, einzuschränken oder zu verfälschen. Hierzu wird auf die entsprechenden Ausführungen unter § 3 a Nr. 4 VOL/A Rn. 115 ff. verwiesen. **14**

Im Unterschied zu § 3 a Nr. 4 Abs. 2 VOL/A ist nicht die Formulierung enthalten, dass Rahmenverträge nicht missbraucht werden dürfen.[5] Dies ergibt sich jedoch aus allgemeinen Rechtsgrundsätzen. Mit dem Missbrauchsverbot können sich daher im Einzelfall auch Verpflichtungen begründen lassen, die in § 3 a Nr. 4 VOL/A – nicht aber in § 4 SKR – ausdrücklich normiert sind, wie z. B. das Verbot von mehr als 4-jährigen Vertragslaufzeiten, die Unzulässigkeit der Vergabe von mehreren Rahmenvereinbarungen für dieselbe Leistung, das Verbot durch Einzelvertrag die Bedingungen der Rahmenvereinbarungen wesentlich zu verändern sowie die Zulässigkeit von Einzelaufträgen nur zwischen den an der Rahmenvereinbarung beteiligten Unternehmen und Auftraggebern. **15**

---

[5] Siehe dort Rn. 115 ff.

§ 5 SKR
Teilnehmer am Wettbewerb

1. (1) Auftraggeber, die Bewerber für die Teilnahme an einem Nichtoffenen Verfahren oder an einem Verhandlungsverfahren auswählen, richten sich dabei nach objektiven Regeln und Kriterien. Diese Regeln und Kriterien legen sie fest und stellen sie Unternehmen, die ihr Interesse bekundet haben, zur Verfügung.

(2) Kriterien im Sinne des Abs. 1 sind insbesondere Fachkunde, Leistungsfähigkeit und Zuverlässigkeit. Zu deren Nachweis können entsprechende Angaben gefordert werden, soweit es durch den Gegenstand des Auftrags gerechtfertigt ist; dabei muss der Auftraggeber die berechtigten Interessen des Unternehmens am Schutz seiner Betriebsgeheimnisse berücksichtigen.

(3) Ein Unternehmen ist von der Teilnahme an einem Vergabeverfahren wegen Unzuverlässigkeit auszuschließen, wenn der Auftraggeber Kenntnis davon hat, dass eine Person, deren Verhalten dem Unternehmen zuzurechnen ist, rechtskräftig verurteilt ist wegen:

a) § 129 des Strafgesetzbuches (Bildung krimineller Vereinigungen), § 129 a des Strafgesetzbuches (Bildung terroristischer Vereinigungen), § 129 b des Strafgesetzbuches (kriminelle und terroristische Vereinigungen im Ausland),

b) § 261 des Strafgesetzbuches (Geldwäsche, Verschleierung unrechtmäßig erlangter Vermögenswerte),

c) § 263 des Strafgesetzbuches (Betrug), soweit sich die Straftat gegen den Haushalt der Europäischen Gemeinschaften oder gegen Haushalte richtet, die von den Europäischen Gemeinschaften oder in deren Auftrag verwaltet werden,

d) § 264 des Strafgesetzbuches (Subventionsbetrug), soweit sich die Straftat gegen den Haushalt der Europäischen Gemeinschaften oder gegen Haushalte richtet, die von den Europäischen Gemeinschaften oder in deren Auftrag verwaltet werden,

e) § 334 des Strafgesetzbuches (Bestechung), auch in Verbindung mit Artikel 2 § 1 des EU-Bestechungsgesetzes, Artikel 2 § 1 des Gesetzes zur Bekämpfung internationaler Bestechung, Artikel 7 Abs. 2 Nr. 10 des Vierten Strafrechtsänderungsgesetzes und § 2 des Gesetzes über das Ruhen der Verfolgungsverjährung und die Gleichstellung der Richter und Bediensteten des Internationalen Strafgerichtshofes,

f) Artikel 2 § 2 des Gesetzes zur Bekämpfung internationaler Bestechung (Bestechung ausländischer Abgeordneter im Zusammenhang mit internationalem Geschäftsverkehr) oder

g) § 370 Abgabenordnung, auch in Verbindung mit § 12 des Gesetzes zur

Durchführung der gemeinsamen Marktorganisationen und der Direktzahlungen (MOG), soweit sich die Straftat gegen den Haushalt der Europäischen Gemeinschaften oder gegen Haushalte richtet, die von den Europäischen Gemeinschaften oder in deren Auftrag verwaltet werden.

Einem Verstoß gegen diese Vorschriften gleichgesetzt sind Verstöße gegen entsprechende Strafnormen anderer Staaten. Ein Verhalten einer rechtskräftig verurteilten Person ist einem Unternehmen zuzurechnen, wenn sie für dieses Unternehmen bei der Führung der Geschäfte selbst verantwortlich gehandelt hat oder ein Aufsichts- oder Organisationsverschulden gemäß § 130 des Gesetzes über Ordnungswidrigkeiten (OWiG) einer Person im Hinblick auf das Verhalten einer anderen für das Unternehmen handelnden, rechtskräftig verurteilten Person vorliegt.

(4) Als Nachweis, dass die Kenntnis nach Absatz 3 unrichtig ist und die in Absatz 3 genannten Fälle nicht vorliegen, akzeptieren die Auftraggeber einen Auszug aus einem Bundeszentralregister oder eine gleichwertige Urkunde einer zuständigen Gerichts- oder Verwaltungsbehörde des Herkunftslands. Wenn eine Urkunde oder Bescheinigung vom Herkunftsland nicht ausgestellt wurde oder nicht vollständig alle vorgesehenen Fälle erwähnt, kann dies durch eine eidesstattliche Erklärung oder eine förmliche Erklärung vor einer zuständigen Gerichts- oder Verwaltungsbehörde, einem Notar oder einer dafür qualifizierten Berufsorganisation des Herkunftslands ersetzt werden.

(5) Von einem Ausschluss nach Absatz 3 kann nur abgesehen werden, wenn zwingende Gründe des Allgemeininteresses vorliegen und andere Unternehmen die Leistung nicht angemessen erbringen können oder wenn aufgrund besonderer Umstände des Einzelfalls der Verstoß die Zuverlässigkeit des Unternehmens nicht in Frage stellt.

(6) In finanzieller und wirtschaftlicher Hinsicht kann der Auftraggeber vom Unternehmen zum Nachweis der Leistungsfähigkeit in der Regel Folgendes verlangen:

a) Vorlage entsprechender Bankauskünfte,

b) Vorlage von Bilanzen oder Bilanzauszügen des Unternehmens,

c) Erklärung über den Gesamtumsatz des Unternehmens sowie den Umsatz bezüglich der besonderen Leistungsart, die Gegenstand der Vergabe ist, jeweils bezogen auf die letzten drei Geschäftsjahre.

Kann ein Unternehmen aus stichhaltigen Gründen die vom Auftraggeber geforderten Nachweise nicht erbringen, so können andere, vom Auftraggeber für geeignet erachtete Belege verlangt werden.

(7) In technischer Hinsicht kann der Auftraggeber vom Unternehmen je nach Art, Menge und Verwendungszweck der zu erbringenden Leistung zum Nachweis der Leistungsfähigkeit in der Regel Folgendes verlangen:

a) eine Liste der wesentlichen in den letzten drei Jahren erbrachten Leistungen mit Angabe des Rechnungswertes, der Leistungszeit sowie der öffentlichen oder privaten Auftraggeber:

- bei Leistungen an öffentliche Auftraggeber durch eine von der zuständigen Behörde ausgestellte oder beglaubigte Bescheinigung,

- bei Leistungen an private Auftraggeber durch eine von diesen ausgestellte Bescheinigung; ist eine derartige Bescheinigung nicht erhältlich, so ist eine einfache Erklärung des Unternehmens zulässig,

b) die Beschreibung der technischen Ausrüstung, der Maßnahmen des Unternehmens zur Gewährleistung der Qualität sowie die Untersuchungs- und Forschungsmöglichkeiten des Unternehmens,

c) Angaben über die technische Leitung oder die technischen Stellen, unabhängig davon, ob sie dem Unternehmen angeschlossen sind oder nicht, und zwar insbesondere über diejenigen, die mit der Qualitätskontrolle beauftragt sind,

d) bei Lieferaufträgen Muster, Beschreibungen und/oder Fotografien der zu erbringenden Leistung, deren Echtheit auf Verlangen des Auftraggebers nachgewiesen werden muss,

e) bei Lieferaufträgen Bescheinigungen der zuständigen amtlichen Qualitätskontrollinstitute oder Dienststellen, mit denen bestätigt wird, dass die durch entsprechende Bezugnahmen genau gekennzeichneten Leistungen bestimmten Spezifikationen oder Normen entsprechen,

f) sind die zu erbringenden Leistungen komplexer Art oder sollen sie ausnahmsweise einem besonderen Zweck dienen, eine Prüfung, die von dem Auftraggeber oder in dessen Namen von einer anderen damit einverstandenen Stelle durchgeführt wird; diese Prüfung betrifft die Produktionskapazitäten und erforderlichenfalls die Untersuchungs- und Forschungsmöglichkeiten des Unternehmens sowie die von diesem zur Gewährleistung der Qualität getroffenen Vorkehrungen.

2. Kriterien nach Nummer 1 können auch folgende Ausschließungsgründe sein:

a) Eröffnung oder beantragte Eröffnung des Insolvenzverfahrens oder eines vergleichbaren gesetzlich geregelten Verfahrens über das Vermögen des Unternehmens, oder Ablehnung dieses Antrages mangels Masse,

b) eingeleitete Liquidation des Unternehmens,

c) nachweislich begangene schwere Verfehlung des Unternehmens, die seine Zuverlässigkeit als Bewerber in Frage stellt,

d) nicht ordnungsgemäße Erfüllung der Verpflichtung zur Zahlung von Steuern und Abgaben sowie der Beiträge zur gesetzlichen Sozialversicherung,

e) vorsätzliche Abgabe von unzutreffenden Erklärungen in Bezug auf Fachkunde, Leistungsfähigkeit und Zuverlässigkeit im Vergabeverfahren.

3. Ein Kriterium kann auch die objektive Notwendigkeit sein, die Zahl der Bewerber so weit zu verringern, dass ein angemessenes Verhältnis zwischen den besonderen Merkmalen des Vergabeverfahrens und dem zur Durchführung notwendigen Aufwand sichergestellt ist. Es sind jedoch so viele Bewerber zu berücksichtigen, dass ein Wettbewerb gewährleistet ist.

4. Bietergemeinschaften sind Einzelbietern gleichzusetzen, wenn sie die Arbeiten im eigenen Betrieb oder in den Betrieben der Mitglieder ausführen. Von solchen Gemeinschaften kann nicht verlangt werden, dass sie zwecks Einreichung eines Angebots oder für das Verhandlungsverfahren eine bestimmte Rechtsform annehmen; von der den Zuschlag erhaltenden Gemeinschaft kann dies jedoch verlangt werden, sofern es für die ordnungsgemäße Durchführung des Auftrags notwendig ist.

5. Ein Unternehmen kann sich, auch als Mitglied einer Bietergemeinschaft, zum Nachweis der Leistungsfähigkeit und Fachkunde der Fähigkeiten anderer Unternehmen bedienen, ungeachtet des rechtlichen Charakters der zwischen ihm und diesen Unternehmen bestehenden Verbindungen. Er muss in diesem Fall dem Auftraggeber nachweisen, dass ihm die erforderlichen Mittel bei der Erfüllung des Auftrags zur Verfügung stehen, indem er beispielsweise die entsprechenden Verpflichtungserklärungen dieser Unternehmen vorlegt.

6. (1) Auftraggeber können ein System zur Prüfung von Unternehmen (Präqualifikationsverfahren) einrichten und anwenden. Sie sorgen dafür, dass sich Unternehmen jederzeit einer Prüfung unterziehen können.

    (2) Das System kann mehrere Qualifikationsstufen umfassen. Es wird auf der Grundlage der vom Auftraggeber aufgestellten objektiven Regeln und Kriterien gehandhabt. Der Auftraggeber kann dabei auf geeignete europäische Normen über die Qualifizierung von Unternehmen Bezug nehmen. Diese Kriterien und Regeln können erforderlichenfalls auf den neuesten Stand gebracht werden.

    (3) Auf Verlangen werden diese Qualifizierungsregeln und -kriterien sowie deren Fortschreibung Unternehmen, die ihr Interesse bekundet haben, übermittelt. Bezieht sich der Auftraggeber auf das Qualifizierungssystem einer anderen Einrichtung, so teilt er deren Namen mit.

7. In ihrer Entscheidung über die Qualifikation sowie bei der Überarbeitung der Prüfungskriterien und -regeln dürfen die Auftraggeber nicht
    – bestimmten Unternehmen administrative, technische oder finanzielle Verpflichtungen auferlegen, die sie anderen Unternehmen nicht auferlegt hätten,
    – Prüfungen und Nachweise verlangen, die sich mit bereits vorliegenden objektiven Nachweisen überschneiden.

8. Die Auftraggeber unterrichten die Antragsteller innerhalb von 6 Monaten über die Entscheidung zu deren Qualifikation. Kann diese Entscheidung nicht innerhalb von sechs Monaten nach Eingang des Prüfungsantrags getroffen werden, hat der Auftraggeber dem Antragsteller spätestens zwei Monate nach Eingang des Antrags die Gründe für eine längere Bearbeitungszeit mitzuteilen und anzugeben, wann über die Annahme oder die Ablehnung seines Antrags entschieden wird.

9. Negative Entscheidungen über die Qualifikation werden den Antragstellern unverzüglich, spätestens jedoch innerhalb von 15 Tagen nach Entscheidung unter Angabe der Gründe mitgeteilt. Die Gründe müssen sich auf die in Nummer 6 erwähnten Prüfungskriterien beziehen.

10. Die als qualifiziert anerkannten Unternehmen sind in ein Verzeichnis aufzunehmen. Dabei ist eine Untergliederung nach Produktgruppen und Leistungsarten möglich.

11. Die Auftraggeber können einem Unternehmen die Qualifikation nur aus Gründen aberkennen, die auf den in Nummer 6 erwähnten Kriterien beruhen. Die beabsichtigte Aberkennung muss dem betroffenen Unternehmen mindestens 15 Tage vor dem für die Aberkennung vorgesehenen Termin in Textform unter Angabe der Gründe mitgeteilt werden.

12. (1) Das Prüfsystem ist nach dem im Anhang VII der Verordnung (EG) Nr. 1564/2005 enthaltenen Muster im Amtsblatt der Europäischen Gemeinschaften[1] bekannt zu machen.

    (2) Wenn das System mehr als drei Jahre gilt, ist die Bekanntmachung jährlich zu veröffentlichen. Bei kürzerer Dauer genügt eine Bekanntmachung zu Beginn des Verfahrens.

13. (1) Verlangt der Auftraggeber zum Nachweis dafür, dass die Unternehmen bestimmte Qualitätssicherungsnormen erfüllen, die Vorlage von Bescheinigungen von unabhängigen Stellen, so nehmen diese auf Qualitätssicherungsverfahren Bezug, die den einschlägigen europäischen Normen genügen und von entsprechenden Stellen gemäß den europäischen Zertifizierungsnormen zertifiziert sind.

    (2) Gleichwertige Bescheinigungen von Stellen aus anderen EG-Mitgliedstaaten oder Vertragsstaaten des EWR-Abkommens sind anzuerkennen. Die Auftraggeber erkennen auch andere gleichwertige Nachweise für Qualitätssicherungsmaßnahmen an.

    (3) Verlangen bei der Vergabe von Dienstleistungsaufträgen die Auftraggeber als Nachweis der technischen Leistungsfähigkeit, dass die Unternehmen bestimmte Normen für das Umweltmanagement erfüllen, die Vorlage von Be-

---

[1] Amt für amtliche Veröffentlichungen der Europäischen Gemeinschaften, 2, rue Mercier, L-2985 Luxemburg; Telefon: 00 35 2-29 29-1, Telefax: 00 35 2-292 942 670, http://ted.eur-op.eu.int, E-Mail: mp-ojs@opoce.cec.eu.int.

scheinigungen unabhängiger Stellen, so nehmen sie auf das Gemeinschaftssystem für das Umweltmanagement und die Umweltbetriebsprüfung (EMAS) oder auf Normen für das Umweltmanagement Bezug, die auf den einschlägigen europäischen oder internationalen Normen beruhen und von entsprechenden Stellen zertifiziert sind, die dem europäischen Gemeinschaftsrecht oder europäischen oder internationalen Zertifizierungsnormen entsprechen. Gleichwertige Bescheinigungen von Stellen in anderen Mitgliedstaaten sind anzuerkennen. Die Auftraggeber erkennen auch andere Nachweise für gleichwertige Umweltmanagementmaßnahmen an, die von den Unternehmen vorgelegt werden.

Inhaltsübersicht Rn.

A.	Allgemeines	1
	I. Gemeinschaftsrechtlicher Hintergrund	1
	II. Hauptregelungspunkte und wesentliche Neuerungen durch die VOL/A 2006	2
	1. Regelungen für das Nichtoffene Verfahren und das Verhandlungsverfahren	3
	2. Regelungen für das Präqualifikationsverfahren	4
	3. Grundsätzliche Regelungen für Vergabeverfahren	5
	III. Systematische Einordnung	7
B.	Auswahl der Bewerber im Teilnahmewettbewerb (§ 5 Nr. 1 Abs. 1 und 2 SKR)	8
C.	Ausschluss wegen rechtskräftiger Verurteilung (§ 5 Nr. 1 Abs. 3 bis 5 SKR)	9
D.	Nachweis der Leistungsfähigkeit (§ 5 Nr. 1 Abs. 6 und Abs. 7 SKR)	11
E.	Weitere Ausschlussgründe (§ 5 Nr. 2 SKR)	12
F.	Objektive Notwendigkeit der Verringerung der Bewerberzahl (§ 5 Nr. 3 SKR)	13
G.	Bietergemeinschaften (§ 5 Nr. 4 SKR)	14
H.	Einsatz fremder Unternehmen (§ 5 Nr. 5 SKR)	15
I.	Präqualifikationsverfahren (§ 5 Nr. 6 bis 12 SKR)	16
J.	Qualitätsnachweisverfahren (§ 5 Nr. 13 SKR)	17
K.	Schutznormcharakter und Rechtsschutz	18

A. Allgemeines

I. Gemeinschaftsrechtlicher Hintergrund

§ 5 SKR beruht auf der Sektorenrichtlinie 2004/17/EG. Die Vorschrift dient der Umsetzung von Regelungen aus den »Allgemeinen Bestimmungen« über den Ablauf des Verfahrens (Art. 51 der RL 2004/17/EG) sowie von Vorgaben über »Prüfung und qualitative Auswahl« im Vergabeverfahren (Art. 52 bis 54 der RL 2004/17/EG). Im Sinne der allgemeinen Prinzipien des Gemeinschaftsrechts sind nationale Umsetzungsnormen im Lichte der Vorgaben aus den europäischen Richtlinien auszulegen.[2] Art. 51 bis 54 der RL 2004/17/EG sind daher bei der Auslegung und europarechtskonformen Anwendung von § 5 SKR heranzuziehen.[3]

1

---

[2] Vgl. dazu die Erläuterungen zu § 7 b.
[3] Vgl. zur richtlinienkonformen Auslegung anhand der Richtlinie 2004/18/EG: *LG Berlin* Urt. v. 22. 3. 2006 – 23 O 118/04 (zu Redaktionsschluss noch nicht rechtskräftig).

II. Hauptregelungspunkte und wesentliche Neuerungen durch die VOL/A 2006

2   § 5 SKR enthält wesentliche Regelungen für die »Teilnehmer am Wettbewerb«. Die Vorschrift umfasst dabei zum einen Regelungen, die nur im (Vorfeld von) Nichtoffenen Verfahren und Verhandlungsverfahren, dem sog. Teilnahmewettbewerb, anzuwenden sind (§ 5 Nr. 1 Abs. 1 und 2 SKR, § 5 Nr. 2 und 3 SKR). Daneben enthält sie aber auch Regelungen, die zusätzlich zum Nichtoffenen Verfahren und Verhandlungsverfahren auch im Offenen Verfahren Anwendung finden. Der in der Überschrift des § 5 SKR verwendete Begriff der »Teilnehmer am Wettbewerb« ist daher nicht zu verwechseln mit dem des »Teilnahmewettbewerbs«.[4] Letzterer stellt nur einen Ausschnitt des ersteren dar.

1. Regelungen für das Nichtoffene Verfahren und das Verhandlungsverfahren

3   § 5 Nr. 1 Abs. 1 und 2, Nr. 2 und 3 SKR normieren die zulässigen Maßstäbe und das Verfahren für die Vorauswahl derjenigen Bewerber, die in den beiden genannten Verfahrensarten zur Angebotsabgabe aufgefordert werden. Die Vorschriften für diesen Bereich sind durch die Neufassung der VOL/A 2006[5] im Wesentlichen unverändert geblieben.

2. Regelungen für das Präqualifikationsverfahren

4   Daneben enthalten § 5 Nr. 6 bis 12 SKR Regelungen über die Einrichtung und Durchführung eines sog. Präqualifikationsverfahrens. Ein solches spezielles Prüfungssystem ermöglicht die Durchführung einer Eignungsprüfung ohne Bezug zu konkret anstehenden Beschaffungsvorgängen. Die Vorschriften zum Präqualifikationsverfahren sind durch die Neufassung der VOL/A 2006 bis auf neue bzw. konkretisierte Fristenregelungen im Wesentlichen unverändert geblieben.

3. Grundsätzliche Regelungen für Vergabeverfahren

5   § 5 SKR enthält des Weiteren zentrale Vorschriften, die für Auftraggeber im Anwendungsbereich des 4. Abschnitts in jedem Vergabeverfahren anzuwenden sind. Die Regelungen in § 5 SKR stimmen im Wesentlichen mit denen des § 7 b überein, insbesondere die Vorschriften über die Eignungsnachweise für die finanzielle, wirtschaftliche

---

4   Der Begriff des Teilnahmewettbewerbs stammt aus der im deutschen Vergaberecht klassischerweise verwendeten Begrifflichkeit. Gemäß § 3 b Nr. 1 lit. b) entspricht das Nichtoffene Verfahren der Beschränkten Ausschreibung nach Öffentlichem Teilnahmewettbewerb. Der Begriff des Teilnahmewettbewerbs wird jedoch in der Praxis allgemein als Bezeichnung der Vorauswahl von Unternehmen vor einem Nichtoffenen Verfahren wie auch vor einem Verhandlungsverfahren verwendet. Auch diese Kommentierung benutzt den Begriff des Teilnahmewettbewerbs in diesem Sinne.

5   Neufassung der Verdingungsordnung für Leistungen – Teil A (VOL/A) – Ausgabe 2006 – vom 6. 4. 2006 (Bundesanzeiger Nr. 100 a vom 30. 5. 2006). Seit der Dritten Verordnung zur Änderung der Vergabeverordnung, BGBl. 2006 I S. 2334 f., vom 26. 10. 2006 nimmt die statische Verweisung in § 4 Abs. 1 Satz 1 VgV auf die Neufassung der VOL/A, Ausgabe 2006 Bezug.

und technische Leistungsfähigkeit (§ 5 Nr. 1 Abs. 6 und 7 SKR). Diese sind durch die Neufassung der VOL/A 2006 im Wesentlichen unverändert geblieben.

§ 5 Nr. 4 SKR enthält ein Gleichbehandlungsgebot von Bietergemeinschaften mit Einzelbietern sowie das grundsätzliche Verbot von Rechtsformvorschriften für Bietergemeinschaften. Die Vorschrift ist durch die Neufassung der VOL/A nicht verändert worden. Mit § 5 Nr. 1 Abs. 3 bis 5 SKR wurde im Rahmen der Neufassung der VOL/A (Ausgabe 2006) ein **neuer zwingender Ausschlussgrund** von der Teilnahme an einem Vergabeverfahren wegen Unzuverlässigkeit bei Verurteilung wegen Katalogtatbeständen eingeführt. Ebenfalls neu eingefügt wurde § 5 Nr. 5 SKR, der Bewerbern und Bietern den **Rückgriff auf andere Unternehmen zum Nachweis der Leistungsfähigkeit und Fachkunde** ausdrücklich ermöglicht. § 5 Nr. 13 Abs. 1 und 2 SKR enthält Vorschriften über den Nachweis bestimmter **Qualitätssicherungsnormen**, die durch die Neufassung VOL/A gegenüber der Vorgängernorm leicht abgeändert wurden. Mit § 5 Nr. 13 Abs. 3 SKR wurde die Vorschrift um die Möglichkeit der Abfrage der Erfüllung von **Umweltmanagementstandards** als Teil der technischen Leistungsfähigkeit ergänzt. 6

III. Systematische Einordnung

Anders als im 3. Abschnitt gelten für die Sektorenauftraggeber im Anwendungsbereich des 4. Abschnitts (SKR) nicht ergänzend die Basisparagraphen. Es kann daher zur Auslegung von Vorschriften, anders als im Rahmen des 3. Abschnitts, nicht auf die Basisparagraphen zurückgegriffen werden.[6] Wegen der weitgehenden Übereinstimmung der Vorschriften in § 5 SKR mit § 7 b ist jedoch größtenteils ein Rückgriff auf die Erläuterungen zu § 7 b möglich, und wegen des gemeinsamen Ursprungs in der Sektorenrichtlinie ist eine einheitliche Auslegung auch geboten. 7

B. Auswahl der Bewerber im Teilnahmewettbewerb (§ 5 Nr. 1 Abs. 1 und 2 SKR)

§ 5 Nr. 1 SKR enthält in Abs. 1 und 2 zentrale Grundsätze für die Auswahl geeigneter Bewerber zur Teilnahme an einem Nichtoffenen Verfahren oder an einem Verhandlungsverfahren (Teilnahmewettbewerb). Die Regelungen setzen Art. 54 Abs. 2 der RL 2004/17/EG ins deutsche Recht um. Sie werden durch andere Vorschriften in § 5 SKR, insbesondere durch § 5 Nr. 1 Abs. 3 sowie § 5 Nr. 2 und 3 SKR ergänzt. Die Vorschriften entsprechen wörtlich den Regelungen des § 7 b Nr. 1 Abs. 1 und 2 (sowie ergänzend den Regelungen in § 7 b Nr. 1 Abs. 3, Nr. 2 und 3). Es kann daher in vollem Umfang auf die **Erläuterungen zu § 7 b Nr. 1** verwiesen werden. 8

---

6 Vgl. *Kemper* in: Motzke/Pietzcker/Prieß, VOB/A, § 5 SKR Rn. 3.

C. Ausschluss wegen rechtskräftiger Verurteilung (§ 5 Nr. 1 Abs. 3 bis 5 SKR)

9 § 5 Nr. 1 Abs. 3–5 wurde im Rahmen der Neufassung der VOL/A 2006[7] eingefügt. Die Vorschriften enthalten einen neuen zwingenden Ausschlusstatbestand wegen nachweislicher Unzuverlässigkeit aufgrund von rechtskräftiger Verurteilung. Die Vorschrift setzt Art. 54 Abs. 4 SKR (RL 2004/17/EG) i. V. m. Art. 45 Abs. 1 VKR (RL 2004/18/EG) um. Sie entspricht der Neufassung von § 7a Nr. 2 sowie § 7b Nr. 1 Abs. 3 bis 5. Für die Erläuterungen der Voraussetzungen und Tatbestände der Vorschrift wird grundsätzlich auf die Kommentierung zu § 7a Nr. 2 verwiesen.

10 Im Unterschied zu § 5 Nr. 2 SKR, der lediglich *Kann*-Ausschlusstatbestände enthält, ordnet § 5 Nr. 1 Abs. 3 SKR bei Vorliegen seiner Voraussetzungen den *zwingenden Ausschluss* eines Unternehmens von der Teilnahme an einem Vergabeverfahren an. Mit dieser Regelung **geht die Vorschrift über die europarechtlichen Vorgaben aus der RL 2004/17/EG hinaus.** Gemäß Art. 54 Abs. 4 UAbs. 2 RL 2004/17/EG sind nur die »öffentlichen Auftraggeber« im Sinne von Art. 2 Abs. 1 lit. a) der Richtlinie (also staatliche und staatlich beherrschte Auftraggeber) verpflichtet, den Ausschluss wegen rechtskräftiger Verurteilung in ihre objektiven Eignungskriterien aufzunehmen. Für alle anderen Auftraggeber gilt der Ausschlusstatbestand nach Art. 54 Abs. 4 UAbs. 1 der Richtlinie nur fakultativ. Wie die insofern strengere Regelung des deutschen Vergaberechts zu handhaben ist, kann derzeit noch nicht abschließend beurteilt werden. Die Frage, inwieweit das nationale Recht strengere Vorgaben als die europarechtlichen Vorgaben enthalten darf bzw. in welchen Konstellationen strengere nationale Vorschriften wegen des Vorrangs des Europarechts unanwendbar sind (zumindest dann, wenn die gemeinschaftsrechtlichen Vorgaben den Auftraggebern einen Gestaltungsspielraum eingeräumt haben), wird in der vergaberechtlichen Literatur kontrovers diskutiert.[8] Zumindest scheint es nicht ausgeschlossen, dass der EuGH es als gemeinschaftsrechtswidrig ansehen könnte, wenn der deutsche Gesetzgeber den Auftraggebern einen ihnen durch die RL 2004/17/EG eingeräumten Ermessensspielraum beschränkt.[9] Bis zur Klärung dieser Rechtsfrage laufen Auftraggeber aber bei Nichtanwendung des zwingenden Ausschlusses nach § 5 Nr. 1 Abs. 3 SKR Gefahr, mit einem Vergabenachprüfensverfahren überzogen zu werden.

---

7 Neufassung der Verdingungsordnung für Leistungen – Teil A (VOL/A) – Ausgabe 2006 – vom 6. 4. 2006 (Bundesanzeiger Nr. 100a vom 30. 5. 2006). Die Dritte Verordnung zur Änderung der Vergabeverordnung, BGBl. 2006 I S. 2334 f., vom 26. 10. 2006 nimmt in der statischen Verweisung in § 4 Abs. 1 Satz 1 VgV jetzt auf die Neufassung der VOL/A, Ausgabe 2006 Bezug.

8 Vgl. dazu etwa *Prieß/Gabriel* NZBau 2006, 685 ff.

9 Ähnlich der *EuGH* in der Rs. »Sintesi«, Urt. v. 7.10.2004 – C 247/02, NZBau 2004, 685 (687), wonach die Mitgliedstaaten den Auftraggebern nicht vorgeben dürfen, lediglich den Preis als ausschlaggebendes Kriterium zu verwenden.

D. Nachweis der Leistungsfähigkeit (§ 5 Nr. 1 Abs. 6 und Abs. 7 SKR)

§ 5 Nr. 1 Abs. 6 und 7 regeln, welche Nachweise der Auftraggeber über die finanzielle und wirtschaftliche (Abs. 6) sowie über die technische Leistungsfähigkeit (Abs. 7) des Bewerbers in der Regel verlangen kann. Die Vorschriften sind mit § 7 b Nr. 1 Abs. 6 und 7 identisch. Es kann daher auf die **Erläuterungen zu § 7 b Nr. 1 Abs. 6 und 7** verwiesen werden. **11**

E. Weitere Ausschlussgründe (§ 5 Nr. 2 SKR)

§ 5 Nr. 2 SKR nennt mögliche Ausschlussgründe. Die Vorschrift entspricht inhaltlich § 7 b Nr. 2. Während § 7 b Nr. 2 die möglichen Ausschlussgründe nicht selbst nennt, sondern nur auf die in § 7 Nr. 5 genannten verweist, werden die Ausschlussgründe in § 5 Nr. 2 SKR ausdrücklich genannt. Das ist darauf zurückzuführen, dass § 7 Nr. 5 als Basisparagraph neben § 5 SKR an sich keine Anwendung findet. Es kann auf die **Erläuterungen zu § 7 b Nr. 2 und § 7 Nr. 5** verwiesen werden. **12**

F. Objektive Notwendigkeit der Verringerung der Bewerberzahl (§ 5 Nr. 3 SKR)

Gemäß § 5 Nr. 3 SKR kann auch die objektive Notwendigkeit der Verringerung der Zahl der Bewerber auf ein angemessenes Maß ein zulässiges Kriterium im Sinne von § 5 Nr. 1 Abs. 1 SKR sein. Die Vorschrift entspricht § 7 b Nr. 3, so dass auf die dortigen Erläuterungen verwiesen werden kann. **13**

G. Bietergemeinschaften (§ 5 Nr. 4 SKR)

§ 5 Nr. 4 SKR entspricht wortwörtlich § 7 b Nr. 4, so dass auf die Erläuterungen zu der Vorschrift aus dem 3. Abschnitt verwiesen werden kann. **14**

H. Einsatz fremder Unternehmen (§ 5 Nr. 5 SKR)

Gemäß § 5 Nr. 5 SKR können sich Unternehmen zum Nachweis ihrer Leistungsfähigkeit und Fachkunde auch der Fähigkeiten anderer Unternehmen bedienen. Dies gilt unabhängig von dem rechtlichen Charakter der zwischen ihnen und den Nachunternehmen bestehenden Verbindungen. Die Vorschrift stimmt wortwörtlich mit § 7 b Nr. 5 überein. Es kann daher auf die Ausführungen zu § 7 b Nr. 5 verwiesen werden. **15**

I. Präqualifikationsverfahren (§ 5 Nr. 6 bis 12 SKR)

16 § 5 Nr. 6–12 SRK regeln die Möglichkeit der Einrichtung eines sog. Präqualifikationsverfahrens. Die Vorschriften stimmen mit den Vorschriften des § 7 b Nr. 6–12 über das Präqualifikationsverfahren überein.[10] Es kann daher auf die Ausführungen zu § 7 b Nr. 6–12 verwiesen werden.

J. Qualitätsnachweisverfahren (§ 5 Nr. 13 SKR)

17 § 5 Nr. 13 SKR regelt die Abfrage von Nachweisen eines Qualitätsmanagement- sowie Umweltmanagementsystems. Die Vorschrift entspricht wörtlich den Regelungen in § 7 b Nr. 13. Es kann daher auf die Erläuterungen zu § 7 b Nr. 13 verwiesen werden.

K. Schutznormcharakter und Rechtsschutz

18 § 5 SKR enthält Regelungen, die bieterschützenden Charakter haben und damit subjektive Rechte im Sinne von § 97 Abs. 7 GWB vermitteln. Ein bieterschützender Charakter kann jedenfalls solchen Vorschriften entnommen werden, in denen die wesentlichen vergaberechtlichen Grundsätze des Wettbewerbsprinzips, der Verfahrenstransparenz und des Diskriminierungsverbots (§ 97 Abs. 2 GWB) konkretisiert werden.[11] Das sind solche Vorschriften, die den Bietern und Bewerbern Rechte einräumen bzw. zumindest dem Schutz der Interessen der Unternehmen dienen.[12] Keinen Schutznormcharakter haben hingegen Vorschriften, die lediglich dem Auftraggeber bestimmte Berechtigungen oder Entscheidungsmöglichkeiten einräumen, ohne gleichzeitig schutzwürdige Belange des Unternehmers zu berühren. Im Einzelnen kann auf die Erläuterungen zu § 7 b verwiesen werden.

---

10 Soweit § 5 Nr. 8 S. 2 SKR eine Frist von sechs Monaten vorsieht, handelt es sich wohl um ein Redaktionsversehen. Sowohl die zugrunde liegende Richtlinienvorschrift (Art. 49 Abs. 3 UAbs. 2 RL 2004/17/EG) als auch die Parallelvorschrift aus dem 3. Abschnitt (§ 7 b Nr. 8 S. 2) sehen eine Frist von vier Monaten vor.
11 *Hailbronner* in: Byok/Jaeger, Kommentar zum Vergaberecht, § 97 Rn. 279.
12 *Kemper* in: Motzke/Pietzcker/Prieß, VOB/A, § 8 b Rn. 82.

§ 6 SKR
Technische Anforderungen

1. Die technischen Anforderungen sind zu formulieren:
   (1) entweder unter Bezugnahme auf die im Anhang TS definierten technischen Spezifikationen in der Rangfolge:
   a) nationale Normen, mit denen europäische Normen umgesetzt werden,
   b) europäische technische Zulassungen,
   c) gemeinsame technische Spezifikationen,
   d) internationale Normen und andere technische Bezugssysteme, die von den europäischen Normungsgremien erarbeitet wurden oder,
   e) falls solche Normen und Spezifikationen fehlen, nationale Normen, nationale technische Zulassungen oder nationale technische Spezifikationen für die Planung, Berechnung und Ausführung von Bauwerken und den Einsatz von Produkten.
   Jede Bezugnahme ist mit dem Zusatz »oder gleichwertig« zu versehen.
   (2) oder in Form von Leistungs- oder Funktionsanforderungen, die so genau zu fassen sind, dass sie den Unternehmen ein klares Bild vom Auftragsgegenstand vermitteln und dem Auftraggeber die Erteilung des Zuschlags ermöglichen;
   (3) oder als Kombination von Ziffer 1 und 2, d. h.
   a) in Form von Leistungsanforderungen unter Bezugnahme auf die Spezifikationen gemäß Ziffer 1 als Mittel zur Vermutung der Konformität mit diesen Leistungs- und Funktionsanforderungen;
   b) oder mit Bezugnahme auf die Spezifikationen gemäß Ziffer 1 hinsichtlich bestimmter Merkmale und mit Bezugnahme auf die Leistungs- und Funktionsanforderungen gemäß Ziffer 2 hinsichtlich anderer Merkmale.

2. (1) Verweist der Auftraggeber in der Leistungs- oder Aufgabenbeschreibung auf die in Nummer 1 Ziffer 1 Buchstabe a) genannten technischen Anforderungen, so darf er ein Angebot nicht mit der Begründung ablehnen, die angebotenen Waren und Dienstleistungen entsprächen nicht den Spezifikationen, sofern das Unternehmen in seinem Angebot dem Auftraggeber mit geeigneten Mitteln nachweist, dass die von ihm vorgeschlagenen Lösungen den Anforderungen der technischen Spezifikation, auf die Bezug genommen wurde, entsprechen. Als geeignete Mittel gelten insbesondere eine technische Beschreibung des Herstellers oder ein Prüfbericht einer anerkannten Stelle.
   (2) Legt der Auftraggeber die technischen Anforderungen in Form von Leistungs- oder Funktionsanforderungen fest, so darf er ein Angebot, das einer nationalen Norm, mit der eine europäische Norm umgesetzt wird, oder einer europäischen technischen Zulassung, einer gemeinsamen technischen Spezifikation, einer internationalen Norm oder einem technischen Bezugssystem, das von den europäischen Normungsgremien erarbeitet wurde, entspricht, nicht zurückweisen, wenn diese Spezifikationen die von ihnen geforderten Leistungs- oder Funktionsanforderungen betreffen. Das Unternehmen muss in seinem Angebot mit geeigneten Mitteln nachweisen, dass die der Norm entsprechende jeweilige Ware oder Dienstleistung den Leistungs- oder Funktionsanforderungen des Auftraggebers entspricht. Als geeignete Mittel gelten eine

technische Beschreibung des Herstellers oder ein Prüfbericht einer anerkannten Stelle.

(3) Schreibt der Auftraggeber Umwelteigenschaften in Form von Leistungs- oder Funktionsanforderungen vor, so können sie die Spezifikationen verwenden, die in europäischen, multinationalen oder anderen Umweltzeichen definiert sind, wenn

a) sie sich zur Definition der Merkmale der Waren oder Dienstleistungen eignen, die Gegenstand des Auftrags sind,

b) die Anforderungen des Umweltzeichens auf der Grundlage von wissenschaftlich abgesicherten Informationen ausgearbeitet werden,

c) die Umweltzeichen im Rahmen eines Verfahrens erlassen werden, an dem interessierte Kreise wie staatliche Stellen, Verbraucher, Hersteller, Händler und Umweltorganisationen teilnehmen können und

d) das Umweltzeichen für alle Betroffenen zugänglich und verfügbar ist.

Der Auftraggeber kann in den Vergabeunterlagen angeben, dass bei Waren oder Dienstleistungen, die mit einem Umweltzeichen ausgestattet sind, vermutet wird, dass sie den in der Leistungs- oder Aufgabenbeschreibung festgelegten technischen Anforderungen genügen. Der Auftraggeber muss jedes andere geeignete Beweismittel, wie technische Unterlagen des Herstellers oder Prüfberichte anerkannter Stellen, akzeptieren.

(4) Anerkannte Stellen sind die Prüf- und Eichlaboratorien im Sinne des Eichgesetzes sowie die Inspektions- und Zertifizierungsstellen, die mit den anwendbaren europäischen Normen übereinstimmen. Die Auftraggeber erkennen Bescheinigungen von in anderen Mitgliedstaaten ansässigen anerkannten Stellen an.

(5) Soweit es nicht durch den Auftragsgegenstand gerechtfertigt ist, darf in den technischen Spezifikationen nicht auf eine bestimmte Produktion oder Herkunft oder ein besonderes Verfahren oder auf Marken, Patente, Typen, einen bestimmten Ursprung oder eine bestimmte Produktion verwiesen werden, wenn dadurch bestimmte Unternehmen oder bestimmte Produkte begünstigt oder ausgeschlossen werden. Solche Verweise sind jedoch ausnahmsweise zulässig, wenn der Auftragsgegenstand nicht hinreichend genau und allgemein verständlich beschrieben werden kann; solche Verweise sind mit dem Zusatz »oder gleichwertig« zu versehen.

Aufgrund der inhaltlichen Übereinstimmung zwischen § 6 SKR und § 8 a wird auf die Kommentierung zu § 8 a verwiesen.

§ 7 SKR
Vergabeunterlagen

1. Die Vergabeunterlagen bestehen aus dem Anschreiben (Aufforderung zur Angebotsabgabe) und den Verdingungsunterlagen.
2. (1) Für die Versendung der Verdingungsunterlagen (§ 9 SKR Nr. 8) ist ein Anschreiben (Aufforderung zur Angebotsabgabe) zu verfassen, das alle Angaben enthält, die außer den Verdingungsunterlagen für den Entschluss zur Abgabe eines Angebots notwendig sind.
   (2) In den Anschreiben sind insbesondere anzugeben:
   a) Anschrift der Stelle, bei der zusätzliche Unterlagen angefordert werden können,
   b) Tag, bis zu dem zusätzliche Unterlagen angefordert werden können,
   c) gegebenenfalls Betrag und Zahlungsbedingungen für zusätzliche Unterlagen,
   d) Anschrift der Stelle, bei der die Angebote einzureichen sind,
   e) Angabe, dass die Angebote in deutscher Sprache abzufassen sind,
   f) Tag, bis zu dem die Angebote eingehen müssen,
   g) Hinweis auf die Veröffentlichung der Bekanntmachung,
   h) Angabe der Unterlage, die ggf. dem Angebot beizufügen sind,
   i) sofern nicht in der Bekanntmachung angegeben (§ 9 SKR Nr. 1), die maßgebenden Wertungskriterien im Sinne von § 11 SKR Nr. 1, wie etwa Lieferzeit, Ausführungsdauer, Betriebskosten, Rentabilität, Qualität, Ästhetik und Zweckmäßigkeit, Umwelteigenschaften, technischer Wert, Kundendienst und technische Hilfe, Verpflichtungen hinsichtlich der Ersatzteile, Versorgungssicherheit, Preis; dabei ist die Gewichtung der Kriterien anzugeben oder soweit nach § 11 SKR Nr. 1 Abs. 1 zulässig die absteigende Reihenfolge ihrer Bedeutung.
   (3) Wenn der Auftraggeber Nebenangebote nicht oder nur in Verbindung mit einem Hauptangebot zulassen will, so ist dies anzugeben. Lässt der Auftraggeber Nebenangebote zu, sind auch die Mindestanforderungen anzugeben, die Nebenangebote erfüllen müssen und auf welche Weise sie einzureichen sind.
3. Der Auftraggeber kann die Bieter auffordern, in ihrem Angebot die Leistung anzugeben, die sie an Nachunternehmer zu vergeben beabsichtigen.

Inhaltsübersicht	Rn.
A. Allgemeines	1
B. Vergleichbare Vorschriften in VOB/A und VOF	3
I. VOB/A	3
II. VOF	5
C. Vergabeunterlagen (Nr. 1)	6
I. Aufforderung zur Angebotsabgabe	8
II. Verdingungsunterlagen	10
D. Weitere Vorgaben für das Anschreiben (Nr. 2 Abs. 1 und 2)	11

E. Angaben bei Nebenangeboten (Nr. 2 Abs. 3) 14
F. Vergabe von Leistungen an Nachunternehmer (Nr. 3) 17

A. Allgemeines

1 Seit der Aufnahme des § 7 SKR in die VOL/A, Ausgabe 1997, ist die Vorschrift mit der Ausgabe 2006 erstmals geringfügig angepasst worden, indem nun auch hier in Nr. 2 Abs. 2 lit. i) »Umwelteigenschaften« als Wertungskriterium aufgenommen wurde und als nun auch hier die Gewichtung der Kriterien oder, soweit nach § 11 SKR Nr. 1 Abs. 1 zulässig, die absteigende Reihenfolge ihrer Bedeutung anzugeben ist.

2 Inhaltlich entspricht § 7 Nr. 1 SKR dem § 9 Nr. 1 VOL/A, § 7 SKR Nr. 2 Abs. 2 entspricht im Wesentlichen § 9 b Nr. 1 VOL/A und § 7 SKR Nr. 2 Abs. 3 entspricht § 9 b Nr. 2 VOL/A.

B. Vergleichbare Vorschriften in VOB/A und VOF

I. VOB/A

3 § 7 SKR VOL/A und § 7 SKR VOB/A sind auch in der Ausgabe 2006 nahezu identisch: Unterschiede bestehen darin, dass in § 7 Nr. 2 Abs. 1 VOB/A auf etwas andere Bezugsparagraphen verwiesen wird, dass in § 7 SKR Nr. 2 Abs. 2 lit. i) VOL/A, anders als bei § 7 SKR Nr. 2 Abs. 2 lit. i) VOB/A die Wertungskriterien im Sinne des § 11 SKR noch einmal im Einzelnen aufgeführt sind und dass schließlich § 7 SKR Nr. 3 VOB/A abweichend zu § 7 SKR VOL/A noch eine Bestimmung enthält, dass Angebote nicht nur schriftlich auf direktem Weg oder mit der Post, sondern durch Zulassung des Auftraggebers im Abruf zum Wettbewerb und in den Verdingungsunterlagen unter bestimmten, näher bezeichneten Voraussetzungen auf andere Weise übermittelt werden können.

4 Schließlich unterscheidet sich § 7 SKR Nr. 2 Abs. 3 VOL/A von derselben Ziffer § 7 SKR VOB/A sprachlich dadurch, dass im Rahmen der VOL/A die Mindestanforderungen an Nebenangebote zwingend anzugeben sind, wenn der Auftraggeber Nebenangebote zugelassen hat, während in der VOB/A Mindestanforderungen nur »gegebenenfalls« anzugeben sind. Auch im Rahmen des § 7 Nr. 2 Abs. 3 VOB/A sind entgegen dem verunglückten Wortlaut die Mindestbedingungen an Nebenangebote aber zwingend anzugeben, wenn der Auftraggeber Nebenangebote zugelassen hat.[1]

II. VOF

5 Die VOF enthält keine Sondervorschriften für den Sektorenbereich, so dass eine vergleichbare Vorschrift innerhalb der VOF fehlt.

---

1 *Kapellmann/Messerschmidt-von Rintelen* § 7 VOB/A SKR Rn. 15 a.

C. Vergabeunterlagen (Nr. 1)

Die Vergabeunterlagen werden auch in § 7 SKR Nr. 1 als aus dem Anschreiben und den Verdingungsunterlagen bestehend bezeichnet. Die Vergabeunterlagen haben maßgebliche Bedeutung für das Vergabeverfahren, denn hiermit richtet sich der öffentliche Auftraggeber an die potenziellen Bieter und legt zugleich fest, zu welchen Vertragsbedingungen welche Leistung von den Bietern angeboten werden soll. Durch die Vergabeunterlagen wird somit zugleich sichergestellt, dass alle Bieter ein in jeder Hinsicht vergleichbares Angebot abgeben und der öffentliche Auftraggeber so in die Lage versetzt, den Auftrag nach Durchführung der Wertung an den wirtschaftlichsten Bieter zu vergeben. **6**

Auch für die Bewerber selbst haben die Vergabeunterlagen maßgebliche Bedeutung, denn nach deren Durchsicht und Prüfung können sich die Bewerber entscheiden, ob sie mit den so vorgegebenen Leistungs- und Vertragsbedingungen einverstanden sind und ob sie an dem Vergabeverfahren unter diesen Bedingungen teilnehmen wollen. **7**

I. Aufforderung zur Angebotsabgabe

Wie in § 9 Nr. 1 VOL/A wird auch hier das Anschreiben durch den nachfolgenden Klammerzusatz als »Aufforderung zur Angebotsabgabe« definiert. **8**

Es enthält die förmliche Aufforderung an den Empfänger, ein Angebot für den konkreten Beschaffungsvorgang abzugeben. Darüber hinaus enthält das Anschreiben noch weitere wichtige Bedingungen, die Bewerber und Bieter bei der Bearbeitung ihrer Angebote zu beachten haben. Der nähere Inhalt dieses Anschreibens ergibt sich aus § 7 SKR Nr. 2 Abs. 1, wonach dieses Anschreiben alle Angaben enthalten muss, die außer den Verdingungsunterlagen für den Entschluss zur Abgabe eines Angebotes notwendig sind. Eine dem § 17 Nr. 3 Abs. 2 VOL/A vergleichbare Vorschrift fehlt innerhalb der VOL/A SKR. **9**

II. Verdingungsunterlagen

Der Begriff »Verdingungsunterlagen« deckt sich mit dem in § 9 Nr. 1 VOL/A genannten. Siehe dort Rn. 12 bis 15. **10**

D. Weitere Vorgaben für das Anschreiben (Nr. 2 Abs. 1 und 2)

§ 7 Nr. 2 enthält weitere zu beachtende Vorgaben für das Anschreiben. Dabei lässt sich Nr. 2 Abs. 1 als die **Generalklausel** begreifen, wonach das Anschreiben alle Angaben enthalten muss, die außer den Verdingungsunterlagen für den Entschluss des Bieters notwendig sind, ein Angebot abgeben zu wollen. **Notwendig** sind dabei sämtliche Angaben, die eine Relevanz für die Entscheidung eines durchschnittlichen Bieters ha- **11** ben können. Nr. 2 Abs. 2 konkretisiert diese Generalklausel und benennt Angaben, die »insbesondere« also beispielhaft eine solche Relevanz aufweisen.

12 Der Verweis in § 7 Nr. 2 Abs. 1 auf § 9 Nr. 8 VOL/A SKR ist verfehlt und beruht wohl auf einem **redaktionellen Versehen**. Der Verweis ist nämlich nicht an die mit der Ausgabe 2006 veränderte Nummerierung in § 9 VOL/A SKR angepasst worden. Damit wird jetzt auf die alte Nummer 7 des § 9 VOL/A SKR verwiesen, wo es heißt: *»Die Vergabeunterlagen sind beim Nichtoffenen Verfahren und beim Verhandlungsverfahren mit vorherigem Aufruf zum Wettbewerb an alle ausgewählten Bewerber am selben Tag abzusenden«*. Richtigerweise hätte der Verweis geändert und auf den neuen § 9 Nr. 9 VOL/A SKR verwiesen werden müssen. Dann nämlich wäre nach wie vor darauf verwiesen, dass die Vergabeunterlagen den Bewerbern in kürzestmöglicher Frist und in geeigneter Weise zu übermitteln sind.

13 § 7 Nr. 2 Abs. 2 enthält zahlreiche Vorgaben, was im Einzelnen im Anschreiben anzugeben ist. Die Vorschrift entspricht im Wesentlichen § 9 b Nr. 1 VOL/A so dass auf die Kommentierung zu § 9 b Nr. 1 VOL/A insoweit verwiesen werden kann. Über die Angaben, die in § 9 b Nr. 1 VOL/A enthalten sind, hinaus ist nach § 7 Nr. 2 Abs. 2 lit. d) die **Anschrift der Stelle** anzugeben, bei der die Angebote einzureichen sind, nach § 7 Nr. 2 Abs. 2 lit. f) ist anzugeben der **Tag, bis zu dem Angebote eingehen müssen** und schließlich nach § 7 Nr. 2 Abs. 2 lit. h) sind die **Unterlagen** anzugeben, die gegebenenfalls dem Angebot beizufügen sind.

E. Angaben bei Nebenangeboten (Nr. 2 Abs. 3)

14 Wie in § 9 b Nr. 2 hat der Auftraggeber auch hier anzugeben, ob er Nebenangebote nicht oder nur mit einem Hauptangebot zulassen will. Gibt der Auftraggeber also nichts an, sind Nebenangebote immer zugelassen.

15 Wenn und soweit Nebenangebote zugelassen sind, hat der Auftraggeber **zwingend Mindestanforderungen** anzugeben, die von den Nebenangeboten zu erfüllen sind und er hat zwingend anzugeben, auf welche Weise die Nebenangebote einzureichen sind.

16 Auch hier ist es also erforderlich, an erkennbarer Stelle innerhalb der Verdingungsunterlagen **eindeutig und ausdrücklich** Mindestanforderungen zu benennen. Dies ist problematisch, wie bereits zu § 9 b VOL/A dargestellt. Vgl. hierzu die Kommentierung zu § 9 b VOL/A in dieser Kommentierung.

F. Vergabe von Leistungen an Nachunternehmer (Nr. 3)

17 Die Vorschrift des § 7 Nr. 3 SKR ist identisch mit § 9 b VOL/A. Auf die dortige Kommentierung wird verwiesen. Die Vorschrift ist nicht deshalb anders als § 9 b VOL/A auszulegen, weil ein Sektorenauftraggeber die Leistung vergibt. Denn für diesen gelten die gleichen Grundsätze, solange und soweit nur die SKR Grundlage der Ausschreibung geworden ist, weil selbst Private an die Regeln gebunden sind, die

sie zur Grundlage ihres Ausschreibungsverfahren gemacht haben (sog. Selbstbildung).[2]

---

[2] OLG Düsseldorf NJW-RR 1993, 1046; BGH v. 21. 2. 2006, X ZR 39/03..

§ 8 SKR
Informationsübermittlung, Vertraulichkeit der Teilnahmeanträge und Angebote

1. Die Auftraggeber geben in der Bekanntmachung oder den Verdingungsunterlagen an, ob Informationen per Post, Telefax, direkt, elektronisch oder durch eine Kombination der Kommunikationsmittel übermittelt werden.

2. Das für die elektronische Übermittlung gewählte Netz muss allgemein verfügbar sein und darf den Zugang der Bewerber und Bieter zu den Vergabeverfahren nicht beschränken. Die dafür zu verwendenden Programme und ihre technischen Merkmale müssen
   - nicht diskriminierend,
   - allgemein zugänglich und
   - kompatibel mit allgemein verbreiteten Erzeugnissen der Informations- und Kommunikationstechnologie.

   sein

3. Die Auftraggeber haben die Integrität der Daten und die Vertraulichkeit der übermittelten Anträge auf Teilnahme am Vergabeverfahren und der Angebote auf geeignete Weise zu gewährleisten. Per Post oder direkt übermittelte Teilnahmeanträge und Angebote sind in einem verschlossenen Umschlag einzureichen, als solche zu kennzeichnen und bis zum Ablauf der für ihre Einreichung vorgesehenen Frist unter Verschluss zu halten. Bei elektronisch übermittelten Angeboten ist dies durch entsprechende organisatorische und technische Lösungen nach den Anforderungen des Auftraggebers und durch Verschlüsselung sicherzustellen. Die Verschlüsselung muss bis zum Ablauf der für ihre Einreichung vorgesehenen Frist aufrechterhalten bleiben.

4. (1) Angebote müssen unterschrieben sein, elektronisch übermittelte Angebote sind mit einer fortgeschrittenen elektronischen Signatur nach dem Signaturgesetz und den Anforderungen des Auftraggebers oder einer qualifizierten elektronischen Signatur nach dem Signaturgesetz zu versehen.
   (2) Teilnahmeanträge können auch per Telefax oder telefonisch gestellt werden. Werden Anträge auf Teilnahme telefonisch oder per Telefax gestellt, sind diese vom Bewerber bis zum Ablauf der Frist für die Abgabe der Teilnahmeanträge durch Übermittlung per Post, direkt oder elektronisch zu bestätigen.

5. Die Auftraggeber haben dafür Sorge zu tragen, dass den interessierten Unternehmen die Informationen über die Spezifikationen der Geräte, die für die elektronische Übermittlung der Anträge auf Teilnahme und der Angebote erforderlich sind, einschließlich Verschlüsselung zugänglich sind. Außerdem muss gewährleistet werden, dass die in Anhang II genannten Anforderungen erfüllt sind.

Informationsübermittlung, Vertraulichkeit der Teilnahmeanträge § 8 SKR

Inhaltsübersicht

	Rn.
A. Grundzüge und Materialien	1
B. Informationsübermittlung, § 8 Nr. 1 SKR	6
C. Besonderheiten für die elektronische Übermittlung, § 8 Nr. 2 SKR	11
D. Integrität der Daten und Vertraulichkeit der übermittelten Teilnahmeanträge und Angebote, § 8 Nr. 3 SKR	13
E. Form der Teilnahmeanträge und Angebote, § 8 Nr. 4 SKR	16
F. Informationen über Gerätespezifikationen, § 8 Nr. 5 SKR	19

A. Grundzüge und Materialien

§ 8 SKR regelt die Informationsübermittlung (§ 8 Nr. 1, 2, 5 SKR) und die Form, in **1** der Angebote und Teilnahmeanträge zu stellen sowie zu übermitteln sind, sowie deren vertrauliche und integritätswahrende Behandlung durch den öffentlichen Auftraggeber (§ 8 Nr. 3, 4 SKR).

Durch die grundsätzliche Zulassung und Gleichbehandlung sämtlicher, insbesondere **2** auch der elektronischen Kommunikationsmittel,[1] dient die Vorschrift einerseits der möglichst umfassenden **Vereinfachung und Beschleunigung des Vergabeverfahrens**, ohne jedoch das berechtigte Interesse der Bewerber bzw. Bieter an der **Geheimhaltung und Sicherheit der übermittelten Daten** zur Gewährleistung eines ordnungsgemäßen Wettbewerbs zurücktreten zu lassen.

§ 8 SKR setzt **Art. 48 RL 2004/17/EG** um, wonach für jede »Mitteilung« und jede **3** »Übermittlung von Informationen« nach Wahl des öffentlichen Auftraggebers grundsätzlich sämtliche Kommunikationsmittel zulässig sind.

Bisher gab es derartige Regelungen im 4. Abschnitt der VOL/A nicht. In § 2 Nr. 2, 3 **4** SKR-alt waren lediglich allgemeine Regelungen zum Schutz der Vertraulichkeit enthalten und § 15 VgV-alt regelte die elektronische Angebotsabgabe, wobei z. T. zum 1. und 2. Abschnitt der VOL/A vertreten wurde, dass diese Regelung analog auf Teilnahmeanträge anwendbar sei.[2]

Die Regelungen der SKR nähern sich nunmehr den Regelungen des **1. bis 3. Ab-** **5** **schnitts** der VOL/A an und stimmen insoweit wörtlich überein (vgl. § 16 Nr. 4 bis 6, § 21 Nr. 1 Abs. 2, § 16a, § 16b VOL/A).

B. Informationsübermittlung, § 8 Nr. 1 SKR

§ 8 Nr. 1 SKR betrifft die für die Übermittlung von Informationen zu verwendenden **6** Kommunikationsmittel. Diese Vorschrift gilt für sämtliche »**Informationen**«, die in einem Vergabeverfahren übermittelt werden, also sowohl für solche des Auftragge-

---

[1] S. zur Entstehungsgeschichte der elektronischen Angebotsabgabe *Antweiler* CR 2001, 717 ff.; *Eberstein* in: Daub/Eberstein § 21 VOL/A Rn. 19 a ff.; *Höfler* NZBau 2000, 449 ff.
[2] *Müller* in: Byok/Jaeger § 15 VgV Rn. 1628 m. w. N.

§ 8 SKR Informationsübermittlung, Vertraulichkeit der Teilnahmeanträge

bers selbst als auch für Mitteilungen der beteiligten Unternehmen, insbesondere also auch für die Abgabe von Teilnahmeanträgen und Angeboten. Dies entspricht der gemeinschaftlichen Rechtslage, wonach Art. 48 Abs. 1 RL 2004/17/EG für »jede Mitteilung« sowie für »jede in diesem Titel« (also Art. 11 bis 59 RL 2004/17/EG) genannte »Übermittlung von Informationen« gilt.

7 Vorgaben, welches Kommunikationsmittel zu verwenden ist, gibt es in § 8 SKR grundsätzlich nicht, vielmehr kann der öffentliche Auftraggeber selbst bestimmen, welche Kommunikationsmittel er zulässt (vgl. Art. 48 Abs. 1 RL 2004/17/EG: »nach **Wahl des Auftraggebers**«). Welche Übermittlungswege im Einzelfall zugelassen sind, ist gemäß § 8 Nr. 1 SKR in der Bekanntmachung oder in den Vergabeunterlagen anzugeben.

8 Alle Kommunikationsmittel sind insoweit grundsätzlich als **gleichwertig** anzusehen. Ausnahmen können sich jedoch insbesondere aus dem in § 8 Nr. 3 SKR geregelten Vertraulichkeitsgebot ergeben, das bei der Übermittlung eines Teilnahmeantrags per Telefon oder Telefax grundsätzlich nicht gewahrt ist[3] (s. § 16 a Rn. 17).

9 Da § 8 Nr. 1 SKR es ausschließlich dem öffentlichen Auftraggeber überlässt, welche Kommunikationsmittel er zulässt, hat ein Bieter grundsätzlich keinen Anspruch darauf, dass die Vergabestelle **bestimmte Kommunikationswege**, z. B. für die elektronische Übermittlung, eröffnet. Wenn ausschließlich die elektronische Übermittlung vorgegeben sein sollte, kann ein Bieter dementsprechend grundsätzlich auch nicht verlangen, dass er z. B. den Postweg verwenden darf (vgl. § 21 Rn. 34). Sofern allerdings ein Bieter im Einzelfall begründet vortragen kann, mangels elektronischer Übermittlungsmöglichkeit anderenfalls am Vergabeverfahren nicht teilnehmen zu können, beschränkt der Auftraggeber durch die Vorgabe des elektronischen Übermittlungswegs den Zugang dieses Bieters zum Vergabeverfahren und verstößt damit gegen § 8 Nr. 2 SKR. Trotz derartiger Befürchtungen hielt die Europäische Kommission eine Übergangsfrist, in der die parallele Anwendung herkömmlicher und elektronischer Kommunikationsmittel verbindlich vorgeschrieben ist, allerdings für »nicht erforderlich«.[4] S. hierzu auch § 21 Rn. 34.

10 S. im Übrigen die Kommentierung zum insoweit wortgleichen § 16 Nr. 4, dort Rn. 41 ff.

---

[3] Ursprünglich hatte die Europäische Kommission daher vorgeschlagen, die Übermittlung von Teilnahmeanträgen per Telefon (im Gegensatz zum Telefax) nicht mehr zuzulassen, vgl. Vorschlag der Europäischen Kommission für eine Richtlinie des Europäischen Parlaments und des Rates zur Koordinierung der Auftragsvergabe im Bereich der Wasser-, Energie- und Verkehrsversorgung vom 31. 8. 2000, KOM (2000) 276 endgültig/2, S. 37.

[4] Vgl. Vorschlag der Europäischen Kommission für eine Richtlinie des Europäischen Parlaments und des Rates zur Koordinierung der Auftragsvergabe im Bereich der Wasser-, Energie- und Verkehrsversorgung vom 31. 8. 2000, KOM (2000) 276 endgültig/2, S. 14.

C. Besonderheiten für die elektronische Übermittlung, § 8 Nr. 2 SKR

§ 8 Nr. 2 SKR enthält besondere Regelungen für den Fall, dass sich der öffentliche Auftraggeber gemäß § 8 Nr. 1 SKR für die elektronische Übermittlung von Informationen entscheidet. Ergänzende Anforderungen sind § 8 Nr. 5 SKR zu entnehmen. § 8 Nr. 2 SKR dient der Umsetzung von Art. 48 Abs. 2, 4 RL 2004/17/EG. 11

Da § 8 Nr. 2 SKR wörtlich mit § 16 Nr. 5 VOL/A übereinstimmt, kann auf die dortige Kommentierung verwiesen werden (§ 16 Rn. 44 ff.). 12

D. Integrität der Daten und Vertraulichkeit der übermittelten Teilnahmeanträge und Angebote, § 8 Nr. 3 SKR

§ 8 Nr. 3 SKR enthält erstmals ausdrückliche Vorgaben an die Gewährleistung der Datenintegrität und Vertraulichkeit der übermittelten Teilnahmeanträge und Angebote. Die Vorschrift dient der Umsetzung von Art. 13, Art. 48 Abs. 3 RL 2004/17/EG. 13

§ 8 Nr. 3 SKR deckt sich nunmehr mit den Vorgaben im 1. bis 3. Abschnitt der VOL/A. Auf die dortige Kommentierung kann daher verwiesen werden, § 21 Rn. 37 ff., § 16 a Rn. 4 ff. 14

Der wesentliche Unterschied zum 1. bis 3. Abschnitt der VOL/A besteht allerdings darin, dass in der SKR **keine Rechtsfolgen** geregelt sind, wenn die Vorgaben des § 8 Nr. 3 SKR nicht eingehalten worden sind. Die Ausschlussgründe der §§ 23, 25 VOL/A, 1. bis 3. Abschnitt, können mangels Regelungslücke nicht auf die SKR übertragen werden. Auch die Vergabekoordinierungsrichtlinie RL 2004/17/EG enthält lediglich Vorschriften für den Ausschluss von »Wirtschaftsteilnehmern«, die die vom Auftraggeber festgelegten Eignungskriterien nicht erfüllen (Art. 51 Abs. 1 lit. a), b) i. V. m. Art. 54 Abs. 1, 2, 4 RL 2004/17/EG), so dass auch gemeinschaftsrechtlich kein Ausschluss von Angeboten oder Teilnahmeanträgen, die § 8 Nr. 3 SKR nicht entsprechen,[5] geboten ist. Allerdings sind auch in der SKR die allgemeinen vergaberechtlichen Grundsätze, insbesondere des Wettbewerbs, der Transparenz und der Nichtdiskriminierung (§ 97 Abs. 1, 2 GWB), anwendbar.[6] Soweit daher aufgrund der mangelnden vertraulichen Behandlung der Angebote der Bieterwettbewerb tangiert ist, kann sich ein Bieter darauf berufen, dass das Vergabeverfahren fehlerhaft ist (§ 97 Abs. 7 i. V. m. Abs. 1 GWB, § 8 Nr. 3 SKR). 15

E. Form der Teilnahmeanträge und Angebote, § 8 Nr. 4 SKR

§ 8 Nr. 4 SKR enthält erstmals formale Anforderungen an Teilnahmeanträge und Angebote und ergänzt insoweit § 8 Nr. 3 Satz 2 bis 4 SKR. Die Neuregelung beruht auf Art. 48 Abs. 5 lit. b), Abs. 6 RL 2004/17/EG. 16

---

[5] Bzw. dessen gemeinschaftsrechtlichen Vorgaben Art. 13, Art. 48 Abs. 3 RL 2004/17/EG.
[6] *OLG München* 12. 7. 2005 VergabeR 2005, 802; 2. *Vergabekammer des Bundes* 14. 12. 2004, VK 2 – 208/04 m. w. N.

§ 8 SKR Informationsübermittlung, Vertraulichkeit der Teilnahmeanträge

17 Da § 8 Nr. 4 SKR wörtlich mit § 16 a VOL/A (für Teilnahmeanträge) bzw. § 21 Nr. 1 Abs. 2 Satz 5 VOL/A (für Angebote) übereinstimmt, kann auf die dortige Kommentierung verwiesen werden (§ 16 a Rn. 15 ff., § 21 Rn. 56 ff.).

18 Zwar enthält die SKR selbst **keine Rechtsfolgen**, wenn die formalen Vorgaben des § 8 Nr. 4 SKR nicht eingehalten worden sind (s. auch Rn. 15). Bei der Unterschriftspflicht nach § 8 Nr. 4 Abs. 1 SKR handelt es sich allerdings um ein gesetzliches Schriftformerfordernis, wird hiergegen verstoßen, so ist das Angebot gemäß § 125 BGB nichtig (s. § 21 Rn. 70). Das – im rechtlichen Sinne nicht existente – »Angebot« darf daher nicht berücksichtigt werden, dem öffentlichen Auftraggeber steht insoweit kein Ermessen zu.

F. Informationen über Gerätespezifikationen, § 8 Nr. 5 SKR

19 § 8 Nr. 5 SKR ergänzt die Anforderungen des § 8 Nr. 2 SKR für die elektronische Übermittlung von Informationen und dient der Umsetzung von Art. 48 Abs. 5 lit. a) i. V. m. Anhang XXIV RL 2004/17/EG.

20 Diese Vorschrift stimmt wörtlich mit § 16 Nr. 6 VOL/A überein, so dass auf die dortige Kommentierung verwiesen werden kann (§ 16 Rn. 45 ff.).

§ 9 SKR
Bekanntmachung, Aufruf zum Wettbewerb, Beschafferprofil

1. (1) Die Auftraggeber veröffentlichen mindestens einmal jährlich in regelmäßigen unverbindlichen Bekanntmachungen über die für die nächsten zwölf Monate beabsichtigten Aufträge, deren nach der Vergabeverordnung geschätzter Wert jeweils mindestens 750.000 EURO beträgt. Die Lieferaufträge sind nach Warenbereichen unter Bezugnahme auf die Verordnung über das gemeinsame Vokabular für öffentliche Aufträge – CPV (Verordnung [EG] Nr. 2195/2002[1] i. d. F. der Verordnung [EG] Nr. 2151/2003[2]) aufzuschlüsseln, die Dienstleistungsaufträge nach den im Anhang I A genannten Kategorien. Die Bekanntmachung ist nur dann zwingend vorgeschrieben, sofern der Auftraggeber die Frist für den Eingang der Angebote gemäß § 10 SKR Nr. 1 Abs. 2 Buchstabe b) verkürzen will.
(2) Die Bekanntmachungen sind nach dem in Anhang V der Verordnung (EG) Nr. 1564/2005 enthaltenen Muster zu erstellen und dem Amt für amtliche Veröffentlichungen der Europäischen Gemeinschaften zu übermitteln.[3]
(3) Veröffentlichen Auftraggeber eine regelmäßige unverbindliche Bekanntmachung in ihrem Beschafferprofil, so melden sie dies dem Amt für amtliche Veröffentlichungen der Europäischen Gemeinschaften auf elektronischem Wege nach dem im Anhang VIII der Verordnung (EG) Nr. 1564/2005 veröffentlichten Muster.

2. (1) Ein Aufruf zum Wettbewerb kann erfolgen,
    a) durch Veröffentlichung einer Bekanntmachung nach Anhang V der Verordnung (EG) Nr. 1564/2005 oder
    b) durch Veröffentlichung einer regelmäßigen unverbindlichen Bekanntmachung nach Nummer 1 oder
    c) durch Veröffentlichung einer Bekanntmachung über das Bestehen eines Prüfsystems nach § 5 SKR Nr. 5.
(2) Die Kosten der Veröffentlichung der Bekanntmachungen im Amtsblatt der Europäischen Gemeinschaften werden von den Gemeinschaften getragen.

3. Erfolgt der Aufruf zum Wettbewerb durch Veröffentlichung einer regelmäßigen unverbindlichen Bekanntmachung, so
    a) muss in der Bekanntmachung der Inhalt des zu vergebenden Auftrags nach Art und Umfang genannt sein,
    b) muss die Bekanntmachung den Hinweis enthalten, dass dieser Auftrag im Nichtoffenen Verfahren oder Verhandlungsverfahren ohne spätere Veröf-

---

[1] ABl. EG Nr. L 340 S. 1.
[2] ABl. EG Nr. L 329 S. 1.
[3] Amt für amtliche Veröffentlichungen der Europäischen Gemeinschaften, 2, rue Mercier, L-2985 Luxemburg. Telefon 00 35 2–2929-1
Telefax 00 35 2–292 942 670
http://ted.eur-op.eu.int
E-Mail: mp-ojs@opoce.cec.eu.int
Das Muster und die Modalitäten für die elektronische Übermittlung der Bekanntmachungen sind unter der Internetadresse http://simap.eu.int abrufbar.

fentlichung eines Aufrufs zur Angebotsabgabe vergeben wird, sowie die Aufforderung an die interessierten Unternehmen, ihr Interesse schriftlich mitzuteilen,
c) müssen die Auftraggeber später alle Bewerber auf der Grundlage von genaueren Angaben über den Auftrag auffordern, ihr Interesse zu bestätigen, bevor mit der Auswahl der Bieter oder der Teilnehmer an einer Verhandlung begonnen wird. Die Angaben müssen mindestens Folgendes umfassen:
   aa) Art und Menge, einschließlich etwaiger Optionen auf zusätzliche Aufträge und möglichenfalls veranschlagte Frist für die Inanspruchnahme dieser Optionen; bei wiederkehrenden Aufträgen Art und Menge und möglichenfalls veranschlagte Frist für die Veröffentlichung der Bekanntmachungen späterer Ausschreibungen für die Lieferungen und Dienstleistungen, die Gegenstand des Auftrages sein sollen;
   bb) Art des Verfahrens: nicht offenes Verfahren oder Verhandlungsverfahren;
   cc) Zeitpunkt des Beginns oder Abschlusses der Leistungen;
   dd) Anschrift und letzter Tag für die Vorlage des Antrags auf Aufforderung zur Angebotsabgabe sowie die Sprache oder Sprachen, in denen die Angebote abzugeben sind;
   ee) die Anschrift der Stelle, die den Zuschlag erteilt und die Auskünfte gibt, die für den Erhalt der Spezifikationen und anderer Dokumente notwendig sind;
   ff) alle wirtschaftlichen und technischen Anforderungen, finanziellen Garantien und Angaben, die von den Lieferanten oder Dienstleistungserbringern verlangt werden;
   gg) Höhe der für die Vergabeunterlagen zu entrichtenden Beträge und Zahlungsbedingungen;
   hh) Art des Auftrages, der Gegenstand des Vergabeverfahrens ist (Kauf, Leasing, Miete oder Mietkauf oder mehrere dieser Arten von Aufträgen);
   ii) Zuschlagskriterien sowie deren Gewichtung oder absteigende Reihenfolge, soweit nach § 11 SKR Nr. 1 Abs. 1 zulässig,
d) dürfen zwischen deren Veröffentlichung und dem Zeitpunkt der Zusendung der Aufforderung an die Bewerber gemäß Buchstabe c) höchstens zwölf Monate vergangen sein. Im Übrigen gilt § 10 SKR Nr. 2.

4. Erfolgt ein Aufruf zum Wettbewerb durch Veröffentlichung einer Bekanntmachung über das Bestehen eines Prüfsystems, so werden die Bieter in einem Nichtoffenen Verfahren oder die Teilnehmer an einem Verhandlungsverfahren unter den Bewerbern ausgewählt, die sich im Rahmen eines solchen Systems qualifiziert haben.

5. (1) Die Bekanntmachung ist auf elektronischem oder auf anderem Wege unverzüglich dem Amt für amtliche Veröffentlichungen der Europäischen Gemeinschaften zu übermitteln. Der Auftraggeber muss den Tag der Absendung nachweisen können.

(2) Elektronisch erstellte und übersandte Bekanntmachungen werden spätestens fünf Tage nach ihrer Absendung an das Amt für amtliche Veröffentlichungen der Europäischen Gemeinschaften veröffentlicht. Nicht elektronisch erstellte und übersandte Bekanntmachungen werden spätestens zwölf Tage nach der Absendung veröffentlicht. Die Bekanntmachungen werden unentgeltlich ungekürzt im Supplement zum Amtsblatt der Europäischen Gemeinschaften in der jeweiligen Originalsprache und eine Zusammenfassung der wichtigsten Bestandteile davon in den anderen Amtssprachen der Gemeinschaft veröffentlicht; hierbei ist nur der Wortlaut in der Originalsprache verbindlich.

(3) Die europaweit vorgesehene Bekanntmachung darf in der Bundesrepublik Deutschland nicht vor dem in der Veröffentlichung zu nennenden Tag der Absendung an das Amt für amtliche Veröffentlichungen veröffentlicht werden. Diese Veröffentlichung darf nur die dem Amt für amtliche Veröffentlichungen der Europäischen Gemeinschaften übermittelten oder in einem Beschafferprofil nach Absatz 4 veröffentlichten Angaben enthalten. Sie müssen zusätzlich auf das Datum der Absendung der europaweiten Bekanntmachung an das Amt für amtliche Veröffentlichungen der Europäischen Gemeinschaften hinweisen.

(4) Die Auftraggeber können im Internet ein Beschafferprofil einrichten. Es enthält Angaben über geplante und laufende Vergabeverfahren, über vergebene Aufträge sowie alle sonstigen für die Auftragsvergabe relevanten Informationen wie zum Beispiel Kontaktstelle, Telefon- und Telefaxnummer, Anschrift, E-Mail-Adresse des Auftraggebers.

6. Sind im Offenen Verfahren die Vergabeunterlagen und zusätzlichen Unterlagen rechtzeitig angefordert worden, sind sie den Bewerbern in der Regel innerhalb von sechs Tagen nach Eingang des Antrags zuzusenden.

7. Rechtzeitig beantragte Auskünfte über die Vergabeunterlagen sind spätestens sechs Tage vor Ablauf der Angebotsfrist zu erteilen.

8. Die Vergabeunterlagen sind beim Nichtoffenen Verfahren und beim Verhandlungsverfahren mit vorherigem Aufruf zum Wettbewerb an alle ausgewählten Bewerber am selben Tag abzusenden.

9. Die Vergabeunterlagen sind den Bewerbern in kürzestmöglicher Frist und in geeigneter Weise zu übermitteln.

Hinweise

§ 9 SKR regelt die Modalitäten der Bekanntmachungen von Ausschreibungen betreffend öffentliche Liefer- und Dienstleistungsaufträge, deren geschätzter Wert den Schwellenwert des § 2 Nr. 1 VgV in Höhe von 422.000 Euro bzw. im Fall der regelmäßigen unverbindlichen Bekanntmachung in Höhe von 750.000 Euro erreicht oder überschreitet. Zur Anwendung der Vorschrift verpflichtet sind öffentliche Sektorenauftraggeber, die in den Bereichen Elektrizitäts- und Gasversorgung, Wärmeversorgung sowie Flughafendienste tätig sind, sowie alle privaten Sektorenauftraggeber.

2 Der Inhalt von § 9 SKR entspricht vollständig der Regelung des § 17 b. Insofern kann vollumfänglich auf die dortige Kommentierung verwiesen werden.

§ 10 SKR
Angebotsfrist, Bewerbungsfrist

1. (1) Beim Offenen Verfahren beträgt die Frist für den Eingang der Angebote (Angebotsfrist) mindestens 52 Tage,[1] gerechnet vom Tag der Absendung der Bekanntmachung an.

   (2) Die Frist für den Eingang der Angebote kann durch eine kürzere Frist ersetzt werden, wenn die nachstehenden Voraussetzungen erfüllt sind: Der Auftraggeber muss eine regelmäßige unverbindliche Bekanntmachung gemäß § 8 SKR Nr. 1 nach dem vorgeschriebenen Muster des Anhangs IV der Verordnung (EG) Nr. 1564/2005 oder ein Beschafferprofil nach § 9 SKR Nr. 4 Abs. 4 mindestens 52 Tage höchstens aber 12 Monate vor dem Zeitpunkt der Absendung der Bekanntmachung des Auftrages im Offenen Verfahren nach § 9 SKR Nr. 1 Buchstabe a) an das Amtsblatt der Europäischen Gemeinschaften abgesandt haben. Diese regelmäßige unverbindliche Bekanntmachung muss mindestens ebenso viele Informationen wie das Muster einer Bekanntmachung für das Offene Verfahren (Anhang V der Verordnung [EG] Nr. 1564/2005) enthalten, soweit diese Informationen zum Zeitpunkt der Absendung der Bekanntmachung für die regelmäßige unverbindliche Bekanntmachung vorlagen. Die verkürzte Frist muss für die Interessenten ausreichen, um ordnungsgemäße Angebote einreichen zu können. Sie sollte generell mindestens 36 Tage vom Zeitpunkt der Absendung der Bekanntmachung des Auftrages an betragen; sie muss auf jeden Fall mindestens 22 Tage betragen.

2. Bei Nichtoffenen Verfahren und Verhandlungsverfahren mit vorherigem Aufruf zum Wettbewerb gilt:
   a) Die Frist für den Eingang von Teilnahmeanträgen (Bewerbungsfrist) aufgrund der Bekanntmachung nach § 9 SKR Nr. 2 Abs. 1 Buchstabe a) oder der Aufforderung nach § 9 SKR Nr. 3 Buchstabe c) beträgt grundsätzlich mindestens 37 Tage vom Tag der Absendung an. Sie darf auf keinen Fall kürzer sein als 22 Tage, wenn die Bekanntmachung nicht auf elektronischem Wege oder per Telefax zur Veröffentlichung übermittelt wurde, bzw. nicht kürzer als 15 Tage, wenn sie auf solchem Wege übermittelt wurde.
   b) Die Angebotsfrist kann zwischen dem Auftraggeber und den ausgewählten Bewerbern einvernehmlich festgelegt werden, vorausgesetzt, dass allen Bewerbern dieselbe Frist für die Erstellung und Einreichung von Angeboten eingeräumt wird.
   c) Falls eine einvernehmliche Festlegung der Angebotsfrist nicht möglich ist, setzt der Auftraggeber im Regelfall eine Frist von mindestens 24 Tagen fest. Sie darf jedoch keinesfalls kürzer als zehn Tage sein, gerechnet vom Tag der Absendung der Aufforderung zur Angebotsabgabe. Bei der Festlegung der Frist werden insbesondere die in Nr. 3 genannten Faktoren berücksichtigt.

---

[1] Die Berechnung der Fristen erfolgt nach der Verordnung (EWG/Euratom) Nr. 1182/71 des Rates vom 3. Juni 1971 zur Festlegung der Regeln für die Fristen, Daten und Termine, ABl. Nr. 124 vom 8. Juni 1971, S. 1 (vgl. Anhang II). So gelten z. B. als Tage alle Tage einschließlich Feiertage, Sonntage und Sonnabende.

§ 10 SKR Angebotsfrist, Bewerbungsfrist

3. Können die Angebote nur nach Prüfung von umfangreichen Unterlagen, z. B. ausführlichen technischen Spezifikationen oder nur nach einer Ortsbesichtigung oder Einsichtnahme in ergänzende Unterlagen zu den Vergabeunterlagen erstellt werden oder konnten die Fristen nach § 9 SKR Nr. 5 und 6 nicht eingehalten werden, so muss dies beim Festsetzen angemessener Angebotsfristen berücksichtigt werden.

4. (1) Bei elektronisch erstellten und übermittelten Bekanntmachungen können die Fristen für den Eingang der Anträge auf Teilnahme im Nichtoffenen Verfahren und Verhandlungsverfahren und die Fristen für den Eingang der Angebote im Offenen Verfahren um 7 Tage verkürzt werden. Macht der Auftraggeber die Verdingungsunterlagen und alle zusätzlichen Unterlagen ab dem Tag der Veröffentlichung der Bekanntmachung frei, direkt und vollständig elektronisch verfügbar, kann er die Frist für den Eingang der Angebote um weitere 5 Tage verkürzen, es sei denn, es handelt sich um eine nach Nummer 2 Buchstabe b) im gegenseitigen Einvernehmen festgelegte Frist. In der Bekanntmachung ist die Internet-Adresse anzugeben, unter der diese Unterlagen abrufbar sind.
(2) Wurde im Offenen Verfahren die Bekanntmachung per Telefax oder elektronisch übermittelt, darf die Kumulierung der Verkürzung der Fristen nicht zu einer Frist für den Eingang der Angebote führen, die gerechnet ab dem Tag der Absendung der Bekanntmachung weniger als 15 Tage beträgt. Wurde die Bekanntmachung nicht per Telefax oder elektronisch übermittelt, darf diese Kumulierung nicht zu einer Frist für den Eingang der Angebote führen, die weniger als 22 Tage beträgt.
(3) Im Nicht offenen Verfahren und Verhandlungsverfahren darf die Kumulierung der Verkürzung der Fristen nicht zu einer Frist für den Eingang der Angebote führen, die weniger als 10 Tage beträgt, es sei denn, es handelt sich um eine im gegenseitigen Einvernehmen festgelegte Frist.
(4) Eine Kumulierung der Verkürzung der Fristen für den Eingang der Teilnahmeanträge darf bei einer elektronisch übermittelten Bekanntmachung nicht zu einer Frist führen, die weniger als 15 Tage ab dem Tag der Absendung der Bekanntmachung führt.

Hinweise

1 § 10 SKR enthält die Bestimmungen zu den Angebots- und Bewerbungsfristen einschließlich der Möglichkeiten ihrer Verkürzung und der Pflicht zur Verlängerung bei Vorliegen bestimmter Umstände. Die Regelung ist anzuwenden auf öffentliche Liefer- und Dienstleistungsaufträge, deren geschätzter Wert den einschlägigen Schwellenwert des § 2 Nr. 1 VgV in Höhe von 422.000 Euro erreicht oder überschreitet. Zur Anwendung der Vorschrift verpflichtet sind öffentliche Sektorenauftraggeber, die in den Bereichen Elektrizitäts- und Gasversorgung, Wärmeversorgung sowie Flughafendienste tätig sind, sowie alle privaten Sektorenauftraggeber.

Der Inhalt von § 10 SKR entspricht vollständig der Regelung des § 18 b. Insofern kann **2** vollumfänglich auf die dortige Kommentierung verwiesen werden.

§ 11 SKR
Wertung der Angebote

1. (1) Der Auftrag ist auf das wirtschaftlich günstigste Angebot unter Berücksichtigung der auftragsbezogenen Kriterien, wie etwa: Lieferfrist, Ausführungsdauer, Betriebskosten, Rentabilität, Qualität, Ästhetik und Zweckmäßigkeit, technischer Wert, Umwelteigenschaften, Kundendienst und technische Hilfe, Verpflichtungen hinsichtlich der Ersatzteile, Versorgungssicherheit, Preis zu erteilen. Der Auftraggeber hat die Kriterien zu gewichten. Die Gewichtung kann mit einer angemessenen Marge erfolgen. Kann nach Ansicht des Auftraggebers die Gewichtung aus nachvollziehbaren Gründen nicht angegeben werden, so legt er die Kriterien in absteigender Reihenfolge ihrer Bedeutung fest.
(2) Bei der Wertung der Angebote dürfen nur Kriterien berücksichtigt werden, die in der Bekanntmachung oder in den Vergabeunterlagen genannt sind.
2. (1) Erscheinen im Falle eines bestimmten Auftrags Angebote im Verhältnis zur Leistung als ungewöhnlich niedrig, so muss der Auftraggeber vor deren Ablehnung schriftlich Aufklärung über die Einzelposten der Angebote verlangen, wo er dies für angezeigt hält; die anschließende Prüfung erfolgt unter Berücksichtigung der eingegangenen Begründungen. Er kann eine zumutbare Frist für die Antwort festlegen.
(2) Der Auftraggeber kann Begründungen berücksichtigen, die objektiv gerechtfertigt sind durch die Wirtschaftlichkeit der Herstellungsmethode, die gewählten technischen Lösungen, außergewöhnlich günstige Bedingungen für den Bieter bei der Durchführung des Auftrags oder die Originalität der vom Bieter vorgeschlagenen Erzeugnisse.
(3) Angebote, die aufgrund einer staatlichen Beihilfe ungewöhnlich niedrig sind, dürfen von den Auftraggebern nur zurückgewiesen werden, wenn diese den Bieter darauf hingewiesen haben und dieser innerhalb einer vom Auftraggeber festzulegenden angemessenen Frist nicht den Nachweis liefern konnte, dass die Beihilfe der Kommission der Europäischen Gemeinschaften gemeldet oder von ihr genehmigt wurde. Auftraggeber, die unter diesen Umständen ein Angebot zurückweisen, müssen die Kommission der Europäischen Gemeinschaften darüber unterrichten.
3. Ein Angebot nach § 6 SKR Nr. 2 Abs. 1 oder 2 ist wie ein Hauptangebot zu werten.
4. Nebenangebote sind zu werten, es sei denn, der Auftraggeber hat sie in der Bekanntmachung oder in den Vergabeunterlagen nicht zugelassen. Der Zuschlag darf nur auf solche Angebote erteilt werden, die den verlangten Mindestanforderungen entsprechen.

Inhaltsübersicht Rn.

A. Grundzüge und Materialien 1
B. Wertungsgrundsätze (Nr. 1) 5
  I. Wirtschaftlich günstigstes Angebot (Nr. 1 Abs. 1) 6
  II. Zulässige Wertungskriterien (Nr. 1 Abs. 2) 7
C. Ungewöhnlich niedrige Angebote (Nr. 2) 8

D. Wertung von Angeboten nach § 6 Nr. 2 Abs. 1 oder 2 SKR, § 11 Nr. 3 SKR 13
E. Wertung von Nebenangeboten, § 11 Nr. 4 SKR 17
F. Rechtsschutz 24

A. Grundzüge und Materialien

§ 11 SKR regelt die Angebotswertung, die in erster Linie darin besteht, durch einen **1** Vergleich sämtlicher Angebote »unter Berücksichtigung der auftragsbezogenen Kriterien« dasjenige zu ermitteln, das das »wirtschaftlich günstigste« ist (§ 11 Nr. 1 Abs. 1 SKR). Bei Nichtoffenen oder Verhandlungsverfahren ist zuvor gemäß § 5 SKR die Eignung der Bewerber zu beurteilen. Zusätzliche Regelungen enthält § 11 SKR für die Wertung in preislicher Hinsicht (§ 11 Nr. 2 SKR), für Angebote i. S. d. § 6 Nr. 2 Abs. 1 oder 2 SKR (§ 11 Nr. 3 SKR) sowie für Nebenangebote (§ 11 Nr. 4 SKR).

Europarechtliche Vorgaben gibt es zu der Auswahl des wirtschaftlich günstigsten **2** Angebots (Art. 51 Abs. 3 i. V. m. Art. 55 RL 2004/17/EG) sowie zu der preislichen Wertung (Art. 51 Abs. 3 i. V. m. Art. 57 RL 2004/17/EG).

Gegenüber der **bisherigen Rechtslage** ist § 11 SKR lediglich wie folgt geändert worden: **3** Die bisherigen Wertungskriterien wurden um die »Umwelteigenschaften« ergänzt (§ 11 Nr. 1 Abs. 1 Satz 1 SKR, vgl. Art. 55 Abs. 1 lit. a) RL 2004/17/EG); die Ermittlung des wirtschaftlich günstigsten Angebots enthält jetzt Vorgaben hinsichtlich der Gewichtung der Auswahlkriterien (§ 11 Nr. 1 Abs. 1 Sätze 2 bis 4 SKR; vgl. Art. 55 Abs. 2 Sätze 1 bis 3 RL 2004/17/EG); in § 11 Nr. 3 SKR wurde konsequent der Verweis auf § 6 Nr. 7 SKR-alt gestrichen, nachdem die bisher dort geregelten Angebote, die von den vorgegebenen technischen Spezifikationen abwichen, nunmehr in § 6 Nr. 2 Abs. 1 und 2 SKR geregelt sind (s. § 8 a Rn. 6 ff.); schließlich wurde die Regelung über Nebenangebote, § 11 Nr. 4 Abs. 2 SKR-alt, umformuliert und ist nunmehr inhaltsgleich in § 11 Nr. 4 Satz 2 SKR enthalten, gleichzeitig wurde hier – wie in allen Vorschriften der VOL/A – die bisher verwendete Formulierung »Nebenangebote und Änderungsvorschläge« verkürzt auf »Nebenangebote«.

Im Vergleich zu der Angebotswertung nach dem **1. bis 3. Abschnitt** der VOL/A sieht **4** § 11 SKR weiterhin ein wesentlich vereinfachtes Verfahren vor. Parallelen bestehen eher zu § 25 a bzw. § 25 b VOL/A.

B. Wertungsgrundsätze (Nr. 1)

§ 11 SKR stimmt mit dem Wortlaut des § 25 b VOL/A überein. Auf die dortigen Erläuterungen kann wegen weiterer Einzelheiten verwiesen werden. **5**

I. Wirtschaftlich günstigstes Angebot (Nr. 1 Abs. 1)

6 Zur Ermittlung des wirtschaftlich günstigsten Angebots kommt es nicht nur auf einen Vergleich der Angebotspreise an, sondern auf die bekannt gegebenen (Nr. 1 Abs. 2) auftragsbezogenen Kriterien (Nr. 1 Abs. 1) und die danach vorzunehmende Bewertung der Wirtschaftlichkeit der angebotenen Leistung. Soweit der Vergabestelle insoweit ein Beurteilungs- bzw. Ermessensspielraum zukommt, unterliegt dessen Ausfüllung im Einzelfall der Nachprüfung gem. §§ 107 ff., 116 ff. GWB. Die Aufzählung der Vergabekriterien in Nr. 1, die wörtlich Art. 55 der Richtlinie 2004/17/EG übernommen worden ist, ist nicht abschließend. Die Vergabestelle kann weitere auftragsbezogene Kriterien vorgeben. Die Reihenfolge der Kriterien entspricht nicht deren Rangfolge oder Gewichtung.

II. Zulässige Wertungskriterien (Nr. 1 Abs. 2)

7 Die Vergabestelle darf bei der Wertung nur die in der Bekanntmachung (§ 9 SKR Nr. 1) oder in den Vergabeunterlagen (§ 7 SKR Nr. 2 Abs. 2 lit. i) genannten Kriterien berücksichtigen; andere, insbesondere nachträglich definierte[1] Kriterien sind unzulässig. Zur Zulässigkeit sog. Unterkriterien vgl. § 25 Rn. 210 ff. Weiter ist die Wertung an das Leistungsverzeichnis gebunden.

C. Ungewöhnlich niedrige Angebote (Nr. 2)

8 »Ungewöhnlich niedrige« Angebote sind grundsätzlich anhand des Angebots-Endpreises, ausnahmsweise auch aus gewichtigen Einzelpositionen festzustellen. Eine Ablehnung solcher Angebote ist erst zulässig, nachdem eine **Angebotsaufklärung** in *schriftlicher* Form erfolgt ist. Die Entscheidung über Gegenstand und Umfang einer Aufklärung muss nach sachgerechten Kriterien getroffen werden.[2] Aufgrund der Bieterangaben, für deren Eingang eine zumutbare Frist bestimmt werden kann, erfolgt eine Prüfung. Bleibt eine Bietererklärung aus, kann die Vergabestelle das Angebot ablehnen. Andere Angebots-Ausschlussgründe sieht § 11 nicht vor.

9 Die Ablehnung »ungewöhnlich niedriger« Angebote schützt den Auftraggeber vor Risiken, die mit der Ausführung des Auftrags zu unwirtschaftlichen Preisen verbunden ist (u. a. Qualitätsprobleme, Verzögerungen, Insolvenzgefahr; auch Nachtragsaufträge [§ 2 Nr. 4 Abs. 1 S. 3 VOL/B]). Zur Frage, wann eine Unterkalkulation anzunehmen ist und ob diese Vorschrift auch bieterschützend wirkt, kann auf die Erläuterungen zu § 25 Nr. 2 Abs. 2 u. 3 VOL/A (dort: Rn. 136 ff., 142 ff.) verwiesen werden.

10 In Nr. 2 Abs. 2 werden (beispielhaft) Gesichtspunkte aufgeführt, die der Annahme eines »ungewöhnlich niedrigen« Angebots entgegenstehen.

---

[1] *BGH* NJW 2000, 137/139.
[2] *EuGH* NJW 1990, 3071.

Zu Nr. 2 Abs. 3 vgl. Art. 57 der Richtlinie 2004/17/EG; die Zulässigkeit von Beihilfen ist in Art. 87 EGB geregelt. Der DVAL hat zu Nr. 2 Abs. 3 folgende Erläuterung gegeben: 11

»Unter einer Beihilfe im Sinne des EG-Vertrages sind staatliche oder aus staatlichen Mitteln gewährte Vergünstigungen für bestimmte Unternehmen oder Produktionszweige gleich welcher Art zu verstehen. Das können sowohl positive Leistungen, wie z. B. Zulagen oder Zuschüsse, als auch sonstige Arten von Vorteilen, wie Steuerbefreiungen, Bürgschaftsübernahmen oder die unentgeltliche oder besonders preiswerte Überlassung von Gütern, Grundstücken oder Rechten oder eine Bevorzugung bei öffentlichen Aufträgen u. a. sein.«

Die Darlegungslast dafür, dass ggf. gewährte Beihilfen angemeldet (Art. 88 Abs. 3 EGV) oder genehmigt worden ist, trägt der Bieter. Die Vergabestelle muss dem Bieter vor der Ablehnung seines »subventionierten« Angebots Gelegenheit zur Darlegung der beihilferechtlichen Voraussetzungen geben. 12

D. Wertung von Angeboten nach § 6 Nr. 2 Abs. 1 oder 2 SKR, § 11 Nr. 3 SKR

§ 11 Nr. 3 SKR stellt klar, wie ein Angebot nach § 6 Nr. 2 Abs. 1 oder 2 SKR zu werten ist, nämlich »**wie ein Hauptangebot**«. Die Regelungen des § 11 Nr. 1 und 2 SKR sind daher ohne Weiteres auch auf solche Angebote anzuwenden. 13

Aus § 11 Nr. 3 SKR folgt jedoch ein Weiteres: Ein Angebot, das unter § 6 Nr. 2 Abs. 1 oder 2 SKR fällt, »**ist**« zu werten; der betreffende Bieter hat somit einen **Anspruch** darauf, dass die Wertung erfolgt. 14

S. im Übrigen die Kommentierung zu § 6 Nr. 2 SKR (§ 8 a Rn. 6 ff.). 15

Die Wertung von Angeboten, auch von solchen nach § 6 Nr. 2 Abs. 1 oder 2 SKR, berührt unmittelbar den Bieterwettbewerb. § 11 Nr. 3 SKR ist daher **drittschützend**.[3] 16

E. Wertung von Nebenangeboten, § 11 Nr. 4 SKR

§ 11 Nr. 4 SKR regelt die Wertung von Nebenangeboten. Wie bereits aus der Formulierung des § 11 Nr. 4 Satz 1 SKR zu entnehmen ist (»sind ... zu werten«), hat ein Bieter einen **Anspruch** darauf, dass sein Nebenangebot gewertet wird – es sei denn, der Auftraggeber hat in der Bekanntmachung oder in den Vergabeunterlagen Nebenangebote nicht zugelassen. 17

Für die **Wertung im Einzelnen** enthält § 11 Nr. 4 Satz 2 SKR lediglich die Vorgabe, dass die Nebenangebote den verlangten Mindestanforderungen entsprechen müssen (vgl. Art. 36 Abs. 1 Satz 1 RL 2004/17/EG). Hierüber hinaus muss ebenfalls die Gleichwertigkeit eines Nebenangebots mit dem ausgeschriebenen Amtsvorschlag 18

---

3 *Von Baum* in: Müller-Wrede § 11 SKR Rn. 11.

§ 11 SKR Wertung der Angebote

festgestellt werden und zuletzt ist im Rahmen eines Vergleichs mit den anderen Haupt- und Nebenangeboten das »unter Berücksichtigung der auftragsbezogenen Kriterien« wirtschaftlich günstigste Angebot i. S. d. § 11 Nr. 1 SKR zu ermitteln.

19 Wenn der öffentliche Auftraggeber im Angebotsaufforderungsschreiben keine **Mindestanforderungen** i. S. d. § 7 Nr. 2 Abs. 3 Satz 2 SKR genannt hat, sind etwaige Nebenangebote allein schon aus diesem Grund von der Wertung auszuschließen (s. § 7 SKR Rn. 14). Bei der inhaltlichen Prüfung, ob ein Nebenangebot die Mindestanforderungen erfüllt, ist der öffentliche Auftraggeber an die genannten Anforderungen gebunden und darf im Nachhinein nicht auf einmal gemachte Vorgaben verzichten. Anderenfalls wäre die Gleichbehandlung der Bieter und die Transparenz des Vergabeverfahrens aufgrund vorhersehbarer und bindender Wertungsmaßstäbe nicht gewährleistet. Wenn ein Nebenangebot den verlangten Mindestanforderungen nicht entspricht, darf ihm gemäß § 11 Nr. 4 Satz 2 SKR nicht der Zuschlag erteilt werden (vgl. auch Art. 36 Abs. 1 Satz 1 RL 2004/17/EG).

20 Sofern die Mindestanforderungen erfüllt sind, darf ein Nebenangebot nur dann gewertet werden, wenn es in qualitativer wie quantitativer Hinsicht gegenüber dem Hauptangebot bzw. dem Amtsvorschlag **gleichwertig** ist. S. hierzu die Kommentierung zu § 25 Rn. 234 ff., insbesondere zu den von einem Bieter mit dem Nebenangebot vorzulegenden Gleichwertigkeitsnachweisen. Sofern ein Nebenangebot nicht gleichwertig ist, wird es nicht gewertet, anderenfalls würden die übrigen Bieter, die das ursprüngliche Anforderungsprofil des Auftraggebers eingehalten haben, wettbewerbswidrig ungleich behandelt werden (vgl. § 25 VOL/A Rn. 234 ff.).

21 Wenn das Nebenangebot gleichwertig ist, ist es in einem letzten Prüfungsschritt daraufhin zu überprüfen, ob es **das wirtschaftlich günstigste** ist (vgl. § 25 Rn. 234 ff.). Die Prüfung erfolgt wie bei Hauptangeboten nach § 11 Nr. 1 SKR anhand der Zuschlagskriterien und erfordert dementsprechend eine wertende Betrachtung im Vergleich mit den anderen in der Wertung verbliebenen Hauptangeboten und ggf. weiteren (gleichwertigen) Nebenangeboten. S. hierzu die Kommentierung zu § 25.

22 Art. 36 Abs. 2 RL 2004/17/EG enthält hierüber hinaus eine weitere Wertungsvorgabe für Nebenangebote: Öffentliche Auftraggeber, die Nebenangebote zugelassen haben, dürfen bei Verfahren zur Vergabe öffentlicher Liefer- oder Dienstleistungsaufträge ein Nebenangebot nicht allein deshalb zurückweisen, weil es im Falle des Zuschlags entweder zu einem Dienstleistungsauftrag anstatt zu einem öffentlichen Lieferauftrag bzw. zu einem Lieferauftrag anstatt zu einem öffentlichen Dienstleistungsauftrag führen würde. § 11 Nr. 4 SKR ist dementsprechend richtlinienkonform auszulegen.

23 Die Frage, ob das Nebenangebot eines anderen Bieters zu Recht gewertet worden ist, insbesondere ob dessen Gleichwertigkeit zutreffend bejaht wurde und es nicht von der Wertung hätte ausgeschlossen werden müssen, tangiert unmittelbar den Bieterwettbewerb sowie die Gleichbehandlung der Bieter. § 11 SKR ist daher **drittschützend**.[4]

---

[4] *Von Baum* in: Müller-Wrede § 11 SKR Rn. 11.

F. Rechtsschutz

Die Vorschriften in § 11 Nr. 1, Nr. 3 und Nr. 4 SKR sind bieterschützend i. S. d. § 97 **24**
Abs. 7 GWB. Zu § 11 Nr. 2 vgl. die Erl. zu § 25 Nr. 2 Abs. 2 u. 3 VOL/A (Rn. 135 ff.).
Die Verletzung der bieterschützenden Bestimmungen kann Schadensersatzansprüche nach § 126 GWB bzw. nach §§ 280 Abs. 1, 241 Abs. 2, 311 Abs. 2 Nr. 1 BGB (c. i. c.) und nach § 823 Abs. 2 BGB i. V. m. § 11 SKR nach sich ziehen.

§ 12 SKR
Mitteilungspflichten

1. Auftraggeber teilen den Bewerbern und Bietern unverzüglich, spätestens innerhalb von 15 Tagen ab Eingang der Anfrage und auf Antrag auch in Textform Folgendes mit:
   - Entscheidung einschließlich der Gründe, auf die Vergabe eines Auftrages zu verzichten oder das Verfahren erneut einzuleiten,
   - den ausgeschlossenen Bewerbern oder Bietern die Gründe für die Ablehnung ihrer Bewerbung oder ihres Angebotes,
   - den Bietern, die ein ordnungsgemäßes Angebot eingereicht haben, die Merkmale und relativen Vorteile des erfolgreichen Angebotes und den Namen des erfolgreichen Bieters.

2. Der Auftraggeber kann in Nummer 1 genannte Informationen zurückhalten, wenn die Weitergabe den Gesetzesvollzug vereiteln würde oder sonst nicht im öffentlichen Interesse läge oder die berechtigten Geschäftsinteressen von Unternehmen oder den fairen Wettbewerb beeinträchtigen würde.

Wegen der trotz geringfügig anderen Wortlauts bestehenden **Inhaltsgleichheit** von § 12 SKR und § 27b VOL/A wird hinsichtlich der **Kommentierung auf § 27b VOL/A** verwiesen.

§ 13 SKR
Bekanntmachung der Auftragserteilung

1. Der Kommission der Europäischen Gemeinschaften sind für jeden vergebenen Auftrag binnen zwei Monaten nach der Vergabe dieses Auftrags die Ergebnisse des Vergabeverfahrens durch eine gemäß Anhang VI der der Verordnung (EG) Nr. 1564/2005 abgefasste Bekanntmachung mitzuteilen; dies gilt nicht für die Vergabe von Einzelaufträgen innerhalb einer Rahmenvereinbarung.
2. Die Angaben in Anhang VI der Verordnung (EG) Nr. 1564/2005 werden im Amtsblatt der Europäischen Gemeinschaften veröffentlicht. Dabei berücksichtigt die Kommission der Europäischen Gemeinschaften alle in geschäftlicher Hinsicht sensiblen Angaben, wenn der Auftraggeber dies bei der Übermittlung der Angaben über die Anzahl der eingegangenen Angebote, die Identität der Unternehmen und die Preise geltend macht.
3. (1) Auftraggeber, die Dienstleistungsaufträge der Kategorie 8 des Anhangs I A vergeben, auf die § 3 SKR Nr. 3 Buchstabe b) anwendbar ist, können bezüglich Anhang VI der Verordnung (EG) Nr. 1564/2005 die zu liefernden Angaben auf die Angabe »Forschungs- und Entwicklungsdienstleistungen« beschränken. Ist auf die Vergabe von Dienstleistungsaufträgen der Kategorie 8 des Anhangs I A § 3 SKR Nr. 3 Buchstabe b) nicht anwendbar, können die Auftraggeber die Angaben über Art und Umfang der Dienstleistung aus Gründen der Vertraulichkeit beschränken.
Die veröffentlichten Angaben sind ebenso detailliert zu fassen wie die Angaben in der Bekanntmachung eines Aufrufs zum Wettbewerb nach § 9 SKR Nr. 1 Abs. 1, im Falle eines Prüfsystems, zumindest ebenso detailliert wie in § 5 SKR Nr. 10.
(2) Bei der Vergabe von Dienstleistungsaufträgen des Anhangs I B geben die Auftraggeber in ihrer Bekanntmachung an, ob sie mit der Veröffentlichung einverstanden sind.
4. Die Angaben in Anhang VI der Verordnung (EG) Nr. 1564/2005, die als nicht für die Veröffentlichung bestimmt gekennzeichnet sind, werden nicht oder nur in vereinfachter Form zu statistischen Zwecken veröffentlicht.

Inhaltsübersicht Rn.

A. Vorbemerkungen	1
I. Entstehungsgeschichte	1
II. Unterschiede zur VOB/A und zur VOF	3
1. VOB/A	3
2. VOF	4
B. Anmerkungen	5
I. Anwendungsbereich	5
II. Herstellung von Transparenz	6
III. Einzelangaben	8
IV. Veröffentlichung	13

A. Vorbemerkungen

I. Entstehungsgeschichte

1 Die Fassung des § 13 SKR ist in der VOL/A 2006 im Wesentlichen unverändert geblieben. Neu ist Nr. 1 (2. Hs.) bzgl. der Vergabe von Einzelaufträgen innerhalb von Rahmenvereinbarungen (§ 4 SKR). Anstelle des bisherigen Anhangs F/SKR[1] ist in Nr. 1, Nr. 2 Satz 1, Nr. 3 Abs. 1 und in Nr. 4 nun Anhang VI der Verordnung (EG) 1564/2005 getreten. Eher redaktionelle Änderungen haben Nr. 2 Satz 2 und Nr. 3 Abs. 1 Satz 2 (letzter Hs.) erfahren.

2 Mit § 13 SKR werden die Art. 43 der Richtlinie 2004/17/EG[2] für Aufträge privater Auftraggeber im Sektorenbereich[3] (§ 98 Nr. 4 GWB) umgesetzt. Die Verordnung (EG) 1564/2005 in der Fassung vom 21. 10. 2005 ist im Amtsblatt EG Nr. L 257, Satz 1 veröffentlicht.

II. Unterschiede zur VOB/A und zur VOF

1. VOB/A

3 Der Text der entsprechenden Vorschrift in § 13 VOB/A-SKR ist im Wesentlichen identisch. Eine der Nr. 3 entsprechende Bestimmung fehlt.

2. VOF

4 Die VOF 2006 enthält in § 17 eine vergleichbare Bestimmung. Eine Bestimmung über Rahmenvereinbarungen fehlt. Nach § 17 Abs. 5 besteht auch eine Mitteilungspflicht für den Fall, dass auf die Vergabe eines dem EG-weiten Wettbewerb unterstellten Auftrages verzichtet werden soll; Grund ist insoweit, dass die VOF keine Aufhebung der Ausschreibung kennt.

---

1 S. VOL/A 2000, BAnz. Nr. 200 a v. 24. 10. 2000, S. 51.
2 Amtsblatt EG v. 30. 4. 2004, L 134/1 (29).
3 Sektorenbereiche sind die Trinkwasser- (kommunale Eigenbetriebe, Zweck-, Wasser- u. Bodenverbände, Regiebetriebe, »kommunale« AG oder GmbH), Wärme- und die Energieversorgung (u. a. Stadtwerke), Verkehrsleistungen (DB u. a. öPNV-Unternehmen), Postdienste, Aufsuchen und Fördern von Öl, Gas, Kohle (Unternehmen gem. BBergG), Häfen (Landes-, Kreis-, Gemeindehäfen, auch Binnenhäfen), Flughäfen (i. S. v. § 38 Abs. 2 Nr. 1 LuftV-ZulassungsVO) (in Klammern: die in den Anhängen zu Art. 8 der Richtlinie 2004/17/EG genannten Sektorenauftraggeber in Deutschland). Der Telekommunikationssektor gehört nicht mehr dazu: *OLG Brandenburg* NZBau 2001, 645/647.

B. Anmerkungen

I. Anwendungsbereich

Die Bestimmung zielt auf die Herstellung einer »ex-post«-Transparenz nach Auf- **5**
tragsvergabe (s. u. Rn. 6). § 13 SKR gilt für Aufträge privater Auftraggeber (§ 98
Nr. 4 GWB) im sog. Sektorenbereich nach Art. 2 Abs. 2 i. V. m. Art. 3–7 Richtlinie
2004/17/EG.[4] § 13 SKR Nr. 1 bestimmt eine Mitteilungspflicht für die »Ergebnisse
des Vergabeverfahrens«, Nr. 2 regelt die Veröffentlichung, Nr. 3 Beschränkungen
der Mitteilung bzw. der Veröffentlichung und Nr. 4 die vereinfachte Form der Veröffentlichung.
Hat das Vergabeverfahren zu keiner Auftragsvergabe geführt, besteht
keine Mitteilungspflicht. Eine bieterschützende Funktion hat die Bestimmung nicht.

II. Herstellung von Transparenz

Die Mitteilungspflicht in § 13 SKR ergänzt die Bestimmungen in §§ 8, 9 SKR, die zeit- **6**
lich *vor* der Vergabeentscheidung gelten (Veröffentlichung der in den nächsten 12 Monaten beabsichtigten Auftragsvergaben, Aufruf zum Wettbewerb) sowie die in § 12
SKR bestimmte Mitteilungspflicht, die – anders als hier – gegenüber dem erfolglosen
Bieter bzw. Auftragsbewerber und nur auf schriftlichen Antrag besteht. Dem Ziel der
Transparenz dient auch § 14 SKR. Die in § 13 SKR bestimmte Mitteilungspflicht ist
von keiner Anforderung der EG-Kommission abhängig.

Adressat der Bekanntmachung nach § 13 SKR i. V. m. Anhang VI der Verordnung **7**
(EB) 1564/2005 ist das Amt für amtliche Veröffentlichungen der EG (2, rue Mercier,
L-2985 Luxemburg).

III. Einzelangaben

Im Hinblick auf die nahezu wortgleiche Übereinstimmung der Vorschrift mit § 28 b **8**
VOL/A wird auf die dortige Kommentierung verwiesen, insbesondere zur beschränkten Mitteilungspflicht nach Nr. 2 und Nr. 3. Von einer Veröffentlichung »sensibler«
bzw. vertraulicher Angaben wird die Kommission auch zum Schutz des betroffenen
Auftragnehmers abzusehen haben. – Ergänzend gilt Folgendes:

1) Die Zwei-Monats-Frist gem. Nr. 1 beginnt mit dem Zugang der Benachrichtigung **9**
über die Zuschlagserteilung bzw. mit dem Vertragsschluss. Eine Mitteilungspflicht besteht nur für die Vergabe einer Rahmenvereinbarung, nicht aber diejenige von Einzelaufträgen innerhalb einer Rahmenvereinbarung (§ 4 SKR).

2) Das in Anhang VI der Verordnung (EG) Nr. 1564/2005 (»Bekanntmachung über **10**
vergebene Aufträge«) veröffentlichte Standardformular 6 ist vorgeschrieben und zu
verwenden. Die Angaben sind gem. Art. 44 Abs. 1 der Richtlinie 2004/17/EG i. V. m.

---

4 S. o. Fn. 3.

§ 13 SKR Bekanntmachung der Auftragserteilung

Anhang XIV vorgegeben (differenziert nach »zur Veröffentlichung bestimmt« und »nicht zur Veröffentlichung bestimmt«).

11 Zu den geforderten Einzelangaben wird auf die Erläuterungen zu § 28 a und § 28 b wird verwiesen.

12 Die in Nr. 3 Abs. 1 angesprochene Kategorie 8 in Anhang I A betrifft Auftragsvergaben in den Bereichen Forschung und Entwicklung. Soweit ein Auftrag nur zum Zweck von Forschungen, Versuchen, Untersuchungen oder Entwicklungen und nicht mit dem Ziel der Gewinnerzielung oder zur Deckung von Forschungs- und Entwicklungskosten vergeben wird (vgl. § 3 Nr. 3 b SKR), können die in der Mitteilung an die Kommission enthaltenen Angaben beschränkt werden.

IV. Veröffentlichung

13 Für die ex-post-Veröffentlichung ist nach Nr. 3 Abs. 1 Satz 3 der gleiche Detaillierungsgrad gefordert wie für die Bekanntmachungen *vor* der Vergabe. Für die Bekanntmachungen i. S. d. § 9 Nr. 1 Abs. 1 SKR gilt Anhang V zur Verordnung (EG) Nr. 1564/2005 (Standardformular 5).

§ 14 SKR
Aufbewahrungs- und Berichtspflichten

1. (1) Sachdienliche Unterlagen über jede Auftragsvergabe sind aufzubewahren, die es zu einem späteren Zeitpunkt ermöglichen, die Entscheidungen zu begründen über:
   a) die Prüfung und Auswahl der Unternehmen und die Auftragsvergabe,
   b) den Rückgriff auf Verfahren ohne vorherigen Aufruf zum Wettbewerb gemäß § 3 SKR Nr. 3,
   c) die Inanspruchnahme vorgesehener Abweichungsmöglichkeiten von der Anwendungsverpflichtung.
   Die Auftraggeber treffen geeignete Maßnahmen, um den Ablauf der mit elektronischen Mitteln durchgeführten Vergabeverfahren zu dokumentieren.
   (2) Die Unterlagen müssen mindestens vier Jahre lang ab der Auftragsvergabe aufbewahrt werden, damit der Auftraggeber der Kommission der Europäischen Gemeinschaften in dieser Zeit auf Anfrage die erforderlichen Auskünfte erteilen kann.
2. Auftraggeber übermitteln der Bundesregierung jährlich eine statistische Aufstellung über den Gesamtwert der vergebenen Aufträge, die unterhalb der Schwellenwerte liegen und die jedoch ohne eine Schwellenwertbegrenzung diesen Regelungen unterliegen würden.
3. Auftraggeber, die eine Tätigkeit im Bereich der Trinkwasser- oder Elektrizitätsversorgung oder im Verkehrsbereich – ausgenommen Eisenbahnfern- und -regionalverkehr – ausüben, teilen der Bundesregierung entsprechend deren Vorgaben jährlich den Gesamtwert der Aufträge mit, die im Vorjahr vergeben worden sind.
   Diese Meldepflicht gilt nicht, wenn der Auftraggeber im Berichtszeitraum keinen Auftrag ab den in der Vergabeverordnung festgelegten Schwellenwerten zu vergeben hatte.
4. Die Auftraggeber übermitteln die Angaben nach Nummer 2 und 3 spätestens bis 31. August jeden Jahres für das Vorjahr an das Bundesministerium für Wirtschaft und Technologie.

Inhaltsübersicht
	Rn.
A. Einleitung	1
B. Aufbewahrungspflicht	3
I. § 14 Nr. 1 Abs. 1	4
II. § 14 Nr. 1 Abs. 2	9
C. Statistische Pflichten (§ 14 Nr. 2, 3, 4)	10

A. Einleitung

§ 14 setzt Art. 50 und Art. 67 SKR um, die den Mitgliedstaaten Mitteilungspflichten gegenüber der EU-Kommission (Art. 50 SKR) sowie statistische Pflichten (Art. 67

SKR) auferlegen. Diese Pflichten sind Ausfluss der der EU-Kommission zustehenden Prüfungs- und Kontrollmöglichkeit im Hinblick auf die konkrete Anwendung der SKR. Sie können daneben auch Bedeutung erlangen im Rahmen von Beschwerden, die bei der Kommission in Bezug auf die Einhaltung von Vergaberecht durch deutsche Auftraggeber eingehen.

2   § 14 in seiner Fassung in der VOL/A 2006 ist gegenüber der entsprechenden Regelung in der VOL/A-alt geringfügig geändert worden.

So ist in § 14 Nr. 1 Abs. 1 eine Formulierung aufgenommen worden, wonach die Sektorenauftraggeber geeignete Maßnahmen treffen müssen, um den Ablauf der mit elektronischen Mitteln durchgeführten Vergabeverfahren zu dokumentieren. § 14 Nr. 2 enthält eine Klarstellung dazu, welche Daten die Auftraggeber der Bundesregierung jährlich zu übermitteln haben. Er orientiert sich dabei am Wortlaut von Art. 67 SKR. Die alte Fassung nahm demgegenüber nur allgemein auf eine statistische Aufstellung nach den »Vorgaben der Kommission« Bezug. Auch § 14 Nr. 3 enthält eine Klarstellung, die sich am Wortlaut des Art. 67 SKR orientiert. Außerdem wurde ein Zusatz aufgenommen wonach, die in Bezug genommenen Daten »entsprechend den Vorgaben« der Bundesregierung dieser zu übermitteln sind (siehe dazu unter Rn. 12). Schließlich wurde § 14 Nr. 4 neu eingefügt, wonach die Auftraggeber ihre statistischen Daten spätestens bis zum 31. August jeden Jahres an das Bundesministerium für Wirtschaft und Technologie übermitteln müssen.

B. Aufbewahrungspflicht

3   § 14 Nr. 1 enthält Regelungen, die das einzelne Vergabeverfahren und seinen Ablauf betreffen. Er verpflichtet die Auftraggeber, bestimmte Unterlagen, die sich auf die unter § 14 Nr. 1 Abs. 1 lit. a–c genannten Sachverhalte beziehen, aufzubewahren, um auf ihrer Grundlage der Kommission der Europäischen Gemeinschaft auf deren Anfrage Auskunft geben zu können. Die Vorschrift dient nicht nur statistischen Zwecken sondern vor allem dazu, es der Kommission zu ermöglichen, im konkreten Vergabeverfahren zu überprüfen, ob die Vergaberechtsregeln eingehalten worden sind.[1] Die Vorschrift besteht dagegen nicht im Bieterinteresse, der aus der Verletzung der Aufbewahrungspflicht somit keine subjektiven Rechte herleiten kann.[2]

I. § 14 Nr. 1 Abs. 1

4   § 14 Nr. 1 Abs. 1 bestimmt, dass die Auftraggeber sachdienliche Unterlagen über jede Auftragsvergabe aufzubewahren haben, die die in lit. a–c genannten Entscheidungen betreffen. Damit ist gleichzeitig vorausgesetzt, dass die Auftraggeber solche sachdienlichen Unterlagen auch herstellen müssen. Es trifft sie somit eine Dokumentationspflicht in Bezug auf a. die Prüfung und Auswahl der Unternehmen sowie die Auftrags-

---

[1] *Portz* in: Ingenstau/Korbion § 33 b VOB/A, Rn. 2, § 33 b VOB/A stimmt mit § 14 SKR inhaltlich überein.
[2] *Portz* in: Ingenstau/Korbion § 33 b VOB/A, Rn. 11.

vergabe, b. die **Wahl des Verfahrens**, c. die **Inanspruchnahme von vorgesehenen Abweichungsmöglichkeiten** von der Anwendungsverpflichtung.

Die Unterlagen sollen dazu dienen, die in lit. a–c genannten Entscheidungen zu begründen. Sie müssen daher so detailliert sein, dass die jeweiligen im konkreten Vergabeverfahren getroffenen Entscheidungen daraufhin überprüft werden können, ob der Auftraggeber die für ihn geltenden Vergabevorschriften eingehalten hat. Hinweise zur Detailliertheit einer solchen Dokumentation finden sich in der Kommentierung zu § 30 Abs. 1 VOL/A. Allerdings begründet § 14 Nr. 1 Abs. 1 nicht die Pflicht zur Herstellung eines förmlichen Vergabevermerks. Jede sachdienliche und aussagekräftige Unterlage – etwa ein Briefwechsel, Notizen eines Sachbearbeiters oder internes Gutachten –, die die in lit. a–c genannten Sachverhalte und Entscheidungen betreffen, ist von § 14 Nr. 1 Abs. 1 erfasst und muss aufbewahrt werden. Die Unterlage muss nicht in Papierform verkörpert sein. Sie kann z. B. auch aus elektronisch übermittelten und gespeicherten Informationen bestehen. 5

a) Aus den Unterlagen, die die **Prüfung und Auswahl der am Vergabeverfahren teilnehmenden Unternehmen und die Wertung der Angebote** betreffen, muss hervorgehen, dass der Auftraggeber insbesondere die Regeln des §§ 5, 10 und 11 eingehalten hat. Im Einzelnen muss aus den Unterlagen hervorgehen, dass bei der Eignungsprüfung der Unternehmen und der Wertung der Angebote der Auftraggeber sich an seine Vorgaben gehalten, dabei seinen Beurteilungsspielraum nicht verletzt hat und den Gleichbehandlungsgrundsatz beachtet hat. 6

b) Unterlagen, die den **Rückgriff auf Verfahren ohne vorherigen Aufruf zum Wettbewerb** gemäß § 3 Nr. 3 betreffen, sind ebenfalls aufzubewahren. § 3 Nr. 3 enthält Ausnahmetatbestände, die eine Abweichung vom wettbewerblichen Verfahren rechtfertigen. Das Vorliegen eines der Ausnahmetatbestände bei einer konkreten Auftragsvergabe ohne vorherigen Aufruf zum Wettbewerb muss vom Auftraggeber nachgewiesen werden können.

c) Schließlich müssen auch sachdienliche Unterlagen aufbewahrt werden, die **die Inanspruchnahme vorgesehener Abweichungsmöglichkeiten** von der Anwendungspflichtung rechtfertigen können. Solche Abweichungsmöglichkeiten enthalten § 100 GWB sowie §§ 9, 10 und 12 VgV.

Im Gegensatz zu den herkömmlich durchgeführten Vergabeverfahren existieren bei der **elektronischen Vergabe** typischerweise keine Unterlagen in Papierform über das Vergabeverfahren, die aufbewahrt werden könnten. § 14 Nr. 1 Abs. 1 Satz 2 enthält eine Klarstellung, nach der auch bei der elektronischen Vergabe sichergestellt sein muss, dass Unterlagen in schriftlicher, elektronischer oder anderer Form existieren, die geeignet sind, den Ablauf des Vergabeverfahren gemäß § 14 Nr. 1 Abs. 1 lit. a–c dauerhaft zu dokumentieren. Die Wahl des geeigneten dauerhaften Informationsträgers ist – wie auch gemäß § 14 Nr. 1 Abs. 1 Satz 1 – dem Auftraggeber überlassen. 7

§ 14 Nr. 1 Abs. 1 Satz 2 benennt den Zweck der Aufbewahrungspflicht, nämlich die Auskunftserteilung gegenüber der EU-Kommission. Die EU-Kommission muss ihr Auskunftsverlangen nicht begründen, also auch nicht mitteilen, für welche Zwecke sie die konkreten Informationen benötigt. Die Auftraggeber sind nicht verpflichtet, der EU-Kommission die aufbewahrten Unterlagen im Original zu übermitteln, son- 8 dern nur dazu, die in den Unterlagen enthaltenen Informationen – allerdings in beweiskräftiger Form – zur Verfügung zu stellen. Eine mündliche Auskunft eines am Vergabeverfahren Mitarbeiter des Auftraggebers reicht daher nicht aus.[3]

II. § 14 Nr. 1 Abs. 2

9 Die **Mindestfrist für die Aufbewahrung** der Unterlagen beträgt vier Jahre, sie kann aber auch länger zu veranschlagen sein. Dies wird vom Auftraggeber im Einzelfall entschieden werden müssen. Dabei hat er vor Allem ins Kalkül zu ziehen, ob damit zu rechnen ist, dass die EU-Kommission auch noch nach Ablauf der vierjährigen Frist ein Interesse an der Rechtmäßigkeit des konkreten Vergabeverfahrens entwickeln kann. Dabei kann der Auftragswert, der betroffene Sektor oder die politische Bedeutung der Auftragsvergabe eine Rolle spielen. Die Bedeutung einer Auftragsvergabe kann während des Zeitraums von vier Jahren unterschiedlich einzustufen sein, so dass jedenfalls bei Ablauf der Frist zu prüfen ist, ob auch darüber hinaus mit einer Anfrage der EU-Kommission zu rechnen ist.

C. Statistische Pflichten (§ 14 Nr. 2, 3, 4)

10 § 14 Nr. 2, 3 und 4 begründen die Pflicht der Auftraggeber, jährlich Daten über die von ihnen vergebenen Aufträge an die Bundesregierung zu übermitteln. Dies dient neben der Befriedigung des Informationsbedarfs der Bundesregierung letztendlich auch dazu, dieser die Erfüllung ihrer entsprechenden Mitteilungspflichten gegenüber der EU-Kommission gemäß Art. 67 SKR zu ermöglichen.

11 Gemäß § 14 Nr. 2 übermitteln Auftraggeber der Bundesregierung jährlich eine statistische Aufstellung über den Gesamtwert der vergebenen Aufträge, die **unterhalb der Schwellenwerte** liegen und die jedoch ohne eine Schwellenwertbegrenzung diesen Regelungen unterliegen würden. Gemäß § 14 Nr. 3 teilen die dort genannten Sektorenauftraggeber der Bundesregierung den **Gesamtwert der von ihnen vergebenen Aufträge** mit und zwar sowohl solche über als auch solche unter den Schwellenwerten. Gemäß § 14 Nr. 3 Satz 2 gilt die Meldepflicht nicht, wenn der Auftraggeber im Berichtszeitraum keinen Auftrag über den Schwellenwerten vergeben hat.

12 Die Übermittlung geschieht in der Praxis nach Aufforderung durch das Bundesministerium für Wirtschaft und Technologie (BMWi). Um den Auftraggebern ihre statistischen Meldepflichten zu erleichtern, hat das BMWi Vordrucke erarbeitet, die in einem »Leitfaden zu den gesetzlichen Statistikpflichten im öffentlichen Auftragswesen« auf der Internetseite des BMWi veröffentlicht sind.[4] Die Internetseite enthält außerdem Hinweise zum Ausfüllen der Vordrucke. Das BMWi leitet die zusammengefassten Daten entsprechend der Verpflichtung nach Art. 67 SKR an die EU-Kommission weiter.

---

[3] *Franke/Mertens* in: Franke/Kemper/Zanner/Grünhagen, § 33 b Rn. 7.
[4] www.bmwi.de; über den Pfad: Wirtschaft/wirtschaftspolitik/öffentliche Aufträge/EU-Statistik, dort sind auch die vom BMWi an die Kommission übersandten Statistiken der letzten Jahre einsehbar. Die Internetseite war zum Redaktionsschluss nicht auf dem neuesten Stand.

§ 14 Nr. 4 bestimmt als spätesten Termin für die Übermittlung der Daten des Vorjahres durch die Auftraggeber an das BMWi den **31. August jeden Jahres.** Die Aufforderung hierzu ergeht in der Regel im Januar desselben Jahres. Die Vorschrift korrespondiert mit Art. 67 Abs. 2 SKR, nach dem die Mitgliedstaaten die so erhobenen Daten jeweils vor dem 31. Oktober jeden Jahres an die EU-Kommission übermitteln müssen. 13

§ 15 SKR
Wettbewerbe

1. (1) Wettbewerbe sind Auslobungsverfahren, die zu einem Dienstleistungsauftrag führen sollen.

2. (1) Die auf die Durchführung des Wettbewerbs anwendbaren Regeln sind den an der Teilnahme am Wettbewerb Interessierten mitzuteilen.
(2) Die Zulassung zur Teilnahme am Wettbewerb darf nicht beschränkt werden:
– auf das Gebiet eines Mitgliedstaates oder einen Teil davon,
– auf natürliche oder juristische Personen.
(3) Bei Wettbewerben mit beschränkter Teilnehmerzahl haben die Auftraggeber eindeutige und nicht diskriminierende Auswahlkriterien festzulegen. Die Zahl der Bewerber muss ausreichen, um einen echten Wettbewerb zu gewährleisten.
(4) Das Preisgericht darf nur aus Preisrichtern bestehen, die von den Teilnehmern des Wettbewerbs unabhängig sind. Wird von den Wettbewerbsteilnehmern eine bestimmte berufliche Qualifikation verlangt, muss mindestens ein Drittel der Preisrichter über dieselbe Qualifikation verfügen.
(5) Das Preisgericht ist mit seinen Entscheidungen und Stellungnahmen unabhängig. Es trifft diese aufgrund von Wettbewerbsarbeiten, die anonym vorgelegt werden, und nur aufgrund von Kriterien, die in der Bekanntmachung nach Nr. 3 genannt sind.
(6) Das Preisgericht hat einen von den Preisrichtern zu unterzeichnenden Bericht zu erstellen über die Rangfolge der von ihm ausgewählten Projekte und über die einzelnen Wettbewerbsarbeiten.

3. (1) Auftraggeber, die einen Wettbewerb durchführen wollen, teilen ihre Absicht durch Bekanntmachung nach dem in Anhang XII der VO (EG) Nr. 1564/2005 enthaltenen Muster mit. Die Bekanntmachung ist dem Amt für amtliche Veröffentlichung der Europäischen Gemeinschaften[1] unverzüglich mitzuteilen.
(2) § 9 SKR Nr. 4 gilt entsprechend.
(3) Auftraggeber, die einen Wettbewerb durchgeführt haben, geben spätestens 48 Tage nach der Durchführung eine Bekanntmachung nach dem im Anhang XIII der VO (EG) Nr. 1564/2005 enthaltenen Muster an das Amt für amtliche Veröffentlichung der Europäischen Gemeinschaften. § 13 b gilt entsprechend.

Inhaltsübersicht

	Rn.
A. Allgemeines	1
B. Anmerkungen	2

---

[1] Amt für Veröffentlichungen der Europäischen Gemeinschaften, 2, rue Mercier, L-2985 Luxemburg Telefon: 0 03 52/29 29–1, Telefax: 0 03 52/2 92 94 26 70, http://ted.eur-op.eu.int, E-mail: mp-ojs@opoce.cec.eu.int.

A. Allgemeines

Die Vorschrift ist wortgleich mit der Vorschrift über Wettbewerbe in § 31 b und bis auf eine – eigentlich auch dort überflüssige – Kleinigkeit auch in § 31 a. In der Nr. 1 gibt es hier abweichend von § 31 a nur einen Absatz, der die Definition der Wettbewerbe enthält und damit die anzuwendenden Vorschriften markiert. Der in § 31 a Nr. 1 Abs. 2 zusätzlich enthaltene Hinweis, dass für Wettbewerbe über freiberufliche Leistungen die VOF gelte, fehlt hier. Tatsächlich gilt die VOF für die Vergabe freiberuflicher Leistungen im Sektorbereich nicht. 1

B. Anmerkungen

Auf die Kommentierung des bis auf Nr. 1 wortgleichen § 31 a wird verwiesen. 2

§ 16 SKR
Nachprüfungsbehörden

In der Vergabebekanntmachung und den Vergabeunterlagen ist die Stelle anzugeben, an die sich der Bewerber oder Bieter zur Nachprüfung behaupteter Verstöße gegen Vergabebestimmungen wenden kann.

Inhaltsübersicht	Rn.
A. Allgemeines	1
B. Anmerkungen	2

A. Allgemeines

1 Die Vorschrift ist wortgleich mit der Vorschrift über Nachprüfungsbehörden in § 32 a.

B. Anmerkungen

2 Auf die Kommentierung des wortgleichen § 32 a wird verwiesen.

Stichwortverzeichnis

Die fettgedruckten Zahlen beziehen sich auf die §§, die mageren auf die Randnummern

Aberkennung der Präqualifikation 7 b 118
- Ermessen 7 b 126
- Mitteilung 7 b 122
- Nachprüfungsantrag 7 b 128
- Textform 7 b 122
- Überwachungspflichten 7 b 127
- Verpflichtung zur Aberkennung 7 b 126

Ablehnung des Angebots
- Benennung der Gründe 27 14

Ablehnungsmitteilung 27 10

Abschluss der Dialogphase
- Begründung 3 a 58

A-Dienstleistungen 1 a 42

AGB-Problematik 9 44

ähnliche Einrichtungen 7 265

Akteneinsicht 25 248

Aktenvermerk 3 84

Allgemeine Geschäftsbedingungen 8 39
- des Bieters 21 90
- Vertragsbedingungen 9 33

allgemeine Vertragsbedingungen 9 20

Alternativnachweise 7 a 99

Alternativpositionen 8 55; 25 a 17

Alternativverhalten 26 94

Amtsermittlungsgrundsatz 32 a 32
- im Nachprüfungsverfahren 32 a 28

Änderung der Verdingungsunterlagen 3 a 79
- Wettbewerbsrelevanz 21 90

Änderung des Angebots 21 77

Änderungen
- durch Bieter 8 33
- Verdingungsunterlagen 23 22

Anforderung
- Schlusstermin 17 a 52

Angaben 21 7, 23
- Nachreichen 25 89

Angaben und Erklärungen
- widersprüchliche 25 50

Angebote
- Abgabe 27 4
- Abgabefrist 18 a 1
- Änderungen 18 37; 21 77; 25 129
- Anforderungen 21 10
- angemessene Beteiligung 10 17
- Anzahl eingegangener ~ 27 16
- Auslegung 21 82, 92
- Ausschluss 25 40
- äußerliche Kennzeichnung 22 20
- Berichtigungen 18 37
- Eintragungen 21 75
- elektronische Form 16 42
- Endbeträge 22 47
- Erläuterungen 21 28
- fehlende Unterschrift 25 44
- Form 18 1 ff., 28
- Frist 18 1 ff., 9
- Gleichbehandlung 25 41
- Inhalt 21 7
- Kennzeichnung wesentlicher Teile 22 43
- nicht ordnungsgemäße 22 31; 23 9
- Nichtigkeit 21 70; 25 44
- Öffnung 22 21, 42
- per Telefax 21 56
- Prüfung 23 6
- rechtzeitiger Eingang 22 33
- Rücknahme 18 42
- sorgfältige Verwahrung 22 51
- Übermittlung 21 45
- Überprüfung auf formale und inhaltliche Mängel 30 25
- Umdeutung 21 95
- Vergleichbarkeit 19 1
- Verschluss 21 52; 22 27
- Verschluss bis zur Öffnung 22 13
- Verschlüsselung 22 27
- Vertraulichkeit 21 41; 22 51; 8 SKR 13
- Vollständigkeit 25 107
- weitere Verwendung 22 55
- Wertung 27 a 15
- Zurückweisung 25 a 33

Angebotsabgabe
- Aufforderung 9 9; 17 1 ff., 46
- Inhalt der Aufforderung 17 48

Angebotsänderungen
- Zweifelsfreiheit 21 74

Angebotsaufforderung
- Mindestinhalt 9 a 6

1181

Stichwortverzeichnis

Angebotsbearbeitungskosten 20 32
Angebotseingang 25 56
Angebotsform
– Freihändige Vergabe 18 41
Angebotsfrist 19 3; 22 33; 26 38; 18 b 1 ff.;
10 SKR
– Ablauf 22 21
– Änderung 18 20
– Angabe 17 31
– Bemessung 18 13
– Ende 22 7
– Freihändige Vergabe 18 27
– nachträgliche Verkürzung 18 21
– nachträgliche Verlängerung 18 22
– Nichtoffenes Verfahren 18 a 41
– Offenes Verfahren 18 a 10
– Öffnung der Angebote nach Ablauf der ~
 22 21
– Schlusstermin 22 22
– Verhandlungsverfahren 18 a 41
– Wettbewerblicher Dialog 18 a 41
Angebotsinhalt
– Zweifelsverhandlung 24 6
Angebotsphase 3 a 59
– Gebot der Vollständigkeit 3 a 60
– Leistungsbeschreibung 3 a 59
Angebotspreis 27 17
Angebotsunterlagen
– Rückgabe 27 24
Angebotswertung 22 41; 25 135, 247; 25 b
 1 ff.
– Dokumentation 30 16
angemessene Kostenerstattung 20 40;
 3 a 62
angemessene Preise 2 49
Annahmeerklärung 28 21
– Form 28 27
Anscheinsvollmacht 21 60
Anschreiben
– Vorgaben 7 SKR 11
Anstalten 1 21; 1 a 16
Antragsbefugnis 5 21; 26 32
– der Berufsvertretungen 6 32
Antragserfordernis 27 4
Anwendungsbereich 1 1
Anwendungserlasse 1 17
Anwendungsfeld 1 2
Arbeitnehmer 2 8
Arbeitsgemeinschaften 7 80; 21 111, 116;
 1 a 16
– Benennung der Mitglieder 21 123

– bevollmächtigter Vertreter 21 128
Ästhetik 25 177
Aufbewahrung
– Mindestfrist 14 SKR 9
Aufbewahrungspflicht 14 SKR 3
Aufforderung zur Angebotsabgabe 9 9;
 7 SKR 8
– bei Freihändigen Verfahren 17 53
– Inhalt 17 48
– Versand 17 60
Aufgaben im Allgemeininteresse 1 a 8
Aufgeteilte Aufträge 5 9
Aufgreifschwelle 25 138
– Höhe 25 139
Aufhebung
– Aktenvermerk 26 57
Aufhebung der Ausschreibung 26 1, 16, 36;
 26 a 10; 27 a 39
– Anspruch auf ~ 26 27
– Anwendungsbereich 26 19
– Ausnahmecharakter 26 50
– Ermessen 26 23
– Gründe 26 37
– Nachprüfungsumfang 26 65
– Pflicht zur ~ 26 25
– Zeitrahmen 26 21
Aufhebungsentscheidungen 26 71
– Überprüfbarkeit 26 68
Aufhebungsgründe 26 17, 62
– Rechtmäßigkeit 26 64
Aufklärung 17 73; 25 226
– Verweigerung durch Bieter 24 12
– von Zweifeln 24 11
Aufklärungsgespräch 21 83, 93;
 25 116
Aufruf zum Wettbewerb 17 b 17; 3 SKR 13;
 9 SKR
– durch Bekanntmachung 17 b 18
– durch regelmäßige unverbindliche
 Bekanntmachung 17 b 21
Aufschlüsselung
– Preise 21 21
Aufsichtsbehörden 28 65
aufsichtsbehördliche Überprüfung
 32 a 68
Aufsichtspflichten
– Inhalt 7 a 38
– Organisationsmaßnahmen 7 a 39
– Umfang 7 a 38
Aufteilung
– Unzweckmäßigkeit 5 10

Stichwortverzeichnis

Aufträge 1 a 18; 1 b 15; 1 SKR 7
- Beteiligung 10 17
- Entwicklungsleistungen 3 54
- Finanzierungsbedingungen 17 a 40
- Zahlungsbedingungen 17 a 40

Auftraggeber 1 SKR 3
- Benennung 10 15
- Beurteilungsspielraum 14 11
- Ermessen 14 21
- Interessenlage 8 37
- Kalkulationsvorgaben 21 21
- Kostenerstattung 20 10
- Mitteilungsfrist 27 a 18
- Mitteilungspflicht 27 a 9
- privatrechtlich organisierte 3 7
- Prüfungspflicht 25 136
- Risiko 8 38
- Schutz 2 b 6
- Wahlrecht 8 a 6

Auftraggebervertreter 22 23

Auftragnehmer
- Name 27 5
- Nennung 27 a 15
- nicht beeinflussbare Umstände 8 89
- schwerwiegende Folgen des Wagnisses 8 93
- Verantwortungsbereich des künftigen ~ 8 25

Auftragsberatungsstelle 4 14

Auftragserteilung
- Bekanntmachung 28 a 1 ff.; 28 b 1 ff.; 13 SKR 1 ff.

Auftragsgegenstand
- Bekanntmachung 17 a 24

Auftragsschwellen
- maßgeblicher Zeitpunkt 1 a 31
- Prognosewert 1 a 31

Auftragssperre 7 243

Auftragsvergabe
- Absicht 4 11
- Unzumutbarkeit 26 53

Auftragsvolumen 8 96

Aufwandsentschädigung 3 a 62, 63

Ausbildungsmaßnahmen 2 8

Ausbildungsstätten 7 264

Ausführungsfristen 11 1 ff., 16; 25 178

ausgeschlossene Angebote 25 137

Auskünfte 17 73

Auskunftseinholung 7 a 19

Auskunftsverlangen 27 a 19

ausländische Bewerber 7 50
- Diskriminierungsverbot 7 51
- Verbot der Benachteiligung 7 59

Auslegung
- Bekanntmachung 25 111

Auslobungsverfahren 31 a 2
- keine Pflicht zur Durchführung 31 a 9

Ausnahmefall 26 2

Ausnahmen 1 a 37; 1 b 17; 1 SKR 7
- Arbeitsverträge 1 a 37
- Entwicklungsdienstleistungen 1 a 37
- Forschungsdienstleistungen 1 a 37
- Immobiliengeschäfte 1 a 37
- Schiedsgerichtsleistungen 1 a 37
- Schlichtungsleistungen 1 a 37
- Sicherheitsbereich 1 a 37

Ausnahmeregelungen 24 24
- Verfahrensarten 3 a 6

Ausnahmesituation 26 15

ausreichende Fristbemessung 11 18

Ausschließlichkeitsrechte 3 a 91

Ausschluss 7 b 26
- Ausnahmemöglichkeit 7 a 48
- Dauer 7 a 40
- rechtskräftige Verurteilung 7 b 28
- restriktive Auslegung 7 a 51
- von Bietern 22 24
- von der wettbewerblichen Vergabe 3 79

Ausschlussfrist 24 15

Ausschlussgrund 7 217, 248; 7 b 31; 5 SKR 12
- Auftragssperre 7 252
- Ermächtigung zur Anforderung von Bescheinigungen 7 b 35
- Ermessensspielraum 7 249
- Festlegung der Auswahlkriterien 7 b 34
- Gestaltungsspielraum der Sektorenauftraggeber 7 b 32
- Insolvenzverfahren 7 220
- Liquidation 7 224
- Mitwirkungspflicht 7 251
- Nichtvorliegen 7 a 102
- rechtskräftige Verurteilung Einleitung 15
- schwere Verfehlung 7 225
- Zeitpunkt 7 221

Ausschlusstatbestand 7 a 8
- rechtskräftige Verurteilung 7 a 10; 5 SKR 9
- Unzuverlässigkeit 7 a 9
- Zweck 25 13
- zwingende Gründe 5 SKR 10

1183

Stichwortverzeichnis

Ausschreibung
- Änderung der Grundlagen 26 39
- Aufhebung 26 1, 16; 26 a 8; 27 a 39
- Grundsätze 16 1 ff., 2, 7
- maßgeblicher Zeitpunkt 16 8
- Öffnen der Angebote 22 1 ff.
- Teilaufhebung 26 53
- vergabefremde Zwecke 16 20
- wirtschaftliches Ergebnis 26 44
- zulässiger Beginn 16 7
- Zulässigkeit einer neuen ~ 26 61

Ausschreibungsbedingungen 26 38

Ausschreibungsbekanntmachung
- Bieterschutz 17 a 14
- Nichtoffenes Verfahren 17 a 12
- Offenes Verfahren 17 a 12

Ausschreibungsverfahren 16 15; 21 12

Außenbeziehung 1 6

Außenverhältnis 1 4

außergewöhnlich kurze Fristen 11 23

Auswahl 7 b 6

Auswahl der Bewerber 7 b 38
- Anspruch auf Übermittlung 7 b 22
- Bewertungsmatrix 7 b 14
- Festlegung objektiver Regeln 7 b 18
- Gewichtung einzelner Kriterien 7 b 14
- Gleichbehandlungsgrundsatz 7 b 16
- Objektivität 7 b 15
- vergaberechtliche Grundsätze 7 b 14
- weitere Kriterien 7 b 13

Auswahlermessen 3 25; 25 163

Auswahlkriterien 7 b 23

Bagatellbeschaffungen 3 81

Basisparagraphen Einleitung 3, 12; 3 SKR 11

Baukonzessionen 3 a 45

Bauleistungsbereich 6 26

bauliche Anlage 1 43

Baupreisverhältnisse
- wesentliche Änderungen 26 53

B-Dienstleistungen 1 a 42

Bedarfsfall 8 44

Bedarfsplanung 26 40

Bedarfspositionen 8 44, 87; 25 a 17

Bedingungen
- Stellung von ~ 10 16

Beendigungsfiktion 26 a 12

Begründungsautomatik 27 a 18

behördliche Genehmigung 7 a 85

Bekanntgabe 27 12
- Zeitpunkt 25 a 26

Bekanntmachung 17 1 ff.; 26 21; 7 a 92; 9 SKR
- Abschluss einer Rahmenvereinbarung 17 a 28
- Anwendungsbereich 17 a 18
- Auftragserteilung 28 b 1 ff.
- Auftragsgegenstand 17 a 24
- Auslegung 17 16; 25 111
- Beschränkte Ausschreibung 17 39
- der Gewichtung 25 a 25
- Eignungskriterien 3 a 47
- Einschränkung 28 a 29
- Einzelangaben 28 a 16
- Freihändige Vergabe 17 39
- Fristen 17 a 68; 28 a 25
- Inhalt 28 a 13
- Konkretisierung der Nachweise 7 a 95
- Kosten 17 a 68
- Mindestanforderungen 3 a 48
- Mindestinhalt 17 43
- Mindestzahl 7 a 150
- öffentliche Ausschreibung 17 7
- öffentlicher Auftraggeber 17 a 22
- Sprache 17 a 68
- Teilnahmewettbewerb 17 39
- über Auftragserteilung 28 a 1 ff.
- über Bestehen eines Prüfsystems 17 b 25
- Übermittlung 17 a 62
- Verfahren 17 a 46
- Veröffentlichung 28 a 28
- Veröffentlichung in anderen Medien 17 a 69
- Voraussetzungen 17 a 4
- Vorinformationen 17 a 77
- Wertung 7 a 149
- Wettbewerb 31 a 21
- Zahl der Bewerber 3 a 48
- zusätzliche Informationen 17 a 54
- Zuschlagskriterien 3 a 48; 9 a 19; 25 a 23

Bekanntmachungsinhalt 17 14, 43

Bekanntmachungsmuster 17 a 19, 80

Bekanntmachungsprozesse 17 a 1

Benachrichtigung
- Bieter 27 9

Benachrichtigungspflicht 26 58; 27 4; 27 a 18

Benutzungsverbot 27 7

Beratung 32 a 9

Stichwortverzeichnis

Berichtspflicht
- Adressaten 30 a 4
- Umfang 30 a 4

Berliner Vergabegesetz 7 44
berufliche Befähigung 7 a 86
Berufsvertretungen
- Antragsbefugnis 6 32
- Initiativrecht 6 19
- Vorschlagsrecht 6 18

Beschafferprofil 17 a 9, 15, 73; 17 b 27; 9 SKR
Beschaffung von Waren 1 34
Beschaffungsakt 1 a 23
Beschaffungsbedarf 3 44
Beschaffungsmärkte
- freier Zugang 2 13

Beschaffungsstellen 1 a 33
Beschaffungsvorhaben 17 a 29
Beschäftigungsförderung 25 179
Beschleunigungspflicht 32 a 28
Beschränkte Ausschreibung 3 15; 4 3; 7 126; 3 a 68
- Angebotsabgabe 3 16
- Auffangtatbestand 3 49
- Aufwand 3 37
- außergewöhnliche Anforderungen 3 35
- Auswahl der Teilnehmer 7 133
- Bedingungen 3 32
- Bekanntmachung 17 39
- Beschränkung des Teilnehmerkreises 7 134
- Dringlichkeit 3 42
- Existenzgründer 3 36
- Gefahrenlage 3 46
- Geheimhaltung 3 42
- Grundsatz der Gleichbehandlung 7 136
- Höchstzahl von Bewerbern 7 130
- Kosten 20 24
- Mangel 3 34
- Marktkenntnisse 7 129
- Mindestanzahl von Bewerbern 7 130
- Missverhältnis zum Wert der ausgeschriebenen Leistung 3 40
- Öffentlicher Teilnahmewettbewerb 3 18; 7 127
- Vergleichsrechnung 3 37
- Wahl 3 33
- wirtschaftliches Ergebnis 3 41

beschränkter Wettbewerb 31 a 15
Beschränkung
- Mitteilung 27 18

Beschreibbarkeit der Leistung
- Unmöglichkeit 3 67

Beschreibung 3 a 52
- technischer Merkmale 8 136

beschützende Werkstätten 25 a 12
besondere Dringlichkeit 11 24, 25
besondere Vertragsbedingungen 9 28, 37
- zusätzliche Regelungen 9 43

bestimmte Erzeugnisse
- Verwendung von Bezeichnungen 8 141
- Vorschreiben von 8 128

bestimmte Verfahren
- Verwendung von Bezeichnungen 8 141

Betriebskosten 25 180
Beurteilungsermessen 8 131, 142; 25 80
Beurteilungsspielraum 3 11; 5 10; 6 8; 25 155, 230, 247; 27 a 15
- Beurteilungsprärogative 25 159
- öffentlicher Auftraggeber 25 124

bevollmächtigter Vertreter
- Arbeitsgemeinschaften 21 128
- Bietergemeinschaften 21 128

bevorzugte Bieter 25 181
Bevorzugtenrichtlinien 7 148
Beweislast 2 58; 21 8; 25 6, 47, 81, 87, 117, 131; 26 90
Beweislastumkehr 16 37; 25 6, 249
Bewerber
- Mitteilung Vergabeverzicht 26 a 8
- Umstände besonderer Art 2 52

Bewerberangaben
- vertrauliche Behandlung 17 71

Bewerberkreis
- Erkundung 4 1 ff.

Bewerberlisten 7 146
Bewerbungsbedingungen
- Standardisierung 17 55

Bewerbungsfrist 18 b 1 ff.; 10 SKR
Bewertung der Eignungsnachweise
- Beurteilungsspielraum 7 202
- Mindestanforderungen 7 203
- Neubewertung 7 210
- Unvollständigkeit von Teilnahmeanträgen 7 205
- Vertrauen 7 208

Bewertungsmatrix 25 168, 221; 9 b 14
- Nichterstellung 26 53
- Nichtweitergabe an Bieter 26 53

bezirksansässige Bewerber 7 68
Bezugsquellen
- Vorschreiben von 8 128

1185

Stichwortverzeichnis

Bieter
- Änderungen 8 33
- Ausschluss 22 24
- Benachrichtigung 27 9
- Ergänzungen 8 33
- Kalkulationsfreiheit 21 19
- Kostenerstattung 20 29
- Mitteilung Vergabeverzicht 26 a 8
- Mitverschulden 22 39
- Nichtzulassung 22 24
- Pflichten 8 69
- Reaktionsmöglichkeiten 8 98
- Sacheigentum 27 31
- Streichungen 8 33
- ungewöhnliche Wagnisse 8 98
- Urheberrecht 27 31
- Vertrauen 25 82, 132
- Vertrauensschutzinteresse 20 19
- Verweigerung der Aufklärung 24 12

Bieterantrag
- Ablehnungsmitteilung 27 10

Bietergemeinschaft 7 82, 91, 102; 21 111; 25 65, 129; 17 a 41
- Aktivlegitimation 7 102
- Änderung 21 79
- Änderung der Zusammensetzung 7 93
- Außenwirkung 7 87
- Benennung der Mitglieder 21 123
- Bestandswechsel 7 93
- bevollmächtigter Vertreter 21 128
- ergebnislose Gespräche über Zusammenarbeit 7 102
- Gesamtrechtsnachfolger 7 98
- gesamtschuldnerische Haftung 7 84
- gewillkürte Prozessstandschaft 7 102
- Gleichbehandlungsgebot 7 b 40
- gleichzeitige Beteiligung einer ~ 2 22
- Leistungsfähigkeit 25 122
- nach Zuschlag 7 101
- Nachprüfungsverfahren 7 102
- nachträgliche Bildung 7 93
- Nichtoffenes Verfahren 7 96
- Rechtsfolge 7 100
- Rechtsform 7 86; 7 a 137; 7 b 41
- Rüge 7 103
- Subunternehmer 7 88
- Terminologie 7 83
- Verbindlichkeit eines Angebots 7 102
- Verhandlungsverfahren 7 96
- Verletzung des Geheimwettbewerbs 7 102

- Vertragsübernahme 7 101
- Voraussetzungen 7 92
- Wettbewerbsbeschränkung 7 89
- Zuverlässigkeit 25 122

Bieterschutz 11 7; 18 7; 22 60; 3 b 4

Bindefrist 19 1 ff., 12; 26 21
- Ablauf 19 17; 26 53
- Freihändige Vergabe 19 20

Bindungswirkung 32 a 35

Binnenmarkt Einleitung 2, 6

Bodengutachter 6 13

börsennotierte Waren 3 b 24

Börsenwaren 3 74

Bund 1 a 5

Chancengleichheit 5 5; 8 64

cherry picking
- Gleichbehandlungsgebot 3 a 56
- Zustimmung des Unternehmens 3 a 56

Chinese Walls 7 67

Darlegungslast 25 130; 26 90

Darstellung der Leistung
- Probestücke 8 120
- Referenzobjekte 8 120
- Zeichnungen 8 120

Datenintegrität 21 39; 16 a 6; 8 SKR 13

Datenverarbeitungszentralen 5 15

Dauerschuldverhältnisse 1 a 36

De-facto-Vergabe 2 15; 27 a 44
- nach Wettbewerb 27 a 51

Delegation 1 a 29

Dialog
- Aufforderung zur Teilnahme 3 a 52
- sog. Preferred Bidder 3 a 55

Dialogphase 3 a 51, 54
- Abschluss 3 a 58
- Zahl der Lösungsvorschläge 3 a 54

Dienstleistungsauftrag 28 8; 17 a 45
- im Anschluss an Wettbewerb 3 b 26

Dienstleistungskonzession 4 5; 1 a 20; 3 a 45
- Kündigungsklausel 1 a 22
- Optionsrecht 1 a 22
- Vergabevorgang 1 a 21
- Verlängerungsklausel 1 a 22
- Vertragserweiterungen 1 a 21
- Vertragsverlängerungen 1 a 21

digitale Angebote 26 38

direkte Übermittlung 21 48

Direktvergabe 27 a 45

Stichwortverzeichnis

Diskriminierungsverbot 2 4; 7 23; 26 253 a
45; 7 a 8; 2 SKR 1 ff.
- Grundsatz 2 30
- Herkunftsland 7 a 6
- Inhalt 2 31
- oberhalb der Schwellenwerte 7 26
- Rechtsform 7 a 7
- unterhalb der EG-Schwellenwerte 7 26
- Verstoß 7 25

Dokumentation 4 19; 5 20; 6 30; 23 36
Dokumentationsmangel
- Heilung 3 a 99
Dokumentationspflicht 3 84, 85; 24 29; 3 a 96
- Entscheidungsgründe 3 85
- Umfang 30 15
- Vergabeverfahren 3 85
- Zulässigkeit des gewählten Verfahrens 3 85
Doppelausschreibung 26 53
doppelte Einschränkung 8 141
Dringlichkeit 3 44, 62
Drittlandsklausel 7 53
Due Diligence 3 a 60
Duldungsvollmacht 21 60
Durchführungsabsicht 8 51
dynamisches Beschaffungssystem Einleitung 14

Effizienz 1 14
EG-Primärrecht Einleitung 2
EG-Vertrag 4 5
- Grundsätze 3 4
Eigenbetriebe 1 19; 7 261; 1 a 5
Eigenbetriebe der Kommunen 7 261
Eigenerklärung 25 85; 7 a 13
Eigenleistungen 1 a 25
Eigenleistungserfordernisse 7 108
Eigenleistungsquoten 7 108
- Eigenleistungserfordernisse 7 a 112
- Eignung für die Ausführung 7 110
Eignung 2 44; 27 a 14
- Beurteilungs- und Ermessensspielraum 25 91
- Ermessensreduzierung 25 91
- Fortbestehen 25 129
- Grenzen des Beurteilungs- und Ermessensspielraum 25 93
- Prüfung der ~ 2 48
- Wertungsstufe 25 92
- wirtschaftliche Leistungsfähigkeit 25 94
- Zuverlässigkeit 25 94

Eignungskriterien 4 8; 7 b 23
- Bekanntmachung 7 a 84
- Gewichtung 3 26; 7 a 84
- Vermengung 26 53
Eignungsnachweis 21 24; 25 83, 116
- Angaben 7 181
- Bekanntmachung 7 211
- Betriebsgeheimnisse 7 177
- Beurteilungsspielraum 7 174
- Eigenbelege 7 179
- Fachkunde 7 183
- Fremdbelege 7 179
- Kapitalausstattung 7 182
- Leistungsfähigkeit 7 181
- Mindestanforderungen 7 186
- Offenes Verfahren 7 194
- Qualität 7 176
- Rechtsfolgen 7 192
- Schutz der Betriebsgeheimnisse 7 216
- Teilnahmebedingungen 7 194
- vergabefremde Aspekte 7 215
- Verhältnismäßigkeitsgrundsatz 7 215
- Vollständigkeit 25 107
- vorgeschalteter Teilnahmewettbewerb 7 195
- Zuverlässigkeit 7 184
Eignungsnachweise von Nachunternehmern
- Maßgaben 7 199
Eignungsprüfung 2 12; 7 152; 7 a 144
- Bewerbergemeinschaft 7 102, 196
- Kriterien 7 158
- Nachunternehmer 7 197
- Nachweis 7 153
- Zeitpunkt 7 156
Einbeziehung
- der Fristberechnung in den Vertrag 11 9
Einbindung in den Staatsverband 1 a 7
eindeutig und erschöpfend beschreibbare Leistung 1 60
Eingangsvermerk 22 8, 17, 30
- auf ungeöffnetem Umschlag 22 12
- durch an Vergabe nicht Beteiligten 22 15
eingehende Angebote 22 8
Einkauf 1 14
Einleitung
- ordnungswidrige ~ des Vergabeverfahrens 26 12
Einrichtung der öffentlichen Hand 7 257
Einrichtung des öffentlichen Rechts 1 a 6
Einrichtungen der Jugendhilfe 7 263

1187

Stichwortverzeichnis

Einsatzbereich
- begrenzter ~ von Sachverständigen 6 12
einseitige Orientierung 8 137
Einsichtnahme
- Verdingungsunterlagen 17 67
Eintragungen
- im Angebot 21 75
einwandfreie Preisermittlung 8 60
- Grenzen des Gebots 8 65
- Inhalt des Gebots 8 61
Einwirkung auf die Preise
- im Voraus nicht einschätzbare 8 84
Einzelfristen 11 27
Einzelprüfung 23 25
elektronische Angebote 18 39; 22 18, 36
elektronische Auktion Einleitung 14; 17 a 50
elektronische Kommunikationsmittel 17 a 4
elektronische Signatur 21 54, 64; 25 45
elektronische Teilnahmeanträge 16a 1, 9, 14
elektronische Übermittlung 16 43 f.; 21 34, 35, 51; 8 SKR 9, 11
elektronische Vergabe
- Durchführung 16 44
elektronisches Angebot 21 32, 51, 64
Empfängerhorizont 8 28, 30
Empfangsbedürftigkeit 28 23
Endpreis 25 136
entgangener Gewinn 16 37
entgeltlicher Vertrag 1 a 20
Entschädigung 22 57
Entwicklungsaufträge 22 58; 3 b 19
Entwicklungsdienstleistungen 3 a 86
Entwürfe
- Rückgabe 21 133
Erfüllungsinteresse 26 89
ergänzende Vertragsbedingungen 9 24, 37
- zusätzliche Regelungen 9 43
Ergänzung
- durch Bieter 8 33
- Verdingungsunterlagen 23 22
- Wettbewerbsrelevanz 21 90
Ergebnis
- kein wirtschaftliches ~ 3 41
Erklärungen 21 7, 23
- Nachreichen 25 89
Erkundung des Bewerberkreises 4 3
Erläuterungen 21 7
Ermessensreduzierung 26 13, 25

Ermessensspielraum 25 155, 212, 230, 247
Ersatz
- negatives Interesse 26 85
- positives Interesse 26 89
Ersatzanspruch
- Voraussetzungen 26 78
Ersatzteile 3 61
Ertragsberechnung 16 23
EU-Bekanntmachungsmuster 17 a 92
EU-Kommission Einleitung 13
- Beschwerde 28 64
europaweite Ausschreibungen 8 a 1
EU-Vergaberichtlinien 5 2
Eventualpositionen 8 44, 87
ex-post-Transparenz 27 2; 27 a 6; 13 SKR 5
ex-post-Veröffentlichung 13 SKR 13

Fachkunde 2 44, 45; 25 119; 27 a 14
- Ausbildung 7 163
- Erfahrung 7 163
- Maßstab der ~ 7 164
- Newcomer 7 165
fachliche Richtigkeit 23 28
Fähigkeiten
- schöpferische 3 70
fairer Wettbewerb 27 b 16
Falschangaben 7 243
Falschinformation
- des Auftraggebers 7 a 45
Fälschungen 22 43
Fertigungszusage 3 55
Festpreis 15 9
Feststellungslast 25 38
finanzielle Komplexität 3 a 44
finanzielle Wettbewerbsvorteile 6 30
Finanzierungsgrundlagen 26 40
Finanzierungsvorbehalt 8 92
fiskalisches Hilfsgeschäft 1 4
Folgekosten 25 183
Förderung des Mittelstands 7 148
Förderung mittelständischer Unternehmen 16 21
formale Angebotsprüfung 25 9
formale Angebotswertung 25 5
förmliches Vergabeverfahren 27 a 53
Formstrenge 3 12
Forschungsaufträge 22 58; 3 b 19
Forschungsdienstleistungen 3 a 86
fortbestehender Vergabewille 26 15
Fortbildungsstätten 7 264

1188

Stichwortverzeichnis

fortgeschrittene elektronische Signaturen 21 67
Frauenförderung 16 21; 25 184
Frauenquote 7 41
freiberufliche Leistungen 1 51
Freihändige Vergabe 3 19; 4 3; 7 137; 16 31; 22 59
– Angebotsform 18 41
– Angebotsfrist 18 27
– Anschluss an Entwicklungsleistungen 3 54
– Anzahl 7 141
– Aufforderung zur Angebotsabgabe 17 53
– Bekanntmachung 17 39
– Bindefrist 19 20
– Fertigungszusage 3 55
– Investitionsrisiko 3 55
– Kalkulationsrisiko 3 55
– Kosten 20 24, 58
– monopolartige Kompetenz 3 52
– Öffentlicher Teilnahmewettbewerb 7 139
– Parallelentwicklungen 3 57
– Wettbewerbsprinzip 7 138
– Zulässigkeit 26 61
– Zuschlagsfrist 19 20
Freiheit unternehmerischen Handelns 21 19
Freiheiten 1 10
freiwillige Bekanntmachung 17a 89
Fremdbeleg 7a 106
Fristberechnung 18a 20, 48
– Einbeziehung in den Vertrag 11 9
Fristen 17b 28
– Bemessung 11 3
Fristenübersicht 18a 52
fristgerechte Leistungsausführung 16 11
Fristsetzung 25a 31
Fristverkürzung 18a 19; 18b 8
– Nichtoffenes Verfahren 18a 44
– Offenes Verfahren 18a 16
– Verhandlungsverfahren 18a 44
– Voraussetzungen 18a 24
– Wettbewerblicher Dialog 18a 44
Fristverlängerung 18b 8
– Nichtoffenes Verfahren 18a 44
– Offenes Verfahren 18a 16
– Verhandlungsverfahren 18a 44
– Wettbewerblicher Dialog 18a 44
funktionale Gesichtspunkte 5 13
funktionale Leistungsbeschreibung 16 19; 27 20

funktionaler Begriff
– vom öffentlichen Auftraggeber 1a 3
Funktionsanforderung 8a 12
Funktionszusammenhang 1 46

Gebietskörperschaft 1a 5, 7
geforderte Preisangaben 25 10
Gegenleistung
– Ausgewogenheit 15 19
Geheimhaltung 3 65
– Niederschrift 22 50
Geheimhaltungsbedürftigkeit 3 43
Geheimhaltungsgrundsatz 22 50, 51
Geheimhaltungsvorschrift 27a 13
Geheimnisschutz
– Zustimmung 3a 56
Geheimwettbewerb 2 13, 20
Gelegenheit
– vorteilhafte 3 75
Gelegenheitskäufe 3b 25
Gemeindehaushaltsverordnungen Einleitung 9
gemeinnützige Unternehmen 7 257, 264
gemeinschaftliche Bewerber
– Rechtsform eines Bieters 7 80, 81
gemeinschaftliche Bieter 21 117
gemischte Aufträge 1 65
Generalklausel 26 48; 7 SKR 11
Generalübernehmer 7 106; 25 123
– Eignungsprüfung 7 114
– Nachunternehmer 7 113
– unterhalb der Schwellenwerte 7 116
– Verfügungsnachweis 7 113
Generalübernehmervergabe 7a 115
– Eigenausführungserfordernis 7a 118
– Eignung des Nachunternehmers 7a 123
– Konzernverbundenheit 7a 117
– Nachunternehmer 7a 121
Generalunternehmer 7 107
Gesamtpreis 25 136
Geschäftsgeheimnis 25 36, 84, 108, 140
Geschäftsgrundlage
– Störung 26 41
Geschäftsinteressen 27a 21
geschützte Beschäftigungsverhältnisse 210
gesetzliche Pflichten
– Vereinbarung 13 5
Gestaltungsspielraum 8 131
gewerbliche Schutzrechte 3 58, 59
– Sicherung 22 54

1189

Stichwortverzeichnis

Gewichtung
- absteigende Reihenfolge der Kriterien 25 a 21
- Angabe 9 a 12
- angemessene Menge 25 a 21
- Aufstellung der ~ 9 a 13
- Berücksichtigung der bekanntgemachten ~ 25 a 27

Gleichbehandlung 8 3; 22 4; 25 226; 25 a 4
Gleichbehandlungsgebot 7 19; 26 25, 28, 29; 3 b 4
- allgemeines 7 55
- Bewerber 7 20
- Bieter 7 20
- einfachgesetzlich 7 27
- gemeinschaftsrechtlich 7 23
- potentielle Bewerber 7 21
- potentielle Bieter 7 21
- unterhalb der Schwellenwerte 7 21
- Verfahrensarten 7 57
- verfassungsrechtlich 7 27
- Willkürverbot 7 29

Gleichbehandlungsgrundsatz 6 2; 24 8
- Aufklärungsverhandlungen 7 60
- Ausnahmen 2 8
- Auswahlkriterien 7 60
- Fallgruppen 7 60
- Fristen 7 60
- Gleichartigkeit von Mängeln 7 60
- Informationen 7 60
- Insiderkenntnisse 7 60
- Mindestbedingungen 7 60
- nachgereichte Eignungsnachweise 7 60
- Nachverhandlungen 7 60
- Nebenangebote 7 60
- Nichtvorliegen geforderter Angaben 7 60
- Vergabeunterlagen 7 60
- Wettbewerbsnachteile 7 70
- Zuschlagskriterien 7 60

Government Procurement Agreement Einleitung 2
Grenzlandaufträge 4 5
Großaufträge
- Verpflichtung bei ~ 10 18

Grundfreiheiten Einleitung 2
Grundrechte 1 6
Grundsätze
- Gleichbehandlung Einleitung 8
- Transparenz Einleitung 8
- Wettbewerb Einleitung 8

GWB
- Verhältnis zum ~ 2 3

Handwerkskammern 1 a 12
Haupt- und Unterkriterien 25 210
- s. a. Zuschlagskriterien

Haushaltsgrundsätzegesetz Einleitung 1, 7
Haushaltsordnungen von Bund und Ländern Einleitung 9
Haushaltsrecht
- der Länder Einleitung 9
- des Bundes Einleitung 9

haushaltsrechtliche Lösung Einleitung 7
Haushaltsrisiko 8 92
Haushaltssperre 26 46
Herausgabe
- von Unterlagen 27 38

Herkunft
- Angabe 8 144

Hersteller
- Angabe 8 144

Herstellerangaben 21 23; 25 84
Hierarchie der Verfahrensarten 3 a 5
Hilfskriterien 9 a 11
hinreichende Markterkundung 4 5, 10
Hinzuziehungsentscheidung
- Überprüfung der 6 14

Hoflieferantentum 7 145

Ideenwettbewerb 31 a 13
Immobilien 1 36
Inanspruchnahme des Marktes 1 a 25
Industrie- und Handelskammern 1 a 12
Informationen 8 SKR 6
- Zurückhaltung von ~ 27 a 21

Informationserteilung
- Form und Frist 27 a 37

Informationsgewinnung 24 15
Informationspflicht 26 72; 27 a 9, 36, 51
- Adressat 27 a 33
- Nichtigkeit bei Missachtung 27 a 42
- Umfang 27 a 34

Informationsübermittlung
- Grundsätze 16 1 ff., 3, 39

Inhaltsgleichheit 26 a 3
In-house-Geschäft 1 a 26
In-house-Rule 1 a 23
In-house-Thematik 27 a 48
Initiativrecht
- der Berufsvertretungen 6 19

Innenverhältnis 1 4

1190

Stichwortverzeichnis

Insolvenzeröffnungsantrag 25 96
Interessenabwägung 5 10
Interessenlage
– des Auftraggebers 8 37
internationale Organisationen 1 22

Jugendliche 2 8
juristische Personen 1 a 6
Justizvollzugsanstalten 7 263

kalkulationserhebliche Angaben 25 88
kalkulationserhebliche Erklärungen 25 88
Kalkulationsfreiheit
– Bieter 21 19
Kalkulationsirrtum 21 21
Kalkulationsvorgaben
– Auftraggeber 21 21
Kartelle 3 72
– zugelassene 3 72
kaufmännisches Nebenangebot 9 b 17
Kennzeichnung
– wesentlicher Teile 22 43
kleine und mittlere Unternehmen 10 9
kleine Zusatzleistungen 3 60
Kleinstunternehmen 10 11
KMU 7 148
kollusives Zusammenwirken 2 27
Kommunen 1 a 5
Kommunikationsmedien 16 41
Kommunikationsmittel 21 34, 49; 16 a 1; 16 b 2; 8 SKR 6
Kommunikationswege 8 SKR 9
komplexe Aufträge 3 a 38
– Beurteilungsspielraum 3 a 41
– objektive Unmöglichkeit 3 a 39
– Verschulden 3 a 40
Komplexität
– Lebenszyklussatz 3 a 44
konkrete Losaufteilung 30 21
Kontrahierungszwang 26 11
Kontrolldichte 25 155
Kontrollfunktion 27 a 9
Kontrollinstanz
– Transparenz 32 a 40
konzernverbundene Bieterfirmen
– tatsächliche Abstimmung 25 69
– übergeordnete Koordinierung 25 69
Konzessionen 3 a 45
Kooperationen 1 a 29
Kooperationsfristen 11 31
Körperschaften 1 21; 1 a 16

Kosten 20 1 ff.; 17 b 28
– Beschränkte Ausschreibung 20 24
– Freihändige Vergabe 20 24, 58
Kostenerstattung 20 1; 3 a 62
– an Auftraggeber 20 10
– an Bieter 20 29
– Anspruch 20 50
– fehlende Festsetzung 20 51
– im Wettbewerblichen Dialog 20 59
– Öffentliche Ausschreibung 20 11
Kostenerstattungspflicht 20 32, 35
Kundendienst 25 186
Kurzbeschreibung 17 a 30

Länder 1 a 5
längerfristige Verträge 8 96
Langzeitarbeitslose 2 8
laufendes Verfahren
– Aufhebung 8 70
– Korrektur 8 70
– Wiederholung 8 70
Lehrlingsausbildung 25 184
Leihe 1 29; 1 a 20
Leihvertrag 27 29
Leistung 1 1 ff., 33
– Ausgewogenheit 15 19
– Bundesleistungsgesetz 1 32
– Gesellschaft 1 30
– Missverhältnis 25 142
– reine Zahlung 1 30
Leistungsanforderungen 8 a 12
Leistungsbeschreibung 9 b 21
– Abgabe des Angebots unter Vorbehalt 8 35
– allgemeine Standards 8 9 ff.
– Anwendung verkehrsüblicher Bezeichnungen 8 125
– Arten 8 100
– Auslegung 8 28; 21 91
– Bedeutung 8 1
– besondere Anforderungen 8 123
– durch verkehrsübliche Bezeichnung 8 102
– eindeutige und erschöpfende 8 12
– Folgen der Wahl einer bestimmten Art 8 118
– funktionale 8 103
– Inhaltsänderung 8 35
– konstruktive 8 114
– Rangfolge der Beschreibungsarten 8 118
– Reaktionsmöglichkeiten der Bieter 8 34
– Reichweite 8 18
– Umfang 8 18

1191

Stichwortverzeichnis

- Verhältnis der Arten 8 117
- Zweck der Regelung 8 1
Leistungsbestimmung
- Gebot der eindeutigen und erschöpfenden ~ 8 9
Leistungserbringung 8 43
Leistungsfähigkeit 2 44, 45; 7 159; 25 120; 7 a 69, 108; 27 a 14; 7 b 30; 5 SKR 11
- Anforderungen an die ~ 7 162
- Eigenleistungserfordernis 7 a 110
- Generalübernehmerverbot 7 a 109
- Generalunternehmer 7 a 111
- Kapitalausstattung 7 160
- Nachunternehmer 7 a 110
- technische Ausstattung 7 161
Leistungsfähigkeit der Bietergemeinschaft 7 102
Leistungsgegenstand 3 a 110
Leitfabrikat 8 133
Lieferaufträge 28 8; 1 a 39
Lieferung
- eines bestimmten Lieferanten 3 51
Lieferungen 1 33
Lieferungsfrist 25 188
Lieferzeitpunkt 25 188
Liquidation 25 96
Losaufteilung
- Grenze 5 17
Loslimitierung 5 5, 16
Losteilung
- Art und Weise 5 24
- Fälle 5 26
Lösungsvorschläge 3 a 55
Losvergabe 5 3
- Bekanntmachung 5 19
Losvergabepflicht
- bei Nachfragebündelung 5 15
Losweise Vergabe 5 7

Mandat 1 a 29
Mangel 26 29
Mängelansprüche
- Verjährung 13 1 ff.
mangelhafte Leistungsbeschreibung 26 53
mangelnde Eignung 7 217
mangelnde Fachkunde 27 20
mangelnde Leistungsfähigkeit 27 20
mangelnde Zuverlässigkeit 27 20
Manipulationen 25 16
Markterkundung 4 3, 5; 16 23, 29
- Befragen der Marktkenner 4 14

- Befragen des Marktes selbst 4 13
- Wege 4 12
Markterkundungspflichten 4 6
Marktübersicht 4 21
Marktverhältnisse
- wesentliche Änderungen 26 53
Massendienstleistungen 3 a 105
Massenwaren 3 a 105
maßgeblicher Zeitpunkt 25 149
Matrix 25 222, 228
Mehr an Eignung 25 131
Mehrfachbeteiligung 7 102
Mehr-Partner-Rahmenvereinbarungen
- Verfahren 3 a 136
Meldepflicht 30 a 1 ff.
Messegesellschaften 1 a 12
Mindestanforderungen 2 48; 7 187; 14 19; 7 a 62; 25 a 6
- Ausschluss 25 a 38
- Ermessensspielraum 7 189
- Formulierung 25 a 38
- Gleichbehandlungsgebot 7 189
- Nachprüfungsverfahren 7 191
- Nebenangebote 9 a 25
- Rügepflicht 25 a 44
Mindestangebot 26 45
Mindestfrist 18 a 17, 23
- Unterschreitung 18 a 13
Mindestinhalt
- Bekanntmachung 17 43
Mischkalkulationen 25 20
Missachtung
- Informationspflicht 27 a 42
Missbrauchsverbot 4 SKR 14
Missverhältnis
- Aufwand 3 37
- erreichbarer Vorteil 3 37
- Leistung 3 40; 25 142
- Preis 25 142
- Wert 3 40
Mitglieder
- Benennung 21 123
Mitteilung
- Beschränkung 27 18
- Gründe 27 12
- Inhalt 27 12
Mitteilung näherer Einzelheiten 27 b 11
Mitteilung Vergabeverzicht
- Bewerber 26 a 8
- Bieter 26 a 8

Stichwortverzeichnis

Mitteilungspflicht **27** 5; **28 a** 10; **30 a** 3; **12 SKR**
- Anwendungsbereich **28 b** 13
- Beschränkung der Pflicht zu Angaben **28 b** 26
- des Auftraggebers **27 a** 9
- Einzelangaben **28 b** 21
- Form **27 b** 7
- Frist **27 b** 7; **28 b** 22
- Inhalt **28 b** 16
- Rahmenvereinbarungen **28 b** 19
- Umfang **27 a** 11
- Vergabeverzicht **26 a** 6
- Veröffentlichung **28 b** 23

Mittelstandsbegriff **5** 8
Mittelstandsförderung **5** 3; **25** 189
Mittelstandsrichtlinien **7** 148
Mitverschulden
- des Bieters **22** 39

Mitwirkung
- von Sachverständigen **6** 1 ff., 6

Mitwirkungsobliegenheit **25** 140
Mitwirkungspflichten **16** 11
Muster
- Kennzeichnung **21** 96

Nachfragebündelung **5** 3
- Losvergabepflicht bei ~ **5** 15

Nachprüfung **32 a** 4
- durch Vergabekammern **32 a** 15
- durch Vergabeprüfstellen **32 a** 5

Nachprüfungsantrag
- Suspensiveffekt **32 a** 26

Nachprüfungsbehörden **32 a** 1 ff.; **32 b** 1; **16 SKR**

Nachprüfungsverfahren **16** 33; **26** 64; **27 a** 32
- Amtsermittlungsgrundsatz **32 a** 28
- Rechtsverletzung **3 a** 11
- Zuschlag **28** 52

Nachprüfungsverordnung Einleitung **7**

Nachreichen
- von Unterlagen **25** 89

Nachunternehmen **7 b** 42; **5 SKR** 15
Nachunternehmer **24** 18; **25** 70
- Benennung **7 a** 134
- Eignung **7 a** 133
- Erleichterungen **25** 72
- Großverfahren **7 a** 135
- Nachweispflicht **25** 72
- Vergabe von Leistungen **9 b** 23; **7 SKR** 17

Nachunternehmerpreisangaben **25** 30
Nachunternehmerwechsel **7** 200
Nachverhandlung **21** 79, 93
Nachweis der Eignung **7** 152
Nachweisanforderung **7 a** 15
- Berechtigung zu Auskunftsersuchen **7 a** 18
- Verdachtsmomente **7 a** 16

Nachweise **7** 172; **7 a** 55, 73; **7 b** 25
- Alternativen **7 a** 97
- Auswahlpflicht **7 a** 61
- Beschäftigungszahl **7 a** 89
- Ermessensspielraum **7 a** 58
- fehlende Eignungsnachweise **7 a** 65
- Leistungsfähigkeit **7 b** 29
- Mindestanforderungen **7 a** 62
- numerus clausus **7 a** 74
- Qualitätsanforderungen **7 a** 153
- Referenzen **7 a** 79
- Teilnahmebedingungen **7 a** 66
- Teilnahmewettbewerb **7 a** 67
- Unteraufträge **7 a** 89
- Vergabebekanntmachung **7 a** 91
- Verhältnismäßigkeit **7 a** 63
- Verzicht auf Vorlage **30** 28
- Wettbewerbseinschränkung **7 a** 64
- Zwang **7 a** 65

Nachweispflicht **25** 72
nationale Auftragsvergabe **4** 3
nationales Vergaberecht **4** 6
Nebenangebote **17** 60; **20** 49; **25** 75; **26** 53; **27** 1, **25 a** 17; **9 b** 16
- Angaben **7 SKR** 14
- Aufklärungsgespräche **25** 243
- Ausschluss **25** 75
- Behandlung **27** 22
- Berücksichtigung **25 a** 35
- Gleichwertigkeit **25** 239, 240, 244
- Kennzeichnung **21** 100
- Mindestanforderungen **25** 238, 244; **9 a** 22; **25 a** 37
- Umdeutung in ein ~ **21** 95
- Wertung **25** 234; **11 SKR** 17
- Wirtschaftlichkeit **25** 241

Nebenleistungen **1** 37
Negativabgrenzung **9 b** 21
negatives Interesse **2** 62; **26** 47
- Ersatz **26** 85

Newcomer **7** 129; **25** 109, 123
nicht berücksichtigte Angebote **27 a** 1 ff.
- Weiterverwendung **27** 30

1193

Stichwortverzeichnis

nicht berücksichtigte Bewerbungen 27 a
1 ff.
nicht ordnungsgemäßes Angebot 23 14
nicht zweifelsfreies Angebot 23 19
Nichtberücksichtigung 27 9
- Folgen der Mitteilung 27 a 20
Nichtberücksichtigungsgründe
- Angabe 27 a 15
Nichterteilung
- bestimmter Auskünfte 27 b 16
nichtgewerblicher Art 1 a 10
nichtiges Angebot 23 14; 8 SKR 18
Nichtigkeit 27 a 32
Nichtigkeitsfolge 27 a 50
Nichtoffenes Verfahren 3 a 16; 3 b 11; 3 SKR 14
- Ablauf 3 a 22
- Angebotsfrist 18 a 41
- Frist für Teilnahmeantrag 18 a 38
- Fristen 18 b 7
- Fristverkürzung 18 a 44
- Fristverlängerung 18 a 44
- Nachteile 3 a 19
- Teilnahmewettbewerb 3 a 16; 3 SKR 15
- Voraussetzungen 3 a 20
- Vorrang 3 b 3
- Vorteile 3 a 18
- Zulässigkeit 3 a 20
nichtöffentliche Auftraggeber 26 7
Nichtöffnung
- des Umschlags 22 9
Nichtzulassung
- von Bietern 22 24
Niederschrift 22 23
- aufzunehmende Angaben 22 45
- Fertigung 22 45
- Geheimhaltung 22 50
- Inhalt 22 46
- Unterschreiben 22 49
Null-Preis 25 27

Oberschwellenbereich 32 a 4
offenbares Missverhältnis 25 145
Offene Wettbewerbe 31 a 15
Offenes Verfahren 17 18; 3 a 12; 3 b 8; 3 SKR 12
- Ablauf 3 a 14
- Angebotsfrist 18 a 10
- Fristen 18 b 6
- Fristverkürzung 18 a 16
- Fristverlängerung 18 a 16

- Nachteile 3 a 13
- Vorrang 2 14; 3 b 3
- Vorteile 3 a 13
Öffentliche Aufträge
- Bestimmungen über Preise 15 6
- Preisvorbehalte 15 34
Öffentliche Auftraggeber 1 a 3
- haushaltsrechtlich gebundene 3 5
- Vertragspartner 1 b 14
Öffentliche Ausschreibung 3 12; 17 18
- Ausnahme 3 28
- Bekanntmachung 3 14; 17 7
- Formstrenge 7 105
- Kostenerstattung 20 11
- Verfahrensablauf 3 14
- Verfahrensablauf 3 14
- Vorrang 3 27
- Wahl 3 29
öffentliche Einrichtungen 3 78, 79
öffentliche Zuschüsse 7 259
Öffentlicher Auftraggeber
- Bekanntmachung 17 a 22
Open-Source-Software 8 134
ÖPP-Beschleunigungsgesetz
- wettbewerblicher Dialog Einleitung 15
ordnungsgemäßer Wettbewerb 22 4
Organisationsakt 1 a 29
- kommunale Kooperationen 1 a 30
Organisationsverschulden 22 40
Ortsansässigkeit 25 190; 25 a 13

Parallelangebote
- Geheimwettbewerb 25 67
- Lose 25 68
Parallelausschreibungen 2 38; 16 26
Patentverletzung 25 161
Pflichtverletzung 26 16, 75
Planungsbüros
- Einschaltung 2 43
positives Interesse
- Ersatz 26 89
PPP-Projekte 3 a 32
Präqualifikation 7 b 48
Präqualifikationsgemeinschaften
- Änderungen in der Zusammensetzung 7 b 85
- Bestandswechsel 7 b 83
- Bietergemeinschaften 7 b 81
- nachträglicher Zusammenschluss 7 b 82
- Präqualifikation als Gemeinschaft 7 b 84

Stichwortverzeichnis

Präqualifikationsverfahren 7 b 43, 45; 5 SKR 4, 16
- Aberkennung 7 b 118
- Ablehnungsentscheidung 7 b 114
- Absenkung des Anforderungsniveaus 7 b 100
- Aktualisierung der Normen 7 b 131
- Anspruch auf Prüfung 7 b 75
- Antrag auf Aufnahme 7 b 68
- Aufruf zum Wettbewerb 7 b 54
- Ausschlussgrund 7 b 89
- Bekanntmachung 7 b 66, 129
- bieterschützender Charakter 7 b 148
- Dauer 7 b 80
- Doppelforderung von Nachweisen 7 b 109
- Eignungsprüfung 7 b 55
- Ermessen 7 b 73
- europäische Normen 7 b 95
- Fortschreibung der Qualifikationsregeln 7 b 97
- gestufte Präqualifizierung 7 b 93
- Großunternehmen 7 b 63
- Informationspflicht 7 b 111
- Intransparenz 7 b 65
- Kriterien 7 b 87
- Mitteilungspflicht 7 b 100
- Nachunternehmer 7 b 86
- Nichtoffenes Verfahren 7 b 138
- Offenes Verfahren 7 b 134
- Pflicht zur ständigen Prüfbereitschaft 7 b 77
- Prüfsysteme Dritter 7 b 104
- Prüfung 7 b 69
- Qualifikationsregeln 7 b 87
- Qualifikationsstufen 7 b 92
- Qualifizierungsregeln 7 b 101
- Qualifizierungssystem einer anderen Einrichtung 7 b 103
- unzulässige Verpflichtungen 7 b 108
- Verfahren 7 b 53
- Verfahrensablauf 7 b 110
- Verhandlungsverfahren 7 b 138
- Veröffentlichungspflicht 7 b 72
- Verzeichnis 7 b 57
- Vorteil 7 b 59
- Wahlrecht 7 b 56
- Wettbewerbsverengung 7 b 65
- Zeitersparnis 7 b 59
- 7 b 46, 117

Preisabstand 25 138

Preisänderung
- Einzelheiten einer angemessenen ~ 15 30

Preisangaben 24 20; 25 8
- Prüfung 25 25
- Vollständigkeit 21 11

Preisbildungsvorgänge 15 14
Preise 15 1 ff.; 21 7; 25 232
- Aufschlüsselung 21 21
- bei öffentlichen Aufträgen 15 6, 12
- Missverhältnis 25 142
- Skonto 25 195
- Vergabe zu festen ~ 15 6

Preisermittlungsgrundlage 15 27
Preisgericht 31 a 18
Preisgleitklauseln 15 32
Preisgrundlagen 26 46
preisliche Fragen 6 16
Preisvorbehalte 15 8, 34
primärer Rechtsschutz 2 55; 10 19
primäres Europarecht 2 5
Primärrechtsansprüche 26 16
Primärrechtsschutz 16 33, 48; 26 64; 27 35; 27 a 27
private Unternehmen 1 b 11
Proben
- Kennzeichnung 21 96

Probestücke
- Darstellung der Leistung 8 120

Produktbezug 25 163
produktneutrale Ausschreibung 26 53
Produktneutralität 8 123; 8 a 21
Projektanten 2 18; 25 225
Projektantenfälle 7 61
- Ausschluss 7 67
- Befangenheitsvorschrift 7 63
- Erstellung der Vergabeunterlagen 7 67
- Informationsvorsprung 7 65
- Kalkulationsvorteile 7 67
- Maßgaben 7 67
- Planungs- und Entwurfsarbeiten 7 67
- Sachverständige 7 62
- Wettbewerbsvorteil 7 66

Projektantenproblematik 6 23, 30
Projektsteuerbüros
- Einschaltung 2 43

Prüfung
- auf Richtigkeit 23 25
- auf Vollständigkeit 23 25, 27
- auf Wirtschaftlichkeit 23 25

Prüfung der Angebote 23 6

1195

Stichwortverzeichnis

Prüfungspflicht
- des Auftraggebers 25 136

Prüfungssystem 7 b 44

qualifizierte elektronische Signatur 21 68
Qualitätsanforderungen 7 b 142
Qualitätsmanagement 5 SKR 17
Qualitätssicherungsnormen 7 b 133

Rahmenanforderungen 8 103
Rahmenvereinbarungen Einleitung 15; 1 a 35; 3 a 100; 5 b
- Abrufberechtigter 3 a 126
- Änderungen an den Bedingungen 3 a 127
- Angebotsbündelung 3 a 107
- Aufruf der Parteien zum Wettbewerb 3 a 141
- Aufruf zum Wettbewerb 3 a 144
- Aufträge 3 b 22
- Auftragsbündelung 3 a 120
- Auftragsvolumen 3 a 102, 112
- Bedingungen für Einzelverträge 3 a 132
- Definition 3 a 102; 4 SKR 5
- ein Unternehmen 3 a 132
- Einigungszwang 3 a 133
- Einzelleistungen 3 a 117
- komplexere Beschaffungsvorhaben 3 a 106
- Laufzeit 3 a 148
- Marktverschließung 3 a 121
- Mehr-Partner-Rahmenvereinbarungen 3 a 136
- Mehr-Partner-Verträge 3 a 134
- Mehrzahl 3 a 114
- Missbrauch 3 a 116
- Preis 3 a 102, 111
- Produktmarktabgrenzung 3 a 129
- Sperrwirkung 3 a 114
- Vergabe 4 SKR 9
- Vertragsart 3 a 122
- Vertragselemente 3 a 108
- Vorabinformation 3 a 145
- Wahl des Einzelvertragspartners 3 a 138
- Wettbewerb 3 a 119
- Zahl der Vertragspartner 3 a 124
- Zulässigkeit 3 a 115
- Zuschlagsentscheidung 4 SKR 9
- Zuschlagskriterien 3 a 123

Rahmenverträge 27 12; 3 a 109
- Aufruf zum Wettbewerb 4 SKR 12
- öffentliche Aufträge 4 SKR 6
- wettbewerbliches Verfahren 4 SKR 7

Rangfolge der Beschreibungsarten 8 118
Reaktionsmöglichkeiten
- der Bieter bei ungewöhnlichen Wagnissen 8 98

Realisierungswettbewerb 31 a 13
rechnerische Richtigkeit 23 28
Recht der Anhörung 6 27
rechtliche Komplexität 3 a 44
rechtmäßige Aufhebung 26 16
Rechtsberatungsgesetz 6 17
rechtskräftige Verurteilung 7 a 11, 20, 22; 7 b 26
- Aufsichts- oder Organisationsverschulden 7 a 27
- juristische Personen 7 a 26
- Nachforschungspflichten 7 a 12
- Strafnormen anderer Staaten 7 a 25
- Zurechnung des Handelns 7 a 30

Rechtsmittelrichtlinien Einleitung 6
Rechtsnormqualität 11 7
Rechtsschutz 2 55; 4 19; 5 20; 6 30; 9 49; 28 56
Rechtsschutzbedürfnis 26 71
Rechtsverbindlichkeit
- Unterschrift 21 59

rechtswidrige Aufhebung 26 11; 26 a 18
- Ansprüche 26 75

Referenzen 7 a 80
- Eignung anderer Unternehmen 7 a 81

Referenzobjekte
- Darstellung der Leistung 8 120

regelmäßige unverbindliche Bekanntmachung 17 b 7
- Anwendungsbereich 17 b 8
- Muster 17 b 10
- Veröffentlichung 17 b 14

Regelverfahren 3 12
Regelverfahrensart 3 27
- Öffentliche Ausschreibung 3 27

Regiebetriebe der öffentlichen Hand 7 261
Regionalprotektionismus 7 68
- Bewerberkreis 7 71
- Bezirksansässigkeit 7 69
- Eignungsprüfung 7 75
- Kalkulationsvorteile 7 79
- Leistungsbeschreibung 7 72
- Leistungsort 7 73
- örtliche Präsenz 7 74
- sachlicher Grund 7 73
- wirtschaftliche Vorteile 7 78
- Wirtschaftlichkeitsprüfung 7 75

Rentabilität 25 197

Stichwortverzeichnis

Rückgabe
- Angebotsunterlagen 27 24
- von Entwürfen 21 133
Rückgabepflicht 27 6
Rücknahme
- Angebote 18 42
Rüge 5 25
Rügeobliegenheit
- Präklusionswirkung 3 a 10
Rügepflicht
- des Unternehmens 25 a 44
Rundfunkanstalten 1 a 12

Sacheigentum
- des Bieters 27 31
Sachverständige
- Hinzuziehung 23 35
- Mitwirkung 6 1 ff., 6
- Objektivität 6 23
Sachverständigenbegriff 6 7
Sachverständiger
- begrenzter Einsatzbereich 6 12
Schadensersatz 27 33
Schadensersatzansprüche 16 34; 22 11; 26 16, 73; 27 a 28, 32
Schadensersatzberechtigte 26 82
Schadensumfang 26 82
Scheinaufhebungen 2 28
Scheinausschreibungen 2 28; 16 22
Schenkung 1 29; 1 a 20
Schiedsgericht
- Vor- und Nachteile 9 50
- Zulässigkeit 9 50
Schiedsvereinbarung 9 56
Schiedsverfahren 9 59
Schlusstermin
- Angebotsfrist 22 22
schöpferische Fähigkeiten 3 70
schriftliche Angebote 18 32
Schutz
- Auftraggeber 2 b 6
- Unternehmen 2 b 9
- Vertraulichkeit 2 b 1 ff.; 2 SKR 1 ff.
Schutzrechte 21 106
Schwellenwerte Einleitung 12; 2 6, 60; 7 17; 1 b 16; 1 SKR 7
Schwellenwertregelung 26 53
schwere Verfehlung 7 226
- Korruptionsfälle 7 227
- Meinungsverschiedenheiten 7 228
- Nachweislichkeit 7 231

- rechtliches Gehör 7 235
- Selbstreinigung 7 238
- strafrechtliche Delikte 7 227
- Unschuldsvermutung 7 236
- Zuverlässigkeit 7 237
Schwerpunkttheorie 22 25
Scientology-Organisation 7 48; 25 198
Sektorenauftraggeber 1 a 4; 1 b 3, 10
- Gleichbehandlungsgrundsatz 3 SKR 18
- Mehrheit 1 b 3
- Minderheit 1 b 3
- Transparenzgebot 3 SKR 18
- Verfahrensart 3 SKR 4
- vergaberechtliche Grundsätze 3 SKR 18
- Wahlfreiheit 3 SKR 5
- Wettbewerbsprinzip 3 SKR 18
Sektorenrichtlinie Einleitung 12
Sektortätigkeit
- Energieversorgung 1 b 7
- Verkehr 1 b 6
sekundärer Rechtsschutz 2 56; 10 21
sekundäres Europarecht 2 6
Sekundärrechtsschutz 16 34, 49; 25 155; 27 38; 28 61; 27 a 28
Selbstbindung 9 47; 26 31
Selbstkosten 20 16
Selbstreinigung 7 168, 238; 7 a 13, 43
- Vergabevermerk 7 239
Selbstreinigungsmaßnahmen 25 97
Sicherheit
- Art 14 22
- Höhe 14 23
Sicherheitsleistungen 14 1 ff.
- Abgrenzung zu Vertragsstrafen 14 6
- Bieterschutz 14 30
- inhaltliche Anforderungen 14 21
- Modalitäten 14 24
- Rückgabe 14 25
- Tatbestandsvoraussetzungen 14 11
- Zweck 14 4
Sicherung
- Erforderlichkeit 14 15
- gewerblicher Schutzrechte 22 54
Signaturgesetz 26 38
sofortige Beschwerde 32 a 30
Softwarelösungen 6 13
Soll-Regelung 12 8
Sollvorgabe 15 11
Sondervermögen 1 19; 1 a 5
Sorgfaltspflichten 22 8
soziale Aspekte 2 10; 25 a 12

1197

Stichwortverzeichnis

soziale Kriterien 25 199
Sozialversicherung 25 200
Sozialversicherungsbeiträge 25 200
Sparkassen 1 a 12
Sparsamkeit 26 12
Spekulationsangebote 25 20, 23
Sponsoring 1 29; 1 a 20
Sprache 17 b 28
staatliche Auftraggeber 20 65; 3 a 35
– juristische Personen des Privatrechts 3 a 36
– öffentliche Auftraggeber 3 a 35
– Sektorenauftraggeber 3 a 36
staatliche Beihilfe 25 a 7, 29
– ungewöhnlich niedrige Angebote 25 a 28
Staatsverband 1 a 6
statistische Pflichten 14 SKR 10
Stiftungen 1 21; 1 a 16
stilles Auslaufen 26 16
Störung
– Geschäftsgrundlage 26 41
Streichungen
– durch Bieter 8 33
Streitschlichtung 32 a 9
strengere Verfahrensart 3 29
Studiennachweise 7 a 86
subjektive Bieterrechte 25 9
Subventionsempfänger 1 a 13

Tariftreue 16 21; 25 199, 201
Tariftreueerklärung 7 43; 25 a 14
– Berliner Vergabegesetz 7 44
technische Anforderungen 8 a 6; 6 SKR
– Formulierung 8 a 13
technische Gründe 5 13
technische Komplexität 3 a 43
technische Merkmale
– Beschreibung 8 136
technische Normen 25 185
technische Spezifikationen 8 a 7
technische Vertragsbedingungen 9 30
technisches Nebenangebot 9 b 17
Teilaufhebung 26 6
– der Ausschreibung 26 54
Teilnahme 7 104
Teilnahmeantrag
– Datenintegrität 16 a 6
– elektronische Übermittlung 16 a 13
– Form 16a 2; 16 b 3
– per Telefax 16 a 15; 16 b 7; 8 SKR 8
– per Telefon 16 a 15; 16 b 7

– Übermittlung 8 SKR 8
– Unterschrift 16 a 12
– Vertraulichkeit 16 a 8
– Vertraulichkeit 8 SKR 13
Teilnahmewettbewerb 3 21; 16 8, 30; 3 a 49; 7 a 140; 7 b 6; 3 SKR 17
– Angebotsabgabe 3 a 23
– Anspruch auf Beteiligung 3 25
– Auswahl 7 a 141
– Auswahlentscheidung 7 b 9
– Bekanntmachung 17 39; 3 a 22
– Beurteilungsspielraum 7 b 9
– Eignungsanforderungen 7 b 10
– Eignungsprüfung 3 a 23; 7 a 143; 7 b 7
– Grundlage 7 a 142
– Teilnahmeanträge 3 a 23
– vorgeschalteter 3 21
– Zweckmäßigkeit 4 3
Teilnahmewettbewerbsverfahren 4 8
Teilnehmer am Wettbewerb 5 SKR 2
Teilzurückhaltung 27 a 26
Telefax
– Angebote 21 56
– Teilnahmeantrag 16 a 17
Textform 26 10; 27 b 9
Transparenz 8 3; 21 10; 22 4
– des Vergabeverfahrens 25 a 16
– Herstellung 13 SKR 6
Transparenzgebot 25 a 3
– Inhalt 2 36
– Pflichten 2 37
Transparenzgrundsatz 3 4
Trinkwasserversorgung 1 b 5
Typenangaben 21 23; 25 84

überprüfbare Auskunft 25 37
Überprüfbarkeit
– Aufhebungsentscheidungen 26 68
überwiegende Finanzierung 1 a 7
Umschlag
– Eingangsvermerk 22 12
– Nichtöffnung 22 9
Umweltauswirkungen 7 49
umweltbezogene Aspekte 2 10
Umwelteigenschaften
– Funktionsanforderungen 8 a 19
– Leistungsanforderungen 8 a 19
– Vorschreiben 8 a 19
Umweltfreundlichkeit 25 a 12
Umweltmanagement 5 SKR 17
– Umweltstandards 7 a 155

1198

Stichwortverzeichnis

Umweltmanagementstandards **7 b** 143
umweltschonende Standards **16** 21
unangemessen niedrige Preise **2** 50
unentgeltlicher Verbrauch **27** 29
ungemessen hohe Preise **2** 51
ungewöhnlich hohe Angebote **25** 143
ungewöhnlich niedrige Angebote **25** 136; **25 a** 30; **11 SKR** 8
– aufgrund staatlicher Beihilfe **25 a** 28
ungewöhnliche Wagnisse **8** 75; **25** 84
– Reaktionsmöglichkeiten der Bieter **8** 98
– Verbot der Überwälzung **8** 73
unlautere Verhaltensweisen **2** 26
– Bekämpfung **2** 23
Unmöglichkeit der Beschreibbarkeit der Leistung **3** 67
unrichtige Vergabeart **26** 53
unstatthafte Änderungen **24** 17
Unteraufträge **5** 14; **10** 1 ff., 7
– Übertragung von ~ **10** 13
Unterauftragnehmer
– Weitervergabe **9** 48
Unterkostenangebote **2** 26; **25** 140
Unterkriterien **25** 217; **9 a** 11, 14
– s. a. Haupt- und Unterkriterien
Unterlagen
– Verzicht auf Vorlage **30** 28
Unternehmen
– beschränkter Kreis **3** 35
– Schutz **2 b** 9
Unternehmen im kartellrechtlichen Sinne **1 a** 16
Unternehmer- und Lieferantenverzeichnisse (ULV) **7 b** 50
Unterrichtungspflicht **26** 19
– Verletzung **26** 74
unterschiedliche Dienstleistungen **1 SKR** 8
Unterschrift **21** 57; **25** 45
– Rechtsverbindlichkeit **21** 59
Unterschwellenbereich **1** 3, 10
unterschwellige Aufträge **1** 54
unverhältnismäßige Kostennachteile **5** 11
unvollständige Preisangaben **21** 22
unvollständiges Angebot **25** 86
unwirtschaftliche Zersplitterung **5** 17
unzulässige Wettbewerbsbeschränkung **26** 38
unzumutbare Anforderungen **25** 84
Unzumutbarkeit
– Nachweis **8** 67
unzureichende Information **27 a** 43

Unzweckmäßigkeit
– der Aufteilung **5** 10
Urheberrecht
– des Bieters **27** 31, 43
Urkundliche Festlegung **28** 37
Ursprungsorte
– Vorschreiben von **8** 128

Verbände **1 a** 5
Verbot der Überwälzung
– ungewöhnliches Wagnis **8** 73
Verdingungsordnung
– für Bauleistungen **Einleitung** 1
– für freiberufliche Leistungen **Einleitung** 1
Verdingungsordnungen **Einleitung** 13
Verdingungsunterlagen **7** 125; **9** 12; **21** 88; **22** 56; **27** 4; **3 a** 52; **7 SKR** 10
Verdingungsunterlagen
– Änderung **21** 89; **23** 22
– Änderung oder Ergänzung **25** 54
– anzugebende Vertragsbedingungen **9** 16, 20
– Einsichtnahme **17** 67
– Ergänzung **21** 89; **23** 22
– Fertigstellung **16** 9
– Frist **18 a** 29; **17 b** 30
– Umfang **17** 67
Verein für Präqualifikation von Bauunternehmern **7 b** 49
Vereinbarung
– gesetzlicher Pflichten **13** 5
Verfahren
– dynamisches Beschaffungssystem **Einleitung** 14
– elektronische Auktion **Einleitung** 14
– Vorschreiben von **8** 128
Verfahrensarten **3** 8 ff.; **3 b** 6; **3 SKR** 10
– Hierarchie **3 a** 5
– Wahlfreiheit **3 SKR** 11
Verfahrenstransparenz **19** 1
Verfügbarkeitsnachweis **25** 83, 123
Verfügungsnachweis **7 a** 127
– Darlegungspflicht **7 a** 131
– Verpflichtungserklärung **7 a** 129
Vergabe
– Grundsätze der ~ **2** 1 ff.
– nach erneutem Aufruf zum Wettbewerb **4 SKR** 12
– Verzicht **26** 1
Vergabe nach Losen **5** 1 ff.; **27** 21
Vergabearten **3 b** 1 ff.

1199

Stichwortverzeichnis

Vergabebekanntmachung 26 19; 3 a 15
Vergabebestimmungen
– Nichtbeachtung 32 a 23
vergabefremde Anforderung 25 84, 108
vergabefremde Kriterien 25 a 12; 7 b 24
– Beschäftigungsförderung 7 36
– Diskriminierungsverbot 7 38
– Gemeinschaftsrecht 7 35
– Generalübernehmerverbot 7 39
– Generalunternehmerverbot 7 39
– Grundsätze des Gemeinschaftsrechts 7 37
– Mittelstandsförderung 7 39
– nationales Recht 7 38
– Umwelteigenschaften 7 37
– Wirtschaftlichkeitsbewertung 7 37
– Zulässigkeit 7 30, 33
vergabefremde Zwecke
– Ausschreibung 16 20
– Begriff 16 20
– Beispiele 16 23
Vergabekammern
– Besetzung 32 a 15
– Einrichtung 32 a 15
– Geschäftsordnung 32 a 20
– Unabhängigkeit 32 a 18
– Verfahren 32 a 22
– Zuständigkeit 32 a 15
Vergabekoordinierungsrichtlinie Einleitung 12, 14; 4 5; 5 2; 6 3
Vergabekriterien
– Übermittlung 27 14
Vergabeprüfstellen 28 65
– Aktionsmöglichkeiten 32 a 7
– Befugnisse 32 a 5
– Einrichtung 32 a 5
– Entscheidungen 32 a 11
– Rechtsschutz 32 a 11
Vergaberechtsänderungsgesetz Einleitung 3, 8
Vergabereife 16 27; 25 167
Vergaberichtlinien Einleitung 2
Vergabestellen
– ausschließliche Verantwortung 2 42
Vergabeunterlagen 7 125; 9 1 ff., 6; 7 SKR 6
– Aufzählung 9 b 14
– Bewertungsmatrix 9 b 14
– Bindung des Auftraggebers 9 b 14
– Gewichtung der Wertungskriterien 9 b 15
– Inhalt des Anschreibens 9 b 6
– Mindestanforderungen 9 b 18

– Versand 17 b 32
– Wertungskriterien 9 b 14
– zusätzliche Unterlagen 9 b 8
Vergabeverfahren 28 11
– Abschluss 28 11
– Durchführung 27 a 33
– Entscheidungen 30 4
– ex-post-Transparenz 28 a 5
– Grundsatz 2 13
– Maßnahmen 30 4
– Neudurchführung 6 18
– ordnungswidrige Einleitung 26 12
– Rechtmäßigkeit 26 14
– Stufen 30 4
– Transparenz 2 37; 27 14; 25 a 16
Vergabevermerk Einleitung 13; 4 21; 5 26; 6 34; 25 214, 246; 26 7; 3 a 96; 27 a 26
– Dokumentation 30 9
– Inhalt 30 1
– Schriftform 30 3
Vergabeverordnung Einleitung 7
Vergabeverzicht 26 a 1 ff.
– des Auftraggebers 26 a 17
– Mitteilungspflicht 26 a 7
Vergabewille
– Ermessensreduzierung auf Null bei fortbestehendem ~ 26 13
Vergleichsanschläge 16 23
Vergütung
– Änderung 15 18, 24
Verhältnismäßigkeitsgrundsatz 8 127
Verhandlungsleiter
– Aufgaben 22 27
Verhandlungsverfahren 25 16; 3 a 24, 73; 3 b 14; 3 SKR 16
– Ablauf 3 a 29
– Angebotsfrist 18 a 41
– Anwendungsbereich 3 a 26
– Bekanntmachung 3 a 24
– Frist für Teilnahmeantrag 18 a 38
– Fristen 18 b 7
– Fristverkürzung 18 a 44
– Fristverlängerung 18 a 44
– Gleichbehandlungsgebot 7 57
– Nachteile 3 a 28
– nicht erfolgreiches Offenes oder Nichtoffenes Verfahren 3 a 77
– ohne Vergabebekanntmachung 3 a 82
– ohne vorherige öffentliche Vergabebekanntmachung 3 a 82
– Prinzipien des Vergaberechts 3 a 74

Stichwortverzeichnis

- Teilnahmewettbewerb 3 a 73
- Vergabebekanntmachung 3 a 25, 73
- Vergabegrundsätze 3 a 26
- Vorteile 3 a 27
- Wettbewerbsaufruf 3 b 17

Verjährung
- abweichende Vereinbarungen 13 11
- Grenzen 13 9
- Rechtsschutz 13 16
- von Mängelansprüchen 13 1 ff.

Verjährungsfrist 13 5
verkehrsübliche Bezeichnungen
- Leistungsbeschreibung 8 125

Veröffentlichung
- Einverständnis 28 b 28
- zu statistischen Zwecken 28 b 31

Veröffentlichungsorgane 17 8, 42
Verpflichtungserklärung 10 6; **9 b** 23
Verschluss 25 48
- Angebote 22 27

Verschlüsselung 21 51, 71; **23** 18; **25** 48
- Angebote 22 27

Verschwiegenheitspflicht 22 53
Versicherungsleistungen 8 93
Versicherungsmakler 6 2, 26
verspätete Angebote
- Rechtsfolgen 18 25

Verstoß
- gegen § 8 Nr. 3 Abs. 3–5 8 143

Vertrag
- Einbeziehung der Fristberechnung 11 9
- entgeltlicher Vertrag 1 28

Vertragsbedingungen 9 1 ff.
- als Allgemeine Geschäftsbedingungen 9 33
- in Verdingungsunterlagen anzugebende ~ 9 16

Vertragspartner 1 a 3; **1 b** 3; **1 SKR** 6
Vertragsschluss 28 16
- Entscheidung 27 a 3

Vertragsstrafe 12 1 ff.
- Begriff 12 5
- Höhe der Strafe 12 10
- Rechtsschutz 12 12
- Reichweite 12 6

Vertragsurkunde 29 1 ff.
- Formvorschriften 29 5
- Inhalt 29 2
- Zeitpunkt 29 2

Vertrauen des Bieters 25 5, 82
Vertrauensschaden 16 37; **26** 36

Vertrauensschutzinteresse
- der Bieter 20 19

Vertrauenstatbestand 26 90
Vertraulichkeit 16 39; **22** 1 ff.
- Bewerberangaben 17 71
- Schutz 2 b 1 ff.

Vertraulichkeitsgrundsatz 22 50, 51
Vertraulichkeitsvorschrift 27 a 13
Vertretung 21 60
Vertriebskosten 20 17
Vervielfältigungskosten 20 16
Vervollständigung von Unterlagen 7 a 158
- Vorlage neuer Nachweise 7 a 160

Verwahrungsvertrag 27 29
Verzicht
- auf Vergabe 26 1
- auf Vorinformation 26 a 7
- auf Vorlage verlangter Unterlagen und Nachweise 30 28

Verzögerung
- des Vorhabens 5 12

VgV Einleitung 8
VOB/A
- Unterschiede zur ~ 2 2

VOL/A
- Abschnitte Einleitung 12
- Anwendungsbereich Einleitung 11
- Ausgabe 2006 Einleitung 14
- Geschichte Einleitung 5
- Rechtsqualität Einleitung 5
- Regelungsgehalt Einleitung 13
- Struktur Einleitung 11
- systematische Einordnung Einleitung 1

Vollmacht 21 60
vollständige Aufhebung 5 26
vollständige Preisangaben 21 15
Vollständigkeit 6 8
Vorabinformationspflicht 2 16
Vorabinformationsschreiben 3 a 145
Vorauswahl 5 SKR 3
vorgeschalteter Teilnahmewettbewerb 5 25
Vorinformation 17 a 77
- Anwendungsbereich 17 a 77
- Muster 17 a 79
- Veröffentlichung 17 a 86
- Verzicht 26 a 7

vorläufige Verwaltungsvorschrift Einleitung 10
Vorrang
- Ausnahmeregelungen 3 a 6
- des Offenen Verfahrens 3 a 5

1201

Stichwortverzeichnis

- Nichtoffenes Verfahren 3 a 5
- Wahlfreiheit 3 a 8
- Wettbewerblicher Dialog 3 a 5

Vorschlagsrecht
- der Berufsvertretungen 6 18

Vorschreiben
- bestimmter Bezugsquellen 8 128
- bestimmter Erzeugnisse 8 128
- bestimmter Ursprungsorte 8 128
- bestimmter Verfahren 8 128

vorteilhafte Gelegenheit 3 75
vorvertragliches Vertrauensverhältnis 27 a 28

Wahl
- unzulässiges Vergabeverfahren 3 a 11

Wahlmöglichkeit 3 SKR 6
- Ausnahmefälle 3 SKR 9
- Bindung 3 SKR 8
- Grenze 3 SKR 7
- Verbindlichkeit 3 SKR 8

Wahlpositionen 8 55; 25 a 17
Währungsverhältnisse
- wesentliche Änderungen 26 53

Wechsel der Bewerber 7 145
Weitervergabe
- an Unterauftragnehmer 9 48

Weiterverwendung
- nicht berücksichtigter Angebote 27 30

Welthandelsgüter 3 74
Werkvertrag 1 45; 16 29
wertende Betrachtung 8 53
Wertung 8 54
- Ausschluss 21 13

Wertung von Angeboten Einleitung 13; 27 a 15; 11 SKR 13
- Vorgaben 8 a 16

Wertungsentscheidung 6 16; 22 4
Wertungsfehler 25 231
Wertungsgrundsätze 11 SKR 5
Wertungskriterien 8 110; 25 162; 25 a 9
Wertungsleitfaden 9 a 12
Wertungsmatrix 9 a 12
Wertungsspielraum 32 a 34
Wertungsstufen 25 1
wesentliche Preisangaben 25 11
- Fehlen 25 19

Wettbewerb 2 14; 5 5; 8 3; 21 10; 31 b 1; 15 SKR
- Ausschaltung 8 137
- Ausschluss des ~ 2 17

- Durchführung 31 a 12
- nach VOF 31 a 10
- Schlussphase des Verfahrens 3 a 55
- Sicherung 4 2
- Verengung 8 137

wettbewerbliche Gesichtspunkte 10 13
Wettbewerblicher Dialog 3 a 31, 34, 64
- Ablauf 3 a 46
- Angebotsfrist 18 a 41
- Dialogphase 9 a 9, 21
- Frist für Teilnahmeantrag 18 a 38
- Fristverkürzung 18 a 44
- Fristverlängerung 18 a 44
- Kostenerstattung 20 59
- Nachteile 3 a 33
- Subsidiarität 3 a 64
- Vergabe besonders komplexer Aufträge 3 a 38
- Verhältnis zum Verhandlungsverfahren 3 a 65
- Voraussetzungen 3 a 34
- Vorrang 3 a 67
- Wahlrecht 3 a 66

wettbewerbsbeschränkende Abrede 25 60, 63
wettbewerbsbeschränkende Verhaltensweisen 2 24
- Bekämpfung 2 23

wettbewerbserhebliche Angaben 25 88
wettbewerbserhebliche Erklärungen 25 88
Wettbewerbsgrundsatz 2 13; 3 24; 6 2, 26; 25 60; 25 a 3; 3 b 4
Wettbewerbsverstoß 26 53
widersprüchliche Angaben 25 50, 86, 112
widersprüchliche Erklärungen 25 112
widersprüchliches Angebot 21 35, 76, 80; 23 19; 25 86
wirtschaftlich günstigstes Angebot 11 SKR 6
Wirtschaftlichkeit 1 14; 26 12
- der Angebote 6 16

Wirtschaftlichkeitserwägungen 26 53
Wirtschaftlichkeitsgesichtspunkte 23 33
Wirtschaftlichkeitsprüfung 25 149
Wirtschaftsteilnehmer 2 9
Wissensvorsprung 6 30

Zahl aufzufordernder Bewerber 3 23
Zahl der Bewerber 5 SKR 13
- Verringerung der Bewerberzahl 7 b 36

Stichwortverzeichnis

Zeichnungen
- Darstellung der Leistung 8 120

Zeitverlust 5 12
Zubehörstücke 3 61
zulässige Wertungskriterien 11 SKR 7
Zurechnung des Verhaltens 7 a 31
- Aufsichts- oder Organisationsverschulden 7 a 33
- gesetzliche Vertretung 7 a 36
- gewillkürte Vertretung 7 a 37

Zurückhaltung
- Informationen 27 a 21

Zusatzleistungen 3 60

zusätzliche Auskünfte
- Frist 18 a 32; 18 a 47; 17 b 30

zusätzliche Dienstleistungen 3 a 94
zusätzliche Leistungen 3 b 23
zusätzliche Lieferungen 3 a 94

zusätzliche Unterlagen
- Frist 18 a 29

zusätzliche Vertragsbedingungen 9 21, 37

zusätzliche Vertragsbedingungen
- zusätzliche Regelungen 9 43

Zuschlag 28 1 ff.
- Erteilung 28 11
- Form 28 27
- im Nachprüfungsverfahren 28 52

Zuschlagsentscheidung 27 b 2
- außergerichtliche Rechtsbehelfe 28 64
- Dokumentation 30 16 27 a 3
- oberhalb der Schwellenwerte 28 57
- unterhalb der Schwellenwerte 28 58

Zuschlagserklärung
- Inhalt 28 33

Zuschlagserteilung 16 28; 26 11, 36; 27 a 3
- Anspruch 28 38
- erforderliche Angaben 21 132
- Prüfungsobliegenheiten 28 40
- Rechtzeitigkeit 28 42
- Überprüfung 28 57
- Zeitpunkt 28 40

Zuschlagsfrist 19 1 ff.; 22 22; 26 21
- Ablauf 19 17; 28 43
- Beginn 22 7

- Bemessung 19 7
- Dauer 19 8
- Freihändige Vergabe 19 20
- Fristbeginn 19 3
- Verlängerung 28 47

Zuschlagskriterien 2 39; 5 5; 25 157; 30 17; 17 a 49
- Änderung 25 218, 223
- Angabe der ~ 9 a 10
- Anwendung 25 b 4
- Aufstellung der ~ 9 a 13
- Bekanntmachung 9 a 19; 25 162; 25 a 23
- Berücksichtigung bekanntgemachter Kriterien 25 a 24
- Gewichtung Einleitung 15; 25 168, 215
- Hilfskriterien 25 151
- Inhalt 25 a 8
- Nichtbenennung 26 53
- Punktwerte 25 215
- Qualität 25 196
- Reihenfolge 25 215
- technische Hilfe 25 204
- Umwelteigenschaften 25 206
- vergabefremde Kriterien 25 174
- Vermengung 26 53
- Wahlpositionen 25 219
- Zertifizierung 25 196

Zuverlässigkeit 2 44, 47; 25 121; 27 a 14
- betriebliche Ausschlussgründe 7 167
- persönliche Ausschlussgründe 7 167
- rechtskräftige Verurteilung 7 b 11
- Vertragsverletzung 7 170

Zweckmäßigkeit
- einer bloßen Mitwirkung 6 8
- Teilnahmewettbewerb 4 3

Zweckverbände 1 a 5

Zweifel
- Aufklärung 24 11

zweifelsfreies Angebot 21 74, 80

Zweifelsfreiheit
- von Angebotsänderungen 21 74, 80

Zweifelsverhandlung 30 22
- über Angebotsinhalt 24 6

Zwei-Stufen-Theorie 1 8
zwingende Ausschlussgründe 25 5